# 山西年鉴

# 2007

山西出版集团
山西人民出版社

图书在版编目（CIP）数据

山西年鉴．2007/《山西年鉴》编纂委员会编．—太原：山西人民出版社，2008.7

ISBN 978-7-203-06167-0

Ⅰ．山… Ⅱ．山… Ⅲ．山西省—2007—年鉴
Ⅳ．Z522.5

中国版本图书馆CIP数据核字（2008）第110901号

**山西年鉴**（2007）

**编　　者**：《山西年鉴》编纂委员会
**责任编辑**：贾娟　张小芳

**出 版 者**：山西出版集团·山西人民出版社
**地　　址**：太原市建设南路21号
**邮　　编**：030012
**电　　话**：0351－4922220（发行中心）
0351－4922235（综合办）
E－mail：fxzx@sxskcb.com（发行中心）
web@sxskcb.com（信息室）
Renmshb@sxskcb.com（综合办）
**网　　址**：http：//www.sxskcb.com

**经 销 者**：山西出版集团·山西人民出版社
**承 印 者**：山西省史志印刷厂

**开　　本**：889mm×1194mm　1/16
**印　　张**：53.25
**字　　数**：2400千字
**印　　数**：0001—3500册
**版　　次**：2008年7月第1版
**印　　次**：2008年7月第1次印刷
**书　　号**：ISBN 978-7-203-06167-0
**定　　价**：260.00元

## 《山西年鉴》编纂委员会



## 《山西年鉴》编辑部


电话：(0351)7241971　7221970




## 《山西年鉴》各地级市工作站

# 编辑说明

■《山西年鉴》是中共山西省委、山西省人民政府组织编纂的大型史册性资料工具书，是省内唯一的综合性年鉴。它公开发行，每年一本，逐年记载全省各个领域的新成就、新进展和新经验，为国内外读者了解山西、认识山西、研究山西、建设山西提供服务。

■本版年鉴的记事断限为2006年1月1日至12月31日。文献栏目选载了2007年的内容，意在增强所载资料的时效性。

■本版年鉴继续采用分类编排法，框架和内容在保持相对稳定的基础上作了适当调整。在类目和条目之间增设了分目，使资料归类更集中，更便于读者查阅。概况、政治、法制、监督、经济管理、贸易、科学技术、社会科学、建设环保、社会生活、地市县等栏目中，均增设了以往未及收入的分目或图表。个别栏目，由于篇幅太小，暂作归并处理。

■年鉴稿件均由各级政府和省直各有关单位提供，主要统计数字，均经省统计局审核。

■本版年鉴是《山西年鉴》的第23本。23年来，年鉴的组稿、编辑、印刷、出版、发行等工作，得到了社会各界的大力支持，不少领导同志亲自过问年鉴工作，着实令人感奋。

■年鉴，特别是综合性年鉴，作为一种地域性史册和信息载体，它所特有的权威性、连续性、系统性、及时性、密集性等优点，已逐步被社会各界所了解，所承认。近几年，这方面的反馈渐多，这对于数百名为年鉴事业耗费了心血的实际工作者来说，无疑是一种极大的安慰。任重道远，同志仍需努力。

■希望各界朋友一如既往，不吝赐教，以便我们不断改进工作，把《山西年鉴》越办越好，为物质文明、政治文明和精神文明建设作出更大贡献。

# 本版年鉴理事会

# 中共高平市委 高平市人民政府

2006年是“十一五”规划的开局之年，也是高平市全面实施“13458”科学发展战略的起步之年。高平市坚持以科学发展观统领经济社会发展全局，按照构建社会主义和谐社会的要求，开拓进取，扎实工作，全市经济社会继续保持了快速健康发展的良好势头。

**2006年高平市工作主要有八大“亮点”：**

1. 综合实力继续大幅度提升。到2006年底，高平市地区生产总值完成74.86亿元，比上年增长17.2%；财政总收入完成11.39亿元（实际达到14.8亿元，不含两权价款7亿元），增长32.14%，位居晋城市六县（区）之首、山西省第七位；一般预算收入完成3.7亿元，增长27.7%，位列全省第五位。综合经济竞争力以2005年国家统计资料排队，在全国2063个县（市）中，由2001年的898位提升到294位，五年跨越了604个县（市）。全市经济社会发展已经进入了又好又快的良性发展轨道。在2005年跨入全国中部百强县的基础上，2006年向前推进了36位，位列第64位。在全国800多个县（市）中，高平市被评为“2006年度全国最具投资潜力中小城市百强”，位居第35位。

2. 新农村建设起步良好。2006年，高平市粮食总产达2.17亿公斤，创历史最高水平；生猪出栏70.1万头，增长16.3%；农民人均纯收入达到4038元，增长10.9%；先后完成了13个乡镇、127个村的镇村建设规划和60个新农村试点建设。认真落实了以“一免五补”为重点的各项惠农政策，累计减免农业税、村提留和乡统筹6300万元，市财政对农业投入高达2.4亿元。其中国家粮食补贴和农机具补贴970万元，养猪补贴1000万元，生态建设1047万元，农村新型合作医疗1930万元，农村中小学校“两免一补”和转移支付1242万元，农村低保、医保和“五保户”救济1360万元。公共财政的阳光普照长平大地，广大农民群众已经享受到越来越多的实惠。

市委书记王树新在基层调研

晋城市委书记李雁红在高平调研项目建设

市长谢克敏在基层调研

晋城市长夏振贵在厦普赛尔饮料有限公司调研

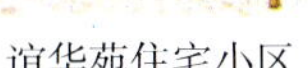

谊华苑住宅小区

丹峰化工股份有限公司

晋丰煤化有限责任公司

省级园林公园——七佛山生态公园

3. 结构调整实现新的突破。依托重大项目顶天立地强市、依托中小项目铺天盖地富民的调产方略，已经成为高平全市上下进行结构调整的共识和行动。天脊中化“40-60”、三甲炼焦120机焦一期、丹阳橡胶2亿只乳胶安全套和1万套波动式气床等项目建成投产；晋丰煤化“36-52”、丹峰化工30万吨甲醇、长平煤业集团扩建等二期项目进展顺利；江苏雨润集团200万头生猪屠宰加工冷鲜肉项目正式奠基；山西国电和江苏国信联合投资158亿元的煤电化一体化项目正在加快实施。目前，以肥、醇和煤电化一体化项目为代表的煤化工基地建设初具规模；以生猪屠宰加工冷鲜肉、果汁系列饮料扩改、蚕桑丝麻加工等为代表的农副产品加工业快速跟进；以羊头山旅游景区、七佛山省级森林公园等为代表的生态旅游产业正在迅速兴起；以广场文化、社区文化、影视文化等为代表的文化产业正在逐步形成。煤炭产业“一枝独秀”的产业格局正在改变，“三头六臂”多元化发展的产业格局正在形成，煤化工基地县建设在三晋大地独占鳌头。

泫氏铸业有限公司生产车间

宽阔整洁的长平街

兴高焦化有限公司

高平市长平广场夜景

**4. 城市建设步伐继续加快。**新型工业化与特色城镇化双轮驱动战略正在全面实施，城乡面貌正在发生新的变化。高平市邀请中国城市规划设计院，完成了城市建成区控制性详细规划。持续开展了“城市建设管理年”活动，城建投资达到3亿多元，铺开了11项城市建设重点工程。市民普遍关注的、投资9500万元的长晋高速公路连接线工程建成通车；康乐街和友谊街延伸、泫氏街和赵庄桥改造、迎宾桥和第二水厂建设等工程顺利完工；世纪大道、康乐街、友谊街等8条主干街道进行了亮化；完成了146条小街小巷硬化工程；北外环路工程完成前期准备工作；体育场改造完成总体设计和拆迁、场地清理工作。

**5. 资源节约、环境保护和生态建设得到进一步加强。**高平市全面开展煤炭资源整合和有偿使用工作，共收缴两权价款14.14亿元，煤矿总数由原来的158矿172井减少到121矿124井，矿井压减率达30%。发展一批节能企业和循环利用企业，兴高焦化有限公司成为联合国推广的节能与温室气体减排项目示范企业。全面实施六大林业工程，完成造林7350亩，通道绿化273公里，建设生态园林村20个，建设“以煤换绿”生态补偿绿化示范基地2000多亩。建立了企业能耗和环保指标台账管理制度。市区空气质量二级以上天数达到260天，比上年增加25天。对百里丹河进行了亘古未有的全面“双清”，为全线绿化、市区治理打下了坚实的基础。

**6. 各项社会事业快速推进。**高平市完成了三中、东方红等一批中小学配套设施建设，顺利通过山西省政府科教兴市示范市、义务教育标准化建设示范市验收。高考专科以上达线人数达到1854人，比上年增加356人，占考生总数的52%，彻底甩掉了人口大县、教育弱县的帽子。实施了“百千万”科技培训工程，6个项目获得国家专利，8个项目被列为晋城市科研专项。新型农村合作医疗试点成效明显，参合农民达38.6万人，参合率95.23%，被山西省政府命名为全省新型农村合作医疗先进市。计划生育、文化、体育、武装等各项事业均取得长足进步。通过中央电视台与美国克里夫兰市进行了成功对话，戏曲电视连续剧《婶娘》在央视成功播出，大大提高了高平的知名度和影响力。

北环路建设场景

市委书记王树新调研小麦生长

市长谢克敏深入煤矿一线调研安全生产

CCTV7与高平市在联合举办《我们的新农村——走进高平》大型晚会

年产60万吨无烟煤配煤炼焦及配套电厂并网发电项目

农业产业化科技园区一角

7. 构建和谐高平迈出实质性步伐。2006年，高平市新增城镇就业岗位3529个，下岗失业人员实现再就业 763 人。连续两年公开招聘了1450名教育、卫生、党政机关公务员和“村官”等实用型人才。城镇基本社会保险覆盖率达到 80%，城乡低保实现应保尽保。通过开展“送温暖、办实事、促和谐”活动，累计为困难群众捐款50余万元，解决生产生活实际困难3800余件。对1100名农村老党员、老支书、老村长进行了生活补助，社会弱势群体得到了积极及时救助。大力开展了以“八荣八耻”为主题的“文明新风进万家”活动，切实加强了民主法制建设，巩固提高了党务、政务、厂务、村务公开成果。深入开展“平安高平”创建活动，强化社会治安综合治理，高度重视安全生产和信访工作，社会秩序进一步稳定。

8. 党的先进性建设不断加强。2006年，高平市圆满完成了第三批保持共产党员先进性教育活动和市乡两级党委换届，党员队伍思想政治素质大大提高，领导班子结构得到进一步优化。大力开展“五双”活动，扎实推进了农村基层党组织建设。切实加强社区、学校、机关和社会团体党组织建设，突出抓了非公有制经济组织党建工作，党的工作覆盖面和影响力不断扩大。认真落实党风廉政建设责任制，大力推行“三五”保廉机制，全市上下勤政廉政、干事干净的清新之风逐步形成。

重奖清华、北大学子

南张寨村卫生所建成标志着
全市农村全部实现村村有卫生所

邀请农业专家指导钙果种植

投资3000万多元进行丹河整治

建市以来首次举行危险化学品演练

投资9000万元的市体育场

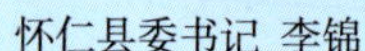
怀仁县委书记 李锦

怀仁县县长 牛志忠

怀仁经济园区

# 中共怀仁县委 怀仁县人民政府

怀仁县地处雁门关外，大同盆地中部。全县总面积1230平方公里，辖10个乡镇，162个行政村，总人口30万，其中在县城居住15万人。

怀仁县高级职业中学

2006年，怀仁县按照科学发展观和构建社会主义和谐社会战略思想的要求，充分利用新的战略机遇，紧紧围绕全面建设小康社会和“三增目标”（增强综合实力、增加可用财力、增加居民收入），发挥“三大优势”（资源优势、区位优势、交通优势），弘扬“三自精神”（自加压力、自主创新、自强争先），实施“三大战略”。（工业强县、科教兴县、招商富县），突破“三个重点”（经济结构调整、城乡统筹发展、建设和谐怀仁），加快“三化进程”（生态园林化、工业园区化、城镇一体化），全县经济社会各项事业实现了又好又快发展。先后获得了全国农田水利基本建设先进县、全省农田水利基本建设“禹王杯”、全省新农村建设先进县、平安建设先进县、行风评议先进县、“双拥”模范县、环保先进县等省级以上荣誉称号。被国家教育部确定为全国义务教育经费保障机制改革试点县。2006年完成地区生产总值57.3亿元，同比增长28%；财政总收入10.44亿元，同比增长65.6%；城镇居民人均可支配收入9490元，同比增长18.3%；农民人均纯收入4502元，同比增长11.3%。经济社会发展综合指数在全省119个县市区排名中进入了前10名，并跨入中国中部百强县行列。

怀仁鸟瞰全景

社会主义新农村建设成效显著。新农村示范点建设取得新突破，累计完成投资3067.66万元，涌现出了一批主业突出、发展较快、面貌一新的示范典型。农业和农村基础设施建设取得新突破，新增节水面积4900亩，建起了农业生产预警控制中心，增强了农业抗御自然灾害的能力。完成了“西水东调”工程，初步解决了县城、高新技术工业园和部分乡村的用水问题。全县行政村基本实现了村村通水泥路和通客运班车。生态畜牧建设取得新突破，全县林地面积达到42.5万亩，林木覆盖率达到23%；全县大牲畜饲养量达到3.3万头，其中奶牛饲养量达到1.7万头，畜产品加工转化率达到38%。农业产业化取得新突破，全县粮食总产量达到2.38亿斤，农村经济总收入达到48.6亿元，转移农村富余劳动力1700多人，农民致富渠道进一步拓宽。农村公共事业发展取得新突破，新建起了5所寄宿制学校，改善了10个乡镇卫生院的基础设施，完善了农村新型合作医疗制度，参合农民达到14.9万人，参合率达到83%。

新型工业化进程明显加快。按照传统产业新型化、新型产业规模化的要求，全面加快产业结构调整步伐。2006年，全县共铺开重点调产项目35个，计划总投资159.9亿元，已完成投资12.26亿元。煤炭资源整合取得了重大进展，第一批整合的煤矿资产清算全部结束，储量核查报告基本完成，首轮采矿权价款全部征收。行业结构比例日趋合理，由2002年煤炭占工业总产值的62%、陶瓷占16%、化工占10%、建材占5%、乳品加工占6%，调整为现在煤炭占58%、陶瓷占12%、化工占12%、建材占4.7%、乳品加工占12.4%；三次产业的比重由过去的13.1：49.9：37调整为现在的8：55.2：36.8；所有制结构发生了较大变化。特别是民营经济占地区生产总值的比重不断提高，提供的税收已占到财政总收入的70%以上。

招商引资取得重大突破。全县共引进国电、同投、同煤、山煤、晋煤、蒙牛、鲁能、中联、中能、同星、东马、国怀、东营、津生、晋丰、方川、天津井田、内蒙全通等18家全国、全省知名的大企业、大集团，投资500万元以上的项目95项，总投资260多亿元。这些项目逐步建成达产后，预计可新增产值360多亿元，实现税收30多亿元，不仅可以有效解决怀仁缺乏大企业、大集团的支撑和发展后劲不足的问题，而且能够使怀仁县的经济总量成倍增加，跨越能力显著增强。

城镇建设迈出新的步伐。全县已建成各类文化休闲广场10座、14.53万平方米，城市景点40多个，绿化覆盖率达到30%以上，集中供热面积达到60万平方米，自来水日供水能力达到2.5万吨。重点筹划和建设了毛皂、何家堡、海北头3个卫星镇，金沙滩、新家园、吴家窑3个中心小集镇，城镇一体化的步伐明显加快。

社会各项事业协调发展。科技进步对经济增长的贡献率进一步提高，教育质量稳步提升，2006年，全县高考本科达线人数1352名，连续15年保持全市第一。人口和计划生育工作有了新的进展，人口自然增长率控制在了6.01‰以下。资源和环境保护力度不断加大，县城空气质量二级以上天数达到260天，比2005年增加了22天。社会保障能力不断增强，下岗再就业渠道进一步拓宽，城镇登记失业率控制在了3.5%以内。全年发放低保金989万元，征缴各类社会保险基金4500万元，基本做到了应保尽保。卫生、体育、广播电视等事业有了明显进步。全县10个乡镇全部达到了县级以上文明标准。

怀仁煤炭发运站

中国怀仁陶瓷

怀仁县金沙滩生态旅游区景点——点将台

蒙牛雁门乳业公司

(6) 在可持续发展上求突破，加快基础设施和生态环境建设。一是狠抓以交通、电力为重点的基础设施建设。侯（马）禹（门口）高速公路已经完工；运城环城高速公路西南段、垣曲蒲掌至闻喜东镇高速公路、运（城）稷（山）一级公路、沿黄扶贫旅游公路正在加紧建设。大唐运城电厂 2×60 万千瓦发电机组、运城50万伏变电站、平陆22万伏输变电站等 6 个电力项目已开工建设。二是狠抓以绿化和治污为重点的生态环境建设。2006 年多渠道投入 2.4 亿元，完成各类绿化工程51万亩，城区绿化面积达到110万平方米、人均增加3平方米，所有出境的高速路、一二级路口全部绿化到位，森林覆盖率达到 24.1% 。对一些污染严重的冶金、煤焦等企业坚决关停，对不达标的限期整改，对新上项目严格把关。经过整顿，淘汰落后焦炭产能184万吨/年、淘汰落后炼铁产能300万吨/年；预计减少二氧化硫（$SO_2$）排放 2100吨/年，减少化学需氧量（COD）排放760吨/年。2006 年主要污染物万元地区生产总值排放总量64千克，下降22%；二氧化硫和化学需氧量两项主要污染物的排放总量分别控制在13.7万吨和7.9万吨，分别削减0.92万吨和0.8万吨，完成了省政府下达任务；市区空气质量综合污染指数下降23.1%，二级以上优良天数达到 224天；境内两条主要河流汾河、涑水河入黄河断面主要污染物化学需氧量(COD)、氨氮(NH3-N)综合污染指数同比分别下降6.59%、35.26%。

2. 以人为本、关爱民生，努力建设和谐运城。运城市委、市政府把和谐社会建设放在更加突出的位置，正确处理改革、发展、稳定的关系，从涉及群众切身利益问题入手，着力解决改革发展、制度建设、保障救助、社会管理、公共服务等问题，切实改善民生、促进民和、确保民安。

(1)发展民主政治，依法保障人民群众的合法权益。进一步坚持和完善人民代表大会制度，支持人大及其常委会依法履行职责。坚持和完善多党合作和政治协商制度，支持政协发挥参政议政、民主监督作用。不断巩固和扩大爱国统一战线，强化工、青、妇等人民团体的桥梁纽带作用，民族、宗教、侨务和对台工作取得了新进展。进一步完善了村民、社区居民自治和企业职工代表大会制度，不断深化政务、村务、厂务公开，全市90%以上农村实行了村务公开和民主管理。

(2) 切实关注民生，解决人民群众生活问题。认真落实就业再就业政策，新增就业岗位6.2万个，失业率控制在1.8%；进一步完善城乡劳动力市场，大力发展劳动力经济，转移剩余劳动力10.2万人。积极推进扶贫工作，产业化扶贫和移民搬迁等工作进展顺利。

(3) 促进社会公平，完善社会保障体系。进一步建立健全最低生活保障和养老、失业、医疗、工伤等社会保险体系。“两个确保”达100%；城乡低保纳保人数达15.9万人，发放低保金 6185 万元；农村新型合作医疗参合农民 166.3万人、参合率达 84.8%。同时，进一步加强救灾救助工作，积极维护劳动者合法权益。

(4) 维护和谐稳定，创造人民群众安居乐业的社会环境。加强和改进信访工作，解决了一大批人民群众反映的司法不公、征地拆迁、企业改制、拖欠农民工工资等热点难点问题。广泛开展“平安运城”创建活动。有效防止了重特大事故发生。积极发展社区文化、广场文化、校园文化，广泛开展文明和谐创建活动，形成了“知荣辱、讲文明、促和谐”的良好风尚。同时，全市教育、科技、文化、体育、计生等社会事业也得到蓬勃发展。

粟海的肉鸡生产

# 山西晋中经济开发区

副省长胡苏平在晋中开发区企业调研

晋中市委书记李永红在开发区调研

2007年，晋中开发区党工委、管委会坚持以科学发展观为统领，努力提升招商引资的规模、质量，扎实推进重点项目、重点工程，倾力扩大园区的聚集效应和经济规模，着力壮大特色经济，培育行业龙头，促进和谐发展，经济工作、农村工作和社会事业呈现出稳中有升、快中见好的发展态势。

主要指标再创新高。全年地区生产总值完成9.26亿元，同比增长28.4%；财政总收入完成2.36亿元，同比增长37.1%。支柱行业再上台阶。纺机、医药、专用车生产、商贸物流等几大产业已成为全区经济主力。引资上项再创佳绩，引进投资在1000万元以上的项目18 项，协议总投资44.9亿元。节能减排成果显著，光明机械厂成为全国首家荣登“中国企业节能减排宣言成员企业”的电镀企业。基础建设再掀高潮，铺开道路建设工程30项，深入开展了城市环境综合整治，开发区形象得到了明显的改善和提升；新农村建设和社会事业再开新局，农民人均纯收入达到4768元。科技、教育、文化、医疗、体育、社会治安、计划生育、农村培训、失地农民养老保险等各个方面的工作均取得了可喜的进展。

2008年，晋中开发区认真贯彻落实十七大精神，以科学发展观为统领，以“提速增效”为目标，“项目达效、园区达标”为重点，大力加强政务环境和作风建设，力求在重大项目引入和推进、产业园区规模扩大和效益提升、主导产业做优、骨干企业做强、新农村和生态文明建设更加优美方面谋求新突破，努力打造晋中工业“小硅谷”，进一步实现经济又好又快的发展，开创经济社会和谐发展的新局面。

崛起中的山西民营科技园

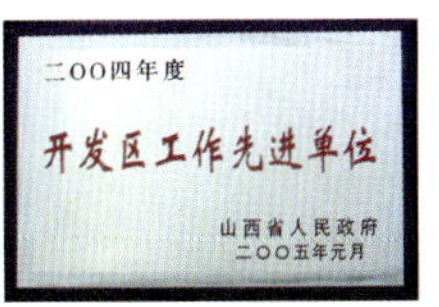

市委书记 李良森

市长 张旭光

# 科学发展引领新农村建设

## 中共孝义市委 孝义市人民政府

孝义市地处山西中部，吕梁山下，汾水之滨。近年来，孝义市以科学发展观统领经济社会发展，顺利实现了“吕梁领先、山西一流、中国百强”的“三步走”战略目标，正在向着区域性中心城市的宏伟目标阔步前行。新农村建设启动以来，孝义市紧紧围绕“规划审批一批、启动建设一批、移民搬迁一批、环境整治一批”的思路，分类指导、因村制宜，科学推进新农村建设，在全省率先启动并评审通过了市级新农村建设规划，7个建制镇的小城镇建设规划全面完成，5个乡级新农村建设规划全面启动，71个村完成新农村建设规划并通过评审。通过财政投入、村企帮扶、以工补农、乡镇结对等形式，累计投入新农村建设资金1.03亿元，被省委、省政府命名为“新农村建设先进市”。

试点先行，典型带动，丰富建设模式。采取“六种模式”，加快新农村建设。一是“一步到位式”。西王屯、克俄村高点起步，一步到位，村民住宅实现了水、电、暖、气、闭路、宽带“六配套”。西王屯跨入“山西省十大名村”行列。二是“迁村进城式”。结合采煤沉陷区治理，鼓励支持整村搬迁进城。黑坡沟村投资3000万元在市区建设农民住宅新区。上荆封、下荆封、申家沟等6村规划投资2.5亿元，实行整体搬迁进城。三是“搬迁入镇式”。结合小城镇建设，扩大中心村规模、吸引周边村搬迁。西辛庄镇杨家沟、杜西沟、西沟沿3个村规划投资5000余万元在镇区周边建设村民住宅新区。驿马乡规划投资3000余万元在乡镇所在地建设现代集镇。四是“城市社区式”。科学合理进行旧村改造，逐步向城市社区转变。中阳楼街道所辖15个村已有9个村依托城郊优势，投资5.74亿元铺开新村庄建设。五是“拆旧建新式”。以新尉屯、神安、禅房头、南阳等村为代表，主要采取分步建设、分步拆迁的办法，对原有村进行搬迁改造。六是“生态家园式”。以东小景村、西小景等村为代表，主要体现人与自然和谐统一的生态型新农村建设风格。

产业先导，扶优扶强，打造增收支撑。以“一园一企”为重点，加快农业产业发展，高阳农业科技示范园区已有14户企业入驻，目前园区完成投资5.08亿元，先后被命名为“省级农业科技示范园区”和“全国农副产品加工示范基地”。铭信禽业公司投资2.2亿元的肉鸭深加工项目已完成投资9000余万元，2008年9月可建成投产。全市农业产业化辐射带动农户2.5万户，2007年农民人均纯收入达到5686元。

山西省十大名村——西王屯村

贾家庄村民住宅新居

贾家庄村举办三皇文化节

华鹿鹿茸养身汤生产线

西关村农民活动广场

突出重点，多措并举，强化整体推进。以“五化五通五个一”工程为抓手，全面加强农村基础设施建设，完成162个村243公里的街道硬化，新建改造标准化卫生院15所、标准化村卫生所320所、寄宿制学校35所、文化科技大院88处、健身广场89处、便民连锁店86个；全市程控电话基本普及；有线电视实现市乡村大联网，村通率达到95%；农村饮水解困工程完成149处，解决了18.5万人的饮水困难；新建沼气池3190余座；合作医疗参合率达到96.25%。

山西高阳园区的金绿禾生物公司

# 古县人民政府

2006年，中共古县县委、县政府坚持以科学发展观为指导，以实施61项重点工程为统领，聚精会神搞建设，一心一意谋发展，经济建设和各项社会事业保持了良好的发展态势。全县生产总值完成 26 亿元，比2005年增长17.3%；限额以上工业增加值完成17.4 亿元，同比增长29%；财政总收入达到4.4亿元，同比增长46.9%；城镇居民人均可支配收入完成10055元，同比增长15.9%；农民人均纯收入完成3230元，同比增长10.4%。在临汾市综合考评中夺得了“四连冠”。2006年，在全省 119 个县（市、区）综合考评中，古县经济社会发展水平位列第 35 位，经济社会发展指数位列第27位。

省委常委、纪委书记金道明（左三）在古县正泰煤气化公司调研

1. 以农民增收为核心，优化特色产业，加快推动农业产业化长足发展。全年粮食产量达到47673吨。核桃树达到755万株。双孢菇产业推广菇房栽培新技术，重点培育了 300 个示范菇棚，单产产量和经济效益十分可观。古县金米、中早熟马铃薯、小杂粮、中药材、梅花鹿等特色农业产业不断壮大，农民收入显著增长。 7 个新农村试点村和14个环境治理村编制了发展规划，新农村建设开端良好。

2. 以转变经济增长方式为重点，提高发展质量，全面促进工业企业效益稳步增长。临古煤矿和相力二矿产能达到45万吨，太岳煤矿150万吨和玉生煤矿 60 万吨矿井建设进展顺利，文明矿井创建工作卓有成效，全县原煤产量突破 500 万吨，洗精煤产量达到 400 万吨。六大机焦企业全部完成了二期工程和化工产品回收建设，环保配套设施建设和厂区治理工作顺利推进，全年生产焦炭297 万吨，焦油、粗苯等化工产品的产量与效益十分可观。

省长助理刘维佳（左二）在市委常委、副市长黄翠莲（右二）陪同下来古县调研

3. 以两区开发为契机，积极招商引资，力争实现全县工业经济的大循环。积极向省政府申报经济发展项目，欧罗福煤气利用、双孢菇产业化发展、牡丹旅游景区开发等 7 个项目申报成功。积极组团参加“上洽会”、“港洽会”和“中博会”，欧罗福煤气综合利用、60 万吨冶金焦及化工产品回收、120 万吨特种水泥、10 万吨LN—纳米沸石、2×20 万千瓦煤矸石发电等 5 个项目与外商签约，总投资额达35亿元。年内，森润60万吨冶金焦及化工产品回收项目竣工投产；欧罗福煤气综合利用项目全面启动；其他项目进展顺利。这些项目涉及全县冶金、电力、建材、旅游、农业等多个行业，实施以后可以更加有效地利用全县机焦企业的富余煤气、煤矸石以及余热，实现县域工业的大循环。

古县城市建设日新月异，城市功能不断完善，城市品位不断提升。图为古县百项重点工程剪彩仪式现场

古县万亩优质核桃生产基地

古县的夜晚星光灿烂、流光异彩

**4. 以牡丹景区开发为龙头，打造精品工程，积极培育煤焦之后的接续替代产业。**重点开发了三合牡丹旅游景区，新栽植牡丹92700株，品种达到66种，面积达到520亩；牡丹壁、牡丹仙子像、人工瀑布、农家乐、商品一条街等主要景点建设进展迅速，主景区已初具规模。五一黄金周期间，游客突破20万人次，服务业收入达到200余万元。与此同时，启动了石壁河流域和全县旅游发展规划的编制工作，全县旅游开发思路更加清晰。

**5. 以优化环境为目的，统筹城乡发展，不断完善城乡基础设施。**拓宽改造了康庄街、朝阳南路等7条城市道路，启动了煤炭培训综合大楼、法院审判大楼等精品市政工程，铺开了延庆观修复和烈士纪念馆建设工程，实施了水质监测和自动供水、煤气脱萘和保温工程，建成了半自动化的张庄屠宰场，开展了市容环境综合整治活动，县城的服务功能进一步完善，人民环境更加舒适。建成了金堆110 千伏输变电站、金堆至贾寨35千伏输电线路等电力设施，改造了牡丹旅游景区和323线白素段主干道路，完成了 30个村86公里的“村村通”水泥(油)路工程，新建了 6 个移动通讯基站，进一步缓解了交通、电力和信息的瓶颈制约。

**6. 以改善民生为宗旨，发展社会事业，努力让人民群众共享经济发展成果。**完成了古县一中一期建设、青少年活动中心建设和 8 所学校的危房改造工程，开通了覆盖198 所学校的现代远程教育网络，免除了全县义务教育阶段学生的学杂费和书本费，聘用了 72名优秀教师充 实到基层学校，全县高考达本科线41人，再创历史新高。精心组织了“魅力古县”灯展、“党旗飘扬”水上晚会、《走进大戏台》专场节目、“环保杯”篮球赛等文体活动，新建了广播电视大楼和高标准演播厅，完成了42个村的广播电视信号“村村通”工程，20集电视剧《乡村警察》在古县拍摄，文化强县氛围更加浓厚。扩建改造了古阳镇卫生院，投资120万元为县医院配置了彩超、胃镜等14台设备，完成了新型农村合作医疗试点县的审批工作，38个村级卫生室验收达标，医疗条件进一步改善；不断加大医疗、食品市场整治力度，确保了人民群众的医疗和饮食安全。全市“平安创建”现场会在古县召开。一批群众关心的热点问题得到了妥善解决，年初承诺的18件实事全部兑现。

古县六大机焦企业基本形成了煤—焦—化、煤—气—电等循环经济发展模式。图为利达焦化公司机焦、化产及污水处理一角

天下第一牡丹门

古县农业基础设施完善，特色农产品丰富

董事长、党委书记 刘随生

副董事长、总经理 吴永平

# 大同煤矿集团公司

大同煤矿集团公司（以下简称同煤集团）是全国特大型煤炭企业，正在建设的晋北煤炭基地是国家规划的13个大型煤炭基地之一。2005年全集团煤炭产销量突破1亿吨，居全国第2位，世界煤炭产销量排名第6位，2006年煤炭产销量1.0418亿吨。

同煤集团总部

董事长、党委书记刘随生在生产一线调研

同煤集团为国民经济建设做出了重要贡献。企业以煤炭生产为主，电力、机械制造修理、钢铁生产、工程建设、化工、建材、物业、旅游等多业综合发展，企业生产的多用途优质烟煤含硫低、灰分低、发热量高，主要用于火力发电、工业锅炉、造气，也用于炼焦配煤、高炉喷吹、制水煤浆等，成立58年来累计为国家生产优质煤炭15亿吨，全国人均1吨煤，上缴利税近213亿元，是国家投资的4倍。同煤集团以大同、宁武、河东（北部）煤田为资源基地，煤田储量892亿吨，现有47对矿井，20万员工，总资产403亿元，所属子公司、分公司和二级单位139个。曾荣获国家企业管理优秀奖“金马奖”和全国五一劳动奖状等多种奖项。“同煤”品牌荣获2006年中国十大世界影响力品牌、2006世界市场中国十大年度品牌。历史上有30多位党和国家领导人到同煤视察。

副董事长、总经理吴永平在井下检查安全工作

1.3米以下薄煤层刨煤机

同煤集团现代化矿井

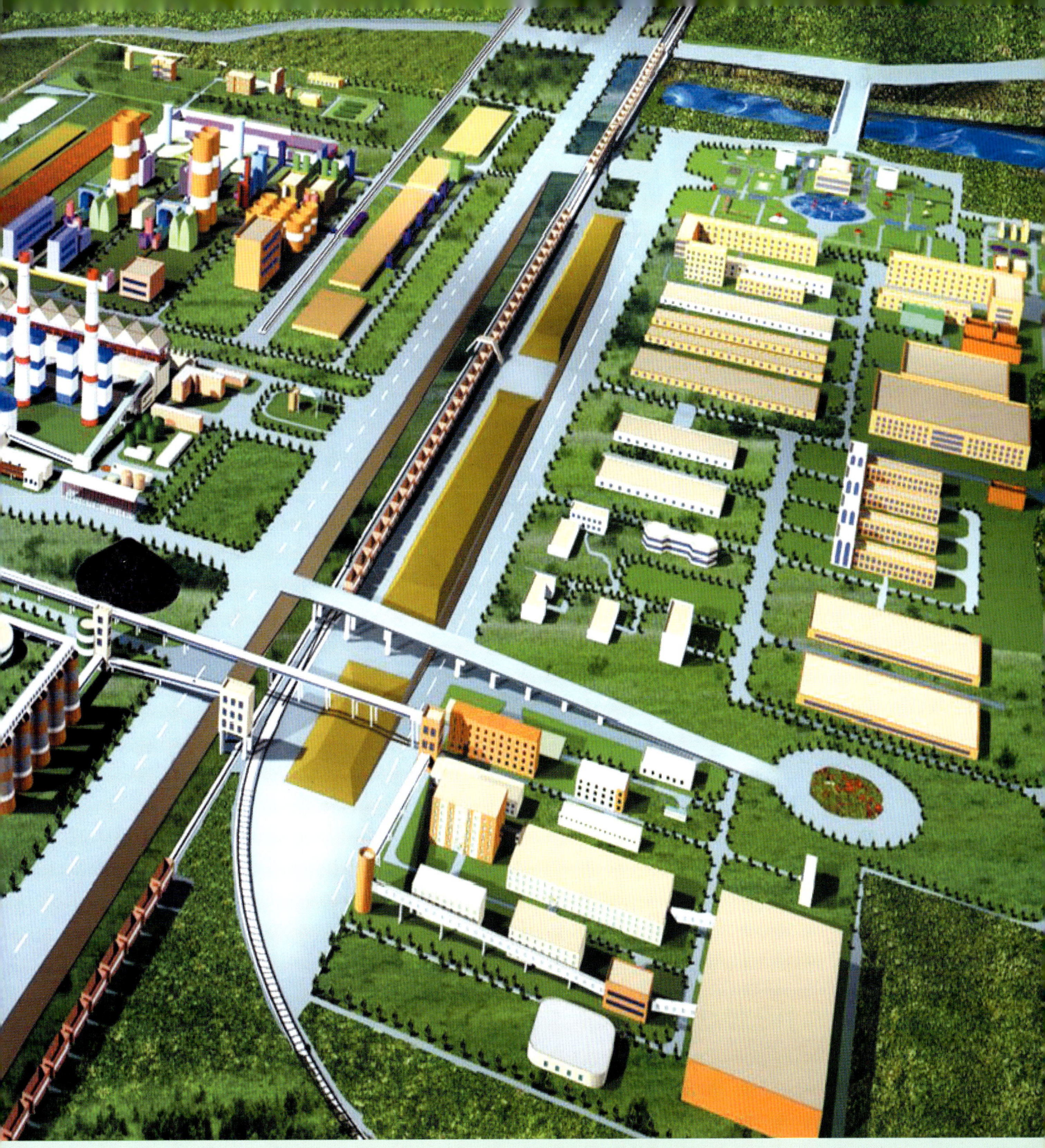

“十一五”规划的总体思路概括就是“12355”。即：建设一个新型综合能源大集团；抓好两大任务（做强同煤，造福员工）；建成三个基地（商品煤、出口煤、煤炭深加工基地）；实现五个同煤（绿色同煤、科技同煤、诚信同煤、小康同煤、和谐同煤）；走五化道路（现代化、集团化、洁净化、多元化、国际化道路）。

“十一五”规划目标就是实现“11115”工程。到2010年，煤炭产销量达到1.5亿吨；总资产近1000亿元；新建1000多栋住宅楼(通过棚户区改造和采煤沉陷区综合治理，使矿区9万多户30多万员工家属的居住条件得到彻底改善)；员工人均收入平均每年提高10%左右；销售收入增加到500亿元。

# 阳泉煤业(集团)有限责任公司

阳泉煤业（集团）有限责任公司前身为阳泉矿务局，成立于1950年1月，1997年改制为国有独资公司。2005年经债转股，成为省国资委、中国信达公司、建设银行共同出资的有限责任公司。公司总资产330亿，下属9个分公司，19个子公司，2个上市公司。职工10万人，矿区职工和家属25万人。

总经理赵石平

党委书记、副董事长石盛奎

阳煤集团是国家规划的13个大型煤炭基地之一——晋东煤炭基地的重要组成部分，也是首批19个煤炭国家规划矿区之一，被山西省政府列入三大经济方阵的第一方阵。2007年位列全国500强企业第206位、全国煤炭工业100强第10位。作为一个集煤、电、铝、化、房地产等产业为一体的跨行业、跨区域、跨所有制的大型企业集团，目前煤炭生产能力接近4000万吨，电力总装机容量64万千瓦，氧化铝能力40万吨，电解铝能力12万吨，煤化工和乙炔化工产值30亿元以上。2006年，集团营业销售收入完成180亿元，其中煤炭88亿元，非煤92亿元。

多来来，集团先后获得“首届中国煤炭工业优秀企业奖”、“煤炭工业优秀奖金石奖”、“质量标准化、现代化矿务局”、“AAA级信用度企业”、“重合同守信用企业”、“山西省优秀企业”、“山西省经济结构调整突出贡献企业”、“山西省精神文明建设先进企业”、“全国五一劳动奖状”等荣誉称号。

在现有的产业基础上，集团公司下一步的发展思路是：深入贯彻落实党的十七大精神，全面落实科学发展观，高度重视发展过程和发展手段的科学性，切实把节能环保作为发展的前提和基础，努力把兼并收购改造作为发展的主要手段，力争到2010年前后建成拥有3～4个上市公司，年销售营业规模500亿元，实现利润和上交税费突破60亿元的大型企业集团。具体的发展规划为：一是以煤炭上市公司国阳新能为平台，以争取煤炭产业整体上市，积极参与全省煤炭资源整合和大规模开发煤炭后备区为基本途径，投资190个亿，实施18个改建、扩建、新建矿井和选煤项目。到2010年前后把煤炭生产能力发展到8000万吨～1亿吨，实现销售收入250个亿。二是以煤化工上市公司三维华邦为平台,力争再建一个与三维同等规模的大型乙炔化工企业。兼并收购改造5～8个与阳煤具有产业上下游联系的省内外化肥企业，力争2010年前后把化肥产业规模达到50个亿。拓展矿井瓦斯加工利用的新途径，下工夫组织含氧低浓度瓦斯低温液化技术攻关，给新矿区瓦斯利用找到出路，实现产业化经营。总的考虑是，力争2010年前后把煤化工产业的销售规模达到100个亿以上，实现利润10个亿。三是以兆丰铝电和煤矸石电厂为核心，组建阳煤铝电股份公司并争取尽快上市，组织完成氧化铝二、三期建设和电解铝扩建项目，新建240万吨铝土矿，着手组建铝业加工园区，吸引外资到阳泉从事铝业深度加工，力争2010年前后把铝业收入达到60亿元。四是着眼于新矿区资源综合开发利用，与香港华润集团和中国华能公司合作，在寿阳矿区和左权矿区建设两处装机容量120万千瓦的坑口电站，消化两个矿区煤炭生产中产生的中煤和煤矸石；积极发展省国际电力集团的煤矿、电站相互持股和矿井、电厂煤炭地下运输，大力控制煤炭汽车运输过程中烟尘污染，2010年前后把坑口电站装机容量达到400万千瓦以上，全部消化洗煤产生的中煤

奥伦胶带

和热值在2000大卡以上的煤矸石。五是组建集建筑安装、矿井建设、建材生产（10立方米免烧砖、200万吨水泥）、房地产开发为一体的大型房地产和建筑安装企业，集中力量开发临汾百万平米住宅区、重庆200万平米商务住宅区，阳泉矿区的棚户区、沉陷区3万套200万平米住宅，20万立方米免烧砖、200万吨水泥、太原长风街中央商务区企业总部经济区项目等六大项目，2010年把建筑建材房地产营业收入规模达到50亿元以上。六是继续支持磁性材料和机械制造产业发展，其中磁材产业在目前1500吨钕铁硼、1万吨铁氧体生产能力的基础上，通过与国内外其他企业合作，实施能力翻番项目；机械制造业通过新建120万吨输送带项目，配套生产大重皮带运输设备，引导原来以维修为主的机电修造业走上专业化生产道路；对矿区原有的88个小型加工服务企业在产权改革的基础上，积极开展对外合作，保障其继续发展，支撑25000人就业。

阳煤集团控股的国阳新能、山西三维两个上市公司，业绩良好。集团公司拥有220亿优质存量资产，具有得天独厚的巨量资源赋存，交通畅达便利，人文环境优越，装备设施精良，科技实力雄厚。在五十多年的奉献历程中，阳煤集团培育了门类齐全的济济人才和忠诚智勇的高素质队伍，锻造了严实精细的管理基础和精湛厚实的企业文化，蕴育了诚信的品牌美誉和卓越的企业形象。这些持续强盛的优势动力，为阳煤集团又好又快的强势发展打开了广阔的成长空间。

现代化选煤厂

煤炭外运

综放采煤工作面

现代化大型矿井

阳煤集团实施“煤与非煤并重、做大与做优并举”的战略方针，“135”产业格局基本构建成形。煤炭产业如日中天，品质上乘的“阳优”煤行销海内外，数年后可达亿吨级产能水平。电力、铝业、化工三个非煤主导产业强劲崛起，煤电铝、煤化工两大循环经济产业链迎来收获期。建筑房地产、煤机制造、磁材、建材、煤层气开发利用五个支持产业在市场驰骋中迅速成长，非煤产业与煤业并驾齐驱，步入规模化集约发展的崭新境界。阳煤集团以旺盛的生机活力超常跨越，营业总收入6年增长6倍，2006年达到180亿元。经济效益的大幅跃升，使股东权益、企业实力、员工利益同步攀高。

阳煤集团正以方兴未艾的超越态势，搏击“以大搏强、十年三百亿、奋斗500亿”的战略目标，憧憬“中国鲁尔、幸福家园”的共同远景，建成全国最大的无烟煤基地、全国最大的煤电铝基地，建成和谐强盛的新型企业集团。

腾飞的阳煤集团，以国有特大型企业的卓越丰姿、骄人业绩和优质的产品与服务，与投资者、客户和供应商共享资源、共赢市场，为优秀人才和每个员工提供成长成才的坚实舞台。

阳煤集团竭诚欢迎国内外朋友携手合作，共创辉煌。

企业外景

# 山西三维集团股份有限公司

山西三维集团股份有限公司是国家大型一档高科技企业，也是山西省35户大企业大集团之一，已连续三年列入中国化工500强排序。公司前身山西维尼纶厂始建于1970年，1996年2月实行股份制改革，1997年6月股票上市，2006年完成与阳煤集团的资产重组。目前，公司拥有洪洞和太原高新技术园区两个生产基地，资产总值40亿元，在册员工3600人，占地1500余亩。

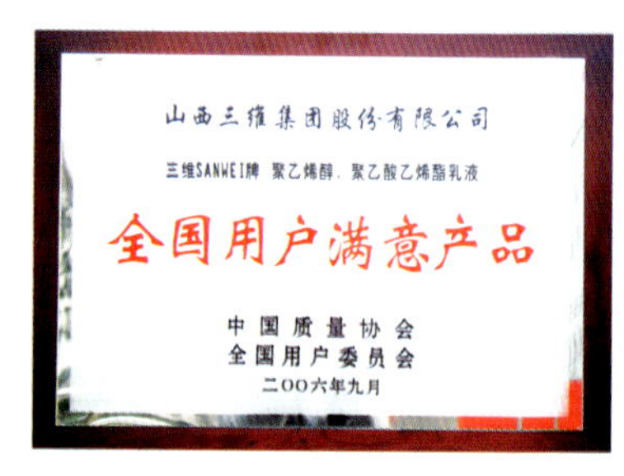


公司以有机化工为主业，主要产品有10万吨聚乙烯醇（PVA）、3.5万吨聚醋酸乙烯酯乳液（白乳胶）和7.5万吨1，4—丁二醇（BDO）等三大系列一百多种产品。其中公司1，4—丁二醇、四氢呋喃、PTMEG、Y—丁内酯、可再分散性乳胶粉、双乙酸钠等生产装置，均为引进国外一流技术装备建成，生产过程全部采用国际先进的DCS工艺控制系统，部分产品填补了国内空白，产品质量达到国际水平。

年产7.5万吨1，4—丁二醇生产线

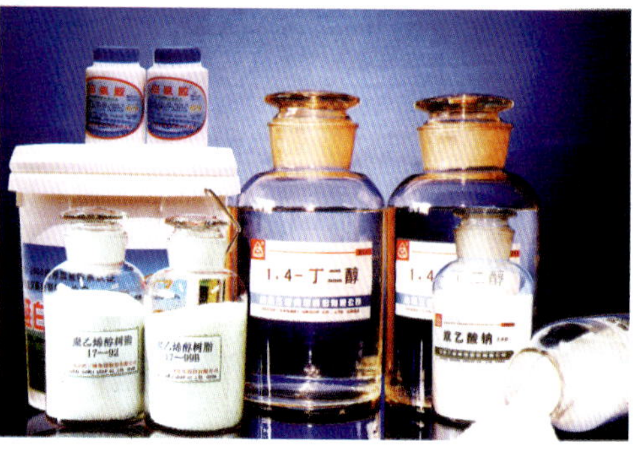


三维集团公司部分产品

长期以来，公司坚持以市场为导向，持续推进科技创新和对外开放发展战略，不断开发填补国内空白的新产品新项目，形成了引进、合作、开发、改造一体化的技术创新体系，企业的生产规模和技术水平显著提升，产品结构日趋合理。在全国同类企业中，三维公司具有显著的规模技术优势和产品质量、品种优势，主要经济技术指标位居前列。公司主导产品 PVA、BDO、白乳胶等产能居国内企业之首，公司还是国内唯一具备完整1，4—丁二醇产业链的企业，在国内同行业中三维具有重要的影响力，享有较高的知名度。

罗斯蒙特总线式自控系统JPG

公司曾连续三年被授予全国质量效益型先进企业，并享有全国五一劳动奖、山西省优秀企业、最佳企业、结构调整突出贡献企业、科技先导型企业和管理现代化企业等众多荣誉称号，连续四年列入中国化工 500 强企业行列。1999年公司通过 ISO90001 国际质量体系认证，2004年通过ISO14001国际环境管理体系认证。

三维集团公司检测中心

年产10万吨聚乙烯醇树脂生产线

勇于创新、善于管理、崇尚科技、笃守诚信的三维公司，将进一步加快产品结构调整步伐，加大潜力产品开发力度，加速实施项目扩建，力争用3～5年的时间，使公司的销售能力达到50亿元以上，进一步增强企业的竞争实力。

# 晋城市人民检察院

晋城市人民检察院成立于1985年6月，管辖6个县区院和1个派出检察院，全市共有检察干警439人，其中市院106人，全市检察干警本科以上文化程度达72%。

近年来，全市检察机关全面落实科学发展观，坚持“强化法律监督，维护公平正义”的检察工作主题，按照“加大工作力度，提高执法水平和办案质量”的工作要求，围绕市院党组提出的“抓服务，促发展；抓办案，保稳定；抓监督，护公正；抓预防，求和谐；抓队伍，树形象”工作思路，扎实工作，奋力拼搏，全面履行法律监督职责。两年来共受理各类审查逮捕案件1752件3123人，依法批捕1680件2976人；受理各类移送审查起诉案件2683件4222人，向法院提起公诉2464件3894人；立案侦查贪污贿赂、挪用公款、渎职侵权等职务犯罪案件160件179人，通过办案为国家挽回经济损失4000余万元，有力地维护了晋城市的经济发展和社会稳定，为构建和谐晋城做出了积极贡献。

检察长 张润才

开展岗位练兵、建设学习型检察院活动，提高了队伍素质

检察长张润才在接待群众来访

几年来，晋城市检察院党组一班人，带领全体检察干警锐意进取，争创一流，取得突出的成绩：2004年10月，被高检院表彰为“信息化工作先进单位”；2004年11月，被高检院表彰为“全国检察机关纠防超期羁押先进单位”；2005年2月，被高检院授予全国检察机关基层建设组织奖、市院反贪污贿赂局被评为“全国检察机关十佳反贪污贿赂局”、被高检院表彰为“全国检察机关扣押冻结款物专项检查工作先进单位”；2005年11月，被省院表彰为“全省检察机关宣传思想工作模范单位”；2006年4月，被晋城市委保密委评为“全市保密工作先进集体”；2006年6月，被晋城市依法治市领导组授予“依法治理先进单位”；2006年8月，被晋城市精神文明建设指导委员会授予“文明单位”荣誉称号；2006年9月，被山西省委保密委评为“全省保密法制宣传教育先进集体”；2006年10月，被高检院影视中心授予“检察影视重点宣传单位”；2007年1月，被高检院表彰为“全国检察机关集中查办破坏社会主义市场经济秩序渎职犯罪专项工作先进集体”；2007年4月被山西省委、省政府授予“山西省模范单位”。在基层院建设中，高平市院被高检院确定为“全国检察机关规范化建设示范院”，并于2005年2月被高检院评为“全国先进检察院”；阳城县院被省院确定为“全省检察机关党建工作示范院”，并于2007年2月被高检院评为“全国先进基层检察院”；沁水县院被省院确定为“全省检察机关科技强检示范院”。

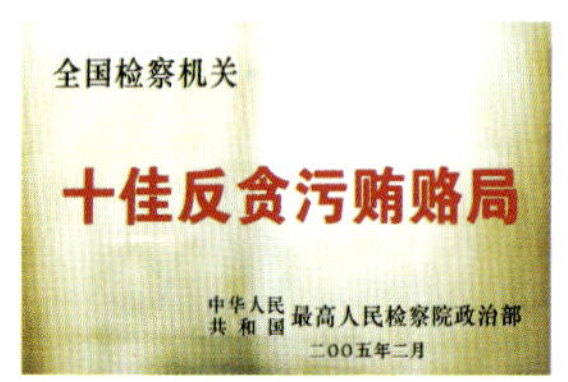

# 太原铁路局

春运期间，太原铁路局局长武汛在站前广场询问旅客购票情况

2006年，太原铁路局干部职工以科学发展观和构建社会主义和谐社会战略思想为指导，围绕安全、运输、经营、改革等重点任务，坚持"务实、高效、创新、争先"的工作方针，实现了高起点开局，高标准推进。

运输生产。大秦线全年采取118项优化措施，攻克30余项技术难关，建设万吨战略装车基地44个，日均开行2万吨列车6.3列，开行单元万吨34.2列，开行组合万吨13.2列，先后25次创造了单日运量新纪录，最高日达到79.1万吨，提前7天实现2.5亿吨目标。侯月线提前10天完成1亿吨运量。全局日均装车达17526车，同比增长1138车、增长6.9%；完成货物发送量4.22亿吨，比计划增运498.2万吨，同比增运3956.4万吨、增长10.4%；旅客发送3442.8万人，比计划增运252.8万人，同比增运312.9万人、增长10%。

2006年3月20日，山西省在太原铁道大厦召开表彰太原铁路局建局一周年先进集体和个人大会

大秦线运输的滚滚"乌金"经由秦皇岛港务局运往全国各地

运输安全。坚持把运输安全作为全局各项工作的前提和基础，坚定不移地推行落实安全工作法，全面规范新体制下的安全管理，健全完善设备质量、职工培训、"两纪"管理、安全分析、责任追究等一系列考核制度，全面实施主要行车设备"两个填平补齐、五年达到全路先进水平"的安全基础战略，推进安全标准线建设，深化安全专项整治，全年道口事故、路外伤亡事故同比减少48%和38%，责任设备故障压缩32%，截至年底，实现连续安全生产653天，实现了建局第二个安全年。

经营管理。全年完成堵漏保收2.64亿元，同比增收4460万元、增长20%；完善了大额资金审批程序和使用管理办法，严格规范银行账户，清理1389户、撤并428户；狠抓对重点单位、重点项目、重点资金的定期财务收支审计，纠正各类经济事项95笔，涉及金额1.77亿元；深入开展"整纪正风"教育和"治理商业贿赂"活动，眼睛向内，自查自纠，解决了运输、财经、劳资、改革、廉政等方面存在的突出问题。

基本建设。大秦线2亿吨和北同蒲线应急扩能后续改造和机务、车辆等相关配套工程，宁岢线电化工程，湖大联络线及大石庄站改造工程全面完成，忻河线电气化改造、河边至东冶新建联络线进展顺利。2006年12月26日，迁曹铁路提前一年开通运营，进一步疏通了大秦线出口，为3亿吨目标的实现创造了条件。

精神文明建设。深入开展社会主义荣辱观教育和"树标塑形"活动，荣获"全国安康杯竞赛活动优胜企业"称号，保持了山西省精神文明建设先进单位。在2006年度全国500强工业企业和500强服务企业排序中，分别位居第98名和38名；在山西省进入全国百强的11个企业中排名第三。在全路"三进"列车评比中，有6对列车荣获"红旗列车"称号。

# 山西焦化集团有限公司

公司党委书记、董事长 潘得国

山西焦化集团有限公司是一家对煤进行深加工，集洗煤、炼焦、精细化工、化肥、建材、对外参股等为一体的国有大型一档企业。为国务院确定的520户国家重点企业、全国 82 家循环经济试点单位和山西省重点发展的优势企业之一，是山西焦煤集团的子公司。

公司筹建于1969年，1982年竣工验收，现有职工8473人，占地290公顷，总资产43.5亿元，主要生产装置37套，年加工煤焦油35万吨、粗苯 2 万吨，年产焦炭220万吨、合成氨8万吨、尿素13万吨、硫酸铵 2.5 万吨、改质沥青 15万吨、软质炭黑 2 万吨、水泥20万吨等，生产 50 余种产品。1995年改组为国有独资公司，1996年募集设立山西焦化股份有限公司，成为全国焦化行业第一家发行上市股票的企业，2004年重组为山西焦煤集团的全资子公司。1997年12月、2000年2月和2003年4月率先在全国焦化行业通过了 ISO9001 质量管理体系认证、ISO14001 环境管理体系认证和OHSMS18001职业健康安全管理体系认证。“九五”期间，投资9.07亿元建设了 90 万吨/年焦炉易地改造项目；“十五”期间，投资5.5亿元建设了30万吨/年煤焦油加工改造项目一期工程；“十一五”期间，将重点建设150万吨/年焦炉扩建项目、20万吨/年甲醇项目、20 万吨/年醋酸项目、10 万吨/年苯精制项目、“18・30”化肥易地改造项目等，形成300万吨/年焦炭、30万吨/年煤焦油加工、30万吨/年尿素、20 万吨/年甲醇、20 万吨/年醋酸、10万吨/年苯精制的生产能力，化工产品达60余种，总资产达80亿元。

多年来，公司认真落实科学发展观，坚持“以人为本、以科技为先导、以市场为导向、以管理为主线、以效益为中心、专业化管理、市场化运作”的工作思路，持续强化基础管理，稳步推进内部改革，大力发展循环经济，积极调整产品结构，依法治企，规范运作，先后受到省和国家的表彰，获得了“全国五一劳动奖状”、“全国现场管理先进企业”、“全国环境保护先进企业”、“中国AAA级重质量守信誉企业”、“全国思想政治工作优秀企业”、“全国模范职工之家”、“全国厂务公开民主管理先进单位”和“山西省管理示范企业”、“山西省最佳企业”等荣誉称号。

# 山西省功勋企业家
# 优秀企业家潘得国

山西焦化集团有限公司党委书记、董事长潘得国坚持以十七大精神为指针，坚持科学发展观，带领山西焦化广大干部职工认真践行“团结、奉献、求实、进取”的企业精神，使山西焦化在较短的时间内取得了长足发展。集团公司先后获得了“中国AAA级重质量守信誉企业”、“全国煤炭工业综合利用与多种经营先进企业”、山西省焦化行业“十佳”和“五十强”企业两项第一、“山西依法治企先进单位”等光荣称号。其个人也先后被授予“中国优秀企业家”、“山西省特级劳动模范”、“山西省功勋企业家”、“山西省厂务公开民主管理工作先进个人”等称号。

省委书记张宝顺到公司视察

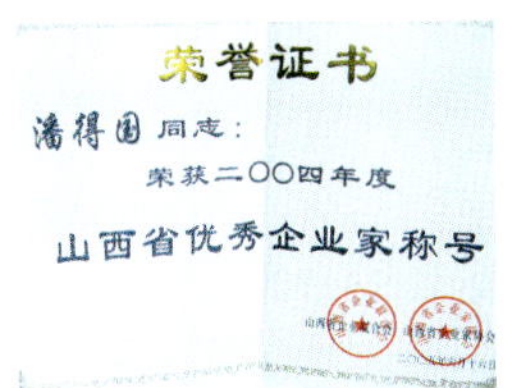

荣誉证书

潘得国同志：

荣获二〇〇四年度

山西省优秀企业家称号

公司党委书记、董事长潘得国慰问贫困职工

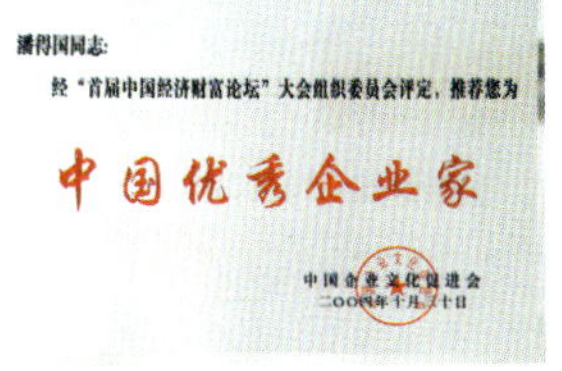

潘得国同志：

经“首届中国经济财富论坛”大会组织委员会评定，推荐您为

中国优秀企业家

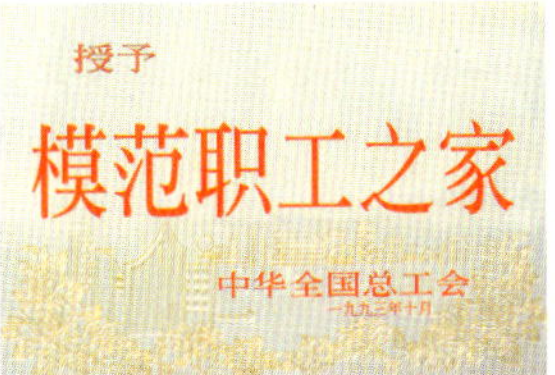

授予

模范职工之家

中华全国总工会

五一劳动奖状

中华全国总工会

1996年4月

全国思想政治工作优秀企业

# 山西石港煤业有限责任公司

## 赵世铎先进事迹

董事长、总经理 赵世铎

荣誉证书

赵世铎同志：

荣获二〇〇六年度

山西省优秀企业家称号

赵世铎，中共党员，1963年1月出生于阳泉，本科学历，采煤工程师。历任阳煤集团三矿生产技术科科长、副总工程师，阳煤集团新景矿总工程师、安监处处长。现任山西石港煤业有限责任公司董事长、总经理。

从1981年参加工作以来，他主要从事技术和管理工作，在实践过程中，提高了理论水平，掌握了先进的现代化采煤技术，他撰写的多篇论文获奖。论文《加强管理，充分利用早强带凝水泥锚杆》参加了1992年1月8日中国科协举办的首届青年学术交流座谈会议，并在大会上交流，该文收集在《全国煤炭系统青年科技工作者学术讨论会论文集》中，并获阳泉市1991年度自然科学优秀学术论文奖；《高瓦斯易自燃煤层高产高效综放工作面瓦斯综合治理技术的研究与应用》《锚索支护技术推广应用》《9号煤软岩钢带挂网锚杆支护的应用》获得阳煤集团重奖项目特等奖，为阳煤集团支护工艺革新和高产高效提供了有力的理论支持。赵世铎工作中的突出表现，为他赢得了优秀青年知识分子、先进工作者称号，1992年在劳动竞赛中荣立阳泉市一等功；2006年，被评为中国煤炭工业协会科学技术进步三等奖。

2004年7月赵世铎同志任石港公司董事长以来，累计完成投资4.3亿元，已将一个不具备完全生产条件的地方小煤矿建成了一个年设计能力为90万吨的现代化矿井。

**1. 提高企业管理水平，保证公司平稳运行。** 赵世铎从公司成立以来，不断加强公司基础管理，建立健全管理制度，完善责任体系，明确质量标准和工作标准，建立合理有序的管理流程和决策流程，使各个部门、每个岗位职责明确到位。借鉴阳煤集团、华能集团管理经验，建立规范的法人治理机构，创新适应企业自身发展的管理办法，建立起了与市场经济相适应的组织体系和管理制度，取得了工作的主动性。一是加强工程管理，加快建设进展。赵世铎把矿井改扩建作为公司发展的基础工程，全力组织工程施工。2007年8月19日，改扩建工程开始试运行。工程总投资3.4亿元，完成单位工程133项。二是完善安全管理体系，打造本质安全型矿井。坚持安全发展原则，加大安全投入，加强基础建设，狠抓质量标准化和岗位作业标准化，强化安全事故责任追

2005年7月，为了建成高标准现代化矿井，赵世铎带领公司全体中层管理人员赴阳煤集团其他单位参观学习，图为赵世铎在新元公司调研信息化建设

究、安全宣传教育、职工安全培训，健全安全目标责任管理体系，建立安全事故应急救援预案和动态安全隐患排查信息反馈系统，形成了总经理安全月度办公会制度；完善工程质量定级验收制度，实行个人技能安全账户考核，基本形成了有效的安全管理运行机制；完善监管机制，促使安全监管规范化、程序化和标准化。三是加强劳动用工管理，建立生产队伍。他通过严格劳动用工手续，加强劳动力流动管理，整顿临时用工，加强培训教育，使劳动用工管理逐步走上制度化、规范化、法制化轨道，将原来的用工难题转变为用工形式多样、优势互补、管理灵活的优势。现在已经成立了通风、机电、维修、运输、综掘等基本队伍。四是减轻社会负担，规范后勤管理。按照合理集中生产的原则，他在后勤管理上采取了主辅分离的总体思路。从公司并购以来，就制定了生活后勤服务完全依靠社会资源的初步规划，并按照规划将后勤服务的所有工作都承包给了社会服务机构。

石港公司办公楼

2007年5月5日，省委常委、副省长梁滨在左权县县委书记孙光堂的陪同下，视察了刚刚并入石港公司旗下的左权煤化有限责任公司

新建的职工公寓楼

2. 加速联营兼并，逐步实现规模化、集团化经营。从2005年8月开始，赵世铎同志按照国家“煤炭资源整合与有偿使用”政策和阳煤集团进一步在左权县联营兼并地方煤矿的思路，积极与左权县委、县政府及有关部门领导进行沟通，对左权县境内的地方煤矿煤炭资源开发利用和生产经营状况进行调研摸底，与有合作意向的煤矿进行洽谈。2007年3月，石港公司与左权县具有较强实力的左权永兴煤化有限责任公司成功合作，使其拥有了第一个子公司，为公司迅速做大走出了重要的一步。在他的倡导下，形成了公司的发展战略目标，以石港为核心，通过联营兼并的方式，使原煤产业规模逐渐壮大，大力发展煤电联产和煤炭相关的下游产业。

3. 依靠科技创新，提高公司的现代化管理水平。赵世铎在石港担任董事长、总经理前，一直从事技术与管理工作，是从基层技术管理岗位上一步步成长起来的。他具有浓厚的理论基础和丰富的实践经验。他深刻地认识到依靠科技对于企业发展的重要意义。因此，他把公司采用先进科技的能力作为公司发展的核心动力。在矿井的技术改造中，他积极应用新技术、新装备，在煤巷试验使用侧装式装载机，是左权县第一家采用综采放顶煤技术的煤矿，推动了当地采煤工艺的技术进步。在井下瓦斯综合治理方面，他组织实施本煤层瓦斯预抽放技术，取得了较好效果，不仅为石港公司的瓦斯治理探索了新途径，同时也为其他单位治理瓦斯提供了理论支持和实践经验。

# 阳煤集团寿阳开元矿业公司

## 刘秀庭先进事迹

刘秀庭，大学学历，经济师，现年49岁。2005年5月开元矿业有限责任公司归属阳煤集团直接管理，并成立了以刘秀庭为董事长兼党委书记的新一届公司领导班子。几十年的矿山工作磨炼，使刘秀庭形成思路清晰、果敢敏锐、深谋睿智的人格魅力和坚忍不拔、干练精细的管理艺术。他率领开元公司一班人奋勇当先，使开元公司在短短一年时间里迅速崛起，成为阳煤集团令人瞩目的一颗耀眼明星。

公司董事长、党委书记刘秀庭（右一）慰问公司贫困员工

### 一、开拓创新，提升基础管理水平

作为企业的党政“一把手”，刘秀庭必须正确把握开元公司的发展方向。在他的带领下，公司班子成员确立了“吃苦、敬业、忠诚、自信”的企业精神和“凝心聚力，荣辱与共，艰苦奋斗，争创一流”的团队精神，制定了“做精做优、追求卓越”的发展战略和“打造精品矿井、构建和谐开元”的远景规划。

“员工的素质是企业的核心竞争力”。他把打造基层班组、强化基础管理、提升基本素质的“三基”工程，作为开元公司长期的重点工作。狠抓班组建设，按照创建学习型班组、安全型班组、生产型班组、经营型班组、质量型班组、技术型班组、服务型班组和节约型班组工作的安排，整体推进班组建设，提升基础管理水平。

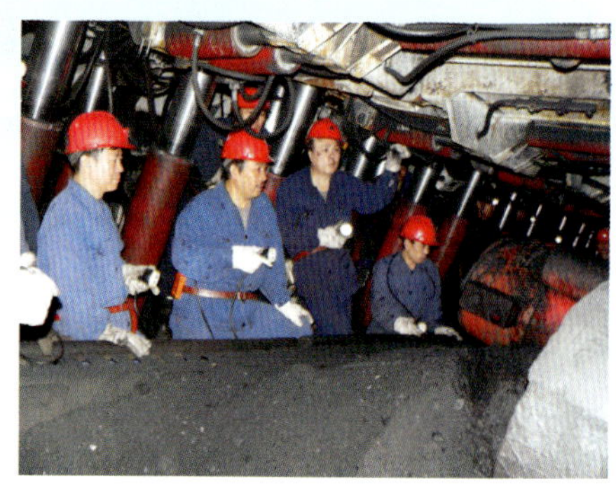

公司董事长、党委书记刘秀庭在井下检查工作

### 二、创新党建工作，促进企业发展

刘秀庭担任公司党委书记后，针对公司党建工作实际，经过广泛调研，确定了开元公司党建工作“保证、服务、监督、协调”的八字方针。在全体共产党员中开展了创建“支部责任区、党员先锋岗”活动；定期开展“党员责任区”流动红旗竞赛，并在责任区内悬挂“党员示范区流动红旗”；开展“双创双争”工作，加大企业党建与企业安全生产融合度，使公司党建工作与行政工作真正融为一体。

### 三、持之以恒勤学习，员工冷暖记心间

“火车跑的快，全凭车头带”。多年的煤矿管理经验使他清楚地认识到：只有不断学习，提高自己的理论水平，才能把握和领导企业的发展方向，才能保证开元公司更快更好的发展。在他的提议下，开元公司把2005年定为公司的学习年。成立了职工夜校，他以身作则，参加了职工夜校第一期计算机培训班的学习。在他的带动下，开元公司员工学习扎实，并取得了良好的效果。

公司领导关心职工生活，查看员工饭菜质量

“关心职工就是关心我们的企业”。开元公司由于异地经营，员工生活条件比较艰苦，他经常独自一人“微服私访”。职工食堂、宿舍，甚至员工饮水，这些事情他都要亲自过问、亲自查看。他在开元公司工作的几年中，只要是关乎职工生活起居的事情，都会同公司其他领导共同议定，提出措施。2005年，由他牵头，开元公司开展了大规模的改进员工生活工程：4月为员工宿舍安装了固定电话并增设了小灵通和移动信号接收塔；5月职工班中餐食堂投用，改善了井下职工就餐质量；6月为井下员工配备保温水壶；9月对部分队组工作衣实行公管；10月职工生活中心、职工澡堂、井口快餐厅投用。2007年以来，开元公司又加大对员工公寓楼的改造力度，公寓设计为每间住宿3名员工，配电视机和卫生间。公司公寓楼每层设计了员工健身房、图书室、棋牌室、体育活动室。一系列惠民政策的实施，使公司员工工作热情高涨，公司各项工作业绩持续攀升。

公司场区

# 韩爱德先进事迹

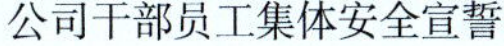
公司干部员工集体安全宣誓

公司副董事长、总经理韩爱德组织有关专家对技改工程进行考察

公司副董事长、总经理韩爱德深入工作现场了解外运情况

韩爱德，大专学历，高级工程师，现年50岁。2005年5月，韩爱德担任开元矿业有限责任公司副董事长总经理。在开元公司安全生产经营工作中，韩爱德带领全体员工转变观念、开拓创新、扎实工作、努力拼搏，有力地促进了公司各项工作的快速发展，公司形成了平安向上、和谐奋进的局面。

### 一、以深化改革为主线，提升企业管理水平

2005年，公司正式归属阳煤集团直接管理。总经理韩爱德深深知道自己肩上的重担，作为推进公司发展的领导者，在公司建设和发展的每一个进程中，他都以改革家的气魄和胆识，围绕公司发展战略，全面推行现代企业安全生产经营管理，正确处理安全与生产经营发展的关系，推行煤矿质量标准化、员工操作规范化和岗位价值精细化管理等工作，有效地提升了公司企业管理综合水平。2006年，他组织实施了以推进公司安全综合管理、提升公司规模生产能力的一系列改革：首先，加大公司安全设施的投入力度，狠抓质量标准化工程，全力推进综合防尘工作，在公司员工中全面推行全员72小时安全技能知识培训，合理运用安全技能账户考核制度；其次，在公司全面推行信息化管理工作，通过推行网络信息化管理，实现公司安全生产、经营及办公的自动化和规范化；第三，全力推行“打造基层班组、强化基础管理、提升基本素质”为主要内容的“三基”工程。

### 二、创新管理理念，健全和完善激励机制，调动员工工作的积极性

由他牵头任组长的公司创建品牌班组领导组正式成立后，按照班组的创建目标、班组工作内容、考核制度，对公司所有班组进行指导和考核。目前，公司有120多个班组达到了单一型品牌班组要求，占到公司班组总数的95%；有59个班组达到了复合型班组要求，占到公司班组总数的45%。建立完善用人机制，彻底打破人员能进不能出，干部能上不能下，报酬能多不能少的僵化管理模式，实行人员工资随着岗位转，报酬根据奉献变，高报酬凭绩效的动态工资机制；人事管理实行“能者上、平者让、庸者下”的聘用考核制，加强人员的流动性，适时调整和补充人员，有效地调动了全体员工的工作积极性。

### 三、推行精细化管理，狠抓产品质量和成本

从2006年起，开元公司把精细管理作为公司突出抓的一项工作。精心组织全面实施“以财务管理为核心，以质量管理为中心，以紧紧抓住降低消耗为关键点”的精细化内部管理，并制定了切实可行的财务收支审批制度，根据车间的实际消耗水平，适时调整消耗定额，按月严格进行材料消耗定额考核，使材料超支节约情况直接与员工工资挂钩。在具体实施过程中，他会同公司有关领导，定期开展财务检查，进行成本分析；出台岗位成本消耗定额及考核办法，明确责任严细考核，使精细化管理做到公司、队组、班组、个人四级考核，有效地降低了公司生产经营成本。

### 四、心系职工群众，关爱员工生命，维护职工利益

他虽身居公司主要领导位置，却保持与职工相互尊重、相互关心的关系，得到了公司员工的一致好评。安全工作是煤矿企业永恒的主题。在公司每年开展“安全生产宣传月”活动中，他都要携同班子成员共同走进员工中间，通过政策宣讲、图片展览、安全常识教育等活动，提高员工的安全意识，努力营造“人人关注安全，人人关爱生命”的氛围，心系职工群众，关爱员工生命。对违章操作造成的事故严厉处罚，对纠违突出和清除重大事故隐患的予以重奖。通过程序化、标准化的预防管理，确保了公司全年安全生产工作有了质的提升。

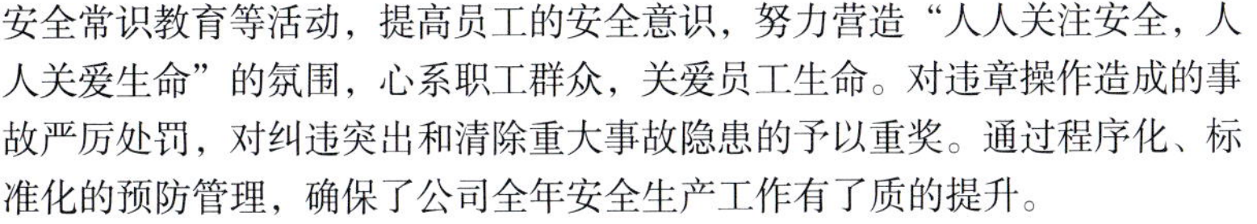

# 在奋进中崛起的铝业“旗舰”

## —山西兆丰铝冶有限公司

山西兆丰铝冶有限公司党总支书记、总经理 杜成

二分厂主控室

山西兆丰铝冶有限公司由山西阳泉煤业（集团）有限责任公司和香港莫兆记集团有限公司合资兴建，是阳煤集团的控股子公司。公司1994年成立，1996年正式投产。2003年10万吨电解铝改扩建项目竣工投产，现已具备年产12万吨电解铝的生产能力。资产总额 9.4 亿元。从业人员 1043名。达产后，年销售收入可达20亿元。

**风高浪急——破釜沉舟，迎接挑战。**从2004年开始，国内电解铝市场形势急转直下，绝大多数电解铝企业遭遇几十年来的最大困难。面对残酷的现实，2006年初兆丰铝冶公司的决策层很快达成共识：一定要顶住各种压力，破釜沉舟，背水一战，全面实现达产达效。

**瞄准目标——行业领先，国内一流。**2006年兆丰公司决策者明确提出了全年奋斗目标，即商品铝产量完成7万吨；职工工资比上一年提高10%，奋斗目标18%；产值完成13亿元，奋斗目标14亿元。各项经济技术指标达到国内同行业领先水平。

**突破瓶颈——群策群力，攻坚克难。**成立生产技术攻关小组，优化技术条件，开展类比试验，制约电解车间生产技术指标提高的瓶颈终于被突破!截至2006年 12 月底，商品铝产量完成7.3万吨，总产值实现 13.57 亿元，实现利润2114万元，各项经济技术指标创历史最高纪录，达到国内同行业领先水平。综合经济实力在省百强企业中名列第47位。

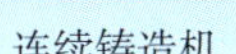

连续铸造机

ZF 重熔铝锭

240KA大型预焙阳极电解槽

**强化管理——夯实基础，规范流程。**以提高管理水平为目标，大力提高企业核心竞争力，打造有效执行力，提升管理创新力，塑造企业文化凝聚力，加强内部控制力，强化抗风险能力，营造高效运营力，增强快速应变力，为兆丰进一步发展奠定了坚实的基础。

**拓展市场——诚信当先，互利共赢。**充分发挥沧州、无锡、南海三个销售分公司的地理优势，大力开拓直销市场，构建起了纵横南北、三足鼎立的营销网络。直销份额达到63%，比上年提高了一倍。产销率和货款回笼率始终保持在100%。“兆丰牌”重熔铝锭于11月 2日在上海期货交易所正式注册。

**以人为本——四大机制，历练人才。**建构符合现代企业运营要求的各类人才培训机制、选用机制、评价机制、激励和约束机制，实现由传统管理向人本管理跨越。

**谋求发展——更快更强，永不停息。**以电解铝为中心，全力打造“煤—电—铝”和“铝矾土矿—氧化铝—电解铝—铝产品加工”两条产业链。到2010年，将建成一个产值突破 100 亿元，全国最大的煤电铝一体化的工业基地，打造全国一流的现代化铝电“航母”。

杰克·斯沃特（左二）到兆丰公司参观考察

电工圆铝杆

厂区一角

矿长 余北建

矿党委书记杨艮福

# 阳煤集团三矿煤业有限责任公司

团结奋进的领导集体

阳泉煤业(集团)有限责任公司三矿位于阳泉市以西7公里处，南界石太铁路，西邻太（原）旧（关）高速公路阳泉西出入口，307国道穿越矿区，交通条件十条便利。

三矿始建于1950年5月，此前已有800多年的开采历史，是一个采用综合开拓方式开采的国有大型重点煤矿，主要开采3#、15#煤层，以生产含碳量较高的优质无烟煤著称。主要产品有十二级洗中块，十二级洗小块，十五、十六级选末煤等产品，其中，十五、十六级选末煤从1984年以来连续被评为省优产品，累计为国家生产煤炭1.75亿吨，并远销日本、韩国、巴西等国家，深受用户欢迎。

职工体育运动场

余北建，男，中共党员，1964年12月生，大学本科学历，采煤工程师，现任阳泉煤业（集团）有限责任公司三矿矿长。余北建自担任矿长以来，始终坚持以企业又好又快发展为己任，用科学的思维方法和特有的领导才能，团结和带领全矿干部职工奋发图强，锐意进取，使得资源频临枯竭的老企业步入了良性发展的快车道。2006年，全矿各项经济指标均创建矿以来最高纪录，是三矿发展史上经济效益最好、社会效益最佳、职工家属得到实惠最多的一年。

安全是企业永恒的主题，余北建本着对党、对企业、对职工负责的精神，认真贯彻落实“安全第一，预防为主”的方针，构建了符合三矿实际的安全管理新模式，实现了企业的安全发展，提高了矿井的整体抗灾能力。坚持开展全员72学时安全技能培训，实行全员月上机安全技能考试，职工安全技能素质得到不断提高。从建立安全长效机制入手，每月将职工工资的30%用于安全激励考核，有效地增强了全员安全意识。狠抓“双标”工作，建立了工程施工质量档案，实行项目部工资单价与工程质量挂钩考核，为职工创造了安全的生产作业环境。

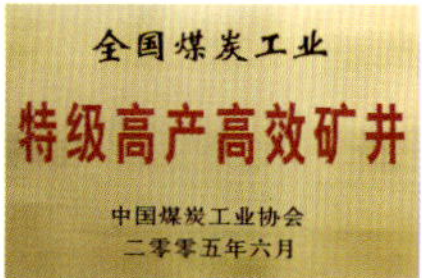

办公楼外景

认真推广学习“手指口述”操作法，规范了职工的操作行为，全矿上下呈现出了人人参与安全管理的良好氛围，杜绝了各类重大事故的发生。近年来，三矿领导以科学发展观为指引，立足煤炭主业，坚持老矿挖潜和向外扩张，2006年矿井产能达到600万吨规模，重点采煤队综采五队年产原煤突破400万吨，创阳煤集团单产最好水平。三矿是个老矿，煤炭资源储量逐年萎缩，为了减少资源的丢失，矿成立了回收区，对边角区域的煤炭资源进行回收，每年回收 30 余万吨。2007年 3 月，三矿对昔阳坪上煤矿实施了联营兼并，为可持续发展奠定了坚实的基础。与此同时，坚持“煤与非煤并重并举”，非煤产业迅速成长，目前，已经拥有机械制造、建筑建材、运输、化工、铸造、修理、餐饮等9大门类 29 个经营实体，从业人员2842人，多种经营经济发展蓬勃强劲，成为企业的半壁江山。2006年，全矿利润减亏增盈1.43亿元，人均工资达到35066元，同比增加4124元，创建矿以来最佳经营水平。

改革创新是企业扬帆远航的不竭动力，是企业发展的力量源泉。余北建同志在实施项目部署管理和专业化管理的基础上，进一步明确职责，健全制度，使企业内部管理更趋精干高效，他坚持严格执行领导干部绩效考核规定，完善岗薪工资和一般干部职级评定制，全面核定岗位定员定编，人力资源配置更加合理。积极推动岗位价值精细管理，实施岗位价值增值“双十策”。以项目结算中心为纽带，实施经营收支集中核算。坚持完全成本价格结算，设立了二级财务核算机构。深化物流体制改革，建立了快速配送制度，提高了代储代销比例，这一经营管理模式在全煤系统进行了推广。

在全体干部职工的共同努力下，全矿取得了经济效益和社会效益双丰收，先后被授予“山西省五一劳动奖状”、省属企业“十佳基层党组织”、全国煤炭工业特级高产高效矿井和全国煤炭工业“双十佳煤矿”等荣誉称号。有12名选手在阳煤集团2006年职工技能大赛中荣获第一名，涌现出了以蔡廷军、张会芳、王红芬、季顺堂为代表的国家级、省级技术能手。退休职工田根元、常玉生以其感人事迹入围“感动中国的百名矿工”。

余北建坚持以人为本，认真践行“三个代表”重要思想，积极对工业厂区和职工生活、工作环境进行改善，投资 300 余万元在煤矿安装了煤台自动喷雾消尘系统，积极实施麻地巷棚户区改造，大力度实施蒙河综合治理，规划绿化矿山路等民心工程，千方百计为职工群众排忧解难办实事。现在的三矿街道漂亮整洁，树木成行，花草成型，环境宜人，处处呈现出现代企业的文明气息，得到了社会各界人士的称颂，提高了全矿的社会美誉度。

数控室

# 汾西中兴煤业有限公司

## 蔡光顺先进事迹

凭着一个共产党员高度的责任感和自觉性，凭着对煤炭事业的满腔热情和对人生理想的不懈追求，20多年来，蔡光顺勤勤恳恳、忠诚敬业、坚毅顽强地走出了一条闪光的人生道路。2005年被评为“交城县优秀企业家”，2007年荣获“第十八届山西省优秀青年企业家”称号。

董事长 蔡光顺

### 依靠科技力量　追求做大做强

山西焦煤集团汾西矿业集团公司中兴煤矿是2001年9月在原山西晋煤实业公司聚鑫煤矿的基础上成立的，属省营国有企业。矿井井田东西长5.5公里，南北宽4公里，井田面积19.86平方公里。

2005年3月，42岁的蔡光顺担任矿长。面对这个从一个年产6万吨的地方小煤矿的基础上改造扩建起来的地质条件复杂、又属高瓦斯的矿井，上任第二天，他就深入到井下进行调查研究，从此每月30天他就有25天在井下办公，和工程技术人员一起研究如何搞好瓦斯的治理，搞好顶板的控制，保证采掘衔接……在他的带领下，全矿职工同心协力，奋力拼搏，当年就生产原煤60万吨，同比翻了一番，圆满完成了集团公司下达的生产任务和各项考核指标。

澳大利亚客人来矿参观交流

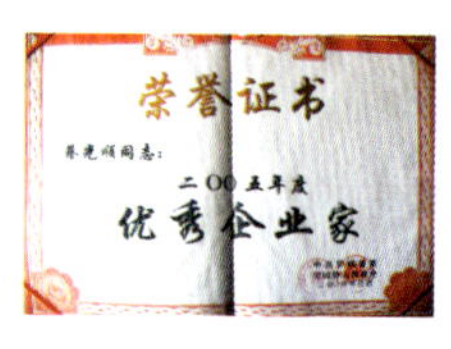


2006年，蔡光顺提出了走科技兴企之路，更新管理理念，努力建设现代化矿井，到2008年实现矿井原煤生产300万吨的奋斗目标。这一年，中兴煤矿除一个高档普采工作面外，其余采掘工作面全部实现了综采综掘机械化作业，同时矿井质量标准化有了突飞猛进的发展，职工队伍整体素质得到了进一步提高。这一年，中兴煤矿300万吨二期配套技术改造工程正式开工，全年共生产原煤110万吨，两年跨了两大步，职工人均年收入突破3万元，企业荣获国标一级矿井称号；为国家纳税2373万元，连续两年被交城县委、县政府评为“纳税先进单位”和“对地方经济贡献先进单位”；2007年，原煤产量突破138万吨，实现销售收入31075万元，职工人均收入突破4万元，被评为山西省文明矿井。矿区建设跃上新台阶，职工文化生活得到了进一步提升，实施了“绿化、美化、硬化、亮化”工程，顺利通过吕梁市环评验收，同时，企业还顺利通过了质量、环境、职业健康体系认证和省国资委“省属国有企业精神文明单位”的评审。

公司办公区一角

蔡光顺董事长在井下作业现场指导工作

公司召开职工代表大会

**努力打造本质安全型矿井**

针对中兴煤矿属高瓦斯矿井的实际，蔡光顺一直把安全生产和瓦斯治理作为工作的重中之重抓紧抓好，提出了“煤矿安全工作永远只有开始”、“安全工作没有成绩”等一系列新理念。同时，他还围绕建立安全长效机制，建设本质安全型矿井，对现代安全管理模式进行大胆革新，着重抓了五个方面的工作：一是在全矿营造大安全舆论氛围，形成了人人事事讲安全的工作环境；二是改变干部工作作风，实现各级干部的靠前指挥，超前管理，掌握安全工作的主动权；三是以矿井质量标准化为主线，强化现场管理，创优生产环境；四是严格考核，变被动的事后追查为超前防范，依靠科技和管理进步，预防重大事故发生；五是狠抓职工安全技术技能培训，营造“创建学习型企业，争当学习型员工”的环境，提升了职工队伍整体素质水平。几年来，通过坚持不懈地抓好以上工作，中兴煤矿本质安全型矿井建设成绩显著，截至目前，没有发生过重大事故，安全生产一直保持在平稳的状态之中。

井下标准化巷道

**关心职工生活 造福地方百姓**

蔡光顺到中兴煤矿任职三年来，努力践行“三个代表”重要思想，深入贯彻落实科学发展观，在稳步提高职工收入的同时，尽最大努力改善职工的生活质量和生存环境，从“两堂一舍”的管理到矿区环境的卫生洁净，处处窗明几净，草绿花红。2006年，按照省棚改政策要求，他积极协调地方关系，克服重重阻力，顺利完成了中兴煤矿棚户区征地工作。目前，中兴煤矿宁兴小区建设一期工程12幢楼已封顶，全矿职工实现了安居乐业。

现代化综采工作面

开矿一方土地，造福一方百姓。几年来，中兴煤矿大力支援地方经济建设，先后捐资修建了交城到中兴的县级公路，修建了岭底乡东雷庄村学校，改善了当地水利设施，安置周边农村剩余劳动力200多名到中兴矿就业，有力地促进了当地经济发展和社会的稳定，为构建和谐矿区，打造和谐交城发挥了很大的作用。2007年，捐资500万元用于交城县307国道改线。

一腔热血报家国，满怀激情写忠诚。蔡光顺，这个普通的共产党员，正以实际行动在平凡的工作中，用热情和智慧书写着自己绚丽多彩的人生。

矿业集团中兴煤业公司调度指挥中心

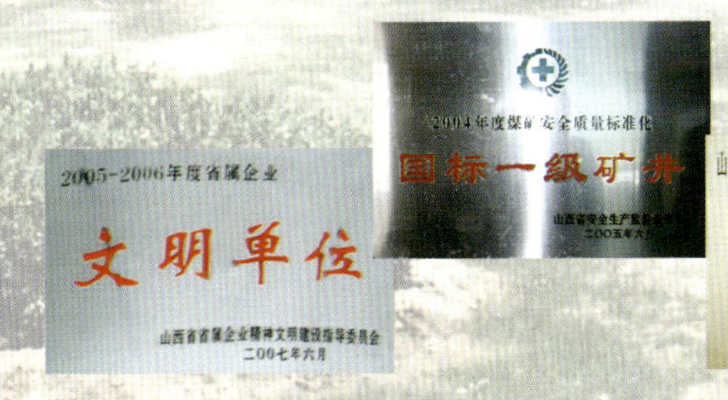

# 山西焦煤集团国际贸易有限公司

山西焦煤集团国际贸易有限责任公司成立于2005年5月，是由山西焦煤集团公司及其所属山西煤电集团公司、汾西矿业集团公司、霍州煤电集团公司等七家子公司共同出资组建而成。它的成立是山西焦煤集团公司实施多元化经营，推动贸易物流发展和物供体制改革，提升集团核心竞争力的一项重大举措。

公司组建以来，紧紧依托集团公司良好的品牌优势和营销网络平台，积极拓展贸易渠道，加快资源基地建设，全方位多元化开展贸易，形成了自己独特的贸易竞争优势。2006年，公司完成销售收入23亿元，实现利润6000万元；2007年，公司煤炭贸易量达到500万吨，焦炭贸易量达到100万吨，钢材贸易量达到30万吨，铁矿石、铬矿贸易量达到30万吨，销售收入完成41亿元，实现利润1亿元。

总经理 白原平

白原平同志作为国际贸易公司的总经理，同班子成员一道，遵循“利用焦煤集团平台，实现跨越发展，形成贸易支柱企业”的工作思路，从长远发展出发，不断深化机制改革，按照建立现代企业制度的要求，面向市场，确立了主辅业相互依存，互为联动，共同发展的战略格局。

目前，山西焦煤集团国际贸易有限公司已累计实现营业总额70亿元，纳税2亿元。成立二年多，公司主营业务收入平均增长200%；利润总额平均增长180%。公司与国内各大钢铁、焦化企业以及德国、西班牙、日本、巴西、韩国等国际知名企业建立了长期友好的合作关系，在国内外市场上获得良好的企业形象和商业信誉。公司先后获得省级“守合同重信用企业”和太原市高新区“突出贡献企业”、“纳税十强企业”、“纳税先进单位”等荣誉称号。

总经理白原平将“拓展贸易渠道，培育新的增长点，全方位、多元化、国际化开展贸易”定位为国际贸易公司的发展经营之道。按照“资源共享、平等互利、优势互补、实现共赢”的发展思路，充分发挥自有煤炭、焦炭资源，自有物资供应市场，自身煤—焦—钢链条调控优势，在现有货源基地基础上，在原料集中、市场集中、运距合理的地区，加快建设“规格适中、先进适用、集散方便”的煤炭、焦炭、钢材基地。目前，国际贸易公司市场覆盖面不断扩大，营销网络初步形成，已经在山西省中部和北部布点，建立了自己的运输通道，山西省南部的通道正在建设中。此外，公司还在天津港建立了炼焦煤基地，秦皇岛港和江浙地区建立了动力煤基地。

2007年4月，总经理白原平因优秀的业绩被中共山西省委、省政府授予“山西省劳动模范”称号。同年10月，被共青团山西省委、山西省经贸委授予山西省“杰出青年企业家”荣誉称号。

# 中铁十二局第四工程有限公司

## 谭雷平先进事迹

中铁十二局集团第四工程有限公司，前身系中国人民解放军铁道兵第二师九团，始建于1954年7月，1984年1月1日改建为铁道部第十二工程局第四工程处，2000年8月18日进行公司制改制，成立中铁十二局集团第四工程有限公司。2006年，为进一步拓宽市场，加快企业发展，增强企业的竞争能力，公司于12月底由山西省介休市成建制整体搬迁至陕西省西安市。公司属建设部批准的公路工程施工总承包一级资质企业，同时具有市政公用工程施工总承包一级资质，铁路工程施工总承包二级资质、房屋建筑工程施工总承包三级资质，桥梁、隧道、公路路基、机场场道、土石方工程等5个专业承包一级资质。

董事长、总经理　谭雷平

公司董事长、总经理谭雷平自1987年7月参加工作以来，一直从事工程技术指导、项目和企业管理工作，先后参与组织了公司太原机场、孝柳铁路、丰准铁路、京九铁路、海口美兰机场、海南海文公路、朔黄铁路、内昆铁路、秦沈客运专线、渝怀铁路、洛湛铁路等重点工程项目的建设。在施工过程中，他成功解决了多项施工技术难题，出色完成了多项桥梁、隧道施工任务，一大批优质工程为企业创造了信誉。其中，京九铁路赣南段获国家建筑业“鲁班奖”，海口美兰机场获国家优质工程银质奖，朔黄铁路一期工程获国家优质工程奖，内昆铁路六盘水南编组站工程获铁道部优质工程二等奖。他坚持标准化管理，将“三标一体化”标准贯穿于工作的全过程，针对工程难点积极组织QC小组质量攻关，解决了施工难题，先后组织和参与的三个QC小组获得中国铁道建筑总公司优秀QC小组奖。

谭雷平在张集铁路查看隧道围岩情况

公司承建的兰州黄河小西湖大桥获甘肃省优质工程“飞天奖”

公司合武铁路客运专线900吨运梁车

谭雷平自2006年4月担任中铁十二局集团第四工程有限公司董事长、总经理以来，锐意改革、开拓创新，强化了公司的规范化、科学化管理，有力确保了施工安全和工程质量，进一步提升了企业的市场地位。近年来，随着铁路客运专线的大规模建设，桥梁工程的比例越来越大，为了应对新形势，公司成立了架桥公司和移动模架造桥公司，对桥梁施工进行专项研究，取得了巨大的成果。公司目前参与施工的武汉天兴洲长江大桥代表了国内桥梁施工的最高水平。在隧道施工上，公司积累总结了成熟的大断面硬质围岩快速掘进法和软岩七步三台阶流水作业法，承建的长达近10公里的温福鸡面山隧道仅用16个半月便完成掘进，公司参与施工的长10多公里的合武铁路金寨隧道质量在全线保持领先。仅2007年，公司就有5条5000米以上的特长隧道实现贯通。

参加工作20年来，谭雷平多次被评为集团公司先进工作者、青年技术创新能手、集团公司优秀项目经理、山西省建筑施工企业优秀项目经理、全国工程建设优秀项目经理、铁路施工企业优秀项目经理，他是一名出色的项目和企业管理者。2006年以来，公司连续被山西省评为优秀建筑企业，重合同守信用单位，企业信用等级为AAA级。

# 朔州市大东沟煤矿

## 殷培智先进事迹

殷培智于1976年参军入伍，先后在中国人民解放军内蒙古军区独立师和中国人民解放军陆军第30师服役。1984年由内蒙古军区调山西省军区，历任山西省军区大东沟煤矿矿长助理、副矿长和山西省军区晋北煤炭企业集团公司办公室主任。1994年，根据国务院和中央军委"军办煤矿移交地方"的指示精神，山西省军区将大东沟煤矿整体移交朔州市。殷培智随矿移交地方，历任朔州市大东沟煤矿副矿长、矿长。

矿长 殷培智

朔州市大东沟煤矿为市属国有企业。因原部队建矿标准低下和开采技术落后，加上移交后适逢计划经济向市场经济转型过渡阶段，煤炭行业持续低落，企业的安全生产和经营管理难以为继，矿井濒临倒闭。殷培智在危难之中挺身而出，硬是将一个原人装畜运、平均年产不足7万吨的小煤矿一举建成核定能力45万吨、拥有资产总额5580万元、年销售收入2600万元、年上缴国家税费750万元的装备优良、管理先进、企业效益和社会效益均较显著的现代企业。在近年来的企业经济建设和安全生产持续稳定发展中，他通过坚持"以人为本和节能降耗"原则，职工人均收入由 2004 年的7600元增加到2006年的16000元。并打造与创建了团结、效能和在全市煤炭生产企业中具有示范和带动性的和谐企业。

环境优美的花园矿区

大东沟煤矿初期划定井田面积1.614km²。矿井井田面积小，地质储量相应少，在经过20多年的开采后，其地下资源日渐减少。从2003年起就着力开拓井田腹地的安家岭大断层，改进采掘工艺、提高回采率，对有限资源和边角储量进行优化整合和合理调节，至今，已认定矿井增加服务年限10年，为国家节约煤炭资源约1000万吨，每年平均向社会捐助、扶贫以及公益事业投入达到上百万元；从 2000 年到2006年，6年累计生产原煤220万吨，平均每年比技改前的 7 万吨净增28万吨；6年累计上缴国家税费 3330 万元，成为朔州市新的经济增长点；国有资产的货币价值由技改前的 1100 万元增加到现在的 5580 万元，为朔州市国有资产保值增值管理做出了应有的贡献。

2002年至2006年，大东沟煤矿连续 5 年被朔州市人民政府、朔州市煤炭工业局、山西省煤炭工业局和山西省安全生产委员会分别评为先进单位、目标管理先进单位、安全生产先进单位和安全培训优秀单位。鉴于殷培智多年来在其工作与事业中对党和国家所作出的特殊贡献，他本人2002年被山西省安全生产委员会和山西省企业家协会分别评为安全生产先进个人和优秀企业经营者；2003年获山西省优秀企业家称号；2004年获朔州市五一劳动奖；2005年获全国百佳模范新闻人物殊荣；2006年获山西省优秀企业家和山西省劳动模范称号。

矿领导班子成员在规划安全生产

开展保持共产党员先进性教育活动

# 长治市物价局

局长 王文才

长治市物价局是长治市政府主管物价工作的行政职能部门，内设一室（办公室）两科（价管科、收费科）。近年来，在市委、市政府的领导下，长治市物价局以创优价格环境，促进经济发展为中心，积极推进价格改革，不断强化价格调控，加强价格监督检查，完善价格管理和服务，在依法治价和清费治乱减负等各个方面取得显著成绩，促进了全市经济社会的全面发展。2006年，全市的价格工作继续坚持以科学发展观为指导，认真贯彻落实省、市物价会议工作部署，紧紧围绕实施“三三战略”，建设“三个长治”的全市经济社会发展大局，在深化价格改革、整顿价格秩序、强化价格监管、保持价格稳定等方面做了大量工作，取得了明显成效，为全市经济社会发展发挥了积极的作用。1~12月，全市居民消费价格水平上涨2.2%，圆满实现年初预定的价格调控预期目标。局长王文才被省物价局表彰为全省“2006年度物价工作先进个人”，长治市物价局被省物价局表彰为全省“2006年度物价工作先进单位”。

市民缴费手册发放仪式

长治市物价局主要行政职能：1.贯彻执行和监督实施价格法律、法规；2.拟定价格政策、价格水平调控目标、价格结构调整的建议、计划、方案，经上报批准后组织实施；3.制定行政措施、价格管理办法、制度；4.负责价格综合平衡，指导、协调和监督有关部门和下级人民政府的价格工作，处理价格争议，指导行业组织的价格协调工作。5.在价格分工审批权限内制定价格，规定作价原则、作价办法；6.组织、指导、协调价格监督检查工作，检查、纠正价格违法行为，审理价格违法案件，受理价格举报；7.完善价格监测体系，组织成本调查，向社会发布信息，指导价格咨询、价格鉴证、价格评估等价格事务；8.负责全市物价系统和企业物价人员的业务培训；9.法律、法规预予价格主管部门的其他职责。

# 目　　录

## 文　　献



## 大　事　记



## 概　　况



## 政　　治

## 人　民　武　装



## 法　　制

## 监　　督



## 经　济　管　理

## 工　　业

## 农 林 水 利

## 贸　　易

## 财　政　金　融



## 建　设　环　保

## 交　通　邮　电

## 科　学　技　术

## 社　会　科　学

## 教　　育

## 新闻　出版　文物

## 文学艺术

## 卫 生 体 育

## 旅　　游



## 社　会　生　活

## 人　物



## 市　县　简　介

## 附　录

# MAJOR CONTENTS

## DOCUMENTS



## CHRONICLE OF EVENTS



## GENERAL SITUATION



## POLITICS



## PEOPLE'S MILITARY



## LEGAL SYSTEM

## SUPERVISION



## MANAGEMENT OF ECONOMY



## INDUSTRY



## AGRICULTURE、FORESTRY AND WATER CONSERVANCY



## TRADE



## FINANCE AND BANKING



## CONSTRUCTION AND ENVIRONMENTAL PROTECTION

## COMMUNICATION、POST AND TELECOMMUNICATION



## SCIENCE AND TECHNOLOGY



## SOCIAL SCIENCE



## EDUCATION



## PRESS、PUBLICATIONS AND HISTORICAL RELICS



## LITERATURE AND ART



## HYGIENE、MEDICINE AND PHYSICAL CULTURE



## TOURISM



## SOCIAL LIFE



## ANNALS OF PERSONAGE



## BRIEF INTRODUCTION OF PREFEC TURES CITIES AND COUNTIES

## APPENDIX

# 入选本版年鉴彩图专辑单位名录

（单位名称后的数字为彩图页码）

# 文　献

## 山西省人民代表大会常务委员会工作报告

——2007年1月31日在山西省第十届人民代表大会第五次会议上

山西省人大常委会常务副主任　纪馨芳

各位代表：

我受张宝顺主任委托，代表省人大常委会向大会报告省十届人大四次会议以来的工作和今后一年的主要任务，请予审议。

### 过去一年的主要工作

2006年是我省实现“十一五”时期良好开局的一年。一年来，在中共山西省委的领导下，省人大常委会以邓小平理论和“三个代表”重要思想为指导，全面落实科学发展观，深入贯彻党的十六大和十六大以来历次中央全会精神，认真履行宪法和法律赋予的职责，为加快我省科学发展步伐，扎实推进和谐山西建设，发挥了重要作用。

2006年也是我省人大工作取得新进展的重要一年。为了进一步贯彻好中央9号文件精神，中共山西省委召开了全省人大工作会议，制定了《关于进一步加强人大工作的意见》。这次会议的召开，对于更好地坚持和完善人民代表大会制度、加强和改善党对人大工作的领导、推动新形势下的人大工作，具有重要意义。我们认真贯彻省委人大工作会议精神，有力地推动了常委会各项工作的开展。

**一、稳步推进立法工作，不断提高立法质量**

一年来，常委会坚持把立法的着眼点和落脚点放在落实科学发展观、促进经济社会全面协调可持续发展、实现和维护人民群众的根本利益上，放在促进依法治省、营造良好法制环境上，共制定和修订地方性法规14件，废止3件，审查和批准太原、大同两市地方性法规12件，较好地完成了年度立法任务。

多年来，“晋车外挂”导致我省养路费严重流失，极大地影响了公路建设与养护。常委会制定的《山西省公路养路费征收管理条例》，在严格规范征费执法行为，维护缴费义务人合法权益的同时，专门规定了在本省道路上从事营业性运输，未按照车籍地征收标准缴纳养路费的机动车，交通征费稽查机构可以按照本省养路费应征费额补征差额部分。这一法规实施后，截至去年12月底，已补交养路费1.5亿元，有效地维护了交通管理秩序，促进了困扰我省多年的“晋车外挂”问题的解决。

为了加快我省农业机械化步伐，提高农业综合生产能力，常委会制定了《山西省农业机械化条例》，对农业机械化的科研开发、质量保障、推广应用、社会化服务和扶持措施等作出具体的规定。为了充分体现中央对农民和农村经营组织“多予、少取、放活”的精神，常委会在《山西省公路养路费征收管理条例》和《山西省农业机械化条例》中分别作出规定，对从事田间作业和非营业性运输的三轮汽车和拖拉机运输机组，免征养路费；在本省范围内从事跨区农田作业的拖拉机，免交车辆通行费。这些规定对于减轻农民负担，调动农民生产积极性，促进城乡协调发展，具有重要意义。农业部对我省的做法给予高度赞扬。

中小企业占到我省企业总数的99%以上，成为我省国民经济的重要支撑力量和持续快速发展的动力源、增长点。常委会制定的《山西省实施〈中华人民共和国中小企业促进法〉办法》，对促进中小企业发展的资金支持、创业扶持、技术创新、市场开拓、服务指导、权益保护与义务等作了具体的规定。特别是规定了高等院校毕业生到中小企业就业取消落户限制等优惠措施，对于加强中小企业人才队伍建设，具有重要作用。

“十一五”期间，我省明确提出要将旅游业培育成为新的支柱产业。常委会制定的《山西省风景名胜区条例》，就景区规划、个别景点经营权转让等作出了相应规定，有利于依法治理风景名胜区管理混乱、资源严重流失的状况，推动我省旅游产业持续健康发展。

见义勇为是中华民族的传统美德。大力倡导见义勇为精神是加强社会主义精神文明建设，维护社会和谐稳定的需要。目前，一些见义勇为行为得不到应有的保护与奖励，引起社会极大关注。常委会制定了《山西省见义勇为人员保护和奖励条例》，在社会保障、医疗救助、物质和精神奖励等方面作出了具体规定，为弘扬社会正气、褒奖见义勇为行为，提供了法制保障。

常委会还制定了实施民办教育促进法办法、清真食品监督管理条例；修订了规章设定罚款限额规定、省人大常委会人事任免办法；按照行政许可法规定，对涉及行政许可事项的5件地方性法规进行了修改。

常委会采取有力措施，积极推进民主立法，努力提高立法质量。制定和修改的每一件法规，都通过深入调研、召开座谈会和论证会等多种形式，广泛征求社会各方面特别是基层群众的意见。一些法规草案还通过媒体全文向社会公布，扩大人民群众对立法工作的有序参与。为了与太原、大同两市人大共同做好立法工作，有关专门委员会与"两市"召开了立法工作座谈会，加强沟通协调，形成合力，推动我省地方立法工作。

**二、突出重点加强监督，切实增强监督实效**

一年来，常委会共听取和审议省政府和"两院"专项工作报告22个，组织了3项执法检查，认真进行了评议工作，有效促进了"一府两院"依法行政、公正司法。

*加强对计划和预算执行情况的监督。*常委会在深入调研的基础上，审查和批准决算，听取和审议了省政府关于计划、预算执行情况的报告和审计工作报告。在充分肯定省政府所做工作和取得成绩的同时，要求政府重视解决经济运行中的主要矛盾和困难，提高经济增长的质量和效益；对审计查出的问题要从理顺体制、完善制度、规范管理入手，采取有效措施，逐一整改。常委会专门审议了省政府及省发改委、水利厅的整改报告。通过整改，省政府及有关部门制定相关管理制度和办法21项，补征预算内外收入13.66亿元，下达应拨未拨财政资金1.7亿元，追还被挤占挪用资金4803万元，移送审计案件线索18起。

*加强对重大事项的监督。*煤矿整合关系我省可持续发展。常委会在听取和审议省政府《关于全省煤矿整顿的报告》时，充分肯定了煤矿整顿取得的进展，要求继续依法整顿和规范煤炭生产运销秩序，从根本上改变全省煤炭企业"多、小、散、乱"的状况，有效遏制煤矿重特大安全事故的发生，促进煤炭工业的科学发展。制定突发公共事件总体应急预案，是保障人民群众根本利益和生命财产安全的需要。常委会听取和审议了省政府《关于制定〈山西省突发公共事件总体应急预案〉情况的报告》，强调省总体预案通过后，省政府要加强应急预案体系建设，各专项预案、部门预案、地方和企事业预案等要尽快进行调整、补充和完善，切实提高处置能力和水平。村民委员会换届选举，直接关系基层政权建设和农村的发展稳定。常委会组织了调研和视察，加强了对换届选举工作的指导。在听取和审议省政府《关于全省第七届村民委员会换届选举情况的报告》时强调指出，全省全面按时完成了村民委员会换届任务，为基层民主建设创造了许多好的经验。但也有少数地方存在着操作不规范甚至违法现象，在群众中造成负面影响，要依法妥善处理。要加强对农村干部的培训，推进村民自治、村务公开、民主管理和民主监督，促进农村经济社会健康发展。此外，常委会还听取和审议了省政府关于商务工作、广播影视工作等报告。

*加强对关系人民群众切身利益问题的监督。*清理拖欠工程款和农民工工资，是中央高度重视、人民群众密切关注的热点问题。常委会听取和审议了省政府《关于全省清理建设领域拖欠工程款和农民工工资工作情况的报告》，指出尽管这两年我省清理了大量拖欠工程款，但前清后欠不断发生，司法解决不力的问题较为突出。政府要进一步加强监管，特别是要带头完成政府项目拖欠款的偿付工作；法院要加快拖欠案件的审结和执行，保证我省清欠任务按时完成。"十五"期间，我省由中央、省两级累计投入扶贫资金19.7亿元。对扶贫资金的使用一直是广大人民群众和人大代表关注的重点问题。常委会听取和审议了省政府《关于"十五"期间全省扶贫工作和扶贫资金使用情况的报告》，要求政府进一步增加和整合扶贫资金，加强对扶贫工作的监督检查，切实提高扶贫资金的使用效益。常委会在听取和审议省政府《关于商品房市场和住房公积金管理情况的报告》时，要求政府认真贯彻落实国家宏观调控政策，加快普通住宅建设和棚户区改造，实施安康居住工程，完善公积金管理体系，着力改善居民居住条件。常委会还听取和审议了《关于全省社会保障体系建立情况的报告》，要求政府认真做好农村养老保险工作，抓好事业单位养老保险制度改革。加快建立与全省经济社会发展水平相适应的分层次、广覆盖的社会保障体系，确保社会保险基金的安全运行。

*加强对法律法规实施情况的监督。*环境保护对我省可持续发展至关重要。常委会把环境保护作为监督工作重点，在听取和审议省政府《关于全省开展重点工业污染企业全面达标工作的报告》的基础上，开展了环境保护法律法规实施情况的检查和"三晋环保行"活动，提出了89条具体整改要求和建议，督促解决了一批危害群众生命健康和环境权益的突出环境问题，推动我省"十一五"规划环保目标的落实和"蓝天碧水"工程的实施。针对农民看病难、看病贵的突出问题，常委会开展了农村初级卫生保健条例执法检查，要求政府增加农村卫生投入，加强乡村两级卫生机构的建设和管理，巩固和完善农村医疗卫生服务网络，切实保障农民卫生保健需求。常委会还开展了道路交通安全法及我省实施办法执法检查，督促政府提升道路交通管理效能，加大执法力度，提高执法水平。2005年，常委会组织了对未成年人保护法和我省实施办法的执法检查；去年，常委会跟踪监督，专门听取了省政府关于执法检查后的整改情况报告，增强了监督实效。此外，省人大各专委、常委会各工委还开展了森林法、科技进步法、测绘法、气象法、野生动物保护法、档案法、法律援助条例、燃气管理条例、工程建设项目招标投标条例、测绘管理条例以及劳动和社会保障工作决定等执法检查和调研，推动了这些法律法规的贯彻实施。

*加强对政府组成人员和工作的评议监督。*去年，常委会依法对副省长牛仁亮和省交通厅厅长王晓林进行了述职评议，对省安全生产监督管理局进行了工作评议。常委会组成3个评议调查组，通过听取汇报、召开座谈会、个别谈话、实地考察等方式，进行了为期1个多月的调查。常委会会议结合调查报告和审计报告，听取和审议了被评议对象的述职报告和工作报告，并对履职和工作情况进行了测评。被评议对象根据评议意见认真进行了整改。通过评议，有效地推动了政府相关方面的工作。

*加强司法监督和信访工作。*常委会配合全国人大常委会对法官法和检察官法的贯彻执行情况进行了检查，有关专门委员会听取了省高院、省检察院的工作汇报，在肯定成绩的同时，针对法官、检察官队伍断层现象严重、专业知识结构不合理、执法不公、违法违纪等问题，要求“两院”从深层次分析原因，进一步加强队伍建设，加大查处违法违纪行为的力度，确保法官、检察官队伍的纯洁性。

常委会在加强和改进信访工作方面做了大量工作。成立了常委会信访工作领导组，健全了省人大常委会信访局，制定了常委会组成人员约访群众制度等12项制度。一年来，常委会信访局共接待和受理人民群众来信来访12980人（件、次），对信访中反映的典型案件和共性问题进行跟踪督办，推动“一府两院”启动相关程序，纠正了一批处置不当的问题和错判案件，维护了信访人的合法权益，促进了依法行政和公正司法。

*认真做好监督法实施前的准备工作。*去年8月27日，十届全国人大常委会第二十三次会议通过了《中华人民共和国各级人民代表大会常务委员会监督法》。为了保证监督法顺利实施，常委会于去年12月举办了“山西省人大学习贯彻监督法培训班”，对全省各级人大常委会负责人、省人大常委会组成人员、省人大机关干部及有关方面人员进行了集中培训，提高认识，统一思想，增强贯彻实施监督法的自觉性。主任会议制定了《山西省人大机关贯彻实施监督法若干意见》，常委会会议及时废止了《山西省人大常委会述职评议工作办法》，积极进行规范和过渡，为全面、正确地贯彻实施监督法奠定了重要基础。

**三、认真行使重大事项决定权，依法做好人事任免工作**

一年来，常委会共作出决定4项、决议2项，依法认真行使了重大事项决定权。

五台山风景名胜区拥有丰富的自然和历史文化资源，是世界自然与文化遗产的瑰宝和人类的共同财富。改革开放以来，五台山风景名胜区得到了快速发展，但由于对风景名胜资源的不可再生性认识不足，加上利益的驱动，出现了非法建设、滥采矿产、市场管理不规范等现象，保护工作刻不容缓。我省水资源十分短缺。汾河、沁河、桑干河关系到我省10个市、45个县（市、区）的580万人民生产和生活用水。近年来，由于多种因素的影响，“三河”水量明显减少，水质污染加剧，源区生态环境遭到不同程度的破坏，严重制约了流域内的经济社会发展。对此，常委会在多次调研和征求有关部门、所属市县和专家学者意见的基础上，分别作出了《关于加强五台山风景名胜区保护的决定》《关于加强汾河、沁河、桑干河源区保护的决定》。这两项决定对于推进五台山风景名胜区申报世界自然与文化双遗产工作，加强自然资源与文化遗产的保护，提高“三河”源区水环境承载力，实现水资源可持续利用，推动我省资源节约型、环境友好型社会的建设有着重要意义。

法制宣传教育是实施依法治国方略，构建社会主义和谐社会的一项基础性工作。去年是我省“五五”普法开局之年，常委会作出了《关于加强法制宣传教育推进依法治省工作的决议》，明确了我省“五五”普法教育工作的内容、目标、方法和措施。要求进一步增强普法工作的实效，增强全社会的守法意识和法制观念，扎实推进依法治省进程，为加快经济发展和构建和谐山西提供相应的法制环境。

此外，按照我省县、乡两级人民代表大会在今年6月30日前同步完成换届选举的要求，常委会及时作出了《关于县级人大常委会组成人员名额的决定》，并根据实际情况，作出决议，对太原市等部分设区的市人大常委会组成人员名额进行了调整。

一年来，常委会严格按照《山西省人大常委会人事任免办法》做好人事任免工作，共决定任免、任免和批准任免国家机关工作人员129人（次），为我省国家机关的正常运转提供了组织保障。

**四、高度重视代表工作，充分发挥代表作用**

充分发挥人大代表作用，是坚持和完善人民代表大会制度的重要内容。常委会继续深入贯彻中央9号文件精神，多方面采取措施，改进代表工作。

*拓宽代表知情知政渠道，及时为代表履职提供信息服务。*常委会为代表订购寄送多种报刊资料，编发《信息交流》，坚持邀请代表参加常委会组织的执法检查、评议工作和调研活动，增加列席常委会会议的代表人数，组织召开政情通报会，及时向代表通报常委会和省“一府两院”重要工作和重大活动情况，切实保障代表的知情权。

*加大代表建议督办力度，提高办理质量。*省十届人大四次会议期间，代表提出21件议案，正式列为议案的10件；代表提出建议、批评和意见526件。为了加强办理工作，常委会召开各承办单位会议，从办理时间、责任人、办理质量、答复代表等方面提出明确要求，并组织代表赴省财政厅等4个办理代表建议较多的单位进行视察，还与山西电视台联合制作特别节目，对办理工作进行追踪报道。目前，10件议案和526件建议已全部办理完毕并答复代表。去年，从代表建议中选出10件建议由省政府重点办理，省长和分管副省长领办，省人大重点督办。如，代表提出的要求尽快兑现拖欠闻喜县大运二级路绿化工程农民工工资的建议，省政府高度重视，一次性拨付资金5156万元，不仅解决了闻喜县的工程欠款问题，同时将全省9个市、35个县（区）的同类问题一并解决；代表提出的关于加快我省“村村通”电话工程的建议，经办理后，去年10月底，实现了全省行政村100%通电话的目标。

*改进代表活动方式，增强活动实效。*一年来，先后组织我省选出的全国人大代表和省人大代表进行了1次集中视察和3次专题视察。去年下半年，组织我省选出的全国人大代表就城镇职工社会保障体系建设等5个问题进行了专题调研，向全国人大常委会提交了调研报告；委托各设区的市人大常委会组织省人大代表进行会前集中视察和首次开展了20个专题调研活动。对代表视察和调研中提出的意见和建议，转交“一府两院”，要求认真研究办理。

*认真总结经验，努力提高代表工作水平。*去年，常委会召开了全省人大代表工作座谈会，系统总结了我省近年来的代表工作，对今后的代表工作提出了新任务、新要求。根据中央9号文件精神，常委会先后出台了《关于加强和改进省人大代表工作的若干意见》《山西省人民代表大会代表建议、批评和意见的提出和处理办法》，从制度上加强和改进代表工作。

**五、不断加强自身建设，提高依法履职水平**

一年来，常委会坚持把提高组成人员的政治理论素质摆在重要位置，及时组织学习《江泽民文选》，学习中央关于牢固树立、全面落实科学发展观和构建社会主义和谐社会的重大战略决策，坚持用党的理论创新成果武装头脑，统一思想，指导工作。坚持法制讲座制度，使常委会组成人员及机关工作人员的业务水平和工作能力不断得到提高。针对人大工作规范性、程序性、专业性强的特点，以宪法和法律为依据，健全和完善了相关的议事程序和工作规范，致力于建设适合国家权力机关特点的、充满活力的组织制度和运行机制。常委会机关不断加强思想、组织和作风建设，形成了积极向上、团结和谐、廉洁高效的良好氛围，在连续22年被评为“省直机关文明单位”的基础上，去年被评为“省直机关文明单位标兵”。

常委会注重加强与市县人大的联系，通过召开各种类型的座谈会、研讨会，总结和交流人大工作经验，推动工作的开展。各市县人大常委会对省人大常委会的立法、监督等工作，积极支持和配合，做了大量的基础性工作，并结合当地实际，不断探索，创造了许多好的经验和做法，提高了全省人大工作的整体水平。

各位代表，省十届人大四次会议确定的常委会工作任务已顺利完成。常委会取得的工作成效，是与省委正确领导，省人民政府、省高级人民法院、省人民检察院密切配合，省人大代表积极参与，各级人大及其常委会大力支持分不开的。在此，我代表省人大常委会，向大家表示衷心的感谢！

我们也清醒地看到，常委会的立法工作还不能完全适应形势发展的需要，立法质量有待进一步提高；监督工作的针对性和实效性还需要进一步增强；在为代表依法履职提供保障和服务方面还有许多工作要做；常委会的各项工作制度还需要狠抓落实。对这些问题，常委会要高度重视，采取更加有效的措施切实加以解决。

**今后一年的主要任务**

2007年是本届人大及其常委会任期的最后一年。我们要牢记重托，不负厚望，保持奋发有为的精神状态和严谨的工作作风，抓紧完成本届的各项任务，向全省人民交出圆满的答卷。在新的一年里，常委会工作的总体要求是：**在中共山西省委的领导下，坚持以邓小平理论和“三个代表”重要思想为指导，全面落实科学发展观，深入学习贯彻党的十六大和十六大以来历次中央全会以及省第九次党代会的精神，把坚持党的领导、人民当家做主和依法治国有机统一起来，认真行使立法、监督、决定重大事项、人事任免等各项法定职权，大力推进社会主义民主法制建设，更好地发挥地方国家权力机关的作用，为促进经济又好又快发展、建设和谐山西做出更大的贡献**。根据这个总体要求，我们要着重做好以下四方面工作。

**一、以十六届六中全会精神为指导，在建设和谐山西的实践中充分发挥作用**

党的十六届六中全会通过的《关于构建社会主义和谐社会若干重大问题的决定》，是我们党构建社会主义和谐社会的纲领性文件，也为新时期的人大工作进一步指明了方向，提出了更高的要求。省人大及其常委会作为地方国家权力机关，在建设和谐山西中肩负着重大政治责任。因此，在新的一年里，常委会要把认真学习贯彻十六届六中全会精神和省第九次党代会的精神摆在十分重要的位置。要通过学习中央《决定》和《中共山西省委关于贯彻落实党的十六届六中全会精神，加快建设和谐山西的意见》，充分认识构建社会主义和谐社会的重大意义，明确构建社会主义和谐社会的重点任务，深入分析影响和谐山西建设的主要矛盾和问题，针对性地行使好人大及其常委会的各项职权，以高度的政治责任感，自觉承担起建设和谐山西的历史使命。

**二、以提高立法质量为重点，把立法工作提高到新水平**

常委会要继续把立法工作放在重要位置，努力完成本届省人大及其常委会的5年立法规划。今年，常委会适应我省改革发展稳定的需要，计划审议和通过农民工权益保护条例、实施归侨侨眷保护法办法、公用事业特许经营管理条例、实施妇女权益保障法办法、企业和企业经营者权益保护条例、开发区条例、水资源管理条例、实施科学技术普及法办法、重点工业污染源管理条例等9件法规。同时，根据行政许可法和监督法，对13件法规进行修改。

在立法工作中，要坚持以人为本、立法为民的宗旨，坚持权利与义务、权力与责任相统一的原则，努力防止和克服部门利益倾向，更好地维护最广大人民群众的根本利益、统筹兼顾各方面的具体利益，从法律上、制度上营造公平的社会环境。要坚持走群众路线，充分发扬民主，继续推进民主立法、科学立法，不断增加立法工作的透明度，逐步扩大公民的有序参与，调动各方面的积极性。要在维护国家法制统一的前提下，努力突出地方特色，增强法规的可操作性。要认真总结本届人大及其常委会的立法工作经验，建立和完善制定地方性法规的工作程序、立法协调制度和立法质量评价制度，不断提高地方立法工作水平。

**三、以贯彻实施监督法为契机，进一步加强和改进监督工作**

常委会要采取多种形式，继续加强对监督法的学习和宣传。要严格遵守监督法的规定，按照围绕中心、服务大局、突出重点、增强实效的思路，紧紧围绕保证宪法和法律的正确实施，保证行政权、审判权、检察权正确行使，保证公民、法人和其他组织合法权益不受侵犯这个目的，综合运用听取和审议专项工作报告、执法检查等形式，切实加强对关系改革发展稳定大局和群众切身利益、社会普遍关注的重大问题的监督。一是听取和审议省“一府两院”关于全省社会主义新农村建设情况、税收征管情况、价格管理情况、社区工作情况、审判监督工作情况、渎职侵权检察工作情况、全省公安派出所工作情况等13个专项工作报告。二是审查和批准决算，听取和审议计划、预算执行情况的报告和审计工作报告。三是以资源节约、环境保护和生态建设为重点，开展对环保法和常委会通过的《关于加强五台山风景名胜区保护的决定》《关于加强汾河、沁河、桑干河源区保护的决定》实施情况的执法检查。继续开展“三晋环保行”活动。并且配合全国人大常委会对义务教育法的实施情况进行执法检查。省人大各专委、常委会各工作机构开展对9项法律及我省相关法规的执法调研。四是把信访工作作为构建社会主义和谐社会的基础性工作来抓。对人民群众信访反映的合理诉求，及时转交和督促有关部门依法处理，并切实加强对信访信息的综合分析，把信访工作中了解掌握的有关社情民意和突出问题，作为常委会听取和审议专项工作报告的议题，实施监督的重要信息来源，提高常委会监督工作的针对性和实效性。五是进一步建立健全规范性文件备

# 政府工作报告

## ——2007年1月29日在山西省第十届人民代表大会第五次会议上

山西省省长　于幼军

各位代表：

现在，我代表省人民政府向大会作报告，请各位代表审议，并请各位政协委员和其他列席人员提出意见。

**一、2006年工作回顾**

2006年是我省实施国民经济和社会发展第十一个五年规划的第一年，在中共山西省委的正确领导和省人大、省政协的有力监督和支持下，省政府坚持以邓小平理论和“三个代表”重要思想为指导，按照科学发展观和构建社会主义和谐社会战略思想的要求，全力抓好“十一五”规划的开局、布局工作，全省经济社会发展取得新的进步。

——经济平稳较快增长。全年地区生产总值完成4746.5亿元，增长11.8%；规模以上工业增加值完成2086.2亿元，增长18.3%；全年粮食总产107.3亿公斤，是我省历史上第四个突破百亿公斤的丰收年；全省财政总收入1048亿元，一般预算收入583.1亿元，分别增长38.2%和58.3%，扣除资源探矿权、采矿权收入，财政总收入和一般预算收入分别为887.3亿元和422.4亿元，同口径增长20.3%和21.4%；全社会固定资产投资2321.5亿元，增长25%；全社会消费品零售总额1613.4亿元，增长15.2%；居民消费价格总水平涨幅为2%。

——社会事业全面发展。人口自然增长率为5.75‰；城镇登记失业率为3.2%；高中阶段毛入学率达到69%，高等教育毛入学率达到23%，分别提高5.28和1个百分点；城镇基本社会保障覆盖率达到72%。

——科学技术持续进步。全年专利申请数2824项，每10万人专利申请数达到8.4项，接近“十一五”末8.5项的规划目标；新型工业化水平达37%，提高4个百分点。

——资源环境得到有效治理保护。预计全年二氧化硫和化学需氧量减排5.4万吨和1.07万吨，分别下降3.56%和2.77%，首次出现经济较快增长，污染物排放总量下降；煤矿采区回采率达到58%，万元地区生产总值平均耗水量下降13.3%。

——人民生活水平稳步提高。城镇居民人均可支配收入达到10027.7元，增长12.5%；农民人均纯收入达到3180.9元，增长10%。

这里，我向大会郑重报告，经过全省人民的共同努力，省十届人大四次会议通过的新的地区经济社会发展指标体系，除能耗指标外全部完成！年初省人民政府向全省人民承诺办好的12件实事全部兑现！全省“十一五”发展实现良好开局！

一年来，我们主要抓了以下几方面工作。

**（一）认真贯彻落实中央宏观调控政策，实现经济平稳、健康、较快发展**

我们自觉从省情出发，坚决贯彻中央宏观调控政策。以实施煤炭行业资源整合、提高产业集中度和整体素质的“三大战役”为突破口和重点，加快推进转变经济增长方式。“第一战役”在前年依法关闭4876个非法采煤矿点的基础上，去年又关闭了3500个死灰复燃和新发现的非法矿点。启动实施“第二战役”，淘汰关闭1363个生产方式落后、安全隐患较大、年产9万吨以下的小煤矿。经过第一、第二战役，全省采煤矿点从原来的9000多个压缩到3200个左右，非法及小煤矿事故发

（接第4页）

案审查的工作制度和工作程序，加强法律监督。

常委会无论是听取专项工作报告还是执法检查，都要按照监督法的规定，加强视察、调查，努力在掌握实情上下工夫；坚持和完善跟踪检查制度，认真督促整改，在促进依法行政、公正司法上见实效。要进一步提高常委会监督工作的公开性和透明度，对常委会组成人员在执法检查、审议专项工作报告中提出的重要意见和建议、有关问题的整改情况等，要及时、准确、全面地向省人大代表通报，采取多种方式向社会公开，主动接受代表和人民群众的监督，增强人大监督实效。

**四、以强化服务为着力点，进一步做好代表工作**

常委会要继续重视做好代表工作。要以提高质量为重点，以解决实际问题为目标，做好代表议案及建议、批评和意见的办理工作，不断完善督办制度，加大督办力度。要进一步密切与代表的联系，组织代表搞好专题调研和视察，继续邀请代表参与常委会重大活动，坚持常委会组成人员分工联系代表、常委会重要工作向代表通报制度。要组织代表参加各种形式的学习和培训，提高代表依法履职能力。要认真总结交流代表工作的经验，落实好保障代表执行职务的各项措施，推动代表工作深入开展。同时，按照全国人大常委会的要求，做好全国人大代表的联系和服务工作。

今年上半年，我省县、乡两级人大将进行换届选举。这是我省人民政治生活和地方政权建设的一件大事，也是一项重大

生率由多年占全省煤矿事故的75%下降到24%，煤炭工业销售收入增长10.1%，利税增长30.5%。焦炭行业在遏制改良焦、土焦死灰复燃的同时，加大淘汰小机焦的力度，大机焦产量占焦炭总量的比重达76.4%，规划新上了一批焦炉煤气回收、煤焦油深加工等化产回收项目。全省煤炭开采和焦炭生产“多、小、散、乱、差”的局面已初步扭转。自觉调控煤炭、焦炭的产能产量，坚决淘汰煤炭、焦化、冶金、电力等传统工业中的落后产能，并通过资源整合、技术改造以及新上一批好项目等途径，推进传统优势产业提高技术水平和整体素质，新型工业化水平进一步提高。促进固定资产投资结构进一步优化，第一产业投资增长24.8%，第二产业增长20%，第三产业增长33.4%；第二产业中煤焦铁等传统产业投资增速大幅回落，新兴支柱产业和农业、农村以及生态环境建设投资大幅增加，用于“三农”、社会事业和生态环境治理的财政支出分别比上年增长17.1%、19.9%、15.6%。全省经济呈现增长速度较快、效益较好、物价水平较低、发展活力和后劲增强的良好态势。

（二）围绕“十一五”规划，抓紧实施支柱产业和重大项目的战略布局

省政府出台优化产业结构、培育优势产业的实施意见，制定并实施培育发展八大支柱产业的产业规划和产业政策。在大力改造提升煤炭、焦炭、冶金、电力四大传统产业的同时，积极培育现代煤化工业、装备制造业、材料工业和旅游产业四个新的支柱产业。大力推进煤炭工业的集约、内涵发展，规划布局一批大型矿井改扩建、安全技术改造、大型煤炭洗选项目。优化电力工业布局，规划建设一批技术起点较高的燃煤电厂、热电联供和煤矸石发电项目。大力推进冶金工业的产业延伸，太钢不锈钢、鲁能晋北铝业、关铝精炼铝、银光镁业镁合金铸件等一批重大项目建成投产。煤化工业围绕“肥、醇、炔、苯、油”五条发展主线，新上了一批大型煤化工项目。全力推进重型汽车和煤机成套两大产品突破，一批装备制造业项目投产或部分投产。材料工业布局和新上了一批新型干法水泥、浮法玻璃、陶瓷等新材料项目。旅游业以打造国际国内旅游目的地为目标，在全省范围整治旅游景区的环境和秩序，加快旅游基础设施建设，全年旅游总收入达428.4亿元，增长46.7%。为加快形成山西经济发展的支柱产业，打造山西经济的主力舰队，启动实施培育“三个企业方阵”的大企业、大集团战略和规划，列入“三个企业方阵”的77户企业正在规划建设一批重大项目。

（三）高度重视“三农”工作，城乡、区域协调发展取得新成效

坚持把“三农”工作摆在重中之重的地位，扎实推进社会主义新农村建设。启动实施革命老区和贫困山区开发战略，编制并实施“两区”产业开发、交通建设、社会事业、生态建设与环境保护等专项规划，重点扶持新上448个产业项目，投资规模近3000亿元，其中70%的项目动工建设。制定了全省社会主义新农村建设规划，启动1098个村试点工作。把发展产业、增加农民收入作为新农村建设的中心任务，大力推进区域化、规模化种养和产业化经营，列入农业产业化龙头企业方阵的33家企业，有50多个项目开工建设。同时，帮助试点村整治村容村貌，实现村道硬化、村庄绿化、街灯亮化和环境净化，资助农户使用沼气。加强农民技能培训，加快转移农村富余劳动力，全年培训农民112万人，转移41万人。移民搬迁5万人，又有20万贫困人口解决温饱。

积极推进城镇化进程，努力提高城市建设管理水平。省政府作出加强城镇建设工作决定，出台加快市政公用事业改革与发展的意见和市政公用事业特许经营管理办法，并召开会议动员部署，各地城市高起点编制或修编城市建设规划，加快改造老城区、建设新城区，城市污水垃圾处理能力和集中供热、绿化水平有了新的提高，城镇化进程明显加快。

加快城乡基础设施建设步伐。顺利实施太原机场改扩建工程。侯马—禹门口高速公路和龙门黄河大桥建成通车。国省干线公路新改建986公里，12个干线路网改造项目全部开工。新修村村通水泥（油）路2.2万公里，89%的建制村通客车。启动农村饮水安全工程，解决了4277个自然村、200万人的饮水安全问题。大力推动农村商品流通市场建设，实施“万村千乡”市场工程和新农村现代流通网络工程，建成连锁便民店3710个。

（四）高度重视可持续发展，资源环境保护和节能降耗工作得到加强

省政府研究制定并启动实施节能降耗、发展循环经济和建设节约型社会的规划，重点在煤炭、焦化、化工、建材、冶金、电力六大行业和200个高耗能企业推行节能措施。启动实施

（接第5页）

的政治任务。常委会要注意了解掌握换届选举工作进展情况，有针对性地进行指导，确保换届选举工作依法有序顺利进行。同时，要按照省委统一部署，精心组织好省人大换届的各项筹备工作。

要圆满完成以上各项任务，常委会必须进一步加强自身建设。常委会组成人员要继续加强政治理论学习，切实掌握人大工作必备的各方面知识，提高依法履职的能力和水平。要以抓好常委会各项组织制度和工作制度的实施为重点，进一步理顺关系、明确职责、规范程序，不断促进常委会各项工作的规范化、制度化，努力提高工作质量和效率。要按照政治坚定、业务精通、务实高效、团结协作、勤政廉洁的要求，大力加强常委会机关的思想、组织、作风建设，为人大代表和常委会组成人员依法履职提供更好的服务。在切实做好今年各项工作的基础上，认真总结本届人大及其常委会的工作，为今后人大工作深入开展提供借鉴。

各位代表，今年全省的发展目标和人大工作任务已经明确。完成好这些任务，是时代赋予我们的神圣职责和崇高使命。让我们紧密团结在以胡锦涛同志为总书记的党中央周围，高举邓小平理论和“三个代表”重要思想伟大旗帜，全面落实科学发展观，在中共山西省委的领导下，同心同德，开拓创新，求真务实，扎实工作，为加快山西转型、跨越、崛起步伐，开创我省改革开放和社会主义现代化建设的新局面而努力奋斗！

“蓝天碧水”工程，加大力度治理工业污染源，全省污染物排放总量有所下降，11个重点城市空气质量二级以上天数累计达到2707天，比去年增加8.7%。认真组织实施国家重点生态建设项目，启动身边增绿六大造林绿化工程，完成植树造林515万亩，绿化步伐明显加快。严格保护耕地，努力节约用地，加大土地复垦力度，实现耕地占补平衡。积极推进矿产资源的有偿使用，认真组织“两权”价款收入，促进了矿产资源规模开发和集约利用。

（五）实施科教兴省和人才强省战略，各项社会事业全面发展

坚持把教育放在优先发展地位。积极推动农村中小学布局调整和寄宿制学校建设。免除晋西北和太行山革命老区54个县（市、区）农村义务教育阶段学生学杂费，建设标准化操场1082个。继续推进“义务教育水平提升工程”和“农村现代远程教育工程”，扩大中等职业教育规模，重点大学建设取得新进展，高等教育办学质量进一步提高。大同大学正式挂牌。积极推动科技进步，开展重点领域的关键技术攻关，在国家镁合金基地建设中取得突破。荣获国家自然科学二等奖1项，实现了我省此奖项零的突破。继续实施人才强省战略，广泛开展人才对外交流与合作。积极推进医疗卫生体制改革，加强县乡村三级卫生网络建设，改扩建一批乡镇卫生院及社区医疗机构，群众看病难、看病贵有所缓解。新型农村合作医疗试点扩大到56个县（市、区），覆盖农村人口53.7%，参合率达到86%。建立农村医疗救助制度，23.47万农村困难群众得到救助。加强对食品药品卫生安全的监管，努力保障人民群众健康安全。推出了《乔家大院》《一把酸枣》《立秋》等文化艺术精品，丰富群众精神文化生活。广泛开展群众性体育活动。着手在太原规划建设国际会展中心、体育中心、科技馆、图书馆、大剧院、地质博物馆等重大文体设施。加强流动人口计划生育管理服务，对31.2万农村计划生育家庭落实奖励扶助政策。152处文物列为国家重点保护单位，总数达271处，居全国第一。广播电视、通讯、互联网进一步发展。妇女、儿童、民族、宗教、外事、对台、气象、档案、地震、测绘、史志、参事、老龄、残疾人、红十字会、国防动员、民兵预备役建设、人民防空等各项工作都取得了新成绩。

（六）注重解决民生问题，和谐社会建设稳步推进

各级政府努力加强劳动就业和社会保障工作，认真落实就业再就业政策，大力发展劳动密集型产业、中小企业和城镇集体经济，积极鼓励灵活就业，全省城镇新增就业岗位42.4万个，下岗失业人员再就业16.6万人。继续扩大城镇企业养老保险、失业保险、医疗保险、工伤保险，积极推进农村养老保险。114个农业县初步建立农村低保制度，75万农村特困人口纳入低保范围，10.25万农村五保户实现应保尽保。调整公务员和事业单位人员工资，提高企业离休人员和退休职工养老金，提高职工最低工资标准和煤炭企业井下职工补助标准，较大幅度提高各类优抚对象的相关待遇。基本清理完政府项目拖欠工程款和拖欠农民工工资。认真组织实施棚户区改造、沉陷区治理和安康居住工程，全省棚户区改造开工建筑面积144万平方米，完成计划的151.5%，有5.2万人住进新楼房；沉陷区治理开工建筑面积226万平方米，维修加固和货币补偿141万平方米，使25万职工及家属受益，安康居住工程竣工面积655.2万平方米，完成全年计划的131%，20.4万人改善了住房条件。

（七）在更深层次和更广领域推进改革开放，增强了经济社会发展的动力和活力

加快推进新一轮国企改革。按照发展壮大一批、转制搞活一批、关闭破产一批的思路，省政府出台并实施“1+13”国企改革系列配套文件。明确了推进国有经济布局和经济结构的战略性调整、推进国有企业产权结构多元化、建立健全现代企业制度、实施主辅分离和剥离企业办社会职能的新一轮省属企业改革任务。省国企改革领导组全部批复了省国资委监管的33户企业和有改革任务的34个部门下属企业的总体改制方案，今年全面推进实施。省属监管国企的资产总额、净资产、销售收入、利润实现较大幅度增长，四项指标均跃升全国前6位。积极推进股权分置改革和企业股票上市及再融资工作，22家上市公司已有19家完成股权分置改革，大同煤业、潞安环能A股成功上市，太钢集团顺利实施了定向增发；进一步深化投融资体制改革，研究制定了调整规范省市县三级财政体制和在35个国家重点扶贫开发县实行“省直管县”试点的改革方案，今年在全省实施。深化农村综合改革，长治市及10个县区的乡镇机构改革试点稳步推进。

全方位扩大对外开放。省委、省政府出台进一步扩大对外开放的决定并召开会议动员部署。大力整治优化投资环境，全面开放投资领域，全方位扩大对外交流合作。招商引资实现历史性突破，成功举办沪港大型招商活动，签订合同协议项目578个，合同和协议引进资金3807亿人民币；新批准设立外商投资企业150个，增长76.5%；实际利用外资13.5亿美元，增长2.36倍，其中纳入国家统计口径的4.7亿美元，增长71.5%。对外贸易稳步增长，出口结构优化，外贸进出口总额达到66.3亿美元，增长19.5%，机电产品、高新技术产品出口有较大增长。

在加快推进改革开放的同时，我们积极争取国家实施中部崛起战略的政策支持。太原、大同、阳泉、长治被列入国家老工业基地政策支持范围，晋西北、太行山革命老区50个县享受西部大开发政策。国务院批准我省为全国唯一的煤炭工业可持续发展政策措施试点，批准在我省进行做实基本养老保险个人账户试点，批准在太原建设中国煤炭交易市场，初步确定将我省列入全国第二批循环经济试点省份。此外，还争取了国务院有关部委局对我省一批重大建设项目和资金的支持。所有这些重大政策和改革开放举措的实施，将给山西的发展注入强劲的动力。

（八）坚持依法行政，进一步加强社会主义民主法制和精神文明建设

按照建设和谐社会的要求，加强社会主义民主法制建设，促进社会公平正义，推动社会建设与经济建设、政治建设、文化建设协调发展。认真执行省人大及其常委会的各项决议，积极支持省政协参政议政及开展各项工作。认真办理人大代表、政协委员的建议和提案，做到了事事有回音，件件有着落。坚持向人大报告工作制度和重大事项向政协及各民主党派通报制度，涉及人民群众切身利益的重要决策主动征询群众和社会各界的意见，努力做到民主科学决策。建立省长与人大代表“直通车”制度，人大代表给省长来信建议要求事项全部办理。坚持依法治省，高度重视政府法制工作，深入贯彻实施《行政

许可法》，全年共制定政府规章16件，提请省人大制定地方性法规8件。围绕建设“平安三晋”，加强社会治安综合治理，严厉打击各类刑事犯罪和经济犯罪活动。全面落实政府系统党风廉政建设责任制，切实加强行政监察和审计工作，严肃查处各类违法违纪案件。切实加强机关效能建设，省政府就改进机关作风、优化政务环境、全面提高政府公信力和执行力作出决定，制定行政机关及其工作人员行政过错责任追究暂行办法，并召开全省政府系统干部大会动员部署。全省共查处行政效能投诉案件291件，对195人进行了责任追究，行政效能和机关作风有了明显改进。在全省广泛开展爱国主义、集体主义和以“八荣八耻”为主要内容的社会主义荣辱观教育，大力开展政风行风评议和争当人民满意公务员活动，精神文明建设取得积极成效。

各位代表，回顾总结去年的工作，省政府在努力完成全年经济社会发展各项目标任务，实现“十一五”发展良好开局的同时，围绕我省转变经济增长方式、调整优化产业结构、整治改善生态环境、推进地区和城乡协调发展、推进改革开放和政府自身建设等经济社会发展全局的一系列重大战略问题，组织开展深入细致的调查研究，相继推出深入实施煤炭行业“三大战役”、建设节约型社会、培育八大支柱产业、壮大“三个企业方阵”、新一轮省属国企改革、对外开放、“两区”开发、社会主义新农村建设、推进城镇化、蓝天碧水工程、造林绿化工程、棚户区改造和沉陷区治理工程、行政效能建设等十三项重大战略举措的布局。随着这些重大战略举措布局的逐步落实，特别是一批正在规划建设的重大产业项目、重大基础设施项目的全面铺开，我省经济增长方式将发生明显转变，经济结构将进一步优化，区域竞争力将大大提升，人民生活水平和生活质量将明显提高，经济与社会、人与自然、城市与农村等各个方面的发展将更加协调，山西经济社会将加快转入科学发展的轨道。

过去一年成绩的取得，是党中央、国务院正确领导和关心支持的结果，是全省人民在省委的领导下，同心同德、拼搏进取的结果。在此，我代表省人民政府，向辛勤工作在各条战线上的广大工人、农民、知识分子、干部，向驻晋解放军指战员、武警官兵和公安干警，向各民主党派、各人民团体，向所有关心、支持山西发展的海内外各界朋友，表示衷心的感谢和崇高的敬意！

各位代表，随着“十一五”一系列重大战略布局的展开，山西经济社会发展展现出美好前景，但同时也面临严峻的挑战和繁重的任务，需要解决一系列深层次的矛盾和问题：一是粗放型经济增长方式亟待转变，节能降耗的任务艰巨；二是生态环境治理的形势严峻，一些地区生态恶化的局面尚未好转；三是产业结构性矛盾尚未有效缓解，尤其是淘汰传统产业落后产能的任务繁重；四是自主创新能力不足，技术进步尚未成为经济发展的重要推动力量；五是影响和谐社会建设的困难和问题还很多，农民增收困难，城乡居民就业、教育、医疗和社会保障等问题还没有得到很好解决；六是一些地区经济发展环境不够好，服务承诺和行政效能监察及过错责任追究尚未真正到位等。所有这些，都需要我们在新的一年里努力认真加以解决。

需要特别报告的是，去年尽管我省煤矿安全事故起数和死亡人数有所下降，煤炭生产百万吨死亡率由上年的0.98人下降到0.8人，大大低于全国平均水平，但煤矿重特大安全事故没有得到有效遏制，去年7月、11月连续发生多起重特大事故，给人民群众生命财产造成严重损失。单位地区生产总值能耗预计未能完成省政府年初在省人民代表大会上提出的预期目标。作为政府主要负责人，我对此应负领导不力的责任，深感内疚。今年一定要采取更加切实有效的措施，务求取得积极成效。

实践告诉我们，在山西这样一个相对落后的省份，要加快科学发展，构建社会主义和谐社会，必须坚持以科学发展观统领全局，努力实现经济社会好中求快、又好又快发展；必须坚持解放思想、实事求是，正确分析把握省情，努力探索发展规律，把党和国家的大政方针与山西的具体实际紧密结合起来，创造性地开展工作；必须坚持以经济建设为中心，以技术创新和科技进步为支撑，大力推动经济结构调整和经济增长方式转变；必须坚持深化改革、创新体制机制，扩大对外开放，把激活内力与借助外力结合起来；必须坚持把维护和实现人民群众的利益作为政府工作的出发点和落脚点，不断提高城乡居民生活水平，使人民群众共享改革发展的成果；必须提高各级政府的公信力和执行力，努力为全省经济社会发展创造良好环境。我们坚信，只要全省上下励精图治，锐意进取，更加勤奋扎实地工作，就一定能够战胜前进道路上的艰难险阻，把“十一五”规划的宏伟蓝图变为壮丽的现实！

**二、2007年经济社会发展的目标任务**

今年是深入贯彻落实科学发展观、推进社会主义和谐社会建设的重要之年，是“十一五”经济社会发展在去年开局布局基础上全面推进和重点突破之年。做好今年的工作，对于保持我省经济社会发展良好势头，迎接党的十七大的胜利召开具有十分重要的意义。政府工作的总体要求是：**高举邓小平理论和“三个代表”重要思想伟大旗帜，全面落实科学发展观，加快构建社会主义和谐社会，按照省第九次党代表大会提出的走出“四条路子”、实现“三个跨越”的思路，全面推进、重点突破，在加快发展新的支柱产业和新兴产业，调整优化经济结构上下工夫；在提升科技创新能力，推进节能降耗和治理生态环境，转变经济增长方式上下工夫；在统筹城乡和区域协调发展，提高群众生活水平上下工夫；在继续深化改革，全面扩大开放上下工夫；在发展社会事业，更加注重民生，促进社会和谐上下工夫；在转变政府职能，加强政府自身建设，优化发展环境上下工夫，推动全省经济社会加快转入科学发展的轨道，努力实现经济社会又好又快发展，以优异成绩迎接党的十七大胜利召开。**

按照我省新的地区经济社会发展指标体系，今年全省经济社会发展的主要预期目标是：地区生产总值增长10%，固定资产投资增长26%，工业增加值增长16%，财政总收入、一般预算收入分别增长16%和18%（不含“两权”收入，按同口径计算），单位地区生产总值能耗下降5.6%，二氧化硫、化学需氧量排放量分别下降5.94%和3.25%，城镇登记失业率控制在4%以内，城镇居民人均可支配收入和农民人均纯收入分别增长12%和8%，社会消费品零售总额增长14%，居民消费价格总水平涨幅控制在3%以内，进出口总额增长10%，人口自然增长率控制在6‰以内。

今年我省经济社会发展的指导思想和目标任务的基本着眼点是实现好中求快、又好又快的发展。要在进一步转变经济增长方式，进一步优化经济结构，进一步节能降耗、改善生态环境，进一步协调城市与农村、经济与社会以及全省各地区发展，进一步增强科技创新能力，进一步提高城乡居民收入、人民生活水平的基础上，争取较快、健康和可持续的发展速度，确保5个方面44项经济社会发展指标全面完成。

为实现好中求快、又好又快发展的战略意图和目标，我们要认真贯彻并善于运用国家宏观调控政策，紧密结合山西实际，自觉以科学发展观指导推动经济社会发展，扎实抓好以下几方面工作：

（一）加快建设社会主义新农村，全力推进“两区”开发

大力发展现代农业，拓宽农民增收渠道。改善农业生产条件，完善农业科技服务体系，努力提高农业水利化、机械化和信息化水平，提高土地产出率、资源利用率和劳动生产率，提高农业素质、效益和竞争力，加快传统农业向现代农业的转变。引导帮助农民调整优化种养结构，按照社会化大生产的思路，推进种植业和养殖业走标准化、规模化和产业化发展道路，努力发展绿色高效优质农业，提高农业比较效益。按照工业化的思路，同步配套发展农产品生产、加工、储运和销售，努力构建农业产业化体系。继续加强雁门关生态畜牧经济区、中南部无公害果菜经济区和东西两山杂粮干果经济区建设。抓好发展农业产业化龙头企业、发展农产品加工业和建立完善农产品销售组织及服务网络三个关键环节。继续扶持一批特色农畜产品基地和农畜产品加工企业。加快建设农产品流通设施，继续推进“万村千乡”市场工程和农村现代网络工程，规划建设若干规模较大并以信息、网络技术装备起来的农产品批发市场。引导鼓励农民创办合作经济组织和行业协会，以农业组织化促进现代农业发展。继续实施农民工转移培训工程，提高农民科技文化素质，鼓励发展中介服务组织，提高劳务输出的组织化程度。

积极探索“以工补农”“以城带乡”的体制机制。强化财政支农资金的稳定增长机制，各级财政新增经济社会事业发展资金60%以上投向农业和农村，在矿产有偿使用收入、煤炭可持续发展基金和地方电力建设等专项基金中，安排较大比例用于农村基础设施建设、农业综合生产能力和新农村建设以及生态环境治理。继续完善对农业和农民的直接补贴政策，支持县级政府将各部门下达的支农资金捆绑使用，提高支农资金使用效益。大力发展县域经济，积极推进城乡一体化进程，推动城市交通、物流、商贸和公共服务业向农村延伸，认真组织党政机关和企事业单位对口帮扶新农村建设。今年在继续搞好去年1098个新农村建设试点村的基础上，新增2000个新农村建设重点推进村，按照中央20字方针要求，全面推进发展生产、整治村容村貌、普及使用沼气等。加快推进农村信息化建设，在全省2.8万个行政村实施开通移动电话、农村网络文化站和有线电视三项信息化工程。

完善农村统分结合的双层经营体制，积极探索适应社会主义市场经济的农村集体经济有效实现形式。大力发展各种形式的股份合作和专业合作经济组织，鼓励有条件的农村利用自身资源和资产，与社会企业合资合作兴办工矿物流商贸企业，增加集体收入，逐步解决目前不少农村集体经济成为“空壳”甚至债台高筑的问题，增强基层组织为农民服务的能力。

坚定不移地推进革命老区和山区扶贫开发，积极争取国家对“两区”基础设施、社会事业等方面的政策和资金支持，扎实推动“两区”各县（区）列入省规划的大多数产业项目开工建设或建成投产，一批水利、交通等基础设施和社会事业项目动工建设。继续抓好移民搬迁、整村推进、培训转移、产业扶贫四大扶贫工程，今年新解决20万人的温饱问题。

各位代表，“三农”工作是我们全部工作的重中之重。我们一定要带着对地区发展的高度责任感和对农民的深厚感情，把农业的基础打牢，把农村的事情办好，帮助农民把生产生活安排好，一定要使“两区”开发和社会主义新农村建设收到富民强县的实效！

（二）加快转变经济增长方式，努力提高经济增长质量和效益，建设山川秀美的新山西

继续实施煤炭行业“三大战役”，推动煤炭工业走集约发展、内涵发展、综合高效发展和文明安全发展的道路。巩固“第一战役”成果，强化有关部门和各级政府的监管责任，采取群众举报、社会监督、航空拍摄等有效方式，及时发现并严厉打击非法采煤矿点，坚决不让私挖滥采死灰复燃。上半年基本完成整合资源、淘汰关闭生产方式落后、安全隐患较大、产能9万吨以下小煤矿的“第二战役”。在此基础上，启动实施“第三战役”，在全省范围引导支持煤炭大企业联合、兼并、收购、重组或托管中小煤矿，整合资源，产能置换，新上一批现代化大型矿井。引导推动地方国有或民营中小煤炭企业以股份制形式联合重组，淘汰关闭落后的小矿井，发展采用先进综采设备的大型矿井。在全省煤矿安装使用省、市、县管理部门和煤炭企业、矿井五级联网的煤矿瓦斯监测监控系统、煤矿产量监控系统、井下人员考勤定位系统等。自觉严格调控煤炭焦炭的产能、产量，维持煤炭、焦炭市场供需平衡。

下大力气淘汰落后生产能力。在继续开展煤炭、焦化行业清理整顿的同时，省、市、县三级政府制定和实施本地区淘汰关闭小钢铁小火电、小水泥以及不符合国家产业政策的电石、铁合金等落后生产能力的实施方案，坚持“关小”与“上大”同步实施，淘汰落后与技术改造、新上技术先进的项目相结合。引导、支持、帮助拟淘汰企业转产、技改或新上符合国家产业政策、符合省市发展规划和环保要求、技术起点较高的产业项目。

大力发展循环经济，促进全社会节能降耗。要以列入国家循环经济试点省为契机，在循环型工业、循环型农业、循环型服务业、循环型生态园区和循环型社会五个领域铺开试点。推动产业园区循环经济发展模式，引导支持企业使用先进的节能降耗和清洁生产技术，在清洁能源生产、煤化工深加工和煤矸石、煤层气、焦炉煤气利用及工业固体废弃物再生利用等方面取得突破。认真落实我省资源节约型社会行动纲要，进一步完善法规政策，建立健全促进节能降耗的体制机制，完善相关的监测、计量、统计和考核制度。加快建立大中城市居民供热、供气、供水、供电分户计量的收费制度，实行地区和重点企业资源消耗半年公布制度，加强对高耗能企业的监管。确保实现今年单位地区生产总值能耗下降5.6%，工业增加值能耗下降6.5%的目标。

认真执行土地利用总体规划，严格保护耕地，努力盘活存量土地，千方百计节约城乡建设用地，优先保障基础设施重点工程和产业发展重点项目以及社会事业项目的建设用地。加强测绘工作，加大地质灾害治理及地质环境恢复力度。

继续认真实施“蓝天碧水”工程。督促推动全省有关行业限期安装脱硫除尘、污水处理等环保设施和在线监测设备，坚决制止不符合环保要求标准的建设项目，对不能达标排放的单位限期治理，达不到标准要求的停产整治、依法关闭。实行地区环境容量监管制度，对超过污染物总量控制指标、生态破坏严重的地区，停止审批污染严重的建设项目。认真抓好汾河流域环境整治，加快沿线污水处理厂及配套管网建设；抓好城市环境综合整治，在大中城市及10万人以上的县城加快建设热电联产、集中供热以及集中供气项目，提高城市集中供热、供气率；在城市交通、生产、生活等领域推广使用清洁燃料；加快建设城市污水处理和垃圾无害化处理设施。认真实施汾河、桑干河、滹沱河源头治理保护工程。启动建设覆盖全省各县（市、区）的空气质量自动监测系统和重点河段水质监测系统，提高区域环境安全应急处置能力。

继续认真组织实施植树造林工程。在抓好退耕还林、京津风沙源治理等国家重点生态工程的同时，全面推动去年启动的绿化造林六大工程。今年全面完成高速公路和一级公路的植树任务，完成多数铁路沿线和二级、三级公路的绿化。启动推进以城郊森林公园为重点的环城绿化带工程、以矿区植被恢复为重点的厂矿绿化工程和城市建成区绿化工程。结合新农村建设，绿化2000个村镇。全年植树造林400万亩—500万亩。

各位代表，转变经济增长方式、治理生态环境，是一项繁重艰巨而又十分紧迫的任务，难免遇到阻力和困难，牺牲一些眼前利益和局部利益。但换来的是山西人民的长远利益、整体利益和根本利益，是山西经济社会的可持续发展，是三晋大地的蓝天碧水和秀美山川。我们一定要统一思想，坚定信心，锲而不舍，攻坚克难，务求取得人民满意的实效！

（三）加快调整优化经济结构，不断提升全省经济的整体素质和发展后劲

加快调整优化三次产业结构，大力发展服务业。运用现代经营方式和信息技术，改造提升商贸、旅游、餐饮、住宿等传统服务业。完善城市商业网络，在主要城市规划和动工建设大型购物城、高档商业步行街和宾馆餐厅，发展连锁经营，稳健发展房地产业。积极发展现代物流业、金融服务业、通信和网络服务业、科技服务业以及工程咨询、资产评估、设计、法律、会计、质量认证等中介服务业。规划建设若干物流园区，启动建设中国（太原）煤炭交易中心和若干工业原材料批发市场。以改革开放和市场经济的思路手段促进文化产业大发展，积极发展体育、会展和社区服务等新兴服务业。

继续大力推进传统支柱产业的改造升级。进一步提高煤炭和焦化工业的集中度，在淘汰落后、产能置换的基础上，建设一批现代化大型矿井和焦化一体的大项目。提升冶金工业的技术水平，调整优化产品结构。优化电源结构布局，按规划建设一批坑口和煤矸石电厂，积极争取在煤层气、焦炉煤气、风能、水力和生物质能发电等新能源领域动工建设一批项目。大力推进电网建设，支持配合晋东南特高压电网等一批输电网络动工建设。

大力培育新兴支柱产业。高起点、高标准规划发展煤化工业，新上一批煤化工大型项目，争取建设为国家重要的煤化工业基地。整合现有资源，集中力量发展装备制造业整机产品、成套产品和系列产品，力争在重型汽车和煤机成套设备的生产制造上取得实质性进展；立足资源优势和产业基础，大力发展镁铝合金、钕铁硼磁性材料和新型建材等材料工业。制定完善全省旅游产业发展规划和重点景区、重点项目规划，着力打造晋北宗教古建、晋中晋商民俗、晋南寻根觅祖三条精品线路及若干重点景区，重点搞好五台山和平遥古城的保护整治工程。吸引社会投资开发旅游景区，鼓励支持国内外大旅行社来晋开展旅游业务，开展“奥运北京、大运山西”旅游促销活动。同时，抓紧新上一批电子通讯、生物制药和食品加工以及文化产业等新兴产业的大项目、好项目。充分发挥“三个企业方阵”在结构调整中的主力带动作用，积极推进大企业与国际国内大公司实施战略联盟与强强联合。坚持质量立省、品牌兴晋战略，着力培育一批具有自主知识产权、产业带动性强的知名品牌，提升我省支柱产业的质量、水平和拓展市场能力，增强企业市场竞争力。

技术创新和科技进步是调整优化经济结构和转变经济增长方式的中心环节和重要支撑力量。要在全省大力营造有利于技术创新和科技进步的政策环境和文化氛围。有效整合全省科技资源，围绕培育支柱产业和发展新兴产业的关键技术开展研发，促进科研成果产业化。以提高企业自主创新能力为核心，加强企业技术开发中心建设，列入“三个企业方阵”的大企业加快建立、完善研发中心，政府支持、依托企业建设若干重点实验室和工程技术中心。培育一批科技型中小企业，推进科技产业园区建设，鼓励企业与高等院校、科研单位通过多种方式建立科技合作关系。深化科技体制改革，落实科研院所改革政策，建立健全以企业为主体、市场为导向、产学研结合的地区科技创新体系。充分发挥人才在科技创新中的重要作用，努力创造人尽其才、优秀人才脱颖而出的体制机制和政策环境。加强科普工作，增强全社会科技创新意识。

各位代表，调整优化经济结构要落实到项目上。今年是优化产业结构、促进产业大发展的项目攻坚年和建设年。全省上下要全力以赴，促成一批重大产业项目建成投产，增强全省经济实力和发展后劲，为经济社会又好又快发展奠定坚实基础。

（四）加快基础设施建设，提高城市建设管理水平

致力于从根本上扭转山西水资源日趋短缺、水供给日趋紧张、水环境日趋恶化的严峻局面，在全省实施以水资源合理开发、高效利用、全面节约和有效保护为重点的兴水战略，全力做好这篇润泽三晋人民、福荫子孙后代的大文章。在去年广泛深入调查研究的基础上，启动实施应急水源工程建设、农田水利灌溉、水土保持淤地坝、农村饮水安全、城乡节水和水源保护等六大水利建设工程。陆续开工建设一批大中型水库和引水工程，新建一批小型水库和拦蓄水工程，改造修复一批病险水库，竣工完成横泉水库、汾河二库和张峰水库枢纽工程。继续实施大中型灌区续建配套和节水改造工程，新建一批节水灌溉园区和集雨灌溉工程，推广滴灌、管灌、渗灌等节水灌溉技术，使全省有效灌溉面积今年增加100万亩，到“十一五”末，实现全省农村人口人均一亩水浇地的目标。规划建设10000座淤地坝，增加沟坝地80万亩，置换荒坡地退耕还林。在全社会推广节约用水，大幅度增加中水回用。继续完善引黄南线工程，努力增加用水量，有效降低运行成本。积极争取国家批准建设引黄北线工程。探索建立水资源保护和合理开发利用的体制机制，全面推行水资源有偿使用制度，以价格杠杆和行政手段遏

制严重超采地下水，实行工农业用水和居民生活用水的阶梯式水价，促进全社会节约利用水资源。

继续大力发展交通事业。动工建设大同等地的运煤专用公路，筹划新建晋东南运煤铁路通道。力争年内建成离石—军渡等3条高速公路，开工建设忻州—阜平等高速公路。新改建国省干线公路1300公里、县乡公路4000公里。加强公路养护管理，狠抓道路运输安全和治理超限超载工作。配合支持石太高速客运专线和太中银铁路建设，积极推进南同蒲、邯长线等铁路改造项目，搞好全省支线铁路的规划建设。抓紧太原机场改扩建工程建设，确保2008年上半年全面竣工。启动筹建五台山机场和运城机场改扩建工程。

积极推进城镇化进程，努力提高城市建设管理水平，提升山西城市的品位和形象。加快各城市、县域城镇体系规划和城市总体规划修编及调整工作。按照以人为本、生态文明的理念，统筹推进各城市旧城改造和新区开发，精心规划、设计、建设若干亮点片区和精品建筑。加快太原经济圈的规划建设，推进太原与榆次在城市规划建设、电信、金融、公共交通等方面的"同城化"。以改革开放和市场经济的思路谋划城市建设经营和管理，深化体制机制改革，全面推开城市供水、供气、供热、公交、污水和垃圾处理的特许经营和合理收费，在园林绿化、城市保洁等行业引进竞争机制，加快城市基础设施建设步伐。引导规范房地产业健康发展，调整住房供应结构，构建多层次住房保障体系，建设一批安居房和廉租房，并保证用于解决困难群众的住房问题。继续搞好矿山棚户区改造、矿山沉陷区治理，启动实施农村地质灾害治理工程。

各位代表，水资源短缺、交通基础薄弱、城市建设落后影响了人民生活质量，制约了我省经济社会发展。我们要本着对历史、对人民高度负责的态度，着力解决好这些事关山西经济社会发展全局、事关三晋人民长远和根本利益的重大问题，从根本上改善发展条件，提高人民生活质量，保障经济社会永续发展！

（五）加快发展社会事业，促进经济社会协调发展

继续优先发展教育事业。增加各级财政对教育的投入，建立健全义务教育经费保障机制，继续搞好"两免一补"，在全省免除农村义务教育阶段学生学杂费，妥善解决城市困难家庭和农民工子女接受义务教育的问题。继续调整完善农村中小学布局和师资配置，抓好农村寄宿制学校建设。深化改革高等教育体制机制和教学方法，努力提高办学质量，培养创新型人才。加快发展职业教育和继续教育，调整高中阶段教育结构，扩大中等职业学校的招生规模。支持民办教育发展，规范民办学校的办学行为。加强中小学安全管理。规范学校收费行为，减轻学生负担。

努力提高人民健康水平，进一步缓解人民群众看病难、看病贵。完善公共卫生和医疗服务体系，提高重大疾病的防控水平和救治能力。继续推进新型农村合作医疗制度，进一步扩大覆盖面。加快城市社区卫生服务机构建设，积极构建以社区卫生服务为基础的新型城市卫生服务体系。以乡镇卫生院建设为重点，加快推进县乡村三级医疗卫生机构的达标建设。加强食品药品和医疗市场监管，确保食品药品安全。积极推进医疗卫生体制改革，继续实施医疗机构药品和医疗器械网上竞价采购，减轻人民群众医药费用负担。大力开展爱国卫生运动，加强红十字会工作。全面加强人口和计划生育工作，建立流动人口计划生育综合管理服务机制，稳定低生育水平，提高出生人口素质。

积极发展文化事业。继续实施文化强省战略，推进文化体制改革，努力繁荣哲学社会科学、新闻出版、广播影视和其他文化艺术，加快发展文化事业和文化产业，着力打造一批文化精品，不断满足人民群众精神文化需求。扶持发展民办文化，加强对文物、非物质文化遗产和民间艺术的保护。积极开展群众性体育活动，努力提高竞技体育水平。把文化体育设施纳入城乡建设总体规划，在省城太原动工建设国际会展中心、体育中心、大剧院、图书馆、科技馆、地质博物馆等大型骨干文体设施，加快县文化馆、图书馆、体育场馆和乡镇文化站、村文化室、体育场馆等农村公共文化体育设施建设。

认真实施人才强省战略。切实加强高层次人才培养、选拔、使用，加强实用型、技能型人才培养，开发利用好现有人才资源，促进人才的合理流动和市场化配置。加大招才引智力度，不断拓宽渠道，吸引各类人才来晋服务。

（六）加快建设和谐山西，把改善民生放在更加突出位置

进一步扩大就业。认真落实各项就业再就业政策，实施"中小企业成长工程"，大力发展就业吸纳能力强的劳动密集型产业、中小企业和服务业。加强职业培训，提高劳动者的就业技能，重点做好下岗失业人员再就业工作，积极帮助零就业家庭和就业困难人员就业，做好高校毕业生和退伍转业军人就业工作。

努力完善社会保障体系。认真搞好做实企业养老保险个人账户试点工作，稳妥推进基本养老金计发改革。开展事业单位养老保险制度改革试点，探索建立新型农村社会养老保险制度。完善城镇职工基本医疗保险制度，尽快使养老保险、医疗保险、公伤保险覆盖到各种所有制企业，城镇社会保障覆盖率达到75%。进一步完善城乡低保、城乡特困群众医疗救助、贫困家庭子女就学资助、五保户供养等社会救助制度，保障困难群众基本生活。

继续完善收入分配制度。提高劳动因素在分配中的比重，努力增加城乡居民收入，特别是中低收入者的收入，引导各类企业在提高效益的基础上，增加职工工资。加强对企业落实最低工资制度的检查监督，健全防止拖欠农民工工资的长效机制，切实维护劳动者合法权益。统筹解决好企业离退休人员、城市低保对象以及各类优抚对象的福利待遇。在实施新的公务员基本工资制度的同时，清理规范并实施统一的机关公务员奖金和津贴补贴制度。改革事业单位分配制度，建立与岗位职责、工作业绩、实际贡献紧密联系和鼓励创新创造的分配激励机制。

切实加强安全生产工作。各级政府和广大企业都要牢固树立"以人为本、珍重生命"的理念，强化安全生产责任意识，提高安全生产监管水平，从基础工作抓起，从关键环节入手，致力于从源头上消除安全生产隐患。在抓好非煤矿山、危险化学品、民用爆炸物品、烟花爆竹、交通、防火等安全监管的同时，突出抓好煤矿安全生产，有效防止重特大事故的发生，保障人民群众生命财产安全。各级安全生产监督部门必须进一步完善安全生产体制机制，加大监管执法力度，确保各项基础性管理措施落到实处。凡发生重特大安全事故，必须依法依纪严肃追究有关人员的失职、渎职责任和法律责任，追究矿主、业主的

法律责任和经济责任。

各位代表，做好上述几项工作，对维护增进人民利益，建设和谐山西至关重要，我们一定要殚精竭虑，全力以赴、务求取得新的进展和成效！

（七）加快推进改革开放，增强发展的动力和活力

全面启动煤炭可持续发展试点。按照中央批准的试点方案，统筹推进管理体制、资源开发、安全生产、环境治理、煤矿转产和煤炭城市转型等各项工作，建立起职责明确、相互协调、务实高效的行业管理体制和监管机制；建立完善煤矿安全生产长效机制、生态环境恢复补偿机制和煤炭企业转产、煤炭城市转型发展机制，促进山西煤炭工业步入资源回采率高、安全有保障、环境污染少、经济效益好、全面协调和可持续的发展道路。

稳步推进财政管理体制改革。按财力和事权相协调、保证各级财政随着经济发展共同增长的基础上往县区一级倾斜的思路和原则，调整省、市、县（区）三级税收共享收入范围和分享比例，规范各级财政收支行为，充实县区一级财政实力，调动市、县发展经济、增加财政收入的积极性。对35个国家扶贫开发重点县实行“省直管县”财政管理体制改革试点。改进和加强非税收入管理，对各类政府性基金、专项资金和行政性收费等，严格实行“收支两条线”管理。加强规范行政事业性单位的国有资产管理。

深化国有企业改革。按照“三个一批”的改革发展思路，全面推进省属国有企业产权制度改革和国有经济布局与结构的战略性调整。积极推进国有优势企业按照现代产权制度和企业制度的要求，引进战略合作伙伴，实现产权股权多元化，努力争取上市融资；积极推进一批一般性竞争领域的国有企业出让股权产权，实现民营化；对资不抵债或亏损严重、扭亏无望的企业实施关闭破产，清理注销名存实亡的企业。与此同时，基本完成省属国企辅业分离改制和分离办社会职能的任务。

在加快推进国企改革发展的同时，积极鼓励支持民营企业的发展，为非公有经济加快发展创造良好的环境条件，充分发挥民营企业在各个领域的生力军作用。

深化投融资体制改革。改善政府投资管理模式，建立健全政府投资重大项目的决策咨询和论证的各项制度。建立能源产业投资基金，募集社会资金支持发展能源资源产业重大项目。引导支持国有商业银行、股份制银行和政策性银行，全面正确落实国家宏观调控政策，合理调整信贷结构，优化审批程序，更好地服务支持地方经济发展。完善地方金融体系，深化城市商业银行、城市信用社、农村信用社等地方金融机构改革，建立法人治理结构完善、资本充足、内控严密、运营安全、服务和效益良好的现代金融企业。在整合地方金融资源、吸收民间资本的基础上探索建立晋商银行。深化农村金融改革，建立以农业银行、农业发展银行和农村信用社为主体、各商业银行广泛参与的“三农”金融支持体系。支持信用担保体系建设，建立完善各级信用担保机构，为中小企业融资提供有效服务。

深化农村改革。进一步扩大农村综合改革试点，改革乡镇行政管理体制，科学设置乡镇机构和事业单位，建立精干高效的农村行政管理体制；以增强基层财政保障能力为重点，加快县乡财政体制改革，建立促进农村义务教育发展的经费保障机制。继续推进粮食流通体制改革，加强粮食宏观调控和市场监管。启动实施集体林权制度改革，在坚持林地集体所有的前提下，农民享有对山林林木的所有权、受益权、继承权，调动农民营造和管护山林的积极性。

积极扩大对外开放。优化进出口商品结构，鼓励机电产品、高新技术产品出口和劳务输出，引进传统产业改造提升和新型产业培育所需的关键技术和设备。进一步开放投资领域，向外资、民企全面开放水源工程、高速公路、收费公路、铁路支线以及城市公共设施建设和公共服务领域，鼓励外资、民企兴办医院、学校、文化和体育事业。

努力提高引进外资的质量和水平。围绕调整经济结构、培育支柱产业和新兴产业、治理生态环境和发展社会事业的需要，积极主动地开展招商引资。认真扎实抓好招商签约项目的落实，争取大部分项目建成达效。积极实施“走出去”战略，支持有条件的企业开展对外承包工程、劳务合作和境外投资。组织精干队伍到发达国家、地区招商引资，努力办好首届“中国（太原）国际煤炭与能源新产业博览会”，组织企业参加中部崛起博览会等大型招商引资活动，力求招商引资有更大突破。

各位代表，改革滞后，开放不足，是制约山西经济社会发展的主要矛盾和重要因素。我们一定要解放思想，更新观念，开阔视野，进一步深化改革，扩大开放，为山西发展增添强大动力！

（八）加强社会主义民主法制和精神文明建设，努力提高政府公信力和执行力

积极推进社会主义民主政治建设。政府主动向人大及其常委会报告工作，自觉接受人大的法律监督和工作监督；密切同人民政协、各民主党派、工商联、无党派人士和各人民团体的联系，充分发挥其政治协商、民主监督、参政议政作用。进一步完善省长与人大代表“直通车”和政协委员接待日制度，认真办理人大代表、政协委员的建议、批评、意见和提案，拓宽与群众沟通协商渠道。积极支持人民法院、检察院依法履行职责，充分发挥工会、共青团、妇联等群团组织团结带领各自联系的群众参加经济建设、政治建设、社会建设、文化建设的积极作用。继续做好民族、宗教、侨务、外事等工作。努力扩大基层民主，完善基层群众自治组织和企事业单位民主管理制度，扩大政务公开、村务公开和厂务公开的范围和内容，保障人民群众的选举权、知情权、参与权和监督权。在省、市政府及主要部门建立新闻发言人制度，定期向社会公布政府工作情况，增加政府工作的透明度。

进一步加快依法治省步伐。认真贯彻《依法行政实施纲要》，深入开展“五五”普法教育，努力增强公民的法制观念和依法维权、依法办事的自觉性。搞好法律援助工作，维护妇女、儿童、残疾人和社会弱势群体的合法权益。全面落实社会治安综合治理责任制，加强对重点地区和突出治安问题的整治，严厉打击各类刑事犯罪活动，加强国家安全工作，努力建设“平安三晋”。加强基层派出所、司法所和基层法庭的基础建设，强化信访和矛盾排查调处工作，畅通群众诉求渠道，努力把社会矛盾化解在基层。在征地拆迁、企业改制重组和实施破产中注重依法规范行政，做好耐心细致的思想工作，努力维护农民、居民、职工的合法权益，维护社会稳定。建立预防和处置各种突发事件的工作机制，提高政府应急管理水平。加强社会信用体系建设，加大整顿和规范市场经济秩序的力度，打击各种假、

冒、伪、劣等商业欺诈行为，提高全社会诚信水平。

加强社会主义精神文明建设。在全社会树立中国特色社会主义的共同理想，努力构建社会核心价值体系，建设和谐文化。大力弘扬以爱国主义为核心的民族精神和以改革创新为核心的时代精神，继承和弘扬伟大的太行精神。深入开展以“八荣八耻”为主要内容的社会主义荣辱观教育，建立完善与社会主义市场经济相适应的社会公德、职业道德、家庭美德和个人品德等思想道德体系。加强全民素质教育，培养公民高尚人格，建立和谐的人际关系。普及科学知识，反对封建迷信，打击“黄赌毒”，倡导文明健康的生活方式。深入开展“双拥”工作，搞好国防教育和国防后备力量建设。

切实加强政府自身建设，努力建设勤政为民、依法行政、务实高效、清正廉洁的政府。着力完善民主科学决策的体制机制，建立健全重大决策调查研究、集体决策、专家咨询、社会公示与听证、决策评估以及决策反馈纠偏机制和重大决策失误责任追究制度。加强政府法制工作。按照行政决策、执行、监督既相对分离制约、又协调高效运转的原则，建立权责明确、行为规范、监督有力、协调高效的行政管理体制，保证各级行政管理机关及工作人员严格按照法定权限和程序行使职权、履行职责，提高各级政府和广大公务员依法行政和执法水平。进一步深化行政审批制度改革，减少审批事项，简化审批环节，规范审批程序，提高审批的质量和效率。坚决改变一些政务大厅“只挂号、不看病”的现象，真正做到一站式服务。加强行政效能监察，在各级政府机关全面落实首办负责制、服务承诺制、限时办结制、行政过错责任追究制，严肃查处和追究各种行政不作为和乱作为的行为，优化政务环境，提高政府公信力和执行力。认真贯彻党中央、国务院和省委关于反腐倡廉的各项规定，全面落实政府系统党风廉政建设责任制，加强审计、监察工作，建立健全惩治和预防腐败体系，坚决纠正损害群众利益的各种不正之风，切实树立起人民政府勤政、为民、廉洁的良好形象。各级政府和全体公务员要认真践行胡锦涛同志最近在中纪委七次全会上提出倡导的勤奋好学、学以致用，心系群众、服务人民，真抓实干、务求实效，艰苦奋斗、勤俭节约，顾全大局、令行禁止，发扬民主、团结共事，秉公用权、廉洁从政，生活正派、情趣健康等八个方面良好风气。各级领导干部要带头身体力行全心全意为人民服务的宗旨，时刻谨记胡锦涛同志“权为民所用，情为民所系，利为民所谋”的教诲，常怀民苦我忧、民贫我愧、民富我喜、民乐我乐之心，自觉把以民为根本、敬民如父母的从政理念贯穿到政府工作的所有方面和各个环节，谋地区发展殚精竭虑，为百姓造福鞠躬尽瘁！以自己勤政为民、严于律己的实际行动取信于民！

各位代表，省委、省政府决定今年继续围绕人民群众关心的热点难点问题，办好十二件实事：一是努力缓解人民群众看病难、看病贵，完成221所乡镇卫生院改扩建工程，新型农村合作医疗制度扩大覆盖到80%的县（市、区），在全省市、县（区）全面推行城市医疗救助制度，医院药品价格平均下降30%左右。二是改善边远贫困地区学校办学条件，支持300所农村寄宿制小学配置暖气。三是关心帮助农村特困群众生活，75万农村低保对象年人均补助360元，17.4万农村五保对象实行按标施保。四是加强企业职工养老和工伤保险，提高企业退休人员基本养老金标准，基本实现所有煤矿、非煤矿山企业包括农民工在内的职工参加工伤保险。五是改善农村生产、生活条件，发展农村沼气20万户，解决200万农村人口饮水安全问题，修建通村水泥（油）路1万公里，具备条件的建制村全部通公路。六是改善城镇困难居民住房状况，建设安康工程住房500万平方米，6万户困难居民搬进新居，各市建设一批廉租房改善特困居民住房困难。七是继续实施国有重点煤矿棚户区改造和沉陷区治理，国有重点煤矿新建住宅200万平方米，让3.3万户、9.3万人住进新居；采煤沉陷区治理新建住宅200万平方米，让3.3万户、11万人住进新居。八是实施农村地质灾害治理，对采矿主体灭失地因采矿造成的村庄塌陷、房屋损坏的200个地质灾害村进行集中治理，让4.8万户、17万农民住上新建和安全的住房。九是帮助农民就业和脱贫致富，培训农民100万人，转移农村富余劳动力30万，搬迁移民5万人。十是继续实施“万村千乡市场工程”，发展连锁农家店2000家。十一是实施“双千双百惠农工程”，支持“三农”贷款1000亿元以上，为农民提供信贷服务超过300万户，支持1000个带动农民增收的龙头企业，扶持300个农民专业合作社。十二是改善生态环境，全省11个重点城市环境空气质量二级以上天数增长4%，二氧化硫、化学需氧量排放量分别下降5.94%和3.25%。

各位代表，今年政府的工作任务极其繁重，我们要把今年作为狠抓落实年和作风建设年。广大政府公务员特别是各级领导干部要在转变作风、狠抓落实这八个字上下真功夫、硬功夫，苦干加巧干，干出成效来。要大兴调查研究、解决实际问题之风。对事关本地区经济社会科学发展全局性、根本性的问题，对今年新推出的重大战略举措，各级政府的领导成员要按照各自的职责分工，认真深入地调查研究，拿出针对性、指导性和可操作性强的方案，提交党委、政府决策后全力组织实施。力戒领导工作只停留在提出口号、指标和思路的层面上，停留在会议、文件的原则要求和一般号召上，不认真深入研究如何操作落实，拿不出推进工作具体对策措施的浮滑之风。要大兴多谋善断、求真务实之风。各级政府要坚持重实际、讲实话、办实事、鼓实劲、出实招、求实效，善于抓住重点和关键，全力实施突破，有效推进工作。切实减少文山会海和不必要的应酬接待，取消各种徒有形式、难见实效的检查、评比、验收活动，腾出时间、集中精力、心无旁骛地抓工作的推动和落实。要大兴雷厉风行、真抓实干之风。对政府的重大事项和重要工作部署一经法定程序作出决策，政府各部门、各单位及下级政府必须雷厉风行、快捷高效、坚决贯彻落实，不允许中间梗塞，拖延推诿，变形走样，切实做到言必信、行必果，确保政令畅通。

各位代表，我们已经实现了“十一五”发展的良好开局，新的形势催人奋进，新的目标鼓舞人心。让我们更加紧密地团结在以胡锦涛同志为总书记的党中央周围，在中共山西省委的正确领导下，坚持以科学发展观和构建社会主义和谐社会战略思想统领经济社会发展全局，锐意进取，励精图治，奋力推进今年全省经济社会实现又好又快发展！

# 关于2006年国民经济和社会发展计划执行情况与2007年国民经济和社会发展计划草案的报告（摘要）

——2007年1月29日在山西省第十届
人民代表大会第五次会议上

山西省发展和改革委员会主任　令政策

各位代表：

受省人民政府的委托，我向大会报告2006年全省经济和社会发展计划执行情况，以及2007年全省经济和社会发展计划草案，请予审议，并请省政协委员和其他列席人员提出意见。

**一、2006年全省国民经济和社会发展计划执行情况**

（一）“三大收入”同步增长，经济运行质量提高。全省生产总值增长11.8%。财政总收入增长38.2%（含“两权”收入），扣除资源探矿权和采矿权收入，同口径增长20.3%。城镇居民人均可支配收入增长12.5%，达到10027.7元；农民人均纯收入增长10%，达到3180.9元，连续3年增幅达到或超过两位数。

（二）农业和农村发展态势良好，工业经济效益稳步提高。粮食总产量107.3亿公斤，增长9.7%，为我省历史上第四个超过百亿公斤的年份。村村通水泥（油）路工程、农村饮水安全工程、“万村千乡”市场工程扎实推进。“两区”开发产业项目总体进展较好，重点项目陆续开工。规模以上工业增加值增长18.3%，实现利润增长41%。宏观调控效果继续显现，煤炭、生铁、粗钢、钢材、焦炭、水泥、电力等产品增幅得到有效控制。

（三）消费市场继续活跃，投资结构明显改善。社会消费品零售总额增长15.2%，居民消费价格总水平涨幅控制在2%。固定资产投资增长25%，投资结构优化趋向明显，“四新”支柱产业、第三产业投资明显加快，煤炭、冶金、炼焦等宏观调控重点行业投资增幅回落。不锈钢、电力、高速公路、铁路客运专线、机场、水库等一批重点项目进展顺利，陆续竣工投产。

（四）外贸出口形势好转，对外开放取得重大突破。全省进出口总额完成66.3亿美元，增长19.5%。实际利用外资额达到13.5亿美元。沪港招商签约项目578个，合同和协议引资3807亿元。与德国北威州友好合作关系稳步发展，双方签署了《进一步加强两省州经贸战略合作备忘录》。与国外政府贷款及亚洲银行、世界银行、苏格兰皇家银行、新加坡星展银行、香港金融集团等保持深入接触，金融支持渠道不断拓展。

（五）“三大工程”顺利起步，循环经济扎实推进。“蓝天碧水”工程扎实推进，主要污染物排放得到初步控制，重点城市空气二级以上天数继续增加。造林绿化工程明显加快，植树造林515万亩。采煤沉陷区治理和棚户区改造工程年度计划目标全部超额完成。《山西省循环经济发展规划》《山西省加快发展循环经济实施意见》《山西省建设资源节约型社会行动纲要》等政策文件已正式颁布实施，循环经济领域一批重大项目列入国家规划。

（六）社会事业全面发展，和谐山西建设迈出新步伐。教育、卫生、文化、旅游、扶贫、劳动保障等社会事业领域投入继续增加。全省城镇新增就业岗位42.4万个，城镇登记失业率控制在3.2%。75万农村特困群众纳入低保，10.25万“五保”对象实现应保尽保。新型农村合作医疗试点继续扩大，参合率达到86%。中小学办学条件继续得到改善，高等教育和职业教育稳步发展，科技创新继续取得突破。152处文物列为国家重点保护单位，总数达271处，居全国第一。安全生产形势继续好转，文化体育、新闻出版、广播影视、气象测绘、计划生育等社会事业全面发展，人口自然增长率控制在5.75‰。

（七）争取国家支持取得重大成绩，加快发展条件不断改善。太原等4个城市享受老工业基地政策、“两区”50个县享受西部开发政策已确定，煤炭工业可持续发展试点政策细化方案将出台，组建“山西焦炭企业联盟”、设立中国（太原）煤炭交易中心已确定，我省有望列入全国第二批循环经济试点省。国家核准我省重大煤炭、电力项目11项，总投资200多亿元。山西中南部铁路出海大通道总体规划正式启动。争取国债及中央预算内资金41亿元，在国债发行规模逐年减少情况下，连续四年争取国家投资超40亿元。

在肯定成绩的同时，我们还应清醒地看到，我省科学发展、和谐发展的隐忧突出，特别是落后产能比重过高，节能降耗、污染减排压力很大；社会公益事业领域欠账较多，和谐社会建设任重道远；改革明显滞后，制约经济社会又好又快发展的体制机制矛盾仍然突出；此外，区域发展不平衡、投资消费不协调、重大安全及突发性环境污染事件时有发生等问题，都需要高度关注和解决。

**二、2007年经济社会发展总体安排和发展改革主要任务**

省委、省政府确定2007年全省经济社会发展的主要预期目标是：全省生产总值增长10%，工业增加值增长16%，全社会固定资产投资增长26%，社会消费品零售总额增长14%，外贸进出口总额增长10%，财政总收入同口径增长16%、一般预算收入同口径增长18%，城镇居民人均可支配收入增长12%，农民人均纯收入增长8%，居民消费价格总水平涨幅在3%以内，万元生产总值综合能耗下降5.6%，二氧化硫、化学需氧量排放量分别下降5.94%和3.25%，城镇新增就业岗位40万个，登记失业率控制在4%以内，人口自然增长率控制在6‰以内。

为推进落实省委、省政府的总体部署和主要预期目标，全省发展和改革工作的总体要求是：**认真贯彻十六届六中全会、中央经济工作会议和省第九次党代表大会精神，全面落实全省经济工作会议的各项部署，着力加强和改善宏观调控，实现经济又好又快发展；着力调整经济结构，加快淘汰落后产能；着力发展循环经济，转变经济增长方式；着力推进社会主义新农村建设，加快“两区”开发；着力深化体制改革，扩大对外开放；着力促进和谐社会建设，认真解决好人民群众最关心、最直接、最现实的利益问题。**

**（一）加强和改善宏观调控，保持经济平稳较快增长。**继续坚持区别对待、有保有压的调控原则，严格按照国家提出的项目开工建设“六项必要条件”，把好土地、信贷闸门和市场准入门槛。对符合产业政策和发展规划的重点工程、招商引资和“两区”开发产业项目、技术改造和创新项目、循环经济和资源综合利用项目等，要加快办理各项手续，尽快开工建设。要把淘汰落后产能作为宏观调控的重点和产业结构调整的重要突破口，对全省煤炭、电力、冶金、焦炭、水泥等行业的落后产能分类排队，完善相关法规政策，实施严格的监测、评价、考核、奖惩办法，痛下决心、釜底抽薪、推陈出新、全力组织实施。

加快推进省内核准、备案的“两区”开发和沪港招商项目进度。重点围绕太钢500万吨特种钢、兴县国家级工业综合基地、中南部铁路出海大通道、中国（太原）煤炭交易中心、扩大采煤沉陷区治理范围，以及电力、水利、交通、通信等涉及全局的重大建设项目，全力争取国家核准建设。

大力开拓城乡商业流通市场，重点支持农村商贸物流网络建设；加快建设廉租房和中低价位普通商品住房；清理完善医疗收费和药品价格政策；开展涉企、涉校收费以及房地产、水电气等市场价格检查；培育扩大消费热点，促进消费升温。

**（二）扎实推进新农村建设，加快“两区”开发步伐。**扎实推进百乡千村建设示范工程、农民素质提高工程、农村环境整治工程、农村沼气工程以及“一村一品”产业发展工程。大力推进农业产业化发展，努力建设集生产、加工、储运和销售为一体的现代农业产业化体系，继续支持农牧业特色基地和农畜产品重点加工企业发展。抓好一批新水源项目的前期工作，实施好2000万亩耕地综合生产能力建设工程。继续推进农村教育、医疗、文化、体育基础设施建设。加快实施整村推进、劳动力培训转移、产业扶贫和移民搬迁工程。

完善“两区”开发项目建设考核评价机制，落实扶持资金和支持政策，推动银企合作，落实开工条件，确保大多数项目开工建设或建成投产。

**（三）完善产业政策，支持“八大支柱产业”发展。**煤炭工业继续巩固“第一战役”成果，进一步抓好“第二战役”“第三战役”的组织实施工作。冶金工业重点推进不锈钢、特种钢、铝（镁）合金等生产和精深加工，进一步细化产业规划和项目布局。焦化行业要强制淘汰落后产能，推进焦炉煤气等化产回收和综合利用。电力工业要加快现有电厂的脱硫、除尘、空冷等技术改造，淘汰小火电机组，推进热电联产、瓦斯发电、煤矸石综合利用、水电、风电项目建设。煤化工业要加快晋北、晋中、晋东基地建设，积极引进大型煤化工跨国企业，推动煤化工重点工业园区的建设。装备制造业要依托战略投资者组建载重汽车、矿山机械等大型企业集团，发展整机产品、成套产品和零部件系列产品，力争汽车整车项目建设的突破。材料工业要淘汰落后水泥生产能力，加快建设新型干法水泥大型项目，大力发展钕铁硼材料、特种耐火材料等优势产品。旅游产业要重点推进五台山和平遥古城的整治改造工程，加快旅游市场要素体系建设，提升管理服务水平，培育壮大一批重点旅行社。

着力扶持具有良好前景产业的发展。高新技术产业重点支持电子、生物制药、新能源等产业，继续扶持重点工程研究中心及重大技术攻关项目建设。文化产业要整合资源、组建大集团、着力建设一批重点文化基础设施项目。农副产品加工业要以特色农业为基础，加快建立生产、储藏、运输、销售体系。现代物流、商贸等服务业要推广连锁经营、物流配送、电子商务等经营方式，规划建设不锈钢、铝镁合金等专业批发市场。推动山西国际会展中心、中国（太原）煤炭交易中心、武宿物流园区等重大项目早日动工。

**（四）切实加强节能减排工作，抓好环境保护“三大工程”。**加大对节能降耗重点项目的政策和资金支持，重点抓好重大节能工程及重大节能技术，推进企业、行业、园区、社区等层次资源循环利用示范工作。制定落实节能降耗指标并作为项目评估审核的强制性标准。完善差别电价和水价政策，健全排污收费制度。

继续推进环境保护“三大工程”建设。蓝天碧水工程要着力开展重污染行业的清理整顿，加快关闭淘汰落后、污染企业；加强城市环境综合整治，扩大烟尘控制区和无燃煤区范围，建设大运高速公路环保走廊；抓好汾河流域环境治理；推进建设覆盖全省所有县（市、区）的空气质量自动监测系统、重点河段水质监测系统以及重点污染源自动监测网络系统。继续实施造林绿化工程，抓好天然林保护等重点生态建设。加强协调督促，继续加快采煤沉陷区治理和棚户区改造工程建设。

**（五）进一步加快对外开放，在外经外贸上取得新突破。**继续完善招商引资促进机制和配套措施，重点围绕高新技术产业化项目、循环经济和资源综合利用项目、商贸物流和旅游文化项目，加大招商引资力度。落实与德国北威州政府合作备忘录精神，加强煤矿机械制造、能源综合利用及清洁发展机制项目合作。制定全省开发区总体规划及政策措施、建立职责明确、部门协调、管理规范、各具特色的开发区运作新机制。努力扩大机电产品、高技术产品、高附加值产品、成套设备、特色农产品的出口，严格控制资源性产品、高耗能、高污染产品出口。支持对外投资合作，扩大对外承包工程。组织参加“中部崛起博览会”，精心筹划组织“国际煤炭和能源新产业博览会”。

**（六）积极推进各项改革，争取在重点领域取得突破。**一是进一步加快投融资体制改革，尽快出台《政府投资管理办法》《政府投资项目竣工验收管理办法》等文件，积极发展各类信用担保机构，提高证券市场融资规模，推进企业资产证券化等金

# 关于2006年全省和省本级预算执行情况及2007年全省和省本级预算草案的报告（摘要）

——2007年1月29日在山西省第十届人民代表大会第五次会议上

山西省财政厅厅长　郑建国

各位代表：

受省人民政府委托，我向大会提出2006年全省和省本级预算执行情况及2007年全省和省本级预算草案的报告，请予审议。

## 一、2006年全省和省本级预算执行情况

### （一）全省和省本级预算变动情况

2006年全省一般预算收入为409.57亿元，与备案预算一致；因中央专项拨款及其他补助增加203.44亿元，各级用当年超收及上年净结余安排支出111.51亿元，全省一般预算支出由665.28亿元变动为980.23亿元。省本级一般预算收入为140.04亿元，与备案预算一致；因中央专项拨款及其他补助增加203.44亿元，列收列支的探矿权、采矿权使用费及价款收入（简称“两权”收入，下同）等专项收入超收及上下级结算增加财力59.88亿元，对各市专款及转移支付补助增加相应减少省级支出147.18亿元，省本级一般预算支出由179.3亿元变动为295.44亿元。

### （二）全省和省本级预算执行情况

2006年全省一般预算收入完成583.08亿元，为预算的142.4%（剔除“两权”收入完成422.38亿元，同口径为预算的108.7%），增收214.73亿元，同口径增长21.4%；一般预算支出执行911.96亿元，为变动预算的93%，增支243.21亿元，增长36.4%。省本级一般预算收入完成201.04亿元，为预算的143.6%（剔除“两权”收入完成125.02亿元，同口径为预算的104.9%），增收75.5亿元，同口径增长17.2%；一般预算支出执行264.65亿元，为变动预算的89.6%，增支53.1亿元，增长25.1%。根据2006年全省和省本级预算执行情况，全省可实现当年收支平衡，省本级略有结余，部分市县可消化一部分赤字。

2006年全省政府性基金收入完成146.5亿元，为预算的123.6%，增长8.7%；基金支出执行121.38亿元，为预算的61.6%，增长0.3%。省本级政府性基金收入完成85.47亿元，为预算的109.9%，下降2.9%；支出执行69.76亿元，为预算的67.5%，下降9.2%。政府性基金支出执行进度较低的主要原因：一是引黄二期工程投资方案正与全省“六大水利工程”总体规划进行进一步的比选、对接、论证，具体方案尚未最终确定；二是公路客货运附加费支出项目未按计划进度实施。

2006年全省财政预算执行情况良好。这是省委、省政府正确领导和省人大监督支持的结果，各级财政部门为此也做了大量卓有成效的工作。

1．*发挥宏观调控职能，积极促进全省经济平稳较快发展。*筹措和整合产业发展资金，支持“八大支柱产业”改造提升和发展壮大；支持煤炭工业实施“三大战役”，促进全省煤炭资源整合；拨付电源基地建设基金和农网还贷资金5.48亿元，支持我省电力事业的发展。筹措整合国有企业改革专项资金10.88亿元，支持了25户企业破产改制。下达资金31亿元，着力支持生态环境综合整治及全省环境监测能力建设。全省11个市和40个县成立了政策性担保机构，共为1500多户中小企业提供贷款及其他信用担保服务20亿元。支持开展以沪港招商会

---

（接第15页）

融品种建设。二是深化国有企业改革。三是深化资源性产品价格改革。四是继续推动以转变职能为核心的行政管理体制改革。五是协调推动科教、卫生、文化、社会保障等领域的改革。

*（七）努力建设和谐山西，切实解决好“三最”问题。*一是采取坚决措施，切实改善全省大气和水质状况。二是优先发展教育，抓紧推进寄宿制学校工程、现代远程教育工程建设，启动实施“农村初中改造工程”，重点推进农村县级职教中心或职业中学建设，继续支持重点高校建设。三是完善公共卫生和医疗服务体系，加快推进县乡村三级医疗卫生机构标准化建设，支持新型农村合作医疗制度试点扩面，整合城市医疗资源，推动城市社区卫生服务体系建设。四是大力发展公益性文化事业，完善市县级文化设施建设，推动文化、体育领域一批重点工程的建设。五是做好就业、收入分配和社会保障工作，开发适合困难群体特点的就业岗位，解决城镇零就业家庭的就业困难，做好高校毕业生就业引导促进工作，建立健全城乡居民社会保障体系。六是高度重视安全生产和环境突发事件的应急处置工作，组建突发事件应急物资储备管理机构。

*（八）落实已有政策，争取国家更大的支持。*对于国家已

为重点的各项招商引资活动，促进了全省对外开放事业的发展。与相关部门共同努力，争取国家批准我省为全国唯一煤炭工业可持续发展试点省，批准我省继续征收水资源补偿费和电源基地建设基金；全年共争取中央专项资金158.86亿元，促进了我省经济社会各项事业的发展。

2. *落实支农惠农政策，大力支持社会主义新农村建设*。省财政全年用于"三农"方面的支出达51.57亿元，比上年增长69.9%，增加21.22亿元。其中：安排专项资金2亿元，用于1098个新农村建设试点村开展新农村建设规划及道路、绿化、沼气、安全饮水设施建设；拨付资金7亿元，兑现了对种粮农民直接补贴、良种补贴、农机具购置补贴和生产资料增支综合补贴政策；拨付农业综合开发资金4.9亿元，支持了土地治理项目建设和农业产业化项目建设。拨付资金4.78亿元，比国家规定提前一年为晋西北和太行山革命老区54个困难县的175.86万名农村中小学生免除了学杂费，继续对农村经济困难家庭中小学生实行"两免一补"，促进了农村中小学布局调整、校舍维修改造和寄宿制学校建设；拨付资金1.5亿元，支持部分乡镇卫生院改造达标，全面建立农村医疗救助制度，新型农村合作医疗改革试点县由25个扩大到56个，农民参合率达到86%，高于全国平均水平6个百分点。拨付扶贫资金6.4亿元，帮助山区农村移民搬迁5万人，300个自然村实施整村推进，20万贫困人口实现脱贫。推进了村村通水泥（油）路工程，解决了全省4277个自然村200万人的饮水安全问题；筹措山老区发展专项资金9亿元，用于59个"两区"县产业化项目开发，对"两区"199个农业产业化项目给予了贴息补助。

3. *完善支出保障体系，切实维护人民群众切身利益*。拨付教科文卫资金184.87亿元，对13.1万名义务教育阶段城市低保户子女免除学杂费和免费提供教科书，新建改建1082个城镇中小学标准操场，改善了县乡文化馆和图书室条件；为25所高校的3万多名贫困学生发放国家助学贷款1.43亿元；支持文艺精品《立秋》和《一把酸枣》入选国家十大舞台艺术精品工程；城市医疗救助试点由26个县扩大到所有县（市、区）。社会保障支出执行54.4亿元，支持了以12项社会救助制度为主要内容的社会保障体系建设，全省86万城市低保对象、75万农村特困群众和10.25万农村"五保户"享受到财政扶助，下岗职工基本实现了出中心向失业保险并轨，99.17万企业离退休人员基本养老金得到按时足额发放，全省新增就业岗位42.4万个，做实企业职工养老保险个人账户，推进事业单位养老保障制度改革试点进展顺利。下达棚户区改造和采煤沉陷区治理资金15.88亿元，改善了矿区群众的居住条件。

4. *支持县乡财政发展，不断增强基层政府公共服务能力*。制定出台了调整规范省市县三级财政体制的改革方案，新体制已于今年1月开始在全省实施。加大转移支付力度，全年共下达各类转移支付资金124.54亿元，比上年增长41.5%，其中：一般性转移支付38.17亿元，增长39.1%；调整工资转移支付55.82亿元，增长56.9%；农村税费改革转移支付19.52亿元，增长24.7%。认真落实"三奖一补"政策，下达对县级奖补资金5.95亿元，增长39.8%，调动了县级发展经济、增收节支的积极性。免除了原由扶贫工作重点县负担的农业综合开发配套资金，降低了其他市县的配套比例；核减了县级2003年—2009年到期农业综合开发土地治理项目财政有偿资金债务1.1亿元。

5. *全面加强财政管理，努力提升理财水平*。加大对契税、耕地占用税、高收入者个人所得税等地方税种的征管，促进了地方财力的增加。推行了良种补贴购种合同与代金券双重管理办法并在部分市县推行"一卡通"，确保了粮食直补资金及时足额兑现到农民手中；对农业产业化龙头企业实行投资参股经营，对环保建设等实行以奖代补，放大了财政资金使用效应。全面启动"五五"财政法制宣传教育规划，实行了财政重大决策法律咨询论证审核制度，财政法制建设步伐不断加快。深化改革，逐步细化公用经费定额，实物费用定额改革稳步推进；省级116个部门的910个预算单位全部纳入了国库集中支付制度改革范围，市级90%的部门和全省30%的县（市、区）实行了国库集中支付制度；公务车辆定点维修纳入政府采购范围，空调器、电视机协议供货工作顺利起步。

**二、2007年全省和省本级预算草案**

综合考虑各种因素，2007年全省财政预算安排总的指导思想是：**以邓小平理论和"三个代表"重要思想为指导，认真贯彻党的十六届六中全会及省九次党代会精神，坚持以科学发展观统领财政工作全局，发挥财政宏观调控作用，调整优化财政收支结构，增强公共财政保障能力，推动经济结构调整和经济增长方式转变，支持和谐社会建设，维护人民群众切身利益；深化财政改革，完善财政体制，推进依法理财，严格预算约束，坚持勤俭节约，强化财政监督，规范财经秩序，促进全省经济社会各项事业实现又好又快发展，以财政改革发展的新业绩迎接党的十七大胜利召开！**

贯彻上述指导思想，2007年全省和省本级预算草案如下：

全省一般预算收入548.7亿元（剔除"两权"收入后为

（接第16页）

批复的重大政策、资金及项目，进一步细化操作方案，努力加强协调督促及监管，确保经济、社会效益最大化。对于正在争取的政策、资金及项目，要进一步完善基础条件，力争国家早日批复。同时，紧扣我省科学发展、和谐发展的重大战略部署，深入研究扩大采煤沉陷区治理范围、发展循环经济及淘汰落后产能政策措施、建设国家重点化工区、推进晋陕黄河大峡谷扶贫开发等重大课题，谋划提出争取国家支持的新领域和新政策。

各位代表，我们面临的各项发展和改革任务光荣而艰巨。让我们在省委、省政府的正确领导和省人大、省政协的监督支持下，全面落实科学发展观，认真贯彻党的十六届六中全会精神和省九次党代会精神，按照全省经济工作会议的部署，进一步增强统筹发展和改革的能力，齐心协力、求真务实，锐意进取、扎实工作，全力促进全省经济社会又好又快发展，确保圆满完成全年经济社会发展各项目标任务，以新的更大的成绩，迎接党的十七大胜利召开。

498.7亿元），同比增长18%；一般预算支出805亿元，比2006年向省人大常委会备案预算同口径增长21.9%，与当年地方可用财力一致。一般预算支出的主要项目安排情况是：一般公共服务169.7亿元，增长21.3%；公共安全54.4亿元，增长23.8%；教育163.3亿元，增长23.7%；科学技术10.1亿元，增长24%；社会保障和就业126.1亿元，增长21.6%；医疗卫生39亿元，增长22.3%；环境保护21.5亿元，增长23.3%；城乡社区事务40.3亿元，增长17.3%；农林水事务50亿元，增长23.2%；工业商业金融等事务27.5亿元，增长3.8%；其他支出77.9亿元，增长19.1%。

省本级一般预算收入135.93亿元，剔除“两权”收入及省与市县财政体制调整因素，同口径比上年增长13.5%。省本级一般预算支出安排176.49亿元，比2006年向省人大常委会备案预算同口径增长13.8%。省本级主要支出项目安排情况是：一般公共服务安排45.99亿元，同口径增长11.7%；公共安全安排11.68亿元，增长23.5%；教育安排17.97亿元，同口径增长22.3%；科学技术安排3.29亿元，增长17.6%；社会保障和就业安排31.27亿元，同口径增长26.1%；医疗卫生安排8.04亿元，增长37.6%；农林水事务安排13.73亿元，增长20.8%。

2007年全省政府性基金收入安排150.2亿元，基金支出安排147亿元。省本级政府性基金收入安排76.13亿元，基金支出安排73.98亿元。

**三、全面贯彻落实科学发展观，开拓创新，扎实工作，努力完成2007年财政预算任务**

（一）*着力支持经济又好又快发展，努力做大做优财政经济“蛋糕”*。筹措并用好产业发展资金，集中支持一批重大产业项目；推动现代生产型服务业加快发展，促进我省产业结构调整战略的深入实施。管好用好国企改革专项资金，全面完成分离办社会和“主辅分离、辅业改制”任务，继续做好省属企业政策性关闭破产工作。积极推进煤炭“三大战役”深入实施，支持煤炭资源整合和高效利用；支持发展循环经济，促进经济增长方式转变。加快完善全省中小企业信用担保体系，建立并扩充中小企业信用担保专项资金。做好沪港招商签约项目的落实工作，支持参加“中部崛起博览会”和办好“中国（太原）国际煤炭与能源新产业博览会”，提升我省对外开放水平。

（二）*着力支持社会事业发展，努力改善民生、促进民和*。加大教育投入力度，今年对所有农村义务教育阶段中小学生免除学杂费，继续对农村、进城务工贫困家庭及城市低保户子女实行义务教育“两免一补”政策；完善高校和中等职业教育贫困学生资助政策，促进高校重点学科建设和职业教育发展。加大文化体育事业投入，推进农村公共文化体育设施建设，支持山西体育中心、大剧院等社会事业发展重点工程建设。认真落实各项就业、再就业扶持政策，重点解决城镇零就业家庭的就业困难问题；逐步做实企业职工基本养老保险个人账户，稳步推进事业单位养老保障制度改革试点。确保新型农村合作医疗改革范围覆盖80%以上的县（市、区），支持乡镇卫生院改造达标。建设覆盖全省的空气质量自动监测系统、地下水监测系统和重点河段水质监测系统，建立全省重点污染源自动监控网络系统；推进国有重点煤矿棚户区改造和采煤沉陷区治理，增强政法部门的执法办案能力，提高煤矿等重点领域的安全生产监控管理水平。

（三）*着力加大财政支持“三农”力度，全面推进社会主义新农村建设*。省级财政新增经济社会事业发展资金的60%以上投向农业和农村；矿产有偿使用收入、煤炭工业可持续发展基金和地方电力专项基金的较大部分用于农村基础设施、农业综合生产能力和新农村建设。继续落实各项补贴政策，完善补贴办法，增加农民种粮收益。认真落实中央1号文件精神，扶持农业产业化龙头企业加快发展，推进农民专业合作经济组织、农产品批发市场和农业生态项目建设，完善农产品流通网络和农业信息服务平台，支持发展现代农业。支持实施六大水利建设工程，引导和鼓励农民兴修小型农田水利设施；推进农村安全饮水工程，今年再解决200万人的饮水安全问题。筹措山老区发展专项资金，支持落实“两区”开发产业和基础设施及社会事业发展项目；支持四大扶贫工程，继续做好农村综合改革试点工作。

（四）*着力调整完善财政体制，切实增强县级财政实力*。从今年开始，实行新的财政体制，调整税收共享收入范围和分享比例，努力实现财权事权的统一，充分调动县级发展经济、增收节支的积极性。对35个国家扶贫开发重点县实行“省直管县”财政管理体制改革试点。继续落实“三奖一补”政策，进一步完善县级财政增收节支激励约束机制，鼓励县级积极控制和减少财政供养人员，促进县级减轻财政负担、消化财政赤字，提高县级统筹发展的能力。

（五）*着力提高财政管理水平，积极提升依法理财能力*。推进部门预算改革，逐步建立预算定额与实物资产相结合的定额标准体系。省级国库集中支付制度改革要扩大到所有基层预算单位，市级部门要全部纳入，一半以上的县也要实行。规范政府采购行为，重点做好会议、出差定点接待的招标工作。加快建立全面、真实、透明和规范的非税收入管理体系，认真开展全省行政事业单位资产清查，认真做好清理公务员津贴补贴工作。强化对会计师事务所等中介机构的监管，严厉打击会计造假和扰乱财经秩序的行为。硬化预算约束，严格控制一般性支出，减少行政经费开支，勤俭办一切事业。

各位代表：让我们在省委、省政府的正确领导下，在省人大的监督支持下，全面贯彻落实科学发展观，确保2007年财政预算任务的圆满完成，为全省经济社会各项事业的又好又快发展做出新的贡献！

# 山西省高级人民法院工作报告（摘要）

——2007年1月31日在山西省第十届人民代表大会第五次会议上

山西省高级人民法院院长 李玉臻

各位代表：

现在，我代表山西省高级人民法院向大会报告工作，请予审议，并请省政协各位委员提出意见。

2006年，全省各级人民法院在省委的正确领导下、在省人大和最高人民法院的有力监督指导下，牢固树立科学发展观，坚持“公正司法，一心为民”的指导方针，忠实履行宪法和法律赋予的职责，各项工作扎实推进。全年共受理各类案件143245件，审（执）结126567件，其中审结各类一审案件84137件，年度结案率为93.2%。省高院审结和执结各类重大案件1943件，并加强对下级法院的监督指导，推动了全省法院审判工作、队伍建设和基层基础建设的稳步发展。

**一、坚持依法惩处刑事犯罪，全面推进“平安三晋”建设**

*继续严惩严重刑事犯罪。*针对近年来故意杀人、故意伤害、强奸等暴力犯罪和抢劫、抢夺、盗窃等侵财犯罪较为突出，非法制造、买卖、运输、储存枪支、爆炸物犯罪多发的特点，予以了重点打击，共判处上述案件6598件、罪犯10659人。坚决严惩黑社会性质组织犯罪和村霸、路霸、市霸等恶势力犯罪，坚决扫除涉“黄、赌、毒”犯罪的社会丑恶现象，促使我省社会治安形势进一步好转。刑事审判工作面临的一项重大改革是，死刑案件核准权从2007年1月1日起统一收归最高法院，面对新任务、新要求，各级法院密切配合，从思想认识、制度建设、警务保障等多个方面做了大量工作，基本保证了死刑二审案件开庭审理在去年7月1日如期实现，确保了死刑案件的审理质量。

*依法惩处破坏市场经济秩序犯罪和职务犯罪。*进一步加大对经济犯罪的打击力度，共审结制售伪劣商品、侵犯知识产权、走私、危害国家税收征管、破坏金融管理秩序等犯罪案件300件，依法判处刑罚的罪犯283人。审结贪污、贿赂案件469件550人，挪用公款案件168件186人，滥用职权、徇私舞弊及其他渎职犯罪案件210件244人。对发生在工程建设、土地出让、产权交易、医药购销和政府采购以及资源开发和经销等领域的一批商业贿赂犯罪进行依法制裁，维护了正常的市场秩序。去年全省法院新收非法采矿案件、重大劳动安全事故案件和重大责任事故案件、涉爆炸物案件较上年大幅度上升，省高院加强了专项指导和调查研究，严格执行相关法律，被告人全部依法受到相应的刑事处罚。

*加强司法领域的人权保护。*坚持有罪则判，无罪放人，疑罪从无，确保无罪的人不受刑事追究，对不构成犯罪的83名公诉和自诉案件被告人依法宣告无罪，为220名符合法律援助条件的被告人指定了辩护人。继续做好未成年人刑事审判工作，对979名未成年被告人依法判处缓刑或免除刑事处罚。

**二、依法调处经济社会关系，为构建和谐山西提供良好司法保障**

*服务和保障经济社会协调发展。*积极适应目前我省扩大开放、加快发展的新形势，紧紧围绕省委、省政府的工作部署，审理产权转让、兼并、破产和企业重组、租赁等方面的案件1699件，促进国企改革的顺利推进；审结涉及工程合同和房地产开发、土地流转、金融证券、融资借款等纠纷案件12174件，服务于经济增长方式转变；审结商品流通领域和服务领域发生的纠纷案件7475件，努力营造公平诚信的经济发展环境。妥善审理一批涉外、涉港澳台案件和涉知识产权、招商引资案件，大力促进对外经济合作和科技自主创新，优化我省投资环境。

*促进社会主义新农村建设。*努力把握农村治安动态和矛盾纠纷特点，增强审判工作的主动性与针对性。许多地处山区的基层法院和人民法庭，坚持巡回流动办案制度，方便群众诉讼。对危害农业生产和农村建设的坑农害农犯罪，及时依法打击；对土地承包、土地征用等案件，积极稳妥处理。共审结涉及“三农”纠纷案件450件，妥善处理婚姻家庭、财产继承、相邻关系等民事纠纷案件33295件，有效化解矛盾纠纷，制裁侵权行为，促进家庭和睦、乡风文明，维护了农村的和谐稳定。

*围绕民主政治建设推进行政诉讼。*共审结涉及城市规划、城镇房屋拆迁、劳动保护、企业改制、最低生活保障等行政案件274件，促进了城镇化建设和社会保障体系的完善；审理涉及自然资源、环境保护等行政案件362件，推进了我省资源整合和环境保护工作。审查并执结行政机关申请法院强制执行的各类案件4223件，切实维护行政执法权威，确保行政决策的依法落实。认真协调和化解行政争议，在提高行政效能、减少和消除不和谐因素、增进当事人对政府的理解信任方面，积极发挥了审判机关应有的功能。认真做好国家赔偿案件审理工作，审结赔偿案件104件，赔偿金额243.21万元。

*着力破解执行难。*认真开展“规范执行行为，促进执行公正”专项整改活动，保证了执行工作的健康有序发展。开展了为期半年的集中清理执行积案专项活动，共排查执结列入清案范围的7类重点执行难案积案6708件，标的额12.29亿元。进一步改进执行方法，建立威慑机制，建成全省执行案件信息管理系统，实现了执行信息向社会公开。全年共受理各类执行案件36293件，执结29183件，执结标的金额55.2亿元，案件执结率连续三年保持在80%以上。

**三、全面落实司法为民要求，努力增强司法服务水平与效果**

*注重诉讼调解工作*。按照“能调则调，当判则判，调判结合，案结事了”的原则，不断提高诉讼调解能力，积极疏导化解矛盾纷争。全省法院去年审结的各类一审民事纠纷案件中，调解撤诉率为44.3%。基层法院和人民法庭进一步加大对基层民调组织的指导，将大量纠纷努力化解在基层、消除在诉讼程序之外。

*解决涉诉信访问题*。全年全省法院共接待群众来访10860人次，处理群众来信4939件次。省高院健全了涉诉信访工作的受理、交办、督办、答复、通报等制度，工作的主动性不断增强。不少法院变群众上访为领导下访、变被动接访为主动息访，经耐心细致的工作使一批上访老户息诉罢访，全省进京涉诉上访显著下降。为依法保障当事人的申诉权利，全省法院共审结申诉案件849件。

*深化司法便民、利民举措*。各级法院认真做好对当事人的诉讼引导工作，指导他们正确行使诉讼权力；对涉及农村当事人追索劳动报酬、赡养费、医疗费、人身损害赔偿的案件，对城镇低保人员、下岗职工、农民工追索工资、保险金、赔偿金案件，做到了快审、快结、优先执行；继续推广刑事普通程序简化审理的做法，建立和完善民事案件繁简分流机制，使办案效率有了明显提高。密切关注弱势群体和困难群众，共实施司法救助案件3933件。

**四、深入开展社会主义法治理念教育活动，扎实抓好法院队伍建设**

*努力树立正确的司法理念*。坚持正面教育学习为主，引导广大法官、司法政务人员清理和更新思想观念，切实以依法治国、司法为民、公平正义、服务大局、党的领导为内容的社会主义法治理念武装头脑，始终保持忠于党、忠于人民、忠于法律的政治本色。通过教育活动的开展，队伍出现了新的思想风貌，涌现出了一批先进集体和先进个人。

*检查纠正存在问题*。针对个别法官严重违法违纪事件，进一步狠抓廉政教育和廉政制度建设，努力提高广大法官的廉洁自律意识，认真把党风廉政责任制落到实处。对有令不行、有禁不止、有章不循、顶风违纪的，坚决严肃处理，决不护短，决不手软。

*规范法官司法行为*。进一步抓好“规范司法行为，促进司法公正”的专项整改，完善了加强审判监督管理的有关制度。省高院在各审判庭设立专职支部书记，强化了对重点司法岗位的监督管理。实行透明立案、电脑分案、排期开庭制度，立案、分案过程向双方当事人公开。强化审判流程管理，设立了随案监督卡，发现违法审判、执行的，立即启动补救整改措施。建立案件质量评估体系，强化合议庭责任制的同时，加强了案件的集体讨论，促进了审判质量的提高。

*继续提高队伍业务素质*。先后举办了基层法院院长、高级法官晋级、民商事审判、刑事审判等专项培训、在职培训13期，参加培训1500余人。大力实施法院文化建设工程，加强各级法院图书资料室、文化活动室、档案室的建设与管理，提供学习平台，提升知识层次，提高文化品位。

**五、坚持党的领导、自觉接受人大监督，推动法院工作健康发展**

党的领导和人大监督是做好人民法院工作的根本保证。去年5月，中共中央下发了《关于进一步加强人民法院、人民检察院工作的决定》，为人民法院的发展指明了方向。省高院党组在深入调查研究、实事求是分析当前法院工作情况和面临的问题与困难的基础上，提出了加强全省法院工作的具体意见和措施。在各级党委、人大的大力支持下，全省法院在领导班子建设、审判队伍建设、法官职业保障和法院经费保障、基础设施建设等方面的问题和困难正在逐步得到解决。

在中央《决定》的强力推动下，全省法院抓基层基础建设的积极性极大提升。去年共有189个审判庭和人民法庭开始新建、扩建，其中114个建成投入使用。信息化建设也进一步加快。省高院组织对323个人民法庭进行了全面普查，对法庭设置与建设进行合理规划；先后联合省发改委、省财政厅等有关部门下发了《基层人民法院公用经费保障标准》《基层人民法庭设施建设项目管理办法》等规定，围绕审判工作的物质保障能力进一步改善。

省高院坚持向省人大及其常委会报告重大工作部署和重要工作情况。去年7月就2003年以来民事审判工作情况向省人大内司委作了专题汇报。省人大常委会办公厅和省高院联合下发《关于加强法官任命工作的通知》，使法官准入和任命工作得到依法规范。人大代表联络制度进一步落实，接受人大代表监督的渠道更加畅通，省高院共办结省人大代表的意见、批评和建议19件，全国人大和省人大办公厅要结果案件16件，省人大内司委转办和督办案件91件。各级法院都通过召开人大代表座谈会和个别走访等方式，虚心接纳监督意见，不断改进工作作风。

**六、以构建和谐社会为着力点，认真做好2007年工作**

今年全省法院工作的总体思路是：**深入贯彻党的十六届六中全会精神，按照省第九次党代会和全国、全省政法工作会议要求，以科学发展观统领法院工作，积极推进司法改革，进一步加强队伍建设，全面提高审判、执行工作质量，充分有效合理地发挥职能作用，最大限度地增加和谐因素，最大限度地减少不和谐因素，为我省又好又快发展和构建充满活力、富裕文明、和谐稳定、山川秀美的新山西提供更加有力的司法保障。**

*以构建和谐为核心，司法能力要有新增强*。各级法院一定要用科学的眼光找准为构建和谐社会提供司法保障的切入点和着力点，真正着眼于和谐，致力于和谐，努力推动全省法院工作的改革创新发展。要始终坚持党的领导，积极主动接受人大和社会各界的监督，在自觉服从和服务大局中，确保审判工作的正确方向。

*以保障和谐为己任，审判工作要有新进展*。坚持依法严惩各类严重刑事犯罪，坚决打击危害国家安全、危害社会稳定、危害人民群众生命财产安全的犯罪活动。特别是要重点审判和严肃惩治那些发生在重点建设工程周边、主要城镇和交通干线的黑恶势力、团伙犯罪，金融诈骗、非法集资、商业贿赂、职务犯罪等影响经济发展的犯罪，以及严重影响群众安居乐业、干扰学校教学秩序、破坏资源和生态环境、危害安全生产的犯罪。围绕建设平安三晋的目标，开展综合治理工作。坚持宽严相济，依法保障人权，有效抑制和减少影响稳定的消极因素。以建设公正高效权威的审判制度为目标，进一步强化诉讼调解工作，充分关注贫困群众的司法需求，建立便捷立案工作

# 山西省人民检察院工作报告（摘要）

——2007年1月31日在山西省第十届人民代表大会第五次会议上

山西省人民检察院检察长　陈大豪

各位代表：

2006年，全省检察机关以邓小平理论和“三个代表”重要思想为指导，全面落实科学发展观，认真贯彻党的十六届五中六中全会、《中共中央关于进一步加强人民法院、人民检察院工作的决定》、省第九次党代会、省十届人大四次会议精神，深入开展社会主义法治理念教育，紧紧围绕构建社会主义和谐社会，全面履行法律监督职责，各项检察工作都取得了新的进展。

**一、坚定不移地贯彻“严打”方针，有力地维护社会和谐稳定**

全省检察机关始终把维护社会稳定作为首要任务，认真履行批捕、起诉和诉讼监督职责，严厉打击各种严重刑事犯罪活动。全年共批准和决定逮捕各类刑事犯罪案件11987件20488人；提起公诉14665件22770人。

突出查办重点，打击了严重刑事犯罪分子的嚣张气焰。全省检察机关坚持依法从重从快方针和“两个基本”的原则，严厉打击爆炸、杀人、强奸、抢劫、绑架，以及抢夺、盗窃等严重影响人民群众安全感的犯罪。全年共批准逮捕上述犯罪案件5294件10181人，提起公诉5742件10019人。

把“打黑除恶”与反腐败斗争相结合，深挖黑恶势力“保护伞”。省检察院加强对查处黑恶势力“保护伞”工作的领导，对下级检察院查办“保护伞”案件遇到阻力的，及时督办、参办或提办。全省检察机关共查处涉嫌“保护伞”案件5件5人。

严肃查处破坏市场经济秩序的犯罪活动，维护市场经济秩序稳定。全省检察机关积极参加整顿和规范市场经济秩序工作，依法查处走私、金融诈骗、偷税骗税、侵犯知识产权等严重危害国家经济安全、扰乱市场经济秩序的犯罪活动，以及制售假冒伪劣食品、药品、农资、医疗器械等严重危害人民群众生命财产安全的犯罪活动；打击欺行霸市等严重破坏市场公平交易的犯罪活动。全年共批捕破坏市场经济秩序犯罪419人，提起公诉702人。

正确应用宽严相济的刑事政策，努力减少社会对立面。全省检察机关对未成年人犯罪和社会危害不大的轻微刑事案件，加大教育挽救力度。全年共对2701人作出不批捕决定，对375人作出不起诉决定。

依法妥善处理涉检上访案件，积极化解社会矛盾。全省检察机关全年共受理涉检信访案件4846件，处理集体上访38件，立案复查186件。积极清理历史积案，共依法办理历史遗留的刑事赔偿案件42件。

**二、加大了查办职务犯罪工作力度，积极推动反腐败斗争深入发展**

2006年，全省检察机关共立案侦查职务犯罪案件1289件1478人，其中贪污、贿赂、挪用公款等职务犯罪案件844件963人，渎职侵权等职务犯罪案件445件515人。

查办大案要案工作取得新的成绩。共查办贪污、贿赂、挪用公款大案543件，查办渎职侵权重特大案件152件；立案侦查县处级以上领导干部要案66人，大案要案占立案总数的59%。

查办群众反映强烈的职务犯罪案件成效明显。全省检察机关全年共查办党政干部职务犯罪174人，司法人员职务犯罪案件177件221人，非法拘禁、刑讯逼供等侵犯人权的职务犯罪

（接第20页）

机制，开展巡回审判，畅通涉诉信访渠道，落实司法救助制度，最大限度维护好、解决好人民群众最关心、最直接、最现实的利益问题。

*以服务和谐为目标，法官素质要有新提升。*要继续抓好并引深社会主义法治理念教育活动，坚持抓班子、带队伍，进一步提高队伍的凝聚力、战斗力。加强司法廉政建设，认真开展警示教育和反腐败工作，严肃查处违法违纪人员，纯洁法官队伍。继续推进法官职业化建设，严格法官职业准入，提高法官遴选质量，进一步优化队伍结构，与有关部门配合做好今年全省法院法官、书记员增编招考录用工作，缓解审判人员短缺问题。进一步加强法官培训工作，不断促进法官队伍素质的稳步提高。

*以有利和谐为标准，法院改革要有新突破。*加强审判工作管理，完善案件质量考评体系，强化合议庭责任制，完善审判委员会工作机制。通过案件监督、案例指导等形式进一步强化对下级法院的监督指导，保证各级法院准确理解法律、统一裁判标准，全面提高审判质效。进一步加强少年法庭和人民法庭工作，依法扩大简易程序适用范围，继续落实人民陪审员制度，积极推进司法民主。继续推进基层建设，指导基层法院加强政治建设、组织建设、业务建设和物质建设，帮助支持基层法院提高化解矛盾、服务和谐社会的工作水平和物质保障能力，夯实公正司法的根基。

案件28件46人，失职渎职导致发生重特大安全生产事故的犯罪案件112件135人。

查办商业贿赂职务犯罪工作取得初步成效。全省检察机关积极参加治理商业贿赂专项工作，共查办商业贿赂职务犯罪案件158件172人。

执法水平和办案质量明显提高。2006年，全省检察机关共侦查终结贪污贿赂等案件821件942人，法院已作出有罪判决837人，有罪判决率达86.9%，同比上升16.7个百分点；侦查终结渎职侵权案件382件451人，法院已作出有罪判决258人，有罪判决率同比提高了11.7个百分点。

职务犯罪预防工作不断向社会各领域拓展。全省检察机关与有关部门联合建立警示教育基地，结合典型案例进行以案说法，参与重大工程项目的招投标、材料采购、施工验收等重要环节，建立了行贿犯罪档案查询系统，有力地防范了受贿犯罪案件的发生。

**三、加大了诉讼监督的力度，努力促进司法公平正义**

加强对刑事诉讼活动的监督。在刑事立案和侦查活动监督中，共监督纠正侦查机关应当立案而不立案的案件872件，不应当立案而立案的案件116件；对侦查活动中的违法行为提出书面纠正意见和检察建议1377件；对应当逮捕而未提请逮捕的，依法纠正漏捕210人；对应当起诉而未移送起诉的，依法决定追诉205人。在刑事审判监督中，共对147件认为确有错误的刑事判决和裁定提出了抗诉，抗诉成功率为72.8%。为了配合法院对死刑二审案件全部开庭审理工作，省检察院于2006年8月组建了公诉二处。

加强对民事审判和行政诉讼活动的监督。全省检察机关共对认为确有错误的民事行政诉讼生效判决、裁定提出抗诉308件，法院已审结126件，其中直接改判78件，撤销原判发回重审2件，调解处理22件，抗诉改变率为81%。依法查处审判人员在审理民事行政诉讼案件中的职务犯罪24人。

加强对刑罚执行和监管活动的监督。对监管活动中的违法行为，全省检察机关共提出纠正违法意见1200件。加大了对监管干警职务犯罪的查办力度，共立案查处监管干警职务犯罪案件35件39人。

**四、加强检察机关规范化建设，有效减少工作随意性**

加强了机关制度建设。建立健全了党组会、检察委员会、检察长办公会等议事决策制度，规范了检察机关党务、政务、业务和事务的决策程序；完善各部门工作职责和岗位责任制度，做到各司其职，各负其责；实行领导干部“一岗双责”制、中层干部试用制和任期制，增强了各级领导干部的紧迫感和使命感；实行检察官年终考核制度，奖优罚劣，激发了广大检察干警工作的积极性和主动性。

加强了执法规范化建设。全省检察机关通过狠抓七个主要业务部门办案流程规则的落实，进一步规范了办案行为、办案流程和绩效评价，把容易发生问题的关键部位和环节全部纳入管控之中，加强流向跟踪和动态监管，有效地防止了执法行为的随意性。

强化内部监督制约。继续加强对直接受理立案侦查案件的管理和监督，对决定立案侦查或者作出逮捕决定的，要报上一级人民检察院备案；对作出撤销案件、不起诉决定的，要报上一级人民检察院批准；继续推行了自侦案件“一案三卡”制度。

自觉接受人大的监督。2006年，全省检察机关积极向各级人大常委会报告工作，主动征求人大代表意见，对各级人大及常委会转交办的案件，认真依法办理，及时反馈结果。积极开展人民监督员制度试点工作，全省检察机关人民监督员共监督“三类案件”190件209人。

**五、加强了队伍建设，检察人员素质进一步得到提高**

拓宽了对领导班子管理和监督的渠道。继续坚持巡视制度、派员参加下级检察院党组民主生活会制度等行之有效的管理监督制度。坚持从严治长带动从严治检，对13名违法违纪的检察人员进行了严肃查处。

提高了队伍专业化水平。大力加强业务培训，广泛开展岗位培训，进一步提高了广大干警的业务素质和办案技能。

树立了检察机关的良好形象。2006年，全省检察机关共有27个先进集体、35名先进个人受到最高人民检察院和国家有关部门的表彰。全省135个检察院全部被评为精神文明单位。省检察院连续被评为省直机关精神文明单位标兵。

**六、加强基层基础建设，进一步夯实了检察工作发展基础**

基层检察院建设得到进一步加强。坚持领导干部联系基层检察院的工作制度，对基层检察院实行面对面的指导。对基层检察院实行分类管理，建立了科学、客观、高效的基层检察院考核机制。

基层检察院的检务保障得到明显改善。2006年，省检察院与省财政厅联合制发了《山西省县级人民检察院公用经费保障标准》，为基层检察院争取中央国债资金、办案补贴和装备补贴，改善了基层检察院办案条件。

“两房”建设成绩显著。全省135个检察院中，到目前为止，已有94个检察院建成了符合标准的办案用房和技术用房，29个检察院的“两房”正在建设之中。

各位代表，2007年，全省检察工作的总体思路是：**以邓小平理论和“三个代表”重要思想为指导，全面落实科学发展观，认真贯彻党的十六届六中全会精神、《中共中央关于进一步加强人民法院、人民检察院工作的决定》和省第九次党代会精神，牢固树立社会主义法治理念，紧紧围绕构建社会主义和谐社会，深入实践“强化法律监督，维护公平正义”的检察工作主题，进一步落实“加大工作力度，提高执法水平和办案质量”的总体要求，全面提升法律监督能力，充分履行法律监督职责，努力为建设充满活力、富裕文明、和谐稳定、山川秀美的新山西做出新的贡献**。按照这一思路，全省检察机关要坚持把履行好法律监督职能作为服务和谐社会建设的基本途径，把是否有利于促进社会和谐作为衡量检察工作的重要标准，把维护人民群众合法权益作为促进社会和谐的出发点和落脚点，把维护社会公平正义作为促进社会和谐的生命线，把化解矛盾贯穿到执法办案工作的始终，今年要重点做好以下八个方面的工作：

一是坚持依法严厉打击严重刑事犯罪和执行宽严相济的刑事政策相结合，为构建和谐社会创造稳定的社会基础。要继续坚持“严打”方针，依法严厉打击严重刑事犯罪，增强人民群众的安全感；特别要严厉打击影响农村稳定的刑事犯罪，为建设社会主义新农村提供稳定的社会环境；认真贯彻宽严相济的刑事政策，依法妥善处理涉检上访案件，化解社会矛盾，减少社会对立面，促进社会和谐。

二是严肃查处各种经济犯罪，创造和谐有序的社会主义市场经济秩序。要进一步完善行政执法与刑事执法相衔接的工作机制，依法平等保护各类市场主体，促进建立保护自主创新、公平竞争的市场经济秩序。

三是进一步加大查办和预防职务犯罪工作的力度，为构建和谐社会创造廉洁的执政环境。要重点查办国家机关工作人员利用人事权、司法权、行政审批权和行政执法权谋取私利的犯罪案件；资源开发和经销、土地出让、城市拆迁、工程建设、产权交易、物资采购、医药购销等方面的商业贿赂案件；官煤勾结、官商勾结的职务犯罪案件；发生在煤焦领域、房地产领域和安全生产事故背后的职务犯罪案件；破坏生态资源、污染环境背后的渎职失职案件；国家机关工作人员利用职权非法拘禁、刑讯逼供，以及滥用职权等侵权渎职犯罪案件；国有企业兼并、重组、破产中发生的贪污、挪用、私分国有资产的犯罪案件。对那些为谋取不正当利益拉拢腐蚀干部、危害严重的行贿犯罪，也要坚决依法查处。同时，要紧密结合检察职能，不断加强预防职务犯罪工作研究，拓展预防职务犯罪工作领域。

四是加强对诉讼活动的法律监督，为构建和谐社会创造公平正义的司法环境。要着力纠正人民群众反映强烈的执法不严、司法不公的突出问题，依法查处行政执法和司法不公背后的职务犯罪案件，促进严格执法和公正司法。

五是深入推进检察改革和工作机制改革，提高为和谐社会服务的水平和能力。要以保障在全社会实现公平和正义为目标，以强化法律监督职能和加强对自身执法活动的监督制约为主线，积极稳妥地推进检察改革，不断完善检察体制和工作机制。

六是进一步加强队伍建设，为服务和谐社会建设提供组织保障。深入开展社会主义法治理念教育，全面加强检察队伍建设，不断提高检察人员的政治素质、业务素质和职业道德水准。

七是加强基层基础建设，充分发挥基层检察院在和谐社会建设中的作用。认真落实《人民检察院基层建设纲要》；努力促进基层检察院公用经费保障标准的落实，加强科技装备和信息化建设，夯实检察工作发展的基础。

八是坚持党的领导和人大的监督，这是检察工作服务和谐社会的政治保障。要紧紧依靠党委的领导和支持，保证检察工作正确的政治方向；自觉接受人大监督，深入开展人民监督员制度试点工作，确保正确行使检察权。

# 大　事　记

## 2006 年山西省大事记

### 1 月

**1 日**

山西焦煤西山煤电集团公司成立。该公司是由山西焦煤集团、中国信达公司、中国东方公司、中国建设银行重组建成的。

**同日**

2006 中国乡村游山西活动在晋中市常家庄园启动。该项活动以“新农村、新旅游、新体验、新风尚”为主题。

**2 日**

在 2005～2006 年度国家舞台艺术精品工程初选中，由山西艺术职业学院创作演出的舞剧《一把酸枣》入围国家舞台艺术精品工程初选剧目，并在入围的 4 部舞剧中排名第一。

**3 日至 4 日**

本日至 4 日 8 时，全省共有 77 个县(市)有不同程度的降雪。其中，中部降雪较大，南部和北部相对较小，降雪最多的岚县和娄烦降雪 3.1 毫米。气象专家介绍，这场降雪对改善本省表层土壤湿度、增加空气湿度、降低森林火险等级、提高空气质量和冬小麦安全越冬都十分有利。

**4 日至 6 日**

中国人民政治协商会议第九届山西省委员会第十六次常委会议在太原举行。会议通过《中国人民政治协商会议第九届山西省委员会常务委员会关于同意赵生荣等同志辞去政协第九届山西省委员会常务委员会委员请求的决定》、《中国人民政治协商会议第九届山西省委员会常务委员会关于庄荣洲等四名同志为政协第九届山西省委员会常务委员会委员的决定》、《中国人民政治协商会议第九届山西省委员会常务委员会关于补选常务委员的决定》，通过关于政协第九届山西省委员会第四次会议议程（草案）、会议日程、工作报告和报告人、提案工作报告和报告人等。

**5 日**

中共山西省委书记张宝顺到部分中央驻晋新闻单位和省城主要新闻单位进行调研考察。他要求：各新闻单位和广大新闻工作者要认真学习胡锦涛考察解放军报社重要讲话精神，坚持正确的政治方向和舆论导向，更好地发挥新闻媒体的作用，为实现本省“十一五”发展目标做出新的贡献。

**同日**

山西省妇联建会 55 周年表彰纪念会在太原举行。会上，省妇联授予太原市妇联等 199 个单位“省妇女工作先进集体”称号，授予高守珍等 309 名个人“省优秀妇联干部”称号，并授予以上集体和个人省三八红旗集体、省三八红旗手称号，为吴坚等 720 名从事妇女工作 20 年以上的人员颁发荣誉证书。

**5 日至 6 日**

山西省军区党委第九届八次全体(扩大)会议在太原召开。会议传达学习军委扩大会议和北京军区党委扩大会议精神，回顾总结省军区 2005 年的工作，对 2006 年度工作进行安排部署。会上，中共山西省委书记张宝顺在讲话中说：在“十一五”这个重要的发展时期，在经济社会持续快速发展、军事变革加速推进的大背景下，国防后备力量建设面临新的形势和任务，也面临新的机遇和挑战。要坚持以科学发展观为统领，进一步开创国防后备力量建设的新局面，努力实现国防建设和经济的协调发展。会议还对 2005 年工作成绩突出的先进集体和个人进行表彰奖励。

**5 日至 6 日**

山西省妇联九届三次执委扩大会议在太原召开。会议学习传达全国妇联九届三次执委会议精神，回顾总结 2005 年的工作，研究部署 2006 年的工作。

**6 日至 7 日**

山西省副省长梁滨带领农业、水利、供销等部门负责人，就新农村建设工作先后到运城市的闻喜县、夏县和临汾市的洪洞县调研。

**7 日**

2005 年山西省首届政府质量奖暨名牌产品质量信誉企业表彰大会在太原举行。大会对太钢不锈钢股份有限公司和杏花村汾酒厂股份有限公司 2 个政府质量奖获奖企业，太重、澳瑞特、古城乳业、南风化工等 4 家获中国名牌产品的企业及获驰名商标的屯玉种业、南风化工、古城乳业、水塔和东湖陈醋等 16 家企业的 18 种国家免检产品，236 个山西名牌产品、860 个山西省信誉企业进行表彰。

**同日**

第五届山西省杰出（优秀）青年卫士表彰大会在太原召开。大会对当选的杰出青年卫士予以表彰。他们是：武警战士王建炜、乡村司法助理员龙晓霞、国家金库守卫者魏勇强、工商管理者马彦春、药检干部刘星、人民法官刘军宁、法律援助者黄河、警官薛建业、税执法工作者佩忠。另外，授予高雄等 10 人提名奖，授予马世剑等 86 人“优秀青年卫士”称号。省劳动竞赛委员会分别给以上三组人员颁发“省五一劳动奖章”、记个人一等功一次、记个人二等功一次。

**8 日至 13 日**

中国人民政治协商会议第九届山西省委员会第四次会议在太原举行。会议通过《中国人民政治协商会议第九届山西省委员会第四次会议选举办法》、《中国人民政治协商会议第九届山西省委员会第四次会议监、计票人员名单》、补选刘兆林、来玉龙、郭勇飞、曹惠斌为政协第九届山西省委员会常务委员会委员、《中国人民政治协商会议第九届山西省委员会第四次会议政治决议》、《中国人民政治协商会议第九届山西省委员会第四次会议关于政协第九届山西省委员会常务委员会工作报告的决议》、《中国人民政治协商会议第九届山西省委员会第四次会议关于政协第九届山西省委员会第三次会议以来提案工作情况报告的决议》。

9日

全省政协系统第十三次信息工作会议在太原召开。会议总结2005年全省政协系统反映社情民意信息工作情况，并对2006年工作提出思路。会议还对晋中市政协等28个先进单位、王正选等10位反映社情民意信息先进个人、袁海虎等28名政协信息先进工作者和7条精品信息的作者进行表彰。

同日

在国家最高科技成就的年度大奖——2005年度国家科学技术奖评选中，本省3项科技成果分别获得2005年度国家技术发明奖、国家科技进步奖二等奖。另有5项非主持项目获得国家科技进步一、二等奖。其中，由本省科技工作者主持研发、获国家技术发明二等奖的项目为：太原理工大学赵阳升等主持研究的《盐类矿床群井致裂控制水溶开采方法及其应用》项目；山西煤化所朱玉雷、李永旺等主持研究的《耦合工艺生产y－丁内酯和2－甲基呋喃的研究及应用》项目。由本省科技工作者主持研发、获国家科技进步二等奖的项目为：阳泉煤业（集团）有限责任公司李宝玉等主持研发的《高瓦斯易燃层高产高效放面瓦斯综合治理技术研究与应用》项目。在非主持获奖项目中，中国北车集团大同电力机车有限责任公司参与研发的《铁道机车车辆－轨道耦合动力学理论体系、关键技术及工程应用》项目获国家科技进步一等奖；大同电力机车有限责任公司参与研发的《交流传动系统及其高性能控制技术的研究与应用》项目；潞安矿业（集团）有限责任公司、晋城无烟煤矿业集团有限责任公司参与研发的《煤矿巷道高效安全支护成套技术创新体系及应用》项目；山西省农科院棉花研究所参与研发的《棉花规模化转基因技术体系平台建设及其应用》项目；太原重型机械（集团）有限公司设计研究院参与研发的《首钢3500mm中厚板轧机核心轧制技术和关键设备研制》项目，分别获国家科技进步二等奖。

同日

山西省军工企业山西汾西重工有限责任公司与德国西门子股份公司“1F.3/1F.4无刷同步发电机”许可证签约。

10日

中国人民政治协商会议第九届山西省委员会第十七次常委会议在太原举行。会议通过政协第九届山西省委员会第四次会议政治决议(草案)、关于政协第九届山西省委员会常务委员会工作报告的决议(草案)、关于政协第九届山西省委员会常务委员会提案工作报告的决议（草案）等。

10日至15日

山西省十届人民代表大会第四次会议在太原举行。会议通过《关于山西省国民经济和社会发展第十一个五年规划纲要及关于规划纲要报告的决议》、《关于山西省2005年国民经济和社会发展计划执行情况与2006年国民经济和社会发展计划的决议》、《关于2005年全省和省本级预算执行情况及2006年全省和省本级预算的决议》、《关于山西省人民代表大会常务委员会工作报告的决议》、《关于山西省高级人民法院工作报告的决议》、《关于山西省人民检察院工作报告的决议》。在这次大会上，张宝顺当选为山西省第十届人民代表大会常务委员会主任，于幼军当选为山西省省长。

13日

中国人民政治协商会议第九届山西省委员会第十八次常委会议在太原举行。会议通过《政协第九届山西省委员会常务委员会2006年工作要点》。

16日

全省人事工作会议在太原召开。会议总结2005年的人事人才工作，部署2006年的人事人才工作。会上，中共山西省委、省人民政府隆重表彰当选中国工程院院士、太钢规划委员会副主任王一德，决定奖励王一德人民币20万元，并从本月起每月补贴3000元的岗位津贴。会上还对本省享受国务院特殊津贴的专家、省级农村拔尖实用人才代表以及全省人事系统先进集体和优秀人事工作者代表进行表彰。

同日

在2005年度“中国最具影响力企业”评选中，潞安环保能源开发股份公司被评为2005年度“中国最具影响力企业”。

同日

在全国维护妇女儿童权益协调组第五次全体会议暨“维权贡献奖”表彰电视电话会上，山西省妇联、太原市迎泽区人民法院刑事审判庭、朔州市人民检察院等15个先进集体和省妇联主席梁豫秦，晋中市委常委、政法委书记宋瑞珍等13名个人获“全国维护妇女儿童权益贡献奖”。

同日

在“2005年度最具影响力企业、最受关注企业家、最具成长性企业”评选中，晋城煤业集团获“2005年度最具影响力企业”称号，集团公司董事长、党委书记袁宗本获“2005年度最受关注企业家”称号。

16日至17日

全省党风廉政建设干部大会、中共山西省纪委第六次全体会议在太原召开。会议回顾总结了2005年工作，安排部署了2006年工作全省党风廉政建设和反腐败工作任务。会议安排确定2006年党风廉政建设和反腐败工作的主要任务：第一，要加大监督检查力度，特别是要对贯彻落实科学发展观情况、损害群众利益的问题、干部人事工作中的违纪问题开展监督检查。第二，加大领导干部廉洁自律教育的力度，加强廉政文化建设，完善反腐倡廉“大宣教”工作格局。第三，加大制度建设的工作力度，着力完善制度，重点抓好落实。第四，加大从源头上防治腐败的力度，努力在关键领域和重点环节取得突破。第五，加大查办案件工作力度，明确查办案件的重点对象和重点领域，不断提高办案工作的能力和水平。会议指出：2005年，全省各级纪检监察机关共受理群众信访举报23583件（次），立案6721件，结案6674件，处分党员领导干部7190人，其中地厅级干部10人、县处级干部 219 人，挽回经济损失 9290 余万元。

**16 日至 17 日**

武警山西省总队党委二届三次全体（扩大）会暨 2005 年度总结表彰会在太原召开。会议传达贯彻中央军委扩大会议精神，回顾总结 2005 年的工作情况，安排部署 2006 年工作任务，并对 2005 年度 124 个先进单位和 119 名先进个人通报表彰。

**17 日**

全省工业经济工作会议在太原召开。会上，中共山西省委副书记、省长于幼军对工业系统提出要突出抓好“八大支柱”“三个方阵”，挺起山西崛起的经济脊梁的任务。具体内容：一是围绕省委、省政府提出的“十一五”产业结构调整重点，加快产业结构优化升级。巩固拓展改造提升传统的四大支柱，即：煤炭、焦炭、冶金、电力，用高新技术和先进技术改造提升，提高竞争水平和核心竞争力；大力培育新的四个支柱产业，即煤化工、装备制造、材料工业和旅游业。二是精心组织实施企业“三个方阵”战略。三是要按照走新型工业化道路，建设资源节约型、环境友好型社会的要求，在转变经济增长方式上下工夫。四是研究探索如何贯彻工业反哺农业、城市带动农村的方针，为全省城乡协调发展、建设小康社会做出贡献。五是按照“发展壮大一批、转制搞活一批、关闭破产一批”的思路，加快国有经济布局和结构的战略性调整，加快推进国有企业产权、股权多元化的改革。

**同日**

山西晋东能源公司在太原成立。该公司是由晋城无烟煤矿业集团有限责任公司、山东鲁能发展集团有限公司、山西和信电力发展有限公司依照现代企业管理制度设立的有限责任公司。

**同日**

“高君宇、贺昌生平业绩陈列”开展暨《贺昌文选》首发仪式在中共太原支部旧址纪念馆举办。高君宇是中国共产党早期杰出的政治活动家和马克思主义理论家，是山西党团组织的主要创始人。贺昌是中国共产党早期著名的政治活动家、中央红军的重要领导人和山西党团组织的创始人之一。本年是高君宇诞辰 110 周年、贺昌诞辰 100 周年。

**17 日至 2 月 15 日**

五台山第四届佛俗民情年活动在五台山举行。

**17 日至 2 月 16 日**

第六届晋商社火节暨首届绵山文化庙会在绵山举行。本届晋商社火节以“游晋商故里、观民间社火、品山西面食、赏民俗风情”为主题。首届绵山文化节以“闹社火、逛庙会、祈鸿运高照；品寒食、赏冰瀑、过民俗大年”为主题。

**18 日**

中共山西省委议军会议在太原召开。会议传达中央军委、北京军区有关会议精神，回顾国防动员建设情况，并就以后工作安排部署。会上，中共山西省委书记、省人大常委会主任、省军区党委第一书记张宝顺在讲话中指出：2006 年要把本省国防动员和后备力量推向一个新的发展阶段。各级要进一步强化党管武装意识，不断推动国防动员建设与经济建设的协调发展。要统筹兼顾经济社会发展与国防动员建设，统筹兼顾平时应急与战时应战，统筹兼顾国防动员当前建设与长远建设。要进一步发挥各级党委、政府的主导作用，加强对国防动员建设的领导，军地齐抓共管，增强工作实效。

**18 日至 19 日**

全省发展和改革工作会议在太原召开。会上，中共山西省委副书记、省长于幼军强调：务必抓好总体规划与各专项规划、市县规划、产业政策、项目布局的衔接落实。

**19 日**

中共山西省委副书记、省长于幼军在太原会见法国城市规划整治研究院院长米歇尔·卡尔莫纳先生一行。此次客人是应邀来晋进行“城市化发展”有关研究的合作事宜，并参加省建设厅、太原市政府组织的有关城市规划的考察咨询活动。

**同日**

全国生态示范县安泽县正式通过 ISO14001 环境管理体系认证。这是全国首个以县为单位、达到国际环境管理体系标准的县级人民政府。

**同日**

山西省人民医院获“全国文明单位”暨“山西省文明单位标兵”称号的挂牌仪式在太原举行。该院是本省卫生系统惟一获得“全国文明单位”称号的单位。

**20 日**

全市干部大会在太原举行。会上，中共山西省委常委、组织部部长任泽民宣布省委决定：中共山西省委副书记云公民不再兼任太原市委书记，回省委工作，分管意识形态方面的工作和教育、科技战线党的工作，兼任省委宣传部部长；中共山西省委常委申维辰任太原市委书记，不再担任省委宣传部部长职务。

**21 日**

山西能源建设专项研究课题交换意见会议在太原召开。会上，中共山西省委副书记、省长于幼军指出：要在科学发展观的指导下加快山西新型能源基地建设，更好地服务于国家能源战略大局。

**同日**

“马烽同志追思会暨《马烽纪念文集》首发式”在太原举行。《马烽纪念文集》由山西人民出版社出版。

**同日**

全省交通工作会议在太原召开。会议指出：截至 2005 年底，全省 100%的乡镇、80%的建制村基本通了水泥（油）路；100%的乡镇、83.6%的建制村通了客车；30 个县市实现了城乡客运一体化。

**同日**

全省建设工作会议在太原召开。会议回顾总结了“十五”及 2005 年的建设工作，安排部署了“十一五”及 2006 年的建设工作。会议授予太原市、潞城市为省级园林城市。

**21 日至 27 日**

中共山西省委副书记、省长于幼军和副省长靳善忠带领由省政府办公厅、省国资委、省劳动和社会保障厅、省国土资源厅、省政府经济研究中心等部门组成的专题调研组，围绕优化国有经济布局、推进国有企业产权多元化改革、建立健全现代企业制度、加快实施主辅分离、辅业改制和分离企业办社会职能改革等内容，先后到山西焦煤集团、太重集团、省煤运总公司、省能源产业集团、太化集团、省国际电力集团、山西焦炭集团、省煤炭进出口公司等省属大型骨干企业进行调研。

23日

全省中小企业工作会议在太原召开。会议总结2005年工作，安排2006年工作。

24日

“大同—北京”、“大同—广州”往返航线开通。

## 2月

1日

本日晚7时许，晋城煤业集团寺河煤矿发生局部瓦斯爆炸事故，23名矿工遇难。事故发生后，中共山西省委副书记、省长于幼军立即启动应对突发事件预案，调集全省医疗专家火速赶赴事故现场组织抢救治疗，并率副省长靳善忠、省政府秘书长李政文及省有关部门负责人赶到事发地点进行实地考察。于幼军强调：这起瓦斯爆炸事故发生在国有重点煤矿，教训极其深刻。对于密闭区瓦斯爆炸这一课题，要组织有关科研院所进行专题研究，查找出事故发生的原因，通过技术、管理、装备等各种手段加以综合治理，避免同类事故发生。

2日

中共山西省委副书记、省长于幼军到晋城煤业集团蓝焰煤层气公司调研。他指出：煤层气开发建设不仅有利于矿井的安全生产，而且具有明显的经济效益和环保效益，省市各级有关部门要对煤层气开发利用项目的建设给予大力支持。

同日

阳泉郊区义井镇瀑里村种鸡场饲养的鸡出现死亡，到3日共死亡15000只，经国家参考实验室确诊为H5N1亚型高致病性禽流感。疫情发生后，国家和省防治指挥部领导及部分成员单位负责人赶赴疫区指导防控，农业部专家组负责人到疫点，对疫情进行调查诊断，现场指导处置。至7日8时30分，疫区内的鸡全部扑杀，对3公里范围内疫区进行封锁，对5公里受威胁区范围内的禽类进行紧急免疫接种，关闭疫区13公里范围内的活禽产品交易市场。28日，经省市两级动物防疫区检查、验收和评估，报国家农业部批准，正式解除该市高致病性禽流感疫区封锁。

5日

中共山西省委副书记、省长于幼军和副省长靳善忠带领国企改革专题课题组成员到太钢集团和杏花村汾酒集团进行调研。于幼军指出：省属大型骨干企业“十一五”期间要切实增强忧患意识和竞争意识，以改革、开放和科技进步为动力，加快推进以产权多元化为核心的国有企业改革，进一步调整优化国有经济布局结构，增强企业核心竞争力，做大做强一批在国内外具有较强竞争力的大企业集团。

5日至10日

中共山西省委副书记、省长于幼军和副省长靳善忠带领省国企改革调研组到有关厅局、企业集团商研改革方案，进行改革动员。期间，共召开11次座谈会，听取了下属国企改革任务较重的32个厅、局、委、办和行管办以及7家国有企业集团（公司）的汇报，与这些单位面对面商研下属300多个国有企业的改革思路、实施方案，改革中要解决的困难、问题和建议要求等。

6日

经国务院学位委员会第二十二次会议审核批准，山西财经大学、山西师范大学、太原科技大学3所大学新增为博士学位授予单位。山西大学的哲学、化学、生物学和太原理工大学的机械工程、材料科学与工程、生物医学工程6个学科新增为博士、硕士学位授权一级学科。同时，本省还新增22个博士点、55个硕士学位授权一级学科、67个硕士点。省学位委员会、省教育厅决定，对上述三所获得博士授予单位的高校各奖励100万元，给每个博士学位授权一级学科奖励50万元。

7日至10日

中共山西省委副书记、省委宣传部部长云公民到省广电局、山西出版集团筹委会、山西日报报业集团进行调研。

8日

在全国供销社工作会议上，山西省供销社受到全国总社表彰，获全国供销社系统经营绩效一等奖。

9日

中共山西省委书记、省人大常委会主任张宝顺到晋中市，就搞好第三批先进性教育活动和建设社会主义新农村进行调研。他强调：要认真学习贯彻胡锦涛总书记重要指示精神，按照中央要求和省委部署，紧密结合农村实际，紧紧围绕建设社会主义新农村这个主题，注重解决“三农”工作中的实际问题，切实搞好第三批先进性教育活动，确保成为群众满意工程；提高认识，科学规划，加强领导，精心实施，扎实推进社会主义新农村建设，使其成为惠及广大农村群众的民心工程。

10日

山西经济高峰论坛第十二次活动在太原举行。本次论坛的主题为山西国民经济与社会发展“十一五”展望。围绕这一主题，与会专家、学者分别就以后五年的山西国民经济与社会总体发展、山西高等教育、2006年山西经济走势以及省城经济与社会发展等问题进行研讨。

同日

山西省人民政府决定授予黎城县工商局党组书记、局长杨宽德“人民满意的公务员”荣誉称号。

上旬

长治市、晋城市被建设部正式命名为“国家园林城市”称号。（《山西日报》2月8日登载）

13日

山西省人民政府第六十五次常务会议在太原召开。会议集中研究本年第一季度的重点工作。会上，中共山西省委副书记、省长于幼军强调：要把既定的目标任务层层分解到位，把全省的工作重点转移到抓落实上，形成千斤重担众人挑、全省上下抓落实的良好氛围。

14日

中共山西省委先进性教育活动领导小组决定在全省广泛开展向李鸿海学习的活动。

**同日**

全省教育工作会议在太原召开。会议决定“十一五”时期在全省实施教育发展八项重点工程，即：义务教育水平提升工程、职业教育发展工程、高等教育强校工程、科教兴乡兴县工程、普通高中学校建设工程、德育工程、教育信息化工程和助困保学工程。会议对灵丘、石楼、临县、兴县、静乐等5个“两基”合格县进行通报表彰，各颁发奖金10万元。对迎泽区等11个县（市、区）进行通报表彰，并授予“科教兴县先进单位”称号。同时，通报表彰农村中小学危改及“两免一补”先进单位。

**同日**

中共山西省委决定：郭海亮任长治市委书记，张兵生不再担任长治市委书记、常委、委员职务。

**15日**

由中央电视台文艺中心影视部、北京华晟泰通传媒投资有限公司、山西祁县县委、县政府联合拍摄的45集电视连续剧《乔家大院》在中央电视台一套黄金时间播出。

**16日**

中共山西省委决定：张茂才任运城市委书记、常委、委员，黄有泉不再担任运城市委书记、常委职务，另有任用。

**同日**

中共山西省委副书记、省委宣传部部长云公民到第三批先进性教育活动联系点——太原市小店区西温庄乡、营盘街道，就第三批保持共产党员先进性教育活动进行调研。

**16日至17日**

中共山西省委副书记、省纪委主任、省委先进性教育活动领导小组副组长金银焕到长治市调研农村先进性教育活动和社会主义新农村建设工作。

**16日至18日**

山西省副省长梁滨先后到大同市的浑源、广灵、灵丘三县的部分涉农企业和农村，就新农村建设进行实地调研。

**17日**

中共山西省委副书记薛延忠到阳泉市郊区，就农村先进性教育活动和推进社会主义新农村建设情况进行调研。

**同日**

山西省口腔医学会在太原成立。

**18日至19日**

山西省副省长张少琴带领省教育厅和山西师范大学的负责人到晋城就高等教育现状和发展规划进行调研。

**20日**

中共山西省委、山西省人民政府在太原举行国际形势报告会。会上，外交部部领导成员乔宗淮就当前国际形势总体态势，中国与大国之间、与周边邻国之间关系等现实问题作了讲授。

**同日**

汇丰晋信基金管理有限公司正式在上海开业。该公司是由汇丰集团旗下汇丰投资管理公司和山西信托合资成立的。

**同日**

全省煤炭地质工作会议在太原召开。会议总结“十五”期间全省煤炭地质工作成就及经验，就“十一五”期间总体发展思路及2006年重点工作做出具体的安排和部署。

**同日**

全省外(侨)办主任会议在太原召开。会议回顾全省“十五”时期外事侨务工作，规划了“十一五”时期全省外事侨务工作发展蓝图。

**同日**

全省农机工作会议在太原召开。会议总结了“十五”期间本省农机化发展的成就及基本经验，并就“十一五”农机化发展总体思路及2006年农机化重点工作做出安排和部署。会议决定：本年全省新增机械化保护性耕作实施面积100万亩。机械化旱作农业和节本增效农业工程建设，全年分别新增实施面积100万亩和50万亩。

**同日**

山西省少工委四届四次全委（扩大）会议在太原召开。会议提出本年要完成的五大任务：推进重点工作、深化品牌活动、建设和谐组织、加强理论研究、提升服务能力。会议还向2005年的优秀单位颁发了少先队工作贡献奖、工程奖和创新奖，并为获得第三批少先队特色实践基地的单位进行命名授牌。

**同日**

全省开展化肥价格和涉农收费专项检查。检查的范围是2005年1月1日以来化肥生产、经销企业（包括进口经销企业）和个人等经营者执行化肥价格政策的情况，所有涉及农民生产、生活的行政事业性收费和经营性收费。

**中旬**

在国家首次启动的“扫黄打非”工作测评程序评比中，本省“扫黄打非”工作2005年全国综合排名第五，跨入全国“扫黄打非”工作6个优秀省、区行列。(《山西日报》2月21日登载)

**21日**

山西省人民政府第六十六次常务会议在太原召开。会议通过《山西省煤炭资源整合和有偿使用办法(草案)》、《山西省见义勇为人员奖励和保护条件（草案)》。

**22日**

中国第一个煤基合成油项目在长治潞安开工建设。该项目由潞安集团相对控股，国内若干知名企业集团共同投资建设，总投资18.86亿元。

**同日**

中共山西省委书记、省人大常委会主任张宝顺到潞安集团调研。他强调：要按照科学发展观的要求，抓住能源需求旺盛的有利时机，充分发挥大企业、大集团的骨干带动作用，推进煤炭产业的结构调整，延伸产业链条，转变增长方式，发展循环经济，推进集约化经营，不断提高煤炭产业的整体素质，加快建设新型能源和工业基地。

**同日**

中共山西省委副书记、省长于幼军和副省长靳善忠带领省国企改革调研组到潞安集团调研。于幼军强调：要解放思想、更新观念、开阔视野、创新思路，把企业改革与开放、发展有机结合起来，加快推进产权多元化改革，建立完善现代企业制度，推进主辅分离、辅业改制和分离企业办社会职能改革，进一步调整煤与非煤产业结构，优化国有经济布局，增强企业核心竞争力，为全省经济社会发展做出更大贡献。

**23日**

中共山西省委八届八次全体会议在太原举行。全会对省委常委会提名的市级党政正职拟任人选和推荐人选进行投票表决。会上，中共山西省委书记张宝顺指出：实行全委会票决制，是建立健全科学的干部选拔任用决策机制的重要措施，有利于把发挥省委常委会的核心作用与实施省委全委会的集体领导结合起来，有利于推进干部工作的科学化、民主化、制度化，也有利于发展党内民主，加强党内监督，从制度上防止和克服选人用人上的不正之风。

**同日**

全国信访干部先进事迹巡回报告团在太原举行报告会。

**同日**

在全国“动员组织广大妇女积极参与新农村建设暨‘双学双比’表彰电视电话会议”上，本省的杜列凤、史文珍分别获得第四届“全国十大农民女状元”和“全国十大绿化女状元”提名奖，省妇联等6家单位被评为先进集体，55人获“女能手”称号。

**同日**

本日上午，交城县岭底乡山怀村与古交市长安乡郭家梁村交界处发生森林火灾。火灾发生后，太原市、吕梁市、省林业厅等部门及关帝山林局主要负责人先后带领800余名灭火队员赶赴现场进行扑救。至24日凌晨9时，明火全部扑灭。

**24日**

太原至中卫（银川）铁路正式开工建设。该铁路东起山西省太原市，西至宁夏回族自治区中卫市和银川市，线路总长944公里，工程投资总额303.2亿元。

**同日**

中共山西省委决定：郭良孝任中共大同市委书记。来玉龙不再担任中共大同市委书记、常委、委员职务。

**同日**

中共山西省委决定：高建民任朔州市委书记、常委、委员，阎沁生不再担任朔州市委书记、常委、委员职务。

**同日**

中共山西省委决定：张建欣任忻州市委书记、常委、委员，吕德功不再担任忻州市委书记、常委、委员职务。

**同日**

全省对台工作会议在太原召开。会上，中共山西省委常委、秘书长、省委对台工作领导小组副组长申联彬强调：各级党委、政府要深入贯彻中央关于对台工作的一系列决策和部署，坚持“和平统一、一国两制”的基本方针和现阶段发展两岸关系、推进祖国和平统一进程的八项主张，按照胡锦涛总书记提出的新形势下发展两岸关系的“四点意见”，把反对和遏制“台独”作为首要任务，从政治、经济、文化、社会等方面做好工作，进一步提高本省对台工作整体水平。

**同日**

全省民族宗教局长会议在太原召开。会议传达了全国民委主任会议、全国宗教局长会议精神，表彰了2005年全省民族宗教执法主题建设先进单位和信息宣传工作先进单位。

**同日**

山西省副省长梁滨在太原会见日本驻华使馆参事官百崎贤之一行，双方就中日合作“第二期黄河中游流域防护林建设项目”有关事宜进行会谈。

**25日**

中共山西省委决定：聂春玉任吕梁市委书记。

**25日至28日**

山西省工会第十一次代表大会在太原举行。会议通过十届委员会的工作报告、财务报告和十届经费审查委员会的经审工作报告。会议选举产生省总工会第十一届领导机构，选举姚新章为省总工会十一届委员会主席。

**26日**

山西农大晋中校区成立。

**同日**

中共山西省委决定：王国正任临汾市委书记。

**同日**

中共山西省委决定：谢海任阳泉市委书记。程步云不再担任阳泉市委书记、常委、委员职务。

**26日至27日**

从本日8时至27日20时，全省共有105个县市出现不同程度的降雪，其中83个县出现中雪、大雪、暴雪天气。在这次降雪过程中，本省人工增雨3817机组人员分别在本省中、南及北部多次进行飞机增雪作业，取得良好的效果。

**27日**

山西省人民政府与首钢控股有限公司在太原举行战略合作座谈会。座谈会就整合提升本省钢铁业发展水平进行煤炭资源深加工、发展煤化工产业等问题进行座谈，并对下一步的具体合作进行磋商，双方签订了战略合作协议。

**28日**

山西省南部首座大型火力发电工程——山西大唐国际运城发电厂2×600MW工程在风陵渡经济开发区开工。

**28日至3月14日**

山西全国政协委员赴北京参加全国政协十届四次会议。

**28日至3月15日**

山西全国人大代表赴北京参加十届全国人大四次会议。

**月底**

全省农业财政工作会议在太原召开。会议指出：本年省级财政安排支农资金16.3亿元，比上年增长58.6%。省财政支农资金主要投向是：安排1亿元资金，解决200万人的饮水安全问题；安排3亿元，完成林业五大工程造林500万亩；安排1000万元配套资金，新发展沼气用户20万户；安排农业产业化和扶贫产业化资金5000万元，解决3万山庄窝铺农民搬迁；安排1.2亿元，实施整村推进扶贫工程。

## 3月

1日

从本日起，山西省开始实施《山西省企业投资项目核准暂行办法》和《山西省企业投资项目备案暂行办法》。投资项目审批将采取更加科学和简便快捷的“新三制”，全面取代过去单一的审批制。

同日

加快晋西北、太行山革命老区开发建设调研工作会议在太原召开。会上，省长于幼军强调：实施晋西北、太行山革命老区开发，要以产业开发产业发展为龙头，支持“两区”脱贫致富奔小康。

同日

山西科工龙盛科技有限公司科研大厦暨SMC（高分子聚乙烯）生产线在太原市高新技术开发区奠基。

1日至2日

全省建设社会主义新农村工作会议在太原召开。会议学习贯彻《中共中央、国务院关于推进社会主义新农村建设的若干意见》和中央农村工作会议精神，学习贯彻中央领导人在省部级主要领导干部建设社会主义新农村专题研讨班上的重要讲话精神；总结2005年全省“三农”工作，交流经验，表彰先进；讨论《中共山西省委、山西省人民政府关于加快建设社会主义新农村的意见（讨论稿）》，对2006年和“十一五”时期推进社会主义新农村建设进行安排部署。会议提出本省“十一五”期间社会主义新农村建设目标要求：“十一五”期间组织实施“千村试点、万村治理工程”，即在全省选择1000个有代表性的村，作为新农村建设试点村、示范村、重点村；对1万个村进行人居环境治理，每年治理2000个左右，到2010年使全省1/3农村的村容村貌得到新的改观。

1日至2日

全省党委换届工作会议在太原召开。会议按照中央和省委关于党委换届工作的总体部署，对本年省、市、县、乡党委换届工作进一步做出安排。会上，中共山西省委书记张宝顺强调：搞好这次换届，一要选好用好干部，把各级领导班子建设成坚强的领导集体；二要推进干部队伍的年轻化，形成富有生机和活力的领导层；三要加大干部交流力度，为干部健康成长和干事创业创造良好的外部环境；四要深化干部人事制度改革，建立优秀人才脱颖而出的选人用人机制；五要严格执行各项纪律，防止和纠正用人上的不正之风；六要加强组织领导，确保完成党委换届的各项任务。

2日

全省安全生产煤炭工作和煤炭资源整合会议在太原召开。会议总结“十五”时期特别是2005年安全生产和煤炭工作，就做好安全生产和煤炭资源整合工作进行安排部署，对煤炭经济的更快更好发展提出新思路、新要求、新举措。

3日

全省审计工作会议在太原召开。会议回顾总结2005年审计工作，对2006年的工作进行安排部署，就审计工作如何更好地为全省经济建设服务提出新的要求和举措。

同日

中共山西省委政法委在太原召开电视电话会议，部署在全省开展打黑除恶专项斗争。打击的重点是黑社会性质组织，同时严厉打击各种恶势力犯罪。包括在交通运输、建筑、批发市场、娱乐等领域的市霸、行霸；在农村以宗族恶势力形式的乡霸、村霸和隐匿在矿区车站的煤霸、车霸等。

同日

全国首家观光农业行业社团——山西省观光农业协会在太原成立。

同日

全省煤炭工作会议在太原召开。会议总结回顾“十五”时期和2005年的工作，讨论煤炭工业“十一五”发展规划，安排2006年主要工作。

3日至13日

山西省副省长牛仁亮带领省商务厅等有关部门和企业负责人组成的代表团赴印度和澳大利亚进行考察访问。

7日至10日

以中国气象局党组成员、副局长郑国光为副组长的先进性教育活动中央巡回检查组一行5人到太原、忻州等市调研。

9日

中国工商银行与大同煤矿集团有限责任公司全面战略合作协议在北京正式签署。合作协议内容是：由工商银行牵头或组织银团对同煤集团规划建设的煤、电、铝、煤化工等能源领域提供450亿元的融资支持。

同日

山西省五鹿山自然保护区升格为国家级自然保护区。该保护区位于临汾市蒲县、隰县交界处，总面积2万多公顷。

10日

山西省人民政府与中国银行战略合作协议在北京签署。合作协议内容是：“十一五”期间，中国银行向山西提供总额800亿元的融资授信，支持山西的新型能源和工业基地建设，支持重大工程项目建设以及骨干企业、民营经济、中小企业发展，并在国际结算、贸易融资以及其他领域提供便利服务。

15日

山西华宇购物中心、太原市解放百货大楼有限公司等38家企业被首批授予“诚信示范店”称号。该项活动是由中共山西省委宣传部、省文明办、省商务厅、省工商局、省质监局、省国税局、省地税局、省食品药品监督局、省物价局、省银监局、省广电局、省总工会、团省委等13家部委厅局联合发起的“弘扬晋商精神，打造诚信山西”的一项活动。

同日

山西省首个列入国家“948”计划（国家引进国际先进科技计划）的水利项目——引进国际最先进电磁物探系统的使用和推广项目通过国家验收。

16日

山西省人民政府第六十七次常务会议在太原召开。会议通过《关于进一步扩大对外开放的决定》和《山西省改善环境扩大招商引资的实施办法》。

**17日**

中共山西省委在太原召开传达十届全国人大四次会议和全国政协十届四次会议精神大会。会上，中共山西省委书记、省人大常委会主任张宝顺就贯彻落实全国人大、政协“两会”精神作出部署。

**同日**

山西省人民政府与兴业银行签署《政银合作协议》。合作协议内容是：兴业银行向本省煤炭、煤化工、电力、交通、冶金等产业提供200亿元人民币信贷支持，向中小企业、特色产业等提供100亿元人民币信贷支持。

**同日**

山西省派出临汾、运城、长治、晋城四市60余家单位组成的200余人的代表团赴郑州参加首届中国中部旅游交易会。

**17日至19日**

中共中央政治局常委、国务院总理温家宝到晋南地区农村了解农民群众生产生活、春耕备耕和新农村建设等方面的情况，并作出重要讲话。

**18日**

中国第一座露井联合开采大型煤矿项目——安家岭煤矿在朔州市建成投产。

**同日**

本日15时30分左右，临县胜利煤焦有限公司樊家山坑口发生透水事故，28人遇难。事故发生后，吕梁市、县、乡三级党政领导迅速赶到事故现场指挥抢救。20日，山西省人民政府办公厅就搞好煤矿安全发出通知，要求各地吸取临县“3·18”特大透水事故教训。

**20日**

由中国电力投资集团公司华北分公司投资28亿元人民币建设的2×30万KW煤电热项目在离石签约。

**同日**

本日13时，浑源县北岳恒山风景区后山发生森林火灾。灾情发生后，大同军分区、武警大同支队、浑源县人武部民兵与当地群众一起全力扑火。至21日17时，明火全部扑灭。

**20日至21日**

全省公安警卫工作会议在太原召开。会议传达贯彻全国公安警卫基层基础工作会议精神，回顾总结本省几年来警卫工作情况，部署以后一个时期的工作任务。会议还对2005年度先进工作单位和个人进行表彰。

**20日至21日**

全省纪检监察宣传教育工作会议在阳泉市召开。

**20日至22日**

中共山西省委副书记、宣传部长云公民到大同市新闻单位、重点企业及社区就文化产业、企业文化、社区文化等工作进行调研。

**20日至22日**

中共山西省委副书记、省委宣传部部长云公民一行到大同市考核2005年度落实党风廉政建设责任制情况。

**21日**

本省规模最大的一支公司债券——潞安集团“06潞矿债”正式发行。本期债券发行规模13亿元，期限10年。

**22日**

中共山西省委书记、省人大常委会主任张宝顺到忻州考核落实党风廉政建设责任制。他强调：各级领导干部要从贯彻维护党章、落实科学发展观、建设和谐社会、加强党的执政能力建设的高度，深刻认识加强党风廉政建设和反腐败斗争的重要性、长期性和艰巨性，认真落实好责任制，不断开创本省反腐倡廉工作的新局面。

**22日至23日**

中共山西省委书记、省人大常委会主任张宝顺到朔州市就建设社会主义新农村进行调研。他强调：要坚持以科学发展观为指导，全面贯彻中央建设社会主义新农村的“二十字”总体要求，按照全省建设社会主义新农村工作会议的部署，围绕“十一五”时期目标任务，科学规划，精心实施，扎实推进，注重实效，确保社会主义新农村建设开好局、起好步，努力实现全省经济社会新发展新跨越。

**23日**

山西省人民政府与国家开发银行签订《开发性金融合作协议》。协议内容是：“十一五”期间，开发银行向山西提供1060亿元政策性贷款，支持基础设施建设、经济结构调整、环境保护、矿产资源勘探、经济社会瓶颈、国际合作项目、各类经济相关课题等项目。

**24日**

山西省各界学习树立社会主义荣辱观座谈会在太原举行。

**同日**

中共山西省委副书记、省长于幼军到晋中市考核落实党风廉政建设责任制。

**25日**

中国山西省—加拿大萨省国际科技交流与合作会谈在太原举行。在这次洽谈中，山西兆风草畜科技开发有限公司与加拿大畜牧服务公司签署两省开展合作的首个项目协议，决定共同开发雁门关区域盐碱地。

**同日**

中共山西省委副书记、省长于幼军到第三批先进性教育活动联系点——汾阳市西河乡调研指导工作。

**同日**

七省（市）纪委督办机制工作座谈会在太原召开。

**同日**

中国·山西第四届旅游推介会暨2006中国·太原旅游博览会在太原举行。参加博览会的有来自北京、河北、河南、陕西、内蒙古自治区、山东、福建等地的100多家旅游景点、景区、旅行社以及旅游企业代表。

**26日**

太原机场的第三次改扩建工程正式开工建设。

**同日**

“推进开放，建设山西”论坛在太原举

行。在本次论坛上，国务院发展研究中心原副主任鲁志强，香港交易及结算所执行总监霍广文，国务院发展研究中心对外经济部副部长隆国强，昆山国家经济技术开发区政研室主任黄承圮，山西省政府决策咨询委员会委员、省软科学研究院院长李镇西5位专家，就“十一五”期间如何提高本省的对外开放水平，建设新山西分别作了“从宏观层次上谈开放”、“开放资本市场，推动山西经济”、“对外开放的新形势与山西的选择”、“优化环境引来投资热”、“大开放必须从做强主导产业上突破”的主题发言。

**同日**

山西省省长于幼军在太原会见法国欧罗福国际集团执行董事、总裁钟锦文一行。双方就欧罗福国际集团在本省投资环保能源项目的规模、内容、前景及时间步骤等问题进行交谈。

**同日**

山西省省长于幼军在太原会见德意志银行亚太区董事总经理莫顿一行。双方就本省企业海外上市和引进战略合作伙伴以及到欧洲招商引资等问题进行交流。

**同日**

本省从本日开始至本年年底，对5类行业进行燃油财政补贴，补贴总额4373万元。受补贴行业包括城市公交汽车，城市出租车，农村客运，机动渔船，国有林场、苗圃。

**27日至28日**

全省对外开放工作会议在太原举行。会议的主要内容是：全面落实科学发展观，按照省委八届七次全会精神和在扩大对外开放上实现新突破的要求，对全省进一步扩大对外开放作出全面部署，用大开放为实现又快又好发展和跨越式发展注入活力、增添动力。会上，中共山西省委书记、省人大常委会主任张宝顺作《走出内陆省份对外开放新路子，用大开放促进新发展新跨越》的重要讲话。同日，《山西日报》还配发了题为“抓住机遇，扩大开放，实现新跨越”的社论。

**28日**

山西省省长于幼军在太原会见由深圳市政协副主席、中国光彩事业会副秘书长廖军文先生和平安集团投资管理委员会主任、平安证券董事兼CEO叶黎城先生率领的一批深圳、香港企业家。双方就山西能源产业、金融、房地产等行业的投资融资事项特别是运用基金融资问题进行交流。

**同日**

全省领导干部大会在太原召开。会议传达贯彻中共中央政治局常委、国务院总理温家宝考察山西重要讲话精神。会上，中共山西省委书记、省人大常委会主任张宝顺强调：要按照温家宝总理的要求，深化经济结构调整，培育多元支柱产业，加快建设新型能源和工业基地。

**28日至29日**

山西省组织由500多家用人单位组成的“山西招贤团”赴北京举行招聘会。在开幕式上，山西省副省长靳善忠与清华大学副校长汪劲松签署了《省政府与清华大学人才合作协议书》等。协议内容是：清华大学以后每年选派20名博士到本省进行为期6周的服务活动，每年选派10名博士到本省挂职一年。在这次招聘会上，现场登记并达成初步意向7800多人次，其中博士127人，高级职称人才70多人，硕士1692人，本科及以下6000多人。

**28日至31日**

山西省十届人大常委会第二十三次会议在太原举行。会议通过《山西省公路养路费征收管理条例》、《山西省人民代表大会常务委员会人事任免办法》，批准了《太原市东西山绿化条例》、《太原市艾滋病性病防治条例》、《大同市煤矿安全监督管理条例》。

**29日**

全省人民防空会议在太原召开。

**同日**

亚洲最大的系列马铃薯制品生产线——山西旭美年产5.6万吨系列马铃薯制品生产线在阳曲投产。

**同日**

五台县金岗库乡境内发生山火，过火面积40多平方公里。灾情发生后，省军区、武警总队、武警森林指挥部和驻地部队迅速赶赴灭火第一线。经过3昼夜的连续作战，大火全部扑灭。同日夜间，临汾市安泽县罗云林场发生火情。灾情发生后，省军区、武警总队、驻地部队、民兵应急分队、森林防火分队及邻乡镇基干民兵万余人，连夜赶赴现场，展开行动。至4月1日8时，明火全部扑灭。在这次扑救山林火灾中，中国人民解放军某部中尉军官孙凯涛为保卫国家财产英勇牺牲，年仅27岁。4月7日，中共山西省委、山西省人民政府、省军区在太原市双塔革命烈士陵园举行追悼会，沉痛悼念孙凯涛革命烈士。

**30日**

全省重点工程工作会议在太原召开。会议提出本年确定的43个重点工程建设项目和21个重点预备项目。包括电力行业13项、交通行业8项、城市公共基础设施项目13项、煤炭项目5项、水利和工业调产项目各2项。其中，阳泉新元煤矿、塔山煤矿、山西西龙池抽水蓄能电站、阳城电厂二期工程、太原市理工大学多学科教学实验中心、张峰水库等6项工程为国家重点工程。全年力争完成计划投资总额376.32亿元。新开工建设17个项目，建成投产12个项目。

**31日**

山西太行无烟煤发展集团在晋城市成立。

**下旬**

由作家张中伟、张中儒（笔名金明）兄弟共同创作的长篇历史小说《天下第一号》由中国戏剧出版社正式出版发行。该部小说是第一部全面反映平遥日升昌票号诞生、发展、兴盛、衰落的长篇历史小说。（《山西日报》3月22日登载）

**下旬**

中共山西省委副书记薛延忠、副省长梁滨率各市分管领导和省直有关部门的负责人赴江西、浙江、江苏三省学习考察社会主义新农村建设情况。考察团一行先后在江西省的赣县、兴国县，浙江省的湖州、金华、义乌市，江苏省的常熟市、江阴市、高淳县，实地考察了20多个村的新农村建设情况。（《山西日报》3月23日登载）

# 4月

1日

山西省公安机关启动网上办公、网上办案等信息化手段。

3日

在第十六届上海白玉兰戏剧表演艺术奖颁奖晚会上，本省晋剧表演艺术家、国家一级演员、中国戏剧“梅花奖”和“文华表演奖”得主谢涛，凭借在晋剧《范进中举》中饰演主角“范进”获本届“白玉兰”主角奖。这是晋剧获得的第一个白玉兰奖项。在该剧中饰胡氏的青衣梁美玲获“白玉兰”配角奖提名。

同日

巴西维拉斯公司董事长约塞先生一行到太原，就太重集团与维拉斯公司合资建设轧辊厂事宜与太重集团进行洽谈。

同日

山西省肿瘤医院为一患者进行腹腔镜下直肠癌根治、后盆腔切除、骶前吻合术手术获得成功。该手术填补了腹腔镜下此类手术史上的空白，在国内属首次。

4日

山西省人民政府第六十八次常务会议在太原召开。会议通过《〈关于山西省国民经济和社会发展第十一个五年规划纲要的报告〉主要工作目标分解》、《2006年山西省人民政府主要工作目标责任考核指标》。

4日至6日

中共山西省委书记、省人大常委会主任张宝顺到晋城市、长治市调研。他强调：要坚持以科学发展观为指导，围绕建设新型能源和工业基地目标，加快推进新型工业化，加大开放引进，加强自主创新，高起点规划，高水平建设，努力把煤化工产业做大做强，同时要加快推进特色城镇化，扎实搞好社会主义新农村建设。

6日

山西省人民政府第七次全体（扩大）会议在太原召开。会议认真学习贯彻胡锦涛总书记、温家宝总理考察山西重要讲话精神，以科学发展观和构建社会主义和谐社会战略思想为指引，以狠抓落实为总要求，安排部署“十一五”开局之年政府各项主要工作。

6日至7日

全国政协副主席、民建中央常务副主席张榕明一行，就民建如何做好反映社情民意工作和加强基层组织建设工作到太原进行调研。

6日至10日

山西省组织11个市的100余家企业500余人的大型团队赴西安参加第十届中国东西部合作与投资贸易洽谈会。在本届“西洽会”上，山西省代表团共有14个项目签订合同，利用外资项目总投资额为2659万美元，引进外资1712万美元；国内联合项目总投资额24.3亿元，引进省外资金16.35亿元；商品贸易合同成交总额5800万元。

7日

全省加快推进省属国企改革动员会议在太原召开。大会贯彻党的十六届三中、四中和五中全会精神，以科学发展观和构建社会主义和谐社会的战略思想为指导，研究部署加快推进本省省属国企改革工作。

同日

中共山西省委依法治省领导组工作会议在太原召开。会议传达学习全国第五个五年法制宣传教育规划的通知，总结本省过去五年依法治省工作情况，通过《2006—2010年依法治省工作规划》。

同日

在第三届中国会展（节事）财富论坛即2005年度中国（节事）产业年度评选中，山西省“平遥国际摄影大展”被评为“2005年度中国节庆50强”。

8日至9日

山西省2006年人才智力交流大会在太原举行。这次招才引智大会，全省11个市及省直有关部门组成16个代表团，组织500余家企事业单位参加。

8日至13日

中央纪委副书记刘峰岩先后到大同、朔州、太原、长治、晋城等市，就贯彻落实中央颁布的《关于建立健全教育、制度、监督并重的惩治和预防腐败体系实施纲要》进行调研。

9日

全国卫生人事工作会议在太原召开。会议回顾总结两年来的卫生人事人才工作，研究部署下一步的工作。

10日

山西省省长于幼军在太原会见普华永道中国业务主席黄吉雯一行。双方就山西能源产业、企业资本运作、海外上市以及国有重组进行交谈，并沟通和交流了一批已经开展的项目的进展情况。

同日

本日凌晨2时25分左右，同煤集团轩岗煤电有限公司职工医院一闲置车库发生爆炸，34人遇难。事故发生后，中共山西省委常委、省公安厅厅长杨安和，副省长靳善忠等紧急赶赴爆炸现场指挥抢救，安排部署救援工作及善后事宜。13日，警方初步查明：此次爆炸事件系王晋生等人非法购买、储存的自制炸药自燃自爆而引起的爆炸事故。17日，王晋生、王国华、刘跃青、贾三娃等4人被原平市检察院分别以涉嫌非法买卖、运输、储存爆炸物罪，依法批准逮捕。

同日

山西省李学花等28名个人和工商银行太原迎泽支行金融大厦分理处等27个集体分别获得“全国三八红旗手”和“全国三八红旗集体”称号，省妇联在太原举行表彰大会。随后，又举行维护妇女儿童权益表彰大会。会上，太原市妇联等集体和白素云等个人被授予“山西省维护妇女儿童权益贡献奖”；妇联系统内50个集体和100名个人获“四五”普法先进奖；省妇联还首次表彰了维护妇女儿童权益的“山西十大维权卫士”。

同日

山西组织旅游促销代表团赴日本宣传促销。代表团在东京与日本名馆会签订合同，在日本设立山西省旅游宣传东京中心，由名馆会负责日本国内山西旅游形象的宣传，于本年招徕9000人次日本游客来晋，至2008年末累计达到10万人次。

**同日**

中国首个煤层气开发工程产学研基地在晋城建立。该基地由晋城煤业集团与中国地质大学、中国矿业大学、中国石油大学、河南理工大学、煤炭科学总院西安分院、煤炭科学总院重庆分院合作共建的。

**上旬**

世界最大的不锈钢无缝钢管项目在太钢正式启动。该项目总投资8亿元人民币。(《山西日报》4月10日登载)

**上旬**

由国务院新闻办公室五洲传播中心摄制的30集电视连续剧《乡里乡亲》在芮城开始拍摄。

**上旬**

全省首部县级晋商志——《近代晋商交城志》出版。(《山西日报》4月22日登载)

**11日**

中国人民政治协商会议第九届山西省委员会第二十七次主席会议在太原举行。会议通过政协九届山西省委员会常务委员会2006年主要工作责任制等。

**11日至12日**

全省六大造林绿化工程启动大会在太原召开。会上，省长于幼军对全省造林绿化作出部署：在继续实施国家林业重点工程的同时，动员社会各方力量，挖掘一切可用资源，启动实施通道绿化、交通沿线荒山绿化、村镇绿化、厂矿区绿化、环城绿化和城市绿化六大造林绿化工程，全省上下发扬艰苦奋斗、迎难而上的精神，咬定青山不放松，一代接着一代干，十年不懈植树造林，给三晋大地披上绿装，还人民群众绿水青山。

**11日至12日**

从本日08时至12日08时，全省共有109个县降雪。北部下雪，降水量0至19毫米，其中10个县降水量达10毫米，定襄县达19毫米；中南部雨夹雪，降水量0至43.7毫米，其中10个县超过25毫米，达到大雨，最大降水量的介休市达43.7毫米。这次降水有效缓解了本省中、南部的旱情，对春播十分有利，但这次降水过程伴随的大风降温天气对进入拔节期的冬小麦和处于花期或已开花的经济林果不利。

**12日至13日**

全省县域经济工作会议在晋城市召开。会议的主要任务是：认真贯彻落实省委、省政府《关于加快发展县域经济的若干意见》，学习交流晋城市的先进经验，表彰县域经济暨民营经济先进单位。《意见》指出：省政府根据2004年度各县（市）的财政总收入、地区生产总值等指标，决定选择河津市、孝义市、洪洞县、清除县、介休市、泽州县、襄汾县、阳城县、古交市、闻喜县、高平市、潞城市、柳林县、霍州市、灵石县、襄垣县、翼城县、汾阳市、怀仁县、乡宁县、长治县、侯马市、盂县、平遥县、原平市等25个综合实力强、经济发展较快的县（市）进行扩大县级调控经济的权限试点。

**13日**

在政协朔州市第四届委员会第三次会议上，王耀斌当选为朔州市政协主席。

**同日**

山西省县域经济促进会在晋城成立。范堆相当选为山西省县域经济促进会会长。

**13日至5月20日**

中共山西省委副书记、省长于幼军带领省政府办公厅、发改委、经委、农业厅、交通厅、中小企业局、扶贫办等有关部门负责人组成调研团，先后到晋城、长治、晋中、忻州、大同、朔州、吕梁、临汾、运城、太原10市35个县，就加快晋西北、太行山革命老区山区开发建设进行专题调研。调研团实地考察一百几十个产业项目和交通基础设施建设项目，听取“两区”所涉及的10市59县的汇报，初步筛选出400多个拟列入省规划的产业项目。5月20日，于幼军对下一步做出部署：这一轮列入省重点产业规划项目，要在本年下半年到2007年上半年全部启动实施。参加调研的省直有关部门对各市报出的项目，分头把关，进一步搞好项目的可行性论证，研究出台具体的扶持政策措施。

**14日**

中共山西省委书记、省人大常委会主任张宝顺到省科技厅和太原高新技术产业开发区进行调研。他强调：全省各级党委、政府要认真贯彻落实全国科技大会精神和胡锦涛总书记的重要讲话精神，坚持“自主创新、重点跨越、支撑发展、引领未来”的科技发展方针，围绕建设新型能源和工业基地，大力实施科技兴省战略，切实做到在科技创新重大意义的认识上有新提高，在发挥科技创新对经济社会发展的动力和支撑作用上有新突破，在深化科技改革、创新体制机制上有新举措，在加强对科技工作领导、为科技事业发展营造良好环境上有新作为，全面推进创新型社会建设。

**同日**

全省2000万亩耕地综合生产能力建设工程启动暨春季农业生产现场会在长治召开。会议提出2000万亩耕地综合生产能力建设工程的任务和目标：从2006年至2010年，实施耕地综合生产能力建设工程2000万亩，其中，建设高标准旱作农田1500万亩、节水灌溉高产农田400万亩，综合治理盐碱地100万亩。

**同日**

在朔州市第四届人民代表大会第三次会议上，田喜荣当选为朔州市市长。

**同日**

山西省副省长宋北杉在太原会见以德国90联盟/绿党主席莱因哈德·彼蒂科费尔为团长的政治家代表团一行。双方围绕环境保护、能源综合利用、旅游资源开发等话题进行友好会谈。

**15日**

在阳泉市十二届人民代表大会第六次会议上，白云当选为阳泉市市长。

**16日**

山西省省长于幼军在太原会见法国驻华大使高毅（Philippe GUELLUY）先生一行。双方进行了友好会谈，共同表达了以后进一步加强经济、文化、旅游、科技等方面交流与合作的意愿。

**17日**

中共山西省委常委会议在太原召开。

会议研究部署政协工作，集中学习讨论党中央《关于加强人民政协工作的意见》。会上，中共山西省委书记张宝顺强调：要深刻理解和全面把握《意见》的基本内容和精神实质，进一步提高对人民政协工作重要性的认识。各级党委和领导干部要通过学习《意见》，深化对人民政协理论新观点、政协组织履行职能新规定、加强和改善党对人民政协领导新要求的理解，为更好地坚持中国共产党领导的多党合作和政治协商制度筑牢思想基础，增强做好政协工作的责任感。

**同日**

大同煤矿棚户区改造和采煤沉陷区治理工程在大同正式启动。山西省省长于幼军在该项工程启动仪式上强调：各有关企业和社会各方面都要带着对广大矿工的深厚感情关心、支持和精心实施好这两项工程，确保3年内完成全省采煤沉陷区搬迁工程，5年内完成全省煤矿棚户区改造工程，让全省80多万矿工和家属告别低矮、简陋、不安全的棚户区和采煤沉区，住进新楼房。

**同日**

全省机构编制工作会议在太原召开。会议在总结和交流三年来机构编制工作的基础上，提出“十一五”期间全省机构编制部门着力做好政府机构改革和职能转变、事业单位分类改革、乡镇机构改革等几项重点工作。

**18日至21日**

中共中央政治局委员、书记处书记、中央组织部部长、中央先进性教育活动领导小组组长贺国强先后到太原市、晋中市的企业、社区和农村，实地考察先进性教育活动的开展情况。他强调：第三批先进性教育活动集中学习教育即将基本结束，要按照“关键是取得实效”和“真正成为群众满意工程”的要求，围绕取得实践成果、制度成果和理论成果，认真抓好先进性教育活动后期的各项工作，圆满完成中央提出的目标任务。25日，中共山西省委在太原召开会议，传达贯彻贺国强考察山西重要讲话精神。会上，中共山西省委书记张宝顺强调：要善始善终搞好先进性教育活动，坚持不懈地推进党的先进性建设。

**18日至23日**

以全国政协副主席阿不来提·阿不都热西提为顾问，全国政协常委、经济委员会副主任陈耀邦为组长的全国政协经济委员会调研组，就建设社会主义新农村先后到晋中、忻州和长治进行专题调研。阿不来提指出：经济相对欠发达和农业比重较大地区的新农村建设要结合当地实际，山西在这方面探索出了很多好的方法和经验。山西在建设社会主义新农村工作中思路清晰，起步良好，因地制宜，分类指导，突出重点，全面推进，山西会更加美好。

**19日**

温家宝主持召开国务院常务会议，批准在山西省开展煤炭工业可持续发展政策措施试点。试点的主要任务是：强化煤炭行业管理，完善煤矿安全生产机制，深化煤炭企业改革，推进资源市场化管理，建立煤炭开采综合补偿和生态环境恢复补偿机制，建立煤炭企业转产、煤炭城市转型发展有效机制。

**同日**

山西省煤基醇醚燃料研发基地在太原成立。该基地由山西华顿实业有限公司和山西省醇醚清洁燃料行业技术中心联合成立。

**同日**

在政协太原市第十届委员会第五次会议上，姬和平当选为太原市政协主席。

**20日**

在太原市第十一届人民代表大会第六次会议上，李荣怀当选为太原市人民代表大会常务委员会主任，张兵生当选为太原市市长。

**中旬**

山西省交通设计院主持完成的《特立尼达湖沥青应用研究》、《重交通道路沥青混合料GTM设计方法的应用研究》通过省科技厅鉴定。这两个课题分别在同类研究中达到国内领先水平和国际先进水平。（《山西日报》4月11日登载）

**中旬**

山西大学光电研究所的博士生李刚获首届“爱因斯坦奖”。（《山西日报》4月11日登载）

**中旬**

由全国政协常委、全国政协教科文卫委员会副主任赵喜明任组长，中国气象局副局长郑国光任副组长的中央先进性教育活动巡回检查组一行到太原，就本省第三批先进性教育活动进行检查指导。按照中央的统一部署和要求，本省共有40332个基层党组织和755758名党员参加了第三批先进性教育活动。其中农村基层党组织27765个，农民党员及党员组织关系在村的其他党员731185名。全省第三批先进性教育活动从2005年11月30日开始，至当前，大多数村和省、市、县部分党政机关的集中学习教育基本结束。赵喜明指出：山西省第三批先进性教育活动，领导高度重视，计划周密细致，措施得力到位，取得明显成效，基本达到中央提出的“提高党员素质，加强基层组织，服务人民群众、促进各项工作”的目标要求。（《山西日报》4月14日登载）

**21日**

中共山西省委、山西省人民政府联合颁布《关于进一步扩大对外开放的决定》。

**同日**

中共山西省委副书记、省长于幼军在太原会见日本埼玉县知事上田清司一行。双方进行了亲切的交谈，共同表达了以后进一步加强经济、文化、农业、旅游、教育、医疗等方面的交流与合作的意愿。

**同日**

山西省首次自主研制新型矿山救护训练设备——ZNJC－1氧气呼吸器智能训练检测装置通过国家权威机构专家鉴定。

**22日**

本日中午12时左右，寿阳县解愁乡武家村南发生森林火灾。灾情发生后，武警晋中支队300名指战员和当地近5000多名干部群众迅速赶赴火场奋力扑救。至24日，明火得到控制。另外，寿阳的森林大火进入阳泉境内后，火借风势迅速蔓延到盂县南娄镇西南关村一带。经过参战人员的艰苦奋战，至24日下午4时，大火全部扑灭。

**22日至23日**

山西省政协主席刘泽民到长治市就建设社会主义新农村进行专题调研。他指出：农民是建设社会主义新的主体力量，农村的发展和进步必须动员和依靠广大农民群众。提高农民素质，培养和造就一大批有知识、懂技术、会管理的新型农民是建设社会主义新农村的关键问题。

**24日**

山西省人民政府第六十九次常务会议在太原召开。会议传达贯彻国务院常务会议关于在本省开展煤炭工业可持续发展政策措施试点的有关精神，研究部署进一步深化研究、完善试点方案的有关问题。

**同日**

全省社会主义法治理念教育工作会议在太原召开。这次会议的召开，标志着本省政法系统社会主义法治理念教育工作启动。

**25日**

中共山西省委常委会议在太原召开。会议学习讨论中共中央、国务院关于促进中部地区崛起的《若干意见》和国务院常务会议精神，研究部署本省实施中部地区崛起战略和开展煤炭工业可持续发展政策措施试点工作。会上，中共山西省委书记张宝顺指出：中部崛起对山西来说是难得的机遇，开展煤炭工业可持续发展政策措施试点对山西来说更是独特的机遇，这既是中央的重视和支持，也是要求和责任。要珍惜机遇、用好机遇，努力实现新发展新跨越。要明确总体要求和工作重点，努力在中部崛起中有所作为。

**同日**

在政协吕梁市第一届委员会第三次会议上，薛万明当选为吕梁市政协主席。

**26日**

山西企业联合网正式开通。该网由山西省企业联合会与天利无限科技公司共同开发，是专为山西企业提供信息化服务的网上载体。

**26日至27日**

全省保持共产党员先进性教育活动与党的先进性建设理论研讨会议在太原召开。会议的主要任务是：以保持共产党员先进性为主题，从历史与现实、理论与实践、集中教育与常抓不懈的结合上，进一步深化对党的先进性建设的重要意义、科学内涵、根本要求、实现途径等一系列重大问题的认识和理解，巩固和发展先进性教育活动的实践成果、制度成果、理论成果，把党的先进性建设不断推向前进，为经济社会又快又好发展提供坚强保证。

**27日至28日**

最高人民法院副院长苏泽林到太原、晋中，就案件审判质量、法院如何为推进社会主义新农村建设提供优质法律服务等问题进行调研。他强调：在当前和以后一个时期，各级法院一要在便民上下工夫。要充分保障当事人的诉讼权，便于当事人诉讼，开展各种符合农村实际情况的审判形式，化解人民矛盾；二是要在利民上下工夫。在保障当事人合法利益的同时，要加大司法救助力度，让贫困群众打得起官司，尤其是农村“五保户”和城镇低保户；三是要在护民上下工夫，对损害农民利益、破坏和谐的刑事案件，要给予坚决严厉的打击。

**28日**

全省粮食系统对外开放工作会议在运城召开。会议确定：“十一五”期间，全省粮食系统要围绕粮食产业化经营的支柱行业、服务行业及国有企业产权、股权转让进行重点招商引资。

**同日**

在吕梁市第一届人民代表大会第四次会议上，董洪运当选为吕梁市市长。

**同日**

在大同市第十二届人民代表大会第四次会议上，丰立祥当选为大同市市长。

**同日**

本日14时30分左右，晋中市榆次区乌金山镇杜家山村北山头发生森林大火。火情发生后，晋中市委、市政府迅速组织武警官兵200人及当地干部群众2000人赶往火场进行扑救。29日凌晨2时，明火得到有效控制。但是，由于当日下午2时的一场大风，大火再次复燃。30日凌晨4时，全部明火被扑灭。这次火灾，有300多亩生长期在十年以上的松柏林被烧毁。

**29日**

山西省纪念五四运动八十七周年大会在太原举行。会议对获得第八届“山西青年五四奖章”的12名优秀青年、第一届“山西青年五四奖状”的10个单位，以及一批优秀团员、团干部进行表彰。大会发出倡议：号召全省广大团员、青年在实施“十一五”规划的伟大征程中，加强学习，做先进科学文化的传承者；勇担重任，做经济社会发展的建设者；与时俱进，做勇于改革创新的开拓者；知荣明耻，做高尚道德情操的实践者。

**同日**

全省新农村信息化建设活动在太原启动。

**同日**

在临汾市第二届人民代表大会第一次会议上，李天太当选为临汾市市长。

**30日**

全省五一表彰大会在太原召开。大会对在全省经济社会发展中做出突出贡献的228个先进集体和754名先进个人进行表彰。

**同日**

山西省戏剧研究院承担的国家艺术科学“十五”规划课题“山西省戏剧文物文献数据库”通过文化部鉴定。该数剧库包括：地下文物数据（出土戏剧文物、数量、尺寸和价值）、地上文物数剧（古戏台、古代脸谱、戏剧壁画、古戏装等），剧种和剧目数据、文字数据、图片和音像数据等。

**下旬**

全国重点文物保护单位襄汾县丁村旧石器时代遗址发现一具极为珍贵的“化石鱼”。“化石鱼”长27厘米，眼眶、腮盖、鳍、肋均清晰可辨，尤其奇特的是它保存了原来鱼的躯体形态，石化了的“肌肉”，虽为钙化物，但圆而肥硕，甚为生动，具有科学价值和文物价值。经专家鉴定，这是一条存活于晚更新世早期距今十多万年的草鱼化石，是一件不可多得的鱼体化石标本。（《山西日报》4月21日登载）

**本月**

山西省人民政府出台《关于农民工参加基本医疗保险的暂行办法》。

## 5 月

3 日至 16 日

中共山西省委书记、省人大常委会主任张宝顺率山西省代表团赴美国、加拿大访问。访问期间，代表团先后考察两国的城市、企业、高科技园区等，广泛接触两国政府有关部门、地区和企业界人士，签订了一批合作协议和意向。包括签署山西省与西弗吉尼亚州建立友好省州关系意向书，签署与美国、加拿大的知名企业合作协议和意向，签署山西新民焦煤有限公司与加拿大华阳能源公司、榆次远大线材制品有限公司、山西海锐五金工业有限公司与美国普莱姆索斯建材公司贸易合作协议。

6 日

经文化部评估，山西省京剧院排名第10列入17家省级重点京剧院团。

8 日

山西省人民政府第七十次常务会议在太原召开。会议研究本省贯彻落实中央关于实施中部崛起战略的工作，通过《山西省规章设定罚款(修订草案)》、《山西农业机械化条例（草案)》。

同日

山西省省长于幼军在太原主持召开会议，就加快培育发展山西省“三个企业方阵”和“农业产业化龙头企业方阵”问题进行专题研究。会议对省有关部门提出的企业名章进行研究论证，初步确定9户企业列入第一方阵、25户左右入第二方阵，45户左右入第三方阵，30户企业列入“农业产业化龙头企业方阵”。

9 日

中国青年企业家协会九届二次（常务）理事会议暨“中国青年企业家中部行——山西经贸考察活动”在大同开幕。来自全国各地部分企业家，与大同市、武乡县、浑源县等市县签订6个合同项目，总投资20.57亿元。这6个项目涉及本省煤电、煤化工、旅游、服务、环保等领域。10日，“中国青年企业家中部行——山西经贸考察活动”从大同转到朔州，全国各地的部分企业家与该市签订10个项目，总投资额达25亿多元。这10个项目涉及该市的乳品加工、煤化工、旅游、服务、风力发电、农产品加工等领域。

同日

在“2005年度全国十大考古新发现”评选中，绛县横水西周古墓地与大同沙岭北魏壁画墓入选“2005年度全国十大考古新发现”。

9 日至 18 日

中共山西省委副书记、省纪委书记金银焕带领山西省代表团赴粤湘两省，就政府行政效能和发展环境建设问题进行考察学习。考察中，代表团一行先后召开10余次座谈会，到广东省公安厅、地税局，广州市工商局，深圳市行政服务大厅及各对口单位等20多个考察点进行参观，并召开会议进行专题研究，取得丰富的考察成果。

上旬

全国最大的30万吨/年焦化粗苯加氢精制项目一期工程8万吨/年精制项目建成投产。该项工程由太化集团与宝钢化工有限公司、山西太兴煤焦集团有限公司三方合资建设，填补了本省大型焦化苯深加工的空白，对山西焦化产业结构的调整起到推动作用。(《山西日报》4月27日登载)

11 日至 12 日

首届亚洲自行车BMX锦标赛暨全国自行车BMX冠军赛在太原开幕。来自中国、日本、马来西亚、印度尼西亚以及中国香港地区的运动员参加了亚洲自行车BMX锦标赛。其中，太原运动员耿斌、牛凯和郝宁分别获14至16岁组比赛的第一、第二和第三名。来自北京、香港、广东、上海、河北、江苏、浙江、山西等地的50余名运动员参加了全国自行车BMX比赛。其中，山西队的王宝玉获得男子组全国自行车BMX冠军赛第二名，高雪姣获女子组第三名。

11 日至 18 日

“网通时空”首届全国网络媒体山西行大型采访活动在太原举行。新华网、人民网、新浪、百度等66家中央网络媒体、商业网站及全国地方网络媒体，先后赴太原、晋中、忻州、朔州、大同5市进行采访参观，对本省几年来经济社会文化发展进行集群式报道。

12 日

山西省作家协会五届三次全委会暨“赵树理文学奖”颁奖大会在太原召开。王祥夫的短篇小说《上边》和赵瑜的报告文学《革命百里洲》获荣誉奖，《山西日报》文化部主任李杜获优秀编辑奖。

同日

山西省10位青年作家包括王晖、玄武、李国莉、李骏虎、张行健、张乐朋、柴然、曹利军、葛水平、鎔畅与山西文学院签订协议书，成为山西省首批签约作家。

12 日至 6 月 25 日

山西省开展盐业市场的全面整顿。在这次整顿中，省盐业管理部门对餐饮业，尤其是学校食堂、租用学校房屋作为饭店或食盐零售商店以及学校周边的饭店、副食商店重点监督管理，进行专项检查，加强购盐登记管理制度，建立严格的工作责任制，以保证公共饮食场所的碘盐卫生。同时，围绕食品加工和两碱化工企业，加强对食品加工用盐和两碱工业用盐的监管力度。

13 日

在政协运城市第二届委员会第一次会议上，安永全当选为运城市政协主席。

14 日

在运城市第二届人民代表大会第一次会议上，黄有泉当选为运城市人民代表大会常务委员会主任，高卫东当选为运城市市长。

同日

在政协忻州市第二届委员会第一次会议上，李玉清当选为忻州市政协主席。

同日

国家税务总局局长谢旭人一行到太原，对本省煤、焦、电力、钢铁、冶金等重点行业在本省税收中所占比重等问题进行专题调研。

16 日

在忻州市第二届人民代表大会第一

次会议上，郭连山当选为忻州市人民代表大会常务委员会主任，耿怀英当选为忻州市市长。

**18 日**

本日，由中共山西省委宣传部、省作家协会、晋城市委市政府、沁水县委县政府和中国国际电视总公司、中国广播电视节目交易中心联合摄制的17集电视连续剧《赵树理》在中央电视台一套黄金时间播出。

**同日**

本日20时30分左右，左云县张家场乡新井煤矿发生透水事故，56人遇难。事故发生后，引起党中央、国务院、省委、省政府的高度重视。国家安全生产监督管理总局局长李毅中，中共山西省委书记张宝顺，中共山西省委副书记、省长于幼军等领导赶赴事故现场部署抢险工作。至6月28日，事故抢险工作全部结束。之后，左云县抽调400多名县乡工作人员，分成综合小组、安抚稳定小组、理赔小组等6个小组开展善后工作。善后人员支付滞留矿工工资、矿工井下物资赔付、遇难矿工赔偿等资金2481万余元。

**同日**

国家环保总局批准省环保局《关于山西安泰集团申报创建国家生态工业示范园区的报告》，这是本省第一个报批的国家生态工业示范园区。

**18 日至 20 日**

劳动和社会保障部部长田成平先后到八路军纪念馆、武乡和信电厂、山西省企业养老保险管理中心、职业介绍服务中心、太原市迎泽区老军营办事处南三社区等地进行调研。

**18 日至 21 日**

山西省组团赴深圳参加第二届中国（深圳）国际文化产业博览交易会。在本届文博会中，本省参展单位共出售各类展品1万余件（册、套），价值近50万元；正式签约项目9项，合同意向金额8.13亿元；初步达成合作意向的项目有35个。参展的紫檀木应县木塔获得文博会中国工艺美术精品奖银奖，在拍卖会上拍得7.2万元。

**19 日至 20 日**

以全国政协常委、国务院学位委员会委员、中国科协副主席、中国工程院院士左铁镛为组长的专家组一行到太原对太原理工大学“十五”期间“211工程”整体建设情况进行全面验收。专家组认为，该校全面完成了“十五”期间“211工程”建设任务，建设成效显著，一致同意通过整体建设项目验收。

**20 日**

在第三届全国体育大会上，山西省选手田玉君/石崇获得职业新星组比赛第三名，石磊/魏梦丽获C组拉丁舞比赛第三名。24日，山西省选手史强强获定向运动短距离比赛成年男子组冠军，郝双燕获女子青年组亚军，梁艳兵获男子青年组第三名。25日，史强强又获定向百米赛冠军。28日，山西队宋路路、冯永忠分别获得中国式摔跤比赛冠、亚军，呼格吉巴特尔获52公斤级亚军，苏战勇获68公斤级第三名。29日，赛音巴尔获得中国式摔跤比赛90公斤级冠军。6月27日，本省举行庆功大会，为获得表彰的单位山西省忻州体育训练基地、省体育职业运动学院等3个单位分别记一等功一次；山西省太原航空运动学校女子跳伞队等2个单位分别记集体二等功一次；宋路路等5名运动员、教练员分别记个人一等功一次；郝双燕等16名运动员、教练员分别记二等功一次。

**20 日至 26 日**

山西省科技活动周在太原举行。在活动周期间，近百家机关、群众和企事业单位以摆放宣传版面和各类科普模型、仪器、设备及发放科技宣传资料等方式，开展内容丰富、形式多样的科普活动。全省17个重点实验室首次面向公众，有组织地开展开放交流活动。

**22 日**

山西省人民政府第七十一次常务会议在太原召开。会议通过《山西省人民政府关于实施“蓝天碧水工程”的决定》、《山西省人民政府关于贯彻〈国务院关于落实科学发展观加强环境保护的决定〉的实施意见》、《山西省人民政府关于加强城镇建设工作的决定》、《山西省人民政府关于进一步加快市政公用事业改革与发展的意见》、《山西省市政公用事业特许经营管理办法（草案）》。

**22 日至 24 日**

中国人民政治协商会议第九届山西省委员会常务委员会第十九次会议在太原举行。会议通过《关于扎实推进我省社会主义新农村建设的建议》及有关人事事项。

**22 日至 27 日**

山西省第十届人大常委会第二十四次会议在太原举行。会议通过《山西省实施〈中华人民共和国民办教育促进法〉办法》、《山西省见义勇为人员保护和奖励条例》。

**23 日至 24 日**

由德国北威州经济部官员率领的北威州经济和企业界代表团到太原考察访问。在晋期间，北威州代表团一行与本省有关部门及企业进行了有关合作技术交流。

**24 日**

山西省副省长宋北杉在太原会见英国MTM/CCM公司来太原考察团一行。考察团此次来太原是了解本省在促进新型能源开发特别是有关煤矿瓦斯和垃圾填埋气体回收方面的政策，为在中国投资可再生能源项目搭建平台。

**同日**

本省第一个“户户通电”工程在沁县西汤乡窑尾沟村和桑间村竣工通电。

**25 日**

以全国政协常委、中国扶贫开发协会会长、国务院扶贫开发领导小组原常务副组长胡富国为团长的全国政协委员视察团到太原就扶贫开发工作进行视察。

**26 日**

全省“三项治理”工作总结表彰大会在太原召开。会议指出：通过开展“三项治理”工作，近3年中，全省纠正处理各类违规小汽车7453辆；清房工作纠正到位率达到99%以上，共收缴清房款4.19亿元；通过明察暗访、强化监督，制止奢侈浪费工作有效地遏制了公车参与婚嫁等歪风，促进了单位内部制度建设和财务管理，取得明显的阶段性成效。会议对长治市等71个先进集体和李俊明等323名先进工作者予以表彰。

同日

山西省妇女联合会九届四次执委会议在太原召开。会上，李悦娥当选为山西省妇女联合会主席。

27日

晋城煤业集团高硫无烟煤洁净化利用年产10万吨合成油示范工程和与瓦斯综合治理与利用项目西气东送管道工程奠基。

同日

晋城市城区人民政府和香港豪德集团开发有限公司在晋城签署投资合作协议。晋城豪德光彩贸易广场项目（商贸物流园区）是山西省“十一五”规划的五大商贸物流园区之一，总投资20亿元人民币。

30日至6月3日

以李秀恒为团长的香港经贸商会访晋团到太原访问。

31日

全省依法治省暨第五个五年法制宣传教育工作会议在太原召开。

同日

全省重点公路工程建设工作会议在太原召开。会议确定本年新开工建设忻州—阜平、阳城—关门、太原—古交、运城南环4条高速公路项目。

下旬

在德国克林根塔尔第四十三届国际手风琴比赛中，就读于中央音乐学院的山西省17岁选手姜伯龙获得青年组第一名。（《山西日报》5月28日登载）

下旬

在中国科学技术协会第七次全国代表大会上，中国工程院院士、太原理工大学校长谢克昌当选中国科协副主席。（《山西日报》5月30日登载）

# 6月

1日

“知荣辱、讲正气、树新风、促和谐——省城六一国际儿童节庆祝大会”在太原召开。大会号召全省少年儿童：树立社会主义荣辱观，热爱祖国、热爱人民；崇尚科学，尊重劳动；互助守法，诚信友好；勤俭节约，以俭养志。省民政厅福利彩票中心向“春蕾计划”捐赠43万元的资助金，用于帮助全省11个市的1000名贫困女童完成本年至下一年两年学业。

同日

古巴政府部长卡多·卡部里萨斯·鲁斯及古巴驻华大使一行6人到太原，就太原钢铁集团有限公司与古巴镍业集团开展长期镍供应合作有关事宜进行商谈。

同日

山西省地勘局212地质队在沁县康家庄和连家沟发现大型优质煤田，包括埋藏深度为1025—1360米、煤层厚度为3.64米的3号煤层，埋藏深度为1146—1485米、煤层厚度为2.35—3.8米的15号煤层，预计可采资源量达8.8亿吨。

1日至8日

全国人大常委会副委员长兼秘书长盛华仁率领全国人大常委会执法检查组先后到太原、晋中、临汾、运城等地进行环保执法检查。

2日

全省城市建设工作会议在太原召开。会上，中共山西省委书记张宝顺提出重点抓好六项工作：一是形成大中小城市和小城镇协调发展的科学规划和体系，规划体系要体现特色、讲究科学、更新理念、严格实施；二是确保太原经济圈建设尽快取得突破性进展，使太原成为全省最重要的增长极和带动全省经济社会发展的龙头；三是切实加强其他10个地级市、11个县级市的建设管理；四是加快县城和中心镇建设步伐；五是着力推动工矿型城镇加快转型；六是形成有利于城镇快速发展的体制机制和政策环境。

同日

山西省人口与计划生育工作（扩大）会议在太原召开。

同日

山西晋豪国际大酒店有限责任公司与希尔顿集团举行合作签字仪式。

同日

山西152处文物单位列入全国重点文物保护单位。

同日

本日19时50分，由马来西亚籍华人组成的“山西陕西寻古摄影旅行团”在文水县境内遭遇交通事故，车上共载19人，4人当场死亡，14人受伤。事故发生后，中共山西省委、省人民政府高度重视。3日，副省长胡苏平带领省公安厅、卫生厅、旅游局、外办、残联等有关部门负责人赶赴文水县组织指挥抢救及事故调查工作。

3日

本省首家果蔬农产品加工项目在大同市南郊区水泊寺乡开工。该项目是本省农业产业化重点扶持项目，投资1.48亿元。

6日

山西省人民政府第七十二次常务会议在太原召开。会议研究了促进山西崛起的主要目标、基本原则和具体举措，指出：促进山西崛起要巩固农业基础地位，扎实推进社会主义新农村建设；稳步提升传统支柱产业、建设全国重要的能源原材料基地；加快培育新兴支柱产业，努力振兴老工业基地；抓紧推进特色城镇化，支持县域经济和贫困地区发展；提升水利、交通等基础设施水平，加快信息化建设；扩大对内对外开放，加快体制机制创新；加快社会事业发展，提高公共服务水平；加强资源节约、生态建设和环境保护，实现可持续发展。

6日至9日

长治市上党梆子剧团在全国政协礼堂演出《汉阳堂》、《秦香莲》、《闯幽州》、《三关排宴》4出优秀传统剧目。

7日

中共山西省委中心组举行专题学习会。学习会主要围绕能源形势和煤炭工业可持续发展这一主题，进一步了解世界能源走势、中国能源格局和煤炭可持续发展情况，深刻领会和认真贯彻国家能源政策，完善山西省能源产业发展思路，加快山西新型能源和工业基地建设步伐。

**8日**

山西省党建研究会第二次会员代表大会在太原召开。会议选举产生了新一届理事会，马友当选为会长。

**9日**

在杭州2006全国女子武术套路锦标赛中，山西选手赵诗获得长拳冠军。

**10日**

全省第七次环境保护会议暨“蓝天碧水工程”启动大会在太原召开。

**12日**

山西省最大的煤化工装备制造基地在太重集团公司奠基。该基地总投资3亿元，厂房建设2.58万平方米。

**13日至14日**

山西省省长于幼军主持召开四个专题会议，就晋西北、太行山革命老区开发建设规划、政策支持、资金筹措等相关事宜进行专题研究。会上，于幼军指出：“两区”开发要按照科学发展观和构建和谐社会的要求，以产业开发为龙头和核心，以交通等基础设施建设为重点，带动“两区”社会事业、生态建设的全面发展。要加大政策支持力度，多方筹措资金，帮助“两区”加快发展；要统筹考虑、科学论证、突出重点、合理安排，进一步完善细化各项发展规划，

**14日**

全省先进性教育活动情况通报暨满意度测评会议在太原举行。会议通报全省先进性教育活动的情况，参会人员对全省先进性教育活动情况进行满意度测评。会议指出：在历时一年半的先进性教育活动中，全省各级党组织和广大党员严格按照中央和省委关于开展先进性教育活动的指导思想、目标要求、指导原则和方法步骤，圆满完成了各个批次、各个阶段、各个环节的各项任务，并取得明显成效。

**同日**

山西省首家“国家级淡水鱼良种场”在太原成立。

**15日**

中共山西省委八届九次全体会议在太原举行。会议通过《中国共产党山西省第八届委员会第九次全体会议关于召开中国共产党山西省第九次代表大会的决议》、《中国共产党山西省第八届委员会第九次全体会议关于实施中部地区崛起战略的决议》。

**同日**

全省城乡社会救助体系建设工作暨太原现场会在太原召开。

**16日**

山西省“十一五”规划的两个交通建设重点项目——沿黄干线公路和沿黄扶贫旅游公路，分别在林家坪镇和碛口镇开工建设。沿黄干线公路是山西省“三纵十六横”国省干线公路网的西纵干线，起于偏关县万家寨黄河大桥，终于平陆县城。沿黄扶贫旅游公路是山西省实施“两区”开发战略的重要项目，起于忻州市偏关县老牛湾，终于运城市垣曲县寨里。

**同日**

山西省人民政府在太原召开电视电话会议，安排部署在全省范围内开展为期三个月的集中整治煤矿超层越界超能力超定员生产专项行动。这次集中整治的四个重点是：严厉整治超层越界开采行为；严厉整治超能力超定员生产行为；严厉整治违法违规承包转包行为；严厉整治重大煤矿安全隐患。会议要求全省各级各部门坚决制止煤矿非法违法生产和建设的行为，关闭一批无视国家法律法规、非法违法开采的煤矿，进一步规范采矿秩序，遏止重特大事故，提高煤矿安全生产水平，促进全省煤炭工业的健康稳定协调发展。

**同日**

华润电力控股有限公司、香港南亚洲能源投资有限公司与山西省阳煤集团签订《关于合作建设晋东煤电化循环经济带》煤电项目框架协议。

**同日**

山西大学哲学博士学位授权一级学科揭牌仪式在山西大学举行。这标志着山西省人文社科类一级学科博士硕士学位授予权实现零的突破。

**18日**

中共山西省委书记、省人大常委会主任张宝顺到岢岚县调研。他强调：要全面贯彻落实科学发展观，按照省委关于雁门关生态畜牧经济区建设的部署，加强生态建设，大力发展畜牧业，着力培育农业产业化龙头企业，搞好移民搬迁，多渠道增加农民收入，加快农民脱贫致富，扎实推进社会主义新农村建设。

**19日**

山西省人民政府第七十三次常务会议在太原召开。会议通过《关于改进机关作风、优化政务环境、提高政府公信力和执行力的决定》、《山西省行政机关及其工作人员行政过错追究暂行办法》。

**同日**

天脊集团年产13万吨苯胺项目银团贷款协议在太原签约。本次银团由工行山西省分行作为牵头行和代理行，省建行分行、民生银行太原分行、华夏银行太原分行作为参贷行，共同为该项目提供3.78亿元的融资支持。

**20日至23日**

2006·山西（上海）经济合作项目推介活动在上海举行。中共山西省委书记张宝顺、省长于幼军率领山西省党政考察团近60人到上海进行考察。政府双方签署《上海市——山西省全面经济合作协议》。协议约定：两省市将建立全面合作交流制度，开展经常性的高层互访，加强政府部门、行业、企业间的合作与交流，由两地合作交流（经协）部门负责落实协作项目事宜。本届招商推介活动中，共签约投资类项目222个，项目总投资1570亿元，引资额907亿元。其中太原市共签约54个项目，签约项目数在11个市名列榜首；临汾市共引资250亿元，引资额在11个市中排名第一。这是山西省历史上规格最高、规模最大的一次招商推介活动。

**中旬**

山西省人民政府颁布《关于进一步加快推进国有企业改革的意见》。省国资委等部门制定出台13个文件作为《意见》的配套文件。包括《山西省省属国有企业管理层和员工持股暂行办法》、《山西省省属国有企业关闭破产实施办法》、《关于推进省属国有企业分离办社会职能工作的实施意见》、《山西省省属国有企业国有产权转让实施办法》、《山西省省属国有企业改革申报审批办法》、《关于进一步做好省直

各部门所属国有企业清产核资工作的通知》、《山西省省属国有企业改革专项资金管理办法》、《关于山西省省属国有企业改革土地使用权矿业权处置的意见》、《山西省省属国有企业改制中职工安置和社会保障实施办法》、《关于山西省省属国有企业改制和关闭破产中退休人员管理工作的意见》、《关于在省属国有企业改革中做好党组织设置和党员组织关系管理等工作的通知》、《关于加强我省国有改制和破产企业离休干部管理服务工作的意见》。(《山西日报》6月13日登载)

**21日**

全国煤矿瓦斯治理和利用现场会在晋城召开。会上，国务委员兼国务院秘书长华建敏强调：要认真学习贯彻胡锦涛总书记、温家宝总理等中央领导人的重要指示精神，切实把安全发展理念纳入煤炭发展战略，综合运用科技、经济、法律等手段，深化煤矿瓦斯综合治理与开发利用，努力推进煤矿安全生产和煤炭工业健康协调发展。

**22日至23日**

全省贯彻落实科学发展观，加强民兵预备役部队基层建设座谈会在太原召开。

**23日**

国家股权分置改革后推出的第一只沪市大盘股——大同煤业2.8亿股A股正式在上海证券交易所挂牌上市。

**23日至25日**

中共山西省委书记张宝顺、省长于幼军率领山西省党政考察团先后到江苏省的苏州市、无锡市、南京市学习考察。考察期间，考察团与江苏省及所到地方党委、政府进行座谈，进一步增进了晋苏两省的友谊，深化了交流合作。

**24日至29日**

大同市灵丘县、浑源县和阳高县的9个乡镇62个自然村的12015户村民遭受洪水和冰雹的袭击，使13万亩农田受灾，其中4.3万亩农田绝收，直接经济损失4400万元。

**25日至26日**

以巴基斯坦国务部长兼国家人类发展委员会主席纳西姆·阿什拉夫为首的友好访华团到太原就光彩事业发展情况进行考察。阿什拉夫对山西光彩事业的成果给予充分肯定，认为有许多值得巴方学习的地方。

**26日**

由卫生部、山西电影制片厂、北京沃森影视有限公司、中国国际电视总公司、北京紫星瑞晨文化传播公司联合摄制的电影《生死托付》新闻发布会在太原举行。

**同日**

由中央企业、国有控股上市企业、地方国有企业联合投资近7亿元兴建的现代化矿井——山西天地王坡煤业有限公司在晋城市泽州县下村建成投产。

**27日**

山西鲁能晋北铝业一期100万吨氧化铝工程在原平建成投产。至此，山西省铝工业初步形成“南河津、北原平”的双子星座格局。

**同日**

山西省与国家电网公司就共同推进山西电网建设与发展举行会谈，签署《关于共同推进山西电网建设发展的会谈纪要》和《关于共同推进山西省农村“户户通电”工程建设的会谈纪要》。

**同日**

全国城市人口和计划生育改革与发展研讨会在太原召开。会议提出人口计生工作在新阶段的六项战略任务：努力稳定来之不易的人口低生育水平；大力提高出生人口素质；推进关爱女孩行动，综合治理出生人口性别比偏高的问题；深化流动人口计划生育管理体制改革；加强人口发展战略研究，落实人口发展规划；积极应对人口老龄化。

**同日**

全省宣传部长会议在太原召开。会议传达全国宣传部长座谈会、全国媒体宣传工作座谈会、互联网宣传工作座谈会、全国城市未成年人思想道德建设经验交流会、全国学习宣传先进典型工作座谈会等会议的精神，总结上半年工作，安排部署下一阶段工作。

**同日**

2006年清华大学博士山西服务月活动在太原启动。活动期间，清华大学派出54名博士生与太原、晋中、临汾、长治、吕梁5市和省交通厅、太钢集团、山西财经大学、省医药集团等部门所属的28个单位，在38个项目上进行为期6周的合作服务。博士们还举办各种人才技术培训班70余期，受训6000多人次。

**28日**

山西省庆祝中国共产党成立八十五周年暨全省保持共产党员先进性教育活动总结大会在太原召开。大会回顾了中国共产党八十五年的光辉历程，全面总结全省先进性教育活动的主要做法、成效和经验，并对永葆共产党员先进性、进一步开创全省改革开放和现代化建设新局面提出明确要求。

**同日**

太原煤气化股份有限公司、中国煤炭进出口公司和太原煤炭气化(集团)有限责任公司三方合作的龙泉项目正式签约。该项目投资总额为29.35亿元。

**29日**

山西省人民政府第七十四次常务会议在太原召开。会议研究审定《关于加快晋西北、太行山革命老区开发的决定》和产业开发、交通等基础设施建设、社会事业发展、生态环境保护建设等四个专项规划。会上，省长于幼军指出：要以科学发展观和构建社会主义和谐社会战略思想为指导，抓住国家实施中部崛起战略的重大机遇，举全省之力，支持帮助“两区”脱贫致富、加快发展，使“两区”经济社会发展和人民生活水平在“十一五”期间能够上一个大台阶。

**30日**

中国工商银行股份有限公司与山西焦煤集团有限责任公司在太原签署银企合作协议。协议规定：中国工商银行向山西焦煤规划建设的煤、电、煤化工等能源领域项目提供330亿元的融资支持。

**本月**

山西省选聘1192名优秀大学毕业生到新农村建设试点村担任村干部。选聘人员实行聘约管理，按照自愿的原则，由受聘人员与服务所在地的乡（镇）签订聘用合同，合同期为3年。中共山西省委、省人民政府为鼓励优秀大学毕业生担任村干部，制定出台了一系列优惠政策。

## 7月

**1日**

晋北第一所综合类大学——山西大同大学正式挂牌。该大学是由原雁北师范学院、大同医学专科学校、大同职业技术学院、山西工业职业技术学院四校合并组建的多学科性大学。

**2日**

山西省沁州黄小米有限公司的“沁州”商标、山西亚宝药业集团股份有限公司的“亚宝”商标，分别被国家工商行政管理总局认定为中国驰名商标。

**3日**

全省政府系统干部大会在太原召开。会议动员部署开展改进机关作风、优化政务环境、提高政府执行力和公信力的专项整治和全面建设工作。会上，中共山西省委副书记、省长于幼军提出要求：全省政府系统全体干部和公务人员全面落实科学发展观和构建社会主义和谐社会战略思想，强化诚信意识、大局意识、服务意识和效率意识，从自身做起，从现在做好，抓住关键环节切实推动机关转变作风和优化政务环境，努力建设依法规范、高效优质、民主透明、清正廉洁行政和人民满意的政府，以确保山西省“十一五”规划的顺利实施，促进全省经济社会更快更好发展。

**同日**

本省首例造血干细胞向国外捐献获得成功。捐献造血干细胞的志愿者刘晓军系山西综合职业技术学院的一名大学生。本日和4日，他在北京顺利进行了两次造血干细胞采集，成功地向新加坡少年捐献了200毫升的造血干细胞。山西省红十字会、团省委分别授予他“山西省红十字会荣誉会员”和“山西省优秀青年志愿者”称号。

**4日**

山西省文明委第八次全体会议在太原召开。会议通过《关于深入学习实践社会主义荣辱观大力加强思想道德建设的实施意见》、《关于深入学习实践社会主义荣辱观大力加强思想道德建设任务分工》、《关于进一步加强和改进未成年人校外活动场所建设和管理工作的意见》、《山西省群众性精神文明创建活动“十一五”规划》、《山西省农村精神文明建设五年规划（2006—2010）》。

**同日**

本日13时30分，方山县北武当镇范围内遭冰雹暴风雨袭击。该镇来堡、河庄、下昔、南坡、连家坡五村受灾严重，大片农作物被冰雹打成光杆。据统计，这五村受灾面积达6068亩，直接经济损失约281万元。

**5日**

中共山西省委中心组在太原集中学习、专题讨论胡锦涛总书记在庆祝中国共产党成立八十五周年暨总结保持共产党员先进性教育活动大会上的重要讲话。

**6日**

中共山西省委常委会议在太原召开。会议研究部署加快晋西北、太行山革命老区开发工作，讨论省委、省政府即将出台的《关于加快晋西北、太行山革命老区开发的决定》（送审稿）。

**同日**

“中秋传递祝福，教育成就希望”——潮皇食府百万捐助希望工程圆梦大学活动暨爱心传递启动仪式在山西通宝育杰学校举行，共有100名贫困大学生得到资助圆梦大学。

**同日**

山西统计信息网正式开通运行。

**7日**

本日早晨6时30分左右，宁武县东寨镇一民宅突起大火，救火过程中发生爆炸，49人遇难，30人受伤，7间房屋被毁。事故发生后，中共山西省委书记、省人大常委会主任张宝顺，省委副书记、省长于幼军先后赶往事发现场指挥抢险工作。后经调查认定，爆炸案既是一起私藏炸药自燃引发爆炸的刑事案件，也是一起有关部门及其工作人员对非法储存爆炸物品监管不力、打击不力、失职失察的责任案件。忻州市纪委、监委对爆炸案10名相关责任人进行处分，其中，给予副县长廖金贵行政警告处分；公安局局长、党委书记傅卯田撤销党内职务、行政撤职处分。

**8日**

太原第一景观大道——长风街东延工程正式通车。该项工程西起建设南路，东至东山过境高速公路，全长2.06公里，工程概算总投资3.9亿元。

**8日至10日**

全国人大常委会副委员长、农工党中央主席蒋正华，全国政协副主席、农工党中央常务副主席李蒙到太原进行考察。

**9日**

山西省社会主义新农村建设大学生进万村科技信息化工程在太谷启动。该项活动启动后，6000名山西农业大学学生即日起到全省2.8万多个村庄，驻点20天为农民进行集中授课、现场指导，并为每个村庄建立网络门户，搭建现代信息和物流平台。

**10日至11日**

山西省省长于幼军就太原市城市规划建设管理工作进行专题调研。他实地察看了太原市十多个城市规划建设重点项目。他强调：要以开阔的视野，战略的眼光，高起点、高标准地加快太原市城市建设，力争太原城市面貌三年一小变，五年一大变，十年追赶全国城市建设先进水平。

**10日至14日**

香港亚洲卫视、凤凰卫视、文汇报、大公报、香港商报、经济日报、经济导报、东方日报、星岛日报、华南早报、资本杂志、台商月刊等12家主流媒体记者19人组成“香港记者山西行”先后到吕梁市、晋中市、太原市进行采访活动。

**12日**

中共山西省委、山西省人民政府联合发布《关于加快晋西北、太行山革命老区开发的决定》。《决定》提出了加快“两区”开发工作的现实基础、战略机遇、重大意义、指导思想、原则要求及目标任务等。

同日

山西省人民政府第七十五次常务会议在太原召开。会议研究加大审计监督力度、收费公路全面实施载货类机动车称重征收通行费、整顿和规范市场经济秩序等工作。

12日至13日

中共山西省委人大工作会议在太原召开。会上，中共山西省委书记、省人大常委会主任张宝顺全面总结了6年来全省人大工作的成绩和经验，深刻阐述了坚持和完善人民代表大会制度的重大意义，系统部署了以后一个时期全省的人大工作。他强调：各级人大及其常委会要坚持和依靠党的领导，紧紧围绕党的中心工作和改革发展稳定大局，充分发挥国家权力机关、工作机关和代表机关的作用，不断提高人大工作的质量和水平，进一步开创人大工作新局面。

13日

中共山西省委、山西省人民政府在太原召开加快晋西北、太行山革命老区开发动员大会，对加快实施"两区"开发重大战略任务作出全面的动员部署。会议指出：实施"两区"开发的战略决策，对本省落实科学发展观、构建社会主义和谐社会、顺利实现"十一五"规划目标、全面建设小康社会的大局，具有十分重要的战略意义和迫切的现实意义。在以后的一段时间内必须把加快"两区"开发作为本省构建和谐社会、建设社会主义新农村的主战场，全面开发建设，务求取得明显成效。

同日

全球最大镁铝合金生产基地——富士康太原科技工业园二期工程和富士康龙城科技生活区工程开工建设。

同日

从本日起，全省各级各有关部门集中二至三个月的时间，重点对民用爆炸物品进行安全管理专项整治行动。省政府召开全省电视电话会议，对专项行动进行动员部署。

同日

运城市发生首例蚊虫叮咬引发流行性乙型脑炎疫情。此次发病区主要集中在临猗、永济和芮城等沿黄河县市农村，共分布在9个县（市、区），36个乡镇，58个行政村。至8月中旬，全市累计报告病例60例，死亡19人。疫情发生后，党中央、国务院和省委、省政府高度关注，省委书记张宝顺、省长于幼军、副省长胡苏平分别作出批示，要求省卫生厅、运城市采取得力措施控制疫情，全力救治发病患者，在发生疫情的县及邻近县区加强疫情监控。

15日

本日16时40分，灵石县蔺家庄煤矿发生人员重大伤亡事故，53人遇难。事故发生后，国家和省各级领导高度重视，精心组织和指挥抢救。至18日，抢险工作全面结束。经核查，这次事故为非生产事故，原因是灵石县夏门煤矿违章作业，明火放炮，导致煤尘爆炸，殃及相邻的蔺家庄煤矿而发生重大人员伤亡。蔺家庄煤矿为违法生产矿。

16日

第三届中华文明·社会主义荣辱观论坛在太原举行。本届论坛的主题是"社会主义荣辱观"。

17日

山西省人民政府第八次全体（扩大）会议在太原召开。会议总结上半年工作，安排部署下半年政府各项工作。会上，省长于幼军强调：要振奋精神，转变作风，继续扎实抓好"十一五"规划的布局开局工作，确保全年目标任务圆满完成，为"十一五"加快科学发展奠定坚实的基础。

17日至21日

国家发改委党组成员、国家物资储备局党组书记、局长苏波一行到山西省储备物资管理局所属的12个基层处中的9个基层单位进行调研。

19日

山西省人民政府第七十六次常务会议在太原召开。会议通过了本省"太原—焦作"高速公路部分股权转让的有关事宜。

20日

本省100%行政村通电话工程在太原启动。

20日至26日

中共中央组织部农村基层组织建设调研组到长治、晋城等地进行调研。调研组认为：山西的农村基层组织建设工作由于省委的高度重视，各级党组织的扎实工作，已取得明显成效。

23日至24日

中共山西省委书记、省人大常委会主任张宝顺到长治市和晋城市对防汛和水利工作进行调研。他强调：要充分认识防汛形势，克服麻痹思想和侥幸心理，做好防大汛、抢大险的准备，加强领导、强化责任，完善预案、落实措施，确保全省安全度汛和人民群众生命安全。要以科学发展观为指导，坚持开源与节约并重，生产与生活并重，水利建设与生态保护、污染治理并重，切实做好水利工作，为经济社会发展提供可靠的水资源保障。

25日

全省夏粮收购工作会议在永济市召开。会议要求各级粮食部门认真执行国家收购政策，继续把"粮食稳定增产、农民持续增收"和"保持合理的粮价水平"作为粮食宏观调控的主要目标，继续发挥国有粮食购销企业的主渠道作用，并抓紧充实各级粮食储备。

25日至27日

2006年山西（香港）投资洽谈会在香港举行。在本届投洽会中，共签订经济合作项目347个，引资364亿美元，折合人民币约3000亿元。其中，省签项目139个，投资总额410亿美元，引资额257亿美元；各市签约项目208个，引资额107亿美元。

26日

省委、省政府在太原召开全省电视电话会议，就贯彻落实全国电视电话会议精神，做好下半年经济工作进行部署。

同日

全省文化资源大调查活动动员会在太原召开。会议全面部署7月下旬至9月下旬全省开展文化资源大调查工作。调查的主要内容是：摸清本省历史人文资源、民间民俗文化资源、自然景观资源、重点文化企事业单位、重点文化设施及其他文化资源的基本情况。

**同日**

中国第一套煤系针状焦工业化装置在吕梁市宏特煤化工有限公司建成投产。

**同日**

中共山西省委副书记薛延忠就“三农”问题到平遥调研。

**27日至28日**

中共山西省委副书记、宣传部长云公民到阳泉市农村，就推进社会主义新农村建设等工作调研。

**28日**

中国第一台1605千瓦大采高重型电牵引采煤机在太原矿山机器集团公司问世。

**29日至8月5日**

中共山西省委常委、常务副省长范堆相率山西省代表团赴黑龙江参加中华人民共和国第四届特殊奥林匹克运动会。30日，本省大同市城区特教学校的智障运动员丁日洲获男子16—21岁M12组100米短跑金牌。

**31日至8月3日**

晋城市第五次代表大会在晋城市举行。会议选举产生新一届委员会，新一届委员会选举李雁红为晋城市委书记，选举石正民为晋城市纪委书记。

**31日至8月4日**

山西省十届人大常委会第二十五次会议在太原举行。会议通过《山西省农业机械化条例》、《山西省人民代表大会常务委员会关于修改〈山西省消防管理条例〉的决定》、《山西省人民代表大会常务委员会关于修改〈山西省废旧金属收购业治安监督管理暂行条例〉的决定》、《山西省人民代表大会常务委员会关于修改〈山西省会计管理条例〉的决定》、《山西省人民代表大会常务委员会关于修改〈山西省技术市场管理条例〉的决定》、《山西省人民代表大会常务委员会关于修改〈山西省体育经营活动管理条例〉的决定》、《山西省人民代表大会常务委员会关于加强法制宣传教育推进依法治省工作的决议》、《山西省人民代表大会常务委员会关于批准2005年省本级财政决算的决议》，山西省人民代表大会常务委员会关于批准《太原市燃气管理条例（修订案）》的决定、山西省人民代表大会常务委员会关于批准《太原市人民代表大会常务委员会关于废止〈太原市兽药管理办法〉的决定》的决定、山西省人民代表大会常务委员会关于批准《大同市人民代表大会代表议案，质询案，建议、批评和意见的提出和办理办法》的决定、山西省人民代表大会常务委员会关于批准《大同市乡镇人民代表大会工作条例》的决定、山西省人民代表大会常务委员会关于批准《大同市物业管理条例》的决定。

## 8月

**1日**

全省民兵预备役部队建成成果汇报在太原举行。上午9时15分，来自11个市、预备役八十三师和太原预备役列队接受省军区首长和省委、省政府领导的检阅。在汇报会上，还表彰了本次军事训练先进单位和比武先进单位及个人。

**同日**

全省党管武装工作述职会议在太原召开。会议听取全省11个警备区和军分区党委第一书记进行的党管武装工作述职。北京军区司令员朱启上将充分肯定了本省党管武装工作和国防后备力量建设的成果。

**3日**

山西省社会主义新农村建设领导组在太原召开第一次会议。会议确定了首批新农村建设试点村1098个，以后每年确定2000个重点推进村。

**4日**

山西省人民政府第七十七次常务会议在太原召开。会议学习贯彻国务院全国电视电话会议和温家宝总理重要讲话精神，按照张宝顺书记在全省电视电话会议上的讲话要求，进一步研究部署本省下半年经济工作，特别是贯彻落实中央宏观调控要求，加强和改善本省宏观调控的政策措施。

**同日**

中共山西省委书记、省人大常委会主任张宝顺到大同煤矿集团有限公司调研。他要求同煤集团以科学发展观为统领，全面落实企业的“十一五”规划目标，建设全国一流的大型综合能源企业集团，全国一流的煤炭生产基地和世界一流的现代化矿井，为全省和全国发展做出新贡献。

**同日**

山西省第一座数字化集控站兴县220KV输变电工程在兴县正式开工。该项工程概算总投资2.38亿元。

**同日**

忻州市宁武县西马坊乡大灰窑煤矿发生有害气体涌出事故，18人遇难。

**5日**

全省纪检监察工作座谈会在晋城召开。会议学习贯彻中央纪委华北东北地区纪检监察工作研讨会和全国监察厅（局）长会议精神，总结本年前7个月工作，研究落实全年工作任务。

**同日**

第二届中国右玉生态健身旅游节暨2006“联合会杯”山西右玉全国汽车短道拉力赛在右玉县举行。

**同日**

国际红楼梦学术研讨会在大同举行。参加研讨会的有来自全国各地及美国、俄罗斯、韩国、意大利等国家和地区的100多名红学专家学者。

**同日**

中共山西省委书记、省人大常委会主任张宝顺到灵丘县调研。他强调：要依托自身资源优势，着力推进经济结构调整，延伸产业链条，提高产品附加值，增加就业岗位；坚持以农业增效和农民增收为重点，推进社会主义新农村建设，努力实现资源大县向经济强县的迈进。

**6日**

山西省首家职业经理研究会在太原

成立。

7日

山西省大学生村官赴农村工作动员会在太原召开。会上，中共山西省委书记张宝顺向大学生“村官”提出四点希望，即希望大学生们心系群众，始终保持崇高境界；勇于实践，勤勤恳恳开展工作；全面进步，不断提高综合素质；有所作为，促进农村全面进步。

7日至9日

中国人民政治协商会议第九届山西省委员会常务委员会第二十次会议在太原举行。会议通过《关于加快我省建设环境友好型社会的建议》。

8日

中共山西省委人才工作领导组第四次会议在太原召开。会议通过《山西省“十一五”人才开发规划纲要》。

9日

山西省人民政府第七十八次常务会议在太原召开。会议原则同意《全省上半年安全生产工作情况汇报》、《关于对部分周边安全防护距离严重不足的危险化学品生产企业进行搬迁的通知》、《全省开展民爆物品管理专项整治工作情况汇报》、《关于打击非法采矿和超层越界采矿情况的报告》及全省煤矿安全专项治理情况汇报。

10日

全省“三个企业方阵”座谈会在太原召开。会上，省长于幼军强调指出：“十一五”期间山西省要实施以促进“三个企业方阵”发展为主的大企业、大集团战略，实现大企业的跨越式、跳跃式发展，全力打造山西经济发展的主力舰队，促进山西经济社会加快科学发展，实现迅速崛起和全面起飞。会议指出：“十一五”期间本省第一方阵重点培育扶持八九户具有较强国内控制力和国际竞争力、销售收入300亿元以上的大企业、大集团；第二方阵重点培育扶持20—25户具有较强市场竞争力、在区域经济发展中具有重要带动作用、销售收入100亿元以上的大企业、大集团；第三方阵重点培育扶持40—45户具有较强发展潜力、销售收入50亿元左右的大企业、大集团。

10日至11日

全省雁门关生态畜牧经济区建设工作会议在忻州召开。会议总结五年来的建设情况及所取得的成就，并实地观摩了岢岚、五寨的建设现场，根据新的形势和任务，对“十一五”时期加快推进雁门关生态畜牧经济区建设工作进一步安排部署。

11日

山西省人民政府第七十九次常务会议在太原召开。会议通过《关于当前全省经济形势暨贯彻中发［2006］14号文件和国务院“7·26”电视电话会议精神情况的报告》、《关于全省经济结构调整会筹备情况的报告》、《山西省人民政府关于优化产业结构调整培育支柱产业规划和政策措施的意见（送审稿）》、《山西省人民政府关于加强节能工作的决定（代拟稿）》、《山西省环境保护“十一五”规划（送审稿）》以及《山西省第四次民族团结进步表彰大会的有关情况的请示》。

同日

全省军队转业干部安置工作会议在太原召开。会议要求各地、各部门不折不扣地落实好军转安置政策、任务和计划，要健全服务体系，确保自主择业军转干部各项保障政策落到实处。

同日

山西省百万肉羊产业化工程太原示范基地在阳曲县建成。

同日

全省贯彻落实《建立健全教育、制度、监督并重的惩治和预防腐败体系实施纲要》工作汇报会在太原召开。会上，中共山西省委副书记、省纪委书记金银焕指出：中央颁布《实施纲要》意义重大，要进一步统一思想认识，增强贯彻落实《实施纲要》责任感和紧迫感。她还强调了本年要重点抓好的七项工作。

12日

山西省规模最大的化肥仓储超市——山西北方化肥科技市场在太谷县落成开业。

13日

“品牌万里行——中部崛起品牌行”山西站宣传活动仪式在太原举行。商务部部长薄熙来对山西省在发展自主品牌，坚持企业自主创新工作上所取得的成绩给予了肯定。他说，山西作为晋商文化的发源地，理应在新世纪为创造更多的中华品牌做出新的贡献。

同日

40集大型明朝历史剧《大槐树》在洪洞县开机。

14日

山西省商务工作座谈会在太原举行。会上，商务部部长薄熙来指出：山西是中国的老革命根据地和老工业基地，商务部为山西振兴多办一些实事，责无旁贷。商务部要在市场建设、利用外资、“走出去”三个方面做好服务工作。

14日至19日

全国政协常委、全国政协外事委员会副主任张国祥为组长的全国政协考察组14人先后到太原、晋中、临汾和运城考察。

15日

中共山西省委常委会议在太原召开。会议深入学习党中央、国务院的决策和部署，研究全省经济形势和经济工作，通过中共山西省委、山西省人民政府《关于贯彻中发［2006］14号文件和国务院“7·26”电视电话会议精神的意见》（送审稿），对进一步做好下半年经济工作进行部署。

同日

山西省人民政府第八十次常务会议在太原召开。会议通过《山西省风景名胜区管理条例（草案）》、《五台山风景名胜区总体规划》、《山西省人民政府关于推进畜牧兽医管理体制改革的实施意见》。

16日

全国政协副主席、中国工程院院长、中国著名的钢铁冶金专家徐匡迪到太原理工大学讲学指导，并作题为“飞速发展的科学技术与我国自主创新的战略”的学术报告。

16日至17日

全国人大常委会副委员长顾秀莲到太原考察工作。

**16日至17日**

国务院扶贫办主任刘坚先后到吕梁市临县、方山、交城3个县，就整村推进、劳动力转移培训、农业产业化龙头企业等扶贫开发项目进行调研。

**17日**

中国工业经济联合会主席团第十一次会议在太原召开。会上，主席团主席徐匡迪作“中国的能源需求与可持续发展”主题发言，与会其他主席团主席围绕会议主题，就国内油气资源的可持续供应、山西省煤炭资源及甲醇项目进展、中国海上石油和对外合作情况、中国电力供需情况、国内钢铁工业和建材工业节能情况等热点问题作了重点发言。

**同日**

全省社会主义新农村建设工作推进电视电话会议在太原召开。会议总结半年来全省新农村建设情况，对全省确定的1098个新农村建设试点工作作出安排，对进一步推进全省社会主义新农村建设进行部署。

**18日**

第四届“三北”地区省级党校常务副校长座谈会在太原召开。参加会议的有来自华北、东北、西北地区15所省级党校的常务副校长及分管教学、科研的副校长，各校教学、科研管理部门的负责人，省直有关部门负责人及本省各市委党校常务副校长共计70余人。与会人员交流了地方党校教学改革和科研再上新台阶的做法和经验，研讨了进一步深化党校教学、科研改革的途径与措施。

**同日**

山西省人民政府第八十一次常务会议在太原召开。会议通过《山西省人民政府关于大力发展职业教育的决定》、《山西省人民政府贯彻〈国务院关于发展城市社区卫生服务的指导意见〉的实施意见》、《山西省人民政府关于进一步加强防沙治沙工作的实施意见》、《山西省行政机关归集和公布企业信用信息管理办法（草案）》、《山西省行政机关规范性文件制定程序暂行办法（草案）》。

**18日至27日**

山西省第十二届运动会在太原举行。本届省运会是备战奥运会的一次大检阅和总动员，所设项目和奥运会接轨，共设田径、游泳、国际式摔跤、柔道、跆拳道、举重、乒乓球、武术、自行车、体操、射击、射箭、击剑、篮球等14个大项、412个小项的比赛。本届省运会决赛，加上规程总则规定的各类加计成绩，共产生1226枚金牌和31683分总分。本届省运会还创造出一批新的省纪录。在田径、游泳、举重、射击项目上共有19人25次打破13项省最高纪录，一人一项平省最高纪录。

**18日至28日**

第七届中国云冈·恒山旅游节在大同市举行。本届旅游节以“开放发展·魅力大同”为主题，活动项目涉及8大项30个门类，包含文体表演、旅游推介、商务洽谈和城市交往等活动。在节庆期间，共接待游客达18万人次，直接门票收入600多万元；招商展会上签约项目的总投资额为49.36亿元人民币，创历届之最；各类文艺表演节目近百个，观众达80万人次。

**19日**

中共山西省委常委（扩大）会议在太原召开。会议集中学习《江泽民文选》和胡锦涛在学习报告会上的重要讲话精神，根据中央决定，结合本省实际，对学习《江泽民文选》作出具体部署，讨论省委关于认真学习《江泽民文选》的通知。

**同日**

中共山西省委发出《关于认真学习〈江泽民文选〉的通知》。

**同日**

中国第一条百万伏级特高压试验示范工程——晋东南—南阳—荆门特高压交流试验示范工程在长治市奠基。该项工程包括三站两线，起于山西省长治市晋东南变电站，经河南省南阳市南阳开关站，止于湖北省荆门市荆门变电站，全长约654公里，系统额定电压1000千伏，自然输送功率500万千瓦，工程静态总投资约56.88亿元。

**中旬**

山西省“南茶北移”在临汾试种成功。这是继山东“南茶北移”，北方第二个试种成功的地区。（《山西日报》8月12日登载）

**中旬**

山西风光旅游规划设计院在位于阳城县西南的析城山考察时，发现距今万年以上的细石器文化遗存。发现的细石器包括细石核、石核式石器、尖状器、圆端刀刮削器、边刃刮削器以及用石英砂岩打制的粗大石器等类型。从已有的文化内涵和文化面貌来看，它不同于旧石器时代的打制石器，也有别于新石器时代的文化制品。（《山西日报》8月20日登载）

**24日至26日**

全省范围内出现明显降雨。其中，方山县、静乐县、榆社县、临县下了暴雨；清徐、古交、娄烦等22个县市降大雨；忻州市大部，太原市、晋中市、朔州市、阳泉市、晋城市局部共43个县市降中雨。这场降雨，对山西省前期部分地区的旱情有所缓解，对大秋作物生长极为有利。

**26日**

山西太重煤机煤矿成套有限公司成立暨煤机成套装备制造基地奠基仪式在太原举行。太重煤机成套装备制造基地项目是山西省“十一五”重点支持的大型建设项目，总投资9.8亿元；太重煤机煤矿装备成套公司，由太原重型机械集团煤机有限公司等9家企业共同出资1000万元组建而成。

**27日至29日**

山西省第八届残疾人运动会在太原举行。本届残运会中，共设立田径等11个大项、180个小项比赛项目。全省11个市的450余名残疾人运动员参赛。三天的比赛中，共产生185枚金牌、59枚银牌和33枚铜牌。

**27日至9月10日**

中共山西省委副书记金银焕参加中共中央对外联络部代表团赴卢旺达、加蓬、博茨瓦纳、马达加斯加四国进行友好访问。

**28日**

全省经济结构调整工作会议在太原召开。会议总结6年中山西省经济结构调整的成效和经验，部署“十一五”乃至更长时期的经济结构调整工作。

**同日**

加快沪港招商和“两区”开发项目建设暨“中博会”动员会在太原召开。会议研究部署加快推进上海、香港招商会签的项目和“两区”开发项目建设问题，并对首届中部博览会的筹备工作进行安排。

**29日**

中共山西省委在太原召开会议，传达中央外事工作会议精神。

**同日**

山西省电网“十一五”规划中第一个建成投产的大型输变电工程——忻州500千伏输变电工程正式竣工投产。

**同日**

全省城市社区卫生工作会议在太原召开。会议的主要任务是贯彻全国城市社区卫生工作会议精神，全面推进本省城市社区卫生工作和深化卫生改革与发展。

**31日**

全省职业教育工作会议在太原召开。会议下发了《山西省人民政府关于大力发展职业教育的决定》，印发省教育厅制定的《山西省职业教育发展工程实施方案》，提出实施“山西省职业教育发展工程”，大力发展中等职业教育，稳步发展高等职业教育。

**31日至9月2日**

在中国共产党阳泉市第十次代表大会上，谢海当选为阳泉市委书记，林玉平当选为阳泉市纪委书记。

**31日至9月2日**

在中国共产党朔州市第四次代表大会上，高建民当选为朔州市委书记，冯改朵（女）当选为朔州市纪委书记。

**31日至9月2日**

在中国共产党忻州市第二次代表大会上，张建欣（女）当选为忻州市委书记，高璋当选为忻州市纪委书记。

**31日至9月2日**

在中国共产党临汾市第二次代表大会上，王国正当选为临汾市委书记，张继庆当选为临汾市纪委书记。

**31日至9月3日**

在中国共产党太原市第九次代表大会上，申维辰当选为太原市委书记，李永林当选为太原市纪委书记。

**31日至9月3日**

在中国共产党晋中市第二次代表大会上，王雅安当选为晋中市委书记，张文科当选为晋中市纪委书记。

**31日至9月3日**

在中国共产党运城市第二次代表大会上，张茂才当选为运城市委书记，周振华当选为运城市纪委书记。

**31日至9月3日**

在中国共产党吕梁市第二次代表大会上，聂春玉当选为吕梁市委书记，王琦当选为吕梁市纪委书记。

**下旬**

长治市被命名为国家卫生城市。这是山西省第一个国家卫生城市。（《山西日报》9月1日登载）

## 9月

**1日**

中共山西省委书记、省人大常委会主任张宝顺到省委办公厅考察省委社情民意通道工作。他提出：要把社情民意通道办得更好。

**同日**

中国煤炭行业的发展循环经济现场交流会在太原召开。会上，省长于幼军代表省委、省政府向大会介绍山西贯彻落实科学发展观、煤炭行业发展循环经济的情况。他指出：发展循环经济对山西具有更为重要的现实意义和迫切要求。山西将转变经济增长方式、发展循环经济的突破口和重点放在煤炭行业。

**1日至4日**

在中国共产党大同市第十三次代表大会上，郭良孝当选为大同市委书记，梁凤书当选为大同市纪委书记。

**1日至4日**

在中国共产党长治市第九次代表大会上，郭海亮当选为长治市委书记，曹燎原当选为长治市纪委书记。

**3日**

国投山西阳泉南煤集团2×13.5万千瓦煤矸石综合利用电厂开工建设。阳煤集团3×13.5万千瓦煤矸石综合利用电厂、100万吨干法水泥、10万吨聚氯乙烯项目竣工投产。

**4日**

山西省人民政府第八十二次常务会议在太原召开。会议原则通过《山西省2006—2007年深化经济体制改革的指导意见》、《山西省高新技术产业化项目和企业认定办法（草案）》、《山西省促进行业协会发展规定（草案）》、《山西禁止非医学需要鉴定胎儿性别和选择性别人工终止妊娠的规定（草案）》。

**同日**

山西省人民政府召开电视电话会议，就贯彻落实国务院电视电话会议精神，深化本省行政管理体制改革，全面推进政府管理创新、制度创新和体制创新进行安排部署。

**5日**

中共山西省委副书记、省长于幼军到山西工程职业技术学院、太原市交通学校、山西电力高等专科学校以及山西省实验中学、太原大学外语师范学院第三附属小学调研。他强调：要把教育工作放到“十一五”发展重中之重的战略位置，加大创新力度，加快发展步伐，优先发展基础教育，大力发展职业教育，满足人民群众日益增长的教育需求，为“十一五”规划目标的实现提供有力的人才支撑和智力保障。

**6日**

中共山西省委副书记、省长于幼军到山西大学、太原理工大学、中北大学和山西财经大学进行调研。他强调：要认真学习贯彻胡锦涛总书记在中央政治局第三十四次集体学习时关于“努力办好让人民群众满意的教育”的重要讲话精神，以科学发展观和构建社会主义和谐社会战略思想为指导，全面贯彻落实党的教育方针，坚持以人为本、教书育人的原则，保证正确的办学方向，通过调整优化办学结构，统筹教学与科研协调发展，为全省经济社会发展提供有力的智力支持和人才保障，努力办好让人民满意的高等教育、让人民满意的大学。

**同日**

在国家质检总局召开的《质量振兴纲要》实施10周年暨质量兴市先进市、中国名牌产品表彰大会上，长治市、高平市获“全国质量兴市先进市”荣誉称号，太钢牌不锈钢、太重牌起重机、屯玉牌玉米杂交种、天脊牌硝酸磷肥、水塔牌食醋、东湖牌食醋获2006年中国名牌产品称号。

**同日**

山西省邮政管理局成立。

**7日至10日**

全国工会贯彻《企业工会条例（试行）》座谈会在晋祠召开。参加会议的有来自全国各省、自治区、直辖市总工会主席，以及全国部分模范职工之家企业工会主席共100余人。

**7日至11日**

中共中央政治局常委、国家副主席曾庆红先后到太原、长治、晋城等地的农村、城市、企业进行考察，并沿路作出许多重要指示。12日，中共山西省委在太原召开会议，传达贯彻曾庆红考察山西重要讲话精神。会上，中共山西省委书记、省人大常委会主任张宝顺指出：曾庆红同志这次考察指导工作，带来了党中央对山西人民的深切关怀，对山西省各项工作是巨大的促进。曾庆红的重要讲话，高屋建瓴、内涵深刻，对山西省的工作给予充分肯定，对山西省以后的发展提出明确要求，具有很强的针对性和指导性，我们要深刻学习领会，认真抓好落实。

**8日至11日**

山西省组团赴厦门参加第十届中国国际投资贸易洽谈会。在本届厦洽会上，山西省代表团共签约6个项目，总投资额1亿余美元，其中外方投资8823万美元。

**8日**

第六届榆次文化旅游节在榆次老城举行。

**上旬**

山西省组织50多家中小企业及乡镇企业赴吉林长春参加“第六届中国国际农业博览会暨全国乡镇企业经贸洽谈会”。在本届洽谈会上，共洽谈合作项目31项，引进资金3.6亿元。（《山西日报》9月6日登载）

**11日**

山西省人民政府第八十三次常务会议在太原召开。会议通过《山西省人民政府关于贯彻〈国务院关于完善企业职工基本养老保险制度的决定〉的实施意见》、《山西省人民政府关于落实〈国务院关于加强地质工作的决定〉的实施意见》、《山西省人工影响天气管理办法》。

**11日至12日**

国家林业局局长、国家森林防火指挥部总指挥贾治邦到太原、晋中调研造林绿化和生态工程建设。贾治邦对山西省委、省政府投巨资建设通道绿化工程、交通沿线荒山绿化工程、村镇绿化工程、厂矿区绿化工程、环城绿化工程和城市建成区绿化造林工程给予高度评价，对山西计划用十年时间完成造林绿化5000万亩给予充分肯定。

**12日至15日**

山西省省长于幼军、副省长梁滨率领省政府办公厅、水利厅、建设厅、经研中心等部门负责人和部分水利专家，先后到忻州、吕梁、太原三市进行全省水资源专题调研。于幼军强调指出：要按照科学发展观和构建社会主义和谐社会战略思想的要求，正视本省水资源严重短缺的问题，以对全省经济社会长远科学发展和人民群众及子孙后代根本利益高度负责的精神，真正把水资源问题摆到全局和战略的重要位置，研究制定长远战略和中长期规划，发动组织全省各方力量，采取坚决、果断、有效的措施，从水资源保护、开发、利用、节约和污染治理等方面，统筹做好“水”这篇大文章，为全省经济社会加快科学发展和人民群众生活质量水平不断提高提供可靠的水资源保障。随后，16日至22日，调研组先后到长治、晋城、运城、临汾、朔州、大同六市及11月5日至10日，先后到阳泉市、忻州市、晋中市和引黄工程继续进行水资源专题调研。

**12日至26日**

山西省政协主席刘泽民率山西省政协工商企业考察团赴印度、希腊进行友好访问。访问期间，考察团广泛接触两国政府官员和工商企业界人士，深入了解两国振兴发展经济的重大举措和投资合作政策，全面介绍了山西省经济发展的情况和吸引外资的优惠政策，重点推介了能源、化工、高新技术产业等方面的优势项目，谋求双方合作的商机。

**14日**

中共山西省委书记、省人大常委会主任张宝顺到晋中经济技术开发区和榆次液压集团有限公司调研。他强调：企业要全面贯彻落实科学发展观，抓住当前有利时机，创新经营管理机制，加快技术改造步伐，不断扩大市场份额，创出自己的品牌，努力增强竞争实力。

**15日至18日**

山西省组团赴广州参加第三届中国国际中小企业博览会暨中意中小企业博览会。在本届博览会上，山西代表团签订招商引资项目96项，投资总额244亿元，其中，合同引资90多亿元，签订协议意向150多亿元。97家企业签订销售合同，销售金额24.9亿元，其中，合同金额12.9亿元，协议金额12亿元。

**16日至22日**

2006平遥国际摄影大展在平遥举行。本次大展以“多元·和谐”为主题，经过政府主导、市场运作、艺术策划、媒体造势、民众参与、合力打造，实现了转型与提升。本次大展共吸引参展国家和地区41个，展出作品13705幅，参展摄影师1342人，举办展览258个。

**18日**

全省第十一次小流域治理工作会议在运城召开。会议对本省“十五”期间小流域治理所取得的成绩和经验进行全面总结，并就下一步继续搞好以淤地坝为主的水土保持建设工作进行安排部署。

**19日**

中共山西省委副书记金银焕到太原市就维护社会稳定工作进行调研。她强调：各级各部门要从加快科学发展、建设和谐山西的高度，全面建设“平安三晋”，尤其要着眼于防范，充分调动各方面的积极性，不断完善治安防控体系，创建和谐稳定的社会环境，保障人民群众安居乐业。

**19日至20日**

中共山西省委书记、省人大常委会主任张宝顺到临汾市侯马、尧都区、洪洞等地重点就做好节能降耗减排治污工作进行调研。他强调：要全面贯彻落实科学发展观，按照建立资源节约型和环境友好型社会的要求，统筹考虑当前发展和长远发展，坚决摒弃以牺牲资源环境生态为代价单纯追求发展速度的做法，切实增强责任感和使命感，认真做好各项工作，促进经济社会真正走上全面协调可持续发展的轨道。

**20日**

孝柳铁路电气化改造工程在中阳县正式开工。孝柳铁路东起南同蒲介西支线的孝西车站，途经孝义、汾阳、中阳、离石、柳林五县（市、区），营业理程116公里。该项工程投资总概算为2.8亿元，分为两期工程进行。

**22日**

由中国文联、中国作协、中共山西省委、山西省人民政府共同主办的“纪念人民作家赵树理诞辰100周年座谈会”在太原举行。会上，中宣部文艺局局长杨志今受中共中央政治局委员、书记处书记、中宣部部长刘云山的委托，宣读了贺信。刘云山在贺信中高度评价了赵树理，为全体文艺创作工作者以“三个代表”重要思想为指导，认真落实科学发展观，进一步繁荣文艺创作，建设社会主义先进文化提出明确要求。

**同日**

潞安环能A股股票在上海证券交易所挂牌上市。这只股票在市场上以每股11元的首发定价拔得国内煤炭股和山西板块头筹，19.8亿元创下国内煤炭股和山西板块最大融资额。

**22日至25日**

在全国第三届少数民族会演中，山西代表团选送的晋剧《边城罢剑》获全国少数民族文艺会演大奖。其中主要演员李玉成、孙大军、杨小瑞、项晓娟和李蕊获得本届全国少数民族文艺会演的优秀演员奖。山西省代表团获得本届少数民族文艺会演组织奖。

**23日**

晋西北和太行山革命老区开发领导组会议在太原召开。会议进一步研究部署加快推进“两区”开发项目建设问题。会上，省长于幼军强调指出：“两区”开发项目建设，事关山西“十一五”发展大局和“两区”人民的根本利益，各级政府、各有关部门要以对地区发展和人民利益高度负责的精神，抓紧抓好项目前期准备工作，确保项目尽快开工建设，早日建成见效。

**23日至24日**

第六届中国律师论坛在太原举行。参加论坛的有来自全国及港澳台和海外的1000多名律师、法学家、法律机构、法学团体代表。

**25日**

首届山西新型能源和工业基地可持续发展高层论坛在太原召开。本届论坛由山西省社会科学院和山西省史志研究院共同发起并举办的。

**25日至27日**

首届中国（山西·安泽）荀子文化节在安泽县举行。在本届文化节上，举办了荀子文化高层论坛。全国著名专家、学者就荀子文化的历史地位、作用影响、荀子文化园的产业开发等进行研讨。

**25日至28日**

山西省十届人大常委会第二十六次会议在太原举行。会议通过《山西省规章设定罚款限额规定》、《山西省清真食品监督管理条例》、《山西省人民代表大会常务委员会关于加强五台山风景名胜区保护的决定》、《山西省人民代表大会常务委员会关于加强汾河、沁河、桑干河源区保护的决定》、《山西省人民代表大会常务委员会关于县级人民代表大会常务委员会组成人员名额的决定》，批准了《关于〈大同市煤炭资源保护办法〉的决定》。

**25日至28日**

山西省组团赴湖南省长沙市参加首届中国中部贸易投资博览会。在本届中部博览会上，山西代表团签约的招商引资项目共136个，总投资额57.5亿美元，拟引资额48.83亿美元。

**26日至27日**

中共山西省委书记、省人大常委会主任张宝顺先后到吕梁市的孝义市、柳林县、汾阳市、文水县调研。他强调：各地要坚持以科学发展观统领经济社会发展全局，真正把科学发展的理念贯穿于工作的各个环节，切实加快产业结构调整步伐，积极转变经济增长方式，努力抓好节约资源、保护环境、建设生态等工作，促进经济社会又快又好发展。

**27日**

山西省煤炭职业技术教育发展基金会在太原成立。

**28日至29日**

全省扶贫开发工作会议在长治市召开。会议总结“十五”时期全省扶贫开发工作，深入分析扶贫开发工作面临的挑战和机遇，按照科学发展观与构建和谐社会的战略思想，根据省委、省政府的总体部署，对“十一五”时期全省扶贫开发工作作出全面安排。

**29日**

新不锈钢工程在太钢竣工。该项工程采用国际上最先进的设备和工艺。在炼钢系统，太钢新建了世界最大、自动化水平最高的160吨超高功率电炉、180吨AOD炉、180吨转炉、180吨LF炉、板坯连铸机。在把全世界最先进的设备组合起来的基础上，采用直接用铁水做原料冶炼不锈钢和铁水转炉内直接脱磷技术。

**同日**

山西省人民政府第八十五次常务会议在太原召开。会议研究开展煤炭工业可持续发展政策措施试点总体方案和专项方案。

**30日**

全省民族工作会议暨省政府第四次民族团结进步表彰大会在太原召开。会议的主要任务是认真贯彻中央民族工作会议暨国务院第四次民族团结进步表彰大会精神，总结全省民族工作的成绩和经验，研究部署当前和以后一个时期全省的民族工作。

## 10 月

**9 日**

“十一五”山西省高速公路建设的开局工程——运城绕城高速公路西南段和闻喜东镇至垣曲蒲掌高速公路正式开工奠基。运城绕城高速公路全长42公里，概算投资10亿多元。闻喜东镇至垣曲蒲掌高速公路全长84公里，项目总投资44亿多元。

**10 日**

在“2006世界市场中国行业十大年度品牌”评选中，“太钢牌”获“2006年世界市场中国（钢铁）十大年度品牌”称号。

**上旬**

阳泉307国道复线建设工程用煤矸石代替公路路床填料试验获得成功。（《山西日报》10月11日登载）

**12 日至 15 日**

山西省省长于幼军率领山西省政府友好代表团赴英国进行友好访问和经贸交流。代表团在英期间举办了山西投资推介会，与英国工商、金融界人士进行多场座谈，积极寻求扩大与英国经贸、科技、环保等方面的合作，广泛向英国及欧洲各界整体推介山西，达成了一批合作协议，访问取得预期效果。随后，15日至22日，于幼军又率领山西省政府友好代表团赴德国、波兰进行访问。于幼军代表省政府与德国北威州政府签署了《进一步加强两省州经贸战略合作备忘录》，签约了一批合资合作项目的合同协议，并全面向德国、波兰及欧洲各界推介山西，推动山西与欧洲进一步拓展合作领域，提升合作层次。

**13 日**

中共山西省委在太原召开传达贯彻党的十六届六中全会精神会议。会上，中共山西省委书记、省人大常委会主任张宝顺就学习贯彻十六届六中全会精神提出要求。他强调：党的十六届六中全会，是在中国改革发展进入关键时期召开的一次重要会议。学习好贯彻好十六届六中全会精神，是当前和以后一个时期的一项重要政治任务。全省各级党组织和党员干部群众，要充分认识构建社会主义和谐社会的重大意义，牢牢把握科学发展观这一灵魂和红线，明确构建社会主义和谐社会的重点任务，着力解决好人民群众最关心、最直接、最现实的利益问题，深刻领会具有创新性的重要观点、举措和思路，进一步深化对构建和谐社会的认识，切实把思想和行动统一到中央的精神上来。

**同日**

江苏雨润集团200万头生猪屠宰加工冷鲜肉项目在高平市举行签约仪式。该项目的投产填补了高平乃至山西省作为全国瘦肉型生猪生产基地而无生猪加工产业链的空白。

**16 日**

中共山西省委在太原召开党外人士座谈会。座谈会上，与会党外人士就加强民主政治建设、培育优势产业、转变增长方式、大力发展循环经济、加强资源环境生态工作、增加群众收入、加快发展社会事业等问题提出了意见和建议。大家表示，民主党派、工商联和无党派人士要在中共山西省委的领导下，为实现全省又快又好发展做出应有贡献。

**同日**

中共山西省委副书记金银焕到朔州市就为民办实事工程进行调研。

**同日**

山西财大庄金洲助学基金设立。

**17 日**

山西省组团赴北京参加中国国际农产品交易会。在本届农交会上，山西省共设展位21个，销售摊位21个。

**同日**

在第八届中国国际高新技术成果交易会上，山西代表团共签约项目12个，合同金额25.6亿元，同时对山西省的招商引资项目和投资环境进行了推介。山西省发改委和省经委获得本届高交会技术创新专题展组织奖。

**19 日**

由国家环境保护总局环境规划院和国家发改委国土开发与地区经济研究所联合承担的《孝义市循环经济建设规划》（大纲）编制工作全面完成。这是中国第一个由县级政府组织的循环经济方面的建设规划。

**19 日至 20 日**

山西省组团赴厦门参加海峡两岸农业合作成果展览暨项目推介会。

**20 日**

2006年院士专家技术创新山西行活动正式启动。来自中国工程院和清华大学等单位的40位院士、专家到山西，与本省大型企业和科研院所进行技术对接，为山西建设新型能源和工业基地、实现又快又好发展建言献策。

**中旬**

曲沃晋侯墓文化遗址发掘考古有重大发现。该墓地是在2003年5月“非典”期间因盗被发现。此墓从2005年8月开始发掘，已出土数十件璜组佩、大玉戈、大玉璧、扳指、踏玉、金腰带饰件等。玉器件件制作精美、大气，其中有数件时代可早到商或更早。大部分的陪葬墓都有陶鬲、铜礼器、玉覆面、小型的玉组佩或玉串饰，铜礼器多是明器，时代特征明显。山西省内外考古专家对墓葬形制、出土物品做出明确认证，判定墓地的时代约为西周晚期到春秋时期，并确定该墓是一处两周时期的晋国国君墓地，是一代晋侯和夫人的异穴并列合葬墓，时代约在两周之际或稍晚，墓主人可能是晋国历史上著名的晋文侯，是山西发掘的晋侯墓中最大的墓葬。对该墓的进一步考古发掘在本月中旬暂告一段落。（《山西日报》10月13日登载）

**22 日**

全省农村“户户通电”工程竣工仪式在山阴县举行。至此，山西省1.7万户贫困农民告别无电的历史。

**23 日至 24 日**

中共山西省委八届十次全体会议在太原举行。会议通过了八届省委向省第九次党代表大会所作的报告和省纪律检查委员会的工作报告。

23 日至 24 日

中国共产党山西省纪律检查委员会第七次全体会议在太原举行。会议通过中共山西省纪委《深入开展党风廉政建设和反腐败斗争,为建设充满活力、富裕文明、和谐稳定、山川秀美的新山西提供政治保证》的工作报告。

23 日至 27 日

以全国政协人口资源环境委员会副主任李伟雄为组长的全国政协调研组一行 11 人,到太原就新生儿缺陷问题进行调研。

24 日

由山西省京剧院、中国京剧院和中国戏曲学院联合演出的新版京剧《走西口》在首都长安大戏院首演。该剧以晋商为题材,浓缩升华了众多晋商艰苦卓绝的创业精神和至诚至信的商业道德。25 日,中国戏曲现代戏研究会、山西省京剧院、中国京剧院和中国戏曲学院在北京举行新版京剧《走西口》研讨会。

同日

中共山西省委发布《中共山西省委关于贯彻落实〈中共中央关于加强人民政协工作的意见〉的实施意见》。

24 日至 26 日

中央统战部副部长、国家民委主任李德洙一行先后到长治、五台山等地考察本省民族工作。

25 日

山西省省长于幼军在太原会见加拿大哈斯基能源公司首席执行官刘钱崧带领的考察团。该公司是李嘉诚先生旗下专营能源业务的公司。此次刘钱崧先生是受李嘉诚先生委托专程来山西就煤炭层气的开发利用进行考察洽谈的。

26 日至 30 日

中国共产党山西省第九次代表大会在太原举行。会议通过《中国共产党山西省第九次代表大会关于中共山西省第八届委员会报告的决议》和《中国共产党山西省第九次代表大会关于中共山西省纪律检查委员会工作报告的决议》。会议选举产生中共山西省第九届委员会和中共山西省纪律检查委员会。31 日,中共山西省委九届一次全会在太原举行。会议通过《中共山西省委关于贯彻落实党的十六届六中全会精神加快建设和谐山西的意见》。会议选举张宝顺为中共山西省第九届委员会书记,于幼军、金银焕为副书记,批准了省纪律检查委员会第一次全体会议选举产生的书记、副书记和常委人选。金道铭(满族)当选中共山西省纪律检查委员会书记。

27 日

晋城煤业集团与香港中华煤气有限公司签约煤层气液化合资合作项目。该项目首期投资总额为 4 亿元。

28 日至 30 日

山西省组团赴武汉参加首届中部文化产业博览交易会。在本届博览会上,山西代表团完成现场交易额 1 亿元,签约项目 20 余个,合同总金额突破 15 亿元。

31 日

原中共太原市委书记陈守中因病医治无效,在太原逝世,享年 95 岁。陈守中是河北省阜平人,1932 年 5 月加入中国共产党并参加革命工作。中华人民共和国成立后,陈守中曾任华北局工业研究室主任,华北局工业部副部长,中共内蒙古包头钢铁公司党委书记等职。

下旬

由美国龙脉股份有限公司总裁陆景锴率领的美国钢铁铸造代表团到太原考察。(《山西日报》10 月 23 日登载)

## 11 月

1 日

中共山西省委副书记、省长于幼军率领省政府办公厅、发改委、经委、劳动和社会保障厅、国防工办、省政府经济研究中心等部门负责人到北方兴安化工、江阳化工、汾西重工、中国电子科技集团第二研究所、晋西机器等部分国防科工企业进行调研。他强调:要以科学发展观和构建社会主义和谐社会战略思想为指导,深入贯彻胡锦涛总书记关于国防科技工业发展"四个坚持"的要求,进一步解放思想、更新观念,深化改革、扩大开放,加快军地融合步伐,积极发展民品生产,推进科技创新与成果的产业化,在努力推动国防科技工业全面协调可持续发展的同时,为山西的建设发展做出更大的贡献。

2 日

中共山西省委副书记、省长于幼军到省国家安全厅进行调研。他希望省国家安全机关在维护国家安全的同时,积极服务地方现代化建设,在本省落实第九次党代会部署、实现"十一五"各项目标任务的进程中发挥积极作用,做出更大贡献,为本省加快科学发展、构建社会主义和谐社会保驾护航。

同日

吕梁市"两区"开发暨"双百双千"项目政银企对接活动在太原举行。在这次活动中,有 13 家银行与吕梁市 113 家企业签订贷款意向协议,共有 803 亿元资金注入吕梁"两区"建设。

3 日

全省节能工作会议在太原召开。会上,山西省省长于幼军代表省政府与各市政府签订"十一五"期间节能目标责任书。他指出:各级政府要以科学发展观和构建社会主义和谐社会战略思想为指导,贯彻落实省第九次党代会的部署,充分认识加强节能工作的极端重要性和紧迫性,增强忧患意识和危机意识,综合治理,多管齐下,务求山西省"十一五"期间节能降耗取得新突破和大进步。

同日

山西省人民政府第八十七次常务会议在太原召开。会议通过《山西省中长期科技发展纲要》、《山西省贯彻〈国家中长期科技发展纲要若干配套政策〉的决定》、《山西省人民政府贯彻落实国务院关于解决农民工问题的若干意见的实施意见》、《山西省人民政府关于加快气象事业发展的决定》、《山西省城镇职工生育保险办法》和《山西省实施〈中华人民共和国归侨侨眷权益保护法〉办法(草案)》。

同日

天脊集团 9 亿元短期融资债券在北京正式发行。这是山西省化工行业第一次发行短期融资债券的企业。

**3日至14日**

中共中央候补委员、中共山西省委书记张宝顺率中共代表团赴哈萨克斯坦、波兰进行友好访问。此次出访的目的是巩固和深化中国共产党与哈萨克斯坦公民党、波兰自卫党的友好关系，进一步增进了解，加强交流，推进合作。

**4日**

在由亚洲会展（节事）财富论坛和新华网主办的第二届中国节庆产业年会上，平遥国际摄影大展被评为“2006年度中国十大赛事博览节庆”和“2006年度中国十大最具潜力节庆”。

**5日**

本日11时45分，同煤集团轩岗煤电公司焦家寨矿511采区、51108掘进工作面发生瓦斯爆炸事故，17名矿工遇难。事故发生后，国家安监总局局长李毅中、国家煤矿安全监察局局长赵铁锤、省长于幼军等省政府领导先后带领相关人员赶赴事故现场指挥抢险。经初步调查，这次事故是由于井下作业时停电停风，使瓦斯积聚造成的。

**同日**

山西省省长于幼军在太原会见德国北威州经济能源部副部长福尔史哈尔德·里希曼博士及其一行。此次客人来访是就进一步加强两省州经贸合作有关事宜进行会谈。

**9日**

全省国有重点煤矿采煤沉陷区治理工作会议在大同召开。会议就采煤沉陷区进展不平衡等问题进行了研究部署。

**上旬**

山西省人民政府办公厅下发《关于做好整顿关闭煤矿矿井工作的通知》。（《山西日报》11月7日登载）

**12日**

《中国（太原）煤炭交易市场建立方案》在由13名专家参加的专家论证会上获得通过。这个方案是在中国加快推进社会主义市场体系建设，调整能源发展的大背景下完成的一项重大课题，对于维护国家能源安全，形成规范有序的市场秩序，建立“公平、公正、公开”的市场交易环境，合理配置铁路、公路、水运等交通运输资源，在国际市场上形成煤焦商品的“中国价格”，增强中国煤焦等重要能源商品的国际话语权具有重要的战略意义。

**同日**

本日19时40分，晋中市灵石县王禹乡南山煤矿井下发生火灾事故，34名矿工遇难。事故发生后，省领导于幼军、李政文、靳善忠和国家煤矿安全监察局局长赵铁锤等赶赴现场指挥抢险。经初步调查，这次事故是因为该矿井下储藏非法私制炸药起火，产生大量有害气体，致使矿工窒息。

**14日**

中共山西省委副书记、山西省省长于幼军到运城市芮城县调研。他指出：要在地区经济社会发展各项工作中全面贯彻落实省第九次党代会精神，抓紧推进经济结构调整和经济增长方式转变，全面推进社会主义新农村建设，重点抓好“两区”开发项目、沪港招商会等招商项目以及“十一五”规划重点项目建设，并更加重视保护环境和改善人民群众生活，推动经济社会走上科学发展轨道。

**14日至15日**

中共山西省委举行全省引深平安建设推进社会和谐（晋中、太原）现场会。两天中，来自全省政法综治部门的与会代表听取了晋中、太原等地9个单位的经验介绍，并到榆次区、太谷县的基层单位及太原市“天眼工程”进行参观和观摩。

**15日**

全省煤矿安全生产工作电视电话会议在太原召开。会上，省长于幼军强调：全省各级党、政、企领导干部和有关部门人员要深刻汲取事故教训，切实强化煤矿安全工作，促进全省煤炭生产秩序和安全形势实现根本性好转。

**16日**

忻州至阜平高速公路在五台山石咀村奠基。忻阜高速公路始于大运高速公路顿村互通以北的秦城村，终于省界长城岭，全长124公里，全线采用双向四车道标准建设，设计时速为80公里。

**同日**

全省表彰奖励荣获中国驰名商标企业暨农副产品商标工作总结会议在长治召开。会议对2005年以来荣获中国驰名商标的6家企业进行了表彰奖励，每个企业奖励100万元。同时，对在实施商标兴农工程，推动农副产品商标战略，促进社会主义新农村建设中涌现出的22个先进集体及174个先进工作者进行表彰。

**17日**

中共山西省委、山西省人民政府、山西省军区在太原召开“双服务”活动总结表彰暨动员部署会。

**20日**

山西省省长于幼军在晋祠宾馆会见澄宇能源公司董事长麦克·爱诗本率领的CAMCO公司代表团一行。客人此次来太原主要是洽谈在山西进行CDM项目的合作。

**20日至22日**

山西省人民政府经济工作务虚会在太原召开。会议分析全省经济运行基本走势、主要特点、成功经验和薄弱环节，重点讨论研究2007年经济工作的具体思路、关键问题和重大举措。

**同日**

山西省首家公用型保税仓库——朔州平朔公用型保税仓库正式投入运营。

**中旬**

全国社保基金理事会理事长项怀诚到太原调研。

**22日至24日**

山西水资源管理及灌溉现代化国际论坛在太原举行。参加论坛的有来自国际组织和国内外水利专家30多名。在论坛会上，共收到国内外专家学者论文25篇，共有26位领导和专家学者进行了专题发言。专家们就水资源管理和农业灌溉现代化形成很有价值的建设性成果。

**同日**

太原市中级人民法院依法对山西省首起淫秽网站案一审公开宣判。被告人陈辉犯传播淫秽物品牟利罪，被判处无期徒刑，剥夺政治权利终身，没收个人财产10

万元；其他8名被告人分别被判处有期徒刑10年至1年1个月。

23日

山西省人民政府第八十八次常务会议在太原召开。会议通过《关于调整规范省市县财政体制和在35个国家重点扶贫开发县实行“省直管县”财政改革试点的意见》、《山西省循环经济发展规划》、《山西省加快发展循环经济的实施意见》和《山西省建设节约型社会行动纲要》。

24日

山西国际电力集团有限公司与上海电气集团股份有限公司签署兆光二期两台60万千瓦和平朔二期两台30万千瓦机组发电工程EPC总承包合同。这两个项目是山西省“十一五”规划开工的重点项目。

24日至27日

中共山西省委副书记、山西省省长于幼军率省发改委、经委、财政厅、建设厅、国土资源厅、国资委等部门负责人到辽宁省就振兴东北老工业基地政策实施和棚户区改造、沉陷区治理等进行考察。

26日

本日18时许，临汾市尧都区河底乡芦苇滩煤矿发生瓦斯爆炸事故，24名矿工遇难。事故发生后，山西省副省长靳善忠、临汾市主要领导及省安监局、煤监局有关职能部门赶赴事故现场指挥抢险。经初步调查，这次事故是因为电网突然停电，使该矿井下通风中止，瓦斯大量积聚而造成的。

26日至27日

山西省某预备役师基层建设现场会在运城召开。大会对16个基层建设先进单位和29个先进个人进行通报表彰，并研究部署了以后预备役的基层建设工作。

27日至30日

山西省十届人大常委会第二十七次会议在太原举行。会议通过《山西省实施〈中华人民共和国中小企业促进法〉办法》、《山西省风景名胜区条例》、《山西省人民代表大会常务委员会关于召开山西省第十届人民代表大会第五次会议的决定》、《山西省人民代表大会常务委员会关于太原、阳泉、长治市人民代表大会常务委员会组成人员名额的决定》、《关于废止〈山西省劳动保护暂行条例〉的决定》、《关于废止〈山西省农民承担费用和劳务监督管理条例〉的决定》、《关于废止〈山西省人民代表大会常务委员会述职评议工作办法〉的决定》、《关于批准〈太原市晋阳古城遗址保护管理条例〉的决定》、《关于批准〈太原市住房公积金管理条例〉的决定》、《关于批准〈大同市城市供水条例〉的决定》。

28日

山西艺术职业学院创作演出的舞剧《一把酸枣》和山西省话剧院创作演出的话剧《立秋》获2005—2006年度国家舞台艺术精品工程十大精品剧目。

同日

“两区”开发产业项目银企洽谈会在太原召开。参加洽谈会的有驻晋各银行行长和省农村信用联社的负责人，“两区”10市、59县的市、县长和“两区”办主任，以及列入山西省“两区”开发产业规划的448家项目单位的负责人共650余人。在洽谈会上，13家金融机构与本省26家企业代表签订贷款协议，贷款总金额185.4亿元。至此，在“两区”开发中筛选出的448个产业项目中，完成立项、用地、环评等报批手续并开工建设的项目达210个，落实率达46.8%。共有295个项目签订了贷款意向，占项目总数的66%，贷款意向总额达1100亿元。

同日

山西省三大重点水源建设工程之一——横泉水库枢纽工程在吕梁竣工。该项工程建成后，每年提供城市生活及工业用水2109万立方米，农业灌溉用水1580万立方米，灌溉面积5.2万亩，年发电166.8万千瓦时。不仅能有效缓解水资源供需矛盾，而且提高了下游河道的防洪能力，有效缓解离石区、柳林县的防洪压力和保护方山、离石两县区5个乡镇、50个村庄、10.2万人口、5.2万亩耕地的度汛安全。

同日

中共山西省委书记、省人大常委会主任张宝顺对太原城市建设和管理工作进行调研。他强调：要坚持以科学发展观为指导，以构建太原经济圈为重点，扩大城市规模，完善城市功能，提升城市品位，增强综合承载和辐射带动能力，加快建设具有较强实力和独特魅力的省会城市。

28日至29日

中共山西省委副书记金银焕到临汾市的翼城、浮山、安泽三县，就各地贯彻党的十六届六中全会、省第九次党代表大会精神及经济结构调整和社会主义新农村建设等问题进行调研。

下旬

由太原理工大学、山西中元煤洁净技术有限公司、省能源研究会等单位承担的，由太原理工大学校长谢克昌院士领衔、太原理工大学教授张永发博士主持的《非催化局部强氧化的部分氧化焦炉煤气制合成气》项目通过鉴定。鉴定委员会认为，该项目研究成果具有重要的学术意义和应用价值，并具有重大创新性，为国际前沿并达国际先进水平。（《山西日报》11月28日登载）

## 12月

1日

社会主义新农村建设“百名村官”法治论坛在太原举行。参加论坛的有昔阳县大寨村党总支书记郭凤莲和“百名村官”代表共60余人。会上，长治市郊区西白兔乡霍家沟村、太原市杏花岭区中涧河乡七府坟村等5个村官代表作经验介绍。与会代表围绕推进社会主义新农村法治建设的主题，结合工作实际，进行交流探讨。

3日

太重集团与中国钢铁集团邢台机械轧辊有限公司签订一套8000吨快速锻造液压机生产合同，合同金额超过1亿元。这是中国企业自主生产的首套世界最大吨位的快速锻造液压机。

3日至14日

山西省话剧院《立秋》剧组一行69人，应台北爱乐文教基金会和台湾永龄教育慈善基金会的邀请，到台湾进行为期12天的演出活动并获得成功。

**5日**

山西省第一个行业性青联组织——省属企业青年联合会正式成立。

**同日**

山西自主创新论坛在太原开坛。本次论坛共征集科研院所、大专院校及大中小企业等各方面论文60多篇，共有10位专家学者、企业家就中小企业自主创新、科研院校创新、农业创新、山西省科技创新现状、医药行业如何创新、政府在创新中的作用等内容进行交流发言。

**5日至10日**

山西省十届全国人大代表以产业结构调整、环境保护和新农村建设为主题进行集中视察。代表们先后听取全省政情、企业、社区汇报，实地察看阳泉、临汾经济社会建设情况，与城乡居民进行交流，掌握了山西省经济社会发展的基本情况。10日，代表们在太原参加了全国人大代表视察意见反馈会。会上，代表们肯定了山西省在政治、经济、文化和社会建设等方面取得的成绩，也指出了问题和不足。

**6日**

全国平安铁路示范路段创建工作经验交流会在太原召开。会上，来自四川、河南、上海等多个省的护路联防成员单位交流了创建经验。

**8日**

《山西省人民政府、海关总署关于建设山西电子口岸合作备忘录》在北京签署。至此，山西电子口岸建设正式启动。

**10日**

山西省组团赴北京参加首届中国北京国际文化创意产业博览会。

**11日**

山西省省长于幼军在北京会见美国爱依斯（AES）公司总裁兼首席执行官何励恒（Paul Hanrahan）和执行副总裁、亚洲区总裁贺瑞世（Haresh Jasinghani）一行。爱依斯是全球最大的电力、能源公司之一，名列福布斯跨国公司世界500强，也是在山西投资规模最大的美国公司。

**同日**

山西省“十一五”规划重点工程之一——临汾神龙临台交通能源有限公司的临台煤、电、路一体化综合工程投资方确定，香港新世纪投资集团有限公司向山西神龙临台交通能源有限公司项目投资建设资金220亿元。

**12日**

中共山西省委、山西省人民政府在太原召开传达贯彻中央经济工作会议精神会议。会上，中共山西省委书记、省人大常委会主任张宝顺就学习贯彻中央经济工作会议精神提出要求，并指出要围绕走出“四条路子”、实现“三个跨越”，重点抓好六个方面的工作。一要更好地创新山西的产业形态；二要更好地转变经济增长方式；三要更好地统筹城乡区域发展；四要更好地实施中部崛起战略，开展煤炭工业可持续发展政策措施试点，推进煤炭资源有偿使用制度改革，使政策效应尽快发挥出来，使长期困扰山西省的一些问题得到较好解决；五要更好地推进改革开放；六要更好地建设和谐山西。

**同日**

山西省人民政府第九十次常务会议在太原召开。会议通过《山西省体育竞赛监督管理办法（草案）》、《山西省保障残疾人合法权益规定（草案）》。

**同日**

山西省省长于幼军在太原会见英国苏格兰皇家银行大中华区总裁兼香港分行行长蓝玉权一行。于幼军与客人就苏格兰皇家银行与山西省企业开展合作的有关事宜进行会谈。

**14日**

中共山西省委书记、省人大常委会主任、省落实党风廉政建设责任制领导组组长张宝顺到运城市参加2006年度运城市落实党风廉政建设责任制考核汇报会。会上，张宝顺指出：要以科学发展观为指导，深入贯彻中央精神和省第九次党代表大会的部署，进一步做好反腐倡廉工作，认真落实党风廉政建设责任制，从思想、组织、作风、纪律上为加快科学发展、建设和谐山西提供有力保证。

**同日**

山西省综治委在太原举行2006年第三次全会。会议审议2004—2005年度全省综治考核情况和省级“平安县”考核验收情况，研究2007年全省综治工作要点。会议研究议定，晋城、大同、晋中、朔州、阳泉、临汾和长治等7个市被评为2004—2005年度全省社会治安综合治理先进市；太原市小店区、大同市南郊区、平定县、怀仁县、岢岚县、孝义市、祁县、潞城市、晋城市城区、曲沃县、绛县等11个县（市、区）被评为“全省平安建设先进县”。

**14日至15日**

中共山西省委书记、省人大常委会主任张宝顺到运城调研。他指出：要认真贯彻落实党的十六届六中全会精神，坚持以科学发展观统领经济社会发展全局。在加快经济发展的同时，更加注重发展的协调性，从解决涉及群众切身利益的问题入手，加强教育、医疗、卫生等各项社会事业建设，促进城乡、经济社会协调发展，加快和谐山西建设进程。

**同日**

中共山西省委副书记、山西省省长于幼军在太原会见铁道部副部长卢春房、总经济师黄民一行。双方就太中银铁路、石太客运专线建设问题以及山西省南部铁路出海通道规划建设的前期准备工作进行了交流。

**同日**

中共山西省委副书记、山西省省长于幼军在太原会见国际著名投资银行美林集团中国区主席、亚太区投资银行部主席刘二飞一行。

**16日**

山西国际电力集团有限公司与世界500强企业韩国电力公社、德意志银行签订合资合同，组建一家注册资金为100亿元人民币的中外合资公司。

**同日**

山西省省长于幼军在太原会见加拿大前任驻华大使、加中贸易理事会主席贝祥先生带领的加拿大矿业与投资代表团。客人此次来太原主要是参加由新晋商联合会、新晋商杂志社主办的“加拿大—山西矿业合作投资”论坛，并寻求矿业投融资及矿业安全生产等领域的合作机会。

**18日**

山西省人民政府第九十一次常务会议在太原召开。会议重点研究了2007年全省经济社会发展预期目标、总体安排和财政预算。

**同日**

山西省省长于幼军在太原会见美国花旗集团环球行业副主席兼花旗集团亚太区首席运营官章晟曼一行。此次客人到山西目的是进一步了解山西经济社会发展状况，并在若干项目和领域寻求合作。

**18日至19日**

中共山西省委书记、省人大常委会主任张宝顺到太原重型机械（集团）有限公司、中国船舶重工集团公司汾西机器厂、中国电子科技集团公司第二研究所进行调研。他强调：企业和科研所要增强发展意识、创新意识、改革意识和开放意识，发挥比较优势，勇于开拓进取，下工夫培育核心竞争能力，牢牢掌握市场竞争主动权，为振兴山西装备制造业多作贡献。

**19日**

山西森润年产60万吨机焦及化产回收项目建成投产。

**21日**

中共山西省委常委会议在太原召开。会议按照中央经济工作会议精神和省第九次党代表大会部署，分析当前经济形势，研究2007年经济工作。

**23日**

全省组织部长会议在太原举行。会上，中共山西省委书记张宝顺作重要讲话。他强调：2007年是加快科学发展、建设和谐山西的重要一年，是以迎接党的十七大胜利召开和学习贯彻十七大精神为主线、扎实推进党的建设新的伟大工程的关键一年。全省各级组织部门要增强政治意识和大局意识，按照中央的部署做好有关准备工作，以扎实的工作、优异的成绩从思想上、组织上为十七大胜利召开创造良好的条件。

**同日**

山西省省长于幼军在太原会见由名誉会长叶选基、会长殷剑波率领的香港能源矿业联合会考察团。

**同日**

山西省省长于幼军到省煤炭工业局、省安监局（煤矿安全监局）和山西焦煤西山煤电集团屯兰矿，就加强全省煤矿安全生产工作进行专题检查和调研。他强调：要时刻高度重视以煤矿为重点的安全生产工作，在坚定不移打好煤炭行业“三大战役”的同时，以严密的制度、严格的管理和严明的纪律，充分运用高科技手段切实加强安全生产监管和防范工作，推动煤炭工业走上文明和谐发展之路。

**23日至24日**

“创新创业·报效祖国”2006海外学人回国创业周山西站活动在太原启动。参加本次创业周活动的有来自法国、俄罗斯、韩国等12个国家的40余名海外学人。海外学人在晋期间，重点考察山西省的投资及创业环境，了解山西省的招商引资、招才引智的有关政策和山西省人才资源岗位的需求情况。

**25日至26日**

全省经济工作会议在太原召开。会议确定了2007年经济工作的总体要求：认真贯彻落实中央经济工作会议精神和省第九次党代表大会的部署，全面落实科学发展观，坚持走出“四条路子”、实现“三个跨越”的思路，在发展新的支柱产业、深化经济结构调整上下工夫，在推进节能降耗减排和科技创新、转变经济增长方式上下工夫，在统筹城乡区域发展、提高群众生活水平上下工夫，在继续深化改革、全面扩大开放上下工夫，在发展社会事业、促进社会和谐上下工夫，努力开创经济社会发展的新局面，以优异成绩迎接党的十七大的胜利召开。

**27日**

全省人口和计划生育工作会议在太原召开。会议客观分析了全省人口与计划生育面临的严峻形势和发展任务，总结了山西省2006年保持稳定低生育水平、人口计生工作摆脱被动落后局面的新进展，对2007年的人口计生工作做了安排部署。

**同日**

全省煤炭产用需衔接视频会议在太原召开。从此，在中国延续了50多年的由政府召开的全国煤炭订货会宣告结束。会议要求全省各有关部门和企业要坚定不移地贯彻国家宏观调控政策，在省委省政府领导下，全面完成此次衔接任务，为保障国家经济平稳运行，为山西省经济又好又快发展做出新的更大贡献。

**28日**

本日19时，世界规模最大的不锈钢冷轧系统宽幅热线项目——太钢新不锈钢工程重点项目在太钢投产。

**30日**

中共山西省委宣传部等9家单位联合举行第七届“山西省十大杰出青年”评选。杨建新、赵笑长、龙晓霞、赵珂、杨梅喜、邢万里、王兆麟、窦银科、刘少文、董林成被评为第七届“山西省十大杰出青年”。

**同日**

中共山西省委、山西省人民政府、山西省军区联合作出《关于命名双拥模范城（县、区）的决定》。

**31日**

全省第二次农业普查启动。在这次农业普查中，全省各地农业普查部门和工作人员对1300个乡镇、2.8万个村民委员会、800多万农户、2200万农业人口进行登记造册。

**本年**

全省人口为3374.6万人，出生率为11.48‰，自然增长率为5.75‰。

**本年**

全省国内生产总值完成4746.5亿元，比上年增长11.8%。其中，第一、二、三产业增加值分别完成276.6亿元、2742.5亿元和1727.4亿元，分别增长5.1%、15.3%和7.7%。

**本年**

全省粮食总产量为1073.3万吨，比上年增产9.8%，是山西省第3个高产年。

**本年**

全省全年完成全部工业增加值2482.7亿元，比上年增长16.0%。其中，规模以上工业增加值2086.2亿元，增长

18.3%。

**本年**

全省进出口总额达到66.3亿美元，比上年增长19.5%。其中出口总额41.4亿美元，增长17.3%；进口总额24.9亿美元，增长23.3%。

**本年**

山西省旅游收入总计达428.4亿元，比上年增长46.7%。本年中，累计接待国内游客7517.0万人次，比上年增长14.9%；累计接待海外游客57.4万人次，比上年增长36.1%。全省旅游外汇收入1.6亿美元，增长41.3%。

**本年**

全省全年完成财政总收入1048亿元，一般预算收入完成583.1亿元，分别比上年增长38.2%和58.3%。

**本年**

山西省二级以上天数累计达到270天，比2005年增长8.67%。除吕梁市外，其他10个城市全部超额完成增长5%的目标任务。（《山西日报》2007年1月13日登载）

（王卫香）

小资料

## 2006年度太原十大新闻

1. 太原市第九次党代表大会明确提出今后发展的目标定位和功能定位。坚定不移地把建设创新型城市作为推动发展的主战略，把太原建设成为经济发达、文化繁荣、社会和谐、环境优美、人民富裕的新型工业基地和集三晋文脉与现代气息为一体的特色文化名城，建设服务全省、影响全国、吸引世界的新太原。

2. 太原市十一届人大六次会议审议通过《太原市国民经济和社会发展第十一个五年规划纲要》。2006年全市地区生产总值首次突破1000亿元，增长12.2%。

3. 2006年9月29日，太钢达到300万吨不锈钢产能，一跃成为全球最大的不锈钢生产企业。

4. 全市招商引资取得丰硕成果。2006年供签约项目147个、引进资金74.5亿美元，创历史新高。

5. 历史文化讲座、高层论坛连续不断。2006年12月18日，市委书记申维辰专门邀请北师大于丹教授进行了历史文化专题讲座。“太原创新论坛”“现代服务业推进会”“构建和谐社会报告会”等反响强烈。

6. 全市文化体制改革迈出实质性步伐，2006年12月23日，“太原市文化广播电视集团”正式挂牌成立。

7. “晋之源”大型文化旅游推介活动规模空前，全市旅游收入突破百亿元。

8. 600多名大学生争相报考“村官”。2006年8月7日，66名大学生进驻农村。2006年12月22日，全市首批160名新农村建设特别助理奔赴农村开展工作。

9. “环境创新年”活动突出了“创优政务环境、整治城市卫生、创建文明交通”3个重点，进一步简化和规范了行政审批程序；清理垃圾17万立方米；严厉查处各类交通违法行为，事故直接经济损失同比下降30.4%。

10. 省综合治理委员会推广了省城“天眼”工程建设经验。目前，全市安装视频监视系统近3000套。

# 概　　况

## 自然人文地理

**【位置　面积】**　位置　山西省是我国内陆省份之一。地处太行山与黄河北干流峡谷之间，位于我国三大阶梯状地形上第二阶梯中部的前缘地带，巍峨屹立在华北大平原西侧。北界长城与内蒙古自治区接壤，西隔黄河与陕西省相望，南抵黄河与河南省为邻，东及东南依太行山与河北、河南两省毗连。处在我国东部沿海经济发达地区和西北内陆经济发展中间地区，是首都北京的西部屏障。省境轮廓大体呈南北向的平行四边形。介于东经 110°14′42″～114°33′17″、北纬 34°34′48″～40°44′30″。南北长 682 公里，东西宽 385 公里。

面积　山西省域总面积 15.6579 万平方公里，约占全国总土地面积的 1.64%。（史　地）

**【地质】**　从大地构造上讲，山西位于中朝准地台近中央部位，称山西断隆。北抵内蒙古地轴中部，南连秦岭褶皱系，西接鄂尔多斯台坳，东以太行山大断裂为界同华北地坳分开。山西断隆的中轴上，叠加有“S”型汾渭地堑系。

山西境内地层发育较全，除上奥陶系上统、志留系、泥盆系、石炭系下统和中统缺失外，其余时代地层均有分布；尤其前寒武系和上古生界地层，在中国北方具有一定的代表性。

岩浆岩类型多，分布较广泛，以侵入岩为主，特别是中生代侵入岩反映出多期次特点，与许多内生矿产的形成有关。并有全国罕见的碱性岩类。（连碧鹏）

**【地貌】**　山西是中国黄土高原的一部分，除了若干岩石裸露的峰峦，绝大部分地貌为黄土覆盖，或称山西高原。高原内起伏不平，地貌类型复杂，山多川少，山地丘陵占 80%还多，平原台地略近 20%。全省最高点为五台山北台顶（叶斗峰），海拔 3058 米；最低点在垣曲县西阳河入黄河河口处，海拔仅 180 米。境内大部分地区为海拔 1000 米以上，在华北地区显隆起的形貌。在隆起的高原中部，为一连串断陷盆地。以贯通南北的同蒲铁路为中轴，由北向南贯串大同盆地、忻定盆地、太原盆地、临汾盆地和运城盆地共五大盆地。另有长治盆地在山西东南部的沁潞高原区，旧称上党盆地。

一系列的盆地将山西斜分为东西两部分，东部、东南部是恒山、五台山、太行山、太岳山和中条山为主体的山地高原区；西部是吕梁山、云中山、芦芽山等山脉及相连的黄土高原区。

七大山脉：

太行山脉　北接系舟山与五台山，南接晋城市南端，长约 350 公里，宽约 40 公里～50 公里，最高海拔为 2000 米以上，盘亘于山西与河北、河南三省的交界地带，是三省的天然分界线。太行山脉被许多河流横切割断，形成许多著名的山口和关隘。苏东坡诗称“太行由来天下脊”。

恒山山脉　跨有大同、朔州、忻州三地市，是桑干河与滹沱河上游的分水岭，也是大同盆地与忻定盆地的界山。西南则与云中山相接，向东则延展至河北境内。恒山主体长约 200 公里，宽约 20 公里，海拔约 1700 米～2400 米，最高峰为代县境内的馒头山，海拔 2426 米。恒山号称 108 峰，气势雄伟，被尊为中国五岳中的北岳，又名元岳、阴岳、紫岳。恒山主峰在浑源县，海拔 2016 米，山腰建有北岳庙，主峰西侧的磨峪口有凭险而筑的悬空寺，是北魏时所建。

五台山脉　在山西省东北部，又称华北之脊，跨繁峙、代县、原平、定襄、五台、忻州、盂县等县市，北瞻恒山，南望系舟山，东接太行山，呈东北—西南走向，长约 130 公里，宽约 30 公里～50 公里。五台山以五峰得名，中为翠岩峰，西为挂月峰，东为望海峰，南为锦绣峰，北为叶斗峰。海拔在 2400 米～3058 米之间。五台山是中国著名的四大佛教圣地之一。因其气候高爽，夏无炎暑，又称清凉山。

系舟山脉　位于忻定盆地南侧，呈北东方向延伸，东北与五台山相接，东与太行山连为一体，向西至峪子口与云中山相接，东西绵延 80 公里，向南深入阳曲县东部和盂县北部。在大地构造上它组成沁水向斜煤盆地的北部边缘。山顶海拔 2000 米左右，山脊线靠近忻定盆地一侧。北坡陡峭，沟谷短促；南坡缓慢斜，岗峦起伏。较高山峰大都分布于忻州、定襄南部与阳曲、盂县交界的山脊线上，主要有柳林尖山（2102 米）、读书山（1898 米）、天翅垴（2023 米）、南坪梁（2022 米）、小五台山（1986 米）等。系舟山为滹沱河与汾河的分水岭；石岭关与峪子口为两个山口，成为忻定盆地通往太原盆地的重要通道。

太岳山脉　也称霍山，位于山西中南部，山势缓和，东接沁潞高原，北邻太原盆地，南接临汾盆地，北起介休县的绵山，南达浍河连着中条山。主峰海拔 2348 米，山脉长约 80 公里，宽约 20 公里～50 公

山地丘陵地形

图　　史地　摄影

里，是汾河与漳河、沁河的分水岭。太岳山森林茂密，为山西主要林区之一，古代这里享有“中州重镇、帝都屏障”之称。

中条山脉　位于山西西南部，东起垣曲县的舜王坪（历山），西至永济市的首阳山，北接太岳山，南抵黄河岸，呈东北—西南走向，长约170公里，宽约10公里～30公里，海拔为1200米～1900米。山体东段较宽阔，顶部平坦，如高山草原；中段呈阶梯状；西段则山势挺拔，以海拔1825米的雪苍山最高。

吕梁山脉　位于山西中西部，由北而南包括管涔山、芦芽山、云中山、关帝山、紫荆山、五鹿山、天高山、龙门山等，向南探入陕西省境内，大体呈东北—西南走向。在山西境内长约400公里，宽约40公里～120公里。此段山脉形势高峻，又分东西两列，东为云中山，西为管涔山和芦芽山，两列之间有静乐盆地。芦芽山是山西最好的林区；中段关帝山山高林密，也是林区；南段山势渐低，吕梁山末端的龙门山，近东西走向，被黄河穿切，有举世闻名的壶口瀑布及峡谷。

六大盆地：

大同盆地　位于山西北部，长约220公里，宽约20公里～40公里，面积约5000平方公里。是山西最大的盆地。包括大同市、朔州市的平原部分。盆地内东部有30多座火山丘。大部分系洪积、冲积和湖积物。

忻定盆地　北有恒山，西有云中山，东接五台山，东南面为系舟山。长约70公里，宽约10公里～25公里，面积约2157平方公里。冲积层分布广，地势较平坦。

太原盆地　北起石岭关，南至韩信岭，东西两侧与山地相接，为本省最大的冲积平原之一。盆地中部系汾河冲积平原，汾河于此有文峪河、潇河等支流，农业灌溉便利。

临汾盆地　北起韩信岭，由侯马折向西，至黄河岸。长约160公里，宽约20公里～25公里，面积约5000平方公里。沿山前断裂带有大型岩溶泉水流出，水源丰富，便于工农业用水。

运城盆地　又称涑水盆地。北依峨嵋岭，西至黄河岸，东部、南部接中条山，面积约3000平方公里。南部有盐池、硝池、伍姓湖等。盆地内多河湖相堆积，涑水河已断流，形成700平方公里的闭流区，是山西惟一的内流区域。大部分地区土壤肥沃，气候温暖，为全省无霜期最长的地区，宜于农业，是中华古文化的摇篮。

太行山脉

史地　摄影

长治盆地　又称上党盆地，位于山西东南沁潞高原中部，直接老顶山，北西南多起伏的丘陵，面积约1000平方公里。

六大盆地之外，尚有不少山间黄土小盆地平原，均为主要农耕区，如灵丘、五台、盂县、寿阳、武乡、襄垣、黎城、晋城、阳城、垣曲、静乐、娄烦等县。

整个山西大致可分为三大高原即晋西黄土高原、晋西北高原和晋东南的沁潞高原。

三大高原：

1. 晋西黄土高原

北起偏关，南至乡宁；东起吕梁山西坡，西抵黄河。境内除少数孤立的石质山地外，大都是黄土覆盖的丘陵沟壑，地面异常破碎，是水土流失严重的地区之一。

2. 晋西北高原

分布于晋西北左云、右玉、平鲁等县（区），地面呈波状起伏，上覆薄层黄土，以缓坡丘陵为主。

3. 沁潞高原

北起盂县、寿阳，南至晋城，构造上属沁水向斜盆地，现隆起为高原，除局部断陷成为盆地外，经流水分割多成为低山或丘陵。丘陵表面大都有黄土覆盖，但因黄土厚度较小，下切亦较浅，不像晋西那样破碎。

山西的常态地貌为山地、盆地、平原、丘陵、高原，而非常态地貌则为黄土地貌和火山地貌。

黄土地貌有黄土沟（谷），主要形态为黄土塬、黄土梁、黄土峁。

火山地貌分为火山锥与火山群、熔岩垄冈，主要分布在大同盆地东部，是中国也是世界上著名的火山群。（史　地）

**【气候环境】**　山西系高原地带，处中国大陆偏东部中纬度的内陆，气候类型有温带大陆性季风气候区的特点。由于境内山峦起伏、北高南低且南北狭长，故气候垂直变化显著、南北差异也大。恒山——内长城以北属温带半干旱气候区，昔阳——太岳山——河津一线以南为暖温带半温润气候区，中部恒山以南至昔阳——太岳山——河津之间为暖温带半干旱气候区。总的特点是：春季气候多变，风沙较大，夏季温度相对高而多雨，秋季短暂，温和宜人，冬季较长，寒冷干燥。

全省地面气温特点是冬寒夏热，年温差、日温差均较大。全省年平均气温介于4℃～13℃，晋中、晋东南则为8℃～10℃，临汾、运城及中条山以南河谷地带则为12℃～14℃。1月最冷，月均气温介于-2℃～-16℃之间；7月最热，月均气温介于19.5℃～26.5℃之间。本省出现的极端最低气温为-44.8℃（五台山顶），极端最高气温为42.8℃（运城市临猗县）。

本省日照时数为2200小时～2900小时，年日照率为51%～67%，均由南向北逐渐增加。一年中，5月、6月日照时数最长，11月、12月最短。

本省各地无霜期介于80天～200天之间，与北高南低的气温相对应。各地无霜期相差100多天，作物生长期相差3个月之多。北部农作物一年一熟，晋南则可一年两熟。

降水量：从整体上看，降水量从东南向西北随地势高而递减。除少数高山区外，年降水量在400毫米～650毫米间，在中国属干旱地区。全省有3个多雨区：一是太行山区与中条山区，年降水量在600毫米以上；二是五台山区，年降水量达600毫米～700毫米；三是吕梁山区，年降水量在600毫米左右。三个少雨区：一是大同盆地，年降水量在400毫米左右；二是忻定盆地，年降水量在400毫米～450毫米间；三是吕梁山以西的黄土丘陵区，年降水量在450毫米左右。

年度降水量，多集中于夏季6～8月间，占全年降水量的60%以上，且多暴雨；冬季降水（雪）最少，仅占年降水量的2%～3%。秋季降水量亦多，春季则稀少。另一特点是降水年际变化大，如太原年平均降水量为473.9毫米，丰水年为枯水年的两倍，而枯水年一般不及丰水年的1/3。

山西省风向总的情况是，冬季多数地方吹北风或西北风，夏季则为南风或东南风。各地因地理位置与地形条件不同，风向有所变化，一般来说，风向与山脉河谷伸展的方向一致。全省最高的五台山顶，常年以西北风为主。全省北部比南部风大，平原地区比山区风大，年平均风速为2米/秒～4米/秒。

空气湿度分布趋势是从东南向西北递减，高山区大多低于低山与河谷区。年平均相对湿度在52%～68%之间，这与全省年降水量的分布趋势一致。总的看，夏秋季湿度大，为68%～80%；冬春季则较干燥，为44%～60%。相对湿度的最大值一般出现在日出之前，最小值出现在午后15时左右。

地理环境和气候条件决定了山西的灾害类型和特点：一是干旱多，素有"十年九旱"之说。近40年来，干旱年的发生逐渐频繁，有1965、1972、1978、1986、1991、1997年共6个严重干旱年。干旱尤以春季严重，各地春旱频率达50%以上，以东部为甚，秋旱、冬旱几率亦较大。二是冰雹，特点是雹粒大、范围广、雹期长、成灾重，40年来，以1982、1984两年灾情最重。降雹多发于6～8月。雹灾多起源于山区坡地，往往为西北向东南走向，故有"雹打一条线"之说。

霜冻，仅次于雹灾。早霜冻一般出现在9～10月间，地区分布是由北向南递减。春霜冻则由南向北，从4月上旬开始，到6月初结束。

风灾，也是山西常见的一种灾害性天气，成因一种是大风，一种是干热风。山西中北部多大风区，往往有风沙或沙尘暴，以春季常见。

暴雨，多发生在夏秋季，有山洪暴发、河道决口等类型。洪涝灾害有逐渐增多的趋势。这些灾害的形成同自然环境保护不力关系密切。　（史　地）

**【自然资源】** 山西矿产资源丰富，开采历史悠久，早有煤乡之名声闻中外。全省74%的县区有煤炭资源。山西是中国最大的能源重化工基地。截至1996年底，全省已发现117种矿产，其中探明储量并列入《山西省矿产储量表》的62种，潜在价值13.8万亿元，居全国第二位。保有储量居全国第一位的有煤、铝土矿、耐火粘土等7种，居全国前十位的矿产有34种。煤、铝土矿、铜、铁、耐火土、石灰岩、石膏是山西占优势的资源。煤、铁开采冶炼产量可观，属山西的支柱产业，已生产、在建的各类矿山企业达18833个。

山西矿产资源有五个特点：一是分布既广泛又集中；二是总量居全国前列，但矿产配套程度尚欠缺；三是类型较全而富矿少；四是共伴生矿多，可一矿多用；五是开采条件差异性大。

煤是山西传统的优势矿产，储量大，煤种全，品质优良，广泛分布于大同、宁武、西山、霍西、河东和沁水六大煤田及浑源、五台、垣曲、平陆四个煤产地。分布范围达94个县市，含煤面积6.19万平方公里，占全省面积的1/3以上。预测总储量8710亿吨，居全国第三；已探明储量2670.7亿吨，占全国已探明储量的1/3，居全国第一。全省煤矿约3600多个，2006年生产原煤5.8亿多吨。中国商品外运煤，70%出自山西，全国21个省、市、自治区靠山西供煤，焦炭所占比重尤大，在世界上有卓著声誉。近年又探明山西尚有10万亿立方米的煤层气储量，相当于100亿立方米石油。山西矿产优势目前已改变单靠挖煤卖煤的老路，新的煤业开发有煤炭液化以代石油；煤炭掺水制水煤浆，水污染，费用低，可代重油，前景看好。

铁，也是山西传统的优势资源，类型多、分布广、储量丰。截至2006年，保有储量约38.4亿吨，居全国第四位。主要集中于五台山区、吕梁山区、太行山区、塔儿山并二峰山（襄汾、曲沃、浮山）一带及古交市、交城县一带。矿床类型主要有变质沉积矿床、沉积矿床、接触交代型矿床、热液型矿床。2006年全省铁矿产量达3556万吨。

铜，为山西主矿产之一。保有储量346.68万吨，累计探明储量近400万吨，富铜矿有51万吨，主要集中分布在中条山区，占全省储量的96%，他处有零星分布。2006年铜产量达68025吨。

铝土矿极为丰富，仅次于煤。1985年探明储量的矿床有37个。2006年保有总储量10亿吨，占全国总储量的38%，居首位，广泛分布于山西中部与中南部。

此外金属矿产资源尚有锌、铝、金、钴、银、锗、镓，多与他类矿产共生。

非金属矿产资源有68种，已探明的39种，其中用作冶金辅料的有熔剂石灰岩、白云岩、耐火粘土、硅石、铁矾土；用作化工原料的有硫铁矿、磷矿、电石灰岩、岩盐、芒硝、镁盐；用作建材原料的有石膏、白云母、钾长石、瓷土、石墨、珍珠岩、沸石、膨润土、水晶、高岭石等；还有石棉、水晶、蛭石、大理石、浮石、冰洲石、水泥粘土、砖瓦黏土等，种类繁多，不一而足。

山西的植物资源，境内南部、东部是以次生落叶灌木丛和落叶阔叶林为主的夏绿阔叶混交林地区，其中松树、栎树等树种占优势，灌木丛中沙棘、虎榛子、黄蔷薇、黄栌、红酸刺、连翘、酸枣占相当

安大堡选煤厂

史地　摄影

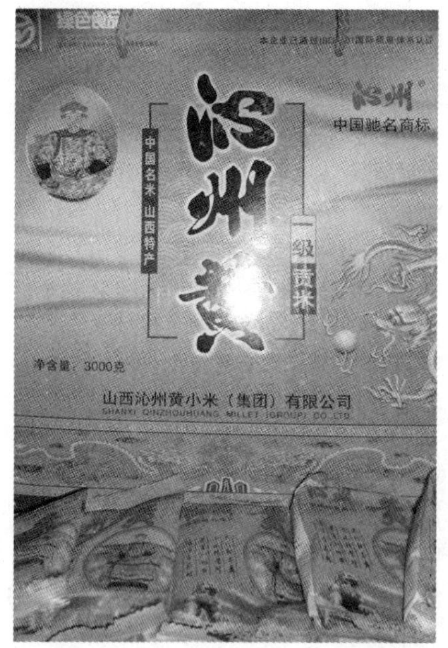

沁州黄一级贡米 史地 摄影

面积，果树有柿、枳椇（拐枣）、苹果、梨、红花果、桃、核桃、红枣等，农作物以棉花、冬小麦、谷子、玉米为大宗。

中部以落叶灌木丛和针叶林为主，其次为夏绿阔叶林，其中多松树、杉树等针叶林，灌木丛以柔毛绣线菊、胡枝子、榛子、黄蔷薇、沙棘、虎榛子为主，草本植物次之，山地草甸上多蒿草、豹子花。果树以梨、枣、核桃居多，还有葡萄、红花果、桃、杏等。农作物以杂粮为主，亦有冬小麦、棉花。

北部多灌木丛和半干旱草原，长芒草、角蒿、兴安胡子、狗尾草是优势植物，其余有沙棘、虎榛子、黄蔷薇等。果树有红花果、苹果、核桃、枣等，农作物以马铃薯、胡麻、莜麦为主，此外有春麦、谷子等。

植物中的森林资源在境内较贫乏，在全国居后位。森林总面积据2005年统计为3094万亩，人均不到1亩，为全国人均森林面积的一半左右。森林中的天然林主要分布于五台山、吕梁山、太行山、太岳山、中条山脉主脊之两侧，河流上游的偏僻山地亦有分布。山西的森林树种杂、林相差、质量不高，惟有管涔山林区的云杉林质量优良，每亩蓄积为11.70立方米，但在全省而言数量有限。山西有管涔山、五台山、关帝山、太行山、太岳山、吕梁山、中条山等林区，但全省造林任务仍很艰巨。

牧草资源中在300亩以上的草地约5566万亩，占全省总面积的23.7%，草地植物种类繁多，可供饲用的牧草植物有500余种，其中优良者百余种。

山西野生经济植物资源丰富，达千种以上，其中树木400多种，药用植物900多种，颜料植物50多种，油脂植物70多种，芳香油植物40多种，淀粉与糖类植物50多种。野生蔬菜植物中食用菌约有80多种，五台山的台蘑，管涔山、关帝山的银盘蘑，中条、吕梁、太岳、太行山区的猴头、黑木耳均闻名国内外，此外各种蕨类、水芥、大车前、蒌蒿、马苋菜，营养价值均高。野生果树多达130种，如山葡萄、毛葡萄、山杏、山桃、黄刺玫、野山楂、杜梨、木梨、山荆子、草莓、酸枣、五味子、野核桃、榛子等，遍布全省的沙棘，是目前受青睐的上等保健品，猕猴桃则为上等果品。

野生动物资源种类不少，数量较大。国家级保护动物有29种，占全国总数144种的1/5。一类保护动物有虎、梅花鹿、黑鹳、白鹳、朱鹮、褐马鸡、丹顶鹤共7种；属二类的有林麝、原麝、猞猁、兔狲、金钱豹、猕猴、金猫、大天鹅、小天鹅、鸳鸯、虎头海雕、白冠长尾雉、穿山甲、大鲵、马鹿共15种；属三类的有石貂、青羊、金雕、玉带海雕、白尾海雕、卷尾鹈鹕、大鸨、大壁虎共9种。目前建立有芦芽山自然保护区（位于管涔山区）和庞泉沟自然保护区（关帝山区），此外尚有历山、蟒河、五鹿山、五台山、恒山、老顶山等6个自然保护区。

山西的总面积约为15.63万平方公里，占全国土地总面积的1.63%。2006年全省总人口3374.55万。人均土地资源8.5亩，其中人均耕地约1.77亩。就土地利用构成情况看，农业耕地约占34%，林业用地占10%，高山草场占13%，宜林牧荒地占38%，其他为15%。耕地有3/4分布于山区和丘陵区。由于干旱缺水、水土流失、耕作粗放，土地资源的利用质量不高，后备耕地资源有限，严重制约了生产力的发展。

山西的水资源紧缺，人均仅580立方米，相当于全国人均水资源的21.5%，为全国倒数第二位。水资源年均142亿立方米，其中河川径流114亿立方米，集中于7～9月，年季变化大，丰水年为枯水年的2.5倍左右。2005年地下水总量为72.56亿立方米。山西西部水量甚少，六大盆地亦少，严重制约着社会经济发展。

山西的河流有两大水系，即黄河水系与海河水系。汾河、沁河、涑水河、三川河、昕水河五条属前者，桑干河、滹沱河、漳河三条属后者。

汾河是省内最大的河流，发源于宁武县管涔山雷鸣寺泉，在河津县禹门口附近汇入黄河，长695公里，流域面积39471平方公里。年均水量为33.6亿立方米。

沁河，发源于沁源县西北的太岳山，向南流，切穿太行山于五龙口入河南，汇入黄河，境内长326公里，流域面积9315平方公里。年水量6.16亿立方米。

三川河，由北川河、南川河、东川河汇合而称三川河。主流北川河发源于方山县东北的赤野岭，注入黄河。河长168公里，流域面积4161平方公里，年水量2.81亿立方米。

昕水河，发源于蒲县摩天岭，注入黄河，长174公里，流域面积4326平方公里，年水量1.71亿立方米。

涑水河，发源于绛县陈家峪，东南入伍姓湖后注入黄河，长195公里，流域面积5569平方公里，年水量6.16亿立方米。

黄河壶口瀑布 史地 摄影

# 山西省委老干部局

2007年，省委老干部局以“三个代表”重要思想和十七大精神为指导，深入贯彻落实科学发展观，按照《2006–2010年山西省老干部工作规划》(晋办发〔2006〕3号)部署，以“提升服务水平，促进社会和谐”为主题，围绕“三完善、三促进；两加力、两提升”工作思路，创特色、出亮点、促落实，全省老干部工作取得了新成效。

9月20日～21日，中央组织部在太原召开全国落实中组发〔2006〕12号文件精神工作座谈会，图为局长李仁和在会上作发言

1. 以作风建设为主线，创建务实机关，树立部门新形象。按照“作风建设年、狠抓落实年”要求，深入学习胡锦涛总书记6·25重要讲话和十七大精神，建立了局领导联系点制度，完善了老干部工作督查指导机制，制定了加强作风建设实施意见，开展了“五个一”系列活动，提出部门建设标准和干部职工行为要求。选送业务骨干参加了培训学习，组织了市、县工作人员外出考察，举办了局系统科级干部培训班和新任市、县局长培训班。扎实推进自身建设，省局机关和局属单位被命名为省直文明和谐单位标兵，9个市局和60%的县局通过了文明单位验收，档案管理达标和办公自动化网络建设全面推开。

2. 以完善机制为抓手，坚持以人为本，促进待遇落实。认真贯彻落实中组发〔2006〕12号文件精神，召开了全省离退休干部党建工作代县现场会，下发了《关于做好新形势下组织引导离退休干部发挥作用工作的意见》，引深离退休干部党组织“争创先进”活动，离退休干部党建工作成效显著，中组部在太原召开的全国贯彻落实中组发〔2006〕12号文件精神工作座谈会上，山西介绍了经验。离休干部“三个机制”进一步完善，运行规范。不断加强国有改制、破产和特困企业离休干部管理服务，协调出台了全省提高离退休干部生活待遇的三个文件。全面加强信访工作，老干部信访大幅度下降，信访工作经验在全国老干部信访工作座谈会上作了典型发言。全省老干部“两个待遇”得到较好落实。

3. 以阵地建设为依托，强化规范管理，提升服务水平。深入开展老干部活动中心“达标创优”活动，在硬件建设、人员配备、规范管理、活动开展等方面实现了新突破。积极推进老年大学工作，召开了全省老年大学工作长治现场会，制定了《山西省老年大学三年发展规划》，成立了老干部教育工作办公室，进一步理顺了管理体制，促进了经费落实，提高了办学水平，加快了全省老年大学发展步伐。

省委老干部局局机关被省直机关精神文明建设委员会评为“文明和谐单位标兵”

4. 以思路创新为先导，打造特色和亮点，推动工作全面发展。坚持工作思路创新，以主办、合作或冠名方式先后举办了“汾酒竹叶青杯”全省老干部运动会、“大同证券杯”中老年歌手电视大赛活动，有效地带动了全省老干部文体活动的开展。坚持服务方式创新，举办了“2007中国山西首届老年服务用品博览会”，得到省领导充分肯定和广大离退休干部高度赞誉。

党的十七大胜利闭幕后，及时召开局理论学习中心组扩大会议，传达学习十七大报告精神，专题研究全省老干部部门及离退休干部学习十七大精神工作

9月26日～28日，以“关爱·和谐·发展”为主题的“2007中国山西首届老年服务用品博览会”在太原开幕，图为省级老领导李立功等现场观看博览会展览

10月19日～25日，在太原市和中国井冈山干部学院举办了山西省新任市县老干部局长培训班，图为培训班结业仪式

# 中共潞城市委 潞城市人民政府

潞城市委书记 李进军

潞城市委副书记、市长 张治云

潞城市是1994年撤县设市的新兴城市，位于山西省东南部，上党盆地东北边缘，国土总面积615平方公里。现辖4镇3乡2个办事处，202个村(居)委，2006年末总人口22万人，其中农业人口17万人。

潞城有深厚的古色积淀。旧石器时代就有先民集居。秦置潞县，隋开皇十六年（公元596年）始称潞城，宋、元、明、清、民国沿袭至今，已有2300多年县治历史。境内资源丰富，水源充足。潞城有丰富的黑色积淀。探明具有开采价值的矿种有煤、石灰岩、石膏、白云石、铝钒土等10余种，其中白云石储量约2.2亿吨，占到全省已探明储量的90%；石膏储量约4亿吨；石灰岩储量约5亿吨；原煤储量约2.4亿吨。尤以水资源闻名，是北方地区少有的富水区，境内的辛安泉为华北第二大泉域，年平均流量为每秒11.6立方米。潞城有鲜艳的红色积淀。抗日战争时期，潞城为太行革命根据地的前沿阵地，神头之战遗址及其纪念碑、烈士亭、纪要，记载着刘伯承、邓小平、陈赓率部勇歼日军精锐师团的丰功伟绩，八路军总部和中共中央北方局所在地北村旧址，留下了朱德、彭德怀、左权等老一辈无产阶级革命家的战斗足迹。

潞城市市容

潞城市污水处理场厂区

天脊苯胺生产基地

2006年，潞城市坚持以科学发展观统领经济社会发展全局，坚持改革开放，推动科学发展，促进社会和谐，经济社会发展在科学发展的轨道上健康、协调推进。在经济建设方面，立足于推进支柱产业多元化，大力发展新型焦化、新型冶炼、新型建材、新型电力、新材料和物流产业，经济增长的质量和效益不断提高。全市生产总值达到48.1亿元，比上年增长9.6%；财政总收入达到9.08亿元，增长25.6%，其中，一般预算收入完成2.62亿元，增长45.8%；农林牧渔业总产值3.46亿元，增长17.8%；工业总产值89.3亿元，增长14.1%；城镇居民人均可支配收入达到8642元，增长7.8%；农民人均纯收入达到4397元，增长6.1%；社会消费品零售总额完成4.2亿元，增长12.2%。在第六届全国县域经济基本竞争力评价中，名列全国500强第397位，名列中部百强县(市)第84位，名列全省第12位。在文化建设方面，集中财力改善文化、教育、科技条件，文化基础设施建设明显加强；在社会建设方面，立足于构建和谐社会，统筹工农业发展、统筹城乡发展、统筹经济社会发展；在城市建设方面，先后建成了1000平方米以上公共游园绿地38处，建成宽50米、长12公里的环城林带，建成园林化单位96个，多项绿化指标达到或超过国家园林城市标准，去年潞城跻身于全国和谐中小城市示范市50强行列(第18位)；在政治建设方面，围绕提高行政能力，集中开展以"十讲十建"为主要内容的最佳服务机关创建活动，着力建设学习型、法治型、服务型、诚信型、责任型、廉洁型政府，潞城跻身于2006年度全国最具投资潜力中小城市百强行列（第42位）。

2007年5月，潞城市四届人大一次会议选举产生了新一届市人民政府，确定了今后五年政府工作的总体思路是：以科学发展观统领经济社会发展全局，突出又好又快的发展主题，紧紧围绕建设全国百强县（市）的奋斗目标，加快建设社会主义和谐社会，在全省转型、跨越、崛起的历史进程中实现率先崛起。奋斗目标是：生产总值年均增长12%，财政总收入年均增长20%，规模以上工业增加值年均增长20%，全社会固定资产总投资年均增长20%，社会消费品零售总额年均增长13%，人口自然增长率控制在6‰以内，城镇居民人均可支配收入年均增长8%，农民人均纯收入年均增长7%。

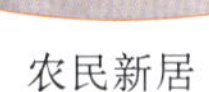

农民新居

潞宝300万吨焦炭基地

# 中共长治市委组织部

ZHONG GONG CHANG ZHI SHI WEI ZU ZHI BU

中组部部务委员、组织局局长傅思和，省委常委、组织部部长任泽民在长治市慰问老党员

2007年，中共长治市委组织部以"三个代表"重要思想为指导，紧紧围绕长治市委实施"三三战略"，以创新党的基层服务工作为目标，以村级组织活动场所建设和远程教育工作为重点，大力加强党的基层组织建设工作，努力加强党的执政能力建设和先进性建设，为全市经济及社会各项事业又好又快发展提供了坚强的组织保证，充分发挥了组织部门科学发展促进部、和谐社会推进部、小康社会建设部的作用。

在工作中，中共长治市委组织部全力推进基层党建，以改革创新的精神大抓"高全强"党建工程，使全市基层组织建设有了新的突破。一是以提高基层领导班子的执政能力为出发点，大力推行乡村两级党政"一肩挑"，不断完善监督管理机制。全市的乡镇都实现了党政班子"一肩挑"，90%以上的行政村实现了党支部书记和村委主任"一肩挑"。二是以密切党同人民群众的血肉联系为落脚点，以转变乡村工作职能、强化服务功能为抓手，以改善民生为根本，以构建和谐新农村为目标，大力推行了"农村服务社区化、支部服务社会化、党员服务具体化"的"三服务"农村基层党建工作新思路。截至目前，全市各级党组织和党员已经为群众代理各种事项26000余件（次），解决各类生产生活难题15000多个。2007 年9月22日，中组部部务委员、组织局局长傅思和，省委常委、组织部部长任泽民等深入长治市调研农村基

2007年7月16日，长治市组织部召开全市乡镇转变职能强化服务功能促进会。图为促进会会场

中组部原部长张全景看望全国劳模申纪兰

层党建工作，对长治市的农村基层党建工作给予充分肯定和高度评价，并且指出：“长治有很多值得总结推广的经验。”三是以村级组织活动场所建设和远程教育工作为支撑点，不断夯实党建物质基础。村级组织活动场所建设和现代远程教育工作是2007年组织工作的重头戏，也是提升党在人民群众中的形象，推动基层党建工作上档升级的一项民心工程。市委组织部按照省委的要求，及时成立了工作领导组。先后筹措资金3000余万元，保证了建设工作的顺利进行。七一之前，全市 447 个村级组织活动场所圆满完成了建设任务并全部投入使用，远程教育市县两级平台建成，村级终端点覆盖面达到70%以上，大大方便了党员群众的学习活动。

长治市基层党建工作的创新实践和典型经验受到了中组部和省委、省委组织部的充分肯定，在中组部《党建研究》、《求是》、《人民日报》、《工作研究与交流》等报刊交流，影响广泛，效果甚佳。

2007年5月22日，全市农村基层组织建设推进会在沁县召开，与会人员参观新建的村级组织活动场所

中组部原常务副部长赵宗鼐在长治市委组织部长郭新民陪同下调研基层组织建设工作

2007年5月24日，长治市农村党员干部现代远程教育开通仪式在长治市举行，图为开通仪式现场

长治市选拔的大学生村官深入农户与村民亲切交谈

# 阳泉市第二监狱

## 岳国庆先进事迹

党委书记、监狱长 岳国庆

岳国庆，男，50岁，大学学历，中共党员，现任阳泉市第二监狱党委书记、监狱长。

多年来，在岳国庆的带领下，阳泉二监全体民警职工团结协作，奋力拼搏，监狱整体工作一年一个新变化，一年一个新台阶，并逐步走上了安全发展、科学发展之路。他坚持安全第一原则，采取加大投入，强化培训，严格落实制度，健全责任网络等措施，不断提升综合安全防范能力，截至目前，监管安全连续5年10个月杜绝了罪犯脱逃、非正常死亡和狱内重大特大案件。他忠实履行监狱人民警察的神圣职责，严格执法，规范管理，不断强化教育改造，坚决保障罪犯合法权益，并公开向全监罪犯作出公正、文明执法承诺，有效地调动了罪犯改造积极性。几年来，罪犯改造质量稳步提高，部级现代化文明监狱成果持续巩固，2006年全年狱内无发案，创建狱22年来的最好水平。他大力加强领导班子与民警职工队伍建设，巩固和深化先进性教育活动成果，全面落实党风廉政建设责任制，扎实开展民警职工岗位大培训、大练兵、大比武活动，进一步提高了民警职工队伍的综合素质。他全力践行务实为民的工作理论，为劳模办理补充养老保险，建立女职工定期体检制度，设立扶贫帮困基金，建立民警职工疗（休）养机制，竭尽全力为民警职工办实事、做好事、解难事，全力推进平安、文明、和谐监狱建设。2005年10月，阳泉二监被中央文明委命名为首批全国文明单位。岳国庆个人2001年被山西省司法厅荣记个人一等功；2002年被山西省五部委评为质量管理活动卓越领导者；2006年5月，荣获阳泉市五一劳动奖章；2007年2月，荣立阳泉市劳动竞赛委员会一等功；2007年5月，被评为山西省劳动模范。

在监狱应急指挥中心指挥追逃实战演习

监狱办公大楼夜景

桑干河，上游是发源于宁武县管涔山的恢河与发源于左云截口山的源子河，在朔州马邑村汇合而称桑干河，流经大同盆地，在阳高县马营以东流入河北省。境内河长 252 公里，流域面积 15464 平方公里，年水量 12.1 亿立方米。

滹沱河，发源于繁峙县东北的泰戏山，流入忻定盆地，受阻于忻州金山折向东，穿太行山流入河北省子牙河，入海河。境内河长 330 公里，流域面积 14284 平方公里，年水量 19 亿立方米。

漳河，分清漳河与浊漳河两支。清漳河有东西两源，在左权汇合，流至黎城的下清泉，入河北省；浊漳有三源，流至平顺县，入河南。

山西的泉水不少，多供给河川径流，流量大于 0.01 立方米/秒的泉水计有 256 个，大于 1 立方米/秒的大泉 24 个。较大的泉水有朔州神头泉、平定娘子关泉、霍县郭庄泉、临汾龙子祠泉。

山西水少且利用率不高，目前实际利用率为 20%左右，地下水超采已成为严重问题。（史　地）

沁河切穿太行山处　史地　摄影

**【名特产品】** 山西名牌产品和土特产品甚多。有一首民众编写的歌谣唱道：“平遥的牛肉太谷的饼，清徐的葡萄甜盈盈，稷山的枣儿肥又红，榆次的西瓜爱煞人；大同皮袄白圪洞洞，太谷定坤丹顶有名，阳泉煤无烟火焰红，平定的沙锅亮晶晶；蒲州的柿子甜又红，沁州黄小米香喷喷，杏花村汾酒竹叶青，闻喜的煮饼赛点心；太原老陈醋酸淋淋，清和元头脑暖人心，六味斋酱肉味道美，认一力蒸饺鲜又嫩……”大体上对山西主要的名特产品进行了夸赞，但遗漏亦不少。

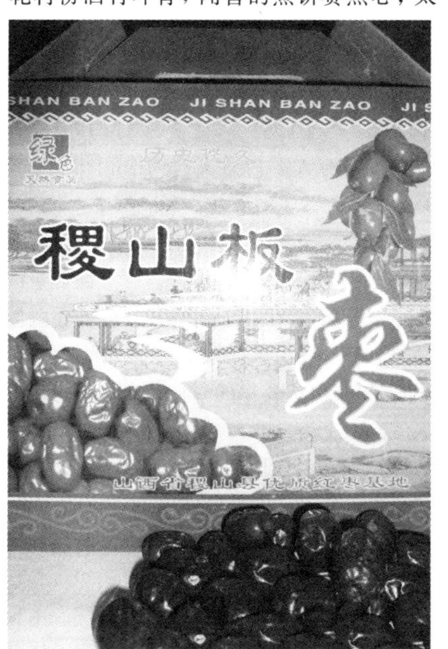


稷山板枣　史地　摄影

特产：清徐葡萄、崞县（今原平市）黄梨、晋城红果、垣曲猴头、晋祠大米、汾阳核桃、稷山板枣、晋南红柿、大同黄花（金针菜）、五台山香蘑、沁州黄小米、平定砂货、阳城“梅花”牌蚕丝、高平丝绸、长治“玫玉”牌香皂、并州剪刀、太原“蝴蝶”牌鞋油。

工艺美术品：大同铜火锅，侯马蝴蝶杯，五台段砚（又称台砚）、澄泥砚、仿古铁艺，河津阳城太原三地之琉璃，云冈艺术瓷，平遥推光漆器，新绛云雕漆器，稷山螺钿，山西剪纸（北以广灵、南以浮山为代表），晋南木版年画，太原玉雕、晋祠仿宋侍女塑，怀仁黑釉瓷。

药材药品：党参、恒山黄芪、岢岚五加皮、太谷龟龄集和定坤丹、侯马男宝和安宫牛黄丸、榆社阿胶、新绛梅花点舌丹、平遥山药。

名酒：汾阳杏花村汾酒与竹叶青、长治潞酒、祁县六曲香酒、新绛“汾雁香”酒、蒲州桑落酒、隰县玉屏酒、垣曲菖蒲酒、清徐白葡萄酒。

传统加工食品：核桃仁罐头、猕猴桃罐头、山西老陈醋、临猗酱玉瓜和山楂饮料。

名菜肴：过油肉、芙蓉鸡片、拔丝山药、糖醋鲤鱼、锅烧全鸭、什锦火锅、“宝塔披霞”肉饼、美人鱼翅卷、葱烧海参。

糕点：太谷饼、什锦点心、“油柿子”与双糖油食、晋式提江月饼、郭杜林月饼、晋阳一窝酥、介休灌馅糖、“八珍”饼干、闻喜煮饼、怀仁“闪塌嘴”。

风味小吃：太原“头脑”、银瓶烧麦、葱花脂油饼、黄米油糕、晋北莜面饹饹、鸡蛋醪糟、荞面灌肠。

晋阳面食：刀削面、拨面（剔尖）、拨烂子、擦尖、沾片子、猫耳朵、“龙须”拉面、晋中砂子饼、子推蒸饼、永济石子饼。

（张明芳）

**【旅游线路】** 第一线：太原——祁县——平遥——灵石——霍州——洪洞——壶口。

此线始发站为太原。太原的著名景点有晋祠、天龙山石窟、龙山道教石窟、崇善寺、双塔寺、傅山书法碑林公园。

其次是祁县。祁县有东观镇乔家大院和渠家大院。乔家大院是著名导演张艺谋拍摄名片《大红灯笼高高挂》的地方。此外附近太谷县有曹家大院（三多堂），晋中市榆次区有常家大院。

第三是平遥古城。平遥古城是联合国批准的世界历史文化遗产，是国内为数不多的保存完整的古代县城之一。除古城墙外，城中有日昇昌票号旧址、国内孔庙中惟一宋代建筑的大成殿、元代所建之清虚观、明清镖局旧址及古民居。平遥桥头村有双林寺，郝洞村有镇国寺。相邻平遥的介休县是著名的绵山游览区，山水名寺均佳。

接着是灵石，灵石有王家大院，号为华夏第一宅。与前述祁县乔家、渠家，太谷曹家，榆次常家并称山西五大院。接着是霍州。霍州有霍山旅游区，霍山又名霍太山，是著名的中华五大镇山之一的中镇。霍州市有国内仅存的古代州署衙门等景点。

接着是洪洞。洪洞有广胜寺及寺内飞虹塔，及苏三监狱（国内惟一保存完整的明代县衙监狱）。洪洞古槐公园有中华民族寻根祭祖之所在古大槐树处。洪洞县南邻尧都临汾市，临汾号为花果城，著名景点有尧庙、尧陵与平阳鼓楼、古戏台等。临汾南襄汾县有著名的丁村博物馆。

终点为吉县壶口，即著名的吉县黄河壶口瀑布，瀑布旁有神龟峰与镇河石牛，周边有东岳庙，邻县隰县有凤凰山之小西天景区。

第二线：太原——忻州——五台山——恒山——大同。

太原北70公里即忻州。忻州市政府所在忻府区有金元文化活动家元好问之祠堂、野史亭及元墓，有奇村、顿村两处温泉度假村，有禹王洞，均系旅游胜地。忻州邻近的定襄县有西河头村地道战遗址，河边村有阎锡山旧居（河边民俗馆），五台县有徐向前元帅故居。宁武县有管涔山旅游区。

其次为五台县之五台山，中华五大佛教名山之首，寺院丛林，中外闻名，其著名景点有五个台顶及显通寺、塔院寺、菩萨顶、圆照寺、罗睺寺、万佛阁、碧山寺、南山寺、龙泉寺、金阁寺等名寺，为佛教文化之集大成所在。

第三为应县，应县有号称天下第一塔的佛宫寺释迦塔，俗称木塔，及辽代一条街。

接着，应县东北的浑源有“人天北柱”之恒山，系中华五岳之北岳。现存恒山悬空寺，系明清两代建筑，依山立寺，形势雄伟。附近有北岳庙，位于恒山主峰天峰岭南之石壁。

终点大同。大同乃北魏前期都城，名平城，乃塞北军事重镇。大同名胜首推云冈石窟，始建于北魏。现存洞窑53个，石雕造像51000多躯，系中国最大的石窟群之一。另有上下华严寺，位于城内西南。九龙壁在城区东街路南，善化寺在南城区，观音堂在佛字湾附近，均系旅游必到之处。大同有博物馆，对大同历史文化有形象而详细的介绍。大同旅游区内的景点还有司马金龙墓、火山群、天镇慈云寺、灵丘觉山寺、山阴广武城及永安寺、广灵水神堂、阳高方林寺等多处。

其他旅游名胜有：

吕梁地区汾阳县之酒都杏花村，方山县北武当山，交城石壁玄中寺，交城卦山，交城方山县交界之庞泉沟自然保护区，文水之则天圣母庙，文水之刘胡兰纪念馆。

运城地区之西侯渡与匼河文化遗址、解州关帝庙，芮城永乐宫、永济普救寺及蒲津黄河铁牛、鹳雀楼，芮城大禹渡，夏县司马光墓，永济万固寺，稷山青龙寺，永济五老峰，万荣秋风楼、飞云楼、后土庙，闻喜裴氏祠堂，新绛绛守居园池，平陆地窨院等等，难以尽举。

历史文化名城代县，古迹名胜颇多，县东北20公里处有杨忠武祠，俗称杨家祠堂，是祭奠北宋抗辽名将杨业一家的祠堂。县城20公里勾注山脊有塞上雄关雁门关，史称“三关冲要无双地，九塞尊崇第一关”。代县城内有边靖楼、阿育王塔，城西有赵杲观等。

阳泉娘子关城。此地名胜以娘子关、平定冠山、盂县藏山、娘子关瀑布最负盛名。

上党旧郡长治市。此地有老顶山一带中华始祖炎帝纪念地，已辟为国家级森林公园，名寺有金灯寺、七宝塔、法兴寺、仙堂寺、圣寿寺、原起寺、观音堂和黄崖洞（八路军兵工厂）。

塞上古城朔州市。此地名寺有崇福寺，创建于唐初，由尉迟敬德奉敕造。景点有安太堡露天煤矿、平朔度假村。

上党煤都晋城市。市南有青莲寺，东有玉皇庙。境内有历山自然保护区、蟒河自然保护区、陵川红叶等太行风景区，阳城县有清代名臣陈廷敬居所皇城相府、析城山著名风景区。（张明芳）

**【人口】** 1. 总人口

根据抽样调查，2006年山西省人口出生率为11.48‰，比2005年下降了0.54‰，人口死亡率为5.73‰，比2005年下降了0.27‰，人口自然增长率为5.75‰，比2005年下降了0.27‰。据此推算，山西2006年底总人口为3374.55万人，比2005年增加了19.34万人，增长率为0.58%。

2. 人口分布

根据抽样调查推算，全省各市2005年底人口分布如下：

太原市　3442663人
大同市　3140704人
阳泉市　1308655人
长治市　3251792人
晋城市　2214463人
朔州市　1517268人
晋中市　3095078人
运城市　5016814人
忻州市　3056676人
临汾市　4147043人
吕梁市　3554382人

3. 人口自然增长

根据抽样调查推算，全省各市人口出生率、人口死亡率、人口自然增长率分别为：

| | 出生率（‰） | 死亡率（‰） | 自然增长率（‰） |
|---|---|---|---|
| 太原市 | 8.05 | 3.93 | 4.12 |
| 大同市 | 12.25 | 5.42 | 6.83 |
| 阳泉市 | 11.09 | 6.25 | 4.84 |
| 长治市 | 11.02 | 5.58 | 5.44 |
| 晋城市 | 10.01 | 5.89 | 4.12 |
| 朔州市 | 12.67 | 6.03 | 6.64 |
| 晋中市 | 11.12 | 6.34 | 4.78 |
| 运城市 | 11.81 | 5.40 | 6.41 |
| 忻州市 | 12.77 | 6.89 | 5.88 |
| 临汾市 | 12.42 | 6.00 | 6.42 |
| 吕梁市 | 12.74 | 6.09 | 6.65 |

4. 人口性别构成

根据抽样调查推算，全省总人口中，男性为1725.49万人，占总人口的51.13%；女性为1649.06万人，占总人口的48.87%，性别比为104.63。

5. 家庭户人口

根据抽样调查推算，全省共有家庭户973.49万户，家庭户人口为3319.61万人，占总人口的98.37%，平均每个家庭户人口为3.41人。

6. 城乡人口

根据抽样调查推算，全省总人口中，居住在城镇的人口为1451.39万人，占总人口的43.01%；居住在乡村的人口为1923.16万人，占总人口的56.99%。

（史　地）

**【民族】** 山西省是全国少数民族杂居散居的省份之一，除汉族外，还有回族、满族、蒙古族、壮族、朝鲜族、苗族、藏族等45个少数民族。汉族是山西的主体民族，占全省总人口的99.69%。其他少数民族人口为10.39万人，占总人口的0.31%。其中回族7万多人，满族1.3万人，蒙古族3000多人，其他少数民族人口是近几十年内因工作、婚姻等关系迁入山西各地的，且成分较多，人数较少。其特点有二：一是居住分散，称大杂居、小聚居，遍布全省118个县（市、区），有58个回族聚居村和50个回族相对聚居的城市街道居委会；二是城市人口多，占全省少数民族总人口的80%左右，主要分布在太原、长治、大同、阳泉、晋城、榆次、临汾、运城等城市。（李玉应）

【宗教】 山西省境内有佛教、道教、伊斯兰教、天主教和基督教五大宗教。全省12个地市，118个县市区几乎都有信教群众，总人数占全省总人口的1.2%。全省性的爱国宗教组织有6个：即山西省佛教协会、山西省伊斯兰教协会、山西省天主教爱国会、山西省天主教教务委员会、山西省基督教三自爱国运动委员会、山西省基督教协会。（李玉应）

【省会】 太原是山西省省会，始建于春秋晋定公十五年（公元前497年），称为晋阳邑，战国初期为赵国都城。秦代太原郡为全国三十六郡之一，西汉又称并州，为全国十三州之一，也是太原又称并州的渊源。十六国时期的前赵、后燕、前燕、前秦及南北朝时期的北齐，都以太原为国都。隋朝时，晋阳在全国是仅次于长安、洛阳的第三大城市。唐王朝发祥于晋阳，封晋阳为北都，与京都长安、东都洛阳并称“三都”。五代十国时期，后唐、后晋、后汉、北汉亦以太原为国都。在2000多年的历史中，太原一直是中国北方的军事重镇，史载有“控山带河，踞天下之肩背”的盛誉，郭沫若先生也有“远望太原气势雄”的诗句。到清代，太原已发展成为我国北方重要的商业、手工业城市。民国时期，太原即为省辖市。

太原位于华北地区黄河流域中部，西、北、东三面环山，黄河的重要支流汾河，横贯全市，流经境内约1000公里。市区东有太行山阻隔，西有吕梁山屏障，坐落在两山间的河谷平原上。属北温带大陆性气候，冬无严寒，夏无酷暑，昼夜温差较大，无霜期较长，日照充足。

太原地处内陆，民风朴实，人杰地灵。历代名人辈出，如：战国名将廉颇，唐代宰相狄仁杰，文学家白行简和他的哥哥大诗人白居易，诗人王翰、王昌龄、王之涣，宋代名将呼延赞、杨延昭，书画家米芾，《三国演义》作者罗贯中等均籍贯并州。市区名胜古迹有晋祠圣母殿、天龙山石窟、龙山道教道场、崇善寺、纯阳宫、白云寺及唐太宗李世民手撰“贞观宝翰”《晋祠铭并序》碑文等。全市有国家级重点文物20处，省级重点文物20处，旅游景点30多处。

位于太原市儿童公园内的劝业楼，是孙中山革命时期演讲遗址

史地　摄影

太原是全国特大城市之一。面积6988平方公里。现辖1市6区3县，全市共有51个街道办事处，54个乡、镇，1022个村民委员会。全市总人口为341.38万人。

太原是新中国建国初期的工业基地，经过50多年的建设，已形成了以能源、冶金、机械、化工为支柱，纺织、轻工、医药、电子、食品、建材、精密仪器等门类较齐全的工业体系，加之科研机构和大专院校集中及商业物资供应中心的优势，国民经济实现了快速、协调、健康发展。2006年，全市国内生产总值达到1013.38亿元，比2005年增长11.5%，第二、第三产业增加值分别比上年增长10.5%和13.2%，增长速度均高于全国和全省平均水平。（史　地）

【建置沿革】 山西省简称晋。这是因为在先秦春秋时代，今山西的大部分地区为当时晋国所有。战国初（前476年），韩、赵、魏三家分晋，史称“三晋”，今也用“三晋”称山西省。后来，秦、汉、唐、宋几代都曾在今山西境内置郡、道、路，称为河东，所以也有人称山西为“河东”。明代，在山西置行中书省，习称山西行省，这是山西省名的开始。又因山西在太行山之西，古时也称“山右”。

先秦建置：在4000多年前的传说时代，据说古帝王尧都平阳（今山西临汾市）、舜都蒲坂（今山西永济市）、禹都安邑（今山西夏县），三代之都均在今山西境内。更往前推，传说的炎帝、黄帝也都活动在今山西境内。山西是中华民族最重要的发祥地之一。

山西南部是夏人的聚居、活动地区，禹都安邑后，是为夏代。夏代经历时间为公元前2070年前后至公元前1600年前后，有近500年的历史。

公元前1600年前后商汤伐夏，建立了商王朝。商朝统治着广大的中原地区，包括山西南部，属商王分封的下属诸侯方国，有唐（今翼城）、箕（今太谷东）、缶（今永济北）、髳（今芮城）、虞（今平陆）、基方（今隰县、蒲县间）、亘方（今垣曲）、黎（今长治南）、谆方（今河津）等。山西北中部有土方（今大同市、朔州市北部）、𢀛方（今吕梁地区、晋中地区西部）等。此外，还有燕京戎（今晋中地区内）、西落鬼戎（今吕梁地区内）、余无戎（今屯留北）等。

武王灭商，建国号为周（公元前1046～公元前771年）。周初分封诸侯，建七十一国。山西境内主要是晋国。周成王诵十年（前1031年），封其弟叔虞于唐（今翼城、曲沃间）。叔虞卒，其子燮父改国名为晋。晋国存在约近600年。山西境内的诸侯国，还有霍（今霍州市）、魏（今芮城）、耿（今河津）、贾（今临汾）、郇（今临猗）、虞（今平陆）、赵（今洪洞）等，先后均被晋国吞并。春秋初，晋国较小，到晋文公称霸中原，其领地已占有今山西大部，并有了郡县建置。《左传》载晋国有县五十多个，如瓜衍（今孝义市）、邬（今介休东北）、祁、平陵（今文水东北）、梗阳（今清徐）、涂水（今晋中市西南）、马首（今寿阳）、盂（今阳曲大盂）、铜鞮（今沁县）、杨氏（今洪洞）、平阳（今临汾市）、箕（太谷）等。

战国之初，三家分晋，三家在今山西的领地，赵国有云中（今长城北）、雁门（今右玉南）、太原、代（今广灵及河北蔚县）、上党（今长子西）诸郡，领有皋狼

（今方山）、蔺（今柳林）、中阳、离石、祁、梗阳、晋阳（今太原市）、榆次（今晋中市）、狼孟（今阳曲）、阏与（今和顺）、仇由（今盂县）、阳邑（今太谷）、中都（今平遥）、平舒（今广灵）等地。魏国有魏（今芮城）、蒲坂（今永济市）、命瓜（今临猗令狐）、汾阴（今万荣荣河）、安邑（今夏县）、垣（今垣曲）、曲沃、绛（今襄汾汾城）、北屈（今吉县）、蒲阳（今隰县）、平周（今介休）、潞（今黎城）、泫氏（今高平）、高都（今晋城）、百邑（今沁源）等地及上党郡。韩国有涅（今武乡）、铜鞮、端氏（今沁水）、濩泽（今阳城）、高梁（今临汾市东北）、陉城（今曲沃东）、皮牢（今翼城）、平阳等地。

秦朝统一中国，改分封制为郡县制，共设36郡。在山西境内设5郡21县，分别是：河东郡治安邑，辖有安邑、蒲坂、左邑（今闻喜）、北屈、平阳、皮氏（今河津）6县；太原郡治晋阳，辖有晋阳、界休（今介休）、邬、兹氏（今汾阳西南）、离石、榆次、霍人（今繁峙东）7县；雁门郡治善无（今右玉南），辖有善无、马邑（今朔州市）、平城（今大同市）3县；代郡治代县（今河北蔚县），辖有班氏（今大同市西南）、延陵（今天镇，后废）2县；上党郡治长子，辖有长子、铜鞮、壶关3县。

汉朝沿袭秦郡县，同时又分封宗亲功臣，形成郡国并存制，当时有郡国103个、县1314个，山西境内有6郡98县：河东郡，辖24县；太原郡，辖21县；上党郡，辖14县；代郡，辖18县，在山西者11县；雁门郡，辖14县；西河郡，辖36县，在山西者14县。至东汉时，全国13州郡，山西境内共3州、1司隶、7郡、1国、81县。3州为并州、幽州、冀州；7郡为太原、上党、雁门、代、河东、定襄、西河；1国为常山国；山西西南部属司隶部，北部为羌人所据有。

三国时期，山西属魏国，西南部属司州，有平阳、河东2郡；东南部、中部、北部属并州，有雁门、新兴、太原、西河、乐平、上党6郡；桑干河以北为鲜卑族占有。

西晋时，山西西南部属司州，辖平阳（有永安、临汾等12县）、河北（有安邑、猗氏等9县）2郡；北中部与东南部属并州，辖太原国（有中都、祁等13县）、上党郡（有潞、武乡等10县）、西河国（有中阳、离石等4县）、乐平郡（有上艾、寿阳等5县）、雁门郡（有平城、马邑等8县）、新兴郡（有定襄、云中等5县）；东北部的平舒县（今广灵），属幽州的代郡。

西晋灭亡前后的十六国时期，山西先后为汉与前赵（今山西南部、中部）、后赵（今山西南部）、前燕（今山西中南、西南）、前秦（今山西中南）、代（今山西西北）所占有。淝水之战后，山西中南部先后为西燕、后燕、后秦、夏占有。至北魏太延五年(439)，山西全境为北魏统一，在山西置有恒州（辖代、高柳、灵拓、繁峙、善无5郡），肆州（辖永安、秀容、雁门3郡），并州（辖太原、乡、上党、乐平、襄垣5郡），汾州（辖西河、吐京、五城、定阳、中阳5郡），晋州（辖平阳、北绛、永安、北五城、冀氏、南绛、义宁7郡），秦州（辖河东、北乡2郡），陕州（辖河北郡，在山西者有大阳、南安邑、北安邑、河北4县），共9州35郡。

南北朝时期，北魏分为西魏、东魏。东魏领有山西大部，西魏仅占有西南3郡。后北齐、北周分别取代东西魏。北齐在山西置有恒、朔、肆、并、西汾、南朔、戎、南汾、晋、建、东雍等12州，共24郡；北周在山西置有勋、晋、郡、虞4州，共4郡。

隋初取消郡，而在重要的诸州设总管府。在山西设总管府的州有并（晋阳）、代（雁门）、隰（隰州）、朔（鄯阳）等州，继而废总管府，改州为郡。在山西省14郡，即长平郡，辖6县；上党郡，辖9县（另有涉县，在河北省境）；河东郡，辖10县；绛郡，辖8县；文城郡，辖4县；龙泉郡，辖5县；西河郡，辖6县；离石郡，辖5县；雁门郡，辖5县；马邑郡，辖4县；定襄郡，辖1县；楼烦郡，辖3县；太原郡，辖15县；临汾郡，辖7县。

唐初先行州（郡）县二级建制，后演变为道统州（府）、州（府）统县的三级制。山西基本属河东道，辖2府19州110县，其中3州8县不在今山西境内，实有16州105县。二府为太原府，辖13县；河中府，辖13县。16州为晋、绛、慈、隰、汾、辽、岚、宪、石、忻、代、云、朔、潞、泽。

五代初，山西中北部为晋所据，后唐同光后，山西全境为后唐所据，继为后晋所代，又继为后汉所代。五代后期，山西中北部为北汉所据，西南部为后周所据。

宋初沿唐制，实行道、州、县三级行政管理。宋太宗时，改为路、州、县三级。山西大部分属河东路，惟西南部属永兴军路。路之下在州之外，尚有同级的府、军、监，再以下是县。其时河东路治所设在太原，辖3府、14州、8军、82县。3府为太原府（治阳曲）、隆德府（治上党）、平阳府（治临汾）。14州有11州在今山西境，即绛（治正平），辖6县；泽州（治晋城），辖6县；代州（治雁门），辖4县；忻州（治秀容），辖2县；汾州（治西河），辖5县；辽州（治辽山），辖4县；宪州（治静乐），辖1县；岚州（治宜芳），辖3县；石州（治离石），辖3县；隰州（治隰川），辖6县；慈州（治吉乡），辖1县。八军为庆祚军、威胜军、平定军、岢岚军、宁化军、火山军、保德军、晋宁军，或不辖县，或辖二至四县。永兴军路在山西境内有1府、1州、10县，府即河中府，治河东，辖7县；1州即解州，治解州，辖3县。

辽国兴起于中国北方后，占有今山西北部，在大同置西京道，在山西有1府3州15县。即大同府、蔚州、应州、朔州，各有所辖之县。

北宋末期，金国灭辽，继而灭北宋。金遂在今山西境内由西京路、河东北路、河东南路管理。下辖府、州、县三级。

元朝统一中国后实行行省制，中央为中书省；各地设行中书省，省下有路、府（州）、县。当时山西境内有冀宁、晋宁、大同三路，属中书省，三路下有州（府）县。另有上都路，辖山西境内的灵丘、广灵2县。

明朝行政区划是省、府（州）、县三级制，明初设山西行中书省，辖有5府（太原、平阳、汾州、潞安、大同）、3直隶州、77县。

清承明制，山西省辖9府、10直隶州、6散州、85县。9府为太原、汾州、潞安、泽州、平阳、蒲州、大同、宁武、朔平。10直隶州为平定、沁州、辽州、绛州、解州、霍州、隰州、忻州、代州、保德州，各有属县。

中华民国成立后，仍承清制，山西为全国23省之一。民国2年改为省、县二级制，同年绥远脱离山西，为特别区；同时省内又设道，为省、道、县三级制。山西分雁门、冀宁、河东三道，共辖105县。冀宁道（治阳曲），辖44县，大约相当于今晋中大部地区；雁门道（治大同），辖26县，相当于今雁北和忻州地区大部；河东道（治运城），辖35县，相当于今晋南临汾、运城地区及晋中地区少数县。民国16年（1927），又撤销道一级政区。

抗日战争初期，山西依地理形势，将

105县划为7个行政区：第一区，治五台；第二区，治岢岚；第三区，治沁县；第四区，治兴县；第五区，治长治；第六区，治汾西；第七区，治运城。各有所属县。

民国26年(1937)，日军占领太原，山西省政府迁往晋西南。

民国27年，山西原7个行政区，调整为9个，次年，又调为4个；民国29年后，分全省为18个行政区，各区所辖县多属抗日根据地，不少县也不完全如旧，有的区甚至是虚设。民国34年(1945)抗战胜利后，全省105县有36县为解放区。次年，又解放晋南、晋东南、晋北各主要县，原省政府仅据有晋中铁路沿线各县。民国38年(1949)随着太原解放，全省归于统一。

新中国成立初，全省设1市、7专区、92县、8市辖区、2工矿区。1952年底，调整为6专区、4地级市、103县、13市辖区、1镇。1958年“大跃进”期间，省内若干县市多有撤并调整，从1960年至1966年，本省行政区划趋于稳定，分为5专区、4地级市、96县、10市辖区。大致情况为：太原市，辖5区2县；大同市，辖3区；阳泉市，辖2区；长治市，由晋东南专区代管；雁北专区，辖13县，专署驻大同市；忻县专区，辖16县，专署驻忻县；晋中专区，辖20县，专署驻榆次县；晋东南专区，辖16县，专署驻长治市，晋南专区，辖29县，专署驻临汾县。

“文化大革命”期间，行政区亦时有变更；“文化大革命”后至1995年底，全省划为5个地区、6个地级市、14个县级市、86个县、18个市辖区、1个县辖区、519个镇、1399个乡、155个街道办事处。合计11个地(市)、118个县(市、区)、1907个乡(镇)。5市为：太原市，代管古交市，辖5区3县；大同市，辖4区7县；朔州市，辖2区4县；阳泉市，辖3区2县；长治市，辖2区10县；晋城市，辖2区3县；忻州地区，辖2区12县；晋中地区，辖2市9县；吕梁地区，辖1市12县；临汾地区，辖3市14县；运城地区，辖3市10县。

进入新世纪，随着改革开放撤乡并镇、撤地设市工作的开展，山西行政区划又有新的变化，详见1985年～2006年《山西年鉴·概况·行政区划》。

（史　地）

表1　2006年山西省行政区划表

| 全　省 | 11个地级市，23个市辖区，11个县级市，85个县；561个镇，635个乡，193个街道办事处；合计11市(地级)，119县(市、区)，1196乡镇 | |
|---|---|---|
| 太原市<br>1市6区3县 | 古交市、迎泽区、杏花岭区、万柏林区、尖草坪区、小店区、晋源区、阳曲县、清徐县、娄烦县 | 21镇、33乡、51街办 |
| 大同市<br>4区7县 | 城区、矿区、南郊区、新荣区、左云县、大同县、阳高县、天镇县、浑源县、广灵县、灵丘县 | 33镇、66乡、38街办 |
| 朔州市<br>2区4县 | 朔城区、平鲁区、山阴县、怀仁县、右玉县、应县 | 18镇、51乡、4街办 |
| 阳泉市<br>3区2县 | 城区、矿区、郊区、平定县、盂县 | 20镇、12乡、12街办 |
| 长治市<br>1市2区10县 | 潞城市、城区、郊区、长治县、襄垣县、武乡县、黎城县、平顺县、壶关县、长子县、屯留县、沁源县、沁县 | 68镇、64乡、14街办 |
| 晋城市<br>1市1区4县 | 高平市、城区、陵川县、阳城县、沁水县、泽州县 | 48镇、26乡、10街办 |
| 忻州市<br>1市1区12县 | 原平市、忻府区、代县、繁峙县、五台县、定襄县、静乐县、岢岚县、保德县、五寨县、河曲县、偏关县、神池县、宁武县 | 59镇、126乡、5街办 |
| 晋中市<br>1市1区9县 | 介休市、榆次区、寿阳县、昔阳县、和顺县、左权县、榆社县、太谷县、祁县、平遥县、灵石县 | 59镇、59乡、14街办 |
| 临汾市<br>2市1区14县 | 侯马市、霍州市、尧都区、隰县、汾西县、永和县、安泽县、洪洞县、古县、翼城县、浮山县、曲沃县、襄汾县、吉县、乡宁县、大宁县、蒲县 | 75镇、76乡、20街办 |
| 运城市<br>2市1区10县 | 永济市、河津市、盐湖区、夏县、闻喜县、绛县、垣曲县、平陆县、芮城县、临猗县、万荣县、新绛县、稷山县 | 79镇、55乡、13街办 |
| 吕梁市<br>2市1区10县 | 孝义市、汾阳市、离石区、兴县、交口县、方山县、石楼县、岚县、中阳县、交城县、临县、文水县、柳林县 | 81镇、67乡、12街办 |

# 国民经济和社会发展

【概述】 2006年是山西实施国民经济和社会发展第十一个五年规划的第一年，在中共山西省委的领导和省人大、省政协的监督和支持下，省政府坚持以邓小平理论和“三个代表”重要思想为指导，按照科学发展观和构建社会主义和谐社会战略思想的要求，全力抓好“十一五”规划的开局、布局工作，全省经济社会发展取得新的进步。

——经济平稳较快增长。地区生产总值完成4746.5亿元，增长11.8%；规模以上工业增加值完成2086.2亿元，增长18.3%；财政总收入1048亿元，一般预算收入583.1亿元，分别增长38.2%和58.3%，扣除资源探矿权、采矿权收入，财政总收入和一般预算收入分别为887.3亿元和422.4亿元，同口径增长20.3%和21.4%；全社会固定资产投资2321.5亿元，增长25%。

——社会事业全面发展。

——科学技术持续进步。

——资源环境得到有效治理保护。全年二氧化硫和化学需氧量分别减排5.4万吨和1.07万吨，分别下降3.56%和2.77%，首次出现经济较快增长，污染物排放总量下降。煤矿采区回采率达到58%，万元地区生产总值平均耗水量下降13.3%。

——人民生活水平稳步提高。城镇居民人均可支配收入达到10027.7元，增长12.5%；农民人均纯收入达到3180.9元，增长10%。

经过全省人民的共同努力，省十届人大四次会议通过的新的地区经济社会发展指标体系，除能耗指标外全部完成。年初省人民政府向全省人民承诺办好的十二件实事全部兑现。全省“十一五”发展实现良好开局。 （晋 文）

【基础设施建设】 2006年，沿黄干线公路和沿黄扶贫旅游公路开工建设；公路运煤通道建设开工；村村通水泥（油）路、村村通客车、村村通电话等工程也相继完成；太中银铁路开工建设；12月28日，侯禹高速公路建成通车……基础设施建设步伐的加快，拉动了全省经济发展。

省交通厅资料显示：2006年山西省公路建设完成投资152亿元，新增公路通车里程1800公里，其中高速公路65公里。到年底，全省公路通车里程达到71363公里，公路密度达到45.6公里/百平方公里，高速公路达到1751公里。特别是村村通水泥（油）路和村村通客车工程全部超额完成了省里规定的任务。

电力、通讯、水利方面也捷报频传。2006年山西电网建设进入快速发展时期。到12月底，投资220千伏及以上规模达到了639万千伏安/840公里，完成投资25亿元，分别是2005年的2.5、1.9和1.5倍。一年之内建成投产的220千伏及以上主变容量、线路长度为整个“十五”投产总量的70%和35%。10月22日，随着山阴县新大滩移民新村户户通电的实现，山西电力公司供电区域的97个县所有农户全部用上了电。

把农村信息化作为社会主义新农村建设的重要内容和突破口，山西2006年投入35亿元，加快农村信息化工程建设，进一步惠农助农。村通电话工程、“千乡万村”通宽带工程、信息知识普及教育工程、信息服务体系工程、信息技术应用工程五大工程，已取得了初步成效。全省1646个乡镇中，具备宽带接入条件的有1252个，占总数的76%；31025个行政村全部实现了通电话，具备宽带接入条件的有18532个，占总数的60%；全省首批1098年社会主义新农村建设试点村中，已全部通了电话，1054个村通了互联网，848个村建立了互联网网页，489个村建立了网络文化站，397个村进行了农村信息化知识的培训。

运城市朱家卓村毗邻盐湖，由于水文地质条件作用，这里上百户村民饮用的地下水中，矿化物、氯化物、氟化物等有害元素严重超标。很多村民因此患上了大骨节病和氟斑牙病。从2006年开始，水利部门投资1341万元，在东郭镇界村打了两眼超过200米的深井，兴建了东郭集中供水工程。这样，朱家卓村等31个村的3.59万人全部用上了安全清洁的自来水。2006年以来，全省共投资8.26亿元，建设了这样的“幸福工程”3001处，200万人告别了吃水难。 （晋 文）

【人民生活 社会保障】 2006年山西城镇居民人均可支配收入超过1万元大关，增长12%以上；农民人均纯收入达到

## 国内生产总值及构成

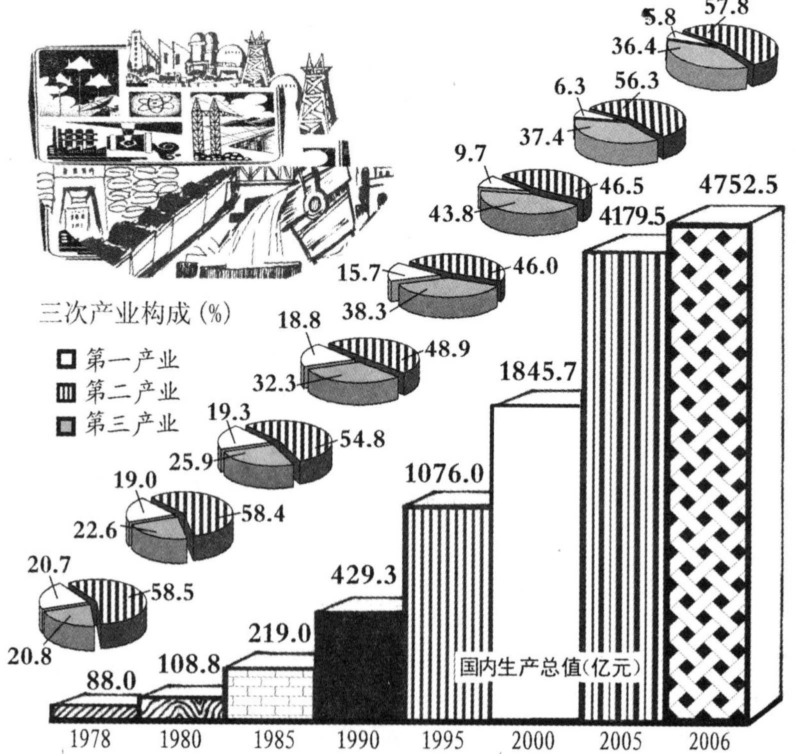

3180.9元，增长10%。特色城镇和新农村建设的不断推进，安居工程、棚户区改造、生态环境治理、饮水工程、"村村通"等工程的实施，为全省人民带来实实在在的利益。在农村，中小学教学、体育条件不断改善，"两区"农村义务教育阶段学生学杂费得到减免。在社区，"爱心超市"、文化场所的建设，为居民提供了更多的保障和实惠。

作为构建和谐社会的切实行动，2006年山西以前所未有的力度加强社会保障工作。一年来，全省城镇职工养老金和城镇居民最低生活保障金双双提标。初步建立了预防和解决拖欠农民工工资问题的长效机制，城镇企业基本养老保险、失业保险、医疗保险、工伤保险人数继续扩大。新型农村合作医疗试点扩大到56个县（市、区），覆盖农村人口的53.7%，参合率达到86%。农村养老保险也积极推进。

同时，多渠道发展劳动密集型产业、非公有制经济、中小企业、服务业，积极开发适合困难群体的就业岗位，千方百计拓宽就业渠道。一年来全省新增就业岗位40万个，下岗失业人员再就业15万人，城镇登记失业率控制在4%，全部完成或超额完成年初预定目标。全省各级落实社会治安综合治理措施，建立健全社会预警机制，打击经济犯罪活动，不断提高保障公共安全和处置突发事件能力，有效避免重特大事故，保障了人民群众的健康和生命安全。特别是在全省政法队伍大练兵中，全省38个县实现了命案侦破率100%的佳绩，建立起包含"金盾工程""天眼工程"的强大信息高速平台，增加了全省人民的安全感。（晋　文）

**【全省财政总收入突破千亿大关】** 2006年，山西各级党委、政府贯彻落实中央宏观调控决策，深化改革开放，加大对外开放力度，全省经济呈现出增长较快、效益较好、物价较低、活力增强的态势。全省财政总收入完成1048亿元，一般预算收入完成583.1亿元，如扣除煤炭资源探矿权、采矿权等"两权"有偿取得收入，财政总收入达877.3亿元；财政收入占GDP的比重首次超过20%。

2006年，山西从本省实际出发，促进农业生产和农民增收，加快革命老区、山区开发，推进社会主义新农村建设；发展煤化工、装备制造、材料工业、旅游产业四个新支柱产业和高新技术产业、食品工业以及服务业；坚决淘汰煤炭、焦化、冶金、电力等传统工业中的落后生产能力；以培育"八大支柱产业"和"三个企业方阵"为重点，加快推进调整经济结构，以实施煤炭行业"三大战役"为重点，加快推进转变经济增长方式；抓紧推进改革开放和体制机制创新；推进对外开放，整治优化投资环境，全面开放投资领域；优化政务环境，全面提高政府的公信力和执行力，从而使得全省经济保持了平稳、较快的发展态势，经济增长的质量和效益明显提高。

2006年，山西各级财政部门围绕"抢抓发展机遇、促进协调发展、提高收入质量、优化支出结构、深化财政改革、加强资金监管"的工作思路，抓住国家"促进中部崛起"的战略机遇，发挥财政宏观调控职能，完善财政支出保障体系，财政改革与发展迈出了新的步伐。在财政增收的同时，山西公共财政职能不断完善，财政支出结构更加优化，更多的财力向民生领域倾斜。2006年1月～11月，"三农"、社会事业和生态环境治理财政支出分别比2005年增长28.9%、14.4%、120.2%。在完成省政府承诺的"十二件实事"上，山西财政累计下达各类补助资金53.77亿元，确保了"十二件实事"的按期完成。全省各级国税、地税部门坚持依法治税，强化征管，随时研究和解决收入中存在的问题，加大服务力度，把握组织收入工作的主动权，夯实了收入基础，促进了全省经济税源的可持续发展，为保证完成全年财政税收任务提供了保障。（晋　文）

**【利用外资】** 根据省商务厅2006年11月底的统计，港洽会签约的365个项目已有308个取得不同程度进展，境内省外资金到位42.97亿元，境外资金到位3.17亿美元。经过近一年的"打扫门庭，开好

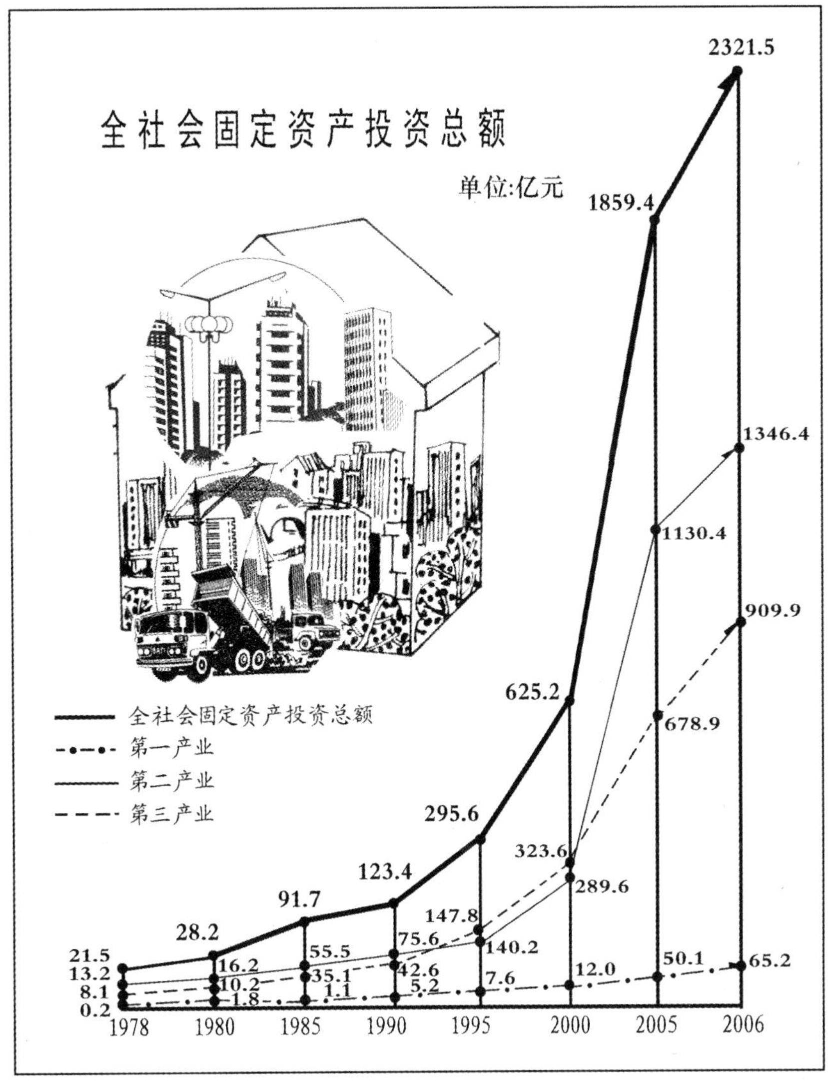

菜单，开门迎客”，山西正在由“四塞之地”成为海内外客商争相投资创业的热土。2006年，省委、省政府把扩大对外开放作为重点工作来抓。3月全省对外开放工作会议和7月省政府行政效能建设干部大会之后，全省上下形成了谋开放、抓招商、促发展的浓厚氛围，上海、香港两次大型招商活动成效显著，山西企业先后签下907亿元人民币和360亿美元两个“大单”满载而归，在海内外反响强烈。通过“请进来”、“走出去”，不断创新招商引资方式，山西与长三角、泛珠三角地区的经济贸易往来日趋紧密，来晋考察、对接项目的海内外客商日益增多，仅下半年，全省各部门、各市接待来访的客商就超过了上百批次千余人。沪洽会、港洽会、中博会签约的一大批项目正在省直各部门、各市县、各项目单位的通力配合下相继落地，开工投产。在应县，广东雅士利投资2.5亿元建设的华北生产基地正在“日夜兼程”，项目投产后将拉动当地近5万头奶牛养殖；在大同市，沃尔玛大同永泰分店开业临近，12月6日40余家供应商与沃尔玛签订采购协议；在阳泉，港资公司投资5000万美元参与的国家开发投资阳泉煤电化项目已办结环评手续，2×13.5万千瓦煤矸石电厂已开工建设。港洽会取得不同进展的308个项目中，50个境外投资项目已审批完毕并颁发外商投资企业批准证书、领取了营业执照；25个境内省外投资项目领取了营业执照；84个项目已完成土地预审；77个项目已完成环评手续；141个项目完成了核准立项手续；131个项目已开工建设。

（晋　文）

**【全省国企改革稳步推进】** 2006年12月16日，山西国际电力集团有限公司与均为世界500强企业的韩国电力公社、德意志银行签订了合资合同，共同组建一家注册资金为100亿元人民币的中外合资公司，并计划在未来几年内实现海外上市。一批企业做大做强，一批企业走出困境，一批不符合产业政策或亏损严重的企业退出市场，全省国企改革正在按照“三个一批”的总体发展思路稳步推进，省属国企整体经济效益明显提高。省国有企业改革领导小组已经批复了省国资委监管的33户企业和有改革任务的34个部门下属企业的改革方案，占应批复总量的100％。

在2006年4月召开的加快推进省属国有企业改革动员会上，省委、省政府提出将省属企业的改革作为全省新一轮国有企业改革的突破口，力争用两到三年时间，基本完成全省国有企业改革的主要任务。同时，明确了推进省属国有经济布局和结构的战略性调整、推进国有企业产权结构多元化、建立健全现代企业制度、实施主辅分离和剥离企业办社会职能的新一轮省属国企改革思路，形成了“1＋13”个国企改革系列配套文件。这些文件基本上涉及到全省国企改革的各个方面，并充分考虑到了职工的利益，构成了本轮推进省属国有企业改革相互配套的一个完整政策体系，指导性、针对性和操作性相对较强，为全省国企改革提供了政策保障。产权制度改革是山西这一轮省属国企改革的主攻方向和突破口。在这轮改革中，山西把产权制度改革与对内对外开放有机结合起来，通过转让部分产权股权或增资扩股，引进国内国际先进企业成为战略合作伙伴，达到引进先进的技术和管理，引进新的项目和人才，提高国内国际市场拓展能力和核心竞争力，使企业迅速发展壮大的目的。大同煤业和潞安环能A股先后在上海证交所上市，共计融资38.7亿元；太钢集团顺利实施了股改及定向增发工作，为境外上市及再融资做好了准备……在“晋（沪）经济合作项目推介活动”“港洽会”上，省属企业共签约39个项目，投资总额约1200亿元人民币；在欧洲举办的招商引资活动中，省属企业共推出11个签约项目，签约10个项目。各签约项目都已按计划展开，截至11月底，已注册公司、已引进部分资金、已引进技术、已开工建设等有实质性进展的项目达到了23个。与此同时，山西全面加快辅业分离和改制工作。截至11月底，已经完成改制或分离的企业283户，占总数的64％；涉及总资产231.4亿元，占81％；净资产77.8亿元，占87％。通过主辅分离有效地解决了国有企业减员增效和职工再就业

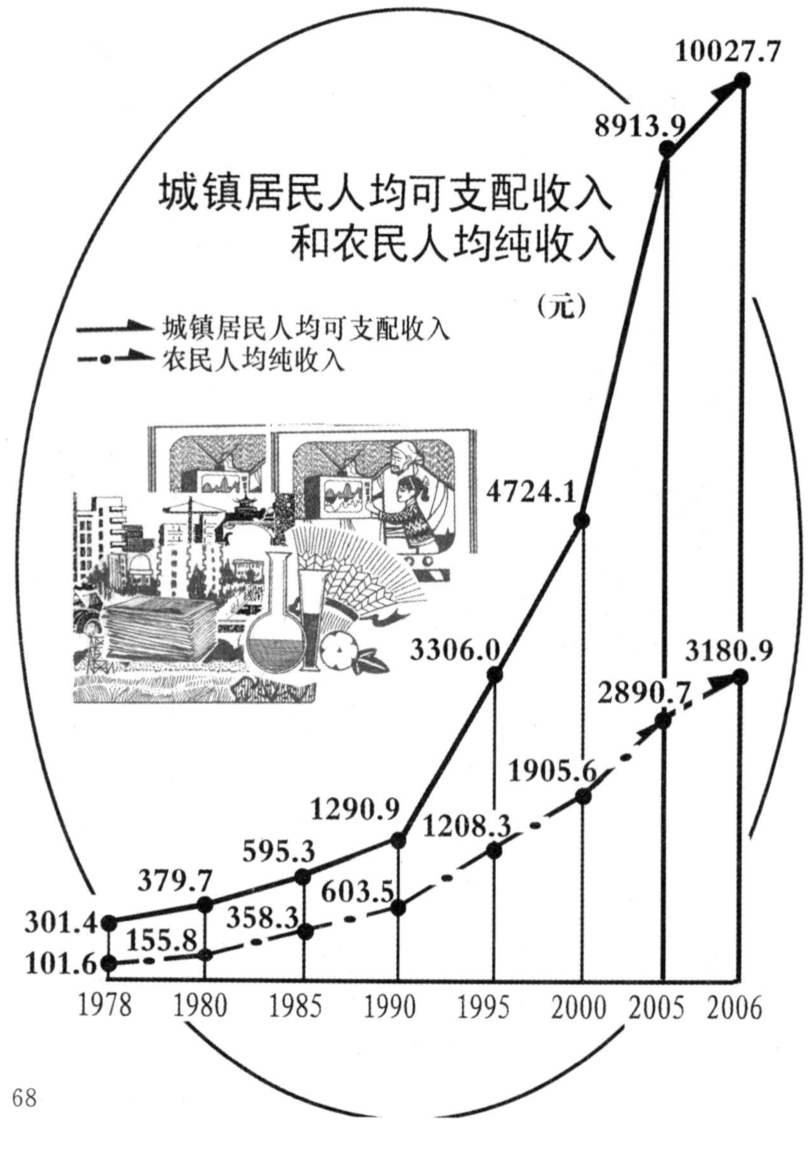

的矛盾；改制新企业健康快速发展，对主体企业的全方位改革，产生了积极的影响。（晋　文）

# 机构设置和领导人名单

## 中共山西省委员会

**书　记**　张宝顺
**副书记**　于幼军　金银焕　云公民※
薛延忠※
**常　委**　张宝顺　于幼军　金银焕（女）
薛延忠　申联彬　任泽民
申维辰　杜玉林　范堆相※
杨安和※　郑传福※　金道铭※
梁　滨※　方文平※　高建民※
李政文※
**委　员**　（按姓氏笔画为序）
于幼军　云公民※　马景龙※
丰立祥※　王　昕（女）※
王大高※　王凤祥※　王守祯※
王国正　王晓林※　王清宪※
王淑珍※　王雅安※　牛仁亮
方文平※　左世忠※　申维辰
申联彬　田喜荣※
白　云（女）　令政策※
吕日周※　吕德功※　朱先奇
任泽民　刘　巩※　刘泽民※
刘俊谦※　刘银才※　刘维佳※
安焕晓（女）　杜五安※
杜玉林　杜创业※　杜善学※
杜复新※　杨文宪※　杨安和※
李　淳※　李　鹏※　李玉臻※
李荣怀※　李天太※　李东福※
李永宏※　李旺明※　李政文※
李高山※　李悦娥（女）※
李雁红※　李潭生※　来玉龙※
吴锦文※　杨　波※　宋广义
宋北杉　张　健※
张九萍（女）※　张兵生※
张茂才　张宝顺　张建民※
张建欣（女）※　张崇慧※
陈大豪※　陈川平※
范堆相　金银焕（女）
金道铭（满）※　郑传福※
郑建国※　侯晋川※　姚新章※
郝志远※　胡苏平（女）※
洪发科※　袁升德※　耿怀英
聂春玉※　聂海舟※　夏振贵※
高卫东※　高健民※　高彦斌※
郭良孝※　郭春贵※　郭海亮※
崔　伟※　原崇信※　黄有泉※
阎爱英（女）※　梁　滨
梁志祥※　梁豫秦（女）
程步云※　董洪运※　谢　海※
靳善忠　薛　军※　潘军峰※
薛延忠　薛荣哲※
**候补委员**　（按得票多少为序）
张　健※　温泽先※
王凤祥※　李旺明※
冯建平※　郭贵春※
张绍瑞※　陈川平※
王茂林※　王抒祥※
毛金明※　张高宏※
王树新※　刘随生※
侯晋川※　李良森※
韩和平※　廉毅敏※
张义平※　李平社※
孟原生※
**秘书长**　申联彬
**常务副秘书长**　高卫东※　吕德功※
**副秘书长**　李旺明　马景龙※　柴甫鼎※
李平社　王铁选※　刘传旺※
黄进明※　姜新文　张瑞鹏
王进喜

### 省委工作部门

**省委组织部**
部　长　任泽民
常务副部长　马　友※
副部长　王树林　张　凯
邢燕芬（女）　朱先奇※
**省委宣传部**
部　长　申维辰※　高建民※
常务副部长　申存良※　王清宪※
副部长　田惠爱※　周振义※　杨　波
王建武　张明亮
**省委统战部**
部　长　吴锦文※　李政文※
常务副部长　王大高
副部长　武锦福　岳纪安※　边根棠
马天荣※　薛永辉
**省委政法委员会**
书　记　杜玉林
常务副书记　郑根堂※　高彦斌※
副书记　武先龙※　高彦斌※　边晋南※
省综治办主任　武先龙※
省综治办副主任　齐玉生※　秦文峰※
**省委政策研究室**
主　任　李旺明
副主任　李留澜※　霍甫安　董　忠※
陈永奇※
**省委老干部局**
局　长　张　凯※李仁和※
副局长　李仁和※　郝天喜※　刘仰良
郭世卿※　郑兰珍※
**省机构编制委员会办公室**
主　任　何令祚
副主任　王学泽　陈仲英（女）
**省直机关工委**
书　记　刘　巩
副书记　阎登山　陈跃钢　贾明建
省直纪工委书记　卫建友
**省高校工委**
书　记　李东福
副书记　贾坚毅　畅日宝※　陈学东※
省高校纪工委书记　史富泉
**省国资委党委**
书　记　靳善忠（兼）
副书记　张崇慧　张　健（常务）※
郭玉才（常务）※　王靖凯※
渠性轩（兼纪委书记）
**省国防科技工业党委**
书　记　刘银才
副书记　武永刚　冯鲁生
田国仁（兼纪委书记）
**省委巡视组**
组　长　刘焕升　段志全　白纯洲
副组长　林富强　常宝童　沈庆华
**省委省政府信访局**
局　长　柴甫鼎※　王铁选※
副局长　郭慧民　李月虎　冯致臣
梁雨润
**省委台湾工作办（省政府台湾事务办公室）**
主　任　李永旺※　黄进明※
副主任　李广禄※
**省接待办**
主　任　李　理
副主任　史虹光　韩道亮
**省委机要局**
局　长　李胜基※　任兔平※
副局长　任兔平※　杨　忠
**省委保密办公室（省国家保密局）**
主　任（局　长）　李国华
副主任（副局长）　张　华　王鹤平
**省史志研究院**
院　长　樊吉厚
副院长　张铁锁　李茂盛　郭维明

**山西省委党校（山西行政学院）**

校　长　金银焕
院　长　范堆相
常务副校长（副院长）　李高山※　冯国发※
副校长　原　方※　刘生义　高健生　王联辉　郭成文

**山西日报报业集团**

社　长　袁升德
总编辑　章勇思
副社长　章勇思（常务）　李蜀昌　张　宁　冯爱民
副总编辑　翁小绵（常务）　兰炎平　胡　果　杨小宁

## 中共山西省纪律检查委员会

**书　记**　金银焕（女）※　金道铭（满）※
**常务副书记**　张陆绪※
**副书记**　王俊忠※　李潭生　李正印※　杨森林※　张晓亚※
**常　委**　金道铭（满）※　李潭生※　黄福莲（女）※　李正印　杨森林※　张晓亚　王水成　弓　跃　邢顺喜　贾毓杰※　荀志坚※　张秀萍（女）※
**委　员**　（按姓氏笔画为序）
弓　跃　卫建友　马　友※　王日升※　王　琦※　王水成　王正喜※　王虎胜※　王铁选　王满春※　王俊忠※　石正民　左世忠※　申存良※　卢晓中※　史富泉※　冯改朵（女）　邢顺喜　刘焕升※　刘传旺※　刘向东※　安焕晓（女）　杜善学※　李正印　李永林　李政文※　李连琪※　李建功※　李建刚※　李福龙※　李潭生　宋林岭※　杨文章※　杨有才※　杨森林※　辛旭光※　张　润※　张文科　张陆绪※　张秀萍（女）※　张明亮※　张晓亚　张高宏※　张继庆　林玉平※　岳盛林　金银焕（女）※　金道铭（满）※　周振华　郝志远※　段志全※　郭建华※　荀志坚※　贾毓杰※　高　璋　高国顺※　高建国※　黄福莲（女）　曹燎原　康有全※　梁凤书※　渠性轩　廉兴有※

## 山西省人大常委会

**主　任**　张宝顺※
**副主任**　纪馨芳　薛　军　杜五安　王　昕（女）　曹馨仪（女）　姚新章　张　铭　谢克昌　赵劲夫
**秘书长**　朱　明
**委　员**　（按姓氏笔画为序）
马大华　马　友　马　骏　王纪仁　王铁锁　王锚深　牛玉兰（女）　孔繁珠　石浒泷　卢　捷　申存良　申桂英（女）　田　凯　白　云（女）　朱元和　朱晓喜　刘作舟　刘滇生　许晓琳（女）　苏高文　李生海　李志强　李珍富　李　淳　李　鹏　杨季春　杨静波　宋秉文　张九萍（女）　张开增　张云溥　张陆绪　张　诚　张复明　张高勇　季福星　郝　凡　贺　锐　秦瑞杰　聂海舟　原崇信　曹中厚　曹振声　崔　伟　阎逸民　梁豫秦（女）　韩怡卓　程玉英（女）　程步云（女）※　谢　红（女）　谢洪涛　谢碧玲（女）　解金瑞　熊诗波　魏　凯　魏留庆　魏德卿

### 省人大常委会各工作机构

**常委会副秘书长**　朱元和※　何　涛　边晋南※　李中元　赵建平※　王立业※

**省人大法制委员会**

主任委员　张　诚
副主任委员　李　鹏　秦瑞杰　董心爱（女）※　邓永明

**省人大内务司法委员会**

主任委员　杨季春
副主任委员　聂海舟　宋秉文　刘武德※

**省人大财政经济委员会**

主任委员　原崇信
副主任委员　魏德卿　王纪仁　孔繁珠　张绍瑞　赵建平

**省人大教育科学文化卫生工作委员会**

主　任　魏　凯
副主任　张开增　魏留庆　郭有勤※　安志辉

**省人大农村工作委员会**

主　任　阎逸民
副主任　曹振声　李英明※　杨文宪※　杨补兰（女）　李正伦

**省人大城乡建设环境保护工作委员会**

主　任　李　淳
副主任　马　骏　侯殿龙※　李生茂

**省人大人事代表工作委员会**

主　任　杨静波
副主任　申桂英（女）　郑根堂※　杨竞赛　霍晓琴（女）

**省人大民族宗教侨务外事工作委员会**

主　任　张云溥
副主任　杨金泉※　杨建国　李荣先（女）

**省人大研究室**

主　任　朱元和（兼）※　何　涛※
副主任　杨义成※　张作峰　赵建平※　吴临芳※

**省人大信访局**

局　长　王联英※
副局长　张拯瑜※

**山西省人民检察院**

检察长　陈大豪
副检察长　崔　伟　郭建华※　梁　权　文晓平　荣　彰

**山西省高级人民法院**

院　长　李玉臻
常务副院长　左世忠
副院长　王满春　李　增※　刘冀民

## 山西省人民政府

**省　长**　于幼军
**副省长**　范堆相　薛延忠※　靳善忠　牛仁亮　宋北杉　梁　滨　张少琴　胡苏平
**秘书长**　李政文※　张建民※
**副秘书长**　王清宪※　李顺通※　李廷勇※　郭慧民　王茂设※　巨宪华　崔永柱　李建功※　李福龙※　罗清宇　王洪岐

段建国　耿彦波※

## 政府组成部门

**省发展和改革委员会**

主　任　令政策

副主任　侯殿龙※　李宝卿※
王新义（兼）　王正喜（兼）※
姚高宽　兰光东　李福龙※
王　赋　李永平　段进存

**省经济委员会**

主　任　洪发科

副主任　张鸿顺※　王守祯　蔡　衡※
郭树峰　潘贤掌　王克建※
陈官虎※

**省教育厅**

厅　长　李东福

副厅长　刘惠民　贾坚毅　张卓玉
王李金

**省科学技术厅**

厅　长　温泽先※　廉毅敏※

副厅长　廉毅敏※　秦作栋　郭春林
常建忠

**省公安厅**

厅　长　杨安和（兼）※　杜玉林※

常务副厅长　李连琪

副厅长　李富林※　廉兴有　成振林
燕和平　苏　浩　饶国清※

**省国家安全厅**

厅　长　王凤祥

副厅长　高凤英（女）※　李　洪
李玉生　常俊茂※　郑俊杰※

**省监察委员会**

主　任　王俊忠

副主任　黄福莲（女）　李正印
张晓亚　刘蓉华（女）

**省民政厅**

厅　长　郭有勤※　马景龙※

副厅长　王铁选※　郭小平※　何耀光
何子文※　王卫东（女）
许富昌※

**省司法厅**

厅　长　张高宏

副厅长　樊计宽　王华善　李满胜
刘占中

**省财政厅**

厅　长　郑建国

副厅长　张秋明　石常明　王　亚
胡双明

**省人事厅**

厅　长　邢燕芬（女）

副厅长　高月梅（女）※　王学泽
李天星　王云龙　李建刚※

**省劳动和社会保障厅**

厅　长　李顺通※　张　健※

副厅长　白秀平　杨培岳　王建文

**省国土资源厅**

厅　长　张怀文·

副厅长　李建功※　康有全　高　博
王晓立　牛来有

**省建设厅**

厅　长　张建民※　王茂设※

副厅长　李俊明　张立光　任在刚

**省交通厅**

厅　长　王晓林

副厅长　张　润　王志民　张志川

**省水利厅**

厅　长　李英明※　潘军峰※

副厅长　菅二栓※　潘军峰※　裴　群
张　健　孙廷容

**省农业厅（省委农村工作领导组办公室）**

厅　长　杨文宪※　张连珠※

副厅长　樊积旺※　刘二仁　董希德
左义河　关建勋　王立伟
雷郭堂※

**省林业厅**

厅　长　杜创业

副厅长　王银娥（女）※　霍转业
闫根生※　马双柱　周　洪
吉久昌

**省商务厅**

厅　长　王淑珍（女）

副厅长　王俊辰※　李晋峰　史贵章
乔亮生※　杨来栓　高文平

**省文化厅**

厅　长　成葆德※　杨　波※

副厅长　赵晋蓉　张建军　贾新田

**省卫生厅**

厅　长　李俊峰

副厅长　郝光亮　韩　敬　李书凯
王　峻

**省人口和计划生育委员会**

主　任　安焕晓（女）

副主任　梁明虎　王祥瑞　杨建勇
梅志强

**省审计厅**

厅　长　郝志远

副厅长　石维景（女）※　郝素珍（女）
高爱平　姚宪华

**省政府国有资产监督管理委员会**

主　任　张崇德

副主任　王晓勇　任福耀　李宝文
朱成基　崔联会

## 省政府直属机构

**省地方税务局**

局　长　宋德晋※　卢晓忠※

副局长　张跃建　刘建光　张澎涌

**省工商行政管理局**

局　长　王虎胜

副局长　石清礼　王旭明※　马联社※
薛维栋

**省质量技术监督局**

局　长　孙桂芳（女）※　王正喜※

副局长　胡续平※　刘　军　盛佃清
武　强※

**省环境保护局**

局　长　王树静※　刘向东※

副局长　杜培仁※　李广信　刘四龙
关存先（兼总工程师）

**省广播电视局**

局　长　梁志祥

副局长　牛辉林※　董育中　朱世林
梁丽山※

**省新闻出版（版权）局**

局　长　董晓阳※　李锐锋※

副局长　李锐锋※　张明旺　李海渊※
梁宝印※

**省体育局**

局　长　王春元※

副局长　苏亚君※　杨凤楼　李振生
郝晓峰

**省统计局**

局　长　李宝卿※杨文章※

副局长　杨润广※　翟振新　卢建明

**省食品药品监督管理局**

局　长　刘铁城※　高国顺※

副局长　杨恩健　武树和　任晋斌
赵光国　谢　红

**省安全生产监督管理局**

局　长　巩安库

副局长　刘晋英（女）　苏保生　唐　晋

**省旅游局**

局　长　籍振芳

副局长　韩和平※　李太阳　王炳武

**省宗教事务局（民族事务委员会）**

局　长　武锦福

副局长　郝中树　刘志敏　卫望军※

**省国防科工办**

主　任　刘银才

副主任　张　葆（女）　王　成
王少雄※

**省文物管理局**
局　长　施联秀
副局长　高　可　李福明※　刘正辉
　　　　宁立新

**省粮食局**
局　长　高志信
副局长　牛银虎　张　文　吕苛青

**省中小企业局**
局　长　周明定
副局长　潘中赋　陈晓东　赵志杰
　　　　王怀荣

**省外事办公室（侨办）**
主　任　李悦娥（女）※　韩和平※
副主任　贾雪峰　张志仁

**省政府机关事务管理局**
局　长　耿彦波※　任云峰※
副主任　谢德才　王东春

## 省政府厅局管理机构

**省政府法制办公室**
主　任　李廷勇（朝鲜族）※　李建功※
副主任　王卫星　崔国红

**省政府研究室**
主　任　王清宪※
副主任　王　纯

**省政府参事室**
主　任　冉金刚

**省物价局**
局　长　王正喜※　李福龙※
副局长　张存登　庞金龙※

**省煤炭工业局**
局　长　王守祯
副局长　闫文升※　王文全　牛建民
　　　　武建森※

**省监狱管理局**
局　长　冯　征
副局长　李扁屯　句轶旺　王　伟

**省公安厅交管局（省交警总队）**
局　长　宋建华
副局长　边智慧※　李新生　刘　敏
　　　　张顺喜

**省公路局**
局　长　戴　飞
副局长　王升云　蒋　品　陈运生
　　　　胡志勇　惠高峰

## 直属事业单位

**省地质矿产勘查开发局**
局　长　安俊生
副局长　翁金明　李日彪　韩晋生

**省档案局（省档案馆）**
局（馆）长　卫克光
副局（馆）长　王月娥（女）※
　　　　　　张彦杰（女）　王保国
　　　　　　邢利民

**省测绘局**
局　长　朱来有※　刘和平※
副局长　陈　睿　于建刚

**省农业机械发展中心**
主　任　翟通毅※
副主任　戴建功　姚建忠　许继光

**省农业科学院**
院　长　牛西午
副院长　刘惠民　周运宁※　薛春生
　　　　陈明昌　聂安全　乔雄梧

**省社会科学院**
院　长　李留澜※　张成德※
副院长　董继斌　阎宝礼※
　　　　张晓瑜（女）　贾桂梓（女）

**省政府经济研究中心**
主　任　张　保
副主任　张复明　李劲民　王亦兵

## 其他机构

**省人民防空办公室**
主　任　常高才
副主任　张万明※　刘继双※　孙　群※
　　　　刘　涛※

**省万家寨引黄工程总公司（管理局）**
经理（局长）　王新义
副经理（副局长）　管二拴※　卫亚林
　　　　　　　　杨文章※　朱春耀
　　　　　　　　张俊杰　樊安顺
　　　　　　　　贾伟智

**山西煤田地质局**
局　长　郭文奇
副局长　潘增武　郑全发

**煤炭工业太原设计研究院**
院　长　李宏达
副院长　马建华※　耿建平　李树庭

**省民航机场集团公司（管理局）**
总经理（局长）　李战志
副总经理（副局长）　郝孝义　马　升
　　　　　　　　　段同良　赵庆斌

**山西煤炭基本建设局**
局　长　赵国源
副局长　冯德芝※　王振海

**中国煤炭博物院**
馆　长　康明章
副馆长　张奎元　陈胜军

**红十字会**
副会长　冯晋生

**省扶贫办**
主　任　刘昆明※
副主任　吕占川※　郎作仕※　王汉有※

**省招生考试管理中心**
主　任　赵　晶
副主任　张亚平　张启发

**省工程咨询公司**
总经理　南寒松
副总经理　刘付槐

**山西社会主义学院**
院　长　聂向庭
副院长　王宝生（常务）※　李祥熙
　　　　王解峰

**省机械设备成套局**
局　长　（空）
副局长　高保旺　段治强

**省城镇集体工业联合社**
主　任　李荣钢
副主任　姚海平

**山西博物院**
院　长　石金鸣

**山西省省级政府采购中心**
主　任　赵建新
副主任　王跃进　穆恩科

**山西老年大学**
专职副校长　覃建平

**省交通征费稽查局**
局　长　张晋鹏

**省高速公路管理局**
局　长　董新品

**省交通运输管理局**
局　长　李华中

**省水资源管理委员会办公室**
主　任　张江汀

**山西省省管国有企业监事会**
主　席　李成业　赵子传　王孟传
　　　　陈建鹰　王义堂※　马　平※

**直属地方金融类企业监事会**
主　席　高向新

## 驻外办事处

**省政府驻北京办事处**
主　任　崔永柱
副主任　高永光　李金贵　张建平※

**省政府驻上海办事处**
主　任　曹美玲（女）
副主任　刘喜光　周爱民

**省政府驻天津办事处**
主　任　赵茂华
副主任　郜勇智
**省政府驻广州办事处**
主　任　李　刚
副主任　朱义和　田月生
**省政府驻南京办事处**
主　任　李希远
副主任　陈建国※　雷向忠
**省政府驻沈阳办事处**
主　任　田　凯
副主任　李　让　冯　晋（女）
　　　　邢建国

## 大专院校

**山西大学**
校　长　郭贵春
副校长　刘滇生　贾锁堂　齐　峰※
　　　　刘维奇　行　龙
**太原理工大学**
校　长　谢克昌
副校长　马福昌（常务）※　侯晋川
　　　　郭敏秦　郝建功　路振光
　　　　许并社　胡柏彦　吕　明
**山西财经大学**
校　长　原梅生
副校长　樊而俊　郭泽光　赵国浩
　　　　刘中朝
**山西医科大学**
校　长　郭　政
副校长　段志光　张　飞　郑建伟
　　　　程牛亮　刘　强　孙安乐
**山西农业大学**
校　长　董常生
副校长　岳文斌　崔克勇　王俊东
　　　　赵春明
**山西师范大学**
校　长　武海顺
副校长　苗居野※　刘安乐※　李忠康※
　　　　常乃军　卫建国
**山西中医学院**
院　长　周　然
副院长　张俊龙（常务）※　冯前进
　　　　李华荣　白兆芝※　张咸志※
**长治医学院**
院　长　王庸晋
副院长　冯向先　赵中夫　陈忠义
**山西广播电视大学**
校　长　杨怀恩※
副校长　傅月晟　张耀斌　王瑞芬（女）

**中北大学**
校　长　张文栋
副校长　肖忠良　齐存田　吴俊清
　　　　刘有智　韩　焱　张惠选
**太原科技大学**
院　长　郭勇义
副院长　李永堂　曾建潮　董　峰
　　　　徐格宁　黄庆学
**太原师范学院**
院　长　王尚义
副院长　张瑞君　李钟秋（女）
　　　　王川龙　王亦农　张喜明
**忻州师范学院**
院　长　李思殿
副院长　王志连　贾志清　冯天仓
　　　　郭丕斌
**山西大同大学**
校　长　王守义
副校长　马存根　刘守国　郭　永
　　　　石云龙　赵富玺　冯　锋
**运城学院**
院　长　姚纪欢※
副院长　安建平　姚纪欢※　梁晋才
　　　　王卓民　张凤琴（女）
**山西经济管理干部学院**
院　长　蔡　衡（兼）※
副院长　王克勤　席宝山
　　　　张改娥（女）　秦长江
**山西煤炭管理干部学院**
院　长　刘发威
副院长　李　进　武冬生　王凤岗
**广播电影电视管理干部学院（广播影视职业学院）**
院　长　郝本廉
副院长　王建国　车光耀※　王新塘
　　　　吴建庭※
**山西医科大学汾阳学院**
院　长　闫肖卿
**晋中学院**
院　长　孙建中
副院长　吴生彦　邓　明　杨高才
　　　　郭贤成
**长治学院**
校　长　王守义※　李忠康※
副校长　茹文明　张国泰
**吕梁高等专科学校**
校　长　闫保平
**山西省财政税务专科学校**
校　长　申长平
副校长　赵丽生　周巧红（女）

**阳泉煤炭专科学校**
校　长　霍世平
**太原大学**
校　长　姜根龙
**山西职工医学院**
院　长　于明江
副院长　宋有春　黄跃春　杨建堂
　　　　杨优帅
**山西警官高等专科学校**
校　长　张子荣
副校长　张　琨※　张庆华
**山西省政法管理干部学院**
院　长　谭恩惠
副院长　李亚尼　肖峰昌
**山西青年管理干部学院**
院　长　田建安
副院长　王俊刚　任玉平（女）※
**山西省委党校省直分校（山西行政学院省直分院）**
校（院）长　冯进成
副校（院）长　赵　凯　韩晋乐（女）
　　　　　　徐建国
**太原电力高等专科学校**
校　长　李　忱
**山西建筑工程职业技术学院**
院　长　（空）
副院长　杨力彬　范文昭
**山西生物应用职业技术学院**
院　长　周晓明
副院长　尹士优　胡尔雅
**山西艺术职业学院**
院　长　李　力
副院长　张俊伟　王建军
**山西交通职业技术学院**
院　长　王赛勇
副院长　安正明　钟建民
**山西工程职业技术学院**
院　长　刘　勇
**山西林业职业技术学院**
院　长　马宗兆
副院长　段振基
**山西水利职业技术学院**
院　长　解爱国
副院长　王连生　张龙改　仝玉才
　　　　景国栋
**山西综合职业技术学院**
院　长　丁怀民
**山西旅游职业学院**
院　长　郑子全※　董小恺※
副院长　赵贤松　何乔锁　王碧波

**山西管理职业学院**

院　长　杨勇翔

副院长　马联合　闫建辉

**山西体育职业学院**

副院长　沈广晋

**山西警官职业学院**

院　长　阎绪安

副院长　景周管　郝俊安

**山西国际商务职业学院**

院　长　郝永新

副院长　刘德奇

**吕梁市教育学院**

院　长　白荣欣※　郝百耀※

**长治市教育学院**

院　长　任鸿志

**阳泉市教育学院**

院　长　郝玉文

**长治职业技术学院**

院　长　郭建华

**晋城职业技术学院**

院　长　王维平

**忻州职业技术学院**

院　长　晋原平※　王彦炯※

**晋中职业技术学院**

院　长　程太生

## 政协山西省委员会

**主　席**　刘泽民

**副主席**　薛荣哲　吴锦文　聂向庭　张正明　边鸣涛　吕日周　阎爱英（女）　韩儒英　吴博威　周　然

**秘书长**　田喜荣※　闫沁生（代秘书长）※

**常　委**　（以姓氏笔画为序）

卫小春　王　宁　王万杰　王永安　王芷芳（女）　王经文　王贵平　王俊忠　王艳梅（女）　王爱萍（女）　牛建业　亢官文　邓永武　田　畛　申瑞涛（女）　白世镇　来玉龙※　邢德川　巩玉生　成继东　成锡峰　毕怀昶　曲成毅　任存孝　刘占中　刘兆林※　刘继华（女）　刘蓉华（女）　刘增民　庄金洲　关存先　杨社堂　李才旺　李光明　李守缄　李枝荣　李京陆　李武章　李思温　李章宏　宋德晋　张　恒　张　政　张一萍　张吉兆　张并生　张泽宇　张建豪　张效洲　陈喜旺　苗元礼　范小玲（女）　范明远　金春子（女）　周汉昌　周远宁　周新玉　郑仰林　郝建秀　赵文斌　赵玉泉　赵生荣※　赵命柱　赵政民　赵震寰　姚俊良　姚建民　秦作栋　根　通　贾和平　贾鸿鸣　柴瑞霭　徐永华　徐改清（女）　郭国太　郭勇飞※　郭新志（女）　高淑平（女）　曹文龙　曹惠斌※　阎全鲁　阎美玲（女）　梁文海　梁宪英（女）　谌长瑞　葛旭元　靳道元　雷　霆※　蔡中祜　裴玉林　薄应贤　霍成福　魏　武（女）

**副秘书长**　杨临生　杨左卿（女）　安双全　阎润德

### 省政协工作机构

**省政协提案委员会**

主　任　赵命柱

副主任　周振义※　刘玉德　焦惠生

**省政协经济和人口资源环境委员会**

主　任　张泽宇

副主任　张鸿顺※　纪友伟　姜玉麟　孙桂芳※　刘道友

**省政协农村委员会**

主　任　李枝荣

副主任　王福水　王银娥※　冯国发※　吴潭龙

**省政协教科文卫体委员会**

主　任　毕怀昶

副主任　王春元※　温泽先※　王建国

**省政协社会法制委员会**

主　任　郭国太

副主任　周日贵　郭建华※　阎默彧　傅银瑜（女）

**省政协民族和宗教委员会**

主　任　根　通

副主任　周新玉　李金鳌　王茂全※　白晓军　杨　菲（女）

**省政协文史资料委员会**

主　任　赵政民

副主任　李才旺　吴建昌　董晓阳※　丁　杰

**省政协学习宣传委员会**

主　任　赵文斌

副主任　罗山荣　张成德※　成葆德※　郭玉玺

**省政协港澳台侨和外事委员会**

主　任　贾鸿鸣

副主任　张有陞　田惠爱※　赵茂林

**省政协调研室**

主　任　杨临生※

副主任　王建华　马　伟※

## 民主党派与工商联

**中国国民党革命委员会山西省委员会**

主任委员　谢克昌

副主任委员　赵晓颖（女）　李守缄　王照光（女）　谌长瑞　赵玉泉　吴菊仙※　陈隆宇※

**中国民主同盟山西省委员会**

主任委员　聂向庭

副主任委员　张高勇　曲成毅　李进宝　王万杰　亢官文　张　平　傅建荣　王全龙

**中国民主建国会山西省委员会**

主任委员　韩儒英

副主任委员　张俊林　李志强　成继东　白家祥　王　宁

**中国民主促进会山西省委员会**

主任委员　张正明

副主任委员　张　恒　马大华　张建豪　张　政　卫小春　张汉谦

**中国农工民主党山西省委员会**

主任委员　周　然

副主任委员　许晓琳（女）　郭新志（女）　郑仰林　王爱萍（女）　高昌荣

**九三学社山西省委员会**

主任委员　吴博威

副主任委员　王毓钟　任存孝　刘滇生　姚二云　杨社堂　张并生

**山西省工商业联合会**

会　长　边鸣涛

副会长　郭　锐（女）※　李建勋（兼秘书长）※　樊秀清※　王建华　郎宝山

## 群众团体

**山西省总工会**
主　席　姚新章
常务副主席　徐改清（女）
副主席　郭争荣　冀中时※　高凤平
　　王光旺※　梁若洁※
**中国共产主义青年团山西省委员会**
书　记　张九萍（女）※
副书记　刘润民　高　键　张晓峰※
　　雷健坤（女）
**山西省妇女联合会**
主　席　梁豫秦（女）※　李悦娥※
副主席　郭凤莲(女)※　侯秀娟(女)※
　　张烈珍(女)　郑　红(女)
　　顾青圻(女)※
**山西省科学技术协会**
主　席　侯晋川
副主席　韩裕峰　关原成　郭振德
　　卫小春　王德贵
**山西省文学艺术界联合会**
主　席　李才旺
副主席　宋新柱（常务）　高国俊※
**中国作家协会山西省分会**
主　席　张　平
副主席　周振义（常务）※
　　李福明（常务）※
**山西省归国华侨联合会**
主　席　周运宁
副主席　陈端度（兼）　李冠瑶（女）
　　刘越泽（女）
**山西省残疾人联合会**
理事长　张子泉※　郭贵仁※
副理事长　张玉洁（女）　郝保平
　　樊秀清※　郭新志（女）
**中国国际贸易促进会山西省分会**
**（中国国际商会山西商会）**
会　长　刘致远
副会长　陈铁鹰　靳成福
**省供销合作社联合社**
主　任　刘向东※　王俊辰※
副主任　韩　迅　齐玉梅（女）
　　李亚明　王义升※
监事会主任　齐润阁
**省台湾同胞联谊会**
会　长　梁宪英（女）
**省社会科学联合会**
党组书记　赵庆臣※　侯秀娟※

## 中国人民解放军山西省军区

| | | |
|---|---|---|
| **司令员** | 方少平 | 少将 |
| **政治委员** | 李国辉 | 少将 |
| **副司令员** | 高建国 | 少将 |
| | 何永才 | 大校 |
| **副政治委员** | 谢玉久 | 少将 |
| | 刁建业 | 大校 |
| **参谋长** | 姬亚夫 | 大校 |
| **副参谋长** | 朱　健 | 大校 |
| | 蒋世欣 | 大校 |
| **政治部主任** | 谢玉久（兼） | 少将 |
| **政治部副主任** | 张瑞祥 | 大校 |
| | 李胜军 | 大校 |
| | 巨勉志（兼） | 大校 |
| **后勤部部长** | 马彦和 | 大校 |
| **后勤部副部长** | 郭继祥 | 大校 |
| | 谢新宁 | 大校 |
| | 杨金城 | 大校 |
| | 师家芳 | 大校 |

## 中国人民武装警察部队山西省总队

| | | |
|---|---|---|
| **总队长** | 叶景亮 | 少将 |
| **第一政治委员** | 杨安和（省委常委、省公安厅长兼） | |
| **政治委员** | 宋广义 | 少将 |
| **副总队长** | 王援朝（5月退休） | 大校 |
| | 郭洛泰（5月兼任参谋长） | 大校 |
| | 吕明录 | 大校 |
| | 杨建国（5月任） | 大校 |
| | 张承聘（5月任） | 大校 |
| **副政治委员** | 刘德友 | 大校 |
| **参谋长** | 李志斌（5月调离） | 大校 |
| | 郭洛泰（5月兼任） | 大校 |
| **政治部主任** | 詹海观 | 大校 |
| **后勤部部长** | 周旭光 | 大校 |

注：姓名后加※为本年度调职
　　单位名后加※者为本年度撤销

# 政　　治

## 党委工作

【概述】　2006年，中共山西省委坚持以邓小平理论和“三个代表”重要思想为指导，全面落实科学发展观，深入贯彻党的十六大精神，认真落实宏观调控的政策措施，抓住国家促进中部崛起的战略机遇，实施新型工业化和特色城镇化“双轮驱动”战略，取得“十一五”发展的良好开局。2006年，全省地区生产总值完成4746.5亿元，比2005年增长11.8%；财政总收入1048亿元，增长38.2%；城镇居民人均可支配收入达到10027.7元，增长12.5%；农民人均纯收入达到3180.9元，增长10%。同时，单位GDP能耗降低2%，二氧化碳排放量削减3.56%，化学需氧量（COD）排放量削减2.77%，万元地区生产总值平均耗水量下降13.3%，呈现出经济快速发展、群众收入较快增长、产业结构逐步优化、能耗排污总体下降的良好态势。

1. *以科学发展观为指导，完善发展思路，提升发展境界。*

2006年，省委坚持以科学发展观为指导，围绕走出符合山西实际的科学发展之路，深刻把握省情，积极探索创新科学发展的理论，确立科学发展的价值取向，健全保障科学发展的体制机制，推动经济社会发展转入科学发展的轨道，召开省委八届九次全会，通过了关于实施中部地区崛起战略的决议，出台了《关于实施中部地区崛起战略的意见》，对实现山西崛起的指导思想、奋斗目标、主要措施作出全面部署。10月26日～30日，省第九次党代表大会召开。在继承发展历届省委探索山西发展规律的基础上，形成了新的总体发展思路，即高举邓小平理论和“三个代表”重要思想伟大旗帜，全面贯彻落实科学发展观，坚持加快科学发展、建设和谐山西，致力求真务实的总体要求，深入推进经济结构调整，加快新型工业化、特色城镇化进程，在培育优势产业、转变增长方式、统筹城乡发展、创新体制机制、扩大对外开放、实施科教兴晋人才强省战略上实现新突破，提高综合经济实力、可持续发展能力、和谐社会建设水平与人民生活质量，推动经济建设、政治建设、文化建设、社会建设协调发展，着力推进党的建设新的伟大工程，团结带领全省人民，建设国家新型能源和工业基地，构建充满活力、富裕文明、和谐稳定、山川秀美的新山西。特别是提出在发展上要走出“四条路子”（能源基地和老工业基地创新发展的路子、资源型地区可持续发展的路子、欠发达地区构建社会主义和谐社会的路子、内陆省份对外开放的路子），实现“三个跨越”（煤炭大省向新型能源和煤化工大省的跨越、老工业基地向新型工业基地和精品原材料基地的跨越、自然人文资源大省向经济强省和文化强省的跨越），进一步解放思想，推进全面转型，加快跨越发展，奋力实现崛起，明确了山西走科学发展之路的具体途径。在完善思路的同时，对扩大对外开放、建设社会主义新农村、实施“蓝天碧水工程”、推进特色城镇化、晋西北和太行山革命老区开发、经济结构调整、国有企业改革、和谐社会建设等全局性战略性工作作出部署，不断加大推进力度。初步建立起体现科学发展观要求的考核体系，制定了包括经济增长、社会发展、科技进步、资源环境、人民生活5个方面44项指标的新的地区经济社会发展指标体系，既具有引导性，又具有科学性，对各级领导干部树立正确的政绩观，自觉走科学发展之路起到了重要的推动作用。

2. *加快建设国家新型能源和工业基地，促进经济又好又快发展。*

2006年，省委全面落实中央宏观调控政策措施，经济运行保持平稳健康发展的态势。坚持区别对待、有保有压，严把土地、信贷闸门和市场、环境准入门槛，坚决淘汰落后生产能力，遏制低水平重复建设，投资结构进一步优化，固定资产投资增幅比2005年回落0.8个百分点；第一、二、三产业投资分别增长24.8%、20%、33.4%，呈现一产高、二产稳、三产快的良好局面；煤焦铁等传统产业投资增长13.5%，增速大幅回落；新兴支柱产业和农业、农村以及生态环境建设投资大幅增加，增幅分别达到58.1%、28.9%、27.6%。扎实推进煤炭行业资源整合、提高产业集中度和整体素质的“三大战役”，关闭3500个死灰复燃和新发现的非法矿点，淘汰近1300个9万吨以下煤矿，淘汰焦炭落后产能550多万吨。采取有效措施抑制房价，促进房地产业健康发展。继续发挥能源基地优势，积极为缓解煤电紧张局面作贡献，全年外销煤炭4.43亿吨，增长3%；外送电400.4亿千瓦时，增长11.42%。继续深化产业结构调整，产业优势进一步凸显。发展具有潜力的新兴产业，深化经济结构调整，建立多元支柱产业体系。煤炭、电力、冶金、焦炭四大传统支柱产业改造提升成效明显，国家规划的晋北、晋中、晋东三大煤炭基地加紧建设，煤炭产业集中度和煤矿机械化水平进一步提高；大机焦比重提高到80%左右，化工产品回收力度加大；加快对现有电厂的环保改造，发展新型电源项目特别是坑口电站和资源综合利用电站，电力总装机容量达到2813万千瓦，增长12.9%，晋东南至湖北荆门我国第一条特高压输电线路建设进展顺利；不锈钢、铝、镁冶炼及加工业快速发展，太钢不锈钢产能达到300万吨，成为全球最大的不锈钢生产基地。全力培育发展煤化工、装备制造、材料工业和旅游业四个新支柱产业，一批符合产业政策的新项目上马建设，145个煤化工项目开工；349个装备制造业项目开工，投资增长84%，利润增长85%；旅游总收入达到428.4亿元，比2005年增长46.7%。文化、电子信息、生物制药、现代服务业等具有潜力的新型产业发展步伐加快，发展质量稳步提高。列入大企业、大集团“三个方阵”的77户企业发展速度加快，实力不断增强，全年主营业务收入4230.72亿元，比2005年增长24.9%。强化节能降耗、保护环境和科技创新工作，经济增长方式加快转变。全省环境状况进一步好转，11个重点城市环境空气质量二级天数完成2707天，比2005年增长8.7%，超过全年目标3.7个百分点。全面推行资源资产化管理，初步建立起矿产资源合理开发、有效保护和有偿使用机制，累计征收煤炭资源有偿使用价款186亿元，煤炭资源回收率提高到48%以上。大力发展循环经济，扎实推进清洁生产，在一批工业企业和工业园区进行循环经济试点；焦炭行业焦油回收率达到90%以上，提高了20个百分点；煤层气累计抽采量达到13.79亿立方米，利用量达到2.67亿立方米。加大环保工作力度，倡导健康、节约、环保消费模式，推广新技术新工艺，健全排污补偿机制，对"十五"期间建设项目环境影响评价和"三同时"(与主体工程同时设计、同时施工、同时投入生产和使用)，执行情况实施专项清理，先后关停各类违法企业和设施1200多个，528个重点工业企业环保全面达标。启动实施"蓝天碧水工程"，在全国率先为所有县（市、区）安装"空气质量自动监测系统"，加强11个重点城市和大运高速公路沿线、汾河干流沿线32个县（市）的环境污染治理。在继续推进国家六大生态骨干工程的同时，启动实施了通道绿化、交通沿线荒山绿化、村镇绿化、厂矿区绿化、环城绿化、城市绿化六大造林绿化工程。国家和各级财政投入资金近30亿元，吸引社会投资20多亿元，全年新增营林面积515万亩，全省森林覆盖率达到14.12%；国家级生态示范区由4个增加到8个，省级自然保护区由39个增加到45个，保护面积占全省国土面积的比重由6.78%提高到7.28%。初步建立以市场为导向、以企业为主体、产学研相结合的地区技术创新体系，共建成国家重点实验室2个，省部共建重点实验室1个，省级重点实验室16个。全年专利申请数2824项，每10万人专利申请数达到8.4项。全方位深化改革、扩大开放，经济发展的活力和动力得到增强。启动新一轮省属国有企业改革，出台系列配套文件，完善政策措施，33户省管国有企业和有改革任务的34个部门下属企业的改制方案全部批复，股份制、债转股和主辅分离、辅业改制及分离企业办社会职能取得新进展，省属监管企业资产总额、净资产、销售收入、利润实现较大幅度增长，四项指标均跃升国家前6位。鼓励、支持和引导非公有制经济的发展，民营经济增加值完成2500亿元，增长18%以上，占全省地区生产总值的52%。积极推进投资、价格与收费等改革和事业单位改革。加快市政公用事业改革，推行市政公用事业特许经营制度。研究制定了调整规范省市县三级财政体制和在35个国家重点扶贫开发县实行"省直管县"试点的改革方案。以招商引资和优化环境为突破口进一步扩大对外开放，积极参与中部论坛等区域性交流与合作，重视与国外友好地区的交往合作，分别在上海、香港举行大型项目推介和投资洽谈会，签约投资类项目587个，协议引资3807亿元；新批准设立外商投资企业150个，增长76.5%。实现利用外资（商务部口径）4.7亿美元，增长71.5%。对外贸易稳步增长，外贸进出口总额达到66.3亿美元，增长19.5%。机电产品、高新技术产品出口有较大增长。基础设施更加完善，城镇化水平进一步提高。高速公路通车里程达到1752公里，完成新建、改建县乡村公路2.3万公里。向大同、朔州供水的引黄工程北干线加紧筹备，张峰水库建设步伐加快，太原机场改扩建工程进展顺利，太原到石家庄高速铁路客运专线和太（原）中（卫）银（川）铁路开工建设。召开了城市建设工作会议，对加快特色城镇化进程，推进全省城市建设和市政公用事业改革等作出部署。太原经济圈建设步伐加快，资源型工矿城镇转型和城市新区开发扎实推进，有条件的县城和建制镇的城镇建设取得新进展。完成市政公用设施建设投资63亿元，进一步完善城市功能和设施，提高了城市规划、建设和管理水平。

3.扎实推进"两区"开发，加快建设社会主义新农村。

"两区"开发开局良好。出台了关于加快晋西北、太行山革命老区山区开发的决定，涉及全省1/2的县（市、区）、1/3以上人口，编制了"两区"产业开发、交通建设、社会事业、生态建设与环境保护等专项规划，并召开大会进行动员部署。列入"两区"产业规划的448个项目（投资3000亿元）已有70%动工建设。"三农"工作进一步加强。加快建立以工促农、以城带乡的长效机制，加大工业特别是煤炭等资源型产业对农业的反哺和支持力度，推广矿村结对帮扶做法。继续加大支农惠农政策力度，在取消"三提五统"收费和农业税的基础上，增加支农投入，省级财政用于"三农"支出53.95亿元，增长16.85%。大力提高农业综合生产能力，粮食总产量达到107.3亿公斤，成为历史上第四个高产年。加快农业产业化步伐，农业产业化龙头企业发展到3200多家，增长13%，农产品加工转化率达到36%。社会主义新农村建设稳步推进。尊重农民意愿，加强分类指导，制定了加快社会主义新农村建设的实施意见和建设规划，完成了1000多个试点村的规划编制，并统筹推进乡村道路硬化、绿化、净化、亮化以及沼气推广等工作。加大对农民的培训转移力度，培训112万人，转移41万人。在1098个行政村开展新农村建设试点，对试点村党支部书记和所在乡镇党委书记进行了培训。引导和组织农民按规划改善生产生活条件和村容村貌，2000个村的人居环境得到治理，农用沼气发展到15万户，初步实现城乡居民生活用电同网同价。农村综合改革深入推进。扶贫开发取得积极进展。整村推进、产业开发、劳动力培训转移、扶贫移民"四项扶贫工程"取得新成效，用1.6亿元资金对晋西北、太行山革命老区199个农业产业化项目进行贴息补助，帮助20万贫困人口解决温饱问题，5万人实行移民搬迁，新解决4277个自然村、200万农村人口的饮水安全问题。

4.以解决涉及群众切身利益的问题为重点，扎实推进和谐山西建设。

以解决人民群众最关心、最直接、最现实的利益问题为着力点，重视抓好改革发展、制度建设、保障救助、社会管理、和谐文化建设等五个层面的工作，把共同建设、共同享有和谐社会贯彻于和谐社会建设的全过程。召开省委九届一次全会，出台贯彻落实党的十六届六中全会精神、加快建设和谐山西的意见，扎实推进和谐社会建设的各项工作。教育、卫生等社会事业全面发展。坚持以农村为重点发展社会事业，财政新增教育卫生文化等事业经费主要用于农村，加快建立覆盖城乡的社会公共服务体系。改善农村中小学办学条件，改造和新建农村中小学校舍476万平方米，全部县（市、区）基本达到"普九"标准；优化高等教育布局和学科结构，成立大同大学等高等院校；发展职业教育和成人教育，促进职业教育与高中教育协调发展。免除214.81万名农村中小学生学杂费和104.65万名贫困家庭学生的课本费，对19.59万名寄宿生给予生活费补助；发放国家助学贷款1.17亿元，惠及25000多名高校贫困生。完善疾病预防控制体系、医疗救助体系、卫生监督体系，以乡镇卫生院为重点的县乡村三级医疗卫生服务网标准化建设得到加强，改扩建县、乡医疗卫生机构231所，总体达标率达到40%以上。新型农村合作医疗制度试点扩大到56个县（市、区），覆盖农业人口1244万人，所占比例分别达到47%和64%，试点范围内参合率达86%。建立农村医疗救助制度，23.47万农村困难群众得到救助。城市社区卫生服务机构建设稳步推进。全省二级以上医疗机构实施药品集中网上竞价采购，平均降价37.55%，减轻患者药品费用约3亿元，群众看病难、看病贵问题初步得到缓解。有效预防控制了禽流感、乙型脑炎等传染病疫情的发生与传播。人口和计划生育工作进一步加强。群众性体育活动蓬勃开展，第十二届省运会圆满成功。就业服务和社会保障体系更加健全。进一步完善就业服务体系，重点推进企业下岗失业人员和关闭破产企业职工再就业，引导高校毕业生到基层和生产一线就业。全年新增就业岗位42.4万个，下岗失业人员再就业16.6万个，城镇登记失业率低于4%的年度控制目标。基本完成国有企业下岗职工基本生活保障和失业保险制度并轨工作，全省滞留在下岗再就业中心的下岗职工人数已由2005年底的7.4万人减少到4000人。社会保障体系进一步健全，推进做实企业职工基本养老保险个人账户试点工作，养老保险参加人数达到297万人，覆盖率超过85%。114个农业县初步建立农村低保制度，75万农村特困人口纳入低保范围，10.25万农村五保户实现应保尽保。最低工资特别是煤矿井下从业人员最低工资、社会保障金、离退休人员工资标准等均有新的提高。困难群众的生产生活问题得到较好解决。进一步健全城乡救助体系，加大社会救助力度。帮助困难企业离退休人员解决冬季采暖等具体困难，帮助受灾群众度过生活困难，动员全社会力量开展“扶贫济困送温暖”活动。初步建立起预防和解决拖欠农民工工资问题的长效机制，全年累计清偿拖欠工程款达77.45亿元，清偿率为98%，其中政府工程款30.91亿元，清偿率为99%，三年清欠工作目标基本完成。认真组织实施棚户区改造、沉陷区治理和安康居住工程，全省棚户区改造开工建筑面积144万平方米，完成计划的151.5%，5.2万人住进新楼房；沉陷区治理开工建筑面积226万平方米，维修加固和货币补偿141万平方米，25万职工及家属受益；安康居住工程竣工面积655.2万平方米，完成全年计划的131%，20.4万人改善了住房条件。社会环境保持安定有序。引深“平安三晋”创建活动，全面落实社会治安综合治理的各项措施，深入开展专项整治，严厉打击各种严重刑事、经济犯罪活动和境内外敌对势力的渗透破坏活动，加强同“法轮功”等邪教组织的斗争和反恐怖工作。认真贯彻《信访条例》，规范信访秩序，完善各级党政领导信访接待工作制度，继续开展联动大接访活动，开展矛盾纠纷调解年活动，解决农村土地征用、村矿矛盾、城镇房屋拆迁、企业改制等方面侵害群众利益的突出问题，妥善处理群体事件，着力扭转信访工作的被动局面。开通省委“社情民意通道”，畅通群众提出建议、反映问题的渠道。通过语音电话、手机短信、电子邮件三种方式共受理人民群众和社会各界反映的情况、问题和意见建议3945件，为群众解决生产生活中的实际困难。进一步完善社会应急管理机制，提高保障公共安全和处置突发事件的能力。加强安全生产工作，特别是狠抓煤矿、交通、化工、学校等行业和领域的安全工作。全年各类安全事故发生起数和死亡人数同比分别下降10.48%和8.36%，煤炭百万吨死亡率由2005年的0.9降为0.845。

*5. 加强政治文明和精神文明建设，团结进取、奋发向上的良好局面得到巩固和发展。*

民主政治建设取得新成效。召开省委人大工作会议，制定了关于进一步加强人大工作的意见和发挥省人大代表作用、加强省人大常委会制度建设的实施意见，出台了加强中国共产党领导的多党合作和政治协商制度建设的实施意见，充分发挥人大代表和政协委员在经济社会各项事业中的重要作用，人大、政协工作制度化、规范化和程序化取得新进展。支持人大加强立法、监督、评议等工作，省人大常委会制定、修订、修正及审查和批准地方性法规26件，废止3件；支持政协更好地履行政治协商、民主监督和参政议政职能，省政协共提出提案590件，全部得到办理和回复。加强统一战线建设，重视听取民主党派的意见和建议，充分发挥民主党派和无党派人士的作用，做好新社会阶层的工作。充分发挥工会、共青团、妇联联系群众、服务群众、教育群众、维护群众合法权益的作用。加强民族工作，认真做好宗教和侨务工作。根据中央部署，加强对台工作。进一步扩大基层民主，推行政务公开、厂务公开、村务公开，充分发挥职代会、村民自治组织的作用，推进城市居民自治工作，注重发挥社区管理和公共服务功能，创建了一批管理有序、文明祥和的新型社区。积极支持国防和驻晋部队建设，就加强国防后备力量军事训练作出部署，深入开展军地双方为全面建设小康社会服务，为军队现代化建设服务的“双服务”活动，促进国防建设与经济建设协调发展。依法治省取得新进展。根据中央的部署，制定出台了加强和改进对政法工作领导的实施意见，对进一步加强法院和检察院工作作出部署，稳步推进司法体制和工作机制改革。加大对司法活动的监督和保障力度，确保各级司法机关公正执法、文明执法。狠抓执行积案清理，解决“执行难”问题。圆满完成“四五”普法，正式启动“五五”普法。广泛开展社会主义法治理念教育，增强干部群众的法律意识和法制观念。完善和实施依法治省规划，以建设法治政府为核心，推进各项事业的依法治理，各级政府依法决策、依法行政的意识和能力以及全社会的法治化管理水平明显提高。宣传思想工作和精神文明建设取得新突破。牢牢把握正确的舆论导向，坚持“三贴近”方针，开展形势政策教育，深入宣传山西落实科学发展观、建设新基地新山西的新进展新成效，完善了重大社会舆情分析制度，健全了互联网管理体制。加快建立社会主义核心价值体系，坚持马克思主义在意识形态领域的指导地位，繁荣哲学社会科学，加强马克思主义理论研究和建设，加强爱国主义教育基地的建设和管理，发展红色旅游，组织“太行精神光耀千秋”大型专题展览在全国巡展，不断赋予晋商精神新的时代内涵。深入开展以“八荣八耻”为主要内容的社会主义荣辱观教育活动，促进形成知荣辱、讲正气、促和谐的风尚。加强未成年人思想道德建设和大学生思想政治教育工作。创新基层文化服务，推广“农民文化大院”等做法，增强精神文明创建实效。大力弘扬长征精神，开展纪念长征胜利70周年活动，对老红军、老同志进行了慰问。文化强省建设迈出新步伐。挖掘三晋文化的丰厚底蕴，繁荣文化事业，发展文化产业，建成一批标志性文化设施，培育了一批具有较强竞争力的文化产业集团，推出一批文化精品和文化品牌，《乔家大院》、《吕梁英雄传》等作品引起较大反响。加强对文化遗产的保护与开发，又有152个项目进入国家级重点文明保护单位，总数达到271个，为全国第一。32个项目入选国家首批非物质文化遗产保护名录。加强文化市场管理。引导社会力量投资兴办文化企业。推动优秀文化“走出去”，积极参与国际文化交流与市场竞争，先后在印度和联合国总部举办平遥国际摄影大展摄影精品展，山西的对外形象和文化品牌影响力进一步提升。

6. 以执政能力建设和先进性建设为主线，全面推进党的建设新的伟大工程。

保持共产党员先进性教育活动圆满完成。在总结第一批先进性教育活动、完成好第二批先进性教育活动的基础上，认真组织开展第三批先进性教育活动。全省11.4万个基层党组织、197.3万名党员分批参加了先进性教育活动，党员参学率达99.7%。各级党组织认真落实“关键在于取得实效”和“成为群众满意工程”的要求，加强领导、周密部署，“开门”教育、分类指导，严格督查、扎实推进，取得丰富的实践成果、制度成果和理论成果。广大党员学习实践“三个代表”重要思想的自觉性明显增强，思想政治素质显著提高；基层党组织建设进一步加强，对3540个党组织进行了整顿和调整充实，解决基层党组织活动场所9318个，在新经济组织和社会组织中新建党组织1901个，找回流动党员78129人，涌现出一批带领群众脱贫致富的优秀基层党组织和共产党员；党群干群关系进一步完善，党政机关和党员干部的思想作风、工作作风有了明显改进，服务基层、服务群众、服务社会的工作力度加大，为群众办好事79.4万件。省委开展先进性教育活动的群众满意率为97.3%。认真贯彻落实中办印发的《关于加强党员经常性教育的意见》等4个文件，抓好集中教育与经常性教育的衔接，初步建立起党员经常受教育、永葆先进性的长效机制。全省省、市、县、乡四级党委集中换届工作推进顺利，改革到位，保持了风清气正，得到了广大干部群众的认可。省第九次党代表大会选举产生了省委委员72名、候补委员13名，纪委委员45名；在随后召开的省委九届一次全会上，选举产生了省委常委和书记、副书记；听取并通过了省纪委常委和书记、副书记选举结果的报告。在市、县、乡党委换届中，坚持以落实科学发展观的实际成效为根本标准和基本依据来选干部、配班子，严格执行《党政领导干部选拔任用工作条例》和体现科学发展观要求的综合考核评价试行办法等一系列规定，认真落实中央关于领导班子配备改革的要求，11个市、119个县（市、区）、1195个乡镇分别减少党委领导班子职数11名、121名、1018名，减少幅度分别为7.69%、9.56%、10.51%；分别减少党委副书记职数21名、147名、1851名，减少幅度分别为39.62%、33.79%、40.15%。同时，扩大了党政交叉任职，优化了班子结构，加大了干部交流力度，一批优秀年轻干部和妇女干部走上领导岗位。年初发出《关于在换届工作中严肃组织人事纪律的通知》，换届工作中提出并严格执行“20个不准”，派出11个换届纪律巡视检查组，对各市党委换届进行全过程监督检查，严肃查处跑官要官、买官卖官、拉票贿选、搞非组织活动等行为。在搞好换届的基础上，切实加强各级领导班子建设，把思想政治建设摆在首位，探索新的工作机制和运行方式，严格执行民主集中制，完善议事决策程序，领导班子的创造力、凝聚力、战斗力得到进一步增强。干部队伍建设和人才工作扎实推进。深化干部人事制度改革，深入贯彻公务员法，加强干部培训教育工作，充实后备干部队伍，就加强县委书记和县长队伍建设作出部署。建立健全以能力和业绩为重点的人才评价、选拔任用和激励保障机制，引导广大干部把主要精力放到干事创业、为民谋利上。从实际出发不断创新老干部工作。狠抓党政人才、企业经营管理人才、高层次专业技术人才、高技能人才和农村科技实用人才五支人才队伍建设，引导优秀人才向优势产业、重点项目、重大课题集中，引导教育、科技、文化等方面的人才向农村和贫困地区流动。举办大规模招才引智活动，在人才交流、人才培训、人才开发项目、人才公共服务等多个方面与发达地区和著名高校开展合作，为经济社会发展凝聚了一大批紧缺急需人才。基层党组织建设得到加强。深入开展农村基层党组织“三级联创”活动，进一步规范农村“两委”工作。第七届村民委员会换届选举顺利完成，党支部书记、村委会主任“一肩挑”的比例达到68.77%。组织实施农村“两委”干部“素质提升工程”，开展农村党员干部现代远程教育试点工作。选派3.5万名青年干部和后备干部到农村和社区帮助工作。选派1196名高校毕业生担任村干部。加强村级党组织活动场所建设。加强和改进非公有制经济组织、社会中介组织的党建工作，积极推进社区和企业、机关、学校、科研院所、社团等领域党的建设，重视做好在大学生中发展党员的工作。党风建设和反腐败斗争取得新的成果。弘扬求真务实精神，引导各级干部深入基层、深入群众，讲实话、办实事、求实效。教育引导广大党员干部学习、遵守、贯彻、维护党章，牢记“两个务必”，保持纯洁性和先进性。全面落实党风廉政建设责任制，制定出台关于落实惩防体系实施纲要的意见，加大从源头上预防和治理腐败的力度。加强廉政文化建设，引深警示教育活动。“三项治理”工作成效明显，纠正处理违规小汽车7453辆，清退住房1408套约9万平方米，收取补缴款4.98亿元，奢侈浪费现象得到有效遏制。严肃查处“官煤勾结”行为，查出投资入股人员1126人，撤出入股资金1.69亿元，收益上缴430.56万元，结合煤焦领域商业贿赂案件易发多发的实际，加强专项治理工作。查出教育乱收费问题255个，清退违规收费金额1856万元，有效遏制了教育乱收费的势头。全省共立查案件5226件，处分党员干部5757人，其中地厅级干部9人，县处级干部202人。认真落实述职述廉、任前谈话等有关规定，加强对党组织民主生活会的指导。对11个市、4个省直部门和4个省管国有企业进行巡视，并将巡视工作延伸到县（市、区）。（高一钧）

## ·组织工作·

**【保持共产党员先进性教育活动】** 2006年，全省各级党委和组织部门继续把先进性教育活动作为组织工作的重要任务，认真履行职责，充分发挥组织、指导和协调作用，按照胡锦涛同志“关键是取得实效”、“真正成为群众满意工程”的要求，根据中央和省委“不断深化第一批、巩固扩大第二批、扎实抓好第三批”的总体部署，全力推动先进性教育活动的开展。第三批先进性教育活动从2005年11月30日全省动员大会召开后正式启动，至2006年6月28日结束，全省有2.7765万个农村基层党组织参加了学习教育活动。各级党组织紧紧围绕建设社会主义新农村这个主题，针对农村党员特点，结合“三农”工作实际，分类指导，灵活多样地开展学习教育活动。整个学习教育活动发展健康，推进有力，主题突出，成效明显。6月28日，省委召开庆祝建党85周年暨先进性教育活动总结大会，以第三批先进性教育活动结束为标志，历时一年半的先进性教育活动暂告一段落。从第一批到第三批全省共有11.3777万个基层党组织、197.3139万名党员参加了先进性教育活动，党员参学率达99.7%。各级党组织和广大党员严格按照中央、省委关于开展先进性教育活动的指导思想、目标要求、指导原则和方法步骤，紧紧抓住学习实践“三个代表”重要思想这一主线，以科学发展观为统领，坚持从全省改革发展稳定的实际出发，把加强党的建设与加快科学发展、建设和谐山西的各项工作结合起来，周密部署，精心组织，扎实推进，务求实效，圆满完成了集中学习教育活动的各项任务，实现了中央提出的“提高党员素质、加强基层组织、服务人民群众、促进各项工作”的目标要求，在实践、制度、理论三个方面取得了丰硕成果，有力地促进了全省经济建设、政治建设、文化建设、社会建设和党的建设。中央共产党员先进性教育办公室对山西保持共产党员先进性教育活动取得的成果给予了充分肯定。新华社、《人民日报》、中央电视台等新闻媒体多次对山西先进性教育活动进行宣传报道。（李焱平）

【各级领导班子建设】 2006年，各级党委和组织部门围绕加强执政能力建设，适应山西又好又快发展的需要，以省、市、县、乡党委集中换届为契机，按照中央关于地方党委领导班子配备改革的目标要求，加强了领导班子建设。根据中央统一部署，各级党委和组织部门把四级党委换届作为全省政治生活中的大事来抓，普遍建立换届工作领导机构和工作机构，加强对换届工作的领导和指导。建立领导责任制，一级抓一级，层层抓落实。制定换届工作方案，规范换届工作程序，严肃换届工作纪律，加强督促检查，有计划、有秩序地组织实施换届工作。截至6月底，全省119个县（市、区）、1195个乡镇的党委换届工作顺利完成；截至8月底，全省11个市的党委换届工作圆满结束；截至10月底，以省第九次党代表大会和省委九届一次全会胜利闭幕为标志，全省四级党委换届工作顺利结束。整个换届工作组织严密、措施得力，程序规范、纪律严明，秩序良好、风清气正，在落实中央关于领导班子配备改革目标要求、进一步扩大党内民主、匡正选人用人风气等方面取得了明显成效。一是精简了领导班子职数。换届后，11个市级党委领导班子比换届前减少领导干部职数11名，减少了7.69%；119个县（市、区）党委领导班子比换届前减少领导干部121名，减少了9.56%；1195个乡镇党委领导班子比换届前减少领导干部1018名，减少了10.51%。其中党委领导班子副书记职数配备也达到了预期的目的，11个市级党委领导班子副书记职数比换届前减少21名，减少了39.62%；119个县（市、区）委领导班子副书记职数比换届前减少147名，减少了33.79%。二是加大了党政领导班子成员的交叉任职和交流力度。11个市党政领导班子成员交叉任职比换届前增加了11名，增加了52.38%；119个县（市、区）党政领导班子成员交叉任职比换届前增加了86名，增加了54.43%；常务副县（市、区）长全部由常委担任。换届后，市、县两级党委领导班子成员交流干部636名，占市、县两级党委领导班子成员总数的49.8%。新任的市、县党政正职、纪委书记、组织部长全部实行了异地回避交流任职。三是推进了领导班子的年轻化。换届后，新的市级党委领导班子成员平均年龄为50.44岁，比换届前降低了2.05岁；新的县级党委领导班子成员平均年龄为44.06岁，比换届前降低了2.69岁；新的县级党政领导班子正职平均年龄为45.62岁，比换届前降低了2.19岁；乡镇党委领导班子成员平均年龄为38.28岁，比换届前降低2.71岁。四是改善了各级领导班子的结构。换届后，市级党委领导班子中大学本科以上学历的干部占到常委总数的67.42%，县（市、区）委领导班子中，大学本科学历的干部占到常委总数的65.59%，一大批懂经济、善管理、有专长的干部进入了市、县、乡党委领导班子。此外，注重了妇女干部的选拔和配备。换届后的市级党委领导班子中，妇女干部由原来的5名增加到11名，是历次换届中配备妇女干部最多的一届班子，班子的性别比例更趋合理。县（市、区）委领导班子配备妇女干部比换届前增加24名，增加了36.36%；乡镇党委领导班子配备妇女干部比换届前增加188名，增加了21.78%。进一步优化和改善了领导班子结构，增强了各级领导班子的整体功能。（李焱平）

【干部队伍建设】 2006年，各级党委和组织部门以建设高素质的干部队伍为目标，以深化干部人事制度改革为动力，以加强干部队伍管理为重点，结合四级党委换届，进一步推进了干部队伍建设。

1. 深化干部人事制度改革，推进干部工作的科学化、民主化、制度化。一是积极推行干部人事制度改革措施。各级党委和组织部门深入贯彻干部工作“三个规定”（《山西省推荐领导干部工作规定》、《山西省考察领导干部工作规定》、《山西省讨论决定领导干部工作规定》）和《山西省公开选拔领导干部办法》，普遍推行公开选拔、全委会票决、公示制等项改革措施。在此基础上，又制定出台了《山西省党政领导干部任职试用期实施办法》，在干部任用中大力推行试用期制。同时，积极试行了任期制、末位淘汰制，构建公开平等、竞争择优、能上能下、充满活力的用人机制。二是进一步扩大干部工作中的民主。在民主推荐环节，随机抽调部分基层党代表、人大代表、政协委员及相关人士参加；在考察环节，普遍实行考察预告制和公示制，省委在公示市级干部人选时，把公示期延长到15个工作日；在选举环节，适当增加委员、候补委员候选人的差额比例，改进候选人介绍方式，充实介绍内容，增进选举人对候选人的了解，创造有利于选举人充分表达意愿的环境和条件。特别是在省委换届过程中，省委改进了省委常委候选人排序方法，一律按姓氏笔画排序。增加了“两委”委员候选人的差额比例，均达到了11.11%。在“两委”委员和省委常委的选举中，不提明确的差额人选，并采取了“赞成不赞成都动笔画票”的办法，充分发扬民主，赢得了广大党员干部群众的拥护与赞成，为各级党委作出了表率。三是积极探索完善新的领导体制和工作机制的运行方式。市县乡党委换届结束后，组织专门调研，深入全省11个市对换届后县级党委领导体制和工作机制运行情况进行了专题研究。听取了各市市委书记、市长和市委副书记的意见，先后同119个县（市、区）委的书记、县长进行了座谈，形成了《关于县级党委换届后新体制运行情况的调研报告》，并从提高党委领导班子执政行为方式的适应性、加强新体制运行的规范建设、明确副书记职责等方面提出了意见和措施。

2. 加强干部队伍宏观管理，提高干部队伍管理水平。一是积极组织开展了公务员法实施的入轨运行工作。召开了全省工作会议，制定下发了《山西省贯彻公务员法实施工作方案》和《山西省公务员登记实施办法》，对实施公务员法进行了部署；健全完善工作机构，加强工作指导，顺利启动了全省公务员登记工作。省直机关的公务员登记工作先行一步，各市的公务员登记工作按时进行，年底前基本完成。二是及时制定出台了一系列干部宏观管理制度规定。下发了《关于加强市厅级副职后备干部动态管理的通知》，规范了对市厅级副职后备干部的管理；出台了《关于进一步做好公务员休假工作的通知》，进一步落实了山西机关公务员的休假制度。三是规范了干部挂职锻炼工作。下发了《关于印发〈山西省选派省直单位正处级干部到基层挂职锻炼工作办法〉的通知》，从省直有关单位推荐的后备干部和年轻干部中选拔20名后备干部和30名优秀年轻干部到县（市、区）挂职锻炼。四是进一步加强了干部人事档案管理工作。对全省干部人事档案审核工作进行了全面检查，共检查管档单位184个，抽查下属管档单位106个。

3. 以科学发展观为指导，积极探索符合山西实际的干部综合考核评价办法。在组织指导各地试行中央组织部《体现科学发展观要求的地方党政领导班子和领导干部综合考核评价试行办法》的同时，结合本省实际，进一步细化、完善了干部综合考评办法，在以下几个方面做了一些有益的探索。一是更加具体地体现科学发展观的要求。对领导干部的考核内容突出了4个重点：坚持科学发展观、形成科学工作思路的情况；坚持正确政绩观、作出正确决策的情况；认真履行岗位职责，完成任期目标任务的情况；在促进本部门（单位）工作水平提高和事业发展过程中个人发挥作用情况。通过选人导向，引导广大干部进一步贯彻落实科学发展观。二是进一步扩大民主推荐的范围。在参加会议投票推荐和民主测评的人员中，增加了部分本级党代会代表、人代会代表、政协委员，市级民主党派、工商联负责人和无党派人士中的代表人物，增加人员由考察组随机抽取选定。同时，还广泛采取了二次民主推荐干部的办法，使选配的干部都有广泛的民意基础，力求民意的真实性和准确性。三是进一步细化和拓展考核内容。在民主测评中，对测评项目进行了细化，分为思想政治素质、组织领导能力、工作作风、工作成效、廉洁自律五个方面。此外，在时间上延伸考察前5年的任职情况，在范围上增加了征求巡视组的意见和是否为后备干部等内容，不仅看一时一地的表现，而且看一贯表现，实现了任职考察与日常考核相结合，使考察评价干部更为全面。四是在定性考核的基础上增加量化考核的内容。明确规定考察组在对领导班子成员的情况及本人特点进行综合分析评价时，采取百分制量化考核办法。同时，还明确规定了三条不得列为考察对象的刚性条件。通过定性考评与定量考评、柔性考评与刚性考评的有机结合，使考察结果更为客观公正。五是增加对领导干部心理素质的测评。研制开发出了山西省干部心理素质测评系统，该系统主要从干部的群体特征和素质要求出发，选择了心理素质方面的10个要素进行测试，采用计算机快速地对干部心理特征、行为趋向及心理承受能力进行测评，并自动生成测评报告。在换届工作中，根据干部性格特征搭班子、按照心理素质定岗位，使班子的调整配备有了科学的依据。各市、县（市、区）委严格按照中央、省委的要求，坚持把落实科学发展观的实际成效作为选拔干部、配备班子的根本标准和基本依据，积极运用新的综合考评办法全面了解干部、科学评价干部、准确识别干部，引导各级领导干部把主要精力放到落实科学发展观、构建和谐社会上，把兴奋点集中到干事创业、为民谋利上，树立正确的用人导向。（李焱平）

**【干部监督工作】** 2006年，各级党委和组织部门围绕地方党委换届这一中心工作，突出重点，改进措施，加大力度，健全机制，进一步加强和改进了干部监督工作。

1. 严明纪律，强化对换届工作的监督。在做好换届准备工作的同时，省委有针对性地制定了一系列纪律规定，强化监督措施，保证换届秩序。与省纪委联合发出《关于在换届工作中严肃组织人事纪律的通知》，要求各级党委、领导干部和组织部门在换届工作中严格执行“二十个不准”。对于违反“二十个不准”的，一经发现，坚决予以纠正，并按照规定追究有关人员责任。各地也根据省委的要求，分别出台了相关的纪律规定，有效地起到了纪律约束和制度监督的作用。同时，协调省纪委、省委巡视组派出11个巡视检查组，赴各市进行专项监督检查，防止违反组织人事纪律的苗头性、倾向性问题的发生，对各市党委换届进行全过程监督检查。省第九次党代表大会期间，制定了“八不准”规定，并通过新闻媒体向社会公布，接受群众监督，大会秘书处设立了纪律作风检查组，开通了举报电话，并分三个小组深入到各团进行督促检查。综合运用组织处理和纪律处分两种手段，严肃查处跑官要官、买官卖官、拉票贿选、搞非组织活动等行为。各市、县组织部门坚持在换届中考验和识别干部，把干部在换届中的表现作为今后一个时期干部调整使用的重要依据，明确规定，对政治上不能同党组织保持一致，甚至搞非组织活动的，不仅要取消其考察对象的资格，而且在今后一个时期内也不得提拔重用。这些举措较好地起到了警示干部、教育干部、弘扬正气、匡正风气的作用。各级组织部门带头执行省委的规定，严格遵守换届中的组织人事纪律，特别是在严守组织人事机密方面，彻底消除了走风漏气的现象，受到了广泛好评。严格有力的监督工作，为地方党委换届工作的顺利进行提供了有力的纪律保证，使整个换届工作呈现出风清气正的良好氛围。

2. 严格程序，强化干部选任全过程监督。深入贯彻落实《干部任用条例》和省委关于干部工作的“三个规定”以及其他干部工作的规范性文件，从推荐、征求意见、考察、决定、公示等主要环节，形成较为系统的监督机制。一是严格民主推荐纪律，防止民意失真。明确要求确定考察对象必须认真执行不准任何单位和个人指定人选或暗示、授意。引导他人进行“民主推荐”等推荐工作“十一”个不准。对“发现在民主测评、民主推荐中搞串联和有拉票行为”等八种情况不确定考察对象。二是考察前征求执纪执法部门意见，预防“带病提拔”。明确要求考察前要认真征求省纪委、省委政法委和省计生委的意见，并将征求意见范围扩大到省检察院、省安监局等部门。坚持做到未征求意见的不上会，征求意见有问题的不上会。换届工作中共征求有关部门意见229人，尤其对出席省党代表大会的73名“两委”委员也征求了有关部门意见。根据执纪执法部门反馈的意见，有4人因征求意见存在问题，被取消了新提名资格。三是听取巡视组意见，防止考察失实。严格执行在考察中要充分发挥省委巡视组作用的规定，由巡视组对被考察的班子和有关干部进行评价和打分。考察组充分运用巡视工作成果，对被考察对象人选的工作业绩、思想作风、生活作风进行全方位了解，把换届考察工作与巡视监督工作有机地结合起来。在考察过程中，对反映问题线索具体、情节严重的，考察组都按照调查程序进行调查核实。对问题复杂、短时间内难以查清的问题移送有关部门调查。四是搞好任前公示，防止干部“带病提拔”。换届中，将重要干部公示时间由7个工作日延长至14天，在网上设立了举报电子邮箱等，坚持做到公示程序不减、要求不降、时间不少，有问题的该查的查，该放的放，经查有问题的取消任职资格。全年共对209名干部进行了任前公示，对反映问题内容具体、线索清楚的31人进行了查核，有3人因公示反映存在一定问题暂缓任用。

3. *严厉查处，加大违纪行为查核督办力度*。对违规行为绝不姑息迁就，严厉查处，以儆效尤。一是及时纠正《干部任用条例》检查中存在的问题。换届前，对全省执行《干部任用条例》、“5+1”文件和省委“三个规定”等中央、省委文件的情况进行了普遍检查。检查结束后，向被检查单位党组织反馈了有关情况，指出了存在的问题，提出了整改建议，下发了书面整改通知，并限期报告整改情况。二是及时处置苗头性、倾向性问题。换届中，针对少数领导干部在工作变动前，容易发生突击花钱、突击进人、突击提干的苗头性、倾向性问题，及时发现、及时查处，并采取有效措施，及时把问题处置在萌芽状态。全省“12380”举报系统，均安装了录音举报设备，进一步畅通群众反映问题的渠道，使一些群众反映的问题得到及时受理、及时处置。三是加大查处和督办力度。认真落实中组部视频会议精神，积极受理“12380”举报电话，查处群众反映强烈的问题。全年全省组织部门共受理举报1244件，省委组织部直接受理1036件，中央组织部转省委组织部89件，要结果27件。对中央组织部要结果的重要案件，组织专人重点查处，案件的办结率明显提高。加大直接查核和督办力度，省委组织部共对7起反映选人用人方面的问题进行了直接查处，对有关单位提出整改要求；对5起涉及领导干部的经济问题，会同省纪委进行了联合调查；对45件群众反映强烈的问题进行了督办。

（李焱平）

**【党的基层组织建设】** 2006年，各级党委和组织部门以保持共产党员先进性教育活动为契机，以农村、企业、街道社区为重点，整体推进基层党组织建设。

1. *围绕社会主义新农村建设，强力推进农村基层党组织建设*。一是大规模培训农村党员干部，大力实施农村干部“素质提升工程”。省委转发了省委组织部《关于实施农村干部“素质提升工程”的意见》，对大规模培训农村党员干部、全面提升农村党员干部的素质作出了总体安排部署。各级党委和组织部门立足于建立“干部经常受教育，农民长期得实惠”的长效机制，通过学历教育、专业培训、资格认证、“村官论坛”等方式，对农村党员干部进行党的基本理论、党的先进性建设和执政能力建设以及农村实用科学技术等内容的培训学习，提高农村党员干部的政治素质和管理能力，特别是培养了一批“带头致富能力强、带领群众致富能力强、带动农村发展经济能力强”的“三带三强”村干部，为建设社会主义新农村提供坚强的组织保证。同时，省委组织部下发了《关于在全省开展加强农村基层党建和建设社会主义新农村专题培训的通知》，对全省乡、村主要干部的培训工作作出具体安排部署，并直接抓全省乡（镇）党委书记的培训，组织全省114名县委书记、110名县长分20期参加了中央组织的新农村建设专题培训；先后举办了4期共8个加强农村基层党建和社会主义新农村建设乡（镇）党委书记专题培训班，对全省所有乡（镇）党委书记共1270人进行了轮训；与省新农村建设领导小组办公室联合举办了新农村示范村支部书记、村委会主任培训班3期，共培训了1098名村“两委”干部。按照省委组织部的统一安排，各市抓乡（镇）长、村党组织负责人，县（市、区）抓村委会主任和其他“两委”成员培训，形成了各负其责、分级分类培训的格局。各市、县组织部门会同相关部门，采取多种形式，争相开展了“社会主义新农村建设”专题培训，掀起了大规模培训基层干部的热潮。二是选拔优秀高校毕业生任“村官”，改善农村干部队伍结构。着眼于加强农村基层组织建设、巩固农村基层政权和推动社会主义新农村建设，省委于年初确定了今后五年要基本实现一村、一社区充实一名以上大学生的目标。制定了《关于选聘优秀高校毕业生担任村干部的工作方案》，采取“省定规划、市里选拔、县（市、区）付薪酬、乡镇管理、服务基层”的办法，从14089名报考的高校毕业生中公开选聘了1192名优秀大学生到新农村建设试点村担任村干部。这一举措得到了省内外高校和广大高校毕业生的积极响应，受到了广大农村干部群众的热烈欢迎，出现了大学生争当“村官”的可喜局面。三是大抓村级组织活动场所建设，为农村党的建设提供必要的物质条件。“全国村级组织活动场所建设工作座谈会”召开之后，省委专门成立了全省村级组织活动场所建设工作领导组，制定了工作方案并着手推进落实。年内，省级配套资金全部到位，市、县配套资金基本落实，127个村主体工程已经完工，1348个村正在建设。四是创新农村党员发展与教育管理工作，切实加强农村党员队伍建设。下发了《关于进一步加强农村发展党员工作的通知》。对重点做好在优秀非党村委会主任中发展党员工作提出要求，明确了目标任务。各地加强宏观调控，采取倾斜性政策措施，狠抓督促落实。据统计，截至年底，全省各级党组织在非党村委会主任中发展党员1745名，党员任村委会主任的比例达到89.1%，提高了6.62个百分点；全省非党村委会主任的比例为10.9%，下降了6.62个百分点。同时，各级党组织普遍严格了对农村党员的目标管理和分类管理制度，把农村党员的岗位工作目标和农村的中心任务结合起来，落实下去，形成目标责任体系，增强了党员的党性观念和责任意识，有效地解决了过去党员管理难到位、素质难提高、作用难发挥的问题。五是努力抓好农村党员干部现代远程教育试点工作，改进农村党员干部教育方式和手段。建立了一个上联全国下通全省能够实现自主点播（文字点播、图像点播）、自主教育的远程教育平台。省、市、县三级平台储备了一批适应农村党员干部和农民群众学习的7000多个小时的课件资源。建立了一批具有集中存储、随时点播功能的终端接收站点。现已建成站点4716个，卫星接收模式2457个，互联网点播模式2259个。建立了一支兼职为主、专职相辅的教学管理、教学辅导、技术维护的队伍。省、市、县的管理队伍在电教中心的基础上，吸收相关部门的人员组成。乡镇管理人员由党务副书记、团委书记、大学生志愿者等方面的人员组成。村播放点的播放员由村干部和初中以上文化程度的青年组成，共有4790余人。建立了一套上下呼应、具体可行的管理制度。省、市、县建立了设备管理、信息反馈、节目制作传输等制度。终端接收站点建立了“三簿一册”(即在远程教育站点建立播放收看登记簿、讨论登记簿、信息反馈登记簿和党员点名册制度，为站点充分发挥作用提供制度保证)等定期收看、站点管理等制度。从运行情况看，建在农村的终端接收站点已经成为提高农村党员干部政治素质的培训点，农村党员干部和农民群众学习现代农业知识和掌握先进适用技术的致富点，农村信息化建设的示范点，创新农村基层组织建设的切入点，丰富农民群众文化生活和促进农村精神文明建设的活动点。

2.适应国有企业改革和发展的需要，加大国有企业党建工作力度。针对省属国有企业新一轮改革的实际情况，下发了《关于在省属国有企业改革中做好党组织设置和党员组织关系管理等工作的通知》，对省属国有企业在改组、改制以及关停破产中党组织设置和党员组织关系管理等工作提出了指导意见，作出了明确规定。进一步完善国有企业领导人员“双向进入、交叉任职”的工作机制。截至2006年6月底，省、市、县三级直接管理的165家大中型公司制企业中，党委书记和董事长一人兼的占到45%，党委成员进入董事会和监事会的占到62.7%，从组织措施上保证企业党组织有效参与重大问题决策，积极探索国有企业党组织发挥政治核心作用的具体途径和方法。同时，制定了《关于加强我省国有企业改制和破产企业离休干部管理服务工作的意见》，对企业离休干部的政治待遇、经济待遇等的落实作出政策规定，用制度保证国有企业离休干部实际问题的解决。

3.不断扩大党的工作覆盖面，继续推进非公有制企业党建工作。以省委文件下发了《关于进一步加强全省非公有制企业党建工作的意见》，加强宏观指导，推动非公有制企业党建工作步入经常化、制度化的轨道。省委组织部下发《关于做好在非公有制企业中组建党组织，扩大党的工作覆盖面等工作的通知》，大力加强非公有制企业党组织组建力度。各级党委和组织部门选派了4723名党建工作指导员到非公有制企业开展工作，全面铺开了在从业人员100人以上或从业人员在50～99人且年营业收入在500万元以上的规模以上非公有制企业组建党组织工作。坚持“条件成熟时快建、企业新建时同建、企业改制后续建、暂无条件的创建”的原则，采取企业单建、多企联建、村企合建、行业统建、流动跨建及挂靠组建等多种形式建立党组织，取得了明显的成效，截至6月底，全省具备单独建立党组织条件的非公有制企业有3192家，已建立党组织的有2626家，组建率达到82.3%；在不具备单独建立党组织条件的企业中组建联系支部229个，不断扩大党的工作覆盖面，提高非公有制企业党建工作水平。

4.深入贯彻全国街道社区党建工作座谈会精神，切实加强街道社区党组织建设。一是结合先进性教育活动，对全省街道社区党建工作进行了调查摸底。在此基础上，对社区党组织班子不健全、发挥作用较差以及尚未建立党组织的社区进行了组织整顿，对社区流动党员的情况进行了登记。二是继续抓好全国街道社区党建工作座谈会精神的贯彻落实，精心建设一批高标准党建工作示范社区，创新社区党建工作载体，典型示范，以点带面。三是坚持把服务群众作为社区党建工作的重要任务，把工作重点从注重创收转变到搞好社区管理和服务上来，不断拓宽服务领域，创新服务方式，增强服务功能。

(李焱平)

【**党员队伍建设**】 2006年，各级党委和组织部门认真贯彻中组部《关于进一步做好新形势下发展党员工作的意见》，突出重点，创新措施，狠抓落实，扎实推进，进一步加强了党员队伍建设。

首先，以保证质量、改善结构为重点，不断发展壮大党员队伍。制定实施了《山西省“十一五”时期发展党员工作规划》，按照发展党员工作的任务和目标，有计划、有重点地开展发展党员工作。各级党组织遵照《党章》和《发展党员工作细则》，进一步完善了入党积极分子档案管理制度、培养对象集中培训制度、预备党员跟踪回访制度，积极推进发展党员公示制、票决制，扩大发展党员工作的民主程度和透明度，提高新发展党员的群众公认度，建立健全发展党员工作机制，确保新发展党员质量。各级党组织加大在农村、高校以及非公有制企业中发展党员的工作力度，坚持向生产工作一线倾斜，向35岁以下青年倾斜，向高知识群众和人才队伍倾斜，使全省党员队伍结构得到进一步改善，分布更加趋于合理。据党内年报统计，全年共发展新党员6.6万多名。其中，发展生产一线党员4.71万多名，占发展党员总数的71.39%；发展35岁以下青年党员4.88万多名，占发展党员总数的74.01%；发展高中以上文化程度党员5.44万多名，占发展总数的82.4%；发展妇女党员2.11万多名，占发展党员总数的32.01%。

其次，以党员经常受教育、永葆先进性为目标，切实加强党员教育管理工作。认真贯彻落实中央《关于加强党员经常性教育的意见》等四个长效机制文件精神，坚持继承和创新相结合的原则，着力建立和完善保持共产党员先进性长效机制。省委组织部于9月22日召开专门会议，在认真回顾总结全省先进性教育活动的基础上，研究部署了建立保持共产党员先进性长效机制的具体措施。以大规模教育培训农村党员为切入点，认真贯彻落实《关于加强党员经常受教育的意见》；以建立党员联系、服务群众网络为切入点，认真贯彻落实《关于做好党员联系和服务群众工作的意见》；以建立城乡一体的党员动态管理机制为切入点，认真贯彻落实《关于加强和改进流动党员管理工作的意见》；以探索建立党委(党组)书记定期就基层党建工作向上级党委进行述职制度为切入点，认真贯彻落实《关于建立健全地方党委、部门党组(党委)抓基层党建工作责任制的意见》。同时，坚持思想上关心和生活上保障并重，按照中央决定，从2006年始，为建国前入党的农村老党员和未享受离退休待遇的城镇老党员发放固定生活补贴，制定下发了《关于做好老党员生活补贴发放工作的通知》，省、市、县三级建立了领取生活补贴老党员信息库，补贴资金由中央和地方共同承担，已陆续发放到老党员手中。省、市、县三级党委组织部坚持下拨党费，在“七一”和春节前集中慰问老党员和生活困难党员。积极推行农村新型合作医疗，同时实行政府资助、民政部门救济和乡村补助相结合的办法，努力解决老党员“看病难”的问题。对生活困难老党员采取政策扶持和科技扶持的方式，注重从根本上解决老党员的生活困难问题。 (李焱平)

【**人才队伍建设**】 2006年，各级党委和组织部门深入贯彻落实省委、省政府《关于进一步加强人才工作，实施人才强省战略的意见》，紧紧围绕山西经济社会发展的需要，紧抓培养、吸引和使用三个关键环节，创新政策，完善制度，优化环境，招才引智，全面推进人才工作。

1. 坚持党管人才原则，进一步加强对人才工作的领导。根据山西经济社会发展需要，开展了山西“十一五”时期人才开发规划编制工作。组织专门人员，经过统计调查、课题研究、规划编制等项具体工作，编写了《山西省人才资源统计调查资料》和《山西人才资源状况蓝皮书》。研究编制了《山西省“十一五”人才开发规划》、《山西省专业技术人才队伍建设“十一五”规划》和《山西省国家公务员培训“十一五”规划》等5个规划以及《2005—2010山西省学术带头人333人才培训工程实施方案》和《关于进一步加强高技能人才工作的实施意见》等6个政策性文件，初步构建了一个总体规划与专门规划配套衔接、涉及培养吸引使用各个环节、涵盖五类优势人才群体的人才开发政策体系，加强对人才资源开发的宏观管理和政策引导。进一步健全和完善领导体制和工作机制，逐步形成了“党委统一领导、组织部门牵头抓总，有关部门各司其职、密切配合，社会力量广泛参与”的人才工作格局。

2. 围绕新型能源和工业基地建设，全方位开发集聚优秀人才。一是制定优惠政策吸引人才。出台了《山西省引进人才工作暂行办法》、《关于吸引海外留学人才来晋创业的若干规定》等优惠政策，吸引各类人才到山西创业发展。二是举办各种活动引进人才。先后成功举办了2006·山西（上海）招才引智活动和2006·山西（香港）招才引智活动，还首次在国外举办了2006山西省（澳大利亚、新西兰）招才引智推介会，将集聚人才的触角延伸到人才更为密集的长三角、珠三角地区，延伸到省外和国外。仅香港招才引智活动就达成16个人才合作协议和项目，有近80名高层次人才和专门人才进行了储备登记。三是采取多种方式推动人才柔性流动。采取项目合作、课题研究、技术攻关、人才租赁等方式，先后柔性引进了一批高层次人才来山西服务。首次采取了“双招双引”模式，以智力引进带动资金技术引进、以资金技术引进推动人才柔性流动。成功举办了“海外留学人才项目洽谈会”、“中国青年企业家山西行”等活动，来自11个国家的74名海外留学人才、国内400多名企业家到山西开展项目考察，吸引项目合同资金超过20亿、协议资金近200亿。四是积极推动人才合作与交流。在北京召开了“在京山西籍高层次人才座谈会”，邀请40多位山西籍在京院士专家为山西发展建言献策，搭建起了山西籍在外高层次人才服务家乡的平台，与清华大学、上海市政府达成了人才合作“1+4”协议（山西省人民政府于2006年分别与清华大学、上海市人民政府签订了《人才合作协议》。在总的合作协议框架下又签订了《人才培训协议》、《人才市场互通协议》、《博士生挂职协议》、《院士专家、博士来晋技术服务协议》四个具体的人才合作协议）。在人才交流、人才培训、人才开发项目、人才公共服务等多个方面广泛开展合作，为建设新型能源和工业基地凝聚了一大批紧缺急需的人才。经过积极探索，山西人才智力引进实现了由省内国内向国外、由随机向经常、由单个向团队、由人才智力引进向人才智力和资金技术项目共同引进的转变，扭转了多年来山西人才流出大于流入的不利局面。

3. 全面提升人才队伍素质，不断加强五类优势人才群体建设。以能力建设为核心，分门别类地加强对各类人才的培养。一是实施党政人才开发计划，全省参训人员达到47万余人。二是开展公务员能力培训，全省有近百万人次参加了各类培训。三是加强专业技术人才队伍培养。制定实施“新世纪百千万人才工程”、《山西省学术技术带头人培养工作暂行办法》、山西省“333”（即培养选拔30名国家级、300名省级、3000名市级）新世纪学术技术带头人选拔培养实施工程、专业技术人员“5862”（即5年内对全省8个产业的6万名高层专家和20万名中青年骨干进行教育培训，促进知识更新）知识更新工程，形成了以优秀青年人才为主体的领军人才后备队。四是抓好高技能人才培养。结合生产实际，通过开展岗位练兵、岗位培训、名师带徒、技能竞赛、练兵比武等活动，促进职工在岗位实践中成才。五是努力提高农村实用技术人才队伍素质。着眼于社会主义新农村建设，建立了市、县、乡、村四级培训网络，有200余万农民参加了培训。实施“555”（即“十五”期间，在全省培养选拔省级农村实用人才500人，培养选拔地市级农村实用人才5000人，培养选拔县级农村实用人才50000人）拔尖农村实用技术人才工程，连续4年培养选拔省、市、县级农村实用技术人才3万余名，评选表彰了400名省级农村拔尖实用技术人才。

4. 积极拓宽服务领域，促进人才与事业协调发展。一是积极为非公有制经济组织提供人才服务。及时出台了《关于为非公有制经济发展提供人事人才服务的意见》，主动为非公有制经济组织提供人事代理、人才招聘和人才派遣、人才测评和人力资源规划等服务，连续两年组织部分民营企业家到沿海发达地区进行实地考察，学习经验，开阔眼界，取得了良好效果。二是积极为社会主义新农村建设提供人才服务。开展了组织高校毕业生到农村基层支教、支医、支农、扶贫的“三支一扶”和“大学生志愿服务晋西北计划”的专项活动，坚持每年公开招募300名高校毕业生参加活动。选聘了1192名优秀大学毕业生到全省新农村建设试点村任职。启动了“新农村建设大学生进万村科技信息化工程”，组织6000名大学生暑期深入全省2.8万多个村庄，驻点20天为农民进行集中授课、现场指导，并为每个村庄建立网络门户，搭建现代化信息交流平台。三是充分发挥离退休专业技术人员作用。通过设立专门的老年人才交流服务窗口、举办离退休专业技术人员专场交流大会、开设老专家电话咨询服务热线等多种方式，主动为离退休专业技术人员发挥作用提供服务。四是扎实做好军转人才资源开发和企业军转干部解困工作，努力维护社会和谐稳定。（李焱平）

**【干部教育培训】** 2006年，各级党委和组织部门以加强各级领导干部执政能力建设和先进性建设为主线，加强宏观管理，加大工作力度，更新培训观念，拓宽培训思路，全面开展大规模培训干部工作。一是深入贯彻《干部教育条例》，进一步加大干部教育培训宏观管理力度。中共中央关于印发《干部教育培训工作条例（试行）》的通知发出后，尤其是全国学习贯彻《干部教育条例》视频会后，省委组织部对学习贯彻《干部教育条例》及时作出了安排部署。各地把学习贯彻《干部教育条例》作为一项重大任务，普遍通过中心组学习、专题辅导、座谈交流、集中培训等形式，组织督促干部学习贯彻《干部教育条例》。省委组织部回顾总结了全省干部教育培训工作的大政方针和总体思路，在调查研究的基础上，制定了《山西省2005—2007年大规模培训干部工作的实施意见》，出台了《关于选调党政领导干部参加中央和国家有关部委、院校培训的实施办法》，修订了《2006年—2010年山西省干部教育培训工作规划（讨论稿）》。同时，以《干部教育条例》为指导，对干部教育培训工作制度进行了修订和完善，坚持干部培训计划审批和统一调训等项制度，强化对干部教育培训工作的管理、监督和考核。二是围绕提高干部教育培训质量，进一步加大干部教育培训改革创新力度。对干部教育培训主体班次进行全方位的改革和创新。在课程设置上，突出教学的针对性和受训对象的需求；在师资配置上，坚持开门办学和优化结构相统一；在教学方式上，突出互动教学、案例教学和一事一议主题讨论等形式，让学员的脑子真正"动"起来、"活"起来；在培训管理上，坚持从严培训的方针，建立健全了点名调训、请假销假、课堂鉴别、学习通报和抽查制度，组织了教学评估，进行了考试考核，建立了学习档案，确保了培训质量。三是以党校集中培训为主要形式，进一步加大了干部教育培训力度。围绕全面提高领导干部的理论水平和执政能力，省委组织部先后举办了4期省管领导干部轮训班、2期中青年领导干部培训班和1期组织部门领导干部培训班等，共举办培训班13期，培训干部1803人；举办乡镇党委书记培训班4期，培训1270人；与有关单位联合办班4期，培训干部1290人。　　（李焱平）

**【组织部门自身建设】**　2006年，各级组织部门认真贯彻落实中组部关于加强组织部门自身建设的一系列指示精神，按照省委组织部《关于在全省组织系统开展"坚持公道正派，加强能力建设，永葆共产党员先进性"主题实践活动的通知》的安排和要求，以开展先进性教育活动为契机，以坚持公道正派、加强能力建设为主题，进一步加强组织工作干部队伍建设。一是切实加强思想政治教育。第三批先进性教育活动开展以来，各级组织部门以开展"坚持公道正派，加强能力建设，永葆共产党员先进性"主题实践活动为载体，组织干部认真学习"三个代表"重要思想，坚定理想信念，加强党性修养，政治意识、大局意识、责任意识和服务意识明显增强。《江泽民文选》出版发行和十六届六中全会召开后，省委组织部组织机关全体人员分两批进行了集中封闭培训。各市、县组织部门按照中央、省委的要求，精心组织，周密安排，迅速掀起了学习《江泽民文选》和十六届六中全会精神的热潮，把组织工作干部的思想统一到了落实科学发展观、构建社会主义和谐社会等一系列要求和部署上来。二是切实加强能力建设。编印下发《干部文件选编》，组织机关干部系统学习中央、省委近年来出台的干部工作法规文件。采取集中学习、党校调训、专题轮训等多种形式进行业务培训。开辟国外培训新途径，使组织工作干部开阔视野，解放思想，更新观念。广泛采用微机管理、多媒体演示等手段，通过办公自动化的运用促进机关干部掌握新型技能，提高工作质量和效率。同时通过下派挂职、交流轮岗、选派干部参与国企改革和农村后进支部整顿工作等方式，加强组织工作干部的实践锻炼，不断提高组织工作干部的综合素质和能力。三是切实加强制度建设。制定完善工作职责、工作流程、工作规范等一系列规章制度，特别是借鉴近年来开展"树组织工作干部形象"集中学习教育活动成果，出台了《部机关工作人员外出执行公务八项规定》、《部机关干部诫勉谈话试行办法》、《保密工作暂行规定》、《部机关对外工作沟通的管理办法》等一系列规定，强化科学管理和规范管理，逐步形成了"按规矩办事、靠制度管人"的良性运行机制。四是切实加强作风建设。围绕思想作风建设等专题，部领导亲自讲党课。深入开展学习祁爱群、梁树江等先进人物、向从事组织工作20年以上的组织工作干部颁发纪念章等活动，大力弘扬公道正派、踏实奉献的"人梯"精神。利用典型案例深入开展警示教育活动，切实增强组织工作干部廉洁自律、拒腐防变意识，筑牢思想防线。通过狠抓队伍建设，全省各级组工干部精神振奋、士气昂扬，严守纪律、勤奋敬业在组织系统蔚然成风，有力地推动了各项工作的落实。特别是在2006年的四级党委集中换届工作中，面对繁重的工作任务，各级组织工作干部充分发扬能吃苦能战斗的精神，严格遵守组织人事工作纪律，严格按照组织原则和干部工作程序办事，展现出了良好的综合素质和精神风貌。

（李焱平）

**注：**

推荐领导干部"十一个不准"：2005年6月28日省委印发的《山西省推荐领导干部干部规定》（晋发〔2005〕21号）文件中，对推荐领导干部必须遵守的纪律作出十一条规定。即不准违反原则、程序推荐；不准以考察谈话代替民主推荐；不准超越干部管理权限，未经上级党委组织部门同意进行推荐；不准超职数或不按规定的职位民主推荐；不准以民主测评、民主评议结果代替民主推荐情况；不准更改民主推荐结果；不准泄露民主推荐情况；不准任何单位和个人指定人选或暗示、授意、引导他人进行民主推荐；不准搞非组织活动，用非正常手段为自己或他人拉票；不准任何单位和个人凭借其地位、权力和影响，干扰民主推荐工作；不准在个人推荐材料中弄虚作假、欺骗组织。

换届工作纪律"二十个不准"：

省委要求，换届期间各级党委、各级领导干部和各级组织部门工作人员要严格遵守"二十个不准"。分别为：各级党委要严守"七个不准"：不准违反规定推荐、考察、讨论决定干部任用；不准突击提拔、调整干部；不准以工作性质特殊、任务重、需要加强领导力量等为由，突破职数上限配备领导干部；不准在比例限额外超配非领导职务干部；不准擅自增加职数、乱设职位；不准未经上级机构编制部门批准，自行增设机构，随意提高机构规格；不准自行出台提高干部职级待遇的任何规定，随意提高干部的职级待遇。各级领导干部要严守"七个不准"：不准利用换届之机"跑官要官""买官卖官"；不准拿原则做交易，搞封官许愿，收受或索取贿赂；不准在推荐和选举工作中以各种形式拉关系、打招呼、搞串联、拉选票等；不准对他人进行人身攻击，造谣诬陷，影响、干扰换届工作；不准打探和传播小道消息，随便猜测和议论各级组织人事安排工作；不准泄露党委酝酿讨论干部任免等机密事项；不准在档案材料特别是"三龄一历"方面弄虚作假。各级组织部门工作人员要严守"六个不准"：不准参加与工作有关的单位和个人的宴请和娱乐活动；不准接受单位和工作对象的礼品、礼金和有价证券；不准为"跑官要官"者说情、打招呼和提供便利；不准泄露组织人事工作秘密；不准违反省委"三个规定"中的有关纪律和要求；不准在考察工作中弄虚作假、隐瞒或歪曲事实真相。

"5＋1文件"

2004年3月，中共中央总书记胡锦涛主持召开中央政治局会议，审议通过了

《公开选拔党政领导干部工作暂行规定》《党政机关竞争上岗工作暂行规定》《党的地方委员会全体会议对下一级党委、政府领导班子正职拟任人选和推荐人选表决办法》《党政领导干部辞职暂行规定》和《关于党政领导干部辞职从事经营活动有关问题的意见》等干部人事制度改革文件。五个文件于同年4月由中共中央办公厅印发（中办发〔2004〕13号）。此前，经中央同意，中央纪委和中央组织部联合下发了《关于对党政领导干部在企业兼职进行清理的通知》（中组发〔2004〕2号）。这六个文件被形象地称为“5+1”文件。

## ·宣传工作·

**【概述】** 2006年，山西宣传思想文化工作实现了“十一五”时期的良好开局。在省委的正确领导下，全省上下深入贯彻落实党的十六大和十六届三中、四中、五中、六中全会精神，坚持以科学发展观与构建和谐社会战略思想统领全局，全面实施“十一五”规划，大力推进文化强省建设，实现了全省宣传思想文化工作的新发展、新跨越。

第一，科学发展观与构建和谐社会战略思想更加深入人心。坚持用马克思主义中国化的最新成果统领意识形态工作，开展科学发展观与构建和谐社会战略思想的学习宣传贯彻，抓住各级党委中心组学习这个关键，引深干部群众的学习。组织召开了全省理论工作会议、全省思想政治工作与构建社会主义和谐社会理论研讨会，组织了“回顾‘十五’辉煌成就、展望‘十一五’美好前景”主题教育活动，加大了马克思主义理论研究和建设的力度，加强了对构建和谐社会典型的宣传，广泛深入地开展了文明和谐创建活动，全省上下以科学发展观和构建和谐社会战略思想指导实践的自觉性进一步提高。

第二，新闻宣传围绕中心服务大局的作用更加突出。2006年，围绕省委、省政府中心工作，强化对新闻宣传的策划、组织和协调。重点组织了山西实施“十一五”规划、中部崛起战略、扩大对外开放、提高政府效能、建设社会主义新农村、“两区开发（晋西北、太行山革命老区）”和“新农村带头人”等宣传战役，取得了热烈的社会反响。加强了对全省宣传工作的统一部署，形成全省一盘棋的宣传报道格局。注重对各市宣传报道阶段性工作的指导，使各地媒体能够围绕全省的工作重心展开报道。特别是对第九次党代表大会的宣传报道，会前会后的宣传，全省统一部署；会中的重点报道，全省各地媒体与省直主要媒体统一格式，同步刊播。全力加强在中央媒体宣传山西的力度，提升了山西形象，扩大了对外影响。特别是邀请人民日报、经济日报、中央电视台等权威媒体来晋实地采访，在头版推出了《山西：科学发展谋跨越》等多篇大型报道，在省内外引起强烈反响。精心组织了山西赴沪港开展经贸洽谈招商引资活动的宣传，组织当地媒体报道山西改革开放发展的成就，在珠三角、长三角和港澳地区充分展示了全省人民锐意进取、只争朝夕、加快发展的新形象。

第三，社会主义荣辱观和价值观进一步确立。大力推进和谐文化建设，推进社会主义核心价值体系的确立。2006年，组织了以“八荣八耻”为主要内容的社会主义荣辱观学习教育活动，召开了省城社会主义荣辱观座谈会。开展了关于和谐文化建设、和谐社会构建与公民道德建设等重大课题的调研。组织纪念建党85周年和红军长征胜利70周年系列活动。深化文明和谐创建，一批诚信示范单位受到中央表彰。李鸿海等一批先进典型产生了重大影响。大同煤矿集团践行社会主义荣辱观的经验引起了李长春、刘云山等中央领导的重视，先后批示要求总结推广他们的经验。爱国、敬业、诚信、友善的道德风尚进一步形成。

第四，文化强省战略稳步推进。贯彻落实全国文化体制改革工作会议精神，推进全省文化体制改革。成立了山西省深化文化体制改革领导组，组织开展了包括文化资源、文化产业政策等在内的文化体制改革和文化产业发展大调研，调整明确了山西文化体制改革的试点单位和地区。山西出版集团、太原文广集团正式挂牌运营。刘云山同志对省话剧院积极推进内部机制改革，精心打造艺术精品的做法予以肯定，批示要求总结山西省话剧院的经验，推进艺术院团的改革。文化产业的发展继续保持了较快增长。组织开展了文化、科技、卫生“三下乡”活动、万场数字电影公益放映活动和百县千乡农村公益电影汇影活动，一批县、乡文化站得到了资助。2006年中，山西又有152处文物项目进入国家重点文物保护单位行列；32个项目成为国家非物质文化遗产保护项目。绛县横水西周墓地和大同沙岭壁画墓考古发掘项目同时被评为全国十大考古新发现，绛县横水西周墓地考古发掘工作获我国空缺多年的考古界最高奖国家田野考古一等奖。

第五，文艺精品创作生产高潮迭起。《赵树理》《阿霞》《塞北婆姨》等电视剧先后在中央电视台播出。电影《生死托付》被列为庆祝建党85周年献礼影片。晋剧《边城罢剑》获全国少数民族调演大奖；北路梆子《黄河管子声》获全国戏剧一等奖；电视剧《八路军》《吕梁英雄传》《乔家大院》获金鹰奖；电影《暖春》《剃头匠》分别获国际电影节大奖；话剧《立秋》、舞剧《一把酸枣》双双进入国家舞台艺术精品工程十大精品剧目。制定创作规划，纪念赵树理诞辰100周年，一批文艺新人更加成熟，第三次文艺创作高潮进一步兴起。

第六，山西良好的发展形象和文化形象更加突出。实施文化精品“走出去”工程，先后在印度、美国纽约联合国总部举办了平遥国际摄影大展摄影精品巡展。联合国前秘书长安南参观了展览，并给予高度评价。话剧《立秋》应邀赴台湾演出，产生了轰动效应，引起了胡锦涛总书记和李长春同志的高度关注，先后作出重要批示。李长春、刘云山要求按照胡锦涛总书记的指示，宣传推介《立秋》，并帮助到全国各大城市巡演。以“华夏文明看山西”为主题，参加了第二届中国（深圳）国际文化产业博览交易会、首届中国中部文化产业博览交易会和首届中国北京文化创意产业博览会等重大活动。开展对外宣传“三次战役”，组织了首届网络媒体山西行、赴沪港招商引资宣传文化活动、成功举办了2006年平遥国际摄影大展。平遥国际摄影大展再次被中国节庆协会评为“中国十大最具潜力节庆”和“中国十大赛事博览类节庆”。宣传文化工作打开了山西走向世界，世界关注山西的新窗口。

第七，宣传思想文化队伍素质明显提高。开展保持共产党员先进性教育活动，深化新闻、出版、文艺和社科领域的“三项学习教育”，队伍素质得到加强，作风进一步改善。完善作家签约制度，一批具有潜力的青年作家得到了资助。颁发赵树理文学奖、组织“五个一工程”奖的评选，一批优秀人才和优秀作品受到了表彰。举办高校哲学社会科学教学科研骨干研修班、思想政治工作专业人员培训班、新闻发言人培训班、网络媒体编辑与评论员培训班等，业务素质得到了提高。加强领导班子建设，结合各地党委换届工作，一批优秀干部走上了宣传领导岗位。

总之，2006年，全省宣传思想文化战线的工作导向正确、服务有力、团结奋进、成效明显。省委认为宣传思想文化战线坚持了正确的方向，很好地服务了中心工作，在各个方面都有创新发展。实践证明，必须以“三个代表”重要思想、科学发展观与构建和谐社会战略思想统领工作，才能确保宣传思想文化工作始终沿着正确的方向前进；必须紧紧围绕省委中心工作，服从服务于改革开放、发展稳定的大局，才能保证宣传思想文化工作发挥积极的作用，取得实实在在的成效；必须坚持改革，推进创新，不断理顺体制机制，才能解放和发展文化生产力，推动文化事业的繁荣和文化产业的发展；必须不断提高管理水平，努力做到科学管理、依法管理，才能确保导向正确、守土有责，掌握工作的主动权；必须不断拓展工作思路、工作领域和工作方法，才能适应时代发展的要求，为构建社会主义和谐社会做出积极的贡献；必须坚持贴近实际、贴近生活、贴近群众，发扬求真务实的精神，才能不断转变作风，改进工作，增强针对性、实效性，把好事办实，实事办好。

（冯向宇）

## ·统一战线工作·

**【概述】** 2006年，全省统战工作取得了新的成绩，爱国统一战线得到进一步巩固和发展。

1. *学习贯彻第20次全国统战工作会议精神开局良好，为新世纪新阶段全省统战工作发展奠定了基础。*2006年7月召开的第20次全国统战工作会议，是全面建设小康社会进入关键时期召开的一次重要会议。会后，山西各级党委和统战部门周密部署、精心安排，迅速掀起了学习贯彻会议精神的高潮。一是认真组织学习，掌握精神实质。各市县采取多种形式学习贯彻会议精神，收到了较好的效果。二是着力抓好宣传，扩大社会影响。各地各部门推出了一批高质量的宣传稿件，统一战线的社会影响进一步扩大。三是采取措施，狠抓落实。省委和各级党委进一步加强了对统战工作的领导，党委常委担任统战部长有了突破性进展，省委统战部和9个市、39个县（市、区）的统战部长由同级党委常委担任。统战部门的工作条件有了新的改善。

2. *深入贯彻中央5号文件精神，推动多党合作事业不断发展。*一是支持各民主党派围绕全省中心工作积极发挥参政议政作用。各民主党派省委深入调查研究，积极建言献策，共提出政协团体提案73件，大多受到省委、省政府的重视和采纳。二是引导各民主党派发挥优势，广泛开展多种形式的社会服务活动。民主党派“智力兴晋”专家服务团活动取得了较好的经济和社会效益。三是着眼新老交替和政治交接，协助各民主党派搞好换届工作。精心部署、认真组织、加强指导、循序渐进，全省54个民主党派市级组织有36个顺利完成换届。四是加强与各民主党派的联系，帮助解决工作中的困难和问题。协调省编办批准各民主党派省委成立参政议政部，增设了民主党派办公大楼后勤管理服务中心，加强了对民主党派大楼的日常管理和维护。

3. *着眼社会的和谐与稳定，重视做好民族宗教工作。*认真做好民族工作，协助省委省政府于9月30日召开了全省民族团结进步表彰大会。在宗教工作方面，一是抓好代表人物培养工作，加强对宗教界代表人士的培训，提高了宗教界代表人士的政治觉悟和综合素质。二是加强对太原、长治、临汾基层宗教工作的指导，确保全省宗教活动依法有序进行。三是坚持宗教工作联席会议制度，研究宗教工作方面的突出问题，稳妥处置了天主教天津房产等多起涉及宗教因素的群体事件和纠纷。四是开展多种形式的活动，引导宗教与社会主义社会相适应。帮助省佛协举办净土宗文化研讨会，争取爱德基金会240万元资金用于改善贫困地区教育条件。

4. *广泛开展海外联谊活动，推进祖国和平统一和山西经济社会发展进程。*一是扩大交往，先后邀请并成功接待了第九届台湾教师山西古文化之旅、台胞青年千人夏令营山西分营、港区政协委员及知名企业家赴晋访问团等重要团组，宣传山西、扩大影响，增强了祖国的凝聚力与向心力。二是围绕中心，为促进山西经济社会发展做贡献。组织山西港区政协委员、海联会理事，参与本省在香港举办的大型招商引资经贸洽谈活动。经省海联会联系，筹集海外资金200多万元修建7所海联希望小学和一个电教中心，捐资100万元在山西财经大学设立了助学基金。

5. *加强党外人才的培养选拔，党外干部和知识分子工作取得新进展。*一是抓好培训工作，加强党外干部队伍建设。把培训重点放在提高培训层次、加强后备干部队伍建设上。6月份，中央统战部首次资助山西在中央社会主义学院举办党外干部培训班。二是坚持统筹兼顾，做好政治安排工作。按照政策规定和程序，完成了部分省政协委员增补和省政协常委补选工作。三是做好知识分子工作，深入高校、国企、科研院所和中介机构开展调查研究，形成了一批调研报告，并初步确定了一批重点联系人物。省编办批准省委统战部成立知识分子工作处，为开展工作提供了组织保证。

6. *坚持团结、帮助、引导、教育的方针，深化非公有制经济代表人士工作。*一是加强思想政治工作，引导非公有制经济代表人士爱国、敬业、诚信、守法、贡献，非公有制经济代表人士队伍素质进一步提高，山西省1家非公有制企业获全国五一劳动奖状，4名非公有制经济人士获全国五一劳动奖章，有70多人获省级“五一劳动奖章”。二是积极开展光彩事业和公益事业，11月，在革命老区武乡县成功组织实施了中国光彩事业“太行行”活动，共计签约项目14个，引进资金102.85亿元，捐款捐物1000余万元。三是加强对工商联和商会工作的指导，工作效率和工作质量进一步提高。

7. *坚持三项工作一起抓，统战调研、宣传和信息工作取得明显成效。*调研工作成果丰硕。向中央统战部报送了《论参政党在构建和谐社会中的作用》等7篇重点调研成果，获全国统战理论优秀调研成果二等奖1篇，三等奖1篇，优秀奖2篇。宣传工作成效显著。坚持统战宣传工作机制，以开展“山西统战好新闻”评选活动为龙头，多渠道、多形式、多方位开展统战宣传工作。在省及中央新闻媒体刊发宣传稿件达260余篇，省委统战部被授予“中国统一战线宣传先进单位”和“《人民政协报》统战新闻专版宣传工作组织奖”。信息工作成绩斐然。全省统战信息工作水平有了整体提高，各市均有信息稿件被中央统战部信息刊物采用。省委统战部获全国统战信息工作二等奖。6月，中央统战部在山西举办全国统战信息工作经验交流暨信息员培训班，中央统战部副部长黄跃金等领导出席，山西在会上作了经验介绍。

（王晓斌）

【全省统战部长会议】 2006年1月14日，全省统战部长会议在太原召开。会议回顾总结了2005年全省统战工作，明确了2006年全省统战工作的总体思路和重点任务，并对2005年度统战调研和信息工作先进单位和个人进行了表彰。省委副书记薛延忠在讲话中指出，当前，统一战线面临的形势复杂，肩负的任务繁重，党对统战工作的要求很高。面对新任务、新要求，全省各级统战部门要以深入开展“树统战干部形象、建党外人士之家”活动为契机，进一步加强自身建设。按照中央统战部部长刘延东“有目标、有才干、有作为”的要求，不断提高统战干部的能力素质，为全面提升统战工作水平奠定基础。

2006年12月29日上午，全省统战部长会议在晋祠宾馆召开。各市统战部长、各个工委及团省委统战部长、省委统战部各处室负责人参加会议。省委常委、省委统战部部长李政文在讲话中强调，当前统战工作面临着难得的大好形势和发展机遇，也面临着很多新问题和新任务要求我们去解决和完成。适应这个新形势、新任务，全体统战干部特别是我们的部长同志，要加强学习，研究新的统战理论，学习新的统战知识，形成新的统战思维，应对新的工作挑战。要树立做好统战工作的光荣感、责任感和使命感，要学在深处、谋在新处、干在实处，增强信心、鼓足干劲、扎实工作，完成好党赋予我们统战工作者的神圣使命。（王晓斌）

【全省统战调研、宣传和信息工作会议暨培训班开学典礼】 2006年2月17日～19日，省委统战部在太原举办全省统战调研、宣传、信息工作培训班，总结2005年工作，部署2006年工作任务，表彰2005年度“统战好新闻”获奖单位和个人。培训班期间，邀请中央统战部党五涛、张丽华、段秀云分别就统战调研、宣传、信息工作进行专题辅导。各市委统战部分管副部长、办公室主任、调研室主任、信息员，省直工委、高校工委、国防科工委、国资委党委和团省委统战部负责人或信息员，部分县（市、区）委统战部工作人员共100余名参加了培训。（王晓斌）

【中国农工民主党中央常委会会议】 2006年6月8日～11日，农工民主党中央十三届十二次常委会议在太原召开。全国人大常委会副委员长、农工党中央主席蒋正华，全国政协副主席、农工党中央常务副主席李蒙出席会议。省领导薛延忠、曹馨仪，省委统战部领导吴锦文、王大高出席开幕会，薛延忠代表省委致辞。8日下午18时，省领导张宝顺、于幼军、薛延忠、刘泽民、申联彬、纪馨芳、曹馨仪、吴锦文、周然到驻地看望蒋正华和李蒙同志，并座谈。18时30分，省委、省人大、省政府、省政协宴请与会代表。

（王晓斌）

【全国统战信息经验交流会暨信息员培训班开学典礼】 2006年6月19日～25日，中央统战部在山西举行全国统战信息工作经验交流暨信息员培训班开学典礼，各省、自治区、直辖市党委统战部办公室或调研室分管信息工作的副主任及部分信息员共60余人参加培训。中央统战部副部长黄跃金出席开学典礼并讲了话，中央统战部办公厅主任安七一、副主任王建设等出席培训班开学典礼。培训结束后，来自全国各省的信息干部在山西进行了为期3天的参观考察。培训期间，省委书记张宝顺、省委副书记金银焕分别前往晋祠宾馆看望黄跃金副部长。（王晓斌）

【巴基斯坦国务部长阿什拉夫一行到晋访问】 2006年6月25日～26日，巴基斯坦国务部长、国家人类发展委员会主席阿什拉夫一行到晋参观访问，全国工商联副主席谢伯阳、中央统战部五局副局长高卫东和副处长王建峰、马向群等陪同。25日，省政协副主席、省委统战部长吴锦文代表省光彩事业促进会向来访客人介绍了山西经济社会发展情况和开展光彩事业情况。26日，巴方客人参观了安泰工业园和平遥古城。26日下午，省长于幼军、省委副书记薛延忠、省政府秘书长李政文会见并宴请巴方客人。（王晓斌）

【中国民主促进会华北、东北社会服务工作研讨会】 2006年10月13日～16日，民进华北、东北省市区社会服务工作研讨会在山西省运城市召开。民进中央副主席王立平出席会议并讲话，省委统战部副巡视员李云平出席会议并代表省委统战部致辞，省政协副主席、民进省委主委张正明出席会议并致辞。华北、东北等11个省市区的47位代表参加会议。（王晓斌）

【香港特区省政协委员访问团到晋考察】

2006年10月12日～18日，省政协常委、香港锦胜集团董事长庄金洲率港区省政协委员访问团莅晋考察，团员为部分港区省政协委员及香港企业家。访问团此行旨在进一步加强晋港交流，密切合作，进一步扩大山西对外开放。10月15日，省委副书记薛延忠在并会见港区省政协委员访问团。薛延忠对访问团的到来表示热烈欢迎，并转达了省委书记张宝顺、省长于幼军的问候，并介绍了山西省情、历史沿革、矿产资源、建设新型能源和工业基地等经济社会发展情况。省政协副主席、省委统战部部长吴锦文参加了会见。10月16日，省委领导薛延忠、刘泽民、吴锦文、韩儒英出席在山西财经大学举行的庄金洲助学基金捐赠仪式。省政协常委、省海外联谊会副会长、香港锦胜集团有限公司董事长庄金洲先生代表锦胜集团为山西财经大学捐赠100万元设立庄金洲助学基金，用以资助家庭清贫、德才兼备的在校学生，受助学生可在暑假期间及毕业实习期间去锦胜公司实地学习。

（王晓斌）

【举行光彩事业“太行行”活动】 2006年11月28日，光彩事业“太行行”活动在武乡县八路军纪念馆广场举行启动仪式。本次活动由中国光彩事业促进会与山西省人民政府主办，省委统战部，省光彩会与长治市人民政府承办。省委常委、常务副省长薛延忠出席并讲话，全国工商联副主席兼党组副书记张龙之，全国工商联副主席金会庆，中国光彩会秘书长孙公麟，省政府党组副书记薛延忠，省政协副主席、省委统战部部长吴锦文，省政协副主席边鸣涛、韩儒英、周然等出席开幕式。省政协副主席、省光彩事业促进会会长吴锦文主持仪式。（王晓斌）

【李政文担任省委统战部部长】 2006年12月8日上午，省委召开省统战系统干部会议，宣布省委常委李政文任省委统战部部长。吴锦文主持会议，省委组织部副部长朱先奇宣读任命文件，金银焕副书记讲话。12月8日～11日，省委常委、省委统战部部长李政文在常务副部长王大高、副部长薛永辉的陪同下，到各民主党派省委、省工商联、省侨联、省台联、省参事室、山西社会主义学院、省宗教局走访，并看望机关工作人员。（王晓斌）

## ·信访工作·

**【概述】** 2006年是实施国民经济和社会发展“十一五”规划的第一年，也是构建社会主义和谐社会的重要一年。全省信访工作坚持以邓小平理论和“三个代表”重要思想为指导，以科学发展观为统领，认真贯彻落实胡锦涛总书记关于信访工作的重要指示精神和十六届六中全会精神，始终将服务党委政府中心工作，服务人民群众作为工作主线，切实在加强领导、规范制度、完善机制、源头防范、专项治理等方面求突破，见成效，为进一步密切党和政府同人民群众的血肉联系，构建充满活力，富裕文明，和谐稳定，山川秀美的新山西作出了贡献。

1. *加大对信访工作的领导力度。* 2006年，省委、省政府召开省委常委会、省政府常务会、全省电视电话会议、联席会议、专题协调会议等12次，听取信访工作汇报，分析信访形势，研究突出问题，安排部署工作。省委书记张宝顺、省长于幼军对信访工作和重大信访问题多次做出批示，提出明确的要求和解决意见。省委副书记金银焕、秘书长申联彬、常委杜玉林、副省长胡苏平等领导，对贯彻落实中央联席会议的各项指示精神，做出200余条指示，并亲自组织方案、措施的制定和实施，对在全省影响大、涉及面广的信访突出问题和重点信访案件亲自包案处理，多次带队赴基层进行督查和调研。特别是2006年11月30日，省委召开专题会议，听取信访工作汇报，张宝顺作了重要讲话，就深入贯彻信访条例，进一步畅通信访渠道、规范信访秩序；全面落实信访工作措施，切实做好赴省进京非正常上访和集体上访的接返、稳控工作；加强信访案件查办、督办工作，加大组织协调力度；严格实行信访工作检查考核制度；加强信访部门和信访干部队伍建设等方面，都提出明确要求，对于进一步加强信访工作领导，促进全省信访工作深入开展，起到了重要的作用。各部门进一步树立了抓经济工作是政绩，抓稳定工作也是政绩的理念。各市、县（市、区）负责人认真贯彻落实省委、省政府的决策部署，进一步将信访工作列入重要议事日程，形成一级抓一级，层层抓落实的信访工作领导责任体系，多次召开会议听取信访工作汇报，分析信访形势，研究解决信访突出问题。较好地坚持开展了党政领导亲自批阅群众来信、定期接待来访群众、包案处理重要信访问题等制度。据不完全统计，2006年，市、县两级召开党委常委会议、政府常务会议研究信访工作795次，批阅重要信件8709件，接待重要来访12172批次64296人，包案处理信访事项3554件，处理结案3324件，进一步营造了统一领导、部门协调，统筹兼顾、标本兼治，各负其责、齐抓共管的信访工作氛围。

2. *畅通民意诉求表达渠道。* 各级各部门和广大信访干部牢记为民宗旨，发扬务实作风，严格依照信访条例办事，处理了大量信访问题，2006年，全省省、市、县三级党政信访部门受理群众来信来访319793件（人）次，其中，办理群众来信29980件，接待个体访36794批次54650人次，接待集体访10291批次235163人次。省信访局受理群众来信来访72369件（人）次，其中，办理群众来信15152件，接待个体访10438批次15706人次，接待集体访1439批次41511人次，为构建社会主义和谐社会作出了贡献。广泛开展纪念信访条例实施一周年宣传活动。省信访局在认真搞好“四五”普法总结的基础上，制定了《山西省信访系统2006—2010年普法依法治理工作规划意见》，组织干部职工参加了全省依法治省宣传日活动和2006年度省直单位法律知识考试。省信访局局长王铁选带领4名业务处长，在太原市湖滨广场向群众宣讲信访条例知识，解答群众提出的问题。太原市开展了信访条例宣传周活动，出动宣传车30台次，展出宣传版面500余块，发放宣传材料1万余份，受教育群众近2万人。大同市在《大同日报》、大同广播电台连续刊登和播放信访条例宣传文章11篇，购买发放价值1万余元的宣传图片，印发法制宣传材料3万余份。晋城市举办了乡镇以上干部200余人参加的信访条例培训班，为基层干部传授知识、教授方法、促进了基层干部信访工作水平的提高。各级信访部门相继出台了与信访条例配套的规章制度。阳泉市完善了《逐级上访接待工作程序》、《信访工作文明接待制度》等。晋中市实行了信访事项三级终结制度，全年受理复查复核信访事项23件，所有经过复查复核终结的信访事项当事人，没有发生一起越级非正常上访。太原市建立信访听证制度，运城市建立党政领导分类归口预约接待上访群众制度。据统计，2006年各市、县（市、区）制定信访工作制度，印发信访工作办法等方面文件741个，并有3个市和14个县建立信访督查专员制度，配备信访督查专员60名。各部门坚持以人为本，真切关注民生，将现代科技应用信访工作当中，拓宽了社情民意反映渠道，为人民群众表达诉求提供了方便快捷的信访平台，省信访局信息中心的建设取得了进展，单机联网已经实现，全面建设所需资金、人员编制也已到位。晋中、朔州等市开通了“市长信箱”和市长公开电话，太原市信访局实行了自动化办公。晋中市于2001年设立“市长信箱”，2006年又开通了“网上市长信箱”，受理来信来电近500件，办结率达到80%以上，帮助群众解决了大量的实际困难和问题。朔州市于2006年8月成立了书记市长公开电话受理中心，通过电视、报纸等新闻媒介向社会公布了热线电话、电子信箱及传真电话，群众反映问题的办结率达到100%。

3. *切实维护人民群众的合法权益。* 省、市、县以及大多数省直单位建立完善了信访工作领导组。吕梁市、朔州市信访工作领导组长均由县（市、区）委书记担任，晋中市委专门印发文件，明确各县（市、区）委副书记分管信访工作，进一步加大了信访工作的领导力度。运城市在市、县两级职能部门都配备了专（兼）职信访工作人员，在167个乡（镇）建立了信访工作站。长治市在各村、社区、企业都配备了2至3名信访信息员。进一步健全和完善了县乡村三级有效协作的排查体系，较好地落实了领导干部联系群众的各种制度，加强了条块之间、部门之间沟通配合。把人民调解、行政调解和司法调解有机结合起来，综合运用政策、法律、经济、行政等手段，采取教育、协商、疏导等办法，建立了政府主导、社会参与的群众维权机制，进一步增强了调解合力。健全控防有力、上下联动、化解得法的信访调解网络，配齐配强司法人员和信访信息员队伍，吸收在群众中有威信的老党员、老教师、老干部等组成民调小组，完善调解工作的各项制度，充分发挥好信访调解的作用，努力从源头上减少上访问题的发生。阳泉市制定了《关于建立信访问题排查调处长效机制的意见》，强化了县乡化解矛盾的力度。晋城市开展“十、百、千”矛盾纠纷排查调处工作。长治市充分利用矛盾纠纷排查机制，有效化解了33起重大矛盾纠纷，集中处理了183个信访突出问题。西山煤电集团领导全年下访389次，家访600余户，解决问题312个，促进了企业信访工作的开展。据不完全统计，2006年，全省日常排查和集中排查各种矛盾纠纷共8064件，将近70%的信访苗头和矛盾纠纷被调处解决在基层和当地，化解在萌发状态。整合信访工作资源，创新工作理念，集中社会力量处理信访问题。一是筛选复杂、疑难和社会影响重大的信访问题，涉及多个部门处理意见不一致的案件举行听证。广泛听取各方面意见，通过面对面的质询、答辩、评议，依法作出听证处理，使当事人心服口服。太原市出台了《关于进一步完善司法信访案件听证调解制度实施意见》，举办18次信访听证会，使上访人平稳了情绪、规范了行为，许多上访老户不再串联赴省和进京非正常上访，受到中央联席会议办公室和国家信访局的充分肯定。二是开展多种形式的处理信访问题活动。长治市开展了构建和谐社会"百日集中整治活动"。吕梁市开展了"信访工作百日大会战"、"信访稳定'争优进位'大会战"活动，并在市县两级全部建立信访联合接待大厅。大同市开展了领导干部下基层信访解题活动，变群众上访为干部下访，解决了一批群众反映强烈的热点难点问题。此外，各级各部门加大督查督办力度，促进"案结事了"。省联席会议不断加强对信访案件的督查督办工作，从成员单位抽调100余人，先后4次对重点市县、重点部门、重点企业信访工作进行了督促检查，使一些重点案件的解决有了较大的突破。省信访局强化了重要信访案件的交办督办工作，全年立案要结果541件，结案498件，结案率达到92.01%。省委政法委对进京非正常涉法涉诉上访案件办结率达97.1%，息诉罢访率达75.7%，在全国作了经验交流。同时，各市、县（市、区）都加强了信访案件交办督办工作，开展了多种形式的信访工作督查活动，推动了信访工作开展。2006年，仅市、县两级党政信访部门就交办督办信访事项8471件，办结7809件，结案率为92.2%；交办督办信访突出问题2017件，办结1919件，结案率为95.1%，较好地维护了群众的合法权益，维护了全省社会稳定大局。

*4．加强双向规范，严肃责任追究。*2006年，赴省进京集体访和非正常上访呈现高发的态势，对此，省委省政府高度重视，省委书记张宝顺、省长于幼军多次作出重要批示，亲自召开省委常委会和省政府常务会议研究和加强进京非正常上访人员的接返处置工作，先后制定采取了一系列措施。2006年4月17日，省委常委会专题学习全国信访局长会议精神和胡锦涛总书记、温家宝总理等中央领导同志重要批示精神，研究分析全省信访工作形势，省委书记张宝顺作了重要讲话，对做好信访工作提出明确要求。4月30日，张宝顺在京听取了省政府驻京办事处关于本省信访接返工作的情况汇报后，又提出了三方面的要求：一是驻京办事处要高度重视本省在京的信访接返工作，在当前和今后，要为维护首都社会稳定和促进山西经济社会发展，把信访接返工作作为首要任务，全力以赴抓紧做好。二是各市主要领导要高度重视在京的信访接返工作，要有专人负责此项工作。目前，在京滞留非正常上访人员较多的重点市，要加大工作力度，要主动与省政府驻京办事处取得联系，加强协调配合，及时做好接返工作。三是全省信访系统要开展向大同市驻京联络处分管信访接返工作的苏永顺同志学习的活动。分管信访工作的省委副书记金银焕，省委常委、秘书长申联彬等领导人更是把处置赴省进京集体访和非正常上访工作抓在手上，多次开会研究，提出要求，安排部署接返工作，亲自接待非正常上访人员，包案处理进京非正常上访问题。在一定程度上遏制了进京非正常上访激增的势头。推行市、县两级考核办法，加大责任追究力度。省委、省政府两个办公厅联合转发了《山西省县信访工作考核办法（暂行）》，省信访局出台了《市级信访工作考核标准（暂行）》，将进京非正常上访和赴省集体上访、解决老户缠访、重复上访、信访案件办结率等纳入市、县考核内容，进行目标管理。同时，着重解决好监督检查不够严格、责任主体不够明确、责任追究不够到位等问题。

2006年，省信访局深入开展"创学习型机关、建高素质队伍"活动。按照国家信访局《关于在全国信访系统开展"创学习型机关、建高素质队伍"活动》的通知精神，省信访局制定印发了《关于深入开展"创学习型机关、建高素质队伍"活动方案》，提出了"三五四"即掌握"三个新理论、五项新技能、四项新知识"的创建活动目标。成立了"创建"活动领导小组，省委副秘书长、省信访局局长王铁选任组长，副局长、机关党委书记李月虎任副组长。各级信访部门按照中央和省里的要求，精心组织，科学安排学习时间，采取多种方式，促进学习深入开展。始终把"创建"活动放在突出位置，贯穿于各项工作的始终，与精神文明建设、信访业务工作紧密结合，一起部署、一起落实、一起检查、一起考核。临汾市信访局开展了"六抓六提高，努力创建勤政为民的服务型机关"主题活动；太原市信访局开展了学习党章、信访条例和公务员法的知识竞赛活动；忻州市、晋中市信访局开展了"争创优秀信访机关，优秀信访干部"活动；大同市信访局开展了"定点包户和帮扶活动"，阳泉市、吕梁市、晋城市、朔州市信访局开展了"专题讲座，外出参观"等活动，都收到了明显效果。各市信访干部写心得体会205篇，各县信访干部写心得体会865篇。全省信访工作呈现出风清气正、见贤思齐、比学赶帮的良好局面，为做好信访工作提供了坚强有力的思想政治和组织保证。"11·30"省委专题会议纪要（第3号）下发后，各级各部门对省委专题会议精神进行了认真落实。省编办、省财政厅、省法制办领导及有关处室的负责人先后到省访局现场调研、办公，对省信访局的工作给予大力支持。省信访局根据省委领导关于"打一场信访工作翻身仗"的指示精神，提出2006年"首季开门红"的工作要求，进一步完善了各项工作制度。大多数市、县（市、区）增加了信访工作人员编制，改善了信访部门的办公条件。运城市信访局信访工作人员由12人增加到19人，各县（市、区）信访局人员编制全部达到5人以上，最多的达到13人。晋中市信访局增设了信访督查室和信访信息中心，增加了全额拨款事业编制。大同市各县（市、区）信访局都配备了工作用车。到目前，各市、县（市、区）信访局增加人员132人，信访干部队伍建设得到进一步加强。

（梁克昌　刘　坤）

## ·史志工作·

**【概述】** 2006年，是省史志院起步实施《2006—2010年山西省史志科学编研课题规划》的开局之年。这一年，省史志院在省委、省政府的领导下，在中央有关部门的指导下，高举邓小平理论和"三个代表"重要思想伟大旗帜，以科学发展观为统领，认真贯彻落实中央和省委、省政府关于史志工作的方针政策，围绕全省中心工作，以资政育人为根本任务，求真务实，开拓创新，创造性地完成了各项任务，取得了成绩。

1. 史志编研工作成果。2006年，省史志院以完成“十一五”课题规划为重点，取得了丰硕的成果。(1) 编撰（纂）出版了29部（卷、册）、约1200多万字的史志书刊，即《见证山西》、《赵树理传》、《太岳抗日根据地重要文献选编》、《上党风景名胜志》、《永乐宫志》、《关公文化旅游志》、《山西旧志二种》、《山西年鉴》（2005年版）、《党史文汇》（12期）、《沧桑》（9期）。(2) 编撰（纂）完成了19部（卷）、约2380多万字的史书和志书的初稿、送审稿、审定稿，即《中共山西年鉴》(2006年)、《中共北方区委历史》（山西部分）、《李立功回忆录》、《林枫年谱》（抗日战争时期）、《抗日战争时期的林枫》、《刘少白和他的儿女们》、《当代山西历史》（第1、4、5、6卷）、《21世纪山西纪事》(2001—2005)、《山西通志·人物志》、清雍正版《山西通志》、《山西年鉴》(2006年)、《新方志概述点评》、《大寨风物志》、《绵山志》、《晋祠志》、《灵空山志》。(3) 启动了4部史书的编撰（纂）工作，即《中共历届山西省委委员名录》、《当代山西重要文献选编》（第3、4卷）、《陈永贵传》。(4) 参与编撰（辑）了10部、约189万字的史书的初稿、送审稿、审定稿，即《赵雨亭革命生涯》、《金沙革命生涯传略》、《晋察

图为由省史志研究院主编的《贺昌文选》 建平摄影

图为高君宇、贺昌生平业绩陈列开展暨《贺昌文选》首发仪式 建平摄影

冀边区第一中学》、《卢功勋回忆录》、《贾桂林传》、《彭真传》（民主革命时期）、《薄一波书信集》（民主革命时期）、《薄一波年谱》（民主革命时期）、《彭真年谱》（“文革”时期）、《薄一波》（电视文献片解说词2集）。(5) 征集和抢救了一批重要史志资料。围绕史志编修、开展“抗战时期山西人口伤亡和财产损失调查”和阎锡山专题研究等，在省内外特别是赴台湾省征集了一批珍贵的文献、影像和实物资料。一年来，累计征集到历史文献资料9500多件。这些资料较好地弥补了已有资料的不足，为编撰（纂）史志书刊和开展资政育人工作提供了重要依据。

2. 史志资政育人工作。2006年，省史志院围绕省委、省政府的中心工作，以开展重大纪念活动为重点，开展史志资政育人工作，取得了显著的成效。(1) 举办了五个大型展览（陈列）。一是举办了“高君宇生平业绩陈列”。二是举办了“贺昌生平业绩陈列”。高君宇和贺昌是山西地方党组织的创始人，在党内曾担任过重要职务，为党领导的早期革命运动发挥过重大作用。举办这两个陈列是为了纪念贺昌诞辰100周年、高君宇诞辰110周年。这两个陈列共展出120多幅历史图片，全面反映了高君宇和贺昌革命的光辉的一生。陈列展于10月中旬在“中共太原支部旧址纪念馆”展出。三是举办了“首届山西省诗书画印名家精品展”。为了纪念毛泽东延安文艺座谈会上的讲话发表64周年，省史志院同有关部门举办了这个展览。展览于5月下旬在“中共太原支部旧址纪念馆”展出。四是举办了重庆“红岩魂”大型展览。“红岩魂”是一幅再现50多年前，为新中国的建立而抛头颅、洒热血的革命先烈及其英雄事迹的大型展览。展览共有8个部分、600多幅珍贵的资料照片。为了纪念建党85周年、贯彻落实“八荣八耻”社会主义荣辱观，省史志院同省委宣传部等在“中共太原支部旧址纪念馆”于6月下旬至7月上旬组织举办了重庆“红岩魂”展览。五是举办了“纪念红军长征胜利70周年图片展”。2006年是红军长征胜利70周年，为纪念这一重大历史事件，省史志院同临汾市委、吕梁市委共同筹办了“伟大的长征精神永放光芒——纪念中国工农红军长征胜利70周年图片展”。展览内容以长征历史为主线，包括中央红军的战略转移、各路红军相继举行长征、伟大的历史转折、机动灵活四渡赤水、激流勇进会师懋功、战胜分裂到达陕北、渡河东征开赴山西、红军三大主力胜利会师8个单元，共展出200余幅历史图片和图表。(2) 组织举办了五次重大宣传（纪念）会。一是1月中旬组织举办了“高君宇、贺昌生平业绩陈列”开展暨《贺昌文选》首发仪式。仪式由省委常委、秘书长申联彬主持，省委书记张宝顺出席并作重要讲话，省长于幼军、省政协主席刘泽民、省人大常务副主任纪馨芳、省军区司令员方文平出席，省直有关单位负责人和社会各界代表160多人参加。二是5月下旬组织举办了“首届山西省诗书画印名家精品展开展仪式”。省委副书记金银焕、省政协副主席周然出席，省直有关部门负责人和各界代表100多人参加。三是6月中旬组织举办了“重庆红岩魂开展仪式”。省直有关部门负责人和社会各界代表共100多人参加。四是9月下旬同省委宣传部等6部门共同举办了“纪念人民作家赵树理诞辰100周年座谈会”。省委书记张宝顺出席并作重要讲话，中国作协常务副主席金炳华、省委副书记金银焕、中国文联副主

席罩志刚、副省长张少琴、省政协副主席吴锦文出席，省直有关部门负责人和社会各界代表100余人参加。五是10月中旬组织举办了“纪念红军长征胜利70周年图片展开展仪式”。仪式由省委常委、秘书长申联彬主持，省委书记张宝顺出席并作重要讲话，省政协主席刘泽民、省军区政委李国辉、省人大常委副主任杜五安、副省长张少琴和原省级老领导李立功、赵雨亭出席，省直有关部门负责人和社会各界代表300多人参加。(3)创办了一份大型专题资政年刊。为了拓宽资政渠道，掌握党建信息，交流工作经验，探索执政规律，全面系统地反映全省各级党组织加强思想建设、组织建设、作风建设和制度建设的新经验新成就，为各级党组织和领导干部科学决策提供借鉴，经省委批准，省史志院于2006年初创办了《中共山西年鉴》，启动了编纂工作。到2006年底，《中共山西年鉴》(2006年版)的编纂工作已取得重要进展，初步形成了300多万字的初稿。(4)组织举办了一次大型专题高层论坛。为了与时俱进地推进山西新型能源和工业基地建设的可持续发展，充分发挥社会科学研究工作部门的职能，为政府部门科学决策提供参考和咨询，省史志院同省社科院联合发起主办了“山西新型能源和工业基地可持续发展高层论坛”。该论坛于9月下旬在太原召开。国家统计局原局长张塞、中国科学院可持续发展战略研究组组长牛文元、国家发改委能源研究所所长周大地、中国社科院工业经济所区域经济研究室主任魏后凯、中国国情研究所所长贾文广等特邀嘉宾出席论坛并发表专题演讲，省内外的专家学者100余人参加。省委书记张宝顺，省委常委、秘书长申联彬在会前接见了部分专家。在为期一天的论坛上，专家学者围绕主题开展了多层次的交流和探讨，取得比较好的成效。(5)启动了一个党史教育基地的兴建工程。为了进一步加强党史宣传教育，拓展教育基地，支撑红色旅游，2005年底，经省委批准，由省史志院牵头在隰县兴建“晋西革命纪念馆”。纪念馆规划建筑面积6000余平方米，占地15余亩，总投资1050万元。在省史志院的组织协调下，经过一年的努力，到2006年底已完成了可行性论证、总体设计以及资金筹措等任务。(6)积极发挥期刊宣传阵地的作用。《党史文汇》和《沧桑》是省史志院主办的两个省一级期刊。《党史文汇》围绕纪念“中国共产党成立85周年”、“中国社会主义基本制度建立50周年”、“红军长征胜利70周年”、“西安事变70周年”等重大历史事件纪念日，开辟专栏，组织编发了一系列文章，受到了广大读者的欢迎。2006年，《党史文汇》还被评为“全国优秀党史期刊”。《沧桑》杂志致力于大型综合社科类期刊的办刊理念，开辟了地情研究、根据地研究、理论与实践等特色栏目，组织编发了一系列重大选题文章，赢得了学术理论界和广大读者的好评。2006年，《沧桑》杂志应读者的要求，还编发了2期增刊。《山西年鉴》则在编纂体系上推陈出新，严把编校质量关，按计划出版了2005年版，编校完成2006年版审定稿，较好地发挥了“存史资政”的作用，取得了良好的社会和经济效益。(7)组织专家在报刊上撰写发表了一批重要宣传(纪念)文章。围绕高君宇诞辰110周年、贺昌诞辰100周年、建党80周年、红军长征胜利70周年等纪念活动，组织院内专家在省级刊物上撰写发表了10多篇重要纪念宣传文章。(8)向社会宣传发行了一批史志书刊。通过创新史志书刊的宣传发行模式，将《党史文汇》杂志的发行工作全部纳入省史志院的图书发行中心，有效地拓展和扩大了史志书刊的发行渠道和范围。一年来，累计向社会发行史志书刊32万余册(卷)，较好地发挥了史志书刊的资政育人功能。(9)发挥了“中共太原支部旧址纪念馆”的宣传教育作用。在不断完善展览的基础上，纪念馆全年接待了来自机关、企业、学校、社区等方面2万多人，参观“中共山西历史陈列”、“彭真生平业绩陈列”、“高君宇生平业绩陈列”、“贺昌生平业绩陈列”等，较好地发挥了爱国主义教育和廉政教育基地的作用。2006年，纪念馆还被评为“山西省文物保护工作先进单位”。(10)努力为省委、省政府科学决策及领导工作完成了一批重要资政成果。主要是：一是参与了省政府关于晋西北、太行山58县革命老区享受西部开发政策的研究论证，提供了研究报告。二是为省委、省政府领导起草了10多个工作讲话材料。

图为在“中共太原支部旧址纪念馆”陈列的彭真生平业绩展览

建平摄影

3. 对省直部门和市县史志业务工作的指导。2006年，省史志院认真履行职责，加强对省直部门和市县史志工作的业务指导，推进了全省史志工作的发展。

(1)贯彻落实晋发〔2005〕119号《关于加强党史工作的意见》。2005年6月，省委下发了《关于加强党史工作的意见》(以下简称《意见》)。这个《意见》为各市县党委切实加强对党史工作的领导、健全市县党史工作机构、充实党史工作队伍等，明确了政策要求；为各市县党史部门加强自身建设、开展编研业务和资政育人工作明确了任务与方向。对这个文件，省史志院督促各市县贯彻落实。到2006年底，全省11个市已有4市已参照省里的文件出台了相应文件和政策。

(2)宣传贯彻国务院《地方志工作条例》。2006年5月，国务院颁布《地方志工作条例》(以下简称《条例》)，将我国地方志工作纳入了法制化轨道。《条例》颁布后，省史志院在组织从事方志工作的干部职工学习的同时，下发通知进行部署、印发学习材料、召开全省地方志办主任会议传达贯彻等，督促各市县学习宣传和贯彻落实《条例》。10月中旬，中国地方志指导小组在北京召开全国地方志系统学习宣传和贯彻《条例》经验交流会，晋城市介绍了他们的做法并受到了好评。

(3)贯彻落实《2006——2010年山西

省史志科学编研课题规划》。2005年12月，省委办公厅和省政府办公厅以厅字〔2005〕83号文件下发了《2006——2010年山西省史志科学编研课题规划》后，省史志院督促各市县贯彻落实。到2006年底，已有9个市党史部门、8个市地方志部门结合实际，制定了本市的“十一五”编研规划。

（4）全面启动了第二轮《山西通志》的编修工作。第二轮《山西通志》编修工作是由省政府统筹部署、由省史志院负责具体组织协调的一项重大文化建设工程。6月中旬，经过充分准备，以省政府名义组织召开了《山西通志》编纂工作会议。副省长张少琴出席会议并讲了话，省军区副司令员高建国出席会议，省直各有关修志部门负责人和11个市地方志办公室主任等120多人参加会议。总结了首轮《山西通志》编修工作，安排部署了第二轮编修任务。会前，省政府办公厅还转发了省史志院制定的《第二轮〈山西通志〉编纂工作实施方案》。

（5）组织召开了四次工作会议。一是于3月中旬在太原召开了全省党史研究室主任会议。会议根据中央党史研究室的安排，主要研究了在全省开展抗战时期中国人口伤亡和财产损失调研的工作，推荐评选了全国党史系统先进集体和先进个人。二是于6月中旬召开了全省地方志办公室主任会议。会议交流了2005年全省地方志办公室主任运城会议精神的贯彻情况和《地方志工作条例》颁布以来的学习贯彻情况，传达了全国地方志机构主任南昌会议精神，安排了下一阶段的工作。三是于9月下旬在晋城召开了全省党史研究室主任会议，会议传达了全国党史研究室主任会议精神，学习贯彻了中央“十一五”党史工作规划，代中央党史研究室为全国党史先进集体、先进个人和在党史战线工作20年以上的同志颁奖或颁发证书。四是于9月下旬召开了《山西通志》修志机构负责人会议。省直各单位修志机构负责人100余人出席。会议督促了各部门的修志工作，安排了下阶段的工作。

（6）组织开展了两次全省史志工作先进集体和个人的评选活动。一是根据中央党史研究室的安排，组织全省各市县党史部门开展全国党史系统先进集体和先进个人的评选工作。经过评选推荐，在9月上旬召开的全国党史系统先进集体、先进工作者表彰会上，山西有2个单位获先进集体、9位同志获先进工作者称号。二是对2006年度全省地方志系统先进集体和先进个人进行了评选。经过评选推荐，全省共评出市县先进集体39个、先进个人208名，省直修志办先进集体20人、先进个人55名，并通报表彰。

（7）组织开展了史志业务干部的学习培训。一是于5月中旬举办了首期《中共山西年鉴》编纂人员会议，有200多人参加。二是于7月以《沧桑》杂志增刊的形式编辑出版了90多万字的《地方志工作必备》，为全省各级修志人员学习和提高业务能力提供了教材。三是于10月下旬举办了首期省直单位修志人员业务培训班，共有60多人参加。四是组织市县部分业务骨干分赴澳洲、欧洲和台湾地区进行了学习考察。五是组织全省党史、国史业务人员参加了全国党史、国史业务培训班，累计有12人参加。

（8）具体指导市县史志部门编撰（纂）完成了一批史书志书的初稿、送审稿、审定稿。一是指导完成了《高平市志》、《泽州县志》2部志书的初稿。二是指导完成了《文水县志》、《晋中市志》、《曲沃县志》、《右玉县绿化志》、《太原市志》（3、4、5、8册）、《中共晋城历史》（1949—1985）、《中共长治历史纪事》、《中共运城历史大事记》、《中共大同市矿区大事记》12部史书志书的评审。三是指导完成了《沁水县志》、《崔家庄村志》、《侯马市志》、《洪洞县志》、《太原市河西区志》、《太原市北郊区志》6部书的审定并出版。

（9）深入市县调研指导工作的力度加大。2006年，省史志院院所领导开展调研指导工作的足迹遍布了全省11市和绝大多数县。在调研和指导工作中，院所领导在督促市县党委和政府贯彻落实中央和省委、省政府关于史志工作的方针政策和决策部署方面，在指导和帮助市县史志部门开展工作、解决实际困难方面，发挥了积极的作用，深受市县党委、政府和史志部门的好评。

4. 机关党的建设工作。2006年，省史志院机关党的建设工作以巩固和扩大先进性教育成果为重点，按照中央、省委和省直工委的安排，推进机关党的思想、组织和作风建设，取得了加强机关党建工作的成效。

（1）不断加强和引深学习，提高广大党员的思想觉悟和政治素质。省史志院以院党组中心组和各支部为单位，组织党员学习了党的十六大和十六届三中、四中、五中、六中全会精神，学习了“八荣八耻”社会主义荣辱观和党章，学习了省第九次党代会精神等。为了加强学习，为每个党员购发了《新党章学习辅导》、《“八荣八耻”党员干部读本》、《江泽民文选》等学习资料。为了提高院党组中心组学习的成效，还创办了中心组学习专栏，布置了中心组成员的学习心得体会文章。在学习活动中，全院党员撰写了读书笔记和心得体会。与此同时，还先后安排7名党员和积极分子、22名处以上党员干部到省委党校和省直分校参加了培训学习。通过对党的理论和方针政策的深入学习，全院广大党员进一步深化了科学发展观和构建社会主义和谐社会等重大战略思想的理解，提高了发挥先锋模范作用的主动性和积极性。

（2）不断夯实组织基础，切实加强党的组织建设。在完善和充实对党员教育培训、联系群众、监督管理、评价考核、组织处理和党员发展的相互衔接的规章制度的基础上，通过开展“争先创优”活动、组织党员参加知识竞赛、召开民主生活会、严把党员“入口关”等，不断加强了机关的党的组织建设。“七一”前夕，经过民主推荐、组织考察，对15名党员、8名党务工作者和3个党支部、5个党小组进行了表彰。在此基础上，经推荐，省史志院1个支部、1名党员、1名党务工作者、1名党风廉政建设工作者还受到省直工委的表彰。通过表扬先进，在全院干部职工中营造了学先进、弘扬正气的良好氛围。与此同时，还严把入口关，创新发展党员工作的机制，吸收了5名符合党员条件的先进分子加入党组织，进一步壮大了党员队伍。此外，向省直属机关代表大会和省第九次党代会推荐了代表。

（3）从严治党，切实加强了党风廉政建设。根据中央纪委、省纪委的要求，通过认真抓党风廉政教育，特别是警示教育、认真抓党风廉政建设，责任制的落实等，不断完善和落实了党风廉政建设的各项规定，有力地促进了全院党组织和广党员工作作风的改进。省史志院院所领导班子和领导干部还以实际行动在全院干部职工中树立了勤政廉洁的良好形象。

5. 和谐机关建设工作。加强和改进机关管理，构建和谐的工作环境，是有效调动干部职工积极性，保障史志编研和资政育人等业务工作顺利开展的重要条件。

2006年，省史志院求真务实，不断加强和改进机关管理工作，和谐机关建设工作得到切实的推进。

第一，文明单位的建设工作再创佳绩。2005年10月，省史志院正式获得"省直文明单位"称号后，倍加珍惜来之不易的成绩，进一步推进文明单位的建设工作，切实改进机关工作作风，不断地巩固和提高了机关精神文明建设的成效。8月7日，在省直机关文明单位检查验收汇报会上，检查验收组对该院精神文明建设工作予以高度好评。9月25日，在2005～2006年度省直文明单位创建工作表彰大会上，再次被授予文明单位的称号。

第二，科研组织工作成效明显。一是组织承办了华北五省市区党史工作协作会议，加强了与华北地区四省市区党史部门的协作交流。这次会议于8月上旬在忻州顿村召开，中央党史研究室副主任谷安林，省委常委、秘书长申联彬出席会议并讲了话。华北五省市区党史部门负责人和专家学者40多人参加了会议。会议交流了五省市区党史部门的工作，研究确定了新的合作项目。二是推荐了于2004年摄制的电视文献片《邓小平在太行》参加了"第十七届山西省优秀图书和音像出版社政府奖"的评选，获一等奖。这是省史志院出版物首次获此殊荣。三是组织推荐3名同志参加全省社科系列高级专业技术职务任职资格的评审，有2人获任职资格。四是组织召开院中评委会，对全省史志部门申报社科中初级职称的27人进行了评审，有24人通过。五是组织和支持编研人员开展了广泛的学术交流活动，累计共有60多人次参加了中央和省内外有关部门举办的学术研讨会，占全院总职工数的52%。六是组织推荐院内专家10人参加了"第五届山西省青年科学奖暨第五届山西省青年科技奖评选"，最后有3人获"山西省青年科技奖"，其中有1人被授予"山西省青年科技推广革新专家"称号，有2人被授予"山西省优秀青年科技工作者"称号。七是组织推荐院内7位专家列入"山西历史文化研究专家学者"名录、23位专家列入"山西人才库"。

第三，干部队伍建设稳步推进。一是提高干部职工的思想理论水平和业务能力，鼓励和支持了24名干部职工参加了中央和省有关部门举办的中短期学习培训，参加学习培训的人数占全院职工总数约29%。二是争取省委组织部、省人事厅的支持，同时挖掘单位内部资源，努力解决了17位同志的职级、职务和职称待遇。其中，有2人提拔为处级干部，有4人被聘为高级职称，有10名工人被续聘为干部。三是为开阔干部职工的视野，支持和组织部分处以上干部分批次到澳洲、欧洲和台湾地区等开展了国际学术交流和考察活动。

第四，行政后勤服务工作保障有力。一是编写发布《史志工作信息》25期、《督查专报》4期、《修志简报》25期，为上级部门了解省史志院工作和全院干部职工掌握各项重大工作的进展情况，以及指导省直部门和市县工作，较好地发挥了资讯平台的作用。二是争取财政资金支持，推进了全院电脑设备的更新。三是自筹资金，推进了单位网站的建设工作。四是支持档案干部参加培训，加强了档案管理工作。五是加大图书资料中心的建设，保证了编研工作的需要。六是装修了地方志办公楼，并更新了部分干部职工的办公桌椅和书柜，改善了干部职工的工作和生活环境。七是接待了14批中央有关部门及兄弟省市史志部门领导和工作人员100多人次对省史志工作的考察与调研，对外树立了省史志院和全省工作的良好形象。八是开源节流，给全院干部职工增发了医疗保险金，按文明单位的管理办法给干部职工发放了文明单位奖，改善了干部职工的医疗福利待遇。九是落实综合治理责任制，确保了全院干部职工的工作平安、出入平安。十是加强对离退休干部职工的管理，支持和发挥了老同志的作用。十一是组织开展了形式多样的文体活动，较好地丰富了干部职工的业余生活。十二是真抓实干，完成了定点扶贫工作的年度任务。

（冯林平）

**【高君宇、贺昌生平业绩陈列】** 高君宇和贺昌是山西地方党组织的创始人，在党内曾担任过重要职务，为党领导的早期革命运动发挥过重大作用。根据中办秘书局、国办秘书局〔2001〕8号文件精神和省委领导的批示，省史志院具体承办了高君宇、贺昌生平业绩陈列，其主旨是纪念贺昌同志诞辰100周年、高君宇同志诞辰110周年。举办这两个陈列是为了纪念贺昌诞辰100周年、高君宇诞辰110周年。为了把陈列办好，省史志院派人沿着高君宇、贺昌革命的足迹，先后到北京、天津、上海、广东、江西、广西、湖南、湖北等地广泛征集资料，累计征集图片资料600余幅、文献和实物资料420多件。同时着手编辑《贺昌文选》、《贺昌传》。经过同志们辛勤努力，各项工作于2005年12月底顺利完成。"高君宇生平业绩陈列"共分5个单元。第一单元"立志报国"，主要反映高君宇青少年时期在山西的革命活动；第二单元"追求真理"，主要反映高君宇在北京宣传马克思主义、参与创建党团组织的革命历程；第三单元"驰骋南北"，主要反映高君宇为实现国共第一次合作而奔走北国南疆的革命实践活动；第四单元"播火三晋"，主要反映高君宇创建山西党团组织的革命活动；第五单元"光照千秋"，主要反映高君宇的革命精神和为革命积劳成疾病逝后党和人民对他的深切缅怀。贺昌生平业绩陈列共分3单元。第一单元"少年壮志，贺名播三晋"，主要反映贺昌在山西建团、建党的活动和领导青年、工人运动的活动；第二单元"四方求索，寸心报家邦"，主要反映了贺昌在全国各地组织武装起义、武装反抗国民党反动派的活动；第三单元"血洒南疆，寸心昭明"主要反映了贺昌在江西瑞金中央苏区的工作和为保卫红色苏区英勇牺牲的事迹，以及党和人民对他的深切怀念。两个陈列，共展出图片260多张，文献和实物120余件，其中有不少是首次公开展出的，十分珍贵。

2006年1月17日，"高君宇、贺昌生平业绩陈列"开展暨《贺昌文选》首发仪

图为在"中共太原支部旧址纪念馆"陈列的高君宇生平业绩展览　　建平摄影

图为在“中共太原支部旧址纪念馆”陈列的贺昌生平业绩展览

建平摄影

式在中共太原支部旧址纪念馆隆重举行。省委常委、秘书长申联彬主持仪式。省委书记、省人大常委会主任张宝顺出席，并作重要讲话；省委副书记、省长于幼军，省政协主席刘泽民、省人大常委会常务副主任纪馨芳和省军区司令方文平出席。有关省直机关单位负责人，高君宇家乡娄烦县、贺昌家乡柳林县负责同志和高君宇、贺昌同志的亲属，以及省史志院有关部分干部职工和武警战士等社会各界代表160多人参加活动。仪式结束后，出席仪式的省领导和参加仪式的人士参观了“高君宇生平业绩陈列”、“贺昌生平业绩陈列”。 （冯林平）

**【“十一五”史志科学编研课题规划】** “十一五”时期是山西全面建设小康社会的关键时期，也是山西实现崛起的重要时期。为了适应本省经济社会发展的需要，根据省委、省政府和中央党史研究室、中国地方志指导小组、当代中国研究所等有关部门的要求，结合省委关于制定国民经济和社会发展“十一五”规划的建议，联系省史志科学“十五”编研课题规划完成的情况和史志部门的实际，省史志院组织省市县专家经过充分论证，制定了《2006年——2010年山西省史志科学编研课题规划》。该规划于2005年12月由省委办公厅和省政府办公厅以厅字〔2005〕83号文件下发，它涵盖了省市县三级课题320多个，为“十一五”时期全省史志科学编研工作明确了目标任务。 （冯林平）

**【《丁村鼓乐文化》出版座谈会】** 几十万年以来，中华民族的祖先在黄河流域中游与其支流汾河的交汇区一带，创造了丁村文化。经过发展，在这一区域形成了以丁村及其所在地襄汾为核心的历史文化区域，鼓乐是其文化遗产中一个重要组成部分。为了发掘和研究这一文化现象，省史志院、襄汾县人民政府、山西人民出版社共同编著出版了《丁村鼓乐文化》。该书于2002年底开始创意，经编者两年多时间实地考察、查阅文献资料，并数易其稿，于2005年11月付梓。该书追溯了华夏鼓乐发展的先声，从宫廷礼乐特质的研究、介绍入手，探求了民间锣鼓的衍生，继而对丁村锣鼓的运用进行了择要介绍，同时书中还收入了一百余幅照片和部分民间鼓乐谱，是在该领域具有开拓性研究的学术价值较高的一部佳作。

2006年1月19日，省史志院与襄汾县人民政府联合在太原愉园大酒店举行《丁村鼓乐文化》出版座谈会。襄汾县委常委、宣传部长李顺有主持会议，省委常委、宣传部长申维辰出席并讲话。省史志院党组副书记、副院长张铁锁和当代山西研究所所长卢海明，原省人大常委会副主任、三晋文化研究会会长李玉明，省文联主席李才旺，省旅游局局长藉振芳，省文化厅，省文物局，山西人民出版社，山西大学文学院、音乐学院有关领导和专家以及省史志院部分专家和处室负责人，襄汾县县长乔建平等有关部门负责人，共50多人参加会议。座谈会上，与会专家从多方面、多角度畅谈了《丁村鼓乐文化》的特点、作用，高度评价了出版这部书的意义。

（冯林平）

**【孙英在省史志院调研党史工作】** 2006年2月7日，全国人大常委、全国党史学会会长、中央党史研究室原主任孙英莅临省史志院就党史工作进行调研。省委常委、秘书长申联彬和省史志院院所领导樊吉厚、张铁锁、李茂盛、栗金凤、郭维明、牛崇辉、卢海明陪同调研。调研期间，孙英看望了省史志院的干部职工，并与部分干部职工进行了座谈。会上，省史志院党组书记、院长樊吉厚，党组成员、副院长李茂盛和党史所长牛崇辉分别从不同角度向孙英、申联彬汇报了近年来山西省的党史工作。孙英听了省史志院院所领导的工作汇报后，对山西党史工作予以充分肯定和高度评价。他指出，山西是党史资源大省。党史工作在山西是一项十分重要的工作。在山西省委的高度重视和强有力的领导下，广大史志工作者认真贯彻中央关于党史工作的指导思想和方针政策，坚持以资政育人为根本任务，扎实工作，成绩显著。山西党史工作始终沿着正确、健康的道路发展，在全国一直处于前列，取得了很大成绩，积累了丰富经验，产生了广泛影响，对山西党建工作做出了贡献。申联彬在座谈时要求省史志院领导班子和全省史志工作者求真务实，开拓进取，争取新的更大的成绩。孙英还参观了省史志院所属的中共太原支部旧址纪念馆，观看了“高君宇生平业绩陈列”、“贺昌生平业

图为由省史志院、襄汾县人民政府、山西人民出版社共同编著出版的《丁村鼓乐文化》

建平摄影

绩陈列”、“中国共产党山西历史陈列”、“彭真生平业绩陈列”。在参观中，孙英充分肯定了省史志院创办纪念馆、举办陈列的资政育人工作。（冯林平）

**【《中共山西年鉴》创刊】** 为了拓宽资政渠道，掌握党建信息，交流工作经验，探索执政规律，全面系统地反映全省各级党组织加强思想建设、组织建设、作风建设和制度建设的新经验新成就，为各级党组织和领导干部科学决策提供借鉴，经省史志院提议，省委于2006年3月以晋办发〔2006〕4号文件发文决定编纂出版《中共山西年鉴》。以后将作为一项常规性工作，逐年编纂出版。《中共山西年鉴》编纂工作具体由省史志院承办。（冯林平）

**【省政府常务会议研究确定新一轮《山西通志》编纂工作】** 2006年5月8日，省长于幼军主持召开省政府常务会议，其中一项议题是，听取省史志院关于新一轮《山西通志》编纂工作情况的汇报。受院党组书记、院长樊吉厚委托，院党组副书记、副院长张铁锁就新一轮《山西通志》编纂工作情况在会上作了汇报。根据省史志院的汇报，会议就有关事项进行认真讨论。会议最后原则同意了省史志院提出的新一轮《山西通志》编纂工作方案，同意成立山西省地方志编纂委员会和召开山西省编纂工作会议。同时，会议还议定，由省财政厅同省史志院研究确定新一轮《山西通志》编纂工作的经费问题，要求保证必要的经费开支。（冯林平）

**【《山西通志》编纂工作会议】** 2006年6月13日，省政府在梅山会议厅召开《山西通志》编纂工作会议。副省长张少琴出席会议并讲了话，省军区副司令员高建国出席会议，省史志院党组书记、院长樊吉厚作工作报告，党组副书记、副院长张铁锁宣读第二轮《山西通志》编纂工作实施方案。会议由省政府副秘书长郭慧民主持。省直各有关修志部门负责人及省史志院部分专家学者和11个地市方志办主任共120多人参加会议。会议要求各有关修志单位要认真学习和贯彻《地方志工作条例》，按照《（山西通志）编纂工作实施方案》和会议精神，全面加强对修志工作的领导，切实落实修志工作任务和责任，采取得力措施，保证新一轮《山西通志》编纂工作任务圆满完成。（冯林平）

**【全省方志系统全国先进集体和先进个人代表座谈会】** 从2005年4月开始，人事部、中国地方志指导小组（以下简称中指组）在全国地方志系统开展了评选先进集体和先进工作者的活动。经过评选，山西推荐了1个集体和1名个人受人事部和中指组联合表彰，7个集体和16名个人受中指组表彰。2006年4月，全国地方志系统表彰大会在北京人民大会堂举行，山西省推荐的先进集体和个人受到表彰。6月13日，省政府召开山西方志系统全国先进集体和先进个人代表座谈会。副省长张少琴、省军区副司令员高建国、省政府副秘书长郭慧民、省人事厅副巡视员李学柱和省史志院领导樊吉厚、张铁锁、李茂盛、栗金凤、郭维明出席座谈会。座谈会由张铁锁主持。山西省方志系统全国先进集体和个人代表20多人参加座谈会。座谈会上，张少琴讲了话。他在讲话中充分肯定了上世纪80年代以来山西首轮社会主义新方志编纂的成绩，对受国家表彰的先进集体和先进工作者表示热烈的祝贺，并要求全省方志工作者要以先进为榜样，努力做好第二轮修志工作，开创地方志工作的新局面。（冯林平）

**【重庆《红岩魂》大型展览在省城举办】** 《红岩魂》是一幅再现50多年前，为新中国的建立而抛头颅、洒热血的革命先烈及其英雄事迹的大型展览。为了纪念建党85周年和红军长征胜利70周年，贯彻和落实胡锦涛总书记提出的“八荣八耻”社会主义荣辱观，激励全省人民奋发向上，为建设美好山西，构建社会主义和谐社会，实现中华民族的伟大复兴而努力奋斗，省史志院同省委宣传部、省直工委、省国资委党委、省教育厅、省广电局、团省委、省妇联在省城“中共太原支部旧址纪念馆”筹办了重庆《红岩魂》大型展览。为了搞好这个展览，根据全省统一安排，省史志院党组在2005年第四季度就将举办《红岩魂》展览作出了部署。

在各方面的支持下，《红岩魂》展览于6月19日举行了开展仪式。开展仪式由省史志院党组副书记、副院长张铁锁主持。省史志院党组书记、院长樊吉厚，省委宣传部副部长、省精神文明办主任张明亮，省直工委副书记阎登山，省国资委党委副书记郭玉才，团省委副书记高键，省教育厅副厅长王李金，省妇联副主席郑红，重庆红岩联线研究发展中心副主任、歌乐山革命纪念馆副书记陈立平等领导出席开展仪式。省史志院部分职工和离退休老同志及省城青年学生代表100余人参加了开展仪式。

《红岩魂》展览共分8部分：禁锢的世界；从来壮烈不贪生，许党为民万事轻；愿以我血献黄土，换得神州永太平；失败育黄土，成功济苍生；血与泪的嘱托；烈火中永生；烈士血凝万代心；来自歌乐山的报告。展览通过600余幅珍贵的资料照片、数十件历史文物和大量事实，生动、形象、直观地揭露了解放前国民党反动派和美帝国主义在重庆设立国际性特务机构，建立集中营，逮捕、关押、屠杀共产党员和其他爱国人士的罪行，歌颂了革命先烈在艰苦险恶的环境中，为共和国的诞生而与国民党反动派进行的宁死不屈的革命斗争和英雄壮举。

开展仪式后，展览向社会免费公开展出了半个多月，在社会上产生了非常积极的反响。（冯林平）

**【朱佳木在晋城、长治考察指导地方志工作】** 2006年7月21日～24日，中国地方志指导小组常务副组长、中国社会科学院副院长、当代中国研究所所长朱佳木，利用来晋城市陵川县参加当代中国国史学会第六届年会论文评审会的机会，深入晋城、长治两市部分县（区）基层一线调查研究，考察指导地方志工作。省史志院党组副书记、副院长张铁锁陪同调研。

考察期间，朱佳木看望了晋城、长治方志办工作人员，参观了成果展览，并与修志人员进行了座谈。朱佳木充分肯定了晋城、长治两市的地方志工作，并对当前和今后一段时间的方志工作提出了明确要求。他指出，晋城、长治两市的地方志工作进展很好，出版的志书质量好、装帧精美。在有限的财力下，各级领导重视和支持地方志工作，难能可贵。当前和今后一段时间内要重点抓好以下四个方面的工作：一是深入学习、宣传、贯彻、落实《地方志工作条例》；二是尽快完成第一轮修志工作，启动第二轮修志工作；三是进一步开发利用地方志资源，做好读志用志工作；四是搞好规划，建设高素质的修志队伍。

朱佳木还深入柳氏民居，与有关专家学者探讨了方志工作如何为传承中华优秀传统文化、为旅游开发服务的问题，并欣然题词：“开发利用地方志资源，为弘扬

中华优秀文化传统服务。” （冯林平）

【华北五省市区第四次党史工作协作会议】 2006年8月4日，由省史志院承办的华北五省市区党史工作协作会议在忻州顿村举行。中央党史研究室副主任谷安林，省委常委、秘书长申联彬出席会议并讲了话。中央党史研究室科研部副主任张兆宪，省史志院党组书记、院长樊吉厚，副院长李茂盛、郭维明，党史所所长牛崇辉，北京市委党史研究室副主任陈煦，天津市委党史研究室副主任李大勇，河北省委党史研究室副主任赵胜军，内蒙古区委党史研究室主任张宇、副主任王全录，以及中央和五省市区党史部门的有关同志和专家共40多人参加会议。会议由樊吉厚主持。申联彬在讲话中向来宾介绍了山西的基本情况，并对开好会议提出了明确要求。谷安林在讲话中充分肯定了协作会这种合作形式。会议交流了各省市区2005年华北五省市区第三次党史工作协作会议（河北会议）以来的工作，讨论了华北五省市区党史部门新的协作课题《抗日战争时期的北方局》的编写大纲。会议最后决定，由省史志院根据会议精神对编写大纲作进一步修改和完善，并将修改后的大纲分送北京、天津、河北、内蒙古党史研究室，由各省市区党史研究室组织专人按方案要求分别撰写，争取在2007年华北五省市区第五次党史协作会议在内蒙古召开前拿出初稿。 （冯林平）

【《党史文汇》获第二届全国优秀党史期刊奖】 2006年9月1日～2日，第九届全国党史期刊工作会议在新疆召开。会议为《党史文汇》等5家党史期刊颁发了全国优秀期刊证书。该奖是由第二届全国优秀党史期刊评选委员会于2006年6月经过认真论证和遴选，并经过国家新闻出版总署有关专家复审，中共党史学会、中共党史期刊专业委员会公示选出的。省史志院主办的《党史文汇》是首次获此殊荣。

（冯林平）

【山西新型能源和工业基地可持续发展高层论坛】 2006年9月25日，省史志院和省社科院共同发起并举办的首届山西新型能源和工业基地可持续发展高层论坛在太原召开。省社科院院长李留澜主持论坛开幕式，省史志院院长樊吉厚致欢迎词。国家统计局原局长张塞、中国科学院可持续发展战略研究组组长牛文元、国家发改委能源研究所所长周大地、中国社科院工业经济所区域经济研究室主任魏后凯、中国国情研究所所长贾文广等特邀嘉宾出席并发表专题演讲。来自省内外的专家学者100余人参加。省委书记张宝顺会前接见了部分专家，省委常委、秘书长申联彬参加。在为期一天的论坛上，专家学者围绕主题开展了多层次的交流和探讨。在谈到构建新型能源和工业基地可持续发展时，认为山西应从五个方面入手：以山西为中心的区域能源集群经济战略部署；实现世界能源知识市场的交易平台和高端产业孵化基地；建立国家环境友好实验区；投建中国第一个氢能发电站，实现温室气体零排放；中国面积和数量最大的东方古文化产业基地。 （冯林平）

【纪念红军长征胜利70周年图片展】 2006年是中国工农红军长征胜利70周年。为纪念这一重大历史事件，省史志院发起并与临汾市委、吕梁市委共同筹办了“伟大的长征精神永放光芒——纪念中国工农红军长征胜利70周年图片展”。展览内容以长征历史为主线，以中央红军的战略转移、各路红军相继举行长征、伟大的历史转折、机动灵活四渡赤水、激流勇进会师懋功、战胜分裂到达陕北、渡河东征开赴山西、红军三大主力胜利会师8个单元进行编排，用260余幅历史图片、图表和文字说明，生动翔实地展现了那段可歌可泣的革命历史，表现了红军用鲜血与生命铸就的伟大的长征精神，反映了中国共产党大力弘扬和传承长征精神，在革命建设和改革事业中取得的巨大成就。展览于10月19日在中共太原支部历史纪念馆举行了开展仪式。省委常委、秘书长申联彬主持开展仪式；省委书记、省人大常委会主任张宝顺出席并作重要讲话；省政协主席刘泽民、省军区政委李国辉、省人大常委会副主任杜五安、副省长张少琴，原省级老领导李立功、赵雨亭出席。省史志院领导樊吉厚、郭维明，临汾市委、吕梁市委有关负责人，以及省直机关干部、青年学生和武警官兵共300余人一起参加。省领导还为展览开展进行了剪彩。展览开展仪式结束后，出席开展仪式的领导、机关干部、青年学生和武警官兵参观了展览。 （冯林平）

【《晋商文化旅游区志》出版首发仪式】 2006年2月17日，省史志院与晋中市合作编纂的《晋商文化旅游区志》在晋中市举行首发仪式。省政协副主席、省旅游景区志丛书编委会主任薛荣哲，三晋文化研究会会长李玉明，省史志院党组副书记、副院长张铁锁，省旅游局副局长王炳武，晋中市市委副书记、市长李永宏，晋中市委副书记张春生，晋中市副市长郭勇飞，省史志院原副院长、省旅游景区志丛书总主编侯文正等出席首发式。《晋商文化旅游区志》是山西旅游景区志丛书重点选题之一，编纂工作于2002年秋季启动，历时三年。该书采用个案与专题相结合的形式编写，包括总述、晋中市概况、榆次常家庄园、太谷曹家三多堂大院、灵石王家大院、平遥渠家大院、平遥日升昌票号旧址、平遥明清商业街、祁县晋商老街、晋中商帮兴衰、晋商贸易文化、晋商建筑文化、晋商民俗文化、晋商与教育、戏曲与武术、晋商家族与人物、晋商研究述略等内容。全书17卷64章242节，共计120万字。它全面反映和记录了晋商的兴衰史和晋商旅游景区丰厚的历史文化积淀，对于促进晋中乃至全省旅游业的发展、拓展史志工

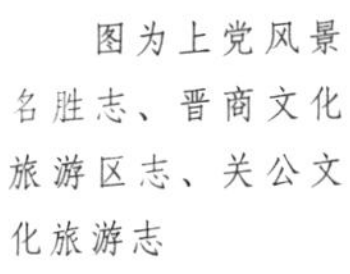
图为上党风景名胜志、晋商文化旅游区志、关公文化旅游志

建平摄影

作的服务领域，具有极其重要的作用。

（冯林平）

**【《上党风景名胜志》出版首发仪式】** 2006年8月22日上午，由省史志院与长治、晋城两市合作编纂的《上党风景名胜志》在长治市举行首发仪式。省政协常务副主席、省旅游景区志丛书编委会主任薛荣哲，长治市委书记郭海亮，市长杜善学，市委副书记、市纪检委书记曹燎原，市政协主席常福江，副市长秦来英，省旅游局纪检组长赵庆华，省史志院副院长郭维明，省史志院原副院长、省旅游景区志丛书总主编侯文正等领导，以及长治、晋城两市的县（区）志办主任和有关部门负责人共100余人出席首发仪式。《上党风景名胜志》是山西旅游景区志丛书的重点选题之一。编纂工作自2001年夏启动以来，历时5年。该志卷帙浩繁，体例完备，资料丰赡，共15卷、115万字，收录图片200余幅，从历史、文化、古代建筑、自然风光等多方面多角度展示山西上党地区的悠久历史和深厚的文化底蕴，充分反映了上党地区当代经济社会发展面貌，突出了其古色、红色与绿色旅游的文化内涵，具有资料典藏性、研究著述性、宣传指导性和可读可用性等特点，是人们了解上党、认识上党、研究上党的一部百科全书式的地情宝典。（冯林平）

**【《关公文化旅游志》出版首发仪式】** 2006年9月26日，省史志院与运城市合作编纂的《关公文化旅游志》在运城市举行首发仪式。省史志院副院长郭维明，省史志院原副院长、山西旅游景区志丛书总编辑侯文正，山西古籍出版社总编辑张继红，运城市人民政府副市长吴菊仙，以及市直机关负责人和地方志工作者约50余人出席首发仪式。《关公文化旅游志》全书共18卷，计130余万字，170余张彩页，数千张图片，全面系统地反映了关公文化的源流、发展及演变情况，是搜集和记载关公文化资料和历史史实的集大成之作。

（冯林平）

## 纪检监察工作

**【领导干部廉洁自律工作】** 1. 深入开展反腐倡廉教育。2006年，省纪检委、省监安委认真组织开展了学习贯彻党章和社会主义荣辱观系列教育活动，并会同有关部门在省委党校多次举办了党政领导和各市县纪委监委主要负责人学习党章培训班；邀请中央纪委副书记刘峰岩为全省厅局级以上主要党政领导干部作了学习党章专题辅导报告；组织300余名厅级以上领导干部集体观看《实施纲要》辅导报告；组织全省3.8万多名县处级以上干部开展《实施纲要》知识竞答活动。各地、各部门纪委监委也组织开展了学习贯彻党章征文、知识竞答和唱响廉政歌曲等系列活动。全省各级纪检监察机关在市级以上新闻媒体开设反腐倡廉宣传教育专栏136个。

2. 治理“五股歪风”工作。2006年，全省共查处收送现金、有价证券和支付凭证案件17件，涉及金额61.98万元，纪律处分17人，有8人上交礼金（廉政账户）39万元。查处赌博案件231件399人，涉及赌资83.263万元，纪律处分383人，组织处理16人。一些市纪委还在整治假日不正之风方面做了积极的探索和尝试。晋城市连续几年综合运用宣传教育、监督检查、典型案件查处等各种手段，集中整治假日不正之风，廉政专户已收缴入户300余万元。

3. 围绕换届工作，开展监督检查。按照中央的部署和要求，山西已顺利完成党委、纪委的换届工作。为确保换届工作的顺利进行，加强了对选人用人的监督检查，纠正用人上的各种不正之风。在开展权力观、地位观、利益观教育的基础上，要求各级干部正确对待和服从组织安排。积极督促落实中央关于换届工作的有关要求和省委制定的换届工作中的“七个不准”。省纪委与省委组织部联合下发《关于加强换届期间党风廉政建设的通知》，明确要求对换届选举中出现的拉票、贿选等行为要严肃查处。省委巡视组对11个市的党委换届工作开展了专项巡视。省九次党代会期间，省纪委抽调人员组成纪律作风检查组，按照党代会纪律作风规定，对会议全过程的纪律作风进行了监督检查。长治市立案查处了违反换届选举工作纪律、搞非组织活动的案件，取得了组织满意、干部满意、群众满意的良好效果。

4. 开展清理纠正国家机关工作人员和国有企业负责人投资入股煤矿工作。山西是煤炭大省，清纠工作涉及面广、情况复杂、任务繁重，因此，2006年继续加大力度、不断深入。春节刚过，立即召开全省清纠工作会议，对进一步抓好清纠工作作出了安排；下发了《关于切实做好清理纠正国家机关工作人员和国有企业负责人投资入股煤矿工作的紧急通知》，明确把排查核实、后续处理、资金来源、收益上缴、查处案件作为工作重点。针对隐蔽性很强的“暗股”、“干股”、“权力股”等问题，充分发挥群众监督和舆论监督的作用；同时组织力量对零申报的重点产煤地区进行抽查，重点开展“三核一追”工作，即核查账目，核实产量，核算利润，追查利润去向。截至2006年底，全省申报投资入股人员1126人，入股金额17092.96万元，撤出资金16952.96万元，收益上缴430.56万元。

5. 推进农村基层党风廉政建设工作。中央办公厅、国务院办公厅《关于加强农村基层党风廉政建设的意见》下发以来，省委、省政府、省纪委领导采取一系列举措推进全省的农村基层党风廉政建设工作。省委书记张宝顺就加强全省农村基层党风廉政建设工作作了批示，省纪检委书记金道铭和副省长梁滨担任全省农村基层党风廉政建设工作联席会议的召集人，省纪委常委深入到全省35个国家扶贫开发工作重点县，就农村基层党风廉政建设的现状及对策进行专题调研。山西贯彻中央文件精神的实施意见，经过十易其稿，已以文件下发。建立了《农村基层党风廉政建设联席会议制度》，成立了由省纪委、省委组织部等24个部门组成的山西省农村基层党风廉政建设工作的联席会议，提出了《关于农村基层党风廉政建设工作任务的分解意见》，召开了全省农村基层党风廉政建设大会，总结交流了经验，部署了今后一段时期的工作任务。2006年以来，山西共查处农村基层领导干部违纪违法人员1011人，给予纪律处分640人，组织处理50人，移送司法机关21人。

6. 开展廉政文化建设。按照“反腐倡廉教育要面向全党全社会”的要求，开展廉政环境建设。山西把廉政文化建设融入“文化强省”战略，创新思路，拓宽视野，开展廉政文化活动，通过唱廉政歌曲、赠廉政春联、放廉政电影、演廉政小戏、建“廉政文化示范村”、开展“廉内助”评选、与领导干部家属签订廉政责任书、举办“争当廉洁小公民”活动等多种形式，把廉政文化送进了机关、社区、农村、家庭、校园，在全社会进一步形成了“以廉为荣，以贪为耻”的浓厚氛围。朔州市积极创新廉政文化建设，在教育的主体上突出大众性，在内容上突出针对性，在形式上突出多样性，在阵地上突出灵活性，拓宽了党风党纪教育的领域，为推进全市各项工作的快速发展营造了良好的环境。

（张永林）

**【查处案件工作】** 2006年，全省共受理群众举报20361件（次），初核案件线索4998件，立查案件5226件，结案5218件；处分党员干部5757人，其中地厅级干部9人，县处级干部202人。通过查办案件挽回经济损失4.2亿元。结合山西实际重点查处了省焦炭集团公司腐败案，震慑了腐败分子，教育了广大干部。在查处案件的同时，注重发挥查办案件的治本功能，有针对性地开展了警示教育活动。高度重视信访举报工作，严把案件审理质量关，依纪依法查处案件的水平得到了提升。拓宽案件线索，注重监察效果。在继续发挥信访举报主渠道作用的基础上，全省各级纪检监察机关注重通过执法监察、巡视工作和深挖“案中案”、“案外案”，进一步拓宽案件来源的渠道，使违纪案件线索来源呈现多渠道、多层次的格局。在查办案件过程中，坚持实行“一案两报告”或“一案多报告”制度，认真分析发案原因，针对暴露出来的问题，督促有关方面完善制度，加强管理，堵塞漏洞，铲除腐败现象滋生蔓延的土壤。针对省煤焦领域暴露出来的行政审批、资源开发问题和开发区建设中出现的招商引资提供政策优惠问题，省纪委召集有关部门进行了认真剖析，提出了针对性的建议和意见，并在全省国有大型企业中开展了警示教育活动，增强了办案工作的政治、经济和社会效果。严格办案纪律，强化内部监督。各级纪检监察机关坚持实事求是的原则，坚决维护党章和党纪国法的严肃性、权威性，把严格依纪依法办案的要求贯穿于办案工作的每个环节和程序，注意保障调查对象的合法权益，努力做到依法、文明、安全办案。积极探索突破案件的方式方法，研究案发规律，正确把握政策和策略，加强组织协调、形成整体合力，努力提高查办案件的质量和水平。临汾市创新办案机制，实行了联组办案、专人议案、集体听案、常委定案的批、办、审一体化办案机制，取得了良好的效果。

（张永林）

**【专项治理工作】** 2006年，省纪检委、监察委围绕群众反映强烈的突出问题，深入开展反腐败专项治理工作，重点抓了以下5个方面：

1.深入开展“三项治理”，着力构建长效机制。清车方面，已经出台了纠正处理违规小汽车的一系列制度，清车成果得到巩固。清房工作涉及多占多购住房应清理纠正的各级干部2.63万人，所涉有关问题已基本纠正处理。其中，省级干部纠正到位率为94%；省管干部纠正到位率为99%；县处级干部纠正到位率为99.91%；县（市、区）管理的乡科级干部纠正到位率为100%。全省已累计收缴清房补退款4.98亿元，退出住房1408套，约9万平方米，会同建设厅、国土厅转发了《关于制止违规集资合作建房的通知》。在制止奢侈浪费方面，全省共建立完善了公务接待、会议费管理、票据管理、公务用车管理、因公出国（境）管理、领导干部职务消费公示等10多个方面、180多个制度和规定。

2.扎实推进治理商业贿赂工作。山西于3月下旬成立了治理商业贿赂领导小组及其办公室，制定了《山西省关于开展治理商业贿赂专项工作的实施方案》；结合煤焦领域商业贿赂案件易发多发的实际，集中查处了一批发生在煤焦领域行政审批、医药购销、出版发行、工程建设、银行信贷、安全生产监管、资源开发与经销等领域的商业贿赂典型案件。全省查处重点领域商业贿赂案件1780多件，已结案608件，涉及金额6284万余元。其中，移送司法机关处理122人，给予党政纪处分78人。维护了市场经济秩序。

3.深入治理教育乱收费。建立了治理教育乱收费联席会议制度，制订出台了《治理教育乱收费工作实施意见》。重点对太行山、晋西北54个县农村中小学生全部免除了学杂费（不含信息技术费）。提高教育经费保障水平，全省拨付配套资金10612.42万元。启动了农村义务教育阶段中小学校校舍维修改造资金保障机制，巩固和完善了农村中小学教师工资保障机制。“两免一补”政策得到较好落实，共减轻学生家庭经济负担33790.925万元。对全省62所改制学校进行了清理摸底，对不符合的改制学校已有7所还原为公办学校。严格执行公办高中招收择校生的政策。全面清理了23422所高校和中小学校的收费项目和标准。严肃查处教育乱收费案件，2006年，全省共查处教育乱收费问题255个，涉及金额3130.19万元；清理违规收费项目77个；查处截留挪用挤占平调教育经费和学校收费收入问题32个，涉及金额183.13万元；清退违规收费金额1856.08万元；130人受到党纪政纪处分，有效地遏制了教育乱收费的势头。

4.纠正医疗服务和医药购销中不正之风。推行了网上招标采购办法。组织实施了《山西省医疗机构药品集中网上竞价采购实施方案》，开通了山西省药品集中竞价采购网，搭建了药品网上交易的平台。督促有关方面公布网上竞价的两大类7281个品种的药品目录，执行竞价后，药品降价幅度达到37.55%以上。召开医院、药商、厂商、群众代表等不同层次的座谈会278次，研究降低药价、规范购销行为等有关问题。整顿规范药品市场秩序，开展医疗服务和药品价格重点检查。在全省开展了争创医德医风示范医院活动，推进了医风医德建设。2006年，全省医疗系统共上交“红包”、开单提成497人次，涉及金额63.91万元，查处医务人员收受“红包”、开单提成问题4件，涉及金额71.23万元，受党纪政纪处分和其他处分22人。

5.深入治理公路“三乱”。实现了所有公路基本无“三乱”目标。2006年1月，山西实现所有公路基本无“三乱”目标后，十分注意抓好巩固、防止反弹。年初，省政府分管领导与各市政府及省直各涉路部门分管领导签订了目标责任书，形成了政府总揽、纠风办协调、涉路部门主抓、上下联动、齐抓共管的责任体系。各涉路部门对上路执法人员进行集中培训，统一建立档案，全面推行了上路派遣、行政处罚明白卡、明察暗访、情况通报、责任追究五项制度。在全省高速公路实行计重收费，遏制超载行为。全省共撤并道路站（点）26个；查处治理超限超载中以罚代纠、只罚不纠等问题57个，处理119人；查处公路“三乱”问题254个，受党纪政纪处分和其他处理536人。（张永林）

**【政风行风建设工作】** 2006年，全省纪检监察部门继续开展了对24个社会经济管理部门、11个执法监督部门、14个公用企事业单位“端正政风行风、优化发展环境”的政风行风评议。评议中采取分类指导、分类评议、条块互动、创新载体的方式，把解决损害群众利益的行为作为重点，使评议工作收到了事半功倍的成效。

在民主听证对话会中，提出意见建议11215条，已落实11106条；新闻媒体曝光180个问题，全部得到纠正和处理；明察暗访发现问题7530个，已纠正处理7314个；信访举报3137件，已处理3021件，给予652人党纪政纪处分，230名有关领导受到责任追究。借助新闻媒体开办的《政风行风面对面》和《政风行风热线》效果越来越明显，共反映问题365个，参评部门反馈和处理328个，占90%，群众对节目满意率达到95%。大同市在全省率先开展了评议百名关键岗位公务员活动，扩大了行评范围，延伸了行评触角。政务公开、厂务公开和村务公开工作全面推进，基层民主建设和党风廉政建设得到不断加强。政务公开在省、市、县、乡四级政府全面推进，已成为各级政府施政的一项基本制度。（张永林）

**【行政监察工作】** 2006年，全省纪检监察机关认真开展行政执法监察和行政效能监察工作，全省共组织开展执法监察项目523项，协助建章立制1139条，提出监察建议2475条，立查案件1256件，处理有关责任人员1353人，挽回和避免经济损失6510.9万元。

1. 围绕中央和山西宏观调控政策措施落实情况开展监督检查，参与整顿和规范市场经济秩序工作。全省各级纪检监察机关围绕中央关于中部地区崛起战略的实施、围绕山西建设新型能源和工业基地、做好“三农”工作、保护资源环境等一系列重大政策和改革措施的落实情况，加强监督检查。

2. 围绕煤矿整治“三大战役”，配合有关部门打击私挖滥采等违法行为，特别是围绕煤矿安全生产严查责任事故，维护煤矿安全生产秩序。全省各级纪检监察机关督促和协同有关方面取缔非法违法矿点4876个，处理越层越界矿井56处，取缔非法储煤场283个，对1390矿（次）进行停产整顿，有1268名非法违法采矿人员受到法律制裁，62名公职人员受到党纪政纪处分；查处死亡10人以上的重特大责任事故5起，并组织对2003年10月以来发生的重特大安全事故的责任追究落实情况进行了全面检查。

3. 围绕环境保护、专项资金使用管理、土地和矿产资源管理等重点工作，强化执法监察。按照省委、省政府《贯彻〈国务院关于落实科学发展观加强环境保护的决定〉的实施意见》、《关于实施蓝天碧水工程的决定》等要求，督促和协同有关方面查处各类矿产违法行为3469起，立案查处1083件，罚没款641.38万元；发现各类土地违法行为32317件，立案查处2767件，查处结案2504件，收回土地89.32公顷，23人受到党政纪处分，31人受到刑事处罚。

4. 围绕省委省政府深化改革、扩大开放、加快发展的部署和要求，加强效能建设，创优政务环境，协助省政府起草出台了《山西省行政机关及其工作人员行政过错责任追究暂行办法》等行政效能建设的重要文件和规章制度；向承担“两区”（革命老区和贫困山区）开发项目、沪港洽谈会和中部博览会所确定项目的978个企业发出了联系函，发现问题，及时处理，保证和促进项目落实。一些市县在行政效能建设中也做了许多有益的探索。吕梁市县两级纪委52名领导干部对全市52户重点企业实行包联，以包联企业工作为载体，强化行政效能监察，积极探索服务经济发展的新途径。阳泉市建立健全“效能建设带动政务环境，政务环境促进经济发展”的长效机制。（张永林）

**【源头治理工作】** 1. 加强制度建设。2006年，省纪检委认真落实党内监督条例和党员权利保障条例，以及《关于对党员领导干部述职述廉的暂行规定》、《诫勉谈话和函询的暂行办法》，进一步完善制止奢侈浪费、执行“四大纪律八项要求”等领导干部廉洁从政各项规定的具体制度，进一步完善落实党风廉政建设责任制的具体规定，规范了考核工作的组织领导、考核标准以及考核结果运用等。通过抓好思想教育、监督检查和责任追究，维护制度的严肃性，树立法规的权威性，促使广大党员干部增强纪律观念，严格执行制度；从简便易行的事项入手抓好具体制度的设计，通过细化、量化和具体化的措施，增强制度的约束力和可操作性。

2. 积极推进“六项改革”。2006年，行政审批制度改革取得新进展，全面清理了全省的行政许可和非行政许可审批年检事项，取消年检项目33%。对省直部门现行审批项目实行动态管理，取消34项，依法新增49项。46个审批职能的省直厅局有41个设立了“行政审批服务窗口”，501项审批项目纳入“窗口”，占到审批项目总数的68.7%。11个市全部建立了“政务大厅”，119个县区中有115个县区建立了“便民服务中心”。运城市初步尝试建立了网络审批系统，全市13个县（市、区）全部建立了“一站式”网络行政审批运行监控机制，并积极筹建乡级审批专网，网上审批事项的按时办结率已达到99%。财政管理体制改革进一步深化，严格执行“收支两条线”规定；积极推广吕梁市关于领导干部公款报销公开制等“六项制度”，收到了明显效果；一些单位对公车、移动通讯费、差旅费等进行了货币化改革探索。干部人事制度改革在整体推进中不断深化，符合科学发展观要求的领导班子和领导干部综合考核评价制度逐步建立，对干部选拔任用工作的监督进一步增强；领导干部经济责任审计制度得到较好落实。投资体制改革开始启动，组织起草出台了山西省《投资备案暂行办法》和《投资核准暂行办法》，重点对国家开发银行在交通方面的投资项目进行了全面检查。

3. 认真落实“四项制度”。全省经营性土地使用权招标拍卖挂牌出让808宗，面积1966.24公顷，出让金30.30亿元，纯收益13.7亿元。加强了对重点工程建设项目招标投标工作的监督检查，修订了《建设工程领域违法违纪责任追究暂行办法》，组织了对全省2006年在建重点工程项目的检查。政府采购中的管采分离要求得到进一步落实，运城、临汾、阳泉、吕梁等市已完成管采分离工作。规范产权交易行为方面，2006年1～10月份，省产权交易中心承办国有企业进场交易8宗，成交额3.2亿，比2005年同期增长88%。

（张永林）

## 省人大及其常委会工作

**【山西省十届人大第四次会议】** 会议于2006年1月10日～15日在太原举行。应出席代表549人，实出席代表530人。本次会议议程共7项：1. 听取和审议山西省代省长于幼军关于山西省国民经济和社会发展第十一个五年规划纲要的报告；审查批准山西省国民经济和社会发展第十一个五年规划纲要。2. 审议省人民政府关于2005年国民经济和社会发展计划执行情况与2006年国民经济和社会发展计划；审查批准山西省2005年国民经济和社会发展计划执行情况的报告及2006

年国民经济和社会发展计划。3.审议省人民政府关于山西省2005年总预算和省本级预算执行情况及2006年总预算和省本级预算草案的报告；审查山西省2005年总预算和省本级预算执行情况的报告及2006年总预算和省本级预算草案；批准山西省2005年省本级预算执行情况的报告及2006年省本级预算。4.听取和审议山西省人民代表大会常务委员会常务副主任纪馨芳关于山西省人民代表大会常务委员会工作的报告。5.听取和审议山西省高级人民法院院长李玉臻关于山西省高级人民法院工作的报告。6.听取和审议山西省人民检察院检察长陈大豪关于山西省人民检察院工作报告。7.选举及其他事项。省十届人大四次会议期间，大会共收到10名以上代表联名提出的议事原案21件，议案审查委员会根据《全国人民代表大会代表议案处理办法》的精神和有关法律法规的规定，确定10件议事原案列为议案。这些议案中，提出制定地方性法规的有8件，修改地方性法规的有2件。从内容上划分，其中，有关农业方面的3件，教科文卫方面的3件，社会保障方面的2件，财经方面的1件，民主法制建设方面的1件。全部交由省人大常委会和省人大有关专门委员会审议办理。本次会议共提出建议、批评和意见515件及议案转建议11件，交由省政府及其组成部门和省高级人民法院、省人民检察院办理。本次会议决定接受田成平因工作变动辞去省人大常委会主任职务的请求；决定接受张宝顺因工作变动辞去山西省省长职务的请求；决定免去王昕的山西省副省长职务。补选张宝顺为山西省人民代表大会常务委员会主任；补选于幼军为山西省省长；补选王昕为山西省人民代表大会常务委员会副主任；补选程步云为山西省人民代表大会常务委员会委员。参加本次会议的列席人员有316人。旁听人员有126人。　（秦　钟　杨义成）

**【山西省十届人大常委会第二十二次会议】** 会议于2006年1月6日～7日在太原举行。应出席本次常委会会议的组成人员为62人，实出席61人。本次会议共8项议程。1.听取关于山西省第十届人民代表大会第四次会议筹备情况的报告；2.听取关于山西省第十届人民代表大会代表变动及补选代表的代表资格的审查报告；3.审议和通过山西省第十届人民代表大会常务委员会向山西省第十届人民代表大会第四次会议所作的工作报告稿；4.审议和通过山西省第十届人民代表大会第四次会议议程（草案）；5.审议和通过山西省第十届人民代表大会第四次会议主席团和秘书长名单（草案）；6.审议和通过山西省第十届人民代表大会第四次会议议案审查委员会组成人员名单（草案）；7.决定山西省第十届人民代表大会第四次会议列席人员；8.其他事项。省人大常委会常务副主任纪馨芳，副主任薛军、杜五安、曹馨仪（女）、姚新章、张铭、谢克昌、赵劲夫，秘书长朱明及委员52人出席了本次会议。列席本次会议的有：副省长张少琴、省高级人民法院院长李玉臻、省人民检察院的负责人；省九届人大常委会副主任徐生岚、武正国、白陞、李玉璋；省人大常委会副秘书长、省人大各专门委员会、省人大常委会各工作机构的负责人；省政府有关部门的负责人；各市区人大常委会的负责人；有关新闻单位的负责人。　（秦　钟　杨义成）

**【山西省十届人大常委会第二十三次会议】** 会议于2006年3月28日～31日在太原举行。应出席本次常委会会议的组成人员为65人，实出席57人。本次会议共10项议程。1.审议省人民政府关于提请审议《山西省见义勇为人员奖励和保护条例（草案）》的议案；2.审议《山西省公路养路费征收管理条例（草案）》；3.审议《山西省人民代表大会常务委员会人事任免办法（修订草案）》；4.审议和批准《太原市东西山绿化条例》；5.审议和批准《太原市艾滋病性病防治条例》；6.审议和批准《大同市煤炭安全生产监督管理条例》；7.听取和审议省人民政府关于全省第七届村民委员会换届选举情况的报告；8.听取和审议省人民政府关于全省清理建设领域拖欠工程款和农民工工资工作情况的报告；9.听取和审议省人民政府关于全省开展重点污染企业全面达标工作情况的报告；10.人事任免及其他事项。

省委书记、省人大常委会主任张宝顺，常务副主任纪馨芳，副主任薛军、杜五安、王昕（女）、曹馨仪（女）、姚新章、张铭、谢克昌、赵劲夫及委员47人出席了本次会议。列席本次会议的有：省委常委、省长于幼军，副省长靳善忠、牛仁亮；省高级人民法院负责人、省人民检察院检察长陈大豪；原省人大常委会主任王庭栋、卢功勋、省九届人大常委会副主任梁国英、武正国、张秉法、白陞、李玉璋；省委组织部的负责人；省人大常委会副秘书长、省人大各专门委员会、省人大常委会各工作机构的负责人；省政府有关部门的负责人；部分市区人大常委会的负责人；有关新闻单位的负责人；被邀请的全国人大代表、省人大代表。山西省经济管理干部学院的负责人旁听了会议。

（秦　钟　杨义成）

**【山西省十届人大常委会第二十四次会议】** 会议于2006年5月22日～26日在太原举行。应出席本次常委会会议的组成人员为65人，实出席62人。本次会议共13项议程。1.审议省人民政府关于提请审议《山西省农业机械化条例（草案）》；2.审议《山西省实施〈中华人民共和国民办教育促进法〉办法（草案）》；3.审议《山西省见义勇为人员奖励和保护条例（草案）》；4.听取和审议省人民政府制定《山西省突发公共事件总体应急预案》情况的报告；5.听取和审议省人民政府关于全省广播影视工作情况的报告；6.听取和审议省人民政府关于全省煤矿整顿情况的报告；7.听取和审议副省长牛仁亮的述职报告；8.听取评议调查组关于副省长牛仁亮履职情况的调查报告；9.听取和审议省交通厅厅长王晓林的述职报告；10.听取评议调查组关于省交通厅厅长王晓林履职情况的调查报告；11.听取和审议省安全生产监督管理局的工作报告；12.听取评议调查组关于省安全生产监督管理局工作情况的调查报告；13.人事任免及其他事项。

省委书记、省人大常委会主任张宝顺，常务副主任纪馨芳，副主任薛军、杜五安、王昕（女）、曹馨仪（女）、姚新章、张铭、赵劲夫及委员62人出席了本次会议。列席本次会议的有：省委组织部部长任泽民；副省长牛仁亮、宋北杉；省高级人民法院负责人、省人民检察院检察长陈大豪；原省人大常委会主任王庭栋；省九届人大常委会副主任梁国英、武正国、张秉法、徐生岚、彭致圭、白陞、李玉璋；省委组织部负责人；省人大常委会副秘书长、省人大各专门委员会、省人大常委会各工作机构的负责人；省政府有关部门的负责人；各市区人大常委会的负责人；有关新闻单位的负责人；被邀请的全国人大代表、省人大代表。山西省警官高等专科学校、山西省交通职业技术学院、山西省煤炭干部管理学院的负责人旁听了会议。

（秦　钟　杨义成）

**【山西省十届人大常委会第二十五次会议】**　会议于2006年7月31日～8月4日在太原举行。应出席本次常委会会议的组成人员为65人，实出席60人。本次会议共25项议程。1.审议省人大常委会主任会议关于提请审议《山西省消防管理条例（修正案草案）》的议案；2.审议省人大常委会主任会议关于提请审议《山西省废旧金属收购业治安监督管理条例（修正案草案）》的议案；3.审议省人大常委会主任会议关于提请审议《山西省会计管理条例（修正案草案）》的议案；4.审议省人大常委会主任会议关于提请审议《山西省技术市场管理条例（修正案草案）》的议案；5.审议省人大常委会主任会议关于提请审议《山西省体育经营活动管理条例（修正案草案）》的议案；6.审议省人民政府关于提请审议《山西省实施〈中华人民共和国中小企业促进法〉办法（草案）》的议案；7.审议省人民政府关于提请审议《山西省清真食品管理条例（草案）》的议案；8.审议山西省人民代表大会常务委员会《关于加强法制宣传教育推进依法治省工作的决议（草案）》的议案；9.审议《山西省农业机械化条例（草案）》；10.审议和批准《太原市燃气管理条例（修订案）》；11.审议和批准《太原市人民代表大会常务委员会关于废止〈太原市兽药管理办法〉的决定》；12.审议和批准《大同市人民代表大会代表议案、质询案，建议、批评和意见的提出和办理办法》；13.审议和批准《大同市乡镇人民代表大会工作条例》；14.审议和批准《大同市物业管理条例》；15.听取和审议省人民政府关于“十五”期间全省扶贫工作和扶贫资金使用情况的报告；16.听取和审议省人民政府关于《中华人民共和国未成年人保护法》和《山西省实施〈中华人民共和国未成年人保护法〉办法》执法检查整改情况的报告；17.听取和审议省人民政府关于全省上半年国民经济和社会发展计划执行情况的报告；18.听取和审议省人民政府关于2005年省本级财政决算和2006年上半年全省预算执行情况的报告；19.听取和审议省人大财政经济委员会关于2005年省本级财政决算的审查报告；20.听取和审议省人民政府关于2005年省本级预算执行和其他财政收支的审计工作报告；21.听取和审议省人大内务司法委员会关于《山西省法律援助条例》贯彻执行情况执法检查的报告；22.听取和审议关于副省长牛仁亮评议工作整改情况的报告；23.听取和审议关于省交通厅厅长王晓林评议整改工作情况的报告；24.听取和审议关于省安全生产监督管理局评议整改工作情况的报告；25.人事任免及其他事项。

省委书记、省人大常委会主任张宝顺，常务副主任纪馨芳，副主任薛军、王昕（女）、曹馨仪（女）、姚新章、张铭、谢克昌、赵劲夫，秘书长朱明及委员50人出席了本次会议。

列席本次会议的有：省委组织部部长任泽民；副省长牛仁亮、梁滨、胡苏平，省高级人民法院院长李玉臻、省人民检察院陈大豪；原省人大常委会主任王庭栋；省九届人大常委会副主任梁国英、武正国、张秉法、彭致圭、白陞、李玉璋；省委组织部负责人；省人大常委会副秘书长、省人大各专门委员会、省人大常委会各工作机构的负责人；省政府有关部门的负责人；各市区人大常委会的负责人；有关新闻单位的负责人；被邀请的全国人大代表、省人大代表。山西省煤炭干部管理学院、山西省经济管理干部学院的负责人旁听了会议。

（秦　钟　杨义成）

**【山西省十届人大常委会第二十六次会议】**　会议于2006年9月25日～28日在太原举行。应出席本次常委会会议的组成人员为65人，实出席56人。本次会议共10项议程。1.审议省人大常委会主任会议关于提请审议《山西省实施〈中华人民共和国妇女权益保障法〉办法（修订草案）》的议案；2.审议省人大常委会主任会议关于提请审议《山西省人民代表大会常务委员会关于加强五台山风景名胜区和汾河、沁河、桑干河源区保护的决定（草案）》的议案；3.审议省人大常委会主任会议关于提请审议《山西省人民代表大会常务委员会关于县级人民代表大会常务委员会组成人员名额的决定（草案）》的议案；4.审议省人民政府关于提请审议《山西省规章设定罚款限额暂行规定（修订草案）》的议案；5.审议省人民政府关于提请审议《山西省风景名胜区管理条例（草案）》的议案；6.审议《山西省清真食品监督管理条例（草案）》；7.审议和批准《大同市煤炭资源保护办法》；8.听取和审议省人民政府关于全省社会保障体系建立情况的报告；9.听取和审议省人民政府关于全省商务工作情况的报告；10.人事任免及其他事项。

省委书记、省人大常委会主任张宝顺，常务副主任纪馨芳，副主任薛军、杜五安、王昕（女）、曹馨仪（女）、姚新章、张铭、谢克昌、赵劲夫及委员46人出席了本次会议。

列席本次会议的有：副省长范堆相、胡苏平，省高级人民法院院长李玉臻、省人民检察院院长陈大豪；原省人大常委会主任王庭栋、卢功勋；省九届人大常委会副主任武正国、白陞、李玉璋；省人大常委会副秘书长、省人大各专门委员会、省人大常委会各工作机构的负责人；省政府有关部门的负责人；各市区人大常委会的负责人；有关新闻单位的负责人；被邀请的全国人大代表、省人大代表。有关社会团体、院校的负责人旁听了会议。

（秦　钟　杨义成）

**【山西省十届人大常委会第二十七次会议】**　会议于2006年11月27日～12月1日在太原举行。应出席本次常委会会议的组成人员为65人，实出席54人。会议议程共27项。1.审议省人大常委会主任会议关于提请审议《山西省农民工权益保护条例（草案）》的议案；2.审议省人大常委会主任会议关于提请审议《山西省第十届人民代表大会常务委员会关于召开山西省第十届人民代表大会第五次会议的决定（草案）》的议案；3.审议省人大常委会主任会议关于提请审议《山西省第十届人民代表大会常务委员会关于太原、阳泉、长治市领导人常务委员会组成人员名额的决定（草案）》的议案；4.审议省人大常委会主任会议关于提请废止《山西省劳动保护暂行条例》的议案；5.审议省人大常委会主任会议关于提请废止《山西省农民承担费用和劳务监督管理条例》的议案；6.审议省人大常委会主任会议关于提请废止《山西省人民代表大会常务委员会述职评议工作办法》的议案；7.审议省人民政府关于提请审议《山西省实施〈中华人民共和国归侨侨眷权益保护法〉办法（修正案草案）》的议案；8.审议《山西省实施〈中华人民共和国中小企业促进法〉办法（草案）》；9.审议《山西省风景名胜区条例（草案）》；10.审议《山西省实施〈中华人民共和国妇女权益保护法〉办法（修订草案）》；11.审议和批准

《太原市晋阳古城遗址保护条例》；12. 审议和批准《太原市住房公积金管理条例》；13. 审议和批准《大同市城市供水条例》；14. 听取和审议省人民政府关于审计查出问题的整改工作报告；15. 审议省发展和改革委员会关于审计查出问题整改情况的报告（书面）；16. 审议省水利厅关于审计查出问题整改情况的报告（书面）；17. 听取和审议省人民政府关于全省商品房市场和住房公积金缴存使用情况的报告；18. 听取和审议省人大常委会执法检查组关于检查《中华人民共和国道路交通安全法》和《山西省实施〈中华人民共和国道路交通安全法〉办法》实施情况的报告；19. 听取和审议省人大常委会执法检查组关于检查《山西省农村初级卫生保健条例》实施情况的报告；20. 听取和审议省人大常委会执法检查组关于检查环境保护法律法规实施情况的报告；21. 审议省人大内务司法委员会关于省十届人大四次会议主席团交付的代表提出的议案审议结果的报告（书面）；22. 审议省人大财政经济委员会关于省十届人大四次会议主席团交付的代表提出的议案审议结果的报告（书面）；23. 审议省人大常委会人事代表工作委员会关于省十届人大四次会议主席团交付的代表提出的议案审议结果的报告（书面）；24. 审议省人民政府关于省十届人大四次会议主席团交付的代表提出的建议、批评和意见审议结果的报告（书面）；25. 审议省高级人民法院关于省十届人大四次会议主席团交付的代表提出的建议、批评和意见审议结果的报告（书面）；26. 审议省人民检察院关于省十届人大四次会议主席团交付的代表提出的建议、批评和意见审议结果的报告（书面）；27. 人事任免及其他事项。

省委书记、省人大常委会主任张宝顺，常务副主任纪馨芳，副主任薛军、杜五安、曹馨仪（女）、姚新章、张铭、赵劲夫及委员46人出席了本次会议。列席本次会议的有：省委常委、省长于幼军；副省长梁滨；省高级人民法院院长李玉臻、省人民检察院负责人；原省人大常委会主任卢功勋；省九届人大常委会副主任梁国英、武正国、张秉法、白陞、李玉璋；省委组织部负责人；省人大常委会副秘书长、省人大各专门委员会、省人大常委会各工作机构的负责人；省政府有关部门的负责人；各市区人大常委会的负责人；有关新闻单位的负责人；被邀请的全国人大代表、省人大代表。有关社会团体、院校的负责人旁听了会议。

（秦　钟　杨义成）

## 政府工作

**【概述】** 2006年，省人民政府在努力完成全年经济社会发展各项目标任务，实现“十一五”发展良好开局的同时，围绕山西转变经济增长方式、调整优化产业结构、整治改善生态环境、推进地区和城乡协调发展、推进改革开放和政府自身建设等经济社会发展全局的一系列重大战略问题，组织开展深入细致的调查研究，相继推出深入实施煤炭行业“三大战役”、建设节约型社会、培育八大支柱产业、壮大“三个企业方阵”、新一轮省属国企改革、对外开放、“两区”开发、社会主义新农村建设、推进城镇化、蓝天碧水工程、造林绿化工程、棚户区改造和沉陷区治理工程、行政效能建设等十三项重大战略举措的布局。随着这些举措布局的逐步落实，山西经济与社会、人与自然、城市与农村等各方面的发展更加协调。

1. 深入实施煤炭行业“三大战役”。“第一战役”在前年依法关闭4876个非法采煤矿点的基础上，2006年又关闭了3500个死灰复燃和新发现的非法矿点。启动实施“第二战役”，淘汰关闭1363个生产方式落后、安全隐患较大、年产9万吨以下的小煤矿。全省采煤矿点从原来的9000多个压缩到3200个左右，非法煤矿事故发生率由多年占全省煤矿事故的75%下降到24%，全省煤炭开采“多、小、散、乱、差”的局面已初步扭转。

2. 建设节约型社会。研究制定并启动实施节能降耗、发展循环经济和建设节约型社会的规划，重点在煤炭、焦化、化工、建材、冶金、电力六大行业和200个高耗能企业推行节能措施。严格保护耕地，努力节约用地。积极推进矿产资源的有偿使用，促进了矿产资源规模开发和集约利用。

3. 培育八大支柱产业。出台优化产业结构、培育优势产业的实施意见，制定并实施培育发展八大支柱产业的产业规划和产业政策。在大力改造提升煤炭、焦炭、冶金、电力四个传统产业的同时，积极培育现代煤化工业、装备制造业、材料工业和旅游产业四个新的支柱产业。

4. 壮大“三个企业方阵”。为加快形成山西经济发展的支柱产业，打造山西经济的主力舰队，启动实施培育“三个企业方阵”的大企业、大集团战略和规划，列入“三个企业方阵”的77户企业正在规划建设一批重大项目。

5. 启动新一轮省属国企改革。按照发展壮大一批、转制搞活一批、关闭破产一批的思路，省政府出台并实施一系列国企改革配套文件。明确了推进国有经济布局和经济结构的战略性调整、推进国有企业产权结构多元化、建立健全现代企业制度、实施主辅分离和剥离企业办社会职能的新一轮省属企业改革任务。省国有企业改革领导组全部批复了省国资委监管的33户企业和有改革任务的34个部门下属企业的总体改制方案。

6. 扩大对外开放。省委、省政府出台进一步扩大对外开放的决定并召开会议动员部署。大力整治优化投资环境，全面开放投资领域，全方位扩大对外交流合作。招商引资实现历史性突破，成功举办沪港大型招商活动，签订合同协议项目578个，合同和协议引进资金3807亿人民币；新批准设立外商投资企业150个，增长76.5%；实际利用外资13.5亿美元，增长2.36倍，其中纳入国家统计口径的4.7亿美元，增长71.5%。

7. 实施“两区”开发战略。启动实施革命老区和贫困山区开展战略，编制并实施“两区”产业开发、交通建设、社会事业、生态建设与环境保护等专项规划，重点扶持新上448个产业项目，投资规模近3000亿元，其中70%的项目动工建设。经过积极争取，晋西北、太行山革命老区50个县享受西部大开发政策。

8. 扎实推进社会主义新农村建设。制定了全省社会主义新农村建设规划，启动1098个村试点工作。把发展产业、增加农民收入作为新农村建设的中心任务，大力推进区域化、规模化种养和产业化经营，列入农业产业化龙头企业方阵的33家企业，有50多个项目开工建设。同时，帮助试点村整治村容村貌，实现村道硬化、村庄绿化、街灯亮化和环境净化，资助农户使用沼气。启动农村饮水安全工程，解决了4277个自然村、200万人的饮水安全问题。大力推动农村商品流通市场建设，实施“万村千乡”市场工程和新农村现代流通网络工程，建成连锁便民店

3710个。加强县乡村三级卫生网络建设，改扩建一批乡镇卫生院及社区医疗机构，群众看病难、看病贵有所缓解。新型农村合作医疗试点扩大到56个县（市、区），覆盖农村人口53.7%，参合率达到86%。积极推进农村养老保险。114个农业县初步建立农村低保制度，75万农村特困人口纳入低保范围，10.25万农村五保户实现应保尽保。

9. 推进城镇化。省政府作出加强城镇建设工作决定，出台加快市政公用事业改革与发展的意见和市政公用事业特许经营管理办法，并召开会议动员部署，各地城市高起点编制或修编城市建设规划，加快改造老城区、建设新城区，城市污水垃圾处理能力和集中供热、绿化水平有了新的提高，城镇化进程明显加快。

10. 启动实施“蓝天碧水”工程。加大力度治理工业污染源，全省污染物排放总量有所下降，11个重点城市空气质量二级以上天数累计达到2707天，比2005年增加8.7%。

11. 启动造林绿化工程。认真组织实施国家重点生态建设项目，启动身边增绿六大造林绿化工程，完成植树造林515万亩，绿化步伐明显加快。

12. 组织实施棚户区改造和沉陷区治理工程。全省棚户区改造开工建筑面积144万平方米，完成计划的151.5%，有5.2万人住进新楼房；沉陷区治理开工建筑面积226万平方米，维修加固和货币补偿141万平方米，使25万职工及家属受益，安康居住工程竣工面积655.2万平方米，完成全年计划的131%，20.4万人改善了住房条件。

13. 加强行政效能建设。省政府就改进机关作风、优化政务环境、全面提高政府公信力和执行力作出决定，制定行政机关及其工作人员行政过错责任追究暂行办法，并召开全省政府系统干部大会动员部署。全省共查处行政效能投诉案件291件，对195人进行了责任追究，行政效能和机关作风有了明显改进。（晋　文）

**【山西出台六大政策惠泽全省农民工】** 从促进农民工就业的“春风行动”到“平安计划”，从农民工工资支付保障制度到农民工参加工伤保险、医疗保险的暂行办法，仅在2006年，省政府、省劳动和社会保障厅就进行了4次大行动，前后实施了6项配套措施。4次大行动包括：“平安计划”、“春风行动”、组织实施农村富余劳动力转移培训的“阳光工程”和农民工工资支付专项检查。

6项配套措施包括：建立农民工工资支付保障制度，其中规定：农民工工资尚未支付的单位，经营者不得领取报酬；调整煤矿井下艰苦岗位津贴标准，提高煤矿井下农民工收入，这是13年来首次调整；出台《山西省农民工参加基本医疗保险暂行办法》，农民工的医疗保险由用人单位支付，个人不缴费，农民工在住院、用药等方面与城镇职工享受同等待遇；出台《山西省农民工参加工伤保险暂行办法》，实行农民工参加工伤险实名制，企业要按时足额缴纳保险费；出台《关于进一步做好进城务工就业农民工子女义务教育工作的意见》，统筹安排农民工子女就地就近入学；出台《山西省人民政府贯彻落实国务院关于解决农民工问题的若干意见的实施意见》，这是山西未来几年农民工工作的纲领性文件。

到2006年9月底，省和11个市政府全部建立起以政府负责人为召集人的农民工工作联席会议，设立了农民工工作办公室。据统计，全省农民工将近400万人。截至2006年底，全省共清理拖欠农民工工资5.54亿元，清欠率达到了99.6%；51万农民工参加了工伤保险，参加医疗保险的农民工达到40万人；组织培训农民工超过50万人；农民工举报案件查处率达到100%。（晋　文）

## ·重要会议·

**【全省建设社会主义新农村工作会议】** 2006年3月1日～2日，省委召开全省建设社会主义新农村工作会议。省委书记、省人大常委会主任张宝顺，省委副书记、省长于幼军出席会议并讲话，省委副书记薛延忠作工作报告，副省长梁滨作会议总结。省委常委、秘书长申联彬，省人大常委会副主任姚新章、省政协副主席阎爱英出席会议。各市市委书记、市长，分管农业工作的副书记、副市长，农口综合部门负责人；各县（市、区）委书记；省直有关部门负责人参加会议。会议学习贯彻《中共中央、国务院关于推进社会主义新农村建设的若干意见》和中央农村工作会议精神，学习贯彻中央领导同志在省部级主要领导干部建设社会主义新农村专题研讨班上的重要讲话精神；总结2005年全省“三农”工作，交流经验，表彰先进；讨论《中共山西省委、山西省人民政府关于加快建设社会主义新农村的意见（讨论稿）》，对2006年和“十一五”时期推进社会主义新农村建设进行安排部署。

会议提出了山西“十一五”期间社会主义新农村建设目标要求：“十一五”期间组织实施“千村试点、万村治理工程”，即在全省选择1000个有代表性的村，作为新农村建设试点村、示范村、重点村；对1万个村进行人居环境治理，每年治理2000个左右，到2010年使全省1/3农村的村容村貌得到新的改观。

会议表彰了2005年度农民增收、粮食生产先进市县和扶贫开发先进县，表彰了定点扶贫工作先进单位及模范队员。

（杜春华）

**【全省对外开放工作会议】** 2006年3月27日～28日，全省对外开放工作会议在太原工人文化宫召开。会议的主要任务是全面落实科学发展观，按照省委八届七次全会精神和在扩大对外开放上实现新突破的要求，对全省进一步扩大对外开放作出全面部署，用大开放为实现又快又好发展和跨越式发展注入活力、增添动力。

省委书记、省人大常委会主任张宝顺作了题为《走出内陆省份对外开放新路子，加大开放促进新发展新跨越》的重要讲话。省委副书记、省长于幼军着重从操作层面就如何做好全省对外开放工作作了重要讲话。省委副书记金银焕主持会议，省委副书记云公民、薛延忠，省政协主席刘泽民等出席。

省委、省政府决定加快对外开放步伐，以此作为实现山西又快又好发展和跨越式发展的一项重大战略举措，在全省广大干部群众中引起共鸣，并达成共识：没有对外开放的新突破、大进展，就没有山西经济的大发展，就难以实现“十一五”发展的目标任务。28日的大会上，省发改委、省商务厅、太原市、运城市政府，榆社、山阴县委，太原经济技术、太原高新技术开发区，太钢和汾酒集团等党、政、企10位负责人发言一致认为，省委、省政府对“十一五”时期全省对外开放的总结分析是实事求是的，一致赞同会议提出的扩大全省对外开放的基本思路、原则、总体要求和具体举措，他们深感责任重大，使命光荣，任务艰巨，并表示要解放思想，转变观念，抓好落实，为推进山西新一轮的对外开放的招商引资扎扎实实做好工作。

出席这次会议的有省委、省人大、省政府、省政协的负责人，省法院、检察院主要负责人；省直有关部门、中央驻晋单位主要负责人；各市市委书记、市长、驻并本科院校、省管国有企业和民营企业的主要负责人等。会议代表共600余人。

（杜春华）

**【全省加快推进省属国企改革动员会议】** 2007年4月7日，省政府召开加快推进省属国企改革动员会议，深入贯彻中央十六届三中、四中和五中全会精神，以科学发展观和构建社会主义和谐社会的战略思想为指导，研究部署加快推进山西省属国企改革工作。副省长牛仁亮主持会议，副省长靳善忠就加快推进山西省属国企改革工作进行了具体安排部署，省长于幼军在会上作了重要讲话。他强调，省直机关部门单位和省属国企的负责同志要增强加快推进改革的责任感和紧迫感，进一步解放思想、转变观念，迎难而上，全力以赴，下大决心和硬功夫，用两至三年时间，努力完成省属国企改革的四大任务，实现国企改革的新突破，开创山西国企改革和发展的新局面。

会后，于幼军、靳善忠还深入部分讨论组，与会议代表一同讨论省属国企改革13项配套文件，面对面征求大家意见，使配套文件更具有可操作性和可行性，更好地指导推动这一轮省属国企改革。

副省长梁滨、省政协副主席边鸣涛出席会议，省直有关部门、省属国企和省直各部门所属企业负责人、各市市长、分管副市长及国资委主任参加了会议。

（杜春华）

**【全省六大造林绿化工程启动会议】** 2007年4月11日～12日，省政府在晋城市召开全省六大造林绿化工程启动大会。12日上午省长于幼军对全省造林绿化作出部署：在继续实施国家林业重点工程的同时，动员社会各方力量，挖掘一切可用资源，启动实施通道绿化、交通沿线荒山绿化、村镇绿化、厂矿区绿化、环城绿化和城市绿化六大造林绿化工程。他要求全省上下发扬艰苦奋斗、迎难而上的精神，咬定青山不放松，一代接着一代干，众志成城，持之以恒，十年不懈植树造林，给三晋大地披上绿装，还人民群众绿水青山。副省长梁滨主持了上午的大会。

山西森林覆盖率和城乡绿化指标均低于全国平均水平，在全国各省市中排位靠后，全省生态环境整体上十分脆弱，水土流失严重，生态环境恶化，已成山西的切肤之痛和经济社会发展最为严重的制约因素，改善生态，提升山西人民的人居质量任重而道远。启动实施六大造林绿化工程，是省委、省政府贯彻落实科学发展观，转变经济增长方式，加强生态治理和环境保护的一项重大决策，是创建生态家园、建设山川秀美新山西的一项战略举措，是惠及全省人民、荫及子孙后代的一项宏伟工程。

在启动大会上，于幼军对六大造林绿化工程的目标任务、要求标准、责任落实、检查督促、推进措施等进行了具体安排部署。他强调，要精心组织，认真实施山西六大造林绿化工程，并与国家林业重点工程结合起来，按照上山治本和身边增绿两条线推进，通过艰苦不懈的努力，使全省森林覆盖率和城市建成区绿化覆盖率“十一五”时期每年提高一个百分点，2010年分别达到18％和35％，全省的生态明显改观；到2015年，森林覆盖率提高到23％，城市建成区绿化覆盖率达到38％～40％，全省生态环境根本性好转，初步实现山川秀美、生态良好的目标。

（杜春华）

**【全省依法治省暨第五个五年法制宣传教育工作会议】** 2006年5月31日，全省依法治省暨第五个五年法制宣传教育工作会议在省城召开。一批“四五”普法依法治理先进集体和先进个人受到表彰，全省“五五”普法和依法治省工作全面启动。省委书记、省人大常委会主任张宝顺，省委副书记、省长于幼军出席会议并讲话。省领导杜玉林、纪馨芳、胡苏平、周然和省检察院检察长陈大豪出席会议。大会由省委常委、组织部长任泽民主持。会议认为，“四五”普法依法治省规划实施五年来，各地各部门深入开展普法教育，扎实推进依法治理，普法依法治省工作取得了新的成效。以这次会议为标志，山西“五五”普法和依法治省工作已经全面启动。“五五”普法规划明确将领导干部和公务员学法用法作为今后五年工作的重中之重，突出强调法制宣传教育在构建和谐社会和全面建设小康社会中的基础和保障作用，首次明确提出了要全面开展依法治省，依法治市和依法治县工作。

（杜春华）

**【全省城市建设工作会议】** 2006年6月26日上午，全省城市建设工作会议在太原召开。会议主要任务是：全面落实科学发展观，按照省委八届七次全会精神，对加快特色城镇化进程和进一步加强城市建设工作进行动员和部署，为全省经济社会又快又好发展和跨越式发展提供新的动力。建设部部长汪光焘、省委书记张宝顺、省长于幼军出席会议并讲话。副省长宋北杉主持会议。

张宝顺在讲话中指出，加快特色城镇化进程是一项具有战略意义的重大决策。省委八届七次全会在部署“十一五”的发展时，把加快新型工业化和特色城镇化作为一项重要的战略，把统筹城乡发展作为要实现“六个突破”之一，将城镇化提升到了发展战略层面，山西“十一五”规划纲要具体贯彻和体现了这一发展战略。我们强调的特色城镇化，是按照走中国特色城镇化道路的要求，立足于山西工矿型城镇较多、城市建设总体水平较低、城镇辐射带动能力较弱的现状，努力探索符合山西省情特点的城镇化发展途径，为经济社会发展注入新动力，提高山西综合实力。张宝顺说，各级各部门要明确加快特色城镇化进程的思路、任务和措施，坚持战略定位、坚持以人为本、坚持特色发展、坚持质量为重、坚持协调互动。围绕“十一五”山西加快特色城镇化进程和加强城市建设工作的总体要求、基本原则和目标任务，要重点抓好六项工作：一是形成大中小城市和小城镇协调发展的科学规划和体系，规划体系要体现特色、讲究科学、更新理念、严格实施；二是确保太原经济圈建设尽快取得突破性进展，使太原成为全省最重要的增长点和带动全省经济社会发展的龙头；三是切实加强其他10个地级市、11个县级市的建设和管理；四是加快县城和中心镇建设步伐；五是着力推进工矿型城镇加快转型；六是形成有利于城镇快速发展的体制机制和政策环境。以奋发有为的精神状态加快特色城镇化进程，开创全省城市建设的新局面。

于幼军指出，要以规划为龙头，建设为载体，管理为基础，努力提高山西城镇建设水平。要高度重视规划制订的民主性、科学性、前瞻性和权威性，以开阔的视野、战略的眼光、高起点、高标准科学编制城市规划，使规划经得起历史和实践的检验。要坚决维护规划的严肃性和权威性，严格按规划搞建设。要努力推进高标准建设，统筹推进旧城区改造和新城区开发建设，精心规划、设计、建设若干亮点片区和精品建筑，搞好城市基础设施、社会公益事业和服务设施建设，完善城市功能，搞好城市环境治理和保护，建设功能完备、富有特色、生态良好、环境优美的城市。要正确处理城镇开发建设与节约土地资源、严格保护耕地的关系，尽量减少失地农民，维护失地农民的合法权益。要切实加强城市管理，提高城市管理水平，进一步建立健全城市管理的法律法规和长效的管理体制、机制，加强市民公德建设，强化城市环境、交通、卫生保洁等管理，改变“脏、乱、差”的市容市貌。于幼军强调，要解放思想，更新观念，以改革开放市场经济的思路推进城市建设和管理。要学会经营城市，盘活土地等城市资源，筹措建设资金，加快推进城市建设。全面开放城建投资领域，对城市供水、供气、供热、公交、污水和垃圾处理及园林绿化、城市保洁等行业实行特许经营和合理收费制度。深化市政公用事业改革，实现城市公共服务市场化、社会化。要通过全省上下的共同努力，使山西省城镇化和城市建设在“十一五”迈上历史性新台阶，实现历史性新跨越。

汪光焘指出，山西近几年来注重城乡规划、城乡统筹、环境建设、改善居民住房，城建工作取得了显著成绩。山西要充分发挥煤炭资源、历史文化资源、风景名胜资源及区位综合优势和潜力，发挥城镇体系规划在统筹城乡区域发展中的作用，切实维护好群众利益，保持社会稳定，不断加强生态环境建设，促进城市的可持续发展。建设充满活力、富裕文明、和谐稳定、山川秀美的新山西的目标一定能够实现。（杜春华）

**【全省环境保护暨“蓝天碧水工程”启动会议】** 2006年6月10日上午，省委、省政府召开第七次环境保护暨“蓝天碧水工程”启动大会，动员全省干部群众按照科学发展观的要求，全面加强山西环境污染治理力度，启动实施“蓝天碧水工程”，加快环境质量改善步伐，加快建设山川秀美的新山西。省委书记、省人大常委会主任张宝顺作了题为《扎实推进环境友好型社会建设，为建设山川秀美的新山西而奋斗》的讲话。省委副书记、省长于幼军着重就加强生态环境治理保护、实施“蓝天碧水工程”的主要思路、对策和措施等方面作了讲话。省人大常委会副主任杜五安、省政协副主席边鸣涛等出席，副省长牛仁亮主持会议。

“十一五”时期，山西环境保护工作的目标和任务是：贯彻落实科学发展观，围绕建设新型能源和工业基地，构建充满活力、富裕文明、和谐稳定、山川秀美新山西的战略目标，以实现“蓝天碧水工程”为抓手和重点，努力在转变经济增长方式上迈出实质性步伐，全面加强环境保护工作，形成有利于环境保护的体制和机制，使全省环境污染得到有效控制，单位地区生产总值主要污染物排放量大幅度下降，污染物排放总量下降，环境质量明显改善，生态环境得到初步治理，可持续发展能力进一步提高，建设环境友好型社会取得有效进展，为人民群众创造良好的人居环境，促进经济和社会协调发展、人与自然和谐相处。

会上，于幼军与各市市长签订了环保目标责任书，表彰了侯马市人民政府等6家单位为“山西省环境保护先进单位”，山西天脊煤化工集团有限公司等8家企业为“山西省环境保护先进企业”，还为获得“山西省环境保护模范城市”的长治市和晋城市进行了命名和授牌。

出席这次会议的有省委、省政府、省人大、省政协的有关部门负责人，中央驻晋有关单位的负责人，各市市长、分管副市长、环保局局长，各县（市、区）长、环保局局长等。（杜春华）

**【全省政府系统干部会议】** 2006年7月3日上午，省政府召开全省政府系统干部大会，动员部署开展改进机关作风、优化政务环境、提高政府执行力和公信力的专项整治和全面建设工作。省委副书记、省长于幼军要求全省政府系统全体干部和公务人员全面落实科学发展观和构建社会主义和谐社会战略思想，强化诚信意识、大局意识、服务意识和效率意识，从自身做起，从现在做起，抓住关键环节切实推动机关转变作风和优化政务环境，努力建设依法规范、高效优质、民主透明、清正廉洁行政和人民满意的政府，以确保山西“十一五”规划的顺利实施，促进全省经济社会更快更好发展。会后，省政府将下发《山西省人民政府关于改进机关作风、优化政务环境、全面提高政府公信力和执行力的决定》和《山西省行政机关及其工作人员行政过错责任追究暂行办法》。从7月开始，全省政府系统将用两个月的时间，分学习动员、查找问题和建章立制、整改提高、督促检查和总结验收四个阶段集中开展机关行政效能建设活动。同时，省政府成立行政效能建设领导组，全面指导监督全省行政效能建设工作。

会上，省发改委、经委、公安厅、劳动和社会保障厅、国土资源厅、建设厅、交通厅、地税局、工商局、质监局、环保局、食品药品监管局、安监局、煤炭工业局、省监委等15个部门的负责人大会发言，公开向全社会和全省人民群众作出改进机关作风、优化政务环境的郑重承诺，接受社会和人民的监督。太原市、朔州市进行大会发言。省委副书记、省纪委书记金银焕出席会议并讲话，省委常委、常务副省长范堆相主持会议，省委常委、公安厅厅长杨安和，副省长靳善忠、牛仁亮、宋北杉、梁滨、张少琴、胡苏平出席会议，省政府组成部门、直属机构和部门管理机构的班子成员和11个市的市长、分管副市长及有关部门负责人参加会议，会议还特邀部分人大代表、政协委员以及省城市民代表、国有企业和民营企业负责人代表参加。各市、县政府班子成员和部门负责干部在当地统一收看大会现场直播。

（杜春华）

**【全省经济结构调整工作会议】** 2006年8月28日，省政府召开全省经济结构调整工作会议。会议总结了过去6年山西经济结构调整的成效和经验，部署了“十一五”乃至更长时期的经济结构调整工作。会议还表彰了在推进经济结构调整中涌现出来的先进集体和先进个人。省委书记、省人大常委会主任张宝顺，省委副书记、省长于幼军分别发表重要讲话。会议由省委常委、常务副省长范堆相主持。省委副书记薛延忠，副省长靳善忠、牛仁亮等出席了会议。

会议认为，1999年全省经济结构调整运城会议，特别是省委七届九次全会以来，全省上下坚持不懈地推进经济结构调整，这是山西的发展思路不断深化、发展途径不断拓展的过程，是山西的政策措施不断创新、发展环境不断优化的过程，也是使山西产业集中度不断提高、产业素质不断提升的过程。

数据显示，通过经济结构调整，山西传统产业新型化水平大幅提高，主要行业的内涵发生明显变化。煤炭行业矿井数量减少了一半，产量增加了近一倍，资源回收率由不到30%提高到48%，洗选率由30%多提高到58%左右；百万吨死亡率从1.95下降到0.9。焦炭行业机焦比重由32%提高到95%，炭化室4.3米以上的大机焦占机焦的比重由15%左右提高到75%。钢铁行业中炼铁高炉平均炉容大幅提高，优质钢、特种钢，特别是不锈钢比重明显提高。电力总装机由1302万千瓦提高到2320万千瓦，新上马的大型火电项目多数使用了大容量、高参数的发电机组和空冷节水新技术，并配套安装了先进高效的除尘脱硫设施。新兴产业培育取得一定进展，重点产业的发展明显加快。

6年的经济结构调整，是全省经济实力不断提高、人民生活水平不断改善的过程。全省主要经济指标持续快速增长，城乡居民收入稳步增加，在全国的位次明显前移。财政总收入由181.5亿元增加到757.9亿元，6年翻了两番多。城镇居民人均可支配收入由4342.6元增加到8913.9元，农民人均纯收入由1772.6元增加到2890.7元，分别由全国的第31位、第22位前移到第17位、第18位。

6年的经济结构调整，是经济社会发展内生力和后劲不断增强、发展协调性不断趋好的过程。到2005年底，全省规模以上工业经济效益综合指数由2000年的80.3%提高到151.7%；新型工业化水平由11.3%提高到33.1%，并呈现加速推进态势。城镇化进程加快，城市建设取得新成效。基础设施建设取得突破性进展。社会主义新农村建设稳步推进。雁门关生态畜牧经济区建设取得阶段性成效。节约资源、保护环境、建设生态工作明显加强。单位地区生产总值的主要污染物排放量有所降低，部分地区和重点城市环境质量有所好转。2006年上半年，全省地区生产总值、财政总收入、城乡居民收入这几项主要经济指标的增幅均是两位数，且幅差不大，进一步显示出发展的协调性。6年的经济结构调整，是全省干部群众发展理念不断更新、加快科学发展的信心不断增强的过程。

今后五年，山西经济结构调整的总体思路是：以科学发展观为指导，加快新型工业化和特色城镇化进程，坚持鼓励先进和限制落后两类政策并重，改造提升传统产业、培育壮大新兴产业、发展加强薄弱产业，积极转变经济增长方式，协调推进城乡结构、区域结构、所有制结构和就业结构调整，促进经济社会全面协调可持续发展，努力建设国家新型能源和工业基地，构建充满活力、富裕文明、和谐稳定、山川秀美的新山西。（杜春华）

**【省政府召开贯彻国务院加强自身建设推进政府管理创新电视电话会议】** 2006年9月4日下午，在国务院加强自身建设推进政府管理创新电视电话会议后，省政府接着召开电视电话会议，就贯彻落实国务院电视电话会议精神，深化山西行政管理体制改革，全面推进政府管理创新、制度创新和体制创新进行了安排部署。省长于幼军出席会议并讲话，要求按照温家宝总理重要讲话精神，切实转变政府职能，加强政府自身建设，全面提高政府的公信力和执行力，努力建设依法规范、高效优质、民主透明、清正廉洁行政和人民满意的政府。副省长牛仁亮主持会议。副省长宋北杉、梁滨、张少琴、胡苏平出席会议。省直有关部门负责人在主会场参加会议，各市市长、副市长、各县（市、区）长、副县（市、区）长和有关部门负责人在分会场参加会议。（杜春华）

**【全省节能工作会议】** 2006年11月3日下午，全省节能工作会议在并召开，省长于幼军讲话，并代表省政府与各市政府签订了“十一五”期间节能目标责任书。他指出，各级政府要以科学发展观和构建社会主义和谐社会战略思想为指导，贯彻落实省第九次党代会的部署，充分认识加强节能工作的重要性和紧迫性，增强忧患意识和危机意识，把节能工作摆在更加突出的战略位置，综合治理，多管齐下，务求山西“十一五”期间节能降耗取得新突破和大进步。副省长靳善忠出席会议并讲话，省委常委、省政府秘书长李政文主持会议。会上，省经委、建设厅、统计局和太原市、晋城市政府及太钢、潞安两个企业的负责人介绍了各自推进节能工作的做法和体会。（杜春华）

**【全省煤矿安全生产工作电视电话会议】** 2006年11月15日上午，省政府召开全省煤矿安全生产工作电视电话会议，省长于幼军出席会议并讲话。他强调，全省各级党、政、企领导干部和有关部门人员要深刻汲取近期连续发生的煤矿安全重特大事故的教训，牢固树立“以人为本、珍看生命”的理念，真正把安全生产放到首要位置，时刻绷紧安全生产这根弦，时刻抓好安全生产和安全监管各项工作，努力遏制煤矿重特大事故的发生，促进全省煤炭生产秩序和安全形势实现根本性好转，保障人民群众的生命财产安全。副省长靳善忠通报了近期几起煤矿重特大事故情况，并从严厉打击非法违法煤矿、组织实施专项整治行动“回头看”、实现关闭整顿矿井目标、加快推进资源整合、加强安全生产现场管理、小煤矿生产能力复核、强化火工品生产等七个方面对如何确保完成全年煤矿安全生产任务进行了具体部署。省委常委、省政府秘书长李政文主持会议。会上，省政府安委办、省公安厅、国土资源厅、煤炭工业局等部门从各自职责出发分别就整顿关闭小煤矿、火工品专项管理、煤炭资源整合和煤矿生产能力复核等提出了具体工作要求。近期连续发生煤矿重特大事故的太原市万柏林区、灵石县和同煤集团轩岗煤电公司负责人大会发言，对事故进行了检讨和反思。（杜春华）

**【全省经济工作会议】** 全省经济工作会议于2006年12月25日～26日在太原召开。会议认真贯彻中央经济工作会议精神和省第九次党代表大会的部署，总结山西2006年的经济工作，分析了当前的经济形势和环境，对2007年的经济工作进行了全面部署。省委书记张宝顺，省委副书记、省长于幼军作了重要讲话，省领导金银焕、刘泽民、薛延忠、申联杉、任泽民、申维辰、杜玉林、金道铭、梁滨、高建民、李政文、纪馨芳、薛军、杨安和、杜五安、姚新章、谢克昌、赵劲夫、范堆相、牛仁亮、宋北杉、胡苏平、薛荣哲、张正明、边鸣涛、吕日周、阎爱英、韩儒英、吴博威、周然、李玉臻、陈大豪出席会议。各市市委书记、市长、发展改革委主任、经委主任、财政局局长，省直各部门主要负责人，中央驻晋单位负责人，“三个方阵”企业的主要负责人参加了会议。

会议指出，一年来，在党中央、国务院的正确领导下，全省上下深入贯彻党的十六大和十六届三中、四中、五中、六中全会精神，坚持以科学发展观统领全局，全面实施“十一五”规划，认真落实宏观调控的政策措施，着力深化改革开放，加大工作推进力度，全省经济呈现出增长较快、效益较好、物价较低、活力增强的态势，实现了“十一五”时期的良好开局。经济保持平稳较快发展，对事关长远发展的重点工作作出部署，双轮驱动战略有效实施，资源环境生态等薄弱环节得到加强，社会主义新农村建设扎实推进，重点领域改革迈出坚实步伐，对外开放进入新阶段，群众生活水平进一步提高，和谐社会建设富有成效，中央对山西给予多方面的政策支持。特别是在党中央的正确领导和全省党员、干部群众的共同努力下，省第九次党代表大会取得圆满成功。全省各级各部门和广大干部群众贯彻落实科学发展观认识上有了新提高，政策上有了新举措，实践上有了新进展。同时，从山西面临的发展形势和环境看，拉动和约束并存，机遇和挑战并存，动力和压力并存，必须把山西的发展放在国际国内的大背景中加以谋划和推进，强化忧患意识，坚定发展信心，增强预见性、避免盲目性、发挥主动性，牢牢把握经济工作的主动权。

会议指出，2007年是深入贯彻科学发展观、构建社会主义和谐社会的重要一年，也是落实省委九次党代表大会精神和实施“十一五”规划的关键之年，特别是明年要召开党的十七大，做好明年的经济工作意义十分重大。明年经济工作的总体要求是：认真贯彻落实中央经济工作会议精神和省委九次党代表大会的部署，全面落实科学发展观，坚持走出“四条路子”、实现“三个跨越”的思路，在发展新的支柱产业、深化经济结构调整上下工夫，在推进节能降耗减排和科技创新、转变经济增长方式上下工夫，在统筹城乡区域发展、提高群众生活水平上下工夫，在继续深化改革、全面扩大开放上下工夫，在发展社会事业、促进社会和谐上下工夫，努力开创经济社会发展的新局面，以优异成绩迎接党的十七大的胜利召开。

会议强调，要抓紧抓好年末岁初的各项工作，确保2007年各项工作有良好开局。要认真盘点，确保2006年所有目标任务和承诺为民办的实事全部兑现。要抓好今冬明春农业农村各项工作。要切实维护社会稳定，妥善做好困难群众生产生活的帮扶工作。要高度重视做好安全生产工作，牢固树立“以人为本、珍重生命”的理念，真正把安全生产放到首要位置。元旦、春节临近，各地要提早安排节日期间的工作，丰富节日市场供应，丰富文化生活，维护社会秩序，更加注重关心困难群众的生产生活，使广大人民群众过上欢乐、祥和、安全的节日。（杜春华）

## ·外事工作·

**【山西招商引资工作】** 2006年5月，省委书记张宝顺率山西省代表团访问美国、加拿大，广泛接触两国政界和企业界人士，考察两国城市和企业，出席山西省企业与两国相关企业的合作协议签字仪式，在宣传山西、增进友谊、招商引资、深化合作等方面取得重要成果。同年11月，省委书记张宝顺率中共代表团访问哈萨克斯坦、波兰，会见了两国政府、议会、党团首脑和领袖，增进了党际合作和国家间友好交往。2006年10月，省长于幼军率领山西省政府代表团访问英国、德国、波兰，在英举办了山西投资推介会，与德国北威州政府签署了进一步加强两省州经贸战略合作备忘录，举办了中国山西——德国北威州高层经济论坛；会见了英国、德国、波兰国家和地方政府官员及一批跨国公司高管人员，签署了一批合资合作项目协议。全面向英、德、波兰及欧洲各界推介山西，推动了山西与欧洲的进一步合作。2006年，安排省级领导出访31人次。太原市、大同市、晋城市、晋中市精心组织市级领导出访，促进友城工作发展，启动了一批合作交流项目。（倪 元）

**【山西因公出国及赴港澳人员创历史新高】** 2006年，省外事办累计审批办理因公出国及赴港澳人员12045人次，其中本省组团11037人次，部委组团1008人次，达到历史最高水平。因公出访呈现以下特点：一是对外经贸类团组和对外招商合作洽谈人员占87.8%，比2005年有所上升，反映了山西贯彻落实省委、省政府《关于进一步扩大对外开放的决定》取得了明显的成效，对外经贸交流合作活动有了更快发展；二是国有大中型企业对外合作项目团组和引进设备技术出国培训人员进一步增多，占全省出国人数的六分之一，反映出国有大中型企业对外合作发展步伐加快。太原钢铁集团公司2006年出国进行合作项目洽谈、设计联络、设备检验、技术培训团组就有100多个；三是科技文化体育类对外交流团组人数上升。科技部门参加国际学术交流和会议、文化部门参加对外交流演出、体育部门运动员、教练员赴境外参赛培训人次均有所增加。（倪 元）

**【高层外国代表团到山西访问增加】** 2006年，省外事办接待美、德、意、法、日、瑞士、巴西、阿根廷、波兰、联合国、世界银行组织等20个国家、地区、国际机构及我国外交部的访晋代表团81个，共计768人次，其中安排省领导活动达65次。重要代表团有日本琦玉县知事、议长，巴基斯坦国务部长，法国、古巴驻华大使，古巴政府代表团，德国绿党、左翼党领袖、大使夫人代表团，联合国开发计划署，美国怀俄明州参议院主席、伊利诺伊州参议院议长，喀麦隆卫生部长，不丹外交大臣，奥地利维也纳副市长；美国CE，德国西门子、大陆，瑞士ABB集团，韩国电力公社、浦项钢铁集团，香港中华煤气，世行、亚行、荷兰银行、德意志银行、澳大利亚国民银行高级官员代表团等。邀请韩国、日本、加拿大、美国、德国等多家跨国企业和40多个国家的100多位摄影家，参加“山西国际旅游交易会”、“中国山西平遥国际摄影大展”等国际性会展活动；长治市举办了由国外和我国台湾地区、澳门特别行政区，国内研究中国传统文化、古典戏曲、音乐、傩文化的专家学者120多人参加的“山西长治赛社与乐户文化国际学术研讨会”，向国内外宣传和推介山西。临汾市外办协助韩国MBC电视台在黄河壶口拍摄电视专题片《黄河》，宣扬黄河文化和根祖文化。（倪 元）

**【山西与友好城市工作】** 2006年5月，山西省与美国西弗吉尼亚州签署建立友好省州关系意向书；2006年4月，阿根廷圣地亚哥—德埃斯特罗省副省长艾米利奥·拉切西蒙与山西签署《山西省与圣地亚哥—德埃斯特罗省建立友好省际关系意向书》；10月，太原市与美国田纳西州纳什维尔市签署《太原市与纳什维尔市建立友城关系意向书》。以上三对友好关系意向书已经省政府批准并报全国友协核准。（倪 元）

**【对外宣传山西工作】** 2006年，省市外事办受理、接待了来自美国、英国、澳大利亚、日本、韩国、比利时、德国等38个国家和地区近29个主要媒体的42批243人次外国记者采访，尤其是西方主流媒体在更大范围、更宽领域关注山西经济、社会、医疗、教育、旅游等发展情况，报道基调客观、属实。省长于幼军在太原和伦敦接受英国《金融时报》采访后，该报连续刊发大幅专题报道，有效地宣传了山西形象。（倪 元）

**【山西民间友好工作】** 2006年，各级对外友协利用民间组织等渠道，结交新朋友，增添新项目，开辟新领域，为官方对外交往提供了有效补充，为企业尤其是更多的民营企业走出去提供了渠道。日本琦玉县富士见市日中友协为山西贫困地区募集资金，援助200余名儿童完成学业，该项目已进入第二年，到位资金120万日元。积极促成了“太原—泽布尼茨门窗有限公司”和德国萨克森州山西企业集团办事处的成立，促成了萨克森州HEC公司与省青年干部学院合资成立了“山西—萨克森州HEC外语学院”。筹办了在日本琦玉县举行“山西省儿童绘画展”。接待日本日中友协会长平山郁夫并对五台山申遗工作提出了建设性意见；接待了琦玉县日中友协第三次植树访华团；安排澳大利亚查尔斯·达尔文大学教授巴克雷与山医大二院的合作项目考察。配合“新农村建设”战略，协助吕梁市承办了“爱心阳光培训班”。（倪　元）

**【省外事办机关作风建设】**　2006年，省政府召开全省加强行政效能建设大会之后，省外事办成立了由党组牵头的加强行政效能建设领导组，同时通过书面形式向全省11个市、省直各厅局、国有大型企业和大专院校发放征询意见表，广泛征求意见，改进工作作风。针对省外办机关的突出问题，狠抓制度建设，出台了《制度汇编》，人手一本，严格实行按照制度办事，机关作风得到了明显的改观。召开各种类型的座谈会，征求各部门、各行业对外事部门工作的意见。机关全体人员挂牌上岗，提高窗口部门的工作效率，简化出国审批手续，由过去的7天时间，缩减到现在的5天时间，并公开向各界承诺，得到了社会各界的一致好评。（倪　元）

**【山西外事制度建设】**　2006年，省外事办进一步修订和出台了省《因公出国（境）人员审批管理规定》、《市厅级领导因公临时出国（境）审批管理规定》、《省部级领导因公出访审批管理办法实施细则》、《邀请外国人来访申报审批管理规定》等一系列制度，使山西因公出国审批管理制度化和规范化。重点控制和从严审批因公出国双跨团组。规定了“五不受理”、“三不审批”。“五不受理”指各类学会、协会、中心、公司等组织的双跨团组申报材料一律不予受理；无外经贸部门及归口部门批文的以出国招商、办展为理由的双跨团组不予受理；无国家外专局批准的出国培训双跨团组不予受理；未经批复同意、挂靠在省直部门的团体和组织申报的双跨团组不予受理；严格执行专办员制度，其他中介机构和个人报送的出国材料不予受理。“三不审批”指中央各部委组织的双跨团组未事先征求省外办意见不予确认和审批；省内单位组织的双跨团组出访任务与该部门职能和主管范围不符的不予审批；参团人员与组团单位没有直接领导和业务指导关系的不予审批。（倪　元）

**【山西侨务工作】**　2006年，省外事办以归侨侨眷权益保护法执法检查和山西实施该法办法的修订工作为重点，扎实推进各项工作。1. 根据国务院侨办的要求，认真做好全国人大常委会对归侨侨眷权益保护法执法检查的各项工作。组织执法调研小组赴全省11个市及重点县区进行了实地考察和检查，对本省侨情再次进行摸底调查，及时将调查报告及有关情况上报国务院侨办。根据省十届人大常委会将修改《山西省实施〈中华人民共和国归侨侨眷权益保护法〉办法》列入2006年立法计划的决定和省委办公厅转发《关于省十届人大及其常委会2006年立法计划的报告的通知》精神，按照立法程序，结合国务院新颁布的《中华人民共和国归侨侨眷权益保护法实施办法》，起草了《山西省实施〈中华人民共和国归侨侨眷权益保护法〉办法》（以下简称侨法）修改草案及其说明。先后深入到全省11个市及榆次区、天镇县、孝义市、应县等重点县（市区）进行了立法调研，广泛征求归侨侨眷、专家学者及各方面的意见，对草案及其说明进行了多达10次的修改，基本形成了比较切合本省实际、符合本省侨情的实施办法。按时将修改草案及相关文件材料上报省政府，省政府常务会议听取省外事办汇报后，报省人大常委会。省侨办主任在省人大常委会第二十七次会议上进行了报告和说明。2. 拓展国外侨务工作渠道。通过多形式、多层次地与海外侨团侨社侨领侨胞加强联系。接待了来访考察合作洽谈的海外侨胞170余人次，主要有：欧洲15国侨领代表团，澳大利亚新南威尔士议会上议员、华侨华人政党领袖黄肇强先生一行，日本山西同乡会会长，美国教育基金会理事五国山西同乡会会长，加拿大山西同乡会会长，奥地利奥中友协华人委员会常务主席，深圳侨商会会长一行等。组织了美国山西同乡会和加拿大侨团的华裔青少年学生20人参加了国务院侨办、中国海外交流协会在北京举办的2006年海外华裔及港澳地区青少年“中国寻根之旅”夏令营活动。组织了两个侨务工作访问交流团分别前往俄罗斯、蒙古和美国、加拿大开展国外侨务工作。联系邀请了深圳侨商会，在太原、吕梁、晋中、阳泉等市成功举行投资洽谈会；积极为荷兰、加拿大侨胞、香港同胞合作在晋投资筹建希尔顿“山西晋豪国际大酒店”项目进行协调，安排省领导会见并参加了合作项目签字仪式；美国欣欣教育基金会为山西贫困地区捐资助建6所学校已全部完工投入使用。同时，该基金会还为前两年捐助已建成的8所学校注入后续基金，配备了电脑及教学设备，为符合该基金会资助条件的学生发放了奖学金，全年共捐资70多万元人民币。运城市利用“根祖文化”拓展国内外侨务工作渠道，参加了在菲律宾召开的世界舜裔宗亲恳亲大会和在北京钓鱼台召开的世界弘扬关公文化会议，指导在万荣县秋风楼举行的海外侨胞祭后土活动，加强与华人、华侨财团的联系，引进侨资协议资金13亿元人民币（现已到位6000万人民币和300万港元）。3. 贯彻侨法送温暖，扶贫解困办实事。对解决归侨侨眷在现实生活中遇到的新情况、新问题在拟订实施办法草案中予以体现，在日常工作中予以照顾。对生活困难、患病缺少资金就医的归侨侨眷给予帮助，前往看望和慰问；对前来反映问题的归侨侨眷，积极与有关部门联系协商，尽力给予解决。先后为蒙古归侨房屋被拆迁事、为四川省归侨在山西经营饭店事、为福建省侨办原老干部的子女解决生活补贴事均给予协助。2006年省外事办对49名贫困归侨侨眷学生给予了资助。忻州市重视侨务信息工作，先后在《山西日报》、《山西晚报》、《忻州日报》、忻州电视台等媒体发表和反映本市侨务工作情况的稿件8篇，受到了广大侨胞的好评。晋中市在政治上关怀重视归侨侨眷，鼓励他们参政议政，将归侨侨眷优秀代表孙晓明推荐发展成为榆次区政协第十三届委员会委员。

（倪　元）

## ·统计工作·

**【概述】**　2006年，山西统计工作立足“和谐稳定、规范有序、务实创新”的发展战略，坚持一手抓统计数据质量的提高，履行统计的信息主体职责；一手抓统计服务水平的提升，发挥统计的决策咨询作用。在确保数据质量的基础上，以统计优质服务为主线，在创新服务上下工夫，明确提出“省委、省政府有决策，统计优质服务就要有行动”的工作思路，使统计服务更加贴近省委、省政府的战略决策。

1. 采取措施，提高统计数据质量。一是积极推进制度方法改革。按照国家统计局的统一部署，在规模以上工业、建筑业、批发和零售业、住宿和餐饮业、金融业等五个专业实行下算一级，在农业、规模以下工业、交通运输业、房地产业、社会服务业等五个专业实行下管一级，在此基础上，进一步健全、完善以GDP核算为龙头的全省联管联控数据质量监控机制，使GDP核算数据和各专业统计数据做到了横向纵向的良好衔接。二是加快统计信息

**2006年山西省主要指标完成情况统计表**

表2

| 指标名称 | 单位 | 指标值 | 指标名称 | 单位 | 指标值 |
|---|---|---|---|---|---|
| 1. 综合 | | | 全社会房屋建筑竣工面积 | 万平方米 | 3939 |
| 地区生产总值 | 亿元 | 4752.5 | 住　宅 | 万平方米 | 2879 |
| 第一产业 | 亿元 | 276.8 | 5. 物价（上年=100） | | |
| 第二产业 | 亿元 | 2748.3 | 商品零售价格指数 | % | 101.2 |
| 第三产业 | 亿元 | 1727.4 | 居民消费价格指数 | % | 102.0 |
| 人均地区生产总值 | 元 | 14123 | 6. 商业、外贸、旅游 | | |
| 财政总收入 | 亿元 | 1048.2 | 社会消费品零售额 | 亿元 | 1613.4 |
| 一般预算收入 | 亿元 | 583.4 | 海关进出口总额 | 亿美元 | 66.3 |
| 一般预算支出 | 亿元 | 915.6 | 进　　口 | 亿美元 | 24.9 |
| 2. 农业 | | | 出　　口 | 亿美元 | 41.4 |
| 农林牧渔业总产值 | 亿元 | 512.4 | 实际利用外资额 | 亿美元 | 13.2 |
| 粮食总产量 | 万吨 | 1073.3 | 国内旅游人数 | 万人次 | 7517 |
| 棉花总产量 | 万吨 | 11.8 | 国内旅游收入 | 亿元 | 414.8 |
| 油料总产量 | 万吨 | 19.2 | 接待海外旅游人数 | 万人次 | 57.4 |
| 甜菜总产量 | 万吨 | 10.2 | 旅游外汇收入 | 万美元 | 16421 |
| 水果总产量 | 万吨 | 272.6 | 7. 邮电和交通业 | | |
| 肉类总产量 | 万吨 | 93.6 | 邮电业务总量 | 亿元 | 332.9 |
| 牛奶产量 | 万吨 | 81.1 | 固定电话用户 | 万户 | 885.4 |
| 禽蛋产量 | 万吨 | 52.4 | 移动电话用户 | 万户 | 989.6 |
| 3. 工业和建筑业 | | | 铁路营业里程 | 公里 | 2512 |
| 工业增加值 | 亿元 | 2148.4 | 公路线路里程 | 公里 | 112930 |
| 重工业 | 亿元 | 120.0 | 高速公路长度 | 公里 | 1752 |
| 轻工业 | 亿元 | 2028.5 | 8. 金　融 | | |
| 原煤产量 | 万吨 | 58142 | 金融机构人民币存款余额 | 亿元 | 8577.3 |
| 发电量 | 亿千瓦时 | 1526 | 企业存款 | 亿元 | 2255.3 |
| 钢产量 | 万吨 | 1949 | 城乡居民存款 | 亿元 | 4796.2 |
| 焦炭产量 | 万吨 | 9202 | 金融机构人民币贷款余额 | 亿元 | 4788.5 |
| 生铁产量 | 万吨 | 3556 | 工业贷款 | 亿元 | 704.2 |
| 建筑业增加产值 | 亿元 | 263.3 | 商业贷款 | 亿元 | 361.1 |
| 建筑施工面积 | 万平方米 | 4648 | 农业贷款 | 亿元 | 503.4 |
| 建筑竣工面积 | 万平方米 | 1647 | 9. 人口和人民生活 | | |
| 4. 固定资产投资 | | | 年末总人口 | 万人 | 3374.6 |
| 全社会固定资产投资总额 | 亿元 | 2321.5 | 城镇人口 | 万人 | 1451.4 |
| 第一产业 | 亿元 | 65.2 | 乡村人口 | 万人 | 1923.2 |
| 第二产业 | 亿元 | 1346.4 | 在岗职工平均工资 | 元 | 18300 |
| 第三产业 | 亿元 | 909.9 | 城镇居民人均可支配收入 | 元 | 10027.7 |
| 房地产开发投资额 | 亿元 | 208.6 | 城镇居民人均消费性支出 | 元 | 7170.9 |
| 全社会房屋建筑施工面积 | 万平方米 | 8514 | 农村民民人均纯收入 | 元 | 3180.9 |
| 住　宅 | 万平方米 | 6152 | 农村居民人均生活消费支出 | 元 | 2253.3 |

化建设。在拓宽信息网络、完善统计信息平台的基础上，扩大大中型工业企业、房地产开发企业以及大型企业集团的网上直报范围，提高统计调查的时效性和数据质量。在省级及五个省辖市建立了宏观数据库系统，数据管理水平进一步提升。三是坚持依法统计。重点强化统计执法。全省统计系统全年查处统计违法案件240余起，为提高数据质量保驾护航，保证了统计工作的顺利进行。与此同时，探索数据质量控制从专业技术层面引申为行政控制、制度约束、依法监管和责任追究相结合的全方位质量管理体系，研究制定了《山西省统计数据质量控制办法》，已经省人民政府办公厅转发在全省试行。

2. 围绕省委、省政府的重大决策，发挥统计的作用。一方面，开展经济运行监测和统计分析研究，为省委、省政府科学决策提供咨询建议。在省政府第八次全体会议及经济工作务虚会上，省统计局就经济运行情况第一家发言，主要观点得到省政府领导和与会同志的认同与肯定。围绕山西经济社会发展中面临的“节能降耗、环境保护、科技创新”三个短板问题、经济运行中出现的工业效益下滑、农民增收难度加大、地区发展不平衡等问题以及实现山西经济社会又好又快发展等，深入开展专题分析研究，编发的若干系统分析报告收到了较好的效果。经省领导阅定的45个经济普查课题研究全部完成，研究成果正在发挥作用。先后举办了第一届经济运行监测论坛和“节能降耗与经济发展”论坛。另一方面，围绕省委、省政府的重大决策开展创新服务，提高统计参与决策的能力。适应中部崛起的新形势，加强对中部六省信息资料的收集整理及战略举措的跟踪研究，创办了《中部崛起信息专报》，已编发47期。同时编印了《“十五”时期中部六省统计信息概览》资料，满足决策部门对中部六省的信息需求。省委、省政府提出要举全省之力，加快晋西北、太行山革命老区的开发和建设，省统计局及时编辑整理《“十五”时期“两区”统计信息概况》，受到省领导和各部门的好评。为配合全省经济结构调整大会的召开，省统计局组织编写了《“十五”时期全省经济结构调整情况的统计公报》。山西省第九次党代会召开前夕，又整理编辑了《“十五”时期的山西》一书，向党代会献上了一份厚礼。与此同时，省统计局还建立了文化产业统计核算制度、新型工业化统计监测制度、社区基本情况统计调查制度，以及节能降耗与环境保护统计公报制度等，服务于省委、省政府的重大决策。

3. 创新机制和办法，组织农业普查。按照国务院的统一部署，针对山西存在的困难和问题，针对普查的政府行为体现不充分的问题，省统计局推行农业普查领导组成员单位包市责任制，各成员单位先后两次对所包市农业普查工作进行了督查。针对普查经费筹措困难的问题，按人口划分档次，制定量化标准，对经费不达标准的市、县，先黄牌警告，仍达不到的全省通报，切实保障普查经费的落实。为提高培训质量，省统计局采取下挂一级培训普查人员的办法，省培训到县，市培训到乡，既减轻了基层负担，又提高了培训效果。为提高普查数据质量，出台了《山西省农业普查数据质量控制体系》，确定省、市、县三级数据质量责任人，提升数据质量的责任意识。在国务院召开的全国农业普查领导小组第二次会议上，山西省副省长牛仁亮作了发言，山西的做法得到大家认可。2006年12月，开展了学习贯彻《全国农业普查条例》及《山西省人民政府关于贯彻〈全国农业普查条例〉做好农业普查工作的实施意见》为主要内容的农业普查宣传月活动，农业普查的社会知晓率、认知度进一步提高。

4. 组织统计巡查和督查，强化对地区和部门统计工作的监督与指导。按照国家统计局的要求，2006年完善了《山西省统计局巡查工作办法》，每年选择部分市统计局和省直有关部门，对其执行统计法和统计制度、统计数据质量及行风等情况进行检查。通过巡查，加强了与各市统计局及部门间的联系与沟通，强化了对地区和部门统计工作的监督与指导，对推动统计工作、提高统计数据质量发挥了重要的作用。围绕推进第二次全国农业普查，先后四次对各市农业普查进展情况进行了专项督查，有效促进了全省普查准备工作的开展。通过督查，对经费不达标的部分市、县进行了黄牌警告，对工作进展不力的两个县进行了全省通报。

5. 推进地区经济社会发展考核评价工作，树立统计的权威。作为山西落实科学发展观和构建和谐社会的重要举措，省委、省政府决定在“十一五”时期采用新的指标体系，指导、推动全省经济社会发展，考核、评价各市县的发展水平和工作业绩，并且把这项工作交由统计部门牵头组织实施。省政府成立了以副省长牛仁亮为组长的考核评价工作领导组，领导组办公室设在省统计局。在省统计局和11个省辖市组建了统一管理的调查监测中心，负责考核评价的数据质量监控等工作。研究制定了考核评价办法，并邀请省内外知名专家学者进行论证。制定印发了综合统计报表制度，建立了高新技术产业等三项新的统计调查制度。8月9日，省政府第78次常务会议专题审议了省统计局提交的《“十一五”时期地区经济社会发展考核评价工作方案》的建议，并于9月12日以晋政发〔2006〕28号文件将该试行方案印发全省执行。11月7日，全省地区经济社会发展考核评价工作暨培训会议在太原召开，各市、县分管市、县长、统计局长及省直有关部门的领导近400人参加会议，省长于幼军发来了书面讲话，副省长牛仁亮出席会议并作了讲话，对全省考核评价工作进行了具体的安排，并对有关人员进行了业务培训。为确保考核评价指标的数据质量，建立了考核评价工作目标责任制，健全了质量控制和责任追究制度。（张俊霞）

## ·扶贫开发工作·

**【概述】** 2006年，是山西全面实施国民经济和社会发展“十一五”规划的开局之年，是紧抓国家实施中部崛起战略机遇，举全省之力，启动“两区”开发战略，推进扶贫开发进程的起步之年，也是深入开展社会主义新农村建设，构建社会主义和谐社会和建设全面小康社会的推进之年。一年来，省委、省政府带领全省人民，以减少贫困人口、实现强县富民为目标，坚持开发式扶贫基本方针，集中力量实施“两区”开发战略，扎实开展扶贫移民（移民5万人被列入为省委、省政府十二件实事之一）、整村推进、产业开发、劳动力转移培训四项重点工作，完成了解决20万贫困人口温饱问题、移民搬迁5万人的目标任务，实现了“两区”开发的良好开局，扶贫开发工作取得显著成绩，贫困地区经济社会发展迈出新的步伐。

——农民收入增长，贫困人口减少。2006年，全省35个国家扶贫开发工作重点县农民人均纯收入1693.61元，比2005年增长4.5%；57个贫困县农民人均纯收入2100元，比2005年增长8.7%。贫困人口总数下降到297万人，其中未解决温饱人口减少至93万人，低收入人口减少至204万人，全省贫困人口占农业人口的比重减少到12%，为顺利实现全年扶贫工作目标奠定了扎实基础。

——基础设施改善工作。2006年，57个贫困县共新建基本农田152万亩，发展小型水利工程1125处，新增水浇地47万亩，新增节水面积30.9万亩；新修和改造乡村公路8107公里，新通公路行政村1637个，新解决饮水困难贫困村1143个、52.6万人，新建沼气池38501个；完成移民搬迁787个村，新建移民新村161个，搬迁人口5万人。

——产业开发、结构调整工作。以晋西北草食畜、东西两山干果和小杂粮、中南部地区无公害果菜、沿黄地区红枣为主，形成具有一定规模的种养业基地达到454个，带动扶持71万农户、82万农村劳动力从事相关产业；全省“两区”产业开发项目中的203个农业项目绝大多数开工建设，一大批对基地带动能力强、对农民增收贡献大的农业产业化经营龙头企业正在形成；贫困地区共培训劳动力30.5万人，转移劳动力22.7万人，旅游产业接待游客764万人次，直接创收3.59亿元，劳务输出和旅游开发成为带动贫困地区群众增收脱贫的新型亮点产业。

——社会事业工作。全年新建和改造学校984所，建成县级综合性职业教育中心41处，“两免一补”政策继续得到较好落实，93.3万农村贫困中小学生受益；新建和改造县级综合医院32个、妇幼保健院（所）43个，卫生所1274个，参加新型农村合作医疗的贫困地区农民达到594.7万人，占到贫困地区农村人口总数的59%；农村低保制度在全省初步推开，57个贫困县有41.6万农村特困人口纳入低保范围，特困群体的基本生活有了可靠保障；新建和改造县级文化馆、图书馆32个、乡镇文化活动中心201个、农村文化活动室67个，群众精神文化生活有了新的改善。

——区域经济发展工作。2006年，全省57个贫困县财政总收入达到176.75亿元，比2005年增长41.23%；35个国家扶贫开发工作重点县财政总收入达到64.42亿元，比2005年增长35.35%；57个贫困县中，有42个县财政总收入超过亿元。财政收入的稳定增长，使市、县两级增加扶贫投入成为可能，进一步巩固了全省扶贫开发的财力保障。

（张　原　杨满红）

**【扶贫开发工作措施】** 1.全面实施“两区”开发战略。“两区”开发是2006年扶贫开发的一项重要工作，也是一项新的工作。7月13日，省委省政府召开“加快晋西北、太行山革命老区开发动员大会”，出台了《加快晋西北、太行山革命老区开发的决定》，以及产业项目、交通等基础设施建设、生态环境保护与建设、社会事业发展四个配套专题规划，正式启动了“两区”开发战略。“两区”共涉及全省59个县（区），其中有54个贫困县（区），集中了306.14万贫困人口，占到全省贫困人口总数的98.1%。“两区”开发的总体思路是：以产业发展为龙头，以交通基础设施建设为重点，带动生态改善，促进社会事业全面发展，加快推进贫困地区经济、社会、生态的全面协调和可持续发展。

2006年底，“两区”开发产业规划的448个项目总投资近3000亿元。已经完成立项、环评、征地等手续开工建设的项目有170个（以打捆项目为准），占项目总数的40%。在其他三个专项规划方面，“两区”交通建设2006年完成投资62亿元，年度规划任务全部完成；生态建设投资2.6亿元，造林面积142.99万亩，封山育林38.6万亩，绿化村庄721个，干果经济林1.4万亩；省、市、县三级财政筹措资金1.65亿元，免除“两区”中54个县所有农村小学、初中学生的学杂费，涉及学生175.86万名；文化事业安排资金2741万元，扶持县级图书馆13个，县级文化馆9个，乡镇文化馆186个，村文化活动中心1212个；卫生方面，投资1.07亿元安排4所县人民医院、4所县中医院、8所县妇幼保健院建设，152个乡镇卫生院的房屋建设和设备购置；建设639个村的体育活动场所。

2.组织实施整村推进、扶贫移民、产业化扶贫和劳动力转移四项重点工作。(1)整村推进进展顺利。编制《群众参与整村推进扶贫开发培训教程》，加大培训指导力度，进一步提高了项目科技含量。坚持以发展种养业和改善生产条件为重点，进一步改善贫困地区农民的生产生活条件。据统计，2006年全省新规划的300个整村推进村，共种草3.8万亩，养牛1.2万头、养羊4.9万只、新增农田1.2万亩、种植经济林3.14万亩、打旱井480眼、修渠5.9万米，平均完成项目规划的80%以上，有12.4万人受益。整村推进采取“一次规划、一次投入、分年实施”的办法，群众参与度广，资金到村到户率高，规划项目实施进度较快、质量较好。(2)移民搬迁稳步推进。注重在“稳得住、能致富”上下工夫，突出抓生产用地解决和产业发展，确保移民户发展生产和充分就业。通过就近耕种、土地置换、平整沟坝滩地等方式，多渠道解决生产用地；抓劳务产业，劳动力转移培训向移民户倾斜，帮助他们实现稳定就业；抓农副产业，帮助移民户选择开发项目，加强实用技术培训，增强产业的持续发展后劲。同时，强抓工程进度。按照“一年建成、两年入住、三年收尾”的要求，较好地完成了移民搬迁5万人的目标任务。(3)劳动力培训转移工作。建立了以76个劳动力转移培训基地、各级扶贫部门为网点的“山西省劳动力转移培训信息网”，提高培训输出信息化程度。完善了全省贫困地区劳动力转移培训门户网站和贫困地区转移培训人力资源数据库，实现参训农民工资源数据库动态的管理。全年培训基地共培训7万人，实现转移就业5万人，转移就业率达到70%以上，转移就业人员人均年增收4000元以上。(4)产业扶贫发展工作。对14个国家扶贫龙头企业进行流动资金贷款贴息，共安排贴息资金614万元，为1.5572亿元银行贷款予以了贴息。此外，结合山西扶贫开发实际，对全省35个国家扶贫开发工作重点县下达扶贫到户贷款贴息资金1750万元（每个县50万元）。通过龙头企业＋基地＋农户形式的产业发展，为贫困农民增加了收入。(5)机关定点扶贫工作。省、市、县三级机关单位共抽调21835名干部，组成省委第十八批工作队，对8907个行政村487万人口进行了定点帮扶。其中，省直机关单位抽调干部509人，组成115支农村工作队，包扶了21个贫困县2302个村112万人口。全省85%的整村推进村和移民村有省、市、县三级工作队进驻，25%的整村推进村和移民村有省直机关工作队进驻。据统计，2006年各级工作队筹集资金4.9亿元，围绕扶贫四大工作，从基础设施、基本农田、生态环境和基层党组织建设等方面进行帮扶，为包扶点新增和恢复农田20.69万亩，新打机井784眼、旱井10299眼，新修公路12168.9公里，新建医疗站

（所）98个；新建学校384所，举办科技培训13983期，培训130.16万人次；新增经济林60.39万亩，家畜家禽2168.87万头（只）。协助调整党支部1477个、村委会1666个，发展新党员5407名，培养入党积极分子12749名。(6)社会扶贫工作。社会扶贫是扶贫开发的又一个重要渠道，也是山西扶贫工作的一项新任务。通过积极努力，共争取到6项社会扶贫工程。其中，中国欧盟商会委托中国扶贫基金会捐款111.4万元，在忻州援建8所贫困小学；中国扶贫开发协会资助全省贫困地区95名贫困大学生完成大学学业，每人每年5000元，第一学年47.5万元全部到位；利用新加坡连援基金会的捐款60万元，为天镇县赵家沟中学建设供暖系统和生态厕所；与省水利厅共同协作，在全省贫困地区实施“甘泉工程”，计划2007年建成10座除砷降氟净水站，解决1.5万人的饮水问题；中国扶贫基金会捐赠价值570万元的软硬件设施，在35个国家级贫困县实施“天使工程”，建设远程会诊及患者管理服务系统，使贫困地区的疑难重症患者能够通过网络得到北京301医院专家的会诊。这些项目的实施，为改善贫困地区生产生活条件，促进社会事业的发展发挥了重大作用。

（张　原　杨满红）

**【扶贫开发工作存在的主要问题】**　2006年，山西贫困地区发展仍然处在艰难的爬坡阶段，制约贫困地区经济社会发展的深层次矛盾尚未消除，促进贫困地区农民持续增收的长效机制尚未形成，贫困地区经济社会发展落后局面尚未根本改变。特别是在建设社会主义新农村，构建社会主义和谐社会，全面推进小康社会建设进程的新形势下，扶贫开发承担着更艰巨的使命和任务，面临着更多的困难和挑战。

一是当前扶贫工作进度和新阶段扶贫开发目标要求存在较大差距。2006年底，山西还有94万贫困人口没有解决温饱。这些人口更多地分布在生态环境恶劣、自然资源贫乏、地理位置偏远的地区，是扶贫开发中最难啃的硬骨头。按照近年来每年解决20万贫困人口温饱的进度，到2010年，还会有14万人口不能如期解决温饱。要实现2010年基本解决贫困人口温饱问题的目标，今后三年必须以每年解决25万人口温饱的进度推进。此外，全省还有203万低收入人口，巩固温饱的基础非常脆弱，经不起天灾人祸的打击，经不起就医就学的压力，经不起市场波动的风险，返贫现象严重。新阶段以来，山西返贫人数年均在50万以上，扶持这部分人口巩固温饱、持续增收、稳定脱贫的难度很大。二是贫困地区和其他地区经济社会发展差距继续拉大。近年来，山西贫困地区农民收入尽管实现较快增长，但与全省平均水平相比，差距呈现出逐年拉大趋势。2003年至2006年，35个国家扶贫开发工作重点县农民人均纯收入与全省农民人均纯收入的差距分别为970.7元、1048.6元、1269.7元和1487元。即使在贫困地区内部，不同收入阶层的差距也越来越大。三是新农村建设的深入推进向扶贫开发提出新的要求。当前，全省正在按照“生产发展、生活宽裕、乡风文明、村容整洁、管理民主”的要求，稳步扎实地推进社会主义新农村建设，努力在经济上有新发展，设施上有新改观，机制上有新进步，环境上有新面貌，素质上有新提高。由于贫困地区自然条件恶劣，基础设施薄弱，社会事业滞后、农民素质有限，建设社会主义新农村的重点和难点都在贫困地区。因此，在贫困地区建设社会主义新农村，面临着更多的困难和挑战，必然对扶贫工作提出更高的要求。

（张　原　杨满红）

## ·参事室（文史馆）工作·

**【参事工作概述】**　2006年，参事工作围绕加快山西发展的大局，参政议政、建言献策，为本省的经济发展、建设社会主义新农村、构建和谐社会做出了贡献。

政府参事在列席政协第九届山西省委员会第四次会议期间，围绕《山西省国民经济和社会发展十一五规划纲要》，就如何加快科学发展，构建充满活力、富裕文明、和谐稳定、山川秀美的新山西，积极建言献策。政协会议期间，参事郭宝玉作为特邀嘉宾之一，在山西电视台“新闻对话”节目中，以“谈山西能源战略”为题，接受了新闻访谈。他撰写的《下决心抓好焦炭工业清理整顿，促进焦化工业健康持续发展的建议》入选政协大会发言材料。会议期间，参事杨晓国，针对山西旅游业发展，从高速公路到景点之间的道路不畅通，旅游交通“断头路”问题，提出了对策和建议，《生活晨报》、政协会议《简报》都进行了登载报道。薄生荣参事，按照省长于幼军在“十一五”规划中提出的“举全省之力，支持晋西北、太行山革命老区和连片贫困地区加快发展，以产业发展为龙头，增强‘造血功能’和自我发展后劲”的精神，深入吕梁市离石区、兴县、临县、岚县等地就上述问题进行专题调研考察，写出了题为《对两区开发的调研与思考》的调研报告。11月22日，他在应邀参加省长于幼军主持召开的省政府经济工作务虚会上，提出的三条建议：一是结合环境保护和水资源开发，尽快开展一次治理“母亲河”的拯救行动；二是充分利用本省十几个开发区的土地和基础设施，搞好产业集群，为山西城镇化建设带好头；三是抓好国际会展中心的建设，建议选址定在北营原省物质局仓库附近，均被采纳。年底，省政府召开的贯彻和落实科学发展观座谈会，他撰写了《贯彻和落实科学发展观是关系大局和长远的一件大事》，并进行了大会发言。此外，以他为组长撰写的《山西省水资源可持续利用研究》，在省政府办公厅《参阅材料》第18期登载，得到省有关领导的好评。多次深入基层调查研究，利用自己的学识提出了许多建议，得到省领导的重视和高度评价，许多建议被纳入了决策。他的先进事迹在国务院参事室《参事工作通讯》第6期刊载。参事杨勇在，在政协会议期间，就看病难看病贵的问题，在专题讨论会上发表见解，得到与会者的一致认可，他撰写的《经济发展了更要关心群众疾苦》的调研文章，在山西政协报《为百姓说话，为决策服务》专栏中全文刊登；他撰写的《开展参事工作之我见》在山西省委统战部主办的《山西统一战线》第6期登载，并在《九三社讯》转载；他还应太原市晋源区寺底村村委会的邀请，对太原西山大佛进行了实地调研，为早日开发西山大佛提出了自己的建议；在《山西省科学技术普及条例（草案）》制订过程中，他连续七次上书省委书记张宝顺、省长于幼军等领导，以及省委、省人大、省政府办公厅等有关部门，为保障全省科协事业健康有序的发展做出了贡献，受到山西省科学技术协会的表彰和奖励；针对医疗体制改革中药品价格虚高等问题，2006年他又一次前往晋城市和省六个委、厅、局就建立科学规范的药品价格机制等课题进行了深入细致的调研，写出了题为《解决药价虚高，应表里兼治》的调研报告，五次上书省领导。他的先进事迹《杨勇在参事小记》在国务院参事室《参事工作通讯·第

6期参事》风采专栏刊载，并在九三学社山西省委主办的刊物《九三社讯》转载。李振喜参事把日常工作和参事工作结合起来，多次深入朔州、大同、阳泉、临汾等地调查研究反映问题。他撰写的《扶持做大苦荞产业，努力实现两个提高》、《分析总结五年煤矿安全状况，确立今后煤矿安全对策措施》、《关于阳泉煤运分公司快速发展，实施大企业、大集团发展战略的调研报告》等调研报告和建议，分别刊登在了政府办公厅《参阅材料》上。他建言献策，利用自己的专业特长，提出了许多建议，为政府决策提供了依据。国务院参事室《参事工作通讯》第11期以《心如松高洁，情系太阳石》为题介绍了他的工作业绩。刘景雯参事从自己专业角度出发提出《关于晋中几个大院联合申报世界文化遗产》的建议，得到了副省长宋北杉批示，省文物局进行了认真的研究落实，现已被国家文物局列为申遗目录预备库；她提出的在《太原市建造中华诗歌馆》、《政府应加大支持平遥国际摄影大展的力度》等建议得到有关方面的认同。杨晓国参事对旅游产业发展多次进行调研，并以此为题到市、县进行学术讲座。分别被临汾市人民政府和文水县人民政府聘为旅游产业发展顾问。对陵川县旅游产业的发展前景，提出了许多建议，被当地政府采纳。陈鸿章参事提出的《安全生产知识下乡》建议，被晋城市作为试点正在进行，反映很好。他还被台湾民主自治同盟中央委员会、中华全国工商业联合会评为各民主党派工商联无党派人士为全面建设小康社会做出突出贡献的先进个人。韩俊文参事针对城市过度增长的“宠物豢养热”，撰写了《宠物受宠之至，社会和谐何在》一文，建议政府出台一些政策、法规或制度，限制豢养宠物。刘建民参事2006年下半年被聘为《山西省银行货币博物馆》筹建顾问，对山西特有金融、货币的优秀文化起到了宣传作用。他就开发祁县城老街的旅游，提出了见解。5月22日～24日，省社会科学院、省政府参事室、省政协农村委员会联合主办了山西省首届建设社会主义新农村高峰论坛，冉金刚主任，薄生荣、杨勇在参事等出席了会议。他们从不同的角度阐述了自己的观点和思路，为山西新农村建设，出谋献策，进行宣讲。7月28日～8月1日，省政府参事杨晓国、刘景雯、杨勇在、车振华等前往晋城市陵川县，就陵川旅游发展问题做了专题调研，撰写了《关于对陵川县旅游业给予重点扶持》的建议。10月10日，省政府参事杨勇在、杨晓国，在山西电视台公共频道的特别报道栏目中，以《山西生态旅游的尴尬》为题，接受了访谈，对山西生态旅游发表了见解和看法。11月20日省政府参事李振喜、薄生荣，就煤矿安全生产和信息化监控煤矿安全的有关问题赴大同市进行了调研。

2006年，共组织参事调研10多次；整理上报参事调研报告5篇；参事意见与建议13篇。参事调研历经5个市、6个县、7个乡镇、4个行政村、8个企业、10个厅局，座谈涉及人员500多人。

（王合龙）

**【文史馆员工作概述】** 2006年，文史馆员工作，发挥自身的优势和专长，尽其所能，开展文史研究、艺术创作、文化交流等活动，为山西的精神文明建设、文化建设和构建和谐山西，做出了应有的贡献。文史馆员李夜冰、杨吉魁、黄克毅、吴德文、王木兰，在山西省政协九届四次会议书画界委员捐赠笔会活动中，联袂创作的大幅国画《国色鸣春》、《粉妆映日》等作品，义卖所得费用全部捐赠给了偏关贫困小学。4月至7月，馆员李夜冰赴俄罗斯、埃及、巴西、南非、肯尼亚、土耳其、阿联酋等国进行艺术考察，对外宣传了山西。8月24日，文史馆员李夜冰参加了山西诗书画印艺术家联合会组织的山西右玉县参观考察，并进行了笔会；8月29日，李夜冰参观考察了山西作家书画院组织的赴长治县“五凤楼”和长治县全国著名碑林景观活动，并进行了笔会；9月9日，李夜冰赴内蒙古呼和浩特市参加了中央数字电视书画频道走进大草原全国书画名家邀请展开幕式。馆员吴德文9月应《山西日报》邀请，赴繁峙县参加希望工程书画笔会。他还多次为晋中、平遥、介休等地书画研究会进行国画讲座。

2006年以来，馆员王建华创作的《麻姑献寿》、《睡莲图》、《马上封侯》、《勿忘国耻，居安思危》等作品，在《中华书画》、《都市》杂志、《山西政协报》、《山西工人报》等多种杂志、刊物刊登发表。其中《麻姑献寿》，由中央有关部门收藏；《宁波侨讯》以《让画笔挥洒在水墨世界》为题，对王建华的艺术作品进行了评价。在太原市金港大厦召开的太原市文联成立20周年庆典表彰会上，王建华被授予“杰出艺术家”称号，并收入《春华秋实》一书。

9月11日～15日，室（馆）文史馆员李夜冰、吴德文、王建华、王如何创作的书画作品，参加了中央文史研究馆举办的“纪念中国工农红军长征胜利70周年全国文史研究馆书画展”。9月21日，为庆祝明年辽宁省文史研究馆和黑龙江省文史研究馆建馆50周年，室（馆）组织李夜冰、吴德文、杨吉魁、黄克毅、王建华、焦国辉6名书画馆员，集体创作了4幅书画作品。9月22日，按照中央文史研究馆的通知精神，为迎接2008年北京奥运会，以书画形式展示祖国的大好河山，室（馆）组织部分文史馆员召开了专门会议，拟定了创作的作者以及作品内容。（王合龙）

**【馆际交流】** 2006年，为加强与兄弟省区市室（馆）的交流，相互促进，交流经验，室（馆）进行了一系列活动。

4月13日～15日，甘肃省参事室副主任何文元一行5人到室（馆）调研，就提高政府参事参政咨询工作的能力和水平，开阔参事和工作人员的视野，以及新时期参事工作的创新与发展等方面，进行了交流与沟通。期间，赴五台山、乔家大院进行了参观考察。5月26日～28日，重庆市参事室副主任赵俊林一行3人，到山西调研考察，两室进行了参事工作的经验交流。期间，赴五台山、大同等地进行了考察。6月19日，沈阳参事室部分参事和工作人员一行16人，由副主任王素云带队，到山西考察调研。期间，与室（馆）进行了工作交流。7月1日～7月6日，室（馆）主任（馆长）冉金刚、馆员黄克毅、王建华等参加了全国文史研究馆工作座谈会暨我爱新疆全国文史研究馆书画作品展。7月13日，广东省政府部分参事及参事室、文史馆工作人员一行16人，到山西进行学习考察。期间，两室（馆）就各自的工作开展情况进行了交流与探讨。9月2日～8日，主任（馆长）冉金刚一行2人，参加了沈阳市参事室、文史馆建室、建馆50周年庆祝活动。12月28日～30日，主任冉金刚，副主任张志斌、左泽林同志，赴国务院参事室，参加了“全国参事工作文史研究馆工作会议”。会议主要讨论了《政府参事工作条例》、《关于进一步加强新时期文史研究馆工作的意见》等有关专题内容，并布置了全国文史研究馆庆奥运书画展的活动安排。

室（馆）《文史研究》内部刊物，编写

出版了“吕梁专辑”。　　（王合龙）

**【机关建设】** 2006年，根据省政府《关于深入贯彻落实全省政府系统干部大会精神，开展机关行政效能建设活动的紧急通知》的要求，并按照《省政府办公厅机关行政效能建设活动实施方案》，在省政府办公厅行政效能建设领导组的领导下，室（馆）开展了为期两个月的行政效能建设活动。在行政效能建设活动中，室（馆）认真组织，学习有关文件和领导讲话。在先进性教育活动的基础上，认真查找存在的问题，分析问题产生的原因，寻找解决问题的对策，建立健全工作制度，制定整改方案。经过两个月的机关行政效能建设活动，室（馆）完善了运行机制，工作作风有了明显好转，工作的主动性、创造性也得到了增强。

在室（馆）领导的努力下，在有关省领导的支持下，1月17日，根据晋编办字〔2005〕298号文件，经省编办主任办公会议研究，省政府参事室（文史馆）设立综合处。

室（馆）加强支部建设，发挥党支部的战斗堡垒作用和党员的先锋模范作用。参事室支部被办公厅评为优秀基层党支部，张志斌、马宽被评为办公厅优秀共产党员；年度公务员考核中，副主任张志斌被评为省政府办公厅优秀公务员。调研员孟建华在省委第十八批农村工作队下乡扶贫工作中，成绩显著，被中共山西省直属机关工作委员会、省委干部下乡办公室评为“先进工作队员”。

重视老干部工作。1月25日，在新春佳节来临之际，室（馆）领导对参事、馆员遗孀、遗属及部分离退休老干部进行了慰问，给他们送去了慰问金、慰问品，送去了党和政府的浓浓情谊。在平时加强与他们的沟通，关心他们的生活，重视他们的意见与建议。　　（王合龙）

# 政协工作

## ·全体委员会议·

**【省政协九届四次会议】** 2006年1月8日～13日，中国人民政治协商会议第九届山西省委员会第四次会议在太原召开。会议的主要议程有：听取审议省政协主席刘泽民代表政协第九届山西省委员会常务委员会所作的工作报告；听取审议省政协副主席张正明代表政协第九届山西省委员会常务委员会所作的关于九届三次会议以来提案工作的报告；列席山西省第十届人民代表大会第四次会议，听取讨论关于山西省“十一五”规划纲要报告和大会的其他有关报告；审议通过政协第九届山西省委员会第四次会议的各项决议；其他事项。482名委员出席了本次会议。省委、省人大、省政府、省军区、省高级人民法院、省人民检察院、省武警总队的领导，曾担任过正省级职务的老领导，省政协历届副主席出席了开、闭幕会。在本省的十届全国政协委员，省委、省政府有关副秘书长；省直各厅局委办负责人；省政协调研室和各专委会负责人；各市县区政协主席、市委统战部部长；省高校工委、省国资委、省国防科工委统战部长和本科院校党委统战部长；省政府参事、文史馆员等列席了本次会议。薛荣哲和刘泽民分别主持了开、闭幕会。

会议以邓小平理论和“三个代表”重要思想为指导，坚持和落实科学发展观，深入学习贯彻中共十六届五中全会和省委八届七次全会精神，听取并协商讨论了《关于山西省国民经济和社会发展第十一个五年规划纲要的报告》和省高级人民法院、省人民检察院工作报告，协商讨论了《关于2005年国民经济和社会发展计划执行情况与2006年国民经济和社会发展计划草案的报告》、《关于2005年全省和省本级预算执行情况及2006年全省和省本级预算草案的报告》。会议对以上报告表示赞同。

会议认为，“十五”时期是山西历史上发展最快最好的时期之一。在中共山西省委的正确领导下，全省各族人民坚持以科学发展观为指导，坚持不懈地推进经济结构调整，促进传统产业新型化和新兴产业规模化，努力建设新型能源和工业基地，全面加强经济建设、政治建设、文化建设与和谐社会建设，圆满完成了“十五”计划确定的各项任务。全省经济持续快速发展，质量和效益不断提高，整体实力大为增强，各项事业全面进步，人民生活明显改善，主要经济指标在全国的位次稳步前移，为“十一五”时期的发展奠定了良好基础。会议对过去一年山西改革发展取得的新成就，对国民经济和社会发展“十五”计划胜利完成表示满意，对“十一五”规划纲要提出的指导思想和宏伟目标深感振奋和鼓舞。

会议指出，“十一五”在全面建设小康社会进程中具有承前启后的重要地位，是全面树立和落实科学发展观的关键时期，也是山西在新的起点上实现跨越式发展的关键时期。必须科学把握发展形势，充分利用国家实施中部崛起战略、国际国内产业转移、能源需求旺盛、消费结构优化升级所带来的大好机遇，站在历史和全局的高度，进一步完善发展思路和目标，尽快走上科学发展、和谐发展的轨道，努力实现山西经济社会的新发展、新跨越。会议对当前存在的一些关系山西改革发展稳定的若干重要问题深为关注，就进一步深化经济结构调整、大力发展优势产业，着力解决“三农”问题、建设社会主义新农村，扩大对外开放、优化改革发展环境，加强社会管理、完善社会保障体系，发展教育科技卫生等社会事业、促进人的全面发展等问题，提出了积极的意见和建议。

会议号召，全省各级政协组织、各参加单位和全体委员，要更加紧密地团结在

图为中国人民政治协商会议山西省九届四次会议开幕式。省委书记张宝顺（前中）、副书记代省长于幼军（前左）到会祝贺　　李润玺提供

以胡锦涛同志为总书记的中共中央周围，高举邓小平理论和“三个代表”重要思想伟大旗帜，坚持以科学发展观统领经济社会发展全局，进一步强化团结意识、大局意识、发展意识、机遇意识，进一步增强政治责任感、历史使命感和时代紧迫感，进一步提高履行政治协商、民主监督、参政议政职能的能力，团结一切可以团结的力量，调动一切积极因素，激发一切创造活力，同心同德、励精图治，竭诚凝智、建言献策，为圆满完成“十一五”规划，建设国家新型能源和工业基地，构建充满活力、富裕文明、和谐稳定、山川秀美的新山西而努力奋斗！（李润玺）

## ·常务委员会议·

**【九届十六次常委会议】** 2006年1月4日～6日，政协第九届山西省委员会第十六次常委会议在太原举行。刘泽民、薛荣哲分别主持开、闭幕会议。吴锦文、聂向庭、张正明、边鸣涛、吕日周、阎爱英、韩儒英、吴博威、周然，秘书长田喜荣及89名省政协常委出席。

会议邀请副省长牛仁亮作了《山西省国民经济和社会发展第十一个五年规划纲要》编制工作的说明；通过了政协第九届山西省委员会第四次会议议程（草案）；通过了九届四次会议日程；通过了省政协主席刘泽民代表政协第九届山西省委员会常务委员会作的工作报告；通过了政协第九届山西省委员会常务委员会提案工作报告和报告人；通过了九届四次会议列席人员范围和名额；通过了九届四次会议分组办法和小组召集人名单，通过了有关规章制度和人事事项。

会议认为，即将召开的省政协九届四次会议，是全省人民政治生活中的一件大事和喜事，是在全省人民深入学习贯彻中共十六届五中全会和中共山西省委八届七次全会精神，全面落实科学发展观，满怀信心地投入“十一五”规划建设开局之年召开的，意义重大，影响深远。

会议号召，各位常委要充分发挥模范带头作用，团结广大委员和参会同志，统一思想，集中精力，振奋精神，把这次大会开成一个民主、求实、团结、鼓劲的大会，开成一个圆满成功、富有成效的大会，为山西“十一五”规划建言献策，为建设充满活力、富裕文明、和谐稳定、山川秀美的新山西发挥独特作用。

省政协原领导郭裕怀、万良适、宋绍华、靳承序、吴慧琴、赵凤翔、徐大毅，各市政协主席，省政协机关厅级干部，省委办公厅、省政府办公厅、省高级法院、省人民检察院、省委组织部、省委统战部、省发改委、省财政厅的负责人分别列席了会议和听取了大会发言。（李润玺）

**【九届十七次常委会议】** 2006年1月10日晚，省政协举行九届十七次常委会议。省政协主席刘泽民主持会议，薛荣哲、吴锦文、聂向庭、张正明、边鸣涛、吕日周、阎爱英、韩儒英、吴博威，秘书长田喜荣及76名常委出席。

会议审议通过了省政协九届四次会议政治决议（草案）；审议通过了省政协九届四次会议常委会工作报告的决议（草案）；审议通过了省政协九届四次会议提案工作情况报告的决议（草案）；审议通过了九届四次会议选举办法（草案）；审议通过了省政协九届四次会议监、计票人员名单（草案）。以上草案，将提请省政协九届四次会议审议通过。（李润玺）

**【九届十八次常委会议】** 2006年1月13日下午，政协第九届山西省委员会第十八次常委会议在太原召开。会议审议通过了《政协第九届山西省委员会常务委员会2006年工作要点》。省政协主席刘泽民主持了会议。薛荣哲、吴锦文、聂向庭、张正明、边鸣涛、吕日周、阎爱英、韩儒英、吴博威，秘书长田喜荣及83名常委出席。

《政协第九届山西省委员会常务委员会2006年工作要点》主要内容包括五个方面23个要点：一是加强学习，提高素质，进一步提高履行职能的能力；二是围绕中心、服务大局，为加快科学发展建言献策；三是发挥优势，拓展领域，为建设和谐山西多做贡献；四是夯实基础，巩固提高，增强履行职能的实效；五是总结经验，推动工作，不断加强自身建设。

省政协原领导郭裕怀、万良适、宋绍华、靳承序、吴慧琴、赵凤翔、徐大毅，各市政协主席，省政协厅级干部列席。

（李润玺）

**【九届十九次常委会议】** 2006年5月22日～24日，省政协九届十九次常委会议在太原召开。刘泽民主持会议并讲话，薛荣哲、吴锦文、聂向庭、张正明、阎爱英、韩儒英、吴博威、周然，代秘书长阎沁生及81名常委出席会议。

刘泽民主持开幕会议，副省长梁滨通报了山西社会主义新农村建设的有关情况，薛荣哲就《关于扎实推进我省社会主义新农村建设的建议（讨论稿）》作了说明。会议邀请中国人民大学农业与农村经济发展学院院长温铁军作关于建设社会主义新农村的专题报告。围绕会议主题大家进行了分组讨论，毕怀恕、张建豪等7位同志作了大会发言。

薛荣哲主持闭幕会议，刘泽民作重要讲话并通报了省政协九届十八次常委会议以来的工作情况；会议通过了《关于扎实推进我省社会主义新农村建设的建议》，通过了阎沁生为政协第九届山西省委员会委员的决定，通过了阎沁生任省政协副秘书长、代秘书长和杨临生等12人的任职决定。

刘泽民指出，山西建设社会主义新农村应重视三个方面的问题。一是推进新农村建设，必须以发展农村生产力为首要任务。坚持以经济建设为中心，是改革开放以来我们国家取得辉煌成就的基本经验。发展农村经济，壮大农村实力，增加农民

图为省政协九届二十次常委会议会场 李润玺提供

收入，提高农民生活水平和生活质量，是新农村建设的根本出发点和落脚点。所以，必须千方百计让农民增产增收，必须深化农村改革，必须让更多农民享有更多公共服务。二是推进新农村建设，必须培养和造就一大批有文化、懂技术、会经营的新型农民队伍。建设社会主义新农村，农民是主体，农民的文化素质、技术能力和思想道德水平，直接决定新农村建设的兴衰，决定新农村建设的成败。没有新型农民，新农村建设不了，管理不好，也巩固不了。三是推进新农村建设，必须充分发挥基层党组织的领导核心作用。党的领导是建设社会主义新农村的根本保证，以党组织为核心的农村基层组织是建设社会主义新农村的政治基础。基层政权必须真正掌握在能践行"三个代表"重要思想、为农民着想的人手里。因此，必须加强基层党组织建设，选好党支部，选好带头人。

省政协老领导郭裕怀、万良适、靳承序、吴慧琴、赵凤翔、徐大毅，驻晋十届全国政协委员，省委办公厅、省政府办公厅、省发改委、省财政厅、省水利厅、省林业厅、省农业厅、省扶贫办、中国人民银行太原中心支行等省直有关部门负责人，机关厅级干部，各市政协主席列席会议。（李润玺）

**【九届二十次常委会议】** 2006年8月7日～9日，省政协九届二十次常委会议在晋城召开，就加快山西建设环境友好型社会建言献策。刘泽民主持开幕会议并在闭幕会议上讲话。薛荣哲主持闭幕会议，吴锦文、聂向庭、张正明、阎爱英、韩儒英、吴博威，代秘书长阎沁生和82名省政协常委出席会议。

会议邀请副省长牛仁亮通报了山西建设环境友好型社会的情况，听取了副主席边鸣涛《关于加快我省建设环境友好型社会的建议（讨论稿）》的说明，审议通过了《关于加快我省建设环境友好型社会的建议》。

会议围绕加快山西建设环境友好型社会进行了分组讨论和大会发言，与会人员对加快山西建设环境友好型社会提出了很有见地的意见和建议。大家认为，"十一五"时期，是山西加快工业化和城镇化步伐、全面实现小康社会战略目标的关键时期，抓住历史机遇，彻底扭转高耗能、高污染以及资源利用率低下的局面，着力建设环境友好型社会已成为当务之急和现实所需。大家提出，建设环境友好型社会，正确处理好发展与资源环境的关系，把环境保护摆在决策的前端非常重要；要统筹规划，科学决策，制定近期、中期、长期环保目标，从控制源头上控制污染，确保不欠新账。特别是要确立绿色GDP在新的政绩评价体系中的核心地位，实现环境污染增量零增长的目标。

会议期间，与会人员赴阳城电厂、皇城村、晋城百丽园等地就建设环境友好型社会进行了考察。

原省政协老领导郭裕怀、万良适、宋绍华、靳承序、祁寿椿、赵凤翔、徐大毅，副秘书长，各专门委员会负责人，各市政协主席，省委办公厅、省政府办公厅、省发改委、省财政厅、省国土资源厅、省水利厅、省林业厅、省环保局的负责人列席会议。（李润玺）

## ·主席会议·

**【九届二十六次主席会议】** 2006年1月10日晚，政协第九届第二十六次主席会议在山西饭店召开。刘泽民主持会议。薛荣哲、吴锦文、聂向庭、张正明、边鸣涛、吕日周、阎爱英、韩儒英、吴博威、周然，秘书长田喜荣出席。会议原则通过了九届四次会议政治决议（草案）、常委会工作报告决议（草案）、提案工作情况报告决议（草案）、选举办法（草案）以及监、计票人员名单（草案）。（李润玺）

**【九届二十七次主席会议】** 2006年4月11日，省政协召开九届二十七次主席会议，刘泽民主持会议。吴锦文、聂向庭、张正明、阎爱英、韩儒英、吴博威、周然、阎沁生出席会议。

会议学习了胡锦涛总书记在省部级主要领导干部建设社会主义新农村专题研讨班上的讲话；学习了温家宝总理考察山西时的重要指示；审议通过了《政协第九届山西省委员会常务委员会2006年主要工作责任制》；研究了省政协九届十九次常委会议准备工作和委员学习培训班的筹备工作；通过了有关人事事项。

会议要求，全省各级政协组织和广大政协委员及机关干部要认真学习胡锦涛总书记和温家宝总理重要讲话和指示精神，针对山西农村事业发展相对落后，贫困面还比较大的实际，充分认识在山西建设社会主义新农村的艰巨性和紧迫性，组织委员深入调研，倾听民声，反映民意，为山西社会主义新农村建设提出更多更好的新思路、新方法。要围绕山西"十一五"规划实施和中部地区崛起战略，重点围绕经济结构调整，培育多元支柱产业，加强资源环境生态工作，建设资源节约型和环境友好型社会等方面积极建言献策，为实现山西经济又快又好发展和社会全面进步做出应有贡献。

省政协副秘书长、调研室、各专门委员会负责人列席了会议。（李润玺）

**【九届二十八次主席会议】** 2006年5月16日，省政协召开第二十八次主席会议。刘泽民主持会议，薛荣哲、吴锦文、聂向庭、张正明、边鸣涛、阎爱英、吴博威、周然和代秘书长阎沁生出席会议。

会议讨论了《关于扎实推进我省社会主义新农村建设的建议（送审稿）》，提出了修改意见，责成调研室和农村委员会作进一步修改，提交十九次常委会议讨论通过。（李润玺）

**【九届二十九次主席会议】** 2006年6月22日，省政协召开九届第二十九次主席会议，讨论《省委关于贯彻落实〈中共中央关于进一步加强中国共产党领导的多党合作和政治协商制度建设的意见〉（以下简称《意见》）的实施意见》（代拟稿），根据会议意见进一步修改和补充，报送省委。研究全省政协工作督查调研工作，7月1日前确定各调研组人员，各组组长拟由省委、省政协厅级干部担任，抓紧做好调研的各项准备工作。讨论通过《全省政协工作经验交流会工作方案》，拟于11月上旬召开全省政协工作经验交流会，抓紧做好会议文件起草、优秀委员评选等各项筹备工作。研究省政协九届二十次常委会议建议报告起草工作，原则同意建议报告起草的基本思路，要求及早拿出建议报告初稿。听取机关基本建设情况汇报。

会议强调，要继续加强对中央《意见》的学习和贯彻落实，认真组织好政协委员和各界别的学习活动；在深入学习《意见》的基础上，政协各部门要联系工作实际，抓紧各项工作任务的落实，时间要提前，质量要提高；要加快机关基本建设工作步伐，努力克服困难，创造条件，使机关宿舍建设在年内启动，为机关干部职工创造良好的工作和生活环境。

（李润玺）

图为驻晋全国政协委员学习贯彻中共中央《意见》精神座谈会

李润玺提供

【九届三十次主席会议】 2006年7月28日，省政协在太原召开九届第三十次主席会议。刘泽民主持会议，吴锦文、聂向庭、张正明、边鸣涛、韩儒英、吴博威、周然，代秘书长阎沁生出席会议。

会议研究了召开省政协九届二十次常委会议的有关事项，决定省政协九届二十次常委会议于8月7日～9日在晋城市召开。会议讨论了《关于加快我省建设环境友好型社会的建议》（送审稿）和《中共山西省委关于贯彻落实〈中共中央关于加强人民政协工作的意见〉的实施意见》（代拟稿）。

会议要求，各有关部门要统筹安排好各项工作，周密部署，精心准备，齐心协力，全力做好会前的各项筹备工作，确保省政协九届二十次常委会议顺利召开。省政协副秘书长，调研室、各专门委员会负责人列席会议。 （李润玺）

【九届三十一次主席会议】 2006年11月15日，刘泽民主持召开省政协九届三十一次主席会议。薛荣哲、吴锦文、张正明、边鸣涛、吕日周、阎爱英、韩儒英、吴博威、周然，代秘书长阎沁生出席会议。

会议学习了中共山西省委九届一次全会精神；审议通过了省政协贯彻落实《中共山西省委关于贯彻落实〈中共中央关于加强人民政协工作的意见〉的实施意见》的有关事项；通过了关于召开全省政协工作经验交流会的有关事宜。

会议要求，全省各级政协组织和广大政协委员要深入学习贯彻党的十六届六中全会、省委九次党代会、省委九届一次全会精神，全面贯彻落实《中共山西省委关于贯彻落实〈中共中央关于加强人民政协工作的意见〉的实施意见》，一要加强领导，大力宣传，充分认识《实施意见》的重要意义；二要认真学习，深刻领会，准确把握《实施意见》的基本精神；三要结合实际，狠抓落实，贯彻执行《实施意见》的各项要求；四要统筹规划，明确目标，定期督查《实施意见》的落实情况。机关各部门要统筹规划，密切配合，全面做好全省政协工作经验交流会的筹备工作，确保会议的顺利召开。

省政协副秘书长，调研室、各专门委员会负责人列席了会议。 （李润玺）

【九届三十二次主席（扩大）会议】 2006年12月20日，省政协召开三十二次主席（扩大）会议。刘泽民主持会议并讲话。张正明、边鸣涛、吕日周、阎爱英、韩儒英、吴博威、周然，代秘书长阎沁生出席会议。

会议认真学习了《中共中央关于巩固和壮大新世纪新阶段统一战线的意见》（以下简称《意见》）；传达学习了全国政协提案工作座谈会和视察工作座谈会精神。

会议强调，全省各级政协组织和广大政协委员要认真学习，深刻领会，把思想统一到《意见》精神上来；要在认真落实《意见》精神的基础上，坚持中共中央关于统战工作的原则、方针、政策，努力搞好政协工作；要发挥政协优势，充分调动社会各界人士及各方面的积极性，把精力集中到实现“十一五”规划，全面建设小康社会、构建和谐社会目标上来；要提高自身素质，加强自身建设；要结合山西政协工作实际，把学习全国政协提案工作座谈会和视察工作座谈会精神与落实《意见》、两个中央5号文件和中共山西省委32号文件精神结合起来，开拓创新，总结经验，提高委员视察和提案质量，提高建言献策水平。

会议要求，临近年末，时间紧、任务重，秘书长班子要全面统筹协调，在做好年底前机关各项工作的同时，要认真抓好以下几项工作：一是省政协常委会工作报告、九届四次会议以来提案工作情况报告、2007年常委会工作要点、于幼军省长讲话、全会议程、日程的起草工作；二是全会大会发言材料和人员的初步审定工作；三是后勤服务工作。机关全体人员要全力以赴，周到细致，充分做好全会的准备工作，保证会议的顺利召开。

省政协副秘书长，调研室、各专门委员会主任、专职副主任参加了会议。

（李润玺）

## ·其他会议·

【省城各界人士迎春茶话会】 2006年1月23日，政协山西省委员会、中共山西省委统战部在太原共同举行省城各界人士迎春茶话会。中共山西省委书记张宝顺出席会议并作重要讲话，他代表中共山西省委、省人大、省政府、省政协，向各民主

图为省委书记张宝顺等省领导出席新春茶话会

李润玺提供

省政协传达学习全国政协十届四次会议精神会议会场　　李润玺提供

党派、工商联、人民团体和无党派人士，向全省各族人民、人民解放军指战员、武警官兵、公安干警致以亲切的慰问和崇高的敬意！向关心、支持和帮助山西现代化建设的港澳同胞、台湾同胞、海外侨胞和国际友人表示衷心的感谢和新年的祝福！

张宝顺在讲话中概括了“十五”时期山西经济社会发展取得的辉煌成就，明确指出了“十一五”规划的指导思想和目标任务。他指出，2006年，是实施“十一五”规划的开局之年，是立足新起点，履行新使命的重要一年。希望全省各级政协统战组织和广大政协委员，要发挥独特优势，把促进发展作为履行职能的第一要务，围绕改革发展、稳定大局，坚持求真务实，深入调查研究，充分发挥聪明才智，为构建和谐山西做出新的贡献。

刘泽民主持会议并代表政协山西省委员会、中共山西省委统战部，向全省各级政协委员、各民主党派、工商联和无党派爱国人士，向各人民团体、社会各族各界人士致以节日的问候和良好的祝愿！

茶话会上，副主席、民进省委主委张正明，省政协常委、省侨联主席周运宁分别代表各民主党派、工商联和无党派爱国人士及各人民团体发了言。

省委、省人大、省政府、省政协、省军区、省高级人民法院、省人民检察院；在职领导以及离退休省级老同志，在并的十届全国政协委员、九届省政协常委，省政协、省委统战部厅局级干部及离退休老同志，省级各民主党派、工商联、人民团体负责人及无党派民主人士，省政府参事、文史馆员及有关方面的负责人参加了茶话会。

茶话会上，大家观看了精彩的文艺节目。　　（李润玺）

**【学习贯彻《中共中央关于加强人民政协工作的意见》会议】**　2006年2月16日，省政协中心组召开学习贯彻《中共中央关于加强人民政协工作的意见》（以下简称《意见》）会议。刘泽民主持会议并讲话，薛荣哲、聂向庭、吕日周、阎爱英、韩儒英、吴博威、周然，秘书长田喜荣出席会议。

会议传达学习了《意见》精神，全体与会人员结合各自工作实际，畅谈了学习体会。大家一致认为，《意见》是新世纪指导人民政协工作的纲领性文件，这一《意见》的出台对于推动政协履行职能的规范化、制度化和程序化建设，充分发挥政协在推进社会主义民主政治建设中的重要作用，必将产生积极而深远的影响。

刘泽民要求全省各级政协组织和广大政协委员，一要深刻认识《意见》的重大意义，加强学习，深刻领会其精神实质；二要进一步增强履行政协职能、做好政协工作的责任感和使命感；三要充分发挥政协优势，把发展作为履行职能的第一要务，积极推进本省社会主义物质文明、政治文明、精神文明建设；四要充分发挥政协党组的核心领导作用和模范带头作用，积极推动全省政协工作不断向前发展，努力为建设充满活力、富裕文明、和谐稳定、山川秀美的新山西做出积极贡献！

省政协副秘书长，调研室和各专门委员会负责人参加了会议。　　（李润玺）

**【驻晋全国政协委员座谈会】**　2006年2月22日下午，刘泽民主持召开驻晋全国政协委员座谈会。薛荣哲、聂向庭、张正明、韩儒英、吴博威，原省政协副主席宋绍华，秘书长田喜荣出席会议。

会议学习了中共中央《关于加强人民政协工作的意见》，并围绕贯彻落实中共中央《关于加强人民政协工作的意见》和如何开好全国政协十届四次会议、提高建言献策水平进行了认真讨论，提出了很有见地的意见和建议。刘泽民主席指出，即将召开的全国政协十届四次会议，是一次十分重要的会议。各位委员要按照政协章程和会议的有关规定，认真履行职责，积极建言献策，同时要充分宣传山西改革发展的新成就，树立起活力山西、和谐山西的新形象；要针对山西经济社会发展中存在的困难和问题，选准题目，突出重点，对制约山西长远发展的国家能源价格政策、生态补偿政策、资源保护政策等，积极利用个人提案、联名提案、大会发言、接受新闻媒体采访、与专家对话和讨论等形式发表建议，为构建充满活力、富裕文明、和谐稳定、山川秀美的新山西做出积极贡献。　　（李润玺）

**【传达学习全国政协十届四次会议精神大会】**　2006年3月23日，省政协召开机关全体干部职工大会，传达学习全国政协十届四次会议精神。刘泽民主持会议，薛

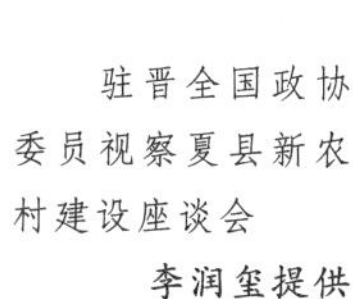

驻晋全国政协委员视察夏县新农村建设座谈会
李润玺提供

图为省政协领导八一期间慰问驻地武警官兵　李润玺提供

荣哲传达全国政协十届四次会议精神，党组成员阎沁生出席会议。

刘泽民指出，全国"两会"通过了《国民经济和社会发展的第十一个五年规划纲要（草案）》，确定了大政方针和各项目标；不久前，中共中央颁发了《关于加强人民政协工作的意见》（以下简称《意见》），对政协工作提出了更新更高的要求。面对前所未有的大好形势，现在关键是要加强对全国"两会"精神和《意见》的学习贯彻，认真抓好落实。

刘泽民要求，一要把学习贯彻全国"两会"精神和《意见》作为当前和今后一个时期的重要政治任务，切实抓紧抓好。"十一五"规划贯穿了科学发展观和构建和谐社会这两大战略思想，根据全面建设小康社会的总体要求，提出了未来五年经济社会发展的主要目标。中共中央颁发的《意见》，是指导新世纪新阶段人民政协工作的纲领性文件。全省各级政协组织和广大政协委员要增强责任感和使命感，把学习贯彻"两会"精神和《意见》作为当前和今后一个时期的一项统领全局、带动全局、推进全局的重要工作，摆在突出位置，抓紧抓好。要有大局意识、全局观念、眼界要高、视野要宽，立足党和国家工作大局，着眼于人民政协事业的全局，深刻理解和全面把握"两会"精神和《意见》中带根本性的理论观点、政策思想和措施规定，真正吃透"两会"精神实质，切实加强和改进政协工作。二要把学习贯彻"两会"精神和《意见》与充分履行职能、发挥政协作用结合起来，不断提高工作质量和水平，为"十一五"规划建言献策。要紧紧围绕实施"十一五"规划，围绕山西建设新型能源和工业基地的重大战略任务，围绕本省经济社会发展中的重大课题，围绕构建和谐山西，围绕与人民群众切身利益相关的热点问题等等，根据今年常委会工作要点，抓好落实。三要把学习贯彻"两会"精神和《意见》与全面加强政协自身建设结合起来。要以促进党派合作、突出界别特色、发挥委员主体作用和加强机关建设为重点，全面推进人民政协的自身建设。（李润玺）

【社会主义新农村建设座谈会】 2006年4月4日上午，省政协召开社会主义新农村建设座谈会。省政协主席刘泽民主持会议并发表讲话。原省人大主任王庭栋、原省政协主席郭裕怀、副主席张长珍等应邀出席座谈会。

座谈会上，大家围绕社会主义新农村建设问题进行了广泛深入的探讨，就社会主义新农村建设中的农村土地流转、土地所有权与使用权的关系、金融机构如何为农村服务、小额信贷组织和农村经济组织的发展、诚信的建立、新型农民的培养等问题，结合本省的实际提出了积极的意见和建议。

省政府办公厅、省政协办公厅及省直有关部门和金融部门的负责人参加了座谈会。（李润玺）

【学习树立社会主义荣辱观座谈会】 2006年4月19日，省政协召开学习树立社会主义荣辱观座谈会。刘泽民、薛荣哲出席，阎爱英主持会议。部分在并省政协委员，省政协机关各部门负责人和各支部书记参加。

座谈会上，大家认真学习了胡锦涛总书记关于社会主义荣辱观的重要论述；学习了省委书记张宝顺在省城各界树立以"八荣八耻"为主要内容的社会主义荣辱观座谈会上的讲话；交流了学习树立社会主义荣辱观的心得体会；讨论了荣辱观的理论、现实、战略意义；提出如何学习树立社会主义荣辱观的建设性意见。（李润玺）

【省政协中心组会议】 2006年7月10日，刘泽民主持召开省政协中心组会议，学习胡锦涛总书记在纪念建党85周年暨总结保持共产党员先进性教育活动大会上的重要讲话精神。薛荣哲、聂向庭、边鸣涛、阎爱英、韩儒英，代秘书长阎沁生出席会议。

刘泽民指出，胡锦涛总书记的重要讲话全面回顾总结了我们党85年来领导中国人民走过的光辉历程和加强党的先进性建设的宝贵经验，高度评价了在全党开展的保持共产党员先进性教育活动取得的成效，归纳概括了保持和发展党员队伍先进性的重要启示，深刻阐述了加强党的先进性建设需要解决的重大问题，进一步提出了加强党的先进性建设的主要任务和奋斗目标，是新形势下全面推进党的先进性建设的纲领性文献。

图为省政协常委视察阳城县皇城村　李润玺提供

刘泽民要求，全省各级政协组织和广大党员干部，一要把学习贯彻胡锦涛总书记重要讲话作为当前一项重大政治任务抓紧抓好，要深刻认识讲话的重大意义和精神实质，进一步理清工作思路，明确工作重点，切实把讲话精神落实到政协工作的各个方面；二要以加强党的先进性建设为根本，全面推进新时期机关党的建设；三要以学习贯彻胡锦涛总书记重要讲话精神为强大动力，扎实做好当前各项工作；四要切实加强对学习贯彻胡锦涛总书记重要讲话的组织领导。政协党组要把学习贯彻胡锦涛总书记重要讲话作为一项重要政治任务抓紧抓实；全省各级政协机关和党员领导干部要以身作则，带头学习，充分运用工作信息网、报告会、专题学习会等多种形式，搞好集中学习和宣传。

省政协副秘书长，调研室、各专门委员会负责人参加了会议。（李润玺）

**【全省经济和社会发展情况通报会】** 2006年8月3日上午，省政协召开全省经济和社会发展情况通报会。刘泽民出席会议，薛荣哲主持会议，聂向庭、边鸣涛、阎爱英、韩儒英、吴博威，代秘书长阎沁生出席会议。

会议邀请省发展和改革委员会、省经济委员会、省财政厅的主要负责人通报了2006年以来本省经济社会发展、经济运行情况及形势分析和财政预算执行情况。2006年以来，山西进一步加强和改善宏观调控，全面推进经济结构调整，改造提升传统产业，培育壮大新兴产业，努力抓好社会主义新农村建设，继续深化经济体制改革，全方位扩大对外开放，呈现出经济持续较快平稳运行、各项社会事业全面进步的良好态势。薛荣哲要求全省各级政协组织和广大政协委员统一思想，提高认识，充分发挥自身优势，深入调查研究，积极主动建言献策，为把山西建设成为“充满活力、富裕文明、和谐稳定、山川秀美”的新山西做出积极的贡献。在并十届全国政协委员、省政协委员，省政协机关全体干部参加了会议。（李润玺）

**【学习《中共中央关于学习〈江泽民文选〉的决定》和胡锦涛总书记在学习《江泽民文选》报告会上的重要讲话精神会议】** 2006年8月21日上午，省政协中心组召开会议，集中学习《中共中央关于学习〈江泽民文选〉的决定》和胡锦涛总书记在学习《江泽民文选》报告会上的重要讲话精神。刘泽民主持会议并讲话，薛荣哲、吴锦文、聂向庭、张正明、阎爱英、吴博威、周然出席会议。

会议传达学习了《中共中央关于学习〈江泽民文选〉的决定》和胡锦涛总书记在学习《江泽民文选》报告会上的讲话全文。全体与会人员畅谈学习体会，大家一致认为，《江泽民文选》生动记录了以江泽民为核心的党的第三代中央领导集体带领全党全国各族人民把中国特色社会主义事业推向前进的历史进程，科学总结了我党领导人民战胜各种艰难险阻、全面开创中国特色社会主义事业新局面的宝贵经验；江泽民同志集中全党智慧创立的“三个代表”重要思想，进一步回答了什么是社会主义、怎样建设社会主义的问题，创造性地回答了在长期执政的历史条件下建设什么样的党、怎样建设党的问题，实现了我们党在指导思想上的与时俱进，为坚持和发展党的基本理论、基本路线、基本纲领、基本经验作出了重大贡献；胡锦涛总书记的重要讲话，深刻阐述了学习《江泽民文选》的重大意义，高度评价了江泽民同志作为党的第三代中央领导核心和“三个代表”重要思想主要创立者的重大贡献，对全党学习运用《江泽民文选》提出了明确要求，是指导学好用好《江泽民文选》、进一步做好理论工作的纲领性文件。（李润玺）

**【省政协中心组学习贯彻中共中央十六届六中全会精神会议】** 2006年10月20日，刘泽民主持召开省政协中心组会议，学习贯彻中共中央十六届六中全会精神。聂向庭、张正明、阎爱英、韩儒英，代秘书长阎沁生，副秘书长、调研室、各专门委员会负责人出席会议。会议传达学习了中共中央十六届六中全会和全国政协十届十五次常委会议精神，学习讨论了《中共中央关于构建社会主义和谐社会若干重大问题的决定》，并对今后的学习贯彻进行了安排部署。大家认为，党的十六届六中全会是在我国经济社会发展进入关键阶段召开的一次重要会议，全会通过的《中共中央关于构建社会主义和谐社会若干重大问题的决定》是推进社会主义和谐社会建设的纲领性文件，我们要结合工作实际，深入学习、认真贯彻。刘泽民指出，和谐社会是中国特色社会主义的本质属性，是国家富强、民族振兴、人民幸福的重要保证。学习贯彻中共中央十六届六中全会精神和《中共中央关于构建社会主义和谐社会若干重大问题的决定》是全体政协委员和全省各级政协组织今后一段时期的重要政治任务。全省各级政协组织和广大政协委员要按照中共中央和省委的安排部署，采取组织学习、个人自学、专题讲座等形式深入学习、全面贯彻。一要增强责任感、使命感，认真学习、深刻领会，真正把全体委员的思想统一到全会精神上来；二要把学习贯彻全会精神同学习《江泽民文选》结合起来，积极开展学习贯彻活动；三要加强理论研究，积极探索政协工作和构建和谐社会的内在联系，探索政协构建和谐社会的途径、方法，探索政协在构建和谐社会中的作用；四要联系全省政协实际，把学习贯彻中央六中全会精神落实到实际工作中去，政协机关、组织要积极开展和谐机关、和谐处室、和谐家庭等创建活动。（李润玺）

**【机关全体党员干部会议】** 2006年11月2日上午，省政协召开机关全体党员干部会议，传达中共中央十六届六中全会和全国政协十届十五次常委会及省第九次党代会精神。刘泽民主持会议并讲话。薛荣哲、吴锦文、聂向庭、张正明、边鸣涛、阎爱英、韩儒英、周然，代秘书长阎沁生出席会议。

刘泽民指出，中共十六届六中全会通过的《中共中央关于构建社会主义和谐社会若干重大问题的决定》，明确提出了到2020年构建社会主义和谐社会的目标和主要任务，对构建社会主义和谐社会做出了全面部署，反映了建设富强民主文明和谐社会主义现代化国家的内在要求，体现了全党全国各族人民的共同愿望，是构建社会主义和谐社会的纲领性文件。省第九次党代会通过的张宝顺同志所作的报告，对山西未来经济社会各项建设和党的建设提出了更高的要求，为全省乘势而上、加快发展指出了明确方向。全省各级政协组织和广大政协委员要深刻领会十六届六中全会精神和省第九次党代会精神，切实把思想和行动统一到中央和省委的决策和部署上来。要深刻领会构建社会主义和谐社会的重大意义、指导思想、目标任务和工作原则，深刻认识人民政协在构建社会主义和谐社会中独特优势和重要作用，进一步增强为构建社会主义和谐社会服务的自觉性和坚定性。

省政协领导参加义务植树　李润玺提供

中共十六届六中全会对人民政协为和谐社会建设服务提出了更高要求，也为人民政协发挥作用提供了舞台。刘泽民指出，全省各级政协组织和政协委员要坚持把发展作为履行职能的第一要务，为推动经济社会协调发展积极建言献策；要努力推进制度建设，为保障社会公平正义献计出力；要广泛团结动员社会各方面力量，为激发社会活力和增进社会团结和睦多作贡献。

刘泽民强调，全省各级政协组织和广大政协委员要把学习贯彻中共十六届六中全会和省第九次党代会精神与学习《江泽民文选》结合起来，进一步贯彻落实《中共中央关于加强人民政协工作的意见》和《中共山西省委关于贯彻落实〈意见〉的实施意见》，全面推进人民政协的自身建设。各级政协机关要加强政治理论学习，不断提高理论水平和政治把握能力。当前特别要把学习贯彻十六届六中全会和省第九次党代会精神摆在突出位置，结合机关建设，切实抓紧抓好。要认真总结工作中的好经验和好做法，不断完善为政协履行职能服务的各项工作制度。

（李润玺）

**【全省政协工作经验交流会】** 2006年11月21日～22日，全省政协工作经验交流会在太原召开。省委副书记金银焕应邀出席会议并作重要讲话，省政协主席刘泽民在开幕会上回顾总结了九届政协换届以来的主要工作，副省长张少琴，常务副主席薛荣哲，副主席吴锦文、聂向庭、张正明、边鸣涛、阎爱英、韩儒英、吴博威、周然，代秘书长阎沁生出席会议。

会议总结交流了近年来山西各级政协在履行职能中创造的新经验、新方法，分析研究当前政协工作中面临的新情况、新问题，探讨加强和改进政协工作的新途径、新思路，对马德和等53名为人民政协事业做出贡献的优秀政协委员予以通报表彰，以达到拓宽视野、交流经验、树立榜样、推动工作的目的。

金银焕代表省委对九届政协以来的工作给予充分肯定，同时对做好新时期新阶段人民政协工作提出了新要求。她要求大家深入学习贯彻《中共中央关于加强人民政协工作的意见》和省委《中共山西省委关于贯彻落实〈中共中央关于加强人民政协工作的意见〉的实施意见》，充分发挥政协人才荟萃、智力密集的特点和优势，为加快科学发展献计出力；充分发挥政协包容各界、联系广泛的特点和优势，为构建和谐山西服务；要以改革的精神加强政协自身建设，进一步提高履行职能的水平；各级党委要根据中央要求和省委的部署，进一步加强和改善党对政协工作的领导，把政协工作纳入重要议事日程，支持人民政协切实履行好政治协商、民主监督、参政议政的职能。

刘泽民在总结讲话中指出，九届政协在中共山西省委的正确领导下，各项工作都有了新的进步和新的发展：一是省委高度重视，政协自觉主动，在为政协履行职能创造良好的政治环境方面取得了新进展；二是全省各级政协组织和广大政协委员解放思想，与时俱进，在推进政协工作创新方面取得了新进展；三是把促进发展作为第一要务，在围绕中心、服务大局方面取得了新进展；四是充分调动委员参与热情和参政热忱，在发挥委员主体作用方面取得了新进展；五是规范履行职能的程序和形式，在推进履行职能的制度化、规范化、程序化建设方面取得了新进展。他强调，在实践中总结积累、用实践经验指导和推动工作，是做好政协工作的重要思路和方法。他希望大家解放思想，实事求是，不要受束缚、不要带框框，结合中共十六届六中全会和省第九次党代会精神，根据新形势新任务的要求，认真探讨人民政协工作的新形式、新方法，政治协商的新思路、新领域，民主监督的新机制、新载体，发挥委员作用的新途径、新渠道。让各地在实践中创造的新鲜经验，成为相互学习、相互借鉴的共同财富，在构建充满活力、富裕文明、和谐稳定、山川秀美新山西的伟大进程中，发挥人民政协的更大作用。

部分省政协委员，省委办公厅、省政府办公厅有关负责同志，各市政协主席、秘书长，各县（区）政协主席，各参加单位负责人、省政协各界别召集人，省政协机关厅级干部参加了会议。（李润玺）

## ·重要活动·

**【刘泽民带领部分驻晋全国政协委员视察中国银行太原北城支行、光大银行太原分**

图为省政协办公楼　李润玺提供

行】 2006年2月20日上午，省政协主席刘泽民带领部分驻晋全国政协委员视察中国银行太原北城支行、光大银行太原分行。副省长张少琴，省政协常务副主席薛荣哲，副主席吴锦文、聂向庭、张正明、边鸣涛、韩儒英、吴博威、周然，原省政协副主席宋绍华，秘书长田喜荣参加了视察。委员们实地视察了中国银行太原北城支行的营业大厅、储蓄中心、大客户服务中心和光大银行太原分行的营业部、理财中心，分别听取了中国银行山西省分行和光大银行太原分行工作情况汇报并与有关部门负责人进行座谈。视察中，委员们对中国银行山西省分行和光大银行太原分行在积极支持地方经济建设、参与山西产业结构调整等方面做出的贡献给予了充分肯定，并对今后金融改革、金融市场发展等提出了很好的意见和建议。

（李润玺）

**【薛荣哲带领部分驻晋全国政协委员视察太原铁路局】** 2006年2月22日上午，省政协常务副主席薛荣哲带领部分驻晋全国政协委员视察太原铁路局。省政协副主席聂向庭、张正明、韩儒英、周然，秘书长田喜荣等参加视察。委员们实地视察了石太线、寿阳站（客运车间、候车室、行车车间、电务机械室、调度楼、列检、文化室）、马首站（工务养路工区、车站行车室、休息室），听取了太原铁路局的工作汇报，并与有关负责人进行座谈。视察中，委员们对太原铁路局为国家和山西经济社会发展所做出的贡献给予了充分肯定，并提出了很多具有建设性的意见和建议。薛荣哲指出，一年来太原铁路局工作扎实，铁路内部建设和安全生产都取得了新成绩，为山西经济社会发展作出了新的贡献。他希望太原铁路局坚持和落实科学发展观，加强铁路管理，勇于开拓创新，努力攻坚克难，为百姓办实事，办人民服好务。

（李润玺）

**【省长接待省政协委员日活动】** 2006年3月30日，省政协在太原市举办了省长接待省政协委员日活动。邀请副省长梁滨就山西社会主义新农村建设与部分省政协委员进行交流座谈。刘泽民出席并讲话，薛荣哲主持，党组成员阎沁生出席。活动中，梁滨通报了本省社会主义新农村建设有关情况，委员们就农村基础设施建设，新农村规划，土地流转做法，产业开发实施，清理现有农业投资不适应政策，调整财政支出科目，搞活农村信贷，农村九年义务教育、职业教育现状和问题，农村社会保障现状和问题，建立以煤补农机制等方面提出了很有见地的意见和建议。刘泽民指出，建设社会主义新农村是一个综合性的系统工程，必须注重解决三个问题，首先是发展问题。发展是硬道理，说到底就是要让农民富裕起来。富了不一定是社会主义新农村，但社会主义新农村必须富裕。二是培养新型农民问题。新农村建设的主体是农民，必须全面提高农民的综合素质，必须培养有文化、懂技术、会管理的新型农民，才能建设好社会主义新农村。三是政权问题，建设社会主义新农村，必须要有能体现“三个代表”重要思想的领头人，农村的政权必须掌握在能代表广大人民群众利益的共产党人手中。这次活动的目的，就是要抓住农民最关心、最迫切、最需要解决的关键问题，提出集中反映大多数农民意愿的意见和建议，进一步促进山西社会主义新农村建设的发展。

副省长梁滨指出，新农村建设应坚持从实际出发，掌握农业和农村发展的规律和特点，倾听基层干部和农民群众的意见，使建设社会主义新农村的各项工作切实符合实际，符合农民意愿，使社会主义新农村建设有计划、有步骤、有重点地逐步推进。政协现在把这项工作作为重要调研课题，就是对政府工作最大的支持。政府一定要配合好政协的调研工作，对提出的意见和建议分类落实，逐步解决，把山西建设社会主义新农村的目标规划和具体措施落到实处。

省政府办公厅、省政协办公厅、省发改委、省财政厅、省劳动保障厅、省国土资源厅、省建设厅、省水利厅、省农业厅、省林业厅、省中小企业局、省扶贫办，省政协调研室、有关专门委员会的负责人参加了活动。

2006年11月13日上午，省政协在太原举办省长接待省政协委员日活动。邀请副省长胡苏平就本省实施品牌战略问题与部分省政协常委、委员进行座谈交流。常务副主席薛荣哲，副主席韩儒英、吴博威、周然，代秘书长阎沁生出席会议。副主席阎爱英主持会议。

近年来，省委、省政府对实施品牌战略工作高度重视。自2000年以来，先后出台了《关于进一步加强产品质量工作若干问题的决定》等一系列文件。2001年，省政府成立了山西省名牌战略领导小组。2005年，省政府颁发了《山西省人民政府关于大力实施名牌战略，努力推进新型能源和工业基地建设的意见》，进一步明确了新时期山西实施品牌战略的指导思想及奋斗目标，为如何打造山西著名品牌指明了方向。座谈会上，副省长胡苏平通报了本省实施“品牌战略”的整体规划和进展情况，并针对今后的发展方向讲了话。与会委员踊跃发言，对山西实施品牌战略工作提出了意见和建议。大家认为，近几年来，山西在实施品牌战略工作中取得了显著成绩，推动了山西经济发展。然而与周边省份比还有一定的差距。为此，委员们建议：1.各级党委、政府要为企业创建名优品牌营造宽松的政策环境，积极鼓励企业家争先创优；2.加大宣传力度，提升品牌知名度；3.加大对企业家队伍的培训力度，提高品牌意识，增强创建名优品牌的自觉性；4.讲究营销策略，培养营销人才队伍。在听取委员们的发言后副省长胡苏平表示，委员们的建议是对政府工作的支持，省政府各相关部门要认真研究，积极采纳，改进工作，不断把山西品牌战略工作推向前进。

薛荣哲指出，名牌产品是一个地区和城市的名片，是抢占市场先机的制胜武器，实施“品牌战略”，对于推动本省快速发展、科学发展、具有十分重要的战略意义。实施名牌战略是重大经济战略，必须统筹规划；必须全社会齐抓共管；必须整顿规范市场秩序，营造健康安全的消费环境。全省各级政协组织和广大政协委员，要发挥自身优势，深入开展调研活动，积极为实现“品牌产品—品牌企业—品牌山西”的升级，逐步打造“山西制造”的大品牌，实现品牌兴晋的目标做出应有的贡献。部分省政协常委、委员，省政府、省政协有关部门负责人参加了会议。

（李润玺）

**【薛荣哲带领部分省政协常委、委员赴阳泉市视察调研】** 2006年5月9日～10日，省政协常务副主席薛荣哲带领部分省政协常委、委员赴阳泉市就新农村建设进行视察调研。视察团先后到平定县的张庄村、宁艾村、新城村、上马郡头村和郊区桃林沟村、下千亩坪村、下荫营村、坪上村进行了视察调研，分别听取了当地负责人关于新农村建设的情况汇报，实地了解了农民的生产生活情况和对新农村建设的意见、建议，以及亟待解决的问题。薛荣哲指出，社会主义新农村建设是贯彻落实科学发展观、统筹城乡发展的重大举措。推进新农村建设，必须以经济建设为首要任务。中央关于新农村建设“五句话”的总要求，生产发展是第一位。没有生产发展，其他无从谈起。阳泉是农村城市化发展最快的地区，要在大区域中，找准定位，谋划产业发展规划，实现城乡共同发展。农民是建设新农村的主体，要通过新农村建设，促进农民生活方式、思想观念、文化素质的转变。新农村建设必须规划先行，分步实施。规划要体现城乡互补，城乡一体化，以工业反哺农业、城市支持农村，稳步推进新农村建设，从而带动经济社会又快又好的发展。

（李润玺）

**【刘泽民率省政协视察团视察太原市文物保护和旅游开发情况】** 2006年5月11日，省政协主席刘泽民率省政协视察团视察了太原市文物保护和旅游开发情况。

视察团听取了太原市文物保护和旅游开发工作情况汇报，召开了座谈会，并对太原市在文物保护和旅游开发工作中取得的成绩给予了充分肯定。刘泽民指出，太原市在文物保护和旅游开发上要有大思路，要动大手笔，要做大文章，要与中部六省的省会城市进行对比，不能把眼光仅仅停留在省内，要开阔眼界，积极走出去，请进来，找准自身定位。因此，需要重点解决三个问题，一要充分发挥资源优势，重点开发晋阳湖旅游景区，解决开发不足的问题；二要加大宣传力度，打造旅游“精品”，解决宣传不足的问题；三要充分发挥省博物馆的优势，使之成为展现太原市悠久历史文化的窗口。太原市作为省会城市，在旅游开发上要精心打造自身特色，努力提高自身品位，把太原市2500多年所蕴涵的历史文化展示出来，宣传出去，为扩大山西对外开放发挥带动作用。常务副主席薛荣哲指出，文物保护和旅游开发要抓精品、抓重点。古晋阳遗址公园在这方面做得很好，既突出了太原市旅游发展的重点，又提升了城市品位，是太原市实施“精品战略”的代表。太原市作为全省旅游的集散地，要积极宣传，加大文物保护和投资力度，努力改善环境条件，把太原打造成全省旅游的精品城市。省委常委、太原市委书记申维辰，副省长宋北杉参加座谈。省政协副主席吴锦文、聂向庭、阎爱英、韩儒英，党组成员阎沁生参加视察。太原市政府、政协负责人，省旅游局、省宗教局、省文物局、省考古研究所负责人陪同视察。（李润玺）

**【阎爱英带领部分省政协委员赴山西博物院视察】** 2006年5月12日，省政协副主席阎爱英带领部分省政协委员赴山西博物院视察。委员们听取了省文物局和博物院关于博物院建设、收藏及开馆以来运行情况汇报，并进行了座谈。阎爱英指出，山西省博物院是本省最大的文物收藏、保护、研究、展示和宣传的中心，是了解山西悠久历史的窗口。博物院的发展要创新思路，既要寻求财政支持，又要多渠道融资，充分利用社会民间资本；要多方听取专家和群众的意见及建议，充分挖掘展览内容的文化内涵和科技含量，不断增强展览的吸引力和感染力；要充分利用博物院的窗口作用，扩大对外宣传力度，加强与旅游部门的合作，发挥文物展览对旅游业、服务业的带动作用，为山西的经济和文化建设做出积极的贡献。（李润玺）

**【胡富国率全国政协视察团赴晋视察】** 2006年5月25日～6月1日，由全国政协常委、中国扶贫开发协会会长、国务院扶贫领导小组原常务副组长胡富国为团长的全国政协赴晋视察团一行58人，在太原、晋中、长治等地视察。省政协主席刘泽民，副主席阎爱英陪同视察团一行视察。25日下午，刘泽民、薛荣哲、边鸣涛、阎爱英，代秘书长阎沁生出席全国政协扶贫视察团听取山西老区扶贫工作情况汇报会并参加省委、省政府、省政协领导接见全国政协扶贫视察团仪式。

（李润玺）

**【省政协办公厅、中共山西省委组织部举办省政协委员学习《中共中央关于加强人民政协工作的意见》培训班】** 2006年6月9日～11日，为了更好地贯彻落实《中共中央关于加强人民政协工作的意见》（以下简称《意见》），省政协办公厅、中共山西省委组织部在省委党校举办了省政协委员学习《意见》培训班。省委副书记薛延忠出席开学典礼并作动员讲话。省政协主席刘泽民主持开学典礼并在结业典礼上做《政协委员要带头践行社会主义荣辱观》专题讲座。省委常委、政法委书记杜玉林，省人大副主任赵劲夫，副省长胡苏平，省政协常务副主席薛荣哲、副主席吴锦文、阎爱英、吴博威、周然，代秘书长阎沁生，省委组织部副部长朱先奇等分别出席了培训班相关活动。

薛延忠在动员讲话中指出，要充分认识《意见》颁布的重大意义，深刻理解和把握《意见》的基本内容和精神实质，不断加强和改善党对政协工作的领导；要紧密联系实际，深入贯彻落实《意见》精神，努力开创新形势下政协工作的新局面。刘泽民指出，认真学习、深刻理解和全面把握《意见》的精神实质，是当前和今后一个时期人民政协的一项重大政治任务。他要求，全省各级政协组织和广大政协委员要把认真学习和贯彻落实《意见》作为一项统领全局、带动全局、推进全局的重要工作摆在首要位置。要把贯彻落实《意见》同培养和树立社会主义荣辱观结合起来，充分发挥人民政协的独特优势和突出作用，牢固树立社会主义荣辱观，在履行职能中带头实践“八荣八耻”，在全社会大力开展社会主义荣辱观的宣传和教育活动，为有效地培养社会主义新风，塑造新一代社会主义公民发挥积极的作用。

培训期间，学员们认真学习了《意见》，听取了全国政协副秘书长卞晋平《学

图为2006年省政协学习培训班开学典礼仪式

李润玺提供

习中共中央关于加强人民政协工作的意见，推动新世纪、新阶段人民政协事业的发展》和省委统战部常务副部长王大高所作的关于学习贯彻《意见》的专题辅导报告，并进行了分组讨论和交流发言。通过培训，大家一致认为，《意见》是以胡锦涛同志为总书记的中共中央，着眼于新世纪新阶段党和国家事业发展的全局，着眼于提高党的执政能力、发展社会主义民主政治、构建社会主义和谐社会、推进中国特色社会主义伟大事业，加强人民政协工作作出的一项重大决策和战略部署，是指导新世纪新阶段人民政协事业发展的纲领性文件。大家表示要把《意见》全面贯彻落实到实际工作中去，统一思想，振奋精神，开拓创新，为政协事业的不断发展做出积极的贡献。（李润玺）

**【薛荣哲率驻晋全国政协委员赴太原钢铁（集团）有限公司视察】** 2006年8月24日下午，驻晋全国政协委员在省政协常务副主席薛荣哲率领下赴太原钢铁（集团）有限公司视察。省政协副主席吴锦文、聂向庭、张正明、边鸣涛、韩儒英、吴博威、周然，代秘书长阎沁生参加了视察。

视察中，委员们听取了太原钢铁（集团）有限公司就加强环境保护，建设资源节约型、环境友好型企业的情况汇报；参观了太原钢铁（集团）有限公司新7.63m3焦炉、新炼钢、新热轧设备及不锈钢冷轧厂。委员们对太原钢铁（集团）有限公司为加快推进循环经济和清洁生产所做的努力和取得的成绩给予了充分肯定，希望太原钢铁（集团）有限公司认真贯彻落实党的十六届五中全会精神和中共山西省委八届七次全会精神，进一步深化改革，扩大开放，加速推进技术创新、管理创新和制度创新，加快提高竞争力，把太钢建成资源节约型和环境友好型的全球最具竞争力的不锈钢企业，实现企业与自然、企业与环境、企业与社会的和谐发展。（李润玺）

**【省政协机关举行“送温暖，献爱心”捐助活动】** 2006年11月15日下午，省政协机关举行了“送温暖，献爱心”捐助活动。刘泽民、薛荣哲、吴锦文、聂向庭、张正明、边鸣涛、吕日周、阎爱英、韩儒英、吴博威、周然，代秘书长阎沁生，机关全体干部职工、离退休老同志参加了捐助活动。共收到捐款1万余元，过冬衣被50余件。（李润玺）

图为省政协主席刘泽民向临县一中捐赠藏书、电脑仪式　李润玺提供

## ·其他重要工作·

1月1日晋协办发〔2006〕1号文件《关于表彰2005年度政协信息工作先进单位、先进个人的决定》，对全省28个政协信息工作先进单位、7条精品信息的作者、10名反映社情民意信息先进个人、28名政协信息先进工作者予以通报表彰。

1月17日晋协发〔2006〕1号文件印发《政协第九届山西省委员会常务委员会2006年工作要点》

2月27日～3月5日原内蒙古政协主席千奋勇一行5人到太原考察。

4月5日～8日宁夏回族自治区政协副主席周振中一行5人在运城、临汾、晋中等地考察。

4月6日～13日吉林省政协副主席孙耀廷一行12人在大同、忻州、太原、晋中、临汾、运城等地考察。

4月7日～10日广西壮族自治区政协副主席潘鸿权一行3人在运城、临汾、晋中、五台山、大同等地考察。

4月8日～10日河南省政协主席王全书一行7人在临汾、晋中、太原、五台山等考察。刘泽民、阎爱英、阎沁生会见并宴请王全书一行。

4月18日～22日河北省政协副主席王建忠一行8人就提案网络信息化建设在晋中、太原、临汾、运城等地考察。

4月22日晋协发〔2006〕2号文件下发《政协第九届山西省委员会常务委员会2006年主要工作责任制》。

5月9日～14日四川省政协副主席李进一行4人在太原、五台山、大同、晋中等地考察。

5月16日山西省政协工作信息网（机关内网）开通运行。

5月19日～23日云南省政协副主席管国忠一行8人在太原、晋中、五台山、大同等地考察。

5月21日～26日四川省政协副主席杨海清一行9人就历史文化和非物质文化遗产保护工作在临汾、晋中、太原、忻州、大同等地考察。

5月29日晋协发〔2006〕3号文件《关于扎实推进我省社会主义新农村建设的建议》上报省委、省政府。

5月30日～6月3日江西省政协副主席刘运来一行8人就新农村建设中有关乡风文明、村容整洁问题在临汾、晋中、忻州、太原等地考察。

6月1日～5日甘肃省政协副主席李宇鸿一行10人就招商引资问题在太原、晋中、忻州等地考察。

6月1日晋协发〔2006〕4号文件印发阎沁生等12人任职的通知。

6月6日晋协办发〔2006〕38号文件印发《山西省政协工作信息网络管理办法》（试行）。

6月8日晋协办发〔2006〕40号文件印发《山西省政协机关文稿工作暂行办法》。

6月16日～21日四川省政协副主席谢明道一行11人就民营企业文化发展情况在太原、大同、忻州、晋中、临汾等地考察。

6月20日～24日河南省政协副主席、党组副书记陈义初一行6人，就河南商会及河南籍企业家发展情况，在太原、忻州、大同等地考察。

6月22日～27日江西省政协副主席倪国熙一行12人就提高矿业自主创新能力在大同、忻州、太原、晋中等地考察。

6月22日～29日江苏省政协副主席陆军一行9人，就文物保护工作在忻州、大同、晋中、太原、临汾、运城等地考察。

7月8日～14日山东省政协副主席乔建春一行11人，就港澳委员在经济发展中的作用问题，在太原、晋中、忻州、大同等地考察。

7月10日～12日河北省政协副主席李有成一行12人就民族宗教工作在大同、忻州等地学习考察。

7月19日省政协办公厅向各界发出通知，要求各界采取多种方式，积极开展学习宣传、贯彻落实胡锦涛总书记在庆祝中国共产党成立85周年暨总结保持共产党员先进性教育活动大会上的重要讲话精神活动，并要求各界将学习情况以书面和电子文档形式报省政协办公厅。

7月22日～24日陕西省政协副主席张生朝一行13人在大同、晋中等地考察。

8月9日～12日陕西省政协副主席石学友一行9人在大同、晋中、太原等地考察。

8月9日～13日天津市政协副主席周绍熹一行9人就社会主义新农村建设问题在太原、晋中、忻州、大同等地考察。

8月13日～18日辽宁省政协副主席郭廷标一行5人在太原、忻州、晋中等地考察。刘泽民、薛荣哲、阎爱英会见了辽宁客人一行。

8月13日～19日江西省政协副主席金异一行6人在太原、晋中、忻州、大同等地考察。周然会见了金异一行。

8月18日～21日云南省政协党组书记王学仁一行8人在太原、晋中、忻州等地考察。19日下午，刘泽民会见了王学仁一行。

8月21日～25日河南省政协副主席刘其文一行9人就民族宗教工作在大同、五台山、晋中、太原等地考察。

8月22日～27日重庆市政协副主席许忠民一行6人在大同、太原、五台山、晋中等地考察。

8月23日晋协发〔2006〕6号文件《关于加强我省建设环境友好型社会的建议》上报省委、省政府。

8月25日～28日四川省政协副主席阿称一行12人就宗教工作情况在太原、忻州等地考察。

8月28日～9月1日新疆维吾尔自治区政协副主席阿不都卡德尔·乃斯尔丁一行9人就民族宗教工作在太原、晋中、忻州、大同等地考察。

9月5日～10日安徽省政协副主席赵培根一行9人就提案工作在太原、晋中、五台山、大同等地考察。

9月13日～16日宁夏回族自治区政协原主席马思忠一行3人在忻州、太原、晋中等地考察。

9月17日～20日全国政协常委、广西壮族自治区政协副主席梁裕宁一行11人就新农村建设问题在太原、五台山等地考察。

9月22日～23日山东省政协常务副主席王修智一行6人在太原、晋中等地考察。

9月23日～27日贵州省政协副主席相小青一行7人在太原、晋中、五台山等地考察。

10月12日～17日四川省政协副主席何志尧一行8人，在太原、晋中、忻州、大同等地考察。

10月13日～14日山东省政协副主席王宗廉一行5人在太原、晋中等地考察。

10月16日～22日黑龙江省政协副主席、党组成员张树平一行8人就专委会工作在太原、晋中、大同等地考察。

10月17日～22日全国政协常委、四川省政协副主席刘绍先一行9人在太原、五台山、晋中等地考察。

10月24日中共山西省委发布《关于贯彻落实〈中共中央关于加强人民政协工作的意见〉的实施意见》。

10月25日～28日内蒙古自治区政协副主席盖山林一行4人就提案办理工作在太原、五台山、晋中等地考察。

10月28日～11月2日湖北省政协副主席翁行德一行10人，就提案办理工作在太原、五台山、晋中等地考察。

11月25日～28日云南省政协副主席王显达一行3人在太原、晋中、临汾等地考察。

11月22日晋协发〔2006〕7号文件印发《关于表彰优秀政协委员的决定》对53位省政协委员通报表彰。

11月省政协办公厅获山西省法制宣传教育先进单位，被授予金色牌匾。

12月15日～19日青海省政协副主席、党组副书记蔡巨乐一行6人，在大同、五台山、太原、晋中等地考察。

12月19日晋协办〔2006〕48号文件《关于提高我省自主创新能力的建议》上报省委、省政府。

12月26日全国政协办公厅政全厅发〔2006〕120号文件发文《关于表彰2006年度政协信息工作先进单位和先进个人的通知》，山西省政协办公厅获2006年度政协信息工作先进单位一等奖。这是省政协连续第六年获得一等奖，连续第十年获得先进单位。（李润玺）

## ·调研室和专门委员会工作·

**【调研室工作】** 2006年，全省各级政协组织，认真贯彻落实省政协九届四次会议和全省政协系统第十三次信息工作会议精神，围绕中心、服务决策，突出特色，提高质量，报送了大量有深度、有价值的信息，反映社情民意信息工作取得了新的业绩。省政协连续十年获全国政协信息工作先进单位，六年蝉联一等奖。2006年，全省政协系统反映社情民意信息12000余条，经筛选、编辑和综合，报全国政协和省委省政府领导近1200条，编印《山西社情民意》200余期。全国政协办公厅上报党中央、国务院领导和有关部门31条。《农业三项补贴政策落实中存在的问题和建议》、《新农村建设谨防城市病》、《建议提高对农民种粮的直补标准》、《运用国家物资储备手段保护和利用优势矿产资源》、《基层群众对土地承包经营长期不变政策颇有微词》、《解决农民工问题重在贯彻落实难在切实有效》、《建议调整完善现行的农业直接补贴政策》等7条重要信息得到党中央、国务院领导同志的重视，回良玉、曾培炎、华建敏等分别做出批示。据不完全统计，省委省政府省政协领导于幼军、刘泽民、薛延忠、金道铭、申联彬、申维辰、范堆相、靳善忠、牛仁亮、胡苏平、张少琴、杨安和、薛荣哲、阎爱英等批示17条，中央和有关部门反馈6条，领导批示率和有关部门采用率比2005年增长64%。（李润玺）

**【提案委员会工作】** 2006年提案委员会共征集到提案591件，经审查，立案处理的有483件，占提案总数的81.7%，作为来信处理的有108件。所有办案人员以高度负责的态度，认真办理，主动催办，完成了各项工作。截至年底，提案都得到了有效办理。由省政府领导领办、省政协领导督办的12类29件重点提案，均取得了较为满意的效果。召开了4次提案委员会

图为省政协主办的和谐之声新年合唱音乐会 李润玺提供

全体会议，参与了对委员的培训工作，加强了对市县政协提案工作的指导。重新修订了《山西省办理政协提案的规定》，并以省委、省人大、省政府、省政协四个办公厅名义联合下发执行。参加了省委组织的全省政协工作情况调研，提交了调研情况报告，并在山西政协报专版发表了多篇调研文章。召开了提案办理新闻发布会，通报提案办理的进展情况。组织召开了首次全省政协提案工作经验交流暨培训会，完善提案网站的建设和网上“提案评论”工作，已从省财政厅争取到专项资金对提案网站进行升级改版，委员通过网上提交提案的数量已经达到提案总数的三分之二。提案委员会已经将本届的所有提案、答复和来信全部编辑成电子版并在网上发布。分别在山西电视台和山西政协报设立“提案追踪”栏目，对提案工作进行追踪式、系列式的报道，有效地推动了提案办理工作。参加了全国政协提案工作座谈会和华北、东北地区提案工作座谈会，八项创新性做法受到了全国政协有关领导及与会者的肯定。（李润玺）

【经济和人口资源环境委员会工作】 2006年，围绕九届十九次常委会议题，组织委员就本省村镇建设规划与实施问题进行了专题调研，向常委会提交了《切实抓好我省村镇建设的规划与实施工作》的调研报告；承担了九届二十次常委会主要议题的调研任务，开展了建设环境友好型社会的调研，侧重选择环境治理和生态恢复方面的内容，向常委会提交了《关于加快我省建设环境友好型社会的建议》的报告，并编写了20多万字的《山西省建设环境友好型社会专题调研报告集》；结合全国政协人口资源环境委员会来晋调研，分别就矿业体制建设和新生儿出生缺陷问题进行了调研；承担了省长接待委员日活动，就加快推进品牌战略问题开展了专题议政活动，撰写并向省委报送了《关于加快推进品牌战略，增强山西经济竞争力的若干建议》；针对中小企业贷款难、融资难问题进行了调研，撰写了《关于缓解中小企业贷款难、融资难的几点建议》；参加了省委组织的政协工作督查调研，向省委提交了《关于运城市政协工作督查情况的调研报告》。此外，还参加了华北五省市区政协人口资源环境委员会工作研讨会；参加了全国暨地方政协人口资源环境委员会工作研讨培训会议；参加了全国二十二省区市政协经济委员会第十四次联席会议；出席了促进非公有制经济健康发展论坛等。省政协采用社情民意6篇，上报全国政协1篇，转送1篇，全国政协采用1篇。（李润玺）

【农村委员会工作】 2006年，省政协农村委员会围绕推进山西社会主义新农村建设的课题，组织政协委员调查研究，完成了九届十九次常委会议主要议题的调研任务，向省委、省政府提交了《关于扎实推进我省社会主义新农村建设的建议》；完成了配合以全国政协副主席阿不来提·阿不都热西提为首的全国政协经济委员会调研组到山西就建设社会主义新农村进行的专题调研任务；参与了由全国政协常委、中国扶贫开发协会会长胡富国为首的全国政协赴晋视察团的调研工作；完成了省委政协工作督查调研任务，向省委报送了《关于对长治市政协工作督查调研情况的报告》；组建成立了“山西省农村小康建设研究会”，并与之共同举办了“社会主义新农村建设”研讨会；创办了《小康建设研究》内部刊物；反映社情民意，做好信息工作，拓宽履职渠道，全年共组织委员撰写提案26件，社情民意18条，在网上发布信息54条；开展对口联系工作，参与组织委员视察了省地税局、省劳动和社会保障厅、省工商局等；涉农对口厅局共向农村委员会报送有关农业、农村信息资料和刊物共200多份，邀请农村委员会领导出席有关会议15次，农村委员会也邀请对口厅局参加座谈会10次，还参加了省供销社、省中小企业局、省农业厅的行风评议工作，起草了《关于对省中小企业局政风、行风评议的意见和建议》。（李润玺）

【教科文卫体委员会工作】 2006年，省政协教科文卫体委员会组织全体委员认真学习中共中央五号文件，贯彻和落实中央和省委相关文件精神，统一思想，明确新形势下的使命和责任，科学部署全年工作；落实中央建设创新型社会要求，举办了“山西自主创新”论坛，共收到论文60余篇，并根据论文的观点，就提高山西自主创新能力，向省委、省政府报送了建议

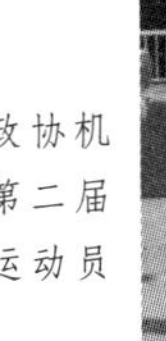

图为省政协机关参加全省第二届职工运动会运动员入场仪式 李润玺提供

报告；为促进社会主义新农村建设，构建和谐社会，围绕农村教育、卫生保障建言献策，向九届十九次常委会提交了《加强农村教育，培育新型农民，为社会主义新农村建设强基固本》的建议报告，该报告先后被《前进》、《中国经济日报》、《教育决策参考》等刊物刊载；完成了省委政协工作督查调研任务，并提交了专题报告；完成了高考视察、义务教育标准化验收和对教育厅、科技厅等有关厅局的政风行风评议工作；视察了晋源区、山大二院、省眼科医院等；就农村中小学学杂费、寄宿生活补助费、义务教育公用经费等问题与全省各市政协联合调研并召开了专题研讨会；在参政议政实效上下工夫，为省脑瘫医院的长期发展建言献策，起草了《关于扩建山西脑瘫康复医院的建议》的提案，引起政府有关部门的重视；改进了与委员的沟通与联系，改原来的信函交流为网上交流，新辟了委员会的《工作简报》，不定期地将本委的重要工作进展情况和新的工作安排进行通报。（李润玺）

**【社会法制委员会工作】** 2006年，省政协社会法制委员会认真学习，加强委员会自身建设，把中共中央《关于加强人民政协工作的意见》作为学习重点，把履职学习纳入工作秩序，认真做好网络建设工作，建立了电子邮箱，定期在邮箱中发布学习内容、工作动态，在委员会和委员之间搭建及时交流互动平台，收到了良好效果。成功筹备并举办了“促进社会和谐稳定”论坛，经过筛选，有54篇论文参加论坛并汇编成册，为党委政府科学决策提供了参考。围绕全省打造政府公信力的工作大局，就行政效能建设组织部分省政协委员赴右玉县进行调研，撰写了《右玉县行政效能建设的经验启示及建议》的调研报告，上报省委、政府，省委《山西工作》第十期全文刊载。围绕九届十九次常委会“社会主义新农村建设”的议题，组织部分常委和委员就农村基层民主选举情况进行调研，向大会提交了《对村民自治民主选举存在问题的几点建议》；围绕九届二十次常委会“构建环境友好型社会”的议题，向大会提交了《构建环境友好型社会的金融支撑》的调研材料；参加了省委政协工作督查调研活动。在发挥委员主体作用，积极拓展履职渠道方面，组织部分委员对《山西省风景名胜区管理条例》（草案）进行协商讨论，并提出具体意见和建议；参与了省行风办组织的行风评议工作，对晋城、长治和八个厅局进行了评议；参加了省政法委组织的信访案件督察工作，对省公安厅进行了督察。

（李润玺）

**【民族宗教委员会工作】** 2006年举办“宗教为构建和谐山西做贡献”专题研讨活动并召开了研讨会，共收到论文107篇，获奖论文汇编成册，交流发行。进行了本省少数民族聚居村脱贫致富情况的专题调研，深入大同、长治、晋城、运城、临汾、阳泉等6市11个县22个村及5个街道居委会等基层考察民族宗教政策贯彻情况，取得了第一手材料。帮助少数民族同胞解决了一些具体问题，写出了《在社会主义新农村建设中应特别重视少数民族聚居村脱贫致富问题》的调研报告和解决吃水难的专题报告。积极反映民族宗教界的社情民意，努力做好落实政策工作，全年共上报各种信息12条，被上级采用5条，协调解决了五台山普寿寺住持如瑞法师在榆次区北胡村原址修建清泰安养园（养老院）的土地使用问题。不断开展有民族宗教特色的文化活动和对外交流活动，促进民族团结、宗教和睦和社会和谐，支持省佛教协会在海南省建设寺院和在太原市扶贫助学活动；支持省佛协帮助玄中寺进行扩建和彩绘壁画工程；参加了纪念吕洞宾诞辰1208周年庆祝活动；参加芮城圣寿寺开光法会；协助安排省政协老干部赴玄中寺参观，参加山大附中西藏班火狗年庆祝活动等。同时还加强了与全国兄弟省市区及全国政协民族宗教委员会的联系及与省统战、民族宗教、人大有关部门和各市、县民族宗教部门的联系。组织民族宗教界委员和有关人员加强政治学习，不断提高自身素质和履职水平。（李润玺）

**【文史资料委员会工作】** 2006年，省政协文史委员会以贯彻落实中共十六大和十六届六中全会精神为主线，突出史料征集和原定图书的编辑出版工作，完成了全年的工作任务。一是完成了《晋商史料全览》地方卷、《山西近现代史写真集》和《山西省政协文史委资料丛书》三套书籍的编辑出版工作任务和为全国政协《治理黄河》一书供稿的工作，开始编辑专题卷，其中，《会馆》卷已送出版社审读；二是《文史月刊》在进一步提高刊物质量的基础上发行量达到11500册；三是就文物保护工作进行了调查研究，提出了意见和建议；四是举办了全省政协文史工作座谈会，就新形势下政协文史工作的有关问题进行了研究和探讨，并对各市、县（市、区）政协文史工作者进行了业务培训；五是编印了第二期《山西文史》和1期《文史导刊》；六是根据机关的统一安排，参加了省委政协工作督查调研组赴临汾市的调研，完成了调研报告的起草工作；七是接待了湖南、四川、江苏、安徽、广西、辽宁、甘肃等省区的文化历史学习考察团，宣传了山西，扩大了山西的社会影响。此外，还完成了机关安排的其他各项学习工作任务。（李润玺）

**【学习宣传委员会工作】** 2006年，省政协学习宣传委员会以学习贯彻《中共中央关于加强人民政协工作的意见》和中共山西省委关于贯彻落实中央精神的实施意见为主线，以学习贯彻中共十六届六中全会精神为中心，认真编写学习资料，周密安排学习进程，精心组织委员培训，完成了年初制定的各项任务，并从内容到形式进行了不断创新与发展的良好尝试。全年共编发《学习资料》12期，组织委员学习培训班2期，组织委员和各界人士就社会主义精神文明建设等领域的热点、难点问题调研9次。与山西电影制片厂合作拍摄大型纪实专题片《为了人民的利益》，充分运用现代信息技术和多媒体手段，以直观、多彩的形式，从不同视角回顾了山西政协成立和发展的历程，全面展示了省政协自成立以来，各级政协委员和广大政协工作者，响应党的号召，围绕中心，服务大局的感人事例，多侧面反映了人民政协由小到大、由传统到现代逐步发展壮大的历程。与省新闻工作者协会共同筹办了“山西省第二届政协好新闻奖”评选活动，极大地促进了省内各级政协宣传工作的开展。组织部分文艺界省政协委员赴阳高县长城乡进行了慰问演出。与山西日报协作，精心组织稿件，办好委员论坛栏目。承担了由省政协办公厅和省委统战部联合举办的“省城各界人士迎春茶话会”的策划组织工作。（李润玺）

**【港澳台侨和外事委员会工作】** 2006年，根据自身工作特点和主要目标，在抓好学习、提高素质的基础上，多形式全方位调动委员履职出力的积极性，通过组织学习座谈、视察调研和联谊交流等活动，充分发挥了委员的作用。针对台湾陈水扁当局的“台独”行径，及时向委员发出了《关于进一步学习胡锦涛重要讲话，强烈谴责陈水扁的“台独”行径的通知》，要求委员一定要立场坚定，共同为反对和遏制“台独”、维护两岸和平稳定、促进祖国统一做贡献。在视察调研方面，按照机关统一安排，参加了省委政协工作督查调研大同督查组的工作，并向省委写出报告；组织委员赴太原高新区视察调研并与高新区的部分企业进行座谈交流。密切联系委员方面，先后深入锦胜发展有限公司、中远威制药有限公司、农科院食用菌研究所、康达商城、新东方医药公司、中亚中医专科医院等，走访了庄金洲、钟志孟、尚春树、郝左明、李利明、杨玉峰等委员，了解他们的工作情况、困难及要求，为其提供信息和咨询。在拓宽领域、扩大交往、加强联谊方面，参加了全国政协在辽宁召开的外事工作经验交流会，接待了全国政协常委、外事委副主任张国祥一行在晋的考察以及兄弟省市区来晋的交流考察，组织了部分委员赴新疆等地考察交流并赴港参加了“山西（香港）经济合作项目洽谈会”服务工作等。（李润玺）

# 民主党派

## ·中国国民党革命委员会山西省委员会·

**【概述】** 1. 思想建设。2006年，民革山西省委认真学习《中共中央关于进一步加强中国共产党领导的多党合作和政治协商制度建设的意见》（中发〔2005〕5号）、《中共中央关于加强人民政协工作的意见》（中发〔2006年〕5号）、《中共山西省委关于贯彻〈中共中央关于进一步加强中国共产党领导的多党合作政治协商制度建设的意见〉的实施意见》（晋发〔2005〕31号）、胡锦涛总书记“七一”讲话和中共十六届六中全会通过的《关于构建社会主义和谐社会若干重大问题的决定》以及以“八荣八耻”为内容的社会主义荣辱观。通过学习，提高了广大民革党员的理论水平，树立了社会主义荣辱观。

2006年是民革山西省委成立50周年，民革省委举行了隆重的庆典活动，出版发行了《山西民革五十年》一书，并在《团结报》发表了书画作品专刊和各项工作回顾专版。

2006年是孙中山先生诞辰140周年，民革省委按照民革中央的要求，组织全省民革各级组织和广大党员收看民革中央主办的在中央电视台文艺频道直播的纪念孙中山先生诞辰140周年文艺晚会。选送3幅书画作品参加民革中央主办的书画展，提交了论文《孙中山莅晋演说的历史功绩与现实意义》。

2. 组织工作。2006年，民革省委在组织发展工作中，正确处理巩固与发展、数量与质量、重点与非重点的关系，组织发展稳步进行，党员数量稳步增长，素质不断提高，年龄结构、知识结构都得到了改善。全省一年共发展新党员157人，大专以上学历154人，中上层人士83人，大中城市131人，截至2006年底共有党员2806人。

2006年11月11日民革山西省第九届委员会第六次全体会议召开，增补了吴菊仙（女）、陈隆宇为民革山西省第九届委员会副主任委员。

2006年是民革制度建设年，这一年民革省委完善了三类规章制度。一是关于会议议事规则，二是关于机关岗位设置、职责范围、工作程序等，三是关于机关各方面的管理办法。

3. 参政议政工作。2006年，全省民革各级组织主要领导人积极参加各级党委、政府召开的民主协商会、情况通报会和重大人事安排的征求意见会113次，就各地的政治、经济、社会发展和重要人士安排发表意见、提出建议。撰写集体提案95件且全部立案，其中民革省委13件，各市县级组织82件，反映社情民意260件，各级大会发言24次。民革省委在广泛调研的基础上提出的《黄河水源面临六大挑战，亟待保护治理》、《科学规划，稳步发展煤化工》、《树立科学发展观、从根本上保障煤炭安全》、《关注人才使用的可持续发展》等提案，引起国家有关部门和媒体的广泛关注。

4. 社会服务。各级组织认真贯彻落实民革全国社会服务工作会议精神，在巩固成绩的基础上，积极开展社会服务工作。11月，省委积极参与了由中共中央统战部组织的“光彩事业太行行”活动，“专家服务新农村建设”活动。

5. 祖国统一工作。2006年，全省民革各级组织和广大党员，坚持贯彻“和平统一、一国两制”的基本原则和现阶段发展两岸关系、推进祖国和平统一进程的八项主张以及胡锦涛同志就新形势下发展两岸关系提出的对台工作的四点意见，充分发挥民革优势，在总结以往工作经验的基础上，积极探讨祖国统一工作的新思路、新方法，继续通过书画交流、文史交换、学术研讨、探亲访友、接待来访，救灾慈善、书信往来等形式积极开展两岸及海外联谊活动，与台湾同胞、港澳同胞、海外侨胞和外籍华人、华裔建立交流交往的渠道。各级组织还通过报纸杂志、举办座谈会研讨会，对台湾当局、“台独分子”分裂祖国的行径进行了批判和抨击。

以弘扬中华传统文化、促进两岸交流为主题，民革省委于6月23日～25日在太原与“台湾中华苑艺文教基金会，台湾中华海峡两岸文化资产交流促进会”及董事长黄永川先生合作成功地举办了“两岸中华插花艺术交流展”，受到各界人士的好评。10月19日，民革省委接待了来晋参加访问的“台湾陆军军官学校”校友会刘继正先生一行20多人。省委副主委员吴菊仙在运城市委、市政府的领导下，举办了“纪念吕洞宾1208年道教文化节”和“国际关公节”，促进了两岸文化交流。

（王明德）

## ·中国民主同盟山西省委员会·

**【思想建设】** 2006年，省民盟山西省委各级组织在中共山西省委的领导下，采取领导班子中心组学习、组织研讨班、举办报告会等多种形式，深入学习中共中央颁发的《关于巩固和壮大新世纪新阶段统一战线的意见》，认真学习统战理论和盟史、盟章，进一步提高全省盟员的政治素质和思想道德水平，引导他们了解我国多党合作的历史与现状，明确民主党派的性质、地位和作用，增强对建设中国特色社会主义的共识，为巩固和发展与中国共产党的团结合作奠定坚实的思想基础。

重视理论研究工作，完善理论研究机制，组织和动员盟内政协委员、人大代表、有关专家学者和机关干部，积极参加民盟中央、省政协及省统战部召开的各种理论研讨会，针对多党合作事业迫切需要解决的重大理论和实践问题进行思考、研究和探索，2006年申报的《构建社会主义和谐社会与参政党建设》一文，被盟中央确定为统一战线和多党合作理论研究课题，并获得研究经费支持；盟省委下发了“2006年度理论研究课题”后，全省盟员积极响应，经评审将对25篇优秀论文进行表彰。

深入省城14所高校调研，采取问卷调查与座谈、访谈相结合的方式进行，共发放调查问卷150份，目的是总结高校盟组织开展活动的经验，了解掌握盟员的思想状况，提高盟组织在高校的影响力，最终形成题为《切实加强高校盟组织，提高盟员参政议政能力》的调研报告，供有关领导和部门参考。（徐佩雄）

**【参政议政】** 2006年，民盟省委领导人多次参加了中共山西省委、省政府和有关部门举行的政治协商会、座谈会和情况通报会，就中共山西省委第九次代表大会报告、省政府工作报告、煤矿行业安全生产等重大问题，坦诚地提出意见和建议。各地盟组织深入调查研究，厚积薄发，有效地把盟内的人才、智力优势转化为现实的参政议政成果，促进当地党委、政府决策的民主化、科学化。

在省政协九届四次会议上，盟省委提交了《关于进一步加大科技成果转化资金支持力度的建议》、《关于合理配置教育资源，促进义务教育均衡发展的建议》等14件团体提案，并作了题为《树立科学发展观，促进煤炭生产形势的根本好转》的大会发言。2006年与浙江、广西三省共同承担了盟中央委托课题“加快发展县域经济的紧迫性和对策建议”，除了赴本省河曲、神池、屯留等县进行调研外，还参加了课题组的跨省区调研，共同完成了课题计划。11月，盟省委有关领导人还出席了在天津召开的“民盟环渤海地区盟务工作研讨会”，并作了题为《山西经济发展与环渤海经济圈之崛起》的大会发言。各地盟组织利用人大、政协等渠道，积极为当地经济社会发展建有用之言，献务实之策，做了大量卓有成效的工作。

为了克服反映社情民意工作的随意性、盲目性和短期行为，2006年9月召开全省信息工作会议，要求各级盟组织指定专门的机构、人员进行信息的收集、编辑、报送工作，力争在突出民盟特色，多出“精品”上下工夫。在2006年度盟中央对30个省级盟组织、7个盟中央专门委员会的社情民意信息工作统计中，山西共有31件信息被《民盟信息》采用，1件被全国政协采用，共得83分，名列第八，信息工作再上新台阶。为此，盟省委对将2006年度在信息工作中取得优异成绩的7个先进单位和24名先进个人予以表彰。

（徐佩雄）

**【社会服务工作】** 2006年围绕社会主义新农村建设，民盟省委组织有关专家学者就农村教育问题、医疗问题、劳动力培训、经济组织方式的改革进行调研；参加省委扶贫工作队的工作，协助解决贫困学生的上学难问题，帮助数名贫困大学生解决入学费用，资助20名贫困女童完成义务教育阶段的学习；组织有关专家指导当地农民的种植、养殖，解决生产中遇到的问题；组织医疗专家开展义诊活动，并赠送药品给患者，受到了当地百姓的欢迎和赞许。

2006年4月，组织民盟界别的部分省政协委员和机关干部，对盟内企业家创办的山西摩天涂料科技有限公司、山西自由空间服饰有限公司、山西索易科技有限公司、山西文矿科技安全技术有限公司和山西华侨幼儿教育中心等进行了视察，鼓励他们参加与社会公益活动，引导他们致富思源，回报社会。

全省盟员在本职岗位上努力进取，勤奋工作，成绩斐然。其中，在全国科学大会上，中科院山西煤化所研究员李永旺、相宏伟与其他研究人员合作完成的“耦合工艺生产γ—丁内酯和2—甲基呋喃的研究及应用”项目，获国家技术发明二等奖；太原市第二人民医院妇科专家王一丁，获“全国三八红旗手”称号，盟中央主席蒋树声、常务副主席张梅颖写信对她表示祝贺；在中共中央统战部召开的“各民主党派、工商联、无党派人士为全面建设小康社会做贡献经验交流暨表彰大会”上，山西农大教授杜俊杰、海鑫集团总经理李文杰被评为先进个人。（徐佩雄）

**【自身建设】** 2006年，民盟省委继续深入开展“创建活力支部，争做优秀盟员”的活动，着力培养学习型、思考型、实干型、民主型、创新型的盟组织。这一活动开展得好的基层盟组织，虽然采取的工作思路和工作方法不尽相同，但都呈现出“理论学习制度化，盟务管理规范化，组织生活多样化，参政议政经常化，社会服务多元化”等特点和争先创优的局面。为此，盟省委将对在这一活动中涌现出的10个先进单位、46个活力支部、192名优秀盟员进行表彰，并通过总结和推广先进典型，宣传其感人事迹和高尚品质，在全省盟内形成崇尚先进、学习先进、争当先进的良好氛围。

全方位强化宣传手段，扩大受众覆盖面，以专版的形式在《山西省社会主义学院学报》上，全面介绍了山西民盟的历史沿革、工作纪实、自身建设和参政议政情况，有效地提升了民盟的社会影响力。重视盟省信息网对盟员思想的影响，有针对性地开展网上宣传，因势利导，营造健康向上的氛围。加大对《山西盟讯》的支持力度，召开通讯员工作会议，对15名优秀通讯员进行了表彰。全省共有10个地级市委会、1个地级市委筹委会、36个直属基层组织，盟员6088人。2006年新发展盟员262人，平均年龄37.47岁，全省组织发展工作健康有序，盟员的知识结构和专业结构不断优化，年龄老化有所缓解，因而组织更具活力，更好地适应了履行参政党职能的需要，在全盟2005年～2006年度盟务工作评选中，获组织工作优秀奖，受到民盟中央表彰。2006年6月盟省委召开了市级组织负责人会议，就市级组织的换届工作进行了部署，并下发了《民盟山西省委关于做好市级组织换届工作的意见》，完成了民盟太原市委、阳泉市委、忻州市委、山西省农业科学院总支、山西省林业厅总支等的换届工作，民盟晋城市委、运城市委也将于年内完成换届；2006年8月成立了民盟朔州市委筹备委员会，11月成立了民盟吕梁市委；根据盟中央有关文件和换届精神，制定了《民盟山西省委2007年换届工作方案》，认真做好换届前的各项准备工作。

注意与盟内中青年骨干的联系与交流，重视发现、培养、推荐、使用人才工作。将新入盟的优秀人才及时列入后备干部队伍，并将工作中涌现出来的盟内骨干及时安排为基层组织的主要负责人，使他们在岗位上得以锻炼，尽快成长。按照省妇联有关通知要求，向省妇联推荐了妇女后备干部；按照省委统战部要求向省政府参事室推荐了参事人选；为盟中央、省委统战部举办的研讨班、培训班推荐了有关人员，推进了后备干部队伍建设。

进一步加强制度建设，建立健全岗位责任制和层级管理的办事程序，明确了各处室工作人员的管理和请示的层级，强调任何个人不能越级行使权力，强化了集体领导和个人负责制，理顺了工作的程序，重点把好办文的进出口关，请示、汇报、工作布置的程序关和行政、后勤、财务、物资等的管理关，避免了工作上的独断性和随意性，减少不必要的矛盾，提高了工作效率和服务质量。根据《山西省省直机关公务员登记工作安排意见》要求和《山西省公务员登记实施办法》规定，进行了机关公务员登记及其材料的上报工作。

（徐佩雄）

## ·中国民主建国会山西省委员会·

**【参政议政】** 2006年，民建省委会领导人多次参加了中共山西省委、省政府和有关部门举行的政治协商会、座谈会和情况通报会，就中共山西省第九次代表大会报告、省政府工作报告、人事变动等重大问题，坦诚地提出意见和建议。各地组织深入调查研究，厚积薄发，有效地把该会的人才、智力优势转化为现实的参政议政成果，促进当地党委、政府决策的民主化、科学化。

在省政协九届四次会议上，民建省委提交组织提案11件，被大会立案10件，提交大会发言材料3件。其中《关于依法规范省级政府采购工作的建议》提案，得到省财政厅的重视，派专员就此提案落实与民建省委座谈沟通，进一步征求意见。随后在《中国财经报》《政府信息报》《中国政府采购》和本省的新闻媒体上加大了政府采购的宣传力度。

按照民建中央"站好位置、选准角度、发扬传统、发挥特色"的方针，大兴调查研究之风，努力提高建议报告的质量。2006年，民建省委完成了4个重点调研课题，组织课题撰稿人深入省内外多次调研，反复修改。这些课题：一是《山西省2006年经济发展形势分析与2007年经济发展趋势展望》，成为民建省委的品牌课题。二是《山西省加快发展县域经济的对策建议》。三是《中部村庄规划和人居环境治理问题建议》。四是《关于山西省煤补农政策研究的建议》。这几个调研报告从不同角度对本省经济和社会生活中的重点、难点和热点问题进行了认真的调查研究，提出了意见和建议。其中以煤补农的建议已得到省长于幼军的批阅。

按照民建中央和省委统战部的要求，省委会进一步加强了社情民意反映工作，建立了信息反映有效工作机制，取得了一定成效。2006年7月，召开了全省信息工作总结表彰会，出台了信息管理和奖惩措施，推动了民建省委社情民意反映工作。截至年底，民建省委报送社情民意稿件被选登的有56篇，其中，被省委省政府领导批示的有12篇，其中《关于中水利用解决水资源紧缺的建议》于2006年3月20日被省长于幼军批示；《关于在中部崛起中加快山西协调发展的对策建议》于2006年4月3日通过省委社情民意通道被省长于幼军阅示；《关于财政资金投入民营企业的建议》于2006年4月13日被副省长范堆相批示；《关于山西煤炭工作应走循环经济发展之路的建议》于2006年4月16日被副省长靳善忠批示；《关于山西省在中部崛起发展煤化工工业的建议》于2006年5月24日被书记张宝顺、省长于幼军、副省长靳善忠批示；成继东反映的《地方政协机关建设中存在的问题及建议》被副书记薛延忠批示（2006晋督办18号）。被省政协采纳的有17篇，被民建中央采纳的有12篇。在省政协年度社情民意排队中，该会积分50分，排名第三，在省政协2006年总结会上受到表彰。张俊林、赵鸣、马秋生3名会员受到中共山西省委的表彰。在民建中央排名中居中，比以往有了较大进步。

（张云鹏）

**【社会服务】** 2006年，民建省委认真落实《民建中央关于加强扶贫工作意见》，因地制宜、扎实有效地开展扶贫工作，建立了以扶贫助学、社会剩余劳动力转移、技能培训等全国社会服务联络网络。省委会与北京娘家人劳动力培训中心在山西贫困县临县、永和和左权等地进行了劳动培训，转移劳动力共242人，大部分在北京安排了工作。引进资金50多万元，在左权县南会村投资15万元建立一所"球安南会希望学校"，在运城市临猗县北景村投资20万元援建一所"王庆轩小学"。另外，还有一所希望学校正在筹措之中。会员杨建新在娄烦县新庄村投资50万元援建百园希望小学一座。省委会积极参与"太行行"活动，筹资3万元为太行老区农民兴办沼气。协同山西省中小企业发展促进会为企业家搭建发展平台，2006年免费为企业开展财会、税收人员培训400人次，进行法律咨询3次。

动员和组织会员参加了民建中央举办的"2006年非公经济论坛"和"风险投资论坛"，积极参与"中华思源"工程，号召鼓励企业界会员致富思源，回报社会，为国出力，为会增光。

（张云鹏）

**【民建2006年中部发展论坛】** 2006年10月民建省委会举办了"民建2006中部发展论坛"，参加单位有湖北、安徽、湖南、山西、江西、贵州、上海等14个省市，到会代表有100多人，会议收集论文54篇，其中山西省17篇。国家发展改革委员会和山西省社会科学院有关专家到会并为代表授课。民建中央副主席陈明德、山西省副省长张少琴、中共山西省委统战部部长吴锦文参加了会议并发表了讲话，会议开得圆满成功。

（张云鹏）

**【组织建设】** 根据民建中央《关于省市两级组织换届工作意见》和中共山西省委统战部《关于省市两级组织换届工作意见》精神，2006年7月召开了主委会议和常委会议，研究制定了《民建山西省委关于市级组织换届工作意见》。2006年到届的6个市委会全部向省委会报送了换届工作方案，各地市委统战部并与省委会进行了人选的协商。截至年底，民建忻州、晋城、太原、运城、晋中、阳泉6个市委会已顺利完成换届，为实现组织的平稳交接、为这些地方组织带领本地区会员完成各项工作打下了坚实的组织基础。民建大同、临汾、长治市委会根据中共山西省委统战部和当地统战部的安排，换届工作正在准备之中。

坚持"注重质量、注意数量、三个为主"的原则，2006年共发展会员168人，全省会员总数达到2775人，新发展会员中研究生11人、大学生148人，占发展会员的94.6%；高级职称15人，中级职称63人，占发展会员的46.4%；会员平均年龄35.2岁。通过几年的连续努力，会员的知识、年龄结构得到有效改变。2006年省委会注意加强与会内中青年骨干的联系与交流，重视发现、培养、推荐、使用人才工作。将新入会的优秀人才及时列入后备干部队伍，并将工作中涌现出来的会内骨干及时安排为基层组织的主要负责人，使他们在岗位上得到锻炼，尽快成长。先后推荐16人次到中央社院进行学习。民建长治筹委会副主任张秋被评为全国各民主党派、工商联、无党派人士为全面建设小康社会做贡献先进个人。民建忻州市委主委王庆荣、民建晋城市委主委金德祥顺利当选为当地的政协副主席，进一步扩大了民建的组织影响。

省直工作委员会的调查筹备工作进入程序。2006年8月省委会赴河北、内蒙、河南、山东等地，对兄弟省份建立省直工作委员会的情况进行了调研和学习，掌握了成立省直工作委员会的方法、班子成员构成、管理方式以及活动经费、人员编制、办公场所等情况。（张云鹏）

【机关建设】 2006年，该会进一步加强制度建设，建立健全岗位责任制和层级管理的办事程序，明确了各处室工作人员的管理和请示的层级，理顺了工作的程序，重点把好办文的进出口关，请示、汇报、工作布置的程序关和行政、后勤、财务、物资等的管理关，提高了工作效率和服务质量。根据《山西省省直机关公务员登记工作安排意见》要求和《山西省公务员登记实施办法》规定，进行了机关公务员登记及其材料的上报工作。围绕机关建设目标，2006年按照公务员管理的有关规定，实行了机关干部竞争上岗，提拔了2名处级干部，加强了职能部门工作力量。按照省委组织部的安排，招收了1名公务员。改善了机关办公条件。组织机关工作人员外出考察，开阔了视野。按照民建中央建设学习型机关的要求，制定了学习计划，分阶段学习了政策理论和公务员知识，不断提高工作人员的理论水平和业务能力，努力营造良好的机关工作学习氛围，促进机关各项工作的开展。（张云鹏）

## ·中国民主促进会山西省委员会·

【思想建设】 2006年，民进山西省委认真组织学习邓小平理论、“三个代表”重要思想、科学发展观和建设社会主义和谐社会的一系列论述，深入贯彻《中共中央关于进一步加强中国共产党领导的多党合作和政治协商制度建设的意见》精神和党的统一战线理论及方针政策。以红军长征胜利70周年等重大活动为契机，举办各种形式的庆祝纪念活动，深入开展“三增强，四热爱”（增强对“三个代表”重要思想的认识，增强对社会主义制度优越性的认识，增强中华民族凝聚力；热爱中国共产党、热爱祖国、热爱社会主义、热爱人民）教育活动，弘扬爱国主义和中华民族精神，巩固“继承传统，以党为师，立会为公，参政为民”的思想基础。8月8日和8月31日下午，民进山西省委召开会议，认真学习《中共中央关于学习〈江泽民文选〉的决定》和中共中央总书记胡锦涛同志《在学习〈江泽民文选〉报告会上的讲话》。民进山西省委还向全省各级组织发出通知，认真组织会员学习《江泽民文选》，在全省会员中掀起学习《江泽民文选》热潮。8月30日～9月1日，民进中央全国会史暨统战理论研讨会在北京召开。民进山西省委秘书长高新文、民进临汾市委主委方熔参加会议。方熔就其撰写的论文《构建和谐社会必须加强民主监督》作大会发言。（周　戈）

【组织建设】 2006年，民进山西省委领导分别深入到各市调查研究，指导工作。4月28日，省政协副主席、民进山西省委主委张正明，副主委张建豪在迎泽宾馆参加统战部召开的关于换届工作座谈会。8月开始，民进阳泉市委、民进大同市委、民进忻州市委、民进晋城市委、民进太原市委、民进运城市委先后召开代表大会，完成了换届工作。9月25日，中国民主促进会吕梁市第一次代表大会在离石召开，选举产生了民进吕梁市第一届委员会。截至2006年，全省民进会员总数为3355人。有11个市级组织，5个县级委员会，2个省直总支委员会，14个省直支部，134个支部，14个小组。会员中有2人担任全国人大代表，1人担任全国政协委员；10人担任省人大代表，1人当选为省人大常委；23人担任省政协委员，1人当选省政协副主席，7人当选省政协常委；3人担任了副市长，5人担任市政协副主席；市、县级地方组织有人大代表40人，政协委员354人。（周　戈）

【参政议政】 2006年，民进山西省委领导多次参加了中共山西省委、省人大、省政府、省政协组织的各种工作视察、执法检查活动和民主协商、情况通报、征求意见座谈会，就省政府《政府工作报告》（征求意见稿）提出了修改意见，就省委、省政府重大决策和人事安排参与了民主协商。1月7日～13日，政协山西省九届三次会议在太原召开。民进山西省委向大会提交了《关于推进我省循环经济的几点建议》、《建设信用山西的思考与对策》等13件提案。其中，《关于加快我省农村合作医疗制度建设的建议》、《建设信用山西的思考与对策》被评为省政协重点提案。副主委张建豪代表民进山西省委作题为《关于尽快规划、建设省城轻轨交通的建议》的大会发言。

全省各级民进组织围绕山西经济建设中心工作，有计划、有组织地开展了许多调研工作。4月20日～21日，省政协副主席、民进山西省委主委张正明，副秘书长贺安黎赴晋城市绿洲纺织有限公司调研，提出了《关于加快我省大麻纺织工业的建议》，省长于幼军、副省长范堆相分别作了批示。8月2日～5日，由省政协常委、民进山西省委副主席张建豪带队，副秘书长贺安黎，民进会员、山西财经大学硕士生导师、教授、山西省文化产业研究中心副主任焦斌龙博士等组成的课题组，赴运城地区就文化体制改革等问题调研。8月9日～14日，17日～20日，省人大常委、民进山西省委副主委马大华分别在吕梁市、晋城市、关帝山林局、中条山林局进行省人大林业执法检查。听取了吕梁市、中阳县、离石区、晋城市、沁水县各级政府贯彻落实森林法、野生动物保护法、退耕还林条例的情况汇报，对各县区实施的林业六大工程进行检查，并对民营林业的发展、因封山禁牧带来的林牧矛盾和群众要求延长退耕还林期限等问题进行了调研。11月27日～30日，由省政协副主席、民进山西省委主委张正明带队，省政协常委、民进山西省委副主委张恒、张建豪，省政协委员李永昌、朱丽、白波、梁淑仙，民进山西省委秘书长高新文、副秘书长贺安黎组成的调研组，赴临汾市考察调研和谐文化建设情况。调研组印制了《和谐文化调查问卷》，在不同阶层进行问卷调查，更科学、深入地了解了不同阶层人士对和谐文化建设的意见和需求。12月8日～10日，民进山西省委副主委张建豪和副秘书长、参政议政部长贺安黎赴京参加民进中央参政议政工作年会。贺安黎代表民进山西省委作信息工作交流发言。（周　戈）

【社会服务】 2006年，民进山西省委根据自身特点，广泛开展了社会服务活动。4月25日，由民进山西省委和民进阳泉市委联合组织，农林工作委员会主任马恩正、阳泉市仁济医院院长胡银锁等一行到阳泉市郊区杨家庄乡科技医疗下乡，并赠送了价值2000元的书籍资料。民进山西省委副主委张恒，民进阳泉市委主委任衍钢、副主委王瑞琴参加活动。5月11日～12日，民进中央社会服务部部长赵会、助理巡视员吴宁桦赴阳泉市杨家庄乡考察乡村文化建设。民进山西省委副主委张建豪，秘书长高新文陪同考察。6月，民进山西省委《关于对我国西北苹果产区果树皮腐烂病防控的建议》收到农业部答复。6月20日，民进中央秘书长赵光华、民进中央社会服务部助理巡视员吴宁桦一行到阳泉市郊区杨家庄乡调研新农村文化建设。民进山西省委副主委张建豪，秘书长高新文陪同并参加赠送仪式，赵光华秘书长代表民进中央为郊区杨家庄乡赠送了4台投影仪和价值4万元的图书。8月9日，民进山西省委名誉主委秦国栋，秘书长高新文在晋祠博物馆就园林千年古树病虫害防治和保护工作考察调研。民进山西省委农林工作委员会主任马恩正，晋祠博物馆于振龙馆长介绍了庙内树木生长现状和近期治理目标。11月28日，民进山西省委副主委张政出席由中共山西省委统战部，山西省工商业联合会和山西省光彩事业促进会联合举办的光彩事业“太行行”活动在长治市举行的开幕式。

9月3日～5日，民进全国社会服务工作经验交流暨表彰大会在北京召开。民进阳泉市委、民进运城市委获“民进全国社会服务工作先进集体”称号，民进山西省委农林工作委员会主任马恩正获“民进全国社会服务工作先进个人”称号。

10月14日～15日，民进华北、东北社会服务工作研讨会在运城市举行。来自北京、天津、河北、山西、内蒙古、辽宁、吉林、黑龙江及河南、湖北、陕西等地的38位代表出席会议。全国人大常委、民进中央副主席王立平，民进中央社会服务部副巡视员吴宁桦、参政议政部处长陈鸣，省委统战部副巡视员李云平、一处处长梁旺礼，中共运城市委常委、统战部部长王蕾，省政协副主席、民进山西省委主委张正明，副主委张建豪，秘书长高新文，民进运城市委主委王正选出席会议开幕式。张正明主委、李云平副巡视员、王蕾部长、王正选主委先后致词。王立平副主席讲了话。（周　戈）

## ·中国农工民主党山西省委员会·

**【思想建设】** 2006年，省农工党山西省委员会领导班子要求学习方式要灵活多样，学习重点要突出，在积极主动，深入扎实，创新提高上下工夫。组织全省7个农工党市委、省直基层组织和党员学习《中共中央关于进一步加强中国共产党领导的多党合作和政治协商制度建设的意见》、《江泽民文选》、中共十六届六中全会和中共山西省第九次代表大会精神，以及农工党十三届五中全会精神，在全省上下形成了新的学习高潮和良好的学习局面。通过政治学习，进一步提高了新、老党员素质，明确了新时期党员参政议政的具体要求，增强了党员的政治坚定性和责任感，进一步深化了对“三个代表”重要思想和科学发展观的认识，在各项工作中始终注意坚持中国共产党的领导、发挥参政党优势、积极反映社情民意，维护社会安定，各项工作取得了新成绩。广大党员在参政议政、民主监督、社会服务、支边扶贫、维护稳定以及自身建设等方面做出了突出贡献，其中，许晓琳、郭新志、王爱萍、李继红、赵明等5名党员作为全面建设小康社会做贡献先进个人，受到农工党中央表彰。（胡小龙）

**【后备干部培养和党员管理工作】** 2006年，农工党省委针对党员结构特点，发展了一批素质较高，年龄适中的中青年党员。全年共发展新党员119人，其中，高级职称27人，博士2人，硕士13人。推荐后备干部李思进参加中共山西省委组织部举办的第41期中青年干部培训班学习；推荐陈改玲、武金贵、刘鹏飞等参加了中共省委党校、省社会主义学院以及农工党中央举办的三个培训班；推荐范永强到文水县当挂职副县长。在省委四届五次全会上，增选李思进为省委常委，范永强为省委委员。建立了副处级以上职务的后备干部定期向组织汇报工作(包括口头汇报和书面总结汇报，内容涉及思想政治、工作业绩、党派工作等）制度。4月和6月，主委周然、副主委许晓琳分别带领机关干部前往河曲县、岢岚县、沁县看望在当地担任副县长的该党干部。建立了党员数据库，配备专用电脑等设备对全省党员进行了信息化、动态化管理。

（胡小龙）

**【组织建设】** 2006年元月26日，中国农工民主党山西中医学院委员会成立，下设三个支部：第一支部委员会以山西中医学院本院及第二附属医院的成员为基础；第二支部委员会以第三附属医院（山西省针灸研究所）的成员为基础；第三支部委员会以山西中医学院附属中西医结合医院（太原铁路中心医院）的成员为基础。委员会规模核定为7人，即主委1人，副主委2人，委员4人。是继山西医科大学委员会、山西省中医药研究院委员会之后第三个省直基层委员会。阎润红当选为山西中医学院第一届委员会主任委员，白小丁、高素云当选为副主任委员，薛征、王永辉、王维峰、郭旭斌当选为委员。

3月16日，离石支部委员会成立，马卫军任主任委员；4月27日，忻州市召开第五次代表大会，张会田当选为主任委员，崔援军、李胜利、高志伟、郝晋生当选为副主任委员；12月18日，太原市召开第四次代表大会，王爱萍当选为主任委员，钟新艳、张晋安、王进当选为副主任委员；12月23日，晋中市召开第二次代表大会，刘俊明当选为主任委员，李文孝、田桂梅当选为副主任委员；12月29日，晋城市召开第二次代表大会，陈改玲当选为主任委员，韩军、王胜利、李全林当选为副主任委员。年底，根据市级组织的推荐，经过综合评定，忻州市委、阳泉市委、大同市委被评为2006年度农工党山西省“党务工作”先进集体；张李锁、武金贵等40人被评为2006年度农工党山西省“党务工作”先进个人。（胡小龙）

**【参政议政和调查研究】** 2006年，农工党省委主要领导22次参加中共山西省委、省政府、省政协先后召开的协商会、座谈会、情况通报会，就山西国民经济和社会发展第十一个五年规划和山西经济、社会发展中的全局性问题提出建设性意见建议。向省人大十届四次会议提交议案2件、意见建议案21件；向省政协九届四次会议提交大会发言2篇、提案45件、意见3件，其中以省委名义提交集体提案11件。2006年，全省共选出12类35件重点提案，农工党省会占其中5件，均由副省长领办、省政协副主席督办，影响较大。这5件是：针对农村剩余劳动力文化和技术素质普遍偏低对农村经济发展和社会稳定产生影响的现状提出的《关于做好农村剩余劳动力转移和培训的建议》；针对近年来山西省小煤矿、小煤窑遍地开花，安全生产条件差，以及煤炭资源可开采储量大为减少现状提出的《关于对我省优质煤炭资源进行保护性开采的建议》；针对择校风盛行，教育资源过度向城市和部分重点学校集中的情况提出的《关于合理配置教育资源，促进义务教育均衡发展的建议》；针对虚假药品和医疗广告屡屡欺骗患者的情况提出的《关于加大医药广告管理力度的建议》以及《关于加快农村新型合作医疗制度建设的建议》。

8月2日《山西政协报》刊登该会提

案《对优质煤炭资源实施保护性开采的建议》。

11月3日，《山西政协报》刊登该会提案《以煤化工发展带动新型能源基地建设的建议》，此提案在全省经济结构调整和制定“十一五”规划中被采纳。

11月16日，省政协副主席吕日周带队，就该会提出的“关于我省农村劳动力转移培训的建议”进行督办座谈，听取省财政厅、农业厅和社会保障厅办理情况的汇报。

12月6日，省政协就该会重点提案《合理配置教育资源，促进义务教育均衡发展》进行督办。听取省教育厅、太原市教育局和阳泉市教育局的汇报。

该会提案《关于对转变政府职能和管理方式的建议》经政协提案委员会审查，报至国务院办公厅。

2006年，农工党中央主办的第三届中国生态健康论坛上，山西论文被选中5篇。

根据农工党中央要求，该会选定了《关于农村合作医疗试点工作的情况》与《构建和谐社会，发展民营医药事业》两个课题，赴河曲、岢岚、芮城三个县和太原市显微手创医院、山西省医疗器械工业公司、山西省糖尿病医院调研。

全年共报出调研报告9篇、社情民意类信息36份，其中《关于大同市发展新型农村合作医疗的建议》和《关于完善社区卫生服务工作的调研报告》被农工党中央采纳并分获二、三等奖。

在2006年全省政协工作经验交流会上，农工党三位政协委员郭新志、郑仰林、王世贺获山西省“优秀政协委员”称号。

新制订《提案、议案、社情民意奖励办法和标准》，《农工党省委社情民意信息编报办法》、《奖励暂行办法》，以鼓励全省党员积极建言献策，不断完善参政议政工作机制。（胡小龙）

**【《农工山西通讯》编辑出版和《前进论坛》征订工作】** 2006年，省委机关刊物《农工山西通讯》自改版以来，党员投稿踊跃，全年共收到来稿100余篇，编辑出版《农工山西通讯》2期，刊登稿件50篇，共计15万字。摄影32幅。做到了全省1700党员人手一册。

《前进论坛》是农工党中央机关综合性政治刊物。《前进论坛》的订阅是省委会和各级组织的一项重要工作。2006年全省《前进论坛》的订阅率首次达到了77%，居全国省级组织第三。2006年，省委会社会宣传工作取得了很大成绩，省以上媒体报刊共采用宣传稿件39篇（次）《厚德明法救助弱者》（许晓琳）获农工党中央2005年度理论研究优秀论文一等奖；摄影《送情》（许晓琳）、《污染》（许晓琳）分获2006年度《前进论坛》开封光明医院杯摄影大赛二等奖和中国新闻图片奖；《脑瘫儿都叫她郭妈妈》（范永强）、《公益人圆公益梦》（范永强）分获2006年度《前进论坛》好文章奖和第二届山西省统战好新闻三等奖，摄影《脑瘫儿都叫她郭妈妈》（范永强）获2006年度《前进论坛》开封光明医院杯摄影大赛一等奖。范永强获农工党中央“2006年度农工党优秀宣传干部”称号。（胡小龙）

**【社会服务工作】** “三下乡”活动是山西省委会社会服务工作的传统项目。各市委每年都组织农工党员开展医疗下乡、科技下乡、文艺下乡活动。

2006年，太原市委将“农村医疗服务大篷车”活动基金增加到13万元人民币。为定点帮扶乡镇卫生院捐赠了B超机、数字心电图机、半自动血气分析仪、电动吸引器等价值10万元的医疗设备，提供了乡村农民享受最基本的卫生治疗服务。

大同市委以“构建和谐社会，促进经济发展”为主题进行医疗扶贫义诊活动。为农民群众捐赠了价值达2万余元的药品。配合第十五个世界精神卫生纪念活动开展了以“健身健心、你我同行”为主题的宣传活动，为860余名农民提供了医疗义诊和咨询服务，发放医疗宣传资料8700余份。积极响应大同市总工会“春雨助学行动”倡议，资助5名贫困孩子上大学，为乡村人畜饮水工程捐款1万余元。

阳泉市委捐资1万余元，在六一儿童节开展“关爱儿童阳光行”活动，组织儿科医疗专家，为农村中小学生普及健康卫生知识，帮助农村孩子革除传统生活陋习，教育学生养成正确、科学的生活习惯。

长治市委医疗专家组，每两个月一次，全年共6次深入长治、长子、潞城、壶关等地开展医疗咨询和技术下乡；开展“关爱失学女童”、“关心残疾人”等活动，为失学女童和残疾人捐款1830元，进入社区开设“健康咨询”和“社区卫生体系建设”课堂，提高社区居民健康意识，努力探索城市社区发展的新路子。

2006年7月，农工党第十三届十二次中央常委会在山西召开　　胡小龙提供

晋城市委以城郊和泽州、沁水的贫困乡村为重点，按照“一党一县”的安排，定期组织医卫专家医疗队开展医疗下乡，举办4期医疗和检验培训班。

忻州市委举办了8期果树栽培学习班，向定襄县瓦渣坪村等贫困山村的村民传授果树栽培、嫁接等科学技术，700名果农接受了培训。

晋中市委同晋中市北田卫生院签订了《农宜合作》定点定时帮扶计划书，在该院义诊患者500余人次，并对该卫生院的手术麻醉机、涡轮机等多台医疗设备进行了维修。

农工党山西人才培训基地，坚持“扶贫先扶志，致富先育人”的精神，2006年，共资助培训30名“两区”农村适龄青年。（胡小龙）

## ·九三学社山西省委员会·

**【组织建设】** 2006年3月14日，全国人大副委员长、九三学社中央委员会主席韩启德为九三学社长治市委员会内刊《长治社讯》题写刊名；为中共长治市委统战部建部55周年书画摄影展题词：“肝胆相照，荣辱与共”；在接见九三学社长治市委主委杨明生时，对长治市近年来创建魅力城市取得的成绩表示肯定，对革命老区的卫生事业给予关注，对九三学社长治市委员会加强自身建设、履行参政议政职能、开展社会服务等各项工作寄予殷切希望。

2006年4月7日，九三学社山西省委员会七届五次全委会议在临汾市召开。省政协副主席、九三学社山西省委主委吴傅威出席会议并作了2005年社省委常委会工作报告；社省委副主委王毓钟、任存孝、刘滇生、姚二云、杨社堂、张并生和全本委员及列席代表共60余人出席了会议；中共山西省委统战部常务副部长王大高、中共临汾市委书记王国正、副书记张克强、统战部长乔成家等莅会祝贺。会议学习贯彻了《中共中央关于进一步加强中国共产党领导的多党合作和政治协商制度建设的意见》精神，学习贯彻了中共十六大、十六届三中、四中、五中全会精神和中共山西省委八届七次全会精神，学习贯彻了九三学社中央委员会十一届四中全会精神，学习贯彻了全国人大、全国政协会议精神和山西省人大、省政协会议精神；审议并通过了吴博威主委代表常务委员会所作的工作报告；交流了社务工作经验，通过了九三学社山西省委员会七届五次全委会议决议。

2006年6月15日～18日，九三学社山西省委副主委王毓钟参加了九三学社中央委员会在黑龙江省哈尔滨市举行的社会服务工作会议，社中央副主席贺铿出席会议并做工作报告；会上各地代表交流了工作经验，对社会服务工作进行了深入探讨；社中央主席韩启德出席闭幕会并讲了话；会议对全国各地的先进集体和个人进行了表彰；九三学社山西大学委员会获得先进集体奖，山西师范大学闫精琴教授获得先进个人奖。

九三学社中央委员会换届工作会议暨社务工作会议于2006年9月12日～16日在太原市举行。全国人大常委会副委员长、九三学社中央委员会主席韩启德出席会议并作重要讲话；中共山西省委副书记薛延忠致词并介绍了山西经济和社会发展情况；山西省人大常委会副主任张铭，山西省政协副主席、中共山西省委统战部部长吴锦文到会祝贺；九三学社中央常务副主席陈抗甫、副主席谢丽娟、邹鸿、秘书长徐国权及中央各部门负责人，全国各省级组织主委、副主委、秘书长等80余人出席会议；会议研究了九三学社中央换届工作，讨论修改了《九三学社中央2007年换届工作的意见》、《九三学社第九次全国代表大会代表名额分配和产生办法》、《关于推荐九三学社第十二届中央委员会委员候选人的意见》；研究了如何进一步加强社的思想建设，讨论修改了《九三学社中央关于进一步加强和改进思想建设的若干意见》。会议期间，韩启德主席会见了中共山西省委书记、省人大主任张宝顺，省人大常务副主任纪馨芳、副主任张铭等。

2006年9月20日，在中共中央统战部、各民主党派和全国工商联合会举办的"各民主党派、工商联、无党派人士为全面建设小康社会做贡献经验交流暨表彰大会"上，九三学社山西大学委员会受表彰，牛贯琥主委在会上介绍经验谈体会，受到中共中央政治局常委、全国政协主席贾庆林的会见并合影留念。

2006年10月21日～24日，九三学社中央理论研究与社史工作座谈会在重庆市召开。九三学社山西省委办公室主任赵克锋参加了会议。

2006年12月6日～8日，九三学社中央委员会在北京召开社中央十一届五次全委会议。山西省政协副主席、九三学社中央委员会常委、山西省委主委吴博威，全国人大代表、九三学社中央委员、山西省委副主委王毓钟、刘滇生出席会议。韩启德主席代表社中央常务委员会作工作报告，中共中央统战部副部长娄志豪作形势报告。会议学习贯彻了中共十六届六中全会精神；总结了2006年九三学社中央的工作，部署了2007年的各项工作，表彰了2006年信息工作先进单位和个人。

（刘中玉）

**【参政议政】** 2006年3月3日～13日，全国政协委员、山西省政协副主席、九三学社山西省委员会主委吴博威参加了在北京召开的全国政协十届四次会议，提交了对药价虚高、老百姓看病难、看病贵以及教育事业等提案。

2006年3月5日～14日，全国人大代表、九三学社山西省委员会副主委王毓钟参加全国人大十届四次会议，会上他对国家能源战略发展、规范司法行为，促进司法公正等问题提出建议和意见，备受大会关注。

2006年1月8日～13日，九三学社山西省委员会主委吴博威、副主委任存孝、姚二云、杨社堂、张并生等24位省政协委员出席了在太原召开的山西省政协九届四次会议，会上社省委提交提案34件，立案30件；其中党派提案10件、个人提案20件、意见4件、大会发言3人次。

2006年1月10日～15日，九三学社山西省委员会副主委、山西省人大常委刘滇生，省人大代表关毅、阎桂琴出席了在太原市召开的山西省人大十届四次会议，全国人大代表、九三学社山西省委员会副主委王毓钟列席会议。

2006年5月17日，由九三学社山西省委主委吴博威带队、由九三学社医卫界有关人士组成调研组赴省卫生厅、山西现代女子医院和太原显微手术外科医院进行调研，形成了《在医疗改革中充分发挥民营医院的辅助作用》的调研报告，吴博威主委在九三学社中央委员会十一届十五次常委会上作了发言。

2006年11月8日，九三学社山西省委副主委王毓钟、任存孝、姚二云、杨社堂与常委马国英、常明昌等一行14人赴山西省应用化学研究院调研，为山西省科技事业走自主创新之路服务。

2006年11月24日，山西省政协副主席、九三学社山西省委员会主委吴博威率王毓钟、任存孝、张并生、姚二云、郭宝玉、马国英、李可风等视察山西省煤炭中心医院。吴博威指出：重组后的省煤炭中心医院要以科学发展观为指导，要适应市场的需求，在竞争的同时，加强协作，有效地实现资源共享。要切实坚持"以人为本"的发展理念，以最广大患者的根本利益为出发点，兼顾各方面利益关系，继续积极稳妥地推进医院内部管理方式的改革，使广大患者从医院发展和改革中得到更多好处。

2006年11月28日，九三学社山西省委副主委兼秘书长任存孝、宣传部长兼科技服务中心主任刘海伦参加了由全国工商联、中国光彩事业促进会、省政府主办，省委统战部、省工商联、省光彩事业促进会、长治市政府承办的在革命老区武乡县"八路军太行纪念馆"广场举行的中国光彩事业"太行行"活动开幕式。

（刘中玉）

**【社务工作】** 2006年7月8日～9日，九三学社山西省企业家联谊会夏季例会在太原召开。全国人大代表、九三学社山西省委副主委王毓钟应邀莅会讲话，从更好地履行全省社组织参政议政职能和进一步提高参政议政能力的高度对企业家联谊会及其全体成员提出要求和希望。省政协委员、社省委副主委山西省展览馆馆长、企业家联谊会会长姚二云主持了会议。会议特邀九三学社山西省委常委、山西大学文学院文学系主任、博士生导师牛黄琥教授作了《中国传统文化与现代社会》专题讲座，与会人员讨论后认为：应进一步学习和继承中国传统文化精华，与参政议政和推动企业文化建设相结合，加强企业的科技含量和文化建设。山西省政协常委、九三学社太原市委员会常委、太重集团技术中心市场部部长贾和平，忻州市人大常委、九三学社忻州市委主委陈金荣，九三学社山西省经济工作委员会副主任、企业家联谊会副会长、山西敦和科技开发有限公司经理辛光，九三学社山西省委宣传部长、经济工作委员会副主任、企业家联谊会秘书长刘海伦、九三学社山西省委委员、太化集团股份有限公司副总经理姜金宇，山西煤运总公司晋城分公司副总经理王高峰，海姿焦化有限公司副总经理董济生，山西省发展改革委员会经济研究所助理研究员、留美归国经济学硕士、山西清华紫光环保科技有限公司副总经理田波，北京艺嘉展览展示设计装饰有限公司总经理、山西万联会展有限公司总经理李太清，太原大时创新技术有限公司总经理胡常青等13名企业家出席了会议。

（刘中玉）

【科技服务】 2006年2月下旬，九三学社山西省委副主委王毓钟、刘滇生应五寨县政协主席邀请赴忻州市五寨县考察，刘滇生副主委在五寨县经济工作会上作报告，为推广绿色农业种植技术，对当地的土豆等蔬菜种植技术进行改进示范工作。

2006年7月19日，由九三学社山西省委副主委刘滇生主持推广的绿色农业种植技术现场会在太原市小店区举行。太原市副市长张政、山西省科技厅副厅长常建忠、九三学社山西省委副主委王毓钟等出席，参观了大棚西红柿和40亩大田蔬菜的种植情况。

2006年8月11日～12日，九三学社山西省委副主委王毓钟、刘滇生邀集中国粮油集团、英国有机食品公司等国内外粮食企业人士赴忻州市岢岚县考察，为推动当地10余万亩红芸豆增产、出口献计出力，县委、县政府非常重视，决心将岢岚县建成中国最大的红芸豆种植、出口基地。（刘中玉）

【九三人物】 2006年4月，山西省榆次筑路机械厂厂长、高经工程师、九三学社晋中市委副主委、榆次区委主委李培元获山西省“五一”劳动奖章。李培元多年来刻苦钻研技术，努力推进企业创新和成果转化，研制出一代又一代高科技适应市场需求的新产品，其中5项填补了国内空白，一项产品获国家专利产品金奖，三种产品用于援外工程，出口蒙古、哈萨克斯坦、坦桑尼亚、赞比亚等国家；由他撰写的论文《沥青改性工艺、沥青配比级配》在法国里昂第三届乳化沥青技术应用大会上进行了交流，并获得全国优秀论文奖。由于他成绩显著，1997年5月获得晋中地区一等功，1999年获得“榆次市劳动模范”称号，同年被晋中地区授予“科技先进个人”称号。

2006年8月26日，作为纪念章太炎逝世70周年系列活动之一，由中国书法家协会、九三学社中央委员会宣传部、省政协、省委宣传部、九三学社山西省委员会、山西省书法家协会等单位主办，山西大学承办，杭州章太炎纪念馆协办的为期一周的“姚奠中书艺展”在首都北京中国美术馆开展，同时，举行了开幕式和“姚奠中书艺研讨会”及《姚奠中书艺》（新编）、《姚奠中讲习文集》首发式。全国人大常委会原副委员长布赫，国家劳动和社会保障部部长、原中共山西省委书记田成平、教育部副部长赵沁平，社中央名誉副主席赵伟之，中国书协党组书记、副主席赵长青，山西省人大常委会常务副主任纪馨芳，山西省政协副主席、九三学社山西省委员会主席吴博威等出席并为“姚奠中书艺展”开幕式剪彩；开幕式由山西大学党委书记秦良玉主持。中国书法家协会主席张海发贺电祝贺，中国书法家协会副主席赵长青和山西省人大常委、九三学社山西省委副主委、山西大学副校长刘滇生讲话致贺。全国政协副秘书长卞晋平，九三学社中央委员会副秘书长兼宣传部长赵勇；中国人民大学国学院院长、中国红楼梦学会名誉会长冯其庸，著名书法家欧阳中石，中国书法家协会原副主席李铎，中国书法家协会副主席、北京市书法家协会主席林岫，清华大学美术学院教授、李苦禅纪念馆馆长李燕，山西省省长助理刘俊谦，山西省文联主席、省书法家协会主席李才旺，山西省书法家协会名誉主席赵望进等北京、山西、甘肃等地的书法家、书法评论家、学者、姚奠中的家眷、弟子共200余人参加了开幕式。2006年8月16日～19日，山西大学举办了“纪念章太炎先生逝世70周年国际国学研讨会暨姚奠中艺术馆”开馆仪式。姚奠中先生为激励莘莘学子、光大祖国传统文化、延续中华文脉将自己140件珍贵艺术作品捐赠给山西大学开设的“姚奠中艺术馆”。

2006年9月20日，由中共中央统战部、各民主党派中央和全国工商联举办的“各民主党派、工商联、无党派人士为全面建设小康社会做贡献经验交流暨表彰大会”在北京人民大会堂举行。会上，九三学社山西大学委员会主委牛贵琥和九三学社山西省委常委、太原理工大学委员会主委、省政府参事陈鸿章教授受表彰。

（刘中玉）

# 群众团体

## ·山西省总工会·

【概述】 2006年，全省各级工会围绕中心、服务大局、突出重点、开拓创新，各项工作呈现出蓬勃发展的良好态势。

1. 开展“主力军奉献‘十一五’”建功立业竞赛活动。全省4200个企业、105万名职工参加了“金点子”合理化建议立功竞赛，共提出合理化建议90多万条，实施10万条，创经济效益4.5亿元。开展了“学习一门新技术，提出一项新建议，创造一项新成果、推广一项新工艺”等“十个一”创新立功竞赛、“我为建设节约型社会做贡献”立功竞赛，并在全省重点工程开展了“四比一”（比技术、比安全、比管理、比效益，创造先进班组）立功竞赛，在财贸、高校、卫生、公安等系统开展了多种形式的立功创新竞赛，在全省女职工中开展了“学练比创争”立功竞赛活动。以开发职工创新能力、竞争能力、创业能力为主线，广泛开展群众性经济技术创新活动。全省职工创新技术1960项，创新工艺1740项，创新产品417项，创新操作法721项，有23项创新成果获国家级奖，292项获省级奖励。省总工会表彰了10名山西省职工技术创新能手。实施新世纪职工素质工程，对全省100万名职工进行了创造学和新技术、新知识培训。召开了全省“五一”表彰大会，对982个先进集体和先进个人进行了表彰。开展了省级以上劳模待遇落实情况大调查，为全国劳模发放“三金”（慰问金、生活补助金、特殊困难帮扶金）164万元，为省级劳模发放生活补助费178万元。

2. 加强维护权益机制建设。工会与政府（行政）联席会议制度在省、市、县普遍建立的基础上向产业延伸。省总工会、通过省三方（政府、企业、工会）协调会议参与制定了本省下岗职工出中心有关政策和新的最低工资标准。省总工会省劳动和社会保障厅、省企业家协会联合制定了《山西省全面推动劳动合同制度实施三年行动计划》，参与了对煤矿企业和非公有制企业签订劳动合同情况的调查和督导。深入开展了以“主动要约、促进双赢”为主题的平等协商集体合同和工资集体协商月活动。与省统计局联合开展了行业工资基本情况调查。与省劳动和社会保障厅、省企业家协会联合制定了《关于推行女职工特殊权益保护专项集体合同工作的指导意见》。积极推行区域性、行业性集体合同和工资集体协商制度。截至2006年11月底，全省企事业单位已签订集体合同11579份，覆盖企业14580个，覆盖职工2880374人。全省签订工资专项协议7899份，覆盖企业10287个，覆盖职工2169007人。签订女职工特殊权益保护专项集体合同504份，劳动安全卫生专项集体合同1292份。省总工会制定了《实施〈山西省企业民主管理条例〉工作标准》，广泛开展了职工代表大会星级竞赛活动，推动建立完善职工代表竞选制度、召开职工代表会向上级工会报告制度、职工代表会预案预告制度、职工代表会票决制度、职工代表巡视制度、职工代表述职评议制度、职工代表培训制度和职工代表津贴制度等8项制度。到2006年底，全省已有19679个企事业单位建立了职工代表会制度，比2005年增长1.22%；20818个企事业单位实行了厂务公开制度，比2005年增长8.17%；3851个公司制企业中，1911户建立了职工董事制度，1863户建立了职工监事制度。不断加强困难职工帮扶机构建设，推动社会化帮扶工作格局的进一步完善。省困难职工帮扶工作领导组召开了第一次领导组会议。省总工会出台了《困难职工帮扶中心星级绩效考核试行办法》，全国总工会作了转发。省总工会制定并实施了“2006～2008山西工会促进就业工作目标”，各级工会共帮扶实现就业14876人。省总工会与省安全监督管理局联合开展了“安全班组”创建活动。各级工会全面参与了地方煤矿整顿复产验收和“三同时”(同时设计、同时施工、同时投入生产和使用)其安全卫生设施工程必须与主体工程审查验收工作，在826个企业进行了女职工劳动安全卫生大检查。组织开展了“送安全知识到矿工”活动，对10万名职工进行了职业安全卫生与消防知识普及教育培训。全省建立基层工会劳动保护监督检查委员会10800个，配备劳动保护小组检查员11万人，特聘煤矿安全群众监督员11000名。全省参加“安康杯”竞赛的企业达3056家，班组89000个，参赛人数达202万人。省总工会获“四五”普法全国先进集体荣誉称号。制定了“五五”普法规划，启动了“五五”普法活动。省总工会成立了职工法律援助工作站，制定并组织实施本省工会职工法律援助工作规划。

3. 切实维护农民工合法权益。为农民工办的10件实事全部落实。开展了全省农民工权益保障状况的调查。积极参与推动《山西省农民工权益保护条例》的立法和农民工参加工伤保险、基本医疗保险暂行办法的制定。联合有关部门开展了“关爱农民工生命健康特别行动”。帮助和指导农民工与用人单位签订劳动合同。与劳动部门联合开展了农民工工资支付情况专项检查活动。组织《山西工人报》和《山西晚报》、山西公共频道等新闻单位开展“岁末情暖农民工讨薪活动”，为农民工讨回工资1000多万元。在各级困难职工帮扶中心开设“农民工”窗口，一些市、县建立了“农民工维权中心”，着力构建为农民工办实事的长效机制。把农民工纳入“两节”送温暖、“金秋助学”和职工大病医疗互助活动范围。全省已有太原、阳泉、朔州3个市开展了职工大病医疗互助活动，数万农民工也被纳入了活动之中。组织“平安返乡”活动，帮助农民工解决购票难、返乡难的问题。全省建立了两所农民工培训基地，举办农民工文化技能培训班300余期，8000多名（人次）农民工得到相关培训。全省首次评选表彰了“山西省十佳农民工”。

4. 加强企业工会建设。省总工会制定了《关于贯彻落实〈企业工会工作条例〉的实施意见》，积极开展试点工作，企业工会工作得到加强和改进。对100个全国模范职工之家和300个省级模范职工之家进行了复查验收。省总工会出台了《关于在国有企业改制中加强工会工作，切实维护职工合法权益的通知》，各级工会积极参与国有企业改制工作，着力发挥职工代表会作用，督促企业改制规范运作。省总工会与省劳动和社会保障厅、省企业家协会联合制定了《关于开展创建劳动关系和谐企业的实施方案》，全面部署开展创建劳动关系和谐企业活动。同时，联合部署在全省开展创建和谐劳动关系工业园区活动。在2005年全省新发展会员100万人的基础上，2006年，各级工会坚持抓住组建不放松，全省工会组建工作继续保持快速发展的势头。特别是沃尔玛太原长风店也组建了工会，外资企业工会组建取得重大突破。截至2006年9月底，全省已建外商投资企业工会342家，组建率达76%。全省新组建工会5313个，基层工会组织达到43860个，比2005年同期增长13.8%；新发展会员76万，工会会员达到576万人，比2005年同期增长15.2%。各级工会在建立工会联合会、工会干部聘任走出了新路。省总工会出台了《山西省乡镇（街道）工会工作规范》(以下简称《规范》)，拨出200万元专款，在全省200个乡镇（街道）工会进行规范化试点。各市、县总工会结合实际将《规范》量化、细化为具体标准。全省进行规范化试点的乡镇(街道)工会达到327个，有34家建成乡镇（街道）总工会，有159家建成工会联合会。许多小型企业中的地区和行业建立了联合基层工会，覆盖企业1446家。省总工会制定下发了《关于在基层工会实行民主直选工会主席的意见》及《关于在基层工会实行民主直选工会主席的办法》，稳妥地在中小型企业和大型企业、企业集团的二、三级单位推行基层工会主席直接选举，全省通过直选产生的基层工会主席达到3500名，比2005年增长了34.6%。各级工会打破常规吸纳人才，为工会联合会、基层和乡镇（街道）工会招聘的工会工作者达到450名。近千家工会联合会对工会主席采取了不同的补贴办法。省总工会与省地税局联合召开了工会经费地税代收工作座谈会，推行工会经费代收工作，县以上工会的财力明显增强，省总工会本级经费收入突破1亿元大关。

（宋海宾）

**【“两节”送温暖活动筹资首次突破1亿元】** 2006年，全省共有困难企业4826家，困难职工278623人；共有省级以上困难劳模1378人，其中，全国劳模350人，省劳模1028人。为确保困难职工群众过好“两节”(元旦、春节)，各级工会加大资金筹措力度，共筹资10596.8万元，其中各级政府筹集3912.85万元，各级工会筹集1170.4万元，企业自筹及社会捐款5513.55万元。在省总工会的运作下，“两节”送温暖活动采取了省、市、县党政工领导重点走访慰问和基层工会干部普遍走访慰问相结合的方式，走访慰问困难企业3935家、困难职工296888人，其中在

省总工会学习《江泽民文选》座谈会　宋海宾摄影

职职工179457人、退休职工95774人、劳模1715人、农民工19942人。各级工会除为困难职工群众送去慰问金和生活必需品外，还新增了送医疗救助、送维权知识等内容。针对省属特困企业退休职工养老金偏低的问题，省总工会为全省101家省属特困企业生活困难的35730名退休职工每人发放300元救助金；针对困难职工看病难的问题，省总工会开展了医疗服务和医疗救助活动，为6296名困难职工送去优惠医疗卡，为1625名困难职工送去药品；为解决困难职工冬季取暖问题，省总工会为困难职工送去价值72.92万元的煤炭。首次把农民工纳入送温暖范围。针对"两节"期间农民工返乡难、讨薪难、生活困难等问题，各级工会加大力度，共为5288名农民工提供咨询、返乡、救助等服务，其中帮助544名农民工顺利返乡过年；深入工地、矿山、企业走访慰问农民工19942名，共发放慰问款309.41万元，送去电视机35台、棉被254床、衣物7460件、医疗卡1960个、图书3800册、米和面16634袋、食用油2288桶、水果等慰问品2300件；开展为农民工讨薪活动，共追回拖欠农民工工钱1046.4万元。同时，各级工会还通过各种途径向231855名农民工发放了《职工权益保障手册》等维权书。

（宋海宾）

**【山西省工会第十一次代表大会】** 2006年2月25日～28日在太原召开。出席大会代表599名，特邀代表85名，代表全省500多万工会会员。25日上午9时，山西省工会第十一次代表大会在国歌声中开幕。出席开幕式的中华全国总工会副主席、书记处第一书记孙春兰，省委书记、省人大主任张宝顺，省委副书记、省长于幼军，省委副书记薛延忠等省领导在主席台就座。大会由省总工会常务副主席徐改清主持。首先，由省委副书记薛延忠代表省委、省政府向大会致祝贺，接着，受中共中央政治局委员、全国人大常委会副委员长、中华全国总工会主席王兆国的委托，中华全国总工会副主席、书记处第一书记孙春兰向大会致辞。然后，团省委书记张九萍代表团省委等向大会致贺词，省军区副政委刁建业代表省军区和驻晋部队向大会致贺词。最后，省人大常委会副主任、省总工会主席姚新章代表省总工会第十届委员会向大会作了题为《扩大覆盖面，增强凝聚力，团结动员广大职工为实现我省"十一五"规划建功立业》的工作报告。26日，省委副书记、省长于幼军向大会作经济形势报告。27日，大会选举产生了山西省总工会第十一届委员会委员127人，大会选举产生了经费审查委员会委员25人。28日，山西省总工会召开十一届一次全委会议，通过了《山西省总工会关于组织全省广大职工创新群众性建功立业活动的决定》和《关于创新维权载体、增强维权实效、切实维护职工合法权益的决定》。选举产生了省总工会主席、副主席、常委。经济审查委员会选举产生了主任和常委。姚新章在十一届一次全委会上代表新当选的领导班子成员讲话，并对委员们提出要求和期望。接着召开代表大会全体会议，通过了《关于山西省总工会第十届委员会工作报告的决议》、《关于山西省总工会第十届委员会财务工作报告的决议》、《关于山西省总工会第十届经费审查委员会工作报告的决议》。徐改清致闭幕词后，代表大会在国际歌声中闭幕。3月1日，省委书记、省人大主任张宝顺，省委副书记薛延忠，省人大副主任、省总工会主席姚新章会见山西省总工会第十一届委员会委员和经济审查委员会委员。

（宋海宾）

**【困难职工帮扶中心星级绩效考核工作】** 2006年，为创新维权载体、增强维权实效、切实维护职工合法权益，省总工会出台了《山西省工会困难职工帮扶中心星级绩效考核试行方案》。方案规定，星级绩效考核每年度进行一次，逐级采取自我考评和上级组织统一考评相结合的方法进行。省总工会每年组织若干个考评组，前往所属各市和省级产业工会帮扶中心进行考核。星级绩效考核总分为500分。具体星级标准为，五星级：400～500分；四星级：300～400分；三星级：200～300分；200分以下不予评级。考核方案实施后，省总工会对下级帮扶中心的资金补助形式改为以奖代拨。省总工会将给予五星级帮扶中心10万元、四星级5万元、三星级1万元的奖励，每年考核兑现一次并颁发相应星级牌匾。星级绩效考核以帮扶中心基础建设、四项职能和重点活动3个方面的绩效标准为依据，主要考核帮扶中心规范化建设和履行信访接待、法律援助、就业帮

图为山西省工会第十一次代表大会会场 宋海宾摄影

助、生活救助四项职能以及职工大病医疗互助、金秋助学、农民工维权、送温暖等重点活动。其中，基础建设绩效为100分，四项职能绩效为150分，重点活动绩效为250分。帮扶中心星级绩效考核试行方案最大的亮点在于重实效。职工大病医疗互助活动分值为100分，金秋助学、农民工维权、送温暖等重点活动分值均为50分。职工大病医疗互助活动正式启动并开始运行、实施效果良好，可以得到100分。本年度内已进入大病医疗互助活动的筹备阶段，且已有实施方案和明确的时间表，可得30分。设立农民工维权窗口和热线电话、免费为农民工提供就业等各项服务，接待和受理农民工遭受欠薪、非法用工等侵权行为的举报投诉并及时处理；为因暂时要不到工钱而无法回家过年的农民工提供返乡路费，帮助农民工解决就医、子女就学、基本生活等实际困难，可分别得到20分。此外，对信访接待实行责任追究扣分制度，对省总工会批转至本级中心的信访事件未进行协调化解、回复办理情况的，均会被扣分。该办法被全国总工会保障部在全国推广。　（宋海宾）

**【建立新闻发言人制度】**　从2006年5月1日起正式实施新闻发言人制度。根据《山西省总工会新闻发言人制度》的规定，省总工会定期或不定期举行新闻发布会、新闻恳谈会、新闻通气会，主要发布省总工会重点工作的基本思路、政策、主张、主要措施和方法；通报省总工会重大会议和活动的情况；预报下一阶段宣传重点。省总工会新闻发布会每两个月举行一次，于发布日当月的第一个星期二举行，遇公共假期顺延至下一个星期二。遇突发或重大事件，经省总工会党组会议、主席会议、常委会议研究决定，即时召开新闻发布会。新闻发布会地点设在省总工会多功能会议厅。新闻发布对象主要为中央、省级新闻媒体，包括报纸、广播、电视、杂志、互联网等。新闻发布会主要议程为：主持人讲话，新闻发言人发布新闻，新闻发布会所涉及的省总工会领导或部门负责人接受记者提问。新闻发布会一般不超过1个小时；新闻发言人发布时间一般不超过30分钟。根据《山西省总工会新闻发言人制度》规定，省总工会领导、相关部门负责人均为新闻发言人。涉及全国工会综合性重点工作的内容，由省总工会宣教部部长担任新闻发言人；涉及省总工会单项重点工作、突发性事件、社会关注热点问题，归口一个部门时，由该部门负责人担任新闻发言人；省总工会单项重点工作，涉及多个部门，由多个部门负责共同参与，并确定1名主发言人；对于重大事件或涉及多部门的突发事件，由省总工会分管领导或其他领导担任新闻发言人。同时，省总工会成立了新闻发言人工作协调小组，协调小组由省总工会宣教部、办公室等15个部门组成，协调小组将定期召开协调会议，确定新闻发布主题、发言人，提出新闻发布方案，对涉及职工的或重大的突发事件，研究确定代表工会、职工的观点与态度。　（宋海宾）

**【八大行业和系统开展形式多样的立功竞赛活动】**　2006年，围绕“十一五”规划目标，在重点工程、重点行业和系统，有针对性地开展了形式多样的“主力军奉献十一五”立功竞赛活动，引导和激励广大职工充分发挥聪明才智，为推动实现山西经济跨越式发展发挥积极作用。在八大行业和系统开展丰富多彩、充满活力的立功竞赛活动：在全省大企业、大集团开展了“强科技、保达效、加快工业结构优化升级”竞赛活动；在全省交通运输行业、建筑行业开展了“创名优工程”竞赛活动；在全省农业战线开展了“建设新农村、争做新贡献”竞赛活动；在窗口服务行业开展了“创优质服务，当窗口明星”竞赛活动；在教育系统开展了“教书育人、管理育人、服务育人”竞赛活动；在卫生系统开展了“护士赛技能、医师赛成果、全员赛优质服务”竞赛活动；在环保系统开展了“为建设山川秀美新山西建功勋”竞赛活动；在党政群机关和政法系统开展了“争做人民满意公务员和政法干警”竞赛活动。　（宋海宾）

山西省第二届“西山煤电杯”职工职业技能大赛开幕式　宋海宾摄影

**【各级党校增设工运理论课】**　2006年7月初，省委党校发出通知，要求各市级党校加强工人运动（以下简称工运）和工会理论的研究，并把工会理论作为培训干部的必要内容，在主体班开设工运理论专题讲座。此举对于提高各级党政领导干部的工人运动理论水平，加强对工会工作的领导和支持，更好地落实“依靠”方针，巩固党的阶级基础，促进工会工作创新发展具有重要意义。省委党校决定在省管领导干部轮训班和中青年领导干部培训班开设“工会工作理论”课程，在各市委党校主体班开设工运理论专题讲座。省委党校要求各市委党校加强工运和工会理论研究，把工运理论作为培训干部的必要内容，以省委党校与省总工会联合组织编写的《坚持走中国特色社会主义工会发展道路——党政干部工会知识培训读本》为参考教材，着力帮助各级领导干部提高工运和工会理论水平。为了配合各级党校开办好工运理论课程，各市总工会、各省级产业工会主动加强与各级党校的联系和沟通，协助各市委党校做好工运理论课程的设置安排和教学工作，并逐步把该项工作向县（区）党校和大中型企业党校延伸。根据教学需要，各市总工会的主要领导或主要业务部门的负责人可参与授课。同时，各级工会在有利于工作的前提下，在培训经费上给予了必要的扶持。省委党校与省总工会还联合成立了“工运理论研究所”。　（宋海宾）

**【工会理论课题规划会议】**　2006年7月6日召开工会理论课题规划会议。为加深对中国特色社会主义工会发展道路的研究、把握、理解和实践，进一步增强工会工作的原则性、系统性、预见性和创造性，省总工会决定采取“两条腿”走路的方式，即在充分调动和发挥工会内部理论研究力量的同时，借外部智力解决工运难题，很快拿出一批高质量的成果。同时通过实践，形成本省工运理论研究的长效机制。在课题规划会上主要解决了三个问题：一是提出课题，共同协商，结合特长，落实“任务”；二是以“中国特色社会主义工会发展道路”为主题并参照王兆国在全国工会领导干部高级研讨班上提出的五个方面的问题，加强研讨，创出成绩；三是设立“山西省工会理论成果年度奖”，对工会理论成果予以奖励。省委党校、省社科院、山西财经大学、山西大学、省总工会干部学校、《山西日报》的专家、学者应邀出席会议并发言。各市总工会、各产业工会相关负责人以及省总有关部门负责人参加会议。省总工会副主席梁若洁就省总工会加强工会理论研究的具体工作作了说明。姚新章在讲话中要求要敢于突破，从实际出发，丰富和发展中国特色社会主义工运理论。（宋海宾）

图为省总工会领导考察洪洞县农民工维权工作
宋海宾摄影

**【开展农民工防暑平安度夏活动】** 2006年7月28日，全省工会响应全国总工会号召，与全国工会同步启动“推动改善农民工生产生活条件、防暑平安度夏活动”。这次统一组织走访慰问活动，除了向农民工赠送防暑降温用品，还通过集中开展专项检查和相关法律法规咨询活动，切实推动改善和提高农民工的生产生活条件，维护农民工职业安全和健康权益。省总工会率选垂范，徐改清、梁若洁顶着炎炎烈日深入省城重点建设工程工地，走访慰问奋战在一线的农民工。作为北京奥运会的备用机场，太原武宿机场的扩改建项目——太原机场航站楼工程项目建设正在如火如荼地进行中。工地上有来自云南、河北、河南等地的800多名农民工。徐改清、梁若洁等首先来到该项目工地，把价值2万元的猪肉、白面、食用油、绿豆、白糖以及2台小天鹅洗衣机送到农民工手中。还对太原武宿立交桥枢纽续建工程工地上的300余名农民工进行慰问，并把1万元慰问金及猪肉、西瓜等慰问品发放给农民工。省工会其他领导人还深入晋城、阳泉、朔州、晋中，到建筑工地、高温作业生产车间和露天作业场所，为农民工送清凉、送健康、送安全。在当天的“推动改善农民工生产生活条件、防暑平安度夏活动”中，全省工会筹措了专项慰问资金200万元，慰问了50万名农民工。省总工会同时向全省农民工发出慰问信。（宋海宾）

**【调整部分产业工会组织体制】** 2006年，省总工会出台《关于进一步调整和完善省级产业工会组织的意见》，对原有省级产业工会作出了保留、撤销、组织体制调整等安排。在调整中，仍保留的产业工会有：省教科文卫体工会联合会、省国防科技工业工会、省煤矿工会、省电力工会、省公路运输工会、省直机关工会工作委员会、省监狱工会、省地质工会、省轻工工会工作委员会。省纺织工会工作委员会、省外经贸工会撤销后，省轻工行业办、纺织行业办和商务厅成立机关工会，隶属省直机关工会工作委员会。扩大省农林水工会管辖范围，将省劳教系统工会划归省农林水工会领导，与全国农林水利工会相一致，将原省机械厅、省冶金厅、省化工厅、省建材局直属的没有下放给地方的企业划归省农林水工会管理，并将省农林水工会工作委员会改建为省农林水工会委员会；将省财贸工会工作委员会改建为省财贸金融轻纺工会委员会，领导财贸（含商业）、金融、轻工、纺织、烟草、石油等系统厅局委办直属企事业工会。为与全国总工会产业工会对口，将省城镇集体工业联合社工会也划归其领导。以上两个工会委员会均实行联合制、代表制，选举产生工会领导班子，对所属系统工会实行业务领导。省电力工会继续保留名称，但只管辖电网、电建及供电部分的工会组织，发电厂工会原归各级地方工会管理的体制不变。成集团规模且党的关系在省国资委的集团工会作为省总工会的直属基层工会管理。对于企业集团重组后的工会组织，按照3种方式建立和理顺组织关系：一是和集团公司不在同一地区，但工会组织关系原来就在企业集团工会的，其工会组织隶属关系依旧不变。二是企业集团新兼并或收购的企业，如原工会组织关系在地方工会，其工会组织仍隶属地方工会，同时接受企业集团工会的领导。三是企业集团在异地新成立的企业，属于集团公司的紧密层企业（没有独立的法人资格），其工会组织关系隶属企业集团工会，同时接受地方工会的领导；有独立法人资格的，其工会组织关系以地方工会领导为主。

（宋海宾）

**【金秋助学活动】** 2006年，全省各级工会组织采取多种措施，扩大救助覆盖面、提高资助额，实现了工会金秋助学筹集资金、助学金、受助人数多于2005年的目标。全省各级工会筹集助学资金2851.26万元，发放助学金1510.19万元，受助困难职工子女19695人，其中，大专以上贫困学生7448人。困难农民工子女首次被列入资助范围，有1343名获得资助，其中考上大专以上院校的570人。省总工会把金秋助学与为农民工送清凉、送健康活动结合起来，摸清了困难农民工的底数；与帮助下岗职工再就业工作结合起来，为困难职工子女上学提供长期经济保障；与各级工会深入困难职工家庭进行家访结合起来，给困难职工带去了党和政府的关心；将建立企业内部帮扶机构结合起来，形成了一个多层次、广覆盖的帮扶网络。从省总工会到各市、产业、县区工会都设立了助学资金，保证了日常资助。全省工会的助学方式也越来越多样化。全省通过工会牵线搭桥，单位和个人同困难职工子女结帮扶对子的达2622对，通过工会帮助落实减免学杂费的困难职工子女3580人；通过工会帮助申请到助学贷款的困难职工子女119人；通过工会帮助得到捐赠图书和学习用品的困难职工子女有2418人；由工会帮助勤工俭学的困难职工子女198人。阳泉市总工会帮助582名下岗失业人员实现了再就业；临汾市总工会动员社会力量建立了100个金秋助学基地；大同市总工会设立的助学基金对所有考入大学的困难职工子女一包4年进行资助。

（宋海宾）

**【学习贯彻全国总工会十四届九次主席团（扩大）会议精神】** 2006年7月5日，全国总工会召开十四届九次主席团（扩大）会议后，省总工会进行了认真扎实的汇报、传达、学习和宣传、贯彻工作。1.向省委进行汇报，向省政府进行通报。会后，省总工会党组将王兆国和孙春兰的讲话精神以及《企业工会工作条件（试行）》的全文报送省委、省政府。7月25日，省委副书记薛延忠在省总工会报送的材料上作出批示："全省各级工会组织要认真学习贯彻王兆国主席重要讲话及孙春兰同志的工作报告精神，按照全总九次主席团（扩大）会议的部署，落实各项工作措施，切实加强企业工会工作，把广大职工更加紧密地团结在党的周围，充分发挥工人阶级主力军作用，为我省加快发展、构建和谐社会做出积极贡献。各级党委要站在全局和战略的高度，高度重视企业工会建设，进一步加强对工会工作的领导，为工会组织更好地开展工作，给予支持，提供帮助，创造条件。"随后，省总工会将薛延忠的批示印发到各市和产业工会。2.抓好工会系统内部的传达学习工作。组织召开了省总工会常委会议，就学习贯彻会议精神交流体会，提出措施。大家一致表示，全国总工会在当前提出加强企业工会工作的决策十分正确，把准了经济关系和劳动关系发展规律、工人阶级队伍发展规律、工人运动和工会工作发展规律之"脉"，其所采取的相应举措，也适应了社会主义市场经济条件下企业组织形式、职工就业方式及职工队伍内部结构的变化而富有针对性、有效性。既体现中央要求，又切合基层实际。紧接着，省总工会机关召开会议在机关全体干部和直属事业单位负责人中进行传达贯彻。3.召开新闻发布会，向社会广泛宣传《企业工会工作条例（试行）》；利用工会的新闻媒体大张旗鼓地进行宣传。依据《企业工会工作条例》和《山西省基层工会工作规范》，起草了《关于贯彻落实〈企业工会工作条例（试行）〉的实施意见》，提出了省总工会贯彻条例的意见和要求。同时决定在全省工会开展争做"职工群众贴心人"活动。

（宋海宾）

**【全省第二届职工职业技能比赛】** 从2006年6月开始，历时3个多月时间。全省第二届职工职业技能比赛有3个特点：一是自下而上、层层培训、层层比赛。为充分体现比赛的群众性和广泛性，把这次全省技能比赛分为三个阶段进行，6月基层进行了初赛，7月各市和产业进行了选拔赛，8月9日开始省里进行了决赛。全省共有80多万职工进行了岗位技能培训，有60多万职工参加了各类技术比赛。其中太钢有1万多名职工参加了40多个工种的培训和比赛，汾西矿业集团有2048名选手参加了公司组织的113个工种比赛，西山煤电有近万名职工参加了24个工种的培训和比赛。二是高手云集、热情高涨、竞争激烈。比赛共有16个代表队、249名选手参赛。在参赛选手中，有近几年在国家各行业比赛当中取得名次的选手，有在全省各行业比赛中取得优异成绩的选手，有在各市比赛中获得冠、亚军的选手，可以说全省钳工、电焊工、车工、铣工的技术尖子都参加了。在249名选手中有高级技师13名，技师47名，高级工73名，中级工111名，初级工5名，其中还有女选手4名，农民工选手3名，最大年龄61岁，最小年龄19岁，他们都是来自企业生产第一线。从这次参赛的249名选手的技术水平来看，远远高于上一次。这次参赛队伍中，不仅有技术高超的老选手，而且涌现出一批技术精湛的年轻新秀，从已经测评出的电焊工比赛结果来看，前四名都是新选手，第一名选手仅23岁，2003年焊工比赛的第一、二名，仅获得这次大赛的第五、六名。三是组织严密、宣传到位、社会推动效应广泛。比赛四个工种分两个赛区。钳工和电焊工在晋机赛区，车工和铣工在机车车辆厂赛区。钳工比赛准备了36个台位；电焊工比赛准备了17个焊位，40台电焊机；车工比赛准备了12台车床；铣工比赛准备了7台铣床。比赛所用的各种试件都按照国家技术文件的要求做了精心准备。这次比赛还聘请了40名裁判员，其中有1名国家级裁判员，35名省级裁判（4名大学教授）。并且对他们按照国家技术文件的要求进行了赛前培训。整个比赛在裁判、宣传、后勤服务等工作中有条不紊、井然有序。比赛成立了宣传组，制定了宣传方案，拟出了宣传标语，制作了宣传画，组织了省城各新闻单位近30名记者宣传报道比赛实况，不仅在报纸、电台、电视台有大量宣传报道，而且网上也有好多比赛的消息。由于注意抓了宣传造势工作，所以这次比赛在社会上反响强烈。（宋海宾）

**【省总工会机关推行工作目标管理】** 2006年2月28日省总工会"十一大"（山西省工会第十一届代表大会）之后，为了全面履行工会领导机关的基本职责，最大限度地激发机关活力，最大限度地调动机关广大干部职工的积极性、主动性，确保"十一大"所确定的各项任务的完成，在认真研究省总工会机关管理的现状、学习借鉴先进单位管理经验的基础上，制定了《山西省总工会机关工作目标管理办法（试行）》。2006年，在省总工会党组的领导下，在各部门和广大干部职工的共同努力下，机关目标管理工作不仅开局良好，而且运行正常、效果明显，基本达到了预期目的。着重抓了3个环节：1.依据职

省工会机关推行工作目标管理动员大会 宋海宾摄影

责，明晰任务。年初，组织省总工会机关23个部门，依据本部门工作职责，按照省总常委会审议通过的2006年省总工会工作总目标的要求，先提出本部门的基本工作目标，经分管领导审签后，报办公室综合审核，省总工会主席办公会议统一研究审定了各部门的工作目标。5月30日，省总工会办公室给各部门下达了执行工作目标分解书。分解书体现了任务明确、重点突出、尽可能量化的鲜明特点。2.精心组织，协调督促。为了把工作目标分解书落到实处，党组明确要求部门负责人是执行和完成部门工作目标的第一责任人，分管领导对分管部门工作目标的进展完成情况负总责。办公室通过工作目标和部门填写的工作目标季报表进行督促，并对重大活动和多部门之间的工作进行了协调沟通。省总工会主要领导对各部门在执行工作目标中遇到的重大问题，及时进行了协调和指导。3.严格考核，奖惩兑现。2006年12月15日始，对2006年省总工会机关工作目标管理执行情况进行了考评。根据工作目标管理办法，制定了考评工作方案。向各市总工会、部分产业工会及直属事业单位发放了20张对省总工会各职能部门工作评价调查表，年底前完成了调查表的汇总工作。机关每个干部职工写出个人工作目标完成情况小结，填写个人考核表。部门对每个部门成员进行考核，按照部门人数的20%推荐出优秀个人；各部门，对照年初工作目标分解书的内容和实际完成情况进行自我评价打分，并向考评组写出部门工作总结。各部门填写了本部门的单项工作奖励申报表。考评组以工作目标管理办法为准绳，以目标管理分解书中规定的内容为依据，采取集中听取汇报和查阅台账资料相结合、目标任务与临时交办任务相结合、工作目标评分与部门的工作在全总全省所产生的积极影响相结合等方式，进行了认真细致的考评。用2天时间集中听取了23个部门主要负责人逐项逐条的汇报，并查调了有关档案资料文件和参考评价调查表的意见，对各部门工作目标执行情况进行综合打分。同时，考评组对各部门申报的单项奖进行了认定、审核。随后，考评组汇总了各部门综合打分、单项奖的数额，并推荐出先进集体名单。组织召开了部门主要负责人的述职述廉大会，并进行民主推荐先进集体和部门负责人、优秀公务员的测评。省总工会主席办公会议听取了考评组的汇报，并进行了研究，最终确定了考评结果。考评结果是：办公室、组织部、经济技术部等3个部门获得2006年度机关工作管理先进集体荣誉称号，奖励每个部门1万元；宋海兵等15人获得2006年度机关工作目标管理先进个人荣誉称号，分别奖励1000元。（宋海宾）

**【《山西省农民工参加基本医疗保险暂行办法》】** 山西省人民政府2006年6月15日以晋政办发〔2006〕22号文件印发。《山西农民工参加基本医疗保险暂行办法》（以下简称《办法》）规定，在本省境内的城镇所有用人单位，包括企业、机关、事业单位、社会团体、民办非企业单位（以下简称用人单位）及与之形成劳动关系的农民工，都要依照本办法参加基本医疗保险。用人单位招用农民工，应当在招用农民工30日内，到所在统筹地区的医疗保险经办机构为其办理参加基本医疗保险手续。《办法》规定，农民工参加基本医疗保险，由用人单位缴纳基本医疗保险费，农民工个人不缴费。用人单位以上一年统筹地区在岗职工月平均工资为缴费基数，缴费率控制在3%左右，其中2.5%左右划入基本医疗保险统筹基金，0.5%左右划入大额医疗费用补助资金。具体缴费比例及划入基本医疗保险统筹基金和大额医疗费用补助资金的比例，由统筹地区确定。缴费率超过3%的，应报省劳动保障厅审批。按此办法缴费，农民工不建立个人账户，只建立统筹基金和大额医疗费用补助资金；农民工不计缴费年限，缴费当期享受相关待遇。农民工与用人单位脱离劳动关系后，用人单位不再为其缴纳医疗保险费，农民工与用人单位脱离劳动关系后，用人单位不再为其缴纳医疗保险费，农民工也不再享受医疗保险待遇。《办法》规定，农民工参加基本医疗保险，符合本省基本医疗保险药品目录、诊疗项目目录以及医疗服务设施范围和支付标准的医疗费用，纳入基本医疗保险统筹基金和大额医疗费用补助资金支付范围。对门诊等未纳入医疗保险支付范围的医疗费用，用人单位应给予适当补助。《办法》还规定了其他相关事项。（宋海宾）

**【山西省人民政府《关于深化非煤矿山安全整治工作的决定》】** 山西省人民政府2006年8月19日以晋政发〔2006〕24号文件印发。《关于深化非煤矿山安全整治工作的决定》（以下简称《决定》）对深化非煤矿山安全整治工作的工作目标、深化整治的范围、地方各级人民政府及有关单位职责、工作措施、有关要求及责任追究、组织领导作出了明确规定。《决定》规定，凡是从事除煤炭以外的矿产资源的地质勘探、生产和采掘施工作业，均纳入深化整治的范围，具体包括：金属与非金属开采、石油天然气开采与管道输送、地质勘探作业、地热与矿泉水开采以及金属选矿和非金属矿加工。《决定》规定整治的目标是，强化对非煤矿山的安全监管，规范矿山生产、用工秩序，改善非煤矿山企业安全生产条件，增强安全生产的保障能力，严厉打击并坚决取缔非法采矿行为，依法惩处违法非煤矿山企业，彻底关闭不具备安全生产条件的非煤矿山企业，有效遏制重特大事故，减少一般事故，切实提高非煤矿山安全生产水平，实现全省非煤矿山安全生产状况明显好转。《决定》对工会提出的要求是，工会组织要充分履行监督职能，切实维护非煤矿山企业从业人员的合法权益，及时向政府和有关部门提出意见或建议。《决定》规定，非煤矿山企业违反国家有关安全生产法律法规，不履行安全生产主体责任，不能保证安全生产的，要依法查处；导致发生事故、构成犯罪的，依法追究企业机关责任人员的刑事责任。发生死亡事故的非煤矿山企业，给予死亡职工每人不低于20万元的补偿。

（宋海宾）

**【《山西省农民工参加工伤保险暂行办法》】** 山西省人民政府2006年6月14日印发。《山西省农民工参加工伤保险暂行办法》（以下简称《办法》）共16条。《办法》规定，凡是与用人单位形成劳动关系的农民工，用人单位必须及时为其办理参加工伤保险的申报手续，及时足额缴纳工伤保险费，农民工个人不缴费。缴费基数按照用人单位支付农民工的全部报酬确定，其中本人工资低于统筹地区职工平均工资60%的，以统筹地区职工月平均工资60%为基数；超过统筹地区职工平均工资300%，以统筹地区职工月平均工资300%为基数。对于使用农民工相对集中的矿山、建筑等企业，缴费基数难以确定的，可按照以支定收、收支平衡的原则，试行定额缴费、吨矿产品提取费用、建筑施工总造价提取费用等方式缴费。《办法》第六条规定，用人单位参保后新招用农民工，应当在办理招用手续后的30日内向参保地工伤保险经办机构办理参保人员增加手续，办理参保人员增加手续后发生的工伤费用，符合工伤保险基金支付项目的，由工伤保险基金支付。《办法》第九条规定，被认定为工伤且经劳动能力鉴定委员会鉴定，伤残等级达到一至四级的农民工，享受的伤残津贴、生活护理费原则上按月支付，直至丧失领取条件时止。本人自愿一次性领取工伤保险待遇的，除按照《工伤保险条例》第三十三条第一款第一项规定的标准，支付一次性伤残补助金外，再根据其工伤发生之日中职业病诊断之日的年龄和经劳动能力鉴定确定的伤残等级，按照下列标准计发伤残津贴、生活护理费，其他待遇不再发给。《办法》第十三条对工会提出了要求：工会和企业职工代表大会依法对用人单位为农民工参加工伤保险工作实行监督。办法自2006年7月1日起实施。（宋海宾）

## ·共青团山西省委员会·

**【概述】** 2006年，全团服务党政大局有了新的作为。各级团组织以做好党的助手和后备军为使命，围绕省委省政府战略部署，动员和引导广大团员青年，在全省经济社会发展中积极贡献青春和力量。着眼于服务社会主义新农村建设，以"青春建功新农村"为主题，研究制定了《关于团结带领全省广大团员青年为建设社会主义新农村做贡献的实施意见》，明确了服务新农村建设的工作目标和具体任务。继续开展"共青团劳务输出大篷车"，先后举办6次劳务输出现场洽谈会，转移农村青年3000余人，初步实现了农村富余劳动力转移输出的市场化、规模化和社会化，促进了农村青年外出务工、增收致富。继续实施大学生"西部计划"和"晋西北计划"，选拔540名大学生志愿者分赴甘肃、宁夏和本省相关市县进行"三支一扶（支教支农支医和扶贫工作）"，推动远程教育和乡村文化建设；着眼于推进科技创新和安全生产，继续深化"山西青工技能振兴计划"，组织开展"青工技能月"、"第二届山西青年职业技能大赛"、"第七届青年创新能手评选"等活动，促使广大青工提高技术技能。参与组织第五届"挑战杯"全国大学生创业计划大赛、首届"未来杯"全国中学生创意计划竞赛、第二届全省"兴晋挑战杯"大学生创业计划竞赛等活动，激发了广大青年学子的创新热情。142个创建单位参加了"青年安全生产示范岗"集中培训，3个基层单位被评为第四届"全国青年安全生产示范岗"；着眼于建设资源节约型和环境友好型社会，不断深化保护母亲河行动，深入推进"青字号"植树造林工程，在全省广大青少年中倡导节约资源、保护环境的良好风尚，引导青少年培养文明、节约、绿色、健康的生活习惯；着眼于服务扩大对外开放与交流合作，举办了"中国青年企业家中部行——山西经贸考察"、"我与祖国共奋进——山西青年企业家晋城经贸考察"等活动，签订投资合同20多亿元。山西青联与香港青年联会在港洽会上签订了交流合作备忘录。全年共派遣和接待世界各地友好交流团17批300余人次，来自23个国家和地区的60名海外学人参与了"'创新创业、报效祖国'海外学人创业周"活动。

2006年，全团思想文化建设取得了新的成效。各级团组织始终把加强青少年思想道德建设作为共青团工作的首要任务，坚持以社会主义荣辱观教育为统领，以理想信念和思想道德教育为核心，以青少年先进文化建设为重点，扎实开展青少年思想教育工作。以纪念建党85周年、"五四"运动87周年、红军长征胜利70周年为契机，广泛开展"践行荣辱观、走好人生路"、"与祖国共奋进、与山西同发展"、"民族精神代代传"、"新农村、新青年、新风尚"等主题教育活动，引导广大青少年牢固树立中国特色社会主义共同理想，自觉践行社会主义荣辱观；青年群众性精神文明创建活动持续推进。百城万店"青年文明号"信用示范周、青年志愿者"三下乡"等品牌活动蓬勃开展。青年文明节约示范行动、乡村青年文化节、文明和谐社区创建、大学生校园歌手大赛等活动，有力推动了企业文化、乡村文化、社区文化、校园文化建设，彰显了当代青年在建设和谐文化中的积极作用；青年文化作品推陈出新，黄河影视社拍摄的电视剧《阿霞》在中央电视台、山西电视台热播并获全省"五个一工程奖"；青年工作信息化步伐加快，全省80%以上市、县共青团实现了网上资源共享和信息互联，团属网络阵地运行良好。

2006年，全团服务青年成长发展有了新的举措。各级团组织针对当代青年生存与发展的迫切需求，抓住青年成才、创业、维权和助困等服务重点，搭建服务平台，拓宽服务渠道，创新服务方式，不断增强服务青年的广泛性和实效性。全省累计建立各类青年创业基地、培训基地和服务中心360个，组织各类青年参加引导性培训、技能培训和创业培训1.8万人次，实现就业再就业1万余人次，在推动青年转变就业观念、提高就业技能等方面发挥了重要作用；"山西青年创业小额贷款项目"通过市场化运作、项目化管理，为青年就业创业提供了平台，江南餐饮集团"新朝阳青年创业项目"2000万元贷款已经到位，将提供2000多个就业岗位，扶持100名青年创业发展；45所高校的10万名大学生积极参与暑期社会实践"三下乡"活动，开展了形势政策宣讲、科技支农、企业帮扶、文艺演出、法律援助、医疗服务等活动；积极实施"为了明天——预防青少年违法犯罪工程"，通过"未成年人维权关爱月"、"中小学生安全自护知识竞赛"、"青春红丝带三晋爱心传递"等宣教实践活动，进一步优化青少年成长环境，维护青少年合法权益，促进青少年健康成长；针对弱势青年群体，"真情助困进万家"活动累计筹款228万元，衣物1万余件和价值600余万元的图书文具，帮助困难青年学生6200余名。实施希望工程"圆梦行动"，募集资金1000余万元，资助困难学生3437名。在全国率先设立"健康希望基金"，救助大病青少年29名。

2006年，团的自身建设有了新的发展。各级团组织在增强活力、完善机制、队伍建设等方面取得了新进展。"服务新农村团建基础工程"顺利启动，《中国青年报》专题报道了山西择优选拔"三支一扶"和大学生志愿者兼任乡镇团委副书记开展情况；全省各级团组织举办团干培训班395期，培训团干部11000人次。63名团市、县委书记参加了全国调训，21名团干部分赴中央国家机关、上海市高校和国家开发银行交流挂职，300名高校学生干部到基层挂职锻炼；青年中心建设稳步推进，35个农村青年中心得到资金和项目支持，城市青年中心承接了农民工子女教育援助、防治艾滋病全球基金等16个大中型服务项目；全省青年社团进一步壮大，20名港澳优秀青年加入山西省青年联合会，山西省青年企业家协会召开了成立20周年纪念大会，"山西十大杰出青年联谊会"、国资委青年联合会、全国首家大学生"自立社"等青年社团相继成立，青联、学联、少先队工作不断加强。

2006年，山西团省委获全国增强共

青团员意识主题教育活动优秀组织奖、中国青年创业行动优秀组织单位、第五届“挑战杯”全国大学生创业计划竞赛优秀组织奖、全团青工战线红旗单位、全国少先队工作先进单位等。（高元琮）

**【“未成年人维权关爱月”活动】** 为切实解决家长关注、社会影响大的青少年生活和学习方面的实际问题，2006年9月，省预防青少年违法犯罪工作领导小组、省未成年人保护委员会、团省委集中一个月时间举办了主题为维权·关爱·阳光生活的“未成年人维权关爱月”活动，重点实施了未成年人思想道德及普法宣传行动、净化未成年人成长环境的专项整治行动、未成年人维权关爱行动、弱势未成年人救助帮扶行动等四项行动，省委政法委书记、省预防青少年违法犯罪工作领导小组组长杜玉林，省政府副省长、省未成年人保护委员会主任胡苏平以及各成员单位负责人专程视察了滨河社区太原市青少年违法犯罪预防工作，实地察看了绿色动力网吧南内环店的管理和对未成年人不得入网吧的执行情况，视察了太原市救助站，看望了站内等待接转回家的流浪未成年人，并带去了书籍、玩具等慰问品。

（高元琮）

**【青少年普法宣传工作】** 2006年，团省委在青少年普法宣传工作中，一是制定了《共青团山西省委关于在青少年中开展第五个五年法制宣传教育活动的意见》，并参与了《山西省2006—2010年依法治省工作规划》的制定，把青少年作为普法的重点对象，并提出不同年龄阶段青少年的法制教育重点，注重青少年法制教育的引导性、互动性和趣味性；二是深入推进了法制副校长（辅导员）工作，各级司法、教育部门全力推进聘任法制副校长工作，截至2006年底，全省85%的中小学校都聘任了法制副校长和辅导员，同时，加强学校与未教所、戒毒所等机构的交流互助，全省新确定省级未成年人法制教育基地17个，新建社区青少年法律学校31个，组织学生参加法制教育基地活动19万人次；三是加强少年司法制度建设，全省11个中级法院都在刑事庭设立了少年合议庭，在119个基层法院中，有10个设有独立建制的少年法庭，还有37个设立了少年合议庭，设少年法庭或合议庭的法院占全省法院总数的41%；四是开展普及宣传活动，各级司法和教育部门加大对在校学生法制宣传教育，确保了“计划、课时、师资、教材”四落实，并通过主题班会、青少年模拟法庭、法制漫画展览、有奖征文等课外活动，有效地提高了青少年的法制观念和法律素养。（高元琮）

**【“青少年远离毒品”行动】** 2006年6月～7月，团省委在全省开展了禁毒志愿者“四进”（进社区、进农村、进厂矿、进学校）活动，从6月24日在太原市尖草坪区举行的全省“创建无毒社区”志愿服务行动启动以来，全省共新吸纳禁毒志愿者2177名，各基层一线禁毒青年志愿者行动小组积极参与由派出所、村委干部、单位领导和家庭成员组成的“五位一体”帮教小组，建立了定期通信、谈心交心制度，主动上门谈心，坚持定期会诊戒毒人员的思想状况，定期了解其工作、生活、家庭中的困难，切实帮助吸毒人员解除毒瘾。同时，对社会青年、在校学生和吸毒青少年进行禁毒集中宣传教育活动，增强拒毒、防毒的意识和能力。（高元琮）

**【“青春红丝带”行动】** 2006年，团省委积极创新形式、争取资源、调动基层，形成了以“青春红丝带”行动为统揽、以承办项目为依托、以大学生志愿者为骨干的青少年艾滋病防治宣传教育工作体系，取得了积极的成效。先后举办了“青春红丝带”三晋爱心传递活动、青少年防治艾滋病广播电台有奖竞答活动、华北地区“青春红丝带”青少年防治艾滋病知识竞赛，申报并实施了10万元的全球基金山西务工青年预防艾滋病宣传干预项目。山西中医学院百名大学生志愿者队伍还开展了自行车环城骑行宣传防治艾滋病活动，发放宣传品、解答防治知识，加大了宣传力度，形成了广泛影响。由于在第三轮山西省全球基金艾滋病一期项目中工作突出，山西省防治艾滋病工作委员会授予了团省委先进集体的荣誉称号。（高元琮）

**【加强青少年文化市场的监管】** 团省委联合省文化厅和“扫黄打非”办公室对影响青少年健康成长的有害出版物进行了严厉打击，开展了“反盗版百日行动”，重点清理中小学周边书店、电子出版物市场等经营场所的有害出版物。截至2006年11月底，全省共出动稽查人员37300人（次），取缔校园周边兜售非法出版物和无证音像制品、报刊摊点59家，清查“口袋本”图书、卡通画册、盗版教材和教辅读物等非法出版物145300余册，净化了未成年人文化用品市场。与此同时，全省还出动3万余人次开展了对网吧等场所的专项整治行动，对700多家违法经营的网吧进行了严厉打击，太原市还实施了“天眼”工程，在6个城区的540家网吧安装了监控摄像头，通过指挥中心对网吧实行实时监控，有效遏制了网吧的非法营业。同时，省广电局组建了广播电视监测中心，省台和全省11个市级有线电视前端信号共计430多套节目全部回收，监测中心对全省广播电视播出的内容实施动态监管和实时监录；按照《电视剧审查条例》对各制作机构送审的电视剧严格把关，认真审看。（高元琮）

**【青少年自护教育影响广泛】** 在全省各地开展青少年安全自护普及教育的基础上，2006年3月31日～7月6日，历时3个多月，团省委联合省教育厅、省护路办公室举办了“铁路护路杯”全省中小学生安全自护知识竞赛，共向全省中小学校免费发放安全自护知识竞赛问卷12万份，全省共有172所中学、389所小学的52万多名学生通过开主题班会、团队会学习讨论、专题讲座、模拟演示等形式踊跃参与竞赛活动。中央综合治理委员会护路办公室向全国转发了《关于举办“铁路护路杯”山西省中小学生安全自护知识竞赛活动的通知》，推广了山西的做法。

（高元琮）

**【开展“山西共青团劳务输出大篷车”活动】** 2006年，为更有效的服务全省新农村建设，服务农村青年增收成才，团省委进一步深化了“山西共青团劳务输出大篷车”活动，将就业培训、务工信息、招聘单位及法律维权、医疗卫生等服务带到田间地头，进一步增强大篷车活动的生命力。团省委鼓励各级团组织从实际出发，充分利用“共青团劳务输出大篷车”统一品牌，举办形式灵活多样，贴近基层的“小篷车活动”，忻州等地在这方面做了有益的尝试。2006年“山西共青团劳务输出大篷车”举办劳务输出现场洽谈会6场，3000多名城乡青年与招聘单位达成了用工意向。自2004年4月大篷车启动以来，已在全省7个市，22个区县举办了劳务输出洽谈会22场，2万余名农村青年通过大篷车直接找到了工作，辐射带动了全省10余万青年外出务工，实现了劳务输

出的市场化、规模化和社会化，得到了社会各界的认可。（高元琮）

**【再掀保护母亲河活动高潮】** 2006年3月9日，全国保护母亲河日，团省委组织全省广大青少年分别在湖滨广场、山西财经大学、山西经济管理干部学院、太原火车站开展了“我和环境共友好，携手保护母亲河”主题宣传活动。省市多家媒体对活动进行了宣传报道，营造人人关心环保、人人投身环保的良好社会氛围。晋中团市委联合市林业局、晋中日报、晚报，开展了“弘扬志愿精神、绿化晋中家园”志愿服务活动，组织青少年志愿者300人，义务植树1000余株。2006年，团省委继续与省林业厅、财政厅等相关部门合作开展全省青字号造林工程，争取工程款50万元，相继在灵丘县、平定县、黎城县、武乡县、高平市、右玉县、五台县、昔阳县实施8个省级重点绿色工程。吕梁团市委组织广大青少年积极投身6大造林绿化工程建设，工程计划实施10年，建成一批青年林、红领巾林，培养一批青年绿化专业队和青年造林能手，建立一批青少年绿色教育基地。团省委青农部与少年部联合组织广大青少年参与“保护母亲河——全国青少年（丰田）生态环保日志大赛”，向全国推荐优秀作品。这些活动吸引了大批青少年的参与和关注，有效加强了青少年生态环保意识。（高元琮）

**【开展乡村青年文化建设活动】** 2006年，全省各级团组织本着“全面配合文化强省战略，打造乡村文化品牌，丰富农村青年的文化内涵”的乡村文化建设总体思路，积极动员全省青农战线各级团组织开展乡村文化建设，特别是春节前后的第七届乡村青年文化节活动中，为了充分发挥青年引领农村社会新风气之先的作用，各级团组织深入开展形式多样的宣教活动，用先进文化塑造农村青年，倡导健康文明的新风尚。文水县在五四期间举办了青年农民技能大赛，300多名选手参加了三轮车驾驶、钓鱼、颗粒归仓、齐心协力奔小康等12个技能和娱乐比赛，用喜闻乐见的形式引导农村青年做“有知识、懂技术、会经营”的新型农民；阳泉团市委组织了以“知荣辱、树新风，青春建功新农村”为主题的阳泉市“海源农业杯”首届农村青年歌手大赛，50多名农村青年参与了活动；泽州下村团支部建设了专门的舞台，组织青年开展交谊舞大赛、篮球比赛等活动。（高元琮）

**【继续推进山西青年乡镇（民营）企业家协会建设】** 2006年春节前后，团省委组织企业家协会及企业开展了“真情助困进万家”活动，把党的关怀、团组织的温暖送到困难群众身边。在协会的倡导、带动下，会员纷纷投身社会公益事业，义务修路、建学校、资助贫困大学生、帮扶慰问农村孤寡老人及贫困户，在协会中营造出关心社会、回报社会的良好氛围。为了培养、选树、宣传本省优秀青年乡镇（民营）企业家，有效发挥其典型示范、榜样带动作用，2006年共青团山西省委、省中小企业局、省工商联联合下发《关于开展第四届“山西省优秀（明星）青年民营企业家”评选活动的通知》，并于6月进行了评选，产生了10名“山西省明星青年民营企业家”和55名“山西省优秀青年民营企业家”。2006年10月，由协会副秘书长高帅带队，组织部分会员赴江苏省华西村就社会主义新农村建设工作进行考察、学习，为会员开阔视野、增长见识搭建交流平台，促进新农村建设和县域经济发展。

（高元琮）

## ·山西省青年联合会·

**【概述】** 2006年，省青年联合会（以下简称省青联）不断加强对外开放，发展青年对外交流合作事业，更好地服务了党政大局。2006年山西青联围绕省委、省政府“以大开放促进大调整，以大开放促进大发展，以大开放促进大跨越”的战略目标，立足青年统战工作服务发展的思路，积极开辟新渠道，拓展新空间，搭建新平台，全面推进青年对外交流合作事业。7月份省委、省政府在香港举行的招商引资洽谈会上，青联组织发挥自己联系广泛的优势，联络了100多名香港青年企业家参会。参与了“中国青年企业家山西行”活动，为本省企业与全国大型企业的合作牵线搭桥。同时参与了省委、省政府组织的全国性招商引资活动，组织省青联委员到山东、福建、广东等地宣传山西，洽谈合作。

2006年，省青联以更宽广的视野，不断发展与港澳台地区的青年组织及青年的联系。山西青联与香港青年联会签订了友好交流合作意向书，标志着晋港两地青年交流合作跨上新的台阶。省青联主席刘润民作为主评委之一参加了香港十佳杰出中学生评选活动。省青联副主席雷健坤参加了香港青年联会14周年庆典和澳门青年联合会成立仪式。省青联组织了由52人组成的“山西省青年工作者港澳考察团”赴香港、澳门进行友好交流，进一步开阔了视野，提升了青年工作水平。同时邀请并接待了以香港青年联会主席曾智雄先生为团长的香港青年企业家山西访问团到晋参观考察，省委书记张宝顺和省长于幼军亲切接见了访问团，并对此次活动给予了充分肯定。另外还积极与台湾青年组织接触，与台湾商会会长达成友好交流意向。

2006年，省青联积极贯彻省委、省政府关于进一步扩大对外开放的精神，围绕本省经济社会建设这一中心目标，依托成立的“山西省青年交流中心”，积极开展全方位、多层次、宽领域的对外交流合作。全年共派遣出访团6批120余人次，赴日本、韩国、巴西、阿根廷等国家开展了青少年友好交流活动。接待各国友好交流来访团3批50人次，有力地促进了山西青年与各国青年间的对话与交流。交流的内容也从增进了解、增加友谊向加强合作、促进发展转变，在加强青年和青年工作交流的基础上，开展高科技、能源、交通、建筑装饰、传媒、教育、法律等宽领域、广层次的交流合作。拓展了青年对外交流的空间。组织参加了中国青年代表赴日本、韩国、朝鲜、美国等访问团。组派了2006文瀛激荡山西中学生韩国夏令营，这是山西青联历史上第一次组织境外夏令营。

2006年，省青联以人为本，强化机制，青年人才工作呈现新气象。省青联九届二次常委（扩大）会上，增补了包括香港地区的10名杰出代表110名优秀青年进入青联组织，使青联组织永葆活力。积极推动了国有企业青联的成立，249名青年企业界代表进入青联组织，扩大了青联组织的队伍。成立山西十大杰出青年联谊会，更有力的整合了青年人才资源，推动了优秀青年的交流。省青联还推选了15名优秀的青年科技工作者进入第四届中国青年科技工作者协会，推报10名优秀社会科学工作者进入中华全国青年联合会社会科学工作者联谊会，推荐了省青联常委胡玉亭担任全国青联常委，推荐陈德伟、史耀武加入全国青联，为青年人才的发掘与举荐做出了应有的贡献。

2006年，省青联组织的自身建设也

在不断的加强。山西青联自2005年召开九届一次全委会以来，进一步强化了机制建设，逐步形成了以委员为点、以界别工作委员会、专门工作委员会为线，以包含各市级青联的会员团体单位为面的点线面工作模式。逐步形成了以界别工作委员会为纵、专门工作委员会为横的线性工作网络。此外，制订了主席轮值制度，秘书长轮值制度、充分调动了各青联副主席、副秘书长参与工作的主动性，发挥了各方的优势。借助《山西青联》杂志、网站为委员提供宣传平台，增强青联组织的凝聚力，推动了阵地建设。

2006年，省青联工作取得了长足的发展，赢得了很好的社会反响。但是同时还有许多的不足亟待提高，将进一步加大工作力度，再创佳绩，为山西青年运动的发展提供更好的便利条件。（高元琼）

**【2006海外学人创业周山西站活动蓬勃发展】** 2006年，省青联为了服务本省招商引资、招才引智大局，开创青联组织服务经济社会发展的新路子，牵线搭桥，吸引了60余名海外学人与本省青年企业家代表和有关单位进行人才对接、技术对接、项目对接，开展洽谈合作。省委副书记金银焕，省委常委、常务副省长薛延忠亲自参加了活动的启动仪式，并对活动的举办给予了充分肯定。这些活动的组织和参与，提高了青联组织的社会影响力。

（高元琼）

## ·山西省学生联合会·

**【概述】** 2006年，省学生联合会（以下简称省学联）领导学校战线各级团组织深化政治理论学习，努力提高大中学生思想政治素质，用“三个代表”重要思想和科学发展观武装青年学生头脑，为青年学生投身和谐山西的实践奠定坚实的思想理论基础。省学联通过在全省中学生中开展“树立荣辱观，走好成人路”道德实践主题教育活动，深化了以14岁“迈入青春门”教育、16岁“公民意识”教育、18岁“成人仪式”教育为主要内容的教育活动，2006年4月30日下午省学联在太原市迎泽公园藏经楼北广场举办了全省大中学生“树立荣辱观，走好成人路”道德实践活动启动仪式，省委副书记薛延忠为活动授了旗，团省委书记张九萍代表主办单位作了动员讲话，省学联执行主席冯可可代表省学联向全省的青年学生发出《知荣辱践行动树新风》的倡议。这一活动迅速在全省11个市进行了普遍推广。

2006年，为贯彻落实《中共中央国务院关于进一步加强和改进大学生思想政治教育的意见》和《共青团中央教育部关于加强和改进大学生社团工作的意见》精神，支持学生社团活动，加强学生社团管理，引导学生社团健康发展，团省委、省教育厅、省学联在全省40余所高校范围内，进行了首届高校学生社团评选活动。另外，推荐山西农业大学大学生“三农”问题研究会、中北大学爱心社、山西中医学院推拿按摩协会代表山西参加全国评选，均被评为全国优秀学生社团。

为了提高山西高校学生网站的技术水平，加强与其他各省市学生网站的交流，省学联在加强自身网站的建设的同时，在全省40余所高校范围内，进行了首届高校学生网站评选活动。最终选出山西大学商务学院学生会网站、山西财经大学青春财大网、山西医科大学山医学生网和中北大学学生会网站作为山西省优秀学生网站参加全国评选，被评为全国高校优秀学生网站。

2006年，省学联积极开展关心和服务困难大学生工作。2006年1月28日，农历除夕，省委副书记薛延忠、团省委领导与100多名留校过年的经济困难大学生在太原理工大学欢聚一堂，一起包饺子、观看文艺节目，共祝新春佳节的到来。山西音乐广播对联欢活动进行了全程直播。在联欢活动中，薛延忠代表省委、省政府向同学们致以新春的问候和良好的祝福。团省委、省学联还为留校过年的太原理工大学学生捐赠了济困助学金15000元、价值5000元的爱心电话卡和价值20000元的衣物。此次“温暖2006，有爱就有家”校园大联欢活动将山西省学校战线共青团组织开展的“真情助困五个一活动”推向了一个高潮。10月，为了培养经济困难大学生自尊、自信、自立、自强的精神，在团省委、省学联的积极倡导下，成立了山西省“自立社”学生社团联合会，第一批成立的会员单位涉及本省20所高校，参与会员近4000人，这在全国尚数首家。山西省“自立社”学生社团联合会的成立，标志着山西关于关注经济困难大学生工作从此进入了一个新的阶段。

另外，在五四期间对本省学校战线涌现出的62个先进团委，94个先进团支部，103名优秀团干部，215名优秀团员进行了表彰。这些表彰活动的开展，发挥了先进的示范带动作用，使广大团员青年得到了激励，为今后更好地开展工作奠定了基础。（高元琼）

**【开展大学生暑期“三下乡”社会实践活动】** 2006年，山西大学生暑期“三下乡”活动围绕“践行荣辱观，服务新农村，为就业做准备”这个主题，突出“服务社会主义新农村建设”和“大学生就业见习”两条线索，重点开展了新农村政策宣讲、荣辱观宣讲、科技兴农、大学生基层挂职、博士生硕士生志愿服务等十个方面的暑期社会实践活动，取得了较大成绩。据统计，2006年大学生暑期社会实践共有45所高校的10万余名大学生积极参与。一个月共举办学习宣传“社会主义新农村”专场报告170场，农业科技知识讲座140余场，文艺演出245场。向企业和农村提出建议148项，散发各种宣传材料175000余份，接受医疗服务的农民13850人/次，接受农业科技培训的农村青年14600人次。各校社会实践专项经费也比2005年增长了近20%。省委书记、省人大常委会主任张宝顺，省委常委、省委秘书长申联彬，副省长梁滨出席了“山西省社会主义新农村建设大学生进万村科技信息化工程”启动仪式，张宝顺作了重要讲话并为出征队员授旗。省委副书记薛延忠出席了全省大中学生暑期社会实践活动启动仪式并为实践总队授旗。副省长宋北杉出席了大学生暑期新农村规划社会实践活动的出征仪式并作了讲话。中央电视台《每日农经》栏目两次对山西的“大学生进万村科技信息化工程”和“大学生暑期新农村规划社会实践活动”进行了深入报道。光明日报8月9日以《我们来到基层》为题开辟专版介绍山西情况、中国青年报8月9日头版发表了《山西三项创新引领大学生暑期实践》，肯定创新之处。山西电视台、山西日报、山西晚报和山西青年报等媒体也相继开辟了专栏，对2006年社会实践活动进行了广泛、深入、生动的宣传。（高元琼）

**【大学生基层支教支农支医和扶贫工作以及大学生志愿服务晋西北计划进展顺利】** 2006年，省学联为了贯彻落实中央组织部、人事部、教育部和团中央等八部委联合下发的《关于组织高校毕业生到农村基层从事支教、支农、支医和扶贫工作的通知》和省委办公厅、省政府办公厅下发的《山西省引导和鼓励高校毕业生面向基层就业的实施意见》文件精神，山西在连续实施大学生志愿服务晋西北计划取得良好效果的基础上拓展工作内容，招募大学毕业生300名到6市15县开展为期两年的支教、支农、支医和扶贫工作以及服务青年中心、基层检察院两项专项行动。9月1日，在湖滨会堂举行了“大学生支教支农支医和扶贫工作以及大学生志愿服务晋西北计划”出征仪式，省委副书记薛延忠出席并为服务总队授旗，省委组织部副部长、人事厅厅长邢燕芬主持仪式，团省委书记张九萍代表主办单位讲话，团省委副书记高键等主办单位领导出席了出征仪式。出征仪式后，近300名大学生志愿者奔赴基层岗位开展支农支医支教，并在到达服务地之后纷纷受到了当地的热烈欢迎。（高元琼）

**【开展大中学生科技创新活动】** 2006年10月12日～14日在山东大学举行的第五届“挑战杯”全国大学生创业计划竞赛终审决赛中，共青团山西省委、山西省学生联合会获省级优秀组织奖，山西大学团委、太原理工大学团委、山西师范大学团委、中北大学团委分获校级优秀组织奖，在山西选送的14件作品中有5件获铜奖。11月12日，山西省第二届“兴晋挑战杯”语文报大学生创业计划竞赛终审决赛在山西师范大学开幕。省委常委、常务副省长薛延忠发来贺信，副省长张少琴在竞赛开幕式上讲了话。最终山西大学等19所高等院校团委被评为优秀组织奖。共评出30件金奖、59件银奖和67件铜奖及最具开发潜力奖、最佳创意奖和最佳表现团队奖等奖项。在由团中央、全国学联11月底在北京航空航天大学举办的以“科技引领时代，创意点亮未来”为主题的“首届‘未来杯’全国中学生创意设计竞赛”中，山西选送的5件作品获一等奖1件，二等奖1件，三等奖3件。

（高元琼）

**【举办“动感地带杯”校园歌手大赛】** 2006年12月6日“动感地带”杯第三届山西省大学生校园歌手大赛暨第四届中国大学生校园歌手大赛（山西赛区）的决赛在山西工商职业学院举行。这次由团省委、省教育厅、省文联、省学联共同举办的高校音乐盛会历时一个多月，覆盖全省11个市40多所高校，比赛共分成12个赛区举行，约1086名学生报名。比赛选出了3名选手代表山西参加全国大学生校园歌手大赛总决赛，取得了优异成绩。大学生校园歌手大赛活动已经成为校园文化的一个品牌活动，已成为大学校园的音乐盛会。（高元琼）

## ·山西省少先队工作委员会·

**【概述】** 2006年，省少先队组织以邓小平理论和“三个代表”重要思想为指导，深入贯彻胡锦涛总书记对少年儿童提出的“勤奋学习、快乐生活、全面发展”的要求，以牢固树立和自觉实践社会主义荣辱观为核心，以体验教育为基本途径，努力完成“推进重点工作、深化品牌活动、建设和谐组织、加强理论研究、提升服务能力”五大任务，充分发挥了少先队组织在未成年人思想道德建设中的重要作用，进一步增强了服务基层少先队和广大少年儿童健康成长的能力，努力推进了全省少先队基层组织的全面活跃。

2006年，省少先队工作委员会（以下简称少工委）以牢固树立和自觉实践社会主义荣辱观为核心，广泛开展了内容丰富、形式多样的道德实践活动，全面加强了少年儿童思想道德建设，取得了积极的成效。省少工委与山西教育出版社联合举办了“爱我中华，知荣明耻”学习自测暨“讲荣耻树新风”征稿竞赛活动。全省中小学生通过“举办一次主题队会或社团活动、创造一张手抄报或其他形式的宣传品、学唱或创造一首童谣歌曲、开展一次实践体验活动”，加深了对荣辱观的理解、认知与实践。同时深入开展了“祖国发展我成长”主题教育活动。六一期间，省少工委举办了“祖国发展我成长”—山西省少年儿童庆祝“六一”国际儿童节主题集会，集中展示了广大少先队员“勤奋学习、快乐生活、全面发展”的时代风采，用“十一五”规划的宏伟蓝图激励少年儿童健康成长，坚定了他们永远跟党走的信心和决心。

2006年，省少工委以少先队重点工作为突破点，积极推动《少先队辅导员工作纲要（试行）》（以下简称《纲要》）和《关于进一步加强少先队工作的意见》的普及落实，有效促进了基层少先队工作的全面活跃。省少工委按照“全面推进、整体活跃”的总体要求，依据“地区差异分类指导、实际出发量力而行”的实施原则，坚持探索走“区域推进、多数学校共同参与”的工作模式，明确自身“服务、管理、指导、监督考核”的职能定位，重点做好了《纲要》的普及、培训、实施、监督考核等四个环节工作。7月，省少工委下发了《关于加强农村少先队工作服务社会主义新农村建设的通知》，按照“有组织、有阵地、有活动、有队伍、有机制”的基本标准对农村少先队组织建设和农村辅导员队伍建设做了部署，带动了区域内各农村学校少先队工作整体推进。通过在农村少先队员中积极开展“争当科技小能手”、“争当文明小使者”等活动，让农村少先队员充分感受参与少先队活动的快乐，增强了农村少先队组织的影响力。同时，根据社区发展对少先队工作提出的新要求，省少工委开展了社区少先队调研工作，总结了社区少先队工作的基础情况和有效经验，为社区少先队工作的开展提供了决策依据。

2006年，省少工委以体验教育为基本途径，深入推进少先队重点品牌活动，少先队组织服务少年儿童健康成长的能力与水平不断提高，吸引力与凝聚力不断增强。省少工委还联合有关部门相继举办了以“爸爸、妈妈，我想对您说”为主题的第二届全国少年儿童书信写作大赛山西赛区比赛、“星星火炬”全国青少年艺术风采大赛、全国青少年英语技能大赛、“未来之星”全国优秀特长生评选等活动，都受到了少年儿童的欢迎和社会的广泛关注。

2006年，省少工委以加强少先队自身建设为根本保障，促进少先队组织执行力、创造力、影响力的进一步提高。通过开展了少先队辅导员培训工作，少先队工作队伍整体素质不断增强。省少工委于11月组织了全省辅导员培训班，各市、县少工委也按照省少工委的要求，以专题会议、“辅导员手拉手”、“志愿讲师团”等方式，开展了辅导员培训工作。据不完全统计，全年全省少先队工作者以各种形式参加培训达到2000余人次。通过开展了全省少先队表彰和宣传工作，少先队组织的社会影响不断加大。建队节期间，省少工委下发了《关于表彰山西省少先队先进集体和优秀个人的决定》，评选出十佳少先队员、少先队辅导员、少先队工作者和一大批少先队优秀集体和个人。省少工委参加了全国少先队工作学会第四次代表大会，并且向新一届学会推荐吸收50名新会员。省少工委办公室主编的《山西少先队》，在指导基层工作和加强信息交流中也发挥了积极作用。

2006年，在全国少工委五届三次全委会上，山西省少工委获“2006年度全国少先队工作先进单位”、“2006年度全国少先队工作工程奖”、“2006年度全国少先队工作创新奖”。在全国少工委2006年“中国少年儿童平安行动”、“民族精神代代传”、消防教育活动总结中，全省少先队60余名个人和集体获得了表彰。

（高元琼）

**【“民族精神代代传”活动推陈出新】** 2006年初，省少工委下发了《关于组织开展2006年“民族精神代代传”活动的通知》，要求各级少工委根据当地实际情况及当前形势，创造新的工作结合点和发力点，努力为此项活动注入新的内容和形式。阳泉市少工委举行了“铭记历史，爱我中华”夏令营，长治市少工委组织了“红色之旅”黄崖洞体验活动，运城市少工委开展了“闪闪红星传万代”大型火炬传递活动，引领少年儿童接受爱国主义和革命传统教育，增强了少年儿童的民族自豪感和自信心。（高元琼）

**【开展“手拉手”活动】** 2006年1月，省少工委在阳曲县大盂镇中心小学举办了“红领巾手拉手送温暖”活动，联系太原市新华书店等社会力量，为当地少年儿童捐赠了价值20余万元的学习、生活物品。朔州市少工委开展了“爱心、真情、平安、和谐”主题系列活动，阳泉市少工委举办了城乡学校手拉手爱心赠书活动，对贫困儿童送去了少先队组织及全社会的关爱。

（高元琼）

**【“平安行动”稳步推进】** 2006年3月，省少工委联合省教育厅、省公安厅、未成年人保护委员会、省综合治理委员会铁路护路联防领导组办公室等单位，举办了“铁路护路杯”山西省中小学生安全自护知识竞赛。7月～8月，省少工委整合社会资源，与平安人寿保险山西分公司组织了“2006年中国少年儿童平安行动系列比赛”，在全省中小学生中广泛进行了安全自护教育，普及了安全自护常识。太原、临汾、长治、晋城等市相继举办了30余场“团中央《知心姐姐》心理健康教育专场巡回演讲”。这些活动为少年儿童增长自护知识和本领起到了积极作用。

（高元琼）

**【开展“服务新农村——红领巾关爱行动”】** 2006年，在省少工委组织的“红领巾关爱行动晋中行”活动中，各级团组织援建了队室、红领巾图书室，援助了当地留守儿童。忻州市少工委开展了“共建和谐社会，关爱留守儿童”系列活动，朔州市建立了“留守少年儿童”档案，开展了“两地书·亲子情”活动，通过这些活动的帮扶，将党的温暖、少先队的关怀及时送到了农村“留守儿童”等弱势群体中。

（高元琼）

## ·山西省妇女联合会·

**【概述】** 2006年是国家实施“十一五”规划的第一年。一年来，在省委领导下，全省各级妇联坚持以邓小平理论和“三个代表”重要思想为指导，深入贯彻落实科学发展观，围绕中心，服务大局，面向基层，统筹推进，团结带领全省妇女投身和谐兴晋、强省富民的伟大实践，各项工作都取得了新的进展。

1. 统筹推进城乡妇女发展。(1)组织动员妇女参与新农村建设。围绕党中央提出的建设社会主义新农村的战略任务，全省各级妇联认真总结农村妇女工作的经验，深入探讨妇联组织在建设社会主义新农村中的地位和作用，在组织专家学者、政府官员、媒体记者、一线妇女座谈论证、立项研究、以妇女报刊为阵地启动建设新农村主题宣传活动的基础上，因地制宜出台了具体的实施意见，逐条逐项落实其中的各项目标任务。省妇联与山西移动通信有限责任公司联手组织的万名妇女从业农村网络文化站工程自9月中旬正式启动以来，省妇联集中培训了来自全省11个市的近百名农村妇女骨干，并先后深入各市、县、乡、村，层层召开协调会议，落实相关事宜，随即各级妇联的培训陆续展开。截至2006年底，全省已有6000多个妇女从业的农村网络文化站投入运营。此举在为农村妇女提供就业岗位和致富机会的同时，对新农村建设中最为根本的任务即提高农民整体素质和地位的影响也开始显现。(2)激发妇女创业活力。省妇联为激发妇女创业活力而组织实施的“巾帼春风行动”、玫琳凯创业项目等为妇女提供的就业岗位达1000多个，为推进行业文明建设而开展的“巾帼文明岗”创评活动，出台了新的管理办法，在越来越多的行业中深入开展，并吸纳知识阶层女性、新经济组织和社会组织中的女性广泛参与，年末“巾帼文明岗”数量省级为570人，国家级为113人。省妇联和部分市级妇联还以推进会、观摩会和专题论坛等形式总结交流创评经验，使之不断发展深化，并通过城乡联手、岗村（巾帼文明岗和贫困村）结对，实现载体互通、资源共享、品牌对接和工作互促。

2. 切实维护妇女儿童合法权益。(1)从源头上完善妇女权益保障的法律法规体系。2006年，省妇联在参与《未成年人保护法》、《山西省城镇职工生育保险办法》、《山西省实施〈妇女权益保障法〉实施办法》等法律法规的制定与修改中，广泛征求各阶层妇女的意见，使之成为立法程序中不可忽视的声音。(2)从机制上探索建立新的维权工作制度和运行方式。2006年，妇联干部特邀陪审员制度、妇女权益法律援助制度和妇女维权联席会议制度等不断完善，妇女维权帮教基地、公益服务热线、巾帼维权志愿者队伍等不断发展，加大了实事维权力度。据5个市的不完全统计，共设立妇女维权机构115个，妇女维权热线88条，家庭暴力投诉站点102个。(3)从基础上深化法制宣传教育。组织妇联干部参加法律知识的竞赛、考试、报告会等，抓住三八妇女维权周、法制宣传日、国际消除对妇女暴力日等重要时机，借助新闻媒体，集中开展大规模的普法宣传等。2006年，省妇联首次组织了山西十大维权卫士的评选活动，并对“四五”普法中妇联系统成绩显著的50个集体和100名个人进行了表彰和宣传。(4)从环境上加强社会治安综合治理。2006年，省妇联与省综合治理委员会等发起的“平安家庭”创建活动，与省卫生厅等开展的艾滋病防治“面对面”、“预防艾滋病，健康全家人”宣传教育活动，与省禁毒委员会等组织的“不让毒品进我家”等活动，都为维护改革发展稳定的大局发挥了积极作用，年内信访办结率保持在95%以上。

3. 推动妇女儿童发展纲要规划的落实。(1)落实妇女儿童发展纲要规划中的一些瓶颈问题和重点难点正在突破。旨在降低新生儿缺陷率的“削峰工程”使本省平均每年至少减少千名以上畸形儿出生，旨在降低孕产妇死亡率和消除新生儿破伤风的“降消项目”自2005年3月在省内40个县实施以来，农村孕产妇住院分娩率提高20.4个百分点。(2)设在妇联的妇儿工作委员会办公室自身建设得到加强。全省100%的市级妇儿工作委员会办、46%的县级妇儿工委办有了专门编制，80%的市级妇儿工作委员会办、30%的县级妇儿工作委员会办工经费列入财政预算。(3)妇女干部队伍量增质升。截至2006年8月，省四大班子配备5名女干部，其中人大配备2名。11个市级领导班子中，配备了52名女干部，其中正职5名。119个县（市、区）、2个开发区领导班子中，配备了411名女干部，其中正职38名。省妇联与省委组织部、省委党校联合举办的妇女干部理论培训班从1992年到2006年已连续举办12期，使其参政议政能力不断提高。

4. 深入开展以和谐为主题的妇女文化宣传活动。(1)运用现代传媒普及和谐文化。以妇女报刊和新开通的山西妇女网为阵地，开设“党政领导谈国策”、“三八特别报道”、“妇女权益知识问答”、“春蕾计划系列报道”、“新农村建设妇女参与系列篇”等专题栏目；与中国妇女报社联合举办“百名记者、女企业家看山西”活动，赴太原、晋中、忻州等地考察采风，洽谈商务；以建会55周年为契机，组织力量编撰《山西妇联55年》、《新世纪、新山西、新女性》、《山西十大女杰》等书籍画册，挖掘构建社会主义和谐社会的宝贵资源。(2)发挥自身优势弘扬和谐文化。通过美德在农家、十大杰出家长评选、家教大家谈、家庭助廉等妇联在家庭领域的活动推进和谐社区、和谐村镇建设，夯实和谐社会基础。围绕“建和谐家庭，促和谐社会”组织论文征集、专题研讨等，积极回应中央关于构建社会主义和谐社会的战略决策。(3)利用各种节日活动传播和谐文化。从“三八”召开的新山西、新女性、新风采展示大会，“六一”以来在少年儿童中开展的“知荣辱、讲正气、树新风、促和谐”活动和科技创新实践活动，教师节组织的省城女教师座谈会和慰问知名女教授的活动，元旦春节期间与有关部门共同组织的科技、文化、卫生三下乡活动，到重阳节为离退休老干部组织的参观、考察、健步走、书画展、营养知识讲座等，都增加了节日的和谐文化含量。(4)在对外文化交流中突出和谐主题。2006年，省妇联加强对外开放理念，先后组团出访欧、美、澳多国，并接待了非洲驻华使节夫人的友好访问，与各国妇女就全球化大潮中加快妇女组织与妇女发展、共建共享世界范围和谐文化等共同关心的问题进行了广泛的交流，增进了了解、互信和友谊。

5. 加大妇女儿童的受益程度。(1)发挥协同作用，竭诚服务妇女。围绕妇女最关心、最直接、最现实的利益需求，各级妇联动员社会力量，使第三批来自省内57个贫困县的200名特困生在省好艺中专接受了文化教育和技能培训；忻州、吕梁等地的一批贫困教师得到了美丽家园建材装饰公司等多家企业的资金和实物捐助；省城一批女企业家得到了太平洋寿险总金额800万元的意外伤害保险；方山、浮山、灵丘等3个县的贫困妇女得到了“香港回归扶贫资金”等50万元循环贷款；省妇联扶贫点临县雷家碛乡妇女得到非洲驻华使节夫人捐助的用于发展种养业的5万元循环金。(2)积极牵线搭桥，热心关爱儿童。在各级妇联协调下，太原、晋中等8个市的1300多名弱视儿童接受了中国儿童少年基金会提供的免费检查或治疗；20所小学和幼儿园获得了湖南太子奶集团价值10万元的乳制品；200多家幼儿园安装并使用了总价值314万元的安康（公益）幼儿成长教育网络管理信息系统；省儿童医院等11所医院获得了100台、总价值20万元的儿童卫士空气净化器。作为全国参与“恒爱行动”的16个省份之一，省妇联招募的4209位爱心妈妈共为孤残儿童编织毛衣9028件。截至2006年年底，全省共建有4所春蕾小学，55个春蕾女童班，63名春蕾女童分别获得了国家和省级优秀春蕾女童称号。2006年六一国际儿童节，省妇联向省民政厅福彩中心争取到了省自实施“春蕾计划”以来最大的一笔善款43万元，使1000名贫困女童学业有了资金保障。

（郭蕴藻）

**【山西省妇联庆祝建会55周年】** 2006年1月5日，全省新老妇女工作者及各界妇女代表300多人齐聚省妇儿发展中心，庆祝省妇联建会55周年。全国妇联副主席、书记处书记黄晴宜、省委书记张宝顺致信表示祝贺。省委副书记薛延忠、省人大副主任曹馨仪、副省长胡苏平出席会议。北京、天津等20多个省、市、自治区妇联发来贺信、贺电，省女领导干部联谊会和省总工会、团省委、省人事厅、省商务厅等单位也以各种方式致贺。大会由省妇联副主席郑红主持，省妇联主席梁豫秦在讲话中回顾总结了省妇联建会55年来所走过的光辉历程和历史经验，号召全省妇女在省委、省政府的正确领导下，为加快科学发展、建设和谐山西努力奋斗。省委副书记薛延忠代表省委、省政府向省妇联55周年华诞表示祝贺，对各级妇联和广大妇女提出了殷切希望，并强调指出，各级党委政府要全面贯彻男女平等基本国策，进一步加强对妇女工作的领导，认真研究解决妇联工作中的重大问题，关心妇女干部的成长进步，为妇女事业的发展创造良好的环境和条件。太原市妇联等199个单位、高守珍等309名个人分别被省妇联授予三八红旗集体（山西省妇女工作先进集体）和三八红旗手（山西省优秀妇联干部）称号。吴坚等720名从事妇女工作20年以上的资深妇女工作者也获得了荣誉证书。省妇联为建会55周年编撰的图书《山西妇联55年》、《山西十大女杰》和画册《新世界　新山西　新女性》也于当日首发。（注：山西省妇联成立于1950年11月4日，由于多方面原因，庆祝大会未能在建会55周年纪念日当天举行，特此说明）　（郭蕴藻）

**【新山西·新女性·新风采展示大会】** 2006年3月3日，为庆祝“三八”国际劳动妇女节96周年，省妇联在山西省演艺中心召开了新山西·新女性·新风采展示大会。省委副书记薛延忠、省人大副主任曹馨仪、省政协副主席阎爱英等应邀出席。省城新老妇女工作者、省直厅局女领导、各界妇女和妇女先进典型代表以及部分大专院校的女生等共600多人参加。省委副书记薛延忠、省妇联主席梁豫秦先后致词，向全省1600万妇女祝贺节日，高度评价她们在各个历史时期为山西的发展和进步做出的积极贡献，勉励她们在新的征程上锐意进取，再创辉煌。来自全省各行各业的妇女通过音乐、歌舞、曲艺以及行业手势操等多种形式展示了当代妇女为国奉献、自立自强、奋发向上、美丽健康的时代风采。省委办公厅、省政府办公厅、省政协、省公安厅、省委老干局、省好艺中专、省工商银行、省广电局、省林业厅等16个单位获最佳表演奖。

（郭蕴藻）

**【李悦娥任省妇联主席】** 2006年5月26日，省妇联在山西煤炭大厦召开九届四次执委会。根据中华全国妇女联合会章程的有关规定选举新的山西省妇联主席。因年龄原因即将离任的省妇联主席梁豫秦主持会议并简要介绍了候选人李悦娥的情况。省妇联副主席张烈珍宣读了中共山西省委组织部关于任命李悦娥为省妇联党组书记的文件。省妇联副主席郑红宣读省妇联九届常委会关于替补执委、增补常委和提名主席候选人的建议。会议以等额选举、举手表决的方式，一致通过替补李悦娥为省妇联九届执委、增补李悦娥为省妇联九届常委、选举李悦娥为山西省妇联主席。选举结束后，李悦娥发表了题为《让妇联工作的成效惠及更多女性》的讲话。省委副书记薛延忠在讲话中对会议的圆满成功表示祝贺，并希望省妇联新的领导班子进一步加强思想、能力、作风和制度建设，努力成为政治坚定、工作扎实、作风优良和团结协作的坚强领导集体，团结带领全省妇女为山西的发展和妇女事业的发展做出新的更大贡献。新当选的省妇联主席李悦娥生于1958年3月，山西怀仁县人，英国里丁·阿斯顿大学博士研究生学历，1976年5月入党，1979年9月参加工作，原任山西省外办（侨办）主任、党组书记，2006年4月调任省妇联党组书记。（郭蕴藻）

**【“两纲”“两规”中（终）期评估督导】** 中国妇女发展纲要（2001—2010）、中国儿童发展纲要（2001—2010）、山西妇女发展规划（2001—2005）和山西儿童发展规划（2001—2005）（以下简称“两纲”“两规”）于2006年进行中（终）期评估督导。从7月下旬起，省妇儿工作委员会组成6个评估督导组，分别由省妇女工作委员会副主任、省妇联主席李悦娥等带队，在全省各市开展评估督导工作。对照“两纲”“两规”中确定的妇女儿童发展目标，通过听取汇报、查阅资料、实地考察和入户访谈等，全面了解各地“两纲”“两规”的实施情况、成效、经验和问题。之后，督导组分别向各地妇儿工委反馈意见，并就下一步接受国家级督导进行安排部署。9月21日，由全国人大常委、全国妇联原副主席赵地带队的国务院妇儿工作委员会“两纲”评估督导组莅晋。22日，省委书记、省人大主任张宝顺会见了督导组一行。副省长、省妇儿工作委员会主任胡苏平，省妇儿工作委员会副主任、省妇联主席李悦娥陪同督导组考察。在为期5天的考察中，督导组听取了胡苏平所做的关于山西省实施“两纲”情况的汇报，并与省妇儿工作委员会成员单位有关负责人座谈。督导组先后考察了省妇幼保健院、省脑瘫康复医院、山西新宝鼎集团、太原市滨河社区、晋中市榆次区修文镇以及当地的一些医院、法院、学校、幼儿园等，在深入群众了解实情的同时，还调阅了从妇幼卫生、学校管理到村民委员会选举等方面的大量案卷资料。赵地在代表督导组反馈意见时，将山西贯彻落实“两纲”的主要成绩概括为：妇儿工作委员会及其办公室机构健全，工作机制完善；妇女参与经济发展的能力进一步增强；妇女参政议政环境得到优化，参政比例进一步提高；大力推进项目实施，促进了妇女儿童健康领域重点难点问题的解决；“普九”推动“两纲”教育目标的落实，使学前教育、义务教育和高中教育有了较大发展；妇女儿童合法权益进一步得到保障；发展文化产业和文化事业，妇女儿童发展的社会环境进一步优化；重视两纲监测评估、统计工作。督导组希望山西省进一步强化领导的责任意识，加大妇女儿童工作力度，关注贫困地区妇女儿童的基本生活、受教育程度、卫生健康和环境状况，着重解决妇女儿童发展中的重点难点问题。同时，充分发挥妇儿工委及其成员单位的作用，加大“两纲”的宣传培训力度。胡苏平表示，督导组提出的意见具有很强的针对性和指导性，各相关部门将拿出切实有效的措施，对存在的问题加以改进。（郭蕴藻）

**【“巾帼文明岗”创建活动推进会议】** 2006年10月24日，山西省“巾帼文明岗”创建活动推进会议在太原举行。省委副书记薛延忠出席并与省妇联领导一起为新命名的180个“巾帼文明岗”代表颁奖。这次会议的主要任务是贯彻落实全国“巾帼文明岗”创建活动推进会议精神，总结交流“十五”时期本省“巾帼文明岗”创建活动的成绩和经验，研究探讨新形势下如何进一步深化创建活动，安排部署“十一五”期间本省“巾帼文明岗”创建工作。薛延忠在讲话中指出，经过多年发展，“巾帼文明岗”日益成为本省各行各业妇女加强学习、提高素质的平台；服务中心、推动发展的载体；维护稳定、促进和谐的渠道和塑造形象、展示风采的窗口。今后，在创建内容上，要进一步体现时代精神，把促进妇女提高综合素质、激发创新活力、为加快科学发展、构建和谐山西贡献力量作为主要内容；在创建形式上，要实事求是，因地制宜，丰富载体，突出特色，不断赋予新内涵，注入新活力；在创建范围上，要延伸到妇女集中的各个领域，不断扩大覆盖面和影响力。李悦娥在讲话中强调，“十一五”期间要以争创“巾帼文明岗”、服务山西为目标，推进城乡之间、区域之间、行业之间、不同群体之间妇女的协调发展，推动妇女与经济社会同步发展；要把社会主义核心价值体系融入创建活动的全过程，做到“三个结合”即把创建活动与行业单位目标任务相结合，与妇女自身追求进步发展的内在需求相结合，与教育服务妇女和维护妇女权益相结合。会议还举办了全省“巾帼文明岗”创建活动论坛。（郭蕴藻）

**【建和谐家庭，促和谐社会】** 为贯彻落实党的十六届六中全会精神，发挥妇联在家庭领域的工作优势，夯实和谐社会的基础细胞，2006年10月17日，省妇联邀请全省学术界、理论界、新闻界的部分专家学者和妇联干部共同就“建和谐家庭，促和谐社会”进行专题研讨。来自山西大学、省社科院、省文明办和基层妇联的与会者围绕党的十六届六中全会作出的《关于构建社会主义和谐社会若干问题的决定》，从理论和实践的结合上对家庭建设与和谐社会建设的关系、妇联在和谐社会建设中的定位与职责、和谐社会建设给妇联工作带来的新课题、新机遇、新挑战等问题畅所欲言，各抒己见。省妇联主席李悦娥在总结发言中指出，妇联有责任、有条件多创造这样的机会。建设和谐家庭，一要抓宣传发动，使其重要性深入人心；二要积极行动起来，运用各种载体，开展扎实有效的活动；三要搞好示范评比。她特别强调，妇联工作要凝聚妇女，带动家庭，联动社会，抓住发展第一要务，围绕中心谋大事，服务大局干大事，贴近妇女办实事。（郭蕴藻）

**【非洲驻华使节夫人到晋访问】** 2006年9月18日～21日，在全国妇联国际部有关领导陪同下，非洲驻华使节夫人小组主席、尼日利亚驻华大使夫人叶密西·科克尔一行7人对山西进行访问。访问期间，该小组参观了山西博物馆、太原双合成食品有限公司，考察了忻州市区东楼乡前郝村三八科技示范基地，并向山西妇联捐赠了5万元小额循环金。9月20日下午，副省长宋北杉在迎泽宾馆会见了该小组的7位使节夫人。之后，非洲驻华使节夫人向省妇联捐赠小额循环金仪式在省妇儿发展中心举行，省妇联主席李悦娥代表省妇联接受捐赠。据悉，这5万元将以2年为周期，首轮向临县发放，支持当地妇女发展种植养殖项目。捐赠仪式结束后，7位使节夫人与省内各界妇女代表在热烈友好的气氛中就妇女参政、家庭教育、未成年人和女企业家的法律保护等进行了坦诚交流。省妇联主席李悦娥用英语向贵宾介绍了我国妇联与外国妇联组织的不同，分析了当前在贯彻男女平等基本国策中存在的问题及其原因。非洲驻华使节夫人小组主席叶密希·科克尔代表小组成员对山西省政府和各级妇联的热情款待表示感谢，并祝愿中非和中非妇女之间的友谊万古长青。当晚，省妇联宴请小组成员后，宾主双方进行了联欢。

（郭蕴藻）

**【全国人大常委会副委员长、全国妇联主席顾秀莲莅晋考察】** 2006年8月16日～17日，全国人大常委会副委员长、全国妇联主席顾秀莲莅晋考察工作。在听取了省妇联主席李悦娥的工作汇报、实地考察了省妇联“以工促农、城乡互促”的示范点——太原六味斋实业有限公司之后，顾秀莲对山西妇联围绕中心、服务大局、服务妇女、创造性地开展各项工作给予了充分肯定。谈到培训选拔女干部，顾秀莲特别强调，要从源头抓起，注重把那些素质高、能力强、在行业系统知名度高、工作业绩突出的优秀女性推选出来。对如何更好地开展妇女工作，顾秀莲形象地指出，要开门拆墙，把妇女工作做到社会上，把群众与党政职能工作融合在一起，充分发挥各个协调组织的作用，把工作项目化、实事化。顾秀莲希望各级妇联和广大妇女在全面建设小康社会、构建社会主义和谐的实践中，整体把握当前工作和长远发展的关系，着力构建和不断完善妇女运动理论体系、妇女教育培训体系、社会化开放式的妇女工作体系以及妇女事业发展的支撑体系，在实施“十一五”规划中推动妇女运动的创新发展。顾秀莲在晋考察期间，省委书记、省人大主任张宝顺，省委副书记、省长于幼军前来看望，并汇报了山西省近期的工作。省委副书记薛延忠，省人大副主任、省总工会主席姚新章，副省长胡苏平，以及省妇联主席李悦娥、副主席张烈珍、郑红等陪同考察。

（郭蕴藻）

**【省城少年儿童庆祝六一国际儿童节大会】** 2006年6月1日，以“知荣辱、讲正气、树新风、促和谐”为主题的省城少年儿童庆祝六一国际儿童节大会在太原工人文化宫举行。省城妇女工作者、少年儿童代表共800多人参加。省委书记、省人大主任张宝顺出席大会并作了重要讲话。省委副书记薛延忠、省人大副主任曹馨仪、省政府副省长胡苏平、省政协副主席聂向庭等出席大会，并参加了大会组织的主题签名活动。张宝顺在讲话中代表省委省政府向全省900万少年儿童致以热烈的节日祝贺，希望他们珍惜美好时光，努力学习，刻苦锻炼，在社会参与和实践中培养热爱祖国、团结友爱、勤劳勇敢、自强不息的民族精神，领悟“八荣八耻”的内涵与要求，成长为祖国现代化建设所需要的优秀人才。同时强调，各级党委政府要从落实科学发展观、建设和谐山西的战略高度出发，深入贯彻落实《中共中央国务院关于进一步加强和改进未成年人思想道德建设的若干意见》，加强社会主义荣辱观教育，全面关心少年儿童的成长，特别要对生活在贫困地区、困难家庭和弱势群体中的孩子更多关爱。省妇联主席李悦娥也在讲话中就组织全省少年儿童开展“知荣辱、讲正气、树新风、促和谐”活动阐述了深远意义，提出了明确要求。与会的少年儿童代表向全省少年儿童发出了倡议书，并现场表演了精彩的文艺节目。

（郭蕴藻）

**【万名妇女从业农村网络文化站工程】** 由省妇联和山西移动通信有限责任公司（以下简称山西移动）联手组织的万名妇女从业农村网络文化站工程于8月26日签订合作框架协议，9月13日正式启动。山西移动负责为全省28552个行政村提供宽带接入，建设农村网络文化站，省妇联负责组织、发展和培训一批农村妇女，从事这些农村网络文化站的经营管理。为确保活动的顺利开展，省妇联在拟定下发实施意见的同时，深入各市现场办公，层层落实站点场所、人员配置、岗前培训等事宜。10月18日，首家妇女经营的榆社县云竹乡桃阳村农村网络文化站揭牌。截至2006年底，山西移动完成了2.1万个行政村的光缆铺设，各级妇联选拔培训的6000多名妇女上岗从业。对此，全国农村妇女“双学双比”协调领导组以转发山西实施意见的形式进行宣传推广，全国人大常委会副委员长、全国妇联主席顾秀莲亲临现场视察，称这是一项带动更多农村妇女就业、向更多农村妇女传播致富信息的惠民工程。

（郭蕴藻）

**【“恒爱行动”在山西】** “恒爱行动”是中国少年儿童基金会与以经营羊毛制品为主业的恒源祥集团公司共同组织发起的一项公益性活动，主旨在于通过寻找百万爱心父母为孤残儿童编织毛衣，传递人间真情，弘扬善举义行。全国共有16个省参与了此项活动，山西是其中之一。省妇联和恒源祥集团有限公司山西分会联合，分别于2006年11月9日和23日举办了新闻发布会和启动仪式，相继在太原、阳泉、运城、高平、岢岚、神池、新绛等市县开通了热线电话，面向社会征集愿意为孤残儿童编织毛衣的爱心妈妈。在各级妇联的精心组织和各级妇联干部的带头参与下，整个活动反响热烈，高潮迭起。山西省政协副主席阎爱英和省政协的15位女委员，全国唯一的1～10届全国人大代表、著名劳模申纪兰，各地的女领导干部、各条战线的三八红旗手，以及一些社会团体和企业等纷纷加入，全国人大常委会委员、大寨党支部书记郭凤莲还亲自出任此项活动的“形象大使”。随着活动的不断深入，内容逐渐由编织毛衣延伸到捐钱捐物，关注对象逐渐由孤残儿童延伸到弱势群体，引发出大规模的社会捐助行动，仅热线电话就接听3635人次。据不完全统计，此项活动本省招募的4209位爱心妈妈，共为孤残儿童编织毛衣9028件，同时还募集到社会各界捐赠的善款23100元。

（郭蕴藻）

**【山西妇女网开通】** 2006年9月8日，山西妇女网（WWW.sxfnw.ong.cn）正式开通。网站设有山西妇联、领导讲话、妇工动态、女性新闻、女性风采、女性发展、女性维权、调研思考、文件库、主席信箱等多个栏目，为宣传党的妇女工作路线、方针、政策，展示妇联工作和妇女风采，发布妇女工作信息、研究成果等开辟了新的窗口。

## ·山西省归国华侨联合会·

**【概述】** 中国侨联第七届三次全委会议确定2006年是以切实增强侨联组织的学习能力、服务能力、凝聚能力和创新能力为目的的全国侨联系统“能力建设年”。山西省侨联按照中国侨联“能力建设年”活动要求，坚持以科学发展观为指导，以巩固党的建设和领导为目的，以为侨服务为宗旨，以加强基层组织建设为基础，以提高能力为重点，创新工作思路，推动全省侨联工作不断向前发展，并以此为指导，开展全省侨联的能力建设工作。

1. 抓基层组织建设。

2006年，省侨联将基层组织建设确定为"能力建设年"首要工作。2月中旬，省侨联派出调研小组奔赴全省各地，跟踪调查2005年"山西省侨联基层组织建设工作现场会"精神落实情况；4月中旬，又对各级侨联组织和班子建设情况进行专题调研，并据此撰写了调研报告。在调研论证的基础上，提出了"要继续健全侨联工作网络，有效延伸工作手臂"的要求。通过积极努力，2006年10月，朔州市侨联正式成立，标志着本省市级侨联组织覆盖率达到90%以上，未成立侨联组织的吕梁市也成立了侨联筹备组。在此基础上，争取省委统战部的支持，向各市委统战部下发了《关于加强市侨联组织建设工作的意见》，要求各市委统战部协助敦促解决市级侨联中存在的超期未换届、编制级别不到位、人员不到位、经费不足等具体问题。"能力建设年"活动开展以来，各级侨联积极发挥企业、高校、社区侨联小组的阵地作用，依托基层汇聚侨力，摸侨情，搭平台，促联谊，送温暖，组织"红白理事会"、"夕阳红艺术团"，开展"扶贫送医帮教"、"追华夏根、寻故里情、搭和平桥、谋两岸兴"、"三送三增"（送思想，增信任；送精神，增热情；送温暖，增友谊）等独具特色的活动，把侨联工作与企业、高校、社区中心工作紧密结合，与企业、高校、社区文明创建活动紧密结合，与解决企业、高校社区中侨界群众的实际困难紧密结合，起到了增强侨联影响力的作用，有效延伸了侨联群众工作的手臂，扩大了侨联工作覆盖面。各级侨联本着勇于创新的精神，积极探索与当地经济社会相适应，与当地侨情特点相符合的具有自身特点的基层组织建设模式：大同市侨联与市人大华侨委、市侨办、市政协民族宗教华侨外事委员会等涉侨部门共同协商，在侨联组织成立条件尚不成熟的县（市、区）设立了侨务工作联络员；晋城城区侨联在区委统战部的支持下，在全区1镇7办建立了侨务小组，配备了侨联工作联络员。

2. 抓侨联干部队伍建设。

2006年7月召开的山西省侨联能力建设工作经验交流（长治）现场会上，省侨联党组指出：侨联能力的关键在于侨联各级领导干部是否具有较高的思想政治素质和组织领导能力。进而要求侨联领导干部在思想政治方面要具有较高的理论和思想水平，坚定的政治方向和政治立场，良好的道德品质；在组织领导能力方面要具有分析研究解决问题的能力，组织协调、科学决策、开拓创新的能力，具有发现人才、培养干部、知人善用的能力和驾驭全局、处理复杂问题的能力。与此同时，还要求侨联干部要进一步提高围绕中心，服务大局的意识，贴近侨界群众的亲和能力，良好的语言表达能力，分析解决问题的组织协调能力和驾驭复杂局面临场解决问题的能力。省侨联2006年还组织了8批（次）省侨联机关干部前往福建、湖南、山东、黑龙江、吉林、辽宁、贵州、河北等兄弟省和省内部分地市考察取经，开阔了机关干部的视野，拓宽了工作思路，提高了开拓创新、勇于突破的能力。各级侨联也按照山西省侨联能力建设工作经验交流（长治）现场会要求，展开了学习讨论，并在此基础上，开展形式多样的活动：晋城市侨联围绕全面建设小康社会和构建和谐晋城，开展了"百家侨户奔小康"活动和"创建文明侨户"活动；泽州县侨联开展了"我心目中的侨联干部"大讨论和"访百家门，知百家情，暖百家心"走访活动；晋城城区侨联开展了党员干部争做"六种人"（一是争做归侨侨眷的"自家人"，主动与归侨侨眷结对子、交朋友，诚心诚意为其办实事、解难事、做好事；二是争做归侨侨眷的"贴心人"，始终把保护归侨侨眷的根本利益作为体现先进性的出发点和落脚点，时时将归侨侨眷的冷暖放在心上；三是争做归侨侨眷的"知情人"，转变思维方式、工作方式，深入侨户、体察侨情、听侨声、知侨事；四是争做归侨侨眷的"代言人"，党员干部要到最困难的地方听呼声，反映归侨侨眷的迫切要求；五是争做归侨侨眷的"保护人"，要动用法律武器，切实有效地保护归侨侨眷的合法权益；六是争做归侨侨眷的"引路人"，切实帮助归侨侨眷变观念、理思路、调结构，为归侨侨眷传信息、送项目、筹资金，真心诚意帮助归侨侨眷增收致富）活动。通过开展这一系列活动，把国家的形势，党中央的关怀及时传达到了归侨侨眷的心里，使广大归侨侨眷认清了形势，稳定了人心，和谐了关系，鼓舞了干劲。

3. 抓机关自身建设。

"能力建设年"活动开展以来，省各级侨联积极探索和创新工作机制，争创创新型侨联：长治市侨联在工作实践中建立了"4＋1"运作机制（党委领导、政府支持、人大监督、政协参与和侨联运作），确保了工作的顺利开展；晋中市侨联在工作中坚持"主动、创新、服务、奉献"的八字方针，把"创新工作机制，主动争取工作"作为能力建设的主线，提出了"大侨联、大海外"的思路；晋城市侨联实行制度化管理，以制度建设促进机关工作管理和干部队伍管理，增强能力建设，提高为侨服务、为经济建设服务的水平。在全市侨联系统实行"3341"工作思路。即：三个面向（开展侨联群众工作要面向基层，本地侨情要清楚；为侨服务要面向侨户，归侨侨眷情况要清楚；开展活动要面向社会，活动的形式、内容、目的要清楚），三个统一（在全市侨联机关建设中实行统一工作任务，统一机关制度，统一考核内容），四项活动（一是围绕群众工作，在归侨侨眷中开展创建"文明侨户"活动；二是围绕维护侨益工作，结合当地实际，开展"献爱心，送温暖"活动；三是围绕参政议政工作，在侨界开展"五个一"活动，即：提一件有质量的提案或议案，反映一条社会关注的社情民意，提一条有价值的建议，组织一次海外高科技人才专题报告会，搞一次有针对性的参政议政调研；四是围绕海外联谊工作，开展"三五〇"、"三缘三情"联谊活动；即：联系50名重点海外侨胞，50户重点侨户，50个侨联组织，通过地缘、血缘、业缘、乡情、亲情、友情，广泛开展联谊活动），一项工程（围绕建设小康社会和构建和谐晋城，开展百家侨户奔小康活动）。在贯彻实施"3341"工作思路过程中，对全市侨联工作实行统一工作任务，统一机关任务，统一考核内容的"千分考评制"，依据侨联工作职能，把"软"性工作，"硬"性指标性，以一千分为满分，将侨联工作分为5大项30小项，每一小项均制定考核指标，年底由市侨联和各县（市、区）侨联领导组成考核组，对各个侨联单位进行逐项打分。通过量化考核，促进了该市侨联的各项工作，呈现出你追我赶、蓬勃发展的喜人态势。

省侨联对各级侨联创新的工作机制和积极探索、卓有成效的工作经验进行了及时的总结交流，推动了全省侨联工作的创新，促进了侨联事业的发展。在强化机关自身建设的工作中，各市侨联注意规范化和制度化，均制定了各部室岗位工作职责，以及各项规章制度，建立健全了各级各类侨情档案和各级各类登记簿册，做到了工作任务、工作职责、组织网络、各项制度入档上墙，使各项工作一目了然，有章可循；使各项任务做到了职责明确，责任到人。（张志龙）

**【省各级侨联参与山西（香港）投资洽谈会，为山西经济建设服务】** 2006年7月27日始，历时一周的2006年山西（香港）投资洽谈会（以下简称“港洽会”）在香港国际会展中心大会堂落幕。139个省级重点项目在集中签约仪式上签订，据初步统计，“港洽会”期间，全省共签订人才和技术合作项目16个，经济合作项目347个，引资额为364亿美元，其中，省侨联协助引资约4亿元人民币。晋中、临汾两市侨联在“港洽会”期间自筹经费，主动承担招商任务，引进资金100亿元人民币，受到当地领导的高度评价，侨联地位得到提升。省侨联配合省政府有关部门，主动发挥对外联系广泛的优势，积极联系海外侨胞和港澳台胞，邀请他们赴港参会。美国山西同乡会、日本山西同乡会等专门组织山西籍侨胞，并有香港客商共约70多人应邀赴会，港洽会期间，应邀参会的客商以极大的热情聆听了省长于幼军的致辞，参观了各市的展馆，仔细询问了招商优惠政策和项目，纷纷表示了对来山西投资、考察、合作的兴趣。其中，中国盛联投资集团有限公司签订了在晋城市一期投资4亿元人民币，用于加工煤层气液化项目的协议。中国盛联投资集团有限公司是一家香港上市公司，其主营业务是能源行业，从天然气（包括煤层气）气源入手，加工生产LNG（液化天然气），组织物流队伍，将天然气（包括煤层气）送至国内任何一个地点的用户手中。该公司看好晋城丰富的煤层气资源，计划一期投资4亿～6亿元人民币，在沁水和阳城建设LNG加工厂，加工规模为煤层气液化40立方米/天～60立方米/天。省侨联对该公司到山西投资非常重视，秘书长黄成胜协助联系省商务厅，随后又陪同该公司董事长王忠胜等一行前往晋城考察洽商，在晋城市与市长夏振贵、副市长李章宏、商务局局长王新善就项目审批、规划用地、用电、用工、办理开工报告方面进行了详细的商洽。在商谈中，夏市长表态：此项目由李副市长坐镇，商务局、发改委等部门开绿灯；李副市长随后表示市政府将大力支持，并给予尽可能的优惠。王忠胜董事长表示将尽快拿出投资进度和建设进度计划，争取一年内建成投产。

（张志龙）

**【省侨联领导赴京参加“侨心工程”启动5周年纪念活动】** 2006年7月20日晚，省侨联副主席陈海荣、秘书长黄成胜、忻州市侨联主席安龙等一行应中国侨联公益事业管理服务中心和中国华侨经济文化基金会的邀请，参加了中国侨联在北京大学百周年纪念讲堂举办的“情系吾中华·飞虹跨四方——侨（爱）心工程5周年特献晚会”。全国人大副委员长何鲁丽，全国人大华侨委、全国政协港澳台侨委、国务院侨办、致公党中央和中国侨联等领导，北大、清华等领导出席了晚会，各省、自治区、直辖市侨联领导和代表，“侨（爱）心工程”捐赠人、海外华侨华人、港澳台同胞代表、海内外侨界公益组织代表、北京市归侨侨眷代表等千余人一道观看了演出。侨（爱）心工程是中国侨联紧密围绕西部大开发、科教兴国的战略，引导广大海内外侨胞和港澳台胞发扬热心公益心愿，弘扬中华民族乐善好施、助教兴学、扶贫济困的优良传统，着力凝聚侨心、牵动侨心、顺应侨心、奉献爱心而倡导的公益活动。侨（爱）心工程不仅吸引了世界各地的侨心，还接受了港澳台同胞的无私奉献，在贫困地区兴建学校、资助科教项目，帮助贫苦儿童，把爱心带到中国的每个角落。在中国侨联的关心支持下，澳门林东先生，台湾爱心基金会，法国华侨陈江和先生及欧美同学会商会等已向山西捐款修建了7所侨（爱）心学校。特献晚会通过“侨（爱）心工程”的动人故事，讴歌赤诚侨心、凝聚更多爱心，体现华夏子孙共建和谐社会，共创祖国繁荣的美好愿望。陈海荣等一行兴趣盎然地观看了整台演出，不时为高潮迭起、真情涌动的场面所感动。晚会上还举行了组织实施侨（爱）心工程先进集体颁奖仪式，山西省侨联被评为“组织实施侨（爱）心工程先进集体”。陈海荣一行在京期间，还专程到中国侨联机关拜访了李本均副主席等有关领导，到加拿大加达集团公司看望了山西籍华侨、该公司董事长阎长明先生。（张志龙）

**【省侨联能力建设经验交流会在长治召开】** 按照中国侨联2006年在侨联系统

**2006年省侨联引资建校情况表**

表3

| 学校地址 | 学校名称 | 捐赠人 | 捐赠金额 | 受惠学生数 | 备注 |
|---|---|---|---|---|---|
| 交城县夏家营镇 | 辛寨初级中学 | 香港吴星可慈善基金会 | 20万 | 600 | 已剪彩 |
| 代县峪口乡 | 子繁新联希望小学 | 欧美同学会商会 | 8万 | 300 | 已剪彩 |
| 代县枣林镇 | 醒生二十里铺侨心小学 | 欧美同学会商会 | 20万 | 216 | 修建中 |
| 平遥西卜宜村 | 西卜宜香港华革会李建培英小学 | 香港华革会吴祺光先生 | 30万 | 400 | 修建中 |
| 左权西隘口村 | 西隘口爱心小学 | 澳门宝盛集团主席颜延龄先生 | 20万 | 200 | 修建中 |
| 左权拐儿村 | 拐儿侨心希望小学 | “法国华人华侨联合会”及金慎宝先生 | 20万 | 420 | 待剪彩 |
| 平鲁东平太村 | 李林侨心小学 | 法国陈江河先生 | 20万 | 200 | 待剪彩 |

开展“能力建设年”的工作部署，为总结山西省侨联开展能力建设的工作经验，推动全省各级侨联能力建设，2006年7月28日～29日，山西省侨联在长治市召开山西省侨联能力建设(长治)经验交流会。来自省侨联和全省各市、县的侨联专职干部以及长治市各县区的近百名同志汇聚一堂，共同交流和探讨新时期侨联能力建设的问题。会议受到中国侨联和长治市委市政府的高度重视。中国侨联组织人事部部长侯同珍代表中国侨联领导到会作了讲话，省委统战部副部长、省侨联党组书记边根棠在会上作了讲话，长治市委副书记马联社对会议的召开致了辞。省委统战部以及长治市委、人大、政府、政协和市委统战部等有关部门的负责人出席会议。侯同珍首先充分肯定了本省侨联近年来的工作，她说：近年来，山西省侨联在省内的领导和有关部门的关心支持下，高举邓小平理论和“三个代表”重要思想伟大旗帜，充分发挥党领导下的人民团体的作用，广泛团结联系归侨侨眷和海外侨胞，围绕全省的工作重心，扎实工作，锐意进取，为山西的经济建设和社会发展做出了积极的贡献，自身建设也得到进一步加强。2005年省侨联在晋城召开的基层组织建设工作现场会，对全省侨联的基层组织建设工作就起到了重要的推动作用。会议期间，晋城市侨联等7个基层侨联组织和个人分别结合各自的工作特点，做了经验交流和典型发言，向与会者介绍了各自的有关情况和工作经验。会上还有10余篇经验材料进行了交流，各地的经验材料内容丰富，各有特色，大家很受启发，认为值得借鉴。这些单位和个人的工作经验和做法，给与会者留下了深刻印象。通过听取经验介绍，各地侨联工作者进一步拓宽了思路和视野，对各地如何更好地开展这项工作起到了很好的借鉴和启发作用。这次会议使大家统一了思想，明确了认识，进一步增强了对侨联能力建设重要性、必要性的认识。这次会议是山西侨联第一次就能力建设问题进行经验交流，针对性强，目标明确，效果很好，它是省侨联在2005年晋城基层组织建设现场会后召开的又一次经验交流会，在工作上有承接，在方式上有创新，它的召开对于加强侨联能力建设，对于增强党的执政能力、构建社会主义和谐社会和促进侨联事业的发展都起到了重要的作用。

（张志龙）

**【朔州市第一次归侨侨眷代表大会召开】** 2006年9月26日，朔州市第一次归侨侨眷代表大会召开，朔州市侨联正式成立。这不仅是朔州市归侨、侨眷和海外侨胞政治生活中的一件盛事，也是本省侨界的一件大喜事，朔州市侨联的成立，为省内侨联组织注入了新鲜的血液，使山西省市级侨联组织向满堂红又迈进了一步。来自全市各县区各行各业的归侨、侨眷代表57人出席了会议。省委统战部、省侨联和朔州市委、人大、市政府、市政协有关领导应邀出席大会。省委统战部海外联络处处长李志兰、省侨联秘书长黄成胜和朔州市秘书长李彪分别代表各自单位向大会表示祝贺并作了讲话。朔州市文联和民进朔州市委的负责人分别代表各人民团体和各民主党派向大会致辞。选举产生了朔州市侨联第一届委员会及其常务委员会，樊田发当选为朔州市侨联主席，王帆（女）、苏岚（女）、张冬（女）等3人当选为副主席，张冬兼任秘书长。会议确定了朔州市侨联“以党的十六大精神和‘三个代表’重要思想为指导，以科学发展观为统领，以经济建设为中心，积极主动团结广大归侨侨眷及海外留学人员做好‘三服务’工作”，即为大力推进朔州市资源型城市转型，建设开放、富裕、文明的和谐朔州服务；为促进社会安定团结大局服务；为维护广大归侨侨眷合法权益服务的指导思想，并明确了侨务工作争一流，招商引资创业绩，班子建设达优的近期工作目标。

（张志龙）

**【交城辛寨初级中学竣工剪彩】** 2006年9月29日上午，吕梁市交城县夏家营镇新落成的辛寨初级中学校园里彩旗飘扬、锣鼓喧天，鞭炮齐鸣，该校的竣工剪彩仪式在这里举行。“星可教学楼”的牌匾和“香港星可教育基金会献爱心捐赠20万元”的大幅标语在秋日阳光照耀下分外醒目。始建于20世纪50年代初期的辛寨学校，是大辛、小辛、辛南、贾家寨四村的联合中学，后由于种种原因四村又分别建校。由于各原校建校时间较久，校舍均已陈旧，加之师资短缺与浪费并存，学科配套不足，学校正常教学和发展受到严重制约。为更好地调整学校布局，整合教育资源和提高教学质量，使四村600余名学生有更好的学习环境，2005年3月15日新校开工建设。新校占地32亩，主体建筑面积近1668m²，总投资160万元。但由于该镇地处偏僻，主导产业以农业为主，集体经济相对薄弱，工程在进展的过程中出现资金短缺的困难。在得知这一情况后，省侨联与兄弟省市侨联多方联系，争取得到香港星可教育基金会的20万元资金支持，使学校建设继续得以顺利进行。2006年通过各级侨联牵线，共引资138万元在吕梁、晋中、朔州、忻州四市建立侨心学校7所，受惠学生人数达到2336人。

（张志龙）

## ·山西省残疾人联合会·

**【概述】** 2006年，全省各级残联坚持以科学发展观和构建社会主义和谐社会战略思想为指导，全面推进“十一五”重大战略的布局和开局工作，遵循“人道、廉洁、服务、奉献”的职业道德规范，积极履行“代表、服务、管理”职能，各项业务指标全面完成。1．康复工作。积极推动残疾人参加新型农村合作医疗和医疗救助工作，培育全国残疾人社区康复示范区。全省有56个新型农村合作医疗试点县区残联加入当地协调领导组，太原市杏花岭区等4个市、区被确定为全国社区康复示范区。全年完成白内障复明手术15900例，配发低视力助视器1120例，开展低视力家长培训340人，对100名盲人进行定向行走训练；新收训聋儿490名，培训聋儿家长490名；完成610名肢体残疾人和706名智力残疾人康复训练；精神病防治康复范围进一步扩大；为残疾人提供用品用具17200件，完成普及型假肢装配600例，康复服务网络逐步完善，社会化康复服务体系和康复救助长效机制正在形成。2．残疾人教育工作。努力做好残疾人考生的高考招生录取工作，符合国家录取标准的101名残疾人考生全部进入高等院校学习。大力推广随班就读，积极开展学前教育，残疾儿童少年义务入学率达85%。3．残疾人扶贫开发和小康建设工作。各市、县高度重视，将扶助贫困残疾人和残疾人小康建设纳入当地总体规划，整体推进。阳泉、晋城等市普遍开展党员、干部结对包扶活动，大宁、陵川、右玉等县积极创办残疾人扶贫示范基地，带动贫困残疾人脱贫致富。运城市出台《运城市农村残疾人小康建设实施意见》，太原、阳泉通过示范工程，推动当地残疾人小康建设工作。利用残疾人专项扶贫资金2790万元，对10.7万名农村贫困残疾人进行了有效扶持。全省近7万名城乡特困残疾人享受到低保，3万残疾人参加了社会保险，11万残疾人受到社会各种救助。4. 残疾人就业工作。全省新增残疾人就业16812名，收取残疾人就业保障金14221.75万元，对25209名残疾人进行了职业技能和实用技术培训。大同、长治、晋城开展了盲人电脑培训，太原市在培训中实施"多项免费"优惠规定，对残疾人培训给予特别扶助。省和太原等4个定点城市的残疾人就业信息网全面开展。5. 残疾人宣传文化体育工作。省和各市都组织了回顾"十五"残疾人辉煌成就的整版文章和图片展，围绕重点工作组织媒体集中宣传报道，精心策划组织了系列助残日活动。获得全国残疾人事业好新闻奖一等奖1个，二等奖3个，三等奖6个；各地人民广播电台残疾人专题节目展播一、二、三等奖各1个。建立了全省残疾人特殊艺术人才库，推进全省盲文图书室的建立，注重培养特殊艺术人才，山西开展残疾人文化工作的经验在全国会议上进行了经验交流。聋儿舞蹈《乒乒乓乓》参加了北京2008年残奥会吉祥物发布暨文艺晚会演出。阳城县成立了残疾人文化艺术培训中心，对残疾人进行文化艺术培训。参加全国第四届特奥运动会，取得20金、21银、14铜的好成绩。省残联被中国残联、国家体育总局授予2001年～2005年全国特奥先进单位。6. 组织建设。9个市按照要求配备了残疾人领导干部，县级残联配备残疾人干部的达到60.5%，32%的村和93.3%的社区成立了残疾人协会，配备了专职委员。太原、长治、临汾等市规范残疾人专职委员的选配与管理工作，运城、忻州等市开展了基层残疾人规范化建设工作达标活动，市、县两级残联规范化建设成果得到巩固。优秀残疾人人才储备入库2276名，各类志愿者为残疾人办好事、实事1万多件。专门协会工作日趋活跃。省、市级23个市辖区全部建立残疾人专门协会，85个县、11个县级市60%以上建立了专门协会。省残联的会议和活动都请各协会主席、副主席参加。参加中国盲协举办的首届盲人国际象棋比赛，获得集体第九、个人第三和道德风尚奖。太原市聋人协会等5个专门协会和2名协会工作人员受到中国残联的表彰。长治市在专门协会中开展推选康复对象的"十个一"输送活动，使协会委员当起主角，积极参与，成为残疾人事业的主力军。7. 维权工作。积极推动各市残联维权机构建设，太原、忻州、长治市和条件好的县已设置了维权机构。对2000余名残疾人维权工作者进行了维权和信访业务知识培训，分6批深入部分市、县就残疾人维权、信访工作、残疾人保障法的执行、优惠政策的落实情况进行调研和指导。积极协调有关部门，将"残疾人保障法"及其实施办法纳入当地普法规划并加以落实。省政府牵头，对太原等6个市的无障碍设施建设进行了检查。加强残疾人的来信来访工作。全年接待残疾人来信来访16840人（件）次。对来信来访反映的情况，及时通过协调有关部门和基层组织，想方设法加以解决，切实为残疾人办实事。8. 基金募集和基础设施建设。举办爱心慈善酒会，募捐款物近400万元。争取台商郭台铭先生继续为省内爱心助残工程和省综合康复就业中心建设项目捐资2000万元。原平市创办了"爱心助学"网站，通过网络筹集资金30多万元，对贫困残疾学生和贫困残疾人子女进行救助。9. 基础设施建设。全省10个市、2/3的县级残联的基础服务设施已投入运营。

（樊喜华）

**【省政府出台《山西省保障残疾人合法权益规定》】** 根据《中华人民共和国残疾人保障法》及山西实施办法，为保障残疾人得到实实在在的利益，维护残疾人的合法权益，结合省经济社会发展状况和广大残疾人的实际需要，省残联会同省政府法制办，精心组织，选择东部、中部、西部省份和本省不同类型的市进行了立法考察调研，向全省11个市级政府，11个县级政府和47个省直主要部门征求意见，2006年8月15日召集相关部门召开了立法协调会，最终形成9章77条的《山西省保障残疾人合法权益规定》，2006年12月12日，省长于幼军主持召开省政府第90次常务会议并通过，以第196号省政府令的形式向社会公布（详见199页）。

（樊喜华）

**【省政府出台《山西省残疾人事业"十一五"规划（2006—2010年）》】** 为了推动残疾人事业的发展，进一步改善残疾人状况，使残疾人事业与构建社会主义和谐社会的战略目标相适应，与经济、社会同步协调发展，依据《中国残疾人事业"十一五"发展纲要》及《山西省国民经济和社会发展第十一个五年规划（2006—2010年）》，省政府出台了《山西省残疾人事业"十一五"规划（2006—2010年）》（晋政发〔2006〕48号）。

"十一五"规划的指导原则是：以邓小平理论和"三个代表"重要思想为指针，围绕全面建设小康社会的奋斗目标，坚持以人为本和全面、协调、可持续发展的科学发展观，进一步缩小残疾人生活状况与社会平均水平的差距，改善残疾人平等参与社会生活的物质条件和精神环境，依法维护残疾人权益，积极发展残疾人事业。坚持"打好基础、持续推进"的工作方针；坚持"统筹规划、分类指导"的工作原则；坚持"政府主导、部门配合"的工作模式，充分发挥残疾人组织和残疾人的作用，进一步完善维护残疾人权益的法规，依法发展残疾人事业。

主要目标是：

1. 残疾人生活总体初步达到小康水平。

2. 全面推进残疾人"人人享有康复服务"。通过实施重点康复项目，使50万名残疾人得到康复治疗、训练与服务。进一步健全服务网络，强化社区康复，搞好残疾预防。

3. 使可扶持的农村贫困残疾人脱贫，1.2万户农村贫困残疾人居住条件得到改善。

4. 基本普及残疾儿童少年义务教育，保障残疾学生接受高级中等和高等教育的权利。

5. 扩大残疾人就业规范。使有劳动能力、有就业需求的残疾人接受岗前专业技能培训，残疾人就业率达到85%以上。

6. 将贫困残疾人纳入社会保障范围，满足基本生活需求。

7. 营造有利残疾人事业发展和残疾人参与社会生活的良好社会环境。深入开展扶残助残活动，加强法律法规建设，不断推行城市无障碍建设和信息交流无障碍。

8. 残疾人文化生活水平进一步提高，体育活动得到普及。

9. 残疾人组织体系进一步完善，为残疾人服务的能力进一步增强。

10. 建设省残疾人综合康复就业中心，完成市、县（市、区）残联基础设施建设。

11. 加强与兄弟省（自治区、市）及港、澳、台地区和国际的交流与合作，学习先进经验，不断推动工作。

（樊喜华）

【山西省第二次全国残疾人抽样调查】 2006年，按照国家要求，山西组建了由统计、医务方面的专业人员和民政、残联系统骨干力量及基层工作经验丰富的干部组成调查队伍，经过严格强化培训，层层签订目标责任制，协调行动、规范操作，认真督导，顺利完成调查准备、现场调查、事后质量核查、数据快速汇总、数据录入上报、质量评估和推算等抽样调查的各阶段任务。省政府新闻办公室于2006年12月30日举行了新闻发布会，向社会公布了抽样调查结果的主要数据。截至2006年4月1日，全省残疾人达到202.9万人，占全省总人口的6.04%。其中：视力残疾20.9万人，听力残疾42.9万人，言语残疾3.8万人，肢体残疾76.9万人，智力残疾11.4万人，精神残疾11.7万人，多重残疾35.3万人。这一结果为省制定经济和社会发展规划以及推动残疾人事业发展提供了丰富信息和决策依据。

（樊喜华）

【全省第三次残疾人事业工作会议】 2006年7月4日，省政府残工委在太原召开了山西省第三次残疾人事业工作会议。省委常委、常务副省长范堆相出席会议并讲话。会议全面总结了省残疾人事业“十五”计划执行情况，对“十一五”残疾人工作进行了安排部署。同时对“十五”期间发展残疾人事业中涌现出的19个“残疾人工作先进县（市、区）”、20个“残疾人工作先进乡（镇、街道）”、37个“残疾人工作先进社区（村）”、6个“残疾人工作先进企业”、13名市（县）“优秀残工委主任”、20名“优秀乡（镇、街道）残联理事长”、24名“优秀残疾人专职委员”、5名“优秀企业残联理事长”进行了表彰，树立了典型，激励了全省残疾人工作者的奉献精神。

（樊喜华）

【全省第八届残疾人运动会】 2006年8月中旬，省残联、省体育局共同举办了全省第八届残疾人运动会。本届运动会共设田径、游泳等11个大项、180个小项，参赛运动员334名，是省残疾人运动会历史上设立项目最多、参赛人数最多的一次。通过举办全省运动会，发现了残疾人体育运动人才，锻炼和培养了运动员，为参加全国残疾人运动会并取得好的成绩奠定了基础，同时，通过残疾人坐式排球、盲人门球等体育项目表演，使与会观众生动直观地感受到残疾人体育的特殊魅力和残疾人运动员自强不息、顽强拼搏的精神。

（樊喜华）

【全省第三届残疾人职业技能竞赛】 2006年9月，省残联举办了省第三届残疾人职业技能大赛。本次竞赛共设参赛项目12个，聘请专项技术权威担任评委，全省118名残疾人参加了竞赛，省城各大媒体都对此作了宣传报道，残疾人“能工巧匠”的典型，唤起了全社会对残疾人能力和才华的广泛关注，为残疾人参与社会、参加就业打下了良好的基础。

（樊喜华）

【山西省首次残疾人事业理论研讨会】 为贯彻党的十六届六中全会精神，宣传和弘扬人道主义精神，倡导社会助残风尚，鼓励残疾人自强不息，进一步在全社会形成关心残疾人、支持残疾人事业的良好社会氛围，省残联与省新闻工作者协会联合举办了“以人为本与残疾人事业”征文活动。各市残联、记协认真组织，省内外残疾人、残疾人工作者、政府分管领导及从事社会科学、党建及政治理论的专家学者近200人踊跃参加并投稿。在省委宣传部的支持下，于2006年11月13日在省城举行了山西省首次残疾人事业理论研讨会，政府领导、专家学者、残疾人及残疾人工作者对人道主义与残疾人事业、现代文明残疾人观等不同角度对发展残疾人事业的理论进行了深入探讨。研讨会不仅深入宣传了人道主义思想，开阔了视野，增强了信心，促进社会各界对残疾人事业的关注和支持，同时，加强了对发展残疾人事业的理论研究和系统总结，对更好地指导和促进残疾人事业健康、快速发展起到了重要作用。

（樊喜华）

# 山西焦煤汾西矿业集团公司

杨茂林，中共党员，教授级高级工程师，现任山西焦煤集团公司董事、党委常委，山西焦煤汾西矿业集团公司董事长，山西省青年企业家协会副会长。曾在西山煤矿总公司、西山煤电集团公司任职，多次荣获山西省及太原市优秀企业家称号。2006年获得“山西省功勋企业家”和山西省五一劳动奖章”荣誉。2007年获“山西省特级劳动模范”荣誉。

山西焦煤汾西矿业集团公司前身是汾西矿务局，成立于1956年1月，2000年8月改制为汾西矿业集团公司，2001年10月加入山西焦煤集团公司。汾西矿业集团公司属国家大型Ⅰ类企业，国家重点煤炭生产企业和省优势企业，曾获“中国煤炭工业优秀企业”等百余项荣誉称号。

汾西矿业集团公司，从一个成立之初年产百万吨的小企业，经过历代干部职工的艰苦奋斗，已经发展成为横跨霍西、河东、西山、沁水四大煤田，井田面积625平方公里，地质储量 58 亿吨，资产总额100亿元，所属 29 个二级单位分布于介休、灵石、孝义、柳林、交城等市（县）境内，从业职工45000人，以煤炭开采及加工为主、综合发展的多元化大型煤炭企业。

汾西矿业集团公司在2004年原煤产量突破1000万吨基础上，2006年全公司原煤产量达到1919万吨，用两年时间完成了企业的翻番再造，2007 年可望达到2100万吨；通过新建井口配套选煤厂，全公司原煤入洗能力由过去不足 800万吨，猛增到目前的1925万吨，实现了产品结构由生产销售原煤为主，向生产销售精煤为主的重大调整转移；大力推行全员、全过程、全方位的质量标准化，夯实企业基础管理工作，提升了企业管理的现代化水平；坚持开展职工素质建设和人才培养工作，使职工技能水平与生产装备、安全管理、企业发展同步跟进，为实现企业战略目标和设想提供智力支持和人才保障；致力于改善职工生活，规划的五个采煤沉陷区治理住宅小区和棚户区改造工程进展顺利，到2008年底可竣工交付住宅面积105.59万平方米，解决12602户职工的住房要求。

现代化的综采工作面　　技能大赛　　汾西矿业总医院

整洁有序、清洁生产的生产厂区

整洁优美的生活社区

坚持18年开展学雷锋便民活动

# 山西焦煤汾西矿业集团公司洗煤厂

文明和谐社区（2006-2007）山西省精神文明建设指导委员会 二〇〇八年二月

文明和谐单位标兵（2006-2007）山西省精神文明建设指导委员会 二〇〇八年二月

山西焦煤汾西矿业集团公司洗煤厂位于山西省介休市，1956年筹备，属国家“一五”计划建设项目，1970年投产，经过近年来的技术改造和改扩建，入洗能力由原来的300万吨扩大到400万吨，生产工艺改造为跳汰、重介、浮选联合工艺流程，主导产品为九级、十级冶炼焦精煤。产品远销鞍钢、本钢、邯钢等国内大型钢铁公司、煤气化公司，部分出口日本、韩国、巴西等国家。该厂是首届、第六届“全国十佳选煤厂”。

1. 创建“安全型”企业，连续11年实现安全生产无事故。“珍惜生命，珍爱健康”“一举一动，守纪遵章”的企业安全理念正在变为职工的自觉行动。该厂在不断加大安全“硬件”投入，不断改善技术装备条件和生产、工作环境的同时，围绕现场安全管理，制定规章制度，对员工实行优秀员工、合格员工、试用员工动态转换考核以及个人安全结构工资考核。2007年9月，该厂“安全结构工资自保互保联保”管理经验，在全集团公司推广。结合不同阶段的工作重点，按照“舆论引导教育体系、警示揭示教育体系、现场适时教育体系、业余联合帮教体系、安全技能培训体系、干部示范教育体系”的要求，适时开展扎实有效的安全宣传教育活动，2007年，该厂被中国文化管理学会授予“中国安全文化管理先进单位”。

现代化的生产集中控制系统

2. 创建“效益型”企业，连续7年实现了原煤入洗量、精煤产量、利润和员工收入的跨越式增长。2007年，入洗原煤471万吨，生产精煤315万吨，实现利润23700万元，再创历史新高。2007年以来，对跳汰系统进行了大修，对压滤车间进行了改造，新增了两台快开式压滤机，自行设计和安装了配套设施，使煤泥水系统处理能力大幅提高，满足了生产需要。针对新建的重介系统介耗高、磨损大的难题，成立技术小组，采取多项技术革新手段，有效地降低了重介耗，降低了重介运行成本，仅2007年1～10月，就减少磁铁矿粉费用270余万元。根据原料煤质量不稳定、变化大的情况，组织技术人员制定并调整原煤配洗方案，强化调度指挥，合理组织配洗，既保证了产品质量，又保证了低硫煤资源的合理利用。成立质量事故追查小组，对生产中出现的质量超标现象及时进行追查分析，制定补救措施。强化对生产全过程的质量检测，各项检测数据准确率达99.5%以上，确保商品煤批合格率始终保持在98%以上。

节日文化活动丰富多彩

3. 创建“和谐型”企业，连续多年开展精神文明创建活动，连续多年荣获“山西省治安先进单位”、荣获“全国企业文化建设先进单位”；连续多年被集团公司党委评为“先进党委”；生活社区连续多年被评为“山西省文明社区”；连续多年开展员工文化节活动。企业在创建活动中不断增强凝聚力、和谐力；员工在创建活动中不断享受文明成果，提高文明素质。2000年以来，累计为员工借资助学21万元，慰问特困户8万余元，救急22918元。2008年春节期间，一方面响应党中央号召，全力以赴为南方受灾地区生产发运电煤，一方面组织员工家属为灾区人民捐款。关注员工的精神文化生活，每年举办职工群众喜闻乐见、丰富多彩的文体活动；关注员工生活环境的不断改善，使生活社区从硬件设施到软件管理等方方面面不断得到强化。

朝气蓬勃、团结奋进的厂领导班子（左五为厂长芦富平、右四为党委书记崔志强）

# 人 民 武 装

## 山西省军区

**【民兵应急分队军事比武暨建设成果展示活动】** 2006年8月1日，结合庆祝建军79周年和红军长征胜利70周年，省委、省政府、省军区组织全省11个市40支民兵应急分队近3500人进行了军事比武和建设成果汇报活动。北京军区司令员朱启亲临指导并检阅了部队。省四大班子、省直有关单位、省军区、驻晋部队的领导，各市主要领导和各师、旅级单位的军政主官约300人现场观摩。这次活动是强化全民国防意识的重要举措，是加速推进国防后备力量建设，为全省经济社会发展创造安全稳定环境的实际步骤，是扎实做好军事斗争准备的一次实际演练。

（艾志军　王海海）

**【百名参谋大比武】** 2006年11月14日～17日，省军区组织所属军分区（警备区）、人武部、预备役师旅团参谋进行了军事理论、多媒体课件制作、汉字录入、手枪射击等7个科目的考核竞赛。通过考核，有效地提高了省军区参谋队伍整体素质，涌现出一批新型参谋人才，在新的起点和标准上推动了省军区系统司令机关全面建设的深入发展。

（艾志军　王海海）

**【保密工作现场会】** 2006年10月19日～20日，省军区在运城军分区召开了全区保密工作会议。解放军保密委员会、北京军区保密委员会，省军区有关领导，各师、旅级单位参谋长，省军区机关及运城军分区机关相关人员参加。会议期间观摩了盐湖区人武部和军分区机关的保密现场，观看了保密工作规范化建设录像片，省军区首长总结分析了全区安全保密工作形势，提出了加强和改进安全保密工作措施，上级领导分别作了重要指示，会议还推广了运城军分区的做法及保密工作制度。（艾志军　王海海）

**【预任营职军官集训】** 2006年5月15日～21日，省军区在预备役83师教导队组织了一期预任营职军官集训。新任职和未参加过省军区集训的预任营职（军事）军官，共计69人参加。集训坚持按纲施训，突出基础理论、基本技能和组织指挥，提高了预任干部的组织指挥和任职能力，为预备役部队“两个能力”（快速动员能力、遂行任务能力）的整体跃升奠定了坚实基础。（艾志军　王海海）

**【全军学生军训研讨会】** 2006年9月5日～8日，全军学生军训研讨会在太原召开。会议期间，教育部、总参、总政学生军训联合检查组对省军区军事教研室建设情况、中北大学等单位的学生军训工作进行全面检查，观摩了军事教研室教员军事理论课示范教学。检查组对山西学生军训工作呈现出持续发展的良好势头给予了高度评价和充分肯定，并对下一步学生军训工作的开展提出了要求。

（艾志军　王海海）

**【民兵预备役专业干部骨干集训】** 2006年8月14日～25日，省军区在太原组织了全省通信、工兵专业的现役、预任、民兵干部骨干集训，参训人员共124人。集训采取理论辅导、实装操作、示范示教、考核验收的方法，对专业基础理论、基本技能、组织指挥和教学方法等内容进行了系统学习和训练。通过集训，有效地增强了全省通信、工兵专业干部骨干的业务技能，提高了任职能力，为强化民兵、预备役部队专业技术部（分）队整体素质，促进快速动员能力和遂行任务能力提高奠定了基础。（艾志军　王海海）

**【森林火灾扑救】** 2006年3月20日～5月20日，山西省内火情呈爆发态势，发生火情100多起，火灾殃及除晋城市以外的其余10市，27个县（市、区），过火面积达14376公顷，给国家和人民生命财产造成很大损失。省军区各级领导高度重视，靠前指挥，先后出动现役分队、人武学员和民兵、预备役部队24000余人次，请示北京军区动用直升机两批4架，协调驻军和武警4200余人次参加灭火行动，充分发挥了生力军作用，赢得了地方各级政府的一致好评。（艾志军　王海海）

**【参谋骨干集训】** 2006年3月14日～4月26日，省军区组织了一期参谋集训。集训以胡锦涛主席关于加强干部能力素质的一系列重要指示为指导，以军事斗争准备为牵引，围绕建设高素质、高效能司令机关，结合省军区参谋队伍现状，采取理论学习、技能操作、集团作业、考核竞赛相结合的方法，进行了军事理论、业务基础、战术想定作业、首长机关演习及网络知识等内容的学习。通过集训，拓宽了知识面，掌握了业务技能，为完成本职工作奠定了较好的基础。

（艾志军　王海海）

**【危险品清理清查和武器装备仓库清理整顿】** 2006年8月～10月，在全区范围内组织开展了危险品清理清查和原武器装备仓库出租出借整顿及收回工作。省军区组成四个检查组，采取现地检查方式，连续3次组织排查，共清理炸药等危险爆炸物品100多吨、雷管40多万枚，收回了全区出租出借的原民兵武器装备仓库和预备役部队废旧弹药库，消除了事故隐患，确保了安全稳定。（艾志军　王海海）

**【兵员补选退】** 2006年11月～12月，坚持严格政策、严格程序、严格把关，确保了士官选取工作的公平公正和老兵退伍工作圆满顺利。在新兵征集方面，制定了《关于对赴西藏服现役士兵及家属实行特殊优待的通知》、《省军区机关干部子女推荐入伍暂行办法》等措施规定，在铁路系统推行统一推荐报名的办法，完成了新兵的年度征集任务。（艾志军　王海海）

**【山西省“双服务”活动总结表彰暨动员部署会】** 会议于2006年11月17日在太原召开。各市分管领导、各师旅级单位政委和政治部主任，省委、省政府分管领导，省直有关厅（局）领导，省军区部门以上首长，机关正副处长参加了会议。会议系统总结了“双服务”（军队为全面建设小康社会服务，地方为军队现代化建设服务）活动三年来的情况，分析了形势，交流了经验，安排部署了当前和今后一个时期的工作任务，制定出台了《山西省“十一五”期间“双服务”活动规划》，并对59个先进单位和36个先进个人进行了表彰。（艾志军　王海海）

【“四提倡、四反对”思想作风教育整顿】　2006年2月中下旬，在全区团以上党委机关中集中开展了以“反对个人主义，以提倡敬业奉献、反对自由主义，以提倡遵规守纪、反对好人主义，以提倡认真较真、反对本位主义，以提倡顾全大局”为主要内容的思想作风教育整顿。教育整顿中，坚持思想领先原则：以党章为“镜子”，审视问题；以党章为“尺子”，裁定标高；以党章为“鞭子”，催生动力。教育整顿自始至终贯彻整风精神，运用自我整顿方法，较好地解决了党委机关在思想作风建设上存在的突出问题，进一步增强了广大党员干部学习贯彻党章、遵守维护党章、争做合格党员的坚定性和自觉性。

（艾志军　王海海）

【全区增强干部事业心责任感教育】　2006年11月7日～13日，按照北京军区的统一部署，利用一周时间，以“牢记使命干事业，尽职奉献有作为”为主题，围绕当前干部队伍中存在的不思进取、不负责任、不讲原则、不爱学习等问题，在全区干部队伍中深入开展了增加事业心责任感教育。按照省军区首长指示和教育计划，注重在提高教育针对性和实效性上下工夫，狠抓了人员到课率，并对缺课人员进行了补课。这次教育各级重视程度高，组织方法活，特别是省军区首长的动员辅导针对性强，4个先进典型的事迹介绍生动感人，产生的影响比较大，教育的效果比较明显。（艾志军　王海海）

【师团职领导干部理论集训】　2006年5月15日～26日，省军区组织了第一期师团职领导干部理论集训，全区各师旅级单位部分师团职领导干部和省军区机关部分处长参加。这次集训围绕贯彻落实科学发展观，有效履行新世纪新阶段我军历史使命的主题，分课题式调研、专题化学习、对策性研讨三步，采取个人自学、集训辅导、小组讨论、参观和交流心得等方式进行。省军区党委在集训地组织召开了山西省军区学习贯彻落实科学发展观座谈会。集训中，广大学员态度端正、学习氛围浓，研讨深入、联系实际紧，遵规守纪、集训秩序好，较好地完成了集训任务。6月26日～30日，省军区在网上举办了第二期师团职干部理论集训，全区团以上单位主官、机关干部参加了集训，取得了预期的效果。（艾志军　王海海）

【民兵预备役部队基层建设座谈会】　2006年6月22日～23日，省委、省政府、省军区联合召开了全省贯彻落实科学发展观、加强民兵预备役部队基层建设座谈会。省市分管武装工作的党政领导，省军区部门以上领导、机关处长，各军分区、预备役师（旅）领导，先进单位代表，共计170余人出席会议。军区政治部副主任郃万增到会指导并讲了话。会议分析了当前形势，明确了今后任务，研究解决了新形势下民兵预备役工作遇到的新情况新问题。会上，政委李国辉代表省委、省政府、省军区作了报告，司令员方文平讲了话，省委副书记金银焕就地方党委、政府加强对民兵预备役部队基层建设的领导问题，提出了具体要求。会议表彰了12个基层建设红旗单位、16个基层建设先进单位和45名先进个人。14个基层单位在会上作了经验交流，与会人员到4个基层单位进行了参观，对山西《关于民兵预备役部队基层建设几个具体问题的意见》进行了讨论。（艾志军　王海海）

【党管武装工作述职会】　2006年8月1日，结合组织山西省党政军领导“八一”军事日活动，利用半天时间，召开了全省党管武装工作述职会议。省“四大班子”领导、省军区部门以上领导，省国防动员委员会27个成员单位和省直有关部门负责人，各市委书记、市长，警备区、军分区主官参加了会议。北京军区司令员朱启和总参、军区机关负责人亲临大会指导。会议以科学发展观为指导，客观分析形势，认真查找问题，进一步统一思想，强化责任，理清思路，不断加强和改进党管武装工作。会上，11位军分区（警备区）党委第一书记作了述职。省军区政委李国辉分析讲评了第一书记履行职责情况，安排部署了今后的主要任务。省委书记张宝顺、省军区司令员方文平，分别就认清职责使命，扎实推进党管武装工作和加强国防后备力量建设等问题，提出了明确要求。北京军区司令员朱启从战略和全局的高度发表了讲话。（艾志军　王海海）

【国防教育社会化工作经验交流暨现场观摩会】　2006年9月26日～27日，省军区和省国防教育委员会在阳泉市召开座谈会议，集中研究了在全省推广实施国防教育社会化的问题。国家国防教育办公室副主任郭增奎、省委副书记金银焕、省军区政委李国辉、副政委谢玉久及省国防教育委员会有关成员单位负责人，各市分管领导、军分区（警备区）、预备役师（旅）政治部主任，阳泉市、县（市、区）党政军领导及部分企业、院校领导共计150余人参加了会议。会议坚持以科学发展观为指导，围绕动员全民支持，整合社会资源，积极走国防教育社会化的新路子，总结分析了山西国防教育的基本形势，推广交流了阳泉市实施国防教育社会化的经验，观摩学习了阳泉市大中专院校、企业、社区、国防教育基地开展国防教育的实践成果，表彰树立了一批先进典型，讨论出台了山西省国防教育委员会《关于实施国防教育社会化的意见》。（艾志军　王海海）

【老干部工作座谈会】　2006年7月11日～12日，省军区组织各军分区（警备区）负责老干部工作的领导和全区21个干休所（点）负责人召开了老干部工作座谈会。会上，各单位领导就本单位老干部工作的整体形势、取得的成绩、遇到的问题和困难及改进的方法和措施等情况，进行了大会发言；与会人员一起观摩了第四干休所老干部住房建设现场和第八干休所正规化建设现场；会议安排部署了全区老干部管理机构调整改革任务，对全区老干部工作做了总结讲评。副政委刁建业就以科学发展观为指导，进一步加强全区老干部工作讲了话。会议专题研究了以科学发展观为指导提升老干部工作的整体水平的问题。（艾志军　王海海）

【后勤建设10件实事】　2006年，省军区立足服务官兵、服务部队、服务中心，全年投入592万元为基层解难题、办实事，受到了基层官兵的好评和老干部的赞誉。先后协调投入48万元为晋城、阳泉军分区干休点，部分军区直属干休所补助取暖和食堂修建；为8个干休所近600户老干部及遗属安装医疗急救呼叫系统；为省军区8名副军职以上退休老领导更换了生活保障用车；组织捐资20多万元，用于援建"长征希望小学"、"1+1"资助贫困生和帮助困难职工；对军分区、干休所营院建设进行政策指导、业务帮助，申领经费700余万元；为机关直属连队配置营具、改善住用条件；为偏远地区人武部补助油料120吨和经费159万元；为全区1600余名职工缴纳医疗和养老保险等十件实事。（艾志军　王海海）

【捣毁制造假军车号牌窝点】　2006年11月24日，军地联合捣毁了一个专门制造各种假车牌照的窝点，抓获造假犯罪分子8人，起获各类假牌照250余副及制假工具。25日晚又联手捣毁一个制作各种证照、证件窝点，查获各种地方证照、部队证件50余本，抓获犯罪嫌疑人6名。《焦点访谈》以及省市其他媒体都相继进行了报道。（艾志军　王海海）

【资源节约型营区创建】　2006年，省军区按照北京军区试点要求，结合实际，更新理念，狠抓落实，开展创建"资源节约型、环境友好型"军营活动，组织机关住宅营区集中治理整顿，改善居住生活环境，营区面貌有了较大改观。省军区大教场营院综合治理试点经验在全区营区正规化建设现场观摩会上进行了推广展示。（艾志军　王海海）

## ·武警山西省总队

【概述】　2006年，山西武警总队坚持以科学发展观为统领，认真贯彻武警部队党委总体工作思路，同心合力，锐意进取，狠抓落实，完成了以执勤处突为中心的年度各项任务，部队全面建设明显进步，在科学发展的轨道上迈出坚实步伐。

野营拉练

吴鹏提供

1. 官兵理想信念坚定、思想稳定。武警山西总队坚持用党的创新理论武装官兵，认真贯彻胡锦涛主席关于在深入上下工夫、在实效上做文章的重要指示，运用课题式调研、专题化学习、对策性研讨的方法举办两期团以上领导干部理论集训班。组织基层干部骨干分批次参加理论学习班，80余名干部参加网上学习研讨，组成16个宣讲团深入基层宣讲党的创新理论，广泛开展"学创新理论，做岗位标兵"主题实践活动；高度重视抓好新使命、党章和荣辱观专题教育，深入进行基本理论学习理解，广泛开展精神状态标准大讨论，对党员普遍进行党章知识测试，组织学唱歌曲、演讲比赛等系列活动，树立77名先进典型，深化了学习效果；卓有成效地开展经常性思想工作，不断提升警营文化活动的品位和层次；深入细致地做好一人一事思想工作，把心理疏导和法律服务向基层延伸和普及，奠定了部队和谐稳定的基础；不断加强基层民主建设，下大力整治插手基层敏感事务的不良风气，官兵主体地位和创造精神得到充分尊重，民主权益得到有效维护。全体官兵政治信念坚定，思想道德纯洁，高举旗帜、听党指挥的政治热情不断高涨，知荣明耻、尚荣弃耻的价值取向牢固确立；敬业奉献、奋发进取、争魁夺冠的士气高昂，自觉经受了复杂形势、繁重任务、进退走留和名利得失的考验，61名任职满四年以上的团职干部、5500名服役期满的战士，都能做到精力不散、干劲不减；战斗精神顽强，战斗作风过硬，尤其是在参加重大执勤处突、灭火救灾等任务中，敢于上一线、打头阵，体现了无私无畏的革命英雄主义精神，涌现出以第九届中国武警十大忠诚卫士王建炜为代表的一大批先进典烈，先后有2个单位、160名个人在完成急难险重任务中立功受奖。

2. 各级党组织建设明显加强。一是注重把民主集中制建设作为重大课题来抓，突出抓好基本观点、基本原则、基本要求的学习，对班子成员学习的内容、重点和着重解决的问题作出明确部署，纳入中心组学习、班子成员个人自学和团职干部理论读书班学习之中，组织参加总部网上学习研讨，注重经常性检查指导，力求加深理解掌握。二是突出抓好规范化建设，严格按照《党委工作条例》和武警部队《关于加强支队（团）以上党委民主集中制建设的若干规定》规范工作，进一步规范全委会议事决策程序和内容，规范党委民主生活会的标准要求，探索完善学习培训、调查研究、预案论证、反馈调节和监督检查等党委决策的一系列有效机制。三是下大力抓好班子成员精神状态的培育，在党委机关集中开展"振奋革命精神、提高素质能力、树立良好形象"为主要内容的使命教育和以增强事业心责任感为主题的一系列教育活动，研究制定增强干

技能训练

吴鹏提供

实战演练

吴鹏提供

部队伍事业心、责任感的意见，探索落实先进性要求的方法路子，树立一批践行先进性要求的突出典型。四是着眼提高各级党组织贯彻落实科学发展观的能力，深入扎实地开展学理论、学科技、学管理活动，以办班轮训、课题牵引、网上交流研讨和开展军事训练周等多种形式促进学习深入，召开总队党委二届四次全会专题研究提高创新发展能力，制定颁发提高党委贯彻落实科学发展观能力的实施办法。五是突出抓好党风廉政建设，加强经常性廉政教育，严格规范领导干部用权行为，认真落实重大事项报告和重大工程专项监督制度，有力地促进党风廉政建设。六是突出《党支部工作条例》的贯彻落实，坚持不懈地抓好集中培训和蹲点帮建，着力在提高党支部集体领导能力上下工夫，总结推广临汾支队翼城县中队发挥党支部作用的经验做法，党支部在基层建设的"主角"作用发挥更加明显。各级组织建设更加规范，班子成员团结共事的氛围比较浓厚，尤其是阳泉支队、临汾支队、总队医院党委班子整体建设质量较高；各级党委（支部）班子科学决策、民主决策、依法决策的水平不断提高，领导部队建设的能力有了新的提升，先进中队保持强劲的发展势头，相对后进中队跨入先进行列，呈现出竞相发展、整体跃升的良好态势。七是领导干部工作思想更加端正，工作作风进一步改进。重实际、说实话、干实事、求实效形成浓厚氛围。各级干部事业心责任感明显增强，为兵、务实、廉洁的形象逐步确立，以总队评选表彰的14名优秀干部标兵为代表的一大批先进典型在部队建设中很好地发挥了模范带头作用。

3.部队战斗力明显提升。着眼执勤正规化建设，扎实开展执勤等级评定活动，狠抓执勤制度落实，组织看守勤务信息化建设试点和警卫勤务中队长集训，扎实开展勤务分类专项治理，召开看押、看守、警卫勤务工作活动现场会，投入经费953万元，有效消除隐患，调整执勤哨位，执勤安全系数明显提高。着眼提升遂行任务能力，坚持将新兵入伍训练、特勤专训和岗前培训捆在一起抓，提高新兵训练质量；召开现场观摩会，对执勤分队和机动分队的训练标准、训练模式、训练评定机制等进行明确规范；以参加武警部队"卫士—06"网上演习为牵引，突出抓首长机关训练，提升首长机关信息化条件下指挥作战能力；组织各支队反恐作战班和直属支队特勤大队集中强化训练、比武竞赛及反恐训练成果汇报等系列活动；制定下发《推进军事训练创新发展的意见》，掀起精武练兵的热潮。着眼推进科技强勤步伐，组织完成执勤支队信息化建设和中队电视会议系统建设，注重建设成果的开发和应用，为完成中心任务提供有力支撑。扎实做好执行中的思想政治工作，加强部队战斗精神培育和战斗作风培养，激发广大官兵履行使命的强烈责任感。全年，固定勤务成功处置险情23起，其中成功制逃4起4人，制止自杀7起7人。完成各类临时勤务326起，完成山林灭火、矿难、爆炸抢险任务44起，武装抓捕、解救人质战斗13起，押解罪犯4560人。特别在处置晋中、阳泉、太原、忻州、临汾等地特大山林大火、矿难和爆炸事件中，各级领导亲临一线、现场指挥，参战官兵英勇顽强、连续作战，为维护山西社会稳定和人民群众生命财产安全做出重要贡献。

4.正规化建设明显进步。省武警总队着力强化各级依法建设部队的意识，认真学习贯彻军委文件精神，树立和落实安全发展理念，集中进行"遵章守纪、关爱生命、安全发展"教育整顿；组织机关人员进行共同条令、本级职责、业务规章等法规制度系统学习，强化依法搞指导、依法抓落实的意识；普遍组织条令学习和考核，促进"条令学习月"活动的深入开展。注重规范部队建设秩序。总队召开"坚持从严治警、依法建设部队"现场会，统一基层依法开展工作的标准、程序和方法；指导各支队先后抓了中队的正规化试点建设，推动部队规范化建设向深度和广度拓展；分片召开正规化建设形势分析会，两次对部队贯彻落实情况进行检查通报。狠抓依法从严执纪。适时开展作风纪律整顿，加大经常性管理工作的检查力度，各类违纪和影响部队稳定的问题得到有效治理解决。深入细致地做好个别转化工作，加强对干部"八小时"之外的管理监督，集中开展车辆违章违纪问题整治和打击假冒武警人员、车辆专项活动，组织枪弹和武器装备安全普查。依法从严落实编制。严格执行县（市、区）中队新编制，集中清理机关、直附属单位和大队部超占兵员，顺利完成太原指挥学院编制调整工作。依法从严治军的理念深入人心，党委

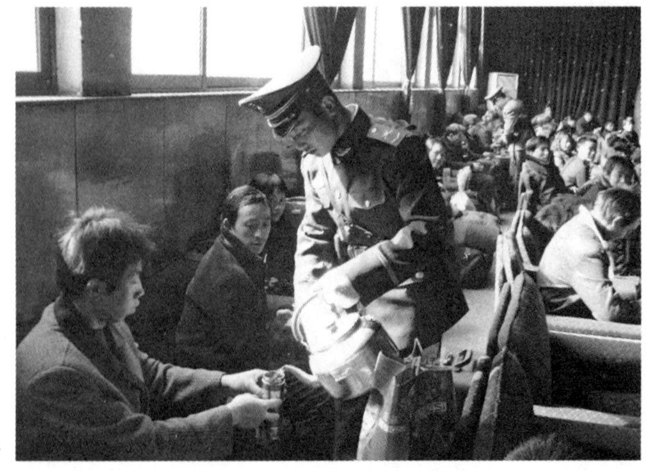
便民服务

吴鹏提供

依法决策、机关依法指导、基层依法运转更加自觉，部队秩序进一步规范；各级安全发展的观念进一步牢固，抓安全、保稳定的认识和决心一致，影响安全稳定的隐患得到有效治理，确保了部队安全稳定。

5.保障能力明显提高。省武警总队着力加强后勤战备建设。修订完善各类预案，调整补充物资储备，组织总队、支队两级后勤应急保障队伍开展专业技能训练和演练，后勤遂行紧急、突然、复杂情况下的保障能力进一步提高，全年出色完成了18起较大规模的抢险救灾应急保障任务。着力深化后勤规范化管理。开展后勤法规制度宣传教育活动，严格对照后勤经济管理11项规章制度抓治理，召开后勤工作会议研究解决提升管理效益问题，后勤管理秩序更加规范。着力提高服务保障效益。加快推进“四配套”（基层执勤、训练、文体、生产生活设施配套）建设，181个基层中队完成建设任务。着力推进各项改革。在伙食单位推行伙食供应保障新办法，提高伙食费使用效益；积极开展创建“节约型后勤”活动，在中队推广环保节能灶具，节减经费120余万元，实施物资集中采购，累计节减经费227.78万元；小散远单位医疗社会化保障和县市中队就地医疗改革成果得到巩固，后勤各项改革进展顺利。（吴鹏）

旅游景点执勤

吴鹏提供

**【信息化建设稳步推进】** 2006年，省武警总队三级网改造工作基本完成，执勤支队全部完成一屏多点建设任务，完成了总队、支队、中队三级网会议电视系统终端的安装调试。担负的国家社科军事学“十五”重点课题《武警部队执勤信息化建设研究》，成功通过国家鉴定并参加国家级评奖。“武警部队执勤信息管理系统”软件在武警部队军事工作会议上演示后，9月3日又顺利通过武警部队科学技术委员会技术鉴定，12月中旬，总部作战部、通信部在总队组织培训班，先期推广应用。机关办公自动化在机关全面展开，自行设计、构建的机动作战指挥保障系统已形成保障态势。（吴鹏）

**【完善反恐训练设施】** 为了提升部队的反恐作战能力，实现制胜有把握的目标，2006年2月28日上午，省委、省政府在总队训练基地召开反恐训练基础设施建设现场办公会，就反恐场地、设施建设进行研究。省委副书记、省纪委书记金银焕、省政法委书记杜玉林、总队长叶景亮、政治委员宋广义、参谋长李志斌、后勤部部长周旭光、副参谋长王树海，及省财政厅、省发展和改革委员会、省公安厅、太原市委、太原市公安局等相关部门主要领导参加会议。会议由金银焕主持，会议首先听取总队关于反恐基地建设情况的汇报，然后进行实地考察论证。会议决定，省委、省政府投资2080万元，在总队训练基地原来建设基础上，新建综合反恐训练楼、模拟演练中心、轮胎射击房、模拟演练场等训练配套设施，所有建设项目于年底前完工并投入使用。随着训练场地、设施的不断完善，必将对提升总队的反恐作战能力提供保障支撑作用。（吴鹏）

比武竞赛

吴鹏提供

**【森林灭火】** 2006年3月29日，五台县金岗库乡境内因高压电路故障引发森林火灾，由于当地一冬无雪，人旱物燥、使火势迅速蔓延，遍布十几公里内的20余个火点，给国家森林资源和人民群众生命财产安全带来严重威胁。关键时刻，总队参谋长李志斌带领直属支队、指挥学校600余名官兵连夜赶赴火场，投入灭火战斗。3月30日，省委书记张宝顺、省长于幼军到火灾现场指导灭火。特别是在火场情况复杂、火线长、火点多，风力大的情况下，总队长叶景亮、副总队长吕明录，亲临一线，对灭火工作提出具体要求。经过总队600余名官兵连续4个昼夜的顽强奋战，截至4月1日早晨6时，森林大火全部扑灭。中共中央政治局委员、国务院副总理回良玉给灭火前线总指挥部打来电话，代表国务院慰问参战的武警官兵和地方干部群众。4月3日，武警部队司令员吴双战、政委隋明太向总队发来慰问电，代表武警部队党委对总队参与扑灭多起森林大火任务的广大官兵进行亲切的慰问。

4月28日14时许，山西省晋中市榆次区沛霖乡杜家山村发生森林火灾，火势迅速向乌金山国家级森林公园蔓延。总队直属支队、晋中市支队参加该起森林火灾的扑救任务。经过52个小时的战斗，将大火全部扑灭。（吴鹏）

**【开拓创新推进政治工作】** 2006年以来，武警山西总队坚持更新观念，改进手

森林灭火
吴鹏提供

段，推进政治工作创新发展。特别是利用武警部队司令员吴双战来总队视察工作时提出的要研究部队创新发展的问题，专门召开二届四次全会，研究怎么样推进部队的创新发展，创新发展的观念在部队官兵中明显增强。举办两期团职干部读书班，第一期是把各单位的部分主官和领导集中起来；第二期改进方式，用网上学习的办法来进行科学发展观理论的学习，把培训率提高到了100%。政治部建成信息化多功能会议室，具备会议、远程教育和教学、会议局域网、政治工作作战指挥平台、与基层面对面五大功能。搞教育、搞培训、检查指导就可以借助信息网与基层面对面交流、面对面指导，就可以与总队作战指挥中心连接，使作战、演习训练画面同步传输，实现政治工作指挥自动化、实时化、可视化，提高了指导基层开展政治工作的效率和效能。（吴鹏）

**【开展干部事业心责任感教育整顿】** 2006年9月，武警山西总队政治部按照军委文件要求和胡锦涛主席的指示精神，在对干部队伍现状进行深入调研分析的基础上，针对干部队伍事业心责任感弱化的问题，狠抓了事业心责任感的专题教育整顿。总队党委制定下发了强化干部队伍事业心责任感的意见，从思想教育、考核讲评、管理监督、典型激励、关心爱护五个方面提出明确的要求。为保证这项工作落到实处，政治部率先研究开展"创放心岗位做放心人"活动的方案，开展岗位练兵活动，营造一级对一级负责，一级让一级放心的履职尽责氛围。同时，对各单位贯彻落实意见的情况进行检查讲评。年终，总队又在全体干部中开展"正确对待进退走留、保持奋发有为精神状态"的专题教育。在全总队开展层层推荐，表彰事业心责任感强的优秀干部的活动。这一系列的措施，有效地增强了广大干部特别是基层干部安心尽职、爱岗敬业的动力和活力。（吴鹏）

**【"四配套"建设基本完成任务】** 2006年，省武警总队基层基础设施建设取得了阶段性成果，三年来投入2.5亿元，使各中队实现了执勤、训练、文化、生活设施配套，改善了基层官兵的物质生活环境；信息化建设初具规模，初步达到了"以人为本、正规执勤、信息主导、确保安全"的要求，基本实现了指挥控制实时化、勤务管控可视化、机关办公自动化、教育训练网络化，部队建设的质量得到不断提升。（吴鹏）

**【后勤应急保障能力建设】** 2006年3月中旬以来，全省8个地区先后发生山林大火。在扑救森林大火后勤保障中，后勤应急保障小组始终按照本级《处置突发事件后勤保障预案》规定和要求，坚持快速准备、快速跟进、快速联络、快速展开，完成了18起共计6700多人次的后勤保障任务；4月14日，机关组织召开"处突"应急保障分析会。会议就2006年以来担负抢险救灾"处突"任务中后勤保障好的做法和存在的问题进行了研讨发言，并围绕保障过程各级指挥部的保障、如何开展"处突"专项任务的针对性训练以及后勤装备需解决的问题等进行深入探讨；7月20日～22日参加总部"卫士－06"网上演习；9月29日在总队军事训练基地组织反恐应急保障演练，受到总队领导的充分肯定。（吴鹏）

**【政治部文工团进京演出】** 2006年4月10日～16日，应解放军总政治部的邀请，按照武警总部政治部的要求，山西总队政治部文工团一行26人，在团长李建平的带领下，到中国剧院登台献艺，出色完成鼓乐快板《知荣明耻唱新歌》的演出任务，赢得军委首长、总部首长、晚会导演组的高度评价。（吴鹏）

**【第九届"中国武警十大忠诚卫士"王建炜】** 王建炜，男，汉族，山西省交城县人，1964年3月出生，1982年10月入伍，1985年3月入党，本科学历，授予荣誉称号时任武警山西省总队司令部侦察处处长，上校警衔。入伍20多年来，他始终牢记全心全意为人民服务的宗旨，忠实实践"三个代表"重要思想和"永远做党和人民的忠诚卫士"题词精神，勤奋学习，扎实工作，勇于奉献，在本职工作岗位上做出了突出成绩。1996年，历时20余天，帮助一名被拐卖8年后逃回太原的儿童找到亲人。2004年12月，下部队检查工作途中，及时救助了一名遭遇车祸而生命垂危的学生。2003年6月14日，在处置曲沃县"6·14"严重暴力案件中，他将生死置之度外，只身上前，巧妙地与犯罪嫌疑人周旋，并瞅准时机将其制服，成功解除

基本动作规范训练　吴鹏提供

了即将引爆的爆炸装置，保护了人民群众生命财产安全，被当地党委政府和人民群众誉为“大智大勇的参谋长”。先后1次立一等功，2次立三等功，多次被评为优秀党员。2003年，被山西省政法委评为“严打”整治斗争先进工作者，并被山西省劳动竞赛委员会记一等功；2005年全票当选“山西省十大杰出青年卫士”第一名，获山西省“五一劳动奖章”。2005年4月，作为武警部队的特邀代表出席全国劳动模范和先进工作者表彰大会，6月出席武警部队第一届党代表大会。获得第七届、第八届“中国武警十大忠诚卫士”提名奖。

（吴鹏）

小资料

## 广武城

山阴县历史悠久，系仰韶文化分布区。特定的地理位置、险峻的关隘口成为自古兵家必争之地。频繁的历史更迭，连年的战乱争斗，遗留下大量的文物和古文化遗址。

广武城是边塞战争文化的典型代表。该城距县城40公里，距雁门关5公里，地处张家庄乡西南地段。东西长10公里，南北宽8公里，总面积80平方公里。其间分布着朦胧神秘的汉墓群，汉辽文化融合的辽建广武城，矗立着蜿蜒盘亘的明长城。同太路、朔蔚路、大运高速公路纵横贯穿景区，张家庄村、新广武村、旧广武村、油坊村、水河铺村坐落其间。交通便利、民风淳朴、气候宜人。据史料考证，汉逐匈奴，唐征突厥，宋抗契丹，明御瓦剌，大小战争数千次，逐步形成了具有边疆战争文化特色的自然景观和人文景观。

## 广武汉墓群

广武汉墓群位于山阴县新广武村北。东西宽4公里，南北长8公里，占地面积32平方公里，是我国最大的汉墓，共有封土堆288座，1988年被国务院公布为“国家一级文物保护单位”。墓群中最大的封土堆高达20米，占地3250平方米。传说宋将杨延昭抗辽时用芦苇席围圈封土堆，诈称为粮草骇退辽兵，后人称为“谎粮堆”。通过对出土的彩陶、灰陶、青铜器皿等文物考证，系汉代墓葬群。

# 法　　制

## 法制建设

### ·省人大的立法工作·

【概述】 2006年，省人大常委会立法工作以坚持法制统一、维护改革发展稳定大局为原则，以提高立法质量为重点，从实际出发，开拓创新，扎实工作。一年来，常委会共制定、修订和修正地方性法规14件，废止3件，审查和批准太原、大同两市地方性法规12件。

通过的7件法规是：《山西省公路养路费征收管理条例》《山西省实施〈中华人民共和国民办教育促进法〉办法》《山西省见义勇为人员保护和奖励条例》《山西省农业机械化条例》《山西省清真食品监督管理条例》《山西省风景名胜区条例》《山西省实施〈中华人民共和国中小企业促进法〉办法》。

修订和修正的7件法规是：《山西省规章设定罚款限额规定》《山西省人民代表大会常务委员会人事任免办法》《山西省废旧金属收购业治安监督管理条例》《山西省消防管理条例》《山西省会计管理条例》《山西省技术市场管理条例》《山西省体育经营活动管理条例》。

废止的3件法规是：《山西省人民代表大会常务委员会述职评议工作办法》《山西省劳动保护暂行条例》《山西省农民承担费用和劳务监督管理条例》。

立法工作有三个特点。一是在立法工作中，坚持以人为本，坚持把维护和实现最广大人民的根本利益作为出发点和落脚点，充分发挥立法调整社会利益、构建和谐社会的作用。二是注重联系山西省实际，体现地方特色，为地方经济建设服务。三是认真听取各方面的意见，充分发扬民主，推进民主立法。一方面重视听取和吸收常委会组成人员和人大代表的意见。另一方面坚持走群众路线，逐步扩大公民对立法工作的有序参与。

（杨义成　秦　钟　王　磊）

### ·法规简介·

【《山西省公路养路费征收管理条例》】 该条例由山西省十届人大常委会第二十三次会议于2006年3月31日通过，自2006年5月1日起施行。条例分为六章三十六条。第一章总则，第二章登记，第三章征收，第四章稽查，第五章法律责任，第六章附则。该条例从公路建设和养护事业发展、提升法制建设水平的需要出发，主要规范了缴（免）费登记制度，加强了费源管理，对规范养路费征收管理行为进行了界定，维护缴费义务人合法权益，实现了权利与义务的基本对等。此外，针对山西省公路养路费征收中遇到的问题，制定了解决“晋车外挂”的专门条款。

（杨义成　秦　钟　王　磊）

【《山西省实施〈中华人民共和国民办教育促进法〉办法》】 该条例由省十届人大常委会第二十四次会议于2006年5月26日通过，自2006年9月1日起施行。条例不分章节，共三十七条。民办教育是我国教育的组成部分，对弥补教育资源不足、促进教育改革发挥了积极作用。同时，民办教育的发展也还存在一些困难和问题。为了促进山西省民办教育事业稳步、健康发展，该条例注重民办教育政策的连续性与创新性，规范与扶持并重，进一步明确了政府及其有关部门对民办教育的管理职责，完善了扶持民办教育发展的鼓励政策，明确了民办学校教师、受教育者与公办学校教师、受教育者具有同等的法律地位，规范了民办学校的办学行为。

（杨义成　秦　钟　王　磊）

【《山西省见义勇为人员保护和奖励条例》】 该条例由省十届人大常委会第二十四次会议于2006年5月26日通过，自2007年1月1日起施行。条例分为七章三十三条。第一章总则，第二章确认，第三章保护，第四章奖励，第五章经费，第六章法律责任，第七章附则。弘扬见义勇为精神是全社会的共同责任。见义勇为先进典型的示范作用，对推动社会道德风尚的进步，形成良好的社会秩序有着重要作用。该条例通过立法为见义勇为人员建立起法制和道德相结合的保障体系，依法规范奖励和保护见义勇为人员的工作，有效地解决他们的实际困难和后顾之忧，对加强社会主义精神文明建设，维护社会稳定，构建和谐社会具有重要意义。

（杨义成　秦　钟　王　磊）

【《山西省农业机械化条例》】 该条例由省十届人大常委会第二十五次会议于2006年8月4日通过，自2006年10月1日起施行。条例分为九章四十五条。第一章总则，第二章科技教育，第三章质量保障，第四章推广应用，第五章社会化服务，第六章扶持措施，第七章安全监理，第八章法律责任，第九章附则。农业机械是现代农业的物质基础，提高农业机械化水平是促进农业、农村经济发展和农民增收的重要手段之一。该条例针对山西省农业机械化事业尚不发达，在一定程度上制约农村生产力解放和农业生产发展的实际，立足于促进山西省农业机械化事业的发展，明确细化了相关部门职责，充实了安全监理规定，突出规定了扶持政策。

（杨义成　秦　钟　王　磊）

【《山西省清真食品监督管理条例》】 该条例由省十届人大常委会第二十六次会议于2006年9月28日通过，自2006年11月1日起施行。条例不分章节，共二十六条。条例对清真食品生产经营行政许可、生产经营规划设置、生产经营行为规范、执法主体和社会监督等问题做出了规定，它的出台，对进一步规范山西省清真食品生产经营活动，促进清真食品行业健康发展，保障回族等少数民族的权益，巩固民族团结和维护社会稳定具有重要意义。　（杨义成　秦　钟　王　磊）

【《山西省风景名胜区条例》】 该条例由省十届人大常委会第二十七次会议于2006年11月30日通过，自2007年1月1日起施行。条例分为八章五十一条。第一章总则，第二章设立，第三章规则，第四章保护，第五章建设，第六章利用和管理，第七章法律责任，第八章附则。条例明确了省建设主管部门和风景名胜区管理机构的职责，就风景名胜区规划编制、核心景区建筑物的管理、景区内建设项目审批、风景名胜资源有偿使用费缴纳使用等事项做出了规定，对于加强山西省风景名胜区的管理，有效保护、合理开发和永续利用风景名胜资源有着重要作用。

（杨义成　秦　钟　王　磊）

**【《山西省实施〈中华人民共和国中小企业促进法〉办法》】** 该条例由省十届人大常委会第二十七次会议于2006年11月30日通过，自2007年3月1日起施行。条例分为八章三十条。第一章总则，第二章资金支持，第三章创业扶持，第四章技术创新，第五章市场开拓，第六章社会服务，第七章权益保护与义务，第八章附则。中小企业在促进经济增长、增加就业机会、致富城乡居民、保持社会稳定等方面发挥了重要作用，是山西国民经济的重要支撑力量和持续快速发展的动力源和增长点。条例针对山西省中小企业发展中存在的突出问题，明确了政府部门在中小企业工作中的职责，就中小企业资金支持、扶持中小企业创业、技术创新和开拓市场、改善中小企业发展环境等事项作出了规定。

（杨义成　秦　钟　王　磊）

**【《山西省规章设定罚款限额规定》】** 该条例由省十届人大常委会第二十六次会议于2006年9月28日修订通过，自2006年11月1日起施行。条例不分章节，共四条。条例根据行政处罚的设定必须与违法行为的事实、性质、情节以及社会危害程度相当的原则，对山西省的规章设定罚款限额做了规定。

（杨义成　秦　钟　王　磊）

**【《山西省人民代表大会常务委员会人事任免办法》】** 该条例由省十届人大常委会第二十三次会议于2006年3月31日修订通过，自2006年5月1日起施行。条例分为六章三十七条。第一章总则，第二章任免范围，第三章任免程序，第四章任职期限，第五章辞职、撤职和批准罢免职务，第六章附则。

（杨义成　秦　钟　王　磊）

**【《山西省废旧金属收购业治安监督管理条例》】** 该条例于1995年11月25日山西省第八届人民代表大会常务委员会第十八次会议通过，根据2006年8月4日省十届人大常委会第二十五次会议关于修改《山西省废旧金属收购业治安监督管理暂行条例》的决定修正。条例不分章节，共二十五条。条例对不符合国家有关法律要求的条款进行了修改。

（杨义成　秦　钟　王　磊）

**【《山西省消费管理条例》】** 该条例于1999年9月26日山西省第九届人民代表大会常务委员会第十二次会议通过，根据2006年8月4日省十届人大常委会第二十五次会议关于修改《山西省消防管理条例》的决定修正。条例分为六章四十五条。第一章总则，第二章火灾预防，第三章消防组织，第四章灭火救援，第五章法律责任，第六章附则。条例对与《中华人民共和国行政许可法》相抵触的条款进行了修改。（杨义成　秦　钟　王　磊）

**【《山西省会计管理条例》】** 该条例于1998年11月30日山西省第九届人民代表大会常务委员会第六次会议通过，根据2006年8月4日省十届人大常委会第二十五次会议关于修改《山西省会计管理条例》的决定修正。条例分为六章三十七条。第一章总则，第二章会计机构和会计人员，第三章会计核算，第四章会计监督，第五章法律责任，第六章附则。条例对与《中华人民共和国行政许可法》相抵触的条款进行了修改。

（杨义成　秦　钟　王　磊）

**【《山西省技术市场管理条例》】** 该条例于1994年11月26日山西省第八届人民代表大会常务委员会第十二次会议通过，根据1997年9月28日省八届人大常委会第三十次会议关于修改《山西省技术市场管理条例》的决定第一次修正，根据2006年8月4日省十届人大常委会第二十五次会议关于修改《山西省技术市场管理条例》的决定第二次修正。条例分为八章三十九条。第一章总则，第二章管理部门职责，第三章技术贸易机构，第四章技术贸易活动，第五章技术合同管理，第六章技术贸易优惠与奖励，第七章法律责任，第八章附则。条例对与《中华人民共和国行政许可法》相抵触的条款进行了修改。　（杨义成　秦　钟　王　磊）

**【《山西省体育经营活动管理条例》】** 该条例于2000年5月28日山西省第九届人民代表大会常务委员会第十六次会议通过，根据2006年8月4日省十届人大常委会第二十五次会议关于修改《山西省体育经营活动管理条例》的决定修正。条例分为五章四十条。第一章总则，第二章申办与审批，第三章经营与管理，第四章法律责任，第五章附则。条例对与《中华人民共和国行政许可法》相抵触的条款进行了修改。

（杨义成　秦　钟　王　磊）

**【批准太原大同两市的地方性法规】** 1. 批准《太原市东西山绿化条例》；《太原市艾滋病性病防治条例》；

2. 批准《大同市煤炭安全生产监督管理条例》；

3. 批准《太原市燃气管理条例》；

4. 批准《大同市人民代表大会代表议案、质询案，建议、批评和意见的提出和办理办法》；

5. 批准《大同市乡镇人民代表大会工作条例》；

6. 批准《大同市物业管理条例》；

7. 批准《大同市煤炭资源保护办法》；

8. 批准《太原市晋阳古城遗址保护条例》；

9. 批准《太原市住房公积金管理条例》；

10. 批准《大同市城市供水条例》。

（杨义成　秦　钟）

**【省人大常委会作出的决议决定】** 1. 山西省人民代表大会常务委员会《关于加强法制宣传教育推进依法治省工作的决议（草案）》；

2. 山西省人民代表大会常务委员会《关于批准2005年省本级财政决算的决议》；

3. 山西省人民代表大会常务委员会《关于加强五台山风景名胜区和汾河、沁河、桑干河源区保护的决定》；

4. 山西省人民代表大会常务委员会《关于县级人民代表大会常务委员会组成人员名额的决定》；

5. 山西省第十届人民代表大会常务委员会《关于太原、阳泉、长治市领导人常务委员会组成人员名额的决定》。

（杨义成　秦　钟）

·法规选登·

# 山西省公路养路费征收管理条例

（2006年3月31日山西省第十届人民代表大会常务委员会第二十三次会议通过）

## 第一章　总　　则

**第一条**　为了加强和规范公路养路费的征收管理，维护缴费义务人的合法权益，促进公路建设事业的发展，根据有关法律、法规，结合本省实际，制定本条例。

**第二条**　本条例适用于本省行政区域内公路养路费（以下简称养路费）的缴纳、征收、稽查。

**第三条**　拥有机动车的单位和个人是养路费的缴费义务人。

缴费义务人应当按时缴纳养路费。未按照规定缴纳养路费的机动车，不得上路行驶。

**第四条**　省交通主管部门主管全省养路费征收管理工作。

汽车、挂车、汽车列车、轮式专用机械车和摩托车的养路费征收、稽查工作，由省交通主管部门所属的交通征费稽查机构负责。

三轮汽车、拖拉机运输机组以及皮带或者链条传输动力的低速货车的养路费征收、稽查工作，由市、县（市、区）交通主管部门所属的交通征费稽查机构负责。

**第五条**　县级以上人民政府交通主管部门和其所属的交通征费稽查机构及其工作人员，应当认真履行职责，文明执法，秉公办事，便民利民，提高办事效率，自觉接受监督。

**第六条**　各级人民政府应当加强对养路费征收管理工作的领导，做好协调工作。

县级以上人民政府财政、公安、物价、农机等有关部门应当按照各自职责，配合交通主管部门及其所属的交通征费稽查机构做好养路费征收管理工作。

## 第二章　登　　记

**第七条**　养路费征收管理实行缴（免）费和停征登记制度。

缴费义务人应当及时办理机动车缴（免）费或者停征登记。

车籍地交通征费稽查机构具体负责登记工作。

**第八条**　有下列情形之一的，缴费义务人应当申请办理缴（免）费登记：

（一）机动车的取得、改型、转籍、过户、报废的；

（二）本省籍机动车调驻外省3个自然月以上的；

（三）外省籍机动车调驻本省3个自然月以上的。

**第九条**　缴费义务人应当在下列期限内申请办理缴（免）费登记：

（一）取得、改型、转籍、过户、报废机动车的，自履行完相关手续之日起15个工作日内申请办理；

（二）使用临时通行牌证的，自取得临时通行牌证之日起5个工作日内申请办理；

（三）本省籍机动车调驻外省连续使用3个自然月以上的，凭车籍地交通征费稽查机构开具的调驻通知书，在载明缴（免）费截止之日起10个工作日内申请办理调入缴（免）费登记。

调出本省前，办理调出缴（免）费登记。

因不可抗力无法按期办理缴（免）费登记的，应当在事因消除后10个工作日内申请补办。

**第十条**　缴费义务人申请办理缴（免）费登记的，应当提交下列凭证和材料：

（一）机动车所有人的身份证明；

（二）机动车登记证书和行驶证；

（三）购车发票、合格证、机动车技术参数原件或者复印件；

（四）机动车照片。

申请办理减征、免征养路费登记的，缴费义务人还应当提供机动车的编制、经费来源及所属机构性质的凭证和材料。

**第十一条**　因故需要停缴养路费的，缴费义务人应当提前申请办理以后月份的养路费停征登记，将行驶证交存车籍地交通征费稽查机构。交通征费稽查机构应当及时告知发证机关，且不得影响该机动车的安全检验、交易等有关事宜。机动车的停放地点由缴费义务人在车籍地范围内确定，并书面告知交通征费稽查机构。

交通征费稽查机构应当加强对停征养路费机动车的监督。

**第十二条**　车籍地交通征费稽查机构对受理的缴（免）费或者停征登记申请，提供凭证和材料齐全的，应当当场办理；提供凭证和材料不齐全的，受理工作人员应当当场书面告知申请人需要补正的全部内容；需要上级交通征费稽查机构决定的，应当在15个工作日内答复申请人。

## 第三章　征　　收

**第十三条**　养路费按照国家统一核定的吨位计征。

国家未统一核定吨位的机动车，由省交通征费稽查机构按照国家规定的原则核定吨位。

摩托车按辆征收。

**第十四条**　养路费征收标准由省交通主管部门提出，经省物价、财政部门审核，报省人民政府批准后执行。

**第十五条**　养路费按月份征收。缴费起征日至当月底不足一个自然月的，按日征收。

缴费义务人因有特殊困难不能按期缴纳养路费的，经省交通征费稽查机构批准，可以缓缴，但缓缴期限不得超过3个月。

**第十六条**　养路费应征费额＝征收吨位（辆）×征收标准×缴费月（日）数×征收比例。

养路费费额不足一元的部分不计。

**第十七条**　缴费义务人应当按照下列起始日期缴纳或者停缴养路费：

（一）已领取牌证上路行驶的，自领取之日起缴纳；

（二）未领取牌证上路行驶的，自购车之日起缴纳；

（三）已办理机动车注销登记的，自注销登记之日起停缴；

（四）已办理机动车停征登记的，自停征登记的次日起停缴；

（五）本省籍机动车调驻外省3个自然月以上的，自第3个自然月起停缴；外省籍机动车调驻本省3个自然月以上的，自第3个自然月起缴纳；

（六）能够提供停驶机动车的有效证明材料的，自停驶之日起停缴。

**第十八条**　缴费义务人不按规定日期缴费的，交通征费稽查机构除补征养路费外，可以按照国家规定加收滞纳金。

**第十九条**　缴费义务人不能证明欠缴养路费起始日期，交通征费稽查机构可以按照下列期限确认：

（一）无缴（免）费凭证或者使用顶替、涂改缴（免）费凭证的，以当年1月1日为欠缴之日；

（二）停缴期间上路行驶的，以停缴第一日为欠缴之日；

（三）使用伪造缴（免）费凭证的，以应领取牌证之日为欠缴之日。

**第二十条**　对从事田间作业和非营业性运输的三轮汽车和拖拉机运输机组，免征养路费。

减征、免征或者退还养路费的其他机动车，按照国家和省人民政府的有关规定执行。

**第二十一条**　养路费和滞纳金收据由省财政部门印制和监管。

养路费缴（免）费凭证，由省交通主管部门印制和监管。凭证应当标明征收标准、征收吨位、征收比例和缴（免）费起止日期。

养路费缴（免）费凭证应当随车携带；严重破损的，经交通征费稽查机构认定后，可以换发。

**第二十二条** 交通征费稽查机构应当按照规定及时全额解缴养路费收入。

养路费收入应当按照规定纳入财政预算管理，接受审计监督。

省财政、交通主管部门应当共同制定养路费收入会计核算和坏账处理办法。

## 第四章 稽 查

**第二十三条** 交通征费稽查机构应当公开征收标准、执法依据和办事程序。

交通征费稽查人员执行公务时，应当佩戴标志，持证上岗。

交通征费稽查专用车辆应当按照规定设置统一的标志和示警灯。

**第二十四条** 交通征费稽查人员在不影响交通安全、畅通的情况下，可在以道路（高速公路除外）和车辆集中场所对机动车缴纳养路费情况实施检查。

跨区域征费稽查由省交通征费稽查机构组织。

**第二十五条** 对未按照本条例规定缴纳养路费上路行驶的机动车，交通征费稽查机构应当责令其补缴，并按照规定处罚后及时放行；对当场不能补缴、拒绝接受处罚的，可以暂扣该机动车，出具暂扣决定书，当场交付当事人，并告知当事人在规定的期限内到交通征费稽查机构接受处理。

交通征费稽查机构应当妥善保管被暂扣的机动车及车载物品，不得使用或者损毁；造成损坏的，依法承担赔偿责任。

**第二十六条** 对在本省道路上从事营业性运输，未按照车籍所在地养路费征收标准足额缴纳的机动车，交通征费稽查机构应当按照本省养路费应征费额补征差额部分，并发给养路费补征凭证。

**第二十七条** 任何组织或者个人不得有下列行为：

（一）非法征收养路费；

（二）非法印制、买卖养路费缴（免）费凭证和收据；

（三）使用伪造、顶替、涂改的养路费缴（免）费凭证；

（四）以其他名目从银行账户非法划拨养路费收入；

（五）妨碍交通征费稽查人员依法执行公务；

（六）违反法律、法规的其他行为。

## 第五章 法律责任

**第二十八条** 违反本条例规定，未办理缴（免）费登记或者已办理停征登记上路行驶的，由县级以上人民政府交通主管部门责令改正，并处200元以下罚款。

**第二十九条** 违反本条例规定，未缴纳养路费或者使用伪造、顶替、涂改的养路费缴（免）费凭证上路行驶的，由县级以上人民政府交通主管部门处应缴养路费3倍以下罚款。

**第三十条** 违反本条例规定，非法征收养路费或者非法印制、买卖养路费缴（免）费凭证和收据的，由县级以上人民政府交通主管部门责令停止违法行为，没收违法所得，并处违法所得3倍以下罚款；构成犯罪的，依法追究刑事责任。

**第三十一条** 违反本条例规定，妨碍交通征费稽查人员依法执行公务的，由公安机关依照《中华人民共和国治安管理处罚法》处理；构成犯罪的，依法追究刑事责任。

**第三十二条** 县级以上人民政府交通主管部门和其所属的交通征费稽查机构及其工作人员有下列行为之一的，对直接负责的主管人员和其他直接责任人员依法给予行政处分；构成犯罪的，依法追究刑事责任：

（一）利用职权索取、收受贿赂，乱收费、乱罚款的；

（二）瞒报、截留、坐支、平调、挪用、私分、贪污养路费的；

（三）擅自减征、免征养路费的；

（四）非法拦截和扣留机动车的；

（五）违反规定使用被暂扣机动车的；

（六）违反法律、法规的其他行为。

**第三十三条** 县级以上人民政府交通主管部门可以委托其所属的交通征费稽查机构行使本章规定的行政处罚权。

## 第六章 附 则

**第三十四条** 使用军队牌证非法从事营业性运输的机动车，交通征费稽查机构按照本条例规定追缴养路费，并移交军事机关处理。

**第三十五条** 公路货运附加费的征收管理参照本条例执行。

**第三十六条** 本条例自2006年5月1日起施行。

# 山西省实施《中华人民共和国民办教育促进法》办法

（2006年5月26日山西省第十届人民代表大会常务委员会第二十四次会议通过）

**第一条** 根据民办教育促进法及其实施条例，结合本省实际，制定本办法。

**第二条** 民办教育事业属于社会公益性事业，是社会主义教育事业的组成部分。

民办学校属于非企业性质的社会组织。

**第三条** 民办学校应当贯彻国家的教育方针，保证教育质量，致力于培养德、智、体等方面全面发展的各类人才。

举办民办学校，不得以营利为目的；出资人要求取得合理回报的，可以依法取得合理回报。

**第四条** 各级人民政府应当根据本行政区域的实际情况，按照积极鼓励、大力支持、正确引导、依法管理的方针以及布局和结构合理的原则，制定民办教育事业发展规划，并采取措施，保障民办学校的办学自主权，促进民办教育事业的发展。

**第五条** 县级以上人民政府教育行政部门是本行政区域民办教育工作的主管部门，应当依法加强对民办学校的服务、监督和管理。

县级以上人民政府劳动和社会保障行政部门，负责实施以职业技能为主的职业资格培训、职业技能培训的民办学校的服务、监督和管理。

县级以上人民政府民政、财政、价格、土地、税务、公安等行政部门，在各自的职责范围内，负责有关的民办教育工作。

**第六条** 鼓励举办实施职业教育、高等教育、成人教育和学前教育的民办学校。

**第七条** 鼓励民间组织和个人捐献资产举办民办学校或者支持民办学校的发展。

**第八条** 举办民办学校可以采取独资、合资、合作等形式。鼓励多种形式的联合办学。

举办民办学校，可以以资金、实物、土地使用权、知识产权或者其他资产出资。以实物和土地使用权、知识产权或者其他无形资产出资的，其出资应当经具有评估资格的中介机构评估。以土地使用权以外的无形资产出资的，其出资额不得超过举办该民办学校全部出资额的百分之二十五。

民办学校的举办者应当按时、足额履行出资义务。举办者投入民办学校的资产应当与举办者的其他资产相分离。

**第九条** 国家机构以外的社会组织或者个人联合举办民办学校的，应当签订联合办学协议，明确各方的出资方式、出资比例和权利、义务等内容。

**第十条** 设立民办学校应当具备法律、法规规定的条件。

属于本省审批权限范围内的民办学校，其设置标准按照同级同类公办学校的设置标准执行；没有相应设置标准的，由省人民政府教育行政部门、劳动和社会保障行政部门按照各自的审批权限分别制定设置标准。

**第十一条** 实施学历教育的民办学校，应当称为学校或者学院；实施非学历教育的民办学校，应当称为补习、专修、进修、培训学校或者学院，其中实施学前教育的，应当称为幼儿园或者培训学校；实施以职业技能为主的职业资格培训、职业技能培训的民办学校，应当称为职业培训学校。

**第十二条** 设立民办学校按照下列权限审批：

（一）实施本科以上学历教育和师范类、医药类专科教育的高等学校，按照法律规定的程序报国家教育行政部门审批；

（二）实施学历教育的高等职业学校，由省人民政府审批，并报国家教育行政部门备案；

（三）高等教育自学考试助学机构、中等专业学校和实施非学历教育的高等教育机构，由省人民政府教育行政部门审批；

（四）高级中学、职业高级中学和实施非学历教育的中等教育机构，由设区的市人民政府教育行政部门审批；

（五）初级中学、初等职业学校，由县级人民政府教育行政部门审批，但市辖区范围内的初级中学、初等职业学校由设区的市人民政府教育行政部门审批；

（六）小学、幼儿园和初等文化教育培训机构，由县级人民政府教育行政部门审批；

（七）实施以职业技能为主的职业资格培训、职业技能培训的民办学校，由县级以上人民政府劳动和社会保障行政部门按照国家规定的权限审批，但技工学校由省人民政府劳动和社会保障行政部门审批。

对涉及多个办学层次的民办学校的设立申请，由与较高办学层次相应的人民政府教育行政部门或者劳动和社会保障行政部门统一受理，并由审批机关按照前款规定的权限在法定时限内分别作出是否批准的决定。

由人民政府劳动和社会保障行政部门审批的民办学校，劳动和社会保障行政部门作出批准决定后，应当抄送同级教育行政部门备案。

**第十三条** 本办法施行前由公办学校举办或者参与举办并经人民政府教育行政部门、劳动和社会保障行政部门批准的民办学校，审批机关应当自本办法施行之日起6个月内，按照《民办教育促进法实施条例》第六条的规定对其进行审批；经审核不符合实施条例规定的，应当责令其限期整改；逾期仍不符合规定的，吊销其办学许可证。整改期限最长不得超过1年。

举办或者参与举办民办学校的公办学校，应当聘请具有评估资格的中介机构依法对公办学校投入民办学校的国有资产进行评估，合理确定出资额和出资比例。在每个会计年度结束后，公办学校应当按照出资额和出资比例从民办学校办学结余中取得合理回报，并将其用于公办学校自身的建设和发展。

本办法施行后，对公办学校举办或者参与举办实施义务教育的民办学校的申请，审批机关不批准。

**第十四条** 民办学校取得办学许可证后，应当按照有关法律、行政法规的规定到民政部门办理登记手续。登记机关应当在5个工作日内进行登记，并予以公告。

**第十五条** 本省建立民办学校风险保证金制度。

民办学校风险保证金属于民办学校所有，应当存入审批机关确定的银行，并设立专户，主要用于民办学校终止时退还向学生收取的学费、杂费和其他费用。未经审批机关书面同意，任何组织和个人不得动用风险保证金。

民办学校风险保证金的提取比例、具体管理和使用办法，由省人民政府制定。

**第十六条** 民办学校应当有与其办学层次、规模和专业设置相适应的专职教师。

实施学历教育的民办学校聘任的专职教师，应当不少于其教师总数的三分之一；其中，小学、初级中学、高级中学聘任的专职教师，应当不少于其教师总数的三分之二。

实施以职业技能为主的职业资格培训、职业技能培训的民办学校，应当根据所设专业聘任专职教师，专职教师不少于其教师总数的四分之一，实习指导教师不少于其专职教师总数的二分之一。

**第十七条** 民办学校应当加强对教师的职业道德教育和教学业务培训，提高教师的思想道德素质和教育教学能力。

**第十八条** 教师在公办学校和民办学校之间流动，流动后其工龄、教龄连续计算。

鼓励具有相应教师资格的高等学校、中等专业学校毕业生到民办学校任教。

公办学校的教师到民办学校担任专职教师或者任职，具有相应教师资格的高等学校、中等专业学校毕业生到民办学校任教的，人民政府教育、人事、公安、劳动和社会保障等行政部门应当为其提供便利，并办理相关手续，不得推诿、拖延。

**第十九条** 人民政府教育、人事、劳动和社会保障等行政部门应当保障民办学校的教职工在教师资格认定、专业技术职务评审、业务培训、工龄和教龄计算、科研项目和课题招标、参加先进评选、参加社会活动等方面，享有与同级同类公办学校教职工同等的权利。

民办学校应当做好教职工岗位聘任、晋职、晋级、业务培训、工龄和教龄计算等工作。

**第二十条** 民办学校的招生简章和广告应当载明学校的名称、性质、办学层次、专业设置、办学形式、办学地点、证书颁发、收费项目和标准等内容。

民办学校招生简章和广告的内容，应当客观、真实、准确。

**第二十一条** 民办学校的学生，在升学、就业、助学贷款、乘坐交通工具、参加先进评选等方面，享有与同级同类公办学校学生同等的权利。

**第二十二条** 民办学校对接受学历教育的受教育者收取费用的项目和标准，应当报人民政府价格主管部门批准并公示；对其他受教育者收取费用的项目和标准，应当报人民政府价格主管部门备案并公示。

**第二十三条** 民办学校举办学习期限在1年以内的教学班，应当按照学期收取费用；举办学习期限超过1年的教学班，应当按照学期或者学年收取费用。

对因正当理由转学、退学的学生，民办学校应当按照省人民政府教育行政部门、劳动和社会保障行政部门的规定，退还其有关费用。

**第二十四条** 民办学校收取的费用，应当主要用于教育教学活动和改善办学条件。

**第二十五条** 民办学校不得违反国家规定收取费用，不得以向学生推销或者变相推销商品、服务等方式谋取利益。

**第二十六条** 民办学校应当对举办者投入民办学校的各类资产、受赠的资产以及从年度净收益中提取的发展基金等，分别登记建账，依法管理和使用，并接受审批机关和其他有关部门的监督。

**第二十七条** 县级人民政府委托民办学校承担义务教育任务的，应当根据接受义务教育学生的数量和当地实施义务教育的公办学校的生均教育经费标准，向该民办学校拨付相应的教育经费。

**第二十八条** 县级以上人民政府可以依法将公办学校闲置的教育教学设施设备等国有资产优先出租、转让给民办学校。

**第二十九条** 民办学校依法享受政策优惠取得的建设用地，应当用于教育教学设施及其配套设施的建设，不得改变用途。

**第三十条** 税务部门和其他有关部门向民办学校征收税、费，应当有法律、法规的依据。

民办学校在采暖和使用水、电、燃气的交费标准方面，享有与同级同类公办学校同等的待遇。

任何组织和个人不得违反法律、法规的规定，向民办学校收取或者摊派费用。

**第三十一条** 人民政府有关部门的执法人员到民办学校履行职务时，应当出示执法证件，并严格依照法律、法规的规定进行。不出示执法证件或者违反法律、法规的规定履行职务的，民办学校有权拒绝。

**第三十二条** 人民政府教育行政部门或者劳动和社会保障行政部门对擅自举办但符合法律、法规规定条件的民办学校，可以责令其限期补办审批手续；对擅自举办且不符合法律、法规规定条件的民办学校，应当责令其限期整改，对逾期仍达不到法律、法规规定条件的，应当责令其停止办学。

**第三十三条** 民办学校违反本办法第二十条规定，发布虚假招生简章或者广告，骗取钱财的，由广告监督管理机关责令其限期改正、退还所收费用，没收违法所得，并予以警告；情节严重的，由审批机关责令停止招生、吊销办学许可证；构成犯罪的，依法追究刑事责任。

**第三十四条** 民办学校违反本办法第二十五条规定，以向学生推销或者变相推销商品、服务等方式谋取利益的，由人民政府教育行政部门或者劳动和社会保障行政部门通报批评，没收违法所得。

**第三十五条** 民办学校的审批机关和其他有关部门及其工作人员滥用职权、玩忽职守、徇私舞弊的，由上级机关或者所在单位责令改正；情节严重的，对直接负责的主管人员和其他直接责任人员依法给予行政处分；造成经济损失的，依法承担赔偿责任；构成犯罪的，依法追究刑事责任。

**第三十六条** 各级人民政府应当保障民办教育促进法及其实施条例和本办法规定的扶持、奖励措施的落实，并可以根据各自的实际情况，依法制定促进本行政区域民办教育发展的具体措施。

**第三十七条** 本办法自2006年9月1日起施行。1995年11月25日山西省第八届人民代表大会常务委员会第十八次会议通过的《山西省社会力量办学管理条例》同时废止。

# 山西省见义勇为人员保护和奖励条例

（2006年5月26日山西省第十届人民代表大会常务委员会第二十四次会议通过）

## 第一章 总 则

**第一条** 为保护和奖励见义勇为人员，弘扬社会正气，根据有关法律、法规，结合本省实际，制定本条例。

**第二条** 本条例所称见义勇为人员，是指非因法定职责，为保护国家利益、公共利益或者他人的人身、财产安全，挺身而出同违法犯罪行为作斗争和抢险、救灾、救人，事迹突出的人员。

**第三条** 具有本省户籍的公民在本省行政区域内见义勇为的，适用本条例。

具有本省户籍的公民在本省行政区域外，或者不具有本省户籍的公民在本省行政区域内见义勇为的，参照本条例的有关规定执行。

**第四条** 见义勇为人员的保护和奖励工作，坚持精神鼓励、物质奖励和社会保障相结合的原则。

**第五条** 本条例由县级以上人民政府组织实施。

省公安机关主管全省的见义勇为人员保护和奖励工作。设区的市、县（市、区）人民政府确定的主管部门主管本行政区域内的见义勇为人员保护和奖励工作。

财政、民政、劳动和社会保障、人事、卫生、司法、教育、工商、税务等行政主管部门，以及工会、共青团、妇联、残联，应当在各自的职责范围内做好见义勇为人员保护和奖励工作。

**第六条** 广播电视、新闻出版、文化等行政主管部门和大众传播媒体应当宣传见义勇为人员的先进事迹。

**第七条** 见义勇为协会、见义勇为基金会应当按照法律、法规和本条例的有关规定以及各自的章程，做好见义勇为人员保护和奖励的具体工作。

## 第二章 确 认

**第八条** 符合本条例第二条规定，有下列行为之一的，应当确认为见义勇为行为：

（一）主动同正在实施的危害国家安全、公共安全或者妨害社会管理秩序的违法犯罪行为作斗争的；

（二）主动同正在实施的侵害国家、集体财产或者他人的人身、财产安全的违法犯罪行为作斗争的；

（三）扭送在逃或者被通缉的罪犯、犯罪嫌疑人至公安、司法机关或者协助公安、司法机关将其抓获的；

（四）在发生自然灾害、事故灾难、公共卫生、社会安全等重大突发事件或者他人遇险时，抢险、救灾、救人的。

**第九条** 公民实施见义勇为行为后，任何单位和个人都可以向见义勇为发生地县（市、区）人民政府确定的主管部门申报，申报时应当提供有关情况；本人及其亲属或者所在单位、居民委员会、村民委员会申报的，应当提供事迹材料和有关证明材料。

**第十条** 县（市、区）人民政府确定的主管部门应当自接到申报之日起20日内完成调查、核实、确认工作，并将确认结果书面通知申报人；情况复杂的，可以延长至40日。

## 第三章 保 护

**第十一条** 公安机关和有关单位应当采取有效措施，保护见义勇为人员及其亲属的人身、财产安全。

**第十二条** 鼓励公民参与正在实施的见义勇为行为。

任何单位和个人发现正在实施见义勇为行为的，应当立即报告公安机关。公安机关接到报告后应当及时到达事发现场，依法处置。

因见义勇为受伤的，在场人员应当及时将其护送到医疗机构，同时报告县（市、区）人民政府确定的主管部门。主管部门接到报告后应当及时到达医疗机构，并提供对该受伤人员行为的初步认定情况。

因见义勇为受伤的，医疗机构及其医务人员应当及时抢救治疗，不得拒绝、推诿和拖延。急救治疗费由医疗机构先行垫付。医疗机构先行垫付的急救治疗费，有关单位在按照本条例的规定支付医疗费时，应当一并支付。

**第十三条** 因见义勇为负伤、致残、牺牲的，其医疗费、残疾赔偿金、死亡补偿费和被扶养人生活费等费用，有加害人或者责任人的，应当由加害人或者责任人承担；没有加害人或者责任人的，其医疗费应当由有关单位按照本条例第十四条第三款、第四款，第十五条至第十七条的规定支付；《工伤保险条例》有规定的，按照其规定执行。有受益人的，受益人应当依法给予见义勇为人员适当补偿。

前款规定的应当由加害人或者责任人承担的医疗费，由有关单位按照本条例第十四条第三款、第四款，第十五条至第十七条的规定先行支付。有关单位先行支付医疗费后，由见义勇为发生地设区的市、县（市、区）人民政府确定的主管部门责令加害人或者责任人偿还。

**第十四条** 各类企业职工和个体工商户的雇工因见义勇为负伤、致残、牺牲的，所在单位、本人或者其直系亲属、工会组织应当持县（市、区）人民政府确定的主管部门出具的见义勇为确认书，依法向劳动和社会保障部门提出视同工伤认定的申请。

劳动和社会保障部门认定为视同工伤，所在单位参加工伤保险的，由社会保险经办机构按照《工伤保险条例》的规定支付医疗费、伤残补助金、丧葬补助金和供养亲属抚恤金等相关费用；所在单位未参加工伤保险的，由该单位按照《工伤保险条例》规定的待遇项目和标准支付相关费用。

劳动和社会保障部门认定为不属于视同工伤的，其医疗费从见义勇为发生地县（市、区）见义勇为专项资金中支付。

本条第二款规定的未参加工伤保险的单位，经见义勇为发生地县（市、区）人民政府认定确无能力支付相关费用的，见义勇为人员的医疗费从该地见义勇为专项资金中支付。

**第十五条** 国家机关和参照公务员法进行管理的事业单位、社会团体的工作人员，因见义勇为负伤、致残、牺牲的，其医疗费由所在单位支付。国家和省另有规定的，从其规定。

其他事业单位、社会团体以及各类民办非企业单位的工作人员，因见义勇为负伤、致残、牺牲的，其医疗费从见义勇为发生地县（市、区）见义勇为专项资金中支付。国家和省另有规定的，从其规定。

**第十六条** 无工作单位的人员因见义勇为负伤、致残、牺牲的，其医疗费从见义勇为发生地县（市、区）见义勇为专项资金中支付。

**第十七条**　因见义勇为致残、牺牲，其医疗费超过5万元的，超出部分应当由县（市、区）见义勇为专项资金（第十五条第一款规定的见义勇为人员所在单位）、设区的市见义勇为专项资金和省见义勇为基金共同支付，具体办法由省人民政府制定。但已享受工伤保险待遇的除外。

**第十八条**　因见义勇为致残，属于国家公务员和无工作单位人员的，由民政部门评定伤残等级后，参照国家有关民兵伤残抚恤的标准给予抚恤；属于其他人员的，由残联评定伤残等级后，其抚恤金参照国家有关民兵伤残抚恤的标准，从省见义勇为基金中支付。但已享受工伤保险待遇的除外。

**第十九条**　因见义勇为牺牲的，由县（市、区）、设区的市人民政府按照《革命烈士褒扬条例》的有关规定逐级审核，报省人民政府批准为烈士后，其遗属享受国家和省规定的抚恤、优待。

**第二十条**　获得见义勇为英雄、见义勇为模范称号的人员，在入学、就业时，学校、用人单位应当在同等条件下优先录取、取用。

因见义勇为牺牲或者丧失劳动能力，其配偶、子女在就学、就业时，学校、用人单位应当在同等条件下予以照顾。

本条第一款、第二款规定的优先录取、录用和照顾的具体办法，由省人民政府制定。

**第二十一条**　因见义勇为引起诉讼或者其他纠纷，本人或者其亲属请求法律援助的，法律援助机构应当提供法律援助。

## 第四章　奖　　励

**第二十二条**　对见义勇为人员给予下列单项或者多项奖励：

（一）授予荣誉称号；

（二）颁发奖金；

（三）其他奖励。

**第二十三条**　荣誉称号包括见义勇为英雄、见义勇为模范和见义勇为先进分子。

见义勇为英雄称号由省人民政府授予，见义勇为模范称号由省公安机关或者设区的市人民政府授予，见义勇为先进分子称号由县（市、区）人民政府授予。

见义勇为人员被授予荣誉称号的，授予机关同时应当为其颁发荣誉证书、奖章、奖金，并可以给予其他奖励。授予荣誉称号的条件和颁发奖金的标准，由省人民政府制定。

**第二十四条**　鼓励见义勇为人员所在单位、居民委员会、村民委员会对见义勇为人员给予奖励。

**第二十五条**　奖励见义勇为人员应当公开进行，但被奖励人员要求保密或者依法需要保密的除外。

## 第五章　经　　费

**第二十六条**　省应当依法设立见义勇为基金。

设区的市、县（市、区）人民政府应当设立见义勇为专项资金，并确保见义勇为人员保护和奖励工作的需要。

**第二十七条**　见义勇为基金、见义勇为专项资金的来源：

（一）财政拨款；

（二）境内外组织和个人的捐赠；

（三）其他依法筹集的资金。

**第二十八条**　见义勇为基金、见义勇为专项资金的用途：

（一）表彰、奖励见义勇为人员；

（二）慰问见义勇为人员或者见义勇为牺牲人员遗属；

（三）按照本条例的有关规定支付医疗费、抚恤金等；

（四）符合法律、法规和本条例规定的其他支出。

**第二十九条**　见义勇为基金、见义勇为专项资金应当依法筹集，专户储存，专款专用，并接受财政、审计部门的监督。

## 第六章　法律责任

**第三十条**　违反本条例规定，有下列行为之一的，对直接负责的主管人员和其他直接责任人员，由其所在单位、上级主管机关或者监察机关依法给予行政处分；构成犯罪的，依法追究刑事责任：

（一）不按规定调查、核实、确认见义勇为行为的；

（二）未采取有效措施保护见义勇为人员及其亲属的人身、财产安全的；

（三）接到报告后不及时到达见义勇为事发现场，依法处置的；

（四）接到报告后不及时到达医疗机构，提供对受伤人员行为的初步认定情况的；

（五）拒绝、推诿或者拖延救治见义勇为负伤人员的；

（六）不按规定办理见义勇为人员的保护、奖励待遇的；

（七）在确认、保护、奖励见义勇为人员工作中弄虚作假、徇私舞弊的；

（八）贪污、挪用见义勇为基金、见义勇为专项资金的。

**第三十一条**　弄虚作假骗取见义勇为荣誉称号、奖金的，由表彰单位撤销荣誉称号，追回奖金，并责令退还抚恤金等费用；构成犯罪的，依法追究刑事责任。

**第三十二条**　诬告陷害、打击报复见义勇为人员及其亲属的，由公安机关予以处罚；构成犯罪的，依法追究刑事责任。

## 第七章　附　　则

**第三十三条**　本条例自2007年1月1日起施行。1998年6月8日山西省人民政府发布的《山西省保护和奖励见义勇为人员规定》同时废止。

# 山西省农业机械化条例

（2006年8月4日山西省第十届人民代表大会常务委员会第二十五次会议通过）

## 第一章　总　　则

**第一条**　为了鼓励、扶持农民和农业生产经营组织使用先进适用的农业机械，促进农业机械化，建设现代农业，根据有关法律、法规，结合本省实际，制定本条例。

**第二条**　本条例所称农业机械化，是指运用先进适用的农业机械装备农业，改善农业生产经营条件，不断提高农业的生产技术水平和经济效益、生态效益的过程。

本条例所称农业机械，是指用于农业生产及其产品初加工等相关农事活动的机械、设备。

**第三条**　县级以上人民政府应当加强对农业机械化工作的领导，把推进农业机械化纳入国民经济和社会发展计划，逐步提高对农业机械化的资金投入，加强农业机械化基础设施建设，扶持农业机械的科研、生产和推广，促进农业机械化的发展。

**第四条**　县级以上人民政府主管农业机械化工作的部门负责本行政区域的农业机械化工作。

县级以上人民政府其他有关部门按照各自的职责分工，配合主管农业机械化工作的部门，共同做好本行政区域的农业机械化工作。

## 第二章　科技教育

**第五条**　省人民政府应当组织和支持农业机械科研、生产等单位从事基础性、关键性和公益性农业机械科学研究。

省主管农业机械化工作的部门应当根据农业发展规划和农业生产需要，制定农业机械化科研开发项目目录。

省科技部门应当将农业机械化科研开发项目纳入科技发展规划和年度计划。

省财政、发展和改革部门应当支持农业机械化科研项目的技术攻关，按照国家规定做好资金保障工作。

**第六条** 鼓励和支持农业机械科研单位和科技人员通过技术转让、技术承包和技术入股等形式，促进农业机械化科研成果的转化。

**第七条** 县级以上人民政府应当支持农业机械的发明创造和技术革新。经鉴定具有推广价值的农业机械产品，主管农业机械化工作的部门应当协助做好推广应用和申请专利等工作。

**第八条** 各级人民政府应当组织开展农业机械科技知识的学习宣传工作，促进农业机械化新技术、新机具的普及应用。

**第九条** 县级以上人民政府应当加强农业机械化学历教育和职业技能教育，提高农业机械化从业人员的素质。

**第十条** 鼓励有关院校和各类职业技能培训机构面向农村，为农业机械使用、维修、管理等人员提供培训服务。

省主管农业机械化工作的部门应当支持农业机械化培训学校的建设，并依法对拖拉机驾驶培训学校实行资格管理。

**第十一条** 县级以上人民政府主管农业机械化工作的部门应当按照国家有关规定，开展农业机械行业特有工种从业人员的职业技能鉴定工作。对技术等级考核合格者，发给相应的技术等级证书。

## 第三章 质量保障

**第十二条** 农业机械产品生产者、销售者应当对其生产、销售的农业机械产品质量负责，并按照国家有关规定承担零配件供应和人员培训等售后服务责任。

农机户和农业机械服务组织提供农业机械作业服务，应当对其作业质量负责。

**第十三条** 农业机械产品、维修、作业等应当执行国家标准和行业标准。没有国家标准和行业标准的，由省标准化行政主管部门组织制定地方标准。

县级以上人民政府产品质量监督、工商行政管理和主管农业机械化工作的部门应当按照各自的职责分工，加强对农业机械产品质量、维修质量和作业质量的监督管理工作。

**第十四条** 省主管农业机械化工作的部门可以组织对在用的特定种类农业机械产品的适用性、安全性、可靠性和售后服务状况进行调查，并向社会公布调查结果。

**第十五条** 农业机械科研、生产等单位应当根据农业生产需要研制和开发先进、适用的农业机械产品，其产品鉴定由农业机械试验鉴定机构按照国家有关规定执行。

**第十六条** 县级以上人民政府产品质量监督、工商行政管理和主管农业机械化工作的部门，应当受理农业机械产品质量、维修质量和作业质量等投诉，并及时调查处理。

## 第四章 推广应用

**第十七条** 县级以上人民政府应当建立农业机械化技术试验示范基地，完善农业机械化技术推广设施，逐步建立以政府推广为主导的农业机械化推广服务体系。

**第十八条** 县级以上人民政府应当安排专项资金，用于农业机械化新技术、新机具的推广；采取优惠政策，鼓励和支持生产者、销售者和农业机械服务组织对先进适用的农业机械开展示范服务。

县级以上人民政府主管农业机械化工作的部门，应当组织开展农产品加工机械及技术的开发、引进工作，促进技术装备的更新，为农民和农业生产经营组织提供技术服务。

农业机械化技术推广机构应当为农民和农业生产经营组织无偿提供公益性农业机械化技术的推广、培训等服务。

**第十九条** 向农民和农业生产经营组织推广的农业机械化新技术、新机具，应当在推广地区经过试验证明具有先进性、适用性、安全性和可靠性。

农业机械化新技术、新机具的推广，应当尊重农民和农业生产经营组织的意愿，并适应当地农业生产发展的需要。

**第二十条** 省主管农业机械化工作的部门会同省财政、发展和改革等部门，根据促进农业结构调整、保护自然资源与生态环境、推广农业新技术与加快农机具更新的原则，确定、公布省人民政府支持推广的先进适用的农业机械产品目录，并定期调整。

列入前款目录的产品，由农业机械生产者自愿提出申请，并通过省级农业机械试验鉴定机构进行的先进性、适用性、安全性和可靠性鉴定，获得农业机械推广鉴定证书及标志。

## 第五章 社会化服务

**第二十一条** 县级以上人民政府应当建立健全农业机械社会化服务体系，扶持发展农机户和农业机械服务组织。

**第二十二条** 鼓励和支持农机户和农业机械服务组织开展跨区作业。

县级以上人民政府主管农业机械化工作的部门负责跨区作业的组织，依法实施安全监督和协调解决有关问题。

县级以上人民政府、公安、交通、价格等有关部门应当配合同级人民政府主管农业机械化工作的部门，维护作业秩序，为跨区作业的农机户和农业机械服务组织提供服务。

**第二十三条** 从事农业机械维修的单位和个人，应当具备符合有关农业行业标准规定的设备、设施、人员、质量管理、安全生产及环境保护等条件，取得相应类别和等级的农业机械维修技术合格证书，到工商行政管理部门办理工商注册登记手续后，方可从事农业机械维修业务。

**第二十四条** 鼓励农业机械生产者、经营者、维修者依照法律、行政法规的规定成立行业协会，实行行业自律，为会员提供服务，维护会员的合法权益。

鼓励有条件的地方建立农业机械旧机交易市场。

**第二十五条** 进行跨区作业的联合收割机、运输联合收割机的车辆，免交车辆通行费。

在本省范围内从事跨区农田作业的拖拉机，免交车辆通行费。具体办法由省主管农业机械化工作的部门会同省交通主管部门制定，报省人民政府批准后施行。

**第二十六条** 县级以上人民政府主管农业机械化工作的部门应当建立健全农业机械化信息收集、整理、发布系统，免费为农民和农业生产经营组织提供信息服务。

**第二十七条** 农机户和农业机械服务组织的合法权益受法律保护，任何组织和个人不得侵占、强制使用或者无偿调拨其资产。

## 第六章 扶持措施

**第二十八条** 县级以上人民政府应当安排专项资金，对农民和农业生产经营组织购买国家和省支持推广的先进适用的农业机械给予补贴。具体补贴办法由县级以上人民政府根据国家规定制定。

享受购买补贴的农业机械，两年内转让或者出售的，由县级以上人民政府主管农业机械化工作的部门收回其补贴款，上缴财政。

**第二十九条** 县级以上人民政府应当安排专项资金，对农业机械的农业生产作业用燃油给予补贴。具体补贴办法由县级以上人民政府根据国家规定制定。

**第三十条** 各级人民政府应当采取措施，加强农村机耕道路建设，并为农机户和农业机械服务组织建设车库、机棚，依法提供用地便利。

**第三十一条** 从事农业机械的科研开发和制造、批发和零售以及农业机械生产作业服务的收入，按照国家规定给予税收优惠。

**第三十二条** 县级以上人民政府可以采用贴息方式，支持金融机构向农机户和农业机械服务组织及从事农业机械科研开发、制造、销售、技术服务等企业提供贷款。

**第三十三条** 县级以上人民政府应当扶持农机户和农业机械服务组织，建立农业机械互助合作组织，完善救助机制，降低经营风险。

县级以上人民政府应当鼓励商业性保险公司开展农业机械保险业务。

## 第七章　安全监理

**第三十四条**　县级以上人民政府应当加强农业机械安全宣传教育、安全基础设施的建设和维护，改善农业机械安全管理装备。

**第三十五条**　县级以上人民政府主管农业机械化工作的部门依法负责农业机械及其驾驶、操作人员的安全监督管理工作，其所属的农机安全监理机构具体实施农业机械及其驾驶、操作人员的安全监督管理工作。

**第三十六条**　拖拉机、联合收割机以及其他自走式农业机械在投入使用前，应当按照有关规定向住所地农机安全监理机构申请登记，领取登记证书、号牌、行驶证。

涉及人身安全的农产品加工机械、脱粒机、轧棉机、植保机械所有人，应当自购买之日起30日内向住所地农机安全监理机构备案。

本条第一款规定的农业机械的变更、抵押、注销及所有权转移等登记，按照有关规定执行。

**第三十七条**　申请驾驶、操作实行登记或者备案管理的农业机械的人员，须经培训、考试合格并领取驾驶证或者操作证后，方可驾驶、操作。

**第三十八条**　拖拉机、联合收割机以及其他自走式农业机械，应当自注册登记之日起接受每年一次的安全技术检验。未经检验或者检验不合格的，不得使用。

**第三十九条**　农机安全监理机构应当加强农业机械驾驶、操作人员的安全操作技能和安全知识的教育，对作业的农业机械进行安全检查，纠正违章行为。

农业机械作业时发生事故，农机安全监理机构在接到事故报告后，应当立即赶赴现场调查处理。

农业机械驾驶、操作人员违章处理办法和农业机械作业事故处理办法，由省人民政府制定。

**第四十条**　农机安全监理人员依法执行公务时，应当佩戴标志，出示有效执法证件，文明执法，接受群众监督。

## 第八章　法律责任

**第四十一条**　违反本条例规定，从事农业机械维修的单位和个人，未取得农业机械维修技术合格证书，擅自从事维修业务的，由县级以上人民政府主管农业机械化工作的部门责令限期改正；逾期不改正的，没收违法所得，处500元以上1000元以下罚款，并于5日内通过工商行政管理部门依法处理。

**第四十二条**　违反本条例规定，驾驶拖拉机、联合收割机以及其他自走式农业机械，未办理登记手续或者无证驾驶的，由县级以上人民政府主管农业机械化工作的部门处100元以上500元以下罚款。

**第四十三条**　违反本条例规定，驾驶未经安全技术检验或者安全技术检验不合格的拖拉机、联合收割机以及其他自走式农业机械的，由县级以上人民政府主管农业机械化工作的部门给予警告，可并处50元以上200元以下罚款。

**第四十四条**　县级以上人民政府主管农业机械化工作的部门和其他有关部门及其工作人员玩忽职守、滥用职权、徇私舞弊的，对负有直接责任的主管人员和其他直接责任人员给予行政处分；构成犯罪的，依法追究刑事责任。

## 第九章　附　　则

**第四十五条**　本条例自2006年10月1日起施行。1994年1月16日山西省第八届人民代表大会常务委员会第七次会议通过的《山西省农业机械管理条例》同时废止。

# 山西省清真食品监督管理条例

（2006年9月28日山西省第十届人民代表大会常务委员会第二十六次会议通过）

**第一条**　为尊重回族等少数民族的清真饮食习惯，规范清真食品生产经营活动，促进清真食品行业发展，根据有关法律、行政法规的规定，结合本省实际，制定本条例。

**第二条**　本条例适用于本省行政区域内清真食品的生产经营及其监督管理活动。

**第三条**　本条例所称清真食品，是指按照回族、维吾尔族、哈萨克族、东乡族、柯尔克孜族、撒拉族、塔吉克族、乌兹别克族、保安族、塔塔尔族等少数民族（以下简称具有清真饮食习惯的少数民族）的饮食习惯，生产、储藏、运输和销售的食品。

**第四条**　任何组织和个人都应当尊重回族等少数民族的清真饮食习惯。

各级人民政府都应当加强尊重回族等少数民族清真饮食习惯的宣传、教育。

**第五条**　县级以上人民政府民族事务行政主管部门负责本行政区域内清真食品的监督管理工作。

质量技术监督、工商、卫生、食品药品监督、农业、商务、建设等有关行政主管部门，应当在各自的职责范围内，做好清真食品的监督管理工作。

**第六条**　县级以上人民政府民族事务行政主管部门可以委托有关社会团体，协助其对清真食品生产经营活动进行监督；可以在具有清真饮食习惯的少数民族公民和专业人员中聘请清真食品管理监督员。协助监督和聘请监督员所需费用，应当列入同级财政预算。

清真食品管理监督员应当按照民族事务行政主管部门赋予的职责开展工作。

**第七条**　设区的市人民政府和具有清真饮食习惯的少数民族人口较多的县（市、区）人民政府，应当将清真食品网点建设纳入商业网点建设规划，并根据需要，设置为清真食品提供肉源的禽畜屠宰场。

**第八条**　县级以上人民政府可以采取贷款贴息、减免地方性规费等措施，扶持清真食品行业的发展。对在风景名胜区和人口流动量大的车站、机场等交通枢纽开设清真饭店的，县级以上人民政府可以优先给予扶持。

**第九条**　具有清真饮食习惯的少数民族人数较多的机关、团体、企业和学校、医院等事业单位，设有食堂的，应当设清真灶。

**第十条**　生产经营清真食品的企业，除具备法律、法规规定的食品生产经营条件外，还应当具备下列条件：

（一）企业负责人中有具有清真饮食习惯的少数民族公民；

（二）屠宰禽畜的，屠宰人员是具有清真饮食习惯的少数民族公民，并且有县级以上人民政府民族事务行政主管部门委托的有关社会团体出具的证明；

（三）在原料采购、主要制作、仓库保管、食品押运等岗位上，配备具有清真饮食习惯的少数民族公民；

（四）有专用的清真食品运输车辆、计量器具、检验工具、储藏器具和销售场地；

（五）从事清真食品生产的，有专用的生产场区。

生产经营清真食品的企业，其从业人员中具有清真饮食习惯的少数民族公民应当占适当比例。

生产经营清真食品的个体工商户，其业主应当是具有清真饮食习惯的少数民族公民，屠宰、采购、制作、保管等生产经营环节应当符合清真饮食习惯。

**第十一条**　申请从事清真食品生产经营的企业和个体工商户，应当向所在地县级以上人民政府民族事务行政主管部门申请领取清真食品生产经营许可证和清真标志牌。

**第十二条**　县级以上人民政府民族事务行政主管部门应当自收到申请之日起20日内，分别按照本条例第十条第一款和第三款规定的条件，作出批准或者不予批准生产经营清真食品的决定。批准的，应当发给清真食品生产经营许可证和清真标志牌；不予批准的，应当向申请人书面说明理由。

**第十三条**　清真食品生产经营许可证的

有效期为2年。

清真食品生产经营许可证有效期届满，需要延续的，依照行政许可法的有关规定办理。

**第十四条** 未领取清真食品生产经营许可证和清真标志牌的，不得生产经营清真食品，不得在招牌、食品包装上使用“清真”字样或者标有清真含义的符号。

清真食品生产经营许可证和清真标志牌，由省人民政府民族事务行政主管部门监制。

县级以上人民政府民族事务行政主管部门核发清真食品生产经营许可证和清真标志牌，不得收取费用。

**第十五条** 生产经营清真食品的企业和个体工商户，应当对从业人员进行有关法律、法规和民族政策的教育和培训。

**第十六条** 生产经营清真食品的企业和个体工商户，应当在生产经营场所的明显位置悬挂清真标志牌。

生产经清真食品的企业和个体工商户，不再生产经营清真食品的，应当到原发证部门办理清真食品生产经营许可证注销手续，并交回清真标志牌。

禁止伪造、买卖、出租、转借清真食品生产经营许可证和清真标志牌。

**第十七条** 清真食品的名称、标识、标签、说明书和包装上不得出现具有清真饮食习惯的少数民族禁忌的内容。

生产经营清真食品的企业和个体工商户，应当将清真食品的名称、标识、标签、说明书和包装上的字样、图像、图案报所在地县级以上人民政府民族事务行政主管部门备案。

禁止将清真食品专用包装用于包装具有清真饮食习惯的少数民族禁忌的食品。

**第十八条** 生产清真食品的企业和个体工商户，在屠宰用于加工、制作清真食品的禽畜时，应当按照具有清真饮食习惯的少数民族的传统习俗进行。

**第十九条** 城乡集贸市场、商场、超市销售清真食品的，应当设清真食品专区或者专柜，并与具有清真饮食习惯的少数民族禁忌的食品隔离。

清真食品专区、专柜的工作人员，不得与经营具有清真饮食习惯的少数民族禁忌的食品的工作人员混岗。

**第二十条** 领取清真食品生产经营许可证的企业和个体工商户，违反本条例第十条第一款、第三款规定的，由县级以上人民政府民族事务行政主管部门给予警告，责令限期改正，可以并处300元以上3000元以下的罚款；情节严重的，吊销清真食品生产经营许可证，收缴清真标志牌。

**第二十一条** 违反本条例第十四条第一款规定的，由县级以上人民政府民族事务行政主管部门责令停止生产经营清真食品，并处以1000元以上1万元以下的罚款。

**第二十二条** 违反本条例第十六条第三款规定的，由公安机关依照治安管理处罚法的有关规定处罚。

**第二十三条** 违反本条例第十九条规定的，由县级以上人民政府民族事务行政主管部门责令改正，并处以300元以上3000元以下的罚款。

**第二十四条** 违反本条例第十七条第一款和第三款、第十八条规定的，由县级以上人民政府民族事务行政主管部门责令改正，并处以1000元以上1万元以下的罚款；情节严重的，吊销清真食品生产经营许可证，收缴清真标志牌。

**第二十五条** 县级以上人民政府民族事务行政主管部门和其他有关部门的执法人员，在清真食品生产经营监督管理工作中滥用职权、玩忽职守、徇私舞弊的，依法给予行政处分；构成犯罪的，依法追究刑事责任。

清真食品管理监督员未按照本条例第六条第二款规定开展工作的，民族事务行政主管部门应当将其解聘。

**第二十六条** 本条例自2006年11月1日起施行。1993年12月16日山西省人民政府发布的《山西省清真食品生产经营管理办法》和1997年12月29日山西省人民政府发布的《山西省人民政府关于修改〈山西省清真食品生产经营管理办法〉的决定》同时废止。

## 山西省风景名胜区条例

（2006年11月30日山西省第十届人民代表大会常务委员会第二十七次会议通过）

### 第一章 总　则

**第一条** 为有效保护和合理利用风景名胜资源，加强对风景名胜区的管理，根据国家《风景名胜区条例》和其他有关法律、法规，结合本省实际，制定本条例。

**第二条** 本条例适用于本省行政区域内风景名胜区的设立、规划、保护、建设、利用和管理。

**第三条** 按照风景名胜资源的观赏、文化、科学价值和风景名胜区的环境质量、规模及游览条件，风景名胜区分为国家级风景名胜区和省级风景名胜区。

**第四条** 各级人民政府应当将风景名胜资源的保护和利用纳入国民经济和社会发展规划，加强对风景名胜区工作的领导，解决风景名胜区管理中的重大问题。

**第五条** 省人民政府建设行政主管部门负责本省行政区域内风景名胜区的监督管理工作，履行下列职责：

（一）组织调查、评价风景名胜资源；

（二）组织拟订本省风景名胜区发展规划；

（三）组织编制国家级风景名胜区总体规划和详细规划；

（四）审批省级风景名胜区详细规划；

（五）组织申请设立国家级风景名胜区，负责省级风景名胜区设立申请的组织论证和申报工作；

（六）按照分级管理的原则，审查或者批准风景名胜区建设工程项目的选址方案；

（七）监督风景名胜区规划的实施；

（八）法律、行政法规规定的其他职责。

设区的市、县（市、区）人民政府建设行政主管部门，依照有关法律、法规的规定，负责本行政区域内风景名胜区的相关工作。

**第六条** 县级以上人民政府有关部门应当在各自的职责范围内，依照有关法律、法规的规定，做好风景名胜区内护林防火、水资源保护、动植物保护、环境污染防治、食品卫生、宗教事务、文物保护、消防、交通安全和档案等方面的监督管理工作。

**第七条** 风景名胜区所在地的县级以上人民政府应当设立风景名胜区管理机构。风景名胜区跨县（市、区），并且所跨县（市、区）在同一个设区的市行政区域内的，由该设区的市人民政府设立风景名胜区管理机构；风景名胜区跨设区的市的，由省人民政府设立风景名胜区管理机构。

风景名胜区管理机构负责风景名胜区的保护、利用和统一管理工作，履行下列职责：

（一）建立健全和落实风景名胜资源保护的管理制度；

（二）调查和组织鉴定景区内的重要景观；

（三）依法审核景区内的建设活动和其他影响景区生态、景观的活动，受建设（规划）行政主管部门委托，核发建设用地规划许可证和建设工程规划许可证；

（四）保护民族民间传统文化；

（五）建立健全景区安全保障制度，加强安全管理，保障游览安全；

（六）依法在景区内行使行政处罚权；

（七）国家《风景名胜区条例》和本条例赋予的其他职责。

森林公园、地质公园与新设立的风景名胜区管理区域重合，且不涉及其他资源类型的，县级以上人民政府可以委托原管理机构履行风景名胜区管理机构的职责。

**第八条** 对保护和利用风景名胜资源做出显著成绩的单位和个人，人民政府应当给予表彰、奖励。

### 第二章 设　立

**第九条** 自然景观、人文景观比较集中，具有观赏、文化或者科学价值，环境优美，可供人们游览或者进行科学、文化活动的区域，可以申请设立风景名胜区。

县级以上人民政府可以按照省人民政府批准的《山西省风景名胜区体系规划》，组织对本行政区域内尚未纳入风景名胜区管理的风景名胜资源进行调查，并根据具体情况，做好申请设立风景名胜区的工作。

**第十条** 设立风景名胜区，应当保持景区自然景观、人文景观的完整性和地域分布的连续性，有利于资源和生态保护，同时兼顾与行政区划的协调。

**第十一条** 申请设立风景名胜区的，应当根据风景名胜资源的分布状态、特点和价值，在风景名胜区规划纲要中初步划定核心景区、景区及其外围保护地带。

**第十二条** 拟设立省级风景名胜区的，省人民政府建设行政主管部门应当会同同级发展和改革、环境保护、林业、文物等有关部门，组织对下列主要内容进行论证：

（一）风景名胜资源的状况、特点和价值；

（二）核心景区、景区及其外围保护地带的范围；

（三）风景名胜区的环境质量；

（四）设立风景名胜区的基本条件；

（五）风景名胜区的利用条件；

（六）风景名胜区的规划纲要；

（七）与风景名胜区内土地、森林等自然资源和房屋等财产所有权人、使用权人协商的内容和结果。

**第十三条** 风景名胜区的设立经过批准并公布后，风景名胜区管理机构应当按照批准的范围设立界碑并设置标志和路标、安全警示等标牌。

风景名胜区管理机构应当对设立的界碑和设置的标志、标牌定期检查、维护，必要时进行更新。

## 第三章 规 划

**第十四条** 风景名胜区规划的编制，应当符合国家《风景名胜区条例》第十三条规定，并遵循下列原则：

（一）总体规划应当与城镇体系规划、城市总体规划、土地利用总体规划相衔接，与自然保护区、水资源保护和利用、文物保护、森林公园、地质公园等相关规划相协调；

（二）统筹局部建设与整体建设、近期发展与远期发展；

（三）有利于科学合理地利用风景名胜资源，促进旅游产业发展；

（四）保持景区自然景观、人文景区的原有风貌，以及各类设施与周围环境相协调；

（五）严格维护风景名胜区的生态平衡和环境质量；

（六）科学评价风景名胜资源的特点和价值，突出风景名胜区的特点。

**第十五条** 国家级风景名胜区总体规划和详细规划，由省人民政府建设行政主管部门组织编制。

省级风景名胜区总体规划和详细规划，由县（市、区）人民政府组织编制。省级风景名胜区跨县（市、区），并且所跨县（市、区）在同一个设区的市行政区域内的，其规划由该设区的市人民政府组织编制；跨设区的市的，其规划由省人民政府建设行政主管部门组织编制。

**第十六条** 风景名胜区总体规划，应当自风景名胜区设立之日起2年内编制完成。

风景名胜区详细规划，应当根据核心景区和其他景区的不同要求编制。核心景区和其他景区内具有特殊价值的重要景点的详细规划，应当自总体规划批准之日起1年内编制完成。

风景名胜区详细规划未经批准的，任何单位和个人不得在该详细规划的规划范围内进行各类建设活动。

**第十七条** 国家级风景名胜区规划的编制，应当选择具有风景名胜区规划编制甲级资质的单位承担；省级风景名胜区规划的编制，应当选择具有风景名胜区规划编制乙级以上资质的单位承担。

风景名胜区规划的编制单位，应当依法通过招标等公平竞争的方式确定。

**第十八条** 风景名胜区规划报批前，编制单位应当通过召开座谈会、论证会、听证会，以及在报刊、网络等媒体上进行公示等方式，广泛征求有关部门、公众和专家的意见。

**第十九条** 在风景名胜区内从事各类建设活动的单位和个人，应当严格执行经过批准的风景名胜区规划。

风景名胜区的建设工程和人造景观，其布局、体量、造型、风格、色调等，应当与景区生态环境、周围景观相协调。

## 第四章 保 护

**第二十条** 风景名胜区的保护与利用，应当坚持保护优先、利用服从保护的原则。

**第二十一条** 任何单位和个人都有保护风景名胜资源的义务，并有权制止、检举破坏风景名胜资源的行为。

风景名胜区管理机构负责受理对破坏风景名胜资源行为的检举，并应当为检举人保密，将对破坏行为的处理结果告知检举人。

**第二十二条** 风景名胜区管理机构应当对风景名胜区内的古建筑、古园林、历史遗迹、古树名木、野生动植物资源等进行调查、登记，并组织鉴定、建立档案，采取设置标志、限制游客流量等措施加以保护。

**第二十三条** 任何单位和个人不得在风景名胜区从事下列活动：

（一）开山、采石、开矿、挖砂、取土、开荒、修坟立碑等破坏景观、植被、地形地貌的活动；

（二）修建储存爆炸性、易燃性、放射性、毒害性、腐蚀性物品的设施；

（三）以围、填、堵、截等方式破坏自然水系；

（四）采伐、毁坏古树名木或者采挖花草苗木；

（五）在景物或者设施上刻画、涂污；

（六）乱扔垃圾。

**第二十四条** 风景名胜区外围保护地带内的各项建设，应当与周围景观相协调。

禁止在风景名胜区外围保护地带从事破坏资源、影响景观、污染环境、妨碍游览的活动。

**第二十五条** 风景名胜区管理机构每年应当向省人民政府建设行政主管部门报送风景名胜区规划的实施情况，以及景区内古建筑、古园林、历史遗迹、古树名木、野生动植物资源的保护与利用情况。

省人民政府建设行政主管部门应当加强对风景名胜区规划实施情况的监督检查，并将景区内资源保护与利用的情况报送省人民政府及其有关部门。

**第二十六条** 省人民政府建设行政主管部门应当建立风景名胜区管理信息系统，对风景名胜区规划的实施情况和资源的保护与利用情况进行动态监测。

**第二十七条** 本条例施行前，在风景名胜区的核心景区和具有特殊价值的其他重要景点保护范围内建设的宾馆、招待所、培训中心、疗养院以及与风景名胜资源保护无关的其他建筑物，应当按照风景名胜区规划，逐步迁出。具体办法由省人民政府依法规定。

**第二十八条** 在风景名胜区内举办集会、游乐、体育、文化等大型活动，应当经风景名胜区管理机构审核，并依照有关法律、法规的规定报有关主管部门批准。主办单位应当制定安全预案，采取必要的措施。

## 第五章 建 设

**第二十九条** 在国家级风景名胜区内修建缆车、索道、主要道路等涉及公共安全和资源保护与利用的重大建设工程，其项目的选址方案，经风景名胜区管理机构审核后，由省人民政府建设行政主管部门报国务院建设行政主管部门批准；其他建设工程项目的选址方案，由风景名胜区管理机构审核后，报省人民政府建设行政主管部门批准。

省级风景名胜区涉及公共安全和资源保护与利用的重大建设工程，其项目的选址方案，由风景名胜区管理机构审核后，报省人民政府建设行政主管部门批准；其他建设工程项目的选址方案，由风景名胜区管理机构审核后，报风景名胜区所在地设区的市人民政府建设（规划）行政主管部门批准，该风景名胜区跨设区的市的，报省人民政府建设行政主管部门批准。

风景名胜区内建设工程项目的选址方案经过批准后，由批准机关向建设单位或者个人核发建设工程选址意见书。

**第三十条** 在风景名胜区内进行工程建设，需要申请使用土地的，建设单位或者个人应当持有关批准文件，向建设（规划）行政主管部门委托的风景名胜区管理机构申请领取风景名胜区建设用地规划许可证。受委托的风景名胜区管理机构应当按照法律、法规的规定审核，符合规定的，应当发给建设用地规划许可证；不符合规定的，应当书面告知申请人，并说明理由。

建设单位或者个人在取得风景名胜区建设用地规划许可证后，方可按照土地管理审批权限，向设立风景名胜区管理机构的人民政府土地行政部门申请使用土地。法律、法规规定应当报经其他有关部门同意的，应当事先报相关部门审核同意。

建设单位或者个人取得土地使用审批手续后，向建设（规划）行政主管部门委托的风景名胜区管理机构申请领取风景名胜区建设工程规划许可证。受委托的风景名胜区管理机构应当按照法律、法规的规定审核，符合规定的，应当发给建设工程规划许可证；不符合规定的，应当书面告知申请人，并说明理由。

**第三十一条** 风景名胜区建设工程选址意见书、建设用地规划许可证、建设工程规划许可证，由省人民政府建设行政主管部门统一监制。

**第三十二条** 风景名胜区内的建设工程，应当依法通过招标等公平竞争的方式选择具有相应资质的单位设计和施工。工程建设应当严格执行法律、法规有关招标投标、设计审查、质量监督和监理的规定。

**第三十三条** 风景名胜区内不得擅自进行临时建设。确需进行临时建设的，应当经风景名胜区管理机构审核，并报省人民政府建设行政主管部门批准。

风景名胜区内的临时性建筑物使用期限届满，该建筑物所有权人应当自届满之日起15日内拆除，但需要继续使用、不影响风景名胜区规划实施并经过原审批机关审核、批准的除外。

任何单位和个人不得在风景名胜区内临时使用的土地上建设永久性建筑物。

**第三十四条** 在风景名胜区和景区外围保护地带从事建设活动，建设单位和施工单位应当采取有效措施，保护景物、水体、林草植被、野生动物资源和地形地貌，不得造成污染和破坏。

施工单位应当文明施工，并在施工现场设置围栏，保持现场整洁。工程竣工后，施工单位应当及时清理现场，恢复植被。

**第三十五条** 鼓励各类投资者、经营者按照风景名胜区规划从事宾馆、餐饮等服务项目的建设、经营和作业。

对风景名胜区内的供水、供热、供气、公共交通、垃圾和污水处理等公用事业，风景名胜区管理机构可以按照本省有关市政公用事业特许经营管理的规定确定投资者、经营者。

**第三十六条** 在风景名胜区内的寺庙、道观等宗教活动场所和文物保护单位的保护范围及建设控制地带从事工程建设的，应当严格遵守本章的有关规定。

## 第六章　利用和管理

**第三十七条** 风景名胜区内的个别景点，可以由风景名胜区管理机构通过招标等公平竞争的方式确定投资者、经营者。

**第三十八条** 风景名胜区内的各类经营者，都应当依法缴纳风景名胜资源有偿使用费。

风景名胜区管理机构与景区内各类经营者签订的合同中，应当有经营者缴纳风景名胜资源有偿使用费的内容。

**第三十九条** 风景名胜区管理机构应当加强安全管理，定期组织检测和维护游览设施，保障游客安全。

**第四十条** 风景名胜区门票价格，由省人民政府价格主管部门制定。门票由省人民政府财政部门统一监制。

**第四十一条** 风景名胜区的门票收入和风景名胜资源有偿使用费，实行收支两条线管理，专款专用，任何组织和个人不得挪用。其具体管理和使用，应当严格遵守国家有关规定。

**第四十二条** 风景名胜区内由企业或者个人依法投资建设的景点，其门票收入按照风景名胜区管理机构与经营者签订的合同所确定的比例进行分配。

**第四十三条** 风景名胜区管理机构不得从事以营利为目的的经营活动，不得将规划、管理和监督等行政管理职能委托给企业或者个人行使。

## 第七章　法律责任

**第四十四条** 违反本条例规定，国家《风景名胜区条例》和其他有关法律、法规已经作出处罚规定的，依照其规定处罚。

**第四十五条** 违反本条例规定，有下列行为之一，破坏风景名胜区内景观、植被、地形地貌的，由风景名胜区管理机构责令停止违法行为、采取补救措施，没收违法所得；构成犯罪的，依法追究刑事责任：

（一）挖砂、取土的；

（二）以围、填、堵、截等方式破坏自然水系的；

（三）采伐、毁坏古树名木的。

有前款第一项行为的，并处1000元以上1万元以下罚款；情节严重的，并处1万元以上10万元以下罚款。有前款第二项、第三项行为的，并处5万元以上10万元以下罚款；情节严重的，并处10万元以上20万元以下罚款。

**第四十六条** 违反本条例规定，在风景名胜区内采挖花草苗木的，由风景名胜区管理机构责令停止违法行为、采取补救措施，并给予警告；情节严重，使景观、植被、地貌受到破坏的，处50元以上1000元以下罚款。

**第四十七条** 违反本条例规定，国家级风景名胜区重大建设工程项目以外的建设工程项目的选址方案和省级风景名胜区内工程项目的选址方案，没有依法经省人民政府建设行政主管部门或者设区的市人民政府建设（规划）行政主管部门批准，建设（规划）行政主管部门核发选址意见书的，对直接负责的主管人员和其他直接责任人员依法给予处分；构成犯罪的，依法追究刑事责任。

**第四十八条** 违反本条例规定，在风景名胜区内临时使用的土地上建设永久性建筑性，或者未经风景名胜区管理机构审核并经省人民政府建设行政主管部门批准，在风景名胜区内进行临时建设的，由风景名胜区管理机构责令停止建设；已经建设的，责令限期拆除，逾期未拆除的，依法强制拆除，拆除费用和由此引起的财产损失由违法行为人自行承担。

**第四十九条** 违反本条例规定，县级以上人民政府及其建设行政主管部门和其他有关部门、风景名胜区管理机构及其工作人员滥用职权、玩忽职守、徇私舞弊的，依照国家《风景名胜区条例》第四十条第二款、第四十七条、第四十八条的有关规定，追究法律责任。

**第五十条** 本条例第四十五条、第四十六条规定的违法行为，有关部门依照法律、法规的规定已经处罚的，风景名胜区管理机构不再处罚。

## 第八章　附　　则

**第五十一条** 本条例自2007年1月1日起施行。

# 山西省实施《中华人民共和国中小企业促进法》办法

（2006年11月30日山西省第十届人民代表大会常务委员会第二十七次会议通过）

## 第一章　总　　则

**第一条**　为了实施《中华人民共和国中小企业促进法》，结合本省实际，制定本办法。

**第二条**　省人民政府制定本省促进中小企业发展的政策，对中小企业的发展进行统筹规划。

设区的市、县（市、区）人民政府应当把发展中小企业纳入国民经济和社会发展规划，并制定促进本地区中小企业发展的具体措施。

**第三条**　县级以上人民政府负责中小企业工作的部门组织实施国家和省制定的中小企业法律、法规、政策和规划，对本行政区域内的中小企业工作进行综合协调、指导和服务。

县级以上人民政府其他有关部门在各自职责范围内，对本行政区域内的中小企业进行指导和服务。

## 第二章　资金支持

**第四条**　省人民政府应当在省财政预算中安排中小企业服务体系建设专项资金，并视财力增长逐步增加。

设区的市、县（市、区）人民政府应当根据本地实际，在财政预算中安排中小企业服务体系建设专项资金。

中小企业服务体系建设专项资金用于支持中小企业公共服务体系建设。

**第五条**　省人民政府设立中小企业发展资金。

设区的市、县（市、区）人民政府根据本地实际，设立中小企业发展资金。

中小企业发资金主要用于下列扶持中小企业的事项：

（一）创业辅导和服务；

（二）建立中小企业信用担保体系；

（三）技术创新；

（四）清洁生产；

（五）专业化生产以及与大企业的协作配套；

（六）开拓国际市场；

（七）其他事项。

中小企业发展资金应当专款专用，加强监督。

**第六条**　鼓励各类金融机构开发适应中小企业发展的金融产品，增加对中小企业的信贷支持。

**第七条**　引导和支持中小企业依法通过股权融资、项目融资、债券融资、租赁融资、境内外上市等途径融资。

**第八条**　省人民政府应当建立和完善中小企业信用信息征集与评价体系，提供中小企业信用信息查询服务。

**第九条**　县级以上人民政府应当落实国家和省有关信用担保的扶持政策，采取政府为主、社会为辅、多元募集、滚动发展的形式筹集担保资金，组织和推进中小企业信用担保体系的建设；支持中小企业开展互助性融资担保，为中小企业融资创造条件。

## 第三章　创业扶持

**第十条**　县级以上人民政府应当加大创办中小企业的扶持力度，鼓励自主创业。有关部门应当为创办中小企业的人员，提供政策、信息、技术、资金等咨询和服务。

**第十一条**　县级以上人民政府应当在城乡建设规划中合理安排必要的场地和设施，为创办中小企业的人员提供生产、经营场所。

**第十二条**　经济技术开发区、高新技术开发区、工业园区应当提供优质服务，创造良好的创业环境，吸引中小企业进入园区，形成分工配套、各具特色的产业集群。

**第十三条**　高等院校毕业生到中小企业就业的，取消落户限制。需要办理人事、劳动关系代理手续的，当地人事、劳动保障部门及所属有关机构应当提供代理服务。符合评定职称规定条件的，由所在地人才交流中心或者相关机构负责申报。

**第十四条**　对下列中小企业依照国家有关规定，在一定期限内减征、免征所得税：

（一）失业人员创办的；

（二）当年吸纳失业人员达到国家规定比例的；

（三）安置残疾人员达到国家规定比例的；

（四）符合国家支持和鼓励发展政策的高新技术的；

（五）在贫困地区创办的；

（六）其他符合税收减免政策规定的。

## 第四章　技术创新

**第十五条**　县级以上人民政府有关部门用于技术进步的专项资金，应当对中小企业技术创新予以支持。

经有关部门认定的中小企业技术创新项目以及为大企业产品配套的技术改造项目，可以享受国家和省规定的扶持政策。

**第十六条**　鼓励和支持有条件的地方和企业建立区域性、行业性技术研发中心和公共技术服务平台，为中小企业技术进步提供服务。

鼓励和支持各类园区建立中小企业技术创新基地和科技企业孵化基地，促进科技成果转化，实现中小企业技术、产品升级。

**第十七条**　中小企业在科技成果引进、转化以及生产过程中，技术开发费用按照实际发生额计入管理费用。

中小企业支付给从事技术开发和服务的科技人员的报酬，可以列入技术开发费用。

**第十八条**　县级以上人民政府应当对在技术创新、争创名牌等方面取得显著成绩的中小企业给予表彰和奖励。

## 第五章　市场开拓

**第十九条**　县级以上人民政府及其有关部门应当鼓励和支持中小企业开展质量管理体系、环境管理体系等认证，鼓励和支持中小企业制定或者参与制定技术标准，提高产品质量，为中小企业开拓市场创造条件。

**第二十条**　支持有条件的中小企业扩大出口业务，开拓国外市场，参与国际竞争。

支持中小企业运用世界贸易组织规划所允许的贸易救济措施，维护企业合法权益。

**第二十一条**　中小企业开拓国外市场的，商务、科技等有关部门应当给予营销和技术指导等服务。

## 第六章　社会服务

**第二十二条**　各级人民政府应当建立并逐步完善中小企业服务体系，为中小企业的创办和发展提供服务。

受政府资助的中小企业服务机构向中小企业提供服务时，应当减收或者免收有关费用。

**第二十三条**　县级以上人民政府应当支持中小企业加强职工培训，鼓励大中专学校、各类培训机构对中小企业职工进行法律法规、经营管理、职业技能等方面的培训，促进中小企业职业经理人市场的发展，提高中小企业职工素质和经营管理水平。

中小企业可以按照国家有关规定提取职工教育培训经费，在企业所得税税前扣除。

**第二十四条**　县级以上人民政府统计部门和负责中小企业工作的部门应当做好中小企业统计分析预测工作，为中小企业发展提供服务。

县级以上人民政府有关部门应当根据国家和省发展产业指导目录，建立中小企业项目库，为中小企业投资融资提供服务。

**第二十五条**　鼓励和支持行业协会吸收中小企业入会，维护中小企业合法权益，规范中小企业经营行为，反映中小企业的建议和要求，组织中小企业开展国内外经济和技术的合作与交流。

### 第七章　权益保护与义务

**第二十六条**　中小企业享有法律、法规规定的权利，任何单位和个人不得侵犯中小企业的合法权益。

**第二十七条**　中小企业应当履行法律、法规规定的义务，加强安全生产管理和资源环境保护，依法同职工签订劳动合同，按时足额支付职工工资，依法为职工办理社会保险，不得侵害职工合法权益，不得损害社会公共利益。

中小企业经营者应当遵守职业道德，诚实守信，依法经营管理，增强自我约束和自我发展能力。

**第二十八条**　对不符合国家产业政策和技术落后、质量低劣、污染环境、浪费资源以及不符合安全生产条件的中小企业，应当限期改造或者依法予以关闭。

**第二十九条**　有关行政管理部门及其工作人员有下列行为之一的，对直接负责的主管人员和其他直接负责人员给予行政处分；给中小企业造成损失的，依法承担赔偿责任；构成犯罪的，依法追究刑事责任：

（一）拒绝履行法定职责或者未在规定时限内办理有关事项，给中小企业造成损失的；

（二）违反有关规定对中小企业进行检查的；

（三）强制或者变相强制中小企业接受指定产品或者服务的；

（四）违法对中小企业摊派或者收费的；

（五）对违法对中小企业罚款的；

（六）侵占、毁损或者非法查封、扣押、冻结、没收中小企业合法财产的；

（七）侵犯中小企业合法权益的其他行为。

### 第八章　附　　则

**第三十条**　本办法自2007年3月1日起施行。

## ·省政府法制工作·

**【概述】**一、地方立法工作。2006年地方立法工作，主要以规范行政行为，提高行政效率，落实政务公开，保护行政相对人权益，实施科教兴国战略，推进科技创新，实现可持续发展，构建和谐社会，维护社会稳定，加快新农村建设，建立社会信用体系，加强安全生产，保护资源和环境为主线，省人民政府共组织拟定地方性法规草案11件，其中9件已提请省人大常委会审议并获通过；全年共组织制定省人民政府规章14件，规章立法解释3件。在立法审查过程中，按照国务院《全面推进依法行政实施纲要》要求，坚持开门立法和民主立法，每一件审查中的地方性法规和政府规章草案，都在网上广泛征求社会各界意见，本年度共组织立法调研15次，召开立法论证会15次，召开立法协调会24次，召开征求意见座谈会28次。通过广泛征求意见，增强了立法的可操作性，提高了地方立法质量。

1. 地方性法规。

（1）为了加强公路养路费征收管理，规范征缴行为，维护缴费义务人合法权益，保障公路建设和养护资金来源，2006年3月31日，山西省第十届人大常委会第二十三次会议审议通过了省人民政府于2005年提请审议的《山西省公路养路费征收管理条例》。

（2）为进一步贯彻落实《中华人民共和国民办教育促进法》，实施科教兴国战略，促进本省民办教育事业的健康发展，维护民办学校和教育者的合法权益，省人民政府组织拟定了《山西省实施〈中华人民共和国民办教育促进法〉办法》，并提请省人大常委会审议。2006年5月26日，山西省第十届人大常委会第二十四次会议审议通过了本办法。

（3）为弘扬中华民族传统美德，鼓励公民见义勇为，保障见义勇为人员的合法权益，促进社会主义精神文明建设，维护社会稳定，构建和谐社会，省人民政府组织拟定了《山西省见义勇为人员奖励和保护条例（草案）》，并提请省人大常委会审议。2006年5月26日，山西省第十届人大常委会第二十四次会议审议通过了本条例。

（4）为进一步贯彻落实《中华人民共和国农业机械化促进法》，鼓励、扶持农民和农业生产经营组织使用先进适用的农业机械，促进农业机械化，建设现代农业，省人民政府组织拟定了《山西省农业机械化条例（草案）》，并提请省人大常委会审议。2006年8月4日，山西省第十届人大常委会第二十五次会议审议通过了该条例。

（5）为尊重少数民族风俗习惯，规范清真食品的生产经营活动，保护和促进清真食品行业的发展，维护民族团结和社会稳定，省人民政府在《山西省清真食品生产经营管理办法》的基础上，组织拟定了《山西省清真食品管理条例（草案）》，并提请省人大常委会审议。2006年9月28日，山西省第十届人大常委会第二十六次会议审议通过了本条例。

（6）为加大依法打击涉及矿山企业安全生产，易燃、易爆危险品的生产、储存、使用，生态环境保护以及自然资源的开发利用方面行政违法行为的力度，结合本省实际，省人民政府拟定了《山西省规章设定罚款限额规定（草案）》，并提请省人大常委会审议。山西省第十届人大常委会第二十六次会议于2006年9月28日审议通过了《山西省规章设定罚款限额规定》，同时废止了1996年9月23日山西省第八届人大常委会第二十四次会议审议通过的《山西省规章设定罚款限额暂行规定》。

（7）为规范风景名胜区管理，创造优良的旅游环境，促进本省旅游业健康发展，省人民政府组织拟定了《山西省风景名胜区条例（草案）》，并提请省人大常委会审议。2006年12月1日，山西省第十届人大常委会第二十七次会议审议通过了本条例。

（8）为进一步贯彻落实《中华人民共和国中小企业促进法》，确实改善本省中小企业经营环境，维护中小企业合法权益，促进中小企业健康发展，扩大就业，增加城乡居民收入，省人民政府组织拟定了《山西省实施〈中华人民共和国中小企业促进法〉办法（草案）》，并提请省人大常委会审议。2006年12月1日，山西省第十届人大常委会第二十七次会议审议通过了本办法。

（9）为进一步贯彻落实《中华人民共和国归侨侨眷权益保护法》，确实保护归侨侨眷的合法权益，鼓励和引导归侨、侨眷依法投资兴办产业，特别是兴办环境保护、高新技术等符合本省产业政策规划的企业，鼓励依法投资开发荒山、荒地、滩涂或者从事农林牧渔生产，省人民政府组织拟定了《山西省实施〈中华人民共和国归侨侨眷权益保护法〉办法（草案）》，并提请省人大常委会审议。

（10）为进一步贯彻落实《中华人民共和国科学技术普及法》，实施科教兴省和可持续发展战略，加强科学技术普及工作，提高公民的科学文化素质，推动经济发展和社会进步，省人民政府组织草拟了《山西省实施〈中华人民共和国科学技术普及法〉办法》，由于协调过程中有关部门对一些问题还存在异议，经省人民政府同意，暂缓提请省人大常委会审议。

(11)为规范道路运输管理活动，建立统一、开放、竞争、有序的道路运输市场，保护运输各方当事人的合法权益，保障道路运输安全，促进道路运输业的健康发展，省人民政府组织草拟了《山西省道路运输条例（草案）》，虽经反复修改，广泛征求意见和论证协调，但由于涉及现行管理体制的调整问题，有待与相关部门进一步协调，经省人民政府同意，本条例暂缓提请省人大常委会审议。

2. 省人民政府规章。

(1) 为加强危险化学品的安全管理，保障人民生命、财产安全，保护环境，规范本省危险化学品的生产、储存、使用、经营、运输、处置废弃危险化学品和危险化学品的应急救援，2005年12月27日，省人民政府第64次常务会议讨论通过了《山西省危险化学品安全管理办法》(省人民政府令第184号)。

(2) 为推动投资体制改革，规范企业投资项目的管理，加强和改善宏观调控，2005年12月27日，省人民政府第64次常务会议讨论通过了《山西省企业投资项目核准暂行办法》（省人民政府令第185号)。

(3) 为有效监测企业投资活动，加强和改善宏观调控，保障企业投资自主权，2005年12月27日，省人民政府第64次常务会议讨论通过了《山西省企业投资项目备案暂行办法》（省人民政府令第186号)。

(4) 为提高煤炭产业的集中度，加强对煤炭资源的保护和合理开发利用，维护矿产资源国家所有者权益，2006年2月21日，省人民政府第66次常务会议讨论通过了《山西省煤炭资源整合和有偿使用办法》(省人民政府令第187号)。

(5)为规范市政公用事业特许经营活动，扩大融资渠道，保障社会公众利益和公共安全，保证公共产品和服务质量，保护特许经营者的合法权益，2006年5月22日，省人民政府第71次常务会议讨论通过了《山西省市政公用事业特许经营管理办法》(省人民政府令第188号)。

(6)为加强重点工业污染源的监控治理，全面实现污染物达标排放，保护和改善生活环境和生态环境，2006年8月3日，省人民政府第77次常务会议讨论通过了《山西省重点工业污染源治理办法》（省人民政府令第189号)。

(7)为规范行政机关规范性文件的制定程序，提高规范性文件质量，维护国家法制统一，保护公民、法人和其他组织的合法权益，2006年8月18日，省人民政府第81次常务会议讨论通过了《山西省行政机关规范性文件制定程序暂行办法》(省人民政府令第190号)。

(8) 为加强社会信用体系建设，强化企业信用监管，促进信用信息公开与共享，为社会提供信用信息服务，2006年8月18日省人民政府第81次常务会议讨论通过了《山西省行政机关归集和公布企业信用信息管理办法》(省人民政府令第191号)。

(9) 为保持出生人口性别比例平衡，促进人口与经济、社会、资源和环境协调可持续发展，2006年9月4日省人民政府第82次常务会议讨论通过了《山西省禁止非医学需要鉴定胎儿性别和选择人工终止妊娠的规定》（省人民政府令第192号)。

(10)为促进行业协会的发展，保障行业协会依法开展活动，规范行业协会的组织和行为，发挥行业协会在经济建设和社会发展中的作用，2006年9月4日省人民政府第82次常务会议讨论通过了《山西省行业协会发展规定》(省人民政府令第193号)。

(11)为促进高新技术产业的发展，规范高新技术产业化项目和高新技术企业认定工作，2006年9月4日省人民政府第82次常务会议讨论通过了《山西省高新技术产业化项目和企业认定办法》(省人民政府令第194号)。

(12)为加强人工影响天气的管理，发挥人工影响天气作业在防御、减轻气象灾害和经济建设中的作用，2006年9月11日省人民政府第83次常务会议讨论通过了《山西省人工影响天气办法》(省人民政府令第195号)。

(13)为维护残疾人的合法权益，促进残疾人事业全面发展，2006年12月12日省人民政府第90次常务会议讨论通过了《山西省保障残疾人合法权益规定》(省人民政府令第196号)。

(14)为加强体育竞赛监督管理，规范体育竞赛，促进体育事业发展，2006年12月12日省人民政府第90次常务会议讨论通过了《山西省体育竞赛监督管理办法》(省人民政府令第197号)。

对现行省人民政府规章进行立法解释，也是地方立法工作的一个重要方面。2005年10月18日，《山西省征收征用农民集体所有土地征地补偿费分配使用办法》(省人民政府令第182号）颁布实施后，在社会上引起强烈反响，这是全国首部以政府规章形式发布的征地补偿费分配使用办法。办法的实施，确实保护了被征地农户利益，维护了广大妇女儿童的合法权益，体现了公平、公正和立法原则，但在办法的实施过程中，也触动了一些人的利益，出现了一些新的问题。为此，一些被征地农户和村集体领导和征地单位的代表纷纷来访、咨询有关问题。省人民政府法制机构全年共接待来访60余人次。同时，针对长治市、忻州市和吕梁市三市人民政府针对《山西省征收征用农民集体所有土地征地补偿费分配使用办法》要求立法解释的请示，省人民政府从维护农村社会稳定，保护农村土地承包经营者和征地单位的合法权益的角度，分别制定并下发了《关于〈长治市人民政府关于征收征用农民集体所有土地补偿费分配使用问题的请示〉的批复》《关于征地补偿费分配中“村集体经济组织成员”界定的批复》和《关于执行〈山西省征收征用农民集体所有土地征地补偿费分配使用办法〉有关问题的批复》三个立法解释。对请示的有关问题进行了明确答复，化解了农村社会矛盾，维护了社会稳定。

另外，正在审查的省人民政府规章还有《山西省价格监测规定（草案)》《山西省企业负担监督办法（草案)》《山西省地质灾害防治保证金管理办法（草案)》《山西省水上交通安全管理办法（草案)》《山西省人民防空工程维护管理办法(草案)》《山西省文物古建筑消防规定（草案)》和《山西省实施〈信访条例〉办法》。

二、参与国家立法。2006年省人民政府法制机构代表省人民政府积极参与国家立法活动，组织省直有关部门，为国家立法建言献策，全年共办理法律、法规征求意见41件。分别是：

1. 中华人民共和国动物防疫法（修订草案)；

2. 中华人民共和国食品安全法（草案)；

3. 中华人民共和国建筑节能管理条例（征求意见稿)；

4. 黄河水量统一调度条例（第二次征求意见稿)；

5. 中华人民共和国河道采砂管理条例（送审稿）；

6. 国防科技工业涉密人员管理条例（草案）；

7. 重要核设备安全监管条例（草案）；

8. 中华人民共和国畜禽遗传资源进出境和对外合作研究利用审批办法（送审稿）；

9. 中华人民共和国动物防疫法（第二次征求意见稿）；

10. 城市公共交通条例（征求意见稿）；

11. 中华人民共和国基础测绘条例（草案）；

12. 中华人民共和国农村土地纠纷仲裁法（草案）；

13. 中华人民共和国抗旱条例（草案）；

14. 地质勘察单位资质管理条例（草案）；

15. 国防科技工业涉密人员管理条例（草案）；

16. 工伤保险条例修正案；

17. 职业技能培训鉴定条例（草案）；

18. 中华人民共和国消防法（修订草案）；

19. 行政机关公务员处分条例（草案）；

20. 中华人民共和国村民委员会组织法（修订草案）；

21. 中华人民共和国促进就业法（草案）；

22. 人民法院诉讼费办法（草案）；

23. 中华人民共和国劳动合同法（草案）；

24. 中华人民共和国行政强制法（草案）；

25. 中华人民共和国教育法修正案（草案）；

26. 中华人民共和国科学技术进步法（修订草案）；

27. 国家自然科学基金条例（草案）；

28. 中华人民共和国非物质文化遗产保护法（草案送审稿）；

29. 处方药与非处方药分类管理条例（送审稿）；

30. 广播电台、电视台法定许可播放录音制品支付报酬办法（征求意见稿）；

31. 中华人民共和国突发事件应对法（草案）；

32. 人体器官移植条例（送审稿）；

33. 中华人民共和国反恐怖法（草案）；

34. 地方各级人民政府机构编制条例（草案）；

35. 中华人民共和国律师法（修订草案）；

36. 监狱管理条例（草案）；

37. 中华人民共和国未成年人保护法（修订草案）；

38. 地名条例（草案）；

39. 中华人民共和国残疾人保护法（修订草案）；

40. 保安服务业管理条例（草案）；

41. 大型群众性活动安全管理条例（草案）；

三、规范性文件审查备案。制定规范性文件是政府及其有关部门制度建设的一个重要方面，为使政府决策合法可行，科学合理，省人民政府法制机构充分发挥作为省人民政府参谋、助手和法律顾问的作用，草拟了《山西省行政机关规范性文件制定程序暂行办法（草案）》，该办法业经省人民政府第81次常务会议讨论通过，并于2006年10月1日起公布施行。

本年度，省人民政府法制机构共参与审查规范性文件127件。主要有：山西省国有企业改革配套文件（共13件）、关于进一步加强就业再就业工作的通告的实施意见、关于我省机动车第三者责任保险有关问题的复函、省政府关于印发《国务院办公厅转发劳动与社会保障部〈关于做好被征地农民就业培训和社会保障工作指导的通知〉的通知》、关于加快推进我省广播电视大学教育改革和发展若干问题的意见、关于山西大剧院用地转换的请示、关于以省政府办公厅名义印发《山西省农民工参加工伤保险暂行办法》的请示、山西省2005～2007深化经济体制改革的指导意见、山西省高新技术产业专项资金使用办法、山西省工程建设项目招标范围和规模标准的规定、关于印发山西省省级政府采购管理委员会工作制度的通知、山西省评标专家库及评标专家管理办法、省级国有资本金收益管理办法、山西省粮食应急预案、关于深化经济结构调整、培育八大支柱产业的政策措施的意见、关于修改《关于地税部门代征残疾人就业保证金的通知》的通知、关于非法集资问题的综合治理意见、关于我省出台有线数字电视基本收视维护费方案的请示、关于加强房地产市场调控促进房地产业健康发展的通知、关于打击煤矿越层越界、超能力、超定员、存在安全隐患生产的通知、关于深化非煤矿山安全整顿工作的决定、关于兽医管理体制改革的实施意见、循环经济试点工作方案、关于理顺探矿权价款评估与征收办法的请示、山西省收费公路载货类车辆计重收费的实施方案、山西省节约利用土地矿产资源实施意见、农村公路建设与管理工作的实施意见、加强电力需求管理工作的实施意见、关于加强环保决定的实施意见、山西省重点工业污染源清理整顿办法、关于在整顿和规范矿产资源开发中发挥环保部门监管作用的请示、山西省实施优化投资环境建立绿色通道实施办法、山西省人民政府关于改善投资环境 扩大招商引资的实施办法、山西省优化投资环境鼓励外商投资办法、山西省人民政府关于加强城镇建设工作的决定、山西省人民政府关于加强全省村庄治理办法、山西省人民政府关于优化出口商品结构、转变外贸增长方式的实施意见等。

2006年共收到报送备案的太原、大同两市人民政府规章10件，收到报送备案的规范性文件39件，基本上做到了有件必备、有备必审。第四季度，针对11个地市规范性文件报备率不高的情况，省政府法制机构还专门向11个地市下发了催报函。随着《山西省行政机关规范性文件制定程序暂行办法》的实施，2006年10月1日以后，省人民政府各委、厅，各直属机构制定的规范性文件不再履行备案程序，改为前置审查。备案审查主要针对11个设区的市人民政府制定的规范性文件和太原、大同两市制定的规章。本年度还完成了9件省人民政府规章向省人大常委会和国务院法制办的报送备案工作。

（郭文强）

**【《全面推进依法行政实施纲要》颁布两周年座谈会】** 2006年3月22日，省贯彻落实《纲要》领导组办公室召集省政府办公厅、省委宣传部、省政府研究室、省监委、省人事厅、省财政厅、省司法厅、省信访局、省审计厅、省劳动和社会保障厅、省编办、山西大学、山西财经大学等单位和领导、专家和学者40多人，召开《全面推进依法行政实施纲要》颁布两周年座谈会，省政府秘书长李政文作了重要讲话，编印下发了《全面推进依法行政实施纲要学习资料》，供有关方面学习使用。会后，

向十一个设区的市和省直各委、厅，各直属机构下发了《关于开展〈全面推进依法行政实施纲要〉学习宣传活动的通知》。（郭文强）

**【推行行政执法责任制】** 省人民政府法制工作机构分别于2月17日和4月18日，召集各设区的市和省直各部门的有关同志召开了推行行政执法责任制工作汇报会。会上各市、各部门汇报了各自推行行政执法责任制工作的有关情况，交流经验，还编印下发《行政执法责任制有关名词解释》。4月17日至24日，省人民政府法制机构组织有关人员、对省直行政执法部门的行政执法事项和行政执法依据梳理情况进行了集中审核。确定截至2006年6月30日，省人民政府所属49个部门应当推行行政执法责任制，这些部门所执行的法律、法规和规章共2069件，行政执法事项4416项。其中，行政处罚3204项、行政许可623项、行政强制121项、行政征收61项、行政确认56项、行政裁决15项、行政给付4项、备案登记等其他行政执法事项332项。8月18日，省人民政府第81次常务会议听取了省政府法制机构《关于省直行政执法部门行政执法依据及行政执法事项梳理情况的报告》。8月24日，《山西日报》和省人民政府网站公布了《山西省人民政府关于公布省直行政执法部门的行政执法依据及行政执法事项的通告》。之后，省人民政府法制机构组织对省直各部门行政执法主体进行了清理和确认，经确认，省人民政府所属的行政执法主体共80个。其中，职权行政执法主体54个、授权行政执法主体26个。另外，本省行政区域内国务院垂直管理和国务院与省人民政府双重管理的行政执法主体26个。其中，职权行政执法主体9个，授权行政执法主体17个。9月18日，山西日报和省人民政府网站公布了省直各部门行政执法主体。（郭文强）

**【行政执法责任制大检查】** 9月下旬至10月中旬，省人民政府办公厅组织了8个检查组，对省直行政执法部门和各市推行行政执法责任制情况进行了检查，对检查中发现的问题及时进行了指导，促进了全省推行行政执法责任制工作的全面开展。9月底，省人民政府向国务院报送了《山西省人民政府关于推行行政执法责任制情况的报告》（晋政〔2006年〕44号）。10月份，山西省被国务院法制办列为推行行政执法责任制重点联系单位，省政府法制机构派人参加了在安徽召开的全国推行行政执法责任制重点联系单位会议。（郭文强）

**【华北地区省级政府法制机构推行行政执法责任制工作座谈会】** 8月14日～15日，省人民政府法制机构在朔州市组织了“华北地区省级政府法制机构推行行政执法责任制工作座谈会”，来自北京、天津、河北、内蒙、安徽、山西6个省、区、市的代表20余名同志参加了会议。山西省朔州市及各区、县政府法制机构负责同志列席了会议。会议共同研究探讨行政执法依据的公布、行政执法职权的分解、行政执法责任制配套制度的建立，以及行政执法评议考核等工作中存在的问题。（郭文强）

**【行政执法证件管理】** 省人民政府法制机构继续开展行政执法人员培训考核和行政执法证件发放工作，进一步加强行政执法证件管理。本年度，更新培训考核试题4份，印制行政执法人员考试试卷10000份。承办印制行政执法证件10000个。经考核，发放行政执法证件2500多个。拟订了行政处罚和行政许可文书评分标准，同进编制了《行政许可示范文本》，下发各设区的市、省直各部门执行。（郭文强）

**【个案监督办理】** 省人民政府法制工作机构积极为省人民政府有关决策提供法律意见。一是收到省政府批转的“德国安哈尔特应用技术大学昆茨女士关于山西农业大学中德学院收费审批有关情况给李政文秘书长的一封信”后，进行认真研究。该案从2002年8月至今已历经长达四年的马拉松审批，对照有关法律、法规规定，仅用三个工作日就提出了办理意见，得到有关各方的认可。二是关于王俊生与永济兴达实业有限公司劳动争议一案。通过与省劳动和社会保障厅有关人员协商研究16人次，召开有关专家学者参加的研讨会1次，请教有关专家3次，接待王俊生本人3次，电话沟通4次，还要求省劳动和社会保障厅电话请示了劳动和社会保障部，同时要求省劳动和社会保障厅再做好永济兴达实业有限公司与王俊生本人的协调工作，以事实为依据，对有关法律关系进行了彻底的梳理，最终形成了5000多字的书面材料。本年度还参与了山西省人民政府驻海南办事处和驻秦皇岛办事处土地纠纷的协调处理。为两案提出了法律建议，受到省人民政府有关领导的肯定。（郭文强）

**【行政复议】** 省人民政府行政复议处本年度共收到行政复议申请18件，经审查，依法受理13件，办理2005年接转行政复议案1件，其他5件行政复议申请正在补证中，待补证完备，将依法受理立案。

本年度办理结案行政复议申请11件，分别是：

1. 晋中市孙爱娃不服晋中市人民政府国土集权字〔2005〕02号文件，土地权属争议案，申请行政复议案；

2. 大同市左云县小金庄平寺煤炭接替井不服山西省人民政府（煤炭安全生产专项整顿领导组办公室）晋煤整顿办〔2005〕8号文件，申请行政复议案；

3. 长治市赵勇峰不服长治市政府颁发的〔2002〕00370号国有土地使用证，申请行政复议案；

4. 晋中市闫海林不服晋中市人民政府国土集权字〔2005〕08号文件，因土地权属争议申请行政复议案；

5. 运城市石天成不服运城市人民政府运政土决字〔2005〕第8号文件，因土地权属争议申请行政复议案；

6. 运城市张天勇不服运城市人民政府运政土决字〔2005〕第10号文件，因土地权属争议申请行政复议案；

7. 晋中市第一人民医院不服山西省统计局统罚字第〔0517〕号行政处罚决定，申请行政复议案；

8. 晋中市常福昌不服晋中市人民政府市国土集权字〔2006〕01号文件，因土地争议申请行政复议案；

9. 长治市吴将不服长治市人民政府国用〔2004〕第G0085号国有土地使用权证，申请行政复议案；

10. 长治市吴桐根、吴昊不服长治市人民政府国用〔2004〕第G0084号国有土地使用权证，申请行政复议案；

11. 太原市树脂厂不服太原人民政府并政发〔2006〕30号文件关于征地决定，申请行政复议案。

本年度中止审理行政复议案3件，分别是：

1. 运城盐化局不服运城市人民政府运政土决字〔2005〕第8号文件，因土地权属争议，申请行政复议案；

2. 大同市浑源县吴城乡东辛坊等7家煤矿不服《大同市人民政府关于上报压

减煤矿的报告》(同政发〔2006〕14号),将浑源县8座煤矿非法转让给左云县,申请行政复议案;

3. 山西省农业科学院棉花研究所不服运城市人民政府运政发〔2005〕4号文件,申请行政复议案(05年接转行政复议案)。

针对本年度明显增多的土地权属争议和煤炭资源整合引发的行政争议,及时与国土资源部门沟通座谈,并深入实际调查研究,了解案情。办案过程中,注重把协调化解矛盾贯穿办案始终,力争做到公正办案、准确结案、化解争议、稳定民心。为此,全年共召开行政复议听证会13次,现场调查取证8次,出具各种通知函件150余件。

本年度,共制定行政复议首问负责制度、行政复议案件质量评查制度、行政复议一次告结制度等21项办案制度。规范了行政复议申请书、不予受理通知书、停止执行通知书等25种行政复议法律文书。 (郭文强)

**【行政应诉】** 本年度,省人民政府行政复议处共代表省政府参与了两起行政应诉,分别是运城市盐湖区北城办东留村第一居民组居民韩虎不服省政府晋政行复函〔2006〕第31号行政复议告知书行政诉讼案,运城市荣源林业有限公司不服省政府晋政行复函〔2006〕第32号行政复议告知书行政诉讼案。两案都是由于不予受理行政复议申请引起的行政诉讼。不予受理的原因都是由于申请人提交行政复议申请的时间,超过了法定的期限(60日)。接到太原市中级人民法院的应诉通知书后,省人民政府行政复议处在法定的期限内,依法提交了答辩状,并积极参与了出庭应诉工作。 (郭文强)

**【信访接待】** 2006年,省人民政府行政复议处共收到信访材料45件,接待信访群众90余人次。为维护社会稳定,消除矛盾隐患,因势利导,认真对待每一件信访材料,耐心接待每一位信访群众,心平气和地解释每一件法律问题,努力做到让群众满意。通过工作使许多矛盾得以早期化解。 (郭文强)

**【法制理论研究】** 本年度法制理论研究,围绕依法治国的热点和难点开展,取得了较好成果。主要有:一是收到国务院法制办《关于召开新形势下运用法律手段预防和处理社会纠纷理论研讨会的通知》(国法函〔2006〕47号)后,认真研选论文课题,组织撰写了《政府立法与社会纠纷预防处理机制的完善》一文,报国务院法制办。二是完成了省发改委"十一·五"理论研究课题《山西市场监管体系建设研究》;三是撰写的《学习贯彻党章与党风廉政建设》一文,被省纪检委推荐到由中纪委、中组部、中宣部举办的"学习贯彻党章,推进反腐倡廉工作"征文活动办公室,并被《先锋队》杂志(2006年第10期下)刊载。四是撰写的《山西依法行政工作的理论与实践经验》发表于《中国依法行政年鉴》(2006)。五是《论公众参与立法活动》《提高规范性文件质量是推进依法行政工作中的大事》两篇文章分别发表于《政府法制》杂志2006年第3期和第10期。在学术交流方面,政府法制研究所的研究人员分别于3月份和8月份,参加了中国社会科学院法学研究所在北京和大连举办的"全国法学类期刊、报刊编者与读者作者互动交流研讨会"和"市场经济法治建设与构建社会主义和谐社会"理论研讨会。7月参加了在湖南召开的十三省市经济法理论研讨会,参会论文《理论研究八议》荣获"优秀论文一等奖"。12月参加了省委政法委和法学会组织的"三晋法治论坛"理论研讨会,推荐了3篇理论文章参加研讨,其中《群体性事件与山西地方立法》荣获"优秀论文一等奖"。本年度省政府法制机构领导还在《前进》杂志2006年第4期发表了《提供"五大"保障服务对外开放》的文章,该文还被《晋政信息》全文刊载。 (郭文强)

**【2006年公布实施的省人民政府规章及规章立法解释目录】** 一、规章14件:

1. 山西省危险化学品安全管理办法(2006年1月8日省人民政府令第184号公布);

2. 山西省企业投资项目核准暂行办法(2006年1月12日省人民政府第185号令公布);

3. 山西省企业投资项目备案暂行办法(2006年1月12日省人民政府令第186号公布);

4. 山西省煤炭资源整合和有偿使用办法(2006年2月28日省人民政府令第187号公布);

5. 山西省市政公用事业特许经营管理办法(2006年5月26日省人民政府令第188号公布);

6. 山西省重点工业污染源治理办法(2006年8月14日省人民政府令第189号公布);

7. 山西省行政机关规范性文件制定程序暂行办法(2006年8月30日省人民政府令第190号公布);

8. 山西省行政机关归集和公布企业信用信息管理办法(2006年8月30日省人民政府令第191号公布);

9. 山西省禁止非医学需要鉴定胎儿性别和选择人工终止妊娠的规定(2006年9月14日省人民政府令第192号公布);

10. 山西省促进行业协会发展规定(2006年9月13日省人民政府令第193号公布);

11. 山西省高新企业产业化项目和企业认定办法(2006年9月10日省人民政府令第194号公布);

12. 山西省人工影响天气办法(2006年9月14日省人民政府令第195号公布);

13. 山西省保障残疾人合法权益规定(2006年12月23日省人民政府令第196号);

14. 山西省体育竞赛管理办法(2006年12月20日省人民政府令第197号)。

二、立法解释3件:

1. 关于征地补偿分配中村集体经济组织成员界定的批复(晋政函〔2006〕67号);

2. 关于《长治市人民政府关于征收征用农民集体所有土地补偿费分配使用问题的请示》的批复(晋政函〔2006〕68号);

3. 关于执行《山西省征收征用农民集体所有土地征地补偿费分配使用办法》有关问题的批复(晋政函〔2006〕83号)。

(郭文强)

## ·批　复·

**【关于征地补偿费分配中"村集体经济组织成员"界定的批复晋政函〔2006〕67号】** 忻州市人民政府:你市《关于征地费分配中村集体经济组织成员界定的请示》(忻政〔2006〕4号)收悉。现批复如下:

《山西省征收征用农民集体所有土地

征地补偿费分配使用办法》（山西省人民政府令第182号）第十二条第一款、第十三条第二款规定“本集体经济组织依法享有土地承包经营权的成员”是指户口在本村集体经济组织，并依法享有取得土地承包经营权的村民。

**【关于《长治市人民政府关于征收征用农民集体所有土地补偿费分配使用问题的请示》的批复晋政函〔2006〕68号】** 长治市人民政府：你市《关于征收征用农民集体所有土地补偿费分配使用问题的请示》（长政发〔2006〕4号）收悉。现批复如下：

《山西省征收征用农民集体所有土地征地补偿费分配使用办法》（山西省人民政府令第182号）第十九条规定：“《中华人民共和国农村土地承包法》实施后，征收征用农民集体所有土地的，本办法公布之日，土地补偿费尚未分配的，应当按照本办法规定分配使用；尚未全部分配的，应当先保证被征地农民依法所得，剩余部分留给集体经济组织。”《中华人民共和国农村土地承包法》是2003年3月1日起实施的，而王曲发电厂的用地批准文件及征地行为均发生在2002年。因此，王曲发电厂征地补偿费的分配使用不适用《山西省征收征用农民集体所有土地征地补偿费分配使用办法》。

**【关于执行《山西省征收征用农民集体所有土地征地补偿费分配使用办法》有关问题的批复晋政函〔2006〕83号】** 吕梁市人民政府：

《吕梁市人民政府关于执行〈山西省征收征用农民集体所有土地征地补偿费分配使用办法〉有关问题的请示》（吕政报〔2006〕30号）收悉。现批复如下：

一、《山西省征收征用农民集体所有土地征地补偿费分配使用办法》（山西省人民政府令第182号）第十九条规定：“土地补偿费尚未分配的”是指发生在《中华人民共和国农村土地承包法》实施后的征地行为，截止到二〇〇五年十月十八日，征地单位支付的全部土地补偿费尚在征地补偿费专户储存，未分配使用的情形。

“尚未全部分配的”是指发生在《中华人民共和国农村土地承包法》实施后的征地行为，截止到二〇〇五年十月十八日，征地单位支付的征地补偿费，已有一部分按照原征地补偿分配方案分配使用，尚有部分未分配和使用的情形。

二、《山西省征收征用农民集体所有土地征地补偿费分配使用办法》（山西省人民政府令第182号）第十九条规定：“尚未全部分配的，应当首先保证被征地农户依法所得”是指截止到二〇〇五年十月十八日，尚未分配部分的土地补偿费，应当按照本办法规定的分配比例优先保证被征地农户的所得。

“对于村集体在征地款全部到位前已用于公益性事业，但尚未支付的资金该如何处理”的问题。如果确实证明当时该公益事业是计划由到位后的土地补偿费支付的，可以认为是已经分配使用了土地补偿费。支付完毕有关费用，剩余部分应当按照“尚未全部分配的”对待。

三、发生在《中华人民共和国农村土地承包法》实施后的征地行为，如果按当时制定的补偿方案，已于二〇〇五年十月十八日前将属于被征地农户的征地补偿费全部兑现给被征地农户，剩余部分已全部用于公益事业等支出的，《山西省征收征用农民集体所有土地征地补偿费分配使用办法》没有涉及的，即不适用本办法调整范畴。如果征地补偿费的分配发生在二〇〇五年十月十八日到十二月一日之间，就应当按本办法规定执行。

·规章选登·

# 山西省危险化学品安全管理办法

（山西省人民政府令第184号 2006年1月8日）

## 第一章 总 则

**第一条** 为了加强危险化学品的安全管理，保障人民生命、财产安全，保护环境，依据《安全生产法》、《危险化学品安全管理条例》（以下简称《条例》）等有关法律、法规，制定本办法。

**第二条** 在本省行政区域内生产、储存、使用、经营、运输危险化学品和处置废弃危险化学品、危险化学品事故应急救援及其监督管理活动，适用本办法。

**第三条** 本办法所称危险化学品，包括爆炸品、压缩气体和液化气体、易燃液体、易燃固体、自燃物品及遇湿易燃物品、氧化剂、有机过氧化物、有毒品、腐蚀品等。

**第四条** 县级以上人民政府应当加强本行政区域内危险化学品的安全管理，其主要职责是：

（一）建立健全危险化学品安全监督管理体系；

（二）对危险化学品的生产、储存实行统一规划、合理布局；

（三）组织有关部门制定危险化学品事故应急救援预案，领导和指挥危险化学品事故的应急救援；

（四）组织危险化学品安全生产大检查；

（五）组织不具备安全生产条件的危险化学品生产、储存企业的转产、停产、关闭及搬迁工作；

（六）每半年组织召开一次由有关部门参加的联席会议，协调解决危险化学品安全管理中存在的重大问题。

**第五条** 县级以上人民政府安全生产监督管理部门负责本行政区域内危险化学品安全的综合监督管理工作。

公安、环保、卫生、交通、工商、建设、商务、农业、质监、铁路、民航、邮政等有关部门，在各自的职责范围内负责危险化学品的安全监督管理工作。

有关法律、法规、规章及国家和省人民政府有关规定，对省、设区的市、县各有关部门实施危险化学品安全的监督管理职责已做划分的从其规定；尚未划分的，由省级各有关部门按照权责统一、便于监管的原则自行划分。

**第六条** 危险化学品从业单位应当具备有关法律、法规和国家标准或者行业标准规定的安全条件。

危险化学品从业单位的主要负责人对本单位危险化学品的安全负责。

危险化学品从业单位应当对从业人员进行安全生产教育和培训，保证从业人员具备必要的安全知识。从业人员应当熟悉有关安全生产的规章制度、安全操作规程和应急救援措施，掌握本岗位的安全操作技能，经考核合格，方可上岗。

**第七条** 危险化学品从业单位应当接受有关部门依法实施的监督检查，不得拒绝、阻挠。

**第八条** 负有危险化学品安全监督管理职责的有关部门应当建立举报制度，及时处理危险化学品安全违法行为。

任何单位和个人都有权检举、控告违反《条例》和本办法的行为。鼓励、支持全社会对危险化学品安全管理进行监督。

## 第二章 危险化学品的生产、储存和使用

**第九条** 危险化学品生产、储存实行审批制度。未经审批，任何单位和个人不得生产、储

存危险化学品。

设立危险化学品生产、储存企业，应当按规定分别向省、设区的市安全生产监督管理部门提出申请，并提交《条例》第九条规定的文件和城乡规划部门的建设项目选址意见书。

省、设区的市安全生产监督管理部门对提交的申请，应当在受理之日起20个工作日内完成审查工作，提出审查意见后，报同级人民政府作出批准或者不予批准的决定。予以批准的由同级安全生产监督管理部门颁发批准书；不予批准的，书面通知申请人。

前款规定省、设区的市人民政府对设立危险化学品生产、储存企业作出批准的决定权，可以委托其所属的安全生产监督管理部门行使。

申请人凭安全生产监督管理部门颁发的批准书向工商部门办理登记注册或者经营范围变更手续。

**第十条** 新建、改建、扩建危险化学品生产、储存项目（以下简称危险化学品建设项目），必须依照本办法第九条的规定审查批准。

**第十一条** 属于易燃易爆危险化学品建设项目的消防设计，应当由公安消防机构依法审核。建设项目竣工后，由公安消防机构依法进行验收；未经验收或者验收不合格的，不得投入使用。

**第十二条** 危险化学品建设项目的环境影响评价文件应当向环保部门依法报批。建设项目竣工后，由环保部门对其环保设施依法进行验收；未经验收或者验收不合格的，不得投入使用。

**第十三条** 可能产生职业病危害的危险化学品建设项目，其职业病危害预评价报告应当由卫生部门依法审核。建设项目竣工验收前，应当进行职业病危害控制效果评价，其职业病防护设施应当由卫生部门依法验收，验收合格后，方可投入正式生产或者使用。

**第十四条** 危险化学品建设项目的安全设施设计应当由安全生产监督管理部门依法审查。建设项目竣工试运行期满后，由安全生产监督管理部门对其安全设施依法进行验收；未经验收或者验收不合格的，不得投入正式生产或者使用。

**第十五条** 危险化学品建设项目应当由具有相应资质的单位进行设计、施工。设计、施工单位对其设计、施工工程的安全负责。

**第十六条** 在危险化学品建设项目设计前及竣工后，应当由具有相应资质的安全评价机构对其进行安全预评价、安全验收评价。评价机构对其评价结果负责。

**第十七条** 危险化学品建设项目经安全验收合格后，应当依法向省安全生产监督管理部门申请办理或者变更安全生产许可证，向省质监部门申请办理生产许可证。

**第十八条** 危险化学品的包装物、容器，应当由省安全生产监督管理部门审查合格的专业生产企业定点生产。专业生产企业必须取得质监部门颁发的生产许可证。

使用气瓶充装危险化学品的单位，应当依法取得质监部门颁发的气瓶充装登记证，方可从事充装活动。

**第十九条** 生产、储存、使用、经营剧毒化学品和储存数量构成重大危险源的其他危险化学品的单位，应当将储存数量、地点以及管理人员的情况向当地公安部门和安全生产监督管理部门备案。危险化学品储存、保管及相关记录必须符合《条例》的规定和有关国家标准。

**第二十条** 使用危险化学品可能产生职业中毒危害的单位，其作业场所的安全条件必须符合国家有关规定，并取得安全生产监督管理部门依法颁发的职业卫生安全许可证。

**第二十一条** 危险化学品生产、储存、使用、经营单位，应当设置安全管理机构或者配备专职安全管理人员，建立健全安全生产管理规章制度和安全生产责任制。

**第二十二条** 在危险化学品生产、储存企业周边，规划和建设工业设施、公共设施、居住区等人口密集场所，必须符合国家规定的安全防护距离标准。

因企业改、扩建造成危险化学品生产装置和储存设施与有关场所和区域的安全防护距离，不符合国家有关规定的，由县级以上安全生产监督管理部门责令其在规定期限内进行整改；需要转产、停产、搬迁或者关闭的，报当地同级人民政府批准后实施，有关费用由企业承担。

因城市发展或者有关部门规划不合理造成危险化学品生产、储存企业与有关场所和区域的安全防护距离，不符合国家有关规定的，由县级以上安全生产监督管理部门报当地同级人民政府组织相关部门进行清理整顿或者转产、搬迁，相关费用视具体情况由当地政府、企业和有关部门承担。

**第二十三条** 单位或者个人，在危险化学品生产、储存企业周边安全防护距离内，建设工业设施、公共设施、居住区等人口密集场所的，县级以上安全生产监督管理部门应当责令其自行拆除；拒不拆除的，由县级以上安全生产监督管理部门组织有关部门拆除，所需费用由违法建设单位或者个人承担。

## 第三章　危险化学品的经营

**第二十四条** 危险化学品经营销售实行许可制度。

经营危险化学品，应当按规定分别向省、设区的市安全生产监督管理部门申请办理危险化学品经营许可证。未经许可，任何单位和个人不得经营危险化学品。

申请人凭危险化学品经营许可证向工商部门办理登记注册或者经营范围变更手续。

**第二十五条** 危险化学品经营许可证分为甲、乙两种。

取得甲种危险化学品经营许可证，可以经营剧毒化学品、成品油（含运输工具用液化或者压缩气体、醇醚类燃料）及其他危险化学品。取得乙种危险化学品经营许可证，只能经营除剧毒化学品和成品油以外的其他危险化学品。

经营企业必须按危险化学品经营许可证载明的经营范围从事经营活动。

**第二十六条** 从事成品油批发、仓储、零售经营活动，申请危险化学品经营许可证，应当分别提供商务部门颁发的成品油批发经营批准证书、成品油仓储经营批准证书、成品油零售经营批准证书。

从事属于危险化学品农药（含杀鼠剂）经营活动，申请危险化学品经营许可证，应当符合国家规定的从业资格要求。

**第二十七条** 危险化学品生产企业销售本单位生产的危险化学品，不再办理危险化学品经营许可证。但销售非本单位生产的危险化学品或者在厂外设立销售点的，仍需办理危险化学品经营许可证。

**第二十八条** 禁止转让、买卖、出租、出借、伪造或者变造危险化学品经营许可证。

**第二十九条** 购买剧毒化学品，应当遵守下列规定：

（一）生产、科研、医疗等单位经常使用剧毒化学品的，应当根据国家有关规定，向单位所在地设区的市公安部门申请领取购买凭证，凭购买凭证购买；

（二）单位临时需要购买剧毒化学品的，应当凭本单位出具的证明（注明品名、数量、用途），向单位所在地设区的市公安部门申请领取准购证，凭准购证购买；

（三）个人不得购买农药（含杀鼠剂）以外的剧毒化学品。

剧毒化学品生产、经营企业不得向个人或者无购买凭证、准购证的单位销售剧毒化学品。

## 第四章　危险化学品的运输

**第三十条** 危险化学品运输实行许可制度。

从事危险化学品道路运输经营的，应当取得设区的市道路运输管理机构颁发的道路运输经营许可证。

使用自备专用车辆从事非经营性道路危险化学品运输的，应当取得设区的市道路运输管理机构颁发的道路危险货物运输许可证。

从事危险化学品水路运输经营的，应当取得交通部门相应的运输资质。

从事危险化学品运输经营的单位，凭交通

部门或者道路运输管理机构颁发的运输资质或者道路运输经营许可证到工商部门办理登记注册手续。

**第三十一条** 承运危险化学品运输的车辆，必须取得道路运输管理机构发放许可证后配发的车辆营运证，并随车携带。

危险化学品运输车辆，必须按有关规定设置明显标识。

**第三十二条** 承担危险化学品运输的驾驶人员、船员、装卸管理人员和押运人员，应当经过安全知识培训，经市级以上交通部门考核，取得从业资格证后，方可上岗。

**第三十三条** 运输危险化学品，托运人只能委托有危险化学品运输资质的运输单位承运。

通过道路运输剧毒化学品的，托运人应当向目的地县级公安交通管理部门申请办理剧毒化学品道路运输通行证。

**第三十四条** 危险化学品的托运人，在装载危险化学品时应当检验运输车船的资质证件以及车船配载容器的检验合格证，根据车船核定吨位（量）进行装载。托运人应当向承运人提供与装载危险化学品一致的安全技术说明书、安全标签，将危险性告知承运人。剧毒化学品的托运人还应当核实剧毒化学品道路运输通行证，并出具剧毒化学品运输装载清单。

**第三十五条** 通过铁路、民航运输危险化学品的，按照国务院铁路、民航部门的有关规定执行。

任何单位和个人不得邮寄或者在邮件内夹带危险化学品；不得将危险化学品匿报或者谎报为普通物品邮寄。

## 第五章 废弃危险化学品的处置

**第三十六条** 处置废弃危险化学品，应当依照国家有关法律、法规的规定执行。

**第三十七条** 从事危险化学品废弃物收集、贮存、处置经营活动的单位，应当向环保部门申请领取许可证。

**第三十八条** 危险化学品的生产、储存、使用和经营单位转产、停产、停业或者破产的，应当采取有效措施，对危险化学品的生产或者储存设备、库存产品及生产原料进行安全处置，不得留有事故隐患。处置方案应当报所在地设区的市安全生产监督管理部门、环保部门、公安部门备案。设区的市安全生产监督管理部门应当对处置情况进行监督检查。

禁止任何单位和个人随意弃置废弃危险化学品。

**第三十九条** 公众上交的危险化学品由县级以上公安部门负责接收。公安部门应当建立危险化学品专用仓库储存上交和收缴的危险化学品，并须明确专人负责保管，严防丢失、被盗流散社会。

县级以上公安部门负责将上交和收缴的危险化学品移交给环保部门认定的专业单位处置。

县级以上人民政府应当安排必要的资金，用于上交和收缴的危险化学品的储存与处置。

**第四十条** 产生废弃危险化学品的单位不能依法自行处置废弃危险化学品的，可以由所在地县级以上环保部门代为处置，处置费用由产生废弃危险化学品的单位承担。无主废弃危险化学品的处置费用由当地县级人民政府承担。

**第四十一条** 设区的市人民政府负责组织规划和建设废弃危险化学品的集中处置设施。

## 第六章 危险化学品事故应急救援和调查处理

**第四十二条** 危险化学品生产、储存单位以及使用剧毒化学品和数量构成重大危险源的其他危险化学品的单位，应当向省安全生产监督管理部门备案，为危险化学品事故预防和应急救援提供技术、信息支持。

**第四十三条** 县级以上安全生产监督管理部门应当会同同级有关部门制定危险化学品事故应急救援预案，报本级人民政府批准后实施。

**第四十四条** 危险化学品从业单位应当制定事故应急救援预案，配备应急救援人员和必要的应急救援器材、设备，并定期组织演练。

危险化学品从业单位应当将其应急救援预案，报当地设区的市、县安全生产监督管理部门和有关部门备案。

**第四十五条** 大型危险化学品生产、储存企业应当成立专业应急救援队伍。其他危险化学品生产、储存单位应当与当地专业应急救援队伍签订协助救援协议。企业应急救援队伍为外单位提供救援服务的，所发生的费用由发生事故的单位承担。

发生危险化学品事故，单位主要负责人应当按本单位制定的应急救援预案，立即组织救援，并立即报告当地安全生产监督管理部门和公安、环保、质监部门。

**第四十六条** 县级以上人民政府应当做好应急救援的指挥和领导工作。安全生产监督管理部门和环保、公安、卫生等有关部门，应当按照当地应急救援预案组织实施救援，不得拖延、推诿。

县级以上人民政府应当保证应急救援体系建设的经费支出，纳入财政预算，实行专款专用。

**第四十七条** 发生危险化学品事故，按照事故等级和有关规定，分别由省、设区的市、县安全生产监督管理部门牵头组织公安、监察、工会等有关部门进行调查处理。

**第四十八条** 建立危险化学品企业安全生产风险抵押金制度。具体办法由省安全生产监督管理部门会同省财政部门制定。

## 第七章 法律责任

**第四十九条** 违反本办法第九条、第十条、第十八条、第二十四条、第三十条、第三十二条、第三十三条、第三十八条规定，分别由县级以上安全生产监督管理部门、工商部门、质监部门、交通部门、公安部门依据《条例》的规定处罚。

违反本办法第二十五条规定，经营单位超过危险化学品经营许可证经营范围从事经营活动的，其超范围经营部门按照无证经营处罚。

**第五十条** 违反本办法第十一条规定，由县级以上公安消防机构依据《消防法》的规定处罚。

**第五十一条** 违反本办法第十二条规定，由有权审批该项目环境影响评价文件的环保部门依据《环境影响评价法》的规定处罚。

**第五十二条** 违反本办法第十三条规定，由县级以上卫生部门依据《职业病防治法》的规定处罚。

**第五十三条** 违反本办法第十四条规定，由县级以上安全生产监督管理部门依据《安全生产法》的规定处罚。

**第五十四条** 违反本办法第十七条规定，由县级以上安全生产监督管理部门依据《安全生产许可证条例》的规定处罚。

**第五十五条** 违反本办法第二十八条规定，危险化学品经营单位非法转让、买卖、出租、出借、伪造或者变造危险化学品经营许可证的，处以1万元以上3万元以下的罚款。

**第五十六条** 违反本办法第三十四条规定，危险化学品的托运人有下列行为之一的，由县级以上安全生产监督管理部门处以1万元以上3万元以下的罚款：

（一）未检验运输车船资质证件以及车船配载容器的检验合格证装载发运危险化学品的；

（二）未根据车船核定吨位（量），装载发运危险化学品的；

（三）未向承运人提供与装载危险化学品一致的安全技术说明书、安全标签或者未将危险性告知承运人的；

（四）未出具剧毒化学品运输装载清单的。

**第五十七条** 对危险化学品安全依法实施监督管理的有关部门主要负责人和负有直接责任的工作人员，在实施监督管理工作中滥用职权、玩忽职守、徇私舞弊，依照有关规定给予行政处分；构成犯罪的，依法追究刑事责任。

## 第八章　附　　则

**第五十八条**　本办法第三条所称危险化学品的具体种类是指国家安全生产监督管理部门会同国务院有关部门公布的《危险化学品名录》列入的化学品。

剧毒化学品是指国家安全生产监督管理部门会同国务院有关部门公布的《剧毒化学品名录》列入的化学品。

**第五十九条**　民用爆炸品、放射性物品、核能物质和城镇燃气的安全管理，不适用本办法。

作为化工原料等非燃料用途的天然气、液化石油气、人工煤气和监控化学品、危险化学品类农药的安全管理，依照本办法的规定执行。

**第六十条**　本办法自2006年2月1日起施行。

# 山西省企业投资项目核准暂行办法

（山西省人民政府令第185号　2006年1月12日）

## 第一章　总　　则

**第一条**　为推动投资体制改革，规范企业投资项目的管理，加强和改善宏观调控，根据《中华人民共和国行政许可法》、《国务院关于投资体制改革的决定》，结合本省实际，制定本办法。

**第二条**　本省行政区域内企业投资项目的核准适用本办法。外商投资项目、境外投资项目和国外贷款项目按照其他有关规定执行。

本办法所称企业投资项目是指企业不使用政府性资金投资建设属于《山西省企业投资项目核准目录》（以下简称《目录》，见附件）中所列的项目。

**第三条**　县级以上人民政府投资主管部门负责企业投资项目的核准和监督管理工作。

本办法所称政府投资主管部门是指县级以上人民政府发展和改革委员会（发展计划局）和具有企业技术改造投资管理职能的经济委员会（经济贸易局）。

## 第二章　项目申请报告的内容及编制

**第四条**　企业投资建设《目录》中所列的项目，应当编制项目申请报告。

项目申请报告应当由具备相应工程咨询资格的机构编制。由省人民政府投资主管部门核准的项目，其项目申请报告应当由具备乙级以上工程咨询资格的机构编制，其中总投资2亿元以上项目应当由具备甲级咨询资格的机构编制。

**第五条**　项目申请报告应主要包括以下内容：

（一）项目申报单位情况；

（二）拟建项目情况；

（三）拟建设用地与相关规划；

（四）资源利用和能源耗用分析；

（五）生态环境影响分析；

（六）经济和社会效果分析；

**第六条**　企业投资建设《目录》中所列项目的，应当向政府投资主管部门报送项目申请报告一式5份，并附下列文件或资料：

（一）城市规划行政主管部门出具的城市规划意见；

（二）国土资源行政主管部门出具的用地预审意见；

（三）环境保护行政主管部门出具的环境影响评价报告的审批意见；

（四）按规定需招标的项目，应当附招标初步方案；

（五）建设项目需要取用地下水的，应当出具取水预申请批准文件；

（六）法律、法规规定应当提交的其他文件或者资料。

项目申报企业应当对所有申报材料的真实性负责。

## 第三章　核准程序

**第七条**　国务院有关行业主管部门隶属企业在本省投资建设应当由国务院有关行业主管部门核准的项目，计划单列企业集团和中央管理企业在本省投资建设应当由国务院投资主管部门核准的项目，在提交项目申请报告时，应当附省人民政府投资主管部门的意见。

其他企业投资建设应当由国务院投资主管部门核准的项目，应当经省人民政府投资主管部门初审并提出意见，向国务院投资主管部门报送项目申请报告（企业技术改造项目由省人民政府经济委员会与省人民政府发展改革委员会联合上报）。

**第八条**　省属企业投资建设应当由省人民政府投资主管部门核准的项目，可以直接向省人民政府投资主管部门提交项目申请报告，并附项目所在地设区的市人民政府投资主管部门的意见。

其他企业投资建设应当由省人民政府投资主管部门核准的项目，应当经项目所在地设区的市人民政府投资主管部门初审提出意见，并向省人民政府投资主管部门报送项目申请报告。

企业投资建设应当由设区的市人民政府投资主管部门核准的项目，应当经项目所在地县级人民政府投资主管部门初审提出意见，并向设区的市人民政府投资主管部门报送项目申请报告。

**第九条**　政府投资主管部门受理企业项目申请报告，应当出具书面受理通知书；不予受理的，应当书面说明理由。申报材料不齐全或者不符合有关要求的，应当当场出具一次性书面告知通知书。

**第十条**　项目申请报告需要进行评估的，政府投资主管部门应当自受理项目申请报告之日起3个工作日内委托有资质的咨询机构进行评估。

接受委托的咨询机构应当对评估结论承担法律责任。

**第十一条**　对公众利益影响重大的项目，政府投资主管部门在进行审查时应当公开征求公众意见。必要时，可以组织专家评议。

**第十二条**　政府投资主管部门在审查项目申请报告时，如涉及其他行业主管部门的职能，应当书面征求有关部门意见。

有关部门应当自收到征求意见函（附项目申请报告）之日起7个工作日内，向政府投资主管部门提出书面意见；逾期未提出书面意见的，视为同意。

**第十三条**　政府投资主管部门应当自受理项目申请报告之日起15个工作日内，作出是否核准的决定，或者向上级政府投资主管部门提出初审意见。由于特殊原因，难以在15个工作日内作出核准决定的，经本机关负责人批准，可以延长10个工作日，并应当及时书面告知项目申报企业，说明延期理由。在规定时间内政府投资主管部门未作出是否核准的决定，也未及时书面通知项目申报企业的，视为核准。

政府投资主管部门委托评估、征求公众意见或者进行专家评议的，所需时间不计算在前款规定的期限内。

对核准的企业投资项目，政府主管部门应当向社会公布。

**第十四条**　对核准的企业投资项目，应当向项目申报企业出具项目核准文件，同时抄送相关部门和项目初审部门；对不予核准的项目，政府投资主管部门应向项目申报企业出具不予核准决定书，说明不予核准的理由，并抄送相关部门和项目初审部门。

## 第四章　核准内容及效力

**第十五条**　政府投资主管部门主要根据以下条件对拟建项目进行审查：

（一）符合法律、法规和规章的有关规定；

（二）符合国民经济和社会发展规划、行业规划、产业政策、行业准入标准和土地利用总体规划；

（三）符合国家宏观调控政策和本省产业结构调整的要求；

（四）地区布局合理；

（五）主要产品未对国内市场形成垄断；

（六）未影响国家和本省经济安全；

（七）合理开发并有效利用了资源；

（八）生态环境和自然文化遗产得到有效保护；

（九）未对公众利益，特别是建设项目所在地的公众利益产生重大不利影响。

**第十六条** 项目申报企业可以依据项目核准文件，依法办理土地使用、资源利用、城市规划、安全生产、设备进口和减免税确认等手续。

**第十七条** 项目核准文件有效期2年，自核准之日起计算。在核准文件有效期内开工建设的，项目申报企业应当在核准文件有效期届满30日前向政府投资主管部门申请延期，政府投资主管部门应当在核准文件有效期届满前做出是否准予延期的决定。在核准文件有效期内未开工建设也未向政府投资主管部门申请延期的，原项目核准文件自动失效。

**第十八条** 已经核准的项目，项目申报企业如果对项目核准文件所规定的内容进行调整，应当及时以书面形式向政府投资主管部门报告。政府投资主管部门应当根据项目调整的具体情况，出具书面确认意见或者要求其重新办理核准手续。

**第十九条** 对应当报政府投资主管部门核准而未申报的项目，或者虽然申报但未经核准的项目，国土资源、环境保护、城市规划、质量监督、证券监管、外汇管理、安全生产监管、水资源管理、海关等部门不得办理相关手续，金融机构不得发放贷款，企业不得开工建设。

政府投资主管部门应当会同城市规划、国土资源、环境保护、银行监管、安全生产、重大项目稽查等部门，加强对企业投资项目的监管。

## 第五章 法律责任

**第二十条** 项目申报企业对政府投资主管部门的核准决定有异议的，可以依法提出行政复议或者行政诉讼。

**第二十一条** 政府投资主管部门的工作人员，在项目核准过程中滥用职权、玩忽职守、徇私舞弊、索贿受贿的，依法给予行政处分；构成犯罪的，依法追究刑事责任。

**第二十二条** 咨询评估机构在评估过程中违反有关规定，出具虚假评估报告的，应当依法承担相应的法律责任。

**第二十三条** 项目申报企业以提供虚假材料等不正当手段取得项目核准文件的，政府投资主管部门应当撤销对该项目的核准决定，并依法追究相关法律责任。

**第二十四条** 违反本办法规定，企业投资项目未经政府投资主管部门核准擅自开工建设的，以及未按照项目核准文件的要求进行建设的，由政府投资主管部门责令其停止建设，可以并处3万元以下罚款；构成犯罪的，依法追究有关责任人员的刑事责任。

## 第六章 附 则

**第二十五条** 事业单位、社会团体等单位投资建设《目录》内的项目，参照本办法进行核准。

**第二十六条** 本办法自2006年3月1日起施行。

**附件：**

**山西省企业投资项目核准目录**（2004**年本**）

简要说明：

（一）根据《国务院关于投资体制改革的决定》制定本目录。

本目录适用本省行政区域内政府投资主管部门核准的项目。

（二）本目录所列项目，是指企业不使用政府性资金投资建设的重大和限制类固定资产投资项目。

（三）本目录明确规定由省人民政府投资主管部门、设区的市人民政府投资主管部门核准的项目，其核准权限不得下放。

根据促进经济发展的需要和不同行业的实际情况，可以对省属大型企业的投资决策权限特别授权。

设区的市、县级人民政府投资主管部门企业投资项目核准权限，由设区的市人民政府投资主管部门结合本地区实际情况，自行确定。

（四）需上报国务院投资主管部门核准的项目见国务院颁布的《政府核准的投资项目目录（2004年本）》。

（五）外商投资、境外投资的核准办法另行制定。

（六）本目录为2004年本。根据情况变化，将适时调整。

一、农林水利

农业：涉及开荒的项目由省人民政府投资主管部门核准。

水库：跨市河流上的水库项目和总库容5万立方米以上项目由省人民政府投资主管部门核准，其余项目由设区的市、县级人民政府投资主管部门核准。

其他水事工程：涉及跨市水资源配置调整的项目由省人民政府投资主管部门核准，其余项目由设区的市、县级人民政府投资主管部门核准。

二、能源

（一）电力

水电站：装机容量25万千瓦以下项目由省人民政府投资主管部门核准。

热电站：除燃煤项目外，由省人民政府投资主管部门核准。

风电站：总装机容量5万千瓦以下项目由省人民政府投资主管部门核准。

电网工程：330千伏以下电压等级的电网工程由省人民政府投资主管部门核准。

（二）煤炭

煤矿：国家规划矿区以外的煤炭开发项目由省人民政府投资主管部门核准。

煤炭液化：年产50万吨以下项目由省人民政府投资主管部门核准。

（三）石油、天然气

液化石油气接收、存储设施（不含油气田、炼油厂的配套项目）由省人民政府投资主管部门核准。

输气管网（不含油气田集输管网）：年输气能力5亿立方米以下项目由省人民政府投资主管部门核准。

三、交通运输

（一）铁道

新建（含增建）铁路：省内100公里以下省属项目由省人民政府投资主管部门核准。

（二）公路

公路：国家高速公路网以外的高速公路、跨省区以外和国道主干线以外的国道、省道、其他收费公路以及跨市的公路项目由省人民政府投资主管部门核准，其余项目由设区的市、县级人民政府投资主管部门核准。

独立公路桥梁、隧道：跨省区以外，长度100米以上或者涉及跨市协调的项目由省人民政府投资主管部门核准，其余项目由设区的市、县级人民政府投资主管部门核准。

（三）民航

扩建机场：总投资10亿元以下省属项目由省人民政府投资主管部门核准。

四、原材料

钢铁：探明工业储量5000万吨以下规模的铁矿开发项目由省人民政府投资主管部门核准。

有色：总投资5亿元以下的矿山开发项目由省人民政府投资主管部门核准。

化肥：磷矿肥项目及年产50万吨以下钾矿肥项目由省人民政府投资主管部门核准。

水泥：除禁止类项目外，由省人民政府投资主管部门核准。

稀土：总投资在1亿元以下的稀土深加工项目由省人民政府投资主管部门核准。

黄金：日采选矿石500吨以下项目由省人民政府投资主管部门核准。

五、轻工烟草

纸浆：年产3.4万吨（含）～10万吨（不含）纸浆项目由省人民政府投资主管部门核准，其他纸浆项目禁止建设。

糖：日处理糖料1500吨以上项目由省人民政府投资主管部门核准，其他糖料项目禁止建设。

六、城建

城市供水：50万吨/日以下跨市调水项目或者供水1万吨/日以上项目，由省人民政府投资主管部门核准，其余项目由设区的市、县级人民政府投资主管部门核准。

城市垃圾焚烧发电及危险废弃物处理项目由省人民政府投资主管部门核准。

城市污水处理：日处理5万吨以上项目由省人民政府投资主管部门核准，其余由设区的市人民政府投资主管部门核准。

城市生活垃圾处理：日处理200吨以上项目由省人民政府投资主管部门核准，其余由设区的市人民政府投资主管部门核准。

经济适用住房由省人民政府投资主管部门核准。

普通商品住房：建筑面积10万平方米以上的住宅小区项目由省人民政府投资主管部门核准。其余由设区的市、县级人民政府投资主管部门核准。

其他房地产项目由省人民政府投资主管部门核准。

其他城建项目由设区的市、县级人民政府投资主管部门核准。

七、社会事业

教育、卫生、文化、体育、广播电影电视等社会事业项目：大学城、医学城及其他园区类项目以外的省属单位项目和总投资1亿元以上项目由省人民政府投资主管部门核准。其他项目由设区的市、县级人民政府投资主管部门核准。

旅游：国家及省重点风景名胜区、自然保护区、重点文物保护单位区域内总投资1000万元以上、5000万元以下（不含）旅游开发和资源保护设施，世界自然、文化遗产保护区内总投资1000万元以上、3000万元以下（不含）项目，由省人民政府投资主管部门核准。

八、外商投资

《外商投资产业指导目录》和《中西部地区外商投资优势产业目录》中总投资（包括增资）5000万美元以上、1亿美元以下（不含）鼓励类、允许类项目，5000万美元以下（不含）限制类项目由省人民政府投资主管部门核准。

总投资（包括增资）5000万美元以下鼓励类、允许类项目由设区的市、县级人民政府投资主管部门核准；

太原市享受总投资1亿美元以下鼓励类项目的核准权限。

九、境外投资

中方投资3000万美元以下（不含）资源开发类境外投资项目、中方投资用汇额1000万美元以下（不含）非资源类境外投资项目由省发展和改革部门核准。

## 山西省企业投资项目备案暂行办法

（山西省人民政府令第186号
2006年1月12日）

**第一条** 为监测企业投资活动，加强和改善宏观调控，保障企业投资自主权，根据《国务院关于投资体制改革的决定》，制定本办法。

**第二条** 本省行政区域内，企业不使用政府性资金投资建设《山西省企业投资项目核准目录》（见《山西省企业投资项目核准暂行办法》）以外的项目，适用本办法。

**第三条** 县级以上人民政府投资主管部门负责企业投资项目的备案和监督管理工作。

本办法所称政府投资主管部门是指县级以上人民政府和改革委员会（发展计划局）和具有企业技术改造投资管理职能的经济委员会（经济贸易局）。

**第四条** 企业投资项目备案实行分级管理。

省属企业的投资项目、跨设区的市的企业投资项目和总投资1亿元以上（技术改造项目5000万元以上）的企业投资项目，由省人民政府投资主管部门备案。

总投资在1亿元以下（技术改造项目5000万元以下）的企业投资项目，由设区的市、县级人民政府投资主管部门备案，并抄报上级人民政府投资主管部门。

设区的市、县级人民政府投资主管部门企业投资项目备案管理权限划分，由设区的市人民政府投资主管部门结合本地区实际情况自行确定。

**第五条** 企业投资项目应当符合法律、法规和国家、省产业政策规定。

**第六条** 企业办理投资项目备案手续的，应当填写《山西省企业投资项目备案表》，并按照投资项目备案分级管理权限的规定到有关政府投资主管部门办理。

企业应当对备案所提供信息的真实性、准确性负责。

**第七条** 企业应当自依法办理完毕相关行政许可事项之日起30日内办理备案手续。

政府投资主管部门应当自收到企业填报的《山西省企业投资项目备案表》之日起5个工作日内予以备案，并出具备案文件。

对备案的企业投资项目，政府投资主管部门应当向社会公布。

**第八条** 为方便企业备案，政府投资主管部门应当逐步采取网上备案等多种备案方式办理备案手续。

**第九条** 企业违反本办法规定，向政府投资主管部门提供虚假信息或者采取其他手段隐瞒真实情况，骗取备案文件的，由县级以上人民政府投资主管部门公告注销备案文件。

企业未办理投资项目备案手续的，按照国家有关规定处理。

**第十条** 省人民政府投资主管部门应当建立全省投资项目备案信息管理制度，并对投资项目备案制度的执行情况进行监督检查。

**第十一条** 事业单位、社会团体等非企业单位投资建设本办法规定需要备案的项目，参照本办法执行。

**第十二条** 本办法自2006年3月1日起施行。

附件：山西省企业投资项目备案表

## 山西省煤炭资源整合和有偿使用办法

（山西省人民政府令第187号
2006年2月28日）

### 第一章 总 则

**第一条** 为了提高煤炭产业的集中度，加强对煤炭资源的保护和合理开发利用，维护矿产资源国家所有者权益，根据《中华人民共和国矿产资源法》等有关法律、法规，结合本省实际，制定本办法。

**第二条** 本省行政区域内实施煤炭资源整合和有偿使用适用本办法。

**第三条** 煤炭资源整合应当坚持科学规划、淘汰落后、明晰产权、资源/储量与生产规模和服务年限相匹配的原则。

煤炭资源有偿使用应当坚持公开、公平、公正的原则。

**第四条** 县级以上人民政府负责本行政区域内煤炭资源整合和有偿使用工作。

县级以上人民政府有关行政主管部门应当履行下列职责：

（一）国土资源部门负责煤炭资源整合和有偿使用工作的组织协调，负责核实煤炭资源/储量，办理采矿权变更登记，征收采矿权价款；

（二）煤炭工业部门负责对煤矿生产能力进行核定，并负责整合后矿井建设项目初步设计审批、竣工验收，办理煤炭生产许可证；

（三）煤矿安全监察机构负责对整合后矿井建设项目安全设施设计审查、竣工验收，矿井安全生产条件审核，办理安全生产许可证；

（四）工商部门负责对整合后采矿权人发生变更的煤炭企业的股份构成进行审核，依法办理企业名称预先核准和注册登记；

（五）财政部门负责监管采矿权价款的入库，会同国土资源部门审核采矿权价款转国有股份和国家资本金；

（六）国有资产监督管理部门负责监管采

矿权价款转国有股份和国家资本金形成的国有股权；

（七）行政监察机关负责对行政机关及其工作人员在煤炭资源整合和有偿使用工作中履行职责情况进行监察。

## 第二章　煤炭资源整合

**第五条**　煤炭资源整合是指以现有合法煤矿为基础，对两座以上煤矿的井田合并和对已关闭煤矿的资源/储量及其他零星边角的空白资源/储量合并，实现统一规划，提升矿井生产、技术、安全保障等综合能力；并对布局不合理和经整改仍不具备安全生产条件的煤矿实施关闭。

**第六条**　煤炭资源整合可以采取收购、兼并、参股等方式。

鼓励大中型企业参与煤炭资源整合，组建和发展大型企业集团。

**第七条**　有下列情形之一的煤矿（矿井），应当予以关闭，其资源参与整合：

（一）主要产煤县核定生产能力9万吨/年以下的；

（二）证照不全的；

（三）经整改仍不具备安全生产条件的；

（四）不具备采煤方法改革条件的；

（五）不符合环保要求的；

（六）布局不合理的。

**第八条**　有下列情形之一的煤矿，应当予以关闭，其资源不得参与整合。

（一）风景名胜、文物保护区的；

（二）重要水源地的；

（三）城市规划区的；

（四）交通枢纽区域的；

（五）其他法律、法规规定的。

**第九条**　主要产煤县核定生产能力30万吨/年以下的煤矿不得整合已关闭煤矿和其他空白资源/储量。

对于下组煤尚未整体开发的，不得进行整合。

**第十条**　县级行政区域内资源整合后新增资源面积不得超过整合前已占用资源总面积的10%；新增煤炭生产能力不得超过整合前核定生产能力的10%。

**第十一条**　县级人民政府应当按照资源整合的原则，编制煤炭资源整合和有偿使用工作方案，并逐级上报省人民政府。

县级人民政府应当将拟上报的煤炭资源整合和有偿使用工作方案向社会公示。

**第十二条**　省人民政府应当自收到煤炭资源整合和有偿使用工作方案15日内，委托国土资源部门会同煤炭工业部门和省级煤矿安全监察机构，组织专家论证，提出审核意见。

煤炭资源整合和有偿使用工作方案经省人民政府批准后实施。

**山西省企业投资项目备案表**

表4

<table>
<tr><td rowspan="3">投资主体基本情况</td><td>全　　称</td><td colspan="3"></td><td colspan="2" rowspan="2">法定代表人</td></tr>
<tr><td>注册地址</td><td colspan="3"></td></tr>
<tr><td>性　　质</td><td>1. 国有企业</td><td>2. 集体企业</td><td>3. 城乡个体</td><td>4. 其他类型企业</td><td>5. 事业单位和社会团体</td></tr>
<tr><td rowspan="15">项目基本情况</td><td>项目名称</td><td colspan="5"></td></tr>
<tr><td>建设性质</td><td>1. 新建</td><td>2. 扩建</td><td>3. 改建</td><td>4. 迁建</td><td>5. 其他</td></tr>
<tr><td>建地点</td><td colspan="5">省（区市）　　市　　县（区）　　乡（镇）</td></tr>
<tr><td rowspan="4">建设规模（主要产品年生产规模）</td><td colspan="5">1.</td></tr>
<tr><td colspan="5">2.</td></tr>
<tr><td colspan="5">3.</td></tr>
<tr><td colspan="5">4.</td></tr>
<tr><td>主要建设内容</td><td colspan="5"></td></tr>
<tr><td rowspan="2">资源消耗</td><td colspan="3">用水量　　立方米/天</td><td colspan="2">用电量　　万度/天</td></tr>
<tr><td colspan="3">用煤量　　吨/天</td><td colspan="2">用油量　　吨/天</td></tr>
<tr><td rowspan="2">废弃物排放</td><td colspan="3">废气量　　立方米/天</td><td colspan="2">废水量　　吨/天</td></tr>
<tr><td colspan="3">固体废弃物量　　吨/天</td><td colspan="2"></td></tr>
<tr><td>劳动就业</td><td colspan="3">总就业人员　　人</td><td colspan="2">其中管理人员　　人</td></tr>
<tr><td>拟新征用地</td><td colspan="3">亩，其中耕地面积　　亩</td><td colspan="2">总建筑面积　　平方米</td></tr>
<tr><td>计划开工时间</td><td colspan="3">年　　月</td><td colspan="2">建设期限　　个月</td></tr>
<tr><td rowspan="10">项目投资情况</td><td colspan="3" rowspan="2">项目总投资　　万元</td><td colspan="3">其中：固定资产投资　　万元</td></tr>
<tr><td colspan="3">铺底流动资金　　万元</td></tr>
<tr><td rowspan="8">资金来源</td><td colspan="5">A. 项目资本金　　万元，其中出资人及出资额：</td></tr>
<tr><td colspan="5">1.</td></tr>
<tr><td colspan="5">2.</td></tr>
<tr><td colspan="5">3.</td></tr>
<tr><td colspan="5">4.</td></tr>
<tr><td colspan="5">B. 直接融资　　万元</td></tr>
<tr><td colspan="5">C. 银行贷款　　万元</td></tr>
<tr><td colspan="5">D. 其他投资　　万元</td></tr>
<tr><td colspan="4">所附文件材料名称及份数：</td><td colspan="3"></td></tr>
<tr><td colspan="4">1. 企业决定投资建设的有效文件（必须）</td><td colspan="3">2. 营业执照副本</td></tr>
<tr><td colspan="4">3.</td><td colspan="3">4.</td></tr>
<tr><td colspan="4">项目负责人：</td><td colspan="3">联系电话：</td></tr>
<tr><td colspan="4">法定代表人（签字）：</td><td colspan="3">项目单位（盖章）：　　年　　月　　日</td></tr>
</table>

县级以上人民政府应当向社会公布经批准的煤炭资源整合和有偿使用工作方案。

**第十三条**　经省人民政府批准的煤炭资源整合和有偿使用工作方案确定关闭的矿井，应当自该方案批准之日起30日内，省有关部门要吊销或收回有关证照，并由县级人民政府按照规定标准实施关闭。对整合改造可以利用的井筒，要拆除所有设备、设施，专人看守，改造设计完成后加以利用或炸毁。

**第十四条**　煤炭资源整合后的煤矿必须实现壁式开采，达到一矿一井、两个安全出口、全负压通风等法律、法规规定的安全生产条件。对历史原因形成的多井口煤矿，因地质构造因素不能整合为一矿一井的，由省人民政府煤炭工业部门会同省国土资源部门、安全监察机构进行认定，并由国土资源部门分立采矿许可证。

厚煤层采区回采率不低于75%，中厚煤层不低于80%，薄煤层不低于85%。

**第十五条** 煤炭资源整合后的煤矿必须依法办理采矿许可证、煤矿安全生产许可证、煤炭生产许可证、企业法人营业执照，煤矿矿长应当取得矿长资格证和矿长安全资格证。

### 第三章 有偿使用

**第十六条** 煤炭资源有偿使用是指通过行政审批取得采矿的资源应当按照公开竞价的方式出让。

**第十七条** 采矿权价款由县级人民政府国土资源部门负责收取。

采矿权价款收取标准见附录；省人民政府可以根据市场情况调整采矿权价款收取标准。

**第十八条** 县级人民政府国土资源部门收取的采矿权价款，按照省、市、县2∶3∶5比例分配；资源整合过程中通过公开竞价出让采矿权收取的采矿权价款，按照省、市、县2∶3∶5比例分配。

县级人民政府国土资源部门收取的采矿权价款应当上缴同级财政专户，并由县级人民政府财政部门按照前款比例分别上缴省、设区的市财政专户。

**第十九条** 未整合煤矿和整合后煤矿的资源/储量应当由有资质的中介机构进行检测，并出具资源/储量检测报告。资源/储量检测报告应当由设区的市人民政府国土资源部门进行核查，并报省人民政府国土资源部门备案，备案结果作为缴纳采矿权价款的依据。

设区的市人民政府国土资源部门对中介机构出具的资源/储量检测报告进行核查时，应当组织专家评审。

中介机构出具的资源/储量检测报告应当真实、可靠。

**第二十条** 采矿权人缴纳采矿权价款可以采取货币缴纳、转为国有股份、转为国家资本金三种方式。

**第二十一条** 煤种为焦煤、1/3焦煤、肥煤、炼焦配煤（瘦煤、贫瘦煤、肥气煤）、无烟煤的资源/储量在800万吨以下的煤矿和煤种为贫煤、优质动力煤（弱粘煤）、气煤及其他煤种资源/储量在1000万吨以下的煤矿，采矿权价款缴纳应当采取货币缴纳方式，标准一次确定，价款一次交清。

除前款规定以外的煤矿，资源/储量定量、分期分段出让，价款按省人民政府公布的标准执行。

**第二十二条** 本办法第二十一条第二款规定的煤矿采矿权价款可以按有关规定转为国有股份和国家资本金。

**第二十三条** 县级以上人民政府对采矿权价款转为国有股份和国家资本金形成的国有股权，按现行国有资产管理体制管理。

**第二十四条** 采矿权价款应当纳入同级财政预算管理。

省、设区的市人民政府分配所得的采矿权价款，主要用于矿产资源勘查、保护和管理。

县级人民政府分配所得的采矿权价款，主要用于煤炭资源整合中关闭合法矿井的补偿和煤矿企业所涉及乡村的地质生态环境治理。

### 第四章 监督检查

**第二十五条** 县级以上人民政府国土资源部门、煤炭工业部门、各级煤矿安全监察机构及其他有关部门应当密切配合，信息共享，在各自职责范围内加强对煤炭资源整合和有偿使用工作的监督检查。

监督检查可以采取联合执法的方式。

**第二十六条** 县级以上人民政府国土资源部门、煤炭工业部门、各级煤矿安全监察机构应当公布举报电话、电子信箱，接受公众举报和投诉。

### 第五章 法律责任

**第二十七条** 违反本办法第十三条规定，确定关闭的矿井逾期未关闭或者未达到关闭标准的，由行政监察机关对县级人民政府主要负责人、直接主管的负责人及相关责任人员给予行政处分。

**第二十八条** 违反本办法第十九条规定，中介机构提供虚假检测报告，由县级以上人民政府国土资源部门给予警告，其行为记入企业不良信息，可以在有关媒体公布。情节严重的，根据国家有关规定，取消其相关资质。构成犯罪的，依法追究刑事责任。

**第二十九条** 煤矿主要负责人及其他相关人员阻挠煤炭资源整合工作，违反治安管理有关法律法规规定的，由公安机关依法予以处理；构成犯罪的，依法追究刑事责任。

**第三十条** 行政机关及其工作人员在煤炭资源整合和有偿使用工作中徇私舞弊、玩忽职守、滥用职权，尚未构成犯罪的，依法给予行政处分；构成犯罪的，依法追究刑事责任。

### 第六章 附 则

**第三十一条** 非煤矿山资源整合和有偿使用工作比照本办法规定执行。

**第三十二条** 本办法自公布之日起施行。

**附录：**

2006年采矿权价款收取标准

（一）焦煤、1/3焦煤、肥煤：3.80元/吨；

（二）炼焦配煤（瘦煤、贫瘦煤、肥气煤）：3.10元/吨；

（三）无烟煤：3.30元/吨；

（四）贫煤：2.70元/吨；

（五）优质动力煤（弱粘煤）、气煤：1.50元/吨；

（六）其他煤种：1.30元/吨。

## 山西省市政公用事业特许经营管理办法

（山西省人民政府令第188号 2006年5月26日）

### 第一章 总 则

**第一条** 为规范市政公用事业特许经营活动，扩大融资渠道，保障社会公众利益和公共安全，保证公共产品和服务质量，保护特许经营者的合法权益，根据国家有关规定，结合本省实际，制定本办法。

**第二条** 在本省行政区域内从事市政公用事业特许经营活动的，适用本办法。

**第三条** 本办法所称市政公用事业特许经营，是指城市人民政府通过公平竞争方式确定的市政公用事业特许经营者，在特定范围和期限内从事某项公用事业经营活动。

**第四条** 市政公用事业特许经营应当遵循公开、公正、公平及公众利益和公共安全优先的原则。

特许经营者应当提供持续、安全、优质、高效和价格合理的普遍服务。特许经营者通过合法经营取得合理回报并承担相应经营风险。

**第五条** 省建设行政主管部门负责全省市政公用事业特许经营活动的指导和监督管理。

城市人民政府的建设、市政公用、环境卫生或者园林绿化主管部门（以下简称主管部门）负责本行业市政公用事业特许经营的组织管理和实施工作。

发展和改革、监察、财政、审计、国有资产管理、工商、价格等有关部门，按照各自职责履行相应的监督管理职责。

**第六条** 市政公用事业实行特许经营的范围：

（一）城市供水、供气、供热；

（二）城市污水、垃圾处理；

（三）城市公共交通；

（四）城市道路、桥涵、路灯、园林绿化等市政公用设施的养护；

（五）城市生活垃圾清扫保洁清运；

（六）城市人民政府确定的其他行业。

**第七条** 市政公用事业特许经营的方式和期限：

（一）通过公开竞标的方式取得投资、新建市政公用事业特许经营权的，经营期限不得超过30年，期限届满无偿移交政府，特许经营合同有特别约定的除外。

（二）通过资产有偿转让的方式取得现有市政公用事业特许经营权的，经营期限不得超过30年，期限届满无偿归还政府。

（三）通过委托方式取得现有市政公用事业特许经营权的，经营期限不得超过8年。

## 第二章　特许经营权的授予

**第八条**　主管部门采取公开招标等法定形式和程序，将特许经营权授予符合条件的申请者，并与被授予特许经营权的企业签订特许经营合同。

在没有其他竞争主体参与竞争的情况下，可以采取直接委托的方式授予特许经营权，并与受委托企业签订特许经营合同。

**第九条**　现有的国有市政公用企业，应当在完成企业改制的基础上，按规定程序申请特许经营权。

**第十条**　采用招标方式授予特许经营权的程序：

（一）主管部门提出市政公用事业特许经营项目，经城市人民政府批准，并报上一级主管部门备案后，进行社会招标，公布招标条件，公开接受申请；

（二）主管部门依据招标条件对申请特许经营权的投标人资质、特许经营方案进行审查，择优选择特许经营权授予对象；

（三）将中标结果和特许经营方案在媒体进行公示，接受社会监督；

（四）公示期满后，由主管部门与获得特许经营权的企业签订特许经营合同。

**第十一条**　申请特许经营权应当具备下列条件：

（一）具有企业法人资格；

（二）具有相应的从业经历和良好的业绩；

（三）具有相应的资金和设备、设施；

（四）企业经营、技术管理负责人和重要岗位人员具备相应的执业资格；

（五）良好的银行资信和财务状况及相应的偿债能力；

（六）具有科学合理的经营方案；

（七）法律、法规和招标、招募、拍卖文件规定的条件。

**第十二条**　特许经营合同应当载明下列内容：

（一）特许经营项目的名称、特许经营授权主体、特许经营者；

（二）特许经营的方式、内容、区域、范围和有效期限；

（三）产品和服务质量标准；

（四）价格或收费标准及调整程序；

（五）市政公用设施的权属与处置；

（六）市政公用设施新建、维护和更新改造的费用、责任主体及产权归属；

（七）市政公用设施使用费的收取或者减免；

（八）特许经营者收益方式、利润率、利润分成及政府补贴、补偿方式和数额；

（九）特许经营权的变更和终止；

（十）因公众利益和公共安全需要，进行临时接管和其他管制的方式；

（十一）安全管理和突发事件应对措施及责任；

（十二）违约责任、监督机制和履约担保；

（十三）双方约定的其他事项。

## 第三章　权利与义务

**第十三条**　城市人民政府应当按照特许经营合同履行相关义务。

主管部门按照各自职责范围履行特许经营合同中的相关承诺。

**第十四条**　特许经营者依法享有经营管理的权利，并通过下列方式获取收益：

（一）对提供公共产品和服务的收费；

（二）城市人民政府在特许经营合同中承诺的其他经营权益和财政补贴；

（三）法律、法规规定的其他方式。

**第十五条**　特许经营者应当保证市政公用设施安全运行和设备完好，按照有关规定或者特许经营合同约定，进行定期检修保养，确保不间断提供约定的公共产品和服务，并将设施运行情况及时报告主管部门。

**第十六条**　特许经营者新建、维护、更新、改造市政公用设施，应当遵守下列规定：

（一）符合城市规划；

（二）符合有关技术标准和规范；

（三）制定相应的实施计划和方案；

（四）因紧急情况需要抢修时，应当先实施抢修，并报告主管部门；

（五）新建、更新、改造完成后，需经主管部门验收合格，方可投入使用。

**第十七条**　新增用户连接、使用特许经营的城市供水、供气、供热、污水处理等市政公用设施、设备的，应当依法经城市主管部门批准，并与特许经营者签订连接、使用合同。特许经营者不得向用户收取设施、设备投资补偿费。

**第十八条**　特许经营者应当对市政公用设施的相关资料进行收集、归类、整理和归档，经营期满后一次性移交主管部门。

**第十九条**　有下列情形之一的，城市人民政府应当给予特许经营者合理的补贴、补偿：

（一）因价格或收费标准不到位造成亏损的；

（二）因公众利益和公共安全需要，依法征用市政公用设施的；

（三）特许经营者按照政府指令，承担免票、免费等社会福利的。

**第二十条**　特许经营期限内，特许经营者应当履行下列义务：

（一）履行特许经营合同，提供符合标准的市政公用事业产品和服务，并向社会公示产品和服务标准；

（二）接受主管部门对产品和服务质量的监督检查；根据公众利益需要和合同约定，配合完成城市人民政府临时接管和其他管理措施；

（三）及时、准确、真实地向主管部门报送年度经营计划、年度经营情况报告、财务报告及履行合同的相关资料；

（四）按照安全生产法规、标准和规范，组织安全生产，并接受有关部门的监督检查；

（五）对生产设施、设备及时维护和更新改造，保证设施完好；

（六）执行价格主管部门制定或者调整的价格；

（七）接受社会监督。

**第二十一条**　特许经营者不得转让、出租特许经营权，不得以质押方式处置特许经营权。

**第二十二条**　特许经营企业的产品价格和服务收费标准，由价格主管部门制定，并根据有关规定组织听证。

## 第四章　特许经营权的变更与终止

**第二十三条**　特许经营者依法变更企业名称、法定代表人，应当在变更前向主管部门报告，并经主管部门同意。

**第二十四条**　在合同期限内，特许经营内容发生变更的，合同双方应当签订补充协议。因公众利益和公共安全需要变更合同的，应当保证特许经营者的合理利益。

**第二十五条**　特许经营者有下列情形之一的，主管部门报经同级城市人民政府同意后，可以提前终止特许经营合同，收回其特许经营权，并实施接管：

（一）转让、出租特许经营权或者以质押方式处置特许经营权的；

（二）擅自将市政公用设施和所经营的财产进行抵押、出租、转让、转移的；

（三）因转让企业股权或者财产而出现不符合授权资格条件的；

（四）达不到公用事业产品、服务的标准和要求，影响公众利益的；

（五）因经营管理不善，造成重大质量安全责任事故，影响公众利益的；

（六）因经营管理原因，财务状况严重恶化，危及公用事业，无法继续履行特许经营合同的；

（七）未按城市规划投资建设公用设施，经主管部门责令限期改正而拒不改正的；

（八）擅自停业、歇业，未履行特许经营合

同规定的特许经营者应尽的义务和责任，影响到社会公众利益和公共安全的；

（九）法律、法规、规章规定和合同约定的其他情况。

**第二十六条** 收回特许经营权的决定由主管部门书面通知特许经营者。特许经营者可以自收到书面通知之日起30日内，提出书面申辩或者要求举行听证会。

特许经营者要求举行听证的，主管部门应当组织听证。特许经营者对收回特许经营权的决定不服的，可以依法申请行政复议或者提起行政诉讼。

**第二十七条** 特许经营者提前终止特许经营合同的，应当提前6个月向主管部门提出申请，经批准后方可终止特许经营权，并承担相应的违约责任。

经双方协商未达成一致的，不得变更或者解除合同，不得终止提供产品和服务。

**第二十八条** 因不可抗力，致使无法正常经营的，经特许经营者申请，由主管部门批准，可以提前终止特许经营合同。

**第二十九条** 特许经营权被收回或者终止后，原特许经营者应当在主管部门规定的时间内，依法办理资产清算和相关的移交手续，将维持特许经营业务正常运作所必需的资产和档案，在正常运行情况下移交主管部门。

**第三十条** 特许经营权被收回或者终止后，在新的特许经营者或者指定的单位完成接管前，特许经营者应当继续维持正常的经营生产和服务，并与主管部门签订临时经营合同。

**第三十一条** 特许经营权期满前6个月，主管部门应当按照本办法规定的特许经营权授予程序，组织对特许经营项目进行公开招标、招募或者拍卖，确定新的特许经营者。

原特许经营者，在公平竞争的前提下，通过规定程序优先获得特许经营权。

## 第五章 监督管理

**第三十二条** 城市人民政府应当根据城市建设发展需要，制定特许经营实施方案，报上一级建设行政主管部门备案。实施方案应当包括下列内容：

（一）项目名称；

（二）项目基本经济技术指标及服务标准；

（三）选址和其他规划条件；

（四）特许经营期限；

（五）净资产收益、投资收益、成本收益、价格和收费标准测算及调整；

（六）特许经营者应当具备的条件及选择方式；

（七）政府承诺的范围；

（八）保障措施。

**第三十三条** 主管部门应当履行下列监管职责：

（一）制定行业发展政策、规划、建设计划和产品、服务质量标准；

（二）建立特许经营监管、检测和评估制度，监督特许经营者履约行为，及时向社会公示对产品和服务质量的检测、评估结果和整改情况；

（三）监督特许经营者制定和完善各项安全保障措施和安全操作规程；

（四）监督特许经营者制定安全生产应急预案，建立安全预警和应急救援工作机制；

（五）受理公众对特许经营者的投诉，并进行调查处理；

（六）对特许经营者违法行为进行查处；

（七）向城市人民政府提交对特许经营者的年度监督检查报告；

（八）制定临时接管应急预案，并在紧急情况下，临时接管特许经营者的经营项目；

（九）向经营运行出现异常的特许经营企业派驻市政公用事业监管员。

**第三十四条** 市政公用企业可以根据行业设立利润调节金，专项用于市政公用事业特许经营者利润的调控。

企业净资产利润超出规定标准的部分，进入利润调节金；对于达不到规定标准的部分，由利润调节金补贴，不足部分由城市人民政府补足。

利润调节金的提取、监管、使用的具体办法，由城市人民政府制定。

**第三十五条** 城市人民政府应当设立公用事业公众监督委员会，代表公众对特许经营活动进行监督。

委员会成员中非政府部门的专家和公众代表不得少于三分之二。

公众监督委员会可以通过座谈、问卷等调查方式收集公众意见，提出监管建议。

## 第六章 法律责任

**第三十六条** 特许经营者有下列情形之一的，由主管部门责令限期改正，并可处以5000元以上3万元以下的罚款，对服务对象造成损失的，按照有关规定予以赔偿。

（一）未取得特许经营权，从事特许经营活动的；

（二）超越特许经营合同范围，从事特许经营活动的；

（三）达不到市政公用事业产品、服务的标准，严重影响公众利益的；

（四）因经营管理不善，造成重大质量安全责任事故的；

（五）未按城市规划投资建设公用设施，经主管部门责令限期改正而拒不改正的；

（六）擅自停业、歇业，影响到社会公众利益和公共安全的；

（七）未履行特许经营合同规定的特许经营者应尽的义务和责任，影响公众利益的。

**第三十七条** 主管部门工作人员有下列情形之一，尚未构成犯罪的，由上级主管部门或者监察部门依法给予行政处分：

（一）滥用职权、徇私舞弊，造成严重后果的；

（二）未按规定或者超越职权授予特许经营权的；

（三）未履行规定程序授予特许经营权的；

（四）未履行监管职责或者监管不力，造成严重后果的；

（五）在特许经营权授予和实施监管过程中，索取或者收受他人财物或者取得其他利益的。

## 第七章 附 则

**第三十八条** 本办法自2006年7月1日起施行。

# 山西省重点工业污染源治理办法

（山西省人民政府令第189号

2006年8月14日）

**第一条** 为加强重点工业污染源治理，全面实现污染物达标排放，保护和改善生活环境与生态环境，根据环境保护法等有关法律、法规规定，结合本省实际，制定本办法。

**第二条** 本办法所称重点工业污染源是指煤炭、火电、冶金、化工、焦化、建材、造纸行业的污染源。

**第三条** 本办法适用于本省行政区域内重点工业污染源的治理。

**第四条** 各级人民政府是重点工业污染源治理的第一责任人，负责领导重点工业污染源治理工作，并根据其所属环境保护行政主管部门对重点工业污染源提出的分类处置意见作出处理决定。

上级人民政府应当对下级人民政府治理重点工业污染源的落实情况进行监督。

**第五条** 县级以上人民政府环境保护行政主管部门在重点工业污染源治理工作中履行下列职责：

（一）对重点工业污染源治理实施统一监督管理；

（二）组织实施对重点工业污染源的治理工作；

（三）对重点工业污染源进行清查、登记、造册并建立档案；

（四）对重点工业污染源提出分类处置意见；

（五）定期向社会公布重点工业污染源治

理信息。

**第六条** 县级以上人民政府发展和改革、经济、国土资源、农业、林业、水利、工商等有关部门，应当在各自职责范围内，负责对重点工业污染源治理实施监督管理。

**第七条** 对列入淘汰名录的高污染生产工艺和设施，有关部门应当严格执行国家和省产业政策，依法予以淘汰。

**第八条** 煤炭、火电、冶金、化工、焦化、建材、造纸企业（以下简称重点工业污染企业）超标排放污染物的，由县级以上人民政府作出限期治理决定。

重点工业污染企业应当分期分批安装污染防治设施，必须于2008年底前实现污染物达标排放。

**第九条** 重点工业污染企业必须严格执行排污许可制度，依法领取排污许可证，并按照排污许可证的规定排放污染物。

禁止无排污许可证排放污染物。

**第十条** 重点工业污染企业建设项目必须严格执行环境影响评价和“三同时”制度，环境保护设施经验收合格后方可正式投入生产或者使用。

**第十一条** 重点工业污染企业必须保证污染防治设施正常使用，并安装在线监测仪器。

禁止擅自拆除、闲置污染防治设施和在线监测仪器。

**第十二条** 县级以上人民政府有关行政主管部门应当按照产业政策、总量控制和合理布局的要求，严格控制重点工业污染企业建设项目。

下列重点工业污染企业的建设项目不得批准建设：

（一）不符合国家产业政策的；

（二）不符合城市总体规划、环境保护规划要求的；

（三）污染物排放不达标新建、改建、扩建的。

**第十三条** 违反本办法规定，重点工业污染企业逾期未完成限期治理任务的，由县级以上人民政府环境保护行政主管部门依照环境保护法规定，根据造成的危害后果处以罚款，或者由县级以上人民政府责令停业、关闭。

**第十四条** 违反本办法规定，重点工业污染企业未执行环境影响评价制度、“三同时”制度和排污许可制度的，由县级以上人民政府环境保护行政主管部门依法处罚。

**第十五条** 违反本办法规定，由县级以上人民政府环境保护行政主管部门依照下列规定处罚：

（一）重点工业污染企业故意不正常使用或者擅自拆除、闲置水污染物防治设施、在线监测仪器，排放污染物超过规定标准的，依据水污染防治法的规定责令恢复正常使用或者限期重新安装使用，并处以10万元以下罚款；

（二）重点工业污染企业不正常使用或者擅自拆除、闲置大气污染物防治设施、在线监测仪器，排放污染物超过规定标准的，依据大气污染防治法的规定责令停止违法行为并限期改正，给予警告或者处以5万元以下罚款；

（三）重点工业污染企业擅自关闭、闲置或者拆除工业固体废物污染环境防治设施、场所的，依据固体废物污染环境防治法的规定责令限期改正，并处以1万元以上10万元以下罚款；擅自关闭、闲置或者拆除危险废物集中处置设施、场所的，处以2万元以上20万元以下罚款。

**第十六条** 县级以上人民政府环境保护行政主管部门及其工作人员未及时发现并处理重点工业污染企业的环境违法行为，监管不力，造成环境污染的，根据有关规定进行行政处理；情节严重的，依法给予行政处分；构成犯罪的，依法追究刑事责任。

县级以上人民政府发展和改革、经济、国土资源、农业、林业、水利、工商等有关部门及其工作人员未依法履行监管职责的，根据有关规定进行行政处理；情节严重的，依法给予行政处分；构成犯罪的，依法追究刑事责任。

上级人民政府环境保护行政主管部门有权对下级人民政府环境保护行政主管部门进行监管，并查处其违法行为。

**第十七条** 本办法自公布之日起施行。

# 山西省行政机关规范性文件制定程序暂行办法

（山西省人民政府令第190号
2006年8月30日）

## 第一章　总　　则

**第一条** 为了规范行政机关规范性文件的制定程序，提高规范性文件质量，维护国家法制统一，根据有关法律、法规规定，制定本办法。

**第二条** 本办法所称规范性文件，是指省人民政府及其工作部门，根据法律、法规和其他上位法的规定，在其法定权限内制定的规范行政管理事务，公开发布并反复适用的具有普遍约束力的文件。

行政机关制定的内部管理制度，技术操作规程，人事任免决定，对具体事项的通报、通知以及行政处理决定等文件，不适用本办法。

**第三条** 本办法所称省人民政府工作部门包括下列机构：

（一）省人民政府组成部门；

（二）省人民政府办事机构和直属机构；

（三）法律、法规或者规章授权制定规范性文件的其他省人民政府工作机构。

省人民政府为完成某个专项任务而设立的临时机构、归口省人民政府职能部门管理的办事机构、前款各个单位的内设机构，均不得以本机构的名义制定并公布规范性文件。

**第四条** 规范性文件的起草、审查、决定和公布，适用本办法。

**第五条** 制定规范性文件，应当贯彻科学发展观和改革开放的精神，科学规范行政行为，促进政府职能转变。

制定规范性文件，应当遵循合法、适当、协调的原则，使规范性文件与法律、法规、规章和上级行政机关的规范性文件不抵触。

制定规范性文件，应当符合精简、统一、效能的原则，简化行政管理手续，降低行政管理成本，提高行政管理效率。

**第六条** 制定规范性文件，应当体现权利与义务统一的原则，要求公民、法人和其他组织履行义务的，应当规定保障其权利实现的途径。

制定规范性文件，应当体现职权与责任相统一的原则，保障行政机关行使职权的，应当规定其行使职权的权限、程序和应当承担的责任。

**第七条** 规范性文件的名称，一般称“规定”、“办法”、“细则”、“命令”、“决定”、“意见”等。

为实施法规、规章和上级行政机关制定的规范性文件，可冠以“实施”一词。

省人民政府工作部门制定的规范性文件，标题中应当冠以该行政机关的名称。

**第八条** 规范性文件可以用条文形式表述，也可以用段落形式表述。规范性文件的名称为“规定”、“办法”、“细则”的，一般用条文形式表述。

规范性文件一般不分章、节，但条款较多，内容复杂的除外。

规范性文件的文字表述，应当规范、准确、简洁、严肃，使用文字和标点符号应当正确、规范。

## 第二章　起　　草

**第九条** 省人民政府制定规范性文件，可以确定其一个或者几个工作部门组织起草，也可以确定其法制机构起草或者组织起草。

省人民政府工作部门制定规范性文件，可以确定其一个或者几个内设机构组织起草，也可以确定其内设法制机构起草或者组织起草。

**第十条** 起草规范性文件，应当深入实际调查研究，总结实践经验，广泛听取社会有关方面的意见。听取意见可以采取书面征求意见、座谈会、论证会、听证会等多种方式进行。

起草涉及重大复杂问题的规范性文件，可以邀请有关专家参加。

起草的规范性文件涉及重大复杂问题且法律问题较多的，应当邀请法制机构提前介入。

**第十一条** 起草规范性文件，涉及省人民政府其他部门的职责或者与省人民政府其他部门职责有关的，起草部门应当充分征求有关部门的意见。

**第十二条** 起草规范性文件，起草部门应当清理与其内容相同或者相关的现行规范性文件，对与规范性文件草案内容基本相同或者抵触的现行规范性文件，要在规范性文件草案中规定废止性条款。

**第十三条** 省人民政府工作部门起草的规范性文件起草完毕，应当由其内设法制机构进行审核，经部门办公会议讨论通过并由其主要负责人签署后，报送省人民政府；几个工作部门共同起草的，应当由该几个工作部门的内设法制机构分别审核，并由其主要负责人共同签署。

## 第三章 审　　查

**第十四条** 省人民政府的规范性文件草案，在省人民政府决定之前，由省人民政府法制机构进行合法性、适当性和协调性审核。

**第十五条** 省人民政府工作部门制定的规范性文件，在公布之前应当报送省人民政府进行合法性、适当性和协调性审查。

省人民政府法制机构具体负责规范性文件的审查工作。

**第十六条** 制定或者代省人民政府起草规范性文件的省人民政府工作部门（以下简称报送部门），应当向省人民政府法制机构报送下列材料：

（一）部门主要负责人签署的报送审查或者审核的公函；

（二）规范性文件或者草案文本；

（三）规范性文件或者草案的说明；

（四）制定规范性文件依据的法律、法规、规章以及国家有关政策；

（五）其他有关材料。

**第十七条** 规范性文件或者草案的说明，应当对制定规范性文件的必要性和规范性文件拟解决的主要问题及其重要措施、有关部门的意见及协调情况等作出说明。

**第十八条** 省人民政府法制机构应当自收到规范性文件或者草案之日起10个工作日内，提出书面审查或者审核意见。涉及重大复杂问题确需延长审核时间的，经省人民政府法制机构负责人批准可以适当延长，但最长不得超过20个工作日。

涉及重大问题急需制定并实施的规范性文件，省人民政府法制机构应当缩短审查时间，提高审查或者审核效率。

**第十九条** 省人民政府法制机构应当从以下方面对规范性文件或者草案进行审查或者审核：

（一）是否符合本办法第五条、第六条的规定；

（二）是否依据本办法规定征求意见和进行论证；

（三）是否经部门内设法制机构审核；

（四）是否与现行有关规范性文件重复或者抵触；

（五）需要审查的其他内容。

**第二十条** 省人民政府法制机构对送审的规范性文件或者草案，按照下列情形，分别作出处理：

（一）符合本办法第十九条规定的，以书面形式提出同意的审查或者审核意见；

（二）不符合本办法第十九条规定的，以书面形式提出相关审查或者审核意见。

对省人民政府法制机构的审查意见有异议的，可以自收到审查意见之日起10个工作日内向原审查机构申请复核。

**第二十一条** 有下列情形之一的，省人民政府法制机构可以退回报送部门：

（一）规范性文件或者草案拟解决的主要问题，法律、法规、规章或者国家有关政策将要作重大调整或者规范的；

（二）有关部门对规范性文件确立的主要制度和采取的重要措施存在重大分歧，制定部门未与其协商或者协商不成的；

（三）向社会征求意见时，社会公众意见较大，规范性文件制定后难以实施的；

（四）规范性文件或者草案照搬有关法律、法规、规章和上级行政机关规范性文件内容较多，没有规定能够解决问题的制度和措施的；

（五）报送材料不符合本办法第十六条规定要求的。

**第二十二条** 规范性文件草案规定重大复杂问题或者有关部门职能的，省人民政府法制机构应当将规范性文件草案发送有关部门征求意见。

省人民政府法制机构认为必要时，可以对规范性文件草案规定的重大复杂问题，召集有关方面的代表和专家召开座谈会、论证会研究论证，或者进行调查研究，听取有关方面的意见。

**第二十三条** 有关部门收到规范性文件草案征求意见稿后，应当认真研究并提出书面意见，加盖本部门公章后在要求时限内报送省人民政府法制机构。

**第二十四条** 有关部门对规范性文件草案规定的主要制度、重要措施、管理体制、职责分工等重大问题有不同意见的，省人民政府法制机构应当进行协调，达成一致意见；不能达成一致意见的，应当上报省人民政府决定。

## 第四章 决定与公布

**第二十五条** 省人民政府规范性文件应当由省人民政府常务会议决定。省人民政府办公厅规范性文件应当由省人民政府有关领导按照有关规定决定。

省人民政府工作部门规范性文件应当由省人民政府工作部门办公会议决定。

**第二十六条** 规范性文件应当在省人民政府公报和省政府法制网站公布。

省人民政府工作部门规范性文件，未依照本办法第十五条和第二十条第一款第一项规定进行审查，并提出同意的审查意见，不得公布。

未在省人民政府公报和省政府法制网站公布的规范性文件无效。

在省人民政府公报公布的规范性文件文本为标准文本。

**第二十七条** 省人民政府工作部门规范性文件经省人民政府法制机构依照本办法第十五条和二十条第一款第一项规定进行审查，并提出同意的审查意见后，由制定部门报请省人民政府办公厅在省人民政府公报公布。

省人民政府办公厅应当在收到规范性文件之日起30日内，在省人民政府公报公布。

省人民政府法制机构应当自审查完毕之日起3日内，将符合本办法第十九条规定的省人民政府工作部门规范性文件和依照本办法第二十五条第一款决定的规范性文件，在省政府法制网站公布。

**第二十八条** 规范性文件自公布之日起30日后施行。但公布后不立即施行可能影响规范性文件施行或者可能造成重大损失的，可以自公布之日起施行。

## 第五章 附　　则

**第二十九条** 规范性文件的备案和检查分别依照《山西省规范性文件制定与备案规定》和《山西省行政执法检查规定》执行。

**第三十条** 本办法自2006年10月1日起施行。

# 山西省行政机关归集和公布企业信用信息管理办法

（山西省人民政府令第191号
2006年8月30日）

## 第一章 总　　则

**第一条** 为了加强社会信用体系建设，强化企业信用监管，促进信用信息公开与共享，为社会提供信用信息服务，根据有关法律、法规，制定本办法。

**第二条** 本省行政机关对企业信用信息进行归集、公布、使用等活动，适用本办法。

**第三条** 本办法所称企业信用信息，是指在行政机关依法履行职责过程中产生的有关企业生产经营信用记录以及对判断企业信用状况有影响的客观信息。

前款所称企业包括在本省行政区域内从事经营活动的企业法人和其他经济组织。

**第四条** 省人民政府建立本省企业信用信息系统（以下简称“企业信用信息系统”），通过计算机网络归集和公布企业信用信息。企业信用信息系统的建设，遵循统一归集、政府发布、信息共享的原则，为行政管理提供基础信息服务，为社会提供信用信息查询服务。

企业信用信息系统的建设、更新和维护可以委托经营性机构实行市场化运作。

**第五条** 省工商行政管理机关负责本办法的组织实施。

省级有关行政机关负责确定和公布本系统有关企业信用信息的具体项目、范围和标准，收集、整理本系统的信用信息，并负责信用信息的提交、更新和管理。

## 第二章 信用信息内容

**第六条** 企业信用信息由身份信息、业绩信息、警示信息和提示信息组成。

**第七条** 下列信息记为身份信息：

（一）企业登记注册的基本情况；

（二）企业机构代码；

（三）企业取得的专项行政许可；

（四）企业的资质等级；

（五）行政机关依法对企业进行专项或者周期性检验检查的结果；

（六）其他有关企业身份的情况。

**第八条** 下列信息记为业绩信息：

（一）企业及其法定代表人、主要负责人受到省级以上行政机关有关表彰的情况；

（二）被认定为国家级和省级“守合同重信用”企业的；

（三）被金融机构评定为“AAA”信用等级的；

（四）被认定为“中国驰名商标”或“山西省著名商标”的；

（五）获得“中国名牌”、“地理标志产品保护”或“山西省名牌”产品的；

（六）被评为省质量信誉等级A级、AA级、AAA级企业的；

（七）通过产品、服务、管理体系认证以及产品被列入国家免检范围的；

（八）被评定为纳税信用等级A级的；

（九）被评为“价格诚信单位”的；

（十）被国家评为环境保护模范、先进企业的；

（十一）被列入“绿色通道”的进出口企业；

（十二）省级行政机关认为可以记入的有关企业信用的其他业绩信息。

**第九条** 下列信息记为警示信息：

（一）因违法行为被行政机关给予撤销或者吊销许可证、营业执照的；

（二）因违法行为未通过专项或者周期性检验以及经检验被判定为不合格等级的；

（三）因同一类违法行为受到罚款、没收和责令停产停业行政处罚两次以上的；

（四）因违法构成犯罪，有关人员被追究刑事责任的；

（五）其他扰乱市场经济秩序、危害交易安全的严重违法行为。

**第十条** 企业法定代表人、主要负责人的下列信息，记为警示信息：

（一）对本企业严重违法行为负有直接责任的；

（二）正在被执行刑罚的；

（三）因犯有贪污贿赂罪、侵犯财产罪或者破坏社会主义市场经济秩序罪，被判处刑罚，执行期满未逾5年或者因犯其他罪被判处刑罚，执行期满未逾3年以及因犯罪被判处剥夺政治权利，执行期满未逾5年的；

（四）担任破产清算的企业的法定代表人或者董事、经理，并对该企业的破产负有个人责任，自该企业破产清算完结之日起未逾3年的；

（五）个人负债数额较大，到期未清偿的；

（六）法律、法规、规章规定不能担任企业法定代表人、主要负责人的其他情形。

**第十一条** 下列信息记为提示信息：

（一）企业因违法行为受到罚款、没收和责令停产停业行政处罚的；

（二）企业的负债及担保状况；

（三）企业最低工资标准和拖欠工资情况；

（四）企业的欠税情况；

（五）企业社会保险费的欠缴情况；

（六）企业向行政机关提出申请许可、认证时提交的有关资料；

（七）企业法定代表人及董事、监事和高级管理人员的工作经历等基本情况；

（八）其他经省级行政机关确定可以记入的信息。

**第十二条** 提交的信息应当包括下列内容：

（一）提交信息的单位名称；

（二）被提交信息的企业名称和营业执照注册号；

（三）信息内容；

（四）信息的有效期限。

除前款规定外，提交警示信息的，还应当同时提交下列电子或者书面文档：

（一）移送信息的通知书；

（二）行政机关的相关决定；

（三）人民法院的判决、裁定；

（四）仲裁机构的裁决；

（五）决定、判决、裁定、裁决执行情况的说明以及需要提交的其他材料。

## 第三章 信用信息归集

**第十三条** 省级行政机关应当根据本办法第五条的规定，制定本部门传输、维护、管理、使用企业信用信息的工作程序和管理制度，并指定专门机构和人员负责本系统信用信息的审核、提交。

**第十四条** 行政机关应及时向企业信用信息系统提交真实、合法、准确、完整的企业信用信息，并承担相应的法律责任。

**第十五条** 行政机关对提交的信息数据进行追加、修改、更新和维护，对信息数据实行动态管理。

具备条件的行政机关应当实时更新和维护信息数据；不具备条件的，应当每月追加和更新一次，属于特殊情况急需记入或者更新的，不受上述时间限制，可以即时提交。

**第十六条** 企业可以向相关行政机关申请提供本企业符合提交范围的各项信用信息，并对其提供信息的真实性负责。

**第十七条** 企业信用信息记录期限按照下列规定设定：

（一）身份信息的记录期限至企业终止后2年为止；

（二）业绩信息的记录期限为企业受到表彰、获取称号的有效期限；

（三）提示信息的记录期限为3年；

（四）警示信息的记录期限为3年，但法律、法规或者规章规定对企业的限制期限超过3年的，依照该法律、法规、规章规定的期限记录。

记录期限届满后，系统自动解除记录并转为档案保存。

## 第四章 信用信息公布和使用

**第十八条** 企业信用信息通过信用山西网站向社会公布。

公布企业信用信息应当符合法律、法规、规章的规定，对属于个人隐私、涉及企业商业秘密以及法律、法规、规章明确规定不得公开的其他内容，提交信息的行政机关应当采取保密措施，不得公布和披露。

**第十九条** 任何组织和个人均可通过登陆信用山西网站查询企业的身份信息、业绩信息和警示信息，并通过身份认证查询企业的提示信息。

**第二十条** 行政机关在日常监督管理、行政许可、企业资质等级评定以及周期性检验和表彰评优等工作中，应当及时查阅企业信用信息记录。

**第二十一条** 行政机关对于没有任何违法行为记录或有多项业绩信息记录的企业，给予鼓励：

（一）减少对其经营活动的日常监督检查和专项检查、抽查；

（二）在周期性检验、审验中，可适当减少检验、审验程序或予以免检、免审；

（三）在政府采购时，同等条件下给予优先安排；

（四）法律、法规、规章规定的其他鼓励措施。

**第二十二条** 行政机关对警示信息期限内的企业应当加强监督管理：

（一）加强日常监督检查，作为重点进行检查或者抽查；

（二）不得列入各类免检、免审范围；

（三）不得授予该企业及其法定代表人、主要负责人有关荣誉或者称号；

（四）不予出具股份有限公司上市所需的合法经营证明；

（五）不得参与政府采购活动。

除前款规定外，法律、法规、规章对企业及其法定代表人、主要负责人有限制登记注册、对外投资、行政许可、资质等级评定等规定的，从其规定。

**第二十三条** 行政机关使用企业信用信息，应当按照法律、法规、规章的规定运用，不得违法限制企业的正常经营活动。

## 第五章 责任追究

**第二十四条** 企业认为行政机关提供的本企业信息与事实不符的，可以向提交信息记录的行政机关申请变更或者撤销记录。行政机关应当自收到申请之日起15个工作日内作出处理并告知申请人。

信息确有错误的，行政机关应当及时变更或者解除该记录；因信息错误给当事人造成损害的，应当依法承担责任。

**第二十五条** 行政机关执行本办法的情况，作为对该机关落实政务公开以及依法行政工作考核的内容。

行政监察机关、政府法制工作机构及相关行政机关负责对本办法的执行进行检查和监督。

**第二十六条** 行政机关及其工作人员玩忽职守以及利用工作之便，违法提供、公布、利用企业信用信息，侵犯企业合法权益，损害企业信誉，情节严重或造成不良后果的，依法追究行政责任；构成犯罪的，依法追究刑事责任。

行政监察机关及相关行政机关对违反本办法不按规定提供、追加、更新信息的责任人员，依法追究行政责任。

## 第六章 附 则

**第二十七条** 行政机关对外国企业常驻代表机构、外商投资企业驻晋办事处、个体工商户以及广告媒介等单位有关信用信息的归集、公布、使用等活动，适用本办法。

其他国家机关、事业单位、社会团体和中介机构等组织，归集和公布企业信用信息，可以参照本办法。

**第二十八条** 本办法自2006年10月1日起施行。

# 山西省禁止非医学需要鉴定胎儿性别和选择性别人工终止妊娠的规定

（山西省人民政府令第192号 2006年9月14日）

**第一条** 为保持出生人口性别比例平衡，促进人口与经济、社会、资源和环境协调可持续发展，根据《中华人民共和国人口与计划生育法》、《山西省人口与计划生育条例》等法律法规，结合本省实际，制定本规定。

**第二条** 各级人民政府应当将治理出生人口性别比偏高问题纳入人口与计划生育目标管理责任制，组织协调有关部门共同做好禁止非医学需要鉴定胎儿性别和选择性别人工终止妊娠的工作。

**第三条** 县级以上人口和计划生育行政部门具体负责本行政区域内禁止非医学需要鉴定胎儿性别和选择性别人工终止妊娠工作的组织、协调和管理工作。

县级以上卫生和食品药品监督管理等行政部门，按照各自职责，对本行政区域内的禁止非医学需要鉴定胎儿性别和选择性别人工终止妊娠工作实施监督管理。

**第四条** 禁止任何单位和个人进行非医学需要的胎儿性别鉴定和选择性别的人工终止妊娠。

**第五条** 确有需要进行胎儿性别鉴定的，应当在省卫生行政部门批准从事产前诊断的医疗保健机构中进行。

本规定所指的医学上确有需要进行胎儿性别鉴定是指已诊断为伴性遗传病需要进行胎儿性别的鉴定。

**第六条** 实施医学需要的胎儿性别鉴定，应当按照本规定第五条的规定，由医疗保健机构三人以上的专家组集体审核并出具医学诊断结果，同时通报所在地县级人口和计划生育行政部门。

**第七条** 医疗保健机构开展终止妊娠手术，应当经县级以上卫生行政部门审核批准，并报同级人口和计划生育行政部门备案；计划生育技术服务机构开展终止妊娠手术，应当经设区的市级以上人口和计划生育行政部门审核批准。

**第八条** 符合法定生育条件妊娠的妇女，除有下列情形之一的，不得终止中期以上妊娠：

（一）胎儿患严重遗传性疾病；

（二）胎儿有严重缺陷；

（三）因患严重疾病，继续妊娠可能危及孕妇生命安全和严重危害孕妇健康；

（四）省人口和计划生育行政部门依法批准的其他情形。

属于前款第（一）项、第（二）项、第（三）项情形之一要求终止妊娠的，应当向经批准的医疗保健机构、计划生育技术服务机构（以下简称经批准的施术机构）提供本人身份证明、省卫生行政部门批准的医疗保健机构出具的医学意见；有前款第（四）项情形要求终止妊娠的，应当向经批准的施术机构提供本人身份证明和县级人口和计划生育行政部门出具的证明。

**第九条** 不符合生育条件的，应当及时终止妊娠。妊娠14周以上的孕妇终止妊娠的，应当向经批准的施术机构提供相关身份证明；其中20周岁以上的已婚孕妇，除提供相关身份证明外，还应当向经批准的施术机构提供乡镇人民政府、街道办事处的人口和计划生育工作机构出具的证明。人口和计划生育工作机构和经批准的施术机构应当依法保护当事人的隐私。

**第十条** 承担施行中期以上人工终止妊娠手术的医务人员，应当在手术前查验、登记本规定第八条、第九条规定的相关证明，并将证明复印件同手术病历一并存档。

施行中期以上终止妊娠手术的医疗保健机构，应当每季度将施行终止妊娠手术情况汇总，报该医疗保健机构所在地的县级卫生行政部门，同时抄送同级人口与计划生育行政部门，由人口和计划生育行政部门收集汇总；计划生育技术服务机构应当每季度将施行终止妊娠手术情况汇总，报计划生育技术服务机构所在地的县级人口和计划生育行政部门。

**第十一条** 全省范围内终止妊娠药品，由省人口和计划生育、省食品药品监督管理行政部门共同依法指定的有妊娠药品经营权的药品批发企业销售。禁止药品零售企业销售终止妊娠药品。

**第十二条** 提倡实行住院分娩，指导孕妇到具备条件的医疗保健机构进行分娩。确不具备住院分娩条件的，应当由经县级卫生行政部门考核并取得家庭接生员合格证书的人员接生。禁止未取得有关合格证书的人员从事接生。

**第十三条** 公民、法人和其他组织有义务举报违反本规定的行为。对举报内容查证属实的，由设区的市人民政府人口和计划生育行政部门安排专项经费对举报人给予奖励，并予以保密。

**第十四条** 县级以上人口和计划生育、卫生、食品药品监督管理等行政部门应当定期联合组织开展禁止非医学需要鉴定胎儿性别和选择性别人工终止妊娠的监督检查工作。

县级以上人口和计划生育、卫生、食品药品监督管理等行政部门发现违反本规定行为的，应当及时相互通报信息，并依据有关法律法规，按照各自职责，依法给予有关机构的直接责任人和主要负责人行政处分，同时相互通报查处结果。

**第十五条** 医疗保健机构和计划生育技术服务机构的工作人员非法为他人进行胎儿性别鉴定或者选择性别的人工终止妊娠手术的，由县级以上卫生行政部门或者人口与计划生育行政部门，根据《中华人民共和国人口与计划生育法》、《中华人民共和国母婴保健法》、《中华人民共和国母婴保健法实施办法》和《计划生育技术服务管理条例》等有关法律法规的规定，依据职责责令整改，给予警告，没收违法所得；违法所得1万元以上的，处违法所得2倍以上6倍以下的罚款；没有违法所得或者违法所得不足1万元的，处1万元以上3万元以下的罚款；情节严重的，由原发证机关吊销医疗机构执业许可证、母婴保健技术执业许可证或者计划生育技术服务机构执业许可证。对负有直接责任的主管人员和技术人员，依法给予行政处分，吊销医师执业证书。构成犯罪的，依法追究刑事责任。

**第十六条** 擅自销售终止妊娠药品的，由县级食品药品监督管理行政部门依法处理。

**第十七条** 已领取再生育服务证，未经人口和计划生育行政部门批准擅自终止妊娠的，乡镇人民政府、街道办事处或者县级人口和计划生育行政部门应当给予批准教育；在未确认事实前，暂不批准再生育的申请。

**第十八条** 县级以上人口和计划生育、卫生和食品药品监督管理等行政部门及其工作人员，违反本规定，玩忽职守、滥用职权、徇私舞弊的，对直接负责的主管人员和其他直接责任人员，依法给予行政处分；构成犯罪的，依法追究刑事责任。

**第十九条** 本规定自2006年11月1日起施行。

# 山西省促进行业协会发展规定

（山西省人民政府令第193号
2006年9月13日）

**第一条** 为促进行业协会的发展，保障行业协会依法开展活动，规范行业协会的组织和行为，发挥行业协会在经济建设和社会发展中的作用，根据法律、法规及国家有关规定，结合本省实际，制定本规定。

**第二条** 本规定所称行业协会，是指由同一行业企业法人、自然人以及其他组织在自愿基础上依法成立的实行行业服务和自律管理的非营利性社会团体。

**第三条** 行业协会的宗旨是为会员提供服务，依法维护会员合法权益，保障行业公平竞争，沟通会员与政府、社会的联系，促进行业健康有序发展。

**第四条** 行业协会的设立应当坚持民间自发、政府引导、自主办会的原则。

**第五条** 行业协会的正当活动受法律保护，任何组织或者个人不得非法干涉。

行业协会的活动应当符合法律、法规以及行业的整体利益和要求，不得损害社会公共利益。

**第六条** 县级以上人民政府应当制定行业发展规划，促进、扶持行业协会的发展，制定相关优惠政策，创造有利于行业协会发展的环境，保障行业协会独立开展工作。

**第七条** 县级以上人民政府民政部门是行业协会的登记管理机关，履行行业协会的设立、变更、注销登记或者备案等职责，依法对行业协会进行监督管理。

县级以上人民政府有关部门和法律、法规授权的具有管理公共事务职能的组织以及县级以上人民政府委托的履行管理职责的组织是相关行业协会的业务主管部门，负责对行业协会涉及的产业政策、行业规范等有关事务进行业务指导和监督管理，并按照各自职责，做好促进行业协会发展的工作。

**第八条** 县级以上人民政府及其有关部门对于为经济和社会发展做出突出贡献的行业协会及其工作人员，应当予以表彰和奖励。

**第九条** 行业协会的成立应当依照《社会团体登记管理条例》的规定办理。

设立行业协会应当制定行业协会章程。章程内容包括行业协会的宗旨、业务范围、组织机构、活动规则以及会员的权利、义务等。

行业协会按照国家现行行业分类标准设立，也可以按照产品、经营方式、经营环节和服务功能设立。

行业协会应当具有所辖区域的行业代表性。

**第十条** 行业协会应当对不同区域、所有制、经营规模的企业法人、自然人或者其他组织设定相同的入会条件，保证其平等的入会权利。

同一行业的企业法人、自然人或者其他组织自愿申请加入行业协会的，经行业协会批准，可以成为该行业协会的会员。

行业协会会员可以自愿退会。

**第十一条** 政府有关部门的人事和财务应当与行业协会分开，其内设机构不得与行业协会办事机构合署办公。

**第十二条** 行业协会履行下列职责：

（一）建立、完善行业自律机构，制定行规行约，规范行业自我管理行为，维护行业内部公平竞争和市场秩序；

（二）推进行业诚信建设，建立行业诚信行为规范，开展行业诚信行为评价与考核；

（三）维护会员合法权益，向县级以上人民政府及其有关部门反映行业要求，沟通会员与政府及其他组织的联系，协调会员与会员、会员与非会员的关系；

（四）开展行业调查、行业统计、行业信息发布等工作；

（五）组织行业培训、技术咨询、技术交易、科技攻关、信息交流、会展招商、知识产权保护以及产品推介等活动；

（六）指导、协调或者代表会员进行反倾销、反补贴、反垄断等方面的应诉工作，以及向政府提出反倾销、反补贴、反垄断的调查申请并协助政府完成相关调查；

（七）参与制定行业规划以及与行业发展有关的政策，提出立法建议，参与立法调研；

（八）参与制定、修订企业产品标准、技术标准、计量标准、服务标准和质量规范等，组织推进行业标准的实施；

（九）指导会员改善经营管理，帮助会员开拓国内外市场，开展国内外经济技术交流与合作；

（十）承担法律或者法规授权、政府委托以及行业协会章程规定的其他职责。

**第十三条** 县级以上人民政府及其有关部门应当将本规定第十二条所规定的有关职责移交给行业协会。

**第十四条** 县级以上人民政府及其有关部门委托行业协会承担公共管理事务的经费，由本级财政支出。

县级以上人民政府及其有关部门委托行业协会承担业务活动的，双方应当签订服务协议，支付相应的费用。

行业协会应当将县级以上人民政府及其有关部门委托承担的事项报送同级社会团体登记管理部门备案。

**第十五条** 县级以上人民政府及其有关部门应当支持行业协会实行行业自律管理，引导和促进行业协会开展履行自身职能的活动，为行业协会提供有关法律政策文件、行业信息和咨询，向上级政府和有关部门反映行业的要求。

**第十六条** 县级以上人民政府及其有关部门应当支持行业协会人才队伍建设，推进工作人员专职化。

行业协会工作人员的养老、医疗、失业、生育等社会保险参照事业单位有关规定执行。

行业协会工作人员的工伤保险，按照国家的有关规定执行。

**第十七条** 县级以上人民政府在制定涉及行业的政府规章、公共政策、行政措施和行业发展规划时，应当事先听取行业协会的意见，或者组织有关行业协会参加的听证会。

**第十八条** 行业协会可以通过收取会费、接受捐赠、政府资助、开展服务或者承办政府有关部门委托事项等途径，筹措活动经费。

行业协会经批准，按照前款规定所取得的收入，依照国家有关规定享受税收减免优惠政策。

行业协会的会费标准，由行业协会章程规定。经费使用应当限于行业协会章程规定的业务范围，并接受会员及政府有关部门的监督。

**第十九条** 行业协会应当按照国家有关规定建立健全内部财务管理制度和监督制度。

**第二十条** 行业协会有下列行为之一的，由社会团体登记管理部门给予警告、责令改正或者停止活动1至6个月，并可以责令撤换有关责任人员；情节严重的，予以撤销登记：

（一）连续六个月未开展行业活动，组织机构已处于瘫痪状态的；

（二）限制会员开展正常的生产经营活动或者参与其他社会活动的；

（三）对会员实施歧视性待遇的；

（四）开展与本行业经营业务相同的经营活动的；

（五）违反法律、法规、规章设置组织机构的；

（六）违反法律、法规、规章和行业协会章程规定收取费用的；

（七）故意发布、提供虚假信息、资料，出具虚假行业评估论证报告、证明文件及其他文件的；

（八）未经法律、法规授权行使行政管理职能或者未经县级以上人民政府委托而行使公共管理职能的；

前款规定的行为有违法经营额或者违法所得的，由社会团体登记管理部门予以没收，可以并处违法经营额1倍以上3倍以下或者违法所得3倍以上5倍以下的罚款。

**第二十一条** 行业协会通过制定行规行约或者其他方式垄断市场，妨碍公平竞争，损害消费者、非会员或者其他组织的合法权益、社会公共利益的，由有关行政管理部门依法责令改正并予以处罚；社会团体登记管理部门应当建议行业协会依照章程规定撤换有关责任人员；情节严重的，予以撤销登记。

**第二十二条** 未经依法登记，擅自以行业协会的名义开展活动的，由社会团体登记管理机关依法予以取缔，没收非法财产；构成犯罪的，依法追究刑事责任。

**第二十三条** 社会团体登记管理部门对不符合设立条件予以登记的，视情节轻重，对直接责任人员，依法给予行政处分。

**第二十四条** 对符合法定条件的行业协会设立申请，行业协会登记管理部门不予批准或者不予登记的，当事人可以依法申请行政复议或者提起行政诉讼。

**第二十五条** 行业协会认为有关行政管理部门的行为侵犯其合法权益的，可以依法申请行政复议或者提起行政诉讼。

**第二十六条** 消费者、非会员或者其他组织认为行业协会的有关措施损害其利益的，可以要求行业协会调整或者变更有关措施，也可以依法提请有关行政管理部门处理或者向人民法院提出诉讼。

**第二十七条** 由鉴证类市场中介机构组成的行业协会或者法律、法规规定执业人员必须加入的行业协会，适用本规定。

**第二十八条** 本规定自2006年10月15日起施行。

## 山西省高新技术产业化项目和企业认定办法

（山西省人民政府令第194号 2006年9月10日）

**第一条** 为促进高新技术产业发展，规范高新技术产业化项目和高新技术企业的认定工作，根据《山西省高新技术产业发展条例》及其他有关规定，制定本办法。

**第二条** 在本省行政区域内高新技术产业化项目和高新技术企业认定与管理，适用本办法。

**第三条** 高新技术产业化项目和高新技术企业认定实行自愿、公开、公平、公正的原则。

**第四条** 省发展和改革行政主管部门负责全省高新技术产业化项目认定与管理工作。

省科学技术行政主管部门负责全省高新技术企业的认定与管理工作。

**第五条** 省发展和改革行政主管部门应当组织有关专家成立高新技术产业产业化项目认定委员会，负责高新技术产业化项目的认定。

省科学技术行政主管部门应当组织有关专家成立高新技术企业认定委员会，负责高新技术企业的认定。

**第六条** 高新技术范围如下：

（一）电子与信息技术；

（二）生物工程与新医药技术；

（三）新材料及应用技术；

（四）先进制造技术；

（五）航空航天技术；

（六）现代农业技术；

（七）新能源与高效节能技术；

（八）环境保护新技术；

（九）核应用技术；

（十）其他应用于传统产业的高新技术。

**第七条** 高新技术产业化项目应当符合下列条件：

（一）属于国家和省公布的高新技术产业重点发展领域；

（二）技术水平达到当前该领域国内先进水平以上；

（三）承担企业对项目技术拥有自主知识产权或者以技术入股方式获得了项目技术使用权；

（四）投入产出比达1：2以上，并可在三年内实现年销售收入5000万元以上经济规模或者投入产出比达1：5以上，并可在三年内实现年销售收入2500万元以上经济规模；

（五）承担企业具有实施该项目相应的技术力量、资金和设备；

（六）承担企业已取得土地使用权；

（七）符合建设项目保护管理规定，实施清洁生产；

（八）法律、法规规定的其他条件。

**第八条** 经国家有关部门正式批准立项的国家级高技术产业化项目，列入省级高新技术产业化项目，并享受省有关优惠政策。

**第九条** 高新技术企业应当符合下列条件：

（一）国家级和省级高新技术产业开发区内高新技术企业应当具备下列条件：

1．从事本办法第六条规定范围内的一种或者多种高新技术及其产品的研究开发、生产和技术服务（单纯从事商业贸易的除外）；

2．已领取营业执照，有与其规模相适应的生产、经营场所和设施；

3．具有大专以上学历的科技人员占企业职工总数的20%以上，其中从事高新技术产品研究开发的科技人员应占企业职工总数的10%以上；

4．企业每年用于高新技术及其产品研究开发的经费占本企业当年总销售额的4%以上；

5．企业的技术性收入与高新技术产品销售收入的总和占本企业当年总收入的60%以上；新办企业在高新技术领域的投入占总投入的60%以上；

6．产品质量应当符合国家标准、行业标

准、地方标准或者企业标准；

7. 企业污染物排放应当符合国家或者省规定的排放标准。

（二）国家级和省级高新技术产业开发区以外的高新技术企业，除应当符合本条第（一）项规定外，还应当具备下列条件：

1. 全员劳动生产率10万元以上；

2. 年人均利税2万元以上；

3. 上年总收入1000万元以上或者年总收入在500万元以上，技术性收入占本企业年总收入50%以上的技术开发型企业。

**第十条** 按国家规定全部核减行政事业费的全民事业所有制科研单位，参照上述条件，经省级科技行政主管部门批准，可以认定为高新技术企业。

**第十一条** 国家级和省级高新技术产业开发区内项目，向高新技术产业开发区管理委员会提出认定申请；国家级和省级高新技术产业开发区外项目，向设区的市发展和改革行政主管部门提出认定申请。

国家级和省级高新技术产业开发区内企业，向高新技术产业开发区管理委员会提出认定申请；国家级和省级高新技术产业开发区外的企业，向设区的市科学技术行政主管部门提出认定申请。

**第十二条** 申请认定高新技术产业化项目应当提供下列材料：

（一）山西省高新技术产业化项目认定申请书；

（二）企业营业执照副本；

（三）项目建议书及可行性研究报告；

（四）经国家有关部门正式批准立项的国家级高新技术产业化项目，需提供相关证明；

（五）资金证明文件；

（六）土地使用证明文件；

（七）环境影响评价报告批准文件；

（八）特殊行业生产许可证。

**第十三条** 申请认定高新技术企业应当提供下列材料：

（一）山西省高新技术企业认定申请书；

（二）企业营业执照副本；

（三）企业运营报告（包括企业概况、代表性技术和产品特点、企业人员构成、经济效益、发展前景等）；

（四）有关科研技术成果、专利证书及产品质量检测报告的复印件；

（五）验资证明和上年度企业资产负债表及损益表；

（六）生产经营场地证明；

（七）行业生产许可和环保合格证明；

（八）科技人员学历或者技术职务证明；

（九）按国家规定全部核减行政事业费的全民事业所有制科研单位，需提供有关证明。

**第十四条** 设区的市发展和改革行政主管部门、科学技术行政主管部门、国家级和省级高新技术产业开发区管理委员会应当自收到高新技术产业化项目或者高新技术企业认定申请之日起15个工作日内进行初审，并提出初审意见，报省发展和改革行政主管部门或者省科学技术行政主管部门。

省发展和改革行政主管部门或者省科学技术行政主管部门应当自收到初审意见之日起30个工作日内组织认定，符合条件的颁发“高新技术产业化项目认定证书”或者“高新技术企业认定证书”；不符合条件的，应当书面说明理由。

**第十五条** 高新技术产业化项目认定证书和高新技术企业认定证书有效期为两年。

有效期届满前30日内，承担高新技术产业化项目的企业应当将项目进展情况报省发展和改革行政主管部门复审；高新技术企业应当将企业运营情况报省科学技术行政主管部门复审。

省发展和改革行政主管部门和省科学技术行政主管部门应当自收到复审材料之日起20个工作日内审核完毕。复审合格的，换发新的证书；复审不合格或者未经复审的，取消其高新技术产业化项目或者高新技术企业资格。

**第十六条** 省发展和改革行政主管部门和省科学技术行政主管部门应当每年定期在本省主要新闻媒体公布高新技术产业化项目和高新技术企业名单。

**第十七条** 对认定高新技术产业化项目和高新技术企业有异议，可以依法申请行政复议或者提起行政诉讼。

**第十八条** 企业在申请认定高新技术产业化项目或者高新技术企业中弄虚作假，由省发展和改革行政主管部门或者省科学技术行政主管部门责令改正；情节严重的取消其高新技术产业化项目或者高新技术企业认定资格，已发证的应当收回认定证书，并不再受理其认定申请，由有关机关追回已被减免的税款，并依法给予行政处罚；构成犯罪的，依法追究刑事责任。

**第十九条** 行政机关工作人员徇私舞弊、玩忽职守、滥用职权，尚不构成犯罪的，依法给予行政处分；构成犯罪的，依法追究刑事责任。

**第二十条** 本办法自2006年10月20日起施行。

## 山西省人工影响天气管理办法

（山西省人民政府令第195号 2006年9月14日）

**第一条** 为了加强人工影响天气工作的管理，发挥人工影响天气作业在防御、减轻气象灾害和经济建设中的作用，根据《中华人民共和国气象法》、《人工影响天气管理条例》、《山西省气象条例》等有关法律、法规，结合本省实际，制定本办法。

**第二条** 在本省行政区域内从事人工影响天气活动，适用本办法。

**第三条** 本办法所称人工影响天气，是指为避免或减轻气象灾害，合理利用气候资源，在适当条件下通过科技手段对局部大气的物理、化学过程进行人工影响，实现增雨、增雪、防雹、防霜、消雨、消雾等目的的活动。

**第四条** 县级以上人民政府应当加强对人工影响天气工作的领导，将人工影响天气事业发展纳入国民经济和社会发展计划，开展人工影响天气所需经费纳入同级财政预算，逐步增加资金投入。

**第五条** 县级以上人民政府负责指挥、协调本行政区域内的人工影响天气工作，并对人工影响天气工作中做出突出贡献的单位和个人给予表彰和奖励。

**第六条** 省人民政府发展改革、财政、公安、交通、科技、农业、民政、水利、林业、安监、物价、通信及民航、飞行管制、无线电管理等单位，应当在职责范围内做好人工影响天气的有关工作。

**第七条** 省人民政府气象主管机构是人工影响天气工作的主管机构，其具体职责是：

（一）编制全省人工影响天气工作规划和计划；

（二）制定管理规章制度；

（三）组织实施全省人工影响天气重点工程建设和人工影响天气作业；

（四）负责人工影响天气作业组织和作业人员资格的审查；

（五）负责全省人工影响天气技术培训和科学试验、技术开发及装备供应；

（六）开展人工影响天气重大项目攻关、新技术开发与推广应用、国内外学术交流等活动；

（七）研究人工影响天气作业对气候的影响，并对人工影响天气作业的效果进行评估；

（八）规划和布设人工影响天气作业设备。

**第八条** 县级以上人民政府气象主管机构应当扩展人工影响天气工作的应用领域，组织开展大型水利水电工程蓄水人工增雨、重大社会活动人工消雨、机场和高速公路人工消雾、旅游景区人工增雨雪等人工影响天气作业。

**第九条** 县级以上人民政府气象主管机构应当建设专用燃爆器材库、车载火箭用房、值班室，配备通信设施，建立人工影响天气指挥系统、通讯系统和天气监测预警系统。所需经费列入当地财政预算。

人工影响天气作业所需燃爆器材，由当地人民武装部存储，所需经费列入当地财政预算。

**第十条** 从事人工影响天气作业的单位必须具备以下条件：

（一）具有法人资格；

（二）作业高射炮、火箭发射装置符合国家有关强制性技术标准和要求；

（三）燃爆器材库等基础设施符合有关安全管理规定；

（四）作业指挥人员和作业人员经省级气象主管机构培训考核合格，并达到规定人数；

（五）有健全的作业空域申报制度、作业安全管理制度和作业设备的维护、运输、储存、保管等制度。

**第十一条** 人工影响天气作业组织和作业人员实行资格认定制度。

人工影响天气作业组织、人工影响天气作业人员应当按照有关规定，经省人民政府气象主管机构认定取得资格证书后，方可从事人工影响天气作业工作。

**第十二条** 省人工影响天气作业组织负责全省飞机等人工影响天气作业；市、县人工影响天气作业组织负责制定方案和实施当地人工影响天气高射炮、火箭等作业。

**第十三条** 实施人工影响天气作业应当符合下列条件：

（一）有适宜的天气、云层条件；

（二）得到空域管制部门的批准；

（三）作业点为非人口稠密区且无重要、高大建筑设施，有完善的安全措施；

（四）作业点与上级人工影响天气指挥中心及空域管制部门的通信畅通；

（五）有取得相应资格证的作业单位和指挥、操作人员；

（六）作业器具质量完好，符合使用要求，并经年检合格；

（七）法律法规规定的其他条件。

**第十四条** 实施人工影响天气作业的组织，应当严格执行国务院气象主管机构规定的作业规范和操作规程，并接受县级以上气象主管机构的指挥、管理和监督。

**第十五条** 市、县两级气象主管机构应当根据当地气候特点、地理条件，设置人工影响天气高射炮、火箭等地面作业站（点），经县级以上人民政府同意后，报省气象主管机构会同飞行管制部门审批。

经批准的作业站（点）不得随意变动，确实需要变动时，应当按照本条前款的规定重新报批。

**第十六条** 实施人工影响天气作业，必须在飞行管制部门批准的作业空域和作业时限内进行。在作业过程中，收到飞行管制部门发出停止作业的指令时应当立即停止作业。作业结束后应当立即报告气象主管机构和飞行管制部门。

**第十七条** 使用人工影响天气高射炮、火箭等进行作业前应当按照规定向空域管制部门提出作业空域申请，空域管制部门在接到空域申请后，应当及时做出决定，并通知申请人。

使用飞机实施人工影响天气作业的，省气象主管机构应当在拟飞行1小时前，向飞行管制部门申请空域和作业时限。飞行管制部门应当在拟起飞时刻15分钟前作出批准或者不予批准的决定并通知申请人。

实施飞机人工影响天气作业所需飞机由军队或者民航部门按照双方协商确定的方式提供；飞行管制部门和有关机场应当根据批准的作业计划，在空域调配、飞机起降、备降和地勤保障等方面予以配合。

**第十八条** 人工影响天气作业点的设置和作业工具的发射方位与方向，必须符合《中华人民共和国民用航空法》和《中华人民共和国飞行基本规划》中的有关规定，并绘制安全射界图。

**第十九条** 作业地气象台（站）应当及时无偿提供实施人工影响天气作业所需的气象探测资料、情报、预报。

农业、水利、林业、民政等有关部门应当及时无偿提供实施人工影响天气作业所需的灾情、水文、火情等资料。

**第二十条** 实施人工影响天气作业，作业地的气象主管机构应当根据具体情况提前公告，并在当地县级以上人民政府统一领导下，协调有关部门做好安全保卫工作。

在规定的作业范围内，任何组织和个人不得侵占作业场地、干扰通讯频道，损毁和擅自移动作业装备与设施。

**第二十一条** 省气象主管机构负责组织专用装备（人工影响天气燃爆器材及其相应的发射装置和催化剂发生器等）的统一购置和配发。调运人工影响天气燃爆器材等专用装备，应当向当地县级公安部门申请办理运输手续。

任何组织和个人不得购买、拥有和转让人工影响天气作业专用装备。

**第二十二条** 实施人工影响天气作业的高射炮、火箭发射装置等专用装备，由省气象主管机构组织年检。年检不合格的，应当立即进行检修，经检修仍达不到规定技术标准的应当报废。

任何组织和个人不得使用不合格、超过有效期或者报废的人工影响天气作业装备。

**第二十三条** 人工影响天气作业完毕后，应当将作业时间、高度、人工影响天气燃爆器材种类、用量，空域申请和批复，作业效果等如实记录，与其他相关资料一并按照有关规定及时存档。

**第二十四条** 实施人工影响天气作业应当严格执行安全管理法律、法规。

人工影响天气作业工作中发生事故，应当立即报告当地人民政府安全生产监督管理部门和上级气象主管机构。由县级以上人民政府安全生产监督管理部门按有关规定处理。

**第二十五条** 省人民政府有关行政主管部门应当对执行实施人工影响天气作业的指挥车辆和作业车辆，减免公路养路费、公路车辆通行费、道桥费等费用。

实施人工影响天气作业的指挥和作业车辆，可以安装固定示警装置，优先通行。

**第二十六条** 违反本办法规定，有下列行为之一的，由县级以上气象主管机构责令改正，给予警告并可处以三万元以下罚款；给他人造成损失的，依法承担赔偿责任；构成犯罪的，依法追究刑事责任。

（一）侵占作业场地，扰乱作业程序的；

（二）损毁和擅自移动人工影响天气作业装备与设施的；

（三）非法取得人工影响天气作业专用设备的；

（四）将人工影响天气作业设备转让给非人工影响天气作业单位或者个人的；

（五）将人工影响天气作业设备用于与人工影响天气无关活动的；

（六）使用年检不合格、超过有效期或者报废的人工影响天气作业设备的；

（七）违反本办法第十六条规定，不及时停止作业，给国家和人民生命财产造成损失的。

**第二十七条** 本办法自2006年10月18日起施行。

# 山西省保障残疾人合法权益规定

（山西省人民政府令第196号
2006年12月23日）

## 第一章 总 则

**第一条** 为维护残疾人的合法权益，促进残疾人事业全面发展，根据《中华人民共和国残疾人保障法》和《山西省实施〈中华人民共和国残疾人保障法〉办法》，结合本省实际，制定本规定。

**第二条** 持有《中华人民共和国残疾人证》的残疾人，户籍在本省行政区域内的，适用本规定；户籍不在本省行政区域内的，参照本规定的有关规定执行。

**第三条** 各级人民政府负责组织实施本规定。

各级人民政府残疾人工作机构，负责组织、协调、指导、督促有关部门做好残疾人工作。

县级以上人民政府有关行政主管部门在各自的职责范围内，依法做好残疾人工作。

残疾人联合会受同级人民政府委托对本规定的实施情况进行监督检查。

**第四条** 各级人民政府应当支持和保障残疾人事业的发展，应当将所需经费列入财政预算，并随着经济的发展，逐年增加；在发行的公益彩票筹集的本级留成中每年安排一定比例用于发展残疾人事业。

**第五条** 各级人民政府倡导公民，每年安排一定时间，作为志愿者工作日，开展扶残助残活动。

县级以上人民政府应当对保障残疾人合法权益做出突出贡献的单位和个人予以表彰和奖励。

## 第二章 预防和康复

**第六条** 县级以上人民政府有关部门应当加强对残疾预防工作的领导，宣传、普及优生优育和预防残疾的知识，依法采取措施，预防因遗传、疾病、药物中毒、事故、灾害、环境污染和其他因素导致的残疾发生。

**第七条** 县级以上人民政府应当从实际出发，建设以专业康复机构为骨干、社区为基础、家庭为依托的社会化康复服务体系，为残疾人提供全面、有效的康复服务。

**第八条** 各级人民政府和县级以上人民政府有关部门、残疾人联合会应当结合残疾人的需求，制订康复计划，组织力量实施。

各级人民政府和县级以上人民政府有关部门应当有计划地在公立医院设立康复医学科（室），举办残疾人专门康复机构，并鼓励和扶持社会力量兴办残疾人康复机构，开展康复医疗与训练、疾病预防、人员培训、技术指导、科学研究等工作。

各级人民政府和县级以上人民政府有关部门，应当组织和指导城乡社区服务网、医疗预防保健网、残疾人组织、残疾人家庭和其他社会力量，开展社区康复工作。

残疾人教育机构、福利性企业事业组织和其他为残疾人服务的机构，应当创造条件，开展康复训练活动。

残疾人在专业人员的指导和有关工作人员、志愿工作者及亲属的帮助下，进行功能、自理能力和劳动技能的训练。

**第九条** 各级各类医疗卫生机构，对就医的残疾人，免收门诊诊疗费；确需做CT、MRI、彩色多普勒等大型设备检查时，按照规定收费标准减收10%；对住院及手术治疗者，住院15天以内床位费按照规定收费标准减收10%，15天以上减收5%；手术及麻醉各减收10%；女性因怀孕而进行检查时，免收产前检查费。

**第十条** 各级人民政府和县级以上人民政府有关部门应当将农村残疾人纳入新型农村合作医疗范围，对自愿参加新型农村合作医疗的贫困残疾人，个人缴纳的新型农村合作医疗费用由户籍所在地县级人民政府承担。

有工作单位的残疾人随单位参加基本医疗保险，并按照统筹地区的有关规定缴费；以灵活方式就业的残疾人，可以按照统筹地区的灵活就业人员参保办法参加基本医疗保险。

**第十一条** 各级民政行政主管部门应当将符合条件的贫困残疾人纳入城乡医疗救助体系。有下列情形之一的，由本人向户籍所在地民政行政主管部门提出书面申请，按照当地政府城乡医疗救助办法予以救助。

（一）未参加基本医疗保险的无工作单位且享受低保的残疾人；

（二）参加新型农村合作医疗后，因个人负责较重影响家庭基本生活的残疾人；

（三）参加城镇职工基本医疗保险后，因个人负责较重影响家庭基本生活的残疾人。

**第十二条** 县级以上人民政府可以将残疾人的助行、助听等康复项目纳入公益助残专项资金补助范围。

**第十三条** 各级残疾人联合会可以通过社会募集、个人捐助等多种渠道对残疾人康复服务项目进行补助。

## 第三章 教　　育

**第十四条** 各级人民政府应当将残疾人教育作为国家教育事业的重要组成部分，统筹规划，科学安排，保障残疾人及残疾人子女受教育的权利。

**第十五条** 各类幼儿园、学前班应当保障残疾儿童的学前教育。卫生保健机构、残疾幼儿的学前教育机构，应当就残疾幼儿的早期发现、早期康复和早期教育提供咨询、指导。

**第十六条** 各类普通高级中学、中等专业学校、技工学校、高等院校、成人教育机构应当招收符合国家规定录取标准的残疾考生入学，不得因其残疾而拒绝招收。

**第十七条** 县级以上人民政府应当依法设立残疾人教育专项补助经费。

各类教育机构对接受学前教育、义务教育阶段的城乡残疾学生及贫困残疾人子女，应当免收学杂费、教科书费，并给予适当的生活补助。

前款规定的费用，属非义务教育和民办教育机构的，可以从残疾人就业保障金中给予适当补助。

**第十八条** 各级人民政府应当将特殊教育学校的建设纳入教育事业发展总体规划。

省人民政府根据需要发展高等特殊教育；设区的市人民政府可以根据需要举办残疾人高级中等以上特殊学校（班）；人口在30万以上的县级人民政府应当新建或者改建一所独立的特殊教育学校，有条件的县级人民政府应当设立残疾人特殊教育学校（班）。

**第十九条** 各级人民政府应当加强对残疾人的职业技能教育。高级中等以上特殊教育学校（院校、专业）、普通学校（院）附设的特殊教育班和残疾人职业技术教育机构，对符合条件的残疾人实施高级中等以上文化教育的同时，加强职业技术教育。

**第二十条** 县级以上人民政府及其有关部门应当设立残疾人职业技能教育培训机构，对不同类别的残疾人实施相应的技能培训。

**第二十一条** 劳动和社会保障、教育行政主管部门和残疾人联合会应当有计划地发展残疾人职业技能教育，为残疾人提供职业技能培训。

残疾人所在单位应当对残疾职工进行符合其特点的文化和职业技术教育，鼓励残疾人自学成才。

**第二十二条** 县级以上人民政府教育行政主管部门应当会同广播电视部门，根据实际情况开设或者转播适合残疾人学习的专业、课程。

**第二十三条** 从事特殊教育的教职工、随班就读教师和手语翻译，享受特殊教育津贴，连续在特殊教育工作岗位上工作满15年以上，并在本岗位上退休的，退休后保留特殊教育津贴；盲文翻译和经过手语培训并取得合格证书的残疾人工作者，享受工资收入15%的特殊岗位津贴，从事残疾人工作满15年以上，并在本岗位上退休的，退休后保留特殊岗位津贴。

法律、法规和国家政策另有规定的，从其规定。

**第二十四条** 县级以上人民政府教育行政主管部门应当按照规定足额拨付特殊教育经费，并随着经济的发展逐年增加。

**第二十五条** 各级教育行政主管部门及特殊教育学校应当加强对残疾学生的教育和管理，切实保障其人身财产及各项权益不受侵害。

## 第四章 劳动就业

**第二十六条** 各级人民政府应当对残疾人劳动就业统筹规划，按照稳定福利企业、扶持个体就业、加强残疾人按比例就业的方针，采取优惠政策和扶持保护措施，使残疾人劳动就业逐步做到普及、稳定、合理。

**第二十七条** 县级以上人民政府所属的劳动力市场和人才市场应当设立残疾人就业专门窗口，积极向用人单位推荐残疾人，并免收未就业残疾人人事档案、人事关系委托保管费；各类用人单位在人员招聘录用中不得拒绝接收符合录用条件的残疾人。

**第二十八条** 乡（镇）人民政府和街道办事处对辖区内的公益性岗位应当优先安排适合岗位要求的残疾人。

**第二十九条** 用人单位安排残疾人就业，应当与残疾职工签订劳动合同；按时足额支付残疾职工工资，并依法缴纳养老、医疗、失业、工伤及生育等社会保险费；对合同期满的残疾职工优先续签合同。

用人单位因生产经营出现困难，进行经济性裁员时，一般不裁减残疾职工；企业进行改组、改制，尽量避免安排残疾职工下岗；企业因兼并或者破产，确需安排残疾职工下岗的，应当事先征求本单位工会意见，并按照国家规定发给“再就业优惠证”，保障其享受再就业各项扶持政策。

任何用人单位不得无故单方解除与残疾职工的劳动关系。对确需与残疾职工解除或者终止劳动关系的，应当事先征求本单位工会和单位所在地县级残疾人联合会的意见。

法律、法规另有规定的，从其规定。

**第三十条** 本省行政区域内的各机关、团体、企业事业单位和其他经济组织，应当按照《山西省按比例安排残疾人就业规定》安排残疾人就业或者缴纳残疾人就业保障金。

**第三十一条** 缴纳残疾人就业保障金的数额由县级以上残疾人联合会核准，按照下列方式征收、扣缴：

（一）未安排残疾人就业和安排残疾人就业达不到规定比例的国有企业（包括中央部属企业、外省市驻晋企业）、集体企业、外商投资企业、民营企业及其他企业，应当缴纳的残疾人就业保障金，由地方税务部门征收；

（二）在工商行政管理部门注册登记的个体经济组织和个体工商户，应当缴纳的残疾人就业保障金，由工商行政管理部门征收；

（三）全额拨款的机关、团体、事业单位和财政安排公用经费的其他单位，应当经同级残疾人联合会年审后缴纳残疾人就业保障金，未缴纳的，由同级财政行政主管部门扣缴。

残疾人就业保障金的征收、扣缴情况，接受同级审计、财政行政主管部门的监督。

**第三十二条** 各级人民政府应当鼓励和扶持兴办福利企业，集中安排残疾人就业。对有劳动能力的精神残疾人，经专科医生证明，可以安排其从事力所能及的工作，并列入福利企业安排残疾人就业的比例，税务部门应当按照国家有关规定减免福利企业营业税、所得税、增值税等税收。

县级以上人民政府民政、税务行政主管部门应当加强对福利企业的监督和管理；各级残疾人联合会应当对福利企业保障残疾职工的权益状况实施监督。

**第三十三条** 对申请从事个体工商业的残疾人，工商行政管理部门应当优先核发营业执照，按照国家规定减免费用；税务行政主管部门应当按照国家有关规定实行税费减免。

**第三十四条** 各级工会、残疾人联合会应当协助劳动和社会保障行政主管部门加强对残疾人劳动就业的监督和检查。

## 第五章　文化生活

**第三十五条** 各级人民政府应当结合残疾人的不同特点和需要，组织残疾人开展各种文化体育活动，满足残疾人精神文化需求。

社会公共文化、体育机构和场所，应当为残疾人参与文化、体育、娱乐活动提供便利和优惠服务。

**第三十六条** 各级人民政府和社会组织应当采取下列措施，满足残疾人的精神文化需求：

（一）通过广播、电影、电视、报刊、图书、网络等形式，反映残疾人生活，为残疾人服务；

（二）有条件的县（市、区）和设区的市级以上公共图书馆设立盲文及盲人有声读物图书室；电视台开办手语节目，公共电视节目加配字幕；

（三）各级广播电台开办残疾人专题栏目。公共媒体无偿刊登、播出反映残疾人事业的公益广告；

（四）组织和扶持残疾人开展群众性文化、体育、娱乐活动，举办残疾人艺术演出和残疾人运动会，参加国家和国际体育赛事；

（五）公园、动物园、烈士陵园、旅游区（点）、文化馆、展览馆、博物馆、文化活动中心、科技活动中心、影剧院、体育场馆等公共文化和体育场所，对参观游览的残疾人、重度残疾人的1至2名陪侍人员免费。

**第三十七条** 县级以上人民政府应当在发行中国体育彩票筹集的本级留成中，每年安排不低于15%的公益助残体育资金，专项用于残疾人体育事业。

**第三十八条** 公益助残体育资金应当用于下列项目：

（一）参加体育赛事经费补助；

（二）体育运动员的训练补助；

（三）体育场馆和设施的改造；

（四）支持社区残疾人体育活动；

（五）其他用于残疾人体育事业的支出。

**第三十九条** 安排残疾人事业项目时，财政、体育行政主管部门应当事先征求残联组织的意见。公益助残体育资金的使用情况，应当接受同级审计、财政行政主管部门的监督。

**第四十条** 各级人民政府对在文化、教育、科技和体育事业等领域做出突出贡献的残疾人给予表彰和奖励，并给予安置适当的工作。

## 第六章　社会保障

**第四十一条** 各级人民政府在建立健全社会保障制度中，应当给予残疾人特别的扶持和照顾，保障其基本生活。

**第四十二条** 各级人民政府应当对下列残疾人采取保障措施：

（一）对无法就业的重度残疾人、一户多残等特困残疾人，在原享受最低生活保障金的基础上，根据分类救助的原则，应当按照规定的比例，适当提高最低生活保障金的标准；

（二）对无劳动能力、无生活来源又无法定赡养、抚养、扶养义务人，或者其法定赡养、抚养、扶养义务人无赡养、抚养、扶养能力的残疾人，给予供养、救济；属智力和精神残疾的给予收养。

（三）对在城市流浪乞讨生活无着的残疾人，社会救助机构应当及时救助。

**第四十三条** 各级人民政府应当把扶持农村有劳动能力的残疾人脱贫列入扶贫开发计划，在项目和资金安排上予以优先照顾。在小城镇建设、异地搬迁和异地扶贫等项目的实施中，优先安排贫困残疾人。

**第四十四条** 县级以上人民政府农业、财政行政主管部门在财政扶贫资金重点扶持项目的实施过程中，应当将有劳动能力的贫困残疾人作为重点扶持对象，安排财政扶贫资金，专项用于发展种植、养殖业，创办残疾人扶贫示范基地。

县级以上残疾人联合会用于残疾人扶贫的专项工作经费，同级财政应当予以保障。

**第四十五条** 农业银行应当提供康复扶贫贷款的优惠条件，提高康复扶贫贷款的到位率。

**第四十六条** 县级以上人民政府应当安排专项经费，改善农村贫困残疾人的居住条件。

各级人民政府对符合政府廉租住房条件的城镇贫困残疾人家庭，应当全部纳入政府廉租住房制度范围；对特殊困难的贫困残疾人家庭，应当优先实行实物配租。

**第四十七条** 各级人民政府应当发展残疾人福利基金。

县级以上人民政府民政行政主管部门在社会募集成果中，应当适当增加对贫困残疾人及其家庭的扶持和救助。

**第四十八条** 县级以上人民政府应当注重发展残疾人事业。应当从发行福利彩票筹集的本级留成中，每年安排不低于15%的公益助残资金，专项用于发展残疾人事业。

**第四十九条** 公益助残资金应当用于下列项目：

（一）残疾人康复、残疾预防、残疾人用品用具供应服务和康复技术培训等补助；

（二）残疾人高等教育、职业教育和残疾失学儿童补助；

（三）残疾人就业服务、残疾人职业技能培训、残疾人就业服务机构和扶持残疾人就业等补助；

（四）农村贫困残疾人实用技术培训和特困残疾人的生活救助等补助；

（五）残疾人特殊艺术活动、残疾人体育活动和残疾人体育运动基地建设补助；

（六）残疾人综合服务设施建设补助和设备、器材补助；

（七）残疾人法律救助工作经费补助；

（八）其他用于残疾人事业的支出。

**第五十条** 安排残疾人事业项目时，财政、民政行政主管部门应当事先征求残联组织的意见。公益助残资金的使用情况，应当接受同级审计、财政行政主管部门的监督。

**第五十一条** 县级以上人民政府及其有关部门对于残疾人康复、教育、劳动就业、用品用具供应服务等基础设施建设项目，免征城市基础设施配套费。

**第五十二条** 夫妻一方是城镇户口的残疾人，生活自理困难，需要农村一方到城镇落户照顾的，以及农村孤寡残疾人需要投靠城镇户口直系亲属生活的，公安机关应当优先为其办理落户手续，并减免相关费用。

**第五十三条** 县级以上人民政府广播电视行政主管部门应当对家庭成员中有一人是盲人或者聋人的双残户家庭，或者家庭成员中有盲人、聋人且生活困难的家庭，免收有线电视初装费，减半征收收视费。

**第五十四条** 鼓励社会公共服务机构对生活困难的残疾人家庭，给予电话费、煤气费、水费、电费等费用的减免照顾。

**第五十五条** 县级和乡级人民政府应当根据具体情况减免农村残疾人家庭的各项社会负担。

**第五十六条** 盲人及肢体残疾人免费乘坐市内公共汽车、电车、轻轨、地铁、渡船。

**第五十七条** 法律服务机构应当为残疾人提供优先、优惠、优质的法律服务和援助，并在县级以下设立维护残疾人合法权益基层维权组织。

**第五十八条** 法律援助机构应当按照有关规定，无偿对无能力支付法律费有的残疾人提供法律服务和援助。

## 第七章 无障碍环境

**第五十九条** 各级人民政府应当对无障碍设施建设和信息交流无障碍统筹规划，综合协调，加强领导和管理。

**第六十条** 县级以上人民政府应当建立相应的组织协调机构，加强对无障碍设施建设的组织、协调、指导、监督。

**第六十一条** 新建、改建、扩建城市道路、公共建筑、居住建筑、住宅小区、专门为残疾人服务的建（构）筑和配套设施等建设工程时，应当按照国家《城市道路和建筑物无障碍设计规范》执行。

**第六十二条** 县级以上人民政府建设行政主管部门负责无障碍设施建设和使用的监督管理；发展和改革、财政、规划、民政、市政、公安、交通等部门在各自的职责范围内，做好无障碍设施建设工作。

**第六十三条** 县级以上人民政府建设行政主管部门编制无障碍设施建设规划时，应当征求同级残疾人联合会的意见。

**第六十四条** 新建、改建、扩建无障碍设施建设项目的建设单位，应当按照规定的标准，与建设工程同时设计、同时施工、同时验收。

**第六十五条** 农村残疾人建设住宅申请宅基地时，审批部门应当增加无障碍所需的土地面积。

**第六十六条** 用人单位根据本单位的实际，逐步对残疾人工作场所进行无障碍设施改造。

**第六十七条** 各级人民政府应当采取措施保障残疾人信息交流无障碍。通过开办电视手语节目、加配字幕、政府网站无障碍设计、推广手语、提供手语翻译、书面语交流援助等实现信息交流无障碍。

**第六十八条** 各停（存）车场所应当设立方便残疾人专用机动车停放的区位，并免收存放费用。

## 第八章 法律责任

**第六十九条** 违反本规定第九条规定的医疗机构，由县级以上卫生行政主管部门处以500元以上5000元以下的罚款。

**第七十条** 有下列情形之一的，由县级以上人民政府建设行政主管部门责令限期改正，个人并处200元以上2000元以下、单位并处500元以上5000元以下的罚款；构成犯罪的，依法追究刑事责任。

（一）未按规定建设无障碍设施的；

（二）故意损坏无障碍设施的；

（三）非法侵占无障碍设施的；

（四）擅自改变无障碍设施用途的。

前款第（二）、（三）、（四）项规定的行政处罚，已实施相对集中行政处罚权的，由实施相对集中行政处罚权的城市管理综合执法机构处罚。

法律、法规另有规定的，从其规定。

**第七十一条** 用人单位克扣或者拖欠残疾职工工资、不按时足额缴纳残疾人社会保险费用和无故单方解除与残疾职工劳动关系的，由县级以上人民政府劳动和社会保障行政主管部门责令限期改正；拒不改正的，按照有关法律、法规及规章的规定予以处罚。

**第七十二条** 违反本规定第十条、第十一条有关规定的，由相关的上级人民政府行政主管部门给予通报批评，责令改正；拒不改正的，对直接负责的主管人员和直接责任人员给予行政处分。

**第七十三条** 有下列情形之一的，由县级以上人民政府教育行政主管部门责令限期改正；逾期不改的，对直接负责的主管人员和直接责任人员给予行政处分。

（一）教育机构拒绝接收符合录取标准的残疾学生入学的；

（二）教育机构不按规定减免残疾学生及贫困残疾人子女有关费用的；

（三）教育机构附加额外条件限制残疾学生就学的；

（四）教育机构歧视残疾学生的；

（五）在教育机构内，残疾学生人身财产及各项权益受到侵害的。

**第七十四条** 县级以上残疾人联合会应当要求有关行政主管部门对违反本规定有关规定，侵犯残疾人合法权益的单位或者个人，予以处罚或者行政处分。

**第七十五条** 国家工作人员在残疾人权益保障工作中滥用职权、玩忽职守、徇私舞弊，尚不构成犯罪的，依法给予行政处分；构成犯罪的，依法追究刑事责任。

## 第九章 附 则

**第七十六条** 《山西省按比例安排残疾人就业规定》与本规定不一致的，按照本规定执行。

**第七十七条** 本规定自2007年2月1日起施行。

# 山西省体育竞赛监督管理办法

（山西省人民政府令第197号
2006年12月20日）

## 第一章 总 则

**第一条** 为加强体育竞赛监督管理，规范体育竞赛，促进体育事业发展，根据《中华人民共和国体育法》和有关法律、法规，结合本省实际，制定本办法。

**第二条** 本办法适用于本省行政区域内的综合性运动会、单项体育竞赛、各行业的体育运动会以及面向社会的其他体育竞赛的组织和监督管理。

**第三条** 体育竞赛应当遵循公开、公正、公平、有利于人民群众健康和体育事业发展的原则。

**第四条** 体育竞赛的监督管理实行政府监管和行业自律相结合、分级分类管理的原则。

**第五条** 县级以上人民政府体育行政部门（以下简称体育行政部门）主管本行政区域内的体育竞赛监督管理工作，主要职责是：

（一）制订本行政区域体育竞赛计划；

（二）监督、检查、指导本行政区域体育竞赛的组织和实施情况；

（三）承办本行政区域综合性运动会；

（四）制订裁判员培养发展规划并组织实施，管理、审批、选派裁判员；

（五）审定体育竞赛场地、设施和器材；

（六）审定、公布体育竞赛最高纪录；

（七）对举办体育竞赛的申请进行审批；

（八）表彰、奖励体育竞赛组织工作突出或比赛成绩优异的组织和个人；

（九）法律、法规规定的其他职责。

体育行政部门可以委托符合条件的组织实施对体育竞赛的监督管理。

教育、卫生、公安、财政、工商、税务等部门按照各自职责依法对体育竞赛实施监督管理。

**第六条** 提倡组织和个人举办体育竞赛。

鼓励组织和个人以捐资、捐赠等形式支持、参与体育竞赛。企业和个人赞助体育竞赛的，出资部分可以计入生产成本或者在广告费中列支。

## 第二章 体育竞赛的主办、承办和协办

**第七条** 县级以上人民政府、各行业应当定期举办本行政区域、本行业的体育运动会。

**第八条** 各级综合性运动会由本级人民政府主办，同级体育行政部门承办。

**第九条** 全省单项体育竞赛由该项目的省单项体育协会或者其业务主管部门主办。

**第十条** 全省大学生、中学生体育运动会由省教育行政部门、省体育行政部门共同主办。

全省大学生、中学生单项体育竞赛由省学生体育协会、省单项体育协会共同主办。

**第十一条** 各行业的体育运动会，由行业主管部门主办，体育行政部门监督、指导。

**第十二条** 能够独立承担民事责任符合法定条件的组织和个人可以主办面向社会的体育竞赛。

**第十三条** 体育竞赛的主办者可以委托符合法定条件的组织或者个人承办体育竞赛，但不得转让体育竞赛主办权。

符合条件的组织或者个人可以以自己的名义协办体育竞赛。

## 第三章 审批与登记

**第十四条** 体育行政部门应当将体育竞赛列入年度工作计划并予以公布。

全省综合性运动会，全省单项体育竞赛，全省大学生、中学生体育运动会和单项体育竞赛，全省农民体育运动会，残疾人体育运动会等体育竞赛必须纳入省体育竞赛计划。

**第十五条** 体育竞赛的主办者应当具备下列条件：

（一）能够独立承担民事责任；

（二）有竞赛规程并具备与竞赛规模相适应的组织机构和管理人员；

（三）有可行的组织方案；

（四）具备与竞赛规模相适应的场地、设施、器材和经费；

（五）举办体育竞赛所必需的其他条件。

**第十六条** 举办全省综合性运动会，全省大学生、中学生体育运动会以及全省农民体育运动会、残疾人体育运动会等体育运动会必须经省人民政府批准。

**第十七条** 申请举办全省性、跨省的体育竞赛，以及以“山西”、“山西省”、“全省”、“三晋”等包含山西省内容冠名的体育竞赛，由省体育行政部门审批。

设区的市和县级体育行政部门分别审批相应级别的体育竞赛。

举办危险性较大的体育项目的竞赛，由设区的市以上体育行政部门审批。具体项目由省体育行政部门确认并公布。

举办经营性体育竞赛，依照《山西省体育经营活动管理条例》的规定申请办理审批手续。

**第十八条** 举办国际性、全国性体育竞赛应当经省体育行政部门审核后报国家体育行政部门批准。

**第十九条** 组织和个人举办第十六条、第十七条、第十八条规定以外的体育竞赛应当向单项体育协会或者其业务主管部门（以下简称登记机构）办理登记手续。

**第二十条** 体育竞赛的主办者办理审批、登记手续的，应当于举办体育竞赛前40天，特殊情况应当于举办体育竞赛前20天向体育行政部门或者登记机构提交以下材料：

（一）体育竞赛申请书；

（二）法定代表人或者主要负责人的身份证明材料；

（三）竞赛规程和组织方案；

（四）场地、设施、器材和管理人员、专业技术人员等证明材料；

（五）经费来源及预算报告；

（六）其他必要的材料。

提倡参赛人员参加人身意外伤害保险。举办危险性较大或者对身体有特殊要求的体育项目的竞赛，参赛人员必须经体检合格并参加人身意外伤害保险。

举办跨行政区域的体育竞赛，主办者必须到体育竞赛举办地办理审批登记手续。

**第二十一条** 体育行政部门或者登记机构应当在受理体育竞赛主办者申请之日起10个工作日内做出批准或者不予批准的决定，并书面通知主办者。10个工作日内不能做出决定的，经体育行政部门或者登记机构负责人批准，可以延长5个工作日，并将延长期限的理由告知主办者。

**第二十二条** 体育竞赛需要办理治安、卫生、消防、工商、税务等手续的，主办者应当按照有关规定依法办理。

**第二十三条** 经审批、登记的体育竞赛，主办者应当采取必要形式向社会公布，并不得擅自变更或取消。比赛的时间、地点、比赛项目等内容确需变更的，应当向原体育行政部门或者登记机构办理变更手续；因特殊情况确需取消体育竞赛的，主办者必须向原体育行政部门或者登记机构申请，经批准后向社会公告。

**第二十四条** 体育竞赛主办者申请举办体育竞赛的，应当向体育行政部门或者登记机构缴纳保证金。保证金的具体标准由体育行政部门根据体育竞赛的规模、影响及危险程度确定。

体育竞赛结束后20日内退还保证金。

有下列情况之一的，保证金不予退还：

（一）没有履行审批程序更改体育竞赛时间、地点、比赛内容，或者取消体育竞赛，造成体育竞赛参赛者或者消费者损失的；

（二）组织管理不善，造成体育竞赛参赛者或者消费者重大伤亡的。

不予退还的保证金用于对体育竞赛参赛者、消费者的损害补偿或者充抵罚款。

## 第四章 监督管理

**第二十五条** 体育行政部门必须加强对体育竞赛的监督管理，履行下列职能：

（一）监督主办者履行审批、登记手续；

（二）监督主办者遵守体育竞赛的法规、规章；

（三）监督主办者在审批、登记的范围内开展活动；

（四）监督体育赛风、赛纪以及裁判员执法情况。

体育行政部门可以委托单项体育协会实施对体育竞赛的监督管理。

**第二十六条** 体育行政部门对体育竞赛的监督管理实行督察员制度，督察员由体育行政部门选派。

鼓励体育竞赛主办者邀请社会人士参与体育竞赛监督工作。

**第二十七条** 体育竞赛的安全管理实行谁主办、谁负责的原则。

体育竞赛的主办者应当制订体育竞赛的安全工作方案、突发事件应急预案，并与承办者、协办者和场地、设施、器材提供者等合作方签订合同，明确安全责任。

体育竞赛的主办者和合作方应当按照合同规定的职责共同落实安全工作。

**第二十八条** 体育竞赛主办者应当按照批准的体育竞赛规程和实施方案组织体育竞赛，并对报名参赛的运动员资格进行审查。

**第二十九条** 体育行政部门每两年应当对裁判员进行考核、注册确认并予以公布。

体育竞赛的主办者应当聘请经过注册确认、符合等级要求的裁判员从事体育竞赛裁判工作，并按照有关规定支付酬金。

各级综合性运动会的裁判员由本级单项体育协会推荐，本级体育行政部门批准选派。其他体育竞赛的主办者聘请裁判员及裁判员拟任职务情况，应当在举办体育竞赛前7天向相应的体育行政部门或者单项体育协会书面报告，体育行政部门或者单项体育协会应当进行审查并提出审查意见。

**第三十条** 参加体育竞赛的教练员、运动员和裁判员必须遵守国家对体育竞赛的有关规定，遵守体育道德，严禁弄虚作假、徇私舞弊，严禁使用兴奋剂，严禁利用体育竞赛进行赌博等违法活动。

**第三十一条** 体育竞赛获得批准后，方可进行广告宣传、接受赞助、收取报名费、发放或出售门票。

发放或出售的门票数量不得超过体育设施的安全容量。

**第三十二条** 举办募捐性体育竞赛的收入，除按照经批准的竞赛经费收支预算支付必要成本开支外，必须全部交付受捐人。

**第三十三条** 体育竞赛的主办者应当在体育竞赛结束之日起20日内向体育行政部门提交竞赛总结、秩序册、成绩册和竞赛经费收支报告。

**第三十四条** 体育竞赛的主办者应当对体育行政部门和其他有关部门、单项体育协会的监督、检查给予配合和协助，不得拒绝和阻碍。

**第三十五条** 体育竞赛的现场观众应当遵守下列规定：

（一）遵守有关法律、法规和社会公德；

（二）遵守体育竞赛现场的管理制度；

（三）自觉接受安全检查，服从管理；

（四）不得影响体育竞赛的正常秩序，不得妨碍公共安全。

**第三十六条** 在本省行政区域内举办的国际性、全国性体育竞赛，应当由省体育行政部门会同有关部门协调管理。

## 第五章　法律责任

**第三十七条** 体育竞赛的主办者有下列行为之一的，体育行政部门或者登记机构可以根据情节轻重分别给予警告、暂停或者取消该体育竞赛的处罚：

（一）在体育竞赛经费、组织方案等方面弄虚作假的；

（二）聘请未经注册确认的裁判员，或者聘请裁判员及裁判员拟任职务情况未向体育行政部门书面报告的；

（三）体育竞赛有悖社会公德或损害参赛者身心健康的。

**第三十八条** 违反本办法有下列行为之一的，由体育行政部门责令限期改正，并处以体育竞赛主办者500元以上1000元以下的罚款：

（一）未经批准举办体育竞赛的；

（二）实际举行的体育竞赛与批准或者登记的内容不一致，未按规定办理变更手续的；

（三）未经批准取消体育竞赛的；

（四）未按规定制订体育竞赛的安全工作方案、突发事件应急预案，没有落实安全责任的。

**第三十九条** 以营利为目的，擅自以体育行政部门、体育社会团体及其他体育组织的名义举办体育竞赛的，由体育行政部门取消该体育竞赛，并处1000元以上2万元以下的罚款；构成犯罪的依法追究刑事责任。

**第四十条** 体育行政部门或者登记机构工作人员玩忽职守、滥用职权、徇私舞弊的，由其所在单位或者上级主管部门给予行政处分；构成犯罪的，依法追究刑事责任。

## 第六章　附　　则

**第四十一条** 本办法自2007年2月1日起施行。

# 政法工作

**【概述】** 2006年，全省各级政法机关全面落实科学发展观，充分发挥职能作用，确保了全省社会大局的稳定，为改革发展创造了良好的社会环境。

1. 深入开展社会主义法治理念教育活动，政法队伍的思想政治建设明显加强。根据中央政法委的统一部署，从2006年4月份开始，在全省政法系统开展了社会主义法治理念教育活动。各级政法机关加强领导，精心组织，按照“人人受教育，个个得到提高”的要求，通过开展“大学习”、“大培训”、“大讨论”、“大整改”，组织巡回报告团、知识竞赛、有奖征文等活动，引导广大干警认真清理执法思想，坚持边学边改，思想政治觉悟明显提高，执法为民的意识进一步增强，涌现出了一大批执法为民先进集体和个人，全年有1200多个单位3700余名干警立功受奖，其中171个集体217名干警受到省部级以上表彰。

2. 深入开展“矛盾纠纷调解年”活动，维护了全省的和谐稳定。切实加强和改进矛盾纠纷调解工作，积极构建人民调解、行政调解、司法调解“三位一体”的大调解工作格局，充分运用调解手段化解矛盾。全省调解民间纠纷14万件，调解办理民商事案件2.6万件，调处重大矛盾纠纷1600余件，群体性事件同比下降了12.6个百分点。开展了联动联合接访处理活动，对长期以来进京缠诉缠访案件，通过领导包案、公开听证、复查审核、案件终结、司法救助等方式，实现案结事了，息诉罢访，涉法信访形势趋于平稳。“矛盾纠纷调解年”活动经验，受到了罗干、周永康同志的充分肯定，作出批示在全国推广。

3. 严厉打击各类犯罪，维护了社会治安和市场经济秩序。深入开展“打黑除恶”斗争，深挖黑恶犯罪，打掉黑恶性质犯罪组织8个，摧毁犯罪团伙161个，抓获黑恶成员1060人。组织开展了打击“两抢一盗”、“命案侦破”、“禁毒人民战争”等专项行动，有效遏制了刑事犯罪大幅上升的势头。严厉打击经济犯罪，依法严惩了一批破坏市场经济秩序，危害人民群众生产生活的犯罪分子。全省法院共受理各类案件143000多件，审（执）结126000多件，结案率达到93.2%。检察机关查办职务犯罪案件1100多件1300多人，促进了反腐败斗争的深入开展。监管措施继续强化，改造质量明显提高，全省监狱劳教场所实现了持续安全稳定。加大了对治安混乱地区和突出治安问题的整治力度，开展了民爆物品专项集中整治行动，收到了明显的成效。

4. 广泛开展平安建设，人民群众安全感增强。2006年，继续组织以“平安县”建设为载体，广泛开展平安社区、平安村镇、平安学校等各种形式的基层创安活动。加强了治安防控体系建设，整合防控队伍、拓宽防控领域，积极推广电子视频监控系统。在全省推广了太原市在主要街道、重点部门安装视频监控设备的“天眼工程”。开展了流动人口计划生育清查验证，完善了刑释解教人员衔接帮教，加强了对青少年特别是社会闲散青少年的教育和管理，加大了学校及周边治安环境的整治力度，引深平安铁路示范段创建活动，强化了交通消防安全管理，“五五”普法和“十一五”依法治省工作顺利启动，政法综治宣传进一步加强，法学理论和调查研究工作取得明显成效。综治基层基础进一步夯实，平定建设迈上新的台阶。“平安家庭”创建活动受到中央六部委的联合表彰，“平安铁路示范段”创建经验在全国推广。

5. 深入开展“强基固本”活动，基层基础建设进一步加强。政法各部门采取了一系列措施加强基层基础工作。公安机关开展了“抓基层、打基础、苦练基本功”活动，全省选调4200多名干警充实一线，建立社区（农村）警备站5400余个，配备警务民警6000余人，有95个县级公安机关一线警力达到85%。政法部门基础设施建设力度加大，全省新建、扩建基层庭（所）达1100多个。科技强警迈出较大步伐，“金盾工程”一期建设任务全部完成，政法信息专网建设基本完成，受到公安部和周永康同志的肯定。

6. 积极推进司法体制机制改革，执法行为进一步规范。认真贯彻中央关于加强和改进党对政法工作领导的意见和关于进一步加强人民法院、人民检察院工作的决定，积极推进司法体制改革。大力推进警务、检务、审判公开，扩大刑事普通程序简化审理，建立民事案件繁简分流机制，进一步完善人民陪审员、人民监督员制度，加强了司法鉴定机构规范化建设，加强了法律服务和法律援助，监狱布局调整工作稳步推进。开展集中清理执行积案专项行动，执行积案6700多件，“执行难”的问题得到缓解。引深“规范执法行为、促进执法公正”专项活动，加强了执法责任体系、执法质量考评体系和执法监督体系建设，出台了一系列改革方案。

全省各级都建立了法律援助机构，在乡镇、街道和有关部门设立法律援助工作站1500多个，全年获得法律援助经费600多万元，有效扩大了法律援助覆盖面。全省对4000多名符合法律援助的当事人减、缓、免交诉讼费和其他法律援助。

7. 加强了新形势下的对敌斗争，维护国家安全的长效机制逐步完善。积极开展对敌现实斗争，有效防范、打击了敌对势力的渗透、颠覆、破坏活动。查获冒用宗教名义的邪教、组织案件12起。基础调研和技术侦察能力进一步加强，发现和获取了大量有价值的工作资源和线索，为全省的社会政治稳定提供了强有力的支持。成立了山西省国家安全工作领导机构，国家安全人民防线建设纳入社会治安综合治理，全民的国家安全意识有了明显提高。积极开展了对大型涉外活动和核心要害部门的安全保卫工作。有效防范了敌对势力借“维权”插手利用我人民内部矛盾进行捣乱破坏。（王福忠）

## 检察工作

**【概述】** 1. 坚定不移地贯彻“严打”方针，有力地维护社会和谐稳定。全省检察机关始终把维护社会稳定作为首要任务，认真履行批捕、起诉和诉讼监督职责，严厉打击各种严重刑事犯罪活动。全年共批准和决定逮捕各类刑事犯罪案件11987件20488人；提起公诉14665件22770人。

突出查办重点，打击了严重刑事犯罪分子的嚣张气焰。全省检察机关坚持依法从重从快方针和“两个基本”（基本事实清楚，基本证据确凿）的原则，严厉打击爆炸、杀人、强奸、抢劫、绑架，以及抢夺、盗窃等严重影响人民群众安全感的犯罪，积极参加“打黑除恶”专项斗争。对重大案件实行挂牌督办，组织骨干力量集中办理，加快办案节奏，提高办案效率，依法快捕快诉，始终保持了对严重刑事犯罪的高压态势。全年共批准逮捕上述犯罪案件5294件10181人，提起公诉5742件10019人。

把“打黑除恶”与反腐败斗争相结合，深挖黑恶势力“保护伞”。省检察院加强对查处黑恶势力“保护伞”工作的领导，对下级检察院查办“保护伞”案件遇到阻力的，及时督办、参办或提办。全省检察机关共查处涉嫌“保护伞”案件5件5人。

严肃查处破坏市场经济秩序的犯罪活动，维护市场经济秩序稳定。全省检察机关积极参加整顿和规范市场经济秩序工作，依法查处走私、金融诈骗、偷税骗税、侵犯知识产权等严重危害国家经济安全、扰乱市场经济秩序的犯罪活动，以及制售假冒伪劣食品、药品、农资、医疗器械等严重危害人民群众生命财产安全的犯罪活动；打击欺行霸市等严重破坏市场公平交易的犯罪活动。全年共批捕破坏市场经济秩序犯罪419人，提起公诉702人。

正确应用宽严相济的刑事政策，努力减少社会对立面。全省检察机关对未成年人犯罪和初犯、偶犯、过失犯以及主观恶性小、犯罪情节轻微、社会危害不大的轻微刑事案件，加大教育挽救力度，把化解社会矛盾贯穿到整个办案的始终，收到良好的社会效果。全年共对2701人作出不批捕决定，对375人作出不起诉决定。

依法妥善处理涉检上访案件，积极化解社会矛盾。全省检察机关坚持检察长接待和领导包案制度，认真落实首办责任制，集中力量处理涉检上访案件。全年共受理涉检信访案件4846件，处理集体上访38件，立案复查186件。积极清理历史积案，共依法办理历史遗留的刑事赔偿案件42件。

2. 加大查办职务犯罪工作力度，积极推动反腐败斗争深入发展。全省检察机关坚持“一要坚决，二要慎重，务必搞准”的原则，加大工作力度，提高执法水平和办案质量，狠抓大案要案，共立案侦查职务犯罪案件1289件1478人，其中贪污、贿赂、挪用公款等职务犯罪案件844件963人，渎职侵权等职务犯罪案件445件515人。

查办大案要案工作取得新的成绩。全省检察机关坚持把数额大、职务高的大案要案作为查办的重点，共查办贪污、贿赂、挪用公款大案543件，查办渎职侵权重特大案件152件；立案侦查县处级以上领导干部要案66人。大案要案占立案总数的59%，推动了反腐败斗争的深入开展。山西省焦炭集团公司董事长牛新民涉嫌贪污、受贿、巨额财产来源不明案被省检察院依法查处，法院一审判处其有期徒刑18年。

查办群众反映强烈的职务犯罪案件成效明显。全省检察机关把查办官商勾结、官煤勾结等权钱交易的案件作为工作重点，推动查办职务犯罪工作深入开展。全年共查办党政干部职务犯罪174人，司法人员职务犯罪案件177件221人，非法拘禁、刑讯逼供等侵犯人权的职务犯罪案件28件46人，失职渎职导致发生重特大安全生产事故的犯罪案件112件135人，促进了依法行政和严格执法，维护了国家利益和人民群众的合法权益。

查办商业贿赂职务犯罪工作取得初步成效。全省检察机关积极参加治理商业贿赂专项工作，共查办商业贿赂职务犯罪案件158件172人，其中资源开发和经销领域55件65人，出版发行领域22件22人，工程建设领域20件20人，土地出让领域14件15人，医药购销领域12件15人。山西省煤矿安全监察局技术装备处处长刁岷等10案10人涉嫌商业贿赂犯罪，被检察机关依法查处。

执法水平和办案质量明显提高。2006年，全省检察机关共侦查终结贪污贿赂等案件 821 件 942 人，法院已作出有罪判决 837 人，有罪判决率达 86.9%，同比上升 16.7 个百分点；侦查终结渎职侵权案件 382 件 451 人，法院已作出有罪判决 258 人，有罪判决率同比提高了 11.7 个百分点。职务犯罪案件的撤案率、不诉率和无罪判决率均有明显下降。

职务犯罪预防工作不断向社会各领域拓展。全省检察机关立足检察职能，在案件多发行业和部门建立预防职务犯罪工作机制，与有关部门联合建立警示教育基地 14 个，结合典型案例进行以案说法，宣讲法制课 526 次，受教育人数达两万多人。参与 179 项重大工程项目的招投标、材料采购、施工验收等重要环节，将事后监督向同步监督开拓。建立了行贿犯罪档案查询系统，2005 年以来，共接受社会查询 51 次，有 686 个单位及法人代表被公众查询，有力地防范了受贿犯罪案件的发生。

3. 加大诉讼监督的力度，努力促进司法公平正义。全省检察机关把促进司法公正作为诉讼监督工作的追求目标，突出监督重点，完善监督机制，注重监督实效，各项诉讼监督工作协调推进，监督效果不断提高。

加强对刑事诉讼活动的监督。在刑事立案和侦查活动监督中，共监督纠正侦查机关应当立案而不立案的案件 872 件，不应当立案而立案的案件 116 件；对侦查活动中的违法行为提出书面纠正意见和检察建议 1377 件；对应当逮捕而未提请逮捕的，依法纠正漏捕 210 人；对应当起诉而未移送起诉的，依法决定追诉 205 人。在刑事审判监督中，共对 147 件认为确有错误的刑事判决和裁定提出抗诉，抗诉成功率为 72.8%。晋城市周腊成涉嫌偷税、职务侵占、聚众扰乱社会秩序、寻衅滋事、非法拘禁、故意销毁会计凭证、行贿一案，一审法院判处其有期徒刑 20 年，二审法院改判为有期徒刑 3 年后，社会反响十分强烈，省检察院依法监督法院进行了再审。为了配合法院对死刑二审案件全部开放审理工作，省检察院于 2006 年 8 月组建了公诉二处。截至目前，共审结死刑二审案件 111 件，出席死刑二审开庭 63 件次。

加强对民事审判和行政诉讼活动的监督。重点监督纠正民事行政判决、裁定严重损害国家利益、社会公共利益和严重损害当事人合法权益的案件，以及因徇私枉法导致司法不公的案件。对认为确有错误的民事行政诉讼生效判决、裁定提出抗诉 308 件，法院已审结 126 件，其中直接改判 78 件，撤销原判发回重审 2 件，调解处理 22 件，抗诉改变率为 81%。依法查处审判人员在审理民事行政诉讼案件中的职务犯罪 24 人。

加强对刑罚执行和监管活动的监督。对监管活动中的违法行为，全省检察机关共提出纠正违法意见 1200 件，有力地促进了监管机关严格执法，维护了正常的监管秩序和被监管人的合法权益。为了提高对刑罚执行与监管活动的监督实效，加大对监管干警职务犯罪的查办力度，共立案查处监管干警职务犯罪案件 35 件 39 人。

4. 加强检察机关规范化建设，有效减少工作随意性。2006 年，全省检察机关把规范化建设作为重点，逐步建立了一套程序规范、运转协调、制约有效的工作机制，初步实现了各项工作由粗放管理向制度管理的转变。

加强机关制度建设。建立健全了党组会、检察委员会、检察长办公会等议事决策制度，规范了检察机关党务、政务、业务和事务的决策程序；完善各部门工作职责和岗位责任制度，做到各司其职，各负其责；实行领导干部"一岗双责制"、中层干部试用制和任期制，增强了各级领导干部的紧迫感和使命感；实行检察官年终考核制度，奖优罚劣，激发了广大检察干警工作的积极性和主动性。

加强执法规范化建设。全省检察机关通过狠抓七个主要业务部门办案流程规则的落实，进一步规范了办案行为、办案流程和绩效评价，把容易发生问题的关键部位和环节全部纳入管控之中，加强流向跟踪和动态监管，使每一个执法环节都有章可循，环环相扣，有效地防止了执法行为的随意性。

强化内部监督制约。继续加强对直接受理立案侦查案件的管理和监督，对决定立案侦查或者作出逮捕决定的，要报上一级人民检察院备案；对作出撤销案件、不起诉决定的，要报上一级人民检察院批准。各个业务部门之间既分工负责又相互制约，严格履行内部制约制度；继续推行自侦案件"一案三卡"制度，共发出办案告知卡 2595 份，廉洁自律卡 2324 份，回访监督卡 1969 份，使自侦案件的监督由事后监督向全程跟踪监督转化。

自觉接受人大的监督。全省检察机关认真执行各级人大及其常委会的决议和决定，重要问题主动报告，认真听取意见，共向各级人大常委会报告工作 400 余次，征求人大代表意见 1600 人次。对各级人大及常委会转交办的 36 件案件，全部列为督办案件，认真依法办理，及时反馈结果，目前已全部办结。积极开展人民监督员制度试点工作，全省检察机关人民监督员共监督"三类案件"（职务犯罪案件中犯罪嫌疑人不服逮捕决定的、拟撤销案件的、拟不起诉的三类案件）190 件 209 人，经过人民监督员独立评议表决，不同意检察机关拟定意见的 16 件 16 人，经过检察委员会讨论后决定采纳人民监督员表决意见的 10 件 10 人。

5. 加强队伍建设，检察人员素质进一步得到提高。2006 年，全省检察机关以集中开展社会主义法治理念教育为契机，大力加强检察队伍建设，全省检察队伍的政治素质、业务素质和职业道德素质进一步提高。

拓宽了对领导班子管理和监督的渠道。继续坚持巡视制度、派员参加下级检察院党组民主生活会制度、上级检察院负责人同下级检察院负责人谈话制度、诫勉谈话制度、测评制度、下级检察院检察长到上级检察院述职述廉制度和基层检察院检察长拟任的人选报省检察院备案制度。共对 317 人进行了廉政谈话和任职前谈话，对 114 人进行了诫勉谈话，建立完善了 287 名处级以上干部的廉政档案。坚持从严治长，加强对各级检察长、副检察长以及处（科）长的管理和监督，以从严治长带动从严治检，对 13 名违法违纪的检察人员进行了严肃查处，其中受到党纪处分的 2 人，行政处分的 9 人，党政纪双重处分的 2 人。

提高队伍专业化水平。严格检察官准入制度，做到"凡进必考"。注重人才培养，加强业务培训，不断提高检察队伍的业务素质。省检察官培训学院共举办各类培训班 5 期，培训干警 671 名。全面完成续职资格培训任务，累计有 1161 人参加了培训。2006 年，共有 364 人取得了本科学历；有 111 人通过了国家司法考试，是上一年度的 2.1 倍。大力开展岗位培训，全省共组织各类业务和技能培训班 40 期，有 1520 人参加了培训。

树立检察机关的良好形象。全省检察机关以严格、公正、文明的执法活动彰显法律监督的威力，以求真务实、执法为民的执法作风取信于民，维护了法律尊严，促进了司法公正。2006年，全省检察机关共有27个先进集体、35名先进个人受到最高人民检察院和国家有关部门的表彰。全省135个检察院全部被评为精神文明单位。省检察院连续被评为省直机关精神文明单位标兵。

6. 加强基层基础建设，进一步夯实检察工作发展基础。全省检察机关坚持“抓基层，打基础”的工作思路，着眼于提高基层的工作水平和改善基层的检务保障条件，为检察工作的全面发展夯实基础。

基层检察院建设得到进一步加强。省检察院始终坚持领导精力、办案力量和经费装备向基层检察院倾斜，把解决实际问题与推进工作发展结合起来，真正把“强化法律监督，维护公平正义”的检察工作主题落实到基层。目前，全省检察机关政令畅通，上下一体的机制得到加强。坚持领导干部联系基层检察院的工作制度，对基层检察院实行面对面的指导。对基层检察院实行分类管理，建立了科学、客观、高效的基层检察院考核机制。积极促成23名法律专业大学生志愿者到贫困县检察院帮助工作。

基层检察院的检务保障得到明显改善。2006年，省检察院与省财政厅联合制发了《山西省县级人民检察院公用经费保障标准》，为基层检察院争取中央国债资金、办案补贴和装备补贴6600万元，配发办案用车45辆，多媒体示证系统29套，侦查箱33套。

“两房”（办案用房和专业技术用房）建设成绩显著。全省135个检察院中，到目前为止，已有94个检察院建成了符合标准的办案用房和技术用房，29个检察院的“两房”正在建设之中。

（周淑芳）

# 法院工作

**【概述】** 2006年，全省法院共受理各类案件143245件，审（执）结126567件，其中审结各类一审案件84137件，年度结案率为93.2%，在建设充满活力、富裕文明、和谐稳定和山川秀美的新山西中，发挥了重要的司法保障作用。

1. 刑事审判工作。全省各级人民法院紧紧围绕省委战略部署和工作重心，依法严惩重大刑事犯罪，全力推进“平安三晋”建设。全年共审结各类一审刑事犯罪案件16200件，依法判处犯罪分子17114人，审结二审刑事犯罪案件3053件。其中，重点打击惩处了严重危害社会稳定和人民群众生命财产安全的故意杀人、故意伤害、强奸、“两抢一盗”，以及非法制售枪支、爆炸物等严重刑事犯罪，审结上述案件6598件，判处罪犯10659人。依法严厉打击黑社会性质组织犯罪，判处涉黑案件3件33人；判处涉“黄、赌、毒”案件376件465人。与此同时，全省法院进一步加大了对经济犯罪的打击力度，共受理各类经济犯罪案件1188件，审结1128件，判决发生法律效力的经济犯罪分子960人，为国家和人民群众挽回经济损失1032.65万元。进一步加大对国家公职人员利用职权谋取非法利益、索贿、受贿等犯罪行为的打击力度，共审结贪污、贿赂案件469件550人；挪用公款案件168件186人；滥用职权、徇私舞弊及其他渎职犯罪案件210件244人。为配合全省清理整顿煤炭市场、打击私挖滥采行动，审理非法采矿案件213件249人，重大劳动安全事故案件和重大责任事故案件74件136人，为优化社会环境，促进经济发展做出了贡献。

2. 民事审判工作。全省法院坚持大局意识、服务意识，努力适应山西省扩大开放加快发展的新形势，充分发挥民事审判的司法调解职能作用，正确处理新形势下人民内部矛盾，维护了市场经济秩序，促进了和谐社会建设。全年全省法院共受理各类民商事案件71853件，审结66523件，涉诉标的金额79.4亿元。重点审理了一批涉及国有企业改制和经济结构调整过程中发生的纠纷案件，审理产权转让、兼并、破产和企业重组、租赁等类型案件1699件；审结涉及工程合同和房地产开发、土地流转、金融证券、融资借款等纠纷案件12174件；审结商品流通领域和服务领域纠纷案件7475件；还审结了一批涉外、涉港澳台案件和涉知识产权、招商引资案件，为保障和促进山西经济发展创造了良好的法治环境。工作中全省各级法院坚持“能调则调，当判则判，调判结合，案结事了”的原则，通过诉前风险告知，实施全方位调解，平均调解率达50%，一些基层法院民事案件调解撤诉率达80%以上，最大限度地降低了诉讼对抗的风险，收到了良好的社会效果和法律效果。全省法院认真落实司法援助措施，对经济确有困难的当事人实施司法救助，减免诉讼费2600余万元。全省法院通过健全完善涉诉信访工作机制，进一步缓解了涉诉信访不断增长的问题，全省法院全年共接待群众来信来访15799件次，同比下降了13.4%。

3. 行政审判工作。随着社会主义民主法制建设的不断深入发展，全省法院积极适应构建和谐社会的新形势，积极探索和尝试“诉讼前沟通、诉讼中协调、诉讼外交流”的解决行政诉讼新模式，切实保障相对人合法权益，积极维护行政执法权威，有效预防和及时化解人民群众与行政机关的矛盾，减少和消除不和谐因素，促进依法行政，提高行政效能，增进了当事人与政府行政部门的相互理解和信任，发挥了人民审判机关调处社会矛盾和纠纷的职能作用。全年共审结涉及城市规划、城镇房屋拆迁、劳动保护、企业改制、最低生活保障等行政案件274件，较好地促进了城镇化建设和社会保障体系的完善；审结涉及自然资源、环境保护等行政案件362件，推进了山西省资源整合和环境保护工作；审查并执结行政机关申请法院强制执行的各类案件4223件，切实维护了行政执法权威，确保政府决策的依法实施。同时，全省各级法院还办理申请国家赔偿案件104件，决定赔偿金额243.21万元，保障了公民正当权益损害的合理补救，促进了国家机关执法水平的不断提高。

4. 执行工作。2006年是全省法院“规范执行行为、促进执行公正”专项整改活动年，全省三级人民法院在各级党委领导和人大监督支持下，充分运用和发挥大执行格局的作用，突出加强对执行权的监督制约，坚持依法执行、文明执行，努力破解执行难的问题，通过建立威慑机制、实行公开执行信息等措施，大大增强了执行力度和执行效果，保证了执行工作健康有序的发展。全年共受理各类执行案件36293件，执结29183件，执结标的金额55.2亿元，执结率连续三年持续保持在80%以上，为实现山西经济转型和新的腾飞提供了坚强有力的司法保障。

（省法院）

**【全省中级法院院长会议】** 2006年1月13日～14日，全省中级法院院长会议在太原市召开。省高院院领导，各中院院长、研究室主任，省高院各部门负责人参加了会议。会议传达学习了全国高级法院院长会议精神，总结回顾了2005年全省法院工作，并根据最高法院和全国政法工作会议的要求，安排部署了2006年全省法院工作。省高院院长李玉臻作了题为“以科学发展观为指导，开创全省法院工作新局面”的工作报告，报告在认真总结前一年全省法院工作情况的基础上，着重强调2006年应该抓好的六个方面的工作。一是进一步更新观念，以科学发展观统领全省法院工作，增强服务意识，加快自身发展，做到工作协调好，案件调解好，内部团结好，上下配合好，全面推动法院工作科学、协调、持续、健康发展。二是充分发挥审判职能，全力维护社会和谐和稳定，认真落实省委、省政府“矛盾调解年”的工作部署，积极化解社会矛盾，促进社会和谐。三是坚持服务大局的方针，紧密结合山西省发展建设的总体规划，为落实“十一五”规划提供坚强有力的司法保障。四是坚持“公正司法，一心为民”指导方针，积极探索和创新司法为民新举措，真正解决社会关注、人民群众反映强烈的突出问题。五是进一步巩固和引深“规范司法行为，促进司法公正”专项整改活动的成果，坚持不懈抓好党风廉政建设，营造公正司法的环境，建设高效廉洁的队伍，提高整体司法水平。六是大力推进基层建设和法院改革，全面推进和落实人民法院“二五改革纲要”目标的实现。（省法院）

**【集中开展清理执行积案专项活动】** 2006年2月9日，省高院根据中央政法委和最高人民法院关于切实解决执行难的有关指示和要求，召开全省法院“集中清理执行积案专项活动”电视电话会议。省高院院长李玉臻、省政法委副书记高彦斌出席会议，院党组成员李建忠主持会议并宣读了《全省法院开展集中清理执行积案专项活动实施方案》。在专项清理活动中，省高院党组高度重视，加强领导，集中力量营造了近年来前所未有的强大执行攻势。在各级党委、政府的大力支持下，各级法院发挥统一管理、统一协调机制，转变观念，实行公开执行，想方设法攻坚克难。通过半年的集中清理，全省共排查出历年执行积案17411件，执行标的金额34.36亿元，执结积案7942件，执结标的金额12.41亿元，清理执结率45.6%（其中列入清案范围的重点案件8636件，标的金额19.91亿元，执结6708件，执结标的金额12.29亿元，执结率77.67%），保护了当事人合法权益，维护了法律权威，取得良好的社会效果。（省法院）

**【全省法院纪检监察工作会议】** 2006年2月23日～24日，全省法院纪检监察工作会议在太原召开。省高院党组成员，各中院纪检组长、监察室主任，省高院副处以上干部共120余人出席会议，省纪检委常委、监察委员会副主任黄福莲等应邀出席大会。会议由省高院党组成员、副院长王满春同志主持，省高院党组副书记、常务副院长左世忠作专题发言，院党组成员、纪检组长赵有珍总结了前一年度纪检监察工作，对2006年工作做了安排部署。会上各级领导签订了《党风廉政建设责任书》。（省法院）

**【全国法院处理越级进京上访案件工作座谈会】** 2006年3月3日，最高人民法院在太原召开“全国法院处理越级进京上访案件工作座谈会”，最高法院立案庭长刘学文，副庭长马迎新、曹巍，上海、天津等12个省（市）高院立案庭庭长参加了会议，山西省各中院主管副院长、立案庭长以及省高院各业务庭（局）主要负责人列席了会议。省委政法委副书记高彦斌、省高院常务副院长左世忠到会祝贺。会议通报了全国法院涉诉信访工作的形势，交流了做好涉诉信访案件工作的经验，并对下一步工作提出了具体要求。（省法院）

**【全省法院司法警察工作会议】** 2006年4月25日，全省法院司法警察工作会议暨表彰大会在太原召开。会议传达了全国法院司法警察工作会议精神，表彰了12个“优秀法警队”、26名“优秀司法警察”。省法院常务副院长左世忠代表院党组到会祝贺，并就做好司法警察工作提出了具体要求。（省法院）

**【太原中院法官王文皓获“银法槌奖”】** 由最高人民法院、《人民日报》、中央电视台、《法制日报》联合举办的“2005年中国法官十杰”评选活动揭晓，太原市中级人民法院刑一庭副庭长王文皓荣获“银法槌奖”。王文皓从事审判工作十余年，审理案件千余件，从未发生错审错判情况。在审理有重大社会影响的黑社会性质组织犯罪集团“小四毛”、“三马虎”案件过程中，他总结运用“挖根系、找关节、剔主干、剥枝杈”的“伐树式”庭审方式，对案件审理起到了十分重要的作用。（省法院）

**【山西法院网和山西法院新闻网开通】** 2006年4月26日，山西省高级人民法院举行“山西法院网”暨“山西省法院系统新闻宣传互联网络”启动开通仪式，省高院李玉臻院长为“山西法院网”授牌并亲自点击开通。山西法院网和山西法院新闻网的开通是全国法院网络信息建设的一个重要组成部分，是山西法院建设史上的一件大事，也是山西网络信息发展事业的一件大事，对于加强法院宣传、树立司法权威、促进审判工作、丰富法官生活，对于推进山西省法院审判工作法制化、法院管理规范化、法院队伍职业化、法庭建设现代化，都具有积极而深远的影响。（省法院）

**【死刑二审案件全部实施开庭审理】** 根据中央和最高法院关于死刑二案审件全部开庭的决策部署和山西省委领导对做好死刑二审开庭工作的重要批示，省高院党组从思想、组织、制度、装备等方面着手，切实做好死刑二审案件开庭准备工作，确保山西省死刑二审案件开庭工作在2006年7月1日正常启动进行。（省法院）

**【全省法院国家赔偿审判工作会议】** 2006年7月3日，全省法院国家赔偿审判工作会议在晋中市召开。省高院刘冀民副院长，省人大内司委、省政府法制办、各中院分管副院长共30余人出席会议。会议传达了最高法院“郑州会议”精神，安排部署了今后一个时期全省国家赔偿审判工作。（省法院）

**【太原铁路运输中级法院挂牌成立】** 经最高人民法院批准，2006年7月28日太原铁路运输中级法院正式挂牌成立。最高人民法院政治部副主任宋建朝、审监庭庭长宫鸣，省高院党组书记、院长李玉臻，副院长王满春，政治部主任吴秋霞，北京市高院副院长马艾地，太原铁路局局长武汛，党委书记傅选义出席挂牌仪式。挂牌仪式由武汛局长主持，宋建朝副主任宣读了最高人民法院关于成立太原铁路运输中级法院的批复，李玉臻院长向铁路中院院长石治文授印。太原铁路运输中级法院承担着太原、大同、临汾三个铁路运输基层法院的刑事、民商事上诉、抗诉案件的审理；太原铁路公安局侦查、太原铁路运输检察分院起诉的本院直接管辖的一审刑事案件及需本院依法一审的重大民商事案件的审理；执行本院管辖、上级法院指定及其他法院委托的执行案件。太原铁路运输中级法院受太原铁路局党委的领导和山西省高级人民法院的监督指导，同时接受山西省人民代表大会及其常务委员会的监督。　（省法院）

【副省长胡苏平在省高院调研】　2006年8月13日，山西省人民政府副省长胡苏平率工作组一行6人到省高院调研，省高院李玉臻院长、王满春副院长分别作了情况介绍。胡苏平在听取汇报后指出：近年来，山西法院为全省经济发展，为构建和谐社会提供了优质的法律服务，作出了突出贡献。在今后的工作中，全省法院要紧紧围绕省委、省政府的工作大局，结合法院实际，进一步落实“公正司法，一心为民”指导方针和中央关于两院的《决定》，更好地为山西的开放、发展、稳定做贡献。　（省法院）

【全省中级法院院长座谈会】　2006年8月10日，全省中级法院院长座谈会在运城市召开。省高院领导及各庭处室负责人，各中院院长、研究室主任出席了会议。会议学习了《中共中央关于进一步加强人民法院、人民检察院工作的决定》，传达了全国高院院长会议精神，安排了后半年工作任务。省高院李玉臻院长在讲话中指出：2006年上半年，全省法院工作凸显五个亮点：一是死刑二审开庭准备充分；二是集中清理执行积案成效显著；三是涉诉信访状况得到缓解；四是社会主义法制理念教育深入人心；五是基础基层建设有新发展。在今后一个时期，全省法院要重点抓好六个方面的工作：一是要认清形势，提高认识，切实按照《决定》推动法院工作全面科学发展；二是要强化大局意识和服务意识，为构建和谐山西、平安三晋提供坚强有力的司法保障；三是要坚持司法为民的工作要求，继续认真解决人民群众反映强烈的突出问题；四是要深化体制改革，推进法院工作创新发展；五是要以加强司法能力建设为重点，坚持不懈抓好法院队伍建设；六是要积极争取在党委领导和政府支持下，加强和改善人民法院工作保障机制。　（省法院）

【省纪检委书记金道铭在省高院视察】　2006年9月7日，中共山西省委常委、省纪律检查委员会书记金道铭，省纪委常委、秘书长王水成一行到省高院视察和指导工作。省高院党组书记、院长李玉臻和在家的院领导副院长王满春、政治部主任吴秋霞陪同。金道铭书记在听取李玉臻院长汇报后对全省法院工作给予充分肯定，并强调指出，今后纪检部门要与法院密切配合，特别是对一些重大疑难案件的处理，要多沟通，多协商。　（省法院）

【省委常委会听取法院工作汇报】　2006年10月17日，中共省委常委会听取了省高院关于贯彻落实《中共中央关于进一步加强人民法院、人民检察院工作的决定》有关情况的汇报。省委书记张宝顺指出：中央专门就加强“两院”工作作出《决定》，具有非常重要的意义。我们要结合山西实际，认真坚决地贯彻好中央决定，切实加强全省“两院”工作，使法院、检察院能切实担负起在巩固我们党的执政地位、维护国家长治久安、保障人民安居乐业、建设和谐社会中的重大历史使命。当前，随着人民群众利益诉求不断增加，司法工作任务很重，工作很辛苦，法院为维护山西的经济社会发展和稳定做出积极贡献。对此，省委是满意和充分肯定的。同时，对存在的问题也要正视，要按照中央要求，结合山西实际，推进司法体制改革，对基层的困难，要积极开展工作做好保障。　（省法院）

【全省法院宣传新闻工作会议】　2006年10月20日，全省法院思想宣传和新闻宣传工作会议在太原召开。会议传达了最高院宣传工作会议精神，安排部署了全省法院今后一个时期宣传工作。省高院李玉臻院长强调，今后要特别重视建立健全新闻发布制度，主动、定期向媒体发布重大案件的审判信息、审判工作和法院改革的重要举措，为落实公开审判制度和营造司法透明，创造良好的舆论氛围，打好法院新闻宣传主动仗。　（省法院）

## 公安工作

【概述】　2006年，全省公安机关坚持以科学发展观为指导，按照“围绕一条主线，突出一个重点，强化八项工作”的总体思路，狠抓“三基”工程建设，全面有力地推进全省公安工作和公安队伍建设，为维护全省社会治安大局的稳定，为建设平安三晋、构建和谐山西做出了突出贡献。

1. 维护国家安全和社会稳定的能力明显增强。针对境内外敌对势力活动新动向，各级公安机关大力加强情报信息研判、专案侦察和对重点人员的控制，搜集掌握了许多影响政治稳定的各类情报信息，封堵和删除了一批互联网上有害信息。开展了防范打击违法犯罪活动的专项行动，严密防范和严厉打击国内外敌对势力的渗透破坏，取缔非法活动窝点，抓获潜逃山西省的新闻“11·1”暴力恐怖杀人案主犯等9名涉恶犯罪团伙成员。与此同时，精心组织，全警动员，全力以赴，加强社会面的巡逻控制，强化重点地区和部位的安检，确保了元旦、春节、元宵节、全国和全省“两会”、五一、国庆期间全省社会稳定。圆满完成温家宝、曾庆红等中央领导同志来晋视察期间的警卫任务。

2. 预防处置群体性事件取得了明显效果。妥善处置了一些因人民内部矛盾引发的群体性事件。成功处置了太原退休职工、同煤集团职工、石油公司部分协解职工、“璞真案件”受害人进京上访等重大群体性事件。认真落实对涉及群体上访重点对象的控制措施，打击、处理、教育转化了一批挑头者和骨干分子，收到了良好的社会效果，公安部发来贺电。针对进京上访人员居高不下的情况，开展了为期三个月的进京上访和结案不息访问题专项治理，省、市、县三级公安机关领导亲自接访，在“事要解决”上取得显著成效。山西省赴公安部上访的300起案件已办结276起，办结率为92%，息诉率为50%。厅长接待日厅领导亲自接待并批办信访案件185起。

3. 以“打黑除恶”为龙头的严打斗争取得显著成果。全省共破获刑事案件35640起，抓获各类刑事犯罪嫌疑人27867人，比上年同期分别增加11.4%和10.9%；打掉各类犯罪团伙1122个，涉及成员4926人，同比分别增加25.2%和26.6%。“打黑除恶”斗争取得阶段性战果，摸排出黑恶势力犯罪线索517条，打掉黑社会性质犯罪组织9个，摧毁恶势力犯罪团伙161个，破获黑恶势力案件

1086起，抓获涉黑涉恶成员1060人。太原市打掉了李志顺、郭晋昌和常洪军、山西晨新亚飞集团董事长王新力、王新艳、无业人员荣旺伟为首的四个涉嫌寻衅滋事、故意伤害、绑架、敲诈勒索、非法持枪、非法拘禁、合同诈骗、虚假注册、绑架、赌博、盗窃、抢劫、贩毒等多种犯罪的黑社会性质犯罪组织，抓获头目、骨干分子和涉案成员133人；临汾市打掉了以市政协委员、霍州市政协常委朱建民和霍州市人大代表范东锁为首的故意伤害、寻衅滋事、敲诈勒索、非法采矿等犯罪的黑社会性质犯罪组织，共抓获涉案成员39人，逮捕28人，刑拘11人，破获各类刑事案件40余起；晋中市打掉以张昱为首的涉嫌聚众斗殴、故意伤害、敲诈勒索、设赌盈利、私藏枪支的黑社会组织；大同市打掉了以刘永平、刘胜永为首的两个涉嫌开设赌场、聚众斗殴、寻衅滋事、非法买卖、私藏枪支弹药、抢夺抢劫和扰乱矿山生产运销秩序、垄断客运市场的黑社会组织；省厅直接组织打掉的阳泉市姜氏兄弟黑社会组织目前已移送检察机关起诉。侦破命案工作取得明显成绩，初步实现了“两降一升”和“两个确保”的目标，全省共立命案843起，破752起，破案率为89.21%，破积案49起；抓获网上逃犯3187名。继续引深打击“两抢一盗”专项行动，共破获“两抢一盗”案件21516起，同比上升18%；破获盗抢汽车案件599起，打掉盗抢汽车犯罪团伙17个，抓获114人，追缴赃车516辆。深入开展禁毒严打战役，全省共破获毒品犯罪案2832起，抓获毒品违法犯罪人员2849人，缴获了大量毒品及制贩运毒工具；铲除了一大批非法种植罂粟。

4. 社会治安管理和防范能力明显提升。各级公安机关积极构建以派出所和巡警为骨干，以群防群治为补充，以社会面、居民区和内部单位、公共场所为基础，专群结合、人防物防技防结合、点线面结合的治安防控体系，积极推进警务机制改革，大力加强治安管理和防范。进一步加强110指挥中心规范化建设，积极稳妥推进市级110、119、122“三台合一”，巩固和完善县级“三台合一”机制。全省共发现受理各类治安案件16.9万余起，查处15.7万余起16.7万余人，同比分别下降11.3%、10.6%和23.1%。进一步加强对金融、国防等重点单位的安保工作，共检查营业网点4221个，金库236个，运钞环节325次，发现隐患2237处，当场整改1482处。从6月份开始，开展民爆物品枪支弹药管理刀具集中整治，消除了一大批治安隐患，有力地维护了全省治安稳定。全省投资1300余万元购置54台测爆仪，在搜缴非法持有的民爆物品方面发挥了重要作用。共收缴非法炸药899吨、雷管82万枚、导火索8万米，占全国收缴总量的12.1%；收缴各类枪支3754支、子弹13480发，占全国收缴总量0.6%；收缴管制刀具12173把，占全国收缴总量0.6%；手榴弹1223枚，地雷12枚。查处涉爆案件806起，占全国总量的9.9%，抓获违法犯罪嫌疑人1575人，深入开展禁赌专项斗争，共查获赌博案件2787起，查获参赌人员14323人，涉及党员干部8人。积极开展整治油气田及输油气管道生产治安秩序专项行动，全省共收缴非法收购、贩运、倒卖油品车辆6台、渣油180吨，关闭取缔土炼油炉11个，占压输气管道建筑物14个。强化措施，认真维护全省校园及周边治安秩序。不断强化对社会面的巡逻控制，各市在城市市区和城镇治安复杂地段逐步增设视频监控探头，实行动态监控。太原等地实施“天眼”工程，在公共场所、居民小区、街道、重点区域建设视频监控，全省共安装视频监控系统4700余套，监控探头27800余个。

5. 为经济社会发展服务水平显著提高。组织开展了打击商业贿赂、虚开抵扣税款发票和骗取出口退税制贩假发票为重点的涉税违法犯罪和打击侵犯知识产权犯罪的“山鹰二号”专项行动，有力地维护了经济秩序。全省共受理各类经济犯罪案件2345起，立案1951起，破案1435起，抓获犯罪嫌疑人1732人，挽回直接经济损失7.9亿元。认真做好换发第二代身份证工作，全省共发送制证信息9702259人，制证611余万人。消防部门认真开展安全大检查，努力消除火灾隐患，全省共发火灾3922起，死12人，伤13人，直接财产损失1696万元，同比分别上升22.3%、下降78%、下降82%、下降26%。交管部门以“降事故、保畅通、保安全”为目标，大力实施创建“平安畅通县区”活动，继续深入开展“五整顿、三加强”和交通安全“双五进”宣传，持续整治公路“三乱”，全面推进农村道路交通管理网络建设，积极探索解决城市交通拥堵，努力预防和减少交通事故的发生。全省共发生交通事故10981起，死亡3413人，受伤12340人，直接财产损失5422万元，同比分别下降17.7%、10.65、9.1%和6.2%，未发生死亡10人以上的特大交通事故。公安机关行政效能建设方面，省厅向社会作出“六个严格”和“九项”限时办结的公开承诺。各部门、各警种结合实际，制定岗位责任、首办责任、行政首长问责、限时办结、服务承诺、行政过错追究等一系列规章制度，简化办事程序，收到良好社会效果。

6. 公安信息化有了新提升。把金盾工程作为科技强警战略的重要举措，取得明显成效。省厅开展“抓基层、打基础、公安科技强基层”活动，为全省120个县配发了价值6000余万元的信息化装备，投资600余万元为基层配发了150套指纹信息查询录入终端和180套指纹活体采集仪。全省金盾工程一期建设通过验收。全省所有基层所队全部接入主干网，一半以上基层一线实战单位民警计算机拥有率达到50%。民警计算机基本操作技能达标率65%。一些地方实现网上办案、网上办公，提高了侦查破案、防范控制水平。

7. “三基”工程建设取得明显成效。2006年是全国公安“基层基础建设年”，省厅以“三所三队”为重点，确立“一年抓基础，二年抓提高，三年抓巩固”的整体思路，提出了“三基”建设的33项重点和2006年要办的14件实事。各级各警种、各部门均成立了领导组和办事机构，建立并落实了联系点制度，形成“一把手”负总责、领导班子共同抓、分管领导具体抓、各部门整体联动的运行机制，“三基”建设取得初步成效。警力下沉，全省共4200余名民警充实到实战单位，有95个县基层一线民警达到总警力的85%以上。推进警务机制改革，全省有374个派出所实行了“一所三队”或“一所两队”新型警务模式，建立社区警务案、农村警务站5400余个，配备社区及农村警务站民警6000余人。不少地方还对基层勤务制度进行大胆改革，推行弹性、错时工作制，主副班制等，进一步提高见警率、管事率。警务保障方面，全省共投入公安经费28.2亿元，同比增长23.2%。共新建、改建基层所队413个。新增警务用车1800余辆，计算机7700余台，个人防护用品3100余套。

8. 公安队伍正规化建设水平明显提升。组织树立荣辱观，践行“八荣八耻”学教活动，开展以“三项排查”、“三项治理”为主要内容的集中教育整顿，对不具备执法主体资格的人进行全面清理。认真组织开展基层执法质量服务队和执法规范化示范点建设。派出执法质量服务队200余支630余人深入到基层所队，确定了一批“三所三队”规范执法试点单位。为基层统一招考录用568名民警。大力加强“四统一五规范”工作，全省已有791个派出所统一了建筑外观形象，占派出所总数的51%，6900余辆警用车辆完成了外观制式的统一工作。初步建立起具有山西省特色的公安机关年度工作综合考评和民警实绩考核评价制度。深入贯彻落实《内务条令》和“五条禁令”，大力加强基层所队内务管理和养成教育，认真解决基层所队“稀拉松”、“脏乱差”、“冷硬横”等问题，队伍形象进一步好转。狠抓党风廉政和反腐败工作，全省共查处民警违法违纪案件216起。省厅派出督察组深入各市、县和基层单位开展现场督察、专项督察和暗访，促进了各项工作。强化审计监督，共审计175个项目，查出违纪、违规金额313万余元，促进增收节支1044余万元。大力加强精神文明创建，省厅在连续两年被评为省直文明单位后，又被评为省直文明单位标兵，实现了跨越式发展。

（李连琪　杨志武　李正平）

**【公安民警队伍建设】** 1. 认真组织开展思想教育，不断提高民警的思想政治素质。

2006年，在全省公安机关认真组织开展形势政策教育、社会主义荣辱观教育、社会主义法治理念教育、反特权思想集中教育。各级公安机关结合队伍实际，将学习教育活动贯穿于思想政治工作和队伍建设始终。通过分期分批集中培训、聘请专家授课、开展专题研讨、组织民警答题、开展“关键词”知识竞赛等多种形式，不断强化广大民警的宗旨、法制和职业道德教育。广大民警联系思想实际、工作实际、执法实际，深入查找差距，深挖思想根源，切实解决“为谁掌权、为推执法”的问题，进一步增强了大局意识、政治意识、忧患意识、群众意识和法制意识，牢固树立了立警为公、执法为民的思想观念。

2. 紧紧围绕“三基”工程建设，稳步推进公安队伍正规化建设进程。

（1）积极推进警力下沉工作。省厅提出明确要求，并带头下派百名机关干部到基层。全省共有4200余名民警充实到基层一线实战单位，有95个县级公安机关基层一线民警达到总警力的85%以上。

（2）探索完善绩效考核评价机制。初步建立起了具有山西省特色的公安机关年度工作综合考评制度和公安民警实绩考核评价制度。依据考评办法，认真组织了各级公安机关年度和日常考评工作。对县级考评为四级的局领导进行诫勉谈话。

（3）不断强化执法执勤规范化建设。全省派出执法质量服务队200余支630余人深入到基层所队传授法律知识，指导民警执法办案，帮助民警苦练执法基本功，确定了一批“三所三队”规范执法试点单位，推动了基层公安机关执法质量和执法水平的稳步提高。对不具备执法主体资格的人员进行了全面清理整顿，全省共清理10745人。

（4）从民警日常言行抓起，规范内务管理。以基层所队为重点，对学习情况进行考核，对落实情况进行检查，进一步规范了民警的言行举止和执法执勤。采取各种措施，不断加大基层所队整治和建设力度，认真解决“脏乱差”、“稀拉松”、“冷硬横”等问题。按照“四统一五规范”的要求，有791个派出所完成了外观标识统一工作，占全省派出所总数的50.8%，6900余辆警用车辆完成了外观制式的统一工作。

3. 以班子建设为重点，努力做好干部人事管理各项工作。

（1）大力加强各级领导班子建设。对2个地级市局长进行交流调整，忻州、晋中两市对所有县级公安局长进行了交流。坚持公平公正原则，不断完善和规范干部选拔任用工作，对厅机关部分处室的64个处级干部、42名科级干部和省警专3名处级干部进行了调整，配齐配强了各处室班子。

（2）坚持省级统一招考，严把进人关。经过缜密组织，严格程序，为全省公安机关招考录用了近600名民警。完成了解决转警遗留问题，为全省增加正式警力4000多人，有效地缓解了基层警力不足的问题。

（3）进一步加强了人事干部管理工作。组织召开公安专业技术资格首届中级专业技术评审会，评审认定327名初中级专业技术人员。对公安人事管理信息系统中的内容进行了核对、修改、补充、更新，在全面启用公安人事管理信息系统申报和审批警衔、民警伤亡统计等方面取得了进展。积极推进公务员登记工作，严格警衔日常管理审批，进一步规范了厅机关干部档案管理。

4. 进一步加大教育训练力度，努力提高队伍的整体素质和实战技能。

（1）着力推动苦练基本功活动。组织对全省所有县级民警的基本体能和基本技战术状况进行全面摸底、考核，在此基础上制定了全省民警基本素质考核方案。以体能、技战术、计算机水平为突破口，定出了全省统一的考核标准和考核结果运用，推动民警基本素质达标训练。

（2）认真落实“三个必训”，改革训练模式，严格实行训考分离制。全年省厅举办民警培训班20期，培训民警3054人，培训实战技能教官123名，培训科所队骨干164名。全省7个地市完成一线民警15天集中强化实战必训。

（3）开展民警心理健康训练。积极筹建民警心理训练山西实验中心，并通过公安部验收。同时，举办了146名学员参加的全国第二期公安民警心理训练培训班。

（4）继续组织全省在职民警参加专、本科自学考试，进一步优化山西省公安队伍的学历结构。宣传发动全省635名民警报名参加公安自考，组织全省在籍本、专科民警近3000人参加了两次全国统考，完成了全省2006年度全年本、专科毕业生1461人的毕业审定工作。

（5）加强典型宣传工作。在全省开展了向优秀警务督察干部刘志珍学习的活动。积极选拔推荐山西省优秀民警参加全国第二届“我最喜爱的十大人民警察”的评选，王志高、李耀武进入60名候选人范围。

（6）组织开展了形式多样、富有成效的表彰奖励活动。2006年，有1个单位荣立集体一等功，81个单位荣立集体二、三等功；1名同志被评为公安系统二级英模，693名同志荣立个人一、二、三等功。配合业务部门开展了全国及全省公安系统先进集体和先进个人的评选和表彰活动，共评选出全国公安系统先进集体11个、先进个人24名。全省公安系统先进集体194个、先进个人540名，充分调动了广大民警的工作积极性。

5. 努力弘扬新时期人民警察精神，不断加强公安文化建设。

成功举办“金盾之春”春节文艺晚会，展示了全省公安工作的辉煌成就，讴歌了公安民警立警为公、执法为民的高尚情操。与全国公安文联、公安部宣传局联合在山西省举办了全国公安文化工作座谈会和全国公安民警首届集邮展。山西省公安文联举行了挂牌成立仪式，组织开展了公安文物征集工作，征集抢救各类公安文物数百件，向公安部报送200余件展陈实物，公安部两次向全国介绍了山西省征集文物的做法。成功组织第二届全省公安武装搜索比赛。

6. 认真贯彻落实公安部精神，大力加强现役部队领导班子和干部队伍建设。

大力加强现役部队党委班子建设。完善和规范考核方案，细化考核内容，探索改进考核方法手段，全面实行量化考核和网上测评，对全省19个支队级领导班子进行了考核，较为全面地掌握了支队级班子建设的整体情况。加强基层领导班子配备，全年考核任免团职干部188人。加强基层技术干部管理，严格对专业技术干部进行考核评审，年内评审146人，努力形成能上能下、能进能出的竞争激励机制。鼓励引导优秀干部、高技术人员、年轻干部及其他基层急需的人才到基层工作，充实基层实力。2006年消防、警卫部队共接收了地方大学生转现役41人，全部安排到基层一线工作锻炼。

7. 积极落实从优待警各项措施，激发队伍活力。

2006年春节前，组织开展了大规模的慰问牺牲民警家属和英模活动，山西省公安民警抚恤救助基金会经省民政厅批准正式成立，募集捐款440余万元。与省财政厅协商落实解决了牺牲病故人民警察特别抚恤金遗留问题，解决了长达9年的遗留问题。积极与中国公安民警英烈基金会协商，为山西省公安英烈、伤残及特困民警子女争取回助学金3万余元。

（李正平　王彩虹）

**【治安管理工作】**　2006年，全省公安机关治安系统紧紧抓住“基层基础建设年”的有利机遇，充分发挥职能作用，以派出所建设为龙头，以狠抓基层基础建设为突破口，以治安防控体系建设为载体，以信息化建设为平台，进一步改进和加强治安管理工作，不断提高执法水平，各项治安管理工作取得新的发展。

1. 以加强公安派出所建设为龙头，夯实了治安系统的基层基础。开展“抓基层、打基础、苦练基本功”活动，要求全省治安系统以加强“三基”工作为切入点和突破口，抓住重点、抓好典型、抓出特色，全面推进各项治安管理。重点抓了“一所一队”即派出所、巡警队的“三基”工作。指导治安系统“三基”工作的开展。

（1）大力加强派出所“三基”工作。为使全省公安派出所“三基”工作提出的工作目标落到实处，对各地工作进展情况实行季度通报制度。确定太原市迎泽分局老军营派出所等21个所为全省“三基”工作示范所，建立包点联系制度，要求每月深入联系点调查研究，了解掌握情况、听取意见建议、进行具体指导，达到以点带面，太原市局深入开展派出所正规化建设，在外观标识、建筑外观形象、民警着装、内务管理、文明用语、执法执勤、候问室建设和社区警务室建设等8个方面实现了规范统一。继续开展平安社区创建工作。在全市453个社区警务室、100多个农村警务室辖区范围内的不同位置和大型商场、超市等公共场所安装了民警承诺牌和民警提示牌。同时，各分局开展了公共娱乐场所、居民小区安装视频监控系统，即建设“天眼”工程，已在公共娱乐场所、宾馆、桑拿、典当行、商贸区等重点单位、重点部门安装视频监控系统2952套，摄像头20332个。继续开展社区民警、刑警、治安警、内勤民警苦练五项基本功活动，大同市确立了11个派出所为示范点，晋城市实行派出所“三基”工作“1234工程”，即“推进一项改革，推进所下设队模式；突破两个瓶颈，突破警力难下沉和经费难保障瓶颈；搞好三项建设，搞好综合信息系统、治安防控体系和队伍建设；抓好四个重点，即内务管理、治安管理、服务群众和后勤保障”。阳城县按照“倾斜基层、面向实战、分级负担、全力保障”的思路，要求2006年6月底前为派出所等基层所队配备28种警用装备全部到位。高平市认真总结“百名民警进村，警民联手防范”活动经验，夯实了基础，为新农村建设提供了有力保障。临汾市建立派出所建设领导责任制，全市派出所民警由年初的2034人，充实到2556人，已达到公安部要求的标准。运城市确定了党委成员联系指导制度，市局每位党委成员联系一个落后的基层派出所，定期不定期深入具体指导，帮助解决实际困难。在全市派出所中继续深入开展情系百姓“十个一”活动（即：见好一次“面”，开好一个“会”，结好一门“亲”，评好一起“案”，架好一座“桥”，出好一“点子”，学好一“典型”，亮好一“窗口”，送好一张“卡”，搞好一个“竞赛”）。长治市对派出所15项规章制度进行了清理和统一规范。

（2）组织开展了2005年度派出所等级评定。从1月份开始，在县、市两级公安机关考核评定的基础上，省厅业务骨干组成考核组，从人口管理、治安管理、安全防范、执法办案、服务群众、队伍建设、内务建设、后勤保障等八个方面，对各市申报的2005年度一、二级公安派出所进行了抽考。通过考核，有59个派出所评定为一级公安派出所，215个评定为二级，790个评定为三级，336个评定为四级。通过等级评定考核，及时发现了一些所目前存在的不足和问题，明确了今后努力方向，推动了各项工作的开展。

（3）努力推动巡警的基层基础建设。确定太原市迎泽分局巡警大队等6个巡警队为全省“三基”工作示范巡警队，对照“八荣八耻”，找不足、找差距。学习治安管理处罚法等法律法规，使全体熟练掌握和正确运用法律条款，大力提高在职民警计算机基本操作技能。大同、临汾巡警为适应公安信息化要求，实现“无纸化”办公，组织民警进行了计算机基本技能操作培训。完善规章制度。修订完善了《队伍建设标准》《考勤管理制度》《110接处警工作规范》《巡逻民警行为规范》《巡逻盘查工作规范》《巡警勤务工作规范》等项规章制度，规范了队伍管理。临汾还建立了执法档案管理制度。长治巡警在原有内设机构的基础上，增设了特警队伍，补充了18名民警，购置了装甲防暴车、运警车及侦察、攀登、防护等装备。阳城县增加了50名协勤警力和部分车辆。五是加快巡警队组建工作。阳泉矿区分局重新组建了巡警队，晋城阳城增加了50名协勤人员和部分车辆。运城市要求芮城县年内完成组建巡警任务。根据当地治安突出问题，积极开展打击抢劫、抢夺、盗窃等侵财型犯罪，提高街面见警率，合理调整巡警的巡逻区域、时间和巡逻次数，加强重点区域、重点路段、重点时段的巡逻控制，努力提高出警速度、现场抓获率，配合相关警种形成预防和打击的整体合力，继续坚持开展情系百姓爱民为民活动。

2. 大力加强情报信息和调研，密切掌握社会治安动态。全省治安系统深入基层开展调查研究，落实情报信息和调研责任制，及时获取了一大批质量高、预警性强的情报信息。晋城、运城、临汾上报信息数量大，质量较高。全省治安系统共上报信息1440条，编发各类简报197期，网页发布信息850条。编辑上传信息351条，被采用148条；报送和采用的数量在全国治安系统排名第四。

认真开展农村社会治安工作调研。为充分发挥公安机关在推进社会主义新农村建设中的职能作用，厅治安总队起草了《关于对全省农村社会治安状况调研情况的报告》，引起中央、部领导的高度重视，10月初，周永康部长、刘金国副部长先后作出批示，要求采取措施，认真维护农民正常生产生活秩序。

3. 大力查处治安案件。认真开展治安案件的受理、查处，有效地维护了社会治安秩序的稳定，同时为党委、政府对社会治安形势的认识、评估提供了可靠的依据。1至11月份，全省共查处治安案件142285起，比上年同期下降了10.1%，治安案件受理数与刑事案件立案数比为2.1∶1。山西省2006年1至11月份共受理治安案件154100起，百名民警查处案件341.6起，排名全国第9。

4. 加强公安特警队建设妥善处置群体性事件。

(1) 太原市特警队完成组建，大同市特警队边组建边工作。警力和编制基本落实。落实了公安特警队装备经费和装备补助专款的分配意见。营房及训练基地选址已初步落实。规范了训练、内务管理。积极开展了训练工作。

(2)先后派员协助有关部门妥善处置了全国"两会"期间同煤集团80余人欲进京上访、石油公司部门协解职工进京上访、"璞真案件"受害人70余人进京上访、长治县西火镇东村300余名村民来并上访等多次重大群体性事件。重点对汾阳市"5·31"群体性械斗事件的情况开展了调查工作。2006年1～11月份，全省共发生各类群体性事件800起，参加人数46674人，分别比2005年同期减少79起，降低了9%；人数减少6387人，降低了12%。主要表现一是围堵、冲击党政机关和有关部门较为突出，二是暴力对抗程度有所下降。

(3)全力以赴做好重大活动和重要节假日期间的安全保卫，确保万无一失。对公安部通报的可能影响"两会"安全的重点上访人员及时进行了查控，坚决杜绝赴京上访滋事。组织协调晋中市公安机关圆满完成了平遥国际摄影大展期间的安全保卫。对公安部通报的全国足球联赛在太原市举行中甲第6轮第34场山西沃森路虎队与成都五牛队比赛中，发生部分球迷向场内投掷矿泉水瓶事件，及时提出整改意见，要求太原市公安局治安部门举一反三，汲取"4·29"事件的教训，切实做好今后在太原赛区各场足球比赛的各项安全保卫工作，杜绝类似事件的发生。

5. 大力推进社会治安防控体系建设，公安机关驾驭社会治安局势的能力明显提高。各级公安机关结合本地实际，积极构建了以派出所和巡警为骨干，以群防群治力量为补充，以社会面、居民区和内部单位、公共场所为基础，以可能影响社会治安的特殊人群、危险物品管理为重点，专群结合、人防物防技防结合、点线面结合的治安防控体系。社会面治安防控网络建设更加严密。各地根据治安形势的发展变化，适时调整巡逻防控部署，增加重点地段、高发案时段以及治安复杂部位的在巡逻警力，确保对社会面治安的有效控制。各级公安机关加强110指挥中心规范化建设，完善了110、122和119"三台合一"后的工作运行机制，切实建立起以指挥中心为龙头，以110快反队伍为骨干、以交巡警、派出所、刑警、消防为主力，各警种、各部门协同作战的快速反应机制。进一步加强了保安等治安辅助力量的管理。将各保安公司贯彻执行《保安服务标准》情况纳入对保安服务企业年度考核和评先创优的重要内容。组织开展了保安服务业现状摸底调查活动。认真组织开展了保安押运公司内部管理和守押队伍教育整顿。认真做好贯彻《保安培训机构管理办法》的各项准备工作。对各市现有保安培训其机构性质、培训规模、管理体制等基本情况登记造册，摸清了底数，在此基础上提出全省贯彻落实《管理办法》的意见。对目前由公安机关直接开办的保安培训机构，按照管办分离的原则，正在逐步移交所属保安服务公司经营管理。省厅在全省范围内依法对保安服务市场开展专项整治。完成了全省保安服务企业2005年度评审工作。截至2006年底，全省保安服务公司68家，保安人员20000余人。进一步加强对金融、国防等重点单位的安全保卫。检查营业网点4221个，金库236个，运钞环节325次，发现隐患2237处，当场整改1482处，下发隐患通知书360份。金融机构自查率和省市抽查行政区域覆盖率都达到了100%。公安部检查组对山西省的金融安全保卫工作给予了充分肯定。加强了大型国防科研试验任务的安全保卫工作，确保了万无一失。组织开展了"创建治安安全单位"工作。对2005年度全省"创建治安安全单位"活动进行了考核评选，对140个单位进行了通报表扬。

6. 加大治安专项整治工作力度，切实解决突出治安问题。

(1) 在上年禁赌专项行动的基础上，继续深入持久地依法打击赌博违法犯罪。各地进一步建立健全深化禁赌工作长效机制，巩固禁赌专项行动成果。建立多部门协作制度和联席会议制度，定期通报工作进展情况，实现信息共享，形成禁赌工作合力。一年来，全省各级公安机关共查获赌博案件2787起，查获参赌人员14323人，其中党员干部8人。

(2)以省政府名义在全省组织开展了民爆物品安全整治专项行动。全省公安机关共收缴非法炸药899吨，雷管82万枚，导火索8万米；收缴各类枪支3754支、子弹13480发；收缴管制刀具12173把；手榴弹1223枚，地雷12枚；清查涉爆单位13438家，发现隐患5073起，发出限期整改通知书2463份，发出勒令停业整顿通知书343份，督促整改落实2795起，吊销许可证件60个；查处涉爆案件806起，处理各类违法犯罪人员1575人，共发放宣传材料500余万份。

(3)全省共立各类侵害学校师生安全的刑事案件45起，破获41起，破案率91.52%；治安案件立90起，查处88起，查处率98.32%。在校园周边道路设置完善的警告、限速、慢行、让行等交通标志及交通安全设施9919处，在学校门前设置人行横道4673处，人行横道信号灯894处，在城市学校和幼儿园周边有条件的道路设置临时停车泊位6193个。在校园及周边地区设立治安岗亭2373个，新增305个；向学校派驻保安员5373名，新增911名。全省公安机关选派法制副校长或法制辅导员16129名，新增2213名，到校工作64530次，受教育面达85%。消防部门共组织检查组316个，出动警力1230人次，开展检查2万余次，检查学校、幼儿园2034个，发现各类隐患5243处，当场整改1923处，限期整改3320处。

(4)积极开展整治油气田及输油气管道生产治安秩序专项行动。全省共出动力量1026人次，警力863人次，车辆361台次，收缴非法收购、贩运、倒卖油品车辆

6台、渣油180吨，关闭取缔土炼油炉11个，占压输气管道建筑物14个，签订联防协议7个，组建联防队伍1个，发现安全防范隐患146起，已整改108起，新建保卫组织4个，增加防范力量32人，投入防范资金7万元，增加技防设施4个，查处治安案件2起，治安拘留2人。

(5)积极配合有关部门开展其他各项整治。积极参与整顿和规范市场经济秩序，开展了食品、药品放心工程、打击制售贩假烟网络、“打黄打非”等专项治理，严厉打击了制售假冒伪劣商品犯罪；积极参与了保护知识产权专项行动，加强了对印刷业的治安管理和出版物市场的治安检查，打击了侵权盗版违法犯罪活动；积极会同有关部门组织开展了火车站、旅游风景区及周边治安秩序专项整治。认真组织开展禽流感防控工作。在全省部署开展为期3个月的“反盗版百日行动”，取得了显著工作成效。全省公安机关，共出动车辆1500余次，出动警力5000余人次，检查图书市场451个，检查零散图书摊点1638个，音像出租店1300家，收缴盗版光盘31000余盘，收缴盗版出版物1334本，其中淫秽光盘53张。先后查处死亡10人以上的重大责任事故9起，核查涉黄、涉赌、非法采矿等群众举报线索98余起。

7. 治安系统信息化建设实现了整体推进。

(1) 省级人口信息管理系统初步建成，顺利通过公安部的检查验收。省级人口信息管理系统初步建成，具备本省常住人口查询统计、第二代居民身份证制证信息调度、维护部级人口基本信息资源库等功能，顺利通过了公安部的验收。

(2) 基本完成枪支管理、派出所综合信息管理系统建设。召开全省公安派出所综合信息管理系统建设电视电话会议，下发《全省公安派出所综合信息管理系统建设实施方案》，就全省派出所综合信息管理系统建设进行了安排部署。系统建设工作已基本完成，共录入各种信息95万余条。

(3) 认真组织开展机动车修理业、报废汽车回收拆解企业、印刷业及娱乐业治安管理信息系统建设工作。实现对各市有关行业、场所的有关数据进行适时查询、统计。

(4) 进一步规范公章刻制工作，巩固全省印章治安管理信息系统建设成果。针对目前在公章刻制工作中存在的该入网的公章不入网、公章尺寸不规范等问题，省厅下发了《关于进一步加强全省公章刻制治安管理工作的通知》，规范全省的公章刻制。

8. 按时保质保量地完成公安部下达的换发“二代证”工作任务。截至12月31日，全省共发送制证信息9702259人，制证6113653人，按时保质保量地完成了厅党委下达的600万的换发证任务。省厅二代办组成五个督导组，负责对所包市换发二代证工作的组织领导、经费落实、人像信息采集、传输及换证任务的完成情况等进行全面督查，及时发现、反馈并帮助解决换证工作中出现的问题，一包到底。组织全省公安机关户政部门开展了跨市身份证纠错和重户口注销工作。为保证工作质量和工作进度，省厅每日将重号、重户信息直接从网上下发每个派出所，并且按照有关纠错规则直接指定修改方。

（李正平　王彩虹）

**【经侦工作】** 2006年，全省经侦部门树立保卫经济安全理念，积极发挥打击、参谋、服务三大职能作用，扎实开展“三基”工程建设，组织开展专项行动，严厉打击各类严重经济犯罪，有力维护了全省良好的市场经济秩序。共受理各类经济犯罪案件2345起，立案1951起，破案1435起，抓获犯罪嫌疑人1732名，为国家、集体和人民群众挽回直接经济损失7.9亿元。

1. 改革创新、锐意进取。为了认真贯彻落实《公安部关于加强打击经济犯罪工作的决定》，3月召开全省公安经侦工作年度会议，进行安排部署。会议要求认清形势，提高认识，增强责任感和使命感，努力开创经侦工作新局面；全面履行“打击、服务、参谋”三大职能，开拓进取，强化措施，推进各项业务迈上新台阶；要建立和完善新的工作格局，狠抓“三基”工作，大力加强队伍建设，按公安部要求，尽快建立健全统一领导、统一指挥、分级负责的工作新格局。总队制定了综合指导和实战并重的机构整合改革方案。全省有四个市支队增设了情报信息大队，有四个市支队主要领导高配，经侦部门内部机构、资源整合，为工作新格局奠定了基础。

2. 适时组织开展打击专项行动。结合山西省经济犯罪形式和特点，针对突出的经济犯罪类型，先后组织开展了三个集中统一行动，保持了严打的高压态势。

(1) 开展打击商业贿赂犯罪专项行动。按照公安部和山西省治理商业贿赂领导小组的部署，4月成立“山西省公安机关打击商业贿赂犯罪领导小组”。各市也成立了相应的领导机构。行动中，共接到举报线索200余起，立案24起，刑事拘留23人，移送审查起诉17人，追缴赃款100余万元。太原市局经侦支队破获了白鸿受贿案。查明，太原市新融公司经理白鸿收受常春利手机4部（价值15000元人民币），为常春利信用卡诈骗提供有利条件，给国家造成150余万元损失。长治市局破获了谷万林受贿案。查明，谷万林在担任潞城市农村信用联社理事长期间，利用其给企业发放贷款的职务便利，向4家企业共6次索取现金和消费，共计46.6万元。朔州市局经侦支队破获了涉案金额达300万元的商业贿赂案。查明，郭某与10名股东共同筹资以33万元承包怀仁县吴家窑镇某煤矿，郭任矿长，后郭未征得其他股东同意，将煤矿转让给浙江人施某。为达各自目的，暗箱操作施给郭行贿300万元。

(2)组织开展以打击虚开抵扣税款发票和骗取出口退税制贩假发票为重点的涉税违法犯罪。行动中，全省经侦部门共受理涉税违法犯罪案75起，立案46起，抓获嫌犯60人，查获各类假发票9700余本，为国家挽回经济损失1.8亿元，向检察机关移送起诉28名嫌犯。

(3)组织开展打击侵犯知识产权犯罪的“山鹰二号”专项行动。打击的重点是：假冒驰名商标和涉外商标，情节严重，影响恶劣的罪案；制售盗版光盘等出版物，影响恶劣的罪案；国内知名企业和外商投资企业反应强烈，情节严重的重大侵权盗版罪案等。行动中，共查处制假售假、侵犯知识产权案件4起，涉案金额100万元，查获了大量假冒烟、酒、盗版光盘和非法出版物，取缔了一批造假窝点，净化了市场环境。晋城城区分局破获王作书非法经营烟草25万元案，沁水县局在郑庄镇玉沟村一家庭牧场内打掉了一个制售假烟窝点，当场扣押卷烟机一台，烟丝3000余斤，假冒香烟627件，价值66.7万元。

3. 破获了一批大、要案件。进一步加大对央批、部批、省交办案件的侦破力度，破获了一批涉案金额巨大、社会影响广泛的特大案，挽回大量经济损失，取得良好的社会效果和法律效果，打出了经侦部门的声威。

(1)太原市经济技术开发区分局破获了张登国、赵军民虚开假发票案。张、赵二人2004年7月至2005年11月使用假运输业发票虚开金额共1.2亿余元。此案涉及全国28个省,抓获嫌犯8名,挽回税款损失120余万元。

(2)太原市万柏林分局破获特大制售假发票案。在小井峪华峪小区现场查获正在非法制造发票的嫌犯李芬、凌少阳、张志娟,缴获非法制造的商业销售发票、车辆通行缴讫凭证、旅游业发票、煤炭运销统一调运单等发票20种8000余份,票面可开金额10亿余元。

(3)太原市局破获涉案金额1.5亿元的贷款诈骗案。查明,旭日丰亚飞汽车连锁销售等4家公司,2002年至2004年通过伪造虚假购车人、共同购车人及担保人的身份证、户口本、收入证明、虚假的车辆登记证、行车证、车辆合格证、发票、车辆购置税等个人汽车消费贷款申请资料,从农行城西支行骗取汽车消费贷款1.5亿元,给银行造成近7000万元经济损失。现已将张浩、李保存、李存明等嫌犯执行逮捕并起诉,总计追回赃款3210.69万元和每公斤价值4.8万元的金属钠共计1800公斤,总价值8640万元。

(4)大同市局经侦支队在"5·18"煤矿透水事故发生后,出动警力60多人,转战于大同、内蒙古、朔州、北京等地,多方寻找线索,搜集证据,刑拘9人,建议纪检部门双规3人,追缴煤矿资金3100万元及大量财物。

(5)运城市局经侦支队破获了原万荣县城北信用社主任席智民等人伪造金融凭证、非法吸收公众存款案,涉案金额2.8亿元,挽回经济损失6500余万元。2006年11月,该案主要嫌犯已移送起诉。

4.积极开展"三基"工程建设。省经侦总队制定下发了"抓基层、打基础、苦练基本功"工作方案,各级都成立了专门领导机构。经侦总队大力加强与相关部门的联席协作机制,与省内各大银行在太原召开了"打击金融犯罪,防范和化解金融风险联席会议"。在制度建设上重点抓了建立情报制度。

10月,省经侦总队成立全省经济犯罪案件信息采集百日大会战领导组。从2006年10月开始到2007年1月结束,主要为集中采集、录入经济犯罪案件信息,对2001年以来受理侦办的经济犯罪案件信息集中规范采集录入;信息系统采集与侦查办案流程基本同步,通过百日会战对历年侦办案件进行全面梳理,利用信息管理系统建立了经侦案件数据库;以信息采集、系统应用为契机,提升经侦民警信息化应用水平;通过侦查办案与信息录入同步进行,规范经侦执法,初步建立新型经侦警务模式;通过信息资源共享,开展网上搜集信息、网上资料比对,为侦查办案提供信息支持。

在经侦"三基"建设中,各市、县都能够结合当地实际努力工作。太原支队提出了"一年夯实基础,两年整体推进,三年全面提高",建设"1234"工程的思路。即抓住"大学习"一条主线贯穿"三基"始终;做到两个结合:抓"三基"工程与经侦工作实际相结合,自我提高与实战需要相结合;建立三个机制:预警、防控、协作;实现四个增强:基层建设、基础工作、基本素质、队伍战斗力。9月14日,《人民公安报》以《学习是基本功的奠基石》详细报道太原市支队建设学习型队伍的情况。为在全省经侦系统扎实开展"三基"工作,确定了典型引路,整体推进的思路,确定了"三基"开展好的典型单位,并在临汾市召开全省经侦基层基础工作"三基"建设现场会,在全省宣传推广。认真开展社会主义法治理念教育整顿,在案件协作方面共对出省和入省办理的152起案件进行审核把关,无一差错。

(李正平　王彩虹)

**【刑侦工作】** 2006年,全省刑侦工作以抓基层,打基础,苦练基本功为核心,精心组织打黑除恶专项斗争,深入开展命案侦破,继续打击"两抢一盗"等多发性犯罪,大力推进刑侦信息化建设,全面加强刑侦基础业务和警犬技术建设,着力提高刑事执法水平,为维护全省社会治安稳定和人民群众安居乐业做出了新的贡献。

1.主要成绩。

(1)命案破案率有所提高。快速侦破了一大批现行命案。截至2006年12月31日,全省共立故意杀人、伤害致死和以爆炸、投毒、放火为手段,以抢劫、强奸、绑架为目的命案850起,侦破768起,破案率为90.35%,比上年同期上升2.27个百分点,创下了近年来全省命案破案率的新高,全省有8个市的命案破案率超过了90%,完成了命案破案率超过88.08%的工作目标。另外全省有75个县、(区)现行命案全部破获,17个县级公安机关未发生命案。连续攻克了一批久侦未破的重大积案。共破获命案积案49起,其中2000年前14起,2000年～2005年35起,同比增加6起,命案积案破案率5.65%。及时侦破了一批影响恶劣危害严重案件,共破获系列命案8起。其中阳泉市经过不懈努力,成功破获了公安部督办的马家坪系列残害妇女案,抓获了嫌犯杨树明。

(2)打黑除恶专项斗争取得阶段性成效,为全省社会和谐稳定发挥了重要作用。全省共打掉黑社会性质组织9个(其中太原市李志顺、郭晋昌、王新力、荣旺伟,大同市刘胜永,晋中市昔阳县张昱等7个案件已移送检察机关起诉,打掉恶势力犯罪团伙20个)。

(3)打击"两抢一盗"犯罪专项斗争取得明显战果。破获了一大批"两抢一盗"案件。1至12月份,全省共破获"两抢一盗"案件21616起,同比上升19.21个百分点,其中破获盗窃案件16941起、抢劫案件3576起、抢夺案件1099起。破获了一批盗抢汽车案件,追缴回一批赃车。1至12月份,全省共破获盗抢汽车案件599起,打掉盗抢汽车犯罪团伙17个,其中盗窃汽车团伙12个,抢劫汽车团伙5个,抓获盗抢汽车犯罪嫌疑人164人,追缴赃车516辆。侦破"两抢一盗"系列案件竞赛活动成绩突出。全省共破获系列案件245起,个案4204起,打掉系列案件犯罪团伙180个,逮捕犯罪嫌疑人1010名,位列全国第17位。打击盗窃、伪造军车号牌专项斗争效果显著。行动期间共捣毁制造假军牌窝点3个,抓获嫌犯14人,查扣各类假军车200余辆,伪造军车号牌120副16个单牌,假公安牌照19副7个单牌,假地方牌照305副199个单牌,假证件105本,假印章19枚,制牌模具15副,制牌毛坯2000余副。在全国打击盗窃、伪造军车号牌工作会议上,山西省作为先进介绍了经验。打击盗窃、破坏电力电信设施专项行动取得重大战果。截至12月31日,全省共破获盗窃破坏电力电信设施案件1636起,抓获犯罪嫌疑人873人,其中逮捕182人,移送起诉64人,查处团伙141人,抓获团伙成员622人,处于全国先进行列。

(4)追逃工作取得新突破。全年全省共抓获网上在逃人员3187名,比上年同期增加503人,其中部B级通缉令逃犯13名,部督逃犯1名,故意杀人逃犯193

名，抓获外省逃犯530名，抓获总分值为4194.4分，完成了全年追逃目标的137.9%，全国排名第22位，较上年上升6位。晋城市经过两年艰苦努力，将潜逃泰国20年之久的故意杀人犯罪嫌疑人李政军抓获并押解回国，开创了山西省跨国抓捕刑事逃犯的先河。

（5）刑侦信息化水平进一步提高。刑侦综合信息系统信息数量、质量有了进一步提高。全省刑侦综合信息系统已录入案件信息11.6万条，其中人员信息近4.1万条，通讯工具、机动车、枪支、款项、有价证券等信息近5.6万条。在逃人员信息质量继续保持了较高水准。全省共录入在逃人员信息6750条，撤销4119条，照片、身份证号码、现住地和户籍地录入率达到了100%；清理在逃人员信息7912条，无照片信息由年初的34%降至26.6%，无身份证号信息由年初的23%降至17.5%；命案、被盗抢汽车、未知名尸体、失踪人员等4个信息系统运作良好。全省共录入命案发案信息848条，破案信息760条，录入被盗抢汽车信息3148条，撤销信息790条，录入未知名尸体信息286条，录入失踪人员信息144条。启用了全国网上在逃人员信息户籍地公安机关签收查控平台和全国刑事情报信息研判指导平台。

（6）办案质量和打击处理数又有新进步。全省刑事案件的起诉率为98.77%，位列全国第9名，批捕率为88.21%，位列全国20名，全省打击处理增长率为19.76%，位列全国第10位。

（7）警犬技术工作稳步发展，实战能力进一步加强。先后组织了代号为“神犬1、2、3、4、5号”五次警犬搜爆行动，共查获炸药9249公斤、雷管21294枚、导火索13008米、猎枪9支、猎枪底火1372个、制式子弹63发；制造炸药原料硝酸铵35593公斤、硝酸磷300公斤、工业盐1345公斤、硝酸钾372公斤、硫磺1046公斤。

2. 主要工作。

（1）大力加强刑侦“三基”工程建设。全省刑侦工作会议上就刑侦部门抓基层、打基础、苦练基本功活动进行部署，进一步将“三基”工作引向深入。随后派出工作组赴各市及部分县进行督促指导，总结经验，发现问题，树立典型，以点带面。为及时了解和掌握“三基”工程建设进展情况，有针对性地开展指导工作，建立了全省刑侦部门“三基”工程建设联系点制度，通过对“三基”工程建设经常性的调查研究和检查督促，有力地推动全省刑侦部门“三基”工程建设的深入开展。共建成一级责任区刑警队13个、二级责任区刑警队63个、三级责任区刑警队48个。根据每个刑警的具体岗位特点，将训练内容分为公共科目和岗位科目两个类别，使练兵活动有章可循。与刑警学院协作在辽宁省大连市举办了两期命案侦查高级研修班，共有200余名指挥员参加培训。

（2）精心组织开展打黑除恶专项斗争，严厉打击黑恶势力犯罪。刑侦部门承担全省打黑除恶专项斗争的主要任务。一手抓协调指导，一手抓案件侦办，努力发挥职能作用。召开专门会议进行动员部署。召开全省公安机关打黑除恶工作会议，就深入开展打黑除恶进行全面部署。召开打黑除恶专项斗争电视电话会议，总结全省开展打黑除恶专项斗争情况，分析存在问题，推动专项斗争向纵深发展。深入开展调查摸底。要求全省围绕7个打击重点开展调查摸底。同时公布了举报电话、在互联网上设立了举报邮箱，接受群众举报。加强督导检查。省打黑除恶专项斗争领导组组织6个督查组，对各地进展情况进行为期10天的专项督查。此后，以省“打黑办”名义多次组织检查督促。加强对侦破涉黑涉恶案件的指导。采取包案到人的方法，指定总队领导，对全省侦办的涉黑案进行指导，促进侦办顺利进行。

（3）着力推动侦破命案工作，确保“两降一升”和“两个确保”工作目标的实现。落实各部门、各警种在命案侦破中的职责和作用。加强命案侦破的具体指导。尤其是对疑难复杂命案多次组织分析研究，派出警力支持破案，突破了一批案件。如翼城县人大副主任马朝辉被杀案等。多次召开专门会议，及时分析存在困难和问题。全省深入开展侦破命案，实现公安部提出的“命案必破、一抓三年”和“两降一升”的奋斗目标。密切注意发案动向，及时开展串并案件侦查。9月隰县城关无线通讯门市部发生杀人抢劫手机案后，根据案件反映出的规律特点开展串并案件侦查，于11月抓获河南籍案犯焦志成，一举破获发生在山西省长子、河曲、隰县4起抢劫杀人案，案犯共杀死9人，抢劫手机180余部。坚持实行季度通报，对各地的战况进行排名，每季度向各市通报一次，有力地促进了侦破命案。

（4）深入开展打击“两抢一盗”专项斗争，坚决遏制多发性侵财犯罪的高发势头。继续把打击“两抢一盗”专项斗争作为一项重要任务来抓，全省刑侦工作会议对继续开展打击“两抢一盗”专项斗争作了全面部署。为了推动专项斗争的深入开展，在全省刑侦部门专项打击工作会议上，研究制定具体措施。各市县结合本地实际，不断加大对抢劫、抢夺、盗窃犯罪的打击和整治力度。针对入室盗窃和街头“两抢”犯罪中外来无业人员多的特点，开展了打击外来人员犯罪专项行动。针对抢劫、抢夺等多发情况，组织集中统一行动，开展专项整治。针对盗抢机动车犯罪突出的状况，组织专项打击行动。在开展打击“两抢一盗”专项斗争期间，全省部署开展了破侦竞赛活动；在全省重点地市部署开展打击盗窃、伪造军车号牌专项斗争；在全省部署开展打击盗窃、破坏电力电信设施专项行动。对深入开展打击“两抢一盗”专项斗争起到了积极的促进作用。

（5）全面加强刑侦信息化建设，着力提高刑侦工作的科技含量和科技水平。首先是抓公安部新建信息系统建设。先后完成全国重大刑事案件信息系统、全国网上在逃人员信息户籍地公安机关签收查控平台、全国刑事情报信息研判指导平台等3个系统的建设，上述系统已投入实战应用。其次是抓信息业务培训。全年共举办各类刑侦综合信息系统培训班5期，为刑侦信息工作培养从搜集、录入到应用的专业人员200余人。第三是抓公安部5大信息系统应用。按照公安部要求完成了命案、在逃人员、被盗抢汽车、未知名尸体、失踪人员的信息录入。

（6）以开展社会主义法治理念教育为契机，进一步端正执法观念、规范执法行为。深入开展社会主义法治理念教育和集中教育整顿活动。认真部署，精心组织，狠抓落实，圆满完成了各阶段任务，收到明显实效。教育整顿，绝大多数民警能够准确理解社会主义法治理念的本质要求和深刻内涵，牢固树立了全心全意为人民服务的宗旨意识和社会主义法治理念。深入开展大接访。按照“清理旧案，办好现案，不发新案”的目标，强化措施，全力抓好大接访。认真贯彻办案公开制度，全力推行刑事办案“三回告”、“三公开”、“三告知”措施，增强刑事执法的公开和透明度。并专门组织考核。努力提高刑事案件办案质量。在继续强化刑事案件基本台账，案件质量三级把关，统一案件出口和进行办案质量季通报等制度的基础上，2006年进一步加强了侦查破案责任制、办案质量把关制、案件倒查制、错案追究制等内部监督制约机制，有效保证了办案质量。

（李正平　王彩虹）

**【出入境管理】**　2006年，全省各级公安出入境管理全面加强出入境管理基层基础工作，树立文明窗口形象，不断提高执法服务水平和队伍整体素质，维护了国家安全和社会稳定，保障和促进了山西省经济社会发展。

1．工作数字。

（1）临时来晋境外人员70120人次。其中外国人58806人次，港澳侨5417人次，台湾居民5897人次。

（2）常住境外人员635人。

（3）办理外国人签证证件1489人次。其中签证1037人次，居留许可452人次。

（4）办理台湾居民签注证件186人次。其中签注114人次，居留签注70人次，台胞证2人次。

（5）签发中华人民共和国入出境通行证15人次。

（6）批准公民因私出境134363人次，其中出国50959人次，赴港澳82856人次，赴台湾548人次。

2．工作情况。

（1）充分发挥职能作用，为全省改革开放和经济社会发展提供优质服务。

一是推出往来港澳地区六项便民利民措施。自5月1日起，推出六项便民利民措施，进一步简化公民赴港澳地区申请手续、办理程序，促进了山西省与港澳地区间的人员往来和经贸、文化交流。代省政府起草了《关于申请开展居民个人赴港澳地区旅游试点工作的请示》，积极向国务院申请开办个人游。适时将推出的便民利民措施在《山西日报》、《山西晚报》等报刊上进行宣传，方便广大申请群众申领证件。

二是继续推进公民按需申领护照。加大工作力度，严格标准条件，强化内部工作程序，改善出入境接待环境，进一步推进按需申领护照工作。临汾、朔州和忻州市在当地党委、政府的高度重视和大力支持下，加强领导，细化工作，落实责任，密切配合，实现了登记备案、通报备案和人口信息“三个系统”的联网，经验收合格并报公安部备案，先后在城区范围内实行了公民按需申领护照。大同、吕梁市局顺利完成前期准备并已通过检查验收。按需申领护照，简化手续，方便群众，提升公安机关出入境管理形象，人民群众欢迎，地方政府满意，社会效果良好。

三是加强行政效能建设。切实履行向社会作出的公开承诺，要求山西省居民办理因私出国（境）证件从受理申请到签发证件由公安部规定的15个工作日缩短为10个；对审批同意的外国人签证、居留许可申请，在受理后的5个工作日以内签发；对符合条件的外国高层次人才申请签证或居留许可，为其办理2～5年有效的F签证或居留许可，签发次数不限。外国人团体申请前往非开放地区旅行的，手续完备的，即时办理。各级出入境管理部门科学设置办事流程，简化审批程序，严格办证时限，提高办事效率，确保了将公开承诺落到实处。3月，太原居民闫某在韩国一建筑工地高空坠地死亡，3名亲属急需赴韩处理后事，市局出入境管理处心系群众，急事急办，当日办妥护照，亲情服务让申请群众倍感温暖。

四是进一步提高了出入境证件制作和签发管理水平。共制作出国（境）证照134363本。在制证中，牢固树立为民服务意识，缩短制证时限，提高工作效率，制作加急证照38000余本。特别是在2006年山西（香港）投资洽谈会期间，放弃休息，节假日制作证照800余本，确保了与会人员顺利赴港。

（2）以深入开展文明窗口建设达标为载体，进一步推进出入境管理“三基”建设。

一是加强对“三基”建设的组织、规划。公安部出入境管理局在太原召开全国出入境管理推进“三基”建设会议。以贯彻落实会议精神为契机，提出了“抓服务明亮窗口、抓规范维护事权、抓管控强化基础、抓队伍树立形象”的总体目标，精心组织，明确职责，狠抓落实，针对基层基础建设存在的突出问题和薄弱环节，制定细化整建措施，“三基”工程建设呈现出良好的发展势头。太原市局狠抓各科、队岗位练兵，正确处理工作与训练关系，分块训练，定期检查，强化了练兵实效。同时在网页上设立基层基础建设、队伍正规化建设、大练兵活动专栏，进一步推动“三基”工作。阳泉市局购置了笔记本电脑、摄像机等办公器材，改善办公条件，提高办事效率。

二是深入开展出入境管理文明窗口建设达标。“达标活动”开展以来，全省各级高度重视，精心组织，全力以赴，迎难而上，坚持重点突破，以点带面，有序整体推进全省“达标”。局领导多次深入各市进行调研，实地了解窗口建设情况，与当地领导共同研究解决在出入境接待场所建设、资金投入、警力配置等方面存在的问题和困难，并提出具体措施。通过开展“达标活动”，统一了出入境接待窗口外部标识和内部设置，按照满足工作需要，方便群众办事的基本原则，加强了窗口的硬件、软件建设，解决了窗口建设中存在的一些突出问题和薄弱环节。进一步明确了民警岗位职责和执法服务规范，认真落实首问责任、一次告知、办理时限等制度要求，实行了量化考评。加大执纪力度，促进了出入境管理民警职业素质的自觉养成。太原市出入境管理处被公安部评为首年度“全国文明窗口”单位。长治、晋城、阳泉、大同市出入境管理处被评定为“省级文明窗口”单位。忻州、朔州、吕梁和运城等市采取有力措施，积极开展创建活动，改善了接待场所条件，建立完善了制度，执法水平和服务质量得到进一步提高。

（3）坚决打击和查处出入境违法犯罪，维护国家安全、社会稳定和正常的出入境秩序。

一是切实加强管控机制建设。严格不准入境境外人员查控程序，完善法定不批准出境人员通报备案和国家工作人员登记备案制度，有效阻止了境内外敌对势力、民族分裂分子和“法轮功”等邪教组织成员的潜入潜出，有效地控制了重大经济、刑事犯罪嫌疑人蒙混出境。2006年以来，全省共阻止了32名法定不批准出境人员。核查回复协查通报992件。太原市局出入境管理处在受理团队赴港澳旅游申请材料时，发现一申请人与网上在逃人员郑朝晖信息相似。经过认真查询，网上比对，确认该人正是因票据诈骗被立案侦查的在逃人员。该处将前来领取证件的郑朝晖成功抓获。

二是组织开展清理“三非”外国人专项整治。专项行动开展以来，省厅制定印发了《山西省公安机关清理“三非”外国人专项整治行动方案》，成立了由副厅长任组长，出入境管理局、治安、刑侦、边防主要领导任副组长的专项整治领导组，召开专门会议，精心组织部署专项行动。晋城、忻州等市主动与外办、教育、工商等相关单位进行协商，互通情况，协作配合，将清理、遣送“三非”外国人工作纳入社会治安综治范围，形成了各有关部门齐抓共管、相互联动、各负其责的局面。太原、长治、吕梁、运城等市制定了新机制，坚持“谁主管、谁负责，谁检查、谁负责，谁登记、谁负责”的原则，一级抓一级，层层抓落实。太原和晋城市通过在电视台制作专题节目，媒体上刊登宣传文章，对典型案例进行专题报道，为专项整治创造良好舆论环境。通过开展专项行动，境外人员临时住宿申报率、准确率显著提高，基层派出所民警会管理、会收集情报信息的水平明显提高，境外人员管理工作协调配合机制得 到了进一步加强。据统计，山西省共查处“三非”外国人 122 人，遣送出境 12 人，对 73 名非法居留的越南、朝鲜、缅甸、蒙古妇女及其子女进行登记。太原市出入境管理处、晋城市出入境管理处被公安部评为清理“三非”外国人专项行动成绩突出集体。

三是及时妥善处置涉外案（事）件。2006 年，全省出入境管理部门查处涉外事（案）件 137 起。指导太原、晋中市局依照“依法、果断、低调、快速”的处置原则，周密部署，内紧外松，公密结合，成功阻止了日本旅游团来晋从事“慰灵”活动。6 月 2 日，在吕梁市文水县境内发生一起特大涉外交通事故，造成“山西、陕西寻古摄影之旅”旅游团 4 名马来西亚人当场死亡，12 名马亚西来人、1 名新加坡人受伤。省局积极协助省外办、省旅游局，指导吕梁市局对死伤的马来西亚籍人员身份进行及时核实，照会驻华大使馆，收集、清点遗落物品，并按程序逐物逐件进行移交，补发有关出入境证件，妥善处置善后事宜，受到马来西亚驻华大使馆官员、受伤外国人和死者亲属赞许。

四是认真组织开展清理党员干部、国家公务员办理因私出入境证件专项工作。省厅制定印发了方案，明确任务，细化职责，密切配合，精心组织。在时间紧、任务重、涉及面广的情况下，全省出入境管理部门通过出入境管理信息系统查询、人工查阅档案资料、协调与组织、人事等部门的沟通联系等措施，对 1996 年以来党员干部、国家公务员办理因私出入境证件情况进行清理排查。据统计，党员干部、国家公务员办理因私出入境证件 27757 本，清理发现存在低报公职级别办理证件等情况 91 人。各地以此次专项工作为契机，认真查找管理中存在的漏洞和薄弱环节，进一步建立完善管理制度和措施，严把出入境证照受理审批关，加大对弄虚作假、异地异单位申请等问题的审查力度，不断提高受理审批质量。全省共查处弄虚作假出国境申请 155 起。

五是认真贯彻落实《台湾居民来往大陆通行证、签注受理审批签发工作规范》，严格程序，不断提高受理审批质量。建立健全对台湾居民来往大陆申请办理证件、签注的管理工作机制，密切与台办、国保等部门工作联系，互通情况，同时及时将有关人员名单安装到审批办证系统，确保了台湾居民来往大陆审批办证有序进行。

（4）加强法制化、信息化建设，进一步提高依法行政和科技应用水平。

一是认真做好《护照法》贯彻执行。省局在太原市召开了全省出入境管理部门贯彻执行《护照法》会议，学习培训《护照法》，安排部署贯彻执行等。会议要求全省各级出入境管理部门把贯彻执行《护照法》作为头等大事，认真学习，准确把握精神实质，强化对出入境管理民警培训；强化对下指导、管理和监督，调整机制，充分履行职责，使护照签发管理更加科学规范。临汾、大同、阳泉和忻州市局相继召开专门会议，对贯彻执行《护照法》进行安排部署。省局对《中国公民出国境管理系统》升级版和新版证件打印设备进行了安装调试及制证练习，加大对各市服务器、数据库的维护及技术指导力度，确保升级后的正常运行。

二是积极开展多种形式的《护照法》宣传咨询。设计印制了外观精美的宣传明信卡，赠送全国、全省和省直有关单位，广泛宣传，扩大影响。充分利用新闻媒体，加大宣传力度。邀请《山西晚报》等媒体对出入境管理便民利民措施等作专题报道。通过多种形式的宣传咨询，加深了社会各界和群众对《护照法》的了解，密切了警民关系。

三是顺利完成 2005 版往来港澳贴纸签注和 2004 版转印膜启用工作。结合落实新的《往来港澳通行证和签注受理、审批、签发管理工作规范》，按照核验、核查、审批、签发程序和要求，科学合理分工，细化岗位职责，加强内部监督制约。省局对新版往来港澳贴纸签注、新版转印膜的打印软件及管理系统软件进行了升级和设备安装调试，经报请部局批准，相继于 4 月 24 日和 5 月 29 日在全省正式启用。

四是积极做好新一代出入境管理信息系统建设筹备。成立了新系统建设领导组，制订工作计划，进行新系统应用软件选型，确定选购设备方案，对所需资金进行准确预算，参加新系统软件及相关设备应用操作培训学习，新系统软硬件集成实施的前期准备取得较大进展。

（李正平　王彩虹）

**【公安交通管理】**　2006 年，全省公安交警围绕“一降两保”目标，以创建“平安畅通县区”为载体，以预防和减少道路交通事故为重点，不断加强道路交通秩序整治，加强交通安全宣传教育，加强基层基础建设，采取多种措施全力保障全省道路交通安全畅通。公安交警队伍素质进一步提高，道路交通管理水平不断提升，道路交通严重违法行为得到遏制，道路交通事故稳中有降，道路交通安全形势趋于好转，人民群众的交通安全意识逐步增强，对公安交通管理的满意度大大提升。

1. 依托“三基”工程建设，全面加强公安交警队伍正规化建设。全省公安交通管理部门实行了“警力要下沉、保障要有力、班子要加强、管理要严格、素质要提高、机制要创新，工作要上去、群众要满意”的工作目标。

（1）确立“三基”工作三年规划。召开培训会。全省交警围绕“执勤执法赛规范、事故预防赛安全、窗口履职赛服务、管理方式赛科技、队伍建设赛形象”展开了一系列争先创优活动，全省交警的积极性和创造力调动起来，实现了基层基础建设新跨越。

（2）人力、物力向一线倾斜。一是基层警力得到了进一步充实。2006 年，太原市交警支队两次共招录民警 200 人，高速公路管理处新招民警 144 名，全部补充到路面一线。目前，全省交警部门一线实战单位警力达到 5667 人，占总警力的 85.2%。二是全省各级交警部门在装备经费方面投入已达到 12437 万元，全省 19 个交警大队、53 个交警中队经考核首批达到公安部要求的规范执勤执法标准。三是支持太原市交警支队直属大队、长治市交警支队三大队大辛庄中队、祁县交警大队来远中队积极开展了公安部科研课题《交警中队保障基本标准》研究试点工作。四是对基层中队建设进行重点补贴，大、中队基建经费已投入 14186 万元，科技建设投入 5538 万元，为新建的 66 个交警中队发放补助 330 万元，发放侦破重特大交通肇事逃逸案件、查获被抢机车等专项奖励经费150余万元，大大调动了一线民警的工作热情和工作的积极性、主动性。目前，全省各级公安交警部门已新建、改扩建大中队办公用房220所；增加道路监控设施377套，电脑4035台。

(3)积极开展各项业务培训考核，在全省掀起比武练兵高潮，提高了全省民警的业务素质。全省公安交警强化基层基础工作，组织各类培训比武1490余期，培训干部、民警43400余人次，在全省公安交警系统掀起了各项业务技能练兵比武高潮。全省各市11个公安交警支队车管所全体车管民警逐一进行了计算机操作技能现场考核；举办培训班对全省各交警支队车、驾管系统管理员进行培训。举办“人保财险杯”事故业务技能大比武，比武内容包括交通事故处理相关的法律、法规；交通事故现场照相、绘图、电脑绘图等。事故业务技能大比武活动纪录片《铿锵警魂》在黄河电视台播出后，得到社会各界好评。

(4)培养法制理念，规范执勤执法，全省交管法制化建设取得新突破。一是以“百城交警规范执勤执法示范活动”为重点，组织全省交警培训，全面提升执勤执法质量。太原、大同、长治三个全国百城示范支队按照公安部“百城交警规范执勤执法示范活动”要求，迅速开展规范执勤执法示范活动。二是通过了省人大对“一法一条例一办法”的执法检查，有力推动全省公安交管工作大发展。省人大就全省《道路交通安全法》和山西省《实施办法》执法情况进行检查。在全省十届人大27次常委会上，审议通过《执法检查报告》，充分肯定了全省公安交警的各项工作。

(5)规范统一了全省公安交警大、中队外观标牌和警车外观制式。按照公安部要求，结合山西省实际，在全省实现了交警大、中队外观标牌的统一，部署开展公安2004式警车外观制式涂装工作。全省公安机关已涂装警车8416辆，完成涂装任务的95%。警用场所、警用车辆外观的统一，树立了严谨、规范、良好的公安机关形象。

2. 以创建“畅通工程”“平安大道”为契机，全力整治各类交通违法行为。全省交警持续深入开展路面行车秩序整顿，推进违法信息系统的使用，实施“畅通工程”，创建“平安畅通县区”，采取多种措施疏堵保畅，努力维护全省路畅人安的社会环境。

一是严管路面行车秩序，狠抓机动车严重交通违法行为整治。组织多次全省范围的集中行动、专项整治行动周。在此期间，全省共查获无牌无证机动车43631人，查获报废车2312辆，销毁报废机动车4351辆，查获假牌假证机动车2944辆，督促办理注册登记的无牌无证机动车19067辆，拘留无证驾驶779人。

二是不断强化剧毒危险化学品道路运输安全管理。2006年，省厅交管局本着“源头治理，路面管控”的原则，通过各种形式，利用多种渠道，加大对危化品公路运输的安全教育、宣传力度，增强群众的安全防范意识；对全省剧毒危险化学品公路运输安全监管及重点剧毒危险化学品运输企业管理状况、运营模式进行摸底排查，掌握总体情况，并举办培训班，向全省各支队发放防护服，加强了全省公安交警的防范意识和能力。受理跨省《剧毒化学品公路运输路线、时间征求意见书》190份，建立了190份电子档案和纸制原始档案；由山西省运往外地的各类剧毒化学品9403吨，安全运输率达100%。

三是继续推进大力创建“平安畅通县区”活动。推广了临汾、运城公安交警部门大、中队规范执法、警力下沉，强化农村工作的经验。各级交警部门借鉴临汾、运城经验，集中精力、财力和物力狠抓公安交警中队建设，全力推进了公安交管工作重心由城市向农村的战略延伸。全省各交警支队进一步加大基层、基础设施投入，优化交通组织，提高城市道路通行能力，改善了城市整体交通环境。太原市投资1个亿，改造城市道路设施及指挥系统；临汾市拨款450万元用于城市交通管理规划和安全规划，对霍侯一级路实行全线电子监控，有效提高了对重点干线路段的管控；晋中、运城也纷纷投巨资用于道路交通的设施改造与监控。2006年，太原、长治、晋城、晋中4个城市达到省级二等管理水平，7个城市达到省级三等管理水平。

四是全警动员，保证“春运”“两会”及节假日“黄金周”道路交通安全畅通。春运期间，全省各级交警部门全部成立了春运领导小组，制定春运交通安全实施方案，明确任务，强化责任，做到周密部署，实行机关警力下沉，充实基层一线，调动了全体民警的积极性。据统计，全省共设置春运安全服务站150个，发放“山西省春运临检合格证”28457张，临检9座以上客运车辆29423辆，保障了“春运”交通安全形势整体平稳。严密部署，全面防范，确保了五一、十一黄金周道路交通安全。五一、十一黄金周期间，提前部署，加强督导检查。派出工作组，加大了对超速、客车超员、疲劳驾驶、农用车违法载人等交通违法行为处罚力度，并始终保持高压态势，全省公安交警部门共出动警力37722人次，警车7809辆次，纠正违法行为101367次，全省道路交通事故四项指数与上年同期相比全面下降，全省十大旅游重点路段均未发生道路交通堵塞和交通事故。为全省人民和来晋游客提供了安全、畅通的道路交通环境。严密部署“两会”交通安全保卫活动。“两会”期间，全省公安交警强化路面管理，加强路面监控工作，共出动警力133726人次，检查进京车辆82571辆，进京人数213168人，为全国“两会”的顺利召开创造了良好的交通治安和社会服务环境。

五是迅速开展大、中专院校、中小学、幼儿园校车及驾驶人全面整治。全省各级交警部门迅速采取措施严防校园接送车发生影响恶劣的交通事故，做到了有组织、有部署、有落实，没有发生一起校车或涉及校园学生的交通安全事故，取得了阶段性成果。活动开展以来，全省出动警力19619人次，出动警车2583台次，排查中小学校11819所，师生受教育人数3615832人，排查校车879辆，查处超员31起，查处其他违法行为447起。

六是及时推开农村派出所参加预防重特大道路交通事故专项行动。为进一步加强农村地区道路交通安全工作，预防和减少农村地区重特大道路交通事故，弥补农村地区交通管理警力不足，道路失控的现实问题，成立专项行动领导组，在全省组织开展农村派出所参加预防重特大道路交通事故专项行动取得明显成效。截至12月31日，全省派出所出动警力9771人，投入警力2926辆次，协助查纠无证驾驶1490起，无牌无证机动车2504起，宣传进农村722个，受教育农村群众474179人。

3. 围绕“一降两保”，强化事故预防，努力创造安全畅通的交通环境。2006年，山西省道路交通事故四项指数全面下降。全省共发生道路交通事故10981起，死亡3413人，受伤12340人，直接经济损失5422.9043万元，同比分别下降17.7%，

10.63%，9.10%和6.23%，死亡人数减少406人。其中一次死亡5人以上特大交通事故发生10起，死亡57人，同比减少1起，少死亡34人，分别下降9.09%和37.36%。

（1）多方联动，协调配合，建立健全事故预防综合治理长效机制。对全省交通事故预防工作进行安排部署，进一步健全机构，细化职责，推进了全省事故预防，在确保道路交通安全畅通方面发挥了重要作用。

（2）加强交通事故信息统计，确立研判机制。年初，为全省启用交通事故统计信息系统做好前期准备工作。全省交通事故信息采集及时、准确，受到公安部通报表扬。据事故统计分析，及时通报全省道路交通安全形势，研究总结事故发生规律，及时掌握全省各地的事故新形势，采取得力措施，对预防道路交通事故起到指导作用。

（3）清理事故积案，解决事故上访取得实效。对施行《道路交通安全法》以后的交通事故案件再次进行清仓摸底，逐案登记，责任到人，不留死角。截至12月31日，共清理结案1080起，全部息诉罢访；2006年，全省共接访来信来访及领导批转的涉及交通事故的信访案件105起。省厅交管局在全省抽调事故业务骨干组成专家组赴办案单位进行调查复核的交通事故信访案件20起；公安部督导组及公安部交管局接访批转的信访案件17起，已全部调查完毕，上报相关部门。邀请办案单位、办案人员及信访当事人进行座谈，解决遗留信访案件。

（4）扎实开展预防特大道路交通事故“百日竞赛”活动，取得成效。各级领导高度重视，措施责任到位，重点明确突出，宣传浓烈深入，督查落实严格，全省公安交警全警发动，顽强拼搏，连续作战，竞赛活动大规模、大声势、大力度轰轰烈烈进行。交通管理水平得到提升，经国务院验收合格，摘掉了公路“三乱”帽子。事故死亡人数大幅下降，交通事故死亡人绝对数少死406人，无10人以上特大事故。全省专项行动工作得到了公安部的肯定，山西公安交管呈现新气象。

4. 以车管等级化建设为任务，规范民警执法服务行为，亮化窗口形象。

（1）加大车辆管理所、站等级化建设力度，选定重点扶持对象。周密部署，精心组织，积极开展车辆管理所等级评定工作，有力推动了车辆管理工作正规化建设。确定车辆管理所、站等级化建设初步目标。把太原、长治两个支队车管所作为重点，拨款140余万元，从软、硬件建设两方面进行扶持。全省8个县（市、区）公安交警大队车管工作站，作为一等车管工作站培养对象进行了重点扶持。

（2）大力推行“九二”式机动车自编自选号牌业务，落实便民利民措施，为使机动车号牌发放工作更加人性化、公开化，缓解号牌发放中的突出矛盾，落实好便民利民措施，适应社会需求，满足群众厚望，召开全省“九二”式机动车号牌自编自选新闻发布会，决定在全省11个地市全面推开机动车号牌自编自选工作，彻底打破原来传统的机动车号牌管理模式，从制度上有效防止“关系号”、“人情号”、“后门号”问题的产生，强化了交警车管部门的正规化建设和廉政建设，使车管工作更加规范、更加透明，执法更公正、更贴近群众，车管业务窗口更加亮丽。

（3）严格驾驶人考试和车辆检验。省厅交管局在全省县级交警部门展开试行办理车管业务工作；进一步规范驾驶人考试、车辆检验。联合省交通厅、省质监局召开整顿规范驾驶人培训、考试车辆检测电视电话会，对强化机动车监测站，驾校监管进行全面部署。

（4）开展汽车行驶记录仪安装及系统建设。对全省营运性客运汽车、危险化学品运输车等重点车辆开展行驶记录仪安装及系统建设，通过公开招标，确定了5个汽车行驶记录仪中标厂商，确定了汽车行驶记录仪安装及系统建设的总体目标、安装范围、实施步骤和具体要求，将各项任务细化、分解、落实到人。截至12月31日，全省共为10300辆营运性客运车及危险化学品运输车安装了行驶记录仪。

（5）加大警车规范管理力度。组织警力对在省城警用车辆进行突击清查，共检查警用车2071辆，查处违规问题明显的警用车503辆。同时，结合全省无牌无证车辆整顿，为全省3000余辆无牌警车核发了临时警车号牌、行驶证，进一步规范警用车辆管理。

5. 加强公安交通科技建设，提升交警管理水平。

（1）交通管理信息系统建设取得进展。组织完成了全省交警第一批电子身份证书的配发；升级了事故系统和车、驾管系统；进行了交警队信息平台的搭建和推广工作，在公安部的评比中取得全国第五名的好成绩；完成了自编自选“九二式”机动车号牌业务相关程序的设计开发。

（2）及时妥善解决违法信息系统问题，保证系统正常运转。道路交通违法信息管理系统启用以来，针对各支队陆续发现的系统中外省数据不能正常转入、省内数据不能正常传递、数据库运行程度过慢等问题，组织专人对全省11个支队及高速公路管理处的数据库进行了实地检测，对违法系统程序进行了部分修改更新，省内数据传递基本正常，外省数据大部分也能够及时转入，违法信息系统运转趋于正常。

（3）推进了全省公安交警网络基础设施建设，建成并投入使用全省交警电视电话会议系统。一是推进了全省的网络基础设施建设。交警中队接入公安网的有387个，入网率达到66.49%。网络基础设施的完善为公安交通管理信息化和数据的网上传递提供了有力保障。二是建成了全省电视电话会议系统，11个市公安交警支队和高速公路管理处全部开展电视电话会议，并组织了全省培训，极大地提高了全省公安交管系统会议信息传递的速度和工作效率。

6. 以“保护生命、安全出行”宣传教育工程开路，引深“五进”，提高全民交通安全意识。全省公安交警充分发挥喉舌作用，办报纸，搞活动，强化“五进”宣传工作，做到了“广播有声、报纸有文、电视有影、网络有阵地、街上有标语、社区有专栏”，让道路交通安全知识广为社会知晓，营造舆论氛围，全面提高广大交通参与者的安全意识与法制意识，为预防道路交通事故打下了坚实基础。

（李正平　王彩虹）

**【消防工作】** 2006年，全省消防部队突出“三基”工程建设这一中心任务，抓班子、带队伍，抓机关、强基层，求特色、创亮点，务实效、保稳定，队伍正规化建设水平明显提高、消防监督执法更趋规范，消防工作社会化进程稳步推进，消防力量和灭火救援能力显著提升、社会防控火灾的整体能力不断加强，消防工作和部队建设得到蓬勃发展。

1. 各级党委、政府高度重视，是消防工作社会化的前提。总队在广泛调研和充分论证的基础上，经过反复征求有关部门意见，省政府印发了《关于进一步加强消防工作的实施意见》，为全省加强“十一五”期间的消防工作提供了纲领性文件，为全省消防工作和消防部队建设的健康持续发展提供了政策保障。总队研究制定全省多种形式消防队伍建设发展规划，针对山西省文物建筑众多的特点，省政府常务会研究通过了《山西省文物建筑消防安全管理规定》，为加强和规范山西省文物建筑消防安全工作提供了法律保障。省市两级政府先后召开8次常务会、40次联席会专题研究消防工作，下发了52份有关加强消防工作和部队建设的文件。

（1）建立消防业务费保障机制。着眼于部队建设的现实需要和长远发展，以保障机制为切入点，把贯彻落实消防业务费作为后勤保障的重点，把提高经费保障机制作为经费保障能力新的增长点，集中对“十一五”期间全省消防业务费收支情况和全省财政一般预算收支中的比重、增幅、增速等情况，结合部队建设的现实需求、各地财政形势、有关消防法规等，及时向省财政提交了建立消防业务费标准的可行性研究报告，在与省财政进行广泛调研、反复协商的修订的基础上，《武警山西省消防部队消防业务费保障标准》出台，规范消防业务保障，明确提出建立责任明确、标准配套、管理规范、投入高效的经费保障机制，具有前瞻性和可操作性。全国消防部队“三基”工程建设后勤保障电视电话会议总结为“思想认识到位、敢于攻坚、参谋作用发挥得好”三句话给予肯定。

（2）科学制定消防“十一五”发展规划。推动全省消防“十一五”期间更好地适应山西经济建设发展需要，进一步明确消防部队在社会发展中的角色和地位，总体制定了《山西省公安消防部队“十一五”发展规划纲要》，为全省消防部队的健康、快速、可持续发展描绘了宏伟蓝图。确定了“三提高、三减轻”工作思路。即：提高机关的决策水平，减轻基层压力；提高机关的指导能力，减轻基层忙乱；提高机关的服务意识，减轻基层负担。着重改进机关抓基层的秩序和效率，指导调研由“无计划下、多头下”转变为“综合下、协调下”，使基层应接不暇、疲于应付的现象得到根本扭转。总队在大同支队召开全省消防部队“三基”建设现场会，全面总结了“三基”建设的经验，展示了成果，树立了“三基”工程建设示范典型，以点带面，在全省进一步掀起了“三基”建设的高潮。积极发挥典型引路作用，大力推广晋城高平大队正规化、吕梁孝义基层基础建设经验，推出大同支队“四化、三优”的试点经验，树立了一批先进典型，多种形式消防队伍建设和后勤经费保障工作得到公安部的充分肯定，在公安部召开的会议上作为典型经验介绍。

（3）抓基层。基层实力明显增强。全省各级消防部队积极推进警务机制改革，巩固警力下沉成果，还警力于基层。全省支队机关下沉干部、机关空编达到21.4%，基层大、中队主官全部配齐。基层经费保障实现标准化。明确贯彻落实目标、工作措施，并将年度消防业务费的收入总量、增长幅度、人均水平、投向投量等指标，作为考核年度工作和评选先进的重要内容。总队、支队本级和120消防大队的消防业务费已全部纳入当地财政预算，年度消防业务费收入达到2.72亿元，比上年增长50%。长治支队通过多次沟通，2006年的预算经费由原来的40万元提高到200万元，增加5倍。基层警力不足得到缓解，地方消防力量逐渐壮大。太原市政府出资征招230名合同制消防员，通过培训全部充实到消防一线。长治市政府组织召开多种形式消防队伍规范化管理现场会，对全市多种形式消防队员的经验和好做法总结推广。全省42个县区共招合同制消防员1043名，全部组建政府专职消防队，在公安部山东济南现场会上，山西省的经验得到推广。

（4）打基础。基础设施及装备建设力度大。全省投资12269万元对43个基层单位进行基础建设，共订购各类消防车、个人防护装备、特勤器材、常规器材等37856件套，总价5003.4394万元。警务信息化建设进展快、力度大。全省消防网络全部实现纯光纤独立连接、独享宽带，完成总队、支队、大队三级电视电话会议系统和远程教育培训系统，启用重点单位、重大火灾隐患、消防装备、网络火灾统计、消防执法等电子档案和消防统计综合分析系统，火灾信息的综合采集、分析、研判等机制基本建立，重大火情的预警机制逐步趋于完善。运城支队投资150余万元，新建了119消防通信指挥中心和可视化管理教育培训系统，晋中支队开展了重点单位远程消防监视系统安装全省试点。截至2006年底，总队机关和太原、晋城、吕梁、运城、朔州、忻州、阳泉、晋中8个支队建成了功能比较完善的消防通信指挥中心，全部装备了现代化的通信指挥车；勤务实战化改革不断深入。制定出台了若干规定，全面规范了两级机关执勤战备工作。按照《灭火救援预案编制方案》，全省重新编制高层建筑、地下工程等21类、Ⅲ级以上预案1万余份。实行消防监督执法勤务新模式，普遍推行“错时”工作制，把消防监督警力部署到火灾高发时段和高发部位，做到信息主导警务，任务主导警力。档案建设取得令人瞩目的成果。总队积极与山西省档案局联系，对全省11个消防支队、84个大队的档案工作进行现场指导和考核验收。晋城支队档案管理软硬件设施建设走在全省前列。总队11个支队机关及全省120个消防大队全部达到省一级档案管理标准。

（5）苦练基本功。各级消防部队健全执勤备战各项规章制度，狠抓执勤训练规范化建设，不断引深大练兵活动。总队组织开展了消防体育竞赛，提高了消防部队整体的实战能力；举办了部队指挥员、特勤中队骨干培训班和多种形式消防指挥员培训班，进一步提高执勤岗位灭火抢救援、现场急救、战训业务水平；成功承办公安部灭火救援专家组年会，极大地促进山西省消防部队的火灾扑救和抢险救援工作；有针对性地对古建筑、人员密集场所、高层建筑等重点单位进行了综合性演练，并在演练中充分发挥多种形式队伍的作用。同时，各单位充分利用现有装备，积极发挥其最大效能，先后创新了高喷车掩护登高车救人灭火操，消防坦克清障进攻操，佩戴空气呼吸用脉冲水抢单兵室内灭火操，新的训练操法也在多次灭火抢险实战中发挥了重要作用。总队组织部队进行了灭火及抢险救援技战术合成演练。

圆满完成了“4·10”忻州轩岗医院爆炸、“5·18”太原敦化坊建筑倒塌、“7·7”忻州宁武爆炸事故等几起复杂的火灾扑救和抢险救援处置任务，显示出特别能战斗的精神风貌、过硬的组织指挥和较强的战斗能力，受到部、省领导的充分肯定和群众的高度赞誉。

2. 紧紧围绕“稳定就是政绩、政绩就要创新”的安全目标，确保“两个稳定”。2006年，全省共发生火灾4056起，死12人，伤13人，直接财产损失1784.9万元。与上年同期相比，起数上升值22.2%，死亡人数下降78%，受伤人数下降82%，直接财产损失下降25%。火灾亡人总数是1971年以来最少的一年。

（1）班子建设全面加强。总队始终把

班子建设作为队伍建设的关键，以配齐配强三级班子、增强凝聚力、感召力和向心力为核心，充分发挥班子的整体作用。先后调整优化了支队班子，配齐配强了基层大、中队主官；重新修订完善规章制度，认真执行三大民主，严格落实党委集体领导下的首长分工负责制，按照“集体领导、民主集中、个别酝酿、会议决策”的党委工作“十六字”方针，班子成员大事讲原则，小事讲风格，形成了浓厚、和谐、民主的议事氛围，做到公开、公正、透明。

（2）思想政治建设成效显著。全省消防部队认真开展法制理念等专题教育，加强理想信念，开展爱国奉献、革命人生观、尊干爱兵、艰苦奋斗“四个基础教育”；拓宽思想政治教育阵地，开展《政治工作信息网》和《心理健康网》，确保官兵信念坚定，思想稳定，为各项工作顺利开展提供强大的精神动力和坚强的政治保证。精神文明建设迈出新步伐。本着“巩固成果，深化内容，提升层次”的总体思路，总队充分发挥领导、组织、规划、协调职能，为全省公安消防部队创建“文明行业”奠定坚实基础。学英模、见行动的氛围日趋浓厚。全省消防部队掀起争先创优热潮，警营文化建设成果丰硕。29件艺术作品参加全国消防首届文化艺术展并被消防博物馆收藏。创作的《消防战士之歌》，在被部局向全国消防部队推广学唱的同时，由歌唱家阎维文在中央电视台《同一首歌》“真心英雄，共铸和谐”慰问全国公安消防官兵大型演唱会上演唱，取得轰动。

（3）狠抓队伍管理。严抓细管，狠抓源头，规范部队兵员管理。通过对中、高级士官档案进行统一管理，开展优秀士官评比表彰，中、高级士官年终考核等一系列措施，有力推进了士官队伍建设的健康有序发展，实现了中、高级士官档案的集中管理。严格士官选取程序，从“源头”上把好素质关。通过摸底掌握、分类排队、严格把关，确保了2006年士官选取工作的顺利进行。强化机关和小、远、散、直单位的兵员管理，严格落实一日生活制度，随时掌握兵员动态；建立外借兵员管理机制，定期向使用单位了解外借兵员情况，及时发现和解决问题。积极抓好现有警力资源的高效利用。进一步规范编制，还警力于基层。定期不定期对全省消防部队进行明察暗访，促进部队执勤、训练、工作生活秩序的正规，有力保证了部队各项工作的正常开展。

（4）充分发挥纪检监察作用，增强官兵拒腐防变能力。召开廉政建设情况通报会，倾听特邀监督员和社会各界对消防工作的建议；晋城支队通过聘请消防监督员、设置电子显示屏、印发消防执法宣传卡等方式将消防置于人民群众监督之下。全省副团以上干部签订了《廉政承诺书》，总队、支队两级均建立了个人廉政档案，全方位，多角度对各级领导干部进行监督，有效防止了权力失控。全年先后对全省19个50万元以上的基建、维修工程进行审计，送审金额4126.11万元，审减率15.52%。共处理信访事项112件，全部办结，办结率为100%。

（5）推动公共消防基础建设。全省11个市的消防专业规划已全部编制完成并纳入总体规划，统一实施；全省11个县级市的消防专业规划7个编制完成并实施；全省100个重点小城镇中有13个编制完成并实施。全省新增消火栓835个。

（6）重点对“城中村”、出租房屋开展消防安全专项治理。在做好重大火灾隐患整治工作的同时，立足山西实际，全面开展了对人员密集场所、易燃易爆场所及非典型性“三合一”场所的火灾隐患排查整治工作。太原支队在小店区率先开展了“城中村”的专项治理。朔州支队对出租房屋进行了摸底、治理，并设立了火灾隐患销案“倒计时”牌。全省消防部队坚持“不手软、不松支、不变通”的原则，严格按照有关法律法规及规范要求，对发现的火灾隐患都落实了有效的整改措施。在火灾隐患普查整治过程中，国务院安委会和公安部遏制重大火灾事故两个专项督察组在督察反馈意见时，分别对临汾支队提出表扬。总队对消防产品维修、销售和使用领域消防产品的全面普查作为重点，对山西世贸中心、太钢不锈钢冷轧厂等6家在建工地和申报验收在建工程所使用的防火门、应急灯等7类消防产品进行随机抽查。

（7）“火红卫士”系列活动取得轰动效应。举办了“八一”英模表彰典礼。总队以省公安厅名义联合省委宣传部、省总工会、共青团山西省委共同举办“山西骄傲——火红卫士”大运行活动。邀请了《人民日报》、山西电视台、山西广播电台等多家主流媒体记者，北到大同，南至运城，行程7000多公里，90余天，深入部队，走进企业、农村、学校、社区和古建筑进行采访。在各大报纸发表稿件300余篇，山西电视台播报人物事迹专题片25个，受到社会各界和人民群众的热情关注。通过一系列宣传，消防部队良好形象在山西得到了充分展现。（李正平　王彩虹）

**【公安边防工作】**　2006年，山西公安边防山西公安边防总队大力提高边防检查执勤执法水平，严格执法，热情服务，圆满完成太原航空口岸各项边防检查任务，维护口岸良好的出入境秩序，为山西的对外发展和经济建设做出了应有的贡献。

2006年，山西公安边防总队共检查出入境人员11932人次（入境人员5723人次，出境人员6209人次），比2005年减少35.6%；检查出入境飞机294架次（入境飞机146架次，出境飞机148架次），比2005年减少52.4%。

1. 全面提高执勤执法水平，大力加强队伍建设，圆满完成各项边防检查任务。2006年，为适应现代边防检查工作的要求，与时俱进，更好地完成边防检查的工作任务，结合“大练兵”活动，山西边防山西公安边防总队制定了《边检业务强化培训方案》，有计划、有重点地对检查员开展业务知识、法律知识、外语知识和计算机知识的学习、考核工作，坚持每月集中学习不少于4次，考核不少于1次。同时，针对公安部出入境管理局新下发的《出入境边防检查勤务规范》，结合在“三防四见”活动中征求到的意见和建议，为提高检查员整体水平，多次组织带班领导、业务科长及全体检查员围绕《出入境边防检查勤务规范》和出入境边防检查新系统为主要内容进行系统的学习，并根据太原航空口岸出入境旅客类型实际组织了一系列的业务授课，由经验丰富的老检查员对常见的业务情况进行讲解，由浅入深，有重点的对业务知识进行了授课，检查员业务水平明显得到了提高。山西公安边防总队还以执法质量考核评议为契机，加强领导，提高认识，建章立制，强化监督，印发了《山西公安边防总队执法责任制》等5项制度，建立了一整套比较完整的执法责任和监督体系，完善了执法运行机制，执法质量和执法水平有了较大提高。所办案件做到了事实清楚，定性准确，且程序合法，法律手续齐全，未发生行政复议、诉讼等情况，无乱收费、乱罚款等现象发生。在公安部边防管理局对山西公安边防总队进行的执法质量考核评议中，对山西公安边防总队的法制建设给予了较高的评价，考核成绩达到了良好。2006年，山西公安边防总队加紧进行了新边防检查信息系统的建设，技术人加班加点，进行系统的安装、测试，同时建立了临时模拟网，认真对检查员进行使用新系统的培训。5月12日正式启用了新系统，成为同行中较早启用新系统的单位，大大提高了检查速度和质量，提高了边防检查工作科技含量。

山西公安边防总队在抓好业务工作的同时，不断坚持“两手抓”原则，即坚持一手抓业务，一手抓队伍，收到了良好效果。山西公安边防总队执勤业务科自组建以来没有发生一起违法违纪案件，没有一起群众投诉现象发生，群众满意率高，积极支持理解边防检查工作。在加强干部队伍建设的同时，山西公安边防总队各级党组织清醒地认识到领导干部的率先垂范作用是干部管理的先决条件，他们始终坚持“要干警做到的，领导首先做到；明令干警不得为的，领导坚决不为”的原则，充分发挥领导干部的表率作用，在全科形成良好的风气，干警们在工作中更加注意维护边防机关的良好形象，严格执法、热情服务。2006年6月，山西公安边防总队被太原市授予“精神文明先进单位”称号，并被评为“太原市军警民共建先进单位”，山西公安边防总队精神文明建设取得了新的进步。

2. 大力实行“爱民固边”战略，积极创建和谐口岸，努力为地方经济建设服务。实行“爱民固边”战略，是公安边防部队深入开展“三基”工程建设的主要载体和有力抓手。2006年年初，山西公安边防总队迅速成立了“爱民固边”战略领导小组，结合实际，制订了实施方案，确定了“口岸安全稳定，基层基础扎实，党委政府支持，协调配合有力，警民关系和谐”五大工作目标。山西公安边防总队认真开展“爱民固边”主题教育活动，组织进行了关键词考试，打牢了官兵实施“爱民固边”战略的思想根基。召开了誓师大会，做了深入动员，机关和基层代表进行了誓师发言，掀起了山西公安边防总队实行“爱民固边”战略的高潮。在山西公安边防总队网页上开辟了“爱民固边战略专栏”，及时报道爱民固边工作。山西公安边防总队对山西省政府、山西省旅游局、太原机场、航空公司、旅行社等单位进行了走访，诚心征求意见，提高服务水平，共走访单位18家，整理征集意见累计27条。对征集到的意见，仔细分析，认真研究，积极从自身找原因，有针对性地提高和改进工作。山西公安边防总队根据旅游部门提出的通关速度较慢的意见，一方面加强与机场值机部门协调，加快旅客流转，另一方面切实强化检查员业务能力，苦练基本功，通关速度明显提高。实施爱民固边战略，赢得了出入境人员和口岸相关单位的广泛赞誉，得到了山西省委、省政府的大力支持。边防执勤中，山西公安边防总队认真践行制定的便民措施与服务承诺，拉近了与旅客和各相关单位的距离，充分展示了“爱民固边”战略成果。2006年6月8日，在山西省境内发生特大交通事故的马来西亚受伤旅客乘急救包机由太原出境，山西公安边防总队特事特办，快捷高效地办理了出境手续，受到了出境旅客和现场的工作人员的高度赞扬，新华网对此专门做了报道。“港洽会”期间，山西公安边防总队开通专门通道，精心部署，为山西参会团提供了优质服务，受到了与会代表和山西省政府会务组的一致好评，树立公安边防部队的良好形象。

3. 狠抓基层基础设施建设，全面提高保障能力，努力为边防检查工作创造有利环境。2006年，山西公安边防总队狠抓基层基础设施建设，努力改善官兵办公和生活条件，提高保障能力。根据山西省政府在太原机场对外国籍飞机开放验收的会议纪要，经过山西公安边防总队积极争取，山西省政府投资417万元用于基础设施建设，其中90余万元用于办公楼配楼加层，其余用作新办公楼的建设，现办公楼将改造为遣返审查所。这两项工程的修建将大大改善官兵的办公和生活条件。2006年，太原武宿机场被确定为2008年奥运会首都机场的备降机场，根据计划，开始建新候机楼，对此，山西公安边防总队高度重视，及早谋划，派员赴杭州、成都机场进行了实地考察，并立足实际，着眼长远，认真研究，及时提出了执勤现场新候机楼设计意见，积极与山西省民航局、山西省政府口岸办等单位协商联系，最大限度地争取边检执勤区域和办公用房，提高边检执勤现场硬件建设水平，为今后执勤工作奠定了良好的基础。

（省公安边防总队）

**2006年太原口岸出入境旅客统计表**

表5

| 项目 | | 出入境旅客 | | 合计 |
|---|---|---|---|---|
| | | 入境 | 出境 | |
| 中国国籍 | 因公 | 274 | 339 | 613 |
| | 因私 | 654 | 1285 | 1939 |
| | 香港 | 1217 | 1171 | 2388 |
| | 澳门 | 3 | 3 | 6 |
| | 台湾 | 2031 | 1869 | 3900 |
| 外国籍 | | 153 | 146 | 299 |
| 华侨 | | 7 | 5 | 12 |
| 合计 | | 4339 | 4818 | 9157 |

**2006年太原口岸出入境员工统计表**

表6

| 项目 | | 出入境员工 | | 合计 |
|---|---|---|---|---|
| | | 入境 | 出境 | |
| 中国国籍 | 因公 | 546 | 559 | 1105 |
| | 因私 | 4 | | 4 |
| | 香港 | 1 | 1 | 2 |
| | 澳门 | | | |
| | 台湾 | | | |
| 外国籍 | | 833 | 831 | 1664 |
| 华侨 | | | | |
| 合计 | | 1384 | 1391 | 2775 |

# 司法行政

**【概述】** 2006年，全省各级司法行政机关认真落实科学发展观，扎实工作，奋力开拓，为维护全省社会和谐稳定，促进经济社会发展做出了积极的贡献。

1. 积极发挥职能作用，维护社会和谐稳定工作成效显著。全省监狱劳教机关把安全稳定放在首位，着力构建防控、排查、应急处置和领导责任四项机制，狠抓制度落实，规范执法行为，实施监狱管理工作整顿，监管改造工作进一步强化；开展专项活动，探索心理矫治，突出个别教育，教育改造工作不断改进；开展爱国卫生运动，加强传染病的防范控制，生活卫生工作得到加强。监狱劳教改革稳步推进。监狱布局调整顺利实施，建设资金和工程管理得到加强。按照监狱体制改革的要求，监狱工人分类管理试点全面实施，社会保障工作全面推进，撤销、分离所办中小学工作基本完成。劳教人员管理模式改革深入开展，所企分离、劳教企业退出高危行业、劳教场所布局调整工作都有新的突破。产业结构调整继续推进，经济运行质量明显提高，安全生产工作进一步强化。第二次农业普查的准备和入户登记工作已经完成。

深入开展“人民调解年”活动，调处预防了大量民间纠纷。优秀人民调解员巡回演讲引起热烈反响，取得良好效果。加强对刑释解教人员的管理，加大安置帮教力度，落实就业和社会保障政策，山西省安置帮教工作再次进入全国前三名。开展维护稳定法律法规的宣传教育，加强对重特大刑事案件辩护工作的指导监督，有力地配合了“打黑除恶”专项斗争。探索刑罚执行制度改革，完成了社区矫正试点的准备工作。

2. 普法依法治省工作稳步推进，“十一五”时期依法治省和“五五”普法工作顺利启动。总结“四五”普法经验，深入调查研究，广泛征求意见，形成了山西省《2006—2010 年依法治省工作规划》和《关于加强法制宣传教育推进依法治省工作的决议》。提请省委、省政府召开全省依法治省暨第五个五年法制宣传教育工作会议，总结“四五”工作，部署了今后五年的依法治省和普法工作。山西省认真贯彻第六次全国法制宣传教育工作会议精神，在全国率先启动“五五”普法工作，受到司法部吴爱英部长的充分肯定。在全省上下的共同努力下，山西省依法治省和“五五”普法工作全面启动。与此同时，各级司法行政机关努力创新宣传形式，开展“法律六进”活动，举办普法骨干培训班和法制报告会，组织“12·4”法制宣传日系列活动和年度干部法律知识考试，有序开展了启动之年的法制宣传工作。深入开展“民主法治村”和“依法治理示范单位”创建活动，举办全省新农村建设“百名村官”法治论坛，依法治理工作不断推进。

3. 落实科学发展观，为经济社会发展提供了优质高效的法律服务。强化法律服务管理，律师事务所和律师服务收费进一步规范，事务所专业化建设得到加强，律师文化建设积极进行。深化法律服务工作改革，扩大公司律师试点，制定实施《山西省公证机构总体布局规划调整方案》和《山西省司法厅关于全省公证机构设置调整的方案》，全省设区市的公证机构设置调整工作取得明显进展。圆满完成了第六届中国律师论坛承办任务，受到司法部和全国律师协会的肯定。加强对业务工作的指导，广大法律服务工作者围绕“十一五”规划目标任务和建设和谐山西的各项事业，为新农村建设、为扩大对外开放、为农民工和死刑案件辩护等提供了优质高效的法律服务。

4. 以司法所建设为重点，司法行政基层工作进一步加强。认真贯彻落实省委常委会和全国司法所建设工作会议精神，召开了司法所建设朔州现场会，开展了办公用房建设督查，出台了加强司法所建设意见，有力地推动了各项基层工作的开展。目前第一批国债投资的 284 个司法所已基本建成。第二批 441 个项目已经完工 154 个，其他项目正在抓紧建设中。司法所的编制、队伍、业务建设进一步加强。广大基层司法行政机关紧紧围绕基层党委、政府的中心工作，认真履行职能，大力开展普法依法治理，努力为群众提供全方位的法律服务，为维护基层社会稳定，促进基层民主法制建设，发挥了积极的作用。

5. 加大规范管理力度，司法鉴定管理工作成绩突出。按照“管理规范年”的要求，以贯彻落实全国人大常委会《关于司法鉴定管理问题的决定》和《山西省司法鉴定条例》为主线，以完善“要素式”管理为重点，进一步优化了登记管理和鉴定业务格式文本，规范了初审、复审程序；强化学习研究，组织开展了贯彻人大《决定》和司法鉴定收费问题专题调研；继续推进司法鉴定管理电子政务工作，完善了信息化建设；按照司法部的要求，完成了鉴定机构、鉴定人的重新审核；开展执法大检查和档案达标工作，促进了司法鉴定工作的规范、有序、健康发展。

6. 大力实施社会救助，法律援助工作扎实推进。健全法律援助制度，努力提高办案质量，完善法律援助网络，开展“规范与质量”和法律援助专项经费检查，促进了法律援助工作的开展。全省各级司法行政机关，以农民工法律援助案件、死刑二审案件开庭审理工作和非诉讼法律援助案件为重点，积极组织广大法律服务人员开展法律援助业务，全年共办理法律援助案件 10023 件，受援人数达 18700 余人，办案数量和受援人数都比上年有较大幅度增长。

7. 司法考试、法学教育和法制工作深入开展。完成了 2005 年司法考试法律职业资格申报材料的审核上报及资格证的发放工作。开展了全省法律职业资格持有人的备案和建档工作。精心组织，周密部署，确保了 2006 年考试工作的顺利进行。

政法管理干部学院、警官职业学院、司法学校加强内部管理，推进教学体制改革，教学科研水平进一步提高，思想政治教育和校园安全得到加强，在校生总数达到 11400 余人，法学教育工作取得可喜成绩。

积极参与立法，提出相关法律建议，完成了司法行政许可项目审查备案公示和行政复议、行政应诉工作，法制建设取得新的进展。

8. 认真开展社会主义荣辱观和社会主义法治理念教育，切实加强司法行政队伍建设。组织开展社会主义法治理念教育和社会主义荣辱观教育，加强了广大司法行政干警和法律服务工作者的思想政治建设。坚持把“抓班子、带队伍、强素质、树形象”作为一项长期战略任务，稳妥地进行了干部选拔任用工作。加强监狱劳教人民警察队伍建设，扎实开展“岗位练兵活动”，成功举行了岗位练兵汇报表演暨校阅式，切实解决了执法执纪环节存在的突出问题。以贯彻执行“双六条”禁令为契机，加强了警容风纪管理工作。加强法律服务队伍建设，部署了律师队伍建设任务，组织实施了公证岗位培训活动。坚持不懈地开展党风廉政建设和反腐败斗争，领导干部廉洁自律、政风警风行风建设、违法违纪案件查处、源头治理、惩治和预防腐败体系的建立完善工作都取得新的进展。以机关行政效能建设活动为载体，机关作风进一步转变，政务环境进一步优化。（省司法厅）

**【全省劳教场所实现第一个安全稳定“四无”年】** 2006 年，山西省劳教系统将场所安全稳定放在各项工作的首位，不断完善安全排查机制、防控机制、领导责任机制和应急处置机制，收到了良好效果，实现了全年“四无”即无劳教人员脱逃、无非正常死亡、无所内发案、无重大生产事故，历史上首次建成了“四无劳教局”。

（省司法厅）

**【举办社会主义新农村建设“百名村官”法治论坛】** 为配合全省社会主义新农村建

设，12月1日，省委依法治省领导组举办了全省新农村建设“百名村官”法治论坛。省委副书记、省委依法治省领导组常务副组长金银焕发表重要讲话，副省长、省委依法治省领导组副组长胡苏平主持论坛，来自基层农村的“两委”干部、省直有关部门的同志约90人共聚一堂，共同交流探讨了依法治村、加强民主管理的经验和做法，为山西省社会主义新农村建设探索了新路子。（省司法厅）

**【全省公证机构统一冠名】** 根据《公证法》和《公证机构执业管理办法》的相关规定，山西省对全省县级公证机构和完成公证机构设置调整工作的设区市的公证机构进行了统一冠名工作。在县、不设区的市设立公证机构的，冠名方式为：省（自治区、直辖市）名称＋本县、市名称＋公证处。在设区的市或其市辖区设立公证机构的，冠名方式为：省（自治区）名称＋本市名称＋字号＋公证处。全省县级公证机构统一冠名工作已于年底前全部结束。（省司法厅）

**【山西省首家医疗纠纷人民调解委员会成立】** 2006年10月12日，全国第一家专业性的人民调整委员会——山西省医疗纠纷人民调解委员会成立。这一机构的设立，拓宽了山西省人民调解工作的渠道，扩大了人民调解机构的网络建设。自成立以来，山西省医疗纠纷人民调解委员会共接待前来申请调解及咨询的人员460余人次；受理案件56件；调解成功15起；向受调解医院提出改进医疗行为、避免医疗纠纷的合理化建议60余条；有针对性地为医院撰写预防医疗纠纷及相关法律知识的稿件5篇；向全省县级以上医疗机构发放《医疗纠纷调查表》486份，真正做到了患者、医院、社会、政府都能接受并且满意。山西省医疗纠纷人民调解委员会成立在全国引起较大反响，新华社、人民日报等全国性新闻媒体给予了积极报道。陕西省人大、陕西省司法厅、天津市司法局、安徽省心理卫生协会、内蒙古心理医师协会等先后赴晋考察，了解山西省医调会成立的目的、意义及近期工作情况。（省司法厅）

**【山西省优秀人民调解员事迹报告团巡回演讲】** 省委政法委、省综治办、省司法厅联合组织全省优秀人民调解员事迹报告团，于10月25日～11月4日，在太原、大同、朔州、阳泉、晋中、晋城、长治、临汾和运城9个市进行了巡回报告。山西省委常委、政法委书记杜玉林，副省长胡苏平等领导参加了报告会，接见了报告团成员。这次报告会，各地新闻媒体都进行了深入的报道，扩大了人民调解员的社会影响，使各级党委、政府，各级政法部门乃至全社会对人民调解员在构建社会主义和谐社会中的作用有了进一步的认识。（省司法厅）

**【开展农民工法律援助工作】** 为加强对农民工的法律援助工作，2006年省法律援助中心在广泛调研的基础上先后制发了《贯彻〈国务院关于解决农民工问题的若干意见〉的实施意见》《关于进一步做好农民工法律援助工作的通知》《山西省司法厅关于做好农民工法律服务、法律援助、法制宣传工作的实施方案》，把农民工法律援助工作作为重点关注对象。为加强农民工维权意识，省法律援助中心编印了《农民工维权知识手册》2万余册，下发至乡镇法律援助工作站。各市成立了由司法局主要负责人任组长，律师、公证、基层、司法鉴定、法制宣传、法律援助等部门组成的农民工法律援助维权领导组，对农民工法律援助工作进行专项指导和协调。目前全省各级法律援助机构设立了376个农民工维权岗，1100多个法律援助工作站。2006年办理农民工法律援助案件1662件，不仅维护了受害农民工的合法权益，也极大地宣传了山西省的法律援助工作，取得了良好的社会效果。（省司法厅）

**【第六届中国律师论坛】** 2006年9月23日～24日第六届中国律师论坛在山西举办。1300余名律师参加了论坛。本届论坛以：“‘十一五’法治建设与法律服务业：规划·规范·规则”为主题，着重探讨如何在“十一五”规划下提高法律服务质量的有关问题，充分发挥律师在推进社会主义法治建设，构建和谐社会中的重要作用。山西省省长于幼军、司法部副部长张苏平、副省长胡苏平、宁夏回族自治区副主席郑小明等领导亲临大会，并做了重要讲话。论坛在山西举办，对于营造省律师事业发展的良好氛围，扩大律师的影响，促进山西省律师队伍建设的全面发展具有重要的意义。（省司法厅）

## 典型案例

**【刘利民等故意伤害致人死亡案】** 刘利民原系太原市公安局尖草坪分局刑警大队一中队民警。2005年5月3日20时许，刘利民驾驶桑塔纳轿车在太原市桃园北路与水西关街十字路口附近，与驾驶丰田吉普车的北京市朝阳分局巡警支队民警李忠义等人，因车辆被挡而发生争执。刘利民心存不满，欲报复，遂跟踪李忠义所驾驶的车辆，同时打电话给张吉、安胜利，张吉纠集赵云钢、朱燕军、郅慧成、汪涛，安胜利纠集周传全、郑慧忠先后来到桃园路新唐都大酒店。当晚20时50分左右，经刘利民指认，张吉、安胜利、周传全、赵云钢、郑惠忠、朱燕军、郅慧成、汪涛在太原市桃园南路冶金厅招待所门洞内，将李忠义拦截并殴打，后李忠义送医院救治无效死亡。

太原市中级人民法院受理此案后，经审理认为，刘利民、周传全、张吉、安胜利、赵云钢、郑惠忠、朱燕军、郅慧成、汪涛故意伤害他人身体，致人死亡，其行为均应以故意伤害罪追究刑事责任。刘利民在故意伤害共同犯罪中起组织、策划、纠集、跟踪、指认的主要作用，系主犯，其犯罪手段残忍，后果特别严重，且未能如实供述部分犯罪事实，但综合考虑其犯罪后能够自动投案，其近亲属能主动赔偿附带民事诉讼原告人的部分经济损失，对其应判处死刑，可不立即执行。周传全、郑惠忠、朱燕军系累犯，应从重处罚，且周传全持木板猛击被害人的头部，是造成被害人急性重度开放性颅脑损伤死亡的主要原因之一，依法应予严惩。据此判决刘利民犯故意伤害罪，判处死利，缓期两年执行，剥夺政治权利终身；周传全犯故意伤害罪，判处死刑，剥夺政治权利终身；其他7人分别被判处有期徒刑十五年至九年。刘利民等9人共同赔偿附带民事诉讼原告人经济损失共计60万元。

一审宣判后，刘利民、周传全等9人提起上诉。山西省高级人民法院受理此案后，经审理认为原判定罪准确，量刑适当，民事部分判决合理，审判程序合法，于2006年12月21日做出终审裁定，驳回上诉，维持原判。（省法院）

**【王忠龙、郑泽民等故意杀人案】** 2006

年12月6日午12时许，王忠龙与被害人吴月明在木瓜煤矿井下干活时发生争执，被别人劝开。王忠龙对此怀恨在心，于当日下午回到宿舍后，向同乡郑泽民、陈永龙、苏红俊诉说了与吴月明争执自己吃了亏一事，并向郑泽民索要钢管。王忠龙、郑泽民、陈永龙各拿一根钢管藏于袖中，苏红俊未拿钢管，四人先后来到木瓜煤矿职工澡堂门外伺机报复吴月明。约半小时后吴从澡堂出来，王忠龙即拉扯被害人吴月明，要求吴跟他们走，其余三人紧随其后。吴月明以买烟为名到了门市部旁，王忠龙、郑泽民、陈永龙、苏红俊围住被害人吴月明，吴从墙边拿起一块木板击打王忠龙头部，王忠龙便持钢管先后猛击吴头部两下，郑泽民、陈永龙也分别持钢管各击打吴头部一下，吴倒地后三人仍继续击打吴肩背部，苏红俊也上前踢打吴。见吴不动后，四人离开现场。当日下午吴月明被家属送往医院救治，经抢救无效于次日死亡。案发后，郑泽民畏罪潜逃回原籍，同年12月25日到洪洞县公安局投案自首。

吕梁市中级人民法院受理此案后经审理认为，被告人王忠龙仅因区区小事便纠集被告人郑泽民、陈永龙、苏红俊持械故意非法剥夺他人生命，其行为均已构成故意杀人罪，属共同犯罪。其中被告人王忠龙起了主要作用，系主犯，应按其所参与的全部犯罪处罚，但其作案时不满18周岁，且在作案后主动到公安机关投案，并如实供述自己的主要犯罪事实，属自首，依法应当减轻处罚；被告人陈永龙、苏红俊在共同犯罪中起了次要作用，系从犯，二被告人作案时均不满18周岁，依法应当减轻处罚；被告人陈永龙认罪态度好，可作为量刑情节酌情予以考虑；被告人郑泽民、陈永龙、苏红俊三被告人系未成年人，应从轻、减轻处罚。因各被告人的犯罪行为给附带民事诉讼原告人造成的经济损失依法应予赔偿。据此，一审判决王忠龙犯故意杀人罪，判处死刑，缓期两年执行，剥夺政治权利终身；郑泽民犯故意杀人罪，判处有期徒刑十二年；陈永龙犯故意杀人罪，判处有期徒刑八年；苏红俊犯故意杀人罪，判处有期徒刑三年；四人共同赔偿附带民事诉讼原告人经济损失107827.44元。

宣判后，苏红俊以一审量刑显重为由，提起上诉。经山西省高级人民法院审理，认为原判定罪准确，审判程序合法，但对郑泽民、陈永龙、苏红俊量刑显重，故维持一审法院对王忠龙的判决；郑泽民犯故意杀人罪，改判有期徒刑十年；陈永龙犯故意杀人罪，改判有期徒刑六年；苏红俊犯故意杀人罪，改判有期徒刑三年，缓刑四年。（省法院）

**【焦丽丽、杨世杰、王永刚故意杀人案】** 焦丽丽由于与其搞过对象并同居过一段时间的被害人李天向其提出分手，与其关系恶化，便怀恨在心，意欲报复，遂于2004年4月19日傍晚以2000元酬金雇佣杨世杰、常峰、庞庆（常、庞在逃）、王永刚四人。焦分别与杨世杰、常峰购买了凶器匕首、劈斧。随后焦丽丽以过生日为由约出李天，用车将其拉到山阴县安荣乡东鄯河村西土路上停下，先由常峰、庞庆和杨世杰、王永刚将李天拉下车，各持一把劈斧朝李天身上乱劈乱打，到李天倒地后，四人返回车前。焦丽丽下车掏出匕首在李天身上乱捅，后杨世继等人将焦丽丽拉上车逃离现场。李天经抢救无效死亡。

朔州市中级人民法院受理此案后，经审理认为，焦丽丽及其所雇杨世杰、王永刚采用板斧劈、匕首捅刺等手段致被害人李天死亡，已构成了故意杀人罪，且犯罪情节、后果严重，应依法予以严惩；因焦丽丽、杨世杰、王永刚的犯罪行为给附带民事诉讼原告人造成的经济损失依法应予赔偿。据此一审判决被告人焦丽丽犯故意杀人罪，判处死刑，剥夺政治权利终身；被告人杨世杰犯故意杀人罪，判处无期徒刑，剥夺政治权利终身；被告人王永刚犯故意杀人罪，判处无期徒刑，剥夺政治权利终身；被告人焦丽丽、杨世杰、王永刚赔偿附带民事诉讼原告人丧葬费、死亡赔偿金共计人民币164529.5元。

宣判后，焦丽丽、杨世杰、王永刚不服，提出上诉。经山西省高级人民法院审理，认为焦丽丽、杨世杰、王永刚以斧劈、刀捅的手段致人死亡的行为确已构成故意杀人罪，且焦丽丽蓄意报复他人，雇佣凶手、购置凶器，其犯罪情节恶劣，手段残忍，后果严重，依法应予严惩。原判定罪准确，对焦丽丽的量刑适当，对杨世杰、王永刚的量刑显重，审判程序合法。杨世杰、王永刚的认罪态度较好，在二审期间上诉人王永刚和杨世杰的亲属分别与被害人李天的亲属达成民事赔偿协议，对二上诉人可分别从轻处罚，故判决如下：维持焦丽丽犯故意杀人罪，判处死刑，剥夺政治权利终身；杨世杰犯故意杀人罪，改判有期徒刑十三年；王永刚犯故意杀人罪，改判有期徒刑十一年。（省法院）

**【马瑞明故意杀人案】** 2004年12月8日晚，马瑞明与其友张晓文在太原师范学院东门附近一饭店相遇，后二人及张晓文的网友李艳丽一起来到马瑞明家中。12月9日凌晨，张晓文未经李艳丽同意与之发生性关系，马瑞明对此不满，遂产生杀害张晓文的念头，从家中拿出一把木柄榔头趁张晓文熟睡之机朝张晓文头部猛击数下，将张杀死。当日下午13时许，马瑞明持单刃尖刀、弯刀、钢锯条等工具将张晓文的尸体进行肢解，后于当晚将尸块抛于解放南路南沙河坝堰两侧及王村南街162号2号楼4单元门顶等处。

太原市中级人民法院受理此案后，依法进行了公开开庭审理，认为被告人马瑞明因琐事预谋杀人并持榔头朝被害人头部猛击数下，故意非法剥夺他人生命，致人死亡，并在杀人之后，将被害人肢解、抛尸，其行为构成故意杀人罪，且犯罪情节、后果严重，应依法予以严惩。故依法判决被告人马瑞明犯故意杀人罪，判处死刑，剥夺政治权利终身，赔偿附带民事诉讼原告人各项经济损失共计156965.6元。

宣判后，马瑞明不服，提出上诉，称张晓文是李艳丽用锤子打死的，张晓文是上诉人的朋友，也没大量财物，上诉人没有杀害被害人的动机，一审法院判决认定的事实全是以侦查机关的口供认定的。

经山西省高级人民法院二审，认为经一审法院开庭质证、认证的各种证据能够互相印证，形成完整的证据锁链，确证上诉人马瑞明实施了故意杀人的犯罪事实，上诉人对李艳丽的指证纯属诬陷他人、推脱罪责。上诉人的犯罪事实清楚，证据确实充分，其行为确已构成故意杀人罪，且手段极端残忍，情节极为恶劣，罪行极其严重，依法应予严惩。原判定罪准确，量刑适当，审判程序合法，故裁定驳回上诉，维持原判。（省法院）

**【叶鹏合同诈骗案】** 2000年10月，叶鹏虚构了山西鑫叶烟草发展公司，伪造了相关工商执照，私刻了中国烟草总公司和吕梁烟草公司的公章。随后，以高额利息为诱饵，谎称做烟草生意，利用私刻的公章伪造山西省卷烟销售公司的烟草销售计划，提供伪造的山西省卷烟销售公司的担保合同或抵押担保合同，骗取他人信任与其签订协议。2000年至2005年初，实施诈骗行为数10起，共诈骗人民币10337.6648万元。

太原市中级人民法院受理此案后，经审理认为，叶鹏以非法占有为目的，以高额利息为诱饵，以做烟草生意为借口，采用借款合同的手段骗取他人财物，数额特别巨大，其行为已构成合同诈骗罪，应予严惩。据此，判处叶鹏无期徒刑，剥夺政治权利终身，没收个人全部财产，继续追缴其违法所得。宣判后，叶鹏表示服判，不上诉。（省法院）

**【吴本芳等贪污案】** 吴本芳原系太原市房地产管理局副局长。1999年1月，山西省发展和改革委员会因建职工住宅，需对太原市大二府巷实施拆迁，与太原市房屋拆迁中心签订了拆迁安置协议书，将拆迁安置费5024215元付至太原市房地局拆迁办账户。太原市房屋拆迁中心主任吴勇伟及太原市房地局拆迁办副主任冀晓莉向吴本芳汇报此项工作时，吴本芳提出可利用其丈夫刘幸福个人的公司——太原市房宇拆迁中心的手续来操作此事。吴勇伟安排工作人员以太原市房屋拆迁中心的名义和被拆迁户商谈、签订协议。吴勇伟在每一份拆迁安置协议上签字认可后，工作人员陆续从拆迁办账户上提出1769936.45元，用以支付部分拆迁户安置费，使用刘幸福提供的太原市房宇拆迁中心收据，经吴本芳签字同意后将拆迁办现金账作平，造成太原市房宇拆迁中心对大二府巷实行拆迁的假象。省计委拨付的拆迁安置费5024215元，除1769936.45元用以支付部分拆迁户安置费及15万元由太原市房地局拆迁办以付房屋拆迁中心服务费名义，付款至房屋拆迁中心账上外，其余款项3104278.55元经吴本芳同意后，转入太原市房宇拆迁中心账上，除672383.42元用于支付剩余拆迁户安置费和正常拆迁开销外，剩余2431895.13元由吴本芳、刘幸福、吴勇伟、冀晓莉等人共同贪污。

阳泉市中级人民法院受理此案后，经审理认为，吴本芳、吴勇伟、冀晓莉身为国家工作人员，利用职务之便，伙同刘幸福贪污公款，数额特别巨大，其行为均构成贪污罪。吴本芳系主犯，按照其所参与的全部犯罪处罚；刘幸福、吴勇伟、冀晓莉系从犯，应从轻或减轻处罚，且三人案发后退缴赃款，可酌情从轻处罚。据此，判决吴本芳犯贪污罪，判处有期徒刑十四年；刘幸福犯贪污罪，判处有期徒刑六年；吴勇伟犯贪污罪，判处有期徒刑七年；冀晓莉犯贪污罪，判处有期徒刑五年。赃款予以没收，上缴国库。

宣判后，四人不服，提起上诉。山西省高级人民法院经审理，认为原判认定的基本事实存在，基本证据确凿，所定罪名成立，审判程序合法，鉴于在贪污数额的计算认定上有出入之处，量刑失当，应予以纠正。故判决吴本芳犯贪污罪，改判有期徒刑十二年；刘幸福犯贪污罪，改判有期徒刑四年；吴勇伟犯贪污罪，改判有期徒刑六年；冀晓莉犯贪污罪，改判有期徒刑四年。（省法院）

**【牛新民贪污受贿巨额财产来源不明案】**

牛新民在担任山西省煤运总公司副总经理和山西省焦炭（焦团）有限责任公司董事长期间，利用其主管焦炭发运的职务之便，以其子牛连庆公司资金紧张、孩子要出国上学、办公楼需装潢等理由，多次向下属企业索取财物306.3万元。牛新民在兼任愉园温泉度假村董事长期间，利用职务便利，指使部下以报销虚假发票的方法非法占有愉园度假村4.25万元的公款。此外，牛新民现有5170669.45元的财产不能说明合法来源。

朔州市中级人民法院受理此案后，经审理认为，牛新民身为国家工作人员，利用其主管焦炭发运的职务之便，多次向下属企业索取钱财的行为，侵犯了国家廉政制度的建设，破坏了国有公司的正常工作秩序，构成受贿罪，数额特别巨大，且系索贿，依法应予从重处罚；其利用职务之便，指使部下以报销虚假发票的方法非法占有愉园度假村公款的行为，直接侵犯了国有资产的财产所有权和国家廉政制度建设，构成贪污罪；其现有财产明显超过其合法收入，且差额巨大，又不能说明其合法来源的行为构成巨额财产来源不明罪。据此，判决牛新民犯贪污罪，判处有期徒刑三年；犯受贿罪，判处有期徒刑十五年；犯巨额财产来源不明罪，判处有期徒刑三年；决定合并执行有期徒刑十八年，财产的差额部分予以追缴。

宣判后，牛新民不服，提出上诉。山西省高级人民法院经审理认为，原判认定事实清楚，定性准确，量刑适当，审判程序合法，裁定驳回上诉，维持原判。

（省法院）

**【“绛州澄泥砚”商标专用权侵权纠纷案】**

绛州澄泥砚为中国四大名砚中唯一的陶砚，因历史原因已失传三百多年。蔺涛在其父蔺永茂（原新绛县文博馆副研究员）的带领下，经过十五年的开发、科研，于1991年生产出澄泥砚，随后组建命名成立了山西省新绛县“绛州澄泥砚”研制所，蔺涛为其法定代表人。该所是在新绛县最早获得研制成功的企业，其生产的“绛州澄泥砚”多次参加省及全国展览，荣获94年中国名砚博览会金奖，海内外100多家报纸电台媒体报道宣传，并受到有关专家、学者的好评。

此后，新绛县绛艺苑砚社的法定代表人王学仁在未与商标注册人蔺氏父子办理商标使用许可手续的情况下，先后生产并销售与“绛州澄泥砚”名称相近的“绛砚”、“古绛澄泥砚”同类产品。新绛县人民法院判决其侵犯绛州澄泥砚研制所的“绛州”商标专用权，新绛县工商局对其进行了没收非法所得、罚款、没收侵权产品等处罚。但绛艺苑砚社及王学仁并未停止其侵权行为，继续使用“绛州澄泥砚”名义做宣传报道。

2005年11月，绛州澄泥砚研制所法定代表人蔺涛将生产及销售侵权产品的绛艺苑砚社等单位及个人诉至运城市中级人民法院。2006年3月27日，运城中院一审判决认定新绛县绛州澄泥砚研制所所享有“绛州澄泥砚”注册商标为中国驰名商标，绛艺苑砚社、王学仁等单位及个人停止侵权，赔偿经济损失，并在运城市电视台、互联网上向新绛县绛州澄泥砚研制所赔礼道歉。

绛艺苑砚社不服一审判决，提起上诉。2006年8月10日，山西省高级人民法院作出终审判决，再次判决绛艺苑砚社等侵权方停止侵权行为，判令绛艺苑砚社赔偿绛州澄泥砚研制所经济损失10万元，判令实施销售侵权行为的当事人赔偿4.6万元。（省法院）

**【普升科技有限公司与华夏银行股份有限公司太原市分行信用证付款纠纷案】** 山西省医药保健品进出口公司太原公司（以下简称医保公司）受山西省心血管疾病研究所（以下简称心研所）委托于2000年11月1日与晋升公司签订购买心内膜标测系统设备合同，约定付款方式为信用证。2000年11月14日医保公司与心研所签订委托协议书。按照约定，心研所于

2001年4月11日汇付医保公司163.9万元，医保公司将159万元转入在华夏银行太原分行的保证金账户。2001年4月30日，经医保公司申请，华夏银行太原分行开出受益人为普升公司的不可撤销跟单信用证一份，到期日为2001年7月10日，金额为186200美元，要求提交的单据有：商业发票、装箱单、航空运单、保险单、装运通知、数量及重量证书、SGS签发的品质证书。交单期限为运输单据签发日期后10日，要求在信用证有效期内。2001年6月11日，普升公司在香港将设备办理空运。2001年6月15日，香港富街银行向华夏银行太原分行提交信用证项下单据时缺少SGS签发的品质证书，华夏银行太原分行因此致电香港富街银行表示不接受对方提供的单据。7月6日，医保公司通知华夏银行太原分行已收到SGS签发的品质证书，要求付汇。但华夏银行否认自己收到过SGS文件，并于7月19日将全套单据退还香港富街银行。

普升公司将华夏银行太原分行诉至法院，要求付汇。经太原市中级人民法院一审，认为华夏银行太原分行在收到医保公司送来的SGS文件后，仍坚持拒付、执意退单的行为违背了诚实信用原则，违反了国际惯例及相关法律规定，对纠纷的产生负有责任，应当支付信用证项下款项。故判决华夏银行太原分行支付普升公司信用证项下款项168090美元及其利息（扣除医保公司后汇给普升公司的款项18110美元）。

华夏银行太原分行不服一审判决，以2001年6月27日明确通知香港富街银行不接受不符合，该通知已构成有效拒付为由提起上诉。山西省高级人民法院经二审公开开庭审理，认为医保公司收到SGS文件后同意付汇，华夏银行太原分行也认可收到SGS文件，故仅以6月27日的通知为由主张构成有效拒付，理由不足。2006年10月24日，山西省高级人民法院终审判决驳回上诉，维持原判。

（省法院）

小资料

## 唐代著名宰相狄仁杰

狄仁杰（630年～700年）唐大臣。字怀英，太原市狄村人。

狄仁杰年轻时，做过小官，后升任唐中央最高法官大理丞，还做过江南巡抚，豫州刺史。他居官清正、刚直、机智，受到唐高宗、中宗、睿宗、武则天皇后的重视。

唐显庆五年（660年），唐高宗和武则天来到并州，狄仁杰被派了一个临时职务：行宫布置大臣。这时，并州刺史李冲玄认为高宗、武后要出游汾阳宫（今宁武县管涔山上），需经过妒女祠，民间传闻：如果有人穿着华丽衣着从妒女祠前过，会遭风雷之变。为此，李冲玄要另修一条道路，躲开妒女祠。狄仁杰知道后，立即制止了这种劳民伤财的做法。他说："天子之行，风伯清尘，雨师洒道，何妒女避耶！"唐高宗听后，赞之说："真丈夫哉！"在1200多年前的封建社会中，像狄仁杰这样敢破除迷信，实属少见，更重要的是，免除了数万人的劳役和驰道两旁人民所受的损害。

狄仁杰在做江南巡抚时，曾废除江南神祠1700多所。狄仁杰明知武则天信佛，但他并不因此示弱，反而劝武则天说，佛教是外国迷信，请武则天取消她的崇佛措施。

狄仁杰为官秉正，也多有传闻。他在做豫州（今河南汝南）刺史时，勇敢地救活了被元帅张光辅定了"忤逆"罪名将被处死的两千多人。这些人后来改为流放边境地区。狄仁杰在宁州做过刺史，受到人民的拥戴，给他立有"德政碑"。那批流放者路过宁州时，宁州人民出来慰问，并把他们带到德政碑下招待了三天，他们彼此并不相识，是由狄仁杰的善政把他们联系起来了。

武则天做女皇的第二年，狄仁杰被任为宰相，但翌年被奸臣来俊臣诬陷入狱，不久得释。以后做过彭泽县令、魏州刺史，每到一地，他都非常爱护人民。这些州县都建德政碑来纪念他。

圣历元年（698年），突厥默啜可汗入侵今河北中部，武则天立即发兵45万，命太子挂元帅衔，狄仁杰为副元帅，负实际责任。入侵军听说出动大军，以狄仁杰为统帅，未经对阵，向北逃退。外寇去后，地方残破，武则天命狄仁杰为河北道安抚史，狄仁杰尽力让人民休养生息，整顿秩序，恢复生产，维修道路，赈粮济民。他严格军纪，自己粗食淡饭，以身示范，勤勉办公，当时他已经68岁了。

武则天晚年，最信重狄仁杰。在宫廷宴会上，武则天亲手举杯赐仁杰。在太殿相见时，武则天总叫狄仁杰不要跪拜。他老而有病，几次告老还乡，武则天都未批准。

久视元年（700年），狄仁杰病逝，武则天痛哭出声，废朝三日，赐封狄仁杰为梁国公。

# 监　　督

## 党纪监督

**【概述】**　1. 认真落实述职述廉、任前谈话等有关规定，不断加强对民主生活会的指导。7名省委常委和省委主要部门负责人124人次参加了下级党委的民主生活会，684名厅级、6070名县处级和48942名乡科级干部参加了本级班子的民主生活会，自查自纠各类问题39731项；各级纪委责任人同下级党政主要负责人谈话5503人次，领导干部任前廉政谈话4391次，诫勉谈话837人次，领导干部述职述廉43310人次，询问质询294人次。拓宽廉政监督内容，对公务员录用考试、公务员登记工作、规范津贴补贴工作、干部考察工作开展监督。

2. 积极开展巡视工作，加大对党政班子和主要领导干部的监督力度。省委3个巡视组对临汾、朔州、阳泉、太原、晋城5个市和山西焦煤集团有限公司、山西煤炭进出口公司进行了巡视，共进行个别谈话2308人(次)，召开座谈会39次，接待来访956人(次)，受理来信来访电话举报419件(次)，向被巡视单位提出整改建议66条，发现领导干部违纪违法案件线索24条，对22位领导干部进行了提醒或诫勉谈话。

3. 自身建设工作。2006年，全省各级纪检监察机关按照中央和省委的部署，切实搞好保持共产党员先进性教育活动，深入开展“做党的忠诚卫士、当群众的贴心人”主题实践活动。注意运用先进性教育活动的成果，进一步解决思想、组织、作风以及工作等方面存在的问题，努力做到政治更坚定、组织更严密、作风更扎实、工作更有成效。同时进一步加强领导班子和干部队伍建设，加大干部培训和轮岗交流的力度，强化内部管理、规范工作程序、严明办案纪律；进一步加强纪检监察机关信息化建设，全面提高工作效率、质量和水平。太原市纪委监委开展了思想作风纪律教育大整顿，运城市采取措施加强了纪检监察队伍自身建设等。

积极稳妥地推进派驻机构统一管理工作。按照中央纪委的要求，2005年底完成了双派驻机构的统一管理，2006年5月，专门召开派驻机构会议，就如何进一步加强派驻机构统一管理进行了研讨，并组织起草了省纪委监委《加强派驻机构管理的意见》，先后两次提交常委会进行了讨论。注重发挥派驻机构对驻地部门领导班子及其成员的监督作用，并紧密结合实际，积极探索和尝试派驻机构实行统一管理和履行监督职能的新途径和新方法。

(张永林)

**【全省党风廉政建设干部大会】**　2006年1月16日，全省党风廉政建设干部大会在太原工人文化宫举行。省委书记张宝顺，省委副书记、省长于幼军作重要讲话。省委副书记、省纪委书记金银焕主持会议并代表省纪委常委会作工作报告，省委常委、省委组织部部长任泽民传达中纪委第六次全体会议精神。省委、省人大、省政府、省政协的负责同志，省委常委，各市市委书记、市长，省直各部门主要负责同志，参加省纪委六次全会的全体同志，省纪委、监委机关和太原市纪委、监委机关的部分干部，共计800余人参加了会议。

这次会议的主要任务是：传达贯彻胡锦涛总书记在中央纪委六次全会上的重要讲话和中央纪委六次全会精神，部署2006年全省党风廉政建设和反腐败工作任务，动员各级党委、政府和纪检监察机关进一步加强领导，狠抓落实，深入开展党风廉政建设和反腐败斗争，努力取得新的更大成效，为山西的经济建设和社会各项事业的发展创造良好的政治环境。会议认为，过去的一年，是全省全面落实科学发展观，经济社会和各项事业快速发展的一年，也是党风廉政建设和反腐败工作不断取得新成效的一年。全省各级党委、政府和纪检监察机关按照中央和省委的统一部署，紧密结合开展保持共产党员先进性教育活动，认真贯彻胡锦涛总书记、吴官正书记视察山西时的重要讲话精神，自觉坚持加快科学发展、建设和谐山西，致力求真务实，把建立健全惩治和预防腐败体系的工作纳入经济社会发展的总体规划，认真组织实施。省委结合全省实际制定了实施意见，各级各部门明确目标要求，建立工作机制，抓好任务分解落实，各项工作整体推进，党风廉政建设和反腐败工作在继承中创新、在创新中发展，取得明显成效，呈现出良好态势。

会议指出，2006年党风廉政建设和反腐败工作的总体要求是：以邓小平理论和“三个代表”重要思想为指导，深入贯彻十六届五中全会和中央纪委六次全会精神，认真落实省委八届七次全会和省十届人大四次会议精神，始终把学习党章、遵守党章、贯彻党章、维护党章作为一项重大政治任务抓紧抓好，为全面落实科学发展观、构建社会主义和谐社会、加强党的执政能力建设和先进性建设提供有力保证。要坚持围绕中心、服务大局，坚持全面推进、突出重点，坚持开拓创新、注重实效的原则，以落实“十一五”规划为中心，以改革和制度建设为重点，抓紧落实惩防体系《实施纲要》和省委意见，逐步铲除滋生腐败的土壤和条件，力争使全省广大党员干部遵守纪律和执行制度的自觉性明显提高，全省纪检监察干部政治业务素质和实际工作能力明显提高，群众对党风廉政建设和反腐败工作的满意度明显提高。为此，会议提出2006年着重抓好5项主要任务：加大监督检查力度，为贯彻落实科学发展观、构建和谐社会提供有力保证；加大领导干部廉洁自律教育的工作力度，带动党风政风和社会风气的好转；加大制度建设的工作力度，着力完善制度，重点抓好落实；加大从源头上防治腐败的力度，努力在关键领域和重点环节取得突破；加大查办案件工作力度，坚决贯彻从严治党方针。要以查办发生在领导机关和领导干部中违反党纪的案件为重点，严肃查处领导干部滥用权力、贪污贿赂的案件，利用人事权、司法权、审批权谋取私利的案件，为黑恶势力充当“保护伞”的案件，以及国有资产严重流失的案件。要以查办严重损害群众切身利益的案件为重点，严肃查处发生在安全生产、食品药品安全和社会稳定方面的失职渎职案件，重点查办煤焦行业、项目审批、工程承发包、土地管理、矿产开发、商品购销等领域的案件，严肃查处安全责任事故背后的腐败问题，特别是官煤勾结的腐败案件。

会议强调，要以“三个代表”重要思想为指导，进一步提高对深入开展党风廉政建设和反腐败斗争重要性的认识；要努力构建以教育、制度、监督并重的惩治和预防腐败体系，切实加大源头治理的工作力度；要切实加强领导，以创新的精神推进党风廉政建设和反腐败斗争。

（张永林）

## 政纪监督

**【听取和审议省政府及其部门和“两院”的工作报告】** 1. 省人民政府《关于全省第七届村民委员会换届选举情况的报告》；

2. 省人民政府《关于全省清理建设领域拖欠工程款和农民工工资工作情况的报告》；

3. 省人民政府《关于全省开展重点污染企业全面达标工作情况的报告》；

4. 省人民政府制定《山西省突发公共事件总体应急预案》情况的报告；

5. 省人民政府《关于全省广播影视工作情况的报告》；

6. 省人民政府《关于省煤矿整顿情况的报告》；

7. 副省长牛仁亮的《述职报告》；

8. 省交通厅厅长王晓林的《述职报告》；

9. 省安全生产监督管理局的《工作报告》；

10. 省人民政府《关于“十五”期间全省扶贫工作和扶贫资金使用情况的报告》；

11. 省人民政府关于《中华人民共和国未成年人保护法》和《山西省实施〈中华人民共和国未成年人保护法〉办法》执法检查整改情况的报告；

12. 省人民政府《关于全省上半年国民经济和社会发展计划执行情况的报告》；

13. 省人民政府《关于2005年省本级财政决算和2006年上半年全省预算执行情况的报告》；

14. 省人民政府《关于2005年省本级预算执行和其他财政收支的审计工作报告》；

15. 关于副省长牛仁亮《评议工作整改情况的报告》；

16. 关于省交通厅厅长王晓林《评议整改工作情况的报告》；

17. 关于省安全生产监督管理局《评议整改工作情况的报告》；

18. 省人民政府《关于全省社会保障体系建立情况的报告》；

19. 省人民政府《关于全省商务工作情况的报告》；

20. 省人民政府《关于审计查出问题的整改工作报告》；

21. 省发展和改革委员会《关于审计查出问题整改情况的报告（书面）》；

22. 省水利厅《关于审计查出问题整改情况的报告（书面）》；

23. 省人民政府《关于全省商品房市场和住房公积金缴存使用情况的报告》；

24. 省人民政府关于省十届人大四次会议主席团交付的代表提出的建议、批评和意见审议结果的报告（书面）；

25. 省高级人民法院关于十届人大四次会议主席团交付的代表提出的建议、批评和意见审议结果的报告（书面）；

26. 省人民检察院关于省十届人大四次会议主席团交付的代表提出的建议、批评和意见审议结果的报告（书面）。

（杨义成　秦　钟）

**【听取和审议省人大及其常委会有关工作部门的报告】** 1. 关于山西省第十届人民代表大会第四次会议筹备情况的报告；

2. 关于山西省第十届人民代表大会代表变动及补选代表的代表资格的审查报告；

3. 关于副省长牛仁亮履职情况的调查报告；

4. 关于省交通厅厅长王晓林履职情况的调查报告；

5. 关于省安全生产监督管理局工作情况的调查报告；

6. 省人大财政经济委员会关于2005年省本级财政决算的审查报告；

7. 省人大内务司法委员会关于《山西省法律援助条例》贯彻执行情况执法检查的报告；

8. 省人大常委会执法检查组关于检查环境保护法律法规实施情况的报告；

9. 省人大常委会执法检查组关于检查《中华人民共和国道路交通安全法》和《山西省实施〈中华人民共和国道路交通安全法〉办法》实施情况的报告；

10. 省人大常委会执法检查组关于检查《山西省农村初级卫生保障条例》实施情况的报告；

11. 省人大内务司法委员会关于省十届人大四次会议主席团交付的代表提出的议案审议结果的报告（书面）；

12. 省人大财政经济委员会关于省十届人大四次会议主席团交付的代表提出的议案审议结果的报告（书面）；

13. 省人大常委会人事代表工作委员会关于省十届人大四次会议主席团交付的代表提出的议案审议结果的报告（书面）。

（杨义成　秦　钟）

**【关于《中华人民共和国道路交通安全法》和《山西省实施〈中华人民共和国道路交通安全法〉办法》实施情况】** 省人大内务司法委员会于8月～11月组织对全省实施《中华人民共和国道路交通安全法》和《山西省实施〈中华人民共和国道路交通安全法〉办法》进行了执法检查。这次执法检查组由省人大常委会副主任曹馨仪亲自带队，分赴太原、阳泉、长治、吕梁四个市深入到8个县、市、区的相关部门车管所、办证大厅、长途车站、驾校、中小学校、公交出租车站点进行了执法检查。通过检查发现四个方面的问题较为严重：一是道路交通压力仍未缓解，人、车、路的矛盾依然突出。具体讲部分国道、省道损坏严重，一些城市交通规则重视不够，道路建设平面交叉多，立体交叉少，行人过街设置不科学，机动车和驾驶人数量快速增长，交通参与者安全意识不足，违法违规现象严重。二是队伍建设和执法活动存在薄弱环节。主要是公安交警编制少、警力严重不足，现有正式警力年龄普遍偏大，平均约为46岁。其次存在着少数公安交警、交通执法人员素质偏低，执法技能不强，对“一法一条例”的实质要求不能正确理解。三是公安交通管理工作经费没有实现财政全额保障。四是执法难度大及群众反映强烈的问题主要表现在山西省运力结构不合理，运煤运焦大型货车较多，导致道路负荷加重，加速路面损毁，减低通行能力；驾校设立过多，管理不到位，无序竞争；农用车监管不到位；车辆管理成本较高，影响“一法一办法”的实施。对此，提出了解决重要问题的五个方面的建议：一是进一步加强政府的组织领导，发挥政府交通安全管理的主导作用。二是加快道路交通建设步伐，完善交通安全设施。三是科学规划，科学管理交通。四是加强队伍建设，严格文明执法。五是加大财政的投入力度，保障各项经费足额到位。（杨义成 秦钟 李秋和）

**【关于环境保护法律法规实施情况的执法检查】** 省人大常委会组成执法检查组，对全省贯彻实施环境保护法律法规的情况进行了执法检查。这次执法检查的主要内容是：全省环境污染治理进展情况，各级政府执行环保法律法规情况，"十一五"环保规划和蓝天碧水工程计划的落实情况。从8月下旬至9月上旬执法检查组分两路，先后深入到大同、忻州、晋中、晋城、阳泉5市的60多家污染点源进行检查。通过检查发现在实施环保法律法规中主要存在4个方面的问题。一是环境违法现象仍然普遍；二是大气污染防治执法不力；三是水污染防治形势十分严峻；四是固体废物污染防治还很落后。对具体问题依法提出了整改意见，并从落实山西省环保目标和蓝天碧水工程向政府提出了要狠抓三项环保考核制度的落实；狠抓主要污染物减排指标的落实；狠抓经济结构调整的落实；狠抓资金投入和政策的落实；狠抓法律法规实施的落实等5个方面的建议。（杨义成 秦 钟 李秋和）

**【《山西省法律援助条例》的执法检查】** 2006年3月省人大内司委和司法厅组成了四个执法检查组，对阳泉、朔州、忻州、晋城进行了检查，先后深入到10个县、市、区召开了受援人员座谈会。执法检查后，对贯彻实施《山西省法律援助条例》的成绩从5个方面给予了肯定。同时也指出了有些地方对法律援助的重要性认识不足：工作一般化，缺乏力度，法律援助工作还没有形成一个完整的运行机制；一些县区的法律援助机构相对薄弱3个方面的不足。为了切实贯彻《山西省法律援助条例》提出了4个方面的建议：一是加大宣传力度，进一步提高全社会对实施条例重要性的认识；二是各职能部门齐抓共管，切实做好法律援助工作；三是政府切实履行职责，加强法律援助机构建设；四是进一步加大检查监督力量。

（杨义成 秦钟 李秋和）

**【《山西省农村初级卫生保健条例》执法情况的检查】** 2006年3月～10月份，省人大常委会执法检查组，对全省贯彻实施《山西省农村初级卫生保健条例》进行检查。这次检查是在上下联动的基础上，对吕梁、运城、晋城三市进行了重点检查。期间听取了三市六县（市、区）政府汇报，召开了各类人员参加的座谈会，实施考察12个乡镇、30多个村的卫生服务机构，走访了部分镇卫生院院长、卫生技术人员、乡村医生、农民群众。通过检查，对贯彻实施《山西省农村初级卫生保健条例》的成绩从4个方面给予了肯定。同时也指出农村卫生事业投入机制尚不完善，经费得不到保障，初级卫生保障发展不够平衡；农村卫生基础薄弱，服务能力不足，农民看病难的问题依然突出；新型农村合作医疗试点工作仍存在问题，参会农民不能充分受益；乡（镇）卫生院编制少，小集体人员待遇亟待解决；农村基层疾病预防控制工作比较薄弱，防控形势不容乐观等5个方面的问题。为了切实贯彻《山西省农村初级卫生保健条例》，检查组提出了4个方面的建议，一是进一步提高对实施《条例》重要意义的认识；二是切实增强农村卫生投入；三是进一步加强农村卫生队伍建设，四是进一步加强乡村两级卫生机构的建设和管理。

（杨义成 秦钟 李秋和）

## 法纪监督

**【概述】** 2006年，山西省检察机关反渎职侵权部门以"三个代表"重要思想和科学发展观为指导，认真贯彻全省检察长会议精神，紧密结合社会主义法治理念教育活动，深入开展集中查办破坏社会主义市场经济秩序渎职犯罪专项工作，下大力气深挖黑恶势力"保护伞"案件，突出重点加强业务指导，不断加大办案力度，有力地推动了全省反渎职侵权工作的稳定健康发展。

1. 进一步加大了办案力度，办案数量保持稳定增长。2006年，全省检察机关共受理各类渎职侵权犯罪线索396件，初查586件，立案侦查445件515人。立案件数和人数与上年同期相比分别增长8.5%和1%。从立案涉嫌的类罪看：滥用职权类132人，玩忽职守类293人，徇私舞弊类42人，侵权类46人，分别占立案数的25.6%、56.9%、8.2%和8.9%。以事立案46件，与上年基本持平；以事立案确定犯罪嫌疑人35件38人，占以事立案总数的76.1%；终止侦查4件，占以事立案总数的8.9%。其中长治、大同、晋城立案人数同比上升，太铁分院7月份成立后已立案2人，有了良好开端。

2. 质量意识更加牢固，办案质量和有罪判决人数大幅攀升。2006年，全省检察机关侦查终结渎职侵权案件382件451人，移送审查起诉425人，移送审查起诉率为94.2%，同比提高3.8个百分点；移送审查不起诉13人，移送不诉率为2.9%，同比下降1.3个百分点；撤案13人，撤案率为2.9%，同比下降2.4个百分点；共决定起诉渎职侵权犯罪嫌疑人301人，同比增长14%，起诉率为58.4%，同比提高6.6个百分点；决定不诉60人，不诉率为11.7%，同比下降了2.2个百分点。法院作出一审有罪判决246人，生效有罪判决258人，同比分别上升26.8%和31.6%，生效有罪判决率为50.1%，同比提高11.7个百分点。其中全省渎检案件有罪判决率首次超过50%，实现了历史性跨越，标志着山西省渎检案件质量达到了一个崭新的水平。

3. 办案重点更加突出，查办重特大案件成效明显。2006年，各地进一步突出办案重点，集中力量查办大案要案，成效明显。全省共立查重特大案件152件，同比上升28.8%，重特大案件占立案总数的34.2%，同比提高5.4个百分点。查办要案6人。查办司法工作人员199人，行政机关工作人员300人（含行政执法人员184人），两类人员占立案总数的96.9%，同比提高0.8个百分点。查办的典型案件有：运城市公安局交警支队副支队长赵忠令等人、晋中市公安局交警支队证照科科长李启才等人违规给盗抢车辆上户案，沁水县法院审判监督庭庭长杨华根执行判决、裁定失职案，朔州市朔城区物价局纪检组长吴忠等人滥用职权违规鉴定案，繁峙县交通局局长刘勇玩忽职守案，平遥县国土资源局副局长武兆英玩忽职守导致50余亩农田被毁案，阳城县林业站站长吴海兵玩忽职守案等。

4. 集中查办破坏社会主义市场经济秩序渎职犯罪专项工作取得明显成效。2005年8月至2006年11月，全省检察机关共立案侦查破坏社会主义市场经济秩序渎职犯罪三类重点案件374件430人，分别占全省立案总数的59.2%和58.5%。其中，重特大案件127件142人，要案5人，重特大案件占专项立案总数的33%。立案查办的案件共造成死亡384人，直接经济损失19061.361万元。截至11月底，专项工作立查案件已向法院提起公诉104人，法院作出有罪判决103人。

5. 突出查办了一批涉黑涉恶“保护伞”案件和重大责任事故背后的渎职犯罪案件。5月以来，各地积极落实省院查办黑恶势力“保护伞”案件的工作部署，深入摸排线索，排除干扰和阻力，共立查“保护伞”案件5件5人。同时，针对重大安全生产责任事故频发，给国家和人民生命财产造成极大危害的现状，各级检察机关全面参与事故调查工作，依法及时查办了一批国家机关工作人员因安全生产意识淡薄，片面追求地方经济利益，放弃安全生产监管职责的渎职犯罪案件。全年共参与事故调查118起，立查渎职犯罪案件112件135人，同比分别增加24.4%和40.6%。其中，省院反渎职侵权局参与调查的重大责任事故9起，检察机关从中立案侦查渎职犯罪35人，已有17人被依法作出有罪判决。

6. 办案领域进一步拓展。2006年在人防、医药、银监、物价、水利、农业、国有资产管理、扶贫、教育等领域积极立查了一批案件，进一步开阔了侦查视野，拓展了办案领域。长治市在以前未涉及的领域先后查办银监分局武乡监管办事处副主任王国平玩忽职守案，长子县石哲镇兽医站站长李国华动植物检疫徇私舞弊案及襄垣县教育局人事股长陈明等玩忽职守致使多名学生利用假学历证书得以分配案，太原市查办了市人防平战结合管理处处长王合义玩忽职守致人死亡案及阳曲县杨兴乡人大主席、乡退耕还林领导组副组长张银昇等滥用职权致使国家退耕还林补贴损失173万余元案，临汾市立查了霍州市国有资产管理中心主任乔华玩忽职守导致国有资产损失120万元案。

7. 全省涌现出一批办案先进集体和个人，一批先进经验在全国和全省渎检系统进行推广。太原市院渎检处、长治市院渎检处、晋城市院反渎职侵权局三个先进集体和临汾市院渎检处处长宁引才、河津市院反渎局局长薛效刚、大同南郊区渎检科科长赵凯、太原杏花岭区院副检察长郭刚四名先进个人在集中查办破坏社会主义市场经济秩序渎职犯罪专项工作中因成绩突出受到高检院表彰。省院反渎局副局长蓝涛被授予“山西省第五届优秀青年卫士”、太原市院渎检处处长张巨保、临汾市院渎检处处长宁引才、吕梁市院反渎局局长闫名被省院授予全省检察系统“十佳检察官”荣誉称号。全省有31个县区院实现了立4（人）判4（人）或立5（人）判3（人）的办案目标，进一步巩固了渎检工作的办案基础，其中，潞城、洪洞、蒲县为连续两年的先进办案单位，太原杏花岭区、长治郊区、河津、运城盐湖区为连续三年的先进办案单位。

太原市院“突出查办大要案，开创反渎职侵权工作新局面”和临汾市院“坚决查办黑恶势力‘保护伞’，促进打黑除恶专项斗争深入开展”的做法在高检院的渎职侵权检察情况上予以全文转发。太原、临汾、长治、晋城、大同的5篇经验材料在全省查办渎职案件工作会议上进行了交流发言。阳城县院、襄垣县院查办渎职侵权案件做法及经验通过省院反渎职侵权信息交流印发全省借鉴。（周淑芳）

**【全省检察机关预防职务犯罪工作】** 2006年，全省检察机关预防职务犯罪部门开展个案预防413件，深入发案单位开展系统预防170次，在预防工作中发现职务犯罪案件线索58件；在328个重点行业、部门开展系统预防工作，在184个重点工程项目开展专项预防；发出预防性检察建议354件，被采纳125件，推动有关单位建立健全管理制度106项；开展预防宣传教育活动459次，受教育人数达5万人次。

全省检察机关紧密结合查办职务犯罪案件，继续深入开展以“三抓三看”为主要内容的个案预防工作。太原市院根据《太原市人民检察院开展职务犯罪个案预防的实施意见》，结合查办的典型案件，向31个发案单位发出《检察建议》。相关单位高度重视，根据《检察建议》给予1名当事人停职处分，建设项目停工整顿1次，转化廉政建设制度32项，建立完善工作制度58项。

行业预防是调动社会力量参与预防工作的有力措施。全省检察机关根据山西省职务犯罪发案情况，以金融、国有企业系统为突破口，以点连线、以线带面，逐步构筑起以金融、国有企业、海关、税务、建筑、工商、医药、煤炭、国土资源、农村等系统、领域为重点的行业预防网络。省检察院预防处结合“举报宣传周”，组织山西焦煤集团公司处以上干部和部分领导干部家属200余人，到山西省女子监狱听取两名服刑人员的现身说法，参观了服刑人员监舍及生产区。集团公司与检察机关还专门召开公司领导及管钱、管物、管人的重点处室负责人参加的警示教育座谈会，结合本职工作和听取人员现身说法后的感受，针对如何预防职务犯罪献言献策。

重大工程建设项目是职务犯罪的多发区，也是全社会关注的焦点。为此，全省检察机关把投资规模大，对本地区经济发展和人民生活有重要作用的能源、交通等基础设施建设、重大水利工程、市政工程列为预防工作重点，主动与项目主管部门联系，从工程立项、项目招标投标开始，做到预防工作与工程进度同步进行，有效地遏制和减少了职务犯罪的发生，保证了工程建设的顺利进行。省检察院预防处应省交通厅邀请，派员参加了离柳、大同西环、运城绕城等高速公路评标监督工作，对高速公路建设招标、开标、评标等各个环节积极参与，宣传法律，进行监督。

预防职务犯罪，教育是基础。全省各级检察机关充分发挥检察职能，在各行业、各部门、各单位以法律讲座、法律咨询、警示教育、知识竞赛、文艺表演等形式，适时开展预防宣传和法制教育；在开展大型预防活动中，利用电视、广播、报刊等新闻媒体的优势宣传查办和预防职务犯罪工作成果。省检察院预防处分别应山西焦煤集团、省商务厅、省工商银行、华夏银行太原分行、市工商银行、省税务局、天安保险公司、省中医学院等单位的邀请，围绕治理和防范商业贿赂，针对各单位中层以上干部和重点岗位工作人员，开展了近10场专场预防职务犯罪法制讲座。（周淑芳）

**【全省控告申诉检察工作】** 2006年，全省各级检察机关共受理举报贪污贿赂、渎职侵权案件线索4846件，其中来信4017件，来访829件（集体访38批）；受理控告申诉案件2627件，其中来信1465件，来访1150件；各级检察长接待来访838件1962人。受理刑事申诉案件528件，决定立案复查486件；受理刑事赔偿申请42件，决定赔偿32件，共执行赔偿489.24万元，返还财产213.54万元。

全省检察机关集中力量，采取有效措施集中处理涉检上访案件。根据中央、省委和高检院的部署，再次对进京上访的39件案件进行排查清理，逐案登记造册，填写《涉检信访案件登记表》，上报省院备案。经过大量细致的工作，摸清全省进京赴省涉检信访人员情况后，结合山西省涉检上访案件的特点，按照“案结事了”的要求，加大工作力度，采取得力措施，妥善解决涉检信访问题，取得了明显成效。

2005年下半年，全省检察机关积极参加了地方党委组织的“联动大接访”活动，各级检察院党组成员和中层领导分期分批参加了“大接访”活动。2005年12月开展了“联动大接访活动”，共接待来访群众1600余人，受理各类案件1043件，对受理案件全部进行了审查，并对属检察机关管辖的225件进行了交办，省院直接办理50件，对下级院报结的245件案件逐案进行了审查。今年4月10日，省院与各市院“一把手”就“大接访”交办案件签订责任状，要求各级检察院从签订责任状之日起三个月内办结。

2006年，全省检察机关以处理涉财信访案件为重点，加大刑赔案件办案力度。全年开展了刑事赔偿案件和清理违法扣押款物案件的专项活动，对以前结案不息诉的涉财信访案件进行了彻底清理，逐案建立台账，落实责任，限期解决。共清理检察机关未执行赔偿决定案件43件，赔偿金额455.07万元，目前已执行42件，赔偿金额381.7万元；共清理违法扣押款物案件40件，已办结30件，返还款物200万元，此项工作受到高检院的肯定，取得了良好的法律效果和社会效果。

（周淑芳）

# 财政监督

## ·国家财政监督·

**【概述】** 2006年，财政部驻山西财政监察专员办结合山西省的特点，立足机制，创新方法，抓住重点，较好地完成全年财政监督任务。

1. 立足机制，勇于创新，全年工作呈现新亮点。

（1）围绕做大“蛋糕”，收入监管迈上新台阶。

一是围绕山西财政收入增长过快的特点进行动态监管，定期分析收入状况，体现山西的特色，不断提高分析报告的质量和水平。

二是对广东省1999年至2005年新增建设用地土地有偿使用费征收使用情况进行专项检查，共发现土地使用费征收使用方面问题金额43亿元，上报部的问题7.8亿元，为规范新增费管理提供决策参考。

三是加强非税收入的监督，累计征收及监缴17.92亿元。

四是开展特殊行业一般增值税的“先征后返”退库工作。全年共受理126户次单位退税申请，核准退税金额2.075亿元，剔除金额627万元。

五是完成银行账户审核108户，完成年检户数800户。

（2）围绕财政资金“三性”，支出监管推出新举措。

一是对山西省五台县等四个县部分县落实“三奖一补”政策情况核查。“三奖一补”政策部党组高度重视，精心组织实施，核查出税收收入和预算外收入指标以及财政供养人员数据与上报数不一致等问题，并重点关注“三奖一补”政策缓解县乡财政困难情况，保证政策有效落实。

二是对山西境内19.7万吨进口小麦入库成本进行了现场核查，重点开展效果性监督，积累了指标设置和科学评价绩效的经验，此项工作财政部作为经验交流予以刊发。

三是受理破产费用预案审核5户（项），申报金额4.47亿元，剔除0.37亿元，核定报部金额4.1亿元。

四是重点关注“三农”、社保、卫生等关系民众利益的重大支出的审查审核工作。如初审新型农村合作医疗补助资金，化肥淡季商业储备审核，2005年度中央管理企业下岗职工基本生活保障财政补助资金清算的初审工作，做好国库改革集中支付的车购税交通专项资金的审核监督工作，国家储备物资财政补贴审查审核等。

五是完成国库集中支付审核。交通专项资金申报118户资金13.53亿元，审核上报8.075亿元。

（3）围绕规范经济秩序，会计监督取得新成效。

一是对山西两户上市公司进行检查。西山煤电股份有限公司和山西移动通信有限责任公司会计核算不实金额7.1亿元，其他违规问题金额4409万元，补缴税款911万元，罚款10万元。这次检查的特点是抽调人员最多，被查单位规模最大，检查方法最新，查出问题最多。同时延伸检查了2户会计师事务所的执业质量。

二是组织对民航企业会计信息质量及财税政策执行情况进行检查。发现存在资产不实2578万元，损益不实769万元，所有者权益不实969万元，偷逃税金47万元等问题，已分别进行了处理。

（4）围绕金融风险问题，金融监管取得新进展。

一是对建行山西省分行及11个市2004年至2005年呆账核销和2005年末损失类贷款情况检查，应核示核呆账65.81万元。对代管中国建银投资有限责任公司资产情况进行了专项检查，检查出问题1.2亿元，报告财政部。

二是加强资产公司监督，对3户资产公司16个打包方案132亿元进行了审核。

三是对中行山西省分行、工行山西省分行2004、2005年度呆账准备金提取和呆账核销情况进行了专项检查；开展对三会决算审核和预算审核；对农行山西省分行及其所属两市五县2004年退耕还林粮食补助资金挂账利息情况进行了抽查。

（5）围绕以人为本的理念，干部队伍呈现新面貌。

一是从班子成员做起更新观念。领导带头创新思想观念，突破墨守成规、因循守旧的观念，树立大胆创新、锐意进取的观念；突破不求有功，但求无过的观念，树立出精品、创一流的观念。

二是紧扣构建和谐专员办的主题，围绕中心工作，加大学习培训力度，提升素质。全年干部外出参加各类培训38人次，自我组织学习12次，为建设一支政治过硬、业务精通、作风务实的干部队伍打下了基础。

三是营造和谐的氛围，团结协作。要求在思想上做到维护全局性，发扬先进性，严格纪律性；在工作中做到精诚合作，难事不推，好事不争，争挑重担，共担责任；同志间要和谐相处，做到共事先共心，互相信任不猜疑，互相交流不隔膜，互相支持不拆台，互相谅解不推诿；在行动中体现人文关怀，不仅关心干部工作，更要关心干部生活；不仅关心干部思想进步，更要关心干部的身心健康；不仅关心干部的大事，更要关心干部的小事，真正做到“春风化雨露、润物细无声”，使干部“以办为家、以办为荣”。

（6）围绕内控制度建设，内部管理呈现新亮点。

出色地完成了全年的财务管理工作，因此受到了财政部、省统计局、省医疗保险中心的表彰。

如2005年经费决算报表在财政部直属60多个预算单位中脱颖而出，受到财政部办公厅的通报表彰，被授予“会计决算报表先进单位”的荣誉称号。重视劳资统计工作，及时参加地方各统计与劳资部门的会议及培训，认真学习相关文件，内容详细、数字准确地报送相关数据资料，被省统计局评为“统计工作先进单位”。与省医保中心和公积金管理中心经常沟通，及时了解相关的政策及信息，反馈有关情况，按时足额交纳职工医保资金和职工公积金等社会保障基金，解除干部的后顾之忧。2006年省医保中心授予“省直机关医疗保险先进单位”的称号。

2. 抓住重点，以点带面，力争全年工作上台阶。

（1）紧紧抓住财政重大改革，使财政监督与财政管理进一步融合。

土地的出让收益制度改革是目前我国财政重大决策与改革的重要内容。金人庆部长在去年全国财政会议上讲到要“研究规范土地出让金收入管理办法，积极探索建立土地收益基金”。专员办将此项工作列为工作的重中之重。抽调全办力量对广东省人民政府1999年至2005年新增建设用地土地有偿使用费的征收使用和管理情况进行专项检查。将调查寓于检查之中，收集了大量的第一手资料。检查结束后，组织课题组，学习和整理大量土地政策和理论，请教土地管理专家，多次研究提纲，确定以中央财政征管的新增建设用地土地有偿使用费为切入点，借鉴国外有益做法，提出了中央财政加强对整个土地出让收益监督管理的必要性、可行性、具体措施和政策建议，尤其是在政府管理和政策上采取七方面的措施，在监督政策上创新四种方法，充分地发挥土地出让收益效用。

“三奖一补”政策是中央财政鼓励困难县发展经济，培植财源，增加省市对困难县的转移力度的一项重大措施。专员办对山西部分县“三奖一补”资金核查中，在完成核查上报数据正确性的同时，重点以政策效应和缓解县乡困难的根本途径为主进行调研。发现一些财政困难县由于客观环境恶劣原因，发展经济和增加税收潜力不大，不能充分享受这项政策等问题，通过深入探究省以下财政体制对县乡财政影响，提出了缓解困难县财政状况必须深化财政体制改革，要保证县乡两级政府事权、财权、财力相匹配的对策建议。

（2）紧紧抓住资金的安全性，强化动态监管。

“对预算单位银行账户实施重点动态监控，密切关注财政资金最终流向，增强监督的针对性和时效性，强化动态监管”。认真领会部领导的讲话精神，重点关注资金的安全性。利用身处财政监察第一线的优势，深入实际，及早发现问题苗头，见于未萌，禁于未发；一旦发现问题就一抓到底，把损失减到最低限度。

对驻山西省中央预算单位银行账户进行年检时，发现中国冶金地质勘察工程总局三局，共有账户28个，经批准的只有13个。其中该局下属单位未经专员办审批，擅自在中国农业银行太原高新区支行开设临时存款账户，用于存储探矿权保证金，该银行工作人员又擅自将此项资金划出，直接导致6208万元资金逾期不能收回，财政性资金形成风险。专员办及时将此情况上报财政部，同时与被查单位积极联系，协商解决办法，并指派两人动态跟踪督导，最后通过法律诉讼方式得到解决，山西省高级人民法院终审判决银行如数赔付存款本金和诉讼费。此举有效保障了国家财政性资金的安全性。

（3）紧紧抓住国有资产流失等问题，加强金融监管。

在对驻晋金融企业国有资产产权登记情况检查中，各金融机构共有全资附属三产企业11家，存在国有资产流失问题，主要表现：资产收益不上缴，已界定的产权资产不在企业资产负债表中反映；个人集资企业无偿使用国有银行房产，不向银行交纳使用费或者占用费。同时，还对银行代管资产的管理问题进行检查，发现代管不管、资产流失问题也比较突出。将问题分析后提出解决措施，上报财政部，得到了部里重视，首次在部里《每日要情》摘要刊登。

在金融企业呆账核销过程中，重点对金融企业风险问题进行研究，发现存在申报材料缺失严重，责任认定不当，责任追究不到位，资产保全制度弱化等方面的问题，经过分析提出以下对策：建立健全金融企业呆账核销内控制度和相互制约制度，建立呆账核销绩效评价体系和考核机制，建立追究责任制度和案例通报制度，情况上报财政部，再次在《每日要情》摘要刊登。

（4）紧紧抓住日常监管，提高监督水平和成效。

日常监管是专员办的主阵地，专项检查是为保证日常监管工作质量的主要手段。日常监管是专员办区别于其他监督形式的重要特征，是财政监督融入财政管理的重要环节。工作中注意统筹兼顾，避免把主要精力放在专项检查上而忽视日常监管，“捡了芝麻，丢了西瓜”，失去自己的阵地。

强化管理服务的理念。财政监察不仅是规范经济活动，更重要的是一种服务。注重和被监督单位沟通和协调，赢得理解和配合，树立专员办对外形象。服务不仅局限于“门好进、脸好看”的态度问题，根本在于能够抓住实质问题，帮助解剖并改正，真正能够为被监督单位有用，为地方发展有用。在广东土地新增费检查中形成的基础资料和结论建议，被查单位非常感兴趣，就体现了服务的实质内容。

建立日常监管制度。专员办严格按程序办事，坚持用制度管人。健全和完善《各处室内部岗位责任制》《金融资产管理公司资产打包转让审核工作规程》《金融资产公司资产打包处置监督管理办法》等业务工作制度，修订《山西专员办信息调研工作考评办法》《山西专员办业务工作考评规定》。坚持一级抓一级，互相监督，各负其责，一切工作严谨而有序地开展。

（5）紧紧抓住热点和焦点问题，大力开展调查研究。

调查研究是专员办工作主要内容之一。专员办作为财政部的派出机构，是中央与地方的结合点，是财政部连接基层、联系实际的直通道；既是捍卫中央收入、规范财经秩序的卫士，又是中央了解基层、体察民情的信息源；既能直接聆听上级指示、中央精神、高层动态，又能接触到基层一线大量鲜活而生动的经济运行实践与真情实况。准确把握中央政策与地方实践的结合点，贯彻上级精神，反映基层呼声，信息调研是发挥好桥梁纽带作用的主要工具。

首先，完成两个课题。办领导指定专人组成课题组，从课题的确定，到提纲的研究，到资料的收集、整理、学习，初稿的修改审定，领导率先垂范，经过十几次的修改，形成了《关于财政监督业务机制建设五个深层次问题思考》《中央财政加强对土地收益监管的政策研究》两个课题上报。

其次，积极上报调研报告。下厂矿、到农村，接触焦点和热点问题，掌握最原始的最真实的第一手资料，从中发现问题，分析根源，在第一时间向部里反映第一手情况，为部里业务司局和部党组决策服务，上报调研报告14篇，部《每日要情》刊登两篇。

再次，形成人人重视信息的局面。在办领导的带动下，出现"领导带头抓信息，人人动手写信息，围绕监管搞信息，主动出击找信息，突出特色报信息，完善制度促信息"的良好开局，保证信息的稳定性、及时性。（赵江平　穆晓东）

# 审计监督

## ·国家审计监督·

**【概述】** 2006年，审计署驻太原特派员办事处（以下简称审计署太原特派办）全年完成审计项目16个，查出违规金额117万元，损失浪费金额17595万元，管理不规范金额11442219万元，其中应上缴财政41万元，应归还原渠道资金76万元，应调账处理金额1810万元；已上缴财政41万元，已归还原渠道资金76万元。移送司法机关、纪检监察部门处理事项6件；建议有关部门处理事项21件。提交审计工作报告、信息144篇，被审计署《审计要情》采用2篇、《重要信息要目》采用26篇，《转送部委信息》采用2篇，中办、国办采用39篇次，党和国家领导人批示21篇次；李金华审计长向全国人大常委会所作《审计工作报告》引用3个案例。

1. 预算执行审计。审计发现管理不规范问题11077508万元，其中，预算编报不真实10271724万元，资金滞留闲置368339万元，财政支出核算不实8172万元，违规改变资金用途34059万元，决算草案编报不完整306318万元，其他问题88897万元。重要问题有：一些开发区擅自扩大税收优惠范围造成税款流失，一些开发区违规财政返还财政资金流失，一些开发区低价出让国有土地，农村劳动力转移培训中存在的问题不容忽视，退耕还林政策后续支持机制亟待完善。这些问题以《重要信息要目》上报国务院后，均被中办、国办采用，得到党和国家领导人的批示。

2. 专项资金审计。审计查出违规金融117万元，损失浪费金额771万元，管理不规范问题42442万元。重要问题有：城市廉租住房建设资金存在问题，在自然保护区搞旅游开发，住房公积金缴存差距大。这些问题以《重要信息要目》上报国务院后，均被中办、国办采用，得到国家领导人的重要批示。

3. 金融审计。审计发现管理不规范金额254457万元，其中应调账金额1810万元。二手房交易中偷逃税款严重，一些银行违规发放土地贷款，大量贷款流入房地产市场等问题以《重要信息要目》上报后，均被中办、国办采用，得到温家宝、黄菊同志的重要批示；查处的金融案件被温家宝总理批示公安部立案查处。

4. 固定资产投资审计。审计查出的主要问题有：应重视公路建设中的土地资源管理，违规设站收费，收费公路条例配套规章亟待出台，违规减免通行费，高速公路超标建设楼堂馆所等。这些问题以《重要信息要目》上报后，得到中办、国办采用。

5. 外资运用审计。审计查出损失浪费问题金额16824万元，管理不规范金额38701万元。主要问题有：部分国外贷款项目设备利用效益不高，各级财政垫付亚行贷款情况严重。这些问题以《重要信息要目》上报后，得到中办、国办采用。

6. 企业审计。审计查出管理不规范金额7413万元，主要问题有：加强企业审计促进企业发展，国家储备处管理亟待加强等，这些问题以《重要信息要目》上报后，得到中办、国办采用。（郭海鹏）

# 质量技术监督

**【名牌战略】** 按照山西省"十一五"规划提出的"努力实施名牌战略，重点培育一批中国名牌"的要求，在充分调研的基础上，研究拟定了《关于"十一五"期间加强中国名牌产品培育工作的意见》，并以"八大支柱产业"和"三大企业方阵"为重点培育对象，制定了《山西省"十一五"期间重点培育中国名牌产品和企业名单》。2006年共推荐11个产品参与中国名牌产品评选，其中太钢不锈钢、太重桥门式起重机和屯玉种业的玉米种子三个产品新评选为中国名牌，山西省中国名牌产品总数增加为12个，太钢、太重这两个大型骨干企业的主导产品入选中国名牌，提高了山西省名牌产品的竞争力和含金量。

（郝建玉　崔星梅）

**【质量和名牌奖励】** 2006年初，山西省政府隆重召开了首届政府质量奖暨名牌产品表彰大会，对2个政府质量奖、4个中国名牌产品企业予以重奖，拉开了全面启动"质量振兴"工程的序幕，到2006年底，全省各级政府共计发放质量和名牌奖励资金4646万元。为落实于幼军省长提出的质量立省、名牌兴晋战略，起草了《山西省人民政府关于贯彻落实科学发展观，坚持以质取胜，大力实施质量立省的意见》，并积极筹备召开质量立省动员大会。（郝建玉　崔星梅）

**【产品质量监督检查】** 产品质量定期监督检查做到统筹安排，2006年共检验了15873个企业生产、经销的产（商）品21920批次，其中，产、商品合格率分别为92.7%和88.98%。充分调度监督抽查资源，抽查合格率稳中有升，全年共对39类773种产品进行了监督抽查，合格472种，合格率为61%，同比提高了7个百分点。2006年有18家企业的19类产品获得国家免检产品资格，无论质量还是数量均创历史新高。（郝建玉　崔星梅）

**【打假治劣】** 以食品质量安全为主线，重点打击危害人民群众生命健康安全的制假售假行为；以落实辖区打假责任制为抓手，专项整治食品、农资、建材、煤炭、成品油等领域存在的突出问题；着力从源头打击和防范制售假劣活动，建立和完善标本兼治、重在治本的长效机制，取得了明显成效。据统计，2006年共出动执法人员15.45万人次，查处各类违法案件9670余起，查获假劣产品货值10500余万元，捣毁制假售假窝点1490个。

（郝建玉　崔星梅）

**【农村质监工作】** 大力加强农业标准化工作，共发布省级农业地方标准15项。长治市的农业标准化工作走在了全国前列，被评为全国仅有的两个农业标准化综合示范市之一，受到国标委表彰，带动了全省146个示范区建设。地理标志产品保护工作实现新的突破，继“十五”期间3个产品获得地理标志产品保护之后，2006年，阳城蚕茧获得国家地理标志产品保护。大力加强农村消费市场的监管，扎实开展了“百日农资打假”集中行动，狠抓坑农害农大案要案查处，仅忻州市查处假劣“天脊”牌硝酸磷肥一案，就为农民挽回直接经济损失130万元。积极探索在中心乡镇设立了农村质监工作站，其中临汾、晋中、晋城等地成效明显，得到了总局的肯定。（郝建玉　崔星梅）

【标准化工作】　按照山西省委、省政府“十一五”规划要求，结合山西省产业结构调整的实际，代省政府草拟了《山西省人民政府关于实施技术标准战略的意见》，加快了在重点行业、重点企业建立完善技术标准体系的步伐。2006年向国家标准委申报了科研计划项目17项，标准化技术委员会、分技术委员会及工作组46个，国家标准制修订计划145项，申报数量位于中部地区前列。进一步加快旅游服务标准化工作，在《山西省旅游景区景点服务通则》的总框架下，又发布了《山西省平遥古城沿街店铺服务规范》和《山西省乡村旅游客栈服务规范》等地方标准。

（郝建玉　崔星梅）

【能源计量工作】　召开了全省能源计量工作会议，安排部署了全省能源计量工作，并组成了12支全省能源计量服务队，与双百家重点耗能企业签订了节能降耗共同推进责任书。部分企业在能源计量和节能降耗方面积累了不少经验，创造了能耗水平在全国同行业最低的成绩。耗能大户阳煤集团2006年一年节约燃煤1.8万吨，节电400万千瓦时，节约费用700多万元，取得了良好的社会效益和经济效益。2006年，进一步履行了对交通超速认定计量行为和公路计重收费计量行为的监管，建立了山西电能计量管理体系。

（郝建玉　崔星梅）

【认证认可工作】　进一步加大了强制性产品认证监管执法工作力度，探索建立了3C长效监管机制。进一步开展了清理整顿非法认证专项活动，认证市场秩序明显好转。食品农产品认证工作迈出了可喜的步伐，杏花村汾酒厂股份有限公司等30家企业通过了有关认证机构的食品农产品认证。进一步加强了对实验室的资质认定，实验室人员素质不断提高。认真落实《认证咨询机构管理办法》，对认证咨询机构的监管和服务力度进一步加大。截至2006年底，全省各行各业获得管理体系和产品认证的有效证书累计达3889份，通过实验室资质认定的检测机构累计达500多家。（郝建玉　崔星梅）

【食品质量安全监管】　严格市场准入制度，积极稳妥地推进食品生产许可证审查发证。2006年全省累计发证1302张。全面构建食品生产监管长效机制，研制开发了《山西省食品质量电子监管系统》，登录企业达4569家，实现了上下互动联网和动态监管。突出重点区域、重点产品和重点企业，集中开展食品安全专项整治，加强对小企业、小作坊的监督管理，重点打击假冒伪劣、滥用食品添加剂和用非食品原料加工的违法行为。

（郝建玉　崔星梅）

【特种设备安全监察】　全面落实安全生产目标责任制，实行安全目标管理。扎实推进动态监管体系建设，不断完善安全协管员制度，完成了特种设备重大危险源的登记建档。制定了应急救援预案，实施了应急救援演练。集中开展了土特种设备、气瓶、危险化学品承压设备、压力管道和电站锅炉的专项整治，强化了薄弱环节治理。五一、十一、春节黄金周期间，认真组织开展特种设备安全大检查，及时消除安全隐患，确保了特种设备安全运行。2006年全省发生特种设备事故3起，死亡4人，未发生重大事故，死亡人数和直接经济损失逐年下降，圆满完成了省政府确定的安全目标责任，省局连续6年被省政府表彰为“全省安全生产先进单位”。

（郝建玉　崔星梅）

【行政效能建设】　按照山西省政府要求，开展了为期两个月的行政效能建设活动，同时结合本系统实际，开展了纪律作风整顿教育月活动，先后制定和完善了9个相关制度，完成了省局83项行政职权的疏理和行政职权运行流程图的编制工作。省、市局和有行政许可（审批）职能的事业单位全部建立了审批服务窗口（有的市局已进入了当地政府政务大厅），并配备了专职人员，其他许可环节的工作人员也实行了AB角制度，内部许可程序做到了受理—审查—批准“三分离”，从而使全系统的行政许可（审批）工作基本实现了一个窗口对外、一站式服务的工作机制，限时办结的承诺兑现率达到97%。

（郝建玉　崔星梅）

## 食品药品监督

【概述】　1.在全省范围内扎实组织开展了整顿和规范药品市场秩序专项行动。一是建立了“政府统一领导、部门分工负责、企业全面整改、社会各界监督”的药品市场监管机制，形成药品市场综合治理的新格局。二是坚持高标准、严要求，保证整顿和规范药品市场秩序不走过场。全省共出动执法人员101302人次，对32250个药品医疗器械生产、经营、使用单位进行了监督检查，其中警告1363家，限期整改902家，责令停产停业40家。取缔无证经营515户。共查办各类案件7116起，结案6551起，案件标值651.64万元，罚没款1534.07万元。通过集中解决影响药品安全的突出问题，严厉查处各种违法违规行为，使生产销售假劣药品的违法犯罪活动得到有效遏制，药品研制、生产、经营、使用单位的诚信守法意识、质量责任意识普遍增强，药品市场秩序明显好转。三是坚持“标本兼治、着力治本、重点突出、科学监管”，不断创新监管思路，探索科学监管机制，把集中整治和日常监管结合起来，治标和治本结合起来，严格执法和科学管理结合起来，探索建立药品监管的长效机制。

2.强化食品安全综合监督。一是加强食品安全工作制度和机制建设。全省各市、县建立了食品安全综合监督组织协调机构，形成了统一、协调、权威、高效的食品安全工作机制，进一步强化了地方政府的统一领导和部门之间的协调配合，初步形成了监管合力。二是组织农业、质监、工商、卫生等部门，在全省范围组织开展食品安全综合评价工作，推动了食品放心工程向纵深发展。三是深入开展食品安全专项整治。全省各级食品安全监管部门对食品种植养殖、生产加工、经营流通、餐饮消费等各个环节共检查食品企业数166246家，比上年同期增长220%。查处违法行为10328起，涉及货值金额1888.9万元，罚款总额944万元。其中立案查处4202起，涉案人数208人。取缔无卫生许可证生产企业204家，经营企业640家，餐饮企业655家；无营业执照生产企业249家，经营企业1676家，餐饮企业775家。经过专项整治，制售假冒伪劣食品猖獗的势头得到遏制，公众食品安全意识和维权意识不断增强。

3. 不断加强队伍建设，提升干部队伍素质和监管水平。一是抓学习，努力提高监管能力与执法水平。思想建设的重点是牢固树立执政为民的思想和科学的发展观，树立科学监管理念；业务能力建设的重点是熟悉掌握工作所涉及的政策法规和开展本职工作所需的业务知识，特别是监管的实际操作能力和服务大局促进医药经济发展的本领。通过学习，使干部队伍成为知识面较宽，行政能力较强的复合型人才。二是抓制度建设，强化队伍管理的约束机制。从监管工作的现实需要和事业的长远发展出发，构架完整科学的四项管理机制，即：以推行岗位责任制为核心，严格实行首问负责制、限时办结制和服务承诺制，形成顺畅快捷的工作运行机制；以实施工作目标管理责任制、行政执法责任制为核心，依照法定职责，量化目标考核，形成工作绩效的考核评价机制；以实行行政过错责任追究制为核心，推行政务公开，实施行政许可、行政审批、行政处罚等行为过错责任追究，形成严密的监督保障机制；以深化政风评议为核心，建立健全社会监督机制。通过加强学习、制度约束，广大干部队伍思想政治素质明显提高，为人民服务的宗旨意识更加牢固，保障人民饮食用药安全的责任意识进一步强化，促进经济发展的大局意识明显增强，依法监管廉洁从政的自觉性普遍提高，求真务实开拓创新的精神面貌得到充分焕发，全系统形成了讲团结、顾大局、谋发展、干事业的良好局面。（冯子刚）

**【开展食品药品安全状况和监管现状调研活动】** 为全面掌握食品药品监管工作面临的新情况、新问题，从深层次上探索监管的有效机制，提高食品药品安全保障水平，山西省食品药品监督管理局集中两个月时间，在全系统组织开展了食品、药品安全状况和监管现状调研活动。全系统共出动调研人员6500多人次，采取全面调查与典型调查相结合的方法，走访相关监管单位200余个，深入食品、药品生产经营企业及检验检测单位10254家，召开调研座谈会158次，形成食品安全书面调研报告186篇81万余字；形成药品安全书面调研报告52份30余万字。通过调查，摸清了食品安全存在的主要问题及其原因，理清了思路，明确了今后工作的重点。尤其是对部门职能交叉、检测资源分散导致的多头监管、形不成合力的问题，有了更深刻的认识。已形成的调研报告为省政府进一步完善机制、强化监管提供了重要的决策依据。通过对药品监管现状的调研，发现目前全省药品市场存在许多问题，有些还比较严重。研制环节申报资料不完整，生产环节制度执行不严格，经营环节经营行为不规范等问题，仍不同程度地存在，必须下大力气整治。特别是药价虚高问题，主要是由价格形成机制不合理、流通环节过多、经营不规范和“以药养医”医疗体制造成的。调研报告提出的“强化药品价格形成的科学性，加大药品价格形成过程的透明度，形成专家审评、社会参与、群众监督的价格形成机制；大力发展现代药品物流配送，减少流通环节，降低流通费用”等建议，得到了省政府和有关方面的高度重视与关注，已着手研究解决。报告的主要观点，先后被人民日报、新华网站、光明日报内参、山西信息、瞭望杂志等刊登。（冯子刚）

**【树立和实践科学监管理念】** 基于对药品安全形势和监管现状的分析，山西省食品药品监督管理局明确提出了“以科学发展观为指导，以保障公众用药安全、满足公众用药需求为目标，依法监管保安全，科学监管促发展，实现药品安全与医药经济健康发展的和谐统一”的科学监管理念，回答了“为谁监管、监管什么、怎么监管”的问题，为充分发挥监管职能，保障公众用药安全，促进医药经济健康发展提供了理论指导。全系统深入开展了科学监管理念的大学习、大讨论、大实践活动。大家普遍认识到，只有依法监管，才能为企业提供一个公平竞争的平台，才能为企业提供良好的发展环境；只有科学监管，才能正确处理监管与发展、公众利益与商业利益的关系，实现发展与安全的良性互动。只有与时俱进地树立科学监管理念，食品药品监管工作才能做到一心一意“为民”，尽职尽责“护民”，实实在在“利民”。通过树立和落实科学监管理念，工作中做到了有的放矢，促进了监管能力的提高，促进了药品市场秩序的好转，促进了医药经济健康发展，切实提高了公众用药安全保障水平。（冯子刚）

**【开展食品安全综合评价】** 按照“全省统一领导、地方政府负责、部门指导协调、各方联合行动”的工作机制，充分运用食品安全协调委员会这个平台，组织农业、质监、工商、卫生等部门，在全省范围组织开展食品安全综合评价工作。依照食品安全专项整治工作中的重点品种和环节，选择与人们生活密切相关的粮食、蔬菜、肉类、豆制品和乳制品等重点食品，采取统一评价标准、统一评价队伍、统一评价内容的办法，从政府工作情况、监管保障情况、措施落实情况、宣传教育情况和综合监督情况5个方面，对全省11个市进行了综合评价。通过对5个方面57项指标的量化考核和对政府及各监管部门的绩效评价，强化了地方政府负总责、相关部门密切配合的意识，推动了食品放心工程向纵深发展。（冯子刚）

**【建立药品市场综合治理新格局】** 为全面开展好整顿和规范药品市场秩序专项行动，山西省政府成立了由副省长胡苏平为组长，药监、公安、工商、卫生、监察、商务、广电、物价等8个省直部门领导为成员的整顿和规范药品市场秩序专项行动领导组，负责领导、协调和指导专项行动工作；山西省食品药品监督管理局也成立了领导组，并下设了4个专项工作组，具体组织开展专项行动。全省11个市和119个县区均相应成立了由政府分管领导为组长、相关部门领导为成员的领导组。6月19日，省政府召开了全省整顿和规范药品市场秩序工作会议，各市、县人民政府分管药品监管工作的副市长、副县长，公安、工商、卫生、监察、商务、广电、物价7个省直部门领导，以及全省各级食品药品监管机构主要负责人参加了会议。这次会议规模之大、规格之高，是山西省药品监管史上从未有过的。会议对药品专项整治行动进行了全方位的安排部署。之后，各市制定了操作性较强的实施方案，组织了声势较大的宣传发动。通过建立“政府统一领导、部门分工负责、企业全面整改、社会各界监督”的药品市场监管机制，形成了药品市场综合治理的新格局。各级政府协调公安、监察、卫生、商务、物价、广电、工商、质监、邮政等有关部门配合食品药品监管部门开展专项行动；各有关部门从大局出发，积极与食品药品监管部门密切配合、协同作战，共同推进整顿和规范药品市场专项行动。经过层层发动，各级政府保障药品安全的责任意识增强，部门协调配合的主动性提高，为全方位整治药品市场秩序打下了良好的基础。（冯子刚）

【整顿和规范药品市场秩序】 按照《山西省整顿和规范药品市场秩序专项行动方案》，在药品研制环节，重点整治药品临床前研究、临床试验、申报资料弄虚作假行为。全面核查了注册申报品种974个；开展医疗机构制剂清理整顿，撤销临床疗效不确切或不良反应大的品种939个；对全省7159个药品批准文号进行了普查，确保普查结果真实准确，把好药品源头准入关。在药品生产环节，重点整治药品生产企业存在的关键环节、重点岗位人员条件不达标，原料、辅料、主要包装材料购进管理制度不落实，生产现场管理规范执行不严格，原辅料进厂、中间产品、成品检验检测不到位等问题。组织对全省120家生产企业全面细致的检查，开展了化学原料药购进使用情况和中药提取委托加工情况专项检查。责令21家不按规范组织生产的企业停产整顿，并依法收回4家存在严重问题企业的GMP证书。在药品经营环节，重点整治借用他人证照经营、无证挂靠经营、零售出租柜台、货票分离的代理经营行为。共检查批发企业562家次、零售企业21300家次，警告、限期整改企业数量为2913家，停业整顿76家，收缴经营许可证102张，GSP证书12张。对全省4060家乡镇以上医疗机构和29628家村卫生所、诊所的药品购进情况、仓储情况进行了监督检查，警告及限期整改7700家，处罚8000余家。组织开展中药材、中药饮片、疫苗流通专项整治活动，警告及限期整改1467家，停业整顿1家；监督35家药品零售连锁企业的1618家零售门店实现了药品分类管理，警告及限期整改企业129家，停业整顿7家。发布违法药品广告公告947件，违法保健食品广告公告357件，全部移送工商行政管理部门处理，撤销药品广告批准文号3件。在药品使用环节，重点整治门诊、临床治疗中的不合理用药现象和药品不良反应、医疗器械不良事件不能及时报告的问题，以及医疗机构药品储藏条件不合格、非专业人员从事药品调剂工作等问题。严格监督实施《医疗机构制剂配制质量管理规范》和《医疗机构制剂配制监督管理办法》（试行），淘汰了29家不符合配制条件的制剂室，促进了医疗机构制剂配制水平的进一步提高。加强医疗机构用药行为监管，共监督检查医疗机构、诊所、卫生室40426家次，罚款641万元。加大对医疗器械监管力度，组织开展了对取消经营许可医疗器械的专项检查，检查涉械单位8224家，立案查处176起；开展对口腔义齿生产和使用的专项监督检查，确保口腔义齿产品的质量。对全省注册有效期内的产品进行了全面清理，对审批注册的236个产品进行了全面自查自纠。组织对全省127家医疗器械生产企业和636家医疗器械经营企业进行了全面检查，责令停产整顿的企业3家。发挥技术监督的支撑保障作用，增强药品监督性抽验的针对性，提高评价性抽验的科学性，完成抽验任务6500批次，检出不合格药品965批次，不合格比率为16.4%，不合格检出率同比提高了46%。对全省范围内的一次性输注器具、医电类产品和齿科材料等34个品种、55个批次的医疗器械进行了监督抽验，检出不合格器械5批次。积极开展药品不良反应监测工作，收集、上报药品不良反应监测报表16053份，全省每百万人口达478.5份，首次达到世界卫生组织公认的标准，在全国属于先进水平。（冯子刚）

【建立药品监管长效机制】 在整顿和规范药品市场秩序过程中，山西省食品药品监督管理局着力在药品生产经营企业普遍建立起规范管理、自我约束的自律机制，在监管中建立鼓励诚信、严惩失信的信用机制，建立健全药品监管、卫生、工商、公安、新闻媒体等有关部门分工负责、协同作战的联动机制，形成打防并举、综合治理的监督格局。同时，拓宽监管渠道，畅通举报途径，延伸监管网络，健全和完善人民群众有效参与的社会监督机制；坚持防治结合，预防为主，建立反应快捷、处置有力的药品安全事故应急机制，防范和应对药品安全突发事件的发生。（冯子刚）

【狠抓农村药品“两网”运行质量】 在进一步建立健全农村药品监督网络的基础上，不断深化完善网络的组织构架和组织活动。全省共聘请药品质量协管员2961名，药品质量信息员21065名，监督网覆盖率100%。在组织形式上，将其纳入各市、县社会发展的总体框架中，成为建设和谐社会的有机部分；在组成人员上，探索聘任与推选相结合的机制，更多地体现靠民监督；在组织活动上进一步深化内涵，既是药品监督信息网，又是药品法律法规知识的宣传网，科普网，从药品监督信息的反馈到用药知识的宣传，不断赋予网络建设新的内容，使之充满生机。在供应网建设上，结合新型农村合作医疗制度改革，大力推进医疗机构药房规范化建设，提高“规范药房”的达标率。全省县以上规范药房的达标率达到67.4%，乡镇“规范药房”达标率达到57.2%，村卫生室、诊所“规范药房”达标率达到28.3%。按照企业为主体，政府引导和市场竞争机制相结合的原则，因地制宜地完善和巩固药品集中配送、连锁供应网络，使之建得起、立得住、运行好，农民得益、企业有利、政府满意。全省集中配送额已达6亿元以上。各市县都建起了比较规范的药品供应网络，缩小了城乡医药服务差别，维护了农民群众的用药安全，农村药品质量有了保证。全省1284个乡镇全部完成了供应网建设，覆盖率达到100%；29453个行政村中有16855个村完成了供应网建设，覆盖率为57%。（冯子刚）

【忻州市农村药品“两网”建设成效】 在社会主义新农村建设进程中，农村药品监督网络和供应网络“两网”建设正在发挥着越来越重要的作用。2006年，忻州市食品药品监督管理局下大力气推进两网建设进程，确保农村广大人民群众的用药安全有效。

1. 监督网络建设取得重大进展。随着培训经费的逐步到位，在全市185个乡镇、4887个行政村聘请药品协管员230名和信息员4895名，初步建立了农村药品监督网络。印制了2000份培训资料，由各县分局对协管员和信息员进行培训，药品监督网络建设取得实质性进展。五寨县还本着管得住、用得上的原则，利用乡镇计生网络和防疫妇幼网络资源，选用公道正派、责任心强、有一定专业知识的兼职农村药品协管员，受到县社会主义新农村建设领导组的肯定。

2. 农村药品供应网络建设走出新路子。河曲分局以大红鹰山区流动医院的34个医疗网点为基础，整合规范现有村卫生所、农村药店、农村个体诊所资源，方便群众用药；在供应网络的空白点，则由县农村药品两网建设工作领导组统一协调，本着合理布局的原则，新建部分村卫生所、农村药店作为补充，药品供应网基本实现对全县的覆盖。

3."农村药品两网示范县"建设工作实现突破。河曲、五寨两县开展的"两网示范县"建设工作已按照国家验收标准完成最后的自查提高，等待验收。全市农村药店已达428家，药品供应网覆盖2735个行政村，覆盖率达54.9%，其中1000人以上行政村达67%，500人以上达26%，困扰忻州201万农业人口达几千年的"用药难"问题得到初步解决。

（陈晋刚）

**【实施"晋药战略"】** 山西省医药经济具有快速发展的基本条件和传统优势。在深入调研分析的基础上，山西省食品药品监督管理局根据本省实际，向省政府提出实施"晋药战略"的建议，大力推进医药经济由潜力产业向支柱产业的跨越式发展。一是创优医药经济发展环境。通过整顿，创造公平有序、统一开放的市场环境，自主创新、管理规范的竞争环境，健康和谐、服务优良的投资环境。二是搭建"晋药战略"平台。按照产业政策，在市场准入、审评审批、品种、企业布局等方面发挥行政许可的调控作用，鼓励优势企业开发特色品种，鼓励企业之间的整合重组，支持开展药品和医疗器械委托加工、药品研发外包服务等多种形式的科研生产模式；鼓励工业企业与商业企业的嫁接，鼓励医药园区内外企业之间联合形成大型集团。通过信用体系建设，鼓励诚信，惩戒失信，为实施晋药战略创造良好的基础条件。三是培育开放统一的市场体系。培育医药产业的资本市场，促进企业改制、重组，实现投资主体的多元化，积极引导各种社会资本进入医药投资领域。培育医药技术市场，充分运用品种注册管理的手段，发挥其在研发和应用之间的桥梁纽带作用，促进医药科研成果向生产的转化，提高企业的核心竞争力。在推行药品流通体制改革中，重点培育现代物流市场，促进形成一批覆盖区域广、运作能力强的现代药品物流配送企业，减少流通环节，提高晋药的市场拓展能力，形成安全有效的药品物流网络。

（冯子刚）

**【加强治理药品、医疗器械生产经营企业商业贿赂工作】** 按照国家局和省政府安排，在全系统组织开展了治理药品医疗器械生产经营企业商业贿赂专项行动。针对药品、医疗器械生产经营活动实际和药品监管工作的职能特点，突出抓好治理重点和治理目标的确定，特别强化源头治理，从自身行为规范上严格要求，严肃纪律，堵塞商业贿赂形成的漏洞。重点抓了五方面工作：一是广泛开展宣传教育，努力营造自觉反对商业贿赂、合力打击商业贿赂的社会氛围；二是认真指导企业开展自查自纠活动，提高企业自律意识，规范生产经营行为，从源头上遏制商业贿赂行为；三是搞好监管环节的自查自纠工作，重点查找薄弱环节和漏洞，规范执法行为；四是加大案件查办力度，震慑违法违规行为，遏制商业贿赂；五是准确把握政策界限，促进治理商业贿赂工作扎实有效开展。治理商业贿赂的社会氛围初步形成，治理商业贿赂的社会效果正在逐步显现，医院新特药销售量呈下降趋势，市场上普药的销售量正在上升，长效机制建设取得进展，为有效防范和治理药品、医疗器械生产经营企业商业贿赂打下了基础。

（冯子刚）

**【加强行政效能建设】** 为全面提高干部队伍素质和监管水平，促进依法规范行政和高效优质行政，全系统认真学习贯彻于幼军省长在全省政府系统干部大会上的讲话精神和省政府制定的《关于改进机关作风优化政务环境全面提高政府公信力和执行力的决定》《山西省行政机关及其工作人员行政过错责任追究暂行办法》，省局党组书记、局长高国顺代表全系统向社会作出行政效能建设公开承诺。对行政审批制度进行改革，发挥基层监督管理职能，将零售药店兼营医疗器械行政许可权限下放市局；行政审批服务大厅严格执行一个窗口受理、一次性告知和一条龙服务制度，简化办事程序，提高办事效率；严格执行政务公开制、服务承诺制和限时办结制，保证核发药品、医疗器械经营许可证在28个（法律规定30个）工作日内办结，保证行政许可事项变更在14个（法律规定15个）工作日内办结。为保证兑现承诺，组织开展了"六查六看"活动，保证了行政合法化、执法公正化和办结限时化。省局56项行政许可事项全部进入行政审批服务大厅，共受理行政许可事项828项，已按照承诺时限办结693项，没有一起超过规定和承诺时限。全省共受理举报（投诉）371件，查结案件2342起，查、结案率均为100%。（冯子刚）

# 经 济 管 理

**【概述】** 2006年，全省上下根据中央和省里的总体部署，以科学发展观统领经济社会发展全局，坚决贯彻中央宏观调控政策，围绕“十一五”规划，以实施支柱产业和重大项目的战略布局为重点，全面推进经济结构调整和经济增长方式转变，国民经济和社会发展取得了新的成就。全省经济呈现出增长较快、效益较好、物价较低、活力较强的发展态势，城乡、区域发展的协调性增强，和谐社会建设迈出坚实步伐，资源环境保护工作得到加强，各项社会事业全面进步，改革开放向更深层次和更广领域推进，顺利实现了“十一五”时期经济社会发展的良好开局。

1.“三大收入”同步增长，经济运行质量提高。全省生产总值完成4746.5亿元，增长11.8%，其中：第一产业增加值276.6亿元，增长5.1%；第二产业增加值2742.5亿元，增长15.3%；第三产业增加值1727.4亿元，增长7.7%。财政总收入完成1048亿元（含“两权”收入），增长38.2%，扣除资源探矿权和采矿权收入，同口径增长20.3%。城镇居民人均可支配收入突破1万元大关，达到10027.7元，增长12.5%；农民人均纯收入达到3180.9元，增长10%，连续3年增幅超过两位数。

2.农业和农村发展态势良好，工业经济效益稳步提高。粮食总产量107.3亿公斤，增长9.8%，为山西省历史上第三个高产年。新修村村通水泥（油）路2.2万公里，89%的建制村通了客车；实施农村饮水安全工程，解决了200万农村人口的饮水安全问题；启动“万村千乡”市场工程和新农村现代流通网络工程，建成3710个农村便民连锁店。总投资近3000亿元的448个“两区”开发产业项目，总体进展情况较好，重点项目陆续开工建设。全省规模以上工业企业完成增加值2086.2亿元，增长18.3%；实现利润增长41%。宏观调控效果继续显现，煤炭、粗钢、钢材、生铁、焦炭、电力等六大产品增幅增均在13%～23%之间，与往年相比，增幅差显著缩小，均衡增长态势为近年来少见。

3.消费市场继续活跃，旅游业快速发展。社会消费品零售总额完成1613.4亿元，增长15.2%。居民消费价格总水平比上年上涨2.0%。旅游业继续坚持“规划为纲、市场为先、文化为魂、线路为形”的战略构想，在全省范围整治旅游景区环境和秩序，加快旅游基础设施建设，同时，加强了旅游目的地市场营销，积极推进国内客源地市场促销，继续巩固和开拓海外旅游市场等工作。全年旅游总收入达到428.4亿元，增长46.7%。

4.投资结构明显改善，重点工程进展顺利。投资结构呈现“一产稳、二产优、三产强”的态势。全社会固定资产投资完成2321.5亿元，增长24.9%。第一产业投资61.2亿元，增长22.2%；第二产业投资1345亿元，增长19%；第三产业投资915.2亿元，增长34.8%。其中，房地产开发投资完成208.6亿元，增长17.2%。投资结构优化趋向明显，煤化工、装备制造、材料、食品、纺织行业、第三产业投资增幅高于平均水平；煤炭、冶金、炼焦等宏观调控重点行业投资增幅明显回落；技改投资增幅远高于基建投资。

全省43项重点工程建设项目共完成投资296.7亿元，占年度计划的98.7%；累计到位资金246.94亿元，占年度计划的82%。太钢150万吨不锈钢改造工程、阳泉新元煤矿、大同塔山煤矿、王曲电厂、太原二电厂六期、太原理工大学多学科实验楼、侯马至禹门口高速公路、横泉水库等12个项目按计划进度顺利完工；华晋焦煤王家岭煤矿、太原机场改扩建、忻州至长城岭高速等10个项目按计划顺利开工；山西焦化150万吨焦炉扩建、天然气输气管网工程等工程正在按计划进度顺利施工，阳城电厂二期、柳林电厂二期、运城电厂正在进行设备安装和调试，西龙池抽水蓄能电站上下水库已成型，离石至军渡、阳城至侯马等高速公路路基、桥涵构造物基本完工，采煤沉陷区治理和棚户区改造明显加快。

5.外贸出口形势好转，对外开放取得重大突破。全省进出口总额完成66.3亿美元，增长19.5%，其中出口41.4亿美元、进口24.9亿美元，分别增长17.3%和23.3%。全省实际利用外商直接投资4.72亿美元，增长71.5%。沪港招商签约项目578个，总投资规模6070亿元，合同和协议引资3807亿元，不少项目正在落实或已开工建设。与德国北威州友好合作关系稳步发展，山西省政府代表团再访北威州，双方签署了《进一步加强两省州经贸战略合作备忘录》，并共同举办了“矿山设备、机械制造项目洽谈会”、“气候保护与煤炭利用能源论坛暨合作洽谈会”等一系列活动，在煤矿机械制造、能源综合利用、煤层气开发、煤化工、清洁发展机制（CDM）、人才培训、园区建设等方面的合作势头良好，互设金融办事处等设想正在推进。同时，与国外政府贷款及亚洲银行、世界银行、苏格兰皇家银行、新加坡星展银行、香港金融集团等保持深入接触，努力寻求对山西省经济社会发展的支持。

6.“三大工程”顺利起步，循环经济扎实推进。“蓝天碧水”工程有力推进，二氧化硫、化学需氧量等污染物排放总量得到初步控制，全省重点城市空气二级以上天数继续增加。造林绿化工程明显加快，植树造林515万亩。采煤沉陷区治理工程新建房屋面积226万平方米，可安置居民37649户，维修加固和货币补偿141万平方米，可使25万职工及家属受益；矿区棚户区改造工程开工144万平方米，重点煤矿棚户区改造当年计划全部完成。发展循环经济方面，《山西省循环经济发展规划》《山西省加快发展循环经济实施意见》《山西省建设资源节约型社会行动纲要》等政策文件已正式颁布实施。焦化污染防治以及节水型社会建设等一系列专项规划已上报国家发改委，一批重大项目列入了国家规划。

7.社会事业全面发展，和谐山西建设迈出新步伐。城镇新增就业岗位42.6万个，下岗失业人员再就业16.9万人，城镇登记失业率3.2%。企业基本养老保险、失业保险、医疗保险、工伤保险参保人数继续扩大。75万农村特困群众由特困救助纳入低保制度，10.25万“五保”对象实现应保尽保。安居工程使6万多户困难群众入住新房。新型农村合作医疗试点扩大到56个县（市、区），覆盖53.7%的农村人口，参合率达到86%。农村养老保险积极推进。全省中小学办学条件继续得到改善；高等教育和职业教育稳步发展，专业布局和学科设置进一步优化。“两区”54个县（市、区）农村义务教育阶段学生全部免除了学杂费。科技创新继续取得突破，创新机制不断完善。152处文物列为国家重点保护单位，总数已达271处，居全国第一。安全生产形势继续好转，亿元地区生产总值生产安全事故死亡人数为0.88人；煤炭生产百万吨死亡人数为0.845人。文化体育、新闻出版、广播影视、气象测绘、计划生育等各项社会事业全面发展，人口自然增长率为5.75‰。

在充分肯定成绩的同时，还应清醒地看到，山西科学发展、和谐发展隐忧突出，主要表现在四个方面：

（1）节能降耗、污染减排压力很大。2006年上半年工业节能量只完成了全年目标任务的37%；全年万元GDP电耗同比上升了3.72%；单位GDP综合能耗下降1.97，没有完成下降5.6%的预期目标。土地使用效率、中小煤矿资源回收率，以及焦炉煤气等重要资源利用率等指标仍然较低。污染减排方面，一些地区污染物排放总量继续增加，可吸入颗粒物、二氧化硫、二氧化氮日均浓度值继续上升，环境污染问题相当突出。

（2）落后产能比重过高。经调查，按照国家产业政策和环评标准，山西在2010年以前应淘汰的落后产能，生铁约3700万吨，粗钢约600万吨，焦炭3000万吨，水泥1100万吨，电石铁合金数10万吨。以上产能产量总产值相当于2005年工业销售产值的1/5。

（3）构建和谐社会任重道远。全省每年新增就业岗位仅40万个左右，而需要就业的人数约120万，供需比为3∶1，而全国这一比例大体为2∶1。城镇和农村居民的收入差距持续拉大，相对差距从2000年的2.5∶1扩大到上年的3.2∶1，绝对差距扩大至6846.8元。医疗卫生资源80%集中在城市，农村人均医疗卫生资源与城市相差7～8倍。此外，科技、教育、文化等方面对和谐社会的支撑力也明显不足。

（4）体制机制改革明显滞后。当前制约山西经济社会全面发展、又好又快发展的体制性、机制性因素和矛盾仍然十分突出，如市场经济体制不健全，国有企业活力不强，非公有制经济发展不足，城乡协调发展机制薄弱，政府职能转变以及教育、卫生、文化、体育等社会事业改革艰难。

此外，全省区域发展不平衡、投资与消费增长不协调、工业企业亏损面较大、重大安全及突发性环境污染事件时有发生等问题，都需要高度关注和努力解决。

（冯翠竹）

# 对外经济

**【利用外资】** 2006年全省共批准外商直接投资项目150个，比2005年增长76.47%；项目总投资33.89亿美元，比2005年增长38.72%。

外商投资企业出口完成6.68亿美元，增长28.53%。合同外资额13.42亿美元，同比增长21.78%；实际利用外资4.72亿美元，同比增长71.53%；外商投资企业出口完成6.68亿美元，增长28.53%。

外商直接投资行业：外商直接投资项目中生产型项目101个，占67.33%，非生产型项目49个，占32.67%。

外资直接投资来源：主要来自香港、英属维尔京群岛、美国、巴哈马、泰国、加拿大、台湾省、韩国、英国等国家和地区。

（李少英）

**【对外经济合作】** 承包工程和劳务合作 签订对外承包工程和劳务合作合同项目105个，金额2.86亿美元，比2005年的2.10亿美元增长35.92%；完成营业额2.86亿美元，比2005年的1.87亿美元增长53.31%；当年派出劳务人员770人，年末在外人数2666人，主要派往日本、澳大利亚、喀麦隆、毛里求斯等。

对外投资 在海外开办企业23个，投资总额12069万美元，中方投资金额12069万美元，主要分布在阿联酋、德国、印度、美国、俄罗斯、尼日利亚、阿根廷等15个国家和地区，都正在建设中。

（李少英）

**【开发区】** 开发区 全省有省级以上开发区16个（其中，国家级2个，省级14个）。

国家级开发区（太原高新技术产业开发区、太原经济技术开发区）共实现科工贸总收入691.38亿元，GDP211.98亿元，工业总产值581.27亿元，税收收入8.59亿元，进出口5.37亿美元，引进国内资金151.58亿元，合同利用外资1.43亿美元，实际利用外资1.14亿美元。

省级开发区 共实现科工贸总收入525.34亿元，GDP158.53亿元，工业总产值263.72亿元，税收收入21.61亿元，进出口2.10亿美元，引进国内资金67.57亿元，合同利用外资1.43亿美元，实际利用外资6703万美元。（李少英）

**【涉外旅游】** 2006年接待入境国外旅游者和港澳台同胞57.50万人次，比2005年的42.25万人次增长36.1%。旅游外汇收入1.60亿美元，比2005年的1.16亿美元增长37.93%。出境人数5.80万人次，增长10%。（李少英）

**【内陆开放地区】** 山西省会太原市（地区） 2006年社会消费品零售总额437亿元，同比增长13.7%，实际利用外资1.38亿美元，同比增长73.45%。进出口总额为41.13亿美元，同比增长19.93%。其中出口24.26亿美元，同比增长14.39%；进口16.86亿美元，同比增长28.91%。新批准成立外商投资企业26家，项目投资总额3.7亿美元，合同外资4.89亿美元，同比增长104.75%；内外投资938万美元。（李少英）

# 各类展洽会

**【举办“山西（香港）投资洽谈会”】** 7月27日，2006年山西（香港）投资洽谈会在香港会展中心胜利落下帷幕。于幼军省长出席签约仪式暨成果发布会并讲话。范堆相常务副省长主持发布会，并宣布港洽会闭幕。宋北杉副省长发布港洽会招商引资、招才引智成果。这次港洽会是山西省规模最大、层次最高、影响最广、成效最好的一次招商引资活动。全省共签订经济合作项目347个，引资额364亿美元，折合人民币约3000亿元，标志着山西省对外开放、招商引资取得重大突破、迈上新台阶。其中，省签项目139个，投资总额410亿美元，引资额257亿美元；各市签约项目208个，引资额107亿美元。此外，山西省与国际金融机构签订境外上市融资协议6个、利用能源基金用于煤电提升项目协议3个，涉及引资额60余亿美元。

此次港洽会，山西省不仅引进了大量的资金，促成了一批合作项目，更重要的是结交了很多朋友，锻炼了招商引资队伍，开阔了干部队伍的视野，搭建了今后进一步交流合作的平台，达到了全面宣传山西、推进招商项目、寻求合作伙伴、促进晋港合作的目的，标志着山西省对外开放取得了突破性进展，进入了一个新的发展阶段。通过此次港洽会，一个开放的山西全面展示给了香港，介绍给了世界，向香港、向世界传递了山西决心进一步深化改革、扩大开放的信号，对今后山西进一步扩大对外开放将产生积极而深远的影响。　　（李少英）

**【参加第99届中国出口商品交易会（春交会）】**　第99届广交会共有来自211个国家和地区的19万采购商到会。省商务厅王淑珍厅长亲临交易会，鼓励山西省参展企业要很好地利用广交会平台，了解信息、结识客户、优化出口商品结构、扩大成交。要求交易团要加大对品牌商品的扶持，也希望参展企业不断提高自主创新能力，努力掌握核心技术，叫响中国品牌，提高企业的国际竞争力；尽快扭转山西省企业自主创新能力不强、产品附加值低、品牌知名度不高的局面；要通过实行出口商品品牌战略来实现外贸出口增长方式的转变。

本届广交会山西省共有展位209个，参展代表800余人，本届交易会山西交易团累计成交27410.8万美元，比第98届秋交会增长46.07%，比第97届春交会增长20.77%。品牌展位、名优展位、特装展位占展位总数比率大幅提升，参展商品结构进一步优化，将为推动山西省出口商品优化结构和转变出口增长方式、完成2006年任务做出积极的贡献。

（李少英）

**【参加第100届中国出口商品交易会（秋交会）】**　举世瞩目的第100届广交会于2006年10月15日～30日在广州举办，这是我国外贸发展史上的一件盛事，中共中央政治局常委、国务院总理温家宝亲自出席第100届广交会开幕式庆祝大会并发表重要讲话；中共中央政治局常委李长春专程视察第100届广交会，国务院副总理吴仪出席了开幕式庆祝大会。党中央、全国人大、国务院、全国政协有关方面的领导，香港、澳门特别行政区行政长官，各省区市领导，部分国家政府代表团、驻华使领馆代表团、工商界知名人士等5000多位海内外嘉宾，共同见证了广交会的百

表7　**山西省2006年利用外资情况表**

| 利用外资方式 | 批准签订的合同 | | | 实际利用外资 | |
|---|---|---|---|---|---|
| | 项目数（个） | 外资金额（万美元） | 金额比上年增长（%） | 金额（万美元） | 金额比上年增长（%） |
| 外商直接投资 | 150 | 134207 | 21.78 | 47199 | 71.53 |
| 合资企业 | 71 | 37109 | 3.4 | 27908 | 134.5 |
| 合作企业 | 28 | 43759 | 0.4 | 1368 | －0.8 |
| 外资企业 | 51 | 53339 | 73.7 | 17923 | 25.9 |

表8　**山西省2006年进口额500万美元以上商品情况表**

| 金额分类 | 商品名称 | 进口金额（万美元） | 占进口总额比重（%） |
|---|---|---|---|
| 1亿美元以上（5种） | 铁矿砂及其精矿、镍锍、氧化镍烧结物及镍冶炼的其他中间产品、铜矿砂及其精矿、未锻轧的非合金镍 | 94132 | 37.84 |
| 1000万美元～1亿美元（29种） | 未列名处理金属的机械、铬矿砂及其精矿、不锈钢废碎料、板材热轧机、镍铁、氧化铝、铜锍、锰矿砂及其精矿、其他铸造机、乙酸乙烯酯、炉外精炼设备、工业或实验室用感应或电介质炉及烘箱、具有独立功能的机器及机械器具、板材冷轧机、立式加工中心、冷室压铸机、数控外圆磨床、固体矿物质的分类筛选分离或洗涤机器、其他非电热的工业或实验室用炉及烘箱、不饱和无环烃、润滑油基础油、金属轧机用轧辊、其他机动叉车其他装有升降或搬运装置工作车、风机风扇、空气泵气体压缩机、化学木浆、铬铁、利用温度变化处理材料的机器装置及类似的实验室设备 | 103925 | 41.78 |
| 500万美元～1000万美元（18种） | 装有点燃式活塞内燃发动机的发电机组、数控的用放电处理各种材料的加工机床、非自推进泥土矿等运送平整等机械、四硼酸钠、镁钙或铬耐火砖瓦、液压往复式排液泵、滚珠轴承、具有独立功能的电气设备及装置、未涂布牛皮纸、电镀电解或电泳设备及装置、已烧结的铁矿砂及其精矿、电机驱动的其他制冷设备用压缩机、其他电力控制或分配盘板台、行星齿轮减速器、以环氧树脂为基本成分油漆及清漆、其他燃气轮机、链式连续运送货物或材料的升降机及输送机、炼焦炉 | 14643 | 5.89 |
| 合　　计 | 52种 | 212700 | 85.51 |

届盛典。

第100届广交会累计成交额达到340.6亿美元，创历史新高，比2006年春交会增长5.7%，比2005年秋交会增长15.7%。成交额列前三位的是欧盟、美国和中东。共有来自212个国家和地区的19.27万名采购商到会。

第100届广交会山西交易团累计成交2.49亿美元，比2005年秋交会增加32.8%。其中：第一期成交1.78亿美元；第二期成交0.7亿美元。主要成交类别是：机电产品8841.1万美元，占成交总额的35.5%；五金机械、矿产化工类6387.1万美元，占成交总额的25.6%；玻璃器皿、日用陶瓷、体育器材等日用消费品类共成交4098.8万美元，占成交总额的16.4%。（李少英）

**【参加第十六届华东交易会】** 第十六届华东进出口商品交易会于3月1日～6日在上海新国际展览中心隆重举行。

本届华交会大会总成交30多亿美元，到会采购商达到2.3万多人。主要来自日本、韩国等东亚国家，其中日本客人仍居第一位，欧美客商大幅增加，来自全球各大连锁店采购集团共30多家，大大超过往届。山西省参加了联合交易团的展洽，王俊辰副厅长率外贸处参加了展会。山西省共有20个参展企业、70多家参展商参展。主要参展类别是轻工工艺、纺织服装两大类。总成交3600多万美元，比上届增加28.6%，其中玻璃器皿成交1500多万美元，体育休闲用品600多万美元，纺织服装1000多万美元，工艺礼品类成交500多万美元。（李少英）

**【参加第八届中国国际高新技术成果交易会】** 第八届中国国际高新技术成果交易会10月12日至17日在深圳召开，山西省在此次高交会上取得了预期效果，共计签约合同项目12个，合同金额达25.6亿元人民币，并对山西省的招商引资项目和投资环境进行了大力推介。

围绕本届高交会自主创新、循环经济和知识产权保护三大主题，以副省长宋北杉为团长的山西省代表团共有500多项高新技术成果参加了这次盛会。在项目推介上，山西省重点突出了电子信息、机电一体化、生物医药技术、环境保护等多项高科技项目，数量比往年有所增加，总数达161项。高等院校和科研院所项目达

表9　**山西省2006年外商直接投资分行业情况表**

| 行业 | 外商直接投资合计 | | |
|---|---|---|---|
| | 项目数（个） | 合同外资 | 实际投资 |
| 农、林、牧、渔业 | 5 | 2121 | 0 |
| 采矿业 | 12 | 15977 | 18018 |
| 制造业 | 84 | 57422 | 20760 |
| 电力、燃气及水的生产和供应业 | 5 | 6146 | 742 |
| 建筑业 | 6 | 11361 | 319 |
| 交通运输、仓储和邮政业 | 2 | 3677 | 650 |
| 信息传输、计算机服务和软件业 | 1 | 5 | 0 |
| 批发和零售业 | 11 | 11465 | 449 |
| 住宿和餐饮业 | 1 | 139 | 650 |
| 房地产业 | 10 | 10258 | 4997 |
| 租赁和商务服务业 | 8 | 12378 | 572 |
| 科学研究、技术服务和地质勘查业 | 2 | 130 | 30 |
| 水利环境和公共设施管理业 | 1 | 497 | 0 |
| 居民服务和其他服务业 | 1 | 1325 | 0 |
| 文化、体育和娱乐业 | 1 | 1306 | 12 |
| 合计 | 150 | 134207 | 47199 |

表10　**山西省2006年外商投资主要来源情况表**

| 国别（地区） | 项目数（个） | 合同外资（万美元） | 实际外资（万美元） |
|---|---|---|---|
| 香港 | 67 | 55141 | 3966 |
| 英属维尔京群岛 | 22 | 46836 | 29873 |
| 美国 | 18 | 7437 | 1654 |
| 巴哈马 | 0 | 5500 | 5510 |
| 泰国 | 1 | 4400 | 0 |
| 加拿大 | 6 | 3933 | 92 |
| 台湾 | 7 | 2829 | 111 |
| 韩国 | 6 | 2552 | 239 |
| 英国 | 2 | 2486 | 1500 |
| 印度 | 0 | 1069 | 1075 |
| 合计 | 129 | 132183 | 44020 |

表11　**山西省2006年主要进口市场情况表**

| 国别（地区） | 进口金额（万美元） | 占进口总额比重（%） |
|---|---|---|
| 澳大利亚 | 34605 | 13.91 |
| 德　国 | 33325 | 13.40 |
| 印　度 | 26308 | 10.57 |
| 日　本 | 22132 | 8.90 |
| 古　巴 | 20258 | 8.14 |
| 加拿大 | 11809 | 4.75 |
| 合　计 | 148437 | 59.67 |

43 项，有效地促进了山西省产学研的链接和科技成果的转化。在现场签约的 12 个项目中，基本涵盖了设备制造、高新产业创业建设等 10 多个行业，取得了丰硕成果，山西省在本届高交会上荣获优秀组织奖。（李少英）

**【参加第十届中国国际投资贸易洽谈会】** 第十届中国国际投资贸易洽谈会于 9 月 8 日至 11 日在厦门国际会展中心举行，山西省组团参加了本届投洽会，取得了积极的成果。

山西省连续参加了前九届投洽会，历届投洽会签约的项目目前已有 18 个投产开业，实际总投资 2.1 亿美元，涉及化工制造、医药开发、建材生产销售、食品加工、工艺品生产、纺织服装制造等行业，对全省经济结构调整起到了积极作用。

本届投洽会上，围绕全省"十一五"规划和"十一五"期间的重点投资领域，对 2006 年以来全省征集的 3000 多个项目对外进行了全面的推介。在此基础上，重点筛选了涉及煤化工、装备制造、材料工业、旅游设施建设以及电子信息、汽车及零部件生产、特色农产品深加工、污水和垃圾处理、房地产开发等领域的 70 个项目，同国内外投资商进行了共计 134 场次的项目对接洽谈，对接方包括美国、英国、澳大利亚、日本、新加坡、香港、台湾以及北京、深圳、福建、浙江、厦门等省市的企业和投资公司。另外，会上山西省共签约 6 个项目，总投资 10073 万美元，其中拟引进资金 8823 万美元。

在本届投洽会期间，有 80 个国家和地区的境内外客商参加，山西省抓住这一有利时机，广泛宣传了山西省的对外开放形象。宋北杉副省长在"中国中部及东北地区投资优势介绍会"上做了题为"大运山西、商机无限"的主旨演讲，介绍了山西省的产业优势和投资环境；全省十一个市对各地的特色产业和发展环境进行了广泛深入的推介。通过这次投洽会，达到了宣传山西、推介山西的目的。

（李少英）

**【参加第一届中部贸易投资博览会】** 第一届中部贸易投资博览会于 9 月 28 日在湖南长沙落下帷幕。来自商务部等国家有关部门、中部六省代表团及国内外企业的代表齐聚长沙。本届中博会的主要内容为货物贸易、投资洽谈、旅游推介和"万商西进"大会等大型专题活动。

山西省派出了以于幼军省长为团长、宋北杉副省长为副团长的大型代表团参加了此次博览会。山西省取得了不错的成绩。此次博览会山西省共签约招商引资项目 145 个，其中引进内资的项目 88 个，总投资额 261.1338 亿元人民币，引进资金 231.4276 亿元人民币；利用外资的项目 57 个，总投资额 29.7296 亿美元，引进资金 24.7609 亿美元。省委副书记、省长于幼军，省政协副主席边鸣涛以及山西省代表团和签约各方出席签约仪式。

引进内资的 88 个项目中，合同 41 个，总投资额 74.852 亿元人民币，引进资金 69.0012 亿元人民币；协议 42 个，总投资额 184.3474 亿元人民币，引进资金 160.492 亿元人民币；意向 5 个，总投资额 1.9344 亿元人民币，引进资金 1.9344 亿元人民币。

利用外资的 57 个项目中，合同 22 个，总投资额 8.2904 亿美元，引进资金 5.5727 亿美元；协议 31 个，总投资额 17.0882 万美元，引进资金 14.8472 万美元；意向 4 个，总投资额 4.351 万美元，引进资金 4.341 万美元。

中国中部投资贸易博览会是国务院批准的大规模、高规格的中部六省投资贸易平台，由商务部等国家部委局和六省人民政府共同举办。会前，山西省做了充分的准备工作，港洽会结束后，就把工作的重点转移到了中博会的筹备工作上来，将沪洽会、港洽会签约的项目进行了删除，并与有关厅局和各市商务局联系广泛征集项目，并挖掘、开发、整理和发布了一批新的招商项目。同时积极搞好客商邀请和项目对接，为项目洽谈签约打下了坚实的基础。（李少英）

**【参加第十届中国东西部合作与投资贸易洽谈会】** 2006 年 4 月 6 日～10 日，第十届中国东西部合作与投资贸易洽谈会在古城西安举行，以副省长宋北杉为团长、副厅长杨来栓为副团长兼秘书长的山西代表团，共组织了 200 多个企业、500 多人、1600 多个项目和近千种产品参展，来自 40 多个国家和地区 3000 多名外商参加了此次盛会。在本届洽谈会上，山西省代表团认真落实省委省政府对外开放大会求真务实的精神，借助这一平台，充分利用境内外客商多的有利时机，主动出击，广交朋友，多渠道、多层次、全方位扩大对内对外交流与合作，取得了丰硕成果。山西省共签订国内联合项目合同 12 个，总投资额 24.3 亿元，引进省外资金 16.35 亿元；签订利用外资项目合同 2 个，总投资额为 2659 万美元，引进外资 1712 万美元；商品贸易合同成交总额 5800 万元。这次所签订的项目大都是物流配送、农副产品加工、生物制药、现代市场建设等，反映了省委、省政府调整产业结构，转变经济增长方式的新成果。

（李少英）

**【参加 2006 东北亚暨环渤海国际商务节】** 2006 年东北亚暨环渤海国际商务节 5 月 18 日上午在河北省廊坊市开幕，此次商务节已由政府高层论坛层面向企业合作层面有实质性进展，东北亚暨环渤海区域合作正向纵深发展，呈现出了良好的发展合作势头。

以宋北杉副省长为团长、省商务厅李双才、安云亮为副团长的山西代表团参加了此次商务节。山西省共发布对外招商项目 600 多个，其中，装备制造业项目 78 个，特色农业产业项目 136 个，现代服务业项目 162 个，能源及化工产业项目 42 个，基础建设产业项目 47 个，新型材料、医药、高新技术产业项目 95 个，产权交易类项目 45 个。这些招商引资项目作为"港洽会"推介项目中的一部分，为山西省 7 月"港洽会"扩大了宣传。

商务节期间，宋北杉副省长接受了中央电视台、河北电视台等新闻媒体的采访。他指出，环渤海地区正在成为继长三角、珠三角之后推动我国经济增长的第三级，对西部大开发、东北振兴和中部崛起拉动作用日趋明显，"十一五"期间，山西将加快运用高新技术和先进适用技术改造提升煤炭、焦炭、冶金、电力 4 大支柱产业，为环渤海经济圈的发展提供有力的能源支撑，与此同时，精心培育、全力推进煤化工、装备制造、材料和旅游 4 大新的支柱产业的发展，与环渤海兄弟省市实现优势互补，共同致力于区域内产业水平的提高。（李少英）

**【参加第三届中国—东盟博览会】** 10 月 31 日～11 月 3 日，第三届中国—东盟博览会在南宁举行。本届博览会的召开正值中国—东盟建立对话关系十五周年，国务院总理温家宝、东盟各国首脑莅临大会，出席参加了十五周年纪念峰会、商务与投资峰会开幕、博览会开幕仪式等重要活动。中国—东盟博览会已在逐渐成为中国东盟之间的经贸、投资、科技、旅游等多个领域交流合作的重要平台。

山西省高度重视，派出以宋北杉副省长为团长的代表团，组织农业、机电、建材等70余家企业参加了本次博览会，经过代表团成员的共同努力，共实现合同意向成交额4120万美元，外经劳务合作意向成交额2740万美元，意向采购额842万美元，分别比上年增长38.7%、37%、40%。（李少英）

**【参加“十一五”规划区域合作发展战略系列情况介绍会】** 2006年5月19日，“十一五”规划区域合作发展战略系列情况介绍会在广州召开。此次会议由广州市协作办公室主办，广东省和广州市各相关商会负责人和来自珠三角工商界的代表约150人应邀参会。

山西省商务厅副厅长高文平受邀作了《崛起的山西蕴藏着无限商机》的主题演讲，他向与会各方介绍了山西的基本情况、产业政策、投资环境和新兴重点投资领域，并推介了山西的重点招商引资项目。他指出，在煤化工产业、装备制造业、材料工业、旅游业、服务业、特色农业和农畜产品加工业、基础设施、国有企业改造等方面，山西省有着得天独厚的区位优势、产业优势、市场优势、人才优势和技术优势，并有着无限商机，将是山西省“十一五”招商引资的重点领域。同时，介绍了山西在区位、交通、人才、科技、市场等方面的投资优势和营商环境，山西省新公布的一系列税收和土地方面的招商引资优惠政策等。

会上发布了山西省第一批通过“三堂会审”的320个重点招商引资项目，并制作成光盘，与最新编印的《山西投资指南》画册一起发给参会客商，邀请他们到山西实地参观考察投资。这次赴穗推介活动为即将于7月下旬举行的香港招商洽谈会的成功举办做了充分的前期项目发布、客商邀请、对接洽谈等准备工作。（李少英）

**【参加海峡两岸农业成果展暨项目推介会并取得成果】** 2006年10月19日～20日，海峡两岸农业合作成果展暨项目推介会在厦门隆重举行，这是两岸之间加强农业交流合作的重要举措。中央政治局委员、国务院副总理吴仪，中国国民党荣誉主席连战先生莅临会议，国台办、农业部、商务部等中央、国务院有关部门的领导同志都出席了会议。山西省对此项活动十分重视，组成高规格代表团参会，在各方的共同努力下，取得十分明显的成效。

按照大会分工，省商务厅主要负责组织落实全省对台农业招商项目推介会，为此，省商务厅从项目征集对接、客商邀请和资料准备等方面做了悉心准备，共推出240余个农业招商项目，涉及养殖、农产品深加工等各个领域。经过紧张的对接，在推介会上当场与台湾客商签约了4个项目，分别是：沁县农业综合开发基地项目、襄垣县微生物肥料项目、沁县生态观光园项目、闻喜县万亩甜柿项目，总投资2000万美元。《厦门日报》等多家媒体都对山西的推介会做了报道。

在接受各地媒体采访时，梁滨副省长欣喜而充满信心地表示：山西的农产品以绿色、保健引领当今饮食潮流，台湾在农产品科研、深加工和产业化发展等方面有着良好基础，双方有着很好的合作空间。通过这次活动，使晋台两地各方面都认识到加强农业合作的良好前景。（李少英）

**【参加第二届中国餐饮业博览会取得圆满成功】** 由商务部和陕西省人民政府共同主办的第二届中国餐饮业博览会于2006年10月18日～20日在西安举行，有25个国家、38个省市组团参加展会，这是我国有史以来规格最高，规模最大，国际化程度最高的餐饮业盛会。山西省组织代表团参加了本届展会，宋北杉副省长、王洪岐副秘书长亲临西安，厅领导高度重视，在代表团成员的共同努力下，取得了丰硕的成果。

山西省代表团共获得七个奖项：大会组委会颁发的“最佳展团组织奖”和“最佳展位设计奖”。山西省参展企业太原江南餐饮集团获得了商务部首次授予的“中国餐饮十大品牌企业”称号和国际饭店协会与中国饭店协会授予的“国际餐饮名店”称号。他们研发的“晋商乔府宴”获得了中国饭店协会颁发的“中国名宴奖”，其中的“内贤持财”获得“中国名点金鼎奖”，“糟香鲥鱼”获得“中国名菜奖”。此外，山西省组织的面艺表演团在大会欢迎晚宴上进行的面艺表演，获得了与会领导、专家的高度赞扬。（李少英）

**【参加第二届中国焦炭国际市场研讨会】** 6月29日～30日，由中国五矿化工进出口商会、山西省商务厅、北方焦炭联合体共同主办的“第二届中国焦炭国际市场研讨会”在北京喜来登长城饭店举行，会议的主题是交流分析当前我国焦炭出口的形势、产供销经营状况、内外贸市场走势及存在的问题，研究探讨我国焦炭行业走出困境、走上健康可持续发展道路的对策。来自国家相关部门的领导及国内外焦炭业界的专家、学者、企业家代表等200余人参加了会议。

会上，山西省商务厅厅长王淑珍做了主题发言，她向与会的各位代表介绍了近年来山西焦炭产业的治理整顿及发展情况。她指出，山西作为全国最大的焦炭生产与出口基地，近年来焦炭产业得到了飞速发展，迈上了新台阶，焦炭产业已成为全省的重要支柱产业。同时，焦炭还成为山西省的第一大出口商品，对全省外贸出口的快速增长发挥了巨大的带动作用。目前，山西的焦炭产业同全国一样，也面临着产能过剩，市场低迷的严峻形势，对此山西省委、省政府予以了高度重视，并积极采取各项对策。一方面，继续响应国家九部委下达的清理整顿焦炭产业的决定，坚决关闭、淘汰落后的焦炭产能，另一方面，加大焦化行业的结构调整力度，提高技术装备水平，延伸产业链，增强综合竞争能力。特别是山西省政府已将煤化工产业列为“十一五”期间重点支持发展的四大新型支柱产业之首，推出了一批重点招商引资项目，包括甲醇及衍生物、乙炔化工、粗苯加工、化肥、煤焦油深加工、煤制汽油、煤层气与焦炉煤气多联产利用等。最后，王淑珍厅长还向与会的国内外代表简单介绍了山西人文地理及投资环境以及山西省委、省政府进一步扩大对外开放的各项举措，并热忱邀请国内外的企业家、客商来山西考察、投资、发展，共创美好明天。

国家发改委、环保总局、海关总署、安全生产监督局、中国五矿化工进出口商会的有关领导及来自德国、波兰、日本、印度等国的企业家与国内主要焦炭生产企业、出口企业的代表也都在大会上做了发言。（李少英）

**【举办2006年“山西省投资促进实务研讨会”】** 为提高山西省投资促进工作人员的实务操作能力，及时掌握世界投资促进的发展趋势和最新理念，经商务厅批准，山西省投资促进中心于2006年10月18日至20日在太谷县成功举办了“山西省投资促进实务研讨会”。

参加会议的代表来自省直有关厅局、市商务局、市县投资促进机构、省级开发区以及招商引资的重点项目单位等在山西省投资促进工作第一线的领导和工作人员，共计70余人。

在研讨会上，省投资促进中心首先做了“今后几年世界直接投资（FDI）的发展趋势及中国目前的现状”的分析。随后，来自比利时的跨国投资顾问有限公司、泰国万浦集团、香港金融街、加拿大摩根基金和北京的投资专家都做了十分精彩的演讲。参会代表认真听讲热情提问，还同来自国外的公司进行直接交流、沟通。有些代表同国外客商约定还将继续进行洽谈。也有些代表在散会后就直接将客商带回了当地。

与会代表和到会客商都反映，这次研讨会办的“务实、有效”，使人“大开眼界”。使代表们获得了投资促进工作的最新认识和知识理念。对于提高山西省投资促进工作人员的能力建设有着十分重要的作用。这次会议后，大同、忻州等地的投资促进机构也计划近期在当地召开同样内容的研讨会。（李少英）

**【举办山西国际投资合作对接项目洽谈会】** 由山西省人民政府主办、山西省商务厅承办，世界经济贸易联合促进会协办的山西国际投资合作对接项目洽谈会于11月6日～8日在太原晋祠宾馆举行。

本次洽谈会是继“沪洽会”、“港洽会”、“中博会”之后山西省又一大型国际经贸合作交流活动，是一次创新招商方式、采取更加务实的形式促成项目合作的有益尝试。

参加本届洽谈会的有来自世界10多个国家和地区的57家客商、中方企业代表共200多人。洽谈项目187人，覆盖全省各市。投资商涉及美国、加拿大等国家和地区。另外还有30多个项目外商拟在山西省寻找合作机会，这些项目包括农业及农产品深加工、轻纺机械、工业园区、科技园区等。

洽谈会本着突出针对性、互动性、务实性的原则，采取“环境推介、项目对接、互动交流、参观考察”相结合的方式，充分发挥企业的主体作用，力求为合作双方搭建一个广阔而实效的平台。宋北杉副省长到会，介绍了山西的省情、引资重点、发展战略和蕴藏的商机。王淑珍厅长对投资优势和重点招商项目作了介绍。

（李少英）

**【举行“中部崛起品牌行”山西品牌宣传推广仪式】** 2006年8月13日上午，“品牌万里行”“中部崛起品牌行”山西品牌宣传推广仪式在省城南宫广场隆重举行。商务部部长薄熙来、副部长高虎城、姜增伟以及江西、湖南、湖北、安徽、河南等中部五省的有关部门、商务部各司局的负责人出席启动仪式，省领导张宝顺、于幼军、申联彬、申维辰、宋北杉以及省有关部门负责人、省内自主品牌企业代表、商务厅机关全体和直属企事业单位代表一同参加了启动仪式。

由商务部和山西省人民政府联合主办的此次山西品牌宣传推广活动，对于山西省积极落实建设创新型国家战略、加快山西省自主品牌建设具有重要意义。通过开展一系列品牌评价、促进、推广和保护活动，“中部崛起品牌行”山西站推广活动将进一步提高全省人民的品牌意识，推动山西省自主品牌的健康发展。副省长宋北杉主持了宣传推广仪式。

于幼军省长在宣传推广仪式上致辞。他首先对“品牌万里行——中部崛起品牌行”宣传推广团的到来表示欢迎，感谢国家商务部以及全国新闻界朋友长期以来对山西建设发展所给予的关心、支持和帮助。此次“品牌万里行”活动，以商务新长征的形式到全国各地进行系列活动，宣传推广品牌，树立良好的品牌意识，这对于加强我国品牌建设、提高国际竞争力、促进经济增长方式转变具有重大的意义和作用。他希望，以此次“品牌万里行”活动为契机，进一步加强全省品牌建设的力度，采取更加有力的措施，积极引导企业提高自主创新能力，在全省形成一个“做品牌、用品牌、爱品牌”的良好氛围。薄熙来部长指出，商务部与其他部门共同举办的“品牌万里行”活动，意在落实胡锦涛主席提出的建设创新型国家的伟大号召，弘扬中华民族伟大的创造精神。作为有着悠久传统和深厚底蕴的晋商文化的发源地，山西在新世纪为创造中华品牌可以大有作为并能做出新的更多的贡献。此次来山西，感到格外地亲切，也感到格外地振奋。山西是我们的老革命根据地，山西人民为中华民族的解放奋斗牺牲，可歌可泣。在社会主义建设时期，山西也是国家社会主义建设的老工业基地，是全国瞩目的能源基地，在农业战线上也曾树起了艰苦奋斗的标杆。在新时期，山西以开放促改革，以开放促发展，社会主义各项事业又取得重大进展，让人欢欣鼓舞。商务部愿为山西的发展振兴再添一把柴，再出一把力，把山西建设得更加美好。

张宝顺书记、薄熙来部长共同为“品牌万里行”“中部崛起品牌行”山西站宣传活动仪式剪彩。在宣传推广仪式上，山西杏花村汾酒集团董事长郭双威代表50家参展企业宣读了创新品牌倡议书。山西省品牌企业代表太重集团董事长高志俊和老字号品牌代表六味斋实业有限公司董事长阎继红向商务部副部长高虎城、姜增伟呈交了“中部崛起品牌行”山西万人签名长卷。（李少英）

## 新举措新成绩

**【省商务厅举办外商投资企业网上联合年检培训】** 为适应商务部、财政部、海关总署、税务总局、工商行政管理总局、外汇管理总局2006年外商投资企业实行网上联合年检的要求，2006年1月6日～10日，经商务部协调安排省商务厅外资处与天堂互联科技有限公司共同在浙江省杭州市举办了“网上联合年检审批系统培训”。这次培训由天堂互联科技有限公司专业人员授课，培训内容就各年检职能部门启用新的联合年检的相关知识、网上联合年检计算机操作系统等内容进行了重点讲解。省直联合年检成员单位及各市商务局56人参加了培训学习。

此次培训是外商投资企业实施联合年检工作以来规模较大的一次培训。通过培训，学员们系统掌握了开展网上年检的基本知识与具体操作程序，为2006年网上联合年检的顺利开展打下了良好的基础。同时，参会学员相互进行了业务交流，开阔了思路，收到良好效果。

（李少英）

**【全省商务工作会议召开】** 2006年元月23日，全省商务工作会议在太原召开，副省长宋北杉出席并讲话，会议由省政府副秘书长王洪岐主持，省商务厅厅长王淑珍作工作报告，副厅长王俊辰传达全国商务工作会议精神并作小结。会上，富士康等7家单位进行了经验交流。

副省长宋北杉指出：在大力推动全省外向经济发展方向，要积极引进国外战略投资者，着力优化进出口产品结构，鼓励扶持企业“走出去”发展；在加大招商引资工作力度方面，要大力整治改善投资发展环境，在全社会营造“诚实、守信”和“亲商、富商、安商”的良好氛围，抓好项目库建设，创新招商引资方式；在扎实推进扩大内需和引资消费方面，要改造提升传统服务业，大力发展新兴服务业，重点培育连锁龙头企业，积极推进物流园区建设。

会议围绕省委、省政府确定的全省国民经济和社会发展“十一五”规划，从全省国民经济大局出发，提出了2006年商务工作重点：一是从招商项目开发、产业投资引导、招商活动前期对接等方面着手，继续加大引资力度，提高利用外资的质量和水平。二是从科学规划指导、培养优势产业载体、创新优化环境等方面着手，提升开发区发展水平，促进区域经济发展。三是从抓好万村千乡市场工程、发展新型流通业态、加强市场运行监测与调控、规范市场秩序等方面着手，积极引导消费，加快内贸流通业发展。四是从搭建交流平台、实施品牌战略和“走出去”战略、推动重点产品出口等方面着手，优化外贸结构，推进外贸增长方式转变。

会议要求：全省商务工作者一定要充分认识对外开放的新形势，增强机遇意识，紧紧抓住当前难得的发展机遇，乘势而上，奋起直追，扎实工作。抓住战略重点、关键环节、落实举措，开创山西省商务事业发展新局面。（李少英）

**【组织中国青年企业家山西创业活动】** 为了加强山西与全国（含港澳台）青年企业家交流与合作，大力实施人才强省战略，推动山西对外开放和招商引资工作，由团中央、省委、省政府、中国青年企业家协会主办的“中国青年企业家山西老区行——创业发展活动”于四月份在山西省举行。活动的主要内容即介绍山西省投资环境，发布并对接山西招商引资项目，促进交流合作，推动山西省产业优化升级和经济发展。

为搞好这一重要活动，省商务厅作为活动组委会的主要承办单位之一，非常重视前期准备工作，责成省投资促进中心负责招商引资项目的征集、筛选、审核、报送等工作。在时间紧、任务重的情况下，加班加点选出省重点投资领域610个项目，于2006年1月18日报送组委会并呈报团中央，为举办好这项活动做了较充分的准备工作。（李少英）

**【省长于幼军到省商务厅调研指导国企改革】** 2006年2月9日上午，于幼军省长、靳善忠副省长、宋北杉副省长带领省政府各有关部门负责人到省商务厅对国有商贸流通企业改革进行调研。在听取了王淑珍厅长代表厅党组汇报后，省领导对商务厅改革取得的成绩予以充分肯定，对下一步深化改革的思路认为可行，并作了重要指示。

汇报会上，于省长作了重要讲话，他指出：省商务厅积极主动、想方设法、千方百计、积极探索国有企业商贸流通企业改革并较早启动，确实解决了一部分重点、难点问题。工作深入细致，所提的建议很好，特别是有一些深层次的思考，对下一步制定政策具有借鉴意义。如审批权限问题，关闭破产、转制企业的党员管理，退休职工管理问题，确实值得深入研究。他强调：国企改革是事关山西省全局的重大战略问题，也是山西目前困难较大的问题。面临艰巨的任务，下一步继续深化改革，应注意把握如下几点：第一，要明确这一轮改革方向和任务。这次改革就是要在1～2年内解决政企分开、事企分开，割断各厅局与各企业的人财物关系，这样政府部门可以认认真真、清清爽爽履行行业管理职能；第二，一般竞争性行业，国有以退为主，可采取转制为民营、国有参股、关闭破产等方式。要摸查、分析、排队，分类解决。第三，要高度重视、千方百计、尽力解决好下岗职工的安置，特别是关闭破产企业职工的问题，在落实有关改革政策时，要认真甄别并区别对待，把好关、不造假，平稳地推进改革。

靳善忠副省长和宋北杉副省长也对省商务厅狠抓国企改革，特别是积极想办法，解决职工出路方面做的大量扎实工作进行肯定，同时提出资产公司的正确定位按国务院有关部门要研究，除依法破产外的其他形式，如清算和注销，在政策出台之前，改革的步子不能停，并要继续搞好。

李政文秘书长及省国资委、省国土厅、省财政厅、省劳动厅等部门领导也发了言，认为商务厅国企改革启动早、力度大、行动快、成效好，消化了不少历史包袱，并对商务厅下一步深化改革提出了一些好的意见和建议。（李少英）

**【完善网站及数据库功能　全方位服务招商引资】** 2006年2月24日上午，山西省投资促进中心召开了《全省招商引资项目数据库管理系统》和《山西省投资促进网站建设项目》内部征求意见会，省商务厅办公室、外资处、规财处、机电处、信息化处、开发区处、商务发展中心、研究中心、外商投诉中心及外资协会等单位的领导出席了会议。省投资促进中心介绍了这两个项目的基本情况，之后进行了功能演示。与会人员对两个项目分别提出了宝贵的意见和建议。省投资促进中心将认真研究、改进和完善省投资促进网及项目数据库，努力把“山西省投资促进网”办成山西省对外开放、招商引资的重要窗口和平台，充分发挥“全省招商引资项目数据库”的信息化管理作用，更好地为山西省投资促进、招商引资提供全方位的服务。（李少英）

**【省商务厅与法国驻华商务参赞进行商务洽谈】** 应商务部和山西省的邀请，法国驻华使馆商务参赞伯努瓦先生于2006年2月24日来晋。2月25日在迎泽宾馆与省商务厅及省投资促进中心、省农牧厅、旅游局及山西省部分项目企业就山西省吸引利用外资的投资环境、经济技术合作项目等进行了友好会谈。

商务厅王淑珍厅长首先介绍了山西的资源优势，省投资促进中心郝左平主任介绍了山西省煤炭、电力、能源等方面的基本情况，并向法方提供了1700多个对外招商引资项目资料。伯努瓦先生对法国“不列颠”地区进行了重点介绍。不列颠地区与山西有着非常相似的经济产业，合作前景广阔，法方在农牧业、旅游业、能源和设备制造业等方面与山西进行经济合作及投资有浓厚兴趣。

双方就山西丝绸、山西小杂粮、旅游资源、山西空客的航空配件加工、手机外壳的加工等合作项目进行了深入的交流和探讨。这次会谈，将有利于山西省与法国双方的相互了解、增进友谊、加强合作。省投资促进中心将以此为契机，加强和法国企业和投资机构的联系，促成法方来山西省的投资。（李少英）

**【省商务厅及时贯彻全省对外开放工作会议精神】** 2006年3月28日下午，全省对外开放工作会议刚刚闭幕，省商务厅就及时召开有各市商务局、省级以上开发区、直属企事业单位负责同志和厅机关全体参加的大会，雷厉风行、不折不扣贯彻会议精神。宋北杉副省长到会并作指示，他从进一步解放思想、下决心改善政务环境、加强招商引资项目基础工作和全力组织好2007年的重点招商活动等方面，就如何狠抓落实作了部署。王淑珍厅长从全面落实科学发展观、抓住中部崛起机遇、致力于对外开放的高度提出了具体而明确的要求。以落实工作目标责任制的方式对重点工作进行层层分解，明确责任，细化目标。近期，省商务厅将派出调研督查小组分赴各市县宣讲政策，加强调研，指导工作，督促落实，并着手起草对外贸易、开发区建设、“走出去”、流通业对外开放等方面的配套政策，以形成促进对外开放的政策保障体系。（李少英）

**【省商务厅获全省党委系统信息工作先进单位、政府系统信息工作红旗单位】** 2005年，在厅领导的重视关怀支持下，在厅机关各处室及全省商务系统各信息报送点的共同努力下，省商务厅政务信息工作紧紧围绕山西省商务工作的中心任务，多角度、全方位、分层次地以开放促改革促发展等特色向省委、省政府提供了大量有价值的商务政策信息，在全省考核中积分名列前茅。2006年4月13日，省委办公厅在吕梁市召开了全省党委系统信息工作会议，荣获2005年度信息工作先进单位，受到大会表彰。省政府以晋政办函（2006）116号通报了20个信息工作红旗单位，（省直厅局10个），53个信息工作先进单位予以表彰。其中，省商务厅荣获“2005年度信息工作红旗单位”。

（李少英）

**【省商务厅贯彻“全省加快推进国有企业改革动员会”精神】** 山西省加快推进国有企业改革动员会议之后，省商务厅于2006年4月11日及时召开传达贯彻会议。马珩总会计师主持，省商贸资产经营公司和厅属30家企业的主要负责人参加。

会议认真传达学习了于幼军省长和靳善忠副省长在全省加快推进国有企业改革动员会议上重要讲话，对13个国企改革配套文件（讨论稿）进行了集体学习和讨论。各企业负责人结合本企业的实际情况，积极发言，提出了许多建设性的修改意见和建议。马珩总会计师结合商贸企业的实际情况进行了答疑解惑，使大家对改革政策有了更加深刻的理解和认识。他要求各企业抓好传达学习工作，组织企业职工对“会议精神和配套文件”进行学习，充分听取职工的意见，提高职工对国企改革的主动性；各企业要加强组织领导，合力攻坚，实现国有企业改革的新突破。

通过学习，大家统一了认识，增强了信心。普遍认为，这次国企改革省委、省政府高度重视，具体政策措施出台及时，改革力度大，针对性和可操作性强。文件内容涉及范围广，内容包括产权转让、破产办法、改革专项资金管理、职工劳动关系处理、离退休职工管理、注册登记、清产核资、党组织关系等企业改革遇到的重要、疑难问题的处理办法，可以说既解决了改革成本的问题，又解决了操作层面的问题，为山西省国有企业改革规范有序改革提供了支持和保证。（李少英）

**【“网通时空”首届网络媒体山西行启动】** 2006年5月11日上午，“网通时空”首届网络媒体山西行大型采访活动在迎泽宾馆开幕。新华网、人民网、央社国际网、新浪网、搜狐网、百度网等66家新闻媒体参加。此次活动旨在落实全省对外开放会议精神，推动山西走向世界，大力宣传山西。省委云公民副书记主持大会，于幼军省长介绍了山西发展概况及十一五对外开放的思路，并回答了黄河新闻网、央视国际网和新华社等媒体关注的问题。

在新闻发布会上，省商务厅李双才纪检组长介绍了山西利用外资现状、招商引资项目及省商务厅服务于招商引资工作的主要举措，并回答了记者们关注的有关扩大对外开放、吸引外商投资优惠政策等方面的问题。（李少英）

**【第二届中国焦炭国际市场研讨会在北京举行】** 2006年6月29～30日，由中国五矿化工进出口商会、山西省商务厅、北方焦炭联合体共同主办的“第二届中国焦炭国际市场研讨会”在北京喜来登长城饭店举行，会议的主题是交流分析当前我国焦炭出口的形势、产供销经营状况、内外贸市场走势及存在的问题，研究探讨我国焦炭行业走出困境、走上健康可持续发展道路的对策。来自国家相关部门的领导及国内外焦炭业界的专家、学者、企业家代表等200余人参加了会议。

会上，山西省商务厅厅长王淑珍做了主题发言，她向与会的各位代表介绍了近年来山西焦炭产业的治理整顿及发展情况。她指出，山西作为全国最大的焦炭生产与出口基地，近年来焦炭产业得到了飞速发展，迈上了新台阶，焦炭产业已成为全省的重要支柱产业。同时，焦炭还成为山西省的第一大出口商品，对全省外贸出口的快速增长发挥了巨大的带动作用。目前，山西的焦炭产业同全国一样，也面临着产能过剩，市场低迷的严峻形势，对此山西省委、省政府予以了高度重视，并积极采取各项对策。一方面，继续响应国家九部委下达的清理整顿焦炭产业的决定，坚决关闭、淘汰落后的焦炭产能，另一方面，加大焦化行业的结构调整力度，提高技术装备水平，延伸产业链，增强综合竞争能力。特别是山西省政府已将煤化工产业列为“十一五”期间重点支持发展的四大新型支柱产业之首，推出了一批重点招商引资项目，包括甲醇及衍生物、乙炔化工、粗苯加工、化肥、煤焦油深加工、煤制汽油、煤层气与焦炉煤气多联产利用等。最后，王淑珍厅长还向与会的国内外代表简单介绍了山西人文地理及投资环境以及山西省委、省政府进一步扩大对外开放的各项举措，并热忱邀请国内外的企业家、客商来山西考察、投资、发展，共创美好明天。（李少英）

**【加强电子商务培训，推动电子商务应用】** 为了使山西省各类外经贸企业更多学习电子商务知识，通晓外经贸业务管理中如配额许可证申领、招投标、加工贸易申报等电子政务系统，了解外经贸企业现代

图为钱江大酒店　　张文芳　摄影

化商务活动如在线广交会、网络营销平台、网眼等电子商务应用系统，山西省商务厅于2006年7月6日在省人大培训中心联合举办了首期电子商务培训。全省各市、县商务局的相关部门负责人、山西省电子商务协会和全省各类外贸企业约240余人参加了培训。

来自华美泛亚科技的资深行业专家和技术专家向与会代表详细介绍了大型国际贸易电子商务应用平台——“贸自通”的功能、使用说明和Demo演示；中国国际电子商务中心的资深讲师为参会企业介绍了中心的电子商务产品，如在线广交会、全球进出口商动态监测数据、全球买家、网眼、外贸分析软件、自助网站等。中心丰富的商务产品线和强大的产品功能给与会企业代表留下了深刻的印象。同时还为企业代表讲解了加工贸易、进出口许可证、招投标系统的使用流程。此次培训，山西电视台、《山西日报》、《山西经济日报》等6家媒体也应邀前来进行了采访报道。由于准备充分，工作落实到位，覆盖面广，培训收到了良好的效果。

本次培训激发了各企业对电子商务的浓厚兴趣。与会代表对电子商务有了初步了解，开阔了对信息化建设的思路。各外经贸主管部门对正在应用的电子政务系统有了更清晰的了解。与会代表普遍认为培训介绍的应用系统有助于提高各外经贸主管部门及企业运用电子政务和电子商务的能力，希望以后多举行相关培训，进一步了解和掌握更新的电子商务知识。（李少英）

**【大同商务局率先部署改进机关作风优化政务环境工作】** 2006年7月7日下午，大同市商务局召开“改进机关作风，优化政务环境”动员大会，大同市商务局机关科室和下属单位负责同志约150多人参加了会议。会议传达了《省政府关于改进机关工作作风 优化政务环境 全面提高政府公信力和执行力的决定》，并就全市商务系统改进机关作风，优化政务环境，提高行政服务水平等工作进行了全面的部署和安排。

大同市商务局党组书记、局长栗培林提出三点意见。第一，要充分认识“改进机关作风，优化政务环境”的重要性和紧迫性。改进机关作风，优化政务环境，是践行“三个代表”重要思想、牢固树立科学发展观的内在要求。第二，以实际行动诠释“改进工作作风，优化政务环境”。商务局作为扩大对外开放的前沿部门和窗口单位，要率先改进、率先优化、率先提高、率先落实，以实际行动为外来投资者创造优良的投资环境。第三，抓住关键环节，全力推动机关作风转变和政务环境优化。政府部门的执行力、公信力和服务水平是政务环境的核心，是有效组织和动员社会各方面资源、力量推进经济社会发展的根本保证。同时要求商务机关的广大干部职工一定要做到四个树立：树立诚信意识。每个人都要对自己进行一次自查，都要自觉树立和强化诚信意识，用诚信作为社会成员的基本品格，用诚信作为商务公务人员的政治品格和行政品格。树立大局意识。这是衡量每一位商务战线公务员尤其是领导干部是否合格的重要标志。树立服务意识。商务局作为对外开放的行政部门，要为投资者着想，全力营造“重商、亲商、安商、富商”的氛围。坚持把为企业、为投资者竭诚服务作为我们工作的出发点，自觉将工作精力集中到企业、投资者身上，为他们办实事、办好事。树立效率意识。现代市场经济的竞争是围绕速度的竞争，提高行政效率是政府部门全部行政管理活动追求的重要目标。我们必须从我做起，从工作的每一个环节做起，切实提高行政效率。只有这样，才能捕捉机遇，乘势而上，为推动大同市经济社会实现跨越式发展而做出应有的贡献。他强调，要严格商务行政审批制度，要严格执行商务限时办结制和服务承诺制，建立商务行政过错责任追究制，改进机关作风要搞好四个结合，即：和巩固先进性教育相结合，和搞好商务工作相结合，和政风、行风评议相结合，和创造人民满意机关和人民满意公务员相结合。通过执法行政、服务行政、效率行政等方式来把市商务局打造成科学行政、依法行政、服务经济、争创一流的人民满意的机关。（李少英）

**【省商务厅、财政厅举办中小企业国际市场开拓资金网络管理系统的培训班】** 国家为加强对中小企业国际市场开拓资金管理，提高工作效率与质量，进一步体现资金管理的公开、公平、公正、透明性，自2006年起，全国统一启用了“中小企业国际市场开拓资金网络管理系统”（网址：http：//www.smeimdf.org）。企业申报、项目审核、公示与批复等一律使用该网络管理系统。

根据山西省实际情况，省商务厅与省财政厅于7月6日、7日联合召开了各市商务局、财政局管理人员及省属中小企业承办人员关于中小企业国际市场开拓资金网络管理系统的培训。培训内容主要讲解了《管理办法》和《实施细则》的修改情况、2006年的申报流程以及新开发的网络管理系统的使用，并进行实机操作，当场通过了“企业资质注册”首项任务。

这次培训准备充分，通过现场演练，当场解决疑问，取得了良好的效果，达到了预期目的。（李少英）

**【《山西省外商投诉工作论坛》创刊】** 山西省外商投资企业投诉服务中心2006年6月辟建了《山西省外商投诉工作论坛》。为开拓、创新外商投诉协调工作，着力打造专业、高效的投诉服务体系，更好地为中外投资者、外商投资企业和吸引外资工作服务，现为季刊。创刊之际宋北杉副省长对省外商投诉中心提出了殷切的希望，“希望为外商合法权益、为社会主义法制经济、为优化投资环境做出扎扎实实的工作”。王淑珍厅长对省外商投诉中心提出了具体要求，“做好外商投资协调和调解工作，改善我省的投资环境，充分发挥好投诉平台的作用”。旨在为研讨政策、交流工作经验、推介成功模式构筑互动和协调平台。更为重要的是搭建了一个协调和调解外商纠纷的平台，成为沟通政府和企业、企业和企业交流的平台。进一步实现了省外商投诉中心塑造山西形象、改善投资环境、构建交流平台、发布评测报告、提供咨询服务、实施执法监督的六大作用。《山西省外商投诉工作论坛》是山西省外商投资企业投诉服务中心主办的内部刊物。秉承“以交流促创新，以创新促发展”的办刊宗旨，坚持刊物品质第一位的办刊理念。常设栏目有：政策发布、理论探索、工作动态、典型案例、经验交流等。（李少英）

**【富士康（太原）科技工业园二期工程奠基】** 2006年7月13日上午，富士康（太原）科技工业园二期工程奠基典礼隆重举行，省领导张宝顺、于幼军、范堆相、宋北杉，富士康科技集团总裁郭台铭等参加奠基典礼，省长于幼军、富士康科技集团总裁郭台铭分别致辞讲话。

二期工程主要功能为镁铝合金深加工、热传导产品、模具开发及部分汽车零组件的导入，建筑面积49.9万平方米，其中厂房14栋、宿舍8栋、餐厅2栋、附属用房2栋，预计三年内全部建成并投入使用。一、二期工程建设完工后，总投资额将超过10亿美元，需要员工65000人，成为全球最大的镁铝合金产品生产基地。

郭台铭总裁说，我们有三个目标：一是富士康科技集团把太原园区建设成为全国最有规模、最具科技开发实力的科技工业园；二是把太原园区建设成为世界最大的镁铝合金科技制造和研发基地，把太原市建成闻名全球的“镁都”；三是坚持“晋才晋用”理念，继承晋商“勤奋、敬业、谨慎、诚信”传统，把太原园区建成全球最大最好的科技园区。

于幼军省长代表省委、省政府对二期工程奠基表示祝贺。他指出，富士康太原园区的建设，是我省积极扩大对外开放、扩大招商引资的重要成果，是加快调整优化产业结构、振兴太原老工业基地、加快山西经济社会发展的重大举措。同时，园区一期建成、二期奠基，饱含着郭台铭先生心系桑梓、报效家乡的心血。郭先生白手起家，艰苦创业，事业有成后不忘报效国家、报效家乡，此情可敬可嘉。富士康已经迅速发展成为全球500强、世界IT产业的龙头企业之一，郭台铭先生是山西人的骄傲，是新晋商的杰出代表和领军人物。园区一期工程陆续投产，开始为山西经济建设做出贡献；二期工程奠基动工，其建设、生产规模更大，对山西经济社会发展做出的贡献也将更大。他希望省市有关部门、单位要对园区的建设发展高看一眼，厚爱三分，提供更加高效的服务和优质的政务环境，共同努力加快园区的建设发展，使其迅速发展壮大。

富士康项目的落户，使山西省IT产业、材料加工产业和制造业的整体水平有了极大的提高，为山西省产业结构调整发挥了重要的作用。一百多家配套企业的发展，使太原市产业体系更加完善，配套能力进一步增强。富士康两年来解决了三万多个就业岗位，特别是解决了太原市中专技校就业的社会问题，富士康的快速发展拉动了周边餐饮、商贸、娱乐、医疗、交通、房地产和房屋租赁业的高速发展。

（李少英）

图为位于太原市亲贤街的佰金汉浴宫外景

张文芳　摄影

**【商务部长薄熙来一行在山西省考察】**
2006年8月13日，商务部薄熙来部长，高虎城、姜增伟副部长以及有关司局长一行20余人在省长于幼军，省委常委、太原市委书记申维辰，副省长宋北杉，省商务厅厅长王淑珍等陪同下，先后赴美特好滨河超市、太原钢铁公司、东湖老陈醋集团、唐久超市物流配送中心、清徐梗阳集团、富士康工业园区、高新区罗克佳华公司等企业进行考察调研。

在美特好超市滨河店，薄部长饶有兴趣看了该超市琳琅满目的日用品、生鲜水果等。当他走到古城乳业的产品前，对随行人员讲，在加速品牌现代化建设同时，我们要予以大力支持。

在太钢冷轧板车间，薄部长对太钢走新型工业化发展道路给予肯定。他指出，山西工业结构调整意义重大，要利用好中部崛起这个机遇，抓住国家扶持老工业基地的政策，继续把企业做强做大。

“蒸出激情，酵出能量，薰出情操，淋出智慧，陈出成绩”，老陈醋集团厂区内悬挂的标语引起了薄部长的兴趣，薄部长幽默地说他在东北工作20年，对东北最大的贡献就是把山西老陈醋介绍到东北去。

在考察唐久物流时，听工作人员介绍自动化配送系统流程后，薄部长连连点头。据了解，在没有使用自动化配送系统前，唐久物流配送一个门店需要30分钟的时间，差错率在3‰。而使用该系统后，配送一个门店只需要2分钟，差错率降到万分之一。

在太原市梗阳实业集团有限公司，薄部长一行观看了该厂炼焦产生的粗苯、煤焦油等附产品。随后，穿着白衬衫的薄部长风趣地跟随行的人说：“你看今天咱们穿的白衬衫在厂里待着一点都没有脏，说明这个厂的环保还是很过关的。”

随后，薄部长一行来到了太原经济技术开发区富士康工业园进行参观考察。富士康科技集团总裁郭台铭先生介绍了富士康科技集团太原园区内的精密模具产品。目前，富士康正利用山西的镁铝资源优势研发高品质的LED光源，这种光源的寿命是普通光源的10倍，被富士康称为“山西照明中国”。薄部长在听完郭总裁的介绍后，表示山西丰富的煤炭资源可以说是“温暖中国”，现在利用镁、铝资源优势“照明中国”这是一个很新的发展思路，同时薄部长希望郭总裁可以将产品的研发中心也搬到太原来，将镁、铝的深加工

图为位于太原市并州南路的东港海鲜城外景

张文芳　摄影

搞起来。

最后，薄部长一行来到了太原高新技术开发区罗克佳华工业公司，对该公司的自动化智能控制设备进行了参观。

在调研过程中，薄部长一行现场办公，对企业生产经营中反映的问题及时交代随行的司局长给予答复、大力支持。薄部长一行心系老区、服务基层、求实创新高效的工作作风给基层的同志留下了深刻印象。（李少英）

**【山西省商务工作座谈会在并召开】** 2006年8月14日上午，山西省商务工作座谈会在迎泽宾馆召开。商务部部长薄熙来、副部长高虎城、商务部各司（局）长出席，省长于幼军主持会议，省直有关厅局、各市商务局及重点企业代表参加，省商务厅机关和直属企事业单位代表列席了会议。

会上，宋北杉副省长就山西省商务工作进行了汇报，中国北车集团大同电力机车有限责任公司等8家企业和单位负责人先后在座谈会上发言，介绍了企业的基本情况和发展思路，并就需商务部协调解决的问题提出了建议。

商务部部长薄熙来在听取汇报后做了重要讲话。他讲到，这次到山西来总的印象，第一是很亲切，第二是很振奋。看到了一个欣欣向荣的山西，香港招商一炮打响，山西对外开放取得重大突破。省委、省政府大力发展煤化工产业和铝镁产业深加工，加快煤层气开发利用等，产业结构正在优化、深化、高级化，采取有力措施，加大基础设施建设力度，投资发展环境越来越好。今后商务部将发扬过去好的传统，积极为地方经济发展服务，特别是山西既是革命老区，又是老工业基地，我们怎么做也不过分，有十分的劲决不用九分，一定要尽其所能，以实际行动回报山西人民在过去几十年为中国革命和建设所作的贡献，这是责无旁贷的。薄部长同时就焦炭出口、对台湾煤炭出口、建设煤炭交易市场、举办煤炭与能源产业博览会、支持铝镁产业及其深加工、落实香港签约项目、市场建设、减债脱困、外贸发展基金倾斜、争取国际援助、服务外包、人才强商、园区政策等方面如何做好服务工作，给山西尽可能多的支持，作了明确的指示。会上，商务部副部长高虎城、各司局负责人也就相关问题予以回应、答复。

最后，于幼军省长在小结时指出，商务部领导对山西提出的建议、要求都给予了积极回应，体现了商务部贯彻落实科学发展观，为基层服务求真务实的作风和精神，山西各级各部门要扎扎实实做好落实。于省长强调下一步要做好三方面的工作：一是更加坚定不移地推进扩大开放，努力探索走出一条资源型地区、老工业基地、欠发达省份和内陆地区加大对外开放的新路子。二是积极推动商贸物流业的发展提升，努力探索走出一条能源和工业大省调整经济结构，加快发展服务业的新路子。三是要着力加强城乡市场建设和市场监管，努力探索走出一条市场经济发展相对滞后的省份，迅速完善市场体系，健全市场秩序的新路子。（李少英）

**【省商务厅在商务系统开展治理商业贿赂专项工作】** 为贯彻落实2006年8月5日全省纪检监察工作座谈会和商务部治理商业贿赂工作会议精神，进一步部署并推动全省商务系统治理商业贿赂专项工作。省商务厅进一步明确山西省商务系统治理商业贿赂自查自纠的四个领域和五个重点。重点领域是：一是进出口配额、许可证的审批及管理。在进出口配额、许可证审批及管理领域，要重点检查在审批和发放配额、许可证环节中，有无不符合规定给予审批和发放的情况；检查审批手续和审批程度是否合法合规；检查配额、许可证使用是否真实，有无倒买倒卖现象；要按照权力制衡的原则，加强审批工作的制度建设。二是各类展洽会、展销会摊位的分配使用。在各类展览会、展销会摊位分配使用领域，要检查摊位的分配使用是否有异常现象；是否有冒名顶替以及倒卖倒卖摊位的行为；要进一步健全各类展会摊位分配使用制度，堵塞漏洞。三是重大项目的招标投标。重点项目招标投标领域，要围绕项目招标投标、工程发包分包、材料设备采购、项目预算决算、项目检查验收、质量监督等环节，认真查找问题，分类进行处理，完善规章制度。四是行政许可项目的管理和行政管理的审批。重点检查有关吃拿卡要，谋取非法利益的问题。五个自查自纠的重点是：(1)机关及其工作人员利用职权参与干预企业事业单位经营活动，谋取非法利益的行为；(2)在行政审批、重大项目招标投标中索贿受贿的行为；(3)玩忽职守、失职渎职以及其他不积极履行监管职责，放任、纵容甚至包庇搞不正当交易的行为；(4)监管手段、方法和有关规章制度存在的缺陷或不足；(5)违反统一市场原则或国家统一规定，擅自设置准入门槛或搞地方保护。

（李少英）

**【商务部产业司到山西省就镁铝产业发展进行专项调研】** 为落实薄熙来部长来山西调研时的指示精神，更好地为企业服务，2006年8月24日至25日，商务部产业副司长周世杰带领由部外贸司、外资司和相关行业协会人员组成的调研组，对山西省镁铝深加工及半导体光源产业的发展进行了调研。

部调研组一行到达山西省后，首先前往太原市富士康集团，详细了解了富士康公司生产电脑、通讯、消费性电子零元件镁合金深加工产品以及发展半导体光源产品的情况，实地参观了生产线。听取了富士康公司在山西省发展规划以及政府部门的建议，并同企业管理和生产的有关负责人围绕镁深加工技术和产品的推广，上下游配套产业趋势以及发展镁铝产业的思路交换了意见。调研期间，部调研组还同山西国际进出口公司、山西杏花村国际贸易公司、太原同翔镁业公司、太原易威镁业公司四家企业进行了座谈，征询了企业对金属镁及镁深加工产品发展的意见和建议。

部调研组指出，山西是全国和全球最大镁合金生产基地，发展镁合金深加工产品潜力巨大。山西"十一五"规划把大力发展镁铝深加工产品列为重点培育新支柱产业的重要内容，对于产业结构调整意义重大。部调研组表示将在这次调研的基础上，建立与山西镁铝产业联络协调机制，从政策和服务上为山西镁铝产业的发展给予积极的支持和帮助。（李少英）

**【省商务厅首次对全省拍卖企业进行年度监督检查】** 根据《拍卖法》和《拍卖管理办法》的要求，省商务厅于2006年6月对全省拍卖企业进行了2005年度监督检查工作。经审核，全省90家拍卖企业中88家符合规定，核发了《拍卖资格证书》；2家拍卖企业没有本企业注册拍卖师，不符合规定，没有核发《拍卖资格证书》。

通过这次检查，进一步规范了全省拍卖企业的经营行为，拍卖市场秩序明显改善。"十一五"期间，要继续贯彻落实《拍卖法》和《拍卖管理办法》，树立完善市场体系，促进社会物资合理、快速流通，活跃社会主义市场经济，发展生产与服务社会生活的目标，加强对拍卖企业的监督管理，促进山西省拍卖业健康快速发展。

（李少英）

**【全省各开发区建立外商投诉工作组织网络】** 根据晋发（1998）34号文件及晋办发〔1997〕48号文件和省商务厅晋商人〔2004〕370号文件，各市商务局均已成立了外商投诉服务机构，形成了省市两级外商投诉工作组织网络。在对外开放、招商引资工作中，开发区处于非常关键的地位，是扩大开放、招商引资的重要载体，在引进资金、技术和发展高新技术产业等方面具有集聚、孵化、示范及带动效应。为了将外商投诉服务工作覆盖到全省所有对外开放部门和区域，根据《山西省委、省政府关于进一步扩大对外开放的决定》和《山西省政府关于优化投资环境、扩大招商引资的实施办法》中有关建立全省外商投诉工作组织网络的要求，在全省各开发区成立相应的外商投诉服务机构或确定对应的责任部门及联系人，按照《山西省外商投资企业投诉处理办法(试行)》统一受理外商投诉案件。截至2006年底已有8个开发区确定了联系人，其他的开发区外商投诉机构正在积极的筹备中。开发区外商投诉服务机构的建立，加强了各部门之间的外商投诉方面的工作交流，为营造山西良好的服务环境、诚信环境和法制环境奠定了扎实的基础。（李少英）

**【天利（毛里求斯）经济贸易合作区项目获商务部批准】** 山西省在毛里求斯建设天利（毛里求斯）经济贸易合作区项目已获商务部批准，这个项目是从全国66个预选项目中经过投标、竞标、陈述、专家评审、商务部党组研究并征得外交部同意后取得的。同时也是胡锦涛主席在中非论坛讲话中提出的在非洲建三到五个合作区之一。该合作区将由山西省天利实业有限公司负责建设、管理和运营，省商务厅负责监管、协调。合作区总投资7.66亿元人民币，分五年建成规划面积2平方公里，建设纺织服装园、机电园、轻工园、高新技术园、食品加工园等5个工业园区和职工生活服务区。商务部将给予2亿元的资金补贴支持。

为了增强企业“走出去”的信心，提高企业在国际市场的竞争力，这次对入园企业在政策上也给予很大支持，商务部将给50%的厂房租赁补贴，为前往合作区投资入园企业的银行贷款在对外经济技术合作专项资金中给予5年100%的贴息，对投资项目的前期经费给予50%的补贴等。

图为中国名酒 山西杏花村汾酒
张文芳 摄影

天利（毛里求斯）经济贸易合作区的建设给山西省企业“走出去”搭建了一个很好的平台，山西省企业要抓住这次机遇，结合本企业实际情况，选一批适合本企业国外发展的项目前往合作区投资。实施“走出去”战略，是山西省改革开放的一项重要工作，已引起各级政府的高度重视和支持。山西省各市、各企业将充分利用这次发展机遇鼓励并引导企业走出国门，开拓国际市场，为本地区的经济实现可持续发展，走向现代化建设做出贡献。

（李少英）

**【市级商务部门外贸经营登记授权网络全部开通】** 商务部在北京召开培训会，对山西、内蒙古、北京三省市（区）的对外贸易经营者备案登记工作进行了授权，并发放了备案登记印章和登陆对外贸易经营者备案登记管理系统的电子钥匙。从2006年12月1日起，山西省11个市商务局即可受理本市辖区的企业进行对外贸易经营者备案登记工作，在为企业提供便利的同时，也将对山西省外贸经营主体的不断扩大起到积极的促进作用。

12月28日，山西省11个市商务局的对外贸易经营者备案登记网络全部开通。网络的开通大大缩短了企业备案登记距离，极大地方便了企业，对企业的服务也进一步得到延伸，这将更加有利于外贸经营主体的扩大，促进山西省外向型经济的不断发展。同时也履行了对外贸易经营者备案登记下放的承诺，是省商务厅行风政风建设取得成效的又一突出体现。

截至2006年底，我国把对外贸易经营者备案登记工作放到市的省份只有10个，山西省在得到商务部增设11个市商务局作为对外贸易经营者备案登记机关批复后，成为全省市级商务局均享有备案登记的八个省份之一。（李少英）

**【山西省10家企业被商务部首批认定为“中华老字号”】** 根据商务部《关于实施“振兴老字号工程”的通知》要求，在企业自愿申报，各市认真推荐的基础上，省商务厅组织有关专家对山西省申报的50家老字号企业进行了严格审核，并将20家企业向商业部正式申报。经过商务部组织行业专家、法律专家、知名学者等进行评审，山西省老陈醋集团有限公司、太原六味斋实业有限公司、山西省平遥牛肉集团有限公司、山西广誉远国药有限公司、太原双合成食品有限公司、太原市宁化府益源庆醋业有限公司、山西太谷荣欣堂食品有限公司、山西云青牛肉有限公司、山西平遥县延虎肉制品有限公司、太原市古灯调味食品有限公司等10家企业被商务部认定为首批“中华老字号”，并于2006年12月19日在北京授予“中华老字号”牌匾。（李少英）

## 国土资源管理

**【概述】** 1．土地资源。山西省行政辖区面积15.6万平方公里（23506.69万亩），山地、高原、丘陵占到全省土地总面积的72%以上。全省现有农用地15211.45万亩，占总面积的64.71%；建设用地1287.51万亩，占总面积的5.48%；未利用地7007.73万亩，占土地总面积的29.81%。与上年同期相比，建设用地面积增加，农用地和未利用地面积减少。

1月25日，省人大副主任、省总工会主席姚新章（中）为荣获“全国精神文明建设工作先进单位”、“省劳动竞赛委员会集体一等功的省电力公司颁发奖牌

6月27日，华北电网公司董事长马宗林（左二）在省电力公司总经理王抒祥等领导陪同下，在电力调度中心了解“双西区”建设情况

11月27日，省电力公司召开保证煤矿供电安全电视电话会议

6月10日，国家电网公司总经理刘振亚（左一）、副总经理舒印彪（左二）与省委书记张宝顺（右一）、省长于幼军（右二）共商山西电网建设大计

# 山西省电力公司

山西省电力公司（简称省电力公司）是国家电网公司全资企业。至2006年底，资产总额359.42亿元；所属单位45个，其中直属单位37个，控股、参股单位8个；职工总数46929人。

2006年，省电力公司各项指标均创历史最高水平，售电量完成859.04亿kWh，同比增长15.91%；当年电费回收率100%，应收电费余额比年初降低2.54亿元；劳动生产率完成16.28万元/人·年，同比增长12.04%；实现利税总额33.91亿元，同比增长32.98%。

山西省以500kV和220kV线路为主干的省级电网贯穿南北，其中，500kV主网架在北部为双回路、南部形成单环网结构。随着500kV霍州—临汾—运城第二回线路的建成投运，提高了中部至南部的输送能力。山西电网已经成为向外省、市输电大省，2006年通过500kV线路以网对网方式向京津冀电网送电496万kW，以点对网的方式向江苏送电210万kW；以3回110kV线路向陕西榆林地区送电；娘子关电厂2台10万kW机组以双回220kV线路并入河北南网。2006年底，省电力公司拥有500kV变电站7座，主变压器30台，变电容量850万kVA，线路32条3222.67km；220kV变电站77座，主变压器143台，变电容量1983万kVA，线路214条7361.60km；110kV变电站301座，主变压器532台，变电容量1698万kVA，线路770条10488.97km。

电网建设和发展全面启动“十一五”电网发展规划。2006年6月27日，国家电网公司与山西省签署了《关于共同推进山西电网建设发展会谈纪要》和《关于实现山西省农村“户户通电”目标的会谈纪要》。省电力公司与各市政府签署的“两个纪要”在全国率先完成。

国家电网公司晋东南—南阳—荆门1000kV特高压交流试验示范工程晋东南站于2006年8月19日奠基开工；晋东南至江苏±500kV直流输电工程启动可研。全力配合500kV侯（村）（石家庄）北等联接华北电网工程，使山西电网与华北电网的调剂互补能力得到加强。2006年，投产220kV及以上变电容量639万kVA、线路775km，分别是2005年的2.5倍和1.8倍，实现了“双五百”目标（2006~2008年，每年投产200kV及以上主变容量突破500万kVA、线路长度突破500km）。王曲、武乡、太二等电厂的配套送出工程按期投运，43项城市中低压配网建设与改造顺利完成，历时4年的县级城网改造全面竣工。工程质量进一步提高，200kV及以上工程100%达标投产，500kV晋中变电站等7项工程分别荣获国家、行业和国家电网“优质工程”。

安全生产按照“三个百分之百”(人员的百分之百、精力的百分之百、时间的百分之百)要求，严格落实各级安全责任制。健全常规监督、专项监督和事故监察相结合的监督体系，开展“反违章”和“安全周”活动，建立起反事故斗争常态工作机制。全年，大修、技改和老旧设备改造投入7.3亿元，110kV及以上老旧变电站比例降到21%，220kV变电站断路器无油化率达到85%。春检、迎峰度夏、秋检等消缺率达93.55%。500kV运城和晋中变电站分别被评为华北电网“标杆站”和“红旗站”。开展并网电厂安全性评价，完善事故应急处置预案，成功组织大负荷试验和中东部电网联合反事故演习。基建系统深化安全文明施工，加强大型机械等专项监察，并连续8年实现“四个零”（无人身死亡事故、无重大机械设备损坏事故、无重大火灾事故、无重大交通责任事故）目标。组织排查供电辖区3054座煤矿“六证”(安全生产许可证、采矿许可证、矿长资格证、矿长安全证、营业执照、煤炭生产许可证)、双电源等情况，使煤矿等高危行业安全供电管理得到加强。电力设施保护专项整治取得阶段性成果。全年未发生电网稳定破坏和大面积停电事故，未发生对社会造成重大影响的安全事故。省电力公司被评为全省安全生产先进单位、社会治安综合治理先进单位。

8月2日，山西忻州500千伏输变电工程竣工剪彩仪式在忻州举行，副省长靳善忠等省市领导参加了剪彩仪式

6月18日，省电力公司在忻州市静乐县拉开了“户户通”工程建设序幕，受到了父老乡亲的热烈欢迎

8月19日，1000千伏晋东南—南阳—荆门特高压交流试验示范工程山西晋东南变电站奠基

# 中国化学工程第二建设集团有限公司

## 刘建亭先进事迹

刘建亭，49岁，中共党员，中国化学工程第二建设集团有限公司（以下简称中化二建）董事长兼总经理。

刘建亭1996年就任公司总经理以来，兢兢业业，殚精竭虑，十年风雨，十年艰辛，终于使中化二建这个老国企从困难重重的境地走出，勃发出活力和生机，由生存型迈上了发展型的良性循环轨道。

董事长、总经理　刘建亭

上任伊始，面对一个千疮百孔的国有老企业，刘建亭清醒地认识到不改革，公司就没有出路。他大胆改革，勇于创新，首先在企业实行了减员内退，起用了大批有学历、有能力、有干劲的年轻干部。接着，在中化总公司系统率先进行了改制，将原中国化学工程第二建设公司改制为中化二建集团有限公司，接着，陆续将主业所属的原12个分公司，改制成为具有独立法人资格并具有独立资质的子公司。改革充分调动了企业员工的积极性，通过挖潜、转轨、转换经营机制，企业找到了一条适合自身发展之路。主业改制后，他又根据国家的政策，在主辅分离上狠下功夫，转变和剥离企业办社会职能，全力做好中小学剥离和医院、幼儿园的分立工作，生活后勤也分离改制逐步过渡到物业管理行业。

天脊集团高平化工有限公司4060工程合成装置区

天然气压缩机

中化二建集团有限公司：
你单位承建的贵州瓮福磷肥厂30万吨/年
国家工程建设质量奖审定委员会批准荣获银质奖章特发此证书

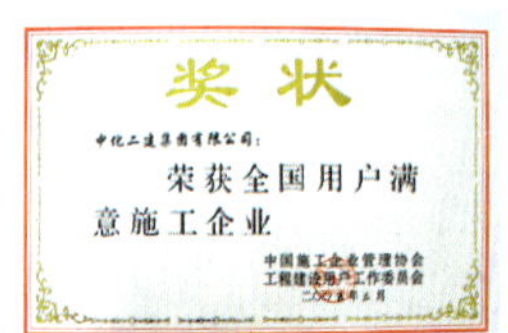
奖状
中化二建集团有限公司：
荣获全国用户满意施工企业
中国施工企业管理协会
工程建设用户工作委员会

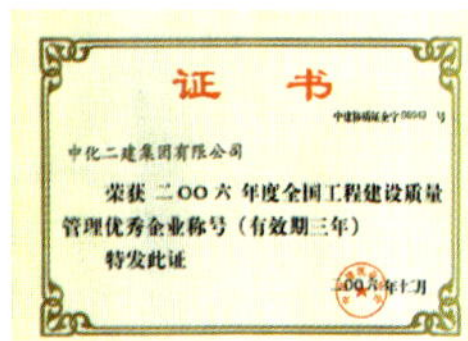
证书
中化二建集团有限公司
荣获二OO六年度全国工程建设质量管理优秀企业称号（有效期三年）
特发此证

中化二建集团有限公司
中国工程建设社会信用
AAA
中国工程建设社会信用管理委员会
二〇〇六年七月二十日

奖状
中化二建集团有限公司
荣获二〇〇六年度全国优秀施工企业

企业成功改制后，刘建亭致力于企业的体制创新与管理创新，取得了极好的效果。他在企业率先推行的《项目合股经营承包管理办法》涵盖了项目管理的全方位、全过程，实现了国有体制和民营体制的有机结合，从制度上使各方面的人员自觉地进行阳光交易，调动了管理层和劳务层两个积极性。这项成果获国家级企业管理现代化创新成果二等奖。针对企业多年不招工，劳动力资源短缺的问题，刘建亭提出了组建劳务队的构想，并制定了《劳务队管理办法》。这个举措满足了施工生产不断增长的劳动力资源的需要，保证了企业内部劳动力的有序流动。

另外，刘建亭在企业推行了财务预算管理、资金集中管理，加强了外包工程管理，强化了工程各个环节的审计等，使公司的管理越来越适应激烈的市场竞争需要。目前，母子公司制、合股承包制、劳务队建设构成了公司有效的运行机制，使企业更具活力，更具竞争力。

在刘建亭的领导下，中化二建公司财务收入由2002年的2.7亿元发展到2006年的12.6亿元。一年一个新台阶，已连续三年列中国化学工程集团公司施工企业第二位。职工收入也有较大幅度的提高。

近三年来，公司已投资1亿余元，购置了大批先进的工程安装设备，修建了一批现代化的厂房，使企业核心竞争力加强。2007年，公司的任务储备已达16亿元，为今明两年的发展奠定了基础。

20万吨/年油改气联产甲醇装置

转速为36000转/分的天然气压缩机

领导班子成员

河津发电分公司

# 山西漳泽电力股份有限公司

山西漳泽电力股份有限公司是一家以火力发电为主营业务的上市公司，总部位于山西太原，1997年在深圳证券交易所挂牌上市（股票代码000767）。现全资拥有漳泽发电分公司、河津发电分公司、蒲光发电公司三家大型发电公司和一家专业电力检修公司，共同控股管理秦皇岛秦热发电公司，受托管理山西华泽铝电公司发电机组，权益机组容量 2820MW，管理机组容量3540MW。同时，参股山西华泽铝电、北京万方数据、赛迪网、天津天弘基金等公司。2005 年完成股权分置改革，目前，资产总额为75亿元，总股本132372.5万股，其中，中国电力投资集团公司持股 36.24%，山西国际电力集团有限公司持股27. 34%，流通股36.42%。

董事长王清文在秦热发电公司调研

总经理贾斌在河津发电分公司检查指导工作

公司是1992年在原山西漳泽发电厂的基础上，经过定向募集资金设立的股份制公司，是当时全国电力行业唯一的百万电厂整体改制企业。改制后一直保持了良好的经营业绩，股票于1997年6月在深交所成功上市。

上市以来，公司严格遵守国家政策法规，不断规范股份制运作，深化企业改革，创新企业管理，加速企业发展，管理体制和工作机制不断优化，核心竞争能力持续提升，在取得良好业绩的同时，公司成长性不断增强。公司总股本由上市之初的1. 45亿股扩大为目前的 13. 24亿股，利润由上市之初的1.19亿元提高到2006年的3. 54亿元。作为电力板块中的一支高成长绩优股，公司股票长期稳居深圳100指数成分股和沪深300指数样本股行列。公司曾被山西省政府列为“山西省上市公司五强”之首，

漳泽发电分公司

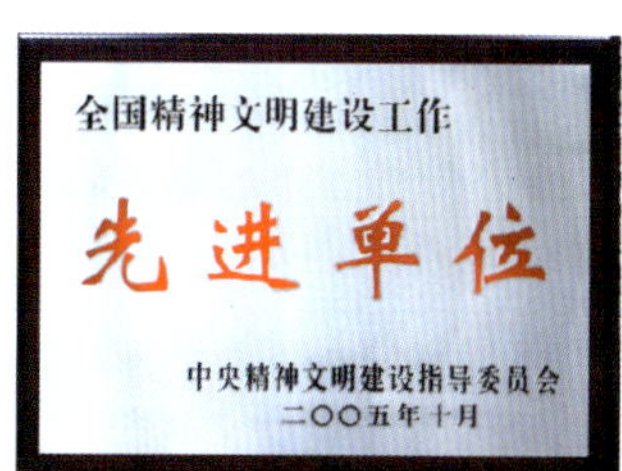


在中国企业信用评级中被评为AAA级企业，被深圳证券交易所评为“信息披露优秀企业”和“投资者关系管理50强”，2003年入选山西省工业企业 30强（名列第七位）。

公司积极开展资本运作，稳步实施多元化战略，先后进入高科技、金融等领域，2002年，与中国铝业股份公司共同投资组建山西华泽铝电有限公司，实现铝电联营，为公司培育了新的利润增长点。

坚持以发展作为第一要务，公司不断加速发展，开发和储备了一批前期项目，同时，由公司控股建设的山西临汾热电2×300MW机组项目，在2006年获得国家发改委正式核准后，已经于2007年 4月开工建设。公司控股的内蒙古达茂旗49.5MW和乌拉特中旗49.5MW风电场项目也正在加紧进行开工前的各项准备。

漳泽电力正瞄准"屹立同行、国际水准"的发展愿景，不断实现着企业的持续进步和跨越式发展。

授予
模范职工之家
中华全国总工会
二〇〇三年九月

蒲光发电公司全景

# 乡宁县电力公司

## 成和平先进事迹

成和平，汉族，1954年6月出生，中共党员，大学本科，高级工程师，1998年7月任乡宁县电力公司经理兼党委书记。他上任后，在省公司的直接领导下，依靠广大干部职工锐意进取，大胆改革，使乡宁县电力公司这个成立于1974年的老国有企业焕发出勃勃生机。

### 一、用改革解决历史问题

乡宁县电力公司担负着全县10个乡镇、1113个自然村，23万人口，2029平方公里范围内的供电任务。由于历史原因，乡宁电力公司是一个多年在网外管理的县局，人员严重超编，成本管理居高不下，与其经营能力极不适应。成和平任经理后，首先从精简机构入手，把原来的34个中层管理机构减少为13个，相应减少的管理人员62名全部充实到生产一线。其次，严格财务管理，严肃财经纪律。下大力气控制招待费、办公费，坚持内部审计与外部审计相结合，把财务监督延伸到基层，教育广大干部职工树立过紧日子的思想，有力地遏制了成本费用居高不下的局面。

### 二、靠发展克服现实困难

为了彻底改变乡宁电网薄弱问题，成和平抓住城乡电网建设与改造的历史机遇，奔波于上级各职能部门和乡宁的村村寨寨，用了三年多的时间，筹措资金5000余万元，完成了被老百姓称之为德政工程、民心工程的大工程，收到了良好的社会效益和经济效益。同时有计划、大规模地提高电网等级，仅2006年，三座110KV变电站和两条110KV线路同时开工建设，这在全省都是史无前例，主变新增容量171.5MVA，是过去几十年总容量的2.8倍，完成投资1.1亿元，几乎相当于该公司几十年的资产总值。

经理成和平现场指导工作

经理成和平在基层调研工作

### 三、凭创新获取前进动力

近几年，虽然乡宁电网发生了翻天覆地的变化，但主供电源单一的问题仍未从根本上解决。为此积极开发架设壶口——东团双回110KV线路作为乡宁电网的第二电源，同时根据电力市场预测和负荷发展趋势，未雨绸缪，申报新建四座35KV变电站。未来几年，还将完善公司办公、生产调度及用电营销自动化系统，建立局域网，对基层站所实行光纤通讯，建立视频系统。投资2800万元新建现代化的生产调度综合大楼。有计划的引进高素质人才，大规模地培训员工。

成和平大学毕业后，在乡宁电力系统工作了三十多个年头，可以说把自己的青春献给了电力事业，也获得了许许多多的荣誉。但他依然如他的名字一样，是那样的平和，是那样的淡然，是那样的谦虚。有人问他的追求是什么，他淡淡地一笑，说："看那夜晚明亮的灯光，犹如满天繁星一样璀璨夺目，就心满意足了。"

在农用地中，耕地6081.45万亩、园地442.96万亩、林地6626.18万亩、牧草地987.47万亩、其他农用地1073.39万亩，分别占农用地总面积的39.98%、2.91%、43.56、6.49%、7.06%。在建设用地中，居民点及独立工矿用地1145.02万亩，交通运输用地92.89万亩、水利设施用地49.60万亩，分别占建设用地总量的88.93%、7.21%、3.85%。在未利用地中，未利用土地6598.87万亩、其他土地408.76万亩，分别占未利用地总量的94.17%、5.83%。与上年同期相比，耕地、其他农用地、未利用土地和其他土地呈减少趋势，其他二级地类呈增加趋势。

从一级地类看，近两年建设用地呈增加趋势，农用地和未利用地呈减少趋势；从二级地类看，近两年耕地和未利用土地大幅度减少，林地呈大幅度增长态势。2006年度山西省二级地类与上年同期相比，耕地、其他农用地、未利用土地和其他土地有所减少，园地、林地、牧草地、居民点及工矿用地、水利设施用地和交通运输用地有所增加。其中耕地面积减少最大，净减少40.90万亩，其次是未利用地面积，净减少16.82万亩；林地增加面积最大，净增加38.63万亩。耕地和未利用土地减少、林地增加的主要原因是全省各地有计划地实施了退耕还林、宜林荒山荒地造林和封山育林工程；居民点及工矿用地增加的主要原因是历年来建设用地遗漏变更面积，2006年集中变更了一部分。

2006年山西省耕地减少量为55.26万亩，同期新增耕地14.36万亩，耕地净减少40.90万亩。2005年山西省耕地总量为6122.34万亩，2006年为6081.45万亩。2006年内减少的耕地面积55.26万亩(净减少40.90万亩)，其中生态退耕和农业结构调整分别减少耕地26.99万亩和8.43万亩，按照国土资发[1999]511号文件精神，生态退耕和农业结构调整占用耕地不作为耕地减少考核。依此计算，2006年全省除生态退耕和农业结构调整原因外共减少耕地19.84万亩，非农业结构补充耕地14.36万亩，增减相抵净减少耕地5.4万亩。

2. 矿产资源。山西省分布有丰富的矿产资源，是资源开发利用大省，在全国矿业经济中占有重要的地位。全省已发现矿种118种(金属矿产28种，非金属矿产83种，能源矿产4种，水汽矿产3种)，其中有探明资源储量的矿产63种，矿产资源储量潜在价值13.6万亿元，居全国第三位。与全国同类矿产相比，资源储量居全国第一位的矿产有煤、煤层气、铝土矿、耐火粘土、铁矾土、含钾岩石等6种。保有资源储量居全国前10位的矿产有35种。主要矿产为煤、煤层气、铝土矿、铁矿、铜矿等。煤炭资源得天独厚，资源储量丰富，分布广泛，煤质优良，保有资源储量2648.80亿吨，占全国保有储量的26.0%；煤层气资源十分丰富，沁水、西山、河东煤田为煤层气高产富集区，保有资源储量946亿立方米，全国首屈一指，具有良好的发展前景；铝土矿资源广泛分布于34个县(市)，保有资源储量9.90亿吨(矿石量)，占全国保有资源储量的38.9%；铁矿类型多，资源储量丰富，分布广泛，保有资源储量38.10亿吨，居全国第五位；铜矿集中分布于山西省中条山区，保有资源储量289.80万吨(金属量)，居全国第八位。 (宋　涛)

**【国土资源管理与利用情况】** 2006年，省国土资源厅认真贯彻落实省委、省政府和国土资源部的安排部署，按照“守土尽责、依法行政、保障发展、服务基层”的工作思路，全面推进国土资源工作，积极参与宏观调控，促进资源集约节约利用，强化国土资源保障能力，为全省经济社会又好又快发展做出了积极贡献。

1. 遵循“突出重点、有保有压”方针，努力为重点工程项目建设提供用地保障。将国家和省以上重点工程和项目(包括“两区”开发和沪港招商项目)、省政府承诺的为人民群众办理的十二件实事，作为优先保障的对象。一是在国家下达山西省的新增建设用地计划中，优先安排指标。二是对省政府确定的重点工程建设项目，开通了用地报批绿色通道，实行提前介入、跟踪督办，督促指导业主单位尽快上报用地资料，规范用地手续。特别是把“两区”开发和沪港招商项目作为服务重点，确定了规划保障、计划保障、用地审批保障的三项服务保障措施。三是对具备条件上报省厅的用地报件，实行急事急办、随到随审。四是对能够使用国家用地指标的项目，积极配合项目单位争取国家有关部委支持。五是对建设占用耕地但本地区耕地后备资源不足的，协调落实了异地补充耕地。六是积极为土地市场整顿中清查出的符合产业政策项目完善用地手续。全省共报批504宗，涉及土地1877公顷。

在建设用地审批中，认真执行了国家和山西省的宏观调控政策，对鼓励类项目严格占地规模与投资强度考核，对限制类项目严格限制供地，对淘汰类项目坚决不予供地。采取多种方式积极盘活存量建设用地1.5万亩，处置国企土地180宗、1.44万亩，显化土地价值达10.3亿元。加大了房地产市场供应情况的监管力度，适度增加了经济适用房、廉租房建设用地供应面积，在控制土地供应总量、提高土地利用效率的同时，优化了土地利用结构。

2006年，全省共报批建设用地694宗、面积13.38万亩。其中使用国家下达农用地转用指标7.05万亩，争取国家追加指标1.5万亩；上报国家待批17宗、面积2.28万亩。需要报批土地手续的“两区”开发、沪港招商和“中博会”签约项目中，有166宗，64885亩用地获得正式批准。

2. 实施资源整合、有偿使用和资源从紧供应，促进了矿产资源规模开发和集约利用。为从根本上扭转全省煤炭行业“多、小、散、乱”的格局，按照资源整合与有偿使用同步推进的基本思路，根据省政府《关于推进煤炭企业资源整合和有偿使用的意见》要求，在全国率先启动并认真实施了全省煤矿资源整合工作。在10月15日国务院召开的八省(市)推进煤炭资源整合和有偿使用工作电视电话会议上，曾培炎副总理对山西省煤炭资源整合和有偿使用工作给予了高度评价。

为期一年半的煤炭资源整合和有偿使用工作，按照科学发展观的要求，以建设大型煤炭基地、大型煤炭企业集团、高标准现代化矿井为重点，以“资源整合、关小上大、能力置换、联合改造、淘汰落后、优化结构”为方针，通过“政府引导、部门配合、科学规划、龙头带动”的方法，推进煤炭企业实现资源整合和有偿使用，以切实减少矿点、优化矿井布局、提升资源整体开发水平、煤炭企业产业集中度和安全保障能力，维护矿产资源国家所有权益和显化资源价值、保护采矿权人、投资者、农村集体、农民的既得利益，促进煤炭产业持续、健康、稳定发展。

通过实施资源整合和有偿使用，全省煤矿数量要减少30%以上，其中重点产煤县生产能力在9万吨/年以下的小型煤矿要全部淘汰；到2010年，大型煤炭基地内的小型煤矿数量减少70%，全省30万吨/年以上矿井煤炭产量占到总产量的90%以上，全省要形成2个亿吨级生产能力的特大型煤炭企业集团、1～3个5000万吨级以上生产能力的大型煤矿企业集团；到2015年所有小型煤矿全部淘汰，全省煤矿个数控制在2000个以内。全省煤矿全部实现资源有偿使用，建立产权归属明晰的现代企业制度。

在整体推进中，重点抓了四个基本环节：一是明晰产权，始终坚持公开、公正和市场化。明晰产权工作由县级政府具体牵头和组织实施，坚持民主、公开和企业自愿的原则，充分运用市场机制，保证资源整合及产权界定的有序进行。省国土资源厅明确规定，对于明晰产权后换发采矿许可证的煤矿，需由县政府出具产权明晰文件，明确投资主体及投资比例，如煤矿采矿权主体发生变更，必须由原采矿权人与现经营者或受让人签订采矿权转让合同书，按法定程序办理采矿权转让和变更登记。二是资源储量核查，坚持备案认定和结果真实可靠。各级国土资源部门加强了对储量核查单位资质审查及煤炭企业资源储量核查、申报、评审、备案的监督管理。在资源储量认定中，坚持先由市级国土资源部门组织专家进行初审，报经省国土资源厅备案认定后，向社会公示作为缴纳采矿权价款的依据，确保了储量数据的真实、可靠。三是换发证照，坚持服务基层、效率和质量并重。先后下发了《关于对煤炭资源整合和有偿使用工作中换发、颁发煤矿证照有关问题的通知》和《关于限期换发煤矿“四证”的公告》，对换证范围、换证方法、换证程序、换证资料及换证时限等作出了明确要求，并在《山西日报》进行公示。并专门成立“换发采矿许可证工作领导组”，赴全省各县(市)进行现场审查，实行省、市联合办公，效果显著，受到各市的好评。全省单独保留煤矿已换发采矿许可证1230座，整合煤矿已划定矿区范围400座，煤炭生产许可证、安全生产许可证及营业执照的换发工作已全面展开。四是强化监管，坚持按标准关闭和实施整合。对在资源整合中确定为关闭的矿井，省有关部门已对其有关证照实施吊销或收回，并由县级人民政府按“六条标准”实施关闭；凡属整合矿井，要求全部停产实施整合。对主要产煤县保有资源储量低于100万吨、非主要产煤县保有资源储量低于50万吨的煤矿，全部停止换发采矿许可证。对于经省煤炭工业局、山西煤矿安全监察局、省国土资源厅联合进行生产能力复核后，能力不达9万吨和安全不达标准的保留煤矿，省有关部门全部停止换发相关证照。

截至2006年12月31日，全省91个产煤县“资源整合方案”全部核准，“矿井压减”工作完成省政府预期目标。通过资源整合、关闭淘汰，全省煤矿（井）由整合前的4389座减少为3026座，共压减和淘汰1363座，压减矿井比例为31%；整合后矿区总面积6829平方公里，规划总生产能力59459万吨/年，分别较整合前增加5.5%和1%；主要产煤县年生产能力9万吨以下和非主要产煤县年生产能力3万吨及以下的煤矿全部实施了关闭和淘汰。顺利完成了省政府确定的“11396”工作目标，全省煤矿资源结构和产能结构进一步合理，单井生产能力显著提高，安全保障程度将明显改善。

采矿权价款征收工作取得重要进展。全省11个市已累计入库采矿权价款203.7396亿元，其中2006年入库167.0348亿元，2005年入库28.2615亿元，2004年入库8.4433亿元，全省煤炭资源价款征收工作取得历史性突破，有力维护了矿产资源国家所有权益，实现了资源取得由无偿到有偿的重大转变。

优先保障重点，从严控制矿产资源供应成效明显。为促进“两区”开发和沪港招商项目的实施，就矿产资源配置问题向省政府提出了“一自给、二整合、三适度配置”的建议。基本原则：一是矿山企业要充分利用已有资源来解决新上项目的资源供应；二是主要产煤县、矿业大县，通过就地整合现有矿山解决新上项目的资源供应；三是属于“两区”开发和沪港商项目的探矿权，优先转采矿权；四是属于无煤县的项目，作为价款找矿和地质勘察工作的重点。照此原则，对65个新上项目的资源配置分别提出了意见，并经省政府同意，向各市政府、省直有关部门进行了通报，为隰县、永和、大宁、榆社等4个承载项目的无煤县安排了地质找矿项目，为报请国家核准的4个氧化铝项目预留了相应的铝土矿资源。

非煤矿产资源整合积极推进。组织实施了岚县袁家村铁矿区、灵丘多金属矿区的资源整合工作。积极协调解决繁峙县马场—拖房沟钼多金属矿普查探矿权转让问题，组织启动繁峙多金属矿资源整合。全省铝土矿资源整合工作也正在积极准备之中。同时，编制上报了12个国家煤炭规划矿区矿业权设置方案，其中大同、朔南两矿区已获国家批准；全省铝土矿资源开发利用规划经国家批准，即将公布实施。

3.加大地质找矿和耕地保护、造地改田力度，切实增强了国土资源保障能力。《国务院关于加强地质工作的决定》发布后，省委、省政府高度重视，于幼军省长就如何贯彻《决定》精神亲自到省国土资源厅进行了地质工作调研，并就全省地质找矿工作及地勘队伍改革做了重要指示。在广泛征求意见的基础上，9月11日，于幼军省长主持召开省政府常务会议，审议通过了省国土资源厅起草的《山西省人民政府关于落实国务院加强地质工作决定的实施意见》。9月19日，省政府召开了全省地质工作会议，传达了全国地质工作会议精神，学习了省政府《关于落实国务院加强地质工作决定的实施意见》，明确了全省地质工作的指导思想、“十一五”奋斗目标、主要矿种、相关政策措施等，全面部署了山西省的地质工作。

2005年安排、2006年实施的30项地质找矿项目，包括煤8项、铝土矿6项、铁5项、铜4项、锌1项、白云岩2项、金1项，1/5万区域地质调查、矿产调查及化学探查等基础地质工作各1项，共投入矿业权价款9195万元。截至2006年底，煤炭勘察已实际完成钻探21967.38米，预期获得煤炭资源储量34.73亿吨；铝土矿项目已实际完成钻探27084.91米，预期获得铝土矿资源量11510.5万吨，可提交3个大型铝土矿床和2个中型铝土矿床；矿铁实际完成钻探10271.24米，预计可提交铁矿资源量457.96万吨；“山西省代县洪塘金红石矿普查”项目已实施完成，共提交金红石 $TiO_2$148万吨，新增金红石 $TiO_2$136万吨，达到特大型规模。

经省政府批准，2006年新安排资金5.2亿元、地质找矿项目102项，包括煤32项、铝土矿17项、铁20项，有色金属、贵金属12项，白云岩及非金属等10项，公益性、基础性地质工作11项。其中，煤田地质勘察预计投入钻探工作量25.88万米，预期获得煤炭资源储量500.04亿吨；铝土矿项目预计投入钻探工作量8.08万米，预期获得资源/储量15.36亿吨；基础性地质工作面积达22.53万平方公里，项目完成后可为全省矿产地质、农业地质、重点工程地质提供地质依据。

在耕地保护方面，一是围绕耕地总量稳定在6000万亩的目标，进一步加大耕地保护工作力度。强化基层政府责任，建立了耕地保护责任体系、考核体系与责任追究制度。坚决落实对非农建设用地“六个一律不批”的规定，认真落实基本农田“五不准”，明确除国家重点工程以外，其他非农建设严禁占用基本农田，尽量少占或不占耕地特别是优质耕地，守住基本农田这条红线。对经批准占用耕地搞非农建设的单位，无论分批次用地还是单独选址项目用地，坚持先补后占的原则，严格考核“占一补一”要求，切实强化检查验收，确保全省耕地总量动态平衡。二是继续坚持“以建设促保护”的工作思路，积极开展耕地开发和基本农田整理。2006年累计投入资金5.6亿元，实施886个项目，新增耕地10.49万亩、整理基本农田37.43万亩，超额完成年初确定的新增耕地10万亩、整理基本农田30万亩的任务，稳定了耕地面积，提高了耕地质量，为农业发展、农村稳定、农民增收发挥了积极作用。上报国家的18个土地开发整理项目通过国土资源部评审，项目区总规模为25.05万亩，由中央财政投资4.19亿元，实施后可以全部建成高标准基本农田，并新增耕地4.38万亩。申报成功3个国家级基本农田保护示范区，项目总规模达到66.7万亩，总投资8.8亿元，可净增耕地5.27万亩。

4. 加强地质环境工作，地质灾害防治工作取得了明显成效。坚持“预防为主、防治结合”，加强调查监测，努力减少地质灾害损失。一是进一步加强了地质环境监督管理，推进地质灾害防治法制建设。改革和完善地质灾害防治体制，坚持以预防为主，地质灾害防治与保护相结合，不断推动防灾减灾工作社会化。二是开展了15个县（区）的地质灾害调查与区划项目。为2007年底前全面查清全省119个县（市、区）地质灾害的发育规律、形成覆盖全省的地质灾害分布与现状数据库创造了条件。三是进一步建立健全地质灾害群测群防体系。确定了22个大型以上地质灾害隐患点，强化地质灾害隐患点的日常监控责任，开展了汛期地质灾害防治工作专项检查，促进了防灾减灾措施的落实。四是与省气象局联合发布了11次汛期地质灾害气象预报，督促指导市、县建立和完善地质灾害气象预警机制、险情快速处置程序，及时组织避让，防止了多起人员伤亡事故，进一步提高了防灾应急工作的针对性、及时性。五是服务工程项目选址和新农村建设，进一步加强了地质灾害危险性评估和矿山地质环境影响评价工作，组织了专门的技术培训。六是积极推进矿山地质环境的保护与治理。《2006—2015年山西省矿山环境保护与治理规划》获得国土资源部专家评审会的高度评价。申报成功10个国家级地质环境保护项目，与省财政厅联合确定了38个地质灾害治理工程和矿山环境治理项目，总投资额上亿元，使山西省的矿山环境恢复治理工作进入大规模推进的新阶段。七是加强地质遗迹保护和管理工作，编制了《山西省地质遗迹保护规划》，加大了地质公园管理力度，为保护地质遗迹、丰富旅游经济发挥了积极作用。

5. 突出案件查处和维护群众权益，进一步规范了土地矿产开发秩序。坚持“打防结合，以防为主”的方针，加强执法监察工作。一是开展打击非法煤矿“百日大行动”、打击煤矿超层越界专项整治工作，组织了土地违法行为集中清查行动。二是由厅主要领导带队，省直有关部门参加，对汾西、灵石、宁武等县的私挖滥采现象进行了突击检查。三是加强了对重点矿区的日常监控，对五大煤炭集团上报的有越层越界开采嫌疑的周边小矿，组织地方政府、国有大矿联合进行了井下实测。11月起又租用警用直升机，对14个重点产煤县（区）进行航拍检查，同时组织力量对非法煤矿进行密集的明察暗访。通过日常巡查、突击检查和跟踪督查，努力做到及时发现、依法重处。四是加大了土地违法案件的督办力度，直接查处重大土地违法案件22宗，先后冻结4个市、县的建设用地报批。五是与有关部门加强联合协调，建立健全了对非法违法采矿行为的举报、奖励、通报、查处、移送机制。六是重点查处了一批违法占地、非法采矿、越层越界案件，维护了正常的土地和矿产资源开发利用秩序。

2006年，共查处、关闭和取缔各类矿产违法行为6067处（次），其中煤矿3550处（次）、非煤矿点2517处（次）。报请省政府同意、由省安委会发文关闭了93个有证煤矿（井），没收违法设备3813台（件），没收违法采出的矿产品29258.7吨，罚没款5030.92万元，196人受到党纪政纪处分，198人受到刑事处罚。发现各类土地违法行为3484起，涉案土地面积3.4万亩（耕地1.7万亩）；立案查处3221件，涉案土地面积4.1万亩（耕地2.2万亩），其中包括上年未结案件429件，涉案土地面积9853.05亩（耕地6499.65亩），立案率为80.1%；查处结案2734件，涉案土地面积3.3万亩（耕地1.8万亩），其中包括上年未结案件283件，涉案土地面积7522.65亩（耕地5115.15亩），结案率为84.8%。共计罚没款7991.83万元，拆除违法构（建）筑物139.1万平方米，没收构建物274平方米，收回土地1843.8亩，57人受到党纪政纪处分，9人受到刑事处罚。

搞好信访工作，落实征地补偿。一是畅通信访渠道。共接待群众来访538起（件）、受理群众来信来电1883件（次），按规定基本处理完毕。认真执行领导信访接待日制度，对涉及面广、情节严重的信访案件继续实行领导包案制，厅领导接待群众22个工作日1068人次，解决重大信访事件210件。二是依法合理做好征地补偿安置工作。制订了全省统一的年产值标准，已上报国土资源部平衡。严格履行征地听证和公告程序，提高了征地工作的透明度，维护了农民的知情权、参与权、监督权。推广了晋城市局征地补偿费预存专户，临汾开发区土地分局土地补偿、就业安置及养老保险相结合的做法，及时纠正损害群众利益的行为，保证补偿安置及时到位，切实维护了被征地农民的合法权益。

6. 深化政务公开与资源市场化配置，进一步提高了全省国土资源部门的执行力和公信力。全面推行了政务公开制度、首问负责制、行政过错责任追究制。公示了所有行政审批事项、报件要求、办理时限、收费标准，实现了接办分离、集体会审、限时办结、结果公开，并在网上提供办理进程和结果查询。邀请同级人大代表、政协委员和纪检监察机关的同志，组建了行政审批监督委员会，实时监督各级行政审批委员会的工作。通过主要新闻媒体向全社会作出了《服务开放引进改善投资环境的五条承诺》。省厅主要业务处室的负责人进驻政务大厅，以及时提供政策咨询，审查报件资料，确保在公开承诺的时限内完成项目用地和资源配置报件的审查、上报。尤其是对省级以上重点工程，包括“两区”开发和沪港招商项目，这些项目均在公开承诺的时限内完成了预审和批地手续。

土地、矿产资源配置市场化改革进一步深入。一是土地市场运行平稳。各级国土资源部门进一步健全土地市场制度建设，切实加强对土地供应，尤其是对经营性用地的供应管理，以及批后土地供应的监管力度。经营性土地全部实行了招标拍卖挂牌出让，具备条件的优先采取拍卖方式出让。全省建设用地供应总量为40045.5亩，共出让国有土地30372.9亩，成交总价款65.28亿元，纯收益为33.65亿元。其中招标、拍卖、挂牌出让8036.07亩，占出让面积的26.46%，成交价款35.81亿元，占总价款的54.86%；协议出让21219.1亩，占出让面积的69.86%，成交价款27.32亿元，占总价款的40.01%；租赁1065.5亩，占出让面积的3.5%，收取租金1712.76万元；划拨供地478.7亩。二是矿业权公开出让有序进行。对拟出让矿业权继续执行征求市、县政府意见和公示10天的规定，以减少资源配置争议，促进了矿产开发与区域经济发展相衔接。进一步规范和引导市场竞争，有效防范漏标、串标、围标，省厅公开出让矿业权21宗，成交价款2135万元。

为全面准确地研究解决全省国土资源管理工作中存在的问题，更好地服务全省经济建设，9月中旬至10月上旬，厅领导分别带队深入11市、14个县（区）、4个重点工程现场和11个基层国土资源所，深入调查研究，广泛征求意见，研究探讨解决实际问题的办法和途径。厅机关及事业单位由处级干部带队，到主要产煤县（区）现场审查资料、集中办理资源整合矿井的换证手续；赴石太客运专线、太中银铁路、张峰水库等重点工程工地帮助办理征地手续，既转变了机关工作作风，又促进了这些项目的及时开工建设。

7. 加强班子队伍建设，完善管理体制，塑造了国土资源系统的良好形象。继续开展“完善体制、提高素质”活动，以各级领导班子和基层所建设为重点，加快建设高效、务实、廉洁的运行机制和管理体制。

（1）调整充实了各级领导班子。经省委批准，一名副厅长兼任省测绘局党组书记、局长，配备了总工程师、两位助理巡视员，高配了执法总队总队长，使厅级领导集体进一步得到充实和加强，国土资源与测绘一体化工作机制进一步加强。严格执行《党政干部任用工作条例》的规定，陆续选配充实了各市局、区分局、县局领导班子，加强了对市、县局干部人事工作的检查指导。

（2）全面加强了干部队伍和作风建设。认真落实党风廉政建设责任制，狠抓责任分解、责任考核、责任追究，着力解决群众关心的突出问题，全面推进政风行风建设。抓住土地出让、矿业权审批、土地和矿业权评估、违法案件查处等重点环节，扎实开展了治理商业贿赂工作，受到省治贿办的通报表扬。

（3）健全完善了国土资源管理体制。第一，积极争取省委、省政府领导和有关部门支持，进一步落实基层单位的编制、经费、职数等问题，强化规划控制和执法监察职能。第二，按照“机构设置规范化、设施配置标准化、管理工作制度化、人员素质优良化”的标准，全面推进基层国土所建设，70%基层所初步实现了“六个一”(即有一处较好的办公场所，有一辆执法车辆，有一台办公电脑，有一部传真电话，有一台测量仪器，有一组档案专柜)，基本形成保障工作、方便生活、有利学习一体的办公环境，业务工作实现了“阳光作业”。第三，切实加强了执法监察机构和队伍的建设。征得省编办同意，各市、县局执法监察队伍负责人高配。同时，报请省领导同意拟组建矿山调查测量队，专门从事对非法违法采矿破坏资源量的技术鉴定，以加大对违法者的责任追究力度。

（4）继续开展干部培训，着力提高广大干部的综合素质。围绕提高领导干部依法行政、参与宏观调控的能力，沟通协调、推进工作的能力，清正廉洁、自我约束的能力，采取统一部署、分级负责、层层培训的方式，继续开展了干部培训教育活动，使干部综合素质有了明显提高。

（宋　涛）

## 国有资产监督管理

**【概述】**　2006年，省国资委和省属企业全面贯彻科学发展观，根据省政府目标责任分解要求，坚持以加快推进国有企业改革为中心任务开展各项工作，有效地促进了省属企业的改革发展和效益提高。截至2006年底，省属监管企业资产总额达到3632.3亿元，同比增长23.3%；净资产达到1230.9亿元，同比增长15.1%；所有者权益达到954.4亿元，同比增长12.4%；累计实现销售收入2280.5亿元，同比增长20.5%；累计实现利润123.5亿元，同比增长41%。省属企业总资产规模和销售收入快速增长、实现利润大幅度增加，资产质量、企业素质和核心竞争力不断提升，有力地促进了全省经济社会的发展。据国务院国资委2006年底对31个地方省（市、区）国资委所监管的1031户企业统计，山西省35户省属监管企业的总资产由2003年底的1994亿元增加到3632.3亿元，排名由第17位升至第6位；净资产、销售收入、实现利润在全国的排位均为第5位，全省国有经济实力得到进一步发展壮大。

1. 国有企业改革。

（1）加强对国企改革的领导。2006年初，于幼军省长、靳善忠副省长带队深入省国资委监管企业和省直31个厅局对260户企业进行专题调研，了解省属国企改革发展情况，研究分析情况对策。组建省属国有企业改革领导组和办公室，牵头制定国企改革13个系列配套文件，组织召开全省加快推进省属国有企业改革动员大会。按照“三个一批”要求，省国企改革办对33户省国资委监管企业和34个省直部门进行了业务辅导和进度督促，完成了上述67个企业和部门的改革总体框架方案的审核审批工作，共涉及773户子企业，其中拟做大做强的304户，拟转制搞活的293户，拟破产退出的176户。

（2）股权分置改革顺利推进。山西省辖区涉及股改的22家上市公司已有19家完成股改，占辖区总户数的86.4%，市值占辖区总市值的97.6%，率先达到了中国证券会关于辖区内发行新股所要求的完成股权分置改革的比例，为山西省辖区企业新股发行和省属企业境外上市融资工作创造了有利条件。积极推动省属企业上市再融资。大同煤业和潞安环能在上交所成功上市，共融资38.7亿元；太钢顺利实施股改及股票定向增发；同煤、焦煤、太钢、省煤运、阳煤、潞安、晋煤等企业都在积极与摩根大通、摩根士丹利、德意志银行、中银国际、贝尔斯登、汇丰银行等国际知名的金融企业合作，进行境外、境内、整体或其他主业方面的上市工作；中条山有色金属集团北方铜业与韩国SK公司洽谈增资扩股事宜，准备在境内外上市；山西焦化和山西三维准备定向增发A股。

（3）省属企业招商引资工作成绩显著。建立了省属企业招商引资项目库，推出招商项目154个，总投资额约3000亿元，产权转让项目196个，转让金额732亿元。组织省属企业参加省政府组织的沪、港、欧洲招商引资活动和中博会、青海、乌鲁木齐、厦门等地区招商引资洽谈会，共签约50个项目，投资总额1200亿元，拟引资494亿元。此外，省属企业还积极通过寻找战略伙伴进行招商引资，中条山有色金属集团与光大银行签署了《战略合作伙伴框架协议》，乡镇煤运与香港华润燃气、中华煤气结成战略联盟。招商会后，积极督促省属企业建立签约项目责任制，推进签约项目的落实工作，取得实质性进展的项目有27个，占全部签约项目的54%。

（4）完成省属企业主辅分离辅业改制总体方案的审批工作。省属企业共有辅业单位440户，涉及总资产283.8亿元，净资产89.3亿元，职工20.6万人，已完成分离、改制的企业283户，占总数的64%；涉及总资产231.4亿元，占81%；净资产77.8亿元，占87%；职工14.8万人，占72%。其中，已改制为非国有控股的实体60户，改制为国有控股实体的112户；实施分离核算的111户。继前两批完成11户省属企业234所中小学校移交协议签署工作的基础上，2006年启动了包括部分厅局企业在内的第三批分离移交中小学工作。到2006年底，省属企业中小学校签署移交协议的累计302所，占到移交总数的98.7%，全省整体移交协议签署工作基本完成。

（5）劣势企业破产步伐进一步加快。积极争取将山西焦煤东曲矿等高硫高灰和资源枯竭的6户企业列入国家政策性关闭破产计划，争取到中央破产补助资金20多亿元；审查上报2005年以前企业政策性关闭破产21个建议项目，经全国兼并破产领导组审核通过，共涉及资产39.3亿元，负债54.6亿元，拟核销银行呆坏账和金融债权28.4亿元；完成2006年度政策性破产上报工作，向国家申报政策性破产计划项目25户，涉及资产55.7亿元，负债75.1亿元，职工8.3万人，拟核销银行呆坏账和金融债权26.1亿元；审核下达了省属国企依法破产计划项目19户，涉及资产14亿元，负债36.2亿元，职工1.2万人，拟核销银行呆坏账26.6亿元，其中有2户进入破产程序。

2.优化国有经济布局和结构。

（1）完善并积极组织实施省属企业“十一五”发展规划。建立联系制度和项目库，明确责任分工，进行督促检查和跟踪管理。

（2）大企业大集团战略迈出新步伐。国有重点煤炭企业依托三大基地整合地方煤矿，进一步提高了产业集中度；省煤运推进改制重组，理顺产权关系，实现了规模扩张；阳煤与三维重组，实现了强强联合，优势互补；国际电力分立重组，引进战略投资者，与韩国电力及德意志银行组建合资公司，并准备境外上市。这些企业在壮大自身的同时，也为山西省结构调整、产业升级开辟了新路子。

（3）省属企业重点项目建设进展顺利。2006年，围绕“十一五”发展规划积极实施了一批重点建设项目。太钢150万吨不锈钢项目及配套工程、同煤塔山1500万吨矿井和大唐4×50MW资源综合利用电厂、潞安屯留600万吨矿井扩建、阳煤3×135MW煤矸石综合利用电厂、三维3万吨1，4—丁二醇和太化8万吨粗苯加氢精制等项目建成投产；太重煤机有限公司煤机设备成套系列化改造项目、山焦二期150万吨焦化项目、潞安环能焦化技改项目顺利推进；同煤同忻1000万吨矿井改扩建、山西焦煤斜沟1200万吨矿井和庞庞塔矿1000万吨改扩建、省煤运沙坪500万吨矿井等4个大型现代化高产高效矿井、同煤的大唐2×600MW电厂、轩岗华电2×600MW电厂和潞安煤基合成油示范厂、晋煤合成油示范工程等项目开工建设；同煤同德铝业100万吨氧化铝项目、60万吨甲醇，天脊30万吨MDI，中国（太原）煤炭交易市场重组建设等项目前期工作取得实质性进展。这些项目的投产和开工建设，为省属企业实施“三个方阵”战略迈出了坚实步伐。

3.国有资产监督管理。

（1）国有资产监管法规体系建设进一步加强。全年制定出台了《省属国有企业投资监督管理暂行办法》《省属企业担保管理暂行办法》，起草了《山西省企业国有资产监督管理实施办法》《省属企业国有独资公司外部董事管理暂行办法》等规章制度，进一步完善了山西省国资监管的法规体系；在重点企业全面推行总法律顾问制度，11户企业设立了总法律顾问，33户设立了法律事务机构；根据新《公司法》规范了省属企业的公司章程，全面启动了“五五”普法依法治理工作。进一步加大省属企业法律纠纷的调处力度，联合省高级法院出台《关于处理省属企业间重大法律纠纷案件有关事宜的意见》，国有企业法律纠纷应对机制初步建立。

（2）业绩考核和薪酬管理进一步完善。对省属33户企业2005年度考核指标完成情况进行了确认评级，其中A级企业14户，B级11户，C级7户，其他1户。核定兑现省属企业领导人员2005年度薪酬，对2004年度企业领导人员薪酬发放情况进行了稽核。开展以企业价值最大化为考核目标，以经济增加值为衡量企业经营业绩标准的年度考核指标体系研究，为试行新的年度业绩考核指标体系进行了准备。完善以国有资本保值增值和可持续发展为重点的任期经营业绩考核制度，起草《省属国有企业领导人员任期经营业绩指标确定和考核计分办法》，为首届任期（2004年～2006年）考核认定和评级提供了依据。探索建立国际国内企业数据库，为省属企业全面开展对标贯标做了准备。完善企业领导人员薪酬管理办法，将省属企业全部纳入工资总额管理范围，提出部分上市公司试行高管人员股权激励建议办法，引导企业实行以岗位绩效工资制为主的内部分配制度改革，合理拉开管理、技术、生产操作人员的工资收入差距，同时采取相应措施，防止了企业内部收入分配过分悬殊的问题。

（3）出资人财务监督体系初步建立。

全面完成监管企业和省直部门所属企业的清产核资工作，建立健全了监管企业清产核资数据库；试行省属企业财务预算管理，完成了省属企业2005年底财务决算和国有资产统计上报工作；推进企业财务管理和信息化建设。出台《省属企业总会计师工作职责管理暂行办法》，起草了《省属国有企业综合绩效评价实施细则》《省属国有企业综合绩效评价管理暂行办法》《山西省省属国有企业综合绩效评价试点方案》等管理办法，使企业财务监督管理工作走上了规范化轨道。

（4）监事会和审计工作继续加强。加强监督检查，完成10份年度监督检查报告和4份专题报告，下发10份整改通知书，整理汇总省国资委成立以来监事会完成的22份监督检查报告，对监督检查报告揭示的15个重要问题中的9个重大问题，组织力量进行了督查整改。完成同煤、汾西矿业、霍州煤电等10户企业主要负责人的离任审计，开展任中经济责任审计试点，探索加强资产监督管理、强化企业领导人员激励约束机制办法，创新了监督方式，提高了监督水平。

（5）产权基础管理工作得到规范。起草《山西省企业国有资产评估管理实施办法》，办理完成省属企业资产评估核准和备案项目51项；制定《省属企业国有产权转让实施办法》，牵头组织省财政厅等六部门开展了全省企业国有产权转让监督检查工作，进一步夯实了产权管理基础。在省市国资委选择确定的产权交易机构中完成各类产权交易122宗，交易金额近10亿元。其中，省属监管企业进场交易11宗，交易金额3.4亿元，平均增值率达到10%，发挥了市场在资源配置中的基础性作用。继续开展产权登记，补办换证和开展各类产权登记692户。

（6）市级国资监管工作顺利推进。太原市国资委在推进国企改革上由单体改制全面转向整体创新，走出了一条“放活—解困—重组—创新—做强”的路子；晋城市国资委完善改革配套政策，在困难企业破产和优势企业改制上取得了突破；忻州市国资委针对所属困难企业较多的情况，着力实施破产重组和股份制改造，并积极开展解困救助活动，确保了社会稳定和改革顺利推进；长治市国资委在加快国有企业改革步伐的同时，推进国有企业产权转让全部进场交易，实现了国有产权转让的市场化运作。

4. 国有企业党的建设。

（1）党的组织建设和思想建设进一步改进。开展省属企业纪念中国共产党成立八十周年暨省属企业先进性教育活动，评选表彰了214个先进基层党组织，251名优秀党员和144名优秀党务工作者；发展党员3393名，壮大了党员队伍；指导和督促省属企业召开领导干部民主生活会，增强了企业领导班子凝聚力；召开省国资委系统党代表会议，选举产生了省国资委系统出席省第九次党代会的23名代表；指导省属企业大力开展企业文化建设，牵头组织完成《省属国有企业的企业文化建设与可持续发展战略研究》课题；在省属企业开展了学习“八荣八耻”、践行社会主义荣辱观的教育活动。

（2）加强领导班子建设和人才工作。出台《关于进一步加强省属国有企业领导班子建设的意见》和《关于对省属企业领导人员进行诫勉谈话和函询的暂行办法》，开展创建“四好领导班子”活动，先后对25户企业的102名企业领导人员进行调整，改善了省属企业领导班子结构，完善了企业法人治理结构。举办省属企业领导人员理论培训班，完成了省属企业领导班子人员普遍轮训任务。

（3）深化党风廉政建设和反腐倡廉工作。坚持标本兼治、综合治理、惩防并举、注重预防的方针，以防止国有资产流失、确保国有资产安全为重点，开展了适合企业特点、反映行业特色的廉洁文化创建活动；强化源头治理，积极构建惩防体系，进一步完善国资监管制度，通过廉政谈话、诫勉谈话、明察暗访、调研督查等形式，加强了对企业领导人员的监督；查处了一批企业改制重组、产权交易和经营管理中隐匿、侵占、转移国有资产的案件；清理纠正236人投资入股煤矿，清退资金1967万元；不断深化效能监察工作，推动效能监察向企业“三重一大”等决策方面拓展。省属企业纪检监察部门全年立案156件，给予党纪政纪处分433人（其中处级以上干部77人），挽回经济损失9299万元；效能监察共立项1280项，完成1258项，建章立制780条，堵塞漏洞850个，为企业增加经济效益5.8亿元；通过实行“阳光采购”和基建技改项目招投标，企业节约资金近10亿元。（刘忠兵）

# 口岸管理

**【概述】** 2006年山西口岸工作在省委、省政府的正确领导下，在相关部门支持下，各项工作稳步推进，太原航空口岸改扩建工程进展顺利，电子口岸建设顺利起步，口岸管理与协调服务有序有效。

1. 太原航空口岸扩大对外开放增扩建项目顺利开工。太原航空口岸2005年初扩大开放成为国家一类口岸。为尽快落实省政府对国家验收组的承诺事项，进一步完善太原航空口岸查验设施和联检单位办公条件，山西省口岸办积极争取，确保改扩建项目通过了立项审批并于2006年初下达了部分投资计划。为保证工程质量，山西省口岸办多次召集口岸有关单位专题会议，与建筑设计单位、口岸联检单位认真讨论研究，完成了太原航空口岸部分联检办公业务楼的改扩建工程地质勘探和图纸设计及审查以及“三通一平”，为开工施建打好了基础。现工程进展顺利，部分工程已近尾声，预计2007年上半年全部完工。

2. 电子口岸建设工作顺利起步。

（1）出台《山西电子口岸建设总体方案》。2005年11月22日，根据省政府批示，山西省口岸办和太原海关负责人参加了国务院批准，在宁波举行的由海关总署、公安部、铁道部、交通部、信息产业部等国家12个部委联合召开的全国地方电子口岸建设现场会，中共中央政治局委员、国务院副总理吴仪出席了会议并作了重要讲话。这次会议使与会人员对全国电子口岸建设的形势和必要性有了更为全面和深刻的认识。宁波现场会议充分体现了国家对地方电子口岸建设的关注程度和各地建设电子口岸的积极性，同时也深切感到电子口岸建设是口岸综合管理部门落实科学发展观切实有效的“抓手”，是口岸管理的发展方向和先进模式，其取得的成效也是实实在在的。山西省作为内陆省份，要持续发展外向型经济和扩大对外开放，电子口岸建设是一个非常好的切入点，在省政府的大力支持下，各有关部门应该积极行动起来，举众部门之力，共同打造山西电子口岸，实现部门间信息的互联互通和资源共享，畅通进出通道，优化投资环境。

根据宁波会议精神和前期调研掌握情况，结合山西实际，山西省口岸办与太原海关多次沟通，向省政府提出了山西电子口岸建设基本思路，之后根据省领导的意见，经过大量艰苦细致的工作，几经讨论，对山西电子口岸建设基本思路进行了修改和补充，于2006年8月出台了山西电子口岸建设总体方案。

（2）设立山西电子口岸建设工作小组。根据山西电子口岸建设总体方案，并报经山西省口岸工作领导组同意，在山西省口岸工作领导组下设立了山西电子口岸建设工作小组，具体负责山西电子口岸建设的总体规划、实施方案的制定和落实以及日常工作。

（3）同海关总署签署《山西电子口岸建设合作备忘录》。2006年8月，山西省口岸办与太原海关赴海关总署科技司（国家电子口岸办）汇报了山西省电子口岸建设工作进展情况，并就山西省与海关总署签署合作备忘录事宜做了充分沟通。2006年12月8日山西省副省长宋北杉赴北京与海关总署副署长李克农共同签署了《山西电子口岸建设合作备忘录》。

(4) 进行山西电子口岸网站初步设计。2005年宁波现场会后，太原海关即与山西省口岸办开始筹划山西电子口岸网站建设。经过近一年的反复修改完善，网站已具备了基础功能。山西电子口岸网站地址为 www.tyeport.gov.cn。

3. 加强区域合作，大力推动山西省陆运口岸物流枢纽的建设。

2005年山西省口岸办在陆运口岸建设上积极同周边口岸尤其是沿边、沿海口岸进行联合与合作，在天津口岸办牵头下，与11个省市自治区签订了《跨区域口岸合作议定书》。2006年，山西省口岸办继续秉承“合作、互利、共赢”的宗旨，主动走访内蒙口岸，寻求合作机会。同时与上海、青岛口岸办加强联系。9月，由山西省省长于幼军同志带队，组织相关单位领导组团赴湖南长沙，参加由国务院领导出席见证的首届中部贸易投资博览会签约仪式。会上，山西省口岸办与安徽、湖北、河南、江西、湖南中部六省市同上海口岸工作领导小组办公室签署了《上海与中部六省加强口岸大通关合作，促进现代国际物流发展的框架协议》，《框架协议》就上海口岸工作领导小组办公室和中部六省人民政府口岸办公室充分发挥口岸管理和“大通关”协调服务职能、上海海关与中部六省海关加强关区合作，积极探索和促进上海与中部地区区域通关改革等方面提出了合作意向。

经协商，2006年11月2日山西省口岸办与青岛口岸办签署了《口岸跨区域战略合作框架协议书》。协议以促进两地口岸功能延伸和优势互补为出发点，以互惠互利、共同推进两地口岸经济快速发展为目的，提出两地口岸办要在口岸综合管理、口岸信息、电子口岸、文明共建等方面加强交流合作，积极支持两地口岸查验单位加强区域通关合作，积极协调两地机场、两地铁路部门的对接和合作，共同促进两地对外贸易和国际物流发展。

同时，在山西省口岸办和青岛口岸办及山西侯马市委、市政府的积极努力和推动下，山西宝特国际物流有限公司、青岛前湾集装箱码头有限公司在山西侯马市签署了集装箱运输战略合作意向书。意向书的签署是对山西口岸、青岛口岸战略合作框架协议书的推动和具体落实，也是实现山西内陆城市侯马与青岛大港口形成直接连线，是侯马市融入环渤海经济带、扩大城市开放程度的有力举措。

4. 加强各项管理，发挥部门优势，优化口岸环境。2006年国家口岸管理办公室正式挂牌成立。按照国家口岸管理办公室的统一部署，山西口岸办同口岸相关部门积极合作，努力推动发展山西口岸经济。

充分利用国务院批准太原航空口岸扩大对外国籍飞机开放的资源，山西省口岸办同太原海关、山西省民航机场集团公司、山西省旅游局等单位共同多次赴中国国际航空股份有限公司进行沟通和协商开辟新航线事宜，与国航达成了从太原出发，以代码共享方式开通至欧洲、美洲等多条虚拟国际航线的意向。经中国民航总局同意由中国国际航空股份有限公司开通太原经停北京至德国法兰克福、法国巴黎、英国伦敦和美国纽约、旧金山的5条虚拟国际航线，2006年1月6日正式开通。乘坐虚拟国际航线的乘客可以在太原航空口岸直接通过海关检查，一票到底，免去了部分程序。虚拟航线是山西省充分利用口岸查验资源的一次有益尝试，随着乘坐虚拟航线乘客的增多，可形成部分热门航线的信息及游客资源，逐步推动太原航空口岸国际航线的形成。虚拟国际航班在山西省属首次开通，为确保该航班健康正常运营，山西省口岸办、太原机场海关、太原机场出入境检验检疫局、山西省民航机场集团公司相关人员赴北京、沈阳两地进行考察学习，以明确太原航空口岸与中转站—北京国际机场之间，双方查验单位在虚拟国际航班通关查验各环节中需分别履行的手续，共同确保双方工作衔接到位，通关查验合法有序。

山西省口岸办积极利用多年同各地口岸形成的良好关系，为企业服务。2006年7月，山西省口岸办、山西省物流中心相关负责同志考察了毗邻山西省的内蒙二连浩特陆运口岸，进一步推进十一省市跨区域口岸合作，为山西省国际物流寻找新的陆运出境口。为促进侯马内陆口岸工作和业务的开展，山西口岸主动同青岛口岸联系，请他们协调当地的港务运输、货代等企业，协助侯马口岸的建设和业务运营，均收到良好的效果。

5. 落实科学发展观，立足部门优势，服务口岸经济。

2006年，太原航空口岸始终贯彻落实科学发展观，不断创新“大通关”理念和举措，通过科技手段提高工作效率，注重部门协调，优化口岸环境；扩大外部联系，拓展口岸发展空间；充分发挥口岸部门的综合效能，服务山西省旅游产业和外向型经济。

2006年，太原机场海关全面落实服务山西外向型经济发展22条措施，立足山西省情，将服务与促进山西省外向型经济发展作为工作重点，主动走访北京、天津等口岸海关，磋商建立转关货物直通车模式；调整通道设置，对出口货物，设置绿色电子通道；对独联体货包机出口货物重点扶持；积极向企业宣传海关便捷通关、服务地方经济发展的措施。2006年5月，太原机场海关被海关总署、共青团中央复核，继续保持“全国青年文明号”荣誉称号。

太原机场检验检疫局加强与民航、海关等部门的协调沟通，采取有效措施，促进输俄货包机的飞行，继续推行24小时值班制度，做到货物、飞机随到随检，随检随放，方便进出；针对国内外疫情疫病严峻形势，尤其是高致病性禽流感流行的形势，牢固树立疫情观念，在思想上、行动上筑起疫情疫病防线，严防疫情疫病从山西口岸传入传出。

山西公安边防总队积极建设新边检系统，提高运用高科技手段进行执勤指挥的能力，大大提高了检查速度和质量，提高了边防检查工作科技含量。在边防检查工作中，山西公安边防总队牢固树立“执法为民”思想，正确把握“把关”与“服务”的关系，深入实施了“爱民固边”战略和开展了“三访四见”活动，主动走访，广泛征求服务对象的意见，努力为地方经济建设服务，为构建“平安口岸”和部队驻地和谐社会做出贡献。

2006年，太原航空口岸共出入境人员11932人次，其中太原—香港航班共安全飞行119架次(含备降航班)，运送旅客9157人次。独联体货包机共安全飞行146架次，货运量3284.48吨。（邓志荣）

**【2006年山西口岸工作大事记】**

1. 1月27日上午春节前夕，山西省副省长宋北杉慰问了山西省公安边防总队官兵。

2. 太原航空口岸扩大对外开放增扩建项目，经山西省发改委审批下达了项目投资计划。

3.2月22日，太原海关与中国电子口岸数中心、中国工商银行股份有限公司山西分行、太原钢铁（集团）国际经济贸易有限公司举行网上支付税费合作协议签字仪式。山西省口岸办与山西省商务厅有关负责人以及富士康等8家大型涉外企业的代表出席了签字仪式。

4.3月中旬，山西省口岸办与太原海关将山西电子口岸建设基本思路向山西省副省长、山西省口岸工作领导组组长宋北杉作了汇报，根据宋副省长的意见，山西省口岸办与太原海关对山西电子口岸建设思路进行了修改和补充，提出了山西电子口岸建设总体方案。山西省政府现已批准通过。

5.3月16日，山西省口岸办与太原海关就山西省电子口岸建设相关事宜向宋北杉副省长作了汇报。宋北杉副省长指示，山西电子口岸的组织领导工作，要充分依靠山西省口岸工作领导组，明确各成员单位所负职能。同时尽快同海关总署联系签署《合作备忘录》事宜。

6.3月26日，太原机场改扩建工程开工奠基仪式在太原机场举行。山西省委书记张宝顺，省委副书记、省长于幼军，国家民航总局副局长杨国庆，副省长宋北杉，秘书长李政文等领导出席了奠基仪式并为工程奠基。

7.3月31日，2005年度山西口岸工作会议在省经贸宾馆召开，山西省口岸工作领导组副组长、山西省经委总经济师陈官虎等出席了会议。会议由山西省政府口岸办主任王锐颖主持。会上，山西省政府口岸办作了工作报告，报告总结了山西省“十五”期间口岸建设与开放总体进展情况以及取得的成绩，并对“十一五”期间口岸工作面临的形势进行了客观清醒的分析。

8.4月20日，太原机场海关缉私科举行成立暨揭牌仪式。山西省口岸办王锐颖主任参加了揭牌仪式。

9.5月24日，由山西省口岸办组织太原航空口岸扩大开放改扩建工程图纸会审会议。各单位就设计图纸充分交换意见。

10.6月2日，山西省口岸办组织联检单位召开协调会，专题协调布置东航山西分公司太原—香港航班的复航工作和6月4日山西航空有限责任公司重要宾客公务包机出入太原航空口岸的礼遇工作。

11.6月23日，山西省口岸办就太原航空口岸扩建项目的建设情况赴海关总署国家口岸管理办公室进行汇报。

12.6月11日和6月25日贵州、河南口岸考察团先后到山西就开通国际航线、航空口岸客货包机、陆运口岸建设与运行等情况以及山西电子口岸建设情况进行了调研。

13.6月27日凌晨3点，口岸联检单位和机场服务保障部门再次为在6月2日文水特大交通事故中受伤的马来西亚游客提供办理了特殊通关查验手续，保证了包机的安全正点出境。

14.7月22日至28日期间，山西省政府及各地市政府包租东航山西分公司7架次飞机赴香港参加山西省举办的“港洽会”。山西省口岸办及时行文通知航空口岸各联检单位，认真细致做好各项准备工作，确保包机便捷安全通关。

15.7月28日，山西省经委总经济师陈官虎、山西省口岸办王锐颖主任以及山西省物流中心相关负责同志等考察了毗邻山西省的内蒙二连浩特陆运口岸。

16.8月1日，山西省口岸办对上海市口岸办起草的《关于上海与中部六省加强口岸大通关合作促进现代国际物流发展的框架协议》进行了认真研究，并结合山西实际，提出了建议。

17.8月15日，太原海关与青岛海关“区域通关合作备忘录”签字仪式在山西省迎泽宾馆举行，山西省政府副秘书长王洪岐、太原市副市长荣彤、太原海关关长王安保、青岛海关关长李书育、山西省政府口岸办主任王锐颖等出席了签字仪式。

18.8月30日至9月4日，第五次西部地区口岸办（委）主任联席会议在甘肃省酒泉召开，中国口岸协会、北京、四川等共17个省（区、市）口岸办的领导出席了会议。山西省口岸办王锐颖主任参加了会议，并作了“加强区域合作，实现互利共赢”的大会发言。

19.9月21日，山西省口岸办副主任邓志蓉与太原数据分中心负责人专程赴北京向中国电子口岸数据中心和国家电子口岸办汇报请示山西省电子口岸建设工作。

20.9月26日至27日，落实国家口岸管理办公室下达的署级课题调研任务，内陆地区口岸会议在江西南昌召开，江西、甘肃、宁夏等11个省（自治区、直辖市）口岸办派员参加了会议。山西省口岸办副主任邓志蓉参加了会议。会后，山西省口岸办组织山西省商务厅、山西省旅游局、太原海关、山西出入境检验检疫局、山西省公安边防总队、山西省民航机场局召开会议，安排布置相关工作。在各有关单位密切配合下，山西省口岸办已将调研数据汇总并报送内陆地区调研牵头单位江西省口岸办。

21.9月24日，山西省口岸办王锐颖和邓志蓉出席了侯马市陆港口岸开工奠基仪式，王锐颖主任在仪式上致词。

22.9月25日，山西省省长于幼军带队，组织山西省相关单位领导组团赴湖南长沙，参加由国务院领导出席见证的首届中部贸易投资博览会签约仪式，山西省口岸办王锐颖主任随团参加了会议。

23.10月10日至12日，全国口岸办主任会议在浙江宁波举行。山西省口岸办王锐颖主任参加了会议。

24.11月2日，由青岛市人民政府副秘书长、口岸办主任卢新民带领的青岛口岸代表团赴山西考察调研，并签署了《山西口岸办、青岛口岸办口岸跨区域战略合作框架协议书》。

25.11月3日，在山西省口岸办和青岛市口岸办及侯马市委、市政府的积极努力和推动下，山西宝特国际物流有限公司、青岛前湾集装箱码头有限公司在侯马签署了集装箱运输战略合作意向书。

26.11月24日，山西省口岸办陪同省财政厅经济建设处相关负责同志对山西电子口岸前期建设进展情况进行了调研，并到太原海关查看了山西电子口岸网站建设情况。

27.12月5日，山西省政府副秘书长王洪岐在省政府常务会议室主持召开了2006年山西省口岸工作领导组全体会议，口岸工作领导组全体成员参加了会议，山西省副省长宋北杉参加会议并做了重要讲话。

28.12月8日，山西省人民政府与海关总署在京举行了《关于建设山西电子口岸的合作备忘录》签署仪式。山西省副省长宋北杉、海关总署副署长李克农出席并进行了签字。

29.12月18日至20日，上海与中部六省口岸大通关合作第一次联席会议在湖北省武汉市举行，六省一市口岸办负责人和有关部门负责同志参加了会议。山西省口岸办王锐颖主任参加了会议并作了

交流发言。　　　　（邓志荣）

## 太原海关

【概述】　2006年，太原海关结合关区实际，把“服务年、质量年、素质年”作为全年工作主线，各项工作取得新进展。

1. 主要工作。

（1）积极探索和实践科学治关理念，不断推进和谐海关建设。

2006年全国海关关长会议上，牟新生署长首次提出科学治关理念。关党组从省情、关情出发，坚持把“内抓团结、外抓服务”作为太原海关科学治关的基本工作思路，把“省兴关兴”、“关荣我荣”作为推进和谐海关建设的基本内涵。经过一年的努力，太原海关已经与总署机关建立起和谐的上下级关系，与山西省委、省政府建立起和谐的指导与被指导关系，与口岸海关建立起良好的协作关系，与广大进出口企业建立起新型的合作伙伴关系，在内部建立起同志间友好的关系。太原海关党组提出的科学治关的基本思路、建设和谐海关的基本内涵深得人心，全关认识进一步统一，工作热情进一步高涨，队伍凝聚力进一步增强，“服务年、质量年、素质年”工作扎实推进，顺利发展。

（2）服务意识不断增强，海关工作服务山西对外开放大局更加主动。山西“沪洽会”、“港洽会”、“中博会”后，太原海关主动走访全省11个省辖市，及时对接招商引资项目，承诺对105个重点项目提供“跟进式”服务，对12家重点企业实行量体裁衣的“保姆式”服务。同11个市签订了联系合作办法，与地方政府联手搭建起服务企业的平台。保税物流业务和设立海关机构工作取得新进展，新批5个保税仓库，山西平朔煤矿保税仓库顺利通过验收。山西运城设立海关机构省政府已上报国务院，晋城、朔州、长治、吕梁四市设立海关机构的申请，正积极运作中；电子口岸建设实现新发展，与工商银行等8家银行签订网上税费支付协议，对5家重点企业实施加工贸易联网监管，进口货物24小时通关率达到76.1%，较2005年提高了13个百分点。积极推进区域通关改革，继天津海关之后，与青岛海关签署了《区域通关合作备忘录》，太原海关在天津海关设立报关窗口，关区13家企业实施了“属地申报、口岸验放”通关模式。促成鸿富晋精密工业（太原）有限公司等4家企业荣登海关总署“红名单”，关区进入“红名单”的企业增至8家，居中部6省之首。在稽查和查私办案中，妥善处理严格执法与促进企业发展的关系，打击与保护、管理与服务、法律效果与社会效果更加统一。海关总署《海关工作情况交流》和山西省委、省政府《调研与观点》先后刊发太原海关主动对接山西扩大开放，主动服务地方经济发展的做法。

（3）太原海关上下齐心协力，各项工作任务圆满完成。太原海关关区综合治税大格局进一步深化，主要业务指标和业务运行质量取得新的成绩：全年征税7.86亿元，比上年多收1.5亿元，同比增长23.7%；审批减免税24.29亿元，同比增长30.3%；海关备案加工合同（纸制手册）平均备案金额384万美元，同比增长57%；监管进出口货物206.7万吨，同比增长5.2%；受理行政违法案件线索15起，立案调查8起，案值1067.93万元，涉税167.15万元，办结8起，罚没收入47.31万元，案件补税24.99万元。各项业务质量指标成绩喜人：同名商品归类差异率从2005年的2.17%下降到0.146%，在全国海关的排名由37位上升到12位，价格水平始终处于绿色区间；一般贸易、重点税源商品、加工贸易内销、转关运输的价格水平均保持在安全区间；加工贸易手册报核率、结案率首次实现了100%；申报单核销率达到99.9%；查获率10.3%；报关单删除率2.13%；保证金、转关申报单的核销率都达到了建关以来最高水平。海关法制建设不断加强，行政执法责任追究制度初步建立。综合管理工作进一步加强，财务、监审等部门积极做好审计署进驻前整改自查。政研宣传工作取得新突破，在海关系统和山西省委、省政府内部载体刊发政研文章16篇次，同比增长45.5%；对外媒体发表新闻稿件220篇次，在全国海关排名第28位。太原海关学会工作也取得新的进步。完成了大同海关招待所改造装修工程，太原海关附楼扩建、侯马海关招待所建设、太原机场海关办公楼改扩建等工程已进入扫尾阶段。

（4）制度体系不断完善，海关信息化建设进一步加强。对近年来制订的所有规范性文件、业务流程、管理制度进行统一的汇总梳理，修订完善，形成了较为规范的制度和作业体系；实行税收绩效考核机制，确定了31项质量考核指标，定期对各个业务环节的质量情况进行检查，全年解决各类业务疑难问题156个；风险管理开始了由虚到实的转变，重新确定53名风险管理联络员，为风险工作开展提供了组织保障；开通、调整F、G通道，通过风险管理平台、统计预警监测体系，对重点敏感商品适时进行监控和风险分析处置，实现了以风险提示促进稽查管理的目的。全年通过风险平台上报总署风险信息82条，同比增长78.3%，被海关总署采编发布26条，同比增长18.2%；对信息系统资源进行整合，开发综合业务信息平台，通过信息关联技术为业务现场提供法律法规、价格资料、商品信息、企业资料等信息数据支持和服务，拓展信息资源的有效作用空间，紧固通关监管链条，提高现场关员执法水平；HB2004海关政务办公系统正式应用。

（5）坚持以准军事化海关纪律部队建设为统筹，队伍建设取得新成效。根据海关总署准军事化海关纪律部队建设的要求，出台了《太原海关内务督察暂行办法》，开展了队列训练和规范内务秩序活动，采取整体施训和逐个考核相结合的方式，强化了全体关员的作风养成和组织纪律观念，提高了关区内务规范水平，《海关工作情况交流》刊登了太原海关的做法，在总署内务规范达标检查中取得理想成绩；完善教育培训考核奖惩机制，积极开展海关业务、计算机知识、法律法规等培训，参训人数达到923人次，人均5.2次、18.7天，业务岗位参训人员达到100%。重视培养业务行家和专业人才，选派业务骨干到天津、黄埔等沿海海关实习；成功举办首届文化艺术节，展示了关员的精神风貌和精神文明建设的丰硕成果，活跃了关区文化生活；党风廉政建设进一步得到加强，太原海关设立监审室，向大同、侯马海关派驻纪检监察特派员，搭建起纪检监察工作平台，对落实党风廉政建设责任制、领导干部廉洁自律、依法办理海关业务等进行全方位监督；太原海关开展了思想政治工作和廉政执法风险大调研，问卷调查126人，占全关总人数的72%。查找出廉政及执法风险点286个，提出防范措施115条。切实做到将廉政风险和执法风险一起防范、一起控制，推动队伍建设、党风廉政建设与业务建设深度融合、协调发展；通过对山西大同海关“结汇联”事件的反思，太原海关进一步提高了“小关也有大风险”的意识，一线关警员工作责任心明显增强；创品牌、出精品成果显著，太原海关连续五年被评为山西省直“精神文明标兵单位”，太原机场海关再次被团中央、海关总署联合命名为“全国青年文明号”，指挥中心荣获“山西省五一劳动奖状”。

（太原海关）

表 12　　**2006 年太原海关主要业务统计表**

| 序号 | 业务类别 | 2006 年 | | | | | 2005 年 | 2006 年与 2005 年同比增/减（%） |
|---|---|---|---|---|---|---|---|---|
| | | 关区 | 太原 | 机场 | 大同 | 侯马 | | |
| 1 | 监管货运量（万吨） | 207 | 130 | 0.5 | 0.4 | 76 | 197 | 5.2 |
| | 其中：出口 | 6 | 5 | 0.1 | / | 1 | 6 | -2.7 |
| | 进口 | 201 | 125 | 0.4 | 0.4 | 75 | 191 | 5.4 |
| | 其中：独联体包机货运量 | 0.34 | / | 0.3 | / | / | 1.1 | -70.2 |
| 2 | 征税（万元） | 78565 | 42025 | 10451 | 7388 | 18701 | 63492 | 23.7 |
| 3 | 审批减免税额（万元） | 242865 | 168766 | 31403 | 13947 | 28748 | 186426 | 30.34 |
| 4 | 受理报关单（份） | 6812 | 3410 | 2908 | 253 | 241 | 16357 | -58.4 |
| 5 | 加工贸易合同备案（份） | 196 | 143 | / | 5 | 48 | 206 | -4.9 |
| | 其中：备案金额（万元） | 74279 | 59448 | / | 464 | 14366 | 50184 | 48 |
| 6 | 监管进出境飞机（架次） | 252 | / | 252 | / | / | 613 | -58.9 |
| | 其中：独联体货运 | 142 | / | 142 | / | / | 484 | -70.7 |
| 7 | 监管进出人员（人次） | 10916 | / | 10916 | / | / | 18419 | -40.7 |
| 8 | 查获走私案件（起） | / | / | / | / | / | / | / |
| | 其中：案值（万元） | / | / | / | / | / | / | / |
| 9 | 查获违规案件（起） | 8 | 7 | / | / | 1 | 8 | 100 |
| | 其中：案值（万元） | 1067.93 | 987.93 | / | / | 80 | 1568 | / |
| 10 | 查获刑事案件（起，已立案） | / | / | / | / | / | / | / |
| | 其中：案值（万元） | / | / | / | / | / | / | / |
| 11 | 采取强制措施（人次） | / | / | / | / | / | / | / |
| 12 | 罚没入库（万元） | 47.31 | 39.18 | | 0.11 | 8.02 | 59.1 | -19.1 |
| 13 | 企业注册累计（家） | 2317 | 1686 | | 156 | 475 | 1709 | 35.6 |

## 出入境检验检疫

**【业务统计】**　2006 年，山西出入境检验检疫局共检验检疫出入境货物 20593 批，货值 294473 万美元，同比，批次减少 9.9%，货值增长 30.1%。其中，检验检疫出境货物 18794 批，货值 210321 万美元；检验检疫入境货物 1799 批，货值 84152 万美元。检出不合格出入境货物 48 批，货值 213 万美元；检验鉴定出境包装 5216 批；检疫出入境货物木质包装 3487 批，289162 件；监测体检出入境人员 10253 人次，预防接种 2702 人次；检出传染病例 105 人；签发一般原产地证书 2444 份，涉及货值 16828 万美元，签发普惠制产地证书 10511 份，涉及货值 61921 万美元。

（张建龙）

**【风险预警和快速反应机制建设】**　进一步建立和完善检验检疫风险预警和快速反应机制建设，提高应对突发公共卫生事件的能力。先后制定了《山西出入境检验检疫局口岸应对流感大流行实施方案》《进出境重大植物疫情应急处置预案》等一系列应对预案，重点加强了口岸食品卫生安全和出入境人员传染病监测，对 3571 名出入境人员进行健康检查，查出梅毒 7 例，结核 2 例，乙肝患者 17 例，乙肝病毒携带者 59 例，丙肝 8 例，非传染性疾病 203 例，有效防止了疫情疫病的传入传出。在山西地区开展检疫性实蝇及有害生物的监测工作，对全省 420 个实蝇监测点统筹安排、精心组织，建立起科学的监测网络。

积极应对长治市长子县爆发的 $H_5N_1$ 型高致病性禽流感：一是迅速启动山西出入境检验检疫局《进出境高致病性禽流感应急处置预案》，将防控工作落实到岗，落实到人，迅速行动，时刻保持战备心态，做到关键时刻“用得上、打得赢”，同时密切联系当地政府及主管部门，协同合作，服从安排，共同做好防控工作。二是恢复高致病性禽流感24小时值班制度，防治人员24小时待命，文件和信息的传达和沟通保持24小时畅通无阻，紧急情况24小时应对。同时迅速恢复每日“零报告”制度，各分支检验检疫局每日向山西出入境检验检疫局高致病性禽流感领导小组办公室报告疫情情况，及时掌握有关疫情疫病的第一手信息，力争“早发现、早处理、早控制”。三是做好出口禽类及其产品生产企业防控工作。进一步强化对山西省各出口禽类企业的监督管理和检查，督促其严格执行有关防疫消毒制度和全封闭饲养管理制度，强化免疫工作，高度关注人禽流感的防护工作，确保高致病性禽流感防控工作有效开展。四是强化太原航空口岸防控工作。按照国家质检总局“加强领导、密切配合、依靠科学、依法防治、群防群控、果断处置”的二十四字方针，在太原航空口岸加强对出入境人员健康、旅客携带物、邮寄物及其运输工具的查验工作，严格执行“八项制度”“五个到位”“五个及时”制度，严防疫情的传入传出。

山西省运城地区发生流行性乙型脑炎(以下简称乙脑)并有死亡病例出现后，山西出入境检验检疫局在太原航空口岸采取紧急措施防止“乙脑”传入传出：一是组织口岸检验检疫人员认真学习贯彻国家质检总局疫情疫病防控的“八项制度”，认真做到“五个到位”、“五个及时”和“五个不漏”，从思想认识上高度重视“乙脑”防控工作。全面开展业务培训，使检验检疫人员了解和掌握“乙脑”的流行病学特点和防控知识，提高疫情应急处理能力和自身防护水平。二是加强对出入境人员和航空器检疫查验，对每位出入境旅客进行体温检测，加强现场医学巡查，发现病例或疑似病例及时控制和处理。三是广泛宣传，群防群控。在国际通道上利用电子显示屏、发放资料等形式，广泛开展“乙脑”防治知识的宣传和教育活动，提高出入境人员和口岸工作人员对“乙脑”的自我保护意识。四是开展口岸应急预防性消毒。重点是组织开展口岸区域内的防蚊、灭蚊工作。同时加强物资储备，充实和更新口岸应急预防性药物、消毒器械和检测试剂等，保障到位。五是确定专人负责疫情报告，做到早发现、早报告、早控制、早治疗。六是及时了解“乙脑”疫情动态，保持与山西地方卫生行政主管部门的沟通和联系。　（张建龙）

**【出口煤炭产地监管】**　把做好出口煤炭产地监管作为全局一项大事来抓，认真贯彻落实国家质检总局出台的《进出口煤炭检验管理办法》，紧密结合山西实际，切实增强责任意识，强化安全意识，提高质量意识，做到检验、监督、管理三者的有机结合，积极探索和促进煤炭检验监管新模式的实施：一是完善制度，明确职责。编写了《出口煤炭监督管理手册》《驻矿监管人员工作手册》，从制度上明确了工作职责和工作目标。二是强化培训，提高素质。对所有从事出口煤炭检验监管人员进行了《出口煤炭外来杂物控制与监管技术规范》《选煤基本知识》等方面系统的培训，增强了监管工作的针对性。三是分级监管，把好五关。即把好生产关、货源收购关、加工筛选关、成品入库关、清扫装车关。四是派员驻矿，全程监控。针对山西地区出口煤炭点多面广、生产加工企业情况复杂的实际，对36家出口煤炭质量隐患大的生产企业派员驻矿，实施24小时责任管理。五是加强协调，齐抓共管。注重与有关口岸检验检疫局加强协作，建立并形成了协作机制。六是积极推行电子监管。率先在大同启动出口煤炭产地电子监管工程，有4家企业作为试点，进一步增强了产地监管效果。全年共检出雷管24898枚，外来金属杂物103吨，非金属杂物74吨，确保了山西省出口煤炭的质量安全。　（张建龙）

**【进出境商品检验检疫】**　认真贯彻落实全国进出口食品安全工作会议精神，开展出口动物源性食品和供港食用动物的药物残留监控工作及疫情监测工作。加强对进境木质包装、种子苗木、粮食的检疫监管，在对山西忠民集团从美国进口的大豆进行检疫监管过程中，两次检出国家禁止进境的二类检疫性杂草——“假高粱”以及多种杂草籽并进行了无害化处理。结合工作实际，努力做好涉及烟花爆竹、日用陶瓷、危险品包装等敏感商品的检验检疫工作。坚持既把关又服务，严把输俄包机货物质量关。不断完善集装箱、入境旧机电产品备案和检验工作，严防高能耗、高风险的不合格货物进入国门。围绕山西重点工程建设，严格把关，强化监管，热情服务，有力地确保了富士康太原科技园、太原钢铁集团等重点工程的顺利建设。　（张建龙）

**【促进农产品扩大出口】**　一是进一步扩大芦笋出口。继续坚持对芦笋实施驻点检验检疫监管模式，既方便了当地企业，又加大了源头把关力度，确保了出口芦笋质量。2006年芦笋出口890批，33652吨，货值6546万美元，同比增长55.25%。二是发挥检验检疫信息、技术、人才优势，提供优质服务。帮助5家企业14个果园获得了泰国、墨西哥等国家的出口水果的“通行证”，万荣华荣公司成为国内第一家向毛里求斯出口水果的供货商，为扩大山西水果出口奠定了良好的基础。三是促进山西禽蛋出口。在确保安全的情况下积极促进山西禽蛋出口，扶持山西养禽业的发展。2006年共检验检疫出口禽蛋92批，626万美元，13248万枚，为稳定香港市场、提高农民收入做出了贡献。四是帮助肉食品企业走向国际市场。经过几年的艰苦努力，帮助山西长治云海外贸肉食有限公司于2006年成功获得兔肉产品向欧盟出口的卫生许可，使其成为山西省唯一一家获得对欧盟出口“通行证”的肉食品企业。五是大力促进果汁出口。加大科技服务力度，强化源头控制，狠抓企业质量体系建设，强化卫生注册企业的后续管理，促进果汁出口。2006年山西省浓缩苹果汁出口751批，货值10379.92万美元，11.44万吨，同比分别增长68%、122.1%和63.4%。　（张建龙）

**【破解国外技术壁垒】**　一是积极应对日本“肯定列表制度”。根据山西的实际提出《日本“肯定列表制度”对山西省输日农产品的影响及对策》，及时向商务部驻天津特派员办事处报送了《关于日本“肯定列表制度”对山西地区农产品出口影响情况的函》，商务部驻天津特派员办事处专门向山西出入境检验检疫局发来感谢信。同时，及时组织有关人员收集、整理有关标准和检测技术资料，开展农残普查，进行风险评估，确保了山西的芦笋、汾酒、食醋顺利进入日本市场。二是深入研究国外检验检疫法规、标准、方法。密切追踪主要国家和地区技术贸易措施的变化，及时预测对山西省产品的影响。先后发布或转发了“关于鼓励企业应对国外技术壁垒的指导意见”、“关于积极应对日本‘肯定列表制度’、欧盟‘新食品卫生法规’的通知”等一系列文件。三是实施了对WTO其他成员的TBT/SPS通报评议工作。一年来共提出20项既符合WTO规则又能全面代表我国利益的评议意见，其中机电处起草的对智利通报G/TBT/N/CHL/53的评议意见，经国家质检总局标法中心组织专家组讨论和补充完善后被全部采纳，形成核心内容，作为我国向WTO反馈的评议意见。四是指导企业开展注册认证。全年共考核38家出口食品生产企业、8家国境口岸生产经营单位和服务行业卫生许可企业、26家出口商品注册登记企业。五是帮助企业建立质量保证体系，提高企业管理水平。帮助25家企业建立了ISO9000体系，8家出口食品企业建立实施HACCP体系。开展了地理标志产品保护工作，基本完成2家企业实行出口“绿色通道”的初审。（张建龙）

**【“大通关”建设】** 一是加快信息化建设步伐。通过努力，“三电工程”在前期工作取得阶段性成果的基础上，新增远程电子申报企业24家，山西省远程申报企业总数已达255家。二是积极推进业务改革。对动植物产品、食品企业推行“公司＋基地＋标准化”的管理模式，对出口机电产品企业积极推行分类管理，提高了检验监管工作效率，既确保了出口质量，又降低了企业成本。三是继续坚持预约报检、急事急办、特事特办、服务承诺等便利企业的服务措施。进一步推行和完善了“全天候”工作制、无节假日承诺制、首问负责制、ABC顶岗等行之有效的制度，为外贸企业提供优质服务，赢得了有关部门和企业的好评。（张建龙）

**【法制建设】** 一是积极开展行政执法责任制工作。制定《山西出入境检验检疫局推行行政执法责任制实施方案》，对推行行政执法责任制工作进行全面安排部署，认真开展清理执法依据工作，进一步完善了各项执法制度，使执法工作制度化、规范化。二是积极开展深化行政审批工作。制定《山西出入境检验检疫局贯彻〈关于深化行政审批制度改革加强行政许可监管工作的意见〉的实施意见》，并逐一认真落实各项工作。三是积极开展执法管理工作。制定了《山西出入境检验检疫局行政处罚管理办法》，明确各单位的职责分工；制定了《山西出入境检验检疫局行政处罚案件档案管理办法》，对行政处罚案件卷档案进行规范，全面规范全局的行政处罚工作。组织了检验鉴定人员资格考试。开展证书展评活动。四是大力开展普法教育工作。制定了《2006年普法工作计划》并组织实施，印制了《2005年检验检疫法律法规汇编》，全面加强了对干部职工的法制教育，对“五五”普法教育工作进行安排部署。山西出入境检验检疫局被山西省依法治省领导组授予“2001—2005年山西省依法治理先进单位”，法综处被国家质检总局授予“质检系统‘四五’普法工作先进单位”。10月中旬，山西省依法治省领导组对山西出入境检验检疫局“四五”普法总结验收、“五五”普法启动工作进行了检查，对各项工作给予充分肯定。（张建龙）

**【科技工作】** 大力实施“科技兴检”战略，全面贯彻全国质检科技工作会议精神，召开山西出入境检验检疫局科技工作会议，提出贯彻全国质检科技工作会议的实施意见。进一步加强了对实验室的管理，制定了《山西出入境检验检疫局检测项目对外委托工作管理办法》。进一步加强办公自动化的建设和推广应用，实现了与国家质检总局及各分支检验检疫局之间的公文电子传输，提高了工作效率。局技术中心实验室按照ISO/IEC17025导则，通过了国家认可委的现场监督检查。（张建龙）

## 证券期货监管

**【概述】** 2006年，中国证监会山西监管局坚持以创新为动力、发展为主线，依法行政，加强监管，搞好服务，扎实开展治理商业贿赂，积极推动上市公司股权分置改革、清理大股东资金占用和证券公司综合治理工作，大力支持优质企业通过资本市场筹集资金和并购重组，全面提升上市公司质量，有效防范化解市场风险，切实保护投资者合法权益，进一步促进辖区资本市场稳步发展。

截至2006年底，全省共有上市公司25家，累计从资本市场筹集资金405.87亿元，占全省GDP总量的8.6%，筹资量在华北地区和中部六省中均名列第一，约占全国累计筹资额的3.7%。其中，2006年3家新上市公司（大同煤业、大秦铁路、潞安环能）筹集资金188.7亿元，IPO筹资额居全国第一；2家上市公司（太钢不锈、兰花科创）进行了再融资，筹集资金61.76亿元，全年共筹集资金250.46亿元，占当年A股市场筹资总额的9.11%。山西省内共有2家专业证券公司，资产总额为63.26亿元，净资产总额为18.23亿元，净资本总额为12.99亿元。辖区内证券营业部42家，从业人员共计1171人，证券营业网点基本覆盖了全省11个地级市和主要发达县级市。全省证券投资者开户总数为64.22万户，比上年同期增长3.86%；总交易量为1738亿元，增长140.74%。全省共有5家期货经纪公司，在省内经济比较发达的地市设立了8家期货营业部，初步形成了立足山西、辐射华北的市场格局。期货公司注册资本总额为1.72亿元，资产总量为4.06亿元，投资者为7071户，从业人员有260多名。2006年全省各期货交易品种的总成交额为7074.39亿元，较2005年增加5426.27亿元，增长329.24%；手续费净收入为3211.92万元，增长64.28%。与中部六省相比，山西省期货市场发展排位靠前；与周边省区相比，名列第一。（孙春生）

**【上市公司股权分置改革】** 2006年，山西证监局以高度的政治责任感和使命感，继续积极贯彻党中央、国务院及证监会党委关于股权分置改革（简称股改）的部署和安排，将此项工作列为工作的重中之重，坚持不懈，再接再厉，采取切实有力措施扎实推动辖区上市公司股改工作。一是紧紧依靠地方政府和有关部门，积极协调和沟通。多次向省政府和省国资委等有关部门汇报全国上市公司股改的最新动态和辖区上市公司股改的阶段性进展情况，保持信息渠道畅通，强化了政府支持改革的决心和力度。二是在具体推进的方法上，先易后难，有序推进。在加强调研的基础上，根据公司的市值大小、业绩优劣以及公司的股改难易程度进行大致排队，有针对性地进行指导和督促。在把握部分公司的思想顾虑和操作难点的基础上，采用邀请上市公司高管人员座谈、深入现场走访、耐心上门咨询等方式对各公司股改工作进行沟通指导。三是对于难点公司，坚持一司一策，锲而不舍。针对山西焦化公司非流通股东是上市公司，且两上市公司分属不同交易所的特点，召集包括国资委、沪、深交易所、公司及非流通股东等各方在内的协调会议，找到症结，对症下药，使公司顺利走出了股改困局。在强力推动和指导下，股改极为困难的S*ST天龙也进入股改程序。辖区22家需要股改的上市公司中共有20家已股改或进入股改程序，已完成股改或进入股改程序的家数比例为90.91%，市值比例为98.16%。其余2家未股改公司的股改也在积极推进当中。（孙春生）

【清理占用上市公司资金】 2006年，山西证监局继续把清理资金占用问题作为上市公司监管的头等大事之一，不断加大"清欠"力度。对存在资金占用、违规担保的公司，严格履行一线监管职责，采取约见高管谈话、下发监管函、现场检查督促等措施，要求公司提出切实可行的解决方案并按月上报偿还情况。由局领导带队深入公司，了解情况，宣传政策，逐家逐户督促落实整改方案。针对占用公司控股股东的实际情况，区别对待，分类解决，对于占用金额较小且控股股东有还款能力的公司，如山西汾酒、太原重工、南风化工等，限定时间要求其尽快完成清偿；对于确实有困难的如S大水、S＊ST天龙等公司，多次向省政府专题报告，并建议省政府重点关注、采取有效措施协助解决，同时向证监会专题报告，争取其指导和支持。一方面采取立案稽查，固化证据，落实责任人，另一方面不断研究采取有效措施，持续督促尽快完成清欠任务。为了加大督促力度，防止前清后欠，坚决杜绝占用行为的发生，就辖区各上市公司资金占用的总体情况及清欠方面的有关政策、案例，先后编写并向辖区各上市公司下发了5期《清欠解保监管通报》，要求各公司及控股股东的主要负责人签阅，同时下发通知要求辖区所有上市公司针对本公司的资金占用以及内控制度建设情况进行一次深入自查。到年底，山西辖区存在资金占用的公司已由2005年底的6家下降为2家，占用总额也由8.56亿元降为2.32亿元，降幅分别为66.67%和72.90%。（孙春生）

【上市公司日常监管】 根据国务院《关于批转中国证监会〈关于提高上市公司质量的意见〉的通知》精神，按照上市公司辖区监管责任制的要求，继续加强上市公司日常监管工作。首先，严把入口关，加强对拟上市公司改制辅导的监管。其次，对于新上市公司，及时将其纳入持续监管范围。3家新公司上市不久，就对公司针对证监会发审委关注问题的整改情况进行了检查，并对几家公司的高管进行了"上门培训"。第三，对于其他上市公司，继续加强日常信息披露监管工作和现场检查工作。一年来44次现场旁听股东大会、董事会，先后对多家公司实施现场检查，仅专项现场检查即达5次。为了切实提高高管的法律意识、诚信意识和自律意识，成功举办一次辖区上市公司董（监）事培训班，辖区25家上市公司共有131名董监事参加培训。结合新会计准则的实施准备以及2006年度年报审计工作，召集中介机构座谈会，提出了监管要求，确保新旧准则的顺利过渡和上市公司的年报质量。由于监管力度的加强，辖区大部分公司的规范化水平得到提高，历史遗留问题基本得到解决，公司整体经营水平稳步提升。在此基础上，辖区一大批公司具备了再融资、继续做大做强的条件。为了进一步减少和规范关联交易和同业竞争，积极向上市公司及其大股东宣讲政策和形势，鼓励有条件公司进行整体上市。太钢不锈通过定向增发实现了整体上市，使其不锈钢产量一举跃居全球第一，关联交易大大减少，公司治理水平进一步提高。（孙春生）

【证券公司综合治理】 2006年是证券公司综合治理工作的第二年，主要任务是坚定信心，迎难而上，继续做好证券公司综合治理工作，督促整改，实现达标。一是动员和督促证券公司明确职责，责任到人。从公司老总、部门负责人到一般员工逐级落实整改责任，明确奖罚，建立整改进度和落实情况的报告制度。同时，建立跟踪公司整改实施计划的监管责任制，严格检查和督导，保证整改计划的顺利实施。二是深入现场，全程跟踪，切实帮助公司制定和实施切实可行的整改方案。对于主要问题，深入现场，进行可行性论证；指导公司整改计划具体化、整改进度细化到月，责任落实到人；及时研究和调整整改方案，最大限度地压缩时间，加快整改进度；对公司重大违规理财清理工作全程跟踪，每周深入现场督促。针对2家公司在整改过程中出现的问题先后下发了《反馈意见》《整改通知书》《监管意见函》《责令整改决定》，有条不紊地推进综合治理的整改工作。三是紧紧依靠地方政府，切实化解风险，达到整改目标。对山西证券公司综合治理，多次向省政府和有关领导进行汇报，得到大力支持和帮助。四是严格按照证监会整体整改要求和进度，保质保量按期完成整改工作。2家证券公司整改目标按期实现，主要问题有效清理，主要风险全部释放。五是严格要求证券公司实现财务达标，指导和帮助证券公司完成规范类评审。按照评审要求，在辖区2家证券公司完成整改、实现财务达标的基础上，多次召开会议认真研究评审标准，再次要求公司对每个部门和营业部、每个环节、各类项目进行一一检查，充分做好评审前的准备工作和思想工作，一次性通过了规范类证券公司的评审，进入常规化监管行列。（孙春生）

【期货经纪机构监管】 按照中国证监会的要求，按时完成了对辖区5家期货公司、7家营业部及14名高管人员年检工作，以公司、营业部及高管人员年检为切入点，确保公司合规经营。全面落实辖区监管责任制，完善监管方式，在各项监管工作中，坚持科学监管，主动监管，持续监管，善意监管，采取各种措施，力争把静态监管转变为动态的过程监管，把被动监管转变为主动的自我监管，把粗放监管转变为以提高公司质量和规范运作水平为主的精确监管，收到较好实效。充分利用以净资本为核心的监管报表体系、月报、季报等监管手段，密切关注公司经营情况，对各公司的财务情况做到心中有数。根据各种报表所反映的信息对公司经营中存在的问题及时了解，督促公司规范运作，提高盈利能力，积极推进期货保证金安全存管，有步骤、分层次地开展保证金安全存管工作。在"两金"监管方面，改变以往的上级安排的例行检查的做法，充分利用各公司的审计报告和每月监管报表非现场检查信息资源，有针对性地加大现场检查力度。在管牢"两金"的基础上，能够对各种违规问题做到"及时发现、及时制止、及时查处"，把期货市场的违法违规行为消灭在萌芽状态，使它不酿成危害市场健康发展的大风险。为进一步提升期货公司的抗风险能力，在建立期货风险准备金的基础上，进一步完善期货公司风险准备金专户储存制度，期货公司的风险准备金管理趋于规范化、制度化，为进一步探索建立期货投资者保障基金以及注册资本金按一定比例专户储存奠定了基础。此外，还充分发挥山西期货业联席会的作用，通过行业自律和培训教育，努力防止恶性竞争，促进辖区期货业的健康稳步发展。（孙春生）

【证券市场稳定】 加强"普法"、稽查、信访工作，打击证券市场违法违规行为，维护投资者合法权益，确保辖区证券市场健康稳步发展。一是积极组织对新的《证券法》《公司法》的培训学习。为了进一步贯彻实施“两法”，充分发挥“两法”在促进、保障证券市场健康发展和支持监管工作方面的积极作用，山西证监局成立“两法”学习宣传领导组，制定“两法”学习宣传活动方案，进行学习动员和部署安排。先后4次聘请参与“两法”修订的法律专家对辖区上市公司、拟上市公司的董（监）事、高管人员和各证券期货经营机构、证券中介服务机构的负责人进行重点培训。组织两次“两法”学习知识竞赛，充分利用电视、报纸等媒体进行广泛的“两法”宣传，提高了公众对证券行业的了解和认知程度及其信心，改善和提升了证券行业的社会形象。二是巩固“普法”教育成果，规范行政许可行为。按照《行政许可法》、行政许可事项工作程序规定，及时圆满完成所有许可材料的接收、补正、受理、反馈意见、许可送达或终止审查等各个环节的工作任务。2006年接收材料22件，受理24件，出具审查反馈意见3件，终止审查通知2件，许可事项15件，初审4件。三是加大信访和稽查力度，打击证券违法违规行为，有效解决辖区证券市场的突出问题。一年来共主办和协查10余起案件，与相关部门联合查处4起非法发行证券案件。在省政府的大力支持下，积极协调中央兑付资金的拨付，初步解决了山西证券国债集合理财投诉、德恒证券国债理财投诉等遗留问题。全年共处理信访投诉238件，接待个体来访55人次，群体上访3批，办结率达100％。

（孙春生）

# 工商行政管理

**【概述】** 1．深入开展向“时代先锋”、“全国模范公务员”杨宽德同志的学习活动，各级班子和干部队伍呈现出团结奋进、务实创新的精神状态，涌现出一大批先进集体和先进个人。先进典型就是旗帜。旗帜的作用就是引领前进方向。杨宽德同志被省政府授予“人民满意的公务员”、人事部、工商总局授予“模范公务员”荣誉称号之后，中宣部做出宣传报道安排，2006年7月26日新华社播发通稿，《人民日报》、中央电视台等13家中央媒体均在《时代先锋》栏目中集中报道了杨宽德同志先进事迹。杨宽德同志是工商系统的光荣，是履行服务和监管职能，深入推进“五增五创”工作主题，赢得各级党委政府和人民群众认可的杰出代表。按照张宝顺书记两次重要批示，全省工商系统再次掀起了向杨宽德同志学习的热潮，省局和各市局都举行了先进事迹报告会，省局处长和市局局长都发表了学习体会，学先进、见行动蔚然成风。在杨宽德榜样力量的激励下，全系统又涌现出一大批先进集体和先进个人。省局被中宣部、司法部和全国普法办授予“全国法制宣传教育先进单位”，再次被授予省直“精神文明单位标兵”称号；省局企业处获省五一劳动奖章、经检总队被评为省直“十佳文明窗口”，运城市工商局被省双拥工作领导组授予“拥军优属先进单位”，运城市工商局盐湖区分局、晋城市泽州县工商局被授予“全国精神文明先进单位”称号；介休市工商局长于剑云同志荣获“中国优秀青年卫士”称号，大宁县工商局副局长方明亮同志荣获“全国见义勇为先进分子”称号，太原市工商局迎泽分局副局长赵珂同志荣获“全省十大杰出青年”称号。太原市工商局迎泽分局退休干部杨贵山同志的先进事迹被新华社报道后，张宝顺书记作出“宣传报道杨贵山优秀事迹”的重要指示，省局党组作出了学习决定，山西日报、山西电视台等媒体予以突出报道。

2．实施“约法三章”，规范“四个窗口”，各级机关和广大干部争做优化政务环境、规范执法行为的表率。在全省政府系统干部大会上，省局作了五项承诺，之后又制定和实施了对影响政务环境、损害工商形象责任追究的“约法三章”。于幼军省长对此做了重要批示，为“约法三章”叫好，要求工商行政部门，严格执行，起到表率作用。把行政审批服务大厅、基层工商所、12315消费者申诉举报指挥中心和“信用山西”网站等“四个窗口”的规范化建设，作为做表率的着眼点和基本载体，分别制定规范，扎实加以推进。省局在临汾市召开了现场会，对基层工商所规范化建设作了安排部署，围绕设备齐全、功能完善的基础建设，政治过硬、素质优良的队伍建设，监管到位、公正规范的执法建设，有诺必践、办事公开的效能建设，责任强化、作风务实的形象建设，制定了具体实施意见，与各市局签订了责任状，明确了任务、时限和责任。同时，制定印发了《山西省工商行政管理行政执法职责汇编》和行政执法评议考核等制度，强化案件核审和执法检查，促进了执法责任落实和执法行为规范。

3．实现“六有”功能，形成五种精神，基层工商所建设取得历史性成就。改变工商所落后面貌，基层干部热切期盼，几代工商人为之努力。在实施收缩战线、调整布局、提高规格、配备车辆等一系列措施的基础上，省局党组作出了弘扬太行精神，以杨宽德为榜样，举全系统智力、人力、财力，实现工商所功能目标的决定。全系统上下一心，群策群力，艰苦奋斗，一鼓作气，在不到一年的时间内，将调整后的584个工商所全部建成。其中，新建247个所，改建337个所，新增投资2.16亿元。在基层基础建设中不仅形成了丰厚的物质成果，而且产生了宝贵的精神财富，这就是知难而上、艰苦奋斗的创业精神，勇挑重担、尽职尽责的负责精神，求真务实、奋力拼搏的实干精神，协调各方、凝聚力量的团结精神，事业为重、筑基固本的奉献精神，涌现出许多生动鲜活、感人至深、催人奋进的模范人物和先进事迹。在临汾现场会上，表彰了杨宽德、于剑云、郑俊华、黄澄、郝聪业等5位基层基础建设功臣和40多个先进单位，进行了换装后的队列训练演示，受阅人员以高昂的士气、整齐的步伐、崭新的形象，展示了工商队伍的新风貌，得到胡苏平副省长、部队首长和人民群众的高度评价。

4．开展九项执法行动，推进监管制度创新，维护了市场秩序稳定。2006年全系统共查处各类经济违法案件6.9万件，罚没款1.37亿元，执法力度不断加大，查处的大要案件明显增多。在流通领域食品安全专项整治方面，全面落实工商所食品安全监管工作规范和食品准入等制度，清理和规范食品经营主体70922户，查处案件5735件；在虚假广告专项整治方面，坚持联席会议制度，注重源头治理，查处案件6302件，虚假违法广告得到有效遏制；在反垄断和反不正当竞争方面，查处各类限制竞争案件28件；在取缔无照经营方面，共查处无照经营35485户，处罚万元以上的案件1699件；在打击非法传销方面，成立省政府打传领导组，与公安厅联合印发实施方案，查处案件161起，捣毁窝点209个，遣散传销人员7332人；在打击商标侵权方面，查处案件3615件，处罚万元以上的案件83件；在打击合同欺诈方面，查处案件6390起，处罚万元以上的案件340起；在治理商业贿赂方面，加强领导，积极行动，开局良好，共查处案件386起，查结380起；在煤炭市场整顿方面，查处各类违法经营案件699起。此外，积极配合有关部门开展了“扫黄打非”、打击走私贩私、治理车辆超载、整治违法排污、加强安全生产、防控禽流感疫情等工作。

5. 私营企业超过全省企业半数，外商投资企业发展步入快车道。认真贯彻执行新修订的《公司法》和以省政府文件出台的创造公平竞争发展环境等四个“27”条，私营企业在连续三年增幅位居全国前列的基础上，继续保持高速增长，比上年增长23%，达到87658户，与2002年底的3.4万户相比，4年间增长1.58倍，已经占到全省17万户企业的一半多。为港洽会、沪洽会招商项目实施跟踪服务，全省共登记外商投资企业125户，比上年增长81%；投资总额21亿美元，增长92%。通过出台政策，发挥职能，跟踪服务，有力地促进了国企改革。

6. 发挥工商职能，实施“五农工程”，扎实有效地推进社会主义新农村建设。省局党组对建设社会主义新农村，高度重视，快速反应，及时制定出台了“五农工程”实施意见，各地狠抓落实，扎实推进。在国家总局成都会议上山西省介绍了经验。在实施“红盾护农”工程上，共查处农资案件1547起；在实施“商标兴农”工程上，申请农副产品商标达585件，认定著名商标达188件；在实施“合同助农”工程上，制定“订单农业”合同示范文本114种，规范“订单农业”企业3609户，联系农户55万家，合同金额75.4亿元；在实施“经纪人活农”和“经济组织强农”工程上，已登记注册农民专业经济合作组织1387户，《人民日报》对山西省的做法和成效进行了专题报道。

7.《信用信息管理办法》出台，“信用山西”网站开通，信用体系建设进入依法加快推进的新阶段。《山西省行政机关归集和公布企业信用信息管理办法》以省长令发布，自2006年10月1日起正式实施。省政府建设领导组召开会议，对推进政府部门间互联互通、信息共享作了安排部署。编制完成《山西省社会信用体系建设“十一五”规划》，制定出台《山西省工商行政管理局企业信用分类监管实施办法》；进一步充实信息数据库，省市两级数据中心已经汇集全省各类企业信息54万条，扫描入库企业档案累计达3000万页；正式开通“信用山西”网站；全省11个市全部成立了信用企业协会；采用数学模型，对企业信用实施科学评价。

8. 深入开展“商标战略推进年”活动，驰名商标新增6件。山西沁州黄小米集团的“沁州”商标、丰喜肥业集团的“丰喜”商标、晋城无烟煤矿业集团的“蓝焰”商标、山西师范大学的“语文报”商标被国家工商总局认定为中国驰名商标；亚宝药业的“亚宝”商标、摩天涂料的“摩天”商标被法院认定为中国驰名商标，山西省驰名商标总数达到14件。召开全省工商系统促进对外开放暨著名商标认定大会，发布了340件山西省著名商标。以省政府名义在长治市召开了全省表彰奖励荣获中国驰名商标企业暨农副产品商标工作会议，于幼军省长、薛延忠常务副省长为大会发来贺信，胡苏平副省长专程到会讲话，对荣获中国驰名商标的企业每户给予一百万元的奖励。

9. 全省工商机关环境面貌焕然一新，办公信息化水平明显提升。省工商局机关顺利实现搬迁，新的注册大厅、广告监测中心、信用信息中心、视频会议系统、综合档案室全都投入使用，提升了办公信息化程度。新环境带来了新面貌、新气象，省局机关广大干部以尽职尽责的态度、饱满振奋的精神、办事高效的作风、务实创新的成效，迎接上级领导和服务对象的检验。国家工商总局刘玉亭副局长、石见元组长，省委金银焕副书记，省人大薛军副主任，省政府胡苏平副省长，省政协吕日周、韩儒英、吴博威副主席，省军区谢玉久副政委等领导同志视察调研时均给予高度评价。各级工商机关都加强了办公自动化、监管信息化、执法规范化、服务高效化建设，执法装备和办案手段大为改善。

10. 弘扬廉政文化，健全“惩防体系”，全系统党建和党风廉政建设取得新成绩。采取典型示范、以点带面、全面推进的办法，积极开展一系列主题鲜明、内容丰富、形式多样的廉政文化建设活动，初步形成了具有鲜明时代特征和工商特色的廉政文化体系。2006年10月，国家工商总局在山西省召开全国工商系统廉政文化建设座谈会，推广了山西省的经验。加强源头治理，制定完善了《行政督察实施办法》《执收执罚十条要求》《政务公开制度》《机关及其工作人员行政过错责任追究暂行规定》等制度，进一步形成用制度管人管事、用制度规范执法行为的机制。加强政风行风建设，先后组织开展了问卷调查、聘请行风监督员、《行风热线》直播、听证对话会、行风座谈会、明察暗访、情况通报等活动，确保行风评议继续保持先进行列。加强党建和精神文明建设，根据中央建立先进性教育长效机制的四个文件，制定了全系统党建工作制度和考核办法，落实了党建责任。组织开展了一系列扶贫济困、军民共建、传统教育、文体活动，丰富了精神生活，激发了工作热情。 (省工商局)

## 无线电管理

**【概述】** 1. 圆满完成2006年工作任务。2006年，全省各级无线电管理部门圆满地完成了全年的各项工作任务。截至2006年12月底，全省各类无线电台站总数为998.93万部，其中：广播电视台站158个，短波电台296部，超短波电台12057部，航空器电台68个，无线寻呼基站9个，集群通信基站5个，移动台364部，蜂窝通信基站12770个，移动电话用户892万，无线市话基站11739个，无线市话用户103万部，卫星地球站512座，微波站1303个。全省全年共完成监测监听41800小时，完成特殊时期监测值班30800小时，全省共受理无线电干扰申诉43起，查处43起。

2. 改进机关作风，优化政务环境，提高行政效能和服务水平。根据全省政府系统开展改进机关作风、优化政务环境、提高政府公信力和执行力的专项建设工作大会精神以及于幼军省长的讲话要求，省无委办公室制定了《山西省无线电管理委员会办公室开展机关行政效能建设活动实施方案》，于7月13日召开了全省无线电管理机关干部大会，对开展机关行政效能建设活动进行了安排部署：一是认真学习和深刻领会会议和文件精神，按照省政府统一部署和要求，扎实推进优化政务环境工作；二是对照要求，查找问题，切实找准影响政务环境改善的主要症结；三是建立健全促进作风转变、优化政务环境的规章制度；四是严密制度，严格管理，确保机关作风明显改进，政务环境明显优化，争创一流的行政效能和服务水平。要求全省各级无线电管理机关提高认识，加强领导；明确工作职能和岗位职责；结合实际，切实抓好学习。通过开展机关行政效能建设活动，达到完善运行机制，使业务流程更加顺畅；完善工作职能和岗位职责，使各项工作更加协调；完善考核制度，使监督管理更加规范。提高大局意识和责任意识，工作作风进一步好转；提高自身素质和业务能力，服务质量进一步提升；提高行政效能和行政质量，行政能力建设进一步加强。

省无委办公室向社会公开承诺：实行政务公开制、首办负责制、限时办结制、特事特办、急事急办制、行政不作为和过错责任追究制、接受社会监督。对于申报材料齐全，符合法定形式，设置无线电台站审批在10个工作日办结；设置卫星地球站审批20个工作日办结；无线电台（站）呼号审批5个工作日办结；制式无线电台（站）强制备案3个工作日办结；无线电发射设备型号核准10个工作日办结，并上报国家无线电办公室审批；无线电发射设备进关核准5个工作日办结；对于民航通信导航等重要业务的无线电干扰，接受排查任务后，太原市范围内2小时到达现场展开干扰排查，其他业务接受任务后24小时内到达现场展开排查。各市管理处积极行动，制定和完善了9项制度和行政许可工作流程，使各项管理工作做到有法可依、有章可循，有效促进了工作作风的转变，促进了各项管理工作的落实。

3. 深入开展《条例》学习、贯彻、宣传活动，积极推进无线电管理行政执法责任制。全省各级无线电管理机关，把搞好舆论宣传作为无线电管理工作的重要阵地，充分运用广播、电视、报刊等宣传媒体，采用多种形式有针对性地开展了宣传工作，加强了无线电法律法规、遵守无线电管理规定和维护好空中电波秩序重要性的宣传教育。省无线电监测站、各市管理处利用无线电台（站）普查、行政执法、监督检查等机会展开宣传活动，把宣传资料送到用户手中。2006年全省共在地市以上报刊发表文章（通讯报道）47篇，编写简报73期，在国家监测中心信息网登稿件6篇，给《中国无线电》杂志投稿18篇，发放各种宣传资料3556份，普及了无线电管理知识，提高了无线电管理工作的知名度，增强了全社会遵守无线电管理法律和法规的自觉性，取得了显著的宣传效果，推动了管理工作。省无委办公室根据省行政审批办公室的要求，按时完成了年检项目清理和现行行政审批项目重新核定工作。根据省推行行政执法责任制领导组办公室的要求，对无线电管理行政执法依据、权限和职责，进行了梳理汇总，对推行行政执法责任制的职权进行了分解，制定了配套制度，按时上报省推行行政执法责任制工作领导组办公室。为了更好地在全省各级无线电管理机构中推行行政执法责任制，收集整理了推行行政执法责任制的有关规定和制度，并汇编成册下发办公室各处室、省监测站、各市管理处。

4. 进一步加强无线电频率台（站）管理工作。全省各级无线电管理机关坚持科学发展观，进一步加强了无线电频率台（站）管理工作，规范了台站管理，保障了各类无线电业务正常工作。

针对铁路系统频率台（站）管理情况，各市无线电管理处对辖区内铁路系统无线电台（站）设置使用情况进行了走访调查，省无委办公室对铁路系统无线电管理工作进行调研、摸底。针对管理工作中存在的问题，对铁路系统无线电台（站）进行了清理、整顿、重新登记，督促其成立了太原铁路局无线电管理委员会及其办事机构，明确了职责和任务。通过努力，使太原铁路局所属路段、车站的电台数量、技术资料得到完善，无线电管理工作得到加强。各级无线电管理机关树立“管理就是服务，管好是为了发展”的指导思想，不断改进工作作风，增强服务意识，在防火、防汛其间，主动深入设台单位了解通信质量和频率使用情况，对防火、防汛电台进行全面检查测试，确保通信畅通。为确保民航通信专用频率正常工作，对校园调频广播进行了清查整顿。为了维护正常的通讯秩序，对辖区内的企业、大型商场、超市、宾馆酒店、旅游风景区、小区物业管理等单位未经批准、擅自设置使用的无线电基地台、车载台及对讲机等进行清理整顿。全省各级无线电管理机关共检查设台单位506家，为256个设台单位456部对讲机、55部车载台补办了设台手续，下发停用通知14份，收回频率16个，纠正了违规行为，规范了无线电台（站）管理。对移动、联通、网通三大公司蜂窝基站从设台审批、检测验收、执照核发、干扰排查、监督检查以及频率占用费和设备检测费收取和临时设台、参数变更、设备报停等方面强化管理，促进运营企业的内部管理，健全管理机构，完善管理措施。

5. 积极落实工作目标责任制，强化无线电管理。为了更好地促进无线电管理工作的正规化、制度化建设，树立服务意识、创新意识和全局意识，2006年，省无委办公室和省无线电监测站、各市管理处签订了年度工作目标责任书，明确了工作目标，并制定了量化考核标准。省无线电监测站和各市无线电管理处能够认真贯彻落实工作目标责任制，将各项工作任务进一步细划、分解，落实到了每一个部门和每一个人。通过实行工作目标责任制，全省无线电管理机关工作人员的整体素质得到提高，全体工作人员的精神面貌焕然一新，进一步调动了全体人员的工作积极性，全面推动了无线电管理工作。为用制度激励人、用制度教育人、用制度规范工作奠定了良好的基础。全省技术队伍的整体素质得到加强，监检测设备利用率进一步提高，为及时排查各种无线电干扰、维护好空中电波秩序、保障各类无线电业务正常工作发挥了积极的作用，为在今后无线电管理工作中更好地发挥技术管理手段奠定了良好基础。通过考核达标率为100％，省无线电监测站、运城市管理处、阳泉市管理处、大同市管理处、吕梁市管理处被评为优秀单位。

6. 加强无线电管理基础设施和技术设施建设，积极开展监听监测、设备检测、排查干扰和电磁环境测试工作。2006年，在省委、省政府、国家无线电办公室以及有关部门的支持下，无线电管理基础设施和技术设施建设工作取得了长足进步，省无线电监测技术大楼的建设工作在2005年主体工程竣工验收的基础上，完成了设备安装、内外装修、配套设施建设等工程，全部工程按计划于11月顺利完成，省无线电监测技术大楼于12月27日正式投入使用。省无线电监测站A级站中心机房设备的安装调试工作于12月10日完成，12月底，实现联网运行并正式投入使用。

全省各级无线电监测站充分利用现有设备，认真开展无线电监听监测和设备检测工作，圆满完成了国家无线电监测中心和省无委办公室下达的各项监测值班任务，为保障党和国家重要政治活动及节假日期间的信息安全、通信畅通与社会稳定发挥了积极作用。全年共完成日常监测值班11242小时，完成特殊时期24小时监测值班32736小时，编发《监测监听动态》109 期，其中 6 篇稿件被国家监测频管信息采用。在监测值班过程中，做到了按规定进行数据、资料的整理保存，发现情况及时上报，快速处理。为了加强对民航专用频率的监测，省无线电监测站在太原武宿机场设立了专用小型监测系统，全年共计提取数据 45 次，累计纪录并提取了 3589 小时的民航频段监测数据资料。各市无线电管理处对辖区重点地区电磁环境及广播、电视、民航等重点频段的频率利用情况进行了长期监听监测，为频率的规划、调整、指配和干扰查处提供了技术依据。全年受理干扰申诉 43 起，查处 43 起。全省各级无线电管理机关全年累计检测无线电设备 4168 部。

按照保护航空无线电通信专用频率安全工作长效机制的要求，省无线电监测站对民航专用频率干扰排查工作经验进行了认真的总结，坚持开展对全省广播电视系统调频广播发射机以及机场周边学校校园调频广播发射机的技术指标进行监测，全省各级无线电监测站加强了对民用航空无线电专用频段的监测，制定了《民航专用频率干扰排查工作应急预案》。并多次及时为民航排查了无线电干扰，受到了有关部门和领导的好评。

2006 年，在省市无线电监测站的共同努力下，完成了高山站和电磁环境数据采集工作，基本完成了全省无线电电磁环境调研项目软件研发工作。圆满完成了省无线电监测站计量认证扩展项目评审及换证工作，检测实验室已具备对无线电设备 13 大类 66 个项目的检测能力。

7. 积极开展人才队伍建设和业务技术培训工作。为加强人才队伍建设，省无委办公室把人才建设纳入无线电管理事业的中、长期规划，建立和完善考核体系，推动无线电管理人才建设工作的全面展开，积极引进和吸收高素质的专业技术人才，优化管理队伍的知识结构和年龄结构。2006 年招聘应届研究生、本科生 28 名，经上岗前的严格培训考核，充实到省、市无线电监测站工作第一线。为了进一步加强各市无线电监测站的建设，省无委办公室按照市无线电监测站站长必须具有无线电相关专业本科以上学历，具备丰富的监测工作经验和熟练的技能，政治素质过硬的条件，对各市无线电监测站站长人选进行了调整。同时，大力支持技术干部和技术人员的在职学习和岗位培训，目前，省市无线电监测站在读研究生 9 人，本科以上学历人数达 47 人，占到技术人员总数的 60%，基本改变了过去山西省无线电监测技术队伍在年龄结构、知识结构等方面的严重不合理问题，对进一步加强全省无线电监测工作的正规化建设，优化技术队伍结构，提高科学管理水平，增强快速排查干扰和应对突发事件的能力将发挥积极作用。省无线电监测站全年共组织五期专业技术培训，使技术人员的技术理论水平和实际操作能力得到了进一步提高。（马庆彪）

# 工　　业

【概述】 一、全省工业经济运行情况及特点

1. 工业经济保持平稳较快增长，增速从8月起持续高于全国平均水平。2006年，山西省工业经济受宏观调控和市场因素影响，一季度呈现了近年少有的低速增长，二季度后随着煤炭、冶金、焦炭等主要产品市场需求的好转，工业经济增速呈现逐月回升态势，尽管与上年相比增速有所回落，但全年仍保持了平稳较快的增长，且增速从8月起持续5个月高于全国平均水平。全年，全省累计完成工业总产值5799.2亿元，同比增长20.9%，完成工业增加值2086.2亿元，同比增长18.3%，工业增加值增速高于全国平均水平1.7个百分点，全国排名第22位，在中部六省排名最后。

2. 产品销售快速增长，工业品出口稳步提高。在工业生产保持平稳增长的同时，全省工业产品销售也实现了较快增长。2006年，全省完成工业销售产值5660.5亿元，同比增长21.8%，工业产品销售率为97.61%，同比提高0.67个百分点。全省完成工业品出口交货值281.5亿元，增幅为18.9%。

3. 多数工业产品产量保持增长。2006年，山西省大部分产品保持增长，能源原材料主要产品增势平稳，产品结构进一步优化。省重点监控的90种工业产品中有66种实现了增长，占73.3%。原煤全年累计完成产量4.98亿吨，同比增长11.8%(省统计局快报数)，保持稳定增长，洗煤全年累计完成产量2.3亿吨，同比增长20.3%，洗煤产量占到全部原煤产量的46.1%，比重较2005年提高了6.5个百分点。全年焦炭完成产量8775.3万吨，同比增长21.9%，其中机焦完成产量8472.2万吨，同比增长21.8%，机焦产量占到全部焦炭产量的96.6%，比重较2005年提高1.6个百分点。冶金产品产量保持稳定增长，其中钢全年累计完成产量1949万吨，增长23.1%、钢材完成产量1663.3万吨，增长23.1%，生铁完成产量3151.9万吨，增长17%，铁合金产量增长20.8%。有色金属产品产量大幅增长，其中铜完成产量6.8万吨，增长1.5倍，电解铝完成产量74.7万吨，增长82.3%，氧化铝完成产量254.8万吨，增长69.1%。化工、轻工、机电产品多数保持较快增长，其中烧碱增长12.1%，纯碱增长18.2%，浓硫酸增长25%，化肥增长19.9%，纯苯增长1.07倍，精甲醇增长93.9%，人造板增长16.9%，起重设备增长35.6%，锻压设备增长1.2倍，数控机床增长54.9%。水泥产量增长12.2%，平板玻璃产量增长1.5倍。

4. 各区域、各类型、各层次工业经济均保持增长，但增长不平衡。一是地区增长不平衡。2006年，全省十一个市工业经济增长高于全省平均水平的有吕梁(37.3%)、忻州(27.7%)、运城(26.2%)、朔州(23.6%)、临汾(19.8%)、晋中(18.8%)六市，保持两位数增长的有晋城(15.1%)、长治(14.8%)、太原(14.6%)三市，阳泉(9.2%)、大同(8%)低速增长。二是重工业增长高于轻工业增长。2006年累计，全省重工业完成工业增加值1969.3亿元，同比增长19.4%，轻工业完成工业增加值116.9亿元，同比增长9.3%，重工业增长速度高于轻工业10.1个百分点。三是地方企业增长高于中央企业增长。2006年，地方企业完成工业增加值1773.1亿元，同比增长19.6%；中央企业完成工业增加值313.1亿元，同比增长14.4%。地方企业增速高于中央企业5.2个百分点。

5. 工业经济效益大幅增长，亏损企业亏损额明显下降。2006年年初，受钢材、焦炭、主要化工产品等价格下降的影响，全省工业企业经济效益前4个月一直处于负增长，5月份以后，随着钢铁、焦炭等主要产品价格的回升，工业企业经济效益扭转了负增长的局面，止跌回升，亏损企业增亏幅度也呈现逐月回落趋势。2006

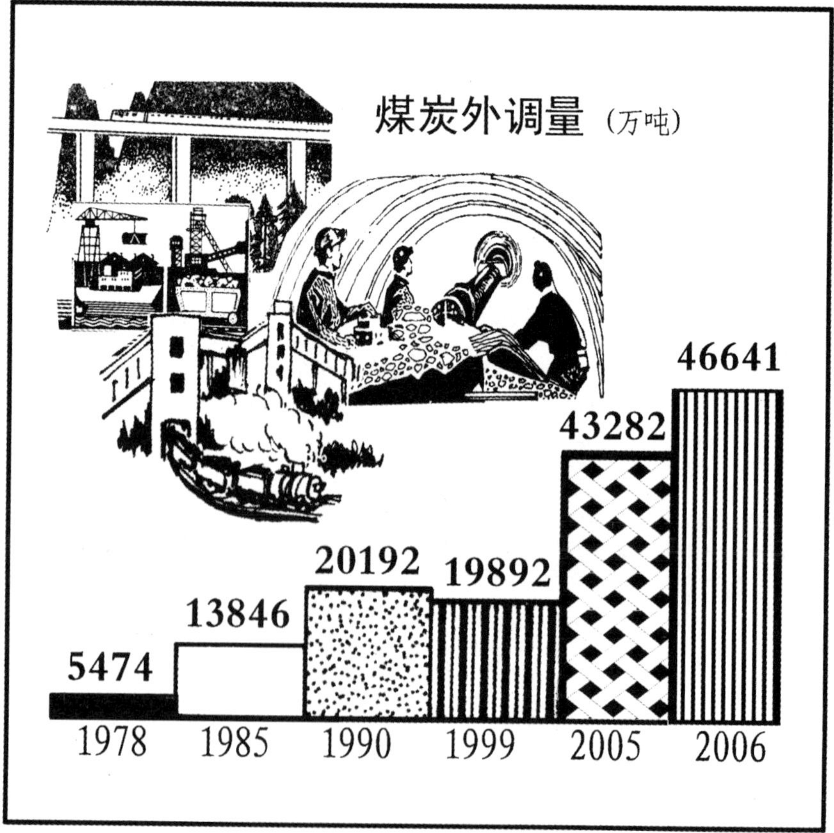

年，全省规模以上工业企业实现销售收入5684.5亿元，同比增长23.6%，实现利税807.3亿元，同比增长27.5%，实现利润367.1亿元，同比增长41.3%，高于全国平均水平(30.97%)。全省煤炭、冶金、电力、焦炭、化工、机电、轻工等行业实现利润保持增长，特别是焦炭行业9月份全行业盈亏相抵出现盈利后连续4个月呈现恢复性增长趋势，全年实现利润增长1.4倍，成为山西省主要工业行业中利润增长最快的行业，而建材、纺织、医药行业继续呈现利润下降趋势。

2006年，全省工业企业综合效益指数为166，同比提高14.9个百分点，综合效益指数处于山西省历史最高水平。

2006年，全省规模以上的4294户企业中，1037户亏损，亏损面为24.1%，亏损企业亏损额为38.1亿元，同比减亏9.4%。

从企业所有制性质分析，在焦炭行业形势明显好转后，非公有制企业亏损状况明显改善，国有企业增亏幅度呈现高于非公有制经济企业的转变，2006年，国有亏损企业225户，亏损10.4亿元，同比增亏31.1%；国家控股亏损企业299户，亏损17亿元，同比减亏5.7%；非公有制经济亏损企业617户，亏损22.4亿元，同比减亏12.5%。国有企业增亏幅度高于全省水平21.7个百分点。

从隶属关系分析，中央企业大幅度减亏，省属企业增亏幅度最高，省属以下企业亏损额最大。2006年，中央亏损企业亏损11.8亿元，同比减亏16.8%；省属亏损企业亏损5.3亿元，同比增亏7%；省属以下亏损企业亏损29.9亿元，同比减亏9%，但省属以下亏损企业亏损额占全省亏损企业亏损额的比重高达78.5%。

从行业分析，电力、冶金、焦炭行业亏损企业减亏，煤炭、建材、纺织、医药行业亏损企业增亏幅度较大。2006年，电力、冶金、焦炭行业亏损企业亏损额同比减亏38.2%、44.1%和28.3%；煤炭行业亏损企业亏损4.7亿元，同比增亏68.8%；建材行业亏损企业亏损5.83亿元，同比增亏23.9%；纺织行业亏损企业亏损1.9亿元，同比增亏83.5%，机电行业亏损企业亏损4.6亿元，同比增亏20.9%；医药行业亏损企业亏损0.7亿元，同比增亏7.3%，其他行业亏损企业亏损1.4亿元，同比增亏24.1%。

6. 铁路运输和电力稳定增长，供需矛盾有所缓解。2006年，铁路运力紧张的状况有所缓解，除个别流向运力偏紧外，全省铁路运输环境比较宽松。全年全省铁路货运量完成47365.8万吨，比上年同期多运3922.3万吨，同比增长9%，其中煤炭运量38192.3万吨，多运2720.1万吨，同比增长7.7%，其他物资运量9173.5万吨，多运1391.8万吨，同比增长17.7%。

2006年，全省完成发电量1526.4亿KWH，增长16.3%，全省用电量为1097.7亿KWH，增长16%。工业用电量为922.6亿KWH，增长17.2%，其中重工业用电量为878.5亿KWH，增长17.6%，轻工业用电量为44.1亿KWH，增长9.9%。主要行业中，煤炭用电量为123.7亿KWH，增长12.3%，黑色矿采及冶炼用电量为165.7亿KWH，增长17%，有色矿采及冶炼用电量为143.5亿KWH，增长66.1%，化工用电量为134.8亿WKH，下降2.4%。

二、主要行业运行情况及趋势分析

2006年，受宏观调控效应显现和市场因素变化等影响，冶金、焦炭行业实现利润增幅呈现逐步回升的势头，电力、机电行业实现利润保持增长，煤炭行业利润增幅趋缓。

1. 煤炭行业。2006年1～2月份，山西省煤炭产量增幅较低，仅为3.4%，进入3月份以后，随着煤炭换证工作的顺利开展，乡镇煤矿复产，煤炭产量持续保持高速增长的态势，增速不断加快，进入下

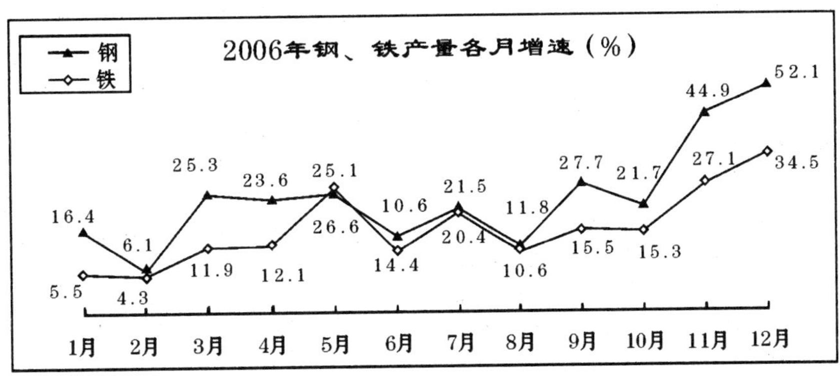


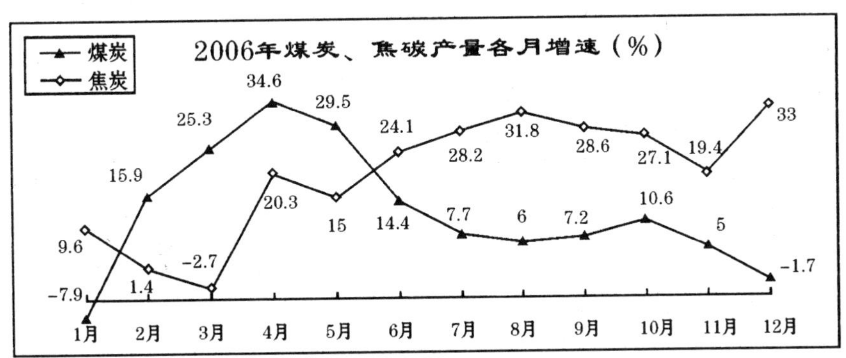


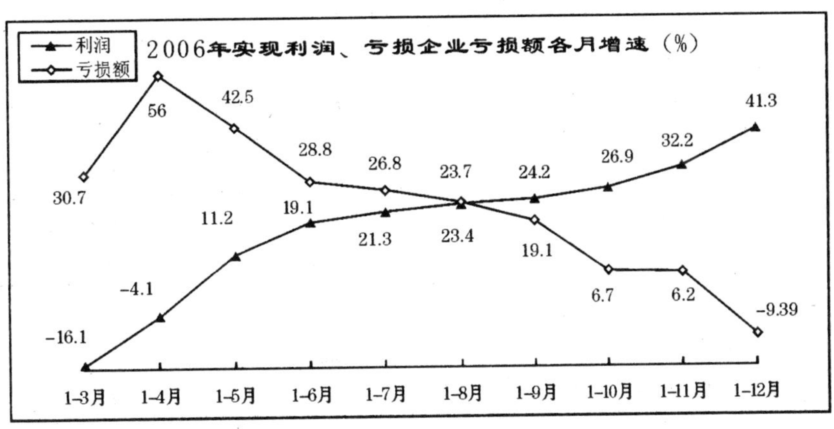

半年，随着市场形势的变化，煤炭产量增速出现回落趋势，12 月份当月产量同比下降 1.7%。从全年情况看煤炭市场供需基本平衡，行业生产和效益保持增长态势，煤炭价格保持高位运行，但有回落趋势，行业经济效益也呈现低速增长，亏损企业亏损额不断加大。2006 年，煤炭行业规模以上企业实现销售收入 1670 亿元，同比增长 25.2%，实现利润 152.5 亿元，同比增长 13.4%，实现利税 326 亿元，同比增长 19.1%。省国有重点煤炭企业商品吨煤综合平均售价为 309.84 元/吨，比同期提高 15.43 元/吨。重点企业均实现了生产的稳步增长，兰花煤业、阳泉煤业、晋城无烟煤集团、潞安矿业、平朔煤矿效益分别增长 21%、18%、22%、45%和 92%，同煤集团、山西焦煤实现利润同比分别下降 34%和 1%。

煤炭行业经过前几年快速增长，2006 年呈现高位趋弱的发展态势，尽管煤炭价格仍在高位运行，但已呈现回落趋势，特别是随着煤炭资源整合力度的加大，煤炭资源价款的征收力度加大，吨煤成本明显上升，煤炭企业销售成本增幅高于销售收入的增长，企业实现利润增速明显回落，亏损额大幅度增加，对全省工业经济的拉动力明显减弱，从目前形势分析，社会存煤充足，结款速度降低，承兑汇票明显增加，有关部门统计，现有煤矿生产能力和在建规模合计已经达 30 亿吨，远远超过到 2010 年煤炭需求约 25 亿吨的规划目标，煤炭产能过剩趋势已经显现，随着煤炭出口退税政策完全取消以及增加出口关税政策的实施，更多的煤炭将转向内销，国内煤炭市场过剩的压力进一步加大，只有继续贯彻落实国家煤炭资源可持续利用战略，实行总量控制，加大资源整合力度，山西省煤炭行业才有望获得持续发展。

2. 焦炭行业。焦炭行业经过 2005 年下半年和 2006 年一季度最低迷的时期，2006 年二季度以来市场需求有所好转，价格出现回升，三、四季度焦炭市场在冶金、化工、机械等行业生产持续快速发展的拉动下，呈现出需求较旺、价格继续回升的态势，企业结焦时间恢复到正常水平，产量增速明显加快，经济效益大幅度提高，亏损企业出现大幅度减亏。焦炭行业全年实现销售收入 724.5 亿元，同比增长 22.6%，实现利润 17 亿元，同比增长 1.4 倍，实现利税 84.2 亿元，同比增长 17.8%。从全国来看，焦炭产能过剩的格局短期内难以改变，但随着山西省焦化行业专项清理整顿的深入推进，落后生产能力的关闭淘汰，大机焦比例、化产回收率将进一步提高，企业的核心竞争力不断增强，同时国家加大对焦炭行业的宏观调控力度，其产能扩张势头将明显减缓，而煤炭价格继续保持高位运行也为焦炭价格提供了有力支援，因此预计全省焦化行业经济运行质量有望进一步好转，全行业经济效益将继续保持增长态势。

3. 冶金行业。冶金行业全年实现销售收入 1577.5 亿元，同比增长 30.3%，实现利润 116.1 亿元，同比增长 96.2%，实现利税 201.7 亿元，同比增长 51.5%。从全年冶金行业经济运行情况看，一是有色金属冶炼受国际金属市场价格高位运行和产能释放的影响，生产效益成倍增长，拉动了冶金行业整体效益的提高。2006 年，有色金属行业完成销售收入 356.7 亿元，同比增长 69.2%，实现利润 52.9 亿元，同比增长 1.7 倍。重点企业中的中条山和中铝集团效益大幅度增长，实现利润同比分别增长 2 倍和 1 倍。二是黑色冶金行业中，太钢等一批大型企业，规模优势明显，技术装备水平不断提高，产品结构进一步优化，高附加值产品不断增多，企业的市场竞争力进一步增强，抗风险能力明显提升，在市场环境发生变化的形势下，企业依然保持了较稳定的盈利水平；而对一些生产规模小、产业链短的小钢铁和生产普钢的企业，因产品单一、产品初级化，在市场竞争激烈的形势下，其规模的扩张没有产生与经济效益的同步增长，企业的利润空间缩小，经济效益有所回落。2006 年，黑色冶炼行业完成销售收入 1220.8 亿元，同比增长 22.1%，实现利润 63.2 亿元，同比增长 60.6%。重点企业中，太钢完成工业总产值 403.5 亿元，同比增长 28%，实现利润 45.3%亿元，同比增长 96%，长钢集团、宏阳钢铁、中阳钢铁实现利润同比增长 5.8 倍、1.2 倍和 16%，海鑫钢铁完成工业总产值同比增长 4%，实现利润同比下降 73%。

从趋势分析，国家进一步加大了宏观调控力度，钢铁行业投资过快增长势头受

2004-2006年实现利润（亿元）变化分析

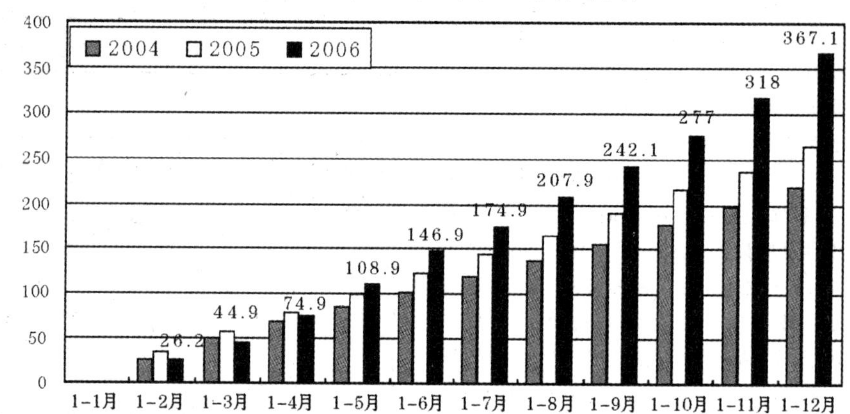


工业增加值增长变化分析

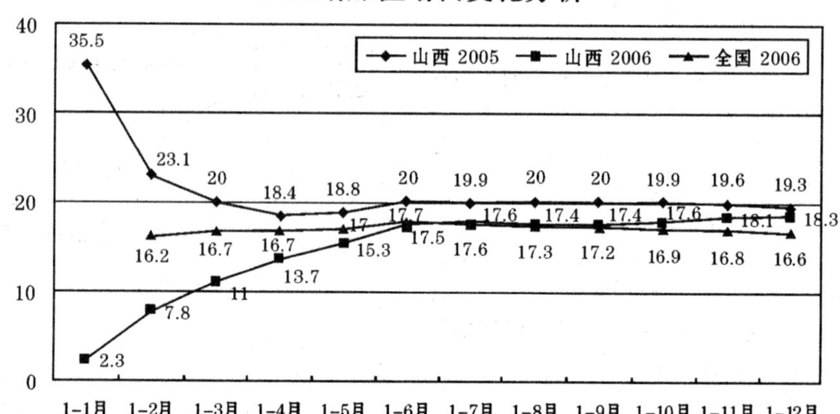

到抑制，加上近三年来，中国钢材产能进入大规模增长期和集中释放期，进入2007年后，尽管增长速度会有一定回落，但全年钢材产量增幅不会低于10%，接近或达到5亿吨，钢铁行业产能过剩矛盾继续存在，加之国家继续加大对房地产市场调控的力度，将对钢铁需求产生一定的影响，因此，总体分析，钢铁行业在生产保持稳步增长的同时，效益增速会有所回落。

4. 电力行业。2006年以来，国家实施煤电联动的政策措施，电力价格上调的同时，电煤价格涨幅相对较小，电力行业保持了较好的发展态势。电力行业全年实现销售收入597.1亿元，同比增长21%，实现利润49.3亿元，同比增长43.1%，实现利税106.9亿元，同比增长34.1%。随着新机组的投产，山西省电力供求将进一步宽松，但由于2006年下半年以来投产大项目较多，区域性、季节性特别是时段性电力紧张局面仍将存在，总体看，电力行业仍将呈现供求总体平衡、生产效益快速长的发展趋势。

5. 化工行业。2006年以来由于主要产品价格呈现回落态势，特别是尿素价格下降幅度较大，全行业效益保持低速增长。化工行业全年实现销售收入314.8亿元，同比增长16.1%，实现利润13.5亿元，同比增长17.2%，实现利税26.2亿元，同比增长9.8%。重点企业中，丰喜肥业实现利润1.3亿元，同比下降18%，太化集团实现利润930万元，同比增长16%，双喜轮胎实现利润458万元，同比增长7%，天脊集团实现利润6344万元，同比下降71%。随着全省煤化工产业一批项目逐渐投产及化工产品回收综合利用力度的加大，同时全行业结构调整步伐加快，产业整体素质得到进一步提高，全省化工行业仍将保持稳定增长态势，但由于生产成本的不断提高，而主导产品的价格难以明显回升，化工行业经济效益继续呈现低速增长的态势。

6. 机电行业。受市场对机械装备的需求拉动，投资者投资积极性持续高涨，同时钢材价格稳中趋降，也有利于机械行业降低生产成本，国家近期出台的振兴装备制造业意见的实施，进一步推动装备制造业结构调整，生产效益增长较快，山西省机电行业将继续保持目前较好的发展趋势。全年机电行业实现销售收入421.7亿元，同比增长17.3%，实现利润12.6亿元，同比增长41.5%，实现利税27.2亿元，同比增长36.1%。重点企业中，晋机集团实现利润1.6亿元，同比增长44%，太重集团实现利润1.6亿元，同比增长47%。

三、经济运行中存在的主要问题

2006年，面临一季度工业经济低速增长的不利局面，在全省工业战线的共同努力下，工业经济增速逐月回升，经济运行总体上保持了前低后高，平稳较快的发展趋势，尤其从8月份以来，在国家进一步加大宏观调控力度，经济增长预期普遍回调的大环境下，山西省工业经济增速持续高于全国平均水平，经济效益增长大幅提高，亏损企业出现减亏，工业经济运行好于预期，但同时，全省工业经济运行仍存在一些不容忽视的问题：

1. 煤炭市场产能过剩趋势逐步显现，对工业经济增长的影响不容忽视。2006年国家改革了煤炭订货方式，虽然煤炭价格得到进一步的提升，但随着全国煤矿在建项目的陆续建成投产，煤炭产能集中释放，特别是国家在2006年9月份取消煤炭出口退税，从11月份开始对煤炭加征5%出口关税，2006年煤炭行业市场供求出现一些新的变化，各大港口、各大电厂存煤充足，煤炭国内市场过剩趋势逐步显现，煤炭行业增长对全省工业经济增长拉动作用减弱。

2. 铁路运输总量供求压力出现进一步加大趋势，结构性、阶段性矛盾十分突出。随着重点调产项目的投产，铁路运输难以满足工业增长需要；山西省铁路运输增量主要在北部地区，以煤炭主，而全省运输增量的需求主要集中在中南部地区，以白货为主，铁路运输区域结构不平衡的

2006年全省工业利润构成情况

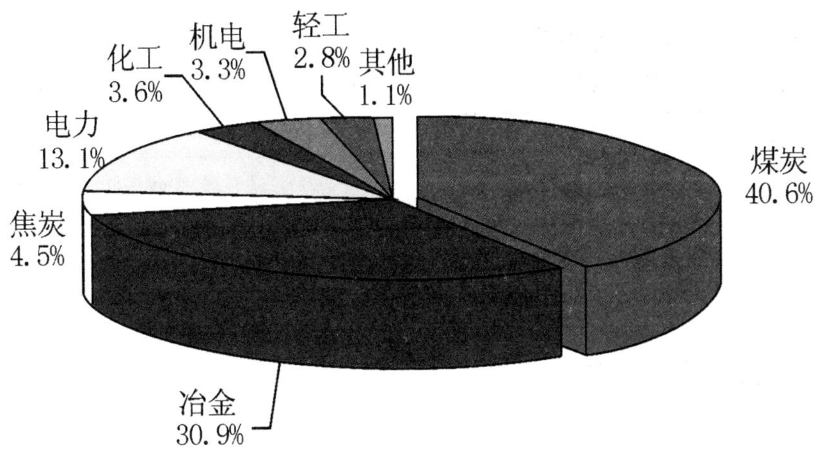


2006年全省工业亏损企业亏损构成情况

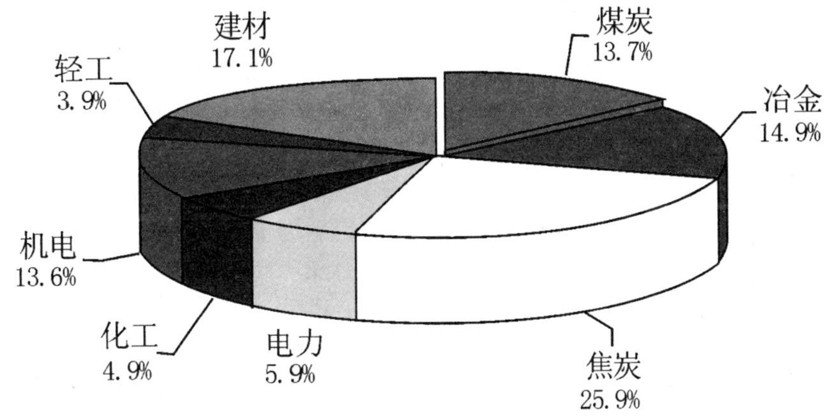

问题加剧。此外,山西省作为煤炭输出省,空车不足历年都是铁路运输的一个主要问题。

3. 节能降耗目标任务艰巨。山西省“十一五”时期节能降耗的目标是:2010年比2005年万元GDP能耗下降25%,平均每年下降5.6%,其中万元工业增加值能耗下降28%。2005年上半年虽然规模以上工业每万元工业增加值能耗6.32吨标煤,同比下降3.72%,但由于山西省工业以高耗能为主的产业结构,以初级能源为主的品种结构,加之企业节能的基础工作薄弱,部分企业对节能降耗工作重视不够,随着重化工业化进程的加速,客观上刺激这些高耗能行业的高强度扩张,使得工业节能降耗任务十分艰巨。

(李凯军)

# 煤炭工业

**表13 山西省60个主要产煤县名单**

| 市 | 产煤县 |
|---|---|
| 太原(3) | 古交市 |
| | 清除县 |
| | 万柏林区 |
| 大同(6) | 浑源县 |
| | 左云县 |
| | 新荣区 |
| | 南郊区 |
| | 城　区 |
| | 矿　区 |
| 阳泉(3) | 盂　县 |
| | 平定县 |
| | 郊　区 |
| 长治(8) | 沁源县 |
| | 武乡县 |
| | 襄垣县 |
| | 长治县 |
| | 长子县 |
| | 壶关县 |
| | 郊　区 |
| | 屯留县 |
| 朔州(5) | 平鲁区 |
| | 朔城区 |
| | 山阴县 |
| | 怀仁县 |
| | 右玉县 |
| 忻州(5) | 原平市 |
| | 河曲县 |
| | 保德县 |
| | 宁武县 |
| | 静乐县 |
| 晋城(6) | 高平市 |
| | 阳城县 |
| | 泽州县 |
| | 沁水县 |
| | 城　区 |
| | 陵川县 |
| 晋中(7) | 昔阳县 |
| | 灵石县 |
| | 寿阳县 |
| | 左权县 |
| | 和顺县 |
| | 榆次区 |
| | 介休市 |
| 吕梁(8) | 孝义市 |
| | 离石市 |
| | 柳林县 |
| | 中阳县 |
| | 汾阳市 |
| | 临　县 |
| | 交城县 |
| | 交口县 |
| 临汾(8) | 洪洞县 |
| | 尧都区 |
| | 翼城县 |
| | 霍州市 |
| | 蒲县 |
| | 古县 |
| | 汾西县 |
| | 乡宁县 |
| 运城(1) | 河津市 |

**【全省安全生产工作取得较好成绩】** 2006年,在省委、省政府正确领导和国家有关部委指导下,全省各级、各部门和各单位认真贯彻党的十六届五中、六中全会精神,按照党中央、国务院关于安全生产的一系列重要方针政策以及省委、省政府的部署要求,加大安全法制度建设力度,强化“双基”工作,完善安全生产目标责任体系,深化安全生产专项整治,严格安全许可,深入开展煤矿“三大战役”的瓦斯治理、整顿关闭两个攻坚战,强化监督检查,严肃事故责任追究,积极开展“安全生产月”活动等安全文化建设,做了大量工作,取得了较好成绩。概括起来可以说是“六个明显下降,一个全面完成”。

“六个明显下降”是:

一是全省各类伤亡事故总起数和总死亡人数明显下降。2006年在国民经济继续快速增长,特别是在能源供求关系相对紧张的情况下,山西省作为能源大省,各类伤亡事故总量同比减少1564起、死亡人数减少316人,分别下降9.25%和7.01%。

二是道路交通事故起数和死亡人数明显下降。事故起数同比减少2362起、下降17.7%;死亡人数减少406人、下降10.63%。

三是工矿商贸企业事故起数和死亡人数明显下降。事故起数同比减少14起、下降5.56%;死亡人数减少41人、下降6.24%。

四是火灾事故死亡人数明显下降。火灾事故死亡人数同比减少43人、下降78.18%。

五是全省各行业一次死亡10人以上特大事故明显下降。同比减少7起、下降

2006年11月，国家煤矿安全监察局局长赵铁锤（左二）率国务院第二督查组在晋督查

宿振荣提供

46.67%；死亡人数减少8人、下降26.83%。特别是道路交通、非煤矿山未发生一次死亡10人以上事故。

六是煤炭生产百万吨死亡率明显下降。在2004年、2005年连续两年低于1的情况下继续下降，2006年煤炭生产百万吨死亡率为0.845，首次降到了0.9以下。

“一个全面完成”是指：2006年全省全面完成了国家下达山西省的安全生产控制指标。全省共发生各类安全生产伤亡事故15350起，死亡4184人，比国家下达的控制指标4466人减少282人、降低6.31%。道路交通工矿商贸、煤矿企业、消防火灾和铁路运输等行业都完成了国家下达山西省的各项安全生产控制指标。

2006年初，省政府拿出1380多万元，对2005年度全省安全生产工作目标责任考核结果进行了奖惩兑现，有效促进了安全生产责任的落实。 （宿振荣）

**【煤矿安全监察工作成效明显】** 2006年，山西煤矿安全监察以监察执法、队伍建设和党风廉政建设为重点，经过不懈的努力，全省煤矿安全生产形势实现了稳步好转，圆满地完成了国家煤矿安全监察局下达的各项煤矿安全指标。

1.“三项重点”监察成绩突出。安全许可、建设项目“三同时”和隐患排查是2006年年初确定的三项重点工作。各监察分局、局和机关各处室始终围绕这一工作思路，完善工作制度，理顺工作机制，严格执法标准，强化监察力度。煤矿安全许可工作逐步走向规范，基建项目“三同时”有序开展，隐患排查治理工作步步深入。

2006年安全许可的重点主要是单独保留矿井的提升生产能力、基建矿井达到转产、已取证煤矿的领证或延期、变更。根据国家煤矿安全监察局、省政府的有关规定，省局在2005年安全许可的基础上，又制定了《补充规定》，进一步明确了发证标准和程序。各监察分局相应的制定了操作程序和监察要求。安全许可工作从质量和时间上有了明显的改进。2006年全省共办理延期变更安全生产许可证矿井883个，其中延期的矿井有467个，变更的矿井有416个。

随着资源整合工作的深入，大量的单独保留矿井能力提升、资源整合矿井能力的重新认定所涉及的“三同时”工作集中出现。由于能正确分析形势，及时把握政策导向，合理进行安排部署，保证了全省煤矿“三同时”工作的顺利进行。对煤矿建设项目进行了摸底清理，分三批在《山西日报》公告了363个煤矿建设项目安全设施“三同时”情况。各监察分局、局及时调整监察计划，合理安排监察力量，在规定时限内顺利完成申报煤矿的安全设计审查、安全设施现场验收。一些单位还摸索出了很多行之有效的好办法。长治分局、朔州局总结制定出了煤矿基建项目“三同时”规定，实施流水作业，使符合标准的矿井能在最短的时间通过验收，达不到标准的自然淘汰出局。全省全年共审查批复安全专篇308篇。进行安全设施竣工验收297个矿井。

隐患排查是《特别规定》的一项重要内容，这项制度的实施对发现煤矿安全隐患，治理安全隐患具有重要作用。省局和各监察分局、局加强了对地方监管部门的指导，把煤矿的隐患排查治理工作纳入监察内容，对不认真进行隐患排查或不及时报告治理情况重点进行查处。全年共查处各类煤矿事故隐患49108条，隐患整改率达98.69%。

晋中局、晋城局克服辖区内煤矿数量多，监察人员少的问题，坚持每季度组织监察人员对所有煤矿的隐患排查治理情况进行一次全面的分析研究，查找隐患产生的规律和排查治理中的难点。吕梁、长治分局为督促煤矿认真进行隐患排查治理，聘请专家进行复查，及时将问题暴露了出来，使弄虚作假的煤矿无处藏身，进一步推进了隐患治理工作的深入进行。

2.事故调查处理严格到位。2006年全年的煤矿事故有三个特点：一是瓦斯事故比例减少。全年共发生瓦斯事故14起，死亡129人，比上年同期减少了8起，少死亡136人。二是国有重点煤矿企业事故增加。2006年国有重点煤矿发生事故29起，死亡107人，同比增加5起、69人，分别上升20.83%和181.58%。三是透水事故多发。2006年，全省共发生透水事故12起，死亡134人，比2005年多发生6起，多死亡110人；比2001年至2005年的平均水平多死亡89人；比透水事故最多的2002年还多死亡55人。

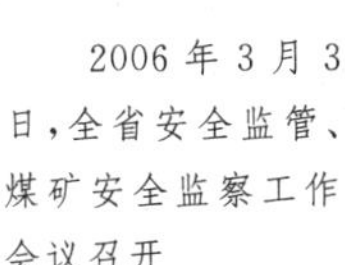

2006年3月3日，全省安全监管、煤矿安全监察工作会议召开

宿振荣提供

2006 年 7 月 10 日，靳善忠副省长在省安监局、煤监局、煤炭工业局进行调研 宿振荣提供

在煤矿事故查处中，严格按照“四不放过”原则进行，不仅在管理、装备、技术、培训方面找问题，还从资源管理、证照管理、检查验收等多方面进行深挖，突出了地方监管的主体责任和煤矿企业的安全主体责任。查出事故背后的症结以后，综合汲取各方面的教训，推动安全监管多管齐下，实施全方位综合治理。

全年全省共组织查处煤矿事故 151 起，除一起 12 月份发生的煤矿事故正在调查处理阶段外，其余的已全部结案，法定时间内的结案率达 100%。处理事故责任人 1385 人。其中：刑事处罚 134 人；行政处分 639 人；党纪处分 164 人(其中并处 113 人)。事故罚款总计为 15246.49 万元。吊证拍卖矿井 2 处，吊证关闭矿井 11 处(含无证矿井 5 处)。

3. 安全培训考核迈上新台阶。为了贯彻落实《生产经营单位安全培训规定》，2006 年省局制定并下发了《〈生产经营单位安全培训规定〉实施细则》《关于加强安全生产培训工作监督管理的意见》《关于进一步加强四级安全生产培训机构建设工作的意见》《关于安全生产培训有关问题的通知》等一些规范性文件，为进一步搞好安全培训工作打下了制度基础，对 8 个三级、17 个四级煤矿安全培训机构进行了认证。

截至 2006 年底，全省共有煤矿安全培训机构 113 家：其中具备一级资质的 1 家，二级资质 9 家，三级资质 40 家，四级资质 64 家。组织培训(复训)煤矿企业主要负责人 1554 人，合格 1104 人。培训(复训)矿级安全生产管理人员(副矿长)3076 人，合格 2568 人；各煤矿监察分局组织培训(复训)煤矿安全管理人员 5152 人；培训(复训)煤矿特种作业人员 58891 人，其中初次培训 40184 人次，初次发证 36853 人。 (宿振荣)

**【开展煤矿瓦斯治理和整顿关闭两个攻坚战】** 在瓦斯治理方面，以“一通三防”为重点，认真开展了瓦斯等级鉴定，2006 年累计鉴定矿井 3370 座。全省所有合法矿井全部建立了瓦斯监测监控系统，实现了省、市、县、矿四级联网。国家发改委、国家安监总局和科技部在山西省联合召开煤矿瓦斯治理和利用现场会，推广了晋城瓦斯先抽后采和综合利用的经验。

2006 年，全省在巩固上年打击非法违法煤矿专项行动成果的基础上，持续推动煤炭资源整合和整顿关闭工作。针对大同左云“5·18”事故暴露和反映出的煤矿超层越界开采、超能力生产等突出问题，省政府安排部署了全省集中、整治煤矿超层越界、超能力、超定员、违法违规承包、存在安全隐患组织生产的专项行动，在历时百日的集中整治期间，对存在严重隐患的 21 个煤矿和 33 个采掘工作面下达了停产整顿书，排查处理安全隐患 6383 条，依法查处超层越界开采矿井 110 个，罚款 1330 万元，使非法违法开采现象得到有效控制。

在集中整治的同时，关闭压减矿井工作也有序开展。全省第一阶段已关闭矿井 1156 个，超额完成国务院安委会下达的关闭矿井 1045 个的计划。第二阶段已排查摸底确定了 148 个关闭对象。

通过瓦斯治理、集中整治、资源整合及整顿关闭工作的开展，消除了大量事故隐患，有力地提高了山西省煤矿本质安全度。 (宿振荣)

**【严肃事故责任追究】** 2006 年，全省组织开展了 4 次安全生产大检查和 3 次安全专项督查，对 11 个市 168 个县(市、区)进行了安全督查。重点抽查企业和基层单位 1188 家，查出事故隐患 2307 条，责令现场整改 235 条，限期整改 152 条，责令停产整顿企业 28 家。全省煤矿安全监察机构排查矿井 9987 矿次，查处事故隐患 68987 条，要求定期整改 65954 条，已完成隐患整改 63348 条，整改率达到 96.05%，消除了一大批事故隐患。

在安全生产事故处理中，各级各部门严格按照“四不放过”的原则，认真查明原因，严肃追究责任。2006 年全省共查处各类煤矿事故责任人 1385 人。其中：刑事处罚 134 人，行政处分 639 人，党纪处分 164 人，行政处罚 741 人，事故罚款 15246.49 万元。 (宿振荣)

**【煤矿安全监察队伍建设进一步加强】** 2006 年，根据国家总局党组《关于进一步加强安全生产监管和煤矿安全监察队伍建设的若干意见》，按照国家总局对煤矿安全监察分局规范化建设要求，结合省局

省安监、煤监局为扶贫单位壶关县黄山乡中学建设的教学楼奠基仪式现场 宿振荣提供

的实际，以党组文件，拟定下发了《进一步加强煤矿安全监察队伍建设的意见》。领导班子、基层组织的建设和干部大范围交流，焕发了队伍的生机，增强了队伍的活力。

1. 加强了领导班子建设。根据《党政领导干部选拔任用条例》，以及国家总局新的“三定方案”，对各监察分局、局和省局附属事业单位领导班子进行了较大幅度的补充、调整和完善。通过制订方案建立推荐、组织考察等程序，共调整、选择各监察分局、局处级领导31名；制定了调整充实部分直属事业单位领导班子实施方案，对附属单位领导班子及成员也进行了一定幅度的补充完善。

2. 充实完善了党的基层组织。首先，根据机构变动和干部调整交流的实际情况，及时对8个总支和21个支部进行了换届，使各基层组织始终保持健全和完整状态；二是坚持“三会一课”制度，坚持民主生活会和领导干部讲堂课活动，坚持民主集中制原则，实行集体领导和个人分工负责相结合，凡遇重大问题、重要事项，都由领导班子集体研究决定。三是加强党员教育培训，组织全系统56名总支、支部书记和党员干部学习了《江泽民文选》，参加了贯彻党章培训班和十六届六中全会培训班，并多次组织观看主题教育片和廉政歌曲比赛等文艺演出活动。

3. 对干部进行了广泛交流，队伍活力进一步增强。省局认真贯彻落实中组部《党政领导干部交流工作规定》和国家总局党组《领导干部交流暂行规定》等有关精神，拟定了《山西煤矿安全监察局领导干部交流实施办法》，共集中交流干部43名，对原分局、局13名主要领导进行了交流轮岗，占分局、局原有主要领导职数17人的76%；分局、局之间异地交流干部22名。

同时，根据新“三定方案”有关精神，拟定了实施细则，对局机关内设机构进行了较大调整。共完成57人的定岗工作，选拔任用正处级监察专员6名，调研员2名，副处长8名，副调研员2名。调整确定处级干部岗位26名；完成12名一般干部的双向选择和岗位确定。在较短时间内，省局机关各类人员按新的“三定方案”全部依次到位。省局还对各监察分局、监察局民主推荐的中层干部进行了考核，共考察任用科级干部69人，10个监察分局，局内设机构功能完备，保证了各项工作的正常运行。（宿振荣）

【开展党风廉政建设】 2006年，山西煤监局以贯彻落实中央《建立健全教育、制度、监督并重的惩治和预防腐败体系实施纲要》为主线，以加强监察队伍廉政建设为切入点，全面落实科学发展观，坚持标本兼治、综合治理、惩防并举、注重预防的“十六字方针”，突出工作重点，加大预防和惩治力度，狠抓反腐倡廉各项任务的落实，努力促进公正执法、严格执法、廉洁执法。

1. 认真执行党风廉政建设责任制，全面落实反腐倡廉各项任务。省局按照国家总局党组提出的抓领导、抓过程、抓重点、重实效“三抓一重”的思路和要求，一是配齐了10个监察分局、局的党总支书记，明确了书记就是廉政建设的主要负责人；省局机关各处室也明确了处主要领导负责本处室的廉政建设；二是把2006年党风廉政建设和反腐败工作分解细化为23项主要任务和责任，并细化了各监察分局、局考核目标，提出了具体考核要求，并由逐级负责人签订了《2006年党风廉政建设责任状》，进一步完善了责任体系；三是加强督促落实，根据“九条纪律”和监察执法的规定、准则量化了190条廉政规定，使廉政制度更具针对性和可操作性；四是结合政治理论学习计划，把党风廉政有关规章列入必读篇目，并进行了有关内容的考试测评；五是按照局党组制定的《处级以上干部〈廉政谈话〉实施细则》，局领导按照职责分工分别对分管处室、单位的处级干部进行了廉政谈话。

2. 深入开展治理商业贿赂专项工作。按照中共中央、国务院和山西省委、省政府的有关精神和要求，省煤监局对全系统开展治理商业贿赂专项工作进行了安排部署，提出了具体要求。一是健全了组织机构，成立了治理商业贿赂专项工作领导组，提出了该项工作的范围、方法、步骤和时间要求。二是明确了要解决的八个方面的突出问题和工作重点。三是认真开展自查自纠。四是完善执法监督职能和制度，通过细化、量化和具体化的措施，增强了制度的约束力和可操作性。五是坚持惩防结合，突出了预防为主，建立有效的监督制约机制。

省局还以刁岷受贿案件为反面教材，在全系统开展了以“九条纪律”为主要内容的纪律教育和纪律整顿活动，即“两整顿一加强”（整顿思想、整顿纪律、加强管理）。

3. 加强行风建设，提高行政效能。山西煤监局于7月3日在省政府召开的全省政府系统干部大会上做出公开承诺，并通过电视、广播、报纸等媒体向社会公开限时办结承诺。同时完善的政务公开制度，深化了行政许可（审批）制度改革。一是政务大厅实行“一站式”服务。二是继续实行“集中受理、切块审查、流水作业、快进快出”的工作方式，提高办结效率。三是认真落实了《首办负责制》《限时办结制》《首长问责制》和《煤矿安全监察过错追究制》等规定，进一步加大了行风建设力度。（宿振荣）

【山西安监局、煤监局公开承诺】 2006年5月，山西省安全生产监督管理局、山西煤矿安全监察局在民主评议政风行风工作中，向社会公开承诺“五个坚持，五个严格、五个做到”。

1. 坚持安全第一，严格监管工作，做到超前防范。

2. 坚持依法行政，严格执法程序，做到执法到位。

3. 坚持实事求是，严格监管标准，做到公开公正。

4. 坚持深入基层，严格职业规范，做到勤政高效。

5. 坚持廉洁奉公，严格组织纪律，做到风清气正。（宿振荣）

【太原监察分局执行“亮证亮卡”制】 2006年，山西煤矿安全监察局太原分局监察执法实行了“亮证亮卡”制。该局要求全体监察员要严格遵守国家安监总局制定的“九条纪律”，严格执行分局向全体监察员提出的“十条禁令”。每次到矿上监察先要“亮证亮卡”，除要出示执法证件，还要提交廉政监督反馈卡，由矿方负责人在廉政反馈卡存根上签字，并将监察员在执法过程中遵守廉政要求情况及时填写、反馈，邮寄到分局。凡是在廉政方面有举报并经核查属实的，将根据情节轻重，按照有关规定给予党纪政纪处分；构成犯罪的，移送司法机关追究刑事责任。

（宿振荣）

【忻州市组建四个应急救援基地】 2006年，山西省忻州市组建了四个区域性应急救援基地。一是以宁武县为中心组建了煤矿安全应急救援基地。二是以原平市为中心组建了危险化学品和民爆物品应急救援基地。三是以代县为中心组建了地震等突发性自然灾难综合应急救援基地。四是以繁峙县为中心组建非煤矿山安全应急救援基地。同时,各行业规模较大的生产经营单位建立专门的应急救援组织,生产经营规模较小的配备兼职的应急救援人员,应急救援力量满足不了救援要求的,将与企业外的救护组织机构签订救护协议。（宿振荣）

表 14　**山西煤矿 2006 年 10 人以上死亡事故统计表**

| 序号 | 事故单位 | 企业性质 | | | | 违法生产 | 违规违章生产 | 事故时间 | 事故类别 | 死亡人数 | 受伤人数 | 直接经济损失（万元） |
|---|---|---|---|---|---|---|---|---|---|---|---|---|
| | | 国有重点煤矿 | 地方国有煤矿 | 乡镇煤矿 | 无证矿井 | | | | | | | |
| 1 | 晋城煤业集团寺河矿 | 1 | | | | | 1 | 2.1 | 瓦斯爆炸 | 23 | 53 | 1572 |
| 2 | 临县胜利煤焦有限责任公司樊家山坑口 | | 1 | | | | 1 | 3.18 | 透水 | 28 | | 623 |
| 3 | 大同市左云县张家场乡新井煤矿 | | | 1 | | 1 | | 5.18 | 透水 | 56 | | 5312 |
| 4 | 忻州市宁武县西马坊大辉窑沟煤矿 | | | 1 | | 1 | | 8.4 | 塌陷 | 18 | 16 | 779.44 |
| 5 | 太原万柏林耙沟煤矿 | | | 1 | | 1 | | 10.24 | 炸药爆炸 | 11 | | |
| 6 | 同煤集团轩岗焦家寨煤矿 | 1 | | | | | 1 | 11.5 | 瓦斯爆炸 | 47 | 2 | 1213.03 |
| 7 | 太原市万柏林王封乡土圈头私开煤矿 | | | | 1 | | | 11.7 | 透水 | 10 | | |
| 8 | 晋中市灵石县王禹乡南山煤矿 | | | 1 | | 1 | | 11.12 | 爆炸 | 34 | | |
| 9 | 临汾市尧都区河底乡芦苇滩煤矿 | | | 1 | | 1 | | 11.26 | 瓦斯 | 24 | 2 | 655 |

# 电力工业

**【概述】** 山西省电力公司(简称省电力公司)是国家电网公司的全资企业。至 2006 年底,资产总额 359.42 亿元;所属单位 45 个,其中直属单位 37 个,控股、参股单位 8 个;职工总数 46929 人。

2006 年,省电力公司各项指标均创历史最高水平,售电量完成 859.04 亿 KWH,同比增长 15.9%;当年电费回收率 100%,应收电费余额比年初降低 2.54 亿元;劳动生产率完成 16.28 万元/人·年,同比增长 12.04%;实现利税总额 33.91 亿元,同比增长 32.98%。

山西省以 500KV 和 200KV 线路为主干的省级电网贯穿南北,其中,500KV 主网架在北部为双回路、南部形成单环网结构。随着 500KV 霍州—临汾—运城第二回线路的建成投运,提高了中部至南部的输送能力。山西电网已经成为向外省、市输电大省,2006 年通过 500KV 线路以网对网方式向京津冀电网送电 496 万

KW,以点对网的方式向江苏送电210万KW;以3回110KV线路向陕西榆林地区送电;娘子关电厂2台10万KW机组以双回220KV线路并入河北南网。2006年底,省电力公司拥有500KV变电站7座,主变压器30台,变电容量850万KVA,线路32条3222.67KM;200KV变电站77座,主变压器143台,变电容量1983万KVA,线路214条7261.60KM;110KV变电站301座,主变压器532台,变电容量1698万KVA,线路770条10488.97KM。

省电力公司以加快发展为第一要务,牢固确立"立足三个定位、建设三级电网、开拓三个市场"的战略方向,全面落实"十一五"电网、科技与信息化、教育培训三个规划,推动电网和公司发展方式的根本性转变。广泛建立共谋发展的政企合作机制,营造互信共赢的发展环境。积极履行社会责任,全面践行"服务新型能源基地建设、服务社会主义新农村建设、服务资源节约型社会建设"的三大承诺,在促进和谐山西建设中作出表率。加强调查研究,加大重点工作监察力度,转变工作作风,提高工作质量和效益。坚持以人为本,实现员工与企业的共同进步。

(卢晓山　高一萍)

**【电网建设和发展】** 全面启动"十一五"电网发展规划。6月27日,国家电网公司与山西省签署了《关于共同推进山西电网建设发展会谈纪要》和《关于实现山西省农村"户户通电"目标的会谈纪要》。省电力公司与各市政府签署的"两个纪要"在全国率先完成。

国家电网公司晋东南－南阳－荆门1000KV特高压交流试验示范工程晋东南站于8月19日奠基开工;晋东南至江苏±500KV直流输电工程启动。全力配合500KV侯(村)(石家庄)北等连接华北电网工程,使山西电网与华北电网的调剂互补能力得到加强。

2006年,投产220KV及以上变电容量639万KVA、线路775KM,分别是2005年的2.5倍和1.8倍,实现了"双五百"目标(2006～2008年,每年投产220KV及以上主变容量突破500万KVA、线路长度突破500KM)。王曲、武乡、太二等电厂的配套送出工程按期投运,43项城市中低压配网建设与改造顺利完成,历时4年的县级城网改造全面竣工。工程质量进一步提高,220KV及以上工程100%达标投产,500KV晋中变电站等7项工程分别荣获国家、行业和国家电网"优质工程"。　(卢晓山　高一萍)

**【安全生产】** 按照"三个百分之百"(人员的百分之百、精力的百分之百、时间的百分之百)要求,严格落实各级安全责任制。健全常规监督、专项监督和事故监察相结合的监督体系,开展"反违章"和"安全周"活动,建立起反事故斗争常态工作机制。全年,大修、技改和老旧设备改造投入7.3亿元,110KV及以上老旧变电站比例降到21%,220KV变电站断路器无油化率达到85%。春检、迎峰度夏、秋检等消缺率达93.55%。500KV运城和晋中变电站分别被评为华北电网"标杆站"和"红旗站"。开展并网电厂安全性评价,完善事故应急处置预案,成功组织大负荷试验和中东部电网联合反事故演习。基建系统深化安全文明施工,加强大型机械等专项监察,并连续8年实现"四个零"(无人身死亡事故、无重大机械设备损坏事故、无重大火灾事故、无重大交通责任事故)目标。组织排查供电辖区3054座煤矿"六证"(安全生产许可证、采矿许可证、矿长资格证、矿长安全证、营业执照、煤炭生产许可证)、双电源等情况,使煤矿等高危行业安全供电管理得到加强。电力设施保护专项整治取得阶段性成果。全年未发生电网稳定破坏和大面积停电事故,未发生对社会造成重大影响的安全事故。省电力公司被评为全省安全生产先进单位、社会治安综合治理先进单位。　(卢晓山　高一萍)

**【农电工作】** 2006年底,省电力公司农网35KV变电站502座,主变压器803台,变电容量461万KVA;35KV线路818条8796KM。10KV配电变压器5.14万台434万KVA,10KV线路3131条84193KM。乡村供电所775个,农电工1.8万人,农村用电户708.46万户。农网综合线损率完成6.80%,同比降低1.26%。

全省"户户通电"工程完成投资7965万元,工程涉及7个市、34个县、652个村,经过5个月紧张施工,解决了17572农户的用电问题。县级城网改造工程总投资15.6亿元,年内完成投资98.8%。1003个新农村试点村主干道路灯亮化和20个电气化试点村建设工程分别完成96.7%和100%。

加大农电安全考核力度,执行农电安全"说清楚"制度。出台《关于规范农电生产管理体改革的实施方案》,乡村供电所由915个合并为775个,实施农电专业化管理,分离高、低压设备管理职责,推行供电所标准化作业流程,在12个供电支公司开展了安全性评价试点。加强农电用工管理,省电力公司本部设立农电用工管理处,各供电分公司增设专责人。建立农电工基础信息数据库,实现动态数据分级维护、多级享用以及人员信息、报表统计等规范管理。推行农村供电所人员持证上岗制度。建立农电维护费统筹使用机制,全省维护费统筹6%,用于解决辞退农电工补偿、应对农网突发自然灾害抢修等。推行农村抄表定时、定位管理,逐步以抄表器取代纸质抄表。2006年,定襄、盐湖支公司被国家电网公司命名为"一流县供电企业"。　(卢晓山　高一萍)

**【经营管理】** 全面开展"基础管理年"活动。重点组织了以清资产、清账务、清库存和营销普查为中心的"三清理一普查"。围绕主营业务的关键环节,修订规章制度,优化管理流程,开展指标数据打假。在生产、营销、办公场所以及交通要地、重要公共场所和大型活动中,全面推广"国家电网"标识,国家电网品牌社会认知度得到提升。

继续加强精细化管理,强化专业计划与财务预算的融合和过程控制。推广典型设计,加强造价分析,集中规模招标节支2.2亿元。开展资金在线监控和统一运作,继续撤并银行账户,启动银电联网电费归集业务,资金归集度达96.57%。强化纪检监察、审计监督和财务稽核、营销稽查功能,完成效能监察70项、内部审计1217项,促进增收节支1.15亿元。为强化职能管理,成立了"山西省电力公司技术经济中心"等机构。

强化对多经企业的政策指导和管理监督。规范了晋能集团、化学清洗和燃料公司与省电力公司的关系,24个多经企业转让、撤销工作通过国家电网公司阶段性验收。多经企业全年总收入同比增长12.5%。各供电分公司直属生产单位多经分离、后勤分开工作完成,所属单位4所中、小学校移交属地。

积极扶持辅业单位发展,通过配备领导班子、注入资本金、帮助开拓市场等有效措施,解决辅业单位实际困难。省电建四公司中标特高压晋东南站“四通一平”(通水、通电、通信、通路,平整场地)和土建工程,省送变电公司承揽全国第一条同塔双回750KV兰州东—平凉—乾县输电项目第九标段,省供电承装公司承揽750KV拉西瓦—西宁输电项目第一标段,基建企业共承揽省内外项目176个,全年实现产值50.46亿元。

(卢晓山　高一萍)

**【营销工作】** 营销“三个中心”(数据、网络、应用服务)建设完成预定目标,营销自动化系统全部上线,其规模和集约化程度居全国先进水平。关口电量集抄系统改造全面提速,100%小电厂和50%的315KVA及以上用户实现电量自动采集。全省统一的IC卡电能表售电系统投入运行,电费回收责任制落实到位,当年电费回收率达100%。细化线损管理,开展反窃电专项整治,追补电费和违约金848.8万元,综合线损率同比降低0.1个百分点。年底,成立“山西省电力公司电能计量中心”,省质量技术监督局给予电能计量授权。

省电力公司党组专题研究部署电力市场建设,率先在网省公司提出建立“三个市场”(开拓全国市场、巩固华北市场、主导省内市场)的发展战略。启动山西电力市场建设研究,成立电力市场交易中心。加强与华北网公司的沟通协调,巩固和发展与周边省份的合作关系,省网外送电量103.06亿KWH,同比增长9.51%。紧跟全省经济结构调整步伐,加强负荷预测和分析,积极调整电网建设顺序,努力超前布点和服务,全省新增用电容量450万KVA。规范各类电厂并网管理,开拓用电市场,扩大电量销售,市场占有率同比提高1.42个百分点,省内售电量同比增长16.89%。　(卢晓山　高一萍)

**【优质服务】** 省电力公司真诚履行社会责任,2006年,服务全省对外开放,出台了优化业扩报装流程、建立服务考核评价体系等5项措施。回购华北电网电量4.4亿KWH,有效缓解全省缺电局面。服务全省经济服务发展和产业结构调整,协助各级政府对1005座吊证关闭和资源整合压减矿井、649座资源整合煤矿实施关停或限制供电。服务社会主义新农村建设,落实国家电网公司“新农村、新电力、新服务”农电发展战略,全面实施“户户通电”工程,解决了17000多无电户、64000多农民的用电问题。落实省委、省政府关于新农村建设精神,完成了970个村路灯亮化和20个村新农村电气化工程。省电力公司、绛县、永和、五台和沁县供电支公司被国家电网授予“户户通电”工程建设先进单位荣誉称号,省电力公司被省委、省政府表彰为社会主义新农村建设先进单位。着眼于节约型社会和新型能源基地建设的大局,大力开展小电厂规范整顿工作,节能降耗工作取得新进展。

开通用电报装“绿色通道”,95598系统实现故障报修、咨询查询、业扩报装、投诉举报等一体化功能。带电作业减少线路停电4347小时。推广营业厅视频监控和服务质量电子表决系统,设立500万元社会监督投诉举报奖励基金,主动争取社会监督。开展“内查外举”和明察暗访,严肃处理违规违纪人员74名。推广客户端变电站典型设计,缩短客户报装时限。积极履行技术监督和工程质量监督职责,主动走访发电企业,构建和谐网厂关系。广泛组织“优质服务进万家”活动,为群众办实事2659件。省电力公司在省政府组织的52个部门和行业参加的为期一年的政风行风评议中,获公用事业和窗口服务行业第一名,被省政府授予“政风行风评议先进行业”称号。　(卢晓山　高一萍)

**【人力资源】** 2006年底,省电力公司职工总数46929人,实现人员“负增长”。职工39岁及以下占52.07%;40岁及以上占47.93%;具有专科及以上文化程度占44.58%;中专、技校、高中文化程度占24.73%;获得中级及以上专业技术职称的占18.56%,高技能人才比例(供电企业生产岗位中具有高级工以上职业资格或初级以上职称人数占生产岗位人数的比例)为63.3%;人才密度达80.17%。

强化领导班子的整体功能和梯队建设,一批年轻干部充实到领导岗位,干部平均年龄下降1.5岁。干部交流形成常态机制,全年交流74人。同时,规范基层单位机构和定员编制,职能部门、机关员工分别减少21%和15%。实施人才强企战略,择优录用博士、硕士及双学位51人,新进院校毕业生和复转军人比例由0.7∶1优化为2.2∶1。省电力公司本部实行全员绩效考评制度。农电用工管理出台收入、保险政策,开展优秀农电工评选,试点供电所薪酬激励办法。

启动“十一五”教育培训规划。整合培训资源,形成“一中心一学院”(省电力公司高级管理人员培训中心、山西电力职业技术学院)教育基地。首次在国家电网公司系统推出“2+1+6”(理论培训2个月,理念培训1个月,到国内先进电力企业挂职锻炼6个月)干部复合式培训。联合西安交通大学、三峡大学共同培育特高压和输电线路专业人才。加快实施“百千农电人才”(100名农电管理行家,1000名农电技能人才)工程,对4165名农电工进行了持证上岗培训。评选华北电力技术院专家46名,山西电力技术院专家165名,94个工种的6239名员工通过考核鉴定。定期邀请专家、教授作专题讲座24次,累计完成各类培训1161项1856期7.03万人,全员培训率提高6.6个百分点,人才密度提升5.6个百分点。在国家电网公司95598坐席人员调考中取得团体第一名。

(卢晓山　高一萍)

**【2006年电力工业主要事件】** 1月7日,科技项目“带电更换500KV线路直线转角塔绝缘子串通用工具”通过省内专家评审委员会评审。该项目填补了国内空白。

1月24～25日,省电力公司五届二次职代会暨2006年工作会议在太原召开。会议首次利用电视电话会议系统在所属发、供电单位及电科院、各供电支公司设立了110个分会场,并通过网络进行图文和视频直接。

2月25日,省电力公司召开“三清理一普查”活动电视电话会议,安排部署“清资产、清账务、清库存,营销普查”工作。

3月11日,在京参加全国“两会”的省委书记张宝顺、省长于幼军,专程到国家电网公司与总经理刘振亚就山西电网“十一五”期间的建设和发展进行友好会谈。

4月8日,美国沃里·帕森斯(worleyparsons)能源咨询公司向山西省电力勘测设计院等4个设计单位就100万KW超临界机组设计技术合作与转让合同签字仪式在北京举行。

5月29日,省电力公司“特高压研究生课程进修班”在西安交通大学举行开学典礼,这是全国第一特高压研究生进修班。

6月3日,省电力公司与深圳市雅都软件股份有限公司协作完成的国家“863”计划科技项目“基于空间信息的山西电网管理系统”通过山西省科学技术厅组织的专家鉴定。该科技成果达到国内领先水平。

6月27日，国家电网公司与山西省人民政府在太原签署《关于共同推进山西电网建设发展会谈纪要》和《关于实现山西省农村"户户通电"目标的会谈纪要》。

8月19日，国家电网公司晋东南—南阳—荆门1000KV特高压交流试验示范工程奠基仪式在山西长治举行。国家电网公司总经理刘振亚、省委书记张宝顺、省长于幼军等有关领导出席了奠基仪式。

8月29日，500KV忻州输变电工程竣工剪彩。该工程是山西电网"十一五"规划中建成投产的第一个大型500KV输变电工程，共投资4.2亿元。1号、2号主变压器分别于7月30日、31日投运。

10月14日，中国共产党山西省直属机关代表会议在迎泽宾馆召开。会上，省电力公司党组书记、总经理王抒祥被选为山西省第九次党代会代表。

10月20日，500KV晋城输变电工程(1×75万KVA)投运。

10月22日，山西省农村"户户通电"工程竣工暨新农村路灯亮化启动仪式在山阴县移民新村——新大滩村举行。

11月3日，全省打击盗窃破坏电力电信设施犯罪专项行动电视电话会议在省公安厅召开。会议部署了在全省开展为期3个月的专项行动。

12月12日，神头二电厂1号发电机组发生主蒸汽管道爆裂事故，造成机组停运，7人不同程度地烧伤或灼伤。

12月24日，科技项目"泄漏电流特征量和泄漏电流门槛值的研究"通过国家电网公司验收。该项目在国内首次提出典型绝缘子泄漏电流特征量和泄漏电流门槛值的分析方法。

12月30日，山西省电力公司电能计量中心揭牌，省质量技术监督局给予电能计量授权。　（卢晓山　高一萍）

# 化学工业

**【概述】** 2006年全省化工在省委、省政府的领导下，化工行业坚持以科学发展观统领全局，锐意进取，扎实工作，经济质量和效益稳步提高，经济运行质量继续保持了良好的发展势头，实现了"十一五"的良好开局。为推进山西化工"十一五"规划的全面实施奠定了基础，创造了条件，增强了信心。经济效益持续稳定增长，2006年化学工业完成现价工业总产值全年预计完成320亿元，比上年增长14%，产品销售收入全年预计完成310亿元，同比增长14.5%，实现利税全年预计完成26亿元，比上年下降1.2%。　（王乐意）

**【主要产品产量】** 主要产品产量快速增长，省重点跟踪的16种化工产品，化肥完成330万吨(折100%)，同比增长16%；尿素实物全年完成420万吨，同比增长27.1%；烧碱全年完成45万吨(折100%)，同比增长12%；纯碱全年完成18万吨，同比增长20%；精甲醇全年完成55万吨，同比增长112%，PVC全年完成32万吨，同比增长23%。减幅较大的产品有轮胎，下降10.3%。　（王乐意）

**【重点调产项目进展顺利】** 近年来，山西化工通过大力推进调产规划，积极实施基地建设，全省传统产业新型化、新兴产业规模化迈出较大步伐，化肥产业发展步入快车道。2006年是"十一五"煤化工发展规划的开局之年，是落实"十一五"煤化工规划项目的布局之年。按照省委、省政府提出的关于建设"新型能源和工业基地"的战略部署，山西省化学工业以科学发展观为指导，加快改革开放步伐，依托丰富的煤焦和能源优势，围绕"肥、醇、炔、苯、油"五条"十一五"煤化工发展规划主线，以大企业大集团为龙头，围绕"肥、苯、油"三个领域积极推进项目实施，开工建设了一批有影响的煤化工重点项目，依照"十一五"规划的要求，基本完成了在上述三个领域中的产业布局。特别是在"醇、炔"两个领域项目的落实取得了一定的成效，对提高全省化工整体素质，增强企业发展后劲起到了重要的作用。

1. 重点完成了20个项目投产或部分投产。

目前，20个投产或部分投产项目中，已有山西焦化30万吨煤焦油项目、天脊中化高平化工有限公司年产40万吨合成氨60万吨尿素项目、晋丰煤化工公司"36·52"尿素一期工程、山西三维新增3.0万吨1.4丁二醇项目、山西丰喜肥业股份有限公司年产20万吨甲醇一期工程、天脊集团年产13万吨苯胺工程、太化集团年产8万吨粗苯加氢精制、太化集团15万吨/年PVC项目、阳煤集团5万吨PVC、丰喜肥业30万吨复合肥等14个项目建成投产或部分投产，这些项目预计2006年将新增销售收入约25亿元。

2. 加快推进了30个在建工程进展和新项目开工建设。

加快推进的30个在建项目和新开工项目已有榆化公司40万吨(一期)PVC项目、山西天浩化工有限公司年产30万吨焦炉气制甲醇项目、山西晋城化工股份有限公司年产18万吨合成氨30万吨尿素联产10万吨甲醇项目、山西中车双喜轮胎有限公司年产30万条全钢子午胎工程、山西丰喜华瑞股份有限公司焦炉气制年产18万吨合成氨30尿素项目、山西焦化集团年产20万吨焦炉气制甲醇项目等15个项目实现设备订货并进入主体安装阶段；同时还有潞宝集团年产20万吨焦炉气制甲醇项目、临汾万鑫达焦化有限公司年产20万吨焦炉气制甲醇项目、山西潞安集团年产20万吨聚氯乙烯一期工程、山西太星集团年产30万吨焦油加工、太原侨友化工公司8万吨粗苯精制以及晋煤集团万吨甲醇制汽油工业示范等10余个项目实现了年内开工建设。这些项目预计将在2007年内投产，预计新增销售收入55亿元。　（王乐意）

**【年产10万吨合成油示范工程在山西晋城奠基】** 我国首次采用国内气化技术，首次利用"三高"(高硫、高灰、高灰熔点)劣质无烟煤制造10万吨/年合成油示范项目，2006年5月27日在山西省晋城煤业集团奠基，该项目的建设，将为山西和全国的"三高"劣质煤洁净化、规模化利用提供技术示范，标志着我国煤制油的技术路线向多元化发展迈出了实质性步伐。

我国"三高"煤有几千亿吨，特别是山西煤炭资源丰富，占相当数量比例，但受环保要求和气化技术限制无法利用。在山西晋城煤业集团老区3#优质无烟煤已近枯竭，剩余的是国家限制开采和燃用的9#和15#"三高"无烟煤，其可采储量约120亿吨，占总可采储量的40%。

晋城煤业集团高硫无烟煤洁净化利用10万吨合成油示范项目采用了一套既可靠又经济的煤气化工艺及净化工艺，使国家禁止开采的高硫煤得到洁净化开发利用。煤气化专家、中国科学院山西煤炭化学研究所教授王洋在接受记者采访时说，这一项目具有三个突出特点，首先是我国目前建设的"煤制油"项目全部采用的是国外引进的气化技术，而国外引进的气化技术对煤的要求比较高。此项目首次采用了拥有我国自主知识产权的、适宜“三高”煤气化的“灰熔聚硫化床粉煤气化技术”;其次是由于采用了灰熔聚气化工艺,首次使山西晋城矿区储量丰富但无单独开采和直接利用价值的“三高”劣质无烟煤得到开发利用;第三是所采用工艺可实现产品多元化,通过“灰熔聚”造气合成甲醇,再由甲醇制取合成汽油。产品以优质93号汽油为主,副产液化石油气(LPG)、硫磺,可调产精甲醇、二甲醚、乙烯、丙烯等多种化工产品。该项目预计投资10.8亿元,建设周期30个月,年产符合欧Ⅲ标准的优质汽油10万吨,建设采用国际通用的EPC管理模式,由中国化学工业第二设计院实施。 (王乐意)

**【山西建设煤化工大型非标设备制造基地】** 2006年5月29日,山西丰喜化工设备有限公司重型化工装备制造分厂建设正式开工,标志着山西第一个化工大型非标设备制造基地建设开始启动。此举将极大地促进大型非标煤化工设备制造的国产化进程。

根据山西化工“十一五”发展战略,山西将作为新型能源和煤化工基地,煤制油100万吨/年、30万吨/年焦油加工、粗苯加工利用等项目会相继开工。在化工项目投资构成中,装备投资约占20%以上,煤制油项目中装备投资约占30%以上,仅山西的煤化工产业发展过程中,将产生350亿元的装备市场。在这种背景下,山西煤化工大型非标设备制造基地的建设将迎来难得的发展机遇。

该基地建设项目计划在2008年底前全部建成投产,届时,将使该省化工装备成套产品及化工备品配件的产量达到10万吨,销售收入突破20亿元,实现利税3.5亿元。 (王乐意)

**【煤基合成油首条生产线开工】** 2006年2月22日,山西省发展煤化工产业、建设新型能源和工业基地的标志性工程——山西潞安煤基合成油示范厂在长治市正式开工。项目建成后将成为我国煤基合成油(即直接液化)技术的第一条产业化生产线。

潞安煤基合成油示范厂由山西潞安集团联合国内若干知名企业集团共同投资建设,是通过国家级项目招标确定的国内惟一的煤基合成油示范工厂,是国家863项目和中国科学院创新工程重大项目的延续项目。该项目以中国科学院山西煤炭化学研究所自主研发的“煤基液体燃料合成浆态床工业化技术”为核心技术,拥有完全自主知识产权,目前已获得国家发明专利40余项,涵盖了先进的煤间接液化所有核心技术。据悉,这一项目可将长治地区弃采的120亿吨高硫劣质煤资源用以生产合成油,使煤炭可采储量增加1倍。

该项目总投资400多亿元,主要产品是柴油、石脑油、LPG及少量混合醇燃料,项目建成后预计可实现年销售收入200亿元。据该集团负责人介绍,该项目发展规划为用2至3年时间建成16万吨/年的生产规模,之后从2008年至2015年分两期建设产业化工厂,最终规模达到520万吨/年。 (王乐意)

**【国内最大苯胺装置在天脊集团投产】** 2006年9月22日,天脊集团13万吨/年苯胺项目顺利打通流程产出合格产品。这标志着国内最大苯胺装置建成投产。

该装置采用的生产技术为我国首次采用的绝热硝化和液相加氢技术。这套苯胺装置于2005年3月开工建设,主要生产MDI级苯胺系列化工产品,其技术和关键设备由加拿大和美国引进,采用了国际先进的苯绝热硝化生产硝基苯和硝基苯液相加氢生产苯胺技术。设计能力为年产13万吨苯胺及系列产品,项目总投资4.3亿元,按目前市场价格计算,建成投产后年产值约15亿元。

苯胺作为大宗有机化工中间体,主要依靠装置大型化来降低单位成本,从而提高产品竞争力。而国内现有苯胺装置水平规模较小、技术落后、竞争能力差,已难以满足市场竞争的需要。天脊集团上马的13万吨/年大型苯胺装置,单套生产能力国内最大,技术先进,安全度高,填补了我国大规模苯胺项目建设的空白,并将带动我国苯胺装置实现规模化生产。

(王乐意)

**【山西焦炉煤气迎来首家外企】** 山西丰富的焦炉煤气资源已对国外企业产生吸引力。第一个到山西独资建设焦炉煤气综合利用项目的是法国欧罗福集团,选择在机焦企业集中的孝义市,规划一期工程完善化产回收装置,先提取焦炉煤气中的焦油、粗苯等化工产品,二期工程用净化后的煤气作为燃料,采用燃气轮机联合循环发电并供热,工程总投资5.6亿元,占地156亩,年可利用焦炉煤气8.58亿立方米,发电9.86亿KWh,供热42MW。这是由化学工业第二设计院设计的、第一个由国外企业独资建设的焦炉煤气综合利用项目。预期2006年基本完成化产回收装置,2007年完成发电和供热。

(王乐意)

**【山西省首批全甲醇出租车亮相】** 2006年4月10日,由山西佳新能源化工实业有限公司改装的77辆全甲醇出租车顺利地完成了燃油系统改造,并通过了山西省燃料甲醇与甲醇汽车领导组办公室及有关专家组的验收。这些车辆成为山西省首批使用全甲醇燃料的出租车,也是我国首次在小轿车上使用全甲醇燃料。

全甲醇燃料轿车环境污染小,尾气排放可以减少50%到70%。此外,经过试验示范表明,全甲醇燃料轿车发动机既可用甲醇,也可用汽油,或燃用任意比例的甲醇汽油混合燃料。经国家汽车质量监督检验中心完成整车试验,北京理工大学完成排放试验后,被认为是目前国内出租车行业惟一达到欧Ⅲ排放标准的轿车。出租车使用甲醇燃料后百千米能节省10~11元费用。在改装费用方面,一台汽油发动机的改装费用是5000元,但每改装一辆出租车晋中市政府贴3000元,出租车司机实际花费只有2000元。全甲醇燃料出租车的技术具有自主知识产权,已申报国家专利。该技术可靠性增加,甲醇汽车的经济性、动力性显著提高。改造车型由原来的2种提高到捷达、桑塔纳、富康和长安羚羊等4种。

山西省政府计划2006年出租车改造将扩大到1000辆。山西省已经出台了新的支持和鼓励政策,新增的甲醇出租车和旧车改造的甲醇出租车,都将享受免征养路费的优惠政策,并在征收过桥费、营业税等方面也将享受优惠或减免。

(王乐意)

**【太原重机建设煤化工装备制造】** 2006年6月12日,太原重型机械集团有限公司大型煤化工装备制造基地在太原重型机械集团奠基。标志着我国大型重型机械的龙头企业将建设成为我国煤化工装备制造能力最大的生产企业,将极大地促进我国煤化工装备的国产化和成套化水平。太重煤化工装备制造基地建设项目总投资3亿元。12月18日,山西太原重型机械集团煤化工装备制造基地举行竣工庆典仪式,标志着太重成为山西省煤化工装备制造能力最大的生产企业和全国气化设备制造行业的龙头企业。新建设的煤化工装备制造基地建设总投资3亿元，主厂房长246.44米，宽102.44米，高31.4米，总建设面积25245平方米。新厂房配置了大型煤气加热炉、大型热处理炉、大型探伤间、三辊卷板机、数控下料机和窄间隙成套焊接机等一批大型先进设备。太重集团具备制造壳牌、德士古、GSP、鲁奇等加压气化设备，合成氨、合成尿素、复合肥等化肥成套装备，合成甲醇、二甲醚、合成油设备，焦炉煤气、煤层气转化设备，煤焦油深加工设备，以及核能设备、加氢反应器等生产能力，年产值将达到10亿元以上，成为我国煤化工成套装备制造能力最大的生产企业。 （王乐意）

**【首套万吨级甲醇制汽油试验开工】** 2006年11月3日，我国首套应用国内自主知识产权的甲醇制汽油技术万吨级试验装置在山西晋城市开工建设，标志着焦炉煤气转化和甲醇深加工有了一条新的途径。

截至2006年底，万吨级工业化试验装置已经开工建设，预计在2007年上半年建成投入工业化试验运行。该装置用甲醇制汽油(MTG)试验，奠定了由万吨级加工能力的工业化实验装置进一步规模放大生产装置的基础，将为我国甲醇深加工提供广阔市场，极具市场竞争力。

截至2006年底，在山西省晋城市进行的甲醇制汽油(MTG)万吨级项目的场地与设备订货、图纸工艺优化组合等前期工作已经全面展开。 （王乐意）

**【企业技术创新积极推进】** 煤系针状焦项目通过成果鉴定。2006年8月山西宏特煤化工有限公司国内规模最大的年产5万吨煤系针状焦生产技术项目通过鉴定，填补了我国煤系针状焦工业化生产的空白，打破了国外少数国家的垄断。针状焦是制造高级石墨电极的主要原料，是国家短缺产品。根据原料路线的不同，针状焦的生产分为油系和煤系两种，目前国际上针状焦生产技术主要被美国、英国、日本、德国等少数国家垄断。全世界年生产针状焦100万吨左右，全部为上述几个国家所垄断。我国每年需要15万至20万吨，长期依赖进口。我国从“六五”期间起将针状焦列为国家重点科技攻关项目。2006年7月，我国第一套煤系针状焦工业化装置建成，截至2006年底已达到批量生产针状焦的能力。该项目选题正确，设计合理，工艺技术先进，创新点明显，试验方法科学，首家形成了单套年产5万吨煤系针状焦的规模。

山西省捣固焦技术成熟可靠。化学工业第二设计院承揽的印度金斗(JSW)钢铁公司年产150万吨焦炉项目设计已全面展开。这是我国具有自主焦炉技术与印度快速发展的焦化市场相结合的一个双赢项目，是中国捣固焦炉第一次进入印度。印度金斗(JSW)钢铁公司150万吨焦炉项目由中钢设备公司与化二院联合承揽，采用EPS(设计、采购、服务)运作模式，计划于2008年建成投产。该项目由化二院负责工程设计，并在项目建设期间派出相关人员负责现场技术支持，设计采用该院开发的炭化室高度为4.3米的复热式捣固型焦炉技术。这种焦炉与常规的顶装焦炉相比，可以多配用肥煤、气煤和瘦煤，节省主焦煤，炼出的焦炭质量能满足大型高炉对焦炭各项指标的要求。同时，这一炉型投资省，自动化程度高，运行成本低，焦化副产品可回收利用，在我国已建成投产近30座焦炉，是一项成熟可靠的先进技术。

山西省煤制氨技术世界领先。2006年9月28日，山西天脊集团经过改造的运行17年的合成氨洋装置以日产氨1406吨的优异成绩，创下了我国同行业最高纪录，这在世界煤头制氨领域也属先例。此套装置原自德国、法国引进，设计年产30万吨合成氨。结合市场需求和煤化工产品的发展需要，结合三套硝酸装置及下游产品对原料氨的实际需求，并考虑到今后发展煤化工产品需要，该集团在没有成熟经验借鉴的情况下，科学分析、反复切磋、认真比较、积极论证，经过多种扩产具体方案对比后，投资4亿元，确定改造的增产幅度为50%，即从年产30万吨合成氨扩产至45吨。这是通过投入产出对比作出的最佳经济合理增长幅度。在原装置生产的基础上，新增了空分、变压吸附、硫化氢等装置，改造了造气变换装置、低温甲醇洗装置、液氮洗装置、转化装置及合成压缩机组等配套装置，成功实现扩产，最高日均产量由原来的1000吨提高到1406吨，并实现了设备装置的稳定运行。

该装置今年扩产成功后，按年产90万吨化肥来算，至年底最少少买3万吨液氨，按每吨差价500元计，扩产带来的效益就是1500万元，重要的是为我国的煤化工企业提供了成功的经验。

首套大型国产硝酸装置技术达国际水平。2006年10月14日，业内专家在对山西天脊集团的我国首套大型国产化硝酸装置的运行情况进行总结时指出，从两年多的运行数据来看，该装置的主要技术经济指标及能量回收、自动化控制、尾气排放等都达到或超过了世界先进水平，为国内建设大型硝酸装置积累了丰富的成功经验。2003年，我国首套27万吨/年大型双加压国产化硝酸装置在山西天脊集团建成。在这套装置投运之前，天脊集团有一套年产54万吨硝酸装置，设备和技术全部从国外引进。在该装置无法满足生产的情况下，决定增建年产27万吨硝酸装置一套。经测算，新建硝酸装置若全套从国外引进需投资3.2亿元，如果采用国产化装置投资约2.08亿元，对比后天脊集团决定将采用国产化技术。这套27万吨/年大型双加压国产化硝酸装置的成功投运，对推动双加压技术在我国的推广以及全面提升我国硝酸工业的技术水平将起到积极的促进作用。 （王乐意）

**【企业环保与节能降耗成效显著】** 焦化粗苯加工首次采用环保新工艺。2006年5月12日，太原市侨友化工有限公司16万吨/年粗苯联产10万吨/年顺酐项目在山西省太谷市奠基。这是我国首次采用具有自主知识产权的焦化粗苯萃取蒸馏环保型新工艺建设的第一套装置，将有效地解决传统加工工艺中难以解决的环境污染问题，我国这一技术在国际上处于领先地位。

传统的粗苯加工工艺即酸洗苯加工工艺一直存在污染物难以处理的问题，市场逐年萎缩，目前大都采用加氢工艺替代传统的酸洗工艺。侨友化工新上的项目采用他们与天津大学共同承担的国家科技攻关项目环保型焦化苯精制新工艺，在生产出合格产品的同时，可回收噻吩，同时利用顺酐副产的蒸汽精制焦化粗苯，该工艺较传统工艺减少大气污染物90%以上，减少污水80%以上。焦化粗苯萃取蒸馏技术是世界上尚未工业化的全新技术，具有完全自主知识产权，可以满足工业化生产条件。另外，顺酐生产也采用自主知识产权的焦化苯氧化工艺。这些关键技术的推广和应用，对中国煤化工行业的发展特别向生物化工领域拓进将起到示范和促进作用。

该项目总投资5.152亿元，主要建设两套年产8万吨粗苯萃取精馏装置和两套年产5万吨顺酐装置、两套年产5000吨一丁内酯装置和1套年产2000吨的L－苹果酸、L－天冬氨酸和L－丙氨酸装置。工程分两期进行，2006至2007年完成16万吨/年粗苯精制和10万吨/年顺酐联合装置项目；2008至2009年完成1万吨/年一丁内酯和2000吨/年L－苹果酸生产装置项目。

天脊集团废水回用装置投用。天脊集团投资4000万元建成投运的废水综合治理回用项目，自2006年7月产出新鲜的合格水以来，各项指标均达到设计要求，每年可产新鲜水量440万吨，创直接经济效益1904万元。该项目所表现的新颖工艺组合在全省乃至全国同行业的废水处理领域也起到一定的示范作用。

天脊集团废水综合治理回用项目的实施得到了上级环保及相关部门和兄弟单位的大力支持，并获得2005年中央环保400万元专项资金的资助，于2005年4月动土开工。该项目由MBR(膜生物反应器)废水生化处理和循环冷却水排污反渗透处理两部分组成。MBR生化处理部分处理能力每天7200吨，产水用于循环冷却水补水；循环冷却水排污反渗透处理部分设计处理能力每天8000吨，产水用于公司动力锅炉补水。

该项目的创新点主要表现在新颖的工艺组合，即将化工生产的杂废水通过MBR工艺及后处理工艺，达到循环冷却水补水指标；循环冷却水经过盐浓缩，其排污水经过RO膜处理及阴阳床加混床工艺处理，达到高压锅炉补水指标。

山西省兴高公司节能项目向全球推广。农业部、全球环境基金、联合国开发计划署、联合国工业发展组织向全球推广该公司建成的中国乡镇企业节能与温室气体减排示范项目——焦炉尾气发电项目。

兴高焦化集团有限公司是一家大型民营焦化企业。通过自主创新，该公司在全球首创了“无烟煤大比例配煤炼焦工艺”，改写了无烟煤不能炼焦的历史。同时在国内首家将炼焦产生的高温废气回收用来发电，成为全国第一家由农业部、世界银行全球环境基金、联合国开发计划署、联合国工业发展组织共同确定的“中国乡镇企业节能与温室气体减排项目示范企业”。该公司2×1.5万千瓦焦炉尾气发电项目总投资1481万美元，该项目利用清洁型热回收捣固式焦炉的余热发电，年节约标煤7万吨，减排二氧化碳2万吨，为国际、国内焦化企业提供了良好的环保节能与清洁生产示范。

山西百家焦化企业环保“联盟”。由山西焦化集团公司和太原煤气化公司等企业倡议，全省250多家企业共同响应下，山西省第一个行业《环保自律公约》日前签订。至此，一个由山西省大中型焦化企业共同组成的“环保联盟”形成。此举旨在向社会表明焦炭企业响应山西省委、省政府关于“十一五”期间在全省重点城市和重点区域实施“蓝天碧水工程”的决定和立志改变传统经济增长方式、打造绿色能源产业、实现可持续健康发展的决心和信心。

太化焦化粗苯加氢精制项目投产。焦化粗苯加氢精制项目规模为30万吨/年，此次投料试车的是工程的一期——8万吨/年焦化粗苯加氢精制。新投产的装置能够生产出的精制苯纯度达到99.99%，可以和石油苯抗衡，实现了焦化产品的升级换代。该项目达产后，年可处理粗苯8万吨，可生产纯苯5.1万吨，甲苯1.38万吨，混合二甲苯5200吨。而与现在国内大量存在的酸洗法精制苯工艺相比，三苯收率增加8%～10%，还克服了酸洗法产生大量酸焦油、污染严重的缺点。按业内人士的说法，该公司这套装置每精制一吨粗苯创造的效益应超过1000元，无疑是个“金矿”。这套粗苯精制装置的技术从德国伍德公司引进，最早落户在上海的宝钢焦化厂。经自主技术创新和吸收改造，太化公司的装置全部实现了国产化，并已完全达到国外先进水平。太化公司本身就有焦化企业，所以拥有自己的粗苯资源，而山西又是焦炭生产大省，粗苯资源充足。

天脊集团成为最大氧化亚氮减排企业。山西天脊集团与英国益可公司和瑞士维托公司签约，共同合作进行硝酸装置减排氧化亚氮清洁发展机制(CDM)项目。以此为标志，天脊集团将成为中国最大的氧化亚氮减排企业。

按照协议，英国益可公司和瑞士维托公司提供项目开发、装置建设和运行的全部资金与技术。天脊集团在实施该项目后自2007年开始的5年内将获得650万吨(保守估计)排放权，将以每吨10美元二氧化碳的纯价格出售给上述两家外国公司。根据国家有关规定，清洁发展机制(CDM)项目收入的30%上缴国家，70%归企业。据此预测，未来5年，天脊集团每年将可获净利数千万元。

该项目采用的减排技术是在氧化炉铂网下面直接装填一种拉西环催化剂，与氧氮化物中的氧化亚氮进行接触反应，实现转化率为80%～90%的 $2N_2O=2N_2+O_2$ 分解，使用寿命3年。这种方法简单易行，投资较小，特别适宜类似G.P流程的双加压硝酸装置。 (王乐意)

**【山西各地化工产业发展加快】** 晋沪建设吕梁煤化工业区。2006年，山西省政府已经与上海市政府达成协议，决定在山西交城建设以煤化工和精细化工为核心产业、发展循环经济的晋沪吕梁煤化工业区，作为双方“十一五”全面合作的第一个示范项目。

近年来，上海化工区发展的经验就是走出一条“资源—产品—再生资源—再生产品”的循环经济新路，根据化工产品的特点，从招商引资开始，精心编织一条有机连接上中下游企业的一体化产业链。在这个链条上，上一环节的产品、副产品和废物是下一环节的原料，上一环节的废气正好是下一环节的能源。吕梁是全国最大的优质主焦煤生产基地，其4#主焦煤层是国宝级的稀缺资源，近几年依托煤炭资源优势，已经成为全省最大的焦炭生产基地，占全省总量的1/4。发展以炼焦副产品为原料的煤化工，是吕梁市的资源优势。但是，在产业结构调整和发展循环经济方面面临许多自身难以解决的问题。

山西省和上海市合作的目标是，建设生态工业园区生态工业链网，从产品乃至废弃物，构建生态工业链。2005年以来，经山西省、市、县三级共同努力和晋沪两地合作推进，山西省与上海市政府达成协议，建设循环经济晋沪吕梁煤化工业区。双方议定，该工业区充分利用山西发展煤化工的资源优势与上海精细化工的优势；把以煤化工为基础的精细化工作为核心产业。基地规划目标是，近期(2006～2015年)建设300万吨煤气化深加工和100万吨煤焦油深加工项目，远期(2016～2025年)建设600万吨煤气化深加工项目。

山西天泽煤化工股份有限公司挂牌。2006年11月为进一步健全现代产权制度、推进招商引资和上市融资工作，更名为山西天泽煤化工股份有限公司。公司下设煤气化厂、化工厂、供销分公司三个分(厂)公司，控股晋城市天泽永丰化肥有限责任公司、晋城市天泽太行机械制造有限公司、沁水天和化工有限公司三个子公司，参股晋城市巴公污水处理有限公司；截至2006年底，公司总资产达16.24亿元，净资产达7.9亿元，在岗员工2500余人；具有年产60万吨合成氨、100万吨大颗粒尿素、联产15万吨甲醇、2.5万吨甲醛、3万吨硝酸铵、1.2万吨三聚氰胺和联供1000万立方米城市煤气的综合生产能力，是山西省最大的大颗粒尿素生产企业，并被省政府列为“十一五”期间工业企业“三大方阵”的重点企业。

太原化工营销协会成立。2006年6月24日，山西省化工营销行业的第一个自律组织—— 太原市化工营销协会在太原成立。该协会填补了山西省化工营销行业自律组织的缺位，标志着太原市的化工营销流通企业有了“服务、维权、自律”的行业组织，它将在化工营销流通企业间的协调、规划和危险化学品管理中起到桥梁作用。

太原化工营销协会是在2002年成立的太原化工市场营销商的基础上成立的。如今，太原化工市场已成为山西省惟一的大型专业化工产品批发零售集散地和华北最大的化工交易市场，现已逐渐成为国内化工产品交易和原辅材料需求的重要地区，云集了全国众多化工类生产与贸易企业。截至2006年底，市场商户入驻率达到100%，入驻的百余家企业中，包括了太原市化工及试剂流通行业全部大企业和国内化工物资流通企业厂商驻太原市的办事机构。化工市场商品的流通，为太原市的经济发展做出了积极的贡献。2005年，太原化工市场销售总额达到10亿元以上，上缴利税800余万元。太原市化工营销协会已获太原市国资委及民政局批准，为非盈利性地方性行业组织。

煤炭行业涌现出一批重量级的“化工企业”。山西省晋城煤业集团从2004年开始先后在山西运城、河北石家庄、河南开封、江苏新沂、山东济南和寿光合资了6家中氮企业。晋煤集团掌控的合成氨总量达到200万吨，占全国总量的1/10，成功地将产品附加值提升上去，效益大大提高。河南平顶山煤业集团投资1200万元建成我国第一套焦炉气非催化转化制合成氨原料气装置，目前可年产合成氨2.5万吨，合成氨原料气年降低成本700多万元。山东省兖矿集团公司目前重点建设以煤炭气化及多联产为主线的鲁南化工园区，以煤炭焦化及下游产品加工为主线的兖州化工园区，以坑口高硫煤洁净利用为主线的邹城化工园区。同时，在陕西等省区加快论证建设煤炭间接液化工业示范装置。规划到2010年，煤化工产业年销售收入达258.4亿元，成为产值超过煤炭的支柱产业。

我国表面活性剂研究开发促进会在山西省成立。表面活性剂研究开发促进会在山西省成立，标志着快速发展的表面活性剂行业自主创新的战略联盟已经形成。

近年来，世界表面活性剂发展迅猛，其应用已由日用化工领域发展到各工业领域。2005年全球产量1250万吨，品种1万种以上。我国表面活性剂发展迅速，目前品种已超过2000个，2005年产量122.4万吨，居世界第二位。但我国的表面活性剂研究开发能力和产业化基础都还比较薄弱，与国外差距很大，主要表现为产品品种单一落后，生产规模小，产品配套能力差，缺少系列化产品的研究开发能力，产品的质量和性能难以满足高新技术产品的要求。

该研究会挂靠在中国轻工联合会，中国工程院通过产业工程科技委员会提供业务指导。目前研究会已有正式会员98家，其中企业60%，学校及院所36%，行业协会4%。（王乐意）

**【2006年经济运行中存在的问题】** 2006年以来，全省化工生产经营是稳步健康发展的。但由于能源、原材料、运输等各项费用的上升，使得化工产品成本大幅度增加，致使全行业整体利润下降。虽然部分产品在产能大幅度增加的同时出现不同程度的价格下降。前4个月，该省重点监控的化工企业产品产量增幅较大，但整体效益同比下降，实现利润明显下滑，亏损大幅上升。截至4月底，全省重点监控的14家化工企业盈亏相抵后实现利润总额3.08亿元，同比下降96.14%。1～4月，在国际油价持续上涨的背景下，山西省以煤为原料的化工企业产品的比较优势凸显，产品产量增幅较大。烧碱、纯碱产量同比分别增长23%和22%，纯苯、精甲醇产量分别增长96%和64.8%，化肥、农用薄膜产量同比分别增长25.8%和65.5%。但由于原材料价格上涨和资源紧缺，加之国内化肥、染料、焦炭等优势产品的市场供应充足和需求低迷的影响，山西化工企业效益水平普遍下降。截至4月底，全省重点监控的14家化工企业实现利润总额3.08亿元，同比下降96.14%。其中，太化集团实现利润50万元，同比下降71%，临汾染化集团公司实现利润37万元，同比下降188%，丰喜肥业、山西三维、山西合成橡胶实现利润同比分别下降33%、31%和20%。天脊集团、双喜轮胎分别亏损2425万元和132万元，实现利润同比分别下降167%和645%。特别是焦炭行业，在产能过剩、成本上升以及部分大型钢厂自建的炼焦项目逐步投产，同时冶金行业部分企业改用喷吹煤新技术，对焦炭的需求相对减少的多重作用下，全省没有化产回收和无自有煤矿的焦炭企业更是全部亏损，每吨亏损约200元。一些重点焦化企业的生产经营也十分困难，太原煤气化、阳光焦化、安泰集团实现利润同比分别下降55%、50%和15%，山西焦化盈亏相抵净亏损1029万元。第三季度受石油价格回落的影响，使PVC等化工产品价格也随之有所下降。作为山西省化工行业的主导产品的化肥，虽然国家继续对尿素的增值税减免及铁路运输、用电、用水等方面优惠政策，但国家大幅度提高了化肥企业的用电价格，加之原材料价格持续上涨和市场售价比上年同期下降，主要产品价格呈现回落态势，尿素价格下降幅度较大，化肥企业生产经营受到一定影响，全行业效益保持低速增长。另外，全省高耗能产品的生产得到有效控制。受国家差别电价等产业政策的调控和电石市场低迷的影响，电石产量比上年同期下降10%。（王乐意）

# 机械电子工业

**【概述】** 1.主要指标完成情况。主要经济指标稳步增长。2006年，山西省机电工业实现工业增加值111.85亿元，同比增长22.33%；实现产品销售收入421.71亿元，同比增长17.27%；实现利税总额27.19亿元，同比增长36.08%；实现利润总额12.55亿元，同比增长41.46%；实现机电产品出口8.87亿美元，同比增长49.55%。

主要产品产量快速增长。2006年，主要产品锻压设备完成6986吨，同比增长124.5%；起重设备完成50268吨，同比增长35.6%。

2.机械电子工业经济运行特点。经济效益大幅提高。2006年，全省机电行业在工业增加值、产品销售收入稳步增长的同时,行业经济效益大幅提高,利税、利润总额增速均大大高出全国工业同期平均发展水平,特别是利润总额创山西机电工业历史新高。

重点企业发展良好。2006年,全省重点监控的14个机电企业,有10个企业产品销售收入增幅超过10%;有6个企业利税总额增幅超过10%;有5个企业利润总额增幅超过10%。其中经济效益排在前三位的企业:太原重型机械集团有限公司实现产品销售收入552440万元,同比增长24%,实现利税总额46858万元,同比增长75%,实现利润总额15889万元,同比增长47%;晋西机器工业集团公司公司实现产品销售收入423830万元,同比增长4%,实现利税总额20218万元,同比增长49%,实现利润总额15575万元,同比增长44%;大同机车厂实现产品销售收入132426万元,同比增长25%,实现利税总额8599万元,同比增长13%,实现利润总额4208万元,同比增长12%,强力带动产业发展。

出口继续快速增长。2006年山西省机电产品出口增幅高达49.55%,出口成为拉动产业持续发展的又一重要力量。

固定资产投资旺盛。2006年,山西省机电工业围绕发展整机产品、煤机成套设备,大力推进汽车整车及特种车、专用车项目的实施,加大铸造件、锻件、汽车零部件、铝镁合金及深加工、磁性材料及深加工等五大产业集群整合力度,全力提升重型机械、铁路机械、纺织机械、基础机械、电子装备产品等五大领域优势产品,年初确定的75个重点投资项目,有30个项目实现了投产和部分投产,25个项目实现了设备订货并进入主体安装阶段,另有10个项目实现了年内开发建设。全年共完成固定资产投资117万元,同比增长58.9%,占全省社会投资总量5%。交通运输设备制造业和通信设备、计算机及其他电子设备制造业的投资增长率均超过了100%。

3.经济运行中存在的主要问题。行业发展不平衡。交通运输设备制造业、仪器仪表及文化办公用机械制造业发展严重滞后,影响全行业做大做强。

企业发展不平衡,强弱两极分化严重。优势企业快速发展的同时,劣势企业生产经营十分困难,亏损额居高不下。2006年,山西省机电工业亏损企业亏损额为4.63亿元,同比增长20.9%。

铁路运输供求矛盾依然比较突出。部分企业陷入有市场、无运力的困境,造成部分产品积压,销售收入难以实现。2006年,山西省机电工业产成品库存56.81亿元,同比增长14.1%。

低成本竞争优势有所弱化。国内资源要素供求形势相对严峻,水、电、煤、运费用不断上调,石油、原材料价格及人力成本涨势明显,影响了产业的竞争优势。

(姚文举)

**【科技成果及新产品】** 2006年10月,太原重型机械集团有限公司TZ牌起重机喜获中国名牌产品称号,这是继上年TZ牌轧机油膜轴承荣获我国重矿行业第一个名牌产品之后,该公司获得的第二个名牌产品。

TZ牌起重机是太原重型机械集团有限公司的主导产品之一,从1954年设计、制造出国内首台50吨桥式起重机开始,太原重型机械集团有限公司已为国民经济建设提供了3000多台各类起重设备,产品遍布国内的大型钢厂和长江、黄河流域的水电站。太原重型机械集团有限公司不仅始终保持了在国内大型起重机领域的龙头地位,并跃升为世界最大的冶金起重机制造基地。

2006年8月,太原重型机械集团有限公司为本溪钢铁厂高强度连铸连轧机研制的“薄板坯连铸连轧机ZYC1065-75WJ油膜轴承、ZYC1065-75WJJ油膜轴承、ZYC985-75WJ油膜轴承”和为首都钢铁厂3500中厚板轧机研制的“ZYC1500-75WJ油膜轴承”,在辽宁省本溪市通过了科技成果鉴定。

2006年5月,太原重型机械集团有限公司研制的我国首台特大型转炉倾动装置,通过了山西省组织的大型技术成果鉴定。这是目前国内自行开发设计、制造,并具有自主知识产权的最大扭力杆结构的转炉倾动装置。该装置实现了机械、电气双重保证,实现了四个啮合点同步运行的均载补偿系统的行星差动机构设计、制造的国产化,同时安装有安全连杆,保证事故状态时转炉倾动装置仍能正常运行。

2006年5月,在秦山核电站环岛内部两台190+190/10吨环行起重机的竞标中,太原重型机械集团有限公司从激烈竞争的大型起重机生产企业中脱颖而出,一举中标。

2006年6月26日,太原重型机械集团有限公司再次与神华准格尔能源有限公司签订了大型矿用挖掘机制造合同,将为其生产一台斗容量达35立方米、堪称亚洲最大的大型挖掘机。这台挖掘机将用于大型露天矿山的开采,可用于露天煤矿、铁矿及其他有色金属的采装,一次最大挖掘半径可达24米,深度达4.345米。预计2007年2月该挖掘机可正式出厂投入使用。这是该公司2005年自行成功研制出WK-20系列大型矿用挖掘机以来,拿到的第4个订单,2006年太原重型机械集团有限公司大型挖掘机销售收入高达7亿元。

2006年8月,我国第一台1605千瓦大采高重型电牵引采煤机在太原矿山机器集团有限公司问世。该机重达91吨,采用多电机横向布置、机载交流变频调速、无线遥控等先进技术,使用3300伏电压供电。控制系统采用可编程控制器技术,监测系统采用工业控制计算机、真彩液晶屏,以中文界面显示采煤机的运行状态及对故障进行实时监测、控制、回放,以满足年产600万吨煤炭以上矿井的需求。总体技术参数测试表明,该机是现在国产所有采煤机中装备最先进的电牵引采煤机,达到了国际先进水平。这台1605千瓦电牵引大采高重型采煤机将在山西晋神能源有限公司投入使用。

2006年3月,经纬纺织机械股份有限公司榆次分公司研发的拥有自主知识产权的DY43型罗拉轧丝机获得成功。该罗拉轧丝机的研制成功,打破了该机种长期依靠进口的局面。DY43型罗拉轧丝机充分利用先进技术及实用技术,采用长搓丝板精及微调装置、电气控制采用数控系统控制等技术,其价格只有进口同类产品的1/5。经科技检测,该罗拉轧丝机性能达到进口轧丝机水平,生产效率高于设计要求。

2006年,山西省甲醇代用燃料项目被列入国家“863”计划;太原重工股份有限公司入选全国首批创新试点企业。

(姚文举)

**【对外合作】** 2006年2月25日,中国北车集团大同电力机车有限责任公司联合法国阿尔斯通交通运输有限公司与铁道部在北京签订180台大功率交流传动电力机车供货合同,合同总价值为72.5亿元人民币,其中中国北车集团大同电力机车有限责任公司订单为25亿元人民币。该合同要求,大同电力机车有限责任公司通过消化吸收阿尔斯通交通运输有限公司世界领先的机车设计、制造技术，在2006年11月至2008年9月，为我国大秦铁路提供快速、重载、大功率交流传动货运电力机车。该机车时速为120公里、总功率9600千瓦，由两节相同的4轴机车重联组成，采用了IGBT水冷轴控变流机组、微机网络控制系统等先进技术，适用于电气化重载单元列车的牵引。该合同的签订，标志着大同电力机车有限责任公司技术引进工作进入实施阶段，开始了吸收消化世界一流技术、研制国际先进水平机车、实现跨越式发展的新征程。

2006年10月27日，中华人民共和国铁道部、中国技术进出口总公司、中国北方车辆集团大同电力机车有限责任公司、法国阿尔斯通交通运输有限公司，就铁道部采购500台六轴货运电力机车，在北京签署了大同—阿尔斯通六轴货运电力机车供货协议，协议总额高达12亿欧元。

2006年10月24日，太原重型机器集团有限公司投资上千万元从德国引进的四米磨齿机在太原重型机器集团有限公司减速机分公司正式投产使用，这是继先后投入2M、800MM、125M数控成形磨齿机，9M滚齿机，3M卧滚等齿轮加工设备及Φ落地镗等其他设备之后，太原重型机器集团有限公司为生产减速机又增置的一台世界先进设备，标志着太原重型机器集团有限公司齿轮加工已向规模化、系列化方向迈进。（姚文举）

**【企业结构调整】** 2006年8月26日，山西太原重型机械集团有限公司煤机煤矿成套有限公司成立暨煤机成套装备制造基地奠基仪式，在太原市经济技术开发区隆重举行。太原煤机成套装备制造基地项目是山西省"十一五"重点支持的大型建设项目，是以整合山西煤机资源，振兴山西煤机装备制造业为立足点，围绕煤矿井下综采、综掘成套制造装备，建设一个具有国际水平的国家级煤矿机械生产、试验、成套基地。项目总投资9.8亿元，建设期2年，2010年达产，达产后年可实现销售收入30亿元，利税2亿元以上。

新成立的山西太原重型机械集团有限公司煤机煤矿装备成套公司，由太原重型机械集团煤机有限公司、太原矿山机器集团有限公司、山西平阳重工机械有限责任公司、太原市明仕达煤炭设计有限公司、山西煤矿机械制造有限公司、山西机器制造有限公司、煤炭科学研究总院太原分院、山西防爆电机集团有限公司、太原矿山机器集团电气发展有限公司等9个企业共同出资1000万元组建而成。

2006年3月，北京常青藤控股集团有限责任公司收购了山西亨达内燃机配件厂和大丰机械制造有限公司，重新组合成立了"侯马模范机械制造有限公司"。北京常青藤控股集团有限责任公司将追加投资3.5亿元，将其建设成为国内最大的发动机配件生产基地。北京常青藤控股集团有限责任公司主要投资于能源、房地产开发、生物科学、文化产业、金融资本等产业，是成立20多年的老企业，此举是首次涉足发动机配件市场。（姚文举）

**【2006年重点工作】** 行业网点建设。为顺应时代的发展，加强对全省机电行业发展的引导，提高办公效能和行业服务水平，从高起点、高标准建设的原则出发，山西省机械电子工业行业管理办公室与山西省机械电子工业联合会及山西省机械电子信息中心共同建立了"山西机电网"。网站于2006年12月12日正式验收开通，暂设十一个大栏目：行业资讯、会员服务、企业博览、产品市场、招标信息、供求信息、合作交流、运行展望、出版物、人才教育和专题。网站的建立，标志着山西省机电行业的信息工作迈上了一个新台阶；网站的建立，为政府参谋、为企业服务、为山西机电行业的发展创造了一个良好的平台。

企业改革工作。按照山西省省属国有企业改革领导组及山西省经委国有企业改革领导组的部署，在充分调查摸底，反复讨论研究的基础上，确定了省机电行办所属12户国有经营性企业的改革基本框架方案，其中4户破产、8户改制。山西省省属国有企业改革领导组办公室批复后，各企业已开始逐步实施。（姚文举）

## 国防科技工业

**【军工经济继续保持增长，经济运行质量不断提高】** 2006年，山西省国防科技工业继续保持了高速增长的良好势头，军品科研生产任务全面完成，民品继续保持高速增长，企业改革脱困取得决定性胜利，经济效益显著提高，职工收入有了新的增长，为"十一五"期间实现又好又快发展奠定了良好的基础。工业总产值在2005年增长56.7%的基础上，2006年完成149.53亿元，增长4.53%；工业增加值在2005年增长39.3%的基础上完成28.48亿元，增长12.07%；全省军工行业累计完成销售收入149.09亿元，同比增长12.44%，实现利税7.02亿元，同比增长41.42%；国家补后实现利润4.75亿元，同比增长45.06%；从业人员稳步减少，全员劳动生产率和职工收入不断提高。全行业共有从业人员73615人，同比减少3.91%，职工工资总额为106580万元，同比增长11.26%，全员劳动生产率为38556元，同比增长14.48%，在岗职工年平均工资17841元，增长17.8%。主要经济指标创历史新高，特别是实现利润和职工收入大幅提高，反映企业盈利能力增强，经济运行的质量有了显著改善。

1. 主要军工行业继续保持快速发展。全省军工九个行业工业增加值增速高于全系统平均水平的有船舶行业(29.18%)、航空行业(47.41%)等两个行业，保持两位数增长的有兵器行业(11.4%)、航天行业(10.93%)两个行业，中信机电、普天集团、部队企业、直属单位等四个行业经济低速增长或负增长。

2. 优势企事业单位保持健康快速增长态势。全省军工行业企业事业单位工业增加值增速高于行业平均水平的有18个，占全部企事业单位的45%，增加值增长高于50%的有7个。从完成增加值的情况看，山西风雷机械制造有限责任公司、山西春雷铜材有限责任公司、山西江阳化工有限公司、山西北方晋东化工有限责任公司、山西江淮重工有限责任公司、山西平阳重工机械有限责任公司、五四一电厂、太原航空仪表有限公司、华晋冶金铸造厂、山西淮海机电有限公司、七〇所等单位完成同比有较大幅度提高，呈快速发展趋势，重点企业发挥了支撑和带动作用。

3. 军品科技生产全面完成任务。2006年，全省军工完成军品同比下降6.5%。军品产值实现增长的企业有16个，但增速普遍下降。承担高新技术武器装备研制生产任务的单位和项目，均高质量按节点顺利进行，全行业未发生重大质量问题。有7项武器装备科研新成果推荐列入国家科学技术奖国防专项，37项荣获2006年度国防科学技术奖,7项武器装备科研新成果获国防专利。

4.民品的快速发展有效地拉动了经济增长。全省军工行业民品增长继续保持较高水平,增长明显高于军品。军品产值增长的企业有16个,增速普遍下降。民品产值增长的有27个,增速逐步提高。石油钻具、矿用机械、铁路产品、电子高科技产品、新型环保产品等支柱民品继续保持稳定快速发展态势,出口形势良好。其中,晋西机器工业集团有限公司完成民品产值11.22亿元,同比增长53.39%,山西平阳重工机械有限责任公司完成民品产值5.29亿元,同比增长81.84%,山西江阳化工有限公司完成民品产值1.55亿元,同比增长122.92%。晋西机器工业集团有限公司的火车轴和铁路货车、山西平阳重工机械有限责任公司的液压支架等产品继续呈现强劲发展势头。

5.新产品开发生产继续保持高速发展态势。全省军工完成新产品产值35.49亿元,同比增长21.17%。其中,新民品产值完成13.74亿元,同比增长131.03%,新民品的快速增长为全系统经济发展提供了坚实基础。

6.安全生产取得了十多年来最好成绩。坚持狠抓安全生产责任制的落实,狠抓重大安全隐患的整改,狠抓制度建设和职工培训等基础工作,狠抓安全技术改造,全行业本质安全度有了显著提高。全年发生死亡事故1起,死亡1人,重伤1人,圆满地完成了省政府安全生产责任制控制指标。安全生产工作是近十多年来形势最好的一年。 (省国防科工办)

**【一批新军工民品项目建成投产,民品工程继续推进】** 2006年,全省军工完成民品产值68.84亿元,同比增长24.74%。晋西机器工业集团有限公司、山西汾西重工有限责任公司、山西平阳重工机械有限责任公司等企业民品增长较快。铁路产品、矿用机械、石油钻具等支柱民品继续保持稳定快速发展态势。实施工程,全年竣工投产项目9项,完成投资4.4亿元;新开工项目9项,总投资6.5亿元。

山西国防科技工业继续推动民品实现跨越发展。按照《关于山西省国民经济和社会发展第十一个五年规划纲要的报告》要求,积极调整国防科技工业产业结构,努力提高产品研发和制造水平,大力推动军工民品发展。一是坚持用民品跨越发展的工作思路和总体安排来统一思想,全行业对加快民品发展的认识进一步提高。二是坚持以提升装备制造业为重点,引导企业不断加快产业和产品结构调整,着力提升核心竞争力,实现民品的跨越发展,大幅度增加职工收入。进一步强化民品工作责任制,制定了《2006年全省国防科技工业推进民品跨越发展工作方案》,健全机制,强化考核。三是通过项目带动企业,把做大做强民品项目作为山西军工开放战略的新突破,对优选的35个民品重点项目实施动态化管理,及时跟踪,重点调度,全力扶持,在部分项目上已经取得了初步的突破。2006年3月,山西平阳重工机械有限公司研制的目前世界最大缸径400mm立柱电液控液压支架填补了国内空白,在中国神华第三届西部国际煤炭及采矿业博览会上备受行业各界关注。4月28日该厂与陕西黄陵矿业集团签订了年产600万吨大采高电液控支架生产合同,合同金额达1.5亿元,并将投资3亿多元通过扩产技术改造使矿用液压支架生产线达到国际一流水平,以满足山西省"十一五"装备制造和煤炭工业发展的要求。太原航空仪表有限公司的汽车安全气囊项目通过技改和联合重组形成年产2.5万套的生产能力。四是切实做好规划、引导、协调工作,狠抓各项工作措施的落实。及时总结经验,针对性指导,举办了"装备制造业与军工民品发展论坛",聘请全国机械联合会副主任等专家对装备制造业发展的热点问题进行了演讲,启发思路,开阔视野。根据2006年中国山西(香港)招商洽谈会的有关要求,以全系统招商项目进行了开发、征集和筛选,太原风华信息装备股份有限公司的100MW太阳能电池硅片生产项目、中信机电制造公司重车车桥、离合器改扩建项目、山西风雷机械制造有限责任公司出口石油钻具生产线技术改造项目和石油钻采工具科研产业化项目、晋西机器工业集团有限公司在高新技术开发区建立民品工业园区、长治清华机械厂的干式道路清扫车项目等6个项目参加了对外招商及推介活动,并在山西投资促进网进行网上发布;中信机电制造公司、晋西机器工业集团有限公司、长治清华机械厂、山西风雷机械制造有限责任公司、汾西机器厂等企业的民品项目在北京中国山西省——德国北威州矿山设备、机械制造项目洽谈会上受到青睐。一批技术含量高、市场潜力大的军工民品正在迅速成长。晋西机器工业集团有限公司主导民品铁路产品包括铁路车轴和铁路车辆形成产业优势和规模,2006年车轴生产能力达到15万根,铁路车辆年生产能力达到3000辆,其中车辆的精加工能力达到6万根,产品的技术装备水平、销售收入、国内外市场份额、经济效益稳步提高。企业全年实现民品销售收入13.5亿元,同比增长30%。民品外贸出口交货值达到2.2亿元,其中车轴出口量占到产销总量的近50%,其他产品也陆续进入国际市场。山西平阳重工机械有限公司的支柱民品液压支架生产制造能力上了一个台阶。2006年基本具备了年产2500~3000架,产值达5亿元的综采液压支架生产能力。全年共开发液压支架2592架,合同金额7.67亿元;生产液压支架2092架,产值4.9亿元。国家"十一五"期间重大技术装备研制项目"黄陵年产600万吨大采高电液控支架"顺利通过了国家发改委、中国煤炭工业协会及全国33家大型煤炭企业的现场评审。山西风雷机械制造有限责任公司的石油钻铤2006年生产能力达到12000根,市场占有率位居国内第一。产品出口到南、北美洲、欧洲、亚洲、非洲、大洋洲等共计30多个国家和地区,风雷和其英文标识"SFMMC"所代表的来自中国的石油钻具产品已被国际市场广泛认知,该公司已成为世界上最重要的石油钻具制造商之一。中国电子科技集团公司第二研究所开发生产的"太阳能电池多硅片制造关键设备及工艺技术"项目顺利通过"863"国家高技术研究发展计划项目立项,"多晶硅铸锭炉的开发与产业化"被列入信息产业部2006年度电子信息产业发展基金项目,标志着该所承担国家高科技项目的能力有了新的提高。2006年7月,在科技部、国务院国资委和中华全国总工会联合启动的创新型企业试点工作中,太原风华信息装备股份有限公司作为山西省仅有的两家企业之一入选第一批试点企业名单。山西汾西重工有限责任公司分别与德国西门子公司签约引进了1FC3高压大功率和1FC4高压发电机技术,与德国LDW公司签约引进了2MW风力发电机技术,促进了公司产品技术水平的快速提升。2006年5月,通过资本运营方式,联合无锡市电仪资产经营公司、中船重工科技投资发展有限公司、704所、711所、712所,以发电机和空分设备业务所对应的民品资产出资并控股，成立了中船重工电机科技股份有限公司，构建了集生产、科研、资金等各方面优势于一体的平台，将努力成为中国电机制造业的主导力量和龙头企业。太原航空仪表有限公司开发的汽车安全气囊项目通过技改和联合重组已形成年产2.5万套的生产能力。

（省国防科工办）

**【改革脱困取得决定性胜利，企业活力和竞争力明显增强】** 山西国防科技工业以贯彻落实国发〔2002〕7号及国函〔2003〕74号为契机，充分发挥在实施军工企业改革脱困中的组织协调作用，发挥省有关部门的主导作用、地方政府的主动作用和企业的主体作用，创新工作方法，各方形成合力全面推进，全省军工企业改革脱困工作取得了决定性胜利。山西军工改革脱困工作共涉及企业31户，其中实施整体破产企业12户，分立破产企业11户，债转股企业8户，涉及职工总数90541人。截至2006年底已破产终结14户企业，其余9户企业5户即将完成法制程序，4户地方军工企业国家已下达计划。通过实施改革脱困，经济结构得到改善，经济效益明显提高。通过公司化改造，经营机制得到转化，企业活力和自主发展能力不断增强。全省军工主体精干、轻装上阵的格局初步形成，持续发展能力迅速提升，军工经济综合实力跃上了新台阶。

（省国防科工办）

**【2006年经济运行中存在的问题】** 一是经济总量偏小。山西省军工经济虽然连续几年大幅增长，但由于起点低，目前的总量依然不大，投入产出比、人均销售收入等指标仍然较低，在全省经济中的比重不大，在全国国防科技工业中的比重也不大。二是民品发展后劲不足。尽管这两年也开发了一些新的民品项目，但部分企业领导存在重军轻民的思想倾向，各方面的力量投入有限，民品发展的后续力量不足。三是企业经济效益虽有较大提高，但总体讲还比较低，全系统职工收入仍然低于全省水平，个别企业的收入差距还很大。 （省国防科工办）

**【民爆经济快速发展，行业管理不断加强】**

2006年，全省民爆行业坚持科学发展观，以科技进步促行业发展，以和谐环境保安全生产，行业生产平稳增长，产品结构调整进展顺利，市场经济秩序明显改善。全行业生产企业2006年完成生产总值138182万元，同比增长3.2%。其中商品生产企业完成生产总值118223万元，同比增长4.6%，完成销售总值116967万元，同比增长3.3%。实现产品销售收入120105万元，同比增长0.86%。实现利税15995万元，同比增长0.91%。盈亏相抵实现利润3174万元，同比下降20.61%。工业增加值实现38544万元，同比下降4.16%。

全年生产工业炸药260876吨，同比下降4%；销售189554吨，同比下降4%。生产工业雷管27079万发，同比下降1.8%，销售26739万发，同比下降4.7%。生产导爆管雷管544万发，同比增长7.3%，销售519万发，同比增长17.7%。生产工业索类火工品5803万米，同比增长4.9%，销售（含自用）5939万米，同比增长23%。产品结构调整成效显著，铵梯炸药占工业炸药的比重由上年27%降为19.7%，下降了7.3个百分点，无梯炸药占工业炸药的比重由上年73%上升为80.3%。山西壶关化工集团有限公司、山西广灵精华化工集团有限公司、山西同德化工有限公司盈利均在3000万元以上，在全省民爆企业排前三名。全行业生产经营未发生一起事故。结构调整进展顺利，技术质量稳步提高，生产经营行为进一步规范。

1．制定全省民爆行业“十一五”发展规划。根据国家民用爆破器材行业“十一五”规划纲要，结合山西的实际情况和特点，在广泛征求意见和深入调查研究的基础上，制定了《全省民爆器材行业“十一五”发展规划》。《规划》体现了“立足科学发展，着力自主创新，完善体制机制，保障安全环保”的基本思路，突出了解放思想，以发展为第一要务的原则，突出了“以人为本、安全第一”的原则，突出了坚持科学发展观，构建和谐社会的原则，突出了实事求是的原则。《规划》特别提出了“十一五”期间安全生产指标，即杜绝重大燃烧爆炸事故和多人伤亡事故；死亡率控制在千分之0.2人以下；重伤率控制在千分之0.3人以下；轻伤率控制在千分之4人以下。争取实现安全生产无重大死亡事故。民爆生产企业和经营企业的现状安全评价要100%达到安全级标准。

2．依法严格安全监管，确保生产经营安全。2006年，组织开展了全省民爆行业的安全生产月活动，向各企业发放了事故案例分析及民爆行业教育培训教材。结合民爆行业发生山东招远七六一有限责任公司“4·1”和安徽省当涂盾安有限公司“6.16”特大爆炸事故案例，对全省民爆器材生产、经营企业提出具体要求，并开展了3次大规模的安全大检查，共下发安全生产监察建议书32份，检查组共发现和提出问题696个，提出整改意见和建议671条，采取有力措施，坚决杜绝重特大事故的发生。其中七、八月间28家生产企业接受了河北省国防科工办跨省区安全生产检查组的检查，有23家生产企业被评为安全等级1级，5家生产企业为安全等级2级。在对全省102家经营企业进行的安全检查中，有73家经营企业达到安全等级1级，21家企业为安全等级2级。

根据《民用爆炸物品安全管理条例》和国防科工委的要求，对已经达到凭照能力和追加计划指标的生产线及时向有关生产企业下达了停产通知书，并适时进行了抽查，督促企业严格按照凭照能力和下达的计划组织生产，严禁超凭照能力生产。针对年内发生的事故，所有生产企业有30人以上的危险作业场所全部重新调整压缩了定员，调整了相关布局，更换了定员定量标牌，确保按照新的定员组织生产，坚决杜绝重特大事故的发生。

根据国防科工委关于建立民爆行业安全生产监管体系的要求，经省政府同意，省编办、省国防科工办、省安监联合行文，进一步明确了各市县对民爆企业的安全生产监督管理部门设在当地安监局，负责当地民爆企业的安全生产监督管理职责。

3．大力促进民爆企业的联合重组。认真组织学习宣传、贯彻落实《民用爆炸物品安全管理条例》，按照全国民爆行业工作会议精神和省政府的要求，提出了山西民爆企业重组方案，推动全省民爆行业实现安全、和谐、稳定、可持续发展。根据国防科工委关于治理民爆行业存在的“小、散、低”问题，加快民爆行业产业、产品结构调整以及联合重组的要求，遵循“政府引导，企业自愿，统筹规划，合理布局”的原则，积极推动全省民爆企业的联合重组。2006年，壶关化工集团公司与长治金星化工公司实施了重组，金恒化工集团股份有限公司与晋阳化工有限公司、太钢所属3家炸药厂在内的8家企业正在酝酿联合重组后的具体事宜。民爆经营企业的重组在局部也有突破。全省民爆企业

表 15　　山西省 2006 年新型干法水泥生产线投产情况表

| 企业名称 | 建设地点 | 建设规模(t/d) | 总投资(万元) | 投产日期 |
|---|---|---|---|---|
| 汾西矿业集团公司水泥厂 | 介休市 | 1500 | 22000 | 2006 年 5 月 |
| 山西焦煤集团公司西山水泥厂 | 太原市 | 1500 | 10100 | 2006 年 8 月 |
| 山西亚美建筑工程材料有限公司 | 阳泉市 | 2500 | 27000 | 2006 年 9 月 |
| 晋投夏工水泥有限公司 | 灵石县 | 1500 | 14000 | 2006 年 9 月 |
| 山水集团西城水泥厂 | 阳城县 | 2000 | 10000 | 2006 年 9 月 |

表 16　　山西省 2006 年建材行业主要产品产量表

| 名　　称 | 单位 | 2006 年 |
|---|---|---|
| 水泥熟料 | 万吨 | 1460.59 |
| 窑外分解窑熟料(预分解窑熟料) | 万吨 | 449.83 |
| 水泥 | 万吨 | 2171 |
| 水泥排水管 | 千米 | 26 |
| 水泥压力管 | 千米 | 0 |
| 水泥电杆 | 万根 | 3.01 |
| 商品混凝土 | 万立方米 | 147.38 |
| 砖(折标准砖) | 万块 | 74174 |
| 天然花岗石建筑板材(花岗石板材) | 万平方米 | 170.01 |
| 石膏板 | 万平方米 | 1020 |
| 平板玻璃 | 万重量箱 | 814.13 |
| 钢化玻璃 | 万平方米 | 61.29 |
| 夹层玻璃 | 万平方米 | 30.35 |
| 瓷质砖 | 万平方米 | 1687.13 |
| 卫生陶瓷 | 万件 | 50 |
| 日用陶瓷 | 万件 | 41797 |
| 耐火材料制品 | 万吨 | 128.03 |
| 石墨及碳素制品 | 万吨 | 44.03 |
| 玻璃纤维纱 | 吨 | 973 |

的联合重组有了一个良好的开端。

4. 依法开展民爆产品质量监管工作。2006 年,按照国家对部门职能的重新划分,及时组建了山西省民爆器材产品质量检测中心,并正式开展了民爆产品质量检测以及硝酸铵组分的抽检工作。首次对 25 家生产企业的产品进行了检测,检测结果及时进行了通报,促进了生产企业的产品质量意识和产品质量的提高。先后对全省 13 家生产企业新建生产线及扩能进行了验收。完成了对所有民爆生产企业工业炸药生产线电子监控系统和自动控制连锁装置的验收。

在省政府召开的山西省首届政府质量奖暨名牌产品质量信誉企业表彰大会上,全省民爆企业分别有 4 个产品获得省名牌产品荣誉,有 8 个企业分别获得质量信誉 AAA、AA、A 级企业称号。省工商行政管理局公布的省内 340 件山西省著名商标中,山西壶关化工集团有限公司的晋威牌煤矿许用瞬发电雷管、阳城县诺威化工有限公司的诺威牌工业炸药榜上有名。

(省国防科工办)

## 建材工业

【概述】 2006 年全省建材工业系统坚持以科学发展观统领全局,按照走新型工业化道路,建设国家新型能源和工业基地的总要求,加快经济结构调整步伐,认真落实"十一五"规划的各项任务,全省建材工业经济运行保持平稳增长。

全省建材行业规模以上企业 401 户,资产总计 2170336 万元,从业人员 113322 人。实现工业总产值 1227421 万元;工业增加值 400196 万元;主营业务收入 1123076 万元;利税总额 40274 万元,均比上年有所增长,建材产品产量也均呈增长趋势,少数产品产量出现下降,但经济效益仍呈负增长态势。

在这 401 户规模企业中,亏损企业 149 户,亏损面达 37%,亏损企业亏损额 53159 万元,全行业利润总额为负 30760 万元,比较同期仍然增亏。究其成因:主要是建材产品一直供大于求,产品价格低价位运行;生产用主要原材料、煤、油、电、运输价格持续上涨,企业成本明显上升;传统建材产品水泥总量低水平过剩,其他产品也规模偏小,技术含量低,档次不高等因素,市场竞争能力明显不足。重点是水泥制造经济效益下滑增速。　(王　洋)

【推动经济结构调整,优化产业结构】 2006 年,省建材行业认真贯彻执行国家有关建材工业的宏观调控政策措施,组织实施了省经委下发的《山西省推进水泥工业发展意见》;根据国家发改委等八部委《关于加快水泥工业结构调整的若干意见》,结合山西省实际情况提出了《关于加快山西省水泥工业产业结构调整的若干意见》上报省发改委;又根据国家发改委发布的《水泥工业产业发展政策》和《水泥工业发展专项规划》,提交了《关于我省水泥行业淘汰落后的意见》报省发改委审核。这样,加大了政策引导和监督管理力度,有力地促进全省水泥工业的发展严格按照国家有关政策要求,合理规划布局,鼓励新型干法生产,加快淘汰落后工艺,使水泥工业产业结构不断优化。全省新型干法水泥总产能达到1250万吨,比重占全省水泥产量由上年的32.8%上升到37%。并淘汰关闭5户小型水泥企业,14户落后企业全部停产。

认真贯彻国家及省《关于进一步推进墙体材料革新和推广节能建筑的通知》,强化目标落实和监督管理,加快技术进步,一批利用粉煤灰、煤矸石生产的新型墙材项目建成投产,至2006年底,新型墙材占全省墙材总量的比例已达38%。

建筑陶瓷工业以阳泉优质陶瓷生产线和阳城建筑陶瓷园区的建设为主,取得良好成果,建筑陶瓷产业结构优化明显有成效。

(王　洋)

**【加强经济运行预测和监控】** 2006年是"十一五"规划全面实施的第一年,认真落实《山西省建材工业发展"十一五"规划》和《山西省墙体材料革新和推广节能建筑"十一五"规划》,加强宏观调控与协调服务,抓好重点企业和示范项目,突出行业"龙头"的作用,以点带面,确保全省建材工业稳步发展。

对全省重点建材企业及时汇总、分析主要技术经济统计指标,定期分析预测全省建材工业经济运行情况和发展动态,对出现的新问题和多年来积累的老问题,积极研究制定应对措施,加强经济运行的跟踪分析和监控,对影响经济发展的倾向性、苗头性问题及时加以调控、解决。

(王　洋)

**【提高经济运行质量】** 建材行业是能耗大的六大行业之一,改造提升建材传统支柱产业,培育壮大新的材料工业是亟须解决的重要问题。发展循环经济,实现可持续发展,就必须要节约能源、节约资源,建立节能型产业体系,提高经济效益,向传统产业新型化,新型产业规模化迈出实质性步伐。(王　洋)

**【建材工业大事记】** 3月9日~10日在太原召开全省建材工业座谈会暨省建材工业协会第四届三次理事会。特邀请中国水泥协会会长雷前治作"我国建材工业未来发展趋势"的专题报告。

9月16日~18日在太原举行由山西省建筑材料工业行业管理办公室、山西省劳动和社会保障厅、山西省总工会、共青团山西省委共同举办的全省建材行业"智海杯"水泥化学分析、物理检验岗位职业技能竞赛。对竞赛中各工种获得第一名的选手,按程序申报"山西省五一劳动奖章";前三名的选手报请山西省劳动和社会保障厅授予"三晋技术能手";前八名的选手授予"山西省建筑材料行业技术能手"和"山西省青年岗位能手"荣誉称号。共有20名同志分别获得殊荣。

(王　洋)

## 纺织工业

**【概述】** 1.纺织工业基本情况。根据省统计局的统计,2006年底全省共有规模以上纺织企业67户,其中:传统纺织企业55户(包括棉、化纤纺织及印染精加工企业38户,毛纺织和染整加工企业3户,麻纺织企业2户,缫丝加工企业3户,纺织制成品企业4户,棉化纤针织品及编织品制造企业5户),服装企业10户,化学纤维企业2户。从主要技术装备及规模来看,全行业拥有棉纺锭107.16万枚,气流纺1.4万头,自动布机12655台,自动缫丝机150余台,印染能力3.5亿米,聚酯1.4万吨,化纤生产能力5.05万吨。全省纺织企业资产总计为48.89亿元,比2005年增长8.36%。其中:传统纺织业40.88亿元,比上年增长6.76%;服装业6.78亿元,比上年增长20.56%;化学纤维业1.23亿元,比上年增长2.3%。全行业从业人员总数为50313人,占全省规模以上企业从业人员的2.38%,比上年减少1.13%,其中:传统纺织业42704人,比上年减少1.37%;服装业6340人,比上年增加0.68%;化学纤维业1269人,比上年减少2.01%。

2.主要技术经济指标完成情况。山西省主要纺织产品包括棉纱、棉布、印染布、化纤、丝及丝织品、服装等,2006年主要产品产量如下表:

全省纺织工业企业(以下均指规模以上企业)完成工业总产值39.95亿元,比上年增长6.85%。其中:传统纺织业31.77亿元,比上年增长6.98%;服装业5.21亿元,比上年增长8.13%;化学纤维业2.97亿元,比上年增长3.43%。全省纺织工业企业完成工业增加值10.68亿元,比上年增长7.5%。全省纺织工业实现销售产值38.58亿元,比上年增长6.75%。其中:纺织业30.81亿元,比上年增长7.36%;服装业4.79亿元,比上年增长4.16%;化学纤维业2.98亿元,比上年增长4.77%。

全省纺织工业实现利税总额1136万元,比上年降低89.39%。其中:纺织业-8128万元,比上年减少9751万元;服装业5161万元,比上年增长36.05%;化学纤维业4103万元,比上年下降22.44%。全省纺织工业实现利润总额-12610万元,比上年增亏8664万元。其中:纺织业实现利润-17781万元,比上年增亏8887万元;服装业2836万元,比上年增长99.63%;化学纤维业2335万元,比上年减少33.81%。全行业共有30户发生亏损,比上年减少2户,亏损企业亏损额19150万元,比上年增亏83.51%。其中:纺织业有28户亏损,比上年减少2户,亏损额达19047万元,比上年增亏85.15%;服装业有2户亏损,与上年相同,亏损额103万元,比上年降低25.56%;化学纤维业无亏损企业。

全省纺织工业企业完成出口交货值30195万元,比上年增长15.13%。其中:纺织业完成29993万元,比上年增长15.03%;服装业完成202万元,比上年增长31.79%。

3.经济运行情况及特点。2006年全省纺织工业经济运行整体上处于低迷状态,主要表现是:主要产品产量除化学纤维及服装外,均比上年出现较大幅度下滑;主要经济指标除工业总产值、工业增加值和工业销售产值实现一定增长外,实现利税、实现利润呈现出大幅度下滑趋势,亏损企业亏损额大幅度上升,与全省工业快速发展的局面形成较大的反差,发展速度和经济运行质量明显低于全省工业企业平均水平,即使是有一定增长幅度的纺织工业总产值、工业增加值、工业销售产值,其增长幅度也明显低于全省工业平均增长水平,这三项指标分别低于全省工业平均增长水平的14.13、10.8、15.08个百分点。

造成这种局面的原因是多方面的,首先是山西省纺织企业技术装备相对落后,规模大多偏小,创新能力不足,产品档次较低,市场竞争力较弱,无法抓住"入世"带来的发展机遇,反而承受了更大的市场竞争压力。其次,人民币升值加大,出口退税政策调整,对纺织企业来说无疑是"雪上加霜",不仅打压了纺织品的利润空间,而且挫伤了棉纺织企业出口的积极性,加剧了国内市场的竞争,使全省纺织企业的生存空间受到进一步挤压。第三,由于利

表 17　　2006 年山西纺织工业主要产品产量情况表

| 产品名称 | 单位 | 2006 年 | 比 2005 年增减(±%) |
|---|---|---|---|
| 化纤用浆粕 | 吨 | 13551 | -3.8 |
| 化纤聚合物(pva) | 吨 | 69623 | 8.7 |
| 化学纤维 | 吨 | 33489 | 4.7 |
| 其中:粘胶纤维 | 吨 | 24088 | 1.8 |
| 合成纤纤 | 吨 | 9401 | 13.1 |
| 纱 | 吨 | 106175 | -8.0 |
| 布 | 万米 | 25402 | -18.8 |
| 其中:棉布 | 万米 | 20608 | -20.7 |
| 棉混纺交织布 | 万米 | 3704 | -2.9 |
| 纯化纤布 | 万米 | 1090 | -26.5 |
| 印染布 | 万米 | 5576 | -2.2 |
| 丝 | 吨 | 175.14 | -10.5 |
| 丝织品 | 万米 | 97.5 | -32.0 |
| 服装 | 万件 | 659.53 | 32.8 |
| 其中:梭织服装 | 万件 | 86.92 | 14.6 |
| 针织服装 | 万件 | 573 | 36.0 |

率上调,煤、电、油、运价格上升和劳动力成本的提高等因素都使企业的生产经营成本增加,进一步恶化了企业的生产经营状况,多数企业勉强维持生产,部分企业已停产,情况十分严峻。从传统纺织业来看,该行业包括棉纺织及印染精加工、毛纺织和染整精加工、麻纺织、绢丝纺织及精加工、纺织制品制造、针织品编织品及其制造六个行业,共有 55 个企业,占全行业企业数的 79.71%。2006 年由于受政策调控、资金短缺、市场过度竞争、技术装备落后等诸多因素的影响,多数企业的生产经营十分艰难,55 户企业中有 28 户出现亏损,亏损面达到 50.9%,亏损企业亏损额达到 19047 万元,占全行业亏损额的 99.46%,较上年增亏 85.15%。其中亏损超过千万的企业有 3 户,分别是:省纺织科学研究所亏损 6554 万元,临汾纺织厂亏损 4744 万元,介休纺织有限责任公司亏损 1521 万元。省纺研所和临汾纺织厂的亏损中,有当年的亏损,更多是历年应提未提折旧、多年欠职工工资、应缴未缴的养老保险等,因新财会制度要求,全部一次性进入成本所致。新凯纺织印染有限公司和晋华纺织有限公司等企业已停产。化学纤维行业仅剩 2 户企业,一户生产粘胶短纤维,一户生产涤纶长丝。粘胶短纤维的生产经营受国内棉价下跌的影响,销路不畅,销售价格下降,尽管产量比去年略有增长,但经济效益却出现大幅度下滑。2006 年完成工业增加值 5700 万元,比上年下降 21.8%;实现利润 2001 万元,比上年下降 43.34%;实现利税总额 3664.3 万元,比上年下降 30.4%。涤纶生产企业的规模太小,在山西涤纶厂停产申请破产的情况下,暂由个人租赁勉强维持生产,从长远看,退出市场只是个时间问题。服装业受取消纺织配额利好的影响,加之基数较低,实现了产值和效益同步大幅增长,表现出了良好的发展势头,存在的主要问题是企业规模偏小,在国内外市场上缺乏一定的知名度。

4. 重点项目建设。从全省纺织工业来看,2006 年的重点建设项目有:

运城空港开发区 40 万锭棉纺项目。年初聘请省内外专家对该项目的产品定位、设备配置和建设方案进行了论证,随后进行了项目的立项报批、施工设计等前期工作,首期 10 万锭工程已开工建设。

临猗恒晟纺织有限公司"二万锭高档精梳纱生产线改造"项目。该项目总投资 4830 万元,2005 年 2 月开发,2006 年 9 月建成投产,该项目的预期效益是:年增销售收入 6708 万元,利税 1286 万元。

山西绿洲纺织有限公司的大麻纺织品工程项目。该项目总投资 12600 万元,主厂房已封顶,部分设备到位。目前因项目资本金问题,项目停工待建。

5. 技术创新工作。

(1)加大了丝麻家用纺织品的开发力度,晋城凤凰织品有限公司的"two3155 提花绉"项目年内完成,大同星宇人纤有限公司的"粘胶生产过程在线监控"、山西晋华纺织有限公司的"波里诺西克纱"、山西恒天纺织新纤维科技有限公司的"羊毛蛋白纤维"等创新项目也已完成。山西恒天纺织新纤维科技有限公司的蛋白质纤维和碳纤维原丝等高科技产品的开发工作进展顺利,牛奶蛋白纤维逐渐得到市场认可,销量稳步上升;碳纤维原丝生产线已建成投入试生产,试生产产品送往山东、吉林等地进行碳化,产品呈现出供不应求的局面。

(2)组建了山西新新纺织行业技术中心,该中心由太原理工大学(55 万元)、山西省纺织工程学会(10 万元)、山西格芙兰纺织有限公司(10 万元)、山西晋华纺织有限公司(10 万元)、山西鸿基实业有限公司(10 万元)和山西恒天纺织新纤维科技有限公司(5 万元)六家企事业单位共同出资 100 万元组建,并于 2006 年 8 月 22 日在晋中市工商局注册,10 月 31 日被山西省经委、山西省财政厅、山西省国家税务局、山西省地方税务局和太原海关五个单位认定为省级行业技术中心。该中心的宗旨是:整合省内纺织、服装业科技资源,集中行业技术力量,进行联合攻关,解决行业共性技术问题和股东单位急需的研究课题,为行业开发新产品,提供信息,培训人才,共同为全省纺织行业的发展而努力。目前,技术中心内部机构设置基本完成,并已开展了以恢复出版《山西纺织化纤》等杂志、创建技术中心网站为主要内容的行业服务工作。

(3)积极争取国家专项资金,主要是配合省经委等部门争取国家"纺织行业加快结构调整转变增长方式专项资金"。通过多方努力,为大同星宇人纤有限公司、山西绿洲纺织有限公司、太原品德羊绒有限公司、山西华晋印染有限公司、山西鸿基实业有限公司、山西恒天纺织新纤维科技有限公司、晋中华茂纺织有限公司、山西新绛纺织有限公司、临猗恒晟纺织有限公司等 9 户企业争取到 1300 万元专项资金。

6. 省属国有企业改革。

(1)加强领导。为认真贯彻省委、省政府关于进一步深化国有企业改革的战略决策,加快省属国有纺织企业改革步伐,成立了省纺织工业行业管理办公室国有企业改革领导组,下设办公室;山西省纺织科学研究所、山西省纺织供销总公司和山西桃园纺织大厦有限公司3户企业也成立了相应的领导机构及工作机构。

(2)摸清底数。根据省政府办公厅对省属国有企业改革进行调研的要求,省纺织工业行业管理办公室对所属国有企业的资产状况、人员结构、思想动态、债权债务、生产经营等情况进行了摸底调查。

(3)领会精神。组织有关人员对省属国有企业改革的13个配套文件(讨论稿)进行了认真学习和讨论,并对有关文件提出了修改意见和建议。

(4)制订方案。根据省属国有企业改革领导组办公室《关于上报省属国有企业改革总体方案有关问题的通知》(晋国企改办〔2006〕9号)和省经委安排,制定并上报了所属企业改革总体框架方案,确定了企业改革的方向和形式,3户企业均采取改制模式。

11月4日,省属国有企业改革领导组办公室对3户省属纺织企业的改革框架方案作了批复。至此,3户改制企业开始进入资产审核、制定预案等改制的阶段。

7. 全面质量管理。2006年全行业继续开展QC小组活动,并按照中国纺织质量协会及山西省质量协会的要求,积极推荐优秀QC小组,山西晋华纺织有限公司织布分厂整理车间QC小组、经纬纺织机械股份有限公司榆次分公司中小件厂工艺三组QC小组和纺机部技术室QC小组获得全国纺织行业优秀质量管理小组称号,经纬纺织机械股份有限公司榆次分公司中小件厂一工部铣钳组获得全国纺织行业质量信得过班组称号,经纬纺织机械股份有限公司榆次分公司的张新民获得全国纺织行业质量管理小组活动卓越领导者称号,经纬纺织机械股份有限公司榆次分公司的雷淑娟获全国纺织行业质量管理小组活动优秀推进者称号,经纬纺织机械股份有限公司榆次分公司获全国纺织行业质量管理小组活动优秀企业称号。获得山西省2006年优秀质量管理小组称号的有山西绿洲纺织有限责任公司织布车间普通剑杆QC小组、织布进口剑杆QC小组、麻纺分厂煮漂试验QC攻关小组,经纬纺织机械股份有限公司榆次分公司纺纱机械部技术室QC小组、精大件技术室QC小线、质量部冷锻检验QC小组,山西新绛纺织有限责任公司整理乙班QC小组,山西三五三四服装工厂QC小组;获得全省质量管理小组活动优秀企业的是经纬纺织机械股份有限公司榆次分公司;获得全省质量管理小组活动优秀推进者称号的是经纬纺织机械股份有限公司榆次分公司的郝凤鸣和曹永仁。

8. 操作技能大赛。2006年中国棉纺织行业协会、纺织行业职业技能鉴定中心和中国就业培训技术指导中心联合作出了开展全国喷气织机操作技能大赛的决定。为了在全国喷气织机操作技能大赛上获得好成绩,山西省纺织工业行业管理办公室先后对全省的教练员和裁判员进行了3次培训,推荐6名同志参加了全国裁判员培训,并取得了合格证。2006年9月2日至7日山西省纺织工业行业管理办公室在永济泉顺纺织有限公司举行了全省棉纺织行业喷气织机织布挡车工职业技能大赛。永济泉顺纺织有限公司的王宝珍荣获第一名,并代表山西省参加了在山东德州举行的全国棉纺织行业喷气织机织布挡车工职业技能比赛,新绛纺织有限责任公司的王俊红应邀参加了全国大赛的裁判工作。在全国15个省选派的43名参赛选手中,山西省的王宝珍获得了第十三名的好成绩,这是山西选手在全国织布挡车工参赛史上的最好名次。王宝珍还被中国棉纺织行业协会、纺织行业职业技能鉴定中心和中国就业培训技术指导中心授予"全国棉纺织行业技术能手"荣誉称号。同时,大赛组委会还授予山西省纺织工业行业管理办公室2006年全国棉纺织行业喷气织机织布挡车工职业技能比赛"优秀组织奖"称号,新绛纺织有限责任公司的王俊红被授予优秀裁判员称号,永济泉顺纺织有限责任公司的李会丽被授予优秀教练员称号。

9. 推荐评选全国纺织劳模。根据人事部、中国纺织工业协会的部署,中断了6年之久的全国纺织工业劳动模范评选表彰活动得以恢复。在山西省人事厅的大力支持下,结合山西省纺织工业实际,省人事厅、省纺织工业行业管理办公室联合发出了《关于推荐评选全国纺织工业劳动模范先进工作者和先进集体的通知》(晋人字〔2006〕109号),明确了评选条件和评选方法,成立了领导机构和办事机构。经过严格推荐和全国评选,山西省的山西绿洲纺织有限公司获得全国纺织工业先进集体荣誉称号;大同星宇人纤有限公事董事长兼总经理王殿年、山西格芙兰纺织有限公司织布挡车工许晓燕、山西太谷纺织有限公司生产技术部部长李国铭、山西新绛纺织有限公司织布常白班值班长杨全发、山西彩佳印染有限公司经营部部长柴沛东等5人获得全国纺织工业劳动模范荣誉称号,并于12月6日在人民大会堂受到了表彰。

附:全国纺织劳模简介:

王殿年　男,1958年2月出生,山东龙口人,大专文化,工程师,中共党员,1981年参加工作,2001年出任由910名下岗职工组建的大同星宇人纤有限责任公司董事长兼总经理,制定并组织实施了"以人为本、提升质量、争创名牌"的总体目标和"小步快跑、低成本扩张"的发展思路,从而使公司得到了快速发展,产量和质量大幅度提高,实现了速度和效益同步增长,成为大同市的利税大户。近几年投入技术改造资金7000余万元,粘胶短纤维产量由原来的1.3万吨增加到3万吨,2005年公司实现销售收入2.7亿元,实现利税5234万元。2003年王殿年被评为"大同市劳动模范",同年被评为第十五届"山西省杰出青年企业家",2004年、2005年被评为"山西省优秀企业家"。

许晓燕　女,1969年11月出生,山西平遥人,高中文化,1988年参加工作,通过长期的钻研,总结出"稳、准、快、好"的织布挡车操作特点,使操作技能有了很大提高,并长期超定额看台,其产量和质量都名列第一,年产各类坯布近8万米。同时,注重在工作中发挥模范带头作用,及时把自己的经验尤其是掌握的技术窍门传授给新工,使新工在最短的时间内掌握过硬的操作技术。许晓燕连续7年被企业评为"先进生产者",曾先后获得操作明星、优秀员工、劳动模范荣誉称号。

李国铭　男,1963年3月出生,山西太谷人,大专文化,中共党员,棉纺工程师,1984年参加工作,工作扎实,勤于钻研,乐于创新,先后主持技术攻关和质量改进项目20余项,其中获省级以上8项;主持开发新产品100多项,列为省级新产品1项,填补省内空白产品10项;撰写并发表论文10多篇,在企业技术改造、技术攻关、产品开发、工艺创新和棉纺织学术探讨等方面发挥了骨干带头作用,多年来连续评为企业先进生产者、优秀党员、职业道德标兵、优秀管理者。在省科技功臣评选活动中获个人一等奖,获地区具有突出贡献的中青年优秀科技工作者,被太谷县政府授予"技术创新能手"称号。

柴沛东　男,1969年10月出生,山西万荣人,大学本科学历,1993年参加工作,1996年任经营部部长,十年来牢固树立"客户就是上帝"的思想,坚持"客户满意就是我们的工作目标"的原则,广泛赢得了客户的信赖,公司从未出现坏账、呆账,连续六年资金周转都在7次/年,2005年公司进入中国纺织印染行业主营业务收入50强之列。2001年他被评为永济市"青年标兵",2005年当选为市人大常委会委员。他领导并参与开发的"天丝棉单面染色休闲布"和"单面染色弹力牛仔布"在2006年中国纺织服装年会上荣获"优秀设计奖"。

杨全发　男,1948年3月出生,山西新绛人,初中文化,中共党员,工人技师,他所领导的织布常白班有8个小组132名工人,担负着74台剑杆织机和721台有梭织机的大小修理任务,并带领工人刻苦学习维修理论知识,用于指导工作实践,布机设备完好等主要考核指标连续20多年在全省同行业名列榜首,企业生产的"三林"牌棉布获山西省著名商标。他本人多次被评为公司劳动模范,曾获运城市"技术创新能手"、"五一劳动奖章"、"特级劳动模范"、"优秀党员"称号和全国纺织"优秀设备工作者"称号。　(孙宝民)

## 轻工业

**【概述】**　2006年,山西省城镇集体工业联合社(以下简称省城联社)全力推进"543111+11"工程,在夯实和强化省城联社立社之基、生存之本、维护职工合法权益、构建和谐城联,推进全省城镇集体经济建设和机关自身建设取得了显著成绩,有力地促进了全省城镇集体经济的改革发展和稳定。截至2006年底,山西省城联社有11个市城联社、107个县城联社,1021户中小成员企业,13.11万职工,其中离退休职工42326人。省城联社有直属企事业单位18户,职工5000余人。2006年全系统完成工业总产值71.12亿元,比上年增长11.4%;销售产值66.69亿元,比上年增长13.4%;工业增加值26.79亿元,比上年增长15.1%;产品销售收入67.85亿元,比上年增长12%;利税总额14.06亿元,比上年增长13.7%,其中利润7.32亿元,比上年增长4.4%;集体资产总额125.96亿元,比上年增长13.9%;出口交货值6.38亿元。上述经济指标连续两年创历史新高。销售收入500万元以上的成员单位141户,产品销售收入65.06亿元,占总销售收入的95.88%;利税总额14.04亿元,占利税总额的99.88%。省城联社机关内设机构有:综合处、人事处、纪检监察室、机关党委、资产运营管理处、经济技术处、房产资源经营处、离退休人员管理处、机关财务室。机关在职职工47人,离退休职工130人。　(冯晓东)

**【国家轻工联会长陈士能来晋调研】**　全国人大常委、中国轻工业联合会会长、中华全国手工业合作总社主任陈士能等一行,于2006年12月5日来山西省调研。

陈士能在晋中市城联社同11个县级城联社主任进行了座谈。陈士能主任在座谈会上指出:第一,山西省城联社近年来做了卓有成效的工作。全省11个市级联社、107个县级联社机构的完整保留,在全国联社系统起到了表率作用。这充分体现了山西省委、省政府对山西省城联社的重视及对全省14万集体所有制企业职工的关怀。尤其是今年以来,省政府出台了一系列扶持集体经济改革、发展的政策,并将"对集体资产的监督管理,加快集体企业产权股权多元化改革,发展多种形式的集体经济"写入全省"十一五"规划中,对今后发展集体经济,加快城镇集体企业改制,加强对集体资产监督管理,提供了有力的政策依据。山西省城联社要抓紧落实省委、省政府的有关政策,并将具体内容细化,使各级城联社及成员企业便于操作、应用,使政府对集体企业的关怀落到实处。第二,全省各级城联社的同志为推进新型集体经济改革发展、保持社会稳定做了大量的工作,希望大家继续努力,充分认识自己位置的重要性。要积极为当地政府排忧解难,为当地的经济发展做出应有的贡献。同时也要关注集体企业每一位员工的生产环境、生活环境和生存环境,尤其要做好集体企业职工加入社会保险的工作,解除他们的后顾之忧,创造和谐的生活、工作环境。最后,陈士能主任强调,加快发展集体经济同中央提出的构建和谐社会是一脉相承的,只有大力发展集体经济,达到共同富裕的目的才是根本。两极分化会造成社会的不稳定。集体企业给下岗人员提供较多的就业机会,有效缓解劳资纠纷,保证分配秩序的和谐有序,起到了很好的稳定作用。所以大家要坚定信心,要珍惜改革开放带来的宽松环境,促进新型集体经济的发展,为构建和谐社会、实现小康社会做出新的贡献。

陈士能主任在太原期间还考察了山西城联物流储运有限公司。

全国总社副主任、山西省城联社主任李荣钢、山西省轻工行业办主任王元山等陪同调研和考察。　(冯晓东)

**【山西省人民政府就省城联社所属国企改革调研的专题纪要】**　2006年2月10日,省长于幼军、常务副省长范堆相、副省长靳善忠等带领由省政府办公厅、省发展改革委、省经委、省财政厅、省劳动和社会保障厅、省国土资源厅、省国资委、省工商局、省政府经济研究中心等部门组成的国有企业改革专题调研组,在省国土资源厅十楼会议室召开了座谈会,就省国土资源厅及其归口管理的省煤炭地质局、省地质勘察局等单位和省国防工办、省城联社等所属国企改革进行了调研。

调研组指出,加快推进国企改革是事关全省经济社会发展的战略性问题,是确保"十一五"规划目标任务如期实现的重大举措。各有关厅局和所属企业要切实解放思想、转变观念,以求真务实的精神研究推进改革的对策措施、配套政策、工作方案等操作层面的问题,全力组织实施新一轮国企改革,确保今明两年基本完成国有经济布局结构战略性调整、产权主体多元化、建立完善现代企业制度、主辅分离、辅业改制和分离企业办社会职能等各项改革任务。

调研组要求,省直各有关厅局要认真把握好新一轮国企改革的方向和主要任务,坚持"政企分开、事企分开"的原则,与原下属企业彻底割断行政隶属和人财物联系;按照"发展壮大一批、转制搞活一批、关闭破产一批"的思路,对下属企业逐一摸查、分析和排队,制定好改革方案。省政府将建立国企改革专项资金,制定一系列配套文件,帮助解决好困难企业转制和关闭破产企业中职工经济补偿、社保关系接续、退休人员移交社会管理等问题。

调研组对省国土资源厅及其归口管理的省煤炭地质局、省地质勘察局等单位和省城联社、省国防工办等所属国企改革发展的有关事项作了认真分析研究，并分别提出了改革发展的具体要求。

1. 关于改革方向。由于省城镇集体工业联合社所属国有企业属于一般竞争性领域，按照这一轮国有企业改革"发展壮大一批、转制搞活一批、关闭破产一批"的思路，对省城联社2户国有企业要进一步完善细化方案，抓紧做好关闭破产工作。

2. 关于城镇集体经济改革。省城联社要切实抓好对直属集体企业的改革改制和全省城镇集体企业的改革发展工作。主要是加强对集体资产的监督管理，加快集体企业产权、股权多元化改革，积极发展多种形式的集体经济；要以明晰产权为核心，大力推进各类集体企业重组改制；在改革中要允许困难集体企业用产权、股权和土地转让收益一次性安置职工；要进一步完善集体资产管理运营机制，着手对城镇集体经济改革发展政策进行调研。在调查研究的基础上，抓紧推进城镇集体企业的改革工作。

3. 关于发展要求。省城联社要配合全省产业结构调整，大力发展旅游商品、积极开发具有山西地方特色的传统手工业、工艺美术品。在省"十一五"规划纲要中已明确提出"发展传统手工业、民间工艺美术等特色旅游商品，不断推出地方艺术精品"的规划和要求，要制定产业规划、对策和措施，促进具有地方特色的旅游商品、传统手工业和民间手工艺品的发展。

（冯晓东）

**【山西省城镇集体企业下岗职工首次领到《再就业优惠证》】** 2006年3月15日，山西省人民政府颁发了《贯彻〈国务院关于进一步加强就业再就业工作的通知〉的实施意见》（晋政发〔2006〕4号）。这个文件，首次将《再就业优惠证》扩大到全省城镇集体企业的下岗失业人员，使其能同国有企业下岗失业人员一并享受到优惠政策。具体内容有：(1)鼓励自谋职业和自主创业。对持《再就业优惠证》人员从事个体经营的在规定限额内依次减免营业税、城市维护建设税、教育费附加和个人所得税；并免收属于管理类、登记类和证照类的各项行政事业性收费，期限最长不超过3年。(2)鼓励企业吸纳就业。对商贸企业、服务型企业（国家限制的行业除外）、劳动就业服务企业中的加工型企业和街道社区具有加工性质的小型企业实体，在新增加的岗位中，当年新招用持《再就业优惠证》人员，与其签订1年以上期限劳动合同并缴纳社会保险费的，按实际招用人数，在相应期限内定额依次减免营业税、城市维护建设税、教育费附加和企业所得税，期限不超过3年。(3)提高灵活就业人员的稳定性。凡持有《再就业优惠证》、申报就业并参加社会保险的，可与劳动保障部门所属的就业服务机构建立劳动保障事务代理和劳务派遣关系，并据此享受社会保险补贴，社会保险补贴实行先缴后补，补贴期限最长不超过3年。"4050"人员（即女40周岁以上，男50周岁以上）按本人实际缴纳社会保险费总额的2/3给予补贴；其他人员按缴费总额的1/3给予补贴。对持《再就业优惠证》的"4050"人员、零就业家庭成员和享受城市居民最低生活保障且就业确有困难的长期失业人员，可作为就业困难对象，实施就业援助，并提供相应的政策扶持等等。

（冯晓东）

**【推进各类集体企业重组改制】** 《山西省人民政府关于2006—2007年深化经济体制改革的指导意见》（晋政发〔2006〕39号）文件中，对深化集体经济的改革和发展提出具体的要求。

以明晰产权为重点，大力推进各类集体企业重组改制。加快推进对城联社集体、乡镇集体、供销集体、劳服集体、厂办集体等各类改制集体企业的产权界定，进一步明晰集体企业产权主体。鼓励集体企业吸纳社会资金入股，引导集体企业通过出售、拍卖、兼并、联合、重组和管理层收购、员工持股等多种形式进行股份（合作）制改革。加快严重资不抵债集体企业依法破产进程。制定关闭破产集体企业职工安置实施细则，允许困难集体企业用产权转让、股权及土地使用权转让收益一次性安置职工。要探索建立和完善集体资产出资人制度，建立集体资产经营公司体制（省城镇集体工业联合社、省供销社、省中小企业局牵头）。

（冯晓东）

**【全省城联社主任会议在吕梁市召开】** 2006年3月13日，山西省城镇集体工业联合社主任会议在吕梁市召开。会议要求全省城镇集体工业联社系统，要认真贯彻落实省委八届七次全会精神，贯彻落实省十届人大四次会议通过的《山西省国民经济和社会发展第十一个五年规划纲要》和于幼军省长关于促进城镇集体经济改革、发展传统工业、工艺美术行业的指示精神，努力开创全省城镇集体工业经济改革发展的新局面。会议还传达了全国总社六届三次理事会议精神，讨论了贯彻总社《联社资产管理暂行办法》的意见及关于召开省城联社三届十六次理事会议和"四代会"及省集体经济协会换届会议的筹备情况，并对"2005年度优秀市城联社"进行了表彰。

（冯晓东）

**【全省推进城镇集体经济改革现场会】** 2006年8月9日～11日在大同市召开了"推进全省城镇集体经济改革现场会"。省城联社及11个市城联社和11个贫困县城联社的主要负责人参加了会议。会上，各级城联社主任就贯彻落实省政府〔2006〕26次专题会议纪要中《关于省城联社直属国企改革和全省城镇集体经济改革发展的要求》和《省政府贯彻〈国务院关于进一步加强就业再就业工作的通知〉的实施意见》（晋政发〔2006〕4号）文件精神展开充分讨论，并与到会指导的省劳动和社会保障厅、省编办、省总工会的有关处室负责人进行了座谈。同时，为指导好全省城镇集体工业企业的改制工作，省城联社全文转发了《省政府办公厅转发国资委等部门关于国有企业改革配套文件的通知》（晋政办发〔2006〕33号）文件，组织大家认真学习了13个深化山西省国有企业改革的配套文件，结合于幼军省长对促进全系统国有企业和集体企业改革发展的三项重要指示精神和全省城联社的实际，决定尽快调研起草《加快全省城镇集体经济改革发展的意见》。（冯晓东）

**【山西省工艺美术协会第四届会员代表大会在太原召开】** 2006年12月19日，山西省工艺美术协会第四届会员代表大会在省城太原隆重召开，省委副书记、省长于幼军为大会发来贺信。省委常委、宣传部长高建民，省人大常委会常务副主任纪馨芳，省政协副主席闫爱英，省政府副秘书长段建国和中国工艺美术协会常务副理事长张红等有关领导出席会议并讲话。

经大会民主选举，产生了山西省工艺美术协会第四届理事会187名理事。省人大常委会党组书记、常务副主任纪馨芳经全国人大副委员长、中国工美协会名誉理事长李铁映提名担任山西省工艺美术协会名誉理事长;中国著名版画家力群担任山西省工艺美术协会荣誉理事长;中国工艺美术协会理事长、中国工艺美术集团总公司总裁邓英担任山西省工艺美术协会顾问;王清宪、马景龙、王克建、王虎胜、关原成、刘正辉、赵世卫、武锦福、郭立、郭建华、王元山、张根虎、胡伯彦、崔富春、姚二云、夏路经名誉理事长纪馨芳提名,本人同意,担任山西省工艺美术协会名誉副理事长;董智和、李海峰担任山西省工艺美术协会荣誉副理事长。常务理事63名。李荣钢当选为省工艺美术协会第四届理事会理事长;杨伯珠、张中青、刘太平、卫恩科、马国民等13人为副理事长;张中青为秘书长。 (冯晓东)

**【山西省城联社5家成员企业进入"全国轻工业卓越绩效先进企业"百家名企榜】** 在全国轻工2006年的工作会议上,首次对荣获"全国轻工业卓越绩效先进企业"的100家企业进行了表彰。山西省城联社5家成员企业榜上有名。他们是:山西壶关化工集团有限公司、山西太谷玛钢有限责任公司、晋城东方玻璃制品有限公司、山西榆次远大线材制品有限公司、晋城市白马王啤酒有限公司。 (冯晓东)

**【山西省旅游工艺品在第41届旅交会展中再获殊荣】** 2006年3月16日至19日,山西省城镇集体工业联合社、山西省工艺美术协会组织的山西省工艺美术行业系统参加了在北京召开的"第41届国际旅游品和工艺品交易会暨国际礼品和家庭用品展"。

山西省工艺美术大师贾兴林和弟子创作的《兰亭修禊图》获得了2006年"金凤凰"创新产品设计大奖赛银奖,并签订了30万元的合同。山西省城联社和山西省工美协会作为全国唯一一家由政府、协会搭建展示平台的组织单位受到主办单位的表扬。 (冯晓东)

**【山西省城联社组团参加全国第七届中国工美大师精品博览会】** 第七届中国工艺美术大师作品暨工艺美术精品博览会于2006年10月19日至23日在杭州举行,山西省城镇集体工业联合社和山西省工艺美术协会组织了从事工艺美术工作相关人员30余人的代表团,参加了这次中国工艺美术行业业内最高级的盛会。

在会展期间举行的"2006'百花杯'中国工艺美术精品"评奖活动中,山西省定襄县河边村阎世俊创作的参展作品砚台《中国龙砚》荣获银奖,山西省民间工艺美术大师李斌杰创作的参展作品剪纸《山西民歌系列》荣获铜奖,山西省工艺美术大师梁中秀创作的参展作品漆画《三晋览胜》荣获优秀作品奖。 (冯晓东)

**【宇达集团被授权制作奥运景观模型】** 2006年5月7日,首批8件北京2008年奥运景观雕塑作品模型,从北京运抵山西宇达集团,由宇达集团铸造完成后,参加全国巡展。该批雕塑作品模型,是2005年8月8日启动的"2008奥运景观雕塑征集大赛"的入围作品,此项大赛是第29届北京奥运会立项的重要公益文化活动,全球82个国家和地区参加了此次大赛。这8件作品分别是广东杨学军的《山沟沟》,福建吴荣华的《汉唐遗韵·乐舞1、2》,北京郭宝寨的《抖空竹》,陕西胡冰的《大花马》,陕西张艺莞的《论剑》,上海许宝贵的《翔踏飞燕》,广东林汉强的《驰》。宇达集团凭借良好的声誉和雄厚的技术实力荣幸地被奥运雕塑大赛组委授权承制部分雕塑作品,采用先进的C90300青铜配方精铸,美国最先进热着色技术表处理。

这些作品于2006年6月23日在北京王府井参加首展,揭开奥林匹克110周年纪念的大型文化活动序幕,并将在希腊、意大利、墨西哥等国家博物馆展出。近期,文化部公示通知,山西宇达集团青铜文化产业园被文化部命名为"国家文化产业示范基地"。这是山西省首家,也是唯一一家国家级文化产业示范基地。

(冯晓东)

**【壶化集团与金星化工实行重组】** 2006年9月30日,山西省长治市两个最大的城镇集体企业壶化集团与金星化工实行重组。国防科工委民爆局局长林菊生出席揭牌仪式并做重要讲话。

长治市城联社从2004年以来,为盘活资产,本着资产流动不流失的原则,在壶化集团与市印刷厂成功重组的基础上,又促成了壶化集团与金星化工有限公司按照国家民爆行业集团化、规模化的产业政策要求,最终达成了联合重组的意向。

长治壶化集团是集民爆、煤炭、乳品等10多个系列20余种产品为一体的大型民营企业集团。近年来,该集团大胆改革,不断创新,积极培育企业核心竞争力,无论在生产经营、产品销售,还是在安全管理、企业文化建设等方面都走在全省及全国同行业前列,名列全国民爆行业雷管生产企业的前三强。而长治市金星化工有限公司由于在专业化生产的过程中,没有形成规模经营,发展速度受到制约。

国防科工委民爆局局长林菊生在讲话中说:壶化集团借这次行业结构调整,组建大型民爆企业集团,实现了科学发展、安全发展、和谐发展,必将对全国民爆行业发展产生重大的影响。林局长对壶化集团今后的发展提出了三点要求:一是要牢固树立安全意识,始终牢记社会责任,时刻把安全放在第一位;二是要统筹兼顾,科学管理,依靠科技,不断提升企业的核心竞争力;三是要关心员工生命财产安全,不断增加员工收入,一心一意为员工谋利益,努力成为全国民爆行业的一面旗帜。 (冯晓东)

**【锯业之王"海鸥""星烁"合作】** 2006年9月6日,山西省城联社所属太行锯条厂与河北星烁锯业股份有限公司在省城太原隆重举行合作项目签约仪式。

山西太行锯条厂1964年由天津市迁入山西省长治市北郊,隶属山西省城镇集体工业联合社。40多年来,该厂所生产的"海鸥"牌锯条以品种齐全、质量上乘而享誉海内外,但近十年来由于体制、机制等诸多因素,步入困境。河北星烁锯业股份有限公司,是近年崛起的新"锯王",该公司多次被评为河北省百强企业,河北省民营科技十强企业。双方合作,太行锯条厂有厂房、技术工人和知名的品牌;河北星烁锯业有先进的管理理念和营销策略。强强携手,优势互补,将使"海鸥"再次腾飞。

(冯晓东)

**【山西城联物流储运有限公司与国家招商局物流集团北京有限公司签约合作项目】** 2006年9月26日,山西省城联物流公司与国家招商局物流集团北京有限公司(该公司与青岛啤酒有限公司合资)在省城联社会议室正式签约,达成了合作协议。即在山西城联物流储运有限公司仓库,设立青岛啤酒仓储配送中心,商品辐射全省各地。山西城联物流公司与该公司合作,预计年利润达25万元以上。山西城联物流在组建前,每月利用铁路专用线进库量为20多个车皮,与其合作后进库量能达700多个车皮,是合作前的35倍。并且通过在商品配送过程中,增加了装卸、

运输业务，为职工再就业提供了条件，带来了较好的社会效益。　（冯晓东）

## 食品工业

**【概述】** 1. 主要经济指标增长较快，实现利税和利润大幅度增长。根据统计数据2006年山西省食品工业保持了又快又好发展的势头，全行业规模以上企业302个，完成食品工业总产值160.8亿元，比上年增长18.0%，食品总产值占全省工业总产值的2.7%，居全省各工业部门第七位，相当于全省农林牧渔业总产值的31.4%。食品工业增加值59.3亿元，比上年增长15.75%，产品销售收入155.3亿元，比上年增长17.5%，实现利税总额26.3亿元，比上年增长29.8%，其中实现利润9.7亿元，比上年增长78.8%，实现利税和实现利润的增长幅度分别高于全省工业平均水平2.3和37.5个百分点。饮料制造业和烟草加工业仍是食品工业的利税大户，共实现利税21.2亿元，占全省食品工业利税总额的80.3%，全行业职工人数达5.61万人。

在食品工业中，饮料制造业实现快速发展，农副食品加工业、烟草加工业平稳发展，食品制造业受乳品加工业发展的变化，部分指标呈现下滑态势。饮料制造业企业61个，完成产量51.8亿元，工业增加值22.6亿元，产品销售收入50.6亿元，实现利税13.8亿元，利润5.4亿元，分别比上年增长40.9%、32.2%、32.0%、43.3%和110.7%；农副食品加工企业158个，完成产值63.9亿元，工业增加值17.9亿元，产品销售收入60.1亿元，实现利税2.8亿元，其中利润2.0亿元，分别比上年增长19.5%、17.6%、21.0%、12.4%和26.4%；烟草加工企业1个，完成产值13.4亿元，工业增加值8.6亿元，产品销售收入13.5亿元，实现利税7.4亿元，利润1.0亿元，分别比上年增长9.1%、8.7%、9.1%、15.8%和146.3%。食品制造业企业82个，完成产值31.6亿元，工业增加值10.2亿元，产品销售收入31.2亿元，分别比上年下降6.1%、7.3%和2.3%，实现利税2.4亿元，利润1.2亿元，分别比上年增长31.8%和48.4%。

2. 产品产量。2006年，山西省食品工业主要产品产量保持较快增长，增幅超过50%以上的有：成品糖、瓶（罐）装饮用水和糖果，分别增长598%、294%和95%；增幅超过25%以上的有鲜冷藏冻肉、软饮料和发酵酒精，分别增长41.5%、34.5%和26.3%，比上年下降25%以上的有乳制品，下降28.4%，其中：液体乳下降29.5%。（详见附表）

3. 固定资产投资呈现强劲增长态势。2006年全省食品工业固定资产投资总额为50.8亿元，比上年增长83.1%，增幅比上年同期上升83.6个百分点，增长幅度比全省工业投资增长快63.2个百分点，比煤炭、炼焦、冶金、电力等传统重点行业的平均增长高出71.7个百分点。

在全省食品工业投资完成中，农副食品加工业为25.5亿元，比上年增长167.5%；食品制造业为10.8亿元，比上年增长32.4%；饮料制造业为12.6亿元，比上年增长33.3%；烟草制造业1.8亿元，比上年增长229.8%。

全省食品工业资产总计173.89亿元，同比增长20.91%，其中：农副食品加工业为70.87亿元，同比增长23.41%；食品制造业为31.07亿元，同比增长4.69%；饮料制造业62.99亿元，同比增长28.59%；烟草制造业为8.96亿元，同比增长16.12%。

4. 六个市的食品工业增幅在20%以上。长治市、忻州市、晋中市、运城市、吕梁市、晋城市食品工业销售收入同比分别增长45.51、39.87%、35.03%、30.64%、26.56%和23.24%。

长治市在全社会固定资产投资同比仅增长1%，其中，第二产业投资同比下降14.3%的情况下，农副食品加工业完成投资5.6亿元，同比增长4.6倍；饮料制造业完成投资1.9亿元，同比增长2.5倍；两项合计达7.5亿元，占到全省食品工业完成投资的15%。全年农副食品加工业完成工业增加值2.4亿元，增长55.12%。

晋中市，近几年有省内外一批知名食品企业落户，打破了食品工业主要靠白酒、饲料等为主要产品的格局，出现了一批像娃哈哈果蔬饮料、白象方便面、克代尔啤酒、古船面粉等全国性、地区性名牌产品，极大地提升了该市食品工业的规模和质量。食品工业完成工业增加值6.1亿元，同比增长17.4%，工业份额占到4.2%，比上年提高1.4个百分点，实现利税1.7亿元，同比增长131.8%，产业规模及利润总量均居全市第六。

5. 规模以上企业情况。2006年全省规模以上食品工业企业中，产品销售收入超亿元的企业也由去年29家上升为33家，共实现产品销售收入105.8亿元，占全省食品工业的68.1%，超10亿元以上的企业有2家，它们是山西杏花村汾酒集团有限公司和山西昆明烟草有限公司共完成37.9亿元，占24.4%；超4亿元以上的有4家，它们是山西粟海集团有限公司、山西忠民集团有限公司、山西古城乳业集团有限公司、长治金泽生物工程有限公司，共完成22.9亿元，占14.7%；超2亿元以上的有6家，共完成16.1亿元，占10.4%。

2006年，全省实现利税上亿元的工业企业120家，食品工业有3家，分别是山西杏花村汾酒集团公司（10.22亿元）；山西昆明烟草公司（7.41亿元）和娃哈哈食品公司（1.01亿元）。

从以上数据可以看出：

(1)饮料制造业增速较快。2006年饮料制造业继续保持强劲的增长势头，主要经济指标的增长均高于全省食品工业的增长速度。工业总产值、工业增加值、产品销售收入、利税总额、利润总额，比全省食品工业增长分别高出22.9个百分点、16.5个百分点、14.5个百分点、13.5个百分点和31.9个百分点。其主要原因是：山西汾酒集团以市场为导向，以顾客为中心，加强品牌资源整合，推进产品结构优化调整，形成了以国藏汾酒抢占高端市场，青花瓷汾酒、中华汾酒占领中高档市场，杏华村酒等产品占领低端市场，金家福酒成为驻华使馆特供酒的产品格局；贯彻“巩固省内市场，开发重点市场，扶持潜力市场，拓展海外市场”的营销思路，加大重点市场开发；加强市场细分，加强通路建设，优化营销队伍，对营销手段、模式、组织机构进行科学调整。2006年，在酒产量增长7.62%，酒销售量增长16.86%的情况下，实现销售收入24.42亿元，利税10.22亿元，利润4.11亿元，同比分别增长27.96%，43.70%和79.27%，出口创汇4200万美元。

(2)食品制造业主要经济效益指标下降幅度较大，主要是受占其总量三分之一的乳品加工业影响。2006年，全省乳制品产量32.88万吨，比上年下降28.4%，其中：液体乳产量30.53万吨，比上年下降

表 18　　山西省 2006 年食品工业主要产品产量表

| 名　称 | 单　位 | 产　量 | 比上年增长% |
|---|---|---|---|
| 小麦粉 | 吨 | 185014 | 4.7 |
| 精制食用植物油 | 吨 | 76758 | －1.1 |
| 鲜冷藏冻肉 | 吨 | 8903 | 41.5 |
| 成品糖 | 吨 | 28723 | 598.7 |
| 糖果 | 吨 | 461 | 95.4 |
| 糕点 | 吨 | 3878 | 23.6 |
| 速冻米面食品 | 吨 | 251 | －14.6 |
| 乳制品 | 吨 | 328788 | －28.4 |
| 液体乳 | 吨 | 305272 | －29.5 |
| 罐头 | 吨 | 37266 | 7.2 |
| 酱油 | 吨 | 3963 | －9.0 |
| 发酵酒精(折 96 度,商品量) | 千升 | 59682 | 26.3 |
| 饮料酒 | 千升 | 328820 | 6.4 |
| 白酒(折 65 度,商品量) | 千升 | 82901 | 8.1 |
| 啤酒 | 千升 | 244242 | 5.8 |
| 软饮料 | 吨 | 269487 | 34.5 |
| 碳酸饮料 | 吨 | 128293 | 28.4 |
| 果汁及果汁饮料 | 吨 | 133194 | 35.3 |
| 瓶(罐)装饮用水 | 吨 | 8000 | 294.1 |
| 卷烟 | 万支 | 1300000 | 4.0 |

29.5%;完成工业总产值 12.2 亿元,比上年下降 38.7%,产品销售收入 11.5 亿元,比上年下降 35.9%,利税总额 0.8 亿元,比上年下降 27.3%。客观上的原因是,饲料价格上涨,原辅材料价格上涨,竞争加剧,市场集中度不断提高;深层次的原因是,企业产品市场基本以本省为主,缺乏向国内大中城市拓展的能力。虽然从厂房和设备等硬件上看已经和国内大企业和国际接轨,但在精细化管理、市场营销、资金运作等软件方面仍有很大差距。

(范淑霞)

**【于幼军等省领导在杏花村汾酒集团调研】** 2006 年 2 月 5 日,山西省省长于幼军、副省长靳善忠带领省国企改革专题调研组成员,深入到山西杏花村汾酒集团有限公司进行调研,专题研究推进山西省国企改革,特别是省本级国企改革的问题。在实地参观考察,详细听取汇报后,于省长就该公司“十一五”改革思路,发展规划和项目布局以及改革和发展中面临的突出问题及今后改革发展做了重要讲话。

于省长讲:国企改革一是重点要考虑合理调整国有经济布局,按照“发展壮大一批,转制搞活一批,关闭破产一批”的思路,来调整和优化全省国有经济布局。二是要推进产权多元化的改革、产权制度的改革。三是要把主辅分离、辅业改制、分离办社会职能改革抓紧。四是要建立完善现代企业制度,有关法人治理结构,有关内部管理体制、运行机制,有关国有企业特别是大集团企业内部的组织结构的一些改革、调整都配套地进行。2006 年,山西杏花村汾酒集团有限责任公司利税首次突破 10 亿元大关,其中上缴利税 6 亿元,现实利润 4 亿元。　(范淑霞)

**【2006 年(太原)苦荞产业经济国际论坛】** 2006 年 9 月 8 日～11 日由山西省科技厅、山西省科学技术协会、山西省外国专家局、山西省委政策研究室、太原市人民政府主办,山西省食品科技学会和太原江南餐饮集团联合承办的“2006(太原)苦荞产业经济国际论坛”在太原隆重召开,山西省副省长梁滨出席会议并讲话,应邀出席论坛大会的有四川、云南、陕西、贵州、北京、吉林、天津、上海、河北和山西等 10 个省市 28 家科研教学单位的苦荞研究专家及 24 家苦荞生产企业的代表,还有 17 名来自日本、韩国的专家和企业家以及《山西日报》、山西电视台、《中国食品报》等新闻单位共 87 人。

会议期间,27 位国内外专家、学者紧紧围绕“健康富民”两大主题从苦荞产业经济、苦荞与健康、苦荞种植、苦荞食品加工、苦荞研究、苦荞文化等六个方面作了学术交流,使与会代表亲身感受到苦荞经济、文化、科技和产业的新理念,苦荞产业的创新与广阔的发展前景。大会共收到论文 32 篇,计 30 余万字,并分别以中英版刊出了论文集。　(范淑霞)

## 包装工业

**【全省包装装潢印刷企业年检】** 山西省包装办公室(山西省扫黄打非稽查队)配合省新闻出版局印刷处一起赴各市对全省包装装潢印刷企业进行了年检。此次印刷企业年检工作,是对全省持有《印刷经营许可证》的出版物印刷企业、包装装潢印刷品印刷企业、其他印刷品印刷企业和专项排版、制版、装订企业在资金、设备、厂房等方面看其是否符合规定进行年度检验,年检中特别是强调各印刷企业要自觉守法经营,严禁印刷涉及台独、“法轮功”等反动信息的非法出版物、盗版盗印出版物以及假包装、假商标、假票证、非法广告,同时要求企业悬挂证照,健全相关承印制度,注意规范经营等。

(魏卞梅)

**【全省包装企业代表和获奖设计者参加世界包装大会】** 受世界包装组织委托,经国务院批准,“科技、环保、合作、发展”为主题的世界包装大会于 2006 年 4 月 18 日～20 日在北京召开。来自 29 个国家和地区的 140 多位嘉宾与中国包装企业的代表共约 600 人参加了这次广泛开展国际合作的盛会。

山西省包装协会由会长李志敏、秘书

长吉平亲自带队组织山西省人民印刷厂、臣功包装印刷有限公司等16家企业领导参加了大会的全部活动，与国内外同行进行了面对面的交流，在企业管理和技术进步方面得到了很大的启示与收获。

山西省青年设计师闫旭晨设计的“汉波贡枣”包装获得“世界之星”包装设计奖，这是山西省产品销售包装获世界奖项的零的突破。闫旭晨在“世界之星”颁奖会上领奖并与颁奖嘉宾合影留念。

山西省李宏波、张宝兰等16名获奖设计者应邀参加了2005“中国之星”包装设计大赛颁奖晚会，中国包装设计委常委、“中国之星”评委、山西省包装设计印刷委主任魏卞梅应邀作为颁奖嘉宾出席了会议。（魏卞梅）

**【开展“百日反盗版”检查】** 2006年10月30日全国打击网络侵权盗版专项行动视讯会议在北京召开，部署在全国范围内开展为期三个月的打击网络侵权盗版专项行动，重点打击以营利为目的，通过网络提供电影、音乐、软件和教科书下载的非法经营行为，查办一批大案要案、关掉一批非法网站、处罚一批违法分子。为使“百日盗版”大行动落于实处，山西省包装办公室（山西省扫黄打非稽查队）配合省新闻出版局出版物市场“扫黄”“打非”办公室到太原、阳泉、吕梁、晋中等各地检查了音像和计算机软件及出版物市场，加大对盗版制品及非法出版物的查缴力度。（魏卞梅）

小资料

## 晋华宫矿井

晋华宫矿位于大同市城西12.5公里处的云冈旅游专线旁，建于1956年，是全国最大的优质动力煤生产基地，也是大同煤矿集团公司惟一的多井口大型现代化矿井。总面积41平方公里，可采储量1.5亿吨，服务年限35年，年生产能力为300多万吨。采、掘、机、运、通全部实现机械化，煤炭远销海内外。为了使人们更充分地了解煤炭生产的全过程，晋华宫矿开设了井下探秘游项目。目前井下职工采煤工作面现场可供游人参观游览。对外开放的生产工作面距地表深度300米，游客可乘坐罐笼进入矿井（目前晋华宫矿矿井的开采方式有两种：斜井和立井，罐笼是立井的升降运输装置）。这个井口担负着全矿人员、设备、物料、矸石等进出的任务，使用的是国内目前最先进的提升装置。然后从环形刀式的井底车场到达采煤工作面，它位于大井口12层301盘区，距地表304米。主要设备有：采煤机、刮板运输机、皮带运输机、液压支架。井下作业情况可以显示在地面调度指挥中心的电子模拟盘上，从而使运输、割煤、选煤、瓦斯等一目了然。晋华宫矿还建成了其他旅游配套服务设施，如桑拿洗浴中心和晋福国酒家，并开发了大同特色旅游纪念品——煤雕。它的原材料选自距今1.4亿年的侏罗纪煤矸石。

# 农　林　水　利

## 种植业

**【概述】** 1. 农作物种植面积扩大，粮食作物面积增加。2006 年，全省农作物总播种面积达 3822.93 千公顷，比 2005 年增加 27.58 千公顷。由于继续增加对种粮农民的补贴资金，扩大补贴作物范围，加之粮食价格仍保持较高水平，农民种粮积极性高涨，粮食种植面积继续增长。全省粮食播种面积达 3121.94 千公顷，比 2005 年增长 2.91%。分品种，小麦由于播种期间降水正常，面积继续恢复性增长，达到 733.04 千公顷，比 2005 年增加 1.67%，是山西近四年来种植面积最多的一年。玉米由于种植效益相对较高，播种面积继续大幅增长，达到 1225.61 千公顷，比 2005 年增长 3.54%，占全省粮食播种面积的 39.26%，再创历史新高。谷子、豆类播种面积分别为 231.37 千公顷和 358.03 千公顷，分别比 2005 年增长 6.85%和 3.40%。薯类播种面积 340.8 千公顷，比 2005 年下降 3.72%。

2. 经济作物面积下降。受玉米等粮食面积增加的影响，经济作物面积减少。2006 年全省经济作物播种面积 700.99 千公顷，比 2005 年减少 60.77 千公顷。分品种看，除棉花外，油料、蔬菜、药材等都有所减少。棉花由于价格上升，农民植棉积极性较高，种植面积 109.13 千公顷，比 2005 年增加 11.98%。蔬菜面积 243.23 千公顷，比 2005 年减少 0.69%，连续四年呈下降趋势。油料面积 225.09 千公顷，比 2005 年减少 17.66%，是 1979 年以来最少的一年。药材由于市场价格不稳定，面积继续减少，2006 年全省药材栽植面积为 29.38 千公顷，比 2005 年减少 6.91%。

3. 粮食生产获得丰收。2006 年，全省气候条件较好，除北部秋粮遭受早霜危害外，没有发生干旱大的自然灾害，粮食产量大幅增长。2006 年，全省粮食总产量达到 107.33 亿公斤，比 2005 年增加 9.74%，为山西省历史上第三个高产年。夏粮、秋粮的总产、单产均有较多增加。2006 年全省夏粮总产量 25.53 亿公斤，比 2005 年增产 24.23%。其中，小麦总产量 25.24 亿公斤，比 2005 年增产 24.77%，保持了近年来的较高水平；小麦每公顷平均产量 3443 公斤，比 2005 年增加 638 公斤。秋粮总产量 81.80 亿公斤，比 2005 年增产 5.89%，创历史新高。其中，玉米总产量 64.76 亿公斤，比 2005 年增产 5.11%，为历史最高水平，占全省粮食总产量的 60.34%；玉米每公顷产量 5284 公斤，比 2005 年增加 79 公斤。全省粮食每公顷平均产量 3438 公斤，比 2005 年增加 214 公斤，是历史上仅次于 2004 年的第二个高产年。谷子、高粱、燕麦、荞麦、糜黍、豆类和薯类均比 2005 年增产。

4. 棉花生产继续恢复性增长，蔬菜、油料产量均有不同程度下降。2005 年全省棉花总产量达 11.78 万吨，比 2005 年增产 14.48%；由于主产区气候条件较好，病虫害发生较轻，单产大幅度提高，每公顷平均产量 1080 公斤，比 2005 年增加 24 公斤，达到历史最高 2004 年的水平。蔬菜、油料总产呈下降趋势。2005 年全省蔬菜总产量 87.87 亿公斤，比 2005 年减产 2.53%；每公顷平均产量 36125 公斤，比 2005 年减少 683 公斤。全省油料总产 19.19 亿公斤，比 2005 年减产 9.74%；每公顷平均产量 852 公斤，比 2005 年增加 74 公斤。

5. 水果生产大幅增长。2006 年，全省继续加快低劣果园的淘汰和改造，水果栽植面积达到 270.15 千公顷，比 2005 年减少 3.41%；总产量达到 27.26 亿公斤，比 2005 年增产 11.03%，创历史新高。分品种看，由于气候条件有利，加之是苹果

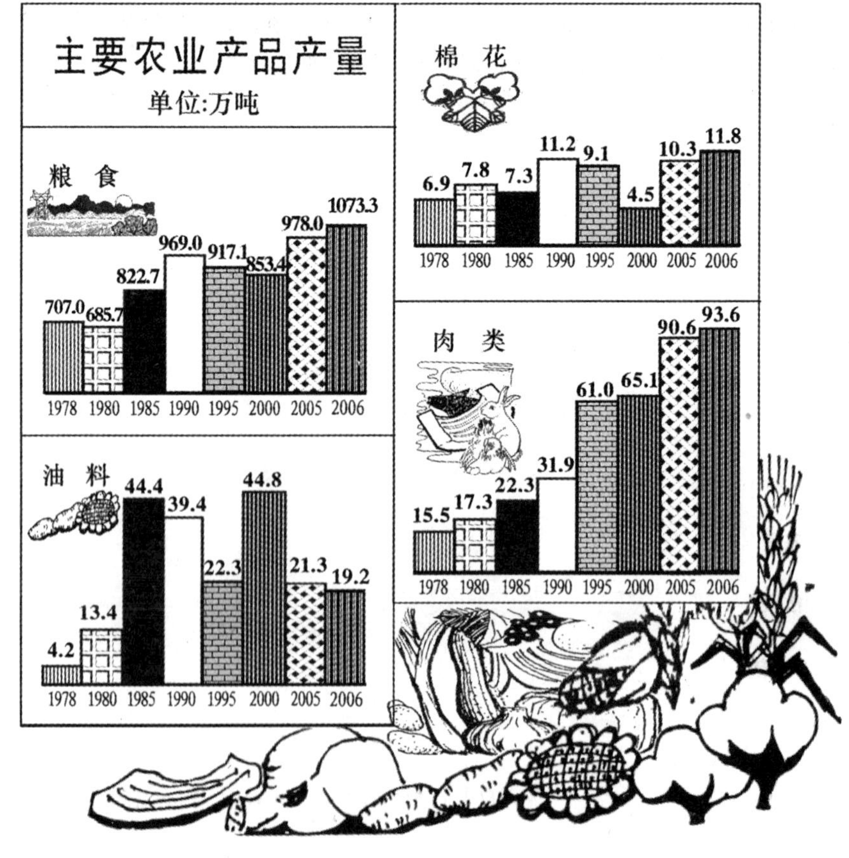

生产的大年，全省苹果总产量达到18.67亿公斤，比2005年增产23.31%，占全省水果总产量的68.50%。而梨以及葡萄、桃、杏等由于花期遭受冻害，产量均有所下降。 （张软斌）

**【自然灾害】** 1.冻灾。受西伯利亚强冷空气的影响，4月11日至12日全省普降小到中雨雪，同时伴随着5—6级的大风天气，气温下降20℃左右，全省有近30个县最低气温降至0℃以下，其中隰县最低温度为-4.8℃，零度以下的低温持续时间达12小时之长。当时正值小麦拔节和果树开花期，降温对农业生产特别是小麦和果树造成了极大危害。受冻小麦叶片萎蔫，部分地区小麦受降雪与大风的影响，出现倒伏。水果受冻主要是中北部的梨、葡萄、杏等，产量和质量受到明显影响。据统计，全省农作物受灾面积达32.33万公顷，成灾面积达20.07万公顷，绝收面积2.09万公顷。在受灾作物中，小麦受灾面积11.71万公顷，严重受灾面积4.69万公顷，绝收0.87万公顷；果树受灾面积11.64万公顷，严重受灾面积6.95万公顷，绝收1.17万公顷。据估算，这次冻灾造成直接经济损失达到15.1亿元。

2.病虫灾害。2006年全省农作物病虫总体为中等发生，全年病虫草鼠发生面积0.095亿公顷次，比2005年减少20万公顷次。特点是：病虫发生期推迟，为害盛期短，地区差异较大；南部重于北部，经济作物病虫重于粮食作物病虫；小麦病虫重于玉米病虫；喜湿性病虫重于喜旱性病虫；除少数病虫在局部造成灾害外，程度轻于近年。与2005年相比，小麦吸浆虫，棉花枯萎病、铃病，玉米丝黑穗病、果树腐烂病、苹小卷叶蛾及杂草发生程度和面积是近年来较重的一年。

与2005年相比，小麦吸浆虫，棉花枯萎病、铃病发生程度和面积是近年来最重的一年；玉米丝黑穗病发生态势加重，发生面积12.6万公顷，长治市局部重病田发病株率高达25%～30%；果树腐烂病呈中等偏重流行，发生面积13.06万公顷；苹小卷叶蛾为大发生，是近5年来发生最重的一年，一般果园枝稍被害率在10%～18%，严重的达60%以上。此外，山楂叶螨和斑点落叶病、苹果褐斑病呈偏重发生；麦田杂草大发生，发生面积54万公顷，南部重发生麦田禾本科恶性杂草每平方米达到200株，密度超过小麦，成为南部小麦生产一大生物灾害。

面对灾情，各级各部门积极开展抗灾救灾工作。一是加强组织指导。年初山西省农业厅制定了《山西省农作物重大病虫应急防治预案》，4月26日下发了《加强冻后田间管理的紧急通知》，6月19日又下发了《关于做好当前重大病虫防治工作的紧急通知》，组织干部和技术人员深入受灾地区，核实受灾情况，指导抗灾救灾工作。二是加强病虫监测预报。全省30个病虫中心测报站严格执行定期汇报制度，全部实现了病虫信息网络传输，病虫监测数据上报率达到85%，预报准确率达到90%以上，确保了病虫动态信息的及时准确。三是推广无害化治理技术。3月中上旬，山西省农业厅组织开展了蝗虫综合治理技术、果树病虫无害化治理技术培训；6月中旬，又在晋中市召开山西省蔬菜病虫无害化控制示范现场会，示范推广频振式杀虫灯、性诱芯、黄板诱蚜、生物杀虫剂等高新技术。四是采取针对性的防冻抗冻措施。对受冻小麦及时追施速效化肥，促苗早发，以提高高位分蘖的成穗率。尤其是水地抢时浇水，结合浇水重施速效氮素化肥。对受冻果树立即停止疏花疏果，采取保花保果措施，大力推广人工辅助授粉和蜜蜂授粉技术；树体喷施或主干涂抹叶面肥等，增强树体抗冻能力，提高座果率；加强水肥管理，对开花量大、树势较弱及萌芽前施肥不足的果园，结合灌水追施尿素或复合肥料。 （张软斌）

**【存在问题】** 1.生产资料价格上涨，农业生产成本增加。2006年受燃油等费用上涨的影响，化肥、种子等生产资料价格仍居高不下。据在运城、临汾等地调查，2006年农用柴油价格由4.05元/升上涨到5.00元/升，致使收割机每公顷收小麦费用达到450～600元，比2005年同期高出近一倍。生产资料价格上涨抵消或部分抵消了国家粮食直补、生产资料综合补贴等带给种粮农民的好处。

2.小麦价格下跌，影响了农民的种植积极性。2006年8月份以来，小麦市场价格持续走低，运城、临汾等地小麦价格为1.38元/公斤，比6月份下降10%，比

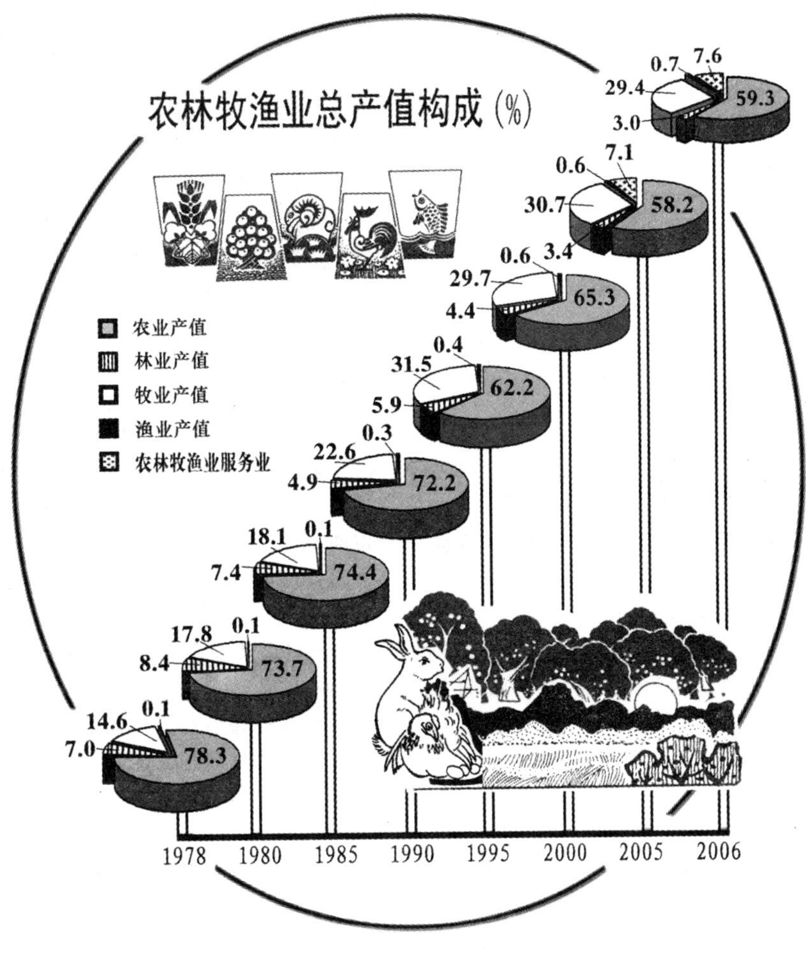

2005年同期下降15%。据测算，按2006年平均230公斤的单产计算，因小麦价格下跌，农户种植小麦亩均纯收益减少60元左右。受小麦价格下跌的影响，2007年全省秋播小麦面积下降。

3. 果蔬产业化程度低，市场竞争力不强。首先由于农民组织化程度较低，仍然存在互相压级压价，争相出售的问题，影响了收入的增加；其次是对先进技术推广应用还存在认识上的偏差，新品种、新技术推广应用缓慢，如果实套袋技术，很多果农只愿意用投入较低的塑料袋而不用纸袋，造成果品质量较低，也影响了收入的增加；第三是无公害生产技术普及率较低，影响产品质量和市场竞争力。

4. 棉花生产不稳定，科技植棉水平有所下降。由于植棉收入的增长幅度小于生产资料上涨的幅度，农民投入积极性不高不稳，导致科技植棉水平下降，品种的多、乱、杂问题比较突出。据不完全统计，目前全省推广的抗虫棉品种就有30多个，品种乱引乱调现象非常严重，品种多、乱、杂问题又有所回头。此外，受国际棉花市场变化等因素的影响，棉花生产的波动性变化较大，导致棉花生产不稳定。 （张钦斌）

【主要工作】 1. 加强对农业和粮食生产的组织指导。2006年，全省认真贯彻中央1号文件，狠抓各项政策措施的落实。利用报纸、电视等各种新闻媒介，把中央1号文件中对种粮农民实行直接补贴、加强农业综合生产能力建设等政策，传递给广大农民和基层干部，鼓励和调动农民种粮的积极性。年初在下发粮食生产意见时，将286.67万公顷的粮食面积、90亿公斤的粮食产量分解到各市，并签订了目标责任状，增强各级领导抓粮食生产的责任感。农民种粮积极性的提高和各级政府的重视，确保了2006年粮食播种面积的落实。针对严重的干旱，全省各级各部门积极投入到抗旱保麦保春播工作中，4月14日省政府在长治召开了以抗旱保春播、抗旱保小麦为主要内容的全省春季农业生产现场会议，农业厅下发了《关于做好抗旱保小麦保春播工作的紧急通知》，对“一抗两保”工作进行了部署。在农业生产的关键时节，组织干部、技术人员下乡指导抗旱工作，督导检查粮食直补及良种补贴工作，及时发现和解决工作中存在的问题，确保全年农业生产的顺利进行。

2. 进一步加大对种粮农民的补贴力度。2006年在继续增加粮食直补资金的基础上，新增加生产资料增支综合补贴资金。省级共安排粮食直补资金22060万元，比2005年增加860万元，对种植小麦的农户每公顷补贴150元，种植玉米、谷子的农户每公顷补贴75元；中央、省安排柴油、化肥等农业生产资料增支综合直补资金32194万元，对种植小麦的农户每公顷补贴150元，种植玉米、谷子的农户每公顷补贴105元，其他杂粮每公顷补贴75元。为把政策落到实处，各级财政、农业部门组织开展了粮食直补工作检查，设立举报电话，并对群众举报的10多起不核实面积或违规操作的事件进行了查处。

3. 继续推进以“两区”为重点的农业结构调整。围绕蔬菜、水果和小杂粮三大优势产业，以规模化、优质化、标准化和产业化为重点，促进优势产业向优势产区集中，提高农产品的整体素质和综合效益。中南部无公害果菜产业区蔬菜面积分别占全省蔬菜总面积、总产量的58.4%和65.6%，保护地蔬菜栽培面积占到全省面积的70%以上。区内20个重点县苹果面积、产量分别占到全省水果总面积、总产量的66.5%和89.3%；品种结构进一步优化，美国8号、皇家嘎拉、粉红女士、红将军等早熟品种占到苹果总面积的17.2%，比2005年增长6.4个百分点。出口水果达到7.5万吨，比2005年增加1.4万吨。东西两山优质小杂粮产业区小杂粮面积、产量分别占全省小杂粮面积、产量的58%和63%。在“两区”建设中，把重点放在标准化生产上，提高农产品质量。2006年全省新认证无公害农产品、绿色食品、有机农产品266个，产地认证面积27.19万公顷。全省农产品农药残留超标率继续控制在10%以下。大力开拓国内外市场，组织果业龙头企业参加了俄罗斯圣彼得堡水果展销会及中国国际农产品交易会，扩大了山西果品的知名度。2006年全省出口水果8.2万吨，其中出口苹果7.5万吨。

4. 积极做好小麦、玉米良种补贴与苹果套袋关键技术补贴工作。2006年，中央、省用于良种补贴与技术补贴的资金达到3420万元。其中，中央安排小麦良种补贴资金1100万元，对南部的临猗、永济、襄汾等11个县的7.33万公顷优质小麦进行补贴，每公顷补贴150元；中央安排苹果套袋关键技术补贴资金340万元，比2005年增加20万元，对平陆、万荣2个县0.11万公顷果园进行补贴。省财政继续安排良种补贴资金2000万元，其中1000万元用于6.67万公顷优质小麦良种补贴，每公顷补贴150元；500万元用于16.7万公顷小麦良种繁育基地补贴，每公顷补贴450元；500万元用于6.67万公顷优质玉米良种补贴，每亩补贴5元。补贴对象为重点县内连片种植优质玉米品种的农户和示范区种植优质小麦品种的农户。按照农业部、省财政厅的有关要求，制定了良种补贴、苹果套袋补贴项目实施方案及资金管理办法，并对供种、供袋企业进行公开招标，保证了项目的顺利实施。在小麦、玉米良种补贴上，完善和改进了补贴办法，采取向农户发放补贴券，减少中间环节，让农民直接受益。

5. 推广优良品种与先进实用技术。全省共组织实施了36种农作物700多个品种500多个试验点的区域试验与生产试验及13种农作物557个品种87个点的国家区域试验。全年共审定农作物品种101个，涉及21种农作物。2006年全省农作物良种推广面积达到311.33万公顷，占总播种面积的96.1%，其中优质新品种面积110万公顷，优质化、专用化、特色化品种推广率达到35%左右。全省种植业重点推广的13项重点技术取得新的进展。根据农业部安排，在全省范围内开展了测土配方施肥春季、秋季行动，2006年开展9个国家级测土配方施肥试点县工作，每个县投入100万元。全省以冬小麦、玉米、棉花为主的测土配方施肥技术面积达到76.67万公顷，亩均增收节支43.8元，亩均节肥1.5公斤(纯养分)。测土配方施肥工作得到农业部的肯定，两次在全国会议上介绍了经验。推广W膜盖集雨补灌高效种植、集雨补灌等新技术3万公顷。建设优质水果示范园0.18万公顷、优质桑园0.10万公顷、GAP中药材示范基地0.09万公顷。建设省级小麦、果树、蔬菜等病虫无害化治理示范区划12个，控制病虫发生面积0.45万公顷，对降低农药残留起到很好示范带动作用。

6. 抓好以2000万亩耕地综合生产能力建设为重点的农业工程。2000万亩耕地综合生产能力建设工程是“十一五”期山西农业的重点工程。2006年2月28日省政府下发了《山西省人民政府关于实施2000万亩耕地综合生产能力建设工程》的意见，并于4月14日在长治市召开了工程启动现场会。9月份，省政府办公厅又正式发文成立了“2000万亩耕地综合生产能力建设工程”项目领导组、专家组，此项工作全面展开。2006年在全省60个县建设高标准旱作农田、节水灌溉高产高效农田、盐碱地综合治理农田109.6万亩，辐射推广433万亩，建立千亩以上示范区150个，项目区农业生产明显改善，土壤有机质含量平均提高0.03—0.05个百分点，工程亩均增产粮食70公斤，辐射田亩均增产粮食45公斤。同时，继续抓好中低产田改造工程及种子工程、植保工程、农产品质量检测工程的建设。利用省级土地出让金1700万元，在11个县改造中低产田6.8万亩。

7. 依法抓好农资市场监管。在抓好化肥、农药、种子的登记、换证等工作的基础上，重点加大执法力度，对农资生产、销售相对集中的地区以及批发市场、集散地，特别是农村集贸市场都进行了重点检查，严厉打击各种假冒伪劣农资坑农害农行为，依法查处一批有影响的案件，保证农民用上放心农资。全省共抽查83家企业生产经销的124个批次种子，代表种子数量204.3万公斤，合格率均达到96%以上；对屯玉种业、天元种业、强盛种业与农民种子纠纷案件进行了处理，保护了农民和企业利益，消除了因种子引发的群体上访案件。对34个农药经营单位的66个样品进行质量抽检，合格率为75.8%，比2005年提高15个百分点；对124个农药经营单位的424个产品进行标签抽查，合格率为77.8%，比2005年提高11个百分点；对襄汾县非法生产农药的窝点——襄汾县科锋化工有限公司进行了查处。对全省162个生产企业、2940个肥料经营网点进行了检查，查处外省肥料未在山西注册备案产品55个，查处伪劣肥料2100吨，挽回经济损失147万元。

（张软斌）

## ·粮食生产·

**【山西粮食生产为历史上第三个丰收年】** 2006年，山西省粮食产量达到107.33亿公斤，为全省历史上第三年高产年，也是第四个突破百亿公斤的年份。粮食获得丰收的主要原因：一是加大对种粮农民的直补、生产资料综合补贴力度，调动了农民的种粮积极性。二是气候条件相对有利，没有发生严重的自然灾害。2006年气候条件总体上有利于粮食生产，除北部部分地区大秋作物春播遭受干旱、早霜冻造成一定影响外，没有出现大的自然灾害。夏粮和秋粮两季都获得丰收，是风调雨顺的年份。三是推广了优质品种和农业先进实用技术，提高粮食单产水平。2006年全省加大了优质品种、地膜覆盖、测土配方施肥、保护性耕作等技术的推广力度，加之气候条件有利，粮食单产水平有所提高。四是调整作物种植结构，增加了玉米种植面积。由于玉米价格好，农民种植积极性高，仅增加玉米种植面积一项，可增加粮食产量近3亿公斤。 （张软斌）

**【农业部表彰粮食生产先进单位和个人】** 2006年，在北京召开的全国农业工作会议上，农业部对全国粮食生产先进单位和个人进行表彰奖励。洪洞县、原平市、泽州县、屯留县、朔城区被授予粮食生产先进县称号；永济市农民刘银胜被授予全国粮食生产大户标兵称号；清徐县农民陈万荣、忻府区农民张光荣、襄垣县农民郝宝宏、定襄县农民张存荣、蒲县农民孙蒲元被授予全国粮食生产大户称号。农业部奖励刘银胜价值10万元的拖拉机一台。

（张软斌）

**【山西与黑龙江签约粮食购销合作】** 2006年，山西省与黑龙江省本着优势互补、资源共享、互惠互利的原则，加强粮食经济合作，组织粮食局、粮食经销商、粮食市场、军粮供应中心等签订粮食购销合同，建立起省际粮食购销合作关系。协议约定，山西省每年从黑龙江省采购粮食5亿公斤，充实地方储备粮库存和用于市场供应，主要品种为大米和大豆；黑龙江省每年从山西省采购粮食2.5亿公斤，主要品种为小杂粮。购销协议的签订为两省之间建立起长期稳定的粮食购销关系奠定了基础。 （兰惊雷）

**【陵川县小杂粮成大气候】** 陵川县通过政策带动、资金激励、良种推广等措施，大力推进小杂粮的产业化发展。积极争取农业资金对0.2万公顷中低产杂粮工程田进行了基本农田建设，先后引进谷子、土豆、同薯、晋薯等优良品种，建立了谷子以5个乡镇为中心，土豆以7个乡镇为中心的良种繁育基地和示范区。2006年，全县小杂粮优质品种及新技术的覆盖率达到了80%，商品率达65%。同时，大力发展杂粮加工企业，陵川太行阿珍食品有限公司经过改制，建成精品小米加工生产线；在平城镇建起了集种薯繁育、淀粉生产和销售为一体的高科技农业产品加工企业古陵山淀粉有限公司，采用国际最先进的自动化可编程系统控制土豆淀粉生产，年可转化土豆万吨，生产精制淀粉1.7万吨；新建“五色土”小杂粮公司。2006年全县小杂粮产业开发项目实施范围覆盖了全县所有乡镇、82%的村、70%的农户，据统计，2006年种植面积达到5.67千公顷，其中土豆3.67千公顷，谷子2千公顷，小杂粮产业收入可达7000万元，农民人均杂粮收入300元。

（兰惊雷）

**【泽州县粮食产量创历史新高】** 2006年全县粮食播种面积66.07千公顷，比2005年增加0.19千公顷，全年粮食总产为24.5万吨，比2005年增产0.02万吨，创历史最高水平。全县提供商品粮14.43万吨，人均占有粮食322.5公斤。在发展粮食生产上采取的主要措施：一是推广农业先进适用技术。2006年全县良种覆盖

忻州市河曲县
黄河娘娘滩农田
刘良 摄影

率达到99%，测土配方施肥面积在40千公顷以上，病虫草害综合防治面积在40千公顷以上，机械作业面积在33千公顷以上。二是抓粮食加工转化。建成了县原种场、南村镇浪井优质小麦面粉加工厂、巴公双马“另一面”食品有限公司、北义城朝阳饲料厂等龙头企业，年转化粮食15万吨以上，饺子、面条专用粉、朝阳饲料厂的饲料等产品，远销国内23个城市，成为省级龙头加工企业，签订订单面积1.33余万公顷。三是农业部门搞好服务。县农业局成立了农业专家门诊，并在机关建立了信息服务窗口，设有专用入网微机4台，中高级专业技术人员3人，为农民无偿提供技术、价格、政策、科教等信息。2006年共为农民提供各种信息278条，解决生产难题46项。四是加强组织领导。县里成立了粮食生产领导组，组长由县长担任，农业、水利、农机、财政等单位主要领导为成员，领导组成员分包乡镇，多次召开粮食生产会议，粮食生产关键环节现场办公。（张钦斌）

忻州市定襄县瓜豆田 刘良 摄影

【种粮状元——刘银胜】 永济市开张镇高淮村农民刘银胜，从1993年开始承包耕地，到2004年发展到包括黄河滩地在内的170.66公顷耕地，在农业部门的帮助下，依托科技创新，调整优化品种结构，种植小麦、玉米、高粱等优质专用粮食作物。2006年种植优质小麦“济麦19”170.67公顷，种植“晋杂12”高粱130.67公顷，其余40公顷全部复播“郑单958”玉米，共生产小麦66.4万公斤，高粱78.4万公斤，玉米24.1万公斤，总产量达168.9万公斤，除去生产投入，加上国家粮食直补和综合补贴，当年收入130万元。市委、市政府宣传推广他种粮致富的经验，并作为农业科技示范基地，带动了黄河滩涂规模种粮，当年百亩以上种粮户发展到316户，构成全市粮食生产的重要组成部分，凸现了粮食生产增收致富的亮点，拉动了全市粮食生产的规模化、集约化经营。2005年受到省委、省政府表彰奖励，成为远近闻名的“种粮大户”。2006年被农业部授予“全国种粮状元”称号。（张钦斌）

## ·经济作物·

【山西芦笋出口量占全国一半】 2006年全省芦笋种植面积13.33千公顷，年产值近6亿元人民币。全省出口速冻芦笋及芦笋罐头882批次，货值4355万美元，芦笋出口量占到全国的一半。速冻芦笋出口较2005年增长37%，芦笋罐头则增长28%，加工产品的农民增收近1.8亿元。山西省芦笋的主要出口地是日本，2006年5月底日本施行“肯定列表制度”，该制度对食品、农产品中所有农业化学品残留物作了明确规定，一旦输日食品中残留物含量超过这一标准，将被禁止进口或流通。为此，省检验检疫部门帮助生产商了解该标准，保证了山西省芦笋产品在日本实施“肯定列表制度”后成功登陆该国市场。（兰惊雷）

【临猗县农民引种甜柿】 2006年，临猗农民师有帮助1200多户柿农把25万余公斤日本甜柿销往泰国，让柿农们发了甜柿财。师有，62岁，陈范村村民，原是位果品经纪人。1996年秋，他在广交会上发现日本特产甜柿紧俏——上乘品种阳丰三代5号，是个农民致富的高效益园林新品种。从此，他踏上了寻访引进该品种的征程，历经3年艰辛，最后在吉林农科院觅到。师有没有马上组织农民大批引进，而是在自家的0.33公顷责任田里经过3年实验，成功率达100%。2002年才在本县东张和万荣光华建立了5.33公顷示范园，逐年示范带动农民栽植280公顷。在农民掀起栽植热潮后，师有紧跟着推出了免费嫁接、免费指导管理、免费包销产品等系列化服务。（兰惊雷）

【武乡县洪水镇发展特色农业】 武乡县洪水镇充分利用区域优势，将东西两个地域、自然气候有显著特点的山区地带列入特色经济区。东山一带以窑湾、湾则等村为主的白灵菇种植，投资50万元，成立了武乡县新立菇业种植有限公司，从太原引进技术，以公司为龙头，采用“公司+基地”的方式和农户签订协议书，产前负责指导农户新建大棚，为每户提供扶持资金5000元，产中对农户进行技术培训，全程指导，产后负责收购全部产品。这一“公司+基地+农户”的联动生产经营模式，首期在湾则村发展白灵菇20棚23万袋，

忻州市矮植玉米 刘良 摄影

每棚收入达到2万余元。西山原广志乡一带脱毒马铃薯种植现已发展1.33千公顷。为了延伸产业链，增加产品附加值，2006年投资5000万元兴建一座年产2万吨的马铃薯淀粉加工企业，形成种植加工一条龙，产、购、销一体化的农业产业化发展格局。通过加工转化，年加工转化马铃薯3万吨，人均可增收近千元。

（兰惊雷）

**【山西省水果贮藏和加工业快速发展】** 2006年，山西省果品贮藏能力稳定增长，机械制冷和气调贮藏比例进一步提升。全省果品贮藏能力为189.77万吨，占现有鲜果产量的44.9%。其中气调贮藏能力3.42万吨，机械制冷贮藏能力40.5万吨，土窑洞加简易气调贮藏能力145.85万吨，分别占现有贮藏能力的1.8%、21.3%和76.9%。水果龙头企业不断壮大，果业产业化水平进一步提高。2006年，全省共有产值在800万元以上规模的水果龙头企业35家，其中贮藏销售企业13家，年总营销量32.5万吨；加工企业18家，加工量消耗原料水果149.9万吨。浓缩苹果汁年消耗原料苹果约144.9万吨，加工浓缩苹果汁约20.7万吨。

（张软斌）

**【芮城县永乐镇建设芦笋基地】** 为充分利用0.67多万公顷土质疏松肥沃、水质无污染、光照充足的黄河滩地发展高效农业，芮城县永乐镇党委、政府积极牵线搭桥，联系引进深圳大宝食品有限公司来该镇建设万亩芦笋基地。政府作担保，企业下订单，种子不要钱，回收保护价，实行订单农业，走“公司＋农户＋基地”的产业化路子。大宝公司投资60万元提供美国进口的优良芦笋种子，农户每公顷交600元保证金领取种子，在第二年收获后经公司验收产品，如数退还保证金。大宝公司投资2000万元在永乐镇建芦笋加工厂，2006年破土动工，2009年建成并投产。公司对农民种植的芦笋产品以每公斤3.5元—5元的保护价回收，企业承担风险，农民得到实惠。2006年，该镇有8个村的120户农民和大宝公司签订了400公顷种植合同。（兰惊雷）

**【阳城县寺头乡打造“华北蚕茧第一乡”】**

阳城县寺头乡坚持把“做大、做强、做优蚕桑产业”作为调整产业结构的基本思路，以规模化、省力化、高效化、产业化为发展方向，出台了一系列优惠政策，大力扶持全乡农民建设桑园和规模养蚕，促进蚕桑业的持续发展。一是对蚕农购买蚕种每张补助32元，加上县政府补助的5元，蚕农无偿使用蚕种；二是每年投资130万元，为蚕农免费发放桑苗；三是每年投资10万元，组织专业技术人员为蚕农提供技术，喷洒农药防治病虫害；四是扶持大户，对养蚕在10张以上的农户每张奖10元，20张以上每张奖30元，30张以上每张奖47元，40张以上每张奖57元，提高了蚕农养蚕的积极性。乡里成立了蚕桑服务中心，形成公司＋农户＋蚕桑基地的方式，与蚕农签订收购合同，现金收购结算。2006年该乡四季养蚕共1.4万多张，产量达70多万公斤，收入达1891万元，加上栽桑育苗等综合收入达1980万元，仅此一项全乡农民人均收入达2015元。（兰惊雷）

**【吉县苹果带动相关产业发展】** 吉县苹果不仅远销广东、北京、广西等20多个省份，还出口到俄罗斯、越南等国，经济效益明显，已成为该县第一大支柱产业。苹果产业的大规模快速发展，不仅提高了苹果本身的经济效益，而且拉动了当地科技服务、肥料、包装、运输、加工、餐馆、旅游、通信等相关行业的发展。每年苹果收获季节，全县参与苹果运输的车辆多达3000余台，直接或间接从事苹果种植、分拣、装运、销售的农民多达3万余人，全县销售苹果收入万元以上的农户超过3000户，3万元以上的农户超过200户，农民收入的40%来自“苹果产业”。苹果产业对农业生产资料的需求也十分巨大，每年可消耗农家肥1600吨，化肥330吨，果箱200余万个，果用袋2亿多个，果用字模1亿多个。苹果产业的大规模连片发展，还使吉县的生态旅游业得到了发展，每年果花飘香及摘果季节，都会吸引来远近游客前来观光摘果，无形中又拉长了“苹果产业”链条，增加了当地旅游业的收入。（兰惊雷）

**【临猗县农户供货世界名企】** 2006年，临猗县猗氏镇陈范屯村红皮籽甜石榴种植户李冬荣三喜临门，法国家乐福、美国沃尔玛、上海家得利三家世界驰名超市登门共签了18吨订单。他的产品全部被8家世界名企争购一空，成了世界名企的供货商，2公顷甜石榴收入25万元，每公顷收入12.6万元，跨入高效益果品行列。这在运城市农村还是首家。李冬荣1998年从新疆叶城引进这一特产，2002年注册“容嘉”牌商标，实行严格的标准化生产，2004年产品通过沃尔马检测，各项指标均达安全、卫生食品标准，开始得到外国企业的认可。（兰惊雷）

**【万荣县在全省独家种植辣根】** 辣根是一种从国外引进的特殊农作物，其根部可加工成特殊的调味品，具有杀菌消毒之功效，已逐步成为人们餐桌上重要的调料。2006年，万荣县在里望、南张、皇甫等乡镇水利条件较好的10多个村种植辣根153.33公顷，使山西成为全国种植辣根的三个省份之一。（兰惊雷）

**【万荣县早脆王红枣获“中华名果”称号】**

在2006年北京中国果品流通协会上，万荣县“后土”牌早脆王红枣经专家评审，荣获“中华名果”称号。早脆王红枣是2002年经国务院派驻扶贫工作组帮助引进万荣的。在此之前，该枣曾先后荣获运城市人民政府、山西省农牧厅、中国农科院联合举办的第5届新技术新产品展示展销会“名优展品奖”，山西省“优秀农产品奖”、“十佳品牌产品奖”及中国杨凌第12届高新科技成果博览会“后稷奖”。

（兰惊雷）

**【临县红枣总产突破1亿公斤大关】** 2006年临县红枣面积达53.33千公顷，总产量突破1亿公斤大关，创历史最高纪录，枣区13个乡镇30万人口人均仅红枣收入超出1500元。近年来，临县狠抓示范园建设，施行枣草、枣药间作，引进枣园放蜂、红枣气象、生态防虫等新标准化生产新技术，每年以4千公顷的速度发展密植优质枣园，品种多达100余个。特别是实施红枣生产安全化、无公害化后，克虎寨镇2千公顷有机红枣林通过了国家70多项质量指标严格检验，成为全国首家通过中国认证中心红枣质量认证的红枣产区。同时，全县还建起以天渊、鸿潮、碛口红、奥华、鸿腾、红星联等为龙头的红枣加工业，辐射带动了30多个企业，形成年加工转化3000多万公斤优质红枣加工体系，打造出“芪杞枣、枣圣、枣汁”等30余种红枣系列品牌。临县红枣系列品牌销售网络建设初具规模，10多个驻外办事机构、1100余个固定销售点、5000余人的销售队伍，其销售网络遍布全国。

（兰惊雷）

**【太谷红枣标准化生产见效益】** 太谷县着眼红枣资源优势，加快推进标准化种植，把红枣产业作为加快农业结构调整、增加农民收入的重要手段。太谷县先后制定了《太谷壶瓶枣生产技术规范》、《太谷壶瓶枣产品标准》等地方标准，对太谷壶瓶枣适宜栽培的基本自然条件、育苗、建园、栽培管理、果实采收、主要病虫害防治等都进行了严格的规定。并编制《太谷壶瓶枣的理化、感官等质量特色》、《太谷壶瓶枣与产地的自然因素》等资料，聘请山西农大教授举办各种培训60余次，培训人员达1000余人，示范区全面实施标准化生产管理模式，提高了红枣的产量和质量，为提升太谷红枣产业起到了较大的推动和促进作用。2006年全县枣树种植面积已发展到近2万公顷，产量2000公斤，产值8000万元，全县枣农人均收入增加180元。农业部农产品质量安全中心对太谷壶瓶枣产品进行了无公害农产品认证。2006年5月，太谷县政府、太谷县质量技监局积极开展了太谷壶瓶枣地理标志产品保护申报工作。 (兰惊雷)

**【东桑西移工程在山西省实施】** 2006年，商务部为贯彻落实中央、国务院关于建设社会主义新农村、推进西部大开发、促进中部地区崛起的战略方针，巩固发展我国特有的草率丝绸资源优势，决定从2006年起，实施“东桑西移”工程。该工程是商务部“十一五”期间实施的一项惠农工程，山西省商务厅同晋城市、运城市共同努力，争取到由晋城市丝麻集团有限责任公司和阳城县蚕种场合作的蚕桑基地、垣曲县泉鑫茧丝绸有限责任公司和山西省蚕桑研究所合作的蚕桑基地。

(张软斌)

## ·技术推广·

**【屯玉种业拥有自主开发权品种和通过国家审定品种的数量居全国同行之首】** 山西屯玉种业科技股份有限公司依靠自主创新，为山西省在全国玉米种业市场竞争中赢得了强大的优势，成为全国同行业的擎旗者。2006年5月18日，他们又有6个新品种通过了国家审定，通过审定的品种数量居全国各大种业公司之首。至此，屯玉共拥有了自主开发权的玉米杂交种66个，其中通过国家审定的玉米杂交种24个，拥有自主开发权品种和通过国家审定品种的数量居全国同行之首。其系列产品已在欧美和东南亚等国家和地区引种试验，10多个产品区域试验表现突出。自主创新使屯玉在全国同行竞争中赢得了绝对的优势，产品销量保持了年均20%的增幅，在全国市场的占有份额近3年提高了3个百分点，其“屯玉”商标也成为“中国驰名商标”。 (兰惊雷)

**【屯玉种业入选全国种业十强】** 在2006年10月下旬召开的第四届全国种子信息交流暨产品交易会上，山西屯玉种业与中国种子集团、袁隆平农业科技公司等共同晋升“2006年中国种业十强”。这标志着山西省种业已经进入全国领先行列。屯玉作为“农业产业化国家重点龙头企业”，年销售玉米种子6000多万公斤，并且是全国种业唯一拥有“中国驰名商标”、“中国名牌产品”的企业，承担多项国家级重大科研项目。屯玉也是我国为数不多几个打入欧美市场的企业之一。此次晋升十强标志着山西种业的又一次突破。

(兰惊雷)

**【测土配方施肥取得显著成效】** 在测土配方施肥工作中，山西省按照农业部测土配方施肥技术方案要求，紧紧围绕“测土、配方、配肥、供肥、施肥指导”五个重点环节开展工作。2006年，全省共制作、发放施肥建议卡75万份，推广应用配方肥26万多吨，免费为100多万户农民提供了测土配方施肥技术服务。为了加强配方肥质量管理，全省配方肥定点生产企业实行了统一配方肥商标、统一签订协议、统一建立销售网点、统一质量抽检、统一规范服务的“五统一”管理模式。据统计，全省共推广冬小麦、玉米、棉花为主的测土配方施肥面积766.67千公顷，项目区每公顷平均增产粮食472.5公斤，每公顷节肥22.5公斤(纯养分)，每公顷增收节支657元；总增产粮食3.62亿公斤，总节肥1.73万吨，总增收节支5.04亿元。

(兰惊雷)

**【永济市百名农科专家活跃田间地头】** 2006年春耕生产大忙之际，永济市从农业、畜牧、农机、水利、林业等部门抽调100余名专业技术人员，组成十支科技服务队，深入农村一线支农帮农，每名工作队员都结合自己的专业特长，通过“传、帮、带”的形式，为农民提供优质服务、传授科技知识，采取包人联户的方法，培养选拔了一支200余人的农村实用人才后备队伍。同时，他们还利用广播、电视、板报、讲座等形式向群众宣传推广农业新技术，对农民在生产中遇到的实际困难，他们手把手现场指导，面对面释疑解惑，受到农民群众的一致欢迎。 (兰惊雷)

**【农作物品种审定工作再上新台阶】** 2006年1月、2月、8月山西省组织召开了玉米、经济作物、瓜菜、杂粮、果树、小麦品种审定会议，共审定品种101个，涉及21种作物。其中玉米品种38个，经济作物4种13个品种，瓜菜作物5种21个品种，杂粮作物7种15个品种，果树作物2种3个品种，小麦稻类作物2种11个品种，是近年来审定品种最多的一年。同时对外省审定通过申请在山西省同一适宜生态区引种的品种进行了专家评审，共有玉米、棉花、向日葵3种作物23个品种审议通过。这些品种的审定推广为推进农业结构调整、促进全省农业生产发展奠定了品种基础。 (张软斌)

**【太谷县举办第六届农业科技节】** 2006年3月1日，太谷县举办第六届农业科技节，为当地农民送上了春耕备种时最需要的科技大餐。科技节农民在市场内，有的挑选自己需要的种子，有的向专家们咨询，甚至和专家约好了进村讲课的时间，也有的在仔细看各种各样的宣传材料。科技节也给商家带来了同样的机遇，省内外的知名农药、种业、农机生产厂家云集科技节，直接向农民朋友展示新产品、新机械。 (兰惊雷)

**【清徐县兴建农业有害生物预警与控制站】** 清徐县农业有害生物预警与控制区域站建设项目总投资307万元，其中国债资金255万元。该项目可控制农业有害生物的蔓延危害，实现对有害生物的可持续治理，从而保证清徐县农作物生产安全和质量安全。项目建成后，可有效增强清徐县及周边地区农业有害生物预警控制能力，使该县病虫预报准确率达到90%以上，预报覆盖面达到70%以上，指导防治面积120千公顷次，病虫预报的时效性明显加快，减少农药用量近40吨。同时可有效增加该县病虫应急防治能力，新增应急防治面积13.33千公顷，病虫防治效果提高5个百分点，年直接挽回经济损失和节约防治经费50万元。 (兰惊雷)

【山西农大再编科普图书服务农民】 2006年3月27日，山西农业大学召开专门会议，动员100位教师积极承担74种涉及农业科技、农业经济、政策法规和农民培训等方面的惠农科普新图书，并要求把这一套丛书编写成农民“看得懂、用得上”的高水平科普图书。这是继2005年完成“万家农村图书室外工程”33种图书共约500多万字的编写任务后，山西农大的又一惠农举措。 （兰惊雷）

【山西省农科院培育出两个彩棉新品种】 山西省农科院棉花所彩棉课题组经过5年时间攻关，成功培育出两个彩色棉花新品种。这两个品种已经被陕西省农作物品种委员会审定并命名为“运彩N8283”和“运彩N3738”，填补了山西省在彩棉研究领域的空白。其中，“运彩N8283”纤维为深棕，色调柔和美观，抗病抗逆性强，对棉铃虫和棉蚜虫等害虫具有抗耐性，每公顷产皮棉达到939公斤；“运彩N3738”纤维为深绿色，每公顷产皮棉910.5公斤，比主流品种“新疆彩棉3号”增产21.7%。农业部纤维品质标准检测中心测定两个品种均达到国际质量标准。

（兰惊雷）

【长子县围绕科技抓备耕】 2006年春耕大忙季节，长子县组织涉农部门技术人员深入到399个行政村，为农民送技术、送信息、送良种、送化肥，提供春耕备耕前的科技服务。一是科技备耕。成立了农业技术培训领导组，抽调农业、畜牧、科技部门30余名技术人员深入生产一线，举办科技培训50多场，培训农民2万余人，发放“生贵式移动大棚”技术光盘2000张，技术手册2500册。二是物资备耕。县种子公司引进农大364、农大95、中金368三个玉米优种，备种达60万公斤。县农资公司还从山东、太原等地调回化肥、地膜等物资，备足货源，销售网点遍布全县14个乡镇。三是政策备耕。通过电视、广播、报纸等多种形式大力宣讲支农惠农、扩大种粮补贴、取消农业税的相关政策，极大地调动了农民种粮的积极性，力求抓好春耕备耕，增加农民收入。 （兰惊雷）

【太谷县组织百名科技人员服务农民】 2006年，太谷县组织农业、蔬菜、林果、水利等方面的专家及技术人员100余名，按照“科技人员直接入户、良种良法直接入田、技术直接到人”的要求，在全县范围内开展了“百名科技人员百日支农服务”活动。此次活动由太谷县农委牵头组织，各涉农单位科技人员分成多个小组，深入田间地头，以无公害农产品、绿色有机食品生产技术、农业标准化生产技术、市场营销、农村政策为主要内容，为农民群众搞培训、讲技术、作咨询，重点解决农民在生产中遇到的种子、农药化肥、技术、信息等方面的困难，为构建和谐新农村、促进农民增收奠定了基础。

（兰惊雷）

【河津市坚持科技先行促增收】 2006年，河津市多层次、全方位宣传农业科技知识，在市电视台开辟《农村天地》专栏、在黄河之声广播电台开辟《希望的田野》专栏、在《河津风采》开辟农业科技知识专版；组织人员编印实用技术和科技致富信息10万余份，内容涉及农业、畜牧、林业等方面。编发《平衡施肥技术》、《杏树科学管理技术》、《芦笋病虫害防治技术》等通俗易懂的实用技术手册8000多册，深受广大农民欢迎。据统计，2006年全市采取多种方式培训农民2万多人次。引进农作物新品种80多个。如“金太阳”杏、甜糯玉米、“吨谷一号”谷子、五寸人参胡萝卜等新品种，有的经过试验示范已大面积推广。 （兰惊雷）

【长治市推进农业标准化建设】 长治市通过在涉农企业和广大农民中推广实施农业标准化，有效推动了当地农业产业化发展，带动了农民增收。全市形成国家级农业标准化示范区200千公顷，涉及200个龙头企业，覆盖45万农户，分别占全市耕地面积、龙头企业和农户总数的65%、70%和75%，农业标准化对农民增收的贡献占60%以上。 （兰惊雷）

## ·农民增收·

【农民人均纯收入首次突破3000元】 2006年全省农民人均纯收入首次突破3000元大关，达到3180.92元，比2005年增长11.04%。从收入来源看，工资性收入持续稳定增长，达到1373.34元，增长16.67%；家庭经营收入小幅增长，达到1622.86元，增长3.8%；财产和转移性收入大幅增长，达到183.72元，增长23.1%。在全省农民整体收入水平持续稳定提高的同时，各市农民收入普遍增加。太原、晋中、朔州、大同、吕梁5市增长幅度超过10%。太原、阳泉农民收入在4000元以上，长治、晋城、晋中、临汾在3500元以上。 （张软斌）

【“果园保姆”年收入上万元】 吉县吉昌镇尚家原村青年农民葛义榜，靠一手过硬的修剪果树和管理果园的技术，被几家果园承包经营户聘请为“果园保姆”，年收入上万元。葛义榜文化虽不高，但从事果园管理却已有20个年头，在管理果园上积累了丰富的经验。出于对果园管理技术的热爱，他曾经20多次参加了省、市、县、镇四级组织的技术培训，实践经验丰富加上跟名师学艺，使他成长为果园管理的行家，特别练就一手修剪果树的好技术。

（兰惊雷）

【陵川县标准化生产促增收】 2006年，陵川县对草食畜牧业、道地中药材、干（鲜）果经济林、精品小杂粮等四大特色大力实施标准化生产，促进农业产业化进程。四大特色主导产业逐步形成“龙头带基地、基地连农户以及生产、加工、销售一体化”的格局，尤以畜牧、药材发展更为突出。全县先后建成了130个标准化养殖园区，形成了晋陵、陵修、陵礼三条圈舍养殖产业带，畜禽饲养总量达到125万头（只），全县适度规模养殖户达到12000户，农民人均畜牧收入达到450元。全县中药材种植面积达到5.33千公顷，其中“四荒”种药2.07千公顷，中药材GAP标准化种植技术应用率增加到60%以上，农民人均药材年收入400元。全县四大特色产业产值占农业总产值70%，农民从农业四大特色产业中获得的收入占到人均纯收入的60%。 （兰惊雷）

【乡宁县农民种翅果增收入】 翅果油树是我国独有珍稀树种，果仁富含有益元素，对调节血脂、防止心血管疾病有很好的功效。乡宁县煤焦实业公司通过与中国农大、山西师范大学等研究机构合作，最终掌握苗木培育、种植管理、病虫害防治、有效成分萃取分离等关键技术。翅果综合利用产业化关键技术示范工程成为国家发改委立项项目和山西省“1311”重点项目之一，已发展1733.33公顷翅果种植基地。琪尔康公司通过与农户签订土地承包协议的形式，集中种植翅果油树，每年给予翅果基地农民每亩200元的补贴，同时农民通过参与苗木管理增加2000多元收入。2006年，翅果深加工“300T/A二氧

化碳超临界萃取生产线”建成投产，企业用订单形式来保障农户种植翅果的远期效益。（兰惊雷）

【吉县果农反季销售获利多】 吉县苹果种植面积10千公顷，年产以红富士、新红星等优质水果为主的苹果4000余万公斤。在苹果采摘上市的10月份，每公斤优质苹果售价仅为3元左右，而在春节前后上市的苹果每公斤售价高达5元～8元。鉴于此，该县一些果农和果商独资或合资建冷库、气调库，有的自己贮存苹果，有的租赁给果农贮存，共建起100多处储藏设施，年贮存苹果400万公斤，占全县苹果总量的11%。由于实施贮存后，果品可反季节销售，从而使果品利润提高一倍以上，实现增值700余万元。2006年1月～5月，吉县外销商品苹果300万公斤，创收2000多万元，在苹果销售淡季取得了令人满意的经济效益。（兰惊雷）

【襄垣县“庭院经济”收入高】 襄垣县夏店镇西舌村农民常文芳，在政府和农业部门的持续帮扶下，充分利用房前屋后的优势种植蔬菜，他先后整理出0.13公顷菜地，年创造经济效益达4万余元。小庭院创出了大效益，四邻八乡纷纷效仿，“庭院经济”开始在新农村建设中发挥大力量。2006年，襄垣县给常文芳的大棚补贴3000元，常文芳又增加了10个新型大棚。鉴于常文芳的成功，襄垣县积极推动“庭院经济”，并作为新农村建设的一项重要内容，全县建成庭院大棚100余架，每户年收入都达到万元以上。（兰惊雷）

【五台县土特产成农民增收亮点】 五台县地处丘陵山区，最高海拔3058米，最低624米，特殊的地理条件构成了多样的区域小气候，自然生成了丰富的土特产。五台县积极鼓励引导农民走加工生产之路，台蘑、花椒、柿子、金莲花等“佛国珍品”如今以质量做“嫁衣”，被中国绿色食品发展中心认定为“绿色食品”，俏销国内外市场。据统计，2006年五台县年产台蘑2万公斤，花椒28万公斤，柿子20万公斤，核桃7万公斤左右。（兰惊雷）

## ·质量安全·

【全省农产品农药残留逐年下降】 频振灯对付金龟子，性诱剂诱杀小菜蛾，在使用物理、生物防治的基础上，榆次区、祁县、清徐县的部分菜农只用少量的生物农药，便消灭了大田蔬菜的主要害虫，实现了蔬菜病虫的无害化生态控制。2006年6月12日，山西省召开现场会参观学习了他们的做法和经验。通过几年的努力，全省农产品农药残留逐年下降，其中省城太原蔬菜农药残留超标率下降10%以上。果菜区经营的高毒农药比往年有了明显减少，全省有机磷农药的使用量由7000吨下降到2000吨左右。（兰惊雷）

【试行农产品市场准入制】 农产品市场准入制度内容包括对农产品实行检测，对未经认证或经检测不合格的农产品，禁止其进入市场销售。凡是农药残留超标的产品，也一律不得上市销售。2006年，为给市民打造绿色餐桌，山西省农产品质量安全中心将把试行市场准入制度列入工作重点。凡是有条件的市可以在超市和农产品批发市场，试行农产品市场准入，推行无公害农产品免检入市，充分运用全国鲜活农产品绿色通道政策，搞活无公害农产品流通。（兰惊雷）

【全省建设无害化蔬菜生态示范区】 2006年，山西省农业厅出台《蔬菜病虫无害化生态控制示范区实施方案》，在祁县、榆次、清徐、新绛等蔬菜生产基地建立1.33千公顷无害化生态示范区。1.33千公顷无害化生态示范区，包括祁县东关镇晓义村、榆次区东阳镇东阳村和彭村、清徐县集义乡大常村和新绛县横桥乡南张村的露地蔬菜田，同时将辐射带动周边蔬菜生产面积6.66千公顷。对于蔬菜病虫，示范区将采用无害化综合治理实用技术，杜绝高毒、剧毒农药的使用，使农药残留量降为零，实现增产增收和节本增效，降低污染的目的。（兰惊雷）

【山西剧毒农药实行定点经营】 2006年，山西省在蔬菜、水果生产区对剧毒、高毒农药实行定点经营管理制度，并对定点经营企业按照可追溯管理制度进行管理。一般每个县将设立2～3个高毒农药经营点，可经营国家规定在粮棉等作物上仍可使用的高剧毒农药。其余经营点一律不得销售高、剧毒农药。山西省农业厅要求，高剧毒农药定点经营单位在经营中要实行可追溯管理制度，建立严格的农药进销台账，对产品来源、数量、购进时间、联系方式及销售对象、销售数量、购买者身份证号码及购买用途进行详细记载。（兰惊雷）

【山西出台政策推动农药行业发展】 2006年山西省明确农药发展目标，出台鼓励政策。“十一五”期间力争使全省农药原药新上3个至5个品种，新增原药产能6000吨，实现销售收入5亿元，出口创汇1000万美元，使全省农药产业结构取得较大改善。在产业政策和资金、税收等方面，鼓励发展高效、低毒、低残留的农药品种、旱田除草剂和杀菌剂，尤其是替代一些高毒农药的杀虫剂，水果、蔬菜等用的新型杀菌剂、杀线虫剂等；鼓励发展各种水剂化制剂，降低有机溶剂的用量；鼓励发展林业病虫害防治药剂；鼓励发展有潜力的农药品种企业通过技术进步，扩大生产规模，实现规模效益。同时，通过市场调节及国家有关政策，淘汰一些经营不善、品种结构不合理、生产高毒、高残留农药品种、环境污染严重的企业。（兰惊雷）

【省城举办《农产品质量安全法》宣传咨询活动】 《农产品质量安全法》于2006年11月1日起施行。2006年10月24日，山西省农业厅、太原市农业局在省城河西农副产品批发市场举行以“安全生产、依法监管、守法经营、放心消费”为主题的《农产品质量安全法》现场宣传咨询活动。山西省农业厅、太原市农业局的有关处室和业务单位负责人、农业技术人员，现场向批发市场的经营商、零售商和广大消费者进行了《农产品质量安全法》知识的宣传咨询。（兰惊雷）

【无公害农产品认证晋中数量最多】 无公害农产品在生产阶段严格控制化肥、农药用量，禁用高毒、高残留农药，严格控制农用水质（达到Ⅲ类以上水质）。无公害农产品还要实行严格的综合检测，保证各项指标符合标准，如粮食有20个项目22项指标，蔬菜有19个项目21项指标。截至2006年6月10日，全省备案无公害产地195个，无公害农产品447个，产地认证的面积33.3万公顷。其中，晋中市认证面积10.6万公顷，占全省认证面积的31.8%；通过认证的无公害农产品有158个，占全省认证数量的1/4强，产地和产品认证均居第一位。（兰惊雷）

【晋城市积极扶持无公害农产品认证】

为了整体推进无公害农产品产地认定和产品认证，2006年晋城市制定出台了财政扶持办法。办法规定：每认证0.67千公顷无公害农产品产地，补助认证主体2000元；每认证1个无公害农产品，补助认证主体1000元；每三年期满抽检换证1个，补助1000元。2006年，该市财政拿出15万元对53.33千公顷的无公害农产品产地及30个无公害农产品进行认证补助。（兰惊雷）

【**广灵县成为国家54家绿色农业示范区之一**】 中国绿色食品协会将"绿色农业示范区建设单位"牌匾授予广灵县，该县是山西省第一家国家绿色农业示范区。2002年，该县东方亮小米、五香豆腐干、五香葵花籽通过中国绿色食品认证中心认证。2006年，该县白灵菇、杏鲍菇、鸡腿菇通过省无公害食品认证。经申报，2006年11月8日，中国绿色食品发展中心、中国绿协正式批复同意，广灵县成为全国54家绿色农业示范区之一。（兰惊雷）

## ·惠农政策·

【**全省良种补贴执行新办法**】 2006年，山西省将推行购种代金券与合同双重管理办法，确保良种补贴资金真正落实到农户手上。该办法改变了往年由供种企业单方补贴的办法，防止截留、挤占、挪用补贴资金现象发生。2006年全省小麦、玉米良种补贴资金为2000万元。办法规定，各市、县财政局及农业部门必须在4月15日前将代金券全部发到农户手中。良种补贴项目资金使用，由乡镇政府以村为单位，将优良品种种植农户按其种植面积、品种登记造册，由县农业局或乡镇政府发放加盖县财政局公章方能生效的购种券。供种企业按照供种清册实行统一供种，供种农户凭购种代金券到指定地点购买优质种子。待播种结束后，由供种企业凭收回的购种代金券到县财政局集中领取补贴款。良种繁殖基地农户凭与繁种单位签订的繁种合同和本人身份证到县财政局或乡财政局领取补贴款。（兰惊雷）

【**对种粮农民进行综合直补**】 为确保成品油价格形成机制综合配套改革顺利进行，促进农民种粮积极性，保证国家粮食安全，经山西省政府同意，对种粮农民（含国有农场的种粮职工）因成品油调整增支给予补贴，并综合考虑2006年化肥、农药、农膜等生产资料预计增支因素，在原定由粮食风险基金安排的粮食直补资金基础上，中央、省财政再拨付3.2亿元对种粮农民2006年柴油、化肥等农业生产资料预计增支实行综合直补。新增补贴资金的补贴对象为2006年全省种植粮食作物的农户；补贴范围为2006年全省种植的各类粮食作物；补贴标准按照农用柴油平均用量和涨价幅度为省全额补助，化肥、农药、农膜等生产资料涨价因素适当补助的原则，全省补贴标准确定：小麦每公顷150元，玉米每公顷105元，谷子每公顷105元，其他杂粮每公顷75元。（兰惊雷）

【**鲜活农产品运送车不能长时间扣留**】为解决瓜果蔬菜进城难的问题，山西省商务厅、省工商局、公安厅等六厅局于2006年10月9日联合下文，要求各部门为农民销售瓜果创造一个便捷运输条件和准确的市场信息服务。为疏通山西省上市瓜果的销售渠道，保证城市瓜果平稳供应。山西省商务厅、公安厅、建设厅、交通厅、工商行政管理局、农业厅等六部门联合下达《关于疏通集中上市瓜果蔬菜销售渠道的通知》。通知规定：即日起开始全面清理非法收费站和限制农产品流通的关卡，并且对运送农产品的车辆不得随意拦车；对运送鲜活农产品车辆的超载违法行为，要严格按照相关规定处理，不能长时间扣留车辆；公安部门还将为农民的瓜果蔬菜进城设计合理路线，供农民参考。本着方便购买、便于销售的原则，各地商务、规划、建设部门要合理规划城区批发零售场地，在大型社区和交通便利地带允许农民进行直销。（兰惊雷）

【**夏县农信社扶持黄杏产业**】 2006年夏县农村信用社利用小额贷款，在种杏历史悠久的瑶峰镇下埝底、南关、上留等村，扶持农民建起千棚连片日光温室黄杏基地，邀请全国著名杏树专家、来自山东寿光的肖安华作技术指导，创下亩效益超万元的记录。夏县农信社与该县瑶峰镇联合起来，把黄杏作为增加农民收入的支柱产业，先后把1400多万元小额贷款发放到沿山的樊家峪、北山、文德、周村、大洋等15个村庄，使全镇露地黄杏又发展到80公顷。镇党委、政府因势利导，先后举办各种形式的培训班58期，培训杏农8300多人，还采用了农户+公司的经营模式。瑶峰镇依靠黄杏人均年增收300元，280多口人的小山村樊家峪仅此一项人均收入超过了1200元。随着黄杏种植业的发展，还带动了运输、加工、纸箱等相关产业的健康发展，成为农民增收的"助推器"。（兰惊雷）

【**襄垣县建立农村发展基金**】 2006年初，襄垣县县委、县政府出台了旨在增加农民收入，推进社会主义新农村建设的"一号文件"，决定由县财政筹资1000万元，建立农村发展基金，专门用于扶持农业和农村经济发展。该文件规定，农户种青椒、甘薯、中黄系列大豆等经济作物，每公顷补助150元；种植茴子白，每公顷补助1500元；种植大樱桃等特种水果，补助苗木款的50%；舍饲圈养牛50头、猪100头、羊200只以上，补助3万元等。惠农政策的出台，激发出农民参与农业调产的积极性。（兰惊雷）

## ·经济合作组织·

【**6000个合作社带农户闯市场**】 2006年全省认真贯彻《农民专业合作社法》，为农民专业合作社发展创造良好氛围，使农民专业合作社逐步走上了健康、快速发展的轨道，专业合作社已成为推进全省新农村建设的一支重要力量。全省农民专业合作社发展到6000余个，其中在工商部门登记注册的1387个，入社社员5.4万人，有60万户受惠。农民专业合作社分布在全省113个县（市、区），有82个取得了无公害食品、绿色食品和有机食品认证，74个注册了商标、统一了品牌，在推动农业结构调整、提升产业发展水平、引领农民群众增收致富等方面发挥着重要作用。（兰惊雷）

【**太谷县兴谷枣业创佳绩**】 太谷县兴谷枣业合作社按照"入社自愿、退社自由"的原则，社员发展到153户。合作社对社员的红枣生产实行"统一技术服务、统一物资供给、统一病虫害防治、统一产品销售"；社员分户投资，分户管理；进行生产全过程质量监控。合作社活动经费由兴谷枣业公司提供，不向社员收取。2006年，合作社统一购进农药，按进货价销售给社员；公司收购社员的红枣，每公斤比市场价高出0.2元；社员销售给公司的红枣，社员可得到8‰的利润返还。三项合计，社员可得到直接利益户均373元。社员在生产过程中得到了专家的统一技术指导，提高了红枣坐果率，产量增加10%，质量也有了很大提高，价格比2005年提高20%，社员间接利益户均增收2400元。

（兰惊雷）

**【全省最大的农民合作社挂牌运营】** 集蔬菜生产、加工等为一体化的大型农民专业合作社——太原市"同创果蔬"合作社，于2006年10月正式挂牌运营。该合作社前身是晋源区蔬菜协会，在运转几年的基础上经工商部门注册登记150万元，共吸纳社员150人，是山西省注册资本最多的一家合作社。合作社下设蔬菜加工企业1个，服务站2个，销售网点10个，拥有蔬菜大棚6000多间，蔬菜种植面积达66.67千公顷。全体社员引进优良蔬菜品种，进行科学栽培与管理，并注册了"晋溪"商标，被农业部认定为无公害蔬菜生产基地。（兰惊雷）

**【万荣县大葱合作社带领农民致富】** 万荣县万泉乡大葱专业合作社，对葱农实行产供销一条龙服务，带领农民走上致富路。合作社聘请了十多位专家教授给葱农培训大葱栽培技术；推广了山东大梧桐优种、地膜覆盖、割葱、留根和盖土保根等技术；培育了秆长、味美、产量高的"万泉一号"优种；为葱农供应农药、化肥等5500多吨；投资149万元，建成了2478平方米、年产600吨的脱水蔬菜厂，加工消化大葱1000万公斤，总产值达800万元，实现纯利润70万元，产品远销韩国、日本及东南亚各国家。全乡大葱面积由266.67公顷发展到1333.33公顷，每公顷产量由22500公斤左右提高到120000公斤以上，葱农人均收入增长到2500元。2006年，大葱合作社共发展社员900户，吸收股金65万元，固定资产达到148万元，累计分红32.5万元。合作社多次受到上级的表彰和奖励，万荣县被农业部确定为全国100个合作社试点县之一。

（兰惊雷）

**【省城农民经纪人穿针引线闯市场】** 2006年，太原农民经纪人协会会员总数已过千名，成为活跃城乡经济的一支重要力量。该协会积极推动市、县两级发展各类涉农协会，涉农协会总数达到35个，会员涵盖种植、养殖、加工、销售、运输、贮藏等各个领域和环节。协会建立了网站，创办了《农民经纪人信息》，及时向会员和农民朋友提供产供销、科工贸最新动态；举办农民经纪人星火科技培训班，荣膺"全国星火科技农产品经纪人优秀培训单位"，协会农民经纪人培训率达30%以上；引导和组织农民经纪人开拓市场，在广州、海口、成都、温州等地建无公害蔬菜采购直销网点，开展北菜南运、南菜北调，积极与外商对接洽谈农产品出口；在阳曲、盂县、代县、岢岚等地发展90公顷订单谷穗种植基地；组织农民经纪人参加交易会、贸洽会，扩大销售渠道。

（兰惊雷）

**【芮城县专业经济合作社势头强劲】** 2006年，芮城县委、县政府积极发展农村专业经济合作社，引导农民增产增收，已发展成立农村专业经济合作社21个，正在申报办理的11个，入社社员达1.8万人，带动农民2.3万余户，涵盖种植、养殖、加工及运输等农业生产行业，入社农民人均年收入增长1940余元。合作社举办各类培训讲座230余场次，聘请专家、教授80余人次，组织到山东寿光、陕西杨凌等地外出学习参观50余次，培训人员达5万余人次。其中，新华苹果专业经济合作社现有社员216户，投资180万元建起大型冷库，贮存苹果400万公斤，组织销售苹果8000万公斤，入社社员每户增收6000元。（兰惊雷）

**【交城县发展农民专业合作社】** 交城县把农民专业合作社作为提升农业产业化水平的有效载体，将千家万户的小生产与千变万化的大市场连接起来，引导和组织农民有序进入市场，使农民专业合作社成为农民增收、农业增效的主力军。2006年，全县农民专业合作社发展至12个，入股农户1860户，带动辐射周边农户7500户。全县红枣类专业合作社每年可自销和推销红枣400万公斤，为农民增收500万元；蔬菜专业合作社每年可自销和推销各类蔬菜250万公斤，为农民增收200万元；畜牧类合作社每年可出栏牧畜5000头，为农民增收300万元。（兰惊雷）

**【神池县农民"抱团"闯市场】** 神池县通过政府引导、农户自愿、利益共享、风险同担的形式，成立了各种经济合作组织，提供从籽种、生产到深加工、销售一条龙服务，增强了抗市场风险能力，增加了农民的收入。全县已成立食品、羊业2个行业协会，八角镇昌盛葵花合作社、八角镇承昕农副产品合作社、贺职乡海明瓜菜合作社等5个合作社，200多个股份制油坊和400多家合资食品厂，做强了养羊、月饼、农副产品加工销售3大产业，千余农民参与各种经济合作组织。食品协会制定行业法规、规范月饼生产质量标准、强化市场监管，注册"神池绿宇""战国""长祥圆"等月饼商标，使月饼由传统加工走上了小规模、大群体、标准化的道路，到2006年全县特色风味月饼发展到20多种，销售量达6000多万个，实现产值8000多万元。羊业协会推动养羊业发展，2006年全县完成人工种草18.67千公顷，建成青贮氨化池2100个、规模养殖场15个、养殖小区30个，培养种草养畜重点村100个，肉羊发展到41.5万只，人均增收400多元。（兰惊雷）

## ·农产品加工·

**【太原市力建农产品加工中心城市】** 太原市大力推进农业产业化经营，全力建设山西省农产品加工中心城市，初步形成了肉类、乳品、制醋、葡果、蔬菜五大农产品加工体系，乳品、猪肉、羊肉、葡萄酒、饮料、陈醋、油脂、芦笋、特种养殖、饲料十条产业链，成为农民增收的重要渠道。2006年，全市已发展各类农业产业化企业165个，有4个进入国家级龙头企业行列，6个成为省级龙头企业，18个被列为全省"百龙工程项目"，农产品加工产值和实现销售收入在全省11个市中名列前茅。全市有5万多人直接从事农业产业化经营，占到全市农村劳动力总数的11%，带动农户18万户，占到全市农户总数的65%。（兰惊雷）

**【全省首家果蔬农产品加工项目开工】** 由大同华鑫实业有限公司投资1.48亿元的华晟果蔬浓缩浆项目在大同市南郊区水泊寺乡开工，该项目是山西省农业产业化重点扶持项目，是本省首家生产果蔬类的农产品加工项目，可带动20万农户、60万农民调整和优化种植结构。项目年设计生产加工能力40万吨，年销售收入可达3.5亿元，可实现利税8600万元。主要以当地及周边县区盛产的杏、胡萝卜、青椒、芹菜等为原料，生产加工绿色无公害系列果蔬浓缩原浆，产品主要出口欧洲市场。

（兰惊雷）

**【全省最大创汇型干果加工企业投建】**

全国最大的核桃仁出口企业山西威特在榆次设立分厂，该厂建成后将成为山西省最大的出口创汇型干果加工企业。威特食品有限公司总投资400万元在榆次建设分厂，产品将远销英国、德国、美国等地，可实现年产值1000万元，利税在100万元以上。威特食品有限公司以生产加工销售出口干果、食用菌、速冻食品为主，是中国树生果仁协会理事单位之一。该公司加工出口核桃仁数量已连续6年位居全国第一，连续多年位居山西农产品创汇第一大户，产品远销欧洲、美洲、中东的几十个国家和地区。（兰惊雷）

## ·其　他·

**【300多种绿色农产品亮相中国农交会】** 2006年10月18日，山西组织100多家企业、300多种绿色农产品参加北京中国国际农产品交易会。党和国家领导人周永康、何鲁丽、蒋正华、盛华仁、王忠禹和姜春云、布赫等，以及农业部部长杜青林参观了山西展区，省委副书记薛延忠、副省长梁滨等出席了开幕式。全省各类农业产业化龙头企业发展到2800多家，年销售收入达到285亿元，实现利润19.4亿元。农产品的质量安全水平也有了大幅度提高，相继涌现出一大批具有浓郁地方特色和优势的无公害农产品、绿色食品、有机食品，全省的绿色食品数量达到530多个，居全国前列。在本届农交会上，山西省共设展位21个，销售摊位21个。整个展团的展示交易及现场销售面积共计500多平方米，可供大会订购交易的商品量达到230多万吨。山西省还在北京农展馆举办了农业招商引资暨绿色名优农产品推介新闻发布会，平遥延虎肉制品有限公司等11家企业的14个项目与中外客商进行了签约，累计金额达到2.32亿元，另外，太谷通宝醋业有限公司、山西威壮食品有限公司分别与新加坡、澳大利亚的两家企业签订了2.14亿元的销售合同。（兰惊雷）

**【葡峰山庄入选全国农业旅游示范点】** 清徐县葡峰山庄2006年正式通过全国农业旅游示范点评定委员会验收，成为全国农业旅游示范点。此次全国共评出156个农业旅游示范点。葡峰山庄从1998年起已成功举办了七届葡萄文化节，接待游客过百万人次。该点累计投入了2000余万元用于道路、停车场、饭店等基础设施建设，基本实现了游、购、住、食于一体。（兰惊雷）

**【运城市连续举办六届农展会】** 从2001年到2006年，运城市连续六年成功举办了“农业新技术新产品展示展销会”，在当地及其周边地区引起很大反响。2006年举办的第六届运城农展会，共吸引100多名科研院所专家、278家正式参展单位以及30余万农民参加，还展示新技术1280项、新产品3920种，发放技术资料500余万份。同科研院所达成技术合作意向1093项，签订贸易合同210项，合同金额3.2亿元，现场零售510万元。（兰惊雷）

**【沁县举办首届檀山皇小米文化节】** 2006年由农业部《农产品加工》杂志社，省农业产业协会、绿色产品办、名优绿色开发中心、农业产业办和檀山皇小米公司共同举办的首届沁县檀山皇小米文化节隆重开幕。檀山皇小米文化节架起中华名米对外交流与合作的平台，扩大了檀山皇的知名度和影响力，以唱响绿色品牌，弘扬特色文化为基调，是一次以米为题的发展研讨，是一次以米为题的盛会。（兰惊雷）

**【全省农产品出口突破2亿美元】** 2006年山西省农产品出口创汇达到2.03亿美元，首次突破2亿美元，比2005年增长48.75%，创全省农产品出口的最高水平。其中，果汁成为出口第一大农产品，出口货值达9254万美元。山西省特色农业和农畜产品加工业等外向型产品出口取得重大突破，其中传统优势产品芦笋、核桃仁出口额分别为6634万美元和1061万美元，同比增长44.14%和22.75%。芦笋、果汁等外向型农业产业的发展，解决了100多万农村和城镇人口的就业问题，为农民创收超过10亿元。（兰惊雷）

**【临县红枣品牌促销售】** 在实施红枣产业化经营中，临县把市场拓展作为开发红枣产业的关键，逐步实行市场化运作、品牌化销售，并有一批红枣经纪人队伍活跃在红枣流通领域，红枣及枣加工产品已遍及全国各大中城市，一些精品还打入日本、俄罗斯、欧洲等国际市场。2006年，该县共有红枣林46.67千公顷，年产枣7500万公斤。红枣已成为当地农村经济的主导产业，也是农民收入的主要来源。红枣年产值达1.2亿元，占全县农业总产值的30%、国民生产总值的20%，使全县农民人均增收300元。临县枣圣、滩枣等系列产品进入美国沃尔玛、法国家乐福等国际连锁超市，天渊枣业已成功抢占日本市场，其产品成为日本小学生的配餐食品，市场前景十分广阔。“红枣圆了致富梦，品牌撑起艳阳天”，红枣产业品牌化破解了销售难题。（兰惊雷）

**【新绛县发展立体农林业见成效】** 近年来，新绛县以退耕还林、平原绿化、农业综合开发为契机，大力发展立体农林业。2006年全县以柿子、油桃、苹果、核桃为主的“绿色”产业经济林达3.33千公顷，以中药材为主的林下经济年收入突破3000万元。根据当地实际，该县在林业产业经营中探索出了充满地方特色的发展模式：一是特色经济林果模式。大力发展有机果品，突出优质核桃、油桃两大产业。二是山地林养模式。即在林下种草和养殖土鸡等，实现林“养”鸡、鸡“育”林的目标。三是林药间作模式。即在不破坏地表植被的前提下，间隔种植远志、防风等中药材。全县“林、果、药、畜”四位一体的循环经济链已经形成。（兰惊雷）

**【大同兴建特色农业观光采摘园】** 2006年，大同南郊区从调整农业产业结构、发展农村经济总体战略出发，制定长远规划，上规模发展观光采摘农业，组织兴建御东特色农业观光采摘园工程。该工程投资400万元，在村民自愿的基础上重新整合土地13.33公顷，于文瀛湖南岸、同浑路东侧兴建育秧温室500间、大棚200多个，引进和栽培瓜菜品种30余种，全部采用绿色无公害措施管护，供前来观光者采摘，当年实现收入300多万元。（兰惊雷）

**【太谷县发展苗木花卉增收入】** 太谷县将苗木花卉生产列为发展县域经济，增加农民收入的支柱产业之一。全县育苗面积始终稳定在4.67千公顷，年创经济效益1.5亿元。太谷县的苗木花卉生产已逐步形成了以国营苗圃为骨干，以苗木大户为龙头，以育苗专业村为示范基地的产业格局，初步实现了由分散化种植向规模化种植，由盲目生产向订单农业的转变。太谷县南咸阳是闻名三晋的花卉村，除将全村的80公顷耕地全部种植苗木花卉外，还承租邻村土地133.33公顷，用于苗木花卉的生产，仅这一项该村2006年春销售收入就达300多万元，人均花卉收入

2500元。白燕村苗木花卉种植面积达到120公顷，年增收180万元之多，实现了“人均一亩花，致富达小康”的目标。在太谷，像南咸阳、白燕村这样的专业育苗村多达十几个。（兰惊雷）

**【运城市600余个“农家店”服务到基层】** 运城市林洋农资连锁销售中心是市土壤肥料站下属的国有企业，是商务部所启动的“万村千乡市场工程”的参与者。2006年，抓住新农村建设的契机，紧锣密鼓，大力度开展农资销售的村级网络建设工作，已有600余家“农家店”领取了营业执照，占到全市行政村的1/5。以连锁店的形式销售农资的经营模式已在全市13个县（市、区）成立了办事处，600多个农资销售部设立在全市的600多个乡村，使广大农户不出村便可购买到质优、价廉、服务佳的农资产品。（兰惊雷）

**【全省规模最大的化肥仓储超市落成】** 2006年8月12日，山西省规模最大的化肥仓储超市——山西北方化肥科技市场在太谷县落成开业，并成功举办山西省首届肥料信息暨产品交易会，吸引了全国各地120多个化肥生产厂家参展，当天完成交易额5.2亿元。该仓储超市由山西正林农资连锁超市有限公司出资1300多万元，在太谷县胡村镇韩村北108国道旁建成，总占地3.33公顷，也是目前全省规模最大的化肥专营市场。它采取设立连锁店，物流配送的现代运营手段，不仅化肥种类齐全，汇集了国内外160多种化肥产品，便于农民选购，而且设有信息、培训、咨询、结算、检验等机构，由进驻的农业、工商和计量等部门和技术人员提供服务，有关专家免费还为农民测验土壤，提供合理施肥的配方。除现货供应外，仓储超市还提供合同交易、物流配送、信息发布等服务。（兰惊雷）

**【高平市农资连锁店进乡入村】** 到2006年底，高平市生产资料公司在该市的16个乡镇所在地和114个大型行政村，建立的130家农资连锁店，形成辐射全市440个村的销售网络。高平市生产资料公司积极开展农资商品的配送和连锁经营业务，简化连锁网点审批手续，在相关税费上给予减免，申请加入连锁网点的群众十分踊跃，本着成熟一家发展一家的原则，共发展130家农资商品销售连锁店。为了保护广大农民的切身利益，公司还给每个农家店印制了农资质量承诺书和识别真假化肥等方面的宣传资料。所有连锁店由高平市生产资料公司统一配送货品、统一店面标识、统一商品价格、统一规范服务，从而形成了覆盖全市的规范高效的农业生产资料供应、销售、服务网络。（兰惊雷）

**【旱地生态系统保护与恢复项目启动】** 全球环境基金（GEF）旱地生态系统保护与恢复项目于2006年5月下旬在山西省启动。该项目由国际农发基金执行，利用GEF提供的750万美元赠款，在山西、甘肃、宁夏三省的干旱土地区域，通过遏制土地退化趋势和恢复退化土地等活动，来改善生态环境、保持生物多样性，从而达到半干旱地区生态系统可持续发展的目标。该项目的启动，对促进我国中西部地区生态环境的有效治理和扶贫开发具有重要意义，也为山西省进一步争取中国/GEF干旱生态系统土地退化防治伙伴关系项目提供了良好机遇。（兰惊雷）

**【祁县酥梨严重受灾】** 2006年4月11日到12日凌晨，祁县降雪量达到26.3毫米，雪深10厘米，最低气温达到－4.9℃。祁县是中国酥梨之乡，酥梨是中华名果。正值果树开花授粉期，气温骤降和降雪给祁县果业生产带来毁灭性打击。据统计，全县共有10千公顷果树受到了严重冻灾，其中梨树受灾面积达6.67千公顷，梨树基本处于绝收状态，减产达1亿多公斤，全县农民人均减收1000元～1500元，给果农造成的直接经济损失达2.5亿元。（兰惊雷）

**【山西省与加拿大共同开发雁门关区域盐碱地】** 2006年3月，中国山西省——加拿大萨省国际科技交流与合作会谈在省城太原举行，山西省科技厅、省国际科技合作协会相关人员与加拿大萨省代表团进行了热烈的交流洽谈。山西兆风草畜科技开发有限公司与加拿大畜牧服务公司签署了两省开展合作的首个项目协议，决定共同开发雁门关区域盐碱地。雁门关区域的盐碱地约近200千公顷，占全省盐碱地总数的一半还多，如何改造盐碱地，是实现“十一五”期间在山西省建成雁门关畜牧生态区的一大难题。山西兆风草畜科技开发有限公司利用其盐碱地改良剂的发明专利，已经在雁门关金沙滩区域进行了三年多的盐碱地改良、种草、养畜试验，取得了较好的效果。加拿大畜牧服务公司总裁博·赛迪尼先生在实地考察了解后认为，这一改造方法有效，借助该方法可将雁门关地区近200千公顷盐碱地荒地改造成优质牧场。因此，双方达成协议，在雁门关金沙滩建立高水平的现代化畜牧业示范基地，在示范农场再建立一座现代化的胚胎移植中心，加拿大畜牧服务公司将帮助山西兆风草畜科技开发有限公司免费培训一定数目的人员，并免费提供示范基地的整体设计、提供产量较高的奶牛胚胎，以及定期派草种、饲养等方面的专家前来进行科技指导等。（兰惊雷）

**【阳高县两年新增耕地0.11万公顷】** 为了增加有效耕地面积，全面实现耕地总量动态平衡，阳高县投资2276万元，组织实施了狮子屯万亩土地开发整理、大白登镇王堡村、王官屯镇小安滩村土地开发整理、王官屯兴苑移民新村土地开发整理4个土地开发整理项目，涉及土地总面积1087.67公顷，其中开发面积为428.8公顷，整理面积604.8公顷。这四项土地开发整理项目中，共新打机井38眼，配套机井30眼，铺设管灌51000米，架设高低压线路27公里，开挖排盐碱渠30公里，实现井渠路林四配合，使开发整理后的土地成为旱涝保收的高产田，年可增产粮食816万公斤，为农民增收800万元。（兰惊雷）

**【太原市土壤资源管理实现数字化】** 由山西省农科院土肥所和太原市星火技术发展中心共同完成的太原市科技攻关项目——“太原市数字化土壤资源管理信息系统的建立和应用”于2006年4月初通过专家鉴定。该项目自实施以来，在太原十个县（市）区布设2000多个土壤样点，采集土样4000多个，分析14个项目。在此基础上，建立了5个太原市土壤空间数据库，构建了太原市数字化土壤资源管理信息系统，并建立了面向全市农户的推荐施肥技术体系，摸清了太原市土壤养分状况和土壤环境质量状况。该科研项目的完成，为耕地保护、土壤肥力评价、测土推荐施肥和无公害农产品生产提供了技术支撑，实现了土壤资源的动态管理，为农业生态建设、环境保护提供决策依据。（兰惊雷）

# 农　垦

【2006 年主要经济指标】 1. 全省农垦企业国民生产总值预计完成 9983 万元，与 2005 年基本持平。

2. 利润预计亏损 1900 万元，比 2005 年增亏 407 万元，增亏幅度 27.26%。

3. 人均纯收入预计 3000 元，与 2005 年实际基本持平。

4. 农业生产方面，2006 年山西省各农场普遍受到自然灾害的影响，个别农场遭受了百年不遇的冰雹袭击，农作物产量大幅下降。全省垦区农作物播种面积 0.71 万公顷，比 2005 年减少 181 公顷，农作物受灾面积达 0.16 万公顷，其中绝收面积近 0.07 万公顷。粮食总产预计 1.65 万吨，比 2005 年减少 29.79%；油料总产预计 356 吨，比 2005 年减少 16.82%；棉花产量预计 186 吨，与 2005 年持平。

5. 牧业生产主面，全年大牲畜存栏 1.03 万头，其中奶牛存栏 9400 头，比 2005 年减少 5.05%；牛奶产量预计 3.08 万吨，比 2005 年减少 9.68%；猪、羊存栏 3.01 万头（只），比 2005 年减少 4.44%；肉类产量预计 291 吨，比 2005 年增长 11.54%。

6. 工业生产方面，由于煤炭行业受政府调控，限量开采，原煤产量预计 48 万吨，比 2005 年减少 9.43%。

（李惠芳　侯晓莉）

【积极推进农垦企业改革】 为深入贯彻落实于幼军省长 2006 年初在省直农口国企改革调研时的讲话精神，根据省政府和农业厅对国有企业改革的安排部署，统筹规划，合理安排，扎实有效地推进省直农垦企业改革。一是深入开展调研活动。厅局领导深入八个直属农垦企业进行全面调研，分析企业发展中存在的主要问题，进一步探讨农垦企业走出困境的改革思路和措施，并汇总成《关于我省直属农垦企业改革情况的调研报告》。二是成立农垦直属国有企业改革领导组。组织省直企业场长（经理）进行企业改革专题研讨和培训，并邀请有关专家，结合农垦企业的实际情况，针对改制过程中面临的难点、疑点问题及改革框架方案所涉及的内容进行详细讲解。各企业负责人在领会政策、明确任务、理清思路的基础上，如期将拟定的企业改制申请和框架方案上报农业厅企业改革领导组。三是努力维护企业国有资产。根据山西省各级政府关于煤矿资源整合和有偿使用工作的统一安排，为了维护企业和职工的利益，积极与朔州市及山阴县政府沟通，并向省国资委及省国土资源厅进行汇报和协商。农业厅国有企业改革领导组也委托专业部门对观音堂煤矿进行了产权界定，明确了该矿的产权归山阴农牧场所有，确保和维护了农垦企业的国有资产。（李惠芳　侯晓莉）

【认真落实农业和农村经济政策】 2006 年，全省农垦系统密切关注国家各项农业和农村经济政策的出台，广泛开展调查研究，各项政策措施得到了有效落实。一是社会主义新农村建设初见成效。通过积极争取，农垦系统四个直属农场已全部纳入山西省社会主义新农村建设试点范围，并确定适宜发展沼气的农户 1185 户。二是剥离社会职能步伐进一步加快。按照省政府《关于开展第三批省属国有企业分离移交自办普通全日制中小学校调查摸底的通知》精神，山西省农垦三个直属农场所办学校被纳入全省第三批移交范围，并且已与当地政府如期签订了分离移交协议。三是国有农场土地确权有了新的进展。近年来，积极与省国土资源厅协商，在督促企业办理土地确权、登记、发证等有关手续的同时，积极开展调查研究，及时了解办证情况，并协助企业解决存在的问题。一些企业也积极组织开展了这项工作，并取得实质性进展，仅朔州红旗牧场就完成了 0.42 万公顷土地的确权、发证工作。四是国有农场税费改革资金落到实处。2006 年在搞好企业调研的基础上，积极配合省税改办制定山西省国有农场税费改革实施办法，并组织各级农场重新进行了农场农工负担基本情况调查，各个农场都根据本场实际，提出各自的税费改革工作具体实施方案。通过不懈努力，全系统共落实税费改革资金 524 万元。五是关系职工切身利益的“农转非”、最低生活保障、社会保险、粮食直补、农资增资补贴等政策都得到进一步贯彻落实。

（李惠芳　侯晓莉）

【积极开展招商引资活动】 根据《中共山西省委、山西省人民政府关于进一步扩大对外开放的决定》（晋发〔2006〕10 号）精神，为进一步推动山西省经济发展步伐，加强与外界的经济技术交流和合作，省委、省政府于 2006 年 6 月、7 月分别在上海和香港两地组织了大型山西经济合作项目推介活动。省农业厅组织承办了两次项目推介会的农业分会。农垦系统经过几个月的征集、筛选，最后确定 25 个项目参加了全省的项目推介，项目总投资规模为 2.02 亿美元，其中拟引进资金 7943 万美元。按投资规模划分，1000 万美元以上的项目有 5 个，投资总额 1.48 亿美元，拟引资 5650 万美元；1000 万美元以下的项目有 20 个，投资总额为 5458 万美元，拟引资 2293 万美元。在项目推介会上，众多客商对山西省农垦系统的项目产生浓厚兴趣，会后有来自上海、美国和香港等海内外的投资公司纷纷打电话或发电子邮件，咨询和洽谈有关项目事宜。整个项目推介活动规模较大，影响深远，效果良好。

（李惠芳　侯晓莉）

【企业稳定工作常抓不懈】 2006 年，全省农垦系统不断有上访事件发生，特别是省直方山、忻定和山阴等农场群体上访事件时有发生，企业稳定形势十分严峻。一年来，本着“稳定压倒一切”的思想，通过上下沟通、积极协调，为企业稳定工作付出了艰辛的努力。一是厅局领导根据自己分管的企业，进一步落实责任，分口把关，对企业存在的不稳定因素及时化解，适时处理，多次接待上访职工，与他们面对面地交谈，耐心听取情况反映，并派工作组多次下场调查了解，制定相应措施，化解不稳定因素。二是明确信访工作程序和具体要求，建立厅局领导与企业职工的有效沟通渠道，为确保稳定提供有效的制度保障。（李惠芳　侯晓莉）

【狠抓企业安全生产工作】 省农垦系统不仅有大量的耕地和牧坡，而且还有煤矿、铁矿和森林等资源，安全生产责任重大。2006 年，全省农垦系统继续贯彻落实“安全第一，预防为主”的方针，有力地促进了企业各项工作的顺利开展。在安全生产工作方面的经验和做法一是防微杜渐，积极开展监督检查工作。年初对全省农垦系统安全生产工作做了全面安排部署，3 月下旬，组织进行了垦区安全生产春季大检查。二是加大宣传力度，普及安全知识。在“全国安全生产月”活动期间，组织了两支安全生产宣传服务队，深入到有煤矿和森林的农垦企业重点进行了宣传、检查和咨询服务。三是加大工作力度，提高安全意识。在部农垦总局的大力支持下，山西省农垦系统不断加大安全生产工作力度，连续两年组织举办了安全生产培训和工作会。在2006年12月召开的全省农垦系统安全生产工作会上，听取了有关市农业（畜牧）局、各级农垦企业负责人及有关人员对各自安全生产情况的汇报、交流，并对全省农垦系统安全生产工作进行了部署。四是在上级有关部门的领导下，积极传达并组织贯彻落实党和国家有关安全生产的一系列方针政策，有力地促进了安全生产形势的进一步好转。

（李惠芳　侯晓莉）

**【存在的主要问题】**　2006年在看到成绩的同时，不能忽视仍然存在一些亟待解决的问题。突出表现在：

1. 经营管理体制落后，企业难以形成良性循环。各农场在经营体制和管理体制上没有创新，没有形成一整套适合自身特点的经营管理体制。加之历史原因，导致职工收入水平低，生产没有积极性；企业没有新的经济增长点，发展后劲不足，运行效率较低，很难步入良性循环轨道。

2. 经济效益徘徊不前，农垦社会进步缓慢。全省农垦系统自1994年以来已连续13年亏损，累计亏损额达2亿多元。虽然各级农垦主管部门和农垦企业都高度重视这项工作，想方设法增加企业经济效益，但仍然无法扭转连续10多年亏损的局面，并最终阻碍了农垦社会的全面进步和发展。

3. 国有农场的特殊性，导致改革面临许多困难和问题。按照《山西省人民政府关于进一步加快推进国有企业改革的意见》（晋政发〔2004〕46号）和省国资委等部门制定的关于国有企业改革的13个配套文件精神，全省农垦组织有关企业进行了改革。但在实际操作过程中，由于农垦的特殊性，在妥善安置农户工以及耕地、森林如何纳入企业改革等方面没有明确的政策指导，存在很多困难和问题。

4. 产业优势不明显，整体竞争力较弱。山西农垦几乎没有能够拿得出、叫得响的产品品牌，也几乎没有能在山西省国民经济中占有一席之地的产业，加上乳品加工等龙头企业相继关停，影响了农垦的整体竞争力，企业在激烈的市场竞争中显得势单力薄。

5. 企业人才匮乏，人员流动困难。由于多数农垦企业地理位置偏僻，自然条件差，经济不景气，加上省、市、县之间的人员流动困难等原因，导致人才进不来，留不住，企业管理和科技人才严重缺乏，新老职工比例失调，制约了农垦企业的改革与发展。

（李惠芳　侯晓莉）

# 农　机

**【概述】**　2006年是实施“十一五”规划的开局之年。一年来，全省农机系统按照省委、省政府建设社会主义新农村的部署要求，全面落实科学发展观，创新思路，开拓进取，农机化事业呈现出持续健康发展的良好态势。主要表现在以下4个方面：

1. 农机化发展速度明显加快，农机装备结构得到进一步优化。到2006年底，全省农业机械原值达到120.7亿元，比2005年增长5%；农机总动力达到2363万千瓦，比2005年增长3.2%。大中型拖拉机达到4万台，比2005年增长11.4%。畜牧、设施农业、农产品加工等机械全面增长，农机装备结构得到有效调整。“大农机”的格局进一步显现。

2. 农机化作业水平稳中有升，新技术应用规模得到进一步扩展。2006年，全省机耕、机播、机收面积分别达到202.27万公顷、162.47万公顷、66.4万公顷。主要作物机械化综合水平达到42%，比2005年提高了2个百分点。玉米和薯类机收面积较大幅度增长，分别达到4万公顷和2.2万公顷。机械化秸秆还田、机械铺膜、化肥深施、精少量播种等农机化技术实施面积都达到46.67万公顷以上。农机化推动农业科技进步的作用进一步显现。

3. 农机化经营效益明显，增加农民收入的能力得到进一步增强。2006年，全省农机生产、销售、维修、服务全面发展，实现经营总收入70.3亿元、纯收入34.2元，为全省农民人均纯收入增加近140元。农机化推动农业和农村经济发展的内在活力进一步显现。

4. 农机安全生产形势好转，农机化发展秩序得到进一步改善。2006年，在驾驶操作人员和拖拉机大幅度增加的情况下，全省仅发生5起农业机械事故、死亡6人，直接经济损失50万元，与2005年相比，都有所下降。农机化安全生产形势的好转，促进和谐新农村建设的作用进一步显现。

（赵忠伟）

**【加强农机法规建设】**　《山西省农业机械化条例》的颁布实施是山西省农机法规体系建设标志性的重要成果。《条例》着眼发展、立足促进、兼顾管理，内容全面，覆盖了整个农机化工作，《条例》从推进现代农业和社会主义新农村建设出发，以法律的形式肯定了农机化工作的成功经验和做法；以“促进”为出发点和落脚点，在扶持措施上内容更多、力度更大；通过“兼顾管理”，为有效解决农机化工作中长期存在的问题提供了法律依据。这部法规具有较强的前瞻性、针对性和操作性，对加快山西省农业机械化发展具有重大的战略意义和现实意义。《条例》的出台在全国引起了很大的反响，农业部农机化司评价这部法规是全国第一家综合性农机化地方性法规，是地方性农机化法规建设的里程碑。《条例》的出台为现代农业支持保护体系的进一步完善做出了积极贡献。

（赵志伟）

**【认真组织落实农机购置补贴政策】**　2006年，全省农机购置补贴工作可概括为“三大一早”。即：第一，工作力度大。重新制定了《山西省农业机械购置补贴项目资金管理暂行办法》，实行了《2006年山西省农业机械购置补贴专项实施方案》，编印下发了《2006年国家暨山西省农机购置补贴专项资金项目指南》，规范了农民享受补贴的程序，个人申请、组织批准、公示群众、定点购买，审查增设了4个定点供应企业，对补贴全过程，包括资金安全运行、产品质量、售后服务进行了监管，年终对全省补贴工作进行检查验收，运行情况良好，圆满完成任务。第二，资金增长幅度大。全省共落实农机购置补贴资金3505万元，比2005年增长了近一倍。其中国家补贴资金1800万元，省财政补贴资金1000万元，市县财政补贴资金705万元。第三，受益农户覆盖面大。全省115个农业县全部享受补贴，其中国补县38个，省补县77个；享受补贴的农民及农机作业服务组织达3150户，比2005年补贴总户数增加了430户，增长幅度为15.8%。“一早”就是补贴资金兑现早。全省补贴资金到位时间比2005年提早了三个月，及时满足了农民购机和农业生产的需要。全省共补贴大中型拖拉机2200台，配套机具3100台（件），玉米收获机69台，吸引农民投入购机资金近1.5亿元。补贴工作做到了农民得到实惠，农机有了发展，有效改善了农机装备结构，强化了现代农业建设的物质技术基础。

（赵志伟）

【不断提升机械化农业重点工程建设】 2006年是全省机械化保护性耕作发展较快的一年，新增实施面积4.93万公顷，总实施面积达到37.2万公顷。在实际工作中，主要抓了四个环节：一是启动了“保护性耕作千名机手培训计划”，对示范区的200多名农机手和技术骨干，进行了保护性耕作关键技术与机具应用的重点培训。二是对新增的7000多台保护性耕作机具实行了集中采购，既稳定了机具供应价格，又保证了机具质量。三是组建了保护性耕作机具服务队，先后深入到5个市10个县的田间地头开展零距离服务。四是在山西省北部高寒冷凉地区，进行了小颗粒作物旋耕施肥播种机的机具改进和田间试验，进一步充实了保护性耕作技术体系和机具系统。在机械化节本增效和机械化旱作节水农业工程建设上，通过狠抓技术创新和示范培训，实施面积分别达到了326.67万公顷和86.67万公顷。这些机械化农业重点工程建设的快速推进，有效促进了农业生产的集约化、规模化，加快了现代农业建设步伐。 （赵志伟）

【初步形成新型农机社会化服务体系框架】 2006年，农机社会化服务体系建设突出狠抓了农机大户的培育和农机中介服务组织的规范发展。一是通过典型带动、政策倾斜，全省农机大户的龙头作用越来越明显。到年底，全省固定资产在15万元以上的农机大户已达到2200余户，其中种植20公顷以上的大户有176户，并涌现出原平市下薛狐村农机合作社、清徐县力牛农机合作社、屯留县农机合作社、万荣县第一农机服务队等一批股份制新型农机合作组织。二是在省里正式成立山西省农业机械化协会的带动和影响下，全省成立县以上农机中介服务组织40多个，有效地起到了连接养机户和农机服务市场的桥梁作用。这些遍布全省各地的农机大户和农机中介服务组织，构筑起新型农机社会化服务体系的基本框架，为进一步增强农机社会化服务能力奠定了基础。

组织农机跨区异地作业是农机部门增加农民收入的主要途径，也是衡量农机社会化服务能力的重要标志之一。2006年，跨区作业已在春、夏、秋、冬四季全面展开。夏收期间，共组建了140多个小麦跨区机收服务队，成立了78个跨区机收接待站，组织7605台联合收割机参加小麦机收跨区作业，完成机收面积57.33万公顷，跨区机收的农机户总收入达到1亿多元，平均每台机车收入达到1.5万元以上。春秋两季，异地作业的农业机械数量和作业区域进一步扩展。据统计，有4600多台拖拉机、1.5万台（件）配套农具远赴河南、河北、内蒙等地开展跨区作业，总收入近4000万元，平均每个农机户收入8000元左右。跨区作业是具有我国特色的农机化发展道路的正确选择。

（赵志伟）

【积极推进技术创新和示范推广】 2006年，一是针对农业生产需要，扶持了玉米联合收割机的技术攻关，取得了阶段性研究成果；二是针对保护性耕作发展需要，研制了多用途少免耕播种机，具备了小批量生产的基本条件；三是针对干鲜果品机械化生产的薄弱环节，进行了手动高枝摘果机、喷雾除草两用机、葡萄藤开沟掩埋机等多项装备的引进开发。省局还成功举办了“山西省春季农机推广展示交易会”、“全省玉米机械化收获现场演示会”和“保护性耕作机具展示会”，市县两级举办了各类现场演示会156次，新技术培训168次，推广各类机具1.68万台（件），新技术作业面积达406.67多万公顷次。组织实施了“农机科技入户工程”，通过加强技术指导和培训，培育了100个农机科技示范户。农产品加工装备技术管理工作也迈出了新步伐。各市都成立了农产品加工装备技术管理机构；对全省各地农产品加工技术装备进行了全面摸底调查；在平遥成功举办了“首届农产品加工装备技术展”，展示了杂粮加工、果蔬加工、豆制品加工、肉制品加工、特色农产品加工等多种机械设备。此外，还召开了全省首次农机科技创新大会，对142个农机科技创新先进单位和个人进行了表彰。 （赵志伟）

【狠抓农机安全监理和市场监督】 2005年，全省共换发新牌证3.9万个，换发新驾驶证3.7万个，检验机车12.4万台，新考驾驶员1.03万人，新上户各类机车1.86万台，上户率、检验率均高于2005年；对全省84所农机培训学校经过严格审核，授予了拖拉机驾驶培训资格，纳入了社会化管理；出台并实施了《山西省农机检验员考试员管理办法》，组织1586名监理人员进行了统一培训，对考试合格的1365人核发了统一证件；深入开展了“创建平安农机，促进新农村建设”活动，建成3个平安农机示范县、35个平安农机示范乡、300个平安农机示范村、3100个平安农机示范户；在全省6个市的43个县推行了“网上审批、委托打印证件”的工作方法。组织开展了“3·15农机维权大型宣传活动”，接待群众咨询2万余人次，受理农机质量投诉21件；对全省49个生产企业、872个经销企业、784种农机产品进行了专项检查，向企业通报检查结果并督促完成整改。核发农机维修技术合格证1200个，培训换发农机修理工技术等级证1560个，完成各类农机职业技能鉴定人数2003人。 （赵志伟）

## 畜牧业

【概述】 2006年是实施“十一五”规划的第一年，也是山西省畜牧兽医工作经受严峻考验的一年。畜牧兽医战线的广大干部职工和农民经过顽强拼搏，努力化解畜产品市场价格低迷和高致病性禽流感疫情给畜牧业带来的冲击和影响，全省畜牧业保持了持续发展的良好态势。

畜产品产量稳步增长。全年肉类总产量达93.6万吨，比2005年增长3.3%；奶类产量83.4万吨，比2005年增长13.1%；禽蛋产量52.4万吨，比2005年增长-7.9%。全省畜牧业产值达到153.6亿元，比2005年增长3.4%；农民人均畜牧业收入达到281.3元，比2005年增长0.5%。

畜产品优势区域生产能力稳步提升。优势区域内各市县按照因地制宜、发挥优势的原则，积极培育和发展了具有显著特色的畜产品基地，区域优势更加明显。中南部31个优质肉牛生产基地县出栏肉牛占到全省的63.1%；北部和太行山区35个优质肉羊生产基地县出栏肉羊占到全省的43.2%；吕梁山区23个优质绒山羊生产基地县羊绒产量占到全省的90%以上；以朔州市和太原为中心的33个奶业生产基地县牛奶产量占全省的87.7%；中南部30个生猪和禽蛋生产基地县猪的出栏和禽蛋产量分别占到全省的62.9%和47.9%。

畜牧业生产方式逐步转变。全省各地从提高畜牧业的组织化程度和比较效益入手，积极推广标准化、规范化畜禽养殖小区的发展。晋城市从2004年起,已拿出近2000万元资金用于养殖小区建设,已发展各类高标准养殖小区200个,规模养殖总量和畜产品商品总量超过全市总量的50%。沁水县从2005年开始,已建设场村分离、人畜分离的养羊小区近100个,养羊达到近10万只。晋中市是山西省发展规模养殖最早的地区,现在全市规模化养殖水平达到了70%以上。经过近两年的发展,全省规模饲养的生猪占到45%,家禽占到75%;全省饲养100头以上的奶牛规模养殖场养殖数量占到全省存栏奶牛总数的三分之一。

产业化水平进一步提高。通过外引内联等多种方式,在政策上、技术上、资金上积极扶持畜产品、饲料龙头企业发展,增强了对畜牧业的带动能力。至2006年底,全省畜禽加工企业达到620家,年加工能力达到48万吨;奶产品加工企业60多家,年加工能力达到100万吨;草产品加工企业60家,年加工能力达到20万吨。高平市投资2亿元,引进江苏雨润集团生猪屠宰加工线一条,年可屠宰生猪200万头,成为山西省最大的生猪屠宰龙头企业。应县与广东雅士利乳品集团合作,建设年鲜奶加工能力48万吨的乳品加工企业,可带动7万头奶牛的发展。

(侯晋兰　谢　卓)

**【山西省畜牧专业会召开】** 2006年3月2日,2006年山西省畜牧专业会在太原召开。会议认真总结了"十五"时期及2005年的畜牧兽医工作,表彰了2005年度畜牧工作中涌现出的先进单位和先进个人,全面部署了"十一五"全省畜牧工作,重点安排了2006年的畜牧业工作。

会议指出,"十五"时期以来,在党中央、国务院全面建设小康社会的方针指引下,各级畜牧兽医部门以科学发展观为指导,以增加农民收入为目标,不断优化畜牧业结构布局,努力转变畜牧业生产方式,加快草地建设步伐,重大动物疫病防控卓有成效,基层兽医体系得到加强,畜牧业在农村经济中的地位进一步提高,对农民增收的贡献显著。

会议提出,"十一五"时期山西省畜牧业的发展,要以科学发展观为指导,从加快畜牧业发展、调整农业经济结构和增加农民收入三个根本任务出发,坚持走全面协调可持续发展的生态畜牧业发展道路,紧紧抓住夯实基础、壮大基地、深化加工、开拓市场和提高服务五个产业化经营的关键环节,以经济效益为中心,以市场需求为导向,充分依靠科学技术,提高依法治牧能力,努力实现饲养方式由自然放牧向舍饲半舍饲转变,经营方式由粗放经营向集约化经营转变,增长方式由单一数量型增长向质量效益型增长转变,市场拓展由局部市场向国内、国际大市场转变,不断提高畜牧业整体素质和效益,加快畜牧业现代化进程,实现畜牧业可持续发展,为社会主义新农村建设做出新贡献。

会议全面安排部署了2006年工作。全年畜牧业工作重点抓好六项工作:一是着力培育和壮大畜牧业区域经济,促进畜牧业协调发展;二是大力发展规模养殖,加快畜牧业生产方式转变;三是大力推进动物防疫体系建设,搞好重大动物疫病防治工作;四是大力推进畜禽良种繁育体系建设,加快畜牧业良种化进程;五是加大人工种草力度,大力推进草地建设;六是以监管监测为重点,大力提高畜产品安全水平。(侯晋兰　谢　卓)

**【省政府提出关于推进畜牧兽医管理体制改革的实施意见】** 根据《国务院关于推进兽医管理体制改革的若干意见》(国发〔2005〕15号)精神,为了进一步促进全省畜牧兽医事业健康发展,加快现代畜牧业建设,增强动物疫病防控能力,提高动物产品质量安全水平和国际竞争力,促进农业和农村经济发展,省政府于2006年9月10日出台了《关于推进畜牧兽医管理体制改革的实施意见》,对全省的畜牧兽医管理体制改革提出了指导意见。

文件要求,各级党委、政府要充分认识畜牧兽医管理体制改革的重要性和必要性,坚持以邓小平理论、"三个代表"重要思想为指导,认真落实科学发展观,按照政府全面履行经济调节、市场监管、社会管理、公共服务职能的要求,加强对畜牧业生产的指导和动物卫生执法监管,促进畜牧业持续、健康、快速发展,确保人民群众的身体健康和财产安全。要本着"精简、统一、效能"的原则,健全机制、明确职能、理顺关系、稳定队伍,建立健全畜牧兽医行政管理、执法监督、技术支撑和基层畜牧兽医体系,形成科学、统一、透明、高效的畜牧兽医管理体制和运行机制。

文件明确指出,要建立科学合理的经费保障机制,省、市、县(含县级派出乡镇中心站人员)畜牧兽医行政、执法和技术支撑机构工作所需经费和人员工资纳入同级财政预算,统一管理。各级动物卫生监督所、动物疫病预防控制中心实行全额预算管理,保证其人员经费和日常工作费用。对动物疫病监测、预防、控制、扑灭经费以及动物产品有毒有害物质残留检测等经费,由各级财政纳入预算,及时拨付。聘用村级动物防疫员的补贴由县财政解决,每人每月不低于100元。动物检疫等依法收取的行政事业性费用一律上缴财政,实行"收支两条线"管理。

(侯晋兰　谢　卓)

**【《中华人民共和国畜牧法》正式施行】** 《中华人民共和国畜牧法》于2005年12月29日经十届全国人大常委会第十九次会议通过并公布,并于2006年7月1日起正式施行。这是我国畜牧业发展史上的一件大事,是畜牧业法制建设史上的重要里程碑,标志着畜牧业从此步入法制化发展的新阶段。

法律规定,国家支持畜牧业发展,发挥畜牧业在发展农业、农村经济和增加农民收入中的作用。县级以上人民政府应当采取措施,加强畜牧业基础设施建设,鼓励和扶持发展规模化养殖,推进畜牧产业化经营,提高畜牧业综合生产能力,发展优质、高效、生态、安全的畜牧业。同时法律规定,国家支持农村集体经济组织、农民和畜牧业合作经济组织建立畜禽养殖场、养殖小区,发展规模化、标准化养殖。

《畜牧法》是我国畜牧业发展历史上首部完整调整畜禽遗传资源保护利用、繁育、饲养、经营、运输等环节的法律,涵盖广泛,内容丰富,对引导、促进畜牧业生产经营方式向现代畜牧业转变,规范畜牧业生产经营行为,提高畜产品质量安全,维护畜牧业生产经营者的合法权益,促进畜牧业持续健康发展具有重要意义。

(侯晋兰　谢　卓)

**【畜产品安全工作】** 为了确保畜产品安全,各级畜牧部门以高度负责的精神,从养殖生产源头抓起,切实加强对养殖生产、饲料兽药等投入品的监管力度。对11个市的饲料企业、养殖者的饲料产品和猪尿进行了监督抽查,全省共监测饲料样品160批次,违禁药物146批次,牛羊源性饲料403批次,依法取缔无证经营户63个。饲料兽药市场得到进一步净化,使用进一步规范。为了切实提高兽药饲料企业的经营水平,按照农业部的要求,对70家兽药企业进行了GMP认证工作，对未通过GMP认证的56家企业实行了零点关闭行动。长治市10个企业通过了畜产品绿色认证，云海外贸等3个标准化养兔基地顺利通过欧盟专家验收，获得出口欧盟的资格认证。（侯晋兰　谢　卓）

**【草地建设步伐加快】** 通过实施风沙源治理、耕地种草等工程项目，全省种草保留面积达到37.8万公顷，全年新增种草面积12.2万公顷，风沙源等重点工程累计投资1.67亿元，种草面积12.43万公顷，草地围栏5.39万公顷；全省改良天然草地3.97万公顷。草的产业化进程明显加快，年生产能力达到5000吨以上的草产品加工企业30个，年加工草产品达到11.6万吨。特别是农民种草养畜热情高涨，以草定畜和科学养畜意识明显增强。（侯晋兰　谢　卓）

**【畜禽良种化程度明显提高】** 2006年，各地狠抓良繁基地建设、改良技术推广和种畜禽市场净化三个关键环节，以此促进全省畜禽良种化程度明显提高。对19个省级和市级的种畜禽场进行了扩建和改造，引进国外优良肉牛30头、种羊400只，完成晋南牛保种200A级胚胎的任务，马身猪核心群达到150头以上，全面提高了种畜场的制种供种能力。大力实施奶牛良种补贴项目，在大同南郊区、山阴县、应县、朔城区、忻府区、小店区六个县（区）实施，对项目区内的16.6万头奶牛全部实施了良种补贴。加强了基层改良站点的建设，完善了20个县级畜禽改良站、160个乡镇改良站，累计推广三元优杂猪200万头，改良肉牛40万头、奶牛20万头、肉羊160万只、绒山羊100万只，畜禽良种化程度进一步提高。与此同时，配备了先进的种畜禽性能测定设备，严肃查处假冒伪劣种畜禽，规范种畜禽场验收发证工作，种畜禽的质量得到了极大提高。（侯晋兰　谢　卓）

**【山西成功扑灭阳泉市郊区和长子县发生的高致病性禽流感疫情】** 2006年2月6日和6月17日，山西省阳泉市郊区和长子县分别发生了高致病性禽流感疫情。省人民政府及时启动应急预案，部署开展禽流感防控工作。当地兽医部门按照农业部《高致病性禽流感疫情处置技术规范》要求，组织对疫区进行彻底消毒，防止疫源扩散。对疫区周边地区所有家禽，从外到内进行紧急免疫，建立免疫隔离带。开展流行病学调查，分析此次疫情新特点，密切掌握疫情动态。当地兽医部门还加强了对禽流感防控知识的宣传，提高群众的自我防范意识，防止疫情向人传播。

农业部加大了对山西禽流感防控工作支持和指导力度，紧急调拨禽流感疫苗，先后派出督导组和专家组赴疫区指导防控工作，使两起疫情均得到有效控制，未出现新的病例。（侯晋兰　谢　卓）

**【全省雁门关生态畜牧经济区建设工作会议在忻州召开】** 2006年8月10日至11日，全省雁门关生态畜牧经济区建设工作会议在忻州市召开。会议总结了五年来的建设情况及所取得的成就，并实地观摩了岢岚、五寨的建设现场，根据新的形势和任务，对“十一五”时期加快推进雁门关生态畜牧经济区建设工作进一步安排部署。省委书记张宝顺、省长于幼军作出指示，要求坚持以科学发展观为统领，围绕既定目标，进一步强化工作措施，加大推进力度，转变生产方式，提高产业化水平，努力加快雁门关生态畜牧经济区建设，进而促进全面建设山西小康社会进程。省委副书记薛延忠出席会议并讲话，副省长梁滨主持会议并进行会议总结。

会议认为，过去五年，雁门关区各级党委、政府深入贯彻落实省委、省政府的部署，团结带领广大干部群众，艰苦奋斗、扎实工作，取得了明显成效。生态建设成就斐然，六大工程累计完成投资21.2亿元，完成植树造林77.16万公顷，完成水土流失治理面积50.67万公顷，雁门关区生态环境明显改善。产业结构调整成效显著，草业经济快速成长，畜牧业占到农业总产值的39%，农民人均牧业纯收入达到633元，比2001年翻了近一番；农产品加工在农村经济结构中的比重大幅增加，壮大了一批龙头企业，形成了一批有影响力的市场品牌。综合实力明显增强，区内生产总值达到624.2亿元，年均增长11.8%；农民人均纯收入达到2274元，年均增长9.2%；30个县中有16个县财政收入过亿元；新解决了27.8万人的温饱问题，巩固了25.4万低收入人口的温饱成果。社会事业全面进步，农村交通、水利等基础设施建设取得重大突破。教育卫生、精神文明、民主法制和党的建设得到了加强。

会议提出，“十一五”时期，雁门关生态畜牧经济区建设要围绕经济发展、生态改善和农民增收，把加快雁门关生态畜牧经济区建设与推进新农村建设、加快“两区”开发、实施“蓝天碧水”工程、发展县域经济相结合，突出抓好区域生态环境建设、畜牧产业壮大、服务体系健全、基础设施改善、新型农民培育五项重点，进一步强化工作措施，推进生产方式转变，促进产业化经营，确保2010年各项任务圆满完成。到2010年，雁门关区要努力达到“456”目标，即农民人均牧业纯收入占农民人均纯收入的40%以上，林草建设面积占到国土总面积的50%以上，畜牧业产值占到农业总产值的60%以上。实现生态环境明显改善，生产方式明显改善，生活质量明显改善。

薛延忠指出，搞好雁门关生态畜牧经济区建设工作，在工作推进中要坚持“四个结合”，即按照新形势、新任务的要求，把推进雁门关生态畜牧经济区建设与新农村建设相结合，与加快晋西北、太行山革命老区开发相结合，与实施“蓝天碧水”工程相结合，与大力发展县域经济相结合，进而加快建设进程。在工作推进中要着力抓好“五个重点”。一要围绕改善生态环境，着力推进林草植被建设。通过科学规划，加快建设，强化管护，把国家六大生态骨干工程和省六大造林绿化工程在雁门关区的项目实施好，所新增66.67万公顷以上造林面积的任务完成好。二要围绕优化区域产业结构，着力推进畜牧业发展。要按照“十一五”期间牛羊饲养量再翻一番、加工转化能力超过50%的要求，进一步突出抓好畜牧业生产，积极发展草业，扩大畜禽养殖规模，推进畜禽饲养方式转变，培植壮大龙头企业，提升产业化水平，增加农民收入。三要围绕增强支撑保障能力，着力推进社会化服务体系建设。要突出抓好科技服务、动物防疫、良种繁育体系建设和专业合作经济组织发展，为雁门关区生态畜牧健康快速发展提供有力支撑和重要保障。四要围绕改善发展条件，着力推进农村基础设施建设。要组织实施好重大交通项目建设，加强水源地保护和水源工程建设，推进农村电网建设，努力抓好农村人居环境治理。五要围绕提高建设主体的素质，着力推进新型农民培养。要大力发展教育、文化、卫生等社会事业，努力搞好职业教育和农民培训，不断加强思想道德建设，提高农民综合素质，为雁门关生态畜牧经济区建设提供人才支撑。

梁滨要求各市县要尽快制定出台雁门关生态畜牧经济区“十一五”规划，并按照省级规划的总体部署，科学统筹、把握重点，实施突破，齐心协力，共同推进雁门关区域生态畜牧业建设再上新台阶。

(侯晋兰 谢 卓)

**【国家8位院士联名向温家宝总理提出建设山西雁门关生态畜牧经济示范区的建议】** 2006年3月份，吴常信、陈文新、关君蔚、任继周、刘更另、石玉林、张子仪、戴景瑞等中国科学院和中国工程院的八位院士联合向温家宝总理提出“关于建设山西雁门关生态畜牧经济示范区的建议”。

院士们在建议信中指出：山西雁门关生态畜牧经济区，是我国京津风沙源治理、首都水资源保护、退耕还林还草、“三北”防护林建设、太行山绿化、天然林保护六大生态骨干工程建设的重点区域。建设山西雁门关生态畜牧经济示范区，不仅关系到山西省乃至整个华北地区的生态环境改善和经济可持续发展，而且对于我国其他类似地区的社会经济可持续发展，具有一定的借鉴价值。

院士们建议：将山西雁门关生态畜牧经济区，提升为国家重点生态畜牧经济示范区，享受“西部大开发”的优惠政策，列入国家“十一五”规划，给予政策和资金支持，早日把雁门关地区建设成为农牧过渡带现代农业的典型，实现区域可持续发展。 (侯晋兰 谢 卓)

**【中德农业合作项目考察团赴雁门关生态畜牧经济区进行考察】** 2006年3月24日—25日，以中国农业大学王璞教授、德国专家威尔海姆·克劳潘为团长的中德农业合作项目考察团一行42人，对山西省雁门关生态畜牧经济区的生态畜牧业和农业生产情况进行了为期两天的考察。

代表团一行先后考察了阳高县欣牧苑养殖场、大同市沙岭新世纪奶牛养殖园区、大同县巨乐乡采凉山生态畜牧经济区、应县冯氏生态畜牧园、应县秀发种植公司、山西玉雄淀粉糖品有限公司等项目点。在考察中，德国专家充分肯定了雁门关生态畜牧经济区建设所取得的成就，他们认为：沙岭新世纪奶牛养殖园区实行的统一防疫、统一管理、统一配种、统一饲料饲草供应、统一挤奶售奶、统一新技术推广，是一种很好的管理模式，值得推广；应县冯氏生态畜牧园一流的设施和管理足以和德国农场相媲美；山西玉雄淀粉糖品有限公司的玉米加工技术先进，能够充分利用和节约资源，清洁生产，实现了资源高效循环利用。

德国专家说，德国的农业是生态农业，它要求农民在生产中不使用化学合成的除虫剂、除草剂，使用有益天敌或机械除草方法；不使用易溶的化学肥料，而是使用有机肥或长效肥，利用腐殖质保持土壤肥力；采用轮作或间作等方式种植；不使用化学合成的植物生长调节剂；控制牧场载畜量；动物饲养采用天然饲料，不使用抗生素；不使用转基因技术。这些技术都可以在雁门关生态畜牧经济区大力推广。

考察结束后，双方希望通过加强信息交流、互派人员进行考察研究，加强先进技术和管理经验，改善农业生态环境，提高农产品质量和畜牧业的发展水平，为加快雁门关生态畜牧经济区建设，加强中德友谊做出应有的贡献。

(侯晋兰 谢 卓)

**【“山西畜牧兽医信息网”开通】** 2006年3月2日，山西畜牧信息网正式开通。该网是山西省畜牧兽医局建设的一所大型专业网站。建设的主要目的是向社会宣传和发布畜牧政策，为农民和企业提供市场信息与科技服务，搭建各级畜牧部门之间相互沟通的平台，全面提高政府部门工作效率。网站的胜利开通，驾起了一座畜牧部门与农民群众相互联系的桥梁，为贴近群众、贴近生活开辟出新的途径；极大地增强了畜牧科技人员服务“三农”的手段和能力，进一步加快了用现代科技改造传统畜牧产业的步伐，有力地促进了畜牧业的发展能力和社会地位的全面提升。

(侯晋兰 谢 卓)

**【阳城县出台两个畜产品生产地方标准】** 2006年，阳城县结合当地实际，发布了《瘦肉型猪生产技术规范》和《集约化蛋鸡生产技术规范》两个畜产品生产地方标准，提出了科学应用蛋鸡和瘦肉型猪集约化生产的各类技术标准，规范了养殖户的生产、经营、防疫、饲料管理等行为。

(侯晋兰 谢 卓)

**【吕梁市开通“生态畜牧信息网”】** 2006年6月27日，吕梁市“生态畜牧信息网”正式开通。信息网主要提供吕梁概况、新闻中心、生态畜牧、供求信息、市场价格行情、畜牧业科技实用技术、产品展销、政策法规、智能咨询、数据中心、特色专区、疫病防治、畜牧留言、视频点播、畜牧资源等15大类的信息，并且具备个体化点播和自主化信息发布等功能。还能与雁门关生态畜牧经济区建设三县(兴县、岚县、方山县)实现互联互通，并可以资源共享及协调办公。

该网的开通为吕梁贫困山区畜牧业发展架起了一座市场、政府、农民相互沟通的信息桥梁，也为国内外同行者了解和支持吕梁生态畜牧业发展开辟了一个交流的窗口。 (侯晋兰 谢 卓)

**【山西省召开饲料产业化研讨会】** 为进一步加快山西省饲料工业发展步伐，2006年5月14日，由省饲料工业协会主办，山西大象禽业有限公司承办的“山西省饲料产业化研讨会”在太原召开。与会代表围绕山西饲料行业如何实施产业化经营，品牌经营等重点进行了研讨。

(侯晋兰 谢 卓)

**【晋城市5家畜牧企业被评为山西省著名商标】** 2006年5月，山西省工商局发布公告，晋城市有5家畜牧企业被评为山西省著名商标，分别是高平市华康猪业有限公司的“华康牌”生猪、晋城市强民乳业有限公司的“强民牌”奶制品、沁水县源通饲料有限公司的“祥牛牌”饲料、晋城市竞成食品有限公司的“竞成牌”肉制品和山西沁花蜂业有限公司的“沁花牌”蜂蜜。 (侯晋兰 谢 卓)

**【山西省生猪定点屠宰实施明码标价】** 2006年6月23日，山西省物价局对山西省生猪定点屠宰加工做出规范，屠宰加工企业应在收费场所显著位置公布收费标准，实行明码标价。屠宰企业必须按照国家标准对生猪进行屠宰加工和肉品品质检验后，方可按照价格主管部门制定的收费标准收取屠宰加工费。鼓励屠宰加工企业走加工、销售、品牌、连锁经营一体化发展模式，同一地级市、市区、县(市)的各定点屠宰企业应执行相同的收费标准。

(侯晋兰 谢 卓)

**【山西省首个“冰鲜鸡”专卖点落户太原】** 2006年7月26日，在太原市动物防疫监督所全力扶持下，山西省首个“冰鲜鸡”专卖销售点落户省城美特好超市，太原市民终于吃上了新鲜干净的冰鲜鸡产品。“冰鲜鸡”产品，既保存了肉的营养价值，又具有肉质柔软多汁、味道鲜美的优点，便于切割、烹制，满足了嗜食鲜鸡的

消费者的需求。 （侯晋兰 谢 卓）

**【山西肉食企业首获欧盟“通行证”】** 2006年8月20日，国家认证认可监督管理委员会下发通知，长治市云海外贸肉食有限公司获得欧盟主管当局批准注册，该公司的冰兔肉全部符合最新的欧盟食品卫生法规，成为山西省获得欧盟市场“通行证”的首家肉食品企业。

（侯晋兰 谢 卓）

**【山西省最大的生猪定点屠宰加工厂正式竣工】** 2006年12月1日，山西省最大的生猪定点屠宰加工厂正式竣工，该项目由山西崇康食品集团有限公司投放建设，投产后，年屠宰加工生猪可达到50万头。

崇康食品集团以生猪屠宰、肉制品加工、乳制品加工及销售为主。其目前兴建的崇康牧工生态园，除了刚刚竣工的生猪屠宰加工项目外，还包括容纳1500头奶牛的养殖基地，及50吨牛奶的城郊型乳业低温保鲜产品生产线的建设。园区全部建成后，预计年产值将达5.4亿元，可为消费者提供大量优质的肉制品及乳制品。

（侯晋兰 谢 卓）

## 农业科技

**【概述】** 2006年是“十一五”计划的开局之年，山西农业科学院共开展各类研究课题701项（结转课题323项，新开课题378项），其中国家级课题50项，包括：国家自然科学基金课题1项，国家“863”课题3项，国家科技支撑计划17项，国家农业科技成果转化资金项目20项，国家星火项目7项，农业部“948”项目1项，农业部跨越计划项目1项；省级课题331项，包括：省攻关课题161项，省星火课题24项，省推广课题47项，省自然基金课题20项，省青年基金课题7项，省基础平台建设项目6项，省软科学课题10项，省归国留学人员课题35项，省国际合作课题11项，省专利推广课题10项；院级课题320项，包括：院高新技术课题25项，院攻关课题78项，院新产品研制课题33项，院青年基金课题27项，院育种工程课题157项。2006年全院共鉴定科研成果（包括星火、推广课题验收）17项，有6项专利获得国家授权（发明专利3项，实用新型专利3项），新注册商标6个，山西省农业科学院经济作物研究所“汾州香”商标获山西省著名商标。山西省农业科学院作物遗传研究所培育的“冬黑10号小麦”、山西省农业科学院谷子研究所培育的长6878小麦获得国家植物新品种权。在国家级学报发表论文56篇，其中SCI收录8篇。10项国家农业科技成果转化资金项目按计划完成，并通过国家和省级验收，19项科研成果获得山西省科学技术奖，其中，一等1项，二等11项，三等7项；10个农作物品种通过国家审定，有60个农作物新品种通过山西省审（认）定，1个品种通过湖南省审定，审认定品种创历年新高。小麦审定品种占全省小麦审定品种的80%；玉米审定品种占全省玉米审定品种的60%；棉花审定品种占全省棉花审定品种的62%，充分显示了省农科院大作物育种的良好势头，一大批优良品系分别进入省和国家区试。此外，本年度还争取到国家和省级各类资质证书6个。农业科技推广示范工程和扶贫工作取得实效。在全省不同类型生态区建立了十大农业科技成果转化示范区，承担了全省1000个新农村建设示范村的技术服务和科技推广工作。实施农村技术承包项目16项，获山西省农村承包奖10项。定点扶贫全年共培训农民1.2万人次，引进各类优良品种30多个，扶贫点农民收入有了较大提高。龙田农业科技有限公司籍增顺被中华人民共和国科学技术部授予“星火科技先进工作者”荣誉称号；旱地农业中心王娟玲被中华全国妇女联合会授予“全国三八红旗手荣誉称号”；作物遗传研究所马建萍同志被山西省总工会授予山西省“五一”巾帼奖荣誉称号；高寒区作物研究所杨如达同志被山西省劳动竞赛委员会授予“山西省五一劳动奖章”荣誉称号；棉花研究所李秀绒同志被山西省劳动竞赛委员会记“劳动竞赛一等功”；棉花研究所赵功权同志被山西省总工会授予“厂务公开民主管理先进个人”荣誉称号；玉米研究所陈永欣同志被山西省妇女联合会授予“山西省优秀妇联干部暨三八红旗手”荣誉称号。

（梁海萍 王和平）

### ·科研新成果·

**【道地药材营养特征与施肥技术研究】** 山西省农科院土肥所完成的“道地药材营养特征与施肥技术研究”项目，首次将根际微生态研究法引入道地药材研究中，从根际营养和根际微生物的角度研究了道地药材的独特性质，为道地药材的人工大面积栽培提供了理论依据。通过采样和分析测试，建立了不同中药材不同器官、不同时期、不同生长年限和不同区域营养元素含量数据库，绘制出中药材不同元素生长积累的营养曲线，结合药材生长地土壤进行了采样和对应分析，从而找出了其对不同营养元素吸收和转化的特异性规律。通过田间试验，建立了中药材优化施肥技术体系，提出了施肥技术规程，并研制开发出山西省中药材推荐施肥软件系统，为中药材科学施肥奠定了技术依据。利用山西省优质的腐殖酸资源，经过多种化学提取、原料粉碎、化学合成、滚筒造粒、包装等工艺，研制开发出中药材专用肥料，具有资源优势、技术优势和成本优势，可显著提高中药材产量和有效成分含量，改善其商品性，效果显著。该项目在理论上丰富了中药材生长与土壤生态环境相关性的研究内容，在生产实际中对道地中药材规范化种植具有指导意义，应用前景广阔。项目在同类研究领域达到国际先进水平。 （梁海萍 王和平）

**【皮用兔饲养标准及予预混料研究】** 山西省农科院畜牧兽医研究所完成的“皮用兔饲养标准及予预混料研究”，使用该标准饲养的青年獭兔1、2级兔皮的比例达到了89%；提高了基础母兔的繁殖率，极大地降低了獭兔饲养成本。项目预混料中添加低聚糖、糖萜素成功地替代了抗生素，确保了产品的绿色、环保，对我国扩大獭兔的对外贸易，增加外汇收入，具有重要的经济意义。该项目研究的獭兔种母兔专用配合饲料和獭兔专用配合饲料，申请国家专利，且应用于国内60多个养兔场，产生了巨大的经济效益和社会效益。为獭兔养殖业向高效、优质方向发展提供了理论依据，具有极大的推广应用价值，专家鉴定认为该项目达国际领先水平。

（梁海萍 王和平）

**【高粱异胞质雄性不育的细胞学和分子基础研究】** 山西省农科院高粱研究所和山西省农业生物技术研究中心共同完成的“高粱异胞质雄性不育的细胞学和分子基础研究”项目，率先在国内外开展了高粱基因组DNA甲基化研究，初步阐明了DNA甲基化水平与其杂种优势之间的关系；首次发现了高粱$A_2$，$A_3$胞质不育系花药败育的主要原因；首次定位了2个$A_2$雄性不育的恢复基因。该项目选题新颖，技术路线合理，结论可靠。该项研究对高粱杂种优势的利用具有重要的指导意义和应用价值，研究达到国际先进水平。

（梁海萍　王和平）

**【反刍动物“NPN”补充料研究与应用】** 山西省农业高新技术园区等单位合作完成的“反刍动物‘NPN’补充料研究与应用”项目，根据反刍动物瘤胃微生物的发酵消化机理，以来源广泛的尿素为氮源，通过特定的工艺，成功地生产出粗蛋白质含量达70%以上的“反刍动物‘NPN’补充料”，日粮蛋白质替代率达30%。该产品氨释放均匀、持久，缓释效果显著，氨态氮释放速率为常规尿素50%以下，使动物对尿素利用率大大提高，研究成果达到国际先进水平。（梁海萍　王和平）

**【小麦、玉米、果树抗旱机理与生物化控技术的研究及其应用】** 山西省农科院旱地农业研究中心和小麦研究所共同完成的山西省科技攻关计划项目“小麦、玉米、果树抗旱机理与生物化控技术的研究及其应用”研究，研究发现植物激素茉莉酸诱导了与作物抗旱密切相关的物质——甜菜碱的生物合成与积累，研究结果被SCI收录。采用天然提取的甜菜碱和具有茉莉酸活性的物质做主要成分，根据不同作物的生理特性，研究开发出增产显著、无毒副作用、成本低廉、使用简便的小麦、玉米、果树系列生物抗旱剂，在小麦、玉米、果树上应用生物抗旱化控技术增产节水效果显著。整体研究达到同类研究的国际先进水平。（梁海萍　王和平）

**【酥梨、鸭梨等中国梨品种气调贮藏参数及中试技术应用研究】** 山西省农科院保鲜研究所承担的“酥梨、鸭梨等中国梨品种气调贮藏参数及中试技术应用研究”项目，通过研究酥梨、鸭梨、玉露香梨贮藏期间果心果肉酚类物质含量、多酚氧化酶活性、细胞膜透性等生理生化变化规律，技术应用研究项目，通过研究酥梨、鸭梨、玉露香梨贮藏期间果心果肉酚类物质含量、多酚氧化酶活性、细胞膜透性等生理生化变化规律，发现在气调贮藏中所试品种的褐变对高$CO_2$浓度比低$O_2$浓度更敏感，且果心比果肉敏感，揭示了果心比果肉更易产生褐变的内在原因，为确定酥梨、鸭梨等中国梨品种气调贮藏中$O_2$和$CO_2$的极值和阈值提供了理论基础。通过对比试验，得出了酥梨、鸭梨、玉露香梨气调贮藏中忍受$CO_2$的最高值和忍受$O_2$的最低值；通过综合指标分析，明确了气调贮藏中适宜的气体指标阈值为：酥梨：$CO_2<2\%$，$O_2 3\sim0.5\%$，鸭梨$CO_2<0.5\%$，$O_2 5\sim10\%$；玉露香梨：$CO_2<1\%$，$O_2 5\sim10\%$。所试品种贮藏6个月，失水率小于1%，腐烂率低于4%，外观新鲜，果柄鲜绿，果肉风味正常，无生理伤害。选择出了适合酥梨、鸭梨、玉露香梨等中国梨品种贮藏的高渗出$CO_2$保鲜袋并用于其贮藏，取得了良好的保鲜效果。该项目为冷库和气调度贮藏上述品种提供了有力的技术支持，对指导生产实践具有重要意义，达到同类研究的国际先进水平。

（梁海萍　王和平）

**【优质、大粒、中晚熟葡萄新品种（秋红宝）选育研究】** 山西省农科院果树研究所完成的“优质、大粒、中晚熟葡萄新品种选育研究”，该项目选用瑰宝X粉红太妃为亲本组合，培育出优质、大粒、中晚熟葡萄新品种[暂定名“秋红宝”，原代号为99－9－6（3）]。该品种探索出葡萄育种新程序，将常规杂交育种与诱变育种相结合，采用初选后再进行倍性鉴定的方法，扩大了变异的范围，提高了育种效率；培育出果实品质和农艺性状优良的中晚熟鲜食葡萄新品种。该品种优于成熟期相同的其他主栽品种，适宜在我国华北、西北及类似生态条件下栽植，推广应用前景广阔。专家鉴定，该研究试验设计合理，选育方法独特先进，所育品种综合性状优异，研究成果达到国际先进水平。

（梁海萍　王和平）

## ·获奖成果·

**【强筋小麦品种临优145选育及加工应用】** 山西省农业科学院小麦研究所完成的“强筋小麦品种临优145选育及加工应用”，应用作物育种与良种繁育学、分子生物学和农产品贮藏与加工等学科的理论和技术，以高产、优质、抗逆为育种目标，针对晋南小麦生长发育特点，育成强筋、高产、抗病、广适小麦新品种临优145。区试平均产量86737.5公斤/公顷，比对照增产6.9%；生产示范平均产量6187.5公斤/公顷，比对照增产7.9%。经农业部连续两年的多点品质鉴定，综合指标超过国家一等强筋小麦品质指标，优于加拿大、美国硬红冬麦、硬红春麦，而且变异性较小，稳定性极好，成为山西省强筋小麦的主干品种和品质稳定性鉴定的对照品种，被列入国家863计划项目。2003年以来，在山西省及黄淮麦区累计推广面积66.97万公顷，净增小麦15069万公斤，增加社会经济效益9亿元。2006年获山西省科技进步类一等奖。

（梁海萍　王和平）

**【2006年获山西省科技进步类二等奖农科成果名录】**

（1）“玉露香梨”选育研究及示范推广。

完成单位：山西省农业科学院果树研究所。

（2）中国西门塔尔牛太行类群选育研究。

完成单位：山西省农业科学院畜牧兽医研究所。

山西省和顺县畜牧局。

和顺县兴科养牛流通协会。

（3）优质高产多抗谷子新品种晋谷34号的选育及应用。

完成单位：山西省农业科学院作物遗传研究所。

（4）菜、粮兼用大豆新品种晋豆（鲜食）33号的选育及应用。

完成单位：山西省农业科学院玉米研究所。

（5）抗病、优质、高产马铃薯新品种—晋薯12号的选育与应用。

完成单位：山西省农业科学院五寨农业试验站。

（6）西葫芦新品种“长青王1号”产业化开发。

完成单位：山西省农业科学院棉花研究所。

（7）肉用波尔山羊繁育及生产体系建立。

完成单位：山西省农业科学院畜牧兽医研究所。

（8）苹果芽变新品种‘红锦富’选育及推广应用。

完成单位：山西省农业科学院果树研究所。

山西省农业科学院情报研究所。

山西省农业科学院小杂粮研究中心。

山西省浮山县东张乡蛟头河村。

（9）禽流感流行规律及综合防治技术研究与应用。

完成单位：山西省农科院畜牧兽医研

究所。

(10)转双价抗虫棉晋棉38的培育与应用。

完成单位:山西省农科院棉花研究所。

(11)早熟高产抗旱玉米品种并单1号的选育与推广。

完成单位:山西省农业科学院作物遗传研究所。

**【2006年获山西省科技进步类三等奖农科成果名录】**

(1)优质高产抗风摩谷子新品种晋谷35号。

完成单位:山西省农业科学院谷子研究所。

(2)高产优质抗病玉米品种品玉3号的选育与推广。

完成单位:山西省农业科学院农作物品种资源研究所。

(3)苹果无公害疏花剂研制及其疏花技术与疏花机理。

完成单位:山西省农业生物技术研究中心。

(4)晋黄瓜一号等黄瓜系列品种推广。

完成单位:山西省农业科学院蔬菜研究所。

(5)优质、高产、多抗玉米新品种忻黄单84号的选育与应用。

完成单位:山西省农业科学院玉米研究所。

(6)惠丰三号甘蓝的育成及其应用。

完成单位:山西省农业科学院蔬菜研究所。

**【2006年获山西省自然科学类三等奖农科成果名录】**

(1)耐旱耐寒草坪草种质创新。

完成单位:山西省农业科学院旱地农业研究中心。北京大学。

(梁海萍　王和平)

**【6项发明专利获国家授权】**

(1)预防及防治糖尿病并发症的保健药品。

完成单位:山西省农业科学院高粱研究所。

(2)秸秆贮水育苗钵的生产方法。

完成单位:山西省农业科学院旱地农业研究中心。

(3)超声波处理花粉介导植物基因转化方法。

完成单位:山西省农业科学院农业生物技术研究中心。

(4)等离子体作物种子激活处理设备(实用新型)。

完成单位:山西省农业科学院旱地农业研究中心。

(5)播种耧(实用新型)。

完成单位:山西省农业科学院棉花研究所。

(6)一种环境绿化砖(实用新型)。

完成单位:山西省农业科学院高新技术园区。

(梁海萍　王和平)

**【新注册商标6个】**　(1)斯特雷克。山西省农业科学院棉花研究所三联农化实验厂。

(2)瑞德丰。山西省农业科学院高粱研究所。

(3)晋草。山西省农业科学院高粱研究所。

(4)博力。山西省农业科学院山西大丰种业有限公司。

(5)丰。山西省农业科学院山西丰禾种业有限公司。

(6)忻黄单。山西省农业科学院玉米研究所。

(梁海萍　王和平)

**【获准资质证书6项】**　山西省农业科学院果树研究所,全国农业旅游示范点。

山西省农业科学院棉花研究所,农业部农药登记田间药效试验单位。

山西省农业科学院植物保护研究所,农药登记试验单位资格证书。

山西省农业科学院农产品贮藏保鲜所,食品卫生许可证。

山西省农业科学院高寒区作物研究所,无公害农产品产地认定证书。

山西省农业科学院果树研究所,山西省农业旅游示范点。

(梁海萍　王和平)

## ·农作物新品种选育·

**【小麦新品种晋麦79号】**　选育单位:山西省农业科学院小麦研究所。

中国科学院遗传与发育生物学研究所农业资源研究中心。

第一完成人:刘新月。

该品种半冬性,中早熟,苗期生长势强,分蘖力较强。株高70厘米左右,株型紧凑,穗层整齐,饱满度较好。平均亩穗数522万穗,穗粒数26.4粒,千粒重38.1克。抗倒性较好,抗旱性中等。中感黄矮病,高感条锈病、叶锈病、秆锈病、白粉病。2004年~2005年度参加北部冬麦区旱地组品种区域试验,平均公顷产4136.55公斤,2005年~2006年度续试,平均公顷产4474.2公斤,比对照长6878增产1.66%,2005年~2006年度生产试验,平均公顷产4233公斤,比对照长6878增产2.32%。适宜在北部冬麦区的陕西北部、山西中部、甘肃陇东地区、宁夏南部的旱地种植,也适宜在河南林州的旱地种植,2006年通过国家审定。

(梁海萍　王和平)

**【小麦新品种临旱6号】**　选育单位:山西省农业科学院小麦研究所。第一完成人:卫云宗。

特征特性:弱冬性,中熟,分蘖力强,平均亩穗数37.3万穗,穗粒数31.2粒,千粒重39.1克。抗旱性较差,中感黄矮病、秆锈病,高感条锈病、叶锈病、白粉病。产量表现:2004年~2005年度参加黄淮冬麦区旱地组品种区域试验,平均每公顷产5025公斤,比对照1晋麦47号增产6.3%(不显著),比对照2洛旱2号增产4.7%(不显著);2005年~2006年度参加黄淮冬麦区旱肥组品种区域试验,平均每公顷产6061.5公斤,比对照洛旱2号增产6.0%(极显著)。2005年~2006年度生产试验,平均每公顷产5862公斤,比对照洛旱2号增产6.2%。适宜在黄淮冬麦区的山西南部、陕西渭北的旱肥地及河南西北部、河北南部、山东中南部的旱地种植。2006年通过国家审定。

(梁海萍　王和平)

**【葵花新品种"YS809"】**　选育单位:山西省农业科学院棉花研究所。第一完成人:黄增强

由山西棉花研究所培育的向日葵三系杂交种,平均生育期106天左右,粒呈三道眉花色形状,花色均匀,白底细黑道,2002年~2003年参加山西省两年品种区域试验和一年生产示范,平均比对照增产12.8%,2004年~2005年参加全国区域试验,两年平均每公顷产3088.8公斤,比对照(DK119两年平均每公顷产2593.65公斤)增产19.09%,两年产量均列试验首位,增产极显著,2005年,参加全国示范,平均每公顷产量2544.45公斤,居试验第2位,比对照(DK119)增产10.47%。

该品种适应性强,在全国各适葵产区

都可种植，2006年通过国家审定。

（梁海萍　王和平）

**【小麦新品种长4738】** 选育单位：山西省农业科学院谷子所，第一完成人：孙美荣。

节水型高产稳产小麦新品种长4738，冬性、中熟。幼苗半匍匐，分蘖力较强，成穗率高，繁茂性好。叶功能期长，抗青干，节水性能好，灌浆快，落黄好。穗长方形，穗大粒多，穗粒重高。公顷穗数600万左右，穗粒数32粒左右，千粒重45克左右，产量三因素协调。参加国家北部冬麦区水地组区域试验，2004年平均每公顷产7022.4公斤，比对照京冬8号增产10.3%，达极显著水平，居第2位；2005年平均每公顷产7236.6公斤，比对照京冬8号增产10.0%，达极显著水平，居第1位；2005年参加生产试验，平均每公顷产6822.9公斤，比对照京冬8号增产15.88%，居第1位。其中2004年在新疆农一师农科所试点，亩产高达705.5公斤，比对照京冬8号增产37.9%，创国家区试单产最高纪录。经国家区试稳产性和适应性分析，长4738在参试品种中品种离优度两年均为最小，分别为607.6和567.4，适应度均为最大，分别为100%和83.3%，稳产性和适应性非常突出。

适宜全国北部冬麦区广大水地种植。2006年通过国家审定。

（梁海萍　王和平）

**【小麦新品种长6359】** 选育单位：山西省农业科学院谷子所，第一完成人：孙美荣。

抗旱高产稳产小麦新品种长6359，冬性中熟。分蘖力强，成穗多。穗长方型，穗码排列适中，结实性好，每穗粒数30粒左右。白粒、角质，千粒重45克左右，饱满度较好，抗旱、抗冻、抗倒、抗青干，水旱兼用，成熟落黄好。2003年～2004年参加山西省中部旱地区试，2003年平均公顷产5244.75公斤，比对照晋麦53号增产16.94%，居第1位；2004年平均公顷产5616公斤，比新对照长6878增产8.66%，居第1位；2004年参加生产试验，平均公顷产5430公斤，比新对照长6878增产7.5%，居第1位。2005年～2006年参加全国黄淮冬麦区旱地组区试，2005年平均公顷产5125.5公斤，比对照晋麦47号增产8.4%，居第1位；2006年平均公顷产4851.6公斤，比对照晋麦47号增产12.8%，达显著水平，居第1位；2006年参加生产试验，平均公顷产4162.5公斤，比对照晋麦47号增产7.5%，居第1位。四年中在国家和山西省6个区组52个点次的区域试验中，有49个点次增产，增产点率达94.2%，稳产性和适应性表现非常突出。

适宜全国黄淮旱地、山西省中部旱地及扩浇地种植。2006年通过国家审定。

（梁海萍　王和平）

**【大豆新品种晋豆34号】** 选育单位：山西省农业科学院经作所，第一完成人：刘学义。

该品种高抗大豆花叶病毒病SC3株系，中感大豆孢囊线虫病1号生理小种，平均粗蛋白质含量41.19%，粗脂肪含量21.07%。2004年参加黄淮海中片夏大豆品种区域试验，平均公顷产2799公斤，比对照鲁99－1增产7.1%（极显著）；2005年续试，平均公顷产3133.5公斤，比对照增产10.9%（极显著）；两年区域试验平均公顷产2967公斤，比对照增产9.0%。2005年生产试验，平均公顷产3166.5公斤，比对照增产12.2%。适宜在山东中部、山西南部、河南中部和北部地区夏播种植，2006年通过国家审定。

（梁海萍　王和平）

**【高粱新品种晋草2号】** 选育单位：山西省农业科学院高粱研究所，第一完成人：张福耀。

晋草2号生育期122天，刈割后植株再生力强，生长速度快，茎叶鲜嫩适口性好。在我省中南部种植可刈割三次。2001年进行品种比较试验，在10个饲草高粱杂交种中表现优异，该品种茎叶含粗蛋白9.50%、粗纤维32.76%、粗脂肪1.47%、粗灰分7.18%、可溶性总糖6.66%、无氮浸出物44.99%、水分4.10%。2004年参加国家区域试验，平均公顷产11.3万公斤，居第2位，2005年全国平均公顷产9.68万公斤，居第4位，两年平均公顷产10.5万公斤。晋草2号已在山西、内蒙等省区示范推广，晋草2号适应范围十分广泛，在全国活动积温达到2300℃以上的区域均可种植，对土壤要求不严，盐碱下湿、干旱地均可种植，无霜期短的地区可春播，无霜期长的地区春播种植可通过多次刈割增加产量，也可夏播。2006年通过国家审定。（梁海萍　王和平）

**【高粱新品种晋草3号】** 选育单位：山西省农亚科学院高粱研究所，第一完成人：张福耀。

晋草3号生育期122天，刈割后植株再生力强，生长速度快，茎叶鲜嫩适口性好，是牛、羊、鱼等饲养的优势饲料。该品种茎叶含粗蛋白7.22%、粗纤维37.17%、粗脂肪1.02%、粗灰分6.24%、可溶性总糖6.98%、无氮浸出物44.28%、水分4.07%。2004年～2005年连续2年参加国家区域试验。2004年参加国家区域试验，平均公顷产11.59万公斤，居第1位，2005年全国平均公顷产10.37万公斤，居第1位，晋草3号已在山西、内蒙、新疆等省区示范推广，到2005年已累计示范推广0.8万亩。

晋草3号适应在全国活动积温达到2300℃以上的区域均可种植，无霜期长的地区春播种植可通过多次刈割增加产量，也可夏播。2006年通过国家审定。

（梁海萍　王和平）

**【高粱新品种泸糯9号】** 选育单位：四川省农业科学院水稻高粱研究所。

山西省农业科学院高粱研究所，第一完成人：李团银。

“泸糯9号”在我国北方生育期为128天，在南方生育期为120天左右，株高189厘米，穗长达36厘米，穗型中散，茎秆粗壮，绿杆成熟，抗穗螟，耐蚜虫。胚乳糯质，粗蛋白含量10.5%，总淀粉含量73.07%，赖氨酸含量0.34%单宁含量1.38%。2003年参加全国高粱酿造组区试，平均公顷产6300公斤，位居试验第一位，比对照青壳洋高粱增产42.4%。2004年全国高粱酿造组区试平均公顷产5526公斤，居试验第一位，比对照青洋高粱增产29.6%，两年平均公顷产5614.5公斤，比对照增产36.1%，2年全部试验点均增产，最高公顷产达9580.5公斤，2004年参加国家高粱酿造组生产试验，平均公顷产6760.5公斤，比对照青壳洋高粱高40.1%，居第一位，2006年通过国家审定。

（梁海萍　王和平）

**【黍子新品种雁黍8号】** 选育单位：山西省农业科学院高寒区作物研究所，第一完成人：李海。

该品种具有高产、优质、抗倒、抗旱，适宜范围广等特点，籽粒含粗蛋白12.75%，粗脂肪3.95%，粗淀粉58.18%，可溶性糖1.09%。2003年～2005年参加全国糜子（糯性）区域试验和生产试验，区域试验三年平均单产

3358.5公斤/公顷，比对照雁黍3号增产16.6%，生产试验平均单产3220.5公斤/公顷，比对照雁黍3号增产13.1%。2006年通过国家审定。（梁海萍　王和平）

**【杂交棉新品种“杂208”】** 选育单位：山西省农业科学院棉花所，第一完成人：曹美莲。

杂交棉新品种杂208，2006年通过山西省审定，这是我省第一个通过审定的杂交棉新品种，具有产量高，早熟性好，品质优良等特点，2003年～2004年参加山西省南部中熟棉区域试验，平均公顷产皮棉1582.5公斤，比对照晋棉31号增产39.7%。2005生产试验，平均公顷产皮棉1987.5公斤，比对照中棉所41增产22.5%。2006年列入国家农业科技成果转化资金项目。（梁海萍　王和平）

表19　**山西省2006年通过审定的新品种目录表**

| 品种名称 | 选育单位 | 第一完成人 |
|---|---|---|
| 并单6号 | 山西省农科院作物遗传研究所 | 段运平 |
| 晋阳1号 | 山西省农科院作物遗传研究所 | 李陵雨 |
| 并单5号 | 山西省农科院作物遗传研究所 | 段运平 |
| 强盛16号 | 山西强盛种业有限公司 | 尚春树 |
| 同单38号 | 山西省农科院高寒区作物研究所 | 李育才 |
| 忻黄单156 | 山西省农科院玉米研究所 | 王富荣 |
| 临玉2号 | 山西省农科院曝县试验站 | 张　虎 |
| 长玉18 | 山西省农科院谷子研究所 | 宋殿珍 |
| 大丰3号 | 山西大丰种业有限公司 | 郭国亮 |
| 大丰14号 | 山西大丰种业有限公司 | 郭国亮 |
| 强盛101号 | 山西强盛种业有限公司 | 尚春树 |
| 强盛28号 | 山西强盛种业有限公司 | 尚春树 |
| 长玉19 | 山西省农科院谷子研究所 | 宋殿珍 |
| 临玉3号 | 山西省农科院小麦研究所 | 张久刚 |
| 品玉1号 | 山西省农科院品种资源研究所 | 乔治军 |
| 长单43 | 山西省农科院谷子研究所 | 李　洪 |
| 瑞德2号 | 山西省农科院高粱研究所 | 张福耀 |
| 腾糯1号 | 山西省农科院作物遗传研究所 | 赵怀生 |
| DH966 | 山西省农科院作物遗传研究所 | 牛永章 |
| 晋棉45号 | 山西省农科院棉花研究所 | 刘巷录 |
| 晋棉46号 | 山西省农科院棉花研究所 | 孙来虎 |
| 杂208 | 山西省农科院棉花研究所 | 曹美莲 |
| 同葵杂1号 | 山西省农科院高寒区作物研究所 | 韩　明 |
| 晋葵8号 | 山西省农科院经济作物研究所 | 杨新元 |
| 高油9号 | 山西省农科院高寒区作物研究所 | 刘根科 |
| 长豆003 | 山西省农科院谷子研究所 | 刘永忠 |
| 长豆001 | 山西省农科院谷子研究所 | 刘永忠 |
| 晋薯15号 | 山西省农科院高寒区作物研究所 | 杜　珍 |
| 晋早蜜1号 | 山西省农科院蔬菜研究所 | 郭　尚 |
| 晋抗早冠 | 山西省农科院园艺研究所 | 苗如意 |

续表 19

| 品种名称 | 选育单位 | 第一完成人 |
|---|---|---|
| 晋抗四号 | 山西省农科院园艺研究所 | 苗如意 |
| 强农 2 号 | 山西强盛种业有限公司 | 尚春树 |
| 强农 3 号 | 山西强盛种业有限公司 | 尚春树 |
| 甜霸 1 号 | 山西省农科院高粱研究所 | 邵林生 |
| 晋谷 39 号 | 山西省农科院高寒区作物研究所 | 朱　玉 |
| 长谷 4 号 | 山西省农科院谷子研究所 | 张喜文 |
| 晋品谷 1 号 | 山西省农科院品种资源研究所 | 温琪汾 |
| 长生 04 | 山西省农科院谷子研究所 | 王节芝 |
| 晋谷 40 号 | 山西省农科院经济作物研究所 | 史关燕 |
| 晋小豆 2 号 | 山西省农科院经作作物研究所 | 左联忠 |
| 晋荞麦（甜）3 号 | 山西省农科院小杂粮研究中心 | 李秀莲 |
| 晋甘薯 5 号 | 山西省农科院棉花研究所 | 武宗信 |
| 晋燕 12 号 | 山西省农科院高寒区作物研究所 | 徐惠云 |
| 晋花 5 号 | 山西省农科院小麦研究所 | 宁东贤 |
| 品番茄 1 号 | 山西省农科院品种资源研究所 | 乔燕祥 |
| 晋西葫芦 4 号 | 山西省农科院蔬菜研究所 | 武俊新 |
| 翠青 306 | 山西强盛种业有限公司 | 尚春树 |
| 临桃一号 | 山西省农科院小麦研究所 | 焦连成 |
| 龙田晚红 | 山西省农科院高新技术园区 | 牛自勉 |
| 樱桃 YT101 | 山西省农科院高新技术园区 | 牛自勉 |
| 运麦 218 | 山西省农科院棉花研究所 | 谢三刚 |
| 晋麦 78 号 | 山西省农科院小麦研究所 | 刘新月 |
| 晋麦 80 号 | 山西省农科院小麦研究所 | 张明义 |
| 晋麦 81 号 | 山西省农科院小麦研究所 | 史忠良 |
| 汾 4846 | 山西省农科院经济作物研究所 | 左联忠 |
| 汾 4439 | 山西省农科院经济作物研究所 | 左联忠 |
| 晋稻 10 号 | 山西省农科院作物遗传研究所 | 王广元 |
| 冷白玉 | 山西省农科院果树研究所 | 李登科 |
| 晋扁 3 号 | 山西省农科院果树研究所 | 田建保 |
| 金矮杏 | 山西省农科院果树研究所 | 田建保 |
| 晋鲜糯 6 号 | 山西省农科院玉米研究所 | 陈永欣 |

**【农业科教示范工程】** 山西农业科学院在全省不同类型生态区建立了 11 个示范区，形成了科技成果快速转化体系、技术创新体系、农业科技培训体系、科学管理体系。2006 年共引进主要农作物、蔬菜、畜牧、苗木、果树、小杂粮新品种 250 余个，推广最新成果 30 大项，组装配套新技术 120 项。依托工程示范乡镇实施农业科技培训，以科技大篷车、农民技术夜校、录像等八种形式对农民进行种植、养殖、果树、蔬菜、食用菌、农产品加工等各类专业技术培训 50 余次，培训农民 25 万人次，培养骨干农民技术员 1500 人，科技示范户 500 户，发放各类技术资料 35.5 万余份，提高了全省农民科技文化素质，推

进了全省农业产业化经营。各示范区因地制宜，在充分发挥各地自然资源优势的基础上，和山西省农科院现有科技成果进行有机嫁接，培育当地优势和主导产业，这些主导产业的发展已成为当地粮食增长、农民增收的一大亮点，带动了当地经济的跨越式发展，取得了显著的社会经济效益。示范区新技术推广产生直接经济效益1.25亿元，人均增收153元。

（梁海萍　王和平）

## ·论文摘要·

**【旱地冬小麦覆盖黑色液膜生态效应研究】** 刊物《中国生态农业学报》 2006年第14卷　第1期，73页—75页。作者：崔欢虎、靖华、赵海桢。

摘要：对旱地冬小麦覆盖黑色液膜的增产效应研究结果表明，枯水年型旱地冬小麦覆盖黑色液膜具有较好的生态效应，冬小麦产量达2188.5公斤/公顷，较对照增产17.95%；水分利用效率达0.78公斤/立方米，较对照提高22.26%。

（梁海萍　王和平）

**【棉花胚性愈伤组织的根癌农杆菌高效转化及抗性植株的再生】** 刊物《植物育种》2005年124卷2期142页—146页。

作者：吴家和、张献龙、聂以春、罗晓丽。

摘要：首先利用胚胎发生能力极低的两个棉花品种“鄂抗9号”和“冀合321”诱导出胚性愈伤组织，利用这些愈伤组织作为外植体，使用携带合成的BT Cry1Ac基因和慈姑蛋白酶抑制剂基因(API-B)的双元载体pBin438的根癌农杆菌LBA4404进行遗传转化。浸染的胚性愈伤组织和农杆菌共培48小时后被转到含有100mg/1卡那霉素的选择培养基上选择培养7周—8周。接着新的抗性愈伤组织被转到增殖培养基上进行增殖，30天后这些愈伤组织再分化形成体细胞胚胎。子叶胚被转到含成熟培养基的100毫升体积的三角瓶中进行发芽和再生。所有的再生植株分别用PCR扩增检测和分子杂交(Southern blot)分析，结果证明，在45株移栽土壤中成活的植株中有12株被确定含有BtCry1Ac和API-B双抗虫基因。通过饲喂棉铃虫实验表明这些转基因棉花具有高抗棉铃虫特性，抗虫性变化在95.8%～100%。本论文所报道的这种转基因方法与以下胚轴或子叶作外植体的农杆菌转化棉花方法进行比较，时间上要节约6个月，并一次能得到大量的转基因植株，是一种高效简易的棉花转化方法。(SCI收录)　（梁海萍　王和平）

**【覆膜旱作水稻对土壤微生物量的影响】** 刊物《土壤生物学与肥力》2006年43卷1期107页—111页。

作者：李永山、吴良欢、路兴花、赵立梅、范巧兰、张福锁。

摘要：从2001年起开始在浙江省5个点进行覆膜旱作水稻对土壤微生物量的影响。试验设3个处理；①覆膜旱作(PM)，②裸地旱作(UM)，③传统水作(TF)。试验结果表明，土壤微生物量碳占土壤总有机碳的0.3%—2.4%，土壤微生物量氮占土壤全氮的0.79%—4.3%，土壤微生物磷占土壤全磷的0.1%—1.6%。连续3年覆膜旱作水稻降低了土壤微生物碳和氮的含量，提高了土壤微生物磷的含量。(SCI收录)

（梁海萍　王和平）

**【花粉介导法获得油菜转基因植株研究】** 发表刊物：作物学报　2006年32卷5期749页—754页。

作者：杜春芳、刘惠民、李朋波、孙毅、李润植。

摘要：以甘蓝型冬油菜品种晋油7号为受体，载有GUS基因的质粒pBI121为供体，在7.5%的蔗糖等渗溶液中，通过花粉介导转化方法将GUS基因导入油菜花粉，随着花粉管的萌发进入胚囊，参与有丝分裂，将外源质粒转入受体材料。经田间植株性状比较、GUS组织化学定位检测、PCR扩增检测及PCR—Southern杂交检测，证明外源GUS基因已整合到油菜基因组中。　（梁海萍　王和平）

**【转三价抗虫基因棉花遗传特性研究】** 刊物《中国生态农业学报》2006年14卷1期21页—23页。

摘要：研究采用农杆苗介导法将外源三价抗虫基因导入常规棉花品种中获得转基因再生株，分子检测表明外源基因已在棉花体内并遗传给后代材料。其转化再生株后代材料经抗性检测，进行大田选育已至F8代。PCR分子检测与转化的标记基因和外源目的基因抗性三者极有规律性，转化后代材料分离有的符合孟德尔规律，有的则较偏离。其所携带的基因转基因棉花低代材料中分离规律较为含糊，高代材料则较稳定。（梁海萍　王和平）

**【美洲斑潜蝇幼虫潜叶为害对几种作物光合作用的影响】** 刊物《昆虫学报》2006年49卷1期100页—105页。

作者：张慧杰、段国琪、张战备、梁哲军、张冬梅、许琦、王晓民、许爱玲、刘珍。

摘要：使用CI—310便携式光合作用测定系统研究了美洲斑潜蝇幼虫为害对几种作物光合作用的影响。结果表明，随着叶面积受害级别的增高，蓖麻和菜豆的光合速率(Pn)、气孔导度(Gs)、蒸腾速率(Tr)和气孔限制值(Ls)总体呈下降趋势，不同受害级别与胞间C02浓度(Ci)的变化呈正相关。美洲斑潜蝇幼虫潜食蓖麻和黄瓜叶片中的栅栏组织后，叶片中叶绿素a、b和叶绿素总量都较对照减少，并且随着潜食级别的增高，减少量逐渐增大。叶面积受害级别与叶片的叶绿素总量之间呈高度负相关，其相关系数分别为r=—0.93(蓖麻)和r=—0.95(黄瓜)。菜豆、黄瓜和丝瓜的叶肉被害后，不同受害级别叶片的鲜重变化无规律性。

（梁海萍　王和平）

**【摩擦脱绒棉子的活力研究】** 刊物《棉花学报》2006年18卷3期155页—159页。

作者：张战备、段国琪、张慧杰、张冬梅、王娇娟、杨印斌。

摘要：对摩擦脱绒后棉花种子的种皮表面结构和种胚生活力研究结果表明，摩擦脱绒棉子的子柄和种脊无存，珠孔开裂率为2%，种壳破裂率为8%，合点显现率为95%，合点周围种皮破损率达95%。采用红墨水法和TTC法检测发现，摩擦脱绒棉子种胚的子叶组织和胚根均受到损伤，其中近离合点的子叶组织受损程度最烈，子叶其他部位的组织次之，胚根最轻。对不同种子的TTCH含量测定结果为：毛子的TTCH含量最高，硫酸脱绒子次之，摩擦脱绒子最低。据浸种和砂培试验测定，摩擦脱绒子的吸水速率明显提高。抗冷和抗重力试验结果显示，无论浸种或干子播种，摩擦脱绒棉子的发芽指数和活力指数均低于硫酸脱绒子和毛子，种子抗逆能力减弱。　（梁海萍　王和平）

**【陆地棉遗传图谱构建与纤维品质性状QTL定位】** 刊物《西北植物学报》2006年26卷6期1098页—1104页。

作者：李朋波、曹美莲、刘惠民、杨

六六、陈耕。

摘要：以陆地棉（Gossypium hirsutum L.）品种Bar19/1和Acala 1517－77杂交的108个F2单株为材料，应用85个标记(70个SSR标记和15个AFLP标记)构建了总长为814 cM的遗传图谱，覆盖棉花基因组的18.3%。该图谱包含25个连锁群，分别对应到17条染色体和4个未知连锁群，应用复合区间作图法分析了该组合的108个F2单株和F3家系纤维品质性状，从遗传图谱上检测到19个纤维品质数量性状基因座（QTL)，包括5个纤维长度、6个纤维比强度、4个伸长率及4个马克隆值QTL，分别解释各性状表型变异的15.11%～28.45%、8.46%～24.51%、11.08%～27.55%和9.23%～42.21%。纤维长度和伸长率的QTL以部分显性为主，少数具有超显性，比强度QTL以加性和部分显性为主，4个马克隆值QTL中有3个表现为超显性。研究结果表明，陆地棉Bar19/1和Acala1517－77间多态性位点丰富，有利于构建高密度遗传图谱，纤维品质性状的QTL分析从分子水平上揭示了纤维品质的遗传基础。（梁海萍　王和平）

**【高粱$A_2$型细胞质雄性不育系小孢子发生的细胞学观察和减数分裂染色体行为分析】** 刊物《作物学报》2006年32卷8期1107页－1110页。

作者：梁小红、仪治本、赵威军、段运平、崔贵梅、孙毅。

摘要：高粱$A_2$型细胞质雄性不育性(CMS)的细胞质来源于IS12662C，$A_2$细胞质杂交种目前已用于生产。本文以$A_2$/$B_2$V4为材料，对$A_2$CMS小孢子败育过程作了细胞学观察，并对小孢子败育过程中减数分裂的染色体行为作了分析。研究发现，在$A_2$雄性不育系$A_2$V4的花药发育过程中，绒毡层细胞不形成或提前解体；绒毡层细胞畸形化；绒毡层细胞虽发育正常，但小孢子母细胞减数分裂行为异常；这些都导致小孢子退化。$A_2$细胞质雄性不育花粉母细胞减数分裂行为从后期Ⅰ开始出现异常，同源或姊妹染色体向两极分离时滞后或不分裂；染色体多倍化；一个细胞内出现多核和多核仁现象，最终导致小孢子败育。（梁海萍　王和平）

**【苹果属小金海棠转录因子MxMYB1基因的鉴定及其原核表达】** 刊物《园艺学报》2006年33卷4期833页－835页。

作者：曹冬梅、韩振海、许雪峰。

摘要：MxMYB1是苹果属小金海棠MYB类转录因子。MxMYB1含一个重复序列及MYB蛋白特有的氨基酸组成。酶切、PCR扩增及测序分析表明构建的原核表达载体结构正确，未出现碱基突变及移码现象。1mmol/L IPTG诱导2h后，在预期的蛋白分子量38kD处出现一条表达加强的蛋白条带，而未经诱导的转化子没有此蛋白条带。为进一步目的蛋白的纯化和鉴定提供试验基础。

（梁海萍　王和平）

**【酥梨受精过程的观察】** 刊物《果树学报》2006年23卷4期506页－509页。

作者：马光跃、刘和、申仲妹、李春燕、张金梅、陈红玉、王小原。

摘要：本研究选用中华玉梨、新水、红香酥、早酥四个品种的花粉给酥梨授粉，授粉后8h、24h、48h、72h、96h分别取样，然后进行固定、解离、染色等处理，制成压片和切片进行受精过程的观察，旨在探索酥梨授粉受精内在规律，为生产上促进酥梨授粉受精及提高坐果提供理论依据。试验结果显示：各授粉品种授粉后8h，花粉管即进入花柱，24h花粉管已布满子房组织中；酥梨以合点受精为主；各授粉品种与酥梨亲和力良好，完成受精时间为：中华玉梨48h、新水48h、红香酥72h、早酥72h，花后两周其花朵坐果率可达74.49－87.26%。酥梨在花期温度不低于3.3℃的情况下，有利其完成授粉受精及坐果过程。（梁海萍　王和平）

**【修饰的豇豆胰蛋白酶基因和抗菌肽基因在大白菜原生质体中的遗传转化】** 刊物《欧洲植物学报》2006（149）317页－326页。

作者：赵军良、徐鸿林、朱桢、梁爱华。

摘要：本研究建立了一个适合于大白菜原生质体为外植体的遗传转化系统。质粒pBin—SCK含有一个415bp的来源于豇豆胰蛋白酶的插入片段，质粒pMOG411含有一个870bp的抗菌肽基因编码片段。刚分离的大白菜原生质体在4℃预培养1小时，然后在25℃黑暗条件下培养2天－3天，此时将处于对数生长期的根癌农杆菌液滴3滴到10ml原生质体培养液中，继续黑暗培养2天，然后转移到含有卡那霉素的筛选培养基中培养。得到的抗性芽要经过PCR、Southern和Northern杂交检测，将筛选出的阳性小芽转移到生根培养基中进一步培养，直到长出完整植株。(SCI收录)

（梁海萍　王和平）

**【抗菌肽基因和豇豆胰蛋白酶抑制剂基因在转基因大白菜中的表达及植株再生】** 刊物《欧洲植物学报》2006年（150)：397页－406页。

作者：赵军良、梁爱华、朱桢、唐益雄。

摘要：以大白菜无菌苗子叶为外植体，建立了一个适合于根癌农杆菌转化的高效再生系统。本研究应用该系统，以根癌农杆菌介导成功地将质粒pMOG411和质粒pBin—SCK导入大白菜子叶中，同时对影响农杆菌转化的各种因素如苗龄、农杆菌的生长条件和生长状态、外植体的预培养和共培养时间、农杆菌和外植体的比率、乙酰丁香酮和卡那霉素的浓度等进行了详细的研究。得到的抗性芽要经过PCR、Southern和Northern杂交检测，最后的转化效果要经过统计分析，结果表明，在所试验的8个大白菜亲本材料中，亲麻叶C和亲麻叶D转化效果最好，河头早A、河头早B及石特11－4次之，石特9－2，玉青及运农一号最差。(SCI收录）（梁海萍　王和平）

**【利用cDNA－AFLP检测甘蓝雄性不育相关基因的时序性表达】** 刊物《园艺学报》2006年33卷3期544页－548页。

作者：康俊根、王晓武、张国裕、张延国、娄平、方智远。

摘要：通过eDNA－AFLP技术分别对4种具有不同败育时期特征的甘蓝雄性不育材料和遗传背景一致的可育材料进行分析，揭示了4种不育类型育性相关基因的时序性表达特征，并对4种育性相关基因分别选取1个转录表达片段(TDFs)克隆测序。结果表明，获得的113条不同表达方式TDFs可分为12种模式：其中按照不同雄性不育败育顺序表达中断的有A、B、C、D四种模式，分别代表造孢细胞期、花粉母细胞期、四分体前期和四分体后期发育中断的育性相关基因。这4种表达模式包括76条TDFs，占总TDFs的67.25%。结合发育中断模型和序列分析结果，推测糖基水解酶家族基因、具有VQ结构域的基因、富含甘氨酸蛋白和促进游离小孢子解离的果胶裂解酶基因可能分别参与上述花药发育4个时期雄性育性的建成。

（梁海萍　王和平）

**【蜡质芽孢杆菌BC98－Ⅰ发酵液与抑菌粗提物对黄瓜枯萎病菌的抑菌特性研究】** 刊物:《中国生态农业学报》2006年14卷1期189页－192页。

作者:高芬、马利平、乔雄梧、郝变青。

摘要:试验研究结果表明，蜡质芽孢杆菌“BC98－Ⅰ”发酵液与抑菌粗提物对黄瓜枯萎病菌抑菌具有良好抑制作用，可降低孢子萌发率，使菌丝生长形态异常，且抑菌特性稳定，对外界环境有很强的适应力和耐受性。（梁海萍　王和平）

**【日光温室枣树昆虫群落及时间动态研究】** 刊物《中国生态农业学报》2006年14卷3期163页－166页。

作者:赵飞。

摘要:对日光温室枣树昆虫群落指数及时间动态聚类分析研究的结果表明，日光温室枣树主要害虫防治可分为4阶段，其中2月、5月和6月昆虫群落处于极不稳定状态，优势种枣瘤蚊Contarinia sp.、叶螨Tetranychus fruncatus发生量较大且易暴发，为化学防治关键时期。而1年其他时间则应视情况尽量采用农业、物理和生物等防治措施，以保护天敌，充分发挥天敌的控制作用。

（梁海萍　王和平）

**【小麦品种与育种材料抗气传病害鉴定研究】** 刊物《中国生态农业学报》2006年14卷2期144页－146页。

作者:原宗英。

摘要:用山西省目前小麦气传病害(包括条锈病、叶锈病和白粉病)主要优势生理小种和致病类型的混合菌，采用人工接菌方法，对1111份小麦品种和育种材料进行抗病性鉴定，并对其中479份小麦品种和育种材料进行条锈菌分品种鉴定，累计5357种次，为育种提供抗病信息、抗源材料，并为小麦品种审定提供抗、耐病依据。（梁海萍　王和平）

**【光合细菌菌液对甜椒生长的影响研究】** 《中国生态农业学报》2006年14卷2期114页－115页。

作者:夏青。

摘要:试验研究光合细菌菌液对温室甜椒生长及产量的影响结果表明，光合细菌菌液可增强甜椒光合速率和过氧化氢酶活性，增加叶绿素含量，进而增产。

（梁海萍　王和平）

**【微孔地膜覆盖玉米的纳雨通气效应分析】** 刊物《应用生态学报》2006年17卷4期755页－758页。

作者:池宝亮、黄学芳、张冬梅。

摘要:为提高半干旱地区＜10毫米降雨的有效性和改善地膜覆盖土壤环境的通气性，本文初步研究了微孔地膜覆盖效应。结果表明，微孔地膜覆盖处理具有纳雨补墒功能，可提高膜下土壤的含水量。随着塑膜覆盖度的增加，土壤中$CO_2$浓度显著增高；孔膜覆盖处理的$CO_2$浓度较相应幅宽的普膜都低，玉米植株根活力较高。根活力与土壤$CO_2$浓度呈负相关。孔膜覆盖较普膜覆盖的玉米产量提高8.98%。（梁海萍　王和平）

**【高羊茅耐寒突变体的诱发与鉴定】** 刊物《草地学报》2006年14卷2期124页－128页。

作者:张彦芹、贾炜珑、杨丽莉、郭先龙、吴铸、胡鸾雷、林忠平、王淼、许隆君。

摘要:以高羊茅爱瑞3号品种(Festuca arund inacea Schred.cv.A irea Ⅲ)为材料，以60Co－r射线照射种子和分化苗。结果表明，在辐射当代选出耐寒突变体ARF001－12、ARG001－17和ARG001－16，经电解质外渗率、自然低温条件下束缚水和叶绿素含量测定，其耐寒性明显优于对照，叶根比小于对照，单株生物量低于对照，可作为新的耐寒种质利用；M0、M1代RAPD分析结果表明，其DNA已发生变异。

（梁海萍　王和平）

**【碳酸钙与石膏对土壤磷及溶解有机碳淋溶的影响】** 刊物《中国生态农业学报》2006年14卷1期128页－130页。

作者:郭堃梅、池宝亮、黄学芳。

摘要:施用碳酸钙可降低土壤P、肥料P及土壤溶液中溶解有机碳的淋溶，施用石膏虽可一定程度降低土壤P和肥料P的淋溶，但同时大大增加了溶解有机碳的淋溶量，故应用石膏降低土壤溶液中P的淋溶时，不可忽视其增加溶解有机碳的淋溶量。与石膏相比碳酸钙可作为经济有效的土壤添加剂以降低土壤P与肥料P以及溶解有机碳的淋溶，实际应用时适宜的碳酸钙用量应根据土壤酸度而定。

（梁海萍　王和平）

**【不同施肥措施对旱地玉米土壤硝态氮累积的影响】** 刊物《中国生态农业学报》2006年14卷122页－124页。

作者:杨治平、周怀平、张强、关春林、程滨。

摘要:长期定位试验研究不同施肥措施对旱地玉米土壤($No_{3-}N$)累积的影响结果表明，不同施肥和秸秆还田措施可不同程度造成0～500cm土层$No_{3-}N$的累积，且对0～300cm土层$No_{3-}N$的累积影响较大。秋施肥秸秆覆盖还田处理产量最高，且土壤$No_{3-}N$累积量较低，所造成的环境风险也小，为我国北方半湿润偏旱区适宜施肥措施。（梁海萍　王和平）

**【晋西北黄土丘陵区小叶锦鸡儿人工灌丛营养动态特征研究】** 刊物《水土保持学报》2006年20卷3期66页－69页。

作者:张强　杨治平　程滨　郜春花　张一弓

摘要:研究了小叶锦鸡儿(Caragana microphy1la)人工灌丛不同生育期、不同生长年限及不同器官的营养特征。研究结果表明:小叶锦鸡儿枝条和叶片营养丰富，枝条在开花期粗蛋白含量达到19.61%，嫩叶的粗蛋白含量高达27.50%，粗纤维含量仅为12.3%。枝条和叶片的矿质养分含量高且比例合理，Ca/P为1.7∶1～2.1∶1，接近家畜日粮中Ca/P最佳比例2∶1，是优质的灌木饲料。从休眠期到开花期，小叶锦鸡儿的营养元素含量呈上升趋势，以后逐步降低，花期是最佳利用季节。随着小叶锦鸡儿生长年限的延长，各种营养成分逐渐减少，从生态学的角度分析，平茬后第3年是小叶锦鸡儿最佳的利用时间。小叶锦鸡儿枝条氨基酸总量在6.0%左右，高于玉米秸秆饲料，而且维生素含量丰富，是优质的家畜饲料和北方生态建设的优质树种。

（梁海萍　王和平）

**【芦芽山鬼箭锦鸡儿灌丛营养特征及土壤养分分布规律】** 刊物《应用生态学报》2006年17卷12期2287页－2291页。

作者:张强、程滨、杨治平、郜春花、张一弓、张丽珍。

摘要:研究了芦芽山自然保护区亚高山草甸带鬼箭锦鸡儿(Caragana jubata)灌丛营养成分季节性变化和土壤养分分布规律。结果表明，鬼箭锦鸡儿具有很高的营养价值，粗蛋白含量达20.27%，粗纤维含量33.83%，灰分5.12%，同时含有丰富的Ca、Fe、Mn等中微量元素，是亚高山草场家畜的优质饲料来源。鬼箭锦鸡儿营养成分呈明显的季节性变化规律：从5月开始，随着灌丛生长发育，体内粗蛋白、灰分和矿质元素含量呈上升趋势，7月(开花期)达到最高，然后逐步降低。为适应海拔高、气温低、土层薄的亚高山草甸带生境，鬼箭锦鸡儿灌丛周围的土壤养分向灌丛中心聚集，灌丛中心的土壤电导率、有机质、全氮、速效磷和有效钾分别较灌丛边缘高18.8%、16.4%、18.7%、16.6%和8.4%，形成了明显的"肥岛效应"。鬼箭锦鸡儿灌丛根际土壤有机质、全氮出现富集，有效磷、速效钾和速效铁、锰在根际周围出现明显亏缺，表明鬼箭锦鸡儿具有高效固氮和吸收利用土壤养分的能力。 (梁海萍　王和平)

**【不同树龄仁用杏人工林地土壤水肥状况研究】** 刊物《水土保持学报》2006年20卷6期137页—140/162页。

作者：周怀平、关春林、杨治平、解文艳。

摘要：通过比较种植在相临地块上而定植年限不同的仁用杏人工林地土壤理化性质，分析了不同定植年限仁用杏人工林地土壤水分和养分的变化规律。研究结果表明，仁用杏定植时间越长，对土壤理化性质影响越大。定植2年仁用杏的耗水量与同期降水量基本相同，而随着定植年限的延长，仁用杏的耗水量逐渐增大，定植6年仁用杏的耗水量就已经超过了同期降水量，土壤有效水贮量减少，土壤水分处于逐渐耗竭的状态；同时，随着仁用杏种植年限的延长，仁用杏人工林地的土壤有机质、硝态氮、有效磷、速效钾等含量降低，土壤肥力迅速下降，硝态氮、有效磷和速效钾都成为仁用杏生长发育的限制因素。 (梁海萍　王和平)

**【北方春大豆磷高效基因型的筛选】** 刊物《植物营养与肥料学报》2006年12卷4期597页—600页。

作者：丁玉川、陈明昌、程滨、李丽君、张海生。

摘要：采用土壤盆栽方法，对20个北方春大豆地方品种和审定品种在低磷和正常供磷条件下的生长发育和磷的吸收利用效率进行了比较研究并进行了磷高效基因型的筛选。结果表明，不同大豆品种的植株高度、地上部和根系干重、根冠比率、植株的磷含量、磷吸收量和磷素利用效率以及它们的相对值差异达到极显著水平，表现出不同品种之间耐低磷的差异性。大豆植株磷吸收量和其相对值与植株地上部干重、全株干重、植株的磷含量、磷素利用效率以及它们的相对值几乎都达到了显著或极显著水平。植株磷素利用效率和其相对值与植株磷吸收量、磷含量及其它们的相对值呈显著或极显著负相关。以植株干物质量和植株磷吸收量以及它们的相对值为初选指标，再以植株磷利用效率为终选指标，筛选出吉林九农21号、齐黄24号和晋遗15号等3个大豆磷高效基因型。为进一步研究磷吸收利用特性机理和培育磷高效品种提供试验材料。

(梁海萍　王和平)

**【水稻镁营养特性及其镁、钾营养相互作用效应研究】** 刊物《应用生物学年鉴》2006年149卷2期111页—123页。

作者：丁玉川、罗伟、徐国华。

摘要：镁是植物生长发育所必需的营养元素之一。但至今有关镁的缺乏或过量、特别是镁、钾营养相互作用对大田作物生理特性影响的研究报道甚少。本文在温室条件下，采用液体培养方法研究了镁、钾营养及其相互作用对水稻生长、养分吸收和转运以及有关生理特性的影响。研究结果表明，当水稻植株地上部镁的浓度小于1.1mgg$^{-1}$时，地上部干物质积累、叶片叶绿素含量、净光合速率、硝酸还原酶和谷氨酰胺合成酶活性显著下降。而且，镁缺乏的叶片中有可溶性糖和淀粉的积累，分配较多的生物量到根系，从而使根冠比增加。当水稻植株地上部镁的浓度超过3.0mgg$^{-1}$时，叶片硝酸还原酶活性受到一定程度的抑制，叶片可溶性糖含量减少。镁和钾离子间存在较强的拮抗作用和适中的协同作用，但是，钾离子对镁、钾养分的吸收和转运、叶片硝酸还原酶活性和净光合速率的影响远大于镁的影响。在水稻分蘖期植株地上部最适合的K/Mg比率在22—25之间。镁的缺乏不仅没有被中度钾的供应所弥补，而钾的过量供应加重了镁的缺乏。本研究表明镁营养对水稻干物质生产和碳水化合物的分配具有特殊的作用。本研究结果对水稻钾、镁营养平衡以及合理施用钾、镁肥料具有重要的指导意义。(SCI收录)

(梁海萍　王和平)

**【在土壤—植物—昆虫系统中镉和铜在雌性中华稻蝗(直翅目：斑腿蝗科)中的富集】** 刊物《环境科学学报》2006年18卷2期341页—346页。

作者：李丽君、刘雪梅、段毅豪、郭亚平、陈斌、郭俊、席玉英、马恩波。

摘要：本论文研究用镉处理的人工模拟土壤—植物—昆虫系统中镉和铜在雌性中华稻蝗体内的富集。4龄中华稻蝗用染镉和铜1个月的小麦喂食。在整个生态系统中，小麦中的镉含量随着土壤中镉含量的增加而增加，而铜的含量没有提高。小麦中镉含量有显著性差异而铜含量无显著性差异。在中华稻蝗不同体段——头部、胸部、腹部和后足镉和铜的含量随着土壤含量的变化而变化。在所有处理中，4个体段中镉和铜的含量均有显著性差异。镉在4个体段的富集顺序是胸部>腹部>头部>后足，铜的顺序是腹部>胸部>头部>后足。实验结果表明镉和铜通过土壤、植物在蝗虫中被富集，也就是说，环境中的镉和铜可以通过食物链传递到动物或人体内。(SCI收录)

(梁海萍　王和平)

**【光照对绿豆扦插苗不定根生长需求的影响】** 刊物《应用生态学报》2006年17卷5期801页—804页。

作者：赵瑞芬、焦晓燕(通讯作者)、杨治平、王劲松、牛山根。

摘要：采用溶液培养，以绿豆为指示作物，通过研究幼苗生长期光照和供硼对扦插苗不定根生长情况及扦插苗真叶、上胚轴和下胚轴中细胞壁、硼总量和糖醛酸含量，以明确光照状况对绿豆扦插苗不定根生长硼的需求和扦插苗真叶、上胚轴和下胚轴中细胞壁、硼总量和糖醛酸含量的影响。结果表明，当绿豆幼苗在光照强度(PAR)为50或100$\mu$mol.m$^{-2}$.S$^{-1}$条件下连续生长10d，外源供硼时扦插苗才能生长不定根，在该光照下生长6d再遮黑4d，无需外源供硼即可生长不定根；在PAR为1801$\mu$mol.m$^{-2}$.S$^{-1}$条件下连续生长6d再遮黑4d，需要外源供硼时才能保证不定根生长；在PAR为100$\mu$mol.m$^{-2}$.S$^{-1}$条件下连续生长10d时，促进了细胞壁和糖醛酸的合成，导致较多的硼固定在细胞壁中，每个下胚轴中自由态的硼总量仅为在此光照下连续生长6d再遮黑4d时的一半，即光照状况通过调控细胞壁形成及其糖醛酸含量(特别是叶片中)来影响扦插苗中硼的分布和扦插苗生长自由硼的含量；这可能是在PAR为100μmol.m$^{-2}$.S$^{-1}$时连续生长10d需要外源供硼满足不定根生长的原因。（梁海萍　王和平）

**【解磷菌对作物生长和土壤磷素的影响】** 刊物《水土保持学报》2006年20卷4期54页—56/109页。

作者：郜春花、卢朝东、张强。

摘要：利用课题组自行分离筛选的B2和B67解磷菌株研制的菌剂，在盆栽和大田试验过程中，菌剂在增加作物产量的同时，有提高土壤速效磷含量、培肥土壤的作用，而且是菌剂和化肥配合施用效果显著，施用了解磷菌剂或菌剂和化肥配合施用后，盆栽玉米的株高、鲜重和干重，较CK增加15.2%～89.2%，玉米单株吸养量较CK增加20%～146%；青菜的鲜重、干重和生物量较CK增加15.8%～41.6%，和CK比较差异显著；小麦的株高、有效小穗数、穗粒数、粒重以及生物量也较CK差异显著，大田试验的几种作物也有不同程度的增产。另外B2和B67接种到山西省典型土壤中，土壤速效磷含量较CK增加1.35～3.04倍，且发现其溶磷效果和土壤磷酸酶活性与有效活菌数相关，解磷菌剂在提高土壤速效磷含量的同时，也有提高土壤速效钾含量的作用。（梁海萍　王和平）

**【土壤养分精准管理研究】** 刊物《高产施肥》2006年第90卷3期30页—32页。

作者：王宏庭、金继运、王斌。

摘要：农田土壤养分精准管理是目前国际上农业研究的热点领域之一，精准农业在提高作物产量、品质和保护生态环境等方面发挥着非常重要的作用。本研究选择山西省忻州市二十里铺村作为研究试点，应用信息技术研究了土壤养分空间变异特征，基于农户地块单元实施了农田土壤养分精准管理技术。结果显示：玉米产量和收益均有显著增加，玉米单产多年多点平均增产923公斤/公顷，增产率为12.1%，纯收益增加762元/公顷。本研究可为农业可持续发展的农田养分精准管理提供理论和实践依据。

（梁海萍　王和平）

**【复方中草药免疫增强剂对蛋鸡免疫效果的研究】** 刊物《畜牧兽医学报》2006年37卷181页—192页。

作者：王福传、方昌阁、张玉换、王红宝、韩一超。

摘要：选用3种中草药配方，采用1%、1.5%、2%3个添加水平，进行9个试验组和1个对照组比较研究。对试验鸡的45d免疫器官重和T、B淋巴细胞检查，对不同日龄鸡新城疫（ND）和传染性法氏囊（IBD）的抗体效价、中性粒细胞吞噬功能和T淋巴细胞转化率检测。结果表明，试验组脾重、法氏囊重及T、B淋巴细胞相对数高于对照组（P＜0.05），尤以配方B的差异极显著，其次为配方A；试验组抗体效价、中性粒细胞吞噬率、吞噬指数和T淋巴细胞转化率高于对照组（P＜0.05），其中ND抗体效价、IBD抗体效价20d前组间差异不显著，34d后组间差异极显著（P＜0.01）；A、B、C3配方中性粒细胞吞噬率和吞噬指数54d组间差异显著（P＜0.05），126d极显著（P＜0.01）；54、126d淋巴细胞转化率组间差异极显著（P＜0.01）；其中配方A中的1组具有明显优势；重复试验结果基本相似。（梁海萍　王和平）

**【TAT—EDAG融合蛋白的原核表达及其转导活性的研究】** 刊物《生物工程学报》2006年22卷4期598页—603页。

作者：周胜花、贺东昌、张李俊、陈立栋。

摘要：HIV—TAT蛋白转导城(PTD)是新近发现的一种在蛋白转导过程中能高效穿过生物膜的结构域，它能将与之连接的多肽、蛋白质及DNA等分于跨膜导入几乎所有的组织和细胞，转导效率高而对细胞没有损伤。构建了TAT—EDAG，TAT—GFP融合蛋白原核表达载体，在大肠杆菌BL21(DE3)细胞中实现了两种融合蛋白的可溶性原核表达，在非变性条件下进行蛋白纯化，获得了纯度在90%以上的融合蛋白。脱盐处理后，利用TAT—GFP转染体外培养的鼠成纤维细胞证实了TAT转导肽的生物活性；利用TAT—EDAG转染体外培养的HL—60细胞，Western blotting分析表明：TAT—EDAG可以导入HL—60细胞中。这为下一步应用于体外造血干细胞扩增研究奠定了基础。（梁海萍　王和平）

**【锦鸡儿属植物染色体制片与3个种的核型分析】** 刊物《西北植物学报》2006年26卷5期1043页—1047页。

作者：牛西午、田如霞、李贵全、畅志坚。

摘要：对锦鸡儿属植物根尖染色体制片中的几种预处理、解离、染色方法进行了比较。结果表明，用0.002mo1/L8—轻基喹啉和饱和对二氯苯混和液（1∶1）预处理，1mo1/L HCl预热60℃解离，改良苯酚品红染色效果较好。对锦鸡儿属植物3个种的体细胞中期染色体制片，核型分析结果表明，小叶锦鸡儿（Caragana microphylla）为$2n=2x=16=8m$（2SAT）$+4sm+4M$，中间锦鸡儿（C.intermedia）为$2n=2x=16=6m+8sm+2M$，青海锦鸡儿（C.ching—haiensis）为$2n=2x=16=4m+8sm+4M+2B$，核型不对称性为“2A”。此外，还发现这3种植物的根尖细胞中均有内源有丝分裂现象。（梁海萍　王和平）

**【谷子种质资源抗黑穗病鉴定与过氧化物酶研究】** 刊物《植物遗传资源学报》2006年7卷3期349页—351页。

作者：温琪汾、刘润堂、王纶、王星玉、师颖。

摘要：对全国2050份谷子种质资源进行了抗黑穗病鉴定，对不同抗、感黑穗病的谷子种质资源进行了过氧化物酶活性、过氧化物酶同工酶的比较研究。结果表明，谷子不同种质资源对黑穗病的抗性存在着明显的差异。谷子种质资源对黑穗病的抗性比较稳定。谷子感染黑穗病后，抗病品种的过氧化物酶活性明显高于感病品种。过氧化物酶同工酶可以作为一种遗传标记。（梁海萍　王和平）

**【中国钉灰包属的研究】** 刊物《云南植物研究》2006年第28卷1期

作者：刘虹、范黎。

摘要：根据产于中国的材料的研究，作者认为钉灰包属（Battarrea）的鬼笔状钉灰包（B.phalloides）和毛柄钉灰包（B.stevenii）是两个独立的种，对这2个种进行了详细地描述和显微绘图，并给出了该属种的检索表。

（梁海萍　王和平）

**【近红外漫反射光谱法测定玉米秸秆体外干物质消化率】** 刊物《光谱学与光谱分析》2006年第26卷2期271页～274页。

作者：白琪林、陈绍江、董晓玲、孟庆祥、严衍禄、戴景瑞。

摘要：以不同生态环境、不同年份，不同品种和自交系类型、不同生长发育时期以及不同部位的600个样品中选出161份玉米秸秆为材料，应用傅里叶变换近红外光谱技术，采用偏最小二乘回归法(PLS)，通过比较不同光谱范围和光谱预处理方法，在6101.7～5773.8cm$^{-1}$和4601.3～4246.5cm$^{-1}$谱区内，建立了适合不同品种类型、不同生长发育时期和不同部位且适配范围广的近红外漫反射光谱(NIRS)测定玉米秸秆体外干物质消化率(in vitro dry matter digestion，IVDMD)的稳定校正模型。其交叉验证和外部验证决定系数($R^2_{cv}$，$R^2_{val}$)分别为0.9073和0.9066，预测标准偏差为2.08%，预测值与化学值间的相关系数(r)达0.956。结果表明，近红外光谱技术可以用于快速、准确测定玉米秸秆IVDMD，该结果对青贮玉米育种过程中的秸秆材料快速鉴定和筛选具有重要的意义。(SCI收录)

(梁海萍　王和平)

**【近红外漫反射光谱法测定青贮玉米品质性状的研究】** 刊物《中国农业科学》2006年第39卷7期1346页－1351页。

作者：白琪林、陈绍江、严衍禄、朱雨杰、戴景瑞。

摘要：【目的】研究利用近红外漫反射光谱法(NIDRS)测定青贮玉米的体外干物质消化率(IVDMD)、中性洗涤纤维(NDF)、酸性洗涤纤维(ADF)、粗蛋白(CP)和粗脂肪(EE)含量的可行性。〔方法〕以普通、高油和超高油玉米全株和秸秆的青贮样为材料，采用光谱的主成分空间技术和偏最小二乘回归法(PLS)。〔结果〕所建立的IVDMD、NDF、ADF、CP和EE的校正模型的交叉验证决定系数(R2cv)分别为0.9133、0.9764、0.9789、0.9254和0.7294，外部验证决定系数(R2val)分别为0.8879、0.9455、0.9635、0.9387和0.7333，各项误差(RMSEE、RMSECV和RMSEP)为0.24(CP)～2.23(NDF)。〔结论〕利用近红外漫反射光谱法测定青贮玉米品质性状是完全可行的，该结果可满足畜牧业对青贮饲料品快速分析的需要，对青贮玉米育种材料的快速鉴定筛选具有重要的意义。

(梁海萍　王和平)

**【反义外壳蛋白基因介导的抗SCMV转基因玉米研究】** 刊物《作物学报》2006年33卷5期661页－665页。

作者：白云凤、赵晋锋、郑军、张锦鹏、王茅雁、荀明月、董志刚、杨红春、王国英。

摘要：玉米矮花叶病(MDM)是一种世界性病害，在我国主要由甘蔗花叶病毒(SCMV)所致。为探索一条高效、安全的抗SCMV转基因途径，构建了无标记基因的SCMV反义外壳蛋白基因(cp)表达载体pACPo通过冻融法将该载体与抗除草剂标记基因(bar)载体分别导人农杆菌LBA4404，然后共转化玉米自交系综3的幼胚。通过除草剂梯度筛选，从抗性愈伤组织分化获得了35株再生苗。PCR检测证明，其中26株带有抗除草剂标记基因(bar)，14株带有SCMV反义cp基因。这14株带有目的基因的玉米植株自交，其种子在田间种植成株行($T_1$代)。玉米$T_1$代幼苗人工接种抗病株SCMV，筛选出2个抗病株率高于70%的株行。ELISA检测表明，抗病株SCMV含量极低，抗性达高抗水平。PCR检测表明，抗病性是反义cp基因作用的结果，并且获得了2株cp基因阳性而标记基因阴性的抗病株。

(梁海萍　王和平)

**【利用SSR标记分析27个玉米群体的遗传关系】** 刊物《中国农业科学》2006年第39卷6期1102页－1113页。

作者：段运平、陈卫国、李明顺、李新海、刘雪、田清震、白丽、张世煌。

摘要：本研究采用SSR标记技术，通过混合取样法分别从每个群体中随机提取4个样本，每个样本由10个单株混合而成，分析了国内外27个玉米群体的遗传多样性。结果表明：71对引物在27个群体中共扩增出389个等位位点，每个SSR位点的等位基因数为2～19个，平均为5.48个；平均多态性信息量为0.66，变化范围0.27～0.92。来自CIMMYT的群体多态性位点总数比国内适应群体的略高，但其多态性位点比例基本相同。根据27个群体的108个样本的遗传相似系数矩阵做出树型图，把27个群体大体分成了国内和国外两大群。

(梁海萍　王和平)

**【不同基因型小麦对低氮胁迫的生物学响应】** 刊物《作物学报》2006年32卷9期1349页－1354页。

作者：张定一、张永清、杨武德、苗果园。

摘要：采用溶液培养法，研究了不同基因型春小麦(加春1、2，4号)根系对低氮胁迫的生物学响应、苗期氮素吸收、分配的基因型差异以及与根系形态之间的相关关系。结果表明，在低氮胁迫下，小麦的根重、根长、根条数、根系总吸收面积与活性吸收面积、根系活力均明显降低，但不同基因型间差异明显，加春2号根系具有较好的形态学与生理学性状，根重、根长、根总吸收面积与活性吸收面积、根系活力的下降幅度明显低于其他2个基因型，地上部氮累积量占总氮量的百分率比其他2个基因型分别高7.6%和8.2%，氮的利用率也分别高8.0%和9.9%，差异达显著水平。加春2号比其他2个基因型更能适应低氮环境胁迫。在低氮胁迫下，春小麦根重、根总长度、根系活力、根系总吸收面积及活性吸收面积与总吸氮量呈显著线性相关，而在高氮水平下无相关关系，表明在氮素胁迫条件下，根系形态对氮吸收率起重要作用。

(梁海萍　王和平)

**【冬小麦早代组合综合评价研究】** 刊物《生物数学学报》2006年21卷3期466页－472页。

作者：张定一、杨武德、张永清。

摘要：采用模糊数学综合评判方法，以千粒重、穗粒数、籽粒饱满度和株高为评价因素，对旱地选种圃中选10个$F_2$组合进行了综合评价。结果表明，所有组合综合指标值均高于对照品种，其中最佳组合3个，一般组合3个，较差组合1个。该方法定量地评价了$F_2$代组合优劣及其群体中各类单株比率和组合的选择潜力，为进一步在$F_3$代株系群体中评选优势系群提供了信息。　(梁海萍　王和平)

**【冬小麦产量性状的遗传研究】** 刊物《应用与环境生物学报》2006年12卷1期1页－4页。

作者：刘新月、卫云宗。

摘要：在灌溉和雨养两种生长环境下，对小麦产量性状的配合力进行了研究。结果表明，在两种生境下，产量性状的一般配合力均达到显著性差异，特殊配合力只有单株成穗与单株产量在雨养条件下不显著；各性状的遗传均是以加性效应为主；其广义遗传力两种条件下较一致，而狭义遗传力的大小则存在着差异性；不同亲本间及同一亲本不同性状或同一性状的遗传传递力的整齐度在灌溉条件下和雨养条件下相异。说明在不同生境中，产量性状的遗传存在着不同的遗传方式。　(梁海萍　王和平)

**【旱地冬小麦覆盖黑色液膜对土壤微生境**

**及产量的影响】** 刊物名称:《水土保持学报》2006年20卷5期103页—105页。

作者:马爱平、靖华、亢秀丽、崔欢虎、赵海祯、张俊灵、王筛。

摘要:采用田间小区试验研究了黑色液膜覆盖旱地冬小麦对土壤微生境及产量的影响。在枯水年型条件下,在5cm、10cm土层中,黑色液膜处理抽穗期的日平均温度分别较对照高2.9℃、0.4℃;黑色液膜处理在10～20cm的土壤容重和0～20cm的平均总孔隙度分别较对照降低3.1%和增加1.90%;黑色液膜处理在小麦拔节～成熟期0～100cm土层的耗水量占全生育期0～200cm土层总耗水量的47.9%,水分利用效率达到0.78公斤/立方米,较对照提高22.26%;黑色液膜处理较好地协调了旱地小麦穗数、穗粒数和千粒重,使每公顷产量达2188.5公斤,较对照增产17.95%。该项研究为旱地小麦覆盖材料开辟了新的领域。

(梁海萍　王和平)

**【小麦形态特征及籽粒内含物与抗麦红吸浆虫关系的研究】** 刊物《中国生态农业学报》2006年14卷4期168页—170页。

作者:马爱平、史忠良、谢福来、仇松英、朱晋云。

摘要:1999年～2004年在山西临汾利用麦红吸浆虫圃对10个不同抗性品种的籽粒实际损失率、形态特征及籽粒内含物进行了研究。明确了不同抗麦红吸浆虫小麦品种的主要数量性状和质量性状及籽粒实际损失率的差异;籽粒生化物测定表明,酚类、单宁和可溶性糖类是小麦抗麦红吸浆虫重要的次生代谢物,而酚类物质尤为重要。该项研究为抗麦红吸浆虫小麦新品种的选育与应用提供了重要的抗性指标。　(梁海萍　王和平)

**【冬小麦黄矮病预测模型研究】** 刊物《中国生态农业学报》2006年14卷2期147页—149页。

作者:范绍强、谢咸升、李峰、尹青云、郑王义。

摘要:简析了冬小麦黄矮病流行的预报因子及其对病害发生的显著影响、黄矮病流行趋势预测的研究动态,并采用多元回归分析法建立了冬小麦黄矮病预测模型(Y=-1.0944　0.0322X1+0.2604X2+0.1049X3-0.0062X4+0.0382X5),经回归检验其历史拟合率高达87.5%。

(梁海萍　王和平)

**【土壤中乙草胺的微生物降解及其对防除稗草持效性的影响】** 刊物《应用生态学报》2006年17卷3期489页～492页。

作者:朱九生、乔雄梧、王静、秦曙。

摘要:采用气相色谱法和生物测定法,研究了土壤中乙草胺的微生物降解及其对防除稗草持效性的影响。结果表明,在同样的湿度和温度条件下,当添加到土壤中的乙草胺浓度为1.25、2.5和5.0mg·kg$^{-1}$时,相同浓度的乙草胺在非灭菌土壤中的半衰期显著短于灭菌土壤,说明土壤微生物对乙草胺有明显的降解作用。三大主要菌群分离培养物降解实验与上述结果一致。生物测定结果表明,乙草胺在非灭菌土壤中防除稗草的持效期显著短于灭菌土壤,微生物的存在缩短了乙草胺在土壤中的滞留时间,从而降低了乙草胺防除稗草的持效性。

(梁海萍　王和平)

**【杠柳根皮粗提液对菜青虫生物活性的影响】** 刊物《中国生态农业学报》2006年14卷1期185页～188页。

作者:朱九生、乔雄梧、王静、秦曙。

摘要:试验研究杠柳根皮粗提液对菜青虫生物活性的影响测定结果表明,杠柳根皮乙醇提取液对菜青虫的生物活性影响高于杠柳根皮氯仿提取液和石油醚提取液,杠柳根皮乙醇提取液对菜青虫幼虫有较强的拒食作用和生长抑制作用,胃毒作用一般。用100倍液杠柳根皮乙醇提取液浸叶饲喂3龄、4龄、5龄菜青虫幼虫后24h其拒食率分别为94.9%、8718%和92.7%,拒食后幼虫的化蛹率和蛹重均比对照显著降低。100倍液杠柳根皮乙醇提取液浸叶饲喂4龄菜青虫幼虫后24h和72h,其生长抑制率分别为96.6%和82.5%。杠柳根皮乙醇提取液对菜青虫成虫产卵具有明显忌避作用,用50倍～100倍液杠柳根皮乙醇提取液喷雾处理油菜苗后2d～4d,其产卵忌避率达89.5%以上。　(梁海萍　王和平)

**【一株多菌灵降解菌NY97-Ⅰ的分子鉴定及GFP标记】** 刊物《应用与环境生物学报》2006年12卷4期555页—558页。

作者:张丽珍、马利平、乔雄梧、郝变青、王静。

摘要:用PCR方法扩增的多菌灵降解菌NY97-1的16SrDNA片段经TA克隆后进行序列测定和BLAST同源序列比较分析,确定了其分类地位为短小芽孢杆菌(Bacillus pumilus)。经BamHI酶切的启动子探针载体pUC19-gfp与NY97-1基因组DNA的Sau3AI酶切片段酶连,酶连产物转化E. coli DH5a,建立B.p的启动子基因文库。挑选其中的两个强阳性克隆,亚克隆来自短小芽孢杆菌总基因组的启动子活性片段F4、F5,构建大肠杆菌—短小芽孢杆菌穿梭表达载体pNW33N-GFP4、pNW33N-GFP5。通过电转化得到gfp在B.p中的两株标记菌株。在荧光显微镜下,观察到了明亮的绿色荧光,证明活性片段F4、F5均具有组成型启动子的功能,实现了GFP基因在B.P中组成型表达,且遗传稳定,为今后研究多菌灵降解菌B.P在自然环境中的定殖、分布及动态变化打下了基础。

(梁海萍　王和平)

**【多菌灵降解菌NY97-1的鉴定及降解条件】** 刊物《环境科学学报》2006年9卷26期9页。

作者:张丽珍、乔雄梧、马利平、秦曙、郝变青。

摘要:分离筛选出一株能高效降解多菌灵的芽孢杆菌菌析NY97-1,经生理生化和序列同源性分析,将该菌株鉴定为短小芽孢杆菌Bacillus pumilus。该细菌降解多菌灵的最适pH值为6.0～10.0,最适温度为35.0℃～40.0℃。该菌在多菌灵浓度为10、30、50、100、300mgL$^{-1}$的无机盐培养基中,30℃振荡培养24h后,其对多菌灵的降解率分别为42.44%、48.97%、77.19%、78.66%和90.07%。添加少量有机氮源如酵母浸出粉、胰蛋白胨、酵母膏可促进菌株NY97—1对多菌灵的降解作用,添加少量无机氮源尿素会抑制菌析NY97—1对多菌灵的降解作用。　(梁海萍　王和平)

**【不同水分处理条件下玉米开花期干旱产量性状QTL定位】** 刊物《植物学报》1672页—9072页2006页00289页。

作者:路贵和、汤继华、严建兵、马西青、李建生、陈绍江、马建苍、刘占先、鄂立柱、张义荣、戴景瑞。

摘要:干旱是影响玉米(Zea mays L.)生产的重要生态因子,培育坑旱玉米杂交种是解决干旱问题的有效途径。然而,传统育种周期长,效率低,近年来,分子标记技术的发展为玉米抗旱育种提供了新思路和新途径。本研究以221份豫玉22重组自交系群体为材料,以SSR标记构建的分子标记连锁图为基础，在玉米开花期采用干旱胁迫和正常灌水2种水分处理，对玉米产量及相关性状进行QTL定位，以期为玉米抗旱性的深入研究和分子标记辅助育种提供有益信息。玉米产量性状QTL定位表明，2种不同水分处理条件下检测到的加性QTL和上位性互作QTL存在很大差异，穗长只检测到1个位置相同，效应相近的加性QTL，行粒数检测到2个相同的加性QTL和1对上位性互作QTL，百粒重未检测到相同的QTL，单株粒重检测到1个相同的加性QTL而未检测到相同的上位性互作QTL，说明水、旱2种水分处理条件下的遗传机制表现不同；干旱胁迫处理条件下，不同性状间检测到的加性QTL和上位性互作QTL数目、位置和效应也存在较大差异，表明不同性状抗旱性遗传基础也表现不同，进一步分析表明，干旱胁迫处理条件下除行粒数未检测到主效QTL外，其他性状均检测到主效QTL和微效QTL。结果表明，加性QTL和上位性互作QTL同时存在，主效QTL和微效QTL同时起作用，尤其是上位性互作QTL普遍存在，说明玉米抗旱性的遗传基础比较复杂。(SCI收录)

（梁海萍　王和平）

**【小米南瓜复合饮料的研制】** 刊物《中国食品学报》2006年6卷3期65页－69页。

作者：冯耐红、卫天业、郑洪源、侯东辉、李晋花。

摘要：本研究主要涉及一种小米南瓜复合饮料的制备方法，先将小米经过酶工程等技术处理，然后与不同营养风格的南瓜混合，加工成稠稀适中，色泽鲜艳，口感舒爽的高硒低糖复合饮料。研究中设计了几种不同加工工艺和条件，通过模糊数学，多层次综合评判，确定最佳加工工艺；在小米饮料加酶酶解液化反应后与南瓜浆混合，一同预煮、灭酶，工艺简单实用，兼有小米与南瓜的营养特征；通过正交试验分析比较，确定最佳加工条件：小米与南瓜的用量比为3∶3，料液比为1∶10，淀粉酶量（以小米量计）20ppm，蛋白酶量（以小米量计）6ppm，作用温度50℃，作用时间40min。（梁海萍　王和平）

**【高粱品系SSA－1无融合生殖特性及其遗传】** 刊物《国际高粱与谷类通讯》2005年46卷期22页－25页。

作者：平俊爱、张福耀、程庆军、杜志宏。

摘要：采用去雄杂交鉴定、遗传分析，高粱（Sorghum bicolor L. Moenech）SSA－1无融合生殖系的自主结实特性，无融合生殖频率及其遗传行为进行了鉴定分析。研究结果表明SSA－1具有自主结实特性，其自主结实频率13.3%～32.7%。自主结实受两对隐性基因控制，无融合生殖频率25.5%～52.2%，为典型的兼性无融合生殖类型。该系无杂交不孕性，无融合生殖表达不受授粉方式、父本类型等因子，是目前无融合生殖研究以及固定杂交优势的良好基础材料。

（梁海萍　王和平）

**【葡萄新品种早黑宝的倍性结构鉴定】** 刊物《果树学报》2006年23卷3期384页－387页。

作者：唐晓萍、陈俊、马小河、董志刚、赵旗峰。

摘要：早黑宝是用杂交和诱变相结合的方法培育的早熟鲜食葡萄新品种。为搞清该种质的倍性结构，以便育种利用，根据组织发生层学说，以京亚（4X）、早黑宝、早玫瑰（2X）、瑰宝（2X）4个品种为试材，通过测定气孔保卫细胞大小和叶绿体数目；观测比较花粉粒形态、大小、活力以及坐果率；观察根尖染色体数目等试验分别推断LⅠ层、LⅡ层、LⅢ层细胞的倍性，同时运用梢端切片法对4个品种的3层分生细胞进行观察和大小测定比较，结果表明早黑宝的倍性结构为4－4－4型，为同质四倍体。

（梁海萍　王和平）

**【高质量枣基因组DNA提取方法】** 刊物《果树学报》2006年23卷2期310页－312页。

作者：王永康、王永勤、田建保、樊新平、李登科、隋串玲、黄丛林。

摘要：主要针对枣组织中多糖严重干扰基因组DNA提取质量的问题，比较了常规CTAB法、TE3D法和改良CTAB法3种方法的处理效果。结果表明：常规CTAB法提取DNA难以除去多糖类杂质；TE3D法提取的DNA多糖杂质少，但产率低，易降解，褐化严重；改良CTAB法提取DNA产率高，无明显降解，杂质少，D260nm/D280nm比值1.80左右，通过基因组DNA－AFLP指纹图谱分析，完全满足实验要求。并对改良CTAB的关键步骤作了具体分析讨论。

（梁海萍　王和平）

## 农民专业合作社

**【概述】** 山西省是农业部最早确定的全国三个农民专业合作社试点省份之一。近年来，省农业厅以邓小平理论和科学发展观为指导，把推动农民专业合作社发展作为社会主义新农村建设的重要载体和发展现代农业的经营主体，充分发挥农业主管部门的重要作用，加强指导，搞好服务，有力地促进了山西省农民专业合作社的快速、健康、规范发展。截至2006年底，全省115个农业县（市、区）在工商部门注册登记了农民专业合作社1460个，其中：新建合作社1080个，协会改造合作社295个，合伙企业和有限公司改造合作社85个。入社社员5.4万户，带动农户60万户，占到全省农户的10%，社员人均纯收入达到3887元，比2006年全省农民人均纯收入3180.9元增加706.1元，高出22.2%。这些合作社的建立为山西省现代农业发展注入了新的活力，在推动社会主义新农村建设，推动“一村一品”的发展，推动农业结构调整，提升农业产业发展水平，促进农民增收和构建农村和谐社会等方面发挥了积极的作用。（白　剑）

**【积极鼓励农民专业合作社全面发展】** 宣传引导，促进发展。2006年5月，省农业厅编写了15万字的《山西省农民专业合作社培训资料》，汇编了中央、省部文件、领导讲话、示范章程及有关规定，印刷5000册，下发到各市、县农经部门和农民专业合作社。2006年以来，省农业厅与《山西农民报》联合开辟了“农民专业合作经济组织典型”板块栏目，在《山西农民报》推出了18个农民专业合作社的先进典型。同时，《人民日报》、《农民日报》、《山西日报》也多次对山西农民专业合作社的发展情况进行了宣传报道，对促进全省农民专业合作社的发展起到了良好的示范作用。（白　剑）

**【全力推动农民专业合作社规范发展】** 从2005年起，山西省农民专业合作社发展进入了依法依规的规范发展阶段。在推进农民专业合作社规范发展中，主要抓了以下工作：

一是“一建两改”。在2005年12月份召开的全省农民专业合作经济组织工作会议上，梁滨副省长代表省委、省政府对农民专业合作经济组织的发展提出了“一建两改”的指导方针。“一建”即今后建立的农民专业合作经济组织全部是经工商部门登记注册的农民专业合作社，在公司与农户之间建立农民专业合作社，建立起农户与公司之间的桥梁；“两改”，即在农民自愿的前提下，用政策指导、示范项目扶持的方式，帮助农民把过去经营农产品的并已在民政部门登记的专业技术协会或在工商部门登记的合伙企业和有限公司，按照《山西省农民专业合作社示范章程》的要求，改造成农民专业合作社。这个“一建两改”的指导方针，2006年也写进了省委下发的《关于加快建设社会主义新农村的意见》中。

二是审查确认。由于基层工商部门对农民专业合作社的性质缺乏了解，因此山西省农业厅和省工商部门协调发文规定，农民专业合作社在向工商部门申请登记之前，必须由农业部门对其章程进行合规性审查确认。对章程符合《山西省农民专业合作社示范章程》要求的，向工商部门出具全省统一的“农民专业合作社合规性审查确认书”。工商部门只有见到农民部门出具的“合规性审查确认书”后，才可对农民专业合作社进行登记注册。这样既发挥了农业主管部门的作用，又减轻了工商部门的负担，还保证了农民专业合作社的登记质量。

三是存档备案。凡是工商部门登记注册的农民专业合作社，必须统一填制由省农业厅制发的《农民专业合作社基本情况表》，由县、市农业部门逐级上报省农业厅经管局存档备案，作为将来扶持农民专业合作社示范项目的依据，未在省农经局备案存档的农民专业合作社，将来不予扶持。

四是制定项目申报指南。2006年省农业厅下发了《山西省农民专业合作社示范项目指南》。《指南》规定了省财政500万元专项资金扶持农民专业合作社示范项目的要求、申报条件、扶持内容。

五是组织实施“四个一”工程。2006年山西省针对省财政下拨的扶持农民专业合作社的500万元专项扶持资金，组织实施了推动全省农民专业合作社规范发展的“四个一”工程。“四个一”工程的主要内容是：

1. 抓好一个“示范市”。山西省的示范市为晋中市。晋中市除制定农民专业合作社规范化建设的意见外，要积极探索农民专业合作社产权明晰、股权合理、民主控制、盈余返还的办法，并选择两个农民专业合作社，制订《农民专业合作社财务制度》和《农民专业合作社会计核算办法》，为山西省农民专业合作社的财务管理和会计核算的规范化积累经验，探索出一条路子来。

2. 抓好10个重点示范点。省农业厅要求全省11个市每个市要培育1个农民专业合作社重点示范点，为全市农民专业合作社的发展起到带头示范作用。省里从中筛选10个作为重点示范点，每个给予8—10万元的扶持资金（实际上2006年省里扶持了3个省级示范点，11个市级示范点）。这10个示范点的农民专业合作社要做到四个方面的统一：一是统一农业投入品的采购和供应。二是统一生产质量安全标准和技术、培训服务。三是统一产品和基地的认证认定。四是统一品牌、包装和销售。

3. 抓好100个规范示范点。山西省115个农业县（市、区），要求每县必须培育一个经工商局登记注册的农民专业合作社规范示范点，为全省在乡（镇）普及农业专业合作社树立榜样。省厅对这100个规范示范点每个给予2万元—3万元的扶持（实际上扶持了123个县级示范点）。这些合作社个人入股最多不能超过注册资本的20%，生产者社员人数和股金必须占社员总数的股金总额的50%以上，必须独立经营，单独核算，建立合作社总账和社员个人账户。

4. 抓好1000个农民专业合作社带头人的培训。山西省现有1290个乡镇。要求2006年年底前每个乡（镇）都要通过新建、改建协会或改造有限公司的办法至少建立一个合作社（现已建立1460个合作社），使农民专业合作社普及山西省所有乡镇。对这些准备新建农业专业合作社的创办和愿意把协会、合伙企业或有限公司改建、改造成农民专业合作社的负责人，由各地市报名单，由省统一组织培训。截至2006年底由省统一组织的农民专业合作社带头人培训班已进行了6期，实际培训农民专业合作社带头人1540人。

（白　剑）

# 林　业

【概述】　2006年，山西省坚持山上治本、身边增绿的林业发展战略，以国家和地方两个6大工程为依托，全面加快造林绿化步伐。全年完成营造林34.36万公顷，占年计划33.33万公顷的103.1%，其中，人工造林25.78万公顷，飞播造林3.27万公顷，封山育林5.51万公顷；全年完成育苗3.12万公顷，占年计划任务2.67万公顷的117%，其中新育苗1.48万公顷，占年计划任务1.33万公顷的110.9%；完成零星（四旁）植树11855.41万株。

1. 森林资源保护。坚持依法治林，在强化林业法制宣传的基础上，不断加大执法检查力度。8月中下旬，山西省人大常委会农村工作委员会组织力量，分4个组深入市和省直林区对《森林法》、《野生动物保护法》及《退耕还林条例》的执行情况进行执法检查，并对检查过程中发现的4个方面的问题和6条建议向省人大主任会议进行了具体汇报。大力推进森林公安队伍正规化建设，特别是执法职能、执法权限、执法机制取得了历史性突破。按照山西省高级法院、省检察院、省公安厅、省林业厅《关于森林公安机关办理森林及陆生野生动物刑事、治安和林业行政处罚案件有关规定的通知》，省森林公安机关具备了独立的刑事办案能力，彻底改变了过去无权办理森林刑事案件和劳动教养案件的被动局面。深入开展林地征占用专项整治活动，规范林地征占用行为，取得了明显成效。相继组织开展了“冬季严打”、“春雷二号”、“破案攻坚”、“禁种铲毒”、“集中行动”、“区域整治”、“绿盾行动”等一系列活动，全年共查处毁林案件1990起，为国家挽回经济损失501万元。森林防火始终坚持“以防为主、防扑并举”的工作方针，认真落实各级人民政府森林防火责任制，加强灭火队伍建设，搞好灭火物质储备等。全年发生森林火灾66起，其中重大森林火灾2起，一般森林火灾48起，森林火警16起。经过积极努力，得到及时有效扑救，使火灾损失减少到最低程度。建立健全了重大林业有害生物灾害应急预案和应急指挥系统，加大了对外来林业有害生物的检疫、管理和防治力度。全年防治各种林业有害生物14.67万公顷，林业有害生物成灾率控制在

7.5/1000以下。

2.林业产业建设。一是经济林发展稳步推进。依托退耕还林、京津风沙源治理、三北防护林、太行山绿化等国家林业重点工程和地方六大造林绿化工程,全年发展干果经济林5.29万公顷。二是速生丰产林建设初具规模。按照“企业带基地、基地连农户”的思路,推动了速生丰产林基地建设,全年完成1.05万公顷。运城市鑫源骏达木业有限公司新增人造板生产能力8万吨,该生产线投产后,其生产能力达到每年25万吨。年产30万吨林浆纸一体化的山西宏德纸业集团项目已在省经贸委立项,投资300多万元,完成环境评价。三是森林旅游成为新的热点。经省政府批准,新建立平顺县西沟、高平市七佛山、屯留县老爷山、省林业技术职业学院龙城、原平市五峰山、五台山国有林管理局馒头山和岢岚县岚漪7个森林公园。至此,全省森林公园发展到45个,面积达到47.37万公顷,占全省有林地面积的13.64%。据统计,全年森林旅游人数为321万人次,森林公园门票收入为4022万元,分别比2005年增加16%和15%。

3.科技兴林。2006年,山西省加大了科技运用力度。一是开展“十百千”(推广10项抗旱造林集成技术,组织100名专家,为基层培训1000名技术骨干)科技下乡行动。此项活动共派出专家146人次,深入63个县,70个林场进行科技指导,现场培训78次,培训林农6000人次,为基层解决56个技术难题。二是加强对重点林业工程的技术服务。针对国家林业重点工程和省里启动实施的6大造林绿化工程,及时组织林业技术专家研究相应的配套技术,特别是对大树移植技术进行了推广,实现科技服务与工程建设相结合。三是提高科技管理水平。在2005年建立山西林业科技专家人才库、成果数据库的基础上,2006年聘请了中国林科院、北京林业大学、山西农业大学及有关部门知名专家22名,成立了山西林业专家咨询委员会,参与科技支撑项目实施与验收。专家委员会成员在深入调研的基础,撰写调研报告与科技论文7篇,提出合理化建议3项。四是加大科研攻关力度。在全面总结太行山干石山区抗旱造林技术、黄土丘陵区径流林业技术、晋北风沙区治理技术的基础上,确立了山西省林业立地类型划分与治理模式的重点研究课题,经林业专家咨询会审定,给予了较高评价。同时,科技重点攻关项目取得重大进展,“枣树经济性状综合评价体系建立及大果、抗裂优良品种选育研究”通过鉴定,达到了同类研究的国际先进水平。

4.林业改革。2006年,山西林业改革得到了进一步深化。一是积极推进林权发证工作。到2006年底,山西完成林权登记发证面积510.88万公顷,占林业用地总面积728.07万公顷的70%。二是探索集体林权改革办法。根据全国集体林权制度改革现场经验交流会议精神,山西省组织有关人员深入基层,开展调查研究,按照分类施策的思路,认真研究公益林、商品林的林权制度改革模式,探索出具有本地特点的集体林家庭承包托管经营模式,为全面启动集体林权制度改革做好准备。国有林权改革结合国有林场体制改革推进,探索既能发展生态旅游、增加职工收入,又能搞好森林管护、不流失国家森林资源的机制和办法。三是扶持民营林业发展。2006年,山西省财政投资250万元扶持33.33公顷以上的民营林业大户80多户,完成造林0.31万公顷。四是推行造林工程招投标制。2006年地方造林绿化工程中,造林投资标准的提高,为工程建设的市场化运作提供了条件,从整地、苗木栽植到浇水、管护的全过程实行招投标。招投标的实行,山西造林绿化队伍不断壮大,省外一些专业造林公司也参与到山西造林绿化工程,发展势头良好。山西造林绿化专业队发展到750多支,总人数达2万多人。五是以煤补林的新机制基本建立。在前两年大力推广中阳、柳林县“一矿一企治理一山一沟”经验的基础上,各市县通过采取煤矿出资、工程队造林或划出地块由煤矿按标准造林等办法,调动了煤炭企业参与绿化的积极性,加快了地方绿化步伐,促进了矿产资源与造林绿化的良性互动。

5.林业对外开放。山西世行贷款“林业持续发展项目”(简称四期项目)完成造林0.31万公顷,占计划的100%。另外,完成中幼林抚育0.45万公顷,21个苗圃的扩建报账工作,2006年项目报账回补世行贷款资金200多万美元。山西日援造林项目完成造林0.13万公顷,占计划的100%;完成幼林抚育0.7万公顷,修整路面154千米;培训当地农民和林业技术员1588人次。为加强山西林业对外开放步伐,组织全省林业系统申报林产品加工、森林旅游、速生丰产林建设等34个项目,其中12项参加了山西在香港的招商引资活动,收到了比较好的效果。

6.林业投资。2006年,山西省林业投融资达到345460万元,是2005年全省林业投资187981万元的1.84倍。其中:国家投资146127万元,省级投资61916万元,市县投资137417万元。国家投资在全国投资总量大幅度减少的情况下,对山西的投资基本与2005年持平。省级投资在保证正常经费的情况下,省财政新增地方6大造林绿化投资35500万元,投资1169.6万元配备专用浇水车86辆并解决人员工资和燃料费,解决1998年通道绿化欠账资金5156万元,省级投资总量比2005年增加了2.5倍。县级投人大幅度增加,河津、屯留、孝义、离石、古交、娄烦、襄垣、高平、晋城城区等9个县(市、区)财政投人超过1000万元。

(谢英杰　钟盛升)

**【国家重点工程建设】** 1.天然林资源保护工程。天然林资源保护工程按照“巩固、完善、提高”的原则,继续加强国有林区、林场以设站管护为主、承包管护为辅和集体林区以家庭托管和承包管护为主、设站管护为辅的管护体系建设,县、乡、管护员(林区、林场、管护员)之间层层签订责任状和管护合同,全面落实森林管护目标责任,将森林管护的各项指标落实到了山头地块、人头户头,使县、乡、村(局、场、站)三级管护网络进一步完善、协调。严格按照“合同化管理、制度化建设,保证待遇、明确责任、严格奖惩、提高素质”要求,完善管护人员竞争上岗、择优录用、首位竞争的动态管理机制,实行森林管护验收卡制度,确保用于一线管护人员的费用支出比例不低于森林管护事业费的70%,有效地调动了一线管护人员的积极性。进一步强化质量管理,稳步推进公益林建设,全年完成封山育林3.67万公顷,占国家下达计划100%。积极配合审计署完成对山西天然林资源保护工程资金审计,在全省开展了以天保资金管理和项目管理为重点的自查自纠活动,发现问题,严格整改,进一步强化了工程管理。

2.退耕还林工程。全省完成退耕地造林0.67万公顷,宜林荒山荒地造林4万公顷,占国家下达计划任务的100%。在国家退耕还林工程年度任务下达晚的情况下,补植完善提高历年退耕还林工程10万公顷。加强群众来信来访工作,受理各种信访案件100件，做到件件落实。为了切实加强退耕还林管理水平，及时下发了《关于加强退耕还林管理切实巩固退耕还林成果的通知》，在全省开展了以历年退耕还林工程补植补造为重点的退耕还林工程管理年活动，及时组织开展了2005年度退耕还林工程省级复查。针对性地对11个市113个工程县的林业局局长、科站长、信息统计和档案管理人员300多人次进行分区分批培训，推动工程管理水平的提高。

3. 京津风沙源治理工程。2006年，山西省京津风沙源治理工程，坚持强化管理，坚持科技推动，坚持质量保证，坚持机制创新，坚持责任追究的办法，实行生物措施、工程措施相结合，大力推广既能满足国家生态建设目标又能带动后续产业发展的"双赢"治理模式，完成工程治理任务5.57万公顷，占计划任务的100%。国家发改委重大项目稽查办和审计署先后对应县、天镇、浑源等县进行了稽查和审计，其结果得到国家有关部门的充分肯定。

4."三北"防护林和太行山绿化工程。山西省大力推广了径流林业整地技术、容器大苗栽植技术和立体混交造林技术，完成营造林2.76万公顷。其中"三北"防护林完成1.07万公顷，太行山绿化完成1.68万公顷。永和县的"三北"防护林工程得到国家林业局、"三北"防护林建设局主要领导的充分肯定。

5. 野生动植物保护及自然保护区建设工程。五鹿山自然保护区位于吕梁山南部的蒲县、隰县交界处，总面积为20617.3公顷，是世界珍禽、山西省省鸟——褐马鸡和中国特有珍贵树种白皮松的集中分布区。2月11日，国务院批准五鹿山自然保护区为国家级自然保护区，全省国家级自然保护区由原来的4个增加到5个。制定了五鹿山国家级自然保护区的总体规划，编制了五鹿山自然保护区一期工程建设的可行性研究报告，顺利通过国家林业局的评审，一期工程将投资1064万元，其中国家投资851万元。庞泉沟、芦芽山、历山、蟒河四个国家级自然保护区一、二期工程项目顺利实施，野生动植物资源得到了较好的保护和发展。

（谢英杰　钟盛升）

**【山西省启动六大造林绿化工程】** 2006年4月8日，山西省人民政府印发《关于搞好六大造林绿化工程的实施意见》（晋政发［2006］5号）。4月11日～12日，山西省人民政府在晋城市召开了全省六大造林绿化工程启动大会，于幼军省长作了动员讲话，梁滨副省长主持了会议。会议确定在继续实施国家林业重点工程的同时，动员社会各方力量，挖掘一切可用资源，十年不懈植树造林，给三晋大地披上绿装，还人民群众绿水青山。造林绿化要在实施次序和具体布局上进行积极的、必要的调整，有目的、有计划地实施由浅入深、由表及里、由身边向深山顺次延伸的梯次推进战略，努力在容易搞、看得见、社会便于监督、林业多重效益、公众期盼迫切的地方重点得到发展，率先取得突破。启动实施通道绿化、交通沿线荒山绿化、村镇绿化、厂矿区绿化、环城绿化和城市绿化六大造林绿化工程。确定了全省"十年绿化三晋大地"计划的总目标，就是在"十一五"时期，全省森林覆盖率和城市建成区绿化覆盖率每年提高一个百分点，2010年分别达到18%和35%，全省的生态环境明显改观；到2015年，森林覆盖率提高到23%（加上灌木林，林木覆盖率达到30%），城市建成区绿化覆盖率达到38%—40%，全省生态环境根本性好转，初步实现山川秀美、生态良好的目标。

1. 实施的主要内容和范围：

（1）通道绿化工程：在高速公路两侧各种树10排—15排，营造20米—30米的防护林带；在一二级公路两侧各种树5排—8排，营造5米—10米的防护林带；其他等级公路和铁路两侧各种树3排—5排，营造5米以上的防护林带。在高速公路出入口和公路、铁路城市出入口，规划营造标准较高的防护林和景观林，在主要干线公路出省口规划营造成片公益林。

（2）交通沿线荒山绿化工程：交通沿线第一山脊线或路两侧1000米之内的荒山和退耕地。"十一五"期间，省、市、县人民政府共同投资，高标准完成13.33万公顷造林，使主要交通干线两侧荒山绿化率达到50%以上；"十二五"期间将实现全部绿化。

（3）村镇绿化工程：结合新农村建设规划，2006年先实施1000个，以后每年安排2000个左右的村镇绿化。重点实施街道两侧绿化、村庄公共绿地建设、农舍"四旁"植树、庭院绿化美化。

（4）厂矿区绿化工程：包括矿区绿化、交通沿线企业单位绿化、城市企业绿化等方面。

（5）环城绿化工程：以建设环城林带、林网为主要内容，有条件的沿河城市，结合城市林网化、水网化建设，营造高质量的生态环境。到2010年全省11个地级市、80%的县级市和60%的县城形成环城绿化基本框架，到2015年，在城市周边形成绿色环抱的森林景观。

（6）城市绿化工程：包括22个市和所有县城。到2010年城市建成区绿化覆盖率达到35%，创建一批省级和国家级园林城市。

2. 政策措施：（1）合理规划。要从实际出发，尊重林业发展的客观规律，制定各自的工程规划和每年的具体实施方案。要按照规划和设计方案科学组织实施，杜绝主观臆断，尊重科学规律，确保工程布局合理，符合实际，快速绿化，形式多样，近期质量高，长远效果好。特别是城市绿化和环城绿化，要同城市规划结合起来，在规划上留足绿化的空间，挖掘绿化的潜力，保证绿化用地，按规划进行绿化。

（2）增加投入。从2006年起，省财政每年安排3.55亿元，具体用于干线公路防护林建设、交通沿线荒山造林、村镇绿化苗木补助、出省口和重点地段成片公益林建设以及每年对六大工程先进市、县和单位的奖励。其中：通道绿化工程的高速公路林带建设，省级每千米补助10万元；一二级省、国道林带建设，省级每公里补助3－5万元；其他等级公路防护林带建设资金由市、县负责；铁路两侧防护林带由铁路部门负责实施。交通沿线荒山绿化工程，省级每公顷补助7500元。村镇绿化工程，每个村镇补助苗木费用3万元－5万元。厂矿区绿化工程由当地政府提出明确标准和要求，企业投资并组织实施。环城绿化和城市绿化主要依靠当地政府和社会投入。

（3）科学实施。六大工程在确保质量的前提下加快速度，坚持"质为先"原则。树种选择要适地适树，以乡土树种为主；造林环节要增加科技含量，科学整地，有效保水，高标准栽植；树种搭配要坚持乔灌、针阔结合，营造混交林和复层林，提高森林稳定性，增强景观美化效果。

（4）协调利益。正确处理好个体利益与群体利益、眼前利益与长远利益关系。

（5）严格责任，加强领导。六大工程的实施情况，列入对市、县人民政府工作考核的重要内容，市、县人民政府主要负责人对造林绿化工程负总责。建设部门负责城市绿化工程、林业部门负责其他工程的业务指导、规划制定、督促检查、技术服务。发展改革、经委、财政、国土、交通、煤炭、铁路等部门支持和参与六大工程建设，形成合力。加强各级绿化委员会办公室和乡（镇）林业工作站建设，健全机构，充实人员，保证经费。从2006年开始，全省每年在一个市召开六大工程现场汇报会，现场参观，通报进度，表彰先进，部署下一年度工作。

（谢英杰　钟盛升）

**【地方六大造林绿化工程建设】**　(1)通道绿化工程。新建和完善通道防护林带5139千米，其中高速路1200千米，一二级公路和旅游路1900千米。铁路部门2006年投资1000多万元，在17个区间实施绿化工程。实施出省口重点公益林建设19处，完成造林2000公顷。晋城基本完成了主要干线的绿化；河津、夏县等乡村道路也基本实现了绿化。

(2)交通沿线荒山绿化工程。全省以高速公路、一二级国省道为重点，按照精心整地、栽植大苗、适当封闭、保证成活、快速郁闭的要求，完成交通沿线荒山绿化工程2.4万公顷。

(3)村镇绿化工程。2006年结合社会主义新农村建设，全省以平原区村镇绿化为重点，安排1720个，其中省林业厅安排村庄绿化1600个，省建设厅安排建制镇绿化120个。完成总任务的70%。

(4)环城绿化工程。全省在67个山区县（市）铺开工程，高标准完成造林0.73万公顷。经过3年—5年建设，许多城市的环城绿化面积都在333.33公顷以上，森林公园规模达到66.67公顷以上，发展空间将会得到拓展，城镇周边环境将得到极大改善。

(5)厂矿区绿化工程。2006年完成煤炭系统厂矿区绿化规划，出台了考核检查验收办法和评分标准，召开了煤炭系统厂矿区绿化动员会议，并与有关单位都签订了责任制，调动了煤炭系统厂矿区绿化的积极性。完成造林绿化0.33万公顷。涌现出了阳煤集团、左权县等典型。

(6)城市绿化工程。按照省政府《实施意见》，城市绿化工程由建设厅负责实施。各地瞄准生态园林城市目标，普遍加大投资力度，开展了大规模的城市绿化。城市绿化新增绿化面积1027万平方米，绿化覆盖率增加1个百分点。

（谢英杰　钟盛升）

## 水　利

**【水利工作的主要成绩】**　2006年，山西省认真贯彻落实新时期治水方针和思路，以实现水资源可持续利用为目标，进一步解放思想，更新观念，创新思路，扎实工作，为加快山西省水利发展，提升水利服务整个经济社会发展能力奠定了坚实的基础。2006年，全省水利投资完成35.74亿元，其中市县和群众自筹12.1亿元；已建成水库729座，其中大型水库6座，中型水库57座，已建成水库总库容为45.04亿立方米；当年新增有效灌溉面积0.72万公顷，新增节水灌溉面积5.81万公顷，当年实际灌溉面积达到128.44万公顷；小型水利设施本年新增31处，累计达到14449处，小型水利灌溉面积9.65万公顷；累计除涝面积8.91万公顷；万亩以上灌区172处，输水干渠总长度0.69万千米，累计防渗0.4万千米；累计堤防长度4018.56千米；水利工程总供水量42.53亿立方米，为农业供水32.68亿立方米，为工业供水5.1亿立方米，为城镇供水1.15亿立方米，为水电供水32亿立方米；当年地下水开采量28.18亿立方米；水土流失累计治理面积542.43万公顷，当年新增水土流失治理面积38.31万公顷；当年解决全省农村饮水安全人口201.58万人，农村人畜饮水供水量3.47亿立方米，农村自来水供水人口1334.71万人；小水电全年发电量2.8亿度；全省水产品总量达到4.3万吨，渔业产值达到3.15亿元。

（武年丰）

**【水政水资源工作】**　2006年，山西省积极推进取水规范化建设：一是全面实施取水许可制度，严格取水许可审批；二是严格建设项目水资源论证。2006年，全省共办理取水许可预申请9项，批准取水量1931.97万立方米；办理取水许可申请17项，批准取水量8853.12万立方米。截至2006年底，全省共核发取水许可证20308套，批准水量60.6亿立方米。此外，山西省还对28项新、改、扩建项目进行了水资源论证。在水资源论证过程中，大力压缩不合理用水。同时严格要求建设项目使用中水、矿坑水和地表水，减轻地下水开采压力，有效地缓解了山西省严重的地下水超采，大大节约了水资源，保证了建设项目的正常上马。2006年，山西省大力推进全省节水型社会建设，积极开展了全国节水型社会建设试点申报工作，11月太原市被水利部确定为全国节水型社会建设试点。各级水利部门开展了大规模、多形式的“中国水周”和“世界水日”宣传活动。3月22日，省水利厅与晋中市人大、政府联合在晋中市举办了“水法规实施座谈会”，并在文化广场组织了上百家企业和用水户参加的街头宣传活动。5月，省水利厅厅长潘军峰在黄河电视台向社会作公开承诺，接受社会监督，进一步提高了水行政执法的影响力，规范执法人员的公务行为。

2006年，为探索解决山西水资源短缺的治本之策，山西省成立了以于幼军省长为组长，副省长梁滨、省政府秘书长李政文与相关部门负责人和水利专家参加的水问题调研组，从9月开始到12月分两次对全省五大河流、七座大型水库、57处在建和拟建工程进行了实地考察，对全省水资源状况进行了系统、全面的研究。

连接晋蒙两地的黄河大桥
张文芳　摄影

调研组召开了15个由所在市县领导、水利专家、城乡及企业用水户代表参加的座谈会，听取了11个市各方面人士对水问题的看法。11月22日至24日，由省人民政府与联合国粮农组织亚太区域办公室联合主办、省水利厅具体承办的“山西水资源管理及灌溉现代化国际论坛”在太原成功举办。省委、省政府高度重视这次论坛，会议期间，省委书记张宝顺、省长于幼军会见了参加论坛的水利部领导和国际组织专家。副省长梁滨任大会主席并主持论坛、省政府秘书长李政文代表于幼军省长向大会致辞；水利部副部长胡四一，联合国粮农组织水资源管理高级官员珍迈克·福尔，全国政协常委、民盟中央副主席索丽生与来自联合国粮农组织、联合国教科文组织、国际灌排委员会等国际组织，美国、伊朗、澳大利亚、突尼斯、印度等国及国内260多名领导和专家参加论坛，研究探讨山西省水资源短缺问题的解决途径。

2006年，山西省继续保持了水资源费突破两亿元的良好势头。同时，建立健全了市县年度水资源费交叉检查制度，确保了全省水资源费的征收。2006年，山西省积极推进全省水资源管理的现代化建设，重点开发水资源远程监控信息平台以及硬件配置和监控设施，同时选定40个县作为水资源远程监控试点，重点推广。（武年丰）

图为万家寨引黄水利大坝 张文芳 摄影

**【工程建设与管理】** 1.工程建设。2006年，山西省在建水库工程中列入国家级重点工程项目的是张峰水库，列入省级重点工程项目的是横泉水库。11月6日，张峰水库大坝工程全坝面填筑到722米高程，提前55天实现了年度建设目标，为张峰水库工程明年安全度汛和枢纽主体工程基本完工建设目标的实现奠定了坚实的基础。溢洪道开挖全部完工，正在进行底板基础处理和砼浇筑；供水发电洞开挖全线贯通，正在进行砼衬砌；一期移民1310人已全部搬迁，整个工程全面超额完成了省政府确定的年度目标任务。按此进度，预计工期将缩短一年，2007年底大坝主体工程可全面竣工。横泉水库大坝填筑已达到坝顶高程1136.6米，全长665米的泄洪洞和531米的供水洞工程全部完工，水库枢纽工程于11月28日提前一年胜利竣工。此外，一期移民3935人全部完成搬迁，并完成了该工程以下的库区清理。

2.水库除险加固。全省在建的28座大中型病险水库除险加固、10个大型灌区节水改造工程进展顺利，可按预定的目标完成建设任务。2006年，山西省唐家湾、观上、尹回、涝灌4座水库除险加固工程全部完工，并通过验收投入运行。

3.河道治理。为保证河道工程防洪安全，山西省进一步加强了对全省河道重点河段工程的安全检查。汛前，各市河道管理部门对所属区域内的险工、河道阻水建筑、弃渣设障情况和河道采砂情况进行清淤除障，保证行洪畅通，对重要的险段及时进行了维修、加固。（武年丰）

**【防汛抗旱工作】** 1.防汛工作。2006年的防汛工作得到了省委、省政府的高度重视。7月24～25日，在进入防汛主汛期的关键时刻，省委书记张宝顺、省委秘书长申联彬、副省长梁滨深入长治漳泽水库和晋城张峰水库视察水利和防汛工作，张宝顺书记对全省水利工作特别是防汛工作作重要指示。为做好防汛工作，山西省在抓好防汛责任制落实、防汛检查、编制和完善防洪预案、备足抢险物料、落实抢险队伍的同时，突出加强了水库、重点河道及重点城市的防洪工作，完善了边山峪口等易出现人员伤亡地区的预警预报工作，并在汾河水库、漳泽水库和张峰水库等重点工程和区域分别开展了大规模的防汛抢险演习，大大提高了防洪应急水平。2006年，山西省洪灾造成经济损失2.89亿元，34个县12.1万人受灾，全年因洪灾死亡5人，经济损失2.8亿元，主汛期间死亡1人，是多年来人员伤亡和损失最少的一年。

2.抗旱工作。2006年，山西省又发生春夏连旱。1月－11月份，全省平均降水量428mm，比历年同期偏少64mm。3月－5月上旬，全省基本无降雨，发生较重的春夏连旱。最严重时，全省耕地受旱面积达到168.33万公顷，91.3万人，18.4万头大牲畜发生临时饮水困难。面对干旱，省防指迅速做出防旱抗旱安排，及时下达抗旱资金3200万元，全面展开抗旱扩浇和送水解困工作。在充分利用水利工程抗旱的同时，山西省积极推广“FA－旱地龙”140吨，用于抗春旱和保秋播，增加抗旱面积9.33万公顷。据统计，全省最高开动各种水利设施6.65万眼（处），完成灌溉面积225.13万公顷次，投入机动抗旱设备9610台（套），动用机动运水车辆1.75万辆，有355万人奋战在抗旱工作第一线。（武年丰）

**【农村水利工作】** 1.农村供水。解决200万人的饮水安全问题是2006年省政府为群众办的十二件实事之一。截至年底，全省共建成农村饮水安全工程3001处，解决了4277个自然村、200万人的饮水安全问题，完成投资8.26亿元。为全面核实各市县农村饮水安全任务完成情况，12月13日，省水利厅组织有关部门的人员和专家分8个组对当年的饮水工程进行了省级验收。

2.农业灌溉。根据2005年省里下达的目标责任考核任务，2006年，全省农田灌溉有两项任务：一是全省要建设5.33万公顷节水灌溉高效农田。全省全年完成投资25972.55万元，已建设完成节水灌溉高效农田5.47万公顷，占年度任务指标的102.5%，同时完成节水措施面积1.71万公顷。二是年初计划安排80万公顷的灌溉任务。全省共在发生连续春旱、伏旱和水源短缺的情况下，各地开动各类水利工程6.1万眼（处），完成实灌面积

84万公顷、220万公顷次，挽回粮食减产约13.4亿公斤。（武年丰）

【水土保持建设】 2006年，山西省的水土保持工作坚持“大流域规划、小流域治理”，以重点项目为龙头，以淤地坝建设为重点，充分发挥大自然的自我修复能力，大力扶持水保治理专业队和治理大户，全省水土保持和生态环境建设健康发展。9月12日至15日，水利部海河水利委员会在长治市璐城县召开了海河流域水土保持生态建设现场会。来自海河流域的北京、天津、河北、内蒙古、山东、河南等7个省（市、区）的代表共100多人参加了会议。会上，山西省作了典型发言。与会代表参观了璐城西坡底、王曲电厂、平顺西沟村、壶关万里生态防护墙等水保治理工程。9月18日，省政府在运城市召开了全省第十一次小流域治理工作会议。这次会议是“十一五”开局之年召开的一次承前启后的重要会议。副省长梁滨出席会议并作了题为“提高认识，抓住重点，继续搞好以淤地坝为主的水土保持工作”的工作报告。水利部副部长鄂竟平发表了书面讲话。全省完成水土流失治理面积36万公顷、生态修复面积73.33万公顷，圆满完成年度任务。其中，完成大中型骨干淤地坝工程190座，完成投资4900万元。（武年丰）

【地方水电】 长期以来，山西省小水电上网电价偏低，严重制约了水电事业的发展。经多方努力，2006年7月，省物价局根据《国家发改委关于调整华北电网电价通知》文件精神，以晋价商字［2006］197号文，对山西省水电上网电价进行了调整，将小水电站上网电价标准统一提高为每度电0.2元，从2006年6月30日执行。同时，省物价局还以晋价商字［2006］195号文，批复了山西省小水电自供区执行趸售电价每度电0.27元。上网电价与趸售电价的批复，为山西省小水电可持续发展提供了强有力的保障。为全面推进山西水电农村电气化县建设，2006年山西省积极争取将左权县列入水电农村电气化项目，中央已下达第一批补助资金80万元，正在开展项目的前期工作。陵川、泽州、五台三县的小水电代燃料生态保护工程建设项目全部完成，并已通过省发改委的验收，现每度电执行0.2元～0.235元的代燃料电价。2006年8月，山西省水电自供区第一、第二批农网建设与改造工程顺利通过省农网改造验收委员会的验收。经过5年的建设，山西省实际完成3.098亿元农网改造资金，超额完成了计划任务的3%，形成了以晋东南为中心的水电骨干网架，拥有110kV变电站1座、35kV变电站14座以及3001千米的输电线路。该项目的建设，不仅改善了山西省水电自供区供电质量，降低了农户电价，并争取了水电自供区趸售电价，而且还彻底打破了山西省水电自供区被大电网分割包围的现状，水电行业第一次有了功能相对完善的供电电网和终端用户市场。（武年丰）

【渔业】 2006年，山西省渔业生产得到良性协调健康发展。全省水产品总产量约4.3万吨，比2005年增长14.7%；渔业产值3.15亿元，比2005年增长19.7%；渔业工业和建筑业产值0.4亿元，渔业流通和服务业产值1.85亿元，分别增长42.9%和29.4%。同时，山西省稻（莲）田生态养殖规模进一步扩大，养殖面积已分别达到466.67公顷；观赏鱼养殖业逐步向工厂化养殖、产业化经营方向发展，养殖品种达到60余种，养殖面积新增3万平方米，产量达到6000万条；水库、淤地坝、湖泊、冷热水养殖进一步拓展，大宁、吉县、岚县等一些过去水产养殖基本空白的山区县也充分利用当地冷泉水和淤地坝资源发展渔业生产。全省水库养殖面积约13700公顷，湖泊养殖面积约1320公顷，淤地坝养殖面积约60公顷，分别比上年增长3.3%，4.2%和6.25%。（武年丰）

【水利科技】 2006年，山西省水科院申请到国家“十一五”“863”项目《山西晋中现代节水技术集成基地建设》，在山西晋中半干旱缺水区域重点建设抗旱节水作物品种筛选技术，降水资源转化与高效利用技术，水、盐调控灌溉技术、精量控制灌溉技术等现代化节水农业技术集成与发展基地，研究不同技术与产品的区域适应性及集成方法，集中展示现代节水农业技术与产品，形成半干旱区域现代节水农业综合技术体系，项目投资320万元。省水文局成功申请到国家“948”项目《深井地下水测量技术》一项，资助金额15万美元。该项目引进后，可测试深井中各种地质和物理参数，全面掌握地下水特点，合理设计井孔结构，测量地下水水质和淡水地质厚度，为饮水安全提供保障，同时通过地层CCTV影像资料监控，对地下水有序、有计划开采，保证地下水资源环境良性循环。省水文局《山区地下水勘测技术》通过“948”引进V6－A多功能电磁勘测系统，取得了显著的社会经济效益，经水利部组织有关专家验收等级为A级，2006年该项目被列入水利部“948”推广项目，经费30万元。（武年丰）

# 贸　　易

## 粮食购销

**【全省粮食购销工作】** 1. 搞好粮食购销，保护了农民利益。2006年山西省粮食总产量达107.5亿公斤，比2005年增加近10亿公斤，是历史上第4个突破100亿公斤大关的年份。为了搞好粮食收购工作，主要采取了以下措施：一是召开了全省夏粮和秋粮收购工作会议，安排部署粮食收购工作，并会同省农发行重点解决收购资金。二是在全省设立了21个价格监测点，及时向社会公布粮食价格及其走势，引导粮农适价售粮。三是鼓励和支持取得收购资格的多元市场主体，积极参与市场收购，搞好粮食流通。四是国有粮食企业充分发挥主渠道作用，积极入市收购，争取多掌握粮源。五是粮食企业改进收购方式，采取了预约收购、上门收购、“两代一换”等办法积极收购粮食，受到农民朋友的好评。2006年，全省粮食购销企业累计收购粮食39.4亿公斤，收购量占到社会粮食商品量的75%以上，其中：收购小麦12.2亿公斤、玉米25.6亿公斤。销售粮食46.55亿公斤，其中：销售小麦15.65亿公斤、玉米29.35亿公斤。

2. 加强储粮管理，保证了粮食安全。为了确保储粮安全，主要采取了以下措施：第一，坚持每年开展春秋两季全省安全储粮大检查，发现问题及时整改，把各种隐患消灭在萌芽状态。在2006年全国粮食库存检查中，省库存粮食账实相符，质量良好。第二，对防汛、防火和化学药品使用等工作，高度重视，严加防范。由于各种措施到位，全系统一年来未发生一起事故。第三，推广机械通风、环流熏蒸等新技术，加快实现“绿色储粮”目标。第四，广泛开展现代化粮库建设和“示范站（库）”创建活动。三年来，共有239个站库达到“示范站（库）”标准。

2006年9月份，举行了省储备粮竞购竞销交易会，成交粮食5.985万吨，成交金额7833.55万元。这是山西省省级储备粮通过省粮油批发市场进行竞购竞销的首次尝试，为今后规范储备粮轮换，提高储备粮品质，提供了有益的经验。

3. 采取有力措施，保证了市场供应。为了确保省内粮食总量平衡，省粮食局与河南、黑龙江省建立了长期的粮食购销协作关系，为实现全省粮食总量平衡打下了坚实的基础。2006年6月，省粮食局与黑龙江省粮食局在太原举办了粮食产销衔接会，签订了购销合作协议，确定山西省每年从黑龙江省购进粮食5亿公斤。双方企业还签订了意向性粮食购销合同0.79亿公斤。省、市、县三级都建立了粮食宏观预警机制，制定了粮食应急预案。省级应急预案已以省政府名义下发各地，尽快确定各市粮食应急加工和销售网定程度的上涨，针对粮油价格上涨，采取了一系列措施，市场粮价回到了合理的水平。

4. 加快改革步伐，推进了企业发展。由于历史原因形成的“三老”问题，使国有粮食购销企业背上了沉重的包袱，因此，我们把解决“三老”问题作为粮食购销企业改革的一个重点。关于“老粮”问题。对1998年以来按保护价收购的能顺价销售的13.65亿公斤高价位粮，以县为单位实行包干销售；对0.5亿公斤高价位粮和1.2亿公斤陈化粮进行了公开竞价销售，至此，15亿公斤“老粮”已基本处理完毕。关于“老账”问题。2006年年初，省审计厅将山西省国有粮食购销企业1998年6月至2004年末政策性挂账清理审计数字上报省政府，经省粮食流通体制改革领导组会议研究，确定了山西省政策性财务挂账为33.5亿元，占山西省全部挂账总额的73.1%，并提出了相关剥

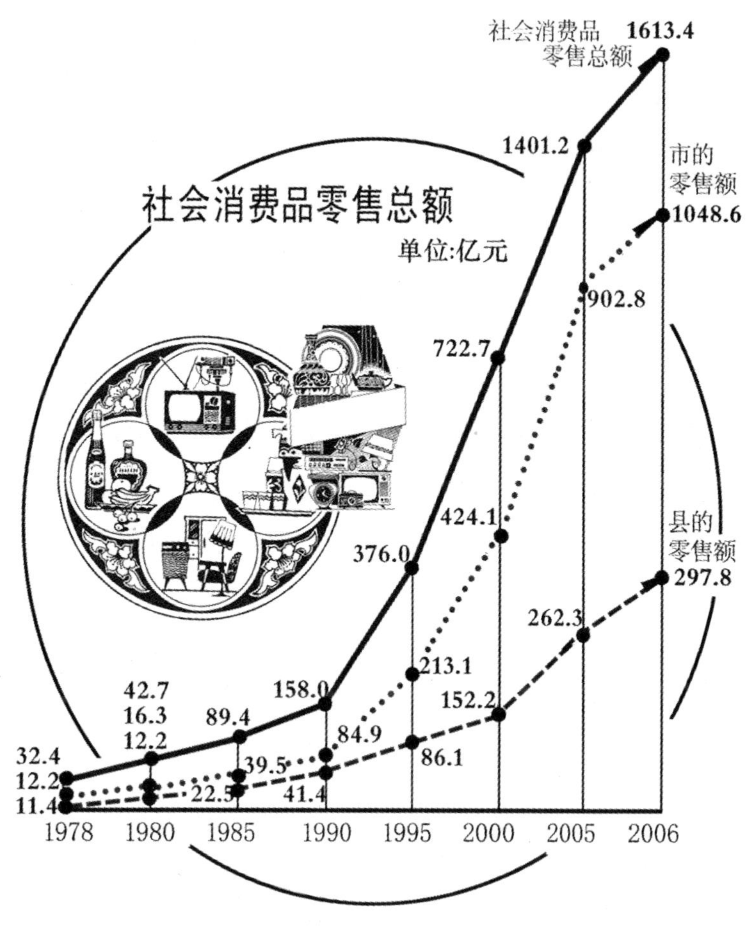

离意见。据此，联合下发了山西省政策性财务挂账剥离办法，按照有关规定对相关挂账科目进行了归并。到2006年11月25日政策性财务挂账已从企业剥离到各级粮食行政管理部门。关于“老人”问题。2003年底，全省国有粮食购销企业共有职工3.7万人，预计将有3万人需要分流安置。各级粮食部门坚持以人为本的原则，采取依法解除劳动关系、择优选聘等方式，妥善做好人员分流安置工作。截至2006年底，共有29个县完成了人员分流任务，分流1.27万人，剔除应保留职工、距法定退休年龄不足5年的职工和工龄满30年的职工后，分流职工已占到应分流人数的63%。分流人员中，由粮食部门返聘或创造就业岗位安置人员比例达56%。

5.加强监督检查，维护了流通秩序。根据《粮食流通管理条例》的要求，制定了《山西省粮食收购资格审核管理实施细则》等一系列配套政策。对全省粮食行政部门执法人员进行了执法培训，组织举办了《条例》知识竞赛活动，大大增强了行政部门依法管粮、企业守法经营的意识。目前，全省已审核办理粮食收购资格许可证1767户。2006年8月份，省编办下发了《关于建立健全市县两级粮食流通监督检查行政执法体系的意见》，对全省市、县两级粮食流通监督检查内设机构和执法队伍提出了具体意见。全省共有7个市、30个县（市）成立了专门的粮食执法队伍。2006年全省各级粮食管理部门共进行各类检查2292次，出动执法人员9774人次，查处粮食违法案件431件。通过对粮食流通市场的监管，打击了不法经营活动，树立了粮食行政管理部门的良好形象。山西省的粮食流通监督检查工作连续两年受到国家粮食局表彰，省粮食局被授予“先进集体称号”。

6.延伸产业链条，推进产业化经营。粮食企业改革的根本出路，在于拓宽思路、延伸产业链条，发展产业化经营。各级粮食部门结合实际，因地制宜，走出了一条发展粮食产业化经营的新路子。2006年，全省社会粮食加工企业共有1000多家，年加工能力25亿公斤。年销售收入500万元以上的粮食加工企业29家（其中国有企业16家）。如山西天维尔食品发展有限责任公司、山西金绿禾生物科技有限公司，以粮食部门为依托，走“公司+研究+农户”的路子，成为科技含量较高、带动力较强的产业化龙头企业，促进了当地农业增产、农民增收，这两个企业都被命名为全省“百龙”企业。在国家粮食局和中国农业发展银行联合公布的第一批重点扶持的粮油产业化企业名单中，山西省共有14家。

针对山西省粮食产业化龙头企业起点低、规模小、实力弱，仅靠自有资金发展有一定困难的实际，在2006年3月份全省对外开放工作会议后，立即成立了对外开放工作领导小组，以粮食产业化经营为重点，开展了招商引资工作，并在运城市召开了全省粮食系统对外开放工作会议，总结交流了对外开放，招商引资的经验，研究部署了“十一五”时期的对外开放工作。会后，全系统上下掀起了招商引资的新高潮。经过各级粮食部门层层把关，全系统共筛选上报招商引资项目51个，总投资54亿元，其中27个项目列入省政府招商引资项目。通过招商引资，加快了山西省粮食产业化发展的步伐。

7.发挥自身优势，促进新农村建设。粮食部门是重要的涉农部门，参与新农村建设是粮食部门服从和服务于大局的政治责任，也是粮食行业和粮食企业实现跨越发展的重要机遇。为了搞活农村粮食流通，参与和服务农村建设，在总结前几年服务“三农”经验的基础上，于2006年10月份在长治市召开了全省粮食系统参与和服务社会主义新农村建设，搞好农村粮食流通现场会。会议总结和推广了长治市大力推进兴农便民连锁店建设，搞活农村粮食流通的成功经验，对全系统参与新农村建设工作进行了动员和安排部署，提出了明确的要求。各级粮食部门发挥自身优势，在加大粮食收购力度，保护种粮农民利益；做好粮食产销衔接，保证市场粮食供应；开展粮食订单生产和订单收购；发展农村粮油连锁超市和粮油服务社；大力推进“放心粮油”进农村活动；建立健全信息服务体系，为农民提供产前、产中、产后的信息服务等方面做了大量工作，为山西省新农村建设做出了应有的贡献。

8.搞好放心粮油，保证了食品安全。从2000年起，开展了“放心粮油”工程。到2006年底，全省已有88个企业进入“放心粮油”队伍，共有42个品牌、79个品牌被评为“放心粮油”，49个店被评为“粮油销售放心店”。有5个品牌、31个品种被中国粮食行业协会授予“放心粮油”称号，有4个单位被授予“粮油销售放心店”称号。“放心粮油”和“放心粮店”成为备受消费者欢迎的品牌产品和较为满意的购物场所。2006年10月24日，在长治市召开了全省粮食系统参与社会主义新农村建设，搞好农村粮食流通现场会。会议总结和推广了长治市大力推进兴农便民连锁店建设、搞活农村粮食流通的成功经验。（李嘉春）

【2006年粮食收购政策】 1.引导和鼓励各类市场主体参与夏粮收购，积极做好粮食宏观调控工作。各级粮食行政管理部门进一步加强对夏粮收购工作的组织和指导，鼓励取得收购资格的多元主体积极参与市场收购，搞活粮食流通。及时审查发放粮食收购入市资格证件，方便企业收购，严禁市场垄断。对有轮换和新增储备粮任务的企业，利用夏粮收购有利时机，积极到产区入市收购，备足轮换粮源。粮食购销企业利用网点、人员等方面的优势，为储备企业提供粮源，增强自身生存和发展的能力。国有粮食企业要带头执行国家收购政策，坚持优质优价，不压级压价，积极转变思想观念，改进服务方式，提高服务质量和水平，方便农民售粮。

2.加强行业指导和信息引导，帮助企业了解和认识粮食供求形势和价格走势，适价收购。各级粮食主管部门要认真研究和分析粮食市场信息，特别是夏粮收购期间，要定期联合召开夏粮收购工作座谈会，互通情况，及时解决收购中出现的各类问题，及时引导企业形成合理的收购价格，帮助企业分析市场，指导企业正确决策，避免小麦市场价格发生波动形成价差亏损。

按照国家粮食局的安排，自上而下要将周边省份和山西省小麦主要产区的收购进度、购销价格等情况定期发布给企业，引导企业适价收购，避免市场风险。各级粮食行政管理部门要根据粮食统计制度的规定，严格执行小麦生产县（市、区）坚持收购进度5日报制度。同时要将省局发布的信息及时发布给企业，切实为企业服务。

3.积极做好收购信贷资金的供应工作。对取得入市收购资格的农产业化龙头企业、粮食加工和转化企业、其他粮食企业和原国有粮食购销企业已改革改制的，申请农发行贷款参与收购的各类企业，必须进行收购贷款资格认定；对与农发行有借贷关系、未改制、企业产权和经营主体未发生变化的国有粮食购销企业，可列入贷款支持范围，但必须符合一定的条件。对一个县（市、区）范围内没有一定企业符合农发行贷款条件的，各级粮食行政管理部门和农发行要主动向当地政府汇报，由政府以文件形式指定资信和经营管理相对较好的企业作为承贷主体。对于收购新粮充实地方粮食储备的，按计划保证资金供应；对农业产业化龙头企业、粮食加工和转化企业、其他粮食企业和原国有粮食购销企业已改革改制的，信用等级在AA（含AA）级以上的必须实行有效的资产担保，风险准备金和自有资金比例不得低于20%；信用等级在A级以下的必须办理全额资产担保，要根据其办理的资产额决定其流转贷款的发放额度，风险准备金比例不得低于10%；对国有购销企业申请粮食流转贷款必须办理有效资产抵押和有效的他项权证，风险准备金比例不得低于10%，要实行严格的风险准备金制度，风险准备金应累积使用。

4. 继续加强市场调控，努力保持市场粮价的基本稳定。各级粮食行政管理部门按照粮食宏观调控的目标要求，主动采取措施，保持市场粮价的基本稳定。夏粮收购期间，严格控制国有粮食企业政策性库存小麦的销售和出库节奏，不得大批量集中拍卖和销售储备粮。对确有长期供货合同批量较大的省、市储备小麦，要逐级经省粮食局报省、国家有关部门备案后，可以定向销售给面粉加工企业。各级粮食经营企业不得故意低价销售，冲击市场。

5. 加大监督检查力度，切实维护好市场收购秩序。为保证夏粮收购工作的平稳有序进行，保持市场粮价的基本稳定，各级粮食行政部门要依据《粮食流通管理条例》等有关规定，加强粮食购销市场的监督检查。夏粮收购期间，各级粮食行政管理部门要抽调专人组成检查组，深入企业和农户，检查指导夏粮收购工作。要切实打击无证经营，扰乱正常粮食流通和压级压价、坑农害农等行为，切实维护好粮食市场秩序。（李嘉春）

## 供销社

**【全面融入建设新农村工作大局】** 供销社作为立足农村、面向农业、服务农民的合作经济组织，积极参与、主动融入社会主义新农村建设的伟大实践之中，既是党和政府的重托，农民朋友的企盼，也是办社宗旨的本质要求。建设新农村既为供销社的改革发展带来了前所未有的历史机遇，同时也使供销社面临着新的更艰巨的考验和挑战。为了统一全省供销社广大干部职工的思想认识，振奋精神，凝聚力量，扎实工作，开拓创新，2006年省供销社新一届领导班子，始终把参与新农村建设作为首要任务贯穿于各项工作的始终，先后组织召开了全省供销社七届四次理事会议、全省供销社参与社会主义新农村建设工作会议、全省供销社经营形势分析会议等，对参与新农村建设工作进行动员部署，具体安排，使大家思想进一步统一，认识进一步提高，牢固树立了大局意识、机遇意识和忧患意识，责任感、使命感和危机感不断增强。各级供销社积极行动，以促进现代农业发展为目标，以新农村现代流通服务网络工程（简称“新网工程”）和便民店建设为突破口，以增强服务功能和提升服务水平为着力点，系统上下掀起了参与新农村建设的工作热潮，从而得到了各级党委、政府的高度重视和大力支持。省政府办公厅专门出台了《关于供销合作社参与社会主义新农村建设的意见》，对全省供销社参与新农村建设提出了政策性意见和更高的工作要求。太原、运城、长治等市政府出台有关供销社参与新农村建设的文件，提出具体要求和目标。各级党委、政府对供销社工作的重视、支持，更加鼓舞了全省供销社参与新农村建设的信心和决心。（李　岩）

**【新农村便民店建设全面铺开】** 新农村试点村便民店建设，是省委、省政府扎实推进新农村建设的重要部署，也是赋予供销社在构建农村现代流通体系建设中的具体任务。各级供销社精心组织，科学规划，上下联动，加快发展。一是加强指导，全面推进。为了全面了解1098个新农村试点村的基本情况，省社组织全省各级供销社进行调查摸底，根据试点村四种类型分别提出了具体建设标准；学习借鉴河南省供销社构建农村现代流通网络的成功经验，召开了“全省供销社参与新农村建设工作会议”，结合实际，取长补短，全面安排，再次动员。二是形式多样，规范运作。各级社把便民店建设与“万村千乡”市场工程相结合，把“新网工程”与基层社改造相结合，与市县有关部门、试点村两委班子、社会力量、经营大户等进行广泛合作，做到了形式多样化、投资多元化、管理规范化、运作市场化。省供销社还统一制定了便民店规章制度和门头标识，筹集资金补贴，形成使便民店建设起点高、质量好的发展态势。三是依靠政府，全力推动。各级供销社主动争取党委、政府的重视支持，积极汇报便民店建设的进展情况及存在问题，使便民店建设始终在党委、政府的领导下健康发展。大同、忻州、晋城、长治、朔州、临汾、太原等市政府，先后组织召开了新农村便民店建设座谈会或现场会，不少市县政府还拨出专项资金予以扶持，据不完全统计，各级政府累计支持资金近千万元。全省供销社已建成试点村便民店657个，还有1000多个正在规划或建设之中。梁滨副省长在看了盂县、平定供销社农村便民连锁超市后称赞说：“在农村社会化服务体系建设上，农村便民连锁店这种形式扎扎实实走出了第一步，达到了“五新四满意”的好效果，即创建了新的机制、建立了新的平台、增添了新的功能、树立了新的形象、取得了新的效益；农民满意、经营者满意、供销社企业满意、社会满意。”（李　岩）

**【基层供销社网络化改造工程】** 发展现代农业，必须有农村流通现代化做支撑，农村流通现代化必须有流通终端做基础。2006年以来，各级供销社把基层供销社网络化改造作为增强参与新农村建设能力和实力的工作重点，全面实施“小超市、大连锁，小网点、大网络”的发展战略，努力实现由网点优势向网络化优势的转变。省供销社连续两年确定了25个基层供销社网络化改造试点县，采取以点带面、分步实施的办法，以试点县的率先发展、示范改造，为全省网络化改造基层社起到很好的推动作用。同时，省供销社还与省商务厅达成战略合作协议，把基层社网络化改造与“万村千乡”市场工程有机结合起来，进一步加快了建设步伐。各市、县供销社通过科学规划，积极实施，引进资金，广泛合作，现场观摩，加强指导，把领导负责制和工作目标责任制紧密结合起来，促进工作深入开展。截至2006年底，全系统共发展农资连锁企业30个，农资连锁店4348个，农资配送中心60个；发展日用消费连锁企业10个，配送中心28个，连锁店3574个。同时，全省各级供销社还把基层社改造与兴建农贸市场结合起来，

2006年新建和改造各类市场50个，投入资金5280万元，建筑面积4.2万平方米，农副产品销售额达到18.7亿元。

(李 岩)

**【农村合作经济组织稳步发展】** 2006年，全省各级供销社把大力发展农村经济组织，作为建设社会主义新农村、提高农民进入市场组织化程度、解决农民卖难的突出问题和帮助农民适应市场经济发展规律、建立保障农民增收长效机制的有效途径。各级供销社紧紧围绕当地经济特点，在绿色农产品、品牌农产品上做文章、下工夫，积极领办、大力创办、规范发展各类专业合作社，促进了农业产业化经营。汾阳市新合作核桃专业合作社，经过几年发展形成了“龙头企业＋专业社＋基地＋农户”的产业链，年加工桃仁500吨，红枣200吨，产值达1500万元，既解决了农民卖难问题，又提高了农产品附加值，促进了农业产业化发展。全省供销社兴办、领办的专业合作社总数达到292个，入社农户56730户，年助农增收2亿多元。全省各级供销社还把大力组建农产品行业协会和农民经纪人协会，作为搭建农村合作经济组织的平台，用现代经营形式推进农业，用现代发展理念引领农业，用培养型农民发展农业，用较好的收益惠及农民，在产前、产中、产后服务农业，收到了较好成效。省供销社主办的农民经纪人协会网站，发布农产品供求信息5000余条，帮助农民推销农产品1.2亿元。省枣企业联合会树立“信息就是资源就是效益”的新理念，积极开展枣业信息服务，组织参与地方特色枣业博览会，宣传推介枣企业、枣产品，为山西省枣产业的种植管理、产品加工、市场营销创造了有利条件。据统计，全省供销社系统共有各类农产品协会和农民经纪人协会65个，农民经纪人队伍达到15000余人，为服务“三农”搭建起新的平台，为农副产品拓宽了销路，为农民增收提供了实实在在的帮助。

(李 岩)

**【社属企业改革新进展】** 供销合作社要适应发展现代农业、新农村建设、市场经济发展规律的需要，必须对旧体制旧机制进行根本性的彻底改革。2006年以来，省供销社始终把深化改革放在突出位置，列入重要议事日程，成立了省供销社直属企业改革领导组，确定专人，加强领导。经过积极争取，省政府原则同意供销社企业改革纳入全省国企改革范围，比照省政府国企改革13个配套文件执行，为全省供销社的第二轮改革创造了更加有利的政策环境。全系统一方面以盘活资产、引入现代流通方式为重点，整合和重组网络资源，再造合作经济组织新体制新优势，坚持以人为本的理念，积极进行职工身份置换，分流冗员，做到了减员减负；另一方面以明晰产权、规范和完善法人治理结构为重点，建立新的用工制度，同时强化经营管理，加大改革力度，既保留了合作特色，又使系统社属企业逐步向现代企业制度迈进。各级社还积极争取政策性财务挂账处理，加大与银行资产管理公司的协调力度，全系统处置不良贷款7亿元，使一批基层社、社属企业摆脱了困境，走出了低谷，盘活了资产，减轻了负担，步入了良性循环的发展轨道，经营实力和为农服务功能大大增强。省供销社积极探索加强直属企业干部人事管理和内部控制的制度建设，加强了审计监督和资产财务稽查监管，通过深入开展“双提升”活动，从制度建设入手，创新和完善监管方式，全系统经营和管理工作取得了新业绩。省农资公司积极开展“诚信承诺、为农服务，终端销售、零距离服务”，年销售总额突破10亿元，大化肥销售占全省总需求的80％以上；省盐业公司狠抓目标管理，夯实专营基础，优化盐产品结构，食盐和工业及其他用盐完成计划的100％和99％；省棉麻公司在省社的指导下规范企业经营行为，加强财务管理，抓好队伍建设，2006年累计收购新棉3万吨，较2005年增长133％，占全省新棉产量的70％以上；省盐务管理局努力打造长效管理机制，查大案、反冲销、保稳定，全年查处涉盐案件1749起，确保全省碘盐“三率”分别达到98.71％、97.05％和94.5％，均超过国家规定标准，确保了全省人民的用盐安全。省土产日杂公司突出抓好烟花爆竹经营管理工作，稳定和巩固了烟花爆竹的主营地位。

(李 岩)

## 商 务

**【概述】** 2006年是山西省商务事业取得丰硕成果的一年，为“十一五”规划的全面落实开了一个好局，起了一个好步。主要体现在：招商引资取得突破性进展，对外贸易稳步发展的同时结构明显优化，消费品市场快速增长，开发区各项指标大幅增长，外经合作增势良好。山西省商务经济不仅在量上有了扩张，而且质上明显提升，持续增长的后劲得到加强，这是科学发展观在山西省商务工作的生动实践。

1.全省以招商引资为重点的新一轮对外开放热潮正在形成。2006年省委、省政府及全省上下高度重视和关注对外开放工作，在开放大调研的基础上，经过认真筹备，一季度召开了全省对外开放大会，规模之大、规格之高、影响之深前所未有。会后，省委、省政府出台了扩大对外开放、加大招商引资力度的政策措施，省商务厅及时组成宣讲组分赴各市深入基层宣讲政策。随后省政府又开展了以整治政务环境为重点的行政效能建设活动，在全省上下掀起了新一轮改善环境、扩大开放的热潮。顺应新形势，抓住中部崛起战略实施的机遇，组织编制了《山西省商务发展“十一五”规划》，提出了“十一五”期间商务发展的指导思想、发展目标，制订了规划实施的措施办法。

2006年，全省上下把招商引资作为对外开放的重中之重来抓。在省有关部门及各市的积极配合下，加强引资项目基础建设，建立了动态管理的项目库，开通了山西投资促进网。“请进来”与“走出去”相结合，广泛邀请客商，对接项目。全年共接待来访的海内外客商达3000多人次，在全省征集各类招商项目3336个，拟引资总额1473亿美元，为全省招商引资提供了坚实的基础。7月份在香港成功举办了山西招商洽谈会，签约项目365个，引资额360亿美元。此外山西省举办或参加的其他重要招商活动还有“沪洽会”、“西洽会”、“中部博览会”、“厦洽会”、“东盟博览会”、“高交会”、“山西国际投资合作项目洽谈会”等，均收到很好的效果。“港洽会”签约项目大多数已进入实施阶段，365个签约项目中，已有308个项目取得不同程度的进展。

2.商务重点工程进展顺利，有力地促进了社会主义新农村建设。商务部从2006年开始在全国推进的“十三项工程”既是商务工作的新抓手，又为商务事业发展提供了新平台，特别是围绕社会主义新农村建设的几项涉农工程影响深远，深得民心。“万村千乡市场工程”作为省政府2006年抓的12件实事之一，据民意调查，老百姓满意率达88.2％。截至年底，已验收3710个连锁农家店，远远超出了年初800家的工作目标，辐射范围达3500个行政村的农家店经营网络已经形成，可吸纳富余劳动力约1.5万人，使500余万农民的消费环境得到一定程度的改善，扩大农村消费达20亿元。“大百市场工程”与改造农村集贸市场相结合。太原市河西农产品有限公司等3个农产品批发市场和太原市远乐食品有限公司等3个农产品流通企业列入商务部“双百市场工程”。项目建成后，3个农产品批发市场可新增交易额20亿元，3个农产品流通企业可新增销售额1亿元，可有效提升农产品流通现代化水平，促进农民增收。“信福工程”与农村现代网络建设相结合。山西省被商务部列为全国4个省部共建的试点省市，商务部确定山西省4个市、14个县、66个乡、590个村作为试点，其中有375个村级信息站，215个大学生村官站，66个乡镇助理，979个种养大户，5个农产品集散地。4万份《新农村商报》已免费发送到全省2万多个行政村，在“新农村商网”的秋季产品对接会上帮助农民销售苹果12.5万公斤、绿豆280吨、辣椒100吨。2个“东桑西移工程”蚕桑基地建设项目，惠及农民1.12万户、5.7万人，平均每户能增加收入2400余元。

2006年初，省政府〔2006〕1号文下发了《关于促进流通业发展的实施意见》。中国（太原）煤炭交易中心的组建取得重大进展，将在重要生产资料市场建设上实现机制和制度的创新。商务部“品牌万里行——中部崛起品牌行”宣传团在山西省的系列品牌宣传推广活动取得圆满成功，薄熙来部长一行专程出席给予了充分肯定。在全省品牌企业中评出了13个“中国畅销品牌”、30个“山西省畅销品牌”。城市商业发展规划力度加强。太原、大同、朔州、阳泉市的城市商业网点规划已发布实施，晋城、忻州、临汾、长治、运城市规划编制已完成。社区商业发展加快。全省15万人口以上的城市开展了省级示范社区的创建工作。太原、大同、阳泉、晋城等市的11个社区被评为山西省首批“省级社区商业示范社区”，太原、大同市各有两个社区被商务部命名为“全国示范社区”。市场运行监控成效明显。完善了市场运行监测调控网络，建立了内贸流通数据平台，扩大了重点流通企业、重要生活必需品和重要生产资料监测范围。推进餐饮业发展，开展了酒家酒店分等定级工作。申报并被中国烹饪协会认定为“山西—中国面食之乡”。山西省有10家企业列入商务部首批认定的“中华老字号”。加强对酒类流通的规范管理，以及对再生资源利用工作的指导，规范了拍卖、典当、报废汽车拆解、二手车流通的监管。特别是针对汾阳、运城等市加油站过滥的问题进行专项整治，召开了电视电话会议，采取有力措施，加大监管力度。大力整顿和规范市场经济秩序。主要抓了食品安全、保护知识产权、打击非法传销和打击商业欺诈等专项整治行动，工作成效受到了省政府和全国整规办的肯定。

3. 外贸增长方式明显转变，体现了全省经济结构调整的成效。充分利用好中部外贸发展基金、中小企业国际市场开拓资金、机电和高新技术研发技改贴息资金等政策导向作用，加大出口商品基地建设和贸易促进力度，通过组织参加“广交会”、“华交会”等知名展会，加大市场开拓力度，加大对出品优势商品和名牌产品的推介力度，抓好贸易摩擦应对和产业损害预警工作，使得全省外贸进出口在2005年较快增长的基础上，2006年继续保持了较好发展态势，外贸出口结构不断优化，增长质量明显提高。呈现的主要特点：一是初步扭转了进出口增长主要依赖资源性商品的状态。机电产品、高新技术产品大幅增长。出口增长由主要依靠焦煤镁增长转变为主要依靠机电产品、不锈钢板材等非焦煤镁商品的高速增长。非焦煤镁商品出口23.67亿美元，增长46.56%，占到出口总值的57.18%，拉动全省出口增长21.3个百分点；机电产品出口8.87亿美元，增长49.55%；高新技术产品出口1.93亿美元，增长84.18%，主要为计算机零件和手机零件。二是进品比重提升，贸易结构趋于优化。进口在进出口总值中的比重为37.52%，比2005年提升1.15个百分点，增幅比出口快5.97个百分点。尤其是机电产品进出口实现了基本平衡。三是新兴骨干商品成长迅速，出口增长点趋于多元。不锈钢板材已超过煤炭成为山西省第二大出口商品，山西省出口上亿美元商品已达6个（焦炭、不锈钢板材、煤炭、金属镁、钢铁管子附件、玻璃器皿）。山西省出口商品单一化的状况有所改观。四是骨干企业出口带动作用明显。2006年山西省有进出口实绩的企业达949家，其中进出口在2000万美元以上的企业达62家，比2005年增加13家，其中上亿美元的9家，太钢集团进出口额达14.62亿美元。

4. 积极搭建平台，为新型能源和工业基地建设，为企业利用国内国外两个市场拓宽发展空间。经过积极努力，国务院正式批准由商务部和山西省政府联合举办“中国（太原）国际煤炭与能源新产业博览会”，构筑了促进山西省新型能源和工业基地建设，推动国际合作与交流的会展新平台。首届“煤炭与能源博览会”的各项筹备工作全面铺开，正在紧锣密鼓、卓有成效地进行。国外招展招商工作进入以点带面、跟踪落实、注重对接的阶段。国内招展招商工作也在扎实推进中。

在“走出去”方面的最大亮点是通过积极努力，中标在毛里求斯建设中国境外经济贸易合作区，将为省内及全国企业“走出去”，在非洲发展搭建一个很好的平台。“以大揽大”战略已见成效。合作领域不断拓宽，对外承包工程的领域从以劳动密集型为主的房建等逐步发展到技术密集型的高速公路、铁路、电子通讯、电力、冶金等领域。从业主体逐步优化，国际竞

太原市铜锣湾商业街　刘良摄影

争力明显增强。全省拥有对外承包工程经营资格的企业达34家，已形成一支门类齐全、具有较强实力的经营队伍。特别值得一提的是胡锦涛总书记于2006年1月31日在访问喀麦隆期间，专门视察了山西省建工集团承建的雅温得体育馆项目，给予充分肯定。境外投资快速增长。全年山西省共批准境外投资项目14个，投资总额1.02亿美元，分布在美国、德国、澳大利亚、印度等14个国家和地区，涉及酒店、物流、纺织、机械制造等行业。如运城制版厂已在14个国家兴办了15个企业，投资总额达3500万美元。

5. 开发区发展呈现新亮点，对当地经济辐射带动作用明显。2006年，在全国开发区清理整顿中，山西省除保留了原有的16个开发区外，还新确认了8个，省级及省级以上开发区达到24个，成为全国唯一开发区数量未削减且有所增加的省份，2006年新批入区企业1411家，增长21%。多数开发区充分发挥了招商引资的载体作用。努力优化投资环境，把工作精力和重点放在了招商引资上，除参加省里大型招商活动外，还组织了一系列专题招商推介会。全省开发区实际使用外资1.81亿美元，增长230.51%，占全省的38.35%，比2005年提高18.46个百分点。开发区已成为拉动全省外贸结构调整的重要力量。2006年全省开发区进出口完成7.47亿美元，增长42.43%，占全省的比重由2005年的14.87%提高到18.05%。一批新入区的外资企业已经成为全省进出口新的增长点。开发区特色产业不断聚集。如太原经济区以富士康工业园为龙头发展IT产业，将壮大山西铝镁合金深加工产业。太原高新区建成了全省煤化工技术研发基地，该基地入驻企业15家，注册资金达10.82亿元。开发区基础设施建设迈上新台阶。2006年，全省开发区共开发土地7.64平方公里，其中，基础设施配套面积1.54平方公里，工业项目占地4.92平方公里。特色园区建设取得进展。如侯马开发区创办了保税物流区和台商工业园，晋中开发区重点推进了医药工业园和民营经济园区等。

6. 加强行政效能和政风行风建设，商务队伍素质有了新提高。不断深化行政效能和政风行风建设，全面提高政府公信力和执行力。省厅向各市和开发区下放了外资审批权和外资企业登记备案权，大大方便了基层。加大政务公开力度，广泛接受监督，将63项行政执法依据、13项行政许可项目、4项非行政许可项目、8项行政收费、11项行政处罚、9项联合年检事项全部上网公布。通过加强行政效能建设，机关办事效率、服务态度和精神面貌大为改观。不断巩固先进性教育的成果，加强党的建设，弘扬"八荣八耻"，各中介机构、社团组织、工青妇群团组织、老干部等各项工作开展得有声有色，努力构建和谐商务文化。以建设高素质干部队伍为项目，以"人才强商"工程为依托，扎实搞好教育培训工作，对全省市、县商务主管部门领导干部进行了集中业务培训。全面落实党风廉政建设责任制，推进了行政权力公开透明运行，开展了反腐倡廉警示教育，重点推动了商务领域打击商业贿赂工作。（李少英）

**【涉外活动】** 2006年山西省商务厅邀请了德国、尼日利亚、法国、巴基斯坦、美国、意大利、土耳其、印度、荷兰、乌兹别克斯坦、英国、加拿大、俄罗斯、丹麦、伊朗、秘鲁、澳大利亚、泰国、新加坡、日本、巴西、阿尔及利亚、波兰、奥地利、新西兰、瑞士、墨西哥、斯里兰卡、孟加拉国等29个国家和地区的客商210人来山西省进行经贸活动。

2006年山西省商务系统派往美国、巴西、加拿大、智利、新西兰、澳大利亚、英国、法国、德国、奥地利、爱尔兰、荷兰、比利时、瑞典、西班牙、瑞士、波兰、丹麦、俄罗斯、匈牙利、罗马尼亚、芬兰、意大利、土耳其、日本、韩国、土库曼斯坦、伊朗、印度、新加坡、泰国、香港、南非、毛里求斯、摩洛哥、埃及等36个国家或地区378人进行考察、推销和经贸洽谈。（李少英）

## ·国内贸易·

**【概述】** 1. 社会消费品零售总额。2006年山西省社会消费品零售总额1613.44亿元，比2005年的1401亿元增长15.20%。其中，城市消费品零售额1048.62亿元，县消费品零售额297.75亿元，县以下消费品零售额267.07亿元。分行业看，批发零售贸易业零售额1363.17亿元，餐饮业零售额196.34亿元，其他行业零售额53.93亿元。

2. 批发零售贸易业商品总额。批发零售贸易业商品销售总额1363.17亿元，比2005年的1187.43亿元增长14.8%。其中，限额以上企业430.83亿元，限额以下企业932.35亿元。

3. 市场物价。商品零售价格指数为101.2（以2005年价格为100），其中城市101.2、农村101.2；居民消费价格指数为102.0（以2005年价格为100），其中城市101.8、农村102.5。（李少英）

**【"万村千乡"市场工程】** 实施"万村千乡市场工程"，是2006年省政府为群众办的12件实事之一。为确保圆满完成任务，按照省政府和商务部的要求，精心组织，狠抓落实。一是认真制定和实施发展规划，通过召开现场会、培训会、组织实地考察学习等方式，推动城市大中型流通企业向农村延伸发展先进流通方式，有效整合利用农村基层商业、供销、粮食、邮政系统及社会经营网点资源。二是对"万村千乡市场工程"试点企业准入、建设规划、项目验收、管理制度等方面制定全面具体的规定，加强对试点企业的跟踪管理，强化项目验收复查机制，确保了"万村千乡市场工程"配送中心和农家店建设质量。三是积极争取省财政资金扶持，协调省食品药品监督管理局支持试点企业开展药品经营，培育出了一批致力于开拓农村市场的流通企业。截至年底，全省已建成与改造标准化农家店3710个，远远超过原定发展800个农家店的目标，可吸纳富余劳动力约1.5万人，使500多万农民的消费环境得到一定程度的改善，扩大农村消费达20亿元。"万村千乡市场工程"已经成为"政府得民心、企业得市场、农民得实惠"的民心工程，受到了普遍欢迎。

为了形成促进农民增收的长效机制，解决农产品"卖难"问题，按照商务部的部署，启动了"双百市场工程"，在组织制定全省"双百市场工程"实施规划的基础上，经积极争取，山西省有太原市河西农产品有限公司等3个大型农产品流通企业列入"双百市场工程"名单。这些市场和企业正按照《农产品现代流通体系项目建设标准与验收规范》进行现代化、标准化改造。预计项目建成后，3个农产品批发市场可新增年交易额20亿元，3个农产品流通企业可新增年销售额1亿元，将大大拓宽山西省干鲜果、牛羊肉、小杂粮等大宗农产品的销售渠道，提升农产品流通现代化水平，促进农民增收。

（李少英）

**【城市商业发展规划力度加强】** 制定和实施城市商业网点规划，是促进城市商业健康发展和商业领域扩大对外开放的重要举措。为加快规划编制进度，提高规划编制的科学性和权威性，进一步加强对全省商业网点规划编制工作的指导和督促检查。太原、大同、朔州、阳泉、晋城市的规划已发布实施，忻州、临汾、长治、运城市规划编制已完成，吕梁市已开始编制，晋中市正着手成立规划编制组织机构。规划已发布实施或已完成编制工作的9个市起草了《设立大型商业网点听证办法》，待征求相关部门的意见后实施，将进一步加强对城市商业网点规划工作的指导，引导各类专业商品交易市场、大型购物中心和高水平步行街进行合理布局、有序发展。

（李少英）

**【市场秩序得到初步规范】** 打破地区封锁和行业垄断，建设统一开放、竞争有序的现代市场体系是商务部门的重要职责。省商务厅会同省监委、法制办等部门，认真对山西省有关行业在市场经济活动中的各种规定和行为进行了清理，共清理文件2252件，保留2237件，废止15件，取消了一批含有地区封锁内容的文件。同时，认真落实商务部等部门出台的《零售商供应商公平交易管理办法》、《零售商促销行为管理办法》，会同省物价局、公安厅等部门开展了整治零售企业不规范促销、恶意占压、骗取供应商货款欺诈行为专项行动，维护了公平竞争的市场秩序和消费者的合法权益，促进了零售行业的健康发展。

（李少英）

**【重要商品流通和行业健康发展】** 在汽车流通管理方面，会同省监委、公安厅等部门出台了《关于进一步加强报废汽车回收拆解市场监管工作的通知》，完善了汽车流通管理的政策规定，促进了汽车市场的规范发展。同时，认真贯彻落实《直销管理条例》、《典当管理办法》、《拍卖管理办法》等法律法规，依法加强监管，全省直销、典当、拍卖行业能够依法规范经营，未发生大的违法违规问题，对促进全省经济平衡健康发展发挥了重要作用。

（李少英）

## ·商业改革与发展·

**【连锁经营销售额】** 连锁经营的主体地位初步确定 2006年，积极推动省流通业态从以超市、百货连锁企业为主，向便利店、专业店、专卖店、大型综合超市等多业态发展，初步确立了连锁经营在流通业中的主体地位，全省连锁经营销售额、连锁企业店铺数有了较大幅度增长。全省限额以上连锁企业店铺数突破1000家，销售额70亿元，占社会批发零售贸易和餐饮业零售总额的比重达到6%。

（李少英）

**【现代物流建设开始起步】** 对省政府确定的太原、大同、侯马、运城、晋城五大物流园区的进展情况进行初步的摸底调查，与五大物流园区所在市建立了联系机制，及时跟踪进展情况。太原公路主枢纽武宿货运中心、侯马公路枢纽货运中心已经省发改委批准立项，运城经济技术开发区物流中心已办好用地手续，晋城大型商贸物流园区土地手续已批准，并在港洽会上与香港豪德集团签订了合作合同，由香港豪德集团独资开发建设晋城豪德贸易广场，投资5亿元人民币。对山西省现有物流企业进行整合，以山西省物资产业集团有限公司下属山西省物资储运经销公司为基础，引入民营资本，进行股份制改造，成立山西现代物流有限公司，对原物产集团公司下属的仓库进行整合，建设现代化综合性区域物流配送中心。向商务部推荐山西物资储运经销公司和山西盛唐物流公司为第二批税收试点物流企业。

（李少英）

**【流通组织化程度和集中度明显提高】** 本着“扶优扶强”的原则，促进全省大型零售企业发展迅速，限额以上贸易企业销售强势增长，规模效益进一步提高，预计限额以上贸易企业实现零售额400亿元，比2005年增长16%。限额以上贸易企业零售额在全社会消费品零售总额中所占比重为28%，比2005年提高0.3百分点，提高了山西省流通业的组织化程度和集中度。

（李少英）

**【对现代流通发展加大扶持力度】** 会同省财政厅下发了《山西省流通企业发展资金管理暂行办法》和《2006年山西省流通企业发展资金项目申报指南》，对带动性强、影响面大、具有市场发展潜力的流通企业发展现代流通和公益性、便民性的流通企业发展项目进行扶持，以带动全省流通业的发展，满足不同层次消费者的消费需求。

（李少英）

**【继续开展社区商业示范创建工作】** 按照商务部部署，向各市印发了《关于社区商业工程2006年工作安排的函》，围绕“便利消费进社区，便民服务进家庭”，推动实施早餐工程、社区超市（便利店）生鲜化改造、便民服务平台建设及再生资源回收体系建设，促进社区商业网点的配套设置和服务水平的提升。重点布置了在全省15万人口以上的城市开展省级社区商业示范社区评审工作。根据商务部《社区商业示范社区规范》，结合山西省实际情况，制订了《省级社区商业示范社区评分细则》，印发了《关于开展省级社区商业示范社区评审工作的通知》。在各市初审推荐的基础上，经审核，确定了太原、大同、阳泉、晋城等市的十一个社区为山西省首批“省级社区商业示范社区”，已在厅网站上进行公示，于11月以晋商改(2006)727

中华老字号六味斋熟肉制品专卖店 刘良摄影

中华老字号太原宁化府陈醋专卖店　　刘良摄影

号《关于公布首批省级社区商业示范社区名单的通知》正式公布。其中，太原市太航社区和漪汾苑社区已于1月被商务部评为首批“全国社区商业示范社区”。大同市小西门社区和燕新里社区于9月上报商务部参加全国社区商业示范社区评选，已通过评审、公示，12月，商务部办公厅以商改字（2006）89号《关于公布第二批全国社区商业示范社名单的通知》正式公布。（李少英）

**【积极申报山西省“中华老字号”】** 根据商务部关于振兴老字号的有关精神，2006年5月，以晋商改〔2006〕261号下发了《关于做好我省“中华老字号”普查和申报工作的通知》，就山西省“中华老字号”普查和申报工作提出了具体要求。经过各市认真摸底调查，山西省目前尚存的“老字号”有50多家。6月，按照“中华老字号”的认定规范组织有关专家对首批申报“中华老字号”的企业进行了审查。将山西老陈醋集团有限公司“东湖、美和居”老陈醋、太原六味斋实业有限公司“六味斋”系列熟肉制品、山西省平遥牛肉集团有限公司“冠云”牛肉、太原双合成食品有限公司“双合成”系列食品等20家申报材料齐全，经营状况良好，符合中华老字号认定条件的企业，正式向商务部申报。根据商务部的评审结果，山西省有10家企业列入首批认定的“中华老字号”，12月在北京举行了隆重的授牌仪式。同时，积极组织山西省“中华老字号”企业收集历史图片，载入商务部编制的《金字招牌》画册，宣传展示山西省“中华老字号”的形象和品牌。（李少英）

**【酒家酒店分等定级工作全面展开】** 以晋商改〔2006〕35号下发了《关于在餐饮行业开展国家级酒家酒店分等定级工作的通知》，召开了全省酒家酒店等级评定委员会第一次工作会议，除晋中市外十个市成立了市级酒家酒店等级评定委员会。对全省规模以上餐饮企业进行了调查摸底。推动全省餐饮企业申报参评国家级酒家酒店，各市积极响应，有许多餐饮企业参加评定，经省商务厅初审，于11月25日向全国评委会正式申报太原、长治、晋城等8家餐饮企业，全国评委会评审组于11月24日～12月4日赴山西进行了现场评审，山西省申报的江南大酒店等7家国家特级酒店和1家国家一级酒店全部通过，并已将材料上报全国评委会，预计12月底以前可完成全部审批工作并正式公布。（李少英）

**【申报认定“山西——中国面食之乡”】** 2006年4月，代省政府起草晋政函〔2006〕45号《关于商请授予山西省“中国面食之乡”称号的函》，向中国烹饪协会于2006年11月底派出由业内专家组成“山西——中国面食之乡”考察认定组，开展了实地考察认定活动。经细致的考察、论证，按照中国烹饪协会《统一认定管理办法》和《中国菜系之乡认定标准》的要求，考察认定组向中国烹饪协会提交了《关于对山西省申请命名“中国面食之乡”的考察认定报告》，认为山西省达到了“中国面食之乡”的基本条件，已建议中国烹饪协会授予山西省“中国面食之乡”的称号，评选结果已公示，将择日举行授牌仪式。（李少英）

**【推动太原市再生资源回收利用体系建设】** 2006年2月，商务部在石家庄市召开了“全面再生资源回收体系建设工作会议”。山西省太原市被列为2006年再生资源回收体系建设的24个试点城市之一。

按照商务部的要求，结合山西省实际情况，会同太原市商务局、太原市供销社所属的太原市物资回收利用总公司、太原市物资再生利用有限公司（原属物资局）就构建太原市再生资源回收网络体系进行了研究。争取用5年的时间率先在太原市建成较为完善的再生资源回收体系，发挥太原市示范带动作用，积累和推广经验，逐步在全省展开。

4月，太原市物资回收利用总公司委托山西省机械设计院编制了《太原市再生资源回收利用网络体系建设项目可行性报告》，于5月上报商务部，体系包括：1000个社区废旧物资绿色回收站、40个转运站、8个再生资源集散市场和2个旧货市场、四个再生资源加工处理中心。6月，以晋商改字〔2006〕353号文向商务部呈报了太原市再生资源回收体系建设试点项目，争取商务部的资金支持。8月，为了搞好试点，抓住机遇，以晋商改字〔2006〕字481号文《关于加速太原市再生资源回收体系建设的意见》向太原市政府提出建议，得到市政府的重视，分管市长召集相关部门共同商讨，已责成有关部门

太原市认一力饭店　　刘良摄影

制定具体支持办法和措施。11月，在商务部召开的再生资源体系方案论证会，太原市的方案得到专家的肯定，已原则上通过。（李少英）

**【加强成品油市场的管理】** 编制完成了《2006～2010年省成品油仓储企业发展规划》，待专家评审论证后向社会发布。指导和督促各市按照经济发展和当地实际，尽快编制加油站行业发展规划，长治、阳泉两市的加油站行业发展规划已经专家论证，并批准实施，其余各市大部分已经完成，待当地市政府组织有关部门研究通过后上报。进一步修改了《山西省贯彻国家商务部〈成品油市场管理暂行办法〉的实施细则》，起草了《山西省成品油市场应急预案》，待各部门会签后下发。建立了成品油市场管理信息系统，加强了对成品油市场运行的监测分析工作，针对国际油价上涨造成的山西省成品油资源紧张的实际，每周对全省成品油的购销存情况进行分析，定期发布《成品油市场监测快报》，及时发现并解决成品油市场运行中出现的问题。协调有关部门解决了太长高速公路服务区加油站加油无发票的问题，并提出了规范高速公路服务区加油站建设的意见。针对中央电视台报道山西省汾阳市加油站数量失控，乱占耕地的现象，下发了《关于尽快查处汾阳市乱建加油站的紧急通知》（晋商改〔2006〕573号），要求吕梁市和汾阳市对汾阳市成品油市场进行集中治理整顿。并以省成品油市场领导组办公室名义组织安监、建设、国土、质监等成员单位和省监委的负责同志进行研究，要求对汾阳市乱建加油站的现象通过各系统进行督查。经过各级各部门和汾阳市政府的共同努力，汾阳违规滥建加油站的现象得到遏制，从10月3日开始，部分加油站被陆续拆除。（李少英）

**【推动服务业的立法和标准化工作】** 针对山西省服务业法制化、标准化相对落后的局面，着重加强行业标准的制订，率先在美容美发行业和人像摄影行业进行地方行业标准的制定，填补山西省服务业没有地方行业标准的空白，推动山西省美容美发、摄影行业规范发展和市场秩序的改善。一是依托省美容美发行业协会，组织有关部门的专家和业内人士制定了《美容美发企业星级评定标准》、《美容美发质量标准》、《美容美发操作规程》，并召集专家、企业进行了两次论证。9月，向省技术质量监督局报送了《制定地方标准项目申报书》。省技术质量监督局正在组织进一步论证和征求意见，待论证通过后正式发布。二是依托省摄影行业协会，组织有关部门的专家和业内人士制定了《山西省摄影业等级评定及服务质量标准》，并召集专家进行了两次论证。9月，向省技术质量监督局报送了《制定地方标准项目申报书》。省技术质量监督局已组织进行了两次论证并征求业内人士意见，制定工作已接近尾声，不久将正式发布。三是由省工商局和摄影行业协会以晋工商字〔2006〕281号印发了《山西省影楼服务合同示范文本》、《山西省彩扩冲印服务合同示范文本》、《山西省纪实摄影服务合同示范文本》、《山西省纪实摄像服务合同示范文本》，推动山西省人像摄影行业规范化、科学化服务。四是在省商务厅的支持下，由省摄影行业与省消协联合出台了《摄影业消费者争议解决办法》。（李少英）

**【加强服务业引导、支持，促进行业进步】** 2006年5月，由省烹饪和饭店协会向全省餐饮住宿业发出倡议，在社会主义荣辱观教育中针对行业特点开展优质服务活动；8月，组织山西省2006年中国面食之乡超味运动会；9月，组团参加台湾十七届中华美食节；组织企业参加中国烹饪大师、名师认定活动，有9人获中国烹饪大师称号，14人获中国烹饪名师称号；组织山西省面食技艺表演队赴长沙中部博览会表演。10月，在西安餐博会上进行交流合作，促成陕西“山西会馆”落成；组团参加广东第十六届中国厨师节，获多个奖项。在美容美发行业，8月，为了在全省范围内树立典型和企业品牌形象，鼓励先进，鞭策落后，促进行业健康快速发展，省商务厅会同省总工会、省妇女联合会、省妇女报、省美容美发协会以晋商改字〔2006〕第513号文印发了《关于评选表彰山西省美容美发业“十大杰出人物”“十大优秀企业”“十大长效品牌”的通知》，经过周密的组织和评选，十月，在全晋会馆召开了盛大的颁奖仪式和新闻发布会，省委宣传部、省商务厅、省妇联、省妇女报、省行业协会的领导出席，在业内和社会上引起强烈的反响，有效地推动了行业进步和发展。9月，由美容美发牵头，促进山西省第一个规模化专业商城——山西省美容美发用品商城开业；10月，成立美容美发业工会工作委员会；组织首届“美博城”杯造型新秀大赛；组织企业参加CCTV美容美发大赛，获多个奖项；评选47名我省美容美发名师、大师。在人像摄影行业，3月，由省摄影行业协会组织举办了摄影器材、数码影像、婚纱用品展销会暨第二届摄影化妆造型比赛；9月，为加强行业管理，与全国各省市协会保持一致，将协会名称“山西省人像摄影协会”更改为“山西省摄影行业协会”；建立了行业网站，加强了行业的信息交流，扩展了信息的通道；继续出刊《山西人像摄影资讯》。（李少英）

## ·消费品市场·

**【消费品市场发展】** 1.消费品零售总额增长幅度高于GDP增幅，消费对经济的先导性作用明显增强。2006年，消费品市场增长强劲，全省实现社会消费品零售总额1613.4亿元，较2005年同期增长15.2%，社会消费品零售总额同比增长幅度高于GDP同比增长幅度3.4个百分点，消费对经济的先导性作用明显增强。分月度看，社会消费品零售总额同比涨幅

太原市亲贤北街北京华联超市
刘良摄影

基本上处于13.7%至16.8%之间，保持强劲稳步增长的态势。12个月中，实现社会消费品零售增幅较高（增幅16%以上）的月份有3个月，其中：1月份158亿元，增长16.8%；10月份157.2亿元，增长16.6%；9月份130.5亿元，增长16.2%。

2. 城市市场持续活跃，农村市场加快成长。2006年，城市社会消费品零售额实现1048.6亿元，比2005年同期增长16.2%；县级实现零售额297.8亿元，同比增长13.5%；县级以下实现零售额267.1亿元，同比增长13.1%。城市消费品零售额增幅分别高于县和县以下2.7和3.1个百分点，城市市场持续活跃，城市居民消费持续旺盛，对全省社会消费品零售总额的增长依然发挥着决定性作用。市级、县级和县以下实现零售额占全省社会消费品零售额的比重分别为65.0%、18.5%、16.5%，城市较2005年同期提高0.6个百分点，县和县以下分别下降0.25和0.3个百分点，乡镇和农村居民消费比重下降，农村消费市场的启动仍需努力。

3. 消费结构升级，热点消费商品增长强劲。2006年，限额以上批发零售贸易业实现商品零售总额为430.8亿元，同比增长17.2%，增速较2005年同期提高1个百分点。从类别上看，吃、穿、用类商品销售全面增长，同比分别增长8.9%、16.5%和3.5%。居民热点消费商品集中在金银珠宝、建筑及装潢材料、通讯器材、家具、家用电器和音像器材等方面，其中：石油及制品类增长29.4%，汽车类增长23.4%，建筑及装潢材料增长18.5%，通讯器材增长2%，家具增长20.0%，家用电器和音像器材增长4%，化妆品增长14.8%，这些热点消费对限额以上批发零售业增长的贡献率为80.8%。特别是汽车类和石油及制品类的高速增长，对消费品市场增长的带动作用尤为明显。在“入关”后的五年间，汽车关税从以前的80%下降到25%，零部件关税平均降到31%，车价不断走低，汽车逐步走进百姓家庭。据调查，2006年太原市平均每天有200多辆私家车落户。

4. 基本需求消费相对稳定，可自由支配消费增加。2006年，限额以上批发零售业吃、穿、用、烧类商品分别实现零售额50.7亿元、35.2亿元、201.1亿元和143.8亿元，分别比2005年同期增长8.9%、16.5%、3.5%和49.1%，占限额以上企业零售额的比重分别为11.8%、8.2%、46.7%和33.4%，吃穿类的比重比2005年同期下降0.9个百分点，用类的比重比2005年同期下降6.1个百分点，烧类的比重比2005年同期提高7.1个百分点。由于燃油价格提高和汽车消费需求增加，成品油销售大幅增长，带动石油及制品销售增加，石油及制品类消费占全部类值的32.4%，并占到了全部烧类商品的96.0%以上。2006年，全省城镇居民恩格尔系数为31.4%，较2005年提高1.0个百分点，城镇居民食品消费增幅比家庭设备用品、服务消费和交通、通信消费增幅分别低13.4个百分点和27.5个百分点，居民基本需求消费占总消费需求的比重下降，可自由消费需求的选择性增强。

**2006年山西限额以上批发零售业零售额分类情况表**

表20　　单位：万元，%

| 指　　标 | 零售额 | 比上年增长 |
|---|---|---|
| 文化办公用品类 | 16663 | 14.8 |
| 食品、饮料、烟酒类 | 506547 | 8.9 |
| 服装鞋帽、针、纺织品类 | 351494 | 16.5 |
| 石油及制品类 | 1394378 | 29.4 |
| 通讯器材类 | 35770 | 14.2 |
| 家用电器和音像器材类 | 322616 | 25.4 |
| 家具类 | 15027 | 20.0 |
| 建筑及装潢材料类 | 11253 | 18.5 |

**2006年山西社会消费品零售额用途构成（限额以上企业）**

表21　　零售额：亿元

| 指标 | 本期 | 上年同期 | 比上年同期（%） | 本期比重 | 上年同期 |
|---|---|---|---|---|---|
| 合计 | 430.8 | 367.6 | 17.2 | 100 | 100 |
| 吃 | 50.7 | 46.6 | 8.9 | 11.8 | 12.7 |
| 穿 | 35.2 | 30.2 | 16.5 | 8.2 | 8.2 |
| 用 | 201.1 | 194.3 | 3.5 | 46.7 | 52.8 |
| 烧 | 143.8 | 96.5 | 49.1 | 33.4 | 26.3 |

5. 城乡居民收入增加，消费倾向明显提高。2006年，山西省努力加强劳动就业和社会保障工作，继续扩大城镇企业养老保险、失业保险、医疗保险、工伤保险，积极推进农村养老保险，调整公务员和事业单位人员工资，提高企业离休人员和退休职工养老金，提高职工最低工资标准和煤炭企业井下职工补助标准，较大幅度提高各类优抚对象的相关待遇，全省城乡居民的人均可支配收入水平进一步提高，人均可支配收入达到10027.7元，较2005年提高12.5%，农村居民纯收入达到3180.9元，较2005年提高10.0%，使城乡居民的可实现购买力大幅提高，居民消费信心增强，城镇居民人均消费性支出较2005年提高13.1%，农村居民人均消费支出较2005年提高20.0%。

据省商务厅调查结果显示，2006年下半年，调查的600种主要消费品中，供求基本平衡的商品有570种，占95%；供过于求的商品有29种，占4.8%，供不应求的只有一种。供过于求的商品有所减少，供求平衡的商品稳步增加，市场供求出现均衡态势。消费品市场商品丰富，热点商品和重点商品供给充足，购销两旺。

7. 餐饮消费持续快速增长。2006年，住宿和餐饮业零售额达到196.3万元，保持了20.2%的高速增长势头，增长速度比全年社会消费品零售总额增幅高出5.0个百分点。对社会消费品零售总额增

干净、整洁的阳泉交通局机关大楼

建设“廉洁交通、和谐交通、质量交通、率先交通”的领导班子，中为：局党组书记、局长李书田

# 阳泉市交通局

## 李书田先进事迹

李书田，52岁，在职研究生，中共党员，阳泉市交通局党组书记、局长，307 国道复线工程指挥部总指挥，阳泉市农村公路建设领导组副组长。

2001年8月，李书田任市交通局局长、党组书记以来，团结带领全市交通系统干部职工，在全市农村公路建设、重点工程建设、产业结构调整、行业管理、企业发展等项工作中做出了成绩和贡献。

2006年，阳泉市交通局完成公路建设投资4.6亿元，完成计划的233%，新增通车里程58.6公里，完成计划的146%，完成农村公路建设1331公里，完成计划的296%。

全市建制村通水泥路，通达率已达98%，提前二年完成了省政府下达的指标。针对该市交通制约经济发展的实际，李书田先后组织完成了阳井线大修、义白路、东纵干线、东太国防公路、上六线、苇滴线、平东线、白乱线、玉泉路等较大公路项目的建设改造，总里程达到419公里，完成总投资7.72亿元。特别是这些道路的建设和通车，推动了公路沿线经济带的快速发展，吸引投资50多亿元，形成了全市项目建设的热土和招商开发的新领域。全市“百项工程”之首的307复线工程，从项目立项、审批、资金筹措、征地拆迁、工程建设等，李书田都躬身亲为，敢打硬仗，克服各种困难，筹措资金5个亿。在工程的建设中，他和广大工程技术人员深入研究，认真攻关，以煤矸石代替公路路床填料科研获得成功，节约了工程投资9000多万元，探索出一条就地取材、变废为宝、减少污染、节约投资的新路子。特别是采空区治理的一些做法和经验在全省和全国为首创，得到了专家的肯定。2006年底，已完成了全线路基拉通的艰巨任务，力争三年工期两年完成。307复线工程的建设，不仅使城市面积向北扩大50平方公里，打通了多条断头路，为“提质扩容、做大阳泉”，“打造中国鲁尔区、建设晋东明珠城”做出了突出贡献，而且提升了“晋煤外运”的通行能力和山西东大门的道路形象。

近几年来，李书田致力于实施村通客车工程，全年农村客运车辆达到490辆，客运线路180条，建设并启动16个乡镇汽车站，195个候车亭，494个招呼牌，全市农村客车通达率达到96%，走在了全省前列，多次受到省厅和省运管局的表彰奖励。在运管、道路、规费征稽等方面取得了成效。2006年全局运管费征收2955万元，客运附加费完成征收755.1万元；拖拉机养路费完成征收646.1万元。2006年，阳泉市交通局获山西省交通厅“完成工作目标优秀单位”、“安全生产管理工作先进集体”“依法治理先进单位”；被山西省国防动员委员会评为“十五期间国防交通基础设施建设先进单位”。李书田在抗击“非典”战役中获市一等功、省二等功，2004年被评为阳泉市优秀公务员，2005年被选树为阳泉市先进性教育活动优秀共产党员，并获山西省五一劳动奖章。

省委书记张宝顺在阳泉视察公路建设，听取交通局长李书田汇报工作。左一：张宝顺书记；右一：李书田局长；左二：市委书记谢海；右二：市委秘书长樊盛武

市长白云在阳泉重点工程307复线公路进行考察，李书田汇报工作。左一：李书田局长；中：白云市长；右：樊盛武秘书长

# 山西省交通运输管理局

交通运输管理局局长、党委书记 李华中

山西省交通运输管理局根据《中华人民共和国道路运输条例》授权，主要负责全省道路运输全行业管理工作。截至2007年5月，全省共有道路旅客运输经营业户1415户，道路货物运输经营业户13.9万户。全省共有营运班线5214条，覆盖全省、辐射全国22个省、市、自治区和64个大中城市，年平均日发班次2.6万次。全省共有营运载客汽车1.68万辆，营运载货汽车20.4万辆，等级客运站281个，等级货运站7个，机动车维修企业6858户，机动车驾驶员培训学校214所，全行业从业人员70万人。全省共有农村班线2657条，农村客车5936辆，乡镇汽车站163个，候车亭2885个、招呼站牌14626个，100%的乡镇、90%的行政村通了客车。

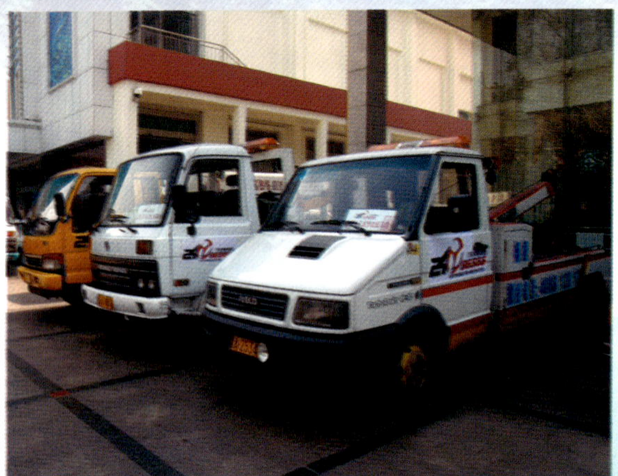

全省机动车维修救援网络组建完成

道路运输物资保障车队组建完成

近年来，随着全省经济的发展，全省运管系统以科学发展观为统领，改革创新，锐意进取，在村村通客车、应急保障运输、现代物流、市场监督、科技兴运、队伍建设等方面取得了突破性进展。目前正在通过实施“1546”工程，努力实现“十一五”全省道路运输发展目标。

冯正霖在运城市视察村村通工作

道路运输法律法规知识竞赛

岗位练兵技术比武大会在太原举行

太原市运政稽查队伍大检阅

崭新的农村客运汽车站和村通客车

业务大厅优化环境，提高办事效率

# 平朔煤炭工业公司

平朔煤炭工业公司组建于1982年，负责平朔矿区的开发和建设，现隶属于中煤能源集团公司。公司主营煤炭开采，兼营计划内物资供应、煤炭运销及人员培训、生活服务、仓储服务。现在册职工11000人，资产总额114亿元。平朔矿区位于山西省朔州市平鲁、朔城两区境内，矿田总面积380平方公里，探明煤炭地质储量127亿吨。经过二十多年的开发建设，平朔矿区已成为我国主要的出口动力煤生产基地，已正式被国家列为全国十三个煤炭大基地之一，即晋北煤炭基地。

国资委主任在平朔矿区考察调研

平朔煤分为洗精煤、洗混煤、平混煤三大系列十多个品种，质量稳定可靠、发热量均衡、品种多样，远销日本、韩国、台湾等国家和地区及国内浙电、粤电等大型电力企业，在国内和国际市场上享有较高声誉。2006年通过了OHSMS18000职业健康安全管理体系认证。“平朔”荣获山西省著名商标，“Pingshuo牌洗精煤”荣获山西标志性名牌产品，“其他用炼焦精煤（平洗末、平中末/平二）”荣获煤炭行业煤炭质量信得过产品,“平朔”荣获山西省质量信誉AAA级企业。企业先后获得“金马奖”、“金石奖”、“全国思想政治工作优秀企业”、“全国厂务公开先进单位”、“全国百家文明社区示范点”、“全国五一劳动奖状”等多项荣誉。

平朔矿区现有两座生产能力1500万吨/年的露天矿，还拥有两座生产能力千万吨级的井工矿、总入洗能力 6600 万吨/年的五座配套选煤厂、总运输能力8600万吨的两条铁路专用线，新增产能2600万吨的一个在建矿和一个筹建矿，以及2X50MW 煤矸石电厂一座。露天矿资源回收率可达95%以上，矿区土地复垦率达到40%以上，排土场可复垦达到 90%以上；露天井工联合方式开采极大地提高了资源回收率。矿区原煤全部入洗，配套洗煤厂采用重介洗选工艺，全闭路循环。截至2007年 8 月，平朔公司累计开采矿田面积13.86平方公里，动用地质储量 5.04 亿吨，采出原煤 4.69 亿吨，资源回收率 93%，上缴各类税费 62.06亿元，出口创汇43亿美元，累计百万吨死亡率0.038，充分体现中央企业在安全生产中的“排头兵”作用。

公司目前正在按照科学发展观的要求，积极实施国家已经批复的《平朔矿区总体规划》。平朔公司结合自身实际，科学制定了“123”发展战略。即，一个目标：建成亿吨级大矿区；打造两条产业链：用黑色煤炭、绿色生态两条产业链，开发地下、地上两座宝库，实现自身发展的同时，促进周边社会发展；构成三大支撑：建成设计院、研发中心和职业教育学院，为企业快速发展和建设本质安全型、资源节约型、环境友好型企业提供技术和人力支持。

大型综合机械化井工开采现场

矿区复垦绿化

露天矿电铲卡车联合作业现场

长的拉动和所占比重稳步提高，拉动社会消费品零售总额增长2.4个百分点，占社会消费品零售总额的比重达12.2%，比2005年提高0.5个百分点。

8. 市场物价平稳运行。2006年，商品零售价格呈现基本平稳运行态势，与上年同期相比，1月～12月份上升1.2%，但影响市场价格的结构性因素有所变化，食品价格上升3.1%，对价格总水平上涨的影响有所提高；饮料及烟酒、金银珠宝、书报杂志、燃料、建材等类商品价格分别上升262%、14.9%、0.2%、11.4%，对价格总水平上升影响较大；农业生产资料价格较2005年同期上升3.6%，居住上升3.4%，教育文化用品及服务下降0.2%。

（李少英）

**【整顿和规范市场经济秩序】** 1. 食品安全水平不断提高。山西省各市政府和省直各有关部门认真贯彻落实《国务院关于进一步加强食品安全工作的决定》，按照省政府印发的整规工作要点精神，积极开展食品安全专项整治，着力打造食品放心工程。狠抓食品安全信用体系建设，积极构建食品安全长效机制，将长治市确定为“食品安全信用体系建设”试点城市，在粮食、肉类、调味品三大行业开展信用建设试点工作。严格食品经营主体市场准入，依法取缔无照经营。出台了流通环节食品安全专项整治方案，在全省各商贸流通环节开展食品安全专项整治，仅2006年上半年就查处涉及食品违法案件1769起。全面推进“食品安全行动计划”，在全省开展了对学校食堂、农民工食堂等集体就餐单位的卫生安全专项整治，有效地遏制了群体性就餐中毒事件的发生，并在11月1日至7日开展以“保障农村食品卫生，维护农民健康权益”为内容的“食品卫生宣传周”活动，有效地增强了农民的食品安全意识。出台了《山西省质监系统食品质量安全专项整治百千万工程工作方案》，在全省开展了“百区、千点、万户”食品质量安全专项整治，对食品包装材料等食品专用产品实施市场准入，深入开展了打击使用非食品原料加工食品的违法行为。全面打造食品放心工程，并在夏季、秋季组织开展了食品专项执法打假行动，收到了较好效果。从抓好生猪定点屠宰和酒类流通管理入手，强化管理，严格市场准入，全面实施“三绿工程”，向社会发布了《山西省流通领域食品安全调查报告》，并在全面推进“万村千户”市场工程的过程中，建立起了农村食品现代流通网、监管责任网和群众监督网。大力开展打击土制食盐、非碘食盐专项整治，有效地震慑了犯罪分子。在“六一”儿童节、中秋、国庆节、元旦、春节期间，开展了对儿童食品、月饼市场、肉食市场等的专项整治。从养殖业、种植业方面的食品安全入手，严格控制蔬菜、牛奶、猪肉、鱼类在种养过程中的农药、兽药使用量，从源头上确保人民群众吃上放心食品。为了体现民族政策，尊重少数民族的饮食习惯，加强对清真食品的监督管理，省人大常委会出台了《山西省清真食品监督管理条例》，从法律上明确了有关部门对清真食品的监管职能和监管方法。

2. 知识产权保护工作取得了显著的

**山西省2006年社会消费品零售额行业构成**

表22　　零售额（亿元）

| 项目 | 1～12月份 | 上年同期 | 1～12月份比上年同期（%） | 1～12月份比重（%） | 上年同期比重（%） |
|---|---|---|---|---|---|
| 合计 | 1613.4 | 1401.1 | 15.2 | 100 | 100 |
| 批发、零售业 | 1363.2 | 1187.4 | 14.8 | 85.5 | 84.8 |
| 其中：限上企业 | 430.8 | 367.6 | 17.2 | 26.7 | 26.2 |
| 限下企业 | 932.4 | 819.8 | 13.7 | 57.8 | 58.5 |
| 餐饮业 | 196.3 | 163.3 | 20.2 | 12.2 | 11.7 |
| 其中：限上企业 | 35.9 | 30.7 | 17.1 | 2.2 | 2.2 |
| 其他 | 53.9 | 50.5 | 6.8 | 3.3 | 3.3 |

**山西省2006年1～12月份居民消费价格和商品零售价格总指数**

表23　　（上年=100）

| 项目 | 12月份 | 1～12月份 |
|---|---|---|
| 居民消费和商品零售价格总指数 | 102.0 | 101.2 |
| 城市 | 101.8 | 101.2 |
| 农村 | 102.5 | 101.2 |
| 1. 食品 | 103.0 | 103.0 |
| 2. 烟酒及用品 | 102.3 | 102.2 |
| 3. 衣着 | 99.4 | 99.4 |
| 4. 家庭设备用品及服务 | 101.8 | 99.0 |
| 5. 医疗保健用品 | 104.0 | 97.7 |
| 6. 交通通讯 | 100.3 | 98.3 |
| 7. 娱乐教育文化用品及服务 | 99.8 | 100.8 |
| 8. 居住服务项目价格总指数 | 104.4 | 93.1 |
| 9. 家具 | 103.4 | 101.7 |
| 10. 金银珠宝 | | 114.9 |
| 11. 中西药品 | | 99.0 |
| 12. 书报杂志 | | 100.2 |
| 13. 燃料 | | 111.4 |
| 14. 建材 | | 102.7 |

成效。为了加大对这项工作的领导力度，省政府办公厅行文对“山西省保护知识产权工作组”进行了调整充实，明确规定，省保护知识产权工作组领导全省的保护知识产权工作，领导组办公室设在省整规办。省保护知识产权工作组各成员单位，根据各自的工作实际，开展了一系列活动，做了大量卓有成效的工作，使山西省的保护知识产权工作取得了明显的成绩。元月12日，全省各市举行了声势浩的销毁违法音像制品统一行动，仅太原市就一次性销毁违法音像制品10万多件。2月23日，举行了“扫黄打非”春季战役出征仪式，将收缴的非法出版物集中销毁，共集中销毁盗版音像制品、软件7.5万盘，非法图书10万余册。4月25日至26日，在全省范围内开展了内容丰富、形式多样的保护知识产权宣传周活动。省知识产权局召开了新闻发布会，公布了全省知识产权工作情况及宣传周活动的有关安排。组织了“知识产权三晋行”活动，组织省城新闻媒体的记者赴全省各地进行采访。朔州市、晋城市、长治市、太原市等有关地市的领导参加了当地的宣传活动。9月18日至24日，在全省各地举行了“全省保护知识产权法制宣传周”活动，通过广播、报纸、板报、发放宣传资料、召开座谈会等形式，大力宣传我国和山西省在保护知识产权法制建设方面的成绩，使广大人民群众受到了一次深入全面的保护知识产权法制教育。从7月中旬到10月中旬，省文化、宣传、出版等部门联合开展了“反盗版百日行动”，全省共出去执法检查人员13100余人次，检查音像制品和电子出版物经营单位3055家，取缔关闭无证照经营和有严重违法违规行为的经营户230多家，行政处罚203家，有5起案件及26人移送公安机关处理，收缴各种类非法音像制品和电子出版物265322盘，收缴各类非法书刊20余万册。这是山西省近年来开展的一次较大规模的专项整治行动，通过这次集中整治，山西省出版物市场秩序明显好转，正版率明显回升，执法力度明显加大，管理力度明显增强，守法意识明显提高。

成立了“山西省保护知识产权举报投诉服务中心”，建起了“中国（山西）保护知识产权网”，开通了“12312”保护知识产权举报投诉热线电话，在全省范围内构筑起了一个综合性保护知识产权举报投诉服务平台。从5个月的运行情况来看，效果明显，社会影响逐步扩大，群众认可度逐步提高，共接受咨询电话400余个，受理投诉举报案件20余件，并及时进行了转办。在9月份全国保知办召开的“全国保护知识产权举报投诉服务中心工作会议”上，山西省“中心”的建设及运行情况得到了全国保知办领导的肯定。

3. 打击传销活动扎实推进。坚决取缔“拉人头”、团队计酬、收入门费和利用互联网等形式进行的传销活动，严厉查处以介绍工作、从事经营活动等名义欺骗他人离开居所非法聚集并限制人身自由是2006年整规工作的重点，山西省共查处各类传销案件192起，捣毁传销窝点162个，遣返传销人员2250人，移送司法机关追究责任2人。山西省作为全国14个传销活动相对集中的重点省份之一，面对如此严峻的形势，全省各级工商、公安等部门以维护社会稳定为己任，以保障人民群众合法利益为出发点，深入开展了这项专项整治活动。为了推进这项工作，省政府于10月18日召开全省打击传销电视电话会议，安排部署了山西省打击传销专项活动，副省长胡苏平出席会议并做了动员讲话，决定将这项专项整治活动持续到2007年5月。阳泉、忻州、运城等各市积极行动，11月1日运城市盐湖区工商、公安联手打掉了一个300多人参与的传销窝点。据不完全统计，截至9月底，全省共查处各类传销案件58起，罚没款59.64万人，取缔传销窝点60个，取缔违规培训6起，遣散传销人员4484人，移送司法机关追究刑事责任案件3起。

4. 打击商业欺诈和诚信建设效果良好。按照省政府办公厅印发的《关于开展打击商业欺诈专项行动的通知》精神，为有效遏制虚假违法广告、非法行医和商贸领域欺诈行为泛滥的势头，加快诚信体系建设，全省各地积极行动，取得了较大的进展，收到了较好的效果。3月7日，省卫生厅等单位职合召开了全省打击非法行医专项行动工作会议，将非法行医列入了商业欺诈的范围，在全省范围内开展治理和打击。11月9日，省卫生厅、省科技厅等单位印发了《关于深入开展打击非法行医专项行动的通知》，要求全省各级卫生、科技部门要加大打击非法行医的力度，确保人民生活安全。省物价部门开展了商业促销和通信行业价格欺诈专项检查，对不如实标示降价标签的、以价外赠券方式销售的、以积分返利方式销售等7种商业促销行为进行严查，有效地遏制了流通行业和通讯行业的价格欺诈行为。省工商部门从打击虚假违法广告入手，严厉制止利用虚假广告坑人骗人的行为，仅2006年上半年就查处各类广告违法案件1325件。省商务厅认真贯彻落实《商业零售企业促销行为规范》，对商业零售企业的促销行为提出具体的要求，对促销行为的正确与否进行了明确的界定，有利于消费者辨别真伪，避免上当受骗，同时在对外承包工程的过程中，严厉开展打击以压标、哄标等欺诈行为，确保改革开放的健康推进。

为了加强信息体系建设，省政府颁发第191号令，发布了《山西省行政机关归集和公布企业信用信息管理办法》，从法律的角度明确了山西省行政机关归集和公布企业信用信息的程序、方式、范围等，对于山西省企业的信用建设将起到积极的推进作用。9月份，山西省宣传、商务、工商、物价等部门联合开展了“诚信兴商”宣传月活动，各市结合当地实际，开展了各种形式的宣传活动。9月13日，全国整规办、中宣部等12个单位在南京举办了“诚信兴商高层论坛”，由运城市整规办推荐、省整规办选送的山西省“诚信兴商”的先进代表——永济市农民展月亮参加了论坛，其“凭信用打天下，靠诚信闯市场”的事迹，在中央电视台《经济半小时》专栏中进行了介绍，有力地推动了全社会诚信意识的提高，为山西省打造“信用山西”起到了积极的作用。朔州市举办了“商务诚信活动”启动仪式，在全市范围内大力倡导诚实守信，着力打造“诚信朔州”。

其他专项整治全面推进，健康发展。省工商、质监、供销、农业、水利等涉农部门，从确保农村稳定、农业丰收、农民增收出发，认真开展农资打假专项行动。省工商局开展了“2006红盾护农”专项活动。省农业厅下发了《2006年山西省农资打假专项治理行动实施方案》，对种子、农药、饲料、兽药、肥料等农资生产、加工、销售环节进行全面整治。2月27日，省农业厅还在寿阳县举行了“送放心农资下乡现场宣传活动”，副省长梁滨参加活动并讲了话。元月27日，太原市工商部门查获掺假玉米种子13吨，这是山西省近年来工商部门查获的一起较大规模的假冒农资产品案件，有力地震撼了犯罪分子。

省政府办公厅及时印发了《山西省整

顿和规范药品市场秩序专项行动工作方案》，对在全省开展这项工作进行了安排部署。省食药监局、省财政厅联合下发了重奖举报制售假劣药品行为者的通知，这是开展打击假冒伪劣药品以来，山西省首次以正式文件的形式明确采取这样的鼓励办法，有力地推动了这项工作的开展。

省质监、经委、公安、监察等部门联合开展了建材市场专项整治，重点对生产、销售劣质建筑材料、有毒有害物质超标的建筑装饰和装修材料进行整治。省通讯管理局对互联网接入服务市场进行专项整治，从而有效地堵塞了非法网站的接入。省旅游局、省建设厅、省公安厅等部门联手对山西省的旅游景区市场秩序进行了治理和整顿，使旅游市场明显好转，接待能力显著提高，游客数量和旅游收入明显增加。省商务厅对成品油市场和废旧汽车市场进行了专项整治，确保了成品油市场和废旧汽车交易市场的健康发展。

（李少英）

## ·对外贸易·

**【出口贸易概述】** 1．进出口总额。进出口总额66.28亿美元，比2005年的55.46亿美元增长19.5%。

2．出口总额　出口总额41.40亿美元，比2005年的35.29亿美元增长17.34%，占全省GDP4746.50亿元（相当于632.87亿美元）的6.54%，占全国出口额的0.43%。

3．出口商品结构　初级产品出口额16.10亿美元，占出口总额的38.89%；工业制成品出口额25.30亿美元，占出口总额的61.11%。

4．出口商品品种　2006年山西省出口商品954种，出口额在100万美元以上的商品222种，金额39.50亿美元，占出口总额的95.41%。其中出口额在500万美元以上的商品83种，金额363110万美元，占出口总额的87.70%。

出口额在300万～500万美元的商品有34种，主要是变像管及图像增强管，其他光阴极管、塑料制其他家庭用具及盥洗用具、棉≥85%染色平纹布、碳化硅、增炭剂，其他耐火砖块瓦及类似耐火陶瓷建材制品、糠醇及四氢糠醇、其他干芸豆、可锻性铸铁及铸钢制品，其他仅热轧普通钢铁卷材、电极用碳糊及炉衬用的类似糊、自攻螺钉，其他固定支架的高架移动式起重机、钢铁制管子附件、其他硅、非电热的铸铁制集中供暖用散热器及其零件，其他钢铁制螺纹肘管弯管及管套，其他芳香多胺及其衍生物以及它们的盐、贱金属制其他仿首饰、内衬绝缘材料的贱金属制线路导管及其接头、橡胶或塑料制外底及鞋面的鞋靴、不锈钢制法兰、塑料制品、三磷酸钠（三聚磷酸钠）、塑料或纺织材料作面的提箱小手袋等、硝酸钙和硝酸铵的复盐及混合物、烟花爆竹、滚动轴承的其他零件、柴油机的零件、塑料制小雕塑品及其他装饰品、棉制其他男裤、贱金属雕塑像及其他装饰品等。金额为13291万美元，占出口总额的3.21%。

**山西省2006年出口额500万美元以上商品情况表**

表24

| 金额分类 | 商品名称 | 出口金额（万美元） | 占出口总额比重（%） |
|---|---|---|---|
| 1亿美元以上（4种） | 焦炭及半焦炭、其他烟类、未锻轧镁、冷轧不锈钢板材（0.5—3mm厚） | 187516 | 45.29 |
| 1000万美元～1亿美元（47种） | 自动数据处理设备及其零附件、炼焦煤、手持式无线电话机零件、钢铁制钉、热轧不锈钢非卷材、其他钢铁制法兰、初级形状非合金生铁、其他未锻轧镁、无烟煤、其他玻璃盥洗室、办公室室内装饰等器皿、一般体育用品及设备、可锻性铸铁及铸钢管子附件、其他无可锻性铸铁制品、镁锉屑及颗粒、活性炭、耐火黏土、铁道及电车道机车或车辆的轮及零件、6氨基青霉烷酸（6APA）、其他热轧卷材、柠檬酸、铁道及电车道机车等车辆的轴、机动叉车机械的零件、石油或天然气钻机的零件、硝酸铵、沥青、玻璃陶瓷器皿、未锻轧锰、无可锻性铸铁管子附件、冷轧不锈板材（3mm—4.75mm）、其他铸铁管及空心异型材、芦笋罐头、餐桌或厨房用玻璃器皿、玻璃杯、健身及康复器械、锰铁、冷轧管机、7氨基头孢烷酸、7氨基脱乙酰氧基头孢烷酸、马来酐、玉米、铁合金、核桃仁、工业用无可锻性铸铁制品、其他未列名抗菌素、其他碳电极、锻轧镁 | 149997 | 36.23 |
| 500万美元～1000万美元（32）种 | 克什米尔山羊细毛、热轧不锈钢卷材、硫酸二钠、8474所列机器的零件、化纤制其他非针织或钩编餐桌用织物制品、已加工花岗岩制品、锰铁（含碳量在2%以上）、螺钉及螺栓、瓷餐具、硫化黑（硫化青）、不规则盘卷的不锈钢热轧条、矩形截面半制普通钢铁、棉≥85%染色三或四线斜纹布、半导体器件、棉细纱机、青霉素及衍生物、环酰胺及其衍生物、耐火砖瓦、环已基氨基磺酸钠（甜密素）、阀门零件、其他铁道及车电道机车零件、草酸、初级形状的聚乙烯醇 | 25597 | 6.18 |
| 合计 | 83种 | 363110 | 87.70 |

出口额在100万～300万美元的商品有105种，主要有钙、其他非夹丝浮法玻璃板片等、碳（炭黑及其他编号未列名的其他形态的碳）、棉制女裤、其他纺织材料制针织或钩编的男式便服套装、用作荧光增白剂的有机合成产品、仅用纺织材料加强的硫化橡胶制输送带及带料、生铁镜铁及其他钢铁粉末、液体泵零件、钠的其他硫化物、含碳量在4%以上铬铁、塑料厂或纺织材料作面的手提包，其他机动车用锁、塑料制餐具及厨房用具、棉制割绒的灯芯绒、其他设备的零件，其他钢铁结构体及钢结构体用部件加工钢材，其他纺织材料制针织或钩编的女裤、人造纤维短纤≥85%未漂或漂白布、稀土永磁体，其他垫圈、其他钢铁制对焊件、硫化钠、非电气的灯具及照明装置、肥料用硝酸钾、螺母，其他金属轧机零件、炉用碳电极、尿素、车辆用未列名零件附件，其他棉制盥洗及厨房用织物制品、天然硫酸钡（重晶石），其他金属永磁铁及磁化后准备制永磁铁的物品，其他金属酸盐及过金属酸盐、棉制针织或钩编的T恤衫汗衫背心、精梳动物细毛纱线、硬质橡胶或塑料制梳子发夹及类似品、阀门，其他工业用钢铁制品、人造刚玉、1—萘胺、2—萘胺及其衍生物以及它们的盐、花岗岩碑石或建筑用石及其制品，其他普通钢铁的半制成品、经锻造或冲压的工业用钢铁制品、其他零件、缓冲器（保险杠）及其零件、柴油机零件、车辆用零件附件、未列名切成形的纸纸板等纸及纸（浆）制品、滚动轴承的其他零件、塑料制人造花叶果实及其零件和制品、化学纤维制，其他毛皮制品、其他废丝、塑料制衣服及衣着附件（包括手套），其他以石墨等碳为主的糊状、板块状制品、未列名钢铁制品、棉制针织或钩编的女睡衣及睡衣裤、未列名的机器零件，不具有电气器材特征的、核桃仁罐头、通用桥式起重机、未列名化纤女式带风帽防寒短上衣、防风衣等，合成纤维制其他袜，未列名纺织用植物纤维机织物、含硅量在55%以上硅铁，其他电气设备用石墨或碳精制品、壬二酸及其盐和酯、挂车及半挂车或其他非机械驱动车辆的零件、化纤制胸罩、非肥料用硝酸钾、聚酯短纤<85%棉混染色平纹布，其他赤豆，其他橡胶或塑料外底、纺织材料鞋面的鞋靴、镀或涂锌的普通钢铁丝、针织帽类及用成匹的花边等纺织物制成的帽类、拖轮及顶推船、未列名仿首饰、挂车及半挂车或其他非机械驱动车辆的零件、初级形状离子交换剂，其他肥料、其他钢铁制螺纹制品、切成一定尺寸或形状的滤纸及纸板、化纤制针织或钩编的女三角裤及短衬裤，其他葵花子、圆珠笔、折叠伞、与电视接收机配套使用的电子游戏机、未列名混合或非混合产品构成的药品、未列名化学工业及相关工业化学产品及副产品、硅酸复盐及硅酸络盐、珠宝或刀具木盒及类似品；木家具、氢化物氮化物叠氮化物硅化物及硼化物、未列名玻璃制品、塑料片或纺织材料作面的其他类似容器、其他钢铁丝制品、太阳镜、装物料的钢铁槽罐桶等容器、鱼胶，其他动物胶、热轧拉拔或挤压普通钢角钢、活字印版滚筒等印刷用的板片筒、缓冲器（保险杠）及其零件等金属永磁铁及磁化后准备制永磁铁的物品、工业用钢铁制品、半导体器件、经锻造或冲压的工业用钢铁制品、木螺钉、炉用碳电极机器零件等，金额为：18608万美元，占出口总额的4.49%。

出口额在100万美元以下的商品732种，金额为19021万美元，占出口总额的4.59%。

出口商品市场　出口商品销往173个国家和地区。出口额在100万美元以上的国家和地区86个，出口金额41.24亿美元，占出口金额的99.60%。其中，出口额在1亿美元以上的国家和地区有10个，出口金额28.74亿美元，占出口总额的69.42%。

**山西省2006年主要出口市场情况表**

表25

| 国别（地区） | 出口金额（万美元） | 占出口总额比重（%） |
|---|---|---|
| 美国 | 67548 | 16.31 |
| 韩国 | 48318 | 11.67 |
| 日本 | 48025 | 11.60 |
| 比利时 | 28755 | 6.95 |
| 意大利 | 21151 | 5.11 |
| 荷兰 | 17997 | 4.35 |
| 巴西 | 14464 | 3.49 |
| 印度 | 14257 | 3.44 |
| 加拿大 | 13564 | 3.28 |
| 香港 | 13314 | 3.22 |
| 合计（9个） | 287393 | 69.42 |

出口额在5000万美元～1亿美元的市场9个，主要有土耳其、德国、台湾省、英国、法国、俄罗斯、西班牙、伊朗、巴基斯坦，出口金额为63194万美元，占出口总额的15.26%。

出口额在1000万美元～5000万美元的市场16个，主要有澳大利亚、南非、印度尼西亚、泰国、新加坡、墨西哥、马来西亚、阿联酋、爱沙尼亚、越南、沙特阿拉伯、乌克兰、捷克共和国、孟加拉国、波兰、阿尔及利亚，出口金额为41380万美元，占出口总额的9.99%。

出口额在500万～1000万美元的市场有16个，主要有菲律宾、希腊、罗马尼亚、阿根廷、瑞典、匈牙利、以色列、叙利亚、埃及、挪威、斯洛文尼亚、厄瓜多尔、南斯拉夫、芬兰、摩洛哥、委内瑞拉，出口金额11529万美元，占出口总额的2.78%。

出口额在300万～500万美元的市场有12个，主要有苏丹、新西兰、也门共和国、斯里兰卡、丹麦、巴拿马、智利、肯尼亚、哥伦比亚、塞浦路斯、科威特、坦桑尼亚，出口金额为4505万美元，占出口总额的1.09%。

出口额在100～300万美元的市场有24个，主要有爱尔兰、葡萄牙、约旦、立陶宛、尼日利亚、保加利亚、巴林、伊拉克、刚果、瑞士、乌拉圭、蒙古、秘鲁、黎巴嫩、毛里求斯、突尼斯、卡塔尔、加纳、哥斯达黎加、危地马拉、缅甸、奥地利、贝宁、克罗地亚，出口金额为4404万美元，占出口总额的1.06%。　（李少英）

**【进口贸易概述】**　1.进口总额。进口总额24.88亿美元，比2005年的20.17亿美元增长23.31%。

2.进口商品结构。初级产品进口额12.42亿美元，占进口总额的49.92%；工业制成品进口额12.46亿美元，占进口总额的50.08%。

3. 进口商品品种。2006年山西省进口商品646种，进口额在100万美元以上的商品161种，金额237764万美元，占进口总额的95.58%。其中进口额在500万美元以上的商品52种，金额212700万美元，占进口总额的85.51%。

进口额在300万～500万美元的商品26种，主要有发电机组、风机、风扇、镍矿砂及其精矿、锥形滚子轴承，包括锥形滚子组件、系统形式的分散型工业过程控制设备、连续运送货物的升降机、输送机、环（烷、烯、萜烯）单胺或多胺及其衍生物等、自推进的截煤机、凿岩机及隧道掘进机、冷机组、热泵、干燥器、建筑业或工业搬运车辆及机器用数控切齿机、齿轮磨床、齿轮精加工机床压器、其他工业或实验室用炉及烘箱、7氨基头孢烷酸、7氨基脱乙酰氧基头孢烷酸、非公路用货运机动自卸车、自推进泥土矿物等运送平整等机械、平张纸进料式胶印机、矿砂或金属的焙烧、熔化等热处理用炉及烘箱、机械零件等，金额为11481万美元，占进口总额的4.62%。

进口额在100万～300万美元的商品83种，主要有轮胎式自推进起重机、多次甲基多苯基异氰酸酯（聚合MDI）、数控矫直机床，其他黏聚磨料或陶瓷制砂轮及其零件，其他锻造或冲压机床及锻锤，其他载体催化剂、注塑机，其他工业或实验室用电阻加热炉及烘箱、阀门、上部结构可旋转360度的履带式挖掘机、恒温器、带式连续运送货物的升降机及输送机、未列名液体或粉末的喷射散布或喷雾机械器、炉用碳电极、线型低密度聚乙烯（初级形状的）、冷凝器为热交换器的压缩式制冷机组及热泵，其他设备的零件、以环氧树脂为基本成分的黏合剂，其他转炉浇包锭模及铸造机的零件、热交换装置、石料陶瓷混凝土石棉水泥或类似矿物材料的加工研磨或抛光机、制酒果汁等饮料的压缩机、轧碎机、自动调节或控制仪器及装置、叉车等装有升降或搬运装置的工作车，其他金属轧机零件、仪器及装置、固液分离机、多相交流电动机、列机器的零件、X射线断层检查仪、其他液压动力装置、油压传动阀、自推进的截煤机凿岩机及隧道掘进机，其他未列名测量或检验仪器器具及机器，其他饱和无环一元羧酸等其衍生物，其他加工矿物等材料的机床，其他圆柱形滚子轴承、初级形状的聚丙烯、直接从铁矿还原的块、团、团粒等形状铁产品、锌矿砂及其精矿，其他传动轴及曲柄、钴矿砂及其精矿、使用光学射线的分光仪分光光度计及摄谱仪，其他数控车床、脱水机、未列名化学工业及相关工业化学品及副产品、棉≥85%，232≤细度<714分特未精梳单纱、线圈绕线机、摄影测量用仪器及装置、液压马达、自动贴片机、机动混凝土搅拌车、8419其他设备的零件、未列名X射线的应用设备、不锈钢制对焊件、机重18吨及以上的振动压路机、手持式无线电话机零件、数控弯曲、折叠或矫平机床、非家用型气体的过滤、净化机器及装置、履带式起重机、压滤机、其他系统形式的数字式自动数据处理设备、喷气机喷砂机及类似的喷射机器、其他全自动或半自动电弧焊接机器及装置、冶炼钢铁所产生的熔渣浮渣氧化皮等废料、塑料片或纺织材料作面的手提包、不含石油或从沥青矿物提取油类的润滑剂、以镍及其化合物为活性物的载体催化剂、

**山西省2006年进口额500万美元以上商品情况表**

表26

| 金额分类 | 商品名称 | 进口金额（万美元） | 占进口总额比重（%） |
|---|---|---|---|
| 1亿美元以上（5种） | 铁矿砂及其精矿、镍锍、氧化镍烧结物及镍冶炼的其他中间产品、铜矿砂及其精矿、未锻轧的非合金镍 | 94132 | 37.84 |
| 1000万美元～1亿美元（29种） | 未列名处理金属的机械、铬矿砂及其精矿、不锈钢废碎料、板材热轧机、镍铁、氧化铝、铜锍、锰矿砂及其精矿、其他铸造机、乙酸乙烯酯、炉外精炼设备、工业或实验室用感应或电介质炉及烘箱、具有独立功能的机器及机械器具、板材冷轧机、立式加工中心、冷室压铸机、数控外圆磨床、固体矿物质的分类筛选分离或洗涤机器、其他非电热的工业或实验室用炉及烘箱、不饱和无环烃、润滑油基础油、金属轧机用轧辊、其他机动叉车其他装有升降或搬运装置工作车、风机风扇、空气泵气体压缩机、化学木浆、铬铁、利用温度变化处理材料的机器装置及类似的实验室设备 | 103925 | 41.78 |
| 500万美元～1000万美元（18种） | 装有点燃式活塞内燃发动机的发电机组、数控的用放电处理各种材料的加工机床、非自推进泥土矿等运送平整等机械、四硼酸钠、镁钙或铬耐火砖瓦、液压往复式排液泵、滚珠轴承、具有独立功能的电气设备及装置、未涂布牛皮纸、电镀电解或电泳设备及装置、已烧结的铁矿砂及其精矿、电机驱动的其他制冷设备用压缩机、其他电力控制或分配盘板台、行星齿轮减速器、以环氧树脂为基本成分油漆及清漆、其他燃气轮机、链式连续运送货物或材料的升降机及输送机、炼焦炉 | 14643 | 5.89 |
| 合计 | 52种 | 212700 | 8551 |

汽油小客车、其他以合成聚合物或化学改性天然聚合物为基本成分的油漆及清漆、贱金属制其他塞盖帽封志等包装用附件、热喷金属或硬质合金的电气机器、含石油或从沥青矿物提取油类的润滑油添加剂、未列名特殊用途的机动车辆、非家用型水的过滤净化机器及装置、高岭土、搅混轧碎研磨筛选均化或乳化机器、离合器及联轴器(包括万向节)、未梳的棉花、机械压力机等，金额为13583万美元，占进口金额的5.46%。

4. 进口商品市场。进口商品来自75个国家和地区，进口额在100万美元以上的国家和地区有48个，进口额24.43亿美元，占进口总额的99.80%，其中进口额在1亿美元以上的国家和地区有6个，进口额14.84亿美元，占进口总额的59.67%。

进口额在5000万美元～1亿美元的市场有5个，主要有美国、奥地利、巴西、法国、南非，金额为40105万美元，占进口总额的16.12%。

进口额在1000万美元～5000万美元的市场有18个，主要有韩国、台湾省、智利、哥伦比亚、秘鲁、土耳其、新加坡、牙买加、瑞典、墨西哥、英国、意大利、印度尼西亚、新喀里多尼、荷兰、蒙古、伊朗，金额为53272万美元，占进口总额的21.42%。

美特好超市
郭建平摄

进口额在500万美元～1000万美元的市场有5个，为哈萨克斯坦、菲律宾、加蓬、西班牙、委内瑞拉，进口金额3198万美元，占进口总额的1.29%。

进口额在100～500万美元的市场有14个，为巴基斯坦、俄罗斯、比利时、马来西亚、刚果、香港、泰国、芬兰、乌克兰、波兰、毛里求斯、捷克共和国、丹麦、挪威，进口金额3244万美元，占进口总额的1.30%。

5. 技术进出口。技术进出口总额3161.34万美元，比2005年的744万美元增长324.91%。其中，签订引进技术和进口设备合同项目24个，比2005年的17个增加7个；合同金额3161.34万美元，比2005年的744万美元增长324.91%；引进技术和设备主要来自德国、日本、英国、奥地利、瑞士、美国、比利时、香港等。

6. 技术进口。引进项目中，制造业11项，金额734.04万美元；其他行业11项，金额2422.71万美元；教育2项，金额4.59万美元。 (李少英)

# 财　政　金　融

## 财　　政

**【2006年财政收入与支出】**　1. 财政收入。2006年全省完成财政总收入1048.17亿元，为年度计划的120.13%，超收175.63亿元，增长38.26%，增收290.05亿元。其中，完成一般预算收入583.38亿元，为年度预算的142.46%，超收173.87亿元，较2005年增长58.38%，增收215.03亿元；完成上划中央"两税"收入365.15亿元；其中：国内增值税356.50亿元，国内消费税8.64亿元。

分预算级次收入完成情况是：（不含"两权"收入）省级一般预算收入完成125.32亿元，为年度预算的105.10%，超收6.08亿元，比2005年增长17.4%，增收18.64亿元；市县级一般预算收入完成297.36亿元，为年度预算的110.49%，超收28.23亿元，比2005年增长23.19%，增收55.98亿元。11个市全部超额完成全年财政收入任务。

2. 财政支出。2006年全省一般预算支出执行915.57亿元，为年度预算的87.43%，增长36.91%，增支246.82亿元。主要支出项目的执行情况是：基本建设支出54.73亿元，为年度预算的92.84%，比2005年增长8.29%，增支4.19亿元，农林水及支援不发达地区支出60.05亿元，为年度预算的95.56%，比2005年增长15.70%，增支8.15亿元；社会保障支出68.01亿元，为年度预算的84.85%，比2005年增长21.25%，增支11.92亿元；科技方面支出8.06亿元，为年度预算的94.94%，比2005年增长24.96%，增支1.61亿元；教育支出120.87亿元，为年度预算的93.42%，比2005年增长18.40%，增支18.78亿元；行政管理费支出82.69亿元，为年度预算的96.50%，比2005年增长19.56%，增支13.53亿元；公检法司支出49.45亿元，为年度预算的97.42%，比2005年增长23.75%，增支9.49亿元；专项支出189.31亿元，为年度预算的91.24%，比2007年增长245.02%，增支134.44亿元。

2006年，全省财政收入总计为1073.23亿元（不含国债转贷资金），全省财政支出总计为928.44亿元。收支相抵，全省财政年终滚存结余为144.79亿元，剔除结转2007年支出129.30亿元，全省净结余为15.49亿元。

（李　浩　姜　奕）

**【发挥宏观调控职能，促进山西经济发展】**　2006年，山西省各级财政部门以科学发展观为指导，认真贯彻落实中央宏观调控政策措施，深入推进煤炭资源整合和可持续发展工作，加快推进以"八大支柱产业"和"三大企业方阵"为重点的结构调整，积极促进以强化节能降耗和大力发展循环经济为重点的经济增长方式转变，做了大量实际有效的工作。

1. 支持国有企业改革促进产业结构调整。一是针对全省国有企业改革中存在的困难和问题，积极参与了对大型国有企业改革调研工作，牵头和配合有关部门完成了《省属国有企业改革专项资金管理办法》等13个国有企业改革配套文件；二是完成了省属679户国有企业做强做大、改制破产框架方案的审定工作；积极筹措和整合国有企业改革专项资金10.88亿元，支持了25户企业破产改制，完成了中央下放及省属企业分离办社会工作，移交机构249个，涉及职工264万人；积极推进省属国有企业实施主辅分离和辅业改制，完成分离和改制的企业达283户，涉及净资产77.8亿元，职工14.9万人，大力推进了国有企业改革。三是拨付山西省国际

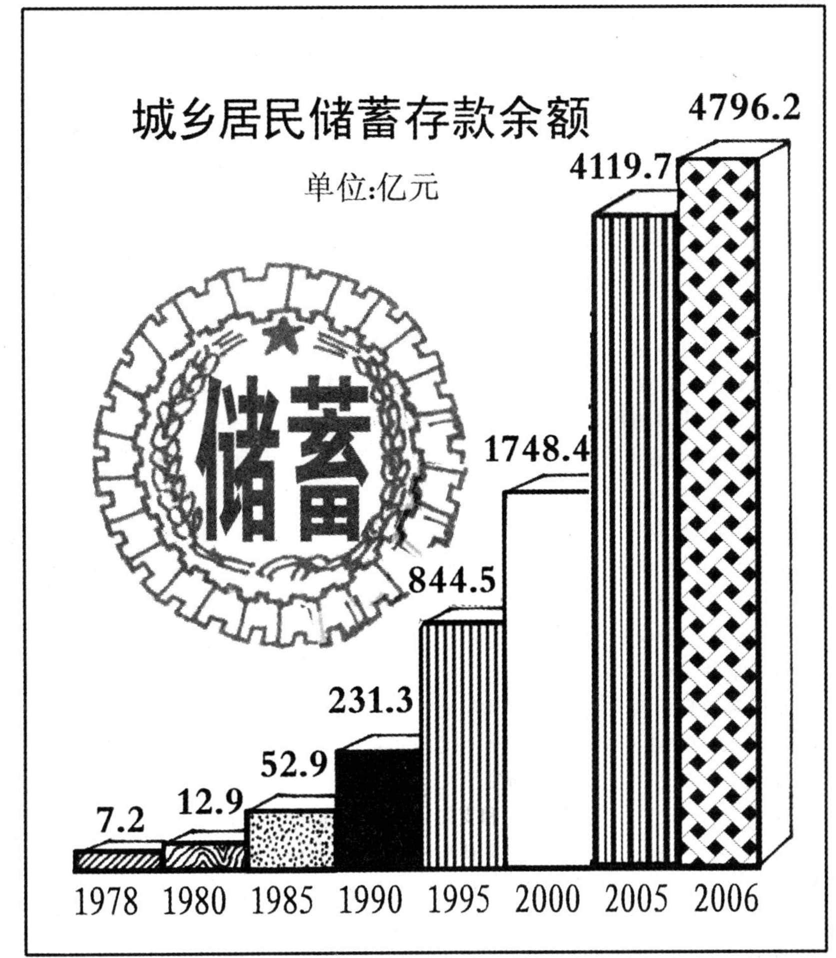

电力集团有限公司电源基地建设基金和农网还贷资金5.48亿元，有力地支持了全省电力事业的发展。四是大力争取中央政策和资金支持。在与相关部门的共同努力下，国家批准山西为全国唯一煤炭工业可持续发展试点省，批准继续征收水资源补偿费和电源基地建设基金，全年共争取中央专项资金158.86亿元，促进了全省社会各项事业的发展。

与此同时，为支持生态环境综合治理，省财政下达资金31亿元，在继续推进京津风沙源治理、天然林防护、退耕还林等国家重点生态工程建设的基础上，着力支持了以六大造林工程、“蓝天碧水工程”为重点的生态环境综合治理及全省环境监测能力建设，促进了全省生态环境的改善，主要污染物排放量较2005年有所下降，全省重点城市二级以上天数比2005年增长5%。积极加强与全球环境基金等国际组织的合作，2006年获得全球环境基金赠款4000多万美元，重点开展了防止土地退化、生物多样性保护等项目建设，拓宽了全省生态环境综合治理领域，为经济可持续协调发展做出了积极贡献。

2. 扶持企业自主科技创新和提升技术水平。省财政安排5540万元中西部地区外贸发展促进资金用于全省157个项目支持以出口机电、高新产品、轻纺品、农产品等企业的新产品研发、新技术新工艺改造，支持企业对外投资、走出去开拓国际市场，以及省级商务系统电子商务和政务平台的建设，促进了外贸事业的快速发展。下达流通企业发展资金1000万元，用于支持流通企业发展物流配送、电子商务、特色品牌、商业连锁等72个项目。

为增强企业参与国际市场合作和竞争能力，拨付中小企业国际市场开拓资金2265万元，用于鼓励、扶持和引导中小企业开拓国际市场，提升企业核心竞争力和国际竞争力。安排1935万元中小企业科技创新资金，用于对近百个中小科技研发及中试项目的补助及贴息，激发中小企业科技创新能力。

为不断提高山西省企业的技术含量和附加值，推动产业升级，对2005年度竣工的机电产品技术改造项目和研究开发项目给予700万元资金资助，鼓励和支持企业扩大机电产品的出口，加大产品研究开发和产业结构调整力度。下达全省安全生产考核奖励资金1290万元，兑现了省政府对2005年全省安全生产先进单位和个人的奖励；对2005年电力多发多供的单位和部门进行了考核，按省政府奖励决定拨付电力多发多供奖励资金966.7亿元，促进企业在保证安全的前提下，多发电多供电，为全省经济的稳步发展提供电力保障。

3. 有效利用国际金融组织和外国政府贷款。结合经济发展战略和参与国际合作的需要，山西省财政部门紧紧抓住中央提出中部崛起战略设想的机遇，按照“十一五”规划的具体要求，积极申报利用国际金融组织贷款项目，抓住时机为企业搭建平台，促进山西经济发展。2006年在促进新农村建设、城镇基础设施建设、煤层气产业开发等领域积极申报利用国际金融组织贷款项目，山西小城镇建设和农村能源生态建设二期项目已列入世界银行2007年～2009年规划，山西煤层气战略规划项目已被列入世界银行第五期技援项目，拟申请使用国际金融组织贷款约1亿多美元。为配合山西建设新型能源和工业基地战略的实施，拓展引资渠道，弥补了经济发展资金的不足。

2006年，山西省实施利用外国政府贷款项目主要有日元贷款黄土高原造林、山西医科大学第二医院扩建工程、晋中城市管网改造工程、山西人才培训、山西大学新建教学楼等，实施项目的金额达到1亿美元，全部采用提款报账方式，为确保项目顺利实施，省财政及时拨付贷款资金30亿日元，保证了利用外国政府贷款项目资金及时到位。（李　浩　姜　奕）

**【落实支农惠农政策，支持社会主义新农村建设】** 为大力推进社会主义新农村建设，使公共财政的阳光照耀广大农村、惠及广大农民，山西省各级财政部门认真贯彻中央和省委、省政府关于加强“三农”工作的各项方针政策，进一步加大财政支农投入，优化支出结构，着力建立健全财政支农资金稳定增长机制，推进了农业和农村经济结构战略性调整的深化和提高。

1. 扩大公共财政在农村的覆盖范围。一是启动了“千村试点工程”。2006年，山西省选择了有代表性的1098个村作为新农村建设试点、示范村，省财政共安排新农村建设补助资金2亿元，主要用于支持新农村生产发展、建设规划、培训新型农民、道路补助、沼气建设以及精神文明建设等项补助。截至年底，省财政投入新农村试点各项建设补助2.01亿元，带动市县级新农村投入30多亿元，培训新农村干部5694人，解决不安全饮水382个村，沼气建设777个村，1094个村的道路建设。二是拨付资金7亿元，兑现落实了对种粮农民直接补贴、良种补贴、农机具购置补贴和生产资料增支综合补贴等“四项补贴”政策。三是为支持粮食生产和农村经济发展，对全省13个产粮大县进行了奖励，稳定了粮食生产能力，全省粮食产量达到105亿公斤，为历史上第四个高产年。四是推行了粮种补贴购种合同与代金券双重管理办法并在部分市县推行“一卡通”，确保了粮食直补资金及时足额兑现到农民手中。五是为响应省委、省政府力争到2007年基本撤销100人以下的山庄窝铺的号召，拨付资金6.4亿元，在扶持贫困地区发展农业产业化的同时，帮助山区300个自然村5万人实施了移民搬迁，培训农民112万人，转移农村富余劳动力41万人，20万贫困人口实现脱贫。

2. 大力支持农业重点工程建设。一是为支持全省农村饮水安全工程建设，山西省委、省政府决定在已解决饮水的基础上，再加大力度，从2005年到2009年每年安排2亿元启动农村饮水安全工程建设，每年共计解决200万人的安全饮水问题。2006年，下达资金1.7亿元，兴建提水工程768处，引水工程112处，蓄水工程32处，解决10个市65个县（市、区）的1886个自然村的饮水安全问题。二是为支持省政府启动全省林业六大造林工程，省财政从2006年起，每年安排造林工程建设补助经费3.55亿元，用于通道绿化、交通沿线荒山绿化、村镇绿化、环城绿化、城市绿化和厂矿绿化等六大造林工程建设。其中，拿出5000万元用于1000个新农村试点村的林苗木费补助及植树造林补助。全省2010年的森林覆盖率可达到18%，到2015年可达到23%。

3. 集中财力扩大农业综合开发规模。山西省财政部门以全面建设农村小康社会为目标，力促农业增效、农民增收，不断加强农业基础设施建设，改善农业生产条件，保护农业生态环境，提高农业综合生产能力，推进农业产业化建设，继续把增加农业综合开发资金投入作为支持“三农”工作的重点，2006年，全省用于农业综合开发的资金达10.36亿元，预计植树造林1.65万公顷，新增和改善灌溉面积3.83万公顷，新增粮食生产能力8519.81

万公斤，新增总产值11.75亿元，安排农村剩余劳动力10207人。对提高全省农业综合生产以力，保障粮食安全，调整农业产业结构，增加农民收入起到了推动作用。

2006年，继续坚持以土地治理项目特别是粮食主产区低产田改造项目为重点，为建设旱涝保收、高产稳产的高标准基本农田，打造全省粮食生产核心区，选择土地资源条件较好、中低产田面积大、粮食总产量高、增产潜力大的24个县，作为全省的粮食生产重点开发县，集中资金，重点扶持，全年土地治理项目共投入资金3.41亿元，扶持了71个土地治理项目，开发治理面积4.77万公顷。其中，中低产田改造项目64个，改造面积4.51万公顷；生态综合治理项目7个，治理面积0.26万公顷。新打及配套机井1252眼，修机耕路995.15公里，营造农田林网0.3万公顷。

2006年，省财政部门采取投资参股、贷款贴息等方式扶持产业化经营项目，加大对农业产业化龙头企业的扶持力度。全省农业综合开发产业化经营项目共投入资金6.47亿元，共扶持产业化经营项目44个，重点扶持辐射带动作用强的国家级、省级产业化龙头企业，特别是以粮食为主要原料的产业化龙头企业，做大做强主导产业和优势产业，努力提高农业特别是粮食产业的整体效益。积极支持高效种植和养殖基地建设，按照“龙头＋基地＋农民”的模式，完善利益连接机制，促进了农业和农村经济结构的战略性调整，提高了农业的综合效益，增加了农民收入。

同时，筹措山老区发展专项资金9亿元，用于59个“两区”县产业化项目开发；下达资金1.6亿元，对“两区”县199个农业产业化项目进行财政贴息补助，促进了“两区”开发建设。下达资金2.78亿元，推进了村村通水泥（油）路工程和新农村道路建设，解决了全省4277个自然村200万人的饮水安全问题，促进了农村生产生活条件的改善。

4.引深农村税费改革，促进农民增收。为进一步规范乡镇政府收支行为，巩固农村税费改革成果，财政部门做了三项实际有效的工作。一是开展“乡财县管乡用”改革试点。2006年，全省16个试点县相继开展了“乡财县管乡用”改革的试点工作，省财政厅下发了《关于“乡财县管乡用”财政管理方式改革试点有关问题的通知》，对改革的试点范围，乡镇财政所人员管理，村级财政资金管理和网络建设等提出了明确要求，确保了改革的顺利进行。二是规范、整合农村税费改革资金。将以往农村税费改革转移支付和取消农业税转移支付资金由省分配到市，市分配到县的做法，改为省直接分配到县，促进了县级预算的完整、公开、透明；2006年3月，将农村税费改革转移支付资金、农村中小学教育经费补助、农村五保户专项转移支付资金进行了整合，下达农村税费改革转移支付资金11.55亿元，确保了乡村两级政权正常运转和农村中小学经费的需要。三是积极支持村级组织建设。为推动社会主义新农村建设，根据近年来本省农村事业发展的实际，省财政厅自2006年起，对农村村级管理费转移支付补助标准由2003年农村税费改革时确定的村均1.8万元提高到3万元，当年省财政下达提高村级管理费补助标准转移支付资金3.4亿元，确保了全省村级组织的正常运转。（李　浩　姜　奕）

【确保社会保障支出，支持科教文化发展】2006年，山西省各级财政部门将解决好人民群众最关心、最直接、最现实的利益问题作为财政保障的重中之重，促进经济社会统筹和谐发展，致力构建和谐山西。

1.积极支持构建城乡社会救助体系。2006年，全省社会保障支出执行68.01亿元，支持了以12项社会救助制度为主要内容的社会保障体系建设。为落实山西省《关于建立健全全省城乡社会救助体系的意见》，建立对城乡困难群众的长效帮扶机制，省财政将提高城市低保对象补助水平作为工作重点，同时加强低保资金的管理和发放监督机制，确保低保金的及时、足额发放。2006年，全省共有城市居民最低生活保障对象39.3万户，86.5万人，当年全省共下拨城市低保补助资金7.04亿元，人均月补差达到71元。与此同时，积极探索实施分类救助办法，依据低保家庭和低保对象本人的实际困难种类和程度，对75万余人次有大病重病、严重残疾及子女上学、单亲等家庭实施分类救助，在发放低保金时给予了适当倾斜、重点照顾，提高了低保金使用的科学性。

农村低保制度也建立并实施。2006年，省政府要求要逐步建立健全农村居民最低生活保障制度，并要对55万特困农民实行农村低保。省财政厅会同省政府下发了《关于加快推进全省农村居民最低生活保障制度建设的通知》，省财政安排预算4400万元资金用于支持全省农村低保制度建设。根据国务院《农村五保供养工作条例》，与省民政厅、省农业厅、省发改委联合下发了《关于贯彻落实农村五保供养工作条例的通知》，下达农村五保供养专项转移支付资金1.02亿元，救助10.25万人，完善了农村五保供养制度。

落实中央调整收入分配政策，进一步提高了企业离退休人员基本养老金标准，各类优抚对象抚恤和生活补助标准及城市低保对象补助标准。支持再就业工作，全省新增就业岗位42.4万个，下岗职工基本实现了出中心向失业保险并轨，99.17万名企业离退休人员基本养老金得到按时足额发放。为积累基本养老保险基金，实现企业职工基本养老保险制度，2006年，国务院确定山西省为做实个人账户试点省份，省财政部门与省劳动保障部门测算确定了2006年做实个人账户的起点比例为3%，规定地方财政负担资金部分按照属地原则由省、市、县财政分别负担，对中央和省属企业给部分市县造成的过重负担，省级财政按照参保人数实行累进比例给予适当补助。根据试点方案，省财政已落实本级做实个人账户基金1.8亿元。

为支持医疗卫生事业发展，进一步扩大城乡医疗救助范围，加大对城市困难群众的医疗救助力度，2006年，新增了29个试点县（市、区），从而扩大到55个县（市、区）开展城市医疗救助试点工作。省财政安排城市医疗救助资金1928万元，实施救助7412人次；为支持试点地方医疗设备改造更新和地方病等疾病预防控制，提高公共卫生服务能力，拨付资金1.5亿元，支持了238所乡镇卫生设备更新，改造达标。

为进一步推动全省新型农村合作医疗试点工作，全面建立农村医疗救助制度，省财政厅会同省卫生厅等部门联合下发了《关于加快推进新型农村合作医疗试点工作的通知》，将地方财政补助标准提高为20元。2006年，在56个县推进新型农村合作医疗改革试点，覆盖农村人口1244万人，共有1071万农民参加了农村合作医疗，农民参合率达86%。同时，全省11个市和114个所管辖有农业人口的县（市、区）全部建立了农村困难群众医疗救助制度并实施了医疗救助，当年安排农村医疗救助专项资金3183万元，有23.47万农村困难群众得到救助，缓解了农村群众“看病难、看病贵”的问题。

支持棚户区改造和采煤沉陷区治理，下达补助资金15.88亿元，全省棚户区改造开工建筑面积达144万平方米，沉陷区治理开工新建房屋150万平方米，维修加固工程完成2万多户，进一步改善了矿区工人的居住条件。

积极做好“万村千乡”市场工程项目工作，拨付362.34万元，支持了实际运营符合《农家店建设与改造规范》标准要求的11家试点企业的648个农家店及2个配送中心；

2. 积极支持科教发展和社会进步。山西省各级财政部门积极配合“科教兴国”战略的实施，制定了“十一五”全省财政支持教科文事业发展的总体规划，促进教科文资源优化配置和整合。2006年，全省用于教育、科技、文体、卫生及社会保障事业支出达313.06亿元。一是支持普及和巩固农村九年义务教育。为贯彻落实《国务院关于深化农村义务教育经费保障机制改革的通知》精神，进一步加大教育投入，在继续做好农村义务教育阶段家庭经济困难学生实行“两免一补”工作的同时，积极落实省政府承诺的“免除晋西北和太行山革命老区困难县农村义务教育阶段学生的学杂费”这项实事。拨付资金4.78亿元，比国家规定提前一年为晋西北和太行山革命老区54个困难县的175.86万名农村中小学生免除了全年学杂费。下达了小店区、迎泽区等65个县2006年免学杂费经费3676万元，免除了39.75万名家庭贫困的中小学生的学杂费，下达阳曲县、娄烦县等晋西北和太行山革命老区54个困难县2006年免学杂费经费9920万元，免除了175.86万名农村中小学生的全年学杂费。逐步缓解了农村困难家庭学生“上学难”问题。同时，进一步加大了对城市义务教育支持力度，下达资金3531万元，为全省13.1万名义务教育阶段城市低保户子女免除学杂费和免费提供教科书。二是认真做好全省城镇建设1000个中小学标准操场工作。为确保如期完成2006年省政府向人民群众承诺的在全省城镇中小学校新建、改建1000个标准操场，省财政厅与省教育厅、省建设厅等单位制定了《关于在全省城镇中小学校新建、改建1000个标准操场的实施意见》，并及时下达了专项补助资金1000万元，新建改建1082个城镇中小学标准操场。三是继续实施农村中小学远程教育工程。2006年，确定在太原、阳泉、长治、吕梁四市实施农村中小学现代远程教育工程。为保证工程顺利实施，省财政厅与省教育厅、省发改委联合制定了《2006年度山西省农村中小学现代远程教育工程实施方案》，就工程的领导、实施步骤、经费来源、要求等作了明确的规定。四是推进中小学危房改造。为有效解决农村中小学危房，确保全省义务教育事业的顺利发展，根据国务院和财政部、教育部的要求，省财政厅与省教育厅研究制定了《山西省农村中小学校舍维修改造长效机制实施方案》，对今后全省农村中小学校舍维修改造的原则、范围、目标和实施步骤、监督管理做了明确规定，为今后全省农村中小学校舍维修改造的原则、范围、目标和实施步骤、监督管理做了明确规定，为全省农村中小学校舍维修改造长效机制的建立奠定了制度基础，促进了农村中小学布局调整、校舍维修改造和寄宿制学校建设。五是落实国家助学贷款政策。为进一步推动国家助学贷款工作的开展，确保每一个家庭困难的学生都能完成大学学业，与开发银行山西省分行签订了国家助学贷款协议，2005学年～2006学年，全省为山西大学等25所高校的30121名贫困学生发放国家助学贷款1.43亿元。六是积极支持科技兴省战略的实施。下达科技三项经费1.5亿元，支持科技项目1176个，涉及农业、工业、社会发展等诸多方面。认真落实支持企业研发、高新技术企业发展，高科技产品出口等税收政策，进一步加大科技投入力度，拨付科技资金5.54亿元，重点支持了科技攻关、重点科技成果转化推广、科研院所中试基地及科技基础条件平台建设，有力地促进了全省科技创新能力的提高和经济增长方式的转变。同时，加大对重点学科和重点实验室支持力度，促进了全省科研能力的提升。七是支持打造文化强省。支持县乡文化馆和图书室条件改善，支持打造文艺精品。话剧《立秋》、舞剧《一把酸枣》同时入选国家十大舞台艺术精品工程，为宣传山西革命历史、弘扬三晋文化发挥了积极作用。为加强农村基层文化建设，省财政厅与省文化厅联合制定了《山西省农村文化发展专项资金管理办法》，2006年省财政预算安排农村文化发展专项资金800万元，重点用于支持全省“两区”农村文化建设。（李浩 姜奕）

【深化财政体制改革，创新财政管理模式】

2006年，山西省各级财政部门努力建立和完善与社会主义市场经济相适应的公共财政框架，继续积极稳妥地实施财政改革。

1. 积极调整财政体制。省财政厅把缓解县乡财政困难作为构建和谐社会的一项主要措施，认真落实省委、省政府关于促进县域经济发展、缓解县乡财政困难的一系列决策部署，努力完善以一般转移支付为主，奖励补助为补充的缓解县乡财政困难的政策体系，坚持在财力分配、支出安排上向基层倾斜，努力提升基层政府公共服务能力。一是制定出台了调整规范省市县三级财政体制的改革方案，改革的主要内容是降低省市收入分成比例，进一步增强县级财力，进而更加有效地调动县级发展经济、增加收入的积极性，新体制于2007年1月开始在全省实施。二是认真落实中央“三奖一补”政策，制定了《2006年山西省缓解县乡财政困难奖励和补助办法》，下达对县级奖补资金5.95亿元，同时，继续实行省对县级财政增收节支奖励政策，2006年，对44个县2005年增收奖励1.8亿元，对37个县消化赤字奖励1.5亿元。截至2005年底，全省财政赤字县由2004年48个减少到35个；赤字额由2004年的15.4亿元减少到11.4亿元，一年消化赤字4亿元。省对县级增收节支奖励政策，对控制和消化县级财政赤字，调动县级发展经济、增收节支的积极性发挥了重要作用。三是免除了原由扶贫工作重点县负担的农业综合开发配套资金，降低了其他市县的配套比例；核减了县级2003年～2009年到期农业综合开发土地治理项目财政有偿资金债务1.1亿元。上述政策的实施，使县级财政实力明显增强，县级财政总收入占全省财政总收入的比重由2003年的56.6%提高到2006年的66.1%，财政总收入超10亿元的县（市、区）达20个。

2. 继续完善细化部门预算。一是核实人员数量，提高个人经费的精确度。在人员支出中，提高了保健干部医疗经费定额，按国家和省里统一规定的工资、津贴等发放标准及各部门编制内实有人员，机构改革分流人员、离退休实有人员，逐人审核，分类汇总编列，确保省级机关事业单位人员基本工资按时足额发放。二是细化了公用经费定额，推进实物费用定额改革。在公用支出中，新增区域燃煤锅炉供热、行政事业单位水电费、行政单位培训费定额，提高了小汽车燃修费和办公用房集中供热定额等；三是提高了预算外资金调控比例。鉴于近年对各类学校收费、车辆通行费等不再实行调控，预算外可调控资金总规模减少，根据省政府整合财政性资金、提高财政宏观调控能力的要求和《山西省预算外资金管理条例》的相关规定，将预算外资金政府调控比例由2006年的12%提高到20%。为确保部门预算改革的顺利进行，制定了《省级纳入预算管理的行政事业性收费和罚没收入实行"收支脱钩"管理暂行办法》，2007年对纳入预算管理的行政事业性收费和罚没收入全部实行"收支脱钩"管理。

3. 继续深化国库集中支付改革。按照省政府提出的继续深化国库管理制度改革，省级要进一步深化预算单位级次的总体要求，从2006年4月1日起，将省地税局等4个条管部门的市级单位，省交通厅所属公路局、交通征费稽查局46个二级预算单位纳入改革范围，按国库集中支付制度要求规范运行，省本级116个部门910个预算单位全部纳入国库集中支付改革范围，占到部门总数的100%。运城、朔州、长治等8个市本级部门100%实行了国库集中支付，阳泉、太原、大同等3个市本级80%以上的部门实行了国库集中支付，全省市级国库集中支付改革比例达到了90%以上，30%的县（市、区）实行了国库集中支付改革。

为确保农村义务教育经费保障机制改革的顺利推行，根据财政部有关农村义务教育专项资金管理办法，出台了本省支付管理办法，将农村义务教育中央专项资金纳入国库单一账户体系管理。新的支付管理方式减少了支付环节，简化了拨付程度，提高了资金拨付效率，确保了农村义务教育专项资金的规范运行。

为构建省级国库管理系统统一运行平台，省财政厅以政府收支分类改革工作为契机，采用九届国库管理系统3.0版，逐步取代目前使用的各类国库管理软件，实现了对国库管理软件全方位的升级和整合。

4. 继续扩大政府采购范围。为加大政府采购改革力度，2006年，省本级在服务领域集中采购方面有了新的拓展，将公务车辆定点维修及证照、票据的印刷等关系人民群众切身利益和社会各界关注的热点项目纳入政府采购范围，将空调器、电视机等采购行为分散、数量较大的品目纳入了协议供货范围。各市也结合本地实际拓宽了采购范围。为发挥政府采购政策功能，扶持本省优势企业发展，按照省政府的要求，将本省生产的"亚日"计算机列入政府采购协议供货品目，在支持本省中小企业发展方面迈出了积极步伐。采取积极措施，壮大政府采购中介市场，完成了全省新申请代理政府采购业务社会中介机构的从业人员培训及资格认证工作，使全省政府采购代理机构数量由11家增加到29家，增强了政府采购代理市场的竞争性，促进了代理机构提供优质高效的服务。

为规范政府采购行为，加强对分散采购管理，制定了《委托协议范本》、《政府采购方式变更审批表》、《政府采购工作规程》等一系列制度和办法，促进了采购人以及采购代理机构依法采购。同时，为加强政府采购监管力度，出台了《山西省省级政府采购监督员管理办法》，对促进采购人严格遵守政府采购制度，减少违规行为起到良好的作用。全省政府采购规模达到29.17亿元，综合节约率8.1%，节约金额2.3亿元。（李 浩 姜 奕）

**【加强财政制度建设，有效实施财政监管】**

2006年，山西省财政部门坚持与时俱进，在创新中强化财政基础工作，各项制度建设稳步推进，加强了财经运行管理和监督检查。

1. 加强制度建设，提升理财水平。省财政厅按照国务院《全面推进依法行政实施纲要》和财政部《财政部门全面推进依法行政依法理财实施意见》的要求，在规章制度的完备性、管理的规范性和监督的有效性上下工夫，积极提升财政管理法制化水平，进一步推进了依法理财进程，完善了财政法律法规规章制度体系，为企业稳健运营和各项事业规范发展奠定了良好的基础。为明确全省建设法制财政的安排部署，制定了《山西省财政厅全面推进依法行政依法理财实施方案》；为使全省财政"五五"法制宣传教育工作顺利开展，下发了《山西省财政厅关于印发全省财政法制宣传教育第五个五年规划的通知》；为在不同所有制企业创造公开、公平的财政资金政策，确保财政资金的规范安全使用，出台了《山西省流通企业发展资金管理暂行办法》和《中小企业科技创新资金管理暂行办法》；为推进各地建立和完善信用担保体系，印发了《关于进一步建立和完善中小企业信用担保体系建设的通知》；为推动全省信用制度建设，培育信用服务，提高中小企业和信用担保机构信用意识，省财政厅、中国人民银行太原中心支行、省中小企业局、省建设厅联合印发了《关于推动我省企业和信用担保机构资信评级有关工作的通知》，对维护金融秩序，防范金融和担保风险起到了积极的作用；为建立治理商业贿赂的长效机制，出台了《关于进一步规范政府采购计划报送事项的通知》、《关于加强政府采购活动中部门采购业务管理的通知》等；为充分调动各级地方政府发展经济，组织收入、加强支出管理的积极性，省财政厅代省政府草拟了《关于调整规范市县财政体制和在35个国定重点扶贫开发县实行"省直管县"财政改革试点的通知》；为扎实推进政府收支分类改革，制定了《山西省政府收支分类改革实施方案》。

2. 做好基础工作，服务山西财政。制定了《会计管理工作"十一五"规划》；深入贯彻《行政许可法》，对《山西省会计管理条例》第十八条进行了修改，取消了计算机替代手工记账应当经财政部门审核批准的行政许可，为2007年全面修订奠定了基础；在全省2325个单位组织开展了《中华人民共和国会计法》、《山西省会计管理条例》执法检查，摸清了本省行政事业单位会计基础工作情况，增强了行政事业单位贯彻执行"一法一例"的自觉性；为做好全省上市公司2007年新准则的贯彻执行工作，成立了"山西省企业会计准则咨询委员会"，牵头对部分上市公司进行了新准则测算工作，同时，举办了两期山西省上市公司企业会计准则培训班，对全省上市公司财务人员进行了全面系统的培训；为规范会计从业资格考试，制定了《山西省会计从业资格考试考务规则》等7项规定和《关于我省会计从业资格管理有关问题的通知》，建立了"五统一"的考试工作机制，组织了两次从业资格全省统一考试，并且首次实现了考生成绩网上公布；制定了《关于加强我省会计继续教育工作规定》，组织开发了继续教育教材，建立了全省统一的继续教育师资库，实施了培训机构备案管理，培训人员登记管理的科学体制，组织了2006年山西省高级会计人才选拔考试；改革了会计电算化考试制度，重新编印了《会计电算化教程》，开发了操作课件光盘，改进了考试系统。

对省直及驻并单位2005年度行政事业性收费（基金）票据进行了年审并重新换发了《山西省行政事业性收费票据购买证》；为提高本省住房公积金管理水平，保证住房公积金的安全有效运作，与省建设厅联合印发了《住房公积金管理工作考核暂行办法》，进一步加强了对住房公积金的监督管理；加大投资评审力度，全年评审决算项目220个，评审金额167.69亿元，审减资金7.55亿元，评审国债项目4512个，检查项目总投资958亿元。

为规范各单位银行账户的日常管理，印发了《关于进一步清理核实省级预算单位银行账户的通知》，第一次较为全面地实施了对省级预算单位银行账户的核实清理工作，共清理116个部门，905个预算单位的银行账户7092个，截至年底，共批复115个部门，884个预算单位的银行账户5260个，并全部纳入预算单位银行账户管理系统进行统一监督和动态管理。

为加快非税收入收缴改革步伐，对省直执行单位收费项目及收入过渡户进行了清理核实，并对2年以上没有收入收缴业务的执收单位进行了销户处理；选择了68个执收单位进行收入收缴改革，同时在省直执收单位全面启用了《非税收入一般缴款书》，简化了缴款手续，方便了执收单位和缴款人，此项改革进展显著。

为大力推进中小企业信用担保体系建设，全省11个市和40个县成立了政策性担任机构，省市县三级信用担保体系不断完善；全省各级各类信用担任机构共为1500多户中小企业提供贷款及其他信用担保服务20亿元。

3. 开展财政调研，服务财政改革。为使财政决策和管理更加科学合理，组织科研人员针对山西经济建设和财政改革与发展中的热点难点问题，开展理论研究和改革探索，完成了《我省义务教育经费保障状况的分析与研究》、《我省县域经济发展分析与财政政策建议》、《促进教科文事业发展的支出政策的思考》、《构建农村公共卫生体系的财政政策研究》、《公共财政支出政策公共化趋向研究》、《构建农村公共服务体系的财政政策研究》、《促进社会主义新农村建设的财政政策研究》、《完善社会保障支出政策的认识》、《对非税收入管理的调查与研究》、《加拿大地方财政管理与借鉴研究》等调研报告。这些研究及其成果，从不同角度对财政问题做了分析研究，用翔实的数据，全面的分析，合理可行的建议为领导和决策部门提供了高质量的决策依据，对促进经济发展和构建和谐社会做了一些基础性工作。

为促进财政经济可持续发展，省财政厅以科学发展观为指导，坚持以人为本的财政发展理念，编制完成了《山西省财政发展第十一个五年规划》以及17个分课题报告，从而形成了一个整体规划，提出了“十一五”时期山西省财政发展的主要指标体系和各项政策措施；同时，完成了几个专题研究：《山西省财政厅关于行政审批制度改革工作情况的调研报告》、《山西省财政收支结构的效果的比较研究》、《社会主义新农村建设与财政政策问题研究》、《评估行业管理条例》等。

4. 加强财政监督，规范财经秩序。为不断完善财政监督机制，山西省财政部门按照财政部的统一安排和部署，组织力量加大对《会计法》和《注册会计师法》执行情况的检查力度，扎实推进治理商业贿赂工作，严格会计师事务所和资产评估机构的设立，对违规的34户会计师事务所依法给予行政处罚，将100名不符合执业条件的注册会计师依法转为非执业会员；对21户企业会计信息质量进行了检查，查出企业会计核算不实违规金额192.7亿元，责令有关单位补缴税款1.1亿元。通过查处企业会计违法违规案例，有力地打击了会计造假行为，促进了财经秩序的不断规范。 （李　浩　姜　奕）

# 税　务

## ·国家税务·

**【全年完成税收收入592.19亿元】** 2006年，全省国税系统共组织入库税收收入592.19亿元，比2005年同期增长19.38%，增收96.13亿元，其中：与地方财力挂钩收入完成553.42亿元，比2005年同期增长19.08%，增收88.68亿元。分税种看，国税系统负责征收的6个税种全部保持增长。国内增值税完成477.82亿元，比2005年同期增长15.50%，增收64.12亿元；国内消费税完成8.64亿元，比2005年同期增长7.86%，增收0.63亿元；内资企业所得税完成56亿元，比2005年同期增长44.22%，增收17.17亿元；涉外企业所得税完成16.87亿元，比2005年同期增长105.97%，增收8.68亿元；储蓄存款利息个人所得税完成13.45亿元，比2005年同期增长27.84%，增收2.93亿元；车辆购置税完成19.42亿元，比2005年同期增长15.47%，增收2.60亿元。分征收单位看，所有征收单位同比全部保持增长，增幅超过全省平均水平的有5个市：朔州市47.40%、运城市33.79%、忻州市22.87%、吕梁市22.63%、大同市22.58%。 （董其文）

**【税收收入呈现五大特点】** 分析2006年全省国税税收收入的变化，呈现出以下五个方面特点：

1. 国税收入再创新高，规模总量接近600亿元。近年来受全省经济强劲增势的拉动，国税收入持续保持了较快增长，收入规模一年一个新台阶。2006年尽管进入新一轮的经济调整期，全省煤焦铁主体税源出现了较为明显的波动，但全年国税收入成果仍然相当喜人，收入规模达到592.19亿元，逼近600亿元。比2005年净增96.1亿元，增收额接近100亿元。

2. 收入增幅明显回落，降到六年来的最低点。“十五”期间，国税收入连续实现高速增长，收入增幅一直保持在20%以上。2006年以来，受宏观经济调整和焦炭、钢铁产能过剩的影响，全省主体税源出现了一定程度的滑坡，国税收入增幅大幅回落，由2005年的38.05%回落到了19.38%，成为2001年以来的最低点。

3. 宏观税负居高不下，再度攀升0.63个百分点。全省国税宏观税负一直处于较高水平，且呈现出逐年攀升的态势。2006年度继续承接了这一势头，由2005年的11.87%提升到了12.47%，上升了0.6个百分点。尽管受边际效应影响，上升比例低于往年，但总体宏观税负达到全省历史上的最高值，远远高于全国平均水平。

4. 税收弹性开始回归，经济税收趋向协调。近年来，全省税收增速一直高于经济增速，税收弹性呈现出逐年上升趋势，从2002年的1.48上升到2005年的2.24。2006年，这一局面出现扭转，税收弹性开始回归，在2005年度2.24的峰值上出现拐点，回到了1.42的位置，改变了持续攀升趋势，表明全省税收增速与经济增速正在靠拢，税收与经济进一步趋向协调。

5. 收入稳居中部六省第二，增幅低于全国平均水平。2006年全省国税税收收入规模在全国排名13位，和2005年位次相当；增幅低于全国（24.0%）4.6个百分点，排21位；增收额排名12位。在中部六省中，全省收入规模仍排名第二，比河南少46亿元；增幅居于下游水平，仅比湖南高0.7个百分点，排第五。

（董其文）

**【三大因素推动税收收入快速增长】** 2006年因税收保持良好的发展态势，是全省国民经济持续快速增长的直接体现，也是税务部门加强征管和税收政策因素共同作用的结果。

1. 经济因素对国税收入增长的推动作用主要体现在以下几方面：

(1) 经济平衡发展，为税收增长奠定了基础。2006年，全省国民经济总量进一步扩大，为税收收入的稳定增长奠定了基础，特别是近年来全省煤焦、冶金、电力、化工等能源原材料行业积极开展内部结构调整和新型化改造，一批重点调产项目陆续投产达效，不仅壮大了产业规模，优化了产业结构，而且形成了稳定的新增税源，促进了税收增长。如朔州市山西大唐神头发电有限责任公司、忻州市山西鲁能晋北铝业有限公司、长治市王曲电厂等新增税源企业，入库税收增势强劲。

(2) 煤炭、电力、有色金属等行业价格上涨，拉动税收快速增长。从价格情况看，全省主要物价指数保持上涨态势，1～11月份，工业品出厂价格指数比2005年同期上涨0.7%，居民消费价格指数上涨1.9%。从主要工业品价格情况看，煤炭产品出厂价格指数上涨4.3%，电力产品出厂价格指数上涨2.7%，价格上扬扩大了产品增值空间，在一定程度上带动了税收的增长。2006年，全省原煤、洗煤增值税完成158.57亿元，同比增长21.16%，增收27.69亿元；电力行业增值税完成55.49亿元，同比增长30.99%，增收13.13亿元；有色金属行业完成增值税17.83亿元，同比增长60.63%，增收6.73亿元。

(3) 企业效益稳步提高，企业所得税增收较多。各级各部门继续大力推进企业生产经营机制转变，积极解决影响企业发展的深层次问题，努力调整产业结构，企业效益稳步提高，盈利水平进一步改善，2006年，全省规模以上工业实现利润同比增长41.3%，为税收收入特别是所得税的快速增长提供了充分的源泉。新开业户所得税归国税部门征收，新办企业逐渐增多并产生效益，也为税收收入特别是所得税的快速增长提供了新动力。2006年全省内、外资两项企业所得税共完成72.86亿元，比2005年增长54.99%，增收25.85亿元。入库额较多的企业有：大秦铁路股份有限公司入库企业所得税18.7亿元，中铝山西分公司入库企业所得税6.64亿元，山西移动入库涉外企业所得税13.14亿元。

2. 管理强税战略实施，税收征管质量和效率不断提高。全省各级国税部门坚持依法治税，严格执行组织收入工作纪律，强化税收征管，依托信息化手段，积极推进税收科学化、精细化管理，强化数据分析，着力提高征收率和入库率，扎实有效地开展专项检查，加大欠税清缴力度，推动了税收收入稳定增长和收入质量的稳步提高。2006年，全省查补入库税款共计8.71亿元，纳税评估增加税收约10亿元，清理入库往年陈欠及呆账税金3.62亿元，年底全省新欠余额3.47亿元，降到近年来最低水平，新欠占年度收入总额的比重仅为0.59%。

3. 税制因素增加部分税收。2006年，全省国税系统税收收入中还包括政策性等一次性增收因素约10.5亿元，主要有三项：①全省严格对优惠政策的管理，规范减免退税程度，增收5亿元以上。②山西移动通信有限责任公司2005年批缓税款结转入库3亿元。③部分企业所得税免税到期，恢复征税增收约2.5亿元。

（董其文）

**【全面推进税务管理】** 2006年9月，山西省国税局召开了由各市、县（市、区）国税局长参加的全省国税系统管理强税工作会议，全面部署了管理强税发展战略，明确提出了税收业务管理与内部行政管理两轮驱动、两翼齐飞、全面协调发展的奋斗目标和强化纳税服务、税源管理、税务稽查、数据管理和内部行政管理的"五大工作任务"，并研究制定了加强税收业务管理、政务管理、财务管理和事务管理的"四个意见"及其相配套的"八个制度办法"，交流了基层国税部门税收管理经验，推进了管理创新。

2006年，省局狠抓内部行政管理：一抓政务管理。制定或重新修订了一系列规章制度，推动了政务管理的规范化。二抓财务管理。积极推进部门预算及国库集中支付改革，不断强化预算管理，深入开展财务分析，进一步提高了资金使用效益；修订完善了基本建设管理有关制度办法，认真落实基本建设项目责任状制度；完善《山西省国税系统政府采购实施办法》，规范了采购行为，提高了采购效率；切实加强审计监督，不断加大内部审计工作力度。三抓事务管理。制定落实机关后勤管理等各项制度，采取有效措施，推进了节约型机关建设，后勤管理和服务保障的水平进一步提高。（董其文）

**【深化细化税收征收管理】** 2006年，省国税局在税收征收管理工作方面：1. 狠抓征管基础管理。省局组织编写了《综合征管软件操作规范》和《税收征管业务规范》，制定了税收征管工作规范化管理办法，开展了征管规范化管理大检查，从制度建设和工作落实两个层面促进了征管基础工作的加强。组织开展了税收票证和税款缴库管理大检查，共查出6大类20个问题。

2. 突出强化税源管理。一是不断深化税收分析，初步构建了反映经费税收发展规律的税收分析长效机制。二是继续引申重点税源监控管理，全省重点税源监控户由2005年的256户增加到555户。认真落实税负预警管理办法，在对2005年增值税税负进行测算的同时，又对20多个主要行业2006年前三季度的平均税负和预警下限进行了测算，有力地促进了重点税源监控工作。三是认真落实税收管理员制度。试行《税收管理员工作手册》，明确了税收管理员的工作职责、流程、标准和要求。从四个市局的试点情况看，效果良好。四是积极开展纳税评估工作。制定和完善了全省纳税评估工作规程和增值税评估办法，建立了原煤、焦炭、煤炭运销等6个行业的纳税评估模型和指标体系，选择阳泉、太原、吕梁等市，进行了纳税评估规范化试点工作。五是切实加强管户管理。全面完成了税务登记证的统一换发工作，并结合换证工作深入开展了管户清查活动，共清理漏征漏管户6193户。六是积极配合推行煤炭产量监控系统。全省共推广安装监控系统2130套，占应推广户的95.22%。

3. 进一步加强税种管理。在流转税方面，认真落实增值税纳税申报“一窗式”操作规程，积极开展票表比对工作和“一窗式”总复核系统试点工作，取得了明显效果；进一步规范了增值税网上申报程序，“一机多票”系统的推行工作全面完成，“四小票”抵扣管理逐步加强；消费税征税范围和税率调整政策得到认真落实；车购税管理进一步加强。在所得税方面，完善了所得税管理机制，推动了新申报表和新汇算清缴办法的实施，积极开展企业所得税纳税评估和分类管理工作，完善了储蓄存款利息所得个人所得税征管制度，同时深化了涉外企业所得税联合审计工作，加大了反避税工作力度。全年“三项所得税”同比增长50%，是全国增速最快的省份之一。在出口退税方面，省局自主研发了征退税衔接软件，通过先试点后推广，在全省建立了征退税紧密衔接工作机制。这项工作，受到了总局的通报表彰和专题介绍。在此基础上，各市局又将出口退税的初审权下放县局，使征退税衔接更加紧密。

4. 不断优化纳税服务。认真落实纳税服务规范，省局组织力量先后深入六个单位进行了调研检查。针对征期内办税服务厅纳税人多、办税拥挤等现象，在太原、长治部分县区局对个体工商户进行了简并征期、简化申报的试点工作，取得良好效果。进一步完善发票管理制度，理顺了出境煤焦管理站和电力部门的发票领购关系，方便了纳税人。开展了全省第二次纳税信誉等级评定工作，共评出A类纳税人1029户。积极开展提高行政效能建设活动，制定下发了包括所有涉税审批认定事项在内的“办理时间表”，全面推行了首问负责制、服务承诺制、限时办结制，促进了工作落实，提高了服务水平。

（董其文）

**【大力实施依法治税】** 2006年，省国税局：1. 深入开展税法宣传教育工作。组织开展了税收宣传“走进吕梁、太行革命老区”、“走进煤海”、“走进晋商文化”、“走进寻根文化”等系列主题活动，特别是省局开展的“短信、对联、谜语”等三项征集活动，“税收宣传走进煤海”活动，被总局评为第十五个税收宣传月活动优秀项目。全面部署了“五五”普法工作，广大纳税人和国税干部的法治意识进一步增强。2. 不断加大税收专项检查和专项整治工作力度。先后开展了房地产业及建筑安装业、邮电通信业、石油及制品业、部分金融企业税收专项检查，煤炭开采、选洗业零税负和异常税负企业税收专项检查，以及中小煤炭生产运销区域专项整治工作。全年共查补收入8.71亿元，其中税款6.66亿元，罚款1.41亿元，滞纳金6378万元。3. 大力规范税收执法。为发现和解决执法不规范的问题，省局组织开展了县局自查、市局复查、省局重点抽查的“三查联动”税收执法检查。省局对四个市局进行了重点检查，共查出四方面22类82个问题。4. 坚持依法征税，服务经济发展。认真落实省政府办公厅关于严格税收执法加强税收管理的通知精神，大力依法开展组织收入工作。狠抓收入分析预测，密切关注收入动态，及时发现、解决组织收入工作中存在的问题，牢牢把握工作主动权；切实加大清欠力度，全年清理入库往年陈欠及呆账税金3.62亿元，新欠余额降到近年来最低水平，仅为全年收入的0.59%，省局直属分局、长治和朔州市局基本实现了当年无新欠，全省防欠清欠工作步入良性循环；在强化重点税源管理的同时，进一步加强了非煤行业的税源监控管理。全年共办理出口退（免）税23.64亿元，为各类企业减免增值税14.63亿元，有力地促进了山西省经济社会发展。

（董其文）

**【狠抓税务管理信息应用建设】** 2006年，省国税局根据“一体化”要求，制定了《山西省国税局省级集中应用系统平台实施方案》，推进了省级集中应用平台建设。完成了增值税防伪税控、出口退税系统与综合征管软件三大系统的整合工作，进一步提升了信息系统整体应用水平。加强运行维护管理，省局成立了运行维护管理办公室，明确了工作职责，制定和下发了《山西省国家税务局综合软件运行维护管理办法》，并对综合征管软件相关的后台管理、系统管理、应用管理、数据管理和版本管理等进行了维护。数据分析工作向纵深发展，省局全年共编发《数据分析报告》15期，有力地促进了税收征管工作。（董其文）

**【积极筹备金税工程三期工程】** 山西省国税局是总局选定的全国金税工程（三期）六个试点单位之一。省局在充分调研的基础上，结合总局金税工程（三期）实施方案，完成了山西国税金税工程（三期）实施方案的编写工作，积极做好金税工程（三期）试点各项前期准备工作。

（董其文）

**【积极构建和谐税务】** 2006年，省国税局切实加强和改进思想政治工作，促进和谐税务建设。针对规范机构设置、干部竞争上岗、公务员法实施等新情况、新问题，各级国税部门领导坚持带着感情、带着责任开展思想政治工作。对于干部职工普遍关心的热点问题，有的放矢、积极主动地进行释疑解惑，澄清模糊认识，开展心理辅导，努力维护干部队伍的思想稳定。同时在全省国税系统大力开展了以加强和谐风气建设、和谐心态建设、和谐关系建设为主题的和谐税务建设，营造了和谐工作环境。（董其文）

**【加强领导班子建设】** 2006年，省国税局：一是围绕学习贯彻党章、社会主义荣辱观、《江泽民文选》、十六届六中全会精神等主题，在全省国税系统深入开展了“如何加强执政能力建设”的大讨论活动，进一步提高了各级领导班子和领导干部的思想政治素质。二是解放思想，开阔视野，促进发展。一方面，邀请总局有关司局领导和省内一批知名专家、学者进行专题讲座，仅省局机关就先后举办15期形势报告会，使广大国税干部了解了形势，开阔了视野，增长了见识。另一方面，为进一步推进科学化、精细化管理，6月份，省局领导带队组织全省各市国税局长和省局有关处室主要负责人，赴河南、安徽、湖北三省进行了学习考察，并在全省国税系统开展了“学习经验、取长补短”大讨论，解放了思想，找到了差距，受到了启迪，促进了发展。三是全面落实税务系统领导班子和领导干部监督管理办法，对4个市局的领导班子和领导干部进行了巡视，强化了对各级领导干部的监督管理。四是加强各级领导干部的组织建设，普遍开展了干部竞争上岗工作，一大批德才兼备的优秀干部进入了县级局领导班子或市县局中层领导干部岗位。

坚持教育、制度、监督并重，努力从源头上预防和治理腐败。深入开展廉政警示教育，严格执行“四大纪律八项要求”，促进了干部廉洁自律。积极落实建立健全惩治和预防腐败体系的实施意见，认真落实个人重大事项报告、述职述廉、廉政谈话等制度，针对重点人员、重点部门和重点环节，深入开展了治理商业贿赂专项工作。同时，坚持纠建并举，以行风评议为契机，狠抓行风建设。各级国税机关积极参加当地政府组织的行风评议活动，组织开展行风评议听证对话会，有针对性地采取措施，防止了问题反弹和新的不正之风。严肃查处了违法违纪案件，全年共有12人受到党纪政纪处分。不断强化"两权监督"，认真组织开展执法监察，共提出监察建议147项，其中，有129项建议被采纳，协助建章立制42项。积极开展行风评议，切实解决了纳税人反映的一些突出问题，以优良的作风和优质的服务展示了国税部门的良好形象。 （董其文）

**【积极开展荣辱观教育活动】** 2006年，省国税局深入开展以"国税—荣誉—责任"为主题的荣辱观教育活动，树立了以爱岗敬业、公正执法、诚信服务、廉洁奉公为荣的正确导向。省局举办了书法、美术、摄影展，各地因地制宜地组织开展了健康向上、丰富多彩的群众性活动，如太原市局举办了第二届国税文化月系列活动，丰富和活跃了干部职工的文化生活，激发了活力，增强了凝聚力。

（董其文）

**【加大教育培训力度】** 山西省国税局在教育培训工作中，一是强化学习意识，提高理论素养。一方面"请进来"，邀请国内、省内知名专家学者作专题讲座和形势报告，使广大国税干部了解形势，增长见识；另一方面"走出去"，到有关税务培训基地参加学习培训，省局在扬州税院连续举办了三期处级干部更新知识培训班，对全系统处级干部进行了一次轮训，进一步提高了领导干部的理论水平和执政能力。二是强化培训效果，提高业务技能。各级国税机关依托培训基地，开发培训资源，以"六员"培训为重点，大力开展各类岗位业务技能培训，省局共举办各类培训27期，培训干部2683人次。在全系统组织开展了以总局X+Y+Z教材为蓝本的抽考活动，共有955人参加了考试，实现了以考促学。三是进一步加强学历学位教育。继2005年之后，2006年又有一批国税干部考入山西大学的MPA和太原理工大学的软件工程硕士，全系统大专以上学历比例又有新的增长。 （董其文）

## ·地方税务·

**【税收完成情况】** 2006年，全省地税系统共组织各项收入279.22亿元，比2005年增长22.25%，增加50.82亿元。其中：各项税收完成248.77亿元，比2005年增长22.11%，增加45.04亿元，完成年计划232.8亿元的106.86%，超收15.97亿元；剔除大秦铁路中央级营业税，各项税收完成243.89亿元，比2005年增长21.88%，增收43.79亿元；剔除契税和耕地占用税，包括大秦营业税，税收收入完成243.64亿元，比2005年增长22.21%，增加44.28亿元。各项规费收入完成30.45亿元，比2005年增长23.39%，增加5.77亿元。 （邱　龙）

**【税收收入的特点】** 1. 各月税收收入增幅振荡下行、累计税收收入增幅逐月下滑。2006年，全省各月税收收入同比增幅呈现较大波动，最高的2月份增幅达63.56%，而最低的12月份为－10.81%，总体呈下滑态势；各月收入规模同样呈不均衡状态，最大的1月份规模为31.82亿元，最小的11月份为8.7亿元，总体呈前高后低的态势。逐月累计收入增幅波动较小，基本呈现直线下滑态势；逐月累计收入规模节节攀高，增收额在10月份达到最高，为46.92亿元。总的来看，2006年全省税收收入累计增幅比2005年低26.51个百分点，累计增收额比2005年少21.03亿元。

2. 中央级收入增幅高于省级和市县级收入。2006年，全省地税各项税收中，中央级收入完成65.26亿元，比2005年增长25.36%，增加13.2亿元；省级和市县级收入分别完成53.7亿元和129.81亿元，分别比2005年增长18.63%和22%，分别增加8.43亿元和23.41亿元。地方级收入合计占各项税收的73.77%，比重在1月～5月逐月下滑之后从6月份的72.5%开始逐月小幅稳步抬升，下降势头得到遏制，各级次结构相对稳定。

3. 企业所得税保持最高增长。2006年，全省各项税收中，营业税、企业所得税、个人所得税、城市维护建设税、资源税的规模居前五位的税种，分别完成79.36亿元、74.85亿元、25.79亿元、25.66亿元、20.4亿元，分别比2005年增长23.38%、31.19%、8.94%、20.42%、12.26%，合计增收41.53亿元，对各项税收的贡献率达92.19%，拉动各项税收增长20.39个百分点，其中，企业所得税增长最高，增收额最大，对各项税收的拉动力最强。土地增值税完成0.42亿元，比2005年增长177.37%，增加0.27亿元，是潜力最大的税种。车船使用税完成0.33亿元，不仅完成了全年计划，而且比2005年增长12.04%，增幅是近两年来首次达到两位数。

4. 各单位收入计划进度、增幅参差不齐。2006年，11个市和省局直属一分局全部超额完成年度各项税收计划，全部实现两位数增长。但完成计划进度最快和最慢相差20.09个百分点，增幅最高和最低相差27.51个百分点。晋城市各项税收完成31.45亿元，完成年度计划的120.61%，比2005年增长39.1%，增收8.84亿元，均居各单位之首，排位也从2005年的第3位提前到第2位；忻州市各项税收完成10.01亿元，首次突破10亿元大关，也是最后一个达到10亿元的征收单位。

5. 税收收入规模和增幅在全国地税居于中游。2006年，全省税收收入完成243.64亿元，比2005年增长22.21%，增收44.28亿元，增幅高于全国地税平均增幅2.1个百分点，收入规模和增幅在全国地税系统30个省级单位中分别排在第12位和第15位，在中部六省中分别排在第2位和第5位。

6. 地税部门代征的其他规费收入增长较快。2006年，全省地税系统代征的各项规费收入完成30.45亿元，比2005年增长23.39%，增收5.77亿元，增幅高于各项税收1.28个百分点。其中，工会经费完成2.51亿元，比2005年翻了两番；价格调控基金和教育费附加收入分别完成5.03亿元和13.48亿元，分别增长41.49%和37.81%，三项收入累计增收7.09亿元，对各项规费收入的贡献超过了百分之百，有效弥补了焦炭排污费的减收。 （邱　龙）

**【全面加强税收征管工作】** 2006年，省地税局进一步推进征管改革，实行"统一登记、集中征收、属地管理、重点稽查"的分权制衡征管机制，简并收缩基层税务所，统一规范了各级征管机构名称和职能。拟定与新综合征管软件配套的征管规程，进一步规范税收征管岗责体系和工作程序。利用换发税务登记证的契机，开展全省管户大清查，全面核实管户基础数据信息，推行征管资料一户式管理。

认真落实税收管理员制度，制定具体

实施办法，积极推动基层结合实际开展试点。完善纳税信用等级评定管理办法，制定加强煤炭生产企业税收征管的意见，加强集贸市场税收管理和个体税收定额管理，实行了集贸市场分类管理，开展了“双定户”的定额普调工作。选择重点行业和重点税源户开展纳税评估试点，开发纳税评估软件，受到国家税务总局的充分肯定，报送的纳税评估案例被评为三等奖。

加强重点税源监控分析，规范数据采集渠道，提高数据质量，确保主体收入平稳增长，截至11月底，省局监控的重点税源企业共3004户，入库税款141.76亿元，占全省地税税收总额的61.51%。

开展税收票证和税款入库检查，确保税款安全，7月份至9月份对2005年和2006年1～5月份的税收票证管理情况和税款缴库情况进行了全面检查。适应新综合征管软件要求，进行税收票证换版，增强了税收票证的防伪性能，从7月1日起，全省地税系统开始统一使用新版税收票证。

认真落实省政府加强欠税管理的要求，通过依法加强纳税申报管理、规范欠税核算、实行欠税公告、加大清缴力度、按月监控重点税源企业清缴欠税情况、加大清理欠税考核力度等措施，有力促进了清缴欠税工作的顺利进行，截至11月底，全省地税系统累计清理欠税18.11亿元，比2005年同期增长25.24%，增加3.65亿元。

全面加强资源税、契税、耕地占用税、土地使用税、房产税、土地增值税等税种管理，正式开征烟叶税。制定资源税证明单管理办法，加强煤炭、铝矾土、铁矿石资源税征管。开展土地使用税和房地产税计税面积和计税原值丈量法试点。加强营业税等重点税种管理，开展教育劳务税收清理整顿，加强货物运输业税收征管。

实施以契税为把手的房地产税收化一体化管理，综合运用清欠、稽查、“直征”、“先税后证”、“一窗式”征管、以税管税等手段，促进相关税收较快增长，得到国家税务总局充分肯定。

围绕山西省经济社会发展态势和国家产业结构调整方向，制定积极应对的政策措施，强化对煤炭、房地产、饮食娱乐、教育、医疗、通信、电力、金融、保险等重点行业管理，努力把经济增长成果转化为税收增长点。

认真落实宏观调控政策和各项税收优惠政策，强化企业所得税管理，结合山西省实际，重点支持对外开放、结构调整、新型能源和工业基地建设、“两区”开发和以“八大支柱产业”、“三个企业方阵”为主的大企业、大集团发展战略。认真落实企业财产损失、国产设备投资抵免税收优惠政策，截至12月上旬，共审批企业财产损失39户，使企业享受到所得税优惠2.56亿元，共审批技术改造国产设备投资抵免企业所得税主体资格30户，企业可享受到所得税优惠7.82亿元。同时还对73户经营困难的企业减免房产税、城镇土地使用税和资源税4140万元，为13户福利企业办理了地方税减免税资格认定。

从构建和谐社会的要求出发，提高企业吸纳下岗失业人员优惠标准，认真落实修订后的个人所得税法及其实施条例，提高费用扣除标准，减轻中低收入者负担，开展个人所得税完税证明开具试点和全员全额明细申报试点，加强高收入行业和高收入个人的监控，防范贫富拉大。积极落实下岗再就业税收优惠政策，截至10月底，全省共有21083户个体工商户、84户企业、31940名下岗失业人员享受了再就业税收优惠政策，共计减免各项税收1.6亿元，免收税务登记证工本费80余万元。

(邸　龙)

**【信息化建设取得突破性进展】** 2006年10月1日在晋中、运城两个市局推广新综合征管软件上线，2007年7月1日将在全省上线。同时，公文处理系统、视频会议系统、IP语音电话系统、邮件系统投入使用，省局外部网站正式开放。新综合征管软件的推广应用，标志着一个覆盖地税所有税种、覆盖省市县各级地税机关、覆盖税收管理全过程的网络体系已初步建成，更重要的是进一步创新了税收管理方式，优化了征管业务流程，提升了税收科学化、精细化管理水平，也有利于进一步加强干部队伍建设。国家税务总局对山西省地税信息化建设工作给予了充分肯定，推荐全国地税系统移植使用山西地税等三家单位的统一版本软件。

(邸　龙)

**【完善税收执法责任制，规范执法行为，依法治税】** 1.进一步完善税收执法责任制，按岗位制定“执法事项作业书”，出台执法公示、奖励和职责争议协调等制度，开展税收综合执法检查，加强对税收工作全过程的监控，省推行行政执法责任制领导组印发了省地税局经验材料。

2.进一步整顿和规范税收秩序，严厉查处涉税违法案件，集中开展了对煤炭生产及运销企业、饮食娱乐业、房地产业、建筑业、服务业等重点行业的专项检查和专项整治，加大涉税大要案件查处力度。

3.加强执法监督，开展税收执法案卷评查工作，认真开展税收综合执法检查，加强了对税收工作全过程的监控。建立规范性文件前置审查制度，认真组织了税收规范性文件清理和限制非公有制经济发展的税收政策清理。创办《山西地税公告》，深入开展了规范执法示范单位创建活动。

4.加强政策服务，积极争取中部崛起和“两区”开发等税收优惠政策，向省政府和总局提出了有关政策建议。

5.认真组织税收宣传月活动和法制宣传教育活动，广泛开展了“三晋税宣大联动”、“千家万户送税法”和“和谐地税大家谈”征文等形式多样的宣传活动，积极开展“五五”法制宣传教育活动。省局被评为全国法制宣传教育先进单位。

(邸　龙)

**【落实“两制”，提高服务质量】** 针对地税机关和纳税人的交汇点、接触点，着眼于解决纳税人办理涉税事项过程中经常遇到的困难和问题，省地税局在省直部门中率先出台了涉税事项首办负责制和限时办结制，2006年6月7日在《山西日报》、《山西经济日报》整版公示并公开承诺。“两制”一是明确了限办事项，将所有涉税事项分为12大类、70多项，从纳税人的角度，遵循“办什么事、找谁办、怎么办、多长时间办完”的思路，详细梳理了涉税事项的受理部门、资料种类、办事程序、办结时限和法定依据；二是大幅度压缩办理时限，尤其是对纳税人关注的税收热点、难点问题，作为重点予以规范和明确，所有涉税事项的总办理时限压缩率达40%，最短限办时限比法定时限提前5天，最长限办时限比法定时限提前20天；三是细化了办税流程，编制19幅涉税事项内部工作流程图，合理划分涉税事项办理过程中的内部流转环节，科学界定内部职责权限。同时，下放审批权限，除税法明确规定由省局审批的事项外，其他审批事项全部下放至市、县级地税局；四是开展公示告知，将所有涉税事项的受理部门、执法依据、条件、程序和办理时限等内容，通过多种方式进行公示，开展一次性告知；五是完善了配套制度，以“两制”为核心，制定了17项内部配套制度，加强了工作衔接。为了确保“两制”全面贯彻落实，召开了动员会，各市局局长进行了表态发言，印制了2万册宣传手册，无偿向纳税人提供，并通过多种途径广泛宣传，力求做到“纳税人一册在手，办事方便”、“税务人员一册在手，责任明确”。同时，进一步加大了督查力度，建立了投诉台账，进行了大规模交叉检查和暗访。“两制”的出台和落实，引起了较大的社会反响，国家税务总局领导批示，“山西纳税服务工作搞得细、搞得实，建议总结上报总局，并在全国范围内推广”，省政府有关领导指出，省地税局的“两制”抓住了效能建设的核心，可以在政府部门推广，多家媒体认为，“两制”架起了税务部门和纳税人之间的“连心桥”，广大纳税人也给予了一致好评。“两制”的推行，使税收执法自由裁量权受到限制，执法随意性得到抑制，行政不作为和乱作为受到遏制，进一步健全了纳税服务体系和纳税服务质量考核评价体系，初步构建了制度配套、环节衔接、运转协调、行为规范的内部管理体制。同时，各级地税部门自觉将税收工作置于全省经济社会发展大局之中，制定了税收工作服务山西经济社会发展的实施意见，出台了重大投资项目纳税人跟踪服务实施意见，印发了加快沪港招商项目和“两区”开发项目纳税服务的通知，为重点纳税人和弱势群体开设了办税“绿色通道”，进一步完善政务公开制度，建立新闻发言人制度并在省直部门率先进行了新闻发布，开通了山西地税门户网站，有效提高了服务质量和水平。（邸　龙）

**【干部队伍建设取得新进展】** 1.组织开展作风纪律整顿工作。2006年5月9日～6月9日，全省地税系统开展了为期一个月的作风纪律整顿。通过学习动员、检查分析、改进提高三个阶段，全系统共解决52个影响地税事业长远发展、群众反映强烈的重点问题，建立完善了一系列规章制度。通过整顿，广大地税干部职工思想更为统一，精力更为集中，工作节奏进一步加快，服务意识进一步提升，为全面落实“1462” 工作思路打下了坚实的基础。

2.为进一步加强内部管理，激发干部队伍活力，省局组织了第三轮领导干部末位淘汰集中考评，淘汰了2名副处级分局局长和5名县区局局长。

3.推进干部考核评价和工作考核评价体系建设，制定了党组会议制度，省局党组成员联系基层工作制度，税收预警工作管理办法和预警指标体系，开展“六员”培训实施意见，系统内部审计工作规定，加强系统财务管理的意见，机房管理制度，网络管理制度，会议制度和机关接待管理制度，目标责任制管理办法和督查工作制度，行政效能投诉处理暂行办法，文明创建评比管理办法等一系列规章制度。

4.加大干部培训力度，2006年仅省局就组织了30期培训班，多数市局广泛开展了业务培训和股所长培训。积极推进干部人事制度改革，市县局两级实行竞争上岗和交流轮岗，从而激发了干部队伍活力。

5.加强党风廉政建设，稳步推进惩治和预防腐败体系建设，强化对税收执法权和行政管理权的监督制约，加大案件查处力度，认真开展治理商业贿赂专项工作。开展廉政文化建设，充分利用网络、影视、书画和文体活动等形式，有效推动廉政文化进机关、进纳税户、进家庭，营造了“以廉为荣、以贪为耻”的浓厚氛围，省局组织了廉政文化建设成果展览，得到了省政府、省纪委有关领导的充分肯定。

6.继续巩固和推进党组抓党建工作，深入学习贯彻党章和《江泽民文选》，认真学习党的十六届六中全会精神和省九次党代会精神，广泛开展社会主义荣辱观教育，省局机关党委被评为“全国先进基层党组织”，在庆祝中国共产党成立85周年大会上受到中央表彰。（邸　龙）

# 金　融

## ·中国人民银行太原中心支行·

**【金融运行】** 1.金融机构各项存款增速加快。2006年末，全省金融机构人民币存款余额为8577.46亿元，比2005年末增加1488.76亿元，增长21.00%，增幅与2005年基本持平。外汇各项存款余额100553万美元，比2005年末增加23137万美元，增长29.89%。(1)储蓄存款增速出现大幅下降。年末，金融机构人民币城乡居民储蓄存款余额4786.18亿元，比2005年末增加676.48亿元，增长16.42%，增幅比2005年下降6.88个百分点，减少的储蓄存款主要分流到了股票、基金、国债市场以及民间投融资。其中，活期储蓄余额1441.76亿元，比2005年末增加267.56亿元，增长22.79%；定期储蓄余额3354.42亿元，比2005年末增加408.92亿元，增长13.88%。跟2005年末相比，活期储蓄增幅下降了4.81个百分点。外汇储蓄存款余额63984万美元，比2005年末增加3579万美元，增长5.93%，其中，定期存款余额55178万美元，比2005年增加862万美元，增长1.59%，改变了连续两年外汇储蓄存款的下降趋势。(2)企业存款超常大幅增长。年末，全省金融机构人民币企业存款余2255.33亿元，比2005年末增加506.33亿元，增长28.95%，增幅比2005年同期上升16.65个百分点，其中，活期存款余额1793.82亿元，比2005年末增加368.62亿元，比2005年末增加368.62亿元，增长25.86%；定期存款余额461.51亿元，比2005年末增加137.81亿元，增长42.57%，跟2005年末相比，活期储蓄增幅上升了14.46个百分点，定期储蓄增幅上升了26.17个百分点。年末，企业外汇存款余额为31483万美元，比2005年末增加19089万美元，增长154.02%，其中活期存款余额27486万美元，比2005年末增加15848万美元，增长1.36倍；定期存款余额3997万美元，比2005年末增加3241万美元，增长4.28倍。跟2005年末相比，活期储蓄增幅上升了1.60倍，定期储蓄增幅上升了5.11倍。

2.受宏观调控政策影响，贷款增速全年逐季下降。年末，全省金融机构人民币各项贷款余额4788.5亿元，比2005年末增加559.2亿元，增长13.2%，增幅比2005年同期上升7.9个百分点；贷款增量呈现上半年集中投放、下半年逐步收缩、逐季下降的态势，一至四季度贷款增量分别为251.6亿元、189.7亿元、105.8亿元、12.1亿元，从三季度开始贷款增速偏快的势头得到有效控制。外汇各项贷款余额115447万美元，比2005年末减少8378万美元，减少6.8%，外汇贷款增幅延续了2005年的下降趋势。短期贷款增幅趋缓。年末，人民币短期贷款余额2309.6亿元，比2005年末增加201.4亿元，增长9.6%。中长期贷款迅速增加，年末，人民币中长期贷款余额2023.4亿元，比2005年末增加324.0亿元，增长19.1%。新增中长期贷款占到全部新增贷款的56.7%。其中，个人中长期消费贷款余额155.4亿元，比2005年末减少62.3亿元，减少28.6%，比2005年末增加47.0亿元，增长12.3%。

3. 现金投放大幅增加。年末，全省累计现金支出18087.6亿元，比2005年增加918.0亿元，增长5.3%；现金收入17964.3亿元，比2005年增加826.5亿元，增长4.8%；收支相抵累计净投入现金123.3亿元，比2005年增加91.4亿元，投放量是2005年同期的4.4倍，仅工资性支出一项全年累计投放1705.8亿元，较2005年全年多投放135.1亿元。

4. 外汇收支总额增长较快。截至年底，全省国际收支申报总额74.8亿美元，比2005年增长18.0%。其中，全省涉外收入45.7亿美元，比2005年增长16.3%，申报45.7亿美元；对外付款29.1亿美元，比2005年增长20.8%，申报29.1亿美元。全省国际收支顺差16.6亿美元，比2005年增加1.4亿美元，增长9.2%。银行累计结售汇总额68.7亿美元，比2005年增长8.0%。其中，结汇42.0亿美元，比2005年增长4.0%；售汇26.7亿美元，比2005年增长15.1%，实现顺差15.3亿美元，比2005年减少11.0%。山西省出口商品结构逐步优化，不锈钢板材、机电产品、纺织品、玻璃器皿等出口成为外汇收入增加的主导力量。

（郝冬莉）

**【金融资产质量】** 按照贷款五级分类，2006年山西省银行业不良贷款总体下降0.51个百分点，各家银行情况差异较大。其中，国有商业银行下降0.87个百分点，股份制商业银行下降0.17个百分点，政策性银行上升0.65个百分点，地方法人金融机构下降4.09个百分点。为降低不良贷款，提高抗风险能力，银行机构提高了拨备水平。全年全省主要银行机构累计提取各项资产减值准备金22.88亿元，累计核销不良资产4.32亿元。年末，各项资产减值准备金余额57.54亿元，其中贷款损失准备金余额45.6亿元，其他资产减值准备金余额11.94亿元；准备金缺口比年初减少7.3亿元；贷款准备金抵补率为19.03%，比年初上升7.99个百分点。

（郝冬莉）

**【金融创新】** 2006年山西省各金融机构面对市场发展新形势，在金融产品、制度和营销等方面积极创新，极大地提高了竞争力和金融服务水平。

1. 金融机构业务品种创新。适应客户需求，各金融机构依托自身优势，不断致力于金融产品创新，产品体系日臻完善。各机构不断加强与劳动和社会保障部门的联系沟通，成功代理年金业务，担负起企业员工“养命钱”的管理责任；针对企业直接融资需求，及时把握相关政策，发挥整体资源优势，积极协助企业代理发行短期融资券，有效满足了企业的短期融资需求；为企业提供了货币掉期业务，大大降低了企业的汇率风险。

2. 金融机构制度创新。各金融机构进一步强化了内控建设。积极探索建立操作风险的识别、计量、分析和监控体系，出台了各项业务重要风险部位违规违章操作建档管理办法，开发了重要业务违规违章台账管理系统，对各项业务管理、操作风险部位的重点监控进一步加强。

3. 金融机构市场营销理念、方式创新。实行强营销、挖掘市场潜力。一是加大了对优质客户的营销力度，对原有优质客户的营销管理更趋人性化，客户潜力得到进一步挖掘；二是加大了个人存款业务的营销宣传力度，储蓄业务、卡业务双丰收。实行资产和负债业务联动营销、代理和存款业务捆绑营销的创新营销模式，推出“持卡购车赠利息”等活动，改善用卡环境，开通校园卡，多次举办贴近市民的大型宣传活动，提高了广大市民的信任度和社会影响力；三是加大了中间业务拓展力度，相继出台了一系列促进中间业务发展的配套措施，中间业务收入实现快速增长。

（郝冬莉）

**【金融服务】** 进一步提升电子化服务水平，通过电子银行服务，实现了安全、方便、快捷的理财需求，截至2006年末，全省发卡总量达到2519.54万张，同比增加598.67万张，增长31.16%；全省POS机和特约商户数量分别达到14461台和9985户，分别增长29.2%和21.2%；ATM机具布放达1608台，增长39%。为财政厅、公安厅等提供了“公务用卡”服务，通过对“公务用卡”的使用，进一步加速了企业资金周转，降低了风险，杜绝了企业财务管理中的“跑、冒、滴、漏”现象。

（郝冬莉）

**【金融支持“三农”】** 截至2006年底，全省农村信用社各项贷款余额931.45亿元，比2005年增加113.37亿元，增长13.86%。其中，农业贷款余额为515.2亿元，比2005年增加79.8亿元，增长18.3%。全省农村信用社共创建信用村7097个，占辖内行政村23.39%，创建信用乡镇186个，占辖内乡镇的14.83%。已建立经济档案的农户数309.19万户，评定为信用户的农户数为283.08万户，贷款农户数的259.19万户，农村信用社发放的农户小额信用贷款余额达122.56亿元，增长8.86%；农户联保贷款余额达64.17亿元，增长6.69%。（郝冬莉）

## ·中国工商银行股份有限公司山西省分行·

**【主要经营指标完成情况】** 2006年末，工行山西省分行拨备前利润实现20.83亿元，绝对额排全国工行系统第10位，同比增盈2.27亿元；账面利润实现17.53亿元，排全国工行系统第7位，同比增盈14.29亿元。经济增加值实现7.4亿元，排全国工行系统第8位，较2005年增加5.59亿元。各项存款和全部存款（含同业）余额分别达1679.25亿元、1729.50亿元，分别较年初净增252.21亿元、244.98亿元，余额在全国双双排第9位，净增额分别排全国第7位第8位。人民币各项存款增量同业（四大行）占比为32.69%，稳居第1位。外币存款较年初净增4230万美元，较2005年多增3661万美元。人民币各项贷款累放796亿元，较年初净增38.35亿元。实现中间业务收入4.74亿元，绝对额排全国第10位，中间业务收入较上年提高2.76个百分点。清收转化不良贷款18.91亿元，五级分类后三类贷款较年初下降0.78个百分点。全年未发生案件和重大事故。（李艳喜）

**【采取的主要工作措施】** 2006年，工行山西省分行紧紧围绕年初确立的“效益、质量、安全”三项工作重点，着重抓了五个方面的工作：

1. 积极拓展优质市场，核心竞争力进一步提升。年初，工行山西省分行筛选了46户重点企业，由省行行级领导担任首席客户经理，实施了“高层营销、营销高层”的一对一营销策略，取得了较好的效果。促成了与同煤等优质客户签署

1400多亿元的全面合作协议，在山西省“两区”开发中签订了22个项目融资协议349.68亿元，进一步深化了银企合作关系。特别是总行和山西省主要领导亲自出席了与同煤、焦煤780亿元合作协议的签署，在工行系统和山西省内产生了较大的影响。全年累计为煤炭、电力、高速公路、不锈钢等项目发放项目贷款68.46亿元，为同煤等一批优质客户发放流动资金贷款202.39亿元，精选省内优质住房项目发放开发贷款5.42亿元。票据业务实现跨越式增长，全年累计贴现达508亿元，同比增加240亿元，累贴额在全国工行系统排第5位，实现利息收入6.2亿元，同比增加3亿元。省行本部成立了消费信贷审批中心，对辖内消费信贷业务进行逐笔审批，既有效控制了风险，又提高了审批效率。截至年末，个人贷款较年初净增972万元，一举扭转了连续三年持续负增长的局面。

各项存款大幅增长，市场份额进一步扩大。以大同煤业、大秦铁路、潞安环能三支股票上市为契机，将182.15亿元上市募集资金归集省工商行，成为公司存款快速增长的主要支柱。紧紧抓住山西省财政新增资金项目特别是煤炭专项基金制度出台的有利时机，成功争取山西省煤炭探矿权、采矿权出让价款和煤矿风险抵押金专户落户省工商行，归集资金达25亿元。全年实现人民币对公存款净增157.5亿元，同业占比36.51%，居第1位。积极推广“理财中心核心竞争力开发”项目，增强网点的竞争能力，维护和扩大了优质客户群体。截至年末，人民币储蓄存款净增91.55亿元，同业占比27.71%，居第1位。在储蓄存款大幅增长的同时，代理销售国债、基金、保险等个人理财产品68.3亿元，较好地发挥了稳定客户和调整存款结构的作用。

全面实施重点产品战略，促进中间业务收入稳步增长。成功营销了大同电力机车公司等25户企业年金业务，托管账户4.2万户，到年末分别排全国工行系统第3位和第6位。加大企业短期融资券业务的营销力度，成功代理发行太钢、晋煤等4户企业短期融资券67亿元，占全省金融系统发行总额的50%，实现手续费收入1660万元。为漳电办理货币利率掉期业务，实现收入7096万元。平稳实施了小额账户收费工作，加大“对公结算账户组合管理服务”产品营销力度，在全国工行系统得到广泛推广。按照总行“争第一、超双千”的奋斗目标，加大牡丹信用卡营销推广力度，累计发卡量达18万张，较2005年净增8万张，消费额达到16亿元，较2005年增加8.4亿元，发卡的存量、增量和消费额均居全省同业第一。圆满完成了一体化电话银行投产和应用，电话银行来电量突破233万个，较2005年增长20%。

2. 加强信贷管理，资产质量得到进一步改善。一是认真把握信贷政策。按照总行行业信贷政策要求，对7个现实产能过剩和4个潜在产能过剩行业进行风险预警，全面分析山西省行业和企业实际情况，明确省工商行信贷投放目标和客户。严格评级、授信管理，全年共审查认定A一级以上客户410户，完成企业授信近300户。二是加强贷后管理。及时对信贷投向、投量、信贷资产质量等进行全面分析，进一步完善了贷款大户风险监控制度，将贷款大户风险监控真正落到了实处。实施了信贷业务风险预警制度，省行直接下发监测通知179份，有效地防范了管理风险。三是多措并举，不良贷款清收处置取得新突破。先后完成了6户7.19亿元的军工企业债转股工作，2户计划内破产企业审批申报工作，8户3.79亿元的以物抵债处置工作，现金清收4.79亿元，清收处置计划完成率和清收处置率均排全国第5位。

3. 落实内控外防措施，确保安全平稳运行。深入开展案件专项治理工作，省行对内控评价等级较低的三个二级分行进行重点检查，覆盖面达到了100%；其余八个二级分行自查面达到了30%以上。检查结束后，组织召开了全辖15000名员工参加的视频会议，对检查情况进行了通报，对13个单位和54名个人进行了严肃处理。组织开展了以“完善制度、学习制度、落实制度”为主要内容的内控达标活动，进一步强化了内控建设。积极探索建立操作风险的识别、计量、分析和监控体系，出台了各项业务重要风险部位违规违章操作建档管理办法，开发了重要业务违规违章台账管理系统，对各项业务管理、操作风险部位的重点监控进一步加强。组建成立了省行对账中心，对账集中程度进一步提高。实施了网点营业经理委派制，有效强化了操作风险的过程控制。组织开展了票据业务、操作风险、保证管理、印章管理等专项检查，进一步发现和消除了风险隐患。深入开展治理商业贿赂专项工作，以贿存、贿贷、贿购、贿处四项工作为切入点，有效推动了专项治理工作的深入开展，在总行及银监局的检查中均得到充分肯定。

认真做好安全保卫工作。层层签订安全保卫责任书，突出加强对营业网点、金库、办公场所等重点部位的安全防护能力评价和防抢、防盗、防爆、运钞、枪弹管理、消防等重点环节的安全检查。在阳泉、运城分行试点投产了远程集中监控报警中心。积极推动守押社会化改革，11个二级分行中有9个行全部或部分实行了守押社会化改革，实现了全年无外抢、外盗、涉枪案件和火灾等事故。

强化生产系统安全运行管理。始终坚持“安全第一”的思想，建立健全各项生产管理制度和安全生产应急预案，组织开展应急演练，改造了省工商行中心机房，更新电子设备，加大对现用、备用设备的检查力度，保障了信息系统安全稳定运行。

4. 加强内部管理，经营管理水平不断提高。年初，省工商行分别与各二级分行签订了经营效益、资产质量和党风廉政建设及案件防范三个目标责任状，实行目标责任状风险抵押金管理。按季召开省行部门工作汇报会，并进行考核排队，增强了领导干部的责任意识、风险意识和竞争观念。制定实施了《2006年挂钩费用计划分配办法》，对营业费用进行计划分析。按照审慎经营的原则，分解下达了经济资本配置计划和信贷类 经济资本占用额，通过经济资本限额的管理，实现了对全辖各类风险总额的控制。先后开展了以“首季开门红”和“迎上市、促发展”为主题的劳动竞赛活动，对圆满完成全年经营计划发挥了积极的促进作用。加强财审会制度建设，实现了财务支出的源头控制。进一步规范集中采购行为，加强对集中采购的过程控制。省行当年组织的集中采购项目，较预算节约资金487万元。调整机构布局和员工结构。截至年末，共撤并低效、无效机构35个，净减员工876个。

5. 坚持“两手抓”，党建和队伍建设成效显著。在全辖区深入开展了学习党章、社会主义荣辱观教育及纪念建党85周年等系列活动，有效地激发了广大党员投身改革的工作热情。认真坚持党委中心组学习制度，组织召开了省行和二级分行领导干部民主生活会，促进了各级领导班子和领导干部的政治素养和工作能力的提高。调整选拔二级分行行长3人、党委副书记1人、副行长19人、纪委书记7人、工会主任2人、行长助理7人，调整选拔省行部室“一把手”5人、副总经理12人、总经理助理4人，使领导班子的年龄结构、专业结构和能力结构更趋合理。对14个先进基层党组织、34个优秀共产党员和14名优秀党务工作者进行了表彰。坚持转型适应性培训与岗位资格性培训相结合，开展了内容丰富、形式多样的业务培训，累计培训员工5710人次。组织了省工商行本部“庆国庆、迎上市”歌咏比赛、体育运动会等丰富多彩的文体活动，开展了员工游泳培训，组建了乒乓球、羽毛球队，极大地活跃了员工的业余生活。开展了送温暖活动，元旦、春节期间，省行拨出专款，由行领导带队，对特困劳模、特困员工进行了慰问。认真组织开展了行风评议活动，得到省有关部门的较高评价。通过组织推动，各级行共同努力，全辖26个单位分别获得国家级、总行级、省级文明单位等荣誉称号，省工商行本部荣获“山西省五一劳动奖状”、“山西省省直文明单位标兵”、“山西省文明单位”等，企业文化建设取得了新的进展。

2007年，工商行山西省分行将以十六大和十六届六中全会精神为指导，按照总行战略研讨会的总体要求，立足建设股份制商业银行的新起点，牢固树立科学发展观和商业银行经营理念，积极适应上市银行的发展要求，抓住效率、结构、核心竞争力等关键环节，坚定不移地走质量效益型的可持续发展道路，把山西分行建设成为具有较强核心竞争力的商业银行。

（李艳喜）

## ·中国银行股份有限公司山西省分行·

**【经营概况】** 1. 负债业务增势良好。2006年12月末，全行各项人民币存款余额为841.62亿元，较年初净增120.66亿元。其中，企业存款余额330.25亿元，净增51.03亿元；储蓄存款余额511.37亿元，净增69.63亿元。金融机构存款余额16.99亿元，较年初减少4.48亿元。外汇存款余额为5.36亿美元，较年初增加1.14亿美元，新增额在全国中行系统排名列第5位。

2. 资产业务稳步提升。2006年12月末，全行人民币各项贷款余额为419.86亿元，较年初增加10.01亿元。其中，公司贷款余额310.39亿元，较年初增加20.44亿元；票据融资余额66.9亿元，较年初减少0.79亿元；零售贷款余额42.57亿元，较年初减少9.64亿元。各项外汇贷款余额5.28亿美元。

3. 中间业务长足发展。全年实现中间业务净收入1.84亿元（含总行下划收益），同比增加0.87亿元，增长75.24%，完成总行计划的138.11%，收入与增长幅度均创历史最高水平；净收入占比同比上升3.68个百分点，贡献度明显提高。银行卡、电子银行、金融机构、公司金融、个人金融等中间业务条线均得到了长足发展。

4. 经营收入稳步提高。2006年末，中行山西分行本外币折合人民币资产总额为915.99亿元，较年初增长13.3%；负债总额为919.83亿元，较年初增长14.52%。全年经营净收入达到21.61亿元，较2005年增加1.40亿元；实现拨备前利润9.55亿元。（常新宇　李　军）

**【认真落实科学发展观，狠抓业务发展】** 改进服务，加强考核，积极推进存款业务快速发展。一是抓营销。紧紧抓住吸存旺季，深入开展“首季开门红”业务竞赛活动，在全行掀起了吸存揽储的竞赛热潮。在竞赛活动中，各级行积极响应，结合当地市场情况，发挥自身优势，切实采取有效措施，开展丰富多彩的营销活动，确保了既定任务目标的完成。中行省分行加强了对全辖存款营销工作的系统管理和指导，新出台了重点客户支持方案，明确重点客户的选择标准、确定程序和服务规范，确定了社保资金、企业年金等29户省行级重点客户，初步建立起全行范围的营销服务体系。进一步加强各行对存量客户的维护与梳理工作。注重产品创新与服务创新，为重点客户实施个性化、差异化、全方位的金融服务，配置首席客户经理，成立专家服务小组等形式，量体裁衣，提供精细化管理方案，运用价格杠杆灵活实施因客定价，进一步巩固了与总行级、省行级重点客户的合作关系；适时创新推出广大客户喜闻乐见的存款产品，如：推出带有奥运标识的礼仪存单、生肖借记卡、都市卡等，不断拓宽吸存渠道，培养和提高客户的忠诚度，提升客户的满意程度，扩大合作的深度和广度；加大了对无贷户的营销，进一步提升存款的稳定性。二是抓考核。为了推动全行存款业务的较快发展，省行专门拿出300万元费用与各行的存款完成情况挂钩。针对企业存款波动较大、一些行甚至出现负增长的严峻形势，省分行及时调整考核方案，加大考核力度，进一步加强系统指导、管理和督办，使企业存款不仅在年初一举扭转了停滞不前的被动局面，而且从下半年开始逐步迈上了稳步增长的快车道。各行也纷纷出台适宜的考核激励办法，调动全员营销积极性，取得较好成效。三是抓服务。各级党工团组织围绕全行工作重点，紧密结合自身联系群众、调动群众的职能作用，把吸存工作与开展文明优质服务结合起来，与岗位练兵和星级柜员评选结合起来，与创建青年文明号活动结合起来，大力开展形式多样的竞赛活动，在全行营造了比贡献、创业绩的积极向上的良好氛围。省行女工委组织全辖女职工开展的“巾帼揽存吸储状元”竞赛活动中，2706名女职工共吸储27.89亿元，为全行存款任务的完成做出了积极贡献。长治市分行通过深入宣传，广泛动员，在各级干部员工中树立“中行是我家，发展靠大家”的理念，引导大家争当“营销员”不当“评论员”，有力促进了存款业务的发展。

上下联动，强化营销，切实推动公司优质资产业务的稳步发展。针对山西的经济发展状况、产业结构、企业素质的实际情况，省分行党委提出了要抓住机遇，通过狠抓优势行业、优质项目、重点企业，特别是具有核心竞争力大企业集团的营销，调整授信投向，优化授信结构，同时在完善管理机制和风险可控的原则下努力发展零售贷款业务，做好票据业务和贸易融资业务。为了实现上述目标，全行进一步加强市场营销工作。应该说，2006年是山西行近年来营销力度较大、营销成效较为明显的一年。首先，健全了营销组织。各级行均成立了业务发展委员会，加强对业务发展包括营销工作的指导、协调与决策。组建业务营销小分队，加强对重点客户的营销与服务。其次，明确了营销方向。结合山西产业优势和行业发展特点，将全省“十一五”期间“368”大企业、大集团战略中的三个方阵、六大煤业集团等重点工程、重点储备项目，与中行已签订合作协议的重点客户的优质项目，以及交通、通讯、财税等优势行业企业等新的业务增长点，确定为业务营销重点。第三，建立了营销机制。初步建立起反应灵敏、协调高效的营销机制，根据行业动态和信息，加强上下联动、条线互动和系统营销，形成灵活高效的互动机制。省中行领导亲自出面开展高层运作，提高了营销的层次和效果。同时，实施预审批制和审批时效公示制，进一步提高服务效率。第四，制定了营销方案。出台了《重点客户支持方案》，建立了针对重点客户服务的"绿色通道"，为重点客户配置首席客户经理，成立专家服务小组，量身订制个性化、差异化服务方案。对省行级以上重点客户实施因客定价，以此提高营销竞争力。

在全行上下的共同努力下，营销工作取得了明显成效。一是与政府的全方位合作实现了质的飞跃。经过积极运作和争取，最终促成总行出面与山西省政府签署了800亿元全面合作协议，为今后进一步加强与省政府的沟通与协调，及早了解并介入重点项目掌握了主动权。二是与山西六大煤业集团的业务合作关系得到深化和加强。与山西焦煤集团签订了200亿元授信协议，与阳煤、同煤、潞煤集团的合作领域进一步拓宽，与晋煤、平煤集团的战略合作也已进入实质性操作阶段。三是与一批重点行业领域中重点客户的合作关系得以建立和巩固。先后与鲁能王曲发电、华圣铝业、富晋康等省内实力强、影响大、发展前景好的优势重点企业建立了业务合作关系，并且进一步深化了与晋北铝业、国电大同发电、大唐运城发电等企业的业务合作，为下一步逐步渗透介入其核心项目、拓宽合作领域创造了先机。在此基础上，全行积极跟进，认真抓好已签订协议内容的具体落实工作，当年新发放公司贷款中，90%投向了省行级以上重点客户，80%以上投向A级以上客户，公司贷款业务继续稳步增长，授信业务结构得到了一定的调整和优化，促进了授信业务的健康发展。与此同时，按照总行的战略思路，不断加强业务指导和条线督导，积极推行"关键业务指标"的考核，强化产品营销和风险控制，因地制宜地发展零售贷款，积极稳妥地抓好票据融资业务。

因地制宜，积极转型，努力推动个人金融业务良性发展。面对地方经济制约、市场总体萎缩、余额持续下滑等不利影响，山西中行克服不利因素，科学防范风险，因地制宜地发展零售贷款业务。一是制定了零售贷款业务发展规划，出台了"关键业务指标"考核办法。根据总行个金会议精神，及时调整了业务发展指标，适当加大了考核分值，指导各行加快业务发展。二是组织开展了针对六大煤业集团的定向营销、全员"直客式"营销、"动力快车"和"直客快车"汽车消费贷款营销等活动。三是进一步理顺省行消费信贷中心审批、放款等环节的操作流程，提高工作效率，促进业务发展。四是通过开展集中培训和资格认证考试，初步建立起一支稳定的零售贷款客户经理队伍。此外，不断加快个人金融业务转型，出台了《个人金融业务目标管理考核办法》，完成了网点改造建设、自助银行建设、理财中心建设三年规划，继续推进大堂经理队伍、理财队伍建设。

加强管理，健全机制，大力促进中间业务全面快速发展。山西省中行将中间业务作为战略发展重点，制定和采取各种行之有效的措施，促进了各项中间业务的全面快速发展：一是建立健全管理架构和组织体系，省行成立了中间业务发展领导组，加强对中间业务发展的决策、指导和协调；二是制定年度发展规划和指导意见，明确中间业务发展重点、发展目标和主要措施，并适时对全行业务发展情况进行指导；三是对中间业务指标首次采取了"双线下达"的管理模式，既对二级分支行下达年度增长指标，还对省行条线主管部门下达了业务线收入计划和发展目标。同时，加大中间业务在绩效考核中的考核比重，增加奖励金额和奖励渠道；四是积极拓展收费品种与渠道，加强收费管理，不断扩大收入来源。大力开发应用新的收费产品和服务项目，在全辖投产了"借记卡年费、工本费收取系统"，"小额账户管理费征收系统"及"因私售汇系统"等，增加了代收移动通讯费等代收费项目，进一步增加了收入来源；同时，加强各业务条线收支核算，严格执行收费标准，确保中间业务收费项目应收尽收、足额入账，促进了各项中间业务计费收入的大幅快速增长；五是加强调研，确定目标，制订方案，加大营销。各条线管理部门对现有中间业务进行梳理和分类指导，进一步细分了客户市场，明确了目标客户和发展重点。由于政策明确，定位清晰，措施得力，各业务线中间业务均得到了全面、快速发展，收益大幅增长，贡献度明显提高，且发展态势持续向好。

国际结算业务克服山西外贸额下降的不利因素，不断加大进口跟单业务以及保理、保函等收益较高业务的发展力度，整体业务量和收益均保持了两位数的迅猛增长，市场份额继续占据全省国际结算半壁江山，不仅跑赢了大市，而且成为山西行中间业务贡献度最高的业务品种。资金业务依托中行优势，加强业务营销，积极为重点客户建立外汇资金"绿色通道"，争揽到一批潜在的黄金客户。成功推出"黄金宝"、"外汇宝"和"汇聚宝"个人理财业务品种。积极发展短期融资券承销业务，年初承销山西美锦集团12亿元短期融资券业务，填补了该行此项业务的空白。银行卡业务围绕总分行发展战略，通过不断创新产品功能、扩展收单市场、完善考核机制、强化业务营销、加强风险控制，进一步改善用卡环境，实现了卡量和收益的双增长。此外，个人金融、对公结算、金融机构、电子银行等业务条线也都按照全行的总体部署，积极开展营销工作，均取得了骄人的业绩。

充分发挥财务管理的导向作用，不断促进绩效进步。2006年，山西中行紧紧围绕总行确定的导向性原则，紧密结合山西省经济发展状况，立足实际，按照"以效益为核心，以风险控制为重点，以业务发展为前提"的总体思路，充分发挥财务管理的导向作用，对本年度和未来三年的业务发展和经营目标进行了科学合理的规划，强化系统管理职能，积极采取有效措施，努力促进经营绩效的不断提高。首先，适应股改上市后的价值创造导向，积极构建全新的经营绩效衡量体系。除了继续加强对二级分支行的考核以外，对省分行业务条线部门首次分解下达了业务线年度收入目标任务，实现了二级分支行与省分行各职能部门的任务对等、目标一致。引入经济资本管理理念，对各行增设了"风险调整资本回报率"和"经济价值增加值"两项考核指标，使各行当期经营业绩的可比性进一步增强。继续加大对中间业务和零售贷款业务等重点发展业务指标的考核，突出了绩效考核对经营发展的导向性原则。其次，进一步完善财务管理模式。改进财务费用资源配置的取向和模式，采用存量净收入与增量净收入决定各行费用规模的双费率调控手段，促进各行在稳定存量收益的前提下，积极谋求增量发展。建立以"税后利润"为基数，以"资产回报率、人均利润、成本收入比"为主要内容的效益指标考核体系，并突出"净利润和成本收入比"两个核心财务维度指标的动态考核与评价，督促各行主动调整经营重点，有效促进整体经营水平的提高。新的考核方式在推动全行发展业务、控制风险、提高效益方面起到了积极有效的导向促进作用。第三，进一步加强资金管理与核算管理。实行差别备付率标准的办法，对各行的流动性管理实施日监控、月通报、季分析，加大资金调拨力度，加强全辖的利率管理，尽可能实现资金收益最大化。按照"集约化、扁平化"的管理原则，集中上收了县级支行费用支出等财务事项，完成了整合组建太原地区同城财务中心的前期准备工作，加强对全辖固定资产的梳理和入账工作。

(常新宇　李　军)

**【全面加强风险管理工作，狠抓资产质量】** 进一步加强风险管理，切实把好新增授信质量关。首先，进一步加强系统风险管理职能。完善和强化了省行风险政策委员会以及授信评审委员会各项制度，对全辖有关从业人员实施任职资格认定，充实了风险专职评委，以确保风险管理职能的有效发挥。其次，对五直属支行授信和全辖零售贷款的审批流程进行了调整。结合实际、区别情况，将票据贴现和同城公司授信账户实行了集中上收，有效控制了经营风险和操作风险。第三，加强风险管理各个环节的控制。进一步明确了公司、风险、个金、授信执行等部门的条线职责，建立了重大风险事项提示制度。进一步做好风险分类集中化和客户评级工作，不断加大对集团客户授信风险的监管力度。第四，强化风险控制对授信投向的引导作用。通过制定主要行业授信指引，对重大项目实行预审批制，建立重点客户尽责审查专管员制度等措施，指导全辖理性发展授信业务，把营销重点放在重点客户和优质项目上来。第五，切实发挥好授信审批的职能作用。针对授信客户基础薄弱的现状，严格授信条件的审查。对于不符合条件的存量授信客户，分别采取了压缩授信、增强担保、消除抵押瑕疵以至退出等针对性管理措施。

进一步强化贷后管理工作。召开全省贷后管理工作会议，对贷后管理各项具体工作进行了全面摸底和具体安排。在此基础上，一是强化了贷后管理的条线职责。明确了全行公司业务条线履行贷后管理工作的职能，落实其人员配备和岗位职责，将贷款客户经理作为贷后管理的第一责任人。同时，按照《公司业务贷后管理操作手册》要求，对各岗位实行严格的考核与管理。二是加强对高风险客户和贷款的监控。继续做好对关注类授信、大额授信和C、D类客户授信的管理监控，建立亿元以上授信客户数据库，坚持实时跟踪监管和定期分析报告制度。三是在全辖开展了非应计贷款余额中五级分类仍在正常、关注类的贷款和逾期3个月以内贷款的集中清理活动，有效防止了资产质量的进一步向下迁移。四是加大贷后管理的检查力度。进一步加强信息化建设，加强客户信息的共享和互动，实现了对全辖授信企业往来资金的随时监控以及对账户的严格监督。两次对全辖公司授信的贷后管理工作进行了重点抽查和检查，针对问题进行了严格整改。五是认真实施退出机制。结合日常的贷款监控，将潜在的高风险大额授信客户列为管理重点，制定和实施调整或退出策略。

进一步采取有效措施，全力做好清收抓降工作。一是对全省公司不良贷款逐户进行分析诊断，提出处置建议，特别将全省和各分支行的十大不良客户作为清收处置的重点。二是严格抓降工作的考核。要求各级行"一把手"亲自负责和参与，业务部门协同配合，共同抓好清降工作。出台了清收处置激励考核措施，进一步调动全员积极性。对抓降工作进展缓慢、差距较大的行，还对其"一把手"、主管行长和部门负责人实施了诫勉谈话等措施。三是积极探索不良资产集中处置的运营和管理模式。把太原地区作为清收处置重点，成立"五城区行联合清收组"，集中力量进行清收处置。四是积极化解零售不良风险，对全辖零售贷款的总体情况进行了认真细致的摸底，先后建立了一系列贷款风险监控、预警、提示办法，并实行严格的日监控、周报告、月通报制度，不断提高风险监控水平加大督办落实力度。全年累计以现金方式清收不良资产7.31亿元，完成总行任务的126.03%。

(常新宇　李　军)

**【坚持内控优先原则，狠抓内部管理】** 从抓好基础工作入手，不断加强内控建设和案件专项治理工作。进一步健全了全行的内控治理架构，明确了内控责任，建立了内控委员会会议制度，积极推进内控合规员队伍、录像查看队伍、代职队伍三支队伍的建设。同时，将内控工作任务分解下达到各行各部门，切实做到内控面前人人有责。结合业务流程整合，对部门职能、系统管理与业务操作进行了认真梳理和重新界定，为各项业务合规操作提供了有力的制度保证。在此基础上，积极推动内控建设和案件治理各项工作。一是不断加大对高风险业务及环节的稽核检查力度。利用常规稽核、专项稽核与专项治理的方式，上半年先后围绕承兑汇票、零售贷款、重要空白凭证的管理以及授权卡专项治理等内容开展了一系列检查和治理，并强化了问题的整改。二是认真落实案件专项治理的各项具体工作。对2005年各项检查中发现问题的整改情况进行了跟踪落实。通过监督与处罚相结合、处罚与治理相结合，进一步强化责任追究工作。完善系统，突出重点，积极推进反洗钱和商业贿赂专项治理工作。三是大力加强全员合规教育，努力在全行形成"制度大于领导，制度大于情面"的合规文化。组织全员开展了《员工守则》和《员工违规处理办法》的学习宣传活动；针对屡查屡犯、违规操作等顽疾，建立了一线员工和基层营业网点负责人个人合规档案，加强了对其操作行为的日常管理；自行开发电脑在线考试系统，组织全辖4523名一线员工参加了以《业务操作风险控制指引》和《员工违规处理办法》为重点的上岗资格考试。四是研究出台一系列针对性防范整改措施，加强全辖内控管理。将基层经营机构的行政印章全部上收至各二级分支行集中管理，修订完善了印章管理办法，特别是明确各基层机构负责人不得直接掌管印章；对全辖经营机构负责人重新进行了一次全面的准入资格审查，加强其日常动态的有效监管；明确了业务条线部门的内控职责，并将职责印制成册下发全辖执行；抽调100余人组成9个检查组开展了全行性的案件治理专项检查，分行党委在专题听取检查汇报后逐项制定了整改措施；对全行现行的各项规章制度进行了全面清理，将有效规章制度列出清单在内部网上进行公布；在全行事后监督中心全面设置大额可疑交易监督团队或专岗；加强内控建设中科技手段的应用，新上了事后监督系统、网上银企对账系统、电子验印系统；强化和规范公司授信管理，将票据贴现和同城公司授信账户全部集中上收到二级分支行本部；在全行普遍建立了案件形势分析会制度；研究制定全辖的机构整合方案。

大力加强各级领导班子建设和干部队伍建设。首先，注重抓好省行班子建设。

省行党委采取各种形式，统一思想，提高认识，不断加强班子的思想建设和执行力建设，努力提高党委班子应对复杂局面、处理疑难问题的能力和水平。班子成员认真贯彻执行民主集中制原则，全力维护党委权威，积极抓好分管工作。省行党委班子始终保持了同舟共济、团结协作、奋发进取的良好工作状态，发挥了统揽全局、协调各方、坚强有力的领导核心作用。其次，认真抓好基层行班子建设。按照“德才兼备、以德为先”的原则，先后对二级分支行和中心省分行的27名中层干部进行了考察、聘任和调整，使各级班子的知识结构、专业结构和年龄结构趋于合理，整体素质进一步增强。同时，切实抓好各级领导班子对科学发展观的再认识，指导各级行进一步树立正确的经营指导思想、业务发展模式和选人用人导向。第三，不断强化和推进党风廉政建设。先后出台了领导干部廉政档案管理办法、管理人员诫勉谈话和函询制度以及干部任前谈话制度，中心省分行对所管干部任前廉政谈话达到100%，在节假日之前及时对全行领导干部提出“四个不准”的要求。进一步加强对基层经营机构负责人的日常监督和管理，针对个别人违规借用客户车辆的问题进行了严肃清理。加强透明度建设，继续完善集中采购机制。全年，全辖经集中评审，压缩投资项目103个，压缩金额361.48万元。第四，大力加强干部员工队伍建设。进一步加大岗位交流、代职管理、强制休假等制度的落实力度，全行凡是任职期满的干部全部进行了交流轮岗，已完成77个经营机构负责人的代职工作。认真落实40小时培训制度，全年全行培训人员达到66795人次，其中包括两期基层机构负责人的培训班。除了从专业角度逐步建立并推行业务资格准人制度、参加总行统一安排的全员合规测试以外，还两次组织全辖一线员工参加了上岗资格考试，进一步提高了全员的业务素质与合规素质。

积极稳妥地推进各项改革工作。按照“以价值创造为导向，促进绩效管理和业务发展良性互动”的原则，高度重视改革工作的舆论宣传，加强全员的思想政治工作，认真处理好改革、发展与稳定的关系，对推进改革的每一个细节、步骤都进行了反复研究和周密安排，由此确保了全行流程整合、机构重组、职位竞聘、薪酬改革、金库守押社会化等多项改革工作的稳步实施和平稳过渡，并且得到了全行干部员工的理解、支持与配合：一是认真做好绩效管理体系改革。引入平衡计分卡原理和经济资本管理理念，对全行绩效管理办法进行了重新修订和完善，制定出台了省分行和二级分支行高级管理人员绩效管理办法，对各行各部门开始按照新的考核办法实行按季考核。二是继续推进业务流程整合。比较平稳地完成了二级分支行业务流程整合和机构重组，实现了太原地区授信业务流程整合以及事后监督等有关业务的上收集中，太原市区金库守押社会化移交工作顺利完成。三是配合人力资源改革，全行的岗位竞聘、职位评估工作已基本到位，薪酬改革等工作正在有条不紊进行当中。

努力在全行营造协调高效的运行机制。协调高效的运行机制是提高工作效率、改善服务水平、提升社会形象的重要保证。为此，山西中行重点抓了三方面工作。一是抓落实。年初对全年各项重点工作进行逐一细化，明确完成时限和目标要求，分解下达到分管行领导和各有关部门，以确保各项工作落到实处；二是抓作风。积极引导全行进一步转变思想观念和经营理念，切实改进工作作风，增强服务意识，提高办事效率，特别要求各级领导干部更是要增强责任心和事业心，率先垂范，尽职尽责，讲协调、讲配合，抓执行、抓落实，把队伍带好、把工作做好、把业务发展好；三是抓服务。认真落实总行2006年文明优质服务工作的各项具体安排，积极倡导日常性的群众岗位练兵活动，举办了全辖第十五届业务技术比赛。通过抓一系列基础性工作，良好的服务理念正在全行逐步形成，全行上下立足本职、做好工作、强化执行的力度不断加大，各项工作按照预定计划稳步推进，工作作风不断改善，中国银行的品牌形象得到进一步提升。2006年11月，经过山西省品牌协会等11家评委单位的严格评选，中心山西分行继2005年之后再次蝉联了“山西省金融行业客户首选品牌”荣誉称号，这在全省金融系统独此一家。

（常新宇　李　军）

## ·交通银行股份有限公司太原分行·

【**2006年主要业务指标得到较快增长**】2006年交通银行太原分行以深化改革为动力、深化内部管理为抓手，以加快战略转型、优化服务质量、打造交行品牌建设为重点，不断优化内部结构。一年来，面对国家进一步加强宏观调控、金融改革继续深化、同业竞争更加激烈的态势，以打造“一流内控银行、一流零售银行、一流服务品牌”为目标，全行员工振奋精神，克难而上，内控管理进一步提升，主要业务健康发展，各项工作取得了可喜成绩。

截至2006年末，全行人民币各项存款余额175.7亿元，较年初净增34.7亿元，完成总行计划任务115.7%。其中，人民币储蓄日均余额较年初净增10.5亿元，完成总行下达任务的104.5%。

外汇存款2612万美元，其中，外币储蓄日均增量545万美元，完成总行任务指标的320.6%。

人民币各项贷款101.5亿元，较年初增加10.5亿元，完成总行任务的102%。

网上银行收益完成总行下达全年计划任务的200%。贷记卡发行量完成总行计划任务的122.45%。

按五级分类标准，不良贷款较年初减少0.77亿元，占比较年初下降1.4个百分点。其中，处置存量对公不良贷款1亿多元，完成总行任务的120.1%。

全年实现税前利润2.99亿元，拨备后实现利润2.87亿元，完成总行任务的100.6%。（阎瑞生）

【**狠抓内控管理，扎实基础工作，资产质量显著提升**】内控管理效果明显。内控建设是银行稳健发展的客观要求，是业务健康发展的前提和保证，也是银行内部管理的一项重要内容。2006年，交通银行太原分行把全行的内控管理作为一项重要工作来抓，在继续坚持“指示服从制度、发展符合规范”的内控管理理念、深化“员工操作一点通”等内容管理制度的基础上，加大整章建制的力度，严格贯彻落实“无大过”、“不二过”、“举一反三”的内控指标，不断深化内部改革，全面提升抗风险的能力，收到了明显的效果。一是优化操作程度，细化操作流程。一年来，全行以核心账务系统、小额支付系统等的上线工作为契机进一步规范、优化业务操作，全年共制定下发规范性文件、规章制度等175份，进一步规范和优化了员工的操作，做到了事事有章可循。二是强化管理，狠抓制度落实。全行先后落实了会计主管委派、轮岗轮调、强制休假和离任审计等重要规章制度，并且对制度的落实进行了跟踪督办，深化了全行的内控建设。三是强化了重点风险环节的流程改造工作，以不断适应改革的需要。全行先后实行了账户资料、印鉴卡、银承汇票的集中管理，定期进行检查，对全行交换工作进行了统一外包，实现了专业化、规范化的管理，进一步提高了工作效率，降低了风险，节约了人力资源。四是进一步加大了防范内控薄弱环节和案件风险重点环节的工作力度，将风险控制工作前移，结合工作实际，分行全面推出“检查—通报—处罚—建账整改—再检查”的循环检查模式，从会计结算和内部审计两条线增加检查频率，对检查中发现问题和不足，及时进行整改。采取建立整改台账，责成专人跟踪落实整改情况，并将整改的内容落实到实际的工作中，一年共组织全行性内控检查10余次，专项检查6次。检查发现问题467个，整改率93%。处理违规操作34起、177人次。通过上述工作，分行内控管理水平显著提升，在山西银监局对交通银行太原分行的风险评级由三级提升到二级；总行审计部对交通银行太原分行的财会内控评级从C级提升到B级。

资产配置更加优化，资产质量明显提升。银行资产质量的好坏直接关系到银行的生存和发展，也是衡量银行管理水平高低的重要指标之一。2006年交通银行太原分行进一步加大了对资产的管理力度，采取切实有效的手段清收不良资产，对新发放的贷款严格把关，使全行的资产结构得以有效调整，资产配置得到进一步优化，不良资产明显下降，主要采取了以下几项措施。一是按照总行年初的“一行一策”要求，全行深入调研，不断的整合资源，结合山西区域经济特点，进一步加强了结构调整，对新增贷款主要投向了石油化工、煤炭、钢铁、电力等优势行业和产业。截至2006年末，分行全年对6个支持类行业贷款余额达62.8亿元，占比64.5%，在政策鼓励支持类行业中交通运输、电力行业基本达到总行要求的目标。在客户结构调整方面，优质客户占比显著提升，1～5级客户贷款余额和占比分别较年初增加35.3亿元、30.2个百分点，6级客户贷款余额和占比较年初减少18亿元、22.1个百分点，7～10级客户贷款和占比较年初减少6.4亿元、8.19个百分点，圆满完成了总行授信管理政策目标。二是加大清收力度，实现不良贷款余额和占比双下降。全行对不良贷款进行分类排队，综合运用多种清收手段，分户到人、责任到人，一户一策的制定清收计划，采取定期召开清收例会，研究具体的清收措施，深入企业了解情况，及时调整清收策略，对千万元以上的客户重点展开清收，对金额较小、有可能全额处置的客户加大处置。截至2006年末，全行不良贷款余额分别较年初下降7678万元和1.41个百分点。其中对公不良贷款分别较年初减少10208万元和1.52个百分点。全年共完成存量不良贷款清收10294万元，超额完成总行清收任务1794万元。三是进一步化解逾期贷款风险。全年共重组转化逾期减值贷款7户，金额14285万元，实现了21户1300万元监察名单风险严重客户的风险评级上调。（阎瑞生）

**【抓服务树品牌，推进营销业务快速发展】**

服务质量和服务水平的提升是银行业永恒的主题，是树立银行形象，提高竞争力，实现可持续发展的重要保证。银行要生存、发展和壮大，就必须竭尽所能为客户提供满意服务，自觉增强责任感和使命感，抓好服务质量管理，树立良好社会形象，是客户选择银行的第一要素。为了提升服务质量，交通银行太原分行早在2006年3月，就启动了“微笑交行、提升服务”活动，要求员工牢固树立“服务立行”的理念和“服务创造价值”理念，以客户满意度为标准，加强自律，着力提高竞争力和可持续发展能力，促进服务质量和经济效益的“双提高”；以客户为中心，实施服务制胜战略，将文明规范服务作为有自己特色的企业文化建设的一项重要内容，融入全行各个业务领域中。要求全行切实加强服务创新，优化服务流程，规范服务行为，不断提升服务水平，以满足客户需求为目标，调整、优化机构网点和服务窗口，积极整合各项资源，创新金融服务内容和手段，提升银行业整体服务层次和服务质量。针对全行的实际，分行聘请外服务公司专家对全行员工进行了培训，制定了服务规范，成立了检查考核小组。提升服务项目组结合培训内容，采用现场观察、随机调阅监控录像、聘请了影子客户调查等方式，对员工的服务进行打分，通过周通报、周分析、周整改，对服务的情况进行分析通报。同时在全行还建立了行领导表扬诫勉等制度，全面推进全行服务水平和质量的提升，随着活动的开展，分行的服务态度较过去有了很大改观，出现了可喜的变化。在2006年10月份交通银行（总行）提升服务质量动员会召开后，全行又结合自身实际，积极实施由“微笑服务”向“提高效率、增强销售”的提升，并成立了服务质量提升领导组，设立了调协推进办公室和效率流程组、服务质量组、业务指导组、网点形象组、计量考核组和宣传报道组，通过优化网点形象、加强员工技能培训、加强业务流程改造、制订客户关怀标准、明确销售标准等措施，使全行的微笑服务得以巩固，服务效率得以进一步提升，服务品牌得以显现。分行客服中心从2006年10月以来连续3个月客户投诉率为零；在总行“神秘人”对34家省直分行的服务评验综合打分中，交通银行太原分行高柜柜员言谈举止名列第一，抵柜柜员言谈举止名列第一，其他职员行为规范名列第一，网点内部营业环境名列第二。特别是在开展的“大话交行、重将回馈”活动中，从收到的3000多份意见来看，90%以上的客户充分肯定了交行服务，全行的服务已经在广大市民中树立了良好口碑。

进一步提升员工自身素质，促进业务发展。为适应转型要求，营建销售文化，提升员工素质，在全行范围内开展了多层次的营销、产品、业务知识培训。学习银行先进的管理经验与考核模式，采取现场演练的方式对行私金客户经理进行销售文化、销售技巧等进行了系统的培训。建立了“学习—培训—考试—考核”模式，将考试成绩纳入职工履职考核，并与收入进行挂钩。经过对员工的业务、产品知识的培训，分行整体涌现出一批技能、服务、营销均有较强能力的服务明星，带动了全行员工整体素质的提高，从而有力促进零售产品销售。截至2006年末，完成总行双币卡发卡任务的122.45%，计划完成率全系统排名第一；累计销售基金、保险、国债等人民币理财产品4.72亿元，系统内名列前茅；全行日均储蓄存款较年初增加10.56亿元，同比增长33.5%。理财产品销售量比2005年销售总额翻一番，从根本上提高了员工的素质和销售能力。

公司业务营销步入了新轨道。公司业务是银行利润的主要来源，是市场地位的标志性关键指标之一。2006年，交通银行太原分行立足市场，合理整合内部资源，充分发挥“分行领导、支行领导、客户经理”三个层次的营销作用，针对山西省产业的特点，加强对要素市场的营销，以财政、电力、煤炭、钢铁等重点单位为营销目标，并制定了财政存款和煤炭行业营销指导意见，截至2006年末，全辖营销财政取得很大的成功；与相关公司签订了全面业务合作协议，初步达成了50亿元的授信支持额度；为山西省重点项目出具贷款承诺函10亿元。不仅圆满完成了当年任务，而且进一步储备了丰富的资源和项目。二是加强对山西百强企业的营销力度。为进一步支持全省优势企业做强、做大，带动全省经济发展，分行对山西百强企业进行了筛选划分，确定了各经营单位的具体营销目标，制定了分行客户发展策略，巩固和扩大分行客户群，通过客户资源进行了细分筛选，召开分行重点目标客户营销会，确定了管户客户经理每月汇报营销进度的制度，分行领导定期听取各经营单位营销工作情况汇报，客户经理汇报月营销进度，分行领导有针对性地提出指导意见，并做到有记录、有落实、有督促，充分调动全体客户经理的积极性和主观能动性。三是实施分行领导营销制度。公司业务由两位分行行长共同分管，在具体营销过程中，分行领导加强了与重点客户单位的高层互访活动，进一步提高了营销的质量和效率。四是开展了人民币存款“奋战90天”营销竞赛活动。要求各经营单位预先上报计划，分行对计划完成情况进行逐日监控、督促落实的方法。命名全行存贷款全年计划得以圆满完成。五是加强对新产品的营销力度，以满足客户多层次的需求。全年营销、办理国内保理5000万元，为交行系统内首笔国内保理业务。六是稳步开拓了中小企业客户。在支持大企业客户的同时，积极支持中小企业客户的发展，先后制订了《推进小企业信贷业务发展的实施细则》和《小企业授信业务指导意见》等规章制度，明确了授信经营单位从受理客户申请到完成授信调查报告的时间要求，以满足客户的需求。截至2006年末，交行小企业授信户数达189户，授信额度30多亿元。通过上述努力，公司业务得到了快速发展，截至2006年末，交行全辖人民币对公存款余额达130亿元，较年初增加23.8亿元，增长率22.4%。 （阎瑞生）

【改善工作作风，构建和谐环境】 一个良好和谐的内外部环境是一个单位实现快速发展的重要保障。2006年，交通银行太原分行进一步加强工作作风建设，努力构建和谐工作环境，不断提升全行的竞争力。一是在全行推行周六、周日机关人员担任支行大堂经理制度。全行机关人员利用周末和节假日休息时间深入经营网点担任大堂经理，进一步了解基层、了解业务、了解客户，了解支行的需求，充实一线力量，解决客户分流、进行业务咨询，大大减轻柜面压力，提升支行服务水平。二是建立了全行各单位、部门督办制度。为更好地落实各项工作，分行对布置及安排的工作加强了督办、检查力度，在办理的时限、质量等方面都进行了详细的要求，并建立了相应的台账，由专人负责督办，极大地提高员工办事效率和工作质量，促进了各项工作的有效落实。三是建立了牵头部门负责制度。对上级和分行安排的工作，由牵头部门制定工作表，对工作进行主办，防止了部门间的相互扯皮和推诿，提高了办事效率。四是在全行初步形成了事前调研制度。要求分行机关部门人员经常深入基层，开展调研活动，了解基层和支行的情况，掌握一手资料，使机关各部门进一步“了解自己、了解对手、了解客户”，使得分行决策更有针对性。五是在全行形成了月度经营分析及报告制度，业务部门按月召开经营分析会，分析经营中存在的问题和不足，在分析问题的基础上明确下一步对策。六是在全行形成了检查通报制度。各业务条线加强了对各自工作的检查力度，并按照检查模式，加强通报，奖惩挂钩，对发现的问题要求限时进行整改。七是形成了对文件的“两个模式”处理制度。全行能够按照分行领导提出的两个模式处理来文，同时，加大对发文的流程性处理，进一步提高了文件的执行力度。八是形成了信息共享制度。业务部门加大对内部网站的建设力度，积极发布相关信息，及时通报业务进展，进一步促进了分行业务发展。九是形成了考试考核制度。对于业务产品和规章制度，采取先学习后考试，以考试考核的形式进一步提高了对员工对业务产品和规章制度理解和掌握。十是形成了晨会制度。各部门、单位每日班前召开晨会，及时部署和总结部门工作，大力推行弹性工作制，进一步提高了工作效率。通过一年来的努力，全行工作作风得到有效改善，重心得到下沉，工作中心得到了前移。

2006年，交行积极安内联外，努力构建和谐的发展环境。一是分行部门员工在做好本职工作的基础上，每周抽出时间到经营网点进行现场检查、咨询、督导，及时发现业务发展中的问题，针对发现的问题，分清类别，提交有关部门限期解决。二是实行了行领导每周到基层网点巡视制度，进一步了解基层情况，及时解决发现的问题和困难，共同研究经营及管理中的新情况。三是加强分行领导与员工的交流机制。通过双向交流互动使员工更加了解全行的情况、了解领导的工作构想，对全行的发展提出切合实际的建议。同时，行领导通过与员工的直接沟通，使行领导更加充分了解基层的情况和员工的所思所想，使行领导做出的决策更加科学符合实际。全年共组织安排领导与员工座谈会56次，956人次参加，职工提出问题共439条，结果反馈393条，切实解决了员工最关心、最直接、最现实的利益问题。四是加大了对外协调的力度。在对外协调方面，分行与省委、省政府、市委、市政府、人民银行太原中心支行、山西银监局等部门建立了良好的长期沟通合作机制，在分行重大工作的推进中，得到了来自上述各部门的指导、协调与帮助，有力地促进了相关工作的开展。五是扎实推进反商业贿赂专项工作。围绕银监会明示的十种不正当交易行为和总行界定的政策界限，进一步提高自查自纠的自觉性，端正各级领导干部和员工的经营思想，基本消灭了分行内部营销现象。六是全年安全保卫无大重大事故。分行舍得花钱买平安，全年投资安防设施100万元，撤销了各网点夜间值班人员，组建了夜间巡逻小分队，安装了报警布防设备；在2005年建立远程监控中心对全行所有营业网点进行全面监控的基础上，2006年又完成了对设置在金虎便利、美特好超市等地ATM机的数字监控，实现了分行全年安全保卫无大重大事故。七是全年未发生一起计算机安全事件。通过修订完善计算机安全管理实施细则，建立安全台账，每月发布全行计算机安全情况，加强各部门计算机安全管理员的管理，加大对计算机安全的检查力度，加大对违规行为的处罚力度等有效提高了计算机安全管理水平，分行全年未发生一起计算机安全事件。八是维护员工的切身利益。员工举行婚礼，分行派人祝贺；员工家属去世，分行工会给予安抚；适时组织员工疗休养；举办第三届职工体育运动会；以俱乐部的组织形式每月至少组织两次体育锻炼活动；员工患大病，分行积极

提供各种形式的救助。全年各分行负面新闻零报道，通过以上工作的开展进一步提升了全行的社会形象。　(阎瑞生)

## ·中国农业银行山西省分行·

**【概述】**　2006年，中国农业银行山西省分行在继续坚持“既要发展，又要严管”的治行方针上，实施了拓展市场大营销、风险资产大清收、机构人员大整合、合规操作大治理、数据大集中“五大工程”，在整合、整顿、提高上狠下工夫，进一步壮大了“三大基地”建设，进一步促进了全行各项业务继续保持快速、健康、科学、有效的良好发展势头。截至12月底，全省本外币存款余额达1326.1亿元（含同业），较年初净增183.6亿元(不含同业)，同比增加5.32亿元；各项贷款余额达582亿元，较年初净增74.58亿元；实现经营利润11.73亿元，同比增盈2.34亿元，再创历史新高。其中，全年实现中间业务收入3亿元，同比多收8761万元。

(田喜成)

**【存款大营销，资金实力大增强】**　2006年，山西省农行本着“存款增实力、增份额、增效益”的指导思想，狠抓了各项存款群体的“大营销”活动。一是以储蓄存款为主，积极拓展个人业务市场空间。年初，省农行就精心组织开展了“伴你成长——金钥匙春天行动”，即围绕“伴你成长”的核心理念进行品牌营销；围绕“用心服务”的服务理念进行客户营销；围绕“产品为先”的经营理念进行产品营销。其中，包括开辟大客户窗口，设立大客户专区和理财中心(室)，为大客户提供“绿色通道”，对营业网点的陈旧设施进行淘汰更新，以及配备必要的服务设施。与优质客户积极建立长效互动机制，积极建设优秀个人客户经理队伍，提高服务层次。截至2006年12月末，全省农行人民币常规业务储蓄存款余额达695.5亿元，较年初净增79.8亿元。二是对公存款，省农行紧紧抓住当前全省经济发展快，新上项目多的时机，大力营销符合国家产业政策，技术含量较高、有能源、矿产、劳动力等资源优势，发展前景广阔的国家级、省级大项目。如省农行以培植优质大基地为突破口，强化市场营销力度，成功营销了山西潞安矿业集团，在为其办理13亿元企业债券保证担保业务的同时，实现派生存款12.8亿元，有效增加了综合收益。到2006年12月底，全行实现对公存款533.23亿元，占各项人民币存款余额的43.4%，较年初新增102.55亿元，完成全年计划的128.19%。其中，全行行政事业单位存款余额183.12亿元，较年初增加55.95亿元，增幅44%，完成全年计划的373%。三是同业存款，省农行则坚持双方共赢和拓宽领域相结合，狠抓金融同业合作业务的有效发展。即围绕业务发展和金融创新的需要，将金融同业合作范围积极扩展到包括商业银行、政策性银行、城市信用社、农村信用社、证券公司、信托公司、期货公司、邮政储蓄、金融租赁公司在内的九大类金融领域。2006年，省农行进一步加强了与全省农村信用社、农业发展银行、国家开发银行、金融租赁公司、证券公司在诸多领域的同业合作步伐，促进了同业合作收益的进一步扩大。到12月底，全行同业存款余额94.3亿元，对于壮大全系统资金实力、维护结算稳定、扩大资产业务都起到了非常重要的作用。四是外币存款，省农行不断加大本外币一体化经营的力度，通过强化本币业务对外汇业务的拉动作用，特别是对本外币大客户的公开统一授信，有力地推动了国际业务的大发展，促进了外汇对公存款的大提高。截至2006年底，全行外汇存款余额3861万美元，比年初增加1640万美元。其中：外汇对公存款3009万美元，较年初增加1583万美元，完成全年计划任务的792%。

(田喜成)

**【贷款大营销，资产质量大提高】**　2006年，全省农行积极按照“收回有保证，贷后易管理，责任已明确”的放贷条件，把组织业务大营销作为开拓市场、塑造形象的重要途径，将营销目标定位到国家发改委立项的国计民生大项目、全国500强和全省重点行业和企业，确定了当年及今后3年全行重点客户营销目标，列出详细名录印发各行，营销名录包括124个重点客户和项目，涉及贷款需求1492亿元。省分行领导率先垂范，主动与省发改委联系协调，业务前后台部门积极上门营销，各级行上下同心，联动公关，全省农行掀起大营销高潮。省分行首次召开“支持山西‘十一五’经济发展”新闻发布会，省政府和农总行领导亲临会场，现场农行与太钢、同煤、晋城无烟煤、晋北铝厂等20多家客户签约，融资授信278亿元。同时，各级行全面提高服务效率，创新产品，加强柜台服务，努力满足客户需求，有效地推动了营销工作的深入开展。经全年努力，省农行一是营销回一批全省钢铁行业、煤炭行业和铝制造加工行业的龙头骨干企业，为调整信贷结构，优化资产质量奠定了基础。二是营销了一批学校、医院、旅游优势行业优良客户，为优化信贷客户结构奠定了基础。2006年，省农行就通过加大对AAA级以上旅游景点，国家、省、市级重点学校，140余所二级甲等及以上医院和县级重点公办医院等客户的营销，增加自主类机构贷款项目31个，贷款金额8.51亿元。三是储备新的优质客户贷款项目。对客户优良，但近期没有融资需求的积极进行超前营销，先后为长临高速公路、朔州热电公司、同煤朔丰铁路、晋城东大4×60万千瓦坑口电站等6个重点项目开立有条件贷款承诺函86.1亿元。四是中小企业择优营销保证质量。2006年，省农行还坚持抓大不放小的信贷经营策略，出台了《中小企业短期流动资金贷款管理办法》，实行“封闭运行，年末归还”的管理方式，采取由基层行选择推荐，省分行审查审批入备选库，二级分行在入库项目中择优发放。全省重点选择了105户信誉好、贡献度高、有潜力的小企业给予贷款支持，贷款额达6.495亿元，年末收回6.155亿元，收回率达94.77%。同时，向一批有潜力的中型企业注入信贷资金。截至12月底，全行较低风险区域贷款余额达356.76亿元，占61.3%。较低风险区域贷款继续增长，贷款结果得到根本性优化，资产质量得到极大提高。

(田喜成)

**【中间业务大营销，效益实现大突破】**　积极壮大“中间业务客户基地”是省农行2006年开展业务大营销的三大重点之一。为此，省农行从三方面着手，突出优势，抓出了成效。首先是通过同业合作的深度营销，首次开办代理企业发行债券担保业务，为潞安矿业集团和同煤集团发行13亿元和9亿元企业债券提供融资担保，实现可观效益。其次是国际业务差异营销，全行实现市场领先。2006年，省农行根据全省进出口形势变化新情况，及时调整经营战略，有效推进了国际业务的健康发展。到年底全行完成国际结算量100221.29万美元，同比增加43678.25万美元，增幅为77.25%，完成全年计划的143.17%，市场占比为16%，同比提高3个百分点，市场份额跃居全省同业第二名，受到农总行表彰；全行共实现结售汇业务量82599.3万美元，同比增幅58.78%；全行国际业务实现综合收入4443万元，同比增幅20%。第三是中间业务规模进一步扩大，手续费收入不断增长。特别是全行充分利用农行网点网络优势，依托网上银行、自助银行等先进的手段，以卡为媒介，实行信贷、消费、存款、中间业务捆绑营销，大力推广校园卡、公务卡等特色卡，积极拓展各种代理、结算等电子银行业务，全行新增发银行卡4.02万张，发卡量达到383.33万张；卡存款较年初增加9.95亿元，余额达到160.19亿元；卡累计消费额达到3473.78亿元，同比增加1171.46亿元；卡业务收入2.03亿元，同比增加3263万元。中间业务收入大幅度增大，对全行利润的贡献率不断提高。全年中间业务收入实现30031万元，增长42%，占全行净收入的8%，对全行利润的贡献率达到25%。

（田喜成）

**【大清收取得明显效果，不良资产实现"双下降"】** 2006年，山西省农行把大清收作为提高信贷资产质量和经营效益的一项重要工作。在指导思想上，坚持实事求是的原则，把实实在在收回"真金白银"作为根本要求，将不良贷款的货币清收任务目标落实到每个基层行、落实到企业；将清收责任分解落实到人；在考核激励上，加大了奖罚力度，省分行直接拿出3000万元效益工资与清收效果挂钩，未完成表外利息清收任务的，倒减当年经营利润。在清收管理上，全行建立省、市、县一条龙的在线监测清收台账，收一笔记一笔，清一户消一户，真正促进了各级行的真清收进度。在组织推动上，召开清收不良贷款现场会，表彰了一批清收效果显著的单位和个人；召开清收不良贷款促进会，直接向清收工作落后行进行问责。太原市农行动用公安力量依法打击赖债户、钉子户，打破了难清收的局面，有力地维护了银行合法权益，确保了国家信贷资金的安全。通过落实这些措施，有效地调动了行内外一切积极因素，在全行掀起了大清收高潮，全年清收不良贷款12.76亿元，完成总行计划的142%。其中，表外利息清收4.2亿元，同比多收3亿元，不良贷款余额较年初下降3555万元，同比下降3.93个百分点。 （田喜成）

**【机构人员大整合，增强了后劲】** 2006年，省农行坚持治标又治本，成功对全行机构和人员实施了整合手术，使影响合规操作和制约业务发展的困惑得到了妥善处理和解决。从2005年5月到2006年5月底，一年时间在对全省营业网点整合的基础上，对人力资源进行了优化，争取总行优惠政策的支持，招收柜员1071人，又招收本科大学生180人，共新招收员工1251人，确保全省542个营业网点，点均增加新柜员2.3名，实现了一次"大换血"，焕发生机，增强了后劲。截至年底，全行点均存款增至2.45亿元。

（田喜成）

**【合规操作大治理，不断提升全行风险防控能力】** 现代商业银行核心竞争力之一就是具有较强的风险防控能力。2006年，省农行为了有效增强操作风险防控能力，及时开展了为期两个半月的合规操作大治理活动，这项活动涉及全农行每一位干部员工。省分行班子成员分片督导，二级分行班子成员分工包点，全行员工认真学习合规操作知识，使基层员工与上级行领导干部有了充分沟通的机会，使上级行进一步加强了对基层营业网点风险状况的了解和控制，使各级班子和各部门管理的责任心进一步增强，合规操作已被广大员工所接受。同时，还通过健全监督控制与组织管理相结合的内控体系，进一步提高了各级行对基层操作风险的控制力。一是完善了十大防御系统。将县支行的112个事后监督中心上收到二级分行，成立了11个市分行监控中心，提高了事后监督的质量和效率；在全省542个网点上线了自助对账机，使客户在全省每一个网点可以查询自己的账户余额，加强了对客户资金的监督，使客户感到放心。二是建立省分行直管的审计体制。按照总行的要求，严格考试，认真筛选200名审计人员，成立10个省分行驻二级分行审计办事处，增强了审计队伍的超脱性和权威性。三是进一步加强了对基层网点的组织管理。227个县级支行营业室主任全部实现由支行一名副行长兼任；分理处主任任命权上收到二级分行，进一步促进了全行风险防控能力的增强。 （田喜成）

**【数据大集中，为业务发展提供强有力的科技支撑】** 数据大集中是现代商业银行实现科技强行的一大发展趋势。山西省农行按照农总行统一要求，全省5000多名柜员历经5个多月的业务技术培训，率先在全国农行上线了前台柜员综合应用管理系统的新模式，实现了"前台系统全省集中统一管理"的目标，不仅减少了成本，减少了维护人员，而且提高了系统的稳定性和科学性，为业务发展提供了强有力的科技支撑。 （田喜成）

**【加强精神文明建设】** 一是坚持物质文明与精神文明一起抓，为农行改革与发展创造了良好的环境。2006年，在开展精神文明创建活动，积极创建学习型团队中，省农行通过开展"以合规经营为荣，以违规经营为耻"的荣辱观教育活动，积极为全行营造了良好的合规氛围。二是实施"高效廉洁、文明办行"的阳光工程，在信贷、财务、用工上不断完善制度办法、程序流程，阳光操作，接受群众监督。三是开展知识竞赛、岗位练兵活动。从2006年以来，全省农行各支行行长坚持每月为所辖全行员工进行授课，讲授新业务、业务风险防范、服务礼仪等知识，有效地提高了员工思想认识，规范了经营行为，确保了各项业务健康发展。同时，还适时举办外汇、电子银行知识竞赛、柜台业务技术比武、规范化服务竞赛等活动，以进一步巩固学习成果和促进精神文明建设成效。大同分行通过全面开展"大学习、大规范、大营销、大清收、大提高"活动，形成全员学习、全程学习、团队学习等工作学习化、学习工作化的机制，拓宽多样化学习渠道，创建周六学校，制定团队学习计划，开展学习型员工评选表彰活动，采取在岗学习、单位组织、个人自学、参训等多种学习方式，通过举办"争做诚信员工，构建和谐农行"演讲比赛，进一步统一了思想，提高了素质，鼓舞了士气，增强了干劲。四是开展文明服务建设活动。2006年，山西省农行为了继续深化行风评议活动和规范化服务及网点争优创先活动，先后组织了两次全省性的明察暗访，分管行长亲自带队深入基层检查，检查组对基层网点检查面达到了100%，及时提出整改意见，全面促进网点规范化服务。2006年，省分行在省政府政风行风先进行业评比中获得满分。全省11个市分行、556个基层营业机构，积极采取各种有效措施，优化营业环境，提高服务质量，取得显著成绩，得到了社会各界的广泛好评。晋城、朔州分行被省政府分别评为2004年、2005年度行风评议先进单位，被当地行评办评为免评单位。其他各二级分行都被评为名列前茅的先进单位。五是创建和谐企业文化。2006年,全省农行开展了“进千家门,知千家情,解千家难”排忧解难送温暖等多层次的企业文化创建活动,进一步提高了全行员工的凝聚力。

总之,山西省农行作为网点最多、离百姓最近的银行,将一如既往地把精神文明建设抓紧抓好,努力为建设和谐山西、和谐农行做出积极的贡献。(田喜成)

## ·中国建设银行山西省分行·

**【加强与地方政府的良好合作】** 近年来,山西省由于煤炭、电力、冶金等支柱产业市场旺盛,产业结构调整措施到位,支柱产业多元化、传统产业新型化、新兴产业规模化取得明显成效,财政收入增长速度连续创全国第一,经济建设出现发展高峰期。同时,根据山西省“十一五”规划,煤炭、电力、交通等国家基础能源建设投资达15000多亿,这些行业恰恰是建设银行重点支持的领域。外部环境是建行山西省分行发展过程中一个非常难得、独有、不可错失的机遇。为此,建行山西省分行结合自身实际,将支持地方经济的发展放在工作首位。经过与总行领导、相关部门的沟通,与省委、省政府协调关系,2006年1月16日,建行总行行长常振明与山西省省长于幼军在太原共同签署了《金融合作协议》,建行成为全省第一家与省政府签订银政合作协议的金融机构。

根据协议,建行将全面加强与地方政府的合作力度,计划在“十一五”期间向山西省煤炭、电力、冶金、交通、城建、环保等特色产业和基础设施项目提供总额900亿金融支持,向中小企业提供100亿人民币的金融支持。同时,还将充分发挥建行整体优势,特别是在项目融资、项目管理、工程审计、资金结算、财务顾问等多方面的独特优势,对山西省的基础设施、基础产业及其配套领域中的经济社会发展瓶颈项目,提供长期、稳定的金融支持和优质高效的金融服务。协议的签订开创了建行与政府、企业加强合作、共同发展的新局面,为建行山西省分行落实山西省“十一五”发展规划,加快自身发展、实现战略目标创造了较为友好、和谐的外部环境。在信贷投放的把握上,尤其是对合作协议上涉及的许多省内重大项目和支柱产业,建行山西省分行狠下工夫,一方面做好行业分析和研究,一方面积极跟进具体项目,全年共有83亿元集中投放在合作项目上,促使资产业务在短期内有了较大幅度的提升。2006年成为省建行近5年来贷款投放增长和增幅最快的一年,新增市场达42.45%,从2005年的末位跃升为首位。(赵建伟)

**【以加快发展为核心,促进全行业务步入快车道】** 基于全省经济的快速增长的发展现状,建行山西省分行在认真调查研究的基础上,深入细致分析客观存在的问题,研究判断形势环境,将发展思路归纳成为“树正气、扬新风、谋发展”这一主题。这一主题思想源于群众、根于群众,真实客观地反映了群众的意愿和对省分行党委的高度期待,成为引领建行山西省分行发展和前进的指针。同时在发展战略的制订上,建行山西省分行按照总行的战略远景,结合实际,修订完善了《建行山西省分行2005年～2007年业务发展战略规划》,提出了“抓住能源大省的发展机遇,规范经营,稳健运行,成为区域内质量最好、效益最佳、最具竞争力的银行”的长远战略目标。在2006年的全行工作会议上,建行省分行进一步明确了“抢抓机遇、加速发展”的基本经营思路和具体发展措施。这些都为全行努力开拓业务市场,积极开展市场营销,狠抓基础管理和风险防范,促进各项经营目标的实现明确了方向,全行各项业务由此迈入了蓬勃、加快发展的车道。2006年主要经营指标完成情况如下:全口径存款时点余额为970.33亿元,较年初新增213.57亿元,增幅28.23%。其中:企业存款新增122.8亿元、储蓄存款新增89.52亿元、同业存款新增1.25亿元。各项贷款余额为516.57亿元,较年初新增96.11亿元,增幅22.86%,较上年多增99亿元。(赵建伟)

**【以客户为中心,负债规模迅速扩展】** 随着经济的快速发展,企业可支配资金增加,城镇居民收入增加,尤其是在山西省的特殊环境中,一个以煤矿业主为基础的富裕人群迅速形成和壮大,使得负债业务有了一个非常广阔的市场。针对自身余额不大、份额不高的局面,建行山西省分行把挖掘潜力、发挥能力作为工作重点,明确了“超前态度、超常发展”的负债业务战略,采取各种行之有效的手段,促进业务快速发展。

从满足客户需求出发,建行省分行全面提升服务水平。一是从硬件上提高服务档次。加大了对网点的投入力度,增配了ATM、复印机、叫号机、验钞机等设备,改善网点的服务质量,提升服务档次。二是从制度上加强服务意识。及时推出“神秘人”暗访制度,加快个人客户经济、大堂经理配置;同时结合行风评议活动,积极开展差别化服务,根据客户交易的特点,有针对性地细分客户,充分发挥引导作用,分流非现金业务,释放更多的柜员走出柜台维护、拓展中高端客户。三是从产品创新上满足客户需求。2006年,建行山西省分行相继推出“吉祥存单——金额题名”、个人通知存款一户通、通存通兑等创新产品,同时,以“乐当家”理财卡产品推荐会为契机,通过理财卡、信用卡、证券业务、账户金、龙鼎金等高附加值产品推广,全面加快网上银行的建设和推广,进一步丰富和延伸服务内容。由于方向对头、措施得力,建行山西省分行负债业务发展相当见效。2006年全行企业存款新增占比26.21%,列同业第二。个人存款全年增速在系统内全国排名第一;新增占比在当地始终位居前列,并一度保持领跑地位,半数以上二级分行市场占比位居前两位,大幅超额完成总行年度计划。(赵建伟)

**【以合规为准绳,提高经营水平和发展质量】** 风险控制能力是发展的前提,发展速度应当取决于风险控制水平。一年来,建行山西省分行积极提倡在收益可以覆盖风险的前提下的又好又快发展,使风险防范贯穿于各项工作始终。全行上下认真贯彻执行总分行党委和监管部门要求,准确领会国家宏观调控和产业政策,多管齐下,采取切实有效的措施加强风险防范。一方面主动前移风险关口,强化基础管理,信贷资产整体运营水平有了新的提高。加强对重点行业贷款质量跟踪调查,加快推进内控体系建设,加大对大额不良类客户、大额关注类客户和风险预警类客户监测力度,强化信用风险监管,逐步完善信贷监管体系;一方面加快机制转换,努力提升不良资产经营水平。实行不良资产集中经营,提升专业化处置能力和协同效应,全省70%以上的不良资产由省分行集中经营。全行上下步调一致,服从大局,圆满完成了不良资产“双降”目标。

2006年,建行山西省分行在下大力气发展各项业务的同时,紧紧围绕“规范经营、稳健经营”,进一步清理关系,“开正门、堵旁门”,规范和约束经营行为。一是强化合规意识。通过开展形式多样、内容深刻的警示教育活动，通过深入开展法律宣讲活动，进一步防范道德风险和操作风险，强化全行规范意识、风险意识和法律意识。二是加强基础管理。认真落实审计问题整改，结合反商业贿赂和案件专项治理，在各个条线上加大基础管理整顿、检查力度，借助外力揭示和发现经营管理中的不足和盲目，先后开展了规制建设、管理流程、内控防范等多层次的检查整改工作，进一步强化基础管理。三是加强制度建设。启动积分管理办法，制定经营行为“十二条”，推行尽职免责制度，实行上级派驻人员临时主持工作制度，进一步规范经营行为。重视抓好各级班子建设和干部管理工作，加强对各级干部层层负责、层层管理，干部交流、干部监督、干部纪律不断加强。四是推进体制改革。推进风险体制改革、运营体制改革，推进核心业务处理前后台分离，建立业务营运管理体系，风险条线人员逐步考核配备到位，体制机制运转初见成效。2006 年，全行违规违纪行为发生率为近年最低，无重大案件发生，风险防范和合规经营有了新的提升。 （赵建伟）

**【以人为本，促进形成和谐稳定局面】** 2006 年，建行山西省分行始终围绕和谐稳定来开展工作，集思广益、创新思维，凝聚全行发展愿望，调动广大干部员工工作热情。将传统的控制、监督转向激励、开发、服务，尤其是从激励考核入手，大张旗鼓地宣扬先进，全行上下斗志昂扬、干劲十足，成为推动全行业取得佳绩的内在动力。

一是加强内部激励引导，继续推进面向一线、面向员工的考核激励机制。通过岗位分析和研究，努力实现岗位定价，以岗定薪，以能付薪、以岗定责。保障一线员工基本工资水平，提高短期用工的工资待遇。二是改变传统考核方式，积极探索薪酬向一线倾斜的分配办法。对一线岗位的评价指导体系已初步成型，使一线员工明确量与效的结合点，由等靠上门变为主动服务，有力支撑了业务经营的快速发展。三是加大绩效考核挂钩力度，突出核心业务和战略业务资源配置。配合营销制定出台各个业务条线的营销奖励办法，进一步激励全行营销。四是注重员工个人生涯的规划与发展。以专业技术队伍建设为方向，加大培训力度，全面提升员工队伍岗位能力素质，引导员工职业生涯规划与全行发展相合拍。通过多层次、多渠道激发员工蕴含已久的潜能，为各项业务的超常发展注入了生机和活力。五是用发展促进稳定，从正面引导负面。全行大力弘扬先进典型，王红梅同志荣获中国建设银行突出贡献奖，被推荐为中国建设银行出席“十七大”候选人，当选为“2006 年山西省十佳金融人物”，继“红梅理财”之后，涌现出全国文明单位阳泉分行和多个高产所柜、明星班组等一大批先进模范集体和个人。积极组织开展各类文体活动，通过举办“三八”风采大赛、评选十大优秀青年、青年岗位能手等一系列活动，全面激发员工参与热情。党建工作、企业文化、工会、青年团一方面积极参与经营发展，一方面发挥稳定保障职能，解决离退休和困难职工实际问题，开展帮扶救助活动，合力营造和谐、稳定的环境氛围。

（赵建伟）

# 保　　险

## ·中国人寿保险股份有限公司山西省分公司·

**【业务经营情况】** 1. 圆满完成各项任务目标。2006 年，全省系统实现保费收入 66.75 亿元。其中，股份公司保费收入 61.46 亿元，完成全年预算的 107.73%，同比增长 13.56%；首年期交保费收入 7.89 亿元，完成预算的 100.43%，同比增长 11.89%；首年标准保费 27.05 亿元，完成预算的 112.38%；风险型保费及投资型管理费收入 29.88 亿元，完成预算的 107.49%；短险利润 4915.19 亿元，完成预算的 165.49%；续保率达到 95%；可用费用、营业费用、可用佣金控制率分别为 95.43%、92.79%、92.53%。达到了总公司绩效考核甲类 AAA 级公司标准。

2. 进一步巩固了领先地位。公司总体业务在 2005 年全国增幅第 5 名的基础上，2006 年又增长了 13.56%，高于全省寿险业平均增幅 3 个百分点，总保费规模排全国系统第 12 位，超出省内生产总值全国排名 4 位，保持了全国系统领先地位。总体业务占全省寿险市场 67.68%的份额，较 2005 年上升了 1.5 个百分点。

3. 持续发展能力明显增强。2006 年公司进一步加大了结构调整的力度，首年期交保费增幅高于寿险首年保费增幅 6.03 个百分点。个险首年保费期交率比 2005 年提升了 18 个百分点，业务增长方式取得实质性转变。可用费用增幅高于总保费增幅 1 个百分点，可用佣金增幅高于个险保费增幅 8.47 个百分点，创费、创佣能力有所提高。个险营销总人力增至 32560 人，占到全省寿险业务人力的 63.7%，并实现了全辖营销员 100%持证上岗；银保人力稳中有升，客户经理队伍增至 860 人，新型理财师队伍达 40 人；团险队伍增加 76 人，总人力达 447 人；为公司持续健康发展奠定了坚实的基础。

4. 各项业务积极均衡发展。地处省会的太原分公司和省公司营业部总保费增长率分别达到 22.49%和 18.72%，其他 10 家市级分公司都实现了 8%以上的增长，县域公司保费收入同比增长 20.7%。个险渠道在调整 5 亿趸交业务的情况下，保费收入增长了 5.23%；银保渠道保费收入增长了 37.19%，其中期交总量居全国系统第 6 位；团险渠道保费收入增长了 33.34%；显现出积极均衡发展的良好态势。

5. 政策性业务取得突破。全省系统各级公司以“国十条”出台为契机，努力承担社会责任，积极推动政策性业务的发展，取得了积极的成效。团补业务收入 1.25 亿元，承保人数近 200 万，占全省参加基本医疗保险人数的 61.5%；被征地农民养老保险保费收入 3500 万元；工伤补充保险收入突破 600 万元；与 20 多家大中型企业初步达成企业年金合作意向。争取政府支持和扶持的意识明显增强。

（刘建珍）

**【努力保持业务较快增长】** 2006 年初，省公司党委、总经理室，按照总公司整体部署，结合山西实际，提出了全年“以科学发展观为统领，在发展中调整，在调整中加快发展”的总体思路。“国十条”出台后，根据总公司跨越发展的总体要求，提出山西国寿在新一轮跨越式发展热潮中要有良好表现。一季度，面对调整的压力，全省系统上下众志成城，万众一心，以月均保费收入 7.5 亿的惊人速度，在 2 月底达成了原计划半年达成的正增长目标，并实现一季度 9.13%的正增长。二季度，提出了“三个不行，一个不讲”，即“决心不坚定不行，措施不过硬不行，方案不落实不行，困难和条件一概不讲”，实现了时间过半任务超66%。下半年，进一步明确了11月底完成全年各项经营指标的要求，提前1个月昂首阔步跨入2007年。

(刘建珍)

【积极转变业务增长方式】 省公司党委把提升可持续发展能力作为"十一五"发展战略，坚定不移地推进业务结构和险种结构调整。2006年首卖日打赢了规模"速决战"，为调整赢得了宝贵的时间和空间；二季度取得了季收期交保费2.63亿元好成绩，7月份变历史低谷为高峰，创造了月进期交保费1个亿的新纪录，在加快发展中推进了结构调整；下半年狠抓个险期交、意外险和银保期交三个重点，圆满完成了全年结构调整任务。个险渠道实现新单期交保费7.53亿元，发挥了结构调整的主导作用。个险期交贡献率最大的五家公司是：运城、晋中、临汾、太原、吕梁。银保渠道在挑起规模大梁的同时，积极探索发展期交的新路子，实现期交保费3524.19万元，成为结构调整的新生力量；银保期交贡献率最大的五家公司是：运城、吕梁、大同、阳泉、临汾。团险渠道在完成规模业务的同时，大力组织团意险和卡折业务销售，实现意外险保费1.18亿元，为结构调整做出了贡献。意外险贡献率最大的五家公司是：运城、临汾、吕梁、阳泉、长治。注重健康险疾病型、津贴型业务的拓展，业务结构进一步优化。太原分公司健康险大病救助保费占到全省系统的近三分之二，并保持了较好的盈利水平。 (刘建珍)

【坚持城乡市场统筹协调发展】 全省系统深入贯彻总公司"巩固城市，拓展两乡"的市场竞争策略，坚持率先发展省会城市，巩固发展地级中心城市，开拓发展县域及两乡。太原市分公司在社区拓展和团队业绩改善等方面率先起步，省公司营业部在分职场经营上取得了突破。省公司组织了县域公司30强、20弱评选活动，加强了对县级大公司的督导管理。县域亿元公司达3家，依次为吕梁孝义支公司，晋城高平支公司，运城永济支公司；6000万元公司达到15家。县域前10强依次为吕梁孝义支公司、运城永济支公司、阳泉平定支公司、吕梁汾阳支公司、晋中介休支公司、临汾侯马支公司、晋中灵石支公司、运城河津支公司、阳泉盂县支公司和晋中太谷支公司。与此同时，加快了农村营销服务部进乡和保险营销员进村的步伐，召开了第二届三农保险工作会议，大力推进"筑巢引凤，本土创业，分级达标"工程。新建农村服务部138个，服务部总数达410个，金、银、铜牌服务部分别达到41个、31个和74个，农村营销员新增3800人，队伍扩充到12843人，共打造了32个保险入户率达80%以上的保险村。运城夏县水头乡张庄村，730余户家庭有717户入了保险，保险入户率高达98.3%，全村3398个村民人均保费达到497元，全村保费合计169万元，成为享誉全国的"国寿保险先进村"

(刘建珍)

【努力探索一体化营销的路子】 全省系统按照总公司一体化营销战略的要求，在大力推进各渠道专业化建设的基础上，努力探索交叉销售的新路子。个险渠道，积极推进金鼎工程的试点工作和标准化营销服务部争创工作，努力抓好团队业绩改善项目，渠道专业化程度明显提高。银保渠道，精心维系与代理单位合作关系，推进了网点分级分类管理，顺利实现"银保通"在工行、农行和邮政系统的上线，启动了理财师队伍建设，提升了渠道专业化水平。团险渠道，建立了业务拓展三级联动的技术支持体系，启用了大客户资源管理系统，有力推进了渠道专业化进程。健康险方面，健全了风险管控制度体系，推进了专业管理机构和队伍建设，专业化经营能力有所增强。在此基础上，各渠道认真落实"全年全员全方位"销售意外险策略，推行"一人一单一卡"的销售模式，积极探索以团补平台带动意外险、年金险、个人险的"一托三"发展模式，提升了交叉销售能力。全年各渠道交叉销售卡折式业务5400万元，较2005年增长16.8%。

(刘建珍)

【积极服务和谐社会建设】 各级公司认真贯彻"国十条"精神，努力拓展服务和谐社会的领域，在履行社会责任的同时，拓宽了发展空间。2006年8月21日，省公司党委、总经理室向范堆相常务副省长汇报了工作，得到了政府的肯定和支持。借助吴仪副总理批示的机会，以文件形式确定了与计生系统的优先合作权。与中国移动、多家专业代理公司达成了合作意向。制订发布了贯彻"国十条"的实施意见，确立了6项重点拓展的政策性业务，制订实施了三个梯次的推进方案，通过政府的肯定和支持，巩固了学生险这一块成熟业务，突破了农村干部养老、被征地农民养老、高危行业人群保险这一块潜力业务，探索开发企业年金、新农合这一块新型业务，实现了业务领域的新突破。

(刘建珍)

【强化管理和后援支持】 根据总公司的安排部署，加快了省级集中管理的步伐，实现了省会城市业务、财务集中管理、业务数据的省级逻辑集中和95519呼入业务的省级集中。进一步加强了404条款遵循工作，扎实开展了内控合规月整改，确定了"十项整改重点"，明确了"八项达标承诺"，取得了明显成效。进一步加大了内部审计和监察工作力度，全年投入审计力量394人次，完成了经济责任审计等5项审计项目，审计分支机构150个，针对公司管理的薄弱环节，提出审计意见356条；对全省系统45%的经营单位进行了效能监察。切实加强了后援支持和服务力度，省公司在年初费用预算的基础上，向基层追加了费用和佣金，支持基层工资总额1000余万元，加大了农村服务部建设费投入，为基层配备业务用车57辆以及大中型IT设备500余件，是历年来投入最大的。大力推广标准化柜面建设，打造旗舰门店1个，标准门店3个，移动95519服务项目由20项增加到50多项，VIP服务项目全面启动，有效地提升了客户满意度，投诉件数下降了43.3%，客户满意度提升了6个百分点，达85%。

(刘建珍)

【加强班子队伍建设】 2006年，全省系统以强化班子执政能力和队伍执政能力为重点，加强各级班子和各支队伍的建设。组织了以荣辱观为主要内容的诚信教育活动，深入开展"国十条"、六中全会决定的学习，增强了全员落实科学发展观的自觉性。省公司按照100%完成各项任务的标准，对11个市级班子进行了考察考核，调整2个市级班子一把手、部门市级班子成员和省公司部门副经理，组织了部门干部的交流，各级班子凝聚力、战斗力显著增强。定员、定向、定岗招聘39名全日制大学生，充实到了基层一线。选派29名县支经理参加了总公司培训，组织了员工岗位、县支经理培训，受到总公司领导的肯定。开展了万人增员活动，新增营销员9810人，举办了千名精英人民大会堂表彰会，举办了营销十周年大型庆典晚会和表彰会，省政府领导、总公司苏恒轩总裁助理等亲临祝贺。省公司党委积极为营销员办理5件实事，为全辖营销员办理了国寿销售精英养老保险；在省保监局的支持下，通过与省地税协调将营业税起征点统一到1000元，下一步有望把起征点统一到3000元；与中国保险大学签订了营销员学历教育协议；出台了将营销员党员纳入公司党组织的制度；积极准备推广针对营销员的医疗保险，增强了销售人员的归属感。深入开展党风廉政建设和反腐败工作，治理商业贿赂工作，加强了行风建设，加大了案件查处力度，全省系统廉政形势进一步好转。大力支持工、青、妇等群众组织工作，广泛开展争先创优活动，努力推进企业文化建设，促进了公司改革和发展。（刘建珍）

# 信用担保

## ·山西省中小企业信用担保有限公司·

**【概述】** 2006年是我国国民经济发展第十一个五年规划的第一年，也是省中小企业信用担保有限公司实施《2005年～2007年三年发展规划纲要》的第二年。2006年，在省财政厅的正确领导和各有关部门的大力支持下，公司按照年度工作安排和目标责任要求，以“壮大实力、创新机制、提高效率”为工作主线，坚持“围绕一个中心（以国家产业、信贷和环保导向政策为中心），实施两个并举（扶持科技型和劳动密集型中小企业并举、扩大业务和深经管理并举），加大三个力度（加大政策争取力度、加大内部挖潜力度、加大市场开拓力度），实施四个促进（促进担任工作的行业化、链条化、模块化和区域化）”的展业指导思想，经过全体员工的不懈努力，圆满完成了年初预定的业务工作目标，各项工作都取得了较好的成绩。全年，公司共为社会提供融资及其他信用担保服务9.55亿元（其中，中小企业信用担保9.02亿元，下岗失业人员再就业担保5317万元），累计实现信用担保额27.7亿元（其中，中小企业信用担保26.59亿元，下岗失业人员再就业担保1.11亿元）。经保守测算，所有在保客户共可在信用担保期内，新增产值（或销售额）55亿元，新增利税5.5亿元，新增就业再就业岗位7.5万个，并可带动其他上下游产业循环产生社会经济效益11亿元。2006年，公司被财政部授予“全国财政系统党建工作新风奖”，被省政府授予“政风行风评议先进单位”，被省总工会授予“模范职工小家”，被省妇联授予“维护妇女儿童权益先进单位”。《中国财经报》、《中国担保》、《山西日报》、《山西经济日报》等媒体多次进行了宣传报道。（李晋敏）

**【圆满完成各项经济（服务）考核指标】** 在规范稳健运营的基础上，继续扩大担保业务，当年完成信用担保额9.55亿元，超额完成70.53%；继续配合省委、省政府关于太原市率先发展的要求，年内共为太原市中小企业（含规模再就业）提供担保额5.89亿元，超额完成96.33%；大力扶持就业型企业，增加就业岗位，年内为劳动密集型企业提供贷款担保6.4亿元，超额完成146%；做好国家开发银行振兴老工业基地专项贷款担保项目的维护与开发，年内实现振兴老工业基地专项贷款担保10300万元，超额完成157.5%，扩大引进世行贷款担保基金EMC项目，促进循环经济发展，年内实现EMC项目担保2100万元，超额完成5%；成立高新企业担保部，加大对园区经济企业和高新技术企业的支持力度，年内为园区经济企业和科技型企业提供贷款担保2.5亿元，超额完成25%；拓宽合作渠道，扩大业务覆盖面，建立了与浦发、兴业和省信用联社等金融机构的业务合作关系，累计合作银行占到省内各类银行的93.33%；超额完成3.33%；扩大公司与市县担保机构及商业性担保机构的合作，担保业务覆盖到全省11个市级区域，全面完成预定业务覆盖面，通过担保体系合作开展的业务量达到5.5亿元，超额完成450%；扩大开展下岗失业人员小额贷款担保再担保业务，年内完成小额贷款担保5317元，帮助2047人实现了再就业，分别超额完成60.6%和57.46%；创新业务品种，开发了信用金担保、过桥业务再担保、担保换期仅3个新品种，超额完成50%；加强风险防范，没有出现常规担保业务代偿问题，下岗失业人员小额贷款担保贷款回收率达到98.9%；在全国率先举办了《担保企业会计核算办法》培训班，参训人员73人，超额完成46%；在厅和有关处室的组织领导下，对全省各市信用担保体系建设情况进行了普遍的调查 现场指导，并及时提交了调研报告，有力推动了省市县三级信用担保体系建设工作的顺利开展；第三次升级了信用担保管理软件系统，启动了“金信工程”——山西省中小企业信用担保业务信息化管理平台建设工作，首批入网13户以政策性担保机构为主的担保机构，超额完成330%；发挥国家信用担保机构孵化基地的作用，为省内外担保机构培训行业从业人员164名，超额完成64%。（李晋敏）

**【担保实力进一步增强】** 2006年，省财政厅再次注入公司3100万元资本金，使公司担保资本金由1.6873亿元一跃变更为2亿元规模，信用担保实力不断增强；按照省政府有关规定，省财政厅持续拨付1000万元担保风险准备金，公司抗风险能力不断得到提高；两度追加下岗失业人员再就业小额贷款担保基金12100万元，使小额贷款担保基金规模扩大到2.66亿元。

随着业务规模的不断扩大，按照面向社会自主招聘的用工原则要求，公司年内充实了一批较高素质员工，使具有注册执业资格和研究生以上学历的人员比例比以往提高5%，业务人员所占比例上升到65%，员工从业经验有了相应提高，员工平均年龄下降到了38.3岁，公司对市场担保需要和高风险业务的适应性进一步增强。（李晋敏）

**【开拓能力进一步提高】** “十一五”开局之初，公司加强了业务方向的指导性和业务运作的调控性。多种渠道收集了国家和省“十一五”发展纲要以及各有关部门关于产业结构调整发展的具体政策导向，集中编印为《山西省“十一五”担保投入指引》一书，把省委、省政府确定的煤转化、机构加工、新材料等“中部崛起”的希望产业分解细化到各市县区域、各经济园区和各相关中小企业，并且强化了全体员工的产业政策学习，为年内公司有针对性的开发业务、细分市场指明了方向、打下了坚实基础；深化公司2006年度工作安排，将年度业务目标任务分解落实到各领导、各业务部门和各目标区域，同时确定了基本的拓展业务的方式方法与措施以及完成时间，提高了业务拓展的计划性与目标性；印发了《关于贯彻落实张宝顺书记、于幼军省长在全省对外开放工作会议上讲话精神的实施意见》，进一步提出了强化政策主导、拓宽服务领域、加强协作配合、提高工作效率的一系列举措，并且配套出台了《关于鼓励员工自主开发项目管理暂行办法》、《关于加强开拓EMC项目提高评审效率的若干规定》和《关于进一步加大小额贷款担保力度加强小额贷款担保风险管理的通知》，用经济杠杆调动员工开拓业务的积极性，使政策性担保机构的政策意识、市场意识不断确立和得到较好结合；围绕"四化"模式，加强与政府及其有关部门、各经济园区、各合作银行、同业担保机构以及相关行业协会的协作，并成立了高新技术企业担保部，把业务触角不断向新的产业领域、新的行政区域延伸。信用担保业务已经覆盖到太原高新技术、太原经济技术、太原民营工业、太原钢材、阳曲工业、榆次工业以及临猗丰喜等七个主要园区；重新修订了与各主要协作银行的业务合作协议，太原市商行、兴业银行等建立了对担保公司高新技术企业流动资金担保贷款、下岗失业人员小额担保贷款项目的"见保即贷"式的绿色通道。（李晋敏）

**【风险防范机制进一步严密】** 2006年，公司在拓宽业务领域、提升服务水平的同时，进一步强化了风险管理机制。重新修订了《风险控制管理暂行办法》，完善了非信用企业的受理限制条件，明确了流动资金贷款的合理测算标准，提出了事中监控行为的考核分值与考核办法等；总结几年来风险管理的经验教训，出台了《关于规范反担保措施设置的指导意见》，系统提出了反担保方式选择、反担保措施落实等管理规定，将适宜于中小企业的若干反担保措施按其强度进行了顺序排列，以供业务人员进行优先选用；适应行业化运作，印发了《钢材经营户模块化业务风险控制方案》和《计算机行业模块化业务风险控制方案》，针对不同行业特点，设计了相应的业务运作规范；制定了《行业专家聘用管理办法（暂行）》，整合、更新和充实了项目专家信息库内容，规范了行业专家的聘请、使用等等管理方式；制订了《担保业务评审会议议事规则》，进一步明确了项目会议评审的多项议事规则，一定程度上提高了议事工作效率；业务管理台账得到细化完善，统计分析对担保投向的调控功能初步发挥出来；实行了领导分工、项目包干方式，对白玉镁业、天工电力、光华冶金、同昌信息、蓉川祥等潜在风险项目进行了跟踪监管和风险化解，对长治九峰的风险资产进行了成功处置，对信佳贸易、钜和洁煤、神泉医药、山西日发等项目进行了稳妥退出。（李晋敏）

**【综合管理基础进一步夯实】** 本年度，公司基础管理工作继续向精细化方向发展。围绕"制度、质量和效率"等执行力问题，公司持续强化制度治企理念，年内共出台和修订了各种制度及制度性规定31个（其中，业务性规范15个，综合性规范16个），现行制度总数达83个，使公司规章制度体系不断完善。综合管理方面，修订了《担保业务档案管理办法》、《工资奖金计发管理办法》、《员工考勤休假管理办法》、《员工年休假管理办法》、《综合考核管理办法》、《网站管理办法》、《图书管理办法》等；结合开展行风评议工作，切实开展行政效能建设，公司对规章制度落实情况开展了一次系统、普遍地检查考核活动，对19项工作进行重点对照检查，有效地提高了制度执行力；针对社会反映公司担保效率问题，公司在以往分解目标责任工作做法的基础上，年内加强了月度、季度和半年一次的工作检查与进度分析，各部门都实行周工作计划制，增进了部门内部的工作协调与配合，业务平均运作速度比过去缩短2天；加强了党组织建设，转正了2名党员，新吸收了1名积极分子入党；开展了年度行风评议和"八荣八耻"及"文化单位标兵"创建活动，组织了经常性的集体政治理论和业务技能技巧学习以及新员工岗位培训，举办了元旦、春节、"三八"及公司成立周年等专题性庆祝与纪念活动，密集了公司对外宣传和信息交流频次；重新改革了业务档案管理办法，管理质量达到了国家二级档案管理水平；加强了公司财务管理，开展了经常性的银行对账检查、完善了相关费用的采购报销和出入库管理办法，尝试了超期电脑的上网公开竞拍方式；深化了民主管理工作，成立了公司工会，组织举办了合理化建议、读书、摄影、健身等一系列丰富多彩的业余文化活动，改进了员工食堂管理和员工生日庆贺方式，改版了公司工装并配发了监督投诉胸牌，开通了公司办公电话彩铃，重新印制了公司《担保业务指南》宣传册。这些，都在一定程度上完善和发展了公司企业文化，持续塑造着公司对外文明形象和提升着公司的社会公信力。

（李晋敏）

**【对信用担保体系的示范、辐射、带动作用进一步发挥】** 2006年，是由公司牵头成立的山西信用与担保协会工作深化发展的一年，也是公司对全省信用担保体系建设示范、辐射和带动功能进一步发挥的一年。为了使全行业在"十一五"期间诚信、规范、合作发展，公司与协会以"完善省市县三级信用担保体系"、聚合更大的经济担保能量为出发点，在行业新秩序、业务新机制、发展新后劲等基础工作方面狠下工夫。

1. 坚持争取新政策。公司和协会抓住一切有利时机，促进行业发展环境改善。利用旁听人大十届四次会议之即，积极提出在于幼军省长《"十一五"发展规划纲要》讲话关于"创新担保方式，多途径加快建立信用担保机构"的精神中，补充"完善省市县三级信用担保体系"的建议，被省政府、省人大及时采纳，为全省信用担保体系特别是政策性担保体系建设提供了新的政策依据，也促使了省政府首次把省市县三级信用担保体系建设作为重点工作，列入了2006年度财政工作目标责任制考核范围，为开拓全省信用担保工作新局面打下了良好而坚实的操作基础。随后，公司又抓住机遇，主动协助省财政厅完善了信用担保体系建设的细化考核项目，对各市信用担保体系建设工作提出了更加明确的目标任务；为了整合各部门信用担保的推动与管理资源，公司建议成立"山西省中小企业信用担保工作领导组"，得到了省财政厅和省政府的肯定。省政府及时批复成立了由主管副省长挂帅，办公厅、财政、人行、银监和中小企业局以及各相关法定登记部门共同组成的山西省中小企业信用担保工作领导机构，并在调研基础工业上酝酿了有效推动信用担保工作进一步发展的政策措施；同时积极协助省财政厅起草了《关于进一步建立和完善中小企业信用担保体系建设的通知》，促进了省政府下达的信用担保体系工作目标任务的顺利完成。截至12月底，当年全省共新筹备成立16户政策性担保机构（其中，市级3户，县级13户），财政新投入担保资（本）金4.4亿元，使全省市级担保机构基本健全，政策性担保机构户数接近50户，政策性担保体系担保实力达到10亿元，行业发展的基础不断巩固。

2. 建立行业发展新秩序。公司和协会在认真分析行业现状的基础上，把体系担保资源重整、规范合作发展作为"十一五"的主题来抓。一是组织搜集了2002年以来国家关于信用担保的相关法律法规政策，编印了《担保业务法规政策新编》一书，与《山西省“十一五”担保投向指引》一起，推荐到行业各类信用担保机构行业学习和应用，以规范行业担保行为、增强担保资金安全运营；二是根据协会组织草拟的《山西担保业“十一五”发展规划（草案）》启动了富有地方特色的“金信工程”——山西省中小企业信用担保信息化建设项目，信息化业务在培训、软件安装调试和签订联合征信协议的基础上，首批将全省13户担保机构进行网络互联，使之初步达到了项目传递效率提高、业务运作安全稳健、信用信息查询共享的预期效果；三是在协助省财政、人行、建设和中小企业局等多部门联合印发《关于共同推动我省信用担保机构资信评级有关工作的通知》、形成评级结果互认共享机制的同时，协会克服银监会关于银保合作风险提示的不利因素影响，使年度行业资信评级户数仍然达到20多户，四是针对部分担保机构实力不强、运作不规范问题，尝试性地开展了要求自行整改的自律提示，特别是揭示了因某一企业停产而行业四担保机构同时出现共近亿元的担保风险问题，对行业开展了一场现实的警示性教育；五是召开了协会年会暨成立五周年纪念大会，首次对全省5户业绩出色和12户体系合作的先进担保机构进行了表彰和资金激励，以典型引路，建立和规范行业发展新秩序。

**山西信用担保行业2006年度资信评级结果一览表**

表27

| 企业名称 | 信用等级 | 有效日期 |
|---|---|---|
| 山西省中小企业信用担保有限公司 | AA＋ | 2006.1.09—2007.1.10 |
| 山西亿信通担保有限公司 | BBB＋ | 2006.1.19—2007.1.20 |
| 山西省襄汾县中小企业信用担保有限公司 | BBB－ | 2006.2.04—2007.2.05 |
| 山西省中鑫担保有限公司 | A | 2006.2.26—2007.2.27 |
| 平遥中小企业信用担保有限公司 | BB－ | 2006.2.26—2007.2.27 |
| 太原强业经济建设投资担保中心 | BBB | 2006.3.08—2007.3.09 |
| 山西百信投资担保有限公司 | BBB＋ | 2006.3.23—2007.3.24 |
| 忻州市资产经营管理公司 | BBB | 2006.4.09—2007.4.10 |
| 长治市中小企业信用担保有限公司 | BBB－ | 2006.4.28—2007.4.29 |
| 吕梁市中小企业信用担保有限公司 | A－ | 2006.5.08—2007.5.09 |
| 山西恒润源担保有限公司 | BBB－ | 2006.6.11—2007.6.12 |
| 阳泉市个体私营企业信用担保有限公司 | BBB－ | 2006.6.06—2007.6.07 |
| 阳泉市信益恒担保有限责任公司 | BBB－ | 2006.6.18—2007.6.19 |
| 晋中中小企业担保有限公司 | BBB | 2006.7.30—2007.7.31 |
| 介休市中小企业担保有限公司 | BBB－ | 2006.7.10—2007.7.11 |
| 山西博大担保有限公司 | BBB | 2006.8.07—2007.8.8 |
| 太原展通投资担保有限公司 | BBB＋ | 2006.8.17—2007.8.18 |
| 晋城市中小企业信用担保有限公司 | A－ | 2006.8.22—2007.8.23 |

3. 持续促进行业新发展。首先，培训开道，公司和协会采取集中与分散等多种方式，开展了政策咨询、管理策划和机构孵化、业务训练等工作，全年使行业人次从业人员素质与技能得到提高；其次，帮助引导，公司和协会参与了对行业户担保机构免税、6户担保机构保费补贴和10户担保机构工程建设担保试点的推荐工作；再次，合作发展，公司和协会促使省与晋中、晋城、临汾、绛县等市县担保机构新签定体系联动担保协议，使整体业务合作机构发展到12户。另外，公司和协会还受托承办了全国中小企业信用服务体系建设会议的预备会议及《信用担保经营与管理》全国统编教材的通稿会议的会务工作，多位领导应邀为全国和兄弟省市行业担保机构进行培训执教，也都在一定程度上促进了山西省担保行业发展。

纵观2006年，公司在多方面、多层次工作上取得了新发展，开拓了新局面，但客观地看，也还存在许多问题与不足。如业务增长快与新一轮经济热度有关问题，主动开发业务少、担保承保率不高问题，较大型项目比例仍然偏重、自身规模小而发展空间大的潜力项目缺乏问题，企业需求急而担保业务运作效率仍不能满足需要的矛盾问题，市场需求广而新品种开发推广难问题，内部挖掘和提高人均承保率问题，基础管理相对粗放不能适应新局面拓展要求问题，以及中小企业融资难而信用担保体系作用仍难以全面有效发挥问题，等等，都需要在2007年的业务发展中加以研究和不断解决。（李晋敏）

# 建 设 环 保

## 城乡建设

**【城乡规划】** 2006年，积极推进特色城镇化战略的实施，山西省城镇化率达到了43%，完成了城镇化率增长1个百分点的目标任务。报请国务院批复了《山西省城镇体系规划》，组织开展了《太原经济圈规划》和《介孝汾城镇群发展规划》编制工作，在阳泉、长治、晋城、孝义、霍州、河津等城市开展市域城镇体系规划编制试点，7个城市和34个县城编制了2006年～2010年近期建设规划，全省控制性详细规划覆盖率达到42%以上，其中大同、霍州、柳林等市县达到100%，太原长风商务区、晋中北部新区、平遥古城环城地带详规为形成城市亮点片区奠定了科学基础。加强规划管理，制定实施了《城市规划年度实施计划办法》、《建设项目选址规划管理实施办法》、《建设工程竣工规划认可管理办法》和《城市规划公示制度》等规章制度，规划管理工作走在了全国前列。朔州、忻州、晋中等市开发区纳入了城市统一规划管理，理顺了管理体制。全面推进城市规划公示制度，积极开展城乡规划效能监察，增强了规划的严肃性和权威性。 （路长青 张钢军）

**【基础设施建设】** 制定印发了《山西省建设事业“十一五”规划》，编制完成了城市绿化、道路、供水、供气、集中供热、污水和垃圾处理等设施建设专项规划以及黄河流域、汾河流域城市污水、垃圾处理建设规划，启动了市政公用设施建设的“1123”工程。全年完成市政公用设施建设投资63亿元，其中争取国债投资2.2亿元，省投资0.486亿元，建成了一批事关经济发展和人民生活的城市基础设施。积极推进投融资体制改革，加快招商引资步伐，全省共有16个市政公用设施建设项目在“港洽会”上签约，合同意向超过23亿美元。全年城市建成区绿化覆盖率达到32%，城市建成区绿化和环城绿化建设增加绿化面积1220万平方米，分别超出经济社会发展指标任务0.75个百分点和576万平方米；城市污水处理率达到60.02%，污水处理量达到31500万立方米，分别超出经济社会发展指标任务0.02个百分点和500万立方米；城市生活垃圾无害化处理率达到24.4%，生活垃圾无害化处理量达到120吨，分别超出经济社会发展指标任务0.1个百分点和10万吨；全省城市集中供热普及率达到57.83%，新增供热面积3000万平方米，分别超出经济社会发展指标任务0.83个百分点和47万平方米。其他基础设施建设也取得显著成效，城市供水普及率达到93%，同比增加0.51个百分点；城市燃气普及率达到71.2%，同比增加0.51个百分点；城市人均道路面积达到8.4平方米，同比增加0.19平方米。

（路长青 张钢军）

**【城市绿化】** 各市继续深入开展“创建园林城市”活动，城市绿化量继续增加，绿化水平不断提高，生态环境质量进一步改善，广大人民群众的生活质量得到提高，超额完成了省政府确定的“城市建成区绿化覆盖率平均提高1个百分点”的全省经济和社会发展预期目标。全省11个设区城市新增绿化面积1220万平方米，完成了全年任务的189.5%，建成区绿化覆盖率达到32%，长治、晋城两市作为山西省城市园林绿化的先进典型，被建设部命名为“国家级园林城市”。启动了县城园林城市创建工作，怀仁、壶关等县城正在积极申报省级园林城市。通过三年的创建园林城市活动，建成了一批以城市水系治理、大型综合公园、城市防护林带绿化为代表的规模较大、功能完善的城市绿化精品工程，晋城市东西两河治理、长治市黑水河治理获得国家人居环境范例奖。全省建制镇绿化覆盖率提高1.08个百分点，超额完成省政府下达的年度目标任务。

（路长青 张钢军）

**【风景名胜区管理】** 山西省人大颁布实施了《关于加强五台山风景名胜区保护与管理的决定》和《山西省风景名胜区管理条例》，标志着山西省的风景名胜区管理进入了法制化的轨道。编制完成了《山西省风景名胜区体系规划》，组织开展了国家重点风景名胜区总体规划的修编工作。加大五台山申遗工作力度，成立了由于幼军省长为组长的五台山申遗工作领导组，编制完成了《五台山风景名胜区总体规划》、《世界遗产提名地保护与管理规划》、《五台山风景名胜区旅游服务基地修建性详细规划》三个规划，组织制定了《五台山风景名胜区核心景区综合整治实施方案》，全面启动了核心景区拆迁整治工作，五台山申遗工作取得较大进展。组织召开了国家重点风景名胜区工作座谈会，从理顺管理体制、查处违章建设、加快规划编制与报批、加快动态监管系统建设和规范标志标牌设置等方面部署了国家重点风景名胜区的综合整治工作。

（路长青 张钢军）

**【市政公用行业改革】** 组织开展了市政公用行业调查，对全省地级城市及部分市、县的供水、供气、供热、公交、污水处理、园林绿化、市政工程、环卫及垃圾处理等9个市政公用行业的400余家企事业单位从生产规模、净资产、单位性质、从业人员、生产成本、产品价格、改制情

五台山龙泉寺汉白玉雕五台山全景照壁

杨健摄影

况、经营情况等8个方面进行了摸底，为推进全省市政公用行业改革奠定了良好基础。按照省政府《关于进一步加快市政公用事业改革与发展的意见》，进一步规范和推进了特许经营制度的实施，各市开展了特许经营试点，完善了供水价格、污水和垃圾处理收费制度。吕梁煤气公司完成了改制，太原污水处理集团挂牌运行，晋城自来水公司与法国威利雅水务集团签署了特许经营合作意向，阳泉市实施了城市居民生活阶梯式水价。组织召开了全省城镇供热工作电视电话会议，会同有关部门制定出台了《山西省城镇供热计量收费暂行办法》，加快了分户控制、分户计量改造的步伐。（路长青　张钢军）

**【城市出租客运管理】** 组织开展规范城市出租汽车行业秩序专项整治，召开了全省规范出租汽车行业管理专项治理工作会议，会同省有关部门制定了《关于在全省开展规范出租汽车行业管理专项治理工作实施意见》，通过专项治理活动全省共打击非法营运车辆6221余台次，有效遏制了非法营运活动，出租客运市场的运营环境明显好转。针对国内成品油价格的一再上调，结合全省城市出租汽车行业的实际，及时调整了运价，并会同省有关部门制定了燃油价格调整财政补贴办法，报请省政府同意后，先后两次发放燃油补贴款3996万元，有效化解了成品油上涨对行业的影响，保证了全行业的稳定发展。为建立良好的出租汽车运营市场秩序和环境，根据国家的要求，山西省自2006年起，在出租行业开始统一换发使用"出租汽车经营资格许可证"、"出租汽车车辆运营证"和"出租汽车驾驶员服务资格证"，全年共换发"出租汽车经营资格许可证"12451本，占应换发证的37%；审查核发"出租汽车车辆运营证"32450本，"出租汽车驾驶员资格证"48824证，分别占应发证数的96%和97%。

（路长青　张钢军）

**【12319城建热线】** 继续推进12319城建服务热线建设，积极为市民提供方便快捷的服务。在全省11个地级市全部开通运行12319城建热线，对群众反映的在日常生活中涉及建设系统的供水、供气、供热、市政、市容环卫、公共交通、园林绿化等方面存在问题进行有效的化解，形成了"人人参建"的良好氛围。同时加快城市数字化管理试点工作，长治、晋城已列入建设部数字化管理试点城市，太原等大中城市也在积极推进之中。

（路长青　张钢军）

**【村镇规划】** 制定出台了《山西省村庄治理技术细则》、《村庄建设规划说明及图纸建议格式》及《村镇建设项目开工许可管理办法》等规范性文件，与各市建设主管部门签订小城镇和新农村规划编制目标责任制，加大村镇规划编制工作的落实力度。组织编制了城中村、镇中村、移民村、保留治理村、治理建设村和古村落等6种不同类型的新农村建设规划的示范成果。举办了五期新农村建设规划编制培训班，900多人参加了培训。2006年，全省共编制完成县域城镇体系规划15个、小城镇总体规划52个、历史文化名镇名村保护规划5个及1339个新农村建设规划。在村庄和集镇严格执行"一书一证"的规划审批制度，在建制镇严格执行"一书两证"的规划审批程序，不断加大规划实施力度，发挥规划综合调控作用，规划管理水平明显提高。（路长青　张钢军）

**【小城镇建设】** 组织开展了"山西省城镇化示范镇"、"山西省新农村建设示范村"、"山西省村镇住宅示范小区"创建活动，制定出台了《村容镇貌和环境卫生管理办法》、《村镇绿化管理办法》、《村镇建设档案管理办法》等规范性文件。积极推动重点镇建设，申请国家小城镇基础设施建设资金2400万元，补助了12个重点镇的基础设施建设。安排了2006年的小城镇建设专项资金3000万元，推动了全省小城镇建设工作。截至年底，小城镇新开工建设的工程项目763项，完成建设投资77.93亿元，报请省政府命名10个"山西省城镇化示范镇"，小城镇功能有了较大的提升，投资环境得到了明显改善，经济得到了快速发展。按照"科学规划、严格保护、合理开发、永续利用"的原则，组织完成了对全省古村镇的普查工作，报请省政府公布41个村镇为第二批"山西省历史文化名镇名村"，并推荐16个村镇申报第三批"中国历史文化名镇名村"。积极指导城镇和农村居民住宅建设，城镇和农村居民人均住宅建筑面积达到26平方米和24.88平方米，分别比2005年增加1.21平方米和0.72平方米。

（路长青　张钢军）

**【建筑业概述】** 2006年全省建筑行业坚持以邓小平理论和"三个代表"重要思想为指导，从落实科学发展观和构建社会主义和谐社会的高度，紧紧围绕建设系统中心工作，按照全省工程建设管理工作会议确定的总体思路和目标任务，加快体制创新、机制创新和管理创新，切实强化建筑市场、工程质量和安全生产三个监控体系的建设，努力提高监管水平，促进行业发展，全面完成了各项工作任务，建筑业的支柱产业地位进一步增强。全年共完成建筑业总产值942.39亿元，同比增长11%；全社会建筑业增加值达到258.3亿元，同比增长10%；利税总额达43.1亿元，同比增长15.5%。全省建筑业吸纳农民工29.2万人，其中本省13.6万人，外省15.6万人。成为转移农村富余劳动力的重要渠道。（路长青　张钢军）

**【建筑市场秩序】** 积极推进管理创新和机制创新，严格市场准入清出机制，进一步规范招投标和工程监理行为，积极推进工程担保和代建制度，继续推进勘察设计试点单位改制工作，强化勘察设计市场监管，完善施工图审查制度，起草了《山西省人民政府关于进一步加强工程建设管理的意见（代拟稿）》，制定了《建设工程设计招标投标管理办法实施细则》和《超限高层建筑工程抗震设防管理办法》等制度，建立健全了规范建筑市场秩序的长效机制。2006年度，对省人大办公楼等15个建设项目实行了代建管理，晋中、长治、阳泉、临汾、运城等5个市的443个工程项目实行了投标担保、业主支付担保和履约担保。通过动态考核，共注销企业资质159家，并对55家企业处以罚款、警告，全省建筑市场秩序明显好转。

（路长青　张钢军）

**【建筑工程质量】** 参与编写了国家《建筑工程施工质量评价标准》，制定出台了《居住建筑节能工程评价标准》、《民用建筑节能施工质量监督管理办法》、《住宅工程分户验收管理办法》、《建设工程质量检测办法》和《优良工程评审办法》等制度，使全省工程质量监督做到有章可循，逐步走上了依法监管的轨道。工程质量监督体制和监督模式不断改革和创新，加大对工程质量的动态管理，形成了省、市、县（区）三级及专业质监配套的工程质量监督体系，覆盖全省的质量监督网络基本建立，工程质量水平稳中有升。开展了对工程试验检测机构的专项检查，全省二级以上检测机构实现信息化管理，配置了"工程质量试验检测管理系统”。2006年度，全省工程质量监督覆盖率达100%，工程质量验收合格率100%，工程优良率达32.1%，工业项目一次试车成功，工程备案率达80.3%。全省共有2项工程荣获国家“鲁班奖”，26项工程荣获省建筑工程“汾水杯”质量奖，76项工程被评为省优良工程，质量投诉率明显下降，工程质量稳步提高。（路长青　张钢军）

**【建筑安全生产】** 深入开展“三治一创”活动，引深高处坠落和施工坍塌专项治理活动，共创建安全文明优良工地87个，安全文明样板工地9个。召开了“全省安全生产许可管理工作紧急会议”，加大实施建筑施工企业安全生产许可证和“三类”人员安全生产考核两项行政许可的力度，全年共有1505家企业取得了安全生产许可证，有5895名“三类”人员通过了安全生产考核，其中企业负责人724名，项目负责人2294名，专职安全管理人员2877名，取得了安全生产考核合格证书。召开了省管工程安全监管工作会议，制定了《建筑工程安全监督档案格式文本》，为70余项在建省管工程项目建立了安全监督档案。深入开展建筑施工安全专项整治活动和安全生产月活动，加大对安全生产违规行为的处罚力度，全年共组织建筑安全生产大检查四次，消除各种隐患2100余项，下发隐患整改通知单31份。安全生产水平不断提高，建筑业百亿元产值死亡人数控制在2人以下，进入全国先进行列。（路长青　张钢军）

**【解决拖欠工程款和农民工工资】** 2006年是国务院和省政府确定三年清欠目标的最后一年，是完成清欠工作任务的攻坚之年。全省各级政府、各级建设主管部门加大清欠攻坚力度，制订工作方案，突出清欠重点，加强督查督办，形成了政府牵头、部门配合、上下联动、协调一致的工作格局，清理拖欠工程款目标全面完成。全省累计偿还拖欠工程款78.1亿元，清偿率达到98.81%，其中政府工程偿还31.12亿元，清偿率达到99.66%，分别超额完成目标任务3.81个百分点和1.66个百分点。晋城、太原、大同、临汾、吕梁、忻州、朔州、阳泉、长治等9个城市政府投资工程拖欠款全部偿还。

（路长青　张钢军）

**【重点工程建设】** 2006年度，全省共确定43项重点工程建设项目，年度计划投资总额300.67亿元。全年累计完成重点工程建设投资296.7亿元，占年度投资计划的98.7%，对全省GDP投资增长贡献率达到8%以上；全省重点工程全年累计到位资金246.94亿元，占计划的82%，比2005年同期高0.5个百分点。12个有建成投产任务的项目全部竣工运行，10个新开工项目进展顺利。全省重点工程交竣工工程合格率始终保持100%，工程优良率达87%以上，比2005年同期提高2个百分点，竣工工程优良率超过90%。全省重点工程建设领域未发生重大安全质量事故，未发生拖欠农民工工资的举报。

（路长青　张钢军）

**【工程招投标管理】** 2006年山西省共招标工程1086项，工程造价118亿元，招标率达100%；应公开招标工程989项，实行公开招标989项，工程造价107亿元，应公开招标工程公开招标率100%。在提高监督覆盖率的同时，加强了监管环节的延伸管理，对项目实行动态跟踪服务全过程监管，使招投标活动日趋规范。各地加大投入，积极依托现代信息技术，建设工程交易中心的建设、服务、运行等方面不断完善，保证了全省房屋建筑和市政基础设施工程全部入市交易，实现了评标专家的随机抽取、语音自动通知、保密打印，并对招标代理机构启用了统一的合同文本，使工程交易过程更透明、更规范，最大限度地保障承发包人的合法权益。

（路长青　张钢军）

**【工程建设标准和造价管理】** 完成了14项100余万字建筑节能标准的编写工作，初步建立了山西省建筑节能标准体系。组织了全省无障碍设施情况检查，推进了全省创建全国无障碍设施城市的进程。配合建设部完成了《全国城市住宅建筑工程造价数据标准》、《建设工程工程量清单计价规范》（局部修订）的征求意见及修改工作，组织开展了工程计价定额调研，并对建设工程造价计价软件进行了评审和推广，推动了全省工程造价管理和改革发展。加强造价咨询单位的管理，对全省203家工程造价咨询企业进行了专项检查，责成23家企业限期整改，同时，按照建设部的要求，完成了17家甲级企业资质证书换发资料的上报任务，对乙级及暂定乙级企业的资质证书进行了换发，新审批暂定乙级资质企业7家，暂定期满转为乙级资质企业7家。规范整顿了工程造价咨询市场。组织全省符合条件的2675人参加了造价工程师执业资格考试，核准注册了278名造价师。

（路长青　张钢军）

**【建筑企业劳保费用统筹管理】** 2006年收缴建设工程养老保险费3.145亿元，同比增长24.13%，再创历史新高。向施工企业拨付养老保险费1.97亿元，同比增长4.3%。向特困施工企业补贴3739万元，同比增长2.76%，对企业改革发展和保障建筑业企业离退休职工生活发挥了积极作用。全年共培育工程担保机构27个，有5个市的443项工程实行了工程担保，担保额度17328.77万元，印发了《关于进一步加强建设工程保证担保管理工作的通知》，对山西省工程款防欠机制起到了完善补充作用，对从源头解决拖欠问题找到一条有效途径。

（路长青　张钢军）

**【房地产开发】** 2006年度，积极贯彻落实《国务院办公厅转发建设部等部门关于调整住房供应结构稳定住房价格的意见的通知》和建设部《关于落实新建住房结构比例要求的若干意见的通知》精神，加大政府宏观调控力度，严格控制住房套型建筑面积和套型比例，科学编制住房建设规划和供应计划，房地产开发投资结构日趋合理，普通商品房成为房地产开发的主体，商品住房价格由增幅高、波动大转向平稳。全省完成房地产开发投资208.6亿元，同比增长17.2%；商品房平均售价为1997元/平方米，同比下降9.6%；城镇住宅施工面积达到4102.6万平方米，同比增长40.5%。在改善全省供应结构的同时，注重提升住房建设品位，引入绿色生态理念和智能化理念，注重现代居住文化与地方传统建筑的融合，突出地方建筑特色，示范引路，以点带面，建成了一批集智能、节能和环境为一体的现代化住宅小区。大同“龙园”和“御馨花都”荣获“国家康居示范工程”称号。

（路长青　张钢军）

**【房地产市场秩序】** 2006年，市场监管制度不断完善，房地产市场秩序进一步好转。制定印发了《关于建立和完善房地产信息系统，加强房地产市场监测的通知》，建立房地产信息发布制度，在网上向社会公布商品房预销售信息、销售活动、销售合同备案情况等内容，维护健康的房地产市场秩序。会同省有关部门制定了《整顿和规范房地产交易秩序工作方案》，召开

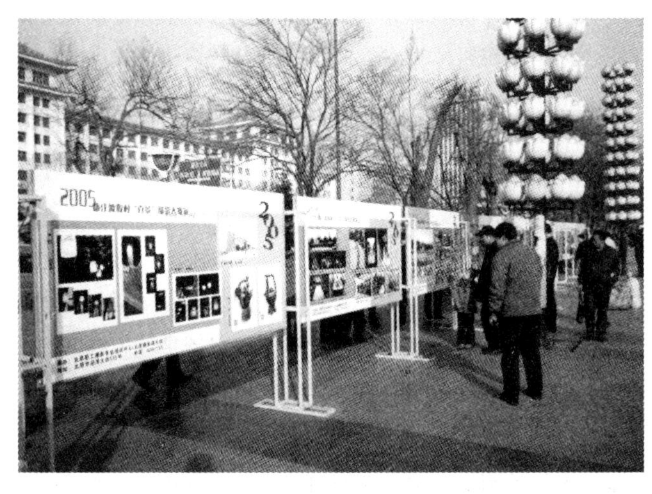

太原市康庄度假村在太原文化宫组织的宣传广告牌廊　　杨健摄影

了全省房地产交易秩序工作电视电话会议，从商品房预售、商品房销售、房地产广告、房地产展销、商品房销售合同、房地产中介、房屋权属登记等7个方面入手，对全省房地产交易秩序进行了规范和整顿。　　（路长青　张钢军）

**【安康居住工程】**　2006年，山西省人民政府将“建设安康居住工程住房500万平方米，解决6万户困难居民的住房”列入向百姓承诺的十二件实事之一。省政府与11个地级市政府签订《2006年安康居住工程工作目标责任书》，明确了定性内容和定量指标，并落实到了具体项目。省建设厅印发了《关于实行安康居住工程进展情况月报制度的通知》，建立了全省安康居住工程月报、通报制度，对各市安康居住工程建设情况进行动态监管，并组织专门力量对安康居住工程建设进行了中期督查，并定期深入项目进行现场指导，对工程建设进度较慢的城市实施重点督查，随时掌握和发现实施过程的进展情况和问题困难，并及时提出针对性意见和整改措施，确保了安康居住工程保质、保量、按时完成。截至年底，全省安康居住工程竣工655.24万平方米，完成目标任务的131.05%，其中晋城、大同、临汾、运城、太原等10个市超额完成目标任务。

（路长青　张钢军）

**【棚户区改造工作】**　2006年，山西省人民政府将“改造工矿企业棚户区，新开工建设住宅面积95万平方米，让1.6万户、4.5万人住上新房”列入向百姓承诺的十二件实事之一。作为棚户区改造工作的启动之年，省委、省政府高度重视棚户区改造工作，省政府与太原、大同、阳泉、晋中、长治、晋城6个城市签订了《2006年国有重点煤矿棚户区改造目标责任书》，印发了《山西省人民政府关于实施国有重点煤矿棚户区改造的意见》，明确了全省国有重点煤矿改造的总指导思想与基本原则、工作目标与任务、组织领导与部门职责、运作方式与组织实施、建设标准与补偿安置政策、扶持政策与建设资金筹集、监督与管理等具体内容。省建设厅制定印发了《关于认真做好2006年国有重点煤矿棚户区改造工作的通知》，对各市贯彻落实2005年的目标责任制提出了具体要求，为全省棚户区改造工作的顺利进行奠定了基础。省政府成立了全省国有重点煤矿棚户区改造领导组（领导组办公室设在省建设厅），奔赴各煤矿企业、矿工家庭了解情况，共召开了近20次现场办公会议，积极有效地解决了各煤矿企业在棚户区改造中遇到的困难和问题，促进了棚户区改造工作的顺利进行。省政府组织召开了全省棚户区改造汇报会议，棚户区改造工作取得了阶段性成果。截至年底，国有重点煤矿棚户区改造开工建设面积143.92万平方米，1.86万套，分别完成目标任务的151.50%和116.25%，其中同煤集团开发77万平方米，10026套（户），投入资金4.86亿元，西山煤电集团开工23.4万平方米，3360套（户），投入资金1.45亿元。　　（路长青　张钢军）

**【廉租住房保障】**　2006年，山西省人民政府与各市人民政府、省建设厅与各市建设主管部门签订了目标责任书，将“建立城镇廉租住房制度，切实解决城镇低收入家庭住房困难”作为主要工作任务进行考核验收。全省积极贯彻落实国务院《关于促进房地产市场持续健康发展的通知》、“加强房地产市场引导和调控八项措施”、《国务院办公厅转发建设部等部门关于做好稳定住房价格工作意见的通知》、《国务院办公厅转发建设部等部门关于调整住房供应结构稳定住房价格意见的通知》等文件精神，并根据《城镇最低收入家庭廉租住房管理办法》和《关于建立和完善城镇廉租住房制度的通知》，明确要求各市要建立完善廉租住房制度，强化政府住房保障职能，切实保障城镇最低收入家庭基本住房需求。截至年底，全省119个县区全部启动了城镇最低收入家庭住房保障工作，2004、2005、2006三年共计落实廉租住房资金6767.15万元，解决了5823户最低收入家庭住房困难。全省已初步形成了以满足广大中低收入家庭住房需求的普遍商品住房和经济适用住房为主体，满足高收入家庭的大户型、高标准、高档次住房并存，解决城市最低收入家庭的廉租住房为有效补充的住房供应和保障体系。　　（路长青　张钢军）

**【城市房屋拆迁】**　2006年，全省认真贯彻落实《山西省城市房屋拆迁条例》和国

太原丽华苑住宅小区　　杨健摄影

办发《关于控制城镇房屋拆迁规模严格拆迁管理的通知》精神，严格拆迁管理，规范拆迁程序，对城市房屋拆迁市场中无营业执照拆迁，无拆迁资格拆迁，无拆迁许可证拆迁及擅自扩大或缩小拆迁范围的违法、违规拆迁行为进行了整顿；坚决打击暴力拆迁、野蛮拆迁、恶意拆迁等行为；严肃查处房屋拆迁管理部门以审批代替监管、重事前审批、轻事中与事后监管，只审批不监管的行为。同时，注重城市房屋拆迁方面的矛盾纠纷和不稳定因素的排查调处工作，对可能引发群体性事件的苗头、事端进行深入了解，全年共排查出洪洞县张合心等城市房屋拆迁矛盾纠纷7件，并及时进行了化解。截至年底，共接待反映城市房屋拆迁问题的来信、来访案件26批次，结案11件，同比下降19%，上访人数17人，同比下降32%，无集体访。 （路长青　张钢军）

【物业管理】　加强《山西省物业管理条例》的宣贯力度，规范物业管理行业秩序，保证物业管理质量的稳步提高。继续以培育新型产业为目标，以创建示范项目为动力，逐步扩大物业管理覆盖面。2006年，全省物业管理覆盖率达到41%，比上年提高了2个百分点。在扩面提质的同时，注重提升物业管理的服务水平，全年山西省共有17个项目通过省物业管理示范住宅小区的考证验收，永济世纪花园、太原市金茂国际数码中心、山西漳山发电有限责任公司3个项目，通过了建设部“全国物业管理示范住宅小区、大厦、工业区”验收组的现场评验。

（路长青　张钢军）

【住房制度改革和公积金管理】　积极推进以落实住房分配货币化政策，依法完善住房公积金制度为重点的各项管理工作，截至2006年底，全省共有14718名（其中省直机关4236名）职工领取了住房补贴，发放住房货币化补贴总金额28673万元（其中省直机关7215万元），发放住房补贴人数、资金量分别比上年增长8.8%和13.9%。同时，通过提高公有住房租金标准，加快公有住房出售，有效地推进了住房商品化、社会化的进程，全省公房出售率达到82%，高于全国平均水平2个百分点。实行了住房公积金目标管理，签订了责任书，制定了考核办法，加强了动态监管，并报请省编委成立了厅住房公积金监督管理处，住房公积金监管体系基本形成。配合审计部门对11个市开展了住房公积金审计工作，全省住房公积金实缴职工人数达到235.82万人，缴存总额达225.65亿元，9个城市发放住房货币化补贴2.87亿元。累计为6.98万户中低收入职工家庭发放住房公积金个人贷款39.49亿元，通过提取、发放贷款和为中低收入家庭提供住房补贴的方式，帮助约65万人解决了住房困难。

积极配合山西省“三项治理”领导组办公室清房组的工作，主要抓了对多占多购住房的各级干部的清理纠正工作。截至年底，省管干部、县处级干部、县（市、区）管理的乡科级干部纠正到位率分别达到97%、99.6%和100%，全省累计收缴清房补缴款4.8亿元，退出住房1096套，清房工作受到省委、省政府、省纪委的高度评价，中纪委也对我省的清房工作给予了充分肯定。 （路长青　张钢军）

【勘察设计】　坚持以政策法规为先导，以动态考核为手段，确立了以市为单位、以保证金为手段、以合同备案为措施的三位一体的行业自律新机制。不断强化勘察设计市场监管，加大施工图审查工作力度，通过质量检查，设计评优和注册培训，形成了一支结构合理、创新能力强的勘察设计队伍，全省勘察设计行业的市场竞争力不断增强，市场环境进一步好转。全年完成勘察设计营业收入31亿元，施工图投资额398亿元，同比分别增长7.7%和8.1%，全行业继续保持了快速健康发展。制定出台了《入晋勘察设计企业备案管理办法》、《建筑工程设计招标投标管理办法实施细则》、《建筑节能专用章管理办法》、《超限高层建筑工程抗震设防管理办法》、《注册人员管理规程》等制度，规范了勘察设计市场秩序。结合山西省村镇住宅建设的不同特点，从277个住宅设计方案中精选出66个，编制了《山西省新农村住宅设计图集》，对推进全省新农村建设工作发挥了重要作用。组织专家编制了《民用建筑节能实用手册》，从北方采暖区建筑物节能设计、施工及产品应用、运营管理到节能检测与验评的整个建筑节能过程进行了规范。组织研发了山西省勘察设计行业信息化管理系统，建立了山西省勘察设计单位招投标专家库，行业的信息化建设初步建立。 （路长青　张钢军）

【建设立法工作】　2006年，山西省人大常委会审议通过了《山西省风景名胜区条例》地方性法规；《山西省市政公用事业特许经营办法》经省人民政府第71次常务会议通过，并颁布实施；《五台山保护决定》经省人大常委会第26次会议通过。与此前出台的11部建设类地方性法规、9部地方政府规章，山西省建设类地方法规已达13部，地方政府规章已达10部，基本形成了全省建设类地方性法规体系，基本做到了有法可依，有力推动了依法行政和依法治建进程。

（路长青　张钢军）

【普法工作】　2006年是“四五”普法总结验收年，山西省建设厅被建设部评为全国建设系统“四五”普法依法治理先进单位，被山西省委依法治省领导组评为依法治理先进单位，全省建设系统法治化进程明显加快，依法治理工作成效显著。2006年，也是“五五”普法的启动之年，按照《山西省2006年～2010年依法治省工作规划》和建设部《关于在建设系统开展法制宣传教育的第五个五年规划》的精神，制定出台了《山西省建设厅关于在全省建设系统开展法制宣传教育的第五个五年规划》和《全省建设系统2006年普法依法治理工作要点》等规范指导性文件，全面启动“五五普法”工作。充分利用3·15消费者权益保护日、12·4法制宣传日和行政许可法宣传月等活动，加大对公共法律和建设法规的宣传力度。加大对全省建设领域农民工的法制教育，依法保障农民工的合法权益，制定印发了《关于做好农民工法律培训工作的通知》和《全省建设领域农民工法律培训工作实施方案》，编印了农民工法律知识读本，对全省60000余名农民工进行了学习培训，切实将以提高农民工法律素质为主要内容的普法工作落到了实处。 （路长青　张钢军）

【建设执法工作】　全面落实行政许可法，积极推行行政执法责任制，出台了《建设行政处罚管理规定》等12个规范性文件，制定了《建筑业企业不良行为记录公示管理办法》等5个办法及《山西省建设系统行政执法责任制示范文本》，加大了对违法违规行为的查处力度，进一步规范建设执法行为。通过专案稽查、专项检查和治理商业贿赂，有力保障了建设事业的健康发展，2006年，全省共对工程建设、房地产、城市建设等领域进行8000余次执法检查，对200余项违法违规行为进行了停工核查，对150余项违法违规行为进行责令整改，对2000余项违规行为进行了罚款，对2家企业施行了降级处罚。组建了省建设厅行政审批中心，将涉及省建设厅32项行政许可事项中的26项纳入其中，做到一个窗口对外、一次性告知、一站式审批。制定出台了《省建设厅机关政务公开工作规程》及首问责任、限时办结、行政不作为责任追究、行政过错责任追究等办法，进一步改进机关工作作风，优化政务环境，提高了省建设厅的公信力和执行力。（路长青　张钢军）

【建筑科技】　2006年建设科技工作以建设节能的推广应用为突破口，以贯彻落实《中共中央国务院关于实施科技规划纲要增强自主创新能力的决定》和国务院《关于建设资源节约型社会近期重点工作的通知》的要求为重点，按照全省建设工作会议的安排部署，全面推进我省建设科技管理、新技术推广和资源节约工作。着重在工程建设标准化、建筑节能、重点课题研究、科技成果应用等方面狠下工夫，取得了明显实效。制定出台了《建筑节能监管试行办法》、《建筑节能设计专用章管理试行办法》、《民用建筑节能施工图设计文件审查管理办法》(试行)、《关于在建筑工程活动中加强建筑节能工作的通知》、《建筑节能技术（产品）认定标识管理试行办法》和《关于加强房地产领域建筑节能工作的通知》等9个配套文件，加快了《山西省建筑节能管理条例》的立法工作，建立了贯穿工程建设管理程序全过程的建筑节能监管体系。成立了“省建设科技推广与建筑节能监管中心”、“山西省土木建筑学会建筑节能专业委员会”，省建筑科学研究院组建了“节能与绿色建筑研究所”，山西建筑职业技术学院成立了“建筑节能研究中心”等机构，积极开展可再生能源在建筑中的应用等节能相关课题和研究和应用。太原、大同、阳泉、临汾四市成立了建筑节能办公室(中心)，建筑节能的应用、管理力量得到明显加强。由山西省工程建设建筑节能地方标准编制委员会撰写，涉及山西省建设节能四个系列14项地方标准全部编制完成并颁布实施，为全省建筑节能工作提供了有力支撑。在全省范围内开展了建筑节能专项监督检查，共抽查建筑设计、施工图审查、在建工程执行等项目204项，向39个违规主体下发了执法告知书，责令整改，并通过媒体向全省进行了通报，在社会上引起较大反响。建成了大唐四季花园、大同御馨花园、大同龙园住宅小区等一批建筑节能示范小区，太阳能、地源热泵、水源热泵和生物质能等可再生能源等到了积极的推广和应用。建立了建筑节能的专业网站“山西建筑节能网”，为公众了解节能提供了窗口，为企业宣传节能产品技术提供了平台。通过扎实有效的工作，全年共完成科技成果推广100多项，6项科研课题列入省级科技计划，批准省级工法53项，确定第十批建筑业新技术应用示范工程41项，建设科技工作取得了明显进展。

（路长青　张钢军）

【建设教育】　制定了《山西建设人才“十一五”规划》，组织县（市、区）长及直属单位城市规划方面的负责人及技术骨干赴美国进行了培训，同时在清华大学举办了第三期建设局长（建委主任）培训班，全省共有60名建设局长参加了培训。超额完成了一线操作人员培训与鉴定任务，全年共完成培训与鉴定一线操作人员2万余人。加强专业技术人员的培训，共向建设行业关键岗位专业技术管理人员培训发证1500余人，建设行业大中专学校毕业生岗位合格证考试发证2000余人，房地产行业物业管理人员岗位培训发证700余人。开展了全省建筑业职业技能大赛，4人荣获“全省五一劳动奖章”，12人被授予“三晋技术能手”，28人被授予“山西省建设行业技术能手”，4人被授予“山西省青年岗位能手”，并颁发了技师职业资格证书。山西建筑职业技术学院、省城乡建设学校被建设部评为建设行业阳光工程培训基地。

（路长青　张钢军）

【党风廉政建设和创建文明行业】　召开了全省建设系统党风廉政建设工作会议，下发了《中共山西省建设厅党组贯彻落实〈教育、制度、监督并重的惩治和预防腐败体系实施纲要〉的具体意见》、《关于2006年党风廉政建设和反腐败工作任务分解意见》，形成了“党组统一领导，党政齐抓共管，纪检组织协调，部门各负其责，依靠群众支持和参与”纵向到底、横向到边、上下联动、整体推进的廉政建设工作机制，全省建设系统受到建设部表彰的党风廉政先进集体2个，先进个人3名。就太原市民刘健康来信反映机关个别处室接待不热情，工作不负责的问题，集中开展了《一封群众来信说明了什么》的专项教育活动，对照检查并提出整改措施，不但改进了机关作风，还提高了机关和工作人员形象，收到了良好的效果。加大政风行风评议工作力度，建设厅党组先后在新闻媒体和省政府系统就建设系统政风行风建设、加强行政效能建设、优化政务环境、切实推行政务公开等方面向全社会作出庄严承诺。组织4个政风行风建设明察暗访组，对全省9个市建设行政主管部门和局直属单位的政风行风进行了调查，并将情况进行了通报。组织了政风行风评议听证对话会，认真解答了省人大代表、省政协委员和社会各界提出的问题，省政风行风评议考核组和省评议办对我厅政风行风工作给予了高度评价。

（路长青　张钢军）

【精神文明建设】　为建设一支政治合格、业务精湛、纪律严明、作风过硬、服务优良、乐于奉献的干部队伍，进一步创优政务环境，整体提升机关文明程度，厅党组制定印发了《省建设厅机关创建省直文明单位活动实施方案》和《厅机关创建省直文明单位活动测评标准》，启动了厅机关创建文明单位的工作。深入开展了创建文明城市、园林城市、文明行业、文明村镇、文明工地等活动。以巩固城市供水省级文明行业为重点，深化公共交通、城市燃气、物业管理等行业创建工作。继续开展规范化服务活动，推行社会服务承诺制、公示制、首问责任制和责任追究制等工作制度。深入开展青年文明号创建活动，组织了青年文明号的复查认定和评选推荐工作，对4个省级青年文明号作出硬性淘汰、末位淘汰、自动摘牌和黄牌警告处理。认真组织开展了学习贯彻党章和社会主义荣辱观教育活动，积极参加了省委宣传部和省直工委组织的以“八荣八耻”为主要内容的树立社会主义荣辱观演讲比赛，省建设厅获得优秀组织奖，2名同志获得二等奖。周密组织了庆祝中国共产党建党85周年系列纪念活动，18个基层党组织、91名优秀党员分别受到省直工委和厅直机关党委的表彰。

（路长青　张钢军）

【信息化建设】　成立了山西省建设厅信息化领导组，加强了对信息化工作的领导。制定出台了《山西建设信息网信息管理暂行办法》，完善网站栏目内容，规范对门户网站的管理。截至年底，山西建设信息网设置专题栏目11个，网站共发布各类信息2000余条，厅发文件131篇，公示公告124篇，法律法规228部，领导讲话80余篇，建设动态新闻628条，网站访问量突破35万人次，日访问量稳定在1500人次，建设信息网已成为“政务公开的平台，对外宣传的窗口，政府和公众互动的桥梁”。按照省政府的要求积极开展了办公软件正版化工作，并将省政府提供的正版操作系统和办公软件在机关200余台计算机上进行了安装使用，实现了厅机关计算机软件正版化，受到了省政府正版软件工作领导组和省版权局检查组的一致好评。（路长青　张钢军）

**【确定建设事业“十一五”期间的任务和目标】**　“十一五”时期是我国全面建设小康社会承前启后的重要历史阶段，也是建设事业创新发展的重要机遇期。2006年，是“十一五”的开局之年，根据山西省经济社会发展“十一五”规划纲要和省委、省政府的总体部署，在全省建设工作会议上，山西省初步确定了建设事业“十一五”期间的主要任务和发展目标：

1．加快特色城镇化进程，城镇化率达到47%，初步形成以太原都市圈为核心，大运城镇发展轴带为主干，晋北、晋中、晋南、晋东南四个城市经济圈域为主体的“一核一带四片”的城镇发展格局。

2．抓好社会主义新农村和小城镇规划建设，基本完成村镇规划的编制；加强古村镇保护，改善村镇生产和生活环境。到“十一五”末，全省农村人均住宅建筑面积达26平方米。

3．重点实施城市市政基础设施1123工程，即城市绿化工程、城市道路工程，污水处理和垃圾处理工程，供水、供气和集中供热工程，完成投资1048亿元。城市绿化覆盖率达到35%，人均道路面积达到12平方米，污水处理率达到70%，生活垃圾无害化处理率达到60%，人均日生活用水量达140升，集中供热普及率达到80%，燃气普及率达75%。力争经过五年努力，全省城镇基础设施主要指标达到全国平均水平，提高城镇承载能力，确保市政工程安全运行。

4．年均建成城镇住宅1000万平方米，年均完成房地产开发投资200亿元；归集住房公积金30亿元，发放个人贷款9亿元。到“十一五”末，全省城镇人均住宅建筑面积达到30平方米；住房公积金覆盖率达到65%，个贷率达到25%。

5．加快改造矿工棚户区，五年新建住宅面积614万平方米，基本把全省国有重点煤矿棚户区改造为新的住宅小区，让9.5万户、26万矿区职工及家属告别低矮、简陋的棚户区，住进新楼房。

6．到“十一五”末，完成建筑业总产值1000亿元，增加值200亿元；建筑工程招标率达100%，公开招标率达100%，监理覆盖率达100%；工程质量监督覆盖率和验收合格率达到100%，优良率达40%，百亿元产值死亡人数控制在6.3人以内。确保重点工程年度投资和投产项目的完成，投资对全省GDP增长的贡献率达15%以上。

7．以节能、节水、节材、节地为重点，切实搞好节约型城镇建设。全省城镇新建建筑实现节能50%，既有建筑节能改造完成30%。开展65%建筑节能试点小区建设。（路长青　张钢军）

**【全省城市建设工作会议在并召开】**　为加快推进山西省特色城镇化进程，2006年6月2日，全省城市建设工作会议在山西饭店召开。山西省委书记张宝顺，山西省委副书记、省长于幼军，建设部部长汪光焘亲临大会指导，并就山西省城市建设工作做了重要指示。全省各市（县、区）主要负责人、省直有关厅局负责人、各市县建设行政主管部门以及省建设厅机关处室负责人等共计420余人参加了会议。

会议确定：“十一五”时期，本省加快特色城镇化进程和加强城市建设工作的总体要求是：全面落实科学发展观，坚持加快科学发展、建设和谐山西、致力求真务实，围绕构建充满活力、富裕文明、和谐稳定、山川秀美新山西的目标，以科学规划为先导，以功能培育为基础，以基础设施建设为重点，以改革开放和自主创新为动力，以加强管理为保证，稳步提升城镇化率，全面提升城市建设和管理水平，大力提升省会城市和区域中心城市的综合承载能力和辐射带动作用，加快工矿型城镇的转型，建设资源节约型和环境友好型城镇，为全省的新发展新跨越提供强大动力。

基本原则是：坚持战略定位，把特色城镇化与新型工业化放在同等重要的战略位置，作为全省发展的重要突破口和主要推动力，把特色城镇化和城市建设放在更大区域和范围内谋划和推进；坚持以人为本，致力于提高群众的物质文化生活水平，致力于营造人与自然和谐相处的环境，致力于建设现代宜居城市，实现城镇化发展与人口、资源、环境、生态相协调，促进人的全面发展；坚持特色发展，立足各个城镇不同的基础和条件，因地制宜地确立发展方向和发展模式，把地方特色、历史文化传统和时代特征有机结合起来，形成各自的产业特色、文化特色与景观特点；坚持质量为重，把提高城镇建设和管理质量作为主攻方向，以现有22个城市为重点，扩大城市规模，增强城市实力，完善城市功能，提高城市品位；坚持协调互动，正确把握特色城镇化与新型工业化、新农村建设的关系，通过加快城镇化进程，为加快新型工业化步伐和建设新农村提供良好条件和有力带动，形成特色城镇化与新型工业化、新农村建设良性互动的发展格局。

主要目标和任务是：加速、增量、提质、整合、转型。加速，就是今后5年全省城镇化率年均提高1个百分点，到2010年达到47%；增量，就是新增城市13个，城市总数达到34个，6个县（市）要撤销县（市）建制纳入城市辖区，新增建制镇40个左右，建制镇总数达到600个，设市城市的经济总量占到全省的3/4以上；提质，就是全面提升城市综合实力，现有22个城市、80%的县城在发展规模、设施功能、环境面貌等方面有显著变化，基础设施和管理初步实现现代化，区域中心城市功能明显增强，形成一批亮点城市和品牌工程，各项指标由现在全国下游水平提高到全国平均或更好水平，城镇的集聚、辐射、服务、创新功能显著增强；整合，就是大力推进区域经济一体化，加快构建太原经济圈和晋北、晋中、晋南、晋东南四个城市经济圈；转型，就是加快工矿型城镇改造转型，使功能结构和城镇面貌得到明显改善。

围绕总体要求、基本原则和目标任务，要抓好六项工作，即形成大中小城市和小城镇协调发展的科学规划和体系；确保太原经济圈建设尽快取得突破性进展；切实加强其他10个地级市、11个县级市的建设和管理；加快县城和中心镇建设步伐；着力推动工矿型城镇加快转型；形成有利于城镇快速发展的体制机制和政策环境。（路长青　张钢军）

**【建设系统参加“港洽会”】**　2006年7月26日～28日，省建设厅率团参加了在香港举行的“山西－香港投资合作洽谈会”，全省共有16个市政公用设施建设项目在“港洽会”上签约，合同及协议意向超过23亿美元。为加强对招商引资项目的管理，省建设厅建立了市政基础设施建设项目库，目前已有项目62个，总投资额为325274万美元，其中城市道路项目21个，城市园林绿化项目4个，城市污水处理项目3个，城市生活垃圾项目5个，城市供水项目4个，城市集中供热项目16个，城市供气项目9个，投资额超过五千万美元的项目15个。

（路长青　张钢军）

**【市政招商引资工作取得进展】** 2006年，山西市政公用设施建设招商引资工作取得明显成效。除在“港洽会”上签约项目外，运城市燃气（天然气、煤层气）综合利用工程项目（管网建设部分）于2006年3月31日以特许经营方式与重庆世纪民生集团赛广博科技发展有限公司签订了投资合同，投资额为1.17亿元人民币；大同市城市生活垃圾/粪便无害化处理工程项目于2006年5月9日与北京凡元国际发展有限公司签订了投资合同，投资额为2.6亿元人民币；忻州市集中供热管网一期工程项目于今年上半年与山西经帮贸易有限公司签订了投资合同，投资额为3000万元人民币。阳泉市污水处理厂中水回用项目与阳煤集团已签订投资意向，阳煤集团拟投资2211万元人民币进行项目建设；太原市候村城市生活垃圾卫生填埋场项目已与天津泰达环保有限公司、上海环境投资有限公司、马来西亚达利集团等三家公司进行了对接和谈判，投资金额在1.5亿元人民币左右，已初步形成投资意向，并报太原市人民政府审定；晋城市自来水和污水处理项目以BOT方式同法国维利雅水务集团签订了投资意向；临汾市新城区综合管网建设项目于今年三月份与河北廊坊新奥集团签订了投资意向，投资额为7600万元人民币；忻州市集中供热节能改造项目于今年上半年与北京中竞同创能源环保有限公司签订了投资意向，投资额为1000万元人民币。还有正在洽谈中的项目2个，晋中市北城开发项目与国家卓越集团正在洽谈之中，拟投资额为8亿元人民币；长治市集中供热配套管网建设项目与德国西门子公司也在洽谈之中，拟投资额为1亿元人民币。另外，法国列德公司作为城市生活垃圾分类处理的专业国外公司，愿以BOT的方式投资我省城市生活垃圾处理项目，我厅已与该公司取得了联系，并将该公司有关情况通报各市建设行政主管部门，为各市与法国列德公司搭建起了交流互动平台，该公司有关人员已来并与各市建设行政主管部门城市生活垃圾处理项目负责人进行了对接和洽谈。

2006年，省建设厅作为基础设施建设项目三堂会审的组成部门，共参与审查项目1289个，审查合格项目1221个，不合格项目7个，待定项目61个，圆满完成了项目会审任务。

（路长青　张钢军）

## 黄河万家寨水利枢纽工程

**【概述】** 2006年，是万家寨水利枢纽有限公司抢抓机遇，创造辉煌的一年；是公司的体制、经济与社会和谐发展的一年。一年来，在投资三方股东和董事会的正确领导下，公司坚持以科学发展观为指导，以实现公司的总体部署为目标，以电力安全生产为主旋律，以开拓发展新思路为动力，真抓实干，整体推进，在电力安全生产、新增工程项目建设、精神文明建设、社会经济效益等方面取得了突破性的成绩，公司的发展整体迈上了新的台阶。

1. 完善的法人治理结构，促进了公司发展的科学性。2006年，董事会以科学发展观为指导，以万家寨枢纽作为母体，开拓发展项目，充分利用万家寨潜在的资源，扩张资本运作，使万家寨公司不断地创造效益，不断地做大做强。随着国情的变化，股东单位以及董事、监事也随之变更。股东及出资为：新华水利水电投资公司出资肆亿伍仟万元；山西省万家寨引黄工程总公司出资肆亿伍仟万元；内蒙古能源发电投资有限公司出资肆亿伍仟万元。调整后，股东、董事会、监事会更加完善，资本更加雄厚，机制运作更加成熟规范，行政化色彩也越来越淡化。决策层在谋略发展、把握方向、制定政策、整合力量、构建和谐社会、营造环境上体现出领导地位和责任。公司的利益整合、权益保障、共同发展得到体现。

2. 公司抓住经济发展的核心主体，狠抓电力安全生产运行。一是目标明确，责任到位，措施得力；二是精细管理，科学调度，经济运行；三是高度重视防凌防汛工作，积极采取有力措施，确保万家寨枢纽安全度汛和安全运行；四是公司通过黄委和国家防办，把万家寨水库的汛限水位作了调整，这对公司是件非常有意义的事情。五是加强与黄委和晋蒙两电网的沟通与协调，及时调整了全年的发电战略，实现了丰水不弃水发电的目标，全年电站机组发电耗水率为6.197m$^3$/kW.h，发电用水率为98.2%，保证了水能资源的充分应用。2006年电站超额完成年度发电量20亿千瓦时的生产任务，突破了26亿千瓦时，实现了售电收入8.21亿元，利润总额2.27亿元的良好经济效益。这是自2000年六台机组全部投产以来，连续第六年年售电收入以亿元规模增长，公司的经济实力逐步壮大，不断大踏步跃上新的发展平台。

3. 注重社会效益和社会效应。2006年的售电形势由于供过于求和电价比较高的原因，增加了电站电力上网的难度，公司以服从社会大局，服务社会大局为重，坚持企业效益与社会效益并举的发展思路，在水调与电调平衡运行上知难而进，发挥各项职能，做了大量的、辛苦的、卓有成效的工作，争取社会更大效益。全年累计销售电量25.90亿千瓦时，其中：向山西电网供电15.68亿千瓦时，向内蒙电网供电10.22亿千瓦时，向山西侧供水1.019亿立方米；向国家缴纳各种税费2.1亿元，并连续二次被评为山西省纳税信用A级单位，既促进了当地经济社会的发展，提高了公司在社会的知名度，也起到企业形象与社会形象双赢的效应。

4. 狠抓龙口水利枢纽工程建设的实施。黄河龙口水利枢纽工程是水利部、山西省、内蒙古自治区三方依托万家寨水利枢纽工程，在黄河北干流滚动开发的又一大型水利枢纽工程，也是作为公司在水电主业可持续发展的项目之一。公司为加快龙口枢纽工程建设速度，及时确立了龙口水利枢纽工程建设管理体制，将龙口水利枢纽工程由五年工期缩减为四年工期完成。2006年公司精心组织，周密安排，发挥技术、人才、融资能力等资源优势，快速调整机构，顺利从工程筹备阶段转入工程建设阶段；组织了大的工程项目的招标；举行了开工奠基仪式；开展了“大干100天”的施工，抢抓工期，实现了龙口工程全面开工建设，为顺利实现工程二期截流奠定了基础。

5. 三个文明的协调发展。在企业发展、物质文明发展呈现良好态势的同时，公司文明单位创建工作稳步推进，群众性创建活动有效开展，企业文化建设活动丰富多彩，公司的政治文明和精神文明建设获得殊荣。公司被山西省人民政府评为“2006年度安全生产先进单位”，被水利部授予“全国水利建设与管理先进集体”荣誉称号。公司连续第四次被山西省直机关精神文明建设委员会命名为省直文明单位标兵；连续第二次被水利部精神文明建设指导委员会确认为全国水利文明单位；工会被山西省总工会授予“模范职工之家”称号。

公司在企业发展、安全生产、工程建设、经营管理和精神文明建设等方面都取得了显著的成绩。关键在于公司有成熟运作的现代法人治理结构的股份体制，有高瞻远瞩、创新发展的董事会决策核心，有励精图治、精诚经营的经理班子，有风雨同舟、开拓进取的敬业团队。因此，铸就了今天的成功与辉煌。（隋　立）

**【电力生产突破26亿千瓦时发电量】** 2006年是电站加强精细化、规范化管理，大力开展节能降耗工作的一年。围绕公司的年度工作目标，电站管理局以强化安全生产为中心，以提高经济效益为目的，以技术创新、精细管理为平台，抓住来水增多的有利时机，实现年发电量26亿千瓦时，再创发电以来历史新高，圆满完成了公司下达的各项控制指标。

2006年万家寨水库累计来水量165.3立方米，为电站机组投产运行以来同期来水量最多年份。全年发电用水量为158亿立方米，配合黄河防总冲刷降低潼关高程和排沙试验发电用水2.96亿立方米，未发生其他弃水情况，发电用水率98.37%。公司抓住黄河来水较丰的有利时机，努力克服晋蒙电网负荷趋于平衡和内蒙古上网电价上调带来的售电困难，下大力气夯实安全生产的基础，科学调度，经济运行，全年发电量突破26亿千瓦时，完成董事会下达全年20亿千瓦时，售电计划的127.05%。

电站全年向山西电网售电量15.68亿千瓦时，向内蒙电网售电量10.22亿千瓦时，向两网累计销售电量25.90亿千瓦时。全年向山西侧供水1.019亿立方米；向内蒙侧供水0.16亿立方米，合计1.18亿立方米。发挥了显著的社会效益。

全年电站机组负荷率67.71%，比2005年同期负荷率79.10%降低11.39个百分点，主要是受电网负荷供求关系转向平衡和万家寨电站上网电价相对较高影响；发电耗水率为6.20立方米/千瓦时，较上年增大3.42%，比公司下达考核目标6.10立方米/千瓦时增加1.64%，主要是由于平均库水位较2005年偏低所致。全年大部分时间水库水位维持在▽966～974米区间运行，年平均库水位为▽967.58米，较2005年▽969.11米降低11.53米。库水位偏低主要有四方面的原因：一是为防止有效库容淤积，保证枢纽中长期安全运行，在来水增大情况下有意降低库水位运行，以有效冲刷库尾淤沙；二是2006年凌汛开河期冲刷潼关高程及拉沙需要，按照黄防办指令，将库水位降至近年来同期最低水位952米左右，因开河时间长，导致水库长时间保持低水位运行；三是受枢纽来水较大和电网负荷需求相对平衡的压力，一般控制水位远离汛限水位运行；四是在秋冬季，晋蒙两网负荷大幅增加、机组非停增多等原因，使万家寨作为事故备用和调峰开机次数大幅增加所致。尽管在利益上受到一些损失，但是服从黄河调度大局，以大局为重，顾全了国家的利益。（隋　立）

**【电站安全生产运行】** 2006年，电站安全生产坚持贯彻“安全第一、预防为主、综合治理”的方针，贯彻“谁主管、谁负责”的原则，按照年度安全生产工作目标的要求，以“保人身、保设备、保电网”安全为重点，扎实做好安全生产各项基础工作。

2006年4月5日至6月15日，万家寨水电站2号水轮发电机组扩大性大修工作圆满结束。本次大修除完成大修常规项目外，处理了2#机组同期合闸冲击较大、机组压力钢管伸缩节、大轴补气管、推力轴承气密封、转子通风、主变冷却器控制系统、机组滤水器控制系统、顶盖排水泵控制系统等多项技术改造。经过启动试验、试运行，2#机组运行状况良好。

同时，完成了电网设备春检、2542刀闸更换、机组小修、万义线干式电缆渗漏等工作。通过每年的电网设备的春检、机组小修、设备消缺等计划检修工作，消除了设备隐患，增强了输、变、供电设备可靠性，为晋蒙两网调峰提供了有力保障，也为万家寨水电站迎峰度夏、确保安全生产，全面完成2006年发电任务打下了坚实的基础。

全年共办理工作票1366份，合格率100%，其中一种工作票35份，二种工作票805份，机械工作票465份，二种动火工作票61份；执行操作票491份，共操作16790项，合格率100%；全年共发现缺陷572项，消除555项，还有17项未消除，全年设备消缺率达97.03%。

2006年实现了本年度连续安全记录达365天，完成了三个百日安全。为配合和支持两网迎峰度夏，电站在7、8月份未安排任何系统设备检修，并将库水位降到了2002年以来的夏季最低水位▽955.06米。截至12月31日，未发生人身、设备事故，未发生火灾事故，发生两起一般交通事故，发生三起非人员责任的设备一类障碍。

公司将安全生产作为电力生产的重中之重来抓。

1. 根据国家电力公司《安全生产工作规定》，完善了各级人员安全生产责任制，并于年初逐级签订了年度安全目标责任书。形成目标逐级向下分解、措施逐级向上保证的三级安全目标管理保证体系。

2. 重新调整完善全局三级安全监督网，使“全员、全过程、全方位”的安全监督工作得到了保障。

3. 坚持每月召开安全生产例会，分阶段总结、分析安全生产情况，部署安排工作；对事故教训进行总结分析，制定措施开展反事故活动；学习上级有关安全生产文件和通报，提出贯彻措施；及时解决安全生产中的实际问题，安排当月安全工作重点及注意事项，并对下阶段的安全生产工作提前进行布置。

4. 积极对职工进行经常性的安全教育，定期在公司网络办公平台上发布各种安全简报、通报、安全生产知识、操作规程等，引导和教育职工认真吸取各类事故教训，严格遵守检修（操作）规程，增强自我保护意识和能力。

5. 完善特种设备作业人员的培训及监督。邀请山西特种设备检验所对坝内及副厂房共3部电梯进行了检测鉴定，已取证；邀请鄂尔多斯技术监督局于6月8号来到电厂进行压力容器、起重机械、电梯特种作业培训；邀请内蒙古自治区安全监督局于7月1号到电厂进行电工特种作业培训。通过培训提高了全员的安全生产知识水平和安全管理能力。

6. 开展2006年春季安全检查活动，在4月至6月，组织开展了以“查思想、查领导、查管理、查制度、查隐患”为主要内容的春季安全生产大检查活动，编制了比较切合实际的春季安全检查表，采用部门全面自查、局重点抽查的方式，发动职工查找安全隐患，积极进行整改。

7. 修改完善电厂事故应急救援预案。结合实际情况，电站管理局组织员工对其中的全厂失电、防局部暴雨、火灾事故及全局通讯系统故障四个子预案进行了演习，通过演习来检查预案的可操作性，同时通过演习还可以发现预案的不足，为预案的修订提供条件。

8. 根据国家安全生产监督管理局等五部委《关于开展2006年“全国安全生产月”活动的通知》精神，六月份组织开展“安全生产月”活动。对“安全生产月”活动作出了具体安排和要求，并加大了安全生产宣传力度。在小区办公楼、厂区悬挂安全生产宣传横幅，在宣传栏上张贴安全知识挂图，发放安全学习材料等；开展了“如果我是安全员”征文和“我为企业安全文化建设献一计”等活动，以深化职工安全生产意识，营造浓郁的安全文化氛围。

9. 根据国家有关劳动防护用品的管理规定，重新修订《劳动防护用品管理标准》。以进一步加强电厂劳动保护用品的管理，保证劳保用品的质量，保障全体员工的安全与健康，使劳动者在劳动过程中免遭事故伤害或减轻事故伤害、职业伤害等，确保实现安全、文明生产。

10. 加强安全教育培训工作。根据《安全生产法》及《安全生产工作规定》的要求及电站管理实际情况，努力实现全员安全教育培训和持证上岗的目标，对电站管理局生产职工、经常入厂工作的内蒙实业公司人员，新入厂职工开展了安全教育，并组织了安规考试，通过率达100%，取得了良好的效果。通过安规考试成绩，审查公布工作票签发人、工作票负责人及工作许可人员名单。

11. 加强对班组安全活动开展的监督。班组是执行规章制度、实施各项安全要求和完成生产任务的主体，企业的安全目标是建立在班组安全目标之上的，要想实现企业安全目标，必须加强班组安全教育，提高班组安全水平。为了进一步规范段（值）安全日活动，安全监督部下发了《关于进一步规范段(值)安全日活动的通知》，对段（值）安全活动提出详细具体的要求，并做到每月要对各部门开展的安全活动情况进行抽查，并将抽查情况进行公布。

12. 加强作业现场监督。2006年上半年设备春检，机组检修，各种外委工程相继开展，工作现场违章现象时有发生，个别单位及人员对现场安全规程、规章制度不熟悉，通过现场检查监督，经过宣传教育取得了良好的效果。特别是加强对发包工程安全管理。安监部组织审查施工单位工作负责人、特种作业人员安全资质；对施工项目安全措施备案并进行现场落实情况监督；开工前，由现场协调管理人员向施工单位现场负责人进行全面安全技术交底工作；在施工过程中实行协调人员全过程的现场监督检查管理，确保了施工安全。

此外，电厂积极贯彻落实《关于华北区域电力安全生产信息报送有关问题的通知》文件精神，认真做好安全生产信息的收集整理工作，及时、准确地上报安全信息。受了太原电力监督委员会的表扬。

（隋　立）

**【协调万家寨枢纽水调电调矛盾】** 2006年来水大幅增加对电站既是机遇也是挑战。当前晋蒙电网负荷趋于平衡，内蒙上网电价上调，面对这些新的形势，为了实现丰水不弃水发电的目标，公司及时调整了全年的发电战略，积极加强了与黄委和晋蒙两网的沟通协调，精心组织生产，保证了水能资源的充分应用。

工作中，一方面加强设备管理，提高设备可靠性，保证设备满足电网“随调随启”的要求；另一方面通过公司和电站与电网多次艰苦谈判、有效沟通，在“电站不弃水、电力公司购电成本不增加，双方互利双赢”原则框架下，与晋蒙两网达成了“计划外电量同网同价基础下优先考虑水电”的承诺。实现了1月～9月，除5月份发电量与同期最高纪录持平外，其余月份发电量均创造了投产以来同期最高发电记录，尤其是9月份发电量达到3.56亿kW·h，是2006年连续第三次创造的万家寨电站投产以来单月最高发电记录。

水调、电调矛盾一直是电站面临的主要矛盾。2006年6月上旬以来，山西境内持续高温，电网负荷紧张，要求增加万家寨机组发电，这与黄委调水调沙生产运用既定方案形成了矛盾。面对困难局面，为配合山西中调，积极与黄委进行沟通、协调。通过努力，黄委最终改变了调水调沙方案，使电站在山西电网迎峰度夏工作中发挥了重要作用，得到了山西电网的肯定。电站呈现出丰水期尽量不弃水的良好态势，最大限度地保证了水资源的充分利用。

（隋　立）

**【万家寨水库优化桃汛洪水过程冲刷降低潼关高程的试验成功】** 黄河防总首次通过调度万家寨等水利枢纽利用并优化桃汛洪水过程冲刷降低潼关高程试验取得圆满成功。经国家防总、水利部批准，黄河防总3月下旬首次通过调度万家寨等水利枢纽利用并优化桃汛洪水过程冲刷降低潼关高程试验取得圆满成功。经测验评估，试验过程中潼关高程由327.99米降至327.79米，下降了0.20米。这次试验还改善了万家寨、三门峡水库泥沙淤积形态，进一步深化了对黄河水沙运动规律的认识。

试验于2006年3月19日正式启动，29日结束，万家寨水库进行了蓄水、补水过程，期间有历时3天的2500立方米每秒流量的控泄补水运行。潼关断面形成了历时14天的桃汛洪水过程，最大洪峰流量2570立方米每秒，总水量达17亿立方米。试验过程中，水文原型观测历时1个多月的时间，水文员工冒严寒，涉冰凌，爬泥滩，尽最大努力提供了试验的第一手资料。

1. 本年度封开河基本情况。(1)库尾及上游河段封河过程。2005年11月27日，受冷空气活动影响，内蒙河段包头市九原区河段、土右旗河段开始流凌，11月28日，三湖河以下河段全线流凌。进入12月份，受强冷空气影响，内蒙地区出现强降温天气，上旬平均气温较常年偏低5—9度，12月4日土右旗五棋牛河段开始封河，12月5日三湖河、头道拐水文断面报封河。此后黄河内蒙河段自下而上逐渐封冻，至12月29日，万家寨大坝以上内蒙河段全部基本全部封冻。

12月28日，万家寨库尾河段全线流凌，流凌在WD32断面上200处开始向上游堆积，12月3日库尾堆冰末端发展至WD52断面左右，11日堆冰上延至WD63处，至12月15日，除拐上附近1200m左右河段一直未封冻外，万家寨大坝至头道拐河段全部稳定封冻。

本年度封河过程呈以下特点：①凌晚，封河提前。头道拐水文断面流凌时间较常年偏晚10天，封河时间提前5天。②内蒙河段首封位置下移，三湖河以下封河水位低，槽蓄水量相对集中在三湖河以上河段。③受上述因素及封河期间水库水位较低影响，库尾河段封河后的最高冰痕普遍低于往年。水泥厂封河过程中出现最高水位979.25m。

（2）库尾及上游河段开河过程。2月5日开始，宁夏封冻河段出现开河情况；2月23日，宁夏145公里封冻河段全部开河；3月9日，内蒙古河段开河至三盛公水利枢纽枢纽下游2.5公里处；3月16日，头道拐水文断面开河；3月24日，内蒙古河段全线开河。

受气温回升影响，从2月11日开始，万家寨库尾部分河段清沟、冰上过水、大幅度融冰等现象；2月中旬下至下旬初，受气温下降影响，库尾河段开河速度缓慢；2月下旬中开始，库尾开河速度加快，3月8日下午，水泥厂至大石窑河段开河，17时48分，在WD60至水泥厂之间形成长1700米的冰塞，18时，水泥厂水位上涨至980.73米，10分钟后，冰塞下移，水泥厂水位降至979.52米。19时，流冰在WD58－WD60之间堆积，形成3公里长的冰坝，10日上午10时，冰坝溃决下移至WD57－WD59上游600米之间堆积，11日20时，堆冰下移至WD53－WD58之间，16日14时，堆冰下移至WD49－WD54之间，同日头道拐上游30公里至WD54之间河段全部开通，19日晚间，堆冰下移至WD32以下。WD32以上库尾河段全部开通。

本年度开河过程具有以下特点：开河过程平稳，凌峰不突出，头道拐最大报汛流量仅为1450立方米/秒，水泥厂最高壅水位980.73米，低于历史同期值。

(3)河曲河段封开河过程。2005年12月2日，河曲水文站断面开始流凌，12月18日，河曲水文站断面报封河。2006年2月23日，河曲楼子营至北元河段基本开河，北元至天桥大坝封冻；3月8日河曲水文站断面报开河；3月10日河曲河段全线开河。

2. 河发展期与稳定封河期水库的调度。根据2005年—2006年度黄河防凌预案，内蒙古河段封河初期，万家寨水库控制在968米—970米水位之间运行，稳定封河期适当抬高水位至970米－973米水位之间运行。

2005年11月28日至12月15日，为万家某水库库尾河段封河发展阶段，万家寨水库控制在水位966米—970米之间运行。

进入稳封期后，万家寨水库逐步抬高运行水位，12月27日水库蓄水至970米，根据电网用电需求，12月末至2006年1月上半月，水库基本稳定在水位970米左右运行，1月20日水库蓄水至973米，1月20日～2月20日，水库控制在水分位973米左右运行，最高水位974.53米。

河曲段封河以后，到河曲段开河以前，万家寨水库控制最大出库流量在1200立方米/秒左右，并尽量保持机组运行方式相对稳定，保证了河曲段的防凌安全。

3. 开河期利用桃汛洪水冲刷降低潼关高程试验过程水库的调度。

（1）试验前水库水位控制情况。为保证库尾防凌安全，从2月20日开始，水库逐步降低水位，2月27日，水库水位降至970米以下，3月上半月，水库水位稳定下降，3月13日，水库水位降至965.84米。

（2）试验过程的水库调度情况。2006年3月13日至3月15日，水库先后接到黄防总办电〔2006〕37、38号、43号明传电报，要求万家寨水库按965米控制水位，水库积极与电网进行协调，3月13日至3月17日，万家寨水库水位控制在965.2米至965.8米之间。3月17日、18日，黄河防办下达黄防总办电〔2006〕47号、52号明传电报，要求万家寨水库按968米控制水位，由于无法迅速调整万家寨机组运行方式，3月18日至3月19日，万家寨水库水位仍在965米左右运行。3月19日下午，黄河防办向万家寨公司打来紧急电话，要求万家寨水库从3月19日18时至3月22日8时按日均800立方米/秒控泄。3月22日8时至3月25日按日均1500立方米/秒控泄。万家寨公司随即向晋蒙电网发出万防办传〔2006〕04号明传电报，提出调整机组运行方式的建议，经公司各层负责人员积极协调，3月19日18时至3月22日8时，水库出库流量基本控制在800立方米/秒左右。3月20日晚，黄河防办下达黄防总办电〔2006〕58号明传电报，要求万家寨水库从3月22日8时起按出入库平衡运用，万家寨水库积极协调电网调整了机组运行方式。3月22日，黄河防办下达黄防总办电〔2006〕61号明传电报，要求万家寨水库自3月23日8时按2500立方米/秒控制出库，根据黄河防办指令，万家寨水库自3月23日7时20分开启泄洪闸门补泄，至3月26日7时22分关闭泄洪闸门，水库补水下泄3天。3月23日至8时至3月26日8时三日内，万家寨出库水文站断面平均流量2506立方米/秒，完成了补水下泄任务。期间，为克服机组负荷频繁变动（期间六台机组最低负荷32万千瓦，最高负荷负荷109万千瓦）带来的不利影响，保持泄流相对稳定，水库启闭底孔30孔次，启闭中孔8孔次，启闭排沙孔10孔次，共弃水2.9亿立方米，平均弃水流量1146立方米/秒，3月26日8时至3月28日，为防止水库在运行过程中低于最低发电水位952米，水库在进行必要的少量蓄水之后，基本按照黄防总办电〔2006〕69号明传电报控制水库运用。

（3）试验后期水库调度情况。3月29日至4月2日，水库控制水位在957米以下运行。4月3日水库开始蓄水，4月6日水库蓄水至965米，4月8日水库蓄水至970米，4月18日水库蓄水至正常蓄水位977米左右。

4. 因配合试验造成水库的电量损失。根据2005年～2006年度黄河防凌预案，万家寨水库开河期一般凌情时水位控制在965米左右，如遇严重凌清时降低库水位至960米以下。2006年开河期为一般凌情，因此万家寨水库蓄水前水位应按965米控制。

根据万家寨水库2005年10月底水库淤积测验成果、分期汛限水位论证报告审查意见及以往开河期蓄水情况，为减少万家寨水库有效库容淤积，特别是减少966m以上防洪库容淤积，水库在开河期不应过早蓄水。本年度开河期，为配合利用桃汛洪水冲刷降低潼关高程试验，根据黄河防总指令要求，万家寨水库提前蓄水至966米以上。为减轻水库提前蓄水对水库泥沙淤积形态的不利影响，试验调度过程结束后，3月29日至4月2日，水库保持水位在957m以下运行，以改善水库泥沙淤积形态。

若不考虑利用桃汛洪水冲刷降低潼关高程试验影响，根据上述本年度开河期水库运用原则，假定水库水位965米以上蓄水位过程与4月6日至18日水库实际蓄水位过程相同，计算因配合利用桃汛洪水冲刷降低潼关高程试验造成水库电量损失。

表 28　　万家寨水库若不利用桃汛洪水冲刷降低潼关高程试验电量损失表

| 日期 | 实际运用过程 | | | | 不考虑试验影响运用过程 | | | | 损失电量<br>万度 |
|---|---|---|---|---|---|---|---|---|---|
| | 入流<br>m³/s | 水位<br>m | 发电量<br>万度 | 耗水率<br>m³/s | 水位<br>m | 出库<br>m³/s | 耗水率<br>m³/度 | 发电量<br>万度 | |
| 3.19 | 1550 | 964.50 | 1879 | 6.57 | 964.50 | 1375 | 6.57 | 1808 | —71 |
| 3.20 | 1416 | 966.92 | 1003 | 5.99 | 965.48 | 1416 | 6.53 | 1873 | 870 |
| 3.21 | 1377 | 969.75 | 1181 | 5.83 | 965.48 | 1377 | 6.53 | 1823 | 642 |
| 3.22 | 1325 | 971.97 | 1434 | 5.94 | 965.48 | 1325 | 6.53 | 1753 | 319 |
| 3.23 | 1285 | 972.77 | 1890 | 5.58 | 965.48 | 1285 | 6.53 | 1700 | —190 |
| 3.24 | 1365 | 968.15 | 1821 | 6.17 | 965.48 | 1365 | 6.53 | 1806 | —15 |
| 3.25 | 1398 | 961.00 | 1663 | 7.53 | 965.48 | 1398 | 6.53 | 1850 | 187 |
| 3.26 | 1488 | 952.72 | 1390 | 8.37 | 965.48 | 890 | 6.53 | 1178 | —212 |
| 3.27 | 1307 | 954.63 | 1230 | 7.80 | 968.44 | 915 | 6.04 | 1309 | 79 |
| 3.28 | 1078 | 956.14 | 1263 | 7.87 | 970.14 | 765 | 5.71 | 1158 | —105 |
| 3.29 | 905 | 955.43 | 1075 | 8.03 | 971.40 | 533 | 6.00 | 768 | —307 |
| 3.30 | 837 | 954.07 | 1006 | 8.15 | 972.84 | 368 | 5.7 | 558 | —448 |
| 3.31 | 872 | 953.57 | 892 | 7.95 | 974.58 | 587 | 5.62 | 902 | 10 |
| 4.1 | 934 | 954.82 | 830 | 7.76 | 975.60 | 973 | 5.46 | 1540 | 710 |
| 4.2 | 990 | 956.48 | 987 | 7.64 | 975.46 | 968 | 5.46 | 1532 | 545 |
| 4.3 | 1011 | 957.61 | 934 | 7.35 | 975.54 | 990 | 5.46 | 1567 | 633 |
| 4.4 | 971 | 959.42 | 764 | 6.79 | 975.62 | 862 | 5.62 | 1325 | 561 |
| 4.5 | 986 | 962.45 | 719 | 6.46 | 976.00 | 847 | 5.41 | 1353 | 634 |
| 4.6 | 1077 | 965.48 | 527 | 6.53 | 976.47 | 925 | 5.35 | 1494 | 967 |
| 4.7 | 1057 | 968.44 | 841 | 6.04 | 976.97 | 1057 | 5.31 | 1720 | 879 |
| 4.8 | 1041 | 970.14 | 1121 | 5.71 | 976.97 | 1041 | 5.31 | 1694 | 573 |
| 4.9 | 1052 | 971.40 | 1027 | 6.00 | 976.97 | 1052 | 5.31 | 1712 | 685 |
| 4.10 | 1045 | 972.84 | 865 | 5.70 | 976.97 | 1045 | 5.31 | 1700 | 835 |
| 4.11 | 1071 | 974.58 | 1054 | 5.62 | 976.97 | 1071 | 5.31 | 1743 | 689 |
| 4.12 | 1038 | 975.60 | 1485 | 5.46 | 976.97 | 1038 | 5.31 | 1689 | 204 |
| 4.13 | 980 | 975.46 | 1614 | 5.46 | 976.97 | 980 | 5.31 | 1595 | —19 |
| 4.14 | 981 | 975.54 | 1414 | 5.46 | 976.97 | 981 | 5.31 | 1596 | 182 |
| 4.15 | 969 | 975.62 | 1433 | 5.62 | 976.97 | 969 | 5.31 | 1577 | 144 |
| 4.16 | 951 | 976.00 | 1330 | 5.41 | 976.97 | 951 | 5.31 | 1547 | 217 |
| 4.17 | 1000 | 976.47 | 1296 | 5.35 | 976.97 | 1000 | 5.31 | 1627 | 331 |
| 4.18 | | 976.97 | | 5.31 | 976.97 | | | | |
| 合计 | | | | | | | | 9529 | |

注：表中不考虑试验影响运用过程的发电耗水率均按本时段实际发生耗水率取用。

根据上表计算，因配合利用桃汛洪水冲刷降低潼关高程试验造成万家寨水库电量损失9529万度，其中，由于水库弃水直接损失电量5593万度。

5. 经验与建议。为了黄河的可持续发展，黄委组织了利用桃汛洪水冲刷降低潼关高程试验，并取得了效果。万家寨水库在试验过程中，牺牲自身利益以服从黄河发展大局，克服各种困难完成了调度任务，为试验作出了一定贡献。从本次调度过程中，总结了几条经验和建议，以供今后进行万家寨水库调度时参考。

(1)根据北京水规总院对万家寨水库分期汛限水位论证报告的审查意见，保持万家寨水库的防洪库容不被淤积，是万家寨水库大汛期实施分期汛限水位的前提条件之一。近年来，每年来水最大含沙量一般发生在凌峰日，开河期入库洪水过程的输沙量也一般为年内最大值，若水库提前蓄水，将加快水库防洪库容的淤积，恶化水库的运行条件，为此，水库在每年开河期初期应保持水位在966米以下，利用凌汛末洪水蓄水至正常高水位。

本年度，为减轻水库因配合试验提前高水位运行带来的不利影响，水库于试验结束后一度保持水位957米以下运行，效果如何尚需泥沙测验成果来验证。

(2)由于目前晋蒙电网装机已基本饱和，在以后的相当长一段时间内水调与电调矛盾将相对突出。若水调部门频繁改变水库运行计划，将使水调与电调矛盾更加突出，不仅直接影响水调指令的执行效果，对水库效益也会带来不必要的损失。

在本次试验过程中，万家寨水库自枢纽竣工以来第一次因机组泄流不足大量弃水，但在水库弃水的同时，万家寨电站机组平均负荷却仅为13万千瓦左右，不仅远低于2005年凌汛蓄水过程机组平均负荷15.9万千瓦，甚至比2005年机组平均负荷14.2万千瓦还低8.5%，试验期间6台运行机组最低负荷仅有32万kw，创了电站运行以来6台机组负荷的最低纪录。造成这种情况的主要原因正是上述两个因素。

(3)本次试验，万家寨水库按照2500立方米/秒左右补水下泄，洪水传播到河曲河段后，北元至船湾河段发生河水漫滩，造成大量耕地被淹，当地防汛部门为此向万家寨水利枢纽提出了质问。建议在以后调度过程中，尽量避免河曲河段出现类似的人造洪水，以减少不必要的损失。

万家寨水库积极配合黄委，集中力量分析万家寨出库洪水、泥沙过程与潼关断面洪水、泥沙过程的相关关系，并将以试验取得的原型黄河参数为依据建立数学模拟系统，分析计算不同水沙和边界条件对潼关高程的影响，进一步深化对黄河中游水沙运动规律的研究和认识。

本次试验的重要意义不仅在于通过水库调度利用并优化桃汛洪水过程，实现了潼关河床冲刷，降低了潼关高程，还积累了黄河干流水库调度运用经验，为今后黄河水沙调控体系的构建及运行提供了重要技术参考。（隋　立）

**【万家寨水库运用初期分期汛限水位论证审查会在北京召开】** 2006年3月13日～14日，水利水电规划设计总院在北京组织召开了《黄河万家寨水库运用初期分期汛限水位论证报告》审查会议。参加会议的有国家防汛抗旱总指挥部办公室，黄河水利委员会，内蒙古自治区水利厅，山西省水利厅、省防汛办，山西省万家寨引黄工程管理局，中水北方勘测设计研究有限责任公司，黄河万家寨水利枢纽有限公司等单位的代表和特邀专家28人。

会议听取了编制单位关于《论证报告》主要内容的汇报，并进行了认真的讨论。会议原则同意《论证报告》所提出的后汛期限制水位方案。经过与上级单位的密切沟通与协调，6月15日水利部以《关于黄河万家寨水库运用初期分期汛限水位论证报告的批复》（水规计〔2006〕247号）文同意万家寨水库："在确保工程本身安全，不增加水库下游防洪负担，不扩大库区淹没范围，不影响水库使用年限的原则下，可以采取分期汛限水位运行，即后汛期可根据实际来水来沙情况，将其汛限水位提高至974米运用"。这将为电站汛期多发电创造有利条件，公司将获取更多的发电效益和其他综合利用效益。也标志着历时两年多的万家寨水库运用初期分期汛限水位的论证报批工作，已圆满完成。（隋　立）

**【万家寨工程后评价验收】** 2006年2月26日，万家寨工程后评价评审会在呼市假日酒店举行。会议由国家发展改革委乐大成司长主持，公司王学鲁总经理向参会代表致欢迎词，曹均尧副总经理就万家寨工程建设与运行管理情况向与会代表作了汇报，国家发改委、内蒙古自治区发改委、专家评审组、天津院、公司董事会办公室、公司领导班子及相关部门等共40余名代表参加了会议。各参会代表重点围绕万家寨工程立项决策评价、工程勘测设计评价、建设实施评价、国民经济与财务评价、库区淹没处理与移民安置评价等方面进行了后评价并通过验收。

1. 后评价工作综合说明。

(1) 后评价工作的重点。建设项目后评价是固定资产投资管理的一项重要内容，是项目基本建设的最后一个环节。通过对万家寨水利枢纽工程后评价，总结项目建设的经验教训，提出建议和措施，为提高项目的决策水平、管理水平和投资效益积累经验。考虑国家发改委的工作特点和要求，万家寨水利枢纽工程选定立项决策评价、工程勘测设计评价、建设实施评价、国民经济和财务评价和库区淹没处理及移民安置评价作为此次后评价工作的重点。

(2) 后评价依据和原则。万家寨水利枢纽工程的后评价工作依据国家计委《国家重点建设项目管理办法》、国家有关法规文件及项目建设的有关文件和竣工验收资料。后评价本着坚持客观、公正、科学的原则，保证成果的可信性，并结合国家发展改革委的工作，注重成果的实用性。

(3) 后评价组织及人员。万家寨水利枢纽工程后评价工作组：

组　长：乐大成　国家发展改革委稽查办特派员（司长级）

副组长：王平生　国家发展改革委稽查办特派员（副司长级）

万家寨水利枢纽工程后评价工作组分三个组进行工作：建设过程评价组、国民经济与财务评价组、库区淹没处理与移民安置评价组。

2. 工程项目基本情况。

(1) 工程项目背景。山西、内蒙古两省（区）是我国煤炭、能源和重化工基地，沿黄河两岸临近地区蕴藏着丰富的煤炭资源，但是与煤炭资源的情况相反，水资源在这一地区比较匮乏，制约晋蒙两省区资源的合理开发和利用，阻碍着地区经济社会的发展，影响人民群众的生活质量，也使原本就脆弱的生态环境日益恶化。特别是山西省，缺水问题更加突出，其中太原、大同和朔州3市是山西省经济发展的核心城市，也是缺水矛盾最为突出的主要城市。建设万家寨水利枢工程，可使山西太原、大同、平朔地区和内蒙古准格尔地区的水资源紧缺状态得到缓解，促进其经济社会发展和人民生活质量的提高。

华北电网的构成是以火电为主，水电装机仅占电网装机容量的5.4%。蒙西电力系统缺少水电装机，因而系统调峰容量严重不足，电网被迫采用拉路限电的办法来解决调峰容量不足的矛盾。万家寨水利枢纽电站可以提供调峰容量，大大改善系统供电质量。

万家寨水利枢纽在黄河水资源统一调度、防洪和防凌方面也有明显的作用。

所以万家寨水利枢纽工程的开发建设，对缓解晋蒙两省区水资源紧缺矛盾，促进晋蒙两省区经济社会发展和防灾减灾等方面有深刻的影响。

(2)工程基本情况。万家寨水利枢纽工程位于黄河中游北干流上段托克托至龙口峡谷河段内，是黄河中游梯级开发的第一级。坝址左岸为山西省偏关县，右岸为内蒙古自治区准格尔旗。万家寨水库淹没涉及内蒙古自治区和山西省的3个县(旗)，直接淹没农村人口3807人，规划搬迁人口为5078人。工程开发的主要任务是供水为主，同时兼有发电、防洪、防凌作用。水库总库容8.96亿立方米，调节库容4.45亿立方米，水库最高蓄水位980.0米，正常蓄水位977.0米，水库年供水量14亿立方米，其中向内蒙古自治区准格尔旗供水2亿立方米，向山西省供水12亿立方米。水电站装机108万千瓦，年发电量27.5亿千瓦/时。

万家寨水利枢纽属一等大（1）型工程，永久性主要建筑物为1级水工建筑物。设计洪水标准千年一遇，校核洪水标准万年一遇，入库洪峰流量分别为16500立方米/秒和21200立方米/秒。万家寨水利枢纽由拦河坝、坝后式电站厂房、电站引水系统、泄水建筑物、引黄取水建筑物、厂坝间全封闭组合电器开关站等建筑物组成。

拦河坝为半整体式砼重力坝，坝顶长443米，坝顶高程982.0米，最大坝高105米。

坝址控制流域面积39.5万平方公里，设计多年平均径流量192亿立方米，设计多年平均入库沙量1.49亿吨，设计多年平均含沙量6.6公斤立方米，水库采用“蓄清排浑”运用方式，排沙期运用水位952.0～957.0米。坝址岩层由寒武系灰岩、白云岩、页岩等组成，地层产状平缓，倾角2～3度，发育有规模不等的层间褶皱、裂隙及层间剪切带。岩性致密坚硬，岩体完整，断层不发育，工程地质条件良好。场地地震基本烈度6度，工程设防烈度7度。

万家寨水利枢纽工程静态总投资429877万元，总投资605780万元。工程于1994年11月开工建设，2000年12月全部建成，2002年9月竣工验收。

(3)工程建设的有关单位。项目法人：黄河万家寨水利枢纽有限公司

设计单位：水利部天津水利水电勘测设计研究院

主要施工单位：

中国水利水电第四工程局

中国水利水电第六工程局

广西水利水电工程局

中国水利水电第十一工程局

主要设备制造单位：

天津阿尔斯通水电设备有限公司

上海希科水电设备有限公司

广州电器科学研究所

西安变压器厂

沈阳高压开关厂

建设监理单位：

水利部东北水利水电勘测设计研究院

水利部天津水利水电勘测设计研究院

山西省水利水电建设工程监理公司

内蒙古水利水电工程建设监理中心

制造监理单位：

水利部天津水利水电勘测设计院机电设备制造监理中心

黄河水利委员会水电工程公司金属结构制造监理中心

质量监督单位：

水利部水利工程质量监督总站万家寨项目站

3. 后评价情况。(1)立项决策过程。1952年国家编制《发展国民经济的第一个五年计划草案》期间，就曾提到黄河清水河水电站(即万家寨水利枢纽的方案之一)的建设问题。1954年黄河规划委员会编制的《黄河综合利用规划技术经济报告》中，在黄河干流龙羊峡至桃花峪段布置了包括万家寨在内的46座梯级枢纽工程，该报告在1955年的全国人大二次会议《关于根治黄河水害和开发黄河水利的综合规划的决议》中被通过。1989年黄河水利委员会修订完成的《黄河治理开发规划报告》中，将万家寨水利枢纽列为黄河干流龙羊峡至桃花峪段29座梯级开发枢纽之一。在其后国务院批复的《黄河近期重点治理开发规划》中，又将万家寨水利枢纽的工程任务由原定的水能开发修订为以供水为主，结合考虑发电的综合利用水利枢纽。

1982年9月，原水电部水利水电建设总局以〔82〕水建计字第41号文，向水利部天津勘测设计院下达了黄河托克托至龙口段的勘测设计任务。1983年2月国家计委将万家寨水电站工程列为“六五”前期的重点项目(计资字〔1983〕1117号)。1983年和1984年5月原水电部在北京两次召开《黄河万家寨水电站可行性研究报告》审查会，认为万家寨水电站工程技术经济条件比较好，基本同意该可行性研究报告，并以水利电力部(84)水电水规字第38号文《关于“黄河万家寨水电站可行性研究报告”初步审查意见的报告》报国家计委。

针对山西晋北缺水的情况，1986年8月原水利电力部组织审查天津勘测设计院编制的《万家寨引黄工程应急方案可行性研究报告》，在审查意见(〔86〕水电水规字第35号)中第一次提出万家寨水库的供水任务。1988年3月国家计委在给国务院的报告中提出“将万家寨引黄工程和万家寨水电站一并考虑，统筹安排”“两项工程同步建设”。1989年3月，天津勘测设计院编制完成《黄河万家寨水利枢纽及引黄工程设计任务书》，同年11月水利部和能源部委托水利水电规划设计总院对设计任务书进行审查。审查意见认为“万家寨水电站及引黄工程设计任务书提出的工程设计方案技术上可行，经济上合理”。1990年5月水利部、能源部报送国家计委《关于〈黄河万家寨水电站及引黄工程设计任务书〉技术审查意见的报告》(水规〔1990〕7号)。

1990年9月，国务院副总理邹家华主持召开会议，研究万家寨水利枢纽和引黄入晋工程的建设与管理问题。会议肯定了万家寨水利枢纽和引黄入晋引水工程建设的必要性，明确了工程任务为“以引水为主，兼有发电、防洪、防凌等作用”。并将“万家寨水利枢纽和引黄入晋工程作为一个整体，进行统一规划建设”，由水利部归口建设和管理。会后以国阅〔1990〕112号文下发了《关于万家寨水利枢纽和引黄入晋引水工程建设管理问题的会议

纪要》。

天津勘测设计院1992年9月编制完成《黄河万家寨水利枢纽初步设计说明书》；1993年2月，国家计委《印发‘关于万家寨水利枢纽和引黄入晋引水工程可行性研究报告的请示’的通知》(计农经〔1993〕250号文)，国务院批准黄河万家寨水利枢纽和引黄入晋引水工程可行性研究报告。

水利部1993年7月以水规〔1993〕328号文予以批复黄河万家寨水利枢纽初步设计。1994年国家计委将黄河万家寨水利枢纽工程列为正式开工的大中型项目（计投资〔1993〕2109号)。1997年国家计委以计建设〔1997〕473号文，将黄河万家寨水利枢纽工程列为国家重点建设项目。

(2)评价结论。①万家寨水利枢纽工程的建设历经了40余年的深入研究和细致工作，基础工作做的比较扎实，决策程序符合国家有关规范和基本建设程序要求。项目开发目标决策充分考虑了各方面的要求和地区经济发展的需要，开发目标确定的合理可行。工程立项条件齐备，决策依据比较充分。该工程地处山西和内蒙古交界的黄河北干流上，建成后可作为向晋蒙地区供水的可靠水源，同时电站又可以担任晋蒙和华北电网的调峰。因此，将万家寨水利枢纽工程的开发任务确定为以工业及城市供水为主，兼有发电、防洪和防凌等综合效益的水利枢纽是必要和合理的。②根据本次调查收集到的资料，并与万家寨水利枢纽和引黄入晋工程立项时的资料对比分析，认为确定万家寨水利枢纽工程向太原、大同、平朔三市供水12亿立方米的规模有些偏大。

万家寨水利枢纽工程建成以来，从2002年7月至今向太原供水的4年间，总计仅供水1.739亿立方米，尽管个中有诸多原因，但也说明太原的缺水状况，没有像立项时提到的2000年水平年缺水2.83亿立方米的可能。同时，分析2002年9月天津勘测设计研究院和山西省水利水电勘测设计研究编制的《倡I黄北干线工程可行性研究报告》、山西省水资源研究所与太原市水资源管理办公室编制的《山西省万家寨引黄工程太原供水区需水预测与水量调整配置方案》的资料，对供水区内的太原、大同、平朔三市2000年、2010年、2020年三个水平年的需水预测情况，并与万家寨水利枢纽工程立项时的需水预测值进行比较，各市修订后不同水平年的需水量都较原设计预测值明显减少。对于2000年水平年来说，修订后的三市需水量较原预测需水量值减少了46.9%，2010年修订后的三市需水量较原预测需水量值减少了38.6%，2020年修订后的三市需水量较原预测需水量值减少了36.6%。由于原预测需水量值偏大，虽然对万家寨水利枢纽工程规模的确定影响不大，但是确使万家寨水利枢纽工程的供水效益不能达到预期效果。

(2)建设管理评价。

①项目建设管理。1991年9月，水利部成立万家寨水利枢纽工程建设筹备工作组，负责工程筹备工作。1993年2月，水利部以水人劳〔1993〕86号文批准成立水利部万家寨工程建设管理局，实施万家寨水利枢纽工程的建设管理。1993年10月成立了由水利部和山西省、内蒙古自治区三方领导组成的万家寨水利枢纽工程建设领导小组，水利部任组长单位。工程领导小组领导下的建管局体制在工程前期工作中发挥了积极的作用，但在实际操作中暴露出许多问题，如工程建设责任主体不明确，建设责任不落实，投资主体不明确，建设资金不到位等。

1996年下半年，水利部、山西省、内蒙古自治区三方签署了合资建设万家寨水利枢纽工程的联合协议，并决定改革万家寨水利枢纽工程建设管理体制。三方分别确定了投资主体：水利部新华水利水电投资公司、山西省万家寨引黄工程总公司、内蒙古自治区电力总公司。组建董事会、监事会，以董事会的决议决定公司经营和发展，真正实现了董事会领导下的总经理负责制，对保证万家寨水利枢纽工程顺利建设起了重要作用。

1997年12月成立了“黄河万家寨水利枢纽工程开发公司”。项目明确了经营主体，实现所有权与经营权的分离，按现代企业制度运作公司。董事会聘任了公司正、副总经理。工程建设中实行项目法人责任制，公司向银行贷款，落实建设资金，组织工程和设备招投标，委托工程监理，工程建设进入良性轨道。②评价结论。第一，中央与省、区几方团结配合，为工程建设创造良好条件。万家寨水利枢纽工程位于山西省与内蒙古自治区的界河上，由水利部、山西省、内蒙古自治区三方出资建设。建设前期各投资方从各自角度出发，在工程建设一些问题上观点不尽一致。1996年7月，水利部、山西省和内蒙古自治区人民政府三方签订《联合建设万家寨水利枢纽工程协议书》，后又共同组建了工程建设领导小组和董事会。三方团结一致，顾全大局，正确处理上下游和左右岸的关系并照顾了少数民族利益，对工程建设过程中出现的重大问题及时决策，为工程建设创造了良好的条件。该工程在协调利益各方的关系，联合开发共同投资建设水利工程开了一个好头。

第二，实行项目法人责任制，确保了工程建设顺利实施。万家寨水利枢纽工程建设前期建设管理机构不完善，对工程建设产生了一些不利影响。组建了黄河万家寨水利枢纽有限公司后，明确各方的权益和投资，理顺建设管理体制和投融资体制，调动了各投资方出资和参与管理的积极性。在工程建设中遵循“以业主为中心，以合同为准绳”的原则，对工程实施了全方位的管理。在万家寨公司的协调组织下，监理、设计和施工各方齐心协力为工程建设服务。通过工程建设过程证明，该工程实行董事会领导下的公司负责制这种建设管理体制是合适和有效的，保证了工程优质高效建成。

第三，工程施工和设备制造采购基本通过邀请招标选定。万家寨水利枢纽主体工程分为三个标段，即大坝工程标、发电厂房工程和设备制造采购标。经邀请招标，大坝工程标于1994年11月选定中国水利水电第四工程局中标，合同金额5.33亿元。发电厂房工程标于1996年7月和1997年3月选定中国水利水电第六工程局和第四工程局中标，合同金额2.85亿元。设备制造采购标分别由天阿公司、哈电公司、希科公司、广科所、西安变压器厂、沈高公司等中标，合同金额共6.12亿元。另外施工交通工程、供电工程、供水系统和人工砂石骨料系统等施工附属工程，采取邀请招标或议标，分别由内蒙古公路局、铁道部第三工程局、内蒙古送变电工程公司、广西水电工程局、山西省水电工程局、水电四局等单位承建。招标后各标段的投资基本控制在概算内，工程完成得较好。

(3)工程质量评价。

①工程质量管理体系。水利部质量监督总站万家寨项目站施行政府部门的质量管理。

第一，万家寨水利枢纽有限公司对工程质量全面负责。公司总经理为工程质量的第一责任人，并指定有专人具体负责工程质量。

第二，工程监理对工程质量进行全面控制，审查施工组织设计，进行现场施工质量的监督检查和验收。

第三，施工单位根据国家有关规范和合同要求，成立了质量管理委员会，由施工局的主要领导担任主任，总工担任副主任，各管理部门和施工队的领导任委员。施工局局长为质量第一责任人。质量管理委员会对工程施工的全过程进行质量管理，下设质量安全办公室、实验室。另外，施工单位形成质量管理网，实行班组、中队、施工局"三检制"，每一层设立专人负责质量检查，每道工序"三检"合格后才报请监理工程师验收。

第四，设备监造管理。建设单位与天津勘测设计院签订了机电设备监造合同，委托对发电设备、变配电设备和控制、保护、测量装置的生产制造过程进行监督。同时也对外协厂和外购件厂进行必要的监控。

②工程质量评定。万家寨水利枢纽工程共有7个单位工程，根据国家水利行业标准SL176－1996水利水电工程施工质量评定规程，7个单位工程的工程质量全部合格，其中4个单位工程评定为优良，优良率为58.4%。3个主要单位工程（混凝土重力坝、发电厂房和引黄取水口）全部为优良。依据水利水电工程施工质量评定规程的有关规定，水利部水利工程质量监督总站根据万家寨项目站的评定意见，评定万家寨水利枢纽工程施工质量等级为优良。

③评价结论。万家寨水利枢纽工程已按设计要求建成，工程质量优良，运行情况良好。大坝建成后，检测与观测资料说明施工质量达到设计要求，6台发电机组运行正常，引黄取水口已经通过试通水，可以满足正常取水。

参加建设的有关单位在施工过程中有健全的质量保证体系和严格的质量管理措施，施工质量优良。混凝土重力坝的稳定性和发电厂的发电运营是该项目的关键内容，建设单位和施工单位克服困难，及时发现问题，采取各种措施，保证了工程的施工质量。工程建成后，混凝土重力坝经历了伏汛、凌汛和超过正常蓄水位考验，并经过内部和外部的长期监测，没有出现大的问题，运行正常。工程在施工中和投入运营后发现的质量问题基本上都做了有效处理，工程施工满足设计质量要求。

(4) 工程投资与资金管理评价。①工程概算总投资。水利部1993年7月批复万家寨水利枢纽工程初步设计（水规〔1993〕328号），概算总投资39.45亿元，其中静态投资25.62亿元。

由于物价上涨，政策性调整及设计变更等因素，原批概算已不能满足工程建设的实际需要，1996年12月水利部向国家计委报送《万家寨水利枢纽工程修改概算审查意见的函》（水规计〔1996〕622号）。按1995年下半年价格水平，资金来源全部为贷款，工程修改概算总投资75.34亿元，其中静态投资43.16亿元。1997年10月，国家计委以计建设〔1997〕皿993号文批复了对万家寨水利枢纽工程的调整概算，核定工程总投资60.58亿元，其中静态投资42.99亿元。总投资的来源为：资本金21亿元（由水利部、山西省、内蒙古自治区各出资7亿元，内蒙古自治区的资本金中由国家计委安排预算内资金3亿元，地方出资4亿元），银行贷款39.58亿元。

调整概算与初步设计概算比较，主要投资变化为：物价因素增加84.5%，工程量变化增加5.6%，政策性变化增加0.6%，其他（如小沙湾取水口迁建工程等）增加9.3%。②资金到位及概算执行情况。第一，工程竣工验收时，共计到位资金49.5亿元，其中资本金18亿元（水利部7亿元、山西省7亿元、内蒙古自治区4亿元），银行贷款31.5亿元。在万家寨公司2002年第二届董事会、监事会第六次会议上，股东三方同意项目资本金调整为7亿、7亿、4亿元。内蒙古自治区的资本金由7亿元调减为4亿元，同时在股东权益上也按4亿元计算。第二，工程实际完成总投资48.92亿元(决算)，比调整概算总投资减少11.65亿元，其中静态投资减少0.43亿元，动态投资减少11.22亿元。③评价结论。第一，工程概算编制基本符合国家有关规定。国家计委确定项目建设资金来源和投资方资本金比例构成，并对经济发展相对落后的内蒙古自治区给予一定的资本金补助，对万家寨水利枢纽工程的建设起到了积极推动作用。但是内蒙古自治区资本金调减为4亿元没有向国家计委报告。第二，国家稳定良好的经济形势使物价下降，银行贷款降息，项目动态投资节省11.22亿元（占19%）。其中工程价差预备费5.77亿元没有动用，银行贷款利息降低和贷款优惠政策节省利息5.45亿元。

万家寨公司在工程建设中投资控制较好，总投资控制在批复的调概总投资内，并且静态投资略有节余。工程建设过程中，业主、设计、施工和监理等有关单位各方通力合作，推行"三控制一管理"的管理模式，在按设计完成工程项目的前提下，还完成了后增加的：坝基抗滑稳定处理工程（5058万元）、泄水坝段下游防护工程（1068万元）和库区库尾冰塞冰坝壅水淹没处理补偿等工程（4929万元），使工程投资仍控制在核定的静态投资内，取得了良好的投资效益。尤其是在工程前期工期滞后的情况下，黄万公司措施赶时间，抢工期，使项目尽快投产，经济效益显著。第三，万家寨水利枢纽工程电站每千瓦投资4333元，在全国同类项目中建设投资指标比较好。第四，由于在工程建设中实行了招投标和设计优化，使工程投资得到较好控制，如机电设备、金属结构及安装工程等都节省了投资。但是"建筑工程"和"其他费用"部分分别超概算17921万元和5286万元。"建筑工程"部分超概算的主要原因是增加坝基抗滑稳定处理工程和泄水坝段下游防护工程。"其他费用"部分超概算的主要原因是建设管理费超支。概算中计列建设管理费2965万元，实际支出7512万元，超出154%。

另外办公和生活用房部分超概算较多。该工程在万家寨、太原市、呼市三处建办公和生活用房，共计投资18447万元，概算实际计列投资11601万元，超6846万元（超59%）。其中呼市建房概算计列投资1160万元，实际支出6292万元，超概算442%。

(5) 工程监理评价。东北勘测设计研究院（甲级监理资质）为万家寨水利枢纽工程总监单位，天津水利水电勘测设计研究院为副总监单位，内蒙古水利水电勘测设计研究院和山西省水利水电建设监理公司派人参加。实行总监理工程师负责制和监理内部的统一管理。

评价结论：①万家寨工程建设管理局按照国家有关规定，认真实行工程建设监理，充分发挥监理在工程建设中的作用，把监理作为强化项目管理的重要环节。②监理本着为工程建设服务的精神，摆正位置，明确职责，信守合同，坚持原则，力求按照公正、独立、自主的原则开展工作，维护项目法人和施工单位的合法权益。监理组织机构设置科学、合理，在人员配备上，强调人员素质，注重专业齐全，在工程的“三大控制”等方面发挥了重要作用。③监理合同规范，内容全面，条款严谨，目标明确，重点突出，对合同双方的权利、义务有较强的约束力。

(6) 工程验收评价。①万家寨水利枢纽工程验收分为分部工程验收、阶段验收、单位工程验收、专题专项工程验收和竣工验收(有关移民工程验收评价内容详见库区淹没处理及移民安置评价报告)。

2002 年 6 月，水利部主持对万家寨水利枢纽工程进行竣工初步验收。初步验收工作组由水利部、山西省和内蒙古自治区政府有关部门、黄河水利委员会、黄河万家寨水利枢纽工程的三个股东公司、黄万公司、设计、监理、质量监督项目站及特邀专家，共 53 人组成。初步验收结论为：工程已按设计要求全部完成，工程设计合理，施工质量优良，运行情况良好，同意通过竣工初步验收。建议国家有关部门尽快组织对万家寨水利枢纽工程进行竣工验收。

受国家计委的委托，2002 年 9 月由水利部组织成立竣工验收委员会，对万家寨水利枢纽工程进行了竣工验收。竣工验收委员会由水利部、国家计委、财政部、国土资源部、审计署、国家档案局、国家开发银行、山西省政府和内蒙古自治区政府及其所属部门等有关单位代表及特邀专家，共 44 人组成。验收委员会听取了工程建设管理工作报告、初步验收工作组竣工初步验收情况汇报和竣工财务决算预验收工作报告，检查了工程建设和运行情况，查阅了有关资料和报告。验收委员会经过充分讨论，通过了《万家寨水利枢纽工程竣工验收鉴定书》。验收结论为：万家寨水利枢纽工程已按设计要求全部完成，工程设计合理，工程施工质量优良，工程运行情况良好。工程所需建设资金已足额到位，竣工财务决算已通过审计，投资控制良好。已归档的工程档案资料基本齐全。竣工验收委员会一致同意万家寨水利枢纽工程通过竣工验收，可交付运行管理单位正式投入运行。②评价结论。万家寨水利枢纽工程各阶段验收时间、验收条件、验收资料、验收委员会（组）成员组成、验收工作程序、验收鉴定书格式及内容等基本符合《水利水电建设工程验收规程》(SL223－1999) 及国家现行有关的规定。工程验收的遗留问题，各有关单位按验收委员会（组）所提要求，按期进行了处理。验收结论比较客观，符合实际情况。

(7) 综合主要评价结论与建议。①主要结论。万家寨水利枢纽工程从提出、论证、实施到建成，经历了近 50 年的过程。项目建成后为解决山西太原等地区资源型缺水问题提供了可靠的水源，同时电站有较好地发电效益，在缺少调峰电站的晋蒙和华北电网中发挥重要的作用。在防洪、防凌等方面也发挥了较好的效益。实践证明该项目建设决策正确，开发目标基本合理，经济效益和社会效益均比较显著。

黄河万家寨水利枢纽公司在项目建设中抓住质量、投资、工期三大控制，与天津水利水电勘测设计院、中国水利水电四局、六局等有关设计施工单位协作配合，努力奋战，较好地完成了工程建设任务。在万家寨水利枢纽库区淹没处理和移民安置实施中，库区移民基本得到妥善安置，淹没的大型专业项目得到合理补偿处理。

项目建成后的各种指标表明：万家寨水利枢纽工程在发电方面有较好的效益。由于引黄一期工程建成后供水成本较高，受水地区的关闭超采地下水井的工作迟缓，目前的供水量距设计能力差距较大，万家寨水利枢纽工程的供水效益尚没有得到发挥。②有关问题的建议。第一，万家寨水利枢纽工程确定的山西供水 12 亿立方米的规模偏大。根据调查和资料分析，万家寨水利枢纽与引黄入晋工程在立项时，对供水地区的太原、大同和平朔三市设计水平年需水量预测偏大。经查阅 2002 年 9 月天津勘测设计研究院和山西水利水电勘测设计研究院编制的《引黄北干线工程可研报告》及山西省水资源研究所与太原市水资源管理委员会办公室的《山西省万家寨引黄工程太原供水区需水预测与水量调整配置方案》，预测的 2010 年水平年太原、大同和平朔城市生活和工业的需水量均较项目立项时减少，其中大同减少 28.7%，平朔减少 41.6%，太原减少 42.2%，三市平均减少 38.6%。同样，2020 年水平年三市城市生活和工业的需水量也较项目立项时减少，其中大同减少 20.8%，平朔减少 33.2%，太原减少 39.2%，三市平均减少 33.6%。虽然预测的偏差对万家寨水利枢纽工程影响不大，但是直接影响引黄入晋工程规模的确定。

鉴于万家寨水利枢纽工程供水地区的太原、大同、平朔三市不同水平年需(用)水量预测的偏差的情况，建议有关部门依据山西省水资源评价的最新成果重新评价太原、大同、平朔三市不同水平年的需（用）水量，以便更好的发挥万家寨水利枢纽工程的供水效益。第二，建议分析研究万家寨水库来水量减少的原因，据此对水库的运行方式进行必要的修正。万家寨水电站近年来发电量仅占设计年发电量的 70%，经分析认为，来水量减少是其中的主要原因之一。近 10 多年来，黄河水量持续偏枯，万家寨坝址年径流量近 10 年平均值 143 亿立方米，比设计平均值偏少 30%，近 5 年偏少 40%，导致万家寨电厂的设计发电量大打折扣。为制订万家寨电厂及黄河中下游其他梯级水库的运行调度原则，建议对黄河上游的来水问题进行研究，分析流量减少的成因和变化的趋势，根据分析成果，对水库的运行方式进行必要的修正，电站可以更多地兼顾调峰调频任务。第三，万家寨水库的水质恶化问题需引起注意。作为山西引黄入晋的水源，万家寨水库水质应达到 III 类水标准。但水库建成以来，黄河中游局在喇嘛湾站和坝前的几次监测资料表明，上游来水的水质和坝前水质都有不同程度的恶化，已达不到地表水环境质量的第 III 类标准，有时还超过 V 类，其中超标较多的是总磷、非离子氨、总氮等。水质恶化的状况直接影响山西引黄水的质量，对太原等用水地区至关重要。

因此，建议加强对黄河上游污染源的监测，提出治理措施方案，恢复水质标准，满足引黄入晋水质的要求。第四，关于尾水管压力脉动和顶盖震动超标，左岸溢流坝段过流面和护坦表面裂缝等问题，建议加强大坝安全监测。第五，在大坝宣泄大洪水后，加强下游冲刷坑的观测，对冲刷破坏之处应及时予以修复，以确保下游消能区附近各建筑物的安全。万家寨水利枢纽工程建成后，没有下泄过大的洪水，只是试验性的进行过历时很短的放水操作，因此建议今后泄洪时应加强观测，特别应注意河床中部下游导墙的稳定和左岸顺河护岸挡墙基础的淘刷。第六，经水库蓄水运行后的调查观测，右岸实际渗漏为 10～15 立方米/秒，说明勘测设计对水库右岸岩溶地层渗漏问题判断比较恰当。如果按最小渗量 10 立方米/秒考虑，估计年损失有效电量约4400万千瓦时，减少发电收入约650万元，所以对右岸渗漏进行堵漏处理的经济效益非常显著。建议加强库区右岸渗漏观测和补充勘测工作，查清主要渗漏通道并尽早处理，以提高水库供水和发电效益。

第六，要强水库淹没处理和移民安置的检查监督。万家寨水利枢纽的库区淹没处理和移民安置工作总的来说是比较好的，但是存在挤占移民资金、随意改变淹没处理规划等问题，反映了业主和自治区主管部门在水库淹没处理和移民安置实施中的监管力度薄弱。建议在水利水电工程的水库淹没处理和移民安置工作中，首先是业主单位要加强监管力度，尤其是对移民资金的使用不能以拨代管，要根据淹没处理情况和移民安置的情况掌握资金的使用。二是省级移民办要发挥主管部门的作用，监督和指导基层移民工作的实施。三是县级移民部门要提高工作水平和政策水平，严格按投资概算和安置规划实施工作。四是国家有关部门要加强对移民资金的审计和检查，规范移民安置中的资金使用。（隋　立）

**【QC质量小组管理取得成果】**　质量管理小组（QC小组）是企业员工围绕生产活动中的问题自由结合、自愿参加组织起来，参与全面质量管理，特别是质量改进活动的一种重要形式。QC小组活动是企业员工参加现场质量管理的核心。面向电力生产实际开展QC小组活动，对提高电力产品质量、降低消耗、改善管理、追求卓越绩效和员工的综合素质起到了重要的推动作用。

为全面提升电站开展QC小组活动的整体水平，使群众性的QC小组活动为电站的生产运行管理做出更大的贡献，电站自2002年大力推动了QC小组活动的广泛开展。截至2006年，电站每年注册QC小组数量都在12个以上，基本达到了每个工段（值）1个，成果率超过了≥40%的电力行业规定要求。

公司自开展质量管理小组活动以来，已涌现一批优秀QC小组，多次获全国、省部级表彰。2004年11月，黄河万家寨水利枢纽有限公司电站管理局被山西省电力行业协会评为“2004年山西省电力行业质量管理小组活动优秀企业”。2005年7月，黄河万家寨水利枢纽有限公司被中国水利电力质量管理协会授予“全国水利系统卓越绩效模式先进单位”称号。2005年7月，电站“出库水位计QC小组”和“消除隐患提高效率QC小组”被中国水利电力质量管理协会授予“水利系统部级优秀质量管理小组”称号；“出库水位计QC小组”同时被中国质量协会、中华全国总工会、中国科学技术协会、共青团中央联合命名为“二〇〇五年全国优秀质量管理小组”。2006年7月，电站“机械工段QC小组”和“引黄水位计QC小组”被中国水利电力质量管理协会授予“水利系统部级优秀质量管理小组”称号。

为促进QC小组活动成果的交流和推广，推动QC小组活动的深入开展，电站坚持举办年度QC小组活动成果发布会，评选表彰年度优秀质量管理小组。2007年1月19日，在万家寨枢纽办公楼五楼电教室举行了2006年度电站第五届QC小组活动成果评审发布会。本届提交和发布QC活动成果12个，从发布会总体情况来看，这些小组能够结合自身实际工作内容围绕难点问题，有针对性地选择课题，充分运用质量管理的理论和科学方法，开展质量管理活动，取得了良好的效果。发布会通过QC小组代表现场发布、评委提问、赋分、评审小组讨论评比的程序，确定第五届QC小组成果奖项为一等奖2名、二等奖3名、三等奖5名。对于荣获一等奖的“主轴密封QC小组”和“扬压力测压管孔口装置改造QC小组”的活动成果，将积极组织推荐中国水利电力质量管理协会参与评审。（隋　立）

**【万家寨机组一次调频试验】**　电网安全、稳定、优质运行是电网经营企业和发电企业的共同责任和共同利益。一次调频运行是保障电网安全、提高电能质量的重要措施，是发电机组并网运行和参与市场运营的必备条件。为保证电网及发电机组安全运行，提高电能质量及电网频率控制水平，迅速减缓由于电网负荷变化引起的频率波动，《华北电网发电机组一次调频运行管理规定》规定：所有并入华北电网运行的机组都必须具备并投入一次调频功能。

依据《华北电网发电机组一次调频运行管理规定》文件，根据两网机组一次调频计划安排，电站管理局将万家寨6台机组一次调频试验分年度列入2006年、2007年预算项目。并确定依托两网电科院，电站管理局相关部门参与进行项目实施。

2006年8月23日至8月25日，对6号机组进行一次调频初步试验。试验发现监控系统有功PID调节与调速器一次调频反调、调速器电调柜有功功率变送器输出值不准确、调速器水头测量准确性差、系统频率采集精度低等问题。试验验证了调速器性能和存在的问题，为机组正式开展一次调频试验设备改进提供依据。针对初步试验发现的问题，电站管理局组织实施相关改造，逐步消除影响机组一次调频功能的不利因素。

2007年1月17日至2007年1月26日，山西电科院、内蒙电科院、电站管理局共同参与，正式开展机组一次调频试验。试验工作分方案准备、试验、总结分析三个阶段进行。在试验准备阶段，编制《万家寨水电站＃1～＃6机组调速器一次调频试验方案》，成立试验组织机构，向电网完成试验申请、试验方案报批。至2007年1月25日18时23分，万家寨电厂1＃至6＃机组一次调频试验顺利完成。试验后，形成《万家寨水电厂＃1至＃6机组一次调频试验会议纪要》，两网电科院编制正式的一次调频试验报告，电站按规定向两网填报一次调频功能投入申请表。

通过此次试验，系统全面的验证了万家寨机组一次调频功能，优化了机组一次调频参数设置，为机组一次调频功能投入使用提供科学依据。6台机组一次调频功能按电网要求均投入运行，运行情况良好，对电网频率稳定控制做出了应有的贡献。（隋　立）

**【万家寨公司在太原举行禹皇大厦落成庆典仪式】**　太原的“禹皇大厦”是万家寨公司在太原建造的办公写字大楼（原称调度中心大楼），是办公、会议为一体的现代化、智能化建筑。大楼为框架结构，地下2层，地上21层，总建筑面积27500平方米。公司调度中心大楼从2003年1月27日支护工程开始施工，至2005年12月28日大楼建成验收，历时3年竣工。2006年2月7日，公司总部搬迁进驻禹皇大厦，具备正式办公的条件，各项工作正常有序开展。“禹皇大厦”既作为机关总部办公驻地，也是公司在太原现代化办公的形象代表。

2006年6月2日上午11时30分，公司在太原举行禹皇大厦落成庆典仪式。参加庆典仪式的有全国政协委员、水利部原副部长敬正书，水利部办公厅、财经司、人教司、监察局、机关党委、综合事业和国家防办的有关领导，山西省委组织部、省直工委、省经贸委、省电力公司、省保监局、山西省万家寨引黄管理局、太原电力监管办公室的有关领导，国家开发银行山西分行、建设银行山西分行、兴业银行山西分行的有关领导，太原市杏花岭区委、区政府以及有关部门的领导，太原市地税局以及在太原市的有关兄弟单位的领导，山西省偏关县委县政府，山西省建筑设计院、建设监理公司、中铁十二局集团公司、中国水利水电第十一工程局、内蒙古准格尔黄河水务有限公司等单位的领导和同志们。

庆典仪式由黄河万家寨水利枢纽有限公司总经理王学鲁主持。水利部综合事业管理局局长、公司董事长王文珂为庆典仪式致辞。山西省副省长梁斌虽然不能亲临现场，但他专门为这次庆典仪式发来了贺信。股东代表山西省万家寨引黄管理局局长、公司副董事长王新义在庆典仪式上做了发言。全国政协委员、水利部原副部长敬正书同志做了重要讲话。

最后，有关领导为禹皇大厦落成庆典剪彩。礼炮齐响、彩花绽放，禹皇大厦落成庆典仪式在欢快、愉悦、洋溢的气氛中落下帷幕。（隋　立）

**【股东会第六次会议在北京召开】** 2006年6月12日，公司第三届董事会、监事会第五次会议在北京召开。会议由王文珂董事长主持，首先听取了董事会办公室关于黄河龙口水利枢纽工程建设管理体制的建议方案，决定在内蒙古自治区境内注册龙口水利枢纽项目法人公司，关于组建方式由公司研究具体方案后报请三方股东。根据内蒙古方股东提议，对公司部分董事、监事进行了调整。会议听取并审议了公司关于股权调整情况及2005年度分红方案的报告，对公司前一阶段的股权调整工作予以肯定，对公司加快推进股权调整第三步工作及2005年度分红问题提出了要求。会议听取并审议了公司关于龙口水利枢纽工程投资及资金筹措方案的报告。原则同意龙口水利枢纽工程2006年的投资计划、资金流通计划及工程施工计划和形象目标。会议对具体投资计划提出了明确的要求，对龙口项目资金筹措问题作了具体安排。会议还听取、审议并同意了公司关于其他项目投资的建议。（隋　立）

**【第三届董事会、监事会第五次会议在北京召开】** 黄河万家寨水利枢纽有限公司第三届董事会、监事会第五次会议于2006年6月12日在北京召开。会议由王文珂董事长主持，王新义副董事长、赵凤山副董事长、董事及董事代表、监事会王必胜主席、监事及股东单位代表出席会议。公司经理班子、董事会办公室成员和公司有关部门负责人列席会议。

会议听取并审议了王学鲁总经理所作的《总经理工作报告》，杨启祥副总经理所作的《龙口水利枢纽工程进展情况》，曹均尧总会计师所作的《公司2005年财务决算及2006年财务情况》及《2006年预算方案和投资计划》，专题研究了公司薪酬制度改革及建立企业年金等有关问题。

会议对领导班子要求，要高度重视安全生产工作，确保万家寨水利枢纽安全稳定运行；努力协调好水调、电调关系，为供水、发电创建和谐的外部环境；尽快将水价测算方案报送有关部门批复；继续做好股权转让工作。

会议原则通过了公司2005年财务决算报告。明确要求：一是请公司按第六次股东会会议纪要原则，向股东三方分配2005年利润。在今后的税后利润中，按照国家有关规定，不再提取公益金；二是对三个子公司应编制合并会计报表。报表内容应清晰、明了、规范，以满足各方面要求；三是请公司加紧清理“其他应收款”项下的各类款项，以免造成坏账，影响公司收益；四是要本着勤俭节约的原则，严格控制各项开支。

会议听取并审议了公司2006年经营预算及投资计划，并原则同意。就2006预算要统一编制口径问题、发电计划和送两网电量比例问题、解决好公司经营问题、呼市酒店资产关系问题、太原调度中心大楼能发挥效益问题、公司资产管理方式和运营方案等问题，都做了明确的规定。

关于龙口水利枢纽工程建设，会议认为：经过公司和各方努力，龙口水利枢纽工程于2005年9月获得国家发改委核准并开工建设，标志公司发展又进入一个新的阶段。在股东会第六次会议中，明确了龙口水利枢纽工程的建设管理体制，要求公司充分发挥和利用各方面资源，全力以赴进行龙口工程的各项建设管理工作。为进一步提高投资效益，请公司提出对龙口水利枢纽工程静态投资的控制办法。

会议原则同意公司提出的薪酬制度改革方案和建立企业年金的建议等有关问题。

会议一致认为，当前公司构架基本形成，经营状况稳定良好，经营理念及管理水平逐步提高。今后，随着龙口水利枢纽工程的开工建设，公司发展又到了一个新阶段。董事会、监事会希望全体职工团结一心，克服困难，努力工作，为公司的稳定运行和持续发展而奋斗。（隋　立）

**【万家寨水利枢纽工程供水价格评审会在北京召开】** 2006年6月15日，公司在北京组织召开了《黄河万家寨水利枢纽工程供水价格分析报告》课题成果评审会。公司总经理王学鲁、副总经理兼总会计师曹均尧、财务部主任马树银参加了成果评审会。中国城市规划设计研究院副院长邵益生、国家发改委农水处副处长成钢、水利部财经司价格处处长黄秋洪，水利部发展研究中心副主任黄河，山西省发改委商品价格处副处长冯并成、内蒙古发改委价格处助理调研员孙飚、国家发改委农水处康敏等专家参加了评审会。专家组在听取《黄河万家寨水利枢纽工程供水价格分析报告》后，经过充分讨论认为：

(1)课题研究报告内容全面，数据翔实，结构清晰，方法正确，结论可信，符合国家水价改革方向，具有一定的可操作性和前瞻性。课题成果达到预定目标，一致同意通过评审。

(2)该研究以国家有关水价政策法规为依据，针对大型调水工程的特点，测算了水利枢纽供水成本，分析了引黄入晋受水区用户不同阶段水价承受能力，提出了供水价格的不同方案及相关建议，具有决策参考价值。

(3)考虑到受水区需水量逐步增长、水利枢纽正常运行等因素，研究论证了实施两部制水价的必要性和可行性，进行了两部制水价测算，提出了两部制水价的阶段性调整方案，具有一定的可操作性。

(4)全面分析了影响供水价格的风险因素，并进行了定量测算，提出了规避风险的对策建议，有较强的针对性和一定的前瞻性。下一步公司将根据评审意见向国家有关部门报请批准万家寨水利枢纽的供水价格。（隋　立）

**【公司年度两次获得纳税信用A级纳税**

企业】 按期纳税是公司积极向国家做贡献的一种表现。公司多年根据国家有关税收法律、法规依法纳税。为了切实加强对纳税的科学化、精细化管理，公司认真执行《中华人民共和国企业所得税法》，依照该法的规定缴纳企业所得税。

2006年公司主要接受偏关国税、地税稽查局；忻州国税、地税稽查局对财务核算及纳税情况的全面稽查。近几年公司一直信守公司提倡的“诚信经营，依法纳税，争做国内一流的现代化企业”宗旨。认真学习税法，随时掌握新的税法知识，提高业务水平和强化法律观念，在生产经营过程中做到了：

(1) 按规定设置保管账簿、凭证，根据合法有效凭据记账；

(2) 会计核算合法、准确、清晰；

(3) 纳税申请按期准确无误。

(4)税控装置齐全，发票保管、开具、使用从未出过差错。

(5)积极筹措资金，按期足额缴纳各种税款。

(6)没有涉税违法犯罪和其他税收违法行为。

自2004年起，公司就被忻州市国家税务局、忻州地方税务局联合评审委员会评定为纳税信用A级企业。从2005年1月1日起享受主管税务机关激励办税制度，按A级纳税人管理。公司始终坚持诚信经营，依法纳税，争做国内一流的现代企业原则，2006年二次获得纳税信用A级纳税企业的殊荣。

2006年7月10日，中国建设银行山西省分行《关于下发2006年第17次客户信用等级认定结果的通知》（建晋信〔2006〕220号）将黄河万家寨水利枢纽有限公司认定为AAA级信用等级客户。

2006年12月15日，《中国税务报》发布公告：黄河万家寨水利枢纽有限公司被评为山西省2006年度纳税信用等级A级纳税企业。公司继续享受A级企业优惠待遇，并在两年内免除税务检查。

（隋 立）

**【年度荣获水利部、省直机关精神文明单位称号】** 2006年公司精神文明创建活动，以党的十六届六中全会精神为指导，从全面建设小康社会、构建和谐企业出发，围绕公司的中心工作，把精神文明建设摆到更加突出的位置。按照“建一流班子，带一流队伍，创一流业绩”的工作思路开展企业精神文明创建活动。

1. 领导重视。公司把党政领导班子建设作为核心工作来抓，自觉加强党的执政能力建设，以思想作风建设为重点，努力把班子建成素质过硬、作风优良、群众信赖、团结战斗的领导集体。针对精神文明建设创建活动，建立了强有力的组织保证体系、制度保证体系和资金支持体系，形成党政工团齐抓共管、全体员工积极参与的精神文明建设、管理的长效机制。

2. 建立完善了精神文明建设的规章制度。公司把创建精神文明活动纳入公司的总体规划和目标管理，制定了《精神文明建设五年规划》、《公民道德建设实施纲要的具体实施意见》、《精神文明建设达标验收标准》，完善了《精神文明建设实施办法》，实行了精神文明创建情况按月考核的制度。每年拨出精神文明建设专项资金，加强精神文明硬件建设，同时奖励在精神文明建设中有突出贡献的单位和个人，做到了有计划、有布置、有检查、有落实、有总结，从而形成了精神文明建设领导重视、人人参与、常抓不懈和讲求实效的可喜局面。

3. 以大力弘扬“献身、负责、求实”的水利精神，积极构建和谐企业为精神动力，广泛开展多种形式的教育活动，认真组织员工学习贯彻《公民道德建设实施纲要》，坚持不懈地加强思想道德建设，通过公司制定的《员工守则》，强化道德意识，激发道德情感，增强道德责任，树立员工爱岗敬业、乐于奉献的精神，倡导社会公德、职业道德和家庭美德，不断地提高了广大员工的思想道德素质。

4. 扎实开展群众性的精神文明创建活动，形成了多层次、多形式的创建活动格局。公司的创建活动贴近实际、贴近生活、贴近员工，组织了“爱岗敬业”演讲赛，《员工守则》知识竞赛等活动；突出抓好创建“文明环境、文明办公、文明行为、文明家庭”工作；开展创先争优，青年文明号、文明员工、文明班组、文明楼舍、文明小区等活动。通过扎实开展群众性的精神文明创建活动，促进了公司的生产经营和企业的发展。

5. 与时俱进，加强企业文化建设。以先进企业文化理念引领企业发展，用文化力提升经济力，用文化力打造战斗力。这是公司精神文明建设的一大特色和亮点。公司建立以水电主业为特色、科技创新为动力的企业文化建设，营造积极向上、文明健康的良好风尚，努力塑造良好的企业形象。根据公司的总体发展规划，建立符合企业发展战略，反映企业特色的企业文化体系，内强素质，外树形象，增强凝聚力，提高竞争力，实现企业文化与企业发展战略的和谐统一，企业发展与员工发展的和谐统一，企业文化优势与竞争优势的和谐统一，为企业的改革发展稳定提供了强有力的文化支撑。

一年来，精神文明创建活动有条不紊地开展。2006年9月25日，在省直机关精神文明建设表彰大会上，公司被山西省直机关精神文明建设委员会命名为2005年～2006年度省直文明单位标兵。公司继2002年～2003年度荣获全国水利文明单位后，2006年12月19日，公司被水利部精神文明建设指导委员会确认为全国水利文明单位。

公司已连续四年被命名为山西省直文明单位标兵的荣誉称号。公司下属的电站管理局多次命名为内蒙古自治区文明单位标兵；公司驻地在太原小区、呼市小区也分别多次被命名为文明小区。

公司精神文明工作的开展，促进了公司各项工作目标任务的圆满完成。公司荣获2005年“全国水利系统卓越绩效模式先进单位”称号；万家寨水利枢纽工程荣获2005年度中国水利工程优质奖；2006年12月1日，中共准格尔旗委员会《关于表彰奖励2005年度突出贡献企业的决定》（准党字〔2006〕56号），授予公司为“2005年度企业项目奖”，奖励8万元。2006年电站管理局被评为山西省水力发电工程学会先进单位，特别是公司万家寨水利枢纽的配套工程龙口水利枢纽工程的开工建设进展顺利，万家寨水电站电量生产销售再创新高，各项工作目标任务的顺利完成，为公司下一步的发展奠定了坚实的基础。 （隋 立）

**【公司股东会第七次会议召开】** 2006年10月15日，黄河万家寨水利枢纽有限公司股东会第七次会议在北戴河召开。会议由王文珂董事长主持。新华水利水电投资公司董事长王文珂、山西省万家寨引黄工程总公司总经理王新义、内蒙古能源发电投资有限公司董事长王维维出席会议。公司董事、监事、股东方有关人员、总经理班子及有关部门负责人、董事会办公室成员参加会议。

股东会第七次会议研究决定事项：

关于公司股东调整。根据内蒙古自治

区国有资产监督管理委员会《关于组建内蒙古能源发电投资有限公司有关问题的通知》〔内国资企改字（2006）170号〕文件精神，会议研究同意内蒙古电力（集团）有限责任公司所持黄河万家寨水利枢纽有限公司股权全部划转内蒙古能源发电投资有限公司，并以其出资额享有股东权利，承担股东义务。内蒙古电力（集团）有限责任公司不再为黄河万家寨水利枢纽有限公司股东。调整后，黄河万家寨水利枢纽有限公司股东出资为：新华水利水电投资公司出资肆亿伍仟万元；山西省万家寨引黄工程总公司出资肆亿伍仟万元；内蒙古能源发电投资有限公司出资肆亿伍仟万元。

关于董事、监事调整。根据股东三方提议，会议对公司部分董事、监事进行了调整。决定：王维维、戈锋、潘军峰、丁双跃同志任黄河万家寨水利枢纽有限公司董事；刘云峰同志任黄河万家寨水利枢纽有限公司监事。赵凤山、赵文元、李英明、王鹏同志不再担任黄河万家寨水利枢纽有限公司董事；汪洪同志不再担任黄河万家寨水利枢纽有限公司监事。

关于龙口水利枢纽工程建设体制。会议研究决定，由新华水利水电投资公司、山西省万家寨引黄工程总公司、内蒙古能源发电投资有限公司和黄河万家寨水利枢纽有限公司按1：1：1：7的比例出资组建黄河龙口水利枢纽有限公司。黄河龙口水利枢纽有限公司的董事会、监事会由黄河万家寨水利枢纽有限公司的董事会、监事会现任成员组成。

会议还审议了公司关于云南龙江水电站枢纽工程、河海大学合作建设酒店等项目投资方案的报告。会议认为，本次股东调整后，形成了有利公司协调发展的可喜局面，意义重大，影响深远。股东三方表示将继续发扬密切合作的优良传统，进一步加强沟通与理解，共同为公司创造良好的经营环境。（隋　立）

**【第三届董事会、监事会六次会议召开】** 2006年10月15日，公司第三届董事会、监事会第六次会议在北戴河召开。会议由王文坷董事长主持。王新义副董事长、王维维副董事长、董事及董事代表、监事、股东单位代表出席会议。公司经理班子、董事会办公室成员和公司有关部门负责人列席会议。

会议选举内蒙古能源发电投资有限公司董事长王维维为公司第三届董事会副董事长。听取并审议了总经理工作报告，认为在公司经理班子的正确领导下，经过全体职工的努力，提前三个月完成全年发电任务，成绩显著。要求公司再接再厉，继续抓好安全生产工作，力争达到27.5亿度的设计发电目标。

会议还专题研究了龙口水利枢纽工程建设管理的有关问题，决定，由新华水利水电投资公司、山西省万家寨引黄工程总公司、内蒙古能源发电投资有限公司和黄河万家寨水利枢纽有限公司按1：1：1：7的比例出资组建黄河龙口水利枢纽有限公司。具体出资比例为：新华水利水电投资公司出资占10%；山西省万家寨引黄工程总公司出资占10%；内蒙古能源发电投资有限公司出资占10%；黄河万家寨水利枢纽有限公司出资占70%。龙口水利枢纽工程资本金及建设资金原则上由黄河万家寨水利枢纽有限公司筹措，其余三方股东原则上不再对工程直接投入资金。

黄河龙口水利枢纽有限公司的董事会、监事会由黄河万家寨水利枢纽有限公司的董事会、监事会现任成员组成。总经理由黄河万家寨水利枢纽有限公司总经理兼任。

会议要求，公司有关部门会同龙口公司出资各方，抓紧龙口公司注册、组建经理班子、理顺各种关系、落实资金、健全制度等各项工作，全力保障龙口水利枢纽工程建设的顺利进行。

会议认为，黄河龙口水利枢纽工程是水利部、山西省、内蒙古自治区三方依托万家寨水利枢纽工程，在黄河北干流滚动开发的又一大型水利枢纽工程。合作三方将继续保持和发扬密切合作的优良传统，加强沟通和理解，共同为龙口水利枢纽工程建设和万家寨公司的运营创造和谐的环境。（隋　立）

## 龙口水利枢纽工程

**【龙口水利枢纽工程建设实现筹备期到建管期的转型】** 黄河龙口水利枢纽工程是水利部、山西省、内蒙古自治区三方依托万家寨水利枢纽工程，在黄河北干流滚动开发的又一大型水利枢纽工程。2002年水利部、山西省和内蒙古自治区政府代表在黄河万家寨水利枢纽建设领导协调组第七次会议上共同决定由黄河万家寨水利枢纽有限公司负责龙口水利枢纽的开发建设管理工作。

2003年3月，公司确定由黄河万家寨水利枢纽有限公司龙口筹备组代表公司具体负责龙口水利枢纽工程的前期筹备工作。主要承担设计管理、立项等相关工作，负责前期施工准备工程的建设管理。经过不懈的努力，于2005年9月8日经国家发展和改革委员会核准立项，2006年11月龙口水利枢纽工程的前期准备工作按期完成。

2006年6月12日黄河万家寨水利枢纽有限公司股东会第六次会议明确了龙口水利枢纽工程的建设管理体制。2006年10月15日股东会第七次会议确定，由新华水利水电投资公司、山西省万家寨引黄工程总公司、内蒙古能源发电投资有限公司和黄河万家寨水利枢纽有限公司按1：1：1：7的比例出资组建黄河龙口水利枢纽有限公司。黄河龙口水利枢纽有限公司的董事会、监事会由黄河万家寨水利枢纽有限公司的董事会、监事会现任成员组成。

龙口水利枢纽有限公司由三方股东各占10%的股份，万家寨公司占70%的股份。最终权益仍是各占33%在目前情况下，由万家寨公司董事会行使龙口公司董事会的权利。

为加快龙口工程建设步伐，公司积极贯彻落实股东会六次、七次会议精神，及时组建了黄河龙口水利枢纽有限公司经理班子，总经理仍由万家寨公司总经理王学鲁同志担任。随即调整完善了内部构架。2006年11月13日，公司下发《关于成立黄河万家寨水利枢纽有限公司龙口工程建设管理局的通知》（万人资〔2006〕24号文），成立黄河万家寨水利枢纽有限公司龙口工程建设管理局（以下简称“龙管局”），负责龙口水利枢纽工程建设管理工作。鉴于龙口水利枢纽工程筹备工作任务已经完成，故撤销龙口水利枢纽工程建设筹备小组机构。原任筹备小组组长、副组长、总工程师等人员的职务一并免去。

2006年11月13日，公司下发《关于陈永志等同志任职的通知》（万人资〔2006〕24号文），陈永志同志任龙口工程建设管理局局长（兼），聘任骆宏才、方源、董湘同志为龙口工程建设管理局副局长，支余庆同志为龙口工程建设管理局总工程师，成保才同志为龙口工程建设管理局总工程师。

2006年11月29日，公司下发《关于龙口工程建设管理局机构调整的批复》（万人资〔2006〕27号），同意龙口工程建设管理局设置综合部、财务部、合同部、总工办、工程部、机电部、环境移民部七个部门。撤销原龙口筹备组计划合同部、技术监督部、总调度室。截至2006年12月31日，龙口工程建设管理局在册正式职工40人，其中教授级高工2人，高级职称16人，中级职称16人，助理级职称6人。同时完成了“定岗、定编、定职责”工作。至此，龙口水利枢纽工程随着组织构架的完善，实现了工程建设由筹备期到建管期的转型，正全力以赴地进行龙口水利枢纽工程的各项建设与管理工作。

（隋　立）

**【龙口工程全面开工，工程建设进展顺利】**

1. 龙口工程概况。

龙口水利枢纽工程位于黄河万家寨水利枢纽下游26公里，工程等级为大Ⅱ型水利工程。工程的主要任务是对万家寨水利枢纽发电下泄流量反调节，参与晋蒙电网调峰发电，确保黄河万家寨至天桥区间不断流。枢纽由混凝土重力坝、河床式电站、泄水建筑物等组成，水库总库容1.96亿立方米，调节库容0.73立方米，坝顶高程900米，最大坝高51米，坝顶全长408米，共分19个坝段。泄水建筑物有10个底孔（4.5米×6.5米），两个表孔（12米×11米），设9条排沙洞，主厂房布置在枢纽左岸，装有4×100千瓦轴流转浆式水轮发电机组和1台20千瓦混流式水轮发电机组，设计年平均发电量13亿度。

主要工程量为：土石方开挖124.5万立方米，混凝土浇筑97万立方米，帷幕灌浆27822米，固结灌浆54545米，钢筋制作安装24693T，总投资27.5亿元。在原设计工期的基础上，公司进一步分析龙口工程建设的条件，认为前期工作扎实、施工条件优越，施工准备工程充分，资金到位。基于这种得天独厚的条件，2005年11月24日龙口项目专题办公会议决定：龙口水利枢纽工程建设总工期四年（2006年元月—2009年年底），2007年4月二期截流，2009年5月下闸蓄水，2009年全部5台机组投产发电。

2005年9月8日，国家发展和改革委员会以《国家发展和改革委员会关于黄河万家寨水利枢纽配套工程项目核准的批复》（发改农经〔2005〕1700号），核准建设黄河万家寨水利枢纽配套工程龙口水利枢纽项目。同意由拟组建的“黄河龙口水利枢纽有限公司”作为项目法人，负责龙口水利枢纽工程的建设资金筹措、建设和运营管理。该公司由黄河万家寨水利枢纽有限公司的股东新华水利水电投资公司，山西省万家寨引黄工程总公司、内蒙古能源发电投资有限公司共同出资组建。2005年12月水利部审查批复了龙口水利枢纽工程初步设计。2006年6月黄委会签发了龙口水利枢纽工程施工许可证。

为加强了现场的管理力量，保证龙口工程的施工质量和工程进度，2006年3月份，龙口水利枢纽工程组织机构整体由太原搬迁到龙口现场办公。2006年6月30日龙口水利枢纽主体工程正式开工建设。

2. 工程建设情况。

（1）前期工程完成情况。①右岸承包商营地公寓楼工程施工已经完成并于2006年11月28日进行了竣工验收；左岸承包商营地教学楼工程主体及装修施工于同年12月31日完成；变电站宿舍楼、水厂宿舍楼、汇园楼、收费站楼、厂区警卫室等主体施工12月31日完成。②交通工程。3#路0+000—1+950段于2006年5月1日实现路基通车，及时满足现场交通条件，工程于2006年9月28日通过验收：3#路1+950—3+109及二、三道沟桥于2006年7月26日全线通车，工程于2006年12月26日通过验收；

左岸进厂路和上坝公路已完成，12月1日竣工验收；右岸上坝公路混凝土路面11月底浇筑完毕；

公路桥及连接线工程已于2005年10月22日顺利通过了竣工验收，12月10日正式通车；③附属系统。砂石系统，人工砂石骨料加工系统于3月初开始平整场地，4月下旬开始金属结构安装，8月中旬投入运行。主料场开采工程于2006年8月24日正式生产毛料，截至12月31日，累计完成覆盖层清理18万立方米、毛料开采19.4万立方米。

拌和系统，左岸3×1.5拌和楼于3月初开始安装，6月24日调试完毕，具备混凝土拌和条件。右岸拌和楼9月1日进行试运行，并于9月22日初步验收；

缆机系统，高、低缆机系统于9月22日进行了初步验收，未达到正式验收条件，仍在进行试运行。

供水系统，施工供水于2005年开工建设，2006年5月15日左岸具备供水条件，右岸6月中旬开始供水，11月29日通过验收。

右岸施工变电站2005年11月中旬开工，5月30日验收投运。

（2）主体工程完成情况。①基坑开挖：2006年4月17日右岸一期围堰防渗体工程完成，5月2日右岸基坑开始进行开挖，8月15日右岸基坑开挖结束。共完成覆盖层清理10605立方米，石方开挖258700平方米。②混凝土纵向围堰：混凝土纵向围堰于2006年6月25日开始浇筑第一仓混凝土，截至12月25日上游纵向围堰全部达到计划高程881.0米。下游纵向围堰于12月5日已全部浇筑到868.5米高程，累计浇筑混凝土50647平方米。③一、二级消力池及海漫。一级消力池混凝土共计45块，已覆盖27块，其中浇筑至857米高程的共21块，浇筑至855米高程的有6块；一级消力坎共计9块，已覆盖了5块，其中YK4—2、YK4—3、YK4—4、YK5已浇筑至高程857米，YK4—5浇筑至高程859.3米；二级消力池共43块，目前已有40块覆盖，混凝土浇筑至高程856米；差动尾坎共计11块，已浇筑完成9块，两块尚未施工；海漫混凝土共22块，除施工道路所占的两块外，其余混凝土已全部浇筑完成；左导墙混凝土已全部达到861.5米高程以上，其中ZBQ—2、ZBQ—4、ZBQ、5ZBQ—9达到863米高程，ZBQ—6达到865米高程；右边墙共计12块混凝土，其中YBQ9—YBQ12已浇筑至高程名866米，YBQ2—YBQ5已浇筑至高程867米，YBQ1已浇筑至高程864米，YBQ6—YBQ8已浇筑至高程857米右边墙、一二级消力池、一级消力坎、差动尾坎及4#集水井混凝土累计浇筑57742立方米。④坝体A块除18#、19#坝段外，全部达到860m高程以上，其中13#、15#坝段A块达到孔口底板863m高程，18#、19#坝段浇筑到高程858米；坝体B块除12#—14#、16#坝段浇筑到860米高程，17#—18浇筑到862米高程，19#浇筑到858米高程；11#坝段B块达到862米高程、C块达到866米高程，D块达到863米高程。累计完成混凝土浇筑103201立方米。⑤灌浆工程。11#—17#坝段A块固结灌浆已基本完成，但两个廊道内各有一排孔及上游0－08.5、上0－011.0两排孔大部分未灌。11＃－19＃坝段B块固结灌浆已基本完成，除一个廊道内有一排孔未灌，其余均已完成。一级消力池及左边墙共10块，完成固结灌浆5块，差动尾坎及左右边墙共13块已完成固结灌浆11块。固结灌浆累计完成9846米。⑥钢筋制作安装完成2063t。⑦金属结构部分。检修门埋件到货共267.3吨，弧门埋件到货共335.4吨。龙口水利枢纽工程建设在完成的工程量和工程形象上基本达到计划要求。（隋　立）

**【龙口水利枢纽一期围堰顺利合龙】** 龙口水利枢纽工程右岸一期围堰于2006年3月26日上午开始填筑，4月7日上午围堰内仑、堤堆石体▽865.5米合拢，4月9日下午围堰外俄堤堆石体▽865.5米成功合拢。4月1日防渗体从0＋000开始施工，铺设复合土工膜，铺填黏土芯墙，4月17日围堰完成闭气，开始基坑抽水。在抽水过程中，发现围堰防渗效果较差，尤其是下游侧围堰渗漏严重，经现场多方论证后，采取高压旋喷灌浆对围堰进行防渗处理，旋喷灌浆工作于6月8日结束。5月24日上游段0＋000～0＋450段高压旋喷防渗墙经现场检查验收合格后，开始对围堰进行加高。围堰加高工作于7月15日完成，标志着一期围堰施工全部结束。（隋　立）

**【黄河龙口水利枢纽开工奠基仪式】** 2006年6月30日，黄河龙口水利枢纽开工奠基仪式在枢纽工地左岸隆重举行。水利部副部长翟浩辉、山西省副省长梁滨、内蒙古自治区副主席雷·额尔德尼、黄河万家寨水利枢纽有限公司董事长王文坷、副董事长王新义和赵凤山以及公司监事会主席王必胜等出席了开工奠基仪式。

开工奠基仪式由黄河万家寨水利枢纽有限公司总经理王学鲁主持。董事长王文坷首先为奠基仪式致辞，对前来参加龙口开工奠基仪式的领导和来宾表示热烈欢迎，并鼓励全体建设者继续发扬“献身、负责、求实”的水利精神，克服困难，求真务实，扎实工作，将龙口水利枢纽建设成为精品工程，早日发挥综合效益。

在听取了公司副总经理杨启祥关于龙口工程建设准备情况汇报后，水利部副部长翟浩辉、山西省副省长梁滨和内蒙古自治区副主席雷·额尔德尼分别为黄河龙口水利枢纽全面开工作了重要讲话。随后总监理工程师报告了基础验收结果并请示开工，水利部副部长翟浩辉宣布了开工令，部省（区）领导共同为工程开工纪念石揭幕。瞬间，工地现场军乐锣鼓齐奏，礼炮齐鸣，彩龙飞舞，参加开工奠基仪式的全体同志和乡亲们都为黄河龙口水利枢纽的全面开工衷心的祝贺。

参加开工奠基仪式的还有水利部办公厅、农村水利司、建设管理司、规划计划司、财经司、机关服务局、综合事业局、黄委会和国家开发银行等单位的领导；有山西省发改委、山西省水利厅、山西省经委、山西省电力公司、山西省万家寨引黄工程总公司等单位的有关领导；国家开发银行山西省支行、中国建设银行山西省分行、太原市南城支行等单位的有关领导；有忻州市政府、发改委和重点办、河曲县、偏关县县委县政府等单位的有关领导；有内蒙古自治区水利厅、建设厅、经委、移民局、内蒙古电力（集团）有限责任公司、鄂尔多斯市政府、准格尔旗旗委旗政府等单位的有关领导；有水利部建管总站、新华水利水电投资公司、中国水务公司、新华国际工程咨询公司、北京国泰新华实业公司、嫩江尼尔基水利水电公司、天桥水电公司、小浪底枢纽建管局、湖南省江娅水库管理局、广东飞来峡水利枢纽管理局、三门峡水利枢纽管理局、沙坡头水利枢纽公司、广西右江水利开发有限责任公司、湖南澧水流域水利水电开发有限责任公司、郑州水工机械厂、中国水务准格尔水务公司、神华集团、鲁能集团等单位的有关领导，中国水利水电第四工程局、中国水利水电第六工程局、中国水利水电第十一工程局、广西水电工程局、中国人民武装警察水电第二总队、中水东北勘测设计研究有限责任公司、中水北方勘测设计研究有限责任公司等单位的领导和专家代表。公司领导、董事会办公室以及公司有关单位和部门的领导也参加了开工奠基仪式。

国务院南水北调工程建设委员会办公室、中国水务投资有限公司、中国建设银行股份有限公司山西省分行等有关单位向黄河龙口水利枢纽全面开工发来贺电贺信。

新华网、中央电视台、经济日报、水利部网站、水利报社、水利部展览音像制作中心等新闻媒体单位也参加和报道了本次开工奠基仪式。

黄河龙口水利枢纽开工奠基仪式在欢乐祥和、隆重热烈气氛中胜利举行！（隋　立）

**【龙口水利枢纽工程开展“大干100天”活动】** 为了保证工程总进度和实现2007年4月二期截流，龙口水利枢纽工地于9月1日起到2006年12月8日，重点开展了“大干100天，完成砼浇筑约16万立方米”的活动。2006年9月8日在右岸基坑工地现场召开“大干100天”活动动员大会，公司杨启祥副总经理作了动员讲话。动员会宣布了活动目标：完成混凝土浇筑16立方米，坝体A块部分坝段浇筑高程达到869米，B块部分坝段浇筑高程达到866米，一级消力池、一级消力坎和二级消力池浇筑高程分别达到856米，859米，855.5米，消力池左右边墙浇筑高程达到865米，海漫混凝土浇筑全部完成，上下游纵向围堰浇筑高程达到869米以上。同时要求业主、承包商、设计、监理各单位紧密配合、通力合作，确保实现“百日安全无事故，工程质量无隐患”的百天，创造一个优良和谐的施工环境，为后期工程施工奠定坚实基础。并成立了“大干100天”活动考核组，制定了考核措施和办法，明确对完成目标的单位和有突出表现的个人，给予精神和物质奖励。

截至2006年11月24日上午8时完成了浇筑16.055万方混凝土浇筑，提前15天完成了预定的目标。2006年12月8日，龙口水利枢纽工程“大干100天”活动圆满结束。活动期间共完成混凝土浇筑17.7463万方，超额完成计划任务，达到了进度要求，取得了可喜的成绩，为2007年4月二期截流奠定了基础。（隋　立）

**【龙口枢纽工程投资计划完成与控制】** 黄河龙口水利枢纽工程初步设计概算总投资271546万元，其中：建筑工程72808万元，机电设备及安装工程74858万元，金属结构设备安装工程12233万元，施工临时工程16605万元，独立费用29333万元，黄河公路桥4968万元，水库淹没处理补偿费16069万元，环境保护工程投资1136万元，水土保持工程投资1617万元，静态总投资240859万元，建设期融资利息30687万元。

按照批准的初步设计的施工组织设计（总工期60个月）方案，若按照将总工期由初步设计的60个日历月压缩至48

个日历月后，龙口水利枢纽工程建设投资计划及施工总进度要进行相应调整，才能保证2009年6月15日第一台和第二台机组同时发电的目标实现。

1. 投资计划报送及批复情况

(1)《关于2003年度龙口水利枢纽工程前期费用计划（修订）的请示》[总经管（2003）03号] 计划投资1221.2万元；

《关于龙口水利枢纽工程前期费用计划的批复》[董办（2003）14号] 批复投资1221.2万元。

(2)《关于审批黄河龙口公路桥及连接线工程2004年基建计划的请示》[总龙筹（2004）03号] 计划投资1394.2105万元；

《关于黄河龙口公路桥工程开工建设及2004年基建计划的批复》 [董办（2004）07号] 批复投资1354.2105万元。

(3) 《关于黄河龙口水利枢纽工程2005年基建投资计划的请示》[总龙筹（2005）10号] 计划投资8474.2246万元，《关于黄河龙口公路桥及连接线工程2005年基建计划的请示》 [龙筹计字（2005）02号] 计划投资3614.272万元；

《关于黄河龙口水利枢纽工程2005年基建投资计划的批复》[董办（2005）05号] 批复投资10225.86万元。其中：批复枢纽投资6611.59万元，批复公路桥及连接线工程投资3614.27万元。

(4)《关于黄河万家寨水利枢纽配套工程龙口水利枢纽工程2006年基建投资计划的请示》[总龙筹（2006）03号] 计划投资35735.3851万元，批复枢纽投资35735.3851万元。

2. 投资控制与完成情况。

从1999年龙口水利枢纽工程开始，截至2004年年底，完成总投资4652万元，其中：龙口水利枢纽工程建筑工程20万元，施工临时工程50万元，独立费用3939万元，环境保护工程投资38万元，水土保持工程投资25万元，累计投资完成4072万元；黄河公路桥及左右岸连接线工程580万元（含勘察设计费50万元）。

2005年龙口水利枢纽完成总投资8148万元。其中：建筑工程完成179万元，临时工程完成783万元，独立费用2798万元（其中：设计费948万元，建管费483万元，建设场地征用费1367万元），累计完成3760万元；黄河龙口公路桥及左右岸连接线工程完成4388万元。

截至2006年底，龙口水利枢纽完成总投资48144万元。其中：建筑工程兑成8592万元，金结完成1328万元，临时工程完成19190万元，独立费用13314万元（其中：设计费8037万元，建管费2262万元，建设场地征用费3011万元），累计完成42487万元；黄河龙口公路桥及左右岸连接线工程完成5657万元。

为了确保总目标的实现，龙管局采取了多种有效措施，取得一定成效。即加快临时设施建设；增加冬季硅施工；抓工程关键工期；严格按计划工期做好分项工程施工进度计划；认真编制年度投资计划；严格履行批准的年度投资计划，合理控制投资。在龙口工程建设管理局合理的组织和科学管理下，在各参建单位的密切配合下，龙口水利枢纽工程，在确保工程质量和进度的前提下，较好地控制了投资。

（隋　立）

**【龙口水利枢纽工程招标投标工作】**

1. 招标投标工作的组织领导。为了保证招标的合法有效、公正有序，保证公司的整体利益和长远效益，2005年12月28日，公司印发《关于成立龙口水利枢纽工程项目招标工作领导小组的通知》（万总经〔2005〕25号），决定成立了龙口水利枢纽工程项目招标工作领导小组。领导小组组长：王文坷；副组长：王学鲁、王必胜；成员：杨启祥、曹均尧、陈永志。招标工作领导小组负责审定龙口工程项目的招标代理机构、评标委员会的组成和评标委员会主任人选。在评标工作结束后，由评标委员会根据评标结果，向招标工作领导小组报送三个候选单位，由招标工作领导小组最终决定中标单位。

龙口水利枢纽工程总投资27.15亿元人民币，其中资本金为5.25亿元，其余为银行贷款。为了保证龙口水利枢纽工程建设质量和控制好工程投资的运用，根据《中华人民共和国招标投标法》及相关法规，龙口工程建设管理局按照施工进度委托有资质的招标代理机构对工程分阶段进行了招标投标。招标活动在公司监察部门的监督下进行。

2. 招标工作的形式与方法。龙口水利枢纽的招标，采用公开招标和邀请招标两大类。划分为：A、B、C、D、E、F六个标段。

A标段为右岸11#～19#坝段建筑、安装工程标段。

B标段为左岸1#～10#坝段和发电主、副厂房建筑、安装工程标段。

C标段为主要机电设备（材料）采购标段。

D标段为主要金属结构及主要起重、启闭设备采购标段。

E标段为工程建设管理标段及水土保持、环境保护工程标段。

F标段为前期准备工程标段。

(1) 公开招标。①龙管局相关部门根据审批后的项目立项文件对招标文件组织审核会签，并报总公司审定批准。将审定的招标文件交招标代理人组织招标。②发布招标信息。③出售招标文件及相关资料。④召开标前会，组织投标单位进行现场勘察。⑤组织答疑。⑥接收投标书。⑦确定评标小组成员名单。⑧召开开标会议，当众开标。⑨组织评标，在评标期间，召开澄清会议，请投标单位对投标书作必要的澄清。⑩审定评标报告，并报公司批准。⑪发中标通知书，并通知未中标单位。⑫组织合同谈判，起草合同文件并组织会签，报公司领导审查签字。⑬与中标单位签订合同。

(2) 邀请招标。①龙管局相关部门根据审批后的项目立项文件对招标文件组织审核会签，并报总公司审定批准。将审定的招标文件交招标代理人组织招标。②发布招标信息，出售资格预审文件。③向经资格审查合格的投标单位发出投标邀请书，并出售招标文件及相关资料。④召开标前会，组织投标单位进行现场勘察。⑤组织答疑。⑥接收标书。⑦拟定评标小组成员名单，报总公司审定。⑧召开开标会议，当众开标。⑨组织评标，在评标期间，召开澄清会议，请投标单位对投标书作必要的澄清。⑩负责起草评标报告，报总公司审查批准。⑪发中标单位签订合同，并通知未中标单位。⑫组织合同谈判，起草合同文件并组织会签，报总公司领导审查签字。⑬与中标单位签订合同。

3. 工程的招标投标的实施。

(1) 前期工程的招标。①黄河龙口公路桥，于2001年7月28日进行了公开招标，由中国铁路第十一工程局中标承包建设，合同金额1098.77万元。2005年11月竣工通车，竣工结算正在进行。②龙口公路桥1号连接路工程，于2004年11月8日公开招标，经评审由中国水利水电第十一工程局中标，合同金额828.4306万元。③龙口公路桥左岸连接路工程，于2005年4月16日公开招标，经评审由中国水利水电第十一工程局中标，合同金额418.7587万元。④龙口公路桥收费站综合楼建筑安装工程，于2005年6月公开招标，由三门峡水利水电技术开发公司承包建设，合同金额828.6万元。⑤黄河龙口水利枢纽人工砂石系统建筑安装工程及生产运行管理（AB）标，于2005年12月20日公开招标。由中国水利水电第十一工程局承建，A标合同金额为1691.51万元，B标合同金额为8527.9111万元。⑥黄河龙口水利枢纽工程右岸大坝一期施工导流与基坑开工程（A－1），于2006年2月21经公开招标由中国第四工程局承建，合同金额1860.4275万元。⑦黄河龙口水利枢纽右岸承包商营地建筑安装工程，于2006年2月经公开招标由水利水电第十一工程局承建，合同金额896.67万元。⑧黄河龙口水利枢纽左岸承包商营地建筑安装工程，于2006年7月经公开招标，分别由水利水电第十一工程局和河曲县万象建筑工程公司承建，合同金额分别为315.55万元和279.11万元。⑨龙口水利枢纽工程场内3号路工程，于2005年10月31日公开招标由山西玉通道桥建设有限公司中标，合同金额分别为458.8961万元。⑩龙口水利枢纽右岸坝肩开挖及防护、右岸上坝公路工程，于2005年10月25日公开招标，分别由水利水电第十一工程局和武警水电二总队中标，合同金额分别为1235.0891万元和1305.9466万元。

（2）工程主要项目的招标投标。①《黄河龙口水利枢纽拦河坝11＃～19＃坝段建筑及安装工程施工（A标）》，于2006年4月10日公开招标，经评审由中国水利水电第四工程局中标，经双方协商一致签订了施工合同，合同金额为28073万元人民币。②《黄河龙口水利枢纽大坝原型监测工程施工（A－2标）》，于2006年5月13日公开招标，经评审由北京木联能工程科技有限公司中标，经双方协商一致签订了施工合同，合同金额为1468万元人民币。③《龙口水利枢纽建设监理》标，于2005年6月13日公开招标，经评审由中水东北勘测设计研究有限责任公司公司中标，合同金额为865万元。④《黄河龙口水利枢纽水电站4×100MW水轮发电机组及其附属设备》工程，于2006年5月22日公开招标，由江河机电装备工程有限公司中标，合同金额49535.48万元。⑤《龙口水利枢纽1－10坝段建筑安装及发电厂房建安合同（B标）》，于2006年8月18日公开招标，由中水十一局、中水四局、中水六局共同中标。合同金额52811.3453万元。⑥黄河龙口水利枢纽水电站1×20MW水轮发电机组及其附属设备招标，由南平南电水电设备制造有限公司承担制造工作。⑦黄河龙口水利枢纽底孔系统金属结构设备（事故门及埋件、弧门及埋件）制造采购招标，分别由郑州水工厂和三门峡水工厂承担制造工作。⑧1600/500KN底孔液压启闭机采购标，由武进液压启闭机有限公司承担制造工作。⑨机电及金属结构设备监理标，分别由浙江新华工程监理咨询有限公司、河南黄河水电工程建设有限公司、水利部郑州水工金属结构质检中心承担。

在招标的整个过程中，公司做到了公开、公正、公平，科学合理，并做到了清正廉洁。（隋　立）

**【龙口水利枢纽工程合同管理】** 合同是契约经济往来的桥梁，作为信用经济的一部分，在法制的保障下成为市场行为的重要表现形式，能否实施有效管理、把好合同关，是我们企业建设与管理成败的一个重要因素。加强龙口水利枢纽合同管理，是顺利实现工程建设经济目的的重要手段。因此，龙口水利枢纽工程从筹建开始，公司就非常重视着手合同管理的基础工作，自2003年筹建以来通过公开招标及邀请招标签订合同146个，合同总金额205476万元。

公司在签订和履行合同中，主要进行计划、组织、指导、监督、协调等管理活动，有效控制投资，有计划地保障工程建设进度。由于公司清醒地认识到合同关系自始至终是一种法律关系，所以在合同管理中也很注重自始至终的全过程的、全方位的管理。龙口水利枢纽工程建设的合同管理，2006年主要做了如下几项工作：

1.建立组织机构和运作机制。合同管理实行局长负责制，副局长按其职责分别把关。设有计划合同部及工程部、机电工程部、财务部等相关职能部门，各负其责，保证合同的顺利执行。

管理机制上，业主对工程合同的签订和履行负有监督、检查和指导的职责。对合同实行划块分类管理，计划合同部为合同管理的牵头部门，实施计划、检查、指导；各业务部门作为合同协作管理部门，负责与本部门相关合同的监督、履行；承包商作为合同执行单位，实施和履行合同。对合同的管理做到了机构、人员、制度三落实，形成完善了合同管理体系。

2.建立健全规章制度。要使合同管理规范化、科学化、法制化，首先要从完善制度入手，制定切实可行的合同管理制度，使管理工作有章可循。龙管局制定了《龙口水利枢纽建设管理局合同管理办法》、《龙口水利枢纽工程建设管理局合同管理工作程序》，完善了《龙口水利枢纽工程重大变更项目费用联审工作程序》、《工程索赔处理审核程序》等工作程序。合同管理各项制度的主要内容有：合同的归口管理，合同资信调查、签订、审批、会签、审查、登记、备案，法人授权委托办法，合同示范文本管理，合同专用章管理，合同履行与纠纷处理，合同定期统计与考核检查，合同管理奖惩与挂钩考核等。

合同在这里既作为证据起到证明双方在工程建设交往过程中所确立的权利义务关系存在的作用，又起到了约束双方的作用。

3.严格执行合同法，有序管理合同。合同管理工作以《合同法》为指导，以批准的工程概算为基础，以双方签订的合同为法律依据。在执行合同中，如发生施工过程索赔事件，按《索赔处理审核程序》公正客观地处理。

龙口水利枢纽工程合同按照分类进行管理，主要分为建设工程、设计、监理、购销、维修、保险、租赁等方面的经济与技术合同，使其合同管理有条不紊。

在合同分类管理中，均坚持合同管理的原则，以《中华人民共和国合同法》、《建筑工程承包条例》、《建筑工程质量管理条例》及国家有关法律、法规为根本，认真执行龙管局的合同管理的规章制度，以合同为依据，公平、公正的处理合同事宜，达到如期实现合同目标的目的。

4.重大合同审查管理。龙口工程的重大合同主要涉及重大技术引进合同、涉及保险的合同等。把这些对龙口工程建设和经济效益影响大的合同作为合同的重点管理对象，全过程由相关部门参与，总公司严格管理和控制，预防合同纠纷的发生。

2006年8月2日，为保证龙口水利枢纽工程项目在建设期间可能遇到的自然灾害、意外事故风险得到充分的保险保障，公司总经理王学鲁与中国人民财产保险股份有限公司山西省分公司副总经理张增福签订了《黄河龙口水利枢纽工程保险协议》。

5. 履行监督和结算管理。签约的目的主要是保障合同的及时有效履行，防止违约行为的发生。另外，合同结算是合同履行的主要环节和内容，因此把好合同的结算关至关重要，这既是对合同签订的审查，也是对合同履行的监督。

龙管局建立合同管理及结算的基本程序，主要分以下几个阶段：工程招标、评标、发中标通知书、签订合同、合同执行、合同竣工结算。①工程招标：发布招投标公告，公开开标、评标。②决标：经招标领导小组审批后，向承包人发中标通知书。③合同的签订：计划合同部牵头，组织龙建局合同有关部门与承包商进行合同谈判；合同会签后报总公司；经公司审查后，双方法人代表或委托代理人签字并加盖公章（或合同专用章）后生效。④合同的执行：各职能部门及监理工程师依据合同对承包商的施工进度、质量、投资进行全面控制和管理，并对参与工程施工的各方承包商进行现场协调，认真处理设计变更等因素引起的单价、合同总价变更进行审定。⑤合同的索赔处理：在合同的实施中，若发生索赔事件，按照合同有关条款及索赔处理程序实事求是的解决。维护合同双方当事人的合法权益。⑥竣工结算：单位或分部工程完工的，承包商向监理工程师提交竣工资料及申请，由监理组织成立验收小组对工程进行验收，验收合格后发给验收合格证书，依此办理工程竣工结算。⑦合同终止：当合同中规定的质保期满，业主组织有关部门最终验收并返还质保金后，合同终止。

6. 做好违约纠纷的及时处理的准备。计划合同部门在审查合同时；也注意选择合适的违约条款和纠纷处理条款，一旦发生违约情形，采用聘请法律顾问、区别情况及时协商、减少企业的经济损失仲裁或诉讼等方式，积极维护企业的合法权益，减少企业的经济损失。

合同管理不再是简单的要约、承诺、签约等内容，通过积极地实施全过程、全方位、有效的管理、高速度、高效益。将推动龙口水利枢纽工程建设如期实现高质量、高速度、高效益。（隋　立）

**【发挥工程监理作用】** 建立完善的监理机制，充分发挥监理作用是工程建设质量、进度、投资得到有效控制的保证。2006年4月份，黄河万家寨水利枢纽有限公司与中水东北勘测设计研究有限责任公司就黄河龙口水利枢纽工程建设监理有关事项，经双方协商一致，订立《黄河龙口水利枢纽工程建设监理合同》。中水东北勘测设计研究有限责任公司成立了龙口水利枢纽工程监理处，设总监理工程师1人，副总监理工程师2人，监理处人员进场规划高峰期人数为50人。其中一三类人员33人、监理员10人、服务人员7人；其余施工时间段监理处人员平均在33人左右。

监理处于2006年5月4日进场，2006年6月1日正式开展监理工作。首先制定了内部管理制度。监理处制定了《中水东北公司龙口工程监理处安全管理制度》，并按照该制度对每一位监理工程师进行定期对照考核。制定了监理部门职责和监理岗位职责；监理工程师实施细则。制定的内部会议制度，主要突出每周日下午定为内部周例会，并坚持定期进行总监碰头会，研究监理处的人员变动、工作安排以及工程监理等问题。同时还制订了公文处理制度、车辆管理制度、休假制度等行政管理制度。

2006年，在龙口水利枢纽工程建设中，工程监理发挥了一定的作用。龙口监理处主要进行了龙口水利枢纽右岸基坑开挖、上下游纵向混凝土围堰部分防渗处理、上下游纵向混凝土围堰加宽加高、11#～19#坝段及消力池混凝土施工、部分民建工程及附属系统建成后的运行等监理工作，加强施工质量、进度和投资控制，加强安全管理，加大对隐患整改和纠正违章的检查力度。全年无重大质量事故及伤亡事故发生。

除通过招标选择了中水东北勘测设计有限公司为主体工程监理单位外，招标确定具有国家计量认证合格单位、水利一级试验室资质的山西引黄管理局试验室为监理试验室；确定了具有乙级测绘资质的黄委会中游水资源局为监理测量单位，并依照监理合同、监理规范，根据监理大纲和监理实施细则检查落实监理工作。各监理、检测单位认真履行了各自职责。发挥了监理的“三控制一协调”的作用。

（隋　立）

**【龙口枢纽工程征地移民】** 2006年，会同设计、监理和准格尔旗移民办完成了主采石场爆破影响郝家石畔居民的补偿处理方案，保证了主采石场的正常施工。围绕坝区前期及主体工程施工，针对施工过程中涉及的因土地使用、房屋搬迁、爆破影响、粉尘及噪声污染等发生的当地群众拦阻、影响施工纠纷，同地方移民办合作，做了大量协调处理工作，从而保证了各项工程施工的正常推进。

完成了坝区占地范围内永久占地左岸215.3亩、右岸723亩的征地补偿工作。组织完成了坝区施工范围内的房屋拆迁工作，累计完成房屋拆迁10278.7平方米。完成了坝区移民安置点房屋建设13000平方米，安置移民351人。

围绕龙口工程库区移民搬迁安置工作，同地方政府进行了大量协调、沟通工作，就搬迁安置工作计划、签订两岸库区安置补偿协议等方面进行了多方商讨。

组建了环境移民监理部。

组织完成了龙口公路桥左岸征地报批工作。

2006年10月29日～11月6日，举办了由地方移民办、设计、监理及建设单位参加的移民工作研讨班，邀请水利部移民局、黄委移民局等单位的专家对新出台的《大中型水利水电工程建设征地补偿和移民安置条例》、《国务院关于完善大中型水库移民后期扶持政策的意见》等进行了讲座培训，组织考察了小湾水电站的征地移民工作。

2006年11月，就坝区占地范围内新增漏登实物量指标、施工爆破影响等问题，会同设计、监理、地方移民部门进行了核实调查，形成坝区遗留问题处理方案。（隋　立）

**【龙口水利枢纽工程环境保护工作】** 2006年，建设单位依据国家有关建设项目环境保护的法律、法规政策要求，对施工区内的工程项目进行了环保检查监督，重点对砂石骨料生产系统涉及的噪声、粉尘污染进行督查并提出整改要求；对施工场区环境进行了多次全面检查，对存在的污水乱排、杂物随意丢弃、施工材料设备摆放凌乱等问题下达现场通知并进行了跟踪检查；要求有关承包商在施工现场按要求建设了临时厕所；在3号路北侧设置了一处垃圾填埋场，供建设单位办公生活小区及周边承包商住地进行垃圾清运。

2006年12月，经过招、投标程序，确定北京中水科工程总公司内蒙古分公司为龙口工程环境保护监理单位，中国环境科学研究院环境技术工程有限公司为龙口工程环境监测单位，黄河万家寨水利枢纽有限公司分别与该二单位签订了龙口项目环境保护监理、环境监测合同。

（隋　立）

【龙口水利枢纽工程水土保持工作】 2006年，建设单位依据国家有关建设项目水土保持的法律、法规政策要求，对施工区内的工程项目进行了水保检查监督，对有关承包商在施工过程中发生的弃土堵塞行洪通道行为，要求其进行了清理外运；对因施工质量问题导致的雨季雨水冲刷边坡等行为，会同组内工程管理部门进行了督促检查。

2006年4月～5月，龙口筹备组对已完工具备绿化条件的黄河龙口公路桥右岸连接路及左岸连接路回车场、办公庭院小区进行了绿化，共种植新疆杨、侧柏各800株，红叶小聚、绿叶小聚9000株，盆景30盆。

2006年12月，经过招、投标程序，确定北京中水科工程总公司内蒙古分公司为龙口工程水土保持监理单位，江河水利水电咨询中心为龙口工程水土保持监测单位，黄河万家寨水利枢纽有限公司分别与该二单位签订了龙口项目水土保持监理、监测合回。　（隋　立）

# 重点工程

【2006年重点工程项目名单】

1. 国家重点工程（6项）

（1）阳泉新元煤矿。

（2）塔山煤矿。

（3）山西西龙池抽水蓄能电站。

（4）阳城电厂二期工程。

（5）太原理工大学多学科教学实验中心。

（6）张峰水库。

2. 省重点工程（37项）

（1）太原机场改扩建工程。

（2）山西国际会展中心。

（3）柳林电厂二期工程。

（4）太原二电厂六期工程。

（5）王曲电厂工程。

（6）武乡和信电厂工程。

（7）运城电厂工程。

（8）晋东南1000千伏特高压输变电示范工程。

（9）山西电网500千伏输变电工程。

①长治500千伏输变电工程。②古交500千伏输变电工程。③忻州500千伏输变电工程。④晋城500千伏输变电工程。⑤武乡500千伏输变电工程。⑥榆社至晋城500千伏二回。⑦晋城至临汾500千伏二回。

（10）王曲电厂500千伏送出工程。

（11）神木石家庄500千伏输变电工程。

（12）离石至军渡高速公路。

（13）侯马至禹门口高速公路。

（14）阳城至侯峨高速公路。

（15）晋城至济源（省界）高速公路。

（16）忻州至长城岭高速公路。

（17）大同绕城西北外环高速公路。

（18）太原至古交高速公路。

（19）运城南环高速公路。

（20）山西岢岚至瓦塘铁路。

（21）临汾市鼓楼西汾河大桥工程。

（22）山西大同大学。

（23）山西医科大学新校区建设。

（24）太原师范学院新校区建设。

（25）山西省委党校综合楼工程。

（26）太原市机场大道建设工程。

（27）临汾市河西新城路网及配套工程。

（28）吕梁横泉水库。

（29）太原石家庄成品油管道工程。

（30）天然气输气管道建设项目。

（31）华晋焦煤王家岭煤矿。

（32）潞安高河煤矿。

（33）潞安屯留煤矿。

（34）太钢150万吨不锈钢改造及配套工程。

（35）山焦150万吨/年焦炉扩建工程。

（36）采煤沉陷区综合治理工程。

包括大同、西山、古交、霍州、汾西、安太堡、潞安、晋城、阳泉、轩岗等10个矿区沉陷区综合治理。

（37）工矿企业棚户区拆迁改造项目。

包括同煤、汾西、潞安等6个工矿企业棚户区拆迁改造项目。

3. 重点预备项目（23项）

（1）山西大剧院。

（2）漳山电厂二期工程。

（3）河曲电厂二期工程。

（4）国电电力大同发电厂三期工程。

（5）晋城赵庄电厂工程。

（6）大唐云岗热电厂二期工程。

（7）平朔煤矸石电厂二期工程。

（8）霍州二电厂二期工程。

（9）大同塔山电厂。

（10）轩岗电厂。

（11）灵丘至平鲁高速公路。

（12）长治至临汾高速公路。

（13）汾阳至平遥高速公路。

（14）盂县至阳泉高速公路。

（15）忻州至保德高速公路。

（16）万家寨引黄北干线工程。

（17）西山晋兴斜沟煤矿。

（18）山西柴油机厂重型发动机产业化项目。

（19）山西同德铝业80万吨氧化铝项目。

（20）山西武圣铝业80万吨氧化铝项目。

（21）太重集团超大型挖掘机本土化技改等项目。

（22）山西潞安煤基合成油示范厂

（23）山西通用集团高性能电池技术中心项目。

（任　皓）

【2006年重点工程完成情况】 2006年山西省共确定43项重点工程建设项目，年度计划投资总额300.62亿元，截至12月末，全省重点工程全年累计完成投资296.70亿元，占年度投资计划的98.7%，与2005年同期基本持平；全省重点工程全年累计到位资金246.94亿元，占计划的82%，比2005年同期高0.5个百分点。12个有建成投产任务的项目全部完成，10个有新开工任务的项目年内开工建设。全年未发生重大安全质量事故。这些项目完年度投资目标的具体情况是：

2006年全省重点工程签订年度目标责任书56份，（山西省采煤沉陷区和棚户区改造签订15份）除采煤沉陷区和棚户区改造外有34个项目按期或超额完成了年度投资计划，其中塔山煤矿、太原理工大学多学科试验中心、王曲电厂、武乡和信电厂、太原二电厂六期技改、王曲电厂500千伏送出工程、神木至石家庄500千伏送出工程、侯马至禹门口高速公路、吕梁横泉水库、太原石家庄成品油管道、天然气输气管道项目、太钢150万吨不锈钢改造工程等12个项目按期建成并投产投运。

年内15个有新开工任务的项目中，有10个在年内开工建设，有力推动了山西省基础设施建设规划的快速发展，为全省“十一五”建设规划的顺利实施，起到

很好的拉动作用。其他在建项目进展平稳。（任　皓）

【工业调产项目】　工业调产项目坚持以科学发展观为指导，紧紧围绕年初确定的各项工作目标，积极采取应对措施，加快推进经济结构调整，表现突出。首先是太钢150万吨不锈钢改造工程经过两年多紧锣密鼓的连续建设，150万吨不锈钢的生产能力业已形成，太钢成为世界最大的不锈钢生产企业。煤矿项目，在市场大好形势的带动下，不仅华晋焦煤王家岭煤矿和潞安高河煤矿在年内顺利开工建设，阳泉新元煤矿、大同塔山煤矿和潞安屯留煤矿等山西省主要的新建高效矿井年内基本完工，初步形成了新的生产能力，不仅成为2006年竣工项目的主角，而且为大型矿区走集约型可持续发展的道路奠定了坚实基础。在煤炭深加工领域，山西焦化集团在150万吨焦炉扩建的基础上，20万吨甲醇项目也按期开工建设。天然气输气管道建设工程和石太输油管道工程也基本建设完毕，天然气输气管道已经基本覆盖全省主要城市，为数十万户居民和企业提供了优质气源。（任　皓）

【电力建设】　电力建设方面成绩斐然，随着王曲电厂、武乡和信电厂以及太原二电厂六期扩建工程的顺利投产投运，向全省经济发展提供了300万千瓦以上的装机容量，阳城电厂二期、柳林电厂二期以及运城电厂工程目前都在进行紧张的设备安装和调试，积极确保2007年投产投运。西龙池抽水蓄能电站工程克服恶劣的施工条件，重点抓好安全文明施工，工程进度大幅提高，上下水库成型。山西漳山发电工程二期等预备项目积极开展前期工作，取得较好成绩。此外，山西500千伏电网工程在省电网工程建设指挥部的带领下，按照当年开工、当年竣工的计划安排，全年实现了6条500千伏主干网络建成输电的目标要求。（任　皓）

【政府投资】　政府投资工程方面，2006年具有标志性意义的太原机场改扩建工程上半年在最短时间内实现开工奠基，不仅为2008年通航争取了宝贵时间，而且为全省新开工重点工程建设树立了良好的榜样。在它的带动下，机场大道工程年内如期开工建设，临汾市的重要城市扩建工程鼓楼西汾河大桥等进展顺利，汾河桥年内实现了桥面贯通。文教建设领域更是喜讯不断，随着太原理工大学多学科教学实验楼顺利竣工和山西大同大学胜利挂牌，不仅进一步提升了山西高等教育的硬件质量，还为山西省增添了又一座综合性高等学府。山西医科大学和太原师范学院新校区工程在宋北杉副省长召开调研会后，进度明显加快，目前山西医科大学新校区桩基工程已经结束，2007年开始大规模建设。（任　皓）

【高速公路建设】　高速公路方面，利用国际组织贷款的侯禹高速公路项目在12月份正式通车运营，不仅成为连接山陕两省的又一条交通纽带，禹门口黄河大桥还成为山西省最具景观价值的斜拉索大桥。离石至军渡高速公路、阳城至侯马高速公路以及大同绕城西北外环高速公路都克服周边环境、冬雨季施工等不利因素影响，年内路基、桥涵构造物基本完工，为2007年底争取工程竣工打下了坚实基础。晋城至济源高速公路的广大建设者克服环境影响，工程进度稳步推进。忻州至长城岭高速公路、运城南环高速公路在年内相继开工奠基，标志着山西省“九横九环”公路骨干网建设迈出新的步伐。

（任　皓）

【水利工程建设】　水利工程方面，除张峰水库正在顺利建设外，吕梁横泉水库工程历经“四下五上”的坎坷，经过近半个世纪的酝酿，两年多的艰苦建设，在2006年11月28日竣工，胜利实现了吕梁老区人民的世纪期盼。（任　皓）

【工矿企业棚户区改造】　山西省采煤沉陷区和工矿企业棚户区改造方面，通过省委、省政府专项补助，行政收费全免，经营性收费减半收取等一系列优惠政策的鼓励推动，两区改造工程有了长足进展。在2006年初春土地刚刚解冻，全省煤矿沉陷区和棚户区改造首批工程就在大同煤矿集团破土动工，揭开了全省两区改造的序幕。年中又通过同煤集团两区改造现场会，全省两区改造工程统一了思想、明确了方向，推动了年度建设目标顺利实现。其中，全省煤矿棚户区已改造完成投资16.4亿元，开工建筑面积144万平方米，2007年春节前让5千多户居民搬进了新居。（任　皓）

【关于表彰2005年度重点工程建设先进集体、先进个人的决定】

2005年广大重点工程建设者团结一心，努力奋斗，全面完成了年度建设任务，为全省国民经济的快速健康发展做出了重要贡献。2006年3月25日，经省重点工程领导组研究，对以下集体和同志给予通报表彰，分别授予“重点工程建设先进集体”和“重点工程建设先进个人”称号。名单如下：（排名不分先后）

**先进集体**（8个）

太钢集团公司项目管理部。

省送变电工程公司侯村晋中500KV施工项目部。

省送变电工程公司霍州500KV开闭站电气安装施工项目部。

省供电承装工程公司霍州500KV线路施工项目部。

省供电承装工程公司忻州500KV开闭站施工项目部。

山西和信电力物资储运有限公司武乡项目部。

山西得大高速公路有限公司技术部。

大唐太原第二热电厂扩建工程部。

**先进个人**（42个）

赵喜萍　山西省万家寨引黄总公司。
孙文安　山西省万家寨引黄总公司。
吴向东　中煤建设公司三处。
景建华　山西潞安矿业集团工程公司。
袁廷贵　中煤建设公司二十九处。
吕　田　山西西龙池抽水蓄能电站有限公司。
梁增余　山西西龙池抽水蓄能电站有限公司。
李江海　吕梁横泉水库建设管理局。
王积才　吕梁横泉水库建设管理局。
阎国成　吕梁横泉水库建设管理局。
傅海涛　太原第二热电厂扩建计划处。
张宪尧　太原第二热电厂扩建工程处。
段志峰　山西和祥工程项目管理有限公司。
薛　聪　山西武乡和信发电有限责任公司。
段　正　山西省送变电工程公司。
王林顿　省电力公司电网工程指挥部。
张　进　省电力公司电网工程指挥部。
李志慧　山西省送变电工程公司。
张永春　山西省电科院。
王少辉　省供电承装工程公司。
郭　青　省电力设计院。
王巳英　山西建通监理公司。
刘明清　省电力设计院。

梁育彬　省电力公司电网工程指挥部。
乔富强　省多源电力建筑公司。
解建国　省供电承装工程公司。
陈　丁　省多源电力建筑工程公司。
秦林清　山西太长高速公路有限公司。
尹文谦　山西太长高速公路有限公司。
张庆华　山西太长高速公路有限公司。
蒙　俊　山西得大高速公路有限公司。
任　永　山西得大高速公路有限公司。
刘联涛　山西天然气股份有限公司。
崔乐平　山西天然气股份有限公司。
朱建中　山西天然气股份有限公司。
石君华　山西天然气股份有限公司。
高祥明　太钢集团公司。
杨　奇　山西华泽铝电有限责任公司。
张亮亮　山西晋济高速公路有限公司。
程广庭　山西晋济高速公路有限公司。
魏宁武　山焦30万吨焦油加工指挥部。
王　斌　山西华泽铝电有限责任公司。

（任　皓）

# 环境保护

**【2006年山西环保重点工作】**　1.提高地下水质量，遏制污染源。

水质从优到劣依次是：太原、吕梁、朔州、晋中、长治、大同、晋城、阳泉、临汾、运城。2006年6月6日，山西省环保局在新闻发布会上首次全面公布了山西2005年环境状况，2005年，全省环境质量总体保持稳定，整体略有好转，但污染状况依旧严重。山西省11个重点城市总体环境空气质量有所改善，综合污染指数下降17.6%，其中，大同市从全国污染前3名下降为第4名，长治从全国第9名下降为20名以后。实际上全省11个重点城市如果全部参加全国环境监测，至少有8个要排在污染城市前列。

2.治理空气污染。

全省11个重点城市中，无一城市环境空气质量达到国家二级标准；达国家三级标准的城市有太原市和长治市；其余9个城市均劣于国家三级标准。环境空气污染程度由重到轻的排序依次为忻州、临汾、晋中、运城、阳泉、大同、吕梁、晋城、朔州、太原、长治。

3.启动蓝天碧水工程。

山西蓝天碧水工程于5月底通过省人大审议，原则通过省委、省政府决议，6月份正式开始实施。蓝天碧水工程将紧紧围绕环境友好型社会开展，加强工业污染防治，加强重点区域、重点流域污染防治，推进循环经济等方面开展。

4.咬住环保不放松，退出全国前三名。

以11个重点城市、大运高速公路及汾河干流沿线共32个县市为重点，集中财力和精力，形成经济结构调整优化产业布局，实现11个重点城市建成区的大气环境质量得到改善，临汾、阳泉、大同3个国家环境卫生保护重点城市退出全国污染最严重城市的前三名。

5.重点治理供气、供热、排气、燃气。

大力发展集中供热、供气工程，形成以热电联产为主的集中供热。集中供气由天然气、煤层气为主，代替污染严重的焦化气源厂，被置换的城市附近气源焦炉予以关闭。暂无条件建设集中供气项目的重点城市边缘地带、城中村及县城，要积极采用石油液化气、太阳能等清洁能源。

（晋　文）

**【全省环境保护工作会议】**　2006年6月10日上午，省委、省政府召开第七次环境保护会议暨“蓝天碧水工程”启动大会，动员全省干部群众按照科学发展观的要求，全面加强全省环境污染治理力度，启动实施“蓝天碧水工程”，加快环境质量改善步伐，加快建设山川秀美的新山西。省委书记、省人大常委会主任张宝顺作了题为“扎实推进环境友好型社会建设，为建设山川秀美的新山西而奋斗”的讲话。省委副书记、省长于幼军着重就加强生态环境治理保护、实施“蓝天碧水工程”的主要思路、对策和措施等作了讲话。省人大常委会副主任杜五安、省政协副主席边鸣涛等出席，副省长牛仁亮主持会议。

“十一五”时期，山西省环境保护工作的目标和任务是：贯彻落实科学发展观，围绕建设新型能源和工业基地，构建充满活力、富裕文明、和谐稳定、山川秀美新山西的战略目标，以实现“蓝天碧水工程”为抓手和重点，努力在转变经济增长方式上迈出实质性步伐，全面加强环境保护工作，形成有利于环境保护的体制和机制，使全省环境污染得到有效控制，单位地区生产总值主要污染物排放量大幅度下降，污染物排放总量下降，环境质量明显改善，生态环境得到初步治理，可持续发展能力进一步提高，建设环境友好型社会取得有效进展，为人民群众创造良好的人居环境，促进经济和社会协调发展、人与自然和谐相处。

张宝顺在讲话中指出，实施“蓝天碧水工程”，是省委、省政府着眼于从根本上遏制环境恶化趋势、全面改善环境状况、切实提高人民群众生活质量，做出的一项战略决策。实施“蓝天碧水工程”，要重点做好以下工作：第一，牢固树立在保护环境中求发展的理念。要以科学发展观为指导，切实推动“三个转变”（从重经济增长轻环境保护转变为保护环境与经济增长并重；从环境保护滞后于经济发展转变为环境保护和经济发展同步推进；从主要用行政办法保护环境转变为综合运用法律、经济、技术和必要的行政办法解决环境问题），扭转目前环保工作的被动性、滞后性、补救性状况。第二，从战略高度推动经济增长方式的转变。要优化产业布局，严格限制和逐步淘汰耗能高、污染重的产业和项目。要发展循环经济，有重点有步骤地扎实推进。要壮大新兴产业，逐步降低能源原材料产业在经济总量中的比重，为实现清洁发展和可持续发展奠定产业基础。第三，下大力气抓好污染防治工作。坚持预防为主、综合治理的原则，加大力度、狠抓源头、增强实效，进一步抓好污染防治工作。要加大污染预防力度，加大污染监管力度，加大污染治理特别是重点行业重点城市污染治理力度。第四，扎扎实实推进生态建设。要将“蓝天碧水工程”与造林绿化工程两大工程有机结合起来，实现互促互动、良性循环，通过“蓝天碧水工程”使造林绿化更加有效，通过造林绿化工程使蓝天碧水得到巩固。全面启动建设社会主义新农村的环保行动，改善农民生活环境，提高农村人居环境质量。第五，大力发展环保产业。山西发展环保产业潜力巨大，要完善环保产业的政策导向，提高环保产业的科技水平，增强环保产业的经济效益，通过发展环保产业，使环境保护由被动推进向主动推进转变，由就环保抓环保向环保与经济相融互通转变，由偏重于投入向既有投入、又有效益转变，由单纯依靠政府推动向调动社会力量、激活市场因素转变，不断提高环境保护的层次和水平。第六，完善环境保护工作的体制机制。要用改革开放的思路抓好环境保护，用市场经济的办法推进环境保护。形成健全的法律保障，认真贯彻国家环境保护方面的法律法规，抓紧完善地方性环保法规，加强执法监督；形成明确的经济导向，按照“谁开发谁保护、谁破坏谁恢复、谁排污谁付费、谁治理谁受益”的原则，制定和完善有利于环境保护的经济政策；形成较高的技术标准，完善各行业、各领域的综合性环保技术标准；形成有力的行政约束，建立有关部门环境保护综合治理机制，加强协调配合，做到上下贯通、左右联动。

张宝顺要求，要坚持求真务实，把环境保护落实到加强组织领导上，落实到人民群众和社会各界的广泛参与上，落实到严格考核和严肃责任上，落实到环境改善的实际效果上，努力提高环境保护工作整体水平。

于幼军在讲话中指出，山西目前正处于向工业化中期过渡的阶段，加上产业结构矛盾突出，环境污染治理的历史欠账多，包袱沉重，环境治理和生态建设的任务十分艰巨。要深刻认识到搞好生态建设和环境保护是落实科学发展观，构建和谐社会和全面建设小康社会的重要任务，是人类文明进步的共同大道，正视山西严峻的环境形势，切实增强搞好山西生态环境建设与保护工作的责任感和紧迫感。“十一五”时期，以实施“蓝天碧水工程”为重点，全力开展环境治理攻坚战，尽快改善重点城市和重点区域的环境状况，扭转全省环境污染和生态破坏严重的局面。

他强调，要从经济发展与环境保护相协调出发，谋划治理生态环境的治本之策。首先，要加快调整优化产业结构，全力培育发展新的支柱产业，使非污染产业产值（包括第三产业）占国内生产总值的比重大幅上升，同时努力改造提升传统产业工艺技术水平，降低能耗、减少污染。

其次，要加快转变经济增长方式，把清洁生产作为切入点和突破口，从企业、产业园区、区域和城市多个层面推进发展循环经济，努力减少污染物的排放，并推进节能、节水、节地、节材和资源综合利用。第三，要优化产业发展布局，根据当地的自然生态状况、资源条件和经济发展需要，科学划分生态经济功能区，制定与之相适宜的产业布局规划，并对现有不合理的产业布局进行调整。

他要求，要将解决工业污染问题作为重要任务，把住关键环节，大力削减工业污染物的排放总量。任何地方、任何单位都要严格执行污染物排放总量控制制度，不得突破；要以治理城市生活污染源为重点，改善城市环境面貌。加快推进城市集中供热，在大中城市及10万人以上的县城加快建设发展热电联产电厂和集中供热、供气项目，三至五年覆盖城市建成区绝大多数居民户，大面积减少城区大气污染源，争取2008年底以前11个重点城市全部建成城市工业和生活的污水及垃圾处理设施，工程范围内其他县城完成城市生活垃圾无害化设施建设；要治理机动车尾气污染，在大中城市推广使用清洁能源的公交车、出租车，实行机动车辆环保检测和环保标识制度，明年起在全省各城市市区和大运高速公路禁止尾气排放超标车辆和没有环保标识的车辆上路行驶；要加强饮用水源地及汾河沿线水源保护，确保人民群众饮用水安全。

会上，于幼军与各市市长签订了环保目标责任书，表彰了侯马市人民政府等6家单位为“山西省环境保护先进单位”，山西天脊煤化工集团有限公司等8家企业为“山西省环境保护先进企业”，还为获得“山西省环境保护模范城市”的长治市和晋城市进行了命名和授牌。

出席这次会议的有省委、省政府、省人大、省政协的有关部门负责人，中央驻晋有关单位的负责人，各市市长、分管副市长、环保局局长，各县（市、区）长、环保局局长等。 （晋　文）

**【2006年山西环保十大新闻】** 1. 启动“蓝天碧水工程”。2006年6月10日，省委、省政府召开第七次全省环境保护大会暨“蓝天碧水工程”启动大会，省委书记张宝顺、省长于幼军出席会议并做重要讲话，要求倾全省之力，用3～5年时间，完成“蓝天碧水工程”任务，彻底改善全省环境质量。

2. 推出环境保护考核制、否决制和问责制。省委书记张宝顺、省长于幼军在全省第七次环保大会上要求，严格实行环境保护目标责任制及“一票否决制”，对完不成环保任务的实行责任追究连带制。

3. 控制污染“统一战线”初步形成。2006年，省环保局先后与14个省级部门联合出台了一系列关于做好环境保护工作的办法、规定，建立了对违法企业的共同约束机制，推动部门联动，形成了各方重视支持的新时期“环保统一战线”。

4. 省政府出台《山西省重点工业污染源治理办法》，规定2008年底为环保达标最后期限。未达标的企业，无论所有制的形式、规模的大小一律关停。对不能如期完成任务的，追究企业和地方政府主要领导的行政责任。

5. 开始对重点污染行业进行环境整治。2006年5月，省环保局先后对孝义、襄汾、介休、清徐、怀仁等重点污染区域进行监督检查，重拳出击，依法关闭、取缔上百家违法建设的重污染企业，解决了一批热点、难点环境问题。

6. 三市市长紧急采取措施，加强对环保工作的监督检查力度。2006年10月12日，省环保局局长刘向东分别致信临汾市市长、阳泉市市长、大同市市长，要求3市加快环境综合整治进程，尽快摘掉重污染城市的“黑帽子”，并对今后的环保工作提出了建议。

7. 处置突发环境应急事件走上规范化。2006年1月，省政府下发了《山西省处置突发环境事件应急预案》，同时建立了省环保局应急处置中心和应急监测中心，先后及时、科学地处置了太原市“1·21”苯泄漏污染事件、108国道液碱泄漏事件、平定县铬污染事件、忻州市繁峙县“6·12”煤焦油泄漏事故以及昔阳县“10·26”洗油污染水库事件等23起突发环境污染事件，切实保证了社会的稳定。

8. “百县千企万民环境意识调查”轰动全国。为了调动公众参与环保的热情，加快“蓝天碧水工程”进展，2006年6月至9月，省环保局开展了“百县千企万民环境意识调查”活动，上万公众参与调查，调查结果被广为宣传，在国内外产生轰动效应。

9. 推出首届环保形象大使。李桂琴、哲夫、郭忠烈、刘文涛、苏云丽、阎吉英、李成太、王小东、李生贵、李福堂10人荣膺殊荣。柴京海等10人获首届山西环保形象大使提名。此活动把全省2006环境文化年系列活动推向高潮。

10. 省环保局局长刘向东当选省纪检委委员。上任不到一年的省环保局局长、党组书记刘向东，因其干练果敢的工作作风和敢于执法、严于执法的精神闻名全省乃至全国。2006年10月，在中国共产党山西省第九次代表大会上，省环保局局长刘向东当选为山西省第九届纪律检查委员会委员，这在山西环保史上还是首次。 （晋　文）

**【太原市加速产业结构绿色转型】** 太原市是全国能源重化工基地和资源型老工业城市。冶金、煤焦、机械、化工、电力是五大支柱产业，占全市工业的比重达87.4%，资源消耗高，环境污染重。据了解，2006年全市煤炭消耗量为3036万吨，居全国省会城市之首，万元GDP的能耗是全国平均水平的2.8倍，市区二氧化硫、烟粉尘的排放量分别是太原市环境容量的2.5倍和1.4倍。这种高污染、高投入、高消耗和低效益的“三高一低”病症一直困扰着太原市的经济发展，也给这座城市带来了沉重的环境压力。

为此，太原市近年来先后出台了《太原市工业循环经济发展规划》和《太原市发展绿色经济环境保护暂行规定》，率先在全省建立了“绿色高压线”，并通过加强技术改造和创新、总量控制、产能置换、行业准入、环境容量限制等产业政策，来调控规范煤炭、焦炭、电力、冶金等传统优势产业，提高了产业集中度和产业素质，使之得以巩固拓展、改造提升。如太钢通过近几年的努力，已由排污大户转变为节能降耗减排大户，上升为世界不锈钢生产的龙头老大。太原市通过建立产业投资基金、资源配置、土地供应、科研支撑等产业政策鼓励支持现代煤化工、装备制造、旅游等产业加速发展，提高了产业规模和档次。

太原市通过引导加强各行业的产业结构调整，大力发展循环经济和节约型经济，延长产业链，努力转变经济增长方式，加速推进太原产业的绿色转型。据了解，2006年全市共办理各类建设项目571项，按照污染物总量控制要求，先后对山西瑞光热电、太原第一热电厂七期工程等41个不符合产业政策或选址不当、对环境有重大影响的项目予以否决或另行选址。同时与监委、经委、公安、工商、供电等部门联合执法，进一步加大取缔污染严重企业和落后生产设施力度，全年共关停取缔各类土小企业161家和污染严重的焦化项目7个。

太原市投资12.7亿元的一批清洁生产和循环经济示范项目相继投入使用，太原宝源化工有限公司苯加氢等一批科技含量高、经济效益好、污染排放小的环保示范项目或工程也相继完工并投入运行。2006年太原市通过关停取缔和重点污染源治理，全年削减烟粉尘8282吨，二氧化硫2.16万多吨，年减排废水850万吨，形成了日回用工业和生活污水8万余吨的处理能力。全市在年GDP增长12.3%的情况下，市区主要污染物排放总量下降了15%，实现了“十一五”环保规划的良好起步。 （晋　文）

**【晋城市启动“建环境友好型社会”活动】** 2006年6月4日上午，晋城市在实验小学与全国同步举行了“捐闲置物品，过绿色生活，建环境友好型社会”启动仪式。

创建环境友好型社会，是2006年“六·五”世界环境日中国区的主题，是实现人与自然和谐共处，改善家园环境的需要。本次活动是为了响应国家的号召，动员全市人民积极参加到建设环境友好型社会中来。建设环境友好型社会是一项浩大的社会工程，需要人人参与，形成全社会有利于环境的生产方式、生活方式和消费方式，通过这样的活动，政府号召广大人民群众把自己闲置的物品捐出来，送给需要的人去使用，有利于培养人们节俭观念，提高物资的利用率，减少物资的无效损耗，符合环境友好型社会的要求，要使这样的活动广泛、深入、持久地进行下去，让新的环境理念和社会价值观逐渐的深入晋城人心中。启动仪式上，晋城市市民代表将自己的闲置物品进行了捐赠，这些物品将通过民政部门分发给城市低保户和山区贫困学生使用。 （晋　文）

**【长治市被命名为“山西省环保模范城市”】** 山西省从2004年起开展创建山西省环保模范城市活动。长治市于2005年提出创建申请，经过一年的努力，通过了由省环保局、省发改委、建设厅、林业厅、教育厅等十个成员单位及有关专家组成的考察组对全市环保工作的考察，实现了预期目标，达到了各项考核指标要求。2006年6月10日，长治市与晋城市一起被命名为“山西省环保模范城市”。

据了解，全省环保模范城市的考核指标包括基本条件和考核指示两部分。具体包括了通过省级卫生城市考核验收；连续3年城市环境综合整治定量考核位居全省前列；环境保护投资指数大于1.5%；集中式饮水水源地水质达标率大于96%；区域环境噪声平均值小于60dp(A)；社会经济指标包括GDP大于7000元/人；环境建设指标包括城市生活污水集中处理率大于60%；生活垃圾无害化处理大于80%；建成区绿化覆盖率大于35%；公众对城市环境的满意率大于60%；中小学环境教育普及率大于60%等多达29项内容。 （晋　文）

**【娄烦“环保兴县”工作】** 1.整治一条线，变清三条河。

汾河水库位于娄烦，是省城人民的水源地，水库水体质量直接关系省城人民身体健康，攻坚战就从“整治一条线”下手。首先，关停、取缔了引黄沿线7.4公里导流明渠两岸的所有污染企业，拆除残存设施，恢复地形地貌，复垦良田600余亩。彻底消除了污染隐患，保护了水源。

针对境内细米河、西川河、涧河沿线建有许多选矿企业，选矿废水成为这三条河主要污染源的情况，县环保局对全县选矿企业进行摸底排查，对无审批手续、不符合国家产业政策、县政府规划和选址不合理的予以关停取缔。还采用目前最先进的纳米技术对全县煤矿企业废水进行净化处理，达标排放，解决了多年未决的难题，使全县工业企业污染源达标率达到95%以上。

2.取缔土焦炉，清洁一段路。

近年来，太克线娄烦段沿途焦化、炼铁企业无序上马，严重影响了周边的环境。面对这些问题，全县开展了“清洁一段路”，严查不法排污企业，取缔生产工艺落后、污染严重企业的专项行动。按时关停、取缔了列入太原市污染企业取缔名单的山西利民煤炭气化有限公司汾源分公司和太原市大鑫元冶炼有限公司。全省焦化行业整顿期间，又取缔了炭化室高度小于2.8米的亨达焦化厂。经过一系列整顿，娄烦县共铲除复燃土焦1100坑，取缔联体焦炉32家，387孔，炸毁高烟囱23根，关停100立方米以下炼铁厂5家，关停小型洗煤厂16家，摧毁小石灰窑20家。

3.净化一片天，规范排污源。

按照“净化一片天”的工作目标，娄烦对全县54台茶炉、锅炉进行改造治理，使其逐步走向集中供热。同时，投资30万元建成县城生活垃圾填埋场，改善了县城环境。投资450万元建成了生活污水处理厂，保证了汾河水达三类水标准。与此同时，娄烦县委、县政府还围绕生态环境建设加大投入，划出生态保护区，建成了库东生态园，南川一条线生态区，环库千亩林和涧河公园。

4.历尽天华成此景。

娄烦县的“环保兴县”带来了全县的巨变，也促进了企业的更新换代，科学发展。全县建成年产40万吨以上的焦化企业3家，年产30万吨以上的煤矿3家，年产20万吨以上的选矿企业7家。这些企业中年纳税达1000万元以上的有2家，达500万元以上的就有8家。财政收入逐年攀升，2000年只有2000万元，到2004年就突破1.3亿元。（晋　文）

**【翼城县钢铁行业清理整顿成效】** 翼城县是全省钢铁行业环保专项清理整顿的重点县市之一。按照国家产业政策要求和省、市政府及上级环保部门的安排部署，自2006年10月以来，在全县范围内全面深入地开展了钢铁行业专项清理整顿，现已关闭淘汰8家企业的炼铁高炉，这是继全省打击钢铁行业环境违法行为襄汾战役后的第二大战役，成绩斐然，效果明显，受到社会高度关注。

翼城县有钢铁企业37家，冶炼高炉41座，按照省、市政府的要求，坚持“分类清理、依法关闭、稳妥推进、科学发展”的原则，在摸底调查基础上制定了《翼城县钢铁行业环保专项清理整顿实施方案》，下达了《关于淘汰关闭第一批200立方米（含200立方米）以下冶炼高炉的决定》，将永兴铁厂、雄豪铁厂、兴堡冶炼公司、郑庄铁厂、永祥铸造公司、义鑫铸造公司、晋鲁铸造公司、吉庆铸造公司8家企业的炼铁高炉列为第一批淘汰关闭对象，责令在建的高大冶金有限公司500立方米高炉停止建设，补办手续；并严格依法律程序，及时将行政处罚、听证告知书事先送达有关企业。12月以来，翼城县多次召开由有关乡镇、相关职能部门负责人参加的联席会议，明确了第一批淘汰关闭冶炼高炉的拆除标准、时限要求及部门职责。

对此省环保局法规处王志朝处长说在翼城我们主要是依法铲除那些违法的炼铁高炉，其拆除标准是依法断水、断电、吊销排污许可证和工商执照（或相关炼铁工商手续），拆除烟囱、风机等主要生产设施并恢复地形地貌。

翼城县王天郎代县长表示，全县将按照省、市环保部门指示精神，在做好第一批淘汰关闭炼铁高炉善后工作的同时，积极督促其他200立方米以下炼铁高炉尽快完善设施，达标排放；督促300立方米以上炼铁高炉积极落实资金，采取措施，确保完成限期治理任务。这些企业取缔后，翼城县将采取关小并大的方法，对传统产业进行全方位的升级换代，将这些被关停的企业，变成符合国家产业政策的大型企业。（晋　文）

**【沁新煤焦集团环保工作成绩】** 近五年来，沁新煤焦集团公司先后投资1600万元用于环保和资源的再生利用，其环保设施完好率和配套运转率达到100%，各类污染物排放均达国家标准。

由于按照“减量化、再利用、资源化”的原则全面实施资源综合利用，山西沁新煤焦（集团）股份有限公司从2001年起，新建和扩建了一座年入洗原煤240万吨的洗煤厂，除公司所产原煤全部入洗之外，每年外购原煤50余万吨，从而改变了沁新单一的产品结构。对于洗煤厂投产后出现的大量洗煤矸和尾煤泥，公司又整体兼并了濒临倒闭的沁源县发电厂，投资改造为3炉2机综合利用电厂，利用洗煤厂所产洗煤矸、尾煤泥作燃料，实现了煤矸石发电。利用电厂生产废弃的粉煤灰，公司又新建了年产1.3亿块标砖的建材厂，专门以粉煤灰为原料生产矿用砌块、建材标砖和路面砖等，矿用砌块又回到煤矿井下作为永久巷道的主要支护材料，从而形成了煤一洗精煤一煤矸石发电一粉煤灰建材一条闭路循环的产业链条。为了最大限度地实现综合利用，从2003年起，公司又选用省环保局推广的QRD—2000清洁型热回收捣固式机焦炉，配套2×12MW余热发电厂，新上120万吨一期60万吨铸造焦项目，其煤气及各种有害物质完全燃烧用作余热发电，实现厂“零排放”；同时，配套新上了棕刚玉冶炼电能转化项目，从而使又一条产业链洗精煤一焦化一余热发电一棕刚玉冶炼完全形成。公司三废已全部回收复用，年节约资金1000万元以上。公司各项质量指标稳定，已先后通过ISO9001质量管理体系认证、ISO14001环境管理体系认证和OHSAS18001职业健康及安全管理体系认证。不仅彻底告别了过去那种“天上冒黄烟，河里流黑水，地上走煤泥，空中舞煤尘”的黑色景观，而且出现了景色怡人的绿色环保矿区，循环经济使公司资源节约和环境友好成为现实。（晋　文）

**【飞来横祸降临晋冀大沙河】** 2006年6月12日，在山西省繁峙县神堂堡镇大寨口村一辆满载煤焦油的大卡车在晋冀交界附近的大沙河上游河畔翻车，80吨煤焦油倾泻而下，一“江”污水流向河北阜平境内……事发地以下8公里的河水变成棕褐色。据介绍，因为大沙河在阜平境内支流汇入众多，且下游两岸人口众多，阜平县城5万人口的2/3饮水来源于大沙河，县城以下30公里为河北第二大水库王快水库，如果污染源到达那里，后果将不堪设想。

由于大沙河流域地理位置偏僻、两岸山崖陡壁较多、上游电力不足、水量增大、技术手段相对落后，抢险人员克服重重困难抓紧施工。截至6月19日上午，抢险人员已经修筑拦坝13道，围堰小坝53处，降低受污河水下泄速度。开挖600米导流明渠1条，直径30米的活性炭吸附池3个，投放活性炭100多吨，棉被500多条，大量吸附了污染物。同时，围坝造坑500多个，共计存放污水2万多立方米。

通过沉淀、降解、蒸发，降低了流水污染强度，在此基础上，调集发电机10台，抽水泵50台，罐车53辆，抽运山西繁峙境内重污染河水进行异地处理，减少污染物的扩散。从6月17日早晨开始至6月18日下午，阜平县从繁峙境内抽运走高浓度污水3650吨，污水水位下降1.35米左右。同时，在大沙河支流鹞子河、板峪河修分流大坝2条，进一步阻止污水向下游流动，确保大沙河下游及王快水库周边饮水安全。

对于下游群众饮水问题，河北省、市、县紧急启动预案，确保沿线城镇和乡村不发生饮用水危机。保定市市长于群说，由于大沙河畔的村民全部采用井水和山泉水，因此不存在饮用水难题。下游的阜平县城启动了7口自备井，饮用水管网贯通，保障县城居民饮水。（晋　文）

# 交 通 邮 电

## 铁 路

### ·太原铁路局·

【概述】 太原铁路局地处中国华北地区，属于暖温带、温带大陆性季风气候，年温差、日温差均较大。年平均气温-4℃～14℃，年平均降水量 350～700 毫米。

管辖范围东起能源大港秦皇岛，西至黄河禹门口，北到煤都大同，南至古迹风陵渡，路网纵贯三晋南北，横跨晋冀京津两省两市，与全国最大煤港秦皇岛港形成路港联运。是全路 18 个铁路局中货运量最大、运输收入最高的铁路局。货物发送量占全路货运量的 1/6 以上，煤炭发运量占全路运量的 1/3 左右。主要担负着国家新型能源工业基地——山西省的客货运输任务和全国 26 个省、市、自治区的工业、民用、外贸出口煤炭任务。管内旅游资源丰富，游客、学生、民工等形成的客运量逐年增长，在综合交通运输体系中居于骨干地位，为国民经济和社会发展发挥着不可替代的作用。

线路总延展长度 7279.866 公里，营业里程 2755.4 公里。道岔 8710 组。桥梁 2627 座、160671 延长米，隧道及明洞 242 座、188365 延长米。配属机车 1183 台，其中电力机车 683 台、内燃机车 500 台（包括动车组 4 台）；配属客车 1666 辆。电气集中车站 209 个，非电气集中车站 6 个，计算机连锁车站 80 个。自动闭塞线路 1590.258 公里（其中 ZPW2000—A 自动闭塞线路 762.072 公里），半自动闭塞线路 1272.256 公里。截至 2006 年末，固定资产原值（含大秦公司）524 亿元。

1. 运输生产。2006 年，大秦线全年采取 118 项优化措施，攻克 30 余项技术难关，建设万吨战略装车基地 44 个，日均开行 2 万吨列车 6.3 列，开行单元万吨 34.2 列，开行组合万吨 13.2 列，先后 25 次创造了单日运量新纪录，最高日达到 79.1 万吨，提前 7 天实现 2.5 亿吨目标。侯月线提前 10 天完成 1 亿吨运量。全局日均装车达到 17526 车，同比增加 1138 车、增长 6.9%；完成货物发送量 4.22 亿吨，较计划增运 498.2 万吨，同比增运 3956.4 万吨、增长 10.4%；旅客发送 3442.8 万人，较计划增运 252.8 万人，同比增运 312.9 万人、增长 10%；其他各项任务和效率指标均超额完成，在全国、全路的战略地位更加突出。

2. 运输安全。坚持把运输安全作为全局各项工作的前提和基础，坚定不移地推行落实“五个不动摇”指导思想和“1233”安全工作法，全面规范新体制下的安全管理，健全完善设备质量、职工培训、“两纪”管理、安全分析、责任追究等一系列考核管理制度，全面实施主要行车设备“两年填平补齐、五年达到全路先进水平”的安全基础战略，推进安全标准线建设，深化安全专项整治，全年道口事故、路外伤亡事故同比减少 48%和 38%，责任设备故障压缩 32%，截止 12 月 31 日，实现连续安全生产 653 天，实现了建局第二个安全年。

3. 企业改革。实施了新一轮站段生产力布局微调，对部分运输站段管辖范围进行了重新划分，全局运输站段由 45 个减少到 33 个。实施了党群部门优化整合，路局机关党群系统内设机构由 25 个减少到 11 个，减幅达 56%。不断完善房建、生活、多元经营系统辅业改革，重新整合组建了 11 个多经直属公司。积极推进铁路投融资体制改革，大秦铁路股份有限公司成功股改上市；准朔铁路有限责任公司挂牌成立；唐港铁路公司正式移交路局管理。人事、用工和分配三项基本制度改革

旅客运输量和货物运输量

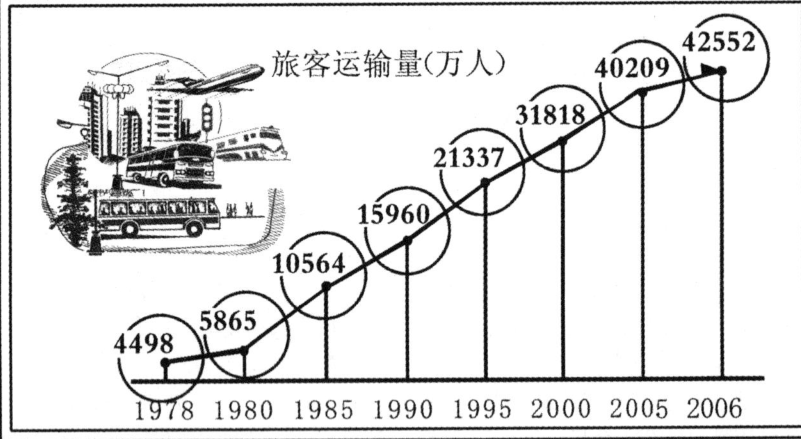


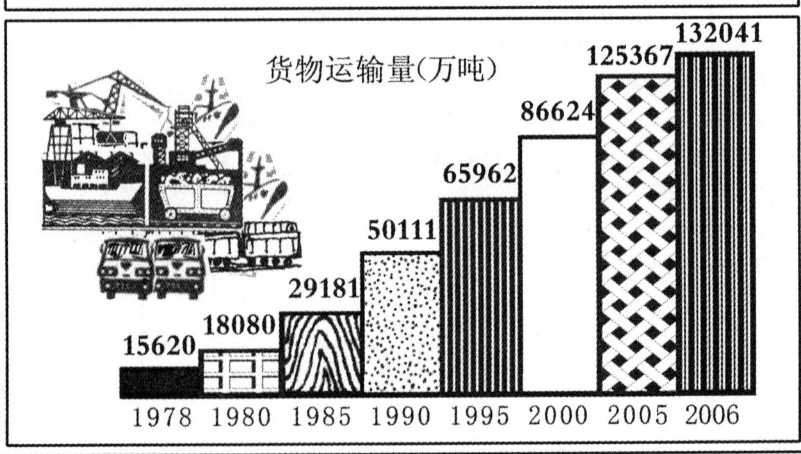

扎实推进，干部评价、选拔、任用机制更加完善，干部年龄和知识结构进一步优化，基本形成了有序的人才梯队；劳动用工管理实行市场机制和行政手段双管齐下，全年调剂劳动力余缺548人；不断加大对行车一线和苦累脏险岗位收入分配的倾斜，对20个不占经营优势的主要运输单位增加工资总额计划1790万元、工资基金1510万元。

4. 经营管理。全年完成堵漏保收2.64亿元，同比增收4460万元、增长20%；完善了大额资金审批程序和使用管理办法，严格规范银行账户，清理1389户、撤并428户；狠抓对重点单位、重点项目、重点资金的定期财务收支审计，纠正各类经济事项95笔，涉及金额1.77亿元；深入开展“整纪正风”教育和“治理商业贿赂”活动，眼睛向内，自查自纠，解决了运输、财经、劳资、改革、廉政等方面存在的突出问题。推行了以局储为辅、段储为主的新型物资储备模式；压缩精简乘人汽车832辆，核减比例63.3%，通过公开拍卖、集团租赁、市场化运营等方式进行了处置和盘活。新华社《国内动态清样》以“太原铁路局构建节约型企业取得可观效益”为题予以重点报道，刘志军部长批示全路参阅。全年完成运输收入284.39亿元，较部下达计划增收9.42亿元，同比增长42.17亿元、增长17.4%；运输利润完成部下达指标，成本支出控制在了有权支出额度之内。

5. 多元经营。充分发挥能源大省的地域优势和货运大局的运输优势，多经收入和利润提前3个月完成了铁道部下达的奋斗指标，全年完成收入116.6亿元，为部考核指标71亿元的164.2%，同比增收45.2亿元、增长63.3%；上缴路局投资回报6000万元，新安置职工1430人，职工总数达21416人，营业收入超亿元、利润超千万元的“双超”企业达到15个，为国家上缴各种税金5.9亿元。

6. 基本建设。大秦线2亿吨和北同蒲线应急扩能后续改造和机务、车辆等相关配套工程，宁岢线电化工程，湖大联络线及大石庄站改造工程全面完成，忻河线电气化改造、河边至东冶新建联络线进展顺利。2006年12月26日，迁曹铁路提前一年开通运营，进一步疏通了大秦线出口，为3亿吨目标的实现创造了条件。

7. 科技职教。全年科研投入1248.4万元，安排科研项目96项、成果推广20项，应用节支新技术、新项目101项，节支5424.5万元。围绕运输生产和设备运用难点，开展重载运输技术攻关，集中解决了万吨和两万吨列车不明原因惩罚性紧急制动等技术难题，一批具有国际先进水平的新技术、新设备通过消化吸收和集成创新已为我所用并转化为自主产权。全面实施“职工培训考核与使用待遇一体化”机制，全年共举办各类培训班3322期，组织各工种职工考试21.4万人次，培训干部3.6万人次，培训职工17.4万人次。

8. 职工生活。2006年，职工人均收入较2005年增长13.5%。年初确定的十件实事高标准兑现：一是加快经济适用房建设，2006年经济适用房建设实际竣工23栋、1155户/146989平方米，较计划18栋、1102户/132372平方米多竣工5栋、53户/14617平方米。对神池地区32户低洼平房进行了落地大修；二是投资1300万元，按计划对局管内128栋、69030平方米的住宅漏雨及管内22个住宅小区排水不畅、电线路老化、照明设备破损等问题进行了彻底整治和修复；三是投资500.5万元，按计划对23个职工住宅小区的道路、围墙、门房、活动场所、室外上下水等设施进行了改造和完善；四是投资3693.2万元，对552户住宅进行了集中供热，较年初计划423户增加129户；对991户住宅进行了煤气入户改造，较年初计划598户增加393户，在计划外对8709户住宅进行了热源改造；五是投资3.4亿元，对大秦线21站、侯月线9站和职工“五小”设施进行了全面整修，共整治小单身1041间、小伙房204个、小浴池210个、小文化室158个、小庭院130个，为沿线站区、班组更新配备29寸彩电2000台，订阅报纸杂志2000份；六是投资130.4万元，对古交、原平乘务员公寓进行了室内外整修，对大新乘务员公寓排水设施进行了改造；七是全面改善机车乘务员工作环境，投资588万元为担当长交路的100台客、货机车安装了空调；八是投资362.62万元，对全局15685名女职工、20177名35岁以上机车乘务员等行车主要工种人员及公安干警进行了年度体检；投资31.3万元购置了6台乘务员专项体检设备；九是充实加密了沿线卫生所、定点药店网点，在职工家属相对集中的太原、大同、临汾地区开放了8个定点药店，并在全局实现了职工医疗保险“一卡通”，积极协调地方医院开展巡回医疗服务，与10个医院签订了服务和巡回医疗协议，加密巡回医疗次数，有效地解决了偏远地区职工就医难的问题；十是落实山西省发改委改善沿线职工生活条件专项投资100万元，完成了9个偏远车站站台、道路、厕所等公益设施建设，改善了沿线职工的生产、生活条件。同时，为离退休职工增加基本养老基金513万元，筹集资金380万元对一线关键岗位职工进行了慰问，职工养老保险金做到了足额缴纳，离退休人员养老保险金做到了足额按时发放。全年筹资6033万元，助困6192户、助学924人、助医720人，高标准兑现了“三不让”承诺。

9. 精神文明建设。深入开展社会主义荣辱观教育和“树标塑形”活动，荣获“全国安康杯竞赛活动优胜企业”称号，保持了山西省精神文明建设先进单位。在2006年度全国500强工业企业和500强服务企业排序中，分别位居第98名和第38名；在山西省进入全国百强的11个企业中排名第三。在全路“三进”列车评比中，有6对列车荣获“红旗列车”称号。

（燕全保）

**【大秦铁路提前7天完成全年2.5亿吨运输任务】** 截至2006年12月24日18点，大秦铁路累计完成运量25000.15万吨，提前7天实现了部党组确定的全年运量2.5亿吨目标。大秦铁路是我国第一条重载单元双线电气化运煤专用铁路，西起大同枢纽的韩家岭站，东至秦皇岛地区的柳村南站，全长653公里。它担负着全国20个省市自治区6大电网、5大发电公司、380多家主要电厂、10大钢铁公司和6000多家工矿企业的生产用煤和出口煤炭运输任务，是山西省、陕西省、内蒙古自治区西部煤炭外运的重要通道。大秦铁路在2002年实现煤运量1亿吨，2003年实现1.2亿吨，2004年实现1.5亿吨，2005年实现2亿吨的基础上，2006年又增运5000万吨，突破了2.5亿吨，创造了世界铁路重载运输的奇迹。（燕全保）

**【大秦铁路股票在上海证券交易所上市】**

2006年8月1日上午9点28分50秒，随着铁道部副部长陆东福在上海证券交易所敲响开市的铜锣，大秦铁路股份有限公司首次公开发行的人民币普通股票（即A股，简称“大秦铁路”）在上海证券交易所挂牌上市。这是我国铁路运输企业A

股上市的第一家大型公司，标志着铁路投融资体制改革进入了新的发展阶段，是铁路利用资本市场、拓宽融资渠道的重大突破。大秦铁路股份有限公司A股股票简称大秦铁路，股票代号601006，发行价格为4.95元/股，发行30.3亿股，募集资金150亿元，以6.39元/股的价格开盘，开盘价比发行价上涨29%。上市首日，全天成交6.14亿股，成交金额35.25亿元，以5.52元/股的价格收盘，收盘价比发行价上涨11.52%，换手率50.69%，成为第四大A股上市公司。（燕全保）

**【迁曹铁路全线胜利通车】** 2006年12月26日上午10时20分，我国又一条北煤南运的出海通道——迁曹铁路全线正式通车。迁曹铁路起自大秦铁路迁安北站，北端分别与大秦线、京秦线相连，南端分别到达唐山港的曹妃甸港区、京唐港区，全线新建线路总长度222.7公里，为国家Ⅰ级双线电气化铁路，自动闭塞，线路可开行2万吨重载列车，年设计运输能力近期可达1.37亿吨，远期可达2亿吨。工程于2005年10月21日开工，是铁道部《中长期路网规划》的重要组成部分；是大秦线实现年运量4亿吨目标的重要配套工程，是“北煤南运”、大秦线分流的又一条出海通道。迁曹铁路全线胜利通车，实现了部党组提出的两年工期一年完成的目标，创造了中国铁路建设史上的又一新的奇迹。胜利通车庆祝大会在新竣工的迁曹铁路南端曹妃甸南站举行，铁道部党组成员、副部长陆东福，铁道部总经济师黄民，河北省省委书记白克明，河北省省委副书记、代省长郭庚茂等领导出席了通车典礼仪式。（燕全保）

**【准朔铁路有限责任公司揭牌】** 2006年10月28日上午，准朔铁路有限责任公司在太原揭牌。山西省、陕西省、内蒙古自治区和铁道部有关领导参加了揭牌仪式。准朔铁路有限责任公司由太原铁路局、广州珠江投资有限公司、内蒙古伊泰煤炭股份有限公司等11家企业共同发起设立，于2006年10月18日正式成立。准朔铁路准格尔至朔州段铁路工程项目全长224公里，北同蒲新线韩家岭至应县段铁路工程项目全长67公里，应县至原平段铁路工程项目全长86公里，三线总延长530公里，累计投资120亿元。准朔铁路的修建，将为大秦铁路提供近期3000万吨，远期6000万吨的稳定货源，极大地满足大秦铁路扩能改造后的运力需求，缓解既有北同蒲铁路的能力不足，同时也起到了完善路网结构的作用，形成一条大能力的煤运通道，为促进山西、陕西、内蒙古煤炭基地建设，保障大秦线运量持续增长，保障国民经济平稳发展有着十分重要的意义。（燕全保）

**【太原铁路局荣膺全国“双百强企业”称号】** 在2006年度全国500强企业和全国服务行业500强企业排序榜中，太原铁路局分别以第98名和第38名的成绩进入全国百强企业和全国服务行业百强企业，充分展示了国铁强局的精神风貌和综合实力。9月2日，中国企业联合会、中国企业家协会在河南省郑州市举行了中国企业500强发布及高层论坛，授予太原铁路局“双百强企业”牌匾和证书。（燕全保）

**【大秦铁路正式开行2万吨重载列车】** 2006年3月28日13时45分，由5台韶山4型电力机车呈2—2—1式排列，牵引204辆C80车辆，总重20362吨的货物列车从湖东站编组场始发，经过10个多小时的安全运行，于23时55分到达大秦线终点站柳村南站，标志着大秦铁路正式开行2万吨重载列车，开辟了中国铁路重载运输的新纪元。（燕全保）

**【压缩精减乘人汽车】** 按照刘志军部长在全国铁路工作会议报告中提出的“大力压缩汽车数量，2006年全路汽车台数减少50%”的要求，太原铁路局经过深入调研，果断决策，强力推进，经过近五个月的努力，全局压缩精减乘人汽车832辆，核减比例达63.3%，通过公开拍卖、集团租赁、市场化运营等方式进行了处置和盘活，取得了十分显著的成效。新华社《国内动态清样》以“太原铁路局构建节约型企业取得可观效益”为题予以了重点报道，刘志军部长批示全路参阅。（燕全保）

**【参加山西省广电总台《政风行风热线》栏目】** 2006年5月25日，局长武汛通过山西省广电总台《政风行风热线》栏目，代表太原局十一万五千余名干部职工向广大旅客、货主及社会各界朋友郑重承诺，自觉接受社会监督：一是为山西经济建设快速发展提供更为有力的运力保障；二是坚持“以人为本”、“诚信服务”；三是严格执行国家收费政策；四是优先保证重点物资和重点企业运输；五是不断提高客货运输服务质量和水平，树立铁路行业新风。（燕全保）

## 公　路

**【概述】** 2006年是“十一五”开局之年。全省交通系统坚决落实省委、省政府和交通部的各项重大部署，一手抓“十一五”战略布局，一手抓2006年起步开局，省政府下达的各项目标任务圆满完成，交通为民办的八件实事全部兑现，为“十一五”发展打下了坚实的基础。主要体现在以下六个方面：

1. 交通发展规划和重点项目建设取得新的成果。《山西省高速公路网规划》、《“两区”开发交通专项规划》经省政府批转全省。编报了《山西省干线公路网布局规划》、《山西省农村公路建设规划》、《山西省综合公路网建设规划》3个长远规划，制定下发了《山西省“十一五”公路

晋城乡间公路　杨健　摄影

水路交通发展规划》和公路养护管理、道路运输、交通物流、交通科技、交通教育、交通信息化、行业文明建设、安全生产、法制建设9个专项规划，与河南、河北签订了省际通道建设合作协议，目前正在编制旅游公路、运煤通道、运输站场3个专项规划。这些规划，从战略上对“十一五”交通发展做了科学布局，进一步增强了交通发展的系统性、前瞻性和主动性。认真贯彻国家宏观调控政策，不断加强前期工作。省厅专门筹资20亿元，用于重点公路建设项目前期工作，“十一五”开工建设的20个高速公路项目的前期工作都已展开。

2006年。全省公路建设完成投资168亿元，新改建公路2.4万公里。到2006年底，全省公路通车里程达到11.3万公里(包括从2006年开始纳入统计的4.3万公里村道)，路网密度达到72.4公里/百平方公里，高速公路达到1752公里，二级以上高等级公路达到1.3万公里，路面铺装里程达到7万公里。

黄河上跨径最大的斜拉桥、有“三晋第一桥”之誉的龙门黄河大桥和侯马～禹门口高速公路竣工，大同西北环、离石～军渡、侯马～关门、晋城～济源4条高速公路建设进展顺利，忻州～阜平、闻喜～垣曲、运城南外环3条高速公路开工奠基。部省安排的12个国省干线改造项目、3个运煤通道项目开工建设，省里确定的17个旅游经济园区全部实现了二级以上公路通达。

公路建设项目管理进一步加强。省厅会同省重点办对高速公路、干线公路在建项目进行了多次质量、安全专项检查，并与开发银行共同建立了政府、银行、业主、施工企业四级联网、互相制约的资金监管体系。

2.新农村和“两区”开发交通建设实现新的突破。根据建设社会主义新农村和“两区”开发的战略部署，我们及时将交通建设的重点转移到农村和“两区”上来。交通部与省政府、省厅与各市政府分别签署了“十一五”社会主义新农村公路建设合作协议，对农村公路建设实行政策、资金、规划、项目“四倾斜”。开展了农村公路普查工作，制定实施了农村公路建设“五年百亿元”工程。“十一五”期间，省厅投资110亿元集中用于农村公路建设，目前资金已全部落实。同时，省厅对“两区”59个贫困县每个县专项补助1000万元，用于解决“十五”村村通水泥(油)路工程乡村债务和支持“十一五”农村公路建设。这些都是在历史上从来没有过的。

2006年，全省农村公路建设完成投资76.2亿元，首次超过重点公路。新改建县乡公路1746公里、通村水泥（油）路19237公里、通村公路1735公里，完成农村巷道硬化11933公里，新增通水泥路、油路的建制村1032个，省里确定的1098个社会主义新农村建设试点全部通了水泥路、油路。以沿黄扶贫旅游公路开工建设为标志，“两区”交通建设全面启动。

坚持把扩大农村客运覆盖面与实现可持续发展结合起来，出台了扶持农村客运发展的优惠政策，落实了燃油补贴政策。围绕提升农村客运服务水平，加快推进站场网络化、经营公司化、运营公交化、管理规范化，去年全省建成二级客运站12个，建设乡镇汽车站108个，安装农村客运候车亭1221个、招呼站牌3134个，新增农村客运线路235条、客车483部。农村物流快速发展，在城乡物资交流中发挥了重要作用。

3.交通公共服务与运输保障能力得到新的提高。围绕提升公共服务能力，省厅从资金上、政策上、科技上继续向养护和管理倾斜。干线公路完成大中修工程915公里、安全保障工程1000公里、危桥改造117座，年末好路率达到85.1%，县公路达到81.2%。紧紧依靠地方政府，加强干线公路环境专项整治，全省近1/3的干线公路实现了绿化、美化、标准化。进一步完善了国省干线标志标线。建立了“黄金周”期间路况信息公告制度，并在重要旅游干线、经济干线上建设了小型服务区、休息区和停车区。高速公路建立了集气象预报、路况信息、安全提示、旅游指南于一体的综合信息服务系统。

综合运用经济、法律和必要的行政手段综合治理超限超载。建成了3个治超示范站点，并纳入全国治超监控网络。晋中市开展了治理超限超载路面执法百日大会战，有效遏制了车辆超限超载运输反弹。从维护运输市场公平竞争、保障交通安全、提高公路通行能力出发，在高速公路上全面启动了货车计重收费。保护了公路消费者和运输经营者的合法权益，降低了交通事故频率和车辆超限超载率。全省车辆超限超载率控制到了10%以下，高速公路控制到了2%以下。

适应经济社会发展需要，组建了12支战略物资道路运输保障车队，并按照交通战备的标准。组织实施了实战演练与保障能力评估，走出了一条在市场经济条件下，平时营运、急时应急、战时应战“三位一体”的运输保障新路子，受到了总后、国家交战办、北京军区的充分肯定。制定了旅客运输应急预案，建立了汽车维修救援体系，进一步完善了鲜活农产品运输“绿色通道”网络，并落实了优惠政策。

4.“依法治交”和安全生产管理取得新的成效。加大交通立法力度，《山西省高速公路管理条例》、《山西省公路养路费征收管理条例》颁布实施，《山西省道路运输条例》、《山西省水上交通安全管理办法》完成起草、论证工作，《山西省高速公路建设征地拆迁管理办法》已经省政府法制办审查通过，即将提交省政府常务会议研究。启动了交通“五五”普法工作，健全和完善了交通执法评议考核制度，完成了执法依据的梳理和执法职责的界定，集中开展了为期3个月的执法队伍整顿，完成了近万名交通执法人员的培训工作。

认真贯彻落实国家《收费公路管理条例》和《山西省公路车辆通行费收取办法》，切实加强收费公路与通行费管理。开展了收费公路审计调查和通行费收入专项审计，提出了收费站点撤并的初步意见，并在统一审批、统一管理、统一票据、统一收支、统一标准上迈出了重要步伐。在全国率先开展了清理“特权车”、“人情车”违规减免车辆通行费专项工作。

坚持安全发展、依法治安，着眼于提高事故预控和人命救助能力，把安全生产纳入公路水运基础设施建设与养护、车船装备更新与技术检验、市场准入许可与经营监管的全过程，道路运输基本建立起了省、市、企业三级互动的GPS安全监控体系；水上交通完善了安全监管、人命救助和渡运设施。去年全省道路运输未发生特大事故，水上交通及公路建养未发生死亡事故。“五一”、“十一”黄金周实现了安全生产无死亡事故。

5.交通改革创新与对外开放开创新的局面。召开了建设创新型交通行业工作会议，提出了建设创新型交通行业的总体思路、目标任务和重点研究解决的问题。

抓住制约交通发展的体制性障碍，加大改革力度。一是整合高速公路资源，组建了太原、大同、朔州、忻州、运城、临汾6个区域性管理公司，进一步强化了行业管理，初步建立了行业统管、集中统一，产权清晰、特许经营，依法监管、保障公益的高速公路管理体制。二是开展了农村公路管养体制改革试点，省政府常务会议通过了《农村公路管理养护体制改革实施意见》。三是积极推进投资体制改革，明确了交通专项资金保证“四个重点”、实行“两个倾斜”的投资原则，即保证纳入国家规划的重点项目，保证国省干线与农村公路重点项目，保证公路养护与安全管理，保证重大科技项目；向农村和“两区”倾斜，向公益性强的项目倾斜。四是适应城乡一体化的趋势，积极推进城乡客运一体化，旅游客车纳入交通部门行业管理，全省96个县市有69个实现了城乡客运一体化。晋城市成建制将公交车移交交通部门管理，中心城市层面的体制改革有了突破。五是启动了新一轮国有企业改革，明确了国退民进的改革方向，对厅属国有企业分类逐户确订了改革方案。

坚持用开放的手段化解资金紧缺的矛盾，进一步加大招商引资力度，扩大合作领域。省厅精选了10个项目在“港洽会”、“沪洽会”上招商引资，引进中信银行低息贷款20亿元，用于重点工程前期工作；与中国平安保险集团签订了设立总规模600亿元的山西—平安交通能源发展基金协议书。该基金首个投资项目——转让太原—焦作（省界）高速公路部分股权已经签订合同，可收回投资22.7亿元，减少省厅负债70亿元。此外，省厅与江苏悦达、华夏国际等企业集团分别就汾阳—平遥、大同—右玉、阳城—关门3条高速公路的建设与投资签订了意向书，并开展了高速公路上市的探索。进一步加强与金融部门的战略合作，从国家开发银行、招商银行、工商银行等金融机构落实各类软硬贷款及合作意向近600亿元，“十一五”我省公路建设资金基本落实。大力加强交通规费征收管理，去年全省交通规费收入突破100亿元，达到103.2亿元，同比增长16%。高速公路经营管理步入收支平衡的良性循环，接近了东部发达地区的水平。

坚持用创新的思路探索交通科学发展之路，把交通发展规划与土地综合利用、环境保护、水土保持规划有机结合起来，完成了高速公路网环境影响报告书，出台了交通基础设施环境监测管理办法，做到了环保工程与主体工程同时设计、同时施工、同时投产。忻州—阜平高速公路被交通部确定为全国十大公路设计典型示范工程之一，被发改委确定为全国十大信息网络动态稽查项目之一。实施生态补偿战略，省厅与太原市政府共同启动了太原绕城高速公路提档增绿工程。去年干线公路完成通道绿化1800多公里，宜林路段绿化率达到82%，高速公路达到100%。制定出台了建设节约型交通行业的实施意见，推广了粉煤灰综合利用、沥青再生利用技术，出台了鼓励甲醇车发展的扶持政策。

坚持把科技创新作为覆盖交通现代化建设全局的战略任务来抓，启动了信息化建设“1166”工程，组织开展了54项重大技术攻关与研发，《软弱黄土地基公路路基关键技术研究》等10项成果获省部科技进步奖，“高速公路隧道节能技术研究”、“黄土地区高速公路边坡生态防护修筑技术研究”等14项科研成果的应用，进一步提高了全省高速公路建设水平。经国家和省有关部门组织专家评选，大运高速公路雁门关隧道同时荣获“鲁班奖”、“詹天佑土木工程大奖”和“山西省首届汾水杯土木工程大奖”，大新、祁临两条高速公路分别荣获“山西省首届汾水杯土木工程大奖”。

雁门关隧道北入口处 杨健 摄影

6. 行业文明和党风廉政建设取得新的进展。开展了加强党的先进性建设专题研讨，制定和完善了“党员长期受教育、永葆先进性”的制度。提出了“十一五”行业文明建设的目标任务，部署开展了创建“千里大运文明高速路”活动，丰富了职工文化体育生活，行业文明建设进入了精品带动、重点突破、全面推进的新阶段。当前，全行业精神振奋、奋发向上，许多工作走在了全省乃至全国的前列。省交战办被国家国防动员委员会授予“先进单位”称号；北京军区专门做出决定，在全区推广我省交通战备全面建设经验。

以治理商业贿赂为重点，进一步加强党风廉政建设。提出了交通系统治理商业贿赂的“六个重点环节、八个重点对象、两类违规违纪行为”，进一步完善了工程建设十项制度，建立了客运线路审批、汽车站设计公开招标制度。厅党组先后召开了5次治贿工作分析会，总结推广先进经验，研究解决存在问题。各级各部门结合部门和行业特点，建立和完善决策咨询、行政审批、政务公开等源头预防措施10余项，建立修订相关制度30余项，治理商业贿赂走上了预防为主、标本兼治的轨道。

大力加强行政效能和政风行风建设。向社会公开承诺了21项交通审批（许可）事项办理时限，在厅机关和三个省级交通审批窗口建立了行政首长负责、首办负责、服务承诺、限时办结、政务公开、“A、B角零缺位”等制度，落实了行政不作为和过错责任追究制，进一步提高了交通部门的公信力和执行力。严格落实治理公路“三乱”责任制，建立了治理公路“三乱”摘牌制度，从严查处“三乱”案件，所有公路基本无“三乱”成果得到巩固。继续加大工程建设领域清欠力度，出台了重点工程项目农民工工资支付管理等办法，加强了对农民工工资支付的监督管理，省政府下达省厅的三年清欠任务圆满完成，厅管在建项目基本没有拖欠。高度重视并认真做好人大代表和政协委员提案建议办理工作，诚恳接受人大监督和评议，人大委员在述职评议中提出的问题全部得到整改。

（郝　敏）

**【省道长陵线长治市南关至经坊段改建工程开工兴建】** 长治县委、县政府2006年

图为大运高速公路白草口隧道入口　　杨健　摄影

为全县人民办的16件实事之一长陵线长治市南关至经坊段改建工程，开工建设。

省道长陵线是长治县晋煤外运的一条重要通道，同时也是长治市的南大门。1982年，由省、市交通部门投资将长治市南关至经坊段的三级油路改建为超二级油路。24年来，随着车辆的日益增加，公路承载、承运能力严重超负荷，交通堵塞、交通事故时有发生，特别是近几年来，随着长治市对城南改造力度加大，改扩建成效显著，南广场的雏形逐渐显现，使长治县的经济发展更显急迫。

县委、县政府把省道长陵线长治市南关至经坊段改建工程列入重要议程，多次召开县四大班子会议，就公路的标准、资金运作、房屋拆迁、项目立项等进行专题研究和讨论，达成共识，成立了领导组。县领导带领有关部门的主要负责人上太原、到长治，在短短的几个月内就完成了工程的立项、设计预算的审批、资金筹措、工程招投标等工程的前期准备工作。

该工程全长12.9公里，路基、路面宽度在原设计16米的基础上左右各加宽3米非机动车道。路面宽度22米，达到一级路标准，工程总投资6426万元，工期预计165天，到9月25日竣工通车。建成后，对于提升长治县城市建设、增加全市城建亮点、拉动县域经济快速发展、加快社会主义新农村建设步伐具有重要意义。

（郝　敏）

**【国道307线旧关至新店改造工程开工奠基】** 山西省东大门国道307线旧关至新店改造工程开工奠基仪式2006年7月13日在阳泉槐树铺隆重举行。

国道307线旧关至新店公路是我省东部地区的重要出省通道。该项目工程的实施对提高307国道在我省的通行能力，保障山西东大门畅通和晋煤外运，完善阳泉市干线公路路网，提升阳泉对外形象和促进区域经济发展起着积极的推进作用。该项目工程起点为省界平定旧关，终点为阳泉郊区新店，全线采用二级公路技术标准，设计行车速度为60公里/小时，路基宽度10米。主要工程量有：土石方87.22万立方米，排水防护13.56万立方米，路面424千平方米。桥梁25座，涵洞136道，隧道1座1540米，路线全长45.166公里。工程总投资25496万元，2007年底建成通车。　　（郝　敏）

**【太旧高速公路路面大修工程全面完工】**

经过近三年的分阶段紧张施工，2006年9月9日，太旧高速公路路面大修工程全面完工。

太旧高速公路路面大修工程是针对全线通车近十年来，大型货运车辆超负荷通行，路面和桥梁损坏严重，路况服务水平逐年下降的实际情况，于2004年5月10日启动的分阶段路面大修，这也是自太旧高速公路1996年6月25日全线通车以来首次在不封闭交通的情况下进行的规模最大、标准最高的一次全面维修。

该项工程启动后，省交通厅、省高管局给予了高度关注和大力支持。太旧公司作为工程的组织实施单位，深感压力之大，责任之重，为严格工程管理，保证工程施工质量，明确了“质量、进度、安全、投资、廉政”五大目标，提出了“太旧路的工程优良才是合格”的质量理念，成立了晋中、阳泉两个项目部，加大现场监管力度，对维修工程进行全程监督管理。公司成立了维修工程领导组，下设五个小组，定期、不定期地对路面大修工程进行全方位的监督、检查、指导，有效形成了工程质量三方（施工单位、监理、业主）控制、施工安全全员参与、工程资金计量支付、廉政工作贯穿全线的管理机制。

太旧高速公路路面大修工程累计完成单幅路面铺筑264.7公里，单幅桥面铺装25.11公里，铺筑各类沥青混凝土97.5万吨，完成投资5.5亿元，工程质量达到了优良标准，施工任务提前完成，未发生任何安全责任事故。

太旧高速公路路面大修工程的提前优质完工，对于提高路况质量，改善道路环境，保障行车安全，提升服务品位起到了关键的作用，有效地提高了太旧路的经济效益和社会效益。为山西省的经济发展做出了积极的贡献。　　（郝　敏）

**【闫贾线（东纵干线连接线）公路竣工通车】** 2006年9月26日，阳泉公路分局在盂县杨家庄省界举行闫贾线竣工通车典礼。

闫贾线公路，即东纵干线连接线，位于阳泉市盂县北部由梁家寨至杨家庄（省界）和秦口头至贾家峪两部分组成，路线全长11.5公里，设计为山岭重丘区二级公路，设计行车时速40公里/小时。全线主要工程量有：路基土石方11.6万立方米，沥青砼路面9.3万平方米，水泥砼面板6400平方米，中、小梁桥各一座，涵洞41道，总投资2800万元。工程于2005年11月开工建设，2006年9月竣工，历时11个月。它的建成，打通了我省又一条出省通道，进一步提升了东纵干线的通达能力，大大缓解了207线、娘阳线等出省线路的交通压力，完善了山西省路网结构，同时为盂县北部地区的经济腾飞奠定了良好的基础，为沿线农民群众带来了加快致富的福音。　　（郝　敏）

**【龙门黄河大桥胜利合龙】** 2006年9月27日21点，备受各级领导和全省人民关注的龙门黄河大桥主桥325米主跨全面合龙，标志着“三晋第一桥”主体工程基本完成。

龙门黄河大桥是侯禹高速公路的控制性工程，是国道主干线二连浩特至河口在山西的重要出境路段，该桥全长4566米，概算投资7.56亿元，是目前黄河上已经建成的跨径最大的斜拉桥，也是山西省里程最长、科技含量最高、投资最大的公路桥梁，其中主桥主跨为352米的双塔斜拉桥，昌性桥主跨为125米的三塔矮塔斜拉桥和50米T梁桥，整个桥形从侧面看呈山西的“山”字。竣工后的龙门黄河大桥将成为是山西省交通建设的标志性工程。该桥由交通部第二公路勘察设计院设计，共划分为2个标段，经过国际竞争性招标，由中铁大桥局集团公司联合施工，陕西省长安大学进行监理。

2004年10月27日，时任山西省省长的张宝顺同志为龙门黄河大桥启动了开工按钮。两年多来，在各级领导和有关部门的关心支持下，在国内外有关专家的大力帮助下，在黄河两岸人民的热切盼望下，1000余名建设者凭借精湛的技术、顽强的作风、先进的管理、优良的设备，经过800多个日日夜夜的战酷暑、斗严寒的艰辛工作，胜利实现了大桥合龙，为整体工程竣工打下了基础，赢得了时间。通车后的龙门黄河大桥对于促进中西部之间的人流、物流、信息、流、资金流的交流和沟通，对于提高全省的经济，推进区域经济结构战略性调整，把山西省建设成新型加工制造业基地和高效生态农业基地，实现山西跨越式发展和全面建设小康社会都具有十分重要的意义。（郝　敏）

**【运城市沿黄扶贫旅游公路开工誓师大会暨揭碑仪式同日举行】**　运城绕城高速公路西南段和闻喜东镇至垣曲蒲掌高速公路，2006年10月9日正式开工奠基。

运城绕城高速公路西南段项目路线起点在运城市盐湖区长江府村东，与运风高速公路相接，路线由北向南，经解州工业区，沿南山脚下向东延伸，终于南界滩村北，与运三高速公路相连，全长42公里，概算投资10.7亿元。全线采用双向四车道高速公路技术标准，主要工程量有：土石方524万立方米，大桥4座，中小桥16座。全线设互通立交6处，收费站6处。运城连接线5公里，夏县连接线12公里。

垣曲蒲掌至闻喜东镇高速公路起于晋豫交界西阳河，接济（源）邵（原）高速公路，经垣曲、绛县、闻喜三县，终于东镇东姚村，接大运高速公路，全长84公里。全线采用双向四车道高速公路技术标准。项目总投资44.26亿元。主要工程量有：土石方2035万立方米，特大桥2座，大桥40座，中小桥7座，长隧道1座，中短隧道15座。全线设互通立交5处，收费站5处，服务区、停车区各1处。绛县连接线11.1公里。

当日上午，运城市沿黄扶贫旅游公路举行开工誓师大会暨揭碑仪式。

运城市沿黄扶贫旅游公路起于河津市与乡宁县交界的乡韩大桥，终于垣曲县王茅镇寨里村，全长502.5公里，其中重复里程71.2公里，拟建里程431.3公里，总投资约3亿元。途经河津市、万荣县、临猗县、永济市、苗城县、平陆县、夏县、垣曲县等8个县（市）28个乡镇65个建制村，沿途受益群众达50余万人，可开发利用滩涂面积达100余万亩。连接13个旅游景区。沿黄扶贫旅游公路是我省实施“两区”开发战略的重要项目，省委、省政府十分重视。它的建设，将大大改善山西省西部交通状况，对于促进黄河沿线扶贫旅游开发和区域协调发展，推动产业结构优化升级，加快社会主义新农村建设具有重要意义。（郝　敏）

**【省道314线双山至阳曲公路竣工通车】**　2006年10月20日上午，省道314线双山至阳曲公路竣工通车典礼隆重举行。

省道314阳曲至双山公路西起大运高速公路阳曲县黄寨。与大运高速公路直接连通，向东跨越太行山，从孟县双山出省，终于河北平山县，阳泉境内路线长89公里（路线全长125公里）。工程设计标准为一级公路12公里，二级公路77公里，大桥2座。小桥32座，涵洞108道，工程总投资2.6亿元。工程于2005年3月中旬开工，今年9月底竣工，历时18个月。双阳公路是大运高速公路一条重要的辐射影响线。作为山西省公路建设重点工程和阳泉市“百项工程”重点项目之一，它的建成通车，打通了通往河北及京津地区的另一条通道，是山西省干线路网改造的又一项重要成果，对提升区域公路等级，改善路网结构，实现承东启西，促进中部崛起，加快群众致富和新农村建设都具有十分重要的意义。（郝　敏）

**【汾离高速公路离石东出口扩建工程开工】**　汾离高速公路离石东出口扩建工程经过两个月的前期努力，于2006年10月22日正式开工。

汾离高速公路离石东出口扩建工程是吕梁市委、市政府的重点窗口工程。主要工程量占地67.91亩，挖方5000立方米，填方5000立方米，接长涵洞19米，增加收费车道一个，配套设备一套，接长收费棚8米，拓宽沥青混凝土路面8900平方米，园林化广场2600平方米，绿化1.05万平方米，排水防护工程1.3万立方米，总投资600余万元。汾离高速公路离石东出口扩建工程的建设是实践吕梁市“大开放、大环境、大项目”三大工程的重要举措，扩建工程的建设对于进一步提高汾离高速公路的通行能力，缓解大交通量，提升吕梁城市品位，展示吕梁新形象具有十分重要的意义。（郝　敏）

**【207国道平大路（阳泉段）改建工程开工】**　2006年10月27日上午，207国道平大路（平定至昔阳杜庄）阳泉段改建工程在平定张庄奠基，该项工程正式开工建设。

207线平大公路起点为平定，至晋中昔阳交界，全长14.482公里。全线采用二级公路标准，设计行车速度为80公里/小时。路基宽度15－30米。工程总投资6220万元。工程计划到2007年9月底竣工，计划工期11个月。207线平大公路是山西省路网主骨架东纵公路的重要组成部分，它连接太旧高速，通往大寨，辐射晋东六县，是晋煤外运的主干线和经济的大动脉，也是一条红色旅游通道。它的建设对提高山西省路网功能，提高国道207线在山西省的通行能力。畅通阳泉南大门，提升阳泉的对外形象，改善投资环境、促进区域经济发展有着重要的意义和积极的影响。（郝　敏）

**【太原环城高速林带提档增绿工程启动】**　2006年11月10日，太原市环城高速公路林带提档增绿工程正式启动，省交通厅和太原市委、市政府在西北环高速公路太原服务区举行了隆重的启动仪式。启动太原环城高速林带提档增绿工程，是省交通厅和太原市委、市政府贯彻落实十六届六中全会和省第九次党代会精神，贯彻落实科学发展观和国家植树造林、绿化祖国的基本国策，实施省委、省政府“蓝天碧水工程”、六大造林绿化工程、构建和谐社会、扩大对外开放的具体行动，也是继太原绕城高速公路、运煤通道、县乡公路改造工程、农村公路畅达畅通工程、太原公路主枢纽之后，省交通厅支持太原市率先发展的重要项目。

太原环城高速公路全长90公里。是我省规划的9条环城高速公路中里程最长、标准最高、最先建成的一条。在建设过程中，坚持绿化与工程同步规划、同步设计、同步施工，依靠科技进步与创新，建成了一条科技含量高、生态保护好、公路与自然和谐共处的精品路、景观路、示范路。此次提档增绿工程规划景点26个，分三期进行，总投资6亿多。先期启动的一期工程投资1.3亿元，共建设3处景点。分别位于尖草坪区、杏花岭区和迎泽区。这是一项浩大的生态建设工程、造福太原人民的德政工程，工程投资之巨在太原市历史上是第一次。它将加快太原市建设国家生态园林城市步伐，进一步提高环城林带的档次和水平，使生态建设在“建设服务全省、影响全国、吸引世界的新太原”中发挥重要作用。这项工程对于落实科学发展观，保护太原市绿色资源。建设城市绿色环境，造福当代人民，为子孙后代留下青山绿水，促进城市的长远发展都具有重要的意义。

省委常委、太原市委书记申维辰参加启动仪式并讲话，启动仪式后，与会领导参加了植树活动。 （郝　敏）

**【忻州至阜平高速公路奠基】** 2006年11月16日，备受全省人民关注的、山西省交通基础设施建设的又一里程碑工程忻州至阜平高速公路在五台县石咀乡石咀村隆重奠基。

忻州至阜平高速公路起点位于大运高速公路顿村互通以北约3公里秦城村，与拟建的忻州至保德高速公路相接，经忻府区、定襄县、五台县3县17个乡镇64个村庄，终点长城岭与河北保定至阜平高速公路相接，路线全长124公里，全线采用双向四车道标准，设计速度为每小时80公里，路基宽度24.5米，工程估价52亿元。

忻阜高速公路是山西通向京津唐环渤海湾经济区的关键通道，是山西高速公路网“人字骨架、九横九环”总体规划中第三横的重要组成部分，是交通部确定的典型示范工程。该工程的建设，对实现党中央加快中西部地区政治、经济发展战略、完善国家干线公路网，促进山西及周边地区的经济建设，带动忻州市社会经济发展和世界佛教圣地五台山的旅游开发，具有非常重要的意义。

忻阜高速公路横贯佛教圣地五台山，沿线沟壑纵横，地质复杂，生态良好，不仅工程建设难度大，生态保护、文物保护的要求也很高，受到了国家有关部门的高度重视。交通部把该项目确定为全国十大公路勘察设计典型示范工程，国家发改委确定其为全国十大信息网络动态稽查项目之一，标志着新世纪新阶段我省公路设计、建设、管理的水平。同时也是忻阜高速公路是全省人民共同关注的重大工程，是省委、省政府实施国家促进中部崛起的战略举措。 （郝　敏）

**【108国道介休至霍州改建项目签约】** 2006年12月15日，晋中公路分局与兴业银行太原分行在晋中正式签订108国道介休至霍州改建项目合作协议。

大运公路介休至霍州段是108国道在山西境内的一段，1990年修建，为一般二级公路。近年来随着交通量的迅速增加，超载车辆长期运营，公路损坏严重，严重制约了经济的快速发展。为进一步改善路况，省公路局、晋中市委、市政府高度重视，将该路段的改建列入“十一五”交通发展总体规划。经过三个多月的努力，完成了项目的调研、立项、可研报告的编制等前期准备工作，并与兴业银行太原分行达成贷款协议。兴业银行将给该项目提供6.2亿元的贷款，解决了项目建设所需资金问题，为2007年顺利开工建设创造了条件。

该项目北起介休义棠镇，与祁介一级公路相连，南至霍州，与霍侯一级公路相连，全长62.34公里，总投资9.57亿元。全线按一级公路技术标准设计建设，设计行车速度为80公里/小时。项目建成后，将把祁介、霍侯一级公路相连通，在晋中市的介休、灵石和临汾的霍州之间形成一条交通快速通道，不仅可加快晋中及山西省公路网主骨架的建设，而且对于经济发展、培育新的经济增长点、拉动整个区域经济的发展、实现可持续发展战略都具有十分重要的意义。 （郝　敏）

**【山西省公路运煤通道开工建设】** 2006年12月19日，大同市西坪乡坨坊村，备受全省人民关注的公路运煤通道建设开工仪式在这里隆重举行。这是继沿黄干线公路和沿黄旅游扶贫公路之后，山西省再度启动实施的又一项重点公路建设工程。以孙吴线小站～孙启庄为龙头和307国道阳泉～旧关、309国道长治～安泽等10个运煤通道项目今年率先开工建设。

山西省是煤炭大省，探明储量达2600多亿吨，年产量达5亿吨。其中25%左右的产量通过公路出省。为了保障全国电煤需求和山西省经济社会发展需要，围绕山西省煤炭主产区分布和煤炭流向，结合国家和山西省正在编制中南铁路通道规划，山西省编制了全省公路运煤通道规划草案。初步确定“十一五”全省公路运煤通道9522公里，估算投资288亿元。建设重点有四个方面：一是煤炭出省通道，规划里程1926公里，东、南、西、北四个出省方向的规划里程分别为921公里、356公里、520公里、129公里；二是省内集疏干线通道，主要通往全省各煤炭主产区及煤炭集运站，保障省内煤炭周转运输，规划里程1412公里；三是中南铁路通道连接线，规划里程1008公里，主要是利用现有地方公路，连接中南铁路沿线规划建设中的10个主要煤炭集运站，实现煤炭主产区与煤炭集运站、进而与中南铁路大动脉的直接对接，彻底打通山西省煤炭运输命脉；四是其他矿区地方公路连接线，规划里程5176公里。

山西省公路运煤通道开工建设是山西省掀起“三网并重”公路建设新高潮的新的里程碑，也是山西省建设新型能源和工业基地的基础工程。建设运煤通道，提升运输能力，是山西省贯彻落实国家宏观经济政策和促进中部崛起战略的重大举措，它对于发挥山西省比较优势，提升煤炭和运输产业素质，构建公铁联运、协调运输、效率优先的煤炭运输体系，保障全国电煤需求，缓解煤电油运紧张状况，加快山西省建设新型能源和工业基地步伐，都具有十分重要的意义。 （郝　敏）

**【国道307线离石至冀村二级公路改建工程开工奠基】** 2006年12月13日，国道307线离石至冀村二级公路改建工程暨国道209线岚县至大武和省道岢大线蔡家崖至歧道、祁方线文水至祁县公路改造工程竣工仪式在汾阳县河北村隆重举行。

国道307线离石至冀村是吕梁市重要出口公路之一。近年来，损坏特别严重。经多方努力，该项目于2006年9月由省发改委批准立项，起点设在汾阳市冀村镇北汾阳与文水交界处，沿307国道旧路进行改造，向西经杏花村镇、田家会，终点设在离石区南关镇西，路线全长100公里，总投资3.6亿元。

国道209线岚县至大武、省道奇大线蔡家崖至歧道、祁方线文水至祁县，是吕梁境内纵贯南北、横穿东西的三条重要省干线公路。由于建设久远、公路设计标准较低，加之近年来交通量大，特别是超限车辆猛增对公路造成了较大损失，无法满足吕梁经济社会迅速发展的需要。2005年，这三条公路相继开工建设，2006年全部建设完工。建设总里程205公里，总投资3.4亿元。

这四条路段纵贯南北、横穿东西，它们的建设，对于缓解吕梁市交通运输瓶颈制约、进一步优化吕梁市公路网结构，提升道路通行保障能力、改善发展条件、扩大对外开放、加强产业结构调整、加速资源优势向经济优势转化、推动区域经济社会全面协调发展具有十分重要的作用。

（郝　敏）

**【太原武宿立交枢纽续建工程胜利竣工】** 2006年12月28日，备受全省人民关注的太原武宿立交枢纽续建工程经过全体建设者近半年的顽强拼搏，提前6个月胜利完成了主体工程建设任务，工程质量经省交通质监站抽检各项指标全部合格，达优良工程标准。

太原武宿立交枢纽续建工程是省委、省政府为进一步完善武宿立交枢纽功能、充分发挥太原拥有良好航空港的辐射作用、减轻太榆路交通压力、方便全省及太原主城区与机场联系、带动全省经济发展、提高省城太原形象而建设的一项省重点工程。工程主要包括建设太原武宿机场至太原南环高速，太原武宿机场至太旧高速，太原南环高速至太原、太原至太原南环高速4条匝道，全长2195米，批复工期为一年。

该工程于2006年6月2日正式开工建设，太原高速公路有限公司在省厅、省高管局的正确指挥下，在有关部门和地方政府的大力支持下，施工中既要保证工程进度又要保证立交枢纽正常通行，既要保证质量安全又要保证文明施工，既要克服施工场地狭窄和管线交错纵横又要保护武宿立交枢纽原有绿化，精心组织，科学施工，排除万难，最终于2006年12月10日提前6个月圆满完成了各项建设任务，12月28日顺利通过了交工验收和省交通质监站的检测，实现了省政府要求“2006年开工建设、争取年内完工”的目标。

（郝　敏）

**【山西省第一座一般干线公路服务区正式运营】** 省道董榆线二级公路全长160公里，全线贯穿10个乡镇，60多个行政村，是晋煤外运的重要通道。针对董榆线无服务区且乱搭乱建违章建筑繁多，严重影响公路的安全畅通和沿线环境这一客观情况，晋中公路分局经过广泛调研，筹建了集加油修理、停车住宿、餐饮超市、休闲娱乐和公路救助为一体的下白岩综合服务区，成为山西省第一座一般干线公路服务区。

下白岩服务区占地总面积2.5万平方米，总投资350万元，是一座大型综合性服务区，服务区实行股份制管理，采取“职工入股、集体经营、自主经营、自负盈亏”的经营方式，预计年纯利润70万元。该服务区的建成，既杜绝了“马路市场”，和“农贸集市”，又消除了安全隐患，展示公路部门新形象的同时，优化了公路环境，提升了服务品位，带动了沿线经济的快速发展，创造了良好的经济和社会效益。

（郝　敏）

**【晋中市治理超限超载“百日会战”胜利结束】** 为坚决打击车辆超限超载违法行为，遏制“双超”反弹势头，在晋中市政府牵头组织下，晋中市交通部门在交警、公路部门的大力配合下，从6月初开始治理车辆超限超载百日集中行动，全市交通、公路、公安部门以榆次周边路段和南同蒲为重点，实行固定站点卸载和流动稽查相结合、路面整治与源头治理相结合的办法进行集中整治。行动期间，全市共出动治超人员2650人，出动治超执法专用车辆396辆，共检查车辆6.99万辆，查处超限超载车3791辆，卸载货物2.68万吨，核定大吨小标车辆3000余辆。在行动过程中共处置治超治安案件4起，刑事案件1起，百日行动取得了阶段性成果，货运运力比行动前增加了11%，运费回升了27.15%，道路交通安全形势明显好转，道路交通事故比去年同期下降了14%左右，路政执法环境大为改观，使广大运输经营者守法经营观念进一步增强，百日治超集中行动胜利结束。

百日治超集中行动结束后，为了巩固和扩大治理成果，晋中市又采取了五项措施：一是在路面执法上坚持异地稽查为主，确实保持路面执法高压态势，坚决防止反弹。二是进一步完善外控监督制度和内部控制各项制度，防止出现公路“三乱”和执法人员的违法违纪行为的发生。三是交通运管部门对重点货物运输集散地、货运站场要采取有力措施进行监管，确保超限车辆不出场、不出站。四是继续加强路警紧密配合，对拒绝、阻碍执法人员执行公务，蓄意集结、阻塞交通、恶意冲卡行为的驾驶员和车辆，按有关规定予以严惩。五是加强学习培训，完善内部监督，上下监督、部门互相监督，着力提高执法人员素质。坚决防止公路“三乱”行为发生。

（姬怀杰　王跃东）

**【省高管局七项措施巩固治超成果】** 为了巩固高速公路治理车辆超限超载成果。2006年9月，省高管局采取了七项措施。一是明确重点和责任，实行“一把手”负责制，加强入口管理，逐步建立长效治理机制；二是路政人员在施工期间全天候上路巡查，做好各检测点车辆的疏导工作，防止交通堵塞事件的发生；三是严明工作纪律，严格执行“五不准”和“十条禁令”，杜绝治超人员违规违纪行为的发生；四是加强与当地公安、高速交警和当地政府的协作，针对突出问题开展专项治理；五是建立出省口检测点倒查工作机制，对入口检测的车辆进行复查，形成闭合的管理系统；六是结合“八荣八耻”的要求，加强教育、稳定队伍，增强责任感和使命感，坚定治超信心，确保治超工作健康、有序进行；七是把握好国家有关法规政策。正确处理计重收费与治超的关系，同时，加强计重收重车道改造施工现场的管理，不因施工引发车辆堵塞，造成不良社会影响。

（郝　敏）

**【省公路局开展公路综合治理大行动】** 为了适应公路快速发展需要，有效保护公路建设养护成果，省公路局在全省干线公路范围内开展综合治理大行动。此次公路综合治理从2006年8月1日开始到2009年7月31日结束，历时三年。全省干线公路综合治理的总目标是：到2009年7月底全省干线公路实现过村镇路段排水畅通、路边店隔离、平交道口硬化，无新增违章建筑，非公路标志得到有效控制，公路绿化、美化。

为保证三年治理任务完成，省公路局出台了《山西省干线公路路政综合治理实施方案》，成立了综合治理领导组，并制定了具体措施，要求各单位加强领导、提高认识，制订方案、抓紧落实。依靠政府、部门联动，搞好宣传、沟通信息。凡列入“十一五”规划工作开工建设的路网改造工程、油路大修工程。从项目立项到建设，都要把综合治理内容、工程等纳入建设范畴，和工程建设同步实施、同步完成。综合治理工程以分局管辖的整条路线为项目单位，每完成一条路线，要组织进行达标验收；综合治理工程实行省局、分局、公路段和当地政府共同筹资的办法进行。据悉。省局将为过村镇修建排水沟每公路补助3～5万元。平交道口硬化每处补助0.5万元。过村镇路店硅墙隔离每公里补助2万元；公路绿化每行树补助1000—2000元；店铺门前硬化由当地政府和店主自筹资金。（郝　敏）

**【太原环城高速公路长风收费站开通】** 2006年7月8日，太原高速公司长风收费站胜利开通。

长风互通位于太原市长风东街东端，北连原太高速公路，南接太旧、太长、夏汾高速公路，采用十字交叉、子叶型设计方案，主线桥为三环跨连续箱梁，是东山过境高速公路改造工程和太原长风东大街建设的主要控制工程。该工程于2005年6月正式开工建设，于2005年12月30日提前半年完工，经省交通质量技术监督站抽检，质量合格率100%。位于该互通的长风收费站跨径208米，属索模空间结构，位于全国同类型结构中先进行列，设7进7出共14个车道，预计日均车流量15000辆次，是出入太原的重要通道，也是省城太原的重要窗口，它的建成对于改善太原投资环境、提高城市品位将发挥巨大作用。（李文平）

**【收费公路载重货车计重收费宣传月活动全面启动】** 2006年8月26日，山西省收费公路载重货车计重收费宣传月活动启动仪式在小店收费站隆重举行。省政府副秘书长李顺通，省交通厅党组书记、厅长王晓林，厅党组成员、总会计师张德仪及省计重收费领导组成员单位的负责人出席启动仪式。王晓林宣布活动正式启动。

计重收费是按照建立和完善社会主义市场经济体制的要求，对现行车辆通行费征收管理方式的调整和完善，是一种更为公平、更为合理、更为科学的收费方式，是贯彻落实科学发展观、构建和谐社会的具体体现。实行计重收费，对降低合法运输户的成本，加强对超限超载运输车辆管理，有效保护路桥设施。降低事故频率，保障交通安全畅通有着重要的意义。目前，全国已有江苏、山东、安徽、天津、湖北、四川、青海、河南等省份实行了计重收费，河北、江西、辽宁等省份也将于近期推行。

启动仪式上，省交通厅党组成员、总会计师张德仪介绍了省计重收费政策及进展情况。高速公路计重收费费率标准方案已报省物价局审核；高速公路收费站计重收费土建工程已于8月21日全面动工，预计10月上旬完成；高速公路货车计重收费系统设备招投标已进入报名阶段，预计到10月底全省高速公路计重收费系统设备可安装调试完毕，年内实施。普通公路计重收费标准已报省物价局审核；普通公路计重收费可行性研究报告已批复，施工图设计文件也在编制中；普通公路计重收费设备招投标工作正在准备中。

省政府副秘书长、省计重收费工作领导组副组长李顺通指出，实行计重收费涉及面广、社会影响大、工作任务重，要集中时间，集中力量，继续按照“政府领导、部门分工、联合行动”的原则组织开展。省交通厅要切实抓好计重收费改扩建工程的组织实施及设备的安装，确保工程质量、计重收费设备性能稳定；省计重收费工作领导组成员单位要密切配合、加强协作，确保山西省计重收费按期实行；公路管理部门要制订应急预案，确保工程施工期间和实行计重收费后的交通秩序和收费秩序，公安、交通执法人员要采取有效措施，配合公路经营单位做好紧急情况的处置。宣传部门要集中用一个月的时间，全方位、多角度地宣传计重收费的政策、目的、意义，使计重收费家喻户晓，特别是要让每一位运输经营户都能了解政策、理解政策，从而达到自觉遵守政策的目的，为全面启动计重收费营造良好的舆论氛围。

启动仪式结束后，李顺通、王晓林、张德仪等领导带头向过往载重货车发放了计重收费宣传材料，向运输户介绍了计重收费的政策、收费标准及意义等。（武作华）

**【全省高速公路进行模拟运行计重收费】** 从2006年11月21日中午12点开始，全省高速公路统一模拟运行计重收费，货车通过收费站时，出口的显示屏上显示出按模拟计重收费标准该车应缴的费用。模拟运行期间，车主仍按现行标准缴纳通行费。

车辆超限超载一直是全国公路运输的一大顽疾，治理车辆超限超载是省委、省政府力抓的一项主要工作，并且取得了一定的成效。根据其他省市的成功经验，对载重货车实行计重收费是综合运用法律、行政、经济手段，共同治理车辆超限超载的一种长效机制，其主导思想是“多用路者多交钱，少用路者少交钱”，用经济手段消除车辆超限超载运输的利益驱动，鼓励运输户合法装载，适当降低合法运输户的运输成本，建立公平、合理、科学的市场运输体系，保护公路，保障交通安全畅通。

省委、省政府对计重收费工作高度重视。2006年以来，省交通部门在财政、物价、纠风、公安等部门的积极配合下，经过近一年的准备工作，实施计重收费的前期工作已经全部完成。

此次全省高速公路模拟运行计重收费的标准是：装载货运车辆基本费率为0.09元/吨公里（其中运风、晋阳高速公路基本费率为0.075元/吨公里；晋焦高速公路标准装载按原规定的收费标准计收）。货运车计重收费时，不超载的车辆按标准装载货运车辆计重收费标准收取车辆通行费；超限部分收取道路补偿费，其

图为太原环城高速公路长风收费站　杨健　摄影

中，超限30%～50%部分，按基本费率2倍计收，超限50%以上～100%部分，按基本费率的4倍收取，超限100%以上部分，按基本费率的6倍计收。

（郝 敏）

**【高速公路货车计重收费正式启动】** 经省政府批准，全省高速公路货车计重收费系统于2006年12月9日上午8时起正式启动。

山西作为我国重要的能源原材料基地，煤炭、焦炭、冶金等矿产品主要依靠公路运输，目前全省从事道路运输的营运载货汽车保有量为18.4万辆，居全国第10位，公路货运占全省货运总量的65%左右。由于运输市场波动较大，道路运输发展中的车辆超限超载的现象，严重损害了公路、桥梁和附属设施，大大降低了公路使用寿命。而实行计重收费，对降低合法运输户的成本，加强对超限超载运输车辆管理，有效保护路桥设施，降低事故频率，保障交通安全畅通有着重要的意义。我省经过充分准备，于11月20日开始模拟运行计重收费。据了解，模拟运行期间，有关部门管理严格，措施到位，具备了启动条件。

此次实行的计重收费基本费率是0.09元/吨公里。对超载部分，在30%以内按基本费率收取，超30%～50%部分按基本费率两倍收取；超50%～100%按四倍收取；超100%以上按六倍收取，此举有效地保护了合法装载运输户的利益。

据了解，全省收费公路也将陆续实行计重收费。（郝 敏）

**【省交通厅等六厅局联合开展打击“黑车”非法营运专项整治行动】** 为了全面清除非法从事道路旅客运输的面包车、轿车、摩托车、农用车、客货两用车以及无车辆行驶证、无道路运输证、伪造营运证照客运车辆和其他从事非法营运的社会车辆；坚决查处和打击有组织的“黑车”营运团伙；严肃查处利用职权徇私舞弊、私养“黑车”、充当“黑车”保护伞的公务人员；严肃查处营运车辆不进站、乱停乱放、倒客宰客、超速超载等行为，坚决清理黑发车场点；建立健全打击“黑车”非法营运执法队伍和工作长效机制，使道路旅客运输市场环境和秩序得到明显改观，道路运输安全生产水平和服务水平明显提高。省交通厅等六厅局办联合印发《全省开展打击“黑车”非法营运专项整治行动实施方案》。全面部署2006年道路运输市场集中整治和打击“黑车”非法营运专项行动。专项行动从8月1日开始，11月底结束，历时4个月，收到显著效果。

（王惠权 李栋然）

**【道路运输营运车辆GPS省级平台开通】** 2006年11月30日，山西省道路运输GPS安全管理服务系统省级平台建设开通。同时全面启动市级（二级）平台建设工程。

山西省道路运输营运车辆GPS安全管理服务系统的建设，是落实科学发展观、落实安全监管责任制。加强道路运输车辆安全监管的技术手段；是进一步推进全省道路运输行业信息化建设，走科学发展道路的重要举措。对于保障人民生命财产安全，减少企业、行业、社会的不稳定因素都具有非常重要的现实意义和深远的历史意义。它的建设为我省道路运输行业提供社会公益的GPS安全管理服务平台，实现与运政管理服务系统的互联互通。从而更有效地提升道路运输行业管理部门对运输市场及运输企业安全监管的能力，提升全省道路运输行业安全生产管理水平，有效增强企业对自有车辆的管理调度能力。

为了加快山西省道路运输行业GPS安全管理服务平台的建设，省交通厅印发了《关于加快推进全省道路运输营运车辆GPS应用建设的通知》，制定了《山西省道路运输行业GPS安全管理服务系统技术要求》，下发了《关于印发〈山西省道路运输行业GPS安全管理服务系统使用管理办法〉的通知》。同时，成立专门的GPS工作领导组，投入950万元的专项资金，扶持此项工程的建设工作，并向社会郑重承诺：向营业性高速客运、超长客运（200公里以上）、危险货运运输（不含军品运输车辆）、战略物资保障车队上的车辆装载GPS车载终端设备的车辆每台补助500元。（郝 敏）

**【五一黄金周道路旅客运输量再创新高】** 五一黄金周全省道路旅客运输日均投入营运客车1.4万辆，日均发送班次1.67万个，从5月1日至7日，全省累计发送旅客360.8万人次，与2005年同期相比增长了近10.8%。其中，从5月1日上午8时至5月8日上午8时，全省高速公路通行费征收实现7687.5万元，通行量为143.3万辆次，日均通行费收入超过千万元。通行费征收和通行量分别比去年同期增长18.16%和34.4%。

五一黄金周道路旅客运输量增长的主要原因：一是高速公路的快速发展，极大地方便了旅客的出行；二是随着村村通客车工程以及城乡客运一体化工作的深入开展，农村客流明显增加。五一黄金周以来，全省农村客运日均投入运力约6000辆，累计发送旅客约200万人次。三是旅游客运增加较快，特别是到平遥、乔家大院和五台山的游客明显增多，全省日均投入旅游客车4000辆，累计运送游客10万人次。五一黄金周期间没有发生一起滞留旅客事件和交通事故，圆满完成了“十一五”期间第一个“五一”黄金周的道路运输工作。

为确保2006年五一黄金周道路旅客运输安全、优质、文明、有序进行，全省1万多名运管系统职工，近70万名从业人员，坚守岗位，周密部署，精心组织，围绕“安全、畅通、文明、和谐”的主题，真正将黄金周的各项工作落到了实处。全省高速公路管理系统为了五一黄金周充分展现山西省高速公路文明窗口的良好形象，省高管局紧紧抓住旅游黄金周这一契机，早安排、早部署，按照“六高”目标，全面建设畅通、形象、阳光、温馨、素质五大工程。对高速公路各单位养护、收费、路政、服务区等部门就迎接五一黄金周各项准备工作进行了针对性地安排部署，开展业务技能比武活动，召开进一步加强治理超限超载视频会议，对服务区的商品质量、价格标准和环境卫生进行互查等。节日期间全省高速公路以整洁、亮丽、优美的路容路貌、站容站貌、区容区貌迎接八方来客，为广大出行人员营造了良好的高速公路行车环境。

（刘庆 马晓艳 魏伟）

**【十一旅游黄金周道路旅客运输工作圆满结束】** 从9月30日至10月7日，2006年十一旅游黄金周，全省道路旅客运输投放运力100745辆客车，完成客运量350.44万人，较2005年同期增长4.7%，增加16.47万人。旅游黄金周期间，未发生一起旅客运输死亡事故和重大服务质量事故投诉。经过全省交通系统干部职工的共同努力，圆满完成了十一旅游黄金周道路旅客运输任务，全面实现了“安全、畅通、文明、和谐”的旅游黄金周道路旅客运输主题目标。

2006年十一旅游黄金周，由于国庆、

中秋两大佳节相遇，使旅游客流、探亲客流交织在一起，加之农村客运的快速发展和风和日丽、气候宜人为人们的出行提供了便利的条件，使得道路旅客运输比往年更加繁忙。为了确保旅客走得了、走得好、走得及时、走得安全、走得有序。让人民群众过一个喜庆祥和的佳节，全省交通系统紧紧围绕"安全、畅通、文明、和谐"的主题目标，提前准备、周密安排、精心组织、突出基层、强化监督、狠抓落实，做了大量艰苦细致的工作。一是着力建立旅游黄金周道路旅客运输长效机制。省厅于2006年4月就研究制定了《全省旅游黄金周道路水路旅客运输工作预案》，确定了指导思想、工作重点、工作任务，特别是明确了交通系统各部门的工作职责、保障措施以及预案启动、终止时间要求，使旅游黄金周道路旅客运输工作步入规范化、制度化的轨道。二是着力预测旅客流量、流向，并搞好运力调配和储备。各级运管机构根据历年黄金周客运特点，并结合今年两节相遇的实际，认真分析黄金周期间不同时段单向客流特征，制定了相应的客车调配计划和站场发车计划，组织1000余台加班客车，保证旅客出行需求。三是着力搞好车辆技术状况关、从业人员资格关、"三品"安检关、制止站场超员关。运输企业对营运车辆进行了保养维护，并严格执行短途一天一例检、长途一趟一例检的车辆安全例检制度，汽车客运站严禁手续、证照不合格以及超员的车辆及驾驶员出站。四是着力加强车辆及站场、源头管理。省厅及各市交通局、厅直各专业局先后派出数十个旅客黄金周督查组，深入站场、码头、收费站、企业进行督促检查。全省运管机构干部职工节假日坚守工作岗位。严防死守，坚决查处非法营运及违章运输行为，保障黄金周旅客运输安全有序。五是着力落实旅游黄金周道路运输各项措施。省交通厅把转变工作作风，提高公信力和执行力的工作要求，具体体现在了旅游黄金周道路运输工作之中，不开会、少发文、抓基层、抓落实，讲求实际，注重实效，不搞形式主义。王晓林厅长、王志民副厅长多次带队深入汽车站、收费站明察暗访，及时发现和解决问题，严肃要求有关站场及车辆及时整改，并与司乘人员亲切交谈，了解旅游黄金周道路运输第一手资料，勉励司乘人员做到安全行车和优质服务，树立文明"窗口"形象。

十一旅游黄金周期间，全省交通系统干部职工坚守工作岗位，加班加点，勤奋工作，以"辛苦我一个，方便众旅客，幸福千万家"的胸怀，努力做好本职工作，涌现出了一批严格执法、热情服务、安全生产、助人为乐的好人好事，受到了社会和新闻媒体的关注和好评。（郝　敏）

**【山西省出台促进农村客运发展六项优惠政策】** 让农村客运"开得起、留得住、有效益"，山西省交通厅进一步出台六项促进农村客运发展的优惠政策。

"十五"以来，特别是近三年来，山西省从解决"三农"问题和服务社会主义新农村建设的高度出发，按照科学发展要求，在大力实施村村通油路、水泥路工程的同时，按照"路运并举"的思路，着力推进农村客运网络化建设和农村客运发展，村村通客车工程取得重大进展，至2006年8月，全省90%的行政村通了客车，有力地改善了农村交通条件，极大地扩大了农村人流、物流、信息流、技术流、资金流，有效地促进了农村经济社会的发展，深受广大人民群众的欢迎，被誉为惠泽百姓、服务"三农"的民心工程和建设社会主义新农村的先导工程。

但由于农村经济发展水平低、客流分散，燃油持续高价位运行，税费负担重，农村客运利润空间小，运营成本高，使的有些农村客运线路运行不稳定，出现微利经营，甚至亏损经营。针对农村客运发展中出现的问题，山西省交通厅高度重视，专门组织农村客运成本调研，分析原因，研究对策，并于8月印发了《关于加快农村客运网络化建设促进农村客运发展的意见》，出台了六项优惠政策。一是农村客运班线［即：在本县（市、区）或彼邻县区域内，客运线路起讫点一端在城区、另一端在农村或者两端均在农村的客运班线］上运营的客车，减半征收公路养路费、客运附加费和运输管理费；包缴普通公路车辆通行费。专门接送农村小学生上学的营运客车，免征各种交通规费。二是各级运管机构切实做好农村客运线路的规划及运力引导工作。简化审批手续，为经营者搞好服务。三是加快乡镇汽车站、农村客运候车亭、招呼站牌等社会公益设施建设，搞好农村客运站点设施的管理和维护。各级交通主管部门及运管机构积极与所在地县乡（镇）人民政府及公路路政部门协调，做好乡镇汽车站规划选址和征地等工作，各级公路路政部门也要积极支持，农村客运候车亭、招呼牌建设选址和施工，保障农村客运站点建设顺利进行。四是加强农村客运市场的管理，推进农村客运规模化、集约化、公司化经营，提高安全管理和服务水平，坚决打击"黑车"等非法营运，规范农村客运市场秩序，保障合法经营者的权益。确保农村旅客运输安全。五是积极推行城乡客运一体化，大力发展公交化农村客运。方便人民群众出行乘车。六是加大农村客运网络化建设力度，不断提升农村客运通达深度和广度，不断提高村村通客车的质量和水平，满足人民群众日益增长的乘车需求。上述六条优惠政策暂定在"十一五"期间试行。

山西省交通厅还要求各级交通部门充分认识加快农村客运网络化建设，促进农村客运发展的重要意义，坚持政府推动、政策调动、典型带动、市场拉动的"四轮驱动"工作思路，加强领导，精心组织，科学规划，优化环境，修好农村路，开通便民车，努力构建全省服务三农"工作的道路旅客运输服务体系，造福广大人民群众。（郝　敏）

**【全省高速公路提前完成通行费征收任务】** 截至2006年11月9日，山西省高速公路通行费征收实现33.04亿元，其中6月至10月，通行费征收日均超过千万元，提前52天完成省厅下达的33亿元通行费征收任务，实现了"十一五"开门红。

一年来。在厅党组的正确领导下，省高管局以科学的发展观统领全局，按照"六高"目标要求，继续推进"五大工程"、大力构建"六抓"格局，克服太旧路发生地质灾害，部分路段大修，实施高速公路货车计重收费工作时间紧、任务重等诸多困难，不断强化行业监管，全面规范运营管理工作，努力保障公共服务，有效提升路网效能，深入开展"创建千里大运文明高速路"、"五比五看"等行业文明创建活动，为山西省经济社会发展营造了良好的高速公路通行环境，实现了全省高速公路经济效益和社会效益的共赢发展。

（郝　敏）

**【山西省地方海事局和浙江海事局签订结"对子"互助协议】** 2006年10月24日，山西省地方海事局、浙江海事局结"对子"工作座谈会在并召开。两省海事局在会上签订了实施"全国海事一家人、水上监管一盘棋"工作协议，双方将在海船船员培训模式的研究、业务技术培训、人员挂职交流、技术支持和科研合作等方面开展深入合作。省地方海事局局长牛世骏与浙江海事局局长徐国毅分别在协议书上签字。

根据交通部交通安全委员会《关于开展水网与非水网地区海事结“对子”活动的通知》和《水网地区与非水网地区海事结“对子”工作指导意见》精神。2004年以来，山西省地方海事局与浙江海事局开展了结“对子”活动。双方通过实地考察、交流学习、经济支持等措施，增进了了解，加强了合作，在“全国海事一家人、水上监管一盘棋”建设上取得了可喜的成绩。为进一步加强山西省地方海事局与浙江海事局结“对子”工作的系统性和规范性，双方签订了互助协议，共同深化“全国海事一家人、水上监管一盘棋”建设工作。

（武作华）

**【山西省与河南省签订交通合作协议】** 在晋豫两省人民政府的高度重视和关心支持下，经过两省交通部门的充分沟通与协商，2006年10月10日，山西省政府副省长牛仁亮，河南省政府副省长张大卫和两省交通部门的同志共聚河东大地——运城，正式签订了《山西省、河南省加强省际交通合作促进中部地区崛起协议书》，进一步贯彻落实国家促进中部地区崛起战略，加强晋豫两省经济文化交流与合作，促进地区协调发展。王晓林厅长与河南省交通厅厅长安惠元在协议上签字。省政府副秘书长李顺通主持签约仪式。

山西、河南两省同处我国中部地区，承东启西，连贯南北，区位优势十分明显，在交通发展方面有着巨大的交流合作空间。按照党中央提出的促进中部地区崛起战略要求，抢抓机遇，加快发展，将区位优势转化为经济优势，实现经济快速崛起是两省面临的共同任务。为加速构建两省间东引西进、快速便捷的交通通道，发挥交通运输对社会经济的支撑和推动作用，实现两省互惠互利，共同繁荣，两省政府签订了协议。

根据协议，两省一是积极推进省际公路通道建设。到2020年，两省将有6条高速公路通道连通。目前晋城至焦作高速公路已经建成贯通。双方一致同意，加快晋城至济源高速公路、济源至运城（闻喜）高速公路、安阳林州至长治平顺高速公路、运城至三门峡高速公路三门峡黄河大桥、新乡辉县至晋城高平高速公路等5条高速公路的前期工作和建设，及时掌握两省项目前期工作、工作报告、初步设计、工程进度等情况，双方积极配合，共同努力，争取已规划的高速公路省际接口路段同步建成通车，早日发挥高速公路通道的整体效益。在加快高速公路建设的同时，双方同意加强普通干线公路和农村公路建设的沟通与合作。优先支持国道207线、209线同步升级改造；优先支持两省各自规划的省道连通和高标准升级改造，实现两省相接路段技术标准的统一；同时，加强两省之间的县、乡、村道的连接。方便毗邻地区人民群众的交流与沟通，从而促进两省之间的经济和沟通，从而促进两省之间的经济和社会联系，实现双方共赢发展。二是加强两省水路交通建设及合作。加强晋豫两省黄河三门峡和小浪底库区港航、水上安全监督等基础设施建设，充分发挥黄河水上运输作用，促进两省公路、水路运输协调发展；为治理水上“三乱”，树立良好交通形象，两省联合创建小浪底库区国家文明样板航道。三是建立效能发展全面合作协调机制。双方一致同意建立有效的、定期的联系和协调机制，及时就两省省际重要交通基础设施在布局规划、通道资源、建设时序、技术标准和运营管理等方面进行沟通和协商，取得一致。同时，加强两省在物流信息技术、交通科技、旅游客运、人才培养，廉政建设、管理体制、政策法规、政务信息等方面的交流与合作。

签约仪式上，厅长王晓林表示，要不折不扣地落实合作协议，按照统一规划、统一标准、同步建设、优先发展的原则，进一步创新建设体制和融资渠道，落实项目、落实资金，落实责任，对省际通道项目实行计划、资金、政策三倾斜。充分利用两省定期联系协调机制，主动与河南省交通部门进行沟通协调，推动省际合作不断深入，在中部地区崛起中做出山西交通应有的贡献。

副省长牛仁亮指出，两省签约的合作项目对于山西省扩大对外开放提升区位优势，推动省际交流与合作，建立统一、开放的区域大市场，培育具有重要影响力的中部城市群和经济带，形成中部各省相互开放、优势互补、资源共享的发展新格局，促进中部地区崛起，具有十分重要的战略意义。在对山西交通部门提出要求的同时，牛仁亮表示省政府将继续大力支持交通建设，为两省交通合作提供有力的保障和服务。并希望与河南省在更大范围内、更广领域中、更高层次上开展合作，加强交流，共创中部崛起的美好明天。

（郝　敏）

**【创建千里大运文明高速路活动正式启动】** 2006年9月27日，创建千里大运文明高速路誓师大会在省高管局召开。省高管局向全系统发出总号令，动员全系统广大干部职工立即行动起来，从现在做起，大力弘扬大运精神，继续深入落实“六高”目标，振奋精神，合力攻坚，进一步提升管理水平，打造品牌，树立形象，全面创建千里大运文明高速公路。

千里大运文明高速路北起长城，南至黄河，纵贯山西南北，包括得大、大运、运风、运三、侯禹和大同环城、太原环城7条高速公路，全长1000公里，途经大同、朔州、忻州、太原、吕梁、晋中、临汾、运城8个市，44个县（市、区），沿线地区GDP占全省的比重超过60%，是全省最重要的经济增长带。深入开展创建千里大运文明路活动，对于实现“服务人民、奉献社会”的行业宗旨，实现“内强素质、外树形象”的目标，推动山西经济社会持续、

图为正在修建中的运城至风陵渡高速公路

杨健　摄影

快速、健康发展具有十分重要的政治意义和现实意义。通过千里大运文明高速路的创建，可以提升山西高速的管理水平和服务水平，树立“人文高速、绿色高速、科技高速、诚信高速”的山西高速服务品牌形象，为山西扩大对外开放创造良好的高速公路运行环境，使大运高速公路真正成为体现山西物质文明、政治文明和精神文明的窗口，为山西高速实现新的跨越式发展提供强有力的支持。

誓师会上，宣读了《山西省高速公路管理局关于全面创建千里大运文明高速路的决定》和山西省劳动竞赛委员会、省高管局为深入落实“六高”目标、全面创建千里大运文明高速路联合下发的《关于在全省高速公路管理系统开展“五比五看、服务创优”立功竞赛活动的实施方案》。 （郝　敏）

**【省交通厅与中国工商银行山西分行融资合作】** 2006年12月25日，省交通厅与中国工商银行山西分行融资合作协议签字仪式在太原举行。

“十五”期间山西省公路建设投资规模之大，新建公路特别是等级公路里程之多，是历史上发展最好的时期，高速公路建设和公路网络等级质量跨入全国先进行列，投资总规模近700亿元，为山西超常规大跨越发展奠定了基础。“十一五”我省将继续加大交通建设投资规模，国家投资、地方筹资、社会融资、利用外资和银行贷款的融资体制逐步形成。这次签字仪式上，省交通厅、中国工商银行山西分行融资200亿元用于交通基础设施建设。

省交通厅党组书记、厅长王晓林代表省交通厅对中国工商银行山西分行多年来给予的大力支持表示感谢，并指出，“十一五”期间我省将再建高速公路1500公里，这次与中国工商银行山西分行的融资签字，将推动我省交通基础设施建设“三网并重”的进一步发展，为全省经济社会的快速发展发挥更重要的作用。他强调，这次双方的合作预示着今后的合作更加紧密、更加深入，定会实现双赢。

（郝　敏）

**【山西省全面建成战略物资道路运输保障体系】** 山西省地处中部，处于承东启西、通南达北的战略位置，特别是作为全国重要的煤炭能源基地和重要的战略物资基地，战略物资道路运输任务重大。近年来，山西省各级交通部门在着力构建高速公路网、干线公路网和农村公路网的同时，从服务和服务于国家经济建设、国防建设需要出发，从应对各类公共突发事件需要出发，认真研究和探索市场经济条件下，加速构建全省战略物资道路运输保障体系。到2006年全省已组建完成12支战略物资道路运输保障车队。保障车辆达到515辆和12300吨位。其中：普通货物运输保障车队达到11支，465辆车、11730吨位；危险化学品运输保障车队1支，50辆车、570吨位。在道路货物运输市场实现市场化和经营主体多、小、散、弱的现实状况下，全省战略物资道路运输保障车队已成为一支重要的应急应战道路运输保障力量。

山西省构建战略物资道路运输保障体系，坚持平时营运、急时应急、战时应战、三位一体的工作要求，坚持政府推动、政策调动、行业组织、市场运作的工作思路，试点先行，全面推进。省交通部门先后研究制定了《山西省战略物资道路运输保障体系建设试点方案》和《山西省战略物资道路运输保障体系建设实施方案》，出台了战略物资道路运输保障车队减半征收交通规费的优惠政策，进行了战略物资道路运输保障车队验收，实施了战略物资道路运输保障车队实战演练，建立了战略物资道路运输保障合同机制，形成了半军事化管理的驾驶、押运、维修、医护人员队伍。

山西省构建战略物资道路运输保障体系的实践，是完善公共突发事件应急保障体系的重要举措，也是加强交通战备工作和国防建设的重要举措。得到了交通部、国家交通战备办公室，北京军区等领导的充分肯定。 （郝　敏）

**【《山西省高速公路管理条例》正式实施】** 2006年3月1日，《山西省高速公路管理条例》正式实施。这是山西省交通法制建设的一大喜讯，也是全省高速公路管理工作的重要里程碑，标志着本省高速公路工作全面步入了法制化管理轨道。

《山西省高速公路管理条例》的出台填补了我省高速公路立法的空白，是山西省第一部以立法的形式规范高速公路收费、养护、路政、服务、经营的地方性法规，为高速公路提供了强有力的法律保障，对规范管理者和经营者的经营管理行为、强化政府的行业监管职能、维护经营者和使用者的合法权益具有重要的现实意义。

《条例》共七章四十八条。2003年9月17日山西省人民政府发布的《山西省高速公路管理暂行办法》同时废止。

（郝　敏）

**【《山西省高速公路管理条例释义》出版发行】** 为进一步宣传和学习《山西省高速公路管理条例》，省政府法制办、省交通厅组织部分参与《山西省高速公路管理条例》起草的人员编写了《山西省高速公路管理条例释义》一书。该书共25万字。全面介绍了《山西省高速公路管理条例》起草的背景、立法目的以及要解决的主要问题，并对具体条款进行了详细阐述。经过半年的编写，2006年11月，该书由山西人民出版社出版发行。 （武安瑜）

**【举办交通行政执法人员高级培训班】** 为进一步提高交通执法队伍整体素质，进一步规范执法行为，提高执法效能。促进执法公正。2006年11月3日～11月9日，省法制办和省交通厅联合举办全省交通系统行政执法及执法监督人员高级培训班。各市交通局、厅直执法单位、各公路分局、各征稽分局、各高速公路管理公司分管法制工作的领导、法制部门及执法部门负责人共180余人参加了此次培训。培训实行半军事化管理，并邀请交通部、北京市交通管理干部学院、省公安交警部门的一些专家、学者系统讲解了《行政许可法》、《行政处罚法》、《公路法》《道路运输条例》等相关法律、法规。

（武安瑜）

**【省法制办省交通厅组织全省交通执法人员培训考试】** 为进一步提高全省交通系统执法队伍素质，规范执法行为，提高执法效能，根据省交通厅开展全系统执法整顿工作的安排，同时结合颁发确认省政府行政执法资格证书和行政执法监督资格证书的要求，2006年11月～12月，省法制办和省交通厅分五批联合组织了全省交通行政执法人员培训。培训范围是全省交通系统所有在编行政执法人员及申领省政府行政执法监督证的人员。培训内容主要为行政处罚法、行政许可法、行政复议法、行政诉讼法、国家赔偿法以及《公路法》《中华人民共和国道路运输条例》、《收费公路管理条例》等交通法规规章和其他规范性文件。2007年1月4日，省法制办和省交通厅组织了考试，4月8日又组织了一次补考。经考核确认，参加此次培训的交通执法人员共9741人。其中合格的9659人，不合格和缺考的80人，合格率达99.2%。省交通厅决定对不合格人员和无故缺考人员一律吊销行政执法证件，由各自单位负责收缴统一交回省厅。同时规定，在半年后，这些人员仍然不能达到交通行政执法所必须具备的条件和要求，所在单位应将其调离执法岗位。（武安瑜）

**【省交通厅就《山西省水上交通安全管理办法》正式实施举行新闻发布会】** 2006年6月10日，山西省就第一部《水上交通安全管理办法》正式实施举行新闻发布会。

《山西省水上交通安全管理办法》依据《中华人民共和国内河交通安全管理条例》等有关法律、法规，结合我省的实际所制定。

该《办法》的出台和实施，将有利于完善我省水上交通法制体系，推进和谐社会的建设；有利于解决职责不清、管理缺位等问题，进一步提高山西省水上交通安全保障能力；有利于改进管理模式，树立行业良好的新形象。它的出台对于提高海事工作效率，推动海事事业的全面发展，将起到积极的促进作用。（武安瑜）

**【深入开展行政执法责任制工作】** 2006年以来，省交通厅切实贯彻落实国务院《国务院办公厅关于推行行政执法责任制的若干意见》，深入推行交通行政执法责任制工作。取得了明显效果。一是加强领导，制订方案。对1997年成立的交通厅推行行政执法责任制领导组进行了调整，并制定下发了《关于贯彻〈国务院办公厅关于推行行政执法责任制的若干意见〉引深全省交通系统行政执法责任制的实施方案》。二是继续开展行政审批制度改革。着力在“减量”和“规范”上下工夫。在前几年清理许可项目的基础上，对照行政许可法，省厅又组织人员对厅直单位交通行政许可项目又进行了一次慎重认真的清理。经过反复审核，并与国务院和省政府公布取消的审批项目严格对接，目前我省交通系统行政许可项目已减少到21项。此外，省厅制定了《山西省交通厅行政许可（审批）项目工作流程》，对厅直单位行政许可的全过程进行了细致明确的规定；建立了行政许可限时办结制度、AB角制度；开发并试运行了网上审批系统。三是完成执法依据梳理工作。根据省政府要求，省厅组织厅直执法单位对交通法律、法规和规章进行了全面梳理。经梳理，山西省交通厅（仅指厅机关和厅直属单位）共有行政执法主体7个；行政执法依据（不包括共同行政行为依据）23件。其中：法律1件，行政法规7件，地方性法规4件，规章11件；行政执法行为共5类。其中行政许可21项，行政征收10项，行政处罚165项，行政强制措施14种，行政确认5种。上述内容通过省政府网站和山西交通网予以了公布。四是落实岗位职责，合理分解行政执法职责。结合省政府开展的行政效能建设活动，厅直各执法单位以“三定”方案为基本依据，合理划分执法岗位，依法确定每个岗位的职责范围、工作内容、权限责任、具体标准、工作流程。同时以界定的岗位责任制为载体，将执法职责合理分解到每一个岗位，明确每个岗位的责任。五是建立和完善行政执法责任配套制度。制定下发了《山西省交通厅落实〈山西省行政机关及其工作人员行政过错责任追究暂行办法〉》、《山西省交通厅行政效能投诉处理办法》，并建立了交通行政执法评议考核制度、首办负责制度、政务公开制度、A、B角零缺位制度等相关制度。（武安瑜）

**【《山西省公路养路费征收管理条例》正式实施】** 2006年5月1日，《山西省公路养路费征收管理条例》正式实施，省人大财经委于4月29日在省征稽局召开新闻发布会，向社会通报了《条例》的有关事项。

《山西省公路养路费征收管理条例》于2006年3月31日经省十届人大常委会第二十三次会议通过，共分总则、登记、征收、稽查、法律责任和附则6章，36条。《条例》的出台和实施，不仅有效解决了现实征管中的一些难题，弥补了管理漏洞，而且规范了执法行为，为做好新形势下的养路费征管工作提供了法律依据，对于进一步提高我省养路费征管水平，推动我省公路建养事业的快速健康发展具有十分重要的意义，标志着我省养路费征管工作走上了科学化、规范化和法制化的轨道。

该《条例》的制定于2004年正式启动，历时两年多，在原《山西省公路养路费征收管理规定》的基础上，结合时代发展，针对市场经济变化的实际，融合国家新的法律和政策要求，做了大量修改，提升了立法层次，在确保规费应征不漏、便民利民、解决因政策滞后带来的征管矛盾等方面予以诸多改进，更加适应当前和今后的养路费征管工作需要。（郝 敏）

**【LLB—6T沥青路面常温修补综合养护车通过鉴定】** 2006年4月15日，由晋中公路分局与山西华隆交通科技有限公司共同研制开发的“LLB－6T沥青路面常温修补综合养护车”，顺利通过了省科技厅、交通厅主持的科技成果鉴定，得到了与会专家们的一致肯定，该成果达到国际先进水平。会议特邀了中国筑机学会副秘书长刘文华等七位专家为本次成果鉴定评委。

与会专家听取了项目组的汇报，并观看了设备的演示过程，审查了项目组提交的技术资料，经过实地考察、质询讨论后，认为项目组提交的资料齐全、完整，符合鉴定要求。该项目针对公路养护现状，集公路沥青路面养护各工序所需机具于一车，公路沥青路面养护的多种工序一次完成；采用冷料拌和的工艺进行坑槽修补，解决了冬季沥青路面坑槽修补难题；采用自主研发的电子称量系统，可根据坑槽体积自动称量，配比准确，并配有四种集料箱，可根据路面各层的不同结构，自行设定级配，拌和出符合要求的基层和面层材料。

该机通过在实体养护工程中广泛试用，显著提高了作业生产率和养护质量，经济效益、社会效益和环保效益显著，具有较高的推广应用价值。研究成果在同类研究中达到了国际先进水平。

（郝 敏）

**【45T/h（LB700）型沥青混凝土烘干拌和设备通过科技成果鉴定】** 2006年8月30日，省科技厅和省交通厅共同对省筑路机械厂完成的“45T/h（LB700）型沥青混凝土烘干拌和设备”进行了科技成果鉴定。鉴定委员会认真审查了有关技术资料，听取了课题项目组的汇报，观看了该设备的现场使用录像。经质疑讨论，一致认为，该项目提供的技术资料齐全、完整，符合鉴定要求。样机及售后产品的技术性能符合设计要求，完成了项目合同任务。

该项目及其成果在吸取国内外同类设备技术的前提下，结合本省煤炭能源大省的实际情况开发了使用燃煤为热源的45T/h（LB700）型沥青混凝土烘干拌和设备，不仅具有生产成本低，作业效率高的特点，而且填补了我国45T/h(LB700)型沥青混凝土烘干拌和设备系列的空白，使我国高等级路面的养护和中小型路面的施工工程有了一种更为适用的专用设备。

该项目在煤粉燃烧系统中采取了喷油雾化＋电子点火技术，使燃煤燃烧技术在中小型烘干拌和设备的应用中进一步完善；在控制系统中采用了pLc强控技术，不仅提高了计量控制精度，亦使控制系统更先进。该项目的研制成功为我国高等级路面的建养提供了一种高效低成本的产品。该成果整机结构紧凑，操作方便，工作可靠，具有较高的推广应用价值和明显经济效益，整机技术在同类产品中达到国内领先水平。随着国家“五纵七横”公路网的发展，对公路养护提出更高要求，该设备的研制成功以及使用推广必将推动我国公路建养工程的快速发展。

（李爱民）

## 民用航空

**【概述】** 2006年，东航山西分公司以党的十六届五中、六中全会精神为指导，坚持“安全第一、预防为主”的方针，把飞行安全放在各项工作的首位，深化安全文化建设，严格各项规章制度，努力做到队伍团结、思想稳定、工作有序，确保了航空安全生产持续稳定，实现了1992年来的第十四个安全年。

2006年，东航山西分公司有波音系列飞机14架，设飞行基地5个（太原、上海、北京、广州、温州），航线布局呈多元化，基本覆盖全国各大中城市和沿海经济发达地区。全年经营航线94条，其中国际航线9条，地区航线6条，国内航线79条。航线总里程为20.5万公里。通航城市62个。全年完成航空运输飞行29407班次，安全飞行47607小时、2677.77万公里，完成起落42138架次；全年完成旅客运输量280.454万人次，比2005年增长7.66%；货邮运输量25156.6吨，比2005年减少18.4%；运输总周转量27222.37万吨公里，比2005年减少3.3%；航空运输生产率5718吨公里小时，比2005年减少4.8%；平均载运率和客座率分别为66.8%、71.5%，略低于2005年。飞机可利用率为：波音737－300型飞机92.5%，波音737－700型飞机95.7%，波音737－800型飞机100%。航班正常率72%。飞行事故征候万时率为0.21，飞行严重差错万时率0.42。实现了安全年。

2006年，东航山西分公司组织机构设置有总经理办公室、财务部、人力资源部、安全运行技术部、企管计划部、保卫部、综合管理部、离退休办公室，党委工作部、纪委、工会。下设飞行部、飞机维修部、市场销售部、客舱服务部、运行控制部，飞达实业总公司。2006年，东航山西分公司在册职工数1660人，比2005年增加95人。在册职工中，有空勤人员209人（其中一级飞行员14人，二级飞行员46人，三级飞行员61人；获民航功勋奖飞行员16人，金质奖飞行员33人，银质奖飞行员73人，铜质奖飞行员114人），有空中乘务人员289人（其中乘务长63人），航空机务人员414人，航空安全员22人，空中警察32人，驻外基地人员42人，商务人员159人，航务人员71人，财务人员44人，计算机人员7人，管理人员156人，后勤及其他人员215人。

（陈兰英）

**【航空安全】** 2006年，东航山西分公司的航空安全目标是：杜绝飞行事故；杜绝重大航空地面事故；在保证人、机安全的前提下，杜绝劫机、炸机事件的发生；杜绝人为错误造成的发动机空中停车；杜绝重大航空危险品运输事故；杜绝人为错误造成的重大航空维修事故；飞行原因造成的飞行事故征候万时率不超过0.3；飞行严重差错万时率不超过0.9；客舱差错万时率不超过0.5；地面保障严重差错万架次率不超过0.4；运行控制差错万架次率不超过0.2。2006年，东航山西分公司始终坚持“安全第一，预防为主”的工作方针，严格落实“三抓六防”要求，加强安全管理和教育培训，注重监督检查和专项整治，安全形势基本平稳。全年共安全飞行29407班次，47607小时，发生两起飞行严重差错和一起飞行事故征候，飞行事故征候万时率为0.21，飞行严重差错万时率0.42。实现了本年度航空安全指标。主要工作：

1. 加强组织领导，严格安全管理，落实安全责任。公司调整了航空安全委员会，提拔了一批年轻干部充实到安全管理岗位，成立了值班经理室，强化了现场安全管理。安全责任和安全考核挂钩，层层签订《安全管理工作责任书》，使安全生产责任落实到每个岗位、每个员工。

2. 开展安全教育培训，强化全员安全意识。公司全方位开展了全员安全教育和运行手册培训工作，举办了领导干部安全管理培训、安全管理体系讲座和安全运行质量管理与实践培训，完成了新员工岗前安全教育培训和转岗安全教育培训，采取多种形式开展了“安全在我心中”等安全教育活动，牢固树立了安全思想。

3. 严格技术训练标准，提高机组飞行品质，巩固安全生产专项整治成果。按照民航规章第121部，重点对机组飞行时间和执勤期/休息期限制进行监控检查，杜绝了机组的超时飞行；加强货物和配载工作程序的监控检查，有效防止了货物隐载安全问题的发生；重点加大危险品运输专项整治力度，进行危险品理论培训，加强危险品运输操作的检查，健全了危险品突发事件应急处置工作程序，完善了危险品应急处置预案，提高了应急情况发生时的指挥和组织能力。

4. 强化安全运行质量审计，提升运行管理水平。公司充分发挥安全检查和运行监察职能，加强安全内部审计，逐月对

东航山西分公司领导班子成员正在研究企业管理问题　陈兰英　提供

各部门进行运行质量滚动检查，跟踪落实，形成管理闭环。对不符合项目下发整改通知，对整改措施进行持续跟踪检查；对上级安全通告、安全指令中明确的突出问题，成立专项检查组或召开专门会议，明确责任，持续跟踪整改效果。结合安全形势开展了两次安全大整顿，重点对飞行作风建设、责任心教育、雷雨季节运行等进行整顿检查，剖析问题原因，实施重点整改。

5. 加强驻外基地管理，狠抓作风纪律建设。东航山西分公司有驻外基地5个，常年有飞行、机务等400余人从太原派驻外基地工作。为确保安全运行，公司严格执行“十条禁令”，重点抓好飞行机组网上准备质量，培养机组务实的飞行作风，发现问题及时讲评，确保航班飞行安全。公司重新下发了驻外基地安全管理运行规定，明确了相关单位的安全管理职责，对驻外基地站点的飞行准备、信息传递、行政管理和基地后勤保障工作进行有效的监督管理；各级领导经常深入基地，掌握基地生产运行情况，解决员工生产生活中存在的困难和问题，确保了驻外人员的思想稳定。

6. 注重信息化技术应用，提高飞机可利用率。公司启用了“东航航后飞行数据管理子系统”，对机队的可靠性状况进行有效监控，提高了飞机维修管理水平和飞机可利用率水平。2006年飞机可利用率达到波音737－300型飞机92.5％，波音737－700型飞机95.7％，波音737－800型飞机100％。东航山西分公司如期高质量完成了国内首次飞机铱星（卫星通讯）系统加装工程，8月17日加装了铱星设备的B－2685号飞机在太原武宿机场经过严格试飞验证后，取得FAA代表及民航局方面认证。（陈兰英）

东航山西分公司组织团员青年在大寨进行艰苦奋斗传统教育活动
陈兰英　提供

**【运输生产】** 2006年，东航山西分公司拥有波音飞机14架，其中波音737－300型4架，波音737—700型7架，波音737—800型3架，是山西省境内机队规模最大的航空公司。其航空运输已形成以太原、上海、广州、温州、北京为基地的辐射全国的航空运输网络，且航线布局呈多元化，航线基本覆盖了全国各大中城市和旅游城市及沿海经济发达地区。2006年公司根据市场需求，积极开辟新航线，年度内新增航线5条，其中新增青岛至名古屋国际航线1条，恢复了太原至香港地区航线，新增了上海至大同、上海至乌鲁木齐、上海至临沂国内航线3条。据统计，公司全年经营国际国内航线共94条，其中国际航线9条，地区航线6条，国内航线79条。公司围绕总部下达的年度经营指标，以市场为导向，科学编排航线布局和航班计划，合理调配飞机运力，加密了太原—北京等高收益商务航线航班密度，推出了“并京快线”，太原至北京航线每天往返12班次，收到了很好的社会效益。公司大力发展电子客票销售业务，在太原发展了多家具有市场潜力的电子客票销售大客户。积极与共飞航线航空公司进行协调，建立了月度共飞公司运价协商机制，明确航班销售协调原则，形成运价联盟体系，共同维护了市场的稳定。公司全年共完成航空运输飞行29407班次，完成旅客运输量280.454万人次，比2005年增长7.66％；货邮运输量25156.6吨，比2005年减少18.4％；平均载运率和客座率分别为66.8％、71.5％，略低于2005年。（陈兰英）

**【企业管理】** 2006年是东航“运行手册管理年”。公司从狠抓基础管理、加强培训工作和提高干部素质入手，加强企业管理、财务管理、行政管理和综合管理，促进了公司管理向程序化、制度化和科学化迈进。企业管理。公司加强科技项目的管理和创新，公司自行研发的《B－737飞机性能监控》、《维修人员管理系统》、《签派及情报人员管理信息系统》、《飞机机载数字电子时钟测试仪》等9项科技成果通过了东航科技委员会的鉴定验收，投入生产应用。公司成立了机上供应品领导小组，规范了审核流程。理顺了主业和三产的关系，成立了飞达公司生产经营监督管理委员会，加强了投资项目监督和经营管理监督。

财务管理。严格执行“收支两条线”的管理规定，确保资金安全和良性循环。严格控制旅客费用、机供品费用和航材成本，完善节油奖励措施，在确保安全的前提下减少生产费用支出，降低生产成本。严把审批流程，严控预算额度，加大票款管理和资金监管，严格销售代理人押金制

民航地勤人员正在检修飞机
陈兰英　提供

度，保持了应收款回收率100%。完成了公积金账目的清理核对和日常扣缴，并在太原市公积金中心开户建户。争取了香港航线的政府财政补贴和城建税、教育附加税的减免。

人力资源管理。公司注重人力资源管理，选拔了一批有责任心的年轻干部充实到管理岗位，通过举办青年干部培训班，提高全员素质水平。积极引进人才，完成了招聘9名飞机维修专业和2名地面人员，以及招收36名飞行员、30名乘务员、12名专兼职航空安全员的工作。同时配合总部进行了飞行人员和乘务人员的薪酬改革调研。

图为地勤人员正在搬运旅客行李

陈兰英 提供

综合管理。公司坚持以制度管理人、以制度教育人、以制度规范人的管理模式，加强后勤保障和综合管理职能，为生产运行提供高效服务，提高了综合保障能力，促进了企业的和谐发展，2006年被评为太原市和省级文明单位。（陈兰英）

【服务工作】 东航山西分公司以旅客需求为导向，以提高航班正常率和做好不正常航班服务工作为重点，以头等舱服务为龙头，规范服务标准，创新服务理念，强化服务意识，延伸服务内涵，全面统筹协调地面和空中服务，完善服务管理体系，不断提升服务品质。主要工作：

1. 加强运输服务组织领导，完善服务质量体系。公司于3月成立了服务质量管理委员会，建立了月运输服务质量例会讲评制度，及时督导运输服务工作；积极开展“服务质量专项治理”，对重点航线、重点旅客进行服务工作重点整治，收到良好效果；继续按照ISO9001国际质量标准规范各项工作，完成了2006年第一次运输服务体系内部审核工作，发现问题，持续改进，保证了服务质量体系的连续性和有效性。

2. 开展服务创新，丰富服务内涵。公司以重点航线、重点旅客为工作重点，丰富服务内涵，全面提升服务水平。针对不同时期和节日特点，开展了“幸运福娃带回家”、“迎奥运、魅力山西”、“红色国庆节”等一系列品牌特色的山西文化。“白鸽”乘务示范组被中华全国总工会评为“建功立业标兵岗”，“银鸽”乘务示范组荣获山西省首届“五四青年奖状”。2006年7月晋港商洽会期间，东航山西分公司以优质的服务圆满完成了山西省政府主要领导和代表团成员的运输飞行任务，获得山西省人民政府的高度好评。8月12日，圆满完成了商务部部长薄熙来率23人考察团赴晋考察的运输保障任务。8月24日，中共山西省委书记张宝顺、省委副书记云公民一行60多人乘坐东航山西分公司执飞的MU5186航班时，张宝顺书记、云公民副书记欣然提笔写下了“感谢东航对山西经济社会发展的支持”和“优质服务、热情周到，向你们学习致敬”的题词。

3. 加强机上服务培训交流，提高整体素质技能。东航山西分公司聘请东航总部优秀韩籍乘务组进行了仪容仪表培训，选派优秀乘务长到总部执行的航班上见习，开展与山西国贸大酒店在服务方面的交流学习，缩小了服务差距，提高了机上服务水平；东航山西分公司在首届东航地面客运青年服务技能竞赛中获优秀组织奖，公司客运代表队荣获团体二等奖。

4. 加强沟通协调，确保航班正常。东航山西分公司通过对航班过站时间的数据分析，修订完善了《航班放行作业指导书》和《现场工作进程单》。对飞行调班、值勤时间、导航数据库、载重平衡等问题进行了沟通协调。在太原机场推行35分钟过站概念，缩短了过站保障时间，确保了航班的正常运行，使太原始发航班正点率达到90%。同时做好航班不正常时的旅客解释和安抚服务工作，把航班不正常时的旅客抱怨降至最低，提高了旅客的满意度。（陈兰英）

机组人员正在为旅客服务

陈兰英 提供

【党建工作】 2006年，东航山西分公司党委以党的十六届五中、六中全会精神为指引，加强思想和党建工作，围绕“将安全保住，将亏损止住，将队伍稳住”的中心任务，深入开展“我与东航共命运”主题活动，并推出“保安全、促稳定、创效益”金点子征集和“岗位解读精诚共进”撰写岗位警句格言的主题活动，在各项改革深化的关键时刻和经营形势严峻的困难时期，做到了队伍团结、思想稳定、工作有序。

公司坚持做好党委中心组的政治理论学习，出台了《关于进一步加强和改进党委中心组学习的实施方案》，建立了读书学习笔记制度、请假补课制度和学习心得报告制度，建立了中心组学习档案和中心组成员个人学习档案，组织了荣辱观学习，制成幻灯片在视频系统播放。

公司党委制定了《关于进一步开展创建“四好”领导班子活动的实施意见》，修订了《创建“四好”领导班子考核评分表》，把贯彻落实科学发展观和正确政绩观作为考核领导班子的重要内容。年内对两级领导和班子进行了民主测评，优秀和称职率较高。

公司加强基层党支部建设，充分发挥党员先锋模范作用，开展了“学习党章、遵守党章、贯彻党章、维护党章”和树立社会主义荣辱观为主要内容的党员践行先进性活动。公司重新调整了企业文化建设领导小组，开展了细化落实“东航使命——让旅客安全舒适地抵达”为主要内容的岗位安全文化实践活动，推进了企业文化建设。公司党委制定了《党风建设和反腐倡廉任务分解表》，明确了要求、目标、职责，随时了解掌握党风建设和反腐倡廉工作的进展情况。成立了治理商业贿赂专项工作领导小组，出台了实施方案进行专项自查和整改；强化了审计和效能监察工作，督促被审计单位及时改善经营管理方法，及时排查和妥善解决基层群众的意见和呼声；坚持党政主要领导讲廉洁从业和反腐倡廉的党课教育制度，认真执行廉政谈话制度；制定了《领导干部廉洁从业承诺规定》，完善规范了公司领导干部重大事项报告制度。

围绕中心，有效发挥了工会和共青团作用。工会开展了“奉献在岗位”建功立业活动，组织了多种形式的技术比武、岗位练兵和知识竞赛，提高了员工的技术素质。开展了“创建学习型班组”和“安全班组”活动，召开了班组安全管理研讨会，加强了班组建设。坚持民主管理，公司出台重大决策均通过职代会、职工代表组长联席会议审议，2006年被评为山西省厂务公开、民主管理先进单位。建立了职工热点、难点问题和思想动态反馈制度；坚持为职工送温暖活动经常化、制度化；组织职工开展丰富多彩的文体活动，增强了企业凝聚力。共青团积极开展“青年文明号促假日经济”“第四届青年安全杯劳动竞赛”以及“双增双节合理化建议”等活动，规范了青年文明号创建和青年志愿者行动的运作程序。进行青年员工思想稳定状况调研活动，集中开展了增强团员意识主题教育活动。2006年公司团委被评为中央企业“五四红旗团组织”。

（陈兰英）

**【东航山西分公司在“2005年旅客话民航”用户评价活动中获得好评】** 2006年2月29日，东航授予东航山西分公司“2005年旅客话民航”先进集体和先进个人荣誉。在“旅客话民航”用户评价活动中，东航获得航空公司年旅客运输1500万人次以上组“用户满意优质奖”，东航山西分公司客舱服务部乘务二中队、客舱服务部贺翔、市场销售部逄永明分别被东航股份公司评为“2005年旅客话民航”先进集体和先进个人。（陈兰英）

**【东航山西分公司恢复太原至香港地区航线】** 2006年6月4日起，东航山西分公司恢复太原至香港地区航线，该航线由波音737—700型飞机执行，每周三、日各一班，航班号为东航MU5109/20。太原起飞时间为13：00，15：40到达香港：16：40香港起飞，19：20返回太原。太原至香港航线自2000年5月开通以来，曾执行658班、运送旅客44682人。因受到客源及运力调配等多种因素影响，该航线曾两度停航，最近一次停航是2005年10月底。随着山西省对外开放步伐明显加快，省会太原与招商引资主要目的地香港的商务往来日益频繁。没有一条直通香港的空中航线，与山西开发战略不相适应。山西省省长于幼军多次强调太原至香港航线对山西经济发展的重要作用，批示不仅要尽快恢复，而且希望增加密度。东航山西分公司作为驻地航空公司积极协调并恢复了航线运营，为并港两地经济贸易和旅游观光提供了交通便利。（陈兰英）

**【东航山西分公司新辟上海至临沂国内航线】** 2006年6月12日，东航山西分公司新辟上海—临沂国内航线，航线首飞由波音737—300型2683号飞机执行，首航机场为上海虹桥机场，航班号为东航MU2339航班。班期时间为每周一、四、六。（陈兰英）

**【东航山西分公司新辟上海至大同国内航线】** 随着夏季旅游旺季的到来，为满足市场需求，东航山西分公司于7月底新开上海虹桥—大同航线。该航线机型为波音737—700型，航班号为东航MU5593/4，班期时间为每周二、四、六。具体时刻为08：30从上海虹桥机场起飞，11：00到达大同；11：45从大同起飞，14：15返回上海虹桥机场。（陈兰英）

**【东航山西分公司新辟上海至乌鲁木齐国内航线】** 2006年11月28日，东航山西分公司首次开辟上海虹桥至新疆乌鲁木齐国内航线。该航线由波音737—800型飞机执行，航班号为东航MU5633，每天一班往返。（陈兰英）

**【东航山西分公司新辟青岛至名古屋国际航线】** 2006年12月7日、8日，东航山西分公司首航青岛——名古屋国际航线获得成功。该航线为东航冬春季航班计划中新辟的一条国际航线，全程航线为北京—青岛—名古屋—青岛—北京直飞航线。该航线由波音737—800型飞机执行，青岛至名古屋航班号为MU743，每周二、四、六、日执行，青岛起飞时间17：10，到达名古屋19：50；名古屋至青岛航班号为东航MU744，每周一、三、五、日执行，名古屋起飞时间08：30，到达青岛11：10。（陈兰英）

**【9项科技项目通过专家技术鉴定】** 东航山西分公司自行研制开发的《B—737飞机性能监控》、《维修人员管理系统》、《签派及情报人员管理信息系统》、《飞机机载数字电子时钟测试仪》等9个科技项目于7月中旬在太原通过东航科技项目技术鉴定委员会的技术鉴定。9个科技项目包括运行控制部2项，飞机维修部7项。其中《B—737飞机性能监控》项目2002年立项，2005年1月正式投入运行。该系统对所属波音737系列飞机的巡航数据进行采集分析，有效监控机队性能，统计和分析航班耗油，提高了飞机维修水平和飞机可利用率水平。该项目充分利用现有技术装备手段，达到了项目设计初的目的和要求。（陈兰英）

**【全面使用航空旅客电子客票】** 2006年10月16日，国际航协中国总部宣布，国内BSP机票全面实现无纸化销售。2006年，东航全面使用中航信电子客票系统，旅客通过航空公司直属售票处、销售代理人和自行上网购买电子客票，东航电子客票销售网络已遍布国内所有通航城市。东航山西分公司5月1日起全面推出航空旅客“电子客票网上支付”服务，旅客足不出户，只要点击http：et.ce—air.com

网站，就可以订票、出票、网上支付票款，完成购买机票的一系列过程，使旅客的出行更加便捷。6月1日该公司以航空运输电子客票行程单全面取代了原来的电子客票T4联，购买电子客票的旅客凭身份证件办理乘机手续，凭登机牌和身份证件登机，使旅客乘机实现了无纸化登机。东航山西分公司电子客票客户群锁定在星级酒店、旅行社等拥有广泛销售渠道和销售条件的客户，截至12月，拥有省内电子客票大客户17家。（陈兰英）

**【东航山西分公司乘务员排班网上准备系统投入使用】** 2006年4月18日，东航山西分公司乘务员排班与网上准备系统正式投入使用，乘务人员可通过网上查询、网上答题等形式完成航前准备。该系统从过去繁杂的乘务员排班工作，实现了乘务员综合信息网上管理的简易高效和智能化。排班系统可根据乘务人员的号位、工作资历、当月飞行时间等综合信息，进行航线排班。乘务员网上准备系统不仅方便了乘务人员查询排班情况、进行航前准备、航前准备测试等，也为管理人员严格检查乘务员航前准备提供了高效便利的端口，提高了公司运行效率和网络信息化管理水平。（陈兰英）

**【《航班大面积延误处置预案》出台】** 东航山西分公司制订的《航班大面积延误处置预案》2006年8月1日起正式实施。《航班大面积延误处置预案》，主要针对太原基地出现超过2个以上的航班延误且延误时间超过4小时，以及一架飞机连续3个航班发生延误的情况。预案明确了应急小组的职责，对预案的启动、相关信息的通报、航班方案的及时调整、媒体的沟通、旅客的安置等均以程序化形式进行了规范。此前出台的应急程序有《航班现场指挥控制程序》、《不正常航班处置控制程序》和《突发事件处置控制程序》，这些管理程序有效提高了现场快速反应能力和应急保障水平。（陈兰英）

**【东航山西分公司首次举行责任机长聘任仪式】** 2006年8月31日，东航山西分公司首次举行新责任机长聘任仪式，新聘机长8名。该公司现有飞行人员141名，其中机长75名。根据《东航飞行训练大纲》和《分公司副驾驶训练管理规定》，飞行副驾驶要经过6个阶段的飞行训练及考核后，分公司和东航总部等逐级对其进行考核方可被聘为新机长；新机长还要具有100小时的飞行经历后才能正式成为一名责任机长。此次规范机长聘任流程，和以往新聘机长只发文不举行聘任仪式相比，聘任仪式使机长更有责任感和使命感。（陈兰英）

**【实施《机组人员十条禁令》和《三抓六防细化措施》】** 为加强飞行队伍建设，规范机组人员的运行行为，东航颁布《机组人员十条禁令》并从10月1日起正式实施，同时出台《三抓六防细化措施》。作为公司安全工作的长效机制，“十条禁令”和“三抓六防”目的是防微杜渐，警钟长鸣，确保飞行安全。《机组人员十条禁令》规定：①禁止在起飞前8小时以内，饮用任何含酒精饮料。②禁止飞机带冰、雪、霜起飞。③禁止左、右座未经证实改变飞行高度。④禁止未建立航道而盲目下降高度。⑤禁止违反公司侧杆飞机操作规定。⑥禁止低于标准强行起降。⑦禁止背诵检查单。⑧禁止稍、买、带违禁物品。⑨禁止参与赌博、出入色情场所。⑩禁止隐瞒、谎报不安全事件。《三抓六防细化措施》是：抓作风纪律建设、抓规章制度落实、抓科学技术提高；防松懈麻痹、防违章操作、防重着陆和冲/偏出跑道、防雷击、鸟击和空中相撞、防空中停车、防重大事故的发生。（陈兰英）

**【《冬季飞机除冰/防冰工作程序》正式实施】** 根据东航新的《冬季飞机除冰/防冰大纲》要求，东航山西分公司飞机维修部修订了《冬季飞机除冰/防冰工作程序》，并于2006年11月1日起正式实施。该程序阐明了飞机地面除冰/防冰工作的管理要求，明确了各部门除冰/防冰工作职责，为做好冬季除冰/防冰工作提供了工作依据。飞机维修部据此对飞机除冰设施设备进行了检查换季，对飞机维护人员进行了除冰实际操作演练，为冬季飞行安全打下了基础。（陈兰英）

**【东航山西分公司2006年获多项省部级以上先进集体、先进个人称号】** 先进集体奖：

中华全国总工会授予东航山西分公司“白鸽乘务示范组”“建功立业标兵岗”荣誉称号。

山西省厂务公开管理委员会授予东航山西分公司“山西省厂务公开、民主管理先进单位”。

山西省史志研究院授予东航山西分公司编志办公室“山西省地方志系统2006年度先进集体”。

共青团国务院国资委委员会授予东航山西分公司团委“中央企业‘五四’红旗团组织”。

山西省总工会授予东航山西分公司客舱部“山西省‘五一’巾帼奖”。

先进个人奖：

东航山西分公司编志办公室副主任陈兰英被中国地方志指导小组授予“全国方志先进工作者”荣誉称号。

东航山西分公司党委副书记、纪委书记石德全被中共国务院国有资产监督管理委员会委员会、国务院国有资产监督管理委员会授予“中央企业纪检监察系统先进个人”称号。

东航山西分公司总经理办公室主任、编志办公室主任柴舸被山西省史志研究院授予“山西省地方志工作先进个人”称号。

东航山西分公司共产党员、运行控制部经理张剑被中共中国东方航空集团公司委员会授予“四好管理干部”称号。

东航山西分公司总经办外事专办员吴永东被评为山西省外事侨务工作先进个人。

东航山西分公司总经办保密员吴玲被中共山西省委保密委员会评为全省“四五”保密法制宣传教育先进工作者。（陈兰英）

# 邮　政

**【概述】** 邮政业务量收规模迈上新台阶。2006年1—12月份，全省邮政业务总量同比增长29.9%，增幅在全国排名第1位；邮政业务总收入同比增长16.23%，增幅在全国排名第3位。

经济运行质量稳步提高。全年收支差额控制在国家局预算范围内，现金营运指数始终保持在1以上，圆满实现了双平衡目标。

体制机制改革不断深化。邮政体制改革迈出了实质性步伐，实施政企分开，山西省邮政管理局组建成立。企业内部专业化经营、三项制度和财务管理改革逐步深入。

企业基础管理得到加强。在全省邮政部门深入开展了贯彻ISO9000族标准工作，建立了科学的质量管理体系并通过了认证，基础管理进一步规范。

网络综合能力进一步增强。积极优化邮运网，加快建设信息网，加大网点、终端服务能力投入，纵深推进投递网建设，有力地支撑了业务发展。

服务水平不断提高。规范化服务达标升级活动扎实推进，竞争性业务服务创优工作取得新成效，邮政服务和形象得到社会各界认可。

邮政业务快速协调发展。邮务类、速递物流类和金融类三大板块业务协调增长，其中：函件和速递业务收入分别较2005年同期增长19.91%和20.60%；邮储净增余额158.37亿元，再创历史新高，总余额突破700亿元大关，达到710.57亿元。全年收支差额控制在国家邮政局预算范围内，现金营运指数达到1.4，圆满实现双平衡目标。全省11个市局都呈现良好发展势头，其中太原、忻州、运城、晋城四个局提前一个月完成收入预算目标。

转变增长方式初见成效。主要体现在：一是邮储业务逐步走向健康良性发展。在保持余额较快增长的同时，活期比例不断提高。运城、吕梁、忻州、临汾、朔州等局超额实现了预期调整目标。特别是各级邮政部门积极依靠改造网点、增强终端服务能力、改善窗口服务来提高自然吸储能力，邮储直接营销成本大幅下降，经营行为进一步规范。通过转变邮储增长方式，邮储收益虽然受到转存款政策调整等影响，但总体经营效益稳步增长。二是邮政业务结构逐步优化。三大板块业务均呈较好的增长态势。尤其可喜的是，转变增长方式在全省上下已经形成了广泛的共识，主观上推进的力度在不断加大，大部分局取得了明显效果。

整体营销水平不断提高。全省营销体系建设取得阶段性成效，专职营销人员达到1244人，占从业人数比例达到5.46%。通过实施营销计划管理，项目营销、方案营销、团队营销和数据库营销等现代营销方式在拉动业务快速发展和推进增长方式转变中发挥了重要作用。全省邮政确定的30个重点营销项目计划基本实现，总收入达到了预期目标。尤其在今年的“思乡月”营销活动中，月饼邮件寄递量和营销收入都实现了新的突破。通过一系列营销实战，进一步提高了各局各专业的营销策划和组织能力，锻炼了营销队伍。太原局以强化专业营销为突破，从整体上推进营销体系建设，较好地发挥了各专业在市场开发中的主导作用。

顺利完成省邮政管理局组建工作。根据国家局关于组建省（区、市）邮政管理局内设机构、主要职责等相关事项的通知精神，省局党组积极稳妥地进行了人事安排和财务资产划分工作。今年9月6日，按照国家局党组的统一部署，省邮政管理局正式成立，标志着山西邮政在体制改革方面迈出了重要的一步，对全省邮政事业的发展必将起到积极的促进作用。

稳步推进主辅分离工作。对辅业占用的资产进行了清理，落实了资产有偿占用。在全面调查摸底的基础上，对全省41个对外投资和附属企业提出了具体的清理处置方案，上报国家局审批。太原、大同、晋城等局的附属企业已经开始了关停清理。加大资产盘活力度，全年盘活资产收益预计可实现2700万元。努力提高现有附属企业的经营管理水平，取得了明显效果。

进一步完善经营体制机制。推进了全省代理保险的专业化经营；强化了函件、速递等重点专业在县局层面的专业化经营能力。制定了转变增长方式评估考核办法、重点业务发展奖励办法，修订了效绩考核激励办法。各局根据自身实际，在纵深推进专业化经营方面进行了积极探索，有效促进了业务发展。太原局进一步扩大专业和区域在经营、人事和费用等方面的自主权，激活了内部机制。运城局针对各专业不同特点，实行了专业管理、专业营销和模拟公司一体化三种经营管理模式，效果明显。

深化三项制度改革。人事方面，各局普遍加大了对中层干部和管理人员的动态考核考评力度，根据考核考评情况调整任用干部。部分局采取担任助理、挂职交流等形式选拔和培养后备干部。用工方面，积极建立与市场经济相适应的用工机制，在全省推行了聘用工制度，拓宽了企业用工方式。分配方面，省局加强了工资总额和劳务性支出的宏观调控，在全省推行了工资集中发放制度，进一步明确了工资发放标准和项目，规范了工资发放行为。修订了工效挂钩办法，提高了工资总额与业务总收入增长率的挂钩比重。各级邮政部门在内部分配上普遍采取与工作业绩、工作质量挂钩考核的形式，并通过奖励基金和营销积分等方式将分配的重点向关键岗位、营销一线倾斜，较好地调动了企业各个层面的积极性。

积极推进财务管理改革。推行全面预算管理，初步建立了全省邮政全面预算管理体系和架构。加大资金集中管理力度，将全省报刊资金纳入了集中管理。加大集中采购和集中支付力度，对太原地区车辆的维修和部分文档的印刷实施了集中管理。完善专业核算办法，在集邮专业和报刊零售专业实行分账核算的基础上，进一步推进邮储专业和速递专业的模拟核算，并在三个市局速递现业启动了损益核算。适应邮政体制改革需要，积极进行了执行《企业会计制度》的前期准备工作。

信息网建设和应用取得新进展。完成了绿卡省中心集中存储扩容工程和银联2.0升级改造，邮储客户管理系统、外币系统、电子稽查系统、指纹认证系统上线运行，邮政金融信息化水平进一步提高。报刊发行业务信息系统、集邮业务管理系统投入应用，有力支撑了2007年报刊大收订和新邮预订。速递综合信息处理平台上线试运行，全省107个市县局全部开通了查验平台。加快推进财务量收系统和电子化支局的建设和应用，量收数据采集的完整性、准确性不断提高，系统功能得到广泛应用。根据业务发展和经营管理需求，开发了报刊零售、代收话费、学费、烟草款和管理信息等应用系统，产生了良好的效益。

实物传递网进一步优化。实施了特快邮件分拣封发模式和作业流程改革，开通了侯马——西安一级干线汽车邮路，初步建立起了以时限为核心、适应速递业务发展的作业组织模式。全省特快邮件营业终了前当日出口率达到95%以上。继续对畅销报刊实施了提速，纳入提速范围的订阅报刊增加到48种、零售增加到30种。对省内平常邮件总包封发方式进行了调整，加快了各类邮件传递速度，节约了运行成本。全面实施邮区中心局“三化”改革，基本建立了统一、科学、高效的中心局生产运行管理体系，生产作业现场明显改观。积极开展“四保两提高”竞赛活动和“邮运集中整治月”活动，夯实了网运基础管理，进一步提高了网络运行的效率和效益。

网点和终端能力进一步增强。省局继续加大投入，尽全力解决历史欠账。共新建和改造邮储骨干网点239个：新增

ATM 机 134 台；新增 POS 机 93 台；新增电子汇兑联网网点 99 个，总数达到 1103 个。新建电子化支局 35 个，总数达到 475 个。新建城市邮政支局 4 个、改造农村支局 16 个。新建电子门票系统 12 处，新增商函设备 11 套。新增速递生产用车 40 辆。

投递网建设纵深推进。进一步完善地级城市投递网功能，加快重点城市投递网信息化改造，在太原局上线运行了商函投递信息系统，试运行了投递登单系统。实施了县（市）投递网建设工作，共计新增投递道段 251 条、社区服务点 384 处、投递人员 774 人、投递车辆 120 辆、用于邮件投递反馈和名址维护的微机 107 台。

全省重点土建工程建设进展顺利，侯马邮件处理中心完成了竣工验收，太原邮件处理中心辅助楼投入使用。

继续引深规范化服务达标升级活动。完善服务工作机制，建立了服务标准体系、内部责任体系、监督考核体系和培训宣贯体系，从整体上推动了达标升级活动的扎实开展。努力提升窗口服务水平，在县以上城市城区窗口推行了人性化细节服务。继续推进“创建用户满意的农村邮政局（所）”活动，将规范服务逐步引入农村局所，改善了农村邮政服务质量。积极营造服务工作氛围，组织服务明星深入全省巡回演讲 12 场，4000 余名干部职工现场感受了服务明星的感人事迹和崇高精神，反响强烈，有效激发了一线人员爱岗敬业、自觉做好服务工作的积极性。

不断提高商业化服务水平。加强大客户服务工作，对重点大客户重新建立了档案资料，并初步实现了对大客户资料的实时维护；结合营销体系建设，各级邮政部门普遍强化了大客户开发和客情维护工作，大客户和大客户用邮量稳步增长。提升竞争性业务服务质量和品牌形象，在全省速递物流专业开展了“创优质服务、争先进团队、比突出贡献”劳动竞赛活动，从全程时限、邮件安全、上门揽收、投递到户、信息查询、形象宣传等方面整体推进，取得明显成效。特别是速递专业通过创优+服务活动，有效提升了邮政 EMS 的公众形象。

有效解决服务热点难点问题。推行邮政服务热点问题按季预报制度，通过对历年服务热点问题的总结归类，共向全省预报 29 个易发服务热点。各级邮政部门采取针对性措施有效避免了一些问题的发生。加大明察暗访力度，通过“服务质量三晋行”活动，及时督促各级邮政部门整改服务工作中存在的问题。

努力树立邮政服务新形象。继续在全省邮政部门深入开展行风建设（评议）活动和用户有奖投诉活动，积极接受社会监督，妥善处理用户投诉，确保用户用邮权益，巩固“政风行风评议先进行业”成果，受到新闻媒体和社会好评。经国家局和省局综合测评，全省邮政服务用户满意度达到 90.78 分，全省邮政行业再次被评为“政风行风评议先进行业”。

开展贯彻 ISO9000 族标准工作。在咨询机构的指导下，通过各级邮政部门大量艰苦细致的工作，建立起了符合我省邮政实际的质量管理体系。全省共形成质量手册、程序文件 13 套，部门作业指导书 300 多套。经过内部审核和管理评审，质量管理体系顺利运行，并通过了审核认证。贯标工作的开展，使广大干部职工的质量服务意识明显增强，各部门和各岗位人员的职能职责、作业流程和工作标准更加明确，制度办法、规则规范更加完善，促进了全省邮政基础管理的标准化、规范化、制度化和科学化。加强计划财务管理。优化投资结构，在有限财力内，保证了信息化、网点终端能力、安防设施建设等重点项目和业务发展急需且效益明显项目的投资需求，提高了投资效益。明确新业务核算口径，规范统计行为，强化会计核算，积极应用量收系统，不断提高收入质量。围绕转变增长方式，强化成本费用预算控制，非生产性支出得到较好控制，生产性支出的合理性不断提高。加强资金预算控制，利用网上银行实时监控企业资金流动情况，积极清缴、归集各类资金，清理用户欠费，确保企业资金正常周转。按照国家局和省局关于清产核资的部署，由计财部门牵头、相关部门配合，历时两个多月，对各级邮政企业进行了全面的清产核资，进一步摸清了家底，为组建公司和执行新的会计制度打下基础。认真配合国家审计部门对 2005 年度财务收支情况进行了审计。各级邮政部门高度重视，认真开展自查自纠，在审计过程中诚意配合、积极沟通，高质量地完成了审计配合工作。通过审计进一步夯实了收支基础，规范了会计核算行为。同时，还对全省 1992 年～2003 年库存集邮品进行了清理、销毁和账务处理，较好地解决了集邮专业的历史遗留问题。

加强人力资源管理。继续依法规范企业用工，由派遣组织输入的劳务工，占到全部劳务工的 69.4%；全省邮政的劳务工都达到了当地最低工资标准。各单位在符合“双定”的情况下，及时签订劳务合同，对劳务人员进行业务技术培训和工作业绩考核，实行持证上岗。优化人力资源配置，制定了盘活人力资源实施方案，启动了全面定员定编工作，摸清了各单位全部从业人员底数，建立了富余人员数据库，修订定员定额标准。各单位通过加强转岗培训和竞争上岗，积极将冗余人员分流到缺员岗位、生产辅助和后勤岗位，较好地解决了企业局部冗员与结构性缺员的矛盾。

突出强化资金安全管理。面对邮政安全生产的新形势，全省以储汇资金安全为重点，从增强全员防范意识、逐级落实安全责任制、狠抓制度完善与执行、加强监督检查、加强人员管理、加强安防设施建设、加大责任追究力度等方面下大力气对资金安全管理进行了综合整治，力求从根本上解决资金风险隐患。全省充实储汇从业人员 1400 多人，改造 89 个县局金库，更新 25 辆运钞车，新建 296 套视频监控系统，进一步夯实了防范基础。特别是各级邮政部门普遍将安全生产列入重要议事日程，形成了一手抓发展、一手抓安全的良好氛围，邮政安全生产各项制度得到较好落实。

加强企业法律事务工作。利用法律手段，维护企业合法权益。修订了全省邮政企业合同管理办法，进一步规范了对外合同的签订。积极落实邮政企业法律顾问制度，大部分市局聘任了企业法律顾问。认真总结“四五”普法经验，获得了全省“2001～2005 年依法治理先进单位”称号，启动了“五五”普法宣传教育工作。

加强视检和审计工作。视检部门分季度对邮件时限、邮件安全、邮资机使用管理和业务会计脱节问题进行了重点检查。审计部门重点加强企业财务收支审计、领导干部任期责任审计和工程建设项目审计，较好地发挥了保驾护航的作用。

加强领导干部队伍建设。坚持中心组学习制度，强化各级领导干部的思想理论和作风建设，通过对科学发展观、十六届六中全会精神和社会主义荣辱观等专题学习讨论，为科学决策和加快发展提供了理论基础。加强处级领导班子组织建设，通过调整充实，处级领导班子的年龄、知识和专业结构更趋优化。认真组织召开领导班子民主生活会，切实提高民主生活会质量，增强了各级班子的凝聚力和战斗力。加强后备干部队伍建设，经过严格的选拔程序，完善了处级后备干部数据库，并建立了后备干部考核及动态管理制度。

加强人才队伍和职工队伍建设。对30名技术拔尖人才进行了表彰奖励；启动了专业技术职务评审工作；精心组织了邮政全行业百名科技人才的评选推荐工作，推动了专业技术人才队伍建设。开展了营销岗位资格评审工作，积极运用邮政远程教育培训网有针对性地对营销人员进行了专业培训，促进了营销队伍建设。围绕业务发展和生产经营管理需要，加大职工培训力度，共举办全省性培训班61期、培训人员4630人次。推进职业技能培训和鉴定工作，不断提高了职工岗位技能。大张旗鼓地开展ISO9000族标准知识的宣贯活动，普及了质量管理知识，培养了一批骨干人员。

营造尊重职工氛围。开展“尊重职工、共创和谐”活动，以建立和谐劳动关系为切入点，强化职工主人翁地位，保障了职工合法权益。特别是通过规范用工，劳务工待遇明显提高。进一步完善各级职代会制度，深化局务公开工作，从制度和形式上保障了企业民主管理。创造条件为职工办好事、办实事，完善了医疗互助办法，提高了医疗互助金额；继续组织开展了职工疗休养、金秋助学和冬送温暖、夏送凉爽活动；增加了邮路司押人员补贴。调整了退休人员养老金，增发了离休人员生活补贴，认真落实了离退休人员各项待遇。

加强党风廉政建设和精神文明建设。省局党组提出了贯彻落实建立健全教育制度监督并重的惩治和预防腐败体系实施纲要的意见，将任务分解到责任部门，建立起了长效机制，有效落实了党风廉政责任制。认真开展了治理商业贿赂专项工作。各级邮政部门围绕改革发展稳定的大局，广泛开展形势任务教育和“八荣八耻”教育，加强思想政治工作，丰富企业文化生活，积极巩固和创建文明单位，推动了企业精神文明建设。

此外，联合地方党政部门，成功承办了第26届全国佳邮评选颁奖活动和全国集邮展览等系列活动，进一步扩大了社会影响，争取社会各界对我省邮政的理解和支持，同时极大地促进了集邮事业发展，取得了良好的社会效益和经济效益。

——邮政业务快速发展。邮政独立运营八年来，山西邮政在改革、发展、稳定各个方面取得了可喜的成绩。业务总收入年均增长14.56%；邮政储蓄存款余额由100亿元增加到700亿元，年均增长27.54%；邮储收入年均增长23.24%；速递收入年均增长15.24%；函件收入年均增长5.37%；报刊、汇兑、包裹等传统业务稳步增长，物流、代理信息类业务从无到有、初具规模。特别是从2004年起，全省邮政整体业务发展速度一直保持全国前列。

——经济效益不断提高。面对发展中出现的不健康、不稳定因素，近年来本着实事求是的态度，加强收支管理，下大气力解决收入质量及成本挂账等问题，大大提高了经济运行质量，企业财务状况逐年好转，历史遗留问题逐步得到解决，职工生产生活条件不断改善，全省邮政正处于历史上最好的发展时期。

——发展后劲明显增强。通过八年来的努力，全省市县局生产场地基本得到解决，邮政服务网点的形象和环境大大改善，实物传递能力和终端服务能力不断增强，网络信息化水平显著提高，初步建成了以实物传递网和专用信息网为支撑的现代化邮政通信网络，为长远发展打下了坚实基础。

——精神文明硕果累累。八年来，累计有1个单位获得“全国文明单位”称号、3个单位获得“全国精神文明建设先进单位”称号、12个单位被命名为省级文明单位、73个单位被命名为市地级文明单位。广大干部职工的精神面貌发生可喜变化，涌现出一批先进典型。（李　江）

**【全省邮政工作会议召开】** 2006年1月19日～20日，全省邮政工作会议在太原召开。会议认真贯彻落实全国邮政局长座谈会议精神和全省经济工作会议精神，总结回顾2005年和“十五”期间全省邮政工作，研究提出了“十一五”时期全省邮政改革发展的思路，部署了2006年的工作任务。山西省邮政工会二届三次全委（扩大）会议同时召开。山西省副省长靳善忠发来贺信，向大会表示热烈祝贺。

（李　江）

**【山西邮政确立“十一五”时期改革发展思路】** 到“十一五”末，全省邮政业务总量年均增长15.3%；业务总收入年均增长8.45%。其中，邮务类、速递物流类、邮政金融类业务收入年均增长率分别达到4.3%、9.2%、9.5%，全省邮政储蓄余额突破1200亿元。基本实现经营性实得现金与应得现金平衡，经营性现金净流入与投资现金净流出平衡；全员劳动生产率增长水平与业务收入增幅基本持平，主业成本年增幅不高于收入增幅，员工总体收入水平随企业效益的增长而增长。邮政普遍服务达到国家规定的基本要求，规范化服务达到100%，商业化业务服务达到同业先进水平，邮件准时投递率不低于90%，客户满意度不低于85分。

（李　江）

**【国家邮政局局长刘安东莅临运城、晋中慰问一线职工】** 2006年除夕，国家邮政局刘安东局长一行4人深入到运城、晋中等局，慰问了一线干部职工，并对山西邮政的发展给予了高度评价。临行前，刘安东局长向全省邮政干部职工拜年，祝山西邮政在新的一年里发展得更好，职工们的日子过得更好。（李　江）

**【山西邮政3集体、4个人获上级表彰】** 全国总工会、全国妇联、山西省总工会、省妇联在“三八”节期间，对优秀女职工和集体进行了表彰奖励，山西邮政3个集体、4个个人获殊荣。长治市邮政局英雄路分局南营组获得“全国女职工建功立业标兵岗”称号，太原市邮政局纪检书记、工会主席李菊芬被授予“全国三八红旗手”称号。太原市邮政局广场收投分局局长杨巧娥成为“山西省十大杰出女职工”之一，同时还荣获山西省“五一”劳动奖章，被省妇联授予“三八”红旗手称号。临汾市邮政局营销分局平阳北街支局、太原市邮政局广场女子分局和阳泉市盂县邮政局局长张丽萍、临汾市邮政局储汇分局局长杜秀芳获得“山西省五一巾帼奖”，省邮政工会女职工委员会办公室副主任孔祥华被授予“山西省先进女职工工作者”称号。

（李　江）

**【庆祝邮储恢复开办20周年暨绿卡有奖营销活动启动仪式在并举行】** 1986年4月，中国邮政储蓄恢复开办。20年来，邮政储蓄业务经受了市场考验，取得了辉煌的成绩。为庆祝邮储恢复开办20周年，进一步提高绿卡整体形象、改善绿卡使用率低、消费量少的局面，打造绿卡“个人支付专家”品牌，山西省邮政局决定从2006年4月1日到12月31日在全省范围内开展“邮政绿卡月月刷百万大奖等你拿”

主题营销活动。（李　江）

【太原邮政客服中心荣获“2006年中国最佳呼叫中心”称号】　4月7日，太原市邮政局11185客户服务中心顺利通过了由中国信息化推进联盟客户关系管理专业委员会组织的初审评估，荣获“2006年中国最佳呼叫中心”称号。（李　江）

【《云冈石窟》邮票首发式暨邮展开幕式在大同举行】　4月13日，由国家邮政局、大同市政府、省邮政局主办，省集邮公司、省集邮协会、大同市邮政局承办的《云冈石窟》特种邮票首发式暨邮展开幕式在大同举行。中华全国集邮联合会会长刘平源、国家邮政局副局长冯新生及大同市委、市政府等相关领导参加了首发式。（李　江）

【山西邮政1集体、4个人获山西省五一表彰大会殊荣】　4月30日，在山西省五一表彰大会上，山西邮政1个先进集体和4个先进个人受到表彰。忻州市邮政局局长温灯祥被授予山西省五一劳动奖章，太原市邮政局万柏林分局荣记集体二等功，运城市邮政局局长李燕春、省邮政信息技术局主任工程师蔺建丽荣记个人一等功，太原市邮政局尖草坪邮政分局局长黄永庆荣记个人二等功。（李　江）

【山西邮政获“政风行风评议先进行业”称号】　5月，在山西省人民政府召开的省、市、县三级政风行风评议工作电视电话会议上，省政府对邮政行风评议工作进行了通报表扬，并授予全省邮政管理行业“政风行风评议先进行业”称号，同时，授予太原市邮政局“政风行风评议先进单位”称号。（李　江）

【第26届全国佳邮评选颁奖活动、全国邮展、《中国共产党早期领导人（二）》邮票首发式在并举行】　6月30日，第26届全国最佳邮票评选颁奖晚会、“光辉的历程”——纪念中国共产党成立85周年全国集邮展览开幕式、《中国共产党早期领导人（二）》纪念邮票首发式在太原举行。全国首届公安邮展也同步举行。省委副书记、宣传部部长云公民，全国集邮联合会长刘平源，国家邮政局副局长李国华，省政协主席刘泽民，省委常委、太原市委书记申维辰，全国公安文联主席孙明山，省委常委、省公安厅长杨安和，省人大副主任薛军，副省长靳善忠，全国集邮联合会副会长常延廷、谭小为、盛名环等领导莅临指导。（李　江）

【服务明星事迹报告团在全省巡回演讲】服务明星事迹报告团的8位成员分别来自全省邮政营业、储蓄、投递、营销等生产岗位。从8月1日～17日，服务明星事迹报告团在11个市局和省局机关进行了12场演讲，总计4000余名干部职工现场听取了报告，从中受到了一次规范服务的教育，受到一次人生观世界观的教育。此次演讲，旨在弘扬山西邮政优秀服务人员的先进事迹，激励全省广大邮政职工做好服务工作的积极性。（李　江）

【山西省邮政管理局成立】　9月6日，山西省邮政管理局宣布成立，国家邮政局副局长张亚飞及省委、省政府、省发改委、省通信管理局领导出席成立大会。省级邮政监管机构的正式成立标志着邮政体制改革进入实施阶段。（李　江）

【《文房四宝》特种邮票首发式在新绛县举行】　9月10日，《文房四宝》特种邮票首发式在新绛县举行。《文房四宝》特种邮票是新中国成立后发行的第一套非物质文化遗产题材的邮票，具有较高的欣赏和收藏价值。中国四大名砚中的绛砚产地即在新绛。（李　江）

【《古琴与钢琴》特种邮票在洪洞首发】9月26日，《古琴与钢琴》特种邮票首发式在洪洞举行。《古琴与钢琴》各种邮票是由中国和奥地利共同发行，一套两枚，分别为《古琴》和《钢琴》。（李　江）

【山西邮政与山西通信举行全面合作签字仪式】　9月28日，山西邮政与山西省通信公司全面合作签字仪式正式签订，标志着山西邮政与网通的业务合作又迈入了一个新的阶段。双方还签署了全省200明信片电话卡合作协议。200明信片电话卡是将邮政明信片与网通200电话卡相结合，是山西邮政与山西网通进入新的合作阶段后的首个合作项目。（李　江）

【太原邮区中心局场区建设改造工程竣工】　太原邮区中心局的场区建设改造工程于2005年10月18日正式启动，历时一年，包括场区建设改造、生产办公场所改造、职工生活设施改造和技术设备、设施改造四个方面，总投资达1500余万元，在全国201个邮区中心局参加的“三化”改革评比中，获得98.5分的好成绩。（李　江）

【ISO9000族标准工作通过认证】　2006年，全省邮政认真开展贯彻ISO9000族标准工作，在咨询机构的指导下，通过各级邮政部门大量艰苦细致的工作，初步建立起了符合山西邮政实际的质量管理体系。全省共形成质量手册、程序文件13套，部门作业指导书300多套。经过内部审核和管理评审，质量管理体系顺利运行。在此基础上，方圆标志认证中心对全省贯标工作进行了现场审核。经过进一步的整改完善工作，山西邮政质量管理体系通过了审核认证。贯标工作的开展，使广大干部职工的质量服务意识明显增强，各部门和各岗位人员的职能职责、作业流程和工作标准更加明确，制度办法、规则规范更加完善，促进了全省邮政基础管理的标准化、规范化、制度化和科学化。（李　江）

【全省邮政2007年工作会议召开】　12月25日～26日，全省邮政工作会议在并召开。会议认真贯彻落实党的十六届六中全会精神和中国邮政集团公司关于邮政改革发展稳定的一系列工作部署，总结回顾了2006年和独立运营以来全省邮政工作，分析发展形势，部署了2007年主要工作任务。山西省副省长靳善忠发来贺信，向大会表示祝贺。（李　江）

## 山西通信

【概述】　2006年是“十一五”的开局之年。山西网通面对异常严峻的市场竞争环境和前所未有的发展压力，紧紧围绕集团公司“效益质量年”工作主题，按照“面貌要有新变化、思路要有新拓展、方法要有新改进、工作要有新突破”的“四新”要求，深入开展“外学青岛、内学吕梁”活动，按照“一天天咬住、一步也不放松、一个也不落下”的要求，坚决执行集团公司各项重大战略部署，实事求是地根据山西实际开展工作，坚持发展不动摇，全面推进企业转型，努力建立符合上市公司要求的运作机制，取得了来之不易的成绩。

全年完成营业额50.21亿元，同比增

长 1.49%；实现利润总额 8.37 亿元；EBITDA 收入率完成 48.64%，较去年底提高 3.64 个百分点；全部达到集团公司确保目标要求。资本性支出完成 16.3 亿元，投资占收比达到 30.29%，在建工程转固率完成 75%，达到集团公司考核目标要求。现金收入比完成 99%，在集团处于较高水平。（刘洪敬　黄云霞）

**【积极调整收入结构，促进经济效益稳定增长】** 1. 高度重视三项核心业务发展。山西网通坚持速度与质量并重，业务发展和存量保卫并重。以“亮剑杯”立功竞赛活动为主线，精心组织了“网通新视界”等主题营销系列活动，取得了预期效果。完善了“业务流失预警、拆机挽留、信用度管理、积分回馈”四项存量保留机制，在全省范围内提供“亲情 1＋”产品和“大众电话”业务，同时大力推进增值业务发展，实现了转型产品的专业化经营，积极寻找新的增收亮点。借助资源优势，包装推出了固网悦铃、乡村名片、企业建站等十大类转型产品。大客户工作中按照“5＋X＋5”的总体思路，积极开展了“1＋1”工程，先后为国际电力、省国税局等客户提供 4006 呼叫中心业务，针对不同行业推广了民爆监控、银行监控和平安城市等“宽视界”业务。语音增值业务发展中依托现有企业资源，积极打造新型产业链，先后开发推广了“电话名片”、“心情气象站”、彩号、奥运卡、“一键通”电话机等受到市场欢迎的增值产品，策划开展了“悦铃体验”、“短信足球竞猜”等营销活动。宽带应用内容开发中进一步丰富了“山西信息港”、“宽带三晋Ⅱ”等网站内容，推出了网络电视、网通宽带宝、企业名片、一村一品等应用产品，探索了“营销＋支撑”的新型销售模式。系统集成服务重点面向政务、企业、教育、社区等四个信息化，服务内容由“语音＋数据”向多媒体服务扩展。

2. 加快信息化建设步伐。山西网通积极为省委、省政府献计献策，多次汇报信息化建设方案，新农村信息化、中小企业信息化、政务信息化等工作取得实质性进展。山西省农村综合信息服务平台整合各类涉农信息，利用 IP＋电视机＋机顶盒“三网融合”方式以及农民能接受的收费方式，从系统结构、信息内容和客户感知，都取得很好效果。积极为中小企业提供信息化综合解决方案，搭建了宽带商务、电子商务平台，与 7611 户中小企业签订了信息化合作协议。完成了全省所有剩余行政村通电话任务，建设了煤炭瓦斯二期、全省电子政务网一期、农党网等信息化建设重点工程，涌现出晋城农党网、平安阳城、长治襄垣县电子政务工程、西白兔信息乡等一大批精品工程。曾庆红副主席视察晋城农党网试点并给予充分肯定，省政府、省委组织部对已建成的农党网试点给予高度评价。煤炭瓦斯监测监控系统荣获国家能源资源行业信息化应用优秀成果金奖。

3. 加大经营管控力度。全年山西网通针对发展中出现的新矛盾、新变化，找问题、补短板、破难点。建立了全面的欠费控制责任体系，组织开展专项清欠活动，对重点市分公司实地督办、帮扶，逾期欠费率得到了控制，改善情况在集团排名第一。建立关键的营销政策资费审批、佣金执行和订单合同模板的关键流程监控制度，清理宽带低值资费产品 430 种。加大对竞争对手策略的分析研究和对特定市场的调研力度，开展了农村市场“百日百千万”大行动，为公司决策提供了第一手资料。认真落实互联互通相关政策法规，深入开展“畅通网络、诚信服务”活动，保障了网间通信的安全畅通。按照信息产业部 408 号文件精神，配合省通信管理局有效处理其他运营商的违规经营行为，努力创造良好的生产经营政策环境。（刘洪敬　黄云霞）

**【大力实施服务创新，继续保持服务领先优势】** 2006 年，山西网通继续强化“用心服务、诚信服务、星级服务”的“3X”服务品牌，不断加大服务创新力度，调整充实服务人员队伍，深入探索全年全员全过程服务模式，继续保持了服务领先优势，在服务营销、以服务促经营、以服务创效益方面取得了明显成效。

1. 实施服务方式创新，不断满足客户新的需求。“预约服务”和“弹性工作制”推广取得阶段性成果。截至年底，全省“预约服务”覆盖率达到 95%以上，“弹性工作制”覆盖了全省所有主营业厅、客服中心和 80%的社区。主动延伸服务扎实推进，成立了省、市两级业务响应机构，为全省前 53 名重要大客户配备省、市、县三级网络经理，主动提供测试报告和运行报告。截至 11 月底，主动提供电路开通测试报告 2954 份，网络运行报告 5711 份，完成了 7983 个客户机房的巡检工作，提供大客户差异化服务产品 112 项，大客户网络优化项目 237 项，较好地实现了以服务促经营的目标。

2. 实施服务渠道创新，不断提升客户感知度。全省所有营业厅业务受理推行了免填单服务，所有旗舰营业厅设置了“宽带商务体验区”。开展了“星级社区、星级社区经理”评选活动，社区服务水平进一步提高，社区知晓率由年初的 23%提高到了 50%。10060 逐步拓展了业务受理功能，全省 10060 业务受理量占发展总量的 27%。推出的“宽带专家坐席”，宽带申告过滤率达 80%以上。

3. 实施服务管理创新，治理重点难点问题。在各市分公司建立健全了相对独立的服务管理机构，建立了全省集中的投诉受理平台，每月的分析会前进行服务质量聚焦，对重要服务质量问题督查督办。推广了大客户行业化链条式管理，建立了大客户服务响应热线。开展了“农村百日服务飙风行动”，实施了商务客户名单制服务。以“为客户创造价值、为社会创造和谐”为主题，深入开展行风评议工作，推

图为 2006 年 2 月 12 日太原通信在太原工人文化宫开展促销活动　杨健　摄影

出了富有新意和切合实际的十项承诺，服务质量得到了社会各界的认可和好评。

4．实施服务培训创新，全方位提升服务水平。山西网通将服务人员分管理人员、社区服务人员、三代人员等不同岗位，以基层一线的营销服务培训为重点，搭建了开放式的营销技巧和产品知识培训平台。采取服务项目管理和专家培训方式，促进服务工作规范化、科学化。加强内训师队伍建设，组织了服务培训小分队，赴各市县分公司现场培训，有效提高了一线人员的服务能力。

2006年，山西网通再次荣获“全国用户满意企业”，是全国各运营商省级运营企业惟一获此殊荣的单位，同时荣获“全国通信行业用户满意企业”、“全省政风行风先进单位”等称号，2006年在集团综合满意度测评中得到84.86分，较上年提高了1.55分，集团排名第三；大客户满意度得分连续三年在集团排名第一；连续四年满意度测评、连续两年行评得分在省内各运营商中排名第一。

（刘洪敬　黄云霞）

**【紧紧围绕市场需求，全面提升后台支撑能力】**　2006年，山西网通以市场为龙头、以客户为中心，不断强化全员经营意识，后台支撑能力得到有效提高。

1．“经营网络”工作初见成效。网运部门进一步深化“六提升”工程，率先在集团开展“经营网络”活动。一是组织开展了“畅响网络”传输暨光缆网两网优化活动，建立了IP和PHS网络优化长效机制，进一步挖掘和盘活了网络资源，共盘出光缆纤芯7.2万芯公里，盘活1.32万芯公里，解决资源瓶颈109处，提升了网络的安全运行能力和业务支撑能力，主要网运指标位于集团中上游水平。二是加强了对市场经营的支撑响应。先后实施宽带账号与端口绑定、异地手机主叫号码前加“0”、汇接局集中计费等工程，积极开发维护支撑系统功能和维护产品，健全业务响应维护实体机构，强化四个100％承诺，建立月、季沟通制度，每日为社区经理提供异网业务用户数据，有力地支撑了经营服务。三是加强了基础管理。开展机房专项整治活动，进一步规范了维护作业现场管理，极大消除了安全隐患。启动末梢维护管理，实施包机责任制，完成134个端局专业机房和1110个接入网及模块局机房的安全整治，“经营网络”活动取得很好效果。

图为2006年2月12日，太原网通第四届元宵节南宫广场文艺演出活动场景　杨健　摄影

2．综合通信能力进一步提高。计划建设工作发挥“抢先抓早”经验，三大业务网和基础网络项目建设及早完成。固网智能化、“新九七”等一大批重点工程相继顺利投产。通过“村通工程”的实施，光纤覆盖了全省所有乡镇。建立了大客户项目管理“绿色通道”，大客户项目响应速度有了显著提升。不断加大技术创新力度，在全集团率先开展技术创新工作，成立了技术委员会和6个创新小组，重点进行了新技术跟踪，实施了软交换、ASON、IP承载网等商用试验网项目，大力推广了MSAN、SCDMA400、ADSL2＋等新技术应用。积极跟踪3G技术和市场动态，优化完善了移动网络规划，开展了移动市场策略研究，完成多层次的移动技术和业务培训，为3G系统未来运营奠定了基础。

3．内部支撑服务能力不断增强。一是不断提高干线光缆维护水平，持续对本地网光缆线路和机房终端设备进行达标整治，组织开展了业务技术比武活动和线务员岗位技能鉴定，促进了线务员业务技术水平的普遍提高。二是加强了对业务支撑系统、运营支撑系统和管理支撑系统的维护服务，全力协助实施“新九七”、ERP、业会合拢等重点工程，提高了响应速度和维护质量。三是努力提高技术支援能力，开展了电路板、ADSL终端、无线市话基站、电源单体的维修工作，截至11月底，为全省节约维护成本806万元。

4．支撑系统能力迈上新台阶。经营支撑方面，在集团率先完成综合客服系统的集中整合，率先实现全省100％市话详单和联机计费采集，率先推出预付费套餐，96万用户实现套餐化管理，5.44万用户实现多业务捆绑套餐管理。建设了市话详单网上查询系统，实现小灵通准实时停复话和8个市分公司小灵通月租日扣功能。网运支撑方面，建设了本地交换接入网网管系统、IP网综合网管系统，升级改造了112集中测量系统、实现了全省所有县（市）分公司业务工单的自动开通，有效增强了网络竞争力。管理支撑方面，完成ERP系统一阶段总账、应付、应收、采购、库存等五个模块的独立运行，二阶段固定资产、项目会计两个模块的模拟上线工作，实现了ERP系统向全省97个县（市）分公司和9个市级维护中心的延伸推广。启动了经营决策支持系统建设，实现了省市县内部视频会议功能，搭建了企业外部门户，实施了网上审批报账系统、档案信息化等项目建设，有效提升了管理效率。　（刘洪敬　黄云霞）

**【努力适应上市公司规则，建立以内控为基础的管理流程】**　强化内控工作是山西网通2006年基础管理工作的重要任务，以内控建设为契机，全面提升企业精细化管理能力，着力解决企业深层次管理问题。

1．内控体系建设扎实推进。组建成立了省市两级的办公机构和9个专业工作组，采取了“三上三下”的文档编制方式，开展了两轮自测试工作，整改问题1721个，各部门分别下发新的管理制度93个，涉及流程42个，测试关键控制活动点286个。通过内控建设和整改，理顺了工作流程，初步建立起了完备的风险防控体系和符合上市公司运作要求的管理架构。

2．重点环节管理进一步加强。全面贯彻集团公司要求，积极开展不良资产清理和治理商业贿赂专项工作，成立了治理商业贿赂专门机构，积极开展自查自纠，健全各类制度，筑起杜绝商业贿赂的牢固防线。完成了公司更名工作。实施了以“完成十项主要指标、落实十个重点项目、抓好十项重要工作”为主要内容的“开局工程”。制定并积极宣贯了企业三年发展战略。全面开展百日普法教育活动，初步建立了企业法律风险防控体系。进一步加强县（市）分公司的基础管理，提出县（市）分公司“转正计划”并逐月通报考核。完成了省公司本部车辆改革工作，有效控制了车辆使用成本。

3. 精细化管理能力全面提升。财务管理中，建立信息质量管理责任体系、各级管理层责任声明制度以及财务报告确保体系。推行固定资产网络化管理，初步建立了账、卡、实、责任人四位一体的科学管理体系。将主要银行网银系统整合到统一平台，提高了资金划拨速度。组建了机关账务中心，重组财务检查队伍。成立专门的收入稽核室，强化收入稽核检查工作。“业会合拢系统”在第三届全国通信行业企业管理现代化创新成果评选中荣获全集团惟一的一等奖。内部审计工作中，加强审计基础建设，有效地开展了后续审计，注重提高审计效益。截至11月底，完成审计项目1.01万个，其中工程审计送审金额11.89亿元，审减金额3518.66万元。物流管理中，开展了仓储标准化达标创优活动，全省90%以上物资实现集中采购，存货较上年末降低39.28%。安全管理工作中，针对全省电缆频繁被盗现象，山西网通与省公安厅一起下发了保护通信线路安全专门文件和通告，与公安部门联手，对破坏通信线路行为进行了专项打击，取得明显成效。

（刘洪敬　黄云霞）

**【不断完善考核激励机制，充分发挥人力资源效能】** 2006年，山西网通坚持“业绩至上”和“向一线倾斜”的改革导向，不断完善企业考核激励机制，有效调动了干部员工的工作积极性。

1. 开展“四好”领导班子创建活动。对全省所有三、四岗人员进行了年度履职考评。进一步规范了县（市）分公司领导班子成员管理，省公司对县（市）分公司经理任免进行把关。进一步完善了以业绩为导向的考核激励机制，调整充实了各级领导班子和省公司本部的绩效考核办法，继续实行了通报预警和“红”、“黄”牌制度，累计有18人次因未完成阶段性绩效指标被通报警示。

2. 以市场为导向配置人力资源。年初在市场线增设了四个中心，通过竞岗竞标方式，对10个四岗以上岗位实行“底薪＋提成”的新型薪酬机制。在人工成本十分紧张的情况下，主动开展了晋级晋档工作，提升了市场线1803名员工的岗位等级，9390名员工的岗位工资晋档。进一步加强企业核心队伍建设，开展了优秀专业人才评选，1500余名优秀人才纳入公司特别激励范围。建立了干部交流挂职锻炼长效机制，选派第一批21名挂职干部进行了省市双向交流。在吕梁开展了社区经理薪酬激励体系建设试点，薪酬分配向一线倾斜的力度进一步加大，显现出良好效果。

3. 稳妥推进实业改制工作。按照“一手抓改制、一手抓管理”的工作思路，认真做好部分企业整合和竞聘上岗工作，积极稳妥地推进企业改制，撤销了全部地市实业公司，业务发展势头良好，圆满完成董事会下达的计划。

（刘洪敬　黄云霞）

**【认真学习青岛经验，深入开展企业文化建设】** 2006年，山西网通将“学习青岛”作为推进各项工作突破的有效载体，通过“传达学习、查找差距、落实提高”三个阶段，使青岛经验在山西省网通真正落地生根。与此同时，积极发现身边典型，总结推广吕梁“亮剑”精神，开展了“一个标杆、十面旗帜、百名能人”选树活动，通过分析会、报纸、内网等载体广泛宣传，在全省掀起学习热潮，引起强烈反响。同时深入推进企业文化建设，提出了“面貌要有新变化、思路要有新拓展、方法要有新改进、工作要有新突破”的“四新”目标，归纳提炼出“以人为本”、“拼搏奉献”、“两用”、“三一”、“四新”的企业文化建设核心内容。在全省开展了以“弘扬企业文化、构建和谐企业”为主题的宣贯活动、以“用心工作、用心负责”为主题的演讲活动。同时进一步加强党风廉政建设，在全体党员中开展了学习党章、贯彻党章活动，省公司领导和各市分公司、本部各中心一把手带头主讲了廉政党课。在领导干部中开展了“网通铁律”宣贯活动，层层签订了《党风廉政建设责任书》和领导人员《廉政承诺书》。

2006年，省公司荣获全国五一劳动奖状，保持了“全国精神文明建设工作先进单位”和“山西省文明行业”荣誉称号，荣获了“中国优秀企业形象单位”和“山西省党建工作先进单位”。

（刘洪敬　黄云霞）

## 电　信

**【概述】** 2006年，是山西电信在激烈的市场竞争形势下，落实科学发展观，推进企业战略转型，提升企业综合实力，推动山西电信更快更好发展的一年。在集团公司和北方公司的正确领导下，各级电信企业和全体员工坚持以邓小平理论和“三个代表”重要思想为指导，开拓奋进，扎实工作，圆满完成了各项目标任务，企业发展取得了一系列新成就。

2006年，全省电信业务收入完成23521万元；收入EBITDA率为14.73%；宽带用户累计达到119421户；固定电话用户累计达到317146户。

1. 经营工作量质并重，业务发展卓有成效。

山西电信把宽带业务作为推进企业战略转型重要业务和各类信息应用服务汇聚载体来抓，完善宽带产品线，促进了宽带业务快速发展。积极推广光纤＋LAN技术，实施光纤广覆盖工程，开展宽带配套专项业务营销，宽带产品品质逐步提升。树立电信宽带品牌，推出“数字家庭”、“超级宽带”、“宽带和语音一体化”等系列产品。做好绿色动力网吧营销发展，推广“网维之星”、“网告天下”等增值业务，提升了网吧的附加价值。积极做好增值业务发展，增值业务收入占主营业务收入比重达2.5%。

2. 战略转型稳步推进，企业生发新的动力。

2006年，按照集团公司实施战略转型的要求，全省电信坚持思想意识转型是关键，认真领会集团工作精神，通过多种方式、多种层面进行宣传教育，统一思想、统一意志、统一步调，为推进企业战略转型提供了思想保证。

积极推进业务转型。将商务领航（企业信息化应用）作为推进业务转型的关键来抓，成立专业化营销队伍，细分市场和用户群，采取行业推广、捆绑销售等方式，在实践中探索、进取。结合省情和企业实际，推进号码百事通业务（信息查询服务），形成了涉及600多个细分行业类别基础信息的“面覆盖查询能力”，运用所掌握的信息资源和生活常识为客户提供“有用的建议”。大力拓展系统集成业务，在打造山西电信综合信息服务提供商的品牌上取得了初步进展。

大力推进人力资源转型。一是将人工成本作为一种投资行为，积极发挥投入产出效应，人工成本就是“投资”的观念得到树立。二是强化目标管理，提高了考核指标的量化、细化水平，与精确化管理逐步合拍。三是打破岗位界限，改革以往按岗位发放薪酬的方式。使企业高岗位员工的薪酬风险意识进一步增强，低岗位员工的工作积极性进一步高涨，有力地推进了企业各项工作的开展。四是实施岗位预约，在企业内部营造了鼓励人才干事业，支撑人才干成事业的良好环境和氛围。

积极推进专业化生产营销组织建立，合理区分经营和销售职能，发挥经营管理的导向作用，实现销售职能接应落地。各市分公司从落实企业内设机构管控要求出发，以虚拟团队方式组成多种业务营销队伍，推行内部承包制，有效地开展市场营销工作。根据有效益发展的原则，新成立了22个县域分公司，进一步延伸了山西电信的市场规模和品牌范围，积蓄了发展后劲。

3．运营支撑能力不断增强，服务质量不断改善。

网络建设注重投入产出，正确把握投资导向，强化工程建设原则指导，落实刚性要求，严格立项把关，有效提高了投资收益。坚持面向市场前端，推广广覆盖建设，以创新的思维和模式实现了“网络向前看，市场往后看”的前后端协调联动，探索出了在山西电信所处环境下适合自身发展的新路子。通过积极推进广覆盖网络建设，实现了建设区域内15%用户接入能力的目标，进一步提高了市场竞争能力；围绕业务转型，加强网络建设和整合改造，完成长途软交换试商用网、CN2、DCN以及宽带互联网、IP骨干网扩容等重点工程建设，增强了山西电信网络服务能力；完成号码百事通和企业总机平台的建设，增强了网络业务创新能力。网络资源不断丰富，全省本地交换容量累计达到44.2万门。

深化维护体制改革，坚持面向网络、面向产品、面向客户，推进运维体系的延伸和拓展。深化综合化集中维护工作和双“A”达标工作，提高了整体维护工作质量及工作效率，在维护标准化、流程化、规范化方面有了较大的进步，保障了网络安全稳定运行。

推进“提升用户满意度”、“营业厅服务规范达标”和“10000号服务能力提升”主题服务工作，服务满意度达到83.7%。10000号集团公司测评1－10月份同城同业综合排名业务处理能力第二，服务亲和力和综合接通能力第一，主动营销能力3至10月份均得到满分。

加强后台对前台的支撑响应，积极提升宽带障碍处理能力，充分利用96100电脑专家咨询服务热线，远端指导和上门维护相结合，在打造用户可感知的宽带维护服务上迈出了新的一步。

4．精确化管理开始起步，工作效率不断提高。

进一步完善预算责任管理体系。注重EBITDA率提升，有效地提高了各市分公司节约成本、提高投产率的意识；突出分类和差异化考核，建立了市分公司“差异分类、差异经营、差异指标和权重”的考核体系，通过考核的导向作用，接应了企业战略转型，保证了全省战略目标的实现。

强化市场精确化管理。切实加强生产经营分析工作，做到投资、成本与市场业绩有效关联，使经营分析能从全方位做出综合评价，为公司战略提供支持。以客户感知为出发点，开展了形式多样的市场调查分析工作，重点关注了关键竞争环节信息收集，对产品和渠道进行指导。

强化IT支撑。积极推动电子运维系统建设，实现了运维日常工作流程化、运维工作记录电子化，有效地利用系统对作业内容、形式进行了管控；支撑了运维工作基础数据的建立。完成了MSS项目上线工作、BSS系统和业务量收平台建设工作，企业信息化程度不断得到提升，支撑企业管理水平稳步提高。

5．各项工作齐头并进，和谐企业氛围浓厚。

加强领导班子和干部队伍建设。按照创建“四好”班子的要求，进一步加强领导班子思想、组织、作风和能力建设，充分发挥了领导干部在整个转型中的引导和带动作用。加强党风廉政教育，开展治理商业贿赂专项工作，领导人员廉洁自律、强化监督制约机制工作有效加强。开展不良资产、集中采购、工程物资管理的效能监察，各项制度逐步完善，整体工作有效推进。加强省、市公司干部交流锻炼，年交流比例占领导干部总数的11%。加强领导人员培训，正职培训覆盖率达到100%。实施素质提升工程，加大培训和岗位认证力度，持续优化培训，推动了学习型企业的创建。积极开展文明单位创建工作，全省已有省公司本部、太原、晋中、朔州、吕梁获得文明单位称号。民主管理成效显著，建立了地市职代会制度。各级工会围绕企业发展中心，切实维护员工的合法权益，组织开展了多种形式的劳动竞赛活动和评先创优工作，有效推进了企业的发展。（赵　苇）

**【山西电信光纤广覆盖工程联动“数字家庭”营销实现宽带业务快速发展】** 2006年6月以来，山西省电信分公司启动光纤广覆盖工程，同时开展与之相适应的“数字家庭”业务营销，促进了宽带业务快速发展。截至2006年底，山西省电信分公司宽带终端用户突破10万户。

山西省电信分公司在全省实施的“驻地网宽带网络广覆盖”建设工程，本着主推宽带、语音跟进的原则，在继续加大现有本网宽带用户的发展以提高宽带网络渗透率的同时，注重新建宽带接入网络品质的提升和扩大网络覆盖规模。新建宽带接入网络重点选用FTTH＋LAN结合IAD技术实现宽带和语音业务接入，在重点地市实施驻地网光纤宽带网络布局式建设，在注重投资效益的同时大规模提升光纤宽带网络的覆盖范围。从而达到有重点、有效益地拓展宽带业务，扩大网络规模和业务能力，当年全省已有3800余栋楼完成了广覆盖网络建设，为市场拓展铺平了道路。

在光纤广覆盖实施过程中，公司强调网络与市场协同作战，从8月起在业务层面推出相应产品——“数字家庭”，向家庭公众客户提供以电信光纤宽带＋IAD语音为主，以互联网和语音增值业务为辅的多业务打包服务。具体包括光纤宽带、电话、来电显示、七彩铃音、同振/顺振、电脑杀毒等基础服务，和互联星空、E视星空、绿色上网、家庭办公、视频管家等附加服务。

公司从网络、业务、服务三个层面精心组织“数字家庭”产品营销工作，充分展现了“数字家庭”技术先进，服务升级；一线多能，物超所值；门户网站，贴近生活；电信品牌，服务专业的四大特点，树立了差异化优势鲜明的品牌形象。山西省电信分公司从用户感知出发，制定了不同档次、不同类型的宽带与固话捆绑套餐；根据市场推广节奏，在全省组织专项销售活动，有效保障了业务发展。

（赵　苇）

**【推进号码百事通业务突出本省“特色”】**

山西电信作为新兴企业，不再拥有主导运营商的地位和多年积累下来的各方面的丰富资源，因而开展号码百事通业务（通过10000号平台和118114声讯服务号码为广大人民群众提供多种信息查询服务）必须另辟蹊径，采取具有本地特色的思路和方法。

特色一：创新发展思路，结合省情和企业实际，将“热前台”和“培养潜在客户”结合起来，采用“薄查询”方式推进“号码百事通业务”。初期不求“事事通”，只求“百事通”，整合黄页业务信息资源，形成了涉及六百多个细分行业类别基础信息的“面覆盖查询能力”，运用所掌握的信息资源和生活常识为客户提供“有用的建议”，通过指路的方式完成服务。在此基础上推进“事事精”，丰富信息内容，从“对老百姓有用”出发，强化对与公众日常生活、衣食住行有关的行业、产品和品牌的信息覆盖，最终达到集团要求的“事事通”。目前，业务逐步为用户接受，月呼叫量已超过3万次。

特色二：整合信息资源，利用已运行两年有余的黄页业务所积累的信息数据资料，整合到号码百事通平台，初步建立了“基础信息数据覆盖行业比较全面”和“行业划分比较细致”的优势。同时在坚持专题性特色服务信息选择原则（即与百姓之日常工作和生活密切相关，且服务提供商具有信誉良好的品牌）的前提下，尽可能扩充信息的品种，提高公众对号码百事通的关注程度。

特色三：关注实际效果，采取借助集团公司电视宣传、充分运用自有渠道、适时利用服务置换、适度投放本地媒体等手段，执行适度表达服务能力的原则，尽量提高“宣传效果成本比”。

特色四：强化地方合作，借力造势。8月以来先后与太原新闻网达成的合作项目，即利用呼叫中心的电话调查和企业总机服务能力置换其网站首页首屏一年期的通栏广告位。充分利用太原新闻网是太原日报和晚报主办的互联网电子传媒，具备较高社会影响力的优势。与“周华健巡回演唱活动”组委会合作，将其信息咨询热线设置为的118114，以人工咨询服务置换了对号码百事通的广告宣传，通过其各种宣传渠道向社会发布，收到良好效果。

目前通过118114的呼入量已达到号码百事通总呼入量的近30%。专题性特色服务信息已达到10多种，包括出行无忧系列、太原市便民服务系列、晋中地区旅游信息系列、太原市IT业销售服务信息系列。

（赵　苇）

# 科 学 技 术

## 科技工作

**【阳泉市科技局组织召开中小型企业创新基金项目培训会】** 2006年4月22日上午，阳泉市科技局邀请各县区科技局、部分高新技术企业负责人及相关技术人员共20余人召开科技型中小企业技术创新基金申报培训会。会议的主要内容涉及创新基金支持的对象、方式、申报时间、程序等一系列内容。

“创新基金”是经国务院批准设立、用于支持科技型中小企业技术创新项目的政府专项基金。其以技术创新项目为对象，以市场为导向，重点支持技术的第一次商品化过程，重点支持种子期项目和初创期企业。会上，市科技局副局长周新润对召开本次培训会的意义作了重要说明，产业科技科科长闫守琦传达了2006年3月28日在北京召开的全国创新基金培训会议精神，并重点对2005年基金申报方面的重要变化进行了详细讲解，市生产力促进中心主任刘海斌强调了申报项目的注意事项。参会人员对申报创新基金表现出很大的兴趣，大家互相交流体会，都表示要抓住这一难得的机遇，争取国家、地方更多的资金支持，从而进一步提高企业的创新能力，增加产品的核心竞争力，为企业做大做强打好基础。阳泉市科技局也表示：在这方面要为企业提供更好的服务，为阳泉市的经济发展创造条件。

（宋培贤）

**【大学生进万村共建科技信息化】** 2006年7月9日上午，由山西农业大学和山西移动通信有限责任公司联合主办的“山西省社会主义新农村建设大学生进万村科技信息化工程”正式启动。中共山西省委书记张宝顺出席启动仪式，并为出征队员授旗。省委秘书长申联彬、副省长梁滨等相关领导以及中国农业大学校长陈章良出席。

山西省大学生进万村科技信息化工程将在大学生暑期（2006年7月9日至7月30日）期间，发动6000名大学生深入全省28000个村庄驻点20天进行网络知识培训，并为每个村庄建立网络门户、搭建现代信息和物流平台。预计，到2006年9月底，山西移动将新建光缆5万公里，宽带网络覆盖的村庄数量达到2万多个，投放6万台计算机在2万多个村庄开通农村网络文化站。为使信息网络能够真正服务农民，山西移动将投入专款800多万元与山西农业大学合作，组织此次“山西省社会主义新农村建设大学生进万村科技信息化工程”活动规模：此次农村信息化普及活动，无论从内容还是从规模上说，都走在了全国前列。特别是为全省每个农村建立一个门户网站的举措，即使在世界范围内说，也是少有的。2005年，山西移动通信有限责任公司投资12亿元圆满完成山西“村村通电话”工程，使全省4087个偏远贫困村庄通了电话。山西移动通信公司总经理高步文介绍，2006年，结合新农村建设的伟大目标，山西移动深化2005年的村通工程，继续投资10亿多元，进行新农村信息化建设，将宽带接入农村，并提供电脑在全省农村普遍建立农村网络文化站，使文化信息下乡、科技信息进村，帮助农村搭建先进的信息和物流平台。（宋培贤）

**【太原市确定首批市级工程中心】** 为进一步加快科技基础条件平台建设，提升自主创新能力，2006年，太原市确定了太原市清洁能源工程技术中心等首批20家市级工程中心。这批工程技术中心覆盖了能源、化工、冶金装备、新材料、环境保护、医药卫生、现代农业等行业和领域，依托各行业、领域内具有综合优势的企事业单位，具有较完备的工程技术综合配套试验条件，拥有一支优秀的研究开发、工程设计和试验的专业科技队伍。市科技局把市级工程技术中心建设列入重点科技专项给予滚动支持，财政资金主要用于购置工程技术研究开发、试验所必需的先进仪器、设备、技术软件以及维持正常运行等。工程技术中心可直接申报市级各类科技计划。并将积极向省科技厅推荐申报省级工程中心。这批工程技术中心的建设对于促进产学研结合，巩固企业技术创新主体地位，攻克行业领域的共性技术、关键技术难题，提升自主创新能力将发挥积极的促进作用，为太原市的经济结构调整和经济增长方式转变提供强大的科技支撑。

（宋培贤）

**【太原市确定2006年科技创新示范单位】**

太原市科技局按照“三好（好项目、好企业、好带头人）标准”，经企业申报、实地考察和局务会研究审定，2006年确定了山西信联集团实业有限公司、太原康培集团、山西科技市场等20家民营科技企业和科技中介机构为2006年科技创新示范单位。对科技创新示范单位在科技经费上给予重点支持，并优先选择承担国家、省、市重点科技项目。科技创新示范单位采用一年一评审，一年一挂牌的动态管理形式。通过优质服务、政策倾斜、资金支持，促进示范单位及项目的强劲发展，增强其辐射和带动作用，使全市科技成果转化取得突破性的进展，为促进经济结构调整优化，转变经济增长方式，推动经济社会全面协调可持续发展，提供更加有力的科技支撑。（宋培贤）

**【长治市举办日本花甲（果树）专家学术报告会】** 2006年3月8日至11日，长治市生产力促进中心邀请了日本花甲协会果树专家熊谷俊一先生就现代果树管理技术举办了学术报告会，并结合生产实际，深入果园进行了技术指导。

现代果树管理技术学术报告会在长治市宾馆会议中心举行，报告会由长治市科技局局长魏绯丽主持，参加这次报告会的有长治市副市长秦来英、山西省生产力促进中心孙健副主任、刘萨沙部长、市科技局有关领导，市直、各县（市、区）果树专业技术人员、果树场（站）管理人员、职业技术学院园艺系果树专业学员，有350余人参加了这次报告会。

报告会上熊谷俊一先生就果树管理方法、果树修剪技术、疏花疏果技术、病虫害防治、果树新品种，以及日本果树业发展动态等内容作了详细介绍。报告会通过播放DvD光盘、幻灯片的形式进行，由省农科院留日博士曹秋芬女士担任翻译，使每一位到会者看得清楚，听得明白。普遍反应，学到了知识，开阔了眼界。在此期间，熊谷俊一先生深入到长治市屯留果树场、襄垣县南甘甜漳果树场、晋岩果树园艺科技开发中心就果树春季修剪进行现场指导，同时在襄垣县也举行了技术报告会。这次活动接受培训总人数达到900余人。（宋培贤）

**【山西找出制约本省加快科学发展的“三大软肋”】** 对照中央提出的科学发展观，山西在自我剖析中找出了制约本省加快科学发展的“三大软肋”：节能降耗、保护环境和科技创新。“十一五”开局之年，山西剑指“三大软肋”转换经济增长方式，使全年经济发展的“过热”和不良指标出现了回落，而标志着和谐、民生和生态优化的指标出现了亮点。

据初步统计，2006年山西省地区生产总值可达4750亿元，财政收入将首次突破千亿大关，城镇居民收入增长12%突破万元，农民人均纯收入增长10%，经济增长与财政增收、人民致富的协调性明显增强。全社会固定资产投资增幅同比回落，单位GDP能耗下降2%，单位GDP的主要污染物排放水平可望实现预期下降目标。

煤炭、焦炭、电力、冶金、化工等高耗能、高排污产业是山西省经济支柱。根据2005年的统计，山西省万元GDP的综合能耗是全国平均水平的2.4倍，单位工业增加值能耗是全国平均水平的2.5倍。山西省大气环境质量全国倒数第一，在国家环保总局公布的2005年环境空气质量劣于国家三级标准的43个城市中山西占了16个，而且“黑帽”前三名城市都在山西。长期高强度的采煤也使山西省矿区大面积采空。山西因此成为“污染大省”和“塌陷大省”。而让“煤老大”抬不起头的还有科技创新。山西又拥有17个国家级重点实验室、20多个科研实验基地和上百个企业技术研发中心。但山西省科技创新的步伐没有走到前头，科技对经济增长贡献率偏低。

2006年，山西省在全国率先制定了体现科学发展观的地区经济社会发展考核评价指标体系。新的指标体系由经济增长、社会发展、科技进步、人民生活和资源环境等5个方面44项指标组成。新办法对不同指标赋予不同的权数、采取不同的计算方法。一是与老百姓日常生活直接相关的指标有24项之多；二是充分注重经济增长的质量问题，分别提出了科技进步类指标4项、资源环境类指标9项。尤其是单位GDP“降耗指标”和主要污染物排放量“减排指标”，被列为年度考核指标。

新的指标体系成了山西加快科学发展的“路线图”。

1. 扎紧工业能耗“胃口”，推动循环经济。山西把占到能耗总量65%的200多家能耗大户企业推上能源审计、统计、监督的“重点榜”，进行严密监控。它们耗能一旦超标，就面临被责令整改和经济重罚的可能。同时规定，对企业节能成绩分级考核，指标一直分解到企业的车间和班组，节能指标直接与企业员工的经济奖罚、企业负责人的业绩考核挂钩。山西省以能源原材料产业为重点，建立资源循环利用体系，2006年一些循环经济示范企业、示范园区、示范社区和示范市、县显示出“头羊效应”。

2. 启动“蓝天碧水工程”，完善治污的激励约束机制。11个重点城市和32个县（市）的主要负责人是“蓝天碧水工程”的第一责任人，工程实施情况作为干部年度考核的重要内容。在干部考核和提拔任用中实行环保一票否决制。2006年，《山西省重点工业污染源治理办法》《山西省违反环境保护法律法规处分暂行办法》《山西省党政领导干部环境保护工作实绩考核办法》等陆续出台。环保部门与金融、物价、铁路等14个部门联手为环境违法企业打造了“紧箍咒”。全省县（市、区）全部设立了空气环境质量自动监测站。为了除“黑”播绿，山西2006年还掀起了新一轮植树造林热潮，提出经过5年努力，将森林覆盖率提高到18%以上。

3. 实施“煤炭新政”，推进煤炭资源整合、提高产业集中度和整体素质的“三大战役”。近5000个“黑矿点”和1300个“小小”煤矿分别被取缔、关闭，山西省顺势导入全国煤炭资源有偿使用和可持续发展试点工作；全省煤矿棚户区改造和采煤沉陷区治理启动。长期困扰山西人的煤炭污染、地质灾害、资源能源浪费、矿难事故等“煤祸”，开始从机制和体制上得以铲除。

4. 政府全面扶持、企业自主创新的机制正在形成。从2006年开始，省财政部门重点从增加财政科教投入、落实税收优惠政策、完善企业分配制度、拓展政府采购功能、支持科技中小企业等方面，促进企业提高自主创新能力，培育和做强市场主体。2006年省财政安排科技专项资金1.9亿元，同时设立全省技术产业创新资金，加大资金投入力度，大力支持科研成果推广转化、科技攻关、星火计划、火炬计划等项目。省人事厅向东部地区、重点科研院所和海外全面招才、引智，为重点企业和攻关项目“借脑”。2006年，太原重机又添两项“撒手锏”新产品。“900吨过隧道架桥机”填补国内空白，拥有自主知识产权的27立方米矿用挖掘机打破国外垄断。山西2006年共有国家级企业技术研发中心11家，省级企业技术研发中心55家。以国有特大企业和军工企业为先导的企业自主创新为“中国制造”带来众多亮点。太钢已经拥有了100多项拥有自主知识产权的不锈钢核心技术；太原重机自主研发的油膜轴承占领了全国80%以上的市场。据省经委统计，山西的企业自主创新占技术研发的比重已经达到57%。（宋培贤）

**【太原市举办“清洁发展机制”专题科技讲座】** 2006年12月27日下午，太原市科技局邀请山西大气清洁发展机制技术中心主任郑峰和首席科学家李保庆作了关于“清洁发展机制”的专题科技讲座。

清洁发展机制简称CMD，是《京都议定书》确立的机制之一。发展中国家通过这种机制可以从发达国家获取治理资金和先进技术，用于废物管理、土地改造以及清洁生产技术等方面，减少温室气体排放。郑峰围绕“清洁发展机制——一个新的国际性重大发展机遇与挑战”的主题，指出太原市是重工业城市，污染物排放量大，清洁发展机制在煤炭焦化工业尾气治理、大型畜牧养殖业沼气开发等方面，有着很大发展空间。推广清洁发展机制，对调整太原市能源结构，改善环境有着积极作用。（宋培贤）

**【太原市青年企业家受表彰】** 2006年12月28日，太原市一批青年企业家受到表彰，他们将获得晋升一级、半级工资的奖励。

太原市委组织部、团市委等部门联合决定，授予太原中和房地产开发有限公司

# 晋城市财政局

荣誉证书

山西省晋城市财政局 单位：

被评为2001-2005年全国法制宣传教育先进单位。

## 王克平先进事迹

东焦河水库水利现场办公

王克平，1954年9月出生，山西省沁县人，中共党员，大专文化程度，1970年4月参加工作，2001年11月始，任晋城市财政局党组书记、局长。

近年来，该市财政工作在王克平的领导下，取得了瞩目的业绩：财政收入同口径由2000年的11.55亿元增长到2006年的79.01亿元，增加67.46亿，相当于“七五”、“八五”、“九五”三个时期增加额的6.7倍，在全省地市中的位次由2001年的第七上升为第四，“十五”期间财政收入年均增幅达40.5%，高于全省31.26%的平均水平。坚持以科学发展观为指导，充分发挥公共财政职能，有效地推进了晋城市城市与农村、经济与社会、人与自然的和谐发展进程。2002年在全国率先实行了农村最低生活保障制度，城市各类社会保障对象也实现了应保尽保；2005年在全省率先对农村和城市困难家庭义务教育阶段的孩子减免学杂费、书本费，补助生活费；积极推进农村新型合作医疗，2006年覆盖率达86.6%，高于全省40%的水平，乡镇卫生院达标建设走在了全国、全省前列；积极探索并建立了推进畜牧业发展和科技创新的财政鼓励政策，加快了该市畜牧业、农产品加工业的发展和新技术的推广应用。与此同时，竭力推进旅游事业、城市建设、环境保护、平安晋城和社会主义新农村建设等各项事业的全面发展，为“十五”期间晋城市获得创建全国文明城市先进市、国家级园林城市和全国优秀旅游城市提供有力的财政支持。扎实推进财政改革，在全国全省首家创立了“三类九级”的公用经费预算编制模式；在全省第一家建立了监管与执行相分离的政府采购机制，并在全国开创了网上采购先河；在全省率先启动了国库集中支付管理；探索性地建立了符合财政发展方向的财政投资评审机制，三年审查核减虚报冒领财政资金1.9亿元。本着抓队伍、促业务的工作思路，着力推进党风廉政建设，被晋城市委授予党风廉政建设先进单位；着力推进政风行风建设，在民主测评中连年被评为全市第一；着力推进法制建设，被授予全市依法治理示范单位，先后受到了省政府和国家司法部、宣传部、财政部的表彰。由于工作努力，成绩显著，王克平同志2002—2005年先后被授予山西省社会主义劳动竞赛二等功，山西省社会主义劳动竞赛一等功、市特级劳模、山西省五一劳动奖章等荣誉。

便民接待 解难答疑

# 芮城县财政局

## 李跃刚先进事迹

李跃刚，1963年出生，大学本科学历，中共党员，芮城县财政局局长。

芮城县财政局，下设职能股室9个，事业中心3个，乡镇财政所10个，二级部门2个，在职人员131人。芮城财政在各级领导的关怀和支持下，伴随着树立科学发展观、构建和谐芮城的时代脚步；沐浴着加强自身建设、争做五个表率的雨露阳光，奏响走生态文明发展之路、创建国家级生态文明县的昂扬号角。狠抓增收节支，严格依法理财，强化财政监督，加强队伍建设，转变工作作风，优化服务理念，各项工作取得了骄人的成绩。在李跃刚带领下的芮城财政局，多次被评为全省财政系统先进集体，全市财政系统党风廉政建设及目标考核双第一，县委、县政府授予先进工作集体，政风行风评议第一名。李跃刚担任财政局局长以来，始终坚持狠抓增收节支，确保收支平衡；大力支持社会各项事业发展，努力改善民生，促进民和；加大财政支持“三农”力度，全面推进社会主义新农村建设；深化财政改革，提升财政综合管理水平；内强素质，外树形象；开展创建学习型机关，组织增收节支大讨论、送温暖献爱心、警示教育和革命传统教育活动，对全局人员进行目标量化考核管理；设立“保姆一站式”服务台，对十大乡镇、十大企业分片包干，责任到人，方便服务企业、群众。财政各项工作任务连年圆满完成，成功地打造了一支“廉洁理财、文明办公、高效服务”的财政干部队伍。

上级领导到财政局检查指导工作

局班子成员深入古魏镇兴耀村帮扶新农村建设

李跃刚，2004年被运城市委、市政府授予“劳动模范”称号；2005年被运城市劳模协会授予第七、八届“再铸辉煌建言献策”二等奖、先进奖；2007年被山西省委、省政府授予“劳动模范”称号。芮城县财政局获得省人事厅、省财政厅共同颁发的“全省财政系统先进集体”荣誉。

董事长白仲玉等11人“青年功勋企业家”称号，市邮政局冯红旗等18人、太化集团股份有限公司郑建宏等28人分别为“杰出青年企业家”和“优秀青年企业家”。经劳动部门同意，青年功勋企业家和杰出青年企业家将晋升一级工资，优秀青年企业家晋升半级工资。（宋培贤）

**【太原市发布百项重点科技项目推介】**
2006年12月30日，太原市科技部门对100项实用性强、创新性好的科技项目进行重点推介，为百项成果争取省科技计划立项和资金的支持。

本次推介的100个重点科技项目，是太原市科技部门根据本市的优势产业领域筛选出的，都是由太原市的高新技术企业、民营科技企业、高校、科研院所自主研发的，涉及机械装备制造、冶金、化工、电子信息、能源环保、新材料和生物制药领域，主要集中在企业自主创新、节能减排技术及产品、铝镁及新材料、高新技术产业化、新能源技术及产品、现代服务业、专利技术转化、科技基础条件平台建设、产学研合作和煤矿安全技术及产品10类项目。太原市科技局谢承泮总工程师介绍，这批项目总投资12.3亿元，完成达产达效后将新增产值39.5亿元，新增利税7.1亿元，这些项目的实施将为太原市建设新型工业基地和特色文化名城提供强有力的科技支持。（宋培贤）

**【山西阳泉中驰纳米研发“零界颗粒切割法”】** 阳泉中驰纳米科技公司研发的400目～1000000目的纳米级精细铁粉产品加工工艺及“零界颗粒切割法”技术，通过了美国US－NOG标准检验。专家评价，该方法生产的纳米级精细铁粉技术是2006年国内绝无仅有的，其创新点在于一举攻破了当今世界上加工生产微、纳米级精细铁粉的两大难题，创新程度超越了同行业，达到世界先进水平。

2006年2月，该公司的零界颗粒切割铁粉投放市场后，在国内外引起极大关注，广东中山艺华橡胶集团要求每月保证供应20T～30T，韩国、日本、德国等国的商贸公司纷纷前来考察、订货。2006年国内已有41家企业洽谈供货协议，122家企业正在试用其产品。

当前，世界上对纳米级精细铁粉的加工存在着不易克服的困难，如团聚、形状等难题。在国内超过43μm即400目的加工生产几乎是空白，特别是纳米级精细铁粉更是无人问津。2003年中驰纳米科技公司及总经理王惠民先后投入200多万元研发纳米级精细铁粉的加工和生产方法，并在2005年1月份成功研发出加工生产纳米级精细铁粉的“零界颗粒切割法”，克服了2006年世界上加工纳米级精细铁粉所碰到的高温、团聚、流动性差等难点。

“零界颗粒切割法”是通过在零界状态下，利用高频切割工具进行均匀切割、研磨，所生产的纳米级粉体具有球体形状，比表面积好、颗粒均匀、松装密度均达到国际标准。中南大学粉末冶金研究院的检测中心对35μm～10nm即400目～1000000目的产品进行检测，均达到美国US－NOG标准。（宋培贤）

**【永济电机厂已成为我国电传动钻机的最大供应商】** 中国北车集团永济电机厂创造了国内电动机4个之最：功率最高，达1600千瓦；扭矩最大，为3.5万牛·米；钻井最深，配套我国9000米钻机；装配最全，可同时配套绞车、泥浆泵、顶驱和转盘电机。2006年，永济电机厂已成为我国电传动钻机的最大供应商。

近年来，我国石油钻机市场需求相对增加，石油钻采设备国产化步伐加快，国内市场对石油钻机电机的需求量也逐渐增加。为了满足电机市场的需求，永济电机厂研制生产的石油钻机电机2006年已达160多个品种，并实现了标准化和系列化。

该厂开发的以YZ08、YZ08A为代表的直流电机，具有正压防爆、大电流、高扭矩、调速范围宽、换向优良、可靠性高、通用性好等特点。2006年，直流电动机达到了美国GE钻井电机水平，并与美国电机实现整机互换，达到整机出口发达国家水平。该厂交流、直流电动机的创新性研发和批量生产，实现了我国钻机从机械传动向电传动国产化转换的跨越，并为深井钻探提供了可靠保证。2006年，该厂生产的电传动石油钻井电机占据着国内98%的电驱动市场，广泛分布于我国大庆、胜利、辽河等各大油田，成功进入海上钻机市场，并出口到哈萨克斯坦、埃及等十多个国家和地区。（宋培贤）

**【山西省表彰“全国技术能手”】** 2006年12月29日，山西省在国家技能比赛中获奖的高技能人才汇聚一堂，省劳动保障厅对他们进行了表彰。

在2006年全国技术能手表彰会中，山西焦煤集团西山煤电公司粟俊平被国家劳动保障部等7部委命名为全国高技能人才楷模；黄昌义、霍翠平、伏军、刘奇和关锐钟等人被授予“全国技术能手”称号；太重集团公司被授予国家技能人才培育突出贡献奖。因其他技术能手已具有技师、高级技师资格，按照国家和山西省的有关规定，在表彰大会中，省劳动保障厅为关锐钟颁发高级技师职业资格证书，为黄昌义颁发技师职业资格证书。

（宋培贤）

**【长治又有6种产品成为“国家免检产品”】** 在2006年国家免检产品颁奖大会上，长治市5家企业的6种产品获得“国家免检产品”称号。至此，该市获得“中国名牌产品”和“国家免检产品”称号的产品分别占到全省总数的1/4和1/3，高居全省各市之首。这是该市全面实施质量兴市，全力打造国货精品的结果。

长治市是山西省惟一的全国质量兴市先进市。早在2002年，他们就在全省率先启动了大规模的质量兴市活动。市里成立了质量兴市领导组和创建无假货市领导组，具体指导和监督全市的质量兴市活动。质监等部门强化质量的监督和指导，积极协助企业完善提高质量管理水平，开展国际质量标准认证，提高企业在更大范围内参与竞争的能力。在实施中，他们通过政府引导，社会参与，加快了企业知识创新、管理创新、技术创新的步伐，提高了企业质量管理水平。同时，市政府还出台了奖励政策，对获得山西名牌产品、中国名牌产品和国家免检产品称号的企业进行重奖。2006年，该市获得“中国名牌产品”和“国家免检产品”称号的产品涉及体育用品、能源化工、水泥、建筑型材和玉米制种五大行业，企业在全国同行业中具有较强的竞争力，健身器材等产品还远销海外。（宋培贤）

**【全国技能大赛关锐钟、黄昌义获奖】** 在2006年9月召开的全国高技能人才工作会暨第八届中华技能大奖、全国技术能手表彰大会上，山西省太重集团公司获得国家技能人才培育突出贡献奖，山西焦煤集团西山煤电公司粟俊平被授予全国高技能人才楷模，太钢、太重、西山煤电、大齿集团公司的黄昌义、霍翠平、伏军、刘奇四同志被命名为“全国技术能手”。在全国第二届数控技能大赛中，省综合职业技术学院教师关锐钟同志获得加工中心第四名的优异成绩。为表彰先进，鼓励更多的劳动者立足本职、苦练技术，走技能成长、岗位成才道路，省劳动保障厅、省教育厅等7家单位特别召开座谈会，动员全社会学习中国高技能人才楷模先进事迹。座谈会上，省劳动和社会保障厅特别宣布了关于关锐钟、黄昌义同志晋升高级技师、技师职业资格的通知。（宋培贤）

**【山西太钢生产出世界上最宽的不锈钢退火酸洗板】** 2006年12月28日19时，太钢新不锈钢工程重点项目——世界规模最大的不锈钢冷轧系统宽幅热线顺利投产，生产出14卷宽2100mm的304不锈钢卷。

太钢不锈钢冷轧宽幅热线项目是世界产量规模最大，装备最先进，功能配置最全，产品规格最宽、最厚、范围最广，投资最省的项目，实现了当年开工、当年投产，比计划工期提前45天完成。该产品可以满足国内外用户对宽幅板的需求，将成为2007年太钢最大的利润增长点。

太钢不锈热轧钢带连续退火酸洗线年设计生产能力115万吨，产能居世界第一。它所设计生产的宽度为2100mm、厚度14mm的产品，在当今世界，只有为数不多的个别企业可以生产。该生产线配备的在线轧机和在线大张力拉矫机，不仅可以提高钢板的机械性能和强度，还可以为企业节省材料，降低成本。（宋培贤）

**【长治晋城两工程获“中国人居环境范例奖”】** 长治市黑水河综合治理工程和晋城市东西两河综合治理工程获得建设部专家评委的一致认可，与杭州市西湖风景名胜区综合保护等41个项目一起被评为2006年度“中国人居环境范例奖”。

长治市黑水河综合治理工程于2002年10月开工，2004年12月综合治理工程主体全部竣工，2005年8月黑水河景区绿化、美化、亮化等扫尾工程全部完成，先后投入近5000万元。两河治理是晋城市城市建设的重点项目，工程2004年10月竣工后，北起西秀园、南至百丽园，随形就势，形成十余处景观，绿化面积3万平方米，拥有大型雕塑、音乐喷泉、瀑布流水、钢索悬桥、清水轩、云水亭等6大景观。

建设部设立的“中国人居环境奖”每年评选一次，其评选也不同于一般创优评比，各项标准要求更高，更注重评选项目对人居环境的改善程度，充分强调“以人为本”的原则。（宋培贤）

**【山西省5000余人获高级专业技术职务】** 2006年，山西省专业技术人才队伍不断加强，共有5000余人获得高级专业技术职务，近10万人通过了职称等级及执业资格考试。

太原理工大学熊诗波教授荣获“全国杰出专业技术人才”称号，7位专家入选“新世纪百千万人才工程”国家级人选，选拔推荐享受政府特殊津贴专家57名，选拔山西省“333学术技术带头人选拔培养工程”省级人选56名，5000余人获得高级专业技术职务，近10万人通过了职称等级及执业资格考试。

另外，山西省还新建了潞安矿业集团和潞宝集团两个博士后工作站，填补了山西省民营企业博士后站点的空白；选拔“555”省级农村拔尖实用人才101名；3.1万余名技术工人参加了等级培训考核，技能人才队伍素质明显提高。（宋培贤）

**【光明机械厂电镀废水在全国率先实现“零排放”】** 2006年，晋中开发区光明机械厂依靠自己的力量，实现了电镀废水闭路循环“零排放”，成为我国最先进的环保型电镀厂。

含有重金属离子、氰化物等多种“毒素”的电镀废水，是工业废水处理中的一道难题，以致人们一提到电镀企业，就会想到污水横流、污染严重的客观现实。为改变现状，2003年开始，该企业总经理赵文煜、总工程师杨生泉带领研发人员，经过38次技术试验，2005年10月，成功地研制出环保型自动化电镀生产线和生产废水处理试剂。2006年，投资1500万元建起了现代化厂房4座，环保型自动化电镀生产线2条，废水处理中心1个。2006年底，光明机械厂基本建成并投入批量生产。

新生产线的建成使用，彻底改变了我国电镀业废水处理的传统方法，成为全国电镀业治理污染的典范。（宋培贤）

**【太钢成为我国首家掌握9Ni钢生产技术企业】** 2006年，由太钢自主研制开发的“9Ni钢板材料”和太钢制定的“低温压力容器用06Ni9合金钢板技术标准”顺利通过国家锅炉压力容器标准化技术委员会专家组的鉴定审查，标志着太钢成为我国首家掌握9Ni钢生产技术的企业，这将对我国石油天然气行业的快速发展起到积极的促进作用。

太钢对该材料的开发，填补了国内空白，打破了LNG储罐用钢长期依赖进口的局面。（宋培贤）

**【太原高新区高新企业达486家】** 2006年，太原高新区向57家入区的高新技术企业进行了授牌，截至2006年，太原高新区内高新企业已达486家，占山西省高新技术企业总数的70%。

被认定的高新企业拥有900多项高新技术产品和项目，其中自主创新项目435项，形成了以专业园区为载体，以电子信息、光机电一体化、新材料、新能源、生物医药、环保节能等为代表的富有特色的高新技术产业化格局。（宋培贤）

**【太化集团董事长魏功获“中国氯碱工业发展突出贡献者奖”】** 太化集团董事长、党委书记魏功坚持潜心致力于山西氯碱化工和煤化工的技术创新与发展。近年来，太化有7项创新技术直接应用于生产，使太化实现销售收入“翻一番”，成为2006年中国无机碱行业排头兵企业。鉴于他为山西化工发展做出的突出业绩，在2006年末召开的中国氯碱工业协会第十二次会员大会上，他再次当选为中国氯碱工业协会第八届常务理事会副理事长，并被中国氯碱工业协会授予“中国氯碱工业发展突出贡献者”称号。

作为山西省最大化工企业的当家人，魏功董事长把科学发展观融入太化大改革、大发展、“二次创业”的具体实践中，结合山西建设新型能源和工业基地发展的7大优势产业，依托山西资源、能源比较优势，大力发展氯碱化工、乙炔化工等。核心是打造“百亿太化，百年太化，绿色太化，和谐太化”。他在多年的化工技改发展管理实践中形成的滚动技改、技术创新、成本否决、安全生产一体化检查、循环经济、厂情教育等多项经验，在全国氯碱行业和省内企业中叫响，并在行业内推荐。他坚持把资金投到技改刀刃上，采取滚动技改、技术创新等举措，在太化建成投产了国内技术最先进、投资最省、达产最快的15万吨/年PVC、14万吨/年烧碱大型氯碱装置。特别是太化氯碱与四川天一科技股份有限公司合作，采用国际先进的变压吸附技术治理氯乙烯尾气，彻底解决了全国同行业氯乙烯尾气治理的难题。使氯乙烯尾气含氯乙烯达到5PP以下，大大低于国际标准。

2006年，太化在提高PVC转化吸收率、降低成本、安全环保等方面取得明显成效，使太化拥有了国内乙炔法PVC最先进的成套生产和设计等新技术。技术创新成果直接用于山西省重点调产项目15万吨PVC工程后，使吨生产成本创出全国行业领先水平，直接为该公司年增效益1.5亿元。未来五年，太化将实现三年"翻两番"、五年"翻三番"目标，至"十一五"末，年销售收入达100亿元，打造成全国最大的煤化工基地。（宋培贤）

**【太原市经济技术开发区连续四年列全国增速第一】** 2006年，太原市经济技术开发区完成科工贸收入93亿元，同比增长110.75%。2006年，该区主要经济指标增速连续四年名列全国54个国家级经济技术开发区第一。

2006年，全区完成科工贸收入93亿元，同比增长110.75%；完成工业总产值（现价）61亿元，同比增长84.4%；完成财政总收入3.52亿元。值得一提的是，进出口完成3.45亿美元，其中高新技术产品出口1.7亿美元，占全省高新技术产品出口总额的88.08%；全年实际利用外资1.06亿美元，占全省的22.39%，占全市的76.59%，占全省省级以上开发区总量的58.40%。

2006年，该区三大产业基地初具规模，已成为全省新兴产业最集中、产业集聚效应最强的区域。以国际级电子信息及新材料加工龙头企业富士康企业集团为引擎的国际级镁铝合金深加工基地，在省内的配套企业已达200余家；以国家级煤矿机械生产试验基地——太原煤机装备制造基地、无缝钢管成套设备制造龙头企业——太原通泽成套设备、重型汽车项目、智波交通运输设备、锦恒汽车部件、山西泰克智能机器等企业为主，初步建成了国家级装备制造基地；以国家级农业产业化龙头企业——蒙牛集团、省内食品包装行业龙头企业一宏全食品包装、省内最大的啤酒生产企业——联合啤酒、康师傅等企业为主，形成了省内最具规模的食品及农产品加工基地。

太原市经济技术开发区综合经济实力在全国54个国家级经济技术开发区中前移了7位，已跃居全省省级以上开发区第一位。预计，在2006年，经济区将完成工业总产值200亿元，完成税收8亿元，完成GDP70亿元，主要经济指标继续实现100%以上的增长，并在2006年5万人就业的基础上新增就业岗位两万个以上。

（宋培贤）

**【山西军工坚持自主创新跨上新台阶】** 2006年，曾经是山西省困难行业之一的国防科技工业坚持自主创新，全行业经济保持持续稳步发展，经济效益有了大幅度提升，实现利润4.66亿元，同比增长73.62%；安全生产取得近年来最好成绩，全年因生产事故死亡1人，重伤1人，圆满完成了省政府安全生产责任制的控制指标。

山西国防科技工业坚持以创新为动力促发展、保安全。在科技创新上，以军品基地建设和民品结构调整为平台，充分发挥军工企业和科研单位的人才、技术、设备优势，全年有7项科研新成果推荐列入国家科学技术奖国防专项，37项荣获2006年度国防科学技术奖，7项获国防专利。民品配套单位有6个项目列入国家"十一五"国防基础科研项目。在管理创新上，积极推动节能降耗和安全管理，特别是以安全生产目标责任制为核心，建立和完善了安全生产责任考核管理体系。在体制和机制创新上，全行业经过三年来的改革脱困攻坚战，基本完成了破产和分立破产任务，破产后重组的企业普遍建立了规范的法人治理结构，民品实现了多元化投入和股份制改造，大大增强了企业活力和产品竞争力。（宋培贤）

**【山西省打造九大中国世界名牌】** 2006年，根据省政府《关于"十一五"期间加强中国名牌产品培育工作的意见的通知》，不锈钢材、桥门式起重机械、笔记本计算机手机外壳等9个产品，成为山西省"十一五"期间重点培育的中国世界名牌产品。同时，这些产品相应的生产企业被列入重点培育的中国世界名牌企业。

山西省将通过3～5年的努力，引导和鼓励企业争创中国名牌产品和中国世界名牌产品，促进企业提高产品质量和管理水平，引导企业提升自主创新能力，以名牌战略带动产业结构调整。在机械、冶金、建材、食品轻工、能源化工、农产品、电子信息等产业领域，对99家企业中的71个产品进行重点培育，力争每年创造3～5个中国名牌产品。

在此基础上，重点对19家企业的9个产品着力培育具有国际竞争力的中国世界名牌产品。到"十一五"期末培育形成以30个中国名牌和3～5个中国世界名牌产品为龙头的名牌产品群。9个产品分别为不锈钢材、桥门式起重机械、轧机用油膜轴承、硝酸磷肥、工业无水硫酸钠、煤炭、焦炭、成套控制系统——智能MCC、笔记本计算机手机外壳。

19家重点培育的中国世界名牌企业为山西太钢不锈钢股份有限公司、太原重型机械集团有限公司、天脊煤化工集团有限公司、南风化工集团股份有限公司、山西焦煤集团有限责任公司、大同煤矿集团有限责任公司、山西国阳新能股份有限公司、山西晋城无烟煤矿业集团有限责任公司、山西潞安环保能源开发股份有限公司、平朔煤炭工业公司、山西兰花煤炭实业集团有限公司、山西焦化集团有限公司、山西安泰集团股份有限公司、山西美锦能源集团、潞宝焦化有限责任公司、山西兴高焦化有限公司、山西东辉煤焦化集团有限公司、太原罗克佳华工业有限公司、鸿富晋精密工业（太原）有限公司。

（宋培贤）

**【张少琴提出要改变自主创新能力薄弱的局面】** 企业不是主体、高新技术产业规模小、科研院所力量不够，是2006年制约山西省科技自主创新能力发展的三大"瓶颈"。山西省副省长张少琴2006年12月向山西省科技部门提出，要想改变自主创新能力薄弱的局面，必须解决好以上三个问题。

截至2006年，山西省844个大中型企业中，有科研机构的企业只占16.6%，有科技活动的企业占25.4%，已经建立起的科技机构尚有一半不能正常运行，全省企业科技投入平均只占销售收入的0.23%，全省万名科技人员中，分布在工商企业的不足30%，民营企业科技人才严重缺乏，企业尚未真正成为技术创新的主体；山西省高技术产业规模以上产值51.53亿元，占全国比例的0.18%，高技术产品出口额占全国份额的0.05%，产品层次明显偏低，高新技术产业规模较小；全省共有省属院所78家，总体规模较小，其中一部分科研院所还难以改变投入力度小、发展缓慢、人员老化负担重等情

况，自身发展和促进社会科技进步的力量严重不足。（宋培贤）

【长治市举办“科技信息村村通”优秀信息员暨先进服务站点表彰会】 2006年3月1日长治市生产力促进中心举办了“科技信息村村通”优秀信息员暨先进服务站点表彰会。各县（市、区）科技局局长、各县（市、区）生产力中心信息员暨站点的负责人60余人参加了会议，对优秀信息员和先进服务站点负责人共25人进行了表彰，长治市科技局局长魏绯丽、副局长许晓蓉在会上作了重要讲话。

副局长许晓蓉对“科技信息村村通”工程实施情况作了通报。在市、县两级科技局共同努力下，对长治市农业信息资源进行了整合，开通了长治市科技信息“村村通”网站。网站运行以来，各级网点下载、发布信息，向广大农民提供了大量有价值的科技信息、市场信息、农业信息，信息内容切合长治农业实际，具有针对性、实用性、时效性，使更多的农民掌握先进技术、了解市场行情和市场动态，进一步扩大了农副产品的流通渠道，促进了农民增收，深受农民欢迎。魏绯丽局长在会上强调，继续实施“科技信息村村通”工程仍是我们今后工作重点，是与党中央提出的“建设社会主义新农村”的目标是一致的。建设社会主义新农村，是我国“十一五”规划的重中之重，为贯彻落实建设社会主义新农村这一目标，要大力加强农村的基础设施建设，推动农村信息的发展。并就新的一年如何加强农村建设，促进长治市的“村村通”工程走上新的台阶做出进一步要求，紧紧围绕党中央提出的“建设社会主义新农村”的目标，不断创新服务。（宋培贤）

【晋城市召开新农村建设科普惠农现场会】 为配合社会主义新农村建设，全面推进科普惠农行动计划进程，晋城市科协和市财政局于2006年10月18日在沁水县召开了全市新农村建设科普惠农现场会。晋城市人大副主鄢科武、省科协惠农办副主任王重一出席会议并讲话，来自全市各县（区、市）科协主席、分管副主席和市科协中层以上干部参加了会议。

会议首先参观了沁水县土沃乡部分村的科普惠农服务站和科普惠农信息栏，听取了当地信息员的工作汇报。沁水县科协在会上介绍了运用市场机制开展“一站、一栏、一员”建设的有效经验。晋城市科协主席王仁庆通报了全市科普惠农行动计划的开展情况，并对下一步工作做出了具体部署。省科协惠农办副主任王重一对太原市的“一站、一栏、一员”建设工作给予了充分肯定，对今后的工作开展寄予了殷切希望。市人大副主任鄢科武在对全市实施“科普惠农行动计划”工作取得成效做出肯定的同时，对全市农村科普工作提出了具体要求。他强调，科协组织作为科普的主力军，一定要大力宣传《科普法》，努力提高公众素质，大力推广农村实用技术，提高农民对科学技术的认识。各级科协要在党委、政府的领导下，以“科普惠农行动计划”为总抓手，大力推广沁水的经验，强化全市科普惠农行动计划的效果。各级各部门要从建设社会主义新农村的高度，充分认识加强农村科普工作的重要意义，加强组织领导，确保经费投入，促进晋城市农村科普工作健康发展，为构建和谐晋城，建设社会主义新农村做出积极贡献。（宋培贤）

【山西省煤炭深加工专业委员会2006年年会暨自主创新研讨会在大同召开】 由山西焦煤科协组织的“山西省煤炭深加工专业委员会2006年年会暨自主创新研讨会”于2006年8月11日至15日在大同召开。全省55个单位80多名代表参加了研讨会。

会上省煤炭深加工专业委员会秘书长杨文洲作了委员会的工作报告，报告总结回顾了一年来委员会所作的工作和山西省煤炭深加工的现状分析，提出了今后山西省煤炭深加工技术的展望以及委员会的发展目标。

西山煤电集团选煤总工程师张宝玉作了题为“西山煤电集团公司选煤厂管理体制的现状分析与发展探索”；专业委员会副主任、太原理工大学樊民强教授作了题为“如何降低介质消耗”的专题讲座；北京科技大学教授孙刚作了题为“煤炭深度筛分理论的新进展”的产品介绍；同煤集团精煤公司总工程师仝效、太原煤炭设计院高级工程师段建忠、太原理工大学矿业工程学院矿物加工系王怀法教授以及厂家代表都在研讨会上作了专题报告和产品介绍。会上还对委员会的人员进行了调整和补充。会议组织参会代表参观了同煤集团精煤公司晋华宫选煤厂。（宋培贤）

【山西省科协金秋论坛省气象学会2006年年会召开】 2006年11月23日，山西省科协金秋论坛省气象学会2006年年会在省城太原隆重召开。本次年会以“气象科技创新与防灾减灾”为主题，来自全省气象部门各业务、科研岗位和兄弟单位的近百名代表相互交流、相互学习，共同探讨大气科学的相关问题。山西省气象局张世英局长、省科协关原成副主席出席了大会，省气象学会副理事长、省气象局副局长张洪涛主持了大会，副理事长张怀德致欢迎词。

本次年会遵循参与、共享、合作、创新的宗旨，为促进气象事业的发展，分会场设置增加为4个，针对天气预警预报；气候、生态、通信、信息技术；大气环境、大气物理、大气综合探测技术；气象科技服务、雷电防护、气象影视等业务内容进行报告与研讨。大会共征集论文97篇，汇编论文（光盘版）93篇，会议组织专家认真初审、终评，并报理事会领导审定，共评出16篇优秀论文。其中：一等奖2篇；二等奖4篇；三等奖10篇。

张怀德副理事长在欢迎词中指出，山西省是一个天气和气候灾害频繁发生的省份，干旱、局地洪涝、沙尘暴等气象灾害每年都给社会经济和人民生命财产造成很大损失。2006年春季，气温异常偏高导致土壤干旱范围不断扩大，森林火险等级居高不下，给山西省的经济和社会发展及人民群众的生产生活带来严重影响；4月中旬的一次强降温的雨雪天气，给果树开花造成了严重的冻害。因此，加强对大气科学的探索与研究，提高社会的防灾减灾能力，减轻气象灾害对人类生产生活的影响，保障社会的和谐和可持续发展是每一个气象科技工作者义不容辞的责任。

本次年会还邀请参加“地球系统科学联盟全球环境变化大会（ESSPOSC）”的代表赵桂香、张冬峰、王志伟、刘海文分别作了《山西省干旱趋势对水资源影响及其水资源重建研究》、《西北地区植被恢复对中国气候影响的数值模拟》、《中国北方近50年干旱变化特征》、《参加2006年ESSPOSC大会的工作汇报》的学术报告，大会取得了很好的学术交流效果。这次学术论文的交流为提高山西省气象学术水平，积存学术活动史料，积累科研工作的经验，积蓄科技人才力量有着非常重要的意义。（宋培贤）

**【山西科技维权中心成立】** 为了更好地维护科技工作者权益、更好地保护科技知识产权，为山西省70万科技工作者服务，由山西省科协牵头，山西科技维权中心2006年12月在太原成立。

该中心的主要职能是为科技体制改革和科技企业、科研单位、科技人员提供法律服务；就有关科技发展规划、技术创新和技术改革出具法律意见书；

为专利保护、版权保护、技术秘密保护、计算机软件保护、数据库保护、反不正当竞争、国际科技交流与合作提供法律服务；

为科技工作者、科技企业、科研单位的其他人身权、财产权提供维权服务。

（宋培贤）

**【山西省启动第三届“科普三晋”活动】** 2006年9月17日，2006年山西省“全国科普日”暨第三届“科普三晋”系列活动在太原湖滨广场启动，随后，上千名志愿者到社区、学校、企业、超市等地宣传普及节约能源、合理利用能源的基本知识和方法。

2006年全国科普日活动以“预防疾病，科学生活”及“节约能源”为主题。围绕这一主题，山西省组织了60名医疗专家，组成11个分队，到全省各市开展大型义诊活动。山西省各级科协组织广大科技工作者、科普工作者和科普志愿者，将深入到乡村、社区、军营、学校、企业、超市等公共场所，围绕珍惜资源促进资源可持续利用、崇尚科学破除迷信、科学生活健康生活等三个方面，运用报告讲座、科普下乡、竞赛评选、展览展示、现场咨询、文艺演出等形式开展20多项科普活动，普及科学生活知识和健康知识，开发推广先进的节能技术和节能产品，提高全社会的节能意识和水平。 （宋培贤）

**【山西省启动百万肉羊科普惠农计划】** 2006年12月26日，山西省启动了“百万肉羊产业化科普惠农计划”，旨在增加山区农民收入，推进全省肉羊养殖产业化进程。

左权县右匣乡波尔山羊养殖基地的农民们，2006年喜气洋洋将优种波尔山种羊引回了自家的羊圈，幸运地成为“山西省百万肉羊产业化工程”的首批受益者。

这一工程由山西省科协和农业产业化协会共同倡导，实行市场化运作、工程化管理、产业化经营。主要做法是：前期由龙头养殖加工企业按山羊补助70%、绵羊补助50%的标准对引进良种的养殖户进行补贴，品种改良繁育后，由企业按照优质优价的市场价格将商品羊统一收购、统一屠宰加工、统一包装上市销售，以提高羊肉附加值，形成产业链条，努力实现企业与农民的双赢。

这一项目计划在4年内向全省集中投放种羊2.5万只，建起优质肉羊基地县25个。计划完成后，项目实施区域内年出栏肉羊的数量将达到100万只，2万养羊户可人均增收2000元。 （宋培贤）

**【英特尔求知计划山西项目启动】** 英特尔求知计划2006年山西项目启动仪式于5月16日在山西省科学工作室举行。启动仪式邀请了山西省科协副主席关原成以及山西省青少年科技活动中心主任雷智彤出席参加。仪式上关主席针对青少年的科学教育以及关爱残疾人做出了精彩讲话；雷主任在最后为同学们简要介绍了求知计划山西省项目的概况以及本次主题活动的内容。

启动仪式结束后，同学们立刻进入了此次主题活动的项目培训，在这次培训中，为了切合5月21日即全国助残日，特意安排了一节室外的主题日活动——《让他拥有和我们一样的笑容》，即走进聋校，亲临感知聋哑青少年。让健康的孩子和聋哑孩子一帮一结对子，让他们在互动与学习中相互帮助，在此过程中让健康的孩子感知心灵的触动，从而学会关爱与理解。

（宋培贤）

**【太原市知识产权保护教育试点学校科技创新活动蓬勃开展】** 太原市第二十七中学校是太原市知识产权保护教育试点学校。为做好试点工作，2006年3月23日下午，学校召开了科技创新再动员大会，省、市科协、太原市知识产权局均派员参加了动员大会，山西省科协杨茹老师为同学们做了一场关于如何培养学生发明创造能力的报告。为了做好试点工作，学校制定了工作方案、工作目标和具体措施，由校长贾翠兰亲自挂帅成立了科技创新活动领导组，以及科技创新成果评价与综合项目技术指导组，教务处、教研室、团委均分工明确、责任到人，并对2006年和2007年上半年的科技创新活动进行了具体的时间安排。根据各学科优势，突出特色，制定了开展科技活动的具体方法，并拿出一定的经费用于科技创新活动。

（宋培贤）

**【省科协送健康下乡医疗队在潞城市义诊】** 2006年9月18日～19日，山西省科协科普送健康下乡医疗队莅临潞城市进行健康保健讲座和义诊活动。长治市科协副主席史爱义，潞城市领导部双庆、王现敏及市科协等有关负责人参加活动。

山西省科协举行的这次科普送健康下乡活动，其主题为“预防疾病，科学生活，节约能源，从我做起”，共组织十一支下乡医疗队分赴全省各地进行科普讲座和义诊活动。其中下派长治市的一支医疗队全部活动日程安排在潞城市，为潞城市群众提供了一个良好就诊机会。

在潞城市期间，医疗服务队分赴合室乡卫生院、合室村、老干部活动中心等开展活动。在合室乡卫生院，医疗队进行了妇产科、皮肤科等义诊活动，先后为百余名患者进行了免费诊病。在合室乡合室村村委大院内，医疗队为广大群众举办了健康保健知识讲座，并设立了咨询台为村民们答疑解难。在潞城市老干部活动中心，医疗队主要成员之一、山西省足部反射区健康法研究会常务副会长胡学义为离退休老干部作了专题讲座，并为20余名老年患者义务推拿按摩。活动期间，医疗服务队还为合室乡卫生院和老干部赠送了900盒藿香正气口服液。 （宋培贤）

**【中国遥感应用协会2006年年会在太原成功举行】** 2006年8月12日～17日，中国遥感应用协会在太原召开了2006年年会。国防科工委、山西省政府、山西省科协等领导机关均派有关负责同志到会祝贺。会议由庄逢甘理事长主持，来自全国包括香港代表共282人欢聚一堂，共同交流遥感信息技术9个月来的新进展，共商中国遥感应用协会的组织建设。会议主要成果：

1. 根据国防科工委“关于中国遥感应用协会有关领导人员候选人的批复”，召开三届四次理事会议，进行届内调整，选举毛德华同志为中国遥感应用协会理事长，荣忠启同志为中国遥感应用协会常务副理事长、秘书长。聘请庄逢甘院士为中国遥感应用协会名誉理事长，胡如忠研究员为中国遥感应用协会顾问兼专家委员会常务副主任。

2. 对中国遥感应用协会今明两年的工作进行了安排：2007年9月～10月份

召开第四次全国会员代表大会；贯彻实施好“十一五”民用遥感卫星应用技术研究项目指南；开展遥感应用行业管理工作研究，包括开展行业统计、资质认证、软件测评等；抓住国家新农村建设规划和新一轮土地调查等重大项目的机遇，促进遥感技术向实用化、工程化的方向发展；继续发挥已经建立的海峡两岸空间资讯与防灾科技研讨会“多多合作”平台的作用，促进遥感、地理信息系统、全球定位系统技术交流与合作；组织实施“西部开发重点区域遥感综合调查与监测”项目等。

3．成功地召开了遥感技术交流会议。分发了由庄逢甘、陈述彭院士主编、中国宇航出版社出版的《2006遥感科技论坛》（论文114篇）和中国遥感应用协会秘书处组织编译的《航天遥感的应用领域、现状和前景》。请中国林业科学院李增元研究员作“863－13遥感应用示范工程总体技术研究”专题报告，华东师范大学梅安新教授作“城市生态与土地遥感调查”专题报告，交流学术论文和新技术、新方法25篇，评选出10篇优秀论文。

4．成功地召开了“多多合作”协调小组第五次会议，香港中文大学林珲教授和中国遥感应用协会有关会员共同介绍了三年来“多多合作”的进展，在勘探近海油气资源、南方水稻长势监测与估产、煤矿地表下陷的检测、长江水环境监测、珠江三角洲湿地环境监测已落实合作研究计划，南海环境监测、珠江三角洲空气质量评估、近海海洋环境监测、鄱阳湖湿地环境监测已经有了合作意向，香港卫星遥感地面站通过“多多合作”平台，向广东省韶关水灾地区及时提供免费的遥感图像，并与国家减灾中心商讨建设香港防灾减灾信息平台。在人才培训方面，香港中文大学提供全额奖学金，为内地培养3位少数民族硕士生。

5．成功地举办了第三次西部遥感应用论坛，根据国务院西部开发办委托的“西部开发重点区域遥感综合调查与监测”项目，审查了该项目各个课题的实施方案，通过了课题编写方案。会议重点介绍了“榆林市卫星遥感三维动态演示系统”和榆林市课题软件设计方案，并进行了EV－Image Viewer软件的使用培训。会议确定2007年1月提交各个课题的成果。（宋培贤）

**【海洋科普教育基地——太原迎泽公园海底世界建成】** 2006年8月海洋科普教育基地——太原迎泽公园海底世界建成。太原迎泽公园海底世界坐落于山西省太原市迎泽公园园区，占地面积5000余平方米，是山西省内首家以科普教育和海洋生物展示为主体的大型综合性海洋馆．主要设有海洋生物、珍稀观赏鱼类、热带雨林、海狮海豹表演、宽域海底隧道等多个景区，展示海洋生物和珍奇鱼类数千种，是华北地区展示面积较大，展示物种较多的海洋馆之一。

迎泽公园海底世界以“科普教育，休闲观光，绿色环保”为宗旨，秉承科学的管理理念，充分发挥“全国青少年海洋科普教育基地”、“山西省科普教育基地”和“太原市科普教育基地”三级科普教育基地的宣传教育优势，采用国内外先进的声、光、电技术手段向游客展示出神奇美丽、妙趣丛生的大西洋海底世界景观。使游客在休闲观光中，获取海洋知识，增强环保意识，热爱大自然，热爱生活。

（宋培贤）

**【世界昆虫无脊椎动物科普展在太原开展】** 2006年8月，由山西省科协、省农科院主办的世界昆虫等无脊椎动物科普展在太原开展，为孩子们了解自然、了解动物提供了一个好的机会。热爱自然、保护自然，世界昆虫等无脊椎动物科普展在省科技馆开展，此活动由省科协和农科院主办，旨在丰富普及山西省中小学生的生物多样性知识，这次共展出100多个国家的1500多种3000多只动物标本，是山西省规模较大的无脊椎动物科普展览，展览中还开展了动手做标本、动物模型拼插和动物知识竞答猜谜等活动。（宋培贤）

**【《山西省基础地理信息数据库》通过专家鉴定】** 2006年6月17日《山西省基础地理信息数据库》通过了国家测绘局组织的专家鉴定。国家测绘局副局长李维森出席会议并讲话，国家测绘局国土测绘司司长闵宜仁主持会议，并对鉴定工作提出了具体要求。山西省测绘局局长刘和平为会议致辞。鉴定委员会由中国科学院、中国工程院院士李德仁，中国工程院院士刘先林，中国测绘学会理事长、教授杨凯，中国测绘科学研究院研究员张继贤、唐新明，国家基础地理信息中心教授级高工李莉，陕西测绘局副局长、高级工工程师李朋德，广东省国土资源厅高级工工程师周一，山西大学教授梁吉业，太原理工大学教授张锦等十三位专家、学者组成。刘先林、杨凯分别担任鉴定委员会主任委员、副主任委员，并主持了鉴定工作。

《山西省基础地理信息数据库》的建设工作2000年12月正式启动。项目建设目标为：建立完善的空间数据管理和运行机制，实现对1：1万到1：100万各级比例尺的基础地理数据的科学管理；建立数据库管理系统，实现多源空间数据的集成；针对各种数据源和成果数据，建立相应子库并进行关联，各子库能够集成在一起，实现数据间的表现和分析；通过灵活检索手段，提供多种形式的分发途径，实现“找得着—看得见—拿得走”的数据管理模式；提供灵活的更新手段，保证数据库中数据的现势性，同时建立历史数据库，对不同时期的数据进行对比分析；能够快速制作出多种比例尺、多种形式的地形图。

为了保证数据库建设工作的顺利进行，山西省测绘局专门成立了由局领导牵头的项目领导组，并由局基础测绘处负责项目的组织、协调，山西省综合地理信息中心负责实施具体建库任务；与武汉大学签订了技术合作协议，得到了技术支持；组织具备较高管理水平的人员进行项目管理，组织具备较高理论水平和扎实技术本领的专家进行系统技术方案的制定，组织技术人员及生产队伍实施项目，并由质检人员负责数据成果质量的监督检查。项目的实施共分为三个阶段：2000年12月至2001年5月为第一阶段，主要任务是完成用户需求调研、数据库建库试验和总体方案的编写及论证；2001年6月至2002年6月为第二阶段，主要任务是完成已有数据的入库，开发一些基本功能；2002年7月～2005年12月为第三阶段，主要任务是完成剩余数据的入库、功能完善、数据库集成、系统测试和试运行。

鉴定会上，与会专家听取了山西省测绘局总工程师孔令礼作的《山西省基础地理信息数据库》工作报告、山西省综合地理信息中心主任周耀学作的《山西省基础地理信息数据库》技术报告、国家基础地理信息中心高级工程师王东华作的测试报告、山西省综合地理信息中心副主任姚国宏作的数据库应用情况报告、中国测绘科学研究院研究员唐新明作的查新报告，审查了提交的成果资料，审视了数据库及其应用系统演示，并就项目的有关问题提

出了质询。山西省综合地理信息中心和武汉大学吉奥信息工程技术有限公司的技术人员回答了专家的质询。（宋培贤）

**【煤变油技术创新取得突破】** 南非金山大学2006年12月宣布，由中国陕西金巢投资公司与南非金山大学材料与工艺合成中心合作专为中国开发的煤变油新技术研究项目取得了重大突破。

该项目首席研究员格拉瑟教授在接受记者采访时表示，这项新技术的特点是投资成本低、操作成本低、二氧化碳排放低、材料使用效率高。新技术的创新思路是，采用新的化学方法来提高能源效率。新化学方法把传统原料煤炭和天然气（或煤矿的瓦斯废气）混合使用，使得氢碳比可以进行调整，新技术还省略了合成工艺流程中的回路环节。格拉瑟教授说，2006年成熟的合成工艺为：煤＋水＋氧气→生成合成气→生成烃＋二氧化碳。该工艺中，二氧化碳是排放的废气，既降低了煤炭转化为烃的效率，也污染了大气环境。同时，二氧化碳排放的增加使每生产一吨烃需要更多的煤，增加了运行费用。新方法简化了工艺流程，降低了技术风险和运行成本。2006年，煤变油同行领先者的技术改造集中在合成工艺中的反应器上，但反应器的造价不超过整个企业投资的10％，而新工艺流程的创新可节省15％至30％的投资。

格拉瑟教授说，如果中南合作的这个项目试验成功，2008年将在中国建设年产10万吨的煤变油液化厂，10万吨项目成功后，将进行第一个年产300万吨煤变油商业化生产厂的建设。预计商业化生产厂建设工期为3年，投资240亿元人民币。关于这个项目的前景和未来效益，格拉瑟教授认为，煤炭的探明储量能够维持约200年的开采。2006年，每桶石油价格50多美元，而每桶煤变油的生产成本为25美元。因此，无论从产业的生命周期、开发成本和市场利润看，煤变油的前景都是非常广阔的。另外，这个项目对降低二氧化碳排放作了尝试，对南非煤炭工业提高经济效益，应对可能出现的国际上对二氧化碳排放的限制和税收来说，意义重大。（宋培贤）

**【太钢研制出全国最大精炼炉变压器】** 2006年12月，由太钢自行研制的精炼炉变压器产品被成功应用到太钢新建不锈钢项目不锈钢扩容改造工程中。各项技术指标均达到国际同类产品水平。围绕建设全球最具竞争力的不锈钢企业的战略目标，太钢把集成创新和消化吸收再创新的思维方法运用到新建不锈钢项目当中。他们根据自身的技术优势，仅用3个多月的时间，设计、制作出我国2006年国产最大的精炼炉变压器，该产品在设计上紧跟国际环保、节能、易操控的流行趋势，代表了我国变压器产业的较高水平。同时具有节约变压器安装空间等优势，使设备布局更加紧凑，连接更加合理。（宋培贤）

**【太重减速机公司引进数控四米大型磨齿机装备减速机生产】** 2006年10月13日，太重减速机公司，德国专家正与技术人员对新近安装的数控四米磨齿机进行调试。为使齿轮加工向规模化、系列化方向迈进，太重集团引进世界先进的数控四米大型磨齿机装备减速机生产，这不仅有利于大幅提高企业的经济效益，更有利于山西省装备制造业跨入国际先进水平。（宋培贤）

**【永济电机在德国轨道交通技术展览会获瞩目】** 在德国轨道交通技术展览会上，永济电机厂是其中最引人注目的企业之一。永济电机厂参展产品均系自主研发，显示了我国机车产品在轨道交通领域与国际差距正在缩小。德国轨道交通技术展览会是2006年国际上规模最大的轨道交通展览会。参加本次展览会的企业超过了1500余家。GE公司、阿尔斯通公司、西门子公司、日立公司等国际知名企业，都展出了各自企业在电力内燃机车、车辆、电车等以及相关配件上的尖端产品。

在本次参展会上，永济电机厂与300多个客户进行了初步洽谈，并及时了解了当今世界轨道交通发展的一些前沿技术和商务信息。（宋培贤）

**【山西（EME）生态能量金合晶项目通过专家认证】** 2006年10月27日，由太原市伦嘉生物工程科学有限公司研发的（EME）生态能量金合晶（电气石和磁的集合技术）通过有关专家认证。这项由山西省自主研发、拥有完全自主知识产权的科技成果达到国际领先水平。该成果还入选国家创新基金支持项目。

（EME）生态能量金合晶采用高分子材料加工技术、分子制备超细粉体成型技术和具有电子转移特性的分子材料技术以及生物合成技术等多项国际领先技术制造，是一种具有多功能仿生特质、能够聚焦定向发射生态能量因子的新型合成材料，可广泛应用于医学、环保、建筑等行业。（宋培贤）

**【太原高新区举行首批创意企业入驻仪式】** 2006年10月27日，太原高新区举行创意产业中心揭牌暨首批创意企业入驻仪式，首批入驻创意企业达8家。山西省文化厅副厅长贾新田、太原市委常委、宣传部部长范世康及中国动画协会、中国软件行业协会、北京游戏学院的负责人等参加了入驻仪式。

太原高新区创意产业中心是为配合山西省大力发展创意产业的战略规划，走具有山西特色的创意产业规模化、集群化、国际化的可持续发展道路成立的。太原高新区创意产业中心的成立对大力发展山西省创意产业有着重要的意义，同时为山西省创意企业提供一个全方位的研发、制作及产业化服务集聚平台。

该创意中心以太原高新区电子数码港为依托，充分利用各种资源，搭建创意产业平台，聚集创意产业人才和资源，打造山西创意产业链，促进山西省创业产业的快速发展。（宋培贤）

**【太原市向社会发布100项科技成果】** 为建设服务全省、影响全国、吸引世界的创新型太原，强化自主创新，加速成果转化，推进结构调整，充分发挥科技在经济社会发展中的引领、带动和支撑作用，10月15日，太原市举行2006年第二次科技成果发布暨项目对接会，太原市科技局重点筛选了技术含量高、市场前景广、先进适用的100项科技成果向社会发布。省城科研院所、金融机构及企业负责人参加会议。

本次发布的100项科技成果突出新能源和新技术产品、节能与减排技术、煤矿安全技术成果的开发与推广。涉及冶金、机械制造、能源环保、电子信息、生物制药和食品、新材料及农业。这些科技项目主要来自清华大学、中科院山西煤炭化学研究所、中国电子科技集团三十三所、山西省农业科学院等16家高等院校、科研院所和企业。这批成果的转化实施对于加快太原市传统产业新型化和新兴产业规模化发展，建设创新型城市具有十分重要的意义。

经过洽谈，省农科院畜牧所与太原正元饲料科技有限公司就ZY血浆精蛋白——断奶仔猪高档专用料的成果开发与推广、中北大学与山西迪尔影像科技有限公司就DR数字移动C臂X线检测技术项目、太原理工大学与山西新元自动化有限公司就胶带式双称量通道给煤机项目、太原科技大学与太原博华软件技术有限公司就煤矿安全跟踪网络项目达成合作意向，成功实现项目对接。（宋培贤）

**【太钢不锈获2006年全国质量奖】** 全国质量奖2006年11月5日揭晓，恒源祥(集团)有限公司、太钢不锈等9家企业获得了这项荣誉。

全国质量奖从2001年开始每年评选一次，以引导企业通过卓越绩效模式，重视产品质量、服务质量，进而重视经营质量。截至2006年，已有宝山钢铁股份有限公司、海尔集团公司、北京联想股份有限公司等44家企业获得此奖。

此次获得全国质量奖的企业包括：恒源祥、格力电器、万向钱潮、扬子石化、山西太钢不锈、中交第二航务工程局、浙江万丰奥威汽轮、广东移动、上海电力公司市区供电公司。（宋培贤）

**【2006年山西省整治燃煤电厂配监测仪器】** 电力是山西省二氧化硫排放量最大的行业，近年来，山西省燃煤电厂烟气脱硫进展缓慢。随着“十一五”规划的开局和“蓝天碧水工程”的深入，电厂二氧化硫超标排放已严重影响了环境质量的改善和蓝天碧水的早日实现。为加快燃煤电厂烟气脱硫治理，控制二氧化硫排放总量，保障“蓝天碧水工程”的顺利实施，山西省以治理二氧化硫超标排放为重点提出：坚决关闭污染严重、不进行脱硫设施建设的火电机组，同时用优惠措施鼓励电厂加快脱硫设施建设，向燃煤电厂烟气宣战。

为解决二氧化硫污染严重的局面，缓解环境压力，山西省加大了对燃煤电厂的整治力度。山西省政府要求，电力企业必须在治理环境污染上当好排头兵。现有燃煤电厂在2007年底之前必须全部建设烟气脱硫设施，并配套连续在线监测仪器。

2006年，山西省环保局以治理燃煤电厂二氧化硫超标排放为重点，开展了一系列环境整治工作，并针对2005年燃煤电厂脱硫设施建设进程缓慢的问题，下发了《关于对逾期未完成2005年烟气脱硫限期治理任务燃煤电厂的处理决定》。《决定》中强调，对已完成烟气脱硫设施建设但未安装在线监测仪器的58台机组依法给予罚款，并限期2006年10月底前完成烟气连续在线监测仪器安装；对烟气脱硫设施已开工建设但尚未完成的46台机组依法予以罚款，并要求2006年12月底之前必须完成；对烟气脱硫设施尚未开工建设的5台机组，依法予以罚款，延期至2007年6月底前完成。同时，对烟气脱硫设施尚未开工建设的单机50MW以下70台机组，根据情况不同，分别予以处理。责令关闭不负担供热任务的国有541电厂等企业的20台机组；责令对不负担供热任务的山西鑫升焦化有限公司发电厂等企业的32台机组进行停产治理。并要求延期治理的燃煤电厂必须采取切实有效的措施，加快治理进度，逾期不能完成的，予以关闭。一系列关闭、整治行动的开展，像一把利剑打破了山西省燃煤电厂脱硫治理的僵局。在山西省环境保护局的监督和推动下，电力行业的脱硫设施建设进程进一步加快。

在山西省亮出整治二氧化硫污染的“双刃剑”之后，燃煤电厂烟气脱硫设施建设进程明显加快。与此同时，山西省环保局进一步加强了对燃煤电厂烟气脱硫项目的监管力度，监督和督促电力企业按规定及时完成治理任务，确保二氧化硫排放总量得到有效控制。随着电力企业环境整治工作的快速开展，山西省的蓝天碧水必将早日实现。（宋培贤）

**【太原一科技成果为2008奥运献礼】** 太原市发明的“等离子体天际礼花”可以利用火箭发射技术，在天空中打出漂亮的图案或特定的文字，而且这一科技项目将应用于2008年奥运会的礼花庆典。2006年11月10日，太原市政府公布了这一消息。

“等离子体天际礼花”是利用分导式火箭发射技术，将一定数量的等离子发生器装置按照矩阵方式运送至80到120公里的高空，通过制导、地面遥控等手段控制各个火箭的目标点，同时点燃推进器将等离子发生装置分别输送到指定空域后集中延时引发，从而在高空放电，燃料的光亮照射天际，形成特定图案或文字。这一技术已经达到了国际先进、国内领先水平，使我国成为继俄罗斯之后第二家掌握该技术的国家。（宋培贤）

**【投资11亿环保节能项目落地忻州】** 山西泰尔钢铁有限公司两个环保节能项目2006年11月14日在忻州成功签约，此次签约的新型环保节能高效煤粉锅炉生产线、利用煤矸石制取铝硅多元复合新型材料项目，投资为11.4亿元，厂址选设在忻府区北义井乡曹家村，全部工程计划分三期完成。记者了解到这是忻州市城区近年来引进的最大的环保型工业项目。

一期工程投资投资3亿元，其中1.8亿元建设3×16500KVA矿热电弧炉及厂房等配套设施，计划2006年11月开工，2007年12月底建成；另外1.2亿元建设新型环保节能高效煤粉锅炉生产线，计划2006年11月开工建设，2007年11月底建成。一期工程完工后，可形成3万吨的铝硅多元复合新型材料粗炼产品生产能力，新增销售收入3.3亿元；生产新型环保节能高效煤粉锅炉6000个蒸吨，新增销售收入2.7亿元，合计年增销售收入6亿元。

2007年12月进行项目的二期工程建设，投资3.2亿元，到2008年底，建成年产3万吨铝硅多无复合新型材料精炼生产线，对铝硅多无复合新型材料进行精炼深加工，提升产值，在原收入基础上新增销售收入7.5亿元。

2009年初投资5.2亿元，进行三期工程的建设，到2009年底，最终建成年产3万吨铝硅多元复合新型材料轧铸汽车、飞机、船舶、军事等高科技设备成套配件产品生产线，年可新增销售收入24亿元。预计到2009年底，两项目全部建成后，每年可上缴各种税费达5亿元。

（宋培贤）

**【山西省重奖6户中国驰名商标企业】** 2006年11月，山西省政府向全省各市、县及省直各厅局发出《关于表彰荣获中国驰名商标企业的通报》，决定对2005年以来获得“中国驰名商标”的山西奥瑞特健康产业股份公司、山西杏花村汾酒厂股份有限公司、山西省平遥牛肉集团有限公司、山西沁州黄小米（集团）有限公司、山西亚宝药业集团股份有限公司、山西摩天实业有限公司各予以100万元的奖励。

大力实施商标战略，积极培育和发展具有国际国内较高知名度的商标企业是落实科学发展观，促进经济结构调整，增强区域经济核心竞争力，推动新型能源和工业基地建设，实现山西省经济社会持续健康发展的一项重要举措。近年来，山西省企业按照省委、省政府的部署，坚持以市场需求为导向，以改革创新为动力，强化科技、管理、产品、服务创新，积极争创中国驰名商标，品牌建设取得显著成效。《通报》希望荣获驰名商标的企业再接再厉，进一步开拓创新，苦练内功，做大做强，为全省经济发展再立新功；全省各类企业要以荣获驰名商标的企业为榜样，进一步增强品牌意识，积极争创中国驰名商标，使驰名商标企业成为引领山西省经济跨越发展的重要经济增长点；地方各级人民政府及有关部门要充分发挥职能作用，加大服务和培育力度，健全保护机制，为企业创优做强创造良好的发展环境，加快“形成一批拥有自主知识产权和知名品牌、国际竞争力较强的优势企业”，推动全省经济又快又好发展。（宋培贤）

**【大唐太原第二热电厂实现全脱硫】** 大唐太原第二热电厂投资最大的脱硫技术改造项目——四期工程建设的两台200MW机组脱硫改造工程，2006年经过全面消缺处理，已经稳定运行，达到了预期效果。项目的投运标志着该厂7台共800MW在役机组全部配备脱硫装置，成为中西部地区首家老厂通过技改实现全脱硫的火力发电厂。该项目是国家发改委脱硫国债项目，是山西省政府重点环保项目，关系到净化太原市大气环境，意义十分重大。

“十五”期间，该厂累计投资6.6亿元人民币用于环保工作，其中针对老厂环保设施不完善的实际情况，以环保治理为龙头，以强化管理为手段，以减排污染物为目标，自筹资金近4亿元人民币进行了综合治理，在实现废水零排放、静电除尘、煤场封闭的基础上，又实现了全厂在役机组全脱硫运行。同时，该厂对在建的六期两台300MW机组，按照国家环保要求做到“三同时”，即环保设施与发电主设备同时设计、同时施工、同时投产，据了解，在建两台300MW机组环保方面的投资达到2.6亿元人民币，占工程总投资的10%。2006年，该厂正在以四期两台200MW机组脱硫改造项目的投产为契机，进一步强化、规范各种环保设施的运行，做到与发电主设备同标准管理，同时积极向山西省、太原市政府申请该项目的竣工验收。（宋培贤）

**【神木输变电工程忻州开关站揭牌仪式隆重举行】** 2006年11月14日，由山西省电力公司参与承建并承担运行管理和维护工作的神木500kV输变电工程忻州500kV开关站隆重揭牌。

由国家电网公司本部投资建设的神木500kV输变电工程“神—忻—石”线路，西起陕西神木电厂，横跨山西，落地忻州，东至河北石家庄，是2006年我国“西电东送”北通道的标志性工程，对于开发利用陕北煤电基地，更大范围内优化资源配置，缓解京津冀地区用电紧张局面，为山西电力公司深化优质服务，确保电力可靠供应，服务地方经济社会发展，全面建设和谐社会奠定了坚实的物质基础。

由山西省电力公司供电工程承装公司承建的忻州500kV开关站工程总占地面积6.8公顷，围墙内占地面积4.47公顷。站址位于忻州市土陵桥村东南约400米处，是国家“西电东送”重点工程，被国家发改委列入2005年骨干电网工程国债项目，2006年山西省重点工程，输变电工程的重要枢纽，横跨西北、华北两大网区，建设意义重大。

该工程创造了一年内完成立项研究、开发、设计、制造、施工和调试投运的最短工期，实现了安全“零事故”，工程质量优良、安全管理有序，工程建设领先于北方地区同类工程。此项工程得到了国家电网建设有限公司、山西省电力公司等单位的一致好评。（宋培贤）

**【山西省七名高级人才获“国家级人才”殊荣】** 2006年11月16日，经过国家评选，山西省7名高级人才被评为2006年“新世纪百千万人才工程”国家级人选。

被评为“新世纪百千万人才工程”国家级人选的7名人才分别是：太原钢铁（集团）有限公司的高级工程师胡玉亭、太原理工大学的黄伟教授和李文英教授、太原科技大学的黄庆学教授、中北大学刘俊教授、山西大学王海教授和太原高新区管委会张新伟教授。省人事厅工作人员告诉记者，对于新当选的国家级人选，山西省将多渠道筹措资金，根据国家级人选的实际情况定向投入、重点扶持，并鼓励和支持他们通过竞争，承担重大科研工作和重大工程项目。（宋培贤）

**【“十一五”山西节能降耗任务在全国排第二】** 2006年11月，国家发展和改革委《关于报请审批下达〈“十一五”期间各地区单位生产总值能源消耗降低指标计划〉的请示》获批复，根据“十一五”规划纲要，我国单位国内生产总值能源消耗五年间要降低20%左右，2006年这个指标已经分解到各个省份。五年间全国单位GDP能耗降幅最高的省份是吉林，需要下降30%，山西、内蒙古降幅为25%，在全国排第二，山东下降22%，云南、青海下降17%，广东、福建下降16%，广西下降15%，最低的是海南和西藏，需要下降12%，其他省份降幅均为20%。

山西2005年单位GDP能耗为2.95吨标准煤/万元，比全国平均水平高出1.73吨标准煤/万元，高出全国水平1.41倍，山西能源消耗明显高于全国平均水平，GDP能耗指标要从2005年的2.95吨标准煤/万元下降到2010年的2.21吨标准煤/万元，节能降耗形势十分严峻。

国家发改委有关负责人强调，单位GDP能耗指标是具有法律效力的约束性指标，各省份要将其纳入经济社会发展综合评价、绩效考核和政绩考核，并分解落实到各市（地）、县及有关行业和重点企业。（宋培贤）

**【山西省一些企业送优秀技工进大学深造】** 一个优秀的技术工人，不但技艺要精湛，文化水平也差不得。为此，一些企业开始培养自己的蓝领专家。2006年11月16日，山西省一些企业开始把优秀技术工人送进大学深造，培养自己的蓝领专家。

在2006年全国职工职业技能大赛上，晋中经纬纺机集团公司青年铣工白润生，先后摘得省冠军和全国第四名。11月10日，企业送他到天津工程师范学院深造。该厂工会负责人介绍说，白润生参加工作时是一名高中生。这次送他到大学深造，是希望他在大学开拓眼界，以后回到企业，成为企业铣工工种带头人。

（宋培贤）

**【太原建立首个高分子材料研究生基地】** 2006年11月7日，太原首个高分子材料研究及检测重点实验室研究生基地在太原市塑料研究所建立，该基地将成为太原科技大学材料科学与工程学科硕士研究生培养的摇篮。

高分子材料研究及检测重点实验室是拥有先进科研及检验设备的重点实验室，于2006年6月建立。实验室与高等院

校联合共建培养点，旨在建成一个集研究、测试、应用和开发为一体的高分子材料方面的研究及检测载体，进行人才培养。（宋培贤）

**【吕梁拥有注册商标857件】** 随着市场经济的发展，商标在吕梁越来越被人们认识、关注、重视，近来商标热在此悄然兴起。仅2006年以来吕梁市就已申请注册商标286件，占到全市注册商标的33.37%，其中获得国家商标局受理的有163件。2006年吕梁全市已拥有注册商标857件，其中国家驰名商标2件、省著名商标50件。

吕梁兴起商标热，与政府注重商标发展，积极扶持分不开。市政府不仅为此成立了推进商标战略工作领导组，制定了工商牵头、部门配合、群众参与的“品牌兴市”机制，还推出了丰厚的奖励机制，即每创一个国家驰名商标，在省政府奖励100万元的基础上，市政府再奖励100万元，被认定为省级著名商标者奖励20万元，认定为市级知名商标者奖励3万元，企业每注册一件农副产品商标一次性奖励500元。一系列有效举措的制定和推出，有力地推动了全市商标战略的快速发展。文水县在政府引导下，企业积极争创名牌产品，全县已拥有省著名商标18件，占到全市总数的1/3以上。由于商标战略的不断推进，吕梁的农副产品也已从卖土产向卖品牌转变，并已培育出了“贤美”“前琪”“天渊”“鸿潮”“汾州香”等20多种知名品牌，极大地拓宽了市场。更为新鲜的是，还出现了个人注册商标后再向企业转让的现象。据省商标事务所吕梁办事处的同志讲，2006年咨询和注册商标的个人越来越多，且创意不乏。如有个人把“九州八荣”注册为服装类商标，意为既倡导“八荣八耻”，又打造民族品牌。把“打天下”注册为饮料商标，唤醒人们的节水意识。在白酒上注册了“千年一坛春”“百年日月坛”“喜门庆”等。这些商标一经公布，有的就已被一些企业相中欲花巨资购买。（宋培贤）

**【太重获得“国家技能人才培育突出贡献奖”】** 2006年11月18日，太重集团公司因培养技能人才工作突出，受到国家劳动和社会保障部的表彰，成为全国100家“技能人才培育突出贡献奖”获奖单位之一。该集团起重机分公司高级技师霍翠平荣获第八届“全国技术能手”称号。

太重始终坚持“人才强企”战略，近年来，充分发挥自身优势，从基础抓起，突出特色，注重实效，大力实施“高技能人才培育工程”；集团公司领导亲自挂帅，各职能部门积极配合，形成了集团公司、子公司、分公司三位一体的职工培训体系；通过技术比武、职业技能上台阶、岗位练兵、选树技术工种带头人、“名师带高徒”等活动，大大提高了技术工人的技能水平。为太重集团公司健康、稳定、持续、快速发展培养了一支高技能人才队伍。

（宋培贤）

**【山西·定襄招商推介会落幕】** 为期3天的2006山西·定襄（太原）招商引资项目推介会于2006年11月20日下午在太原圆满落幕。在本次活动中，定襄县共有40个项目找到了合作伙伴，涉及合同、意向资金共18.0636亿元，总投资23.7亿元。

本次招商推介系列活动，三大亮点引人注目。一是跨国界跨区域投资者信心百倍，来自美国、加拿大、西班牙、韩国、香港等国家和地区的客商以及国内各大企业集团的投资商参加了推介会，充分肯定了定襄的投资环境。投资商代表、来自韩国的朴昌贺说，定襄风景独特，充满商机，投资定襄一定会带来好运，带来吉祥。二是推介项目涉及多个领域，参展商品琳琅满目，本次推介会定襄共推出工业、农业、城建等招商引资项目105个，总投资169亿元；在南宫广场举办的定襄名优土特产品展销活动共设展位64个，参展产品有各式法兰、木雕、石刻、杂粮食品等约2500种。三是招商引资成果丰硕喜人：共有40个项目找到了合作伙伴，其中农业项目6个，工业项目19个，城建项目4个，旅游项目3个，银企合作项目7个，社会福利项目1个。此外，中行、农行还与定襄部分民营企业签订融资合同2.33亿元。（宋培贤）

**【太原13个项目列入国家“火炬计划”】** 2006年国家“火炬计划”项目（含重点国家“火炬计划”项目）和国家“火炬计划”环境建设项目的评审工作11月初已经完成。经专家评审，太原市科技局重点推荐的13个项目被列入国家“火炬计划”。太原钢铁（集团）有限公司的“宽幅高牌号冷轧无取向电工钢”、太原凯博尔科技开发有限公司的“水性导电油墨”等13个项目被列入国家“火炬计划”项目，其中山西信联集团实业有限公司的“ZY7型电液转辙机”等4个项目被认定为重点国家“火炬计划”项目。这13个项目涉及电子与信息、生物工程与新医药、新材料及应用、光机电一体化及环境与保护等五个领域。（宋培贤）

**【山西省投资7.66亿元建立合作区】** 我国计划在“十一五”期间建立10个对外经济贸易合作区，而由山西省天利实业集团投资的毛里求斯经贸合作区项目2006年已获得商务部批准。该项目建设周期为5年，总计投资7.66亿元人民币。

该项目是从全国66个预选项目中，经过投标、竞标、陈述、专家评审、商务部研究，并征得外交部同意后取得的，同时也是我国在中非合作论坛北京峰会中提出的在非洲建3～5个合作区之一。该合作区由山西省天利实业有限公司负责建设、管理和运营，省商务厅负责监管。合作区分5年建成规划面积2平方公里，建设纺织服装园、机电园、轻工园、高新技术园、食品加工园等5个工业园区和职工生活服务区。

为提高企业在国际市场的竞争力，商务部将给入园企业50%的厂房租赁补贴，对于前往合作区投资入园企业的银行贷款，在对外经济技术合作专项资金中给予5年100%的贴息，对投资项目的前期经费给予50%的补贴等。商务部将给予2亿元的资金补贴支持。

山西省天利实业集团独资控股托管29家公司和驻外机构、6个办事处，集团注册资金1.7亿元人民币，主要出口产品30余种，出口到世界32个国家和地区。从1999年开始，天利集团在毛里求斯开办规模为5万锭的纺织厂，主要生产纺纱、服装等产品。

2006年，省商务厅已向各市商务局和相关企业发出招商通知，介绍了毛里求斯的投资环境和投资优势。毛里求斯政局稳定，经济增长居非洲第二位，外汇自由汇兑，社会保障体系完善，基础设施完备，同时，外国给予该国多项免税、免配额政策。通知鼓励山西省企业走出国门，开拓国际市场，为本地区的经济实现可持续发展，走向现代化强市作出贡献。

（宋培贤）

**【山西焦煤集团技术中心跻身“国家级”行列】** 2006年11月11日，山西焦煤集团技术中心已被确认为第12批国家认定的企业技术中心。这是太原市继太钢、太重之后的第三个国家级企业技术中心。

企业技术中心的国家级认定是由国家发展改革委员会等部门对年销售额在3亿元以上的企业的技术中心进行评估和认定的。评估项目主要包括企业的经济效益、技术中心研发条件、技术人才数量、组织体系和创新绩效等，意在推进企业的创新能力和自主研发能力。近年来，焦煤集团立足于以技术中心为主体的技术开发和技术改造，不断加强企业的创新能力，促进公司产品结构的合理调整和技术升级，为焦煤发展提供了强有力的技术支持。集团技术中心和一些大专院校合作开发，解决了制约生产的众多技术难题。焦煤集团还通过编制公司产品和技术开发规划，推动了企业战略的深化和量化。

（宋培贤）

**【“奥运盛鼎”将由山西制造】** 2006年11月22日，经北京奥组委批准授权，以甘肃省政府名义捐赠的2008年北京奥运会主场馆青铜“奥运盛鼎”正式交于山西宇达集团制作。

除了“奥运盛鼎”外，第29届奥运会组委会将不再接受以省级人民政府名义赠送的礼品，这尊青铜重器由宇达集团承制完成后，将于2007年8月8日，北京奥运会倒计时一周年之际在北京举行隆重的落成与捐赠仪式。

“奥运盛鼎”高2900毫米，代表第29届奥运会；鼎腹直径2008毫米，代表第29届奥运会的举办时间为2008年；鼎禁（座）规格为3400毫米×3400毫米×960毫米，象征中国34个省、市、自治区、特别行政区和960万平方公里国土。

（宋培贤）

**【太化焦化厂15000吨新煤库通过环保验收】** 经过一年多的生产运行，全省最大的室内储配煤库——太化集团焦化厂15000吨室内贮配煤库各项指标均已达到设计效果，发挥作用。11月23日该项目顺利通过了由太原市环保局、财政局等组织的环保验收。

太化焦化厂15000吨室内贮配煤库是太化股份公司重点技术改造项目之一，也是太化集团重点环保项目。2006年，山西大部分炼焦配煤系统为露天煤场，汽车运煤、机械卸煤、上煤，工艺落后，劳动强度大，而且室外配煤产生飘尘多，很容易污染周边环境。建设大型室内贮煤库是发展现代焦化产业、减少环境污染的迫切需要。太化在发展焦化产业链的过程中，大力打造“绿色太化”，及时投资建起了15000吨室内贮煤库，工程采用了先进的工艺和控制技术，使备煤的机械自动化水平大大提高，确保了配煤精确度，从而降低了焦炭成本，保证成焦质量。

（宋培贤）

**【18家企业进入新纪录优秀创造单位行列】** 在中国企联2006年11月召开的中国企业新纪录（第十一批）新闻发布会暨企业自主创新论坛上，太原重型机械（集团）有限公司等18家企业获得了“中国企业新纪录优秀创造单位”荣誉称号。会上还为江阴凯澄起重机械有限公司、沈阳重型机械集团有限责任公司等391家企业创造的832项新纪录颁发了证书。相关数据显示，大中型企业已成为中国创新体系的重要力量，我国企业的创新水平和创新速度正在快速提升。

国家发展和改革委员会副主任欧新黔在会上强调，新纪录是中国企业所创造的巨大的物质成果，更是激励企业自主创新的精神财富。自主创新是企业持续健康发展的不懈动力，也是我们国家经济社会发展的希望。

国务院国有资产监督管理委员会副主任邵宁指出，全面增强企业的自主创新能力，建设创新型国家，首先依靠企业自身的努力，同时也是社会相关方面的共同责任。

（宋培贤）

**【阳泉市组团参加第九届中国北京国际科技产业博览会】** 第九届中国北京国际科技产业博览会于2006年5月22日在北京召开，阳泉市科技局组织科技中介机构、高新技术企业共6个单位20余人参加本次科博会。

博览会期间，阳泉田园乳业有限公司与山西农业大学签订了技术合作合同书，双方就该公司的高新技术开发、新产品研发及科研项目的申报等技术服务，以及高新技术研发基地建设和人才培养实习基地建设等内容达成了协议。协议的达成对阳泉市建立以企业为主体、市场为导向、产学研相结合的技术创新体系有积极的示范意义，对该公司建设农业产业化龙头企业及今后进一步做大做强提供了有力的技术支撑，起到重要的推动作用。

（宋培贤）

**【山西自主创新论坛在太原开坛】** 2006年12月6日，由省政协办公厅、省发改委、教育厅、科技厅、国资委和中小企业局联合举办，省政协教科文卫体委员会承办的“山西自主创新论坛”在太原开坛。论坛的主题是贯彻创新战略，促进山西省自主创新能力，落实科教兴省战略，加快转变经济增长方式，推动产业结构优化升级。省政协主席刘泽民出席并讲话。副省长张少琴、省政协副主席聂向庭及有关部门负责人参加。

本次论坛共征集科研院所、大专院校及大中小企业等各方面论文60多篇，共有10位专家学者、企业家就中小企业自主创新、科研院校创新、农业创新、山西省科技创新现状、医药行业如何创新、政府在创新中的作用等内容进行了交流发言。

刘泽民充分肯定了举行本次论坛的必要性，就如何自主创新谈了意见。他说，山西2006年经济社会发展形势令人鼓舞，但自主创新对经济发展推动作用相对较小，在自主创新方面存在着知易行难、说的比做的好等问题。推动山西未来可持续发展的关键在于能不能自主创新，要自主创新，首先要在全社会强化自主创新的观念，特别是各级领导、企业负责人要在思想上重视创新，在全社会形成创新氛围；其次建立适应自主创新的机制，包括政策机制、管理机制、投资机制、成果转化机制等，各种机制互相配套，良性互动；第三，自主创新关键在于人才，要抓好教育培养人才。人才方面，要用好现有人才、引进外面人才、努力培养重点人才。

（宋培贤）

**【山西省出台多项优惠政策吸引海内外人才】** 山西省2006年大力实施人才强省战略，陆续出台实施多余项政策措施，初步形成一套“山西特色”的人才政策体系。

山西省近年不断加大人才资金投入，各级政府每年拿出6000万元设立人才引进与开发专项资金，重点用于高层次和紧缺人才的引进、培养、资助和奖励。根据引进人才所承担项目的情况，提供20万元至200万元的科研启动经费，5万元至10万元安家费。对引进到山西省3年内做出突出贡献，取得显著经济效益和社会效益的优秀人才，给予5万元至20万元的奖励。

山西出台了专门政策鼓励和扶持海外人才来晋创业。对于回国留学人员进入“山西留学人员创业园”开展高新技术项目研究开发的，给予2万元至15万元的资助。开展“山西省外国专家友谊奖”评审，举办“海外留学人才创业项目洽谈会”。山西对各类高层次人才实行特殊人才津贴制度，分别给予每人每月500元到3000元岗位津贴。对于柔性引进的人才，从成果转让净收入中提取30%作为奖励；以合作等方式实施科技成果转化的，在项目投产5年内，相关人可按不低于净收入的20%给予一次性奖励。

（宋培贤）

**【代县地下蕴藏着370万吨金红石】** 2006年10月，当211地质队的采矿员刘彩胜和李勇在山西代县洪塘矿区深达126米的地方提取矿石样本，令他们无法料及的是，这一平常的举动却“引爆”了一个惊天新闻。

根据化验分析，结合前期工作，确认在洪塘矿区新增金红石资源量为131.22万吨。至此，代县羊廷寺、碾子沟、洪塘三个矿区的金红石总资源量达到370万吨。2006年探明的储量相当于18个大型矿床的规模，仅次于湖北，为全国第二。专家保守估计，这块资源价值将超过370亿元。2006年这一项目已通过省内专家组的野外工作成果验收。

金红石是生产稀有金属钛的重要矿物原料，在地壳中储量较少。作为新型材料，钛被广泛用于航空、航天、造船、电子、医疗、化工、轻工、海水淡化、建筑材料等领域，被称为“未来的钢铁、21世纪的金属”。

有关专家称，代县境内的金红石矿床在开采开发上具有五个特色优势：一是储量大，已探明资源量370万吨；二是埋藏浅，便于开采；三是质量好，选出的钛精粉中二氧化钛含量高达97.11%；四是矿体集中；五是矿体连续性好，东西延长仅11公里。

2006年，国内较大的金红石矿只有湖北枣阳等几处，有的矿床纯度不高，有的矿床难采难选，有的资源已开采殆尽。而代县特大型金红石矿床日渐扩大的资源量对于中国地质界来说，就成为一个令人振奋的特大喜讯。（宋培贤）

**【山西省投资90亿元开发煤层气】** 山西省将投资90亿元开发煤层气，在未来5年内投资12.7亿元建设8个煤层气电厂，总装机容量为18.9万千瓦。同时，以沁水煤田南部煤层气重点开发区为起点，建设阳城——翼城——临汾等省内外多条煤层气输气管道。

2006年，山西煤矿矿井瓦斯抽放量达到16.11亿立方米，利用量3.27亿立方米；除了矿井抽放，山西煤层气地面抽采进程也大大加快，晋城煤业集团已建成地面煤层气井482口，实际抽采量超过1亿立方米。煤矿瓦斯利用开展较早的阳泉煤业集团2005年投资2.6亿元，开工建设3万千瓦煤层气电站。晋城煤业集团寺河煤矿12万千瓦煤层气发电站2007年上半年也将全部建成，届时将成为亚洲最大的煤层气发电项目。

2006年，山西省瓦斯发电总装机容量达到5.65万千瓦，发电量1.82亿千瓦时。晋城无烟煤集团已建成482口煤层气井组，其中2006年新建气井317口，产能突破两亿立方米/年，是我国2006年最大的煤层气地面抽采井网，抽采的压缩煤层气通过专用槽车向矿区、晋城、郑州和太原等地供气，其中晋城市2000余辆出租汽车、公交车改烧煤层气，居民用户也已超过3万户。（宋培贤）

**【山西省的污染源调查工作全面启动】** 山西省的污染源调查工作2006年12月全面启动。

本次调查的重点范围包括大运公路沿线、汾河流域、二氧化硫控制区的污染源，列入山西省工业企业全面达标规划的企业，由国家、省、市负责审批和验收的电力、冶金、焦化、水泥、化工、造纸、选矿等行业的投产和试生产企业，日排水100吨以上的企业、10吨以上的锅炉等。

（宋培贤）

**【“中国·中部崛起人才论坛”开幕，中部六省网上齐招人才】** 由山西、湖北、安徽、江西、河南、湖南中部六省共同参与主办的“中国·中部崛起人才论坛”今日开幕。2006年12月8日至17日，中部六省中心城市将举行网上人才招聘会。

山西省的用人单位和求职者可登录太原人才网（www.tyrc.com.cn）参加本次网上人才招聘会。据了解，招聘会将包括网上求职、网上招聘、政策咨询、就业指导和远程面试等内容。只要登录网站，就可以查询参会六省市的招聘求职信息，了解相关就业政策，并有机会参加网络远程面试。（宋培贤）

**【山西建成9000个科普服务站】** 2006年，山西省已有9000多个村庄建起科普惠农服务站，配备万余科普信息员，科普惠农工程已完成1/3。

据介绍，科普惠农行动计划由山西省科协和财政厅共同制定，计划用3年时间为全省3万多个村庄建立科普惠农服务站，建信息栏3万多个，培养了3万多名信息员，实现农村科技信息的有序流动。

山西建立多元化科普投入体系，省财政厅计划每年安排200万元专项经费，用于补贴、奖励编制科普惠农挂图和建设科普惠农信息栏。20多个市县尝试以“公益事业＋市场机制”的方式，弥补科普经费的不足。山西还以服务站为主阵地整合各类科技资源。垣曲县在55个村建起科普惠农服务站，2006年已推广调控施肥、无公害生产等18项种养业新技术，引进14个优质品种，使全县农业技术覆盖率达到100%，农作物及畜禽优良品种率达到95%以上。（宋培贤）

**【太原10个技术创新项目填补国内外空白】** 从太原市科技局在对2006年112个重点科技项目进行中期检查后显示，已申请了18项发明专利（同时申请了9项实用新型专利），1个项目通过软件产品认证，1个项目申报了国家中药品种保护。另外，还有10个技术创新项目填补了国内外空白。

据悉，为了提升太原的自主创新能力，太原市科技局特别在年度科技发展计划中重点安排了市级工程技术中心、科技创新示范项目、科技条件平台建设、科技风险投资、产学研合作等112个项目。

（宋培贤）

**【“山西青工技能振兴计划”现场推进会在太原召开】** “山西青工技能振兴计划”现场推进会2006年12月18日在太钢召开。会上交流了山西省各市实施此项工作的情况，观摩了太钢的经验和做法，并对下一阶段深化“山西青工技能振兴计划”的重点和推进措施进行了安排部署。副省长靳善忠参加会议并讲话。

副省长靳善忠充分肯定了团省委在山西青年人才工程方面所做的工作，他指出，要稳步推进“山西青工技能振兴计划”；要把握关键，突出重点，努力造就青年人才大军；要广开视野，增加投入，切实加强青年高技能人才培养工作的领导。

在这次会议上，对获得山西省优秀青年岗位能手、山西省杰出青年创新能手的代表和第二届山西青年职业技能大赛优秀组织单位进行了表彰，并发出了号召全省广大青年职工以实际行动为建设山西新型能源和工业基地做贡献的倡议。

（宋培贤）

**【山西最大的煤化工装备制造基地建成】** 2006年12月18日，太重集团隆重举行了煤化工制造基地竣工及900T大型架桥机、27立方米矿用挖掘机完工的庆典。

2006年是太重实施新一轮产品结构调整和掀起新产品开发高潮之年。煤化工制造基地的项目建成后，太重将具备制造壳牌、德士、GSP、鲁奇等加压气化设备，合成氨、合成尿素、复合肥等化肥成套装备，合成甲醇、二甲醚、合成油设备，焦炉煤气、煤层气转化设备，煤焦油深加工设备，以及核能设备、加氢反应器等生产能力，年产值将达到10亿元以上，成为山西省煤化工装备制造能力最大的生产企业。

据了解，太重是我国最早生产煤气化装备的企业，2006年，为贯彻落实山西省“十一五”发展规划纲要，实现打造百亿太重的宏伟目标，太重决定投资3亿元，建设煤化工装备制造基地，打造一个全国气化设备制造行业的龙头企业。项目从6月12日奠基开始到现在，短短半年完成了25245平方米主体厂房建设。

太重集团继2006年3月份成功开发出我国第一台具有完全自主知识产权的20立方米矿用挖掘机以来，又开发出27立方米矿用挖掘机。27立方米矿用挖掘机的成功开发，标志着太重已为我国独立开发1500万吨级大型露天矿奠定了坚实的基础。2006年，全球能独立制造大型矿用挖掘机的企业有中国太重、美国P&H公司和美国B－E公司。

太重集团的大型起重机产品向铁路建设领域延伸，与意大利爱登公司合作制造了世界首台具有过隧道功能的铁路架桥专用设备900T架桥机。该设备的制造成功不仅填补了太重在铁路架桥机械制造方面的空白，也为今后开发提梁机、运梁车等系列产品奠定了基础。随着高速铁路武广线、京沈线、石太线、郑西线、京沪线、西兰线等先后开工，集中采购该产品将形成一个高潮。（宋培贤）

**【山西省人民政府与国防科工委签署共建中北大学协议】** 2006年12月18日，山西省人民政府与国防科学技术工业委员会在北京签署共建中北大学协议。签字仪式由山西省人民政府崔永柱副秘书长主持，国防科工委人事教育司屠森林司长宣读了共建协议书，山西省人民政府张少琴副省长和国防科工委陈求发副主任代表双方签署了共建协议并分别发表了热情洋溢的讲话。山西省教育厅、国防科工委办公厅、综合计划司、科技与质量司、人事教育司以及航天科技集团、航天科工集团、兵器工业集团、兵器装备集团等相关单位的领导和嘉宾出席了签字仪式。

为进一步加强和促进中北大学的发展和建设，为山西省地方经济建设和国防科技工业发展做出更大贡献，根据共建协议，“十一五”期间，对中北大学的管理，实行山西省与国防科工委共建，以山西省管理为主的管理体制。山西省和国防科工委支持该校整合国防科技学科专业、实验室以及其他国防科技资源，设立国防科学技术学院；支持该校国防科技工业高等职业教育实训基地的建设等。国防科工委将按照“同等优先，择优扶持”的原则对该校国防特色学科专业和实验室建设、师资队伍建设以及公派出国留学等工作给予指导和支持。山西省将继续对中北大学的建设和发展给予大力支持。（宋培贤）

**【大齿集团向现代一流企业冲刺】** 大同齿轮集团有限责任公司对内依靠自主创新做大，对外实施国际化战略做精做强，不断调整产业结构，提升企业核心竞争力，全力打造现代一流企业。2006年，该公司已开发出14大系列300个品种的各类变速箱，形成了宽系列、多品种、科技含量高的产品优势。依靠自主创新，不断超前调整产品结构，是山西大同齿轮集团从一个只能生产农机配件的小型企业一跃成为全国知名的重型汽车变速箱生产基地的重要“法宝”之一。2006年上半年，他们又自行设计、自行研发出国内惟一具有自主知识产权的16档位大扭矩变速箱，2006年已形成批量生产。现在，大齿在三次技术引进形成的三个平台，一个合作开发平台，一个自主研发平台的基础上，开发出300多个品种的各类变速箱，可以匹配发动机为120马力～420马力的全部车型，为企业未来的发展打下了良好基础。面对竞争异常激烈的市场，大齿更加注重加快新产品研发速度和投入力度。2006年，45KGM和60KGM变速箱的研发，从前期策划到装配出样机，仅用了不到半年的时间。为企业更快地拓宽市场覆盖面赢得了时间。

到2006年，该公司出口产品的产值比2005年翻了两番。一直视质量为企业生命线的大齿人对质量的关注更加突出，产品一次装配合格率达到96%以上。

2006年，大齿集团生产的UDC牌重型汽车变速箱又被认定为“山西省著名商标”。12档位变速箱荣获首届中国国际卡钉锤卡车节油大赛“最省油变速箱”奖。

（宋培贤）

**【山西省二氧化硫减排目标顺利完成】** 2006年，山西省高度重视工业污染源防治工作，采取各项措施严厉打击不法排污，全省二氧化硫排放总量比2005年同期减少5.4万吨，超额完成山西省2006年减排2.9%的目标任务。

12月19日～20日，由国务院办公厅、国家发改委和国家环保总局组成的调研组就“十一五”二氧化硫总量减排目标责任书落实情况在山西省进行调研后，对山西省的工作进度给予肯定，为控制二氧化硫排放总量，防治区域和城市二氧化硫污染，自国家下达山西省“十一五”二氧化硫减排目标后，山西省高度重视，在完成总量指标分解落实减排责任的基础上，重点从燃煤电厂、烟气脱硫、削减二氧化硫总量入手，在全省全面启动了燃煤电厂、烟气脱硫设施建设，对动作缓慢、逾期未完成烟气脱硫、限期治理任务的燃煤机组做出了处理决定，责令20台机组关闭，32台机组停产治理，127台机组进行罚款后再次限期完成治理，同时全面加强工业污染源防治，实施环境污染末尾淘汰，严厉打击不法排污，使山西省“十一五”二氧化硫减排目标开局良好。

（宋培贤）

**【首届“创新能力十强”企业出炉，山西七家榜上有名】** 2006年12月，由国家统计局组织监测调查的，全国50个工业行业中最具有创新能力的十强企业排行榜出炉。山西省有7家企业分别在7个行业中入围前十强。其中，山西经纬纺织榆次分公司名列纺织服装专用设备制造业第一名，其他六个企业则在各自所在的行业中分列2到9名。据介绍，企业的创新能力将是今后我国企业的发展目标。

本次信息发布活动是国家统计局组织专家队伍，按照国际通用科技指标，利用创新能力评价指标体系及评价方法进行评价，并在评价结果实证分析的基础上，首次向社会公开发布全国大中型工业行业“创新能力十强”的相关信息。除山西经纬纺织榆次分公司外，太原航空仪表有限公司位居专用仪器仪表制造行业第2位，天脊煤化工集团有限公司位居肥料制造行业第3位，太原重型机械集团有限公司是起重运输设备制造行业第5位，南风化工集团股份有限公司居日用化学产品制造行业第8位，山西北方晋东化工有限公司居专用化学产品制造行业第9位，中国北车集团永济电机厂居电机制造行业第9位。

这次评选活动的宗旨是：使入选企业对同行业其他企业自主创新活动的开展起到示范和引导作用，引导企业建立以市场为导向、产学研相结合的技术创新体系，从而实现优化我国产业结构、转变经济增长方式的宏观调控目标。山西省的七大创新企业也将为全省的企业发展起到带头作用。（宋培贤）

**【太原4个企业项目列入国家重点】** 2006年12月，太原4个中小企业项目已被列入国家重点新产品计划，国家将对这些项目颁发《国家重点新产品证书》，并择优给予待遇。

国家重点新产品计划自1988年开始启动，是国家科技计划体系中科技产业化环境建设的重要组成部分。太原市此次入选的4个中小企业项目分别是太原风华信息装备股份有限公司的“QP－240薄膜电容自动切片机”项目、太原亚乐士新技术有限公司的“液化石油气启动燃烧装置”项目、山西信联集团实业有限公司的“4YZ6型自走式玉米联合收获机”项目和太原艺星科技有限公司的“三槽晶片电镀设备JTD”项目。（宋培贤）

**【山西省3家农网入围“中国百强”】** 2006年12月21日，“2006中国农业网站100强”大型评选活动揭晓，山西省的“山西农业信息网”（http：/www.sxagri.gov.cn）、由晋城市农业局主办的太行农网（http：/www.thnw.gov.cn）、长治市农业科技信息网（http：/www.czscl.cn）3家网站顺利入围百强，其中长治市农业科技信息网被评为最具成长性网站（共3家）之一。（宋培贤）

**【太原理工大学教授熊诗波获全国“杰出专业技术人才”称号】** 太原理工大学教授熊诗波获得全国“杰出专业技术人才”称号。2006年12月，68岁的熊诗波，在煤炭、冶金、机械等工业的大型装备与生产过程智能控制、振动与动态设计、故障诊断等领域的研究与应用上曾取得重要成果。他还研制了跳汰机智能控制系统，并是国家科技进步二、三等奖获得者。（宋培贤）

**【太原市180座锅炉房成“环保模范”】** 为提升太原市大气环境质量，使太原市二级天任务加速完成，2006年太原市在全市范围开展创建“环保模范锅炉房”活动。12月21日，经严格审核，太原市环保局将山西省人民医院等180座锅炉房评为“环保模范锅炉房”。

2006年以来，太原市环保局在全市范围开展创建“环保模范锅炉房”活动，并把它作为防治大气污染的一项重要内容。各创建单位在太原市环境监察支队和六区环保局的帮助监督下，经过严格的审核，最终山西省人民医院锅炉房、山西医科大学第二医院锅炉房、太原市中心医院锅炉房、山西北方机械制造有限责任公司二热站锅炉房等180座锅炉房被通报表彰，并被授予“环保模范锅炉房”牌。（宋培贤）

**【世界首台900吨架桥机在太重试制成功】** 山西太原重型机械集团与意大利爱登公司合作制造的世界首台900吨架桥机，2006年12月在太重试制成功，填补了我国具有过隧道功能的铁路架设专用设备生产的空白。

到2020年，我国将建设2万公里的高速客运专线铁路，并对原有的16万公里客货运输混线铁路进行提速改造。作为建设双线高速客运专线铁路的专用设备之一，架桥机的市场需求看好。太重抓住这一难得机遇，与爱登公司合作研制900吨架桥机。爱登公司负责总体设计，太重负责电气控制部分设计、技术转化、施工设计和生产制造。

据了解，该设备过隧道时无需拆卸，并能自动收缩，是国内首台具有此项功能的铁路架设专用设备。太原铁路局皇后园车站建设将采用此设备。

业内专家表示，该设备的制造成功不仅填补了我国在铁路架桥机械制造方面的空白，也为太重今后开发提梁机、运梁车等系列产品奠定了基础。2006年，国内具备生产这种架桥机能力的企业仅有太重一家，随着武广线、京沈线、石太线、郑西线、京沪线、西兰线等高速铁路的先后开工，该架桥机将大有用武之地。（宋培贤）

**【太重煤化工装备制造基地举行竣工庆典仪式】** 2006年12月，山西太重煤化工装备制造基地举行竣工庆典仪式，标志着太重成为山西省煤化工装备制造能力最大的生产企业和全国气化设备制造行业的龙头企业。

太重是我国最早生产煤气发生炉等煤化工设备的企业，具有三类压力容器、压力管道的设计制造许可，在煤化工设备设计制造方面积累了丰富的经验。五十多年来，经过几代太重人的不懈努力，太重集团公司煤气化设备在消化吸收美、德等国外先进技术的基础上，坚持自主创新，产品不断升级换代。几千台煤气化设备遍及全国各地，市场占有率稳步提高，现已成为国内具有很大影响力的煤气化装备成套企业。

新建设的煤化工装备制造基地建设总投资3亿元，主厂房长246.44米，宽102.44米，高31.4米，总建设面积25245平方米。新厂房配置了大型煤气加热炉、大型热处理炉、大型探伤间、三辊卷板机、数控下料机和窄间隙成套焊接机等一批大型先进设备。项目的建成投入使用，使太重集团具备了制造壳牌、德士古、GSP、鲁奇等品牌所需的加压气化设备，合成氨、合成尿素、复合肥等化肥成套装备，合成甲醇、二甲醚、合成油设备。焦炉煤气、煤层气转化设备、煤焦油深加工设备，以及核能设备加氢反应器等生产能力，年产值将达10亿元以上，成为山西省煤化工装备制造能力最大的生产企业和全国煤化工装备制造基地。

国家发展和改革委员会副主任张国宝指出，太重大型煤化工装备制造基地是我国新型煤化工装备制造基地，他的建成投产，必将对我国煤化工产业的发展产生深远影响。（宋培贤）

**【2006年太钢不锈钢为北京地铁打造精品车厢】** 使用太钢不锈钢产品生产的北京地铁不锈钢车厢、大线客车将在奥运期间，一展太钢不锈的风采。轨道车辆行业是我国使用钢材量最大的行业之一。太钢通过多年的摸索和努力攻关，生产出轨道车辆用产品，并小批量试供长春轨道客车股份有限公司进行工艺等试验。在取得良好效果后，太钢又参与了北京地铁国产化

项目，为北京地铁在随后的招标中全部使用不锈钢车厢奠定了良好的基础。从2005年开始，太钢不锈钢产品开始批量使用在北京地铁5号线、10号线等线路的车厢制造上；2005年太钢与四方机车车辆股份有限公司合作开发不锈钢产品，用于国产大线客车的制造。与欧洲同类产品相比，太钢的不锈钢产品在化学成分、机械性能、表面质量等多方面均达到欧洲产品水平，太钢生产的面板用料全部替代欧洲产品用于车辆制造。2005年、2006年，太钢销售轨道车辆用不锈钢3000吨以上，随着太钢轨道车辆行业用钢新品种的不断开发成功和产品品质的持续提升，太钢不锈钢产品已广泛用于轨道车辆制造。 （宋培贤）

**【节能、建筑领域推广四大可再生能源】** 推行节能建筑，可再生能源的应用是其中的重点推广项目。太原市新近制定了“进一步加强建筑工程项目可再生能源利用的实施意见”，对未来几年太原市可再生能源的应用提出了计划和目标。

“可再生能源”或许很陌生，但提及太阳能、温泉等，人们就会有较为直观的感受。这些就是一直在我们身边的可再生能源，利用它们可解决建筑中采暖空调、热水供应、照明等，替代供应日趋紧张的煤、石油等常规能源。未来几年，太阳能、地热、污水热、土壤热，四大可再生能源将成为太原市建筑能耗中的首选。

1. 丰富的太阳能。太原市东、西、北三面环山，南部为河谷平原，年日照2632.1小时，年太阳辐射总量为5000MJ/m$^2$（百万焦耳/平方米），全年约90%的白天具有采集太阳能的条件，是太阳能资源较丰富的地区。

但2006年太阳能的应用仅限于居民个人，与建筑一体化的整体配套使用还很少。大唐四季花园住宅小区是太原市首个国家康居示范住宅项目，18栋住宅楼采用了多项节能技术，太阳能也是试用的新技术之一。整栋楼选用了太阳能与建筑一体化的分体式热管真空管太阳能集热器系统。热源能耗以太阳能为主，电加热为辅，保证全年全天候热水供应。这样可显著降低住户日常生活热水供应常规能源的消耗，综合节能60%以上。

其实，利用可再生能源最直接的效益就是经济效益。以生活热水估算，每平方米太阳能热水系统的年平均获热量相当于1200度电、500公斤普通煤或180公斤液化气通过相应装置得到的热量。推算下来，每家住户每年可节约用电1800度，以一个小区有110台计算，年节约用电20万度、77吨普通煤或28吨液化气。虽然初始投资是电力的两倍，但后期的使用费明显降低，每年仅423元，而相应的电费则为920元，即使是天然气也需要500多元。使用太阳能的环境效益更是显著，大大降低了粉尘、有害气体、温室气体的排放。每100平方米太阳能热水器每年可减少排放粉尘2.5吨、二氧化碳0.9吨、二氧化硫0.25吨。

2. 潜力大的地热。我国的地热能源十分丰富，地热将成为太原市继煤、电外的又一大能源。

2004年太原市成功钻探一眼热矿水井，孔口水温54摄氏度，出水量每天2000立方米。这标志着太原市发现了宝贵的城市地热田。作为取暖供热的热源，可供热10万平方米，年节燃煤约10万吨。据悉，太原市的地热资源主要分布在南部地区，分布面积约390平方公里，水温42摄氏度至60摄氏度，可采集的热量折合标准煤7800万吨。

2005年，这种新能源在新建的老年公寓中率先试用，冬季供暖，夏季制冷。这种能源和太阳能一样取之不尽，用之不竭。该技术的应用，还可减少因使用空调或取暖炉而造成的温室气体。

因此，专家建议，拥有如此丰富的城市地热田，可作为城市新型的洁净能源，可采用热泵、低温地板辐射采暖等先进技术，稳步推广。

3. 2006年推广应用四大能源。太原市太阳能、浅层地热、污水热能、土壤热能四大可采集的低温能源都十分丰富，利用潜力巨大。它们又属于低品位能源、热值不高，按照分级用能的原则，这些能源最能满足建筑生活用能的需要。因此，推广可再生能源在建筑中的应用，是解决建筑用能最经济合理的选择。

市建筑节能管理中心刘玉伟主任介绍，太原市现已确定了今后在建筑领域中重点鼓励推广应用的可再生能源及技术，包括与建筑一体化的太阳能供应热水、采暖空调、光电转换、照明；地下水热泵技术供热；土壤源热泵技术供热；污水源热泵技术供热。

同时要求，选择建筑小区和公共建筑进行可再生能源的示范，将重点实施技术先进适用、运行稳定可靠、经济合理、推广价值大的项目。通过示范，总结经验，形成建筑应用的集成技术体系和相关技术标准、配套的政策法规，带动产业发展，稳步推广，最终形成政府引导、市场推进的机制和模式。示范项目完成后，太原市将对示范项目的节能环保效果进行测评。经测评不符合有关标准要求的，责令返工；造成损失的，由责任方依法承担赔偿责任。

此外，太原市还将在新建、改建政府办公建筑、大型公共建筑及高档住宅小区建设中强制使用可再生能源，并适时出台相关政策，予以实施。在组织旧城改造、既有建筑节能改造及供热采暖设施改造时，都要优先考虑利用可再生能源。

预计到“十一五”期末，太阳能、浅层地能应用面积占新建建筑面积25%以上，到2020年，达到50%以上。

（宋培贤）

**【60余位海外学人来山西考察寻求发展机遇】** 2006年12月23日、24日，“创新创业报效祖国”2006海外学人回国创业周山西站活动在太原举行，60余位海外学人来山西省考察，寻求发展机遇，这是2006年在山西省举办的规模最大的海外学人创业服务活动。共青团中央书记处书记尔肯江·吐拉洪，省委副书记金银焕，省委常委、常务副省长薛延忠出席了活动启动仪式。

参加本次活动的60余名海外学人都常年在国外工作和发展，他们之中有代表跨国公司寻求合作项目的商界精英，有掌握高新技术回国创业的科技先锋，也有学成归来报效祖国的青年学者。海外学人携带商业计划书、科技项目与山西省职能部门和企业家代表进行了自由洽谈，共达成意向性合作项目6项。

本次活动由共青团中央、全国青联、欧美同学会主办，省人事厅、山西省委人才工作领导组办公室、共青团山西省委、山西省青年联合会协办。海外学人代表表示，他们将积极配合山西引资、引智工作，利用自身的海外关系，介绍外资入晋，建立相关的合作模式，在人才培养等领域期待建立更多的合作。 （宋培贤）

**【太重一项科研成果获中国机械行业奖】** 在12月中旬结束的2006年中国重型机械行业科技评审会上，太重与北京科技大学合作的科研成果——“火车车轮轧制工艺研究”，荣获“中国机械工业科学技术三等奖”。评审专家认为，这一轧制工艺稳定可靠，提高了火车车轮的质量，满足了铁路提速的要求，达到国际先进水平。为了适应我国铁路不断提速的要求，太重对车轮制造工艺进行了积极的探索和改进，公司技术中心高级工程师张平等人与北京科大专家教授合作完成了“火车车轮轧制工艺研究”的科研成果，2004年通过了科技成果鉴定。（宋培贤）

【太原市推广秸秆气化新技术】 2006年12月19日，在太原市阳曲县黄寨镇大直峪村召开的农村户用沼气及秸秆气化技术推广会的展示现场，一种利用植物秸秆装置可供发电、取暖、燃气的秸秆气化炉首次亮相。

乍一看，秸秆气化炉造型很简单，与我们过去使用的煤气灶极其相似。唯一不同的是，煤气罐里装着的是液化气，而秸秆气化炉的炉膛内装着的是农作物秸秆。秸秆气化炉主要是利用植物秸秆、废木屑、野草中碳含量较高，有机成分以纤维素为主的组成特点，在炉具内缺氧条件下加热，使之发生复杂的热化学反应，进而产生一氧化碳、氢气、甲烷等可燃性气体，再通过管道输送到燃气灶，点燃便可使用。

太原科技交流中心副主任张小东介绍，秸秆气化炉与煤气、沼气相比，具有三大显著优势，首先是价格便宜，一套家庭型秸秆气化炉只要680元，且无需配套设备，二三小时就能安装使用；其次是资源优势，原料随处可取，其成本几乎为零。每个农户每天只需植物原料3—5公斤，即可解决全天生活用做饭、取暖、淋浴；第三是使用安全。（宋培贤）

【阳泉供电分公司一项发明获国家实用新型专利】 2006年12月，阳泉供电分公司《220KV过线绝缘专用导线提升器》成果，正式被收编录入国家专利局《2005年国家实用新型专利公告》一书，并获得国家实用新型专利证书。

此项成果由阳泉供电分公司输电工区胡刚发明，他作为一名多年从事输电线路检修工作的工人，在工作中发现2006年的带电作业提升器在实际操作中要与滑车组配套使用，存在连接不牢靠、转向有死角和操作间隙大等缺陷，对带电作业人员的安全构成了一定的威胁。胡刚结合自己多年的工作经验，决心对现有的带电工具进行改良，他从图样设计、制作加工、机械试验到现场模拟等各个环节反复验算论证，先后进行了大小10多次试验，咨询了数家科研单位和部门，最终研制出了这一安全实用的带电作业器具。该器具与改造前相比，加大了有效操作间隙，大大降低了操作过程中的安全隐患，提高了操作过程的可控程度，为从事高电压等级带电作业人员提供了更为安全的保障。

（宋培贤）

【山西省参加亚洲碳博览会阵容强大喜结硕果】 截至2006年11月6日，山西大气CDM技术中心已与英国气候变化资本集团、日本丸红株式会社、日本三井物产株式会社、瑞典碳资产管理有限公司等国外买家签订协议，并与20多家国际公司达成合作意向。这些合作的产生缘于山西省在亚洲碳博览会的成功亮相。

2006年10月26日～27日，由科技部、发展和改革委员会、财政部联合世界银行、国际排放贸易协会共同举办的亚洲碳博览会在北京举行。山西省对这次博览会十分重视，省科技厅、省财政厅等部门组织有关企业参加了亚洲碳博览会，是博览会上阵容最为强大的省份。山西省共向亚洲碳博览会提供了24个较为成熟的项目，总的减排量可达900多万吨，是各个地区博览会提供CDM资源最多的省份。这些国际公司的参与，大大增强了山西省CDM发展的实力，对促进山西省的能源可持续发展及环境改善起到了积极作用。

（宋培贤）

【资源优势＋科技，山西投资1500亿元开发洁净能源】 2006年12月，山西省委书记张宝顺说：“山西必须充分利用资源优势，建设新型能源基地。”“十一五”期间，山西将在煤炭“零”增长的同时，投入1500亿元发展煤层气、煤制油和醇醚燃料，变输出原煤为输出清洁能源，成就新的支柱产业。

山西煤炭资源丰富，每年煤焦产业排放大量焦炉气、煤层气和煤矸石，浪费资源，污染环境。山西省提出，到“十一五”末，每年回收利用焦炉剩余煤气180亿立方米，制甲醇350万吨，发电100万千瓦时；每年回收利用50亿立方米煤层气；同时，开发醇醚燃料、煤变油等资源深加工产品。

据估算，全省煤层气开发约需1200亿元，建设甲醇、煤制油和二甲醚等生产线需300多亿元。为支持洁净能源项目的科技攻关，攻关经费50%以上由省政府投入；省政府还正在筹措规模为100亿元的投资基金，准备采用投资入股、奖金补助和贷款贴息的办法，给予扶持。此外，山西还出台优惠政策，对从事能源深加工的骨干企业，研发费用可再上提4至7个百分点，设备引进全部免税。

2006年2月以来，山西省政府已与建设银行、国家开发银行、中国银行、兴业银行等金融机构，签订了总额为3000多亿元的贷款协议，其中用于煤化工的资金就达800多亿元。在企业融资方面，工商银行牵头对同煤集团提供450亿元的融资支持，9家银行与潞安集团达成600亿元的贷款意向，潞安集团通过发行债券融资13亿元。省外大集团纷纷携资入晋。煤炭运销集团与全国最大的煤炭企业神华集团联手，计划投入12亿元，生产、加工转化河曲、沙坪及附近9座小煤矿的资源。孝义市引进山东兖矿集团，计划共同投资建设一个30省有50多万辆汽车正在使用甲醇汽油，600多辆汽车开始尝试煤层气燃料（宋培贤）

【我国发布2006企业蓝皮书，山西企业竞争力排第三】 中国社会科学院工业经济

安太堡选煤厂
郭建平摄影

研究所2006年12月26日下午发布2006年企业蓝皮书《中国企业竞争力报告(2006)——创新与竞争》。这是课题组对上市公司竞争力进行的第四年的监测。2005年中国各区域上市公司竞争力平均值排名显示，山东、浙江、山西居前三位；北京排第四位。报告同时分析了国企面临的问题，企业竞争力山西排第三。

（宋培贤）

**【山西省又有六家企业产品荣登中国名牌榜】** 2006年9月6日，国家质检总局、中国名牌战略推进委员会在北京人民大会堂召开《质量振兴纲要》实施10周年暨质量兴市先进、中国名牌产品表彰大会，对全国质量兴市先进单位、2006年中国名牌产品进行了隆重表彰。山西省长治市、高平市荣获“全国质量兴市先进市”，太钢牌不锈钢、太重牌起重机、屯玉牌玉米杂交种、天脊牌硝酸磷肥、水塔牌食醋、东湖牌食醋等荣获2006年中国名牌产品称号。这是山西省在实施名牌战略、推进质量振兴工作领域取得的重要成果。至此，山西省中国名牌产品总数达到12个，全国质量兴市先进市（县）达到6个。截至2006年，山西省共有中国名牌产品12个，国家免检产品23个，山西标志性名牌产品41个，山西名牌产品195个，山西省质量信誉企业860户。这些企业和产品已经成为推动全省经济发展的中坚力量。

（宋培贤）

**【高交会山西省取得丰硕成果】** 2006年高交会适应国家全面实施自主创新战略的新形势，突出自主创新、循环经济和知识产权保护三大主题，进一步提高了国际化、专业化和精细化水平。第八届中国国际高新技术成果交易会2006年17日在深圳圆满落幕，太原市在这次成果交易会上推出213个招商引资项目，签约总投资额达18.39亿元，名列全省第一。这次是太原市组团参加沪洽会、港洽会之后又一次成功的招商引资活动。太原市推出的213个招商引资项目涉及农业、房地产业、制造业、科技、文化等12个行业。

（宋培贤）

**【阳泉市耐火研究所与武汉科技大学材料冶金学院共同组建产学研合作基地】** 2006年11月25日，阳泉市耐火研究所与武汉科技大学材料冶金学院共同组建产学研合作基地协议签字及揭牌仪式在华岭耐火材料有限公司举行，市领导朱礼厚、王　洲、华岭耐火公司总经理、武汉科技大学原校长汪厚植等出席了揭牌仪式。

武汉科技大学原校长、材料与冶金学院首席教授、博士生导师汪厚植，冶金学院院长、博士生导师、教授李亚伟，学院副院长、博士生导师、教授王玺堂举办了为期半天的耐火材料专题讲座。阳泉市郊区耐火企业广鑫源耐火有限公司、德旭耐火材料有限公司、圣火炉料有限公司、千亨耐火有限公司、白泉工业园区、区耐火协会有关单位负责人参加了本次会议。另外武汉科技大学材料与冶金学院新产品、科技成果、专利技术发布推介和洽谈会也同时举行。（宋培贤）

**【阳泉市召开科技大会】** 2006年11月30日，阳泉市科技大会在市宾馆隆重召开。会议的主要任务是，贯彻全国科技大会精神，研究部署阳泉市加强自主创新、建设创新型城市等工作，动员全市各级各部门和广大科技工作者面向改革发展和现代化建设主战场，着力加强自主创新，全面推进科技进步，努力开创阳泉市科技工作新局面。市领导谢海、郃爱国、孙水生、王舰民、樊盛武、宋师璇、吴学斌、李体柱、朱纯国，各县区区委书记、县区长与市直各有关部门负责人参加了会议。

会上，市委、市政府隆重表彰了“十五”期间在技术创新、科技管理和支持科技工作方面做出突出成绩的先进单位和先进个人，授予阳煤集团等20家单位“技术创新优秀企业”称号，授予郊区科技局等3个单位“科技管理先进单位”称号。授予市委宣传部等13个单位“支持科技工作先进单位”称号。同时，对2004年～2005年度在阳泉市科技进步中做出突出贡献的人员予以表彰奖励；授予赵长春等3名同志“科技功臣”称号，各奖励5万元；授予王体轩等3名同志“科技企业家”称号，各奖励3万元；授予刘彦斌等16名同志“优秀科技工作者”称号，授予冯云喜等3名同志“优秀科技管理者”称号。

会上，市政府下发了《关于印发〈阳泉市科技奖励办法〉的通知》；市委办公厅、市政府办公厅下发了《关于加强自主创新，建设创新型城市的若干意见》和市科技局下发的《关于印发〈阳泉市科学技术发展“十一五”规划〉的通知》和《关于印发〈阳泉市企业专利试点工作办法〉（试行）的通知》。会议结束后，与会领导为新落成的市科技大厦揭牌。

（宋培贤）

**【科技部表彰全国星火计划先进，阳泉市科技部门和个人榜上有名】** 2006年11月，从科技部传来消息，在科技部表彰全国星火计划和科技扶贫工作先进名单上，阳泉市科技局荣获全国星火科技先进集体；山西吉天利科技实业有限公司刘林娣荣获全国农村科技先进工作者称号；山西阳泉华岭耐火材料有限公司史永记荣获全国星火科技致富能人称号；阳泉市科技局产业科闫守琦荣获全国星火科技管理先进工作者称号。

2006年是国家星火计划和科技扶贫实施20周年纪念，市科技局全面总结了阳泉市星火计划实施20年的情况。在有关部门推荐基础上，积极组织优秀星火及农村承包项目参加星火计划20周年成就展，并积极推荐先进集体和个人，其中11个项目参加了山西省优秀项目展，14名先进管理者及基层科技人员获省星火计划先进工作者称号。（宋培贤）

**【阳泉市组织召开“优质苹果高光效树型改造技术推广培训暨经验交流会”】** 2006年10月19日上午，阳泉市科学技术局所属阳泉市生产力促进中心在平定县政府会议室组织召开了“优质苹果高光效树型改造技术推广培训暨经验交流会”。平定陈家圪梁村、理家庄村、苏峪村等10多个乡镇的果农40余人参加了培训和经验交流。

优质苹果高光效树型改造技术是农科院高新技术优先推广项目之一，主要是解决果树因树龄长造成产量低、品质差、优质果率比例少，从而导致果品价格低、销售难、果农收入降低等问题。2005年至2006年阳泉市生产力促进中心组织在13个乡镇，共计666.67公顷地实施了技术推广，取得了当年改造当年增产增收的示范效果，受到广大果农的好评。当日参会果农带来了自家种植的苹果，通过现场对比，实施高光效树型改造技术和未实施的苹果从色泽、个头、口感等方面比较优势非常明显。培训会上平定科技局总工白玉梅同志为大家详细讲解了技术要领和技术的示范效果，果农示范户感慨良深地说：“实施了技术，2006年的苹果的确个大好吃，的确是好卖，经济效益就是提高了不少”。（宋培贤）

**【阳泉市科技局邀请日本粉末冶金专家来阳泉市进行技术咨询服务】** 政风行风评议活动和政府效能建设活动开展以来,阳泉市科技局充分发挥科技信息的优势,为阳泉市科技项目做大做强,积极引入资金,寻找合作,吸引更多的技术力量解决阳泉市存在的技术难题。通过与国家、省有关部门联系协作,科技局邀请日本科技志愿者、69岁的粉末冶金专家增田敏治先生来到阳泉市,为平定县巨鑫制件有限公司进行了为期一周的技术咨询服务,并介绍了粉末冶金领域的国际动态和先进的注射成型技术,使该公司技术人员受益匪浅,并将为该公司的发展起到积极的作用。 (宋培贤)

**【阳泉市农业科技信息"村村通工程"正式启动】** 2006年11月8日,"阳泉市农业科技信息查询系统应用"信息发布会在市科技局十四楼会议室举行。副市长李体柱、市科技局局长要真、副局长郝葆良及中国网通阳泉分公司副总经理裴润斌到会并讲了话。至此,阳泉市科技局主办、网通阳泉分公司协办的阳泉市农业科技信息"村村通工程"正式启动。

阳泉市农业科技信息"村村通工程"应用现代网络技术,采用语音信息服务平台,通俗易懂地向农民提供科技信息、市场信息、综合服务信息,促进和提升阳泉市的农业科技水平,从而为阳泉市农业增产、农民增收提供新的科技服务手段。这次开通的语音服务平台信息内容是农业专家和科技人员对阳泉市的农业进行调研,整合以往的农业科技信息,经过严格审查获得的。科技信息包括:新技术、新品种、实用技术、农业法律、法规等8大类,粮油、蔬菜、药材、食用菌、瓜果、花卉、畜牧、水产等10个专业,信息总量达1.5万余条。会上,网通公司的工作人员对科技信息查询系统进行了详细的信息发布讲解。与会领导为阳泉市平定、盂县、郊区科技部门及农民代表现场赠送了由阳泉市科技局生产力促进中心组织编印的"农业科技信息查询指南"1500多本。副市长李体柱对这项工程的开通给予高度评价,并希望科技部门和电信等部门进一步合作,真正将农业科技查询系统办成阳泉市新农村建设的科技窗口。

(宋培贤)

**【山西省正式建成全国第5个人类精子库】** 经过近3年的筹建,全国第5个人类精子库2006年12月28日在山西省人口计生委科学研究所正式建成。从20世纪80年代开始,我国尝试建立人类精子库。此前,江苏、湖南、广东、上海已建立了4个精子库。 (宋培贤)

**【"运旱22—33"小麦新品种通过了国家审定】** 2006年4月7日由山西省农科院棉花研究所主持选育的"运旱22—33"小麦新品种通过了国家审定。这是该所继"晋麦47号"之后国家审定的第二个小麦新品种,也是该所取得的又一项重要科技创新成果。

据专家介绍,"运旱22—33"小麦品种2004年、2005年连续两年参加黄淮冬麦区旱地组域试验,平均亩产达到348.4公斤,比对照"晋麦47号"增产12.5%,适应在山西、陕西、河北、河南、山东等省份旱薄地种植,是2006年我国黄淮旱地最有发展前途和最具推广应用价值的旱地小麦新品种。 (宋培贤)

**【山西大力营造科技创新良好氛围】** 2006年12月1日,山西省召开科技宣传工作会议。会上还颁发首届山西科技新闻奖,本报驻山西记者的作品获报纸类作品一等奖。

会议提出,在山西省科学技术大会即将召开前夕以及今后一段时期,围绕"自主创新、重点跨越、支撑发展、引领未来"的科技战略方针和山西省科技发展"十一五"规划,在全省营造重科技、懂科技、用科技的良好氛围,掀起一个科技宣传的高潮。山西省委宣传部常务副部长王清宪在会议上讲话,要求全省各新闻单位的主要领导、各宣传部门的同志,要深刻理解科技创新在建设创新型山西中的重要作用,站在省委、省政府工作的大局,站在山西全面崛起的高度,把这次会议宣传报道好。山西省科技厅党组书记、厅长廉毅敏说,全省科技系统要把科技宣传作为科技工作的一个重要环节来抓,加强与新闻媒体的沟通,根据新时期科技工作的特点和要求,结合各自的业务范围,切实把科技宣传工作融入科技管理的各个环节,改变单纯抓项目、抓业务的传统工作模式,通过开展经常性的科技宣传,推动各项工作的进展。要广泛传递科技信息,宣传科技成就,彰显科技人物,一起携手为山西科技事业的振兴做出新贡献。

(宋培贤)

**【山西高新技术产品出口猛增】** 在山西省煤和金属镁两大主要出口产品连续大幅度滑坡的情况下,高新技术产品成为2006年年初山西出口的主角。2006年1月份,山西省高新技术产品出口首次突破千万美元大关,同比增长33.44倍。虽然2006年高新产品出口额占山西出口总额的比例仍不算大,但山西过度依赖煤、焦、镁的出口结构出现松动,外贸商品结构不合理的状况得到改变。山西省商务厅统计数据显示,2006年1月份全省高新产品进出口额为2267.27万美元,增长168.12%。富士康精密工业(阳泉)有限公司、山西威奇达药业有限公司、阳泉安吉尔机械工业有限公司等多家大型企业是山西增加出口的领军团队。

山西省2004年6月拟定的《山西省加快实施科技兴贸战略的若干意见》,对高新技术产品出口的便捷通关、便捷检验检疫和出口退税等方面提出了一系列政策保障措施,保证了高新产品出口渠道的顺畅。此外,全省加大招商引资的力度和一些国际著名跨国公司在山西的相继落户,也拉动了全省出口商品结构的进一步优化。据了解,到2006年山西省已成功地组织筹办了六届"高交会",参展项目共计1000余个,成交金额约50亿元,有力地促进了高新技术产品出口。 (宋培贤)

**【山西"十一五"大力培育煤化工业经济优势】** 2006年3月23日,山西省运城市新绛县,一条以焦炉煤气为燃料的尿素生产线正在这里开工建设。这个项目是瑞士拉索公司与山西省丰喜肥业及国内4家化肥流通企业共同出资7亿元人民币建设的,建成投产后将年产18万吨合成氨,30万吨尿素。2月22日,国内首个煤基合成油项目在长治潞安集团公司开工建设。项目生产规模为年产16万吨,总投资18.86亿元,是国家"863"计划高新技术项目和中科院知识创新工程的重大项目,拥有完全自主知识产权。这些项目的先后建设,是山西发展煤化工产业的标志性工程。

新绛县煤化工业园区在不到一平方公里的范围内聚集了4家焦化厂,每天向空中排放煤气115万立方米,是当地的一个大的污染源。其实,让群众厌恶的焦炉煤气既可做燃料,又可作为化工原料,然而2006年山西省焦炉煤气利用率却很低,作为国内最大的焦炭生产基地,山西

2006年点着2000多盏焦炉煤气的“天灯”。新绛县经委主任说，大部分焦厂只有焦炭1/3的收益，也就是焦油卖掉了，煤气浪费了。

山西每年要燃烧150多亿立方米焦炉煤气，相当于烧掉100亿元，而且向空中排放30多万吨有毒气体，山西2004年炼焦8000万吨，产生焦炉煤气304亿立方米，是国家西气东输工程年输气量的2.5倍，够山西城乡居民燃用8年。可是焦炉煤气合理利用率仅为8.86%，其余全部浪费，相当于每年损失3600多万吨焦煤。焦炉煤气的收集利用既净化了环境，又节约利用了能源，实现了经济与社会的双赢。山西省“十一五”规划纲要已将煤化工确定为重点培育的新的支柱产业，预计到2010年全省煤化工行业销售总收入将由现在的280亿元增加到1000亿元左右，占工业增加值的比重也将达到10%，将打造出煤化工特色品牌，实现山西由煤炭大省向煤化工大省的转变。

（宋培贤）

**【山西赴京举行招才引智大会】** 2006年3月15日，山西省常务副省长范堆相在人民大会堂宣布，前些年困扰山西发展的人才大量流失被动局面已经得到扭转，2006年高层次人才实现了人才流入大于流出的可喜局面。山西省人民政府为此携各类人才职位12622个，部分党政机关公务员岗位2000余个，将于3月28日再次举行面向全国的2006年北京招才引智大会。

范堆相说，山西是全国能源原材料大省，近些年来省政府结合本省实情，着力调整经济结构，使山西成为全国经济发展最快的省份之一。

近几年来，山西省相继出台了一系列的相关政策，省政府每年还拿出1000万元用于人才引进与开发专项资金，重点用于引进优秀人才的科研、工作、生活补助和奖励。

范堆相透露，山西省本次人才招聘对象主要为高层次人才和急需紧缺人才及高校毕业生，他们拟引进的12622位各类人才分别是，两院院士5人，高级职称72人，博士433人，硕士1471人，本科生6012人，其他4629人，高层次人才需求占到15.7%。同时还提供了2006年山西省部分党政机关公开招考公务员考录职位2000多个。人才引进方式为正式调入、柔性流动、人才储备相结合，可正式调入，也可采取兼职、短期聘用、定期服务、项目开发、科技咨询等柔性流动的方式。

为方便不能到场的人才应聘，山西省政府还在山西人事人才网建立了“2006年北京人才招聘大会网上报名”系统，应聘人员除进入现场参加应聘外，也可以在网上报名和应聘。（宋培贤）

**【太原市科技条件平台“两库”建设取得实效】** 太原市重点科技项目“科技文献库和科技数据库建设”取得实效，2006年，科技文献库完成了网络平台制作，建立了电子资源、服务单位联合目录，太原地区期刊、特色数据库联合目录以及国际国内文献资源导航。开展了定期服务、代检查服务、检索查新服务、原文传递服务和挂牌定向服务；科技数据库收集专家322位，各类科技信息12340条，整理了太原地区支柱产业中的共性技术、关键技术240多项，科技项目2800多项，信息量达到103600条。“两库”的建设为科技服务社会提供了平台和基础。（宋培贤）

**【省高分子材料研究及检测重点实验室与太原科技大学共建硕士研究生培养基地】** 2006年11月13日下午，山西省高分子材料研究及检测重点实验室与太原科技大学签署了硕士研究生培养基地共建协议。山西省高分子材料研究及检测重点实验室作为太原科技大学材料科学与工程、化学工程与技术、环境科学与工程等学科的研究生培养基地，将在2007年开展研究生招生工作。该基地的建设拓展了太原科技大学可持续发展的空间，推进了重点实验室的快速发展，为学科建设、人才培养等搭建了一个更为广阔的平台。

（宋培贤）

**【太原市对农村科技服务体系建设中涌现的先进个人和集体以奖代补】** 2006年，太原市对2006年在农村科技服务体系建设中涌现出的先进以奖代补，对服务基层农民的优秀农村科技特派员黄谷人等70名农村科技特派员，清徐县星火科技培训学校等3所县级星火科技培训学校，古交市等3家农村科技服务流动专家大院以及古交市科技局、太原市星火技术发展中心两家组织单位给予奖励。（宋培贤）

**【“高交会”首日太原市引资18亿元】** 在深圳第八届中国国际高新技术成果交易会上，太原市参会代表团传回消息，高交会首日太原市成功签约5个项目，签约项目总投资18.39亿元人民币。其中合同引进资金14.33亿元人民币。

本届高交会的主要内容包括“高新技术成果交易”、“高新技术专业产品展”、“世界科技与经济论坛”、“super－SUPER专题活动”、“高新技术人才与智力交流会”和“不落幕的交易会”六大部分，全面凸显了“自主创新、循环经济、知识产权保护”三大主题。其中，“高新技术成果交易”云集了一大批代表我国自主创新整体水平和能力的高精尖科技成果，自主创新主题贯穿全场。另外，本届大会还特设了面积达7500平方米的“循环经济专馆”，这也是国内循环经济领域首个大规模、高层次的展览。

此次组团参会是市委、市政府继组团参加“沪洽会”、“港洽会”、“中博会”之后的又一次招商引资活动。参会期间，太原市共推出各类招商项目213个，涉及农业、制造业、房地产业、建筑业、教育、科技、文化、卫生、体育以及社会服务等12个行业。高交会首日，本省招商引资推介会暨签约仪式成功举行。太原市高新区、经济区及清徐经济开发区先后进行了项目推介。（宋培贤）

**【太原市太阳能利用政策研讨及技术交流会召开】** 2006年11月24日上午八时由太原市科技局主办、太原市清洁能源技术工程中心承办的“太原市太阳能利用政策研讨及技术交流会”在太原市清洁能源技术工程中心隆重召开。

太原市科技局、太原市环保局、太原市建管委、太原市经委、太原市发改委等相关部门领导出席，北京太阳能研究所有限公司、中国．皇明太阳能集团有限公司等20家企业，共30人参加。会议由太原市清洁能源技术工程中心主任徐华主持，会上相关部门领导就太原市太阳能利用政策进行了研讨，来自北京太阳能研究所、中国皇明太阳能集团公司等专家作了“太阳能与建筑一体化相结合”的汇报。

本次会议的召开为太阳能企业和建筑设计施工单位提供一个相互交流的平台，同时推动了太阳能利用在太原地区的发展，促进了太阳能热水系统及太阳能光电工程在建筑上的广泛应用。

（宋培贤）

**【太原市7个项目列入国家重点新产品计划】** 按照科技部2006年科技计划申报

工作总体部署和要求，经各地方科技主管部门和国务院有关部门推荐，山西省共有12个项目列入国家重点新产品计划。在市科技局大力支持下，太原市煤炭科学研究总院太原分院“CMM25－4四臂锚杆钻车”、太原重型机械集团有限公司“WK－20型矿用挖掘机”、太原风华信息装备股份有限公司“QP－240薄膜电容自动切片机”、太原亚乐士新技术有限公司“液化石油气启动燃烧装置”、山西信联集团实业有限公司“4YZ6型自走式玉米联合收获机”、太原艺星科技有限公司“三槽晶片电镀设备JTD”、山西焦煤西山煤电集团有限责任公司“ZBW1－180/660隔爆型无触点动态无功功率补偿装置”等七个项目国家重点新产品计划。列入新产品计划的项目，除颁发《国家重点新产品证书》外，国家还对列入新产品计划的重点项目，择优予以一定数额的新产品研发补助，并可以根据国家、地方的政策规定，享受地方的相关优惠政策和待遇。

（宋培贤）

**【太原市2006年科技项目创新意识显著增强】** 2006年，太原市科技局组织人员对2006年科技创新示范单位和工程技术中心承担项目，农业示范、技术承包项目，招投标项目等112个重点项目进行了检查和调研，有94.6%的项目能够按照合同顺利实施，并且已完成项目30个，只有5.4%的项目未按合同进度实施。发现其中有18项申请了发明专利（其中9项实用新型），通过软件产品认证项目1项，申报国家新药和国家中药品种保护2项，突出了技术开发和成果推广应用，创新意识明显增强。（宋培贤）

**【太原市7个创新项目填补国内空白】** 太原重型机械集团有限公司的“大型挖掘机变频调速系统的研究与应用”项目，煤炭科学研究总院太原分院的“W系列铰接式防爆低污染胶轮车开发”，太原双塔刚玉股份有限公司“AGV自动导航搬运机器人开发”，太原市通泽成套设备有限公司“CG－1600大功率惯性摩擦对焊机开发”，山西英可奥化工技术有限公司“亚纳米中性墨水生产新技术开发”，山西信联集团实业有限公司“4YZ6型自走式玉米联合收获机开发”，山西锦恒汽车部件有限公司“汽车发动机可变气门正时系统开发”，这些项目均达到国际先进水平，填补国内空白，有是项目的研制成功完成了替代进口。（宋培贤）

**【太原市13个项目列入国家火炬计划项目】** 2006年国家火炬计划项目（含重点国家火炬计划项目）和国家火炬计划环境建设项目的评审工作已经专家评审完成，共认定国家火炬计划项目1716项（其中重点国家火炬计划项目133项）、环境建设项目79项。经太原市科技局重点推荐和山西省科技厅的支持，太原市的太原钢铁（集团）有限公司“宽幅高牌号冷轧无取向电工钢”、太原凯博尔科技开发有限公司“水性导电油墨”等13个项目列入2006年国家火炬计划项目，其中山西信联集团实业有限公司的“ZY7型电液转辙机”等4个项目被认定为2006重点国家火炬计划项目。13个项目共涉及电子与信息、生物工程与新医药、新材料及应用、光机电一体化及环境与保护等五个领域。

（宋培贤）

**【太原市创新型企业试点技术创新结硕果】** 作为太原市首批创新型企业试点单位，太原市通泽成套设备有限公司依靠技术创新，在成立后的短短5年时间内，跻身于无缝钢管成套设备的研发、设计、生产、成套领域的国内供货商的第一交椅。在消化、吸收先进技术的基础上不断创新，形成自身的技术优势，具备了自主开发新产品的核心设计技术能力，具有重大技术装备成套工程总承包和承担从研发到投产“一条龙”交钥匙工程的实力，已成为引领本领域技术发展趋势的新生力量，成为国内无缝钢管装备制造行业的排头兵，为太原乃至山西的产业结构调整、经济的持续发展做出了应有的贡献。2006年10月20日由太原市通泽成套设备有限公司历时两年的时间，为无锡西姆莱斯石油专用管制造有限公司研制的具有完全自主知识产权，从研发、设计、制造并实行项目总承包年产50万吨φ250mm限动芯棒连轧管生产线竣工剪彩，进入试生产，标志着国内无缝钢管装备制造行业进入了一个新的发展阶段。该生产线是该公司依靠自己的力量完成的国内第一条限动芯棒连轧无缝钢管生产线，达到了2006年国外同类生产线的同等水平。该生产线的投产，打破了国际上只有德国德马克、意大利茵西两家公司生产该类设备的垄断地位，成为国际上第三家无缝钢管连轧成套设备的供货商。（宋培贤）

**【太原市迎泽区成为国家可持续发展实验区】** 经科技部和国家可持续发展实验区专家考察组的两次实地考察，2006年10月13日，在由国家发改委、科技部、建设部等十六部委组成的评审委员会的评审中，被确定为国家可持续发展试验区。本次在全国范围内共评选出7个国家可持续发展试验区。评审委员会一致认为迎泽区坚持以人为本的可持续发展理念，以创建中部地区省会城市的中心城区为主线，建设省城历史文化区、中心商务区和休闲旅游区，发展绿色经济和现代服务业，全面改善人民群众居住环境质量，可持续发展的经验和做法对我国同类型城区的可持续发展具有启示和示范作用。评审委员会还就进一步提高对可持续发展战略的认识、建设生态宜居区、注重公众和企业参与等方面提出了具体建议。

（宋培贤）

**【山西焦煤集团的技术中心被认定为国家级企业技术中心】** 2006年10月，山西焦煤集团技术中心成为第12批国家认定的企业技术中心。这是太原市继太钢、太重之后的第三个国家级企业技术中心。

企业技术中心的国家级认定是由国家发展改革委等部门对年销售额在3亿元以上的企业的技术中心进行评估和认定。评估项目主要包括企业的经济效益、技术中心研发条件、技术人才数量、组织体系和创新绩效等，意在推进企业的创新能力和自主研发能力。

近年来，焦煤集团立足于以技术中心为主体的技术开发和技术改造，不断加强企业的创新能力，促进公司产品结构的合理调整和技术升级，为焦煤发展提供了强有力的技术支持。集团技术中心和一些大专院校合作开发，解决了制约生产的众多技术难题。焦煤集团还通过编制公司产品和技术开发规划，推动了企业战略的深化和量化。（宋培贤）

**【省人大检查组检查太原市贯彻科技进步“一法一例”情况】** 2006年9月5日至8日，由省人大常委会副主任赵劲夫带队、省人大教科文卫工委、省科技厅有关人员组成的执法检查组一行九人莅并，对太原市2003年以来贯彻科技进步“一法一例”情况进行了为期四天的执法检查。9月5日上午，省人大检查组先后听取了副市长张政代表市政府做的情况汇报以及市科技局、市财政局、市经委、市农业局等四部门的详细汇报，市领导张兵生、张璞、张贵元、郭汝梅、张政等出席了汇报会；9月5日下午，市政府召集省城高等院校、科研院所、高新技术企业等单位的15名省城科技界代表，围绕太原市贯彻“一法一例”取得的成效和存在的问题进行了座谈；9月6日至8日，省人大检查组一行先后到清徐县、阳曲县、经济区检查科技进步“一法一例”贯彻实施情况，并深入水塔陈醋、新超管业、旭美薯业、四海奶牛、黄寨万间温室基地、富士康、创隆制药等企业和农户进行了实地考察；9月13日上午，省人大检查组就太原市贯彻科技进步“一法一例”情况进行了意见反馈。

此次执法检查旨在了解太原市政府部门的执法能力和水平，了解科技进步“一法一例”对科技进步和经济社会发展的实际推动情况，听取完善和修改科技进步“一法一例”的意见和建议。在反馈会上，省人大检查组充分肯定了太原市实施科技进步“一法一例”所做的工作和取得的成绩，提出了建设性的意见和建议。省人大常委会副主任赵劲夫强调指出，太原市要进一步加大科技成果转化力度，大力增加城市科技含量，更好地发挥服务全省的作用。市委副书记、市长张兵生表示，市政府今后要高度重视，继续加强对科技进步工作的领导；要强化管理，严格实行目标责任制；要加大宣传，营造良好氛围，把检查组提出的意见和建议落到实处。

（宋培贤）

**【太原市星火中心开展牲畜养殖技术培训和老莱田改造技术培训】** 2006年9月5日，应晋源区西寨村和清徐县科技局的要求，太原市级星火学校先后邀请市畜牧站牲畜养殖和省蔬菜种植专家，分别为晋源区西寨村和清徐县东于镇的养殖、种植户共计100余人开展了牲畜养殖技术培训和老莱田改造技术培训，通过知识讲解、现场指导和问题解答，解决了农民的实际问题，提高了农民应用科学技术发展农业生产的积极性和能力，使农民在生产过程中有了好的技术导向。（宋培贤）

**【太原市参加“中国·哈尔滨国际科技成果展交会”及“第三届中俄蒙科技展暨中俄蒙高新技术产品交易会”】** 2006年9月，太原市科技局组织太原市科研机构、企业、县（市）区的有关人员参加了“第一届中国·哈尔滨国际科技成果展交会”及“第三届中俄蒙科技展暨中俄蒙高新技术产品交易会”。此次会议共展出了10个国家的1600多项高新技术项目，其中太原市有中博信息科学研究院、凯博尔电力供暖技术有限公司、腾达种业有限公司等单位的“宽带电力线通信系统”、“低温辐射电热膜”、“高营养黑粒小麦食品开发应用”等24个项目进行了展示。通过展示，太原市的风华信息装备股份有限公司“扩散焊气氛保护焊”、“真空钎焊”项目与波兰华沙工业大学达成了合作意向；腾达种业有限公司“高营养黑粒小麦食品开发应用”分别与俄罗斯远东农业科学院、哈萨克斯坦食品研究中心签订了合作协议书。

（宋培贤）

**【太原市市级工程技术中心实现系统装备升级】** 工程技术中心是太原市科技基础条件平台建设的重要内容，是区域科技创新体系建设的重要组成部分。继年初太原市确定、启动了首批20家市级工程技术中心，并在2006年第一批科技计划中对各中心给予项目经费支持以后，又在第二批科技计划中，对依托市属单位建立的10家工程技术中心进行系统升级，配备科研仪器装备。受市科技局委托，市科学器材供应站采取公开招标的方式，为太原市市级工程技术中心系统升级装备采购回所需的仪器装备83台套、计230余万元。太原市工程技术中心系统装备全面更新，为技术研发公共平台建设提供了设备保障。（宋培贤）

**【太原市科技局将重点实施绿色转型推进工程】** 为依靠科技进步和创新提高资源能源利用水平，构建节约型经济增长方式，2006年太原市科技局将大力推广使用工业节能降耗先进技术和设备，组织实施一批重大科技示范项目，提升耗能行业资源能源利用水平，如开展企业节水技术改造，建设一批中水回用工程和城市雨水集蓄利用示范工程，以及建立以环保高新技术产品为龙头，环保科技研发基地为载体，环保产业规模化为目标的绿色环保支柱产业体系，在项目安排和资金支持上给予倾斜，促进经济社会可持续发展。

（宋培贤）

**【太原市为农民服务的科技短信服务平台建成运行】** 2006年6月，太原市科技短信平台是以现代信息通讯技术为基础，以“科技信息村村通工程”所建网络为载体，以加强科技工作、服务大众为目的的科技信息互动短信息平台。

短信数据平台现已基本完成了后台管理发布系统的开发，现在架设短信数据平台服务器，并正式运行。管理系统现已建立了通知公告、科技动态、供应信息、求购信息、农村动态、农业科技、种植技术、养殖技术、农村技术承包项目、农业技术专家、养殖业等信息发布栏目。后台管理发布系统已经和网通调试完成，通过网通可以对“家家E”信息机、手机及小灵通发布相关的信息并已开通了部分试运行用户，现在系统正在完善中，用户上传信息及信息互动也会在后期工作中陆续开发完成，同时，对科技信息网的数据库做了全面的调整，新增和修改了一些模块功能，做好了对其他各个子库与科技网链接的技术准备。完成了大型科学仪器协作网及专利技术服务平台的链接工作。

（宋培贤）

**【太原市省级重点实验室建设实现零突破】** 2006年6月16日，太原市首家省级重点实验室——山西省高分子材料研究及检测重点实验室挂牌仪式暨学术交流会在太原市塑料研究所隆重召开。

山西省科技厅副厅长郭春林、太原市副市长张政在挂牌仪式上作重要讲话并为重点实验室揭牌。

“山西省高分子材料研究及检测重点实验室”的建成填补了市级科研单位创建省级重点实验室的空白，实现了太原市省级重点实验室零的突破，同时它的建成也将搭建一个具有公益性、共享性的科技基础条件平台，成为省内高分子领域一流的重点实验室，有效改善了太原市科技创新环境，增强持续发展能力，为科技长远发展与重点突破提供强有力的支撑。实验室主要从事塑料系列产品的开发应用、高分子材料的加工应用等研究，并聘请了国内本专业有影响力的12位教授组成学术委员会。重点实验室将在基础条件建设、学术研究、人才培养三方面抓住时机，建成山西省一流重点实验室。

在山西省高分子材料研究及检测重点实验室学术交流会上，重点实验室学术委员会的各位专家对重点实验室的规章制度、研究方向、科研检测仪器设备进行了研讨，并与到会的高分子领域优秀企业代表进行了交流。（宋培贤）

**【太原市第三届科技发展论坛举行】** 2006年5月20日下午3：00分在学府街

502号科伟通会议中心太原市举办"第三届科技发展论坛"，太原市党政领导科技顾问、国家科技部领导、省科技厅领导以及省城科技顾问、科研人员、企业家等150余人参加了论坛。大家围绕"构筑科技条件平台，建设创新型太原"主题，对产学研合作、共建科技条件平台建设、增强自主创新能力、加速成果转化、促进经济发展等方面内容深入研讨，通过交流经验，提出建议，为太原市科技条件平台建设的发展起到促进和推动作用。

（宋培贤）

**【临汾市气象局举行"山西省科普教育基地"挂牌仪式】** 2006年3月27日上午，作为3·23世界气象日纪念活动的一个重头戏，山西省临汾市气象局举行了"山西省科普教育基地"挂牌仪式，这是临汾市唯一的一个科普教育基地。

参加这次挂牌仪式有：山西省临汾市科协主席王增礼、副主席卫永泽、学会部副部长李凤、航管科科长杨剑、陆航南机场气象台台长熊志宏、科技信息报的党社长以及山西省气象局办公室主任李国英、总编孙爱华、临汾市气象局领导和气象学会会员。

王增礼主席、卫永泽副主席、熊志宏台长分别作了热情洋溢的讲话，对临汾市气象局和气象学会的工作给予了高度的评价。临汾市气象局局长宋宽向多年来理解、关心和支持临汾市气象工作的临汾市科协、航管科、机场气象台等单位表示感谢，表示今后将进一步加大对学会工作的经济投入，进一步支持气象科研和科普宣传工作。（宋培贤）

**【科技进步"一法一条例"执法检查情况反馈会召开】** 2006年11月16日上午，山西省人大组织召开了科技进步"一法一条例"情况反馈会，会议由省人大教科文卫委员会魏凯主任主持，赵劲夫副主任、张少琴副省长、执法检查的各成员参加了会议。省科技厅、省发改委、省财政厅、省人事厅、省经委、省农业厅、省地税局等厅局领导参加会议。针对2006年8月～9月省人大组织的科技进步"一法一条例"执法检查情况进行总结反馈，省人大科教文卫工作委员会副主任张开增向大家介绍了执法检查总的情况，就科技进步执法状况、存在的问题和对今后工作的建议等方面进行总结。张少琴副省长及相关厅局领导分别就科技进步"一法一条例"的反馈情况作了表态性发言。

张少琴副省长对省人大执法检查组的反馈意见给予了充分肯定，并表示：一、对于省人大执法检查组的反馈意见，政府将认真研究；对其中的建议，将认真落实；对反馈意见中提出的每一个问题，将责成所涉及的部门提出解决方案认真解决。二、要全面落实省委省政府的战略决策，以建设创新型山西为目标，大力推进科技发展和创新五大工程。三、以人大执法检查为契机，继续实施科教兴国战略，依法制定和完善相关配套政策，大力支持科技事业的发展，把自主创新能力建设摆在突出位置，为建设创新型山西作出更大的贡献。我厅廉毅敏厅长代表科技厅作了发言。周民巡视员、秦作栋副厅长、郭春林副厅长、常建忠副厅长、赵世卫助理巡视员参加了会议。（宋培贤）

**【5项国际科技合作项目获得2006年度科技部资助】** 根据科技部关于2006年度国际科技合作重点项目计划的申报要求，山西省积极组织、推荐申报，经科技部严格评审和筛选，山西省由中北大学、山西中医学院等5个单位分别与英国、新西兰、白俄罗斯、澳大利亚和加拿大合作的，涉及煤炭、中医药及装备制造业等领域的5项国际科技合作项目被列入2006年度科技部项目计划，共获得资金支持668万元。（宋培贤）

**【中日技术合作"山西省雁门关地区生态环境恢复与扶贫项目"签约仪式在并举行】** 2006年12月5日上午，中日技术合作"山西省雁门关地区生态环境恢复与扶贫项目"签约仪式在太原举行。出席签字仪式的中方代表有省政府副秘书长郭慧民，科技部国际科技合作司亚非处处长徐捷，省科技厅党组书记、厅长廉毅敏，党组副书记周民以及省农业厅、省林业厅、省畜牧局、省雁门关生态办、省农科院和省林科院等单位的有关领导和部门负责人。日方代表有日本JICA中国事务所所长古贺重成、项目官员李飞雪等外宾。廉毅敏厅长代表中方、古贺重成所长代表日方对合作协议进行了签字。2003年省科技厅通过省政府向科技部提出将该项目列入中日JICA技术合作项目的申请。三年来，在中日双方有关领导、部门的共同关注和支持下，双方人员先后多次赴该地区进行实地考察、交流，经过多次磋商，达成一致意见。项目实施期为四年，在政府官员、专家和农民共同参与下，在示范点，科学、合理地制定土地利用规划，旨在探索出符合当地发展的还草还林、舍饲养殖、防疫管理、市场开发的模式，进而在雁门关地区推广，以生态环境恢复和农民脱贫致富为主线，在改善生态环境的同时，提高农民的收入和生活水平。

（宋培贤）

## 科协工作

**【实施新一轮学会重点工作活动】** 根据《山西省科协"十一五"发展战略纲要》的部署，2006年是新一轮学会重点工作年。省科协于3月召开"学会重点工作年学会创新与发展论坛"，制订方案，明确目标，动员各级科协组织及学会，立足科学发展，坚持改革创新，推动学会工作取得了长足进步。

1. 引深学会改革，创新办会机制。省科协深入实施《山西省科协公开招选学会常务理事以上候选人的实施意见及细则》，广泛吸纳社会精英，积极创建新型学会。1月，省科协成功组织了省超声影像工程学会（筹）常务理事的公开招选工作，使其成为第一个通过公开招选成立的新型学会。省健康保健学会也正在筹建中。这项新举措为打造新型学术团体，推进学会改革开辟出一条新途径，得到了中国科协领导的重视。

加大对现有学会的改革力度，推进学会可持续发展。省科协鼓励学会建立激励机制，造就一批职业型学会工作人员。省消防协会等学会通过制定和实施激励办法，调动了学会干部的积极性。针对一些长期不能换届，工作贫乏的学会，省科协贯彻"双力（压力和动力）机制"，通过谈话、调研、年检等措施，促使其及时换届，激发学会活力。经统计，已有9个学会进行换届，89个学会完成年检工作。同时，对名存实亡的部分学会，行文省民政厅建议注销。省科协还深入开展"诚信科技文化塑造活动"，得到众多学会的响应和参与。晋中市、长治市科协还分别开展了星级学会的创建评选工作。

2. 整合学会资源，创建精品学术交流平台。为提高学术交流质量，强化山西省自主创新能力，省科协整合学会资源，举办“春光学术论坛”与“金秋学术论坛”。省科协联合省林学会、水保学会等共同举办了“绿色山西建设与构建和谐社会研讨会”，联合忻州市蜂业协会举办了“蜂业学术交流研讨会”，联合省科技情报学会、计算机协会等举办了“信息化与山西经济发展研讨会”。此外，还有太原市科协承办的“全国中心城市学会工作网年会”、大同市学术年会、省装备制造业发展战略研讨会、山西军工创新与发展学术年会等活动。这些学术论坛的举办，有力推动了山西省学术交流的规范化、系列化、规模化，为学会和科技工作者搭建了一个高水平、高层次、高质量的学术交流平台。在2006中国科协年会上，山西省专家应邀作了专题报告。据统计，全省各级学会2006年共组织大型学术会议70余次，参加人数5000余人次；组织跨省学术交流研讨会7次，全国性学术会议7次，国际性会议3次；共交流论文3878篇；组织专家开展下乡技术培训约4000多人次；继续教育培训达48000余人。2006年山西省有13个学会被评为全国星级学会。

3．围绕全省中心大局，积极为经济社会发展服务。为认真贯彻张宝顺书记在省第九次党代会上的讲话精神，增强科技创新能力，为解决“三块短板”发挥作用，省科协开展了“建设创新型企业系列学术活动”，在太重、晋机、华康药业等多家企业进行巡回培训，通过创新培训等形式，致力于增强企业自主创新能力。此项活动被列为中国科协重点活动。通过激发科技人员的创新意识，形成了一个“讲创新、比创新”的热潮。太原、大同、运城、阳泉等市及有关学会也积极投入到活动中去，面向企业组织培训，开展技术攻关活动。据不完全统计，参与活动的有关企业已形成技术专利109项，革新成果230项，提合理化建议4600条，创经济效益13亿元，使企业的核心竞争力得到了增强。

省科协组织动员全省各级学会，围绕重点和热点问题，广泛开展决策咨询和科技服务活动。山西省作物学会针对2006年10月以来气温偏高，麦苗长势过旺，影响全省冬小麦安全越冬和来年产量的情况，组织专家实地考察，及时向省委、省政府提出了《关于近期内掀起小麦管理新高潮的建议》，受到于幼军省长的关注并责成有关单位办理。省科协与省畜牧兽医学会联手实施的“山西省百万肉羊产业化工程”，到年底已建示范基地县9个，推广优种羊8200多只，改良本地羊23万只，为山西省畜牧养殖业的发展和促进农民增收起到积极推动作用。省生态学会、农学会等联合编撰《建设山西社会主义新农村风采录》，对推进农业产业结构调整产生积极影响。省反邪教协会以“小手拉大手，共同反邪教”为主题，深入开展反邪教警示教育，编印图书45万册，受到中央和省有关部门好评，举办的健身气功培训在全国会议上受到通报表彰。晋城市水利学会在全市推广节水灌溉技术，使全市水浇地达5.67万公顷，年增效益0.85亿元。运城市科协与市红枣协会组织枣树管理技术培训，及时把实用技术送到农民手中，被广大枣农誉为“及时雨”。

4．国际及港澳台地区民间科技交流工作迈上新台阶。省科协紧紧围绕服务全省大局，加大国际及港澳台地区民间科技交流力度，共派出“赴美科技创新考察团”等4个团组，接待了日本北海道农协工作访问团、台湾道路协会“两岸交通建设及管理考察团”等团组，在更大范围、更广领域开展科技交流与合作。继续推进赴日研修生派遣工作。吕梁市科协承办了“中韩爱心合作阳光培训计划”，省青少年科教协会举办了“海峡两岸晋台青少年发明创造科普活动”、省食品科协牵头举办了“2006年苦荞产业经济国际论坛”，省林学会牵头举办了“山西工程造林中日国际学术研讨会”等学术活动，均取得显著成效。 （王继龙）

**【实施“科普惠农行动计划”】** 随着《科学素质纲要》的颁布实施，科协作为科普工作的主要社会力量，作为《纲要》实施领导组办公室的承担单位，肩负着越来越重要的使命。省科协抓住《纲要》实施的有利时机，发挥优势，突出重点，推动科普工作实现新发展。

1．全面推进“科普惠农行动计划”，服务社会主义新农村建设。为进一步加强“科普惠农行动计划”实施工作，省科协于年初成立了“科普惠农行动计划办公室”，全面加大“一站、一栏、一员”建设力度。在各市县的努力下，全省“一站、一栏、一员”数量已增至1.1万余个，覆盖率达到40%。科普惠农宣传挂图按照每两月一期的进度，已编印8期，共计67万张，内容涉及农村政策、种植养殖、农副加工等多个领域，深受广大农民群众的欢迎。

“科普惠农行动计划”作为山西省推进新农村建设的一个重要切入点，其实施以来受到中央和省委、省政府的充分肯定。2006年3月18日，温家宝总理在山西视察期间，在临琦七级镇中和庄村看到墙上的科普惠农信息栏后，称赞道：科普上墙、方便农民，山西省科协、财政厅办了一件好事，值得大力推广。“科普惠农行动计划”已被省委、省政府列入《山西省国民经济和社会发展第十一个五年规划纲要》。7月，省委常委会在听取省科协工作汇报时，也对此予以高度肯定，张宝顺书记要求省科协要巩固科普工作成果，继续推进科普惠农计划。

中国科协在全国推广实施“科普惠农兴村行动计划”，山西省是首批试点省。省科协确定了左云等5个县为全国试点县，确定山阴县古城镇等11个乡镇为全国试点乡镇。此外，山西省向中国科协、财政部推荐的全国科普惠农兴村先进单位和带头人，受到了国家资助扶持。由于山西省科普惠农工作走在了全国前列，兄弟省市科协纷纷组团前来学习考察，共接待四川、河北等18家省市考察团。全国科技报社长总编采风团也赶赴山西，就科普惠农工作进行专访报道。

2．面向基层，深入开展群众性、经常性、社会性的科普活动。9月中下旬，省科协深入开展了2006年山西省“全国科普日”暨第三届“科普三晋”系列活动，主题为“预防疾病、科学生活”和“节约能源”。全省共举办各类科普讲座、展览、培训等活动上千场，分发科普资料48万余份，参加活动的科技人员和科普志愿者近5000人，受众达60余万人次，在全社会掀起科普工作的新高潮。省科协被中国科协评为“全国科普日活动先进集体”，省医学会等8家单位被评为“全国科普日活动先进单位”。

省科协精心组织举办了第21届山西省青少年科技创新大赛、第4届省电脑机器人竞赛、青少年科学工作室下基层、节约能源科学调查体验等一系列丰富多彩的活动。在第21届全国青少年科技创新大赛和第6届全国电脑机器人比赛中，山西省取得了3金、6银、25铜的优异成绩，并且打破了山西省“全国青少年科技创新奖”的零纪录。

临汾市科协组织实施“百名专家百项技术进千家入万户”活动，服务群众38万人次，为基层解决技术难题8000多项次。晋城市科协开展“科技之春”宣传月活动，进行实用技术培训50多场次，2万余名群众受益。朔州、阳泉、长治市科协联合组织部门开展了面向农村党员、基层干部的实用技术和市场经济知识培训，轮训了上千人次。省科技馆全年开放349天，共举办《遨游科海·挑战惊奇》、《山西省首届动漫艺术节》等大型科普展览13个，巡展完成28场，参观总人数达23万余人次。省科技进修学院与中北大学等多所高校签订合作办学协议，开设专业30余个，招生300余人，还招收2个学历大专班。省农函大全面开展农村技术培训工作，全年培训农民工学员2000多人，培训科普惠农信息员3000多人，培训农村“两委”成员300余人，招收实用技术函授学员16000余人。全省有90多个市、县在电台、电视台联合开办了“科普园地”、“科普大篷车”等科普节目，内容丰富，覆盖面广。

3.“星期日知识讲座”实现创新发展。星期日知识讲座自2002年在省科技馆创办以来，持续举办了200余场，受众达3万多人，已成为普及科学知识和传播先进文化的重要平台。2006年省科协把讲座从思路到形式进行了创新，使讲座流动起来，实现“八进一延伸”。截至年底，已进到医院、企业、书店、学校、社区等地方，举办流动讲座20场，并由省城延伸到晋城、大同等市。其中晋城市科协举办讲座10场，并延伸到农村。

4.大力推进企业科协组织建设和能力建设。5月，省科协在大同召开全省企业科协工作会议，提出了今后全省企业科协工作的发展思路和目标。省科协联合省国资委等下发了《关于加强企业科协工作，促进创新型企业建设的意见》，表彰了太重科协等39个先进企业科协，还修订了《山西省企业技术人员“讲创新、比贡献”竞赛活动表彰奖励条例》，进一步引深在全省企业开展的“讲、比”活动，赋予活动新内涵。同时，召开了省厂矿科协联合会理事会议，选举产生新的领导机构，有力调动广大企业科协干部的积极性，为开创山西省企业科协工作新局面奠定坚实基础。

**【全面推进“科技工作者之家”建设】** 大力加强为常委会服务，提高民主办会水平。为强化省科协常委会的领导作用，推进民主办会，省科协常委会增设了由有关常委组成的咨询工作委员会。为充分发挥常委的重要作用，省科协创新办会方式，将常委会议开到基层。根据《关于加强为常委会服务的意见》规定，省科协对2006年以来为科协事业作出突出贡献的邢燕芬副主席、杨勇在常委和牛玉兰荣誉委员进行了表彰和奖励。同时，还对常委、委员和优秀科技工作者进行走访、寄送贺卡和新年慰问等活动。

1.举行“省城科技界学习贯彻全国科技大会精神座谈会”。在全国科技大会刚落下帷幕之际，省科协于1月18日举行了“省城科技界学习贯彻全国科技大会精神座谈会”，邀请在并两院院士、知名科技专家和企业科技负责人参加，学习胡锦涛总书记、温家宝总理的讲话精神，畅谈心得感受，共商科技创新大计。

2.省科协科技工作者之家新春音乐会成为科协建“家”工作品牌工程。省科协于1月29日在省城举办了一年一度的科技工作者之家新春音乐会，各条战线上的400多名科技工作者代表欢聚一堂，同叙友谊，共谋发展，大大密切了科协与科技工作者的联系，进一步增强了科技工作者之家的凝聚力和向心力。

3.积极构建为科技工作者服务的平台。省科协深入开展了第二届“山西省十佳中青年优秀科技工作者”和第四届“山西省优秀科技工作者”的评选工作，推选出一批优秀科技工作者代表，并通过社会传媒大力宣传优秀科技工作者的光辉业绩和崇高精神。省科协面向科技界开展了“我与科协”征文活动，有部分作品在《光明日报》、《科技日报》上刊登，并获全国征文奖，增强了科协的影响力。全年共接待科协团体及科技工作者有关法律咨询事项30多次，提供了周到的法律咨询服务。加强了全省4个科技工作者状况调查站点的指导工作，组织有关人员参加培训，建立固定畅通的反映山西省科技工作者状况的渠道及工作机制。晋中市科协深入开展农民技术职称评审工作，累计评审农民技师4139名，还编印《晋中科技人才》，展示优秀科技工作者的风采。一些市科协和省级学会积极搭建青年科技工作者成长平台，举办了吕梁市首届青年专业技术学科带头人评选、首届山西省青年水利科技奖等一系列以青年科技工作者为主体的活动，为培养和推出青年科技人才起到了积极作用。（王继龙）

**【科协自身建设】** 1.认真向省委进行工作汇报，加强党和政府对科协工作的领导与支持。7月6日，中共山西省委听取了省科协党组的工作汇报，并对科协工作进行了专题研究。省委对科协工作予以高度肯定，认为省科协近年来组织实施“三三三”发展战略，开展了大量工作，走在了全国科协系统的前列，为山西省经济社会发展做出了积极贡献。省委要求，省科协要再接再厉，创造性地开展工作，在推进科技创新、促进科技成果转化、培养人才等方面更好地发挥作用，为全省经济社会发展作出更大的贡献。

为进一步加大对科协工作的支持力度，省委决定，增加省级科普专项经费，并明确要求由科协加强对科普专项经费的管理和使用；决定在“十一五”期间规划和建设新的省科技馆，将其列入全省“十一五”重点建设项目抓紧落实；决定加强省老科协工作等。省委关于科协工作的重要指示精神，既为科协工作指明了新的发展方向，又向科技工作者和科协组织提出了新的要求，对做好新时期的科协工作具有重要的指导意义。

2.深入开展科协先进性建设。省科协在认真总结先进性教育活动成功经验的基础上，采取积极举措，深入开展科协先进性建设。省科协机关制定和完善学习制度，规范和丰富学习内容，坚持周五学习日活动，采取自学、辅导、举办讲座、报告会和赴厂矿企业、科普基地学习调研等多种方式，抓党员经常性教育，抓理论学习，抓业务培训，全年共举办各种学习活动40多次，使广大干部职工的综合素质得到提升，工作能力明显增强，使科协“三服务一加强”的能力不断提高。

省科协注重加强科协工作理论研究，组织开展了《山西省科协“三三三”发展战略研究》、《科普惠农行动计划研究》、《科协“三服务一加强”工作方针研究》和《现代领导干部科学素养读本》等四个软课题研究，为科协改革发展创新服务。这四个课题的研究工作已进入收尾阶段。省科协开展的“提高学术会议质量的研究报告”荣获中国科协优秀调研报告三等奖。

3.科技传媒建设取得重大进展。组建山西科技报刊总社，是省科协加快山西科技传媒建设的重大举措，也是省科协“十一五”发展战略及2006年的重点任务之一。经省编办批准，山西科技报刊总社于9月底正式挂牌成立。总社下设科学导报社、山西科技报社、科学之友杂志社、山西省科技传播中心和山西省科教影视网络中心。总社的成立标志着省科协长期致力加强的科技传媒建设工作取得突破性进展。

4. 科协资源条件建设得到加强。省科技馆新馆已被省委列入全省“十一五”重点建设项目，新馆的预科研报告已提交省发改委，地址规划在太原长风文化商务区。为进一步完善科协办事机构职能，省科协机关增设了规划财务部。省科协还专门成立了信息中心，主抓科协系统信息化建设，并装备了一批主要硬件设备。运城和忻州市科协狠抓机关自身建设，精神文明建设工作取得丰硕成果。省科技咨询中心在推进科技咨询行业良性发展的同时，大力拓展咨询工作新领域，积极开展科技咨询司法鉴定和向政府承接决策咨询项目，取得了重要进展。省软件评测中心根据于幼军省长的批示精神，争取到省财政厅等部门的支持，建设和完善评测重点实验室，积极开展了煤矿瓦斯监控系统和市级电子政务网络系统的评测工作。省科协再次荣获“省直文明标兵单位”。

（王继龙）

## 水文、水资源

**【2006年汛前雨情】** 2006年1～5月，全省平均降水量95毫米，比历年同期偏多17毫米，平均降水量最大的是晋城市为157毫米。各市平均降水量与历年同期比较：大同市51毫米，少12毫米；朔州市49毫米，少14毫米；忻州市72毫米，多2.3毫米；太原市73毫米，少5毫米；晋中市100毫米，多15.7毫米；阳泉市118毫米，多40毫米；吕梁市86毫米，多3.9毫米；临汾市107毫米，多10毫米；运城市92毫米，少29毫米；长治市146毫米，多45毫米；晋城市157毫米，多41毫米。

（梁述杰）

**【2006年汛期雨情】** 2006年汛期（6月～9月）山西省平均降水量320毫米，比历年同期偏少33毫米，与近3年比较，比2003年同期少116毫米，比2004年同期少23毫米，比2005年同期少23毫米。按月分析：6月份平均降水量60.3毫米，与历年同期持平；7月份平均降水量95.2毫米，比历年同期少27毫米；8月份平均降水量120.5毫米，比历年同期多11毫米；9月份平均降水量44毫米，比历年同期偏少18毫米。

2006年汛期各市平均降水量与历年同期比较：大同市203毫米，少106毫米；朔州市197毫米，少91毫米；忻州市246毫米，少87毫米；太原市267毫米，少67毫米；阳泉市393毫米，多5毫米；晋中市313毫米，少56毫米；吕梁市314毫米，少30毫米；临汾市404毫米，多39毫米；运城市359毫米，多11毫米；长治市394毫米，少6毫米；晋城市413毫米，多15毫米。

汛期降水量超过500毫米的县（市）有：垣曲县619毫米，壶关县522毫米，高平市545毫米。汛期降水量多于历年同期的有34个县（市）。降水量最小的是大同市矿区150毫米，比历年同期少152毫米，大同市新荣区151毫米，比历年同期少151毫米，大同市城区153毫米，比历年同期少93毫米。与历年同期降水量比较少于100毫米的县（区）有：大同矿区、大同南郊区、大同新荣区、灵丘县、广灵县、山阴县、怀仁县、五寨县、偏关县、宁武县、保德县、岢岚县、太原市迎泽区、太谷县、榆社县、岚县、运城市盐湖区、夏县；与历年同期降水量比较多于100的县（市）有：柳林县、汾西县、襄汾县、曲沃县、河津市、新绛县、垣曲县、壶关县、高平市。

6月份全省平均降水量60.3毫米，与历年同期持平。主要降水过程有3次，分别发生在12日～13日、19日～21日、24日～28日，其中降水量大且范围广的是24日～28日，降水量在1～54毫米之间。月平均降水量多于历年同期的市：阳泉市、临汾市、运城市、长治市、晋城市，其余各市少于历年同期。月平均降水量最大的是和顺县139毫米，月平均降水量在100毫米以上的县有：左权县、和顺县、汾西县、安泽县、古县、襄汾县、蒲县、平顺县、壶关县、高平市、陵川县、沁水县。降水量最少的是大同市新荣区仅14.4毫米。

7月份山西省平均降水量95.2毫米，比历年同期少27毫米，主要降水过程有4次，分别发生在1日～3日、7日～9日、13日～14日、21日～31日，其中降水量较大且降水范围广的是21日～31日，全省普降小到中雨，局部地区降大到暴雨。运城市降水量稍多于历年同期，其余各市均少于历年同期。月平均降水量最大的是垣曲县达266毫米。降水量大于150毫米的县（市）有：天镇县、代县、盂县、灵石县、柳林县、翼城县、河津市、垣曲县、长治城区、壶关县、高平市。月平均降水量最小的是太原市迎泽区仅25.8毫米。

8月份山西省平均降水量120.5毫米，比历年同期多11毫米。主要降水过程有6次，分别发生在4日～6日、8日～9日、12日～16日、20日～22日、24日～26日和27日～31日，其中降水量较大且范围较广的是12日～16日，降水量在1～134毫米之间。各市月平均降水量少于历年同期的有大同市、朔州市、忻州市，其余均大于历年同期。月平均降水量最大的是阳泉市城区261毫米，月平均降水量大于200毫米的县（市）有：清徐县、阳泉城区、阳泉郊区、平定县、方山县、曲沃县、垣曲县、壶关县。月平均降水量最少的是芮城县仅17.6毫米。

9月份山西省平均降水量44毫米，比历年同期偏少18毫米。主要降水过程有4次，分别发生在3日～4日、21日、24日～25日、26日～28日，其中，降水量较大且范围较广的是3日～4日，降水量在1～45毫米之间。临汾市和运城市月平均降水量大于历年同期，其余各市均小于历年同期。月平均降水量最大的是大宁县达150毫米，月平均降水量大于100毫米的县（市）有：吉县、大宁县、乡宁县、永济市，月平均降水量最小的是灵丘县仅2.4毫米。

2006年汛期山西省主要降水过程有17次。较大的降水过程发生在8月，汛期发生暴雨（日降水量超过50毫米为暴雨）的有175站次。日降水量最大的是8月29日安泽县的桃寨雨量站，降水量达195.8毫米；日降水量大于100毫米的站有：6月29日浮山县的寨疙瘩站，7月3日沁水县端氏站、阳城县董封站、垣曲县垣曲站、垣曲县皋落站、垣曲县同善站、河津市龙门站，8月29日壶关县西堡站、安泽县桃寨站、浮山县寨疙瘩站，8月30日交城县惠家庄站、林县林家坪站。

（梁述杰）

**【2006年汛后雨情】** 2006年10月～12月，全省平均降水量26毫米，比历年同期偏少21毫米，平均降水量最大的是晋城市为39毫米。各市平均降水量与历年同期比较：大同市13毫米，少15毫米；朔州市8.3毫米，少16.3毫米；忻州市24

毫米，少9毫米；太原市22毫米，少17毫米；晋中市25毫米，少30毫米；阳泉市11毫米，少28毫米；吕梁市27毫米，少20毫米；临汾市24毫米，少36毫米；运城市40毫米，少34毫米；长治市32毫米，少28毫米；晋城市39毫米，少25毫米。（梁述杰）

**【2006年河道水情】** 山西省汛期（6月～9月份）主要河流来水均比历年均值偏少，局部发生暴雨，造成部分河流发生洪水，按月分析主要河道来水情况如下：

6月份主要河流平均流量与历年比较为：汾河静乐每秒7.74立方米，多每秒3.87立方米，汾河寨上站（古交）每秒2.64立方米，少每秒13.8立方米，汾河兰村站（太原）每秒1.75立方米，少每秒14.8立方米，汾河二坝站（清徐）河干，汾河义棠站（介休）每秒6.95立方米，少每秒2.89立方米，汾河赵城站（洪洞）每秒5.71立方米，少每秒6.88立方米，汾河柴庄站（襄汾）每秒6.66立方米，少每秒11.3立方米，汾河河津站每秒10.6立方米，少每秒9.25立方米。滹沱河上永兴站（繁峙）河干，滹沱河界河铺站（原平）每秒0.9立方米，少每秒1.57立方米，滹沱河济胜桥站（五台）每秒0.186立方米，少每秒4.13立方米，滹沱河南庄站（定襄）每秒4.70立方米，少每秒4.44立方米。桑干河西朱庄站（应县）河干，桑干河固定桥站（大同）每秒0.667立方米，少每秒2.04立方米。御河孤山站（大同）每秒0.063立方米，少每秒1.47立方米。沁河孔家坡站（沁源）每秒0.34立方米，少每秒1.02立方米，沁河飞岭站（安泽）每秒1.43立方米，少每秒2.31立方米。浊漳河石梁站（潞城）每秒10.7立方米，多每秒1.80立方米。涑水河蒲州站（永济）每秒0.294立方米，少每秒0.25立方米。

7月份主要河流平均流量与历年比较为：汾河静乐站每秒9.62立方米，少每秒1.07立方米，寨上站每秒4.6立方米，少每秒11.2立方米，兰村站每秒3.84立方米，少每秒14.3立方米，二坝站河干，义棠站每秒2.5立方米，少每秒20.5立方米，赵城站每秒1.60立方米，少每秒23.5立方米，柴庄水文站每秒7.91立方米，少每秒36.8立方米，河津水文站每秒10.2立方米，少每秒43.75立方米。滹沱河：上永兴水文站河干，界河铺水文站每秒3.48立方米，少每秒4.96立方米，济胜桥水文站每秒0.061立方米，少每秒9.09立方米，南庄水文站每秒4.65立方米，少每秒14.76立方米。桑干河：西朱庄水文站河干，固定桥水文站每秒1.03立方米，少每秒8.42立方米。御河孤山水文站每秒0.577立方米，少每秒3.76立方米。沁河：孔家坡水文站每秒0.59立方米，少每秒2.59立方米，飞岭水文站每秒1.25立方米，少每秒6.58立方米。浊漳河石梁水文站每秒13.6立方米，少每秒6.69立方米。涑水河蒲州水文站每秒0.119立方米，少每秒0.34立方米。

8月份主要河流平均流量与历年比较为：汾河：静乐水文站每秒8.78立方米，少每秒20.9立方米，寨上水文站每秒1.49立方米，少每秒23.4立方米，兰村水文站河干，二坝水文站每秒10.4立方米，义棠水文站每秒13.9立方米，少每秒41.4立方米，赵城水文站每秒4.9立方米，少每秒60.3立方米，柴庄水文站每秒9.63立方米，少每秒82.6立方米，河津水文站河干。滹沱河：上永兴水文站每秒0.196立方米，少每秒1.23立方米，界河铺水文站每秒6.11立方米，少每秒30.3立方米，济胜桥水文站每秒4.53立方米，少每秒27.3立方米，南庄水文站每秒7.00立方米，少每秒64.1立方米。桑干河：西朱庄水文站河干，固定桥水文站每秒2.37立方米，少每秒18.4立方米。御河孤山水文站每秒0.723立方米，少每秒6.94立方米。沁河：孔家坡水文站每秒1.17立方米，少每秒10.7立方米，飞岭水文站每秒1.25立方米，少每秒20.9立方米。浊漳河石梁水文站每秒68.2立方米，多每秒11.87立方米。涑水河蒲州水文站每秒0.183立方米，少每秒0.26立方米。

9月份主要河流平均流量与历年比较为：汾河：静乐水文站每秒9.08立方米，少每秒16.4立方米，寨上水文站每秒2.81立方米，少每秒16.5立方米，兰村水文站每秒1.13立方米，少每秒27.1立方米，二坝水文站每秒18.4立方米，义棠水文站每秒31.6立方米，少每秒21.4立方米，赵城水文站每秒16.7立方米，少每秒57.7立方米，柴庄水文站每秒29.8立方米，少每秒59.9立方米，河津水文站河干。滹沱河：上永兴水文站河干，界河铺水文站每秒3.28立方米，少每秒15.5立方米，济胜桥水文站每秒3.10立方米，少每秒20.1立方米，南庄水文站每秒7.1立方米0，少每秒43.0立方米。桑干河：西朱庄水文站河干，固定桥水文站每秒1.16立方米，少每秒11.4立方米。御河孤山水文站每秒0.02立方米，少每秒2.92立方米。沁河：孔家坡水文站每秒2.20立方米，少每秒5.32立方米，飞岭水文站每秒2.43立方米，少每秒13.3立方米。浊漳河石梁水文站每秒11.6立方米，少每秒22.8立方米。涑水河蒲州水文站每秒0.263立方米，少每秒0.23立方米。

2006年汛期，受降水影响发生洪水的主要河流有：黄河河津水文站9月22日7：00，洪峰流量每秒3710立方米；榆社河榆社水文站7月14日19：24，洪峰流量每秒900立方米；偏关河偏关水文站7月26日8：12，洪峰流量每秒400立方米；屈产河裴沟站（石楼）7月7日18:48，洪峰流量每秒566立方米；湫水河林家坪站（临县）8月14日12：42，洪峰流量每秒400立方米；三川河后大成站（柳林）2：42，洪峰流量每秒290立方米；松塔河独堆站（寿阳）8月14日17：20，洪峰流量每秒248立方米；沁河大将站（沁水）6月28日19：00，洪峰流量每秒198立方米；沁河张峰站（沁水）6月28日22：00，洪峰流量每秒134立方米。（梁述杰）

**【2006年水库蓄水情况】** 根据全省汛期53座大中型水库蓄水统计分析，2006年汛期（6月～9月）净蓄水量13165万立方米。其中：6月份蓄水量减少979万立方米，7月份蓄水量增加1207万立方米，8月份蓄水量增加9179万立方米，9月份蓄水量增加3758万立方米。汛期净蓄水量较多的水库有：汾河水库4090万立方米，汾河二库650万立方米，漳泽水库1188万立方米，册田水库661万立方米，关河水库457万立方米，后湾水库190万立方米，任庄水库588万立方米，文峪河水库3300万立方米，七一水库1364万立方米，涝河水库596万立方米，下茹越水库268万立方米。

大型水库2006年与2005年同期相比较：汾河水库多蓄水1300万立方米，汾河二库多蓄水190万立方米，漳泽水库少蓄水1087万立方米，册田水库少蓄水3506万立方米，文峪河水库少蓄水2590万立方米，浍河水库少蓄水310万立方米，后湾水库少蓄水135万立方米。

10月1日大型水库蓄水量分别为：汾河水库蓄水量11400万立方米，汾河二库蓄水量3150万立方米，漳泽水库蓄水量11313万立方米，册田水库蓄水量5124万立方米，关河水库蓄水量2895万立方米，后湾水库蓄水量4305万立方米，文峪河水库蓄水量5208万立方米。

（梁述杰）

**【2006年灾情】** 2006年汛期，山西省没有发生大的洪涝灾害，只是部分地区降暴雨造成洪涝灾害，给当地带来了损失。全省共有10个市（大同、阳泉、长治、晋城、忻州、晋中、吕梁、临汾、运城）、34个县、60个乡镇、12.1万人受灾，死亡5人，倒塌房屋989间，损坏房屋1411间。直接经济损失2.89亿元，其中农林牧渔业直接经济损失1.03亿元，工业交通运输业直接经济损失1.17亿元，水利设施直接经济损失0.43亿元。

6月24日，大同市灵丘县中部普降暴雨并引发洪水、风雹灾害，降雨量达58.6毫米，使大东河支流发生洪水，石家田、史家庄、落水河、赵北、武灵、下关等6个乡镇54个村受到不同程度的洪水灾害。受灾人口达40241人，农作物受灾面积7853.8公顷，其中绝收2755.33公顷。损坏房屋80间，经济林102.67公顷，死羊542只，冲毁护村护地坝2835米，乡村公路1500米，洪水还冲走储煤场煤炭50吨。直接经济损失4997万元。

7月2日，河津市普降暴雨，雨量达80.5毫米，致使遮马峪、瓜峪山洪突发，遮马峪洪峰流量达每秒40立方米，历时4～5小时，造成16个村庄的230户受灾，倒塌房屋82间，房屋裂缝570间，倒塌围墙500米，农作物受灾面积470公顷，减灾面积210公顷，绝收面积260公顷，冲毁鱼池4个，坟茔80余座，浅水泵1台，死亡牲畜357只，冲毁道路11处，毁坏路面500余平方米，冲毁排水渠120余米，冲垮路肩、边坡200多处，有6家大型企业进水，因房屋倒塌造成3人死亡，直接经济损失520万元。

7月14日，阳城县蟒河镇政府所在地降雨48毫米，造成两镇22个村受灾，受灾人口2225人，冲毁耕地58.67公顷，桑园10.67公顷，房屋进水1600间，冲毁经济林9万株，倒塌房屋114间，经济损失2144万元。

7月15日，榆社县由于突降暴雨引发洪水致使河峪、西马、箕城3个乡镇的26个行政村受灾，其中居民房屋进水264间，115间成危房，19间倒塌；农田受灾面积达602.67公顷，成灾500公顷；经济作物受灾22.67公顷，成灾18公顷；洪水冲断南峡线瓦则崖附近道路近10米，造成道路中断，冲毁乡村道路9540余米；冲毁武源桥、青阳坪桥、河峪漫水桥3座；冲毁河峪乡苗圃8.17公顷，冲毁树木2.9万余株；冲走羊230余只，牛20余头；冲毁大坝850米，造成直接经济损失约1445.1余万元。

7月23日下午6时左右时，榆社县北寨乡郭家社附近遭受雷雨大风袭击，致使北寨乡郭家社、温泉、怀沟、堡下等8个行政村受灾，受灾户达513户，农田受灾面积为159.55公顷，损失均达五成以上，毁经济林9万株，倒塌房屋114间，经济损失2144万元。农林牧渔业损失：全省农作物受灾面积1.51万公顷，成灾面积1.21万公顷，绝收面积0.5万公顷，减产粮食4.1万吨，死亡牲畜1803头（只），冲毁耕地58.67公顷，桑园10.67公顷，冲毁经济林9万株，农林牧渔业直接经济损失1.03亿元。

工业交通运输业损失：全省因暴雨洪水造成全停产工矿企业17个，公路中断14条次，毁坏路基33千米，损坏输电线路3.2千米、通讯线路8千米，冲毁道路11处，毁坏路面500余平方米，公路2600余米，6家大型企业进水，工业交通运输业直接经济损失1.2亿元。水利设施损失：损坏小型水库2座，损坏堤防48处、6.6千米，堤防决口8处2.5千米，损坏护岸6处，损坏塘坝15座，损坏机电井67眼，损坏灌溉设施63处，损坏水文测站1个，损坏机电泵站2座，损坏水电站3座，冲垮路肩、边坡200多处，冲毁渠道2320余米，冲毁输水管道3200米，冲毁护地坝2300米，损坏涵洞6座。水利设施直接经济损失0.43亿元。

（梁述杰）

**【降水量】** 2006年全省降水量736.6301亿立方米，平均雨深471.4毫米，相应频率66%，属于偏枯水年。与2005年相比，年降水量偏丰1.8%，与多年（1956年～2000年平均值，下同）平均值相比，偏枯7.4%。

1.降水量的时间和空间分布。2006年全省年降水量地区分布极不均匀，总体走势由南向北递减。从全省年降水量情况来看，北部大部分地区都在400毫米以下，其中桑干河、洋河区出现大范围小于300毫米的低值区；中部地区大都在400～500毫米之间，局部如芦牙山、吕梁山等地有大于600毫米的高值区，太原盆地有大范围小于400毫米的低值区；南部大部分地区在500～600毫米之间，西南部的鄂河上游和东南部的浊漳河、沁河、丹河区以及南部的中条山都有大于700毫米的高值区，省境内有1处大于900毫米的高值区，位于垣曲县北部。全省单站实测最大年降水量919.4毫米，发生在垣曲县石塔子，实测最小年降水量129.6毫米，出现在大同县西村。

全省年降水量丰枯等级差异较大，距平值在－52.8%～＋32.8%之间。北部大部分地区以负距平为主，只在偏关河上游出现正距平；中部地区距平值大约在－30%～0之间，局部有大于20%的高值区；南部正负距平交替分布，－30%～＋30%的线值均有出现，其中涑水河、沁河上游、漳河以负距平为主；全省有两处小于－50%的负距平，分别出现在大同市的破鲁堡和忻州市的五台山。

2006年汛前的1月～5月，全省平均降水量95毫米，比历年同期偏上多17毫米，平均降水量最大的是晋城市157毫米；汛期（6月～9月）全省平均降水量320毫米，比历年同期偏少33毫米，与近3年比较，比2003年同期少116毫米，比2004年同期少23毫米，比2005年同期少23毫米。按月统计，6月份全省平均降水量60.3毫米，与历年同期持平；7月份全省平均降水量95.2毫米，比历年同期少27毫米；8月份全省平均降水量120.5毫米，比历年同期多11毫米；9月份全省平均降水量44毫米，比历年同期少18毫米；汛后的10～12月份，

2.分区降水量。流域分区中，永定河、大清河、卫河、沁河分区比上年减少，减少幅度在－20.1～－0.1%之间，其他分区与上年相比均有所增加，增加幅度在0.1%～8.5%之间。与多年平均情况相比，除沁河区稍有增加外，其余各分区均有不同程度的减少，减幅在－25.2%～－0.2%之间，减幅最大的为桑干河、洋河区域，达－25.2%。各分区丰枯划分，桑干河、洋河区为“枯水年”，唐河、滹沱河、涑水河、沁河为“偏枯水年”，其他分区为“平水年”。从两大流域来看，海河流域为“偏枯水年”，黄河流域为“平水年”。

行政分区中，太原市、大同市、长治

市、晋城市、朔州市与2005年相比为减少，减少幅度在－12.7%～－1.%之间，其他各市与上年相比为增加，增加幅度在0.6%～11.2%之间，以阳泉市增加最多为11.2%。与多年平均值相比较，除晋城市、临汾市偏多1.8%和1.6%外，其余各市都不同程度减少。各行政分区丰枯划分，大同市为“枯水年”，太原市、朔州市、忻州市、运城市为“偏枯水年”，其余各市为“平水年”。（梁述杰）

**【河川径流量】** 2006年全省天然径流量（估算值，下同）54.4436亿立方米，平均年径流深34.8毫米，相应频率88%，属“枯水年”。与2005年相比较，天然年径流量增加了8.1%，与多年平均情况相比较，减少了37.3%。

1.主要河流天然年径流量及利用情况。山西省内各河流按照大河分区，可分为黄河、海河流域。海河流域主要河流桑干河、滹沱河、浊漳河，按其控制站册田水库（大同）、南庄（定襄）、石梁（潞城）统计，2006年天然年径流量分别为3.4584亿立方米、3.2531亿立方米和4.1019亿立方米，与多年平均值相比较，都有减少，减幅分别为－39.6%、－55.8%、－21.4%；黄河流域主要河流汾河兰村（太原）、义棠（介休）、柴庄（襄汾）3站，2006年天然年径流量分别为0.9938亿立方米、4.8103亿立方米、8.2560亿立方米，较多年均值分别偏少－74.1%、－52.8%、－55.2%。

全省主要河流河川径流利用情况，汾河柴庄站以上蓄耗水量5.4116亿立方米，占天然年径流量的65.9%，其中义棠站以上蓄耗水量3.2026亿立方米，占天然年径流量的66.6%，桑干河册田水库以上，蓄耗水量3.1955亿立方米，占天然年径流量的92.4%，河川径流利用程度很高，而浊漳河石梁、绵河地都（河北）站以上，蓄耗水量占天然年径流量的比例分别为30.0%和22.9%。

2.分区天然径流量。流域分区，海河流域天然年径流量为25.4719亿立方米，黄河流域为28.9717亿立方米。与2005年相比，桑干河、唐河、沁河有所减少，减幅在－13.5～－1.8%之间，其余各分区都有不同程度的增加，增幅在2.4%～63.6%，以龙门至三门峡区增加63.6%为最多，次之为三门峡至沁河区增加40%。与多年平均值相比较，除卫河增加16.6%外，其他分区都有不同程度减少，减幅在－56.4%～－0.1%之间。各分区丰枯划分，除漳河、卫河、龙门至三门峡、三门峡至沁河区为“平水年”外，其他分区都为“偏枯水年”和“枯水年”。

行政分区中，长治市天然年径流量最大，为9.7022亿立方米，与2005年相比较，大同市、朔州市、吕梁市、晋中市为减少，减幅在－14.5%～－0.7之间，大同市天然径流量减幅最大，为－14.5%，其他分区都有不同程度的增加，增幅在0.6%～90.7%之间，太原市增幅最大为90.7%。与多年平均值相比较，除长治市略有增加外，其余各市都有不同程度的减少，减幅在－59.5%～－13.3%之间。各行政分区丰枯划分，长治市、运城市为“平水年”，太原市、晋城市、晋中市为“偏枯水年”，大同市、阳泉市、朔州市、忻州市、吕梁市、临汾市为“枯水年”。（梁述杰）

**【水资源总量】** 水资源总量的估算方法为地表水资源量与降水入渗补给量之和。结合山西省实际情况，除上述两项外，水资源总量还包括山丘区侧向流出量和山丘区开采净消耗量。

2006年全省水资源总量为88.5825亿立方米，比2005年的84.1226亿立方米增加了4.4599亿立方米，其中地表水增加了4.0750亿立方米，全省产水系数0.12，产水模数每平方千米5.67万立方米。

流域分区，海河流域和黄河流域水资源总量分别为36.7318亿立方米和51.8507亿立方米，产水系数分别是0.14和0.11，产水模数分别为每平方千米6.21万立方米和5.34万立方米；水资源总量以汾河区最多，为22.8337亿立方米，各分区产水系数介于0.06～0.27之间，产水模数介于每平方千米2.95～16.9万立方米之间。

行政分区中，长治市水资源总量最多，为11.9403亿立方米，占全省总量的13.5%；忻州市次之，为11.7925亿立方米，占全省总量的13.3%；太原市水资源总量最少，为3.2109亿立方米，占全省总量的3.6%。产水系数和产水模数均以晋城市最大，分别为0.19和每平方千米10.85万立方米，产水系数最小的晋中市为0.11，产水模数最小吕梁市为每平方千米4.66万立方米。（梁述杰）

**【蓄水动态】** 1.大中型水库蓄水动态。全省统计6座大型水库和45座中型水库，年末总蓄水量5.8859亿立方米。6座大型水库年末蓄水量3.4288亿立方米，较2005年末减少0.3972亿立方米，其中册田水库年末蓄水量增加了0.0319亿立方米；45座中型水库年末蓄水量2.4571亿立方米，较2005年末减少0.1232亿立方米，其中除朔州市、吕梁市、晋中市水库蓄水量较2005年末有所减少外，其余各市水库蓄水量均有小幅增加，其中朔州市2座水库年末蓄水量减少最多，为0.0918亿立方米。

2.地下水动态。全省共统计天（镇）阳（高）等7个盆地地下水动态，各盆地蓄水量较2005年都有不同程度的减少，其中以大同、太原两盆地蓄水量减少最多，分别为8372万立方米和11620万立方米。各盆地内，平均水位降幅最大出现在天阳盆地，下降了1.32米，平均水位升幅最大的出现在忻定盆地，上升了1.31米。（梁述杰）

**【供用水量】** 1.供水量。2006年全省实际供水量66.5644亿立方米，较2005年增加2.3170亿立方米，其中地表水源供水量27.7043亿立方米，较2005年增加2.4628亿立方米，占总供水量的41.6%，地下水开采量34.9495亿立方米，占总供水量的52.5%，其他水源供水量3.9106亿立方米，占总供水量的5.9%。

流域分区，黄河流域龙门至三门峡、汾河、沁河区以地下水源供水为主，占各自供水总量的一半以上；海河流域唐河、卫河及黄河流域的三门峡至沁河区以地表水源为主，地表水源供水量占各自总供水量的六成以上；其他分区两种水源供水量比例相当。

行政分区，晋城、忻州、吕梁、晋中、运城5市以地下水源供水为主，占各自供水总量的一半以上；阳泉市以地表水源供水为主，占阳泉市供水总量的66.6%，其他5市两种水源（地表、地下）供水量基本相近。

2.用水量。用水量指分配给用户的包括输水损失在内的毛用水量，在数量上与供水量相一致，由于供水量中包括了册田水库向北京的外供水量，因此全省用水量比供水量少了0.67亿立方米（向北京供水量）。

2006年全省总用水量65.8944亿立

方米，其中居民生活用水量6.1202亿立方米，占总用水量的9.3%；一产（包括农业灌溉、林牧渔业和牲畜）用水量36.7797亿立方米，占总用水量的55.8%；二产（包括规模以上、规模以下工业及建设业）用水量16.6833亿立方米，占总用水量的25.3%；三产（包括商饮业和服务业）用水量与城市环境用水量共2.4006亿立方米，占总用水量的3.6%；合计新鲜水用水量61.9838亿立方米，占总用水量的94.1%；污水利用量3.9106亿立方米，占总用水量的5.9%。

流域分区，海河流域用水总量22.7693亿立方米，其中桑干河区、滹沱河区用水量最大，为9.9920亿立方米和7.3741亿立方米，分别占全省用水总量的15.1%和11.2%；黄河流域用水总量43.1252亿立方米，其中汾河区用水量29.1803亿立方米，为全省最大，占黄河流域用水总量的67.7%，占全省用水总量的44.3%。

行政分区，由于各市自然地理条件和经济发展水平以及产业结构的差异，其用水结构亦不尽相同。朔州、忻州、吕梁、晋中、临汾、运城以一产用水为主，一产用水占到各自用水量的60%以上；阳泉市以二产用水为主，二产用水量占本市用水量的59.8%；其余各市用水量各有侧重，太原市生活用水量全省最大，占到全省生活用水量的18.3%；晋城市生活用水量占全市用水量的14.7%，为各市比例之首。　（梁述杰）

**【废污水排放量】** 2006年全省废污水排放量7.4643亿吨，其中城镇生活污水1.5692亿吨，第二产业污水4.9093亿吨，第三产业污水0.9858亿吨。与2005年相比增加0.3463亿吨，增加了4.9%。

流域分区，除海河流域的唐河、卫河区无废污水排放外，各分区均以第二产业废污水排放为主，以汾河区废污水排放量最多，高达2.9434亿吨，占全省废污水排放总量的39.4%；次之为滹沱河区，年排污量1.5137亿吨。

行政分区，太原市废污水排放量最多，为1.4699亿吨，占全省废污水排放总量的19.7%；次之为阳泉市，废污水排放量1.1048亿吨，占全省总排放量的14.8%；太原市以第三产业废污水排放0.4108亿吨为全省最大，占全省第三产业废污水排放量的41.7%；阳泉市以第二产业废污水排放0.9223亿吨为全省最大，占本市排放量的83.5%，占全省第二产业废污水排放量的18.7%。

（梁述杰）

**【水质状况】** 1. 河流水质。全省主要河流评价河段中，各河段均受到不同程度的污染，全省无Ⅰ类水，Ⅱ类水河长占评价河长的4.6%，Ⅲ类水河长占评价河长的9.4%，86.0%的河段被污染，严重污染河段占52.0%，河流污染形势仍然严重。河流主要超标项目为氨氮、高锰酸盐指数、化学需氧量、总磷、溶解氧、生化需氧量、挥发酚、氟化物、硫酸盐、粪大肠菌群、石油类、汞，在有些河段亦被检出砷、硒、铅等项目超标。

2. 水库水质。2006年全省共监测汾河、文峪河、册田、关河、后湾、漳泽6座大型水库水质。册田水库污染严重，水质为劣Ⅴ类水，主要超标项目有氯化物、硫酸盐、溶解氧、氨氮、高锰酸盐指数、化学需氧量、五日生化需氧量、氟化物；后湾水库和文峪河水库亦被污染，水质为Ⅳ类水，主要超标项目有溶解氧、挥发酚和氟化物；其余3座大型水库水质尚好，其中汾河水库水质类别为Ⅱ类，另外2座水库水质类别为Ⅲ类。6座大型水库4月～9月富营养化程度评价，文峪河水库为中营养，册田水库为富营养，其余4座水库为中富营养。　（梁述杰）

**【盆地平原区地下水动态】** 1. 降水量分析。全省平原区2006年平均降水量460.4毫米，比2005年同时段增加116.5毫米，增加幅度33.9%；与多年同期均值比较，减少11.0毫米，减少幅度2.3%。

各盆地区降水量情况：与2005年相比较，天阳盆地、大同盆地分别减少13.1%和17.0%；忻定盆地、太原盆地、临汾盆地、峨嵋台地、运城盆地、长治盆地分别增加2.5%、36.3%、96.3%、64.2%、44.6%、90.5%。与多年同期平均降水量比较，临汾盆地、峨嵋台地、长治盆地分别增加27.8%、2.6%、36.4%；天阳盆地、大同盆地、忻定盆地、太原盆地、运城盆地分别减少18.0%、23.5%、15.7%、9.8%、10.3%。

全省各行政分区平原区降水量情况：2006年降水量与2005年比较，太原市、长治市、晋中市、忻州市、吕梁市、临汾市、运城市分别增加26.4%、90.5%、31.9%、2.5%、53.6%、99.3%、61.6%；大同市、朔州市分别减少18.8%、14.1%。与多年同期平均降水量比较，长治市、临汾市、运城市分别增加36.4%、28.1%、2.0%；太原市、大同市、朔州市、晋中市、忻州市、吕梁市分别减少10.9%、20.9%、24.2%、12.3%、15.7%、4.7%。

2. 汛期地下水动态。根据地下水位变化幅度的大小，划分为地下水位上升区（地下水位上升幅度大于0.5米的区域）、地下水位下降区（地下水位下降幅度大于0.5米的区域）和地下水位相对稳定区（地下水位变幅小于0.5米的区域）。

2006年全省平原区地下水位平均下降0.19米，统计面积25823平方千米，其中地下水位上升区面积3948.9平方千米，水位平均上升1.15米；地下水位下降区面积5534.0平方千米，水位平均下降1.59米；地下水位相对稳定区面积16340.1平方千米。上升区、下降区、稳定区分别占总面积的15.3%、21.4%、63.3%。

（1）各行政分区（盆地部分）地下水位动态特征。各行政分区统计时段地下水位变化情况：太原市、长治市、临汾市地下水位分别上升0.04米、0.74米、0.31米；其他各市地下水位均呈下降趋势，大同市、朔州市、晋中市、忻州市、吕梁市、运城市地下水位分别下降0.31米、0.26米、0.04米、0.27米、0.24米、0.50米。

（2）各盆地区地下水位动态特征。2006年各盆地区地下水位动态特征：

天阳盆地，地下水位变幅较小，地下水位稳定区面积占盆地面积的92.3%，盆地地下水位平均下降0.05米。降幅较大的区域分布在阳高县太平堡地区。

大同盆地：地下水位上升区和下降区面积分别占盆地面积的2.6%和19.9%，以稳定区为主，盆地平均地下水位下降0.32米。大同市区、大同县城区、浑源县西坊城及山阴县局部地区地下水位降幅较大。

忻定盆地：地下水位稳定区面积占盆地面积的54.6%，盆地平均地下水位下降0.27米。地下水位降幅较大的区域主要分布在忻府区、定襄县及繁峙县部分地区。

太原盆地：地下水位稳定区面积占盆地面积的57.9%，盆地平均地下水位下降0.08米。地下水位降幅较大的区域主要分布在榆次区、祁县、交城县、介休市局部地区。

临汾盆地：地下水位上升区和稳定区面积分别占盆地面积的33.0%和64.7%，盆地平均地下水位上升0.43米。

峨嵋台地：地下水位下降区和稳定区面积分别占盆地面积的35.0%和61.5%，台地平均地下水位下降0.98米。地下水位降幅较大的区域主要分布在台地的西南部。

运城盆地：地下水位下降区和稳定区面积分别占盆地面积的37.5%和54.2%，盆地区平均地下水位下降0.68米。地下水位在闻喜、夏县、永济部分地区下降幅度较大，其他地区水位比较稳定。

长治盆地：地下水位上升区面积和稳定区面积分别占盆地面积的71.5%和28.5%，大部分地区地下水位上升，盆地平均地下水位上升0.74米。（梁述杰）

**【山西省2处新建水文站开始观测】** 2006年1月1日，石佛寺水文站、广灵水文站开始正式水文观测，这是山西省水文部门在新世纪结合新形势进行的重大水文测站战略部署调整。

石佛寺和广灵水文站是永定河上游水量、水质监测项目中的新设水文站，2002年开始建设，2004底通过验收，经2005年充分准备，于2006年1月1日开始纳入国家基本水文站网管理，进行正式、规范的水文测验工作。

石佛寺水文站位于阳高县境内，是南洋河出省把口站，流域面积2319平方千米；广灵水文站位于广灵县境内的水神堂泉上游，是壶流河出省控制站，流域面积628平方千米。两站的水文测验项目包括水位、流量、含沙量、冰情、降水和流域内相关的水文调查等。石佛寺水文站还将展开断面含沙量、泥沙颗粒分析测验工作。两站开展的水文观测将有利于山西省水资源的调度控制。1977年设立的吴家窑小河水文站由于测验条件差、1957年设立的南土岭区域代表水文站多年处于干河状态而同时停止水文观测。

（梁述杰）

**【山西省编制海河大型水库预报方案】** 2006年初，为山西省海河流域3座大型水库的安全度汛，省水文水资源勘测局组织专家着手编制漳泽水库、关河水库、册田水库的洪水水文预报方案。省内知名专家杨致强、曹建业、王印杰，带领部分专业技术骨干人员，汇聚长治，开始了为期10天的山西省海河流域三大水库水文预报计算机程序调试工作。

10天里，王印杰同志不顾自己70多岁的高龄，吃着药与年轻职工同吃、同住、同加班；晋中水文分局的梁存峰副局长，一边忙着分局的工作，一边与同志们一道加班加点作预报；临汾水文分局的王云峰科长，由于时常加班，身体不好，一直服药工作；吕梁水文分局的王建云，发挥自己的计算机优势，为修改程序每天睡觉都在凌晨1、2点以后，最晚的时候工作到凌晨4点；省水文局的霍勇峰同志，发挥自己的专业特点修改程序、检查问题，帮助大家共同完成程序制作；付红、陈彦平两位女同志，巾帼不让须眉，为程序的调试提供了大量的雨情洪水资料；长治水文分局的牛二伟同志晚上加班常常被关在宿舍院的大门外。经过参加人员夜以继日的工作，终于完成了山西省海河流域漳泽水库、关河水库、册田水库预报方案的计算机程序调试，在2006年汛期正式投入生产运行。（梁述杰）

**【山西首个国家“948”项目通过验收】** 2006年3月15日，来自国内水利、煤炭、地质、地震行业的专家、教授分别代表政府、科研、生产、高教领域，对山西省首个列入国家“948”计划（国家引进国际先进科技计划）的水利项目、引进国际最先进电磁物探系统的使用和推广进行了审查验收。

山西省十年九旱，是全国水资源最为缺乏的省份之一，占全省国土总面积72%的山区又是全省缺水人口的重点分布区，为解决这一困难，省水文局于2001年底向国家有关部门申报，请求进行“山区地下水勘测技术引进与应用”，2002年7月批准立项。项目组经过多方考察、反复论证，顺利引进了加拿大凤凰公司生产的V6－A大地电磁勘测系统。之后，又在实际应用中进行了设备硬件和软件的升级，工作人员在“非典”猖獗期间进行了深入的理论学习和培训。项目组在实施引进计划中，紧密结合省政府饮水解困工程和经济建设水源地勘测需要，在地下水埋藏深、凿井深度大、地形条件差、水文地质条件复杂的吕梁、太行山区完成了20处深井勘测工作，已施工的深井全部出水使用，成井率100%，为山西省人民生活和经济建设做出了贡献。

参加评审的专家通过野外考察现场，审阅技术文件，听取项目组汇报，技术质疑和学术讨论，认为该项目按照合同规定的内容全面完成了任务指标，提交的验收资料齐全，内容翔实可靠，经费使用符合有关规定，所引进的技术和设备应用于山区地下水勘测，与我国传统方法相比较具有工作效率高、适应地形广、抗干扰能力强、勘测深度大等特点，使山区地下水勘测技术实现了新的跨越，针对山西地下水分布和深井勘测特点，通过数据采集频率系列改进对技术进行了创新和完善。本项目在实施过程中，勘测井位20眼，成井率100%，为山区5万缺水人口找到了饮水水源，并为地方钢铁、煤化工、电力生产企业找到了7处水源地，社会经济效益显著，项目引进非常成功。专家组认为该技术具有广阔的推广应用前景，验收等级为A（最高级），是国家“948”计划中的优秀项目。之外，项目组的技术创新还受到加拿大生产公司的认可和称赞。

该项目的引进、吸收、消化、推广成功，为山西省从根本上解决了山区地下水勘测中地形影响的技术难题，在水源调查、评价、开发方面实现了新的跨越，使地下水勘测设备和技术领先一步，培养了一支设备和技术力量高超的专业技术队伍。将在山西省解决饮水安全、地震监测、环境地质、工程地质等方面提供有力的技术支持，对我国同类地区的地下水以及其他能源的勘测方面，推广范围广泛，应用前景乐观。（梁述杰）

**【忻州市编制水资源公报】** 由忻州市水文水资源勘测分局和忻州市水资办共同编制的2004年《忻州市水资源公报》于2006年初向社会公布，这是忻州市首期水资源公报，它是反映忻州市水资源数量、水环境状况及开发利用现状的年报，它所提供的大量水文水资源信息，将对忻州市水资源的合理开发利用，加强水资源的统一管理和科学保护，提高公众的节水意识，解决水资源的供需矛盾，构建人与自然、环境协调发展的和谐社会，起到积极的促进作用，为忻州市水资源可持续利用提供科学的决策依据。

随着社会经济的快速发展，社会各经济建设部门对水的需求越来越高，随之而来的水资源供需矛盾更加突出。针对不断变化的水资源情势，为及时、准确地反映忻州市水资源动态，便于各级领导部门科学制定年度供水计划，调整水资源供需关系，适应生态环境状况和水资源开发利用及配置等外部条件的变化，忻州市水资源管理部门拟将此项工作逐年连续进行。

（梁述杰）

**【关注左云“5·18”矿难废水】** 左云“5·18”煤矿透水事故发生后，山西省水利厅十分关注煤矿抢险排出的矿坑废水对大同市十里河、御河及桑干河水体的影响，指示省水文水资源勘测局组成应急调查小组，开展水质、水量实时动态监测，掌握矿坑废水对河流水体的影响。

省水文水资源勘测局在接到省水利厅的紧急指示后，立即安排部署，成立了由省局副局长、副总工、水质监测处、站网处相关技术人员组成的7人调查小组，以最短的时间、最快的速度奔赴事发地开展工作。调查组在途中紧急商定了应急方案，制定了周密、详细的实地工作计划，同时安排大同水文分局抓紧时间，做好前期准备工作。

大同水文分局从出险排水开始，即安排技术人员在距事故现场最近的高山断面，对十里河的流量变化过程进行实时监测。省水文局调查小组到达大同后，先行了解事故发生后煤矿排水对河流水体的影响情况，同时紧急安排部署，布设十里河上的高山、观音堂、西水磨，十里河汇入御河的红卫桥，桑干河干流的固定桥、峰峪6个临时控制断面进行水质、水量监测。（梁述杰）

**【《山西省地表水功能区划》经省人民政府批准颁布实施】** 为了合理确定地表水域的功能，为水资源的合理开发、有效保护提供科学依据，依据《中华人民共和国水法》、《中华人民共和国水污染防治法》等法律法规的规定，省水利厅会同省环保局制定了《山西省地表水功能区划》（以下简称《区划》），2006年6月13日，经省人民政府批准颁布实施。通过水功能区的划分，合理确定地表水域的功能，为水资源的合理开发、有效保护提供科学依据。是全面贯彻《水法》，加强水资源保护的重要举措，对促进山西省水环境的改善和水资源可持续利用，实施蓝天碧水工程具有重要意义。（梁述杰）

**【水文人为张峰水库建设报汛保安全】** 2006年6月21日，由省水文水资源勘测局和张峰水利工程有限公司共同主办的张峰水库工程水情测报工作动员启动会在太原召开，省水文水资源勘测局、张峰水利工程有限公司主要领导人参加会议并讲话。会议围绕5月23日召开的张峰水库工程2006年防汛会议精神，安排布置了张峰水库工程2006年防汛水情测报工作。

张峰水利工程有限公司总经理在讲话中讲了对水文工作重要性的认识过程，对省水文水资源勘测局为保证张峰水库安全度汛所做出的努力表示感谢。之外，还请求水文专家帮助培训张峰水库的水情工作人员，以更好地进行双方配合，确保张峰水库安全度汛。

省水文水资源勘测局局长感谢张峰水利工程有限公司对水文局的信任，也对参加此次工作的全体工作人员夜以继日的辛勤工作表示慰问，在总结前期工作的基础上，他对承担任务的相关工作人员提出了五点要求：①统一思想，提高认识；②明确责任，抓住关键；③要认真落实规章制度；④把安全工作放在首位；⑤要注意在实际业务工作中认真积累水文预报工作经验。会议介绍并确认了2006年为保证张峰水库安全度汛所采取的三套具体业务工作措施，一是设立了22处专用报汛站，并制定了切实可行的水文测验工作方案，保证能测得住、报得出、报得准确、及时，二是编制了张峰水库水文预报方案，在给张峰水库报汛的同时，水文部门进行预报作业，并将预报结果随时传送给张峰水库，三是得到了黄河水利委员会水文局的先进技术支持，同意在服务小浪底工程的同时，为张峰水库提供及时的流域气象预报服务。

会议对水文测验、水情报汛、水文预报方案等具体的业务技术工作进行了详细的讨论部署，并由省水文水资源勘测局和承担具体水文测报的长治水文分局、临汾水文分局签订了水情测报责任书。长治水文分局和临汾水文分局对前期准备工作做了汇报后，表示要不折不扣地完成好2006年张峰水库的专项水情测报工作任务。

会议从落实“三个代表”重要思想的高度，动员承担此项工作任务的专业技术人员，要思想重视，措施到位，制度落实，准确预报，确保安全。

张峰水库汇水范围内设有国家基本水文站3处，但要确保张峰水库在设计标准内洪水安全和围堰安全度汛尚有一定距离。为此，省水文水资源勘测局从5月下旬张峰水库防汛会议之后即调集专业技术人员，从四个方面进行紧张的张峰水库安全度汛水文测报准备工作，即：①组织专门人员进行水文预报方案编制；②进行野外勘测作业，补充报汛站网不足；③制定汛期水文测报方案；④请求黄河水利委员会进行气象专项工作支持，全力以赴努力做好张峰水库水情测报工作。至6月20日，张峰水库水文预报方案编制工作基本完成，在张峰水库上游设立的3处报汛专用水文站和1处报汛专用雨量站也已从6月20日起投入运行。在原有国家基本水文站网基础上，安排了8处报汛水文站、14处报汛雨量站，建起了由22处站点组成的张峰水库专门报汛站网，可保雨情、水情的严密、准确、及时掌握，汛期将这些实时水情信息报送张峰水库的同时，输入张峰水库预报方案，即可预测到张峰水库坝前的洪峰流量和洪水总量，作为采取相应工程措施的决策依据。黄河水利委员会水文局也同意将引进的国际先进气象预报技术在服务小浪底工程的同时，为张峰水库提供及时的流域气象预报服务。

省水文水资源勘测局领导班子全体成员、张峰水库工程负责人、承担张峰水库水情测报的部分工作人员参加了会议。与会人员观看了张峰水库洪水预报系统演示，检阅查询了当天11时的张峰水库流域即时水情信息，表示要齐心协力，共同做好张峰水库的水文测报工作，确保张峰水库安全度汛。

由于双方密切配合，张峰水库安全度过2006年汛期，并且提前55天完成了省水利厅确定的年度建设目标。

（梁述杰）

**【横泉水库实时洪水预报系统投入运行】** 在主汛期即将到来时的7月10日，横泉水库洪水实时预报系统投入使用。横泉水库位于方山县横泉村与班庄村之间，汇水面积800平方千米，设计总库容8123万立方米，其中：调洪库容2013万立方米，防洪库容1113万立方米，兴利库容4189万立方米。横泉水库是山西省基础设施建设的一项重点工程，是关系到吕梁市经济民生的重要工程，是一座以城市生活和工业供水、农业灌溉为主，兼顾防洪、发电等综合利用的中型水库。为了施工期安全度汛以及建成后更好地发挥水库效益，合理地利用水资源，科学有效地进行水库调度管理，横泉水库建设管理局要求建设洪水实时预报系统。

在接到建设横泉水库洪水实时预报系统任务后，吕梁水文水资源勘测分局迅速组织相关人员，对横泉水库上游历史上观测到的径流和暴雨资料进行分析，研究实时预报系统的技术路线和方案的编制，在省内有关专家的大力支持下于2006年4月初向横泉水库建设管理局提交了设计方案初稿。

横泉水库建设管理局于2006年6月6日在省城太原组织专家对吕梁水文分局编制的由GSM实时数据采集和双超产流模型组成的洪水预报方案进行评审，与会专家予以好评并一致通过。水库建设管理局要求在7月10日前建成投入使用。

吕梁水文分局认真研究制定了项目建设的日程表，积极部署，责任到头；同时到各个站点进行GSM信号测试和确定仪器安装位置。省水文水资源勘测局在站网调整和雨量观测设备上给予了很大的支持。为了使编制的洪水预报方案能够更好地在该流域运用，水文勘测工程技术人员会同专家，冒着酷暑实地考查了横泉水库流域各支流的植被、下垫面和水文地质情况。该项目工期短、任务重，但在承担任务的技术人员共同努力下，横泉水库实时洪水预报系统项目于2006年7月10日按时完成，确保了工程的运行需要和工程的按期完成。（梁述杰）

**【省委书记张宝顺要求以对人民高度负责的精神做好防汛和水利工作】** 2006年7月23日至24日，省委书记、省人大常委会主任张宝顺深入长治市和晋城市对防汛和水利工作进行调研。他强调，要充分认识当前防汛形势，克服麻痹思想和侥幸心理，做好防大汛、抢大险的准备，加强领导、强化责任，完善预案、落实措施，确保全省安全度汛和人民群众生命安全。要以科学发展观为指导，坚持开源与节约并重，生产与生活并重，水利建设与生态保护、污染治理并重，切实做好水利工作，为经济社会发展提供可靠的水资源保障。省委常委、秘书长申联彬，副省长梁滨一同参加调研。省水利厅党组书记、厅长潘军峰陪同省领导调研。（梁述杰）

**【山西省完成分区水资源配置和控制地下水开采规划】** 2006年初，山西省组织有关单位，使用全省第二次水资源评价成果，对全省工农业及城市生活用水进行了分区水资源配置规划，8月份完成了全省分区水资源配置规划工作。还组织完成《山西省控制地下水开采规划》、《山西省“十一五”节水型社会建设规划》。配合省发改委完成《山西煤炭工业发展对环境影响补偿机制研究》、《山西省煤化工发展水资源支撑能力研究》、《山西省燃煤电场建设水资源供应能力研究》。进一步促进了水资源的合理利用、优化配置和科学保护，为山西省水资源管理实现跨越式发展奠定了基础。（梁述杰）

**【省长于幼军对全省水利建设进行专题调研】** 2006年9月～10月，于幼军省长、梁滨副省长率省政府办公厅、水利厅、发改委、经研中心等部门负责同志和部分水利专家，深入山西省11个市对全省的水利建设进行了专题调研。于省长强调指出，“山西之长在于煤，山西之短在于水”，要按照科学发展观和构建社会主义和谐社会战略思想的要求，正视水资源严重短缺问题，从全局和战略高度做好水资源保护、开发、利用、节约的大文章；要以改革开放和市场经济的思路加快推进水源建设与节水工程。省政府要专门研究这个问题，研究一个总体的战略、规划和思路，在“十一五”到“十二五”，用5年～10年的时间，来加快水源建设，解决好山西目前最突出的水资源紧缺问题。（梁述杰）

**【黄河流域水文协作会议在忻州召开】** 2006年西北地区及黄河流域水文协作会议于9月8日～10日在忻州召开，会议围绕贯彻全国水文工作会议精神，稳步推进水文现代化，提高水文技术支撑能力的中心话题，交流西北地区及黄河流域水文协作区各省（自治区）的工作亮点和取得的成绩、经验。出席会议的有黄河水利委员会水文局局长牛玉国、山西省水利厅助理巡视员解放庆、忻州市副市长谌长瑞、忻州市人民政府秘书长张永强等，流域协作单位黄委水文局所属各局、新疆、青海、甘肃、宁夏、内蒙古、陕西、河南、山东、山西水文部门的领导和专家参加了会议。受邀参加会议的还有海委水文局、北京、天津、河北、辽宁、江苏、安徽、江西、广东、海南、四川的水文同行。解放庆助理巡视员发表了热情洋溢的讲话，在介绍了山西简况后，从历史悠久的智伯渠谈起，一直到今天的全省水利情况，对山西水文工作肯定的同时也希望国内水文同行能给山西水文以更大支持和协助。谌长瑞副市长向会议介绍了忻州市的各方面情况，对忻州水文工作表示满意，而且祝愿水文工作取得更大成绩。山西省水文水资源勘测局局长狄丕勋作了题为“密切协作，加快发展，为区域经济社会建设提供有力的水文支撑”发言。黄河水利委员会水文局局长牛玉国作了题为“团结协作，携手共进，努力提高区域水文服务的整体能力和水平”的主题讲话。忻州水文分局为会议播放了题为“前进中的忻州水文”20分钟电视短片。

2006年西北地区及黄河流域水文协作会议交流踊跃，新意迭出，牛玉国局长提出的“努力构建以流域为单元的基于水循环的水文水资源监测预报体系”，“加快水文气象信息服务系统的建设，加强信息共享，努力率先实现流域水文工作的一体化管理”等理念，引起了与会者的极大兴趣，并且就此纷纷发表见解。

会议期间，与会同志兴致勃勃地考察了滹沱河干流上的济胜桥水文站，并饶有兴趣地观看了山西水文局研制的测流浮标电动投掷仪和钢丝绳上油器。

利用晚上休息时间，忻州水文分局为会议组织了具有浓郁晋北风情的小型文艺晚会，北路梆子、二人台、忻州大鼓给与会者留下了深刻印象，河北、内蒙古、甘肃、山西水文部门的领导同志激情献艺，更为与会者赞叹有加。

2007年西北地区及黄河流域水文协作会议相约河南。（梁述杰）

**【省水文水资源勘测局被表彰为精神文明标兵单位】** 2006年9月25日，山西省水文水资源勘测局被表彰为精神文明建设标兵单位。省水文水资源勘测局连续5年被中共山西省直属机关文明委授予“文明单位”称号，鉴于5年来所取得的工作业绩和多种荣誉，局党委经研究决定，积极申报“文明标兵单位”称号。省直文明委接受了省水文水资源勘测局党委的申请，并于8月11日组成验收小组对省水文水资源勘测局的文明创建进行验收。在验收会上，省水文水资源勘测局党委以“抓好三个文明建设，加快山西水文事业发展”为题进行了汇报，在听取汇报后，验收小组察看了省水文水资源勘测局机关的办公环境、荣誉室、文明创建相关档案、资料信息中心、多功能活动室、体育活动场地等。验收小组认为，省水文水资源勘测局机关的文明创建活动扎实有效，档案规范，真正促进了水文工作的开展，希望今后能深入持久地继续下去。9月25日，中共山西省委隆重召开“省直机关精神文明建设表彰大会”，山西省水文水资源勘测局被表彰为精神文明建设标兵单位。省直机关精神文明建设委员会号召广大党员干部职工，要认真学习被表彰的先进集体，以邓小平理论和“三个代表”重要思想为指导，紧紧围绕省委、省政府的中心工作，按照“加快科学发展，建设和谐山西，致力求真务实”的总体要求，不断提高精神文明建设的质量，把精神文明创建活动自觉融入落实科学发展观的工作实践中，积极发挥先进集体的示范表率作用，为山西省“十一五”规划和中部崛起各项目标的顺利实现创造条件、营造氛围，为全面建设“充满活力、富裕文明、和谐稳定、山川秀美”的新山西做出更大贡献。　（梁述杰）

**【晋中发生水污染事故，67吨洗油流入杨家坡水库】** 2006年10月26日凌晨5点，挂有内蒙古牌照的蒙A25508大型货车，从山西省文水往河北违规运送约67吨的洗化工产品，该车核定载重量为31.5吨，因超载，连续下坡时刹车失灵，在207国道昔阳与和顺交界拐弯处的回黄桥南端发生翻车，导致洗油泄漏，流入昔阳杨家坡水库，造成200万立方米水体严重污染。

洗油是一种煤焦油精馏过程中的重要馏分，约占煤焦油的6.5%～10%，是一种复杂的混合物，富含喹啉、异喹啉、α一甲基萘、联苯、二甲基苯、苊、氧芴和芴等宝贵的有机化工原料。目视呈棕色油状液体，属可燃物品，易溶于水，不像其他油品浮于水面易于清理，故此造成水污染后果，难以处理。

事故的发生引起了国家环保总局、山西省、晋中市各级领导的高度重视，省委书记张宝顺、省长于佑军、副省长牛仁亮等领导做出重要批示，要求加紧妥善处理水污染，确保库区群众的饮水安全，尽量减少对水库存水的污染。

杨家坡水库是昔阳县饮用水源之一，库容量400万立方米，当时库内存水200万立方米。此次水污染事故将对下游的大寨、三都两个乡镇38自然村，约2.8万人、2000头牲畜的饮水形成严重影响。距杨家坡水库下游15千米的郭庄水库是一个设计库容量为2100万立方米的中型水库，当时库存水量500万立方米，主要供昔阳县城居民、机关、学校和企业的用水。根据水污染事故情况，省、市、县各级领导进行了明确分工，水利部门负责管道架设，调度水源解决人畜用水困难，环保部门进入场地负责污水处理。

到11月1日，受污染的200万立方米污水处理方案正式确定并开始实施。应急供水工程建设基本完成。由于措施果断，下游郭庄水库没有造成污染。

现场处理办法由国家环保总局、环保监察局、国家环保监测站等有关部门派专家现场确定。具体做法是：利用输水管道将杨家坡水库污染水体输送到新建的焦粉加活性炭过滤系统处理，水经处理后进入缓冲池，沉淀达标后排入下游的郭庄水库；杨家坡水库污水处理完毕后，再利用环保疏浚船机械清淤，将污泥直接输送到处理场，经自然干化后填埋。

（梁述杰）

**【横泉水库竣工】** 省重点工程横泉水库经过26个月的艰苦奋战于2006年11月25日竣工，比预定的完工期提前了11个月。2006年11月28日举行了竣工庆典仪式，省领导于幼军、刘泽民、梁滨、李政文、杨安和及原省级老领导郭裕怀、李玉明出席。

该水库位于三川河北支干流上，行政区划属方山县。早在1954年水电部编制的《黄河综合利用规划技术经济报告》中，就列出了横泉水库工程项目，并于1958年开工，但由于种种原因，到1982年的历程中，曾经四上四下。进入21世纪，横泉水库终于2003年11月奠基；2004年2月，在省十届人大二次会议上，政府工作报告将之列为全省三大水源建设工程项目；2004年9月，省发改委下达了开工令；2005年初，列为省重点工程。

该工程包括水库枢纽、灌区、供水工程三部分。水库枢纽由大坝、泄洪洞、供水发电洞、和电站组成。按照百年一遇标准设计，千年一遇洪水校核，总库容8123万立方米（属中型水库）。大坝为均质碾压土坝，最大坝高36.7米，坝顶长962米，坝底宽167米～237米，坝顶宽6米（利用了左岸已筑的120万立方米旧坝体）。泄洪洞长664.9米，洞径8米，由进水引渠、进口闸室、洞身、出口闸室、陡槽、挑坎、及护滩组成。供水发电洞长530.92米，洞径3.4米，闸室为竖井式。电站总装机容量3.160千瓦，位于坝下右岸，为坝后引水式。库区淹没土地584.33公顷，其中耕地425.98公顷。生产安置人口6656人，生活安置6184人。水库灌区设计灌溉面积0.35万公顷，干渠总长59.73千米，其中：东干渠35.53千米，西干渠24.2千米，共有水工建筑物503件。

供水工程管线长28.5千米，采用直径800毫米玻璃钢管，设计送水到离石区上安村并入城市供水管网，年供水2109万立方米。

横泉水库工程概算总投资59490万元，工程建设工期为4年，总投工236.9万工日。总工程量448.96万立方米，其中：土石方427.73万立方米，干砌石及浆砌石10.33万立方米，混凝土及钢筋混凝土10.9万立方米。

横泉水库建成后，每年可提供城市及工业用水2109万立方米，农业灌溉用水1580万立方米，年发电量166.8万度，年可产生经济效益14392.07万元。不仅缓解离石、柳林煤电能源区的水资源供需矛盾，而且可有效提高离石、柳林的防洪压力，保护离石、方山5个乡镇、50个村庄、10.2万人、5.2万亩耕地的度汛安全。之外，水库可形成5.5平方千米的水域面积，改善当地生态环境，且与北武当山、庞泉沟组成旅游链，进一步促进经济发展。

（梁述杰）

**【山西水资源管理及灌溉现代化国际论坛】** 2006年11月22日，来自国际组织和国内外的30多名水利专家汇集省城太原，参加由省政府、联合国粮农组织亚太区域办公室联合举办的“山西水资源管理及灌溉现代化国际论坛”，历时3天，于11月24日圆满落下帷幕。

省委书记、省人大主任张宝顺，省委副书记、省长于幼军在论坛前夕会见了参会代表。省委常委、副省长梁滨主持论坛开幕式，省委常委、省政府秘书长李政文代表省长于幼军向大会致辞，联合国粮农组织北京代表处项目官员姜晗代表联合国粮农组织致欢迎辞。水利部副部长胡四一，全国政协常委、民盟中央副主席索丽生出席论坛并讲话。胡四一作了《全面建设节水型社会，促进山西可持续发展》的专题发言，联合国粮农组织水资源管理高级官员珍迈克·福尔作了《影响灌溉农业及政策措施的关键趋势》的专题发言。

以水资源的可持续利用支撑经济社会的可持续发展，以农业灌溉现代化提高农业综合生产能力，努力保障粮食供给与安全，是世界各国政府和国际社会共同关注的战略问题。而山西水资源严重短缺，供需缺口日益扩大，已成为影响和制约山西省经济社会可持续发展的“瓶颈”和“短板”。此次论坛的主要目的是学习国内外加强水资源管理的先进经验和科学技术，了解国内外灌溉发展的宏观战略和政策，结合山西省水资源特点和灌溉发展状况，从专家与技术层面研究探讨解决山西水资源短缺的治本之策和山西农业灌溉现代化发展方向，为全省经济社会可持续发展提供支撑和保障。论坛旨在加强山西省水资源与灌溉学术领域的国际交流与合作，对今后山西省水利事业的发展将产生积极而深远的影响。参会专家踊跃发言，认真讨论，就山西水资源管理和农业灌溉现代化建言献策，形成了颇有价值的建设性成果。他们还赴运城市现场考察地表水灌区、地下水灌区和集雨灌区，并提出对策措施。

本次论坛提出可持续水资源管理的主要特征，具有很强的针对性和指导性。在水资源管理方面，要继续加强以水资源总量控制、微观定额管理为主要内容的需求控制性管理。要把水资源工程建设、控制地下水、开发利用雨洪资源、小泉小水和实施水资源优化配置作为优势领域，在保证下游生态用水的前提下，通过蓄、引、提、调等措施，增加地表水的供水量，努力改变不合理的用水结构。在水资源配置方面，更加重视人与自然的关系，把坚持以人为本及人水和谐共处的理念，作为水资源配置的指导思想，把保障用水安全、合理安排河道外生态用水、河道内生态基流，作为水资源管理的首要目标。同时，在宏观用水总量和初始水权的分配过程中，将流域和区域的水资源承载能力和水环境承载能力作为硬性指标，合理分配各个区域和用水户的初始水权及用水指标。

专家考察了运城甲马口灌区工程、盐湖区集雨工程和平陆县井灌工程，认为甲马口灌区是具有黄河引水灌溉特色的大型灌区，其科学调度、优化配置、节约保护地表水资源，以及合理收取灌溉水费、调动农民灌溉积极性等方面的成功经验，值得推广。

此次论坛共收到国内外专家学者论文25篇，共有26位领导和专家学者进行了专题发言。联合国粮农组织官员表示，他们今后将与山西省继续开展水资源问题的开放式研讨，并将一如既往地支持山西的水资源管理和农业灌溉现代化建设。

（梁述杰）

**【山西水资源形势严峻的表现】** 省长于幼军在“山西水资源管理及灌溉现代化国际论坛”上认为，水资源匮乏已经成为山西经济社会发展的“瓶颈”和“软肋”。山西水资源的严峻形势突出表现在三个方面。一是有限的水资源量持续衰减，地表水资源流失严重，全省地表水量近20年的平均值为72亿立方米，但年出境水量就超过了48亿立方米。二是供水结构很不合理，地下水超采严重，全省年均用水总量为65亿立方米，其中地下水年抽取量为40亿立方米左右，有7亿立方米为超采量，导致全省范围特别是一些城市中心和矿区的地下水位大幅度下降。三是煤炭开采对水资源破坏非常严重，平均每开采1吨煤就要破坏2.48立方米水资源，全省仅煤炭开采每年就要破坏水资源量15亿立方米左右。（梁述杰）

**【山西省地下水位年平均下降2～3米】** 在2006年11月下旬举行的“山西水资源管理及灌溉现代化国际论坛”上，省水利厅厅长潘军峰称，山西省的地下水年均抽取量已经达到40亿立方米，占到全省年用水总量的60%，但其中的7亿立方米地下水为超采量，因此，地下水水位大幅度下降，其速度为每年2米～3米。由于地下水的水量超采，地下水位下降，水井的深度也在逐年加大，水井吊泵现象（抽不到水）屡屡发生。为此，山西省将在地表水供给衔接到位的条件下，大幅度提高地下水资源的取水费用，力争在“十一五”期间，全省的地下水抽取量控制在30亿立方米范围，到2020年，基本实现地下水的采补平衡，和谐发展。（梁述杰）

**【山西省制定控制地下水开采规划】** 地下水资源是山西省主要供水水源，多年平均开采量占全省总用水量的60%以上。地下水资源的过量开采造成地下水水位大幅下降，引起地面沉降、岩溶泉水断流、地下水污染等一系列水环境问题。加强地下水资源保护，控制地下水超采，保证地下水资源可持续开发利用已成为当务之急，为此省水利厅责成省水资办负责，在各市水利局、水资办的共同配合下，开展并顺利完成了全省控制地下水开采规划，于2006年12月11日通过了省水利厅技术委员会的审查验收。

本次规划工作，共调查地下水开采井10.4万眼、重点水源地70处、岩溶泉域19处，摸清了水井分布情况和地下水开发利用情况以及开发利用中存在的问题，认真分析了地下水开发程度及开发潜力，划定地下水超采区21处，确定超采区面积11137平方公里。现状条件下全省各超采区合计地下水超采量6.88亿立方米。依据水资源开发利用的原则，制定了地下水超采区控制和治理的目标，提出不同时期控制地下水开采方案以及关井压采、合理配置、有效保护和涵养水源等综合治理措施，为遏制地下水超采和水质恶化，逐步实现地下水采补平衡、改善生态环境提供了科学依据。（梁述杰）

**【山西省水资源管理信息化建设顺利推进】** 水资源管理信息化建设是山西省利用现代化科技手段加强水资源管理的重要措施，也是从根本上和深层次上推进我省水资源管理工作实现跨越式发展的关键举措。山西省在大量调研与技术论证的基础上，决定利用3年时间，在全省范围内建立起水资源远程监控信息系统。通过各种方案的编制、软件开发、资金落实、人员培训、施工组织等工作，2006年启动40个县作为水资源远程监控的重点。

（梁述杰）

**【水资源费征收再创历史新高】** 2006年山西省各级水资源管理委员会办公室按照征收水资源费的有关法律、法规和政策，把水资源费征收作为加强水资源管理、促进节约用水的重要措施来抓，坚持按量计征、依法征收的原则，采取行之有效的措施，着力推进水资源费征收工作。经过全省各级水资办的共同努力，全省水资源费已征收2.3亿元，超过全年下达任务的80%。（梁述杰）

**【水资源管理机构改革顺利实施】** 为进一步规范职能，精简机构，提高效率，山西省进行了全省各级水资源管理机构改革。省水资办与省编办曾多次多层面调查研究，形成了《全省水资源管理机构改革调研报告》。于2006年11月6日，省编委下发“关于规范市县水资源管理机构职能和人员编制的通知"，要求全省市县编办对水资源管理机构规范职能，精简人员，加强管理，提高效率，并制定市、县两级机构人员编制的核定标准，核定编制1487名，为全额预算事业编制，实行收支两条线管理，核减人员883名。这项机构改革将彻底扭转我省水资源管理机构臃肿、人浮于事、收费养人的局面，为促进山西省水资源的可持续利用提供强有力的组织机构保障。（梁述杰）

**【太原市被确定为全国节水型建设试点城市】** 2006年，山西省根据水利部办公厅《关于申报全国节水型社会建设试点的通知》精神，积极协助太原市申报全国节水型社会建设试点，经过省、市的共同努力，2006年11月，太原市被确定为全国节水型建设试点城市，并经水利部水资源〔2006〕496号文公布。已经出台了《太原市节水型社会建设大纲》，为山西省全面启动节水型社会建设奠定了坚实基础。

太原是一个严重缺水城市，在频频出现"供水危机"的同时，水资源利用效率低下的问题尤为突出。太原市水务局调查发现，太原市每天有近30万立方米的水白白流掉，相当于一个迎泽湖的水量。太原市建设节水型社会刻不容缓，太原市将在提高水资源利用率上大做文章，兴建城南污水处理厂、扩建河西北中部污水处理厂和北郊污水处理厂，同时配套展开回用水管网建设。（梁述杰）

**【山西省地下热水监测乏力资源萎缩】** 奇村地热水资源位于忻定盆地西北，距忻州市20千米，热田面积2.3平方千米，井深30米～70米，水温45℃～70℃。1995年时有13眼热泉，日涌水量3000立方米，当年开采1000立方米，温泉中含有氡(309贝克/升)、硫化氢(12.7毫克/升)、硅酸(58.8毫克/升)等多种有益于人体健康的微量元素，有很高的医疗价值，可谓宝泉。之外，还含有两种以上温泉分类成分，像这样的超级复合泉，全世界仅发现4处，故称为"华北第一泉"。

省水文部门于1988年设立奇村地下热水观测实验站，设站最初拟开展水位、水温、水化学、开采量、气象（包括降水量、蒸发、气温）等项目的监测工作，但在1991年实施监测时，限于经费，只对水位、水温进行监测，1996年增加开采量监测。经过逐年调整，2006年时有9眼水位、水温5日监测井，1眼重点水温与逐日水位监测井，7眼开采量监测井。

进入21世纪，水文部门对忻州区域的顿村、大营、汤头、逯家庄、卢野5个地热区进行了基本情况调查，并编写了《忻州市地下热水区基本情况调查报告》。报告中显示，奇村地热区地下热水水温已从开发初期的70多摄氏度下降为50多摄氏度(2006年为40多摄氏度)。以25℃水温界定的地热田面积由开发初期的1.62平方千米退缩为0.47平方千米，水位下降近10米。这些调查数据令人痛心，究其原因是地热水开发利用中巨大的经济效益引导了无节制投资和超量开采，从而导致地下热水的严重退缩。这5个地热区的总投资额达5亿多元，高额的投资直接反映了这些地热区的开发规模。地下热水是最为可贵的一种资源，在全省分布广泛，储量丰富，而山西省也仅只在奇村地热区设有观测站，忻州市乃至全省其他地热区均属监测空白区。

随着国家经济战略的调整，急功近利的经济方式已为政策所摒弃，可持续科学发展观将成为经济建设中的宗旨，水文水资源这一基础性工作也已突显其重要性。如何提升地热水监测工作的支撑能力，如何从资源水文的角度遏制地热水开发利用中的无序状态，从而引导地热水的可持续开发利用将是地热水监测工作所面临的一个重要课题。仅对奇村地热区开展监测工作已无法较为准确地评述忻州市地热水开采现状和开发前景，也无法为当地水行政主管部门提供合理开发利用地下热水的决策依据，水文人员认为，全面开展山西省地热水监测工作将是为经济社会搞好服务和寻求生存与发展的切入点。（梁述杰）

## 测绘工作

**【认真贯彻党和国家领导人对测绘工作的重要指示精神】** 2006年2月27日召开了全省测绘工作会议。集中学习了胡锦涛总书记、温家宝总理和曾培炎副总理对测绘工作的重要指示，总结回顾了"十五"期间以及2005年山西测绘事业改革与发展所取得的成就，提出了"十一五"测绘事业发展的指导思想和总体发展目标，对完成《2005年测绘行政管理工作目标责任书》较好的市进行了表彰奖励，安排部署了2006年全省的测绘工作。省测绘局局长刘和平与各市国土资源局负责人签订了《2006年度测绘工作目标责任书》。（杜永刚　阎河）

**【认真谋划测绘事业的长远发展】** 完成了山西省"十一五"测绘事业发展规划以及相关专题规划的编制工作。2006年2月7日省测绘局以晋测发〔2006〕1号文印发了《山西省测绘事业"十一五"发展规划》，全面总结回顾了"十五"期间山西省测绘事业发展所取得的成就，客观分析了存在的困难和问题，以及新时期经济社会发展对测绘的需求关系，确定了"十一五"期间山西省测绘事业发展的总体指导思想、总体工作目标和需要采取的措施。2006年5月30日山西省人民政府办公厅以晋政办发〔2006〕35号文印发了《山西省"十一五"基础测绘专项规划》，确定了"十一五"期间山西省基础测绘工作的指导思想、工作目标和主要任务。《规划》确定："十一五"期间将投资19852万元，用于全省基础测绘成果的更新。各市依法组织开展了本行政区域"十一五"基础测绘专项规划的编制工作。长治、晋中、临汾、运城等市的"十一五"基础测绘规划已由同级人民政府印发实施，其他各市的规划编制工作也在积极推进。太原、晋城、阳泉、吕梁、大同、朔州等市的基础测绘"十一五"规划已经编制完成，并上报市政府。大部分县（市、区）的"十一五"基础测绘规划已经编制完成，部分县已经同级政府批准实施。（杜永刚　阎河）

**【测绘法制建设】** 认真贯彻落实国务院《全面推进依法行政实施纲要》和国家测绘局《全国测绘系统推进依法行政五年规划(2006年—2010年)》，成立了山西省测绘系统推进依法行政工作领导组及办事机构，印发了《山西省测绘系统推进依法行政五年规划》和《山西省测绘局2006年推进依法行政工作要点》。

按照省行政审批制度改革工作领导组办公室的部署，进一步清理了测绘行政许可事项。2006年8月24日省政府公布了省测绘局的行政执法依据及行政执法事项。行政执法依据共16件，包括：法律1件，行政法规3件，地方性法规1件，部门规章9件，政府规章2件；行政执法事项包括：行政许可14项，行政处罚5类45项，其他具体行政行为9项。

制定了《山西省测绘局推行行政执法责任制工作实施方案》。向省政府法制办、省人大法制委、省人大城建环保工委报送了2007年度测绘立法项目，包括一个地方法规和三个政府规章。申报制定的地方法规有《山西省测量标志管理条例》，申报制定的省政府规章有《山西省测绘市场监督管理办法》和《山西省矿山测量管理办法》，申报修订的省政府规章有《山西省测绘成果管理实施办法》。

（杜永刚　阎河）

**【测绘管理机构与职能建设】** 在2006年2月27日召开的全省测绘工作会议上明确要求，务必在上半年落实好市县级测绘管理机构的职能与职责、人员编制、管理经费。4月26日至30日省国土资源厅和省测绘局组成联合督察组分赴各市对市县测绘管理机构的落实情况以及“十一五”基础测绘规划的制定情况等进行了督察。督察结果显示，各市、县的测绘管理机构与职能初步得到落实，存在的突出问题是各级测绘管理人员的行政编制和执法队伍没有得到很好落实。

（杜永刚　阎河）

**【测绘普法】** 省测绘局普法办被省委依法治省领导组评为“四五”普法工作先进单位。全面启动了测绘“五五”普法工作。2006年9月1日印发了《山西省测绘系统开展法制宣传教育第五个五年规划》，成立了山西省测绘“五五”普法领导组及办事机构，印发了《2006年测绘法制宣传教育工作要点》。组织开展了2006年《测绘法》宣传日活动。组织开展了局机关及局属各单位共138人参加的2006年度法律知识考试。完成了全省各市、县（市、区）测绘行政执法人员的调查统计工作；组织了市、县测绘行政执法人员行政执法培训、考试；选派人员参加了国家测绘局组织的测绘行政执法人员岗位培训。

（杜永刚　阎河）

**【执法检查】** 省测绘局配合省人大城建环保工委对大同、朔州二市贯彻落实《测绘法》和《山西省测绘管理条例》的情况进行了执法检查。省测绘局与太原市测绘管理办公室联合进行了为期两个月的太原市测绘市场检查，对从事房产测绘、地籍测绘、矿山测量的十多家单位进行了重点检查，针对发现的问题帮助指导相关单位健全工作制度、完善工作流程，进一步规范了测绘行为。（杜永刚　阎河）

**【测绘行政审批】** 省测绘局行政审批厅全年共接收各项行政许可申请、送达行政许可决定120件。其中测绘资质复审换证申请25件，测绘资质申请42件，测绘作业证申请10件，地图审核申请29件，电子地图提供使用申请10件，测绘项目登记申请4件。

测绘资质管理。依法对16个申请《测绘资质证书》的单位进行资质审查，准予行政许可的单位115个，不予行政许可的单位1个；对1个申请增加测绘业务范围的单位进行审查，准予行政许可。完成测绘资质复审换证的收尾工作，在《山西日报》公布了全省《测绘资质证书》复审换证结果。开展了2006年测绘资质年度注册工作。

测量标志管理。完成忻州、阳泉两市共334块测量标志警示牌的设立工作，其中设立三角点警示牌226块、水准点警示牌108块。完成大同市2个二等三角点、1个二等水准点的维修保护和两个GPSC级点的重建工作。办理了两座GPSC级点的迁建工作。针对定襄县公安局院内二等三角点的钢质规标面临倒塌、对周围行人和建筑存在严重安全隐患的实际，审核批准拆除了该钢质规标。阳泉市政府投资30万元在市区及规划区共计120平方公里范围内重新布设GPSD级控制网，共布设300余点。大同市制定了《关于完善对测量标志的管理和保护，建立执法巡查制度的决定》，在全市布设36个GPSC级点、900个GPSE级点；朔州市城区新增设24个GPSC级点、174个GPSE级点和4个四等水准点，建立了测量标志迁建审批和资料归档等制度。临汾市对全市560个测量标志逐一造册归类，建立了测量标志档案。太原市开展了测量标志保护方面的知识培训。晋中市对全市200多个测量标志进行了核查。

测绘成果管理。从国家地理信息中心接收山西省1：5万基础地理信息数据450幅，并已提供有关部门使用。10月19日山西省人民政府办公厅以晋政办发〔2006〕68号文印发了《山西省基础地理信息数据提供使用管理办法》，就基础地理信息的提供与使用作出明确规定。受理、审批基础地理信息数据事项39项，对外提供基础地理信息数据1246幅、数字地图喷绘图301幅；根据省领导批示和省政府办公厅的要求，为太原经济圈规划和省污染监控信息系统建设提供基础地理信息数据1208幅。参与了全国首届测绘成果成就展组织和筹备的有关工作。组织了2001年～2005年测绘成果目录汇编工作。（杜永刚　阎河）

**【地图市场监管】** 根据全国国家版图意识宣传教育和地图市场监管协调小组的要求，组织了山西省政府部门网站地图的自查工作。受理、审批地图52件，会同省教育厅对太原市地方教材地图插图进行了审核。（杜永刚　阎河）

**【基础测绘工作】** 将《山西省基础测绘“十一五”专项规划》中所列项目分解到各项目牵头单位，由牵头单位负责“项目建议书”编写及项目立项工作，此项工作正在积极落实。由省测绘局组织实施的全省1：1万基础测绘首次更新任务基本完成，并完成2000幅1：1万基础测绘成果出图任务。建成的《山西省基础地理信息数据库》6月17日通过国家测绘局组织的专家鉴定，达到国内同类项目的领先水平和国际先进水平。7月14日省政府组织召开《山西省基础地理信息数据库》新闻发布会，将这一重大成果向社会发布。省政府常务副省长范堆相出席会议并作重要讲话，省政府副秘书长王茂设致发布辞。省测绘局直属单位完成全球卫星定位系统控制点（GPS点）1597个（其中D级点343个、E级点1254个）、四等以上水准测量1111公里。

省政府对宁武、夏县两个贫困县的基础测绘项目给予89万元经费支持，两县基础测绘工作全面展开。太原市完成1460平方公里1：2千基础测绘首次更新任务，完成600平方公里1：500数字正摄影像图、80平方公里1：500数字线画图的测绘工作。朔州市在完成市级基础测绘任务的基础上，完成建城区10平方公里1：500的地籍测绘任务。阳泉市完成城市建成区、规划区共计120平方公里的1：500数字化地形图和1：1万正摄影像图、全市范围1：1万和1：5万数字化地形图的测制，并在《阳泉日报》公告，将基础测绘成果向社会提供使用服务。晋中市的市级第一期基础测绘项目进入了扫尾阶段。大同市完成1：2千数字线划图、数字正摄影像图、数字高程模型等基础测绘项目，基本建成《大同市1：2000基础地理信息建库》。晋城市完成9490平方公里航空摄影和1：1万基础测绘成图413

幅。长治市完成长治新区90平方公里基础测绘项目，完成城区60平方公里1：500基础地理信息数据库的建库工作。全省大部分县的基础测绘工作已经启动。

（杜永河 阎河）

【测绘科技工作】 完成了基于GIS的软件平台的开发建设工作，该平台属于基础性GIS平台，具有性能稳定、功能实用、界面友好特点，具备了访问以及管理数据库空间数据的能力。完成了《土地利用遥感动态监测系统软件平台》建设，该平台紧紧围绕“数字国土工程”的实际要求，采用卫星遥感、地理信息系统等高新技术，可作为土地利用、管理、监测的基础平台。完善了基于三维空间的地理信息系统应用平台，实现了缓冲分析、路径分析和淹没分析等多项实用的功能。根据国家测绘局基础测绘项目试点有关要求，开展了“山西省重要地理信息统计分析技术平台试点工程项目”和“数字城市地理空间框架建设”两个试点项目的前期调研工作，向国家测绘局报送了项目建议书。

（杜永河 阎河）

【测绘资料档案馆管理】 完成了2006年测绘成果归档10487件，并编制完成了2006年整理的馆藏目录。完成民国时期1：10万DRG制作169幅。完成民国时期1：5万DRG制作231幅。完成公开版地图设计制作7幅。完成1：25万现势资料调绘任务21幅。完成“十五”期间全省测绘目录收集编纂46个单位120页。完成了“测绘成果档案馆基础设施初步设计”。

（杜永河 阎河）

【测绘产品质量管理】 省测绘局委托省测绘铲平质量监督检验站完成1：1万基础测绘成果质量专项检验，对全省160个测绘单位的165个测绘项目实施了测绘产品质量监督检验，合格率为98.1%。完成检测检修测绘仪器660多台，积极促进生产单位质量管理体系的建立与落实，取得了明显效果。 （杜永河 阎河）

【队伍建设】 选送各级优秀干部32人次参加了省委党校、省直分校举办的干部培训。省测绘局委托省测绘职工教育基地举办了测绘行政执法培训班；开展了矿山测量、工程测量职业技能鉴定和全省机关事业单位测绘行业工程测量、地图测绘、工程制图三个工种的技师和高、中、初级工四个技术等级人员的考前培训，参加考核人员349人。山西省测绘职工教育基地与太原理工大学合作举办了测绘专业成人学历教育，目前在册学员200人，其中2006年入学的专升本学员69人、工程测量技术高中起点大专生34人。

（杜永河 阎河）

【测绘服务保障】 2006年，山西省测绘资料档案部门为社会提供1：1万地形图5261张、各等级平面控制点和水准点909个、航测档案679件。在全面推进基础测绘工作的同时，向有关部门提供数字化测绘成果数据1246幅、数字地图喷绘图301幅，为太原经济圈规划和省污染监控信息系统建设提供基础地理信息数据1208幅。测绘部门充分发挥测绘技术、人才、设备和海量基础地理信息优势，积极主动地为经济社会发展服务。

全省测绘工作者充分发挥测绘技术、人才、设备和海量基础地理信息优势，积极主动地为经济社会发展服务。

（杜永河 阎河）

【为政府决策、行政管理服务】 为山西省委、省人大、省政府、省政协等四大班子领导制作了《省领导工作用图》，为省直有关部门领导和各市领导制作了《领导工作用图》。为温家宝总理、曾庆红副主席等党和国家领导人在山西视察期间提供各种地图700余份，为省政府制作山西抗日战争时期地图100余幅，为在香港召开的中国山西招商洽谈会制作了全省及各市系列图，为省委宣传部提供了省旅游、地貌等基础底图。建设了《山西省警用指挥系统旅游子项目》《山西省交通管理信息系统》和《基于三维空间的高平市综合地理信息系统》，保障了省委、省政府以及有关部门的需求。建设了《晋中市森林防火指挥信息系统》，为公安部门指挥决策提供了可靠、全面的基础数据保障。完成了《山西灾害地图集》的编制工作，开展了《山西省环境保护地图集》的论证工作。

（杜永河 阎河）

【为重大发展战略服务】 完成9个市《以工代赈管理信息系统》建设工作，完成的《山西省数字生态规划管理信息系统》，9月26日顺利通过验收。

（杜永河 阎河）

【为重大和重点工程建设服务】 完成国家高速公路网容城至乌海公路灵丘至山阴段、山阴至平鲁段等一大批高速公路测量，保证了工程的顺利进行。完成太原、大同地裂缝监测等工程项目。基础测绘成果在土地利用更新调查中得到大范围应用。晋城市城区、高平市和泽州、陵川、沁水、阳城等县，以及晋中市榆次区的土地利用更新调查区全部利用了基础测绘成果。利用先进的测绘技术为五台山申报世界文化遗产制作了精确、详细的地形图和规划图，为省文物保护部门测绘寺庙保护用图累计20平方公里。 （杜永河 阎河）

【为各行各业和提高人民生活质量服务】

为有关部门和市、县制作了大量专题地图，包括山西省公路收费站点图、电网继电保护配置图、电力结构图，沿黄公路规划建设图，各市交通旅游图、太原市楼盘图、商贸图、旧城改造项目图，大同市煤矿分布图，晋中市交通规划图，阳泉电力结构图，忻州煤炭分布图等，保障了省、市有关部门的建设与管理需求。成功研制了首张山西省语音地图、太原电子地图（2006版）和潞城市电子地图。完成了山西省政区、交通、精品旅游等地图册的编制工作。编制完成了一大批面向普通百姓的地图，包括山西省旅游导游图、游大同、环太原周边游、五台山导游图等，方便了百姓生活。

各市测绘管理部门坚持“管理为手段，服务为宗旨”方针，在加强统一监管、积极推进基础测绘工作的同时，紧密围绕城市建设和经济社会可持续发展的需要，充分利用已有的基础测绘成果，主动提供服务。朔州市为朔神大道改造，州北街、七里河大桥拓宽，安泰街整治完善，马邑北路续建，城市供热热源及扩容改造，城市垃圾处理厂和污水处理厂等市重点工程建设提供了测绘保障服务。阳泉市为旧城改造、阳钢改造、北外环路建设和城郊部龙凤沟、义东沟、泊里等新农村建设提供了测绘服务保障。临汾市为矿区规划、侯马新农村建设、水资源调查、企业环境影响评价、地质调查、天然气管网分布等14个项目提供1：10000，1：50000，1：1000地形图近300幅。

（杜永刚 阎河）

【党建与精神文明建设】 以处级以上党员领导干部和中心组学习为重点，带动了全局各级党组织的理论学习；举办了形势任务教育和政治理论培训班，组织机关干部和全局党务工作者学习科学发展观。认真学习贯彻《中国共产党纪律处分条例》《中国共产党党内监督条例》，落实了党风廉政建设责任制。在党员中开展了理想信念教育，社会主义道德教育活动，党组织的凝聚力、战斗力、号召力得到进一步加强。坚持政治、精神、物质三个文明建设同布置、同检查、同考核，扎实开展了群众性的创建活动。省测绘局机关连续11年获省直文明单位称号，7个直属单位进入省直文明单位行列，省基础地理信息院连续三年荣获省直文明单位标兵。省局被国家测绘局授予“全国测绘宣传工作先进集体”。省工程测绘院被人事部、国家测绘局授予“全国测绘系统先进集体”称号，长治市测绘管理办公室主任黄琪、省综合地理信息中心主任周耀学被授予“全国测绘系统先进个人”称号。

测绘社团工作，按照“立足科学发展、着力自主创新、完善体制机制、促进社会和谐”总体要求，省测绘局印发了《关于加强测绘社团管理工作的意见》，就加强测绘社团组织建设提出了明确要求。5月26日召开了山西省测绘学会第七次暨山西省测绘行业协会第三次会员代表大会，选举产生了两会新一届理事会、常务理事会以及两会新一届领导班子，表决通过了提请会议审议的山西省测绘学会分支机构、挂靠单位以及主要负责人人选，表决通过了《山西省测绘学会理事会工作规则》《山西省测绘行业协会理事会工作规则》和《山西省测绘社团组织会议制度》《山西省测绘学会、行业协会会费缴纳规定》等制度。（杜永刚　阎河）

## 气　象

**【气象概况】**　2006年，全省年降水量接近常年，年内时空分布不均，前期偏多、后期偏少，其中春季、夏季降水量较常年同期偏多，秋季、年末降水量偏少；年平均气温全省普遍偏高，且偏高明显，年平均气温、春季及秋季气温均为历史次高；全省境内山区年日照时数偏多，盆地日照时数偏少。暴雨、冰雹、干旱、寒潮、强降雪、雷击等灾害性天气给山西工农业生产和人民生活造成较大影响。其中，4月11日山西出现伴有大范围雨雪和大风的寒潮天气过程，低温冻害给全省农业生产造成严重损失。

气候特点：降水，年降水量基本接近常年。1月～12月，全省年平均降水量为459.0mm，较常年值偏少19.6mm。较最多年1964年偏少255.1mm，较2005年偏多21.6mm。从降水量历年变化来看，基本与1979年、1980年、1981年三年的水平相近。从降水量地域分布变化看，由北部到南部呈增加趋势。北、中部大部分地区在200mm～400mm；阳泉市、晋中市东部、吕梁市中南部及南部大部分地区在400mm以上，其中，阳泉市大部、晋东南大部分及南部部分地区在600mm以上，南部个别县达800mm以上。

气温，年平均气温偏高。1月～12月，全省年平均气温为10.8℃，较常年值偏高1.4℃，已连续10年年平均气温高于常年值，本年为近10年中的次高值。接近最高值年1999年，较2005年偏高0.8℃，从全省年平均气温历年变化来看，与1998年、1999年相近。从年平均气温空间分布看，盆地气温高、山区气温低。其中，北部地区年平均气温最低，基本在10℃以下；晋中盆地部分地区、临汾盆地、运城市、晋城市部分地区年平均气温最高，基本在12℃以上，其中少部分县（市）在15℃以上。与常年相比，大部分地区年平均气温明显偏高，部分地区偏高2℃以上，其余大部分地区偏高1℃～1.5℃；全省年平均气温较常年值偏高1.4℃，属异常偏高年。

日照，年日照时数盆地偏少，山区偏多。1月～12月，北部地区年日照时数多于南部地区。其中，北部大部、中部部分地区及晋东南南部地区年日照时数在2300小时～2858小时，忻定盆地部分、太原盆地、临汾和运城盆地年日照时数在1810小时～2300小时。与常年均值相比，全省境内山区部分的日照时数偏多，盆地地区日照时数偏少。大同盆地、忻定盆地、太原盆地及临汾盆地的部分地区偏少300小时以上；其余大部分山区偏少100小时以上，晋东南部分地区、运城盆地偏多100小时以上。（李国英）

**【主要气候事件】**　2006年全省主要气象灾害有寒潮、强降雪及低温冻害，暴雨、冰雹，干旱，雷击及其他灾害等。据上报灾情统计，截至2006年12月底为止，全省共有227.1万人受灾，死亡34人，18.5万人饮水困难；农作物受灾面积513434.21公顷，成灾面积287792.63公顷，绝收面积73063.4公顷；损坏倒塌房屋5813间；造成农业经济损失98011.81万元，直接经济损失318581.1万元。其中，寒潮、强降雪及低温冻害，暴雨、冰雹，干旱造成的损失最为严重，给农业生产造成极大的影响。

1. 寒潮冻害。全省遭受最重的气象灾害为寒潮、强降雪和低温冻害。全年因该类气象灾害造成的经济损失高达20.1亿元，占全年各类气象灾害共计造成损失的63.1%；其中以4月发生在全省境内的一次伴随寒潮和强降雪的低温冻害最为严重。4月11日，受西伯利亚强冷空气东移南下影响，全省境内出现大范围雨雪和大风寒潮天气，全省气温24小时下降均在10.0℃以上，全省24小时过程降雪量介于0.0～43.7mm，共有73个县（市）降水量在10mm以上，其中阳泉市、晋中市大部，吕梁市、临汾市、运城市部分，长治市、晋城市局部共计有27个县（市）的降水量在20mm以上，黎城、榆次、介休的降水量分别达到31.7mm、35.3mm、43.7mm，其中介休的积雪深度达到了15cm。此次强寒潮天气，全省各地正值花期的各种果树和中南部已经拔节的冬小麦遭受了严重的低温冻害，受灾严重程度为近年同类型灾害所罕见，造成直接经济损失累计达17.4亿元。

2. 暴雨、冰雹。夏季，全省降水天气较多，局地暴雨、冰雹等强对流等灾害性天气频发，据不完全统计，全年因暴雨、冰雹灾害累计造成的经济损失达8.2亿元，占各类气象灾害总体损失的25.7%。

3. 干旱。全省干旱造成的损失虽然较其他气象灾害较轻，直接经济损失全年累计约3.5亿元，只占到全部损失的11.1%，对农业来说，干旱造成的农业损失仍然占很大的比重，全年造成农业经济损失约2.8亿元，占全部农业经济损失的28.2%，与2005年造成最大农业损失的低温冻害只相差3%，部分地区出现了伏秋连旱，个别地方受局地小气候影响，出现了春夏秋三季连旱。

4. 雷击。夏季山西省发生多起雷击事件。6月25日沁源县中峪乡龙头村发生雷击并造成人员身亡。28日安泽县、右玉县、襄汾县均有雷击出现，其中襄汾县南贾镇上鲁村村民房屋遭受雷击，二层砖混瓦房内的大梁、木椽、檩子已被烧坏，大梁被炸裂，幸无人员伤亡。襄汾县有线电视转播塔和设备遭雷击，损失较为严重。8月14日，长治县通信分公司遭受雷击，烧毁油机三台、低压配电屏、补偿屏、油机转换屏等4架，共造成损失100余万元。另外县公安局、武装部等的机房和低压电器都遭到了不同程度的损坏。

5. 森林火灾。山西省森林火灾较多，全年累计监测到火点1000余个次。春季因干旱少雨，气候干燥，大风天气多，加上野外火源不断增多，诱（引）发了多起森林火灾。3月下旬，山西省由北至南森林火灾频发，其中3月27日，左权县龙泉乡所属靠石掌村发生森林火灾，三名到火场查看火情的乡镇干部被卷入火中窒息死亡，造成重大人员伤亡。3月29日原平市森林火灾造成一人死亡两人受伤。

6. 高温。山西省阶段性的高温异常明显，部分县市最高气温突破建站以来最高气温极值。4月30日，山西省大部分县（市）出现30.0℃以上的高温天气。中南部大部和忻州市共有55个县(市)最高气温达35.0℃以上，临汾市、运城市、晋城市有7个县（市）最高气温达37.0℃以上。6月中旬山西省局部地区出现了高温天气，16日太原市尖草坪、清徐县最高气温39.2℃，达到建站以来极端最高气温极值。7月运城市部分县(市)在1、6、19、30日出现37℃以上高温天气，个别县日最高温度达40.1℃。

7. 大雾。全省共出现大雾天气25县次。1月晋城市共有13站次出现大雾天气，其中仅晋城就出现大雾7次。运城市的部分县市在1、2、13、25、26日出现大雾天气，其中稷山5次，绛县、闻喜3次，新绛2次，盐湖区和河津各出现1次。1月1日、21日。大雾呈南多北少状况。

8. 大风、扬沙。全省出现6次范围较大的沙尘天气。其中较强的为1月底，受西伯利亚较强冷空气影响，2月1日～2日山西省自北向南气温开始明显下降，过程降温10℃～12℃，同时伴有5级～6级大风；7日～9日，全省大部分地区出现了5级、阵风7级的大风降温天气，并伴有扬沙、浮尘。（李国英）

**【气候影响评价】** 2006年全省对农业生产影响比较严重的气象灾害有寒潮、强降雪及低温冻害，暴雨、冰雹、干旱等灾害。气象灾害共造成山西省农作物受灾面积513434.21公顷，成灾面积287792.63公顷，绝收面积73063.4公顷，农业经济损失98011.81万元，但除局部部分地区粮食减产外，2006年山西省粮食作物仍取得丰收，总产居历年第四。气候对交通影响比较大的气候事件主要有降雪、大雾等。气候对水资源的影响，全省年平均降水量为459.0毫米，折合降水资源量716.0亿立方米，比正常年份偏少30.6亿立方米，比2005年偏多33.7亿立方米。根据年降水资源丰枯评定指标，2006年降水资源仍属正常年份。（李国英）

**【加快气象事业发展】** 2006年1月，国务院下发了《关于加快气象事业发展的若干意见》后，中共山西省委、省政府高度重视，省政府4次组织召开会议，研究、部署加强气象工作。9月11日，于幼军省长主持召开省政府第83次常务会议研究人工影响天气工作，审议了《山西省人工影响天气管理办法》；10月18日，以第195号省长令下发全省执行。11月29日，省政府以晋政发〔2006〕40号文件印发了《山西省人民政府关于加快气象事业发展的决定》。《山西省国民经济和社会发展“十一五”规划纲要》写入了“提高气象灾害的监测预警和应急服务水平，降低气象灾害损失”等有关加强气象工作的表述内容。“山西省扩展开发利用空中水资源工程计划第三期工程”、“山西省新一代气象防灾减灾服务体系建设”、“气候资源开发利用工程”等重点建设项目被列入山西省“十一五”备选建设项目，其中总投资3804万元的空中水资源三期工程项目列入了山西省2006年固定资产投资计划；气象应急服务能力建设的300万资金列入财政预算。各市气象局也在争取项目申报和落实工作中取得较大进展，其中长治、吕梁、朔州、晋城等市局争取项目立项工作成效显著。全省气象部门落实地方气象事业经费与“十五”同期相比，增长幅度超过135%。（李国英）

**【业务技术体制改革】** 业务技术体制改革进展顺利。完成了“三站四网”建设方案的编制。顺利实现了5个国家气候观象台和104个国家气象观测站业务切换工作。太原和临汾多普勒雷达运行正常，大同雷达已通过现场验收，长治市雷达建设项目破土动工；晋城、运城、晋中3部713数字化雷达投入业务使用，吕梁713雷达建设项目已正式立项、建设。大气成分、沙尘暴、酸雨、自动土壤水分等专业气象业务建设不断加强。雷电监测应用系统进一步优化和完善。701测风雷达－400MHz电子探空仪系统正式启用。全省已经建成区域气象观测站429个，其中363个已将观测信息上传到国家气象信息中心。信息与技术保障体系建设逐步加强。增加了临汾、大同雷达信息传输专线。完成了省气象台到国家信息中心的宽带网升级改造。全国气象部门第一个新一代气象数据卫星接收站在山西省建成并投入业务试运行。（李国英）

**【气象服务】** 气象服务工作效益显著。准确地向省政府即有关部门提供卫星遥感火点监测信息626期(次)，3次派人影作业飞机侦察火情，为领导指挥扑灭林火发挥了重要作用。准确预报了6次沙尘天气、4月11日到12日的强降温、强雨雪天气、6月15日—19日南部出现的高温天气、7月2日、7月30日的暴雨天气。先后发布了“寒潮蓝色预警”、“道路结冰黄色预警”、“高温橙色预警”等114次各类不同等级的预警信号。此外，对春夏季频繁发生的强对流天气、雷电灾害等重大灾害性天气，各级气象部门加强预报预警，效益显著。长治市局获“全国重大气象服务先进集体”荣誉称号。气象为新农村建设服务工作明显加强。开展了农业气象灾害监测预警。发布了农作物病虫害监测预报、2006年农业气象年景分析和指导春播意见等专项服务。与省广播电台联手推出的覆盖6000多万人口的山西新闻综合广播专业气象服务节目顺利开播，延伸和扩大了气象信息为农村经济建设服务的领域和范围。运城、寿阳农网服务效益显著。运城市气象局建成首家农业综合信息短信服务平台，配合市科协建起的惠农信息宣传栏，受到在运城视察的温家宝总理的赞扬“科普上墙，方便农民，这是办了一件好事，值得在全国推广”。编制完成了山西省环境保护“十一五”大气污染防治专项规划。完成了介休市循环经济生态园区、大唐国际运城电厂等多个项目的环境影响评价、空冷气象条件分析工作，为地方政府部门提供了经济发展规模、产业合理布局、环境承载力、大气污染物总量控制、大气污染物防治等方面的决策依据。开展了干旱监测和影响评价业务工作，开展了气候对农业、水资源、能源、交通、林业、牧业、人体健康、旅游、生态环境等专题影响评价。完成了风能资源普查工作，向省发改委提交了普查评价报告和风能资源详查评估工作方案。（李国英）

**【气象科技创新】** 气象科技创新与交流合作取得新进展，研究型业务建设迈出新步伐。2006年11月，首次召开了全省气象科学技术大会，出台了《山西省"十一五"气象科技发展规划》和《山西省气象局气象科学研究管理办法》。省气象局科研经费投入增至65.5万元。全年共获资助课题35项，资助金额184万元。山西省黄河流域面雨量预报系统等12项科研成果先后投入业务化运行。有12个项目获得各级科研奖励；省气象局表彰科技贡献奖1人，科研开发奖6个。全省各级气象科技工作者共在国家核心期刊发表论文36篇（其中EI索引2篇），其他期刊发表论文170篇。（李国英）

**【人才队伍建设】** 人才培养力度不断加大，人才强局战略取得新成效。处级领导干部学历和职称结构均比2005年有明显提高。有1名同志获得正研级专业技术职务任职资格。首次评选出首席预报员3名，优秀专家3名。首次和山西省总工会联合举办了全省地面气象测报、信息网络、天气预报、人工影响天气等岗位业务技能竞赛活动，共有144人参加了5项决赛。人才队伍结构得到明显改善，硕士以上人员占职工队伍的比例比2005年提高了0.32个百分点；大学本科占职工队伍的比例提高了1.2个百分点。组织40多人参加了中国气象局举办的各类新业务、新知识专业培训。举办了大规模战略研究成果远程培训，1143名干部职工参训。举办了省市预报人员岗位培训班、"三站四网"建设培训班等16个业务岗位培训班，培训400多人次。（李国英）

**【法制、精神文明建设】** 气象法制建设不断加强，党的先进性建设取得新进展。制定完善了13个行政执法规章制度。"四五"普法工作成绩突出，荣获山西省"依法治理先进单位"称号。"五五"普法有效启动。行业管理和标准化建设得到加强。建立和完善了气象行政执法责任制，继续加强探测环境保护工作。防雷工作取得新进展，省防雷办等单位被省政府表彰为先进集体。省气象局党组先后召开9次中心组理论学习会议。省气象局荣获了"全国气象部门廉政文化建设工作先进集体"、省直机关"党风廉政建设先进集体"称号，举办的廉政电子刊物被中国气象局评为优秀。继续深化局务公开工作。重大决策、重要干部任免、重大项目安排和大额度资金的使用等都按规定经过集体讨论决定。加大了对领导干部经济责任审计的力度。加强国有资产管理。推进预算改革和财务监督。各级领导干部的廉洁自律意识进一步增强。精神文明和气象文化建设迈出新步伐。已建成省级文明单位14个、市级96个、县级16个。侯马、灵丘荣获全国气象部门文明台站标兵。7名同志、1个集体受到全国农林水气总工会表彰，6名同志和1个单位荣获省五一劳动奖章（状）。（李国英）

## 地　震

**【地震监测预报】** 2006年山西的地震活动较2005年明显增强。出现了4月至9月的代县3.7级震群及8月至11月的潞城3.5级震群，专家认为这可能是华北地震活动的序幕。针对地震形势，山西省地震局强化监测预报基础工作，以观测质量年活动为契机，全面提高观测质量，积极开展地震短临跟踪工作，认真实施"山西省数字地震观测网络"及地震台站环境优化改造项目，地震监测预报各项工作取得了新的进展。

1. 震情预测预报方面。

（1）加强震情会商，提高会商质量，严格执行震情会商制度。从1月到11月底，仅省气象局预报中心就召开会会商61次，其中临时及紧急会商13次。为充分使用各种数据，专门成立前兆室，并举办了前兆数据报送、共享及使用培训班，努力解决数据共享问题。2006年11月15日至17日，在太原基准地震台召开了全省2007年度地震趋势会商会，各市地震局、各地震台、省气象局监测预报处、预报中心及其他各部门代表40余人参加了会议。参会代表在对2006年震情监视工作进行总结的基础上提出2007年地震趋势判定意见。

（2）及时跟踪异常，做好异常落实。一年中，多次对各种异常及震情进行现场落实，主要有4月3日开始的代县胡家滩震群、4月份介休井水位异常、4月21日繁峙金山铺乡地裂缝、1月大同镇川井水位2次突降异常。几次异常的落实工作均邀请了中国地震局有关专家，并会同当地政府部门及时进行。

2. 台站运行管理方面。

（1）开展观测质量年活动，努力提高地震观测质量。山西省地震局党组于年初确定2006年为观测质量年。1月25日，召开了山西省地震观测质量年活动启动大会。在观测质量年活动中，省局对全省9个专业地震台站的观测质量和台站管理进行了实地检查，对各市局所属台站进行了调查摸底，从观测环境、仪器配备、观测人员素质、台站管理水平等方面进行了评价。针对存在的问题，改革工作机制，完善规章制度，加大培训力度。一是成立了地震监测系统各学科技术管理组，形成以台网中心为核心，辐射专业台站和各地市的监测体系。二是修订了山西省地震局学科技术管理组工作规则、全省地震观测质量管理办法，建立了责任追究制度、质量通报制度、质量奖惩制度、台站测项停测申报审批等制度。四是采取"送出去、请进来"的方法，结合"网络"项目培训计划，分批分步骤开展培训工作。共派出培训50多人次，自办培训班培训人员100多人次，为每个台站重点培养了3—5名业务骨干。同时，通过实施数字化建设项目，达到在实践中培养人才的目的。

由于各单位和部门认真落实观测质量年活动实施方案，精心组织实施，观测质量年取得了明显的成效。2005年观测质量评比也较往年有较大提高，临汾台台站水准、昔阳台体应变、代县台流动水准、夏县台水氡共4项荣获全国评比前三名。

（2）加大观测环境保护力度，维护台网正常运行。一是为台站统一制作了保护标志，并在各台站安装完毕。针对近几年全省地震观测环境受到严重干扰的情况，通过宣传防震减灾法律法规，严格依法行政，有效的制止和处理了破坏地震监测环境事项，特别是对一房地产开发公司在夏县台附近打井开发温泉一事，通过《省长专报》得到宋北杉副省长的批示，在省政府和运城市政府的支持下，按照法律程序，据理力争，最终获取赔偿40万元。二是为保障地震观测基础条件，除"十五"数字化改造项目外，为台站更新配置近60万元的观测设备。

（3）加强科学研究工作。2006年度省气象局评出防震减灾优秀成果奖四项，其中二等奖2项，三等奖2项。资助科研项目11项。组织申报中国地震局地震科学联合基金项目2项。

3. 台网建设方面。

（1）继续实施台站优化改造工程。2005年完成了太原基准地震台、临汾中心地震台、大同中心地震台、定襄地震台改造，2006年全面启动代县中心地震台的优化改造工作，已完成主体工程。夏县中心地震台环境改造项目，正在进行施工设计和预算编制，待中国地震局审批后，2007年开始实施。

(2)加强行业管理，指导市级台网建设。以“山西数字地震观测网络”项目建设带动市级防震减灾事业的整体发展。2006年，市级地震监测台网建设取得成效。晋城市电磁波台网已经建成，长治市数字地震台网建设基本完成，运城市数字测震台网也在加紧建设中。

(3)建设全省的电磁波网。全省已安装DJY－2000B型及DJY－2000C型仪器63台，太原基准地震台正在筹建电磁波台网中心，将全部台站的电磁波数据收集、存储并实现共享。

2006年继续实施数字地震台网建设，大多数台网已进入试运行阶段。预计2007年数字地震网络项目全部完成后，台网布局将有大的调整。

（高　松　赵晋红）

**【震灾预防】** 2006年，山西省地震局在中国地震局和省委、省政府领导下，以法制为保障，加强各类建筑物抗震设防要求监管，规范地震安全性评价服务，积极开展城市震害预测和活断层探测等震害防御基础工作，加大防震减灾宣传力度，震灾预防工作得到扎实推进。

1. 以法制为保障，促进防震减灾工作的开展。积极开展立法准备工作。通过认真收集资料和广泛调研，《山西省地震应急救援管理规定》的立法准备工作，得到了山西省法制办立法调研组的认可，省法制办同意将政府规章《山西省地震应急救援管理规定》列入2007年立法计划。

山西省地震执法队伍进一步健全。确定了“省总队—市支队—县大队”的三级执法队模式，全省11个地级市都成立了支队，共有持证执法人员452名。

分解法定职责，落实法定责任。以山西现行的防震减灾“一法五条例九规章”为依据，认真梳理执法依据，分解法定职权，以山西省防震减灾领导组名义向各级政府、各部门、各单位印发了《防震减灾法定职责》。内容包括省、市、县人民政府职责41条；县级以上政府部门职责10条；公安、民政、国土等9部门10余个单位特定职责21条；省、市、县地震部门职责41条。使各级政府、部门、单位进一步明确了自身职责，为依法管理防震减灾事务，共同做好防震减灾工作奠定了基础。

2006年，山西省地震局被中宣部、司法部和中国地震局授予“四五”普法先进集体，被省委依法治省领导组授予依法治理先进集体；张跃平同志被中宣部、司法部授予全国先进工作者称号。

2. 强化震灾防御各项措施，提高社会抗御地震能力。加强抗震设防要求监管。2006年晋城和太原两市将抗震设防要求纳入基本建设管理程序。长治、运城、临汾、大同等市在抗震设防要求纳入基本建设管理程序的基础上，加大执法力度，使得新建、改建、扩建的重大工程和生命线工程中通过抗震设防要求审核与地震安全性评价的比例进一步提高。全年省、市、县三级地震部门共进行抗震设防要求审批400余项。另外，山西省成立了由地震、发改委、交通、水利、建设等方面专家28人组成的新一届地震安全性评价评审委员会。

以全国农村民居防震保安工作会为契机，推进农村民居地震安全工程。2006年9月15日，山西省人民政府召开全省防震减灾工作会议，传达了全国农村民居防震保安工作会议精神，明确地震、建设、财政、发改委等部门的职责，提出分工负责，共同推进的思路。9月25日，在长治县召开了全省农村民居防震保安示范工程现场会，推广长治县经验和作法。全省共建安全民居试点县26个，试点乡镇33个，共建符合要求的示范民居1万多户。

开展震害防御基础工作。实施“山西省运城市震害预测与防御对策研究”项目，2006年3月该项目通过中国地震局验收。朔州市震害预测项目得到了朔州市政府的支持，2006年底项目资金全部到位，项目进展顺利。

“十五”重点项目太原市活动断层探测与地震危险性评价项目初勘于2006年5月11日通过中国地震局验收，项目详勘野外工作已过半。

3. 加大宣传力度，提高全社会防御地震灾害的意识。一是利用各种时机开展法制宣传工作。利用“3·1”、“9·1”、“7·28”、“12·4”等防震减灾特殊纪念日，在全省开展了声势浩大的科普与法制宣传活动。二是以纪念唐山地震30周年为契机，大力开展防震减灾知识宣传。7月27日，在南宫广场举办了由山西省地震局和各市地震局、部分厅局参加的全省防灾减灾成果展。在山西日报专版刊登了地震、国土、气象等方面的科普宣传文章。7月28日晚，在山西省电视台演播大厅演出由山西省地震局、省委宣传部、省广播电视厅、省文化厅等单位联合组织的纪念唐山地震30周年“太钢杯”防灾减灾文艺会演，省市各级领导和部分群众到会观看，节目生动有趣，收到较好的宣传效果。三是开展科普教育基地建设。在大同、阳泉、晋城建设3个科普教育基在，在全省建设了100所科普示范学校。四是充分发挥省广播电视总台驻省地震局记者站的作用，在省广播电视台编发报道14条。强化防震减灾知识宣传普及，全社会防震减灾意识得到提高。　（吴东　赵晋红）

**【地震应急救援工作】** 为贯彻落实2006年国务院全国应急管理工作会议精神和全国地震应急工作会议的要求，山西省结合实际，确定了2006年地震应急工作的思路，即：“面向社会、明确分工、落实责任、协同应对；面向系统、夯实基础、提高能力”。

1. 认真落实震前应急救援准备工作。

(1)编修地震应急预案根据《山西省突发性公共事件总体应急预案》和《国家地震应急预案》，结合山西省的实际，编制了《山西省地震应急预案》，于2006年5月以省政府办公厅晋政办发〔2006〕32号文印发实施。8个市政府、38个省部门、8个特大型企业也编制了地震应急预案。省地震局重新修订印发了《山西省地震局地震应急预案》，调整了山西省地震局分级地震应急人员名单。

(2)开展应急检查，促进预案的落实。2006年省政府组织由省政府办公厅、省委宣传部、地震、民政、交通等单位领导共18人组成的应急检查组分3组对全省5市2县6个厅局3个大型企业等14个单位进行了地震应急检查。应急检查采取自查、实地抽查、桌面演练、政府汇报、检查组现场点评等方式进行。检查结束后向全省通报了检查结果。有力地推动了全省的地震应急工作。

(3)组织应急联动演练，提高政府应急能力全年共组织市级演练1次，县级演练1次，学校、单位、部门应急演练16次。特别是5月25日，太原市成功组织了“太原市地震应急联动演习”。共有40多个单位5000余人参加，这是太原建市以来的第一次地震应急演练。中国地震局赵和平副局长，山西省省委常委、太原市委申维辰书记、山西省政府宋北杉副省长参加了此次演习。演习非常成功，得到省政府的通报嘉奖。此外，运城市新绛县也组织了有3000余人参加的地震应急演练。这是运城市连续7年举行的第7次县级地震应急演练。

（4）推进紧急避难场所和地震灾情速报网络建设。一是年初省政府确定在太原市进行紧急避难场所示范点建设。太原市对本市避难场所建设进行了科学规划，决定在迎泽公园建设市级避难场所示范点。年内已着手建设。二是编写了“地震灾情速报指南挂图”和《地震预警灾情速报网员手册》。阳泉、大同、临汾、太原等5市印发了《推进地震灾情速报网建设实施方案》，建设灾情速报示范点3000余个。三是建立向社会公告地震参数的绿色通道。山西省地震局与省广播电视局联合印发《关于向社会公告地震参数的通知》（晋震发救〔2006〕85号），建立了地震信息向社会公告制度和公告渠道，满足社会公众对地震的知情权。截至年底已有8个市、60余县建立了地震公告绿色通道。

2. 健全救援队伍，提高应急救援能力。

在全省形成由防震减灾领导组统一指挥下的多渠道、全方位的地震应急救援队伍。年内争取省财政经费150万元，装备省级救援队，为省地震救援队装备了1台指挥车、两台运兵车、8台快速钢筋切断器、装备柜和部分摄像设备，培训了5条搜救犬。加强救援队演练和培训。组织省救援队参加了太原市5月25日应急演练，8月亚太15国演练和12月新加坡第27届城市搜索、救援培训班，救援能力有了进一步提高。（赵晋红）

**【夯实地震应急基础，加强应急硬件建设】**
1. 积极建设应急指挥中心。晋城与运城2市应急指挥中心完成了指挥技术系统硬件建设，市区应急基础数据已经录入应急数据库，年底正式启用。朔州、吕梁、晋中、忻州、长治5市已完成指挥中心装修，正在进行技术系统硬件安装和数据收集工作。截至年底，市、县配备更新应急车40余辆，提高了全省市、县地震应急的快速响应能力。

2. 开展应急数据收集工作。省应急指挥中心数据库建设正在顺利进行。截至年底已有30多个省级单位上报了系统数据。省地震局与省测绘局已达成意向，合作开发1：5万、1：1万电子地图。山西数字地震网络项目应急分项工作完成了相应招标采购任务，进展顺利。

（赵晋红）

**【应急救援行动】** 2006年5月18日15时44分，杏花岭区杨家峪街办敦化坊新村一废弃二层仓库坍塌，造成多名民工被埋压。太原市消防支队接到报警后立即调用省救援队各种救援车9台80余名队员、5条搜救犬参加抢险救援。经3个多小时连续奋战，共抢救出人员32名。本次抢险首次使用搜救犬，救出被埋压4米深的民工，使2名民工成功获救。此次成功的抢险救援，受到省、市政府的表彰。太原市电视台进行现场实况跟踪报道，扩大了省地震救援队的影响。

（赵晋红）

**【召开全省防震减灾工作会议】** 2006年9月15日，山西省召开全省防震减灾工作会议。省防震减灾领导组成员，各市分管市长、地震及建设部门的负责人，受中国地震局表彰的两市八县的政府分管领导、地震局局长等约200人参加了会议。会议由省政府王洪岐副秘书长主持。中国地震局刘玉辰副局长、山西省政府宋北杉副省长出席会议并讲话。

会议传达了全国农村民居防震保安工作会议精神，并就山西省工程抗震防灾工作做了总结和部署；总结了2004年以来全省防震减灾工作，并提出做好当前和“十一五”期间防震减灾工作的意见。山西省宋北杉副省长代表省政府要求各级政府进一步落实防震减灾工作责任制，各部门各负其责、密切协作、协同管理；各市对照省政府防震减灾工作目标，加大工作力度。宋北杉副省长还提出近期要集中精力，推进六项工作：一是落实“十一五”规划，争取“十一五”项目立项。二是加强应急管理，提高政府地震灾害处置能力。三是围绕新农村建设，开展农村民居防震保安工作。四是完善城市功能，建设城市避难场所。五是加强工程监管，提高建设工程抗震设防能力。六是强化宣传教育，提高公众应对地震灾害素质。最后，会议对在全国地方地震工作中获奖的两市八县给予表彰，并颁发了奖牌。

（赵晋红）

**【2006年山西省地震活动】** 1. 2006年地震活动概况。

据山西省地震台网测定，2006年山西省共发生ML≥1.0地震524次，其中ML1.0—1.9地震323次，ML2.0—2.9地震176次，ML3.0—3.9地震28次，最大地震为1月13日发生在汾阳的ML3.9及11月8日发生在万荣的ML3.9地震。

2. 2006年地震活动特征。

地震活动特征主要表现为：（1）地震活动频度较高。$M_L$≥2.0地震频度远高于2005年频度，亦高于1970年来的平均水平（153次），为1992年来的最高频度；$M_L$≥3.0地震频度2004年来呈上升态势，2006年3级频度远高于1992年来的平均水平（15次），为1994年来的最高频度。

（2）地震活动强度较2005年有所上升，但仍无$M_L$≥4.0级地震发生。4级以上地震自2004年5月27日的平遥4.1级地震后平静达2.5年，而山西历年4级地震年频次约为2次，4级缺震相当明显。

（3）地震活动水平较2005年明显增强。全年地震释放总能量约为$4.0\times 10^{10}$J，为2005年的2.8倍，但仍维持2004年以来的低活动水平状态。

（4）$M_L$≥3.0地震活动在时间序列分布上呈现较强的密集性与均匀性；空间分布格局则具有一定的集中性，表现为大同盆地的持续平静与太原盆地的更加活跃，$M_L$≥3.0地震较2005年逐渐北迁，但仍未突破大同盆地，而太原盆地继续维持2003年以来的活跃态势，更达到1977年来的峰值——年频度10次$M_L$≥3.0地震，占2006年$M_L$≥3.0地震总数的40%。

（5）4月～9月的代县3.7级震群及8月～11月的潞城3.5级震群均显示出了一定的前兆震群特性。（李媛媛）

## 2006年全省3级以上地震目录

表29

| 日　期 | 时间 | 经度 | 纬度 | 震级 | 地　点 |
|---|---|---|---|---|---|
| 2006—1—2 | 13：58 | 37.06 | 111.90 | 3.8 | 介休市 |
| 2006—1—7 | 19：38 | 34.90 | 111.46 | 3.0 | 平陆县宝泉 |
| 2006—1—13 | 9：47 | 37.26 | 111.80 | 3.9 | 汾阳县 |
| 2006—1—20 | 23：59 | 37.85 | 112.58 | 3.1 | 太原市 |
| 2006—2—22 | 6：52 | 37.60 | 112.55 | 3.5 | 太原市北格镇 |
| 2006—2—26 | 2：43 | 38.86 | 112.93 | 3.0 | 原平县白石 |
| 2006—3—6 | 13：46 | 35.23 | 110.91 | 3.5 | 运城市上郭 |
| 2006—4—3 | 21：06 | 39.20 | 112.91 | 3.1 | 山阴县新广武 |
| 2006—4—6 | 12：21 | 39.20 | 112.91 | 3.1 | 山阴县新广武 |
| 2006—4—6 | 19：35 | 39.20 | 112.91 | 3.2 | 山阴县新广武 |
| 2006—4—7 | 16：06 | 39.21 | 112.90 | 3.7 | 山阴县新广武 |
| 2006—5—4 | 23：36 | 36.48 | 112.03 | 3.5 | 古县古阳镇 |
| 2006—6—7 | 12：08 | 37.85 | 112.60 | 3.1 | 太原市 |
| 2006—6—21 | 6：48 | 37.61 | 112.41 | 3.0 | 太原市洛阳村 |

续表29

| 日　期 | 时间 | 经度 | 纬度 | 震级 | 地　点 |
|---|---|---|---|---|---|
| 2006—7—7 | 20：30 | 38.13 | 112.60 | 3.6 | 阳曲县泥屯镇 |
| 2006—7—8 | 12：27 | 38.50 | 111.66 | 3.0 | 岚县河口 |
| 2006—7—20 | 4：40 | 36.38 | 111.78 | 3.3 | 洪洞县苑川 |
| 2006—7—28 | 14：43 | 36.55 | 111.75 | 3.0 | 霍州市 |
| 2006—8—25 | 4：02 | 36.43 | 113.31 | 3.8 | 潞城县石梁 |
| 2006—9—7 | 1：44 | 40.21 | 113.08 | 3.0 | 大同市西村 |
| 2006—9—10 | 11：23 | 35.33 | 110.51 | 3.1 | 万荣县荣河镇 |
| 2006—9—21 | 5：31 | 38.10 | 112.58 | 3.0 | 阳曲县泥屯镇 |
| 2006—10—7 | 9：47 | 37.90 | 112.56 | 3.1 | 太原市 |
| 2006—10—10 | 23：43 | 34.88 | 110.98 | 3.1 | 运城市岳窑头 |
| 2006—11—6 | 11：17 | 39.40 | 113.31 | 3.4 | 应县南上寨 |
| 2006—11—8 | 19：53 | 35.40 | 110.90 | 3.9 | 万荣县 |
| 2006—11—19 | 11：16 | 37.26 | 112.18 | 3.0 | 平遥县洪善镇 |
| 2006—12—14 | 9：50 | 35.90 | 111.36 | 3.6 | 襄汾县古城镇 |

# 社　会　科　学

## 社会科学研究

**【概述】**　2006年，是全省起步实施2006～2010年即“十一五”规划的开局之年。在省委、省政府的正确领导下，山西社科理论界坚持以邓小平理论、“三个代表”重要思想和科学发展观为指导，认真贯彻落实中央三号文件精神，着力构建社会主义和谐社会，紧紧围绕落实山西省第九次党代会精神和全省“十一五”规划，深入学习，潜心研究，求真务实，开拓创新，全省社科研究工作取得显著成果。

（霍春英）

**【注重山西特色问题的研究并取得可喜成果】**　由申维辰任编委主任的《山西建设文化强省文库·回望山西》丛书（山西人民出版社，2006年版），第一批共出版10种，分别是：《龙现中国——陶寺考古与华夏文明之根》、《三晋峰烟——韩赵魏兴衰史话》、《唐风留韵——盛唐文明与山西》、《祖槐寻根——山西洪洞大槐树移民寻踪》、《天下晋商——明清山西商人五百年》、《土木华章——山西古代建筑巡礼》、《院落春秋——山西古民居的历史文化解读》、《佛国胜境——山西佛教文化与寺庙》、《雕凿永恒——山西石窟与石窟像》、《岁月遗珠——20世纪山西考古重大发现的文化解读》，该丛书具有以下3特色；即力求知识的生动准确，力求信息的极大丰富，力求图文的有机结合。该丛书是“华夏文明看山西”文化品牌下的一项精美产品，是山西建设文化强省工作中的一项创造性工程。由李玉明任总主编的《山西历史文化丛书》（山西春秋电子音像出版社）2006年又出版六辑共60册。中共山西省委党校“建设新山西”课题组撰写的《科学发展观在山西的创造性实践——论走出“四条路子”、实践“三个跨越”的战略部署》（《山西日报》2006年12月11日）。卢渝撰写的《以高度的文化自觉引领文化创新——结合山西建设文化强省实践的思考》（《光明日报》2006年3月20日）和《文化为魂产业为躯——关于城市文化建设的思考》（《太原日报》2006年8月4日）前文认为，在政治多极化、经济全球化、文化多样化的世界环境下，文化创新具有时代性和战略性，时代要求和战略思考是共生的，同时它又具有理论性和实践性，理论研究和实践探索是同步的。正是因为有了这些特点，所以文化创新必须建立在高度自觉的基础之上，如果缺乏自觉，就不可能进一步解放思想，与时俱进，开拓创新，求真务实，在工作中体现创造性。文章结合山西建设文化强省实际，从3方面作了探索；后文是作者在21世纪中国文化产业论坛上的讲稿。艾斐撰写的《在自主创新中建设和发展先进文化》和《发展文化创意产业的重要性》（《山西日报》2006年3月14日、12月18日），前文认为，自主创新不仅是驱动国家发展的动力，是托举国运鸿业的根基，而且也是民族赖以存续和时代实现腾飞的筋腱与翅膀。崇尚创新、追求创新、实现创新，永远都是全民族的战略选择和全社会的价值取向。对于作为智慧之凝聚和精神之升华的文化来说，则尤其如此。因为只有不断创新，才能赋予文化以旺盛的活力与强大的魅力，才能使文化获得广泛的社会认同和高度的市场认可，并因此而发挥更加积极的作用，产生更为卓著的效益。王云珠撰写的《加快发展山西旅游文化产业》（《中共太原市委党校学报》2006年第5期），认为在建设新型能源和工业基地的过程中，旅游文化产业和服务业应该占有重要的战略地位。它不仅是山西省经济结构调整的战略重点，同时也是自觉地向高科技、高文化、高端产业结构升级，实现跨越式发展的重大机遇，是增强山西省竞争实力的重要步骤。申维辰撰写的《文化产业是发展先进文化的“推进器”》（《太原日报》2006年6月28日），认为发展文化产业是先进文化建设中的一项重要举措，它对于发展先进文化具有重要而深远的意义。发展文化产业的根本目的在于发展先进文化；文化产业的市场化运作有利于扩大先进文化的影响；文化产业的时代特征有利于强化先进文化的前进指向。李登祥撰写的《山西文化的构成和特征》（《山西日报》2006年12月26日），认为山西文化是以黄河文化为底蕴、黄土文化为特色的多元综合的文化；以中原文化为基础，在中原的文化中具有重要的地位；以三晋文化为主体，是三晋文化的核心；以晋商文化为代表的近代商业文化，是中国商文化的代表和组成部分；以制造业为基础的工业文化，为山西文化注入新的活力；以抗日战争和解放战争为内容的红色文化，是中国红色文化的重要内容；以晋剧和“山药蛋派”文学为代表的地方特色文化和大众文化，在中国现代文化中占有重要地位；以酒、醋、面食为代表的饮食文化，是中华饮食文化的瑰宝。由中国民俗学会民俗博物馆专业委员会、山西省忻州市民间文艺家协会、忻州市民间艺术研究所联合编辑的民间文化综合性系列丛书《民间》于2006年出版发行。它的问世再现了晋北地区的文化遗存、历史遗迹、人文故事、民俗民风等，它的出版对提高人民群众对民俗文化的认识，增强人们对民俗文化的保护意识起到积极的作用。贾克勤等撰写的《山西历史文化资源的整合与产业化全方位立体式开发的探索》（《山西日报》2006年2月28日），论述山西丰富的历史文化资源，提出对历史文化资源进行合理整合的意见，并论证产业化发展方向和必要的措施。程建明撰写的《对于文化创新的几点认识》和刘建霞撰写的《论文化创新的实现途径》（《理论探索》2006年第2期），前文强调指出，要正确认识当代中国文化建设的国际国内环境，形成清醒的“文化自觉”意识；要对传统文化进行认真分析、利用和改造，对西方文化加以鉴别和借鉴，在实现文化的综合创新中推进文化建设；要大力推进文化体制改革和文化产业发展，满足人民群众的精神文化需求。后文认为，文化创新不仅关系到文化的自身发展，更关系到社会主义现代化建设的全局，关系到民族的未来，是应该深入研究、认真实践的时代课题。为此要有效地推进文化创新，就必须在积极实施文化创新方略的前提下不断开拓文化创新的途径。杜学文撰写的《文化事业属性与产业属性之关系刍论》和张克军撰写的《加强知识产权的管理和保护促进技术创新》（《山西大学学报》2006年第6期）。（霍春英）

**【晋商文化研究】** 由张正明、孙丽萍、白雷主编的《中国晋商研究》（人民出版社，2006年版），该书收录了关于晋商经营管理、兴衰探索、山西票号性质及作用、晋商生活各个层面的最新研究成果，从不同侧面探讨了晋商在近500年恢弘历史画卷中的运行轨迹。对于发扬我国优秀传统文化，推动社会主义市场经济的发展有一定的现实借鉴意义。张桂萍专著的《山西票号经营管理体制研究》（中国经济出版社，2006年版），该书运用人力资本理论，运用历史学、社会学和经济学交叉研究的方法，对山西票号经营管理体制进行了探索，构建了自身的理论体系，对当前我国经营管理体制具有重要的借鉴意义和实践价值。由王建武主编、赵荣达著的《全景中国——山西：晋商与他们的宅院》（外文出版社，2006年版），该书通过翔实的文字和实景图片，引领读者走进分布于山西东南西北中的一座座风格迥异的宅院，观赏其建筑艺术，体味蕴蓄其中的文化理念和乡土风情，揭开一个个尘封的家族故事，感悟宅院主人当初离乡创业的无奈和艰辛，并进而了解数世纪以来晋商由兴而衰的历史过程及其政治、经济、历史文化等深层原因。殷俊玲专著的《晋商与晋中社会》（人民出版社，2006年版），该书是晋商研究领域中视野开阔、资料扎实、叙事方法新颖的一项重要成果，对于研究晋商及山西区域社会具有重要的价值。《晋商史料全览》首卷《临汾卷》于2006年正式出版。《临汾卷》集中反映了崛起在临汾、实力雄厚的平阳商帮发展脉络、主要特点和值得后人借鉴的精神。由中国先秦史学会和中共运城市盐湖区委宣传部共同编撰的《虞舜文化研究集》（山西古籍出版社，2006年版），该书是全国虞舜文化学术研讨会暨中国先秦史学会第八届年会论文集，共收录论文100篇。不仅是研究虞舜文化的重要成就，更是研究华夏文化的宝贵财富，对于帮助人们挖掘河东地区历史文化遗产，丰富虞舜文化内涵，实现古为今用，具有多方面的纪念意义。由张祥任主编、晋商与西口文化论坛组委会编的《纵论晋商与西口文化论坛论文集》（山西春秋电子音像出版社，2006年版），共收录论文51篇。该书通过探讨晋商与西口的关系、西口文化的历史渊源、内涵外延与学术价值，必将对西口文化的研究起到重要的作用。刘建生和张新龙撰写的《不完全信息和不确定性及信用的生成机制研究》（《经济问题》2006年第12期），文章就明清晋商在信息不对称条件下，从事生产经营所产生的委托代理风险及其采取的风险规避途径加以论述。杨瑞武撰写的《晋商旺族"八大家"》（《山西日报》2006年4月4日），文章依次对祁县乔家、榆次常家、太谷曹家、介休侯家、祁县渠家、临汾亢家、介休范家、太谷孔家等清代稳居全国商帮之首的晋商"八大家"的简要情况及经营之道进行评述。高春平撰写的《诚信晋商赢天下》（《人民论坛》2006年第3期），该文是2006年"两会"期间人民日报社编辑特约撰写的，发表后被中国社会科学院文献信息中心收录和《优秀党政干部企业家文集》等刊物全文转载。刘建生和石惠撰写的《试论晋商信用的历史制度分析模式》（《山西大学学报》2006年第6期），文章在对历史制度分析的产生、形成及其理论创新进行详细阐述的基础上，着重分析了其博弈均衡的制度观、博弈论与历史经验的归纳性分析相结合方法论特征，试图构建出一种适合晋商信用制度及其变迁研究的理论框架和分析模式，归纳晋商信用制度的演进轨迹，以期通过此方法的引入，推动晋商信用制度研究乃至整个晋商学取得新的进展。李心纯与林和生撰写的《山西生态环境的变迁与晋商的兴起》（《晋阳学刊》2006年第4期），文章认为，无论是明代晋商还是清代晋商，他们的兴起，他们的命运，其实都与农业社会生态环境的状况有着密切关联，并在不知不觉中受到了生态环境变迁的影响。李亚峰撰写的《晋国人口知多少》和李非撰写的《晋阳文化综论》（出处同上），前文运用人口理论的基本原理，借鉴人口史研究的先进方法，对原始的历史资料进行新的评估，得出比较可靠的结论：晋国人口总量在文公时约在196万左右，在平公时约在288万左右，在后期当在400万以上，增长速度高于全国平均增长速度；后者认为晋阳文化是具有多元性、开放性、传承性和特殊性的地域文化，对中华民族的形成和发展，对中国历史的发展进程产生了重大影响，晋阳文化又是太原建设现代文明城市的精神动力和文化基础。曹艳琼撰写的《晋商之经济纠纷解决探微》和孙翔撰写的《从曹家看明清晋商商贸习俗》（《沧桑》2006年第6期），前文从晋商史料中钩沉掘隐探索晋商的纠纷解决之道为内部制约的隐性规则——诚信，与外部规制的显性规则——店规、行规，以及执行机构——行会，最后点明该文主旨在于吸引学者对我国传统的纠纷解决方式进行真正现代意义的充实、转化与超越，构建我国国情的有中国特色的纠纷解决机制；后文基于民俗学理论与历史知识，从分析晋商与民俗环境间的关系入手，选择晋商晋帮诸多家族中有代表性典型性的家族——曹家为研究对象，以整个明清晋商为大背景，以曹家经营状况为切入点，深入细致剖析其家族经营管理中的商贸习俗特点，从而以小见大的体现出具有整体性广泛性意义的内容，以此探求民俗与社会文化生活之间的互动关系。唐凌撰写的《山西金融业在广西盛衰原因初探》和康金莉撰写的《晋商票号与官商经济》（《山西师大学报》2006年第5期），燕红忠和李东撰写的《基于晋商实践的信用起源与维持机制》（《经济问题》2006年第2期），沈乔撰写的《晋阳古城遗址保护与利用对策探析》（《沧桑》2006年第6期），李红撰写的《唐代河东柳氏家族文化述略》（《晋阳学刊》2006年第2期），甄华丽撰写的《道德和制度双管齐下——浅谈晋商对人力资源的管理》（《沧桑》2006年第4期），郭玉兰撰写的《晋商的轻官与重官》和《权力寻租：官府与晋商》（载《学习时报》2006年7月7日，12月4日），李骏虎撰写的《根在洪洞大槐树》（《山西日报》2006年2月14日），王晓鹏撰写的《晋国的源头在乡宁》和吉俊虎撰写的《〈赵氏孤儿〉与山西的历史文化渊源》（同上，5月16日），高春平与李平撰写的《〈乔家大院〉与晋商》（《学术论丛》2006年第4期）。（霍春英）

**【赵树理研究】** 2006年是中国现代文学著名流派"山药蛋派"的开创者、大众文学的领军人物、人民作家赵树理诞辰100周年。为了发扬"山药蛋派"为人民大众写作的精神，为了继承他们立足民族传统的宝贵艺术经验，由《山药蛋派典藏文库》编委会编辑出版了《山药蛋派典藏文库》一书，收入该书的各位作家的作品选本，均由作家的夫人或子女提供。为了体现对经典作品的尊重，编者除作必要的编辑外，尊重作品原貌，对用字、用词差异未做改动。由赵树理专著的《赵树理精选集》(北京燕山出版社，2006年版)，该书为世纪文学60家书系之一，共33万字，收录了山西省作家赵树理长篇小说《三里湾》，中短篇小说《小二黑结婚》、《李有才板话》、《李家庄的变迁》、《"锻炼锻炼"》、《套不住的手》等，还有董大中撰写的《中国农村变革的史诗》和选定的《创作要目》。此外，省内报刊设立了专栏和栏目，发表了一批纪念文章。主要有：段崇轩撰写的《民间：从破碎到沉潜——赵树理小说的一种解读》和傅书华撰写的《关于赵树理和"山药蛋派"的几个问题》与苏春生撰写的《读新发现的赵树理的一篇佚文》及赵雨霞撰写的《赵树理文学创作的点滴哲学思考》(均载《山西大学学报》2006年第2期)，李仁和撰写的《论研究赵树理与上党文化关系的学术价值》和温锁林撰写的《从对比中看赵树理小说的语言特点》(同上，第6期)，冯望岳撰写的《赵树理："农民文学"作家——审美误失》和乔林晓撰写的《赵树理"问题小说"结构形态溯源》(《晋阳学刊》2006年第5期)，董大中撰写的《身在农民中，只有泥土味》、杨品撰写的《做公众的代言人——从赵树理到张平》、贾克勤撰写的《为人民大众而写作——谈谈赵树理大众文学艺术实践精神》、刘海兰撰写的《赵树理与中国的"土"文化》、张志江撰写的《一代作家的楷模》、刘炜撰写的《为"沉默的大多数"立言》、赵树婷撰写的《作家赵树理的当代价值》(均载《黄河》2006年第5期)，李福明撰写的《一面永不褪色的文学旗帜》、张平撰写的《不朽的人民作家》、杨平撰写的《赵树理的文学人生》、申双鱼撰写的《在大众文学道路上》、田兆文撰写的《赵树理板画的艺术特色》、陈振建撰写的《在和赵树理相处的日子里》、吴敏撰写的《赵树理的文学创作》(均载《山西日报》2006年9月19日)，艾斐撰写的《赵树理在太原》(《太原日报》2006年7月17日)，段崇轩撰写的《赵树理的文学理想与"新农村"理想》(《光明日报》2006年10月27日，鹿荣和钱伟撰写的《一幅山西社会历史风情的镜像图——赵树理小说称谓语透视》(《山西师大学报》2006年第2期)，赵恒榉撰写的《赵树理与群众文化》(《学术论丛》2006年第5期)。

(霍春英)

## ·关注热点问题的研究·

**【构建和谐社会的研究】** 构建社会主义和谐社会，是中国共产党在十六大以来提出的社会建设的新构想，是在"三个代表"重要思想、科学发展观基础上进一步延伸出的又一先进的社会意识形态，是思想和理论创新的重大成果。2006年10月8日，党的十六届六中全会通过《中共中央关于构建社会主义和谐社会若干重大问题的决定》，勾绘了构建和谐社会的路线图，学界在学习贯彻十六届六中全会精神的过程中，围绕中央提出的构建和谐社会主义和谐社会的理论意义、理论根据、现实背景等问题，开始全方位多视角地深入探讨，和谐社会研究已成为哲学、经济学、法学、社会学等多学科研究的主题之一，堪称本年度中国第一大学术热点。对此，山西社科理论界进行了不懈的探索，取得了丰硕成果。主要有：李益荣专著的《社会和谐论》(山西人民出版社，2006年版)，该书作者科学地、实事求是地分析了影响我国社会和谐的主要矛盾和问题，深入探讨和剖析了产生这些矛盾和问题的社会历史原因，提出了解决矛盾、化解冲突、求得和谐的6条基本思路和主要对策。赵银邦和邢志强等撰写的《论和谐》(《前进》2006年第12期)，文章结合当代的先进思想和宝贵的传统智慧，从整体和谐、和而不同、生态匹配、化生创新和目标实现等5个方面对和谐作了更加深入的探讨和阐论。毛建儒撰写的《论和谐与共存、同一和斗争的关系》(《晋阳学刊》2006年第6期)，作者指出，和谐是一个重要的哲学概念。与和谐有关的哲学概念有共存、同一、斗争等。这些哲学概念之间互相联系、又互相区别，构成了一幅纵横交错的辩证图景。共存是和谐的前提。辩证的同一与和谐是最接近的，但同一没有明确的价值定位，和谐则有明确的价值定位。和谐离不开斗争，因为通过斗争可以消除不和谐。除了斗争以外，协调也是消除不和谐的重要方式。冯兰英撰写的《行政道德与构建和谐社会》(《山西师大学报》2006年第1期)，行政道德较之于一般道德，必然会对构建和谐社会具有更大的影响和更重要的作用。因此，重视和加强行政道德建设，就成为构建和谐社会之必然。贺建平撰写的《实现城乡和谐的基本途径》(《光明日报》2006年12月4日)，要实现我国城市与农村的持续协调发展，必须从城市与农村两个方面着手。作者从5个方面论述了实现城乡和谐的基本途径。孙兴玲撰写的《把促进社会和谐摆在更加突出的位置》(《人民日报》2006年10月23日)，认真贯彻落实党的十六届六中全会精神，大力促进社会和谐，构建社会主义和谐社会，对于实现全面建设小康社会的奋斗目标，开创中国社会主义事业新局面具有十分重要的意义。冯耀明撰写的《农村富裕群体的从政诉求与和谐农村构建》和李廷荣撰写的《构建和谐社会与收入分配制度改革》(《国家行政学院学报》2006年第3、6期)，张九海撰写的《和谐的变奏——谈和谐思维的发展历程》(《山西师大学报》2006年第3期)。张民省撰写的《民主政治：和谐社会的基础和保障》和陈清春与冯前林撰写的《"天人合一"思想对构建和谐社会的启示》(《理论探索》2006年第1期)，前文认为，坚持和发展人民民主，是中国共产党执政为民的本质要求和根本途径。实现"构建社会主义和谐社会"的目标，必须大力推进民主政治建设。文章从4个方面进行了较深入的探讨；后文指出，"天人合一"作为中国传统文化的基本理念，与和谐社会有着许多契合点，对构建社会主义和谐社会有着重要的启示作用。原方撰写的《关于法制与构建和谐社会的关系》和周玉萍撰写的《非盈利组织与和谐社会的建设》(同上，第2期)，前文认为，理解法制与构建和谐社会的关系应该把握住这样两个基本点：一是和谐社会的构建应该在法制的基本框架内展开，这是因为法制为和谐社会的构建提供了保证；二是构建和谐社会对法制建设又具有独特的价值，构建和谐社会的理论和实践既使人们认识到法制的重要性和完善法制的必要性。因此，法制与构建和谐社会两者之间存在着互动关系。后文指出，非盈利组织对于社会的和谐发展起着积极的促进作用。在新世纪，我国要建设和谐社会，就必须采取多种措施，促进非盈利组织的建立与发展。张二芳撰写的《论和谐社会构建中的制度公正》(同上，第3期)，处理当前社会中的种种不公正问题，必须兼顾制度设计的两个基本维度：效率和公平，做到效率和公平的具体的历史的统一。马春如撰写的《构建和谐社会重在制度创新》(同上，第5期)，在有阶级压迫和剥削的旧制度下，社会和谐无法实现。我国的社会主义制度是构建和谐社会的根本保证，但肃清封建专制主义残余影响的任务仍未完成，成为构建社会主义和谐社会的障碍。深化体制改革，实现制度创新是唯一出路。邢媛与张秀武撰写的《马克思哲学思想对构建和谐社会的价值意义》和郭华红撰写的《构建和谐社会：根本出路、关键和社会条件》（同上，第6期），前文指出，马克思“社会关系”思想提供了构建和谐社会的微观认识进程，马克思“社会结构”思想是构建和谐社会基本秩序的范式，马克思“物质性”思想昭示了构建和谐社会的物质实践的基础性；后文认为，构建社会主义和谐社会是当前中国改革开放和现代化发展的主旋律。落实这一战略目标，积极推进政治体制改革是根本出路，着力解决民生大业是关键问题，树立法制诚信意识是社会条件。由赵雨亭主编的《老年人与和谐社会》（山西人民出版社，2006年版），为山西省第十次老年学学术讨论会论文选集。全书共收录论文49篇，分别从老年人与和谐社会、老年人与家庭和谐、权益保障与社会和谐、老龄工作与社会和谐等4个方面进行了较深入的研究探讨。尤晋鸣主持的《和谐社会构建问题研究》（上下）（《学术论丛》2006年第5、6期），崔晋生和高瑞撰写的《关于构建和谐山西的若干问题》（《经济问题》2006年第5期），崔晋生撰写的《山西人与自然和谐状况分析》（《太原大学学报》2006年第3期），刘晓东撰写的《构建和谐社会的科学方法探微》和张文军撰写的《构建和谐社会理论是唯物史观的创造性应用和发展》及金学凌与谢小英撰写的《论社会主义和谐社会与法制的关系》（《山西高等学校社会科学学报》2006年第6、8期），樊爱霞撰写的《试论构建社会主义和谐社会的重大理论意义》（同上，第9期），王金平和乔瑞金撰写的《全球意识与和谐社会建设》与丰海英撰写的《构建和谐社会的经济学思考》（同上，第11期），谢海撰写的《做好维护稳定工作促进和谐社会建设》和孙兴玲撰写的《切实提高弱势群体的社会适应能力》（《前进》2006年第7期），吴学凡撰写的《创新构建和谐社会阶级基层问题的分析方法》和燕争上撰写的《发挥政工优势构建和谐企业》（同上，第9期），后文系山西省社科课题的节选。李抒望撰写的《对和谐社会与科学发展观的辩证思考》（同上，第11期），齐玉生撰写的《以人为本三要素：生命·财富·权益》和方庆灵撰写的《国防后备力量要在构建和谐社会中发挥桥梁纽带作用》（同上，第12期），张增祥撰写的《社会和谐从心开始——简论宗教在构建和谐社会中的积极作用》（《五台山研究》2006年第1期），申栋撰写的《构建和谐社会与社会主义法制建设》和郭学旺撰写的《构建社会主义和谐社会》（《学术论丛》2006年第1、3期）。

（霍春英）

**【坚持社会主义荣辱观的研究】** 2006年3月4日，胡锦涛总书记在看望出席全国十届四次会议的委员时，发表了关于树立社会主义荣辱观的重要讲话，提出了“八荣八耻”的基本要求，在社会各界引起巨大反响，成为各级政府、公众以及学术界普遍关注的热点问题之一。山西社科理论界积极开展了这方面的研究，出版发表了一批学术论著，山西报刊已开辟专栏和栏目，刊登了一批研究文章，主要有：冯进成撰写的《领导干部要做践行“八荣八耻”的表率》（《山西日报》2006年5月8日），胡锦涛总书记提出的“八荣八耻”荣辱观，精辟地阐明了社会主义荣辱观的深刻内涵，囊括了爱国主义、集体主义、社会主义思想，以及社会主义基本道德规范和社会风尚的本质要求，是中国传统美德和时代精神的完美结合，是社会主义世界观、人生观和价值观的生动体现。“八荣八耻”既是对社会主义荣辱观的最新概括，同时也是对广大党员干部尤其是领导干部在新的历史条件下提出的最新要求，牢固树立社会主义荣辱观，明荣辱之分，做当荣之事，拒为辱之行。卫建国撰写的《论“八荣八耻”的理论特征及其实施途径》（《山西师大学报》2006年第5期），以“八荣八耻”为主要内容的社会主义荣辱观，体现了中华民族传统美德与当今时代精神的有机结合，体现了社会主义道德的一贯精神和基本价值方向，是“五爱”规范和公民道德建设规范的进一步深化和系统化，体现了社会主义道德先进性与广泛性的有机结合，体现了“道德易行”以及对道德主体性的高度重视。实施“八荣八耻”的有效途径是循末以及本、谨外以养内以及分层次建设与实践。由中共太原市委宣传部课题组吴国荣、杨云龙、冀燕林执笔撰写的《科学发展观视野中的社会主义荣辱观》（《太原日报》2006年6月16日），文章认为，社会主义荣辱观和科学发展观紧密相连，构成了科学发展观的有机组成部分。准确把握社会主义荣辱观的基本内涵和重大意义，既要从实践层面上体认，更要从理论层面上理解，深刻领会科学发展观与社会主义荣辱观的内在一致性。社会主义荣辱观是科学发展观的重要组成部分；社会主义荣辱观是落实科学发展观的精神支柱；要从落实科学发展观的高度践行社会主义荣辱观。艾斐撰写的《三晋名人荣辱观》（《学术论丛》2006年第6期），从三晋历史文化人物中择取尧、舜、禹、后稷、关羽、乔治庸、冯太后、晋文公等8位各方面的代表性人物，结合胡锦涛总书记关于“八荣八耻”的深刻论述，对其荣辱观加以辩证分析和科学质证，具有一定的启迪意义、借鉴作用和昭示价值。孙兴玲撰写的《荣辱观培养中的主客体作用探讨》（《道德与文明》2006年第5期），社会主义荣辱观是社会主义世界观、人生观和价值观的有机统一。在学校教学实践的具体过程中培养社会主义荣辱观，既要充分发挥教师的主体性作用，又要注意激发和调动学生的自觉能动性。司马牛撰写的《心底无私知荣辱》（《前进》2006年第7期），张宝顺撰写的《坚持“八荣八耻”的社会主义荣辱观为推进山西又快又好发展提供思想保障和精神动力》、刘巩撰写的《机关党员干部要做学习实践社会主义荣辱观的表率》、梁豫秦撰写的《妇女要带头坚持“八荣八耻”》、雷健坤撰写的《学习贯彻社会主义荣辱观加强青少年思想道德建设》、杨振海撰写的《紧密联系武警部队实际学习贯彻社会主义荣辱观》（均载《前进》2006年第5期）、李淳撰写的《试论荀子的“荣辱观”》和许圣元撰写的《“八荣八耻”贵在坚持》（同上，第6期），齐玉生撰写的《用荣辱观引领政法综治为构建和谐社会提供保障》和贺建平撰写的《新时期领导干部应当树立的荣辱观》（同上，第8期），丘伟光撰写的《践行社会主义荣辱观形成健康向上的社会风尚》和韩振峰撰写的《弘扬社会主义荣辱观需要消除“认识误区”》与陆作人撰写的《邓小平社会主义荣辱观探析》（《山西高等学校社会科学学报》2006年第5、11、12期），冯聪玲撰写的《社科理论工作者光荣的历史使命——山西省社科界“树立社会主义荣辱观”研讨会综述》和高春平撰写的《党员要做八荣八耻的表率》（《学术论丛》2006年第4

期)。特别是由贾桂梓任主编、山西省社会科学院"邓小平理论和'三个代表'重要思想研究中心"编撰的《聚焦廉政文化》(山西人民出版社，2006年版)和由楚刃主编的《反腐倡廉的法制建设》(中国人事出版社，2006年版)，是目前理论界和学术界在廉政文化研究和法制建设方面的最新探索，对于在全社会特别是在广大党员领导干部中加强社会主义荣辱观教育、推进新时期廉政文化建设和法制建设，对于建立健全教育、制度、监督并重的惩治和预防腐败体系等，都是很有意义的。

（霍春英）

**【社会主义新农村建设与"三农"问题研究】** 2006年2月21日，中央下发了一号文件，即《中共中央国务院关于推进社会主义新农村建设的若干意见》，再次锁定"三农"，密集出台32条重大举措，并将建设社会主义新农村列为政府的主要工作之一，引起了学术界的热烈回应，成为本年度十大学术热点之一。山西社科界的专家学者从不同的视角对社会主义新农村建设的相关问题进行了理论性和实践性、描述性和对策性的研究与讨论。主要成果有：晓亮撰写的《新农村建设的几个理论及实践问题》(《山西财经大学学报》2006年第4期)，新农村建设理念的提出，意味着我国经济政策由农业支援工业向工业反哺农业转变，意味着城乡经济走向协调发展和工农联盟的进一步巩固。新农村建设的根本问题是制度建设。新农村建设要取得成效，必须抓3个关键：一是领导班子建设，二是科学的规划，三是建设新农村的长效机制。张宝华撰写的《新农村建设与山西"三农"问题探析》和杨建慧撰写的《市场经济条件下社会主义新农村建设的思考》(《经济问题》2006年第9期)，前文认为，对于山西这样一个农村人口占多数的欠发达地区来说，"三农"问题依然是目前最为严峻的问题。建设社会主义新农村，无论是从经济层面，还是从社会发展的层面上说，都使得我们对如何解决"三农"问题有了新的认识，也为我们解决"三农"问题提供了一个新的抓手。新农村建设是山西全面贯彻落实科学发展观的突破口，是山西全面建设小康社会的需要，也是统筹山西城乡社会发展的有效切入点；后文对市场经济条件下新农村建设存在的问题、建设新农村的基本思路等方面进行了较深入的探索。张贡生撰写的《新农村建设：若干问题质疑》(同上，第11期)，文章首先对于学界已有的文献资料进行了梳理，然后，在此基础上提出新农村建设的路径依赖及其相应的政策选择。吴世斌撰写的《山西农业产业化发展现状及发育程度实证研究》和郝水平撰写的《农村经济结构模式研究——以山西为例》(同上，第9期)，前文根据山西省农业产业化经营状况大调查的相关资料，系统分析了山西省农业产业化的发展状态，并根据产业经济学有关理论对产业化龙头企业集中度及产业化与区域经济布局协调度进行了实证分析，统筹了进一步推进山西农业产业化发展的对策建议；后文利用马尔柯夫链模型，对建国50多年来山西省农村经济结构的变动进行模拟与研究，完成了各系统与子系统转移概率的估计，并以此为基础对山西农村经济中农业与非农产业、农业内部以及非农产业内部的产业结构变动模式进行了统计分析。李树平撰写的《邓小平的"三农"论述及其启示》(《理论探索》2006年第2期)，邓小平对"三农"问题的重要性及其解决思路有诸多论述，对今天的新农村建设有重要的启示作用。这主要是：要始终把加强农业放在首位，进一步夯实农业的基础地位；以增加农民收入为重点，进一步深化农村经济体制改革；加快农业科技进步，提高农业的科技贡献率。张文丽撰写的《创新性地开展社会主义新农村建设》(《经济问题》2006年第12期)，根据山西省的实际情况，开展社会主义新农村建设应当突出农民增收这一主题，形成新的发展机遇和工作机制，分阶段、分步骤，统筹协调，扎实推进。中共太原市委宣传部课题组撰写的《统筹城乡发展推进社会主义新农村建设》(《太原日报》2006年7月1日)，赵旭强和韩克勇撰写的《试论农业规模化经营及其国际经验和启示》(《福建论坛》2006年第8期)，贺建平撰写的《农业经济体制：创新与发展》和赵宇霞撰写的《新农村建设与妇女的解放和发展》(《理论探索》2006年第6期)，高敏撰写的《浅论新农村建设中的民营金融发展》和王郅强与文宏撰写的《乡村债务：建设社会主义新农村的重大现实障碍》(《经济问题》2006年第7、8期)，段笃屏撰写的《浅论政府在新农村建设中的角色定位》和陈俊梁撰写的《新农村建设与农村人力资源开发》(同上，第11期)，高娟撰写的《略论县级政府在新农村经济建设中的作用》(同上，第12期)，孙续功撰写的《科学发展观助推社会主义新农村建设》、刘德宝撰写的《新农村建设要更好科学规划》、边积步撰写的《近期"建设社会主义新农村"观点述要》(均载《前进》2006年第3期)，陈森撰写的《培养高素质农村干部队伍努力建设社会主义新农村》和王国正撰写的《扎实有效地推进社会主义新农村建设》(同上，第4期)，高凤莲撰写的《建设社会主义新农村：农村人口流动的"加速器"》和王辅刚撰写的《在推进社会主义新农村建设上体现先进性》(同上，第6期)，建言撰写的《着力培育新型农民为新农村建设强基固本》和李洛生与李灵秀撰写的《和谐社会与新农村建设》(同上，第8期)，中共吕梁市委宣传部课题组撰写的《关于欠发达地区建设新农村的思考》和崔霞撰写的《山西农村基层文化建设刍议》(同上，第9期)，刘德宝撰写的《建设新农村培育新农民享受新生活
对新农村建设的几点建议》和樊吉厚撰写的《革命老区新农村建设的对策探讨》(同上，第12期)，纪祖伟撰写的《社会主义新农村建设过程中农民增收的主要途径》(《沧桑》2006年第4期)，应寅锋和张婷撰写的《对农业发展银行改革的思考》(《山西财经大学学报》2006年第1期)，苏果云撰写的《建设社会主义新农村的重大意义》和郝根彦撰写的《关于构建和谐山西背景下的"三农问题"思考》(《山西高等学校社会科学学报》2006年第2期)，魏晓鹏撰写的《强化人大"三农"工作的若干思考》(《学术论丛》2006年第2期)。特别是由潘云主持的《泽州县建设社会主义新农村发展规划》于2006年12月16日在并通过专家论证。省委常委、副省长梁滨出席，并给予《规划》很高评价，认为这是山西省首部关于县一级社会主义新农村建设的发展规划。与会专家也认为《规划》全面、系统地分析了泽州县社会主义新农村建设的基本条件，实事求是地提出了规划的指导思想、目标、方针和步骤，创新地提出了新农村建设的总体思路和建设重点，并总结了不同类型的新农村建设模式，提出了保证规划顺利实施的保证措施。规划紧扣社会主义新农村的"生产发展、生活宽裕、乡风文明、村容整洁、管理民主"20字方针，起点高、综合性强，指导思想明确，目标科学具体，实施重点突出，对策措施得力，具有较强的可操作性。对全省推进新农村建设具有借鉴和推广的价值。

（霍春英）

**【围绕重大纪念日开展理论研究】** 2006年1月19日是中共早期杰出的青年运动与工人运动领袖、著名的无产阶级政治活动家和山西地方党、团组织的创始人贺昌同志诞辰100周年纪念日。为此,《山西日报》2006年1月17日以整版的篇幅刊登了由李茂盛撰写的《碧血洒苏区英灵慰中华》的纪念文章。

2006年1月17日,中国山西省委在太原支部旧址历史纪念馆隆重举办了"高君宇、贺昌生平业绩陈列开展暨《贺昌文选》首发仪式",这两陈列共展出120多幅历史图片,全面反映了高君宇和贺昌光辉的一生。中共山西省委书记张宝顺、省长于幼军,省政协、省人大、省军区有关领导出席首发仪式,省直有关单位负责人和社会各界代表160多人参加。在参观高君宇、贺昌生平业绩展览前,张宝顺书记和于幼军省长为高君宇、贺昌2人铜像揭幕,整个活动隆重而热烈,使《贺昌传》及《贺昌文选》的首发式有了生动真实的活动内容。

2006年是红军东征70周年(1936年2月20日~5月5日,整个战争都是在山西境内进行的)。为此,李茂盛撰写了《东征决策与毛泽东的雄才伟略》(《山西日报》2006年2月17日),张军贤撰写的《让长征精神放射出新的时代光芒》和中共吕梁市委党史研究室撰写的《红军东征及其伟大历史意义》(《前进》2006年第10期),后文指出,红军东征是70年前中国革命史上发生的重大事件,在中华民族解放的历史上竖起了一座不朽的丰碑,给后人留下了极其宝贵的精神财富。

2006年9月24日是中国现代文学著名流派"山药蛋派"的开创者、大众文学的领军人物、人民作家赵树理诞辰100周年纪念日。为了缅怀和纪念这位伟大的人民作家,由山西省社会科学院文学研究所、山西日报文化部、山西华龙城科贸发展有限公司、沁水县人民政府联合举办的"华龙城杯"纪念赵树理诞辰100周年征文活动,从2006年2月28日开始,历时6个多月,收到来稿300多篇,从中评选出荣誉奖2名,特殊贡献奖1名,一等奖1名,二等奖3名,三等奖6名。贾克勤的《为人民大众而写作——谈谈赵树理大众文学艺术实践精神》获一等奖;王广元的《赵树理解围》、马杰的《从南华门经过》、刘德宝的《农林两优患诗书双绝佳》均获二等奖;王泽庆的《赵树理的书法艺术》、赵修身的《赵树理与"山药蛋"文学流派》、赵杰的《人民的赵树理》、赵树婷的《赵树理与新农村》、任文芳的《情结》、一丁的《赵树理的文艺大众化》均获三等奖。此外还出版发表了一批论著。

2006年10月22日是党的早期政治活动家、理论家、领导人,北方党团组织的负责人,山西党团组织的创始人高君宇同志诞辰110周年纪念日。2006年11月29日,太原市召开纪念高君宇同志诞辰110周年座谈会,以此缅怀高君宇同志的革命风范和崇高精神,大力弘扬高君宇同志自强不息、勇于探索、敢为人先、无私奉献的革命精神,从而把对高君宇同志的纪念和缅怀之情转化为前进和奋斗的动力,努力建设社会主义核心价值体系,为建设创新型城市、构建和谐太原提供强大的精神动力和思想支撑。《太原日报》2006年11月30日以整版的篇幅刊发了座谈会部分同志的发言摘要,主要有:秦建敏撰写的《发扬前辈崇高精神积极建设新太原》、王康泰撰写的《高君宇与马克思主义在中国的传播》、马皖东撰写的《学习弘扬革命先驱高君宇的崇高精神》、王一瑛撰写的《让高君宇精神永存五中人心中》、魏民撰写的《弘扬君宇精神建设和谐娄烦》、郑学诗撰写的《高君宇精神对当代青少年成长的启迪》,王家进撰写的《论高君宇对党的早期建设的贡献》(《学术论丛》2006年第3期)。

2006年是民主革命家、国学大师章太炎先生辞世70周年。《山西大学学报》2006年第6期设立了"章太炎与国学研究"栏目,发表了一批有价值的文章,主要有:郭万金撰写的《"上天以国粹付余"——章太炎先生学术精神的文化诠解》,清末民初,在"国故沦胥"的同情与"西学荡灭"的反思中,文化学统的维系成为一代知识分子的历史使命。章太炎先生继绝自任,以排满情绪下所受的旧学训练,鼓吹革命,保存国粹,于讲学论史中继述文明,章太炎先生的学术精神正于此中流露,而此亦成为诠解章太炎先生学术的一个文化视角。李帆撰写的《章太炎论清代学术》,张绍军撰写的《章太炎对程朱理学的阐释》,黄万华撰写的《章太炎的海外影响》,斯彦莉撰写的《〈章太炎书信集〉(家书部分)校勘正误》,徐有富撰写的《黄侃读书法管窥》,傅如一撰写的《试论姚奠中先生的讲学之道》。刘毓庆撰写的《国学的基本素质及其当代意义》。

(霍春英)

## ·关于山西经济的研究·

**【山西参与亚洲经济一体化的路径研究】** 由董继斌主持的为山西省软科学研究项目,2006年已完成并通过专家鉴定。认为该课题选题重要,立论正确,研究中心突出,论证充分,逻辑严密,结构合理,数据资料翔实,并能用科学的方法进行加工整理、分析综合,研究结论在理论上有较大的现实指导意义。该课题采用比较分析与理论归纳相结合的研究方法,针对山西自身资源条件和特点,提出山西参与亚洲区域一体化路径选择及与东盟、东北亚、俄罗斯、印度、巴基斯坦、西亚国家和香港进行区域经济合作的具体意见和具体措施,具有一定创新性,对进一步拓展发展空间,实现经济结构的战略性调整具有重要的实践意义。张保华撰写的《山西省开发区对外开放排头兵作用》(《山西经济管理学院学报》2006年第3期)和《山西产业结构合理化的制约因素研究》(《理论探索》2006年第2期),前文认为,在山西省加快对外开放的时期,山西省的开发区作为对外开放的载体,因充分发挥排头兵作用。在"十一五"期间,山西省开发区应抓住机遇,围绕主导产业,做强优势企业,推进产业的集聚与整合;创新发展观念,丰富招商方式,全面提升对外开放的层次和水平;注重集约经营,发展循环经济,建设低投人、高产出。可持续的节约型开发区;完善服务体系,提升服务质量,营造一流的投资软环境。后文提出山西产业结构合理化的制约因素包括6个方面:一是产业间相对地位不协调,结构偏离度呈上升趋势,结构效益不高;二是产业间素质不协调,三次产业间比较劳动生产率差距悬殊;三是与产业结构变化的国际标准差距较大;四是产业间关联关系不协调;五是产业间投资结构不协调;六是第三产业发展水平低,内部结构不合理。由王劲松、韩克勇等撰写的《培育和扩大山西中等收入基层的对策研究》,为山西省哲学社会科学规划课题最终成果,2006年已通过专家鉴定。该研究报告从不同角度论证了"橄榄形"社会结构是最理想、最稳定的社会基层结构;分析提出以培育和扩大中等收入基层为出发点、"效率与公平并重"为分配原则的收入分配制度的改革思路；提出通过国有企业收入分配制度创新来扩大山西中等收入基层的新思路；并就任何解决“三农”问题提出了解决思路和独到见解。尹春兰撰写的《山西绿色农产品发展现状及对策》(《经济问题》2006年第1期)为山西省软科学研究项目成果。郅润明撰写的《发展山西红色旅游的思考》(《山西日报》2006年11月20日)，该文就山西红色旅游的发展现状、存在的问题及发展思路与对策，从4个方面进行了论述。张保华撰写的《山西开发区现状及发展对策分析》(《科学之友》2006年第9期)，文章就山西省各开发区多年来的开发建设情况，介绍山西省目前各开发区的现状及发展采取的对策。王碧波撰写的《发展循环经济建设和谐山西》(《理论探索》2006年第3期)，发展循环经济是提高资源利用效率、缓解资源约束的有效途径，是降低污染负荷、改善生态环境的必然选择，是山西在中部崛起中实现率先发展、和谐发展的重要举措。构建山西循环经济新体系，要按照“减量化、再利用、资源化”的要求，从政府、企业、区域、产业和社会5个层面大力推进。苗长青撰写的《“一柱擎天”惹人愁——山西实施能源重化工基地发展战略的回顾与反思》和《风雨兼程兴晋路——新中国成立以来山西经济发展战略演变的历史考察》(《党史文汇》2006年第1、2期)，郅润明撰写的《浅析山西旅行社业发展对策》和张慧霞与李中建撰写的《对山西红色旅游开发简论》(《经济问题》2006年第2、12期)，霍淑华和白翔撰写的《以文化产业园区带动山西文化产业发展》(《经济问题》2006年第8期)，陈新凤撰写的《山西省大气环境承载力初探》(同上，第11期)，文章通过建立大气环境承载力量化模型，对历年来山西省和2003年11个地市的大气环境承载力进行现状评价和预测研究，提出污染物浓度达到环境保护要求的排污系数和递减速率以及11个地市的污染物排放量应达到的基准。张世满撰写的《工业旅游开发简论——以山西为例》(同上，第12期)，范安新撰写的《山西煤炭资源合理开发浅析》(《沧桑》2006年第2期)，车军社撰写的《山西做大做强旅游产业对策研究报告》(同上，第3期)，张江涛撰写的《关于山西旅游发展现状的几点思考》(同上，第5期)，韩林云撰写的《山西“十一五”发展目标研究》〈上中下〉(《学术论丛》2006年第4—6期)，由王志超主持的课题《山西省城乡统筹发展研究》〈上下〉(同上，第4、5期)，为山西省软科学项目成果。由曹邑平任课题组长与山西省财政厅、山西省交通科学研究院、山西省社会科学院、山西省高速公路管理局等单位参加的《山西省高速公路建设债务及对策研究》课题为山西省交通厅2004年软科学研究项目，2006年9月已通过山西省科技厅软科学项目鉴定。认为该课题是一项具有较高理论研究价值、实用价值和政策咨询价值的研究成果，对山西省高速公路建设和政府债务管理理论都具有重要的决策参考作用。研究成果达到省级高速公路建设债务研究的国内领先水平。(霍春英)

## ·有关中部崛起的研究·

**【山西实施中部地区崛起】** 中共山西省委第八届九次全会根据中央关于促进中部地区崛起的战略部署，做出了山西实施中部地区崛起战略的决议和部署，吹响了“十一五”时期动员全省力量实施中部地区崛起战略的进军号。省城理论界积极开展了这方面的研究，并取得可喜成果。山西省社会科学院课题组撰写的《中部崛起：山西省情再认识与发展战略》为《2006年：中国中部地区发展报告》(社会科学出版社，2006年版)一书的省情篇部分，报告认为在全方位开放的今天，山西如何正确认识自己在全国的地位和角色，如何发挥自身的比较优势，找准产业定位，在发展山西中服务全国，在服务全国中振兴山西，不断提高山西人民的生活质量和水平是今后山西发展中的一个重大问题。王清宪撰写的《营造浓厚氛围形成强大合力》、令政策撰写的《对促进山西崛起的几点认识》、李留澜撰写的《建设新型智库服务山西崛起》、张复明撰写的《中部崛起与山西经济结构调整》、齐峰撰写的《振兴文化产业实现山西崛起》、原梅生撰写的《打造企业品牌增强企业竞争力》、张新伟撰写的《努力打造全国一流开发区》、曹煜撰写的《在推进操作层面落实上求突破》(均载《前进》2006年第8期)，这些文章都是在2006年7月7日，省委宣传部召开的“贯彻省委八届九次全会精神实现山西崛起座谈会”上省城部分专家学者从不同层面、不同角度提出的有价值的观点、意见和建议，对于深化对山西实施中部地区崛起战略的重大理论问题和实际问题的研究起了积极的推动作用。宋新海撰写的《促进中部崛起是中国走向现代化的必然选择》(《理论探索》2006年第4、期)，改革开放以来，中国在推进现代化建设的过程中走的是一种非均衡的梯度发展道路，形成了中部塌陷的现象。促进中部崛起体现了中国现代化由局部地区向全国整体的扩展，也体现了中国现代化由下游产业向上游产业的回溯，还体现了中国现代化所要求的国内市场与国际市场的对接。凌日平撰写的《“中部崛起”战略：障碍和发展取向》(《经济问题》2006年第9期)，原喜泽与孙晓芳撰写的《中部地区城市发展的道路选择》和金银焕撰写的《在转型跨越崛起中加快建设新山西》(载《理论探索》2006年第5、6期)，藉振芳撰写的《加强中部区域旅游协作促进山西旅游产业发展》(《前进》2006年第6期)。(霍春英)

## ·有关构建“大太原”经济圈的研究·

**【构建“大太原”的探索】** 2006年初，山西省“十一五”规划提出，大力推进构建“大太原”经济圈，引起学术界的热切关注，许多专家学者就此问题进行了深入研究探讨。李淳、任永岗撰写的《构建“大太原”经济区加快太原都市圈发展》(《太原日报》2006年6月23日)和《“大太原经济区”与山西中部崛起》(《理论探索》2006年第2期)，后文认为，依托中心城市构建“大太原经济区”，加快都市圈发展，是实现山西中部崛起战略、加快全省经济快速健康持续发展的重大举措。“大太原经济区”包括“一个核心”和“两个圈层”。构建“大太原经济区”需要实施以一体化为核心的战略措施。李青丽撰写的《对发展城市都市圈的思考　以太原为例》(《经济问题》2006年第7期)，就太原都市圈的范围、功能定位、建构层次、划分及空间联系方式构建进行讨论，并对都市圈发展的若干关键问题进行探讨。谭克虎和史铁成撰写的《“十一五”时期太原市特色产业体系构建初探》(《山西大学学报》2006年第6期)，文章首先研究了特色产业的内涵及构成以及特色产业体系的研究方法，接着对太原市优势性产业进行了科学定量分析和选择，其次对太原市的独特性产业即旅游服务业进行了论证说明，最后提出了由13个特色产业构成的太原市"十一五"时期的特色产业体系。谭克虎和吴昊撰写的《"十一五"时期太原市重点产业选择的约束条件》和刘晔撰写的《"十一五"期间提高山西可持续发展能力途径的探索》(《经济问题》2006年第5、8期),前文为太原市发展和改革委员会"十一五"规划前期研究课题《"十一五"时期太原产业定位与构建省会城市特色产业体系研究》成果之一;后文根据山西省委关于制定国民经济和社会发展第"十一五"规划的建议确定的工作重点和目标,提出山西"十一五"期间推进循环经济和节约型经济发展的对策建议。白晋虎和边素庭撰写的《太原建设创新型城市若干问题初探》(《前进》2006年第5期),文章就太原市建设创新型城市的重要意义、目标设计、工作重点等进行了较全面深入的探讨。柏亚华与容和平撰写的《太原市私营经济发展战略思考》(《理论探索》2006年第5期),目前太原私营经济发展迅速,呈现出逐年上升的势头。但是,私营企业规模不够大,以小型企业为主,而且批发零售业占据主导地位,资源性特色较浓。针对现状,要提高全市私营经济发展规模、档次和效益,政府及相关职能部门和私营企业都要积极行动起来,以便更好地提高私营企业的核心竞争力。崔树敏撰写的《新时期太原城市特色定位的几点思考》(《前进》2006年第4期),范富撰写的《太原产业集群化初探》(同上,第6期),孟宪玲撰写的《建设"太原经济圈"的思路与举措》(同上,第10期)。(霍春英)

·关于能源经济学的研究·

【山西省建设新型能源基地】"十一五"时期,山西省确立了"走科学发展之路,建设新型能源基地"的发展新思路,煤炭及煤化工产业是山西省"十一五"能源产业的发展重点。由李留澜和王宏英主持的《煤炭行业发展趋势及建设银行对策研究》、《煤化工行业发展趋势及建设银行对策研究》为山西省建设银行重点课题,2006年已完成。课题研究立足煤炭、煤化工产业,从行业发展环境、生产供需状况、竞争力及市场前景等方面,分析煤炭、煤化工行业发展趋势对银行业务增长机会的影响,为山西省建设银行煤炭、煤化工金融业务发展提供了急需的、切实可行的对策建议和对策构思,成为省建设银行各级实施煤炭、煤化工金融业务的指导,成为建行金融业务具体操作中的基础,对增强国内煤炭、煤化工行业的综合竞争力和整体效益具有重大的现实指导意义。由李留澜主持的《山西经济社会发展水资源支撑能力分析报告》与王宏英和焦有梅主持的《山西能耗指标测算及节能潜力分析》及董继斌和王宏英主持的《山西焦炭组建方案》以及王宏英和葛维琦主持的《山西省节能十大重点工程》均为于幼军省长批示的重点研究项目,2006年已完成。这些课题的研究对省政府全面把握与重新认识本省经济社会发展中面临的制约因素、能源消耗的真实水平及规划与部署重点行业的工作具有直接影响力,对实现"十一五"时期全省能耗目标,提高山西省可持续发展能力,将提供重要的理论支撑。由山西省发展和改革委员会能源处牵头、王宏英任课题组长的《山西省替代能源发展专项规划》和《山西省可再生能源发展专项规划》为张宝顺书记和于幼军省长批示的研究项目,2006年已完成。该课题通过深入研究国内外以及山西省替代能源和可再生能源开发现状,提出山西省替代能源和可再生能源开发利用的战略思路、目标、工作重点和政策建议,将为山西省替代能源和可再生能源的健康发展提供有力的战略规划指导。冯卫红和王红撰写的《世界石油安全走势与我国的能源安全问题》(《理论探索》2006年第4期),我国能源消费对石油的依赖性越来越强,从国内外多角度构建以石油为主的能源安全保障体系,对我国的经济发展至关重要。李慧撰写的《山西省煤炭产业可持续发展问题研究》(《科学之友》2006年第9期),陈红爱撰写的《工业化进程与农村环保和农民健康研究》(《理论探索》2006年第4期),从环境污染与人体健康、山西农村环境污染与农民身体健康、工业卫生与农民工职业病、防治农村环境污染与保护农民健康的对策与建议等4方面进行了探讨。姚仲恺撰写的《能源经济发展战略中的利益分配问题探析——以山西为例》(《经济问题》2006年第7期),山西作为一个能源大省,要落实科学发展观,实现社会、经济、人口、资源、环境的协调发展,必须解决好能源经济发展过程中的利益分配的均衡问题。刘大山撰写的《对环境空气日报监测点位管理的有效途径》和康慧萍撰写的《清洁生产是实现可持续发展的基础》(《山西能源与节能》2006年第1期),前文探讨了环境空气日报监测点数量的确定,高度和开阔度的要求及附近环境等合理有效的管理措施,以实现对环境空气日报监测点位的规范化管理;后文提出了清洁生产是达到经济社会协调发展的基础。加强管理,推行清洁生产,合理利用资源,改进技术与生产工艺,并以立法支持,是实现清洁生产的途径。实现清洁生产能提高企业的市场竞争力,实现经济、社会和环境效益的统一。倪先峰撰写的《煤炭企业能源转换与节能》和李雅琴撰写的《开展清洁生产是实现可持续发展的必由之路》(同上,第2期),盛若虹撰写的《山西省地下水污染特征及原因分析》和王冀平与刘晓颖撰写的《对农村生态环境保护的思考》(同上,第3期),焦有梅与白慧仁撰写的《山西节能降耗形势与措施探析》和李素英撰写的《抓住机遇开展室内环境监测》(同上,第4期),韩勇鸿撰写的《山西加快建设资源节约型和环境友好型社会刍议》和狄重阳撰写的《打造环境友好型化工企业促进绿色太原健康发展》(《前进》2006年第7期)。

(霍春英)

## 社科活动

【获奖奖项】2006年,由教育部组织的第四届高校人文社会科学研究优秀成果奖评奖活动中,山西省共有4项成果获奖,即山西大学郭贵春教授的专著《科学实在论的方法论辩护》获哲学类一等奖,山西师范大学车文明教授的专著《20世纪戏剧文物的发现与曲学研究》获二等奖,山西大学刘毓庆教授的专著《从经学到文学》和侯怀银教授的论文《20世纪上半叶教育学在中国引进的回顾与反思》获三等奖;由山西省教育厅组织的第四届山西省高校人文社会科学研究优秀成果奖评奖揭晓,共有106项成果获奖,其中一等奖40项,二等奖44项,三等奖22项;由中共山西省委宣传部组织的山西省第七届精神文明建设"五个一工程"优秀作品评选活动中,又有28篇理论文章获奖;由山西省社会科学学会联合会组织的每年一度的"百部(篇)工程"优秀成果奖评奖揭晓,2006年度共有146项成果获奖,其中荣誉奖5项,一等奖30项,二等奖44项,三等奖67项。

高等学校教学名师奖颁奖大会于2006年9月9日在北京人民大会堂隆重举行。山西农业大学董常生教授荣获“名师奖”，成为山西省首位获此殊荣的高校教师；2001～2003年度“赵树理文学奖”颁奖大会于2006年5月12日在太原隆重举行，山西省王相夫、鲁顺民、金所军等27位作家获此殊荣，这是山西省具有最高荣誉的文学奖项之一；段崇选的专著《土色土香的农村画卷——马峰小说艺术论》2006年荣获“中国当代文学研究第10届优秀成果奖”，本届获奖的共有13部个人论著；杨荣星的专著《中国学报编辑学导论》，2006年荣获了全国优秀编辑学论著一等奖；陈晋胜的专著《警察法学概论》，2006年荣获第二届全国法学教材与科研成果三等奖；岳谦厚2006年获霍英东教育基金第十届高等学校教师（教学类）三等奖。（霍春英）

**【积极开展丰富多彩的学术活动】** 2006年在山西召开的学术会议主要有：省城社科界树立社会主义荣辱观研讨会，首届荀子文化研讨会，全省先进性教育活动与先进性建设理论研讨会，煤矸石综合利用国际研讨会，全国城市人口和计划生育改革与发展研讨会，全国郝经暨金元文化学术研讨会，纪念章太炎先生逝世70周年国学国际研讨会，佛教本土化与晋阳文化嬗变学术研讨会，纪念赵树理诞辰100周年座谈会，第六届中国律师论坛，山西新型能源和工业基地可持续发展高层论坛，首届中国（山西·安泽）荀子文化节高层论坛。（霍春英）

**【定期开展社科专业技术职务的评审】** 2006年8月9日，经山西省社会科学研究系列高级职务评审委员会评审通过，报山西省人事厅批准，山西社科研究系列又有李留澜、贾桂梓、张保华、韩克勇、刘晓丽、王利波、王鸿、王瑞娟、王新锁、王家进、王新义、雷天才、任月勤等13人取得研究员任职资格，渠性英等7人取得副研究员任职资格。（霍春英）

**【山西经济高峰论坛第12次活动隆重举行】** 由山西财经大学、山西省社科联、中国国情与发展研究所等单位联合举办的山西经济高峰论坛第12次活动于2006年2月10日在太原隆重举行。来自政界、学界和企业界的代表共100余人参加了会议。本次论坛的主题为：“山西国民经济与社会发展十一五展望”，围绕主题，专家学者分别就未来5年国民经济与社会的总体发展、未来5年的山西高等教育、2006年山西经济走势以及未来5年太原市的经济与社会发展等问题等进行了充分研讨。山西经济高峰论坛创办于2002年。据了解，作为全省唯一的综合性、权威性的大型学术论坛，目的是为政府、企业、专家学者提供一个高层沟通平台，为全省或区域经济发展服务。据悉，2006年的山西经济高峰论坛，将秉承4年来形成的论坛风格，紧紧围绕省委、省政府关于建设新型能源和工业基地所涉及的重大问题，为学者、官员、企业家继续搭建共商国是与高层沟通平台，促进山西经济与社会的全面发展。（霍春英）

**【山西省县域经济促进会成立】** 山西省县域经济促进会成立大会暨第一次会员代表大会于2006年4月13日在晋城市召开。省委常委、常务副省长范堆相出席，范堆相和省长助理刘俊谦等分别当选为山西省县域经济促进会会长、副会长。

县域经济促进会是沟通政府与企业及社会各界的桥梁，是山西省从事县域经济研究和解决发展中突出问题的重要平台；促进会的成立是山西省全面推进经济结构调整，加快县域经济发展步伐，不断提供构建社会主义和谐社会能力的重要举措，对科学、系统地研究，组织、协调各种资源，促进山西省县域经济的发展，将产生积极作用。（霍春英）

**【省城社科界树立社会主义荣辱观研讨会】** 由山西省社科联举办的“省城社科界树立社会主义荣辱观研讨会”于2006年4月18日在太原召开。来自省城各大专院校、科研院所、党政部门、社科学会的部分专家学者，从政治学、经济学、社会学、法学等不同角度剖析社会现象，阐述以“八荣八耻”为主要内容的社会主义荣辱观的理论和现实意义，并紧紧围绕深入学习、研究、宣传、恪守以“八荣八耻”为主要内容的社会主义荣辱观，树立和谐、文明的社会主义道德风尚展开了热烈的讨论。大家认为，要在全社会尤其是在领导干部中，大力宣传、普及、倡导以“八荣八耻”为主要内容的社会主义荣辱观，使之成为人人皆知、普遍奉行的价值准则和行为规范，以此全面推动社会主义和谐社会的建设。（霍春英）

**【全省先进性教育活动与先进性建设理论研讨会】** 山西省先进性教育活动与先进性建设理论研讨会于2006年4月26日在太原召开。出席会议的有省委先进性教育活动领导小组成员，省直各委、办、厅、局、各人民团体党组（党委）主要负责同志，驻并省管国有企业和本科院校党委书记，省委及各市委先进性教育活动领导小组办公室负责同志，党的先进性建设理论成果获奖代表和个人、部分课题组成员共300余人。省委副书记、省纪委书记、省委先进性教育活动领导小组副组长金银焕主持会议，省委书记、省人大常委会主任、省委先进性教育活动领导小组组长张宝顺作重要讲话。会议的主要任务是，以保持共产党员先进性为主题，从历史与现实、理论与实践、集中教育与常抓不懈的结合上，进一步深化对党的先进性建设的重要意义、科学内涵、根本要求、实现途径等一系列重大问题的认识和理解，巩固和发展先进性教育活动的实践成果、制度成果、理论成果，把党的先进性建设不断推向前进，为经济社会又快又好发展提供坚强保证。

在“保持共产党员先进性教育活动与党的先进性建设”征文活动中，共评选出92篇获奖论文，会议对作者予以表彰。优秀论文作者代表还进行了典型发言。（霍春英）

**【红军东征纪念馆正式落成揭牌】** 2006年5月12日，坐落在山西永和县阁底乡东征村的红军东征纪念馆正式落成揭牌。临汾党政领导、老红军代表及当地群众上千人，参加了临汾市纪念红军东征胜利70周年暨红军东征纪念馆揭牌仪式。

1936年中央红军东征期间，在永和与敌激战数十起，歼敌千余人。毛泽东在永和境内工作和战斗了13天，路经永和40多个村，行程100余公里，还在阁底乡东征村居住，从于家咀渡口顺利西渡，胜利完成了东征的战略任务。

永和县委、县政府从2005年起筹资260万元，对原东征纪念馆进行了大面积修缮，使其成为一部直观生动的历史教科书和爱国主义教育基地，激励着临汾人民向着“中部领先，进军百强”的目标推进。（霍春英）

**【山西大学哲学博士学位授权一级学科揭牌】** 山西大学哲学博士学位授权一级学

科揭牌仪式于2006年6月16日在并举行，这标志着山西省人文社科类一级学科博士硕士学位授予权实现了零的突破。山西大学哲学学科此次获评博士硕士学位授权一级学科，意味着除已有博士硕士学位授予权的科技哲学外，包括马克思主义哲学、西方哲学等在内的该学科下属的7个二级学科专业均拥有了博士硕士学位授予权。在教育部最近的学科综合排名中，山西大学哲学学科位列第九。

（霍春英）

**【煤矸石综合利用国际研讨会】** 由亚洲开发银行、山西省发展和改革委员会、山西省社会科学院联合主办，山西省社会科学院能源研究所具体承办的“煤矸石综合利用国际研讨会”于2006年6月21日～22日在山西太谷梅苑山庄举行。来自国内外的专家学者120余位代表出席。会议由山西省社会科学院院长李留澜和山西省发改委总经济师程泽业主持。与会代表围绕煤矸石综合利用现状与政策、存在问题、技术流程、发展前景等多方面问题进行了较深入的研讨和论证。此次会议的召开，对于促进山西省乃至全国煤矸石的综合开发利用及对山西新型能源与工业基地的建设具有重要的意义，必将产生深远的影响。（霍春英）

**【全国城市人口和计划生育改革与发展研讨会】** 全国城市人口和计划生育改革与发展研讨会于2006年6月27日～29日在太原召开。国家人口计生委主任张维庆、副省长胡苏平出席会议并讲话。会议深刻分析了当前工作面临的形势和挑战，提出了“十一五”期间的战略目标，并对城市人口和计划生育工作提出要求和希望。会议提出了人口计生工作在新阶段的6项战略任务：努力稳定来之不易的人口低生育水平；大力提高出生人口素质；推进关爱女孩行动，综合治理出生人口性别比偏高的问题；深化流动人口计划生育管理体制改革；加强人口发展战略研究，落实人口发展规划；积极应对人口老龄化。

（霍春英）

**【三晋文化品牌创新论坛】** 由中共山西省委宣传部、山西省文化厅、山西省旅游局联合主办的“2006国雅·三晋文化品牌创新论坛”于2006年6月30日在太原举办。省政协副主席张正明参加了论坛并发言。与会专家认为，如何使山西省丰富的文化资源转化为文化产品，打造山西文化产业品牌，把文化产品更全面的转入消费市场并进行品牌保护，是当前面临的重要课题。与会专家还就文化商品市场现状、政策扶持、研制开发等进行了广泛深入的探讨。（霍春英）

**【山西大同大学正式挂牌】** 经教育部批准，山西大同大学于2006年7月1日正式挂牌。省长于幼军致信祝贺，省委副书记云公民，省人大常委会副主任王昕、赵劲夫，副省长张少琴出席挂牌仪式。

山西大同大学是经教育部批准，由原雁北师范学院、大同医学专科学校、大同职业技术学院、山西工业职业技术学院4校合并组建的多学科大学，共设政法、文史、工学、农学、医学等16个二级学院，35个本科专业。（霍春英）

**【全国郝经暨金元文化学术研讨会】** 由山西大学文学院、三晋文化研究会、晋城市委宣传部、陵川县委县政府共同主办的全国郝经暨金元文化学术研讨会于2006年8月11日～15日在山西陵川县召开。来自国内高等院校及文化研究机构的80余名专家学者及个别国外学者出席了这次学术盛会，并就郝经的文学成就、理学思想、史学观念、政治影响以及陵川在金元文化中的地位和影响等课题进行了较深入广泛的探讨。

郝经，山西陵川县人，是元代著名的思想家，在哲学、文学、历史、政治学、军事学以及天文星象方面都有很深造诣，著述颇丰，他的《陵川集》和《续后汉书》，建国后被列为“国学基本丛书”。陵川县境内文物古籍众多，明清以前的古建筑达1300多处，其中金元时期的古建筑有40多处，被誉为金元古建筑的地上博物馆。这次研讨会的成功举办，对于整合郝经研究队伍，弘扬郝经人文精神，总结郝经研究成果，推动郝经和金元文化研究，提升晋城市和陵川县的知名度都有积极的社会政治文化意义。（霍春英）

**【纪念章太炎先生逝世70周年国学国际研讨会】** 由山西大学主办、山西大学文学院承办、杭州章太炎纪念馆协办的纪念章太炎先生逝世70周年国学国际研讨会于2006年8月16日在太原隆重开幕。来自中国社会科学院、中国艺术研究院及复旦大学、清华大学等30余所高校和科研文化单位的专家教授，以及来自日本、韩国的知名学者参加了研讨会。与会专家围绕章太炎先生的生平思想、学术成就、治学方法以及“国学”的基本内涵、当代意义，如何对待“国学”等议题进行了深入探讨。（霍春英）

**【姚奠中艺术馆正式开馆】** 2006年8月16日，姚奠中艺术馆在山西大学正式开馆。省委副书记薛延忠发来贺信，省人大常委会副主任赵劲夫、副省长张少琴、省政协副主席周然、省级老领导李玉明和姚奠中等出席。来自全省及全国书法界、国学研究领域的专家欢聚一堂，共同庆祝姚奠中艺术馆正式开馆。

2006年93岁高龄的姚奠中先生是著名的学者、教育家、书法家，他是章太炎先生平生晚年招收的7名国学研究生之一。1951年以来，姚奠中先生一直任教于山西大学中文系，桃李满天下，其诗、书、画、印被专家们称为“四绝”。这次他将价值100多万元的180件作品，捐赠给山西大学作为永久陈列，这对广大师生继承国学精髓、弘扬三晋文化、传承华夏文明具有重要意义。（霍春英）

**【第四届“三北”地区省级党校常务副校长座谈会】** 第四届“三北”地区省级党校常务副校长座谈会于2006年8月18日在太原开幕。来自华北、东北、西北地区15所省级党校的常务副校长及分管教学、科研的负责同志，省直有关部门负责同志等70余人出席了座谈会。中共中央党校常务副校长苏荣，副校长王伟光，省委副书记、省委党校校长金银焕出席会议并讲话。会议交流了地方党校教学改革和科研再上新台阶的做法和经验，研讨了进一步深化党校教学、科研改革的途径与措施。（霍春英）

**【佛教本土化与晋阳文化嬗变学术研讨会】** 佛教本土化与晋阳文化嬗变学术研讨会于2006年8月20日在太原晋祠宾馆开幕。来自省内外30余位专家学者和佛教界人士出席会议并参加研讨。省委常委、太原市委书记申维辰到会并作了重要讲话。会议围绕佛教文化在晋阳文化发展中的影响、太原佛教在中国佛教发展史上的地位、佛教在当代社会文化建设中的价值等问题进行了较深入的理论研讨。

佛教自汉代传入中国距今已有2000多年的历史，山西是佛教最早传入中国的地区之一，在佛教盛行的唐代，太原曾是全国佛教活动中心之一。太原建城也有2500多年。在历史的长河中，太原积淀了丰富的文化资源和深厚的文化传统。其中，佛教文化对太原的经济、社会、文化、建筑等方面的发展也产生了一定的影响。（霍春英）

**【纪念赵树理诞辰100周年座谈会】** 由中国文联、中国作协、山西省委、省政府共同主办的"纪念人民作家"赵树理诞辰100周年座谈会于2006年9月22日在省城隆重举行。中共中央政治局委员、书记处书记、中宣部部长刘云山为会议发来贺信。省委书记、省人大常委会主任张宝顺，中国作协党组书记、常务副主席金炳华，省委副书记金银焕，中国文联党组副书记、副主席覃志刚，副省长张少琴，省政协副主席吴锦文，中宣部文艺局局长杨志今，北京市文联党组书记朱明德，省直有关部门和单位领导，赵树理的家属代表及家乡晋城市的领导和代表，省城部分作家、艺术家、评论家和新闻记者100余人参加了座谈会。座谈会由金银焕主持，张宝顺在会上发表讲话。金炳华、覃志刚及北京市文联党组书记朱明德，三晋文化研究会会长李玉民，省文联主席李才旺，中国作协副主席、省作协主席张平，省史志院院长樊吉厚，"山药蛋派"老作家胡正，赵树理的家乡代表、晋城市委书记李雁红及赵树理的家属代表赵二湖先后在座谈会上作了发言，共同纪念人民作家赵树理，缅怀他对中国文学和"山药蛋"文学流派做出的杰出贡献。（霍春英）

**【第六届中国律师论坛】** 第六届中国律师论坛于2006年9月23日～24日在省城举行。来自全国及港澳台和海外的1000多名律师、法学家、法律机构、法学团体代表参加论坛。省长于幼军出席欢迎晚宴并致辞，副省长胡苏平出席论坛开、闭幕式并主持欢迎晚宴。与会代表围绕"十一五"法制建设和法律服务的主题，结合律师工作的特点，对律师业"规范·规划·规则"的发展趋势展开激励论述。论坛的成功举办，为来自全国各地的律师、专家、学者提供了学术交流的机会，也为我国"十一五"期间的法制建设积极出谋划策。会议决定，第七届中国律师论坛将于2007年在银川举行。（霍春英）

**【山西新型能源和工业基地可持续发展高层论坛】** 由山西省社会科学院和山西省史志研究院共同发起并举办的首届山西新型能源和工业基地可持续发展高层论坛于2006年9月25日在太原举行。来自省内外的专家学者100余人出席。省委书记张宝顺会前接见了部分专家，省委常委、秘书长申联彬参加。国家统计局原局长张塞、中国科学院可持续发展战略研究组组长牛文元、国家法改委能源研究所所长周大地、中国社会科学院工经所区域经济研究室主任魏后凯、中国国情研究所所长贾文广等发表专题演讲。专家在谈到构建新型能源和工业基地可持续发展时，认为山西应从5个方面发展：1.以山西为中心的区域能源集群经济战略部署；2.实现世界能源知识市场的交易平台和高段产业孵化基地；3.建立国家环境友好实验区；4.投建中国第一个氢能发电站实现温室气体零排放；5.中国面积和数量最大的东方古文化产业基地。（霍春英）

**【首届中国（山西·安泽）荀子文化节高层论坛】** 2006年9月26日～27日，首届中国（山西·安泽）荀子文化节高层论坛在荀子故里山西安泽县举行。来自全国的专家学者参加了这一文化盛会。大家就荀子的生平、事迹、思想及其影响等进行了较全面、深入的探讨，并对如何进一步深化荀子研究、提高荀学研究水平等提出了宝贵意见。这是一次思想活泼、成果丰硕、令人振奋的学术研讨盛会，对于今后荀子思想的研究、荀子故里安泽的社会文化发展，都将产生深远影响。对于本次高层论坛的举行，与会专家学者予以高度评价，认为此次论坛的召开可以有力地推动荀子思想的研究。（霍春英）

**【山西省首期高校哲学社会科学教学科研骨干研修班开班】** 山西省首期高校哲学社会科学教学科研骨干研修班于2006年12月13日在山西省委党校开班。来自全省23所高等院校的100余名学员将参加为期10天的研修。副省长张少琴主持，省委常委、宣传部长高健民出席并讲话，高健民希望学员们深入思考，积极研讨，大力弘扬马克思主义学风，在理论联系实际上下工夫，就要紧密联系思想理论领域的实际，坚持用马克思主义一元化的指导思想引领多元化的社会思潮；紧密联系思想实际，树立正确的世界观、人生观、价值观；紧密联系教书育人的工作实际，培养合格的社会主义建设者和接班人；紧密联系山西省学科建设和队伍建设的实际，努力繁荣发展山西省哲学社会科学事业；紧密联系山西省改革发展的实际，为加快科学发展、构建和谐山西提供更好的服务。（霍春英）

**【山西文学院院刊《晋》面世】** 由山西省作家协会、山西文学院于2006年12月共同创办的大型刊物《晋》面世。该刊为大16开本，250个页码。山西省"人民作家"胡正、省作协党组书记李福明、省作协主席张平均为刊物题词。本期刊物上，集中展现了山西省作家的最新力作。作为山西文学院的院刊，该刊立足于反映山西省作家的精品、力作，关注山西省的文化建设，力争成为山西省作家出精品、推新人的一个重要的新阵地。（霍春英）

**社科活动列表**

表30

| 序号 | 篇　　称 | 时　间 |
|---|---|---|
| 1 | 山西经济高峰论坛第12次活动隆重举行 | 2006.2.10 |
| 2 | 山西省县域经济促进会成立 | 2006.4.13 |
| 3 | 省城社科界树立社会主义荣辱观研讨会 | 2006.4.18 |
| 4 | 首届荀子文化研讨会 | 2006.4.20 |
| 5 | 全省先进性教育活动与先进性建设理论研讨会 | 2006.4.26 |

续表30

| 序号 | 篇　　称 | 时　间 |
|---|---|---|
| 6 | 红军东征纪念馆正式落成揭牌 | 2006.5.12 |
| 7 | 山西大学哲学博士学位授权一级学科揭牌 | 2006.6.16 |
| 8 | 煤矸石综合利用国际研讨会 | 2006.6.21～22 |
| 9 | 全国城市人口和计划生育改革与发展研讨会 | 2006.6.27～29 |

续表 30

| 序号 | 篇　　称 | 时　间 |
|---|---|---|
| 10 | 三晋文化品牌创新论坛 | 2006.6.30 |
| 11 | 山西大同大学正式挂牌 | 2006.7.1 |
| 12 | 全国郝经暨金元文化学术研讨会 | 2006.8.11～15 |
| 13 | 纪念章太炎先生逝世70周年国学国际研讨会 | 2006.8.16 |
| 14 | 姚奠中艺术馆正式开馆 | 2006.8.16 |
| 15 | 第四届"三北"地区省级党校常务副校长座谈会 | 2006.8.18 |
| 16 | 佛教本土化与晋阳文化嬗变学术研讨会 | 2006.8.20 |

续表 30

| 序号 | 篇　　称 | 时　间 |
|---|---|---|
| 17 | 纪念赵树理诞辰100周年座谈会 | 2006.9.22 |
| 18 | 第六届中国律师论坛 | 2006.9.23～24 |
| 19 | 山西新型能源和工业基地可持续发展高层论坛 | 2006.9.25 |
| 20 | 首届中国（山西·安泽）荀子文化节高层论坛 | 2006.9.26～27 |
| 21 | 山西省首期高校哲学社会科学教学科研骨干研修班开班 | 2006.12.13 |
| 22 | 山西文学院院刊《晋》面世 | 2006.12 |

# 著作选介

**【《知识分子论》简介】** 原方著（上海三联书店出版），全书分为12章36节，共28万字。关于知识分子问题，是当前的热点问题，也是学术界最难研究的问题之一。该书作者知难而进，敢思前人之未思，敢为前人之未为，从历史与现实相结合、理性与实践相结合、客观与主观相结合、事件与人物相结合的多元层面上，考察了知识分子概念的来源，分析了知识分子的特质，阐发了知识分子的伦理，研究了儒家文化对知识分子世界观的影响，论述了近现代知识分子价值观的冲突，探讨了当代知识分子的结构、境遇与使命，提出并回答了一系列具有现实社会意义和实践应用价值的知识分子命题，其对为政、为学、兴国、兴业均有迪悟和启示。该书是一部研究知识分子的杰作。全国哲学社会科学规划办公室主任张国祚为该书作序。

（霍春英）

**【《聚焦廉政文化》简介】** 贾桂芝主编（山西人民出版社，2006年版），全书分为6章，近20万字。该书对于廉政文化建设这一关乎党风廉政建设、关乎构建惩治和预防腐败体系的重大理论问题进行了较深入的探索，从廉政文化建设和反腐倡廉实践的结合上展开较为系统的研究，取得了具有创建性的理论成果。该书是目前理论界和学术界在廉政文化研究方面的最新探索，对于在全社会特别是在广大党员领导干部中加强社会主义荣辱观教育、推进新时期廉政文化建设，对于建立健全教育、制度、监督并重的惩治和预防腐败体系，都是很有意义的。（霍春英）

**【《社会和谐论》简介】** 李益荣著（山西人民出版社，2006年版），全书分为12章，共53.3万字。该书作者科学地、实事求是地分析了影响我国社会和谐的主要矛盾和问题，深入探讨和剖析了产生这些矛盾和问题的社会历史原因，提出了解决矛盾、化解冲突、求得和谐的6条基本思路和主要对策，主要包括：人与自然和谐相处方面，民主法制方面，公平、正义方面，诚信友爱方面，充满活力方面和安定有序方面。该书在理论上的创新主要体现在6个方面：1.对和谐社会的基本特征概括为人的自我和谐、人与人之间的和谐、人与自然的和谐、人与社会的和谐、国家之间的和谐，从而奠定了全书的基本结构和理论框架；2.系统地阐述了一分为三的和谐思维方式；3.提出以中国传统文化为基础，重树民族信仰，重振民族精神；4.指出21世纪应该是各国文化，特别是中西文化融合的时代；5.提出了创建和谐人生的思想；6.提出以"我为人人，人人为我"作为社会主义道德的核心。此外，该书作者对许多社会现象和存在的问题进行了深入思考，并且有针对性地提出了一些颇有见地的建议。该书的出版发行，对于深入学习领会党的十六届六中全会精神、促进构建社会主义和谐社会，有着重要的现实意义。（霍春英）

**【《云冈石窟编年史》简介】** 张焯著，该书的出版是云冈研究史上的一大收获，对开凿石窟的我们的先人、对承继这份厚业的今人、对国人，乃至对世界石窟研究，都是做了一件功德无量的好事。

该书从编注这个角度而言是科学的，作者就大量的古典文献中做了大量的检索工作，该书最让人服膺之处是让古代典籍说话，作者不但从头到尾检索了包括《二十五史》在内的众多的古代典籍，而且几乎查遍了所有与云冈有关的野史杂著，工作量之大、史籍之繁杂，需要精深的治学方法在做底，由此也可以看出作者治学精神的严谨与史学功底的厚实。该书从学者研究云冈这一角度而言，更可以说是一本难得而其他书籍不可或替的指导性著作，它的出版，方便了多少学者的查阅，澄清了多少史学上的疑难，理清了多少史学研究上的纠纷。只"方便"二字，便功德无量。只"澄清"二字，便节省了多少人翻故纸堆的时间。（霍春英）

**【《虞舜文化研究集》简介】** 中国先秦史学会、山西运城盐湖区委宣传部共同编纂（山西古籍出版社，2006年版），全书80余万字，共收集全国26个省、市自治区100多位先秦史专家、学者的论文100篇，汇集了虞舜文化研究的最新成果，特别是对舜帝道德文化的形成、发展以及对中华文明的贡献和影响，提出了许多精辟独到的见解，同时对舜帝的出生、成长、为政、修养、卒葬等一生的活动遗迹进行了深入研究论证，具有较高的学术价值。

该书的出版，将对丰富虞舜文化内涵，确立铭条舜帝陵的历史地位，提高运城市及盐湖区的知名度，提升该市的文化品位起到重要作用。（霍春英）

**【《山西人才资源状况》简介】** 该书共分5个部分，由序言、前言、山西人才资源基本状况、山西人才队伍建设课题研究和山西省2004年人才资源统计简要资料构成。该书全面细致地展示了山西省人才资源的新面貌、人才资源的新变化、人才开发的新步伐、人才政策措施的新进展和人才队伍建设的新成效，分析了"十一五"期间山西省人才工作面临的新形势，提出了"十一五"山西省人才工作的总体目标和主要任务。该书是山西省第一本描绘未来5年人才开发蓝图的蓝皮书。该书首次全面、系统、翔实地反映了山西省人才资源的基本状况，也第一次摸清了山西省人才资源的家底。它的出版发行，使山西成为全国发布人才资源状况最早的省份。

（霍春英）

**【《太原人物》简介】** 太原市政府地方志办公室编著，该书根据《太原市志》第七册中的人物卷缩编而成。共收录了太原发展史上有过突出贡献和重大影响的古今人物320人，每人均配有精美插图。这些人物既包括太原籍人士，也有在太原长期工作生活过的重要人物。所收人物上迄春秋战国，下至公元1996年。全书以1840年为界，分为古代部分和现代部分。该书是继《太原春秋》之后，又一本介绍2500年晋阳历史的人物纪传体工具书。它的编辑出版，旨在大力开发晋阳文化资源，弘扬晋阳文化的优良传统，提升太原城市文化品位，增强太原市的吸引力、凝聚力和影响力。

（霍春英）

**【《中国民族民俗文物辞典》简介】** 宋兆磷、高可任主编，张建新任执行主编（山西人民出版社，2006年版），全书240余万字，是由全国500多位专家学者历时7年精心编撰而成的。该书内含我国56个民族的服装佩饰、饮食器具、家庭用具、居室陈设、礼仪器物、宗教器物、建筑实施等16大类民俗实物图文资料，共8000余条辞目，近4000幅墨线配图和实物照片。该书的出版，不但填补了我国民族民俗文物研究大型工具书的空白，而且第一次对全国56个民族的民俗文物进行了全面的整理、研究和展示。从这个意义上讲，进行这样一项艰巨而浩大的工程，无疑是一件"无愧于古人，有益于今人，传承于后人"的公德之举。其学术权威性、工作指导性和收藏鉴赏价值颇受国内外广泛关注。

（霍春英）

**【《中国社会变革的探索历程》简介】** 郭学旺著（中央文献出版社，2006年版），全书分为10章，是作者继其《毛泽东与中国社会的变迁》、《邓小平与中国社会的变迁》、《孙中山与中国社会的变迁》等专著之后，推出的深入研究中国社会变革与发展的又一部新著；是作者近年来，以近现代中国社会历史为基础，深化中国革命与社会变革研究成果的集中反映。综观全书，主要有以下特点：1.视野开阔，体系结构富有新意。该书涉及的学科领域包括哲学、经济、政治、文化、社会学等，纵横交错、史论结合、以论为主。在合理的体系结构中，体现着开阔的视野和鲜明的主题。2.内容广泛，直面重大现实课题。作者对于社会变革中的一些实际问题，努力给予科学回答；善于提炼社会变革中的重大理论和实践课题，以扎实的学术功底，展开深入的理论研究。3.资料丰富，学术价值较高。该书不仅参阅了许多经典作家的理论观点，而且运用广泛的文献档案、报刊资料和统计数字、调查材料。它的学术价值，除以社会学、政治学、经济学理论为基础，深化和细化社会变革的宏观与微观研究以外，还提出了许多有价值的学术观点。

（霍春英）

**【《新世纪长篇小说研究》简介】** 王春林著（北岳文艺出版社，2006年版），全书30万字，共分4个部分：即年度评述、知识分子精神的勘探与透视、乡村世界的描摹与展示、历史景观的再现与重构。既有"面"上的扫描与分析，也有"点"上的深入与洞见。

（霍春英）

**【《分工、比较优势与文化产业发展》简介】** 冯子标、焦斌龙著（商务印刷馆，2006年版），该书是一本纯粹的经济学著作，是运用经济学理论分析文化产业这一新型学科的理论专著。该书首先运用分工理论分析文化产业的兴起，通过历史考察，论证了社会分工演进与文化产业兴起的内在联系，得出文化产业的兴起是社会分工演进的结果的结论。在此基础上，运用比较优势理论分析文化产业发展战略，指出可以从要素禀赋、生产技术与生产方式、创新能力和经济发展水平等方面培育文化产业发展的比较优势。最后，通过对我国文化产业发展面临着与工业化、信息化与全球化多重因素关系的分析，认为我国发展文化产业的比较优势为丰富的文化资源和强劲的文化消费需求，我国文化产业发展应走以资源为依托的需求导向型模式。总之，该书从经济学的分工理论出发，尝试建立文化产业经济学理论框架，颇有新意。

（霍春英）

**【《有限的政府无限的服务》简介】** 樊文彬、耿建萍合著（中国财政经济出版社，2006年版）该书作者立足于中国的现实，对政府职能转变和创新领域进行了一些积极思考和大胆探索。从内容的设置来看，该书主要探讨了电子政务建设，建立没有围墙的政府；尝试契约化管理方式，实现政府和中介组织的合理分权；引导企业建立经济联盟，推动企业之间的良性竞争；创新政府技术创新管理体制，建立有效的产学研合作机制和体系；以企业和市场为核心，根据市场需求制订规划；引导企业做大做强技术中心，以及合理配置技术人才等方面的内容。该书以现代政府管理理论为指导，同时借鉴了制度经济学和发达国家的先进经验，提出了解决当前政府职能转变和创新过程中的一些重大问题。

（霍春英）

**【《循环经济：山西持续发展的必由之路》简介】** 李卫东彭建勋主编（中国社会出版社，2006年版），全书20章（分为上、中、下篇），共30万字。该书在树立循环经济理念，宣传普及循环经济知识，深化对循环经济发展特点和规律的研究，探索发展循环经济的途径和模式等方面进行了有益的探索。全书以科学发展观为指导，立足山西省情，对循环经济理论、国内外发展循环经济的实践作了比较系统的介绍，分析了山西省发展循环经济的重要性和必要性，总结了取得的初步效果和成功做法，对发展重点和政策措施提出了一些有价值、有见地的对策和建议，较好地实现了理论性和实践性的统一，将对山西省发展循环经济起到积极的促进作用。中共山西省委书记张宝顺为该书作序。

（霍春英）

**【《中国姓氏》简介】** 李吉、王岳红编著（中国社会出版社，2006年版），全书分为8章，共10万字。该书为中国民俗文化丛书之一种。中华姓氏源于上古，延续至当代。在人类历史发展的长河中，中国姓氏发展演变，延续传承，升华凝练，形成了一种内涵丰富、体例完整备、超越历史时空、跨越地域、包容社会各个层面的文化体系。该书集普及性与欣赏性于一体，从多个层面和角度对中国姓氏的起源、发展及姓氏制度的确立；姓氏的类别、特色及传承演变；姓氏的"胡汉互化"及民族特色；姓氏的迁徙流布及支派繁衍；姓氏的郡望、堂号及其文化内涵；宗祠、族谱、族

规、家训；姓氏楹联与字辈排行；历代姓氏学概述及著录提要等方面作了较为详细的介绍与深入的研究。（霍春英）

**【《阎锡山与山西抗战》简介】** 杨建中著（当代中国出版社，2006年版），全书分为9章，约28万字。该书作为我国学术界拥有的第一部独立成篇的关于阎锡山与抗日战争关系的史学专著，其出版不仅为我国的阎锡山研究填补了一项空白，而且由于此书在著述内容和学术观点方面的诸多创见，已成为一部具有开创性的史学力作。全书具有如下特点：第一，关于阎锡山抗战的动因。为了解释其动因，该书以“民族危机”与“生存危机”为切入点，对阎锡山在民族利益和集团利益之间所作出的轻重缓急的抉择，作了条分缕析，不仅深化了阎锡山研究，而且为研究阎锡山地方实力派在抗战中或抗战或投降的分化现象提供了有益借鉴。第二，关于阎锡山在抗战前期的表现。该书用了一半多的篇幅梳理了阎锡山在军事、政治、经济、民众动员方面推行的种种措施及其效果，剖析了其各种理论主张。对阎锡山在抗战前期的表现给予总体肯定，读来令人信服。第三，关于阎锡山“扶旧抑新”及阎日勾结问题。对这一敏感问题，作者将阎锡山在抗战中的表现划分历史时期，分别阐释。对其在发动反共浪潮中的见机行事，遇折而返，也作了理论剖析。而对引起学术界长期争论的“阎日勾结”问题，作者分析了中外史学界的各种观点后，作出了“不过是为了利用日军罢了，不能视为投降”的明晰结论。第四，关于史料采择问题。作者在史料搜求上不遗余力，全书引征资料达到100余种。著述性与资料性相得益彰，互为一体。（霍春英）

**【《财产征收研究》简介】** 阎桂芳、杨晚霞著（中国法制出版社，2006年版），全书分为4编、16章，即财产征收的基础理论研究；财产征收的具体制度研究；有关中外土地征收制度专题研究；财产征收救济制度研究。其内容基本涉及了有关财产征收法制建设方面的理论和实践问题。该著作与同类著作不同的是，它不是仅限于对有关财产征收制度的介绍和一般性研究，也不是仅仅对于具体问题的存在提出解决问题的对策与方案，而是从宪政理论与实践的高度，进行了理论上的充分阐述。通过理论上的充分论证，作者认为，有关财产征收制度的完善，涉及我国宪法所确立的公民权利的保障问题，它对于全国实现宪政目标有着基础的和重要的意义。特别是该书作者有关在《物权法》中制定补偿标准的建议、制定统一的《行政补偿法》和《公益征收法》的建议，对于加强我国财产征收法制建设，具有重要的实践参考价值。（霍春英）

**著作选介列表**

表31

| 序号 | 书　名 | 作　者 | 出版社 | 出版时间 |
|---|---|---|---|---|
| 1 | 《知识分子论》 | 原方著 | 上海三联书店 | 2006年 |
| 2 | 《聚焦廉政文化》 | 贾桂芝主编 | 山西人民出版社 | 2006年 |
| 3 | 《社会和谐论》 | 李益荣著 | 山西人民出版社 | 2006年 |
| 4 | 《云冈石窟编年史》 | 张焯著 | | 2006年 |
| 5 | 《虞舜文化研究集》 | 中国先秦史学会、盐湖区委宣传部共同编纂 | 山西古籍出版社 | 2006年 |
| 6 | 《山西人才资源状况》 | | | 2006年 |
| 7 | 《太原人物》 | 太原市政府地方志办公室编著 | | 2006年 |
| 8 | 《中国民族民俗文物辞典》 | 宋兆麟、高可主编 | 山西人民出版社 | 2006年 |

续表31

| 序号 | 书　名 | 作　者 | 出版社 | 出版时间 |
|---|---|---|---|---|
| 9 | 《中国社会变革的探索历程》 | 郭学旺著 | 中央文献出版社 | 2006年 |
| 10 | 《新世纪长篇小说研究》 | 王春林著 | 北岳文艺出版社 | 2006年 |
| 11 | 《分工、比较优势与文化产业发展》 | 冯子标、焦斌龙著 | 商务印刷馆 | 2006年 |
| 12 | 《有限的政府无限的服务》 | 樊文彬、耿建萍合著 | 中国财政经济出版社 | 2006年 |
| 13 | 《山西历史名人传》 | 刘纬毅主编 | 山西古籍出版社 | 2006年 |
| 14 | 《循环经济：山西持续发展的必由之路》 | 李卫东彭建勋主编 | 中国社会出版社 | 2006年 |
| 15 | 《中国姓氏》 | 李吉、王岳红编著 | 中国社会出版社 | 2006年 |
| 16 | 阎锡山与山西抗战 | 杨建中 | 当代中国出版社 | 2006年 |
| 17 | 财产征收研究 | 阎桂芳、杨晚霞 | 中国法制出版社 | 2006年 |

# 论文摘要

**【赵树理的文学理想与“新农村”理想】**（段崇轩《光明日报》2006年10月27日）回顾文学，回顾历史，不管是肯定者，还是批评者，都认为赵树理是一个独特的、伟大的作家。何以会有这样的共识？就是因为赵树理不仅有独创的文学，还有高尚的人格，不只有现实主义精神，同时有理想主义激情。文学理想与社会理想，在他那里是高度统一的。赵树理首先是一个农村工作者，然后才是一个作家，文学是为他的社会理想服务的，而在为社会理想的奋斗中又产生了他不朽的文学作品。赵树理是一个把自己的才华、智慧和生命，无私地奉献给农村和农民的杰出作家。当前，“新农村建设”再一次成为中国现代化进程中的重要战略目标，这是一项长期的、艰巨的历史任务，当代作家特别是写农村题材的作家，如何在新的形势和环境下，继承赵树理的思想和精神，学习赵树理的生活、工作和创作经验，深入农村和农民，把自己融入伟大的农村变革和建设中，写出更多更好的力作和精品来，这些都是需要人们认真思考和解决的课题。

(霍春英摘)

【**诗性精神与文学精神辨析**】(姜剑云 《太原师范学院学报》 2006年第1期)诗性精神与文学精神是两个运用比较广泛也是比较混乱的概念,有必要对之加以辨析。诗性精神是指出乎原始冲动的自发的抒发情感的精神。比如诗、乐、舞的这种本非为了审美目的的,而是出乎原始冲动的、自发不能抒发情感的生成机理和现象,概成之为诗性精神。而体现着"文学精神"的创作,必待审美走向自觉时,才会可能。所谓文学精神,正是指为了艺术的与审美的、自觉为文的精神。文学精神的产生和张扬,须首先存在创作与欣赏相互促进的文学生态。魏晋以来,文学终于在一代又一代的审美思潮的引导和推动之下,追求独立成科了,同时,文学精神也在越来越广泛的作者群、读者群中,不断激发砥砺,发扬光大。诗性精神与文学精神,两者既有区别,又有联系。诗性精神与文学精神,乃非同步生成。诗性精神的生成,对于人类而言,几乎可以说是与生俱来的。文学精神的生成,则多所仰赖。尚质抑或尚文的倾向,是诗性精神与文学精神的又一重大区别。缘情者,体现了强力的诗性精神;绮靡者,体现了积极的文学精神。质文相生,文情并茂,动人的内容与优美的形式和谐统一,此乃强烈诗性精神与积极文学精神有机重合的经典之作。

(霍春英摘)

【**文殊智慧的现代价值和启示**】(肖黎民 《五台山》 2006年第5期)现代文明的重构是一个复杂的系统工程:首先,应当有一个出世的超越维度。出世的超越维度可使人跳出自己业已陷入的现代性怪圈。站在一个新的角度重新反观人类自身及其所处外部环境的关系,找到自己的"根"和"家",意识到自己的尊严和高贵,意识到精神的力量和情感的价值,从而能够役物而不役于物,在俗而超拔于俗,在回归中完成心灵的超越。其次,人们需要一种整体圆融、多维和谐的智慧。这种智慧应当有助于打通非此即彼的思维模式所造成的各种对立、矛盾和阻隔,使世间万物在终极性、同一性、圆融性的层面上达到新的整合。最后,还需要爱心和灵性。如果说理性是对本性的超越,灵性则是对本性和理性的综合超越。而这三点,既可在文殊智慧哲学里找到基本的质素:那种在"出离一解构"中所体现出的终极关怀和超越维度,在"不厌生死、不欣涅槃"中所体现出的慈悲精神和救渡情怀以及在"第一"解构、以"不二"圆融、以"逆挽"转化、以"遮诠"显示、以"三昧"证悟所体现出的智慧和灵性皆可给人们以深刻的启示。

(霍春英摘)

【**创新性学术论文的"概念鉴审"**】(朱大明 《编辑之友》 2006年第3期)"概念鉴审"强调的是对创新性学术论文所提出的新概念以及所表达的基本创意、构思和理念进行概略性、总体性把握和评价。"概念鉴审"的策略或指导思想具体包括4个主要方面:1.强调对论文所提出的新概念的鉴审,即着重看论文是否提出了新概念,新概念的定义是否严密,其内涵、外延是什么,新概念与现有科学概念的关系,概念的客观依据和科学理论依据,新概念的学术理论价值和指导实践的价值如何。2.强调论文的总体性鉴审。主要是通过对论文选题是否新颖独到,论点是否明确,论据、论证是否充分,结论是否有价值等方面进行总体把握,并进行原则性分析,从而提炼出论文所表达的基本创意、构思或理念。3.强调鉴审的学术宽容性。可以通过发表后的广泛讨论、质疑和争鸣乃至尖锐的学术批评,逐步修正和完善,甚至扬弃。4.强调站在哲学的高度进行宏观的具有科学革命意义的前沿选择。科学前沿的意义在于它酝酿着学术史上的重大创新和突破,这种创新和突破不仅极大地推动学科的发展,而且对人们的观念认识产生哲学上的重大意义。

(霍春英摘)

【**文化环境制约高校创新**】(徐冰鸥 《光明日报》 2006年8月30日)这里所说的文化环境,是指大学中对创新模式系统的形成和发展具有制约和影响作用的各种文化因素的总和,包括思想观念、价值取向、思维方式、行为准则以及规章制度等等。只有在对现有大学文化系统不断反思、超越和不断重构的基础上,开拓建设一个具有独特性、创新性、互动性的有利于创新的文化环境,才能进一步促进创新人才的培养,进而推动我国有利于创新的大学文化和社会文化建设。

学术标准与考核方式的转换是文化环境优化的必由之路;学风的回归、学术道德的重建是文化环境优化的内在动力;加强制度建设、强化舆论监督是文化环境优化的外在保障;多元平等的思想交流、和谐竞争的运行机制是文化环境优化的追求目标。

(霍春英摘)

【**构建和谐社会的哲理意蕴**】(刘宁 《中共山西省委党校学报》 2006年第5期)构建社会主义和谐社会的命题,既具有科学的社会实践意蕴,也具有深刻的哲理意蕴。构建社会主义和谐社会具有思维方式和价值理念意义上的深刻意蕴。构建社会主义和谐社会,在理论与实践上具有重大意义,从思想方法上说,它首要的意义,就在于实现了党和国家在治国理念和建设思路上的重要转变。构建社会主义和谐社会具有现实定位与理想追求意义上的深刻意蕴。构建社会主义和谐社会,是现实的发展和实践的要求,"构建"本身表明了"和谐"还不是现实,而是当代中国社会发展提出的课题和呼唤。构建社会主义和谐社会具有矛盾互动与辩证发展意义上的深刻意蕴。任何和谐社会都是相对的,不存在绝对的无矛盾的社会,在构建社会主义和谐社会中,必须承认矛盾。构建社会主义和谐社会具有理性认识与实践探索意义上的深刻意蕴。构建社会主义和谐社会,从认识上讲,需要一个认识的过程。从实践上讲,也需不断面对新矛盾、新问题,不断协调新的利益关系的过程。

(霍春英摘)

【**在实践中增强领导能力**】(李高山 《求是》 2006年第1期)地方党委作为一个地区的领导核心,是党的路线方针政策的执行者和实践者,是地方政治、经济、文化和社会发展的全面领导者。结合工作实际,提高其工作能力和领导水平,会直接促进地区发展和党的执政基础的巩固。努力把贯彻执行党的路线方针政策同当地实际情况相结合,增强创造性开展工作的能力;努力把按照市场规律办事同加强政府调控相结合,增强科学发展的能力;努力把加快发展同促进和谐相结合,增强维护稳定的能力;努力把加强领导同改善领导相结合,增强总揽全局协调各方的能力。

(霍春英摘)

【**农村富裕群体的从政诉求与和谐农村构建**】(冯耀明 《国家行政学院学报》 2006年第3期)近几年来,随着我国经济的快速发展,在资源富集型地区的农村中,一批人依靠对矿产资源的占有和使用而迅速获得大量财富。出于保护个人既得利益或其他各种原因，富裕群体在第六届村委会换届选举中大出风头，利用自己的优势地位在村委会选举中大量当选，成为村民自治实践中的一个新趋向。富人当政是一柄双刃剑，在给农村经济社会带来积极作用的同时，也产生了一定的负面影响，引发了诸如贿选、上访、当“官”不理政、贫富差距拉大等一系列社会问题，使农村的社会稳定受到影响，在某些地区甚至发展为村干部与广大村民的严重对立。因此，应通过健全完善村委会选举制度，依法加强对当政村“官”村务管理行为的规范与监督、建立对富人当政效果的跟踪与反馈机制、加强对当政的富裕群体的教育引导等途径加强对富裕村“官”的规范引导，为和谐农村的构建创造良好的人文环境。 （霍春英摘）

**【实现城乡和谐的基本途径】** （贺建平 《光明日报》 2006年12月4日）中国农村大多处于耕地有限、人口众多、生产落后、收入水平较低的状况，农村与城市之间的巨大差距已成为影响我国持续均衡发展的重要羁绊。要实现我国城市与农村的持续协调发展，必须从城市与农村两个方面着手。作者认为，实现城乡和谐的基本途径在于以下5个方面：1.必须通过大力发展城市化，减少农村人口，以提高农业劳动的边际生产率。2.大力发展农业产业化提高农业生产的科技含量。3.提高对农村居民的教育培训力度。4.政府组织专门力量为农民提供市场信息。5.建立农村社会保障体系。 （霍春英摘）

**【晋商的轻官与重官】** （郭玉兰 《学习时报》 2006年7月7日）从一般意义上讲，晋商重商轻官，以经商的成功而不是做官的成功作为人生进取的目标，但并不是所有的晋商都彻底摆脱了传统的官本位思想，事实上，相当多的晋商受传统仕官儒学思想影响，以仕为荣，轻商重儒，追求仕官。尤其是一些晋商家族原先多为一般平民，经过几代人的辛苦经营而发展成为商门大户，致富后往往走仕途之路，捐官或培养子弟参加科举，从而提高家族的社会地位，光宗耀祖。

晋商对于“官”的态度是既复杂微妙又矛盾统一的，商与官的关系是晋商文化中的几个耐人寻味的关系之一。有重商轻官，有弃官从商，有结交官员，有花钱捐官，晋商始终徘徊在官与商之间。这个关系处理得好的时候就是晋商发展得比较顺利的时期，而处理的不好的时候，往往就是晋商陷入危机，走向衰败的时期。晋商的“官念”既在一定程度上突破了中国传统文化官本商末的局限，又不可能不或浓或淡地带上传统文化的浓厚色彩。晋商与官的关系模式大致可以概括为以下几种：一是重商轻官，不入科举，甚至弃官从商。二是结交官员，打通关节，谋求方便，甚至密揽特殊业务。三是以钱捐官，亦官亦商，鱼与熊掌兼得。四是结托朝廷，追求特权，享受特殊待遇，走暴富捷径。

（霍春英摘）

**【和谐社会构建问题研究】** （上下）（尤晋鸣主持 《学术论丛》 2006年第5、6期），该课题提出，和谐社会的构建问题，与建设社会主义市场经济、民主政治和先进文化、先进生产力、人民的根本利益不可分割地联系在一起。和谐社会是社会的各种要素和关系相互融洽的状态，这是一个内涵相当丰富的概念。它涉及人与人之间、人与社会之间、公民与政府、人与自然等多重关系，涵盖了人们的经济生活，政治生活，文化生活和日常生活。在不同的社会历史条件下，和谐社会的基本要素和评判标准也各不相同。因而可以从不同的角度去认识和理解和谐社会，并提出建设和谐社会的不同途径。 （霍春英摘）

**【保障党员权利是先进性建设的重要内容】** （吴敏 《学习时报》 2006年6月12日）改革开放以来，在保障党员权利方面做的工作及成绩不可否认，但现在仍然存在着不少差距和问题。其主要表现，就是对党员的知情权、参加关于党的政策讨论权、批评揭发检举权、要求罢免和撤换不称职干部权、申诉控告权保障得不够。这对于促进党员履行义务和有效推进党的先进性建设，都造成了不可忽视的负面影响。要在保障党员权利方面下工夫，1.提高思想认识，从党的先进性建设基础工程的高度来认识保障党员权利的必要性和重要性；2.建立健全体制机制并使之切实得以遵循，确保《党员权利保障条例》真正贯彻执行，同时还要加强党内各方面的民主制度建设，从制度上为保障党员权利、加强党的先进性建设夯实基础。 （霍春英摘）

**【科学发展观是坚持和发展马克思主义的丰硕成果】** （郭彩，刘孝林 《理论探索》 2006年第6期）科学发展观是马克思主义中国化的最新理论成果，是指导发展的世界观和方法论的集中体现，是统领我国经济社会发展全局的指导方针。1.科学发展观坚持社会基本矛盾运动的原理，依据21世纪社会形态系统的变化实际，提出了全面发展是包括物质文明、精神文明、政治文明和社会文明的发展，从而进一步充实和丰富了发展的目标指向；2.科学发展观坚持社会再生产两大部类按比例发展的原理，从当代中国经济、社会结构特征出发，提出协调发展是包括“五个统筹”的协调发展，以及推进生产力和生产关系、经济基础和上层建筑相协调，推进经济、政治、文化建设的各个环节、各个方面相协调，从而修正和完善了发展的原则要求；3.科学发展观坚持人与自然和谐发展的原理，吸收全人类优秀文化成果，按照现实国情的制约和远景规划的要求，提出可持续发展既包括人与自然的和谐发展，还包括人与社会的和谐发展，从而充实和创新了发展的价值标准；4.科学发展观坚持人的全面发展的原理，科学总结我国革命和建设、改革和开放的经验教训，提出科学发展是以人为本，实现人的全面发展，从而丰富和完善了发展的核心内容。 （霍春英摘）

**【建设“太原经济圈”的思路与举措】** （孟宪玲 《前进》 2006年第10期）构建太原经济圈是一个重大的区域经济合作问题。基本思路和举措体现在以下10个方面：1.应成立太原经济圈协调发展委员会，组织和实施太原经济圈的领导规划协调工作；2.着手开展太原经济圈的发展规划，制定其发展战略；3.围绕产业结构调整，推进太原经济圈的经济协作和联合；4.积极推动太原与榆次“同城化”建设，构建太原经济圈的核心区；5.构建太原经济圈的大开放格局，以扩大开放促进经济圈的建设和发展；6.积极推动太原经济圈旅游资源的整合，以太原为中心进行全面的旅游开发；7.加强经济圈内的生态环境一体化建设，逐步形成大太原生态环境新体系；8.搞好经济圈内的商贸流通合作，实现经济圈内的市场一体化；9.加强太原经济圈内的教育资源整合，以太原为中心，促进教育的全面合作和发展；10.继续提高太原经济圈内的城市化水平，推动建设大太原城镇体系。

（霍春英摘）

论文选介表

表 32

| 序号 | 篇　名 | 作者 | 出处 | 时间 |
|---|---|---|---|---|
| 1 | 赵树理的文学理想与"新农村"理想 | 段崇轩 | 《光明日报》 | 2006 年 10 月 27 日 |
| 2 | 诗性精神与文学精神辨析 | 姜剑云 | 《太原师范学院学报》 | 2006 年第 1 期 |
| 3 | 文殊智慧的现代价值和启示 | 肖黎民 | 《五台山》 | 2006 年第 5 期 |
| 4 | 创新性学术论文的"概念鉴审" | 朱大明 | 《编辑之友》 | 2006 年第 3 期 |
| 5 | 文化环境制约高校创新 | 徐冰鸥 | 《光明日报》 | 2006 年 8 月 30 日 |
| 6 | 构建和谐社会的哲理意蕴 | 刘宁 | 《中共山西省委党校学报》 | 2006 年第 5 期 |
| 7 | 在实践中增强领导能力 | 李高山 | 《求是》 | 2006 年第 1 期 |

续表 32

| 序号 | 篇　名 | 作者 | 出处 | 时间 |
|---|---|---|---|---|
| 8 | 农村富裕群体的从政诉求与和谐农村构建 | 冯耀明 | 《国家行政学院学报》 | 2006 年第 3 期 |
| 9 | 实现城乡和谐的基本途径 | 贺建平 | 《光明日报》 | 2006 年 12 月 4 日 |
| 10 | 晋商的轻官与重官 | 郭玉兰 | 《学习时报》 | 2006 年 7 月 7 日 |
| 11 | 和谐社会构建问题研究 | 尤晋鸣 | 《学术论丛》 | 2006 年第 5、6 期 |
| 12 | 保障党员权利是先进性建设的重要内容 | 吴敏 | 《学习时报》 | 2006 年 6 月 12 日 |
| 13 | 科学发展观是坚持和发展马克思主义的丰硕成果 | 郭彩、刘孝林 | 《理论探索》 | 2006 年第 6 期 |
| 14 | 建设"太原经济圈"的思路与举措 | 孟宪玲 | 《前进》 | 2006 年第 10 期 |

**【从"管制""救助"到"平衡"】**　(刘岩，刘威，《山西师大学报》2006 年第 1 期，总字数 10000) 目前，我国社会不断蔓延的城市乞讨现象是一个令政府官员和普通市民头疼的社会问题。据很多调查显示，现在城市流浪乞讨人员越来越多，且呈现出"职业化"的倾向。为了占据"竞争优势"，不少流浪儿童、残疾人被职业乞丐采取"租借"、"强迫"等手段作为乞讨的"道具"使用，而且在城市一些主要商业街区、旅游景区、娱乐场所和公共交通集散点出现了流浪乞讨人员密集化的趋势，他们或跪或躺，强行拦住过往行人、追逐行人索要钱物，甚至乘人不备抢夺东西。上述情况严重危害了城市社会治安秩序，人民群众反映强烈。

对于城市流浪乞讨问题，我国政府在宏观制度层面和具体政策领域做出了一系列安排和设计，体现了政府对乞讨问题的重视和民生福利的关心。新《救助管理办法》以自愿为原则，来去自由，只有个人提出申请时，才能进行而且必须进行救助，为保障人身自由，不允许再进行强制性的收容遣送。应当说，这在价值理念层面具有很大的积极意义，正像当时社会给予的评论所言：中国实现了从"收容遣送"到"救助管理"的跨越，更加体现了制度人性化的精神。然而，这部以尊重受助者自由意志和防止国家权力滥用为核心，旨在救助流浪乞讨人员的法规并没有得到乞丐们的欢迎。各地救助站成立后普遍遇到了难题：大多数乞丐宁可乞讨也不愿进救助站。对于乞丐而言，进了救助站就相当于断了自己的财路。同时，新法规把政策的制定者和实施者置于了进退两难的境地，一方面，乞丐无法运用权力进行直接管制；另一方面，严重的流浪乞讨现象又使制定和实施者摆脱不了最后的管理责任。这个制度变迁的历史个案，实质上就是围绕着对城市乞讨现象的治理过程中如何处理好"国家权力的使用"与"维护流浪乞讨者的自由权利"之间的关系问题，更为直接地说，就是在制度设计层面如何达成二者的关系，并完整地贯彻到制度当中。应该说二者都是很重要的，而且关系到新制度运作的机制和可能借助的资源和力量，因此它是制度变迁成败的关键。

从"收容遣送"到"救助管理"，强调了新制度"自愿救助"的价值合理性原则，而忽视了旧制度政府管制功能的工具性价值，导致制度变迁缺乏连续性，使得新制度缺乏足够的资源基础与力量支持，难以发挥效用。应该认为权威主义的"管制"原则应优先于自由主义的"自愿"原则。例如，北京、上海、南京、广州等城市相继出台了规定，设立"禁讨区"，在一些地区禁止乞讨。这些地方性禁讨法规的出台，一方面肯定了旧制度政府直接管制的必要性、重要性和有效性，另一方面实际上也是对新制度强调的保护乞讨者自由权利价值理念的妥协，这在某种程度上实现了权威主义与自由主义的价值平衡。而对于后者中确实需要救助的对象，既可由其自愿求助于政府主办的社会救助机构，也可发动社会力量广泛参与对弱势群众的帮助。这样，政府既承担了社会责任，又减轻了财政负担，还有原则性地尊重了社会成员的意愿，最终达到"双管齐下"的功效—既承担了社会治理的责任，也没有放弃社会救济的目标。　(潘胡镇摘)

**【为什么说科学是一种文化】**　(钱兆华，李经晶，《山西师大学报》2006 年第 1 期，总字数 8000) 众所周知，科学(本文仅指自然科学)作为人类对自然界的认识成果或对自然现象的解释体系，它来源于或脱胎于哲学，而哲学是文化的核心，因此科学带有浓厚的文化色彩。这就意味着，在不同的哲学和文化基因上成长起来的科学，其本质和特点是不同的。比如说，人们现在学习的西方科学与我国的传统科学中医学就有明显的差异。

文化包含 3 个层面：心理层面、体制层面和器物层面。心理层面是文化的最内在层面，它包括人们的思维方式、思想观念、价值观和信仰体系等；体制层面主要指各种社会结构，如政治体制、经济体制、教育体制等；器物层面是文化的最表层，它包括人们的生存生活方式、各种风俗习惯、各种实物型的人工制品等。从科学史看，文化的器物层面对科学发展的影响极小，文化的体制层面对科学发展的影响主要只表现在应用方面，而文化的心理层面对科学发展的影响则是直接的和决定性的。

说科学是一种文化，是因为作为探索认识自然界活动的科学研究过程自始至终都受到哲学思想、价值观和信仰信念的直接影响，从而使科学携带了相应的文化基因，呈现出明显的文化特色。所以说，科学、哲学、文化是相互影响、相互依存的，是三位一体的。

从实际情况看也是如此。同是天文学，西方人创立了地心说和日心说，而中国人创立了盖天说、宣夜说和浑天说；同是医学，西方人创立了西医学理论，而中国人创立了中医学理论；同是数学，西方人更热衷于用逻辑演绎方法构建理论体系，因而就有了《几何原本》和19世纪诞生的非欧几何，而中国人更热衷于如何计算具体问题，因而就有了《九章算术》等等。在古代，其他文化当然也相应的有各自的科学。

当前我们学习和应用的科学（唯独中医学除外）无疑是西方科学，它携带了全套西方文化基因，充满了明显的西方文化色彩，因而在西方文化土壤上它能够汲取充足的养料而茁壮成长，在其他文化土壤上它由于得不到充足的养料而长得枝枯叶黄。这意味着，要想在西方科学方面赶上西方国家，就必须实施大规模的“文化基因工程”，舍此别无其他选择。

（潘胡锁摘）

**【行政道德与构建和谐社会】** （冯兰英，《山西师大学报》2006年第1期，总字数8000）我国构建社会主义和谐社会的重大历史任务，在客观上已经把行政道德推向社会主义伦理道德建设的最前沿。行政道德属于职业伦理的范畴，内涵丰富。从主体性的角度而言，主要包括2个方面的内容，即在个体道德的意义上，行政伦理是指国家公务人员的行政伦理意识、行政伦理活动以及行政伦理规范的总和；在群体道德的意义上，行政伦理是指政治体制、行政体制、行政领导集团以及行政机关或执行行政职能的其他部门，在从事诸如各种行政领导、决策、管理、协调、监督、控制、服务等事务中所应遵循的法律、道德与伦理的总和。从上述行政道德的内涵看，行政道德不仅是一种职业道德，更是一种政治道德、制度道德、权力道德，而“我们所要建设的社会主义和谐社会，应该是民主法治、公平正义、诚信友爱、充满活力、安定有序、人与自然和谐相处的社会”。构建这样一个和谐社会，需要健全民主法制，实行民主管理、民主决策、民主监督，保证人民享有广泛的民主权利和自由；需要加强法治建设，特别是一切政府机关和行政人员，必须坚持依法行政，切实保障公民的合法权益；需要深化体制改革和人事制度改革，转变政府职能，提高行政水平；需要完善民主监督制度，加强对行政机构尤其是领导干部的民主监督，防止权力滥用，贪赃枉法；需要各级行政机关各司其职认真负责，创造和维护安定团结的局面。以上每一方面、每一领域无不蕴涵着行政道德的因素，都直接受行政机构和行政公职人员行政道德水准的影响。行政道德作为一种政治道德、制度道德、权力道德，必然会在各方面对构建和谐社会产生更广泛、更重要、更深远的影响和作用，所以，重视和加强行政道德建设是构建和谐社会的必然要求。

（潘胡锁摘）

**【大学教育与人的全面发展】** （田霞，《山西师大学报》2006年第1期，总字数8000）人的发展离不开教育。教育是造就全面发展的人的基本方法，“它（教育）不仅是提高社会生产的一种方法，而且是造就全面发展的人的唯一方法”。人的全面发展，要求人的全面教育。按照人的全面发展的内容全面育人，育全面发展的人，是教育的最终目的，也是摆在教育现实中的重大课题。而我国目前的教育体制，还远不能适应人的全面发展的要求，具体到大学教育，一些学校在办学理念、教育思想、教育内容、教育方式等方面，都还存在着一些亟待解决的问题。1. 偏离了“育人”的宗旨，而导向“制器”的目标。2. 文理分离，轻视基础理论，知识面狭窄。3. 重视知识的获取，忽视创新能力与素质的培养。

学生的全面发展在深层次上应该理解为身心、学业、人格的和谐发展。现行教育中，学生的发展目标是，既要更快更好地完成其学业任务，又要拥有健康的身心和完善的人格。归根到底，是为了让学生更好地全面发展和持续发展。把大学教育的最终目的定位于实现人的全面发展，从培养应用型的人才转变为培养具有健全体格和人格，在关注社会的同时也关注人自身的健全发展，融科学与人文精神于一体的创新和实践能力俱佳的全面发展的高素质人才，这才是马克思主义人的全面发展观在高等教育领域的运用。

（潘胡锁摘）

**【一幅山西社会历史风情的镜像图——赵树理小说称谓语透视】** （鹿荣，钱伟，《山西师大学报》2006年第2期，总字数8000）称谓语是言语交际中对人进行指称的各种词语，是由亲属、工作等各方面的关系，以及由于身份、外貌、性格等各方面的特征而得来的。中国是一个称谓语大国，形形色色的称谓语为人们之间顺利地传递信息、交流思想、表达感情提供了重要途径。同时也从一个侧面反映了广阔的社会生活，成为透视社会历史风情的一面镜子。

20世纪30年代的山西农村，经济上仍然处于封建剥削制度之下。因此，就有反映这一时期经济上对立关系的称谓语，如“东家—伙计，地主—中农—贫农—雇农、佃户、长工”等。像铁锁一样的贫苦农民，有时只能举债度日，因此就有了指称那些领着债主的钱在外边出放的经手人的称谓语“承还保人”。

政治上，一村之中压制广大农民的有“村长、闾长和社首”，而整个山西则处于阎锡山这个土皇帝的军阀统治下。阎锡山以戒烟为名公开贩卖官土，因此，他的“禁烟考核处”（是卖官土的总机关）便有了“购料员”这一官职称谓语，而每县的所谓“经济委员”，专卖官土，因此被老百姓称为“卖土委员”。

为了与日军直接作战，1936年红军东征取道山西，而昧于大义的阎锡山却把共产党抗日的一片诚意看作是端他老窝的阴谋，因此命令各地加紧防共，官职称谓语中的“公道团长”和“防共保卫团团长”便反映了这一阶段的历史。

随着日军在山西的步步逼近，许多原来阎锡山的“孝子”们都投靠日本人当了“汉奸”，有的当官成为“维持会会长”，有的则成为“狗腿”。“十二月政变”后，阎锡山又悍然下令解散牺盟会，公开撕裂统一战线。这一时期的“精建委员、突击队长”等官职称谓语便是对阎锡山反共特务集团的反映。

（潘胡锁摘）

**【论信仰的社会文化内蕴——“马克思主义信仰学”论二】** （荆学民，《山西师大学报》2006年第3期，总字数10000）信仰的本质，归根结底是人类的一种自我超越。信仰活动就是一种人类自我超越的活动。在这种界说中，自我超越性是其核心命题，因此，对信仰本质之谜的揭示应随着对自我超越的解析过程来进行。所谓人的自我超越性，是指人改造自身现实存在状态使之趋于理想的一种永恒的努力和冲动。如果没有这种超越，人就不可能从自在的动物王国中提升出来；如果这种超越一旦终止，人也就不再成其为人，他或是彻底回归自然，与万物处于给定性的沉寂之邦，或是跃升为神，与万有一体。

作为人的自我超越，信仰虽然是一种精神现象和精神活动，但信仰本身却并不是精神冥思的产物。信仰说到底是纷繁复杂的社会生活在人的精神世界的内化。信仰是隶属于人类的精神世界的。人类精神世界的产生是以人的自我意识的生成为基础的。人的自我意识虽然以个体人的存在为载体，但它的本质是人类的，是群体的。这种类性和群体性表征着人的本体生成中其精神世界的社会性本质，意味着人的精神世界中个人和社会的关系性。

信仰并不是一种纯然性的精神冥思，而是实实在在的现实生活的内化。现实性是它首先具备的本质品格。但是，信仰区别于其他许多同样具有现实品格的精神现象的特质又在于，它又是从“超越”(对现实的超越）即从“终极关怀”上制导人类精神世界和现实行为的精神机制。也就是说，它又是一种理想感召机制。由此可见，在信仰中，蕴含着现实与理想关系是其第二个基本的文化内涵。

非理性和理性是人类精神世界最为基本和突出的一对矛盾。信仰和非理性及理性的关系也错综复杂。信仰本身究竟是非理性的还是理性的抑或是非理性和理性的统一，信仰中怎样地蕴含着非理性与理性及其关系，这些问题既取决于人们对非理性和理性本身的界说和理解，也取决于人们对信仰本身的界说和理解，当然还取决于人们观察问题所持有的特定的哲学立场、世界观、价值观及其理论背景和文化视角。

宗教信仰和科学信仰的分野就在于它们对信仰中的“可信”与“确信”的关系作了不同的处置。在宗教信仰中是“可信”服从“确信”；而在科学信仰中是“确信”服从“可信”。长期的社会实践中，我们处理不好这种关系，往往使科学信仰自觉不自觉地就滑向了宗教信仰。人们有过这方面的深刻教训，因此，人们当今必须重视科学的信仰观的培育，把信仰的问题作为精神文明的重大问题来看待，以免重蹈历史的覆辙。（潘胡锁摘）

**【非物质文化遗产与民俗学】** （卫才华，《山西师大学报》2006年第4期，总字数10000）“非物质文化遗产”，也叫“无形遗产”，是从英语词汇“Intangible Heritage”翻译而来，在我国则将其称作“民族民间文化遗产”，这3个名称可以视为同一概念通用。学者们一般把民间文化区分为民俗、民间文学、民间艺术等3大部分，从广义的民俗学概念上来看，“大民俗观”能够包括这3种民间文化样式。民俗学的概念较为独特，它可以拆分为民俗和民俗学两个层面。所谓“民俗”即民间风俗，指一个国家或民族中广大人民所创造、享用和传承的生活文化，“民俗学”即是指研究民间风俗习惯的一门科学，是学科意义上的人文社会科学。非物质文化遗产对这两个深层内涵都产生了深远的影响。

据《保护非物质文化遗产公约》(教科文组织大会于2003年10月17日通过）的定义，非物质文化遗产是指“被各群体、团体、有时为个人视为其文化遗产的各种实践、表演、表现形式、知识和技能及其有关的工具、实物、工艺品和文化场所”。非物质文化遗产包括以下方面：1.口头传统，以及作为非物质文化遗产表现载体的语言；2.传统表演艺术；3.民俗活动、礼仪、节庆；4.有关自然界和宇宙的民间传统知识和实践；5.传统技艺和经验，如传统的生产技术、医药、体育健身活动等；6.与上述表现形式相关的文化空间。民俗学包括如下领域：(1）物质生产民俗；(2）物质生活民俗；(3）社会组织民俗；(4）岁时节日民俗；(5）人生礼仪；(6）民间信仰；(7）民间科学技术；(8）民间口头文学；(9）民间语言；(10）民间艺术；(11）民间游戏娱乐；(12）中国民俗学史略；(13）外国民俗学史略；(14）民俗学研究方法。

通过比较人们发现，非物质文化遗产的重要对象就是民俗，民俗学研究对象与非物质文化遗产所包含的对象是相同的，尤其是在对民间文化基本特质的认识上两者有诸多契合之处：(1）对民俗人的重视，即对“活的人类财富”的重视，非物质文化遗产中“活的人类财富”指具有很高知识水平、掌握实施或创造非物质遗产某一方面所必需的技能的人。(2）对民间口头性传统的重视，非物质文化遗产又称为“人类口头和非物质文化遗产”，口头传统是一个民族世代传承的史诗、歌谣、说唱文学、神话、传说、民间故事等口头文类以及与之相关的表达文化和口头艺术，它不仅是民族文化传统的重要组成部分，也是全人类共同的文化遗产和精神神财富。(3）明确提出对文化空间的保护，这是对民族民间文化进行原生态保护和研究的重要举措，也是遗产和民俗学最为重要的相似特征，民俗学范畴内注重对民间立体、整体的关注，注重保持原貌的、生态平衡下的文化空间。

民俗从一个学科概念拓展为一个全人类关注的文化遗产，虽然二者视角各有不同，但对民族文化的多元性追求是一致的，是学术话语对现实人生和社会问题的关怀，也是文化走向新时代的讯息。

（潘胡锁摘）

**【以人为本：社会主义和谐社会的价值基石】** （薛秀军，《山西师大学报》2006年第4期，总字数8000）西方自“文艺复兴”以来，许多思想家始终高举人文主义或人本主义的旗帜，曾以理性的方式思考人的特性和人存在的价值，强调以人为本，反对“神”本和“物”对人的“异化”。然而，遗憾的是，由于西方的以人为本往往是以抽象的“人”为逻辑起点，这就使得西方的以人为本不可避免地具有片面性、抽象性和理想化的色彩。要么只突出某些英雄和超人的作用，而使普通大众沦为大人物们塑造历史、建造伟业的材料；要么只强调人的抽象的自然属性，而使以人为本因缺乏现实的依据和实现的途径而沦为空谈。而马克思主义的“以人为本”是以“现实中的个人”为起点，以具体的、从事实践活动的人为前提，把实践作为人的存在方式，在现实的物质生活条件、现实的历史前提中去考察人，去尊重和推崇人，去探究和发现“人的解放何以可能”。

在马克思主义那里，以人为本的“人”必须是现实中的人，“我们开始要谈的前提不是任意提出的，不是教条，而是一些只有在想象中才能撇开的现实前提。这是一些现实的个人，是人们的活动和人们的物质生活条件，包括人们已有的和由人们自己的活动创造出来的物质生活条件”，这些人是置于现实的社会历史条件中的，以人们自己的活动表现自己的存在的人。这些人是活生生的个体，由于生产实践的需要而使人们连接成社会共同体，因此对人们的考察不能进行简单的一般抽象，不能随意进行“还原”，而必须置于人们所从事的生产实践的具体框架中，置于人们所在的社会共同体的内在关系中。

以人为本的最终指向是人的解放，是每个人"自由而全面的发展"。马克思主义所探究的以人为本是以人、以每一个人的现实解放为"本"，是要实现每一个人对自由和自我价值实现的追求，实现每一个人的全面的发展。这种以人为本，这种人的解放，不是通过个体的人的头脑中的"自我解放"就能实现的，而是要在"现实中的个人"之中加以落实，要从人们所从事的现实的生产实践和人们所处的现实的社会关系出发，在人们联结成的社会共同体的内在关系重置中去不断尊重和满足人们的现实需要，保障和实现人们的发展和人们的价值，要在社会共同体内部、在人与人的关系性变革之中，真正实现人们的解放。由此，以人为本不仅要重视人的价值，而且要通过人对于人的关系性变革来真正实现每一个人的价值。这种实现，既不是宗教的超验设定，也不是乌托邦式的自我吃语，而是"对实践的唯物主义者即共产主义者来说，全部问题在于使现存世界革命化，实际地反对并改变现存的事物"。这种基于社会共同体内在关系变革而实现的人的解放，是对人的解放的最现实的路径，也是以人为本的真正体现。

（潘胡锁摘）

**【李提摩太与山西大学堂】**（史降云，中国吕，《山西师大学报》2006年第4期，总字数8000）李提摩太（1845—1919年）在中国近代史上是一位驰名中外、影响深远的英国传教士，来华长达45年之久。李提摩太是一位十分虔诚的基督教徒，于1870年从英国来华传教，本着"人下犹一家，四海皆兄弟"的传教宗旨，为了实现"传福音于万民，不仅救一人一方一国已也"的目的，通过普济贫弱民众、创办新式学堂等途径，使更多的人能够接受基督教教化。怀着这样的动机，在清末山西发生教案的特定背景下，凭着与山西已有的历史情结，李提摩太帮助近代经济、文化不发达的山西创办了中国近代高等教育史上具有现代气息的最早的3所高等学府之一——山西大学堂，为山西教育史乃至中国教育史做出了贡献。正如当代加拿大籍学者许美德所说："载入高等教育史册的英国人只有浸礼派传教士李提摩太，他在19世纪末20世纪初在中国知识阶层频繁活动，利用英国分享的'庚子赔款'，于1901年创建了山西人学堂。"

（潘胡锁摘）

**【京绥铁路与大同城市近代化进程：1914～1937】**（李丽娜，《山西师大学报》2006年第4期，总字数10000）大同自古为燕晋重镇，拓跋魏曾建都于此。洪武五年，在辽、金、元代土城的基础土"增筑"大同城，奠定了大同重镇的基础。在明为防御蒙古之要地，是九边重镇之一，大同城内西北隅设总镇署，统八卫、七所、额军十二万五千。庞大的军需吸引着各种物品源源不断地从全国各地运来，商业由此得到迅速发展，同时作为"茶马互市"的中心，对外贸易颇为繁盛，"繁华富庶，不下江南"。清军人关时，大同城遭遇毁灭性打击，再加之清王朝建立后结束了内地和北部民族之间的对峙局面，长城一线的防御体系失去了意义，尤其在签订《恰克图条约》后，晋商的活动区域逐渐发展到塞外的张家口、归化、多伦、恰克图等地，大同等军事重镇遂失去往日的繁荣，商业比起明代时大大萎缩。1914年，京张铁路延至大同，铁路线无形中缩短了大同与通商口岸的空间距离，成为通商口岸的商业腹地，其城市近代化受外力的影响大大增加，步伐也明显加快。研究时间段所以选在1914－1937年间，是因为1914年京张铁路延伸至大同并开始运营，其后20多年京绥铁路对大同城市化进程影响明显，而1937年中日战争的爆发打断了这一进程。

（潘胡锁摘）

**【新型城乡关系的基础——新农村与城市化融为一体】**（许经勇，《山西师大学报》2006年第5期，总字数8000）长期以来，我国形成了城乡分割的二元结构。与此相联系，在城市化问题上存在着认识上的偏差，即认为城市化是为了解决现有城市建设发展速度问题。在这种思想指导下，改革开放26年来，我国一直把城市化的重心放在城市自身的建设上。虽然城市基础设施建设和城市规模都有了很大发展，城市居民的生活水平也有了显著提高，但不仅没有相应带动农村经济社会的发展，还导致城乡差别越来越大。只要我们冷静地加以思考，就会逐渐地意识到，我国城市化所面临的诸多问题，与其说是在城市，毋庸说是在农村。所以应当把城市化建设的重点放在农村。

要深刻揭示建设社会主义新农村与促进城镇化健康发展的内在联系，就必须对城市化的内涵有个全面准确的理解。应当这样看，城市化是不以人们意志为转移的自然历史过程，是人类生产与生活方式由农村型向城市型转化的历史过程，主要表现为农村人口转化为城市人口及城市不断发展完善的过程。城市化是人类为了满足自身生存和发展需要而创造人工环境的过程，是人类社会以人自身为主体进行的、由社会生产力变革所引起的自然历史过程，人是城市化的主体，也是城市化的目的。城市的出现，是源于人的需要。城市自从它产生的那一天开始，就与人的需要密切相关，它为满足人的各种需要提供了生存的空间和发展的平台。人们在满足其基本生存需求之后，便有了由低层次需求向高层次需求演进的欲望，并开始有自我实现与自我全面发展的追求。城市的产生与发展，是与人的层次需求相联系的，并为人的各种需求和全面发展提供基本的条件和空间。城市化的过程，是社会生产力发展的过程，也是满足人民日益增一长的物质文化需求的过程。城市化只有体现"以人为本"和人的全面发展的基本理念，以及与此相联系的不断提高人民的生活质量，才是具有可持续性，也是落实"三个代表"重要思想的具体体现。目前我国城市化的现状是，城市社区的城市化形式（在城市社区居住的人口）超前于城市社区的城市化内容（城市居民的生存条件、生活方式、生活质量等），有形城市化与无形城市化（指农村居民的城市化）相脱节，城市差别有扩大趋势（从1984年的1：1.84扩大到2005年的1：3.25）。与此相联系，导致农村人口过量流入城市，农业发展所必需的资源条件日趋恶化，而城市工业化所能提供的就业岗位又很有限，使得流入城市的人口就业不充分，以及政府公共产品供给严重不足。有形城市化不能有效地带动无形城市化，是我国过度城市化的重要表现。我国当前正在进行的社会主义新农村建设，从某种意义上说，是为了启动无形城市化，强化无形城市化，克服有形城市化与无形城市化不协调的状况，以利于促进我国城市化的健康发展。

（潘胡锁摘）

**【信访制度与农民利益表达】**（郑卫东，《山西师大学报》2006年第5期，总字数10000）信访工作作为一项制度安排一直被党和政府誉为架设在群众与领导之间的"桥梁"和"纽带"，是政府部门了解社情民意、消除社会不稳定隐患、克服官僚主义、密切党群血肉联系的重要渠道，长期被宣传为社会主义制度优越性的重要表现。群众也乐于用信访这条方便经济的渠道向各级党政机关反映自己的意见和要求。建国以来的实践证明，信访基本上发挥了制度设计者所预想的作用，一定程度上还起到了社会“安全阀”的作用。然而，当大量农民蜂拥而至，把集体上访当作利益表达主要甚至唯一渠道的时候，就超出这项制度安排的初衷了。从目前情况来看，信访制度的局限性表现为如下方面：1. 信访数量剧增，信访部门应付不了。2. 信访反映的问题，信访部门解决不了。3. 信访局势日益复杂，信访部门控制不了。4. 农民上访成本高昂。5. 农民集体上访的频繁发生破坏了乡村社会秩序。

大量发生的农民集体上访，透射出变革中的乡村蕴涵着的深层次矛盾。1. 乡村利益冲突形势严峻。2. 农民缺乏行之有效的利益表达机制，乡村基层社会矛盾“减压阀”缺位。3. 乡村治理结构的危机。

农民集体上访既反映了当代农民素质提高的可喜变化，也揭露了农民利益被侵害的事实和乡村利益冲突的激烈程度，更暴露出农民利益有效表达机制缺位所蕴涵的可能危机。出于社会稳定和现代化长远发展的考虑，通过制度创新疏通农民利益表达渠道，化解乡村群体性维权事件群发危机，应该是迫切之需。1. 疏通、完善农民利益表达的制度化渠道。2. 提高农民的自组织水平，增强村庄的社会整合度与化解矛盾冲突的能力。

（潘胡锁摘）

**【论“八荣八耻”的理论特征及其实施途径】**（卫建国，《山西师大学报》2006年第5期，总字数12000）胡锦涛总书记提出的以“八荣八耻”为主要内容的社会主义荣辱观，是中华民族传统美德与时代精神的有机结合，是公民道德建设基本规范的进一步深化和系统化，是中国共产党关于社会主义道德建设思想的继承和发展，是新世纪社会主义精神文明建设和道德建设的指导纲领，具有很强的思想性、现实针对性和指导性，对于推动社会主义精神文明建设和道德建设具有十分重要的意义。

分析认为，以“八荣八耻”为主要内容的社会主义荣辱观有以下4个方面的理论上的特征：1. “八荣八耻”体现了中华民族传统美德与当今时代精神的有机结合。2. “八荣八耻”体现了社会主义道德的一贯精神和基本价值方向，是中国共产党关于社会主义道德建设思想的继承和发展，是“五爱”规范和公民道德建设基本规范的进一步深化和系统化。3. “八荣八耻”体现了社会主义道德先进性与广泛性的有机结合。4. “八荣八耻”体现了“道简易行”的特点以及对道德主体性的高度重视。

依据以往道德建设的成功经验，在实践“八荣八耻”的过程中，有3种方法和途径可资借鉴。1. 循末以及本。2. 谨外以养内。3. 分层次建设与实践。

（潘胡锁摘）

**【公务犯罪略论——概念层面的比较分析】**（陈庆安，《山西师大学报》2006年第5期，总字数8000）公务人员犯罪的本质特征是什么？从概念上看，公务犯罪是公务人员利用职务之便实施的侵犯国家管理公务活动和公共事务的职能的犯罪。概念中有两个显著特点：一是行为人往往有特殊的身份，即常常是国家公务人员；二是行为人常常是在依法执行公务过程中实施犯罪。这里，哪一个应该是最核心的特征呢？对此问题，争议很多，比较有代表性的观点有“身份论”、“公务论”等。公务犯罪又称职务犯罪、国家工作人员犯罪或国家机关工作人员犯罪，是指依法执行公务的人，利用职务之便实施的犯罪。在国外又被称为公职人员犯罪、公务人员犯罪、公务员犯罪、白领犯罪等，同时又和职业犯罪、经济犯罪、身份犯罪、行政犯罪、法人犯罪等概念有一定的交叉或混合。概念的混乱对理论研究和司法实务都产生了一定的负面影响。而比较分析之后，可以发现，公务犯罪的概念最具有科学性，采用公务犯罪的概念可以减少许多不必要的争议，更有利于对国家职能和国家公务的保护。（潘胡锁摘）

**【“以人为本”的实践论诉求】**（王干才，《山西师大学报》2006年第5期，总字数10000）“以人为本”的思想早在古代已经萌芽。古希腊的泰勒斯、赫拉克利特、阿那克西米尼等先后提出以“水”、“火”或“气”作为世界万物的本体。水、火、气无疑都是物质性的东西，一会儿存在，一会儿不存在，一会儿以这种样式存在，一会儿又以那种样式存在，让人难以把握。针对这一点，普罗泰戈拉提出“人是万物的尺度”，既是存在着的事物存在的尺度，又是不存在的事物不存在的尺度，显然，在普氏的论述中就包含着把人作为事物存在与否的标准，包含着“以人为本”、人是世界万物本体的意蕴。

与此同时，古代的人们由于对来自自然界和社会的压力感到恐惧，无法理解，便很自然地幻化出一种超自然、超人类的力量，即“神”，用它作为世界的主宰、万物的本体。但说到底，“神”毕竟是一种人们依靠猜想虚构出来的东西，在现实中谁也没有见过，因此，并不能完全推翻或否定以人为本的思想。这说明“以人为本”或“人本主义”的观点，从它产生之日起就是针对着“以物为本”或“以神为本”提出来的。

和古希腊相比，中国古代虽然提出过“天人合一”、“天人相分”甚或“制天命而用之”的命题，但占统治地位的却是一切由“天”、“天帝”、“天命”、“上天”决定，没有明确的以人为天地万物之本的思想。比较接近的，是春秋时期《尚书》中的“民为邦本，本固邦宁”，战国时期管仲的“夫王霸之所始也，以人为本，本理则国固”，孟子的“民为贵，君为轻，社稷次之”，荀子的“民可载舟，亦可覆舟”，三国时逊提出的“国以民为本”，一直到唐太宗贞观二年提出的“国以人为本”等思想，但所有这些都是把“民”、“人”和“邦”、“国”、“君”、“社稷”相比较而言，都是在治国安邦意义上说的，况且“民”与“人”也并不完全相等，因而这些命题并不具有明显的哲学意义上的内涵，而更多具有的则是政治学、社会学上的意义。明确这一点是很有必要的，因为至今为止，人们还大都在“以民为本”的意义上使用“以人为本”，从而引起一些学理上的混乱。

“以人为本”的观念虽说古代已经萌芽，但既没有成为体系，也不可能成为“体系”意义上的“主义”。成体系的“人本主义”，或者说成熟形态的“以人为本”的理论是在近代伴随着资本主义的产生、发展而逐渐完善的。

以人为本、人本主义虽然突出强调了人在万物当中的地位、价值、意义，却没有具体说明之所以把人作为世界万物根本、本体的原因。普罗泰戈拉虽然把人作为事物存在与否的尺度，管仲虽然把人作为成就霸业的根本，但他们都没有解释这样做的根据。显然，对此还需要做出进一步的说明。

可以从纵、横两个向度考虑。从历时性的角度考察，自然科学事实表明，生命的产生是自然进化的重大飞跃，而人的出现又是生命进化的另一重大飞跃。在人出现以前，所谓谁是“本”、谁是“末”的问题既无从谈起，也毫无意义。只有当人产生之后，才有“根本”、“从属”问题的提出。再则，既然人是自然界进化数亿年后的产物，而后来的东西往往既包含了先前东西的精华，又突破了既有东西的局限，超越以往、高于以往，所以说人是世界万物发展至今最为根本、最为高级的“东西”是完全说得通的。

从共时性的角度考察，不难看出，有机物与无机物相比，无论是从构成、功能、机制哪方面考虑，前者显然既涵盖了后者又超越了后者。而在有机物内部，无论是把人与植物还是动物相比，同样也是前者既涵盖了后者又超越了后者。以人与动物为例，人不仅具有动物所具有的自然生命，同时又具有动物所不具有的超自然生命。

把人与物相比、人与神相比应当“以人为本”，而谈到社会的形成与发展则更应“以人为本”。这不仅因为社会是由人结合而成的，没有人就没有社会，而且更因为社会的存在、社会的发展一时一刻都离不开人。在这个意义上就应当说社会的实质就是人，人的存在就是社会的存在，人的发展就是社会的发展，人是社会的主体，人是社会的灵魂，从社会与人的相互关系讲，也自然应当“以人为本”。

诞生于19世纪的马克思主义，一方面作为人类优秀思想遗产的集大成者，继承了“人本主义”的合理因素，同时又作为无产阶级的思想武器，把解放无产阶级、进而解放全人类作为自己的历史使命，将“人本主义”推进到了一个全新阶段，因此我们说“人本主义”是马克思主义课题中应有之义也是完全说得通的。

（潘胡锁摘）

**【科学理性地看待儿童读经】**（丰向日，《山西师大学报》2006年第5期，总字数8000）当前的儿童读经与历史上的读经具有不同的性质，不能用过去的批判言论来批评今天的儿童读经，更不能因为读经已经废除，今天就不能再读。经书承载着中国悠久的文化，传统的读经教育中蕴含着重要的教育方法。对于今天的儿童读经不能简单地加以否定，应结合时代特点，科学理性地思考传统文化教育，从传统中汲取合理的因素。儿童读经对于儿童的成长和文化的传承等方面具有重要作用，但也不能过分夸大其作用。要在读经实践中加强科学研究，使读经活动能够健康、有效地开展。（潘胡锁摘）

**【培育农业分工组织的依据和途径】**（郭少新，《山西师大学报》2006年第6期，总字数8000）在我国市场化改革深入推进的过程中，“三农”问题的解决已成为促进经济发展和维持社会稳定的关键，促使农业发展、农村进步和农民增收是建设社会主义新农村以及构建和谐社会的内在要求。学术界因此对“三农”问题给予了很多关注，提出了诸多有意义的理论指导和政策建议。由于“农业是弱势产业、农民是弱势群体”已经成为普遍的共识，这些讨论人多主张依靠政府政策保护农民的利益。问题在于：拥有有限资源和有限理性的政府所实行的“高价购买”农业发展的政策是否具有可持续性？农业的发展和农村的进步是需要关注的问题，而农业和农村问题在很大程度上是农民问题。本文试图通过对农业生产组织参与社会分工的讨论，为解析“三农”问题提供一个新的视角。（潘胡锁摘）

**【准市民与中国社会治安综合治理】**（吕世辰，王小平，《山西师大学报》2006年第6期，总字数6000）准市民是指游离农业，走上城市化道路的人。在我国特指户口在农村注册，从事二、三产业生产经营的人，有时也称其为农户非农产业群体。具体地说包括农村户口的个体工商户及其雇工、乡镇企业从业人员、私营企业主及其雇工、在国有企业或“三资”企业从业的农民工和城市中的农民散工。准市民是市场化、工业化和城市化发展的必然产物。改革开放以来，社会产业结构、劳动力结构、城乡结构大幅度调整，人与人之间的利益关系、社会关系发生了重大变化，社会治安容易出现混乱，这一点在属于追赶型的后起国家表现得更为明显。如早期发达的德国和日本、发展中国家墨西哥、印度以及非洲一些国家在准市民活跃时期社会秩序就比较混乱。我国属于追赶型的发展中国家，而且是由半殖民地半封建社会经过民主革命进入社会主义初级阶段的，要用几十年的时间经历发达国家上百年甚至几百年的社会发展历程。目前，我国的改革开放和现代化建设事业正处在关键时刻，我们更应该加强对准市民的综合治理。

在这个时期，准市民的群体特征表现为：1. 流动性大，他们中的许多人食无定点、居无定所。2. 他们的成分复杂，其主体是主人，还有农民、个体户、私营企业主、企业干部，还混杂了一些游手好闲者和“两劳”释放人员。3. 是异质性，他们的文化程度、生活方式、思维方式、行为方式不尽相同，社会化的任务重，违法犯罪可能性大。4. 他们中的大部分人脱离了原有的社区或原有的社会组织，处于一种村里不常见、城里很少管的状态，脱离了原有的社会评价和约束体系，而新的体系又很不健全。5. 严重滞后性，我国准市民活跃现象一直拖到改革开放的今天，错过了良好的发展机遇，而且又是处在各行业对劳动力由普遍吸纳到全面排斥的状态的时期，就业和市场化的压力大。准市民的这些特征决定了我国准市民应该是我国社会治安综合治理的难点和重点。

（潘胡锁摘）

**【试论姚奠中先生的讲习之道——《姚奠中讲习文集》序】**（傅如一　山西大学学报　2006年第6期）姚奠中先生是章太炎先生唯一健在的弟子。《姚奠中讲习文集》是一部弘扬章太炎讲习精神、讲习之道、学术、教育价值的著作，体现了姚奠中先生教育思想的一个完整的理论体系，反映了人才培养最本质的教育规律。如何讲？如何习？讲与习如何互动？通才教育与特色教育是一个怎样的关系？在讲与习的过程中如何贯注人文关怀与人品感化？一个杰出的教育家毕生的最终追求是什么？《姚奠中讲习文集》以章门子弟独特的理论和实践作出了卓有远见的回答。

（魏晓虹摘）

## 社联活动

**【概述】**　2006年山西省社科联围绕省委、省政府及全省宣传思想文化工作的总体部署，组织开展了丰富的学术活动，促进山西社科事业的繁荣发展，省社科联及省属学会、研究会的学术活动比较活跃。主办联办全国性的学术研讨活动27次，开展全省性的学术研讨活动55次。

（社科联）

**【马克思主义理论武装工作得到加强，马克思主义在哲学社会科学的指导地位得到巩固】**　2006年，山西省社科联充分发挥社科联的牵头作用，组织高层次、高质量的研讨活动，推动科学发展观与构建和谐社会战略思想的贯彻落实，不断强化马克思主义最新成果对社科工作者的理论武装。先后组织开展了学习党的十六届六中全会《决定》精神座谈会，学习《江泽民文选》座谈会和树立社会主义荣辱观等研讨活动，开展了学习贯彻科学发展观征文活动，并在《山西日报》、山西社科网、《学术论丛》、《山西社科联》等传媒上刊登编发了研究贯彻科学发展观、构建和谐社会、学习《江泽民文选》等方面的理论文章，组织开展了联系山西实际、促进科学发展的重点课题研究。各学会、研究会举办研讨会、报告会、座谈会达80余次，形成了多学科多领域研究、阐释、宣传科学发展观和构建和谐社会的理论氛围。

与此同时，山西省社科联在工作中，始终保持着清醒的政治头脑，强化大局意识，把握好政治方向。在学会管理中，强调学会要坚持正确的政治方向，对新学会的成立和学会换届进行严格审查，并经常深入学会进行调查研究、指导工作，保证学会沿着正确方向健康发展。在举办各种研讨会和学术活动时，既营造了宽松的学术氛围，又注重了正确引导。在确定重点研究课题时，认真筛选审核。在评审“百部篇”优秀成果时，严把政治关。通过这些环节的工作，保证了党对社科界的领导，坚持了正确的导向，坚持了马克思主义在意识形态领域的指导地位。

（社科联）

**【三件实事全部落实，社科联的社会地位得到提升】** 2006年省社科联的3件实事对山西省社科事业发展具有重要意义，是省委、省政府对社科事业重视和加强的体现。1.社科联机关改善了办公条件，单位面貌焕然一新。在工作正常运转的基础上，用一个多月时间，整修了办公室，更新了硬件设备，大大改善了办公条件，营造了一个良好的环境，努力为广大社科工作者提供一个温馨的社科之家。2.创办了山西社科网站，打造了山西省社科理论研究、交流和发展的平台。12月11日，省委常委、宣传部长高建民同志亲自为“山西社科网”点击开通。这一新型传媒高地，为广泛传播马克思主义理论，促进山西省社会科学理论研究及对外学术交流、推进社科成果的宣传推广、应用普及搭建了平台，为广大社科工作者提供了更加方便快捷的服务。3.解决了社科联的升格问题。经过各方努力，2006年12月15日省编委会正式决定省社科联为正厅级建制。这一举措充分体现了省委省政府对社会科学事业的重视，真正把社会科学与自然科学同样重要的精神落到了实处，从根本上提升了社科联的社会地位，有利于促进山西省社科事业的健康发展。（社科联）

**【科普活动形式多样，科普基地建设迈出新步伐】** 2006年，加大了科普工作的力度，扎实推进了科普工作。一是开展了山西省第五届社科普及周活动。2006年6月11日，省社科联联合9所高校、17个学会开展了较大规模的以“社会科学在身边”为主题的第五届山西省社会科学普及周活动，弘扬了科学精神、传播了科学思想，为人们掌握科学知识、科学方法提供了良好的契机。这次科普周举办了一个主题活动，9个方面的现场咨询，7个系列讲座，省城近200名专家学者参加了咨询服务，对2000多名群众进行了咨询。省委常委、政法委书记杜玉林，省政协副主席张正明等领导出席活动。此外，省城各大媒体2005年对省社科联的活动多次进行了宣传报道，进一步扩大了社科联的影响。二是组建了第一个社会科学普及基地。为了充分发挥社科研究优秀成果的作用，促进理论成果的转化应用，把科普活动经常化，9月6日，社科联组建的山西省第一个社科普及基地在晋城职业技术学院挂牌成立，省社科联向学院捐书并设立了社科研究优秀成果专柜，实现了社会科学普及到基层的新突破，带动了全省社科普及活动的进一步发展与深化。三是以刊物为载体，做好全省理论界和广大干部群众的宣传教育。社科联主办的《学术论丛》、《山西社科联》，以及省属学会、有关市社科联主办的43种刊物，在紧扣时代主题，弘扬主旋律，传播新思想、阐释新观点、交流新信息、促进成果转化等方面，起到了积极的宣传推介作用。（社科联）

**【课题研究质量提高，学术活动更趋活跃】**

2006年围绕省委省政府的中心工作，开展了一系列课题研究和学术活动。一是开展了重点课题研究。2006年山西省广大社科理论工作者对经济社会发展的重大理论和实践问题进行了深层次、多视角、全方位、开拓性的研究，经过科学选题，确定了90个重点研究课题。为了进一步提高课题研究质量，规范课题管理，于2006年9月8日召开了第一次全省课题工作专题会议，对搞好课题研究作了具体安排部署，随后进行了开题检查，为端正课题研究态度，保证课题质量、打造学术精品打下了基础。这些措施，引起了各方面的积极响应，各学会、研究会紧紧围绕工作实际开展了317项课题研究，为山西省“十一五”规划的实施发挥了积极的理论支撑作用。二是开展了丰富多彩的学术活动。理论创新是社会科学繁荣发展的不竭动力，只有积极开展学术活动才能使社科理论有所创新，有所发展。2006年，社科联充分发挥社科联“联”的优势，与有关方面加强合作，联合开展了一系列学术研讨交流活动。与省委党校联合召开了纪念建党八十五周年暨落实科学发展观、加强党的执政能力建设研讨会；与山西财大、经济研究中心等有关单位举办了以“山西‘十五’回顾与‘十一五’展望”为主题的第十二次“山西经济高峰论坛”，以“山西企业发展战略”为主题的第十三次“山西经济高峰论坛”，以“高校与地方经济互动发展”为主题的第十四次“山西经济高峰论坛”；与省人事厅、省行政管理学会开展了“落实科学发展观，推进行政管理体制改革”理论研讨会；与国资委举办了国企领导人高层论坛等等。各学会、研究会的学术活动也比较活跃，主办联办全国性的学术研讨活动27次，开展全省性的学术研讨活动55次。这些有较高理论水平和实践价值的研讨活动，为山西省经济、政治、文化、社会的发展提供了可资借鉴的意见和建议，较好地发挥了社会科学的“思想库”、“智囊团”的作用。三是“百部（篇）工程”建设日臻完善。山西省一年一度的社会科学研究成果“百部（篇）工程”，已历时12年，影响越来越大，质量越来越高。2006年的申报期虽然提前了两个月，但仍有441项参评，经严格评审，共评出优秀成果146项，其中荣誉奖5项，一等奖30项，二等奖44项，三等奖67项。这些研究成果学科范围广，创新内容多，综合水平高，充分显示了山西省社科工作者深入实践、深钻细研、勇于探索、求真务实的科学精神。

（社科联）

**【学会建设逐步规范，学会工作创新发展】**

2006年，省社科联全体同志分十一个组对全省128个学会、研究会和各市社科联进行了一次全面深入的大调研。调研结果表明，山西省社科学会在逐步规范的基础上，有了新的发展，呈现出健康良好的发展态势。一是学会建设比较规范。目前，128个省属学会、研究会组织机构基本健全，多数能够按期召开理事会，定期举办学术研讨会，80%的学会按期进行年检，绝大多数学会能够正常运转，拥有一支综合素质较高、研究能力较强的专兼结合的队伍，起到了参谋助手作用，得到了有关部门和领导的重视。并能积极参加省社科联组织的活动，较好地完成各项工作任务。有的学会甚至走在全国同行前列，如省陶行知研究会、三晋文化研究会、省老年学学会、省政治学会、省诗词学会、省教育学会、省档案学会、省监狱学会等，管理规范，制度健全，活动丰富，充满了生机和活力。二是学会活动各具特色。一年来，各学会、研究会开展了层次各异、形式不同、内容丰富、各具特色的活动。如省社会学会承办的中国社会学会的“科学发展、共享和谐”研讨会，省职工思想政治工作研究会举办的“构建社会主义和谐社会理论研讨会”，省科社学会举办的“新一届中央领导集体的理论创新研讨会”，省中特理论研究会举办的“社会矛盾与社会和谐”研讨会，省哲学学会举办的“社会公平与社会和谐理论研讨会”，省伦理学会举办的“落实科学发展观与构建社会主义和谐社会理论研讨会”，省行政管理学会举办的“落实科学发展观、推进行政管理体制改革”研讨会，省国企党建研究会、省企业文化研究会举办的“加强国企党建，构建和谐企业”高层论坛，省经济学会举办的“山西经济可持续发展”论坛，省法学会举办的“构建和谐社会与法制建设学术报告会”，省粮食经济学会举办的理论研讨会，以及省金融学会开展的“十佳金融人物”评选活动，省农民书画研究会举办的“国庆书画作品展”，省当代儒学研究会举办的“国学大讲堂”，省城市经济学会、省高校思想政治教育研究会、省监察学会、省语言学会、省方言学会、省关公文化研究会、省职业技术教育学会、省孔子文化研究会、省国企改革与发展研究会等等都开展了富有特色的文化学术活动。三是新型学会蓬勃发展。随着我国社会主义市场经济的进一步发展，一些适应经济社会发展需要的学会、研究会如雨后春笋般地出现。2006年新审批成立了省郭氏文化研究会、省职业经理研究会等一批新型学会，还有一些研究地方文化、具有山西特色的学会正在积极筹备之中。

（社科联）

附1：2006年度“百部（篇）工程”获奖成果及先进组织单位

附2：山西省社科界暨党校系统纪念中国共产党成立85周年理论研讨会获奖论文目录

## 2006年度“百部（篇）工程”获奖成果及先进组织单位

### 一等奖

表33

| 基于战略管理的企业核心竞争力评价研究 | 论文 | 容和平 |
|---|---|---|
| 入世后过渡国有企业外经贸发展战略分析 | 论文 | 王璐 |
| 山西公路建设与经济发展研究 | 著作 | 吴德春（总编） |
| 促进山西经济和谐发展的税收对策研究 | 论文 | 山西省国家税务局第五课题 |
| 房地产管理信息系统 | 著作 | 张所地 |
| 能力新论——简谈人的能力及其发展规律 | 论文 | 阎建平　王美兰 |
| 我国教育消费结构失衡研究：收入分配视角的考察 | 论文 | 刘维奇　靳共元 |
| “学思维”活动课程对初中生创造力影响的实验研究 | 论文 | 胡卫平 |
| 中国现代历史地理学家史念海 | 著作 | 王志超 |
| 制度创新与中国高等教育 | 著作 | 朱先奇　史彦虎 |
| 低收入群体问题的“政治基尼系数”探讨 | 论文 | 潘峰 |
| 发展与政治秩序论 | 著作 | 王先峰 |
| 地方预算权问题研究 | 论文 | 董玉明　张淑祺 |
| 法学教育的理念与实践 | 著作 | 史凤林 |
| 力量的源泉——新世纪共青团干部必读 | 著作 | 王俊刚主编 |
| 文明的薪火孙中山思想综论 | 著作 | 张汉静 |
| 哲学视域的物理学文化 | 著作 | 任爱玲 |
| 当代西方社会科学哲学的研究现状、趋势和意义 | 论文 | 殷杰 |
| 中国社会变革的探索历程 | 著作 | 郭学旺 |
| 实施文化互动建设和谐忻州 | 论文 | 周如璧 |
| 私营企业组建工会需要解决的若干问题 | 论文 | 邸敏学 |
| 2005：山西经济金融运行分析与预测 | 著作 | 毛金明主编 |
| 中部崛起战略下的山西金融机制创新研究 | 著作 | 孔祥毅　张中平 |
| 循环经济——山西可持续发展的必由之路 | 著作 | 李卫东　彭建勋主编 |
| 新型工业化问题研究—以山西老工业基地为例 | 著作 | 苑琳 |
| 云冈石窟编年史 | 著作 | 张焯 |
| 在自主创新中建设和发展先进文化 | 论文 | 艾斐 |
| 山西大同沙岭北魏壁画墓发掘简报 | 论文 | 大同市考古研究所 |
| 晋商与晋中社会 | 著作 | 殷俊玲 |
| 山西历史名人传 | 著作 | 刘纬毅 |

### 二等奖

| 资源型区域的循环经济法规建设：以山西为例 | 论文 | 李红卫　石薛桥 |
|---|---|---|
| 树立“穷人的经济学”理念突破构建和谐社会之瓶颈 | 论文 | 周荣 |
| 财务管理与税收筹划 | 论文 | 曹宇波 |
| 晋陕豫黄河金三角地区区域旅游合作研究 | 论文 | 张慧霞 |
| 中国固定资产与经济增长的传递函数模型 | 论文 | 苗敬毅 |
| 先进生产力和发展先进生产力的现实选择 | 论文 | 刘潇滨 |
| 社科理论工作者光荣的历史使命 | 论文 | 冯聪玲 |
| 《山西省初中教育现状分析与发展对策研究》课题总报告 | 论文 | 温彭年 |
| 教师教育：职前培养专业化教师的问题探析 | 论文 | 卢红 |
| 土地利用生态系统分析及服务价值估算 | 论文 | 贾宁凤等 |
| 跨越理性主义的羁绊推动教育主题性发展 | 论文 | 王玉英 |
| “二人台”《走西口》的艺术特色分析 | 论文 | 张晋俐 |
| 加强大学生心理健康教育 | 论文 | 王铁梅 |
| 对大学英语教学理念的再思考 | 论文 | 郑秀芬 |

续表 33

| | | |
|---|---|---|
| 农村妇女土地权益及其保障 | 论文 | 董江爱 |
| 十至十三世纪北方游牧民族探析——辽金历史地位刍论 | 著作 | 刘美云 |
| 华夏文明论集 | 著作 | 王克林 |
| 灵石旌介商墓 | 著作 | 海金乐　韩炳华 |
| 中国鼓词总目 | 著作 | 李豫　李雪梅等 |
| 平遥古城与尧文化 | 论文 | 山西省社科联课题组 |
| 中国历史文化名城祁县 | 著作 | 张礼明 |
| 天下晋商丛书 | 著作 | 刘志宏 |
| 我国矿业城市可持续发展策略研究 | 论文 | 苏巧梅 |
| 晋中市工业进程调研报告 | 论文 | 王世强　郝明山<br>赵磐　聂占生 |
| 非公有制企业劳资关系失衡的原因及其对策 | 论文 | 李汝贤 |
| 国际收支失衡与外汇非现场监测的策略探讨 | 论文 | 王大贤 |
| 论高风险金融机构的市场退出 | 论文 | 郭保民 |
| 晋城市中小企业融资问题的实证研究 | 论文 | 人行晋城市中心<br>支行课题组 |
| 晋中市五县金融生态环境的综合评价及运用 | 论文 | 人行晋中市中心<br>支行课题组 |
| 经典、人生 | 著作 | 朱颖原　杨小燕 |
| 美与丑不能混淆 | 论文 | 薛晋文 |
| 数学是逻辑吗？——论数学的逻辑主义基础 | 论文 | 刘杰　郭贵春 |
| 创新文化的地位、功能及其构建 | 论文 | 师振亚　郑玉光 |
| 大学人文十四讲 | 著作 | 徐方 |
| 小康文明和谐 | 著作 | 裴余庆 |
| 对系统复杂性的再认识 | 论文 | 刘翠兰 |
| 理顺关系在和谐中求发展 | 论文 | 李耀龙 |

## 三等奖

| | | |
|---|---|---|
| 中国能源工业社区现状与发展——山西实证分析 | 著作 | 李美峰 |
| WTO 规则下山西效益农业可持续发展研究 | 著作 | 崔春香　翟彦铭 |
| 论我国中小企业信用的外部环境建设 | 论文 | 周瑞玲 |
| 重工业有限发展战略对经济管理体制变迁的影响 | 论文 | 任志江 |
| 促进山西新型能源和工业基地建设的税收政策选择 | 论文 | 董其文 |
| 浅谈财务报表审计风险的规避 | 论文 | 李梅 |
| 提高我省粮食生产能力的制约因素及对策 | 论文 | 高志信 |
| 金融稳定：基于金融结构的分析视角 | 论文 | 张润林　邱宇　赵昱光 |
| 财务管理学 | 著作 | 隋静　陈增寿 |
| 广告公司经营与管理 | 著作 | 张士勇　姜智彬 |
| 深刻领会精神实质全面贯彻新审计法 | 论文 | 杨玲 |
| 传统文化对当代大学生成长的影响 | 论文 | 李山岗 |
| 陶行知职业教育思想的探索与思考 | 论文 | 荆世华 |
| 山西省初中教育课程与教学质量现状分析与发展对策研究 | 论文 | 裴秀芳　宋艳 |
| 拓宽农村准公共产品的供给渠道 | 论文 | 贾晓俊 |

续表 33

| | | |
|---|---|---|
| 网络经济条件下企业技术创新与组织创新互动研究 | 论文 | 武巧珍 |
| 文学审美教育的当代文化意义 | 论文 | 凌建英 |
| 德国职业教育考察印象 | 论文 | 吕兴光 |
| 加入 WTO 后中国研究生教育的影响及应对措施 | 论文 | 王卫平 |
| 坚持“以人为本”理念促进高等教育健康发展 | 论文 | 史彦虎　王金平 |
| 加强高职高专“两课”实践性教学改革环节的探讨 | 论文 | 霍功 |
| 提醒金融家：自主品牌很重要 | 论文 | 卫虎林 |
| 谈话节目的关键 | 论文 | 李文生 |
| 论公共政策与公众认同的互动与融合 | 论文 | 梁丽萍 |
| 政府治理矿难的有效机制研究 | 论文 | 李利宏　王景瑜 |
| 我党在抗日根据地民主执政、科学执政的经验分析 | 论文 | 郝彭证　张宏华 |
| 公安实用心理学 | 著作 | 徐玉明　张大庆　黄长仙 |
| 新时期公安执法为民思想论 | 著作 | 张子荣主编 |
| 论和谐社会构建中的制度公正 | 论文 | 张二芳 |
| 法官除了法律没有别的上司 | 论文 | 褚玉龙　张素梅 |
| 建设知荣明耻的社会硬环境 | 论文 | 贾文涛 |
| 防止思想“沙化”永葆共产党人先进性 | 论文 | 赵民胜 |
| 反腐倡廉的法制建设 | 著作 | 楚刃　张寒　王华梅等 |
| 循环经济法律调整模式初探 | 论文 | 李冰强 |
| 发挥政协优势构建和谐社会 | 论文 | 毕冬芬 |
| 晋商的轻官与重官 | 论文 | 郭玉兰 |
| 山西人性格的文化解读 | 论文 | 张志蓬 |
| 传说、信仰与洪洞乡村社会 | 论文 | 郝平 |
| 山西民俗文化的流传与遗失 | 论文 | 山西省社科联课题组 |
| 楚山绍绮禅师研究 | 论文 | 崔文魁 |
| 晋商“比资地力”求富观的历史启示 | 论文 | 李新文　瞿相卫 |
| 杀虎口 | 著作 | 王德功 |
| 陈铨的东学西渐文学观 | 论文 | 苏春生 |
| 20 世纪中国游记散文研究 | 著作 | 徐慧琴 |
| 中国古代兵制发展史 | 著作 | 尚连山　熊高德 |
| 积极研究新农村建设需要解决的信贷支持问题 | 论文 | 中国农业银行山西<br>省分行课题组 |
| 晋中水资源现状及可持续利用对策研究 | 论文 | 赵建华 |
| 在构建和谐社会的实践中履行好央行职责 | 论文 | 王小平 |
| 我国绩效审计存在的问题及对策 | 论文 | 白宪生　王玮安　张惠萍 |
| 商业银行开展外币掉期业务的困难与对策 | 论文 | 朱新春 |
| 论中央银行的纵向一体化与基层央行职能 | 论文 | 杜斌 |
| 借鉴与启示：健全社会信用体系是解决个人征信管理问题的关键 | 论文 | 李清　兰志亮 |

续表 33

| | | |
|---|---|---|
| 我国利率市场化改革的路径选择 | 论文 | 霍晓飞 |
| 关于建设社会主义新农村之我见 | 论文 | 薛理锁 高起祥 武焕文 |
| 完善收入分配体制缩小收入分配差距 | 论文 | 扈照轼 |
| 对地方税制的改革建议 | 论文 | 晋中市地税局课题组 |
| 毛泽东哲学研究的独特路径 | 论文 | 王喜平 |
| 科技创新规律探究 | 著作 | 范 炤 |
| 全面贯彻落实科学发展观的具体体现 | 论文 | 许淑贤 |
| 用马克思主义方法研究私营经济问题 | 论文 | 李玲娥 |
| 用先进文化引领构建社会主义和谐社会 | 论文 | 王军 |
| 大学生命论 | 著作 | 陈平水 |
| 创建文明城市是建设和谐晋城的实现途径 | 论文 | 晋城市委宣传部课题组 |
| 先进文化、政治文明及其互动关系 | 论文 | 谢春玲 |
| 贝尔社会发展思想的内在张力及修辞学倾向 | 论文 | 邢媛 |
| 论科学的发展机制 | 著作 | 毛建儒 |
| 构建农村和谐社会的三点思考 | 论文 | 王晓嵘 |

## 山西省社科界暨党校系统纪念中国共产党成立85周年理论研讨会获奖论文目录

### 组织奖

大同市社会科学界联合会
晋中市社会科学界联合会
山西省城市经济学会
山西省金融学会
山西省审计学会
山西省高等学校思想政治教育研究会
山西大学社会科学处
山西财经大学科研处

山西省“百部（篇）工程”评审委员会

附2：山西省社科界暨党校系统纪念中国共产党成立85周年理论研讨会获奖论文目录

山西省社科界暨党校系统纪念中国共产党成立85周年理论研讨会

### 获奖论文目录

1. 严肃党的纪律维护党的团结统一
中共山西省委先进性教育活动办公室
2. 科学发展观与党的先进性建设
中共山西省委党校　冯国发
3. 用科学发展观指导党的执政能力建设
山西省社科联　侯秀娟

**山西省社科联推荐论文**

4. 理顺关系在和谐中求发展
山西省社科联　李耀龙
5. 先进文化、政治文明及其互动关系——基于历史与现实的思考
山西省社科联　谢春玲
6. 对党的执政规律的历史考察
中共山西省委党校　卫裕国
7. 以党内民主推动政治文明建设
中共山西省委党校　刘树信
8. 保障党员权利：党的先进性建设的基础工程
中共山西省委党校　吴　敏
9. 对党依法执政若干问题的思考
中共山西省委党校　范俊彦
10. 和谐管理：管理发展的新趋向
中共山西省委党校　罗自刚
11. 关于构建和谐社会的几点认识
山西省审计厅　张红良
12. 时刻牢记中国最大多数人的利益
山西省社会科学院　楚　韧
13. 山西煤层气产业发展：现状、机遇和设想
山西省社会科学院　周　洁
14. 社会转型与价值观念
山西省社会科学院　李小伟
15. 关于建设社会主义新农村的战略对策
山西省金融学会先进性教育活动办公室课题组
16. 论树立和坚持社会主义荣辱观
山西省金融学会　张中平　武宏波
17. 把握和实践好“三个代表”重要思想
中共太原市委党校　贯陆英
18. 构建和谐社会要解决关键性问题
中共太原市委党校　赵曦桢
19. 构建和谐社会：世界观和方法论
中共太原市委党校　乔秀民
20. 坚持以民为本构建和谐社会
中共太原市委党校　许　耀
21. 新时期党的建设理论的发展与创新
中共太原市委党校　赵景爱
22. 党的先进性建设与构建和谐社会
中共太原市委党校　赵建华
23. 红色旅游与爱国主义教育
中共太原市委党校　霍永刚
24. 反腐倡廉：党执政兴国面临的重大课题
山西省军区第一干休所　姚永福
中共太原市委党校刘海琴
25. 构建农村和谐社会的三点思考
太原市社会科学院　王晓嵘
26. 对村委会换届中的问题思考
太原市小店区坞城街道办事处　李勇彪
27. 建设知荣明耻的社会硬环境
晋中市社会科学界联合会　贯文涛
28. 党的先进性要求与党的思想建设
中共临汾市委先进性教育活动办公室课题组

29. 按照党的先进性建设规律加强党的先进性建设

中共晋城市委先进性教育活动办公室课题组

30. 晋城市农村发展模式探讨

中共晋城市委　赵魁元

31. 创建文明城市构建和谐社会

中共晋城市委宣传部　裴余庆

32. 落实科学发展观建设和谐晋城

中共晋城市委宣传部　潘　登

33. 探索企业党组织建设的有效途径

山西大学　李　安

34. 社会主义荣辱观：大学生思想道德建设的新标杆

山西大学　王铁梅

35. “民主新路”与构建和谐社会

山西大学　张民省

36. 简论树立社会主义荣辱观

山西大学　王致胜

37. 农民组织化与乡村和谐社会的构建——从政治学的角度考察

山西大学　上官酒瑞

38. 新农村建设中的村民自治与基层民主

山西大学　罗鹏飞

39. 民主、科学与党的先进性

太原理工大学　秦志敏　李伟杰

40. 农业女性化对新农村建设的影响

太原理工大学　冯爱红

41. 我党与当代中国民主：历史与经验

太原理工大学　李伟杰

42. 对解决“判决书买卖”问题的思考

太原理工大学　黄云霞

43. 社会和谐与社会矛盾

山西财经大学　王民

44. 党的执政能力建设与构建和谐社会

山西财经大学　李红岩

45. 科学发展与生态优先原则

山西财经大学　苑琳　山西省经贸决策咨询中心　崔树民

46. 试论先进知识分子在建党过程中的作用

山西师范大学　郭学旺　吉志强

47. 我党执政的群众资源问题思考

太原师范学院　梁建军

48. 增加农民收入促进新农村建设

太原师范学院　赵满华

49. 探索和构建永葆党员先进性的长效机制

忻州师范学院　赵岱明

50. 进一步加强党的执政能力建设

忻州师范学院　朱力伟

51. 经济欠发达地区新农村建设存在的问题及对策

忻州师范学院　符　凯

52. “着重从思想上建党”的理论及现实意义

大同大学　胡秀娥

53. 论我党与阎锡山集团统一战线的形成

大同大学　潘　印

54. “三个代表”重要思想与党的本质

大同大学　彭喜保

55. 邓小平理论的形成及其时代意义

大同大学　赵新燕

**山西省委党校推荐论文**

56. 围绕党章要求建设党

中共太原市委党校　郑培君

57. 对永葆共产党员先进性的思考

中共大同市委党校　师　仓

58. “与时俱进”：“三个代表”重要思想的精髓

中共大同市委党校　韩　府

59. 试论公民与政府的和谐

中共大同市委党校　洪占礼

60. 党的先进性建设三题

中共朔州市委党校　杨福文

61. 建立永葆党的先进性的长效机制

中共朔州市委党校　崔金花

62. 有关新农村建设的对策和建议

中共朔州市委党校　刘文芳

63. 加强农村党建工作推动新农村建设

中共朔州市委党校　郝桂萍

64. 简论党的阶级基础

中共忻州市委党校　杜凤华

65. 胡锦涛执政理念探析

中共长治市委党校　王春先

66. 党的先进性建设的主要经验

中共忻州市委党校　王申堂

67. 大力培育节约型消费模式

中共忻州市委党校　李　萍

68. 新时期党的作风建设思考

中共晋中市委党校　陈丽生　赵俊伟　毕可梅

69. 推进新农村建设的几点思考

中共晋中市委党校　张联明　王淑芳

70. 浅论建设社会主义新农村

中共晋中市委党校　段玉萍　许德顺

71. 论社会主义和谐社会的基本特征

中共吕梁市委党校　白营科

72. 共产党员如何坚持“八荣八耻”

中共吕梁市委党校　李小岗

73. 新农村建设：成绩、问题和对策

中共吕梁市委党校　冯丽平

74. 山西在中部崛起中的发展战略选择

中共吕梁市委党校　张晓蔚

75. 非公有制企业党的建设问题探析

中共阳泉市委党校　李　祯

76. 提高农民素质培养新型农民

中共阳泉市委党校　李玉萍

77. 社会主义新农村建设应着重创新

中共阳泉市委党校　李　萍

78. 我党两次反腐倡廉运动的特点及启示

中共盂县县委党校　韩爱国

79. 科学发展观：我党发展理论的重大创新

中共运城市委党校　孙续功

80. 新农村建设：主导与主体

中共运城市委党校　郭秀珍

81. 构建社会主义和谐新农村

中共万荣县委党校　卢红明

82. 发展循环农业推进新农村建设

中共芮城县委党校　董耀丰

83. 缩小收入差距构建和谐社会

中共长治市委党校　路向明

84. 学习贯彻党章践行社会主义荣辱观

中共长治市委党校　王鲜萍　裴永斌

85. 建立节约型政府引领社会新风尚

中共长治市委党校　任理庆

86. 推进经济增长方式的根本性转变

中共长治市委党校　魏文俊　段中庆

87. 充分发挥农民在新农村建设中的主体作用

中共长治市委党校　白波瑞

沁源县灵空山镇政府　贺思宇

88. 山西煤炭产业发展面临的形势及道路选择

中共长治县委党校　杨瑞珍

89. 党的先进性建设的实现途径

中共晋城市委党校　卢　路

90. 坚持以人为本废除“官本位”意识

中共晋城市委党校　张　瑛

91. 新农村建设面临的四大任务

中共晋城市委党校　王晓光　宋　刚

92. 城市化问题战略思考

中共山西省委党校省直分校　王志刚

93. 构建和谐社会：理论价值和贡献

中共山西省委党校省直分校　高琳萍

94. 山西新农村建设的新途径

中共山西省委党校省直分校　王翠芳

95. 论普遍性行政措施的可诉性

中共山西省委党校省直分校　郑庆堂

96. 社会主义荣辱观教育与党的先进性建设

同煤集团公司党校　赵世杰

97. 对共产党员先进性教育的理论沉思

同煤集团公司党校　马永骋

98. 论“三个代表”重要思想的社会历史意义

同煤集团公司党校　管建国

99. 论邓小平的科技战略思想

同煤集团公司党校　王继英

100. 关于加强先进性教育的几点思考

同煤集团公司党校　刘建忠

101. 努力建设资源节约型、环境友好型煤炭企业

同煤集团公司党校　丁小泉

102. 培养新型农民的途径探索

潞安集团公司党校、潞安职业技术学院　任健旺

103. 我党领导革命建设和改革开放的基本经验

潞安集团公司党校　延俞菁　贾景华

104. 以科学发展观统领经济社会发展全局

潞安集团公司党校　马晓红

105. “一国两制”：科学性和实践意义

山西省电力工业公司党校　曾跃飞

106. 坚持以人为本构建和谐社会

山西省电力工业公司党校　魏文青

107. 建立长效机制永葆共产党员先进性

山西省国防科技工业党校　吴　珊

108. “三个代表”重要思想：理论品质和时代特征

山西省国防科技工业党校　王志宏

109. 保持党的先进性实现兵工企业跨越发展

山西北方机械制造有限责任公司党校　孔双芮

110. 荣辱观实践中的互动性探讨

中共山西省委党校　孙兴玲

111. 粗放式增长的代价、原因及对策分析

中共山西省委党校　贺建平

112. 做大做强文化产业推动山西实施中部崛起战略

中共山西省委党校　郭玉兰

113. 三大优良作风与马克思主义中国化

中共山西省委党校　冯耀明

114. 在经济全球化过程中保持共产党人的先进性

中共山西省委党校　王建军

115. 山西省培养新型农民的任务和对策

中共山西省委党校　刘孝林

116. 构建党的先进性建设的长效机制

中共山西省委党校　周　荣

117. 党的执政能力的道德审视

中共山西省委党校　李　雯

118. 依托产业集群推动中部崛起

中共山西省委党校　于晓媛

119. 关于十六大以来党的理论创新成果

中共山西省委党校　张志蓬

120. 论党在抗战时期干部教育的经验

中共山西省委党校　张宏华

121. 落实科学发展观实现县域经济新跨越

中共山西省委党校　刘建霞

122. 党的先进性建设的本质要求及时代体现

中共山西省委党校　王卫红

123. 论邓小平理论的包容性和开放性

中共山西省委党校　郑文靖

124. 党的先进性本质的层次分析

中共山西省委党校　杨在平

125. 深入理解邓小平新时期的党建理论

中共山西省委党校　梁华林

126. 在知与行的统一中践行社会主义荣辱观

中共山西省委党校　于　桢

127. 加强依法行政构建和谐社会

中共山西省委党校　周瑞玲

128. 非政府组织在构建和谐社会中的作用

中共山西省委党校　刘丽瑛

129. 加强党的思想建设构建社会主义和谐社会
中共山西省委党校　崔建周

130. 简论毛泽东的经济思想
中共山西省委党校　桑艳军

131. 职业经理人与山西经济发展
中共山西省委党校　肖　莉

132. 资源型省份经济转型的对策建议
中共山西省委党校　张志芳

133. 建设创新型国家与山西的发展
中共山西省委党校　林　洁

**【政治发展与和谐社会构建研讨会召开】** 2006年5月20日～21日，"政治发展与和谐社会构建研讨会"在山西大学学术交流中心召开。中国社会科学院、复旦大学、南开大学等全国20余所高校与科研机构40余名专家学者参加了会议。构建和谐社会是当前我国社会发展中的重要理论与现实主题，会议讨论了如何从政治哲学的层面上构建和谐社会，政治哲学作为一种科学认识阐述现实政治存在和发展的必要性、必然性和正当性。构建和谐社会必须引导公民树立正确的政治理想，培养公民的正确价值观。政治文明建设与和谐社会构建是当前我国社会发展这个主题的两个方面，由此，与公平正义相关的制度建设，就构成了我国构建和谐社会的中心任务。坚持党的领导是构建社会主义和谐社会的前提条件，是实现政治发展和民主化的根本保障。加强执政党的改革和制度建设是构建和谐社会的必然要求。构建和谐社会要善于借鉴别国政党的执政经验。构建和谐社会，是一项长期而艰巨的系统工程，不仅需要理论创新，而且会触及国家政治体制改革。代表们从构建和谐社会的视角分析了我国人民代表大会制度的改革与创新。从满足构建和谐社会对现代政府的要求方面探讨了服务型政府的构建及实现路径。　（魏晓虹）

**【"中国乡村问题"学术研讨会召开】** 2006年5月25日～28日，由山西大学中国社会史研究中心、《Modern China》编辑部和《中国乡村研究》编辑部联合举办的"中国乡村问题"学术研讨会在山西大学举行。与会的20多位代表分别来自美国加利福尼亚大学、美国纽约城市大学、清华大学、复旦大学、澳门大学及中国社会科学院等高等院校及科研机构。会议主题明确，学术质量上乘，兼顾历史与现实的对话，并从历史学、社会学、人类学、政治学、经济学等多学科的视野探讨了集体化时代的农村社会，人口、资源、环境与社会变迁，中国乡村治理问题以及中国城乡社会关系、农村金融体系、农村知识分子等，近年来国内外中青年学者有关中国乡村研究的一些热点、焦点问题。

（魏晓虹）

**【全国第十一届中外传记文学研究会年会召开】** 2006年10月19日～20日，由山西大学外语学院和山西省作家协会共同主办的第十一届中外传记文学研究会在山西大学举行，来自全国部分省市及人民文学出版社、人民日报社、解放日报社、山东齐鲁书社、百花文艺出版社的60余位专家学者参加了年会，共同围绕传记文学的发展及其在文化领域中的作用等内容进行了广泛深入的交流和探讨。

山西大学副校长行龙到会祝贺。北京大学教授、中外传记文学研究会会长赵白生，中国作家协会副主席、山西作家协会主席张平先后作了发言。山西省作家协会副主席、《山西文学》主编韩石山主持了仪式。北京大学教授、中外传记文学研究会会长赵白生为学生题写了寄语，"传记文学，魅力四射。她的文学价值、历史意义、心理效用和教育功能，是独一无二的。希望更多的人阅读传记文字。"会议组织了报告会、分组讨论会等丰富多彩的学术活动。　（魏晓虹）

**【中央实施马克思主义理论研究和建设工程哲学组学术研讨会召开】** 2006年10月13日，中央实施马克思主义理论研究和建设工程首席专家、教育部副部长袁贵仁，首席专家中央党校原副校长、中国辩证唯物主义学会会长杨春贵，首席专家、中国社科院哲学所所长李景源，副省长张少琴、省教育厅厅长李东福，校长郭贵春等出席了开幕式。副校长刘维奇主持了开幕式。

教育部副部长袁贵仁在讲话中详细阐述了中央实施马克思主义理论研究和建设工程的理论意义和现实意义，并就马克思主义哲教材研究编写组近期的工作情况和安排作了介绍。他指出，十六届六中全会刚刚闭幕，在此之际召开课题编写组学术研讨会，主要内容就是要学习和贯彻中央六中全会精神，研究、修改和审议马克思主义哲学教材的初稿。他希望课题组成员相互学习、相互尊重，编好这部内容新体系新的教材。

张少琴副省长对近年来山西大学在马克思主义理论研究方面取得的明显进步给予高度评价。郭贵春校长对各位领导和专家的到来表示热烈欢迎。郭校长说，中央实施马克思主义理论研究和建设工程是《国家"十一五"时期文化发展规划纲要》的重要任务，是繁荣哲学社会科学的重要内容。　（魏晓虹）

**【纪念章太炎先生逝世七十周年学术研讨会召开】** 2006年8月16日～18日，"纪念章太炎先生逝世70周年学术研讨会"在山西大学召开。来自中国社会科学院、中国艺术研究院、复旦大学等30余所高校及科研单位的专家、教授，以及来自日本、韩国的知名学者参加了研讨会。会议由山西大学文学院院长刘毓庆主持，副校长行龙致欢迎词。章太炎先生是我国近代

图为由省史志院编、当代中国出版社出版的《赵树理》　郭建平摄影

民主革命家和著名学者，鲁迅先生赞扬他是"有学问的革命家，"他对民族文化有精深的研究。章太炎先生的研究生、著名教授姚奠中先生从国学大师章太炎先生的民族精神和学术精神两方面谈了自己的感受。专家学者们分别就章太炎先生的生平思想、学术成就、治学方法及"国学"的基本内涵、当代意义、如何正确对待"国学"以及传统文化的现代指向等议题进行了深刻的文化认知，同时对"国学"的继承、传统文化的弘扬进行了研讨，并通过了国学宣言。研讨会期间，与会代表参观了姚奠中先生艺术馆，对姚先生诗、书、画、印多方面的艺术才能深表钦佩。

（魏晓虹摘）

小资料

## 山西是华夏文明的摇篮

人类历史的原始社会晚期，考古学上称为新石器时代。它延续的时间大约起始于1万年前，至公元前2000年左右，人类开始跨入文明时代。

新石器时代的文化遗址，山西迄今已发现千余处，并广泛分布在全省各地。尤其是属于新石器时代中期的仰韶文化，几乎覆盖了山西全省，而其分布的中心地则在山西南部。最具代表性的有分布于晋南的仰韶文化东庄村类型、庙底沟类型、西王村类型和分布于晋北的仰韶文化后岗类型。从这些遗址中可知，当时人们已过着长期定居的生活，主要从事农业生产，以种植粟、黍为主，同时饲养家畜，兼营采集、狩猎和捕鱼，进行多种手工业的生产活动。陶器，以手制红陶为主，常见以黑色彩绘的几何形图案、植物和动物的纹样。龙山文化，属新石器时代晚期，在山西的分布呈现明显的地域性差别。晋南地区，以峨嵋岭为界，南部与河南龙山文化一致，北部为独具特色的龙山文化陶峙类型。晋北又自成一体，且与内蒙古河套地区、河北壶流河流域有共同的文化因素。龙山文化的陶峙类型，主要分布在临汾盆地、汾河下游、浍河、滏河流域，目前已发现70余处。它分为早、中、晚三期，是一脉相承的文化，绝对年代为公元前2500～公元前1900年。当时的生产力水平有很大提高，不仅农耕兴旺，而且出现了采桑纺织业和冶铜业，发明了水井。玉或石制作的礼器和各种形制的彩绘木器，更是陶峙遗址的重大发现。随着农业、畜牧业和手工业的发展，生产上的分工也日益明显，氏族在生产和消费上更多地依赖男子，妇女的地位逐渐下降，母系氏族公社已为父系氏族公社所代替。从墓葬中反映的贫富差别和社会地位的高低来看，原始共产制正在瓦解，阶级分化已经出现。总体来看，陶峙类型无论是文化内涵还是年代、地域的分析，均表明它是尧舜禹或夏文化至夏朝的遗存。

## 人类起源及其传说在山西的遗址

有关洪荒年代人类的起源和英雄时代的传说，山西流传着许许多多美丽的故事，也附会出不少的"遗址"。相传，女娲氏抟土造人并炼石补天，晋城有"娲皇窟"，为女娲炼五色石 。又传，伏羲氏与女娲是兄妹，又是夫妻，同为人类始祖，吉县城北疱山顶有伏羲故宫。有巢氏，教人构木为巢，石楼山上为其栖息地。祝融氏，教人修筑城郭，山西有他修筑的两座，一座在汾阳县城西，一座在左权县城北。长子和高平交界的羊头山上有神谷城，又叫谷城，据说是"神农得嘉谷之所"；隰县也有一座谷成，据说是"神农尝谷之所"。黄帝，是传说中英雄时代的代表，被尊为华夏族的共同祖先。他与炎帝及蚩尤之间的战争是当时重大的政治事件，对于形成华夏民族有着极其重要的意义。先是，炎黄联军大战蚩尤于涿鹿，以擒杀蚩尤而告终；接着，炎黄集团又三战于阪泉，黄帝战而胜之，取代炎帝做了天子。这涿鹿就是今运城市的解州镇（涿鹿地虽有异解，惟此说最令人信服）。《孔子三朝记》载："蚩尤战败被杀，身首异处，其血化为卤则解之盐池也。因其尸解，古名其地为'解'。"《史记·五帝本纪》载：黄帝四处征讨取得一系列胜利后，回到涿鹿，并"邑于涿鹿"（修建都城），而且到附近的王屋山"受丹诀"（祭天），以示受命于天。黄帝贤相风后生长在海隅。海隅即今解州盐池西南隅，人称"风后故里"。风后辅佐黄帝建功立业，死后仍葬在山西境内，今芮城县有风后陵，晋陕豫三省交通要冲风陵渡即以此得名。黄帝史官仓颉创造文字，开启了文明的先河。他造字的场所在临汾，临汾南关西赵村有仓颉故宅。黄帝时代有许多向文明转化的创造文明，如文字、历法、舟车、蚕丝等。山西地方关于黄帝及其活动的传说是诸多黄帝传说的一部分，从中可以看出，山西是黄帝活动的范围，而且是他的大后方。这个时代所进行的一系列变革，同山西有着千丝万缕的联系。

# 教　　　育

## 综　　述

**【教育经费收入与支出】** 2006年全省地方教育经费收入219.85亿元，其中预算内教育经费拨款135.14亿元，比2005年增长21.2%；各级政府征收用于教育的税费收入达10.92亿元，比2005年增长39.4%，其中：城市教育费附加10.85亿元，比2005年增长39.2%；企业办学经费6.65亿元，比2005年下降了3.3%；校办产业、勤工俭学和社会服务收入用于教育的经费0.53亿元，比2005年下降了23%；社会团体和公民个人办学经费10.92亿元，比2005年增长21.3%；社会捐赠经费2.74亿元，比2005年降低30.1%；事业收入49.65亿元，比2005年增长7.1%。

2006年全省地方教育经费总支出196.13元，比2005年增长16.2%。地方教育部门教育经费总支出185.83亿元，比2005年增长17%；其他部门教育经费总支出10.29亿元，比2005年增长了2.5%。

2006年地方教育部门事业性经费总支出173.78亿元，比2005年增长18.5%。其中：个人部分支出112.22亿元，比2005年增长了19.5%；公用部分支出61.56亿元，比2005年增长了16.6%，占到事业性经费的35.4%，比2005年的35.98%下降了0.58个百分点。普通高校事业性支出30.36亿元，比2005年增长15.52%。高级中学支出16.26亿元，比2005年增长32.84%；完全中学支出13.16亿元，比2005年增长24.97%；普通初中支出31.92亿元，比2005年增长20.72%；职业中学支出4.84亿元，比2005年增长14.42%。小学支出55.99亿元，比2005年增长16.64%。

2006年度教育部门财政预算内教育事业费总支出115.38亿元，比2005年增长19.02%。其中普通高校支出11.9亿元，比2005年增长3.74%。高级中学支出7.21亿元，比2005年增长36.55%。完全中学支出7.30亿元，比2005年增长40.65%。普通初中支出25.84亿元，比2005年增长22.11%。职业中学支出2.92亿元，比2005年增长18.21%。普通小学支出46.68亿元，比2005年增长17.93%。　　（侯文一　张湘滔）

**【落实《教育法》规定的“三个增长”情况】** 1.2006年全省各级人民政府预算内教育拨款（不包括城市教育费附加）为135.14亿元，比2005年111.49亿元增长21.21%。其中：事业性经费支出120.20亿元，比2005年的101.08亿元增长了18.91%（教育部门教育事业费支出115.38亿元，比2005年增长19.02%）。同年全省财政一般预算收入为583.08亿元，扣除资源探矿权、采矿权收入后一般预算收入为422.2亿元，比2005年同口径增长了21.4%，全省预算内教育拨款增长速度低于一般预算财政收入的增长速度0.19个百分点。其中：事业性经费支出低于财政收入增速2.49个百分点（教育部门教育事业费支出低于财政收入增幅2.38个百分点）。

2.2006年全省普通小学、普通初中、普通高中、职业中学、中等师范学校、普通高等学校生均预算内教育事业费支出情况是：全省普通小学生均预算内教育事业费支出1506.87元，比2005年的1256.66元增长19.91%，其中：农村普通小学生均预算内教育事业费支出为1585.96元，比2005年的1295.67元增长

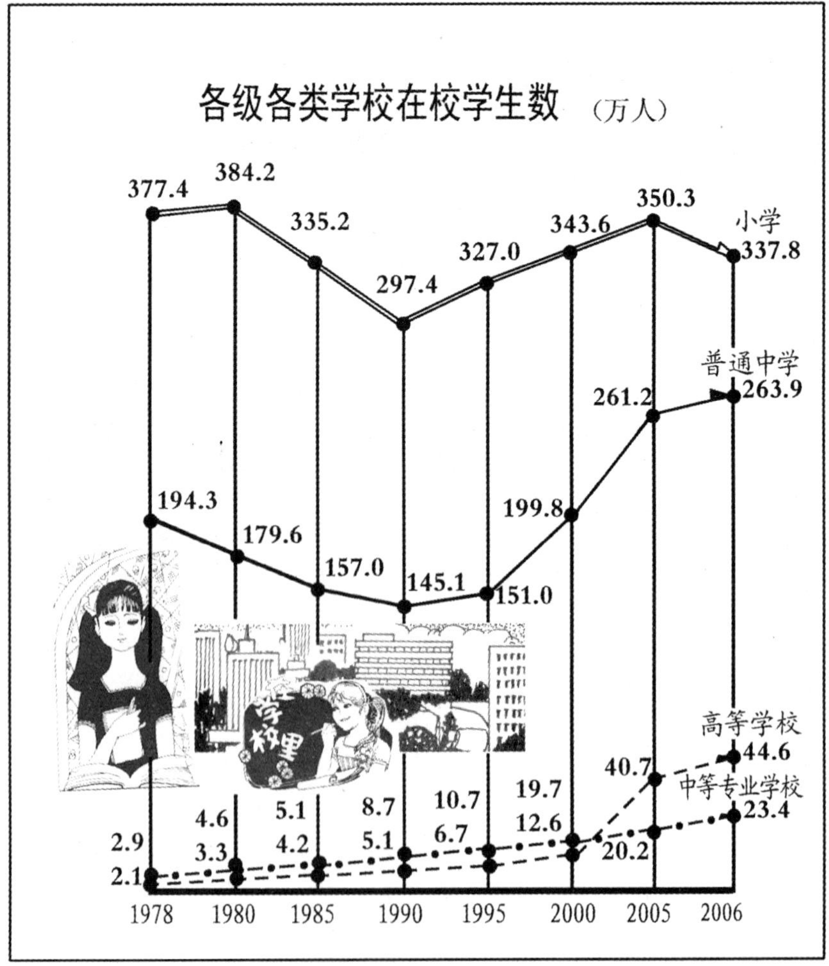

图为河曲县实验初中学校
张文芳　摄影

22.4%。全省普通初中生均预算内教育事业费1687.28元，比2005年的1373.53元增长22.81%，其中：农村普通初中生均预算内教育经费支出1714.62元，比2005年的1385.69元增长23.74%。全省普通高中生均预算内教育事业费支出2112.94元，比2005年的1715.56元增长23.16%。全省职业中学生均预算内教育事业费支出1810.86元，比2005年的1806.65元增长了3.45%。全省普通高等学校生均预算内教育事业费支出4216.84元，比2005年的4575.3元下降6.52%。

3. 各类教育生均预算内公用经费支出增长情况。2006年全省普通小学生均预算内公用经费支出212.02元，比2005年的177.7元增长19.31%，其中：农村小学生均预算内公用经费支出213.91元，比2005年的181.11元增长18.11%。全省普通初中生均预算内公用经费支出315.62元，比2005年的237.54元增长32.87%，其中：农村普通初中生均预算内公用经费支出310.58元，比2005年的240.63元增长29.07%。全省普通高中生均预算内公用经费支出368.84元，比2005年的290.69元增长26.89%。全省职业中学生均预算内公用经费支出286.0元，比2005年的329.1元下降了13.1%。全省普通高校生均预算内公用经费支出1184.54元，比2005年的1226.9元下降3.45%。（侯文一　张湘滔）

**【建立健全保持共产党员先进性长效机制】**　2006年认真抓好建立健全保持共产党员先进性长效机制的各项工作，制定了《中共山西省高校工委关于进一步做好建立健全保持共产党员先进性长效机制工作的意见》。开展了“保持共产党员先进性教育活动与党的先进性建设”理论研讨活动，及时总结了高校先进性教育活动的实践经验和理论成果，推进了党的先进性建设的理论创新和实践发展，进一步提高高校党员队伍的理论水平。

（侯文一　张湘滔）

**【完成高校系统省第九次党代表大会代表选举工作】**　2006年，成立了省第9次党代表大会高校系统代表人事工作领导组及办公室，研究制定了《山西省高校系统选举省第九次党代表大会代表工作方案》和《中国共产党山西省高校系统代表会议工作方案》，按照省委要求的省9次党代会代表产生程序，将高校系统出席省第9次党代表大会代表的产生办法和程序细化为两大环节、7个步骤，共推选出参加高校系统省第九次党代表大会的代表180人，其中高校系统出席省第9次党代表大会代表候选人为21名，经过大会选举产生出席省第9次党代表大会代表15人。（侯文一　张湘滔）

**【大学生思想政治工作和未成年人思想道德建设】**　继续深入贯彻落实中央16号文件及省委实施意见，2006年3月，召开了全省大学生思想政治教育工作汇报会，对全省高校贯彻落实中央16号文件情况进行了全面了解，对做好今后的工作做了安排部署。制定下发了《关于加强和改进高等学校校园文化建设的实施意见》，对全省高校校园文化建设提出要求。6月，召开第6届思想政治理论教学研究部主任论坛，就如何做好新课程的实施进行了

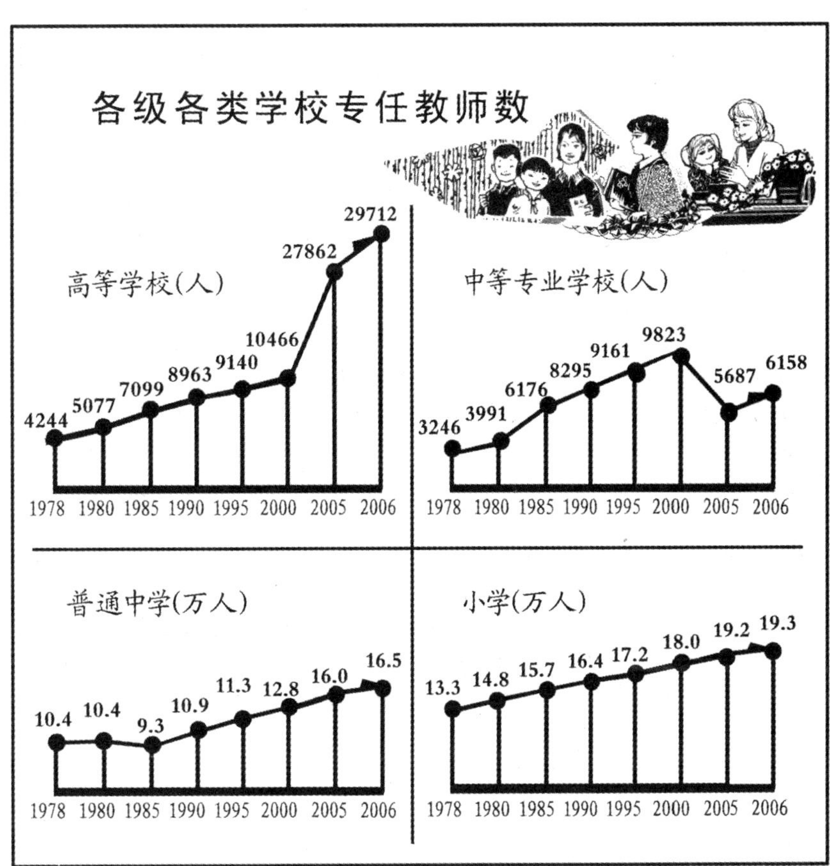

深入探讨。7月，举办了全省高校“思想道德修养与法律基础”课教师全员培训，在全省高校全面实施思想政治理论课新课程方案。印发《山西省普通高校心理健康教育与咨询中心建设意见》和《山西省普通高校心理健康教育工作督查指标体系》，加强大学生心理健康教育。认真实施二期德育工程，创建了47所德育示范校，使二期德育示范校总数达到100所。开展了“中小学弘扬和培育民族精神月”活动。

（侯文一　张湘滔）

**【山西省政府建立中小学安全日志制度】** 2006年12月，省政府出台了《山西省学校安全管理日志》，决定在全省中小学（幼儿园）建立并实行安全管理日志制度。《日志》共分为校园基础设施、食品卫生、宿舍管理、稳定因素、重要器物、特定场所、门卫值班、接送车辆、作息时间、学生出行等10大项31条，要求各学校要逐日如实填写，存档备案，建立台账。对查出的隐患要及时解决，不能解决的要迅速上报。学校每个月要向县（市、区）教育局报告一次安全隐患及整改情况。各县（市、区）教育局每个季度要向县（市、区）人民政府报告一次学校安全情况。对教育系统自身无法解决的问题，各县（市、区）人民政府要协调有关部门帮助解决。《日志》制度要求进一步强化县级人民政府责任，建立教育、文化、卫生等相关部门参加的安全工作联席会议制度，进一步建立健全安全制度和应急机制。并特别强调要强化责任追究制度。继续实行安全工作一票否决制，凡因学校管理不善造成重大安全事故的，要严肃处理相关责任人，校长一律撤职。凡不认真履行职责，不能及时解决校舍危房等学校无力解决的问题，造成校舍倒塌等重大伤亡安全事故的，要依法追究地方政府主要负责人的责任。　（侯文一　张湘滔）

**【新建、改建体育场地、免除学杂费】** 省政府将新、改建1000个城镇中小学标准操场和免除晋西北、太行山革命老区农村义务教育阶段学生杂费作为为人民群众办的12件实事。经过努力，共新建、改建中小学标准操场1082个（其中：新建410个，改扩建672个），使全省城镇中小学标准操场增加到2300余个，具有标准操场的城镇中小学校比例达到39%，提高了17%。精心组织实施免除学杂费工作，所需资金由省、市、县按6∶3∶1分担，全年各级财政共安排免除学杂费专项资金1.65亿元，为175.86万名农村义务教育阶段学生免除了学杂费。

（侯文一　张湘滔）

**【教育法制建设】** 加强教育立法工作。2006年5月26日，山西省人大十届常委会第24次会议审议通过了《山西省实施〈民办教育促进法〉办法》，从2006年9月1日起实施。开展教育普法工作，召开全省教育系统“五五”普法动员暨依法治校经验交流会，制定了《全省教育系统第五个五年普法规划》，对教育系统“四五”普法进行了总结，全面启动“五五”普法工作。8月28日，教育厅与省人大教科文卫委联合召开了全省宣传贯彻“一法一办法”（新修订的《中华人民共和国义务教育法》和《山西省实施〈中华人民共和国民办教育促进法〉办法》）电视电话会议，9月25日，教育厅又召开了全省教育系统学习宣传“一法一办法”培训会议，认真做好“一法一办法”学习宣传贯彻工作。开展“依法治校示范校”创建活动，命名第二批省级依法治校示范校。

（侯文一　张湘滔）

**【第十一次中美教育交流会】** 2006年6月12日～19日，第11次中美教育交流会在太原师范学院成功举行，来自美国纽约市立大学总校及20所分校的33名专家、学者、教育管理人员和来自山西省高等院校的47名中方代表参加了会议。通过两国专家、学者的现场参观、学术讲座、互相交流，共同磋商，对中美两国的教育改革和教育发展，以及国际的学术交流和友好往来，产生了深远的影响。

（侯文一　张湘滔）

**【阳光招生】** 2006年继续深入实施高校招生录取阳光工程，不断完善以“六公开”为主要内容的信息公开制度，完成标准化考场建设，推进了“阳光招生”规范化、制度化。严肃考风考纪，查处了各类国家考试违规违纪考生2000余名，涉嫌违纪的11名工作人员受到党纪政纪处分，4人被追究刑事责任。

（侯文一　张湘滔）

**【治理教育乱收费】** 进一步规范了普通高校服务性收费和代收费项目，会同省物价局制订了高校服务性收费和代收费标准及民办高校学历教育退费规定，调整了普通高中收费标准。全面推进教育收费公示、听证和校务公开制度，对全省各级各类学校14大类369个项目的收费标准和收费依据在教育厅门户网站上进行了公示。进一步规范了高校财务管理，健全了财务制度。加大了对教育乱收费案件的查处力度，据不完全统计，2006年全省处理涉及乱收费人员103名，退还违规金额1828万元。　（侯文一　张湘滔）

## 基础教育

**【义务教育】** 2006年，全省有小学21647所（其中单人校5251所），比2005年减少2692所；在校学生337.76万人，比2005年减少12.5万人；毕业生63.53万人，比2005年减少0.03万人。其中：民办小学校数277所，在校生17.83万人，均比2005年有所增加。小学学龄儿童入学率99.63%，比2005年提高了0.21个百分点；小学辍学率为0.68%，比2005年上升了0.33个百分点；小学五年巩固率为99.89%，比2005年下降了0.1个百分点；小学毕业生升学率为98.94%，比2005年下降了0.39个百分点。小学教职工和专任教师均比2005年有所增加，专任教师合格率继续提高。全省小学教职工有209485人，比2005年增加1224人，其中专任教师193386人，比2005年增加了1115人；小学教师学历合格率为99.32%，比2005年提高了0.05个百分点。全省小学校舍建筑面积1786.21万平方米，比2005年增加63.9万平方米。

初中阶段教育（包括普通初中、职业初中）共有学校2673所，比2005年减少87所；在校生数191.7万人，比2005年减少0.8万人。普通初中校数2618所，比2005年减少80所；在校生189.22万人，比2005年减少0.56万人；毕业生数60.7万人，比2005年减少2.56万人。普通初中专任教师119964人，比2005年增加1744人。专任教师学历合格率为94.89%，比2005年提高了1.67个百分点。校舍建筑总面积1133.99万平方米，比2005年增加97.24万平方米。职业初中校数55所，比2005年减少7所；在校生24792人，比2005年减少2546人；毕业生9690人，比2005年增加653人；校舍建筑总面积为20.30万平方米。初中阶段学龄人口入学率98.98%，比2005年提高了0.61个百分点；初中阶段辍学率1.5%，比2005年降低了0.07个百分点；

初中毕业生升学率75.88%，比2005年提高了8.67个百分点。

（侯文一　张湘滔）

【幼儿教育及特殊教育】　2006年全省共有幼儿园4583所，比2005年减少36所；在园幼儿（包括学前班）61.39万人，比2005年减少了2.76万人。其中：民办幼儿园1037所，在园幼儿数12.88万人。学前三年毛入园率为48.99%。幼儿园园长和教师共26172人，比2005年增加1605人。幼儿园校舍建筑总面积252.40万平方米，比2005年增加8.08万平方米。特殊教育学校42所，在校生5977人，专任教师980人。把农村幼儿教育作为幼教工作的重点，积极推进"普及学前3年教育"，组织了"普三"县验收和复查工作，又有阳泉城区和乡宁2个县通过验收，使全省通过验收的县达到68个。认真总结省级示范幼儿园建设经验，组织了省级示范幼儿园的补验工作，共有28所幼儿园通过了初评，全省省级示范幼儿园增加到177所。　（侯文一　张湘滔）

【高中教育】　2006年山西省共有普通高中学校589所，比2005年增加8所。在校生747093人，比2005年增加33394人。其中：民办普通高中学校数有212所，在校生145840人，分别占普通高中总校数和在校生数的35.99%和19.88%，均比2005年有所增加。普通高中专任教师45158人，比2005年增加3575人；专任教师学历合格率83.54%，比2005年提高2.43个百分点。普通高中校舍建筑总面积1099.34万平方米，比2005年增加111.75万平方米，办学条件得到了进一步的改善。按照控制规模、内涵发展、提高质量的工作原则，严格控制普通高中办学规模，严格控制招收"扩招生"的学校数量和招生数量，全省普通高中招生25.3万人，比2005年减少了近1万人。

（侯文一　张湘滔）

【接受教育部对省"两基"工作评估验收】　2006年10月15日～22日，由教育部副部长、总督学陈小娅同志带队、国家教育督导团副总督学陶西平任组长的国家"两基"督导检查组一行16人对山西"两基"进行了评估验收。检查组听取了省政府"两基"工作情况汇报，与发改、财政、人事、税务、城建、工商、国土、司法、劳动等部门进行了座谈，实地考察了天镇、怀仁、方山、太谷、阳城、屯留等6个县。检查组认为：山西省各县（市、区）"两基"工作在省级验收后，继续巩固提高"两基"的各项主要指标，基本符合国家和省定标准，可以认定全省实现了"两基"目标。　（侯文一　张湘滔）

【农村义务教育经费保障机制改革】　2006年认真总结怀仁县改革试点经验，积极做好各项准备工作。省政府出台了《农村义务教育经费保障机制改革实施方案》及相关配套措施，明确了35个国家级扶贫开发重点县的免杂费地方负担资金省、市、县比例为7∶2∶1，其余84个县的免杂费资金由省、市、县按5∶2∶3分担。建立了农村中小学校舍维修改造长效机制，下达专项资金22488万元。

（侯文一　张湘滔）

【素质教育】　2006年继续深化课程改革，对6万余名中小学教师进行了课程改革培训。积极推进中考招生制度改革，制订了《山西省2006年初中毕业与普通高中招生制度改革实施意见》，指导73个县（市、区）制定了工作方案。编辑出版了《山西省中小学素质教育百校百例》，为全省深入推进素质教育提供了典型和示范。积极开展学校艺术、体育和卫生教育，开展了高雅艺术进校园活动，在17所高等院校举办了22场交响音乐会演出，李岚清亲临山西大学为广大师生作了"音乐、艺术、人生"专题讲座。山西艺术职业学院创作演出的舞剧《一把酸枣》荣膺国家舞台艺术精品工程10大精品剧目。

（侯文一　张湘滔）

【义务教育水平提升工程】　2006年义务教育标准化建设验收工作进展顺利，经过复评，认定太原市杏花岭区、古交市、平定县、长治市城区、襄汾县、翼城县、平遥县、稷山县、芮城县、永济市等10个县市达到了义务教育标准化建设要求，省政府授予"山西省义务教育标准化达标县"称号。　（侯文一　张湘滔）

【中小学布局结构调整】　2006年提出了全省"十一五"期间中小学布局调整工作的指导意见，指导各地积极稳步推进工作。山西省2006年共新建和改扩建农村寄宿制学校400余所，小学校数由2005年的24339所调整为21647所，压缩单人校和复式学校2692所，小学校均学生由2005年的144人提高到156人；初中学校数由2005年的2698所调整为2581所，校均学生数由703人提高到733人。

（侯文一　张湘滔）

【"两区"寄宿制学校建设】　2006年省政府将调整中小学布局、优化教育资源配置作为促进晋西北、太行山革命老区（以下简称"两区"）社会事业健康发展的重要内容，纳入省委、省政府"两区"开发建设统一规划。决定"十一五"期间，每年省财政投入1亿元用于"两区"农村寄宿制学校改造。4月，组织对59县中小学教育情况进行了专项调研，制定了《晋西北、太行山革命老区59县中小学布局调整规划意见》和《"两区"寄宿制学校建设实施方案》，对"两区"59县寄宿制学校建设作出5年规划。（侯文一　张湘滔）

【普通高中学校建设工程】　2006年制订了《山西省普通高中学校建设工程实施意见》，把加强农村高中、薄弱高中发展作为重点，推进高中分类发展和质量提升。对高中教育分类发展进行了调研，制订了《关于进一步促进普通高中全面协调发展的指导意见》，并于2005年年底在吕梁市中阳县和孝义市召开了全省普通高中分类发展经验交流会，推出了一批在分类发展方面的先进典型及办学经验。示范高中建设取得新进展，确认18所高中学校为"山西省示范高中"，通过评估验收并挂牌的省级示范高中学校达到27所。

（侯文一　张湘滔）

【农村中小学现代远程教育工程】　2006年在太原、阳泉、长治、吕梁、朔州5市启动实施工程。4月制定了《山西省2006年农村中小学现代远程教育工程实施方案》，9月召开了5市启动工作动员会，共投入资金22365万元，覆盖五市的全部8330所农村中小学校。大力加强已完成配备市、县、学校的应用工作。3月份下发了《关于全省农村中小学现代远程教育工程教学应用工作的意见》，从制度建设、校长和教师培训、工程维护和运转、教学资源建设等方面加强远教工程应用工作。6月组织对2005年已完成配备的4个项目市的860名校长进行了信息技术技能方面的培训。7月在晋城市召开了远程教育应用工作会议，表彰了一批先进单位和先进个人。　（侯文一　张湘滔）

【中小学教师队伍建设】　2006年大力推广晋中经验，进一步推动中小学人事制度改革，全省已完成改革或正在进行改革的县（市、区）增加到109个。6月，教育部在晋中市召开了全国中小学人事制度改革现场会。积极推进城镇教师支援农村教育工作，制定下发了《山西省城镇教师支援农村教育工作暂行办法》，对山西省城镇教师支援农村教育工作的指导思想和基本原则、形式与任务、支援老师应具备的条件、组织与管理、相关政策与保障措施，做出了具体规定。加强农村中学教育硕士师资选聘、管理、培养工作，签约到贫困县中学任教的教育硕士师资达到148名，提高了贫困县中学师资质量。中小学教师继续教育进一步加强，下发了《关于加强中小学、幼儿园教师继续教育管理工作的通知》和《山西省2006年中小学、幼儿园教师全员培训实施方案》。启动了高中教师远程继续教育，已有2万多名高中教师开始网络在线培训。

（侯文一　张湘滔）

**【强化师德师风建设】**　2006年制定下发了《关于加强和改进师德师风建设的意见》，配套下发了中小学教师职业道德考核指标体系和中小学校师德建设工作评估指标体系。举行了中小学班主任素质展示活动，组织了全省各地300余名班主任骨干观摩学习，并层层选拔出69名选手参加了展示评比。在全省中小学、幼儿园教师中广泛开展师德师风大讨论和自重自省活动，评选表彰了一批师德标兵。

（侯文一　张湘滔）

**【规范中小学办学行为】**　2006年下发了《关于2006年规范中小学办学行为的安排意见》、《关于2006年全省中小学招生有关工作的通知》、《关于进一步加强中小学教学用书管理工作的意见》和《关于进一步规范全省中小学生作息时间的安排意见》等，对群众反映强烈的招生、收费、班容量、作息时间安排、高中补习班等作出了严格明确的规定。建立全省普通高中学生学籍电子注册制度，对高一年级新生统一实行电子注册，全面规范普通高中管理。6月，与省新闻出版局联合召开了规范全省中小学教学用书管理工作会议。8月，对忻州五中、长治一中在招生考试过程中的违规行为进行了全省通报。9月，组织对全省规范中小学办学工作进行了专项检查。重点检查了普通高中招生执行“三限”情况、高中学校举办补习班情况、义务教育阶段招生和编班情况、中小学生作息时间执行情况及中小学课程开设和教材使用情况。检查结果显示，经过持续2年的工作，全省中小学不规范办学行为得到一定扭转，特别是乱收费、乱招生、乱办补习班及实验班等有了一定好转。

（侯文一　张湘滔）

## 高等教育

**【概述】**　2006年山西省共有普通高等学校56所。普通高等教育共招生146014人（其中：普通本科45573人、独立学院本科14624人、高职高专85817人），比2005年的127514人增加18500人，增长14.51%；在校生446428人（其中：普通本科179503人、独立学院本科38210人、高职高专288715人），比2005年的407036人增加39392人，增长9.68%；普通高校招生和在校生增长的比例均比2005年分别下降4.11和8.19个百分点，增长速度放慢，国家宏观控制招生规模的政策效果明显；毕业生108431人，比2005年的88344人增加20087人，增长22.74%，就业压力持续增大；2006年，山西省的高等教育毛入学率达到22%。

普通高等学校校均规模有较大提高。2006年达到7972人，比2005年增加1073人，是1998年校均规模3309人的2.41倍，其中16所本科院校的校均规模达到17095人，比2005年增加876人。

2006年，普通高校有教职工49421人，比2005年增加1832人，其中专任教师29712人，比2005年增加1850人，具有高级职称的教师占专任教师总数的34.68%，比2005年的34.78下降了0.10个百分点；具有研究生及以上学历的教师占专任教师总数的31.23%。比2005年的28.57%提高了2.93个百分点。普通高校占地面积2432.57万平方米（折合36525亩），比2005年增加128.61万平方米；校舍建筑面积1376.84万平方米，比2005年增加93.59万平方米；生均校舍建筑面积30.84平方米；比2005年减少0.69平方米；学生宿舍面积321.98万平方米，比2005年增加29.19万平方米，生均学生宿舍面积7.21平方米，比2005年增加0.02平方米。全省普通高校教学仪器设备资产值263395.25万元，比2005年增加34984.8万元；生均教学仪器设备值5900元，比2005年增加288元。学校藏书3328.11万册，比2005年增加190.38万册；生均74.55册，比2005年减少2.54册。

（侯文一　张湘滔）

**【高等教育强校工程】**　2006年山西大同大学正式挂牌，本科教育资源进一步扩大。大力加强教学名师、品牌专业、精品课程、示范性实验室建设，取得一系列标志性成果，在一些国家建设项目上实现了新的突破：山西大学谢常德教授获“国家自然科学二等奖”，郭贵春教授获“中国高校人文社科研究优秀成果一等奖”。山西大学物理实验教学示范中心、太原理工大学工程训练中心成为国家示范实验教学中心。山西农业大学董常生教授被评为国家教学名师。有4门本科专业课程被评为“国家精品课程”。山西财政税务专科学校进入国家首批示范性高等职业教育院校行列。实施人才强校战略，遴选出2006年度山西省高等学校优秀创新团队2个，中青年拔尖创新人才6人，青年学术带头人22人。

（侯文一　张湘滔）

**【教学工作】**　进一步完善教学质量监控体系。山西医科大学、太原科技大学通过

山西大学图书馆楼　张文芳　摄影

山西大学体育学院

张文芳　摄影

教育部本科教学工作水平评估，10所高职高专院校通过省级人才培养工作水平评估。积极调整优化高校专业结构，制订出台了《加强专业建设，优化专业结构，服务山西经济的专业建设意见》，围绕全省经济和社会发展的需要，设置了一批与煤炭、焦炭、冶金、电力、煤化工业、装备制造业、材料工业和旅游业等8大支柱产业相关的专业。完成了普通高校教学成果鉴定评审工作，共评出省级教学成果奖117项（含高职高专院校34项），其中一等奖20项，二等奖72项，三等奖25项。

（侯文一　张湘滔）

**【研究生教育】**　2006年研究生教育继续稳步发展。全省共有培养研究生单位11个，其中：普通高校8个，科研机构3个。全省共计招生5638人（其中博士生314人、硕士生5324人），比2005年4929人增加709人，增长14.38%；在学研究生14435人（其中博士生1138人、硕士生13297人），比2005年12059人增加2376人，增长19.70%；毕业生2850人（其中博士生156人、硕士生2694人），比2005年2069人增加781人，增长37.75%。

（侯文一　张湘滔）

**【高校科技创新和产学研结合】**　加强高校科技创新平台建设，新增2个教育部工程研究中心、2个省级重点实验室和6个省级工程研究中心。高校承担重大项目的能力进一步增强，2006年高校共承担国家“863”项目2项，“863”、“973”子课题10项，科技条件支持项目2项，承担国家自然科学基金项目84项，项目经费2310万元，承担国家社科基金项目11项，教育部人文社科研究项目8项、古籍整理项目4项。努力提高研究生培养质量和创新能力，设立山西省研究生创新项目，成功举办了晋闽文化·能源化工博士论坛，有关高校与企业联合成立了“汾酒工程研究生教育创新中心”和“山西省装备制造研究生教育创新中心”，校企合作人才培养和技术研发迈出了新步伐。大力推进产学研结合，在煤化工、重大机械装备、镁铝材料、污水治理、环境保护等领域开发出一批科技成果，应用前景良好，高校在服务经济建设中的作用更加凸显。

（侯文一　张湘滔）

**【毕业生就业工作】**　2006年山西省政府办公厅印发《关于进一步加强高校毕业生就业工作的意见》，着重围绕毕业生面向基层就业，出台了8条政策措施。组织实施了3大就业工作项目：一是配合省人事厅和团省委继续实施了“大学生志愿服务西部”计划，共选派196名高校毕业生到西部工作；二是配合省人事厅和团省委实施了“三支一扶”，有300名高校毕业生被派到贫困县进行支农、支教、支医和扶贫工作；三是配合省委组织部选聘优秀高校毕业生担任村干部，经过精心组织和严格选拔，首批共有1192名优秀大学毕业生被聘用为村干部。充分发挥毕业生就业市场的作用，主办了2006届大中专学校毕业生春季就业招聘活动、网上百日招聘活动，与人事部、教育部、劳动和社会保障部等部委联合举办了多次高校毕业生网上招聘活动，有1077家用人单位上网注册，网上发布招聘信息9470条，提供就业岗位15000余个，毕业生上网注册求职的有57230人。做好对毕业生的思想政治教育和就业指导工作，增强毕业生的就业素质，引导和鼓励高校毕业生到基层锻炼成才、健康成长。以就业为导向，推进高等教育教学改革，调整学校的人才培养模式、机制和学科专业结构，将毕业生就业率作为衡量高校办学水平的一项核心指标。2006年山西省高校共有毕业生114861人，本专科毕业生已就业的有71020人，就业率达到63.3%，其中本科生就业率达到72.3%。

（侯文一　张湘滔）

## 职业教育与成人教育

**【概述】**　2006年中等职业教育（包括普通中等技术学校、职业高中、技工学校和成人中专）共有学校599所，比2005年增加32所；在校学生532292人，比2005年增加66658人。普通中等技术学校继续进行布局结构调整，2006年有学校84所，在校生234378人，比2005年增加32910人。普通中等技术学校教职工有10716人，其中专任教师6158人，比2005年增加471人。普通中专师生比为1∶38.06。普通中等技术学校校舍建筑总面积为239.86万平方米，比2005年增加22.67万平方米。职业高中270所，比2005年增

山西大学音乐学院

张文芳　摄影

山西大学音乐厅　张文芳　摄影

加 23 所；招生 82401 人，比 2005 年增加 23647 人，增长 40.25%；在校生 187304 人，比 2005 年增加 44440 人，增长 31.11%；毕业生 47713 人，比 2005 年增加 9204 人，增长 23.90%。职业高中专任教师 10742 人，比 2005 年增加 1298 人；专任教师学历合格率 63.75%，比 2005 年提高了 1.96 个百分点。职业高中校舍建筑总面积为 190.39 万平方米，比 2005 年增加 26.77 万平方米。

成人中等专业学校 139 所，比 2005 年减少 2 所；招生 8103 人，比 2005 年增加 1511 人；在校生 16663 人，比 2005 年减少 639 人；毕业生 5775 人，比 2005 年减少 1047 人；教职工 4441 人，专任教师 2865 人。成人高等学校教职工 4218 人，比 2005 年减少 198 人，其中专任教师 2372 人，比 2005 年减少 66 人。成人高校占地面积 136.24 万平方米，校舍建筑面积 94.86 万平方米。

山西省共有成人高等学校 16 所，成人高等教育招生 44365 人（其中：本科 18629 人，专科 25376 人），在校生 139739 人（其中：本科 46346 人，专科 93393 人），毕业生 22037 人。成人高等学校有教职工 4218 人，比 2005 年减少 198 人，其中专任教师 2372 人，比 2005 年减少 66 人，专任教师中副高级以上职称的占教师总数的 37.27%，比 2005 年提高 2.49 个百分点。具有研究生及以上学历的教师占专任教师总数的 8.73%。成人高校占地面积 136.24 万平方米，折合土地 2046 亩，校舍建筑面积 94.86 万平方米，教学行政用房建筑面积 43.06 万平方米，学生宿舍建筑面积 22.24 万平方米，图书资料 244.09 万册，固定资产值 70506.65 万元，教学仪器设备值 19161.26 万元。成人高等教育非学历教育中专业证书教育 11698 人结业，岗位培训 27667 人结业，进修及培训结业 50044 人。其中民办的其他高等教育机构 36 个，招生 5325 人，在校生 7386 人，结业生 1190 人。成人技术培训学校 8160 所，成人初等学校 4187 所，成人初中 248 所。

（侯文一　张湘滔）

**【召开全省职业教育工作会议】**　2006 年 8 月 31 日，省政府召开了全省职业教育工作会议。省长于幼军、副省长张少琴出席会议并发表重要讲话，副省长胡苏平主持了会议。省教育、劳动、发改、人事、财政、农业、扶贫等有关部门主要负责同志进行了大会发言；晋中、晋城两个市的负责同志做经验交流发言。各市常务副市长和分管市长及教育、劳动、发改、人事、财政、农业、扶贫部门负责人，各县教育局长，高等职业技术学校和中等职业学校的院校长共 400 多人参加了会议。会议印发了《山西省关于大力发展职业教育的决定》（以下简称《决定》），表彰了近年来全省职业教育战线涌现出的先进单位和先进个人。

《决定》从 7 个方面对全省大力发展职业教育的指导思想、工作目标、改革思路、工作重点、保障措施和发展环境均做出明确的要求。《决定》提出要进一步完善职业教育和培训网络体系，大力推动县级职教中心建设，加强示范性职业院校建设，加强职业教育实训基地建设，加强职业教育师资队伍建设；为推进职业教育体制改革与创新，增强职业教育发展活力，在对公办职业院校办学体制和内部管理体制改革做出明确要求的同时，支持鼓励民办职业教育的发展；发挥行业、企业职业教育资源优势，鼓励企业、行业参与发展职业教育；要求职业院校根据山西省经济社会发展的需要，优化专业布局，调整专业结构，深化教学改革，积极推行校企合作、工学结合、半工半读、“订单式”培养等人才培养模式，不断提高教学质量；对国家和山西省规定实行就业准入控制的工种的人员录用、职业院校职业技能培训和鉴定机构的建立，以及职业院校学生的就业服务提出了明确的要求；提出要逐步增加财政经费投入，严格执行国家规定足额提取并使用好企业教育培训经费，合理确定职业学校的学费标准，建立贫困家庭学生助学制度；强调各级人民政府要把职业教育工作纳入目标管理，作为对党政主要领导干部进行政绩考核的重要指标，并接受人大、政协的检查和指导。

省长于幼军从山西经济结构调整、解决“三农”问题等方面，深刻阐述了职业教育与经济发展、社会进步的密切关系。要求各级政府要为职业教育的发展营造良好的外部环境，像抓经济一样抓职业教育，认真解决职业教育的面临的困难和问题，促进职业教育健康发展。于幼军还强

山西大学文科教学楼

张文芳　摄影

调发展职业教育的责任在市县，各级政府要加强对职业教育的统筹领导，为职业教育的发展办好事、办实事，切实解决当地职业教育的实际问题。副省长张少琴作了重要讲话，进一步明确了会后一个时期山西省职业教育改革发展的总体思路、目标、任务及保障措施。并就贯彻全国职业教育工作会议精神、落实国务院的《关于大力推进职业教育改革与发展的决定》和《山西省人民政府关于大力发展职业教育的决定》以及全省的职业教育工作作了部署，要求各地把思想统一到国务院的《决定》和山西省的《决定》上来，深化改革、加强建设，努力开创全省职业教育新局面。

山西省职业教育工作会议认真总结了“十五”以来职业教育的成就和经验，客观分析了职业教育发展的形势，进一步确立了职业教育的战略地位，明确了“十一五”期间职业教育改革发展的目标和任务，研究制定了推动职业教育改革发展的政策措施，使与会代表提高了发展职业教育的使命感与责任感，增强了发展职业教育的信心与决心。（侯文一　张湘滔）

**【中等职业教育】**　2006年4月召开年度职业教育会议，将2006年的中职招生任务分解落实到各市；6月，召开了与经济发达地区的中等职业教育联合招生洽谈会，鼓励有条件的学校与省外学校开展联合办学、合作招生，会上与省外学校签订联合招生意向1.9万人。进一步改革和完善中职招生办法，鼓励有条件的学校招收普通高中毕业生，招生工作取消各种限制，简化入学手续，实行多次补录。2006年圆满完成了教育部布置的中等职业学校招生任务，中职招生21.6万人（其中普通中专82568人、职业高中82401人、技工学校43000人、成人中专8013人）。努力加强中等职业教育基础能力建设，有11个学校被教育部、财政部认定为2006年中央财政支持的实训基地。教育厅配合省发改委制定了未来5年全省中等职业教育基础能力建设规划。深化职业教育教学改革，在太原铁路机械学校等3所中职学校开展半工半读试点工作。

（侯文一　张湘滔）

**【职业学校德育工作】**　2006年指导各职业学校认真贯彻《中等职业学校德育大纲》和山西省的《实施细则》，把加强中等职业学校德育工作作为提高教育质量、促进就业的重要措施列入重要议事日程。山西省好艺中专、华北机电学校、阳泉市职业中专学校等3所学校被评为全国德育工作实验基地。　（侯文一　张湘滔）

**【成人高等教育】**　2006年6月，召开了全省成人高校校长座谈会，总结了近年来成人高等教育发展的现状，交流了经验，探讨了今后发展的思路和办法，切实加强对成人高等教育的管理。出台了《山西省成人高等教育函授教育辅导站评估指标体系》，为2007年开展对普通高校在晋学界的成人高等教育函授教育辅导站的评估打下了基础。接受了教育部对省广播电视大学“人才培养模式改革和开放教育试点”项目进行总结性评估，推进了省电大的发展，加快了以山西电大为依托的全省城乡远程教育服务体系的建立。

（侯文一　张湘滔）

**【农村教育综合改革】**　继续实施科教兴乡、兴县工程。对太原市杏花岭区等14个县（市、区）进行了评估验收。确定了12个农村综合改革示范点，使全省省级农村综改示范点达到20个。

（侯文一　张湘滔）

# 新闻　出版　文物

## 新　闻

### ·广播　电视·

**【概述】** 山西省共有广播电视播出机构130座（电台9座、电视台11座、广播电视台110座），开办180套广播电视节目（广播94套，电视85套）。其中：省级广播播出7套节目；省级电视国内播出9套节目，国外播出两个外宣频道；市地级广播电台9座，播出15套节目；市地级电视台11座，播出26套节目；县级广播开办73套节目，县级电视开办48套节目。

全省广播每天播出时间为885小时，其中，省级广播机构每天播出126小时，市地级广播机构每天播出245小时，县级广播机构每天播出513小时。全省每周电视播出时间为7799小时，省级电视机构每周播出时间1019小时，市地级电视机构每周播出时间3234小时，县级电视机构每周播出时间3545小时。

全省广播综合覆盖人数达3091.20万人，综合覆盖率为92.13%。电视综合覆盖人口数达3232.37万人，覆盖率为96.34%。山西卫视省外覆盖130多个大中城市，覆盖人口2.55亿人。全省有线网络总长86153公里，网络用户350万户。

全省广播电视从业人员18663人，省级广播电视从业人员3304人，市级广播电视从业人员5597人，县级广播电视从业人员9762人。全省广播电视从业人员中大专以上学历10466人；研究生及以上学历86人；专业技术人员8899人，高级技术人员686人，中级技术人员3139人。到2006年底，山西广播电视系统资产总额为44.13亿元，省级广播电视14.78亿元。

（吕安生）

**【主题宣传成效突出】** 2006年既是"十一五"布局年，又是开局年。全系统紧紧围绕落实科学发展观和"十一五"规划的中心，以建设新型能源和工业基地，建设开放山西、和谐山西和创新山西，新农村建设、精神文明建设和法制建设为重点，紧密配合十六届六中全会、省委八届九次全会、省第九次党代会等一系列重大活动，不断对中心和重点的内容进行深化和细化，充分发挥喉舌功能和主流媒体优势，在8大主题宣传上取得了显著成效：

1．"十一五"规划宣传。紧紧围绕全省"十一五"规划的总体目标，指导方针和重大部署，广泛深入地开展了回顾"十五"辉煌成就、展示"十一五"美好前景的主题宣传，确立了"十五"回顾、"十一五"展望、落实科学发展观、强化自主创新、12件实事等10大报道主题，分解落实到各栏目，开设了《"十一五"新征程》、《加快科学发展，建设和谐山西》系列专栏（省台）等50多个专栏，以《开局之年看山西》活动为主线组织了10多项大型主题采访活动，高密度、大容量地展示了全省构建充满活力、富裕文明、和谐稳定、山川秀美的新山西的新战略、新举措和新进展，主旋律突出，影响力巨大，为全省"十一五"规划布局、开局、起步营造出良好的舆论氛围。

2．全国及省"两会"宣传。采取现场直播、背景介绍、新闻链接、专家访谈、评论论坛等报道形态，全面、准确地做好会议程序性报道，推出一批主打和特色专栏，力求有创新、有亮点。《两会观察员》邀请省内外专家对"十一五"规划纲要进行解读；《会内会外》以互动形式促进代表委员与群众交流沟通；《"十一五"大家谈》围绕代表委员关注的热点和其审议讨论的典型发言，按主题播出；《我给代表打电话》采取准直播、双视窗等形式，形成代表与群众、会内与会外的互动交流。同时联合中部6省在北京推出"崛起中部，起航'十一五'全国'两会'大型直播"节目，累计播出时长1000分钟，受众3.6亿人。全国"两会"在央视发稿70多篇，其中在《新闻联播》发稿34条，连续4年保持各省第一；在中央人民广播电台发稿38篇，创历史新高；在中广网发稿14篇，名列各省前茅。受到省领导和"两会"代表、委员充分肯定。

3．社会主义荣辱观的宣传。通过开设专栏、制作专题、组织访谈等形式，全方位展开社会主义荣辱观教育和宣传。推出《荣辱观大家说》、《身边的公德》、《荣辱观系列专题讲座》等；制作播出了"感动中国获奖人物——梁雨润"、"好书记——李洪海"、"脑瘫专家——郭星志"等特别访谈节目；山西视听网举办"知荣辱、树新风"主题活动，推荐评选出"十大公民道德建设系列先进典型人物"，起到了弘扬正义、鞭挞丑恶、启迪思想、传授知识、鼓舞人心的积极作用。

4．纪念建党85周年和长征胜利70周年宣传。围绕讴歌党的历史和红军长征的革命精神，策划了《建党85周年特别报道——为党旗增辉》、《长征组歌演员访谈》等节目；摄制了大型电视文献专题片《红军东征》，以大量生动、翔实的资料再现了红军转战山西的历史。协助省委宣传部举办了"庆祝建党85周年大型文艺活动——'长征组歌'千人大合唱"；组织策划了"庆祝建党85周年大型文艺晚会"；举办了革命历史题材影视剧展播、"缅怀先烈追思亲人特别纪念活动"等活动，极大地激发了各条战线发扬革命先烈的精神、建设小康社会的热情。

5．省党代会的宣传。高度重视，周密部署，抽调精兵强将，会前精心采制了《喜看新成就迎接党代会》9集、《党的建设》7集、《科学发展构建和谐》7集和《亲历五年》等系列专题报道，全景式地展示8次党代会以来山西的发展巨变，营造出和谐向上的舆论氛围；会中全力做好程序性报道的同时，赶制了特别节目《共建和谐山西》，集中推出了基层国企、社区、农村中一批具有鲜明时代特色的先进集体和先进人物；会后及时推出《以科学发展观为指导贯彻党代会精神》、《市委书记访谈录》等专栏和系列评论，系统报道全省上下落实党代会精神的新举措、新经验、新典型，掀起了学习、宣传、贯彻9次党代会议精神的热潮。

6．对外开放宣传。密切配合全省对外开放大会、"沪洽会"、"港洽会"及各市一系列开放引资大举措，采取会前预热宣传、会中重点宣传、会后持续跟进，省内外互动、全方位、立体化的宣传报道方式。新闻类节目推出《开放进行时》、《大开放——山西的抉择》等专栏，调查访谈类节目制作了多集深度报道，配合性报道推出了“晋沪、晋港合作案例展示”、“香港、上海及长三角、珠三角情况介绍”等，还特别制作了形象宣传片《大运山西》，“港洽会”开幕式文艺演出并进行现场直播，全面展现了全省改善投资环境、扩大开放、招商引资的崭新进展，高质量完成了各项重大活动的宣传报道任务，打出了山西的形象品牌，受到省委书记、省长多次表扬。

7. 新农村建设宣传。通过开办农村广播、强化新闻报道、办好栏目节目、举办活动，搭建起宣传服务“三农”的大平台。各级广电主要新闻栏目每天都加大了“三农”宣传的比重，省总台全年播发“三农”稿件1400余件；认真办好《黄土地》、《田园之声》、《整点农业新闻》等服务“三农”的老栏目；推出《新农村系列访谈》、《新农村带头人》、《农村合作医疗建设》等一批贴近农村的专题节目；组织了《走进太行山，建设新农村》(与央视合作)、《美丽家乡行——全省十大最美丽乡村评选》、《争创社会主义新农家评选》等活动，使山西省广电在服务和宣传“三农”方面走在了全国同行的前列。

8. 对外宣传。精心策划、组织了《中部崛起进行时》、《走马中部热土》和“乔家大院看晋商”全国百名记者等全国性采访活动，2006年五一、十一黄金周联合各市台实施了组合报道，保持了央视《新闻联播》天天有山西的旅游报道，还与央视《鉴宝》栏目联手制作了7期《中华之光盛世收藏——〈鉴宝〉走进山西》和10集《精彩山西》等特别节目，展示晋山晋水晋文化，扩大了山西在全国的知名度，有力拉动了山西省旅游业。省台2006年在央视发稿1030条，处于各省上游。黄河台进一步加大了同国务院侨办、汉语办以及理事会成员台的合作，稳定和丰富了节目源；开办了《经典汉语》、《校园资讯》、《图画中国》、《奥运中国行》、《实用汉语》等一批新版栏目、节目，内容更加新鲜、实用和贴近观众需求和情怀。　（吕安生）

**【节目质量求实创新】**　通过加强频道频率个性化、专业化建设，创新节目栏目，开展丰富多彩的活动，扩大了传播效果，提升了节目质量。

1. 调整了频道频率结构。适应群众需求和市场需求，省台重点打造卫视和影视两个频道、新闻综合和交通两个频率，省卫视收视份额在省级卫视的排名由23位跃升为第18位，新闻综合频道、影视频道的收视率和广告收入有了较大增长。各市都分别重点打造一个频道，如：太原台的新闻、法制频道，临汾的新闻综合频道，长治台的公共频道等，在当地有较高知名度。晋中、运城新开办了广播频率，大同新开办了煤都生活频道。省台少儿频道于2006年3月1日试播，开办了《电视连环画故事》等有较大影响的栏目。山西农村广播于8月18日正式开播，每天播音19小时，设置19档节目，填补了山西省对农事广播的空白。全省进一步完善了综合、专业、外宣、付费全方位构架的频道频率格局。

2. 创新了节目栏目。省台对自办栏目结构加大调整力度，撤并淘汰5个栏目，对6档栏目进行停播整改或限期整改。对精品、重点栏目从节目定位、内容、形态等方面大力创新、精心包装，形成了《山西新闻联播》、《超级少年》、《走进大戏台》、《女人聊吧》、《交广传真》等一批优秀栏目。特别是《超级少年》已播出50多期，成功进入品牌导入期，通过策划组织“超少”广场活动、推出讲述“超少”幕后故事的《超少童话》，有力拉动了《超级少年》的收视率，目前月均收视率稳定在10%以上，最高达到14.71%。强化了创意策划，积极整合社会资源，研发出了一批新栏目。省卫视和上海天娱传媒联合制作了娱乐节目《我眼中的好男人》，在全国产生了一定反响；研发出《魅力现场》、《同一首情歌》两个新栏目，有望年底推出，新闻综合广播与山西气象部门联合制作了山西省首个专业气象服务节目；老年福和彩民在线频道推出了《天天保健》、《彩票故事》等6档节目；黄河台新推出具有自主版权的中文教学外宣节目《实用汉语》。各市都推出了1档在当地受欢迎的栏目。

3. 大型活动丰富多彩。积极整合业内外各种资源，组织高水平的创作团队，推出了一系列大型活动，丰富了声屏。省台精心打造的2006年春节晚会丰富多彩，演职人员达500人，体现出大场景、大制作、大主题的风范，节目规模、档次和效果均再创新高。全省20家广播电台同步推出了首届“春之声2006春节大联播特别节目”，汇集了全省各地丰富多彩的特色文艺节目，为全省人民送出了一份丰厚的新春贺礼。省台与央视联合制作的“情系山里娃，大手牵小手”大型文艺演出、与团中央主办的“爱心点燃希望——希望工程圆梦行动”、与省委宣传部等部门共同推出的“爱心点亮未来——资助贫困大学新生”等大型公益活动，取得了良好的社会效益。黄河台与央视联合举办的2006CCTV少儿艺术电视大赛，数千名选手报名参赛，总决赛在央视少儿频道黄金时间播出。还有太原台举办的“山西民歌演唱会”等。这些活动大大提升了山西广电的社会影响力。　（吕安生）

**【影视剧创作】**　以山西丰厚的题材资源为依托，坚持面向市场，全面整合国内外制作、人才、资金等资源，加快了内容产业企业化、市场化、产业化步伐。

1. 电影创作。完成胶片电影20部，数字电影7部。其中《生死托付》被总局列为建党85周年10部重点献礼片之一。共有6部电影获奖，其中：《暖春》荣获朝鲜第十届平壤国际电影节组委会奖，《王长喜来了》获第六届数字电影一等奖，《剃头匠》参加了日本东京电影节和印度电影节展映。

2. 电视剧创作。完成电视剧17部427集。在央视播出6部共120集，其中：《乔家大院》、《别拿豆包不当干粮》在央视一套黄金档播出，排列上半年收视前两位。《乔家大院》得到李长春同志的肯定。《阿霞》、《水落石出Ⅲ》在央视8套黄金档播出。《云婶》、《塞北婆姨》、《警察本色》已被央视买断播放权，反应16位革命家夫人光辉一生的纪录片《忠贞》在人民大会堂举办了新闻发布会。目前还有11部200多集正在拍摄中，其中《大槐树》40集、《北魏冯太后》40集等重头戏，以强大的创作团队、一流的演员阵容和大制作，已得到业内普遍看好。《八路军》、《乔家大院》、《吕梁英雄传》荣获第六届金鹰节优秀长篇电视剧奖。《乔家大院》荣获首届韩国国际电视节最佳长篇电视剧奖。

3. 农村电影放映。以建设社会主义新农村为契机，积极落实全国农村电影放映“2131”工程，举办了两项大型农村公益电影放映活动。由省委宣传部、文化厅、广电局主办、山西电影厂承办。一项是：用10辆电影大篷车和80个电影专业放映队为百县千乡免费放映5000余场科技影片和优秀故事片；另一项是：新成立36个数字电影放映队为农村和城市社区放映10000场数字电影。两项活动活跃和丰富了农村文化生活，得到农民群众的好评，广电总局给予通报表彰。（吕安生）

**【事业建设不断强化】** 紧跟数字化潮流，从设备更新、村村通建设、扩大覆盖等各方面入手，进一步夯实了发展基础。

1. 数字化改造。千方百计筹集资金，在省政府没有投入的情况下，实施了全省21个干线站点微波电路数字化改造工程，完成了全省所有微波电路的数字化改造；启动了中二、中三广播节目南部覆盖工程，完成了228台发射机远程监测系统升级和228台、328台实时视频监控工程、太原站电视墙工程；完成了328台、1125台、7402台、老军营电视发射中心4部10KW大功率发射机固态化改造、安装、调测工作。省台完成了卫星直播车、数字高清转播车、摄像微波传输设备的到位调试工作和播控机房改造。太原、长治、晋城、大同、临汾等市电台、电视台基本完成了采、录、编、播、控设备的数字化改造。县级广电数字化改造进步明显，如：翼城、侯马更新转播和采访设备，实现了硬盘播出、无带化作业和全部可寻址收费。

2. 村村通工程。省、市、县认真编制方案、落实资金、严格标准，共投入8684.4万元，完成1639个50户以上自然村的村村通任务，并进行了验收，保证群众能收看到4套～45套节目。针对“返盲”情况，省财政厅拨款268.16万元，各市县积极制定措施，抓好运行维护，有效扼制了“返盲”，确保了村村通、长期通。认真落实了“十一五”村村通规划和新一轮村村通工作，经深入调查核实了20户以上广播电视盲村9193个，其中自然村盲村8678个，新通电行政村盲村515个，编制出了20户以上村村通工程建设方案，已上报国家广电总局。根据省政府新农村建设试点工作推进意见，对1098个试点村广播电视覆盖情况进行了调查摸底，针对需要提高村村通水平的297个村，制定了实施意见，对项目建设资金进行了落实。

3. 落地覆盖。省卫视坚持续签与新签并举，以省会城市和经济发达地级市为重点，积极扩大覆盖区域，全年新增长春、南昌、呼和浩特等6个省会城市和泉州、肇庆、江门等6个地级市，新增覆盖人口2500多万人，总覆盖人口达到2.55亿人。省级新闻综合、影视、公共、科教4套地面电视频道覆盖11个中心城市，其中7个市实现了县级网全部覆盖；太原铁路局所辖210个车站和66对列车同步完整转播一套广播的早新闻和全省各地广播电台联播节目。老年福频道和彩民在线频道实现了在省网和海口、青岛、杭州等30多个城市落地，在全国覆盖500多万用户，为进军中国数字电视市场筑下了“桥头堡”。

4. 基本建设。电影厂办公楼改建工程已编制了规划方案。总台位于北京大兴区的电视节目制作基地已经初具规模，作为两个数字付费频道的制作、播出、传输基地，并对外开展节目制作业务。长治、朔州启动了广电大楼建设，古县、孝义新建成了广电中心。（吕安生）

**【多元发展状况】** 在广告、网络、新媒体和衍生产业等方面不断探索和实践，全面开发产业功能，初步形成了多元化、多媒体和跨行业发展的新格局，改变了长期依赖广告的单一赢利模式。

1. 广告经营。省级及大部分市、县成立了广告经营公司，针对客户的需求，制定了科学、合理、双赢的广告运营方案，通过做好广告招商、品牌节目推广和活动营销等办法，拉动广告增长。晋中台进行事企分离，创立了电视台控股、职工全员参股的广告企业，全力拓展市场，2006年广告收入达720万元。

2. 网络产业。全省数字电视整体平移稳步推进，有线数字电视收费方案顺利通过了省政府常务会议，2006年7月1日出台执行。太原市有线电视数字化整体转换率达到96.6%，走在了全国前列，顺利通过国家广电总局的验收，全省数字电视用户达47万户。各市、县的有线电视网络，面向当地市场，因地制宜，积极摸索多种发展模式，太原局有线网络运营根据城区市场特点划分为3大块，成立了南城、北城和河西3个分公司，打破了内部垄断，形成了独立运营、相互竞争的良性局面。县级农村网络发展势头迅猛，发展途径各显神通，如：孝义、翼城采取政府投资与广电系统自筹资金建网，安泽、天镇、大同市南郊区由政府主导、广电运作、多方集资建网，完成了光缆电视进村入户工程。

3. 新媒体业务。“山西视听网”进行了全新改版，省台各套广播和电视节目全部实现了音、视频在线直播及点播，日点击达3万人次，在省级台（包括央视）互联网站综合排名中名列前茅。黄河台文艺广播与“中国音乐在线”网站、腾讯QQ合作，播出的节目占到总量的2/3。健康频率推出语音服务、VIP短信互动服务、开办了6个播客网站，均取得一定的经济效益。移动电视业务在太原市内经过一年运营已初步走向正轨，2006年广告收入达到500万元。手机电视业务，与北京乐视移动传媒集团就业务、牌照申领、资金引进等事宜达成了协议。

4. 衍生产业。省台少儿频道积极组织征集卡通形象，谋划山西动画基地建设取得了新进展。电影厂与山西省电影公司等3家单位共同入股成立“山西世纪星光影业有限责任公司”，主营电影发行。省广发展公司启动了省局大院、老军营、电影厂、地球站4块35万平方米的地产开发。太原台充分发挥广电品牌优势，兼并了湖滨会堂，经过改造实现了收支持平；以租赁方式开发改造青年宫，打造出可容纳1000人的省城一流演艺中心，发展演艺产业取得了初步成效；还以股份制形式与东辉公司合作参股2亿元建设了年产200万吨焦化产品的大型工业项目，2006年实现利润3000多万元。（吕安生）

**【改革重组工作】** 贯彻中发14号文件精神和总局有关要求，结合山西广电实际情况，加大体制改革机制创新力度。

1. 完善了第二步改革重组方案。根据《山西省广播影视体制改革与产业发展方案》的“三步走”思路，在已完成第一步的基础上，积极推进广电资源整合和集约化发展，2006年上半年参加了省委宣传部组织的改革调研，出台了《山西省广播电视局深化体制改革和加快产业发展的方案》和《全省广电网络资产整合方案》，邀请各方面专家对方案进行了论证。

2. 组建山西电影电视剧集团公司，制定了《山西电影电视剧集团公司组建方案》并上报总局，总局于2006年2月22日正式批复成立。按照现代企业要求正在组建影视集团，全力打造和延伸内容产业的制作、出版、播出、销售产业链。

3. 内部机制不断创新。省、市两级普遍推行了以中层干部竞争上岗和全员聘用为主的人事制度改革；普遍实行了以岗

位工资加绩效工资为主的分配制度改革；普遍探索了频道频率总监负责制和节目栏目制片人制。 （吕安生）

**【依法管理工作】** 按照“谁主管，谁负责”和属地管理的要求，强化了行政职能，创新管理手段，安全播出、依法行政等方面迈出了新步伐。

1. 安全播出。全系统进一步健全完善了安全播出保障体系，省级和大部分市级广电成立了安全播出调度指挥中心和监测中心，制定了《安全播出应急预案》，加强了监测台站基础设施建设，落实技术防范措施，严格执行值班值守规定，建立了畅通、快速、高效的联络协调机制，保证了微波、卫星传输和调频、电视、中波播出设备及所有信号源始终处于稳定良好状态。顺利完成春节、“两会”、“五一”、“十一”、六届六中全会、省九次党代会等共计6项62天“重要保证期”的安全播出任务。

2. 行业管理。宣传管理，加大了检查、反馈力度，省局成立了节目收听收看评议组，对省台节目严格收听收看，定期刊出《评议简报》，每月进行座谈交流，通报情况，改进工作；改革电视剧题材立项规划制度，实行了电视剧摄制备案公示制度；召开了全省广电宣传管理工作经验交流会，各市20多个县交流了经验。广告管理，组织11市的广告监管、经营人员培训，加大了整治虚假违法广告的力度，共查处医疗资讯和电视购物广告461条，停播100条，受理群众投诉事件7起。社会管理，强化了执法措施，完成了全省播出机构年检和26家节目制作经营机构的审核，查处了“山西网络电视台”非法视听网站和3个市县多开频道的违法行为；完成了对76家境外卫星节目接受单位和70家卫星节目接受设施安装单位的年度检查；扎实开展境外卫星节目接受单位和70家卫星节目接受设施安装单位的年度检查；扎实开展境外卫星电视专项整治，共出动检查人员5613人次、车辆1573台次，检查了2626个单位和个人，查扣、拆除相关设备3218套，注销了一家宾馆的境外卫星节目接收许可证，破获两起非法安装“小耳朵”案件，在总局工作通报中位居全国前列。行业管理，制定了《2006年全省各市广播电视工作考评实施方案及细则》，严格实行年度目标责任考核管理，推动了全省广电各项工作的开展。

3. 执法工作。狠抓普法宣传教育，出台了全系统《普法依法治理“五五”规划》，组织1300人参加了全省普法考试；举办了3次规模较大的法规培训，参加人数700余人，提高了各市县行政执法人员的素质和新进采编人员的法规意识；完成了《山西省广电局行政执法职责》、《推进行政执法责任制配套制度》汇编，出台了11项相关制度，进一步健全了权责明确、行为规范、监督有效、保障有力的行政执政机制。全系统有5个集体和7个个人在“四五”普法验收中受到国家广电总局表彰，省局在全省依法治省暨第5个法制宣传教育工作表彰会上受到表彰。

（吕安生）

**【队伍建设】** 根据改革、发展、创新的需要，以锻造一支政治业务素质和作风过硬的队伍为目标，狠抓了党风、政风行风、工作作风和自身素质建设，取得了新成绩。

1. 党风廉政建设。紧密结合实际，省局制定了贯彻《建立健全教育、制度、监督并重的惩治和预防腐败体系实施纲要》的具体意见，明确了党风廉政建设和反腐败的近期、中期、长期任务。将治理工程建设、设备采购、大型晚会、庆典活动、广告经营、招商引资中的商业贿赂作为重点，通过自查自纠、专项检查、强化监督、完善相关制度等手段，形成了有效的防治惩处机制，全年受理群众举报7件次。认真开展政风行风评议，围绕广电总局确定的23条评议重点，各级广电部门都聘请了监督员，积极开展明察暗访、问卷调查、开办热线、听证会等工作，改进服务质量，提高了行业管理水平。

2. 行政效能建设。根据省政府要求，在各级局机关深入开展行政效能建设活动，通过健全学习日制度、开设展板、编发简报、组织理论考试等方式强化学习、营造氛围；通过组织座谈、发放征求意见表、设置信箱查摆问题，深挖原因，积极整改；通过精简文件、会议和各项审批程序，省局出台了《行政过错责任追究暂行办法》、《首问负责制》、《限时办结制》等15项制度，进一步增强了各级人员的诚信意识、效率意识、大局意识，提高了行政效能和服务水平。

3. 队伍素质建设。全系统围绕学习贯彻党章、纪念建党85周年和十六届六中全会、省九次党代会，通过邀请专家教授进行专题讲座、组织各级领导和党务干部进行党章培训和理论知识测试、知识竞赛等学习教育活动，加强了理论武装，巩固了先进性建设成果，提高了各级党组织和党员队伍的战斗力。组织开展了全省1260名采编播人员、560名机务员线务员和安全监测、节目研讨、信息工作等10多类专业技术培训，干部职工的业务素质有了明显提高。省局成立了局直属机关工会，为维护职工权益提供了保障。省广电协会又新成立了翼城、乡宁、孝义3个研究培训基地，为全系统培训、交流搭建了平台。 （吕安生）

## ·报 纸·

**【山西省委领导考察山西日报报业集团】**

2006年，山西省领导多次莅临山西日报报业集团考察工作。

1月5日，山西省委书记、省人大主任张宝顺和省委常委、秘书长申联彬，省委宣传部常务副部长申存良等赴山西日报报业集团考察工作，就学习贯彻胡锦涛总书记的重要讲话精神，在新闻宣传中更好地坚持正确的政治方向和正确的舆论导向提出要求。

2月10日，时任山西省委副书记、宣

山西日报办公楼

张文芳摄影

传部部长的云公民和省委宣传部常务副部长申存良、副部长杨波等前往山西日报报业集团考察。云公民强调，党报集团必须牢牢把握正确舆论导向，坚持正面报道为主，为“十一五”开好局、起好步营造良好的舆论氛围。

12月7日，山西省委常委、省委宣传部部长高建民，省委宣传部常务副部长王清宪到山西日报报业集团考察工作。高建民希望集团继续加快改革步伐，走多元化发展的路子。（徐补生　赵青）

山西日报阅读廊
张文芳摄影

**【山西日报报业集团2006年所获奖项】**

4月30日，在全省五一表彰大会上，山西晚报社荣获“山西省五一劳动奖状”，成为山西省惟一获此殊荣的媒体。晋万家发行公司总经理侯百管荣获“山西省五一劳动奖章”。

6月30日，在全省七一表彰大会上，山西日报报业集团编委、山西日报编辑中心主任丁伟跃荣获“山西省优秀共产党员”称号。

8月28日，在全省经济结构调整工作会议上，山西日报被授予“宣传经济结构调整先进新闻单位”称号。

9月25日，在山西省直机关精神文明建设委员会召开的表彰大会上，山西日报报业集团被授予2005～2006年度“山西省直文明单位”称号。

**【山西日报报业集团有关领导当选为省级和全国性的相关委员和理事】** 10月30日，在中共山西省第九次代表大会第二次全体会议上，山西日报报业集团党委书记、社长袁升德当选中国共产党山西省第九届委员会委员。

10月24日～26日，在中华全国新闻工作者协会第七届理事会第一次会议上，山西日报报业集团党委书记、杜长袁升德，党委副书记、总编辑章勇思，党委委员、常务副总编兼山西晚报社长、总编辑翁小绵当选中华全国新闻工作者协会第七届理事会理事。（徐补生　赵青）

**【反响巨大的报道】** 《山西日报》开设的专栏“保持先进性　建设新农村”，受到中央先进性教育办公室表扬；发表的言论《“袭洋摹古”影响文化创新》、通讯《省城力做节水“大文章”》，以及“纪念人民作家赵树理”的一组报道，受到中宣部《新闻阅评》通报表扬；宣传省九次党代会的报道、宣传山西省扩大对外开放的一组评论、以专版摘编的形式刊登《政府工作报告》等，受到山西省委书记张宝顺、山西省省长于幼军的表扬。

《山西日报内参》刊登的《农村三次出卖矿产资源现象应引起高度重视》一文，先后被新华社、人民日报内参和国务院办公厅《内部情况》转载，国务院副总理曾培炎作了批示。

《山西晚报》对长治“申竟希望班”创办者申竟的系列报道，在中央电视台经济频道组织的2006年中国9大年度作品和7大年媒体评选中，入选9大年度作品中的“真情篇”，成为当年度体现媒体“理性、良知、推动力”的新闻佳作之一。

三晋都市报推出《无臂女孩双脚弹响传奇爱情》系列报道（5篇），引起强烈反响。中央电视台《道德观察》和《家庭》栏目先后做了专题报道。

（徐补生　赵青）

**【广告发行创佳绩，《山西晚报》新突破】** 山西日报报业集团广告总公司负责的山西日报、山西晚报广告经营业绩突出，全年总收入达到1.1521亿元，比2005年增收391万元，超额321万元完成任务。其中，《山西日报》达到3348万元，成为全省党报类广告运营最佳报纸；《山西晚报》达到8232万元，成为全省报纸媒体广告运营最佳报纸。“两报”全年广告额平均增幅达24.71%，远远高于全国同行业5%的平均增长水平，市场份额超第二名8.4个百分点。同时，《山西晚报》还创下了广告营业额单日达到100.2万元、单月达到1027.4万元两项新纪录，实现了社长袁升德年初提出的“三个一”奋斗目标（单日100万元、单月1000万元、全年1亿元）的“两个一”。（徐补生　赵青）

**【翁小绵荣获第七届长江韬奋奖、“山西省五一劳动奖章”】** 2006年8月15日，由中国记协主办的第七届长江韬奋奖评选揭晓，山西日报报业集团常务副总编辑、山西晚报社长兼总编辑翁小绵荣获韬奋奖，成为此次评选全国新闻界仅有的20名获奖者之一，并作为韬奋奖获得者代表在北京举行的颁奖大会上发言。《人民日报》、新华社、《光明日报》、《中国新闻出版报》、《中华新闻报》等，都对翁小绵的事迹进行了报道。在山西省新闻界庆祝第七届中国记者节大会上，山西省劳动竞赛委员会授予翁小绵“山西省五一劳动奖章”，并号召全省新闻工作者向他学习。

（徐补生　赵青）

**【山西日报报业集团2件作品获中国新闻奖】** 2006年7月18日，第十六届中国新闻奖评选结果揭晓，《山西日报》舆论监督部记者邬帅莉采写的通讯《安监主任参股煤矿层层监管形同虚设——介休一黑矿非法生产的台前幕后》获二等奖，《人民摄影》报刊发的摄影作品《不满舆论监督闯报社抓副总》（作者叶晓光、编辑梁丽娟）获三等奖。（徐补生　赵青）

**【山西日报报业集团54件作品获山西新闻奖】** 2006年5月14日，第十五届（2005年度）山西新闻奖评选揭晓，山西日报报业集团所属媒体《山西日报》、《山西晚报》、《山西经济日报》、《三晋都市报》、《山西农民报》、《山西法制报》、《发展导报》选送作品参评，54件作品获奖。

《山西日报》获奖作品20件：

特别奖（1件）：系列报道《构筑农民生存发展新空间》（袁升德、兰炎平、翟翠明、白薇、苗武军、李宁波、赵向南、白雪峰）。

一等奖（9件）：系列报道《走出大山》（章勇思、翟翠明、范林鹏、白薇、刘明亮、任永亮、薛梅）；消息《平遥10农民首尝民间小额贷款之“果”》（梁晓丽、张云）；通讯《安监主任参股煤矿层层监管形同虚设》（邬帅莉）；通讯《技术展翅太重飞翔》（郭兆平、杨彧）；系列评论《坚持以科学发展观为统领不动摇（之二）》（席殿晋、胡羽、姚晋平、范林鹏、高原）；摄影《百名老八路相聚在太行》（孙荣祥）；报告文学《从下岗女到“剪纸王”》（周同馨、安奋伟）；版面2005年10月13日A1版（赵红梅、刘国锋、郭建军）；版面2005年8月21日A4版（何小卫、张巨峰、张铁慧）。

二等奖（3件）：消息《太钢集团“节约”节出竞争力》（杨彧）；通讯《“土疙瘩”闯荡洛杉矶》（李爱珍）；摄影《这个假期好累》（李兆民）。

三等奖（8件）：消息《千年奇遇：西周荒帷重现人间》（孟苗）；消息《洪洞被摘“文化模范县”帽子》（李晓芳）；通讯《转变中增长增长中突破》（杨珏）；通讯《走近李学花》（刘宇）；报告文学《与大山厮守8年的奇女子》（张兰珍）；报告文学《晋沪文化激荡浦江》（李晓芳）；漫画《明星漫像》（乔亚丁）；漫画《门槛太高》（清风）。

山西晚报获奖作品15件

一等奖（4件）：消息《省城沃尔玛疲于招架大盖帽》（郑书成）；通讯《柳林也有个“佘祥林”》（郭风情）；摄影《民房私藏炸药引起大爆炸》（钟清）；杂文《一个养鸡户的打算》（陈力方）。

二等奖（7件）：消息《私企剪彩小学生停课助兴》（梁保忠、张纲举）；消息《“4年学费一次交”逼煞众学子》（程洁）；通讯《李来源：挺身危难铸警魂》（段树聪、王欣喜、马秀凤）；通讯《如何才能救你，我的山西戏》（范璐）；版面2005年5月11日1版（刘欣宇、李广义、仵国安）；随笔《爱是世界的取暖器》（谢燕）；漫画《何时断奶》（牛力）。

三等奖（4件）：消息《北京一警察太原遭群殴身亡》（郭风情）；通讯《热力入网费随随便便收？》（王晓娟）；通讯《两百群众围捕持枪劫匪》（郭斌）；；摄影《反扒高手的一天》（毋涛）。

山西农民报获奖作品2件

二等奖（1件）：通讯《安家庄乡封山禁牧如此“创新思路”》（柴俊杰）。

三等奖（1件）：消息《全国商业性小额贷款公司首创平遥》（赵建军、王涛）。

三晋都市报获奖作品6件

二等奖（1件）：消息《于幼军：给我三个月，干好两件事》（张海鹰）。

三等奖（5件）：消息《一碗米线引来八十万元资助》（文秀为）；连续报道《探秘平遥病死猪肉》（赵轶）；通讯《“乌金天府”何日痛别“黑色思维”》（张晓鹏）；通讯《小偷与“老板”如此演双簧》（邢爱田）；杂文《一份拷问文人的试卷》（冯印谱）。

发展导报获奖作品4件

一等奖（1件）：通讯《看壶口新公路伤痕累累》（王胜管、冯冲）。

二等奖（2件）：通讯《五亿台资入晋受阻为哪般》（原建猛）；通讯《世贸中心违规惹来“争光”风波》（任啸、沈沁芳）。

三等奖（1件）：通讯《海航“空降”迎泽宾馆惹争议》（王胜管、沈沁芳、荣锋）。

山西经济日报获奖作品4件

一等奖（1件）：评论《一吨煤的代价》（王晓华）。

二等奖（2件）：通讯《山西物流，从零做起》（齐泽萍）；通讯《竹叶青，能否走顺价值回归之路》（郭凤美）。

三等奖（1件）：通讯《异地商会，福建现象带来的启示》（郑亦工）。

山西法制报获奖作品3件

一等奖（1件）：通讯《文物执法在夹缝中“守望”》（张垣洪）。

二等奖（1件）：通讯《越权执法：赔付85万元》。

三等奖（1件）：摄影《中秋时节母子狱中团圆》（邸旭明）。 （徐补生）

**【山西闻兴印务有限责任公司增资扩股，挂牌运行，完成新一轮技术改造】** 2006年8月1日，山西日报报业集团印务总公司更名为山西闻兴印务有限责任公司，增资扩股，正式挂牌运行。公司注册资本6200万元，其中晋城煤业投资3000万元，标志着公司改制成功，联手打造山西省最大的报业印刷基地迈出关键一步。

同时完成新一轮技术改造，总计投资近1500万元，购进了“上海高斯”美能70报纸印刷生产线、富士9000大幅面照排机、YP4787J书报刊胶印机、YBB50胶包机及骑马连动机，进一步提高了彩报印刷重复对位精确度、报纸印刷能力特别是彩印能力，并开拓了书刊印刷、装订两大市场。 （徐补生 赵青）

**【闻汇超市开业，部分报刊扩版，创办手机报，增设分印点】** 2006年1月，《三晋都市报》由周五刊扩为周六刊，《对联·民间对联故事》杂志增出“下半月刊”，《山西法制报》增出《公安交通专刊》，《良友周报》新开设新疆分印点，山西新闻网联合山西移动、山西联通，推出山西省第一份WAP版手机报纸，并首次采用手机报形式报道省两会。

5月18日，首届中国华北文化·办公用品博览节暨闻汇文化办公用品超市开业庆典隆重举行。闻汇文化办公用品超市的开业，对山西日报报业集团加大开发经营力度，丰富山西省文化、办公用品市场，打造地方文化市场品牌，具有积极的推动作用。

7月，《生活文摘报》新开设上海、昆明两个分印点。

10月，山西新闻网北京闻汇联合科技发展有限公司研发中心成立，开始独立研发无线增值中的电视互动产品，为集团尝试进军网络媒体迈出关键一步。

（徐补生 赵青）

**【《山西日报》再次改版】** 经过两个月的酝酿，在读者问卷调查的基础上，2006年5月29日，山西日报再次改版，在追求版面的时代性，内容的丰富多彩等方面迈出了重要一步。专门设立了“好消息奖”，鼓励采编人员多写消息、写高质量的消息。新开设了“现场采录”、“经济观察”、“百姓人生”等栏目，创办了视点新闻版，对专刊副刊进行了整合，将“民情热线”、“舆论监督”“法制时空”等三个类型相近的版面整合，集纳成“社会周刊”同期出版。 （徐补生）

**【《山西晚报》第九次改版】** 2006年2月15日，《山西晚报》进行创刊后的第九次改版。指导思想是：进一步强化时政新闻和经济新闻，更加贴近和做足社会民生新闻。改版后，增加新闻版，启用新字库，将言论时评版“声音”前调至二版，全省新闻版增设了“重点”、“现场”和“热线”版，太原地区版新增了“社区”、“热线互动”和“都市文萃”。同时，整合版面，新设“气象新闻版”，“加厚阅读”周刊新辟8个版的“精品购物”，使内容更加权威新锐、生动时尚，版面设置、版块结构更加清

晰合理。（徐补生）

【山西新闻网嘉宾聊天室开通】 2006年3月31日，山西新闻网嘉宾聊天室正式开通，迎来首位嘉宾丁祖诒。之后，陆续邀请到窦银科、白露、龙城球协、《天水》剧组、孙天昌、黄土地影社、王永海、《立秋》剧组、马飞宇、刘景谰等嘉宾，并在2006年德国世界杯期间组织录播“龙城球迷眼中的世界杯”视频专栏。（徐补生）

【山西晚报举办“责任·勇气”报告会】 2006年11月5日、6日，山西晚报先后在山西日报报业集团多功能会议厅、山西大学举办两场以“责任·勇气”为题的报告会，由一线编辑记者组成的报告团来到读者中间，讲述编辑记者们采编中的酸甜苦辣，讲述一些鲜为人知的亲身经历，讲述编辑记者们作为新闻工作者的责任和勇气，庆祝第七届中国记者节。来自山西大学、山西财经大学、太原师范学院等高校的学生和热心读者聆听了报告会。（徐补生）

【山西晚报成立读者俱乐部】 2006年12月1日，是山西晚报创刊7周年的日子。11月30日，山西晚报隆重举行创刊七周年庆典暨读者俱乐部成立大会。山西日报报业集团社长袁升德、总编辑章勇思出席并讲话，常务副总编、山西晚报社长兼总编翁小绵致辞。同日，为让百姓真切感受到“记者就在您身边”，山西晚报把印有“热线电话4286666”的宣传牌挂进太原市迎泽区89个社区，随后将陆续覆盖全市所有社区。（徐补生）

【山西日报报业集团评选2006年度感动人物】 由山西日报报业集团党委书记、社长袁升德提议，山西日报报业集团2006年度感动人物评选活动，自2006年12月11日启动，到2007年1月18日举办“奉献·创新·和谐——山西日报报业集团2006年感动人物报告会”结束，引起强烈反响，获得圆满成功。他们是：带领封发部走向发展壮大的曹春梅、为报纸印刷奉献了大半生的李富锁、团结奋进拼搏的山西晚报集体、辛勤耕耘在报纸发行沃土上的李彤、踏实肯干“闲不住”的王晓华、用汗水写人生的宋增山、敢打硬仗成绩卓著的“拼命三郎”李伟、慷慨善良的韩春青、退而不休越活越精彩的宋润玺、用理想点亮夜晚的山西日报编辑中心集体。（徐补生）

图为由山西人民出版社出版的《山西戏剧图史》，该书获得国家优秀图书艺术类奖　张继红摄影

## 出　版

【召开全省新闻出版管理工作会议】 2006年是山西省新闻出版系统实行政企分开、政事分开、管办分离“三分开”的第一年，面对“三分开”体制调整以后的新形势和出现的新问题，4月12日，省委宣传部和省新闻出版局在太原联合召开了全省新闻出版管理工作会议及时做出了安排部署。全省各市委宣传部、市级新闻出版部门，省直各电台、电视台、报刊社、出版社和中央驻晋媒体的负责同志共150余人参加了会议。省新闻出版局党组书记、局长李锐锋代表局党组做了《加强和改进新闻出版管理，促进新闻出版业繁荣发展》的主题报告，省委宣传部常务副部长王清宪做了具体安排，省委副书记、宣传部长云公民出席会议并做了重要讲话。会议确定了2006年要抓好4项重点工作：1. 新闻出版活动的管理，按照加强“事前选题审批，事中书号调控，事后审读管理”的思路，进一步把握导向。

2. 出版物市场管理，以开展“扫黄”“打非”斗争为载体，重点对群众反映强烈、社会影响大的盗版教材及教辅读物、非法报刊和“假记者”、“假记者站”开展专项治理。

3. 版权保护，严厉打击侵权盗版活动，推进软件正版化工作。

4. 队伍管理，按照“管住事先管住人”的思路，严格实行新闻出版从业人员资格准入、调训轮训、持证上岗等制度。为了做好这4项重点工作，会议明确了要完成的5项任务：推进职能转变；健全新闻出版管理体系；履行公共管理的职能，对各种所有制新闻出版单位依法实行国民待遇；管理和服务相结合，提供公共服务；加强新闻出版法制工作。会议的及时召开，保证了在新闻出版体制改革深入推进的特殊时期，思想不乱，工作不断，保证了工作的连续性。（郭跃鹏）

图为由著名学者来新夏先生著、山西古籍出版社出版的《书文化的传承》。该书获得国家优秀畅销书名次　张文芳摄影

【深化新闻出版体制改革】 2006年，山西省按照省文化体制改革领导小组和省出版系统“三分开”领导小组的安排，以

推进出版系统"三分开"工作为切入点，全面推进新闻出版体制改革，集中精力做好"三分开"改革的学习、调研和局机关的方案制订工作。4月、5月，分别安排局主要领导赴北京参加由中宣部、新闻出版总署组织的文化体制改革培训班。培训后，即在局党组扩大会议上进行了传达学习。按照省委宣传部的安排，组织人员赴广东、湖南、浙江、上海等省市进行了调研考察。在此基础上，拿出了"三分开"工作的初步方案。山西出版集团的筹备组建工作顺利推进，直到6月，新闻出版总署和省政府分别正式下文批准组建山西出版集团，12月21日，山西出版集团正式挂牌成立。一个全新的新闻出版管理体制形成。

在做好"三分开"改革的同时，全面履行新闻出版行业主管部门职责，在新闻出版总署和省委宣传部的指导下，制定了山西省《关于深化新闻出版体制改革工作实施方案》，用以指导全省新闻出版行业的体制改革。该方案深化了山西省新闻出版体制改革工作的指导思想、原则要求和目标任务；积极推进新闻出版管理体制改革，坚决实现"三分开"；以激发活力、改善服务为重点，深化新闻出版事业单位改革；以经营性单位转企改制为重点，着力培育新型市场主体；加快结构调整，完善产业布局，促进山西新闻出版产业发展；深入推进职能转变，加强和改进宏观调控等6个部分，涵盖新闻出版体制改革的整体思路、政策目标、宏观环境、改革途径、职能转变等方方面面。 （郭跃鹏）

**【创新思路，推动新闻出版业整体繁荣】** 2006年度重点选题论证。保证新闻出版的正确导向。面对"三分开"以后不再直接组织生产出版产品的新形势，在这期间，省新闻出版局及时调整思路，深入推进职能转变，确定了政府重点出版工程的导向，带动出版繁荣的思路。组织有关专家和省内各出版单位召开了图书电子音像出版物选题论证会。经专家论证，确定了54种重点出版物选题。这些重点选题覆盖面广，范围涵盖纪念长征胜利70周年、建党85周年，宣传社会主义荣辱观，弘扬三晋文化、促进山西经济发展，服务"三农"，加强和改善未成年人思想道德建设等各个方面。

组织第17届山西省政府出版物评奖工作。参照中宣部和新闻出版总署有关文艺出版评奖的调整办法，将原来的晋版优秀图书奖改造为山西出版政府奖，并改为两年一评。8月，评委会对山西省各出版社申报的274种（次）图书和音像电子出版物进行了分组审议、大会讨论和无记名投票，共有《山西文学大系》、《西方美学范畴史》、《地球大百科》、《中国孝义皮影》、《歌王石占明》、《孩子们最爱提的1001个问题》、《吴敬琏自选集》等175种（次）出版物分别获得优秀图书、优秀电子音像制品、优秀美术读物、优秀教材、优秀畅销出版物、优秀装帧设计、优秀校对等7个门类奖项。 （郭跃鹏）

**【公共出版服务】** 2006年，为减轻学生家长经济负担，进一步加强中小学生教材管理。省新闻出版局会同省物价局联合下发决定，全面降低山西省中小学生教材价格。此次降价覆盖全省中小学生所有教科书品种及与之相配套的光盘、磁带等，平均降幅为11.4%，降价总额为4144万元，使全省600万中小学生家庭受益。经过几轮教材降价，中小学生教科书的生产经营已基本处于保本微利经营的水平。同时根据国家统一部署，加紧筹备调研山西省中小学教材全面招标工作，为基础教育和素质教育服务。

启动"农家书屋"工程。已组织省内出版单位确定2006～2007年出版的"农家书屋"图书和音像电子出版物9个系列共100种，分别为"思想政治系列"、"政策法规系列"、"科技致富系列"、"新村建设系列"、"农村服务系列"、"基层管理系列"、"文明健康系列"、"文化教育系列"、"典型示范系列"。 （郭跃鹏）

**【对出版活动和出版物市场行政监管】** 2006年加强图书出版监管。坚持召开社长（总编）会议制度，就出版活动中存在的问题及注意事项，互通信息，防患于未然，2006年共批选题2000多个，调审书稿近30个，对有问题的选题23个作出了不批缓批处理，有12个重大选题上报总署专题备案，开展教辅、地图类、辞书图书专项质量检查。通过检查，山西省教辅、地图图书的质量基本都符合要求，辞书出版得到了进一步规范。进一步加强图书出版质量管理，组织了第11轮编校质量抽查，对8家图书出版社的近300种图书分两批进行了编校质量抽查。

报刊出版管理。持续加强报刊出版管理，全年核查处理了《市场信息报》不实

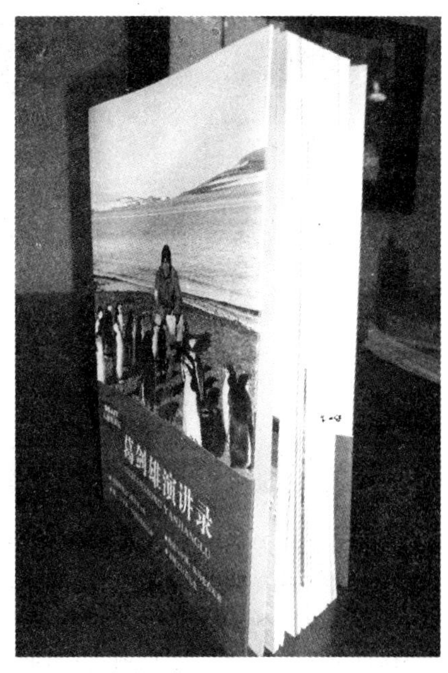


图为由复旦大学教授葛剑雄著、山西古籍出版社出版的《葛剑雄演讲录》

张继红摄影

报道、山西商报晋城记者站多项违规、《晋城工作》违规、《山西日报》临汾记者站违规出版非法报纸、《生活晨报》违规、《人民代表报》有关问题、《山西法制报》有偿新闻、《现代消费导报》有偿新闻、《发展导报》摊派发行、《山西科技报》记者违规、《山西市场导报》违规出版《今日临汾》等举报案件。针对年底的报刊违规发行行为比较突出的问题，开展了规范报刊发行秩序工作，组织省城14家主流媒体共同向全省媒体发出倡议书，并签署了《山西省报业发行自律公约》。向全社会郑重承诺做到"七不"，自觉接受社会各界的监督。

印刷业管理。为巩固专项整治成果，规范印刷市场秩序，确保印刷业持续、健康发展，省新闻出版局确定2006年为全省印刷行业"五项制度建设年"，在全省印刷行业范围内全面开展以委印承印登记制度等5项制度为主要内容的建立健全工作。持续加强印刷市场监管，直接查处了山西文博印业有限公司、临汾尧信印业有限公司违规承印案件，并给予了相应的行政处罚。

发行管理。结合出版物发行市场总量结构布局规划，认真调研修订完善山西省出版物发行业的"十一五"规划。推进职能转变，围绕"建设学习型社会"的目标，积极办好"十一"黄金周书市，书市7天销售码洋突破1000万元，取得了社会效

图为由山西古籍出版社出版的优秀畅销书《木鉴》 张继红摄影

益和经济效益的双丰收。主动认真地开展对山西省图书市场集中检查，分别进行了对政治性非法出版物的专项集中行动、对中小学教材的专项检查、对64开本的口袋书的专项检查、对青少年读物的专项检查、对字典词典的专项检查、对杂志增刊的专项治理、对图书馆配送书刊的专项治理、对外研社图书的专项检查等8项活动。

版权管理。大力推进全省各市人民政府软件正版化工作，组织对各市正版化工作验收总结。各县、区人民政府软件正版化工作有序推进，整体已基本完成。企业软件正版化工作取得决定性进展。认真开展了以打击预装盗版计算机软件为重点的专项治理行动，积极开展打击网络侵权盗版专项行动。

“扫黄”“打非”工作。认真开展了“反盗版百日行动”、旅游景点出版物市场治理、打击假记者等专项行动。据不完全统计，2006年，共查缴各类非法出版物145.3万件，其中，收缴政治性非法出版物2622件，淫秽色情出版物4700件，“法轮功”反动宣传品539份，盗版书刊46.3万册，盗版音像制品、电子出版物和计算机软件98.3万盘。 （郭跃鹏）

## 文　物

【概述】 2006年是国民经济和社会发展“十一五”规划的开局之年，也是山西省文物事业又好又快发展的一年。一年来，在省委、省政府的正确领导下，全省文物系统坚持以邓小平理论和“三个代表”重要思想为指导，全面贯彻落实科学发展观，坚决执行文物工作方针，全省文博工作在各个方面都取得了可喜的成绩和新的发展。2006年，全省文物工作大事不断，喜事连连。上半年，国务院公布了第6批全国重点文物保护单位，山西省新增152处，国保单位总数达到271处，持续雄踞全国第一。绛县横水西周墓地和大同沙岭壁画墓两个考古发掘项目同时被评为全国10大考古新发现。其中绛县横水西周墓地考古发掘工作获得我国空缺多年的考古界最高奖——国家田野考古一等奖。特别是在第一个中国文化遗产日活动期间，省委书记张宝顺第一次发表了关于文化遗产保护的署名文章，省长于幼军第一次在考察文物保护单位时发表了关于文化遗产保护的重要讲话，国家文物局局长第一次就山西省的文博工作给省委主要领导写了信。这是全省文物系统的光荣和骄傲，更是鼓舞和鞭策。下半年，“全国博物馆建设与发展座谈会”、“全国文物保护工程汇报会”相继在山西省召开。一年内国家文物局在山西省召开两次重要会议，在山西省尚属首次。特别是国家文物局决定在“十一五”期间对山西省南部地区元代以前早期木结构建筑实施专项保护工程，充分表明了国家文物局对山西省文化遗产保护事业的高度重视和支持。2006年11月，省局机关被授予文明单位称号。12月，山西省推荐的稷山县和平顺县荣获文化部、国家文物局表彰的2006年度全国文物保护先进县荣誉称号。一年中，省局多次受到国家文物局不同方式的表扬。省局连续6年被省政府评为全省消防安全先进单位，局机关党委和山西博物院被省直工委评为先进基层党组织。省局机关和各直属单位，团结稳定，奋发向上，各项工作和谐发展，出现了前所未有的大好局面。临汾市文物局被中宣部、司法部评为全国法制宣传教育先进单位，这一系列的大事、喜事，充分表明山西省文化遗产保护事业“十一五”开局良好，全面完成“十一五”文物事业发展规划基础稳固，全省的文物工作整体推进，大步跨越，呈现出富有生机活力、强劲发展的好势头。

（程书林　谢宾顺）

【全省文物局长会议在太原召开】 2006年1月18日，全省文物局长会议在太原召开。会议学习了全国文物局长会议精神，总结了“十五”时期全省文物事业的发展情况，研究了“十一五”时期全省文物事业发展规划，部署了2006年工作，表彰了2005年度文物保护先进单位。省委常委、宣传部长申维辰，副省长宋北杉出席了会议并作了重要讲话，施联秀局长作了工作报告。全省11个市及部分县（市、区）文物局长、省局机关公务员和直属单位领导班子成员130余人参加了会议。

施联秀局长在工作报告中回顾了“十五”时期文物事业所取得成绩。报告指出，5年来，文物工作法制化步伐加快；文物保护“五纳入”取得实效；文物保护基础工作得到加强；地上地下文物保护成果显著；全省博物馆体系初具规模，博物馆社会功能明显发挥；打击文物犯罪活动力度加大；文物保护宣传卓有成效；文物事业经济社会贡献率日益提升。“十五”时期，山西省文物事业保持了良好的发展态势，文物工作的社会环境明显改善，社会地位明显提高，社会作用显著增强，社会影响扩大。工作报告提出了“十一五”时期山西省文物事业的发展构想。

申维辰部长在讲话中对“十五”期间山西省文物事业总结为五大亮点：保护管理成效大；宣传展示影响大；设施建设进展大；经济效益增长大；精神面貌变化大。要求全省文物工作者把握机遇，突出重点，进一步提升文博单位的社会功能和影响力，努力开展对外文化交流，主动融人山西省对外宣传的大格局中，发挥文物工作在发展文化产业、建设文化强省中的独特作用，努力推进文物信息产业化，为山西省构建和谐社会做出新的贡献。

宋北杉副省长在讲话中着重强调，推进文物事业要树立和落实科学发展观，遵循科学发展观的要求，不断解决文物事业发展道路上遇到的新情况新问题。要注重以人为本，统筹兼顾，加快人才培养和队伍建设，努力促进文物事业的协调发展。

会议还对文物保护先进单位进行了表彰。为勇于执法、以身保护古城墙的临

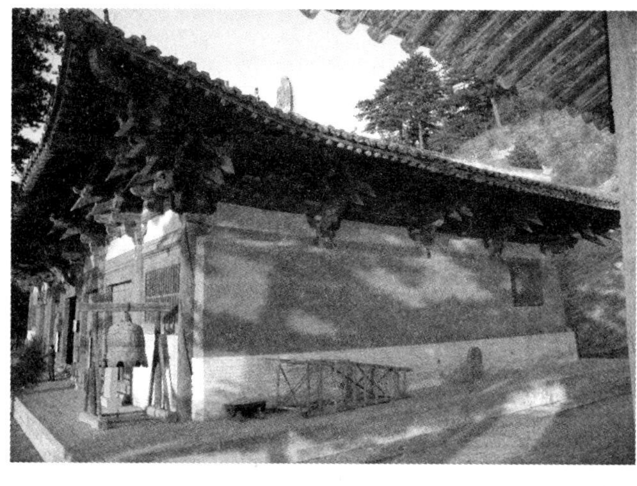

五台山佛光寺大殿　张文芳摄影

汾市文物局颁发了文物保护行政执法特别奖，对临汾市文物局长阎国庆等11名先进个人进行了特别表彰；对全省42个文物保护先进单位颁发了奖牌；对69个文物安全“金铠甲”工程达标单位进行了通报表彰。（程书林　谢宾顺）

【文物法制建设工作】　2006年，文物局狠抓文物法制建设，全省文物保护的法律法规框架体系进一步完善，依法行政工作逐步走上法制化、规范化轨道。一是文物法制建设又有新成果。2006年1月1日，新修订的《山西省实施〈中华人民共和国文物保护法〉办法》正式施行，这是《文物保护法》重新修改颁布后，山西省结合实际制定的一部完整的地方法规，为山西省文物保护事业的健康发展提供了更加完备的法规保障。10月，省人大常委会批准了《太原市晋阳古城保护条例》，这是山西省出台的又一部文物保护的专项法规。国务院《关于加强文化遗产保护的通知》下发后，针对山西省文物工作的实际，省文物局起草了《关于加强山西省文化遗产保护的决定》，已上报省政府。各市、县人民政府也出台了加强本行政区域内文物保护的一些规范性文件，大同、运城、临汾等市人民政府转发了市文物局《关于加强新农村建设中文物保护的通知》，进一步完善了全省文物保护的法规体系，保证了山西省文物事业的健康发展。二是依法行政工作得到加强。为了更好地掌握文物法律法规，加强文物行政执法工作，省局在年初举办了市文物局长培训班。晋中、运城等市也分别举办了法制培训，有效提高了行政执法人员的业务素质和执法水平。7月，省政府系统机关行政效能建设活动开始后，省局用了2个月左右的时间，集中时间、精力，对行政许可事项进行了清理，24项行政许可项目经省政府常务会议批准后已向社会公布。《山西省文物行政处罚工作细则》已修改完毕。与此同时，对文物局机关原有的19项制度进行了修改完善，制订了《山西省文物局行政执法责任制》、《山西省文物局行政许可事项首办负责制》和《山西省文物局行政许可事项限时办结制》等3项制度。对照国家文物局印发的《国家文物局内设机构、职能配置和人员编制调整方案》，对省文物局机关内设机构工作职能和岗位责任又进行了调整划分，进一步明确了工作职能，强化了执法责任，机关作风有了明显改进，政务环境有了明显改善，依法行政工作有了明显加强。三是行政执法队伍有发展。继临汾市、晋中市之后，2005年，太原市又成立了有14个全额编制的专职文物稽查队。一年来，全省先后查处、纠正了大同、运城、五台等市、县发生的48起违法案件，打击了文物违法行为，维护了法律的尊严。由省文物局跟踪督办的临汾破坏古城墙案，有关责任人受到了法律或政纪追究，责任单位承担了90万元的维修资金。在国家文物局组织的首次全国文物行政处罚案卷评比中，山西省获得了优秀组织二等奖。（程书林　谢宾顺）

【晋中市考古研究所成立】　2006年，经省编委批准，晋中市编委正式发文同意成立晋中市考古研究所，正科级建制，全额事业单位。晋中市考古研究所的成立，标志着晋中市文物机构建设又迈出了新的一步，必将对晋中市的文物保护与管理工作产生积极影响，促进文物事业健康发展。（程书林　谢宾顺）

【左权县文物局正式挂牌成立】　2006年9月28日，左权县文物局正式挂牌成立。省文物局副局长宁立新、晋中市文物局局长李文艺出席并讲话。宁立新副局长在讲话中指出，左权县是文物大县，在文管所成立的20多年里，抢救了大量的珍贵文物，为左权经济发展和社会进步做出了一定的贡献。这次将文管所升格为文物局充分体现了左权县委、县政府和上级有关部门对左权文物保护工作的重视与支持。市文物局局长李文艺希望左权县文物局的全体干部职工能以此为契机，在新的起点上，继续尽职尽责地做好文物保护工作，进一步发展壮大左权文物保护事业，努力扮演好在当地经济社会发展中不可或缺的生力军角色。（程书林　谢宾顺）

【太原市成立文物稽查队】　2006年10月14日，太原市编办下发《关于成立太原市文物稽查队的批复》（并编办字〔2006〕132号），同意成立太原市文物稽查队。新成立的市文物稽查队，是在撤销原太原市晋祠文物园林派出所的基础之上成立的全额事业单位，规格为科级，隶属于市文物局。其主要职责是，监督检查全市文物保护有关工作；监督检查在古建筑修缮过

五台山显通寺铜殿　张文芳摄影

程中设计、施工单位的违法违章行为和全市基本建设项目中涉及文物保护的稽查工作；监督检查田野文化遗址的保护工作；依法查处文物市场中的违法行为。

（程书林　谢宾顺）

**【全国文物行政处罚案卷评比获奖】**　由国家文物局组织的2006年度文物行政处罚案卷评比活动，经过评委会公正评判、领导小组严格审定后，获奖情况揭晓。山西省文物局与江苏省文物局、北京市文物局并列获得优秀组织奖二等奖。由临汾市文物局选送的洪洞县仁文学校在国保单位洪洞县广胜寺保护范围内违法建设工程一案，获得案卷评比鼓励奖。

（程书林　谢宾顺）

**【“文化遗产日”活动】**　根据国务院《关于加强文化遗产保护的通知》精神，2006年6月10日为全国首个“文化遗产日”。4月11日，省文物局召开会议，对全省2006年中国“文化遗产日”活动进行安排部署。全省各市文物局局长和分管宣传工作的副局长参加了会议。会上，高可副局长对全省2006年“文化遗产日”活动作了安排部署。高可在讲话中要求各市文物行政部门，一定要全力做好“文化遗产日”的宣传活动，打造新的节庆文化亮点。一是要主题突出，立意新颖。力争把“文化遗产日”做成有特色、有影响、受欢迎、进而促进文化遗产保护事业的繁荣发展。二是要形式多样，丰盛多彩。要广开思路，勇于创新，采取多种形式，通过多种途径，开展特色鲜明、群众喜闻乐见的系列活动，使其真正成为社会公众的一道“文化盛宴”。三是要声势浩大，全民参与。四是要协同作战，平安运作。要和有关部门精心组织，采取可靠的措施，制定可行的预案，坚决杜绝事故发生。五是要厉行节约，突出实效。

五台山佛光寺保留的唐代柱础　张文芳摄影

4月11日，省文物局召开会议，对全省2006年中国“文化遗产日”活动进行安排部署。全省各市文物局局长和分管宣传工作的副局长参加了会议。

施联秀局长在会上做了总结讲话。进一步强调指出，国务院决定设立我国的“文化遗产日”，是我国文化遗产保护史上的一件大事，它充分体现了我国政府对文化遗产保护的高度重视和支持，也是对文化遗产保护工作者的巨大鼓舞和鞭策。“文化遗产日”的设立，凸显了文化遗产保护事业在国民经济和社会发展中的独特作用，具有十分重要的现实意义和极其深远的历史意义。一定要把这个活动搞好，并要求各市要根据各自的实际情况，因地制宜，创造性地开展“文化遗产日”活动。　（程书林　谢宾顺）

**【省长于幼军在太原考察文物工作】**
2006年6月9日下午，省委副书记、省长于幼军，副省长宋北杉，在省文物局局长施联秀以及太原市领导的陪同下，到太原市全国重点文物保护单位——窦大夫祠进行了实地考察。

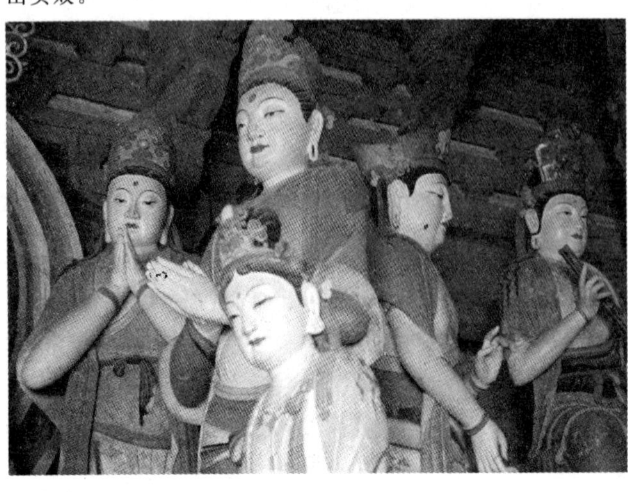

五台山佛光寺彩塑　张文芳摄影

窦大夫祠位于太原市尖草坪区上兰镇，是为纪念春秋时期晋国大夫窦犨（字鸣犊）而建的祭祀建筑，也是历代地方守臣及民间百姓祈雨场所。2001年6月被国务院公布为全国重点文物保护单位。于幼军认真察看和了解了窦大夫祠中乐楼、献亭、主殿等建筑的保护与维修情况，听取了文物保护工作情况汇报，还就全省文物保护和开发利用工作提出了要求。于幼军指出，6月10日是国务院确定的首个中国“文化遗产日”，这充分显示了国家对文化遗产保护的重视，是以此来唤起全民保护文物的意识，来加强和推动文物保护工作。山西是全国文化遗产最多的省份之一，全国重点文物保护单位达271处，占到全国的11.5%，雄踞全国第一。这是一大喜事，也是一大幸事，但这也意味山西文物保护的任务更加繁重了。于幼军强调，观众在欣赏这些文化遗产的同时，有责任保护好并传承给子孙后代。今后，各级政府和文物部门，要全面落实和贯彻科学发展观的要求，适应文化遗产保护的特点和规律，研究和把握好文物保护和开发利用的关系，坚持把文物保护放在第一位，在保护好历史文物的前提下，再考虑怎么开发利用。要加大投入，采用现代科技手段，改进保护措施，提高保护效果；要切实加强管理，严格执法，搞好文物的保护。下一步，各级政府及文物部门要摸清文物保护的现状，制定加强文物保护的规划措施，每年确定一些重点文物进行整修保护，分轻重缓急，集中财力。这样各级政府一起努力，坚持不懈，持之以恒，使山西的文物保护有一个大的进步，更好地展示山西的文化魅力，促进山西经济社会的发展。　（程书林　谢宾顺）

**【省委副书记云公民在平遥古城视察】** 2006年6月8日上午，省委副书记、宣传部长云公民在省文物局局长施联秀的陪同下，到平遥古城进行视察。云公民一行察看了古城墙，认真听取了《平遥古城环城带规划方案》，视察了城隍庙、文庙、平遥大戏堂、清虚观及平遥博物馆等文物保护单位。云公民指出，文物保护是上对得起祖先，下对得起子孙的大好事。这次来一是要看看文物保护的情况，但主要是宣传首届文化遗产日，通过广泛宣传来加强各级领导的文物保护意识。5月25日，国务院公布了第6批国保单位，山西省的国保单位达到了271处，位列全国第一，这是山西作为文物大省的骄傲和自豪，同时，也是压力，更是责任。山西省各级政府和部门要做好文物保护工作，大力搞好宣传，营造舆论氛围，提高全民的文物保护意识，还要把保护文物同研究思想道德、弘扬民族精神结合起来，把山西省的文物保护好、利用好、传承好。在听取了平遥县对古城的保护规划设想后，云公民充分肯定了平遥县委、县政府所做的工作。并强调，对平遥古城的保护，一定要对古城墙加强日常监测工作，切实加强古城墙的保护工作，对城里的古民居建筑，也要加强管理。（程书林 谢宾顺）

解州关帝庙

张文芳摄影

**【副省长宋北杉视察西侯度遗址】** 在首个中国文化遗产日前夕，副省长宋北杉在运城市市长高卫东的陪同下，到芮城西侯度遗址进行了视察。在仔细查看了遗址展柜陈列的石器、化石和烧骨，实地参观了遗址发掘地之后，宋北杉指出，西侯度遗址作为国务院公布的全国重点文物保护单位，要严格划定保护区域，增加保护经费投入，建设新的陈列展台。在依法管理好这个重要文化遗产的同时，要尽快拿出通盘规划，保护好其他考古点、遗址点和古建筑，对传承中华文明做出新贡献！（程书林 谢宾顺）

**【山西省隆重举行我国首个“文化遗产日”庆祝活动】** 为了组织开展好全省首届文化遗产日宣传活动，省委、省政府成立了由省委副书记、宣传部长云公民和副省长宋北杉为主任的活动组委会，为全省文化遗产日宣传活动提供了强有力的组织保障。省文物局党组多次召开会议，对文化遗产日活动进行了专题研究，制定了系列活动方案，做出了安排部署。各市文物局成立了由市领导挂帅的活动领导机构，策划了富有特色的活动方案，为文化遗产日活动的圆满成功打下了坚实基础。

6月10日，省委书记、省人大常委会主任张宝顺在《山西日报》头版头条发表了《让保护文化遗产成为全社会的自觉行动》的重要文章。省委主要领导为文物保护发表署名文章，这在山西省文物保护史上是第一次。6月9日，于幼军省长视察了太原市国保单位窦大夫祠，并就全省文物保护、管理和利用问题发表了重要讲话。省委、省政府主要领导关于文物保护工作的重要指示，在全省尤其是各级领导干部中引起了强烈反响，对增强各级领导保护文化遗产的自觉性产生了积极的推动作用，对营造全社会保护文化遗产的良好氛围，进一步改善山西省文化遗产保护的社会环境，具有十分重要的意义。

文化遗产日活动期间，省委副书记云公民视察了世界文化遗产平遥古城，宋北杉副省长视察了芮城西侯度遗址，部分省人大代表和政协委员分别视察了忻州、吕梁、大同等地的文物保护单位。省政府新闻办公室召开了新闻发布会，向媒体通报了文化遗产日系列宣传活动情况。省政府隆重举行了第6批国保单位授牌仪式。省文物局专门印制了10万份文化遗产宣传张贴画，并与省邮电局合作，专门发行了首届中国文化遗产日纪念封。6月10日，省文物局与太原市委、市政府在晋祠隆重举行了“省城首届中国文化遗产日庆祝大会”，省委常委、太原市委书记申维辰，省人大副主任姚新章，省政府副省长宋北杉，省政协副主席张正明出席了大会。会上，省政府表彰了山西省交通厅等61个在文化遗产保护工作中涌现出来的模范单位，省委宣传部、省文物局联合表彰了常国华等108名在文化遗产保护工作中涌现出来的模范个人，在全省上下产生了广泛影响。

文化遗产日活动期间，全省各地都开展了内容丰富、形式多样、各具特色的宣传活动。全省11个市的4大班子领导尤其是不少主要领导都参加了活动。有的发表署名文章，有的发表电视讲话，有的主持庆祝大会，有的考察文化遗产地。运城市组织了“文明之光，薪火相传”圣火传递活动，形式新颖，富有创意。临汾、朔州、长治、吕梁等市、县，分别组成宣传队，出动宣传车，走进校园、社区及农村田间地头进行宣传。全省各地分别举办了文化遗产精品展、保护成就图片展、征文大赛、专家论坛、书画笔会、志愿者签名、文艺演出等活动。文化遗产日当天，全省对外开放的文博单位都根据自己的实际

灵石王家大院

张文芳摄影

情况，对社会实行免费或优惠开放，观众数量达到120余万人。据不完全统计，文化遗产日宣传活动期间，全省共印发各种宣传材料300余万份，悬挂大型标语12000余条，制作各种展板18000余块。各新闻媒体发表、播放有关文章、消息、报道2800余篇（条）。总之，通过几年来特别是2006年文化遗产日等大型系列宣传活动，文化遗产保护工作的重要性进一步凸显，文化遗产保护的社会环境进一步改善，文化遗产保护的全民意识进一步提高，文化遗产保护的社会化进程进一步加快，一个可喜的全社会重视、支持、参与文化遗产保护的氛围已初步或正在形成。

（程书林　谢宾顺）

**【地上文物抢救维修扎实有效】** 2006年省文物局补救安排的15项修缮保护工程中，太原明秀寺、新绛福胜寺等11项修缮工程已按计划竣工，其他4项跨年度工程进展顺利。晋城天井关、阳城汤帝庙等28个文物保护单位的抢险保护工程已经完成。与此同时，省文物局还狠抓了文物保护的基础工作，主要完成了147处省文物保护单位保护范围及建控地带的划定工作和省级、市县级文物保护单位的编码工作；安排部署了全省申请文物保护工程施工二级、设计乙级及其以下资质的申报工作；开展了全省工业遗产的调查、登记、评定工作；完成了全省文物勘探队伍的考核和勘探许可证的发放工作。

（程书林　谢宾顺）

**【地下文物保护成果丰硕】** 2006年主要完成了石太客运高速铁路、长治热电厂、运城绕城高速公路等25项国家和省重点建设工程的项目选址前期调查、勘探和抢救性发掘工作；完成了陶寺遗址、曲村天马遗址等3个大遗址保护项目的申报、立项工作。组织对芮城坡头遗址清凉寺墓地、柳林高红商代遗址、绛县横水西周墓地、曲沃北赵晋侯墓地车马坑、侯马晋国铸铜遗址、黎城西关西周墓地等进行了考古发掘，对大同方山北魏皇家陵园——永固陵进行了全面调查和试掘，为研究晋文化及文明起源提供了一批翔实的资料。

（程书林　谢宾顺）

**【重点文物保护工程稳步推进】** 平遥城墙坍塌墙段已得到修复，监测出的26处险情点已得到抢险加固。平遥城墙整体维修保护方案已基本完成，古城总体保护规划正在抓紧制订。山西省南部地区元代以前早期木构建筑保护工程取得突破性进展，国家文物局已作为“十一五”规划重点项目正式立项。目前已完成长治潞安府城隍庙等15个国保单位的保护规划和晋城青莲寺等15个国保单位的修缮设计方案。五台佛光寺总体保护规划已基本编制完成，修缮工程前保护大棚的方案已完成初步设计。云冈石窟防水保护工程顶部防水治理设计方案已通过专家评审，施工图的设计已按专家意见修改后上报国家文物局审批，窟内凝结水治理方案和保护性窟檐的设计工作正在进行。2005年4月，国家文物局主持在朔州市召开了“应县木塔保护方案评审会”。根据国家文物局对应县木塔修缮保护方案的意见，正在组织编制现状加固方案。木塔工程办通过招标选定了不间断科学监测单位，实施方案已报国家文物局申请立项。五台山申报世界混合遗产工作中由省文物局承担的专家评估和申遗文本中需要补充的20个寺庙的测绘工作已全部按期完成，寺庙维修和违章建筑的整治意见及世遗专家考察路线已原则确定。

（程书林　谢宾顺）

**【山西省又有152处古迹被批准为第6批国保单位】** 2006年5月25日，国务院审议通过了第6批全国重点文物保护单位名单，共计1080处。山西省152处不可移动文物名列其中。其中古遗址6处；古墓葬6处；古建筑132处；石窟寺3处；近现代重要史迹和代表性建筑5处。同时，还有5处文物保护单位合并到以前公布的全国重点文物保护之中。截至目前，山西省全国重点文物保护单位为271处，位居全国第一。

（程书林　谢宾顺）

五台山佛光寺古塔　　张文芳摄影

平遥古城　　张文芳摄影

**【阳泉市公布第二批市级重点文物保护单位】** 2005年底，阳泉市人民政府核定公布了第2批12处市级重点文物保护单位。此次2006年共有8处古建筑、4处近现代重要史迹及代表性建筑被列入文物保护单位名录。至此，阳泉市已公布的市级文物保护单位总数达20处。

阳泉市文物部门在前2次文物普查的基础上，经过整理列出一批重点调查名单，并对申报对象进行实地勘查、核实。还先后2次召开评审会，进行综合评估，确定正式推荐名单上报市政府，由市政府最终核定公布。此次公布的名单中最大的特点是加大了对有特色的民居，特别是名人故居的保护力度，张穆故居、石评梅故居都名列其中。

（程书林　谢宾顺）

**【运城市公布第一批市级文物保护单位保护范围和建控地带】** 运城市第一批市级文物保护单位于2004年11月公布，共38处。其中革命遗址及革命纪念建筑物2处、古遗址7处、古墓葬4处、古建筑及历史纪念建筑24处。经过一年多的努力，全市已有37处市保单位的保护范围和24处古建筑及历史建筑的建设控制地带已划定。市政府要求各级人民政府各职能部门、各单位在当地经济建设和旅游发展中要更加认真贯彻好“保护为主、抢救第一、合理利用、加强管理”的文物工作方针，正确处理好基本建设、社会发展与文物保护的关系，加强文物保护单位周边环境的保护和治理，确保文物保护单位本体的安全和历史文化遗产价值的完整性，做到经济与历史文化遗产的和谐可持续发展。

（程书林　谢宾顺）

**【曲沃公布《曲村——天马遗址保护规划》】** 2006年3月9日，曲沃县人民政府向有关乡镇政府、村委会及相关单位下发通知，公布了曲村天马遗址的建设控制地带。曲村天马遗址位于曲沃县曲村、北赵、三张、天马四村之间。自发掘以来，闻名全国，为古晋国的研究提供了重要的翔实史料，为第4批全国重点文物保护单位。根据文物保护法的有关规定，在省、市、县三级文物部门的努力下组织编写了《曲村天马遗址保护规划》。经国家文物局批准，划定保护范围东西4060米、南北2500米，总面积832.23公顷，建设控制地带683.12公顷。通知还要求严格按照保护规划中的具体要求加强曲村一天马遗址的保护管理，在此区域内的一切工农业建设项目及村镇建设均应履行报批手续。

（程书林　谢宾顺）

**【王家大院“崇宁堡”建筑群修复完工对外开放】** 王家大院崇宁堡建筑群，位于灵石县静升村西部，创建于清雍正2年～6年（1724～1728），俗称西堡子。与高家崖、红门堡两组建筑群比肩相连，是静升王氏家族早期所拥有的“五堡”之一。

崇宁堡建筑群维修工程总投资3700万元，维修资金由民间筹集，是民间资本参与文物保护的典型范例。该工程于2004年5月动工，历时一年零4个月，共修复大小院落108座，房屋960间，修复面积达3500平方米。2006年，该建筑群已正式对外开放。修复后的崇宁堡内部建有我国著名版画家力群先生的“力群美术馆”，并且能够为游客提供吃、住、游、购、娱为一体的全方位服务，是晋中市文物旅游的又一颗璀璨的明珠。

（程书林　谢宾顺）

**【山西省文物保护工程汇报会在太原召开】** 2006年8月4日，全省文物保护工程汇报会在太原召开。会议向参会人员传达了全国文物保护工程预备会议精神，各市分管局长将各地近5年来文物保护维修工程、保护工程实施过程中存在的问题、经验及建议做了汇报。高可副局长在讲话中要求各市文物部门和文物维修设计、施工单位要进一步加强维修工程项目管理、质量管理和经费管理工作，加大人才培养、科学研究和施工队伍管理力度，努力做好文物维修保护工程。

（程书林　谢宾顺）

**【晋阳古城遗址保护专家研讨会在并召开】** 2006年7月18日，太原市文物局组织召开了晋阳古城遗址保护专家研讨会。会议邀请省文物局、社科院、地质工程勘察院、考古所、古建所和市规划局、园林局、土地局、旅游局、水务局、三晋文化研究会及山西大学旅游学院、太原师范大学、太原理工大学建筑学院等省市有关部门的专家学者，就晋阳古城遗址的保护、规划、展示等工作进行了研讨。与会人员为晋阳古城遗址的保护工作积极建言献策，从不同专业角度提出了很多新的理念和新的建议。会议认为，要立即制定晋阳古城遗址保护与开发的总体规划，制止建设性破坏，开展晋阳古城周围包括晋阳古城遗址范围内的环境整治活动，并开展对晋阳古城遗址保护的系列性宣传工作。会议建议太原市政府要有计划、按年度地为晋阳古城遗址保护工作设立项目和投入资金，同时还建议成立以市政府领导挂帅的晋阳古城遗址保护开发领导组。

（程书林　谢宾顺）

**【稷山县公布第2批县级重点文物保护单位及保护范围和建设控制地带】** 2006年8月18日，稷山县人民政府发出通知，公布了第2批119处县级重点文物保护单位及92处县级重点文物保护单位的保护范围和建设控制地带。此次共有古遗址17处、古墓葬7处、古建筑67处、历史纪念建筑物1处、单体文物27处被列入文物保护单位名录。经过一年多的努力，全县已有92处县级文物保护单位的保护范围和68处古建筑及历史建筑物的建设控制地带已划定。通知中，县政府还要求各乡镇人民政府、社区办、县直各单位在经济建设和旅游发展中要更加认真贯彻好“保护为主、抢救第一、合理利用、加强管理”的文物工作方针，正确处理好基本建设、社会发展与文物保护的关系，加强文物保护单位周边环境的保护和治理，确保文物保护单位本体的安全和历史文化遗产价值的完整性，做到经济与历史文化遗产的和谐可持续发展。

（程书林　谢宾顺）

**【孝义市公布第3批县级文物保护单位名录】** 2006年4月，为了进一步加强对不可移动文物的保护工作，孝义市文物局组织专业队伍，历时3个月，再次对全市不可移动文物进行普查、摸底。此次普查共走访了全市16个乡镇，146个自然村，复查地上不可移动文物190处，新发现5处元代古建筑。通过认真筛选、专家论证，确定了55处地上不可移动文物为第3批县级文物保护单位，经孝义市人民政府核定后进行了公布。此次共有45处古建筑、3座古墓葬、7处古民居被列入县级文物保护单位名录。

截至目前，孝义市有各级文物保护单位117处，其中国家级文物保护单位1处，省级文物保护单位4处，市级文物保护单位7处，县级文物保护单位105处。

（程书林　谢宾顺）

**【晋城青莲寺发现世界现存最早的密宗实物】** 2006年在国家级重点文物保护单位——晋城青莲寺出土了一件密宗文物

图为永济黄河铁牛、铁人 张文芳摄影

石刻，经我国著名佛教考古学权威罗昭教授考证证实，该石刻为世界上现存最早的密宗实物。密宗是中国佛教的宗派之一，与显宗相对应，属佛教修行的高级阶段，一度流行于北朝时期，唐代后期神秘消失，元代又有所再现。罗教授经过仔细研究后断定，这件密宗文物不仅比唐代法门寺的密宗实物早了150多年，而且早于古印度现存的密宗实物，是全世界迄今发现的最早密宗实物，具有很高的研究价值。

（程书林　谢宾顺）

**【山西省公布第2批历史文化名镇名村】** 2006年11月15日，省政府下发《关于公布山西省第2批历史文化名镇名村的通知》（以下简称《通知》），核定泽州县大阳镇等12个镇为第2批省级历史文化名镇，高平市原村乡良户村等29个村为第2批省级历史文化名村。截至目前，山西省共有省级历史文化名镇23个，省级历史文化名村48个。

《通知》指出，加强历史文化名镇名村的保护，是建立和完善山西省遗产保护体系的需要。搞好历史文化名镇名村的利用，对于促进山西省经济和社会的发展有着重要的作用。

《通知》要求，各级政府和有关行政管理部门，要严格按照《山西省人民政府关于加强历史文化名镇名村保护工作的意见》（晋政发〔2004〕38号）的有关规定，依法加强历史文化名镇名村保护规划的编制和实施工作，重视保护范围内建筑的维修保护，对重点保护建筑物实行挂牌保护。各级政府要列支专项保护资金，鼓励社会力量以多种投资方式参与名镇名村的保护，促进历史文化名镇名村的合理、永续利用。

山西省第2批历史文化名镇名村名单

1. 省级历史文化名镇（12个）

泽州县大阳镇　泽州县周村镇　泽州县高都镇

阳城县润城镇　阳城县町店镇　高平市米山镇

昔阳县大寨镇　永济市蒲州镇　万荣县荣河镇

运城市盐湖区解州镇　代县阳明堡镇　五台县台怀镇

2. 省级历史文化名村（29个）

高平市原村乡良户村

大同鼓楼

张文芳摄影

高平市河西镇苏庄村

泽州县晋庙铺镇天井关村

泽州县晋庙铺镇拦车村

泽州县大东沟镇东沟村

阳城县润城镇上庄村

阳城县北留镇尧沟村

阳城县凤城镇南安阳村

阳城县白桑乡洪上村

平遥县岳壁乡梁村

平遥县岳壁乡梁坡底村

平遥县岳壁乡西源祠村

平遥县段村镇段村

平遥县段村镇普洞村

平遥县卜宜乡梁家滩村

平遥县东泉镇彭坡头村

平遥县东泉镇东泉村

平遥县东泉镇西赵村

平遥县朱坑乡喜村

祁县贾令镇谷恋村

介休市龙凤镇南庄村

晋中市榆次区东赵乡后沟村

灵石县夏门镇夏村

临县碛口镇李家山村

临县碛口镇寨则山村

临县碛口镇高家坪村

临县三交镇孙家沟村

汾西县僧念镇师家沟村

大同县杜庄乡落阵营村

（程书林　谢宾顺）

**【全球遗产基金会与平遥携手促进古城的保护和开发】** 2006年随着平遥古城知名度的日益提升，古城的保护和发展愈来愈引起国际社会的高度关注。全球遗产基金会（GHF）与平遥县政府就共同促进古城的保护和开发利用正式达成合作协议。山西省副省长宋北杉、省文物局副局长高可、晋中市副市长李年善及全球遗产基金会执行主任杰夫·摩根出席了签约仪式。

全球遗产基金会是一家全球性的非盈利性文物保护组织，总部设在美国加利福尼亚州，其主要职责是保护全球面临威胁的世界遗产。杰夫·摩根在签约仪式上声明，平遥古城是全球遗产基金会在中国关注的优先目标，基金会愿尽力在文物和旅游等方面提供专业知识和资金支持。

2006年3月下旬，应全球遗产基金会的邀请，山西省文物局、平遥县政府分别派员赴美国、加拿大等地考察文物的保护与开发利用，期间与全球遗产基金会初步达成了由基金会援助124万美元用于平遥古城保护与开发的计划。

这次双方就平遥古城总体保护规划和平遥民居修缮与保护2个项目再次达成约定，项目投资总额分别为16万美元和400万元人民币，投资金额由双方共同承担，其中，全球遗产基金会将分别资助8万美元和200万元人民币，剩余资金由平遥县政府承担。项目从2007年开始实施，到2008年10月结束。

（程书林　谢宾顺）

**【大同市注重新农村建设中的文物保护工作】** 2006年，大同市政府向所属县、区转发了大同市文物局《关于在社会主义新农村建设中加强文物保护工作的意见》，要求各地结合本地、本部门的实际，认真落实社会主义新农村建设中的文物保护工作。

《意见》指出，在社会主义新农村建设工作中，一切国家机关、社会组织和公民个人都应按照《中华人民共和国文物保护法》、《山西省实施〈中华人民共和国文物保护法〉办法》和《国务院关于加强文化遗产保护的通知》的规定，认真履行保护文物的义务。

长治市审计局党组书记、局长：温秀成

# 长治市审计局

省委副书记金银焕，长治市委副书记、市长杜善学在该局检查指导工作

长治市审计局成立于1983年，现设9个业务科室（财政审计科、金融审计科、行政事业审计科、投资审计科、经贸审计科、农业审计科、外资审计科、社会保障审计科、经济责任审计科）、7个内部科室（办公室、人事教育科、法规科、纪检监察室、党总支、工会、妇委会）、1个分局（经济责任审计分局）、2个中心（固定资产投资审计中心、后勤服务中心）。截至目前，市局机关干部职工编制76个，在编干部职工67名。

近年来，长治市审计局以“三个代表”重要思想为指导，以科学发展观为统领，坚持审计为发展服务的方向，深入推进“人、法、技”建设，忠实履行审计监督职能，主要做法就是启动并实施了审计质量精品、勤政廉政预警、综合素质提升、“金审”、“高全强”党建5项工程。审计质量精品工程是核心，综合素质提升工程是根本，“金审”工程是效能，勤政廉政预警工程是关键，“高全强”党建工程是保证。五轮驱动，整体推进，实现了良性互动。

2001年以来，先后共获得各级各类荣耀奖项210次，其中国家级3次，省级80次，市级127次。其中：2002年连续第三次被国家人事部、审计署表彰为“全国审计机关先进集体”，2003年被中共山西省委依法治省领导组首批命名为全省依法治理示范单位，2004年被中纪委、中组部、监察部、人事部、审计署等五部委表彰为“全国经济责任审计工作先进地区”，连续第三次被评为省级文明单位，2005年被中央文明委表彰为“全国精神文明建设工作先进单位”，被省政府授予山西省“人民满意的公务员集体”，被省文明委授予“山西省文明单位标兵”，并被山西省劳动竞赛委员会荣记“精神文明战线集体一等功”，2006年被省委依法治省领导组授予“2001～2005年全省依法治理先进单位”，被中共山西省委组织部表彰为“先进基层党组织”，同年该局《对市煤炭运销公司所属郊区等六县区2004年度收益及分配情况的审计》被国家审计署评为“2005年度地方表彰审计项目”，2006年连续第十三次在全省综合考评中夺冠，2007年被山西省委、省政府表彰为“模范单位”。

全国精神文明建设工作

先进单位

中央精神文明建设指导委员会
二〇〇五年十月

# 山西省测绘局

2007年，山西测绘工作按照“夯实基础、构建特色、打造精品、当好先行”的总体要求，全力实施“三五一”工程，扎实推进五项基础工作。特别是《国务院关于加强测绘工作的意见》(以下简称《意见》)下发和党的十七大召开后，按照党的十七大精神和国务院《意见》的要求，研究“十一五”后三年和2008年的工作思路、赶超目标以及采取的举措，全力推进山西测绘事业新发展。

重点项目取得新突破。出色完成恒山、五台山主峰高程测量。测量五台山期间，测绘小分队成员经历了生死考验，出色完成任务。完成《山西高精度三维大地基准的建立及似大地水准面的确定》成果达到国际先进水平。与省文物局联合部署长城资源调查测绘工作。与国家测绘局、太原市政府签署《数字太原地理空间框架项目建设协议书》，联合举行仪式启动该项目。山西省重要地理信息数据统计分析、测绘成果档案存储和服务设施两大项目顺利实施。

服务保障取得新成绩。与省国土资源厅、交通厅、水利厅签订《关于加强地理信息数据共享与合作的协议书》，积极与有关厅局联系，推进基础地理信息共建共享。为社会提供各种地形图 6000 余张、各等级控制点1200余点，为建设、环保、森林防火等20多个部门和太原经济圈规划、市县经济社会发展提供数字化成果20000余幅。局直属单位为各级政府科学决策、重大工程建设等提供了大量卓有成效的保障服务，完成测绘产值和服务值4795万元，比2006年增长9.5%。

基础测绘取得新进展。全力落实“十一五”基础测绘项目经费。组织开展了阳泉测区二期1：10000基础测绘，原平、吕梁测区1：10000成果的出图和民国时期地形图数字化存档项目，各市基础测绘工作稳步推进。太原市建成新的独立坐标系统，晋中市第二期基础测绘项目顺利启动，忻州市完成“城区1：500地形图基础测绘及地籍测绘”数据建库、系统集成，阳泉市全面展示市县两级基础测绘。

科技创新取得新进步。引进国际先进的ADS40数字航空摄影系统，解决了空间地理信息数据快速获取问题。完成的《基于ADS40数字航空摄影测量生产体系的研究》达到国内领先和国际先进水平。

机构改革取得新突破。局机关增设离退休人员管理处，强化对离退休人员的管理和服务。省遥感中心、综合地理信息中心、质检站完成机构升格。将省测绘职工教育基地更改为省测绘宣传中心，科学整合宣传资源，加强测绘宣传。成立省测绘职业资格管理中心，初步完善测绘职业资格管理机制。

山西省国土资源厅副厅长、测绘局局长 牛来有

ADS航空摄影测量系统示范基地揭牌仪式

数字航空摄影测量生产体系的研究项目鉴定会

常务副省长薛延忠观看沙盘模型

五台山测绘

三维基准鉴定会

测绘工作建言献策讨论会

全省测绘工作会议

ADS40数字航空摄影测量系统技术交流会

**统一监管取得新发展。**继续推行行政执法责任制，规范执法行为。完成测绘行政法规、规章和规范性文件清理工作。会同省保密局完成《外国组织或者个人来晋测绘管理实施细则》的起草工作。创新思路开展国家版图意识宣传教育，大张旗鼓开展测绘法宣传日活动。坚持实施测绘资质审查和测绘作业证件制度，开展了全省测绘质量专项检查，组织召开山西省测量标志管理工作经验交流沁水现场会议，全面推广沁水县在管理和维护测量标志方面的经验。项目登记、成果汇交等工作逐步走向规范。

**和谐文明建设取得新成果。**开展创建和谐测绘行业调研，扎实推进“文明和谐单位”创建活动。省局机关进入省直和谐文明单位标兵，7个直属单位进入省直文明单位。省基础地理信息院进入省级和谐文明单位，省工程测绘院三分院获“五一劳动奖状”。秦炎平获“山西省劳动模范”荣誉称号，曾波、李峰、杨瑞彬、贾建朝获“五一劳动奖章”，司强等6人荣立一等功。

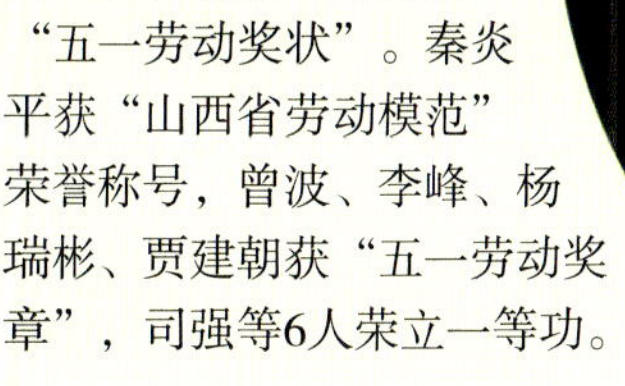

# 长治市园林管理局

长治湿地

长治市园林管理局是市政府直属的城市园林绿化行政主管部门，主要职能是负责对市区城市园林绿地、城市湿地的规划与管理、对城市绿化三项指标的控制和各县、市区的园林绿化指导工作。该局是2006年12月批准成立的一个新单位，局机关内设6个科室，下属1个副处级全额事业单位和9个正科级差补事业单位，现有职工980人。

近几年来，在市委、市政府的正确领导下，大力实施“黄土不见天”、拆墙透绿、沿路绿化、租地造绿四大绿化工程，同时动员全民参与，连续几年开展城市绿化，取得显著成绩。2003年，被国家建设部评为“全国园林绿化先进城市”，2004年，被省政府评为“城市绿化年优秀城市”和“山西省园林城市”。2006年元月，被国家建设部正式命名为“国家园林城市”。这是迄今为止该市园林绿化方面获得的最高荣誉。获得国家园林城市后，长治市园林局以巩固国家园林城市成果、提升城市园林绿化水平为重点，继续推进园林绿化工作。2007年，提出并确立“生态、精品、效益、魅力”工作理念，抓重点、建精品，先后完成了太长连接线和机场路两项绿化重点工程，同时对市内主干道绿化进行了提位升档。以市区6个主要出入口为重点，完成义务植树28.4万株，并且由该局牵头完成了北关桥游园拆迁工作。到2007年底，市区新增绿化面积67.99万平方米（其中建成区增加45.3万平方米，规划区增加22.69万平方米），完成年计划（46万平方米）的147.8%，建成区绿化覆盖面积达到2074.74万平方米，绿化覆盖率达到 45.8%，比上年净增1个百分点；绿地面积达到1934.31万平方米，绿地率达到42.7%，人均公共绿地面积达到11.6平方米，人均公共绿地面积比上年增加0.5平方米。

长治市园林局局长、党组书记 樊志新

省长孟学农视察长治园林工作

八一广场

《意见》要求，在制订村镇规划和实施农村人居环境治理工作中，必须坚持人与历史文化环境和谐、协调发展，保持和发扬民族特色、地方特色和乡村特色；对有历史文化价值的古村落、古民居和近现代重要史迹的保护，保持其应有的历史文化特点和完整性。在文物保护单位的保护范围和建控地带内进行工程建设，应按文物保护法等有法律、法规的规定，履行工程报批手续。对古建筑、古民居维修应当按照“修旧如旧”和不改变原有信息的真实性的原则进行修缮，不得随意拆旧补新或损毁、改建、添建、拆除。在工程建设或生产中，发现文物或古墓葬时应当保护现场，立即向当地文物行政部门报告，不得哄抢、私分、藏匿文物。各县、区政府应当根据史料、资料等划定并公布本行政区内的地下文物保护区。

《意见》强调，保护好文物是各级政府和全社会义不容辞的责任，在社会主义新农村建设中，要把文物保护作为精神文明建设和普法教育的重要内容，加大宣传教育力度，真正形成保护文物光荣、破坏文物可耻的良好氛围。

省文物局充分肯定了大同市政府这一做法，并向全省文物部门转发了该意见。要求各市文物局要高度重视社会主义新农村建设中的文物保护工作，切实加强组织领导，有针对性地编制切合实际的保护规划和利用方案，科学合理地保护好历史文化遗存。并要求结合全国第3次文物普查工作，认真做好本辖区内古民居、古村落等历史文化遗存的登记、造册、建档工作。还要求各级明确任务，落实责任，确保文保单位和文物建筑的安全。

（程书林　谢宾顺）

**【山西博物院的功能】** 山西博物院的建成开放，受到国内外观众的一致好评，在社会上引起强烈反响。一年来，政治局常委、国家副主席曾庆红，原政治局常委、国务院副总理李岚清，原政治局常委宋平，全国政协副主席刘延东等党和国家领导人以及中央17个有关部委的领导参观了博物院。山西博物院已成为山西省重要的窗口。2006年4月，国家文物局局长单霁翔在视察了山西博物院后，对博物院的陈展等项工作给予了充分肯定，并就如何发挥好山西博物院社会教育功能等问题专门给张宝顺书记写了信。这是建国以来国家文物局主要领导第一次就山西省的文博工作给省委主要领导写的信。2006年，山西博物院又完善了办公自动化和信息网络系统，开通了山西博物院网站，完成了山西博物院图书馆建设，20万册图书完成了搬迁、整理、上架工作，由老馆进入博物院新库房的文物搬迁工作也全部顺利完成。10月，国家文物局专门在太原召开了“全国博物馆建设与发展座谈会”，向全国推广了山西博物院的经验。与会代表对博物院的陈列展览、建筑风格及多项创新，给予了高度评价。

（程书林　谢宾顺）

**【山西全省博物馆建设与发展形势喜人】** 2006年，八路军太行纪念馆扩建改陈工程完成扫尾工作，全部竣工。转型期间的山西省民俗博物馆，完成了主题陈列《千秋孔子》展的内容设计和形式设计，展览制作工作接近尾声。山西省艺术博物馆，对主题陈列大纲进行了论证修改，并完成了陈列布展，2007年元月9日已正式对外开放。在各市文物部门的努力下，市、县博物馆建设也形势喜人。阳泉市投资1亿元、集博物馆、图书馆、展览馆于一体的3馆主体建筑已经完成，博物馆布展工作正在筹划中。运城市黄河文化博物馆建设项目可行性研究报告已通过评审。太原、晋中、忻州市博物馆建设项目已经启动，列入了市委、市政府重要议事日程。榆社县化石博物馆扩建改陈工程全面完工，已向社会开放。由省局补助的永济、襄垣、安泽、柳林、宁武5座县级文物库房全部竣工。

（程书林　谢宾顺）

山西省博物院

张文芳摄影

**【运城“黄河文化博物馆”建设项目通过省级评审】** 2006年1月17日，运城“黄河文化博物馆”建设项目可行性研究报告专家评审会在太原顺利召开。会议由省发改委主持，省文化厅、文物局、旅游局等省直相关部门和运城市发改委、市文物局参加了会议。

参会专家一致认为，运城是中华文明五千年根祖文化发源地，是全省、乃至全国的文物大市，建设“黄河文化博物馆”不仅是提升城市文化品位的需要，而且还是挖掘华夏根祖文化、拯救和保护珍贵文化遗产的需要。对运城市委、市政府建设“黄河文化博物馆”这一举措给予充分肯定。同时对项目建设提出了一些建设性意见。省发改委副主任侯殿龙在会上做了重要讲话，对运城“黄河文化博物馆”项目可研报告之中涉及的项目建设重要性、建设规模、资金筹措、优化设计等5个方面提出了科学的修改意见。要求项目可研编制单位要广泛采纳专家们的合理意见，抓紧修改完善；项目建设单位要抓紧前期准备工作，积极组织实施。

（程书林　谢宾顺）

**【临汾市召开博物馆筹建工作会议】** 2006年1月19日上午，在临汾市委常委会议室，市委副书记张克强主持召开临汾市博物馆筹建工作会议，市人大常委会副主任刘玉和、市政协副主席成继东及市文物局局长阎国庆等有关人员参加了会议。

会议首先听取了市文物局关于近期博物馆的筹建情况汇报，并就这项工程当前急需解决的土地征用、房屋拆迁、规划设计、资金落实等问题，进行了认真研究。张克强在讲话中指出，这项工程是文化强市的重要工程，也将成为临汾的标志性建筑。张克强对筹备工作提出了严格要求：一是要进一步统一认识，增强信心，积极主动地克服困难，解决和处理好工程建设过程中遇到的突出问题，切实加快工程前期准备工作，确保工程尽早开工；二是按照市委、市政府的要求，切实解决土地征用、房屋拆迁等突出问题，为工程建设顺利开工奠定基础；三是要多渠道筹集资金，在积极争取国家、省、市项目建设投资的基础上，进一步解放思想，更新观念，积极采取银行信贷和固定资产处置等措施，树立负债经营的思想，确保资金及时到位；四是要超前设计。这项工程不但要在外观、功能、设施和设备上超前，而且在安全防范、防震、防洪、防火等方面必须聘请专家经过严格的科学论证；五是要加强领导，一把手要亲自抓，负总责，要组织专门力量聘请工程建设技术顾问，严把质量关，坚决杜绝“豆腐渣工程”；同时要在内部建立有效的工程建设监管机制，本着对工程、对自己、对干部负责的态度，有效防止腐败行为的发生，确保工程顺利进行。（程书林　谢宾顺）

**【沁县扩建山西青年决死队纪念馆】** 沁县自2005年创建山西青年决死队纪念馆后，2006年再次在中央、省、市的大力支持下，全力扩建山西青年决死队纪念馆。

60年前，老一辈无产阶级革命家薄一波率领的山西青年抗敌决死队协同八路军对日作战，以沁县为军事要塞指挥华北抗战，从而使抗日烽火燃遍全国。2005年，在纪念抗战胜利60周年之际，沁县及时作出了依托红色资源，唱响旅游大戏的战略设想，以决死队在沁县生活、战斗经历为主线，开发决死队纪念地，建立山西青年决死队纪念馆。经过4个月的不懈努力，纪念馆于2005年9月1日隆重开馆，短短4个多月接待参观人数2万多人次。2006年以来，沁县及时调整思路，再次作出决策，配套开发部分决死队活动旧址，对南沟村山西第3行政专员公署、上党牺盟会中心区旧址、仁胜村决死一纵队总部旧址、西林村“西林整军”旧址、灯杆角决死队总部旧址、松村太岳区党委、军区旧址，郭村上党银号旧址等处革命旧址和纪念地进行维修保护，形成与纪念馆配套的红色旅游景点。（程书林　谢宾顺）

**【平遥日昇昌票号博物馆陈展工作顺利完成】** 2006年4月30日，平遥日昇昌票号博物馆重新陈展工程顺利完成，并正式对外开放。重新陈展后的日昇昌票号博物馆，配备了触摸屏、液晶电视等先进设备，并以珍贵充实的资料展示出包括山西票号百余年的风雨历程，反映了山西票号业从产生、发展、鼎盛到衰败的历史全过程，以及票号业中各帮派的情况，票号组织与管理情况，票号名人轶事，票号业成功之道等多方面的内容。其新颖的陈展形式，生动、翔实的陈展内容得到了游客的认可和好评。（程书林　谢宾顺）

**【榆社县举行文峰塔维修暨化石博物馆改造竣工剪彩仪式】** 2006年10月17日，榆社县文峰塔维修、化石博物馆改造等6项重点工程竣工典礼在新落成的文峰园举行。省文物局副局长高可、文物处处长董养忠、省文物技术中心主任樊林宝、晋中市人大副主任张鼎仁、副市长李年善、市政协副主席申守中、市文物局局长李文艺、副局长晋华等有关领导出席剪彩仪式。剪彩仪式由榆社县委常委、纪检书记任五刚主持。副市长李年善作了重要讲话，李年善指出，文峰园的落成和化石博物馆的改造是榆社的文化标志，是榆社的历史写照，更是榆社人开拓进取的精神标志。李年善要求文博单位要加强管理，丰富藏品，努力发挥博物馆“三贴近”的服务职能，继续为榆社今后的发展增光添彩。（程书林　谢宾顺）

**【晋绥边区革命纪念馆红色旅游景区建设项目选址初步确定】** 2006年11月7日上午，吕梁市文物旅游局局长贺兴国带领有关人员组成考察组到晋绥边区革命纪念馆，对该馆红色旅游景区新建项目选址事宜进行现场办公。兴县文物旅游局局长李刚、晋绥边区革命纪念馆馆长康喜平、书记贺巨明等陪同办公。

考察组在对该馆周围进行实地踏勘后，本着项目选址既要与现有纪念馆融为一体，又要有发展前景；既要与兴县新城建设规划相结合，又要与蔡家崖乡发展规划相结合的原则，经过认真讨论权衡，确定蔡家崖乡卫生院所在地为新馆址。

晋绥边区革命纪念馆是全国100个红色旅游经典景区之一。该馆红色旅游景区建设项目由省发改委立项，总投资1826万元，其中国债资金1100万元，地方配套726万元。（程书林　谢宾顺）

**【全省博物馆社会功能日益增强】** 2006年，全省各级各类博物馆、纪念馆认真贯彻中央和国务院有关精神，坚持“三贴近”原则，发挥了较好的社会教育功能。山西博物院与省邮政局共同举办了“光辉历程——纪念中国共产党成立85周年全国邮展”，收到了较好的社会效益和经济效益。扩建后的八路军太行纪念馆发挥自身优势，发展红色旅游，受到观众好评，前不久被国家有关部门评为“2006年中国红色旅游十大景区”。红军东征纪念馆在红军长征胜利70周年之机，举办了红军东征胜利70周年纪念大会，大力宣传长征精神，收到较好的社会效果。据统计，一年来，全省各级各类博物馆、纪念馆举办各种展览70余次；全省对外开放的470余处文博单位全年接待观众达2956万人次，仅门票收入一项就达3.4亿元，比2005年提高20%，为促进和带动当地经济社会的和谐发展做出了积极贡献。

（程书林　谢宾顺）

**【山西省“5·18国际博物馆日”宣传活动丰富多彩】** 2006年，5月18日，省文物局“5·18国际博物馆日”宣传活动主题大会在八路军太行纪念馆举行，当地1600余名中小学生及省、市、县200余名文物工作者参加了大会。大会为围绕主题活动展开的征文、摄影、绘画大赛获奖学生颁了奖；还举行了文艺演出和长治地区文物工作新成果的展览。

在“5·18国际博物馆日”前夕，山西博物院与《山西晚报》联合举办了“5·18国际博物馆日文博知识竞赛”活动；5月18日，博物院邀请民间皮影艺术家于在“戏曲故乡”展厅的皮影戏台内，为观众现场表演了皮影戏；邀请剪纸艺术家为观众现场表演剪纸艺术，免费赠送给青少年朋友和观众。

全省各级博物馆还借助于现代媒体广泛宣传。省博物院5月18日在《山西晚报》副刊出专版宣传；大同市博物馆5月16日～18日利用红旗广场大型电子屏幕宣传介绍市博物馆的陈列展览和“5·18国际博物馆日”的相关知识。全省其他博物馆也纷纷采取免费开放、散发宣传材料、举办专题展览、举办知识问答等形式开展了活动。（程书林　谢宾顺）

**【红军东征纪念馆举办系列活动庆祝红军东征胜利70周年】** 2006年是红军东征胜利70周年。5月10日上午9时，由中共吕梁市委、市政府、省文物局、吕梁军分区联合举办的纪念红军东征胜利70周年大会在石楼县红军东征纪念馆隆重召开。省委宣传部部务委员王拉英、省文物局副局长刘正辉、吕梁市委副书记栾继由、市委宣传部长朱锦平、吕梁军分区政委曾广超等领导出席大会并讲话。当地各界群众、老同志代表及近千名中小学生参加了纪念大会。会上中小学生和文艺工作者以“弘扬东征精神，继承革命传统”为主题表演了文艺节目。整个大会主题庄重，气氛热烈。

大会结束后，省文物局在红军东征纪念馆举办了纪念红军东征胜利70周年暨开馆10周年座谈会。省、市、县3级领导以及红军东征研究协会领导、中小学学生辅导员等30余人出席座谈会。与会者就红军东征的历史和重要意义、红军东征纪念馆开馆10年来在宣传展示和社会服务方面取得的成绩以及未来的发展方向等进行了广泛的研讨。

为搞好这次纪念活动，红军东征纪念馆对基本陈列《红军东征简史》做了进一步充实完善；出版了全面反映红军东征光辉历程的纪念画册《东征史画》。

（程书林　谢宾顺）

**【纪念吕祖诞辰大会隆重举行】**　2006年5月15日，由中国道教协会、运城市人民政府牵头主办的中国芮城吕祖诞辰1208年大会在芮城县永乐广场隆重举行。全国政协常委、中国道教协会会长任法融，省政协副主席薛荣哲，国家宗教局外事司司长郭伟，省委统战部副部长、省民委主任、省宗教局局长武锦福，运城市的主要领导张茂才、高卫东等出席会议。台湾省、香港特区的道教团成员500余名和全国22家省级道协代表与晋陕豫3省上万名群众参加了大会。

高卫东、任法融、高忠信、汤伟奇等在法会上致词。各界来宾向吕祖像敬献花篮，芮城纯阳观、永乐宫将一把九尺“纯阳神剑”赠送给中国道教协会。随后举行了纪念吕祖诞辰1208年祈福大法会。各地来宾盛装参加。

吕洞宾出生于芮城县永乐镇招贤里村，宋、金以来被道学各派尊为祖师。吕祖一生乐善好施，惩恶扬善，豁达超然，淡泊名利，静心修身，潜研医术，广行仁爱，弘扬道德，是著名的道学家、医学家、养生家和丹经诗人。

道教文化是博大精深的中华历史文化的重要组成部分，由于吕洞宾生于芮城，道教及道教文化在这里曾盛极一时。唐朝末年，乡邻在洞宾故居建吕公祠，宋代改祠为观。元朝初年，元太宗旨令“升观为宫”，修建“大纯阳万寿宫”，俗称永乐宫，迄今已有700年历史。永乐宫是我国现存最大的道教宫观之一和目前保存最为完整的元代建筑，宫内保存着闻名海内外、已列入世界文化遗产预备名单的元代壁画。

（程书林　谢宾顺）

**【全国博物馆建设与发展座谈会在太原举行】**　2006年10月29日～30日，全国博物馆建设与发展座谈会在太原晋祠宾馆举行。本次会议是为了总结改革开放以来我国博物馆的建设经验，分析研究当前博物馆建设的现状、问题和形势，适应“十一五”期间博物馆建设与发展的需要而召开的。国家文物局局长单霁翔出席会议并作了题为《把握机遇科学管理全面推进博物馆的建设与发展》的重要讲话。省人大常委会副主任谢克昌代表省人大常委会、省人民政府向大会致辞祝贺，省文物局副局长高可代表省文物局向大会致辞祝贺。国家文物局副局长张柏、省人民政府副秘书长王洪歧等出席了座谈会。国家文物局有关司室领导，全国“九五”以来完成工程建设的博物馆、正在建设和拟建的博物馆以及国家文物局直属博物馆的馆长，部分省文物局负责同志，中国博物馆协会、中国自然科学博物馆协会的代表共52人参加了座谈会。

单霁翔的讲话分“九五以来博物馆建设与发展实践回顾”、“科学管理博物馆建设与发展的重要性和必要性”、“博物馆建设与发展应处理和把握好的若干原则”、“‘十一五’期间博物馆建设与发展的几点建议和希望”4个部分，重点强调了科学管理在博物馆建设与发展中的重要性和必要性以及博物馆建设与发展应处理和把握好的几个原则。单霁翔指出，博物馆的立项选址、功能定位、造型体量、设计施工，特别是建成后的运营发展，涉及多门学科、多种行业，是一项艰巨复杂的系统工程。因此必须树立和强化管理意识，不断提高管理的科学性和有效性；坚持服务社会的理念，协调好博物馆布局与资源、规模与功能、建设与发展的关系，努力提高系统内外、行业内外、馆内外各方面的积极性，把各种力量和资源集中到博物馆建设上来。

座谈会上，首都博物馆、中国重庆三峡博物馆、湖南省博物馆和山西博物院的代表分别作了典型发言，6家博物馆进行了经验交流。座谈会结束时，国家文物局张柏副局长从加强博物馆建设工程的管理和提升博物馆展示服务水平方面进行了总结，对如何落实好会议精神进行了安排。

（程书林　谢宾顺）

**【文物安全保护工作】**　2006年，全省文物安全工作继续以实施“金铠甲”达标活动为主线，坚持防范为主、打防并举的工作思路，注重建设，强化管理，文物安全形势有了明显好转。全年发生文物案件4起，是近10年来最少的一年。一是深入推进“金铠甲”达标活动。各市文物行政部门按照达标活动的总体要求，结合实际，有的建立了防盗监控系统，有的修建了消防水池，有的购置了手抬自动泵，多数单位安装或修复了红外报警器，并与当地110指挥中心联网，改善了未达标单位的硬件设施。平遥县对古城进行了消防改造。应县木塔、太原崇善寺打通了多年未能解决的消防通道，消防站已经建成。全省文物安全基础设施建设有了新的进展。2006年，完成了13处重点文物保护单位和博物馆的消防、技防工程，审核了21处重点文物保护单位和博物馆的消防、技防工程的设计方案。新增“金铠甲”达标单位77处，52处连续3年达标，达标总数达到201处，有效地保证了文物的安全。二是探索文物安全的长效机制。在实施“四级责任制”的基础上，2005年，吕梁、忻州、临汾、运城等市又实行了文物安全“双四级责任制”，即市政府、县政府、乡镇政府和村委会（或土地承包人）四级层层签订责任书；市文物局、县文物局、文管所和文博单位（或文保员）层层签订责任书。“双四级责任制”为文物安全设置了双保险，为建立文物安全的长效机制走出了新路。2006年，临汾、运城、晋中、太原、大同、阳泉等市，成立了市文物局安全工作领导组，一把手担任组长。晋中、临汾市人民政府将文物安全纳入各级政府全年考核的重要指标，实行一票否决。大同市文物局报请市政府批准了《在重点文物保护单位设置烟花爆竹禁放区的规定》，清徐县人民政府制定了《文物保护单位消防管理规定》，在组织领导、管理制度等方面为文物安全提供了保障。三是加强了督促检查工作。为加强全省文物建筑的消防安全检查，2005年，省局下发了《集中开展文物建筑火灾隐患普查整治工作方案》。8月～10月，省局用了两个多月时间，组织对全省11个市、56个县（市、区）、179个文博单位进行了安全检查。通过检查，指出了存在问题，提出了整改意见，下达了安全隐患通知书，堵塞了漏洞，排除了隐患，有力地促进了全省文物安全防范工作。

（程书林　谢宾顺）

**【武乡县警方破获明代双狮被盗案】** 2006年3月3日，数千名武乡县群众齐集宝塔休闲广场，喜迎被盗的双狮从千里之外回归故里。中午12时，披红挂彩的明代双狮在数十辆警车及公安人员的护卫下，重新安放原位。

2005年12月24日晚，武乡县委大门前两尊石狮被盗。相传这两尊石狮造于明代，迄今已有300多年的历史，十分珍贵。时值年末岁尾，武乡警方接到报案后，立即投入大量警力组成专案组展开侦破，近两个月时间来专案组民警，远涉晋、冀、豫3省，行程万余公里，最终于2006年2月28日将犯罪嫌疑人李某抓获，一对石狮也完璧归赵。

据公安机关侦查，2005年12月24日，经过事先踩点，李某等8名犯罪嫌疑人携带篷布、铁棍等作案工具，驾驶农用工具车从河北窜至武乡，在夜深人静时将两尊石狮盗离现场后迅速逃离。次日下午，他们把石狮拉到徐水县北高乔村，并以3.3万元销赃。目前，此案正在进一步审理中。（程书林　谢宾顺）

**【文物科技保护工作】** 为加强山西省的文物科技保护工作，2005年，省局起草了《山西省加强文物保护科技工作意见》(草案)，提出了全省文物科技保护工作的指导思想和攻关项目。太原市文物研究所与敦煌研究院合作完成的介休后土庙彩塑科技方案，已获国家文物局批准并开始实施。2005年5月，省博物院承办了"2006中国博物馆陈列艺术论坛"，全国100多位专家参加了研讨。10月，省考古所举办了"纪念侯马工作站建站50周年学术研讨会"和"纪念西阴遗址发掘80周年学术研讨会"，来自全国各地的知名专家和学者参加了学术交流。省考古所与国家博物馆合作对山西汾河下游和滹沱河上游区域进行了调查，建立了两个区域考古学文化谱系和一套完整的数据库，为今后大遗址保护规划和考古学研究提供了可靠的基础资料。（程书林　谢宾顺）

**【文物信息化建设取得阶段性成果】** 2006年省文物资料信息中心与北京太极华青有限公司合作研发的《山西馆藏文物数据管理系统软件》、《山西馆藏文物数据采集软件》，经过实际应用修改后，其结构、功能、使用已经成熟，经专家评审通过验收。文物建筑信息采集软件的结构框架及功能编制已基本完成，目前进入测试修改阶段。（程书林　谢宾顺）

**【学术研究成绩】** 2006年全省的文物科研工作也取得可喜成绩。省考古所、省文物技术中心、长治博物馆的专家学者分别承担的国家文物局科研课题，已全部完成。《山西文物资源的经济价值研究》课题已基本完成。编辑印制了《山西重点文物保护单位》、《山西文物建筑保护五十年》两本图书。完成了《北齐东安王娄睿墓》和《灵石旌介商墓》两个考古报告。完成了《山西省考古学会论文集》、《三晋考古》、《华夏文明论集》3部论文集。出版了《龙现中国——陶寺考古与华夏文明之根》、《岁月遗珠——20世纪山西考古重大发现的文化解读》等个人专著。380万字的《中国文物地图集·山西卷》于2005年10月底通过总编委终审，已正式付印。据不完全统计，一年中，全省文物工作者在国家级刊物发表论文21篇，在省部级刊物发表论文110篇。全省文物系统又有4人被国家文物局高评委评定为正高职称。（程书林　谢宾顺）

**【纪念西阴遗址发掘80周年学术研讨会在夏县召开】** 2006年为了隆重纪念西阴遗址发掘80周年暨李济先生诞辰110周年，有效推动晋南地区早期文明研究，10月15日～17日，由省文物局、运城市人民政府主办，省考古研究所、运城市文物局承办的纪念西阴遗址发掘80周年学术研讨会在夏县召开。著名考古学家黄景略、张忠培、严文明，李济先生之子李光谟，北大考古文博学院院长赵辉、中国社科院考古研究所所长王巍、山西博物院院长石金鸣以及40余位国内外知名专家学者参加了研讨会。李济先生之子李光谟出席大会并赠送《李济文集》一书。国家文物局向大会发来贺信，预祝研讨会顺利召开。

西阴遗址位于山西夏县，面积约30万平方米，是山西省境内一处重要的新石器时代遗址。1926年10月15日～12月初，李济、袁复礼两位考古学家对西阴遗址进行了首次发掘，这是中国考古学者首次独立主持的田野考古工作，在中国考古学发展史上具有重要的里程碑意义。2006年10月15日上午，由省文物局和运城市人民政府举行"西阴遗址发掘80周年纪念碑"揭碑仪式，省文物局副局长宁立新参加并与学者们共同考察了西阴遗址。

17日专题研讨将大会推向了高潮。著名考古学家、北京大学教授严文明先生用"三个第一次"概括总结了西阴遗址发掘在中国考古学发展史上的重要地位。即第一次由中国学者主持田野考古工作；第一次有计划地用探方发掘；第一次用三维坐标采集重要遗物。严文明还充分肯定了这份发掘报告敢于对当时非常盛行的彩陶"西来说"提出质疑，并及时进行了形态分类统计和描述，是探索如何进行类型学研究的先驱等等。中国社科院考古研究所所长王巍指出，仰韶、西阴、殷墟和周口店的发掘都属于中国考古学的开山之作，其发掘、整理方法都具有奠基作用。西阴遗址发掘首次揭示了独具特色的考古学文化面貌，即后来学界所重视的仰韶文化庙底沟类型(或曰西阴文化)，以这批遗存为代表的考古学文化，具有强烈扩张的态势，影响范围之广，远远超过了黄河中游，而且恰恰是后来华夏文明的分布范围。

研讨会还汇集了一批关注中国文明起源研究的中青年学者，他们试图对晋南的考古资料进行解析，探索晋南和豫西、关中仰韶文化的命名、分期和相互关联的问题。会上大家针对"西阴纹"彩陶、晋南诸盆地的聚落形态、陶寺文化、早期铜器、早期玉器及墓葬等课题，进行了精彩的辩论。而晋南地区近年通过芮城清凉寺墓地、襄汾陶寺、翼城枣园、垣曲东关、宁家坡等一大批遗址的发掘整理，逐渐揭露出史前文化的区域文化面貌，与会学者对此表示强烈关注。

研讨会闭幕之际，张忠培教授对山西考古工作取得的成绩给予了肯定，并对考古人才队伍建设、考古发掘报告编写以及考古课题意识等方面提出了许多指导性的意见，同时对晋南地区文物保护问题提出了建议。（程书林　谢宾顺）

**【省考古所侯马工作站举行建站50周年庆典】** 2006年10月10日～12日，山西省考古研究所侯马工作站建站50周年庆典在侯马隆重举行。谢辰生、黄景略、李伯谦、张彦煌、彭适凡等来自全国各地、历年参加过侯马考古工作的老专家，以及从事商周时期考古和青铜器、古文字、玉器、冶金、科技考古等方面研究的中青年学者共计120余人参加了庆典活动。国家文物局文保司副司长关强及北京、河北、山东、内蒙、陕西、上海等省考古研究所的代表，省部分地市文博单位的代表到会祝贺。

山西省考古研究所侯马工作站成立于1956年，最初是为配合平阳机械厂建设开展考古工作而设立。成立以来，先后组织发掘了包括侯马铸铜遗址、盟誓遗址、祭祀遗址、乔村墓地、上马墓地及晋南地区数十项重要考古发现。从晋都新田遗址的确认到1985、1994年两次影响深远的晋文化学术研讨会，侯马站以及晋文化考古研究都取得了不菲的成绩。

作为全国文物系统最早的考古工作站之一，侯马站培养和造就了一批经验丰富的考古专家。黄景略先生代表老专家们对侯马站建站50年来取得的辉煌成绩给予了充分肯定，对在侯马考古工作中作出杰出贡献的老专家们表达了深深的敬意。黄景略呼吁新一代考古人要继承和发扬过去艰苦奋斗、严谨求实的老传统，继续关注侯马晋国遗址的发掘、整理和研究。之后专家们围绕山西、晋南乃至侯马地区的“两周”时期考古发现，在铜器铸造、纹饰、铭文、工艺，玉器、盟书、晋文化、墓葬形制以及新近的考古成果方面展开研究讨论，如针对横水墓地不见于文献记载的倗国、荒帷、乐器的考证，针对甲骨卜辞、侯马盟书、晋和吴越青铜铭文的比较，晋国和郑国铸铜技术的比较，其他地区“两周”时期考古情况的交流，这些交流讨论对开拓晋文化视野有很大的帮助。

会议期间，专家们参观考察了横水西周墓地发掘现场、北赵晋侯墓地一号车马坑考古现场以及近年新出土的珍贵文物。

（程书林　谢宾顺）

**【省直文明办对局机关开展文明单位创建工作进行验收】**　2006年8月18日，省直文明办对省文物局机关开展文明单位创建工作进行了检查验收。省直文明办检查组一行3人对局机关文明单位创建活动进行了全面的检查验收。一是听取了党组书记、局长兼局机关精神文明建设领导组组长施联秀同志关于局机关开展文明单位创建活动的情况汇报；二是现场抽查了局机关部分处（室）的环境卫生，巡视了省考古所、省文物勘测中心、机关前后院、局直属机关党委、荣誉室、活动室、资料室和后勤服务中心及交安委等95%以上的处(室)，并重点检查了文明单位创建活动综合档案；三是与机关处级干部代表、一般干部代表、工勤人员代表共7人进行了集体座谈，详细询问和了解了机关干部职工对创建工作的认识和意见。四是省直工委副书记、检查组组长程跃钢同志，代表检查组就这次检查验收的总体情况与局党组和局机关精神文明建设有关同志交换了意见。还对我局的精神文明创建工作提出了几点建议。

施联秀局长在听取了检查组的反馈意见后表示：省文明办的检查验收是对局机关文明单位创建活动的促进和鞭策。下一步主要是做好3项工作：一是继续发扬过去的好作风，在抓持之以恒和保持提高上下工夫；二是动员全局系统开展精神文明创建活动，启动全局系统文明单位创建活动；三是对局直属单位的精神文明创建活动，由机关党委牵头，通过调研，提出具体的规划方案，提请党组讨论。力争用3年左右时间，使具备创建条件的局直属单位分级分批达标，成为文明单位。通过全局上下的共同努力，让精神文明创建活动在局系统内部形成影响、形成氛围、形成干部职工日常生活和工作中的自觉意识，切实为广大干部职工营造一种有益于身心健康、有益于和谐共事、有益于事业发展的宽松环境。（程书林　谢宾顺）

**【省文物局召开传达学习省第九次党代会精神会议】**　2006年11月7日下午，省文物局召开全体干部职工大会，传达学习省第九次党代会精神，局机关全体公务员、直属单位领导班子成员参加了会议。局党组书记、局长施联秀在会上作了重要讲话。

会上首先由党组副书记、副局长高可和纪检组长张茂英传达了党代会精神。随后施联秀局长作重要讲话指出，省第九次党代会是在山西省改革发展进入关键时期召开的一次意义重大、影响深远的大会，是省委站在新的历史起点，动员和激励全省人民为推进山西新发展而召开的一次团结鼓劲的大会。深入学习大会精神，坚决贯彻大会部署，进一步把思想和行动统一到大会的要求上来，是摆在全省文博系统干部职工面前的一件大事。

最后，施联秀对全体参会人员提出了要求，作为领导干部要在其位有所为，坚持从大局出发，以人为本，致力求真务实，以高尚的精神境界和优良的从政品质创造性地开展工作。作为一般干部也要对自己提高要求，认认真真做人，踏踏实实做事。当前和今后一段时期内，全省文博工作者要切实增强学习贯彻省党代会精神的自觉性和主动性，坚持文物保护工作的基本方针，主动服务于全省经济社会发展的大局，努力为山西省文物保护事业的再发展，为构建和谐稳定、山川秀美的新山西做出更大的贡献。

（程书林　谢宾顺）

**【省文物局召开局机关文明单位授牌仪式暨创建文明单位动员会议】**　2006年12月5日上午，省文物局召开机关文明单位授牌仪式暨创建文明单位动员大会。会议由局党组副书记、副局长高可主持。局机关全体干部职工、局直属各单位领导班子成员和山西博物院部门正职参加了会议。局党组书记、局长施联秀在会上作了动员讲话。省直机关工委副书记、省直文明委常务副主任阎登山出席会议并作了重要讲话。

会上，省直工委宣传部副部长、省直文明委副主任车进东宣读了省直文明委《关于授予省文物局省直文明单位的决定》。省直机关工委副书记、省直文明委常务副主任阎登山和施联秀局长共同为局机关文明单位揭了牌。施联秀对局直属单位今后如何开展文明单位创建工作进行了动员部署。阎登山常务副主任对局机关下一步的创建工作提出了要求和希望。

施联秀指出，开展文明单位的创建活动，是进一步加强思想道德建设，规范文明行为，改进工作作风，提高队伍素质，推进全面建设的重要举措。施联秀要求，局直属各单位一定要从实际出发，一要加强目标创建与群体创建相结合，把创建目标和任务细化、量化到单位内部每个创建个体上，从创建的最低目标开始，层层推进，争取在3年的时间内使80%的直属单位创建成为省直文明单位；二要加强管理创建与制度创建相结合，规范创建档案管理工作，建立健全创建长效机制和奖惩机制，把创建工作纳入单位年度目标责任制和个人年度考核范围；三要加强竞争创建与文明创建相结合，把竞争机制引入文明单位创建的基础工作中，加强干部职工文明行为的规范化建设，以“八荣八耻”和《中国文物博物馆工作者职业道德准则》等内容为衡量基本标准，扎实有效地开展创建文明处室、文明个人评比活动，有力地推动文明单位创建工作的顺利实施。

阎登山副书记在讲话中，首先代表省直工委、省直文明委对山西省文物局被授予文明单位表示热烈祝贺，对省局近年来取得的一系列成绩给予了充分肯定。并指出，文明单位的创建不搞“终身制”，希望省文物局继续发扬成绩，戒骄戒躁，努力使机关文明单位的创建继续升级，直属单位的创建不断成功。

（程书林　谢宾顺）

**【平顺县、稷山县获全国文物保护先进县称号】**　2006年12月19日在文化部、国家文物局召开的“2006年全国文物工作先进县表彰大会”上，山西省平顺县、稷山县获全国文物工作先进县殊荣。文化部副部长孟晓驷在表彰大会上发言。她热忱期望各级党委、政府切实履行保护文化遗产的重要职责，大力支持文物部门开展工作，为建设和谐文化，构建社会主义和谐社会做出更大贡献。

（程书林　谢宾顺）

**【山西省召开全省文物局长座谈会】**　2006年7月5日～6日，省文物局在太原召开了全省文物局长座谈会。会议传达学习了省委、省政府和国家文物局主要领导近期对山西文物工作的一系列重要指示精神，省文物局长施联秀在会上作了《当前我省文物工作的形势和任务》讲话，大会还就如何贯彻落实重要指示精神进行了讨论研究。全省文物局长及省局直属单位班子成员和机关公务员参加了会议。

会议学习了山西省委书记、省人大主任张宝顺6月10日在《山西日报》发表的署名文章《让保护文化遗产成为全社会的自觉行动》，学习了山西省省长于幼军6月9日在考察太原窦大夫祠时的讲话，还学习了国家文物局局长单霁翔致省委书记张宝顺和省长于幼军的信。各市文物局长汇报了本市首届中国文化遗产日活动情况。施联秀在讲话中指出，2006年上半年，一系列的喜事、大事，给了全省文物工作者极大的鼓舞和鞭策，标志着山西文物保护事业显现出前所未有的大好形势，已经进入了一个全新的发展时期。文物工作的社会环境进一步改善，文物工作的重要性进一步凸显，各级领导对文物工作的重视程度进一步增强，文物保护的社会化进程进一步加快，文物保护的任务和责任进一步加大。同时对当前文物存在的文博队伍的思想观念还比较陈旧、改革创新意识不强、科技保护手段缺乏、理论研究滞后等等问题，进行了认真的分析，要求下大力气加以解决。

对今后的工作任务，施联秀强调，文物是生产力。做好文物工作就是发展生产力。文物工作是建设社会主义先进文化的主力军，是经济社会全面协调可持续发展的一支不可或缺的重要力量。文物保护是一项公众事业，人民群众是文物保护的社会基础。因此今后要以加大文物保护经费投入为重点，继续推进文物工作“五纳入”。要以抓好重大文物保护工程为重点，继续搞好不可移动文物的维修保护。要求各市、县不要等靠，要根据本行政区域内的文物保护状况，尽快拿出计划，确定本市的文物保护重点，切实把重点文物保护好。要以加强文博单位的日常管理为重点，努力发挥文博单位的社会功能。要求各市文物行政部门要在做好机关建设的同时，尽快组织对辖区内的文博单位特别是开放的文博单位开展一场内强管理、外树形象的活动，加强管理，严格制度，采取有效措施，下决心尽快解决好疏管理、脏乱差的问题。要以推进文物行政执法为重点，促进文物安全形势进一步好转。要以改革创新为重点，开创全省文物工作的新局面。要求全省各级文物行政部门特别是各级领导干部，改革创新的理念，大胆实践，努力探索社会主义市场经济条件下全社会依法保护文物的新思路、新办法、新途径。

（程书林、谢宾顺）

# 文　学　艺　术

## 文　学

**【实现了国家重大艺术奖项零的突破】** 舞剧《一把酸枣》、话剧《立秋》双双入选2005年～2006年国家舞台艺术精品工程“十大精品剧目”；晋剧《边城罢剑》获全国少数民族文艺会演大奖；北路梆子《黄河管子声》、上党梆子《赵树理》分获全国地方戏曲会演一、二等奖；京剧《走西口》受到有关方面的极大关注，在京晋两地的献礼演出赢得了社会各界的高度评价。旅游歌舞晚会《天下黄河》、笑剧《咱爹咱妈》、晋剧《金子》《华子良》《傅山》《红兜肚》、歌舞剧《娘啊娘》等一大批新创、移植和改编剧目，取得了很好的社会、经济效益。尤其是话剧《立秋》应邀赴台湾的6场演出，成为两岸文化交流的一件盛事，胡锦涛、李长春、刘云山同志为此作了重要批示。（陈燕萍）

**【文化基础设施建设进入新阶段】** 大同市将红旗商场一部分划拨给图书馆，市里终于有了图书馆；阳泉市新建了集图书馆、博物馆、展览馆为一体的文化广场；一批县级文化设施在中央和省级资金支持下启动建设，如襄汾县文化中心、灵丘县文化中心等。“两区”乡（镇）文化站2006年省级补助项目185个。截至2006年底，中央和省级补助基层文化设施建设经费累计达3521万元，补助县级以上项目总计82个，乡（镇）文化站190个。这些项目的建设，将极大改善长期以来山西省文化设施陈旧落后的面貌。（陈燕萍）

**【成功举办了第五届广场文化艺术节】** 2006年全省各级文艺院团继续深入农村，深入基层，服务群众，全年共演出26000余场。组织开展了“庆祝电影诞生一百周年暨优秀电影进社区”、“山西移动激情岁月”、“至诚钻石百县千乡农村公益电影放映”等一系列活动，全省农村共放映电影13万场，有10多个县完成了农村电影放映工程目标。从11月起，组织开展了省直文艺团体“百乡百场”送戏下乡演出活动。在省城太原组织举办了“2007年山西省迎新春舞台精品剧目及优秀剧目展演”，共上演剧目30余台，演出50余场，运城市专门组织了蒲剧演出周，晋城市演出了上党梆子新编现代戏《赵树理》，为这次展演活动做出了贡献。（陈燕萍）

**【文化市场发展健康有序】** 2006年继续坚持一手抓繁荣，一手抓管理的方针，进一步规范文化市场秩序。深入开展了文化市场“集中执法季”行动和“反盗版百日行动”，设立了全省文化市场统一举报电话“12318”，对群众的举报和投诉及时受理，认真核查。全年累计出动稽查人员23771人次，检查音像经营单位4333家次，检查网吧6964家次，加大文化市场重点案件督办查处力度，市场秩序明显改观。加大了对娱乐场所、宾馆酒店等定点演出和组台演出的管理，加强了对酒吧、茶座、饭店等非歌舞娱乐场所兼营歌舞娱乐经营活动的管理和监督，共查处非法演出活动13起。建立完善了文化市场行政执法人员培训上岗制度，组织举办了两期全省文化市场行政执法人员培训班，260人接受了培训，有效提高了行政执法人员的执法能力和执法水平。（陈燕萍）

**【文化产业初显规模】** 2006年文化厅成立了文化产业处，为开展文化产业工作提供了组织保证。组织参加了深圳国际文博会、首届中部文博会和首届中国北京国际文化创意博览会，成果丰硕，受到各界高度关注。政治局常委李长春、国务委员陈至立等中央领导分别到山西展厅参观了展览，相关媒体对此作了充分报道。组织举办了首届山西省动漫艺术节，全省10个动漫企业参展，促成了5家企业入驻太原高新区创意园区。重点扶持的山西宇达工艺品厂、开物艺术品有限公司、山西绿洲科技网络公司、山西绛州鼓乐艺术团等民营文化企业不断壮大，产生了良好的示范和带头作用。（陈燕萍）

**【非物质文化遗产保护工作取得重要进展】** 2006年6月10日是我国第一个“文化遗产日”，省文化厅举办了山西省首届非物质文化遗产保护成果展和非物质文化遗产保护专题知识讲座，举行了“保护文化遗产、守护精神家园”为主题的万人签名活动，与山西日报合作组织了“非物质文化遗产保护知识竞赛”，深入宣传非物质文化遗产保护法律法规，展示非物质文化遗产成果，引起了社会各界的高度关注。山西省公布了首批105项省级非物质文化遗产项目，其中有32个项目入选国务院公布的首批非物质文化遗产保护名录。（陈燕萍）

**【艺术教育科研稳步推进】** 2006年成功举办了全省戏剧教学检查及第七届戏剧教学剧目会演。适时调整招生政策，完成

太原市首届大型剪纸艺术展在太原湖滨会堂举行　张文芳摄影

表 34　山西省进入第一批国家级非物质文化遗产项目名录

1. 山西民间文学（全国共计 31 项）

| 序号 | 编号 | 项目名称 | 申报地区或单位 |
|---|---|---|---|
| 9 | Ⅰ—9 | 董永传说 | 山西省万荣县 |

2. 山西民间音乐（全国共计 72 项）

| 序号 | 编号 | 项目名称 | 申报地区或单位 |
|---|---|---|---|
| 32 | Ⅱ—1 | 左权开花调 | 山西省左权县 |
| 33 | Ⅱ—2 | 河曲民歌 | 山西省河曲县 |
| 87 | Ⅱ—56 | 晋南威风锣鼓 | 山西省临汾市 |
| 88 | Ⅱ—57 | 绛州鼓乐 | 山西省新绛县 |
| 89 | Ⅱ—58 | 上党八音会 | 山西省晋城市 |
| 95 | Ⅱ—64 | 文水鈲子 | 山西省文水县 |
| 97 | Ⅱ—66 | 五台山佛乐 | 山西省五台县 |

3. 山西民间舞蹈（全国共计 41 项）

| 序号 | 编号 | 项目名称 | 申报地区或单位 |
|---|---|---|---|
| 108 | Ⅲ—5 | 狮舞—天塔狮舞 | 山西省襄汾县 |
| 112 | Ⅲ—9 | 高跷—高跷走兽 | 山西省稷山县 |
| 114 | Ⅲ—11 | 翼城花鼓 | 山西省翼城县 |

4. 山西传统戏剧（全国共计 92 项）

| 序号 | 编号 | 项目名称 | 申报地区或单位 |
|---|---|---|---|
| 162 | Ⅳ—18 | 晋剧 | 山西省晋剧院 |
| 163 | Ⅳ—19 | 蒲州梆子 | 山西省临汾市、运城市 |
| 164 | Ⅳ—20 | 北路梆子 | 山西省忻州市 |
| 165 | Ⅳ—21 | 上党梆子 | 山西省晋城市 |
| 185 | Ⅳ—41 | 雁北耍孩儿 | 山西省大同市 |
| 186 | Ⅳ—42 | 灵丘罗罗腔 | 山西省灵丘县 |
| 193 | Ⅳ—49 | 碗碗腔（孝义碗碗腔） | 山西省孝义市 |
| 214 | Ⅳ—70 | 秧歌戏/朔州秧歌戏、繁峙秧歌戏 | 山西省朔州市、繁峙县 |
| 215 | Ⅳ—71 | 道情戏/晋北道情戏、临县道情戏 | 山西省右玉县、临县 |
| 217 | Ⅳ—73 | 二人台 | 山西省河曲县 |
| 232 | Ⅳ—88 | 锣鼓杂戏 | 山西省临猗县 |
| 235 | Ⅳ—91 | 皮影戏/孝义皮影戏 | 山西省孝义市 |

5. 山西曲艺（全国共计 46 项）

| 序号 | 编号 | 项目名称 | 申报地区或单位 |
|---|---|---|---|
| 245 | Ⅴ—9 | 潞安大鼓 | 山西省长治市 |

招生 3000 余人，全省艺术院校在校生超过万人。拓宽就业渠道，就业升学率平均达到了 80%左右。参加全国小梅花比赛、全国第八届艺术院校“桃李杯”比赛获得好成绩。组织开展了《山西戏曲文物图片展览》、《全国晋商会馆摄影图片展》，在省内外产生了广泛影响。组织完成了《中国板腔体剧种声腔源流考论》、《山西神庙剧场研究》、《山西省戏剧文物文献数据库》和《晋剧传统伴奏乐器的改革创新》四项国家重点艺术项目的结题验收工作。

（陈燕萍）

**【对外文化交流合作活跃】** 2006 年共完成出访项目 28 个，遍及欧、亚、澳和北美 4 大洲的 13 个国家和地区，累计出访人数达到 352 人次。参与了平遥国际摄影大展、长治赛社与乐户文化国际学术研讨会等文化交流活动，共接待外宾 200 多人次。山西戏剧职业学院、山西省话剧院和瑞典国际开发署儿童剧合作项目签订正式协议，3 年期间由瑞典方投资人民币 110 万元创作儿童剧。组织完成了山西绛州鼓乐艺术团、大同艺校演出团赴日演出等各类演出活动。（陈燕萍）

**【山西省艺术创作工作会议召开】** 2006 年 6 月 13 日～14 日，山西省艺术创作工作会议在省人大培训中心召开，省文化厅全体党组成员、直属有关单位负责人和各地市文化局代表参加了会议。会议传达了全国艺术创作会议精神，对 2005 年山西艺术工作进行回顾和总结，并对 2006 年全省艺术创作工作进行部署和安排。本次会议特邀文化部艺术司于平司长来并讲座。（陈燕萍）

**【山西（香港）投资洽谈会】** 大运山西文艺演出成为 2006 山西（香港）投资洽谈会亮点。7 月 26 日，山西省政府主办的 2006 山西（香港）投资洽谈会在香港会展中心隆重开幕，省委宣传部、省文化厅、省广电局共同策划和组织的《大运山西》开幕式暨文艺演出成为整个洽谈会的亮点，在香港引起轰动，受到了于幼军省长、宋北杉副省长的高度赞扬。（陈燕萍）

**【全国晋商会馆摄影图片展】** 2006 年 10 月 19 日～21 日，由山西省戏剧研究所主办的《全国晋商会馆摄影图片展》在省文艺大厦展出。该展共展出图片 200 余幅，涉及北京、天津、上海、内蒙、辽宁、山

续表 34

6. 杂技与竞技（全国共计 17 项）

7. 山西民间美术（全国共计 51 项）

| 序号 | 编号 | 项目名称 | 申报地区或单位 |
|---|---|---|---|
| 315 | Ⅶ—16 | 剪纸/中阳剪纸 | 山西省中阳县 |

8. 山西传统手工技艺（全国共计 89 项）

| 序号 | 编号 | 项目名称 | 申报地区或单位 |
|---|---|---|---|
| 385 | Ⅷ—35 | 阳城生铁冶铸技艺 | 山西省阳城县 |
| 401 | Ⅷ—51 | 平遥推光漆髹饰技艺 | 山西省平遥县 |
| 409 | Ⅷ—59 | 杏花村汾酒酿制技艺 | 山西省汾阳市 |
| 411 | Ⅷ—61 | 清徐老陈醋酿制技艺 | 山西省清徐县 |

9. 传统医药（全国共计 9 项）

10. 山西民俗（全国共计 70 项）

| 序号 | 编号 | 项目名称 | 申报地区或单位 |
|---|---|---|---|
| 502 | Ⅸ—52 | 民间社火 | 山西省潞城市 |

东、江苏、安徽、河南、甘肃、重庆等 10 余个省市的 20 余个会馆。（陈燕萍）

**【省直文艺团体“百乡百场”送戏下乡活动】** 2006 年 11 月 16 日，山西省文化厅主办的省直文艺团体“百乡百场”送戏下乡活动在灵石县英武乡岑泊村正式启动。省政府、省文化厅及晋中市有关领导出席了启动仪式，省人大常委会副主任曹馨仪为省直 5 院团送戏下乡授旗。

（陈燕萍）

**【纪念《在延安文艺座谈会上的讲话》发表 64 周年文艺展演】** 2006 年 5 月 21 日～26 日，山西省委宣传部、省文化厅共同举办了纪念毛泽东同志《在延安文艺座谈会上的讲话》发表 64 周年文艺展演。省歌舞剧院的《王高林从艺 40 周年唢呐作品独奏音乐会》为纪念活动的开幕式演出，其后，省晋剧院的移植现代戏《华子良》、省京剧院的现代戏《走西口》、省话剧院的《立秋》在省城和周边地区为观众献礼演出，受到观众的热烈欢迎。（陈燕萍）

**【山西省非物质文化遗产保护成果展】** 2006 年 6 月 8 日～18 日，省委宣传部、省文化厅举办了第一个“文化遗产日”，进行了有史以来第一次全省性的非物质文化遗产保护成果大型展览。这次活动共有 1000 余幅图片、1000 余件实物进行展示，集中宣传了山西省丰富的非物质文化遗产资源和党和国家关于非物质文化遗产的方针政策及山西省在非物质文化遗产保护上取得的成果，旨在提高全民保护非物质文化遗产重要性的认识。

（陈燕萍）

**【寒声获全国文化艺术科技成果二等奖】** 2006 年 7 月 14 日，山西省寒声的论著《上党傩文化与祭祀戏剧》获全国第二届文化艺术科技成果二等奖。（陈燕萍）

**【文化厅开展全省基层文化大调研活动】** 2006 年 8 月，为获得山西省文化发展现状的第一手资料，为文化体制改革做好准备，为构建公共文化体系打好基础，山西省文化厅专门抽调 100 余人，分 35 个小组对全省 11 个市、119 个县的基层文化建设进行了全面调研。（陈燕萍）

**【山西演员获戏剧“白玉兰奖”】** 2006 年 4 月 3 日，由上海市文联、上海文广集团等共同主办的第 16 届白玉兰戏剧表演艺术奖揭晓，山西省话剧院的董怀玉、太原市实验晋剧院的谢涛同时荣获“主角奖”，太原市实验晋剧院的梁美玲获得“提名奖”。（陈燕萍）

**【山西省首届舞台美术、灯光、音响培训展示会在太原举办】** 2006 年 4 月 18 日～21 日，山西省首届舞美、灯光、音响培训展示会在太原成功举办。这次培训展示会由省文化厅牵头组织，邀请广东省部分大型灯光、音响、舞台装置生产厂家参与产品展示，中国舞美学会、国家话剧院等单位的全国知名舞美专家现场讲解，收到了良好的效果。这是政府搭建平台、企业赞助协办，互惠互利、共同促进合作模式的一次有力探索。（陈燕萍）

**【晋剧传统伴奏乐器改革项目进行鉴定】** 2006 年 5 月 9 日，晋剧传统伴奏乐器改革项目鉴定会在省晋剧院召开。晋剧是山西地方剧种之一，迄今已有 150 余年的发展历史，晋剧传统的伴奏乐器梆胡、二弦、三弦、四弦，简称“四大件”，随着时代的发展，四大件从外形结构和演奏性能上，越来越暴露出明显的缺点，使流传了 150 多年的晋剧迄今无法解决转调及男女同腔同调的问题，最终限制了作曲配器和音乐创作，影响着晋剧的艺术表现力，严重制约着晋剧的发展。为此，省晋剧院下决心对传统伴奏乐器进行改革，并于 2004 年争取到文化部的艺术科技立项。两年来在省文化厅大力支持下，省晋剧院经过集体攻关，对“四大件”进行了改革。专家们对晋剧传统伴奏乐器改革给予了充分的肯定，一致认为改革后的“四大件”造型美观、工艺精良，音乐色彩丰富，表现力更强，不仅适合转调演奏，而且每件乐器均可达到独奏乐器的水平。

（陈燕萍）

**【长治市传统剧目在北京展演】** 2006 年 6 月 6 日～9 日，长治市文化局在北京举办戏剧展演，长治市上党梆子剧团在全国政协礼堂为首都戏剧专家及山西老乡演出了 4 台优秀传统剧目：《汉阳堂》、《秦香莲》、《闯幽州》和《三关排宴》，受到北京观众的热烈欢迎。（陈燕萍）

**【大型笑剧《咱爹咱妈》在省城首演】** 2006 年 7 月 18 日，山西省曲艺团创排的大型笑剧《咱爹咱妈》在省演艺中心首演。这台笑剧由著名编剧崔砚君创作，由二群执导。（陈燕萍）

**【山西选手在中国戏曲“小梅花”比赛中获奖】** 2006 年 8 月 1 日～5 日，由中国戏剧家协会主办的第十届中国少儿戏曲“小梅花”荟萃活动在苏州举行。山西省代表团带着 8 个剧目分别参加了专业组和业余组的角逐，小选手王新颖、张都、王晶、肖爱娜、张英分别夺取了专业 A 组的前 5

2006 年正月十五，太原市太行住宅区花灯展览，吸引众多市民观看
张文芳摄影

名，王玉获得业余组第 2 名。（陈燕萍）

**【大同艺校增设罗罗腔专业】** 2006 年 8 月 6 日，为了抢救、继承、发展被列为非物质文化保护遗产的罗罗腔剧种，解决该剧种人才匮乏问题，由大同市政府出资，大同艺校新增设了罗罗腔专业。该专业由大同市艺校和灵丘县合办，招收 30 名有志从事罗罗腔艺术表演的学生。（陈燕萍）

**【“山西戏剧网”开通运行】** 2006 年 8 月 8 日，由山西省戏剧研究所创建的“山西戏剧网”在山西科技厅的基础平台上正式开通运行。这是搭建在“山西戏剧文物文献资源数据库”基础上的网络共享工程。目前，网站上包括戏曲剧本 500 余册，图片 300 余张和可以持续播放 70 个小时的音像资料。“山西戏剧文物文献资源数据库”被中国艺术研究院及省内专家学者组成的鉴定组评为一级。（陈燕萍）

**【上党梆子现代戏《赵树理》赴京展演】** 2006 年 9 月 1 日～3 日，为纪念人民作家赵树理诞辰 100 周年，山西省文化厅、晋城市委、市政府携上党梆子现代戏《赵树理》赴京展演。9 月 24 日赵树理诞辰之日，晋城市委、市政府在晋城市举行了隆重的纪念活动，发行了《赵树理全集》图书一套，同时，现代戏《赵树理》为家乡人民演出。（陈燕萍）

**【《边城罢剑》获第三届全国少数民族文艺会演奖】** 2006 年 9 月 5 日～25 日，由国家民委、文化部、国家广电总局、北京市政府联合举办的第三届全国少数民族文艺会演在京举行，大同市晋剧院创排的《边城罢剑》作为山西省唯一代表剧目在本次会演中荣膺会演大奖和组织奖，李玉成、孙大军、杨小瑞、项晓娟、李蕊等 5 名演员荣获优秀演员奖，高永正、苏玉生获优秀新人奖。（陈燕萍）

**【小品《罪证》获“第四届中国曲艺牡丹奖文学奖”】** 2006 年 9 月 23 日，第四届中国曲艺牡丹奖颁奖典礼在南京举行，山西省曲艺团王勇慧、王永刚、王兆麟创作的小品《罪证》荣获“第四届中国曲艺牡丹奖文学奖”。省音乐舞蹈曲艺研究所温江鸿撰写的论文《原生态曲艺文化资源是当代曲艺创作的主根》获“第四届中国曲艺牡丹奖理论奖”。（陈燕萍）

**【京剧《走西口》在长安大戏院首演】** 2006 年 10 月 19 日，由山西省京剧院、中国京剧院和中国戏曲学院联合排演的京剧《走西口》在长安大戏院首演，于魁智、李胜素、袁慧琴、刘桂娟、管波、朱强、舒桐等京剧名家的演出阵容，使得这台剧目满台生辉。文化部部长孙家正、北京市原副市长张百发、著名词作家阎肃、中国炎黄文化研究会会长曲润海等领导和专家观看了演出。（陈燕萍）

**【山西省艺术院校戏剧教学检查及第七届教学剧目汇演】** 2006 年 10 月 23 日～11 月 4 日，山西省文化厅、山西省教育厅联合举办山西省艺术院校戏剧教学检查及第七届教学剧目汇演。对全省 9 所专业艺术院校分别进行了检查，内容为检查教学文件，抽查课堂教学及观看基本功展示、节目展示几部分。在半个月的时间里，专家们查阅了各校戏曲专业的教学大纲、教学计划和教案，抽查了教师的课堂教学，观看了 11 台 62 个剧目 10 个剧种的展示，并对学校的专业教学管理、课堂教学进行了讲评。经对各校综合教学实力的全面考察，评出了 9 个音乐舞蹈教学质量优秀奖，7 个基本功展示奖，通过观看教学节目的组台演出，评出了十佳优秀学生表演奖，教学成果展示奖一等奖 35 个，二等奖 20 个，三等奖 7 个，创作奖 1 个，教师排导一等奖 61 个，二等奖 35 个，三等奖 11 个，教师教学水平奖 53 个，优秀学生表演奖一等奖 39 个，二等奖 27 个，三等奖 30 个。（陈燕萍）

**【民族歌舞剧《娘啊娘》获奖】** 2006 年 11 月 21 日～22 日，运城市文工团创排的民族歌舞剧《娘啊娘》参加文化部在上海举办的第四届全国歌剧、舞剧、音乐剧优秀剧目展演，获得三等奖。（陈燕萍）

**【《一把酸枣》《立秋》获 2005 年～2006 年度国家舞台艺术精品工程十大精品剧目】**

2006 年 11 月 28 日，2005 年～2006 年度国家舞台艺术精品剧目评选揭晓，山西艺术职业学院创作演出的舞剧《一把酸枣》和省话剧院创作演出的话剧《立秋》双双荣膺 2005 年～2006 年度国家舞台艺术精品工程十大精品剧目。（陈燕萍）

**【话剧《立秋》赴台湾演出】** 2006 年 12 月 3 日～14 日，应台湾爱乐基金会和永龄慈善教育基金会的邀请，话剧《立秋》剧组一行 69 人赴台演出。《立秋》在台北市中正纪念堂连演 6 场，观众突破万人次。连战、马英九、郭台铭等台湾政界和商界知名人士到现场看演出。此次台湾之行，是山西省建国以来组团人数最多、在台礼遇最高的一次文化访台，对宣传山西文化、加强两岸交流起到了积极的促进作用。（陈燕萍）

**【山西四大梆子交响演唱会进京演出】** 2006 年 12 月 14 日～17 日，由省委宣传部、省文化厅主办，山西戏剧职业学院承办的“山西四大梆子交响演唱会”在北京大学百年讲堂和全国政协礼堂连演四场，获得好评。演出期间，北京大学举行了山西梆子进校园暨高校首届大学生戏曲文化论坛。省戏剧研究所为配合这次演出在北京大学展出《山西戏曲文物图片展》和《全国晋商会馆图片展》。（陈燕萍）

**【《黄河管子声》《赵树理》在全国地方戏**

**优秀剧目（北方片）展演中获奖】** 2006年12月15日～23日，忻州市北路梆子剧团的现代戏《黄河管子声》和晋城市上党梆子剧院的现代戏《赵树理》代表山西省参加全国地方戏优秀剧目（北方片）展演。《黄河管子声》从全国申报的100多台剧目中脱颖而出，荣获金奖，赢得了参加2007年在湖北举办的第八届中国艺术节的入场券；《赵树理》获得银奖。

（陈燕萍）

**【大同艺校师生赴日本进行“中日旅游交流年”宣传】** 2006年3月10日，大同艺校赴日本参加了由国家旅游局主办的“中日旅游交流年”宣传活动。表演了具有地方特色的《云冈长袖飞天》、《云冈莲珠纹舞》等舞蹈，受到日本各界的热烈欢迎。

（陈燕萍）

**【大型黄河风情歌舞晚会《天下黄河》在太原首演】** 2006年4月17日，大型黄河风情歌舞晚会《天下黄河》在太原首演。山西省歌舞剧院编创人员通过对《黄河儿女情》、《黄河一方土》和《黄河水长流》中经典节目的重排和组合，推出现代精华版的《天下黄河》，并同山西省旅游局合作，作为旅游文化的常设节目每晚在省歌剧场定时演出。（陈燕萍）

**【大型原创音乐剧《天水》在榆次文化中心首演】** 2006年6月9日，大型原创音乐剧《天水》在榆次文化中心首演。这台剧目由山西省歌舞剧院、山西新浪潮演出有限公司及个人3方入股联合排演，是山西省在剧目创排中引入股份制合作模式的首次尝试。（陈燕萍）

**【山西省民族管弦乐学会召开成立大会及第一次代表大会】** 2006年10月18日，山西省民族管弦乐学会在省歌剧场召开成立大会及第一次代表大会，中国民族管弦乐学会、省文化厅、省音协、省歌舞剧院、山西大学音乐学院等单位的有关领导及民族管弦乐学会会员共300余人参加了会议。（陈燕萍）

**【长治市杂技团的《女子车技》获全国青少年杂技比赛银奖】** 2006年10月29日，由文化部主办的文化奖全国第五届青少年杂技比赛在贵州省遵义市落下帷幕。山西省长治市杂技团的《女子车技》获得银奖，这是长治市杂技团成立以来首次参加全国性艺术赛事。全国共有35个代表团近1000名杂技新秀参加了比赛。

（陈燕萍）

**【中国民族管弦乐学会第四届年会暨原生态二人台音乐对中国笛乐文化发展的影响研讨会在太原举行】** 2006年11月18日，中国民族管弦乐学会第四届年会暨“原生态二人台音乐对中国笛乐文化发展的影响”研讨会和专场音乐会在太原师范学院召开，这是中国民族管弦乐学会首次在山西省召开会议，来自全国各省市的100余名代表参加了会议。（陈燕萍）

**【太原市杂技团举行建团五十周年纪念活动】** 2006年12月6日，太原市杂技团建团50周年纪念活动在太原市工人文化宫举行，文化部艺术司、省文化厅和太原市四大班子有关领导出席仪式并讲话，北京、天津、河北等地的杂技同行专程到并祝贺并带来精彩的节目。（陈燕萍）

**【“三晋印风展”在太原举行】** 2006年3月3日，由山西省文化厅、山西省书法家协会等5家单位主办的“三晋印风展”及“山西篆刻理论研究会”在太原举行。展览共有80余件作品参加了展出，展示了三晋篆刻艺术的整体水平。展览结束后，专家学者对展品及山西篆刻的发展进行了研讨。（陈燕萍）

**【山西省4个合唱团在全国老年合唱节获奖】** 2006年12月7日，在海南举行的第七届全国老年合唱节上，山西省的4个合唱团在全国23个参赛单位中脱颖而出，其中青松合唱团、太原铁路金秋合唱团获“万泉河奖”，山西星海合唱团、山西潞安矿业集团公司夕阳红合唱团获“博鳌奖”。（陈燕萍）

**【纪念赵树理百年诞辰】** 2006年9月24日，是人民作家赵树理诞辰100周年纪念日。赵树理是我国现代文艺史上开创了一代独特的民族风格作家，他继承发扬“五四”光荣传统，努力实践毛泽东同志《在延安文艺座谈会上的讲话》精神，坚持走现实主义创作道路，被誉为描写农民的“铁笔圣手”。他在30多年的创作历程中，紧跟时代步伐，关注现实生活，全身心地为农民写作。他善于从民间文艺、古典文学，特别是从普通群众那里汲取丰富的艺术营养，创造了一种民族化、大众化、通俗化，真正为群众所喜闻乐见的小说样式，他的代表作《小二黑结婚》、《李有才板话》、《三里湾》等，生动再现了中国农村的巨大变革，以深刻的思想内涵、鲜活的人物形象，影响了一代又一代读者。

为了缅怀这位深受广大群众喜爱的人民作家，弘扬赵树理心系百姓、深入农村、为民疾书的崇高品格和文艺创作精神，省作协和有关部门举办了形式多样的纪念活动，主要有：

1. 2006年9月22日，中国文联、中国作协、省委、省政府共同在太原主办“纪念人民作家赵树理诞辰100周年座谈会”，省委书记、省人大常委会主任张宝顺，中国作协党组书记、常务副主席金炳华，省委副书记金银焕，中国文联党组副书记、副主席覃志刚，副省长张少琴，省政协副主席吴锦文，中宣部文艺局局长杨志今，北京市文联党组书记朱明德，省直有关部门和单位领导，赵树理的家属代表及家乡晋城市的领导和代表，省城部分作家、艺术家、评论家和新闻记者100余人参加了座谈会。座谈会具体由省委宣传部和作家协会承办，作家协会宣读了中共中央政治局委员、书记处书记、中宣部部长刘云山为会议发来的贺信、负责起草了会议主持词和新闻通稿等文字材料，协助省委宣传部完成了各项会务工作。会议取得了圆满成功，达到了预期目的，将纪念活动推向了高潮。

2. 由山西省委宣传部、晋城市委和市政府、省作家协会、沁水县委和县政府、中国国际电视总公司中国广播电影电视节目交易中心联合摄制的20集电视连续剧《赵树理》，经过2年多的创作、拍摄，并经有关部门的批准，于2006年8月在中央电视台一套黄金时间播出（播出为17集）。省作家协会作为该剧的主要组织拍摄单位之一，参与了整个制作和播出的全部工作，并在北京举行开播发布会时，负责起草了相关的文字材料，并组织评论家撰写了评论文章等。

3. 山西省作家协会与省委宣传部、省文化厅及晋城市有关方面，联合在北京和省内举办了上党梆子《赵树理》展演活动。

4. 山西省作家协会与省文联、省老文艺家协会联合组织召开了“纪念赵树理诞辰100周年暨《山药蛋派典藏文库》首发式”，50多位作家、评论家及赵树理家属参加了活动，对赵树理及其“山药蛋派”骨干作家的创作成就，给予了高度评价。

5. 山西省作家协会副主席杨占平参与策划了山西日报文化部与省社科院文学所联合举办的“纪念赵树理诞辰100周年征文”活动，并担任终评委，使这项活动圆满完成。

6. 山西省作家协会荣誉委员董大中，副主席段崇轩、杨占平等，参与策划了山西电视台5集电视纪录片《赵树理》，并在该片中担任主讲人，讲述了赵树理光辉的一生。

7. 山西省作家协会荣誉委员董大中、副主席段崇轩、杨占平及赵二湖等，先后参加了长治市、晋城市和沁水县等地有关部门举办的“纪念赵树理诞辰100周年大会”及系列学术活动，并为大会作了专题讲座。

8. 山西省作家协会理论研究室组织部分作家和评论家，撰写了一大批纪念赵树理学术论文，在国内多家报刊发表。

9. 山西省作家协会所属《山西文学》和《黄河》杂志，分别开辟了纪念专栏，刊发了一批纪念或研究文章。（李金山）

**【省作协五届三次全委会与“2001～2003年度赵树理文学奖”颁奖】** 2006年5月初，省作协五届三次全委会暨“赵树理文学奖”颁奖大会在太原召开。根据省委决定和本会《章程》规定，经全委会表决通过，免去周振义同志的常务副主席职务，免去张不代同志的副主席职务，由李福明同志担任常务副主席，同时增补阎广聪同志为全委会委员。会议听取了张平主席传达的中宣部部长刘云山在第二期全国宣传文化“四个一批”人才建设研修班学员座谈会上的讲话精神，和中国作协六届六次全委会精神；总结了2005年省作协工作，提出了2006年工作要点。

由省委、省政府设立，省作家协会承办的“2001～2003年度赵树理文学奖”，是山西省具有最高荣誉的文学奖项之一，此奖于2005年秋揭晓，颁奖仪式在本次会议期间举行。省作协还对7个市文联颁发了创作成绩奖，对10个市文联和企业文协（作协）颁发了组织工作奖；对8位山西作家首发在省作家协会所属刊物《山西文学》、《黄河》杂志的9部（篇）作品，因被国内外省级以上选刊转载13次，颁发了同原刊相等的稿酬；所属山西文学院与聘任的首批10位青年作家举行了签约仪式；所属《黄河》杂志社颁发了2005年度优秀作品奖和优秀阅读奖。

（李金山）

**【参加中国作协第七次全国代表大会】** 2006年11月，5年一届的全国文学界盛会——中国作协第七次全国代表大会在北京举行，省作家协会在中国作协和省委宣传部的领导下，很好地完成了山西省参会代表的选举任务，整个过程公开、民主、严谨、有序；同时，完成了中国作协全委委员候选人的推荐工作。全体参会代表遵守大会的各项规定，圆满完成了会议任务。省作家协会主席张平同志继续当选为中国作协副主席，李福明、杨占平、张锐锋3位同志当选为委员。（李金山）

**【五位青年作家继续深入基层挂职成效显著】** 早在2004年底，在省委组织部、省委宣传部有关领导的大力支持下，经过省作家协会的努力，落实了5位青年作家深入基层挂职之事。这5位青年作家是：山西日报文化部的李骏虎，长治市戏剧艺术院葛水平，介休市文联的许建斌，吕梁市文联的韩思忠，永济市文联的高菊蕊。这5位分别到洪洞县、屯留县、介休市宋古乡、临县碛口镇、永济市蒲洲镇，挂职担任县长助理、乡党委副书记、副镇长等职深入生活。2006年，根据这5位作家的请求，省作家协会报请省委组织部批准，继续挂职1年。挂职过程中，这5位与当地干部群众广泛接触，充分感受到了现实生活的丰富多彩，获取大量创作素材，5位作家都创作出了新的力作。（李金山）

**【“山西省作家协会创作基地”揭牌】** 2006年9月30日，省作协在代县举行了“山西省作家协会创作基地”揭牌仪式。代县是山西省5个国家级历史文化名城之一，自然风光和人文景观很有特色。近年来，在文化建设方面与省作协联系密切。随着创作基地的设立，为山西省作家提供了又一个深入生活的地方，将进一步推动文学创作的发展。（李金山）

**【举办“塞上生态文化之旅”大型文学活动】** 2006年7月17日～23日，山西文学院在右玉县举办了“塞上生态文化之旅”大型文学活动。邀请生态学家、北师大博士生导师张金屯教授，东方出版中心副社长李丹梦，《中国作家》杂志副主编杨志广，《十月》杂志副主编周晓枫，山西省知名作家张石山、赵瑜、张锐锋、潞潞、《黄河》杂志主编张发，签约作家，以及新华社、人民日报、山西晚报、三晋都市报、太原日报、山西电视台等媒体的记者40余人参加了此次活动。活动期间，大家听取了张金屯教授所作的关于中国生态问题的报告，举办了关于“文学与自然”研讨会，签约作家们向右玉县委、县政府赠送了图书。通过这些活动，与会者开阔了视野，增进了友谊，激发了创作灵感。

（李金山）

**【实施签约作家制度，首批10位作家签约】** 实施签约作家制度是山西文学院工作的一项重要改革，是在市场经济条件下文学院服务作家、推进创作、繁荣山西省文学创作的一项战略性举措。这项制度，可以集中优秀作家创作，其管理形式灵活，同时引入竞争机制，加大工作压力，达到促进作家创作精品力作的目的。

首批签约作家共10人，他们是：王晖、玄武、李国莉、李骏虎、张行健、张乐朋、柴然、曹利军、葛水平、镕畅。在省作协五届三次全委会上举行了隆重的签约仪式以后，文学院召开了3次签约作家创作会议，及时了解这些作家的创作情况、创作进度，并安排驻会专业作家对他们进行一对一的帮扶。1年来，签约作家共完成签约作品70多万字，出版散文集、小说集3部，在《人民文学》、《中国作家》、《青年作家》、《百花洲》、《散文》等全国重要刊物发表中、短篇小说和散文40余篇，诗歌50多首。（李金山）

**【山西省骨干作家相继推出精品力作】** 2006年，山西省专业作家努力打造精品力作，业余作家潜心创作，不断有佳作问世，形成了良好的创作态势。其中，王祥夫的中篇小说《尖叫》和葛水平的中篇小说《连翘》，入选中国小说学会2006年度中篇小说排行榜。

2006年，李锐完成了系列小说《太平风物——农具系列小说展览》，该书由三联书店和台湾麦田两家出版社在两地相继出版，被几十家报纸读书版主笔评选为“2006年度十大好书”。此外，李锐还与蒋韵合作完成了重述神话长篇小说《人间》。韩石山出版了文学评论集《谁红跟谁急》，人物传记《李健吾传（修订版）》和散文集《此事岂可对人言》。柯云路出版了中短篇小说集《柯云路精品集》、长篇纪实文学《今天我们为什么结婚》，柯云路的长篇小说《蒙昧》由越南人民军队出版社翻译出版，被评为好读耐读译著之一。赵瑜完成了80多万字的长篇报告文学《牺牲者——太行“文革”录》，出版了《赵瑜散文》。燕治国重新修订出版了散文集《渐行渐远的文坛老人》。张锐锋在《大家》刊发了5万多字的长篇散文《五读》，出版了散文集《在地上铭刻》。钟道新完成了长篇小说《配方博弈》和20集电视连续剧《叶挺传》剧本。张石山构思完成了40集电视连续剧《大明银城》、20集电视连续剧《赵氏孤儿》、20集电视连续剧《哭泣的百合》、20集电视连续剧《追梦苍头河》的故事大纲。麦天枢任总策划的大型电视片《大国崛起》，在央视播出后引起巨大反响，还与凤凰卫视合作完成了纪录片《中国之路——150年的中国》。潞潞为中宣部、广电总局完成了纪念香港回归10周年的重点电影纪录片《你好，香港》。

（李金山）

**【电视连续剧《赵树理》完成后期制作，《大槐树》进入后期制作】** 省作家协会所属山西作家影视艺术公司，1年中，努力抓优秀剧本创作，团结了一批有潜力的作家。同时，完成了电视剧《赵树理》的后期制作及播出筹备工作；与省委宣传部等部门联合拍摄的40集电视剧《大槐树》，也已完成了外景拍摄，进入了后期制作；启动了电视剧《县长夫人》和《炎岭人家》的前期工作。（李金山）

**【散文集《历史的星空》等作品研讨会】** 2006年，山西省的评论家发表了大量的评论文章，参与了多次作家作品研讨会活动，起到了指导创作的作用。省作家协会评论家参加的作家作品研讨会和创作笔会主要有：3月，参加了临汾市委副书记刘合心散文集《历史的星空》首发式暨座谈会；4月，参加了太原市委宣传部举办的文艺工作座谈会和作家齐国宝、王鹰合著的报告文学《黄土之魄》出版研讨会；5月，参加了中国电影家协会和山西省电影家协会联合举办的“全国农村题材电影研讨会”；7月，参加了阳泉市文联与晋中市文联联合举办的创作笔会；8月，参加了保德县委宣传部为省作协会员、保德县文联原主席崔元荣举办的作品研讨会；9月，参加了介休市作家协会举办的笔会；10月，参加了省作协、全国中外传记文学研究会和山西大学联合举办的第五届中外传记文学年会；参加了太原作家胡梁作品研讨会等。在这些研讨会和创作笔会上，评论家们都针对所研讨的作家作品和当前全国及全省创作现状，发表了看法，有一定的指导性。此外，省作家协会理论研究室还组织段崇轩、杨占平、傅书华、王春林4位评论家就新农村题材文学创作进行笔谈，在《文艺报》和中国作家网发表，产生了比较好的反响；组织上述4位评论家为《小说评论》杂志提供了关于山西文学创作30年回顾与研究文章，于2007年第1期面世。还跟山西日报文化部配合，先后两次组织作家和评论家张平、杨占平、杨士忠、杜学文、毕星星等，为青年作家郭润生和王海英推出评论专版。

（李金山）

**【《马烽纪念文集》出版】** 由省作家协会编辑的《马烽纪念文集》，经过近2年的搜集材料和具体编辑，于2006年1月初正式出版。这是省作协和文学界对马烽这位享誉中外的人民作家的一种很好的纪念，《文集》收录了马烽逝世后的各种文字及人们的悼念文章，还有大量珍贵的图片，对于研究马烽是很好的资料。1月21日，省委宣传部和省作家协会，在太原举行了“马烽同志追思会暨《马烽纪念文集》首发式”，省城的作家、文学工作者和新闻媒体记者近百人参加了会议。与会者深情回忆了马烽同志的文学成就和对全国、全省文学事业做出的贡献，特别对马烽的人品给予了高度评价，对本书的出版发行，也作了充分肯定。

（李金山）

**【《山西省作家协会55年》出版】** 经过2年多的努力，省作家协会集中人力、财力编辑的《山西省作家协会55年》，于2006年年初由山西人民出版社正式出版。全书约35万字，另有近两百幅珍贵的历史照片。该书图文并茂，比较详尽地记载了山西省作家协会55年所走过的风雨历程，展示了全省主要作家50多年来的创作成就，是一本工作性的会志，具有较强的资料性、权威性和可读性。

（李金山）

**【赵树理故居揭牌暨展览】** 2006年9月22日举行了赵树理故居揭牌仪式并举办了展览。

赵树理故居于9月22日举行了揭牌仪式。中国文联、省委宣传部、北京市文联、省文联领导同志及老作家胡正、赵树理亲属共300余人在锣鼓声中揭开了由薄一波题写的“赵树理故居”牌匾。中央电视台在新闻节目中播放了揭牌实况，北京、上海各新闻媒体展开对赵树理宣传的热潮，《北京青年报》、《文汇报》都以整版篇幅做了报道。

赵树理故居这次举办的展览分3个展厅，第一展厅通过历史图书组成“贫寒农家子、萍踪异乡人；成名太行山、脱颖《万象楼》；情系《三里湾》、遭厄《十里店》；岁寒知松柏，清气满乾坤”以及影视、歌剧、绘画、版画作品集锦五部分。第二展厅为赵树理生前生活、写作、实物及雕塑展；第三展厅为赵树理作品插图展。

这次展览共展出历史图片300余幅、实物100余件、插图作品148件。许多珍贵历史文物、图片是第一次面世，均为赵树理展馆珍藏。古元、彦涵、罗工柳、力群等60多年前为赵树理作品所作插图，栩栩如生、生动感人、充满神奇的艺术魅力，赵树理使用多年的书桌，叙述着历史的沧桑。

2006年9月29日，纪念赵树理百年诞辰暨《山药蛋派作家典藏文库》出版座谈会在省文联大厦举行。

由省老文学艺术家协会、著名作家胡正建议，在纪念赵树理诞辰100周年之际，由作家出版社编辑、出版了《山药蛋派作家典藏文库》丛书，并由省委书记张宝顺、省长于幼军担任编委会主任。

座谈会上，与会作家、学者认为，丛书的出版发行，弥补了山西文学史及中国文学史典集中的空白，是为现代作家和文艺工作者自觉地继承民族传统和民间传统，弘扬赵树理精神和文学创作风格，深入生活，贴近群众，创作出大批反映时代生活的优秀作品提供了很好的学习机会。

（山西省文联）

**【山西文学界活动】** 2006年应台湾文协的邀请，经过近2个多月的准备，山西省文联党组书记宋新柱等一行4人前往台湾进行文化交流活动。

4月22日～27日中国文联在成都举办了组联部长培训班，中国文联副主席仲呈祥、陕西文联副主席肖云儒、著名编剧王朝柱等作了专题讲座，会上进行了相互交流和专题研讨。

5月19日，省老文艺家协会在省人大会议厅召开纪念《毛泽东同志在延安文艺座谈会上的讲话》发表64周年座谈会，省委宣传部部务委员王拉英代表宣传部到会讲话。省文联主席李才旺、省文联党组书记宋新柱、省作协党组书记李福明参加了座谈会。

5月21日参加阳泉市文联举办的本届赵树理文学奖获奖作者、平定县女作家李月丽作品研讨会，省作协党组书记、常务副主席李福明，省作协副主席、《山西文学》主编韩石山，著名评论家蔡润田等参加了研讨会。

5月30日，江西省文联采风团一行12人到山西采风考察，先后参观了乔家大院、平遥、大同、五台山等地，对山西省的晋商文化、文物古迹和佛教文化有了进一步的了解。6月2日采风团抵达太原，山西省文联党组副书记高国俊陪同采风团参观了晋宝斋，并就文化产业、人事工作等方面进行了交流。

由湖北省文联党组书记李传锋为团长的采风团一行10人，于6月9日～14日来山西省采风考察，历时一周，山西的悠久历史和晋商文化给采风团留下了深刻的印象。在座谈会上，山西省文联党组副书记高国俊代表文联党组、主席团、书记处对采风团的到来表示热烈的欢迎，并就山西的一些情况和文联的近期工作和主要经验做了简要的概述，两省文联就共同关心的热点和难点问题进行了讨论，通过交流，进一步增进了两省的友谊，促进了文艺事业的繁荣。

9月27日，受省委组织部、老干局委托，省文联党组书记宋新柱代表省委、省政府慰问了在纪念红军长征胜利70周年期间的第一、二次国内革命战争时期参加革命的老干部寒声同志，送去了慰问品和慰问金。

9月29日上午，由省文联、省作协、省老文学艺术家协会联合举办了“纪念赵树理百年诞辰暨《山药蛋派作家典藏文库》出版座谈会”。

11月9日～14日，中国文联第八次全国代表大会在北京召开。以省委宣传部副部长杨波为团长，省文联党组书记、常务副主席宋新柱为临时党支部书记的山西代表团一行33人参加了会议。山西代表宋新柱、李才旺、王悦当选中国文联第八届全国委员会委员。

为全面学习贯彻中国文联第八次全国代表大会精神，总结交流全省市、县（区）文联工作经验，山西省文联于2006年11月23日在朔州市召开了全省文联工作经验交流会。省委宣传部副部长杨波，朔州市委副书记、市长田喜荣，朔州市副市长王贵平，朔州市委常委、宣传部长靳瑞林出席了会议。会议由省文联主席李才旺主持。首先，省文联党组副书记高国俊传达了八次文代会精神及介绍了八次文代会的情况，特别是认真传达了胡锦涛总书记的重要讲话内容；省文联党组书记宋新柱作了工作报告；之后，先进市、县（区）文联的代表进行了经验交流；省委宣传部副部长杨波在大会上作了讲话，杨波指出，全省各市、县（区）文联要把握机遇、真抓实干、强强联合、打造品牌。代表们情绪激昂，一致表示要认真贯彻落实好胡总书记在中国文联八次文代会上的讲话精神，以此经验交流会为契机，全面开创文联工作新局面。最后，向先进市、县（区）文联进行了表彰并颁奖。

12月28日，山西省文联将慰问公益演出“闪闪的红星”送到了中国武警部队山西总队训练基地。本次活动应中国文联“送文艺下基层”的号召而发起，由山西省城乡文艺交流协会承办，省文联党组书记、常务副主席宋新柱，省文联主席李才旺等省文联领导及相关人士参加了本次活动，2000多名武警官兵观看了演出。演出队以“纪念红军长征胜利70周年”为主题，演出的节目均是近年来在国际、国内各项比赛中获金奖的节目，有诗朗诵、话剧、独唱、武术、器乐表演、小品、聋人舞蹈等多种形式，特别邀请了毛泽东特型演员张瑞奇、申奥英雄倪育生等为武警官兵演出，现场掌声迭起，气氛热烈。演出期间，山西省城乡文艺交流协会与武警山西总队互赠了写有“威武之师、文明之师”和“文明拥军、共建和谐”的锦旗，同时向武警山西总队捐赠了价值约1万元的书画作品，另外，还向太原市聋人学校捐赠价值约1万元的书画款物。

（山西文联组联部）

# 艺　术

**【山西省曲艺家协会】** 2006年元月起举办“送欢笑到基层”活动，先后在马兰矿、汾酒厂等单位演出。

1月3日，省曲协和曲艺团共同组织了获奖节目赴马兰矿慰问演出活动，观众达5万余人，受到矿工师傅的热烈欢迎。

1月13日赴襄垣曲艺队排练曲剧《梁祝》。

召开主席团会议和全国获奖同志表彰会。

参加中国曲协召开的工作会议，汇报2005年工作情况，听取了2006年工作计划，中国曲协同省委宣传部、省文联共同举办纪念赵树理诞辰100周年活动，具体有3项：一是纪念赵树理诞辰100周年理论研讨会；二是组织艺术家、作家采风；三是赵树理作品演唱会。

召开主席团会议，传达中国曲协会议精神，结合山西情况，安排2006年工作计划。

由省曲艺家协会推荐的西河大鼓《一着象棋》，相声《上任之后》，山东快书《门房闲话》，京东大鼓《父子引水》荣获由中纪委与中国曲协联合主办的廉政建设优秀作品奖。这些作品将汇编成册，发往全国。

为山河杯的比赛下文，安排节目创作和排练。

成立山西省牡丹奖评委会。为全国曲艺比赛选送节目。

参加曲协张贵学老艺术家晋南道情演唱会，为山西省的老曲艺家开创了个人演唱会的先河，为地方曲种的发展与创新提供了大胆的尝试。

下发中国曲协2006年8月15日在北京主办的“全国少儿曲艺大赛”的通知。山西省计划与省电视台、团省委联合在“七一”前举办山西省少儿曲艺大赛，从中选出好的节目报送全国曲协。

准备报送第十二届山河杯曲艺大赛节目。

按中国曲协［2006］1号文件要求，起草上报“关于纪念中国曲艺家协会第一任主席、人民作家赵树理百年诞辰纪念系列活动”所需经费的请示。

召开牡丹奖初评会，选拔出2～3个最好节目报中国曲协。

参加了“纪念赵树理诞辰100周年活动”会议，筹备赵树理作品演唱会。

参加中国曲艺高峰论坛（苏州）会议，会上各兄弟省市进行了交流，学到了好经验。

经过山西省各市初赛，全省决赛的青少年曲艺大评比，从200多个节目中选出5个最好的节目，报送中国曲协和中央电视台，省曲艺家协会推荐的评书《刘胡兰英勇就义》，相声《如此表功》，快板书《捡钱包》入选参加中央电视台的直播。

由中国曲艺家协会、山西省委宣传部、山西省文联主办，省曲协、省广电局承办的“纪念赵树理诞辰100周年曲艺专场晚会”，于9月18日在山西电视台大演播厅演出，中国曲协分党组书记姜昆出席并演出。

10月26日，组织参加了由中国曲协、中部6省在河南永城联合举办的“首届中部6省”曲艺大赛。山西省推荐的由李才旺作词、苏友谊作曲，宋丽丽演唱的“千秋万代怀邓公”和乔俊宝创作、张丽等表演的《左邻右舍》获金奖。由池银寿、富越武演出的二人台《调包》和李晶、李磊的对口快板《李生情》获银奖，二人台《借钱》应邀参加了颁奖晚会。

11月16日，曲艺协会召开，“知荣辱促和谐迎奥运争做文明公民”首届全国青少年文化艺术作品征集展示活动山西省初赛。

由中国文联、教育部、共青团中央、全国少工委、全国妇联、中央电视台、中国曲协共同主办的“中国娃娃爱曲艺”全国少儿曲艺优秀节目汇报演出，于12月22日在京举行，山西省曲艺家协会推荐节目《捡钱包》入选。 （曲艺家协会）

**【山西省电视家协会】** 2006年电视家协会指导和帮助吕梁市文联成立了吕梁市电视艺术家协会。

2月9日～11日，配合中国文联和中国电视家协会到阳泉煤业（集团）有限公司进行了慰问演出。此项活动是为认真落实中央关于“三下乡”、两节期间送欢乐、下基层的重要指示精神，根据中宣部的要求而组织的。中国文联、中国电视家协会于2月10日下午（农历正月十三）组织艺术家到阳泉煤业（集团）有限公司下矿和家属区慰问生产一线的工人家属，当晚在煤矿体育馆进行了慰问演出。著名演员卢奇等人进行了精彩的演出。省视协在省委宣传部和省文联的大力支持下，组织了山西电视台等7家媒体进行了全方位的报道。省文联副主席、省广电局局长、省视协主席董育中前往阳泉看望了中国视协的领导，并对中国文联中国电视家协会来山西慰问演出表示衷心的感谢。

继续准备山西省第十四届电视评奖工作，收集VCD盘及评奖资料。

举办了山西省第十四届电视艺术的评奖活动。评奖活动进行了一周。评委由省委宣传部、省文联、省广电局、省电视台、省视协的领导、专家组成，田惠爱任评委主任。此次评奖共有9类近120个节目参评。最终评出83个节目（包括电视剧、电视文艺、电视文学、MTV、纪录片、广告片、美术片、企业电视台节目等9大类）。电视剧《八路军》《乔家大院》《吕梁英雄传》《别拿豆包不当干粮》《福贵》等榜上有名。同时评委们对2005年4月～2006年3月参评的节目进行了研讨，评论文章在《三晋声屏》刊登，目的是要让山西省的节目通过评奖更上一层楼。

进行了第25届中国电视金鹰奖的初选活动，省电视家协会在省里评奖的基础上，从特等奖、一等奖、二等奖中选出好的节目送北京中国电视家协会角逐中国电视金鹰奖的评比活动。通过评委们认真的协商评比，省电视家协会将电视剧《吕梁英雄传》、《八路军》、《乔家大院》、《别拿豆包不当干粮》，纪录片3部、文艺晚会3台，由4位主持人送去参评。

近一个月的筹备，于2006年6月4日晚在吕梁举办了山西省第十四届电视艺术评奖颁奖晚会，经请示有关领导，这项活动由省委宣传部、省文联主办，省视协、吕梁市委宣传部、吕梁市文联承办。省委宣传部部务委员王拉英，省文联党组书记、常务副主席宋新柱、省文联主席李才旺、省文联副主席、省广电局副局长、省视协主席董育中，中共吕梁市委、市政府的领导以及省视协的副主席们为获奖代表颁了奖。6月5日上午与承办单位又组织了获奖代表赴临县碛口进行了采风活动。整个活动安排的隆重而热烈，与会代表非常满意。希望今后多组织这样的活动。6月下旬：组织电视艺术家赴西欧进行了采风活动。6月25日～7月10日组织省内部分艺术家赴西欧采风，此项活动由王若菲、袁雪红带队，使大家开阔了眼界，积累了创作素材，圆满完成了采风任务。

一是组织中国视协在山西的会员进行金鹰奖的投票活动。从2005年开始，金鹰奖改为二年一届，并增加全国会员投票。2005年轮空，2006年举办中国电视金鹰奖评选活动。此项活动对参评的节目分别由专家投票（由中国视协组织），全国会员投票，观众投票三块组成，省电视家协会将选票分发给会员，并致信请大家积极参加此项活动。二是组织向电视金鹰节第五届论文评奖的推荐工作。经省电视家协会协商推荐，有五篇论文送中国视协参评。

2006年9月8日，第23届中国电视金鹰奖在北京接晓，中国电视家协会召开了新闻发布会。经省电视家协会推荐，全国观众投票，全国会员投票及专家推荐，山西省3部长篇电视剧榜上有名。由山西广播电视总台、中共山西省委宣传部、吕梁市委宣传部、中央电视台等单位联合摄制的《八路军》、《乔家大院》、《吕梁英雄传》获优秀长篇电视剧奖。全国共11部，山西省2006年占3部。

国庆节后将组团参加中国电视金鹰艺术节。金鹰节于10月27日～29日在长沙举行。同时，电视剧《吕梁英雄传》《八路军》《乔家大院》三部作品的代表将赴长沙领奖。

10月下旬由省视协组团12人参加在长沙举行的中国电视金鹰节和第23届中国电视金鹰奖的颁奖典礼，山西省三部长篇电视剧《吕梁英雄传》《八路军》《乔家大院》获优秀长篇电视剧奖。由省电视家协会推荐有2位作者秦安强、李磊明分别获优秀论文二、三等奖。主持人吉仙红获优秀主持人提名奖。2006年山西省的获奖名次在全国名列前茅，受到中国文联和中国视协的表扬。

11月底，应中国台湾省台北市电视台的邀请，省电视家协会一行10人赴台湾进行采风交流活动，在台期间参加了台湾“金马奖”的系列活动，与电视同行进行了座谈，商洽了合作项目。此次采风，内容丰富多彩，会员非常满意。

（山西省电视家协会）

**【山西省民间文艺协会】** 2006年度山西广播电视总台联合筹办“山西民间文化艺术春节特别节目”和“电视评论研讨会”。

与太原日报联合开办“太原民俗”栏目与中央电视台协商举办“南北春节大联欢”节目。

与太原电视台合拍“太原手工艺”电视片5集。

与山西广播电视总台合拍大型艺术电视片《山西民间艺术》。

节日期间配合省电视台，制作关于民间文化遗产方面的电视片。

在大同举办了民间文化遗产绝活活动。

同省诗刊社举办赵彩东作品研讨会。

成立民间文艺家协会专业协会——“山西省民间皮影、木偶家协会”，常嗣新担任会长。

参加赵彩东艺术作品研讨会。

参加全国民协工作会议，省民协获

“先进集体”称号。

选拔参加第七届民间艺术节的节目。

在太原召开城隍庙筹委会。

对长治市长子县申报“中国八音会之乡”进行考察。

4月19日～22日参加了在北京召开的“中国民协第七次全国代表大会”，常嗣新同志当选为中国民协副主席。

5月5日，参加了临汾清唐观庙会，参加开发临汾李家大院研讨会。

参加了“浮山县农民艺术节”，商讨大同县开发吕家大院事宜。

正式启动山西省民间文化艺术博物馆的筹备工作。

在山阴县考察民间文化项目。

山西省民间文化遗产抢救重点项目——太原城隍庙古文化一条街策划方案已全部完成。常嗣新任总设计师，古文化部分由王玉奎执笔，古建部分由赵秉衡执笔，目前该项目已立项。

中国民协、山西民协为迎接第一个文化遗产月，组织了30人于5月25日～28日在晋中市进行了民间文化遗产普查。

山西省首届民间文化遗产工作会议暨首届先进工作者、先进集体表彰大会开始积极筹备。

6月5日，到内蒙古与当地文艺家协会共同举办艺术节活动，共同评选民间艺术家，并学习创办民间文化产业的经验。

6月8日，中国文联、中国民协在人民大会堂隆重召开表彰大会，纪念中国第一个文化遗产日。对全国在民间文化事业做出突出贡献的个人和单位进行了嘉奖。省民协主席常嗣新被授予“全国德艺双馨文艺工作者”，省民协被授予“全国优秀团体会员单位”称号，临汾、平遥获鼓乐鼓舞山花奖，获奖数量、级别为全国第3名。

省民协2006年工作重点放在农村，面向县（区），参加了忻州市定襄县首届农民秧歌大赛。

深入忻州市河曲县就保护抢救民间文化遗产河曲二人台、民歌进行了为期3天的调研，就传承人问题与县委、县政府交换了意见，取得了很大的进展。

7月21日～24日，中国文联、中国民协、河北文联主办的“第七届中国民间艺术山花奖·民间艺术表演奖暨全国首届民间秧歌展演”在河北南戴河举行，全国22个省派代表队参加。由山西民协选派并进行艺术指导的忻州民间艺术团荣获“山花奖”，民间吹奏艺术家卢补良被评为“全国民间吹歌大王”，团体、个人积分均为全国第二。民协获“最佳优秀组织奖”，领队被评为“优秀组织个人奖”。山西高水平的艺术表演引起了民间艺术界、音乐界及新闻界的极大关注，全国几十家重要新闻媒体进行了报导。

与朔州市政府、右玉县政府以及忻州市政府、河曲县政府在中国民协办理关于“艺术之乡称号”的命名手续。

经中国民协审批，山西省右玉县被命名为“中国古堡之乡”，并于8月5日举行挂牌仪式；山西省河曲县被命名为“中国北方民歌之乡”，并于8月7日举行挂牌仪式。

历时2年半的孝义皮影抢救项目，目前已圆满完成任务，正式出版，文字共20多万字，1000多幅图，投资38万元。

与忻州市政府申报“八音之乡”近期将举行挂牌仪式。

8月20日开始，常嗣新率山西民间工艺艺术家代表团参加中国第三届手工艺博展会，角逐“山花奖”。此次活动于26日结束，山西省共有10名艺术家参加展览。

由中国文联、中国民协组织的“中国第三届手工艺博展会”结束，省11名民间艺术家均获奖，总成绩为全国第3名。

8月22日，由中国民协命名山西忻州忻府区为“中国八音之乡”，并挂牌“中国八音研究基 地”。

两次获得“山花奖”的剪纸艺术家郭梅花剪纸作品专集1～3全部出齐，该专集全部为高档水墨印刷，十分精美，极具收藏价值。该书共收集郭梅花作品400余幅，是山西省民间文艺遗产抢救项目之一，在全国第二届手工艺博展会上荣获金奖，受到中国文联和中国民协领导的高度评价。

受北京市政府有关部门邀请，山西省太原清徐“抬阁”一行23人，赴京参加“北京国际旅游节”，世界各国数百家媒体进行了报道。此次参演，山西省民间艺术家表现出色，记者争相采访，观众们热烈欢迎。该民间艺术团，由省民协推荐并进行艺术指导，作为山西省文联民间文化遗产抢救项目之一，给予重点培养。

由中国民协副主席、山西省民协主席常嗣新为团长的“中国民间艺术界重走长征路考察团”，经厦门赴江西瑞金兴国考察，受到当地政府及宣传部门的欢迎，并走访了老红军，召开了座谈会，取得了研究成果，并写出了考察报告，收到了良好的社会效益，山西省4名民间艺术家参加了考察。

第八届中国民间文艺山花奖·民间工艺美术作品获奖结果揭晓，在北京中国国际展览中心举办的中国第三届手工艺博展会上，山西省民间工艺家梁峻维木雕作品《农家出勤》，民间剪纸艺术家李斌杰剪纸作品《山西民歌系列》荣获中国民间文艺最高奖山花奖。该两幅作品均由省民协推荐并进行艺术指导。

第八届中国民间文艺山花奖·广场民间艺术“抬阁”展演于10月4日～6日在广州举行，全国16个省28支队伍参加了展演。由省民协推荐并进行艺术指导的太原清徐“抬阁”荣获中国民间文艺山花奖。到目前，山西省共荣获四项山花奖，两项全国大奖，获奖数量为全国第一，名次及表演、作品质量均为全国前3名。

由山西文联、省民协、阳泉市委宣传部、平定县委、县政府主办的山西省首届民间艺术展演，全省20余支民间广场表演队伍参演，共有两千余件民间工艺品参展。省文联党组副书记、副主席高国俊参加了开幕式。展演开幕式上省、市领导出席了会议，中国民间文艺家协会命名阳泉市平定县为“中国刻花瓷之乡”及“中国刻花瓷研究基地”。

山西省民间文化遗产抢救重要成果——“山西孝义皮影”正式出版，中国文联副主席、中国民协主席冯骥才为本书写了序，并不止一次肯定此书为全国皮影文化遗产抢救树了样板，并对山西民协和该书作者朱文表示感谢和表扬。

由中宣部、中国文联、中国民协共同举办的“中国民间文化杰出传承人”评选活动揭晓，山西省堆锦艺术家涂必成、民间木偶艺术家吴春安、民间漆艺艺术家薛生金、民间刺绣艺术家郭美玲4名民间艺术家榜上有名，全国首批获此殊荣的只有100名。

第三届中国民间工艺品博展会上又传来好消息。山西省剪纸艺术家、民间工艺大师王桂香布艺剪纸作品“富贵虎”荣获金奖，山西平遥推艺漆四扇屏“四美挂屏”获银奖。

全国民间文艺“十一·五”规划会在南京召开，省民协主席常嗣新出席了会议，山西省作为全国4个先进省份代表作了“利用社会资源，发展民间文艺事业”的典型发言。

长治市长子县农民王长宇自费投资80万元，在省民协的支持下，建立了“山西省民间根雕艺术博物馆”。

经过1年来的努力，山西省取得了“奥运之光”大型彩灯全国巡展的主办权，该活动由奥运会组委会批准，由全国总工会、中国文联、中国民协、山西省文联等8部委主办，请山西省人民政府、太原市人民政府等领导机关参与主办，由省民协及有关部门共同承办。该活动历时2年，15个省市参与，规格高，影响大。

中国民协副主席、省民协主席常嗣新代表“奥运之光”组委会利用2天休息日与山西彩灯界的专家、厂长、经理进行了座谈与研讨，就搞好“奥运之光”全国彩灯巡展各项工作深入进行了调研。

平遥国际摄影节期间，由省民协主办，省民间工艺美术家协会承办的大型民间工艺展落下了帷幕，历时1个月，大约10万观众观看了展览，全省50余名民间工艺家参加了展览，并进行了现场表演，平遥国际摄影节组委会还为此颁发了奖状。

由中国民间文艺家协会主办、承办，由山西省民协协办的“中国民间经典音乐展演”12月1日～3日在北京民族宫大剧院举行。中宣部、文化部、中国文联的领导和50个国家的大使出席并观看演出。山西省民间艺术团忻州八音艺术团一行17人参加了演出，受到了最热烈的欢迎，中央各大媒体纷纷给予报道。

山西省民间艺术团“驴驴人艺术团”团长倪育生，在人民大会堂参加了“中国百名公益人物”颁奖命名表彰大会。

到运城考察介子推故乡文化，就重新恢复介子推故居、家庙及祭祠进行了研讨。

12月21日召开“奥运之光”彩灯评审会。（山西省民间艺术家协会）

**【山西省舞蹈家协会】**

2006年度组织山西5名代表赴京参加中国舞蹈家协会第8次代表大会，山西省冯玉梅、傅汉生当选全国舞协新一届理事。

协助举办“山西校园春节文艺晚会”。

对各地、市的考级工作进行调查摸底，进一步做好整理工作。

组织省内编导王秀芳等去北京观摩学习大型舞剧《风中少林》，大家受益盛多。

协会购票请地市主席和省城部分会员观看总政歌舞团来并演出的“燃烧的舞步”舞蹈专场。

4月30日，校园艺术节圆满结束，中国舞协副主席李毓珊担当评委主任，参赛节目质量高，社会反响好。

5月1日～6日，由中国舞协推广和举办的中国舞注册教师和中国舞教师资格证培训班，山西省近90人参加了培训，中国舞协分党组书记、常务副主席冯双白作为主考官对培训教师进行了考试。在工作期间，文联车队服务意识强，给予了大力支持。

在石家庄研究参加华北5省（北京、天津、河北、内蒙、山西）舞蹈比赛事项、规模及评奖办法。

经过2个多月的筹备，两年一度的山西省第二届“小荷花”青少年舞蹈比赛于7月29日举行了颁奖晚会，省文联党组副书记、副主席高国俊，省文联党组成员刘廷明、李剑斌，省文联副主席崔俊恒，省舞蹈家协会主席冯玉梅、王秀芳等出席了颁奖仪式，并观看了汇报演出。此次活动在各地舞蹈家协会和全体会员的努力下共有11个地市，227个节目，2800多位选手参加了比赛，经过25日～28日紧张激烈的角逐，评出了金、银、铜表演奖、创作奖、“小荷花”贡献奖、优秀组织奖，值得一提的是与上届相比，节目有了增加，参与的人数比以往增加了许多，更可喜的是创作剧目在作品数量和质量上有了明显的提高，涌现出了一批有潜力的舞蹈编导，为山西省的舞蹈事业的发展增添了活力。

10月2日～6日，由北京、天津、河北、山西、内蒙古5省市区联合主办，河北省舞蹈家协会 承办的第三届华北5省市区舞蹈比赛圆满结束。5省市区在此次比赛中都选派了强大的阵容，如北京市推荐了北京舞蹈学院，中央民族大学，北京师范大学等；天津市推荐了天津歌舞剧院，天津芭蕾舞剧院等；内蒙古自治区推荐了内蒙古歌舞剧院，内蒙古师范大学等；河北省推荐了河北省歌舞剧院，河北大学等。山西省推荐了一批新创作的剧目，参赛单位有山西大学，山西师范大学，太原师范学院，太原幼儿师范学校，吕梁歌舞剧院等，参加此次比赛的创作作品占总推荐作品的90%，无论从选材还是表演都得到了专家的一致好评，获得的一等奖共计12个，其中创作一等奖为11个；二等奖19个，其中创作二等奖为7个，创作三等奖为8个；三等奖12个，其中创作三等奖为9个，此次舞蹈比赛得到了各省市区的大力支持，大会组委会同时决定第四届华北5省市区舞蹈比赛将由山西省承办。

10月2日～13日，特邀请中国舞蹈家协会舞蹈教师在太原举办了山西省中国舞协中国舞蹈考级注册教师培训班和少儿舞蹈编导班，全省各市县的130余名教师及校长参加了培训，同时对2006年中国舞蹈家协会中国舞蹈考级山西考区中的先进个人和集体进行了表彰。

（山西省舞蹈家协会）

**【山西省戏剧家协会】** 2006年度第十届山西省戏剧“杏花奖”评比演出圆满结束，省文化厅、省剧协联合发文，公布了获奖名单。本届评比活动全省共有39个专业艺术表演团体。6个民间职业艺术团体的131个剧（节）目参加了评比演出，共评选出杏花新剧（节）目奖5个，二度杏花表演奖2个，单项奖153个，组织奖4个，优秀演出奖4个，突出贡献奖2个。本届评比演出全部采用评委现场打分，电脑汇总排序的方法，经总评委员会认真审核，确定评奖入选分类和获奖奖项，名额，并提名组织奖，优秀演出奖和突出贡献奖，体现了公开、公正、公平。

1月18日召开全省文化局长会议，同时对“杏花奖”进行了发奖、总结。

筹办3月份赴台进行戏曲交流活动。

确定话剧《立秋》、上党梆子《赵树理》、豫剧《裴寂还乡》为山西省参加“中国戏剧奖、曹禺剧本奖”候选剧目。

为戏剧剧本《祭桩》音乐创作办理版权代理手续。

推荐、组织山西省参加由中国剧协举办的“全国大型剧本创作研讨会”活动。

向全省剧团发文，制定“行业自律”的办法，主要是避免恶性竞争，将戏价维持在一个比较合理的水平。

推荐、选拔优秀小戏节目，参加“中国滨洲、博兴国际小戏艺术节”，报送中国剧协。

参加第三届全国少数民族文艺会演。

审查山西参评的大同晋剧院创作的《边城罢剑》。

为省委宣传部起草“关于山西文化事业发展的现状与建议”供有关领导参考。

协助省文化厅筹办“山西省舞美、灯光、音响技术人员培训班”。

讨论青春校园剧《我和星星有个约定》剧本。

赴海南三亚参加"中国剧协六届二次理事会议"和"剧协工作会议"，确定2006年6月，中国剧协主席尚长荣来山西省吕梁慰问演出和瞻仰于成龙墓事宜。

与文化厅组织举办"山西省舞美、灯光、音响技术人员培训班"，整顿山西舞台美术学会。

应"台湾周凯剧场基金会"邀请，由省剧协组织的以省文化厅成堡德厅长为团长的"山西戏剧文化界专业管理人士参访团"一行13人，从5月25日～6月5日在台湾进行了参观访问。参访期间，台湾陆委会文教处处长陈会英、海基会文化服务处处长林昭灿、台北市文化局局长李斌、台北县文化局局长朱惠良、中正文化中心主任李炎等会见并宴请了参访团全体成员。在台期间，参访团成员几乎走遍了台湾由北向南，由西向东全岛，领略了祖国宝岛台湾的美好风光，参观了故宫博物院及名胜古迹，观摩了国光京剧团演出的《金锁记》，台北新剧团演出的《原野》，河路歌仔戏《良弓吟》，高雄歌仔戏《白蛇传》以及台湾艺术大学舞蹈学院演出的舞蹈专场等剧目。本次出访活动是由文化部港澳公司报国务院台办批准的正式参观访问团，达成了多项两岸两地文化合作意向，为加强两岸文化合作奠定了良好的基础。

6月13日，参加了由省文化厅召开的全省艺术创作会，学习了陈晓光部长有关全国艺术人才培养的报告，聆听了文化部艺术司司长于平同志有关全国戏剧创作情况的报告。会议期间，省文化厅厅长成葆德和窦明生助理巡视员对山西省戏剧创作情况进行了总结，并对今后工作作了指示。全省各文化局负责人和省直有关单位负责人出席。

由中国戏剧家协会、中共山西省委宣传部主办、山西省文联、山西剧协、中共吕梁市委、市政府承办的《中国戏剧"梅花奖"艺术团·吕梁行》活动，于6月26日～28日在吕梁举行。由中国剧协分党组书记董伟为团长的艺术团在吕梁市离石汉画像石博物馆广场前和吕梁影剧院进行了2场慰问演出。中国剧协主席、中国戏剧"梅花奖"唯一的"梅花大奖"获得者尚长荣和来自全国、全省18名"梅花奖"获得者演出了精彩节目，受到离石区的老干部、老模范以及数万观众的热烈欢迎。在演出的空隙时间，尚长荣同志率领"梅花奖"演员们赴廉吏于成龙的故乡进行了采风活动。28日，全体人员赴文水刘胡兰纪念馆参观了烈士事迹展览，瞻仰了烈士墓，中国剧协、山西省文联、山西省剧协等单位向烈士墓敬献了花圈。此次"梅花奖"艺术团赴吕梁进行慰问演出活动是我国戏剧工作者遵照党中央提出的"三贴近"原则，为贯彻执行胡锦涛总书记"八荣八耻"的指示精神而搞的一次演出实践活动，省委宣传部副部长、省文化厅党组书记杨波、省文联主席李才旺、党组副书记高国俊、省剧协主席李金海以及省直和吕梁市有关方面负责同志观看了演出，并参加了部分采风活动。

7月28日～30日，赴京讨论吕梁市创作的晋剧现代戏《摇篮曲》，临汾市创作的眉户现代戏《父亲》。中国剧协分党组副书记季国平，《中国戏剧》主编姜志涛，组联部主任赵承燕及原文化部艺术局副局长姚欣，原艺术司副司长、著名剧作家戴英禄，中国剧协原党组书记、戏剧评论家王蕴明等出席。北京各位专家，领导对剧本提出了许多宝贵的意见。吕梁、临汾两市及省剧协主要负责人，主创人员分别参加了座谈会。

8月5日苏州结束的第十届中国少儿戏曲小梅花荟萃活动的评比中，山西省剧协选送的选手荣获"地方戏专业A组"前5名和第7名的好成绩，同时，还有一名选手获"地方戏业余A组"第2名。山西省剧协获"优秀组织奖"。这是山西省连续5年来此类全国比赛中获得名列全国第一的好成绩，本届评比是从全国上千名14岁以下专业、业余小选手中选出79名优秀者，赴苏州进行了"京昆""地方戏"专项评比后选出的。下届比赛将在2007年山西省运城市芮城县举办，芮城县文联具体承办，这也是全国文联系统第一次承办此类活动。

赴晋城审查晋城市上党梆子剧团拟晋京演出的传统剧目《潘杨讼》。

召开山西省"中国戏剧梅花奖"参评推荐委员会工作会议，对山西省今年拟参评"梅花奖"、"二度梅"的演员和剧目进行了审议，同时对中国剧协下发的"中国戏剧奖·梅花表演奖"评奖细则(草案)进行讨论，根据山西省实际提出意见。

为纪念人民艺术家赵树理诞辰百年，由晋城市上党梆子剧团创作演出的以赵树理家风家事为主要内容的现代戏《赵树理》，9月1日、2日在北京长安大戏院演出。中宣部文艺局局长杨至今，文化部副部长赵继绥，中国文联党组副书记李牧，党组成员、书记处书记廖奔，山西省副省长范堆相，省作协党组书记李福明，省文联党组副书记高国俊以及中国作协，中国剧协的有关负责人观看了演出，并给予剧目很高的评价。该剧由上党梆子著名演员、梅花奖获得者张保平同志主演。为检验这几年张保平在上党梆子艺术上的成就，经山西省剧协梅花奖推荐委员会同意，张保平同志同时申报了"二度梅"的评选，在演出《赵树理》的同时，还给首都观众奉献了上党梆子传统戏《潘杨讼》。前中国文联党组书记高占祥专程由外地赶回，观看了该剧目。9月4日和5日，分别由中国剧协和文化部艺术司，对晋城市演出的剧目，邀请首都戏剧界专家、学者进行了座谈，大家对山西省推出的这台戏给予了高度评价，并对张保平的表演进行了充分的肯定。山西省在北京进行的纪念赵树理诞辰百年活动也同时得到中央电视台、人民日报、光明日报、北京日报、晚报等数十家新闻媒体的充分报道，吸引了大批戏剧观众观摩演出。

9月12日，省文化厅和省剧协去晋中讨论新编晋商历史剧《渠本翘》，该剧编剧为郭润生、任晋文，是被列为晋中市的重点剧目。9月14日，省文化厅和省剧协在大同审查拟本月赴北京参加全国第三届少数民族文艺会演剧目晋剧《边城罢剑》，该剧主要反映明朝蒙汉人民如何化干戈为玉帛的民族团结故事，是山西省唯一被选中参加全国少数民族文艺会演节目。9月15日，在忻州审查山西省准备参加由文化部组织的"北方片"调演剧目《黄河管子声》，该剧主要描写黄河岸边的劳苦人民如何克服种种不幸，追求美好生活的主题。省委 宣传部杨波副部长及省文化厅、省剧协部分领导参加审查。

9月22日，赴运城审查运城市艺校演出团演出的现代戏《山村母亲》和盐湖区蒲剧团演出的新编传统剧目《程婴救孤》，省文化厅、省剧协领导前往观摩。

9月27日，受吉林省戏剧家协会邀请，在长春市观摩文化部文化产业示范基地"东北风二人转"艺术团的演出，使山西戏剧家协会成员看到了贴近普通老百姓的真正能走向市场的剧场艺术。

10月19日，由省戏剧研究所主办的，以反映全国晋商会馆为主要内容的摄影图片展，在省文联一楼展厅展出，省文联主席李才旺及省委宣传部、省文化厅主要领导出席开幕式并剪彩。

10月24日，由山西省京剧院、中国京剧院、中国戏曲学院联合打造的新编清代故事剧《走西口》在北京长安大戏院演出。这出描述山西晋商在走西口创业之中所经历的是非曲折故事，由山西戏剧家协会剧作家张晓亚等创作、著名京剧表演艺术家于魁智、李胜素等主演，并集中了8位我国目前京剧艺术界最为活跃的著名演员。25日，中国戏剧现代戏研究会为《走西口》召开研讨会，中国剧协分党组副书记兼秘书长季国平等10多位戏剧界专家、学者对该剧演出进行了充分肯定，同时对剧本也提出以待改进的地方。文化部部长孙家正曾观摩了该剧演出。

11月1日，省文化厅、省剧协赴吕梁市中阳县审查吕梁市青年晋剧院拟赴京演出的现代戏《红兜肚》连排和《残月》《失子惊疯》《教子》等三出折子戏，11月2日上午举行了座谈会，省城8位专家对演出提出意见。

11月3日下午，在省晋剧院，省文化厅和省剧协领导，同省晋剧院有关负责同志召开联席会议，确定了省晋剧院青年演员苗洁从中国戏曲学院研究生班毕业汇报演出和参评“梅花奖”的有关事宜。

11月10日～12日，组织山西省梅花奖推荐委员会全体成员观摩省晋剧院青年演员苗洁演出的折子戏专场《打神告庙》《梨花情》《凤台关》和大型传统剧目《富贵图》。中国剧协组联部主任、中国戏剧梅花奖评比办公室主任赵承燕同志专程前来观看并对演出提出了建设性的意见。12日下午，推荐委员们和省晋剧院主创人员进行了座谈，为进一步提高演出质量进行了研究。

11月16日、17日，省剧协“中国戏剧梅花奖推荐委员会”部分成员赴吕梁中阳县观摩、审查吕梁市青年晋剧院演出的新编现代戏《红兜肚》和移植剧目《审姐责弟》，并进行了研讨座谈。

11月23日，在北京长安大戏院二楼贵宾室，召开山西省吕梁市青年晋剧院赴京汇报演出新闻发布会。新华社、中央电视台、中国文化报、中国戏剧杂志等数10家新闻媒体参加了发布会。吕梁市副市长和省剧协、省文化厅负责人在会上介绍了此次赴京汇报演出剧目和演员情况。

11月25日，部分首都戏剧界专家学者顶风冒雪来到太原，观摩了山西省晋剧院青年演员苗洁演出的晋剧折子戏《凤台关》《梨花情》《打神告庙》。演出结束后，首都专家和省文化厅、省剧协领导及省晋剧院主创人员进行了座谈，对剧目如何进一步完善提出了许多宝贵意见。

12月1日～3日，由山西省戏剧家协会推荐的吕梁市青年晋剧院优秀青年演员梁桂星为参评“中国戏剧奖·梅花表演奖”演出的晋剧传统剧目《情怨》、《失子惊疯》、《审姐责弟》和新编现代戏《红兜肚》在北京长安大戏院演出。中国文联党组成员、书记处书记廖奔、中国剧协分党组书记董伟、副书记兼秘书长季国平及数十位“梅花奖”专家、评委观看了演出。省文联党组成员、书记处书记刘廷明、省剧协主席李金海、吕梁市委宣传部部长朱锦平等有关领导观看了演出。12月4日，在中国剧协会议室召开艺术研讨会，对吕梁市青年晋剧院和梁桂星的演出，首都戏剧界专家给予了充分的肯定。李金海主席和朱锦平部长以及吕梁市青年晋剧院主创人员出席了研讨会。

12月7日～8日，由山西省剧协推荐的山西省晋剧院青年团优秀演员、中国戏曲学院研究生班学员苗洁为参评“中国戏剧奖·梅花表演奖”的晋剧优秀折子戏专场演出，在中国戏曲学院大剧场举行。苗洁在这两场演出中表演了晋剧优秀折子戏《凤台关》、《打神告庙》、《烤火》、《赤水驿》、《探路》和新编故事剧《梨花情》中的一折。中宣部、文化部、中国文联有关负责人、原北京市市长张百发观看了演出。山西省文联党组书记宋新柱陪同上海、贵州文化联党组书记也观看了演出。观看演出的还有中国剧协分党组副书记兼秘书长季国平及数十位“梅花奖”评委、专家。12月9日，在中国剧协会议室召开了晋剧院及苗洁表演艺术研讨座谈会，首都专家对苗洁的表演艺术给予了极高的评价。省文化厅副厅长张建军、省剧协主席李金海以及晋剧院主创人员出席了座谈会。

12月20日～21日，赴吕梁参加该市艺术创作会议，并在会议上作出戏剧创作理论讲座。（山西省戏剧家协会）

**【山西省摄影家协会】** 2006年度成立“山西省摄影家协会商务分会”。

编印《山西摄影报》。

编印《山西摄影》杂志。

召开常务理事和各摄影团体工作会议，总结2005年工作，布置2006年工作。

召开新春联谊会，省城与各地会员近400人进行联谊，对获得全省10个组织工作奖的单位进行表彰。

举办“山西省摄影家8人联展”。

参加太原市组织的总结表彰联谊会。

赴文水县进行摄影展和作品点评。

举办太行山桃花红创作研讨会。

组织赴榆次、介休进行摄影创作。

4月12日，在长治召开摄影理论研讨会。

在平朔县进行摄影采风，40多位全省各地的摄影工作者参加了活动。

4月27日，组织摄影家赴运城五老峰采风。

5月8日，举办题为“阎维文回家”摄影纪实比赛。

5月19日，举办“20世纪华人摄影精品展”。

赴忻州参加“忻州摄影艺术展览”。

5月21日，参加了中国摄影家协会在榆次举办的大学生摄影比赛。

5月17日～23日，与山西省电力局联合举办“摄影学习班”，并临长治大峡谷和王莽岭创作。

为纪念中国共产党成立85周年，在老井村进行了摄影采风活动。

社会主义荣辱观摄影比赛创作工作会议在潞安矿务局举行，各市、各专业协会有关人士参加了会议。

举办“羿神杯”摄影大赛，省、市、潞安矿务局等摄影专家现场比赛，现场颁奖，此次活动历时3天。

在艺术博物馆举办美国摄影家甘博的《风雨如磐》摄影展。

王东风同志参加“上海国际摄影节”。

派人参加内蒙古草原摄影创作活动。

赴榆次参加旅游文化节，在榆次后沟举办了“民俗摄影展览”。

10月4日～5日，组织山西省摄影家在晋祠进行采风活动和摄影讲座。

10月5日，在迎泽公园举办“第十七届全省摄影艺术展览·花卉摄影展”。

10月20日，在吕梁碛口进行3天的摄影采风。

11月2日～4日赴运城进行摄影工作调查，并在闻喜、永济等地进行采风。

赴北京参加中国摄影家协会成立50周年的纪念活动。

（山西省摄影家协会）

**【山西省电影家协会】** 2006年度山西省电影家协会编、中国电影出版社出版，杨志刚、杜学文主编的纪念中国电影诞辰100周年《聚集山西电影》出版。

春节前夕举办了“省城迎春电影招待会”。

赴祁县看望了中宣部、文化部表彰的“全国先进农民文化大院”，该院是由山西省个体电影放映户、祁县农民权勇创办的。

赴福建参加“全国电影家协会秘书长会议”。

5月25日参加“全国农村体裁电影创作研讨会”。

为了进一步推动公益电影下乡放映活动的开展，在全省基本实现农村电影“2131”工程目标，丰富农民的文化生活，促进新农村建设，由省委宣传部、省广播电视局、省文化厅、省文联、省农村文化促进会联合主办，省电影公司、省电影制片厂、省电影家协会承办，省烟草专卖局、河北中烟工业公司、张家口卷烟厂协办的“至诚钻石”百县千乡农村公益电影汇映活动，7月13日在革命老区武乡县八路军纪念馆广场前举行了启动仪式，省级老领导光敏、王民、白陛、省有关单位领导杨波、郭慧民、田畛、梁志祥、高国俊、李水合等同志出席了启动仪式。

7月30日晚，山西省名人联合会、省影协联合组织省城著名艺术家赴阳泉郊区荫应镇，为广大农民进行演出，阳泉市四大班子领导和10000多观众看了演出，收到很好的社会效益。

12月11日，在汾阳挂牌农村影视基地，中共山西省委常委、宣传部部长高建民等领导，著名电影导演贾樟柯、著名歌唱家谭晶应邀出席。

（山西电影家协会）

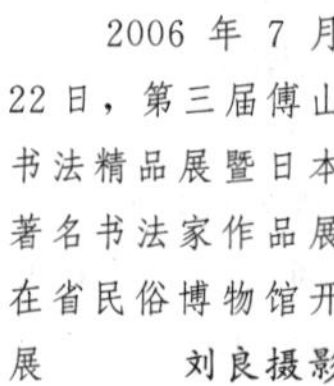

2006年7月22日，第三届傅山书法精品展暨日本著名书法家作品展在省民俗博物馆开展　刘良摄影

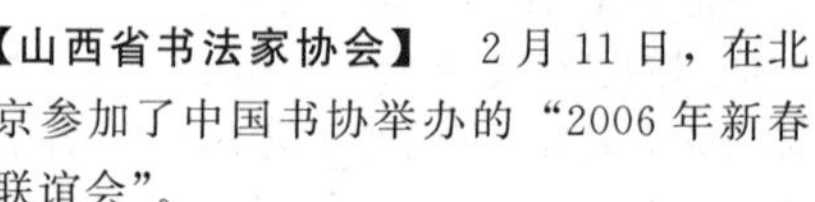

**【山西省书法家协会】** 2月11日，在北京参加了中国书协举办的“2006年新春联谊会”。

进行《“农行杯”山西省第二届中青年书法展》的评选工作。

3月3日，在山西省民俗博物馆举办《三晋印风展》。

筹备3月中旬中国文联、中国书协举办的“书法作品进万家”活动。

3月3日，省书协召开主席团会，传达了中国书协2006年工作要点，讨论确定了山西省2006年工作计划，采取副主席包市书协的办法备战2006年全国各项展览和山西省2006年的工作分解，由各位副主席分别牵头负责。

3月3日，由省书协、省文化厅主办，由书协篆刻委员会和省群艺馆承办的“三晋印风”篆刻展在博物馆开幕。省文联主席、省书协主席李才旺，省文联党组副书记高国俊和文化厅的领导出席了开幕式。

启动“山西—四川书法联展”和“山西书法提名展”。征集“山西—四川书法联展”作品。

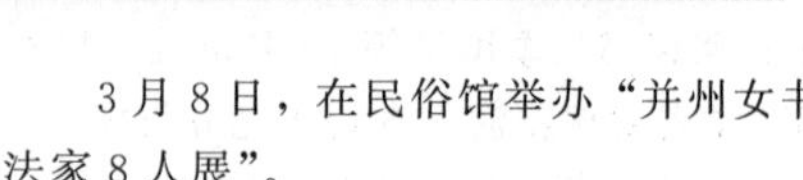

3月8日，在民俗馆举办“并州女书法家8人展”。

召开主席团会议，推选出中国书协专业委员会人选。

接待中国书协副主席何应辉。

赴运城市参加仇官有书法展开幕式。

5月9日，下午赴成都参加“山西与四川书法联展”。

5月底举办张世荣书法展。

5月23日，赴北京参加中国文联、中国书协举办的“社会主义荣辱观书法展”。

5月31日，举办了“张世荣书法展”。

6月29日，在文联大厦举行“山西省第二届中青年书法篆刻展”。

启动“山西省第七届书法篆刻展”。

6月29日，举行了“山西省第二届中青年书法篆刻展”开幕式。

6月29日，由省书协、市农行举办的“山西省第二届中青年书法展”在文联大厦举行，省委宣传部领导王建武、卢渝、省文联主席、省书协主席李才旺、省文联党组副书记、副主席高国俊及书画家等300余人出席了开幕式。

参加了由省书协、华泽铝电有限公司联合举办的“王陆大字书法展”在运城举行，300余人出席了开幕式。

参加在忻州举办的纪念傅山诞辰400周年书法笔会。

7月22日，和省文物局联合举办的“第三届傅山书法展”。

7月27日，参加中国书协召开的第二届中国书法“兰亭奖”宣传工作会议。

召开省书协主席团会议，贯彻中国书协宣传工作会议精神，安排山西省工作。

8月9日，省书协与曲沃县委、县政府举办“曲沃县高显村农民书画展”。

与省电视台新闻综合频道组织“捐资

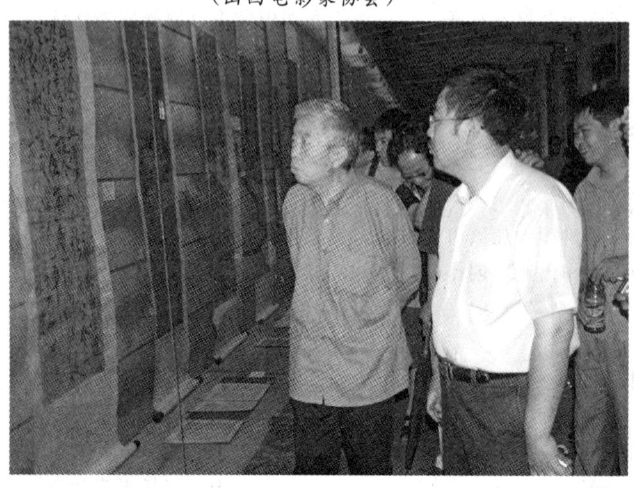

2006年7月22日，山西著名书法家林鹏（左一）观看傅山书法精品展　刘良摄影

助学书法义卖活动”资助贫困失学学生。

8月22日，由省书协、省电视台新闻综合频道、省邮政局、省慈善协会共同组织了“捐资助学书法义卖”活动，协会共组织了省城近20名著名书法家书写了作品，将拍卖的2万余元，全部捐献给了因家庭困难而上不起学的大学生。

8月26日，由省书协、山西大学等几家主办了“姚奠中书法展”在中国美术馆举办，布赫、田成平、纪馨芳、赵长青、李才旺等参加了开幕式。

8月31日，在临汾召开主席团会议，贯彻全国兰亭会议精神，总结上半年工作，安排下半年工作。

9月11日～17日，接待新疆书法代表团来山西省考察和采风。

10月12日，参加太原·长沙书法作品联展。

10月24日，参加中国书协在广东召开的《中国书法发展纲要讨论会》和2007年组联会。

11月9日，参加了阳泉美术院成立20周年的活动。

12月1日，主办了山西省第七届“金海湾杯”书法篆刻展。

（山西省书法家协会）

**【山西省杂技家协会】** 2006年度2月20日，赴山东参加杂技工作会议。

8月13日～8月21日，参加西部杂技论坛。

国庆期间，长治杂技团以省杂协与长治杂技团的名义在武乡、壶关农村进行了2场慰问演出。

12月20日，参加了太原杂技团建团50周年活动。（山西省杂技家协会）

**【山西省音乐家协会】** 2006年2月28日，召开胡更《旋律学》研讨会，省城音乐界专家近20人参加了研讨会。

赴南宁参加音协工作会议。

承办由省委宣传部、省精神文明办、省文联联合组织的有关“八荣八耻”内容的征歌活动。

出版“音协会员通讯”。

举办王赞珍琵琶独奏音乐会。

举办中国著名琵琶演奏家、中央音乐学院教授李光华专题讲座会。

6月6日，由山西省音乐家协会、山西大学音乐学院共同主办的赵文静钢琴独奏音乐会在山西大学音乐学院音乐厅隆重举行。

6月10日由省音协、山西大学音乐学院共同组办的《曹艺、要蕾学生钢琴音乐会》在山西大学音乐学院音乐厅举行。

6月15日，由省音协、山西大学音乐学院、山西师范大学音乐学院、省二胡学会共同举办的《丁国强作品暨卫培泽二胡独奏韵会》在山西大学音乐学院音乐厅举行 。

6月16日，由省音协、山西大学音乐学院共同举办的《王晋华学生声乐专场音乐会》在山西大学音乐学院举行。

6月18日，由省音协、山西大学音乐学院共同举办的《陈华强学生打击乐音乐会》在山西大学音乐学院音乐厅举行。

6月19日，由省音协、山西大学音乐学院共同举办的《张立忠学生钢琴音乐会》在山西大学音乐学院音乐厅举行。

6月17日，由省音协、山西省歌舞剧院、山西大学音乐学院、山西省长笛学会联合主办的《吴骥长笛独奏音乐会》在山西大学音乐学院音乐厅举行。

为迎接8月在太原隆重举行的第十二届山西省运动会，山西省体育局和山西省音乐家协会近日联合在全省范围内征集第十二届省运动会会歌，征集工作7月31日截止。

组织音乐界专家对276件“八荣八耻征歌”应征作品进行评选，评出一等奖5首，二等奖9首，三等奖16首。此次活动由省委宣传部、省文联主办，省音协承办。

组织专家对山西省参加全国钢琴比赛的选手进行初选并报送中国音协，郭华被选中参加全国钢琴比赛复赛。

出版《社会主义荣辱观歌曲集》。

（山西省音乐家协会）

**【山西省美术家协会】** 2006年3月，由山西省油画学会主办的《山西油画精品邀请展》于3月20日～30日在晋宝斋展厅举行，共展出优秀作品80余件。

2006年4月28日，由山西省美术家协地、山西省花鸟画学会主办、晋祠博物馆承办的“山西省第三届花鸟画作品展”于5月1日～30日在晋祠博物馆展出，展出作品149件，其中孟旭耀《瑞雪》、李桂花《田原秋色》获一等奖，靳瑞强《寒塘幽梦》、李铁鸣《春回晋阳》、傅丽云《白牡丹》、李柏默《白玉登堂》获二等奖，王爱忠《深秋》、赵南南《艳阳天》、赵嗣成《春色醉歌》、孙东生《柳石图》、肖瑞英《花鸟四扇屏》、尚建军《白露》、李林《夏韵》、李桂平《荷梦》、赵贵明《醒秋》、仇锦《菊》获三等奖。

2006年6月，由山西省美术家协会、山西省画院、山西大学美术学院主办的张顺清教授丙戌中国画展于6月6日～6月10日在省文联大厦展厅举行。共展出山水、人物作品200余件，展览期间举行研讨会。

2006年7月，为结合中国“俄罗斯年”的文化活动，由俄罗斯美术家协会、莫斯科太阳集团公司、山西省旅游局、山西省文联、山西省美术家协会、莫斯科远达公司共同举办的“当代俄罗斯油画展”于2006年7月2日在太原举行。展览共展出210幅油画作品，在“中俄友好交流年”俄罗斯年举办这样的画展，不仅能够满足广大美术爱好者的需要，也会为我国的油画家和理论家提供一次对俄罗斯绘画艺术全新认识和深入思考的机会，是为中俄艺术文化的又一次成功交流。

2006年8月29日，由山西省美术家协会组织的“黄河风情”写生活动，在山西河曲县举办。这次写生活动，聚集了全省美术界20多位画家。活动旨在弘扬黄河文化，用真情描绘山西的秀美河山，通过画家们的画笔创作，让更多的人了解山西、向往山西。在写生期间，举办了“黄河风情”作品邀请展，并进行了研讨活动。

2006年9月5日，由山西省文联、中共太原市委宣传部、山西省美协主办的“赵梅生新写意中国画展”在中国美术馆举办，这是赵梅生先生继1994年在中国美术馆举办个人画展以来的“梅开二度”。展览在画展的开幕式上，同时举行人民美术出版社大红袍系列画集之《中国近现代名家画集——赵梅生》的首发仪式。

此次展览共展出赵先生的作品238幅，其中新作近200幅，展览按照主题框架分为花鸟部分、华夏风光系列、国粹抒情系列、西欧写意系列、画笔温歌华系列等。在画展期间举行了“赵梅生新写意中国画”学术研讨会。

2006年10月，由山西省美术家协会、山西省山水画艺委会主办的“山西省第二届山水画作品展”于2006年10月10日～30日在山西省民俗博物馆举办。此次展览共展出作品168件，其中优秀作品57件，展览期间举办了研讨会，并编辑出版了《山西省第二届山水画作品集》。

2006年10月，由山西省美术家协会、山西省书法家协会、太原市文物局、山西省晋剧院、人民代表报、太原晋祠博物馆承办的“晋阳五人书画友情展”于10月10日～10月31日在太原晋祠博物馆展出。五位书画家分别是赵国柱、李钢、裴希敏、乔亚丁、徐晋平、共展出书画作品122余件，都是书法家画家近期创作的优秀作品。并举办了研讨会。

2006年11月，由山西省美术家协会、山西省油画学会主办的“山西省第三届油画写生作品展”于11月10日～20日在山西省艺术博物馆展出。此次展览共展出油画作品118件。

2006年10月，由中国美协主办、顺德德懿贸易有限公司广告公司协办的“全国第三届中国美协会员中国画精品展”在东佛山市举行，这次全国性大展中，山西省画家崔俊恒的《人物》、王爱忠的《阳坡照一杆高》荣获优秀奖。

2006年11月，由中国美术家协会主办、上海美术家协会承办的“风景、风情”全国小幅油画作品展，于11月28日～12月10日在上海美术馆举办，山西省画家李新铭的作品《山村大集》在这次大展中获优秀作品奖。

2006年11月10日，由山西省美术家协会、山西省油画学会主办的“2006年山西首届高校学生素描色彩习作展”在山西美术学院举办。

山西日报报业集团、山西人民出版社、山西省美协主办的“山西花鸟画新八强画展”，12月6日在太原举办。

由山西省体育局、省美协、省音协主办的“征集山西省第十二届运动会会徽、会歌、吉祥物、招贴画的活动”2006年8月在太原举行，从征集的设计作品中最后评选出会徽优秀奖2个，吉祥物优秀奖1个，并有1个会徽、1个吉祥物、1幅招贴画作为运动会宣传实物被选用。

（山西省美术家协会）

**【山西省企业（产业）文联】** 2006年赴运城参加“王陆大字书法展”。

参加了在赵梅生美术馆举行的铜像安放仪式。

8月7日，带领山西省部分企业领导和企业文艺工作者，共计15人参加了在内蒙古呼和浩特市召开的全国产业（企业）文联工作经验交流会，来自全国产业系统和企业文联的200多名文艺工作者参加了本次会议。

此次会议由中国文联产业（企业）文联工作委员会主办，旨在通过总结交流近几年来产业（企业）文联工作的新经验，研究探讨当前产业（企业）文联工作出现的新情况新问题，评选表彰为产业系统的先进文化建设做出突出贡献的先进集体和先进个人，以推进产业（企业）文联的思想和组织建设，促进新形势下产业（企业）文艺事业的发展和繁荣。中国文联党组副书记、副主席、书记处书记、产业（企业）文联工作委员会主任覃志刚，内蒙古自治区党委副书记杨利民，人大副主任尤仁，以及全国总工会、国资委有关部门的领导出席了会议开幕式。

开幕式由中国文联国内联络部主任、产业（企业）文联工作委员会常务副主任夏潮主持，覃志刚同志在开幕式上做了重要讲话。全国有64个优秀企业文联和106名产业（企业）先进文艺工作者受到了大会的表彰。山西省的有关产业（企业）文联、太原钢铁集团公司文联、大同煤矿集团公司文体中心、晋城煤业集团公司文联、潞安集团公司文联、山西杏花村汾酒集团公司文联荣获“全国优秀企业文联”称号，山西省文联刘廷明、山西省煤炭工业局李家栋、大同煤矿集团公司幸有文、晋城煤业集团公司郭爱堂、阳泉煤业集团公司王炳俊、山西南风集团公司赵波被评为“全国产业（企业）先进文艺工作者”。开幕式上举行了隆重的颁奖仪式。此后，中国煤炭文联、太原钢铁集团公司文联、晋城煤业集团公司文联等12家单位在会上做了典型经验发言。与会代表还就新形势下如何抓住机遇，面对挑战，努力开拓产业（企业）工作新局面等问题展开了热烈的讨论。

会议期间，与会代表到包头钢铁集团公司、北方兵器城等大型企业进行了考察学习。这次会议，对今后进一步加强产业（企业）文联的思想和组织建设，促进新形势下产业（企业）文艺事业的发展和繁荣，将起到有力的推动作用。

由河北省建设投资公司主办，河北省产业（企业）文联和山西省产业（企业）文联共同组织举办了一场“联谊连心团结奋进”大型歌舞晚会，两省的艺术家们在河北省大剧院同台献艺，引起了各界观众的阵阵掌声。本次活动增进了河北、山西两省文艺界的友谊，搭建了两省团结奋斗，共同繁荣的桥梁。

中秋节前参加了2个活动：一是由省委宣传部和临汾市委、市政府主办的中国山西侯马新田春秋古都文化节暨首届经贸洽谈会和商品交易会开幕式，并组织了山西职工“心连心”艺术团进行了慰问演出，效果很好，观众达到4万多人。二是参加了由省社科院和临汾市委、市政府在荀子故里安泽县举办的荀子文化节开幕式活动。

由中国文联产业（企业）文联工作委员会、中国舞蹈家协会、中国职工文化体育协会联合举办的全国产业（企业）舞蹈创作经验交流会在陕西省西安市召开。山西省产业（企业）文联推荐的张军、胡登科二位同志被评为全国企业舞蹈创作先进个人；大同煤矿集团公司文体发展中心、晋城市煤业集团歌舞团、太原钢铁集团公司文联3家单位被评为全国企业舞蹈活动的先进单位。

参加了由中国煤矿工会、中国煤矿文联等4个单位主办，山西省煤矿工会承办的“寻找感动中国的矿工”活动。本次活动共评选出全国“感动中国的矿工”100名，山西省被评出“感动中国的矿工”20名，从20名中又评选出最优秀的4名矿工进行重点表彰。本次活动编辑一本论文集，搞一次书画摄影展览，出一套邮票首日封。

省文联党组成员、书记处书记刘廷明代表党组赴京观看吕梁青年晋剧院青年演员梁桂星为参评“中国戏剧奖·梅花表演奖”的演出。

代表省文联党组出席“汾阳农村影视基地”的挂牌仪式。

〔山西省企业（产业）文联〕

**【晋宝斋】** 举办“迎春艺术品拍卖会”和“山西首届花鸟画提名展”。

3月8日～14日，举办“‘三八’女画家中国画展”。

在油画廊举办“山西省油画精品展”。

（晋宝斋）

# 卫生　　体育

## 卫　生

**【改善农村卫生状况】** 2006年有效推进了农村三级医疗卫生服务网建设，完成了乡镇卫生院的规划认定和231所县、乡医疗卫生机构的新建和改扩建工作，全省县乡村三级医疗卫生机构44.3%达标，超计划完成了2006年年初确定的目标任务。利用国债资金1536万元，培训乡镇卫生院院长和技术骨干2786名、乡村医生26492名。组织6469名农村卫生技术人员参加了中专学历视频教育。连续2年组织175名医师支援35个国家扶贫县医院。为35所贫困县医院和3所省级医院安装了远程会诊系统。与一些国家级医院建立了技术协作关系。孝义市采取政府直接投资、以奖代补资助、包村单位帮扶等形式，投资1.57亿元，加强县乡村三级医疗卫生机构建设，全市94%的乡镇卫生院、85%的村卫生所基本建设达标。全省新型农村合作医疗试点扩大到56个县(市、区)，覆盖农业人口1244.18万人，参合率达86%。省、市、县、乡一体化管理体系初步建立。全省均实行县域内就诊直接减免的补偿模式。受益参合农民达570.6万人次，累计补偿资金3.46亿元。试点地区参合农民两周门诊就诊率提高了8%左右，住院率提高了50%左右，住院费用26%得到补偿。参合农民抗大风险能力增强，因病致贫、返贫状况有所缓解。　(朱哲文)

**【社区卫生服务工作】** 2006年适时召开了全省城市社区卫生工作会议，出台了《山西省人民政府关于发展城市社区卫生服务的实施意见》及7个配套文件，为加快发展城市社区卫生服务提供了政策保证。全省城市社区卫生服务机构发展到478个，覆盖城市人口400余万人。完成了卫生部赋予的中西部13个省社区卫生服务能力建设适宜技术培训任务，为山西省培训了200余名管理人员。培训社区医师516名。在太原市实施了大型公立医院支援社区卫生服务试点。全省有8个市完成了社区卫生服务规划。太原市和长治市城区已初步构建了以社区卫生服务中心(站)为主体的、其他基层卫生服务机构为补充的社区卫生服务网络框架。太原市迎泽区建成全国社区卫生服务示范区。　(朱哲文)

**【公共卫生和疾病预防控制工作】** 全省110个疾病预防控制机构国债建设项目全部投入使用，能力建设得到加强。卫生应急协调管理体系、预案体系、监测预警体系、队伍体系初步建立，全省131个疾控机构和594个县以上医疗机构实现了网络直报。组织开展了传染病执法大检查，免疫规划管理年活动取得明显成效，全省常规免疫“五苗”全程接种率达到92.27%，疫苗针对疾病得到的有效控制，连续13年保持无脊灰状态，连续20年无白喉病例报告，无甲类传染病发生和流行，麻疹、流行性腮腺炎、风疹、乙肝等传染病发病率明显下降。加大了结核病和艾滋病的防治力度，为20641名传染性肺结核病人、480名艾滋病患者免费提供抗结核、抗病毒药物治疗。新涂阳肺结核病人发现率达到75.5%，治愈率达91%。处理突发公共卫生事件60余起，有效防控了禽流感疫情和乙脑疫情向人的传播。系统总结了“削峰工程”、“降消”项目的实施，使40个县住院分娩率平均达到83.39%，比2005年提高了5个百分点。对38个县、1463个村的32万人进行了高氟、高砷的筛查和病情调查，碘盐覆盖率达到97.05%。职业病、慢性非传染性疾病的防治和妇幼保健工作进一步加强。积极开展爱国卫生运动，长治市和壶关县分别被命名为国家卫生城市和国家卫生县城。　(朱哲文)

**【加大卫生执法监督力度】** 卫生监督体系建设取得新进展，117个县(市、区)的卫生监督体制改革方案、经当地政府批准，基本完成了县级卫生监督体制改革任务。加大了对医疗服务市场和监管力度，共监督检查医疗机构32418所，监督覆盖率达到98.1%。加大了打击非法行医专项行动力度，山西省共出动卫生执法监督人员20491人次，查处案件843件，取缔黑诊所2071户次，移送案件13件。开展了食品卫生专项整治工作，共检查食品生产经营单位2万余户，纠正违法行为1513户次，没收销毁假冒伪劣或过期食品25.9吨。山西省大中型餐饮单位和大中专(含中学)学校食堂食品卫生监督量化分级管理率分别达到92.21%、95.91%，有效保障了食品卫生安全。加强了安全用血的监管，全省自愿无偿献血比例保持在100%，持续处于全国先进行列。职业卫生、放射卫生监督工作有了新的加强。　(朱哲文)

**【科教、中医和对外交流工作】** 2006年共实施继续医学教育项目617项，参加人员达12万人次。县级以上医疗卫生机构继续医学教育覆盖率达到100%。取得医学科研成果55项，有44项达国际领先或先进水平，11项达国内领先水平。申报省科学技术进步奖65项。完成了山西省中医药基本情况调研工作。积极实施农村中医药服务能力建设和县级中医院服务能力项目，加强了农村和社区中医药工作。大力推进中医院分级管理工作，完成了33所等级中医院的复审和评审任务。加强高等中医药临床教学管理，对山西中医学院临床教学基地进行了评审。2个国家级重点中医专科(专病)建设顺利通过了专家组验收。加强了对外交流与合作，圆满完成了援非医疗队组建和轮换、举办非洲司局长卫生研修班、非洲地区中医针灸及推拿技术临床应用班和第二期非洲地区农村医疗卫生保障官员培训班等援外任务。　(朱哲文)

**【缓解群众看病难、看病贵取得成效】** 制定《关于缓解群众看病难、看病贵问题的若干意见》，采取有效措施缓解群众看病难、看病贵问题。在山西省二级以上医疗机构实施药品集中招标采购，全省628家医疗机构集中招标采购34972个品规，让利患者1.7亿元。推行药品集中网上竞价采购，完成了第一批5911个品规药品竞价挂网工作，平均降价幅度达到37.55%，预测减轻患者药品费用3亿元。山西省270所医院试行了医学临床检验报告“一单通”制度，189所医院开展了单病种费用控制，山西省二级以上医院共设置济困病床3084张，提供济困门诊号52万余个，共为患者减轻医药费用2374.5万余元。严格控制药品费用，二、三级医院的药品收入占业务总收入的比例分别控制在39.62%、38.46%。

（朱哲文）

**【党风廉政建设和行风建设工作】** 2006年，认真贯彻惩治和预防腐败体系建设《实施纲要》，采取教育、制度、监督并重措施加强党风廉政建设，在山西省卫生系统广泛开展了树立社会主义荣辱观教育实践活动，大力加强医德医风建设，促进了党员领导干部和医务人员的廉洁自律。积极推进依法行政和政务公开工作，机关效能建设得到加强。在山西省各级各类医院机构继续深入开展了医院管理年活动，强化医院院长的责任，着力提升医疗服务质量，规范医疗行为，改进服务流程，增进医患沟通，维护群众利益。建立了对二、三级医院的巡查制度，加大了对各级医疗机构医疗质量、安全、服务、费用等工作的督查力度。山西省95所综合和专科医院通过了二、三级医院等级评审。认真开展治理医药购销领域商业贿赂和医疗服务中不正之风工作，加大了对违纪违规的查处力度，全省卫生系统自查自纠和配合执纪执法部门收缴医药购销领域商业贿赂和不正当交易款796.17万元，其中医务人员主动上交400余万元，查处案件12起。加强了对卫生系统先进集体和先进人物的宣传，组织健康卫士楷模先进事迹巡回报告团，在全省11个市作了巡回报告。一大批医疗卫生机构进入各级文明单位行列。 （朱哲文）

## ·山西省人民医院·

**【医院主要医疗指标完成情况】** 2006年，门诊总人数677562人次，急诊人次22330人次，出院人数23034人次，手术例数8494例，平均住院日14.57日，平均开放床位1059张，床位周转次数21.74次，病床使用率86.93%，急诊抢救人数1412人，病房抢救人次1873人次。

（朱哲文）

**【加强医疗护理质量控制和管理】** 一是加大对医疗护理环节质量的考评力度，建立和完善了《门诊患者就医环节质量考核办法》、《住院患者医疗环节质量考核方案》、《医技科室检查环节质量考核办法》、《加强急诊病人管理的规定》、《门诊病人抢救预案》等强化医疗环节管理的措施；二是加强对核心制度的管理，将12项核心制度编成小册，做到全院医务人员人手一册，强化制度意识；三是加强人员学习和培训，全年共举办各类学习和培训班63期，对提高医疗质量和保障医疗安全发挥了积极作用。 （朱哲文）

**【努力缓解“看病难、看病贵”问题】** 2006年实施了多项措施。1.尽量扩展医疗空间，医疗区的建筑面积由原来的46474平方米增加到67625平方米，开放床位达到1200张；2.积极开展扶贫济困工作，设立了济困病床53张；3.积极指导社区卫生工作，建立协作关系，开展双向转诊，合理分流病人；4.落实同类检查和化验互认制度，部分检查项目实行了“一单通”；5.进一步规范抗菌药物的使用；6.门诊实行了无假日工作和窗口服务弹性工作制；7.调整手术室工作时间，增加手术台次；8.严格实行收费标准，设立物价管理员，负责全院的收费指导和检查。

（朱哲文）

**【科研教学工作】** 1.科研工作。全年通过立项的省级科研课题7项，获得科研经费35万元；完成并通过成果鉴定的课题9项，其中：国际领先5项，国际先进3项，国内领先1项；申报评奖的科研成果7项，其中2项获省科技进步奖三等奖；全年全院共发表论文309篇，其中中华杂志21篇，论著9部。

2.继续医学教育工作。全年举办国家和省级的继续教育项目5项，开展省内外各类型的学术交流活动10次，举办院内学术论文48期，举办各种类型的学习和培训班125期。

3.教学工作。全院的研究生导师增加了17名，现有研究生导师28名，有研究生32名；接受进修、实习生297人。

（朱哲文）

## ·山西医科大学第一医院·

**【医院主要医疗指标完成情况】** 2006年门诊总人次771978人次，急诊31381人次，出院人数18559人次，手术总例数9103例，病床使用率103%，平均住院日15.17天，病床周转次数20.04次；治愈好转率90.03%全年总收入3.8585亿元，同比增长率5.5%。 （朱哲文）

**【规范医疗工作，保障医疗安全】** 2006年严格贯彻执行医疗卫生管理法律、法规及诊疗护理规范。强化节假日、夜班等时段的门诊、病房、手术室、产房的管理。积极推行和落实重大、复杂、疑难疾病的技术准入和会诊讨论制，明确不同年资医务人员的职责，逐级负责，层层把关。进一步健全和完善突发性公共卫生事件应急机制，建立指挥系统，提高应对突发公共卫生事件的能力。加强人文关怀，提高护理质量，开展病区的临床路径护理，实施ISO9000－2000护理质量管理。加强急诊小区建设，坚持护士长急诊代班制，进一步疏通急救绿色通道。 （朱哲文）

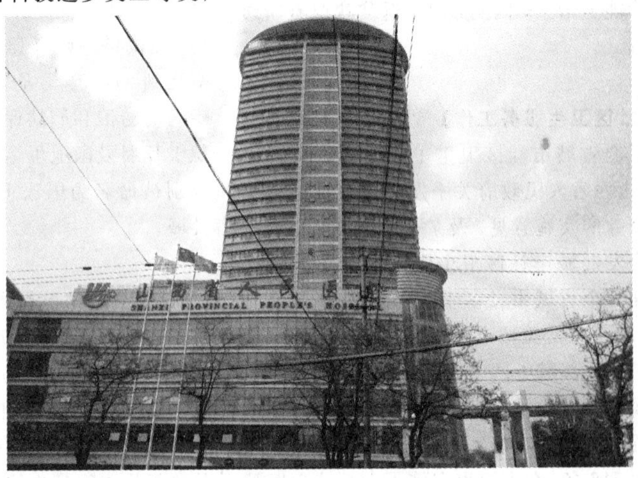


山西省人民医院主楼 张云芳摄影

【科研成绩】 2006年，全院科研立项91项，总经费307.1万元。共获多种奖励20项，其中，省科技进步奖一等奖2项，三等奖13项，四等奖5项。鉴定成果9项，其中，国际领先2项，国际先进6项，国内领先1项。 （朱哲文）

## ·山西医科大学第二医院·

【医院主要指标完成情况】 2006年门诊总人数870000人次，出院人数17370人次，住院手术8536台次，门诊手术2480台次，病床使用率95.65%，平均住院日保持在15.95日以内，床位周转次数20次以上，全年总收入3.83亿元，业务收入3.39亿元，药品收入占全年总收入的41.42%。 （朱哲文）

【开展医院管理年活动，提高医疗服务质量】 1.强化5个意识。即：强化法制意识、强化执业意识、强化规范意识、强化道德意识、强化荣辱意识。严禁无证上岗，严禁超范围执业，实行专科专治、专病专治。

2.通过实行临床路径，建立健全了医疗质量管理规范。有效缩短了平均住院日，降低了医疗成本，限制了医疗费用的增长，规范了诊疗护理方式，使患者感到了最佳的医疗服务。

3.严格基础医疗和护理质量管理，强化训练，确保了医疗安全。

4.实施全程医疗管理，加强首诊负责制度、三级医师查房制度、病历书写规范等。保证医疗质量、医疗安全核心制度的落实。 （朱哲文）

【开展救助贫困患病人群工作】 2006年该医院设立了济困基金账号，在门诊设置募捐箱，募集资金救助贫困患病人群。开设了济困门诊及专用挂号窗口，对城市低保人群、农村五保户、城市下岗失业人员等减免各种诊疗费用。医院设立50张济困病床，共救助特困病人20余人，为特困病人减免医药费及提供生活补助55万元。 （朱哲文）

【科研工作】 2006年通过省科技厅科研成果鉴定24项，其中国际领先水平1项，国际先进水平19项，国内领先水平4项。获山西省科学技术奖14项，其中二等奖5项，三等奖9项。获山西省科协优秀论文奖19项，其中一等奖9项，二等奖6项，三等奖4项。医院被山西省科协授予"科技创新先进单位"。 （朱哲文）

## ·山西省肿瘤医院·

【主要医疗指标完成情况】 2006年门诊总人次161182人次，出院人数16445人次，手术病人7336人次，床位使用率164.93%，床位周转次数15.36次，患者平均出院日25.19天。使用全省统一药品招标品种754种，平均降价9%，招标采购药品总金额占医院用药总金额的85.3%，累计让利患者1145万元。

（朱哲文）

【设立扶贫病房、济困病床】 2006年对低收入患者开展了减免服务，对特困患者实行人道主义救助，把特需病房收入（除药品收入外）的5%作为济困资金，解决特困患者看病贵的问题。全院共开设济困病床60张，占医院总床位的7.3%，共为符合条件的34位患者减免费用6万余元。 （朱哲文）

【科研工作】 2006年共鉴定科研成果10项，其中4项达国际领先水平，6项达国际先进水平；获省科技进步奖5项，其中二等奖1项，三等奖4项。发表论文156篇，其中国际杂志1篇，中华杂志12篇，国家级杂志76篇，省级杂志65篇。获自主知识产权实用性专利1项。

（朱哲文）

# 体　育

【开展全民健身活动】 群众健身场地建设步伐加快。国家体育总局、国家发改委2006年4月在山西省举办了全国农民体育健身工程实施工作会议，随后，山西省全面启动了以晋西北、太行山革命老区为重点的全省农民健身工程规划布点和建设实施，2006年全省建成市级全民健身活动中心1个，县级体育馆2个，县级体育中心1个，文体广场404个，篮球场地1087个，其中180个篮球场地已配套篮球架，全民健身路径10条。根据省委、省政府关于加快晋西北、太行山革命老区开发的要求，制定了"两区"体育设施建设规划，对"两区"体育设施建设进行了部署，并已着手实施。

群众体育组织体系更加完善。创建全国"亿万农民健身活动"先进乡镇11个，全国城市体育先进社区4个，国家级青少年体育俱乐部4所。新增国家体育总局命名的体育传统项目学校2所，命名省级体育传统学校56所，新发展社会体育指导员4495人。其中一级社会体育指导员173人，国家级社会体育指导员6人。

组织举办了多次国际国内群众体育活动和赛事。围绕"全民健身与奥运同行"这一主题开展的"全民健身周"系列活动，内容广泛，形式多样，得到全省群众的积极参与，形成2006年全民健身活动的一大亮点。一年来，开展了1000余项次国际国内群众体育活动和赛事，主要有：2008年北京奥运景观雕塑国际巡展·太原展，第一届中西部12省（区）市领导干部乒乓球赛，山西省第八届残疾人运动会，第二届省直机关职工运动会，山西省第二届城市社区运动会，山西省第三届党政领导干部羽毛球比赛，第二十届"劲松杯"全国老同志围棋赛，第七届全国象棋擂台赛，第五届全国形意拳武术推手邀请赛暨第二十三届传统武术散打擂台锦标赛，全国健美操青少年锦标赛，全国汽车短道拉力赛，第二届象棋全国冠军混双赛，第三届国际象棋特级大师邀请赛暨全国国际象棋棋协大师赛等，全省参与群众达1100万人次。

参加全国群众性体育赛事取得较好成绩。第三届全国体育大会获得4枚金牌、6枚银牌、9枚铜牌，第四届全国特奥会夺得20枚金牌，全国定向运动锦标赛获得2枚金牌，全国中国式摔跤锦标赛夺得2枚金牌，全国滑翔锦标赛夺得2枚金牌，全国跳伞锦标赛夺得2金1银1铜。

积极完成国民体质监测任务。审议通报《山西省第二次国民体质监测公报》，共完成测试30510人，全国国民体质综合指标略高于全国平均水平，本年度完成体质测试50余次，做了大量健身指导工作。

（李俊温）

【备战2008年北京奥运会，提高竞技体育运动水平】 积极备战2008年北京奥运会，确定了北京奥运会山西省在参赛人数、获得名次和个人项目奖牌上有所突破的工作目标，着手研究制定详细备战方案，落实各项保障措施，力争在北京奥运会上取得好成绩。

成功举办了第十二届省运会。检阅了山西省竞技体育业余训练成果，发现、选拔了一批优秀后备人才。

参加国际国内比赛取得较好成绩。5名运动员和1名教练员代表我国参加了多哈亚运会，获得1枚金牌。亚洲摔跤锦标赛获得自由跤亚军，全国蹦床锦标赛获得男子团体冠军，全国武术套路冠军赛获得两项冠军，全国国际跤锦标赛获得一项冠军，全国田径锦标赛获得铅球冠军，全国场地自行车锦标赛获得两项冠军。

举办全国及国际性比赛有所增加。成功举办了2006年BMX太平洋、大洋洲系列赛暨全国自行车BMX锦标赛（2008年自行车BMX世界锦标赛暨奥运会预赛积分赛之一），首届亚洲小轮车锦标赛暨全国小轮车冠军赛，2006年太原国际青少年乒乓球公开赛，中国篮球职业联赛太原赛区比赛，中国乒乓球俱乐部超级联赛，全国青少年篮球锦标赛，全国羽毛球业余选手大奖赛，全国三人篮球山西赛区比赛，全国乒乓球乙A俱乐部联赛等多项国际国内高水平赛事。

群众喜闻乐见的球类项目在山西省落户。山西中宇职业篮球俱乐部成立和山西沃森路虎足球俱乐部在中国足协正式注册，结束了山西省没有CBA职业篮球俱乐部和12年没有甲级足球队的历史。

（李俊温）

**【体育设施建设与体育产业发展工作】** 省级体育场地设施建设取得良好开端，根据省委、省政府要求，与省发改委等部门合作开展了省级体育设施建设规划，完成省奥林匹克体育中心（现已更名山西体育中心）项目建设概念性规划工作，已经省政府第90次常务会议审议通过。这一工作的圆满完成，为推动省级乃至全省体育设施建设，实现山西省具备承办全国综合性运动会的基本条件奠定了基础。

全省人均体育场地设施有所增加。根据省政府下达的“十一五”期间全省人均体育场地面积达到1平方米的任务要求，拟定2006年年度增长任务指标为人均0.018平方米。今年实施的以农民体育健身工程为主要内容的全省体育设施建设，使全省新增文体广场、篮球场总面积118.6万平方米，全省人均体育场地面积增长值达到0.036平方米，超额完成了年度任务。

企业改制方案初步形成。落实全省新一轮国有企业改革，完成省体育局属国有企业清产核资，草拟了省体育局国有企业改革总体框架方案。

体育彩票销售工作进一步加强。2006年1月～12月销售总额突破5亿元，较2005年同期增长51.34%，提前完成全年销售任务。

航空体育积极为经济社会发展做贡献。全年完成飞播造林、航测航拍、人工增雨等飞行任务466小时，人工增雨3817机组被省政府授予人工影响天气工作“先进单位”，并获得2006年五一劳动集体奖。（李俊温）

**【机关行政效能建设工作】** 2006年，根据省政府要求，为进一步改进机关作风，切实提高工作效率，省体育局由局领导、副巡视员、有关处室负责人组成领导组，集中两个月时间在局机关和有关单位深入扎实开展了行政效能建设活动。在认真学习、广泛动员，查找问题、建章立制，整改提高、落实制度，督促检查、总结验收4个阶段的工作过程中，采取集中与分散相结合的方式，组织了多次学习，其中集中学习时间为36学时开展问卷调查，设立了意见箱，查找了存在的问题和不足，针对这些问题采取思想教育、建章立制、监督考核等方法，大力加以整改；进一步健全和完善各项规章制度，建立了《省体育局机关岗位责任制》、《省体育局会议制度》、《省体育局机关国家公务员绩效考核办法（试行）》、《省体育局政务公开暂行办法》、《省体育局服务承诺暂行办法》、《省体育局限时办结制（试行）》、《省体育局首办负责制（试行）》、《省体育局实行部门首长问责制暂行办法》、《省体育局新闻发言人制度》、《省体育局行政执法责任制》、《省体育局处室职能》等11项行政效能相关制度，同时加大了监察力度和责任追究力度，全方位推进行政效能建设，努力改进机关作风。（李俊温）

**【体育各项工作取得全面进展】** 2006年，省体育局巩固扩大先进性教育成果，各级党的组织建设和思想作风建设有所加强，深入开展党风廉政建设和反腐败斗争，着力推进惩治和预防腐败体系建设，开展体育领域治理商业贿赂工作。加快体育法制建设，修订完成了《山西省体育经营活动管理条例》，制定完成并经省政府常务会议审议通过了山西省第一部体育方面的政府规章《山西省体育竞赛监督管理办法》，起草了《关于加强棋牌活动场所管理的通知》。梳理公布行政执法依据，分解了执法职责，启动了全省“五五”普法工作。制度建设得到加强，研究制定工作制度20余项，使各项工作更加制度化、规范化、科学化。提高财务保障能力。财务管理、经费安排及全省体育事业统计工作、局系统内部审计工作顺利推进。全方位、多层次加强体育宣传报道，积极创造良好的舆论环境，中央电视台、山西广播电视总台播出山西省体育新闻100多条，《山西体育信息》编辑发行50余期。规范新闻发布渠道，建立了省体育局新闻发言人制度。推进体育科技进步，提高科技服务能力，运动训练科学化水平有所提高，国家队奥运攻关服务工作、各运动队科技服务水平和国民体质测试服务工作等均有所进步，一项科研成果获省科技工作进步三等奖。进一步理顺体育教育体系，山西体育职业学院和各级体校教学管理得到加强。妥善办理运动员入队、退役安置、伤残保险工作，招收入队47人，办理伤残保险204人，办理退役审批79人。圆满完成外事工作计划。老干部政治待遇和生活待遇得到妥善落实。后勤保障、社会治安综合治理、保卫消防、交通安全、绿化卫生等各项工作有所进步，档案、机要、文史工作取得新成绩。圆满完成了年度扶贫工作任务。（李俊温）

**【山西省迎新年健步走通讯赛】** 2006年1月1日，为倡导冬季科学锻炼、增强群众身体素质、掀起冬季全民健身热潮，元旦前后，由省体育局主办，各市体育局、各行业体育协会承办的2006年山西省迎新年健步走通讯赛在全省各市启动。2006年1月1日，省城迎新春元旦长跑活动在太原市滨河体育中心广场举行，同期，大同、运城、长治等市也先后举行了丰富多彩、形式多样的冬季健身活动，为2006年山西省的全民健身活动拉开了序幕。

（李俊温）

**【长治市体育学校被命名为全国重点射击学校】** 2006年1月6日，长治市体校被中国射击射箭运动管理中心命名为全国重点射击学校。国家体育总局射击射箭管理中心主任高志行、省体育局副局长杨凤楼等领导共同为长治市体校挂牌。近年来，长治市体校输送的运动员共获得世界和全国冠军150多人次，先后被命名为省部级重点中专学校和国家高水平体育后备人才基地。（李俊温）

**【体育三下乡】** 2006年1月17日～19日，省体育局举行2006年山西省"体育三下乡"暨农村体育健康生活调研活动。省政府副秘书长郭慧民为调研团授旗。省委宣传部副部长张明亮，省体育局局长王春元、副局长李振生，省农业厅副厅长关建勋等领导出席了启动式。本次"体育三下乡"暨农村体育健康生活调研活动由国家和山西的群众体育科研专家及多家中央媒体组成。调研团深入到山西"百镇千村大运体育走廊"沿线、积极开展农村公共体育设施建设并取得初步成效的夏县和襄汾县，入村入户抽样进行体质监测、心理健康测试、亚健康检测、社会体育行为、生活环境和健康生活方式考察，以及适合山西省农村的户外健身器材需求等问题进行调研，为实施山西省"百万农民建设工程"提供科学依据。也为2006年开展的第四届山西省"体育三下乡"活动拉开了帷幕。 （李俊温）

**【山西十大体育新闻】** 2006年1月24日，经省城体育专家和记者评选，2005年度山西十大体育新闻在省体育局揭晓。具体十大体育新闻排名如下：1.第十届全国运动会在江苏南京举行。山西省代表团共获得10金、5银、5铜，总分503分，在金牌榜上排第17位，是山西省自六运会以来取得的最好成绩。省委、省政府隆重表彰十运功臣。2.山西大运体育走廊建成，总投资2140万元。该工程被国家体育总局命名为"全国农村体育活动基地示范项目"，并被列入十运会全民健身博览会"中国全民健身著名景观"。3.在西班牙马德里召开的国际自行车运动联盟理事会上，太原市获得2008年自行车BMX（小轮车）世锦赛的承办权。太原市小轮车训练场还被国家体育总局命名为"国家小轮车训练基地"。4.沁源县21名师生公路晨跑被撞身亡，引发了全社会对学校体育场地缺乏、学校体育投入不足的广泛关注。5.山西省体育彩票销售突破3亿元大关，2006年共销售体育彩票38880万元，比2004年增长1.6倍。6.省领导田成平、张宝顺、申维辰、张少琴等分别于2月6日和6月3日到省体育局进行视察并指导工作。7.全国群众体育先进表彰大会在南京举行，山西省51个先进单位、59名先进个人受到表彰。山西省先进代表受到胡锦涛总书记的亲切接见。8.安利纽崔莱健康跑暨《全民健身计划纲要》颁布十周年纪念活动在省城举行，共有2万余人参加，是山西省近年来规模最大的一次群众健身活动。9.在亚洲室内田径公开赛天津站的比赛中，山西省选手刘青、张奇分获女子800米和男子铅球冠军。刘青还以2分02秒90的个人最好成绩打破该项目的全国纪录。10.省政府召开纪念《中华人民共和国体育法》实施十周年新闻发布会。新闻媒体对体育法和体育法实施十年来山西省体育事业取得的成就进行了系列报道，进一步推进了体育法的宣传教育和普及。 （李俊温）

**【山西体育好新闻】** 2006年1月24日，将2005年度山西体育好新闻和优秀体育摄影图片评选揭晓。2006年山西好新闻主要反映了山西体育健儿在第十届全运会的突出表现，每件作品都从不同角度描写了他们拼搏的风采。山西日报李春耕、王玉宾的《踏过荆棘展宏图》等3篇作品获得文字类一等奖，山西广播电视总台驻省体育局记者站李俊温、侯卫中拍摄的《征战金陵——山西省十运代表团写新篇》等6篇作品获文字类二等奖，山西工人报张诚、李小泉的《山西田径的里程碑》等9篇作品获文字类三等奖；山西日报刘通的《三晋飞鹿》获图片类一等奖，省体育局李俊温拍摄的《奋力》等2件作品获图片类二等奖，人民摄影报王巨元的《十运功臣》等4篇作品获图片类三等奖。 （李俊温）

**【中国田径赴美集训】** 2006年2月9日，中国田径的新一期赴美集训计划再次启动。山西包括十运会双料冠军刘青、十运会男子800米冠军李翔宇在内的8名中跑和8名短跑选手分两批在美国将进行4个多月的集训。刘青、李翔宇在内的中跑集训队将在亚利桑那州，直接求教于两届奥运冠军拉加特的教练、著名华裔教练李黎。 （李俊温）

**【省长于幼军视察小轮车训练基地】** 2006年2月12日，山西省委副书记、省长于幼军，中央党史研究室主任孙英，省委副书记、省纪委书记金银焕，省委常委、太原市委书记申维辰，省政府秘书长李政文等领导，在与各界群众观看尖草坪区焰火晚会期间，视察了太原小轮车训练基地。于幼军一行还听取了太原市体育局关于举办2008年自行车BMX世界锦标赛暨奥运会预赛情况和小轮车训练基地建设情况的汇报。 （李俊温）

**【省政府与全省11市签订建设标准操场责任书】** 2006年2月14日，山西省政府与全省11市签订了《建设标准操场工作目标责任书》，要求各地教育、财政、国土、城建、体育等有关部门负责人参加城镇中小学新建、改建标准操场工作领导小组，全面负责工程实施，力争在8月底前完工。目前，山西省共有城镇中小学校5729所，其中有标准操场的中小学校1283所，仅占22.4%。为解决中小学校操场紧张问题，省政府计划2006年新建、改建1000个城镇中小学标准操场。此项任务完成后，山西省城镇中小学校拥有标准操场的比例将提高17个百分点。 （李俊温）

**【山西省大、中、小学生跆拳道公开赛】** 2006年2月26日始，经过2天的激烈角逐，第二届山西省大、中、小学生跆拳道公开赛在太原理工大学体育馆圆满结束。太原市第三十六中、成成中学分别获得了中学组男子和女子团体冠军。每年一届的山西省大、中、小学生跆拳道公开赛，已成为指定的常规性跆拳道比赛，参加比赛的选手仅限于在山西省学生体育协会跆拳道分会注册过的跆拳道练习者。在此次比赛中太原三十六中成为大赢家，他们不仅获得了男子团体总分第一，同时也获得了中学组的冠军。成成中学获得女子团体冠军。各个奖项冠军的获得者为：中北大学分校获得大学组冠军，太原市第三十六中学获得中学组冠军，山西省实验小学获得小学组冠军。 （李俊温）

**【省群众体育工作暨国民体质监测总结表彰会议】** 2006年2月28日～3月1日，2006年山西省群众体育工作暨国民体质监测总结表彰会议在太原举行。省政府副秘书长郭慧民，省体育局局长王春元、副局长李振生、纪检组长于若洁等领导出席了会议。2005年，全省群众体育工作坚持以开展基层和群众身边的活动为主，打造了具有轰动效应的"全民健身周"、"五个百万人群"和"两个关爱人群"等品牌活动，体育人口发展到1200多万人，占全省的36%；大运体育走廊被列入"中国全民健身著名景观"。2006年，全省群众体育围绕"三个环节"和"四个重点"，努力构建群众性多元化体育服务体系，大力推动"体育生活化"进程服务。以完善大运体育走廊建设为突破口全面启动山西省百万农民健身工程，加快群众体育场地设施建设。会议表彰了2005年国民体质监测山西省优秀监测队、监测队员、督导员。与会代表还进行了《山西省"十一五"农村体育场地设施建设规划》的分组讨论和经验交流。（李俊温）

**【山西沃森路虎足球俱乐部】** 2006年3月1日，山西沃森路虎足球俱乐部在中国足协正式注册，这标志着山西省结束了12年没有甲级足球队的历史。3月6日，该俱乐部球员全部抵达太原，将代表山西省征战2006赛季中国足球甲级联赛。2006赛季山西沃森路虎足球俱乐部主场设在省体育场，副场设在阳泉市体育场和大同市工人体育场。从3月15日，开始进行首轮比赛。（李俊温）

**【庆"三八"保龄球赛】** 2006年3月7日，山西省体育局、省总工会、省妇联、省体育总会共同主办的2006年庆祝"三八"妇女节省直单位保龄球比赛在太原举行。省委副书记、省纪检委书记金银焕，省人大副主任曹馨仪，省政协副主席阎爱英，原省政协副主席吴慧琴等领导参加了比赛并为优胜者颁奖。来自省直各单位25支代表队近200名运动员经过3个组别的角逐，省卫生厅、山大一院一队、省广电局分获团体前3名；金银焕、阎爱英、吴慧琴分获领导干部组前3名；李静、张凌军、纪桂林分获个人前3名。省体育局副局长李振生出席了开幕式。（李俊温）

**【国家级体育传统项目学校授匾】** 2006年3月20日～21日，国家级体育传统项目学校授匾仪式分别在山西大学附中和太原十五中举行，省体育局和省教育厅分别代表国家体育总局和教育部为两校授匾，省教育厅正厅级督学张继忠和省体育局副局长李振生等出席了授匾仪式。为鼓励和表彰在全国范围内广泛开展体育传统项目，全面提高学生体质健康水平，发现、培养和输送高素质体育后备人才工作中取得突出成绩的学校，国家体育总局和教育部按照《国家级体育传统项目学校评定办法和标准》，通过评审核查，命名山西大学附中和太原十五中等全国100所学校为国家级体育传统项目学校。目前，山西省已有4所中学获此殊荣。

（李俊温）

**【太原机场改扩建工程奠基】** 2006年3月26日，太原机场改扩建工程奠基。省委书记、省人大常委会主任张宝顺，省长于幼军，省政协主席刘泽民，国家民航总局副局长李军，省委常委、秘书长申联彬，省人大常委会常务副主任纪馨芳，副省长宋北杉等领导出席了奠基仪式，并为工程奠基。太原机场改扩建工程总投资约15亿元，预计2007年底竣工。改扩建后的太原机场将作为2008年北京奥运会的主备降机场，成为北京奥运会顺利举行的重要保障之一。（李俊温）

**【山西腾飞俱乐部】** 2006年4月6日～18日，由山西腾飞俱乐部举办的"春晓行动"篮球交流赛在晋城煤业集团下属4个矿区循环进行，各代表队经过4站48场紧张激烈角逐，晋城煤业集团获得冠军、潞安王庄矿获亚军、唐安获第3名。该赛事观众达3.2万人，受到了晋城煤业集团4.8万名职工的欢迎。由于群众对体育赛事的极大热情，促成了唐安煤矿决定修建体育馆一座，预计年内竣工，以此开展职工体育运动，促进当地体育活动。

（李俊温）

**【山西大运体育走廊全国农民体育健身工程实施工作会议】** 2006年4月25日，旨在推广山西大运体育走廊建设模式的全国农民体育健身工程实施工作会在晋祠宾馆举行。来自全国各省的体育局长、各省发改委领导130多人参加了会议。国家体育总局党组副书记、副局长胡家燕参加会议，副省长张少琴出席并致辞。

山西省百镇千村大运体育走廊是在国家体育总局、国家发改委的大力支持和大运高速公路沿线8市的共同努力下，于2005年6月底建成的。该工程由国家、省、市、县、乡、村各级总投资约2140万元，惠及沿线200万名农民群众，也为改变农村体育场地设施建设落后的局面提供了很好的可操作模式。这一模式得到了国家体育总局和国家发改委的肯定。它的推广为农村体育工作的发展提供了一个平台，也满足了广大农民日益增长的体育健身需求，同时促进了农村3个文明建设；是践行"三个代表"重要思想，贯彻落实科学发展观，实现全面建设小康社会奋斗目标，构建社会主义和谐社会，建设社会主义新农村的必然要求。本次会议提出的"农民体育健身工程"，就是要采取国家引导、政府支持、社会协同、农民参与的建设模式，是新农村建设中投资小、见效快，农民直接受益的一项为民工程，是以行政村为主要实施对象，以经济、实用的小型公共体育健身场地设施建设为重点，把场地建到农民身边，同时推动农村体育组织建设、体育活动站点建设，广泛开展农村体育活动，构建农村体育服务体系。（李俊温）

**【省农村老年人体育带头人表彰会】** 2006年5月16日～17日，山西省农村老年人体育带头人表彰大会在太原举行。省委常委、省委秘书长申联彬，省人大副主任赵劲夫，省政协副主席薛荣哲，省级老领导李立功、郭裕怀、梁国英、阎元锁、王民、陈德贵，省体育局党组副书记、副局长苏亚君，副局长李振生等出席了大会。大会表彰了全省120名农村老年人体育带头人。省委常委、省委秘书长申联彬代表省委、省人大、省政府、省政协向大会的召开表示祝贺，并期望受到表彰的农村老年人体育带头人再接再厉，发挥示范带头作用，促进山西省农村老年人体育事业的进一步发展。山西省老年人体协主席梁国英作了《大力发展农村老年人体育事业为建设社会主义新农村作贡献》的总结发言。（李俊温）

**【山西代表团参加第三届全国体育大会】**

2006年5月20日～30日，第三届全国体育大会在苏州举行。山西省选派120名代表参加中国式摔跤、体育舞蹈、健美等10个项目的角逐，并且力争在中国式摔跤、无线电测向、定向、跳伞、航海模型等项目上争夺金牌，为山西人民争光。山西代表团在本届比赛中共获得4金6银9铜，全面超越前两届，实现了新的突破，并获得了"体育道德风尚奖"。（李俊温）

**【省体育局记者站工作】** 2006年5月29日～30日，在2005山西省电视新闻年会上，省体育局记者站荣获2005年度全省电视新闻宣传先进集体，侯卫中被评为先进个人，受到表彰。2005年省体育局驻站记者在中央电视台播出新闻、专题39条，山西电视台播出新闻、专题121条，仅十运会相关内容，就做了近40条新闻报道，位列2005年全省44家记者站中前三甲，创造了自1992年山西电视台驻省体委记者站成立以来的最高排位。（李俊温）

2006年5月24日，山西选手史强强（中）夺得第三届全国体育大会定向运动短距离金牌
李俊温摄影

【山西男子武术套路预赛被授予全国体育竞赛优秀赛区】　2006年5月30日，国家体育总局下发了《关于表彰奖励2005年度全国体育竞赛最佳赛区和优秀赛区的决定》。根据评选要求，经各省、自治区、直辖市推荐，各项目管理中心审核，国家体育总局最后审定，山西省体育局承办的第十届全国运动会男子武术套路预赛被授予2005年度全国体育竞赛优秀赛区。（李俊温）

【省直机关第二届职工运动会】　2006年6月14日，山西省直机关“中国移动杯”第二届职工运动会暨全省全民健身周活动在省体育场开幕。省委书记、省人大主任张宝顺，省委副书记薛延忠，省政协主席刘泽民，省人大常务副主任纪馨芳，省人大副主任薛军，副省长胡苏平，省政协常务副主席薛荣哲和省级部分老领导以及省军区、省武警总队领导，省直有关单位的负责同志出席了开幕式。全省74个参赛单位的代表团参加了入场式，省直机关干部职工及院校学生表演了大型团体操、健身秧歌和太极拳，200多名省直各厅局领导干部参加了1公里健步走活动。15日～23日，5000多名运动员分别参加了广播体操、乒乓球、游泳、拔河、体质测试等11个项目的角逐。

6月23日，本届运动会在太原滨河体育中心落幕。省政协主席刘泽民，省委常委、省政法委书记杜玉林，省人大常委会副主任王昕、姚新章，副省长梁滨，省政协副主席阎爱英等领导出席了闭幕式并为获奖运动队颁奖。在10天的比赛中，74个省直单位的449支代表队、5000多名选手经过广播体操、体质测试、保龄球、乒乓球、游泳、桥牌、中国象棋、羽毛球、拔河、围棋等11个项目的激烈角逐，省体育局、省卫生厅、省商务厅分获团体总分前3名。本届运动会以开展“庆祝建党85周年”和“2006年全民健身周”活动为契机，旨在加强省直机关社会主义精神文明建设，增强干部职工凝聚力，提高健康素质和生活质量，促进“体育生活化”进程，倡导“和谐、文明、健康”，掀起山西省“百万职工”健身高潮，为构建和谐山西服务。（李俊温）

【全省体育局长会议】　2006年6月16日，全省体育局长会议在太原举行。副省长张少琴，省政府副秘书长郭慧民，省体育局领导苏亚君、杨凤楼、李振生、郝晓峰、于若洁、李志秀、薄建伟，11个市体育局局长，省体育局各直属单位、机关各处室负责人，有关体育院校领导出席了会议。张少琴副省长作了重要讲话，苏亚君副局长作了主题报告。大会回顾了“十五”期间山西省在群众体育、竞技体育、体育产业等方面取得的成绩，认真分析了新周期山西省体育事业发展的形势与任务，讨论研究了《山西省体育事业发展“十一五”规划》。会议贯彻落实了2006年全国体育局长会议精神，要求“十一五”期间全省体育工作要坚持科学发展观、坚持服从服务于全面建设小康社会的奋斗目标，建立完善充满活力的体育运行机制，充分发挥2008年北京奥运会的综合影响和带动作用，为实现山西体育事业的跨越式发展而努力奋斗。（李俊温）

【山西女子足球队赴美交流】　2006年6月29日～7月8日，山西省女子足球队22人赴美国进行了回访交流。在美期间，山西省女子足球队分别在洛杉矶、圣地亚哥与当地女子足球队进行了4场交流比赛，并参加了美方组织的足球教学及文化交流活动。通过此次交流活动，山西省锻炼了队伍，开阔了视野，为今后的训练积累了宝贵的经验，对构建山西省与世界体育文化交流平台，加强与国际体育组织的交流合作具有重要意义。（李俊温）

【省长于幼军调研省体育设施建设】　2006年7月10日，山西省委副书记、省长于幼军，副省长宋北杉，省政府秘书长李政文，太原市市长张兵生以及省直有关厅局的领导，对山西省体育设施建设情况进行调研。于幼军省长一行在省体育局领导的陪同下，先后来到太原航空训练学校、山西体育场、省体育局机关，听取了局领导关于山西省体育综合训练基地的规划设计、体育场馆建设和体育设施招商引资等工作的汇报。于幼军详细了解了山西省体育设施现状和“十一五”期间山西省体育发展思路，并结合太原市城市规划等多方面情况，提出了山西省要在“十一五”期间，在新、改、扩建一座符合国际标准的6～8万人体育场、一座8千人～1万人体育馆以及游泳馆、跳水馆、网球馆等体育设施的基础上，建成一座达到承办国际、国内综合性体育赛事标准的现代化体育城的长远规划。（李俊温）

【省体育局网站】　2006年7月12日，山西省体育局网站与国家体育总局官方网

2006年7月10日省长于幼军在省体育局听取体育设施规划汇报
李俊温摄影

站顺利链接。通过一段时间的测试，运行良好。山西省体育局网站在沿袭传统体育网站的权威性、新闻实效性、图文并茂等特点的前提下，引入了视频新闻链接、背景介绍等多种元素，为社会各界了解山西体育，乃至国内、国际体育提供了一个更广阔的信息平台。山西省体育局网站与国家体育总局官方网站的正式链接，将有利于逐步实现互联互通、资源共享，大力提升山西省体育信息化建设水平，充分展现新时期山西省体育工作的风采，为山西省体育政务工作的开展起到积极的推动作用。（李俊温）

**【太原国际象棋特级大师邀请赛】** 2006年7月22日，历时13天的太原国际象棋特级大师邀请赛落下帷幕。本次大赛首次引入了中外对抗赛的形式。平均等级分高达2633分的12名中外特级大师为观众们奉献了12场紧张激烈的团体大战。年轻的中国男队有收获，也有遗憾，希望中国男队能够总结经验，在未来比赛中再创佳绩。

太原国际象棋特级大师邀请赛已经连续举办了3年，因为每届都有高水平选手参赛，使得它不仅成为太原市的一大名牌赛事，也成为亚洲最高水平的国际象棋赛事。对于年轻的中国国象队来讲，每年都有这样一个与外国高手过招的机会，使得中国国象队的经验和实力都有了相应提高。从2005年开始，中国男队先后获得世界冠军赛和奥林匹克团体赛的亚军，太原邀请赛功不可没。这样一项高水平的比赛吸引了越来越多的外国棋手。他们从此开始了解中国、了解太原。（李俊温）

**【全国老年人围棋比赛】** 2006年7月28日～8月3日，"潞安环能·劲松杯"第二十届全国老年人围棋比赛在太原举行，省直工委书记刘巩、省体育局副局长李振生等领导出席了开幕式。全国23支代表队、近200名老同志参赛。比赛期间，分别进行了百人老少大战和车轮大战。该项比赛是为了缅怀陈毅元帅、传承文化而设立的，由北京市于1986年创办第一届，之后分别由上海、四川、山东、甘肃等省市轮流承办。（李俊温）

**【第十二届省运动会体育摄影、体育集邮展览】** 2006年8月16日～22日，山西省第十二届运动会体育摄影、体育集邮展览在太原市新生活体育商城举行。省政府副秘书长郭慧民，省体育局党组副书记、副局长苏亚君，副局长杨风楼、李振生，副巡视员李志秀、薄建伟等领导出席了开幕式并剪彩。本次展览共展出全省20余位体育摄影家、各大新闻媒体记者及体育摄影发烧友的200余幅精彩的体育摄影作品，22部邮集、计57框、912个贴片，近万枚中外体育邮票和其他集邮展品。参展作品真实记录了山西省体育事业取得的辉煌成就，贴近生活、贴近群众、具有强烈的体育文化气息，充分体现了山西省体育事业的蓬勃发展趋势。本次体育摄影、体育集邮展览还深入到运动训练基地、厂矿、学校、社区、军营等场所进行巡展。（李俊温）

**【山西省群众体育先进表彰大会】** 2006年8月17日在太原召开"2002～2005年度全省群众体育先进表彰大会"。副省长张少琴，省政府副秘书长郭慧民，省体育局党组副书记、副局长苏亚君，副局长李振生、郝晓峰，纪检组长于若洁等领导出席了表彰会。大会授予太原市体育局等166个单位"全省群众体育先进单位"荣誉称号，授予范世康等170名同志"全省群众体育先进个人"荣誉称号，授予太原市第73健身指导站等107个全民健身活动站（点）"全省优秀全民健身活动站（点）"荣誉称号，授予王逊等98个家庭"山西省全民健身好家庭"荣誉称号。省体育局党组副书记、副局长苏亚君要求"十一五"期间，全省群众体育工作者要抢抓全面建设小康社会的战略机遇、迎接2008北京奥运会的历史机遇和中部崛起的发展机遇，继续坚持"活动与建设并举，重在建设"的工作原则，以满足广大人民群众日益增长的体育需求为出发点，把提高三晋人民的健康素质作为根本目标，努力实现山西省群众体育事业跨越式发展。副省长张少琴指出：2006年是"十一五"规划的开局之年，全省群体工作者要牢固树立和落实科学发展观，增强创新意识，以强烈的责任心和使命感，抢抓历史机遇，振奋精神，立足本职，为构建和谐山西做出新的更大的贡献。（李俊温）

**【山西省第十二届运动会开幕】** 2006年8月18日，山西省第十二届运动会在太原市滨河体育中心隆重开幕。省委书记、省人大主任张宝顺，省长于幼军，国家体育总局党组成员、局长助理晓敏，省政协主席刘泽民，省委常委、省委秘书长申联彬，省委常委、太原市委书记申维辰，省军区司令员方文平，省人大副主任纪馨芳、赵劲夫，副省长张少琴，省政协副主席聂向庭，武警山西总队总队长叶景亮等领导出席开幕式并观看了《喝彩山西》大型文体表演。山西省运动会每四年一届，是山西省竞技体育最高水平的综合性体育赛事。第十二届省运会于7月23日～8月26日在太原、运城、大同等7个城市举行，共设14个大项、407个小项，全省11个市近5000名运动员、教练员等相关人员参加。最后，太原代表团夺得金牌和总分两项第1名，大同和长治代表团分获金牌榜和总分榜2、3名。本届省运会的举办，对于进一步贯彻实施《山西省竞技体育"十一五"改革与发展计划》，推动山西省竞技运动水平的提高和后备人才的培养，充分发挥2008年北京奥运会的综合影响和带动作用，抢抓国家全面建设小康社会的战略机遇，推动山西省体育事业的跨越式发展，为山西省两个文明建设事业做出新的贡献具有重要意义。（李俊温）

2006年8月16日，山西省第十二届运动会体育摄影和体育集邮展览在太原市新生活体育城举行

李俊温摄影

【山西省领导接见全省群众体育先进代表】 2006年8月18日，山西省委书记、省人大主任张宝顺，省长于幼军，国家体育总局党组成员、局长助理晓敏，省政协主席刘泽民，省委常委、省委秘书长申联彬，省委常委、太原市委书记申维辰，省军区司令员方文平，省人大副主任纪馨芳、赵劲夫，副省长张少琴，省政协副主席聂向庭，武警山西总队总队长叶景亮等领导在太原市滨河体育中心训练馆亲切接见了全省群众体育先进代表并与他们合影留念。省委书记张宝顺代表省委、省人大、省政府、省政协，向各位代表表示衷心的感谢和诚挚的问候，向全省运动员、教练员、体育工作者表示亲切慰问。省委书记张宝顺指出，提高人民群众身体素质，满足人民群众日益增长的体育需求，是党和政府历来非常重视的一项工作。在省委、省人大、省政府的关心下，在全社会的广泛支持和广大体育工作者的共同努力下，山西省的体育事业取得了长足进步。群众体育活动蓬勃开展，群众健身意识增强，大运体育走廊惠及200万农民健身需求；竞技体育有所进步，十运会取得新突破、新成绩；体育产业、体育设施建设取得一定成绩。张宝顺书记强调，随着经济的发展和人民生活水平的提高，体育在人民生活中的作用和地位越来越重要。特别在当前构建社会主义和谐社会的进程中，体育工作面临着更加迫切的发展需要，要在“十一五”期间有新的发展。特别是2008年北京奥运会即将举办，又为体育工作提供了一个千载难逢的发展机遇，希望山西体育冲上去，有所建树。体育工作面临的形势很好，发展的任务也很重，希望全省体育战线的同志们抓住机遇，再接再厉，进一步推动全民健身运动的开展，努力提高竞技水平，大力发展体育事业，争取群众体育、竞技体育、体育产业各方面都上一个新的台阶，为构建和谐山西做出更大的贡献。 （李俊温）

【山西省第十二届运动会闭幕】 2006年8月27日，经过一周的紧张较量，省第十二届运动会闭幕式在太原市并州饭店隆重举行。省第十二届运动会组委会主任、副省长张少琴代表省政府向第十二届省运会的成功举办表示祝贺，并宣布本届运动会闭幕。本届省运会是山西省备战奥运会的一次大检阅和总动员，所设项目和奥运会接轨，共设14个大项、407个小项的比赛。省运会决赛，加上规程总则规定的各类加计成绩，共产生了1211枚金牌和31498分总分。最终，太原代表团凭借352枚金牌和7003分总分夺得金牌和总分两项第1名，大同代表团和长治代表团分获金牌榜和总分榜2、3名。本届省运会创造出一批新的省纪录。 （李俊温）

【山西省第八届残疾人运动会】 2006年8月27日～29日，山西省第八届残疾人运动会在太原举行。省委常委、常务副省长范堆相，省人大副主任曹馨仪，省政协副主席周然，省军区副政委刁建业等领导出席了开幕式。中国残疾人联合会向本届残运会发来贺信，预祝本届残运会圆满成功。本届运动会由省残疾人联合会、省体育局共同主办，既是对山西省残疾人体育运动发展水平的一次全面检阅，又是备战第七届全国残疾人运动会的一次实战演练，其宗旨是“超越，融合，共享”，促进残疾人与健全人在体育运动和社会生活中，共享平等的权利和尊严，共享体育带来的欢乐和魅力。全省11个市450余名残疾人运动员经过田径、游泳、举重、射击、盲人柔道、盲人门球、聋人篮球、脑瘫足球、坐式排球等11个大项、180个小项激烈角逐，共产生185枚金牌、59枚银牌和33枚铜牌。太原、长治和大同代表队分别获得金牌总数和团体总分前3名。112名运动员和46名裁判员荣获“体育道德风尚奖”。 （李俊温）

【太原国际青少年乒乓球公开赛】 2006年8月31日～9月4日，太原市滨河体育中心举行国际青少年乒乓球公开赛。中国乒协主席徐寅生，省体育局党组副书记、副局长苏亚君，副局长杨凤楼，太原市市长张兵生等领导出席了开幕式。来自美国、澳大利亚、印度、韩国、中国、中国香港等18个国家和地区近300名运动员参赛。中国2队包揽U—18组男子、女子团体冠军，山西万强3队获U—15组男子、女子团体冠军，韩国1队、山西万强1队分获U—12男子、女子团体桂冠。太原国际青少年乒乓球公开赛迄今已举办了五届。经过主办、承办双方的共同努力，此项赛事的规模越来越大，参赛运动员越来越多，已被国际乒联列为国际青少年乒乓球运动的年度重要赛事之一。通过举办这项赛事，对扩大太原市的对外交流与合作，提高太原市的知名度，推动太原经济社会各项事业的发展起到了积极的促进作用。 （李俊温）

【国家体育总局副局长于再清在晋考察】 2006年9月13日～15日，国家体育总局副局长、国际奥委会执委于再清，总局办公厅副主任王路生一行在省政府副秘书长郭慧民，省体育局党组副书记、副局长苏亚君，副局长杨凤楼等陪同下在山西省考察。13日，于再清一行为代县雁门杨家文武学校剪彩。国家体育总局向代县县委、县政府和雁门杨家文武学校分别捐赠了笔记本电脑等办公用品和武术器材；授予雁门杨家文武学校“中国武术协会会员单位”和“北京体育大学武术学院教学实习基地”牌匾。14、15日，于再清副局长一行前往太原市视察了小轮车国家训练基地和汾河景区，考察了赛场的监控设施和场地状况，观看了太原市小轮车选手的训练和汾河景区的全民健身项目表演；并出席了在山西省举行的十二省（区）市领导干部乒乓球比赛开幕式。考察工作之余，于再清副局长还饶有兴趣地参观了世界文化遗产——平遥古城和太原晋祠。 （李俊温）

【第一届中西部十二省（区）市领导干部乒乓球赛】 2006年9月15日～17日，“第一届中西部十二省（区）市领导干部乒乓球赛”在晋中市举行。中共中央党史研究室主任李景田、国家体育总局副局长于再清、省委副书记金银焕、省人大副主任王昕、副省长张少琴、省政协副主席边鸣涛等领导出席了开幕式。本次比赛由中国乒乓球协会、山西省体育局和十二省（区）市乒协理事会共同主办。来自陕西、甘肃、宁夏、青海、新疆、山西、内蒙古、四川、重庆、云南、贵州、广西等十二省（区）市的300多名领导干部经过6个组别、20个项目的角逐。甘肃和山西夺得省部级团体一等奖，地厅级男、女团体一等奖分别被云南、内蒙古和陕西获得。山西队先后夺得团体和单项比赛的7项冠军。本届比赛达到了以球会友、增进友谊、共同提高、全面发展的目的。第二届中西部十二省（区）市领导干部乒乓球赛将于2007年在宁夏举行。 （李俊温）

【山西中宇职业篮球俱乐部成立】 2006年9月16日，山西中宇职业篮球俱乐部成立仪式暨2006～2007中国男子篮球职业联赛（太原赛区）新闻发布会在太原举

2006 年 9 月 15 日，省委副书记金银焕和国家体育总局副局长于再清为第一届中西部十二省区市领导干部乒乓球比赛开球　李俊温摄

行。省篮球协会名誉主席、原省委副书记梁国英、原省军区副司令员高富，省政府副秘书长郭慧民，省体育局党组副书记、副局长苏亚君，副局长杨凤楼、李振生等出席了发布会。郭慧民宣读了省篮球协会名誉主席、副省长梁滨和彭致圭会长的贺词。2006 年 9 月 4 日，在山西省体育局、河南省体育局、中国篮协和俱乐部的共同努力下，山西中宇职业篮球俱乐部正式组建并报批中国篮协。本次山西中宇职业篮球俱乐部正式挂牌成立对于山西省的职业篮球发展又是一个新的起点，结束了山西省没有 CBA 职业篮球俱乐部的历史。

（李俊温）

**【长治市用 5 亿元兴建体育中心】** 2006 年 9 月 22 日，长治市政府出资 5 亿元兴建体育中心。迄今场馆规划、设计、勘测已完成，相关手续和征地等前期工作已全部结束，体育场建设已成功招标。作为长治市标志性建筑，长治体育中心主体建筑包括体育场、体育馆、游泳馆、综合训练馆和体育公园等，总建筑面积为 102045 平方米，总投资约 5 亿元，全部由市政府出资。体育场建设已于 9 月初成功完成招标工作，北京城建三建设发展有限公司中标，其他项目招标工作也正在进行中。预计截至 2007 年底，长治市体育中心建设将完成投资 14900 万元，其中体育场 6000 万元、体育馆 5000 万元、游泳馆 1000 万元、训练馆 2000 万元及其他费用 900 万元。预计 2008 年年底工程全部完工。

（李俊温）

**【奥运景观雕塑国际巡展·太原展】** “2008 奥运景观雕塑国际巡展·太原展”于 2006 年 9 月 22 日，在滨河体育中心隆重开幕，共有来自 56 个国家和地区的 290 件（组）作品参加本次展览。太原市民可为自己喜欢的雕塑投票，最后从参展作品中选择和认领几件，作为太原市永久性城市景观。开幕那天，很多市民闻讯专程赶来参观，在现场，一些刚刚晨练完的老年人手里拿着评选表格，认真地欣赏完每个景观雕塑后，在评选表格上填写自己喜欢的作品。很多市民纷纷表示，虽然这些景观雕塑是按照比例微缩的，但一次能欣赏到这么多名家的艺术作品实在难得。“2008 奥运景观雕塑国际巡展·太原展”由第二十九届奥林匹克运动会组委会、中国美术家协会和太原市人民政府主办，展期为 15 天。“2008 奥运景观雕塑国际巡展”是经北京奥组委批准立项、开展文化活动的重要组成部分，已在北京、天津、厦门、长春、兰州、郑州等地相继展示，赢得各地市民的极大关注，通过本次巡展，全国市民可以近距离欣赏来自 56 个国家艺术家的 290 件（组）雕塑作品。这些展品集充分反映了国际雕塑水平，雕塑精品之多、艺术水平之高是近年来国内罕见的。

省市领导均表示，希望通过主办本次巡展，进一步扩大太原市的知名度。太原将以此为契机，让广大市民更多地了解奥运、支持奥运和参与奥运，进一步推动体育事业的发展，为建设“服务全省，影响全国，吸引世界”的新太原作出贡献。

（李俊温）

**【洪洞水神庙明应王殿壁画被奥运会纪念银盘收录】** 2006 年 9 月 24 日，山西省洪洞县广胜寺水神庙明应王殿壁画中的元代捶丸图作为中国古代体育项目的代表被北京 2008 年奥运会纪念银盘收录。

北京 2008 年奥运会纪念银盘是世界上最大的以奥运为题材的银盘，银盘正面图案分为 9 个部分，中间以 7 龙飞翔图案环绕北京 2008 年奥运会会徽，周边图案分为 8 个区，搜集了中国古代体育中的长跑、射箭、投掷、举重和技巧等活动。山西省广胜寺的元代捶丸图与古代足球——蹴鞠、骑马以杖击球的马球等图案一起出现在银盘正下方。捶丸出现在我国宋元时期，后传到国外，被世界体育史学界认为是现代高尔夫运动的雏形。该银盘上的 20 多幅图案是由从事体育文化和历史研究的专家从大量中国古代体育文物图案中挑选出来的，揭示了中国古代体育运动与西方古代奥林匹克运动的共存与呼应。

（李俊温）

**【山西省首届体育法制工作会】** 2006 年 9 月 26 日，山西省首届体育法制工作暨体育系统普法依法治理工作会议在并召开。《体育法》实施以来，山西省体育法制工作和法制宣传教育工作取得了很大成绩，10 年来山西共出台了 5 部地方性法规和一部规章。现在，全省各市体育局都成立了负责法制的机构，山西省体育法制工作基本上有了组织保证。但是，在执法工作上山西省却相对滞后，执法人员素质还不能适应行政执法工作的需要。所以，本会议重点研究部署了新时期体育法制工作，安排了“五五”普法工作，要求各级体育部门和相关领导要高度重视体育法制建设，进一步落实领导责任制，推进普法工作的不断深入。

（李俊温）

**【2006 年自行车 BMX 太平洋、大洋洲系列赛】** 2006 年 9 月 30 日，由国家体育总局自行车击剑运动管理中心、太原市人民政府主办，太原市体育局承办的 2006 年自行车 BMX 太平洋、大洋洲系列赛暨全国自行车 BMX 锦标赛开幕式在太原市森林公园西门广场隆重举行。山西省选手在首日进行的全国锦标赛中夺得 1 金 3 银，成为这项比赛最大的赢家。本次比赛是国际自盟指定的 2008 年自行车 BMX 世界锦标赛暨奥运会预赛的积分赛之一，有来自新西兰、中国、中国香港等国家和地区的 100 余名自行车 BMX 优秀选手参加。比赛在太原市国家小轮车训练基地举行。

开幕式及文艺表演结束后，首先进行了全国锦标赛的角逐。在男子青年组的较量中，山西省的耿斌和牛凯技高一筹，包揽了金银牌。山西省选手在女子青年组的

2006年9月26日，“2006年自行车BMX太平洋、大洋洲系列赛暨全国自行车BMX锦标赛”在太原举行，图为比赛现场 李俊温摄

比赛中也表现突出，郝雯丽和马越分获银牌和铜牌。在男子成年组的比赛中，中国香港的王史提芬凭借超强的实力夺得金牌，山西省的赵志阳获得银牌。

（李俊温）

【山西省全民健身工作委员会会议】2006年10月11日，山西省全民健身工作委员会全体会议在省城召开。会议通过了《山西省实施〈全民健身计划纲要〉（2006～2010）计划》和《2005年山西省第二次国民体质监测公报》。山西省制定全民健身纲要是满足群众日益增长的体育需求的需要。它有利于提高人民群众的生活质量和水平，促进社会进步；有利于培养新时期人才，使他们有能力、有体力迎接新的挑战。而从第二次国民体质监测公报显示，山西省国民体质综合指数为100.78，略高于全国平均水平，排名全国前12省市。但另一方面体育设施严重不足是制约全民健身事业发展的“瓶颈”。山西省体育场地的现状是一方面场地严重短缺，一方面大量体育设施阶段性闲置。因此《纲要》提出未来5年山西省的目标任务是：努力实现市有体育公园，县（区）有全民健身活动中心，乡镇（街道）有体育文化广场，社区、行政村有标准体育设施，保证体育彩票公益金的60%足额用于全民健身事业。最终要以满足广大人民群众日益增长的体育需求为出发点，把提高三晋人民的健康素质作为根本目标，努力实现全省群众体育事业跨越式发展，为构建社会主义和谐山西做出新的贡献。 （李俊温）

【山西省第二次国民体质监测公报】2006年10月11日，山西省全民健身工作委员会全体会议审议并通报了《山西省第二次国民体质监测公报》。山西省第二次国民体质监测共测试30510人，有效样本29397个，为国家提供了太原、大同、运城三市7200人体质检测数据。公报显示，山西省国民体质综合指数为100.78，略高于全国平均水平，排名居全国前12省（市、区）。国民体质优秀率为10.8%，比国家平均水平低3个百分点；良好率为23.6%，比国家平均水平低1.6个百分点；合格率为52.7%，比国家平均水平低4.5个百分点；不合格率为12.9%，比国家平均率高0.1个百分点。全省体质监测合格率及综合指数达到全国平均水平。

（李俊温）

【山西省“体育三下乡·夏县健身行”活动】 2006年10月20日，山西省“体育三下乡·夏县健身行”活动在运城市夏县裴介镇墙下村举行。副省长梁滨，省农业厅厅长杨文宪，省体育局党组副书记、副局长苏亚君，副局长李振生等出席了活动。本次活动的主题是“全民健身与奥运同行”，通过体育场地设施下乡、体育健身指导下乡和体育科普知识下乡，把加强农村精神文明建设，提高农民健康素质，促进农民形成健康、科学、文明的生活方式的任务真正落实到基层，落实到乡镇，落实到农民身边，切实发挥体育推动地方经济发展和社会进步的作用。在活动现场，主办方对获得全国第8批“亿万农民健身活动”先进乡镇的大同市南郊区云冈镇等11个乡镇和山西省第3批“百万农民健身活动”先进乡镇的太原市晋源区晋祠镇等33个乡镇进行了表彰。省体育局向夏县捐赠了篮球架、健身路径和体质监测仪器。省国民体质监测中心与运城市体质测试队为当地村民免费进行了体质测试和健身咨询。 （李俊温）

【晋西北、太行山老区体育设施建设会议】2006年10月20日～21日，为了实施农民建设工程，部署晋西北、太行山革命老区体育设施建设工作，并以“两区”推动全省全民健身体育设施建设，实现“十一五”体育事业跨越式发展，省体育局在运城市夏县召开晋西北、太行山老区体育设施建设工作会议。

省体育局党组副书记、副局长苏亚君，副局长李振生等出席了会议。会议部署了“两区”体育设施实施建设方案。苏亚君同志在《以“两区”开发为契机，以体育设施建设为重点，为实现山西体育事业跨越式发展而努力奋斗》的会议主题报告中，总结了“两区”体育设施现状，部署了“两区”体育设施建设的5年计划和年度实施任务。

今后5年“两区”10个市59个县678个乡镇15265个行政村体育设施建设的主要任务目标是：加大体育基础设施建设力度，确保实现一县一中心、一乡一广场、一村一场地，实现人均体育场地面积达到

2006年10月20日，山西省“体育三下乡·夏县健身行”活动在夏县举行，图为篮球趣味比赛现场 李俊温摄

“体育三下乡”夏县健身行活动表演太极扇现场 李俊温摄

一平方米的目标。会议期间，全体与会代表还参观了夏县的农民体育健身工程，交流了农村体育健身工程建设经验。（李俊温）

**【山西省第二届城市社区运动会】** 2006年10月25日～27日，由省体育局和省文明办共同主办的山西省第二届城市社区运动会在太原市小店区坞城街道办事处太航社区举行。省政府副秘书长郭慧民、省体育局副局长李振生、省文明办副主任韦川东等领导出席了开幕式。全省各市的代表队参加了健身展示、健身路径、二龙戏珠、足球射门、慢骑自行车等10个项目的比赛。本届运动会旨在丰富社区居民体育文化生活，展示山西省城市社区体育工作所取得的成果，促进城市体育设施建设，推动科技、卫生、法律、文体“四进社区”活动的开展，提高城市居民的生活质量和健康水平。近年来山西省以科学发展观为指导，积极发展社区体育，构建多元化体育服务体系，不断满足社会成员的体育需求，社区体育已成为山西省城市社区建设的重要内容。山西省已创建全国体育先进社区17个，全省体育先进社区65个。（李俊温）

**【山西省参展奥林匹克集邮收藏博览会选拔展】** 2006年11月13日，为期5天的中国参加2008年世界奥林匹克集邮收藏博览会选拔展在辽宁盘锦落幕。此次选拔展共展出了23个省、市、自治区选送的邮集105部共415框。由山西省体育集邮协会选送、代表山西省参展的长治市宋兴则的《亚洲运动会》，省体育局蒋军民的《赛跑》、《为北京奥运喝彩添彩》3部集邮作品全部获奖。其中，《亚洲运动会》荣获竞赛类大银奖、《赛跑》荣获开放类2等奖、《为北京奥运喝彩添彩》荣获一框类3等奖。（李俊温）

**【山西省级体育传统项目学校命名表彰大会】** 2006年11月29日，“山西省级体育传统项目学校命名表彰大会”在曲沃中学举行。省体育局副局长杨凤楼、临汾市副市长苗元礼等相关领导出席会议并为受表彰学校颁发了牌匾。为加强新时期山西省省级体育传统项目学校的建设和管理，进一步推动中小学校全面贯彻《学校体育工作条例》和《学生体质健康标准》，提高学校体育的工作质量，2006年4月～5月，省体育局和省教育厅经过对全省71所中小学校检查验收，严格评审后，决定重新命名山西省实验中学等全省56所市级传统校为山西省级体育传统项目学校，并利用体育彩票公益金，分3年对受表彰学校各奖励2万元体育器材。杨凤楼副局长指出，省级体育传统项目学校在促进体育事业全面发展方面发挥着积极的作用。杨凤楼还就2007年山西省级体育传统项目学校的主要工作做了安排部署。（李俊温）

**【山西5名运动员参加第十五届亚运会】** 2006年12月1日，第十五届亚洲运动会在卡塔尔多哈揭幕。多哈亚运会共设39个大项、423个小项，45个国家和地区的15000名运动员参赛。中国代表团由928人组成，包括运动员647人，其中男运动员341人，女运动员306人。山西省共有中长跑选手刘青（女）、铅球选手张奇（太原）、摔跤选手梁磊、武术选手袁晓超和由山西省输送到八一手球队崔亮5名运动员和健美教练相建华入选。此外男篮的张劲松和国际象棋队的王月2名山西籍选手也位列其中。（李俊温）

**【第二轮《山西通志·体育志》编委会会议】** 2006年12月7日，第二轮《山西通志·体育志》编委会会议在省体育局召开。省史志院党组副书记、副院长张铁锁，省体育局党组副书记、副局长苏亚君，纪检组长于若洁，副巡视员李志秀及局机关各处室负责人出席了会议。与会人员认真学习了国务院颁布的《地方志工作条例》，听取了《体育志》编修工作情况汇报。纪检组长于若洁要求：编修人员要以饱满的政治热情、高度的事业心和责任感，挖掘资料，全面、系统、科学地把改革开放以来山西省体育事业发展历程，实事求是地记录下来。省史志院副院长张铁锁强调：《体育志》是广大体育战线的需要、社会的需要，对山西省体育事业的发展有着不可估量的借鉴作用。党组副书记、副局长苏亚君指出，编史、修志是法定的工作，省局已经按照省政府要求做到了“一纳入、五到位”；和谐社会建设与体育息息相关，体育的社会需求越来越高，省体育局要掌握全面的资料，扎实做好前期准备工作，尊重历史，把《体育志》修成精品佳志，为

2006年7月28日～8月3日，第二十届全国老年人围棋比赛在太原举行，图为百人老少大战场景 李俊温摄

建设和谐社会，实现山西体育事业跨越式发展作出贡献。省史志院各位专家与编写组全体人员还就编目设计、如何写好志书等内容进行了深入细致的探讨。

（李俊温）

**【省政府第90次常务会议研究讨论加快体育场馆设施建设】** 2006年12月12日，山西省省长于幼军主持召开省政府第90次常务会议，研究讨论加快体育场馆设施建设、迎接北京奥运会火炬接力传送工作方案等议题，审议并通过《山西省体育竞赛监督管理办法（草案）》及其他事项。会议认为，加强体育场馆设施建设，满足人民群众日益增长的文化健身活动需求，是贯彻落实以人为本的科学发展观，促进经济社会协调发展的具体体现，对完善城市功能、提升城市整体形象和文化品位也具有重要意义。会议指出，山西省省级的体育场馆设施建设不论是在全国还是在中部地区都处于落后水平，要按照能够满足承办全国综合性运动会和国际单项赛事的要求，本着科学确定建设规模，节约利用土地，与会展、文化等大型公共设施交相辉映、相互增色的原则，搞好省级体育场馆的规划设计，抓紧推进各项工作，争取早日动工，早日建成投入使用。对场馆的设计，要面向全国乃至国际公开招标，选择国际一流的设计单位，设计出确实能为城市增光添彩，提升品位的标志性建筑。要坚持以市场运作为主、财政支持为辅的原则，积极开发利用现有体育场馆设施，筹集建设资金，要改革体育场馆等公用设施的建设、运营和管理体制。省领导薛延忠、范堆相、梁滨、靳善忠、宋北杉、张少琴出席会议，省政协副主席韩儒英列席会议。 （李俊温）

**【省体育局召开加快体育场馆建设情况通报会】** 2006年12月14日，山西省体育局召开加快体育场馆建设情况通报会。局领导苏亚君、杨凤楼、李振生、郝晓峰、于若洁、李志秀、薄建伟，局机关全体公务员，各直属单位副职以上负责人参加了会议。会上，局党组副书记、副局长苏亚君通报传达了12月12日于幼军省长主持召开的省政府第90次常务会议“关于加快体育场馆设施建设”的会议精神。山西省奥林匹克体育中心（暂定名）概念性规划定位为一场三馆：即一个主体育场，一个主体育馆、一个游泳跳水馆，一个综合训练馆。除此之外，还规划布置了国际体育交流中心、自行车赛场及相关配套工程。经省体育局与太原市人民政府等单位多次沟通协商，初步地址拟选在太原机场大道西段以南3公里处，西傍晋阳湖，东依汾河水，紧临晋祠路、滨河大道、机场大道、环城公路。苏亚君副局长在通报会议精神后指出：1.全省体育系统广大干部职工要统一思想，认真贯彻落实省政府第90次常务会议精神，在工作上要努力、行动上要自觉、态度上要端正，要树立大局意识、责任意识，全力以赴创造良好的环境、和谐的氛围；2.按照省委、省政府要求，狠抓落实，高质量、高标准完成建设任务；做到工作第一、事业至上，人人争做新贡献；3.坚持有利于山西和谐社会的建设，有利于山西体育事业跨越式发展，有利于广大人民群众利益需求的3个原则，齐心协力，共同努力，尽快尽早圆满地建成山西省奥林匹克体育中心。

（李俊温）

**【袁晓超获第十五届多哈亚运会冠军】** 2006年12月14日，山西省18岁小将袁晓超在第十五届多哈亚运会武术项目男子长拳全能比赛中，技压群雄，以总成绩29.48分获得冠军。长拳全能分为长拳、刀术和棍术3个项目。袁晓超是中国武术队在多哈亚运会最先登场的选手。在长拳比赛中，袁晓超的表现十分出众，整套动作刚劲有力，动作优美顺畅，征服了所有裁判，以9.86分位列所有选手的首位，为中国武术队在本届亚运会的征程开了个好头。在刀术的争夺中，袁晓超同样没有给对手任何机会，一气呵成如行云流水，动作潇洒自如，以9.87分成绩再压其余对手。在棍术较量中，袁晓超的表现更令人信服，一条长棍舞得令人眼花缭乱，目不暇接，高质量的动作令场上观众喝彩叫好，最终拿下9.85分的全场最高分，毫无争议地获得冠军。此外山西省选手张奇（太原）获男子铅球第5名，刘青分获女子800米和1500米第6名和第8名。

（李俊温）

**【太原航空运动学校50华诞】** 2006年12月18日，山西省太原航空运动学校举行50华诞庆典活动。省体育局党组副书记、副局长苏亚君，副局长杨凤楼、李振生，纪检组长于若洁，副巡视员李志秀、薄建伟，国家体育总局航管中心副主任、中国航空运动协会副主席申海青出席了庆典活动。50年来，太原航空运动学校培养出了大批优秀运动员，在国际、国内大赛中，先后获得40多枚金牌，3人6次打破跳伞世界纪录；为山西省飞播造林1000余万亩、飞防灭虫200多万亩；完成了太旧和大运高速公路、引黄水利枢纽工程等项目的航测航摄任务；从2003年起，又承担了山西省的人工增雨任务，并取得了良好的效果。苏亚君副局长在讲话中指出：学校为祖国培养了大批航空后备人才和优秀运动员，为祖国国防建设、山西省的经济建设和航空事业做出了显著成绩。在刚刚召开的省政府第90次常务会议上，原则通过了太原航空运动学校迁建的建议，这为山西省航空体育事业的发展开拓了更大的空间。 （李俊温）

**【山西省体育彩票】** 2006年12月，山西省体育彩票销售总额达5.59299290亿元，同比增长1.7亿元，增长率达43.86%，筹集公益金超过1.9亿元，上缴个人所得税1200余万元，超额完成了销售任务，创历史新高。这是继2005年后，山西省体育彩票销售连续2年突破2亿元大关，使山西省跨入了国家最新界定“评先评优”的5亿元标准，进入了全国销售“第二集团军”行列。 （李俊温）

**【太原市近郊开辟四个滑雪场】** 2006年12月，冬季太原市近郊开辟四个滑雪场，即五龙滑雪场、西岭滑雪场、九龙国际滑雪场、晋祠龙山滑雪场。

五龙滑雪场是省体育局五龙沟训练基地引资在省城建立的第一个滑雪场。雪场占地5万平方米，一期工程2004年冬季建成，开设初级雪道、拖牵索道各2条，另辟有雪地摩托道、雪上飞碟道、雪圈道及儿童戏雪乐园。2006年，高级雪道长度有所增加，从山脚到山头共有2条雪道及一条雪圈道，雪道分别长达500米和300米，宽约50米，坡度有缓有峭。山头极为陡峭，滑雪爱好者能得到刺激欢畅的体验，从山腰到山脚相对平缓，适宜一般的滑雪者。

西岭滑雪场2006年刚刚建成，将先期开放1条长约400米的雪道，能同时容纳1000余名滑雪爱好者，剩余4条，将从2007年冬天起陆续开放。除了传统的雪道、雪圈道之外，新建的西岭滑雪场还设置了狗拉雪橇、马拉爬犁、雪地摩托、滑冰场等娱乐项目。

九龙国际滑雪场内设有初级、中级、越野（高级）3条滑雪道，总长1500米，可同时容纳1000余人滑雪。此外还有一条雪圈道。

太原市晋祠龙山滑雪场，是距太原市最近的一家大型旅游滑雪场，造雪面积为1.8万平方米，另有1000余平方米的综合服务设施，雪场设有初、中级两条雪道，雪道依山而建，主滑道长约500米。

（李俊温）

表35　山西省第十二届运动会总分榜

| 名次 | 代表团 | 总分 | 名次 | 代表团 | 总分 |
|---|---|---|---|---|---|
| 1 | 太原 | 7003 | 7 | 临汾 | 1649 |
| 2 | 大同 | 6615 | 8 | 晋城 | 1472 |
| 3 | 长治 | 5694 | 9 | 忻州 | 1256 |
| 4 | 阳泉 | 2511 | 10 | 吕梁 | 758 |
| 5 | 运城 | 2300 | 11 | 朔州 | 235 |
| 6 | 晋中 | 2005 | | 合计 | 31498 |

表36　山西省第十二届运动会各项目比赛时间、地点

| 序号 | 项目 | 地点 | 时间 |
|---|---|---|---|
| 1 | 跆拳道 | 运城 | 7月23日～26日 |
| 2 | 柔道 | 晋城 | 7月24日～29日 |
| 3 | 乒乓球 | 晋中 | 7月24日～30日 |
| 4 | 击剑 | 大同 | 7月26日～29日 |
| 5 | 射箭 | 长治 | 8月3日～7日 |
| 6 | 武术（含散打） | 大同 | 8月3日～10日 |
| 7 | 国际跤（含女摔） | 运城 | 8月8日～14日 |
| 8 | 射击 | 阳泉 | 8月9日～13日 |
| 9 | 篮球 | 太原 | 8月18日～26日 |
| 10 | 自行车 | 太原 | 8月19日～23日 |
| 11 | 举重 | 太原 | 8月19日～23日 |
| 12 | 体操（含蹦床） | 太原 | 8月19日～24日 |
| 13 | 田径 | 太原 | 8月20日～24日 |
| 14 | 游泳 | 太原 | 8月21日～25日 |

表37　山西省第十二届运动会奖牌榜（含年度成绩）

| 序号 | 代表团 | 金 | 银 | 铜 |
|---|---|---|---|---|
| 1 | 太原 | 352 | 108.7 | 158.6 |
| 2 | 大同 | 282 | 196.4 | 172.1 |
| 3 | 长治 | 206 | 164.1 | 157.7 |
| 4 | 阳泉 | 120 | 59.45 | 56.85 |
| 5 | 晋城 | 56 | 40 | 43 |
| 6 | 忻州 | 52 | 29.1 | 14.95 |
| 7 | 晋中 | 51 | 32.3 | 58.1 |

续表 37

| 序号 | 代表团 | 金 | 银 | 铜 |
|---|---|---|---|---|
| 8 | 运　城 | 46 | 45.9 | 65.9 |
| 9 | 临　汾 | 33 | 55.9 | 40.4 |
| 10 | 吕　梁 | 11 | 20 | 20.4 |
| 11 | 朔　州 | 2 | 6.5 | 7.2 |
|  | 合　计 | 1211 | 758.35 | 795.2 |

表 38　**山西省参加第三届全国体育大会各项目名次表**

| 项　目 | 组　别 | 队　员 | 名　次 |
|---|---|---|---|
| 定向 | 男子青年组 18E 标准距离 | 贾普俊 | 第 2 名 |
|  | 男子成年组 21E 标准距离 | 史强强 | 第 3 名 |
|  | 男子青年组 18E 标准距离 | 梁艳兵 | 第 4 名 |
|  | 女子青年组 18E 标准距离 | 郝双燕 | 第 4 名 |
|  | 男子成年组 21E 短距离 | 史强强 | ▲第 1 名 |
|  | 女子青年组 18E 短距离 | 郝双燕 | 第 2 名 |
|  | 男子青年组 18E 短距离 | 梁艳兵 | 第 3 名 |
|  | 女子青年组 18E 短距离 | 李　娟 | 第 4 名 |
|  | 男子成年组 21E 短距离 | 张进发 | 第 6 名 |
|  | 男子百米 | 史强强 | ▲第 1 名 |
| 中国式摔跤 | 48 公斤级 | 宋路路 | ▲第 1 名 |
|  | 90 公斤级 | 赛音巴乙尔 | ▲第 1 名 |
|  | 48 公斤级 | 冯永忠 | 第 2 名 |
|  | 52 公斤级 | 呼格吉巴特尔 | 第 2 名 |
|  | 68 公斤级 | 苏战勇 | 第 3 名 |
|  | 52 公斤级 | 纪本庭 | 第 5 名 |
| 跳　伞 | 女子个人特技 | 陈　莉 | 第 2 名 |
|  | 女子集体定点 | 5 人 | 第 3 名 |
|  | 女子个人定点 | 裴　昱 | 第 3 名 |
|  | 女子个人全能 | 裴　昱 | 第 4 名 |
|  | 女子个人全能 | 陈　莉 | 第 6 名 |
| 无线电测向 | 女子短距离 | 李　娟 | 第 2 名 |
|  | 男子短距离 | 王小强 | 第 5 名 |
|  | 男子标准距离 | 郭恩强 | 第 6 名 |
| 体育舞蹈 | 职业新星组拉丁 | 田玉君　石　崇 | 第 3 名 |
|  | C 组拉丁 | 石　磊　魏梦丽 | 第 3 名 |
|  | 团体拉丁舞 | 16 人 | 第 4 名 |
|  | B 组标准舞 | 陈　新　刘俊青 | 第 5 名 |

续表 38

| 项　目 | 组　　别 | 队　员 | 名　次 |
| --- | --- | --- | --- |
| 拔　　河 | 女子 480 公斤级 | 9 人 | 第 3 名 |
| | 男子 560 公斤级 | 9 人 | 第 4 名 |
| | 男子 600 公斤级 | 9 人 | 第 5 名 |
| 地掷球 | 大金属男子准确抛击 | 任晓波 | 第 3 名 |
| 航　空<br>模　型 | F2D | 刘　克 | 第 5 名 |
| | 花式 | 杨民杰 | 第 6 名 |

表 39　　2006 年山西省运动员参加国际比赛成绩表

| 比赛名称 | 姓名 | 性别 | 项　目 | 成　绩 | 名次 | 时　间 | 地　点 |
| --- | --- | --- | --- | --- | --- | --- | --- |
| 亚洲跳伞锦标赛 | 亢丽平 | 女 | 女子集体定点 | | 1 | 2006．1 | 重庆 |
| 世界跳水系列赛 | 王亮/唱晶 | 男 | 双人十米台 | | 1 | 3．19 | 马德里 |
| 第 15 届亚运会武术比赛 | 袁晓超 | 男 | 长拳＋刀＋棍三项全能 | | 1 | 2006．12 | 多　哈 |
| 世界乒乓球青年锦标赛 | 武　扬 | 女 | 女　团 | | 1 | | |
| 亚洲青少年锦标赛 | 李晓丹 | 女 | 女　团 | | 1 | 7．25 | 日　本 |
| 国际青少年公开赛巡回赛（U－12） | 刘　颖 | 女 | 女　团 | | 1 | | |
| 国际青少年公开赛巡回赛（U－12） | 刘　颖 | 女 | 女　单 | | 1 | | |
| 国际青少年公开赛 | 陈中亚 | 男 | 男　单 | | 2 | | 太　原 |
| 世界跳水系列赛 | 王亮/唱晶 | 男 | 双人十米台 | | 2 | 3.9 | 俄罗斯 |
| 亚洲锦标赛 | 梁　磊 | 男 | 120KG | | 2 | 2006．4 | 哈萨克斯　坦 |
| 亚洲青年田径锦标赛 | 张　群 | 男 | 铁　饼 | 56．73 | 2 | | 澳　门 |
| 世界沙滩排球巡回赛 | 王　露 | 女 | | | 2 | | 雅　典 |
| 世界乒乓球青年锦标赛 | 武　扬 | 女 | 女双 | | 2 | | |
| 亚洲青少年锦标赛 | 李晓丹 | 女 | 女双 | | 2 | | |
| 国际青少年巡回赛 | 杨飞飞<br>万佳　武玲 | 女 | 女团 | | 2 | | |
| 国际青少年公开赛、巡回赛（U－15） | 崔晨雪 | 女 | 女团 | | 2 | | |
| 国际青少年公开赛、巡回赛（U－15） | 靳亚楠 | 女 | | 2 | | | |
| 美国第十五届跆拳道公开赛 | 张东岳 | 男 | 68KG | | 3 | 2006．2 | 美　国 |
| 世界杯艺术体操系列赛 | 殷芊茹 | 女 | 集体全能 | | 3 | 2006．3 | 俄罗斯 |
| 世界乒乓球青年锦标赛 | 武　扬 | 女 | 女单 | | 3 | | |
| 亚洲青少年锦标赛 | 李晓丹 | 女 | 女单 | | 3 | | |
| 世界杯艺术体操系列赛 | 殷芊茹 | 女 | 集体五带 | | 4 | 2006．3 | 俄罗斯 |
| 泛太平洋蹦床邀请赛 | 穆勇峰 | 男 | 网上个人 | | 4 | 2006．4 | 美　国 |

续表 39

| 比赛名称 | 姓名 | 性别 | 项　目 | 成　绩 | 名次 | 时　间 | 地　点 |
|---|---|---|---|---|---|---|---|
| 国际青少年公开赛、巡回赛（U－15） | 崔晨雪 | 女 | 女单 | | 4 | | |
| 国际青少年公开赛、巡回赛（U－15） | 靳亚楠 | 女 | 女单 | | 4 | | |
| 第 15 届亚运会田径比赛 | 张　奇 | 男 | 铅球 | 18．49 | 5 | | 多　哈 |
| 国际青少年公开赛 | 杨　健 | 男 | 男　单 | | 5 | | |
| 国际青少年巡回赛 | 杨飞飞 | 女 | 女　单 | | 5 | | |
| 第 15 届亚运会田径比赛 | 刘　青 | 女 | 1500 米 | | 6 | | 多　哈 |
| 亚洲跳伞锦标赛 | 亢丽平 | 女 | 女子个人特技 | | 8 | 2006．1 | 重　庆 |
| 第 15 届亚运会田径比赛 | 刘　青 | 女 | 800 米 | | 8 | | 多　哈 |

表 40　**2006 年山西省运动员参加全国锦标赛、冠军赛成绩表**

| 比赛名称 | 姓名 | 性别 | 项　目 | 成　绩 | 名次 | 时　间 | 地　点 |
|---|---|---|---|---|---|---|---|
| 全国蹦床锦标赛 | 张媛媛　郭　苒 | 女 | 双人同步 | | 1 | 2006．11 | 福州 |
| 全国蹦床锦标赛 | 穆勇峰　董　栋<br>涂　潇　刘　博<br>高　杰　金仁泽 | 男 | 团体 | | 1 | 2006．5 | 徐州 |
| 全国定向运动锦标赛 | 李　娟 | 女 | 标准距离 | | 1 | 2006．7 | 宁　乡 |
| | 李　娟 | 女 | 定米定向赛 | | 1 | 2006．7 | 宁　乡 |
| 中国国际定向邀请赛 | 史强强 | 男 | 夜间定向赛 | | 1 | 2006．10 | 哈尔滨 |
| 全国滑翔锦标赛 | 张赵民 | 男 | 多边竞速 | 1800 分 | 1 | 5．10－25 | 大同 |
| | 张赵民 | 男 | 多边距离 | 1190 分 | 1 | 5．10－25 | 大同 |
| 全国沙滩排球巡回赛 | 李　扬　胡安娜 | 女 | | | 1 | 7．6 | 日照 |
| 全国热气球锦标赛 | 王金虎 | 男 | 个人总成绩 | | 1 | 2006．12 | 广西 |
| 全国道馆俱乐部柔道比赛 | 赵鑫贵 | 男 | 73KG | | 1 | 11．16－18 | 宜春 |
| 年全国射击系列赛第二站<br>暨团体锦标赛 | 袁　兵　魏方明<br>王一夫 | 男 | 标准手枪<br>60 发团体 | 1682 环 | 1 | 6．26 | 南京 |
| 全国室外射箭锦标赛 | 李维斌 | 男 | 男子单轮 90 米 | 313 环 | 1 | 10 月 | 广西 |
| 全国古典跤冠军赛 | 常永祥 | 男 | 74KG | | 1 | 10．16－18 | 孝感 |
| 全国男子自由跤锦标赛 | 梁　磊 | 男 | 120KG | | 1 | 5．12－14 | 火车头 |
| 全国体操冠军赛分站赛 | 邓少婕 | 女 | 跳马 | | 1 | 2006．5 | 昆明 |
| 全国室内田径锦标赛 | 张　奇 | 男 | 铅球 | 19．18 | 1 | 2．24 | 北京 |
| 全国田径大奖系列赛 | 张　奇 | 男 | 铅球 | 19．56 | 1 | 4．23 | 重庆 |
| 全国田径锦标赛 | 李翔宇 | 男 | 800m | 1′49″37 | 1 | 8．7 | 石家庄 |
| 全国跳伞锦标赛 | 陈莉　肖茜蓉<br>裴昱　亢丽平<br>程彬 | 女 | 女子集体定点 | | 1 | 206．10 | 大同 |

续表 40

| 比赛名称 | 姓名 | 性别 | 项　目 | 成　绩 | 名次 | 时　间 | 地　点 |
|---|---|---|---|---|---|---|---|
| 全国跳伞锦标赛 | 陈莉　肖茜蓉<br>裴昱　亢丽平<br>程彬 | 女 | 四人造型 | | 1 | 206．10 | 大同 |
| 全国跳水冠军赛 | 王亮　唱晶 | 男 | 双人一米台 | 428．34 分 | 1 | 3．28—4．2 | 常熟 |
| 男子武术套路锦标赛 | 袁晓超 | 男 | 长拳 | | 1 | 2006．9 | 上海 |
| 女子武术套路锦标赛 | 赵　诗 | 女 | 长拳 | | 1 | 2006．6 | 杭州 |
| 全国武术套路冠军赛 | 袁晓超 | 男 | 长拳 | | 1 | 2006．9 | 上海 |
| 全国武术套路冠军赛 | 赵　诗 | 女 | 长拳 | | 1 | 2006．6 | 佛山 |
| | 赵　诗 | 女 | 剑术 | | 1 | 2006．9 | 上海 |
| 全国场地自行车冠军赛第二站 | 何薇 | 女 | 500 米计时 | 36″577 | 1 | 6．1 | 日照 |
| 全国场地自行车锦标赛 | 张健健 | 女 | 500 米计时 | 35″665 | 1 | 8．16 | 秦皇岛 |
| 全国蹦床冠军赛 | 董栋　涂潇<br>刘博　张枫 | 男 | 网上团体 | | 2 | 2006．11 | 福州 |
| 全国蹦床锦标赛 | 董栋 | 男 | 网上个人 | | 2 | 2006．5 | 徐州 |
| 中国国际定向邀请赛 | 李　娟　郭文秀<br>刘丽红 | 女 | 女子团体 | | 2 | 2006．10 | 哈尔滨 |
| 全国沙滩排球巡回赛 | 李颖　胡晓燕 | 女 | | | 2 | 7．16 | 青岛 |
| 全国道馆俱乐部柔道比赛 | 贺丽娜 | 女 | 70KG | | 2 | 11．16—18 | 宜春 |
| 全国道馆俱乐部柔道比赛 | 薛源 | 女 | 无差级 | | 2 | 11．16—18 | 宜春 |
| 全国射击系列赛第三站暨<br>个人锦标赛 | 于炜 | 男 | 50M 手枪慢射 | 658．2 环 | 2 | 8．9 | 多巴 |
| 全国射击系列赛第三站暨<br>个人锦标赛 | 刘毅 | 男 | 10 米气手枪 | 683．7 环 | 2 | 8．7 | 多巴 |
| 全国射击系列赛第三站暨<br>个人锦标赛 | 袁兵 | 男 | 25 米手枪速射 | 1547．4 环 | 2 | 8．9 | 多巴 |
| 全国室内射箭锦标赛 | 荣荣　单立兵<br>祝珊珊 | 女 | 女子团体淘汰赛 | 227 环 | 2 | 6．6 | 四川 |
| 全国跆拳道冠军赛暨<br>第十五届亚运会选拔赛 | 侣惠 | 女 | 67KG | | 2 | 2006．10 | 武汉 |
| 全国体操锦标赛 | 邓少婕 | 女 | 跳马 | | 2 | 2006．6 | 无锡 |
| 2006 年全国锦标赛 | 王鹏举　侯奉君 | | 10 岁 B 组 | | 2 | 2006．11 | 深圳 |
| 全国田径冠军赛 | 李翔宇 | 男 | 800m | | 2 | | 长沙 |
| 全国跳伞锦标赛 | 陈　莉 | 女 | 女子个人特技 | | 2 | 2006．10 | 大同 |
| 女子武术套路锦标赛 | 何晓倩 | 刀术 | | | 2 | 2006.6 | 杭州 |
| 全国场地自行车冠军赛第二站 | 张健健 | 女 | 500M 计时 | 36″825 | 2 | 6．1 | |

续表 40

| 比赛名称 | 姓名 | 性别 | 项 目 | 成 绩 | 名次 | 时 间 | 地 点 |
|---|---|---|---|---|---|---|---|
| 全国场地自行车冠军赛第二站 | 何 薇 | 女 | 500M 计时 | 36″805 | 2 | 5. 20 | 日照 |
| 全国场地自行车冠军赛第一站 | 王重阳 | 男 | 1KM 计时 | 1′08″946 | 2 | 5. 20 | 日照 |
| 全国自行车 BMX 锦标赛 | 赵志阳 | 男 | BMX 越野 | | 2 | 9. 30 | 太原 |
| 全国蹦床冠军赛 | 张媛媛 郭苒<br>高月西 刘玥 | 女 | 网上团体 | | 3 | 2006. 11 | 福州 |
| 全国蹦床冠军赛 | 董栋 | 男 | 网上个人 | | 3 | 2006.11 | 福州 |
| 全国蹦床冠军赛 | 刘博 张枫 | 男 | 双人同步 | | 3 | 2006.11 | 福州 |
| 全国蹦床锦标赛 | 高杰 | 男 | 单跳个人 | | 3 | 2006. 5 | 徐州 |
| 全国击剑冠军赛总决赛 | 刘娜娜 | 女 | 重剑个人 | | 3 | 2006. 6 | 天津 |
| 全国沙滩排球巡回赛 | 李颖 张菊 | 女 | | | 3 | 4. 20 | 北海 |
| 全国拳击冠军赛 | 刘建国 | 男 | 57KG | | 3 | 2006. 8 | 江苏 |
| 全国道馆俱乐部柔道比赛 | 薛 源 | 女 | 78KG | | 3 | 11. 16—1 | 宜春 |
| 2006 年全国射击系列赛<br>第二站暨团体锦标赛 | 廉芝彬 | 男 | 10m 移动靶<br>混合速 | 384 环 | 3 | 6. 27 | 贵州 |
| 全国古典跤锦标赛 | 常永祥 | 男 | 74KG | | 3 | 5. 16—18 | 合肥 |
| 全国女子自由跤锦标赛 | 赵俊芝 | 女 | 67KG | | 3 | 4.26—28 | 广州 |
| 全国男子自由跤冠军赛 | 陈占国 | 男 | 66GK | | 3 | 10. 21—23 | 西安 |
| 全国跆拳道锦标赛暨<br>第十五届亚运会选拔赛 | 冯兰兰 | 女 | 63KG | | 3 | 2006. 5 | 金华 |
| 全国跆拳道锦标赛暨<br>第十五届亚运会选拔赛 | 侣 惠 | 女 | 67KG | | 3 | 2006. 5 | 金华 |
| 2006 年全国锦标赛 | 王震 纪芸芸 | | 14 岁 A 组 | | 3 | 2006. 11 | 深圳 |
| 全国田径大奖系列赛 | 刘青 | 女 | 1500M | 4′23″68 | 3 | 9.10 | 桂林 |
| 全国田径大奖系列赛 | 赵岩 | 男 | 十项全能 | 6523 分 | 3 | 9. 10 | 桂林 |
| 全国跳伞锦标赛 | 陈莉 肖茜蓉<br>亢丽平 程彬 | 女 | 花样规定动作 | | 3 | 2006. 10 | 大同 |
| 女子武术套路锦标赛 | 赵诗 | | 剑术 | | 3 | 2006. 6 | 杭州 |
| 全国武术套路冠军赛 | 何晓倩 | | 刀术 | | 3 | 2006. 9 | 上海 |
| 全国艺术体操锦标赛 | 刘安东琪 董岩<br>李越 褚文佳<br>杨帆 | 女 | 五带 | | 3 | 2006. 9 | 扬州 |
| 全国山地自行车锦标赛<br>暨全国青年 | 张淑峰 | 男 | 山地车越野赛 | 2：12：16 | 3 | 8. 12 | 迁西 |
| 全国场地自行车冠军赛第一站 | 王重阳<br>闯振强 刘涛 | 男 | 奥林匹克竞速赛 | 48″078 | 3 | 5. 20 | 日照 |
| 全国场地自行车锦标赛 | 张健健 | 女 | 争先赛 | | 3 | 8. 16 | 秦皇岛 |

续表 40

| 比赛名称 | 姓名 | 性别 | 项　目 | 成　绩 | 名次 | 时　间 | 地　点 |
|---|---|---|---|---|---|---|---|
| 全国场地自行车锦标赛 | 茹　花 | 女 | 记分赛 | | 3 | 8. 16 | 秦皇岛 |
| 全国自行车 BMX 冠军赛第二站 | 高雪娇 | 女 | BMX 越野赛 | | 3 | 5. 12 | 太原 |
| 全国蹦床冠军赛 | 王星璐 | 女 | 单跳个人 | | 4 | 2006. 11 | 福州 |
| 全国跳床锦标赛 | 涂　潇 | 男 | 网上个人 | | 4 | 2006. 5 | 徐州 |
| 全国蹦床锦标赛 | 张媛媛　郭苒 | 女 | 女子团体 | | 4 | 2006. 5 | 徐州 |
| 全国蹦床锦标赛 | 张媛媛　郭苒 | 女 | 双人同步 | | 4 | 2006. 5 | 徐州 |
| 全国射击系列赛第四站暨总决赛 | 王钦钦 | 女 | 10 米气手枪 | 485. 7 环 | 4 | 10. 23 | 烟台 |
| 全国室外射箭锦标赛 | 荣　荣 | 女 | 女子单轮 30 米 | 350 环 | 4 | 10 月 | 广西 |
| 全国女子自由跤锦标赛 | 史盛华 | 女 | 51KG | | 4 | 4. 26—28 | 广州 |
| 全国跆拳道锦标赛暨<br>第十五届亚运会选拔赛 | 郑　义 | 男 | ＋84KG | | 4 | 2006. 10 | 武汉 |
| 全国跆拳道冠军赛暨<br>第十五届亚运会选拔赛 | 郑　义 | 男 | ＋84KG | | 4 | 2006. 05 | 金华 |
| 全国体操冠军赛分站赛 | 蔡晓晴 | 女 | 全能 | | 4 | 2006. 5 | 昆明 |
| 全国体操冠军赛总决赛 | 邓少婕 | 女 | 跳马 | | 4 | 2006. 9 | 仙桃 |
| 全国跳伞锦标赛 | 陈莉<br>裴昱　程彬<br>肖茜蓉　亢丽平 | 女 | 花样自选动作 | | 4 | 2006. 10 | 大同 |
| 青少年武术套路锦标赛 | 王武剑 | | 南拳 | | 4 | 2006. 5 | 武汉 |
| 全国武术套路冠军赛 | 杨　洪 | | 刀术 | | 4 | 2006. 9 | 上海 |
| 全国武术套路冠军赛 | 何晓倩 | | 棍术 | | 4 | 2006. 9 | 上海 |
| 全国艺术体操锦标赛 | 刘安东琪　董岩<br>李越　褚文佳<br>杨帆 | 女 | 集体全能 | | 4 | 2006. 9 | 扬州 |
| 全国游泳锦标赛 | 佟雪泠 | 女 | 国际马拉松 | 1：53：41 | 4 | 9. 24 | 汕头 |
| 全国游泳锦标赛 | 刘　洋 | 男 | 马拉松 | 2：12：54 | 4 | 7. 11 | 千岛湖 |
| “太湖渔洋山”中国杯<br>山地车系列赛第二站 | 古晓颖 | 女 | 山地车越野赛 | 2：07：51 | 4 | 11. 5 | 太湖 |
| 全国场地自行车冠军赛第二站 | 王重阳 | 男 | 1KM 计时 | 1′09″122 | 4 | 6. 1 | 日照 |
| 全国场地自行车冠军赛第二站 | 王重阳　高振中<br>闯振强 | 男 | 奥林匹克竞速赛 | 48″578 | 4 | 6. 1 | 日照 |
| 全国场地自行车锦标赛 | 王重阳　闯振强<br>林　健 | 男 | 奥林匹克竞速赛 | 1′04″535 | 4 | 8. 16 | 秦皇岛 |
| 全国场地自行车冠军赛第二站 | 张淑峰 | 男 | | 1：46：18 | 4 | 4. 2 | 成都 |

续表 40

| 比赛名称 | 姓名 | 性别 | 项　目 | 成　绩 | 名次 | 时　间 | 地　点 |
|---|---|---|---|---|---|---|---|
| 全国蹦床锦标赛 | 刘　玥 | 女 | 女子个人 | | 5 | 2006. 5 | 徐州 |
| 中国国际定向邀请赛 | 史强强<br>贾普俊　梁伟 | 男 | | | 5 | 2006. 10 | 哈尔滨 |
| 全国沙滩排球巡回赛 | 李　扬　胡安娜 | 女 | | | 5 | 4. 22 | 北海 |
| 全国沙滩排球巡回赛 | 李　扬　胡安娜 | 女 | | | 5 | 8. 24 | 郑州 |
| 全国沙滩排球巡回赛 | 李　颖　张　菊 | 女 | | | 5 | | 广州 |
| 全国沙滩排球巡回赛 | 李　颖　胡晓燕 | 女 | | | 5 | 4. 26 | 海口 |
| 全国沙滩排球巡回赛 | 李　扬　胡安娜 | 女 | | | 5 | 7. 6 | 日照 |
| 全国热气球锦标赛 | 张静渟 | 男 | | 13725 分 | 5 | 12. 17—25 | 武鸣 |
| 全国道馆俱乐部柔道比赛 | 马日旭 | 男 | 73KG | | 5 | 11. 16—18 | 宜春 |
| 全国道馆俱乐部柔道比赛 | 张馨斌 | 男 | 73KG | | 5 | 11. 16—18 | 宜春 |
| 全国男子柔道锦标赛 | 巴力吉 | 男 | 100KG | | 5 | 4. 15—17 | 黄山 |
| 全国射击系列赛第三站暨个人锦标赛 | 袁　兵 | 男 | | 565 环 | 5 | 8. 7 | 多巴 |
| 全国射击系列赛第三站暨个人锦标赛 | 廉芝斌 | 男 | 移动靶混合速 | 385 | 5 | 8.3 | 西安 |
| 全国室内射箭锦标赛 | 祝珊珊 | 女 | 女子个人淘汰赛 | 115 环 | 5 | 6.6 | 四川 |
| 全国男子自由跤冠军赛 | 张小岳 | 男 | 60KG | | 5 | 10.21—23 | 西安 |
| 全国体操冠军赛分站赛 | 蔡晓晴 | 女 | 高低杠 | | 5 | 2006.5 | 昆明 |
| 2006 年全国锦标赛 | 田磊　石晶 | | 16 岁 A 组 | | 5 | 2006.11 | 深圳 |
| 全国室内田径锦标赛 | 于亮亮 | 男 | 200m | 22′35 | 5 | 2.18 | 上海 |
| 全国田径大学系列赛 | 刘宝余 | 男 | 800m | 1′54″01 | 5 | 4.23 | 重庆 |
| 全国跳伞锦标赛 | 肖茜蓉 | 女 | 个人全能 | | 5 | 2006.10 | 大同 |
| 男子武术散打锦标赛 | 袁保同 | | 96KG | | 5 | 2006.5 | 南昌 |
| 男子武术散打锦标赛 | 袁保同 | | 90KG | | 5 | 2006.9 | 江苏 |
| 全国艺术体操锦标赛 | 刘安东琪 董岩<br>李越 褚文佳 杨帆 | 女 | 三圈两棒 | | 5 | 2006.9 | 扬州 |
| 全国游泳锦标赛 | 薛峰 | 男 | 国际马拉松 | 1∶48∶35 | 5 | 9.24 | 汕头 |
| 全国旅游冠军赛 | 李丁杰 | 男 | 100 米蝶泳 | 54″71 | 5 | 5.12—17 | 洛阳 |
| 全国游泳冠军赛 | 赵　瑾 | 女 | 200 米蛙泳 | 2′30″22 | 5 | 5.12—17 | 洛阳 |
| “太湖渔洋山”中国杯山地车系列赛第三站 | 古晓颖 | 女 | 山地车越野赛 | 1∶46∶23 | 5 | 11.8 | 太湖 |
| “太湖渔洋山”中国杯山地车系列赛第四站 | 古晓颖 | 女 | 山地车越野赛 | 2∶24∶06 | 5 | 11.12 | 太湖 |

续表 40

| 比赛名称 | 姓名 | 性别 | 项　目 | 成　绩 | 名次 | 时　间 | 地　点 |
|---|---|---|---|---|---|---|---|
| 全国场地自行车冠军赛第一站 | 何　薇 | 女 | 争先赛 | | 5 | 5.20 | 日照 |
| 全国场地自行车冠军赛第一站 | 茹　花 | 女 | 记分赛 | | 5 | 5.20 | 日照 |
| 全国场地自行车锦标赛 | 何　薇 | 女 | 500M 计时 | 37″363 | 5 | 8.16 | 秦皇岛 |
| 全国场地自行车锦标赛 | 何　薇 | 女 | 争先赛 | 5 | 8.16 | 秦皇岛 | |
| 全国自行车 BMX 冠军赛第二站 | 任　超 | 男 | BMX 越野 | | 5 | 5.12 | 太原 |
| 太平洋大洋洲国际 BMX 系列赛 | 赵志阳 | 男 | BMX 越野 | | 5 | 10.1 | 太原 |
| 全国蹦床锦标赛 | 刘博　张杰 | 男 | 双人同步 | | 6 | 2006.5 | 徐州 |
| 全国蹦床锦标赛 | 毛　宁 | 女 | 单跳个人 | | 6 | 2006.5 | 徐州 |
| 全国射击系列赛第三站暨个人锦标赛 | 魏方明 | 男 | 25M 标准手枪 | 565 环 | 6 | 8.7 | 多巴 |
| 全国射箭冠军赛 | 李维斌 | 男 | 个人淘汰赛 | 105 环 | 6 | 4. 14 | 福建 |
| 全国室外射箭锦标赛 | 崔振泽 | 男 | 个人淘汰赛 | 105 环 | 6 | 10 月 | 广西 |
| 全国室内田径锦标赛 | 赵　岩 | 男 | 七项全能 | 4979 | 6 | 2. 24 | 北京 |
| 全国田径大奖系列赛 | 王双久 | 男 | 撑竿跳高 | 4. 8 米 | 6 | 5. 28 | 郑州 |
| 全国田径大奖系列赛 | 边　凯 | 男 | 100 米 | 10″68 | 6 | 9. 10 | 桂林 |
| 全国跳伞锦标赛 | 陈莉 | 女 | 个人全能 | | 6 | 2006. 10 | 大同 |
| 全国跳伞锦标赛 | 程彬 | 女 | 个人定点 | | 6 | 2006. 10 | 大同 |
| 女子武术套路锦标赛 | 何晓倩 | 女 | 棍术 | | 6 | 2006. 6 | 杭州 |
| 全国武术套路冠军赛 | 赵　诗 | 女 | 枪术 | | 6 | 2006. 9 | 上海 |
| 全国游泳锦标赛 | 薛瑞鹏 | 男 | 100 米蛙泳 | 1′03″62 | 6 | 9. 1—6 | 浙江 |
| 全国游泳锦标赛 | 苗云凤 | 女 | 国际马拉松 | 1：53：40 | 6 | 9.24 | 汕头 |
| 全国山地自行车冠军赛第一站 | 张淑峰 | 男 | 山地车越野赛 | 2：09：27 | 6 | 3. 24 | 成　都 |
| 全国游泳冠军赛 | 王　韬 | 男 | 400 米混合泳 | 4′31″82 | 6 | 5.12—17 | 洛阳 |
| 世界马拉松选拔赛 | 杨　超 | 男 | 全国游泳马拉松 | 1：45：36：61 | 6 | 11.18 | 厦门 |
| “太湖渔洋山”中国杯山地车系列赛第四站 | 白　月 | 女 | 山地车越野赛 | 2：27：02 | 6 | 4.23 | 紫蓬山 |
| 全国场地自行车冠军赛第二站 | 郑石磊 | 男 | 1KM 计时赛 | 1′10″332 | 6 | 6.1 | 日照 |
| 全国场地自行车冠军赛第三站 | 任小佳 | 女 | 3KM 追逐赛 | 4′03″045 | 6 | 6.19 | 沈阳 |
| 全国场地自行车冠军赛第四站 | 安俊　刘时春　杜勇　郝慧敏 | 男 | 4KM 团体追逐赛 | 4′38″11 | 6 | 6.28 | 沈阳 |
| 全国场地自行车冠军赛第一站 | 茹花 | 女 | 3KM 个人追逐赛 | 4′02″362 | 6 | 5.20 | 日照 |
| 全国场地自行车锦标赛 | 杜勇 | 男 | 4KM 个人追逐赛 | 4′52″178 | 6 | 8.16 | 秦皇岛 |
| 全国山地自行车冠军赛第三站 | 古晓颖 | 女 | 山地车越野赛 | 2：34′56″18 | 6 | 4.23 | 紫蓬山 |

表 41　　2006 年山西省运动员参加全国青少年、协作区比赛成绩表

| 比赛名称 | 姓名 | 性别 | 项　目 | 成　绩 | 名次 | 时　间 | 地　点 |
|---|---|---|---|---|---|---|---|
| 全国优秀青少年调赛 | 武　杨 | 女 | 单打 | | 1 | 2006. 8 | 内蒙古 |
| 全国射击系列赛第一站暨华北区锦标赛 | 申晓亮 | 男 | 3×40（跪） | 390 环 | 1 | 4. 25 | 石家庄 |
| 全国射击系列赛第一站暨华北区锦标赛 | 田　佳 | 女 | 气手枪 40 发 | 474. 6 环 | 1 | 4. 22 | 内蒙古 |
| 全国射击系列赛第一站暨华北区锦标赛 | 马　涛 | 男 | 气步枪 60 发 | 590 环 | 1 | 4. 23 | 北京 |
| 全国射击系列赛第一站暨华北区锦标赛 | 李晓华 | 女 | 移动靶标准速 | 379 环 | 1 | 4. 23 | 北京 |
| 全国射击系列赛第一站暨华北区锦标赛 | 于　炜 | 男 | 气手枪 60 发 | 686. 6 环 | 1 | 4. 2 | 内蒙古 |
| 全国射击系列赛第一站暨华北区锦标赛 | 于　炜 | 男 | 自选手枪慢射 60 发 | 652. 9 环 | 1 | 4. 21 | 内蒙古 |
| 全国射击系列赛第一站暨华北区锦标赛 | 王明　高小军　申晓亮 | 男 | 60 发卧射团体 | 1764 环 | 1 | 4. 24 | 河北 |
| 全国射击系列赛第一站暨华北区锦标赛 | 于炜　王智伟　刘毅 | 男 | 手枪慢射 60 发团体 | 1639 环 | 1 | 4. 21 | 内蒙古 |
| 全国射击系列赛第一站暨华北区锦标赛 | 于炜　王智伟　刘毅 | 男 | 手枪慢射 60 发团体 | 1639 环 | 1 | 4. 2 | 内蒙古 |
| 全国体校锦标赛 | 边凯 | 男 | 100m | 10. 64 | 1 | 2006. 7 | 徐州 |
| 全国青年男子摔跤锦标赛 | 张小兵 | 男 | 60KG | | 1 | 6. 5—9 | 淄博 |
| 全国青年男子摔跤锦标赛 | 陈占国 | 男 | 66KG | | 1 | 6. 5—9 | 淄博 |
| 全国青年场地自行车锦标赛 | 杨玉美 | 女 | 500M 计时 | 38″998 | 1 | 8. 16 | 秦皇岛 |
| 全国蹦床青少年锦标赛 | 张　雒 | 男 | 甲组团体 | | 1 | 2006. 11 | 福州 |
| 全国蹦床青少年锦标赛 | 符　冰 | 男 | 甲组团体 | | 1 | 2006. 11 | 福州 |
| 全国蹦床青少年锦标赛 | 穆　童 | 男 | 甲组团体 | | 1 | 2006. 11 | 福州 |
| 全国蹦床青少年锦标赛 | 曲晓东 | 男 | 甲组团体 | | 1 | 2006. 11 | 福州 |
| 全国射击系列赛第一站暨华北区锦标赛 | 黄亚楠 | 女 | 气步枪 40 发 | 499.9 环 | 2 | 4. 23 | 石家庄 |
| 全国射击系列赛第一站暨华北区锦标赛 | 柴彬 | 女 | 气步枪 40 发 | 392 环 | 2 | 4. 23 | 石家庄 |
| 全国射击系列赛第一站暨华北区锦标赛 | 程翔 | 男 | 男子气手枪 60 发 | 570 环 | 2 | 4. 2 | 内蒙古 |
| 全国射击系列赛第一站暨华北区锦标赛 | 魏方明 | 男 | 标准手枪速射 60 发 | 765.9 环 | 2 | 4.2 | 内蒙古 |
| 全国青年古典跤锦标赛 | 栗会东 | 男 | 60KG | | 2 | 6. 14—16 | 潍坊 |

续表 41

| 比赛名称 | 姓名 | 性别 | 项目 | 成绩 | 名次 | 时间 | 地点 |
|---|---|---|---|---|---|---|---|
| 山地自行车锦标赛 | 郭清云 | 女 | 青年山地车越野赛 | | 2 | 1∶51∶35 | |
| 全国蹦床青少年锦标赛 | 张　雒 | 男 | 甲组单跳个人 | | 2 | 2006. 11 | 福州 |
| 全国击剑青年锦标赛 | 刘娜娜 | 女 | 重剑个个 | | 2 | 2006. 11 | 合肥 |
| 全国击剑青年锦标赛 | 刘娜娜　于单<br>郝嘉露　田雪 | 女 | 重剑团体 | | 2 | 2006. 11 | 合肥 |
| 世界青年田径锦标赛测试赛 | 周慧莲 | 女 | 3000m 障碍 | 10′35″41 | 2 | 7. 2 | 北京 |
| 全国体校锦标赛 | 边　凯 | 男 | 200m | | 2 | 2006. 7 | 徐州 |
| 全国射击系列赛第一站暨华北区锦标赛 | 申晓亮 | 男 | 小口径步枪 3×40 | 1259. 3 环 | 3 | 4. 25 | 石家庄 |
| 全国系列赛第一站暨华北区锦标赛 | 申晓亮 | 男 | 小口径步枪 60 发卧射 | 692.3 环 | 3 | 4.24 | 石家庄 |
| 全国射击系列赛第一站暨华北区锦标赛 | 王　明 | 男 | 3×40（跪） | 387 环 | 3 | 4. 25 | 石家庄 |
| 全国射击系列赛第一站暨华北区锦标赛 | 王小宇 | 男 | 3×40 | 1148 环 | 3 | 4. 25 | 石家庄 |
| 全国射击系列赛第一站暨华北区锦标赛 | 何耀龙 | 男 | 男子气手枪 60 发 | 570 环 | 3 | 4. 2 | 内蒙古 |
| 全国射击系列赛第一站暨华北区锦标赛 | 郭梦奇 | 男 | 标准手枪速射 60 发 | 571 环 | 3 | 4. 2 | 内蒙古 |
| 全国射击系列赛第一站暨华北区锦标赛 | 黄亚楠　吴雯叶<br>芦　燕 | 女 | 10 米气步枪 40 发团体 | 1717 环 | 3 | 4. 23 | 河北 |
| 全国射击系列赛第一站暨华北区锦标赛 | 黄亚楠　王婧<br>芦　燕 | 女 | 小口径步枪 3×20 团体 | 1717 环 | 3 | 4. 24 | 河北 |
| 全国射击系列赛第一站暨华北区锦标赛 | 袁兵　魏方明<br>王一夫 | 男 | 标准手枪速射 60 发 | 1706 环 | 3 | 4. 21 | 内蒙古 |
| 全国跆拳道青年锦标赛暨世界跆拳道青年锦标赛选拔赛 | 刘宏伟 | 男 | 78KG | | 3 | 2006. 4 | 淄博 |
| 全国跆拳道青年锦标赛暨世界跆拳道青年锦标赛选拔赛 | 张娇娇 | 女 | 46KG | | 3 | 2006. 4 | 淄博 |
| 全国跆拳道青年锦标赛暨世界跆拳道青年锦标赛选拔赛 | 田梅花 | 女 | 52KG | | 3 | 2006. 4 | 淄博 |
| 全国青年女子摔跤锦标赛 | 吕兵 | 女 | 59KG | | 3 | 6.2—4 | 武汉 |
| 全国青年场地自行车锦标赛 | 周淑慧 | 女 | 500M 计时 | 39″006 | 3 | 8. 16 | 秦皇岛 |
| 全国蹦床青少年锦标赛 | 符冰 | 男 | 甲组网上个人 | | 3 | 2006. 11 | 福州 |

续表 41

| 比赛名称 | 姓名 | 性别 | 项　目 | 成　绩 | 名次 | 时　间 | 地　点 |
|---|---|---|---|---|---|---|---|
| 全国体操青年锦标赛 | 李佳伟 | 男 | 自由体操 |  | 3 | 2006. 6 | 昆明 |
| 世界青年田径锦标赛测试赛 | 赵岩 | 男 | 110m 栏 | 14″25 | 3 | 7. 2 | 北京 |
| 世界青年田径锦标赛测试赛 | 孙长龙 | 男 | 标枪 | 68. 33 | 3 | 7. 2 | 北京 |
| 全国少年乒乓球比赛（北方赛区） | 靳路平 | 女 | 单打 |  | 3 |  |  |
| 全国青少年古典式摔跤锦标赛 | 张志红 | 男 | 54KG |  | 3 | 20006. 8. 23 | 天津 |

表 42　**2006 年破山西省纪录运动员名单**

| 大项 | 姓名 | 性别 | 项目 | 成绩 | 比赛名称 | 原纪录 |
|---|---|---|---|---|---|---|
| 田径 | 李翔宇 | 男 | 800m | 1′46″45 | 国际邀请赛 |  |
| 田径 | 于亮亮 | 男 | 200m | 21″4 | 第十二届省运会 | 21″7 |
| 田径 | 闫鑫敏 | 男 | 3000m | 8′27″9 | 第十二届省运会 | 8′30″4 |
| 田径 | 于漫 | 女 | 3000m | 9′16″9 | 第十二届省运会 | 9′23″8 |
| 游泳 | 杨超 | 男 | 400m 自由泳 | 4′03″87 | 全国冬季游泳锦标赛 | 4′04″22 |
| 游泳 | 苗云凤 | 女 | 200m 混合泳 | 2′21″41 | 全国游泳锦标赛 |  |
| 射击 | 王钦钦 | 女 | 专业组女子气手枪 40 发 | 387 环 | 全国射击系列系赛第四站暨总决赛 | 384 环 |
| 射击 | 王　婧 | 女 | 甲组女子气步枪 40 发 | 398 环 | 第十三届省运会 | 396 环 |
| 射击 | 李　楠 | 女 | 乙组女子步枪 60 发卧射 | 592 环 | 第十二届省运会 | 591 环 |
| 射击 | 柴　彬 | 女 | 乙组女子气步枪 40 发 | 395 环 | 第十二届省运会 | 391 环 |
| 射击 | 李晓华 | 女 | 乙组 10 米移动靶（20＋20） | 379 环 | 全国射击系列赛第一站暨华北区赛 | 378 环 |
| 射击 | 于　炜<br>刘　毅<br>王智伟 | 男 | 气手枪 | 1727 环 | 全国射击系列赛第二站暨华北区赛 | 1725 环 |
| 射箭 | 郭长乐 | 男 | 70 米（72 支箭） | 619 环 | 第十二届省运会 |  |
| 射箭 | 常　亮<br>韩　旭<br>谢宇辉 | 男 | 奥林匹克淘汰赛团体（24 支箭） | 206 环 | 第十二届省运会 |  |
| 射箭 | 韩　旭 | 男 | 奥林匹克淘汰赛个人（12 支箭） | 104 环 | 第十二届省运会 |  |
| 射箭 | 祝姗姗<br>郭琳娜<br>张　琳 | 女 | 奥林匹克淘汰赛团体 70 米（24 支箭） | 198 环 | 第十二届省运会 |  |
| 射箭 | 闵红妮 | 女 | 淘汰赛个人 60 米（12 支箭） | 113 环 | 第十二届省运会 |  |

# 旅　　游

【概述】 山西省2006年共接待海外游客573711人次，比2005年同期增长36.12%；旅游创汇16420.78万美元，比2005年同期增长41.29%，均居全国第23位，其中接待量和创汇增速均居全国第1位。国内旅游接待7517.04万人次，比2005年同期增长14.85%；国内旅游收入414.75亿元人民币，比2005年同期增长47.12%，分别位居全国第15和第17位。旅游总收入实现428.39亿元人民币，比2005年同期增长46.71%，相当于全省GDP的9.01%，位居全国第17位，在中部六省份中居第4位，较2005年前移了2位。实现了“十一五”旅游业发展的良好开局。（韩泰凡）

【旅游行业规模】 截至2006年底，全省各类旅游经营单位达到6347个。其中，旅游景区（点）628处（共有A级以上旅游区51家，其中4A级景区18家，3A级景区1家，2A级景区25家，A级景区7家），正式对外开放的有220处；工农业旅游示范点56个；各类旅游接待设施3849个；旅游餐饮单位368个；旅行社629家（国际社42家，国内社587家）；旅游运输单位47家；旅游商品生产销售单位128家；旅游娱乐单位682家；其他旅游服务单位16家。全省旅游从业人员总数达143.5万人，比2005年同期增长49.1%，占全省就业总数的6.32%。其中旅游直接从业人员60.2万人，间接从业人员83.3万人（韩泰凡）

【重大旅游决策】 自山西省“十一五”规划纲要将旅游业确定为全省重点培育的四大新兴支柱产业之一以来，省委、省政府出台了优化产业结构、培育优势产业的实施意见，制定并实施培育发展八大支柱产业的产业规划和产业政策，为山西省旅游业注入了新的生机与活力。2006年，省委、省政府出台进一步扩大对外开放的决定，全面开放投资领域，全方位扩大对外交流合作，大幅度推进旅游招商引资的同时，扩大了山西省旅游目的地形象的影响。此外，实施“两区”开发战略、社会主义新农村建设和“蓝天碧水”工程等战略布局都对旅游产业发展的软硬环境起到了积极的优化作用。这些战略的实施，使发展旅游业变成了全省各级各部门共同的任务，旅游促销变成了全省对外形象的集中展示。省委、省政府一系列重大战略布局，成为山西省旅游业“十一五”良好开局的直接驱动力。（韩泰凡）

【重大旅游活动】 1月17日，第六届晋商社火节在介休绵山风景区开幕。社火节期间，山西省旅游局牵头举办了“2006山西旅游业务洽谈及经营发展高峰论坛”，面向全国近300家旅行社发布山西省重点景区的接待优惠政策。晋商社火节自2001年举办以来，共接待海内外游客35万人次，旅游综合收入达到5亿元，成为山西省晋商民俗文化旅游品牌中的拳头产品。

7月9日，由山西省旅游局主办、盂县藏山风景区协办，在藏山风景区举办山西省“藏山杯”第三届导游员大赛，省旅游局局长籍振芳、副局长李太阳出席指导。有20名导游员获得了省级优秀导游员称号，10名导游获得单项奖，7名导游员被推荐为国家级优秀导游员，大赛对提高导游队伍整体素质起到了积极作用。

7月25日～27日，组织参加了省政府组织的2006年山西（香港）投资洽谈会，全面展示了山西省丰富的人文、自然旅游资源产品和“华夏古文明，山西好风光”的主体形象。与香港旅游业议会签署了《晋港进一步深化区域旅游合作协议》，与香港中国旅行社、香港康泰旅行社签署了《旅游合作协议》，与中国东航香港营业部签署了《旅游航空客运合作协议》。

9月25日，由运城市政府和省旅游局共同主办的中国运城第十六届国际关公文化节在运城市隆重开幕。省委书记张宝顺、国家国资委副主任吴晓华、国家大中型企业监事会主席和来自美国、新加坡、马来西亚、日本、港澳台等国家和地区的贵宾，参加了开幕式。

9月27日，“2006年中国·晋中晋商国际旅游文化交流节”举行，省委常委、常务副省长范堆相出席开幕式并宣布开幕。美国、德国、丹麦、肯尼亚、白俄罗斯五个国家的驻京文化参赞和来自海内外的客商、旅行商、热心于晋商文化研究的专家学者汇集晋中，共商推动国际旅游文化的方略，同时还举办了晋商万里茶路学术研讨会、招商项目推介会等活动。（韩泰凡）

## ·入境旅游·

【入境旅游接待与收入】 2006年，山西省入境过夜旅游人数573711人次，比2005年同期增长36.12%；实现旅游创汇16420.78万美元，比2005年同期增长41.29%。分别位居全国第23位。入境旅

五台山黛螺顶旅游观光缆车
刘良摄影

游接待量和旅游创汇增长速度位居全国第1位。

2006年接待入境旅游人数前5名的城市依次为：太原127797人次，大同99382人次，晋中96872人次，忻州68700人次，运城52274人次。

2006年入境旅游外汇收入前5名的城市依次为：太原5191.82万美元，大同3295.3万美元，忻州2139.5万美元，晋中1870.9万美元，运城1048.79万美元。

2006年接待入境旅游客源国人数前5名依次为：日本71144人次，法国39106人次，美国33260人次，德国24012人次，马来西亚17835人次。 （韩泰凡）

**【入境旅游宣传促销】** 3月，山西省旅游局组团参加了德国柏林旅游展览，赴美国进行了山西旅游推介。4月，赴日本进行旅游宣传促销等活动，并先后与韩国、台湾、香港旅游商签订旅游合作协议。6月，组团参加了2006年韩国国际旅游展览会，重点宣传了山西省精品旅游线路。7月，举办了山西（香港）旅游推介会，与香港旅游业议会签署了《晋港进一步深化区域旅游合作协议》，与香港中国旅行社等多家旅行社签署了合作协议。11月，组团赴英国和台湾进行宣传促销。

（韩泰凡）

## ·国内旅游·

**【国内旅游接待与收入】** 2006年，全省国内旅游人数达7517.04万人次，比2005年同期增长14.85%；国内旅游收入达414.75亿元人民币，比2005年同期增长47.12%。分别位居全国第15位和第17位。

2006年国内旅游接待人次数前5名的城市依次为：太原1520.35万人次，大同812.1万人次，晋中786.09万人次，临汾757万人次，运城720.96万人次。

2006年国内旅游收入前5名的城市依次为：太原76.47亿元，大同31.36亿元，运城27.61亿元，长治26.6亿元，忻州24.98亿元。 （韩泰凡）

**【国内旅游宣传促销】** 一是加强了旅游目的地市场营销。省旅游局采取与各市共同主办节庆活动的方式，自元月1日，在常家庄园举办了“2006中国乡村游”启动仪式，先后举办了晋商社火节、第四届山西旅游推介会、晋商文化自驾车旅游、五台山国际佛教文化节、云冈旅游文化节、中国运城第16届国际关公文化节。太原市还举办了“晋之源”旅游文化推介周。晋中市举办了第6届榆次文化旅游节、2006平遥国际摄影大展、晋中国际旅游文化节等一系列活动。

二是积极推进国内客源地市场促销。省旅游局连续组织在中央电视台（CCTV—4）和上海东方卫视进行为期一个月的山西旅游形象广告宣传。2006年，山西省旅游部门先后组团参加了2006年中国国内旅游交易会、长沙中部博览会、济南国际旅交会、乌鲁木齐经贸洽谈会、厦门海峡旅游博览会、河南省三门峡市旅游推介会等多项会展。各市宣传促销活动也十分活跃。晋中市先后在全国100多家地方媒体上进行晋中旅游宣传；长治市举办了“魅力长治乡村游”活动；忻州市以“山、水、关”为主题进行促销；运城邀请了多家旅行社和新闻媒体来运城踩线，走出山西到周边的“三省六市”进行了运城旅游巡回促销，在广州、上海、北京等二级客源市场新闻媒体上做了大量卓有成效的旅游宣传广告。

运城解州关帝庙铁塔 刘良摄影

永济普救寺外景 刘良摄影

三是充分利用影视作品和旅游书刊的影响，为山西省旅游市场造势。自2005年冬以来，《乔家大院》、《亮剑》等一批以山西省内容为题材的影视作品先后在央视一套热播，对山西省旅游形象的提升和旅游市场的开拓产生了很好的带动效应。相继编辑出版了《山西旅游景区点大全》，与省测绘局合作出版了《山西旅游地图集》，编辑出版了《山西旅游邮票剪纸集锦》，在《亚洲旅游》连续出版了三期山西专刊，在海内外旅游界引起了较大反响，这些重点书目的出版，为宣传山西旅游业开拓了新的领域。 （韩泰凡）

**【红色旅游】** 2006年山西省策划推出了太行情·山西行、追寻先辈的足迹、走向胜利的征程、黄河国际合唱节和重访革命遗址、传承革命精神等五大红色旅游主题活动，使红色旅游成为山西省旅游业新的增长点。2006年全省红色旅游接待国内外游客1879.25万人次，实现综合旅游收入71.13亿元。 （韩泰凡）

**【黄金周旅游接待与收入】** 2006年春节、五一、十一三个黄金周全省共接待国内外游客1998.58万人次，比2005年增长18.25%，占到全年接待总量的26.38%。实现旅游收入70.35亿元，比2005年增长29.82%，占到全年旅游收入的16.96%。其中，春节黄金周共接待国

绛州乐楼

刘良摄影

内外旅游者219.07万人次，比2005年同期增长12.53%；旅游收入达5.9939亿元，比2005年同期增长6.59%；五一黄金周共接待国内外旅游者1055.24万人次，比2005年同期增长22.36%；旅游收入达36.0938亿元，比2005年同期增长31.41%；十一黄金周共接待国内外旅游者724.27万人次，比2005年同期增长14.41%；旅游收入达28.27亿元，比2005年同期增长33.98%。（韩泰凡）

## ·旅游行业管理·

**【旅游市场监督管理】** 山西省旅游局把旅行社年检、门市部整顿、导游年审、市场检查和旅游安全作为工作重点，广泛开展诚信旅游活动，构建诚信旅游体系，进一步规范了旅游市场秩序。一是优胜劣汰，规范旅行社经营行为。共对584家旅行社进行了综合考核。二是对旅行社门市部进行全面清理整顿。凡符合要求的由旅游行政管理部门核准备案，不符合要求的配合工商部门坚决予以取缔，杜绝了门市部承包挂靠经营现象。三是严格实施导游年审。通过年审检查，进一步提高了导游人员的遵纪守法意识，规范了导游人员行为。四是加强市场检查力度，营造高压态势。旅游高峰时段省市各级由局领导带队，行管、监察、质监等部门人员组成检查组，对全省的旅游市场秩序进行督导检查。省旅游局还与建设厅、公安厅、宗教局、文物局、工商局、监委等部门从8月15日～10月10日，联合在全省集中开展清理整顿旅游景区（点）市场秩序联合执法专项行动。2006年旅游执法和处理投诉的力度大大加强，先后20余次组织全省旅游执法大检查，旅游市场秩序得到了进一步的优化。投诉率大幅下降，案结率达到95%以上。（韩泰凡）

**【旅游安全管理】** 加倍珍惜连续三年被省政府评为安全生产先进单位的工作成绩。在认真落实各级安全责任制的同时，结合实际出台了旅游安全应急预案。针对五一、十一这两个旅游安全重点时段。组织力量深入基层督促检查，确保安全度假。同时，开展了“旅游安全月”活动，使旅游安全的制度、检查、责任制落到实处。（韩泰凡）

**【旅行社管理】** 对584家旅行社进行了综合考核。533家旅行社通过业务年检（36家国际社，497家国内社），15家旅行社暂缓通过业务年检（国际社4家，国内社11家），并分别受到降类、限期改正、限期整顿、停业整顿等处分，20家国内社被注销《国内旅行社业务经营许可证》，新批准设立国内社60家，国际社4家，晋升出境游组团社3家。（韩泰凡）

**【导游员管理】** 2006年3月31日前，对全省导游人员进行了年审。全省持证导游6593人中，有6041人参加年审，参检率91.63%。通过年审5828人，暂缓通过年审22人，191名导游由于连续三年不参加导游年审、个人申请注销和严重违规等原因被注销导游IC卡。（韩泰凡）

**【旅游饭店管理】** 对全省220家星级饭店进行了复核。帮助指导，提供服务，向国家旅游局推荐2家五星级饭店，截至2006年底已经过国家局星评委的初评。与省质监局联合制定发布了《山西省旅游民俗客栈的星级与评定》地方标准，为规范山西省民俗客栈地方标准奠定了良好的基础。在全行业掀起向全国模范导游员文花枝同志学习的热潮，收到了明显的效果。11月，山西省旅游局与省总工会、共青团山西省委、省旅游饭店协会在大同市联合举办了“云冈杯”第四届全省旅游星级饭店职业技能竞赛，对旅游饭店整体素质提升产生了积极作用，在社会和全行业引起了强烈反响，受到国家旅游局的表扬。（韩泰凡）

## ·旅游区点建设·

**【旅游规划】** 2006年组织编制了全省“十一五”旅游产业发展规划。市级旅游规划截至2006年底已完成了晋中、忻州、阳泉等8个市，其他3个市也完成规划初稿。组织了对翼城、侯马、洪洞大槐树等市、县和景区规划的评审。5月底到6月下旬，省旅游局组织了两个调研组，对山西省黄河沿岸的偏关、河曲、临县、兴县、柳林、吉县、垣曲等县进行了考察调研，形成了“沿黄河旅游扶贫开发的调研报

乔家大院晋剧表演　刘良摄影

绛州鼓楼

刘良摄影

告”。 （韩泰凡）

【旅游招商引资】 2006年，按照省委、省政府扩大对外开放战略举措，省旅游局成立了局招商洽谈会领导组。按照“十一五”旅游发展规划的总体目标，围绕太原、大同、运城三个旅游中心城市建设，打造三个旅游经济带和六条旅游精品线路的要求，重点加强了项目库建设，从景区开发、要素市场建设、引进管理人才、引进大的投资集团、引进大的旅游企业等五方面选定了170个招商项目。先后组织各市县旅游部门赴上海、香港参加了“2006山西上海投资洽谈会”、“2006山西香港投资博览会”，赴长沙参加了“首届中部六省投资贸易博览会”、“2006年山西香港投资博览会”，赴长沙参加了“首届中部六省投资贸易博览会”。此外还组织参加了青海投资洽谈会、厦门海峡旅游投资洽谈会、新疆乌鲁木齐投资洽谈会。招商引资取得了丰硕的成果，全省旅游业共签订合作项目60个，引资额达16.9亿美元。截至2006年底，签约项目的60%已经启动。 （韩泰凡）

【旅游区（点）与基础设施建设】 一是旅游要素建设步伐进一步加快。右玉县生态旅游基地已初具规模，平遥古城云锦成演艺中心、平遥大戏堂的传统舞蹈、戏曲表演，让游客体验着晋商文化的魅力。平遥古城建成了山西省名优特产展览交易中心，推出了“山西省首届名优特产节”、“2006平遥民间工艺美术节”等多项节庆活动。五台山景区在旅游旺季推出了“国泰民安大祈福暨文化活动”，举办了五台山青年朝圣野营活动，壶口风景区组织编排了黄河民俗文艺表演。阳泉新景区翠枫山成为阳泉“一日游”的主要目的地。世界文化遗产——大同云冈石窟被评为“中国最具人气十大风景名胜区”之一。二是旅游基础设施建设扎实推进。自2005年以来，山西省加快了旅游停车场、旅游厕所、旅游道路、标识系统等旅游配套设施规划建设，使山西省旅游景区标准化建设和服务质量有了明显提高。近两年，山西省共有14个景区通过了国家和省级A级评定验收，其中4个景区通过了国家4A级验收，10个景区通过了省3A、2A级验收。 （韩泰凡）

【工农业旅游示范点建设】 全省工农业旅游点已评审挂牌的有54家，其中国家级示范点29家。2006年又有15个点初步经过省评审委的验收，总计达69处。 （韩泰凡）

【国企改革】 根据省委、省政府关于国企改革的要求，省旅游局坚持直属企业改制与全省旅游产业发展相结合，企业改制与政企、政资分开、解决历史遗留问题相结合，改制与保持社会稳定、妥善安置分流职工相结合的指导思想，以及发展壮大一批，转制搞活一批，关闭破产一批的总体思路，积极推进局属企业改革。制定了省旅游局直属企业改革总体框架方案。经过近一年的艰苦推进，基本完成了对13户直属企业清产核资工作。截至2006年底，省国旅已完成改制，省外事旅游汽车公司基本完成改制，为盘活省局现有企业的资源、资产，拓宽融资渠道，组建了山西旅游投资有限公司和山西旅游发展有限公司。筹备组建山西省旅游集散中心和山西宏艺旅游商品购物广场。同时，与中青旅、首旅集团建立了战略合作关系，与省国旅签订了合股设立山西省旅游产业集团的协议，与香港客商签署了合作开发宁武管涔旅游景区的协议。 （韩泰凡）

## ·精神文明建设与教育培训·

【旅游行业精神文明建设】 与省文明办、商务、公安、外办、文物等六个单位举办了“山西省提升公民旅游文明素质行动启动仪式”，积极引导公民旅游文明素质提升。按照团省委统一安排，对全省31家青年文明号单位进行了复核。通过复核，引起了多数“青年文明号”单位领导的重视，建立了培养青年人才奖励措施和办法。还组织各级青年文明号集体及争创集体开展“青年文明号与祖国共奋进”活动，开展“扶贫济困、献爱心”活动，各级青年文明号集体共向贫困地区捐款7000余元，衣物220余件，组织省商务国旅向残疾人捐物捐款6000余元。 （韩泰凡）

【旅游教育培训】 以建设高素质培训师资队伍为前提，积极抓好导游的考前培训、岗前培训、年审培训，建立考试组织机构，制定《导游人员资格考试考务工作细则》，建立考试题库，推进了考试的标准化和科学化。全年组织两次导游考试共有8555人报名，为历年来参考人数最多的一次。截至2006年底，通过考试取得导游员资格证书的人员已达10939人，其中普通话9987人，英语742人，日语117人，德语28人，法语46人，朝鲜语13人，俄语4人，西班牙语1人。导游队伍结构以初级导游为主，中级导游96人，高级导游15人，特级导游1人，中级以上导游仅占总人数的1.02%。2006年，按照国家旅游局的统一部署，组织了全国中级导游等级考核考试工作。共有564人报名，中文528人，英语24人，日语4人，朝鲜语3人，法语3人，德语2人，共86人参加了培训。通过考核，促进了导游队伍结构的优化和整体素质的提升。 （韩泰凡）

【全省旅游业大事记】 1月1日，在晋中市常家庄园举办以“新农村，新旅游，新体验，新风尚”为主题的2006年中国乡村游山西活动启动仪式。来自北京的500余名首批入晋游客和省内游客共800余人参加了启动仪式，启动仪式后，组织了精彩的民间社火表演。副省长宋北杉宣布了2006年中国乡村游山西活动正式启动。

1月17日，第六届晋商社火节在介

休绵山风景区开幕。本届社火节被誉为“山西民间狂欢节”，主题是“晋商风、民俗情，畅游晋中庆新春；逛庙会、观社火，千家万户迎宾朋”。本届社火节期间，由省旅游局牵头举办了“2006年山西旅游业务洽谈及经营发展高峰论坛”，面向全国近300家旅行社发布2006年山西省重点景区的接待优惠政策，近百家旅行社与省外旅行社进行业务交流，客源地旅行社也将进行采风活动。

3月25日～26日，为期两天的第四届中国山西旅游推介会暨太原旅游博览会在铜锣湾广场拉开帷幕，来自省内外100多家知名景点、景区以及旅游相关产业的展商在龙城太原进行旅游推介。开幕式由太原市副市长袁高锁主持，副省长宋北杉宣布开幕。

4月7日，由山西省旅游局、太原市旅游局、长治市旅游局和武乡县委、武乡县人民政府共同主办的武乡县红色旅游推介会在省城太原电力大厦举行。此次活动以“寻太行精神、走红色武乡”为主题，既愉悦身心又净化心灵的武乡红色旅游大格局已经初具规模，成为山西省红色旅游的精品产品。

8月18日，省旅游局局长籍振芳陪同宋北杉副省长出席由省旅游局和大同市政府共同主办的“第七届中国大同云冈·恒山旅游节”开幕式。本届旅游节以“开放发展　魅力大同”为主题，活动项目涉及8大项30个门类，包含文体表演、旅游推介、商务洽谈和城市交往等活动。

9月26～28日，省旅游局与湖南、安徽、江西、河南、湖北中部六省旅游局在长沙共同举办了“中国中部旅游投资暨旅行商洽谈会”。省旅游局组织的旅游展览、文艺节目演出取得圆满成功，并受到了国务院副总理吴仪、山西省省长于幼军的充分肯定和表扬。会上，省旅游局局长籍振芳与湖南、安徽、江西、河南、湖北中部六省旅游局局长共同签订了《中部六省旅游合作协议》。

9月29日，省政府办公厅出台《贯彻落实〈山西省促进旅游产业发展条例〉〈山西省旅游条例〉实施意见》。

11月1～5日，山西省旅游局、山西省总工会、共青团山西省委、省旅游饭店协会联合举办了“云冈杯”第四届全省旅游星级饭店职业技能竞赛，大同市旅游局等10家单位获得优秀组织奖，迎泽宾馆、山西愉园大酒店、山西大酒店分别获得竞赛团体一二等奖。40名选手分别获得各竞赛工种个人单项奖，被共青团山西省委、省劳动和社会保障厅授予2006年度山西省青年岗位能手称号。省旅游局局长籍振芳、副局长李太阳莅临会场，并作了重要讲话。　（韩泰凡）

# 社会生活

## 民政工作

**【全省民政工作会议】** 2006年度全省民政工作会议于2月10日召开，会议传达贯彻了全国民政工作会议精神，回顾总结了2005年全省民政工作，安排部署了2006年的各项任务。会议认为，2005年全省民政工作在七个方面取得明显成绩：一是城乡社会救助体系初步确立，日常救助工作扎实有效；二是第七届村委会换届选举工作圆满完成，村务公开和社区建设进一步推进；三是优待抚恤政策得到很好落实，双拥工作不断深化；四是城镇退役士兵安置工作实现较大突破；五是"明天计划"取得阶段性成果，社会福利社会化步伐进一步加快；六是福利彩票发行再攀新高，慈善事业快速发展；七是民间组织管理更加规范，区划地名和界线管理进一步加强。

会议明确2006年要着力抓好六个方面的工作：一是着力落实列入省政府为人民群众办的十二件实事中的工作，完善各项社会救助制度，更好地解决民生、落实民权、维护民利；二是着力基层社会管理创新，深化村务公开和社区服务工作，奠定社会主义和谐社会的坚实基础；三是着力抓好政策落实和安置改革工作，提高优抚安置工作水平，服务于军队和国防现代化建设；四是着力抓好福利彩票发行和"两孤两院"建设，大力发展社会福利事业，不断提高社会福利保障和服务水平；五是着力抓好地名公共服务工程建设和慈善组织的培育发展工作，提高专项社会行政事务管理和服务水平，强化社会管理和公共服务职能；六是着力抓好调查研究和信息化建设工作，全面推进自身建设，保障民政事业持续快速健康发展。

（王文广）

**【全省城乡社会救助体系建设工作暨太原现场会】** 为深入贯彻省政府《关于建立健全全省城乡社会救助体系的意见》精神，落实好省政府向全省人民承诺的十二件实事中有关社会救助制度建设的工作，2006年6月15日，召开了全省城乡社会救助体系建设工作暨太原现场会。于幼军省长、范堆相副省长以及民政部李学举部长都到会并作了重要指示。省民政厅马景龙厅长全面总结了近年来山西省社会救助工作取得的主要成绩，分析了工作中存在的问题，对落实省政府承诺的三件实事做了具体安排部署。（王文广）

**【农村最低生活保障工作】** 在全省全面推进农村低保制度。截至2006年11月底，全省11个市、114个辖有农业人口的县（市、区）全部出台了农村低保政策文件。省级投入资金4400万元，与2005年持平；市县两级安排资金10974.4万元，比2005年增长117.5%。75万名农村特困群众纳入了最低生活保障范围，这标志着山西省农村居民最低生活保障制度已经初步建立。（王文广）

**【农村医疗救助工作】** 农村困难群众医疗救助制度全面实施。2006年，全省11个市和114个辖有农业人口的县（市、区）全部建立了农村医疗救助制度，全省共下拨农村医疗救助资金3183万元（其中中央财政补助1273万元，省级财政补助1910万元），比2005年增长65%，28.9万名农村困难群众得到救助。（王文广）

**【农村五保供养】** 根据新的供养条件和山西省的实际情况，对已享受和新增加的五保供养对象进行了重新审批登记，发放新的五保供养证。截至2006年12月底，10.61万符合条件的五保对象全部纳入农村五保供养范围。（王文广）

**【城市居民最低生活保障工作】** 城市低保工作水平进一步提高。截至2006年12月底，全省有城市低保对象39.6万户、86.9万人，与2005年相比，累计新增加25748人，退出5626人，实现了动态管理下的"应保尽保"。全年共下拨城市低保补助资金7.04亿元（其中中央财政补助5.13亿元，比2005年增长26%；省级财政补助1.91亿元，与2005年持平），从2006年7月1日起，城市居民最低生活保障标准每人每月提高20元。

（王文广）

**【城市医疗救助工作】** 城市医疗救助试点进一步扩大。城市医疗救助试点县（市、区）由2005年的26个扩大到2006年的55个，下拨资金3438万元（其中中央财政补助1510万元，省级补助1928万元），比2005年增长88%，1.9万名城市困难群众得到医疗救助。（王文广）

**【救灾救济工作】** 自然灾害紧急救援机制初步形成，"社区减灾平安行"活动有序开展。2006年，全省共下拨救灾款1.19亿元（其中中央和省级1.13亿元，比2005年增长27%），160多万灾民的基本生活得到有效保障。（王文广）

**【流浪乞讨人员救助工作】** 流浪乞讨人员救助工作迈上新的台阶。太原、大同、长治等流浪儿童救助保护中心相继建成，流浪乞讨人员救助管理站由12所发展到23所，并确定了医疗救助定点医院，全省流浪乞讨人员救助管理信息网络系统建成并投入使用，救助能力和救助管理水平有了很大提高，2006年救助城市生活无着的流浪乞讨人员达2万多人次。

（王文广）

**【社会捐助工作】** 全省社会捐助中心、站、点达788个，爱心慈善超市有141个。2006年全省民政部门共募集款物折合6463万元（比2005年增长168%）、衣物47万件，受益困难群众达75万多人次。

（王文广）

**【村务公开工作】** 举办了全省村务公开和民主管理培训班，出台了《山西省村务公开民主管理规范化示范单位创建意见》，继续深入开展了村务公开示范单位创建活动。全省所有的村都实行了村务公开制度，比较规范的占到93%。

（王文广）

**【社区建设工作】** 2006年，全省共新建社区服务中心28个、服务站154个，比计划多完成9个中心、54个站。

(王文广)

【双拥工作】 双拥共建活动深入开展,军政军民团结更加牢固,全省双拥模范城(县)检查验收和评比工作圆满完成,表彰大会如期召开。 (王文广)

【优待抚恤工作】 2006年下拨优抚金45347.46万元,比2005年增长37.1%。再次提高了部分优抚对象的抚恤补助标准,其中残疾军人平均提高30%,烈属等平均提高18%,在乡老复员军人每人每年提高360元,军休干部平均每人月增加1600元。原8023部队退役士兵因核辐射致病致残医疗评审工作圆满结束,出台了《山西省一至六级残疾军人医疗保障实施办法》。为在乡老红军老战士发放生活补贴56.8万元。 (王文广)

【安置工作】 2006年安置城镇退役士兵8756人,其中安排工作6848人,办理自谋职业1908人。 (王文广)

【"明天计划"工作】 2006年是实施"残疾孤儿手术康复明天计划"的第二个年度,在做好全省社会福利院供养的残疾孤儿手术的同时,还重点对供养在农村乡镇敬老院的残疾孤儿、由各县民政局出资供养的残疾孤儿、患有脑瘫、疑难病症的残疾孤儿开展手术治疗,截至2006年底,共实施手术1480例,成功率达100%,共投入手术经费2100万元。 (王文广)

【"蓝天计划"工作】 2006年启动了对太原、大同、忻州市三所社会福利院更新改造项目,着手准备临汾市、阳泉市、朔州市社会福利院迁建项目,并在大同市社会福利院的大同县家庭寄养点——散岔村新建了儿童活动中心,为大同市社会福利院寄养的260多名孤残儿童创造了一个良好的医疗、康复、学习、活动环境。

(王文广)

【艾滋孤儿救助工作】 省民政厅和运城市被确定为民政部与联合国儿童基金会2006~2010年合作周期项目执行单位。启动了与美国浩德国际儿童服务中心开展对受艾滋病影响儿童救助合作项目。完成了英国救助儿童会资助夏县胡底乡窑头村兴建太阳花儿童活动中心项目,启动了闻喜县艾滋孤儿福利院项目。2006年共有500余名14周岁以下的孤儿得到了救助。 (王文广)

【儿童收养】 2006年共办理国内收养登记484件,涉外收养登记86件。

(王文广)

【福利彩票发行工作】 2006年共销售福利彩票13.1亿元,比2005年同期增长55%,增长率在全国排名上升为第4位。

(王文广)

【民间组织管理工作】 出台了《山西省促进行业协会发展规定》,该《规定》已于2006年10月15日起正式施行。到2006年11月底,省级共新审批登记各类民间组织122个,其中社团39个、民办非企业单位76个、基金会7个,较2005年增长117.9%。坚持培育发展与监督管理并重的方针,充分发挥年检的作用,加大对民间组织的监管力度,确保其健康规范有序发展。 (王文广)

【区划地名管理和勘界工作】 全省地名公共服务工程正式启动,已有7个市制订了实施方案,市县两级地名数据库达标率由60%上升到90%,县乡镇地名设标工作全面展开。完成了1条省界、3条市界、44条县界的联检任务。 (王文广)

【法制建设】 2006年,民政法制工作紧紧围绕普法、立法、执法三个环节,以制订规划、明确目标、推行行政执法责任制为重点,取得明显成效。一是制定了《山西省民政系统法制宣传教育第五个五年规划和2006~2010年依法治理工作规划》,明确了"五五"普法的指导思想、总体要求和目标任务。二是大力推行行政执法责任制,认真梳理了行政执法依据和执法行为,将104项行政执法行为按执法权限逐项进行了分解,明确了负责行政执法处室的名称、执法的依据、办理的程序,健全了《山西省民政厅首办负责制度》、《山西省民政厅限时办结制度》等15个制度,基本达到了执法职权分解科学合理,执法流程清楚,办理期限明确,执法岗位之间职权分明,相互衔接。三是深入开展法制宣传教育活动。在民政干部职工中开展了以《宪法》、规范政府共同行为的法律法规以及近两年新颁布的民政专业法律法规为重点的法制教育,组织200余名民政干部职工参加了全省法律知识考试,不断提高民政工作者依法行政的水平。精心组织了"12.4"法制宣传活动,印发婚姻登记、优待抚恤、城市低保、农村低保、农村五保供养、退役士兵自谋职业等有关法律法规宣传资料近万份,现场解答了群众的提问和咨询,在广大人民群众中间广泛宣传了民政政策法规。 (王文广)

【婚姻登记】 2006年全省有婚姻登记机关总数178个。其中省级婚姻登记机关1个,地市级婚姻登记机关11个,县级婚姻登记机关118个,县级民政部门设立日常登记点和巡回登记点19个,经济技术开发区设立的婚姻登记机关6个,乡镇级婚姻登记机关23个。结婚登记202107对,离婚登记18509对。 (王文广)

## 劳动和社会保障

【概述】 2006年是实施"十一五"规划的第一年,山西省劳动保障部门在劳动保障部和省委、省政府的正确领导下,紧紧围绕经济结构调整和国有企业改革,着眼于实现"十一五"时期的良好开局,全面落实"一个统领、三个重点、五项工作"的总体部署,圆满完成了年初预定的各项目标任务,为维护全省改革、发展、稳定的大局做出了积极贡献。

就业再就业工作进入新阶段。全省各级劳动保障部门认真贯彻落实国务院36号文件精神,省政府将再就业工作领导组,更名为就业工作领导组,由主管省长任组长,20个党政职能部门和群团组织参加,继续实行"两纵一横"目标责任制,把就业再就业工作纳入各级政府政绩考核的重要内容。制定出台了《山西省人民政府贯彻国务院关于进一步加强就业再就业工作的通知的实施意见》(晋政发[2006]4号),狠抓政策措施的落实,进一步加强就业再就业工作,全面完成了"401544"目标任务。全省城镇新增就业42.6万人,下岗失业人员再就业16.9万人,就业困难对象再就业4.3万人,城镇登记失业率3.2%。城镇新增就业人员中非公有制经济组织就业人数占到48.3%,第三产业人数占到64.4%,非公经济、第三产业对就业的带动作用日趋明显。实现再就业的4.3万名就业困难人员中,全部享受到社会保险补贴政策,通过公益性岗位安置的占到80%,充分体现了党和政府对这部分弱势群体的关怀。全省国有企业下岗职工滞留中心人数由7.4万人减少到1000人，基本完成了“并轨”任务。各级劳动保障部门强化了政府促进就业职能，加强就业再就业服务，在全省统一开展了“就业再就业政策宣传月”活动、为就业困难群体“送政策、送岗位、送服务”的再就业援助行动和为农村进城务工人员提供免费就业服务的“春风”专项行动，享受相关政策扶持和优惠服务人数达40万人左右。全省就业结构进一步优化，到年底全省城乡从业人员总数1520万人，三次产业劳动力比重为40.8∶26.4∶32.8，与2005年相比第一产业减少22.4万人，第三产业增加27.3万人。以贯彻国务院36号文件为重点，以新一轮促进就业再就业政策体系的形成和实现“并轨”为标志，全省就业再就业工作跨入了一个新的阶段。

*职业技能培训呈现新局面*。全省各级劳动保障部门认真贯彻落实中办、国办15号文件精神，把促进就业和加强高技能人才培养，作为职业培训工作的重要任务和目标。全年组织下岗失业人员再就业培训12万人，农村劳动力技能就业培训16万人。组织创业培训4148人，其中，实现自主创业和自谋职业的1744人，创造就业岗位6104个，产生1∶3.5的倍增效应。全省新增国家级重点技工学校3所、高级技工学校2所。全省技工学校在校学生总数达到10.5万人，同比增长12%；毕业生就业率达95%以上。组织13.7万人参加职业技能鉴定，同比增长28%。其中，取得高级工职业资格的1.9万人，技师、高级技师5200人。组织全省数控技能、交通行业等8项50余万名职工参与到省级一类技能大赛，普遍建立了技能人才表彰制度，努力营造尊重劳动、尊重创造、尊重技能人才的良好社会氛围，涌现出“全国高技能人才十大楷模”之一的栗俊平等一批代表人物。以加强高技能人才培养、促进城乡就业、提高劳动者素质为目标，国家和省出台了一系列政策文件，职业技能培训工作提到一个前所未有的新高度。

*社会保障体系建设取得新的成效*。全省企业养老、失业、医疗、工伤、生育保险参保人数分别达到301万人、296万人、353.8万人、200.4万人、98万人，同比增长13.6%、2.6%、8.9%、33%和3.2%。五项基金征缴分别达到117亿元、6.1亿元、31.9亿元、3.8亿元、2860万元，养老、医疗两项保险的增幅均超过25%，扩面征缴成效明显。机关事业单位养老保险参保人数增加2.9万人，达到71万；基金征缴15.3亿元，同比增长28%。农村社会养老保险参保人数增加6.8万人，缴费金额突破1.3亿元，创历史新高。通过有效的监管，确保了各项保险基金安全运行和保值增值。同时，实施了2005和2006连续两年提高企业退休人员基本养老金的待遇，人均增加180元，增幅为历年之最。从2006年10月1日起，全省失业保险金标准人均提高124元，医疗补助金按失业保险金标准的10%相应提高，广大参保职工和退休人员共享了改革发展的成果。以做实企业养老保险个人账户试点和改革养老保险金计发办法，推进农民工参加工伤、医疗保险，制定出台城镇职工生育保险暂行办法，积极配合推进事业单位改革试点为标志，山西省社会保障体系进一步得到完善，保障范围和保障水平进一步提高。

*劳动关系调整取得新的进展*。充分发挥了政府部门在劳动关系协调中的重要作用，启动实施劳动合同三年行动计划，全省企业劳动合同签订率接近90%，规模以上国有企业基本签订了集体合同。企业工资指导线、劳动力市场工资指导价位和行业人工成本信息指导三项制度建设得到改进。从2006年10月1日起，企业月最低工资标准平均提高30元，相应提高了小时最低工资标准。同时，提高了煤炭企业井下作业职工津贴、班中餐补贴和夜班津贴标准。据初步统计，2006年全省城镇职工平均工资达18014元，同比增长15.14%。同时，健全了劳动关系三方协调机制，组织开展了“和谐劳动关系工业园区”、“和谐劳动关系企业”创建活动。以解决拖欠农民工工资为重点，强化了对企业工资支付的日常检查、举报专查和实地排查，2006年共为11.9万人追讨工资2.57亿元，拖欠工资状况有了根本性好转。加强对用人单位签订劳动合同、缴纳社会保险费的专项检查，追缴社会保险费1.34亿元。继续推进煤炭生产企业劳动用工专项治理整顿，将劳动用工登记备案率、劳动合同签订率、职工培训率和工伤保险参

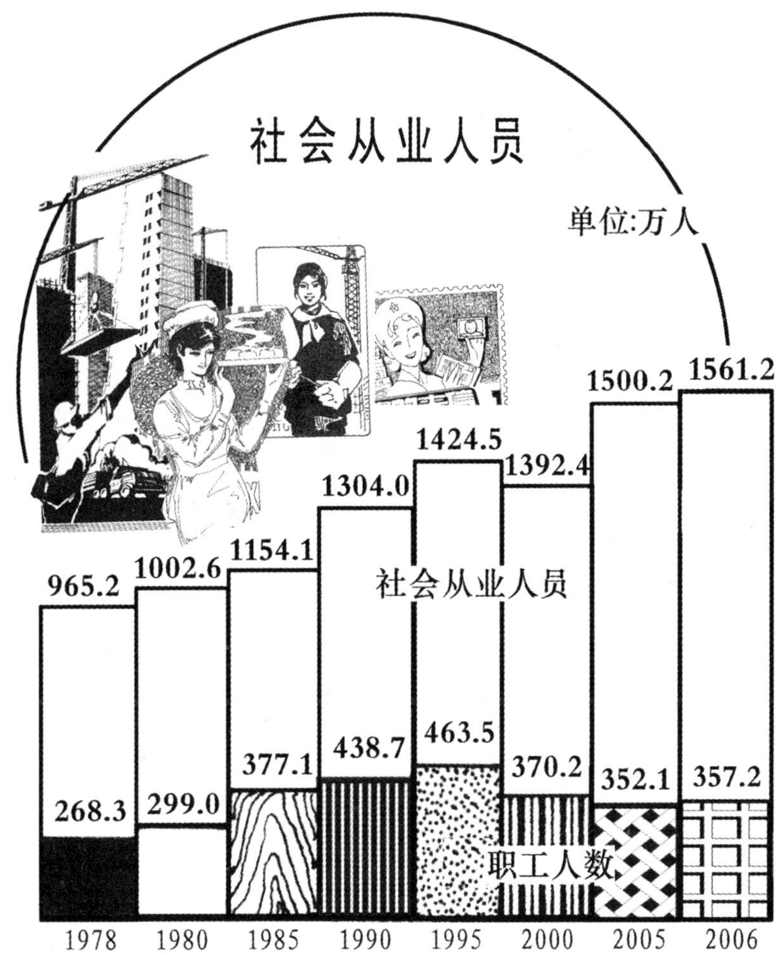

保率,纳入煤炭企业安全生产检查和复产验收标准体系。以深入贯彻《信访条例》为契机,进一步规范信访受理、转办、复查、复核等处理程序,畅通信访渠道,劳动争议处理能力逐步增强。全省各级劳动保障部门处理来信来访7.6万件,立案仲裁4230件,比2005年提高10%,案前调解2.6万件,有力维护了社会稳定。重复上访率、越级上访率分别比2005年降低22%和17%。全省劳动保障监察机构建设得到了省编办的支持,自上而下纳入全额财政预算,为全省劳动保障队伍积极有为地开展执法监察工作提供了体制保障。

农民工工作取得重大突破。省政府出台贯彻国务院5号文件实施意见,省、市、县三级政府普遍建立了农民工工作联席会议制度,组建了农民工工作办公室,工作体制取得重大进展,初步形成上下统一、协调有序的农民工工作机制。围绕为农民工办好"十件实事"的目标,先后清理拖欠农民工工资5.66亿元,占应偿付总额的99%。农民工参加工伤、医疗保险达到51.4万人和50万人。煤炭、建筑等使用农民工比较集中的行业企业,劳动合同签订率明显好转。全年转移农村劳动力30万人,公共就业服务向农民工全面开放,免费为农民工提供职业指导、职业介绍、职业培训,努力消除对农民进城务工的歧视性规定和体制性障碍。农民工人均年工资收入首次突破1万元,成为城市支持农村、工业反哺农业、农民增加收入的重要渠道。以建立完善工资支付保障制度,逐步实行城乡平等的就业制度,积极稳妥解决农民工社会保障问题为标志,各级政府都把解决农民工问题摆在更加突出的位置。

作风建设得到新的提高。2006年,全省各级劳动保障部门面对严峻的就业压力,面对全社会关注的社会保障热点问题,面对日趋复杂的劳动关系,结合本地区实际,勇于承担,敢于负责,兢兢业业,埋头苦干,带着深厚的感情,全心全意为老百姓办实事,圆满完成了省政府向全省人民承诺的"城镇新增就业岗位40万个"和"提高企业退休人员基本养老金待遇"两件实事,组织制定了全省劳动保障事业发展"十一五"规划,开展了"五五"普法活动,继续扎实推进"金保工程"建设,加快劳动保障工作信息化步伐。启动实施了劳动保障系统干部队伍教育培训规划,深入开展政风行风、机关行政效能和党风廉政建设,继续扎实开展创建"三优"文明窗口活动,9个地级市劳动保障局在当地政风行风评议中位列前10名,三分之一以上的县级劳动保障部门排在前5名,全省劳动保障系统组织建设、队伍建设、作风建设、能力建设得到进一步提高,广大干部职工呈现出新的生机活力和良好的精神状态,为各项事业的发展提供了组织保障和人才支撑。太原市劳动保障局、山西省劳动保障厅就业处张韧同志被人事部、劳动保障部联合授予全国劳动保障系统先进集体和先进工作者。大同市职业介绍服务中心、沁水县劳动保障局、晋中榆次区社会劳动保险事业所3个单位和8名同志被劳动保障部记一等功。

各项工作创造了许多新的经验。全省劳动保障部门始终坚持服从服务于全省改革、发展、稳定的大局,坚持以人为本,全心全意为老百姓办实事,坚持与时俱进,创造性地开展工作,不断深化对劳动保障工作规律性的认识。太原市大力开发公益性岗位,帮助5505名就业困难人员和零就业家庭解决了就业问题,把各项就业再就业扶持政策不折不扣地落到了实处。长治市通过采取"4555"搞退养、"4050"给保险、"3949"算补偿的办法,全市7470名国有企业下岗职工全部纳入失业保险,顺利完成"并轨"任务。忻州市政府在财政比较困难的情况下,仍然挤出资金,每年拿出200万元对市直国有特困企业职工实施医疗保险救助,在全省率先建立了国有困难企业职工参加医疗保险的财政支持机制。阳泉市、晋城市高度重视解决农民工问题,严格落实工资支付保障制度,确保了农民工工资全年无拖欠。吕梁市结合本地区农村劳动力充裕、经济欠发达的实际,积极拓展劳务输出渠道,发展劳务经济,在实施劳务扶贫、促进农民增收方面取得较好效果。运城市、临汾市在完善劳动关系协调机制、加强劳动争议处理工作方面,注重建立健全长效机制,在推进仲裁机构实体化建设方面进行了有益的探索。朔州市在基础设施和经费保障机制建设上,建立了与工作任务和业绩挂钩的办法,分别按就业再就业资金筹集额、社会保险费征缴额的3%预算列支,较好地解决了经费问题,极大地调动了各级人员的工作积极性。大同市、晋中市在街道、社区平台建设上,做到了机构、人员、经费、场地、制度和工作"六到位",把劳动保障的服务送到了离老百姓最近的地方。 (白瑾利)

【**主要领导调整情况**】 2006年3月,山西省委、省人大常委会任命张健为山西省劳动和社会保障厅党组书记、厅长。原厅党组书记、厅长李顺通担任省政府副秘书长。

张健,男,1971年参加工作,1976年在北京理工大学学习,1980年毕业分配到原兵器工业部245厂从事科研工作,先后担任副所长、书记、生产总调度长、生产副厂长,1995年任厂长,2001年任省国防科工办党委书记,2004年任省国资委党委常务副书记,2006年任山西省劳动保障厅党组书记、厅长。2006年10月当选为中共山西省委委员。 (白瑾利)

## 人口和计划生育

【**概述**】 2006年,全省人口计生各项工作保持良好的发展态势,取得新突破和新进展。

圆满完成了国家下达的年度人口控制指标,低生育水平保持稳定。2006年,国家下达山西省的人口控制指标是:总人口控制在3375.4万人以内,人口出生率不超过12.10‰,自增率不超过6‰。实际完成情况是:截至2006年末,全省人口出生率为11.48‰,自增率为5.75‰,分别比计划低0.62和0.25个千分点;年末全省总人口为3374.55万人,比计划少0.85万人,总和生育率稳定在1.8左右,低生育水平保持稳定;全省符合政策生育率为85.77%,综合避孕率为89.54%,分别比2005年提高0.64和5.37个百分点,圆满完成了人口计划和人口计生各项目标任务。

突破难点,合力推进流动人口计划生育清查验证工作。2005年,全省启动了流动人口计划生育清查验证工作,由各级综治部门牵头,人口计生部门全力以赴,相关部门密切配合,共清查流动人口312万人,发放《流动人口婚育证明》48万本。在此基础上,各地积极探索建立"居住地管理,居民化服务"的工作模式。朔州、晋城等地通过加强社区建设促进了流动人口计生管理服务工作;长治市对3万多流动人口上小学的子女免去学杂费。

以人为本,全面开展以技术服务为重

点的计划生育优质服务。按照以人为本、服务群众的理念，深入开展计划生育优质服务先进县区创建活动。截至2006年底，全省共有32个县(市、区)被评为国家和省级优质服务县，其中阳泉市所辖县区全部被评为国家或省级计生优质服务示范及先进县区。全省新建、改(扩)建县级计生服务站17个、乡级中心服务所38个，计生服务网络的基础设施建设不断加强，服务能力和水平明显提高。晋中、阳泉、晋城、临汾等市坚持不懈地抓好以落实长效节育措施为主要内容的优质服务工作，效果显著。在吕梁市启动了强化营养面粉干预出生缺陷的健苗(出生缺陷干预)工程，截至2006年底，有2100吨强化营养面粉定量、定时、定点供应到5.6万以新婚和孕妇为重点的目标人群家中，该做法受到国家人口计生委的充分肯定。开展出生缺陷儿童手术救助康复行动，对110名唇腭裂、先天性心脏病等出生缺陷农村患儿进行了免费检查和手术康复治疗。在全省启动了"关爱妇女健康，免费普查服务"行动，为163万妇女进行了生殖健康免费普查，受到了群众的称赞。

*创新形式，不断引深婚育新风进万家活动*。推进以婚育新风进万家和关爱女孩为主题的宣传教育活动，引导育龄群众树立科学、文明、进步的婚育观念。省委宣传部与省人口计生委等11个部门联合下发《关于在推进社会主义新农村建设中开展争创"新农家"活动的意见》，召开了全省"婚育新风进万家总结表彰暨争创'新农家'活动"运城现场会，选定1098个村作为争创"新农家"的试点，全力推进社会主义新农村建设。各地依托人口文化大院、人口文化活动室、人口文化宣传队，广泛开展计生奖扶政策、生殖健康、关爱女孩行动知识宣传，开展形式多样的群众性人口文化活动，丰富了农民文化生活，繁荣了农村文化市场，促进了精神文明建设。太原市开展救助计生女儿户活动，帮助413名女孩解决了上学困难；运城市开展了百名贤惠媳妇、百名通达丈夫、百名少生快富示范户等"六个一百"评选活动，促进了基层人口文化建设和争创新农家活动，在群众中产生强烈反响。

*依法行政，便民维权，健全完善计划生育利益导向机制*。认真贯彻落实国务院《全面推进依法行政纲要》和全国人口计生依法行政工作座谈会精神，加强人口和计划生育法制建设，推进部门工作法制化进程。以省长令出台《山西省禁止非医学需要鉴定胎儿性别和选择性别人工终止妊娠的规定》，为治理出生人口性别比偏高提供法制保障。省人口计生委制定了《计划生育便民维权活动实施方案》，深入开展便民维权活动，简化办证程序，推进计划生育依法行政、依法管理，切实维护群众实行计划生育的合法利益。市、县两级计生行政审批事项基本纳入了政务大厅办理，方便了群众。继续落实计划生育奖励扶助政策，各级政府投入专项资金7000余万元对农村计生家庭实施奖励扶助，共奖励312232人(户)，其中国家奖扶对象30752人、独生子女269903人、双女户5126户、退二孩指标6327户、独生子女伤残124户，调动了农村广大群众实行计划生育的自觉性。各级计生协会开展了"生育关怀三晋行"活动，救助计生贫困母亲2000余人户。

*夯实基础，推动人口计生事业加快发展*。1.强化督察调研。2006年以来，对全省10个县(市、区)的人口计生工作和57个县(市、区)的流动人口计生工作进行了专项督调，推动了基层工作落实。2.坚持目标责任制考核。采取平时督调与年终考核相结合的办法，由省直接考核到县，以县、乡、村三级的工作落实情况衡量、评价每个市的工作，有效调动了各级的工作积极性，促进了全年目标任务的顺利完成。3.加快信息化建设步伐。全省10个市、92个县完成了内部局域网建设并实现与省级数据信息中心的相互联通，开始进行数据交换，近一半的乡镇通过宽带形式直接接入省级网络中心，覆盖省、市、县、乡四级的人口和计划生育广域资源网初步形成，人口宏观管理与决策信息系统建设扎实推进。4.各级财政投入专项资金解决村居(社区)计生人员报酬，大部分地区村级计生专干的报酬由每人每月30元提高到100元，调动了基层工作人员的积极性。

*切实加强领导，综合治理人口问题*。省委、省政府把人口计生工作纳入经济社会发展全局，与经济社会协调发展，同步推进，连续四年在经济工作会议后紧接着召开人口计生工作会议，并形成惯例，全省形成了坚持经济工作与人口计生工作

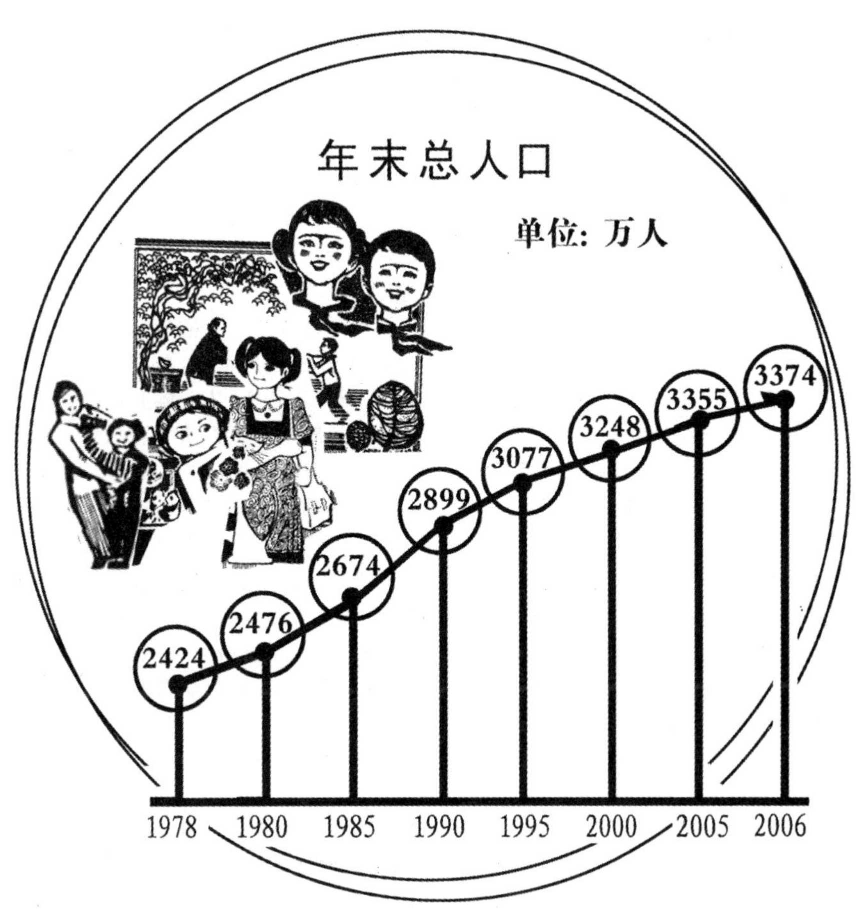

两手抓的氛围。各级党委、政府落实领导责任,把人口计生工作纳入对领导干部的政绩考核,涌现出一批落实计划生育国策的好书记、好县长。针对2006年上半年一些地方在换届期间工作有所放松的情况,省委、省政府及时下发了《关于抓紧抓好人口计生工作确保2006年目标责任制完成的通知》,动员部署各市、县抓紧做好下半年工作,确保了全年目标任务的顺利完成。各相关部门认真履行法定职责,综治、公安、工商等部门齐抓共管,综合治理流动人口问题;纪检、组织、人事等部门在选拔任用干部、评先评优、精神文明建设等工作中严格把关,实行计划生育"一票否决";省扶贫办出台《关于在全省扶贫移民搬迁中对实行计划生育的家庭给予优惠的通知》,逐步推进和完善计划生育利益导向机制,促进了人口问题的综合治理。结合全省人口与经济社会发展实际,组织协调专家学者、相关部门和人口计生工作者积极开展人口发展战略研究,完成了24个课题。制订了《山西省"十一五"人口计生事业发展规划》,为山西经济社会发展中长期规划提供了重要支持和依据。

(王天定)

**【人口发展态势】** 山西省的总人口高峰、劳动年龄人口高峰、老龄人口高峰日益迫近。从2007年开始山西省将进入第四次人口出生高峰期,预计持续15年左右,期间平均每年净增加20多万人,给全省经济社会发展和小康社会建设带来挑战。2006年底,全省的劳动适龄人口总量为2210万左右,2016年,将达到峰值2340万左右,对社会就业带来压力。2006年,全省65岁及以上人口比重为7.4%左右,且以年均0.26个百分点的速度增长,山西省已经开始进入老龄化社会。

人口构成情况。据山西省统计局公布的数据,全省总人口中,男性为1725.49万人,占总人口的51.13%;女性为1649.06万人,占总人口的48.87%;总人口性别比为104.63。全省共有家庭户973.49万户,家庭户人口为3319.61万人,占总人口的98.37%,平均每个家庭户人口3.41人。在全省总人口中,居住在城镇的人口为1451.39万人,占总人口的43.01%;居住在乡村的人口为1923.16万人,占总人口的56.99%。(王天定)

**【省委书记张宝顺、省长于幼军就人口计生工作作出重要批示】** 2006年4月20日,省人口计生委就全省乡镇机构改革试点长治市,在出台的乡镇机构改革方案中取消原有的人口计生办这一情况专题向省委、省政府报告。山西省委、省政府主要领导在省人口计生委《关于在乡镇机构改革试点中保留人口计生办的专题报告》中作出重要批示。省委书记张宝顺批示:"我省计生工作长期落后于全国,目前任务仍十分艰巨,在机构改革中不能削弱,只能加强,可探索精简机构与有效加强相统一的路子。"省长于幼军批示:"参照兄弟省的做法,与社会事业合二为一,加挂计生办牌子,保证有机构、有人员搞这一重要工作。"

(王天定)

**【全省人口和计划生育工作会议】** 2006年12月27日在太原召开全省人口和计划生育工作会。会议总结了2006年的人口计生工作,兑现了2006年人口计生目标管理责任书,安排部署了2007年的工作。省人口与计划生育工作领导小组各成员,各市市委书记、市长、分管领导、人口计生委主任,各县(市、区)长、人口计生局长及省人口计生委副处以上干部300余人参加了会议。省委书记张宝顺、省长于幼军、副省长胡苏平讲话。省委书记张宝顺强调,要切实增强做好人口计生工作的责任感和紧迫感;要实现人口计生工作由单纯控制数量为主向在稳定低生育水平的基础上统筹解决人口问题转变,由行政制约为主向依法管理、优质服务、综合施治转变,由突击性工作为主向经常性、规范化工作转变,由依靠处罚多生为主向奖励少生与处罚多生并重转变,由职能部门为主向党委、政府牵头,有关部门齐抓共管、协调推进转变,从总体上提升人口计生工作的质量和水平;要重视抓好人口计生的难点问题和薄弱环节,进一步健全人口计生工作的体制机制。省长于幼军强调,要严格管理,严明纪律,确保人口计生目标管理责任制落实到位;要坚持以人为本,创新转变人口和计划生育的工作方式方法;要加强调查研究,有效解决山西人口和计划生育面临的新情况、新问题,实现人口计生工作的新突破、新发展。副省长胡苏平安排部署了2007年的工作。

(王天定)

**【兑现2006年人口计生目标责任书】** 2006年,全省11个市均较好地完成了与省政府签订的人口计生目标管理责任书。根据平时和年终考核结果,省政府决定,授予晋中市、阳泉市、太原市(A类),吕梁市、大同市(B类)为2006年人口和计划生育工作先进市称号;授予朔州市、临汾市、忻州市为2006年人口和计划生育工作进步奖;授予长治市依法管理计划生育先进市,晋城市计划生育优质服务先进市,运城市建设人口文化创建新农家活动先进市;授予阳泉市矿区落实计划生育国策示范区称号;授予阳泉市郊区、太原市万柏林区为省级计划生育优质服务示范区;授予阳城县、曲沃县、高平市、大同市南郊区、古县为2006年计划生育优质服务先进县(市、区)称号;授予太原市小店区、大同市矿区、潞城市、晋城市城区、右玉县、介休市、平陆县、垣曲县、河曲县、霍州市、孝义市、中阳县为2006年人口和计划生育工作先进县(市、区)称号。

(王天定)

**【表彰落实计划生育国策好书记、好县长】** 2006年,山西各级党委、政府落实党政一把手对人口计生工作亲自抓、负总责的要求,开创了人口计生工作的新局面,涌现出一批落实计划生育国策的好书记、好县长。山西省人口与计划生育工作领导小组决定授予:太原市万柏林区区委书记赵伟东,大同市城区区委书记张志伟,阳泉市矿区区委书记董仙桃,长治市城区区委书记王进军,沁县县委书记赵春英,阳城县委书记刘爱军,右玉县县长陈小洪,朔城区区长侯元,太谷县委书记郝耀平,平陆县委书记姚十保,河曲县委书记李永胜,曲沃县委书记薛愿兵,中阳县委书记成星明为落实计划生育国策好书记、好县长称号。(王天定)

**【开展"关爱妇女健康,免费普查服务"行动】** 2006年8月9日,山西省"关爱妇女健康,免费普查服务"行动启动仪式在太原市湖滨会堂举行。省委副书记金银焕、副省长胡苏平出席仪式。这次免费普查服务的对象是在全省居住30日以上的15岁以上的妇女。一年来,各级人口计生部门发挥服务网络的优势,坚持"面向基层,深入乡村,上门服务,方便群众"的方针,共为163万妇女进行了生殖健康的免费普查,受到了群众的称赞。(王天定)

**【山西省人口计生委综合业务大楼竣工入住】** 2006年10月17日,山西省人口计生委综合业务大楼正式入住,机关和多数直属单位搬至新办公大楼办公,了却了几代计生人的夙愿，结束了省人口计生委没有自己办公大楼的历史。该大楼地上16层，地下1层，总建筑面积23359平方米，占地面积1940平方米，总投资7000余万元，是一座集人口计生工作办公、信息化管理、避孕药具管理、干部培训等多功能的综合服务大楼。（王天定）

**【山西省人口计生委科研所成功申报国家级重点实验室——人类精子库】** 2006年6月6日，山西省人口计生委科研所申报的国家级重点实验室——人类精子库建设项目一次通过国家卫生部专家组的评审论证（通知书编号J〔2006〕第03号），成为山西及周边省份首家、长江以北除北京外第二家获准开展此项辅助生殖技术服务的单位。人类精子库的建立，对于开展人口和计划生育科学研究，提高出生人口素质，解除不育人群的后顾之忧意义重大：1、有利于促进低温生物学和生殖医学的学科发展。2、有利于不孕不育症患者的治疗。3、有利于促进优生优育，提高出生人口素质。4、能够提供生殖保障。5、有利于辐射带动周边省份辅助生殖技术的发展。（王天定）

**【太原市推进人口计生信息化建设】** 1、加大投入，所辖县区建起局域网并全部实现与省、市的联网，乡镇（街办）通过宽带入网；县、乡至少配备1名具有专业知识的计算机操作人员。2、以乡镇（街办）为单位，逐村（社区）进行录入数据的审核，做到底清数明，人、卡、机一致，保证录入数据完整、准确。3、建立机房管理制度、数据变更和审核制度、信息引导管理和服务制度等，实现人口计生信息化工作的规范化和制度化。4、乡级对村级实行"派工单"制度，全面开展信息引导管理服务工作，提升整体工作水平。（王天定）

**【晋中市为流动人口提供计划生育优质服务】** 1、建立县级流动人口需求调查制度，充分了解、掌握并想方设法满足流动人口在生产、生活、生育方面的实际需求，提高他们的满意度。榆次区新华街道办事处克服困难，为辖区内12名流动人口子女解决了上学难的问题。2、确定了市、县两级计生服务站或计生服务中心为流动人口计生定点服务机构。一年来，为1万余名流入人口中的已婚育龄妇女免费开展了查环查孕、发放避孕药具等服务。3、利用春节流动人口返乡时机，主动上门服务，对返乡和外出人员进行清查发证，为1万余名流动人口发放了《婚育证明》。（王天定）

# 民族宗教

**【概述】** 一是落实"十个一"工作任务，民族团结进步事业取得新发展。"十个一"工作任务是山西省贯彻落实中央民族工作会议的具体措施，即：协助省委开好一个会议："全省民族工作会议"；协助省委、省政府制定好一个文件：《中共山西省委、山西省人民政府关于进一步加强民族工作，加快少数民族经济社会发展的意见》；协助省政府表彰树立一批先进典型：对120名民族团结进步先进集体和先进个人进行表彰；用好一笔资金：扶持少数民族基层设施建设和项目发展；抓住一个"要务"：出实招，办实事，把工作的重心放在少数民族经济社会发展上来；培养一批人才：大力加强少数民族干部和人才的培养选拔工作；通过省人大颁布一个《条例》：《山西省清真食品监督管理条例》；筹备一台节目：参加第三次全国少数民族文艺会演；探索一个机制：城镇外来少数民族流动人口教育、服务、管理机制；建立一个制度：实行民委委员制。

拟定出台山西省民族工作的纲领性文件。省委统战部、省民委组织对全省少数民族情况进行了专项调研；省委组织部、省委统战部、省民委对全省少数民族干部的情况进行了调研。两次民族工作大调研，为科学决策提供了可靠依据。在此基础上，经省委常委会、省政府常务会研究，于2006年8月25日下发了《中共山西省委、山西省人民政府关于进一步加强民族工作，加快少数民族经济社会发展的意见》，这是省委、省政府首次制定下发关于民族工作的纲领性文件。

召开全省民族工作会议，推动中央民族工作会议精神的贯彻实施。2006年9月30日，全省民族工作会议暨省政府第四次民族团结进步表彰大会召开。会议总结了近五年来全省民族工作的基本经验，全面分析了新世纪新阶段山西省民族工作面临的形势和任务，就今后工作做出了安排部署。120名民族团结进步模范集体和先进个人受到省政府表彰。此次会议规格高，规模大，影响深远，是山西省统战和民族工作史上的一次重要会议，对山西省民族工作具有重要的指导意义和巨大的推动作用。

颁布实施《山西省清真食品监督管理条例》，推动民族工作法制建设和民族政策宣传。经深入调研，反复论证，多次修改，2006年9月28日省人大常委会审议通过《山西省清真食品监督管理条例》，并于2006年11月1日起正式实施。《条例》的颁布实施，标志着山西省民族工作法制建设和依法管理上升到一个新阶段。各地在学习贯彻《条例》中，加大了对清真食品生产经营活动的监管，依法查处多起违反《条例》的不法经营活动，维护了少数民族群众的合法权益。

帮扶服务办实事，促进民族经济发展。在省委、省政府的关怀支持和优惠政策的鼓励下，省民委会同发改委、财政厅、农业厅、扶贫办等有关部门采取有效措施，扶持山西省少数民族经济发展。目前，全省清真食品加工企业已发展到59家，总产值超过3个亿；全省清真饮食网点有3000多处；民营股份制企业逐步做大做强；少数民族特需产品定点生产企业有所发展，进一步满足了少数民族群众生活需要；一批少数民族聚居村已步入小康村行列。省民委积极参与国家民委"兴边富民"活动，组织山西卓里集团向内蒙古扎赉特旗捐赠30辆农用四轮车，受到内蒙古自治区领导和受赠蒙古族群众的热烈欢迎，国家民委给予了充分肯定和赞扬。

少数民族文化教育体育事业取得可喜成绩。2006年初，省局（委）对全省民族教育情况进行了调研，提出了《山西省民族教育发展情况调研报告》。积极同省教育厅、财政厅协调，解决山大附中西藏班办学中的困难和问题，支持山大附中成功举办了西藏班开班二十周年庆典活动。局（委）党组高度重视第三届全国少数民族文艺会演，在文化厅支持配合下，经过认真遴选、精心雕琢，新编历史剧《边城罢剑》思想性、艺术性不断提高。由宋北杉副省长亲自评审并带队晋京展演，夺得了会演的最高奖项——会演大奖和组织奖，剧组5位演员获得优秀演员奖、2位演员获新人奖。积极备战第八届全国少数民族运动会，经过考察筛选，确定了山西省的参赛项目。

少数民族的政治地位和平等权益得到进一步保障。全省现有少数民族干部

3883人,其中,科级266人,县处级以上59人。各级人大代表中少数民族代表198名,各级政协委员中少数民族委员365名。同时,涌现出一批全国和全省民族团结进步模范集体和个人。

推动民族工作的社会化,健全民族工作机制。经省政府批准,建立了有省民委和发改委、财政厅、教育厅等18个省直单位参加的民委委员制度,并明确了各部门工作职责,省政府已行文正式运转。民委委员制的建立,确立了有关部门参与、支持民族工作的保障体制和有效机制,将大大提高全省民族工作社会化程度。

*二是突出重点工作,维护了宗教祥和稳定的局面。*以宗教活动场所换证入手,深入贯彻两个《条例》。按照国家宗教局安排,依照《宗教事务条例》和《山西省宗教事务条例》以及国家宗教局第2号令有关规定,2006年,山西省把宗教活动场所核准换证确定为宗教工作的重点。2006年4月初,在忻州市召开了"全省宗教活动场所核准换证工作座谈会",正式启动全省宗教活动场所核准换证工作。各地认真按照省局部署,结合实际,周密安排、精心组织,认真落实。截至2007年1月底,长治、忻州、晋中、临汾、大同、运城、太原、晋城、阳泉等9个市的核准换证工作已完成。通过这一专项工作,推进了两个《条例》的贯彻落实,推进了宗教工作的执法实践。进一步提高了两个《条例》的法律权威,提高了宗教活动场所依法开展活动的自觉性。全省宗教工作部门以核准换证工作为契机,以两个《条例》为依据,进一步强化对宗教活动场所的规范管理。五台山是山西省依法管理宗教活动场所的工作重点。针对五台山外来僧尼大量增加,个别人假冒僧人借佛敛财,法物流通经营不规范等问题,按照省政府领导同志创造五台山有序环境的指示,通过座谈、明察暗访,针对存在的突出问题提出整改建议和措施,于幼军省长作了重要批示。协助五台山区政府采取六项整改措施,集中时间进行了大规模清理整顿,五台山景区的宗教环境和旅游环境有了很大改善。在贯彻《条例》中,结合依法行政的实际需要,制定出山西省实施《条例》依法行政所需的40多种法律文本。

加强爱国宗教团体建设,巩固与宗教界的爱国统一战线。宗教团体建设是宗教工作的重要环节。针对山西省各宗教团体的现状,省宗教局注重在思想上、组织上、制度上强化宗教团体建设。在思想建设上,加大政治理论学习和培训力度。2006年以来,组织各宗教团体负责人认真学习党的十六届六中全会精神,举办构建社会主义和谐社会专题研讨会。发动各宗教团体采取多种形式开展了"八荣八耻"社会主义荣辱观教育活动。组织宗教界人士参观纪念长征胜利七十周年展览活动。围绕两个《条例》的贯彻实施,组织各宗教团体深入学习《条例》,使广大教职人员了解《条例》,熟悉《条例》,自觉按《条例》办事。在加强宗教团体建设中,把重点放在代表人士和中青年神职人员的教育培养上。省委统战部和省宗教局建立了500人的宗教代表人士名单,并向上级部门推荐了100名中青年代表人物。选送一批中青年骨干参加了中央统战部、国家宗教局和宗教院校举办的各类培训班。

协助宗教团体开展对外友好交往,宣传我国的宗教政策,宣传山西,协助中国道教协会在芮城县举办纪念吕祖诞辰1208年大型纪念活动。接待了日本佛教访华团,蒙古国佛教代表团,德国、巴基斯坦、科威特、斐济驻华大使五台山考察团,台湾省四大媒体五台山采风团,香港佛教文化产业组织访问团,香港华人基督教联会访问团等。同时,应澳门无量寿功德林邀请,山西省五台山佛教代表团一行18人赴澳门进行了佛教文化交流活动。

*三是强化基础工作,队伍基本建设取得新进展。*2006年度部署的一项基础性工作:民族宗教执法主体建设;两个长效机制:民族宗教工作绩效考核机制和处理突发事件长效机制;三项基本建设:思想建设、队伍建设、信息化建设;取得瞩目成绩。

执法主体建设得到切实加强。在2006年全省民族宗教局长会议上,根据中央文件精神,宋北杉副省长代表省委、省政府要求:强化执法主体建设,健全工作机构,"重点县(市、区)要做到机构、局长、人员编制、办公条件、经费五到位;非重点县(市、区)必须明确民族宗教执法主体,有法人、有机构、有公章,取得行政执法资格。"各地民族宗教工作部门积极向当地党委、政府汇报,取得了各级领导的支持,使各级宗教执法主体建设得到切实加强。

截至2006年底,全省11个省辖市在政府序列全部成立了正处级建制的民族宗教局,编制、人员、经费、工作用车、办公设备和办公场所全部到位,并有不同程度的加强。达到了"有法人、有机构、有公章"的执法要求,基本具备了行政执法的资格。运城市13个县(市、区)宗教工作机构全部单设,列入政府序列,在2006年度执法主体建设先进单位评比中被授予"标兵单位"称号。长治市和晋中市也在县一级全部设立民族宗教工作机构。省局(委)通过不同形式加强执法队伍的培训,提高行政执法水平,2007年初,省宗教局(省民委)获全省推行行政执法责任制先进单位。

"两个长效机制"作用日渐凸显。完善处理突发事件应急机制,积极稳妥解决民族宗教方面的突发事件。省局(委)制定了涉及民族方面和宗教方面群体性事件两个应急预案,全省共处理涉及民族宗教因素的突发事件数十起,有力地维护了社会稳定。

完善民族宗教工作绩效考核机制。对各市、县民族宗教工作部门目标责任制考核和工作绩效评估机制,是促进基层工

图为省领导参加山西大学附属中学藏历新年庆祝活动　王泽武　提供

作，固本强基的重要工作手段。省局(委)对2006年工作主要考核的内容和指标是三大项：执法主体建设、信息宣传工作和宗教活动场所核准换证工作。对先进单位进行表彰，目的就是通过对重点工作的考核评估，推动全省工作全面展开，促进工作目标责任制的落实。

图为副省长宋北杉、省宗教局局长武锦福与中国佛教协会副会长、省佛教协会会长根通法师座谈　王泽武　提供

"三项基本建设"取得全面进展。思想建设、队伍建设和信息化建设是做好民族宗教工作的前提和基础。全省民族工作会议之后，各级党委、政府和民族宗教工作部门采取会议、培训班、知识竞赛、媒体专栏等多种形式，广泛深入宣传全省民族工作会议精神，掀起了学会议精神、促团结进步、比发展贡献的民族工作新热潮。《山西省清真食品监督管理条例》颁布之后，全省民族工作部门认真组织开展《条例》的学习宣传活动。省民委和省人大法制委、民宗侨外委举办了《条例》执法培训工作会议。各市民族工作部门联合其他相关执法部门，大力推进《条例》实施，深入到清真寺和清真食品生产经营企业进行宣传。全省举办民族宗教各类培训班155班(次)，培训人员8500人(次)，其中80%培训对象是县、乡镇基层领导和工作干部。民族宗教政策法规培训进入各级党校取得显著进展，各市、县党校开办民族宗教政策法规培训班40余个(次)。

2006年，有计划、有重点地开展学理论，学政策，学业务，推动学习向广度深度发展，加快知识更新，提高整体素质。加强机关效能建设，编制《效能建设制度汇编》。进一步健全和完善公务员绩效考核制、首问负责制、岗位责任制、限时办结制、服务承诺制、政务公开制、行政执法责任制等23项制度，不断提高干部的工作效率、依法管理水平和服务水平。

信息工作和信息化建设进一步加强。《山西民族宗教信息》编发366期，上级采用39期，中央领导、省领导批示9期。编发《山西民族宗教》和《山西民族宗教简报》共12期。省局(委)建立了局域网，申请专项经费增添信息化设备。各市信息化建设也取得了长足进展，全省10个市和部分县实现了网上信息报送，极大地提高了信息报送的时效性。　　（王泽武）

**【山西省民族宗教局长会议召开】**　2006年2月24日，山西省民族宗教局长会议在太原召开。这次会议的主要任务是传达和贯彻中央民族工作会议、全国民委主任会议、全国宗教厅(局)长会议精神，中央和省委、省政府领导同志关于民族宗教工作的一系列重要指示精神，正确认识和把握当前民族工作和宗教工作的形势，总结2005年工作，部署2006年工作。宋北杉副省长到会并做重要讲话，武锦福局长做工作报告，王洪歧副秘书长主持会议。全省11个市分管民族宗教工作的副市长，市民族宗教事务局局长，部分高等院校、国有大型企业统战部门的负责同志，以及省直有关部门的负责同志百余人参加了会议。

宋北杉副省长充分肯定了山西省民族宗教工作在2005年取得的成绩，对民族宗教工作战线的同志们表示感谢和慰问。他指出，2006年全省民族宗教工作的主要任务是以科学发展观为统领，切实贯彻中央民族工作会议精神；以抵御境外利用宗教进行渗透为重点，全面贯彻《宗教事务条例》和《山西省宗教事务条例》。他要求：各级政府要从构建和谐社会的高度，充分认识新形势下民族宗教工作的重要性，立足稳定，着眼发展，重视和加强对民族宗教工作的领导。要提高认识，统一思想；把民族宗教工作列入议事日程，经常听取民族宗教部门的工作汇报，为他们排忧解难；在方针政策上进行指导，及时研究解决存在的问题，切实把民族宗教工作管起来。要明确责任，协调机制；民族宗教工作是党委、政府和各个方面的共同责任，需要全社会的参与，需要多部门的支持，各有关部门都应该积极参与进来，各尽其责。要强化主体、健全机构；重点县(市、区)在6月份以前，要做到机构、局长、办公用房、人员、经费五到位；非重点县(市、区)必须明确民族宗教执法主体。要加强学习、培养队伍；培养一支适应新形势下民族宗教工作要求、具有很强的政治素质和业务素质的民族宗教工作干部队伍；培养一支拥护党、拥护社会主义制度、同党和政府真诚合作、自觉抵御渗透的爱国宗教教职人员队伍。

图为参加第八届全国少数民族传统体育运动会表演项目《红灯情》的演员与省民族宗教委员会宣传处处长王泽武等合影留念

王泽武　提供

武锦福局长总结了2005年工作，并就2006年工作要点进行了安排部署。他在讲话中指出，各级民族宗教工作部门要认真贯彻省领导重要讲话精神，落实好这

次会议精神，进一步按照中央和省委、省政府要求，振奋精神，不断促进山西省民族团结进步事业，固本强基，切实提高依法管理宗教事务能力和水平，努力做好新形势下的民族宗教工作。

会议对运城市等六市全省民族宗教执法主体建设先进单位进行了表彰，对忻州市民宗局等八个民族宗教信息宣传先进单位进行了表彰。会议还代国家宗教局对山西省获得“四五”普法先进单位和个人进行了表彰。（王泽武）

**【《山西省清真食品管理条例》立法调研工作启动】** 《山西省清真食品管理条例》确定为省人大2006年立法计划后，省人大、省法制办、省民委的领导高度重视，专门召开协调会，成立了立法调研组。3月9日～11日，省人大民宗侨外工作委员会张云溥主任、杨建国副主任、省民委郝中树副主任及省人大、省法制办、省民委政法处、文宣处的有关负责同志到大同市进行《山西省清真食品管理条例》立法调研。大同市人大副主任马维平等同志陪同调研。

在大同市清真食品生产企业新荣区“百草香”生羊屠宰厂，调研组听取了企业生产及管理情况的汇报，并深入到生产车间，参观了整个屠宰和加工过程。调研组还深入到清真饭店真悦楼和清真大寺进行考察。

在大同期间，调研组召开了由市工商局、地税局、质监局、卫生局、食品药品监管局、公安局、民政局、农业局和民族宗教局有关部门负责人参加的座谈会。征求各部门对《山西省清真食品管理条例》讨论稿的意见。会上，各部门的同志畅所欲言，结合本部门的实际对《条例》讨论稿提出了修改意见。

10日下午召开的座谈会上，大同市伊斯兰教协会负责人，民族宗教界代表人士、清真食品生产经营企业负责人对《条例》讨论稿逐条逐款进行了讨论，并对一些条款提出了具体修改意见。大家一致认为，清真食品的立法十分必要，意义重大。（王泽武）

**【副省长胡苏平视察太原崇善寺消防安全工作】** 2006年3月29日下午，省政府副省长胡苏平专程赴省佛教协会驻地——太原崇善寺视察消防安全工作，省政府副秘书长巨宪华、省宗教事务局局长武锦福、省消防总队总队长李济成、太原市公安局副局长代来伟、市消防支队支队长赵畔江等陪同视察。

胡苏平副省长等一行实地察看了拆迁部分民房后开辟的消防通道场地。山西省佛教协会会长根通法师、崇善寺监院法海法师介绍了有关情况，对省、市、区各级政府和消防部门为崇善寺大悲殿东、北两侧民房拆迁、打通消防通道给予的大力支持表示衷心感谢，并就下一步崇善寺的整体规划作了汇报。胡苏平副省长对太原市政府拨专款拆迁崇善寺邻近40多户民房打通消防通道，消除了崇善寺重大火灾隐患的工作表示满意。她指出，崇善寺今后的消防安全工作还需要进一步加强，对消防安全工作要有总体安排，争取使崇善寺的消防安全工作得到更好的解决。

（王泽武）

**【五台山260多名僧人奋勇扑救山火】**

2006年3月29日14点，五台山风景区金岗库乡山林发生了大面积火灾，火借风势，呈现快速蔓延的势头，直接危及周边近百万亩天然林和风景区寺院、居民的安全。情势危急，风景区领导和群众上下一心，一齐上阵，积极开展灭火工作。五台山寺庙的住持和僧人在政府的组织领导下，也义不容辞地投入到奋力灭火的队伍中。

碧山寺、塔院寺、显通寺、菩萨顶、普化寺、广化寺、黛螺顶、万佛阁等寺庙僧人共计260多人，先后3次爬山奋勇扑救山火，累计出动700多人次。在五台山风景区政府领导的带领指挥下，广大僧人发扬爱国、爱教、爱山、爱庙、爱林木的优良传统，冲到火灾的第一线，与大火展开殊死的搏斗。由于风力大、火势猛、火点多、加上山势陡峭，整片山林都笼罩在熊熊大火与滚滚浓烟之中，扑救工作十分艰难。但为了把损失降到最低限度，僧人们没有一人畏缩退却，忍着饥饿和疲劳，从3月29日下午直到4月1日，一直奋战在灭火现场。

截至4月1日凌晨，风景区内的山火在各方面的努力下，已基本扑灭。僧人们仍然和广大灭火官兵、群众一起坚守在现场，仔细检查火灾隐患，以防死灰复燃。

（王泽武）

**【省委常委会研究部署民族工作】** 2006年4月17日，省委召开常委会议，集中学习讨论了中央民族工作会议暨国务院第四次民族团结进步表彰大会以及全国培养选拔少数民族干部工作座谈会精神，专题研究部署山西省贯彻落实中央三个会议精神，加强民族工作的意见和措施。省委书记张宝顺主持会议并作重要讲话。

会议同意省政府2005年第64次常务会议关于进一步加强山西省民族工作议定的有关事项；同意以省委、省政府名义召开山西省民族工作会议暨山西省第四次民族团结进步表彰大会；同意起草下发《中共山西省委、山西省人民政府关于进一步加强民族工作，加快少数民族经济社会发展的意见》。

省委书记张宝顺强调，山西省民族工作要坚决贯彻中央提出的“共同团结奋斗，共同繁荣发展”的指导方针，一定要把中央的精神在山西得到全面落实。他指出，山西虽然少数民族人口不多，不是民族工作大省，但少数民族成分多达54个，散居的特点很容易使他们的利益被忽视，因此各级党委、政府要更加重视民族工作，更要强调各民族的团结、互助、和谐。要营造关心支持少数民族发展的社会氛围，大力宣传民族团结进步的典型；要重视支持少数民族经济发展，使他们成为社会进步的重要推动力量；要发挥少数民族干部在促进民族团结中的作用，促进全省社会的和谐、稳定、发展。

省委副书记薛延忠指出，一是要支持少数民族经济的发展，把少数民族经济搞上去；二是要重视做好宗教工作，民族问题和宗教问题交织在一起，做好宗教工作对处理民族问题具有特殊意义；三是要从发展民族团结进步事业高度，重视培养少数民族干部，特别是重视少数民族代表人士的培养、选拔工作，太原、长治等少数民族人口多的城市，更要重视配备好少数民族干部。

省政协副主席、省委统战部部长吴锦文列席了会议。省委统战部副部长、省民委主任武锦福向常委会议作了《关于落实中央民族工作会议暨国务院第四次民族团结进步表彰大会及全国培养选拔少数民族干部工作座谈会精神，进一步加强山西省民族工作的建议》的汇报。

（王泽武）

**【省委统战部、省宗教局领导会见山西省出席全国伊斯兰教第八届代表大会代表】**

2006年4月30日上午，省政协副主席、省委统战部部长吴锦文亲切会见了山西省出席中国伊斯兰教第八届代表大会的部分代表，省委统战部副部长、省宗教局局长、省民委主任武锦福参加了会见。

在座谈中，吴锦文部长热烈祝贺中国伊斯兰教第八届代表大会的召开，祝贺在座各位被推选为山西省代表参会。吴锦文部长说，感谢各位代表和全省穆斯林群众为山西省经济发展、社会稳定、构建和谐各方面做出的贡献。他指出，在全世界民族、宗教形势复杂的背景下，由于党中央和国务院高度重视，妥善处理民族、宗教问题，我国的民族、宗教工作正处在一个大好形势下，希望大家爱护这个大好形势就像爱护自己的眼睛一样，他期待每位代表在会期间发挥作用，希望这次大会开得成功，希望代表们把会议精神带回来，宣传给全省广大穆斯林，使民族间更团结、和谐，少数民族群众生活更幸福。

武锦福局长（主任）在谈到这次代表大会时说，这是伊斯兰教界的一件大事，也是统战、宗教工作的一件大事，中央统战部、国家宗教局都非常重视，省委统战部和省宗教局也高度重视。他希望山西省代表能够承担起全省穆斯林众望，自觉贯彻党中央、国务院的精神，服从大会的纪律和要求，集中精力领会会议精神，回来后传达给全省穆斯林群众。最后他希望大家注意身体健康和安全，圆满开好这次会议。

省伊斯兰教协会副会长兼秘书长赵伟聘最后表示感谢省委统战部、省宗教局领导对伊斯兰教界的关怀，一定不辜负领导和群众的希望和寄托，认真开好这次大会，把大会精神领会好，回来以后向省委、省政府汇报好，向全省的穆斯林宣传好、贯彻好，把山西伊斯兰教界的工作做好，为全省经济发展和构建和谐社会做贡献。 （王泽武）

**【爱德基金会筹资200多万元资助五寨县农村综合发展项目】** 2006年5月16日，中国基督教爱德基金会资助的五寨县农村综合发展项目在五寨县举行启动仪式。省委统战部副部长、省宗教事务局局长武锦福，省委统战部助理巡视员李云平，爱德基金会负责人何文先生和瑞典英特艾可特基金会负责人，以及忻州市民宗局和五寨县委主要领导出席了项目启动仪式。

项目启动仪式上，武锦福局长首先向爱德基金会及瑞典英特艾可特基金会对五寨县贫困山区的资助表示感谢，指出这是一项功德无量的慈善义举。同时，他要求，忻州市一定要全力支持五寨县的引资上项、脱贫致富，积极协调解决好有关方面的问题，确保所有项目资金严格按照有关规定管理好、使用好、专款专用、尽快见效。五寨县委、县政府一定要不负众望，创新发展，借助爱德基金会和瑞典朋友的帮助，带领全县人民脱贫致富、共建社会主义新农村。

爱德基金会近几年来与瑞典英特艾可特基金会合作，多次对忻州市五寨县给予资助。2003年起，先后投资56万元，用于修建杏岭子乡学校和3个村的饮水工程。2006年，基金会投入资金150余万元用于灌溉、畜牧、小额信贷、基础设施建设等农村发展项目。 （王泽武）

**【山西省佛教协会会长（扩大）会议在太原召开】** 2006年5月25日，山西省佛教协会会长（扩大）会议在太原召开。省佛教协会会长根通法师主持会议，省委统战部副部长、省宗教局局长武锦福，省委统战部助理巡视员李云平等领导出席。

会议就山西省佛教协会成立五十周年纪念活动筹备工作进行了专题研究。大家踊跃发言，积极表态，气氛热烈，明确了纪念活动的指导思想和目的，并就纪念活动的主要内容、时间、地点、规模等统一了思想，达成了共识。大家表示要同心同德、齐心协力把山西省佛教协会成立五十周年纪念活动搞好。

武锦福局长在讲话中指出，省佛教协会成立五十年来，团结山西佛教界始终与党和政府同心同德，风雨同舟，做了大量有益于社会有益于人民的事情，是党和政府忠诚的朋友。要通过举办纪念省佛教协会成立五十周年庆典活动，总结山西佛教五十年来的经验，充分展示山西佛教爱国爱教、团结进步的发展历程，展示山西省佛教文化的深厚底蕴、生机和活力，进一步加强山西佛教的凝聚力，促进全省佛教事业健康发展，为山西省的稳定发展和社会进步做出更大贡献。

会议还印发并宣读了中国佛教协会《关于在佛教界开展社会主义荣辱观学习研讨活动》的通知，要求大家要充分认识胡锦涛总书记大力倡导的以“八荣八耻”为主要内容的社会主义荣辱观的重大意义和深刻内涵，把学习贯彻社会主义荣辱观作为当前和今后的一项重要工作来抓。 （王泽武）

**【于幼军等省、市领导视察太原崇善寺】** 2006年7月11日，省政府于幼军省长专程赴山西省佛教协会驻地——崇善寺视察工作，省委常委、太原市委书记申维辰，副省长宋北杉，太原市市长张兵生、副市长耿彦波，省宗教局局长武锦福等陪同视察。

于幼军等领导实地察看了崇善寺大悲殿和拆迁部分民房后开辟的消防通道场地，听取了山西省佛教协会会长根通法师、山西省佛教协会副秘书长、太原崇善寺监院法海法师关于崇善寺远景设想的汇报。于幼军等省、市领导要求，要对崇善寺的整体规划作进一步研究，达成共识，打造出以崇善寺为中心的佛教文化园区，争取打造出太原的文化旅游品牌，为山西的文化产业整合，为山西的旅游经济发展奠定良好的基础。 （王泽武）

**【山西省卓里集团向内蒙古捐赠30辆农用三轮车】** 经山西省民委牵线搭桥，山西省卓里集团向内蒙古自治区农村贫困区捐赠30辆农用三轮车仪式于2006年7月15日在呼和浩特市政府礼堂广场举行。中共内蒙古自治区党委常委、统战部部长伏来旺，内蒙古自治区政府副主席郝益东出席了捐赠仪式。国家民委经济司司长葛忠兴，山西省民委主任武锦福、副主任郝中树，山西卓里集团董事长秦建业等参加了捐赠仪式。内蒙古自治区民委副主任张德斌主持捐赠仪式。

整个捐赠仪式进行得隆重而热烈。山西省民委主任武锦福发表了热情洋溢的讲话。他说，“兴边富民”行动是我国民族工作的一项事关全局的重要举措。从2000年实施以来，有力地促进了边疆少数民族地区的经济发展，在全国引起了很大反响。内地省份的民委也积极参与，牵线搭桥，捐钱捐物，做了许多有益的工作。山西卓里集团响应国家民委“兴边富民”的号召，向内蒙古自治区民族兄弟赠送30辆农用三轮车，既表达了“卓里人”对边疆少数民族群众的支持和关爱，也表达了山西人民对内蒙古民族兄弟的睦邻友好情谊。

内蒙古自治区民委主任阿迪雅对山西卓里集团支援边疆少数民族经济建设的义举予以高度赞扬和衷心的感谢，对山西省民委积极牵线搭桥，为边疆少数民族脱贫致富的行动表示诚挚的敬意。他指出内蒙古自治区的经济发展、社会繁荣是和全国各地的积极支援分不开的，他表示在中央民族工作会议精神的指引下，在各地民委的大力支持下,内蒙古自治区的经济发展、社会建设一定会越来越快。

卓里集团所在地山西省临猗县县委书记刘建政就卓里集团支援对扎赉特旗蒙古族贫困村的脱贫工作,以及两地今后携手并进、共同发展,提出了富有建设性的建议。

经过1500多公里的长途跋涉,7月17日上午9点,30辆农用三轮车安全运抵兴安盟扎赉特旗,中午在扎赉特旗阿拉达尔吐苏木乡顺利交接,正式分往乌兰毛都嘎查村。 (王泽武)

**【台湾四大媒体来五台山采风】** 台湾东森、中天、TVBS电视台及联合报等4家媒体组成的采风团一行13人在五台山采风。此次采风活动是国台办2006年度重点新闻交流项目,它是进行两岸旅游促销宣传、加强两岸关系的重要举措。采风团先后参观了黛螺顶、普寿寺、菩萨顶、显通寺、塔院寺、五爷庙等寺庙和景点。

五台山是国内唯一的一处由青庙(汉传佛教)、黄庙(藏传佛教)并居一山,共同讲经说法的道场,迄今仍保存着北魏、唐、宋、元、明、清等朝代的寺庙建筑47处,荟萃了7个朝代的彩塑、5个朝代的壁画,被誉为中国佛教的缩影,世界著名的佛教圣地。五台山精美绝伦的古建筑艺术、奇特秀丽的自然风光、博大精深的佛教文化以及淳朴浓厚的僧俗风情,得到了采风团全体成员的一致好评。 (王泽武)

**【民族英雄马本斋之子马国超看望长治市回族同胞】** 2006年"八一"节期间,应邀参加长治市庆祝建军79周年书画展的全国政协委员、原海军航空兵副政委、民族英雄马本斋之子马国超少将与长治市部分民族宗教界代表人士座谈,并深入部分清真寺看望回族同胞,将自己的参展作品无偿捐赠给回族企业家,鼓励他们多为回族的教育、社会等事业做出贡献。他希望广大回族同胞要弘扬马本斋永远跟党保持一致、爱国爱教、不怕牺牲、坚持民族团结精神,做好本职工作,为长治的经济社会发展做出积极贡献。

在清真中寺,马国超参观和了解了长治抗日回民义勇队历史,对国难当头时,长治广大回族同胞的民族气节、英雄气概表示由衷称赞。他动情地讲述了回族抗日英雄马本斋的英雄事迹,希望在和平年代,广大回族同胞要进一步增强责任意识,遵纪守法,努力创业,弘扬马本斋精神,为长治的经济发展、社会稳定、民族团结进步做出贡献。他还为全国模范清真寺长治市城区清真中寺题词"爱国爱教"。 (王泽武)

**【"佛教本土化与晋阳文化嬗变研讨会"在太原举行】** 2006年8月19日～21日,"佛教本土化与晋阳文化嬗变研讨会"在山西太原举行。此次研讨会由太原市委统战部、太原市民族宗教事务局、太原市政府新闻办公室联合主办,太原市佛教协会承办,《中国民族报·宗教周刊》协办,山西省宗教事务局为指导单位。

在研讨会开幕式上,省委常委、太原市委书记申维辰讲话。他说,太原有着5000年的文明史和2500年的建城史,古老"晋阳"积淀着厚重的中国文化,有着独特的魅力。历史上,古晋阳曾是全国佛教活动的中心之一,佛教文化影响并推动着晋阳文化的发展。兼容和谐是太原城市精神的集中体现,这与佛教讲平等、和合、圆融、圆满的宗旨有着一定的渊源。他希望这次研讨会能够继承和发扬世界佛教论坛"和谐世界,从心开始"的和谐理念,借着佛陀的和平智慧之光,领悟其深刻思想,更深层次地挖掘出佛教文化与晋阳文化的深刻内涵。他期望,古老而年轻的太原传承晋阳文化,借鉴佛教积极的文化底蕴,秉持城市精神,依托中部崛起,实现率先发展,大力构建和谐太原。

中国人民大学佛教与宗教学理论研究所所长方立天教授在讲话中说,太原作为历史文化名城,积淀了丰厚的文化资源。在当前建设和谐社会,落实科学发展观的实践中,如何挖掘中国传统文化中蕴藏的积极因素,弘扬佛教教义中扬善抑恶、平等宽容、扶贫济困等与社会主义社会道德要求相贴近的积极内容,为构建和谐太原做贡献;如何整合佛教文化资源,服务于振兴太原、加快经济建设这一工作大局,这是政、教、学三界共同关注的问题。此次研讨会旨在梳理古晋阳文化遗产,探讨佛教文化在晋阳文化中的历史地位及其对本地域文化发展的影响;研究发挥传统文化中的资源优势,为当今的经济社会发展做贡献;解析佛教教义中净化人心、关爱众生、关注社会,促进社会全面协调发展的实践价值及其现代意义。

国家宗教事务局颜玉科代表国家宗教局到会祝贺并致辞。太原市委副书记郭振中,市委常委、宣传部长范世康,市政协副主席王继祖出席会议。中国民族报社副社长杨连福,省宗教局副局长刘志敏到会祝贺。来自北京大学、中国人民大学、北京师范大学、中央民族大学、中国社会科学院世界宗教研究所、上海社会科学院、西北大学以及省内的30余位佛教文化专家学者,先后做了精彩发言,并向大会提交论文20余篇。

此次研讨会得到了太原市委、市政府的高度重视。政教学三界共同聚焦,为晋阳佛教把脉,对太原佛教在中国佛教发展史上定位,对佛教在当代社会文化建设中的价值展开研讨,是一次高规格、高层次的学术专题研讨会。 (王泽武)

**【拟定出台山西省民族工作的纲领性文件】** 省民委组织对全省少数民族情况进行了专项调研;省委组织部、省委统战部、省民委对全省少数民族干部的情况进行了调研。两次民族工作大调研,为科学决策提供了可靠依据。在此基础上,经省委常委会、省政府常务会研究,于2006年8

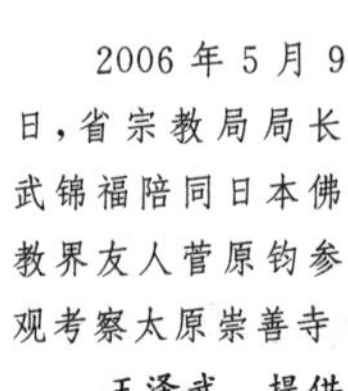

2006年5月9日,省宗教局局长武锦福陪同日本佛教界友人菅原钧参观考察太原崇善寺
王泽武 提供

月25日下发了《中共山西省委、山西省人民政府关于进一步加强民族工作,加快少数民族经济社会发展的意见》,这是省委、省政府首次制定下发关于民族工作的纲领性文件。　(王泽武)

**【《中国少数民族古籍总目提要·回族卷》简目编写工作完成】** 近年来,省伊协积极组织回族群众和伊斯兰教界人士开展盛世修志,编纂《中国少数民族古籍总目提要·回族卷》的工作。目前,已完成山西简目的编写工作,将提交全国编委会审定。

山西省回族有着悠久历史和灿烂的文化,挖掘整理回族古籍工作得到了省领导的高度重视。全省有一千多名回族群众和伊斯兰教界人士参加了这项工作,已整理和编写的简目包括书籍类、铭刻类、文书档案类、讲唱类四大类计180种。

书籍类共85种。其中手抄本33本,印刷体本52种;明代6种,清代30种;我省自印15种。首次发现了全国罕见的袖珍本手抄《古兰经》,标注有阿文、波斯文、小儿锦文的珍本《古兰经》,以及四种手抄波斯文古经书。受到回族和伊斯兰教学术界高度关注。

铭刻类共60种。其中明代6种,清代33种。大同市清真大寺明天启二年碑,记述了大同市是我国伊斯兰教最早传入地之一。长治市清真北寺的波斯文碑反映了山西省回族早期同伊斯兰教国家的友好往来。

文书档案类共16种。其中清代8种。在曲沃县发现的解放战争时期解放军进入回民地区作战颁发的“团结回胞守则”,对研究中国共产党在解放战争时期的民族宗教政策方面提供了重要的史料。

讲唱类共19种。其中清代1种。

目前,省伊协在编写完成《中国少数民族古籍总目提要·回族卷》山西简目的基础上,正在组织力量着手山西回族古籍提要的编写工作。　(王泽武)

**【山西代表团获第三届全国少数民族文艺会演大奖、优秀组织奖、优秀演员奖和优秀新人奖】** 第三届全国少数民族文艺会演于2006年9月5日～25日在北京举行,来自全国30个省、市、自治区和解放军总政治部、港、澳代表团、台湾省少数民族代表团以及中央民族大学、中央民族歌舞团等33个代表团、35台节目参加了演出。山西省代表团夺得了会演的最高奖项——会演大奖,同时还获得了会演的优秀组织奖,大同市晋剧院的5位主要演员获优秀演员奖、2位演员获优秀新人奖等所有奖项,实现山西省晋剧大奖零的突破。得到了组委会的充分肯定和省委、省政府领导的高度评价,受到了首都观众、部队指战员、在山西工作过的在京领导和山西籍在京的老领导的高度赞扬,取得了显著的成绩,达到了预期的效果,圆满地完成了第三届全国少数民族文艺会演山西代表团的工作任务。　(王泽武)

**【全省各市启动宗教活动场所换证工作】**

太原市民宗局于9月26日召开全市宗教活动场所换证工作会议。会议传达了《全省宗教活动场所换证工作实施意见》的主要精神,安排部署了全市宗教活动场所换证工作,对与会人员进行了培训辅导。阳曲县、万柏林区分别在会上介绍了各自在换证试点工作中的做法、经验和体会。省宗教局纪检组长卫望军在讲话中强调,在宗教活动场所换证工作过程中要注意“四个结合”:一是把宗教活动场所换证工作同推动宗教活动场所提高内部管理水平结合起来;二是把宗教活动场所换证工作同布局规划和有效管理结合起来;三是把宗教活动场所换证工作同取缔非法宗教活动点结合起来;四是把宗教活动场所换证工作同制止滥建寺观教堂活动结合起来。为了加强换证工作领导,太原市成立了以张春根副市长为组长的宗教活动场所换证工作领导组,成员由市政府办公厅、市统战、宗教、公安、国土、房地产管理等部门负责人组成,下设换证工作办公室。

忻州市民宗局于9月26日召开全市宗教活动场所换证工作会议,各县(市、区)民族宗教事务局长、五台山风景区宗教文物局长参加会议。原平市和五台山宗教局两个试点单位分别介绍了宗教活动场所换证工作经验和做法。会议提出要从五个方面扎实抓好宗教活动场所换证工作,一是加强组织领导。要成立相应的领导组织和工作班子,做到思想上重视,措施上有力,经费上有保障。二是强化宣传培训。使换证工作成为宣传宗教法律法规的过程,成为广大干部、群众受教育的过程,成为推进本市宗教工作依法行政的过程。三是搞好调查摸底。四是按时上报材料。五是搞好审核发证。

运城市民宗局于9月26日召开全市民族宗教局长会议,专题安排部署宗教活动场所换证工作。运城市宗教活动场所换证工作涉及500余处宗教活动场所。运城市委、市政府成立了宗教活动场所换证工作领导组,由市委常委、副市长柴林山任组长,成员由宗教、统战、公安、民政、土地、城建等有关部门组成,制定了宗教活动场所换证工作实施方案。会议要求各县(市、区)要及时向党委、政府做好汇报,成立工作领导组,明确并掌握换证工作的方法、步骤、程序,要将宗教活动场所换证工作做成集培训、教育、管理于一体的系统工程,以换证工作为契机,把宗教事务管理工作纳入制度化、规范化、法制化的轨道。

吕梁市成立了以市政府分管领导武尚芾秘书长任组长、市民宗局负责人为副组长,市公安、土地、建设等部门负责人为成员的换证工作领导组,制定了《吕梁市宗教活动场所换证工作实施工作方案》,就换证工作程序、具体实施时间和工作要求作了具体安排部署。针对市县宗教工作部门力量相对薄弱、宗教活动场所数量多、情况复杂的实际,市民宗局要求各县市区宗教工作部门要积极争取县市领导的支持,由党委、政府牵头统一安排部署此项工作。

朔州市成立了以市政府王贵平副市长任组长,宗教、统战、公安、土地、建设、规划、民政等部门负责人为成员的换证工作领导组,制定了《关于开展宗教活动场所换证工作实施方案》。换证工作分为学习宣传、培训、制订方案;具体实施;总结评比等阶段,拟于2006年底前全面完成对全市五大宗教近180处宗教活动场所的换证工作。　(王泽武)

**【五台山第三届佛教文化节】** 2006年9月27日,为期一个月的五台山第三届佛教文化节落下帷幕。

本届佛教文化节,按照“政府主导、社会参与、文化展示、市场运作”的思路,通过丰富多彩的佛教文化活动与艺术展出,提升了五台山的知名度和对外影响力,有力地拉动了五台山旅游产业和区域经济的快速发展,显示出了强劲的发展潜力和市场竞争力,取得了丰硕的成果。

一是活动内容丰富多彩。先后举办了开幕式、佛教艺术长廊、佛学讲坛和旅游酒店文化论坛、大型佛教歌舞演出等佛教文化活动,内容丰富,高潮迭起,异彩纷呈,吸引了众多的国内外游客。二是佛教文化主题更加鲜明。期间,在五峰宾馆、菩萨顶、紫府贵宾楼、北雁山人画院等处分别举行了著名书法家和高僧大德书画展、印度驻华使馆参赞佛教摄影展、佛教餐饮展、五台山佛画山水画展等九大展出活动,还举行了佛学讲坛活动、“仰天大佛显现十周年庆典法会”。三是对外交流进一步扩大。印度驻华大使官员安伯乐先生、孟加拉国驻华大使夫妇等外国友人专程来五台山参加了开幕式,海外游客增长40.8%。四是经贸洽谈成绩喜人。签约项目总投资4.15亿元人民币,将进一步完善景区景点建设,延伸旅游产业链条,有效提升五台山旅游业的龙头地位。五是经济效益显著提高。据统计,文化节期间,进山购票游客达14.2万人次。(王泽武)

**【《山西省清真食品监督管理条例》颁布施行】** 2006年9月28日,山西省人民代表大会常务委员会发布公告,山西省第十届人大常委会第26次会议通过《山西省清真食品监督管理条例》,自2006年11月1日起施行。公告同时宣布,1993年12月16日省政府发布的《山西省清真食品生产经营管理办法》和1997年12月29日省政府发布的《山西省人民政府关于修改〈山西省清真食品生产经营管理办法〉的决定》同时废止。

《条例》的出台是山西省民族工作的一件大事,是全省依法治省、加强社会事务管理的重要举措,标志着山西省对清真食品的监督管理工作进入了一个新的阶段。《条例》的制定是一项政治性、政策性、专业性很强的工作,山西省委、省人大、省政府对此高度重视,有关领导提出了重要的指导性意见。省民委、省人大法工委、省政府法制办围绕《条例》立法做了大量工作,广泛征求了民族工作部门、伊斯兰教界、法学界、清真食品企业、有清真饮食习惯的少数民族代表人士的意见,经过近一年的调研、论证,十数次易稿。《条例》紧密结合山西省实际情况,它的颁布实施,对尊重山西省具有清真饮食习惯的少数民族,规范清真食品生产经营,促进民族经济发展,维护民族团结和构建和谐社会都将起到重要作用。

《条例》共二十六条,阐述和规定了立法宗旨、适用范围、清真食品概念、执法主体、行政许可事项、罚则等内容。《条例》的主要特点:一是主要突出了清真食品的监督管理内容。比如规定了政府部门可以聘请清真食品管理监督员,所需费用应当列入同级财政预算。对违反《条例》规定的处罚力度比较大。二是强调在监管中做好服务。如第七条规定,政府应当将清真食品网点建设纳入商业网点建设规划。

《条例》颁布后,省民委立即组织全省民族工作部门干部认真学习,吃透精神,把握实质。同时做出安排,在全省开展《条例》的学习宣传,要求做好现行《条例》与过去《办法》衔接工作,简化办事程序,提高办事效率,更好地发挥政府的监督和管理作用。(王泽武)

**【全省民族工作会议暨省政府第四次民族团结进步表彰大会召开】** 2006年9月30日,全省民族工作会议暨省政府第四次民族团结进步表彰大会在太原召开。

省委书记、省人大主任张宝顺,省委副书记、省长于幼军出席会议并做重要讲话,省委副书记薛延忠主持会议,省政协主席刘泽民,省人大常务副主任纪馨芳,副省长宋北杉,省政协副主席、省委统战部部长吴锦文等省领导出席会议。全省各市党委和政府分管负责同志、统战部部长和民族宗教局局长,25个民族工作任务较重的县(市、区)主要领导,省民族事务委员会18个委员单位和省直有关部门负责同志,8所高等院校和11家省管国有企业负责同志,受国务院表彰的5个民族团结进步模范集体代表和7名模范个人,受省政府表彰的30个民族团结进步模范集体代表、90名模范个人,共计250余人出席了会议。

会议总结了近年来全省民族工作情况,对民族团结进步模范集体和个人进行了表彰,全面分析了新世纪新阶段山西省民族工作面临的形势和任务,就今后的工作做出了安排部署。张宝顺书记就深入贯彻中央民族工作会议精神,进一步做好全省民族工作做了重要讲话。他指出,首先要从政治和全局的高度,进一步增强做好新形势下民族工作的使命感和责任感。要充分认识到做好民族工作是实现山西新发展新跨越的必然要求;是建设和谐山西的紧迫任务;是加强党的执政能力建设的重要内容。只有正确处理民族问题,不断巩固和发展社会主义民族关系,全力推进少数民族地区的经济社会发展,才能使全省各族人民和睦相处、同舟共济、和谐发展,为建设和谐山西创造有利条件,奠定坚实基础。

其次,要牢牢把握共同团结奋斗、共同繁荣发展的主题,不断开创全省民族工作新局面。把搞好民族团结,巩固和发展社会主义民族关系作为全省民族工作的首要任务,从山西的实际出发,以加强宣传教育为基础,以建立长效机制为保障,以妥善处理问题为关键,进一步巩固和发展社会主义民族关系,促进社会和谐稳定。把全面落实科学发展观,加快少数民族和民族聚居地区经济社会发展作为全省民族工作的根本任务,进一步充实和完善支持少数民族和民族聚居区改革发展稳定的政策措施,加大对少数民族地区的扶持和投入力度,着力解决当前少数民族和民族聚居地区群众生产生活中遇到的困难和问题。把加强少数民族人才资源开发,建设高素质的少数民族干部队伍作为全省民族工作的重要任务。努力做好培养、选拔、使用少数民族干部的工作,为做好山西省民族工作提供有力的组织保障。

第三要切实加强和改进党的领导,进一步提高做好民族工作的能力和水平。要加强领导,落实责任。形成党委统一领导,有关部门各司其职、密切配合、通力协作的工作格局。要夯实基础,健全机构。切实抓好少数民族聚居地区的基层党组织建设,真正发挥其战斗堡垒作用。加强民族工作机构建设,充实工作力量,提供必要的工作条件和经费保障。要求真务实,扎实工作。各级领导干部特别是从事民族工作的领导干部,要深入群众,深入实际,创新工作思路,改进工作方法,真抓实干,为山西省民族团结进步事业做出新的贡献。于幼军省长就进一步做好山西省民族工作,提出了措施和要求。他强调,在社会主义新农村建设和“两区”开发中,民族工作要抓住有利时机,把促进少数民族和民族聚居地区经济社会发展摆到重要位置。

他说,在山西省农村分布的40个少数民族聚居村,其中相当一部分还比较贫困,基础设施薄弱,经济发展落后,教育、文化、卫生事业发展滞后,人民生活水平较低。山西省出台了加快社会主义新农村建设的实施意见和规划,首批确定了一千多个村作为试点,并作出了举全省之力,加快晋西北、太行山革命老区山区“两区”开发建设的决策。在社会主义新农村建设和“两区”开发中,一定要把促进少数民族和民族聚居地区经济社会发展摆到重要位置，为少数民族人民群众创造良好的生活、生产和发展环境、条件，提高他们的生活水平和质量。

于幼军要求，各市和民族工作部门要抓住有利时机，在两年内将少数民族聚居村列入每年一千个村的开发规划中。要争取在2008年前解决全部少数民族聚居村的通路、通电、饮水、电话通讯等问题；要为少数民族群众创造更多的就业和增收机会，促进少数民族群众增收；要通过制定实施符合少数民族特点和生活习惯的旧村改造和新村建设规划，从根本上改善生活环境，提高生活质量；要按照"两区"开发社会事业发展规划的要求和标准，对"两区"范围内民族聚居村，按照社会主义新农村建设规划，加大对教育、卫生、文化、科技等方面的支持力度，提升少数民族群众的素质。

薛延忠副书记就深入贯彻落实好这次会议精神，提出了具体要求。宋北杉副省长宣读了国务院关于表彰民族团结进步模范集体和模范个人的决定，宣读了省人民政府关于表彰全省民族团结进步模范集体和模范个人的通报。（王泽武）

**【国家民族宗教委员会主任李德洙莅晋考察】** 2006年10月23日～27日，国家民委主任李德洙一行莅临山西省考察。山西省委书记、省人大常委会主任张宝顺，省委副书记、省长于幼军代表省委、省政府向李德洙主任介绍了山西贯彻中央民族工作会议精神的情况和所采取的措施，并对中央统战部、国家民委一贯关心支持山西的民族工作深表感谢。李德洙主任对山西贯彻中央民族工作会议精神所作的努力给予了充分肯定，对今后民族工作的开展提出了指导性意见。

在晋考察期间，李德洙主任一行先后到忻州市、长治市、太原市考察，深入到藏传佛教寺院、清真寺、民族企业调研，与各界少数民族干部、群众和企业家进行了广泛的接触，促膝谈心，嘘寒问暖，所到之处受到热烈的欢迎。在五台山藏传佛教寺院广仁寺听取了主持格桑热杰的汇报，对他们为维护祖国统一、促进民族团结所作的工作表示高度的赞赏，并嘱托："你们一定要把这朵民族团结之花养护好，让它更加光彩夺目。"

26日，长治市清真中寺在开斋节的喜庆氛围中迎来了李德洙主任一行贵宾。程哈路教长代表回族穆斯林群众向李德洙主任表示最热烈地欢迎并汇报了开展模范清真寺创建活动的情况，表示要按照《古兰经》所教诲的"爱国是信仰的一部分"，不断在穆斯林群众中进行爱国主义教育，为构建和谐社会、促进各民族的团结发展做贡献。李德洙主任非常高兴地向长治市的回族兄弟致以节日的祝贺，他说，"要了解一个民族，必须了解一个民族的文化，要尊重一个民族，必须尊重一个民族的文化。"他指出，从全世界的范围看，我们党的民族政策和宗教政策是最好的，它表现在我们党的民族理论研究是最好的，民族政策（包括宗教政策）制定是最好的，民族关系的处理是最好的。以胡锦涛同志为总书记的党中央非常关心民族工作，关心各民族的和谐发展，提出了"共同团结奋斗，共同繁荣发展"的方针，这是我们必须时时刻刻高举的旗帜。李德洙主任语重心长地说，当今世界的经济和文明已经进入高速发展的时期，每一个民族都应该重视自己的形象建设，搞好自己的形象建设。在全世界范围，我们要搞好中华民族的形象建设，在国内我们要搞好少数民族的形象建设，在少数民族中各自搞好本民族的形象建设。他鼓励在场的回族穆斯林群众继续为社会稳定、经济发展做贡献。

李德洙主任一行兴致勃勃地参观了回族企业家程田青创办的中德塑钢型材有限公司。李德洙主任高度赞扬了程田青同志的创业精神与带动当地民族经济发展、解决少数民族群众就业问题所作的贡献。指出，一个企业要搞好，首先要抓市场，只要按照市场经济规律办事，我们就能够掌握市场，占领市场；其次要抓人才队伍建设，不断发现人才，聚集人才，充分调动人才的积极性；其三要抓创新，创新是企业的生命力，不断开拓新产品，才能使企业立于不败之地；其四要抓规模，不断做强做大，只有这样，企业才有竞争力。

李德洙主任一行还参观了位于太行山区的武乡县八路军总部纪念馆。

李德洙主任一行在晋考察期间，省委常委、秘书长申联彬，副省长宋北杉，省政协副主席、省委统战部部长吴锦文，省政府秘书长李政文和省老领导梁国英先后陪同和座谈。同时听取了副省长宋北杉，省政协副主席、省委统战部长吴锦文，省民委主任武锦福等同志的汇报。离晋前还亲切会见了省民委机关全体同志，并与大家合影留念。（王泽武）

**【古碑宗谱言佛事，故里之争望终结——襄垣县发现高僧法显故里新证】** 襄垣县在一位收藏者家中发现了高僧法显的家谱序文，并在另一村民家的墙体中发现了法显故里—北宋年间的残缺石碑。相关人士表示，这两个直接证据的发现，有望终结史学界多年的法显故里之争。

法显是我国东晋高僧。他慨叹中华佛法戒律残缺，决心亲往天竺取经求律。公元399年，65岁高龄的法显偕同伴从长安出发前往天竺，历经14载终于完成夙愿，由海路携经而归。法显是游历印度、巴基斯坦、尼泊尔、阿富汗和斯里兰卡等国的第一个中国人，他的天竺之行比玄奘还早230余年。他不仅把佛教典籍带回中国，翻译了大量佛经，写出了《晋法显自记游历天竺事》一书，而且为中国和南亚次大陆的文化交流做出了卓越贡献，成为连接两地的友谊使者。

据了解，史书中法显原籍有两种说法，一是司州平阳郡武阳（今山西临汾）人，一种是潞州上党郡襄垣人，史学界各执一端。此次在襄垣发现的是该县一位收藏者家中存放的清同治十二年龚氏家谱序文、字辈、冠名佛殿铜印，写有法显祖父、父亲、兄弟姓名的专页记文等。在另一村民家墙体中发现的北宋年间残缺石碑，碑文中有"龚家庄龚法显"六个字。这些实物资料的发现，为确定东晋高僧法现原籍是上党襄垣人提供了重要实证。

（王泽武）

**【省统战部长李政文到省宗教局调研】** 2006年12月11日，省委常委、统战部长李政文到省宗教局（省民委）机关调研，看望勉励机关全体工作人员和省级宗教团体工作人员，向大家提出殷切希望。

李政文部长说，省委、省政府高度重视民族宗教工作，民族宗教工作在构建社会主义和谐社会中将起到越来越重要的作用，各级民族宗教部门在推动构建民族团结、宗教和顺的和谐社会中，在抵御境内外敌对势力渗透的工作中，担负着重要的政治责任。近年来，全省民族宗教工作局面良好，是与省局（委）机关建设得到加强、团队的团结努力分不开的，机关面貌有了新变化，工作面貌有了新变化，精神面貌有了新变化。他希望各级各部门加强联系合作，提供支持帮助，大家齐心协力，进一步把全省的民族宗教工作做好，让省委、省政府放心，为构建社会主义和谐社会做出新的贡献。（王泽武）

**【省统战部长李政文视察省级各宗教团体】** 2006年12月22日，省委常委、省委统战部部长李政文，在省委统战部副部长、省宗教局局长武锦福，省委统战部副巡视员李云平的陪同下，前往省佛协、省伊协、省天主教“两会”和省基督教“两会”，亲切看望并慰问宗教界人士。

李政文部长在座谈中，回顾了全省一年来政治、经济形势，以及各方面所取得的重大成就，对全省宗教界人士为构建和谐山西所作出的努力表示感谢。同时，还听取了各宗教团体对各级党委、政府的意见和建议，实地察看了各宗教团体的办公场所与生活环境。宗教界人士非常感谢领导能在节日到来之际看望他们，并表示一定高举爱国爱教的旗帜，坚持独立自主自办原则，积极协助党和政府做好宗教工作，带领全体信众为建设小康社会做出应有的贡献，为构建和谐宗教、和谐社会，以及和谐秀美的新山西再创佳绩。

（王泽武）

**【东黄野池民族敬老院落成】** 2006年12月22日，省宗教局扶贫点壶关县东黄野池村民族敬老院举行落成典礼。长治市委常委、统战部部长李东峰，长治市民宗局局长侯书堂，省局扶贫工作队负责人以及部分少数民族企业家代表参加了落成仪式。

东黄野池村是山西省少数民族聚居村，全村397口人，其中60岁以上老人36名。近年来，省、市、县三级先后投资百万元为该村建校、引水、修路，很大程度上改善了该村的村容村貌和生产生活状况。修建民族敬老院是省局扶贫工作重点项目和壶关县今年建设的“十个五”重点工程之一，也是山西省唯一一所民族敬老院。工程总投资25万元，占地面积500平方米，于6月份开工建设，10月上旬主体工程完工。该工程受到了省、市、县民族工作部门领导的高度重视，省民委主任武锦福多次深入施工现场检查指导工作，并联系到多家企业捐资捐物。在各级领导的大力支持和民营企业的鼎力资助下，敬老院于当天正式挂牌投入使用。

落成仪式上，长治市委常委、统战部长李东峰专程前往祝贺并挂牌，预祝老人们住得安心，活得开心。壶关县委书记张红星表示将投资3万元用于该村的经济发展。党和政府的关心，社会的慷慨捐赠如一股股暖流融入了东黄野池村父老乡亲的心田，少数民族群众纷纷表示：“决不辜负社会的关心和期望，用勤劳和智慧早日走上富裕的道路”。（王泽武）

**【帮扶服务办实事，促进民族经济发展】** 在省委、省政府的关怀支持和优惠政策的鼓励下，省民委会同省发改委、财政厅、农业厅、扶贫办等有关部门采取有效措施，扶持山西省少数民族经济发展。全省清真食品加工企业已发展到59家，总产值超过3亿元；全省清真饮食网点有3000多处；民营股份制企业逐步做大做强；少数民族特需产品定点生产企业有所发展，进一步满足了少数民族群众生活需要；一批少数民族聚居村已步入小康村行列。省民委积极参与国家民委“兴边富民”活动，组织山西卓里集团向内蒙古扎赉特旗捐赠30辆农用四轮车，受到内蒙古自治区领导和受赠蒙古族群众的热烈欢迎，国家民委给予了充分肯定和赞扬。（王泽武）

**【推动民族工作的社会化，健全民族工作机制】** 经省政府批准，建立了有省民委和发改委、财政厅、教育厅等18个省直单位参加的民委委员制度，并明确了各部门工作职责，省政府已行文正式运转。民委委员制的建立，确立了有关部门参与、支持民族工作的保障体制和有效机制，将大大提高山西省民族工作社会化程度。

（王泽武）

## 老龄工作

**【概述】** 2006年，在省委、省政府的正确领导下，在25个成员单位的大力支持下，全省各级老龄组织和广大老龄工作者以邓小平理论和“三个代表”重要思想为指导，全面贯彻科学发展观，科学谋划老龄事业发展“十一五”规划，按照第二次全国老龄工作会议的安排部署，统筹规划，整体推进，老龄工作取得了新的可喜成绩。

（一）创新思路，扎实有效地贯彻落实全国老龄工作会议精神。

2006年2月，国务院召开了第二次全国老龄工作会议。会后，省老龄办及时发出通知，要求各市、县(市、区)老龄办要把会议精神向政府领导汇报、向成员单位传达、组织老龄干部认真学习。同时，在省政府领导的关怀重视下，经过省老龄办全体同志的精心筹备，4月21日省政府召开了第二次全省老龄工作会议。各市分管老龄工作的副市长、省直各厅局、各市、部分县老龄办负责同志200多人参加了会议。会议传达了全国第二次老龄工作会议精神，省司法厅、晋城市政府等5个单位在大会上交流了经验，11个单位作了书面交流，常务副省长、省老龄委主任范堆相同志出席会议并作了重要讲话，总结了近几年来的老龄工作，并对当前和今后一个时期的老龄工作进行了安排部署。

全省11个市，大多数县(市、区)都先后召开工作会议，进行学习和传达，创新思路、采取措施进行贯彻和落实。各地根据新形势、新任务，把贯彻落实全国及全省老龄工作会议精神和庆祝《中华人民共和国老年人权益保障法》颁布实施十周年相结合，和树立社会主义荣辱观相结合，和推进社会主义新农村建设相结合，和构建社会主义和谐社会相结合，和纪念长征胜利70周年相结合，和开展丰富多彩的老年文化体育活动相结合，赋予老龄工作新内容，给老龄工作带来了新活力。晋城市及城区、阳城、沁水等市、县(市、区)人民政府出台了《关于加强老龄工作和发展老龄事业的实施意见》，全面提升了老龄工作的水平，推动了老龄事业的发展。

（二）完善机制，老龄宣传工作成效显著。

2006年，各地坚持把以人为本、服务老年群众作为宣传工作的立足点，把人口老龄化对社会、政治、经济的影响作为宣传工作的切入点，把推动老龄工作的发展作为宣传工作的着力点，把提高人们的老龄意识和尊老敬老道德、法制观念作为宣传工作的主旋律，开展了行之有效的宣传活动，取得了比较好的宣传效果。

一是组建了省、市、县(市、区)三级老龄干部组成的通讯员队伍，建立了全省老龄宣传工作通联网络，健全了宣传工作机制。

二是制定出台了《关于加强全省老龄宣传工作的意见》，明确了全省老龄宣传工作的指导思想、任务、重点、方法和措施，对全省老龄宣传工作起到了重要的指导作用。

三是对《山西老龄工作》改换了彩封，增加了信息量，坚持了正确的舆论导向，增强了可读性，提高了工作的指导性。

四是以活动为载体，创新宣传形式，扩大宣传覆盖面。省老龄办2006年在山西电视台、中国黄河电视台、《山西日报》

等省级媒体报道老龄工作达60余次。中央电视台、《中国老年报》、《中国老龄》等国家级媒体也对山西省老龄工作进行了多次报道。

(三)加大力度,老年维权工作取得了新进展。

2006年是《中华人民共和国老年人权益保障法》(以下简称"一法")颁布实施十周年。根据全国老龄办关于开展庆祝活动的通知精神,利用这一契机深入开展了一系列的庆祝活动,有力地促进了"一法"和《山西省实施〈中华人民共和国老年人权益保障法〉办法》(以下简称"一办法")的贯彻和实施。

2006年4月19日,省老龄委专职副主任王进龙接受省水利科研所退休干部翟祥太赠送的锦旗　王亚舟　摄影

1. 开展了"一法"、"一办法"执法检查。

8月13日～9月3日在市、县(市、区)进行自查的基础上,省老龄办组织各市老龄办负责同志分成三组分别由省老龄办负责同志带队,深入到全省4个厅局、11个市、28个县(市、区)、43个乡(镇、街道)、66个村(居)委会、3个大型企业、数十所老年公寓、敬老院、光荣院、老年大学、老年活动室进行执法检查。每到一地都要召开座谈会、听汇报、查资料、看现场,比较全面地了解了各地老年维权工作的基本情况,通过向当地领导反馈意见,促进了"一法"、"一办法"的贯彻和实施。

2. 举办全省老年法律与保健知识大赛。

省老龄办与珍奥集团山西办事处联合举办了"珍奥杯"全省老年法律与保健知识大赛。6月16日在省城太原举行了隆重的启动仪式,并印发了16000余本《老年法律和保健知识读本》。经过全省各级老龄办精心组织,广大老年人踊跃报名参加,在县、市老龄办组织初赛、复赛,层层选拔的基础上,省老龄办于11月17日在太原举行了决赛。常务副省长、省老龄委主任范堆相同志来到现场观看了比赛,接见了参赛选手。来自全省的24位老年代表参加了角逐,最终决出了冠军1名、亚军2名、季军5名。同时,还组织参加了全国老龄办主办《中国老年报》社举办的"珍奥杯"全国《老年法》答题知识竞赛,省老龄办获组织奖。

3. 建立健全老年来信来访制度和老年维权组织。

全省各级基本上建立健全了老年来信来访制度和老年维权组织。太原市老龄办保障处、老法协会、老龄协会联合成立了"老年维权咨询服务中心",为老年人无偿提供法律服务。忻州市成立了老年法律援助工作站,原平市法院开通了快速执行的涉老诉讼"爱心通道"。各级老龄办对老年人来信来访,做到了耐心、诚心、热心、细心,受到了广大老年人的好评。

通过以上活动,对"一法""一办法"是又一次集中的大规模的广泛深入的学习和宣传,对贯彻实施"一法""一办法"是又一次的推动和促进。全省养老保障制度进一步完善,企业增加了退休人员基本养老金,阳泉实行了灵活就业人员养老保险补贴,晋中、吕梁、沁源、阳城等市、县(市、区)实行了对农村老党员、老干部财政定期补助制度。太原、侯马等市、市(县、区)制定政策对当地失地农民实行养老保障。农村进行新型合作医疗制度试点县(市、区)不断扩大,老年人的医疗保健水平不断提高,老年福利服务设施不断增加。全省11个市优待老年人政策全部得到落实,老年人合法权益得到了基本保障。同时,省老龄办还拓展维权工作范围,积极参与老年妇女合法权益保障工作,并荣获"山西省维护妇女儿童权益贡献奖先进集体"奖。

(四)科学谋划,编制《山西省老龄事业发展"十一五"规划》。

《老龄事业发展"十一五"规划》是"十一五"期间统揽老龄事业改革发展的战略性、全面性、综合性规划。对此,省老龄委高度重视,组织力量在深入调研的基础上,多次召开各市老龄办和成员单位联络员会议进行论证,广泛听取并吸纳各方面的意见和建议,于12月5日由省政府办公厅印发各市、县(市、区)人民政府、省人民政府各委、厅、局、各直属机构贯彻实施。

图为第二次全省老龄工作会议场景　王亚舟　摄影

(五)注重基层,社区、农村老龄工作不断深化。

根据全国老龄委《关于加强基层老龄工作的意见》精神,结合实际情况,不断加大工作力度,使社区、农村老龄工作不断深化。

按照老龄工作先进县(市、区)的标准,在全省确定了18个老龄工作示范县

(市、区)、19个老龄工作重点县(市、区)。太原、晋城、运城等市、县(市、区)还确定了老龄工作示范乡(镇)、村,重点乡(镇)、村,并不断完善社区、农村老龄工作规范化建设的标准,形成了创建、检查、验收、挂牌、表彰等激励机制,通过树立榜样,推广经验,发挥典型的带头作用和示范效应,有效地推动了基层工作的开展。

同时,各地深入基层,调查研究,认真分析研究老龄工作的新情况、新问题。省老龄办深入基层进行老年法执法调研,忻州市深入基层解决有关老年优待政策落实问题,并开展了和谐社会与老龄工作的专题调研,写出了调研报告。闻喜县老龄办结合社会主义新农村建设,围绕发挥农村老龄协会在建设社会主义新农村中的作用进行调研,写出了关于农村老年人践行"八荣八耻"的调查报告。各地结合新形势赋予社区、农村老龄工作新内容,积极开展工作,使基层老龄工作越搞越活,不断深入。

(六)隆重热烈,全省上下广泛深入庆祝九·九老年节。

经过多年努力,隆重庆祝老年节并利用老年节为老年人办实事、做好事已经制度化、规范化、普遍化。2006年老年节,省老龄办举办了三项大型活动。一是省老龄办、省慈善总会和中国黄河电视台于9月21日~10月6日联合举办了"爱满中秋月"活动,为太原市区的4所老年公寓、敬老院、军休所的500多位老年人送去月饼等中秋礼品,并组织高校学生为老年人义演文艺节目,中秋节晚上在省歌舞剧院举办了"爱满中秋月"文艺晚会,黄河电视台进行了全程转播。二是省老龄办和省老年体协于10月27日~28日在省城太原联合举办了全省老年文体比赛,活动从8月份开始,经过县(市、区)、市层层选拔,来自太原、大同、忻州、晋中、吕梁、临汾、运城、长治、晋城等9个市和省直机关的1300多位老年人,31个文艺节目、25个体育节目参加了为期两天的比赛,共评选出金奖20个、银奖17个、优秀奖7个、组织奖9个。常务副省长、省老龄委主任范堆相同志出席开幕式并作了重要讲话。三是省老龄办协同省民政厅、省财政厅联合主办,由省福利彩票中心筹资,举办了全省福利彩票公益金"百岁福"资助活动。10月27日下午举行了隆重的启动仪式,百岁老人代表薛梅英亲临现场,常务副省长、省老龄委主任范堆相同志到会并宣布资助行动启动。这次活动对全省236位百岁以上老人每人一次性资助1999元,并为每位老人制作一套唐装。中央电视台先后两次报道了这次活动,在社会上产生了很好的影响。

(七)弘扬尊老敬老传统文化。

尊老敬老是中华民族的珍宝。省老龄办积极宣传倡导孝文化,传承尊老敬老优良传统。一是积极组织参加由全国老龄办、中宣部、教育部、广电总局、共青团中央和全国妇联共同举办的全国第二届"中华孝亲敬老楷模"、"孝亲敬老之星"、"敬老好文章"和"优秀组织奖"评选活动。经过县(市、区)、市、省层层评选推荐,山西省有2人荣获"中华孝亲敬老楷模提名奖",119人荣获"孝亲敬老之星"奖,1篇获"敬老好文章"一等奖、3篇获三等奖。二是积极组织参加全国老龄办在全国开展的"全国敬老模范村(居)社区"活动,在各级老龄办的努力下,在各有关部门的支持下,全省113个村(居)社区荣获"全国敬老模范村(居)社区"称号。三是积极组织参加全国老龄办、公安部、司法部联合开展的"全国老年维权示范岗"活动,经过山西省公安、司法、老龄部门的积极努力,认真组织,评选上报,山西省老龄办权益处等32个单位荣获"全国老年维权示范岗"称号,并获得了表彰。四是举办了以"孝"为主题的大型话剧《疯娘》在省城太原的首次演出,然后在部分市巡演,起到了宣传孝文化和推动精神文明建设的良好效果。五是开展了孝心进社区工程"为老服务示范点"评选活动。6月份,省老龄办对珍奥集团山西办事处在全省承办的健康服务站进行检查验收,对符合标准要求的服务机构命名为"为老服务示范点"并予以挂牌。全省现有48家健康服务站被命名为孝心进社区工程"为老服务示范点"。

(八)积极探索,启动实施"爱心护理工程"。

为加快养老服务业的发展,缓解失能老年人生活照料服务供给严重不足的矛盾,国家把"爱心护理工程"列入了"十一五"规划。省老龄办按照规划要求,结合实际,积极探索,启动实施"爱心护理工程",并将其列入《山西省老龄事业发展"十一五"规划》。现有太原市杏花岭区中心医院、山西东通房地产开发有限公司、山西临猗温泉老年公寓和山西省荣军医院为全国"爱心护理工程"试点单位。全省现有爱心护理院88所,为高龄、带病、失能老年人提供了专业化、规范化、标准化的医疗护理、心理抚慰、生活照料和临终关怀服务,使入住爱心护理院的老年人享受到了温暖、舒适、祥和的晚年生活。

(九)统筹兼顾,搞好各项工作。

第一,参加了中国老龄事业发展成就展。根据全国老龄办《关于举办中国老龄事业发展成就展的通知》精神,省老龄办认真筹划,制订方案,精心准备,搜集资料。从7月份开始,历时4个月,制作六个展板,参加了10月27日~30日在北京博物馆举办的中国老龄事业发展成就展,全面反映了山西省老龄事业20年来的成就,展现了山西省老年人和老龄工作者的风貌,受到了全国老龄办的好评。

第二,开展"中国城乡老年人口状况调查"在山西省的调研工作。按照全国老龄办和中国老龄科研中心的安排,省老龄办承担了城乡老年人口状况在山西省的追踪抽样调查工作。省老龄办对参加调查的60名督导员、访问员进行了集中培训,然后深入到太原、大同、长治、临汾4个

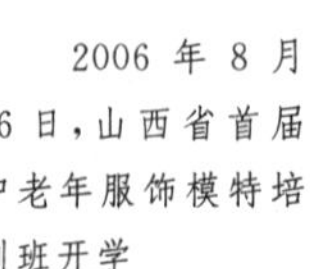

2006年8月26日,山西省首届中老年服饰模特培训班开学

王亚舟 摄影

市,长治、榆社、平陆、汾西等4个县进行指导,市县老龄办完成了涉及32个乡镇(街道),100个村(居)委会,1000户老人家庭,57067位老年人的抽样调查工作,了解了老年人口的基本状况、精神文化生活等,如期完成了调研任务。

第三,积极开展老年文化活动。积极为全国老龄办重阳节《红叶风采》文艺晚会推荐报送节目,中国老年艺术团选定了山西省4个节目,参加了在首都北京的演出。

第四,隆重举办"中华不老城·祁县晋商老街全国中老年文化交流大会"。此次活动由全国敬老爱老主题教育活动组委会、中国老龄事业发展基金会指导,中国老年报社、省老龄办等单位联合主办,7月10日～12日在祁县举办,来自全国10多个省(市、自治区)的70支中老年文体队伍,2000多位老年朋友参加了秧歌、时装、舞蹈、合唱、太极拳等项比赛,收到了弘扬敬老文化,宣传山西的综合效果。

第五,举办了三期不同类型的培训班。一是举办了全省老龄干部培训班。6月21日～22日,省老龄办举办了全省各市、县(市、区)老龄办主任,部分厅、局、大型企业老龄委负责人160余人参加的培训班。全国老龄办副主任曹炳良、联络部副主任党俊武、南开大学人口研究中心主任、博士生导师原新应邀前来授课,对提高全省老龄干部素质起到了一定的作用。二是举办老年信息交流培训班。6月14日,省老龄办邀请IBM公司业务经理来山西授课,举办老年信息交流培训班,30多位老年人经过培训熟练掌握了计算机操作使用技术。三是举办全省老年模特培训班。应广大老年服饰模特爱好者的要求,8月25日～29日,省老龄办在省城太原举办了为期四天的老年服饰模特培训班,邀请著名模特教练王野前来授课,70多位中老年服饰模特骨干参加了培训。

(阎　鹏)

## 移民工作

**【概述】** 2006年是山西省贯彻全国水库移民工作会议精神,落实完善水库移民政策的关键一年,也是移民工作任务最繁重、最艰巨的一年。在省委、省政府的高度重视和正确领导下,在省直各有关部门的全力支持下,山西省移民工作取得了重要进展。基本摸清了自建国以来全省大中型水库移民的基本情况,按期完成了张峰水库移民的搬迁安置任务,汾河水库移民的整体脱贫工程也顺利推进。(李临杰)

**【水库移民后期扶持政策实施工作】** 2006年4月26日～27日,国务院召开了新中国成立以来的第一次全国水库移民工作会议,调整完善了全国大中型水库移民政策。主要包括两个方面:一是修订完善《大中型水利水电工程建设征地补偿和移民安置条例》(经2006年3月29日国务院第130次常务会议通过,2006年7月7日公布,自2006年9月1日起施行),提高了前期补偿标准,完善了移民工作管理体制;二是2006年5月17日国务院印发《关于完善大中型水库移民后期扶持政策的意见》(国发〔2006〕17号),统一了移民后期扶持政策和标准,规范了工作程序。

按照国务院17号文件要求,自2006年7月1日起要对建国以来所有大中型水库移民进行为期20年的后期扶持,扶持标准为每人每年600元。落实国务院17号文件,时间紧、任务重、要求高、政策性强,成为全省移民工作的重中之重。为落实好水库移民后期扶持政策,全省各级各部门精心组织,密切配合,开拓创新、扎实工作,取得了一定成绩。

一是编制了《山西省大中型水库移民后期扶持政策实施方案》和配套文件。2006年5月16日～23日,省移民办组织专业人员和有关专家,深入小浪底、三门峡、汾河、漳泽、关河、中留、浍河等大中型水库库区和移民安置区进行了调研,走访了10个县的30多个移民村,采取召开县乡村干部座谈会、发放基层干部和移民户问卷调查表和入户调查等方式,充分了解移民生产生活方面存在的突出问题,广泛征求移民群众和基层干部对落实水库移民政策的意见和建议。在此基础上,编制了山西省的《实施方案》,经省发展改革委和水利厅组织省直有关部门联合审查,由省政府于7月19日经第76次常务会议研究通过,正式上报了国务院。在编制《实施方案》的同时,还出台了《山西省大中型水库农村移民后期扶持人口核定登记办法》、《山西省大中型水库移民后期扶持政策宣传提纲》等有关配套文件。

二是完成了后期扶持政策试点工作。按照《实施方案》,娄烦县是全省水库移民后期扶持政策实施的试点县,试点工作从8月30日开始,到11月底基本结束。按照《试点工作方案》,试点工作经过了宣传发动、人口核定、扶持方式的确定、规划编制、试点总结等几个阶段。通过试点,初步探索了一些落实后期扶持政策的工作方法,为全省工作提供了借鉴。

三是人口核定工作取得了很大进展。9月18日,省政府在运城召开了全省水库移民工作会议,梁滨副省长出席会议并作重要讲话,对全省后期扶持政策实施工作进行了全面动员和部署。落实水库移民后期扶持政策要经过人口核定、扶持方式确定、规划编制、规划实施几个关键环节,其中任务最重、难度最大、矛盾最突出的就是人口的核定,即符合后期扶持政策条件的人员身份的认定。为切实把这项工作做好,11月15日～16日,省政府在水利大厦召开了后期扶持工作情况汇报会,听取了各市的进展情况。12月中旬,省政府又组成10个督导组分赴全省开展了一次全面督导。截至12月底,全省各个市的移民人口核定登记工作基本结束,虽然人口总数超出了国家核定数,但我们基本摸清了移民人口现状,了解了存在的突出问题,为下一步解决好这些问题打下了基础。

(李临杰)

**【张峰水库一期移民搬迁工作】** 张峰水库是山西省重点水利工程,为确保主体工程建设顺利进行和库区群众安全度汛,省移民办积极采取各种有效措施,克服重重困难,如期完成了一期移民搬迁任务。一是完成了725米以下王必、当处庄、董家山等三个移民村的移民搬迁任务。共搬迁农业移民496户、1258人,比规划数多18户、55人。二是725米以下的12个驻乡单位全部搬离库区,安置职工194人,比规划数多127人。三是对搬迁中遇到的没有纳入规划但实际存在的586个非农业人口进行了搬迁。四是725米以下的库底清理工作基本完成。(李临杰)

**【汾河水库库区移民整体脱贫工程】** 汾河水库库区移民整体脱贫工程,是省政府为解决娄烦县汾河水库库区群众,长期处于贫困状态,而采取的重要措施。按照要求,从2005年起每年由省财政负担5000万元、市财政负担3000万元,集中用3年时间解决库区2.4万人的贫困问题。截至

2006年底，娄烦县城移民新区规划中的48栋住宅楼有36栋已全面完成。大湾安置点规划中的124户全部完成地基处理，其中有90户已完成主体工程。小河沟安置点规划中的48户，有16户的房建工作全部完成并已经入住。峰岭底安置点规划中的719户，除180户进县城安置外，其余539户为本村新建或就地危房改造。本村新建已有57户完成房建任务；危房改造有251户已完成。下静游安置点规划中的1045户，除70户进县城安置外，其余975户为危房改造，目前已完成579户。向阳村安置点规划中的70户，有37户完成了主体工程，6户正在房屋封顶，其余完成了地基处理。常家坡安置点规划中的360户，有326户进县城安置，其余21户的房建和危房改造工程已全部完成。上述安置点的基础设施建设也在同步进行。

（李临杰）

小资料

## 山西历史文化名城

山西的历史文化名城属于国家级的有大同市和平遥县、代县、祁县和新绛县城。大同市古称平城，曾为北魏都城，在近百年间一度为南北朝时期北朝统治的中心城市，至今仍保存有以云冈石窟为代表的北魏至辽、宋、元、明、清时期的古文化艺术精品。

平遥古城是全国保存最完整的一座明清时期中国古县城的原型，城墙周长6.16公里，角楼、奎星楼、垛口、敌楼和瓮城均保存完好，基本上保持了明初城墙形制；城内街道、店铺、民宅等明清风貌依旧，目前正在开发中。

代县历史悠久，古城墙部分完好，并有雁门关、边靖楼、阿育王塔、文庙、杨家祠堂、将军庙、钟楼等众多文物古迹。祁县县城街道店铺和民宅布局仍保持明清格局，全县现存古民居院落近1000处，文物古迹遍布县境。

新绛古名绛州，现存城墙筑于明代，城内的绛州大堂、龙兴寺、钟楼、鼓楼、乐楼等古建筑保存完好，绛守居园池是国内现存惟一的隋唐园林遗址，薛家、陈家和乔家等私家园林也颇具特色。

此外，省会太原曾是战国时期赵国早期都城，南北朝时东魏、北齐的别都和唐朝的北都。相传中国史前三个伟人尧、舜、禹，都在山西建都立业，尧都平阳即今临汾，现有尧庙、尧陵等。侯马是春秋时期的晋国晚期都城；永济市境内的古蒲州遗址附近，自然和人文旅游资源密集，文化蕴含丰富。其他如朔州、山阴、太谷、长治、介休、汾阳、晋城等也均为历史文化名城。介休市张壁古堡集唐、宋、元、明、清古建艺术于一村，地下千年古地道是中国古代现存最早的军事地道。

# 人　　物

**李　保**　山西屯留人，1984年8月参加工作，1991年以优异的成绩获山西医学院(现山西医科大学)硕士学位，1993年到北京安贞医院心脏中心进修，师从全国著名的心脏病学专家吕树铮教授学习心导管技术。1993年加入中国共产党，系博士研究生，主任医师，硕士研究生导师，享受国务院政府特殊津贴专家。现任山西省心血管病医院副院长、内科主任。第九届山西省政协委员、中华医学会山西分会理事、山西省心血管专业委员会委员，山西省青联委员。

李保同志是山西省最早获得冠脉内支架植入术资格证书的医生。近十一年来他已独立完成冠脉造影6000余例、经皮冠状动脉腔内介入治疗2000余例，无一例差错、事故发生，他的心脏介入诊疗技术得到国内外同行专家的高度评价。在科研方面，也获得丰硕成果，他主持完成三项山西省科技攻关项目，经有关专家鉴定均达到国内领先水平，并分别获得山西省科技进步二等奖。在国外杂志发表论文10篇。

李保同志1998年被省卫生厅确定为山西省医学学科带头人，1999年被国家卫生部评为“优秀青年科技人才”，2002年被共青团山西省委评为“山西省十大杰出青年”，并获得“山西省五一劳动奖章”、“五四青年奖”、“山西省青年科技奖”、“山西省青年医学专家”等称号。2003年被团中央授予“中国青年科技创新奖”，被省劳动竞赛委员会授予“山西省职工技术创新能手”，并再次获得“山西省一五劳动奖”。2004年被全国总工会授予“全国技术创新能手”，被省劳动竞赛委员会授予“山西省特级劳动模范”，享受“国务院政府特殊津贴”。2006年被评为山西省“新世纪学术技术带头人才333人人才”。他领导的心内科和心导管室分别被省卫生厅和省科委确定为“重点学科”和“省级重点实验室”，并于2006年荣获“全国五一劳动奖状”先进集体。　　(朱哲文)

**秦建业**　山西卓里集团董事长，全国五一劳动奖章获得者。出生在黄河之滨，双嶷山下。

20世纪80年代初，刚过而立之年的他就受命于危难之际，挑起了濒临散架的临猗卓里机械厂的担子，把一个仅有三五人和一把榔头、一把钳子的拖拉机修理小组发展成为如今拥有两亿资产、一千多名员工和十个分公司的大型二档乡镇企业——山西卓里集团有限公司。

其中艰辛，只有身在其位的秦建业才能久久地回味。2006年“五一”他荣获全国五一劳动奖章，他欣慰地说：“我将创造更大的价值来回报政府和社会对我的理解和支持。”

自主创新对企业的重要性如今已被人们所重视。早在1998年，集团就开始自主创新。为了提高“双嶷山”农用三轮车的生产技术水平，尽快提高三轮车后桥质量，他对产品不断进行改进，实现独立开发，自主创新，投资600余万元研发出自己的三轮车后桥生产线。还先后研发出7YPJ－950S型驾驶室方向盘式三轮农用运输车，四轮变型拖拉机。这些产品以其设计合理、结实耐用等特点受到用户普遍欢迎，产品远销祖国大江南北，被誉为“全国亿万农民消费者信得过优质产品”和“三轮运输车中华精品”。

秦建业睿智且颇具魄力。他时常通过对整个时代脉搏的把握来寻求自身发展的最大空间。审时度势的他在自主创新的基础上引进了德国先进制造技术。经省政府批准，由山西卓里集团有限公司、山西汽车工业集团、德国本纳德·克劳耐商用车辆制造有限公司联合组建了中外合作企业——山西汽车工业集团卓里克劳耐商用车厢制造有限公司。第一期工程投入4980万元，设计生产能力为5000辆，预计年产值7亿元，利税9000万元。拟在市场拓宽再投入5000万元，为实现年产商用车10000辆，产值15亿，利税2亿元奠定基础。

目前，“双嶷山”牌农用三轮车投放市场达65万多辆，矿用防爆系列运输车3万多辆，卓里克劳耐厢式半挂商用运输车源源不断，推向市场，供不应求，为农民致富、矿业发展，社会进步做出了巨大贡献。

卓里集团从小到大，由弱到强，形成了具有卓里特色的企业文化，凝聚了“图强奋发，团结奋斗，务实奋进，艰苦创业，勇于求新，立足农业，服务农民，发展农村，立足卓里，创造卓利，追求卓越”的企业精神。在塑造企业文化过程，他把提高企业的美誉度作为企业精神文明建设的一项紧迫任务提出来。良好的社会声誉必须经过长期的努力来造就，卓里集团不断对员工进行职业道德教育，大大强化了员工文明生产意识，激发了员工在诚信生产中的自觉性、主动性，企业员工文明素质的提高，企业文化建设的不断强化，使企业的产品质量和社会美誉度不断提高，订单纷至沓来。良好的企业声誉带来的是巨大的市场利润和企业核心竞争力的提升。

卓里集团先后被山西省质监局授予“AAA”级质量信誉企业；连续十年被山西省农行授予“AAA”级信用度企业；2004年中国首届最具活力民营企业；全国诚信守法乡镇企业；全国质量服务满意企业。产品荣获全国质量稳定合格产品；全国质量信得过产品；山西名牌产品等称号；“双嶷山”商标被誉为消费无投诉中国驰名品牌；山西省著名商标等。

企业发展了秦建业以企业家的远见卓识和实干精神不忘带动城乡经济快速发展，又投资9000多万元在临猗县城兴建“卓里工业园区”和“卓里住宅小区”。为实现“十一五”规划末卓里集团产值22亿元，利税3亿元，生产商用车10000辆，三轮车产量达国内领先水平打下良好的基础，也有力地推动了一方农业产业化经济，农村城镇化和新型工业产业化进程。

作为一名人大代表和农民企业家，秦建业时刻不忘回报社会，以实际行动诠释着人民代表和企业家的光荣称号。从企业刚见起色起，他就开始关心社会教育事业，投资数十万元在省教育厅设立“卓里教育基金”，资助因贫寒缴不起费用的农村大学生。帮助当地中小学建教学楼，购置教学设施，组织义务捐款达300多万元。投资100多万元弘扬山西戏剧文化。近三十年来累计为社会投资达120多万元。

（摘自2006年5月10日《山西日报》）

**刘纯贵** 山西同煤集团四台矿高级工程师。1988年，毕业于中国矿院的硕士研究生带对矿山的憧憬，来到了山西同煤集团，开始了他奋战煤海的历程。10多年来，他敢为人先、身体力行、殚精竭虑、真抓实干，带领全矿技术人员完成了一大批技术革新项目，使矿井的科技含量逐年递增，逐步实现了安全装备现代化、生产工艺一流化的目标，促进了全矿的安全高效生产。2006年，他被授予全国"五一劳动奖章"荣誉称号。

2005年，他针对矿井地质结构复杂，小煤窑破坏严重等情况，科学规划矿井开采，合理部署井田接替、严谨细致地作好煤层、盘区、设备的衔接安排，科学指导完成了13次综采搬家、28次机掘搬家工作，为四台矿年产突破500万吨、采煤技术引领同煤集团发展新方向做出了突出贡献。

随着矿井的采掘推移，特殊地质条件不断出现，制约着生产的顺利进行。面对这一被动局面，刘纯贵带领全矿技术人员积极开展科技创新活动。针对404盘区11号煤层上覆10号层采空区的实际情况，他带领技术人员经过现场蹲点观察、反复论证，采用锚索、锚杆、钢棚联合支护等技术手段，安全高效地从采空区采出煤炭160万吨。同时，他还特别注重鼓励技术创新、培养技术人才，在同煤集团率先实施了技术创新项目，奖励首创者的管理办法，出台了《四台矿科技管理体系》、《四台矿管理创新、技术创新竞赛及论文评审管理办法》等一系列规章制度，制度实施以来，效果明显，反映热烈。在他的支持和鼓励下，全矿完成了煤层极近距离开采，410盘区上覆采空积水三维立体综合治理技术、402盘区12号层掘进上覆采空近距离斜交煤柱支护技术、扩井酸性水防治等一大批科技含量高又简单实用的新成果，切实解决了一大批生产棘手问题。2005年，他带领全矿技术人员完成革新项目381项，其中液压多功能手提式螺纹拆装机等项目获得了国家专利。而且由他本人撰写的《四台矿11号煤层307盘区短壁综采技术》等论文在煤炭科学技术刊物上发表，他本人也多次被评为"煤炭行业劳动模范"、"煤炭工业科技进步先进工作者"等多项荣誉。他在工作上精益求精、事业上敬业奉献的精神在全矿员工中广为传颂，成为大家争相学习的榜样。

刘纯贵还大胆推广新工艺、上马新项目。由他牵头引进的SQ－1200无极绳连续牵引车、极近距离煤层开采、采空区下薄煤层开采、顶水开采等具有国内领先技术的采煤方法，提高了矿井安全系数，增强了发展后劲。其中短壁采开采获得煤炭行业科技进步一等奖，填补了煤炭行业在此项目上的技术空白。2005年，经过他的积极争取和大力工作，四台矿计算机局域网建设全部完工，企业信息化建设取得了重大进展，矿井的监测控系统也得到了更新升级，实现了信息化指挥。

在管理上，他结合本矿的实际情况，大力推行精细化管理、人性化管理、互动式管理以及民主管理等一系列全新的管理理念和管理方式。从2003年起，他抽调精兵强将，对全矿原有的各项制度进行认真审核整理，按照每时、每处、每事、每人都有制度规范的4E要求，制定了一批新制度，完善了一批老制度，废止一批旧制度，出台了生产管理、安全管理、经营管理、生产技术管理等46大类2400项管理制度，编织出一个有章可循、有量可计、有质可考的科学严密的制度网络，彻底革除了粗放的管理积弊，达到了事事有人管、管理到微观，使企业管理行为和员工行为有章可依，依章办事，使依法治矿的思想有了制度基础和保障。从2003年年底开始，由他牵头对全矿各岗位工种的标准进行了大讨论和大制定，经过一年多的努力和不断完善，从整理清洁、准时守纪、素养、安全、质量等五个方面，制定了623个岗位标准。从2004年年底起实施全员岗位标准日考核，由分管矿领导考核区队正职；单位正职考核副职和跟班干部、班组长；跟班干部、班组长考核员工。考核结果每月汇总报矿考核办，并与当月员工收入挂钩，使员工工资上下浮动300元。从而激发了员工"上标准岗、干标准活"。

精细化制度和岗位标准管理制度出台，并不等于现场管理就到位了。刘纯贵对此有着深刻的认识，从2004年起，他带领一些职能科室人员制定了《四台矿安全管理硬性规定》《四台矿安全生产特别规定》，依照规定对22名违反规定的干部降职、撤职，对54名工人调劳务中心待岗培训。在安全质量标准化动态检查考核中，实行重奖重罚，每分分值达5000元到10000元，对不合格者立即停产整顿，2004年以来，全矿停产16个队组，对当月标准化流动红旗夺得奖5000元，对当月黄牌警告每减少一分扣罚当月产品工资单价的5%，连续三次黄牌警告者的单位正职调离岗位，这样一来所有队组和员工都对制度有敬有畏，自我约束，自律行为。2004年以来，全矿实施4E精细化管理考核奖励基层单位757个次，员工203人次共353.6771万元，处罚单位781个次，员工5396人次共303.6718万元。彻底把"制度＋不落实＝零"的理念化为行动，形成了言必行，行必做的企业习惯。

（摘自2006年5月24日《山西日报》）

**成凤英** 忻州市北路梆子剧团团长、国家一级演员。她是一个品牌，是一个时代，是一个熠熠生辉的塞北明珠，是一个梅花飘香的艺术奇葩。

成凤英是一名卓有成就，深受人民群众喜爱和同仁专家认可的青年表演艺术家，她永不满足于现状，"梅花奖"及大量耀眼的荣誉没有使她止步。她扮相英俊，表演潇洒大方，唱、做、念、打并重，被专家称为皆有"梢子、翎子、拐子、幡子、扇子、翅子""六子"功的全才小生演员，她不断超越自己，二十多年来，在戏剧舞台上塑造了一个个栩栩如生的艺术形象。代表作有《忠义侠》、《吕布与貂蝉》、《八大锤》、《日月谣》、《画龙点睛》、《山女》、《黄河管子声》等，是一位难得的可游刃自如地驰骋于生旦行里，戏路宽广的全才演员，成为北路梆子剧种的少数代表人物之一，著名戏剧评论家郭汉城誉称她为"塞北明珠"，中央电视台和各省市电视台多次采访和播放她的作品，《中国文化报》、《中国日报》、《中国戏剧》、《山西日报》等多次评论和报道。

她的艺术风格是，在慷慨昂风格的基础上博采众长，形成了自己独特的演唱风格，特别是与中央电视台联合拍摄的戏曲电视剧《画龙点睛》，荣获全国电视剧"飞天奖"，使北路梆子这一古老剧种走向影视、走向全国。2005年，她又策划组织并主演大型现代戏《黄河管子声》参加山西省"杏花奖"评比演出荣获六项大奖及优秀剧目奖，受到一致好评。此剧是北路梆子近年来的一次大的突破和创新，是北路梆子剧种的又一个里程碑。

1998年、2000年、2001年、2004年、2005年中央电视台《名段欣赏》栏目，为她录制的《回府》、《落荒》、《八大锤》、《哭坟》、《日月谣》、《狸猫换太子》、《王宝钏》、《血手印》、《小宴》等节目在全国播放并对她进行了专访。2001年由她主演、同中央电视台合拍的大型电视戏曲片《画龙点睛》，荣获全国电视剧“飞天奖”并多次在全国播放。1997年和2001年多次代表山西参加全国19省市中秋晚会和13省市元旦戏曲晚会，在全国各省市电视台播放。1991年荣获山西省“杏花奖”并名列榜首；1996年荣获第十四届中国戏剧“梅花奖”；2002年、2003年、2004年、2005年主演的《别亲人》、《山女》、《黄河管子声》等荣获表演一等奖和杏花奖；2002年获第五届“山西十大杰出青年”称号；1998年荣获山西省“三八红旗手”及“山西省先进工作者”；1999年荣获山西省劳动竞赛委员会颁发的“特等功”奖章；2000年获山西省劳动竞赛委员会颁发的“五一劳动”奖章；2001年被山西省委省政府评为山西省“特级劳模”；2006年5月获全国“五一劳动”奖章。

（摘自2005年5月25日《山西日报》）

**王泽武**　瑶族，江西省安远县人，中共党员，研究生学历。1958年7月出生，1975年9月在原籍任教师，1976年12月应征入伍。1979年2月17日参加对越自卫还击战；并在战场上火线入党。凯旋回国后，荣立集体三等功和个人二等功。1979年9月全军选调参战优秀战斗骨干时，被选送到石家庄陆军学院深造，并以全优成绩毕业。1982年分配到52799部队工作，1989年转业山西省人民政府民族宗教事务局。现为山西省宗教事务局、山西省民族事务委员会文教宣传处处长。同时兼任中国职业教育协会少数民族职业教育委员会常务理事，中国民族体育协会常务理事，太原市职业经理人协会常务理事，山西省清真食品管理办公室主任，山西省民族经济促进会秘书长，山西省国际文化交流协会常务理事，《山西民族与宗教》杂志编辑、主编等职。

业余时间主编出版过《世纪回声》和《首脑文集》；编著出版过《吕后传奇》、《百万富翁的摇篮》、《现代电脑培训教程》、《全国计算机等级考试教程》；合著出版过《C语言考点分析题解》、《基础知识考点分析与题解》、《Visual FoxPro考点分析与题解》、《VisualBasic考点分析与题解》，策划出版过《东周列国》、《高考导航》等著作。在各种报纸杂志上发表达100余万字的文章，其《机不可失——西部大开发与山西民族宗教工作》和《论宗教与社会主义和谐社会的构建》等论文发表后，引起了较大的反响，多家报刊相继转载，被推荐编入《领导干部优秀论文选》。

王泽武同志在部队期间曾一次立功五次受嘉奖，到地方工作后，1994年被省委评为优秀信息员、1999年被省政府办公厅评为优秀党员；2000年下乡扶贫任工作队长期间，努力帮助农民开发项目，提供信息，组织资金，为当地农民脱贫致富做出了贡献，被山西省委评为模范工作队长。2006年被山西省地方志评为先进个人。2007年被山西省劳动竞赛委员会记一等功。从事政府工作以来，特别是在贯彻落实党的民族宗教政策，协调各方面的关系，处理棘手问题和突发性事件，化解社会矛盾，维护安定团结的政治局面和社会稳定等方面做了大量的工作。组团代表全省参加全国性的大型活动，并获得多项奖励和好评。在组团参加第四届至第八届全国少数民族传统体育运动会上，不仅每届都获得了体育道德风尚奖，而且分别实现了山西省名次、铜牌、银牌、金牌零的突破，成绩一届比一届优异。2006年组团参加全国少数民族文艺会演中，不仅获得了优秀组织奖，而且夺得了大奖金牌。在组团参加全国少数民族和民族地区名优产品博览会和全国民族产品交易会上分别连获四个奖项，受到了当时的党和国家领导人李瑞环、吴邦国、阿沛·阿旺晋美、司马义·艾买提等的充分赞扬和肯定，并亲笔题字和合影留念。树立了山西民族工作的良好形象。同时，注意研究经济工作，在分管的经济工作中，经过努力，开拓了全省民族企业网络；特别是在全国纺织企业面临严重困难的时候，积极帮助阳泉纺织厂等全省几个大的纺织企业进行技术改造，建立和完善现代企业制度，为全省少数民族经济的发展做出了贡献。

王泽武在业余时间积极参加各种社会活动，任山西省广东商会特邀副会长、山西省图书行业协会副会长兼秘书长。认真推介山西省发布的各种项目，宣传山西省的投资政策和投资环境；积极帮助政府和企业招商引资。2007年广东“珠洽会”期间，协调山西省广东商会和广州本田集团公司为大会无偿提供全部用车和各种项目的对接服务，得到了省委、省政府的充分肯定，受到了省有关领导的赞扬。

王泽武出生于革命烈士家庭，其祖父和曾祖父都在江西参加过中央红军，曾祖父在红军第五次反围剿战斗中牺牲。从小受到良好的传统教育和革命家庭的熏陶，对党有深厚的感情。在各个时期政治觉悟高，立场坚定，思想进步，见解深刻；熟悉政策，了解情况。曾在基层锻炼多年，实际工作经验丰富，担任领导职务后，注意调查研究，有良好的领导管理水平和较强的综合协调能力，有强烈的革命事业心和忘我的工作责任感。思路超前，与时俱进，其顽强的开拓意识和创新精神，受到了各级领导和民族宗教界人士的一致好评。

（宋　烨）

**刘荣亮**　党员，工程师，1971年出生，1990年毕业于吕梁职业中专采煤班。1990年在柳林县兴无煤矿参加工作，曾先后担任安监站长、通风科长、技术员、掘进队长。2002年10月任柳林金家庄煤业有限公司生产经理，2003年8月任煤矿矿长（经理）。十几年的艰苦磨炼和实践考验，使他成为一名集知识、管理于一身的具有开拓创新精神的实干家。他任矿长以来，一直致力于煤矿安全生产，为公司的发展做出了突出的贡献，曾先后受到省、市、县、集团公司的肯定和好评，被评为省“劳动模范”、立三等功一次，获得“吕梁优秀青年管理能手”、“关爱员工的民营企业家”、“先进工作者”等诸多荣誉。他所领导的金家庄煤业有限公司在联盛集团的大力支持下，各项工作多年来深受上级的称赞和肯定，是山西省“安康杯”优胜企业，吕梁市安全质量标准化“省标三级矿井”，在2006年山西省的“五一”表彰中又荣获“山西省五一劳动奖状”称号。

坐落于柳林县庄上镇梨树凹村后沟的金家庄煤业有限公司，现有职工700余人，固定资产8000万元，井田面积8.06平方千米，地质储量两亿吨，被批准开采3号、4号、8号、10号煤层，其中3号、4号煤层的优质主焦煤被誉为“国宝”和“工业味精”。

从1996年一个名不见经传的乡办小煤矿到如今的山西省“五一劳动奖状”获得者，金家庄煤业有限公司在联盛能源集团的领导下，步伐坚定从容，一年一个新变化，一年一个新发展。近年来，金家庄煤业有限公司一班人在以刘荣亮为首的带领下，全矿上下以人为本、励精图治、锐意改革，率先在吕梁市上马了网格式放顶煤综采面，使资源回收率由60%提高到了85%以上，为吕梁市民企煤矿的采煤方法做了典范。

（摘自2006年5月11日《山西日报》）

**申金喜**　五一劳动奖章获得者，山西黎城粉末冶金有限责任公司董事长。公司改制后，申金喜面对不断变化的新形势，更新观念，以科学的发展观统领全局，以“依托矿、延伸矿、跨越矿”为企业发展目标，秉承“不求规划最大，但求效益最佳”的宗旨，以资产整合为核心，以强化管理为手段，将“创新求发展，科技增实力”的理念落实到企业生产经营全过程，促进产品与市场需求之间的良性互动，进而培育、扩大企业可持续发展的市场平台，稳健中寻求发展，发展中不忘稳健，全面提高企业的市场竞争力和自身实力。经过数年的艰苦努力，企业已发展成为下辖6个分公司，3000多名员工，资产总计3.8亿元，高科技、现代化的新型企业。2005年，公司销售收入2.61亿元，实现利润7630万元，上缴税金6834万元，利税总额1.4464亿元，成为黎城县第一利税大户。

申金喜用辛勤的汗水浇灌出朵朵夺目的光荣花：2000年荣获长治市“上党英雄”金质奖章，2001年获长治市“创业功臣”光荣称号，2002年至2004年连续三年获“山西省优秀企业家”称号，2004年荣获长治市“当代潞商”称号，同年7月荣获长治市政府“民营百强建设标兵”，12月获农业部“第五届全国乡镇企业家”称号，2005年5月被省总工会荣记“山西省个人一等功”，2006年2月黎城县委、县政府树为“兴工强县特级功臣”，6月被长治市政府誉为长治市十大民营企业家之首。公司于2004年10月，被国家统计局在网上公布为全国工业重点行业十佳企业，2005年6月经省高新技术企业认定委员会认定为省首批高新技术企业。

三十多年经营管理企业的工作经历，市场经济浪潮中的奋力拼搏，使申金喜敏锐地意识到，打造创新型企业是企业不断发展壮大的有效途径，而产品是企业创新的载体，市场是企业创新的归属，科技创新和产品创新必须相辅相成，双管齐下，不断加快产品开发，摆脱单一产品结构，形成多品种、多元化的产品格局，延伸产业链条，提高产品的技术含量和附加值。他的这一理念成为公司领导成员的共识。近年来，公司加大了调整产业结构和产品开发的力度，从2001年起，开始实施粉末冶金项目，2004年5月二期工程竣工投产，初步形成了三万吨生产能力，2005年10月12日正式开工生产的与香港国磁公司合资的三万吨橡塑黏结磁粉项目，作为一个新型的高科技产业，标志着公司已跨入创新型、科技型企业发展的轨道。

管理创新、制度创新，不断完善企业管理体制，是使企业管理和各项工作步入程序化、规范化、科学化轨道的有力保证。企业改制后，公司从基础管理入手，在实行六统一管理基础上，对现有的管理制度进行了全面修订和补充，使之更具有系统性和可操作性。2006年公司广泛开展了“双增双节”活动，严格压缩一切非生产性开支，降低成本，提高效益，牢固树立“质量第一”的观念，下大力气狠抓质量管理，用优质、可靠的产品占领市场，提高企业核心竞争力。

为有效缓解采掘失调矛盾，坚持“开发与保护并举，当前与长远结合”的方针，延长矿山服务年限，公司陆续加大矿山建设工程的投入，2005年企业投资7000多万元，完成矿山掘进进尺4898.64米，工程总量52688.9立方米，各项矿建工程是公司建设史上规模最大、投资最多、进度最快的一年。同时，公司按照《安全许可证条例》，认真整改，增加投资，完善设施，推广了中深孔爆破采矿方法。顺利通过了省、市专家组验收，6座矿山和5座尾矿库，全部取得了《安全生产许可证》。紧接着公司及时调整了安委会领导班子，抽调精兵强将充实到安全管理队伍中，安全监管力度不断加大，管理水平日益提高，把加强安全生产管理，维护矿山正常生产秩序，这一历来的重头工作进一步引向深入，公司安全生产形势呈现出可喜的局面。另外，经过近两年的努力，通过资源核实、资源评估、资源置换审批与新的采矿权获得等工作，2005年9月以4745.34万元价款（分3年交付）资源置换获得成功，为安全评估验收、《安全生产许可证》的取得创造条件，更为矿山生产可持续发展奠定了坚实的基础。

走进黎城粉末冶金有限责任公司的办公区，绿树成荫，鸟语花香，办公室内，矿山上涌动着文明、健康、向上的工作热潮，给人以激情和力量。近年来，公司投入大量资金对办公楼、宿舍楼、餐厅楼等办公、生产、生活设施进行水暖配套、硬化、美化建设，使公司生产、生活环境大大改善。公司把创建学习型企业溶入企业文化建设中，采取“走出去，请进来”的方法，广泛引进人才，培养不同层次、不同岗位的中高级人才，以满足企业快速发展的需求。结合开展党员先进性教育活动，组织职工上党课、学理论、学知识、学技术，并到西柏坡、沁源等地参观学习，开阔视野。公司优秀员工多次代表县经贸局、县委接受市、县督导组检查验收，受到社会广泛好评。2005年，公司购置了体育用品、健身器材、图书资料，制作文化宣传版面，完善各种软、硬件设施。通过提高职工工资福利待遇，不断完善企业财产保险、工伤保险、养老保险和社会保障体系，增加职工收入，解除职工后顾之忧，为丰富职工的业余文化生活创造条件，构建和谐企业。2005年5月，公司被全国总工会授予“全国模范职工之家”。公司在不断发展壮大的同时，十分注意协调好企业效益与社会效益之间的关系，全力支持地方经济发展，捐助社会，兴办公共公益事业，支持全县重点工程建设，申金喜本人和企业为学校、特困生、残疾人和农村建设捐款、捐物，累计达380余万元。

（摘自2006年5月16日《山西日报》）

**赵俊英**　1997年10月调任忻州市工商行政管理局忻府工商分局局长，8年多来她以人为本，创新选人用人机制。全员实现优化组合，形成了能者上、庸者下的竞争机制。她创新监督制约机制，虚心接受监督；她制订并狠抓制度落实，用制度促进规范，使全局始终保持蓬勃向上的精神风貌；大胆提出“不禁止，则允许”的市场准入原则。放宽准入领域，降低准入门槛，提高准入效率，促进了非公有制经济的发展。截止到2005年底，使全区登记注册的私营企业达到424户，个体工商户达到6800户，使个私经济成为新的经济增长点。

忻州市工商行政管理局忻府分局是系统内外闻名的先进集体，该局2001年被人事部、国家工商总局授予“全国工商系统先进集体”的荣誉称号；1998年以来连续八年四届被授予“全省工商系统先进集体”荣誉；连续八年在市局岗位责任制考核中名列第一；2004年和2005年连续两年在忻府区政风行风评议中名列第一；该局无论是队伍的政治思想作风建设，还是监管服务工作，在全市工商系统一直排在最前列。赵俊英同志就是忻府工商分局局长，是这支先进队伍的排头兵。

她从人民群众关注的热点焦点问题着手：一是全面实施食品安全监管。她探索制定了一套以"分类监管、分级问责、红牌示范、黄牌警示"为主要内容的监管模式，织起了工商监管、企业自律、社会监督"三位一体"的食品质量安全网。2006年5月22日全省工商系统食品安全监管现场会在忻州召开，国家总局和省、市、县工商局推广了他们的经验。二是全面开展"红盾护农"专项行动。该局在全市率先建立了种子备案陈列室，每年对主要使用的250多个玉米种子样本进行留样备案，实现可追溯管理，受到高度评价。三是2003年组织的"三打三保"、2004年组织开展的"四项专项"，以及2005年开展的八项专项执法行动，取得显著的效果。查无照专项执法行动，使全区经营户的有照率达到99%，亮照率达到100%。查合同欺诈、查商标侵权、打传销、打垄断，忻府工商分局查办了许多大要案件。2005年，全局查处各类经济违法案件2908起，八项执法行动在全市全部排名第一，有多项在全省名列前茅。

1998年她当选为忻府区人大代表；2004年被忻府区劳动竞赛委员会荣记一等功。2005年又获得忻府区劳动竞赛委员会颁发的五一劳动奖章。2006年，她又全面实施"红盾监管服务八进工程"，把工商监管服务的触角延伸到每个角落，为各类市场主体发展提供服务。本人再次获得五一劳动奖章。

（摘自2006年5月25日《山西日报》）

**姚俊祥** 定襄县晋昌镇城内村委会主任，2003年底当选为城内村委会主任以来，带领干部一班人，为城内村的发展做出了巨大贡献，使城内村的党员干部受教育，全体村民得实惠。2004年村民人均收入达4778元，2005年达4888元。而他本人在全国第五届村长论坛会上荣获"和谐村庄带头人"。荣获"山西省十佳科技富民功臣"；荣获"忻州市爱国卫生运动委员会先进工作者"。2006年4月被忻州市委宣传部授予"十佳文明创建人物"，5月荣获山西省五一劳动奖章。2006年4月当选为忻州市人大代表。

2004年姚俊祥带领两委干部为村民办了十件好事、实事。

一是投资100多万元硬化进村路、村中路7825米，配套新建绿化池、小花池230多个，栽松树、各种花卉11000余株，成为定襄县"村村通工程""标兵村"。二是办起便民粮油店。逢年过节，为全体村民免费供应一定数量的油、肉、面，使全体村民感受到集体的关心和温暖。三是投资40余万元，覆盖了途经城市村的污水渠188米；四是投资8万余元整修、购置农机具，免费为村民秋耕、春播、秋收。六是投资52.5万元购置回濒临倒闭的锻造分厂，盘活了该企业，增加了集体收入。七是投资80余万元新建面积1000多平方米的华祥综合商业楼。八是投资40多万元对城内华源大厦重新装潢，使其成为全县一流的购物商厦。九是解决村民过冬取暖的问题。十是投资3万多元，修建村委会文化大院，建起了党团活动室、老年人活动室、乒乓球室、图书室，安装了篮球架、羽毛球网、体育、健身器材十几种，修建了260多平方米的跳舞场，配备了灯光、音响设备，为村民提供了理想活动场所。

2005年又加大力度，实施了六大工程。一是投资40多万元完成硬化路二期工程3300多米。二是投资300余万元对华鑫大酒店进行加层、续建、改造、装修，提升了定襄酒店业的品位。三是投资200多万元新建华盛集贸市场楼。四是大搞农建、移挪养殖场一期工程。五是实施农业示范工程，种优质谷100亩，优质黄豆20亩，促进产业结构调整，经济效益显著。六是投资2000多万元兴建"康居示范小区"十栋村民住宅楼的建设工程。

姚俊祥2006年又有了新目标：推进农村环境整治，加强城内文化建设，进一步为"三农"多办实事，努力构建城乡一体的公用基础设施和公共服务体系，为农民提供最基本的服务，真正使城内村达到生产发展、生活富裕、乡风文明、村容整洁、管理民主的新农村。

（摘自2006年5月25日《山西日报》）

# 市 县 简 介

## 太原市

【概述】 太原简称并，古称晋阳。是我国黄河流域文明古城。“古交旧石器文化遗址”证实，早在五十万年前人类就生息繁衍在太原；义井和东太堡“新石器文化遗址”亦说明，七、八千年前的母系氏族公社早期，太原先民曾创造了灿烂的文化；“许坦型文化”遗址展现了商代文化。殷商时，太原为唐国。西周时，因临晋水改称晋国，是晋国鼻祖唐叔虞受封之地。晋定公十五年（公元前497年）晋阳古城问世于晋水汾河之畔，距今已有2500余年历史，春秋之际兴建的晋阳城邑“版筑十尺、冶铜为柱、城高池深、宫苑壮丽”。战国初期，晋阳曾为赵国都城。秦代以晋阳为郡治，设太原郡，为全国三十六郡之一。西汉时，晋阳又称并州，为全国十三州刺史部治之一。亦是太原简称“并州”的渊源。三国时期，太原郡为太原国。西晋末年，前赵、后赵、前燕、前秦、后燕五国都曾以太原为国都。南北朝时，北魏、北齐的统治以太原为中心，史称“霸府”，开创了太原在军阀割据中的军事地位。隋朝时隋炀帝杨广即位前封晋王，驻守晋阳，视晋阳为“龙兴”之地，大兴扩建，当时太原与长安、洛阳并闻当世。唐王朝发祥于太原，李渊、李世民父子定都长安后，因晋阳古称唐国，遂定国号为唐。唐太宗之子李治以晋王之位承袭帝业，为唐高宗。唐朝先后封太原为“北都”、“北京”，与京都长安、东都洛阳并称“三都”、“三京”。唐朝大诗人李白于太原作序时曾记“天王三京、北都居其一。襟四塞之要冲，控一原之都邑。”太原籍诗人白居易曾赞“并州好马应无数，不怕旌旄试觅看”。五代十国时期的后唐、后晋、后汉、北汉等都以太原为开基发迹之地，封为国都或陪都，因此，太原素有“龙城”之称。在两千多年的历史中，太原一直是享誉华夏的军事、经济重镇和文化、商业都会。史载有“年谷独熟、人庶多资、经济富庶、人才辈出”的盛名。宋代升置并州为太原府，享有“锦绣太原城”之美誉的太原，有着“坚逾铁瓮”的城堡。清代太原为国都北京之右的军国要镇，长期驻扎“精骑兵”，时山西省建制确立，巡抚衙设太原。民国时期，1921年开始太原即为省辖市。1920年，“太原社会主义青年团”宣告成立；1924年，“中国共产党太原支部”诞生；1936年，太原成立了由中国共产党直接领导的抗日民主统一战线组织——牺牲救国同盟会；1937年，太原市设立了八路军办事处，周恩来、朱德、彭德怀、薄一波等留下了宣传和组织抗日民主统一战线的足迹，1949年4月24日太原解放后，定为省会城市。

太原市位于东经111°30′至113°09′和北纬37°27′至38°25′之间，地处华北地区黄河流域中部，东、西山对峙，向北合拢环抱。北部山地古称“山西内险”，“石岭关”、“天门关”号称“北门锁钥”。因之，古称太原“控山带河，踞天下之肩脊”，现代诗人郭沫若曾有“远望太原气势雄”的诗句。由于东有太行山支脉系舟山阻隔，西有吕梁山东翼云中山屏障，黄河的重要支流汾河自北向南纵贯全市，太原市坐落在两山间海拔800米的河谷平原上，虽属北温带大陆性气候，却具有区别于同纬度地区的气候特点，冬无严寒、夏无酷暑，夏秋多雨，日照充足，昼夜温差较大，无霜期较长。年平均气温8.3～11.6C，年平均日照2122～2603小时，无霜期平均149～175天，年平均降雨量303～441毫米，年平均风速2.3米/秒，市区地震烈度8度。

太原市总面积6988平方公里，建成区面积198平方公里，全市南北宽约107公里，东西长约144公里。土石山地、黄土丘陵、平川面积分别为3631平方公里、2117平方公里、1240平方公里。其中，耕地占18.9%，林地占31.5%，牧草地占5.7%，园地占2.8%。全市矿藏资源丰富，有铁、锰、镁、铜、铅、铝等金属矿，又有煤、石膏、硫磺、硝石、石英、石灰石、白云石等非金属矿。全地区含煤炭面积1318平方公里，探明储量174亿吨。铁矿储量6.6亿吨。非金属矿中石膏矿质量全国盛名，探明储量6178万吨。水资源总量5.8亿立方米，地下水资源总量3.9亿立方米。

太原独特的地理位置，在中国经济格局中，具有连接南北、承东启西的区位优势，是中国北方联系西部地区和沿海发达地区商流、物流、人流、资讯的枢纽城市。自古以来，经济比较发达。冶炼、兵器、采炭、陶瓷、酿造等手工业享有盛名。太原出土的“春秋大墓”中晋国赵卿陪葬之庞大的车马坑，精美的金玉饰，特别是编钟、壶、尊、兵器等，以及青铜器中，精致、古朴的“牛镬”铜鼎，是迄今所知我国春秋时期最大的铜鼎。战国初的“晋阳”铜币，西汉时的铜镜，唐代货币铸造等，均表明太原冶炼锻造技术的精湛。唐朝大诗人杜甫就有“焉得并州快剪刀，剪取吴淞半江水”之名句。宋代采炭、冶铜、酿造、陶瓷产业兴盛。元代的太原，是全国制造兵器的中心，元代诗人小仓月曾赞太原“一城春色富河东，万古中州悉听从”。清代时，太原又是制铸“官钱”的基地，承接西北、华北金融流通的枢纽。其时，太原封建的同业公会已形成粮行、油面行、绸缎行等十大行帮。

太原在历史上有过“晋人善贾”的辉煌，以诚信为本的商业都会享誉海内外。早在西汉时期太原就与西域、中亚有密切的贸易往来，经过历代发展，太原的钱庄、票号明清之时已遍及华北和东南沿海，雄踞“十大商帮”之首。清代晋商号称“海内最富”，有“晋商执全国牛耳”之誉，太原则是晋商创业开埠的首选码头，曾有“蔽天光、发地脉”之赞。中华人民共和国建国以来，太原一直是山西省省会，内陆重要的政治中心、经济中心、消费中心和商品集散地。

太原市地处内陆，人杰地灵，民风朴实。《汉书》记载并州“本唐帝所居，其民淳厚俭而闲礼，乃有尧之遗风”。名胜古迹史载有：烈石寒泉，双塔凌霄，崛围红叶，汾河晚渡，天门积雪，西山迭翠，土堂神柏，巽水烟波等。市区有战国时期义士豫让复仇的赤桥，有春秋时期晋国赵简子家臣窦大夫祠，有明代所建双塔寺，有被桥梁学家称为中国历史上最古老的“水陆立交桥”——晋祠圣母殿鱼沼飞梁及宋塑侍女像，曾为北齐皇帝行宫的天龙山石窟有东魏及隋唐造像，为我国十大名窟之一。建于唐代元年的龙山道教师尊道场，为我国现存规模最大、唯一的纯道教石窟。隋末唐初创建的崇善寺明代藏经，道教古建筑群纯阳宫中关羽立马铜像，唐太宗李世民手撰“贞观宝翰”《晋祠铭并序》碑文等。战国名将廉颇，三国名将郭淮，唐代女皇武则天、宰相狄仁杰、文学家白行简和诗人白居易、王翰、王昌龄、王之焕，宋代名将呼延赞、杨业、杨延昭、书法家米芾、《三国演义》作者罗贯中等籍贯并州。太原还是王、张、郭等姓氏之地望，为海内外三姓所宗，一如唐朝诗仙李白吟咏“思归若汾水，无日不悠悠”。全市有国家级重点文物保护单位5处，省级15处，市级40处，旅游景点67处。其中晋祠博物馆为国家AAAA级，碑林公园为AA级旅游景区，煤炭博物馆、东湖醋园为全国工业旅游示范点，清徐葡峰山庄为全国农业旅游示范点。

太原市是全国特大城市、国家重要的能源重化工中心城市和内陆开放城市，也是新亚欧大陆桥（陇海兰新经济带）沿线重要城市。近年来，太原先后获"全国卫生城市"、"中国优秀旅游城市"、"全国环境综合整治先进城市"、"全国园林绿化先进城市"、"全国科教兴市先进城市"等称号，是联合国确立的清洁生产示范城市，获"中国人居环境范例奖"和"迪拜国际改善居住环境最佳范例称号奖"、"全省园林城市"、"全国创建文明城市工作先进单位"等。

太原市市树为国槐，市花为菊花。地方标志性古建筑为"永祚寺双塔"。国际友好城市主要有英国纽卡斯尔、日本姬路市、俄罗斯瑟克特沃卡尔和萨拉托夫、澳大利亚朗塞斯顿、德国开姆尼茨、喀麦隆杜阿拉、美国拉博克市。

太原市现辖6区1市3县，即：小店区、迎泽区、杏花岭区、尖草坪区、万柏林区、晋源区6个市区，古交（县级）市，清徐县、阳曲县、娄烦县3个县。全市共有51个街道办事处，468个社区居民委员会和54个乡镇，1009个村民委员会，1628个自然村。全市有汉满回蒙等46个民族，其中，汉族人口占99%以上。据抽样调查：2006年末总人口344.27万人，其中，城镇人口279.06万人，乡村人口65.21万人。城镇化率为81.06%。（市年鉴办）

**【国民经济发展】** 据2006年，<统计公报>口径，太原地区生产总值（GDP）实现1013.38亿元，比2005年增长11.5%（绝对值为现行价格，增长速度按可比价格计算，下同），增长速度高于全国（10.7%）低于全省（11.8%）平均水平。全市GDP中，第一产业增加值19.41亿元，比2005年下降4.0%，增长速度低于全国增长（5.0%）和全省增长（5.1%）平均水平。第二产业增加值475.56亿元，增长10.5%，增长速度低于全国（12.5%）和全省（15.3）平均水平。第三产业增加值518.41亿元，增长13.2%，增长速度高于全国（10.3%）和全省（7.7%）平均水平。三次产业比例为1.9：46.9：51.2。人均生产总值29497元，高于全国（15973元）和全省（14106元）平均水平。全市GDP占全省比重为21.4%，占全国比重为4.8%。

在全国省会城市中，GDP绝对值（单位亿元，下同）高于太原（1013.38）的中西部城市有：成都（2750.00）、武汉（2590.00）、哈尔滨（2094.10）、郑州（2001.50）、长沙（1790.66）、长春（1741.30）、西安（1450.02）、昆明（1203.14）、南昌（1184.57）、合肥（1073.86）；高于太原市的东部城市有：广州（6068.41）、杭州（3440.99）、南京（2774.00）、沈阳（2482.49）、济南（2185.10）、石家庄（2064.00）、福州（1656.94）。低于太原市的中西部城市有：呼和浩特（900.08）、南宁（861.90）、乌鲁木齐（654.00）、兰州（638.47）贵阳（602.88）、银川（335.29）、西宁（281.61）、拉萨（102.00）；低于太原市的东部城市仅海口市（350.06）。GDP比2005年增长速度在全国省会城市中太原处于末位。

全市各县（市、区）GDP增速分别为：清徐县（15.4%），尖草坪区（15.2%），小店区（15.1%）其中，小店区（12.4%）、高新区（20.0%）、经济区（36.0%），杏花岭区和晋源区均为（12.1%），阳曲县（10.3%），万柏林区（9.3%），迎泽区（9.0%），娄烦县（0.5%），古交市（－13.3%）。

在全省11个城市中，太原市主要经济指标实现情况分别为：GDP1013.38亿元，为全省领先水平；比2005年增长11.5%，与长治市同速，高于阳泉市（9.0%），大同市（8.0%）；低于吕梁市（18.9%），朔州市（16.2%），运城市（14.5%），临汾市（13.8%），晋中市（12.0%），忻州市（11.8%），晋城市（11.8%）。规模以上工业增加值341.59亿元，为全省领先；增速14.6%，高于阳泉市（9.2%），大同市（8.0%），低于吕梁市（37.3%），忻州市（27.7%），运城市（26.2%），朔州市（23.6%），临汾市（19.8%），晋中市（18.8%），晋城市（15.1%），长治市（14.8%）。城镇固定资产投资477.61亿元，为全省领先；增速19.3%，高于大同市（4.1%），长治市（2.3%），低于阳泉市（46.7%），晋中市（45.2%），运城市（40.5%），吕梁市（37.4%），朔州市（33.4%），晋城市（31.6%），临汾市（24.3%），忻州市（21.7%）。社会消费品零售总额436.47亿元，为全省领先；增速13.7%，低于省内各市。进出口总额411254万美元，为全省领先；增速22.0%，高于阳泉市（14.0%），晋中市（3.2%），大同市（－0.6%），朔州市（－6.4%），晋城市（－28.0%），长治市（－31.6%），低于吕梁市（64.4%），忻州市（55.5%），临汾市（43.6%），运城市（24.8%）。出口总额242643万美元，为全省领先；增速14.6%，高于长治市（8.9%），晋城市（8.6%），阳泉市（8.5%），晋中市（3.7%），运城市（0.1%），低于吕梁市（70.2%），忻州市（55.6%），大同市（35.1%），朔州市（24.0%），临汾市（21.9%）。财政总收入192.19亿元，为全省领先；增速17.9%，低于省内各市。一般预算收入75.33亿元，为全省领先；增速32.3%，低于朔州市（50.4%），吕梁市（32.6%），高于晋城市（32.2%），晋中市（24.6%），临汾市（22.7%），忻州市（22.2%），长治市（20.4%），阳泉市（20.0%），大同市（19.4%），运城市（17.7%）。城镇居民人均可支配收入11741元，为全省领先；增速12.1%，与朔州市同速，高于长治市（11.3%），运城市（10.6%），临汾市（9.6%），低于大同市（14.5%），晋城市（13.7%），吕梁市（13.5%），忻州市（13.1%），晋中市（12.7%），阳泉市（12.6%）。农民人均纯收入4917元，为全省领先；增速11.7%，高于大同市（11.2%），阳泉市（10.5%），朔州市（10.3%），晋中市（10.0%），长治市（8.9%），晋城市（9.6%），运城市（8.7%），忻州市（8.4%），临汾市（8.2%），低于吕梁市（23.7%）。居民消费价格总指数101.6%，高于大同市（101.5%），晋城市（101.5%），晋中市（101.4%），低于吕梁市（102.3%），长治市（102.2%），阳泉市（102.1%），忻州市（102.1%），运城市（102.1%），朔州市（101.9%），临汾市（101.9%）。（市年鉴办）

**【农业】** 2006年，全年完成农林牧渔业总产值34.64亿元，按可比价格计算，比2005年下降2.6%；其中，农业产值19.81亿元，林业产值1.30亿元，牧业产值11.63亿元，渔业产值0.32亿元。全市粮食作物播种面积8.53万公顷，比2005年增加0.18公顷，增长2.2%。蔬菜种植面积2.62万公顷，比2005年增长4.1%。全年粮食总产量28.54万吨，比2005年减少2.2%。在粮食产量中，夏粮3.20万吨，比2005年增长3.5%；秋粮25.34万吨，比2005年减少2.9%。油料0.23万吨，减少39.9%。棉花146吨，减少47.1%。蔬菜141.03万吨，减少1.5%。果用瓜0.95万吨，增长44.9%。水果3.55万吨，减少38.8%。

全年全市肉类总产量6.13万吨，比2005年减少5.9%；其中，猪肉4.49万吨，减少7.0%；牛羊肉1.04万吨，减少0.7%。奶类产量9.28万吨，减少1.8%；其中，牛奶产量9.27万吨。禽蛋产量4.18万吨，减少3.3%。全市生猪出栏60.73万头，减少4.7%。大牲畜年末存栏10.76万头，减少5.0%。猪年末存栏35.00万头，减少3.5%。羊年末存栏46.92万只，减少9.0%。全市造林合格面积1.56万公顷，其中退耕还林面积0.3万公顷。全民义务植树780.25万株，零星植树341.12万株，新增育苗面积0.08万公顷。全年水产养殖面积0.33万公顷，水产品产量3121吨，比2005年增长6.4%。

全年全市农业有效灌溉面积5.08万公顷，农业机械总动力119.09万千瓦，农用化肥施用（折纯）量2.41万吨，农村用电量4.71亿千瓦小时。

全年全市乡镇企业完成总产值738.22亿元，比2005年增长18.9%；实现增加值176.13亿元，增长18.9%；营业收入651.48亿元，增长18.5%；上交税金26.23亿元，增长14.2%。（市年鉴办）

**【工业】** 2006年，全市工业生产增速回稳。全市全部国有和年产品销售收入500万元以上的非国有工业企业（简称规模以上企业，下同）单位总计557个，其中，国有控股企业127个。从经济类型看，国有企业90个，集体企业69个，股份合作企业11个，股份制企业324个，外商及港澳台商投资企业28个，其他企业

35个。在全部规模以上企业中，轻工业企业120个，重工业企业437个。从企业规模看，大型企业23个，中型企业74个，小型企业460个。从隶属关系看，中央企业25个，省属企业41个，市属企业58个，县及县以下企业433个。全市规模以上企业完成工业增加值341.59亿元，比2005年增长14.6%，增速低于全国（16.6%）和全省（18.3%）平均水平，其中，国有控股企业完成的工业增加值占全市规模以上企业增加值72.9%，达到249.15亿元，增长12.5%；国有企业完成24.42亿元，增长6.0%。集体企业完成5.08亿元，比2005年下降5.5%，增速低于全国增长（11.6%）和全省增长（10.7%）平均水平。股份制企业完成288.17亿元，增长14.6%，增速低于全国（17.8%）和全省（19.7%）平均水平。外商及港澳台商投资企业完成18.83亿元，增长43.0%，增速高于全国（16.9%）和全省（13.6%）平均水平。全市规模以上工业企业完成轻工业增加值29.72亿元，比2005年增长8.3%，增速低于全国（13.8%）和全省（9.3%）平均水平；完成重工业增加值311.87亿元，增长15.3%，增速低于全国（17.9%）和全省（19.4%）平均水平。从隶属关系看，中央企业完成增加值53.61亿元，增长2.1%；省属企业完成177.87亿元，增长19.4%；市属企业完成15.83亿元，增长2.2%；县属及以下企业（含无主管企业）完成94.28亿元，增长16.0%。

从工业总产值看，增长速度较快的行业有27个，占全市34个行业的79.4%，主要有：有色金属冶炼及压延加工业增长89.6%，化学纤维制造业增长62.3%，皮革、毛皮、羽毛（绒）及其制品业增长59.5%，饮料制造业增长49.3%，金属制品业增长44.9%，家具制造业增长41.4%，木材加工及制品业增长35.6%，文教体育用品制造业增长32.5%，电力、热力的生产和供应业增长32.4%，专用设备制造业增长30.7%。

工业产品产量增长较快的产品主要有：钢材增长25.0%，粗钢增长20.8%，十种有色金属增长42.6%，生铁增长24.6%，盐酸（折31%以上）增长49.0%，平板玻璃增长46.2%，发电量增长33.5%，煤气增长20.8%，饮料酒增长111.4%，服装增长55.3%，机制纸及纸板增长44.6%，起重设备增长43.3%，金属轧制设备增长41.2%。

工业经济效益持续攀升，工业经济效益综合指数达到155.55，比2005年提高13.1。实现利税120.92亿元，增长25.0%。实现利润52.97亿元，增长47.3%，高于全国（31.0%）和全省（41.3%）增长水平，其中，国有控股企业实现利润48.25亿元，增长50.6%。全年一次能源生产折标准煤3189.51万吨，比2005年下降11.1%，低于全国增长（7.3%）和全省增长（5.0%）水平，二次能源生产折标准煤4728.08万吨，增长9.8%，低于全省增长（23.0%）水平。

工业产品产量主要有：原煤3973.2万吨，焦炭1254.2万吨，煤气73.1亿立方米，发电量199.4亿千瓦时，生铁423.3万吨，粗钢437.3万吨，钢材543.3万吨，十种有色金属13.3万吨，盐酸（折31%以上）8.6万吨，烧碱（折100%）15.0万吨，合成氨14.9万吨，水泥314.1万吨，平板玻璃480.0万重量箱，精制食用植物油2.3万吨，饮料酒3.5万千升，软饮料12.1万吨，服装143.7万件，机制纸及纸板24.9万吨。 （市年鉴办）

【固定资产投资】 2006年，全社会固定资产投资完成501.13亿元，比2005年增长17.8%，低于全国（24.0%）和全省（24.9%）平均水平。

全年城镇固定资产投资完成477.61亿元，增长19.3%，低于全国（24.5%）和全省（24.8%）平均水平。分产业看：第一产业完成投资1.57亿元，增长25.4%，低于全国（30.7%），高于全省（22.2%）平均水平；第二产业完成投资308.16亿元，增长18.7%，低于全国（25.9%）和全省（19.0%）平均水平；第三产业完成投资167.87亿元，增长20.4%，低于全国（23.3%）和全省（34.8%）平均水平。

从隶属关系看，在城镇固定资产投资中，中央项目完成49.92亿元，增长116.2%；省属项目完成186.51亿元，增长6.5%；市属项目完成241.18亿元，增长19.4%。

建筑业稳步增长。全市具有建筑业资质等级的总承包和专业承包建筑业企业完成总产值532.31亿元，增长4.7%；利税总额22.72亿元，增长10.3%。房屋建筑施工面积1996万平方米，其中：实行招标投标承包工程施工面积1931万平方米，增长14.7%。房屋建筑竣工面积323万平方米，房屋面积竣工率为16.2%。

全年固定资产投资项目新增生产能力（或效益）主要有：新增洗煤151万吨/年，原煤开采210万吨/年，输电线路长度（11万伏以上）102公里，改建公路643公里，新建客（货）运站911.8平方米，城市道路扩建长度21.55公里，城市道路扩建面积97.49万平方米。

（市年鉴办）

【交通与邮电】 2006年，全市各种运输工具完成货运量18717.1万吨，比2005年增长5.7%，低于全国（8.9%）高于全省（5.1%）增长水平；其中，铁路货运量6063.3万吨，比2005年下降0.8%，低于全国增长（7.1%）和全省增长（8.4%）平均水平；公路货运量12650.0万吨，增长9.1%，高于全国增长（8.9%）和全省增长（3.0%）平均水平；航空货运量3.8万吨。全市货物周转量36300.2百万吨公里，比2005年增长4.1%，低于全国（8.4%）和全省（12.5%）增长水平；其中，铁路周转量31653.6百万吨公里，增长3.8%，低于全国（5.9%）和全省（16.5%）增长水平；公路周转量4646.6百万吨公里，增长5.8%，低于全国（11.0%）高于全省（2.6%）增长水平。全市客运量3703.2万人次，比2005年增长10.3%，高于全国（8.7%）和全省（5.5%）增长水平；其中，铁路客运量1197.9万人次，增长11.5%，高于全国（8.7%）和全省（9.5%）增长水平；公路客运量2220.9万人次，增长7.2%，低于全国（8.7%）高于全省（5.4%）增长水平；航空客运量284.4万人次。全市旅客周转量4966.5百万人公里，比2005年增长7.2%，低于全国（9.9%）高于全省（4.6%）增长水平；其中，铁路周转量3558.3百万人公里，增长8.0%，低于全国（9.2%）高于全省（4.5%）增长水平；公路周转量1408.2百万人公里，增长5.1%，低于全国（9.1%）高于全省（4.9%）增长水平。

邮电通讯业快速发展。2006年完成邮电业务总量63.29亿元，比2005年增长17.0%。新增市内电话交换机10.2万门，总容量达181.09万门。年末市话用户达到175.93万户，增长3.5%，其中：无线市话43.75万户，增长6.1%；农话达到9.6万户，增长16.8%。移动电话用户251.80万户，增长32.4%。每百人拥有电话125部，比2005年增加13部。计算机

图为太原市儿童公园内设置的儿童乐园 杨健摄影

互联网实际用户46.89万户，比2005年增加6.25万户，其中：宽带网用户41.15万户。

2006年末全市民用汽车保有量达到29.91万辆（包括三轮汽车和低速货车6168辆），其中私人汽车18.41万辆。年末轿车保有量12.27万辆，其中私人轿车8.93万辆，比2005年增长58.7%。（市年鉴办）

图为太原师范学院侯家巷校区

杨健摄影

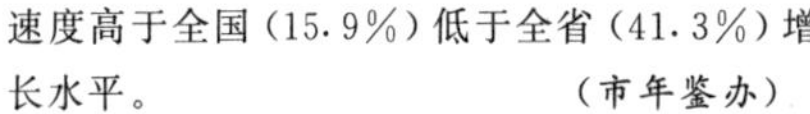

**【贸易与旅游】** 2006年，全市社会消费品零售总额436.47亿元，比2005年增长13.7%，增长速度与全国水平（13.7%）等同，低于全省（15.2%）增长水平。分行业看，批发零售贸易业零售额393.78亿元，增长13.6%，低于全国（13.7%）和全省（14.8%）增长水平；住宿餐饮业零售额39.02亿元，增长14.9%，低于全国（16.4%）和全省（20.2%）增长水平；其他行业零售额3.67亿元，增长9.1%，高于全国（2.3%）和全省（6.8%）增长水平。分城乡看：城市消费品零售额418.40亿元，增长13.7%，低于全国（14.3%）和全省（16.21%）增长水平；县和县以下零售额为18.07亿元。

对外经济交流进一步扩大，2006年地区外贸进出口总额41.12亿美元，比2005年增长22.0%，增速低于全国（23.8%）高于全省（19.5%）增长水平；其中，出口额24.26亿美元，增长14.6%，增速低于全国（27.2%）和全省（17.3%）增长水平；进口额16.86亿美元，增长34.3%，增速高于全国（20.0%）和全省（23.3%）增长水平。从出口产品结构看：地区出口主要产品为煤炭、焦炭、金属镁、不锈钢板材，四类产品的出口额占地区出口总额的59.1%。煤炭出口额3.50亿美元，下降28.4%；焦炭出口额4.54亿美元，下降23.7%；金属镁出口额1.83亿美元，增长5.6%；不锈钢板材出口额4.46亿美元，增长幅度达到179.8%，占地区出口总额的比重由2005年的7.5%上升为18.4%。机电产品出口继续保持强劲走势，机电产品出口4.28亿美元，比2005年增长55.8%，占地区出口总额的17.7%。从出口市场看：出口的国家（地区）共166个。对韩国、日本、德国、美国、印度、澳大利亚、比利时、巴西、俄罗斯、中国台湾等十个国家或地区的出口占70%。市属外贸进出口额达到7.10亿美元，比2005年增长9.0%；其中：出口额4.03亿美元，增长5.8%；进口额3.07亿美元，增长13.5%。市属外贸进出口额占全地区的比重为17.3%。招商引资取得突破性进展。2006年香港、上海经济合作洽谈会共签约项目108个。其中："港洽会"项目44个、"沪洽会"项目64个；外资项目38个、内资项目70个。签约项目总投资419.64亿元人民币和38.43亿美元。截至2006年末，签约项目中有到位资金的项目51个，到位资金折人民币32.24亿元。全年外商及港澳台商直接投资新签合同（协议）107项，比2005年增加64项，项目总投资10.56亿美元，直接到位外资1.38亿美元，比2005年增长73.4%。

旅游业快速发展。全年共接待海内外游客1533.13万人次，增长8.1%；其中国内游客1520.35万人次，增长8.0%；海外游客12.78万人次，增长26.7%。在海外游客中：外国人8.7万人次，香港同胞2.3万人次，澳门同胞0.3万人次，台湾同胞1.5万人次。全年旅游总收入109.62亿元，增长36.2%；国内旅游收入105.45亿元，增长36.1%；增长速度高于全国（17.9%）低于全省（47.1%）增长水平。旅游外汇收入0.52亿美元，增长（40.8%），增长速度高于全国（15.9%）低于全省（41.3%）增长水平。（市年鉴办）

图为太原市佳地花园住宅小区

杨健摄影

**【财政金融】** 2006年，全市完成财政总收入192.19亿元，比2005年增长17.9%，低于全省（38.2%）增长水平。一般预算收入75.33亿元，增长32.3%，低于全省（58.3%）增长水平。一般预算支出95.42亿元，增长32.8%。

金融存贷款增长平稳。截至2006年末，全市金融机构本外币各项存款余额3152.64亿元，比年初增长22.5%；本外币各项贷款余额2371.06亿元，比年初增长11.7%。人民币各项存款余额3096.57亿元，比年初增长22.3%。人民币各项贷款余额2315.34亿元，增长12.4%。在人民币贷款中，中长期贷款余额1257.85亿元，增长18.1%；短期贷款余额782.08亿元，增长3.5%。2006年金融机构现金收入4679.68亿元，比2005年增长4.2%；现金支出4540.71亿元，增长4.1%；净回笼货币138.97亿元，增长6.9%。保险市场快速发展。保险企业承保总额达到5228.02亿元，比2005年增长52.0%；全年保险业务收入32.95亿元，增长20.1%；保险赔款给付支出6.23亿元，增长23.8%。（市年鉴办）

**【城市建设】** 2006年，城市建设取得新进展。完成了长风大街东延和体育路改造工程，11条小街小巷的拓宽改造工程完工。机场大道建设前期工作就绪，滨河东路南延进展顺利。汾河治理美化二期北段工程全面开工。天然气入并工程建成丈子头门站。玉门河公园、河西热源厂、采煤沉陷区综合治理等重点工程进展顺利，完成了城市生活垃圾焚烧发电工程。全市用电总量144.97亿千瓦小时，比2005年增长14.9%；城乡居民生活用电11.28亿千瓦小时，增长7.8%，城乡居民人均生活用电323.26千瓦小时。城市公共供水能力86.3万立方米/日，供水水质综合合格率100%。全市人工煤气供气总量58621万立方米，液化石油气供气总量32255吨。城市集中供热面积6686.6万平方米，集中供热普及率为80.7%。城市道路长度1768公里，道路总面积2357万平方米，人均道路面积8.7平方米。全市共有公交车辆2149辆，标准运营车辆为1968标台，万人拥有公交车辆7.26标台，公交运营线路网长度596公里，年客运量31811万人次。全市共有出租汽车8292台。全市投入运行的污水处理厂8座，日设计处理能力为50.6万立方米/日，城市污水处理率64.3%。全年清运生活垃圾84万吨，无害化处理量67.2万吨，城市生活垃圾无害化处理率达80%。截至2006年末，全市共有公园40个，公园面积1629公顷。建成区绿化覆盖面积7342公顷，园林绿地面积6343公顷，公共绿地面积2270公顷。建城区绿化覆盖率37.3%，绿地率32.2%，人均公共绿地8.38平方米。（市年鉴办）

**【科学技术与教育】** 2006年，科技事业进一步发展。全市共有独立科研机构107所，工作人员1.44万人，全年安排科技发展项目202项，技术市场共登记技术合同75项，合同金额9026.87万元。全年共申请专利1,458件，比2005年增加355件。每10万人专利申请数达到42项，比2005年增加10项；研究与开发经费占地区生产总值的比重为1.05%，比2005年提高0.15个百分点；高新技术产业增加值占地区生产总值的比重为5.4%。年末全市每千人拥有计算机208.8台，增加22.8台。

截至2006年末，高新区、经济区、民营区共有人区企业3178家，比2005年增加1031家，三区全年实现科工贸总收入729亿元，增长31.5%。气象服务水平提高，在古交市建成9个单雨量自动监测站，完成古交、清徐、阳曲3个全要素自动监测站安装，并顺利进人试运行。全年实施飞机及地面火箭、高炮人工增雨作业10余次，为抗旱减灾、改善环境发挥了作用。

教育水平进一步提高。年末共有高等院校32所，其中：高职院校21所。招收本科、专科学生82677人，比2005年增加4558人，在校学生262756人，增加17444人；中等专业学校31所，在校学生90960人；技工学校（包括技工部）54所，在校学生31951人，增加1089人；普通中学247所，在校学生225768人，增加3306人；职业中学22所，在校学生15457人；小学947所，在校学生316665人；幼儿园814所，在园儿童83085人。学前教育进一步巩固。全市幼儿园入园率保持在90%以上，城区达到95%；新增三星级以上优质幼儿园18所，总数达253所，占到全市幼儿园总数的31%。义务教育均衡发展，全市小学学龄儿童入学率达100%，巩固率达104%；初中生入学率达99.6%，巩固率保持在98.9%。启动了“百校兴学”工程，清徐县、小店区通过山西省“实施义务教育标准化建设达标县”验收，全市通过验收的县（市、区）达5个。普通高中学校招生24917人，中等职业学校招生38292人，普高与中职招生人数比为1∶1.5。高中阶段毛入学率为86.2%。教育信息化建设取得新进展。教育系统已建成标准化校园网180个，多媒体教室2200套，农村远程卫星接收系统510套，装备标准化电子监控考场1500个。学校计算机总数已达3.4万台，师机比达6∶1，生机比达20∶1。信息技术开课率，中学达100%，城市小学达100%，农村小学达60%。（市年鉴办）

**【文化、卫生与体育】** 2006年，文化事业稳步发展。年末全市共有各类艺术表演团体16个，演职人员1635人。群艺文化馆12个，博物馆3个。各类单位公共图书馆馆藏图书4290.4万册。其中：公共图书馆344.1万册，学校图书馆3407.4万册，社区图书馆27.8万册，企事业单位图书馆511.1万册。全市每万人公共馆藏图书达到12.5万册。国家综合档案馆11个，馆藏档案资料55.6万卷（册）。广播电台2座，节目11套，中、短波广播发射台和转播台1座。电视台2座，节目11套，一千瓦以上电视发射和转播台4座。全市广播人口覆盖率为98.7%，电视人口覆盖率为99.1%。打造精品力作，繁荣舞台艺术，一批贴近实际、贴近生活、贴近群众的作品问世，新创《傅山进京》、《宰相范雎》、《烂柯山下》、《击釜雷鸣》等7部戏剧作品；加工修改《风雨行宫》、《三关点帅》等10部作品；移植恢复《大脚皇后》、《赵氏孤儿》等16部作品；新编、更新了《相约太原》、《远情》、《太原百姓说太原》等歌舞、曲艺、杂技类节目20余部。医疗卫生事业进一步巩固。全市共有医疗机构3305个，实有医疗床位23116张。每千人拥有医疗床位7张。各类专业卫生技术人员32186人，其中：执业医师11924人，执业助理医师1026人，注册护士11634人。每千人拥有医生4人。城乡公共卫生体系进一步完善，社区卫生服务网络覆盖率达到81.5%。计划生育工作进一步加强，符合政策生育率达96.4%。在全市10县（市、区）开展了新型农村合作医疗，覆盖率达到100%；实际参加合作医疗的农民有84万人，参合率达到84.4%。县乡村三级医疗卫生机构达标率为49%。体育事业取得新成绩。竞技体育蓬勃发展，在全省第十二届运动会上，太原市运动员获得金牌370枚、银牌181枚、铜牌157枚，总分7199分，金牌数和总分均居全省第一。健身设施有所改善，全市人均公共体育场馆面积达到0.91平方米，比2005年增加0.05平方米。安装全民健身器材的社区达到422个。群众性体育活动丰富多彩，以“全民健身与奥运同行”为主题，举办了元旦万人长跑、汾河冬泳节、新春体育节、市直机关广播操比赛、“贺龙杯”中国业余篮球公开赛太原赛区比赛、九九重阳节登山比赛等一系列丰富多彩的群众性体育活动，掀起了全民健身热潮。全市学生体质健康标准合格率为95%。（市年鉴办）

**【环境保护】** 2006年，全年降水量371.5毫米，比2005年增长10.6%。全社会用水量5.81亿立方米，增长1.6%。其中，生活用水增长2.0%，工业用水增长4.6%，农业用水下降3.2%。万元地区生产总值平均耗水57.33立方米，比2005年下降10.5%。全市人均用水量为166.57立方米。耕地保有量为12.75万公顷，森林覆盖率为13%，比2005年提高1个百分点。环境保护工作取得新进展。全市开展以控制结构性污染、削减污染物排放总量、调整燃料结构、遏制扬尘污染为重点的环境治理工作，实现了经济增长、污染减排。实施战略转型，设定“绿色高压线”。全年环保部门共办理各类建设项目环保审批571项，建成环保示范工程10个，否决了41个不符合产业政策或选址不当的建设项目，关停取缔小焦化、小化工、小炼铁等土小污染企业168家。发展循环经济，推进清洁生产。实施了19项重点污染治理工程和一批循环经济示范项目，发展了10个清洁生产型企业和10个工业废水零排放企业。工业污染治理总投资达到12.7亿元。整治落后燃煤设施，调整燃料结构。全年拆除燃煤锅炉496台，其中343台更新改造为电、气、油锅炉及型煤专用锅炉。新建成6平方公里高污染燃料禁燃区，禁燃区面积已达到23平方公里。开展综合整治，全方位控制扬尘污染。对城区345处卫生死角进行全面清理，对市区周边的煤堆进行集中清理整顿，对500余个建筑工地开展环境整治，维护破损道路面积35万平方米，填补掘路面积2.6万平方米，集中销毁超期服役、尾气超标排放的机动车1135台。实施城市生态建设，推进“蓝天碧水”工程。积极开展生态示范区和环境优美乡镇创建工作，清徐县国家级生态县规划修编、晋源区生态示范区建设都取得新进展，小店区西温庄乡、尖草坪区马头水乡被命名为省级环境优美乡镇。汾河上游7.4公里引黄导流明渠整治全部完成。全市环境质量进一步改善。2006年二氧化硫排放量比2005年下降13.3%，化学需氧量（COD）排放量下降2.8%。主要污染物排放总量下降15%。市区二级以上空气质量天数达到261天，比2005年增加16天。全年生产安全事故死亡313人，比2005年下降14.2%。亿元GDP生产安全事故死亡人数为0.31人，下降22.5%；煤炭生产百万吨死亡率人数为1.02人，下降43.0%；全年共发生火灾2102起，道路交通事故1573起。（市年鉴办）

**【人民生活和社会保障】** 据2006年人口抽样调查，年末全市总人口344.27万人。其中：城镇人口279.06万人，乡村人口65.21万人。人口继续保持低速增长。抽样调查表明，全年人口出生率比2005年下降0.66个千分点，为8.05‰（全国为12.09‰，全省为11.48‰）；人口死亡率为3.93‰；人口自然增长率比2005年下降0.15个千分点，为4.12‰（全国为5.28‰，全省为5.75‰）。

城乡居民收入加速增长。2006年城镇居民人均年可支配收入11741元，低于全国（11759元）高于全省（10028元）平均水平，比2005年增长12.1%；人均年消费支出9157元，增长17.3%。农民人均年纯收入4917元，高于全国（3587元）和全省（3181元）平均水平，比2005年增长11.7%；人均年消费支出2826元，增长8.7%。城镇居民与农村居民收入比为2.39∶1。

截至2006年末，城乡居民储蓄存款余额1183.95亿元，比年初增长15.5%，高于全国（13.3%）低于全省（16.3%）增长水平；其中：城镇居民储蓄存款余额1107.91亿元，增长16.5%；农村居民储蓄存款余额76.04亿元，增长2.0%。人民生活得到较好保障。城镇基本社会保障覆盖率达到80%，比2006年提高1个百分点。全市参加养老保险人员61.6万人，参加失业保险的人员73万人，参加生育保险的职工47.2万人，参加基本医疗保险的人员已达85.6万人。城市居民最低生活保障工作继续加强，城市低保覆盖人口达到8.09万人；全面实行农村最低生活保障制度，5.33万农民享受了政策待遇。社会福利事业不断完善。年末全市城镇共有各种社区服务设施786个，社区服务中心10个；各类福利院72所，床位1508张，收养1142人；农村特困救济户数为6324户，其中：五保户3736户，农村临时救济人员15166人次；为困难群众发放救济款702.9万元，比2005年增长35.7%。就业状况继续好转。年末从业人员166.24万人，比2005年增长3.3%，其中：城镇从业人员115.84万人，农村从业人员50.40万人。城镇新增就业14万人。5.8万名下岗失业人员实现再就业，其中"4050"人员9252人。年末城镇登记失业率为3.6%。城乡居民居住条件进一步改善。全年城镇住宅施工面积199.27万平方米，比2005年增长34.4%，住宅竣工面积462.69万平方米。城镇居民人均住房建筑面积为23.60平方米。农村新建住宅建筑面积117.10万平方米，农村人均住房面积为29.59平方米。

市场价格略有上升。2006年居民消费价格比2005年上涨1.6%，高于全国（1.5%）低于全省（2.0%）水平；商品零售价格上涨0.6%，低于全国（1.0%）和全省（1.2%）水平；工业品出厂价格上涨2.0%，低于全国（3.0%）高于全省（1.0%）水平。 （市年鉴办）

**中共市委书记** 申维辰
**副书记** 张兵生 郭振中 李永林
**市人大常委会主任** 李荣怀
**副主任** 田玉宝 刘明珠 赵彩英（女） 傅建荣 张丁山 李毓玲 郝小军
**市长** 张兵生
**副市长** 耿彦波 李俊明 荣彤 张春根 张政 王建生
**市政协主席** 姬和平（女）
**副主席** 袁实 赵关顺 王爱萍（女） 王志强 张玉兰（女） 张友君 陈远新 张文旺 薛维梁

# 大同市

**【概述】** 2006年大同市坚持以科学发展观为指导，全市国民经济和社会发展取得新成就。国民经济平稳增长。全市实现生产总值405.96亿元，全市人均生产产值达到12969元，比2005年增长8.57%。市场物价总水平保持平稳，全市居民消费价格总水平比2005年上涨1.5%。其中食品价格上涨1.0%，医疗保健上涨4.4%，交通通讯上涨1.9%，住房上涨8.0%。全市商品零售价格总水平比2005年下降0.2%，工业品出厂价格总水平上涨4.19%。原材料、燃料、动力购进价格总水平上涨10.52%。房屋销售价格总水平上涨3.3%。年末全市社会从业人员138.87万人。其中城镇从业人员71.92万人，农村从业人员66.95万人，全市新增就业岗位66219个，下岗失业人员再就业32196人。"4050"人员再就业5294人。年末全市城镇登记失业率为3.9%。

本市国民经济和社会发展的主要问题是：经济结构不够合理，发展速度偏低，传统产业改造滞后，新型产业发展不快，对外开放领域较窄。农业基础薄弱，县乡经济实力不强，产业化程度较低。

农业 2006年全市农作物总播种面积33.107万公顷，比2005年增加7820公顷。全市粮食总产量达到76.29万吨，比2005年下降1.19%；油料产量1.81万吨，比2005年下降10.02%；甜菜产量1.53万吨，比2005年增长243.63%；蔬菜产量85.10万吨，比2005年下降5.83%。林业生产全年共完成造林面积34640公顷，荒山荒地造林面积完成1999公顷。年末实有封山育林面积117126公顷。畜牧养殖业全年生猪出栏86.13万头，较2005年增长5.30%；牛出栏5.82万头，增长20.11%；羊出栏109.63万只，增长5.25%。全市肉类总产量9.96万吨，较2005年增长6.76%。全年有效灌溉面积11.689万公顷。农业化肥施用量26.72万吨，比2005年增长2.09%；农业用电量2.20亿千瓦小时，比2005年下降5.29%。

工业、能源 2006年全市完成工业增加值194.27亿元，比2005年增长5.10%。实现工业销售产值392.62亿元，比2005年增长11.30%；工业产品销售率为94.46%，比2005年下降2.17个百分点。国有及国有控股企业完成工业增加值141.94亿元，比2005年增长7.72%。全年全市大中型工业企业完成增加值131.14亿元，比2005年增长7.02%。主要工业产品产量：原煤产量（全社会）6915.98万吨，比2005年下降13.92%；发电量1857537万千瓦时，比2005年增长14.17%。啤酒、化肥、水泥、生铁、粗钢、钢材、化学原料药、合成橡胶、机车、电石、烧咸均比2005年有所增长。白酒、合成洗涤剂等有所下降。全市规模以上企业完成产品销售收入413.77亿元，比2005年增长12.92%，实现利税48.34亿元，增长13.56%。全年外销煤炭6488.73万吨，比2005年下降17.09%。

建筑业 2006年建筑业实现增加值18.96亿元，比2005年增长8.30%。建筑企业完成总产值40.48亿元，增长11.75%。房屋建筑施工面积269.12万平方米，比2005年增长20.4%；房屋竣工面积157.52万平方米，比2005年增长27.7%。

固定资产投资 2006年全市固定资产投资完成160.06亿元，比2005年增长5.60%。其中国有经济单位投资完成86.64亿元，增长12.33%；非国有经济单位投资完成73.42亿元，比2005年下降1.34%。教育投资完成4.3亿元，增长37.31%；卫生完成投资0.73亿元，增长42.63%。房地产业开发投资完成21.42亿元，比2005年增长46.6%。商品房销售面积79.6万平方米，比2005年增长19.86%。全市固定资产投资施工项目677个，建成投产项目401个，新增固定资产91.65亿元。

国内贸易 2006年实现社会消费品零售总额152.94亿元，比2005年增长15.08%。其中，城市消费品零售总额为131.94亿元，增长14.21%；县及县以下消费品零售总额为21.00亿元，增长20.80%。居民消费结构不断升级，家用电器类增长7.54%；文化办公用品类增长28.28%；服装鞋帽、针、纺织品类增长69.34%；石油及制品类增长188.67%。

对外贸易 2006年全市进出口总额完成14628万美元，比2005年下降0.6%。其中出口完成12490万美元，增长35.12%；进口完成2138万美元，下降60.93%。全市新增外商投资企业5家，境外直接投资11655万美元，增长27.3%。全年合同利用外资11655万美元，实际到位外资3110.5万美元。

旅游 2006年总收入47.64亿元，比2005年增长43.6%。旅游人数822万人次，比2005年增长13.54%。全市共接待海外旅游者99382人次，比2005年增长24.1%，旅游外汇收入3295.3万美元，比2005年增长43.5%；接待国内游客812.1万人次，比2005年增长13.4%；国内旅游收入44.96亿元，比2005年增长43.4%。全市有涉外星级宾馆饭店17家。

**交通邮电** 截至2006年底全市铁路营业里程达到1163.4公里。公路通车里程达到9289.7公里，其中高速公路达到111.7公里。全市已通公路村数达1951个，通油路（水泥）的村1451个。2006年完成旅客运输量2971.8万人，比2005年增长4.75%。完成货运量29584.5万吨，比2005年增长9.45%。全市完成货物周转量1600.3亿吨公里，比2005年增长18.15%；旅客周转量35.5亿人公里，比2005年增长6.96%。2006年末全市民用车辆保有量达到26.27万辆，比2005年增长18.60%，其中私人汽车21.38万辆，增长28.87%。轿车保有量4.35万辆，比2005年增长13.28%，其中私人轿车达3.23万辆。

2006年完成邮电业务总量25.63亿元，比2005年增长16.77%。其中，电信业务总量23.15亿元，增长15.81%；邮政业务总量2.49亿元，增长27.07%。全市电话交换机总容量达到214.28万门。固定电话用户86.27万户，年末移动电话用户达到127.37万户，计算机互联网用户达到17.8万户，增长6.59%。全市拥有邮局（所）139个；全市电话普及率每百人达到68部，比2005年提高12部。

**财政金融** 2006年全市财政总收入完成75.15亿元，比2005年增长21.23%，增收13.16亿元。增值税、企业所得税、个人所得税和营业税等四大税种共完成税收61.59亿元，增收9.9亿元。全市一般预算支出执行56.66亿元，比2005年增长20.61%。

全市金融机构各项存款余额达到910.92亿元，比年初增加144.27亿元，比2005年同期增长18.82%。其中，城乡居民储蓄存款余额554.21亿元，增长16.10%；各项贷款余额256.03亿元，比年初增加35.70亿元，比2005年增长15.89%。全年全市金融机构累计现金收入1608.22亿元，累计现金支出1608.79亿元。收支相抵年末货币投放0.57亿元，比2005年少回笼43.42亿元。

**保险** 2006年保费收入13.86亿元，比2005年增长10.37%。全年支付各类赔付额1.87亿元，比2005年增长5.06%。

**科学技术** 全市坚持科学发展观和科技为经济建设服务的方针，获山西省成果推广计划8项，获山西省科技进步奖3项。2006年共举办各类科技培训340次，举办讲座65次，引进推广农作物新品种125个、推广新技术30项。

**教育** 教育事业稳步发展。全市有普通高校1所，招收本、专科生9259人，在校学生27789人；普通、成人中等专业学校23所，招生5878人，在校学生16353人；普通中学279所，招生76192人，在校学生224805人；小学校1735所，招生47098人，在校学生322727人；特殊教育在校学生341人；幼儿园在园幼儿36732人。全市普及九年义务教育人口覆盖率达到100%。小学适龄儿童和初中入学率分别达到99.9%、98.7%。

**文化** 全市有艺术表演团体14个，文化馆12个，公共图书馆13个，博物馆1个，档案馆13个，广播电台1座，中、短波广播发射台和转播台1座，电视台2座，1千瓦以上电视发射台和转播台6座。广播人口覆盖率93.02%，电视人口覆盖率96.74%，有线电视用户25.4万户。全年创作《边城罢剑》等大型剧本3部，恢复传统剧目10多个，编写小戏、小品、音乐剧、相声等节目20多个。《边城罢剑》获“全国少数民族文艺会演”最高奖“综合大奖”。大同耍孩儿、灵丘罗罗腔入选国家非物质遗产名录。全市公开发行报纸7种、2835万份。期刊出版物6种、262万册。

**医疗卫生** 2006年末全市共有医疗机构1048个，床位11908张。其中医院、卫生院251个，床位11202张；疾病预防控制中心23个；妇幼保健机构13个；专科疾病防治机构3个。年末全市卫生机构共有卫生技术人员16359人，其中医师和助理医师7888人，注册护士4966人。农村卫生院卫生技术人员1430人。

**体育** 在省运会上大同市派出464名运动员，参加14个项目比赛，共获得金牌282枚，银牌201枚，铜牌174枚，总分名列全省第二。全市体育人口已达110万人。占总人口的35%。

**环境保护** 环境质量得到改善，全市加大执法力度，实施“蓝天碧水”工程，空气质量日报监测出的Ⅱ级以上良好天气达到239天，比2005年的220天Ⅱ级以上质量天气增加19天。全年新增200万平方米集中供热面积，城市集中供热面积达1200万平方米。市区平房户全面推广使用型煤等清洁燃料。全市已建成烟尘控制区61.9平方公里。

**人口和人民生活** 2006年末全市总人口为314.07万人，人口出生率为12.25‰；人口死亡率为5.42‰；全年净增人口30364人，自然增长率为6.83‰。在总人口中，城镇人口154.17万人，比2005年增长2.54%，占全市人口比重为49.09%。城乡居民收入增加。城镇居民人均可支配收入为9765元，比2005年增长14.54%，城镇单位在岗职工平均工资18110元，较2005年增长15.87%；城镇居民人均消费性支出6962元，比2005年增长8.98%。全年农民人均纯收入2661.47元，比2005年增长11.16%；农民人均消费支出1445.37元，增长4.35%。全市城镇居民人均居住面积达到17.37平方米，比2005年增加0.45平方米；农村居民人均住房面积达到17.46平方米，比2005年增加0.92平方米。年末城镇拥有各种社区服务设施160处，社区服务中心5个，福利院床位数897张，收养人数897人。国家抚恤、补助各类优抚对象6456人，全市共有24.29万人得到政府最低生活保障救济，发放低保资金18307.2万元；救济农村特困户4.35万户、8.61万人，发放救济金313.2万元；供养农村五保户1.48万户、1.55万人，发放资金1490.3万元。全市有44万职工参加了失业保险。有26.9万职工参加了养老保险。共为8.2万企业离退休人员发放养老金6.5亿元，基本养老金社会化发放率达100%。参加医疗保险的职工人数达49万人。（姚　斌）

**【参加举办招商引资洽谈会】** 2006年大同市加大对外开放、招商引资力度，先后组团参加和举办五次招商会，共签订合同项目20项，引进资金175.59亿元。市发改委在全市范围内征集、会审并对外发布招商引资项目333个。先后参加“2006山西（上海）经济合作项目洽谈会”、“2006山西（香港）投资洽谈会”、“2006大同国际投资高峰论坛暨项目洽谈会”、“2006沿海地区企业来同投资项目对接会”和“第一届中国中部投资贸易博览会”。五次招商引来的项目涉及商贸旅游、服务贸易、煤炭化工、冶金、机电、医药、电力、农业等多个行业，其中世界500强企业沃尔玛、麦当劳都落户大同。（姚　斌）

**【国务院批准《大同市城市总体规划》】** 2006年10月，国务院批准《大同市总体规划》（2006～2020年）。标志着本市城市规划管理迈上新台阶。该规划从编制、深化、修改到审批历时6年。认真分析了大同在全国、全省的地位和作用，总结了全市在产业结构、城市规划、名城保护等方面的经验与教训，以科学发展观来编制规划，具有时代感和前瞻性。它明确了大同的城市性质、战略目标、发展方向，描绘了15年大同发展的蓝图，成为大同市建设和经济社会发展的总纲。总体规划中，大同市主城区形成“一主两副、扇形组团”的新布局。即以城区为核心，以御东区和口泉区为侧翼，形成三个相对独立的城区组团，每个组团合理规划，特色鲜明，功能迥异，共同构成大同的政治、经济、文化的核心区域。城区以古城为依托，突出强调历史文化名城保护这一主题。御东区是未来大同新的中心，以新城建设为主体内容，全力构建大同新的政治、经济、文化中心。口泉区则突出能源工业。（姚　斌）

**【大同机场全面通航】** 2006年1月24日19时20分，从广州白云机场起飞的一架波音737－300型客机，平稳降落在大同机场跑道上，标志着大同机场实现全面通航。大同机场是国家民航总局支线机场建设网络的重要组成部分。该机场位于大同县倍加造镇北，占地2159亩，机场等级为3C，工程概算总投资29320万元。该机场于2001年4月18日开始实施“四通一平”工程，7月29日正式奠基开工。2005年6

月15日工程竣工验收。该机场具备起降波音737等中型以下客机的条件，现已开辟大同至北京、广州、上海等地的往返航线，并利用大同的区位优势，开展和扩大货运业务。

（姚 斌）

**【春雨助学行动】** 近年来，困难家庭子女就学难，特别是考上大学上不起学的问题，引起党和政府以及社会各界的高度关注。从2002年开始，大同市总工会每年都发起帮助特困职工子女顺利入学的“金秋助学行动”。几年来先后拿出救助资金116万元，帮助1018名特困职工子女顺利入学。2006年市总工会实行以爱心助学、成就梦想为主题的“春雨助学行动”，将前四年帮助考取一本、二本高校的特困职工子女顺利入学，改变为帮助其完成大学四年学业。这一举措得到群众广泛关注。一年来共筹集助学资金1720万元，其中企业和社会各界捐款951万元。2006年8月24日市总工会举行助学金发放仪式，302名考取一本、二本高校的特困职工子女领到第一年每人2000元的资助款。并对109名在校读书的单亲特困职工子女给予每人1000～2000元的资助。还首次将考取一次、二本大学的外来务工人员子女，列入救助范围，对28名外来打工人员子女给予每人1000元的资助。

（姚 斌）

**【耍孩儿、罗罗腔入选非物质文化遗产名录】** 2006年6月国务院公布第一批国家非物质遗产名录，大同市申报的耍孩儿、灵丘罗罗腔榜上有名。耍孩儿又称咳咳腔，流行于山西北部大同、怀仁、山阴、应县一带，是有着700多年历史的地方剧种，优美的曲调，以及独特的后嗓发声等特点，使其成为地方特色浓郁且鲜明的稀有剧种，有“戏剧活化石”之称。罗罗腔则是流行于山西北部灵丘县及其周边浑源、应县、繁峙县及河北阜平县部分地区的一个古老的地方剧种。原为一人前台演唱，众人后台合唱罗罗之声，故名“罗罗腔”。罗罗腔唱腔优美，节奏明快，行进流畅，深受群众喜爱。

（姚 斌）

**【大同煤矿沉陷区治理、棚户区改造】** 2006年4月17日，大同煤矿沉陷区治理、棚户区改造拉开帷幕。大同煤矿综合治理工程的总体规划是：利用三年时间，投资30.43亿元，新建17个居住小区，住宅建筑面积290.412万平方米，安置居民48402户；货币补偿农村受灾居民774户；补贴维修加固住宅105.595万平方米，受益居民21119户。新建学校、医院、幼儿园等配套建筑面积28.3801万平方米，受益居民21119户。同煤集团投资60亿元，力争用三年时间，建成1500栋、总面积达到600多万平方米的住宅楼，让10万户30万名矿工和家属住进新楼房。大同煤矿沉陷区治理，棚户区改造工程得到省委、省政府的高度关注。大同市委、市政府多次召开专题会议研究部署具体工作，市领导多次深入建设工地现场办公。市发改委、财政、国土、建委、规划、房管、邮电等部门和单位与同煤集团并肩协作，为工程建筑大开绿灯。截至2006年11月底，大同煤矿沉陷区综合治理工程已完成投资77594万元，新建住宅483栋，可安置受灾居民10680户；棚户区改造工程新建住宅190栋，10026套，建筑面积77万平方米，均圆满完成年初确定的各项任务。

（姚 斌）

**【山西大同大学挂牌成立】** 2006年7月1日，山西大同大学正式挂牌，大同从此有了综合性的高等学府。山西大同大学由雁北师范学院、大同医学专科学校、大同职业技术学院、山西工业职业技术学院四所院校合并组建而成。2002年7月由教育部批准筹建，2005年11月接受专家组评估考察，2006年3月20日教育部正式批准成立。该校在筹建中，校园基本建设、学科专业建设、师资队伍建设等各项事业均取得了可喜的进步，办学条件明显改善，综合实力有所增强。目前，学校占地面积2400亩，建筑面积达70多万平方米，教学仪器设备总值1亿多元，图书馆藏书180余万册，中外学术期刊3600余种，电子期刊12000种。学校下设政法、文史、外国语、工学、医学、艺术、农学等16个学院，开设本科专业35个，全日制本科在校生2万余人。2006年首次向全国27个省、区、市招生。该校还从2006年全国招生计划中专门拿出260个本科招生名额，作为当地地方性计划。

（姚 斌）

**【中国工商银行与同煤集团签署合作协议】** 2006年3月9日，中国工商银行与同煤集团全面战略合作协议签约仪式在京举行。根据协议，今后工商银行将牵头或组织银团对同煤集团“十一五”期间规划的煤、电、铝、煤化工等39个能源项目建设提供450亿元的融资支持，并将为其提供网上银行、资金归集、系统内委托贷款等方面的现金管理服务和结售汇、国际结算、国际贸易融资等国际金融服务，以及提供债务比重结构调整、债务期限搭配、外债利率互换等动态管理服务。拥有了这一强劲的金融支持，为同煤集团新型能源基地建设增添了动力。

（姚 斌）

**【左云县新井煤矿发生特大透水事故】** 2006年5月18日，左云县张家场乡新井煤矿发生透水事故，造成56人死亡。这起性质恶劣、损失严重、影响极坏、特别重大的煤矿透水事故，为全市、全省乃至全国安全生产工作又一次敲响了警钟。这是一起非法盗采资源，严重超能力、超强度、超定员生产引发的安全生产事故。该事故引起党中央、国务院、省委、省政府的高度重视。国务委员、国务院秘书长华建敏作出重要指示，国家安全生产监督管理总局和省、市领导赶赴现场部署抢险。该事故调查处理结果，新井煤矿总承包人李付元、新井煤矿矿长司功、左云县张家场乡党委书记常瑞、山西煤矿安全监察局大同分局科员苗壮等48名直接责任人被移送司法机关处理，25人受到相应的党纪、政纪处分。

（姚 斌）

**【冯丽君捐髓救人】** 2006年8月14日，大同红十字中心血站24岁的护士冯丽君在北京市道培医院成功地捐献了210毫升造血干细胞，为一位素不相识的吉林白血病患者带来了重生的希望。为了不让父母担心，她与未婚夫悄悄到京捐献造血干细胞。山西省红十字会用“三个一”来定格冯丽君的举动：“她是山西省第一位捐献造血干细胞的女性、是山西省血站系统捐献造血干细胞第一人、是大同市第一例造血干细胞捐献者”。

（姚 斌）

**【晋华宫矿举办首届井下集体婚礼】** 2006年12月2日，一场以“热爱祖国、热爱矿山、热爱岗位、热爱家庭”为主题的首届“相约煤海，地久天长”集体婚礼在晋华宫矿井下300米深处隆重举行，10对矿山儿女头顶矿灯，脚踏水靴，在欢快的乐曲声中，在父母和亲朋的祝福下喜结良缘。10对新人中，新郎全部是晋华宫矿井下一、二线青年员工，新娘中有5人在同煤集团所属的各矿工作，有的家庭已是四代矿工之家。副省长靳善忠为新人发来贺电，同煤集团董事长、党委书记刘随生为新人证婚。

（姚 斌）

**中共市委书记** 郭良孝
**副书记** 丰立祥 梁凤书 马福山
**市人大常委会主任** 安大钧
**副主任** 王建国 马 普 王玉田（女） 周 升 冯及时 董变英（女） 王克勤 马维平
**市 长** 丰立祥
**副市长** 高 印 李世杰（女） 张富文 王雁峰 冀明德 李武章 郝月生
**市政协主席** 孙辅智
**副主席** 陈金宝 杨春龙 于秀兰（女） 于学敏 翟纲绪 高昌荣 白世镇 徐世立 刘 美

## 城 区

**【简述】** 2006年，大同市城区下辖街道办事处14个，有东街街道办事处、西街街道办事处、南街街道办事处、北街街道办事处、南关街道办事处、北关街道办事处、新华街街道办事处、新建南路街道办事处、新建北路街道办事处、振华街道办事处、向阳里街道办事处、大庆路街道办事处、老平旺街道办事处、西花园街道办事处。街道办事处下设 108 个居民委员会。2006 年末全区总人口 558122 人，其中，男性 276246 人，女性 281876 人，性别比 1∶0.98，人口密度每平方公里 1.2133 万人。

*综合实力显著增强，结构调整初见成效。*2006 年，全区实现地区生产总值 9.91 亿元，是 2002 年的 3 倍，年均递增 31.8%；财政总收由 1.4 亿元增加到 3.4 亿元，年均递增 24.8%；一般预算收完成 8652 万元，是 2002 年的 1.8 倍，年均递增 15.4%；结构调整迈出坚实步伐。“非公大区”建设取得长足进展，民营经济税收相继突破 1 亿元、2 亿元，达到 2.24 亿元，比 2002 年增长 217.2%，占全区税收的比重由 53%提高到 68%，成为拉动全区经济发展、财政增收的主导力量。“三产大区”内涵进一步丰富，煤运、餐饮、商贸等传统优势产业不断升级壮大，社区、家政、房地产等现代新型服务业蓬勃发展，第三产业的增加值快速攀升。工业经济初步改变了“老、小、低、散”的状况，形成了以煤炭、制药、陶瓷、水泥为支撑，多业并举的良好发展态势。项目建设取得重大进展，相继建成了云冈国际酒店、块煤发运站等 29 个重点项目，区域发展后劲明显增强。

*各项改革不断深化，对外开放取得明显成效。*稳步实施产权制度改革、内部配套改革和公司制、民营化改造，企业改革取得新的突破，一批区属企业重新焕发生机；全面推进财政管理体制、行政审批制度改革，政府的行政行为进一步规范，行政效率明显提高；街道税制改革不断深化，街道财力显著增强；事业单位人事制度改革有序推进，全员聘用制度、岗位管理制度全面推行。招商引资取得重大突破，四年来共引进 5000 万元以上的项目 12 个，实际到位资金 11.7 亿元。肯德基、麦当劳、沃尔玛三个世界 500 强企业落户城区。

*城市管理服务水平不断提升，城市面貌和发展环境逐步改善。*全区累计投入城市维护费 1600 多万元，新建高标准公厕 20 座，垃圾转运站 9 座，新增绿化面积 1.1 万平方米。推行了区、街、居三级联动管理机制，强化了“门前三包”责任制，城市管理的长效机制不断完善。围绕解决群众关心的难点热点问题，多次组织开展了声势浩大的市容环境综合整治，并全面启动了型煤推广工作，市容市貌、环境卫生质量明显改善。社区建设取得历史性突破，投资 3000 多万元，建起了 20 个标准化示范社区、3100 个社区服务网点，社区服务功能不断提升，南关街小西门社区、新华街山橡社区等一批社区获得“全国商业示范社区”、“全市首批示范社区”等多项荣誉，城区被命名为“全省社区建设示范区”。加强市场经济秩序和机关作风整顿，大力开展软环境治理、机关效能建设和行风评议，全区发展环境持续好转。

*社会保障体系不断加强，群众得到实惠。*全区累计新增就业岗位 3.3 万个，安置“4050”人员 3366 人。职工基本养老保险覆盖面逐步扩大，共计征收养老保险金 4500 万元，发放 7300 万元，发放率达到 100%。医疗统筹保险全面启动，覆盖率达到 60%，1.27 万人的就医得到保障。社会弱势群体的基本生活得到有效救助，累计发放低保金 2.24 亿元，涉及 2.7 万户、7.1 万人。2006 年，财政供养人员工资大幅增长，省内物价补贴、预发增资全部兑现。

*社会和谐稳定，各项事业全面发展。*以建设平安城区为主题，不断加强社会治安综合治理，获得“全国社会治安综合治理先进集体”和全市首批“平安区”称号。实施科教兴区战略，科技进步对经济社会发展的贡献率不断提高。大力改善基础教育办学条件，相继新建、扩建了 9 校、1 校、40 校、14 校、24 校等 8 所小学。加强文化阵地建设，组织开展了“城区首届广场文化艺术节”、“文化快车周末行”等系列活动，极大地丰富了广大市民的文化生活。不断完善疾病防控体系，突发公共卫生事件应急能力进一步增强，获“全国红十字工作先进区”称号。计生工作获得“全国计划生育优质服务先进区”荣誉，审计、地矿、人武、宗教、信访、档案、残疾人等各项社会事业都取得了新成绩。

*民主法制建设健康发展，精神文明建设稳步推进。*区政府自觉接受人大监督，主动向人大及其常委会报告工作。积极支持人民政协的工作，主动加强同各民主党派、无党派人士和人民团体的联系，广泛听取社会各方面的意见和建议，共办理市、区人民代表建议、意见 88 件，政协委员提案 294 件。深入开展“四五”普法教育，公民法律意识进一步增强。广泛开展群众性精神文明创建活动，加强公民道德建设，社会文明程度和市民素质进一步提高。全面落实党风廉政建设责任制，强化审计监督，严肃财经纪律，坚持标本兼治，狠抓源头治腐，党风、政风进一步改善。（白　桦）

**【开展节前消防安全大检查】** 从 2006 年 1 月 17 日开始，城区政府组织公安、消防、安监、文化等相关部门重点对人员密集和易燃易爆场所进行突击检查。共查处火灾隐患 48 处，当场整改隐患 16 多处，下达《限期整改通知书》24 份，现场查封加油机 2 台，关闭茶社 1 家，关闭无证网吧 1 家。（白　桦）

**【城区敲定 2006 年重点项目】** 2006 年 2 月 10 日，城区政府常务会敲定本年度重点项目 13 项，拟建项目有 10 个，总投资 5.4731 亿元。城区储备项目有 21 个，总投资 6.037 亿元。（白　桦）

**【2005 年退役军人报到工作】** 2006 年 3 月 2 日，城区 2005 年退役军人报到工作正式开始，至 2006 年底，共接收报到退役军人 544 名。（白　桦）

**【“打黑除恶”专项行动拉开帷幕】** 2006 年 4 月以来，城区公安分局在全区范围内开展声势浩大的“打黑除恶”专项行动，共出动警力 2200 余人次，清查网吧 82 家，整顿歌舞厅、迪吧 33 家，酒吧 31 家，洗浴场所 21 处，旅馆 75 家，出租屋 400 余间，查封 21 家无证经营游戏厅，责令 12 家旅馆停业整顿。依法取缔了大同公园门前自行车黑市，没收违法自行车 30 余辆。打掉一个盗窃摩托车、电动车、自行车犯罪团伙，共破获各类案件 15 起，力保城区社会治安稳定安宁。（白　桦）

**【开展打击非法违法煤矿“百日专项整治活动”】** 城区政府安排部署了从 4 月 30 日开始至 8 月 10 日为止的打击非法煤矿，维护矿产资源开发秩序，实现矿产资源合理开发利用的“百日专项整治活动”，并制定了五项具体措施：一是加强宣传，确保认识到位；二是精心组织，确保措施到位；三是加强巡查，鼓励举报，确保执法到位；四是密切配合，确保监管到位；五是严格把关，确保关闭到位。（白　桦）

**【新华街道办事处获“2001～2005 年全省婚育新风进万家活动先进街道”称号】** 6 月 5 日，在太原召开的“2001～2005 年全省婚育新风进万家活动表彰大会”上，城区新华街街道办事处被省委宣传部、省民政厅、省广播电视局等 10 部门评为“2001～2005 年全省婚育新风进万家活动先进街道”，这是城区唯一一家获此殊荣的单位。（白　桦）

**【向阳里社区服务中心落成启用】** 2006 年 7 月 18 日，城区向阳里社区服务中心举行落成庆典仪式。城区向阳里社区服务中心，是全国养老服务社会化示范单位的重点工程之一，一期工程投资 160 万元，建筑面积达 1400 平方米，集社区老人疾病防治、文化娱乐、健康休闲、托老养老、家政餐饮为一体，将按照社会化、示范化和产业化的发展方向运作，为社区老年人提供全面周到的服务。（白　桦）

**【招商引资工作】** 2006 年，城区以建设“非公大区”和“三产大区”为目标，把“招引联、上项目”作为突破口，强化措施，全力服务，开创了非公经济发展的新局面，非公经济税收已突破 2 亿元，一年来，全区招商引资项目 65 个，注册资金总额达 2.9 亿元，已实现税收 660 万元。（白　桦）

| | |
|---|---|
| **中共区委书记** | 张志伟 |
| **区人大常委会主任** | 王建中 |
| **区　长** | 李根田 |
| **区政协主席** | 崔建中 |

## 矿　区

**【简述】**　行政区划与分布　大同市矿区位于山西省北部，大同城西南，地理坐标为北纬39°55′～40°08′，东经112°53′～113°12′。矿区所辖区域东与大同市南郊区平旺乡相连，南与南郊区口泉乡相接，西至燕子山与左云县接壤，北与大同市新荣区毗邻。在所辖区域内，既有本区管辖的以城市人口为主的居民区片，又有以大同市南郊区管辖的农业人口为主的部分乡镇村庄。两区辖地犬牙交错，相互交织在一起，没有明确的区界。

矿区政府从1970年10月建区、1980年2月从大同矿务局分出直接划归大同市人民政府领导以来，一直以服务矿山经济建设和职工家属的生活为主。管辖范围是以驻区同煤集团公司、115地质队、口泉火车站等驻区单位的职工家属居民区片，没有耕地资源和农业人口。基层行政管理实施的是管辖城镇居民区片的街道办事处制。1970年10月建区时，全区下辖11个街道办事处。1980年2月，矿区政府从“政企合一”的体制中由大同矿务局分出直接归大同市人民政府领导时，街道办事处增至18个。1993年3月，以同泉路为界，从新平旺街道分出一部分辖区和人口设立新胜街道办事处，全区街道办事增至24个，一直到2006年底街道办事处总数未变。

全区24个街道分布状况为：分布于口泉沟内的街道办事处有：永定庄、同家梁、大斗沟、白洞、四老沟、雁崖、杏儿沟、挖金湾、王村9个；口泉沟外的有：口泉、新泉、煤峪口3个；分布于忻州窑沟内的有忻州窑街道办事处1个；分布于云冈沟内的有：青磁窑、晋华宫、姜家湾、四台沟、马脊梁、燕子山6个；分布于新平旺地区的有：民胜、新平旺、新胜、平泉4个。此外，尚有坐落在左云县店湾镇境内的马口街道办事处。其中新平旺地区4个街道办事处的辖区、口泉沟外的3个街道办事处的辖区，经数年的城市建设和人口的增多，分别连成了一片。新平旺地区是矿区区委，区政府及驻区大型企业同煤集团公司机关所在地，也是全区政治、经济、文化的中心。

人口与计划生育　2006年底，全区24个街道办事处102个社区内城市常住居民户籍总户数153811户，总人口470421人，其中女性218072人。全区24个街道中，人口最多的街道是平泉街道，有15881户51545人；人口最少的街道为口泉沟内的杏儿沟街道，仅854户2121人。全区470421人中，年龄结构为：18岁以下89189人，占全区总人口的18.96%；18～35岁138479人，占29.44%；36～60岁180625人，占38.39%；60岁以上的老年人62128人，占全区总人口的13.2%。民族结构为：全区470421人中，汉族468726人，占全区总人口约99.64%；少数民族1695人，占0.36%。全区共有19个少数民族，其人口状况为：回族771人，满族551人，蒙古族117人，土家族83人，苗族46人，黎族43人，朝鲜族38人，侗族11人，锡伯族10人，壮族6人，彝族4人，白族、仡佬族各3人，藏族2人，布依族、瑶族、傈僳族、达斡尔族、拉祜族各1人。此外，尚有印尼人籍2人。

全区年度计划生育状况为：全区育龄妇女总人数为142315人(15岁至49周岁)。其中已婚育龄妇女为111925人，已婚未育为5945人，女性初婚人数1912人。全区年度出生人口2783人，出生率5.85‰；符合政策生育率为99.96%，死亡人口855人，死亡率1.80‰；自然增长人口1928人，增长率4.05‰。本年度全区计生工作采取各种节育措施例数为：女性绝育5例，其中：二孩4例；人流173例；宫内置节育器2662例，其中一孩2534例；全区一孩率98.56%，综合节育率89.37%。

是年，区政府针对本区流动人口分布广、范围大，清查工作难度大的特点，成立了区流动人口清查验证工作领导组，由区综治部门牵头，人口计生部门全力以赴，相关部门密切配合，深入开展了流动人口计划生育清查验证工作。全区共清查流入人口31205人，已婚育龄妇女31205人；流出人口1007人，已婚育龄妇女264人；流入人口持证率71.99%，验证率100%；流入人口建档率70%，育龄妇女服务率68%。流出人口发证率100%，流出人口管理服务率68%，已婚育龄妇女当年三查率80.23%。是年，区人口与计划生育工作受到山西省人民政府表彰，被授予“2006年度人口与计划生育工作先进区”和“全省流动人口计划生育清查验证工作先进单位”称号。

国民经济　2006年，区委、区政府认真贯彻十六届四中、五中、六中全会精神和科学发展观，坚持以发展为主题，以经济结构调整为重点，不断深化各项改革，积极推进横向联合，大力发展民营经济，努力培植新的经济增长点，使全区经济发展在诸多不利因素的制约下，仍保持了持续发展的态势。是年，全区国内生产值完成64491万元，完成年计划的109.01%，较2005年增长32.34%；规模以上工业增加值完成8826万元，完成年计划的116.75%，较2005年增长49.95%；社会消费品零售总额完成218340万元，较2005年增长19.68%，绝对额净增35998万元；财政总收入完成17778万元，完成年度目标任务的112.41%，较2005年增长29.19%，绝对额增收4017万元。其中一般预算收入完成3967万元，完成年度目标任务的130.71%，比2005年增长43.32%，绝对额增收1199万元。

煤炭产业改革　煤炭产业是矿区工业的支柱产业，区财政收入的重要来源。是年，区委、区政府继续深化煤炭产业改革，不断推进煤矿质量标准化建设，突出抓了以“一通三防”为重点的技术改造工程和井下有毒气体、粉尘、水、火、冒顶片板的防治工程。全年累计用于煤矿标准化建设资金3758万元。其中，投资2012万元的峰子沟煤矿生产系统改造项目和投资1500万元的西周窑煤矿改矿建项目全部完成；投资1500万元的砂石煤矿改扩建项目已按计划进度抓紧实施；将城路沟煤矿与红脊梁煤矿、四台石鸡坡与四台大西沟、西井煤矿成功整合为两座年生产能力为25万吨的煤矿；三道沟煤矿与砂石矿，六道沟煤矿与瓦渍沟、后沟煤矿，大西沟与大南沟煤矿的煤炭资源整合工作已在有序实施。到2006年底，全区24座煤矿中，已有10座达到国家和省标准化矿井的标准。是年，区委、区政府根据省市指示精神，依法对规模较小、资源接近枯竭、管理较为混乱、效率低下、安全隐患较多的高胜等3座煤矿实施了关闭。同时，积极与驻区单位同煤集团公司协商，成功接受了该集团公司弃采的侏罗纪煤炭资源6400万吨。是年，区委、区政府认真贯彻落实省市指示精神，深入开展煤矿集中整治专项行动，坚决打击和制止煤矿非法违法生产和建设行为，进一步加大对煤炭行业管理和安全监管的力度。是年10月，区委、区政府将煤炭工业管理局从区安监局中分离出来，重新调整配齐了两局的领导班子，从体制上强化了对煤炭安全生产的监管；收回了全区14座街办煤矿的管理权限，派驻了矿长，保证了政府指令的畅通无阻。同时，狠抓煤矿安全工作，修订完善了安全生产的相关规章制度，深入开展了以“安全发展、国泰民安”为主题的安全生产月宣传活动；组织召开了春、秋两季安全大检查，“五一”国庆黄金周及节假日期间的安全督察等安全大检查。全年累计检查炼矿173座次，处理问题505条，落实整改措施912条，促进了全区煤矿安全平稳地发展。

地面工业企业改制　矿区所辖地面工业企业，多数为二十世纪七十年代初由街办家属小工厂发展起来的区营集体企业，规模小，设备陈旧，管理落后，技术人才缺乏，定型产品少，多以加工、修理为主。改革开放后，驻区单位大同矿务局各煤矿纷纷建起集体企业，矿用配件自产，使区营地面工业企业依赖大同矿务局的原状逐渐处于困难境地。随着改革开放的进一步深化，区营地面工业企业由于投入不足，设备依旧，技术人才外流，多数企业于二十世纪九十年代末纷纷处于停产半停产状态。针对这种情况，区委、区政府立足区情，审时度势，进一步加快全区工业企业改制的步伐。2006年，引进华能煤机有限公司资金800万元，利用原区设备安装公司闲置多年的厂房，新建的煤机配件开发项目于8月建成投产，开发了井下锚栓、托辊、运输刮板等产品。到年底，完成产值300万元，上缴税金15万元；引进邦奥集团资金2000万元，在原区截齿厂场地开发的系列环保产品项目，于3月建成投产。新开发生产的环保锅炉和型煤产品，完成产值1785万元，上缴税金30万元；区汽车贸易中心新建场所向社会出租；区铸造厂、电器厂场地由开发商开发为商业楼和居民住宅楼，年内此项目尚未完成，区煤机公司、运输公司场地开发已完成拆迁工程。将区营地面工业企业多年闲置的场地实行商业性开发，不仅盘活了闲置的现有土地资源，而且为下岗多年的职工补缴了养老统筹金，解除了下岗职工后顾之忧。

民营经济　2006年，区委、区政府继续把发展民营经济作为区域经济建设的重点，从优化环境、政策引导、提供服务等方面，为民营经济搭建宽阔的平台。通过内引外联、以商招商、以企引企、以外联外，并对全区经济建设中作出突出贡献的民营企业给予重奖等有效措施，使民营经济发展迅猛。是年，区委、区政府建立了招商引资项目库，完善了招商引资促进机制和配套措施，集中开发了一批关系发展全局的重点项目。项目库储备各类建设项目24个，总投资176750万元。其中2006年重点推进的9个建设项目中，新平旺商业中心完成投资4300万元，完成年计划的76.8%；百货公司、食品厂场地开发项目，完成投资1000万元，完成年计划的125%；通欣园小区开发项目，完成投资2400万元，完成年计划的100%；环保锅炉、清洁蜂窝型煤系列环保产品项目，完成投资2000万元，完成年计划的100%；口泉公园基础设施改造项目，完成投资520万元，完成年计划的100%；煤机配件开发项目，完成投资800万元，完成年计划的400%。区委、区政府紧紧抓住全市推动项目发展的大好形势，积极协调全区各有关部门，优选了招商项目，先后参加了沪洽会、港洽会、中博会，并在互联网上成功地发布了9个招商引资项目，受到各参展商的广泛关注。在长沙中博会上，矿区新平旺商贸中心项目和宏达家具广场扩建工程项目，成功地和北京高达国际贸易有限责任公司和北京佳居房地产开发公司进行了合作，分别签约了总投资4000万元和800万元的共建协议，两份协议共引进资金2000万元，为矿区经济的持续发展注入了新的活力。是年，成立了矿区总商会同业公会，对推动全区工商业行业化的健康发展起到了积极作用。区委、区政府积极引导民营企业开阔思路，承接调产项目，参与国有、集体企业的改组改制和社会公共服务事业建设。年内引资8120万元建成的4个大项目分别是：引资3000万元，建成建筑面积1万平方米的泉武世纪百货商厦；引资1300万元，建成建筑面积6000平方米的同泉商务酒店；引资3000万元，完成了总面积2万平方米的矿区百货公司、食品厂场地商业开发项目一期主体工程；引资820万元的口泉公园北墙沿街商铺改造项目，已全部竣工，进入招商阶段。到2006年底，全区个体工商户和私营企业累计发展到7545户，从业人员16871人，注册资金14961万元。其中仅2006年内新发展私营企业34户，新增从业人员225人，新增注册资金893万元；新发展个体工商户732户，新增从业人员1223人，新增注册资金1838万元。年内全区非公有制经济上缴税金9138万元，占全区财政税收的57.4%。区民营经济已成为矿区经济建设中不可缺少的重要支撑力量。

固定资产投资　2006年，区委、区政府积极把握国家产业政策方向，吸引各方面资金科学投资，投资完成速度明显加快，经济发展基础不断夯实。是年，全区固定资产投资完成9090万元，较2002年净增6648.6万元，年均增长39%。其中校北街金都玉景经济适用住宅小区完成投资4300万元；区检察院办公楼项目完成投资750万元；区劳动力市场建设项目完成投资490万元；迎欣园小区建设项目完成投资2400万元；建筑工程公司经济适用房二期工程完成投资330万元；口泉公园北墙改造工程完成投资820万元。

社会保障　2006年，区委、区政府继续以“两个确保”为重点，努力做好下岗职工基本生活保障、失业保障和城市居民最低生活保障“三条保障线”的有机衔接，确保全区社会和谐稳定。是年，全区参加养老保险统筹的企业累计112户，参保率为98%，参保职工5670人。全年共征缴养老保险统筹金1100万元。全区离退休人员3945人，离退休人员养老金社会化发放率为100%，并在全市各县区率先启动了自收自支事业单位职工养老保险制度。区委、区政府继续认真贯彻落实国家低保条例，进一步规范完善低保工作制度，加大对享受低保待遇人员的复核力度，努力做到不该保的一个不保，该保的一个不漏，力争公平、合理。经深入调查，严格复核，年内取消不该保的低保对象3793户10813人。同时根据国家低保政策，提高城市居民最低生活保障标准，由原来的人均每月181元；调整提高到201元。截至年底，全区有27161户69264人享受城市居民最低生活保障待遇。全年共发放低保金5663.3万元，基本上实现了动态管理下的应保尽保。同时，区委、区政府高度重视下岗职工就业再就业工作，充分发挥区级劳动力市场和街道劳动保障平台的作用，建立健全职业介绍求职登记等就业服务网络，加大对下岗失业人员的劳动技能培训，千方百计地为就业困难人员上岗创造条件，提供服务。是年，帮助2553名下岗失业人员实现了再就业。此外，区委、区政府积极协调贯彻落实由政府出资购买公益性就业岗位政策，首批安置“4050”人员450名，帮助下岗失业多年的人员实现了再就业。

社区建设　2006年，区委、区政府继续坚持自主发展与依托驻区大型全民企业相结合的方针，进一步加大社区基础设施建设的投入力度，先后投资57万元，完成了31个社区公用用房100平方米以上的建设任务，统一了“煤海家园”标识，达到了办公设施“六室一站一厅”的结构配置。在区财政紧张，可用财力有限的情况下，根据省市指示精神，提高了社区干部的生活补贴。将社区干部生活补贴提高到：社区书记每人每月500元；社区主任每人每月480元；社区委员每人每月460元，增强社区干部搞好本职工作的积极性。同时，区委、区政府大力加强社区精神文明建设，广泛开展创建文明社区活动和开展法律、科技、卫生、文化“四进社区”活动，累计建起了24所市民文明学校、24所社区党校、102所居委会学校，对社区居民进行社会公德、职业道德、家庭美德、构建和谐社会、“八荣八辱”等方面的教育。组织了秧歌队、体操队、舞蹈队、太极拳队等，广泛开展了形式多样的群众性业余文体娱乐活动，既丰富了社区居民的文化生活，又陶冶了他们爱党爱国的共产主义情操。年内，全市社区建设现场会先后在区青磁窑、燕子山街道进行了观摩，矿区的社区建设受到市委、市政府的赞许。年内开展的创建文明社区活动中，全区评出省级文明社区1个，市级文明社区3个。

环境保护　2006年，区委、区政府根据省市指示精神，继续加大环境建设力度，努力创建良好的人居环境，提升城市品位。是年，口泉公园北墙改造项目和园内基础设施改造及景观建设项目，已于7月竣工，并正式对游人免费开放。区委、区政府认真贯彻落实国家及省市环境保护的有关政策法规，狠抓生态环境保护，进一步加大对燃煤锅炉、露天煤场等重点污染源治理的力度。年内共取缔燃煤锅炉11台，露天煤场3家，有效地遏制了污染蔓延的趋势。同时，大力开展城市绿化、美化工作。年内栽植乔木1155株，花木75000株，口泉公园完成绿化面积2500平方米；加强文化市场管理，坚持开展“打黄扫非”专项行动，取缔黑网吧1家，处罚接待未成年人或提供脱网游戏网吧27家，没收不健康的音像制品7200余张、图书1000余册，有效地净化了文化市场；加大市容卫生整治力度，取缔马路市场固定摊点1236个，清理马路仓库及店铺外堆放商品572处，清除墙体广告等2633条（处），市容市貌得到改观。

科技　2006年，区委、区政府继续实施科技兴区战略，不断增加科技投入。是年，科技三项费用投入资金70万元，占年度财政预算支出的1%。由区科技局组织实施的区园林处承担的“提高苗木成活率新技术研究”，区防爆电器厂承担的“BX－127(36)矿用隔爆型语言声光信号装置”等市级星火计划项目正在进行中。

教育　2006年，区委、区政府继续把教育放在优先发展的战略地位，强化政府对义务教育的保障意识，全面启动了义务教育标准化建设工程。数年来，在区财力有限的情况下，区政府累计投资1200万元，对全区5所学校进行了扩建改造，多数学校改扩建为楼房。全区中小学全部配备了多媒体教室，设置了微机室。是年，投资60万元，为130个教室安装了高考专用电子监控设施，并且达到省级标准。由区政府筹措资金，完成了口泉一校操场的硬化工程，区属学校教学硬件设施建设得到进一步完善。同时，认真做了从驻区单位同煤集团公司自办中小学摸底、登记、规划等前期接受的准备工作。是年，区属学校仅有7所，中学两所为口泉二中，口泉三中；小学5所为口泉一校、口泉五校、口泉六校、煤峪口小学、忻州窑小学。全区高中班12个，在校生421人，毕业261人；初中班14个，在校生589人，毕业336人。高中有教职工70人，其中专职教师52人；初中有教职工83人，其中专职教师60人。全区区属5所小学共80个班，在校生3284人，毕业540人；有教职工275名，其中专职教师222人。

*卫生* 2006年，区委、区政府加快卫生事业改革，大力发展社区卫生服务事业，积极引导同煤集团公司二级医疗单位和区卫生院转型为社区卫生服务中心和卫生服务站。截至年底，已申报了33家。同时，区委、区政府认真贯彻落实预防艾滋病、结核病等重大传染病措施，高度重视防控居民群众感染高致病性禽流感，重大疾病预防工作得到进一步加强。根据省市指示精神，区委、区政府组织有关部门不间断积极开展打击非法行医专项行动，依法取缔“黑诊所”147家，有效整顿规范了医疗卫生服务市场秩序，保障了医疗安全。同时，大力实施食品放心工程，整顿规范药品市场秩序，确保了人民群众饮食用药安全。区属中医院1所。数年前，区中医院实施了院长聘任制，院长有权自行聘任医疗专家、医护人员。区中医院实施院长聘任制后，开设有内科、外科、骨科、妇科、儿科、口腔科、五官科、中医科等临床科目及放射科、检验科、B超、腹腔镜等医技科目。是年底，中医院固定职工73名，院长聘用的临床各科专家、医护人员120余人。区属卫生院共5所，分别是：煤峪口、永定庄、同家梁、白洞、口泉卫生院，5所卫生院共有医护人员42名。5所卫生院规模均不大，医疗器械缺乏，仅能治疗一般常见病。矿区人民患有大病，一般在同煤集团公司3所大型医院或区中医院治疗。

*社会治安综合治理* 本区所辖范围点多、线长、面广，居民居住分散。加之，与大同市南郊区、同煤集团云泉公安分局没有明确的治安界限，社会治安协调工作十分困难。近年来，随着改革的不断深化，下岗失业人员和待业人员的增多，特别是入城务工的大批民工的流入，使大量剩余劳动力涌向社会，且人员结构较为复杂，为矿区增加了新的不稳定因素。是年，区委、区政府立足区情，继续加大社会治安综合治理的力度，贯彻群防群治、打防结合、预防为主的方针，逐步健全了全方位的警民联动的社会治安动态防控体系，全面落实社会治安各项防范措施，把维护社会稳定的责任纳入目标考核体系，与全区24个街道签订了综治目标责任状。建立健全了区、街、矿、所“四位一体”的治安防控体系，继续推行“一区一警”制，将“平安矿区”建设不断引向深入。并始终保持对犯罪分子的高压态势，不断深入开展严打整治专项行动，从重从快严厉打击各类犯罪活动。是年，全区共受立各类刑事案件697起，比2005年减少160起，同比下降19%；破获281起，破案率为40%；共打击处理各类作案成员287人，打掉各类犯罪团伙20个。继续严厉打击吸、贩毒品的违法犯罪活动，深入开展全民性的识毒、拒毒、禁毒知识的预防教育，加强对重点人员、高危人群和易染毒场所的监控力度。全年共办理涉毒案件266起，打击处理涉毒人员266人。通过从严从重从快坚决打击各类刑事犯罪专项行动，有力地震慑了犯罪分子，维护了社会稳定，为全区的改革发展，构建社会主义和谐社会，创造了良好的社会环境。

*基层党组织建设* 2006年，区委以夯实党的执政基础为目标，进一步加强对街道工作的领导。经论证考察、慎重抉择，把全区24个街道党委（总支）全部改设为街道党工委，使社区党建工作从过去的只有纵向管理的单位性党建，转变为以横向为主，纵横结合的区域性党建，强化了街道党工委统揽社区党建工作的权威和能力，促进了街道党工委在维护地区社会稳定，整治发展环境，促进经济发展，协调文化教育等社会事务中发挥作用。区委组织了社区改革，将原来的121个社区精简合并为102个，并及时调整了社区党组织，顺利完成了社区党支部的换届工作，选举产生出党支部书记102名，支部委员215名，实现了“一居一支”社区党组织建设目标。同时加强国有企业党建工作，充分发挥了党组织在企业中的政治核心作用；做好国企改制期间职工的思想政治工作，确保了企业各项工作有序进行；继续抓好非公有制经济组织党建工作，通过试点探讨典型带动等形式，提高了整体工作质量。截至年底，全区累计建立了5个非公有制党支部。派驻了16名党建联络员。同时，认真做好发展党员工作，把社会各阶层中的优秀分子吸纳到党的队伍中。年内，全区共发展党员94名。其中35岁以下的49名，占发展党员总数的52.1%，生产工作在一线的78名，占82.9%。

*机关效能建设* 2006年8月18日，区委、区政府根据省市委指示精神，召开了全区机关效能建设动员大会。会上，区委常委、组织部长赵惠民宣读了区委、区政府《关于在全区开展机关效能建设，优化发展环境的决定》，区委常委、纪委书记苏海就如何开展机关效能建设作了全面的安排部署，区委书记郜向华作了重要讲话。会后，全区各单位按照会议精神，全面开展了机关效能建设活动。成立了区机关效能建设领导组，在区财力紧张的情况下，区政府筹资10万余元，配置了办公场所，购买了办公设备，为全体机关工作人员设置了工作牌和胸卡牌。区级领导带头执行今日岗位公示和挂牌上岗制度，以方便群众办事，增强了群众的监督。全区各单位进一步加强了制度建设，完善了部门目标管理责任制和公务员绩效考核制，建立健全了岗位责任制，推进了依法行政责任制，并把制定的各项规章制度制成图版上墙。区机关效能建设办公室不定期的对各单位进行督查，实行了工作督查制。为将全区机关效能建设工作进一步引向深入，9月29日，对全区机关效能建设搞得好的区工商局、政务审批中心进行了现场观摩后，召开了全区机关效能建设经验交流会。会上，对发现问题的12个单位进行了全区通报，并安排部署了下一步工作。到2006年底，区机关效能建设办公室对全区69个部门、基层站所进行的效能督查中，对效能建设搞得较差的14个单位，责令其限期整改。此项工作年内尚未结束。通过深入开展机关效能建设，全区各单位的工作效率和服务水平有了显著提高。（孟祖夷）

**【矿区节日市场商品品种丰富，购销两旺】** 2006年春节来临之际，矿区各商家广开进货渠道，拓宽服务领域，千方百计满足不同层次广大消费者的需求，使矿区节日市场呈现出商品品种丰富，购销两旺的好势头。据调查，矿区现有各类经济户7515个，其中从事食品经营的企业和个体户700余户。全区有大型集贸市场15处，各类超市30多个。主要商务区分布在口泉、新平旺、云冈矿等地区。这些商业网点分布较为合理，基本能够满足矿区居民和周边地区居民的物质生活需求。春节期间，各商家把经销的重点放在群众节日必需品的供应上，吃、穿、用商品品种齐全，多数商场购销两旺，市场销售好于往年。为方便广大群众的节日消费，一些大型商场延长了营业时间，大件家电全部免费送货上门。各餐饮酒店在提前预订节日用餐，免费赠送礼品的基础上，又推出了加工半成品食品的业务。春节期间商品出现购销两旺的可喜局面的原因是，驻区大型企业同煤集团公司职工的经济收入和本区机关、行政事业单位职工收入均有了大幅度提高。（孟祖夷）

**【矿区召开庆“三八”暨巾帼建功表彰大会】** 2006年3月6日，矿区各界妇女代表400余人，在区政府礼堂欢聚一堂，喜庆“三八”国际妇女节。郭永忠、王丽萍、刘川楠等区领导出席了会议。市妇联儿少部长赵子云、宣传部长洪翠珍应邀出席了会议。会上，区妇联主席任玉贤作了全区妇女工作报告，安排部署了全区妇女工作，副区长刘川楠宣读了区妇联《关于表彰矿区“巾帼标兵”、“三八红旗集体”和“三八红旗手”的决定》。大会对全区评选出的欧学联、杨红莲等10名“巾帼标兵”；永定庄街道妇联、新平旺街道幸福路社区等10个“三八红旗集体”；曹秀珍、邓仙梅等80名“三八红旗手”进行了表彰。巾帼标兵代表杨红莲向全区妇女发出如何做好妇女工作的倡议书。区委副书记郭永忠代表区委、区政府作了重要讲话。（孟祖夷）

**【区委召开党风廉政建设、行风评议、环境建设工作暨表彰会】** 2006年3月23日，矿区党风廉政建设、行风评议、环境建设工作暨表彰会在区政府礼堂召开。郜向华、王伟国、王宝林等区级四大班子领导全部参会。市纪委副书记李栋出席大会指导。会上，区委书记郜向华代表区委作了题为《与时俱进、扎实工作，为开创全区党风廉政建设和反腐败工作新局面而奋斗》的讲话；区长王伟国就如何做好政府系统的党风廉政建设和反腐败工作，作了重要讲话；区委副书记、纪委书记郭永忠作了《全面履行职责，构建惩防体系，推动党风廉政建设再上新台阶》的工作报告。报告全面回顾总结了2005年全区党风廉政建设和反腐败工作，安排部署了2006年的工作任务。区委副书记赤建忠宣读了区委，区政府《关于表彰全区党风廉政建设、行风评议、软环境建设先进集体、先进个人的决定》。大会对永定庄街道、区人民法院等22个党风廉政建设先进集体，区民政局、国税局等11个政风行风评议先进集体，区政务审批中心、卫生防疫站等11个软环境建设先进基层站所，孙朝、王家臻等85名先进个人进行表彰，并为获奖者颁发了荣誉牌匾和荣誉证书。大会号召，全区各级党组织和广大党员干部，要继续高举邓小平理论和“三个代表”重要思想伟大旗帜，认真贯彻落实科学发展观，按照区委、区政府的部署，深入开展党风廉政建设、行风评议和环境建设，再鼓干劲，再创佳绩，为创造更加良好的经济发展软环境，构建社会主义和谐社会作出新贡献。（孟祖夷）

**【矿区开展整治商业零售企业欺诈行为等专项行动】** 2006年3月，为提高矿区零售商的诚信意识，使各种商业欺诈行为得到遏制，创造公平、规范的市场氛围，区委、区政府认真贯彻落实中央、省、市关于打击商业欺诈行为专项行动的一系列工作部署。区整顿规范市场领导组组长、副区长姚夏冬组织区工商、税务、物价、公安等部门的工作人员，召开了专项行动工作动员大会，下发了关于开展专项行动工作的实施方案，并成立了区协调小组。在整治过程中，区工商局对一些商家以虚假的“清仓”、“换季”、“拆迁”等为由，开展的不正当的促销活动，依法查处。截至3月底，共查处虚假宣传促销案5起，罚款2600元。区物价部门发放明码标价签30万余张、价目牌120块、价目簿160本，建立明码标价监控单位21个，发放有关宣传资料2万余份，利用新闻媒体宣传10余次。由区物价部门牵头，有关部门配合，在“3·15”消费者权益日活动期间，进行了联合大检查，共查处价格违法案件100余起，经济处罚8000余元。通过这些措施，有效地遏制了市场的无序竞争和价格欺诈、牟取暴利等价格违法行为，保障了消费者的合法权益。（孟祖夷）

**【矿区开展流动人口清查验证办证工作】** 为进一步强化对流动人口的计划生育管理工作，按照省市要求矿区从2006年4月9日至5月16日在全区范围内深入开展了对流动人口的清查验证办证工作。这次清查工作，量大面广。为此，成立了由副区长王丽萍为组长的区流动人口清查验证领导组，并从公安、计生、卫生、工商、劳动等部门抽调人力，全力开展此项工作。这次清查工作，按照分工包干的原则，以社区为调查组，在全区设立了360个小组，共抽调工作人员1500余人，深入居民区片逐户清查，重点加强对流入本区的劳务工地、出租房、个体商铺等地点的人口进行清查。全区共清查流动人口3.1万余人，已婚年龄妇女13005人，为全区流动人口计划生育管理工作走上规范化、法制化轨道奠定了基础。（孟祖夷）

**【矿区抚恤事业费实行社会化发放】** 从2006年5月中旬开始，区政府责成区民政部门，对重点优抚对象的抚恤费发放银行卡，持卡者可直接去银行领取抚恤现金。从2004年10月起，区政府按照国家政策，提高了重点优抚对象抚恤金的标准。为消除补发抚恤费发放过程中的安全隐患，方便重点优抚对象领取抚恤金，区民政部门改过去以街道发放的形式为银行打卡式的社会发放。在与银行协商过程中，银行收取每户8元钱的代理费由区政府承担。这一改革，受到重点优抚对象的一致称赞。（孟祖夷）

**【口泉公园重修开园】** 2006年7月5日，经两年大规模整修的口泉公园举行重修开园剪彩仪式。大同市副市长阎文照、矿区区委书记郜向华、代区长门开发、副区长刘川楠等市、区领导出席了重修开园剪彩仪式，并为重修开园剪了彩。副区长刘川楠代表区委、区政府在开园剪彩仪式上发表了讲话。这次重修的口泉公园共修复了景点6个，新建景点7个、广场3个；改造扩建园内路径2400米，安装路灯、景灯54盏，铺设各种砖路1542平方米；栽植各种乔、灌木1万余株、草花2万余株，使重修后的口泉公园面貌焕然一新。口泉公园免费开放，为口泉地区的人民群众提供了一个舒适优美的休闲活动场所。（孟祖夷）

**【青磁窑街道党工委获全省先进基层党组织称号】** 在建党85周年之际，区青磁窑街道党工委受到山西省委组织部表彰，被授予“全省先进基层党组织”的荣誉称号，为矿区赢得了荣誉。该街道地处大同云冈旅游区内，是城乡结合的工矿型街道。2006年上半年，该街道党工委抓了两项工作。一是完善街道基础设施建设。投资40万余元，建起了街道办公大楼，改造、装修了社区办公楼，健全了街道社区各项规章制度。东沙沟里社区被市政府命名为“示范社区”。二是为构建社会主义和谐社会大办实事。卫生队、绿化队、志愿者服务队担负起了许多社会责任；阅览室、健身公园、老年活动中心，活跃了职工家庭文化生活；设立了青磁窑地区助学基金会，资助贫困生完成学业；“爱心超市”将党和政府的温暖送给特困弱势群体。党员走访困难户100多人次，帮助居民修房屋50余间，捐款捐物5000余元，为特困生资助学杂费、课本费1.2万余元，为优秀学生颁发奖学金6000余元，为青磁窑煤矿职工子弟学校捐赠体育器材价值1万余元。（孟祖夷）

**【“春风行动”大型劳务洽谈会在矿区召开】** 2006年5月18日，由区劳动职业介绍中心牵头，大同市职业介绍服务中心、南关劳动力市场和职业介绍服务中心四家联手举办的大型劳务洽谈会在区白洞街道劳动保障事务所召开。中澳合资企业北京金地停车场建设管理有限公司、美克国际家具（天津）制造有限公司、天津三美电器有限公司、大同市生产安全火灾防治器材公司、大同二电厂护卫大队等20余家招聘单位，及来自区永定庄、同家梁、白洞、王村等街道的干部、下岗失业人员、待业人员共1000余人参加了洽谈会。矿区劳动职业介绍中心从2004年四季度起，开始为输出劳务服务。到2005年底，共输出劳务2000余人。今年一季度，为天津三美电器、北京海燕游泳俱乐部等单位输出劳务600余人。这次大型劳务洽谈会，前来参会的应聘者多为青年人。近十点钟，因应聘者超出预期人数，为安全起见，将洽谈会场迁至桥西街社区。为期一天的洽谈会开得热闹非凡，有600余名应聘者与用人单位签订了协议书。（孟祖夷）

**【区铸造厂闲置设备成功拍卖】** 2005年冬季，区政府决定对铸造厂场地进行商业性开发，准备拆迁铸造厂的车间、厂房。为此，该厂的原有生产设备只有出售。2006年8月24日，区铸造厂原有生产设备在大同市举办的拍卖会上成功拍卖。参加拍卖会的有大同市工商监管局，区经济局、煤机公司领导及铸造厂职工共60余人。参加竞拍的单位有18个。铸造厂生产

设备底价55万元。通过拍卖竞争，最后一河北商户以68万元人民币成交。 （孟祖夷）

**【《中国共产党大同矿区历史纪事》出版】** 由区史志办公室主任孟祖夷执笔主编的《中国共产党大同矿区历史纪事》经五个春秋的辛勤笔耕，三易其稿，于2006年10月出版发行。该书为16开本的精装本，首置区委书记郜向华为该书所作的序，后缀后记，全书68.3万余字，全书采用以编年纪事为主、以记事本末为辅的文体，分时期、年度，年度内立目，按月、日顺序排列，每案冠以小标题的记述方法，较翔实地记载了从1931年8月到2005年12月共计74年中中共大同矿区地方党组织和党所领导的政权、团体、军队及其他组织的重大活动和重要事件，是一部具有较高价值的矿区党史资料书。 （孟祖夷）

**【区人民法院构建诉讼“绿色通道”】** 根据市中级人民法院和矿区区委的要求，区人民法院认真开展了机关效能建设和社会主义法制理念教育活动，有力地促进了司法救助制度的进一步贯彻落实，从而构建起诉讼活动的“绿色通道”。具体做法是：坚持院领导首问负责接待专办制度，对涉及弱势群体的案件，做到优先立案、优先审理、优先执行。并为那些经济确实困难的当事人，可以缓交，减、免诉讼费。该院推行文明执法措施，要求全体干警必须自觉做到态度和蔼、接待热情、服务周到，并强化对当事人诉讼权利的保护。在立案时，就将“举证须知”送达当事人，实行以证据为中心的超前证据交换、展示制度。2006年1～9月份，该院共发放“举证须知”和诉讼资料2000余份，正确指导当事人举证，依法优先审理了涉及城市下岗职工、进城务工人员、妇女、老人、未成年人和残疾人案件253件，最大限度地保障了弱势群体的合法权益，受到了社会公众的一致好评。 （孟祖夷）

**【矿区警方捣毁一批游戏机猜谜语赌博窝点】** 2006年12月下旬，矿区公安分局采取突然袭击、异地用警的方式，重拳出击，捣毁了一批利用游戏机猜谜语的方式，进行赌博的黑窝点。在新平旺地区，区公安分局干警捣毁游戏机赌博黑窝点2个，缴获游戏机53台，对现场参赌的20余人除没收赌资外，并给予行政处罚；在燕子山地区，捣毁游戏机赌博黑窝点3家，缴获游戏机50台，对现场参赌的20余人除没收赌资外，也给予行政处罚。

（孟祖夷）

| | |
|---|---|
| **中共区委书记** | 郜向华 |
| **区人大常委会主任** | 王宝林 |
| **区　长** | 王伟国※　门开发 |
| **区政协主席** | 张玉信 |

## 新荣区

**【简述】** 2006年，全区经济呈现出持续、健康、协调、快速发展的强劲态势。全区地区生产总值完成13.57亿元，比2005年增长13.4%，其中，第一产业完成1.64亿元，比2005年增长3.4%；第二产业完成9.8亿元，比2005年增长15.5%；第三产业完成2.13亿元，比2005年增长12.5%。一、二、三产业分别占地区生产总值的12.1%、72.2%和15.7%。

农业　农林牧业突出新农村建设，种养结构逐步优化。种植业遵循“提升杂粮，扩大蔬菜，引进药材，增加饲草”的思路，优化种植布局，全区粮食种植面积1.66万公顷，比2005年减少2422公顷，其中小杂粮种植1.4万公顷，占粮食种植面积的84.2%；药材种植146.74公顷，人工种划66.7公顷。全年生产粮食34660吨，生产油料1830吨，生产蔬菜22230吨。畜牧业落实全市扶持养殖优惠政策，大力发展规模养殖和家庭养殖，逐步形成养殖规模化。2006年，全区各类养殖专业村达到38个，规模养殖户达到2100户，牛饲养量2.4万头，其中奶牛1937头，羊饲养量16.35万只，猪饲养量7.5万头，鸡饲养量21.5万只。全年肉类产量达6456吨，牛奶产量3706吨，鸡蛋1161吨。全年完成造林面积376公顷，其中退耕还林工程333公顷；京津风沙源治理工程封山育林333.3公顷；完成通道绿化39.2公里，公路绿化18.3公里，村庄绿化15个，有效地改善了全区生态环境和农业生产生活条件。全区农林牧渔业总产值完成2.91亿元，比2005年增长11.15%，农村经济总收入2.12亿元，比2005年增长10.4；农民人均纯收入达3159元，比2005年增长10.45%。

工业　全区按照“稳定地下，发展地上，项目扩张，规模拉动”的发展思路，大力招商引资，新上项目，不断增强经济发展后劲，年内，生产原煤337.7万吨，洗煤146.99万吨，水泥16.12万吨，尿素12.89万吨。完成全部工业总产值274734万元，比2005年增长18.8%。其中规模以上工业产值159019万元，完成全部工业增加值88986万元；乡镇企业工业增加值完成48681万元，比2005年增加8.1%；规模以上工业企业实现利税29205万元。

财政　2006年财政收入达30546万元，比2005年增长0.1%，净增35万元；一般预算收入完成4822万元，比2005年增长9.12%，净增166万元。

金融　2006年全区金融机构存款额达到10.7亿元，比2005年增长190%。

保险　全年保费收入1579万元，其中财产险保费收入379万元，人寿险保费收入1200万元。

城建　全区城镇建设资金共投入6825万元，其中基础设施建设工程投资981.5万元，居民区街道建设改造工程总投资674万元。共完成道路改扩建总长度2.9公里，铺设排污管道2872米，新砌路沿石5744米，路面硬化1.5万平方米，安装路灯134盏，建设公厕9座，新增区址绿化面积1.4万平方米。

交通　农村公路建设创新荣区历史最好成绩，建设178.6公里，投资3129万元。县乡公路改造3条，建设62公里，总投资3410万元。

文教计生　2006年，文化广播有了新突破，实现了乡乡通有线电视，建起了电子阅览室，在全市率先完成了中央电视台农业频道节目差转设备。碓臼沟秧歌被列入省、市级非物质文化遗产名录。投资531万元，创建了堡子湾中学、前进小学等15所区级标准化示范学校。全区有632名考生参加了高考，其中有118人达本科线。计划生育工作扎实有效，全区人口出生率6.55‰。 （贺雨顺）

**【新农村建设】** 2006年，新荣区按照“生产发展、生活宽裕、乡风文明、村容整洁、管理民主”的20字方针要求，结合实际，选择确定了10个企业联系10个示范村，33个区直机关包33个重点整治村，457名区、乡科级干部包户责任制，全面落实中央及省市有关新农村建设的方针政策，认真搞好新农村建设。首先，注重宣传教育培训，提高农民素质，培育新型农民。以全省新型农民培训活动为契机，广泛开展农业实用技术和职业技能培训，积极推进农村实用技术的普及与推广。使每个中青年农民掌握1～2门实用技术，务工职业技能，努力造就一批既有较高科学文化素质和道德素养，又有一定职业技能，遵纪守法的新型农民，全区完成“阳光工程”培训500人，农民科技培训8031人。其次，创新村规民约，提高村民的文明程度，在每个示范村新建了文化活动中心，丰富村民的文化生活，营造健康文明的精神文化氛围和生活方式。倡导科学文明反对迷信邪教，通过宣传教育，达到用科学理论武装人，用先进的文化陶冶人，加快推进建设乡风文明的新农村。第三，加大农业投入，千方百计增加农民收入。2006年，区组织部的10个新农村试点村选聘了9名大学生“村官”，协助村委会搞好新农村规划与建设；为优化种植业布局，共引进7大类25个优良品种，仅实施微型种薯就投资256万元，生产出脱毒苗10万株，微型薯30万粒；新建日光节能温室20座，蔬菜大棚67座；对农民种植的2681.34公顷玉米，1000.5公顷谷子，按照每公顷180元的标准补贴，对1.28万公顷杂粮，按每公顷75元的标准补贴，补贴总额162.8万元；为农民发放养殖贷款400万元。全年区乡两级用于投入新农村建设的资金达4783万元。 （贺雨顺）

**【新荣区实施微型种薯】** 马铃薯微型薯工厂化生产技术项目是目前国内外解决马铃薯病毒性退化的主要方法之一。2006年，新荣区投资256万元，建日光温室2个，网棚5个，组培室13间生产出脱毒苗10万株，建薯窖1个，微型薯20～30万粒。用它做薯种可连续5年增产，增产40～100％，年新增产值220万元，新增利税45万元。该项目为种薯农民提供原种良种，有力地推动马铃薯的生产发展，增加农民收入。 （贺雨顺）

**【新荣区建成免烧砖、瓦工厂】** 新荣区加大招商引资力度，引资800万元，建成大同市欣荣环保建材有限责任公司。选址在新荣镇鲁家沟村，占地30亩，年内一期工程完成投资200万元，安装成一条免烧砖、瓦生产线，制砖机8月份投入生产，年产量可达2000万块标准，实现产值320万元，利税60多万元。（贺雨顺）

| | |
|---|---|
| **中共区委书记** | 马 斌 |
| **区人大常委会主任** | 张 继 |
| **区 长** | 董志刚 |
| **区政协主席** | 任 祥 |

## 左云县

**【简述】** 2006年，全县各级各部门在县委、县政府的正确领导下，团结一致，奋力拼搏，各项工作取得了一定成绩，国民经济继续呈现高速增长的良好态势，各项社会事业取得新的成就。国民经济快速增长，三大产业全面发展。据统计，全年共完成地区生产总值145781万元，同比下降20.2％。其中，第一产业增加值达到12087万元，同比增长4.2％；第二产业增加值达到82393万元，同比下降33.4％。第三产业增加值51301万元，同比增长4.7％。全县人均GDP为8505元。三大产业的比重为：8.3∶56.5∶35.2。

结构调整步伐加快，民营企业成效显著。2006年，全县实施项目带动战略，以增强工业发展后劲。煤炭加工转化、黏土综合利用、高岭岩开发加工、农畜产品系列加工为主的四大产业链正在扩展和延伸。富平等活性炭企业效益良好，云宝等耐火材料厂改扩建工程也已完成，成为晋西北地区重要的活性炭和耐火材料基地。佳鑫食业有限责任公司的“公司＋基地＋农户”经营模式，有力地推动了农业产业化的形成，使苦荞生产基地化、市场化。云河肉制品有限公司进行了技术改造，竞争力增强，成为推动经济增长的重要力量。

城乡面貌日新月异，社会环境进一步改善。全县突出提升城市品位，科学规划、以建设生态园林型塞外新城为目标，加大了基础建设力度。集中供热工程、云新大街东延、林河大道配套、污水处理工程、自来水管网改造、县城街道绿化、小街小巷改造等一系列工程均已开工或建成，一大批公共民用设施建成使用，市容市貌发生了变化，城市整体服务功能得到提高。

劳动就业工作基本稳定。2006年末全县社会从业人员56894人，比2005年增长1.56％。其中，城镇从业人员13777人，农村从业人员43117人。下岗再就业工作得到加强和重视，全县登记失业人数为116人。

农业 种植业生产条件进一步改善。全县拥有农业机械总动力7.8万千瓦，化肥使用量（折纯）2090吨，农药使用量20吨，有效灌溉面积1471公顷。2006年，全县农作物总播种面积27500公顷，其中，粮食作物播种面积19690公顷，粮食总产为3063.3万公斤，与2005年持平。油料作物播种面积6120公顷，全县油料产量388.3万公斤，同比下降0.08％。

畜牧业的生产态势良好。县委、县政府把大力发展牛羊为主的生态畜牧业作为调整农业结构的主攻方向，从政策、资金和技术服务等各个方面加以扶持，用于提高全县奶牛的产业化程度。2006年，全县牛的饲养量达到14240头，同比增长9.0％，其中奶牛达到3111头；羊的饲养量达到260153只，增长4.48％；猪的饲养量达到59019头。全县肉类总产量5683吨，奶类产量3902吨，禽蛋产量1432吨。

林业生产稳步发展，京津风沙源治理、三北防护林工程建设全面推进。全县完成造林2000公顷，四旁植树100万株，新育苗267公顷。退耕还林进展顺利，累计完成11107公顷。其中，种植经济林667公顷，本年实有封山育林面积11666公顷。

农村乡镇企业以民营和集体企业为先驱，有力地推动全县经济向前发展。2006年，全县乡镇企业发展到2547家，实现总产值307619万元，同比下降12.4％；实现增加值101445万元，下降12.0％，实现营业收入234097万元，下降12.3％；上缴税金18610万元，同比下降3.8％。

在农业经济和乡镇企业的有力带动下，农村经济持续发展。2006年，全县农林牧渔业增加值达到12087万元（包括农业服务业），比2005年增长4.2％。农村经济总收入达到201541万元，同比增长41.53％。民人均纯收入达到3412元，同比增长3.36％。

工业、能源和建筑业 2006年，全县工业以煤炭为主导，以整顿提高促生产，显示出强劲的增长势头。本年新增规模以上工业企业64家，规模以上工业企业实现总产值122508万元，同比下降13.5％；工业增加值64498万元，下降16.3％。其中，煤炭实现的总产值为110490万元，增加值为57458万元。规模以上工业主营业务收入完成135563万元，增长12.3％，实现利税15994万元，下降13.8％。煤炭工业的增加值率达到52.3％，平均比2005年提高0.8％；耐火材料、活性炭的增加值率达到53.4％，平均比2005年提高1.11％。

全县统计的原煤产量完成481.89万吨，比2005年下降62.4％，电瓷产量完成2710吨，比2005年增长30.28％。

煤炭外销平稳。全县全年共销售煤炭864.36万吨，其中，通过铁路外运煤炭484.36万吨，通过公路外运煤炭380万吨。

建筑业稳定发展。2006年全县建筑业完成增加值1269万元，比2005年增长4.4％。

固定资产投资 2006年，全县固定资产投资达到61134万元，比2005年增长9.34％。纳入统计的投资在50万元以上项目达54项，其中，国有投资36378万元，集体投资7863万元，其他投资16902万元。投资项目中，工业完成投资35419万元；交通运输投资9378万元，文教等完成投资6797万元。全县房屋建筑面积291547平方米，比2005年增长54.42％；房屋竣工面积105838平方米，增长41.8％。

全县全年施工项目75个。其中，新开工项目64个，全部建成投产项目35个，新增固定资产32947万元。

交通 交通事业稳步发展，综合运输能力不断加强。2006年，全县公路通车里程达到1788公里，铁路营运里程22公里，农村公路通畅工程建设完成38公里，村连村公路43.3公里，乡村街巷硬化37.7公里。县城二级汽车站主体结构建成，店湾、马道头四级汽布站建成使用。民用汽车拥有量为1578辆，全年完成客运量20.5万人次，比2005年下降32.7％；货运量达到23.1万吨，比2005年下降41.3％。全年旅客周转量3102万人/公里，货物周转量2313万吨/公里。

邮电通信 全县完成邮电业务总量1958万元，与2005年基本持平，其中，电信业务总量1015万元，邮政业务总量970万元，汇兑业务收入41.28万元，集邮收入24.97万元，速递业务收入12.26万元。全县电话交换机总容量达到2万门以上，本地电话用户20016户；住宅电话年末用户17114户，农村电话用户7633户；移动电话年末用户21187户，国际互联网用户达到998户。全县移动电话普及率达到每百人14.8部。

财政 财政收入稳步增长。2006年，全县财政总收入完成61677万元，比2005年增长8.32％，为年度预算的96.37％。一般预算收入完成14856万元，比2005年增长18.36％，为年度预算的98.36％。其中，国税完成41671万元，同比增长10.52％，为年度预算的99.88％；地税完成13044万元，同比增50.1％，为年度预算的80.71％。

金融 2006年末全县金融机构各项存款余额达到480858万元，比2005年增加46908万元，增长10.8％，其中，企业存款余额39950万元，城乡储蓄存款余额340803万元。各项贷款年末余额58118万元，比年初减少3196万元。存贷比例为12%。全县金融机构现金累计投放1049711万元，现金回笼1094668万元。

**保险** 2006年全县保费收入5927万元，比2005年增长13.33%。其中，财产险保费收入1310万元，责任险\信用险共承担23.7亿元风险，支付各类赔款512.4万元。人寿险保费4617万元。险种有人身险、健康险、意外伤害险、财产险等150多种。

**贸易** 2006年，全县市场贸易繁荣稳定，供需平衡。全县共完成社会消费品零售总额54835万元，比2005年增长6.52%，全年出口总额226万美元。

**科技** 全县继续实施科教兴县战略，科技工作展现了新局面。2006年，全县科技工作继续以调产为主线，转化应用农业实用新技术，深化农业区域化示范种植和拓展工业产业链，取得了较为明显的经济收益。全县专业技术人员达到3361人，农业科技与服务单位达到20个。

**教育** 各级各类教育事业蓬勃发展。继续推进教育体制改革，加强教育、教学管理，民办、公办教育协调发展，13496名学生享受了“两免一补”政策待遇，50名农村贫困生得到资助，中小学危房改造、学生失学、流失问题得到解决。全县共有各类学校183所。其中，普通中学15所，小学168所；公立学校169所，私立学校14所。专任教师2395人，在校生34236人；小学入学率达到100%，初中升学率56%，高中升学率48%，高考达线率达到24.7%，本科达线率为13.3%。

**文化** 2006年，文化事业蓬勃发展，参加文化活动人数已达6万人。放映电影、演出戏曲节目、送科技书籍，极大地丰富了全县人民的文化生活。在“两节”期间，组织了节日彩灯、戏曲秧歌、焰火晚会。

**体育** 全民健身运动再掀高潮，全县举办各类体育比赛达200多次，参与人数达2.8万人，全县有体育场馆11个，影剧院1个，公共图书馆藏书18万册。

**卫生** 卫生条件改善，乡村卫生工作、新型农村合作医疗工作、计划免疫和疾病控制工作、卫生监督和医疗救治工作得到进一步加强。2006年末全县拥有医院、卫生院12个，床位379张，卫生技术人员391人，其中医生235人。卫生防疫人员50人，5岁以下儿童死亡率4.7‰，产妇住院分娩比例为58.1%。

**人口** 人口继续保持低增长。2006年，全县总人口145259人，其中，女性人口为70599人。年末非农业人口37205人，占全县人口比重为25.64%；农业人口107994人，占全县人口比重74.36%。据2006年地方点人口抽样调查显示：全县人口出生率为13.3‰，死亡率6.7‰，人口自然增长率为6.6‰。

**环境保护** 全县行政土地面积1314平方公里，建成区面积5.5平方公里，森林面积23133公顷，年末耕地总资源37713公顷。环境治理年内总投资2400万元，工业二氧化硫排放量853吨，工业废水排放量达标率达到60%，工业烟尘排放量达标率达到40%。

**人民生活** 城乡居民收入增加，生活质量有所改善。2006年全县职工平均工资达到13850元，比2005年增长8.42%；农村居民人均住房面积达到18平方米以来，农村彩电普及率达到90.4%，电脑普及率达到1.26%。

**社会保障** 2006年末全县有各种社会福利收养性单位8个，设立床位221张。参加基本养老保险的职工7504人，参加基本医疗保险的职工12943人，参加失业保险人数8248人，城镇居民最低生活保障人数5455人，农村居民最低生活保障人数2812人，农村传统救济人数496人，参加新型农村合作医疗人数101197人，参加农村养老保险人数3400人。

全年交通事故数为37起，刑事案件立案数390件，民事案件发案数167件。

（吴维官）

**中共县委书记** 王伟国
**县人大常委会主任** 张　海
**县　长** 王凤瑞
**县政协主席** 曹德龙

## 大同县

**【简述】** 大同县位于山西省东北部，地跨北纬39°45′～40°16′、东经113°20′～113°55′。西倚古都煤城大同之东畔，北屏采凉，南界马头，东出京津。驰名中外的大同火山群形似列屏，蜿蜒排列于县境东北一线，是中国内陆地区极具典型的火山集中分布区，是东亚大陆稀有的自然遗产，有重要的旅游开发价值。境内富藏已探明储量的火山岩5.5亿立方米、花岗岩311万立方米、玄武岩69亿立方米、石灰岩3000万立方米、白云岩82万吨等多种非金属矿产资源，极具开采价值。黄花、绿豆为本县著名特产，此外还有行销京津的百草羊肉、哈密杏、万寿菊、地榴等名特产品。

全县交通便利，境内大张（大同至张家口）、大涞（大同至涞源）、大塘（大同至塘沽）、109国道、京大（北京至大同）和得大（得胜口至大同）高速六条公路及京包（北京至包头）、大秦（大同至秦皇岛）、大准（大同至准噶尔）三条铁路横穿纵贯全境，县有十分便利的交通优势。

全县地势平坦、水源丰富，山区面积仅占总面积的13.77%。全县80%以上地区属富水区，全省第二大水库——册田水库，是国家实施京津风沙源治理和首都水资源可持续利用项目的重点地区，为商家投资兴业的理想之地。

全县辖7个乡、3个镇、3个街道办事处、189个行政村。总面积1503平方公里。

据2006年人口变动抽样调查，全县年末总人口为171056人，其中男性87871人，女性83185人。在总人口中，城镇人口为45193人，比2005年增长4.41%，城镇人口占全县人口的比重由2005年的25.5%上升到26.42%；乡村人口为125863人，比2005年下降0.14%，乡村人口占总人口的比重由2005年的75.67%下降为73.58%。人口出生率为13.49‰，死亡率为5.36‰，人口自然增长率为8.13‰。

2006年，是实施“十一五”规划的起步之年，全县人民在县委、县政府的正确领导下，继续贯彻“项目强县，产业富县、品牌兴县、科教立县、依法治县”的二十字发展方略，全面推进“1125”工作思路，带领全县人民团结奋斗，务实创新，加大招商引资力度，加快调整经济结构，统筹社会各项事业的发展，积极构建和谐社会，努力转变经济增长方式，全县的经济和社会发展取得了较好的成绩。

2006年，全县国民经济实现生产总值108311万元，比2005年增长13.4%，其中第一产业增加值为32909万元，比2005年增长13.8%；第二产业增加值为35425万元，比2005年增长18.5%；第三产业增加值为39977万元，比2005年增长8.9%。第一、第二、第三产业对生产总值的贡献率依次为31.2%、42.4%、26.4%。三次产业之比由2005年的30.3∶31.3∶38.4变为2006年的30.4∶32.7∶36.9。2006年，全县人均生产总值达6356元，比2005年增长12.5%。

2006年，全县社会从业人员为54997人，其中城镇从业人员9461人，农村从业人员为45536人。就业与再就业工作得到进一步加强，据县社会劳动和保障局统计，全县新增就业岗位612个，下岗失业人员再就业420人，“4050”人员再就业319人，年末全县城镇登记失业率为3.2%。

2006年，全县农业生产平稳发展，县委、县政府认真落实中央的各项惠农政策，加大财政对农业支持的力度，大力发展农村各项事业，努力改善农村的生产、生活条件，积极调整农作物产业结构，有效地调动了农民的生产积极性，使全县农业生产和农村经济呈现出稳步发展的良好局面。全县全年农作物播种面积37670公顷，比2005年增加2290公顷，增长6.47%。其中粮食作物播种面积32143公顷，比2005年增加2353公顷，增长7.9%；油料作物播种面积373公顷，比2005年减少167公顷，下降30.93%；蔬菜种植面积1876公顷，比2005年增加216公顷，增长13.01%；瓜类种植面积2786公顷，比2005年增加1549公顷，增长25.22%。

2006年，全县粮食总产量达77501吨，比

2005年增长5.53%。其中玉米66062吨，比2005年增长5.52%，谷子2491吨，比2005年增长18.85%，其他谷物4602吨，比2005年增长7.1%，豆类2367吨，比2005年下降11.55%，薯类1838吨，比2005年增长8.24%，油料229吨，比2005年下降33.43%。蔬菜产量达59797吨，比2005年增长437.55%，其中：黄花1824吨，比2005年19.92%，瓜类73356吨，比2005年增长48.91%，水果1205吨，比2005年增长72.88%。

2006年，全县以生态林建设为重点，巩固退耕还林成果，加大林木管护力度。据县林业局统计，全县全年共完成造林面积2244公顷，比2005年减少289公顷，下降11.41%。其中营造防护林1978公顷，比2005年减少503公顷，下降20.2%，营造经济林266公顷，比2005年增加214公顷，增长411.54%，当年封山育林1000公顷，比2005年减少1000公顷，下降50%。全县退耕还林1333公顷，比2005年增加466公顷，增长53.75%。

畜牧养殖业平稳发展，2006年，全县上下把养殖业作为农民增收的又一突破口，全县全年肉类总产量达9378吨，比2005年减少768吨，下降7.57%；奶类总产量达3354吨，比2005年增加825吨，增长32.62%；禽蛋产量5054吨，比2005年增加7吨，增长0.14%；绵羊毛产量148吨，比2005年减少32吨，下降17.78%。2006年，全县大牲畜存栏31173头，比2005年增长1.16%，其中牛存栏22275头，比2005年增长1.43%，出栏8432头，比2005年增长2.61%，奶牛存栏3868头，比2005年增长84%。猪存栏46719头，比2005年下降15.64%；出栏80760，比2005年下降10.2%。羊存栏149311只，比2005年下降20.38%；出栏147279只，比2005年下降9.5%。家禽存栏481329只，比2005年增长26%；出栏34280只，比2005年增长4.9%。

农业生产条件进一步改善，2006年，全县拥有水浇地面积达10573公顷，比2005年增长1.2%；化肥施用量（折纯）达7403吨，比2005年下降2.78%；农村用电量为1765万千瓦小时，比2005年增长2.32%；农业机械总动力为9.5万千瓦，比2005年增长13.1%。全县实现农村经济总收入125892万元，比2005年增长12.2%，实现农林牧渔业总产值58076万元，比2005年增长9.54%。

2006年，全县工业生产持续增长，全县全年规模以上工业企业完成产值69879万元，比2005年增长18.15%，其中重工业完成63990万元，比2005年增长21.22%，轻工业完成5889万元，比2005年下降7.93%。国有工业完成23070万元，比2005年下降15.29%，集体工业完成8525万元，比2005年增长8.27%，私营经济完成38284万元，比2005年增长40.63%。全县全年规模以上工业企业实现增加值29906万元，比2005年增长18.52%，其中国有控股企业完成增加值9995万元，比2005年下降6.33%，集体企业完成增加值3444万元，比2005年增长19.75%，私营企业完成增加值16467万元，比2005年增长56.31%。

工业企业效益不断提高，2006年，全县全年规模以上工业实现利税9091万元，比2005年增长16.12%，实现利润3161万元，比2005年增长10.17%，完成产品销售收入63762万元，比2005年增长24.5%，销售率达91.25%，比2005年增加4.66个百分点。主要工业产品产量有升有降，全县全年原煤产量14.6万吨，比2005年增长2.1%；水泥产量10.3万吨，比2005年增长9.53%；砖产量34362万块，比2005年增长0.36%；活性炭产量18121吨，比2005年下降3.4%。

固定资产投资稳步增长，投资结构进一步优化。2006年，全县上下坚持不懈地实施项目强县战略，带动了投资规模的进一步扩大。全县全年共完成固定资产投资25920万元，比2005年的20571万元增加5349万元，增长26%。在全部投资中，按产业结构分，第一产业完成1000万元，占全部投资的3.86%，第二产业完成16937万元，占全部投资的65.34%，第三产业完成7983万元，占全部投资的30.8%。按经济类型分，国有经济完成投资6221万元，占全部投资的24%，有限责任公司投资5279万元，占全部投资的20.37%，股份有限公司投资2400万元，占全部投资的9.26%，私营及个体完成投资7020万元，占全部投资的27.08%，其他经济完成投资5000万元，占全部投资的19.29%，非公有经济仍是投资的主体。按国民经济行业分，畜牧业完成1000万元，占全部投资的3.86%，采矿业完成5100万元，占全部投资的19.68%，制造业完成10094万元，占全部投资的38.94%，电力生产完成743万元，占全部投资的2.87%，建筑业完成1000万元，占全部投资的3.86%，交通道路建设完成4468万元，占全部投资的17.23%，批发零售完成1020万元，占全部投资的3.94%，教育完成850万元，占全部投资的3.28%，其他完成1645万元，占全部投资的6.34%。全县全年共有投资施工项目24个，其中本年新开工13个，当年竣工房屋面积3.46万平方米。

交通事业进一步发展，到2006年底，全县县级及乡村公路通车里程达1198公里，比2005年增加6公里，增长0.5%。其中县级公路242公里，乡级公路273公里，村级公路683公里。通水泥路（油路）的村为93个，比2005年多12个，年内全县新增加水泥（油）路333公里。交通运输生产有升有降，至2006年末，全县全年共完成公路客运量189万人，比2005的增长18.87%，完成货运量101万吨，比2005年下降10.31%；旅客周转量完成5200万人公里，比2005年增长15.56%，货物周转量完成37600万吨公里，比2005年下降21.34%。

邮电通讯事业继续快速发展。到2006年末，全县拥有固定电话用户19083户，比2005年减少664户，下降3.36%，其中住宅用户17292户，比2005年增加71户，增长0.41%，拥有农村用户13171户，比2005年增加384户，增长3.01%，拥有农村住宅用户12081户，比2005年增加613户，增长5.35%；拥有城市用户5912户，比2005年减少1048户，下降15.06%，其中城市住宅用户5211户，比2005年减少542户，下降9.42%。全县共有161个村通了程控电话，全县拥有无线市话用户1763户，比2005年减少1071户，下降37.79%，拥有移动电话用户41599户，比2005年增加8822户，增长21.21%。计算机互联网用户1183户，比2005年增加697户，增长143.42%。全县电话普及率达到每百人36.5部，比2005年增加5部。

消费品市场购销两旺，2006年，全县全年完成消费品零售总额51700万元，比2005年增加7332万元，增长16.53%。分城乡看，城市的零售额为22292万元，比2005年增加4849万元，增长27.82%；农村的零售额为29480万元，比2005年增加2483万元，增长9.22%。分行业看，批发和零售业的消费额44232万元，比2005年增加6350万元，增长15.59%；住宿和餐饮业的零售额为5001万元，比2005年增加564万元，增长12.71%；其他行业的零售额为2467万元，比2005年增加418万元，增长20.4%。分经济类型看，国有经济零售额为8926万元，比2005年增加274万元，增长3.17%；集体经济的零售额为2933万元，比2005年增加134万元，增长4.79%；私营及个体经济的零售额为39841万元，比2005年增加6942万元，增长21.03%；非公有制经济仍是消费品市场的主体。

财政收入平稳正常。2006年，全县全年共完成财政总收入22544万元，比2005年减少488万元，下降2.12%。国税系统完成17356万元，比2005年减少819万元，下降4.27%，其中增值税完成16934万元，比2005年减少1957万元，下降10.36%；地税系统完成4781万元，比2005年增加1449万元，增长43.49%，其中工商税完成4751万元，比2005年增加1451万元，增长43.97%；耕地占用税和契税完成30万元，比2005年减少2万元，下降6.25%。财政部门完成407万元，比2005年减少118万元，下降32.48%。一般预算收入完成3873万元，比2005年增加463万元，增长13.58%。

财政支出结构进一步优化，2006年，全县财政支出累计执行22652万元，比2005年增支

4806万元，增长26.93%。其中：农业支出1479万元，比2005年增长10.7%；林业支出1794万元，比2005年增长4.24%；文体广播事业费支出589万元，比2005年增长24.84%；教育事业费支出4789万元，比2005年增长11.60%；医疗卫生支出1476万元，比2005年增长59.4%；抚恤和社会福利救济支出1150万元，比2005年增长20.93%；社会保障补助支出945万元，比2005年增长68.45%；行政管理费支出3424万元，比2005年增长23.79%；公检法司支出1252万元，比2005年增长25.96%。

2006年末，全县金融机构各项存款余额达121586万元，比2005年增加18311万元，增长17.73%；其中企业存款6617万元，比2005年减少513万元，下降7.19%；城乡居民储蓄存款余额83883万元，比2005年增加11979万元，增长15.06%。各项贷款余额42201万元，比2005年增加4300万元，增长11.35%。其中：短期贷款37753万元，中长期贷款4448万元。全县金融机构累计现金收入215084万元，比2005年增加27825万元，增长14.86%；现金累计支出213258万元，比2005年增加31999万元，增长17.65%；收支相抵，年末货币净回笼1826万元。

保险事业健康发展，2006年，全县全年保费收入1789万元，比2005年增长8.95%。其中财产险保费收入868万元，比2005年增长25.43%；寿险保费收入921万元，比2005年下降3.05%；健康和意外伤害险收入57万元，比2005年增长5.16%。全县支付各类赔付额599万元，比2005年增长33.11%。其中：财产险赔付444万元，比2005年增长28.7%；寿险赔付110万元，比2005年增长4.76%；健康及意外伤害赔付45万元，比2005年增长3.32%。

教育事业稳步发展，2006年，全县共有普通中学19所，招生3746人，在校学生10639人。其中高中2所，招生1032人，在校学生3035人；初中17所，招生2714人，在校学生7604人。小学165所，招生2137人，在校学生16053人，其中民办2所招生81人，在校学生1075人。幼儿园18所，招生1724人，在园幼儿2325人。全县共有专任教师1865人。其中高中教师138人，初中教师577人，小学教师1150人。全县普及义务教育人口覆盖率达100%，学龄儿童入学率达100%，初中入学率达99.9%。

城乡居民收入增加，人民生活显著提高。2006年，全县全年城镇在岗职工平均工资10161元，比2005年增长15.35%；农民人均纯收入为2850元，比2005年增长8.12%。

社会保障和救助水平进一步提高，2006年末，全县共有敬老院、光荣院12所，床位485张，供养156人。国家抚恤、补助各类优抚对象563人，得到最低生活保障的非农业人口达6215人，得到最低生活保障的农业人口达6689人，政府全年共发低保资金达580万元。供养农村五保户1203人，全年政府共为五保户发放救助救济金达120万元。全县共有16830名企业职工参加了失业保险，有5651名职工参加了养老保险，有8190名企业职工参加了基本医疗保险。参加农村养老保险的人数达6783名。全县全年为1461名企业离退休人员和42名抚恤人员发放养老金1013万元，离退休人员养老金由2005年的每月人均483元提高到578元，社会化发放率达100%。

（吉广仁）

**【农村基础设施建设】** 2006年，在全县农村共建设沼气示范户93个，建成澡堂45个，安装路灯888盏，绿化村庄65个，栽植各类树木32710株，完成了11个村庄绿化示范村的绿化任务。新建文化站28个，文体广场20处，建舞台15座，70%的村户户通上了自来水，为推广电脑农业，三条涧村农民购置微机25台。在农村道路建设中，全县共投资4500万元，完成水泥路建设333.18公里（其中畅通工程124.9公里，村连村79.36公里，街道硬化工程128.92公里），通达工程11公里。水利建设，全县共铺开各类水利工程55处，新打大井118眼，小井83眼，新增水浇地1494.08公顷，改善恢复水浇地987.16公顷，新增节水面积533.6公顷。在营坊沟、倍加造、郭家窑头三村建设完成了倍加造镇规划面积达933.8公顷的节水生态旅游区，使营坊沟、郭家窑头两村成为无旱地村。投资727.5万元，解决了16个村1.929万农村人口饮水困难和饮水安全问题。以县城和南北两山的防洪设施建设为重点，完成县城防洪渠建设2000米，完成峰峪、巨乐两村护地坝1200米。（吉广仁）

**【城镇基础设施建设】** 2006年，大同县积极推进县城道路等基础设施建设及县城的开发改造，使城市功能得到进一步完善。

2006年，全县积极组织开展县城街巷硬化工程，完成街巷通水泥路25公里。投资150万元，新建公厕23座，维修公厕21座，保证了县城每条主次干道和每一个居民区至少有一个公厕。投资189万元，在11条主次街道安装路灯395盏，并在4条主次干道两侧全部栽植了风景树木，绿化长度达9672米，铺设墁草砖1300平方米。投资100万元，购置可移动大小垃圾箱130个，分布于县城的主次干道，同时投资26万元，购买垃圾清运车一辆、吸粪车一辆。投资605万元建成县城二级汽车站一个。县城房屋开发改造中，完成了县医院、中医院、国土局、检察院旧址开发改造工程；同时完成了一幢四层综合楼、两幢六层住宅楼，总面积达105万平方米的水务局综合楼开发工程。

（吉广仁）

**【大地增绿，林业增效，农民增收，生态建设效益凸显】** 近年，大同县抓住国家、省市重点工程实施的机遇，加大资金投入，扩大建设规模，建成了一批高标准、高质量的生态工程，有效地改善了生态环境，增加了农民收入。

2000年以来，大同县先后实施了京津风沙源治理、退耕还林、首都水资源、省六大造林绿化等生态建设工程，并建成北部的周土庄镇马铺山小流域治理工程、聚乐乡采凉山林业生态工程、万亩优质仁用杏工程，中部的京大高速绿色通道高标准绿化工程、火山群周围绿化工程及南部的桑干河流域治理工程等一批精品生态工程，初步构建起比较完备的林业防护体系。到2006年底，经过7年大规模生态建设，全县生态环境得到较大改善，新增林草面积4万多公顷，林草总面积达到77118.54公顷，林草覆盖率达51.2%，使近11.4万公顷的风沙危害和水土流失面积得到治理和控制，因而使全县养殖业和种植业也发生了明显的改观，经济林面积达到了4502.25公顷，奶牛饲养量达4000头，载畜量比2000年提高了1倍。全县正在兴建的奶牛养殖、果品加工、草业加工、果树经营等企业20多个，其中建奶牛养殖园区5个，饲养奶牛4000多头；建草业加工企业1个，年可加工草粉、草块3万余吨，实现销售收入2740万元。各项生态建设工程的实施对农民增收，农业增产产生了极大的影响，农民收入比项目实施前有了较大幅度的提高。

（吉广仁）

**【众志成城灭“火龙”——3·20九梁洼林场抢险灭火纪实】** 2006年3月20日12时30分，位于大同县瓜园乡、许堡乡两乡交界处的省杨树局九梁洼林场，东面的松树林突发大火，风助火势，迅速由点连成片，形势十分凶险。

12时30分许，九梁洼林场场长张明福得知林场火情后，及时向省杨树局领导和县防火指挥部副总指挥副县长马治宇、县林业局局长赵德清报告，接报后，马治宇、赵德清马上电话协商灭火方案，迅速启动森林火险应急预案，并及时向市森林防火办公室、县防火指挥部总指挥门开发县长、县委书记刘俊雍报告。门开发县长知情后，一边向市政府郝月生副市长报告，一边作出紧急灭火指示。12时51分，县委办、政府办的同志立即将火灾情况报告县公安局、消防队、武装部和瓜园乡、许堡乡，并按马治宇指示组织县直机关36个单位的干部职工，携带灭火工具赶到现场参加灭火。

13时10分，马治宇、赵德清赶到火灾现场，同时到达的有省场树局领导任建中、刘长青。市消防支队副队长高升组织到场的公安、消防队伍、武装部官兵，县直机关干部职工，瓜园乡、许堡乡的干部群众和林场的5支专业灭火队相继投入灭火工作中。经瞭望台观察，起火点位于东坪村东与阁老山交界处，史借风势呈带状分布，分别向正南、正东、东南方向蔓延，火势凶猛异常。13时25分，县长门开发到达现场，立即成立灭火领导组，同时林业局、省杨树局的专业灭火队伍相继赶到，40台风力灭火机、20把灭火大扫帚、6200颗灭火弹运抵现场，并投入到紧张有序的灭火工作中。随后在县的县领导刘俊雍、武明、李纲、杨近源、吴金、李子明、卫水玲等赶到，与第一时间到场的其他县领导共同指挥灭火工作。13时50分，市政府领导郝月生、殷智才，市林业局领导王立平、李福也抵达现场参与灭火指挥工作。市农业局服务春耕生产的12名下乡干部得知火情后，顾不上吃饭，及时随县农业部门的同志赶赴火灾现场，14时10分，部分小火已被控制，大火仍在蔓延。14时25分，县委办，政府办分别向市委、市政府报告了火灾情况。14时38分，经专业灭火队、应急灭火分队和市、县、乡干部群众的通力合作，在风力灭火机、灭火弹、灭火扫帚的强力攻势下，正南方向、正东方向的火情逐步得到控制，东南方向的火势仍在蔓延。在市、县领导的共同指挥下，迅速调集1100余人，向东南方向的火势形成迂回包围之势，同时调集2辆消防车、15台风力灭火机，在距火头40米处将2000颗灭火弹呈一字形排成两排，集中力量全力扑灭。15时30分，大火基本得到控制。大火扑灭后，市县两级领导干部又积极组织干部群众分头清理余火。

此次抢险灭火工作，共出动机动车150多辆，消防车5辆，救护车1辆，医务人员22人，省杨树局和本县6支专业灭火队伍积极配合，共同灭火，县直机关36个单位的干部职工，西坪、瓜园、许堡3个乡镇干部群众以及驻地官兵和省杨树局1800余人参与，共投入风力灭火机40台，灭火弹6200颗，在火灾扑救工作中没有人员伤亡。（吉广仁）

**【县农村信用联社以农为本助农增收】** 大同县农村信用联社坚持以农为本，扶农为先，以资源为依托，以市场为导向，走一乡一品、一村一业的兴农发展之路，为农民增收信用社增效，共创双赢局面发挥了绿色通道作用。

大同县农村信用联社对“三农”贷款实行贷款优先、利润优惠，不断加大对三农的扶持力度，紧紧抓住培育发展特色农业这个支柱产业，突出重点，到2006年底，累计发放支农贷款6772万元。其中联社发放998万元扶持西坪镇、峰峪乡发展蔬菜和万寿菊种植；投资496万元扶持杜庄乡重点种植高产玉米和绿豆；投放135万元扶持聚乐乡发展仁用杏、红枣、梨、葡萄、京杏、哈密杏等经济林，面积达1420.71公顷。投资2061万元扶持中高庄乡、许堡乡、倍加造镇扩种黄花，兴修水利及井、渠、田、路四配套设施。扶持11个村31家农户搞养殖；投入890万元帮助党留庄兴办养牛基地。

在全面推行农户小额信用贷款和联户担保贷款的同时，还开办了抵押贷款、扶贫贷款、助残贷款和劳务输出再就业贷款等多种贷款新业务。从而使靠贷款扶持起来的农民纷纷把多余的资金存入信用社，到2006年底，存款余额达33069万元，同时有5100多户农民积极向信用社投资入股，余额达3199万元，丰收后有80%的农民还清了信用社贷款。（吉广仁）

| | |
|---|---|
| **中共县委书记** | 刘俊雍 |
| **县人大常委会主任** | 刘　政 |
| **县　长** | 门开发※　孙永胜 |
| **县政协主席** | 白　日 |

## 天镇县

**【简述】** 天镇县总面积1636.4平方公里。整个地形由西南向东北微倾。最高海拔2106米，平均海拔1100米左右，最低是南洋河出境河床，海拔降为920米。三面环山，滩开西南，四河中流。平川多为盐咸侵蚀，丘陵为黄土地貌。山区、丘陵、平原分别占总面积的51.2%、28.6%、20.2%。

2006年度气候正常。全年降水量316.3毫米，比正常年略少80毫米。日照时数为2700.6小时，略偏高于常年。最高气温34.3℃，最低气温-24.7℃，平均气温7.8℃，偏高于常年。无霜期150天。

全县有5镇6乡，12个社区居民委员会，下辖221个建制村。有77200户，总人口213869人，其中男109363人。全县农业人口181179人。全县共有基层党组织426个。

天镇县是国家扶贫开发重点县，经济基础薄弱。2006年，县委、县政府立足县情，创新思路，把握重点，着力推进晋北生态畜牧经济区、京津绿色产品供应区、边塞温泉休闲度假旅游区、天城新型产业开发区建设，全县各项事业全面发展。地区生产总值完成64028万元，同比增长14.9%；农林牧渔业总产值完成57297万元，同比增长12.8%；规模以上工业增加值完成11447万元，同比增长27.1%；一般预算收入完成1322万元，同比增长0.38%。

**农业** 以新农村建设为主线，在38686公顷耕地上做文章，积极推进农业和农村经济结构调整，夯实农村基础，增加了农民收入。农村经济总收入达7.2亿元，比2005年增长8.3%；粮食总产量1.194亿公斤，比2005年增长2.5%；农民人均纯收入达到1968元，比2005年净增188元。农业农村发展集中表现在六个方面。一是培育特色主导产业。在南河堡乡生态经济示范区建设日光温室100栋，建设优质标准化精品农业基地8个。全县种植无公害蔬菜3735.2公顷，万寿菊466.9公顷，药材1334公顷，专用薯1000.5公顷。全县3.34万公顷耕地30个品种取得无公害认证，被省政府确定为无公害农产品整体推进县。同时从开拓市场入手，开发出“农地血点红谷子”、“莜面”、“马铃薯”、“麻油”4个特色品牌农副产品，扩建了米薪关等5个小型农产品交易市场。“天城绿宝”牌无公害蔬菜已经进入京、津等地区市场。并在城郊农村、中心镇所在村、主干线沿线村，重点发展运输、修理、建筑、餐饮、农副产品营销的第三产业，培育发展了南园子运输等一批生产示范村。二是建设生态畜牧经济区，全年完成生态治理面积1.64万公顷，其中风沙源治理4322.16公顷，退耕还林1000.5公顷，首都水资源水保治理8751.04公顷，省级通道绿化任务66.7公顷。重点实施了侯家窑万亩生态综合治理、下罗窑万亩生态综合治理，东沙河400.2公顷经济林园区、张西河出省口标志性景观绿化和新农村示范村绿化等一批精品工程。全年发展经济林1000.5公顷。全县肉、蛋、奶总产量达到1.4万吨、7000吨和3500吨。三是改善农业生产和农村生活条件。全年新打机井97眼、维修旧井46眼。新增水地1467.4公顷，改善水地1454.0公顷，发展节水灌溉2801.4公顷。农业综合开发933.8公顷，土地开发整理787.06公顷。新打护村护地坝4701米。完成16个村的饮水解困和安全饮水工程，1.17万人，4800头大牲畜受益。重点实施了赵家沟、窑沟、将军庙三个村的整村推进项目。完成了孤峰山水库除险加固应急项目工程。建成移民住房主体工程347套、1077间。四是组织实施了首批27个新农村示范村和整治村建设，其中示范村15个，整治村12个。共投入1500多万元，新建学校8所185间、维修校舍21所；新建农村合作医疗室18处52间。村庄绿化栽植各类苗木26.4万株，安装路灯328盏，推广以沼气为主的清洁能源建设47户，完成村村通油路和村庄道路硬化121公里。组建城乡公交公司，投运公交客运车辆17辆。村通有线电视网络工程有了新进展，全县46%以上的农民看上信号稳定、图像清晰的电视节目。五是加强龙头产业建设。启动了年交易量45万吨的农贸公司蔬菜批发市场。初步形成南河堡乡蔬菜、小杂粮等农产品贮藏集运经济区。茂源公司上马一条年产200吨叶黄素提纯生产线。全县苜蓿种植4335.5公顷，为联发公司苜蓿颗粒饲料、高密度草捆生产打下一定基础。利康食品厂与大同市凤凰食品公司合作上马了年产8000吨土豆淀粉生产线。六是进一步落实农村政策。开展了以村级财务和会计制度为主的农村“两制”改革，在全县农村旧账的清理、归档、封存工作中，清理出农村债务9859万元，债权5282万元，如期填报农业部和省农业厅农村债权债务摸底表，为下一步国家化解农村债权债务做好前期准备工作。同时兑现国家粮食直补和农业生产资料补贴资金475万元，落实退耕还林补助资金2304万元，落实农机购机补贴5万元。

**工业** 全县把“招商引资、项目建设”作为主攻方向，又从体制、规模、管理等方面寻

# 晋城市烟草专卖局（公司）

## 陈惠民先进事迹

陈惠民，1955年2月出生，大专学历，1989年取得会计师职称，从2005年4月担任晋城市烟草专卖局（公司）局长、经理、党组书记以来，紧紧围绕国家局的行业工作指导思想和工作重点，按照省局工作部署，认真履行职责，大胆创新实践，全力推动企业持续稳定协调健康发展。

一是强化党组班子自身建设和职工队伍建设，努力推进精神文明和政治文明建设，促进行风明显好转。强化思想道德教育，使行业“国家利益至上、消费者利益至上”的共同价值观在各项工作中得到体现；始终坚持民主集中制，定期召开民主生活会，强化班子自身建设；带头履行承诺，主动接受各方面监督，在廉洁自律上为广大干部职工做出表率；鼓励职工自学成才，岗位成才，极大地调动了干部职工的工作积极性，在争创“四好班子”等活动中，取得了显著成绩。

晋城市烟草专卖局（公司）局长（经理）：陈惠民

二是狠抓专卖内部管理监督和打假破网工作，取得明显成效。积极探索，大胆实践，实行户管和稽查相分离的专卖管理模式，专卖队伍实现了“机构扁平化、分工专业化、执法规范化、考核数字化”。2005年以来，全市共查获各类违法卷烟案件1258起，捣毁卷烟黑窝点144个，逮捕卷烟犯罪分子12人，共查获各类违法卷烟4059.23件。

三是全面推进和提升卷烟销售网络建设水平，深入推进行业内部机制体制改革和按订单组织货源工作。2004年10月底，在全省率先完成了取消县级公司法人资格，经营主体上移工作，卷烟销售网络建设进入整体推进阶段。在全省率先推开按订单组织货源工作，建起9个农村基层专卖管理所和客户服务站，广泛吸收农村卷烟零售客户入网，卷烟销售网络覆盖了城乡市场。

晋城烟草专卖局办公楼夜景

四是充分发挥市公司市场营销主体作用，强化经营管理宏观调控力度，确保了企业持续稳定发展。2005年，共销售卷烟80407箱，比2000年增长20.34%，实现税利10646万元，是2000年的十多倍，实现了税利过亿的历史性突破。2006年全市行业共销售卷烟82922箱，实现利润10393.96万元，税利合计为13471.76万元，又一次实现了历史新高。陈惠民1989年被中共晋城市委授予“模范党员”，被晋城市委、市政府授予“劳动模范”称号，1991年被国家烟草专卖局、中国烟草总公司授予“全国烟草系统先进会计工作者”称号，2003年被山西省劳动竞赛委员会授予“山西省五一劳动奖章”，2006年获得山西省“五一劳动奖状”，2007年被中共山西省委、山西省人民政府授予“山西省劳动模范”称号。2005年，晋城市烟草公司被国家烟草专卖局授予“全国烟草系统先进集体”称号。

# 山西省荣军精神康宁医院

院长 马登峰

山西省荣军精神康宁医院是隶属于山西省民政厅的一所优抚精神病专科医院，集医疗、教学、科研、预防、司法鉴定为一体，是省内惟一省属的二级甲等精神病院。医院始建于1959年，前身是山西省疗养院、山西省军区后方医院、山西省康复医院。医院占地面积4.5万平方米，建筑面积近2万多平方米，设有科室22个，注册病床150张，展开床位480张，人员编制150人，实有职工220名（含社会聘用人员70人），其中高、中级职称46人。经过近五十年的发展，医院现在是山西医科大学晋中学院的教学医院，山西省城镇职工基本医疗保险定点医院，山西省慈善总会“亲情工程”定点医院，山西省复退军人精神疾病鉴定指定医院和山西省荣康精神疾病司法鉴定中心机构所在以及山西农业大学学生心理卫生指导中心。近年来，在省民政厅的正确领导下，医院一班人抓班子、带队伍、搞建设、增效益、促院风，取得了社会和经济两个效益的双丰收，实现了政治文明、物质文明和精神文明三个文明协调发展，医院连续六年（2001—2006）被省直工委命名为“省直文明单位标兵”，院总支连续十一年（1997—2007）被评为“厅直先进基层党组织”，2001年、2003年被评为“省直先进基层党组织”，2002年被山西省劳动竞赛委员会荣记集体三等功，被山西省劳动竞赛委员会授予“五一劳动奖状”，2003年被山西省民政厅授予全省民政事业先进单位，被山西省劳动竞赛委员会荣记集体一等功，2005年院工会被中华全国总工会授予“模范职工之家”。2006年4月经山西省医疗机构评审委员会专家评审，医院一举迈进了二级甲等专科医院的行列，成为全省通过等级评审的首家精神病专科医院和首家优抚医院，在科学化、规范化、法制化管理方面迈上一个新的台阶。2007年医院与山西省慈善总会联合开展的全国惟一救助贫困家庭精神病患者的“亲情工程”，荣获中华慈善总会“中华慈善事业突出贡献奖”。

民政部部长在康宁医院考察

求新的突破，提高了工业经济市场竞争能力。一是重点企业上项目，针对部分骨干企业效益滑坡的实际，加大对天城汽配、同乐化工、北方龙矿业公司，瑀丰公司等10个重点优势企业扶持、监管和服务力度，帮助他们逐渐走出困境。并把同乐公司20万吨甲醇、15万吨醋酸及资源综合利用项目，天城汽配公司二期扩建技改项目、格瓦斯果蔬汁系列食品饮料综合开发等列入全省“两区”开发重点项目。二是加快县营企业改制步伐。在“因企制宜、一企一策”原则下，以稳定安置职工为前提，采取“破产重组、股份经营、合资合作、公开拍卖”等形式，先后对利康食品厂、碳素厂和机械厂等进行了改制。利康食品厂吸引县凤凰家电城投资560万元，组建凤凰食品有限责任公司，新上日产20吨土豆淀粉生产线，9月份已经投产。机械厂吸纳河北客商开发世瑞花园小区，既增加了县城商品房，又解决了一些职工的生活问题。碳素厂根据《破产法》进行破产处置。三是招商引资迈出新步伐。全年招商引资总额18112万元。县里相继出台招商引资工作方案、优惠政策、引资奖励办法和考核办法四个统领性文件，并积极参与了“沪治会”和“港治会”招商引资活动。在“港洽会”中签订瑀丰石墨公司与德国曼海姆进出口公司的合作项目一项，签约了山东照东方集团投资2.3亿元在天镇新建年产26万吨玉米淀粉、玉米结晶糖、生物饲料项目和海天精淀粉有限公司年产7000吨土豆精淀粉项目二个。四是加大铁矿资源开发力度。公开拍卖了李芳山、榆林口、西盘道等三处铁矿探矿权共计197万元；赵家沟乡虎沟、冯奈庄河道采矿权共计11.784万元。五是引导开放民营经济。全县从政策，从开发环境诸方面，引导和帮助温泉度假村有限责任公司、勇进农副产品经销部、矿业铁粉有限公司等一批民营企业扩大生产，提高产品质量，增强了市场竞争能力。

**商业** 2006年，对县国有企业百货、糖酒、第二五交化公司的房屋、土地的利用改造工程进行了监管，提高了国家资本收益，拓宽了职工就业空间。同时进一步净化规范肉品市场，全年屠宰生猪5600头，查出病害猪3头，并进行了无害化处理，确保群众吃上“放心肉”。进一步引深国有民营、集有民营等商贸体制改革，加大对个体商贸业的环境整治工作，促进了全县商业向自主经营、自负盈亏、自我发展、自我约束的法人实体和市场竞争主体发展，全县新增个体工商户和私营企业223户，新增从业人员612人，新增注册资金1952万元，个体工商户和私营企业总数达到2340户，注册资金达到13266万元。民营经济收入达到3.6亿元，个体私营税收1981万元，占到全县财政总收入51.37%，成为推动县域经济的“半壁江山”。

**交通** 2006年，完成村通水泥路213公里。其中主要完成县道（卅）里铺——赵（家沟）线改造工程15公里，并配套了沿线管涵和防护工程。同时，改造南洋河县城东桥、一畔庄桥等5座危桥。新建米薪关汽车站一座。全年投入养护资金75万元，实现好路率76.8%，综合值73.7。开通营运线路4条，安装候车亭49个，招呼站49个。道路增加、路况和设施改善，促进了公私客运车辆的增加，达到70余辆，使全县194个行政村开通客车，通车率达到87.7%。极大地方便了群众出行。还有“老袁快运”等3户车主经营货物快运业务。同时，全县以大吨位载重汽车贩运煤碳以及相关产业链仍是全县的“头号”产业。

**邮政 电讯** 通信分公司有交换网点53个。其中母局1个，城市网点3个，农村网点48个(含无线接入网点2个)。全县交换设备总容量38220门，实占率85.11%，其中母局容量9768门，市话网点容量3416门，农村网点容量25036门。共建设小灵通基站99个，无线市话总容量6380线，覆盖面积6平方公里。全县宽带总容量为1600端口。全县市话出局电缆16200对，实占69.8%；农话出局电缆30100对，实占69.46%；本地网中继光缆5公里，配线电缆918.8皮长公里。全县已有198个村通了电话，固定电话用户31286户，无线市话用户2611户，宽带用户945户，电话入户率59.87%。全县有IP话吧21户、网吧4户。截至2006年11月份完成业务收入1139万元。移动公司天镇县分公司移动手机用户21000户，移动基站铁塔31个。营业部净增通话用户5016户，话音业务运营收入1140万元，新业务收入320万元，IP类收入55万元，“千台电脑营销”已开户安装102台。联通有限公司大同分公司天镇营业厅共发展G网用户2303户，净增939户。C网发展744户，净增404户。业务收入G网309.86万元，C网115.46万元。全年新建指定营业厅10家，其中乡镇指定厅9家，乡镇网点覆盖率达91%。邮政局在业务发展上继续采取整体推进、重点突破的经营策略，努力拓宽邮政市场，成效显著。全年可实现收入420万元。截至2006年10月份储蓄业务2104万元。揽收保险365.8万元，汇兑新业务开发量530笔，回执开发1846笔，账户类汇款开发4607笔，短信128笔，汇兑业务收入10.14万元。针对传统的函件业务逐渐萎缩情况，积极寻求新的增长点，已与三个学校协议制作邮资封，其中二中邮资封2枚，实现收入1.1万元。开展邮政贺卡、保先教育纪念册营销活动收入23万元。

**基础设施建设** 县城进行旧区改造，按规划审批个体投资商实施了玉泉镇温安小区、机械厂世瑞花园小区商住楼、地毯厂商住楼、建材销售中心商住楼以及网通公司办公楼建设项目，总建筑面积24450平方米，概算总投资1346万元。县财政投资179万元，清掏县城5.7公里排水管道、新建东南街水坑排水管道、治理东南小学门前大水坑等六项工程。同时，投资633万元，持续对县城新区建设，完成县城新区东西主干道与县城至火车站道路连接工程961.23米。完善疾控中心建设项目、启动了法院审判大楼、公路养护中心建设工程。另外，还投资715万元，完成了县城新区4400米电网铺设工程。固定资产总投资3.55亿元。

**教育** 教育事业围绕“两基”验收要求，采取争取国家投入、外引内联和联手共建的办法，筹款521.5万元，新建、改扩建学校16所，其中新建校舍197间、3600平方米，维修校舍122间、2300平方米，新筑校园围墙191米，新建操场10800平方米，改扩建操场56000平方米，新建厕所2个。购置初中二类仪器5套，初中实验仪器33套，小学实验仪器57套，文体器材1775套(件)，电脑20台。购买图书79000册，课桌凳500套，装备多媒体教室10个，购买教学光盘2000张，实物投影仪20台，鼓励教师购买笔记本电脑15台。基本解决了农村中、小学D级危房，全县“三配套”不足问题改善了城乡办学条件，10月份代表山西省顺利通过了国家“两基”评估验收。同时，围绕素质教育，全县举办素质教育测评竞赛2次，听评课1480节，形成了“比、学、赶、帮、超”的良好局面。高考达线人数351人，绝对人数、达线率、万人均达线率三项指标名列大同市农业县区前茅。三中考生侯建飞以648分的优异成绩考入清华大学，成为近年县内第11名清华学子。

**卫生** 卫生事业重点开展了新型农村合作医疗试点工作和传染病防治工作。年初组织卫生系统负责人到外地进行考察，学习管理经验和服务水平的改革。抽调县、乡医务人员100人，深入农村开展了“走百村进万家送健康”活动，发放健康知识宣传手册5.2万册，免费为2.4万多农民进行了健康体检，并建立了家庭健康档案。做好计划免疫工作，全县儿童“五苗”接种率均在99%以上。免费治疗布病患者618人，治愈率为72.58%。免费治疗结核病人121人，还利用香港健康快车为81位白内障患者实施免费手术治疗。对食品卫生、医疗市场等进行了整顿，有31家食品经营单位停业整顿，3名从事食品行业的传染病人暂停从业，查扣销毁价值1.1万元超期变质、三无食品。查处医疗违法案件27件，取缔无证行医、非法医疗机构13家，没收违法药械价值1.39万元。新型农村合作医疗制度试点工作平稳运行，农民参合率80%左右。计生工作初步扭转了被动落后的状况，被评为大同市计生工作进步县。共完成女扎手术271例，其中二孩妇女结扎193例，一孩妇女结扎9例，双女户结扎30例，上环4046例。征缴超生子女社会抚养费88.9万元，发放奖扶资金26.36万元。全县人口出生率9.69‰，符合政策生育率为84.51‰，人口自然增长率为5.29‰。

文化体育　文化事业发展平稳，坚持送文化下乡，搞文艺演唱会40场，在县城举行消夏文艺晚会3场。新建逯家湾文化站1处，为县图书馆充实图书300册。同时加强文化市场整顿，查扣盗版图书1075册，电子出版物103件，盗版光盘200多盘。在群众性体育活动中，举办了全县教职工篮球赛、老年门球表演赛等赛事。在文物保护管理中，突出对晋升国家级重点文物保护单位慈云寺、砂梁坡汉墓群的重点保护，完成了慈云寺消防工程建设。正式出版了分为上下两册，共计280万字的《天镇县村镇简志》，将全县所有397村的自然环境、经济、政治、历史文化、村风民俗等资料都简明地收录其中，在天镇历史上为首次，在全省尚属首例。广播电视事业，强化新闻宣传，播发《天镇新闻》252期，涵盖新闻稿件1381余条，制播电视专题片5部，开办各类电视专题讲座63期，播放服务“三农”专栏节144期，开设阶段栏目14个。开通了天镇电视台“资讯频道”，自办节目频道由原来的1套增加为2套。还筹资60万元，为新农村建设示范村免费安装有线电视1000户；投资近100万元完成农网一期工程的综合设计、规划。扩大光缆覆盖率，截至2006年底，已完成光缆架设45公里，电缆94公里，安装光接收机40个，信号已通达4个乡镇20个村庄。

社会保障　在城镇，进一步完善自收自支事业单位和差额拨款事业单位及企业职工养老保险制度，启动城镇职工医疗保险，进一步完善城市低保工作，共为1964名下岗职工发放了基本生活费115万元，并代缴养老失业保险费129万元。为2039名离退休人员及供养遗属发放基本养老金和生活费1445万元，社会化发放率达100%。全县新增就业岗位3000个，其中“4050”人员530人，发放岗位补贴195万元。共征缴基本养老保险费817万元，参保职工5979人，离退休人员2039人，遗属292人，全县65家1333人参加了机关事业养老保险，征收养老保险金249万元。有33家单位参加工伤保险，参保人数378名，累计征缴工伤保险基金6.4万元。有156个单位6628人参加了医疗保险。有193家单位纳入失业保险管理，参保人数6990人，全县失业保险费共征缴147.72万元。在农村，全面开展了农村最低生活保障制度，制定出台了《天镇县农村最低生活保障办法（试行）》，使2996户、5865人列入了农村最低保障对象。全年发放救灾款61万元，发放救灾粮180吨，解决了5500户困难灾民生活问题。完成了县城地名规划和社区居委会改制完善工作。筹资304万元为干部职工交纳了医疗保险。

综合治理　维护社会稳定，创造和谐稳定的社会环境。以“三级书记抓稳定，百村万户创平安”活动为载体，进一步引深“五创平安”工作，积极开展矛盾纠纷排查调处工作，深入开展“侦破命案专项行动”、“夏季严打攻势”、“打击严重暴力犯罪”、“打击非法采矿”、“校园及周边环境整治”等为主要内容的专项斗争。全年立刑事案件68起，破获刑事案件28起，处理刑事犯罪嫌疑50人；打掉犯罪团伙2个，涉及成员18人，抓获逃犯12人；查处涉毒案件18起，查处涉毒违法犯罪人员18人；查处治案案件1300件，查处违法人员1568人。刑事案件发案率同比下降28.4%。（高志英）

| | |
|---|---|
| **中共县委书记** | 雷雪峰 |
| **县人大常委会主任** | 宋明宝 |
| **县　长** | 徐尚红 |
| **县政协主席** | 贺儒庆 |

## 浑源县

**【简述】**　2006年，浑源县全县人民在县委、县政府的正确领导下，坚持以科学发展观为指导，围绕建设“实力浑源、活力浑源、魅力浑源”的目标，齐心协力，顽强拼搏，全县经济、政治、文化和社会建设都取得突破性进展。全县完成地区生产总值143000万元，比2005年增长14%；规模以上工业增加值41000万元，比2005年增长34%；规模以上工业企业实现利税4290万元，比2005年增长30%；农业总产值78000万元，比2005年增长0.8%。财政总收入首次突破亿元大关，达到10080万元，比2005年增长24%；一般预算收入2810万元，比2005年增长8.2%；社会消费品零售总额76200万元，比2005年增长19%；城镇居民人均可支配收入6680元，比2005年增长8.9%；农民人均纯收入2181元，比2005年增长9.7%；全社会固定资产投资21000万元，比2005年增长25%。

项目攻坚战略稳步推动　突出“两区”开发、沪、港洽谈会等项目的立项、建没，全力以赴推进项目攻坚战略，取得重大突破。到2006年底，列入省“两区”开发的9个项目有4个开工建设，3个正在抓紧做前期工作。沪港洽谈会签约的5个项目3个竣工。其中，由西部控股公司总投资96亿元，建设年产120万吨甲醇、80万吨二甲醚、2×60万千瓦坑口电厂及配套矿井的煤电化工一体化项目，配套的34.42平方公里的煤田资源勘探权已获批准，整个项目的可行性研究报告已通过由中国国际工程咨询公司牵头组织的专家组评审，煤化工项目已经省发改委备案，确定了项目建设地址，并将于2007年7月份开工建设。总投资8583万元的华盛石材加工项目、总投资6030万元的恒誉石材加工项目和总投资2300万元的《悬空寺》电影制作项目进展顺利，均已完成可行性研究，将于2007年开工建设。总投资7653万元的黄芪标准提取物项目已实现投资2700万元，完成了一期工程。总投资10381万元的美华牧草扩建加工项目、总投资5042万元的北岳仁用杏开发项目和总投资4626万元的北岳膨润土扩建项目均已完成部分土建工程。总投资5082万元的岩矿石材加工及尾矿资源综合利用项目、总投资1000万元的扬五洲石材加工项目、总投资1200万元的嘉艺石制品加工项目和投资300万元的永松石材加工项目均已进入试产阶段。

农业农村经济持续发展　紧紧围绕农村发展、农业增效、农民增收，大力发展农业农村经济，全面加快社会主义新农村建设。一是在新农村建没上，按照中央提出的新农村建设“二十字方针”和省市要求，全县以8个试点村和23个整治村为重点，辐射带动全县新农村建设。年内，全县新农村建设累计投资2633.3万元，在8个试点村和23个整治村新建水泥路48公里，硬化广场13000平万米，新建、维修村级公务用房120余间，解决了26个村的通自来水和4个村的集中供水问题，完成了15个乡镇卫生院的改扩建工程。二是在农业化经营上，以扶持龙头企业、培育民营大户和加快市场建设为重点，继续扶持发展了黄芪深加工、饲草加工，蔬菜加工和黄芪羊肉加工四大龙头产业，培育完善了益民、当巷等十大养殖区建设，认真抓好了西坊城、裴村、东坊城、永安、沙圪坨五个大型优质蔬菜销售市场建设。年内，舍饲养殖大户入园率已达到90%以上，全县大畜饲养量达到80420头，比2005年增加3.5%。全县黄芪种植面积已达1.87万公顷、仁用杏生产基地达4000公顷，蔬菜种植已达3333.3公顷。三是在加快农村剩余劳动力转移上，大力推广“定向培训、订单输出”模式。年内，全县共完成农村劳动力转移培训9817人次，新转移农村剩余劳动力6669人，劳务总收入达到23000万元，人均劳务收入800元，占全县农民人均收入的36.7%，农民增收渠道不断拓宽。四是农业生产条件和生态环境逐步改善。年内，全县实施完成生态建设总面积8866.7公顷，北部丘陵区治沙工程被省政府评为“全省十大优质工程”之一。新增节水灌溉面积400公顷，改善恢复灌溉面积733.3公顷，改造中低产田600公顷。五是农民生活条件得到进一步改善。年内，解决了25000人，4645头大畜的饮水安全问题；可搬迁4个乡镇12个自然村1280人的移民新村完成了主体工程；完成村村通水泥路179公里，新建了西坊城、王庄堡两个乡镇客运站，90%的行政村通了客车。

地方工业经济焕发生机　依托资源、品牌优势，坚持深化改革、规范管理、挖潜增效三管齐下，整顿经营秩序，提高综合效益，增加财税收入，全力做强二产，快速增强地方工业经济实力。一是巩固优势产业。对现有全县花岗岩产业管理体制进行了改革，由花岗岩管委会代表政府行使对全县花岗岩产业的统一调度和管理，并承担县政府赋予的花岗岩产业管理、监督、服务职能，花岗岩工业园区归口花岗岩管委会统一管理，初步建立了统一、协调、有序、高效的花岗岩产业管理体制，花岗岩产业规模不断扩大，财政贡献率进一步增加。到2006年底，全县花岗岩开采企业已达32家，花岗岩加工企业达到81家，以花岗岩板材加工为主的工业园区已初具规模，入园企业达到37家，年加工板材能力达到100万平方米，年产值15000万元，花岗岩实现税费4613万元，比2005年增长2%。二是整合传统产业。浑源县按照"理顺管理体制，明晰产权关系，严格管理制度，提高税费收入，消除安全隐患"的思路，对煤炭行业的经营管理秩序进行了重新规范和整顿，并引进山西瑞风制药集团，对多年负债经营、生存难以为继的县营抢风岭煤矿进行了股份制改造，为实施煤炭资源重组和企业联合改造、振兴煤炭工业奠定了基础。年内，全县煤炭实现税收537万元。三是强化宏观管理。重点是组建了浑源县有色金属集团公司和浑源县膨润土集团公司，对全县铁矿、铁选、金、银、铜、锰等有色金属企业和膨润土矿、膨润土加工企业实行宏观管理，形成产业集聚效应，提高资源产出的社会效益和经济效益。年内，两大集团公司共完成现价工业总产值8800万元，实现利税850万元，新的工业经济增长模式逐渐形成。

*旅游产业体系日臻完善*　坚持旅游立县目标不放松，立足打恒山牌，走特色路，全面加快旅游产业体系建设，为促旅游产业上档升级。一是完善规划体系。聘请山西省城乡规划设计院旅游设计专家，对浑源旅游的资源现状、主题形象、产品定位、包装策划以及市场营销进行了周密的研讨和论证，已基本完成了新修编的《浑源县旅游业发展整体规划》初稿。二是完善配套体系。年内，共投资530多万元，先后完成了悬空寺环境整治三期工程、恒山前山旅游专线配套工程、栗毓美墓整体修缮工程和景区绿化工程，在恒山停车场建成了张果老艺术石刻像，进一步加强了基础配套设施建设，提高了景点的旅游观光度。三是完善宣传体系。充分借助第七届云冈·恒山旅游节宣传造势、积极利用各种媒体办节办会促销，并重点实施了由恒山管委会和美国英派特制中公司、北京诺亚经济文化发展公司联合制作和发行电影《悬空寺》项目。四是完善开发体系。积极鼓励和引导全社会力量参与旅游基础设施建设、旅游产品开发和兴办旅行社、宾馆等，民营资本先后注入千佛岭、云峰寺、恒山真武庙、金龙峰的开发，多元化的旅游市场主体得到培育，多元投入办旅游初见成效。年内，来自旅游业直接收入达到了2500万元，比2005年增长25%。北岳恒山景区在第四届中国市场用户满意品牌高峰论坛会上被评为"中国风景名胜区游客满意十佳品牌"，浑源县也被中国旅游精品推广峰会评为全国18个"中国优秀旅游名县"之一。

*民营经济快速扩大*　截至2006年底，浑源县全县个体工商户已达到3183家，民营企业达到71户，从业人员10900人，注册资金10490万元，民营经济提供的税收占到财政总收入的70%以上。

*市政基础建设力度加大*　紧紧围绕建设全国优秀旅游城市的总目标，按照"增强城市功能、提升城市品位、彰显城市魅力"的要求，创新城市经营理念，加快市政基础设施建设。一是美化亮化工程。年内，总投资934.9万元，重点完成了县城永安西街给排水、电力地沟、通信、有线电视入地及路面铺设工程、县城西柳河桥头道路拓宽改造美化工程和城内9条小街小巷的硬化工程等。二是配套服务工程。总投资30亿元、全长62公里的荣乌高速路浑源段建设工程推进顺利，已上报国家计委评审。总投资846万元、占地3.3公顷、总建筑面积3300平方米的汽车客运站已正式投入运营。总投资4240万元的县城污水处理项目已完成投资2924万元，县城排水管网已经建设完成，厂区建安工程中生产区、工艺管道安装、生活区均已完成，全部设备已经到位。同时，投资3220万元完成了建筑面积33862平方米的城市改造和开发建设工程。

*科教文卫事业整体推进*　2006年，浑源县着眼于社会的全面进步和人民的全面发展，不断加大社会事业投入，努力加快农村电网改造、电话扩容、有线电视升级、计生服务配套和中小学危房等基础建设。全县共有9442户用户看上高清晰的40套有线电视节目，6个自然村的有线电视"村村通"工程获省级验收，广播电视覆盖率和收视率大幅度提高。全县新建、改建村级计生服务室251个，计生服务所标准化建设达标率达到72%，逐步建立健全了计生技术服务网络。总投资445万元涉及15个乡镇的乡级卫生院建设工程全部完工，总投资270万元建筑面积3000平方米的县人民医院住院楼交付使用，全县医疗服务质量显著提高，基层群众"就医难"、"看病难"的问题得以有效缓解。投资496万元，改造中小学危房16007平方米；投资245万元，扩建维修校舍6024平方米，新建了9个标准化操场，兴办了北岳英才学校、海洋双语学校、通元学校，为全县农村义务教育阶段学生免除了学杂费。县财政计生事业费投入人均5.84元，人口自然增长率降到3.63‰，低于控制指标3.17个千分点。文化下乡活动20余次。

*全面加强社会保障体系建设*　县委、县政府本着坚持不懈做好事，尽心竭力解难事、全心全意做实事的原则，全面加强社会保障体系建设，促使"三条保障线"平稳运作。到2006年底，全县低保扩面力度进一步加大，城市低保户达到3613户9315人，累计发放城市低保金785万元；全县9816户12218人被列为农村低保对象，3414户3597名五保户实现按标准供养；首批农村低保资金85.5万元、农村医疗救助资金40.7万元已全部落实到乡镇，发放到户。社会养老保险企业参保户达76户，人数达到11250人，全年征缴养老保险费965万元，社会发放率达100%。失业保险参保人数达到18810人，参保覆盖率达到99%；医疗保险参保单位达到246户，人数达到14100人。再就业工作全面加强，共培训国有企业下岗失业人员和城镇青年4190人，再就业培训率达到70%以上，安置下岗失业人员1206人。

*社会治安秩序进一步好转*　2006年通过开展平安创建活动，完善基层防范网络建设，探索新时期打击违法犯罪的长效机制，社会治安秩序进一步好转。年内，全县共立刑事案件329起，破获156起，有力地保障了全县人民群众的生命财产安全，极大地维护了全县安定团结。

（范颖莲）

| | | |
|---|---|---|
| **中共县委书记** | 邵　奎※ | 李根田 |
| **县人大常委会主任** | | 睢润清 |
| **县　长** | 雷学峰※ | 张秉善 |
| **县政协主席** | | 陈兴华 |

## 广灵县

**【简述】**　2006年，县委、县政府围绕"奋力赶超、强县富民"的奋斗目标，以科学发展观统领经济社会发展全局，紧紧抓住国家促进中部地区崛起和全省实施"两区"开发的战略机遇，突出社会主义新农村建设、工业强县、基础设施建设、壮大非公经济、发展社会事业、建设和谐广灵六个重点，统筹安排，科学推进，把握大局，关注民生，强化责任，狠抓落实，经济建设和各项社会事业均取得较好的成绩。全县地区生产总值完成72680万元，同比增长13.9%；农林牧渔业总产值完成34657万元，同比增长7.67%；现价工业总产值完成86021.3万元，同比增长21.99%；工业增加值34067万元，同比增长23.5%；农村经济总收入完成68252万元，同比增长9.91%；农民人均纯收入2146元，同比增长9.71%。财政总收入完成6407.2万元，同比增长9.95%；一般预算收入完成1481.7万元，同比下降0.8%，剔除2005年治超罚款因素，实际增长49.43%。各项存款余额98277万元，同比增长9.19%；各项贷款余额45268万元，同比增长8.55%。社会消费品零售总额完成28391万元，同比增长13.26%。固定资产投资额完成15800万元，同比增长34.32%。

1. 重视"三农"，农业和农村经济稳步发展。按照"生产发展、生活宽裕、乡风文明、村容整洁、管理民主"的总体要求，进一步加大农业结构调整力度，大力发展农村经济，切实增加农民收入，努力改善农民生产生活条件，全面巩固和加强农业基础地位。

（1）社会主义新农村建设初见成效。全县确定了9个试点村、3个重点整治村和17个整治村作为新农村建设试点。县四大班子领导包乡包村，县政府加大扶持力度，在财政十分困难的情况下，按试点村每村10万元、重点整治村每村8万元的标准，拿出114万元作为新农村建设的启动资金。抽调29个实力强的县直单位、企业组建工作队包扶各村，按照“因村制宜、规划先行”的方针，以“村容整治”为切入点和突破口，从资金、技术、信息、规划等方面进行扶持，扎实推进了新农村建设。全年共完成投资713.2万元，完成街巷硬化3.88万米，四旁植树5.65万株，清运垃圾1.64万立方米，整理边沟2.37万米，拆除建筑物192处，翻新围墙1.63万米，建花池、花坛691个，修建两委办公用房190间，整修校舍297间，修建文化活动室10处、体育设施4处，新建敬老院3座，新解决了3个村的自来水入户问题，粉刷树木5.86万株，刷新标语504条，实施了10个村的主要街道亮化工程，安装路灯241盏。各试点村和治理村基础设施不断完善，村容村貌发生了根本性变化，全市在广灵召开了新农村工作现场会。

（2）种植业结构进一步优化。大力调整农业布局，依托区域资源优势，加快发展“一村一品，一乡一业”。全县完成农作物播种面积2.91万公顷，其中粮食种植面积2.35万公顷；发展瓜菜1320.66公顷，杂粮1.02万公顷，种植业结构渐趋合理。充分发挥北京远郊的区位优势，加快绿色蔬菜和优质杂粮基地建设，瞄准绿色农业、高效农业目标，积极组织申报国家级绿色农业示范区，并于2006年11月18日被中国绿色食品发展中心、中国绿色协会正式列为绿色农业示范区，有力地推动了传统农业向绿色农业、现代农业转变，为广灵县绿色农业发展奠定了良好的基础。认真贯彻落实省政府粮食直补工作的有关政策，全县落实粮食直补面积1.94万公顷，其中玉米面积1.38万公顷、谷子2790公顷、马铃薯2810公顷，发放粮食补贴和生产资料增支补贴320.25万元，有效地激发了农民的生产积极性。全县粮食总产量7732.2万公斤，油料总产量356.2万公斤，蔬菜总产量2606.7万公斤。

（3）生态畜牧建设成效显著。围绕全省林业建设六大工程，大力开展“绿色广灵”建设，完成太行山绿化、退耕还林、封山育林、大片造林9338公顷，实施通道绿化31公里，植树3.8万株。完成天然草地改良和人工种草5509.42公顷。以畜牧养殖园区建设为主，大力发展舍饲圈养和规模养殖，全县生猪存栏4.57万口，同比增长1.5%；羊存栏22.8万只，同比增长2.2%；牛存栏1.6万头，同比增长6.7%，其中奶牛4300头，同比增长5.9%；鸡存栏33万只，与2005年基本持平；肉、蛋、奶总产量分别为9180吨、2125吨和8100吨，同比分别增长2%，1.2%和5.2%；人均牧业收入502元，同比增长7.95%。新科农牧公司完成投资1900余万元，建成占地9.07公顷、羊舍2万多平方米的园区，现存栏优种羊10000余只。百疃奶牛养殖园区为群众无偿提供养殖场地，吸引44户奶牛养殖户入驻园区，入驻奶牛达到288头，园区奶站以高出市场0.1元/斤的价格回收鲜奶，有效地带动了农民增收。

（4）品牌农业初显优势。大力实施品牌战略，成功争取回广灵“东方亮”小米商标注册权。“广灵小米”地理标志保护已通过省评审部门报国家批准。加快品牌农业龙头企业建设步伐，全县9个乡（镇）共完成投资7800多万元，已注册商标5个，正在积极申请注册商标5个，已建和在建企业11个，扩建项目3个。广宽农产品公司与4600余户农民签订向日葵、杂豆等种植合同2068公顷；青年小米加工厂与农民签订“东方亮”谷子种植合同300.15公顷，与TCL大同投资公司共同组建了东方物华农业科技公司，为中南海特供60盒“东方亮”小米，为进一步打响品牌奠定了基础，现正在积极争取奥运会服务商；北野菌业公司年内生产反季节高档食用菌白灵菇10万余斤，全部销往上海、日本等地区和国家，并在一斗泉乡新建白灵菇大棚18个，生产白灵菇和鸡腿菇等食用菌，每个大棚纯收入1.5万元左右；恒广北芪公司投资110万元，种植黄芪266.8公顷，农业综合效益进一步提高。

（5）劳务输出步伐加快。把农村富余劳动力转移作为农民增收的重要渠道，加大教育、培训、引导和服务力度，打造劳务输出品牌，创建劳务输出基地。县党校、县妇联培训中心、县农广校被省农业厅列为全省“阳光工程”转移培训基地，开设了微机操作应用、美容美发、工艺美术、服装加工、值勤保安、餐饮、家政服务等专业培训课程，完成阳光工程培训20期，培训农民950人次，转移760人，转移率达80%，完成引导性转移培训12000人次。并与天津市经济技术开发区劳动和社会保障局达成劳务输出意向。

（6）科技兴农成效显著。一是实施重点科技项目，农业科技含量不断提高。实施“山西省东西两山杂粮开发工程”1万公顷，病虫害综合防治3.07万公顷次，完成品种更换1万公顷，推广农田化学除草3735.2公顷。二是科技培训，农民科技素质逐步提升。先后举办涉及种植业、养殖业、加工业各种形式的农业培训80场次，培训人员达1.05万人次，印发各种宣传资料3万余份，各类农业科技书籍10余种，10000册。三是搞好科技示范，对农业生产的指导作用增强。全县共安排玉米新品种试验、示范26个，马铃薯新品种5个，建立马铃薯新品种呼特808号繁育基地5.34公顷，试种谷子新品种3个、蔬菜新品种11个。

（7）农业生产条件进一步改善。晋北农业综合开发项目全面启动，实施了作物发展、草地畜牧、林业建设、金融服务、卫生、教育、妇女创收、项目管理八个子项目，涉及全县7个乡，122个自然村，7.156万人。项目区的农民生活、农业生产条件大为改观，加快了农民致富步伐。

2. 培强产业，增强工业经济发展后劲。抓住国内外产业转移和全省“两区”开发的有利时机，全力实施项目带动战略，大力发展建材、冶金、化工、煤电、轻纺五大产业，工业强县步伐进一步加快，经济运行的质量和效益进一步提高。

（1）工业经济平稳增长。一是深加工产品成为主要增长点。全县炸药完成27639吨，同比增长2.4%；镁渣水泥完成393330吨，同比增长10.4%；镁牺牲阳极完成4786吨，同比增长33.02%；镁合金压铸件完成4011吨，同比增长73.34%。二是工业调产项目作用开始显现。坚持靠项目促进发展，靠项目优化结构，靠项目增加效益，靠项目增强后劲，组织实施了一系列重点项目，并为这些企业积极搭建银企共赢桥梁，融资4000多万元，取得了明显的效果。精华集团半连续拉铸棒材及镁合金型材项目、精华集团镁合金铸造超细状阳极生产线项目、金源化纤公司棉短绒生产加工棉浆粕项目、恒通石材公司年开采花岗石成品荒料和加工花岗岩板材项目、鑫泰硅钙公司轧钢项目、长成冶炼公司冶炼项目和聚源银业公司冰铜合金项目等7个工业调产项目共完成投资17080万元。精华化工集团正在积极运筹，组建晋北精华民爆集团，将成为全国最大的民用炸药生产商之一，每年可增加炸药产量1.5万吨，增加利润2734万元，将成为广灵县工业新的经济增长点。三是对县域经济的支撑作用进一步增强。全县完成销售收入84471万元，同比增长23.9%；企业实现利税8539万元，同比增长19.4%；上缴税金4997.5万元，同比增长16.4%；出口创汇完成2028万美元；万元工业增加值综合能耗完成8.6吨标煤/万元，同比下降5.8%。

（2）民营经济蓬勃发展。一是民营经济成为工业领域的主力军。精华集团上缴税金占到县财政总收入的51%。扩建后规模将达到年产5万吨棉浆粕的金源化纤公司、日产100吨铁的长成冶炼公司、年产3000吨硅钙合金的鑫泰公司和恒通石材公司等将成为全县工业生产的重要增长极。二是民营经济在生态畜牧园区建设中异军突起。甸顶山林牧有限公司、好源青牧业发展有限公司、百疃奶牛养殖园区等发挥出强劲的示范带动作用。三是民营经济成为农副产品加工的新亮点。广宽农产品有限公司、三和实业公司、北野菌业公司、东方物华公司成为全县农副产品加工、销售的龙头。四是民营经济积极涉足教育、卫生、餐饮服务等各个领域，有力地促进了全县各项事业的发展。

（3）招商引资取得明显成效。把扩大对外开放作为发展县域经济的主战略，完善了激励非公经济发展的政策措施，创优了经济发展环境，招商引资工作实现了重大突破。精华集团与意大利普罗卡特公司合作，生产家用电器异型小阳极，累计已生产444万只，实现销售收入1753.8万元，创汇201.5万美元；广宽农产品公司与英国、法国客商合作，建设年产3万吨小杂粮及6万吨宠物饲料出口基地，目前已按照外商要求加工出口500多吨，创汇20万美元；河南金源棉业公司租赁县纸浆厂，以棉短绒为原料加工棉浆粕，已成功运营；引资新建鑫泰硅钙有限公司，年产3000吨硅钙合金、年产5万吨特种钢、年产3万吨轧钢生产线相继建成投产；河南省济源市客商投资建设了聚源银业有限公司实施了冰铜混合冶炼项目；北京客商投资6200万元开发建设千福山庄住宅小区一期工程基本完成；大同新南站投资300多万元，成立了广灵新南公交公司，行政村通客车工程顺利实施；大同市TCL公司在广灵注册了山西东方物华有限责任公司，投资1300万元建设“东方亮”小米加工企业；晋城市一家企业投资2000万元建设玉米淀粉深加工项目。积极组团参加了第一届中博会，有5万吨燃料乙醇、2万吨玉米淀粉深加工、县城房地产开发三个项目成功签约，协议引资金额1.51亿元。全县民营经济及乡镇企业户数发展到1685户，从业人员达到10111人。

3．强基固本，切实改善生活环境。（1）农业基础设施建设进一步加强。以农业综合开发、以工代赈和扶贫开发工程为重点，大力实施农田水利基本建设，强化农业基础设施，提高了农业增收的保障能力。全县完成以工代赈和农业综合开发资金1061万元，埋设管路7.58万米，新打机井10眼，完成中低产田改造633.65公顷，新增改善节水面积406.87公顷，完成节水面积1734.2公顷。农村饮水安全工程全部完成，涉及3个乡镇6个行政村，总投资321万元，解决了8500人，1301头大畜的饮水安全问题。完成了新建小型水源工程37处，修复水毁工程20处。投资29.1万元，完成了雁门关生态畜牧经济区小水配套工程。

（2）县城基础设施建设进一步完善。一是完成了《广灵县县域体系规划》的评审工作，《广灵县南村镇总体规划》进入评审阶段。二是加快旧城拆迁改造进度。开发改造壶泉南北路前期工作进展顺利，新建街部分未改造房屋已经完成拆迁改造，新建居民小区千福山庄工程顺利实施。三是稳步改造“城中村”。投资8500万元对“城中村”进行开发改造，新开商住楼工程17项，面积8.2万平方米。全年共新开工楼房24幢，建成各类房屋建筑面积约10万平方米，新增商业门店100余间，新增住宅楼800余套。四是完成了振兴街、千福路亮化工程，新建街和政府东西大街地下电缆铺设工程和供热管网更新改造工程，14条街巷硬化工程及新三庄小学路的污水管网工程；城镇有线电视宽带数字网建设基本完成。五是广灵县城污水处理厂工程厂区建安工作已经完成，具备了设备调试条件。县城供水改造扩容一期工程完成了部分管网铺设。六是规范了建筑市场秩序。50万元以上工程报建率100%，公开招投标率100%；50万元以上工程监理率100%，完工工程验收合格率100%。成功地搭建了县人民政府和国家开发银行省分行的基础设施建设及特色产业投资金融合作平台，为将广灵县已进入省政府“十一五”规划城镇基础设施建设项目库的44个项目分步实施奠定了基础。七是加强县城环境卫生秩序综合整治，组建了县城综合管理办公室，整合了队伍，理顺了体制，全面加大市容市貌、环境卫生、交通秩序和客运出租市场整治力度，主要街道、重要场所设立了垃圾箱、垃圾池，极大地改善了县城环境卫生状况，城市品位进一步得到提升。

（3）道路交通网络建设进一步完善。一是村村通水泥路工程超额完成。全县完成村通水泥路101.2公里，首次突破百公里大关，其中，村连村水泥路完成35.41公里，街道硬化完成65.79公里，累计完成投资1180万元，是广灵县村通水泥路完成里程最多的一年。二是农村公路通畅、通达工程年度计划圆满完成。总投资588万元，全长49公里的12项通畅工程，已于2006年9月底全部竣工通车；总投资88万元，全长8公里的王洼～眷头公路全部完成；总投资52万元，全长5.2公里的探堡～聂家沟公路竣工；总投资65万元，全长6.5公里的圣佛寺旅游公路业已完工；总投资164万元，全长16公里的环乡出境公路直峪～蔚县邵堡段建成通车。三是交通场站建设进展顺利，农村公交客运线路开通营运。广灵县二级汽车客运站主体工程、附属工程和内部装修已全部竣工；投资31万元的作疃乡客运站已竣工；安装城乡候车亭51个，招呼站牌30个，村村通班车10月1日正式运营，主要开通县城以及县城至八个乡（镇）的8条线路，辐射156个行政村，全县95%的行政村实现了通班车。此外县公路养护好路率达到86%，养护质量综合值达到81，均超大同市下达指标。治理车辆超限超载工作效果明显，有效地保护了干线公路。

4．创新机制，增添非公经济发展活力。（1）企业改制进展顺利，以建立现代企业制度为目标，以产权多元化为突破口，大力实施民营战略，鼓励民营企业通过产权置换、竞价拍卖等多种途径参与国企改革；对一些困难企业通过破产重组、分立改制、租赁经营等多种形式最大限度地盘活存量资产；把企业改革同调整产业结构，优化资源配置和社会稳定结合起来，较好地处理了改革的力度。一是针对千福水泥有限责任公司改制的不彻底，企业负担沉重状况，以县政府名义整体买断了东方资产公司1750万元的债务，全面展开企业改制的步伐。二是针对化肥厂体制、机制、管理、规模等存在的问题，通过竞价拍卖的方式实施产权民营化改制，从根本上解决了企业资不抵债、负债经营、面临停产倒闭的局面，使企业走出困境。三是对莎泉瓷厂、砖瓦厂、酒厂、平城淀粉厂、力生纸业等企业进行租赁经营，扭转企业经营机制，增加了地方税收，盘活了闲置资产，使企业走出了困境。四是积极稳妥地推进国有粮食购销企业改革，有力地服务和支持了全县“三农”工作。

（2）行政管理体制改革继续深化。以简化审批环节，优化服务质量，提高办事效率为着力点，切实结合机关效能建设活动的开展，积极落实全县行政许可事项清理的成果，规范行政许可行为，真正把政务公开纳入法制化轨道。2006年共受理各类审批事项11706件，办结11704件，办结率达99.98%，收取行政事业性收费1385.32万元，接待群众2万余名，极大地方便了群众办事，提高了政府公信力和执行力。

（3）财政管理体制改革继续完善。按照公共财政的要求，积极完善公共财政体制改革。一是积极推进预算管理体制改革。细化部门预算编制，提高部门预算透明度，使部门预算范围不断扩大。按照上级财政部门的统一部署，深入开展政府收支科目分类改革。深化政府采购制度改革，以节约财政支出和推进廉政建设为出发点，积极拓展采购范围，规范采购程序，扩大采购规模，全年签订采购合同金额259.4万元，节支29.86万元。深化“收支两条线”管理改革，强化非税收入管理，全县非税收入达到669万元。二是创新资金管理模式，提高财政支出效率。对与人民群众生产生活密切相关的财政支出进行了直补改革，取得了明显成效。

5．协调统筹，全面发展各项社会事业。（1）大力实施科教立县战略。一是认真落实“一费制”和“两免一补”政策，全县义务教育阶段公立学校30217名中小学学生均享受了免除杂费，计款280.98万元；14200名学生享受免除教科书，计款106.1万元。全县义务教育阶段初中和小学学生流失率分别控制在4.86%和0.28%。二是办学条件明显改善。全县共维修、改造项目校28所，665间，14479平方米，总投资553.12万元，其中新建校舍的学校16所，建筑面积6929平方米；维修校舍的学校12所，维修面积7550平方米。建设操场8个，其中新建4个，改建4个，环形跑道8条。学校布局得到进一步调整，全县学校由原来的

172所减为153所，共建成寄宿制学校24所，中小学住宿生达到5279人。三是高职教育成效显著。全县高考达线总人数达到243人，比2005年净增17人，再创历史新高；有3名同学达超北京大学录取控制线，有1名同学被清华大学录取；广灵一中顺利通过了省级示范高中验收初评；创新发展职业教育，拓宽办学渠道，加快了高、中级技术人才的培养步伐，举办各类实用技术培训780期，共培训人员3.6万人次；完成农技承包18项，推广新成果14项，引进科技新技术9项，引进科技新品种12个。四是人才队伍建设得到加强。通过公开招聘的办法完成了乡镇畜牧兽医人员的招录工作，10名优秀专业人才被县委、县政府命名，接收大中专毕业生50余名，推荐就业20余人，办理各类就业服务60余人次；完成了9个中级专业技术职务的聘任，12个高级专业技术职务的申报和185名技术工人等级申报工作。

（2）大力实施全民健康工程。一是全县基础免疫率为97%，结核病防治，完成全年任务的103%；成立了艾滋病咨询监测门诊，基本建成艾滋病初筛实验室；对全县9个乡镇288户居民用碘盐进行了合格率调查，居民用碘盐合格率为89.2%；开展了全县乙脑疫苗的应急接种工作；7岁以下儿童保健管理率66%，3岁以下儿童系统管理率70%，孕产妇系统管理率77%，婴儿死亡率为7.6‰，出生缺陷发生率1.9‰。二是检查各级各类生产、销售经营食品的饭店、食堂、肉制品、豆制品、乳制品、熟食品及直接入口的食品摊点198家。吊销不合格食品经营摊点卫生许可证6家，整顿规范大小饭店12家，副食品店4家，重点整顿学校食堂5家，没收不合格儿童小食品21箱，销毁价值5400元的过期伪劣食品；重点整顿规范了销售生熟肉摊点。三是打击非法行医，彻底整顿医疗市场，取缔非法诊所14家，规范村卫生所24家，查处无证人员12人；对220名乡村医生分三期，进行了农村急诊、合作医疗、传染病等内容的培训。四是积极做好创建中医先进县的各项准备工作，省专家评审组对县中医院达标上等工作进行了评审验收，创建中医先进县工作进展顺利；县疾控中心业务大楼和县医院传染病区通过了省、市、县验收；县医院病房楼于2006年9月30日投入使用；顺利开展了新型农村合作医疗基线调查工作。

（3）人口、资源、环境协调发展。全县人口出生率6.83‰，自然增长率1.96‰，计划生育率83.6%，综合节育率87.29%，计划外多孩率0.08%，完成“四术”1228例，人口环境渐趋优化；切实加强了对14家县控重点排污企业污染源全面达标排放的管理，加大了县城烟控区建设力度，完成了壶流河综合治理项目前期准备工作，环境监管能力逐步加强，全县污染物排放量明显下降，二氧化碳总量、COD总量及万元GDP污染物排放量均达到市控任务；合理地、有效地利用处置土地，显化土地资产。

（4）大力推进文化产业发展，做大做强广灵剪纸。广灵剪纸商标现已备案，正列入省非物质文化遗产名录，积极申报国家非物质文化遗产。请国家行政学院三位博士作了讲座，聘请全国最大信用公司王艺董事长为县政府高级顾问，请中诚铭公司为广灵县做的投资战略评估已在网上发布。开通了广灵县人民政府网站，搭建了改革开放、招商引资的平台，构建了党和群众的桥梁纽带。广灵电视台标征集工作完成。

6．*以人为本，构建和谐平安新广灵*。（1）社会保障体系更加完善。一是全面贯彻落实就业和再就业有关政策和会议精神，不断完善就业服务体系，千方百计开发就业岗位。全县城镇新增就业岗位721个，下岗失业人员实现再就业430名，其中“4050”人员再就业170名，城镇登记失业率为零；不断加强职业培训和再就业培训工作，先后分期分批对全县614名下岗职工和失业人员进行了培训，培训就业率为70%；大力加强职业介绍工作，2006年累计向外输出劳动力3424人，其中跨省497人，并全部签订了用工意向合同。二是社会保险逐步完善和规范。全县参加基本养老保险的企业89户，参保职工6890人，离退休人员1183人，基本养老金社会化发放率100%；机关事业单位养老保险参保职工2409人；参加工伤保险的职工达到3602人，参保率达到100%；参加生育保险人数达到2210人；失业保险参保人数达9382人；全县农村养老保险参保乡镇9个，参保自然村162个，参保企业4个，参保总人数达到6208人。三是全县7395户10420名特困群众已全部纳入农村最低生活保障范围；城乡大病救助制度初步缓解了大病群众的困难，到2006年底，共救助农村大病患者220户223人，救助城市大病患者216人；对全县1909名五保户实现应保尽保；2027户4466人享受城市低保，累计发放低保金398万元。开展了对低保户特困家庭子女教育救助，共救助学生286名，金额7.3万元，取得了显著的救助效果；积极开展了救灾救济工作，9个乡镇180个村21700名灾民得到了救济；优抚安置工作也取得了喜人成绩，农村义务兵优待率达到100%。

（2）安全生产形势稳定发展。一是继续深化安全整治、安全质量标准化和安全许可，集中开展打击非法违法煤矿及民用爆炸物品安全整治专项行动，切实加强监督管理，从多方面夯实安全基础，有力地促进了全县安全生产形势稳定发展。2006年发生道路交通事故15起，死亡11人，伤15人，直接经济损失9.39万元，死亡人数占市政府下达广灵县各类事故控制指标24人的46%，发生火灾事故17起，无死亡，直接经济损失2.95万元，其他工矿商贸企业未发生一起死亡事故。二是切实加大食品药品安全监管。积极开展药品市场专项整治工作，依法加强对药品经营企业、医疗机构、医疗器械的监管，检查涉药单位719家次，立案89起，当场处罚6家，缴交罚没款5.0358万元，取缔无证经营户2家，规范医疗机构125家。

（3）社会政治形势和谐稳定。一是始终坚持严打方针不动摇，确保全县社会政治稳定、治安秩序良好。2006年全县共发刑事案件50起，破25起，破案率为50%，此外破协外案件30起，积案5起，绝对破案数为58起，八类案件同比下降22.2%。抓获犯罪嫌疑人34人，摧毁各类犯罪团伙2个，涉及成员7人，查处治安案件25案，165人，罚款14.7531万元。同时，严厉打击有组织的违法犯罪活动，加大了禁毒和治暴缉枪专项整治力度，扎实地推进平安广灵建设。切实处理好信访突出问题，积极化解矛盾纠纷，加强预防和妥善处置群体性事件。二是扎实开展依法治理工作。认真做好“五五”普法全面启动；采取了形式多样的法制宣传教育活动，进一步改善了县域经济发展的法治环境。共举行法制宣传教育活动12次，宣传法律法规10部，散发宣传资料30000余份，解答群众咨询250多人（次）。领导干部学法制度化，依法行政水平得到提高；有序开展送法下乡、进村、进校园活动。三是进一步拓展了法律服务业务。全年共办理各类公证118件，其中民事类53件，经济类65件；代理各类案件9起，为28人代写法律文书，为32人提供法律咨询；协同公证处、律师事务所和各法律服务所办案6件，解答咨询68人（次）；调解了217起纠纷；21名刑释解教人员全部得到妥善安置。

在肯定成绩的同时，必须清醒地看到，障碍县域经济发展的矛盾和问题依然存在，不容忽视。主要是县域经济总量不足，结构性矛盾仍较明显；改革步伐不快，制约生产力发展的体制性障碍仍未彻底消除；环境建设滞后，经济发展的外向度不高；农业经济受资源和市场的双重制约，农民增收难度大；工业生产和建设资金匮乏，难以尽快实现规模膨胀和效益攀升；非公经济虽有突破，但对经济发展的贡献率不高；财政收支矛盾突出，保障能力较差。

（王爱党）

| | | |
|---|---|---|
| **中共县委书记** | 张彦军※ | 陷　奎 |
| **县人大常委会主任** | | 刘祖福 |
| **县　长** | 杨富春※ | 刘振国 |
| **县政协主席** | | 邓以作 |

## 灵丘县

**【简述】** 灵丘县地处山西省东北部边缘，大同市东南端，总面积2732平方公里，列山西省第四位，大同市第一位，辖3个镇、9个乡，254个行政村。境内山大沟深，土地贫瘠，耕地面积为34000公顷，素有“九分山水一分田”之说。灵丘又是个资源富县，一是矿产资源，初步探明储量的就有12大类40多个品种。二是水资源，全县水资源储量约为2.7亿立方米，其中地下水1.1亿立方米，占到大同市水资源总储量五分之一。三是旅游资源，全县有国家级文物保护单位3处，省级3处，市、县级40余处。灵丘交通便利，境内京原铁路及京原、大涞、天走三条干线公路互相衔接，县区位优势明显，直线距离北京约200公里，离天津不到300公里，离省会太原300公里。

**国民经济** 2006年是“十一五”规划的起步之年，围绕构建“富裕、文明、平安、和谐”新灵丘的目标，继续实施“工业强县、三农稳县、商贸活县、科教兴县、旅游旺县、综治安县”六大战略，国民经济持续发展，主要经济指标增幅明显，三大产业全面推进。全县地区生产总值完成13.82亿元，同比增长21.2%。其中：第一产业增加值1.53亿元，同比增长10.1%；第二产业增加值8.03亿元，同比增长14.88%；第三产业增加值4.26亿元，同比增长15.14%。三大产业构成比例为11：58：31；规模以上工业增加值为6.87亿元，同比增长30.3%；财政总收入2.33亿元，同比增长13.76%；农民人均纯收入2217元，同比增长10.9%；固定资产投资完成4.14亿元，同比增长64.8%；社会消费品零售总额6.59亿元，同比增长15.61%。全县经济指标综合考评连续三年排名大同市第一，地区生产总值增速在全省排名第8位，经济社会发展指数在全省排名第23位。

**农业** 2006年农业发展保持稳定，新农村建设步伐加快。全县农村经济总收入完成7.81亿元，同比增长13.5%。完成农作物播种面积32016公顷，粮食总产量达到7690万公斤。

按照“林果上山、蔬菜下川、牛羊入圈、杂粮出县”的发展思路，推进南山核桃基地，北山仁用杏、杂粮基地、赵北乡脱毒种薯基地、川下瓜菜基地和清泥涧村有机蔬菜基地建设。建设干果经济林190.1公顷，其中仁用杏166.75公顷，核桃23.35公顷；发展规模养殖场11处，新建蔬菜大棚15栋，发展露天蔬菜基地2个，培育特色种植园区1个，特色养殖园区3处；种植各种优种瓜菜1000.5公顷，各类杂粮14007公顷，其中苦荞867.1公顷，累计发展大棚450栋。

2006年实施了太行山绿化示范工程、唐河沿岸环城绿化工程、出境口绿化工程以及上寨、东河南、柳科生态林工程。完成大片造林1484.08公顷，其中退耕还林933.8公顷，太行山绿化366.85公顷，出省口绿化116.73公顷，环城绿化66.7公顷。完成育苗133.4公顷，新造林预整地3335公顷，义务植树60万株，通道绿化37.7公里。

2006年，农田水利基本建设累计投入劳力119万个，投入资金1.98亿元，完成了赵北乡西山河流域、大孤山流域、东河南镇古树村和武灵镇黑龙河村4项雁门关生态畜牧经济区的水利配套工程等农建工程113处，总工程量678万立方米。完成水土保持治理面积613.64公顷。完成了16处饮水安全工程，解决了1.35万人，4208头大牲畜的饮水安全问题。全县新增有效灌溉面积216.78公顷，改善灌溉面积533.6公顷，新增节水灌溉面积200.1公顷，新建小型水源工程54处，新增水浇地380.19公顷，新增基本农田126.73公顷，改造中低产田733.7公顷。

2006年，全县大牲畜饲养量达到8万头(其中牛4.8万头)，猪饲养量达到7.5万头，羊饲养量达到33万只，鸡饲养量达到51万只，分别占年任务的100%，91%，102%，102%；肉、蛋、奶总产量分别完成700万公斤、210万公斤、80万公斤，分别占年任务的100%，100%，112%。发展50头以上的养牛大户4户，100只以上的养羊大户806户，100头以上的养猪大户25户，500只以上的养鸡户27户。全年改良本地奶牛、肉牛1.25万头。

宝鑫公司万头肉牛养殖项目投资1000万元，建成高标准现代化牛舍7栋7000平方米和饲草青贮窑一座；龙泉牧业奶牛养殖项目完成投资300万元，建成牛舍950平方米，青贮池1500立方米，化粪池2000立方米，新增奶牛200头；飞翔公司肉牛育肥养殖项目投资2000万元建设配套设施，存栏肉牛达到980头；糯玉米及杂粮加工扩建项目完成了基础设施建设。绿犇公司畜产品加工项目、龙泉牧业公司鲜奶加工及牛场扩建项目、鑫光公司小杂粮加工项目和益寿面食品厂苦荞系列食品加工项目被列入省“两区”开发项目。

2006年，共确定了8个新农村建设示范村和25个重点整治村，投入各类建设资金1.6亿多元，共完成街巷绿化130公里，村庄绿化133.4公顷，安装路灯800盏，建成休闲广场4处7000平方米，实施改厨130户，建沼气池200座。开工建设了北环路移民新村，安置贫困人口183户705人，实施了麻咀、北泉、杏树台、温北堡4个村整体推进，使5600人实现了稳定脱贫。

**工业** 非公有制经济挑起县域经济的重担。政府支持具有优势、产业链条长、技术含量高、经济效益好、辐射带动强的骨干企业，尤其对2005年上缴税费超千万元的宏伟、锰业等一批企业给予引导，使这些企业向集团化、规模化方向发展。引导现有矿产品加工企业在原有的基础上继续延伸，提高附加值，充分实现灵丘矿产资源效益最大化。成立了招商局，积极引进域外资金，续建、新建了一大批上规模、上档次的调产项目。全县在提升银、铜、锰、镁等有色金属加工、深加工级次、延长加工链条、促进规模化经营的同时，加快沸石、珍珠岩、大理石、白云石、膨润土等非金属矿产资源的开发利用。2006年，全县非公有制企业达到200家，资产总额超过16亿元，产值超亿元的企业达到4家，上缴税费1000万元以上的达到11家，百万元至千万元的19家，民营经济对县财政贡献率达到90%以上，远远高于全省、全市的平均水平。有5家企业进入了全市民营企业30强行列，被表彰为全省发展民营经济先进县。2006年，全县完成规模以上工业总产值15.3亿元，同比增长21.6%；实现利税2.09亿元，同比增长9.9%；实现销售收入11.53亿元，同比增长25.44%。

**项目建设** 项目建设持续推进，投资效益不断提高。2006年，全县共立项基建项目59项，总投资10.98亿元，其中生产性项目29项，总投资7.22亿元。上报并经省确定了8个“两区”开发项目。在“港洽会”签约了总投资1亿美元的美国恒德环保科技园区项目和总投资5亿港元的贵州西洋集团3334复合肥项目。在长沙“中博会”签约了总投资2亿元的辽宁中诚投资公司多金属矿开采加工项目。完成了宏伟公司年产120万吨碱性回转窑氧化球团项目的厂房主体和设备基础工程，年可实现产值7亿元，利税7000万元；豪洋公司20万吨铁精粉整合技改项目建成投产，年可实现产值8500万元，利税2000万元；投资975万元，建成建筑面积6400平方米的文体中心大楼二层主体工程；平型关景区列入国家100个红色旅游精品景点和30条旅游精品线路之中，争取到国家投资1200万元，平型关爱国主义教育基地建设工程（一期工程）的提水、通电、纪念馆“三通一平”工程已完成。开工建设了灵丘一中新校区和平型关实验小学。

**基础设施建设** 城乡建设步伐加快，基础设施进一步完善。2006年，完成面积1.6万平方米的政府广场建设工程。政府大楼改扩建工程，完成装修工程工程量的75%。完成了王庄路排水、路灯工程，新建北路排水工程，法院西侧小广场工程，北出口、振华街西段、振华西街、迎宾南路、青年北路人行道铺装工程，新华街人行道补装工程，机械厂、交电、沙咀、肉联厂路人行道铺装工程，大涞路道路工程，唐河公园改扩建工程，县城东关排污工程，县城南城壕道路排污工程。以及建筑面积22万平方米的各类楼房建筑工程。县城污水处理厂项目完成了厂内生产性建筑物主体工程。全年累计投入1.7亿元，完成了18项市政建设工程和46036平方米的拆迁工程，引进民间资金1000多万元，建成了县城二级汽车客运站。道路建设上全年投入资金5486万元，新增公路通车里程48公里，新增高级、次高级路面13公里。全年共完成村通水泥路333.98公里，占年任务的138.5%，完成总里程排名全市第一。其中村连村工程100公里，街道硬化工程147.7公里，通畅工程86.2公里；通达工程7条65.5公里；新增通公路行政村4个，通水泥路行政村20个；全县共有191个行政村通了水泥（油）路，占行政村总数的75%；开通农村客运班车线路15条，全县通班车行政村达到219个，占行政村总数的86.2%。投资105万元新建了东河南、上寨和下关3座乡镇客运站，做到了大村有候车棚、小村有候车牌。全县所有乡镇实现了移动网和程控电话的覆盖。农村电话普及率达到31%，8.2万农民人口享受到了优质通话服务。总投资90.837万元的赵北乡栽蒜沟、西山沟、南兑沟及柳科乡南坑四个无电村"户户通电"工程全部竣工送电，至此，灵丘县境内乡村全部实现了户户通电。

**财政** 2006年财政部门努力拓宽增强财政实力的渠道，积极制定增收方案，严格规范对非税收入的管理，争取国家政策扶持和上级财政资金支持，税务部门依法加强税收征管，逐步完善征缴入库措施，强化重点税源监控，保证收入按时足额入库。财政改革与发展并重，全面推进依法理财，国税部门全年组织收入13710万元，同比增长2.64%，地税部门全年组织收入7008万元，同比增长30.82%。全年财政总收入累计完成23292万元，为年初计划23140万元的100.66%，超收153万元，同比增长13.76%，增收2818万元。一般预算收入累计完成6055万元，为调整预算4967万元的121.90%；超收1088万元，同比增长33.46%，增收1518万元。财政总支出累计执行29579万元，同比增长21.34%。其中：个人部分支出15392万元，同比增长9.43%；公务费支出3163万元，同比增长34.19%。财政收支平衡状况进一步好转，全县财政赤字由2005年的87万元削减为78万元。

**金融** 2006年金融运行保持稳定。全县金融机构存款余额23.72亿元，比年初增长2.89亿元，增长12.18%；其中城乡储蓄存款余额17.2亿元。银行贷款余额4.25亿元，比年初减少0.42亿元，减少9.88%；存贷顺差19.47亿元，比年初增加3.32亿元。

**科技** 2006年11月24日～25日，团中央、全国青联在本县举办"科技之光"服务活动，接受群众义诊210人次，捐药价值达6000余元，举办培训班6场。全年发放科技宣传资料1000余份，展示科技图片150余幅，10000余人接受了科技咨询服务，增强了群众学科学、用科学的意识。申报省级科技项目2项，市级科技项目6项。建成3个农作物新品种试验示范点。开发苦荞基地333.5公顷，建设优质马铃薯优种基地320.16公顷，推广优种大豆333.5公顷，优种蔬菜及栽植技术248.12公顷。推广良种牛繁育240头，波尔山羊改良本地山羊1200只，绒山羊改良本地山羊350只，青背山羊提纯复壮1000只。

**教育** 2006年教育事业快速发展，开工建设了投资8000万元的灵丘一中新校和投资1000万元的平型关实验小学；投资829万元，进行农村中小学危房改造和农村寄宿制中小学建设。财政投资300万元，为新改扩建的25所农村寄宿制学校完善了配套设施，配置了"三配套"设备，筹资购置了12套多媒体现代化教学设备，巩固了农村义务教育基础。全面启动农村义务教育经费保障机制改革，对义务教育阶段29406名学生免费提供教科书并免收了杂费，发放免教科书经费362.7万元，免杂费资金389.38万元。高考创历史最好成绩，大学本科达线292人，比2005年增加91人，其中达到全国重点大学本科线104人，高考综合评估居全市第三，九个农业县区第一，2006年被评为大同市高中教育教学工作先进县。

**卫生** 2006年完成了下关、东河南等9所乡镇卫生院国债项目的建设和投资1000万元，建筑面积8500平方米的县医院门诊技改楼基础工程建设。推进了"县乡妇幼保健院、防疫站、卫生院建设"、"农民健康工程"和"农村卫生服务体系建设"改善了农村公共卫生条件。用于疫病预防控制，医疗救助体系，传染病地方病防治等支出64万元，显著提高了卫生应急处理能力。财政拨款577万元，在全县12个乡镇开展了新型农村合作医疗改革工程。新型农村合作医疗参合农民达到16.48万人，农民参合率达到80.2%，收缴农民参合费164.86万元，合作医疗专户到位资金741.87万元。全县共计享受住院补偿人数15945人次，补偿金额261万元，切实解决了农民"看病难、看病贵"的问题。2006年计划免疫工作顺利进行，"五苗"全程接种率平均达到95.4%。

**社会治安** 进一步建立健全全县各级应急机制，加强预防处置突发案例和群体事件工作。开展了"打黑除恶"专项斗争，摧毁有组织犯罪团伙6个，抓获涉案成员39人。开展了禁毒专项行动，强制戒毒人员12人，劳教8人，集中开展了打击盗窃、扒窃、飞车抢夺专项整治，破获现案26起。全年共排查出各类矛盾纠纷1980起，调解处理1790起。共侦破各类刑事案件127起，抓获各类犯罪嫌疑人212人；受理治安案件3734起，查处3656起，处理违法人员3330人。

**人口和计划生育** 2006年全县总户数79159户，总人口232899人，男性人口121623人，非农业人口30621人，出生人口3485人，死亡人口485人，净增3000人。人口出生率和自然增长率分别控制在7.02‰和2.35‰。2006年符合政策生育率87.75%，同比提高2.63个百分点，征收社会抚养费145万元。投资469万元落实农村计划生育奖励政策，推进农村计生服务网站建设，对600多户农村家庭发放了计划生育奖励补助，有力地支持了计划生育事业的健康发展。获"2006年全国人口和计划生育科技工作先进集体"光荣称号。

**民政和劳动保障** 2006年推进了城乡社会救助体系建设，全年确定城市低保对象2532户4123人，发放低保金327万元。确保农村低保对象7306人，五保人员1762人实现了应保尽保；发放救灾款（粮）119万元，11200名灾民得到有效救助。公教人员工资不仅做到了按月定时发放，而且执行了省里调资政策，人均工资比2005年平均增长200多元。多渠道筹措资金发放下岗职工基本生活费563万元，确保了1570名国有企业下岗职工基本生活和社会保险缴费问题；发放企业职工养老金856万元，确保了1316名企业离退休人员老有所养。发放再就业补助资金561万元，增加再就业岗位1422个，保证了全县再就业工作的顺利进行，有力地维护了社会的稳定和谐。征收养老保险费660万元，失业保险金63万元。全县机关事业单位医疗保险参保单位达到173个，人数7603人，职工参保率达到100%。农村养老保险参保人数达到22645人，共征收保险费293万元，医疗费550万元；基本医疗保险费基金支出525万元，有597名患者享受到2万元以下医药费补助，35名大病患者享受到了2万元以上医药费补助。

**环保和文物保护工作** 2006年全面实施蓝天碧水工程，完成了《灵丘县县城联片集中供暖初步规划》，建立了矿山开发的生态恢复补偿机制，协助20家企业完成了环保手续的报批，对30家企业采取了停产治理整顿，对5家环境违规企业进行末位淘汰，完成了28家重点排污企业的排污登记上报，开展了34家企业的环保达标。对白求恩特种外科医院遗址16间房屋进行了翻新维护，在平型关战役遗址各主要地段设置了安全警示牌，配合中央电视台《博物档案》栏目和山西电视台《一方水土》栏目，拍摄播出了觉山寺、曲回寺、平型关和赵武灵王墓等名胜古迹专题片。2006年被评为"全省文物安全保护先进单位"。

（刘甫花　任玉田）

**【省委书记张宝顺视察灵丘】** 2006年8月5日，省委书记、省人大常委会主任张宝顺在省、市有关领导陪同下先后深入灵丘县晋银矿业有限责任公司、平型关战役遗址、白崖台乡村网络文化站、燕家湾日光温室沼气蔬菜大棚、城道坡移民新村、团中央整村推进试点上堡村进行调研。在详细了解灵丘的发展状况后批示：近几年，灵丘县干部精神振奋，发展思路清晰，推进措施有力，团中央扶贫有效，全县发展成效明显。今后要继续依托自身的资源优势，着力推进经济结构调整，延伸产业链条、提高产品附加值，增加就业岗位。要坚持以发展农村产业和农民增收为重点，全力推进社会主义新农村建设，努力实现资源富县向经济强县的迈进。（刘甫花　任玉田）

【少年李洋舍己救人】 李洋同学，山西省灵丘县人，生于1992年，生前就读于灵丘县武灵镇城道坡小学六年级。2006年7月10日下午，在灵丘县泽水河道内，为救一名落水小学生，奋不顾身跳入深约4米，积满雨水的采沙坑中，用双手托起落水少年，自己却滑入坑底，献出了年仅14岁的宝贵生命。7月12日，灵丘县政府常务会议决定，授予李洋同学“见义勇为英雄少年”称号，并号召全县人民尤其是中小学生、团员青年向李洋学习。团县委追认李洋同学为中国共产主义青年团员，团县委、县少工委追授李洋同学“英雄少年”荣誉称号。

（刘甫花　任玉田）

【青年歌手高保利大赛获奖】 高保利，灵丘县罗罗腔剧团成员。在2006年7月中央电视台全国青年歌手大赛上，高宝利代表山西省参加团体赛。为山西代表队取得优异成绩立下汗马功劳。在“原生态”唱法个人比赛中，高保利成为汉族参赛选手中得分最高的演员，获第七届全国青年歌手电视大奖赛原生态唱法优秀奖，并得到余秋雨、徐沛东、蒋大为等艺术家的高度评价。高保利不仅为家乡赢得了荣誉，还向全国推广介绍了非物质文化遗产——罗罗腔。高保利与大同电视台合作拍摄了MV作品《东方亮》，为打造大同名优产品品牌做了贡献。

（刘甫花　任玉田）

| | | |
|---|---|---|
| **中共县委书记** | | 姚生平 |
| **县人大常委会主任** | | 李　江 |
| **县　长** | 曹世平* | 张小立 |
| **县政协主席** | | 王寿山 |

# 朔州市

【概述】朔州市位于山西省北部，北毗内蒙，南接宁武，西界偏关，东邻大同。地理坐标位于北纬39°'5～40°17'，东经111°53'44"～113°34'之间。东西宽145公里，南北长130公里，总面积1.06万平方公里。

图为朔州市平鲁区住宅小区　杨健摄影

2006年，市委、市政府坚持以邓小平理论和“三个代表”重要思想为指导，按照科学发展观和构建社会主义和谐社会战略思想的要求，紧紧围绕“十一五”地区生产总值和财政总收入“两个翻番”目标，围绕带领全市人民，谋全局、抓布局、促开局，全市经济社会保持了平稳、安全、优质、快速、和谐发展的大好势头，实现了“十一五”良好开局，在省政府年度目标责任制考评中进入三个优秀市行列。

国民经济平稳快速增长。地区生产总值达到234.1亿元，增长16.2%，增速全省第二，净增50.75亿元，超“十一五”年度平均净增目标13.08亿元；人均地区生产总值达到15481元，净增3387元，超“十一五”年度平均净增目标1209元。剔除资源价款后，财政总收入达到51.4亿元，增长46.7%；一般预算收入达到17.01亿元，增长50.4%；两项指标增幅均居全省第一，分别高出“十一五”预期增长目标30.3和36.2个百分点。而且地区生产总值和财政收入总量位次均由全省第十位前移到第九位。规模以上工业企业增加值完成119.8亿元，增长23.6%，超“十一五”预期增长目标6.6个百分点。粮食总产7.28亿公斤，增长9.09%，创历史最高纪录。全社会固定资产投资达到95.1亿元，增长32.3%，相当于“十五”时期年均投资额的近2倍。社会消费品零售总额62.87亿元，增长16.3%。居民消费价格总水平上涨1.95%，低于全省2～3%的控制目标。

资源环境得到有效保护。万元地区生产总值平均耗水量下降2.86%，万元地区生产总值污染排放总量下降30.87%，煤矿采区回采率达到50.05%。市区空气质量二级以上天数达到284天，比2005年增加38天。

人民生活水平稳步提高。城市居民人均可支配收入达到9852元，农民人纯收入达到3399元，分别增长12.1%和10.3%。新增脱贫人口9273人。

和谐社会建设迈出坚实步伐。人口自然增长率为6.64‰；城镇失业登记率为2.6%；高中阶段毛入学率达到63.48%，比2005年提高5.8个百分点；新型农村合作医疗覆盖率达到53.27%，比2005年提高16.7个百分点。安全生产形势明显好转，全年没有发生重大安全生产事故。新增城镇就业岗位2.53万个，安置下岗失业人员再就业6970人。进一步完善了城市低保、农村特困群众救助、大病救助、贫困家庭子女就学资助等十二项社会救助制度，城镇养老、医疗、工伤保险覆盖率分别达到92.3%、66.4%、85.7%和69%。

图为安太堡露天煤矿　杨健摄影

*经济社会发展和政府自身建设中存在的矛盾和问题。*一是又好又快发展的基础还不够牢固。资源型产业比重较大与资源利用效率较低并存，大型企业数量不多与中小企业发展不足并存，产品科技含量不高与企业自主创新能力不强并存，人才严重短缺与本土籍高校毕业生大量异地择业并存。经济结构调整和转变增长方式的任务艰巨。二是构建和谐社会的矛盾比较突出。社会事业和公共服务投入依然不足，城乡差距在继续拉大，少数人的富有掩盖着一部分人的贫困，群众就业难、上学难、看病难的问题仍然比较突出。和谐社会建设任重道远。三是政府自身建设的问题仍然不少。一些部门重审批轻服务、重部署轻落实、重处罚轻管理，部分基层站所滥用权力、吃拿卡要、执法扰民，少数工作人员素质不高、消极怠工、衙

门作风严重，有的领导干部官僚习气十足、工作心浮气躁、奢侈浪费严重。　（罗　筠）

【社会主义新农村建设】　集中推进了105个试点村和153个整治村的新农村建设工作，取得阶段性成果。通过认真落实各项支农惠农政策，狠抓水利基础设施建设、生态畜牧基地建设、农业产业化经营和扶贫开发工作，进一步提高了农业农村经济发展水平。优质玉米、高淀粉马铃薯、特色小杂粮、延秋瓜菜四大种植基地面积占到农作物总播面积的85%。奶牛基地规模扩大，存栏数达到15.1万头，增长14.2%；出栏肥羔羊100万只，增长3.1%，成为全国重要肥羔羊生产基地之一。完成造林27033.51公顷，全省领先。农产品加工龙头企业发展到155个，其中5家被列入全省农业产业化龙头企业方阵，占全省总数的15%。年交易额5000万元以上的农产品批发市场达到18个，完成交易额16.1亿元。争取"两区"开发项目19个，总投资54.8亿元，其中7个项目当年建成或基本建成。累计建设移民新村16个，246个村、18738人实现了移民搬迁。培训农村富余劳动力5.15万人，转移安排就业3.1万人。　（罗　筠）

图为朔州市右玉县土特产沙棘系列产品　杨健摄影

【经济结构调整】"十一五"规划的100个重点调产项目，建成投产和即将投产的22个，完成投资28.7亿元；在建的21个，总投资94亿元。二产结构进一步优化。煤炭工业通过实施"三大战役"，产业集中度进一步提高。地方煤矿由原来的205座缩减到143座，生产能力由3312万吨提高到5588万吨，加上同煤集团和平朔公司在朔煤矿，全市已形成亿吨生产能力。电力工业7个项目前期工作进展顺利。煤化工、新材料等新兴产业发展步伐加快，平鲁6万吨聚合氯化铝和3万吨高纯二氯化硅项目完成土建，平朔利用粉煤灰提取氧化铝和高硅氧化物项目完成中试。以旅游业为主的第三产业进一步壮大。应县通过旧城改造和龙首山文化园建设，旅游业发展势头强劲；右玉生态旅游业名声日盛；怀仁金沙滩生态旅游园初具规模；朔城区东榆林水库旅游区开发正在起步。　（罗　筠）

【基础设施建设】　2006年共铺开城市基础设施建设重点工程11项，其中6项已竣工，朔神大道、州北街全面通车，污水处理厂、北水南调一期工程和8座公厕已投入使用，垃圾处理厂完成土建和设备安装。公路建设完成投资7.45亿元，增长33%；新增公路通车里程175公里，新增高级、次高级路面200公里；完成农村公路及通达通畅工程1608公里，新增通水泥路（油路）村62个，通达率达到82%；全市所有乡镇和86%的行政村通了客运班车。　（罗　筠）

【全市战略重大工作】　一是积极开展招商引资活动。2006年共签订项目176个，总投资169.7亿美元，实际到位资金107.6亿美元；资金全部或部分到位的项目达107个，实际到位资金43.68亿元，进入全省两个招商引资先进市行列。二是大力推动民营经济发展。出台了促进民营经济发展的优惠政策，成立了市县两级中小企业信用担保中心，市担保中心在全省同级城市中规模最大，在解决中小企业融资难问题上实现了突破。三是开工建设了市职业技术学院，2006年秋季正式招生，改写了朔州没有高等教育学校的历史。四是与平朔公司合作，建立了高新技术研发中心，集中进行粉煤灰、高岭土、煤矸石开发利用研究，并针对全市每年煤炭洗选产生的近2000万吨煤泥的综合利用进行攻关研发，对全市发展循环经济、建立资源节约型和环境友好型社会将发挥重要作用。五是进一步完善了全市畜禽疾控防治体系，为广大农民在畜禽养殖方面的近百亿元财产提供了保障。六是针对朔州市十年九旱的实际，筹资1200万元，建立了全市六县区人工增雨体系，每年可增加降雨量约10亿立方米。七是积极筹建了海关办事处和公用保税仓库，开启了商品直接进出口的通关渠道和外商自由进出的闸门，增强了对境外投资的吸引力。八是与北京军区达成分三批将市区北部800.4公顷土地收归朔州的协议，第一批203.44公顷土地已拿回，化解了城市建设土地制约问题。九是积极整顿税收秩序，使每年流失到秦皇岛和北京的近5亿元煤炭销售税划归朔州，同时对全市房地产和服务业税收进行了认真的整顿。十是在促进市经济开发区发展上迈出较大步伐，将红旗牧场委托经济开发区管理，既使开发区发展空间得到进一步扩大，也为红旗牧场的生存发展创造了机遇，同时还引进了投资3000多万元的玻化砖生产线，国家发改委已核准其为省级经济开发区。　（罗　筠）

图为朔州的土特产品　杨健摄影

【各项社会事业发展】　公共服务水平进一步提高。在市区新建了市第四小学、城区七中，全市新建改建的100所农村寄宿制学校80%投入使用；高考二本以上达线人数达到3240人，比2005年增加462人，创历史最高水平。疾病防控体系和重大突发公共卫生事件医疗救治体系建设任务基本完成，市中心医院、急救中心、传染病区和5个县级医院的传染病区已经完工；改建扩建了38个乡镇卫生院和100个村级卫生室，形成了覆盖全市的医疗救治体系；新型农村合作医疗试点扩大到3个县区。启动了"万村千乡"工程，建成68个农村便民超市。组织实施市级以上科技项目66项，取得科技成果13项，申请专利46件，其中发明专利18件，比2005年增长2.75倍。朔州秧歌、晋北道情申报了国家级非物质文化遗产保护项目，踢鼓秧歌、朔州喜乐等8个项目申报了省级非物质文化遗产保护项目。广电网双向数字化改造进入整体平移阶段。启动了"百万农民健身工程"，群众性体育活动丰富多彩；竞技体育实现了"零"的突破，在全省十二届运动会上获得三金、五银、七铜的好成绩。人口计生工作受到省政府表彰。统计、妇女儿童、民族、外事、气象、档案、地震、史志、老龄、残疾人、国防动员、民兵预备役建设、人防、信访、消防等各项工作都取得新成绩。（罗 筠）

**【社会主义民主法制和精神文明建设】** 认真执行市人大及其常委会的各项决议，自觉向人大及其常委会报告工作，接受人大监督。积极加强同市政协、各民主党派、无党派人士的联系。办理人大代表建议、意见40件，政协委员提案92件，做到了件件有回音、事事有着落。高度重视基层民主政治建设，1684个村委会圆满完成换届选举。全力推进"平安朔州"、"信用朔州"建设，全面启动"五五"普法，切实加强了社会治安综合治理，治安形势进一步好转。严密防范、坚决抵制境外敌对势力渗透、插手宗教事务，确保了社会和谐稳定。广泛开展爱国主义、集体主义和以"八荣八耻"为主要内容的社会主义荣辱观教育。（罗 筠）

**【党风廉政建设和机关效能建设】** 全面落实党风廉政建设责任制，切实加强行政监察和审计工作，查处了一批公路"三乱"、教育乱收费和其他侵害群众利益的问题，积极开展了药品集中采购和政府工程款审计工作。廉政文化建设不断向纵深推进，"三务"公开和政风行风评议工作受到了上级表彰，清房、清车、治奢三项治理取得阶段性成果。进一步深化行政审批制度改革，取消审批项目365项，改变管理方式88项，精简审批环节704个。大力推进了机关行政效能建设，出台了机关建设"八项规定"和机关工作人员"十个不准"制度，建立了首办负责制，限时办结制、责任追究制等一系列提高行政效能、遏制行政不作为和乱作为的工作机制，机关作风明显改进。

（罗 筠）

| | | | | |
|---|---|---|---|---|
| **中共市委书记** | | | | 王雅安 |
| **副书记** | | 田喜荣 | 杨伟民 | 冯改朵 |
| **市人大常委会主任** | | | | 丰子富 |
| **副主任** | | 石 璋 | 张仲英 | 张翠梅 |
| | | 于有文 | 文 元 | 落国和 |
| **市 长** | | | | 田喜荣 |
| **副市长** | 李栋梁 | 王 芳 | 杨 富 | 雷建国 |
| | | 高 厚 | 李 发 | 王贵平 |
| **市政协主席** | | | | 王耀斌 |
| **副主席** | | 樊田发 | 管翠兰 | 张治民 |
| | | 温日平 | 申守文 | 李 翠 |

# 阳泉市

**【概述】** 阳泉市辖城、矿、郊三区和平定、盂县两县，总面积4569.91平方公里，人口130.87万人。2006年，阳泉市人民坚持以科学发展观为指导，紧紧围绕"打造中国'鲁尔区'、建设晋东明珠城"的总体要求，创新发展思路，强化工作措施，狠抓目标落实，大力推进全面建设小康社会步伐，全市国民经济和社会发展呈现出良好态势，在省政府对全省11个市地区经济社会44项指标综合考核中排第4位，当年发展指数考核排第2位，为实现"十一五"规划蓝图奠定了的基础。

*国民经济平稳增长，财政收入又创新高。*2006年全市生产总值达到232.1亿元，按可比价格计算，比2005年增长9%。其中，第一产业实现增加值3.72亿元，增长3%；第二产业实现增加值129.69亿元，增长8.2%；第三产业实现增加值98.72亿元，增长10.3%。三次产业的比例为1.6∶55.9∶42.5。

2006年全市财政总收入完成45亿元（含两权收入），比2005年增长21.6%，不含两权收入为43.8亿元，增长19.1%，高于同期经济增长率10.1个百分点。其中，一般预算收入完成16.6亿元（含两权收入），比2005年增长29.4%，不含两权收入为15.4亿元，增长22.2%。全年一般预算支出执行25.6亿元，比2005年实际增长27.8%。其中，各项生产建设性支出执行5.1亿元，增长48.5%；各项行政事业费支出执行18.7亿元，增长23.4%。

*经济结构调整成效明显，工业整体效益快速提升。*2006年，全市以项目建设为载体，以"百项工程"为抓手，努力通过多上项目、上大项目推进产业升级和经济转型，实施了一批重点调产项目。全市项目建设呈现投资大、开工多、带动强的可喜局面。年内"百项工程"118个项目中，南煤集团2×13.5万千瓦煤矸石综合利用电厂、阳煤集团80万吨氧化铝、日月明40万吨煤基洁净燃料等109个项目顺利推进，阳煤集团3×13.5万千瓦煤矸石综合利用电厂、10万吨聚氯乙烯、100万吨干法水泥等15个重点项目竣工投产。完工和基本完工的28个项目共完成投资76亿元。投资增量的不断扩大有力地带动了存量调整，为优化全市经济结构、转变经济增长方式做出了积极贡献。

全市规模以上工业企业（主营业务收入500万元以上的工业企业）2006年共完成工业增加值115.5亿元，比2005年增长9.2%。其中，国有及国有控股企业完成88.96亿元，增长8.4%；集体企业完成7.46亿元，增长15.2%；股份制企业和外商及港澳台投资企业分别增长5.5%和28.2%。全市规模以上工业企业2006年实现主营业务收入259.0亿元，比2005年增长19.2%；实现利税36.5亿元，增长21.1%；实现利润13.6亿元，增加4.5亿元；亏损企业81个，亏损面为37.5%，亏损企业亏损额2.9亿元，比2005年下降34.1%；产成品资金占用17.6亿元，增长33.3%，应收账款净额32.7亿元，下降1.5%。

*固定资产投资高速增长，基础设施建设力度加大。*2006年全社会共完成固定资产投资额（含石太高速铁路）102.0亿元，比2005年增长56.9%，增幅位居全省各市第一位。分经济类型看：国有及国有独资公司完成投资64.9亿元，增长67.7%；集体经济完成投资5.8亿元，下降1.7%；其他经济类型完成投资31.3亿元，增长53.4%。分城乡看，城镇投资完成79.0亿元，增长72.3%；农村完成投资7.5亿元，增长5.4%。全年共完成房地产开发投资15.5亿元，比2005年增长29.2%；房屋施工面积完成230.6万平方米，增长20.8%；房屋竣工面积41.2万平方米，下降25.1%；房屋销售面积63.0万平方米，增长8.6%。全年全市用于能源工业的投资达34.7亿元，占全市固定资产投资的34.0%，其中用于煤炭工业的投资20.5亿元、用于电力工业的投资14.2亿元。

年内，列入全市"百项工程"的47个基础设施项目共有42个项目开工建设，完成投资30.1亿元，占年度计划的95%。其中，南外环路大修、南大东街义井段、白乱线、东纵连接线、北山公园、汽运一公司桃河大桥、双（山）～阳（曲）公路工程盂县段、207国道五渡桥大修等12个项目已完工或基本完工；石太高速铁路盂县段、307国道复线工程（坡头～水峪）、阳泉理工学院扩建工程、阳泉师范专科学校建设工程（一期）等30个项目正在建设中。桃河蓄水、"北水南调"一期工程全面启动。全年城市基础设施建设投资完成4.05亿元（不含住宅）；改造城市供水管道3.28公里；新增煤气供气管道146公里，新增用户3000户，用气普及率达到85%；新增集中供热面积126.56万平方米，集中供热热化率达80%，比2005年提高0.8个百分点；城市排水管道长度达253.54公里；建成区绿化覆盖面积达到1296.66公顷，覆盖率达到30.12%，人均公共绿地面积达到6.29平方米。全市城市道路长度累计达到382公里，城市道路面积累计达到448万平方米；城市化水平达到56.21%，比2005年提高1.04个百分点。

*农业生产继续优化，乡镇企业贡献突出。*年内虽然受到干旱等自然灾害影响，但全市粮食生产仍保持了较好收成，总产量达20.25万吨，比2005年增长0.9%。主要经济作物中，蔬菜产量7.29万吨，增长11.3%；油料产量0.05万吨，基本持平；水果产量1.01万吨，增长11.4%。畜牧业、渔业生产整体状况良好，产值比重有所上升。

2006年全市乡镇企业实现总产值258.35

亿元，按现价计算比2005年增长10.05%；实现增加值64.18亿元，增长9.1%；上交税金10.91亿元，增长17.8%，成为全市经济发展的一大支柱。

*林业建设成效显著，环境状况明显改善。*年内，全市大力实施以“身边增绿”为主题的六大造林绿化工程，取得显著成效。全年共完成造林面积9443公顷，幼林抚育面积4267公顷，零星植树320.88万株。全市通道绿化从太旧高速公路、国省一、二级公路一直延伸到县乡村公路。全年共完成通道绿化443.6公里，累计栽植各类树木122.8万余株。同时在三条公路主要地段和出入口标准营造防护林和标志性景观林5处，共栽植各类风景树种和花灌木80万余株，形成明显的景观效果，为创建国家级园林城市迈出了坚实步伐。

2006年市区空气质量二级或优于二级的天数共275天，其中一级天气14天，二级天气261天，占全年监测天数的75.3%。2006年无五级天气。二级以上天气天数比2005年增加了50天，增长22.2%，大大高于年初省下达的237天任务和市确定的240天任务，阳泉市由全国严重污染城市的第二位变为第八位。市区空气中二氧化硫浓度降低35%，可吸入颗粒物浓度降低13.5%，二氧化氮浓度下降32.1%，市区空气污染指数3.27，比2005年降低28.8%。2006年市域内地表水水质稳定，桃河水质持续改善，晓庄断面、白羊墅断面、娘子关断面综合污染指数分别比2005年同期下降68.6%、65.3%、62.5%。空气质量由轻度污染变为轻微污染。

*内外贸易态势良好，电信事业快速发展。*2006年全市社会消费品零售额完成81.2亿元，比2005年增长15.4%；其中，城市消费品零售额为59.7亿元、增长15.5%，农村消费品零售额为21.5亿元、增长15.1%。2006年全市海关进出口总额突破8970万美元，比2005年增长14%；其中，出口总额6458万美元、增长8.5%，进口总额2512万美元、增长30.9%。全年138个外来投资项目到位资金额达49.4亿元，比2005年增长3.48倍，其中实际利用境外资金2488.3万美元。

2006年全市完成邮电业务总量11.4亿元，比2005年增长18.7%。全市邮路总长度1267公里。年内新增固定电话用户5743户，新增移动电话用户123524户；年末固定电话用户比2005年增长1.46%，移动电话用户增长25.5%。固定电话普及率达31.64部/百人，比2005年增加0.34部；移动电话普及率达47.99部/百人，比2005年增加9.63部。全市电话交换机总容量达116.8万门，比2005年增长7.5%；全市公用电话28318户，比2005年增加3865户，增长15.8%。

*金融事业作用增强，旅游产业势头强劲。*2006年末，全市金融机构人民币各项存款余额365.3亿元，比年初增加60.0亿元、增长19.6%。其中，城乡居民储蓄存款余额230.5亿元，增长18.3%；人民币各项贷款余额171.7亿元，比年初增加23.7亿元、增长15.9%。中长期贷款发展快于短期贷款。短期贷款余额101.2亿元，比年初增加10.3亿元、增长11.4%；中长期贷款余额64.8亿元，增长31.5%。2006年累计现金收入723.9亿元，比2005年增长11.1%，现金支出727.3亿元、增长12.7%；收支相抵，净投放现金3.4亿元。

年内，“藏山、娘子关、百团大战纪念碑（馆）”三大品牌，以及翠枫山、药林寺、龙海山庄等新老景区带动作用强劲，全市国际、国内旅游市场快速发展。2006年全市接待国内游客434万人次，比2005年增长21%。旅游综合收入25.2亿元，比2005年增长64%。人境旅游者2480人次，比2005年增长110%。旅游创外汇收入90万美元，比2005年增长65%。各旅游景区总计接待47万人次，比2005年增长37%；门票收入880万元，比2005年增长60%。

*社会保障体系逐步健全，人民生活水平稳步提高。*全市社会保障体系初步建立，社会保险的参保覆盖面逐步扩大，社会保险基金征缴收入不断增长。年内，全市城镇企业职工养老保险、医疗保险、失业保险、工伤保险参保人数分别为11.95万人、23.46万人、20.08万人、8.5万人，完成年度目标任务的100%、102%、106.81%、100%，城镇养老、医疗、失业、工伤保险覆盖率分别为83%、60%、83%、45%。各项基金征缴圆满完成了年度目标任务。分别征缴企业、事业单位、农村养老保险基金28349万元、4414万元、1000万元，征缴工伤、医疗、失业保险基金1462万元、25187万元、4970万元。城市低保、农村低保分别达到52.8万和22.8万人次，累计发放低保资金4735.58万元。五保供养对象实现了动态管理下的应保尽保。

2006年末全市总人口为130.87万人，其中城镇人口73.56万人、乡村人口57.31万人。全市城镇居民人均住宅建筑面积达到20.1平方米，农村居民人均住宅建筑面积达到23.32平方米。2006年在岗职工平均工资达21546元，比2005年增长17.6%。全年城镇居民人均可支配收入达10122元，比2005年增加1130.1元、增长12.6%，扣除物价因素实际增长10.3%；城镇居民人均消费性支出6314.18元，增长3.7%。全年农民人均纯收入4140元，比2005年增加392元、增长10.5%；农民人均生活消费支出3494元，增长30.2%。城乡居民的收入、消费均创历史最高水平。

一年来，全市经济和社会虽然呈现出良好的发展态势，但仍然面临一些深层次的矛盾和问题，主要是：经济总量偏小，结构性矛盾突出；国有企业占国民经济的比重较大，活力不强；融资渠道不宽，经济外向度有待进一步提高；人才、技术、资金等生产要素短缺，自主创新能力不强；就业和资源环境压力较大，偏远地区农民收入较低，部分困难群体看病难看病贵等问题还没有得到很好解决。

（任佟苏）

**【中共阳泉市第十次代表大会召开】** 2006年8月31日～9月2日，中国共产党阳泉市第十次代表大会在阳泉宾馆隆重召开。大会开幕式由白云主持。大会应到代表438名，实到426名。

会上，谢海代表中共阳泉市第九届委员会作了题为“坚持科学发展、致力强市富民，为在全省争先发展、在中部同等城市率先崛起而努力奋斗”的工作报告。报告共分五个部分：一是过去五年工作回顾；二是未来五年的奋斗目标和发展战略；三是实现争先发展、率先崛起的主要任务；四是为实现争先发展、率先崛起增添动力，注入活力；五是加强党的先进性建设和执政能力建设，为全面建设小康社会提供坚强保证。谢海在报告中全面分析了阳泉面临的形势，提出未来五年全市工作总的指导思想，即高举邓小平理论和“三个代表”重要思想伟大旗帜，坚持以科学发展观统领全局，坚持以党的先进性建设为重要保证，紧紧围绕在全省争先发展、在中部同等城市率先崛起“两先”目标，突出资源型城市转型、老工业基地振兴、统筹城乡发展、生态环境保护四大重点，坚定不移地实施大开放、大企业、大项目、大民营四大战略，着力在结构调整、改革开放、特色城镇、新农村与和谐社会建设等五个方面取得新突破，有效加快创新城市建设步伐，为建设充满活力、富裕殷实、文明和谐、山川秀美的新阳泉而努力奋斗。报告提出阳泉市未来五年的主要任务是实现“两先”目标，全市生产总值、财政总收入等主要经济指标，年均增幅保持在10%以上，2010年城镇居民人均可支配收入和农村居民年人均纯收入力争比2005年翻一番，各项指标人均水平居全省前列，在中部地区同等城市处于领先位置，力争到2013年提前七年实现全市人均生产总值比2000年翻两番，在全省和中部地区同等城市率先实现全面建设小康社会的目标。经过15年的努力，到2020年基本完成资源型城市转型的任务，逐步把阳泉市建设成中国“鲁尔区”、晋东明珠城。

2006年9月2日下午，中共阳泉市委十届一次全体会议在阳泉宾馆举行。会议选出了中共阳泉市第十届委员会常委、书记、副书记。谢海、白云、郇爱国、林玉平、王舰民、樊盛武、陈继光、高全怀、王旭明、范谦家、宋师璇、杨永生12人被选举为中共阳泉市第十届委员会常务委员会委员；谢海当选中共阳泉市委书记；白云、郇爱国、林玉平当选中共阳泉市委副书记。

（张卫萍）

【市委社情民意通道开通】 2006年12月19日，中共阳泉市委社情民意通道正式开通。与此同时，随着全市各县区委社情民意通道的开通，阳泉市在全省率先实现市、县、区三级联网运行。

社情民意通道是党委工作与现代信息技术有机结合的产物，利用电子网页和语音电话两种现代传媒手段，党委能更直接、更快捷、更广泛地了解和听取群众的呼声，及时研究解决群众反映的问题。中共阳泉市委社情民意通道全天候开通，群众可通过登录中国·阳泉网站的“社情民意”栏目发电子邮件或拨打语音电话0353－2291111反映问题，提出意见和建议。对群众的意见、建议和反映的问题，工作人员将根据内容、性质和急缓程度编辑整理，及时提交有关领导阅处，然后分类批转有关部门办理，并督促相关单位落实。

市委社情民意通道的开通，是市委密切党群关系、充分依靠人民群众的聪明才智、推进和谐社会构建的重要举措，将对市委了解民情、把握民意、科学决策产生积极的作用。

（张卫萍）

【阳泉革命烈士纪念馆落成】 2006年9月26日，阳泉市隆重举行革命烈士纪念馆落成揭彩仪式，深切缅怀革命先烈的丰功伟绩。

阳泉革命烈士纪念馆的建设，是继2005年阳泉革命烈士纪念碑迁址之后，市委、市政府在深入推进爱国主义教育、打造红色旅游景点方面的又一重大工程。新落成的阳泉革命烈士纪念馆位于狮脑山百团大战纪念碑东侧山下，与百团大战纪念碑、阳泉革命烈士纪念碑共同构成一处新的革命历史纪念景观。革命烈士纪念馆由市委书记谢海题写馆名。展馆内的展品以阳泉市简明党史线索和著名英烈事迹为主线，收集了境内第一、二次国内革命战争时期，抗日战争时期，解放战争时期，社会主义革命和建设时期的有关资料、照片和实物等，真实地记录了革命烈士为谋取人民幸福而抛头颅、洒热血的丰功伟绩，大跨度地反映和展现了阳泉人民坚韧不拔的精神风貌。纪念馆内设置有抗日战争和解放战争时期阳泉的行政建制沙盘，并配有锻铜浮雕、石雕，体现了设计上的艺术性和教育性。

阳泉革命烈士纪念馆的落成开放，为全市人民，特别是广大青少年提供了一个良好的爱国主义教育和国防教育阵地，成为全省红色旅游的组成部分，成为全市党员干部开展保持共产党员先进性教育的生动课堂。（张卫萍）

【创建国家园林城市活动】 为了改变阳泉市城市绿化率低、小区建设差、空气质量不高的现状，早日实现市十次党代会提出的建设充满活力、富裕殷实、文明和谐、山川秀美的新阳泉的目标，2006年9月6日，阳泉市召开全市创建国家园林城市活动动员大会，正式启动创建国家园林城市活动。会议确定了阳泉市“创建国家园林城市”活动的总体思路和总体目标。总体思路是：坚持以科学发展观统领创建国家园林城市工作，以提高城市绿化三项指标为突破口，以城市绿化和市政基础设施建设为重点，努力把阳泉建设成独具特色的国家园林城市；总体目标是：到2008年建成省园林城市，使城市建成区绿地率由19.7%上升到30%以上，人均公共绿地面积由5.5平方米上升到7.5平方米。到2010年，新增绿地1830.5万平方米，人均公共绿地达到9.5平方米，城市建成区绿地率达到35%以上，绿地覆盖率达到45%以上。（董雪卉）

【北山公园开园】 2006年10月9日上午，山西省最大的城市山体公园、唯一的欧式建筑公园——北山公园正式开园迎客。

新建成的北山公园，坐落于阳泉市开发区近80万立方米废渣、垃圾和75万平方米的猫垴山次生林灌区上。长期以来，这里的垃圾和废渣，严重污染了城市环境，影响着人民群众的身体健康，极大地损害了阳泉的城市形象。建设北山公园，治理恶劣环境，不仅是几代阳泉人的愿望，更是历届市委、市政府领导的心愿。

北山公园总规划面积86万平方米，占地86.71公顷。工程计划投资8000万元，分三期进行建设。北山公园建设工程由市政府投资，北京中国园林景观规划设计研究中心设计，市开发区管委会承建。公园景观主体风格为“森林、生态、欧式、简洁”。公园依据地形地质特征，规划为两个景区：对原有废渣堆进行改造，建设成开朗、壮阔的欧式园林风格景区；经过整理修饰后的猫垴山，形成典雅、幽静的中式园林景区。工程自2004年8月开工建设以来，已累计完成各项投资4061万元，完成一期计划投资90%。

2006年完工的主要景观为南大门、万人广场、台阶步道、浮雕、旱喷广场、群雕、廊道、文化长廊、林荫广场。（董雪卉）

【教育部副部长陈小娅在阳泉进行“两基”确认检查】 2006年10月20日，教育部副部长陈小娅率领国家教育督导团，在山西省副省长张少琴、省政府副秘书长郭慧民、省教育厅厅长李东福等省领导的陪同下，先后深入阳泉市郊区坡头寄宿制小学、平坦中学和义东沟小学、幼儿园进行“两基”确认督查，听取了市长白云关于阳泉市巩固提高及义务教育均衡发展情况的汇报。陈小娅副部长指出：“阳泉市从1995年'两基'达标后，经过十年的巩固和提高，转向了内涵发展，教育工作发生了质的变化；阳泉市政府提出的‘城乡一体，教育先行’，大力推进教育均衡发展，在学校均衡分布、师资均衡配备、教学设施均衡配置、教育质量均衡提升等方面，是一个成功的探索。”并提议在阳泉召开现场会，在全国范围内予以推广。张少琴副省长对阳泉基础教育均衡发展情况也给予了肯定。（魏兰花）

【阳泉市免除万名农村学生杂费】 2006年，阳泉市在省“两免一补”资助的学生之外，免除10000名偏远山村义务教育阶段贫困学生杂费，其中郊区2332人、平定县4068人、盂县3600人。参照“一费制”标准，按照市、县两级5：5承担万名受助学生免杂费经费的比例，市财政下达市级免除万名偏远山村义务教育阶段贫困学生杂费专项经费47.76万元，3个县（区）按规定承担的50%比例筹措的配套资金也全部到位。初中每生享受免杂费资金116元，小学每生享受免杂费资金82元。

（魏兰花）

【首次公众科学素养调查】 2006年9月～11月，阳泉市科学技术协会与市统计局联合进行了全市首次公众科学素养调查。调查旨在了解和掌握公众科学素养状况，同时为市委、市政府制定提高公众科学素养政策提供基础资料和数据支持。调查采取入户访问形式，共走访被调查人520人。调查的重点内容为阳泉市公众对科学术语、科学基本观点和事实、科学研究的基本方法及对科学技术和社会之间关系的了解程度等五方面。调查基本结论是：公众具备基本科学素养的比例为1.54%。不同性别公众的科学素养水平不同。男性为1.88%，女性为1.01%。不同职业科学素养水平参差不齐。商业及服务人员为7.14%，专业技术人员为6.45%，办事人员及有关人员6.25%，生产工人及有关人员1.64%，其他类别人员为0。城乡科学素养水平差距较大。城市为3.33%，农村为0.59%。不同文化程度科学素养水平差距明显。小学及以下人员为0，初中为0.76%，高中为2.90%，大专为2.63%，大学及以上为8.33%。不同年龄段科学素养水平存在差距。19～29岁为1.32%，30～39岁为3.42%，40～49岁为1.37%，其他年龄段为0。不同县区科学素养水平差距较大，但城镇县区具备科学素养的比例明显高于农村县区。城区3.75%，矿区3%，郊区1.11%，平定0.78%。

（孟学武）

【阳泉市新型农村合作医疗覆盖率达到100%】 2006年，阳泉市新型农村合作医疗覆盖到全市每个乡村，覆盖率达到了100%。3个农业县区的农业人口共计64.2万人，参加合作医疗人数共计56.4万人，参合率达到87.8%，较2005年提高了6.8%。平定县参加合作医疗人数达到23.3万人，参合率为92.1%；郊区参加合作医疗人数达到11.94万人，参合率为85%；盂县参加合作医疗人数达到21.2万人，参合率为88.4%。2006年3个农业县（区）合作医疗资金筹集总额为2820元，其中，农民个人交纳626万元，中央、省、市县配套资金共计2194万元。全年住院人次为17864人次，申请住院补偿金额5333.7万元，按照规定实行补偿金额为1773.9万元，补偿比例达33%。门诊人次50.3万，申请补偿金额1084.1万元，按照规定实际补偿金额为437.7万元，补偿比例达40%，慢病补偿人次2655人，补偿金额121.7万元。40万农民得到了免费体检。（魏兰花）

**【阳泉市妇联获全国“平安家庭”先进单位】** 2006年9月1日，阳泉市妇联主席朱玉芳参加了全国妇联在济南召开的全国“平安家庭”创建活动现场推进会，并作为唯一的地市级妇联代表在大会上就阳泉市开展“平安家庭”创建活动介绍了经验。全国妇联主席顾秀莲亲自为阳泉市妇联颁发了全国“平安家庭”创建活动先进集体的牌匾。（孟学武）

**【阳泉市体育运动学校被命名为“国家级重点中等职业学校”】** 2006年1月10日，阳泉市体育运动学校被教育部确定为“国家级重点中等职业学校”，这是2005年山西省参评学校中唯一被批准的一所中等职业学校。阳泉市体育运动学校自建校以来，一直坚持“突出体育特色，提高教育实效，创建竞技品牌，造就高素质人才”的教学模式，努力提高教学水平，不断完善教学设施，该校的办学条件、硬件设施、教育教学改革等方面均得到了教育部专家组的肯定。（魏兰花）

**【阳泉市7家企业进入山西百强】** 2006年9月23日，在太原举行的山西省企业100强新闻发布会上，阳泉市的7家企业榜上有名。7家企业分别是：阳泉煤业（集团）有限公司排第7名，山西兆丰铝冶有限公司排第47名，阳泉市南庄煤炭集团有限公司排第66名，山西阳泉铝业股份有限公司排第74名，华通路桥集团有限公司排第75名，山西南娄集团排第90名，山西省阳泉荫营煤矿排第97名。（周立业）

**【华伦陶瓷公司获“高新技术企业”称号】** 2006年12月1日，华伦陶瓷公司被山西省科技厅授予“高新技术企业”称号。华伦陶瓷公司是阳泉市利用西班牙贷款，引进世界先进陶瓷生产设备与工艺兴建的中高档陶瓷墙地砖生产企业。公司自2004年投产后，始终将科技投入与人才培养作为发展的生命线。其先后与江西景德镇陶瓷管理学院签订了长期人才培训和引进协议，使企业的中、高层管理人员和主要技术骨干的素质明显发生变化。为了能够紧跟国内陶瓷业的发展脚步，公司在自主培养人才的基础上，每年都要从广东高薪聘请技术人员。截至2006年，企业员工中中专以上学历的占总人数的32%，初、中级职称的占总人数的35%，研发技术人员占总人数的29%。在培养技术人员的同时，公司十分重视新工艺、新产品的开发和技术装备的改造、提升，在广东佛山成立了研发中心，引进意大利萨克米压机、科达抛光机等设备，使产品档次由普通的渗花工艺提升到聚晶微粉、超微粉。公司还研发出了利用纳米技术生产的超光洁抛砖，产品的主要技术指标达到并超过了国家和欧洲标准。设备的引进和人才的培养，使公司产品市场占有率不断提高，产品不仅畅销华北、西北和西南等地区，而且还打入北京奥运会场馆工程。同时，产品还通过了ISO 9001质量体系认证、国家强制性产品（3C）认证和ISO14001环保认证。（周立业）

**【六大造林绿化工程启动】** 为使阳泉市造林绿化先“身边”后“深山”梯次推进，让森林树木走向社会、贴近生活，整体提高阳泉的生态品位，让群众尽享绿化成效，从2006年开始，阳泉市在全市范围启动通道绿化、交通沿线荒山绿化、环城绿化、园林村镇建设、厂矿区绿化、城市绿化六大工程建设。

工程建设的指导思想是以生态学和生态景观学理论为指导，以改善人居环境、提高生活质量为目标，以“保成活、看得见、早封闭、围起来”为标准，坚持科学发展观，全民动手，全社会参与，聚积力量，创新机制，扎实快速推进身边增绿工程，共建绿色家园。建设目标是到2010年，全市境内主要交通干线两侧基本完成公路林带建设；沿路两侧视野范围内的荒山荒地基本绿化；主要出入口及重点地段标志性绿化景点基本成型；连接交通干线的入乡（镇）、入村道路全部绿化美化；沿线村镇率先绿化达标；市区、平定县、盂县、郊区环城绿化工程基本完成，外围目及范围所有的荒山荒地全部绿化；城市森林公园或标志性园林景点基本建成；城市外围适宜建设环城林带的地段全部完成宽林带建设；进入市区、县城主干道路、街道全部绿化美化；城市建成区绿化覆盖率达到35%以上，全市70%的村镇达到园林村镇绿化标准，其中三星级的占到30%以上。

截至2006年底，全市共完成通道绿化443.6公里，占年度任务的148%，累计栽植各类大树和花灌木122.8万余株；交通沿线荒山绿化重点在太旧高速路、307国道、207国道、阳石线、阳井线、盂寿路沿线实施，造林任务1333公顷（2万亩）；环城绿化共完成环城林带34公里，占年度任务的113%；完成园林村绿化100个，100%完成市下达任务指标，其中平定县完成35个、郊区完成25个、盂县完成40个；企业厂矿绿化完成造林100公顷（0.15万亩），有29个企业厂区全面绿化；城市绿化全年建成区新增绿化面积79.52万平方米，绿化覆盖总面积达到1296.66公顷；绿化覆盖率达到30.12%，绿地率达到21.24%，人均公共绿地面积达到6.3平方米。（董雪卉）

**【桃源大桥竣工】** 2006年10月18日，阳泉市横跨桃河最宽的桥梁——桃源大桥正式竣工通车。

桃源大桥从桃南东路汽运一公司向北跨越桃河连接桃北东路，桥长156米，宽28.5米，由中国市政工程华北设计研究院和北京工业大学设计，山西省建筑工程集团总公司承建。工程于2006年5月18日开工，共完成概算投资1600万元。桃源大桥的建成通车，对于缓解桃河城区段的交通压力、解决阳泉市南北交通道路不足、实施“扩容提质”战略具有重要的意义。（张卫萍）

**【阳泉市公交车安装GPS卫星定位自动语音报站系统】** 2006年8月1日，阳泉市首批安装有GPS卫星定位自动语音报站系统的50辆新公交车投入使用。把GPS卫星定位技术应用于公交车，在山西省同行业中尚属首家。

阳泉市公共交通总公司把购进的这批新车投放在无人售票运营车上，其中24路、101路、104路车各10辆，4路车20辆。卫星定位自动语音报站系统的应用，不仅极大地提高了公交车辆报站的准确率，提升了公交服务质量，而且能有效降低驾驶员的工作量，保证了行车安全。（董雪卉）

**【和谐生态园被评为国家级农业旅游示范点】** 2006年底，阳泉市和谐生态园被国家旅游局评为国家级农业旅游示范点。

阳泉市和谐生态园始建于2003年3月，由企业家石忠投资兴建，位于郊区杨家庄乡白家庄村东山荒山上，是集食、住、行、游、娱为一体的休闲观光农业的大型旅游场所。和谐生态园是阳泉市百项工程之一，注册资金7500万元，到2010年，规划投资2.5亿元。截至2006年底，实际投资1.5亿元。以“生态奠基，文化提升，功能多元，和谐共融”为主题的建设目标基本实现。三大区（苗圃区、花卉区、经济林区）、五大园（波微院、英烈山、植物园、圣人书画院、月明院）、和谐门、“八仙阁”及观光休闲配套设施主体工程全部完工；园区绿化、附属设施建设也如期完成；整个园区向世人呈现了一幅“区中有园，园中有院，亭台楼阁，交相辉映”的胜景。（孟学武）

**【马家坪系列杀害妇女案告破】** 2006年4月3日，由公安部挂牌督办的历时14年，杀死9人、伤3人的马家坪系列杀害妇女案成功告破，41岁的犯罪嫌疑人杨树明被依法拘留，并进入法律审判程序。

经阳泉市中级人民法院审理查明：杨树明，男，1966年6月22日出生，晋中市寿阳县人，初中文化程度，家住阳泉市矿区王岩沟东居民区，从事个体经营。1992年3月～2004年11月间，该犯多以夜间或雨雪天气为隐蔽，以女性为侵害目标，在马家坪地区疯狂作案11起，致9人死亡、1人重伤、1人轻伤。另查明，该犯于1993年1月在实施盗窃过程中使用暴力致1人重伤。在庭审中，市中院依法为杨树明指定了辩护律师，杨树明对犯罪事实供认不讳。8月10日，阳泉市中级人民法院一审以故意杀人罪和抢劫罪判处杨树明死刑，剥夺政治权利终身。一审宣判后，罪犯杨树明未提出上诉。经山西省高级人民法院复核，裁定依法核准判处杨树明死刑，剥夺政治权利终身。11月21日，罪犯杨树明被执行枪决。（孟学武）

【"3·15"工商管理系统大接访】 2006年3月13日～17日，阳泉市举行"3·15"工商系统大接访。在为期5天的大接访中，全市各级工商管理部门共接受群众各类咨询17600余人次，受理消费者投诉565件，当场解决443件，为消费者挽回经济损失3.7万元。在大接访期间，全市工商管理系统以保护消费者合法权益为宗旨，以中国消费者协会"消费与环境"宣传主题为主线，本着"便民、务实、高效"的原则，采取分级宣传与受理投诉的方法，组织全市工商管理系统的33个基层单位和各级消费者协会工作人员，在辖区繁华地段设立接待消费者投诉点的基础上，把宣传消费维权的触角延伸到了社区和农村。各级投诉点积极受理和解决消费者投诉，通过向群众发宣传资料和传授识别假货知识等方式，进一步提高了消费者的维权意识。同时，还对消费者在维权过程中积累的疑难案件进行了清理。

（周立业）

【阳泉火车站庆祝建站100周年】 2006年9月21日，阳泉火车站建站100周年庆祝大会在阳泉铁路俱乐部举行。北京铁路局以及阳泉市有关部门、企业的负责人参加了庆祝大会。市委书记谢海到会为阳泉站建站100周年题词，市长白云发表讲话。

阳泉火车站始建于1906年9月。建站初期，阳泉站只有8股站线，道岔均为手动，采用萨氏机械连锁，闭塞方法为单路签。经过一百年的发展，到2006年，阳泉站成为拥有职工2951人、3个编组场、12个车间、12个中间站的北京铁路局直属一等站，年货物发送量3000余万吨，年客运发送量82万余人次，年运输收入12亿元，是北京铁路局的装车大户和货运收入大户，为阳泉市的经济发展和晋煤外运做出了突出贡献。（张卫萍）

【山西省第一套10人卷女作者文学作品集《红鬃马文丛》面世】 2006年3月，由阳泉市评梅女子文学社社长魏文瑾主编的10人卷女作者文学作品集《红鬃马文丛》由中国文史出版社出版发行。该套丛书共有240多万字，分别有：魏文瑾的《爱的世界》、赵锁仙的《心有一缕阳光》、王润云的《热爱活着》、小岸的《桌上的咖啡已冷》、郭爱华的《寻找风铃》、文德芳的《窗外的月光》、山月的《街灯亮了》、史翠花的《坐在红尘的门槛上》、郭广姝的《丁香心事》、舒心的《情归何处》。评梅女子文学社是活跃在阳泉市境内外的一个纯女性民间文学社团，共有社员108人，下属6个（县区）分社。

（魏兰花）

**中共市委书记** 程步云※　谢　海
**副书记** 谢　海※　白　云　李天太※　孙水生※　郜爱国　刘高官※　林玉平
**市人大常委会主任** 丁贵生
**副主任** 杨清风※　朱礼厚（女）　王元寿　王七孩　张　清　荆东生　吴学斌　段存寿
**市　长** 谢　海※　白　云
**副市长** 王舰民　樊盛武※　陈继光※　王旭明　王敬瑞　李体柱　刘兆林　王湜洲　王冬雪
**市政协主席** 宋林岭
**副主席** 徐　来（女）　张云翔　李玄如　朱纯国　陈保京（女）　李畴海　李裕厚

## 城　区

【简述】 阳泉市城区位于阳泉市区东南部。总面积为16.19平方公里，城区人民政府驻南大街300号，辖6个街道办事处、43个社区居民委员会。2006年年末总人口为170429人。

2006年，城区国民经济持续增长。全年完成生产总值43.8亿元，比2005年增长12.6%；规模以上工业增加值10.8亿元，按现价计算增长22.7%；财政总收入18241万元，比2005年增长21.4%，一般预算收入8074万元，比2005年增长12.6%；全社会固定资产投资21亿元，比2005年增长79.5%；社会消费品零售总额44.1亿元，比2005年增长17.9%；城镇居民人均可支配收入10100元，比2005年增长12.3%。居民消费品价格上涨指数2.1%；城镇人口登记失业率3.6%；大气污染物排放总量削减20.2%。

经济结构调整取得成效。列入全市"百项工程"之一的滨河世纪城项目开工55万平方米，累计完成投资5亿元。全区第三产业纳税额实现14117万元，比2005年增长22.3%，占全区财政总收入的77.4%。年销售收入亿元以上的私营企业由2005年的3户增加到5户，千万元以上的由16户增加到18户，百万元以上的由200户增加到240户。全区非公有制经济纳税额实现11484万元，比2004年增长33.8%，占全区财政总收入的62.9%。

招商引资工作成效明显。全年共签订各类投资合作项目29个，合同利用区外投资26.5亿元，实际到位资金9.2亿元，其中14个签约项目合同利用市外资金18.7亿元，完成引资目标的182%。实际到位资金6.4亿元，完成引资目标的106.7%。引进境外资金625万美元，完成引资目标的312.5%。

市容环境质量明显改善。结合大力开展国家园林城市创建工作，全年新增绿化面积17.2万平方米，绿化覆盖率达到16.65%，绿地率达到13.52%，人均公共绿地面积达到8.24平方米。全年共维修改造居民小区（楼院）80个、小街小巷26条，累计完成投资约700万元。

进一步健全和完善了社区成员代表大会、居委会、协商议事会的组织结构和工作制度。全区43个社区中一类社区25个，二类社区17个，社区办公用房平均使用面积达到376平方米，社区服务网点达到2450个，从业人员1.5万余人，社区志愿者队伍达到141支、4176人，基本形成便民利民、社区救助、劳动就业、为老扶幼等"多位一体"的社区服务体系。

社会各项事业协调发展。区直企业改制取得新的进展，成立了集体企业留守处。在地统计全面推行。财政改革继续引深。晋东集团、南煤集团、山东铝业阳泉矿、铁三局五处、娘子关电厂等中央和省、市驻区企业剥离的6所学校全部移交城区。全年净增就业岗位5100个，下岗失业人员再就业361人。全年累计发放低保金767万元。医疗救助特困群众7048人。

（王世钧）

【创建"平安城区"】 2006年，阳泉市城区进一步深化"平安城区"创建活动，全面实施"大防范、大调解、大服务"战略，全面推进社会治安综合治理。一是构建"控制线"和"基础线"。前者以区、街道两级综治办为主体，注重协调、控制全区；后者以社区为主体，面向基层，纵向抓到底。二是进行大调解，健全矛盾排查调处机制和组织网络，形成了"党政挂帅、综治协调、多方联动、全民参与"的排查调处格局。三是开展大服务，突出"三抓"（抓严打整治，抓特殊群众的排忧解难，抓城市环境优化），使人民群众对社会治安的满意率达到了92%以上。四是不断深化安全文明创建工作，全年建成"安全文明小区"172个，综合治理"红旗单位"和"优胜单位"177个，安置刑释解教人员150余人。（王世钧）

【和谐家庭建设】 2006年，阳泉市城区注重和谐家庭建设。一是推动"平安家庭"创建工作，年内新增"五好文明家庭"1000户，还举办了欢乐家庭风采大赛和"婚育新风户"评选活动。二是举办"家庭道德教育宣传实践月"，开展了多种多样的教育宣传活动。组织了"我爱我家"家庭道德教育征文，组织了形式多样的"家庭美德"宣传教育，实施了关爱流动人口子女、留守儿童"一对一"特别行动计划。三是开展“家庭助廉”活动。出台了《家庭助廉实施方案》，向全区家庭发出了《兴廉洁之风，建文明家庭》倡议书，在广大妇女群众中开展了家庭助廉宣传教育活动，发动妇女群众发挥“廉内助”作用，把廉政文化引入家庭，充分发挥妇联组织和广大妇女干部、妇女群众在家庭反腐倡廉中的重要作用。（王世钧）

**【绿色餐饮企业创建活动】** 2006年，为了提升城市形象，提高服务质量，阳泉市城区针对部分餐饮企业选址不当、环境意识淡薄、防污染设施简陋等问题，在餐饮服务行业开展了“绿色餐饮企业”创建活动。在活动中，全区酒家、餐馆、酒吧、茶楼及各类宾馆、旅店从组织管理入手，强化环境管理，推行绿色经营，开展节能降耗，加大在除污设施建设方面的投入，使餐饮业的整体面貌有了明显改观。经过严格评比验收，方圆酒楼、海外海海鲜酒店、市福利院综合服务中心、南山宾馆、东方宾馆、东海大酒店首批6家餐饮企业被城区政府命名为“绿色餐饮企业”。（王世钧）

**【推行区域性集体合同制度】** 为了切实维护非公企业员工的合法权益，阳泉市城区总工会根据辖区内非公企业的特点，积极探索和推行区域性集体合同制度，取得了积极成果。区域性集体合同是根据法律法规和规章规定，通过集体协商，由企业法人代表与职工代表签署的一种书面协议，合同就职工的劳动报酬、工作时间、休息休假、劳动安全、劳动卫生、职业培训、保险福利等事项作出规定。区域性集体合同制度为区域内非公企业的员工维护合法权益撑起了“保护伞”。2006年，全年共签订区域性集体合同43份，覆盖职工5397人。其中签订街道区域性集体合同5份，覆盖私营企业(职工人数25人以上)102家，职工3362人；签订社区区域性集体合同38份，覆盖私营企业(职工人数25人以下)265家，职工2035人，集体合同签约率达93%，履约率达90%。具体做法是：一是抓组织队伍，形成“党政重视支持、企业主动配合、工会积极运作”的工作格局。建立了区、街道、社区三级工会组织网格，建立了区、街道、社区工会联络员制度，有效发挥了联络员的维权作用。二是抓规范，确保区域性集体合同的严肃性。成立了街道、社区非公企业联合工会，确定了职工方签约主体。建立了私营企业联系会制度，制作了区域性集体合同、工资集体协议文本，明确规定200人以上的由区总工会直接管理，使集体合同和工资集体协议在民主程序上更加合法化、规范化。三是抓试点，不断增强区域性集体合同的影响力。由上站街道私营企业联合会与大台北婚纱摄影中心和容夏房地产开发公司就区域性集体合同重要内容进行协商，确定了本辖区私营企业职工年平均工资要达到5000元以上，并规定职工的月平均收入不得低于本地区最低工资标准。四是抓制度，不断增强维权的实效性。建立了联络员和维权员制度，第一时间发现情况，第一时间报告情况，第一时间处理情况，从源头上维护集体合同的权威性和严肃性。（王世钧）

**中共区委书记** 梁怀玉※ 李春泽
**区人大常委会主任** 李高锁
**区　长** 曹凯民
**区政协主席** 刘　江（女）

## 矿　区

**【简述】** 阳泉市矿区位于阳泉市区西部，总面积10.2平方公里（贵石沟街道9.45平方公里计入平定县面积）。矿区人民政府驻北大街386号，辖6个街道办事处、40个社区居民委员会。2006年年末总人口为226196人。

2006年，全年完成生产总值63.6亿元，比2005年增长13.8%；工业总产值完成118.9亿元，比2005年增长18.5%；工业增加值完成59.8亿元，比2005年增长9.6%；工业实现利润6.2亿元，比2005年增长84.7%；财政总收入1.414亿元，比2005年增长20.03%；社会消费品零售总额7.1亿元，比2005年增长15%；全社会固定资产投资完成34亿元，比2005年增长36%。人均可支配收入增长12.3%，达到10100元。

经济结构调整不断深化。8个重点调产项目按计划有序推进。列入市“百项工程”的同达矿用变压器项目年内完成投资1000万元；华鑫变压器、冬阳钢绞线等5个项目建成投产；新鑫专利合作项目、一矿多营免烧砖项目进展顺利。贵石沟园区入园企业年内新增5家，总数达28家，全年共实现产值25.64亿元，比2005年增长了22%，税收净增1200万元。总投资4亿元的太行国际新城奠基开工，年内完成投资7000万元；赛鱼休闲广场服务楼主体完工；建筑面积6600平方米的蔡洼金谷综合集贸市场开业运营；日潭锅炉房改造地上三层封顶。

招商引资实现突破，完成了既定目标。全年共签约项目13个，其中亿元以上项目3个，千万元以上项目9个，高新技术产业项目2个；合同利用资金达10.67亿元，实际到位资金1.39亿元。

民营企业发展迅速。2006年末民营企业总数达到270户，其中亿元以上2户，千万元以上14户。民营企业全年共完成增加值4.36亿元，上缴税金5678万元，对全区的财税贡献率超过了40%。

各项社会事业发展良好。环境面貌明显改观。5个沿街精品绿化工程和5个社区公共绿地开工建设，虎尾沟社区等2个小游园基本建成。全年种植爬山虎2.5万米、8万余株，小区补栽大树1000余棵。城市绿化五大工程超额完成。提前一年实现了小街小巷硬化亮化的目标。蒙河综合治理二期工程基本完成，平潭路改造二期工程顺利完工，27万平方米棚户区改造工程顺利完成，两个垃圾中转站和两个水冲式公厕投入使用。拆除二矿地区燃煤锅炉39台（套），减排二氧化硫550吨、烟尘1600吨，减烧原煤3万吨，实现年污染物排放总量消减10%目标。社会保障体系日益健全。全区发放低保金1034万元，有4365户、10254人享受低保金。全年新增省级高新技术企业1家，申请专利28件。阳煤集团总医院创伤急救大楼投入使用。计划生育工作综合评比位列全省119个县区之首，成为省政府唯一授予落实计划生育国策“三无”示范区称号的县区，区计生局获中国人口文化促进会授予的全国人口计生工作先进集体称号。圆满完成了第三届社区换届，社区干部队伍整体结构进一步优化，社区办公条件大为改善。（孙燕平）

**【城市绿化五大工程】** 2006年，阳泉市矿区狠抓城市绿化五大工程建设，超额完成年初确定的所有任务。一是道路绿化工程，在北大西街、深圳街、洪城河路、平潭路、桃南路、青年路等街道新植各种树木540余棵。二是山体绿化工程，绿化山体6.7公顷（100亩），在狮脑山林区植树1.94万棵。三是小区绿化工程，共完成绿化3.45万平方米；在22个小区补绿1.06万平方米，新绿化1.43万平方米；完成日潭小区第一阶段绿化，新绿化500平方米；新建金花园小区景观绿地5000平方米。四是庭院绿化工程，完成阳煤集团供应处、威虎公司、煤气公司、发供电公司、一矿、二矿、三矿厂区的庭院绿化近6万平方米。五是景观绿化工程，完成赛鱼口三矿医院旁拆围透绿工程，拆除沿街门面房和围墙400平方米；完成阳煤集团工程处材料科西侧小游园工程，种植各种树木300余棵，新绿化548平方米；虎尾沟社区办公楼东侧小游园工程和铁道路基护坡绿化也按计划顺利推进。（孙燕平）

**【教育投入不断加大】** 2006年，矿区不断加大在教育事业上的资金投入。一是为5所中小学新建或改建了标准化操场3.5万平方米，工程概算总投资100余万元。二是对64名贫困中小学生实行了“两免一补”，共发放资金2万元。三是继续实行特困家庭子女上大学资助政策，为19名特困大学生发放了7.6万元的入学资助金。（孙燕平）

**【社会救助】** 2006年，阳泉市矿区全面启动零就业家庭的援助工程，区政府共出资30万元为35户“零就业家庭”解决就业难题，全区新增就业岗位4600个。免费为15名患者进行了白内障复明手术治疗，为15名残疾人安装了假肢，对400余名残疾人进行了就业培训。区总工会为230名困难职工和困难劳模发放救济金4万元，先后对20名特困职工实施了救助。组织开展了为困难职工“送温暖，献爱心”捐赠活动，共收回捐款11.3万余元，衣物2000余件。 （孙燕平）

**中共区委书记** 马骥※ 董仙桃（女）
**区人大常委会主任** 冯俊杰
**区　长** 董仙桃※（女） 张清河
**区政协主席** 赵德华

## 郊　区

**【简述】** 阳泉市郊区位于阳泉市城、矿两区周边地带，总面积为625.62平方公里（含阳泉经济技术开发区）。郊区人民政府驻荫营镇，辖4乡4镇、184个村民委员会和2个居民委员会。2006年年末总人口278617人。

2006年，全区生产总值完成30.19亿元，比2005年增长9.2%；财政总收入完成33231万元，比2005年增长15.39%，其中一般预算收入完成11474万元，增长13.87%；固定资产投资完成25.2亿元，比2005年增长22.8%；农民人均纯收入达到4439元，比2005年净增424元。

加大了招商引资力度。新签订百万元以上各类经济技术合作项目53项，实际到位资金22.17亿元，比2005年增长49.3%。上海奉广有限公司投资7500万元的20万吨优质耐火材料项目等一批大项目落户郊区。加快了白泉工业园区建设。投资1500万元开通了齐白路，入驻项目达38个，完成投资达15亿元，占一期计划投资的4成。深入推进产业结构调整。年初确定的61个调产项目全部开工，其中有54个完工，共完成投资24.6501亿元，比计划超额23%。列入全市“百项工程”考核的10个项目按计划有序推进，新增4个销售收入跨亿元的企业。2006年，阳泉市郊区被省政府授予“经济结构调整先进县区”称号。大力推进荫营城“西改东扩”工程。西大街改造拓宽工程通车，城区五村住宅楼工程完工，瑞丰四期工程交付使用，便民服务中心大楼完成主体工程，王朝大酒店开张营业，阳光购物中心开盘招商。桃林沟、下千亩坪、河底等10个省级示范村启动了新农村建设规划编制工作。

继续加大种植结构调整，重点整合支农资金，大力发展以蔬菜大棚为主的设施农业。继续加快养殖业发展，年末奶牛存栏达到2708头。鸡饲养量达到66.97万只。继续加快农产品加工企业发展，三来食品有限公司、鸣凤肉食品加工有限公司等企业的拉动效应逐步显现。大力加强生态环境治理，全面加快绿色郊区建设。完成了义白路等10条主干公路的精品绿化，建成了20个园林式机关和企业、学校，25个村跨入了市级文明生态村行列。不断加大移民搬迁力度，295人搬出大山，迁入新居。

各项社会事业全面进步。教育“两免一补”政策全面落实，“拆火炉”工程顺利完成。荫营中学跨入“山西省示范高中”行列。全区共申报省、市科技项目33项，争取到扶持资金154.4万元。中国/联合国人口基金第六周期项目顺利启动，农村计划生育家庭奖励政策全部兑现。城镇职工养老保险覆盖率和离退休人员养老金社会化发放率均达到100%，农村养老、工伤、医疗保险稳步推进。全面推行了以大病统筹为主的新型农村合作医疗制度。0～7周岁儿童全部实行了法定常规疫苗免费接种。积极实行农民最低生活保障制度，发放标准从每年600元提高到了720元。建立了农村大病特困户医疗救助制度，启动了区营困难企业退休人员医疗救助制度，对部分农村离任老干部实行了生活补贴。 （侯晋元）

**【郊区造林绿化五大工程】** 2006年，阳泉市郊区大力实施造林绿化五大工程，取得显著成绩。一是通道绿化工程。全区投资1184万元，绿化一二级公路2条，其他等级公路61条，绿化里程231公里，栽植侧柏、国槐、桧柏、油松、山桃、火炬等各类树木31.5万株。其中包括大灰垴立体绿化等精品通道工程。二是荫营镇区绿化工程。投资200万元，工程面积7平方公里，形成一个长4公里、宽2公里的绿化圈。三是村庄绿化工程。围绕社会主义新农村建设，开展全方位绿化美化，乡乡有项目，村村有工程。全区村镇共栽植大树29万株，花灌木4万余株，绿化面积达74.7公顷（1120亩）。四是企业学校绿化工程。利用春季植树造林有利时机，开展了见缝插绿活动，栽植各类苗木13000余株，栽植绿篱、铺设草坪4000平方米。创建了30个花园式企业和30个园林化学校。五是荒山绿化工程。投资464.8万元，完成太旧路两侧荒山绿化133.3公顷（2000亩）；配合狮脑山景区红色旅游开发，完成荒山造林140公顷（2100亩），栽植各类苗木近10万株。 （陈进军）

**【推进商标战略】** 2006年，为了提高企业的市场竞争力，阳泉市郊区进一步推进商标战略，鼓励企业争创著名商标和驰名商标。为此采取了6项措施：一是加强宣传指导，提高企业的商标意识，在全社会形成重视商标、爱护商标、保护商标的浓厚氛围。二是建立健全组织协调机构，对全区商标战略工作进行统筹协调，及时了解最新商标动态。三是突出重点，定向培育，引导非公有制企业科学运用商标，以商标开拓市场，以商标促进生产经营。四是加强政策引导和扶持，凡获得山西省著名商标的企业，区政府奖励人民币10万元，获得中国驰名商标的企业，奖励人民币30万元。五是加强商标管理，使商标不断增值。六是加大对注册商标尤其是著名商标和驰名商标的保护，为企业保驾护航。 （赵连珠）

**【“06春蕾行动”】** 为了保护矿产资源，确保煤炭生产安全，2006年5月24日，阳泉市郊区启动了打击非法违法采矿的“06春蕾行动”。首先是运用报纸、广播、张贴标语、张贴政府通告、召开动员会等形式广泛进行宣传。其次是组织专门力量。区政府成立了执法小分队，有关乡镇和村成立了巡查小分队。三是实施动态监控。对私挖矿点逐村逐点摸底排查，区、乡、村三级实行每日零报告制度，河底镇还实行了镇、村干部每周一碰头会制度和村与村交叉检查制度。四是集中整治。集中整治工作由区政府国土部门牵头，公安、煤炭、安全监察、供电、工商、煤运、检察、法院等部门协同作战，乡、镇、村主抓。主要措施有：取缔私挖矿点和非法煤场，强行炸毁、填埋私挖矿点，拆除其供电设施，对非法矿主进行批评教育，并予以罚款处理，对其中的屡教不改者采取强制措施。经过一个多月的工作，全区共取缔私挖矿点59个，取缔非法煤场38家。 （王千来）

**中共区委书记** 王湜洲
**区人大常委会主任** 胡金贵
**区　长** 吕昌政※ 杨勇
**区政协主席** 潘换梅

## 平定县

**【简述】** 平定县位于阳泉市南部，总面积1395.10平方公里，县人民政府驻冠山镇。辖8个镇、2个乡、318个村民委员会、14个居民委员会。2006年年末总人口331350人。

2006年，全县完成地区生产总值34.99亿元，比2005年增长8.5%；财政总收入32638万元，比2005年增长2.29%；固定资产总投资22.17亿元，比2005年增长4.87%；社会消费品零售总额10.13亿元，比2005年增长10.6%；城镇居民人均可支配收入9035元，比2005年增长11.68%；农民人均纯收入4017元，比2005年增长8.95%。

2006年，全县开发建设丰产玉米基地6667公顷（10万亩），优质小杂粮基地2667公顷（4万亩），无公害蔬菜和水果基地933公顷（1.4万亩），粮食总产量7992.1万公斤，种植业收入2亿元。全年新发展养殖户3580个，畜牧业收入2.9亿元。全年完成造林任务3333公顷（5万亩），四旁植树110万株，通道绿化100公里，治理水土流失面积28平方公里。全县农村建成饮水安全工程26处，实施农家旱井水自来化工程5000个，基本实现了饮用水自来化。创建文明生态村35个，完成移民搬迁138

户、508人。在“万村千乡”市场工程中，改造新建合作农家店102个。全年用于农业生产资料、畜牧养殖、退耕还林和农村基础设施等方面的补助资金有2751万元。

2006年完成规模以上工业总产值34.13亿元，比2005年增长5.78%。年初确定的17个重点工业调产项目完成投资8.14亿元，占年计划的96.59%；其中13个项目竣工投产。初步建成冠升、龙川、冶西、巨城、张庄5个工业园区，阳泉大海中碳锰铁、香港莫兆记铝型材加工等一批项目进驻园区。

县城建设按照“东扩北连西进”的总体部署，年内完成了东升花园三期、金源国际酒店、东关物流中心、新建县直机关幼儿园、金泰商贸步行街、县医院急救大楼、西关街改造（新安五期）和平定一中教学楼扩建等重点工程项目，建筑面积25万平方米。小城镇建设以张庄镇和娘子关镇为重点，共完成续建和新建工程项目12个，建筑面积2万平方米。年内完成的工程还有：药岭寺别墅苑一期主体工程，娘子关旅游景区固关宾馆、水上人家景点、民俗一条街和停车场工程，马山～七亘出省公路大修改造工程（14公里），“户户通”硬化路工程（602.5公里），冶西、锁簧、张庄、柏井、东回和娘子关6个乡镇汽车客运站工程。

招商引资工作迈出新步伐，年内共签订合同协议项目36个，其中开工33个，投资额超亿元的项目6个。协议利用外资总额87.31亿元，实际到位资金11.37亿元。

年内，申报国家级可持续发展实验区项目1项，省、市科技项目17项；平定县被省政府列入“山西省科技富民强县专项行动试点县”，先后通过了“基本满足学前三年教育”和“义务教育标准化建设”的复查验收。县财政用于新建和改造农村中小学校舍的资金为149万元，发放“两免一补”224万元，有11445名中小学生受益。开展了国民体质测试。成功举办了“山西省首届刻花瓷艺术节”和“东升十年庆典”文艺演出活动。刻花瓷、武迓鼓被评为省级非物质文化遗产保护项目，平定县被命名为“中国刻花瓷研究基地”和“中国刻花瓷之乡”。全县广播电视综合覆盖率95%，其中有线电视覆盖率达60%。进一步健全了县、乡（镇）、村三级卫生服务网络，基本完成了医疗救治、卫生监督、疾病控制三大体系建设。计划生育率为89.83%，社会抚养费征收兑现率70%。再次获“全国民政工作先进县”称号。

（刘春生　刘　勇）

**【“平安县”创建活动】** 2006年，平定县大力引深“平安县”创建活动，加强法制建设。全年召开公判公处大会6次，打掉犯罪团伙21个，处理犯罪嫌疑人278人；受理各类治安案件1595起，结案1591起，查处违法人员2254人。在治理民用爆炸物品专项行动中，收缴非法炸药146公斤，硝铵150公斤，雷管270枚，导火索32.3米。严厉打击私挖滥采，炸毁填实非法坑口80个，没收非法采矿设备86台（件）；查处非法采矿人员120人，没收非法所得45.9万元；治安拘留42人，刑事拘留3人，罚款80万元，保持了煤矿生产的良好秩序。社会治安综治宣教工作有声有色，全年出动宣传车14辆次，展出综治版面128块，张挂过街横幅167条，刷写墙壁固定标语282处，发放宣传资料11000份。县公安局依法查处“法轮功”邪教组织活动案件2起，涉案人员6人，收缴反动书籍38册，传单72张，维护了安定团结的政治局面。（刘春生　刘　勇）

**【天宁寺双塔修复工程】** 天宁寺双塔位于平定县城东南营，是平定县城的标志性建筑，始建于北宋至道元年（公元995年）。楼阁式仿砖木结构，4层7级，底层直径8米，东塔实心，西塔空心，塔高19.86米，宝顶高1.74米。由于年久失修，西塔上面两层于1983年坍塌，东塔向东南方向倾斜。2004年9月，平定县文物旅游局组织专业人员对天宁寺双塔进行了现状实例测绘。2005年3月，双塔出现异常现象，东塔地基下沉，塔身掉砖，顶端偏离垂直中心轴达600毫米。经省、市文物部门批准，平定县委、县政府决定于原址修复双塔。同年8月，对原址进行发掘，在塔底距地面3.6米处发现地宫，出土北宋瓷器15件、银器4件、釉陶2件、漆器1件、丝织品1件（残破）和石碑3块、石函2个、二次葬佛骨1具，唐宋铜钱数百枚，银壶存放舍利1000粒，另石函存放舍利98.2克（碑文记录5万粒）。双塔修复工程由河北省天强建筑工程有限公司古建分公司承揽，山西省文物技术中心绘制图纸，平定县政府出资220万元，工期9个月。按照“修旧如旧”的原则，在原位置，按原造型、原体量、原材质、原工艺修复双塔，于2006年5月竣工，并通过了省市文物专家的鉴定。（王维平　康琨琳）

**【平定县被命名为“中国刻花瓷之乡”】** 2006年，经中国文联、中国民间艺术家协会、中国文化艺术之乡评委会考察评审，平定县被正式命名为“中国刻花瓷之乡”和“中国刻花瓷研究基地”。同年9月，山西省首届民间艺术展演暨中国刻花瓷艺术节在平定举行。刻花瓷是中国传统陶瓷中的珍品，产于平定窑，始于唐，兴于宋。它是在坯体未干之前刻花，以刀代笔，纯手工制作，工艺精湛独特，具有朴实无华、亲切自然的特点，有极高的艺术品位和收藏价值，堪称中国“陶艺奇葩，民间绝活”。20世纪60年代，山西陶瓷专家根据发掘出土的标本，将这一失传千年的陶瓷工艺恢复。平定县冠庄村张聪、张文亮父子创办张氏陶艺坊，致力于刻花瓷技艺的恢复发展，制作“仿宋刻花瓷瓶”，其作品多次在全省和全国获奖。

（刘　勇　洪晓琴）

| | | |
|---|---|---|
| **中共县委书记** | 吴学斌※ | 马　骥 |
| **县人大常委会主任** | | 王永先 |
| **县　长** | 李春泽※ | 王银旺 |
| **县政协主席** | | 李铭魁 |

## 盂　县

**【简述】** 盂县位于阳泉市北部，总面积2522.83平方公里，县人民政府驻秀水镇。辖8个镇、6个乡、1个城镇办事处、453个村民委员会、6个社区居民委员会。2006年年末总人口302063人。

2006年，全县国民生产总值完成36亿元，比2005年增长20%；粮食总产量9410万公斤，比2005年增产110万公斤；财政总收入完成8亿元，再创历史新高。

全年农村经济总收入完成60亿元，优质核桃基地发展到4935.8公顷，肉奶牛存栏总数达到2.7万头，蔬菜种植面积达到1334公顷。11个省级新农村试点工作顺利展开，新建高标准农村居民住宅楼10万平方米，完成80个文明生态村创建任务和5村550人的移民搬迁工作，发展沼气和秸秆气化用户2080户。建成安全饮水工程335处、旱井集雨自来化工程1.5万户，使9.3万人受益。完成人工造林和退耕还林23333公顷（35万亩）。98%的村通了硬化公路和客车，65%的村通了有线电视，97%的村通了电话。农村市场体系进一步健全，新建和改建农村便民店146个，组建各种农村经济合作组织19个。至2006年末，全县有30%的乡镇、41%的行政村和45%的农业人口达到宽裕型小康标准。

经济结构调整扎实推进。煤炭行业矿井数量由77矿122坑压减到59矿69坑，所有煤矿基本实现机械化开采或壁式开采，原煤年产量提升到1200万吨，资源回收率达到50%。焦炭、耐火材料和生铁的生产能力分别达到100万吨、60万吨和45万吨，球墨铸管填补了行业空白，生产能力达到5万吨。旅游、交通运输、餐饮服务、金融保险、房地产开发等第三产业快速发展，第三产业纳税额占全县财政总收入的比例达到36%。

基础设施建设成绩显著，初步形成以“三环两纵、两带三中心”为框架的县城总体布局。金龙大街建设、秀水大街综合改造、县城二期引水、盂县一中新校、盂县第三中学、县城污水处理厂、西小坪工业园区干道、天然气综合利用、五大商业超市、裕新苑住宅小区等一批重点工程相继建成。阳石、东太国防、双阳线三条干线公路建成通车，村通和户通硬化公路累计达1800公里。石太高速铁路盂县段、阳盂高速公路、龙华口水电站等重点项目顺利推进。

企业产权制度改革迈出新步伐。衡光热电公司、秀水水泥公司等一批国有集体企业进行了不同形式的改革；非公有制经济蓬勃发展，各类民营企业发展到512家，全年上缴税金占财政总收入44%以上。

社会事业协调发展。实施推广科技成果和项目55项。撤并农村中小学298所，中小学危房改造全部完成。随着一中新校的建成使用，初中升高中难的问题得到有效解决。人口与计划生育工作实现控制目标，人口自然增长率为2.81‰。认真接受县人大的法律监督和县政协的民主监督，共办结人大代表建议和政协委员提案520件。

人民生活水平显著提高。农民人均纯收入达到4013元，比2005年增加370元，增长11%，比2002年增长44%。在岗职工年均工资达到16594元，是2002年的2.14倍。城乡居民储蓄存款余额达到54.37亿元，是2002年的2.5倍。新增城镇就业岗位近1万个，转移和培训农村富余劳动力3.5万人。以养老、失业、医疗、工伤保险和最低生活保障为主要内容的社会保障体系进一步健全。农村新型合作医疗参合人数21.18万人。6099名城镇和7725名农村低保对象享受到最低生活保障。

（张利民）

**【省政府授予盂县"政风行风评议工作先进县"称号】** 2006年4月，在全省政风行风评议工作会议上，盂县被省政府授予"政风行风评议工作先进县"称号。2005年，全县在22个社会经济管理部门，18个执法监督部门，20个公用事业及窗口服务行业单位以及14个乡镇的302个基层站所开展了"优化发展环境，树立行业新风"政风行风评议活动，并深入探索政风行风评议工作与经济工作的最佳结合点，探索行风工作的长效机制和管理制度。以发展为主题，以整改为主线，以"优化发展环境，树立行业新风，服务人民群众，促进各项事业发展"为目标，深入调研，开门纳谏，找准问题，制订方案，精心准备，大胆创新，严格程序，扎实工作，使活动求真务实，取得良好社会效益，得到上级有关部门和群众的肯定。

（张利民）

**【山西省第三届导游员大赛在藏山举行】** 2006年7月9日，"藏山杯"山西省第三届导游员大赛在藏山旅游风景区举行，全省各地市的近百名导游参加本次大赛。省旅游局局长籍振芳及市、县领导参加大赛开幕式。此次大赛的主题是"导游员要成为宣传中华文明和社会主义精神文明的使者"。这次大赛依托盂县丰富的旅游资源，搞得生动活泼，对宣传盂县，加快盂县旅游业的发展具有重要意义。

（张利民）

**【盂县一中新校园落成】** 盂县一中新校园总投资1.8亿元，占地13.5万平方米。于2005年5月28日开工，2006年9月投入使用。设计规模40轨制，120个教学班，在校学生6000人。功能布局分为教学区、运动区和生活区，主要建筑有行政办公楼、教学楼、实验楼、图书馆、体育馆、艺术会堂、学生公寓、食堂等16个单体楼座。2006年12月29日，盂县一中新校园落成暨建校80周年庆典仪式隆重举行。省委副书记、省长于幼军，教育部副部长袁贵仁，省委常委、宣传部长高建民，省政协副主席吕日周，省人大常委、原阳泉市委书记程步云发去贺信。市委书记谢海及市县领导出席。

（张利民）

| | |
|---|---|
| **中共县委书记** | 段存寿※ 吕昌政 |
| **县人大常委会主任** | 张存福 |
| **县　长** | 赵　峰 |
| **县政协主席** | 胡耀斌 |

# 长治市

**【概述】** 长治市位于北纬35°49′～37°08′，东经111°58′～112°44′之间。山西省东南部太行山西麓，东与河北、河南两省接壤，西与临汾市交界，南北与晋城、晋中两市为邻。2006年长治市土地总面积13896平方公里，占全省总面积的8.89%。市区面积334平方公里。2006年末全市耕地保有量34.64万公顷。年末全市总人口为3251792人，比2005年增长0.55%。其中男1666075人，比2005年增长0.54%；女1585717人，比2005年增长0.56%。男女性别比（女性为100）105.07，比2005年下降0.02%。市区人口67.35万人，（城区37.49万人，郊区29.86万人）。城镇人口125.06万人，乡村人口200.12万人，城镇化率38.5%，人口密度为234人/平方公里。2006年，长治市辖1市（潞城市），2区（城区、郊区），10县（长治县、襄垣县、屯留县、平顺县、黎城县、壶关县、长子县、武乡县、沁县、沁源县）和1个高新技术开发区；12个街道（办事处），68个镇，66个乡，另有经济开发区办事处11个，114个社区居委会，3452个行政村。长治市属温带大陆性季风气候，2006年平均气温8.6～10.4度，无霜期平均为152～182天，年降雨量537.4～656.7毫米。长治市水资源丰富，2006年地面蓄水量24亿立方米，有11座大中型水库、78座小型水库，总容量10.3亿立方米；地下水开采量5亿立方米，人均占有水资源611立方米。

国民经济　2006年全市生产总值460.4亿元，比2005年增长11.5%。其中，第一产业增加值28.98亿元，增长0.1%；第二产业增加值270.2亿元，增长13.3%；第三产业增加值161.23亿元，增长11.0%。第一、第二和第三产业增加值占国内生产总值的比重分别为6.3%、58.7%和35.0%。全年人均GDP14197元，增长10.9%，按年末美元兑人民币1：7.8087汇率折算，达到1818美元。

居民消费价格比2005年上涨2.2%；商业零售价格上涨1.0%；工业品出厂价格上涨0.8%；原材料、燃料、动力购进价格下降1.9%；市区房屋销售价格上涨3.6%。

表43　**2006年长治市居民消费价格分类指数**

| 指　标 | 以2005年价格100 |
|---|---|
| 居民消费价格总指数 | 102.2 |
| 食　品 | 101.8 |
| 其中：粮食 | 102.5 |
| 烟酒及用品 | 101.8 |
| 衣　着 | 98.3 |
| 家庭用品及服务 | 102.0 |
| 医疗保健及个人用品 | 106.2 |
| 交通和通信 | 103.0 |
| 娱乐教育文化用品及服务 | 102.8 |
| 居　住 | 102.8 |

劳动就业　年末，全社会从业人员148.05万人，比2005年增加4.65万人。其中第一产业从业人员63万人，减少2.4万人；第二产业从业人员40.54万人，增加1.64万人；第三产业从业人员44.51万人，增加5.41万人。全年新增就业岗位3.5万个，年末城镇登记失业率为2.3%，比2005年提高0.4个百分点。

财政收入　2006年完成财政总收入101.24亿元，同比增长41.8%；其中一般预算收入44.52亿元，增长86.5%。扣除"两权"收入，全市财政总收入85.43亿元，一般预算收入28.71亿元，同比分别增长19.7%和20.4%。全市一般预算支出执行69.71亿元，比2005年增长60.1%，其中科技、教育、农业支出比2005年分别增长22%、15.5%、41%。

城市建设　年末全市城市建成区面积4530万平方米。城市房屋建筑面积3756万平方米，其中住宅面积2614万平方米。市区人均居住面积29.9平方米，比2005年人均增加1.6平方米。年末建成区绿化覆盖率44.8%，比2005年提高1.2个百分点。年末市区共有营运的公交汽车388辆，比2005年增加59辆；出租汽车1800辆。市区有公园、动物园7座，总面积55公顷，比2005年增加6公顷。

人口　年末全市总人口为325.1792万人，比2005年增加1.74万人。全年出生人口3.57万人，出生率11.02‰，下降0.13个千分点；死亡人口1.81万人，死亡率5.58‰，下降0.1个千分点；人口自然增长率为5.44‰，比2005年降低0.01个千分点。城镇人口比重达到38.5%，比2005年提高1.2个百分点。性别比（女=100）为105.07%。

表 44　2006 年长治市人口主要构成情况表

| 指　标 | 年末数（人） | 比重（%） |
|---|---|---|
| 全市总人口 | 3251792 | 100.0 |
| 其中：城镇 | 1250634 | 38.5 |
| 乡村 | 2001158 | 61.5 |
| 其中：男性 | 1666075 | 51.2 |
| 女性 | 1585717 | 48.8 |

**人民生活**　全年农民人均纯收入 3890 元，比 2005 年增长 8.9%，人均增收 317 元；城镇居民人均可支配收入 10160 元，比 2005 年增长 11.3%。全年全市在岗职工平均工资 19398 元，较 2005 年增加 3177 元，增长 19.6%。

年末全市城镇居民人均住宅建筑面积达到 28.5 平方米，农村居民人均住宅建筑面积达到 24 平方米，分别比 2005 年增加 1.1 和 1.3 平方米。

2002～2006 年长治市城乡
表 45　居民生活改善情况表

| 指　标 | 单位 | 2002 | 2003 | 2004 | 2005 | 2006 |
|---|---|---|---|---|---|---|
| 城镇居民人均可支配收入 | 元 | 6185 | 7072 | 8136 | 9127 | 10160 |
| 农村居民人均纯收入 | 元 | 2650 | 2886 | 3263 | 3573 | 3890 |
| 城镇居民家庭恩格尔系数 | % | 32.5 | 34.5 | 35.2 | 33.5 | 33.95 |
| 农村居民家庭恩格尔系数 | % | 43.2 | 43.0 | 42.6 | 43.3 | 39.97 |

**农业生产**　全年粮食种植面积 25.54 万公顷，比 2005 年增长 0.9%；油料种植面积 4400 公顷，减少 10.4%；蔬菜种植面积 2.07 万公顷，减少 2.5%。全年粮食产量 143.1 万吨，比 2005 年增加 13.25 万吨，增产 10.2%；其中夏粮 10.5 万吨，增产 16.7%；秋粮 132.6 万吨，增产 9.8%。油料产量 0.77 万吨，减产 18.9%；蔬菜产量 90.6 万吨，减产 4.9%。

全年肉类总产量 9.88 万吨，减少 2.8%；禽蛋产量 2.88 万吨，减产 45.7%；奶产量 2.44 万吨，增产 2.3%。全年木材产量 2.69 万立方米，水果产量 5.83 万吨。

全年农林牧渔业总产值 53.54 亿元，增长 1.7%。其中，农业总产值 35.12 亿元，增长 5.83%；林业总产值 3.21 亿元，下降 0.4%；牧业总产值 13.93 亿元，下降 6.6%；渔业总产值 0.2 亿元，增长 34.61%。

**工业经济**　全年全部工业增加值 245.2 亿元，比 2005 年增长 14.2%。规模以上工业增加值 226.35 亿元，增长 14.8%；产品销售率 98.5%。

2006 年长治市规模以上工业
表 46　增加值及其增长速度表

| 指　标 | 增加值 | 比 2005 年增长（%） |
|---|---|---|
| 规模以上工业 | 226.35 | 14.8 |
| 其中：国有及国有控股企业 | 108.2 | 14.0 |
| 其中：集体企业 | 13.53 | 8.5 |
| 股份制企业 | 136.1 | 15.0 |
| 外商及港澳台投资企业 | 1.17 | 48.4 |
| 其中：私营企业 | 25.02 | －1.6 |
| 其中：轻工业 | 9.3 | 21.8 |
| 重工业 | 217.05 | 14.6 |
| 其中：煤炭开采和洗选业 | 103.31 | 17.2 |
| 黑色金属冶炼及压延加工业 | 44.38 | 4.3 |
| 炼焦业 | 26.04 | 13.6 |
| 电力生产业 | 15.37 | 29.1 |
| 化学原料及化学制品制造业 | 13.91 | 24.6 |
| 通用设备制造业 | 2.37 | －1.0 |

全年规模以上工业中，高新技术产业增加值 20.75 亿元，比 2003 年增长 13.4%。高新技术产业增加值占全市生产总值的比重为 4.51%，比 2005 年提高 0.14 个百分点。

2006 年长治市主要工业产品产量及其
表 47　增长速度表（全社会）

| 产品名称 | 单位 | 产量 | 比 2005 年增长% |
|---|---|---|---|
| 原煤 | 万吨 | 5793 | 14.8 |
| 洗精煤 | 万吨 | 1760 | 39.6 |
| 发电量 | 亿千瓦小时 | 168 | 24.4 |
| 粗钢 | 万吨 | 370 | 37.2 |
| 钢材 | 万吨 | 288 | 21.6 |
| 水泥 | 万吨 | 367 | 14.3 |
| 金属镁 | 万吨 | 1.6 | －23.3 |
| 化肥（折100%） | 万吨 | 33 | 6.4 |
| 焦炭 | 万吨 | 1106 | 14.8 |
| 生铁 | 万吨 | 493 | 8.6 |
| 交流电动机 | 万千瓦 | 65 | －7.5 |

全年全市规模以上工业企业实现利润 42.54 亿元，比 2005 年增长 33.6%。亏损企业亏损额 5.49 亿元，比 2005 年减少 23.6%。

2006 年长治市规模以上工业企业
表 48　实现利润及其增长速度表

| 指　标 | 利润总额 | 比 2005 年增长% |
|---|---|---|
| 规模以上工业 | 42.54 | 33.6 |
| 其中：国有及国有控股企业 | 23.12 | 9.6 |
| 其中：集体企业 | 4.73 | 11.4 |
| 股份制企业 | 22.37 | 72.3 |
| 外商及港澳台投资企业 | 0.49 | 85.5 |
| 其中：私营企业 | 1.48 | 108.5 |

**建筑业**　全年全社会建筑业实现增加值 25 亿元，比 2005 年增长 5.2%。全市具有资质等级的总承包和专业承包建筑业实现利润 0.35 亿元，增长 1.1%；上缴税金 1.35 亿元，下降 3.9%。

**教育**　2006 年末全市有独立招生的高等院校 4 所，全年招收普通高等教育本、专科学生 7444 人，在校大学生 2.38 万人，毕业学生 5962 人。各类中等职业教育招生 1.56 万人，在校学生 3.96 万人，毕业学生 0.92 万人。全市普通高中招生 2.58 万人，在校学生 7.55 万人，毕业学生 2.15 万人。全市初中学校 179 所，比 2005 年减少 69 所，全年招生 6.02 万人，在校学生 18.18 万人，毕业学生 6.03 万人。普通小学学校 2402 所，比 2005 年减少 741 所，全年招生 4.48 万人，在校学生 29.02 万人，毕业学生 5.79 万人。特殊教育在校学生 673 人。幼儿园在园幼儿 6.80 万人。全年成人技术学校培训学员 2.19 万人次。

**科学技术**　全年全市共受理各项专利申请 161 件，比 2005 年增长 75%；授权专利 70 件，下降 16.8%。全年全市共有 9 项应用技术获得省部级以上科学技术成果奖，比 2005 年增长 50%。全年签订技术合同 54 项，增长 100%；成交金额 6065 万元，增长 28%。年末全市城镇单位每万人从业人员拥有专业技术人员 2247 人。

全市共有产品质量检验机构 11 家，全年对 29 户企业实施了产品认证，对 3 种产品进行了监督抽查。全市共有法定计量技术机构 12 个，全年强制检定计量器具 5 万台件，比 2005 年增长 14.9%。

**文化**　年末全市共有艺术表演团体 18 个，文化馆 14 个，公共图书馆 13 个，博物馆 14 个。全市有电台 7 座，电视台 13 座，广播、电视综合人口覆盖率分别达到 92.83%和 96.56%，年末全市有线电视用户达到 29.18 万户，其中接收数字信号用户 5000 户。

**卫生**　年末全市共有医疗卫生机构 3738 个（含诊所），其中医院、卫生院 192 个，妇幼保健院（所、站）82 个，疾病预防控制中心（防疫站）147 个，卫生监督机构 7 个。年末全市县乡村三级卫生机构达标率 61.4%，比 2005

年提高10.9个百分点。卫生技术人员（不含诊所）8702人，其中医生3438人，护士1718人。医院和卫生院床位5286张，卫生技术人员422人。乡镇卫生院270个，床位2636张，卫生技术人员2180人。年末全市81.4%的农村有医疗点，拥有乡村医生和卫生员5550人。全市有7个县市区开展了新型农村合作医疗试点工作，覆盖率54%，比2005年提高23个百分点。

**体育** 2006年，全市运动员在各类体育比赛中获得全国冠军11个，全省冠军68个，刷新全省纪录1项。全年全市共销售中国体育彩票3184万元。

**固定资产投资** 2006年全社会固定资产投资184.02亿元，比2005年增长0.4%。其中，城镇投资167.78亿元，增长1.8%；农村投资16.23亿元，下降11.8%。国有及国有控股单位投资97.89亿元，下降23.9%。

分产业看，第一产业投资0.94亿元，增长24.4%；第二产业投资116.57亿元，下降17.8%；第三产业投资66.51亿元，增长63.2%。

城镇500万元以上项目中，钢铁投资15.41亿元，增长72.6%；水泥投资1.19亿元，下降12.0%；煤炭投资28.4亿元，下降14.6%；焦炭投资5.6亿元，下降58.5%；电力投资40亿元，下降38.1%。

2006年长治市固定资产投资
表49 新增主要生产能力表

| 指 标 | 单位 | 绝对数 |
|---|---|---|
| 新增发电机组容量 | 万千瓦 | 190.2 |
| 新增11万伏及以上变电设备 | 万千伏安 | 368 |
| 新增原煤开采 | 万吨/年 | 682 |
| 洗煤 | 万吨/年 | 240 |
| 焦炭 | 万吨/年 | 220 |
| 新建公路 | 公里 | 178 |
| 改建公路 | 公里 | 1150 |
| 新增局用交换机容量 | 万门 | 4.8 |
| 新增移动通信基站设备 | 个 | 138 |

全年房地产开发投资14.08亿元，比2005年增长20.4%。商品房销售额18.74亿元，增长98.7%；其中，住宅销售额为16.17亿元，增长446.9%。

**能源工业** 全市能源工业投资共完成74.2亿元，比2005年下降33.7%。其中煤炭工业投资28.4亿元，下降14.6%；电力工业投资40亿元，下降14.6%。一次能源生产折标准煤4143万吨，比2005年增长14.8%；二次能源生产折标准煤2934.6万吨，增长9.51%。共向省外运输煤炭2885.6万吨，比2005年增长11.3%；向省外运输焦炭723.1万吨，增长49.7%。

**国内外贸易** 全年社会消费品零售总额133.56亿元，比2005年增长17.6%。分城乡看，城市消费品零售额89.87亿元，增长19.9%；县及县以下消费品零售额43.7亿元，增长13.1%，分行业看，批发和零售业零售额112.62亿元，增长17.9%，其中限额以上批发和零售业零售额26.39亿元，增长17.7%；住宿和餐饮业零售额15.69亿元，增长13.7%；其他行业零售额5.25亿元，增长25%。

在限额以上批发和零售业零售额中，汽车类零售额比上年增长12.3%，石油及制品类增长25.9，家用电器和音像器材类增长23.7%，家具类增长49.5%，食品、饮料、烟酒类增长5.9%，服装类增长6.4%，文化办公用品类下降23.7%，通讯器材类下降32.1%。

全年进出口总额11612万美元，比2005年下降31.6%。其中，出口4859万美元，增长8.9%；进口6753万美元，下降46%。

2006年长治市进出口
表50 总额及其增长速度表

| 指标名称 | 本年 | 比2005年增长% |
|---|---|---|
| 海关进出口总额 | 11612 | －31.6 |
| 出口额 | 4859 | 8.9 |
| 其中：一般贸易出口 | 4671 | 5.8 |
| 加工贸易出口 | 189 | 302.0 |
| 其中：机电产品出口 | 1542 | 50.1 |
| 出口主要国家：美国 | 710 | 83.0 |
| 香港 | 120 | 264.0 |
| 日本 | 7 | －83.2 |
| 欧洲联盟 | 421.89 | －44.0 |
| 东南亚国家联盟 | 1454.6 | 5.7 |
| 韩国 | 276 | 173.0 |
| 俄罗斯 | 8 | －17.5 |
| 拉丁美洲 | 136 | －48.3 |
| 非洲 | 43 | －36.0 |
| 进口额 | 6753 | －46.0 |
| 其中：机电产品进口 | 354.5 | －92.0 |

全年新批外商直接投资企业12家，比2005年增长10家。合同使用外商直接投资金额12967万美元，增长106倍。实际使用外商直接投资金额3002万美元，增长183.5%。

**交通运输** 全年民航客运量10.47万人，比2005年增长8.3%，旅客周转量10140万人公里；货邮运输量411吨，货邮周转量39.8万吨公里，运输总周转量112.8万吨公里。公路客运量4293.8万人，比2005年增长5.5%，旅客周转量239151万人公里；货运量7158.5万吨，比2005年下降2.8%，货物周转量552399万吨公里。

年末全市民用汽车保有量达到14.75万辆（包括三轮汽车和低速货车4.35万辆），比2005年末增长36.32%，其中年末私人汽车保有量10.13万辆，增长68.27%。民用轿车保有量3.43万辆，增长35%，其中私人轿车2.18万辆，增长55.7%。

**邮政通讯** 全年完成邮电业务总量22.49亿元，比2005年增长20.5%。其中，邮政业务总量12591万元，增长40.7%；电信业务总量21.24万元，增长19.5%。全年新增局用交换机9882门，总容量达到42.71万门。年末固定电话用户达到71.48万户，比2005年减少1.77万户。其中，城市电话用户43.66万户，农村电话用户27.82万户。新增移动电话用户8.43万户，年末达到82.36万户。年末全市固定及移动电话用户总数达到153.84万户，比2005年末增加6.67万户。电话普及率达到47.3部/百人。年末全市互联网用户累计达14.92万户，比2005年增长18.2%。

**旅游业** 全年全市出游人数达590.9万人次，增长10%；国内旅游总收入35.61亿元，增长33.9%。全年入境人数3.25万人次，比2005年增长60.2%。其中，外国人1.71万人次，增长24%；香港、澳门和台湾同胞1.54万人次，增长178.2%。在入境旅游者中，过夜人数2.96万人次，增长55.3%。旅游外汇收入555.86万美元，增长53.6%。

**金融证券** 年末全部金融机构外币各项存款余额611亿元，增长27.6%；全部金融机构本外币各项贷款余额332亿元，增长14.9%。年末全市金融机构的不良贷款比例比2005年下降0.4个百分点。

2006年长治市全部金融机构
表51 本外币存贷款及其增长速度表

| 指 标 | 年末数 | 比2005年末增长% |
|---|---|---|
| 各项存款余额 | 611 | 27.6 |
| 其中：企业存款 | 156 | 62.5 |
| 城乡居民储蓄存款 | 370 | 15.6 |
| 其中：人民币 | 608 | 27.5 |
| 各项贷款余额 | 332 | 14.9 |
| 其中：短期贷款 | 192 | 8.5 |
| 中长期贷款 | 115 | 35.3 |

全年农村信用社人民币贷款余额109亿元，比2005年末增加3亿元。全部金融机构人民币消费贷款余额11亿元，减少3亿元。其中个人住房贷款余额7.96亿元。

全年金融机构共发售开放式基金2.8亿元，销售国债3.5亿元。

潞安环能成功上市，总股本6.39亿股，流通股1.8亿股，通过配售筹集资金16.5亿元。漳泽电力增发2.21万股，筹集资金1亿元。年末2家上市公司，市价总值170亿元。全年发行企业债券22亿元。

**保险业** 年末全市保险公司9家。全年保险公司保费收入10.25亿元，比2005年增长10.7%，其中寿险业务保费收入6.62亿元；健康险和意外伤害险业务保费收入0.35亿元；财产险业务保费收入3.29亿元。支付各类赔款及给付1.7亿元，其中寿险业务给付0.48亿元；财产险业务赔款0.6亿元。

*资源利用* 主城区日供水能力41.28万吨，人均日生活用水量204升。全年液化气供气总量3710吨，煤气供气总量1.05亿立方米，天然气供应量48.28万立方米。市区集中供热率由2005年的43.3%提高到48.1%。市区污水处理率达到65%，生活垃圾年清运量23万吨，无害化处理率达到100%。

年末全市耕地保有量34.64万公顷，比2005年减少700.35公顷。本年度检查验收合格造林面积2.47万公顷，年末实有封山（沙）育林面积4.15万公顷，其中本年新封3400公顷。全民义务植树852万株。全市有自然保护区2个，面积4.2万公顷，占全市总面积的3%。

年末全市大中型水库蓄水总量2.65亿立方米，比2005年减少1200万立方米。全年总用水量4.22亿立方米，比2005年增长2.7%。其中生活用水增长7.9%，工业用水增长5.4%，农业用水与2005年持平。万元地区生产总值用水量95立方米，比2005年减少7.9%。人均日用水量126升，比2005年增加7升。全年曾有7.7万人，0.7万头大牲畜因干旱发生临时性饮水困难。

全市矿区煤炭资源回采率达到61.2%，比2005年提高8.6个百分点。全年规模以上工业能源消费总量3779.83万吨标准煤，比2005年增长4.1%。

*环境质量* 全年全市空气质量Ⅱ级以上天数285天，比2005年增加20天，创历史最高水平。全市达Ⅲ类水质标准的断面比例30.5%，比2005年提高17.4个百分点。城市集中式饮用水源地辛安泉水质达标率达到100%。

*安全生产* 安全生产事故减少。全市亿元GDP生产安全事故死亡人数为0.897人，比2005年下降20.4%；煤矿百万吨死亡人数为0.76人（不含潞矿），比2005年下降9.4%。全年发生火灾事故188件，比2005年下降22.8%；直接经济损失175万元，比2005年减少31.7%。全年共发生道路交通事故794起，造成351人死亡、801人受伤，直接财产损失325万元，均比2005年大幅度下降。

*社会保障* 年末城镇参加基本养老保险人数为26.31万人，比2005年增加1.01万人。其中职工19.57万人，离退休人员6.75万人。参加基本医疗保险职工人数为29.77万人，比2005年增加3.74万人。参加失业保险职工人数为23.1万人，全年领取失业保险金7447人次。年末城镇基本社会保障覆盖率达到70.58%，比2005年提高4.13个百分点。

年末全市各类收养性社会福利单位96家，比2005年增加12家；床位1900张，收养各类人员1250人。市区建立社区服务中心4个。全年销售社会福利彩票6205万元，直接接收社会捐赠款227万元。全年城市53125人，农村64476人得到了低保救济。

注：1. 以上部分统计数据为初步统计数。

2. 地区生产总值及各产业增加值、人均GDP绝对数均按当年价格计算，其增长率均按可比价格计算。

3. 万元国内生产总值用水量、万元工业增加值能源消耗按2005年不变价格计算，邮电业务总量按2000年不变价格计算。

（尚竹英）

**【年内大事纪要】** 2006年初，长治市被国家标准化管理委员会确定为"全国农业综合标准化示范市"。

长治市的农业标准化工作从二十世纪八十年代开始起步，跨越了四个阶段，从探索到推广，从首个农业标准化项目"干旱阳坡造林"到一次承担25个国家级项目，使长治市农产品形成了规模、打响了品牌。

2006年，长治市有8个产品获国际奖项、12个产品获国家奖项、127个产品获绿色认证、6个产品被授予山西省标准性品牌和山西省名牌产品称号。标准化示范区已覆盖全市300万亩基地，200个龙头企业，45万户农民，全市农民人均纯收入达到3263元，标准化对农民增收的贡献额达到60%。

1月4日，壶关县从北京捧回了由《中国国家地理》杂志社为太行山大峡谷颁发的"中国最美的十大峡谷"奖牌和荣誉证书。这是太行山大峡谷继荣膺"国家地质公园"桂冠之后，再次获得的国家级殊荣。

1月6日上午，市体育运动学校被中国射击射箭运动管理中心命名为全国重点射击学校，举行了隆重的揭牌仪式。国家体育总局射击箭管理中心主任高志丹等专程从北京到长治祝贺，并与省体育局副局长杨凤楼及市领导卢晓中、李国峰、秦来英、曹焕兰共同揭牌。

1月8日，潞宝集团与香港建滔集团相聚在山西国贸大饭店举行合作建设煤气合成年产20万吨甲醇项目的签字仪式。山西省代省长于幼军、市委书记张兵生、市长杜善学及香港建滔集团领导出席签字仪式。

山西澳瑞特健康产业股份有限公司的"澳瑞特"商标，被国家工商行政管理总局商标局认定为"中国驰名商标"，从而使长治市"中国驰名商标"的数量由原来的两个增加到了三个，成为全省范围内拥有驰名商标最多的一个地市。

1月13日，市志办在全国方志系统开展的选评全国先进工作者和先进集体活动中，被授予"全国方志先进集体"荣誉称号，这也是市志办继2005年荣获"全省修志工作先进集体"之后获得的又一殊荣。

1月16日，由长治市堆锦研究所精心制作的堆锦《观音·文殊·金刚手》在全国数百家参展单位的万余幅作品中脱颖而出。夺得第6届中国工艺美术大师作品暨2005"百花杯"中国工艺美术精品奖金奖，这也是山西省惟一获此殊荣的民间工艺作品。

1月17日上午，长治市顺利通过省级环保模范城市验收，省"创模"考核验收委员会在鹏宇大酒店召开会议，宣布长治市成为山西省第一个通过省级"创模"验收的城市。

1月19日，全省首家$P_2$级生物安全防护实验室在长治市建成，将为应对食品突发事件，保证食品质量安全发挥重要作用。

2月14日，长治市委召开全市干部大会。省委组织部常务副部长马友宣布了省委关于调整长治市委主要领导的决定：郭海亮同志任长治市委委员、常委、书记，免去张兵生同志长治市委书记、常委、委员职务。

2月22日，山西潞安煤基合成油示范厂隆重举行奠基仪式，省委书记张宝顺、省长于幼军等省领导，市委书记郭海亮、市长杜善学等市领导出席。

3月13日～14日，"全国标准化科技创新工作会议"在北京小汤山九华山庄国际会展中心隆重召开。副市长尚宪芳作为全国农业综合标准化示范市代表在大会上做了题为"打品牌旗，走特色路，全力开创'全国农业标准化示范市'新局面"的经验交流报告。

4月3日，长治市作为全省乡镇机构改革惟一的试点，在这次改革中实行交叉任职，党政正职全部实行"一肩挑"，乡镇内设办事机构在3个以内的从紧设置，事业机构只保留2个。

4月8日，长治市郊区凭借考核总分在全省第一的优异成绩，荣获"全国科技进步先进县区"称号，区委书记孙宏波、区长许霞被表彰为"全国科技进步工作先进个人"，郊区被命名为"全省科技富民强县专项行动计划试点县（区）"。

4月15日，建设部在人民大会堂隆重举行了大会，向获得2005年"国家园林城市"称号的城市授牌，长治市荣获"国家园林城市"称号，市长杜善学荣获"优秀市长"奖。

4月16日，卫生部在北京召开了全国农村卫生工作会议，长治市作为山西省唯一的发言代表在会上作了经验介绍。国家卫生部领导对长治市农村卫生工作取得的成绩给予了高度评价，并要求各地认真学习该市的先进经验和做法，把长治市的先进经验推广到全国。

4月19日，长治市隆重召开建设社会主义新农村动员大会，会议出台了《关于推进社会主义新农村建设的实施意见》，明确了长治市新农村建设的指导思想，实施原则，建设目标，使建设社会主义新农村成为"三农"工作的总抓手和主旋律。

4月20日，第十届中国东西部合作与投资贸易洽谈会（西洽会）上，长治市35个招商引资项目、40余种商品参加了洽谈、贸易活动，多方位、多视角地展示了长治市的投资政策、投资环境、招商引资项目及长治市代表性的工农业产品。市委常委、统战部部长赵志忠、副市长李国隆率团参加了西洽会的各项活动。

4月24日，马厂村党支部、村委会多方筹资兴建了一座面积达7万余平方米的公园，该公园位于马厂村南侧，是长治市第一个农民公园。

6月1日，山西沁州黄小米（集团）有限公司的“沁州”商标，被国家工商总局商标局认定为“中国驰名商标”。从而长治市成为全省范围内拥有“中国驰名商标”最多的地市，共有4个。

6月6日～9日，应全国政协与文化部的邀请，长治市上党梆子剧团进京慰问演出，共演《秦香莲》、《闯幽州》、《汉阳堂》、《三关排宴》等四台大戏，赢得了领导、专家和观众的高度赞誉，获得圆满成功。

6月10日，第七次全省环境保护会议暨“蓝天碧水工程”启动大会在省城太原隆重召开。长治市被省政府正式授予“山西省环境保护模范城市”称号。

6月12日，香港建滔潞宝投资20亿元的两大项目——30万吨甲醇、20万吨精苯一期工程举行开工奠基仪式。市领导郭海亮、杜善学、郭正义、尚宪芳及市政府秘书长秦跃晋前往祝贺。

6月19日，山西4家银行组团贷款3.78亿元签约天脊集团，这一银企联手合作开创了山西融资新的模式，在山西企业界和金融界引起不小轰动。

6月26日，沁源灵空山风景区被山西省精神文明建设指导委员会评为“文明风景旅游区”称号。这是该风景区继“省级爱国主义教育基地”、“国家AA级风景名胜区”荣誉之后的又一殊荣。

7月10日，中共长治市委统战部召开建部55周年庆祝大会。晚上，隆重举行“盛世同歌”大型文艺晚会。

7月11日～12日，2006年是人民作家赵树理的百年诞辰，长治市举行了赵树理诞辰百年纪念会，专家学者共同研讨了赵树理的文学思想和独特的大众化文艺风格。

7月13日，经过1个月的禽流感防治工作，长子县丹朱镇南川庄村的高致病性禽流感疫情经专家组严格验收、农业部批准，正式解除封锁，取得了无疫情扩散，无1人感染的全面胜利。

7月21日，长治市在新闻中心召开“九二式”机动车自编自选号牌新闻发布会，郑重向全社会宣布长治市正式推行的“九二式”机动车自编自选号牌业务。

8月1日，为纪念朱德同志诞辰120周年而拍摄的大型电视文献片《朱德在太行》在八路军总部北村旧址举行开机仪式。

长治市开通了长治～成都的航班，由中国国际航空公司负责承运，机型为50座的CRJ（挑战者）。

8月9日，根据国务院关于我国发展特高压输电技术的指示精神，国家发展和改革委员会于8月9日印发《关于晋东南至荆门特高压交流试验示范工程项目核准的批复》文件，正式核准了晋东南经南阳至荆门特高压交流试验示范工程。

8月11日，由中国艺术研究院戏曲研究所、中国傩戏学研究会和山西省长治市人民政府主办的“山西长治赛社与乐户文化国际学术研讨会”在长治市隆重开幕。来自美国、德国、法国、加拿大、瑞士等国及我国台湾地区、澳门特别行政区、国内研究中国传统文化、古典戏曲、音乐傩文化的专家学者120多人参加了研讨会。

8月14日，中国舞蹈家协会中国舞等级考试长治地区考级活动在市七色光艺术学校开考。来自长治市各县市区的80余名3～7岁儿童参加了考试。考试由舞蹈家协会副主席兼秘书长付汉生、市舞蹈家协会主席原凤彬担任主考。这是长治市首次组织具有国家级水平的舞蹈等级考试。

8月，长治市云海外贸肉食有限公司获得了产品出口欧盟市场资格，这也是全省肉食品企业获得进入欧盟市场的惟一一张通行证。

8月19日，当今世界上电压等级最高、技术最先进、系统规模最大的电网工程——国家电网公司晋东南～荆门交流特高压试验示范工程，在长子县石哲镇崔家庄隆重奠基。

8月22日，长治市2006年城市建设重点项目之一的多普勒气象雷达观光塔举行奠基仪式，该塔高121米，是长治市市区规划的最高的标志性建筑。

多普勒气象雷达观光项目按照“标志性建筑、精品工程、文化品位、现代化气息”的要求进行设计与建设，是长治市在长治新区内开工建设的第一个标志性建筑，也是长治市新区建设中的重要景观工程。多普勒气象雷达观光塔地处漳泽湖畔，登塔眺望不仅可以将清波浩渺的漳泽湖美景尽收眼底，而且老顶山的自然风景和长治的城市景观也将会一览无余。这个项目的建成将会对推动新区开发，提升城市形象，拉动城市旅游产生积极影响，并成为魅力新长治的一张靓丽的“名片”。

郭海亮、杜善学等市领导与专程赶来长治的省气象局局长张世英一起为工程进行奠基。

9月1日～3日，中国共产党长治市第九次代表大会隆重召开。会议以无记名投票方式选举产生了中共长治市第九届委员会常务委员会委员、市委书记、副书记。中共长治市第九届委员会常务委员会委员：郭海亮、杜善学、王进卯、曹燎原、王云亭、郭新民、张创虎、董岩、马和平、李东峰、李俊敏、范丽霞。市委书记：郭海亮。市委副书记：杜善学、王进卯、曹燎原。市纪委表决通过了八届市委和市纪委工作报告。会上，市委书记郭海亮作了重要讲话，提出了今后五年的基本工作思路和奋斗目标是实施“三三”战略（实现“三转”即转变发展观念，转变执政方式，转变工作作风；推进“三化”即工业新型化、城镇特色化、农业产业化）和建设“三个”长治（实力长治、魅力长治、和谐长治）。

9月6日，在全国《质量振兴纲要》实施10周年暨质量兴市先进、中国名牌产品表彰大会上，长治市荣膺2006年“质量兴市先进市”称号。

9月7日～11日，中共中央政治局常委、国家副主席曾庆红在山西省委书记张宝顺、省长于幼军等陪同下，到长治等地考察调研。他强调，各级党组织要紧紧抓住和用好本世纪头20年的重要战略机遇期，结合认真学习《江泽民文选》，全面贯彻“三个代表”重要思想和科学发展观，在推进中部崛起的过程中，立足科学发展、着力自主创新、完善体制机制、促进社会和谐，努力开创“十一五”经济社会发展新局面。

9月12日，长治市漳泽水库通过了水利部、中国水利工程协会组成的专家组的各项考核，成为山西省乃至我国北方地区首家通过国家一级水利工程验收的单位。

9月15日，在山西省创建国家卫生城市长治现场会上，正式为长治市颁发了“国家卫生城市”的奖牌，省政府还为长治市颁发30万元奖金。

9月17日，长治市又一城建重点工程——六府塔复建工程正式奠基。市领导郭海亮、杜善学、张松仪、常福江、董岩出席奠基仪式。市政府秘书长秦跃晋主持奠基仪式。

六府塔，原为宝雨寺塔，始建于后唐明宗天成四年即公元929年。明弘治年间六府塔尚存。此后经过多年风雨沧桑，到现在仅存塔座。为了恢复历史古迹，构建人与自然、传统文化与现代生活的和谐统一，创建人民文化生活的新亮点，同时也为市民们提供一个优雅的文化休闲场所，长治市决定本着文物保护的原则，在有效保护旧塔文物价值的基础上，恢复六府塔的历史原貌。

据了解，新建的六府塔完全按照原塔的形制和体量进行设计，既参照了志书上记载的相关数据，又结合了现代施工与建材的优势，最大限度地赋予其新的功能。建成后，新塔与原塔间距为35米，新塔居原塔东侧，两塔呈东西轴线，总高91.5米，直径为24.8米。新塔外观十五层檐，并设置六层阁楼，游人可由内攀梯而上，登高远眺；内设十四层，其中地宫两层。新塔基座直径48米，石质栏杆八面环绕，显得美观大方。

9月22日，山西潞安环保能源开发股份有

限公司A股在中国资产市场正式登陆，每股11元的首发价夺得煤炭股头筹，近20亿元融资总额创下国内煤炭股融资之最。

10月22日，长治市新闻大楼正式奠基，该工程总占地103亩，总建筑面积45000平方米，总投资1.35亿元，是集广电、报业、办公等一体的综合性高层建筑。

10月25日，长治市八一广场荣获“全国特色文化广场”称号，八一广场消夏活动获“全国特色广场文化活动”殊荣。

郊区西白兔乡中村发现一处古民居群，经专家考证为明末清初的申家大院。

11月1日，2006年院士专家技术创新山西活动行暨新建博士后科研工作站授牌仪式在太原举行，潞宝（集团）焦化有限责任公司被授予“新建博士后科研工作站”。

天脊集团9亿元短期融资债券于2006年10月23日经中国人民银行以银发［2006］364号批准，2006年10月30日挂牌公告，11月3日正式发行，这是山西省化工行业第一家发行短期融资债券的企业。

11月5日～7日，经过山西省卫生厅15位医院管理专家的评审和督导，长治市人民医院顺利通过三级甲等医院的评审，成为长治市第一家跻身“三甲”的市属医院。

11月8日，由世界杰出华商协会和中国商业联合会联合主办的第一届杰出华商大会，在北京人民大会堂开幕，长治市被评为“中国百佳投资城市”，市委副书记、市长杜善学，副市长李国隆参加大会。

11月18日，中国中小城市科学发展评价体系研究成果发布暨第三届中国中小城市可持续发展高峰论坛在首都人民大会堂举行，会上，潞城市荣获“全国最具投资潜力中小城市百强”奖。

11月25日，在省政府召开的“全省民族工作会议暨省政府第四次民族团结进步表彰大会”上，长治市政府荣获“全省民族团结进步模范集体”荣誉，市政协党组副书记赵志忠再次被国务院表彰为“民族团结进步模范个人”。

11月28日，在武乡八路军纪念馆，中国光彩事业“太行行”活动隆重开幕，全国各地的企业家，海内外工商界人士共300余人参加了会议。

12月5日，长治市一市民在壶关东山发现一块石头，据专家推测，是4亿年前泥盆纪时期的生物化石。

12月6日，郊区公安分局在全省首家成立以民警命名的社区警务室。

12月12日，中国城市2006年北京峰会上公布的《中国城市生活质量报告NO.1》287个被调查城市中，长治市综合排名第95位，12项子系统指标中长治市就业率和生命健康两方面表现突出。

12月20日，第二届“全国非公有制经济人士优秀中国特色社会主义事业建设者表彰大会”在北京举行，常平集团董事长兼总经理陈忠孝获“优秀中国特色社会主义事业建设者”荣誉称号。

12月26日，在全国农机社会化服务经验交流会上，长治市农机局被农业部授予“十五”全国农机化管理工作先进单位，这是山西省地市级惟一被表彰的单位。　　（尚竹英）

**中共市委书记**　张兵生※　郭海亮

**副书记**　杜善学　卢晓中※　马联社※　王进卯　曹燎原

**市人大常委会主任**　张松仪

**副主任**　申纪兰　蔡戊生　张振芳　程　前　王忠义　李国峰　师义昌　程计则

**市　长**　杜善学

**副市长**　董　岩　秦来英　马和平　常反堂　李国隆　曹惠斌　尚宪芳

**市政协主席**　常福江

**副主席**　曹焕兰　任铎夫　赵志忠　靳道远　马志旺　闫建国　魏　武

## 城　区

**【简述】**　*自然条件*　全区总面积55.6平方公里。2006年辖10个办事处、25个行政村。

*人口*　2006年末全区总人口39.3万人，10.9万户。男性人口19.9万人，女性人口19.4万人。全年人口出生率9.99‰，死亡率3.97‰，自然增长率6.02‰，比2005年提高0.1个千分点。人口密度每平方公里7066人。

*经济概况*　2006年全区实现生产总值73.3亿元，比2005年增长12.5%；全年全区财政收入8.74亿元，比2005年增长19.3%，增收1.42亿元；支出2.13亿元，比2005年增长12.95%，增支0.24亿元。

*农业*　2006年全区农业总产值0.77亿元，比2005年增长1.3%。农作物总面积990公顷。粮食作物面积490公顷，比2005年减少3.9%；粮食总产量2180吨，比2005年减少1.6%，平均亩产4449公斤。蔬菜瓜类总产量42690吨。果园面积129公顷，总产量1736吨。2006年牛出栏341头，猪出栏4853头，羊出栏1238只。肉类总产量489吨，蛋类总产量493吨，牛奶总产量2629吨。

*工业*　2006年，规模以上工业企业完成总产值42亿元，比2005年增长8.67%，其中国有企业完成17亿元；集体企业完成0.076亿元；股份企业完成4.95亿元；外资及港澳台企业完成2.3亿元；完成利税22510万元。规模以上企业40个，职工2.7万人。

*城市建设*　2006年完成全社会固定资产投资36.3亿元，比2005年增长36.8%。重点建设项目有8个。全区资质以上建筑企业84家，实现利税3312万元。全年房屋施工面积154万平方米。

*商业*　2006年全区社会消费品零售总额46.35亿元，比2005年增长22.3%。商业从业人员6113人。

*教育*　2006年全区有普通高中4所，初中6所，小学44所，幼儿园49所，在校学生分别为27765人、28093人、40296人、8730人。适龄儿童入学率100%。

*社会生活*　2006年最低生活保障金发放人数10796人。全区有2083名职工参加失业保险，有2475名职工参加基本医疗保险。城镇居民人均可支配收入10160元。农民人均纯收入4896元。　　（李书平）

**【年内大事纪要】**　1月17日，区委、区政府在潞州剧院隆重集会，庆祝城区建区30周年。大会由区长田志明主持，区委书记王进军发表了讲话。

2月18日，区委、区政府在区政府四楼会议室召开农村新型合作医疗工作会议。区委副书记、区长田志明、副书记崔淑琴、李其堂、区人大副主任修俊成、副区长孙桂莲等出席了会议。会议还对2005年度农村新型合作医疗工作中表现突出的先进单位和个人进行了表彰。

3月8日，中共城区区委七届四次全体（扩大）会议在区政府六楼会议室召开。会议听取了区委书记王进军所作的《中共长治市城区委员会2005年工作报告》和区委副书记、区长田志明所作的《中共长治市城区委员会关于制定国民经济和社会发展第十一个五年规划建议的说明》，审议通过了区委《关于国民经济和社会发展第十一个五年规划的建议》和《区委常委会2006年工作要点》。

4月8日，区委首次公开招聘的街道团委、妇联干部工作结束。经区公开招聘领导组2006年4月8日研究决定，13人被录用为街道团委干部，15人被录用为街道妇联干部。

5月18日～20日，以中国疾病预防控制中心副主任宫新生为组长的国家卫生城市考核鉴定组一行9人，对城区创建国家卫生城市工作进行考核鉴定。省爱卫办主任高新华，市领导郭海亮、张松仪、杜善学、常福江，区领导王进军、田志明等陪同检查。通过检查验收，顺利通过了国家卫生城市考核鉴定组的考核鉴定。

5月28日，市委常委会研究决定，杨长义任中共长治市城区区委常委、常务副区长；牛晨霞、牛文庭任中共长治市城区区委委员、常委。

6月24日，中共城区区委根据长组干字（2006）32号文件通知，以及晋发（2006）1号文件精神和换届的有关要求，决定杨黎峰同志任城区人大常委会党组书记。

7月5日，“东明杯”城区十大杰出青年颁奖暨“五区”建设青年先锋队授牌仪式在东明国际贸易有限公司会议室举行。区领导郭俊林、贺学通、王卫军、姬双平等出席了仪式。东明国际贸易有限公司团总支被表彰为“五区”建设青年先锋队。

8月22日，区委区政府出台了《长治市城区2006——2010年普法依法治区工作规划》。

9月30日，在全省召开的民族工作暨第四次团结进步表彰大会上，城区共有2个集体，9名个人分别被省政府表彰为全省民族团结进步先进集体和个人，名列全省县市区第一。区民族宗教事务局、西街街道办事处荣膺先进集体。

10月24日，在浙江杭州，由中国群众文化学会、中国文化报社主办，文化部社图司特别支持的第二届全国特色文化广场评选活动中，城区举办的广场消夏文化活动以“统筹发展，因地制宜，坚持常年开展具有浓郁地方特色的广场文化活动，拥有一支稳定，富有朝气的广场文化活动队伍”为特色，荣获“全国特色广场文化活动”奖。

11月7日，城区为贯彻落实《中华人民共和国公务员法》，结合城区实际，制定并下发了《城区贯彻公务员法实施方案》和《城区公务员登记实施办法》。

12月7日，城区“四五”普法暨依法治区工作荣获全省“‘四五’普法依法治理先进县（区）”称号，7个基层单位和6名先进个人受到表彰。 （李书平）

**【城区获“全国老龄工作先进区”称号】** 在国务院召开的第二次全国老龄工作会议上，山西省长治市城区荣获“全国老龄工作先进区”称号，是山西省获此殊荣的5家单位之一。

近年来，城区努力探索新形势下老龄工作新路子，建立健全五大老龄工作长效服务体系，确保全区老年人实现“老有所养、老有所医、老有所教、老有所学、老有所为、老有所乐”。他们首先建立了政府、社会、家庭和个人相结合的经济供养体系。其次，全面落实离退休人员的医疗保障政策，逐步建立了老年医疗保障体系。第三，积极建立老年社会照料服务设施和网络体系、老年人文化体育活动体系和老年人维权法规政策体系。该区已建成老年公寓3所，成立老年人维权协调所、司法所、法律服务所10个，先后投资900余万元建起了区级老年活动中心和老年大学，在10个街道49个社区全部建起了老年活动室、老年学校和图书阅览室、室内外健身房、健身场地。为945名老年人发放了最低生活保障金，为60多名老人提供了法律援助，并大力表彰好儿女、好家庭，使尊老、敬老、养老蔚然成风。

（李书平）

**中共区委书记** 王进军
**区人大常委会主任** 贺学通
**区　长** 田志明
**区政协主席** 杨栖莺

## 郊　区

**【简述】**自然条件　全区总面积284.77平方公里。2006年辖2个乡5个镇2个办事处122个行政村。土地面积1.19万公顷，耕地1.08万公顷。矿藏5种。旅游景点4个。

人口　2006年末全区总人口29.86万人，8.51万户。男性人口15.12万人，女性人口14.74万人，男女性别比（女=100）为102.52。全年人口出生率10.06‰，下降0.48个千分点；死亡率3.73‰，下降0.43个千分点；自然增长率6.33‰，比2005年下降0.05个千分点。人口密度每平方公里1049人。少数民族17个，共830人。

经济概况　2006年全区实现生产总值78.89亿元，比2005年增长13.2%。全年全区财政收入18.02亿元，比2005年增长14.2%，增收2.24亿元；支出3.51亿元，比2005年增长40.87%，增支1.02亿元。各项贷款余额18.50亿元。

农业　2006年全区农业总产值3.64亿元，比2005年增长4.24%。农作物总面积1.01万公顷。粮食作物面积0.91万公顷，比2005年增长1.26%。粮食总产量0.59亿公斤，比2005年增长6.90%，平均亩产431公斤。蔬菜瓜类总产量0.69亿公斤。果园面积0.05万公顷，总产量0.01亿公斤。林业：2006年造林0.06万公顷，经济林0.01万公顷。畜牧业：2006年牛出栏0.08万头，猪出栏9.91万头，羊出栏1.78万只。肉类总产量0.88万吨，蛋类总产量0.40万吨，牛奶总产量0.70万吨。

工业　2006年，规模以上工业企业完成总产值191.80亿元，比2005年增长19.17%。其中国有企业完成18.90亿元，增长6.13%；集体企业完成2.17亿元，增长16.01%；股份合作企业完成5.22亿元，增长170.34%；股份企业完成164.46亿元，增长18.31%；外资及港澳台企业完成0.98亿元，增长267.33%。完成利税19.0594亿元，实现利润8.6693亿元。规模以上企业51个，职工3.87万人。

基础建设　2006年完成基本建设投资19.16亿元，比2005年增长50.22%。全区资质以上建筑企业10家，完成建筑业总产值2.0亿元，比2005年增长110.3%。全年房屋施工面积30.85万平方米，比2005年增加9.65万平方米。

交通邮电　2006年全区公路通车总里程390公里。年货运量355万吨，客运量51万人次，客货运输总车辆12719辆。邮电：邮电业务总量2.23亿元，邮政业务总量0.13亿元，电信业务总量2.10亿元。本地电话用户5.39万户，市话用户5.10万户，乡村电话用户2.01万户，年末全区移动电话用户发展到7.52万户。

商业旅游　2006年全区社会消费品零售总额10.77亿元，比2005年增长8.02%。旅游业2006年接待国内客人35.58万人次，收入272.31万元。

科技教育　2006年，全区有普通高中3所，高级职业学校2所，中等专业学校2所，初中19所，小学87所，幼儿园40所，在校学生分别为2741人、2115人、3420人、11719人、21673人、5742人。其中义务教育学段在校学生3.34万人。教职工2396名。适龄儿童入学率93.38%，高中入学率43.41%。

文体卫生　2006年，全区有文化馆10座、博物馆1个、图书馆1个、剧团1处、剧院、体育活动场所7处。儿童乐园2处，老干部活动室2处。有医院13家，床位992张，医生1051人。

社会生活　2006年最低生活保障金发放人数7328人，比2005年增加22.05%。全区有1100名职工参加失业保险，有4900名职工参加基本医疗保险。2006年居民存款余额19.10亿元。城镇居民人均可支配收入10160元。农民人均纯收入5085元。 （区志办）

**【项目建设】** 2006年新上和续建项目74个，其中新上项目46个，续建项目28个，投资规模87.78亿元。一是围绕特色选项目。根据省市经济发展战略和郊区发展定位，集中精力实施了一批符合国家产业政策、带动性强，发展前景好的重大骨干项目。瑞宝工业园一期工程总投资27亿元，已投入23亿元，先后上马了60万吨焦、1080立方米高炉、65吨转炉、200平方米制氧、炉气发电、H型钢项目，特别是投资8.9亿元建设的60万吨H型钢项目，是21世纪建筑用钢的升级换代产品，该项目有效地弥补了国内外市场的需求不足，增强了企业竞争力。二是推动民营项目。认真贯彻省市民营经济工作会议精神，大力推进民营经济发展态势。以长信、长宁、霍家沟为代表的民营企业抢抓市场、精选项目、扩张实力，增长潜力得到巨大释放。全区民营经济提供的税金达到6.66亿元，在促进农村工业化和城镇化方面，发挥了重要作用。民营经济发展连续三年在全市排名第一，被评为全市民营经济发展先进县（区）。三是实施挂靠项目。实施挂靠联合，膨胀区域经济是全区加快项目建设，促进区域发展的主要做法。继续深化挂靠联合战略，借助境内外省、市大中型企业的品牌、技术、资金优势，上马了漳山2×600兆瓦发电机组、瑞宝工业热电联产、长源焦化二期等一批起步高、规模化的项目，使全区经济发展后劲得到不断加强。 （区志办）

【园区建设】 把园区建设作为落实科学发展观、推进新型工业化、实现郊区新一轮发展的重要突破口。一方面，狠抓原有工业园区的提升和完善，对长信、长宁、霍家、瑞宝四大园区搞整合，上规模，增优势，加快产业集聚，辐射带动周边，不断提升全区的传统产业水平。另一方面狠抓漳泽新型工业园区的规划建设，为经济的持续发展搭建新的平台。本着“高起点规划、高门槛进入、高要求运作、高标准建设”的指导思想，在北外环路以外的大辛庄镇区域，筹建了漳泽新型工业园区。该园区定位于科技型、节约型、环保型、效益型，主要以精密加工、生物制药、新型材料、电子制造、电子信息、食品加工等产业为主。目前，园区内两横两纵道路及相配套的供水、排水等基础设施一期工程已全部完工，入园项目的建设和招商引资工作也在同步进行中。投资8000万元的海森生物制药项目基础设施建设已接近收尾，竣工投产后可实现产值2亿元；山西防爆电机项目已正式奠基入驻园区。长治液压有限公司液压件生产基地建设项目正在积极筹备，入园后将投资2.7亿元，年产值可达6亿元；长治庆宇工贸有限公司正在办理相关土地征用手续，该项目投产后可实现销售收入2.1亿元。另外，小常煤矿机械加工项目、长治海宝彩印包装有限公司等企业正在商定入园事宜，各项入园前的准备工作正在有序进行之中。漳泽新型工业园区的建设，将进一步加快全区项目集聚功能，促进全区项目建设由量变向质变的飞跃，开辟了郊区扩大开放和招商引资的新领域，成为掀起郊区新一轮经济发展浪潮的重要力量。 （区志办）

【新农村建设】 认真落实中央“三农”工作会议精神，把解决“三农”问题作为全区工作的重中之重，用工业理念抓农业，按城市的标准建农村，以创业的主体待农民，加大工业反哺农业力度，加快发展特色农业和高效农业，推动了全区农业的快速发展和农民的稳定增收。一是不断加大“三农”工作扶持力度。坚持“多予，少取，放活”的方针，认真落实国定“两减免，三补贴”政策，千方百计减轻农民负担，严格执行粮食直补政策，充分调动了农民种粮的积极性。不断加大财政支农力度，2006年，全区发放支农资金3000万元，重点扶持农业基础设施建设、农业产业结构调整、农业龙头企业、农业中介组织和农业科技推广项目，鼓励企业向农业和农副产品加工业方面发展，为“三农”工作提供了财力支撑。二是农业综合生产能力进一步提高。在积极探索稳定的农业投入机制同时，进一步加强了农田水利、节水灌溉、大田排涝、河道整治、水土保持等各项农业基础设施建设，全年新增有效水地面积60.03公顷，水保治理面积366.85公顷，土地复垦面积413.54公顷，中低产田改造面积533.6公顷，维修加固堤防13.5公里。通过改善农业生产条件，提高了全区农业综合开发能力，促进了农业增效、农民增收。三是进一步加快了农业产业化经营步伐。以工业的理念发展农业，积极壮大龙头企业，培育品牌产业，加快农业产业化步伐，以长北干线综合经济带建设以及农业示范园区建设为载体，重点培育和扶持了大兴乳业、雄丰养殖、圣达牧业、针漳大棚、中科南华科技园等具有一定规模的龙头企业和项目，以龙头企业的示范作用，带动了全区农业向产业化、规模化发展。全区规模以上农业企业达20多家，初步形成了为城市服务的以蔬菜、水果、禽产品生产、加工、销售为主导的农业产业化新格局。同时，不断加快了农村经济合作组织建设，通过重点扶持、合理引导、强化服务、政策倾斜，在全区鼓励和引导发展公司制农业、农民经纪人、产业协会和专业合作经济组织，促进了农民由生产者向经营者转变，提高了农民组织化程度。四是扎实推进社会主义新农村建设。根据省、市的部署和有关精神，郊区新农村建设的目标定位是：建设具有城郊特色的社会主义新农村，争当全市推进城乡一体化的典型和排头兵。按照这一总体目标，围绕新农村建设组织开展了推进新农村建设千人百村大调研活动，出台了《关于推进社会主义新农村建设的实施意见》、《关于在推进社会主义新农村建设中加强党风廉政建设的实施方案》、《关于建立健全新农村建设工作组织领导体系全面推行工作目标责任制的通知》和《关于加大投入力度促进新农村建设的实施方案》等一系列支农惠农政策，全区新农村建设全面展开。目前，20个示范村、20整治村已全部完成了规划编制工作，并已通过评审。下秦、南村整体搬迁工程已经开工，马厂村新区建设投资1100万元的综合住宅楼一期工程已开工建设，故南村2幢住宅楼即将竣工，另外王庄、西旺、安阳、台上、张庄、庄里、贡村、良才、交漳等村新区建设也正在筹划中。 （区志办）

【经济结构调整】 坚持以科学的发展观为指导，立足全区的产业基础、区位优势，狠抓经济结构调整，促进了产业结构的优化升级。一是大力提升传统产业。在资源利用方面，小常煤矿洗煤厂采用国际先进水平的PFC煤用喷射式浮选机进行煤泥浮选，环保标准达到国家先进水平，管理自动化水平在全市洗煤行业居领先地位。在推进循环经济方面，霍家工业总公司PVC项目形成了煤炭—发电—电石—PVC的产业链，使各种资源得到了有效利用。在传统产业转型方面，长宁钢铁公司并购中宝制药品，同上海新先锋药业有限公司合作生产硫酸庆大霉素等药品，由黑色转向了白色和绿色。此外，长信集团在国家宏观调控中加大产品延伸力度，新上了轧钢厂1080立方米高炉等项目，使企业做强做大，保持了正常运转，充分展示了传统产业改造提升的新优势。二是积极发展新兴产业，在改造提升传统产业的同时，把精力重点向发展新兴产业倾斜，积极引进新型优势项目，大力培育煤化工、冶金、材料工业、电力、药业、特色旅游业、物流配送和农业产业化等“八大新型产业”，初步形成了四大新兴产业基地：即以中宝制药、海森制药、杏林中药、堠北庄兽药等为主体的现代医药生产基地；以大兴乳业、雄丰养殖、枫瑞养殖等为主体的农业产业化生产基地；以老顶山森林公园、漳泽湖、太行湿地、二贤庄、农家乐等项目开发为主的旅游观光休闲基地；以南垂汽贸城、堠北庄恒超汽贸公司、晶通汽车销售公司为主体的物流配送基地。四大新兴产业基地成为郊区经济发展新的主导优势，对促进全区经济转型和可持续发展发挥了重要作用。三是全力打造特色三产服务区。充分利用东山西水、环城环厂、沿路沿站等区域优势，大力发展各具特色的“山经济”、“水经济”、“游经济”、“车经济”、“环城环厂经济”，逐步形成了以长治火车站、南垂汽校等为带动的南部环城服务区；以长钢、漳电、王庄等驻区厂矿配套服务为重点的北部环厂服务区；以漳泽湖、水上公园和太行湿地公园开发为重点的西部环水服务区和老顶山国家森林公园旅游休闲服务为龙头的东部环山服务区，使全区第三产业比重得到提升，成为促进农民增收的重要渠道。四是加快开发整合旅游业。从创新管理和服务机制入手，着力打破各自为阵的单一旅游开发模式，把老顶山国家森林公园、二贤庄、观音堂以及霍家沟新村等旅游资源进行综合开发，并新上了老顶山东方六可星园、太行湿地公园等新的旅游项目，对二贤庄、玄帝阁等旅游景点进行投资扩建。同时，以修复故县村抗日战争一周年纪念塔、抗大一分校旧校址为重点，积极开发红色旅游资源，使旅游业正在逐步成为提升郊区对外形象的优势产业。

（区志办）

【招商引资】 围绕贯彻落实省、市对外开放工作会议精神，进一步解放思想，抢抓机遇，支持“走出去”与“请进来”相结合、开放与放开相结合，实行全区对外开放的“四落实”原则，着力打造对外开放的新平台，拓展招商引资的新空间，有力地推动了全区经济的快速发展。一是把对外开放的招商引资落实到思想上。按照省委、省政府“六破六立”的要求和市委郭海亮书记“四个凡是”的讲话精神，在全区组织开展了解放思想大讨论。区四套班子领导带头解放思想，统一认识，2006年3月份区主要领导和企业赴上海进行经贸洽谈，宣传郊区对接项目，并且到上海宝山工业园区、杭州西湖等地进行了参观学习，通过走出去，引进来，使全区领导干部进一步解放了思想，开阔了眼界，全区上下逐步形成了“你投资，我服务”、“你经营，我保护”、“你发财，我发展”的开放意识，进一步增强了广大干部群众大胆探索、勇于实践、加快发展的自觉性和积极性。二是把对外开放和招商引资落实到政策上。把发展始终放在工作首位，全力支持企业和项目建设，只要国家法律不限制、企业发展需要的，都积极创造条件予以办理；对重点项目实行了领导包扶制、首办责任制，建立了严格的目标责任体系；实行部门联合办公，办理新上项目的立项、土地使用、企业登记等手续，特事特办，减少一切行政审批程序，提供零距离、一次性、一站式服务；定期组织或按企业要求随时组织现场办公，解决企业发展中的问题，积极组织召开政银企座谈会，沟通企业和金融部门的联系，为企业进行担保融资；实行挂牌保护，为企业和项目建设提供安全保障和法律保障。三是把对外开放和招商引资落实到企业和项目上。通过组织参加沪洽会、港洽会等各类招商引资活动，逐步同上海等发达地区和国内外许多大型企业集团建立了更为广泛的交流合作关系，拓展了发展空间。在沪洽会上，全区推介了35个经济合作项目，其中有两个项目签订了合资、合作协议；在港洽会上，共签约项目3个，签订合同项目2个，投资总额13亿元，在对外开放上又迈出了重要步伐。此外，润德镁制造有限公司还与北美客商签订了供货合同。漳泽新型工业园区与上海宝山工业园区结成了友好合作关系，在项目建设、园区管理、产业延伸、信息共享等多方面进行交流合作。2006年，全区招商引资总额达到7.83亿元，有效缓解了企业生产和项目建设中的资金瓶颈制约，实现了民企与国企、内企与外企、内资与外资的多领域联合以及区位优势与市场条件的有机结合。 （区志办）

**【党建工作】** 1.大力实行“三级联创”和“高、全、强”党建工程，基层党组织的创造力、凝聚力、战斗力明显增强。进一步明确了“三级联创”的责任机制，确立了党委书记是第一责任人、分管书记是具体责任人、支部书记是直接责任人的机制，实行了区四套班子领导包镇联村、区直单位干部驻村入户、乡镇干部包村联片，区、乡、村三级联动、齐抓共管的格局，形成了一级抓一级、层层抓落实的良好氛围。强化了对基层党委农村基层党组织的考核，开展了对党员干部的民主测评，全区9个乡镇党委实现了“五好”目标，“五好”支部达到了80%以上，“三级联创”工作受到了中组部的表彰。在农村完善了“双议双考”，在乡镇推行“两民主、两公开”进一步加强了基层民主建设。大力实施“能人”战略，实行村支部书记、村委主任“一肩挑”，一大批政治觉悟高、群众基础好、带奔能力强的干部进入了“两委”班子。并选派了11名应届大学生当“村官”，为农村班子注入了新鲜血液。从农村长远发展考虑，创造性地建立了农村后备干部库，为农村发展积蓄了力量。

2.顺利完成区乡党委换届，干部素质得到新提升。在区级换届中，认真执行《中国共产党党章》和《中国共产党地方组织选举工作条例》的规定，坚持标准，严格程序，选举产生了新一届区委，素质较往届有了较大提升。其中，区委委员35名，候补委员6名，全部是大专以上文化程度，妇女委员7名，比上届增加4人，平均年龄下降0.35岁。新当选的常委班子，有2名是35岁左右。班子从整体上来看，是一个年轻有为、富有经验、素质较高、奋发有为的班子，为推进郊区的各项工作提供了坚强的组织保证。在乡镇换届中，注重年轻化、知识化、专业化和两倾斜（妇女干部、非党干部），把熟悉党务、“三农”、经济、科技、卫生等方面的优秀干部选拔到了乡镇班子中，并对7个乡镇办全部实行了党委书记、乡镇长“一肩挑”，班子平均年龄较往届下降了5.1岁，知识结构、文化层次有所增强，素质显著提高。

3.加强党委班子建设和干部队伍建设，各级干部执政能力和水平明显提高，选配好各级领导班子得到了良好效果。同时认真完成了第三批先进性教育活动，狠抓了第一、第二批先进性教育活动整改措施的落实，大力加强干部作风建设和机关效能建设，全区领导班子和领导干部的执政能力明显增强。

4.坚持教育、制度、监督并重，党风廉政建设取得明显成效。一是把党风廉政建设和反腐败工作列入区委重要议事日程。建立了全区党风廉政建设责任制，将全年党风廉政建设和反腐败工作任务，分解到区委、区政府领导成员和职能部门头上，明确了责任范围，提出了具体要求。二是完善了“大宣教”工作格局。狠抓廉政教育，举办了《党章》和“八荣八耻”荣辱观的学习教育，开展了廉政文化“七进”活动，推进了廉政文化向纵深发展。三是认真开展了新农村党风廉政建设工作。成立了工作领导组，制定了区领导包村制度，推行了廉政监督员联席制度，在农村推行了“联签”制度，有力促进了新农村建设的顺利进行。四是切实纠正行业不正之风。抓住治理公路“三乱”、企业减负、减轻农民负担、治理教育乱收费、政风行风评议、治理商业贿赂等各项工作重点，有力维护了群众的根本利益。特别是对拖欠工程款和农民工工资问题进行了检查，共处理举报案件19起，涉及农民620人，追讨26.2万元。五是认真落实“三谈两述”制度。给副科以上的干部建立了干部廉政档案，对7个乡镇新任纪委书记进行了廉政谈话，全区46个单位向纪委书面汇报了党风廉政建设情况。六是认真开展假日廉政活动。加强了对公车封存、公车申报、公款消费的专项检查，杜绝了各种不廉洁行为的发生。七是“三项治理”工作扎实推进。被授予全市一等奖。清车工作进一步规范了购车程序，完善了车辆使用和管理制度；制奢工作方面全年公务接待节约6.4万元，纠正率达到了100%。八是加大案件查处力度。全年立案查处各类违纪案件31件，受党纪政纪处分的党员干部39人，挽回经济损失50万元，有力地促进了党风廉政建设和反腐败工作。 （区志办）

**【“三级联创”活动】** 郊区区委高度重视农村基层党组织建设，以“三个代表”重要思想为指导，以不断加强党的先进性建设和提高党的执政能力为着眼点；认真实施党的建设“三级联创”活动，形成了区、乡、村三级联创抓农村基层党组织建设的良好氛围，全面提升了农村基层党组织建设的整体水平，为促进全区和谐社会建设和社会主义新农村建设，构建活力、绿色、和谐新郊区提供了强有力的组织保证；郊区的先进经验和做法得到中组部充分肯定，以《长治市郊区扎实开展“三级联创”活动努力提高农村基层党建工作整体工作》为题在《组工信息》2006年10月30日第186期上刊登，将郊区的经验推向了全国。

郊区区委按照深入开展“三级联创”活动的要求，制定创建工作规划，按照“一类支部上水平、二类支部促提升、三类支部求规范”的思路，加强分类指导，完善相关考核办法，落实党建工作责任追究制度，使全区90%以上的农村基层党组织实现“五个好”目标。一是领导带头抓创建。制定了区级党员领导干部党建工作联系点制度，区四套班子22名党员干部全部建立了党建工作联系点，定期不定期深入联系点加强调研和指导，带动创建活动深入开展。二是明确责任抓创建。明确乡镇党委书记是第一责任人，分管副书记是具体责任人，村党组织书记是直接责任人，每年签订责任书，将任务落实到人，抓好各项创建工作的落实。三是严格考核抓创建。制定了农村基层党建工作责任人百分制办法、党务工作考核办法等文件，对乡村党委创建的情况进行严格考核。四是树立典型抓创建。在农村基层组织中广泛开展“学身边典型、强自身素质、为群众办事”主题实践活动和争创先进活动，形成良好的工作氛围，推动创建活动扎实开展。

通过深入开展“三级联创”活动，在探索建立基层党建常抓不懈的工作机制方面取得了明显成效。乡镇党委普遍推行民主决策和民主评议制度，实行党务公开和政务公开工作，提高了工作规范化水平。村党组织大力选拔“双带”能力强的人充实“两委”成员，进一步完善了农村带头人选任机制；制定了《关于全区农村推行“双议双考”制度的意见》。“三级联创”活动的开展，使全区农村基层党组织的凝聚力、战斗力和创造力显著增强，9个乡镇党委全部实现了“五个好”目标，“五个好”村党支部达到了80%以上，郊区被命名为山西省农

村基层党组织建设先进区。（区志办）

【社情民意通道建设】 2006年，郊区区委向社会开通了以语音信箱、电子邮箱、手机短信为主要载体的"社情民意"通道，群众可选用任意一种方式，将为难事、烦心事或意见建议、监督举报等情况，在第一时间用电子邮箱（JQSQMYTD@Changzhi.gov.cn）、语音信箱（2021555）及手机短信（13835562833），三种连接载体的"社情民意"通道，被群众亲切地称之为"三座社情民间连心桥"。任何时间，任何地点，群众可通过自己最为便利的方式，将生产生活中遇到的热点、难点、焦心问题，所发现的干部违法乱纪、以权谋私、吃拿卡要、铺张浪费、官黑勾结等腐败现象，一些单位不作为、政策落实不到位、作风不透明、损害群众利益的人和事，对全区经济、政治、文化、社会建设的意见建议及紧急突发事件等情况，通过"三桥"及时反映到区委领导以及分管领导手中。

为了保证"社情民意"通道的便利快捷，真正成为沟通区委领导和基层群众的连心桥，郊区区委还出台了相应的管理制度。此外，各乡镇（办事处）、重要局（办）的"社情民意"通道也在紧张筹办，将全面开通。（区志办）

**中共区委书记** 孙宏波
**区人大常委会主任** 焦国栋
**区 长** 许 霞
**区政协主席** 李秋莲

## 潞城市

【简述】自然条件 全市总面积615平方公里。2006年辖3个乡4个镇2个办事处204个行政村。土地面积6.2万公顷，耕地3.2万公顷。矿藏14种。主要河流11条，其中浊漳河最大，境内全长20公里。旅游景点5个。年平均气温9.2C，年降水量560毫米。

人口 2006年末全市总人口21.6万人，6.5328万户。男性人口11万人，女性人口10.6万人，男女性别比（女=100）为108。全年人口出生率11.29‰，死亡率5.55‰，自然增长率5.74‰。人口密度每平方公里351人。少数民族7个，共110人。

经济概况 2006年全市实现生产总值48.1亿元，比2005年增长9.6%。全年全市财政收入9.08亿元，比2005年增长25.29%，增收1.85亿元；支出4.07亿元，比2005年增长44%。各项贷款余额26.6亿元。

农业 2006年全市农业总产值2.35亿元，比2005年增长28.8%。粮食作物面积1.853万公顷，比2005年减少0.1%；粮食总产量11.2万吨，比2005年增加2.8万吨，增产33%。蔬菜瓜类总产量4.8万吨。水果总产量2105吨。畜牧业：2006年肉类总产量5998吨，蛋类总产量2833吨，牛奶总产量1471吨。

工业 2006年，规模以上工业企业完成总产值89.3亿元，比2005年增长14.1%，其中市级以下完成工业总产值66.9亿元，增长12.6%；规模以上工业增加值完成30.3亿元，增长18.4%，其中市级以下完成工业增加值23.9亿元，增长20.2%。全市规模以上工业实现利税总额7.39亿元，实现利润1.3亿元。

建筑业 2006年全市有资质以上建筑企业5家，完成建筑业总产值6837万元，比2005年减少19.6%。全市基本建设和更新改造重点施工项目41个，当年新开工项目37个，建成投产项目32个，当年新增固定资产11.3亿元。

交通邮电 2006年全市年货运量433万吨，客运量110万人次。邮政业务总量456万元，减少10.6%；电信业务总量7205万元。全市本地电话用户4.85万户。年末全市移动电话用户发展到6.2万户，新增用户1.19万户；互联网用户为6000户。

商业 2006年全市社会消费品零售总额4.2亿元，比2005年增长12.2%。

科技教育 2006年全市科教人员5563人。其中中级以上人员2130人。有普通高中4所，高级职业学校1所，初中14所，小学139所，幼儿园64所；各类学校在校人数44070人；其中小学生20984人，初中生12298人，高中生5257人。适龄儿童入学率90.8%，高中入学率63.8%。

文体卫生 2006年全市共有文化机构5个，电影放映单位34个，影剧院2个，文化娱乐场所18家，公共图书馆1个，电视台、有线电视台各1座。全市共有卫生技术人员684人，医生643人，床位405张。

社会生活 2006年末城镇参加基本养老保险人数13772人，参加基本医疗保险职工人数15038人，参加失业保险职工人数9045人，城镇基本社会保险覆盖率达到93%。2006年居民存款余额23.9亿元，增长13.3%。城镇居民人均可支配收入8642元。农民人均收入4397元。全市城镇居民人均住房建筑面积25平方米，农村居民人均住房建筑面积28平方米。（申俊良）

【年内大事纪要】 1月6日 在北京召开的全国人口与计生工作会议上，本市被表彰为全国计划生育优质服务先进市。

1月18日 本市档案馆获山西省首家新标准综合二级档案馆称号。

2月16日 省委副书记、纪委书记金银焕在本市调研。

3月8日 本市红旗剧团新编现代戏《大路通天》首演。

4月14日 全省春季农业生产保护性耕作机具演示现场会在本市举行。

5月18日 中华人民共和国《地方志工作条例》颁布实施。

5月21日 本市被长治市评为民营企业发展先进市。

5月26日 香港建滔集团主席张国荣来潞宝集团考察。

6月4日 省动物卫生监督管理现场会来本市参观。

6月11日 山西建滔潞宝化工集团30万吨甲醇，20万吨精苯一期工程开工。

6月13日 山西盛华煤气焦化集团有限公司举行揭牌仪式暨60万吨捣固焦炉二期工程点火。

7月27日 本市红旗剧团新编现代戏《大路通天》在长治市潞安剧院公演。

8月1日 中共中央委员，全国供销总社党组书记周声涛在本市考察。

8月12日 "山西长治赛社与乐户文化国际学术研讨会"在本市贾村隆重举行。

8月24日 南关社区获"全国学习型家庭创建示范社区"称号。

8月30日 本市顺利通过省级卫生城市验收。

9月13日～15日 国家河海流域水土保持生态建设现场会在本市召开。

9月16日 省委副书记、省长于幼军在本市调研。

9月30日 本市15项重点工程竣工并投入使用。

10月3日 潞城一中举行建校50周年庆典大会。

11月10日 全省农村沼气建设现场会在本市召开。

11月18日 在第三届中国中小城市可持续发展论坛峰会上，本市荣膺全国最具投资潜力中小城市百强第42名。

12月18日 长治市委书记郭海亮在本市调研。

12月16日 本市荣获"全国和谐中小城市示范市"称号。（申俊良）

**中共市委书记** 李进军
**市人大常委会主任** 申靳红
**市 长** 张治云
**市政协主席** 张树平

## 长治县

【简述】自然条件 全县总面积483平方公里。2005年辖5个乡6个镇254个行政村。土地面积2.88万公顷，耕地2.5万公顷。矿藏15种。主要河流2条，其中陶清河最大，境内全长27公里。

人口 2006年末全县总人口33.3万人，9.5万户。男性人口16.7万人，女性人口16.6

万人，男女性别比（女=100）为100。全年人口出生率9.55‰；死亡率4.65‰；自然增长率4.9‰。

经济概况　2006年全县实现生产总值34.8349亿元，比2005年增长12.1%。全年全县财政收入10.63亿元，比2005年增长76.94%，增收4.6亿元；支出6.4亿元，比2005年增长121.13%，增支3.5亿元。各项贷款余额14.5亿元。

农业　2006年全县农业总产值4.5048亿元，比2005年增长4.85%。农作物总面积2.163万公顷。粮食作物面积1.978万公顷，比2005年减少5%；粮食总产量1.408亿公斤，比2005年增长17.53%，平均亩产474公斤。蔬菜瓜类总产量70413吨。果园面积2124公顷，总产量1790吨。林业：2006年造林949公顷。经济林33公顷。畜牧业：2006年牛出栏451头，猪出栏10.63万头，羊出栏1.6万只。肉类总产量9274吨，蛋类总产量3000吨，牛奶总产量365吨。

工业　2006年，规模以上工业企业完成总产值26.2亿元，比2005年增长15.7%，其中国有企业完成3.7亿元；集体企业完成7.6亿元；联营企业完成0.67亿元；有限责任公司完成11.5亿元；私营企业完成2.7亿元。完成利税112515万元，实现利润77199万元。规模以上企业68个，职工1.5万人。

建筑业　2006年，全县有资质以上建筑企业4家，完成建筑业总产值2644万元，实现利税145万元，全县建筑业实现增加值13560万元。

交通邮电　2006年，全县货运量392万吨；客运量146万人次，增长25.32%；交通运输和仓储业实现增加值14898万元，比2005年增长9.8%。邮电：邮电业务总量完成4179万元，增长9.2%。电信业务总量完成2926万元，增长12.4%。固定电话用户达4.9万户。年末全县移动电话用户发展到8.5万户。

商业　2006年全县社会消费品零售总额7.58亿元，比2005年增长1.8%。居民消费总水平上升2.2%。

科技教育　2006年全县获3项科技成果，有科技人员2.5万人。普通高中4所6457人，高级职业学校1所2985人，中等专业学校1所，初中16所15728人，小学181所24534人，幼儿园196所。其中义务教育学段在校学生43281万人。教职工4652名。适龄儿童入学率100%，高中入学率75%。

文体卫生　全县有文化馆、博物馆、图书馆、剧团、剧院、体育活动场所共8处。儿童乐园5处，老干部活动室6处。有医院30家，床位617张，医生277人。

社会生活　2006年最低生活保障金发放人数3855人。2006年居民存款余额45.6亿元，增长18.63%。城镇居民人均可支配收入17228元；农民人均收入4855元。全县人均住房面积25平方米。每百人电话（固定+移动）39.85部。（付小波　武俊英）

【年内大事纪要】　1月13日　中共长治县委第九届四次全体（扩大）会议在县委党校召开。会议审议通过了《中共长治县委关于制定国民经济和社会发展第十一个五年规划的建议》，并对全县“十一五”时期社会的发展进行了全面部署。

五一前夕　历时一个多月的全县乡镇党委换届选举工作全面完成。在这次换届选举中，全县11个乡镇党委都如期进行了选举，成功率达100%，11个乡镇全部实现了“一肩挑”，党委班子平均年龄由上届的38.65岁下降到36.5岁，本科学历占52.3%。

6月2日　全国重点文物保护单位第六批名单公布，全国1080处文物保护单位入选，长治市15处位列其中，本县南宋玉皇观在古建筑类型榜上有名。

6月19日～20日　中国共产党长治县第十次代表大会召开，会议选举产生了新一届中共长治县委员会、中共长治县纪律检查委员会。

8月7日　长治市推进新农村建设现场会在本县召开。市委书记郭海亮对长治县的新农村建设给予了高度评价。

9月7日　中共中央政治局常委、国家副主席曾庆红在山西省委书记张宝顺、省长于幼军的陪同下在本县荆圪道村考察调研。曾庆红强调建设新农村，规划是基础，发展是首要，增收是关键，体制是保障。

10月22日　本县举行88项重点工程竣工剪彩仪式。

2006年，位于苏店镇西申家庄村的潞安集团司马煤矿竣工投产。该矿井田面积29.49平方公里，可采储量9656万吨，煤质为瘦煤、贫瘦煤，是国内外市场紧缺的优质炼焦配煤和动力煤，总投资6.96亿元，年设计生产能力150万吨，服务年限50年。

2006年，本县顺利通过省级卫生县城验收。这标志着长治县向全国卫生县城的目标迈进了一步。（付小波　武俊英）

**中共县委书记**　常光明
**县人大常委会主任**　任文琳
**县　长**　关小平
**县政协主席**　傅永祥

## 襄垣县

【简述】自然条件　全县总面积1160平方公里。2006年辖3个乡8个镇323个行政村。耕地3.97万公顷。矿藏30余种。主要河流4条，其中浊漳河最大，境内全长31.38公里。旅游景点3个。年平均气温8℃～9℃，年降水量550毫米。

人口　2006年底全县总人口24.9906万人，7.369户。全年人口出生率10.05‰，下降0.04个千分点；死亡率6.38‰，下降0.7个千分点；自然增长率3.67‰，比2005年提高0.72个千分点。人口密度每平方公里222人。

经济概况　2006年全县实现生产总值77.6569亿元，比2005年增长13.9%。全年全县财政收入9.3969亿元，比2005年增长29.5%，增收2.14亿元；支出4.5357亿元，比2005年增长29.5%，比2005年增长33.1%。各项贷款余额28.5141亿元。

农业　2006年全县农业总产值5.1936亿元，比2005年下降2.4%。农作物播种面积3.6248万公顷。粮食作物面积3.122万公顷，比2005年减少2.5%；粮食总产量1.7159亿公斤，比2005年增长14.38%。林业：2006年造林1658公顷。畜牧业：2006年牛出栏1.0289万头，猪出栏10.1974万头，羊出栏1.2107万只。肉类总产量1.0767万吨，蛋类总产量0.4149万吨，牛奶总产量0.1966万吨。

工业　2006年，规模以上工业企业完成总产值117.0378亿元，比2005年增长28.66%，其中国有企业完成93.28759亿元，增长28.33%；集体企业完成10.23503亿元，增长29.75%；股份制企业完成13.51522亿元，增长30.15%。完成利税26.36678亿元，实现利润12.13216亿元。规模以上企业60个。

建筑业　2006年完成固定资产投资38.9081亿元，比2005年下降4.13%，固定资产投资施工73个，全县资质以上建筑企业4家，实现利税857万元。

交通邮电　2006年全县公路通车总里程1133公里，年货运量760万吨，客运量280万人次。完成邮电业务总量3255万元，增加9.5%，其中，邮政业务总量549万元，增长12.7%；电信业务总量2706万元，增加8.9%。乡村电话用户3.0608万户。年末全县移动电话用户发展到9.3909万户，增长53.4%。

商业　2006年全县社会消费品零售总额6.2305亿元，比2005年增长14.1%。居民消费总水平上升1.99%。

科技教育　2006年全县有科技人员3995人。普通高中2所，高级职业学校1所，小学173所21201人。教职工3709名。适龄儿童入学率100%。

卫生　全县有医院15家，床位806张，医生847人。

社会生活　2006全年最低生活保障金发放人数3052人。全县有0.46万职工参加失业保险，有1.0601万职工参加基本医疗保险。2006年居民存款余额81.6096亿元。全年支出救济金51.5万元，实现社会商业保费收入6425万元，赔款支出860万元。城镇居民人均可支配收入9479元，农民人均收入4448元。

（万瑞星）

**【年内大事纪要】** 1月13日 省委先进性教育活动调研组对襄垣县先进性教育活动重点即当前正在深入开展的第三批先进性教育活动情况进行调研。调研组通过听取汇报，认为襄垣县第三批先进性教育活动领导重视，措施有力，发展健康，第一阶段工作取得了初步成效。调研组同时希望包村县级领导和乡镇领导以及派驻干部要帮助村里找准存在问题，为整改阶段打下良好基础。

1月16日 由襄垣县粮油加工厂生产的仙堂山牌特制面粉荣膺中国粮食行业协会授予的全国“放心面”称号，全省仅有3家，襄垣县是长治市上百家面粉加工企业惟一获此殊荣的一家。襄垣县粮油加工厂自投资500多万元进行技术改造后，牢固树立质量第一、安全第一、信誉第一的发展理念，对生产过程实行跟班检测，从而保证了面粉的质量，其产品不仅占领了长治市市场，而且还被白象方便面指定为专用面粉。

2月14日 襄垣县召开了三级干部暨劳模大会。会议回顾总结了2005年工作，对2005年工作中的红旗乡镇、纳税明星企业、红旗单位、明星村、特级劳模、先进集体、模范个人等进行了表彰奖励，安排部署了06年的工作。会议确定了实施“三五”战略、建设一流强县的指导思想以及完成20项经济与社会发展指标，做好10项主要工作，全面实施“3168”工程的总体工作思路。县委书记杜保和，县委副书记、县长李安清在会上做了重要讲话。

3月10日 省煤矿安全监察局副局长杜建荣就襄垣县煤矿采煤方法改革进行调研。近年来，襄垣县在狠抓安全生产的同时，大力推行采煤方法改革。全县已有43座煤矿完成了采改，其中有10个矿12个面实现了综合机械化采煤，16个矿装备了悬移支架工作面，13个矿装备了单体液压工作面，4个矿装备了摩擦支柱工作面。杜建荣对襄垣县煤矿采煤方法改革的措施得力，效果显著给予充分肯定，并希望襄垣县继续发扬成绩，严格执行各项规章制度，优化资源整合，严厉打击非法违法煤矿，确保煤矿安全生产。

3月25日 长治市运管处一行6人对襄垣县太行驾校创建星级驾校工作进行全面检查验收。通过对太行驾校硬件建设、软件管理的实地查看，检查组一致认为：襄垣县太行驾校主管部门、业务指导部门高度重视，经费投入足额到位，教学设备齐全，各项工作在全市一、二类驾校中走在前头，检查组原则上通过了太行驾校创建星级驾校的申请，同时希望太行驾校早日跻身全省一流驾校，为当地经济发展和社会进步做出贡献。

4月3日 襄垣县二小学举行被确定为山西日报报业集团、《青少年日记》杂志社的“日记教学写作实验基地”的授牌仪式。

4月20日 中国国情调查研究中心主任刘吉对襄垣县煤矿资源安全生产进行调研。在七一煤矿，刘吉先后深入瓦斯监控室、风井口进行调研，并一再叮嘱矿工要注意安全，严格按照规程操作，防止人为操作失误引起事故发生。刘吉指出，现在煤矿安全工作是一件大事，中央领导十分关心，刘吉希望襄垣县要坚持以人为本，从严治矿，以德治矿，并要注意整合煤炭资源，提高综采率，为构建节约型社会做出积极贡献。

4月24日 长治市第二次水资源评价成果审查会议在襄垣县召开。这次会议的主要任务是：评审通过长治市第二次水资源评价及水资源总体规划，为长治市“十一五”期间经济发展提供决策依据。

4月25日 襄垣县举办了首届残疾人运动会，来自全县十一个乡镇的30多名残疾人运动代表全县6000多名残疾人参加了长跑、短跑、乒乓球、羽毛球、举重五个项目的比赛。

5月29日 襄垣县第十三届人民代表大会第四次会议隆重开幕。大会应到代表165名，实到代表156名，符合法定人数。会上，县长李安清代表襄垣县人民政府向大会做了关于襄垣县国民经济和社会发展第十一个五年规划纲要的报告。会议以举手表决的方式，通过了《关于襄垣县国民经济和社会发展第十一个五年规划纲要及关于纲要报告的决议》；通过了《关于襄垣县2005年国民经济和社会发展计划执行情况与2006年国民经济和社会发展计划的决议》；通过了《关于襄垣县2005年财政预算执行情况和2006年财政预算的决议》；通过了《关于襄垣县人民代表大会常务委员会工作报告的决议》；通过了《关于襄垣县人民法院工作报告的决议》；通过了《关于襄垣县人民检察院工作报告的决议》；通过了《关于县人民政府落实县十三届三次人代会〈关于全面落实“科技兴县”战略，加快教育优先发展的决定〉情况报告的决议》；通过了《关于动员全县人民为“实施‘三五’战略建设一流强县”而努力奋斗的决议》。

6月16日 长治电大襄垣分校在襄垣县教师进修学校正式挂牌成立。长治电大是一所现代远程教育开放大学，1979年成立至今，长治电大已由最初的文字教材辅导函授方式提升为利用计算机多媒体网络手段进行教育教学，培养适用当地经济发展所需的应用型人才的新型大学。

6月20日 中共襄垣县召开第十一次代表大会。会议由大会执行主席李安清主持。大会应到代表396名，实到386名，符合规定人数。大会选举出了中国共产党襄垣县第十一届县委委员、候补委员、县纪委委员和市党代表，会议以举手表决的方式通过了《中国共产党襄垣县第十一次代表大会关于中共襄垣县第十届委员会报告的决议》和《中国共产党襄垣县第十一次代表大会关于中共襄垣县纪律检查委员会工作执行的决议》。

6月26日 襄垣县供电支公司在北底乡堡底村的榆沟自然村举行“户户通电”工程竣工通电仪式。在此之前襄垣县尚有北底乡、上马乡、西营镇、王桥镇4个乡镇的5个自然村的8户居民至今未通电。县供电支公司了解情况后，投入资金95000余元，全部完成了8户居民的通电任务，并全部验收合格。至此，襄垣县境内全部实现了户户通电，彻底结束了无电村、无电户的历史。

6月28日 襄垣县检察官协会正式成立。检察官协会是一个由全体检察官自愿组成的行业性群众团体，非营利性社会组织，旨在团结全体检察官，推动检察信息和学术交流，研究检察理论，提高检察官的业务水平，弘扬检察官公正廉洁、严格执法的敬业精神。

7月1日 襄垣县矿机厂举行建厂50周年庆典暨地方名吃城开业、矿用单体液压支柱技改项目竣工仪式。50年来，矿机厂艰苦奋斗、拼搏进取，克服重重困难，为襄垣县经济建设及至全国农业和煤炭工业事业的发展做出了贡献。2006年，该厂新建了地方名吃城，工程总造价100万元，可容纳30多户地方小吃店入住，总投资350万元用于矿用单体液压技改支柱生产及维修。

7月12日 全市纪检监察案件审理暨申诉复查工作年会在襄垣县召开。会议传达了全国、全省杜绝监察案件审理暨申诉复查工作年会精神，通报了2005年度案件审理质量检查情况，表彰了2005年度在案件审理暨申诉复查工作中涌现出的先进集体、先进个人。市纪委副书记俞长生在会上要求：各级纪检监察机关要充分认识案件审理工作的重要性，确保案件的准确性，加强纪检队伍建设，提高案件审理水平。

7月24日～27日，襄垣县委书记杜保和、县委副书记、县长李安清等领导率领襄垣煤矿、七一煤矿等六家企业负责人，参加了2006山西（香港）投资洽谈会。洽谈会期间，襄垣县招商中心与天安矿业（香港）集团签订了投资总额38250万美元的襄垣县煤气层开发项目。

故县联营煤矿与山东信发铝电集团茌平华信铝业公司、香港东方能源国际贸易公司签订煤、电、铝产业链项目，投资总额125000万美元。

襄垣县七一煤矿与台湾神苗企业股份有限公司签订年产60万吨甲醇项目，总投资25000万美元。

襄垣县签约项目3个，总投资188250万美元。在本次投资洽谈会上，长治市共签约项目33个，总投资42亿美元，襄垣县签约项目的投资总额占到全市的45%，名列全市各县区之首。

8月21日　襄垣县"3168"工程80件民办实事之一的天利达建材市场隆重开业。天利达建材市场总投资500万元，占地面积13680平方米，建筑面积7600平方米，建有营业厅280间，库房2000平方米，配套设施齐全，已有53户商户开始营业，该市场经营品种涵盖建筑施工、家居装潢、五金电料、厨卫用品等高中档建材产品，是襄垣县乃至周边县区营业面积最大，建设标准最高、经营品种最全的建材专业市场。

8月25日　"仙堂杯"长治市第二届县(市)区网球赛在襄垣县体育馆举行。本次赛事有来自城区、黎城、郊区、潞城、长治县等8个代表队参赛，经过激烈的角逐，襄垣一队夺得团体赛冠军，潞城、城区、长治县代表队分获二、三、四名。

10月2日　襄垣县统计局获"全国统计基层基础建设先进单位"称号。在全国受表彰的102个县级统计局中，襄垣县是山西省唯一获此殊荣的单位。近年来，襄垣县统计局狠抓基层基础建设，乡镇统计站达到了"四化"、"七有"的标准，为襄垣县委、县政府正确决策提供了准确可靠的数据。

10月10日　长治市新农合工作例会暨城市卫生支农工作汇报会在襄垣县宾馆五楼会议室召开。市卫生局局长赵坚及十三个县市区的卫生局长参加了会议。会上，襄垣、沁县、武乡等十三个县市区的卫生部门分别从新农合工作、城市卫生支农工作、村卫生所"三创一建立"、农民免费体检等方面作了详细汇报，市卫生局局长赵坚希望各县市区继续加大宣传，使更多的农民参与到新农合中来，同时要求各县市区继续加大城市卫生支援农村卫生工作，加强对县、乡、村三级医疗机构的医务人员的业务技术培训。

10月25日　襄垣县国有资产监督管理局正式成立。该局将代表县政府行使出资人职责，依法对全县国有资产进行监督管理，是县政府的直属特设机构。按照省、市改革要求：县以下不专设国资机构，国资局设在经贸局，由经贸局来担负这项工作职责。国有资产监督管理局的成立，对加大国有资产的监督力度，搞好国有资产重组，保证国有资产保值增值，杜绝国有资产流失，将起到积极的保障作用。

11月2日　全省检察机关查办渎职侵权案件工作会议在襄垣县召开。会议的主要任务是对2006年以来全省反渎职侵权工作进行总结，对方案工作中存在的主要问题商讨解决对策。省检察院党组副书记、副检察长崔伟要求：全省各级检察机关要正确认识和准确把握当前的基本形势，坚决消灭办案空白县，突出抓结案，加大查办"黑恶势力"、"保护伞"案件力度，进一步开拓新领域，查办新罪名。

11月17日　由国家煤矿安全监察局局长赵铁锤带队的国务院督查组就襄垣县煤矿安全生产工作情况进行检查。通过听取汇报，实地检查，赵铁锤要求襄垣县在煤矿安全生产工作中要坚持"安全第一、预防为主、综合治理"的方针，走资源利用率高、环境污染率少的煤炭工业可持续发展的道路，根据国家确定的可持续发展路子和实际需要规划产量，对新建矿井要抑制低水平盲目建设，要紧紧围绕创建本质安全型企业活动，提高广大职工的安全意识，努力把煤矿安全生产工作做得更细，更扎实。

12月11日　长治市规范政府采购行为现场会在襄垣县召开。会上，市财政局党组书记、局长车忠和就长治市近年来的政府采购工作及治理政府采购领域商业贿赂工作作了简要说明，并对长治市政府采购领域治理商业贿赂工作提出了具体要求。

12月15日　长治市集中调研活动现场会暨调研工作汇报会在襄垣县召开。襄垣县政研室负责同志在会上做了经验交流。

12月19日　长治市统计工作基层基础建设现场会在襄垣县召开。与会人员先后深入王桥镇政府、古韩镇政府、古韩镇桃树村、教育局等单位参观了统计工作的基础设施建设、统计档案管理等。襄垣县11个乡镇统计工作站均达到了"四化"、"七有"标准。通过参观，市统计局局长李建鸣希望与会人员要认真总结学习襄垣统计工作的成功经验和做法，结合自身实际取长补短，大力推进各县的统计工作建设。

(万瑞星)

| | |
|---|---|
| **中共县委书记** | 杜保和 |
| **县人大常委会主任** | 王天宏 |
| **县　长** | 李安清 |
| **县政协主席** | 宋程标 |

## 武乡县

**【简述】**自然条件　全县总面积1610平方公里。2006年辖9个乡5个镇374个行政村。土地面积3.8万公顷，耕地3.16万公顷。矿藏7种。主要河流5条，其中浊漳河最大，境内全长32公里。旅游景点5个。年平均气温10.4℃，年降水量398.6毫米。

人口　2006年末全县总人口20.8747万人，6.1681万户。男性人口11.8428万人，女性人口9.0319万人，男女性别比(女=100)为114.77。全年人口出生率11.42‰，死亡率6.53‰，自然增长率4.89‰，人口密度每平方公里131人。少数民族2个，共14人。

经济概况　2006年全县实现生产总值15.2亿元，比2005年增长15.2%。全年财政收入4.02亿元，比2005年增长53.8%，增收1.41亿元；支出3.8亿元，比2005年增长43.5%，增支1.11亿元。各项贷款余额32.6亿元。

农业　2006年全县农业总产值2.83亿元，比2005年增长0.71%。农作物总面积2.96万公顷。粮食作物面积2.77万公顷，比2005年增长6%；粮食总产量1.00亿公斤，比2005年减少0.99%，平均亩产240公斤。经济作物面积1900公顷。蔬菜瓜类总产量1500万公斤。果园面积2000万公顷，总产量400万公斤。林业：2006年造林2800公顷，增长57.1%。经济林500公顷，减少20%。畜牧业：2006年牛出栏0.9万头，猪出栏2.3万头，羊出栏4.9万只。肉类总产量0.4万吨，蛋类总产量0.2万吨，牛奶总产量0.06万吨。

工业　2006年，全县规模以上工业企业完成总产值13.39亿元，比2005年增长7%。其中国有企业完成3.13亿元，增长9%；集体企业完成3.38亿元，增长64.5%；有限责任公司完成4.31万元；其他经济类型企业(其中包括私营企业)完成2.57亿元，减少27.63%。完成利税26267.5万元，实现利润13630.5万元。规模以上企业41个，职工8333人。

建设环保　2006年完成基本建设投资21亿元，重点建设项目有10个。全县资质以上建筑企业1家，完成建筑业总产值0.02亿元，比2005年减少50%，实现利税10万元。全年房屋施工面积56888万平方米。全年环境保护总投资2372万元。

交通邮电　2006年全县通车总里程1234公里(公路密度34.97公里/百平方公里)，其中县乡公路386.47公里。年货运量280万吨，客运量295万人次，客货运输总车辆78辆，客运线路53条。邮电：邮政业务总量0.05亿元。全县市话交换机总容量达0.8万门，农话交换机总容量达2.2万门。本地电话用户2.6万户，其中，市话用户0.6万户，乡村电话用户2万户。

商业旅游　2006年全县社会消费品零售总额2.7亿元，比2005年增长15.1%。旅游业2006年接待国内客人65.2万人次，年收入1980万元。

科技教育　2006年全县获专利6项，推广15项成果。科技人员0.30万人。普通高中1所，高级职业学校1所，初中24所，小学281所，幼儿园27所，在校学生分别为2868人、1945人、10626人、16407人、1765人。其中义务教育学段在校学生27033万人。教职工2659名。适龄儿童入学率100%，高中入学率41%。

文体卫生　全县有文化馆、博物馆、图书馆、剧团、剧院、体育活动场所共96处。儿童乐园2处，老干部活动室1处。有医院24家，床位302张，医生528人。

社会生活　2006年城镇待业800人，全年最低生活保障金发放人数5480人，比2005年增加48%。全县有0.6万职工参加失业保险，有0.95万职工参加基本医疗保险。2006年居民存款余额11.9亿元。全年支出救灾救济金120万元，比2005年增加20万元。农民人均收入2282元。全县人均住房面积37平方米。

（县志办）

**【年内大事纪要】** 1月23日，山西省福建商会会长钟志孟一行，为本县捐赠物资价值10万元。

2月16日，中共武乡县委第十二届三次全体会议在县城举行，会议表决通过了《中共武乡县委常委会工作报告》和《中共武乡县委关于制定国民经济和社会发展第十一个五年规划的建议》（草案）。

2月27日，在全国村务公开和民主管理示范单位命名表彰大会上，本县被授予“全国村务公开和民主管理示范单位”称号，是山西省唯一获此殊荣的县（市、区）。

3月3日，本县影响较大的“2005.12.25”文物被盗案告破，距今已有400余年历史的县宝——明代石狮被盗两个多月后，又重新回到了县城“玉贞观”前。

3月15日，日本大使馆经济部三秘小野誓子女士与副县长介建芳在长治宾馆举行的“2005年度日本国利民工程山西项目签字仪式”上，签署了日本国利民工程将在监漳镇无偿援助101.388万元人民币、兴建一所建筑面积1758平方米的中学教学楼的项目书。

4月6日，武乡县首届残疾人运动会在县城开幕。全县14个乡镇、1个开发区和4个社区的70名运动员参加比赛，时间2天，比赛项目30个。

4月14日，山西省委副书记、省长于幼军带领省政府办公厅、发改委、经委、农业厅、交通厅、中小企业局、扶贫办等有关部门负责人组成的调研组，深入本县就加快晋西北、太行山革命老区山区开发建设进行专题调研。

4月22日，以全国政协副主席阿不来提·阿不都热西提为顾问，全国政协常委、经济委员会副主任陈耀邦为组长的全国政协经济委员会调研组一行，在省、市、县领导的陪同下，就本县建设社会主义新农村进行专题调研。

5月1日，县城市市容卫生管理处主任郝爱刚被特邀出席了在人民大会堂举办的“时代英模”——2006年中华百业杰出创新人才五一座谈会，受到了国家领导人的亲切接见，并颁布“钛金铜”牌奖章和荣誉书。

5月16日～17日，政协武乡县六届委员会第四次会议在县城召开。会议听取了《政协武乡县第六届委员会常务委员会的工作报告》和《政协第六届委员会第四次会议提案征集和审理情况的报告》，通过了《政协武乡县第六届委员会第四次会议政治决议》和各项工作报告决议。会议选举高红旗同志为政协六届委员会常务委员、副主席。

5月17日，武乡县第十三届人民代表大会第四次会议在县城举行。会议听取和审议了《政府工作报告》、《县人大常委会工作报告》、《县人民法院工作报告》和《县人民检察院工作报告》；审议通过了《武乡县2005年财政预算执行情况和2006年财政预算草案的报告》和《2005年国民经济和社会发展执行情况与2006年国民经济和社会发展计划草案的报告》。

5月19日，由中国东方资产管理公司扶贫资助项目——胡峦岭集中供水工程竣工。该工程可解决4个行政村，9个自然村，2359口人，480头大牲畜，2500只猪羊的用水困难。工程总投资51.1万元。

5月20日，由美国加州善因欣欣教育基金会捐助8.2万元兴建的蟠龙镇东沟寄宿制希望小学投入使用。该校占地面积3600平方米，建筑面积465平方米。

6月3日，2006年“鲁能杯”中国乒乓球俱乐部超级联赛男子组赛事在县体育馆举行，中央电视台著名节目主持人蔡孟主持，市人大副主任师义昌与世界冠军王励勤进行开球仪式。国家体育总局乒羽管理中心袁华监赛，国家级裁判岳全玲担任主裁判。

6月7日，县委、县政府在全国政协文化餐厅举行武乡籍在京工作干部联谊会，原总参谋部副军级离休干部孙明、李四海，原航天集团师级离休干部李邦锦，国家机关工委原纪委书记李丙和等近200名在京人士参加联谊活动。

6月8日，由日本友好人士水野正昭、滕田惠美等组成的赴武乡考察团，听取了县涌泉农业经济开发有限公司、海鹰调味品实业有限公司、太行名米开发有限公司、太行畜禽有限公司和本县红色旅游开发项目情况汇报，并推荐了秸秆炭化炉、中小型垃圾处理器和污水处理器开发项目。参观了八路军总部王家峪旧址和八路军太行纪念馆。

6月20日～21日，中共武乡县第十三次代表大会在县城召开。县委书记阎建书作了题为《坚持大开放，实现大跨越，再铸全国著名革命老区新辉煌》的报告，县委副书记、纪检书记徐建军作了纪检委工作报告，选举产生了中共武乡县第十三届委员会，委员37名，候补委员7名。选举产生了新一届武乡县纪律检查委员会，委员15名。在十三届县委一次全委会上，选出常务委员9名。在纪委全委会议上，选出纪委常务委员7人，书记1人，副书记2人。

7月15日，武乡县自动化监测气压、气温、湿度、风向、风速、降水、地温等7要素自动化气象站建成运行，大大提高了本县天气预报监测预测能力。

8月15日，首届武乡秧歌大赛在县城结束。来自全县各行各业的160名选手经过预赛、决赛分别决出专业组、业余组一等奖各1名，各奖43英寸背投彩电一台；二等奖各两名、各奖34英寸彩电一台；三等奖若干名、各奖21英寸彩电一台。

8月26日，本县残疾人大有乡的姜艳明、涌泉乡的殷阿敏、监漳镇的王军和石北乡的崔东宏分别在山西省第八届残疾人运动会上，获得6枚金牌，2枚银牌、1枚铜牌。

8月29日，山西卫视《走进大戏台》栏目在八路军太行纪念馆举行现场录制演出活动，抗战民歌大联唱，鼓书《武乡三年大变样》、武乡秧歌《顶灯·鱼水情》等由武乡人民自编自演的节目被录制，近万名观众观看了录制现场。

9月9日，中共中央政治局常委、国家副主席曾庆红在山西考察调研时，专程深入本县瞻仰八路军太行纪念馆，深切缅怀老一辈革命家丰功伟绩。

9月9日，武乡和信发电有限公司一期2×600兆瓦机组项目1#机组于12时零8分并网一次成功。

9月29日，全省扶贫移民工作长治现场会全体与会代表，参观了本县丰州镇下关、红土凹和涌泉大沿沟移民新村，县委书记阎建书介绍了本县扶贫工作经验。

11月2日，县委、县政府举行2006年十二项重点工程竣工剪彩仪式。重点工程项目分别是：总投资53亿元的武乡和信电厂一期工程2×600兆瓦机组正式投产运行；王家峪220千瓦输变电站；王家峪煤矿60万吨技改扩建工程；总投资643万元农村饮水安全工程；118个村的1620户，6648口人的扶贫移民工程；县城广场电视大屏幕；墨左铁路武乡段通车、洪水镇办煤矿技术扩建项目、县城太行公园、太行西街改造、东声花园住宅小区、太长高速公路连接线等工程。

11月23日，中国光彩事业“太行行”活动开幕式在八路军太行纪念馆举行，全国工商联副主席、中国光彩会副会长张龙之及中央、省、市有关领导、来自全国各地的300余位企业家、港澳工商界人士、社会各界朋友和武乡县近万名群众参加开幕仪式。（县志办）

| | |
|---|---|
| **中共县委书记** | 阎建书 |
| **县人大常委会主任** | 李国珍 |
| **县　长** | 周　涛 |
| **县政协主席** | 王建华 |

## 黎城县

**【简述】** 自然条件　全县总面积1101平方公里。2006年辖5个镇4个乡5个办事处249个行政村。矿藏21种。主要河流6条，其中浊漳河最大，境内全长39.6公里。旅游景点6个。年平均气温11.8℃，年降水量464毫米。

人口　2006年末全县总人口16.06万人，男性人口82988人，女性人口77570人，男女性别比（女=100）为106.98。全年人口出生率

10.81‰，下降0.52个千分点；死亡率5.95‰，上升0.7个千分点；自然增长率4.86‰，比2005年下降1.22个千分点。人口密度每平方公里145人。少数民族42人。

经济概况　2006年全县实现生产总值161794万元，按可比价计算，较2005年同期增长9.1%。全年全县财政收入24918万元，比2005年增长7.82%，增收1807万元；支出22608万元，比2005年增长13.2%，增支2629万元。各项贷款余额82459万元。

农业　2006年全县农业总产值35190万元，比2005年增长1.1%。农作物总面积2.1万公顷。粮食作物面积1.81万公顷，比2005年增长15.6%；粮食总产量82081吨，比2005年增长34.1%，平均亩产302.7公斤。经济作物面积2892公顷。蔬菜瓜果类总产量22488吨。水果总产量10883吨。林业：2006年林业总产值10650万元。畜牧业：2006年末牛存栏11468头，猪存栏22872头，羊存栏55451只。肉类总产量2752吨，蛋类总产量1229吨，牛奶总产量47吨。

工业　2006年，规模以上工业企业完成总产值213345.3万元，比2005年增长6.2%。其中国有企业完成130.1万元，增长27.55%；集体企业完成9843.6万元，下降5.71%；股份有限公司完成4426.3万元；私营有限责任公司完成178845.4万元；外资企业完成1621万元；其他有限责任公司完成18478.9万元。完成利税1.72亿元，比2005年增长59.58%。规模以上企业14个，职工7048人。

建设环保　2006年全社会完成投资4.2亿元，比2005年增长16.1%。全县资质以上建筑企业1家，完成建筑业总产值0.3亿元，比2005年减少48.7%。全年环境保护总投资1280万元。

交通邮电　2006年全县公路通车总里程922公里，其中县乡公路896公里。年货运量258万吨，客运量108万人次，客货运输总车辆603辆，客运线路15条（循环线）。邮电：邮电业务总量2010.2万元，增长70.33%。其中，邮政业务总量743.6万元，增长23.2%；电信业务总量1266.6万元。全县市话交换机容量达28200门，增长8.46%，农话交换机总容量达19992门。本地电话用户2.1万户，其中，市话用户4780户，乡村电话用户16220户。年末全县移动电话用户发展到24337户，新增用户6675户。

商业旅游　2006年全县社会消费品零售总额34033.5万元，比2005年增长12%。商业从业人员7823人。旅游业2006年接待游客26.46万人次。

外经外贸　2006年全县外贸出口创汇944万美元。

科技教育　2006年全县获6项科技成果。全县有普通高中1所，高级职业学校1所，初中13所，小学179所，幼儿园（班）187个，在校学生分别为2086人、755人、8749人、15626人、4924人。其中义务教育学段在校学生27216人。教职工1612名。适龄儿童入学率100%，高中入学率42%。

文体卫生　全县有文化馆、博物馆、图书馆、剧团、剧院、体育活动场所共7处。儿童乐园2处，老干部活动室1处。有医院21家，卫生技术人员521人。

社会生活　2006年最低生活保障金发放人数3289人，比2005年降低2.2%。全县有6896名职工参加失业保险，有9042名职工参加基本医疗保险。2006年居民存款余额13.6亿元。全年支出救灾款20万元。实现社会商业保费收入2554.9万元。城镇居民人均可支配收入8200元。农民人均纯收入3790元。全县人均住房面积36平方米。百户拥有电话70部。

（王利芳　张丽丽）

**【年内大事纪要】**　1月14日　县委、县政府在太原举行黎城发展座谈会。省委常委、秘书长申联彬和黎城籍在并人员以及在黎工作过的部分领导共百余人参加了座谈会，县领导李俊敏、陈鹏飞、王联芳、蔡雷飚出席会议。

黎城县启动新型农村合医疗，掀起建设新型农村合作医疗保障体系的新高潮。

长治市第一部社会主义新续志——《黎城续志》经过县志编纂人员9年的不懈努力，在2006年1月由中华书局出版。

2月10日　山西省人民政府授予县工商局党组书记、局长杨宽德同志“人民满意的公务员”称号，并号召全省公务员向杨宽德学习。

2月15日　县委十二届七次全体（扩大）会议在宾馆二楼会议室召开，研究部署全县“十一五”期间的发展规划。县委书记李俊敏作重要讲话。

4月1日　全县县乡党委换届暨乡镇机构改革工作开始。

4月18日　在无锡举行的中国工业保护遗产论坛会上，黎城县黄崖洞兵工厂入选第六批国家级重点文物保护单位。

5月12日～13日　长治市委书记郭海亮，市委常委、秘书长郭正义一行在李俊敏、陈鹏飞、王联芳、蔡雷飚等县四套班子领导的陪同下深入到县太行钢厂、飞鹤三泰乳业公司、粉末冶金有限公司、新华种羊、黎侯庄园等地进行调研。市委书记郭海亮要求，要抓住发展要害，全力推进县域经济健康发展；正确把握县情，发挥优势做大做强特色产业。

5月14日　政协黎城县第六届委员会第四次会议在县宾馆召开。应出席委员153人，实到144人。政协主席蔡雷飚向大会作了工作报告。

5月15日　黎城县第十三届人民代表大会第四次会议在县宾馆开幕。应到代表151人，实到140人。大会由县人大主任王联芳主持。

5月19日　黄崖洞镇小寨村举行了作为共和国金融摇篮的冀南银行旧址暨长治市文明景区揭牌仪式。省文物局、市、县有关领导参加。

5月27日　以全国政协常委、中国扶贫开发协会会长、国务院扶贫开发领导小组原常务副组长胡富国为团长的全国政协委员视察团一行在县黄崖洞景区参观。省、市、县主要领导刘泽民、阎爱英、郭海亮、杜善学、李俊敏、陈鹏飞等陪同参观。

6月3日　省文化厅副厅长张建军来黎城视察指导工作，重点视察了西周古墓考古工地、县文博馆等。

6月7日～9日　省爱卫办、国家卫生镇（县城）复核检查团在省爱卫办专职副主任李立、市爱卫办主任郝彩英带领下，深入黎城就国家卫生镇（县城）标准落实情况进行了严格细致的复核检查。

6月14日　黎城一中程张纪严电教中心暨教学大楼竣工剪彩。电教中心是在香港博达国际控股有限公司董事长张纪严女士捐资100万元的基础上筹建的。

6月18日　中国共产党黎城县第十三次代表大会在县宾馆开幕。县委副书记、县长陈鹏飞主持。应到359人，实到347人。县委书记李俊敏向大会作了题为《团结一心，拼搏奋进，全面开创经济社会发展新局面》的报告。会议选举产生了新一届县委班子。

7月4日　省人大农工委调研组来黎城调研，省人大农工委副主任杨补兰就黎城推进社会主义新农村建设情况给予肯定并提出指导意见。

8月2日　中共中央委员、中华全国供销合作总社党组书记、理事会常务副主任周声涛在市、县领导的陪同下在黎城县进行调研。

8月31日　黎城县组织双千人中老年健身展示活动观摩会，唱响“全民健身与奥运同行”主旋律。

9月3日　中共黎城县委书记李俊敏当选长治市市委常委、秘书长。

9月12日　市委、市政府组织观看黎城县“三化”建设情况。

9月16日　省长于幼军、副省长梁滨、市委书记郭海亮、市长杜善学在吴家庄水库坝址进行调研，要求以科学发展观为指导，强化水资源合理开发。

老一辈无产阶级革命家宋任穷将军子女宋志荒、宋勤来黎城回访八路军129师革命故地，追寻父辈遗迹。

9月26日　中央电视台在黎城黄崖洞举行《情系太行山·建设新农村》大型文艺演出。

11月7日　黎城贯彻落实十六届六中全会和省、市第九次党代会精神，开展千名干部下基层宣讲活动。

12月1日　市委书记郭海亮就新农村建设在黎城县调研，并指出："拓宽农民增收渠道，夯实新农村建设基础，坚持可持续发展战略，加快工业新型化建设"。

12月22日　长治市社情民意通道现场会在黎城县召开，与会的全市13个县市区和长治市高新区委参观了本县的社情民意通道。

| | |
|---|---|
| **中共县委书记** | 李俊敏 |
| **县人大常委会主任** | 王联芳 |
| **县　长** | *陈鹏飞 |
| **县政协主席** | 蔡雷飚 |

## 平顺县

**【简述】**自然条件　全县总面积1550平方公里。2006年辖7个乡5个镇262个行政村。土地面积15.5万公顷，耕地1.31万公顷。矿藏15种。主要河流5条，其中浊漳河最大，境内全长53公里。旅游景点6个。年平均气温10.0C，年降水量647.3毫米。

人口　2006年末全县总人口16.5万人，4.87万户。男性人口8.51万人，女性人口8.01万人，男女性别比106.13：100。全年人口出生率10.14‰，下降0.52个千分点；死亡率7.13‰，下降0.99个千分点；自然增长率3.01‰，比2005年提高0.47个千分点。人口密度每平方公里106.57人。少数民族5个，共23人。

经济概况　2006年全县实现生产总值7.37亿元，比2005年增长14.62%。全年全县财政收入1.31亿元，比2005年增长8.26%，增收0.1亿元；支出2.28亿元，比2005年增长31.79%，增支0.55亿元。各项贷款余额6.72亿元。

农业　2006年全县农业总产值2.42亿元，比2005年增长3.42%。农作物总面积1.25万公顷。粮食作物面积1.02万公顷，比2005年减少9.73%；粮食总产量0.42亿公斤，比2005年减少2.33%，平均亩产273公斤。经济作物面积0.23万公顷。蔬菜瓜类总产量0.31亿公斤。果园面积0.05万公顷，总产量0.03亿公斤。林业：2006年造林0.22万公顷，增长4.76%。经济林0.03万公顷，减少0.37%。畜牧业：2006年牛出栏0.16万头，猪出栏2.99万头，羊出栏2.75万只。肉类总产量0.32万吨，蛋类总产量0.12万吨，牛奶总产量0.04万吨。

工业　规模以上工业企业完成总产值5.38亿元，比2005年减少1.82%，其中国有企业完成0.31亿元，减少4.8%；集体企业完成0.52亿元，增长0.6%；股份企业完成0.39亿元，减少5.69%；其他经济类型企业完成0.61亿元，减少69.4%。完成利税8866万元，实现利润4200万元。规模以上企业29个，职工0.34万人。

建设环保　2006年完成基本建设投资1.47亿元，比2005年增长13.08%。重点建设项目有25个。全县资质以上建筑企业1家，完成建筑业总产值0.25亿元，实现利税6.2万元，全年房屋施工面积1.29万平方米，比2005年减少53.42万平方米。全年环境保护总投资260万元，比2005年增长42%，占同期国内生产总值的0.35%。

交通邮电　2006年全县公路通车总里程1199公里，其中县乡公路476.20公里。年货运量101.7万吨，客运量150万人次，客货运输总车辆606辆，客运线路36条。邮电：邮电业务总量0.16亿元，减少85.84%。其中，邮政业务总量0.05亿元，增长0.25%；电信业务总量0.11亿元，减少89.22%。全县市话交换机总容量达5552门，农话交换机总容量达1.89万门，增长29.99%。本地电话用户2.11万户，减少0.47%，其中，市话用户0.41万户，减少40.6%；乡村电话用户1.46万户，增长2.09%。年末全县移动电话用户发展到2.19万户，新增用户0.68万户，增长45.07%。

商业旅游　2006年全县社会消费品零售总额1.51亿元，比2005年增长81.92%。居民消费总水平上升0.44%。旅游业2006年接待国内客人28万人次，综合收入830万元。

科技教育　2006年全县获4项科技成果。有科技人员3178人。普通高中1所，高级职业学校1所，初中14所，小学181所，幼儿园19所。在校学生分别为1839人、429人、8939人、16341人、2353人。其中义务教育学段在校学生2.56万人。教职工2119名。适龄儿童入学率99.9%，高中入学率45%。

文体卫生　全县有文化馆、博物馆、图书馆、剧团、剧院、体育活动场所共14处。老干部活动室1处。有医院16处，床位405张，医生1316人。

社会生活　2006年最低生活保障金发放人数2580人，比2005年增加0.78%。全县有0.35万职工参加失业保险，有0.69万职工参加基本医疗保险。2006年居民存款余额7.78亿元。全年支出救济金180万元，比2005年增加4.63万元。城镇居民人均可支配收入6554.25元，农民人均收入2111元。全县人均住房面积24平方米。百户拥有电话100部，彩色电视机120台。　（史翠英　石庆苗）

**【后石公路正式开工建设】**　2006年2月18日，作为平顺县北水南山旅游大动脉的东部旅游干线后石公路正式开工建设。

后石公路北起平顺县阳高乡后家滩村，途径阳高、侯壁、任家庄、虹梯关、东寺头、石窑滩、牛石窑、玉峡关、止于杏城镇石门口。纵穿平顺境内南北3乡1镇50多个行政村，全长132.6公里。该路按山岭重丘区四级公路标准设计，路基宽6.5米，路面宽6米。全线需新建路基12公里，需拓宽改造铺装路面73.7公里，改造现有路面11.5公里，开挖隧道5座1300米，砌筑涵洞150道1200米，需动用路基土石方85.7万立方米，铺筑砼路面42.83万平方米。估算投资3214.2万元。

后石旅游公路建设的意义是：一是完善平顺县路网结构的需要。该路建成后将成为平顺县"三纵五横"公路主骨架的"一纵"，能带动沿线30多个行政村实现村通水泥路和村通客运班车。二是做强旅游产业的需要。后石公路建成后，可以将太行水乡、虹霓大峡谷、天脊山风景区、井底民俗村、金灯寺古迹、黎城黄崖洞、壶关太行大峡谷连接起来，形成北水南山旅游产业新格局。三是可带动沿线农村经济发展，加快产业结构调整步伐。

（史翠英　石庆苗）

**【李祥凤获第五届全国"五好文明家庭"称号】**

李祥凤，今年65岁，是北社乡东禅村一位普普通通的农村妇女，一直对文艺事业情有独钟。1992年2月，在村里创办了"夕阳红"文艺宣传队，队员由原来的20余人发展到现在的90余人。由于她的宣传队越办越红火，名气越来越大，李祥凤先后被省、市、县表彰。2005年9月，获第五届全国"五好文明家庭"称号。

（史翠英　石庆苗）

**【平顺县地震局成立】**　2006年3月21日，平顺县地震局挂牌成立。该局的成立，将大大推进平顺县的地震监测预报、震灾预防、紧急救援三大工作体系的建设，工作职能将进一步加大。　（史翠英　石庆苗）

**【战备渠生态水电站开工建设】**　2006年4月13日上午，平顺县第一座以电代燃的生态水电站开工奠基。

战备渠生态水电站位于阳高乡，项目筹划于2003年3月，总投资530万元，装机容量1320千瓦时。项目建成投产后，年收入可达100万元，创利税50余万元。它的建设是平顺县落实科学发展观，建设资源节约型、环境友好型社会，走生态立县之路的一个开始，符合平顺水资源丰富的实际情况。

（史翠英　石庆苗）

**【四个乡镇遭受暴风雨灾害】**　2006年7月24日，狂风暴雨夹带着冰雹袭击了平顺县的龙溪、青羊、西沟、虹梯关四个乡镇，导致1000公顷的农作物不同程度受灾，减产四成以上，尤其是玉米倒伏情况严重，造成的损失最大。经济林全部绝收，损失惨重。

此外，2006年平顺县12个乡镇普遍遭受霜冻、春旱及大风、冰雹、暴雨灾害，全县受灾面积4940公顷，受灾人口6.63万人，直接经济损失3247万元，全县共争取救灾资金30万元，救灾面粉11.8万公斤。

（史翠英　石庆苗）

**【基层国土资源管理所挂牌成立】** 为贯彻落实国务院《关于深化改革严格土地管理的决定》，理顺国土资源管理体制，强化基层国土资源工作，根据平顺的实际，组建成立了阳高、北社、青羊、龙溪、杏城、东寺头6个基层国土资源管理所。

基层国土资源所主要负责管辖本区域内国土资源法律、法规的宣传，耕地保护、矿产资源勘查开发的监督管理、国土资源执法动态巡查、地质灾害防治等一些基础性国土资源管理工作。（史翠英 石庆苗）

**【县公路段获“全国精神文明建设先进单位”称号】** 平顺县公路段被中央文明委授予“全国精神文明建设先进单位”荣誉称号，并被省劳动竞赛委员会荣记集体一等功。

（史翠英 石庆苗）

**【迎宾路正式开工建设】** 迎宾路是平顺县城市建设的一条重要道路，该路起于山南底村北，止于县一中桥，全长2.6公里，总投资约1000万元。其中山南底至交通局门口的1.5公里地段设计宽度为30米。经过5个多月的前期准备，该道路于8月3日正式开工建设。该路建成后，可以彻底改善县城外围交通环境，同时对扩大城市规模，提升县城整体形象起到重要作用。（史翠英 石庆苗）

**【农村物流中心暨应急保障车队启动】** 2006年8月17日，平顺县农村物流中心暨应急保障车队启动。

近年来，平顺县委、县政府不断加大公路建设，初步实现了公路通达，人便于行。但由于信息闭塞、运力闲置、物流不畅等问题导致丰富的中药材、农副产品变质腐烂，丰产不能丰收，丰收不能增收，资源优势不能转化为经济优势，公路网络的优势不能得以充分发挥。为此，平顺县委、县政府及交通运输部门将构建服务保障体系、培育农村物流市场摆在确保农民增收，服务新农村建设的高度，着力解决农村物流的瓶颈问题，科学规划、合理调配、强化服务，在全省率先组建农村物流中心并成立了应急保障车队。此举受到省、市领导的高度评价，并将作为典型在全省推广。

（史翠英 石庆苗）

**【平顺县“五大硬仗”告捷】** 城市建设硬仗：共投入资金6100多万元，成功改建兴华街、治理两河、新建滨河公园、建设三个游园、拆迁东关坡城中村、改造平顺广场、开通迎宾大道、规划彩凤公园、拓宽一中桥、新建彩凤桥、兴建康乐、彩凤两个菜市场、硬化18条小巷等重点工程全部告捷。

公路建设硬仗：把后石旅游公路作为突破口，后石公路是一条贯通平顺南北的大动脉，横跨4个乡镇37个行政村，将全县各大景区连成一片，成为平顺的生命路、致富路、开放路。

农业结构调整硬仗：把产业结构调整、新农村建设、移民脱贫有机地结合起来，强力推进新农村建设，促进了农业和农村经济的快速发展。全县形成了七大产业带，粮经比例首次实现5：5，一批有市场、有潜力、有基地的农业龙头企业正在形成。以“五乱”治理、“六化”建设为突破口的新农村建设成效显著。

项目建设硬仗：开工建设了6大类，25个重点项目，其中9个项目被列为省“两区”开发重点项目，使项目建设开了平顺工业发展的先河。

旅游开发硬仗：共投入1200多万元，完善景区配套设施，“太行水乡”品牌叫响全国、西沟展览馆爱国主义教育基地功能完善，并成功举办首届“千年古刹文化艺术节”，天脊山旅游区开门迎客，以古色、绿色、红色为特点的旅游产业发展壮大，各大景区游客云集。

（史翠英 石庆苗）

**【2006年项目建设】** 2006年，平顺县新开工项目共7项，总投资5.6亿元。

1. 亿通铸业公司10万吨炉前精密汽车配件铸造项目，总投资4.8亿元，项目投产后，年产值13.5亿元，上缴税金1.2亿元。4月1日开工，一期工程铸造用380立方米炼铁高炉于4月14日正式点火生产，年产生铁22万吨，产值5.5亿元。

2. 鑫源万吨马铃薯精淀粉加工项目，总投资7000万元，投产后，年产精淀粉1万吨，产值7500万元。该项目从荷兰引进设备和技术，3月开工，2006年完成投资3000万元，一期工程一级精淀粉加工机器设备全部到位。

3. 龙镇村电解锌项目，总投资600万元，10月份投入生产，年产电解锌1000吨，产值3000万元，上缴税金200万元。

4. 战备渠生态水电站工程，总投资600万元，设计年发电量600万千瓦小时，装机1320千瓦，3台机组现已全部安装完毕。

5. 鑫源公司免烧环保砖项目，总投资230万元，利用尾矿砂生产免烧砖，年产免烧砖1200万块，产值216万元，7月份投产。

6. 阳高乡南庄村新型建材项目，总投资100万元，年产免烧砖500万块，产值100万元，8月份投产。

7. 青羊镇新型建材项目，总投资100万元，年产免烧砖500万块，产值100万元，9月份建成投产。

另外，改造提升传统产业项目9个，总投资1.4亿元。

1. 潞安石业投资600万元，增加了蘑菇机、挖掘机，采石厂新上石雕、石刻生产线，增加板材加工能力25万平方米；

2. 祥龙公司投资70万元，技改5万吨选矿项目，增加精矿粉加工能力2万吨，产值1200万元；

3. 西沟纪兰饮料公司投资70万元，新上纯净水和果蔬饮料生产线各一条，年产纯净水2100吨，果汁3600吨，新增产值2820万元；

4. 北社小铎村投资400万元对石料厂进行扩建，生产石料30万立方米，产值700万元；

5. 大红袍投资70万元技改辣酱生产线，年产花椒芽辣酱300万瓶，产值1000万元；

6. 石城铁合金厂、车当瑞烽电化厂、西沟鑫海冶炼公司分别对电石炉进行技改扩容，项目建成后，将形成上规模的电石生产基地；

7. 西安里投资420万元，对32家小选矿进行重组扩建，重组为6家年产5万吨以上选矿企业，实现了选矿企业的规模化、集约化、环保化。（史翠英· 石庆苗）

**【锦绣西沟大酒店在省城太原开业】** 2006年10月31日，省城太原西沟人家第五分店锦绣西沟大酒店开业。它的建成，不仅为更多的家乡剩余劳动力提供了就业增收的机会，同时也传承和发扬了劳模精神，使家乡的土特产品得以异地增值，使城市人更加了解和认识老区。同时，还是西沟人民向连锁规模化方面发展的又一大胆尝试，是西沟发展过程中又一里程碑。（史翠英 石庆苗）

**【获“全国文物工作先进县”称号】** 2006年12月19日，在北京召开的全国文物工作先进县表彰会上，平顺县获“全国文物工作先进县”称号。（史翠英 石庆苗）

**【南河道治理工程】** 县城南河道治理工程于2006年3月份开工，经过6个月的艰苦奋战，于9月底完工，10月初蓄水。河道治理呈梯级开发，共分7级，每级长200米，总长1400米，建成水力自控结构翻板闸7座，筑钢筋混凝土箱涵2800米，河床防渗处理面积33000平方米，绿化面积6000余平方米，安装观赏灯200余盏、铁艺围栏2800米，小品点缀工程70余处，新建彩凤桥一座，改造骊水桥、芙蓉桥两座，汉白玉围栏130米。共动用土石方13万立方米，投工7万余个，投资1940万元。完成了西河道300米的治理任务，新修堤防450米，新修排水暗渠400米，拆除旧桥一座，新建桥梁1座，硬化河床8400平方米，堤顶新装了砼栏杆300余米，共完成工程量9000立方米，投工7000个，投资145万元。

（史翠英 石庆苗）

**【移民小区（新村）工程】** 2006年平顺新建6个移民小区，即：“青羊山庄”移民小区、龙溪镇龙镇村、中五井乡北头村、杏城镇芦沟村、西沟乡老西沟搬迁、青羊镇大渠村二期工程。其中，“青羊山庄”移民小区位于青羊镇小东峪右山坡，移民新区采取统一规划、统一样式、农户自建的方式，建筑设计为红顶白墙三间两层小楼，面积126平方米，并为移民户规划养殖小区和农用沼气。2006年8月21日开工建设，已完成土地征用、土地赔偿、坟墓搬迁、平整场地、通路、通水、通电等工作，并有50户完成主体工程，50户打好地基。中五井乡北头村全部建成主体工程，龙溪镇龙镇村有38户完成主体，西沟乡老西沟搬迁、青羊镇大渠村二期工程、杏城镇芦沟村移民搬迁工程正在建设中。（史翠英　石庆苗）

| | |
|---|---|
| 中共县委书记 | 王辅刚 |
| 县人大常委会主任 | 张李民 |
| 县　长 | 张富梅 |
| 县政协主席 | 申树森 |

## 壶关县

**【简述】**自然条件　全县总面积1013平方公里。2006年辖7个乡5个镇1个经济开发区390个行政村。常用耕地2万余公顷。矿藏9种。主要河流5条，其中郊沟河最大，境内全长49公里。旅游景点16个。年平均气温10.4℃，年降水量652.1毫米。

人口　2006年末公安统计全县总人口28.6126万人，85380户。男性人口14.5563万人，女性人口14.0563万人。据计生部门统计2005年10月1日～2006年9月30日全县人口出生率8.54‰。少数民族3个共计545人。

经济概况　2006年全县实现生产总值20.2180亿元，比2005年增长13.6%。全年全县财政收入3.3764亿元，比2005年增长34.2%，增收0.8609亿元；支出3.8607亿元，比2006年增长41.4%，增支1.1300亿元；各项贷款余额14.6694亿元。

农业　2006年全县农业总产值2.5084亿元，比2006年增长8.3%。农作物总面积1.727万公顷。粮食作物面积1.642万公顷。粮食总产量8.745亿公斤，比2005年增长11.04%，平均亩产355公斤。经济作物油料面积220公顷，蔬菜瓜类总产量1660万公斤。果园面积2240公顷，总产量4388万公斤。林业：2006年造林1123公顷，经济林1497.75公顷。县城新增绿地16.6万平方米，总绿化覆盖面积达到280万平方米，绿化覆盖率达到36%，人均公共绿地面积达到22.5平方米。畜牧业：2006年牛出栏1.0117万头，猪出栏6.1123万头，羊出栏6.1479万只。肉类总产量4671吨，蛋类总产量2125吨，牛奶总产量2386吨。

工业　2006年，全县规模以上工业总产值达到32.3577亿元，同比增长17.3%。规模以上工业销售产值完成32.4060亿元，同比增长22.6%。规模以上工业增加值完成9.9914亿元，同比增长13.8%。工业产品销售率达到100.1%。全年规模以上工业企业生产原煤30万吨，铁矿石25.5万吨，水泥34.13万吨，生铁64.97万吨；完成发电量6687万千瓦时，同比增长9.8%。

建设环保　2006年开工建设重点工程项目38项，全社会固定资产投资完成8.2952亿元，同比增长19.3%。其中，改建和技术改造投资完成0.145亿元，自觉执行国家宏观调控政策，资金投向主要集中在钢材、交通、城市建设和旅游开发等方面。全年全社会建筑业实现增加值0.9075亿元，各类房屋建筑面积达到2万平方米，完成了职教中心，阳光小学，南关幼儿园，南洋育栋学校二期和妇幼保健院病房楼建设等重点工程。全年环境保护总投资0.55亿元。开工建设了县污水处理厂，对县城锅炉烟尘和餐饮油烟进行了集中整治。严格执行环境保护评估制度和环保执法，取缔违法排污企业6家，全县空气质量二级以上天数达280天。充实了县城环卫队伍，增加了卫生清运工具，县城管理水平和文明程度进一步提高。

交通邮电　2006年全县公路通车总里程2500公里，其中县公路170公里。年货运量220万吨，客运量320万人次，客运线路25条。全年完成“双通工程”270公里，建成农村客运站3个，公路沿线候车厅60个，招手站195个。多渠道融资购置农村客运车辆，使全县376个行政村通了客运班车，通班车率达到96%。邮电：全县电信业务总量完成1956万元，同比增长5.86%。邮政业务总量完成673万元。全县市话交换机总容量达到1万门，农话交换机总容量达30648门。本地电话用户3.762万户，其中市话用户9873户，乡村电话用户27747户。年末全县移动电话用户发展到2.6173万户。

商业旅游　2006年全县社会消费品零售总额5.107亿元，比2005年增长11.2%，其中县消费品零售额完成3.52867亿元，县以下消费品零售额完成1.57832亿元。年末第三产业从业人员达到3万人。开工建设了太行山大峡谷国家地质公园博物馆，完成了《清风亭》电视剧拍摄前期准备工作，开发了度假游、农家游和历史文化游等旅游产品，申报国家AAAA级景区通过省级评审，全年大峡谷旅游人数达50万人次。门票收入达到820万元，旅游社会总收入达到1.2亿元。

科技教育　全县有科技人员4128人。引进了6项科技含量高的工业项目，推广了30项农业新技术，着力培养了2000个科技致富带头人。有普通高中4所，职业学校2所，初中20所，小学358所，单设幼儿园97所。在校生高中为5436（含职中），初中17971人，小学29971人，幼儿5499人。义务教育学段在校生48042人，教师2683名，教职工总数3513名。适龄儿童入学率100%，高中入学率65%。新建、改建城乡中小学校舍19所，建设标准化操场10个，完成单人校、复式校撤并20所。壶关一中靳金龙夺得全市高考文科状元。全面落实农村义务教育“两免一补”政策，减轻了农民负担。

文体卫生　全县有文化馆、博物馆、剧团、剧院、体育活动场所20余处。投资200余万元对7个乡镇卫生院进行了改扩建，5个已完工投入使用；全面启动了新型农村合作医疗试点工作，完善了农村特困群众和农村医疗救助制度，对13万农民免费进行了健康体检。开展全民健身活动，全年共有10万人达到国家体育锻炼标准；体育协会达11个，老年体育人口达到10万人。

社会生活　2006年，全年最低生活保障金发放人数3278人，比2005年增加4.0%。有1.423万职工参加基本医疗保险。全年支出救济金535万元，比2005年增加88万元。全县全年从业人员劳动报酬总额达到1.5798亿元，比2005年增长33.3%。在岗职工平均工资达到1.3266万元，比2005年增长17.8%。农民人均纯收入达到2136元。城乡居民储蓄存款余额达到13.9亿元，增长16.5%。开通壶关人民广播电台，全县有线电视用户达到2万户，有线电视节目总数达到40套。

（王林茂　王赵军）

**【四大骨干企业步入发展快车道】**　2006年壶关县围绕做强常平、壶化、环海、华阳四大集团，注重从政策上、环境上、服务上加大扶持力度，靠大集团上马大项目，靠大项目膨胀大集团。常平集团加快延伸产业链条，积极发展循环经济，全面提升竞争能力，投资8.9亿元新上的100万吨高速线材、450立方米炼铁高炉、200万吨炼铁二期、钢厂铁厂配套等5个重点项目正在抓紧建设中。全年完成销售收入40亿元（含外县企业），上缴税金1.5亿元，入围全国大型工业企业集团100强。壶化集团突出主业，多元经营，日产奶制品100吨，为2006年长治市最大的乳制品企业；投资1200万元完成了对长治金星集团的控股重组，其新上两条国内领先、世界一流的炸药生产线项目前期工作已经展开，全年共完成销售收入2.5亿元，上缴国家税收4200万元，名列全国民爆行业雷管企业前三强。环海集团总投资7亿元的20万吨热轧不锈钢带项目于2005年8月建成试产，运行良好。华阳集团在抓好精矿粉主导产品的同时，积极发展高新技术产业，高科技消防器材项目主体工程已经完工。

（王林茂　王赵军）

**【工业园区建设取得新成就】**　2006年壶关县围绕打造全省一流的工业园区的目标，加快常平工业园区基础设施建设，着力解决制约工业区发展的电路瓶颈问题。总投资1.3亿元的3个输变电站工程全部开工建设，截至2006年底11万伏输变电工程已经建成，常平工业园区22万伏和常平集团11万伏输变电工程正在建设中。积极筹划上马引漳入壶工程和八泉峡水库东水西调工程。总投资1900万元，开工建设的新建路北延二期工程，将常平工业园区与县城连为一体，进一步拓展了园区的发展空间。（王林茂　王赵军）

**【财政收入突破3亿元】** 截至2006年11月17日，壶关县财政收入累计完成3.087亿元，占年计划的108.74%，同比增长37.68%，绝对增收额增收8449万元，首次突破3亿元大关，提前45天完成全年财政收入任务，顺利完成了“十一五”开局之年财政收入开门红。

（王林茂　王赵军）

**【四大农业龙头企业列入两区开发项目】** 2006年壶关县以农村基础设施建设为重点，总投资近14亿元，上马建设354个项目，为新农村建设打下良好基础。农业龙头企业呈现出蓬勃的发展势头，四大龙企业全部列入省委、省政府“两区”开发项目之列。一是投资2850万元的郭氏食品公司5000吨系列乳肉制品建设项目。二是投资6000万元的紫团饮业5.6万吨活性益生菌系列乳制品生产项目。三是投资8400万元裕丰酿造有限公司5万吨燃料乙醇二期项目。四是投资3000万元的五龙山脱水果蔬1500吨果蔬脆片加工项目。

（王林茂　王赵军）

**【县城建设十项重点工程竣工】** 2006年12月7日，总投资1.6亿元的县城建设10项重点工程竣工。其中道路建设方面4项，即西城路南延工程、健康街东延工程、南城街东延工程、新建路北延一期工程，总投资6000万元；绿化美化方面2项，即龙丽河水上公园一期工程、县城绿地小品建设工程，总投资4600万元；社会发展方面4项，即职教中心建设工程、社会力量办学工程、阳光小学新建工程、妇幼保健院病房楼建设工程，总投资5900万元。

（王林茂　王赵军）

**【太行山大峡谷被评为全国“最令人神往”的景区之一】** 2006年壶关县继续深入实施做大旅游战略，投资6000万元于太行山大峡谷景区开发、服务提升和宣传推介三大工程，大峡谷旅游继续保持了旺盛的发展势头，被《旅游商报》评为全国“最令人神往的旅景区之一”。2006年壶关把太行山大峡谷创建4A风景区列入建设日程，围绕旅游交通、安全、卫生、资源及环境保护，投资587万元，上马了丁盘旅游公路建设工程及国家地质公园博物馆工程，出版了《太行山大峡谷摄影集》及《商务旅游指南》，落实了八泉峡拦水坝建设资金，完成了六个景区详规编制工作，并在北京、天津、河北、山东等地以旅游宣传“大篷车”的形式，开展了大规模的宣传促销活动，举办了红豆峡“中国七夕情人节”、“巴黎魅力新娘集体婚礼”、“人、自然、和谐”主体笔会和八泉峡登山比赛等活动，进一步提高了大峡谷知名度和美誉度。（王林茂　王赵军）

**【县政府承诺十件实事全面完成】** 2006年底，壶关县政府承诺十件实事全面完成，十件实事分别为：一是解决了12个村5900口人的饮水困难和饮水安全问题。二是实施了10个村的整体推进，完成了1500口人的移民搬迁任务。三是在黄山、店上、五龙山等7个乡镇发展沼气2500户。四是完成杜家河、百尺、集店3所明德小学和“两区”开发安排的学校工程建设。五是落实“两免一补”政策，使5万名农村困难家庭学生免交学杂费，1.4万名学生免交教科书费，1700名农村寄宿制学生得到生活补贴。六是新增就业岗位1400个，城镇登记失业率控制在3%以内。七是在全县13个乡镇（区）发展农村连锁便农店30家。八是提高离退休人员、城市低保对象、军队移交地方安置的离退休人员、残疾军人等各类优抚对象的补助标准。九是抓好乡镇卫生院改扩建，积极进行农村新型合作医疗试点建设，积极试行农村困难群众医疗救助制度。十是完成了20个村86.5公里畅通公路建设。

（王林茂　王赵军）

**【县乡党委换届工作完成】** 2006年壶关县圆满完成了县、乡党委换届工作。其中，县委换届中，共选出县委委员37名，候补委员7名；选出纪律检查委员会委员15名。同时，还选举产生了壶关县第十届县委常务委员会和书记、副书记；选举产生了纪律检查委员会常务委员会和书记、副书记。在乡镇党委换届中，除常平经济开发区外，其余12个乡镇全部实现了书记、乡镇长一肩挑，乡镇领导职数由原来的146人减少到了99人，减少职位47个，乡镇班子成员平均年龄比上届下降5.3岁，具有大专以上学历达到87%。（王林茂　王赵军）

**【陈忠孝获“优秀中国特色社会主义事业建设者”荣誉称号】** 2006年2月20日，由中央统战部、国家发改委，人事部、国家工商总局和全国工商联共同举办的“第二届全国非公有制经济人士优秀中国特色社会主义事业建设者表彰大会”在北京举行。壶关县山西常平集团董事长兼总经理陈忠孝同志获“优秀中国特色社会主义事业建设者”荣誉称号。会前，中共中央政治局常委、全国政协主席贾庆林亲切接见了受表彰人员。（王林茂　王赵军）

| | |
|---|---|
| **中共县委书记** | 张红星 |
| **县人大常委会主任** | 张占雄 |
| **县　长** | 马朝中 |
| **县政协主任** | 李彦忠 |

## 长子县

**【简述】** 自然条件　全县总面积1029平方公里。2006年辖5个乡7个镇2个办事处399个行政村。土地面积约5.4万公顷，耕地约4.4万公顷。矿藏12种。主要河流6条，其中浊漳河最大，境内全长42公里。旅游景点8个。年平均气温11.1℃，2006年最高气温35.6℃（6月19日），最低气温－16.3℃（1月6日），年降水量697.6毫米。

人口　2006年末全县总人口34.30万人，9.12万户。男性17.5万人，女性16.8万人，男女性别比（女＝100）为104：100。全年出生4252人，人口出生率12.40‰，上升近3个千分点；死亡1419人，死亡率4.14‰，下降近13个千分点；自然增长率8.26‰，比2005年提高了9.88个千分点。人口密度每平方公里333.29人。少数民族6个，共255人。

经济概况　2006年全县实现生产总值19.19亿元，比2005年增长9.1%。人均GDP5500元，同比增长11.7%。全县财政收入3.39亿元，同比增长78.07%，增收1.48亿元，其中国税收入13205万元，同比增长38.31%，地税收入9439万元，同比增长27.16%。支出4.32亿元，比2005年增长86.96%，增支2.02亿元。各项贷款余额11.98亿元。

农业　2006年全县农业总产值9.12亿元，比2005年减少8.8%。农作物总面积3.70万公顷。粮食作物面积3.06万公顷，比2005年增长1%，粮食总产量2.24亿公斤，比2005年增长1.82%，平均亩产492公斤。经济作物面积7000公顷。蔬菜瓜类总产量7.2亿公斤。果园面积0.13万公顷，总产量700万公斤。林业：2006年，长（治）临（汾）公路通道绿化工程建设共完成主林带新造林43.48公顷，绿化长度8.6公里，总计植树8.5万株，使长临路两侧的主林带由原来的每边宽5米拓展至20米。造林树种主栽了桧柏、毛白杨、馒头柳、红叶李、国槐等，当年成活率达到95%以上。全年全县共完成义务植树71.2万株，完成省、市、县、乡公路绿化70公里，完成国家重点工程造林133.4公顷（退耕还林），完成市县造林工程1200.6公顷，完成新育苗100.05公顷，完成容器育苗100万袋。畜牧业：2006年牛出栏0.43万头，猪出栏20.5万头，羊出栏4.53万只。肉类总产量1.92万吨，蛋类总产量0.27万吨，牛奶总产量0.06万吨。农用化肥施用量（折纯）1.7万吨，地膜使用量534吨，农业机械总动力12.3万千瓦。

工业　2006年，规模以上工业企业完成总产值9.60亿元，比2005年增长31.3%，其中国有企业完成0.66亿元，增长83%；集体企业完成0.87亿元，增长82.6%；股份合作企业完成1.70亿元，增长31.3%；完成利税总额2.28亿元，规模以上企业28个，职工6800人。全年全县生产原煤212.53万吨，增长31.4%，洗精煤8.75万吨，增长62%；化肥4.4万吨，增长12.8%。

建设环保　2006年完成基本建设投资1.78亿元，比2005年增长275%。重点项目建设11个，其中新开工项目5个。全县资质以上建筑企业7家，完成建筑业总产值1.62亿元，同比增长9.50%，实现利税130万元，同比增长13.85%。全年房屋施工面积9.10万平方米，同比增长7.1%。

*交通邮电* 2006年全县公路通车总里程982公里，其中县乡公路575公里。年货运量400.2万吨，客运量103.3万人次，客货运输总车辆1356辆，客运线路25条。全县共征收拖拉机养路费288.9万元，完成运管费征收161万元，客运附加费完成30万元。邮电：邮电业务总量5761万元，增长106.93%。其中，邮政业务总量556万元，增长2.96%；电信业务总量2421万元，增长7.31%。全县固定电话用户4.70万户，其中，乡村电话用户3.62万户。年末全县移动电话用户发展到6.2万户。全县全年用电总量14372.86万千瓦时，其中，农村用电量6483.26万千瓦时。

*商业旅游* 2006年全县社会消费品零售总额4.28亿元，比2005年增长11.70%。居民消费总水平上升3.2%。市场面积28340平方米。商业从业人员1.42万人，完成销售收入6.03亿元。旅游业全年接待国内外客人5.20万人次。

*科技教育* 2006年全县获3项科技成果。有科技人员4700人。普通高中4所，高级职业学校1所，中等专业学校1所，初中31所，小学262所，幼儿园37所，在校学生分别为6584人、846人、32人、18442人、27924人、6424人。其中义务教育学段在校学生4.64万人。教职工2298名，适龄儿童入学率100%，高中入学率45%。

*文体卫生* 全县有文化馆、博物馆、剧团、剧院、体育活动场所共33处。儿童乐园11处，老干部活动室7处。有医院26家，床位492张，医生599人。

*社会生活* 2006年城镇待业310人，全年最低生活保障金发放人数4139人。全县有0.7万职工参加失业保险，有0.89万职工参加基本医疗保险。2006年居民存款余额19.40亿元。全年支出救济金4.5万元，比2005年增加0.5万元。实现社会商业保费收入1148万元，赔款支出540万元。城镇居民人均可支配收入8200元。农民人均收入4123元。全县人均住房面积15.6平方米。2006年，全县12个乡镇374个行政村架通了光缆主干网，用户终端新增8000户，累计达27000户，每百户拥有电话61部、电视机89台。 （王卫星）

**【200名大中专毕业生走上教师岗位】** 长子县经过一场严格的文化考试和现场讲课等程序，从1000余名大中专毕业生中挑选出200名“精兵强将”于2006年2月20日全部充实到教师队伍中，成为长治市一次性补充教师数额最大的县区。

长子县是教师严重短缺县之一。长期以来，由于教师短缺，导致教育教学质量严重滞后。尽管县委、县政府也采取过多种措施，为各中小学补充过部分教师，但由于生源逐年增多，加之每年均有老教师退休，教师岗位仍然空缺很大。2005年11月份，县委书记桂正平深入到教育系统，进行了广泛调查研究。紧接着对广大群众反映强烈的教师短缺和教育滞后等问题，多次召开会议研究讨论，着手解决。在统一思想，达成共识之后，立即展开工作。一是成立了公开选聘大中专毕业生就业领导组；二是制定了操作性很强的实施方案。将选聘人数、聘用条件、报名、考试和考核、聘用审批等条件列的明明白白，并在长子电视台连续播发一周时间，让广大大中专毕业参与和报名；三是为了做到责权界限明确，防止越权行为和腐败现象出现，还组建了公开选聘的各个机构：办公室、命题组、文化考试组、阅卷组、作课组、保密组、监督检查组、安全保卫组等，明确了各自职责和权限，规定任何人不准以任何理由越权；四是在文化考试中，从县纪检委、县委组织部部抽调主考，从县直中学抽调监考，由武警战士负责考场秩序，考试结束后，现场封卷，连夜阅卷，于次日早上张榜公示考分及名次，从源头上杜绝了作弊行为；五是专门从外县聘用具有丰富教学经验的优秀教师担任评课教师，无论是考生，还是教师，均是生面孔，本县人员一律不准介入，从而，避免了打人情分；六是严格程序，将文化考试与讲课综合排名，使全社会及广大考生一目了然；七是按照“尊重就业协议，按照协议安置”，“根据本人籍贯就近安置”等原则，将200名新教师顺利安置。由于各个环节十分严密，既体现公平、公正、公开的原则，也体现了严密、严肃、严谨性，受到全县社会各界的高度评价。

（王卫星）

**【赵庄矿井铁路专用线全线通车】** 晋煤集团赵庄矿井全长4.3公里、投资1.57亿元的专用铁路线，经过两年零两个月的紧张施工，于2006年2月23日全线通车，标志着赵庄矿井商品煤外运通道已经形成。

晋煤集团赵庄矿井是长子县2002年引进的投资20亿元的大项目，该项目是国家“十五”期间重点建设工程之一。矿井坐落在长子县境内的慈林镇龙泉村，位于沁水煤田东南部，井田面积144.01平方公里，地质总储量18.39亿吨。以生产无烟煤、贫煤为主，分别是化工的优质原料和电厂、高炉喷吹炼钢的优质燃料。该矿落户长子以来，坚持以“国际一流，国内领先，高产高效，绿色环保”为目标，以实现生产、效益最大化为标准，年设计生产能力为600万吨，并配套建有同等规模的选煤厂，采用高效模块自动化工艺洗选加工。在长子县委、县政府的大力支持下，经过企地双方的共同努力，已于2005年12月28日进行试投产。 （王卫星）

**【土专家李生贵】** 进入长子县地界，农田里尽是矮矮的塑料棚，外形与传统的温室大棚有很大差异：侧面看呈拱形，宽度大概十几米，最高处也不到两米，全部由钢丝管撑起，外面压着一层棚膜，一片连着一片。这就是“生贵式”大棚。

李生贵是个能人，他是“上党青椒创始人”，是他使长子县乃至长治市的青椒生产从无到有、从小到大，发展到了20多万亩，累计给农民带来经济效益60多亿元，并使长子县发展成为全国有名的青椒生产和销售基地。

1979年，李生贵第一个承包了本村（丹朱镇大李村）5亩空置地，开始了蔬菜种植。1980年，试种青椒获得成功。1982年他种植的200亩青椒总产量达到了110万公斤，亩产达5500公斤，品质与重量均超过了原产地，具备了长子的独特风格。之后，他又以包赔不包赚的方法，让一个土豆贩拉了半车青椒到郑州市场“探路”。出乎意料那里的菜老板对长子青椒格外青睐，以高价抢购一空，后来还慕名来到长子收购，分别销往郑州、上海、广州、深圳等大中城市。

从引进青椒以来的20多年间，生贵的足迹先后踏遍全市13个县区的50多个乡镇的300多个村，毫无保留地为农民提供优种、农药配方、市场信息，从来不收钱，还自费办过160多期培训班，赠送技术资料达1.5万余份。

在李生贵的帮助、引导和带动下，长子青椒种植已遍布12个乡镇、300多个村、3万多农户，种植面积将近8万亩，亩产4000公斤以上，总产3亿多公斤，产值2亿多元，使全县人均增收600多元。而且，产品远销全国20多个省市120多个大中城市，使长子青椒与山东寿光蔬菜齐名。 （王卫星）

**【潞安矿务局、晋煤集团向长子县捐款】** 潞安矿务局、晋煤集团针对长子县发生高致病性禽流感疫情而造成的损失，积极伸出援助之手，纷纷捐款献爱心。两矿先后向长子县捐款总数达240万元。

长子县曾是长治市的养鸡大县。2006年6月份以来，长子县的南川庄、石家庄相继发生高致病性禽流感疫情后，省、市委领导多次深入长子进行现场办公，长子县委、县政府更是全力以赴，对疫区、受威胁区的鸡只进行扑杀。天灾无情人有情，长子县的灾情引起社会各界的关注，驻市企业纷纷伸出友谊之手予以帮助，继潞安矿务局捐款120万元之后，6月23日，晋煤集团也向长子县捐款120万元。对此，长治市委副书记王进卯在捐赠仪式上首先代表市委、市政府表示感谢。王进卯还希望长子县一如既往地支持企业发展，为实现企地共同发展做出新的贡献。 （王卫星）

**【长子县防控高致病性禽流感】** 2006年5月下旬，长子县一些养鸡大村、大户出现鸡只死亡现象，5月26日，县畜牧部门组织技术人员深入到死鸡村户进行流行病学调查，解剖诊断，病鸡表现类似H9型禽流感症状。对此，县畜牧部门首先向长治市畜牧部门进行了报告。市畜牧部门派出专家组多次配合县畜牧部门深入到丹朱镇南川庄、石哲镇石家庄等村实地诊断，采血化验，初步判断为变异新城疫和H9型禽流混合感染并发症，并把这一情况逐级上报。与此同时，通过县电视台制作播放《加强综合防控，严防疫病发生》的专题讲座，并印发了大量防控知识宣传资料，发放到每个养鸡户手中。县畜牧部门组织技术人员进村入户开展技术服务，指导养殖户采取封闭管理、隔离消毒、强化饲养管理等综合防范措施。为了彻底消灭这起疫情，在市、县领导的统一指挥下，长子连续打了三场歼灭战。

第一，抢抓战机，果断决策，首先围控南川庄疫点。

6月13日晚上12点，在长治市指挥部的指导下，立即对南川庄第一场防治禽流感歼灭战进行了安排部署，从疫点的封锁、禽类的扑杀和掩埋、疫点的消毒、物资与生活保障四个方面，分13个组具体明确了任务和责任人。14日早晨6时，全县组织600人到达疫点南川庄，开始了对笼养鸡的扑杀，到12点半，这些鸡的掩埋和无害化处理工作全部结束。

第二，得令而行，连夜出击，迅速攻克南川庄疫区。

15日，市县两级指挥部着手准备对南川庄疫点3公里范围内的疫区扑杀工作，提前对鸡只进行清点。南川庄疫区有24个村，扑杀任务相当艰巨，指挥部迅速动员组织了9000人，分成两个扑杀组，对扑杀任务进行了明确分工，形成了统一指挥、分组扑杀的行动机制。16日下午7时许，省指挥部电报中明确了南川庄、石家庄为高致病性禽流感疫点。17日凌晨3点钟，启动第二行动预案，开始了对24个村病鸡的扑杀工作，到下午6点，南川庄疫区扑杀歼灭战全部结束。

第三，全面动员，连续作战，彻底消除疫点疫区疫情。

在扑杀南川庄3公里范围内疫区疫情的同时，指挥部开始策划对石家庄疫点疫区及另外几个点的扑杀方案。石家庄村是一个养鸡专业村，石家庄疫点3公里范围的疫区有14个村。另外，丹朱镇的北刘、石哲镇的川口、南漳镇的东常、大堡头镇的前西常被省指挥部确定为疑似高致病性禽流感疫点。任务艰巨，点多面广，密度较大。在市指挥部的指挥下，灵活调整策略，采取了指挥部统一指挥，各有关乡镇村各自作战的行动方案。立即紧急动员全县各乡镇、企事业单位、各人民团体、驻地部队和广大群众，在县防控指挥部的统一指挥下，迅速打响抗击禽流感的人民战争。全县各党政机关、市驻县单位、各企事业单位、各人民团体的人员、车辆及一切物资无条件服从统一调度，单位人员的手机24小时不关机等待命令，在第一时间按指定时间赶到。为了确保在扑杀过程中人员的身体健康和生命安全，畜牧、卫生、疾控、人保等制定了严密的技术规范和操作规程，从人员防护、扑杀要领、清洗消毒、站点设置、掩埋标准及无害化处理等方面，进行了周密的安排部署和战前培训。各乡镇迅速制定了防控高致病性禽流感工作方案，成立指挥机构，县指挥部加快组织物资，使防控工作所需的全部物资敞开供应，防护服、消毒液、专用袋满足发放。挖掘掩埋无害化处理，实行村实施、乡监管、县出钱，对石家庄疫区内14个村的病鸡和省指挥部定为疑似的北刘、东常、前西常、川口及其3公里范围内有此类病鸡现象的村进行全面封杀。长子县四套班子领导亲临一线，坐镇指挥，从人员调用、车辆配备、物资供应等各个方面提供了有力保障，一场全县范围内、更大规模的扑杀行动，不分昼夜地紧张进行。截至6月18日早晨7时，全县共出动驻地部队210人、公安干警140人、机关干部519人、企业职工180人、农民群众5407人，调集各种车辆667台，发放防护服6618套，设置站卡468个，对疑点范围的鸡全部扑杀并进行了无害化掩埋。到下午6时，凡是省指挥部确定为疑点村的鸡全部扑杀完毕，战斗宣告结束。

围剿禽流感，防止向人群的传染很关键。为了迅速控制疫情，防止疫情向人群的传染，长子县抽调专业卫生防疫人员118人，按照县指挥部的指令，根据“三同时”（与畜牧部门同时到达现场，同时参加调查，同时采取措施）、“四早”（早发现、早报告、早隔离、早治疗）的防治原则，高度重视，沉着应对，召开大小各类防治工作会议40多次，先后制定完善防治方案15套。一是对所有参与扑杀工作人员的个人防护、个人消毒进行了具体业务指导和监督。共出动医务防疫人员360余人次，动用车辆56台次。二是对疫点南川庄村337户、石家庄村197户，省疑似重点村前西常519户、北刘371户、东常429户、川口243户，共计2296名密切接触者进行了医学观察，没有发现一例异常临床表现人员，对上述6村1597名外出打工、读书人员进行了排查。三是对疫点（南川庄村）的人居环境进行连续彻底消毒工作，共出动消杀人员24人次，完成入户消毒287户，消毒面积4.3万平方米。禽舍和禽舍环境消毒4.5万平方米，敌敌畏消杀面积5.5万平方米，出动消毒车5台次，交通道路消毒2.5万平方米。在消毒免疫上制定了“一路一卡（消毒卡）”、“一户一张（消毒程序）”、“一户两表（日测体温登记表、体温表）”、“一日两测（每人每天测体温两次）”制度，努力做到执行规范化。此外，出动消毒车对石家庄、川口、前西常、东常等5个重点村进行了消毒，全县各乡镇的消毒强制免疫工作全面铺开。同时，在全县广泛开展爱国卫生运动和健康卫生知识教育，共印制发放宣传资料5万余份，宣传画300余份，印制封锁令通告3000份，在疫点、疫区、交通要道、公共场所进行发放张贴。四是对疫区的禽蛋及其制品进行监督检查。共出动执法人员200余人次，车辆70多台次，检查各类涉禽场所144处，共查封销毁蛋产品3305公斤，散装鸡肉制品53只，袋装鸡制品65袋，责令停止鸡制品生产销售企业4家。检查监督禽蛋类及其制品销售单位225家，其中查封了4家。采集生活饮用水样本5份。五是积极准备医疗救治工作，规范了发热门诊和隔离病区，储备了必需药品，成立了专家会诊组、医疗救治组和五支应急小分队。由于措施得力，长子县全境没有发现一例人感染禽流感疫情，使全县保持了一个稳定的生产生活环境。

2006年6月19日，农业部新闻办公室发布消息：6月中旬，兽医部门在疫情监测时发现，山西省长治市长子县个别养鸡场鸡只发生死亡，经采样送国家禽流感参考实验室检测，分离到H5N1高致病性禽流感病毒。

当地政府按照《重大动物疫情应急条例》有关规定，立即启动重大动物疫情应急预案，部署开展各项应急防控工作，并对疫区进行了封锁。省、市、县兽医部门严格按照农业部《高致病性禽流感疫情处置技术规范》要求，实施了严格消毒、疫情监测、紧急免疫等综合防控措施，并组织扑杀疫区内的家禽。同时，当地兽医部门还加强了防控知识宣传，提高群众的自我防范意识，严防疫情向人传播。

农业部派出专家组在疫区督促指导当地开展各项防控工作，并向有关国际组织和国家通报了有关情况。（王卫星）

**【国家首个百万伏级特高压示范工程落户长子县】** 2006年8月19日，晋东南—南阳—荆门特高压交流试验示范工程奠基仪式在长子县石哲镇西汉村隆重举行。这是我国第一条百万伏级特高压试验示范工程，它的建设，对我国发展特高压电网和推动电网发展方式转变具有重要作用，对满足我国持续增长的电力需求，实现跨地区电力资源的优化配置，有效解决我国能源和电力配置的瓶颈制约具有重大意义。

1000千伏晋东南—南阳—荆门特高压交流试验示范工程包括三站两线，起于山西省长治市晋东南变电站，经河南省南阳市南阳开关站，止于湖北省荆门市荆门变电站，全长约654公里，系统额定电压1000千伏，最高运行电压1100千伏，自然输送功率500万千瓦，工程静态总投资约56.88亿元，国家电网公司作为项目法人，将以自有资金出资建设。

山西省委书记、省人大常委会主任张宝顺，省政协主席刘泽民，省委常委、省委秘书长申联彬，省人大常委会常务副主任纪馨芳，副省长靳善忠等出席奠基仪式。省长于幼军、国家电网公司总经理刘振亚讲话，国家电网公司副总经理舒印彪主持奠基仪式。

2004年底，国家电网公司提出发展特高压输变电技术，并按照“科学论证、示范先行、自主创新、扎实推进”的原则，全面开展了特高压输变电前期工作。经过各方一年多的努力，特高压输变电规划论证、关键技术研究、关键设备研发和工程前期工作都取得了重大进展，并于2006年8月上旬被国家发改委正式批复核准。根据规划，该工程向北可以延伸至“山西、陕西、蒙西”煤电基地，向东南可以延伸至武汉，向东北可以延伸至北京，距离在1000公里至2000公里之内。于幼军代表省委、省政府对工程奠基表示热烈的祝贺。他说，特高压电网建设是确保国家能源安全与供应的一项重大决策。把第一个示范工程建在山西，充分体现了国家发改委和国家电网公司的远见卓识，充分体现了党中央、国务院对山西新型能源基地建设和经济社会发展的高度重视与关心支持。山西省委、省政府对百万伏级特高压试验示范工程高度重视，将其列为重点工程全力支持。在整个工程建设中，省政府和长治、晋城各级政府、各有关部门，将建立为特高工程服务的“绿色通道”，建立地方政府与电网公司的良好合作机制，积极主动帮助解决工程建设中出现的各种困难和问题，为工程建设创造良好的外部环境。

刘振亚说，发展特高压电网，是优化我国能源资源配置，构筑稳定、经济、清洁、安全的能源供应体系，促进我国能源工业可持续发展的必然选择；是转变电力发展方式，解决煤电运紧张问题，满足我国经济社会未来发展的必由之路。他表示，国家电网公司将以一流的管理、一流的设备、一流的技术、一流的施工、一流的质量，确保特高压试验示范工程成为世界一流的输变电工程，推动我国电网跨越式发展。（王卫星）

**【长子县被国务院评为农田水利建设百强县】** 在国务院举行的全国农田水利建设表彰大会上，长子县被国务院授予“全国农田水利建设百强县”。山西省获此殊荣的仅有长子县、怀仁县、左权县、翼城县。

近年来，长子县委、县政府全面探索新形势下农田水利基本建设新途径。一是加大宣传力度，进一步提高干部群众开展“一事一议”活动的自觉性。不断学习外地的好经验、好做法，并利用多种形式扩大宣传效果。二是制定和出台规范“一事一议”活动的相关政策和办法。三是组织培训，加强辅导，不断提高农村基层干部驾驭“一事一议”活动的能力。四是培养典型，强化服务，进一步扩大“一事一议”的推行效果。

长子县委、县政府通过全力实施“一事一议”活动，利用“一事一议”的新机制，使农村水利工程建设全面推进，全县共完成水利投资1031.3万元，其中群众自筹和以工折款541.6万元。新打机井50眼，配套50眼，埋设各种节水管道38公里，新增和改善水地1600.8公顷，发展节水面积366.85公顷。新建和完善了宋村乡西堡、东堡、西大关等三个节水园区和节水重点工程以及100万元抗旱应急工程。在水保治理方面共完成综合治理面积800.4公顷，有9条重点小流域得到了整治。在人畜饮水方面，新打水源机井17眼，修建水塔3座，调水池11座，埋设输水管道148.9公里，完成投资220万元。有20处单项饮水工程竣工受益，使7个乡镇、2个办事处、20个行政村的1.05万人和768头大畜告别了缺水的历史，解困人口比省市计划超出了62个百分点。在日光大棚建设方面，全县已建成两种形式的大棚13000多个，面积达1500多公顷；在高产高效农田建设方面，共完成机械化旱作农业13340公顷；秸秆还田13340公顷；新增保护性耕作示范面积2668公顷；示范区保护性耕作机具达到145台，示范户达到2400户。规模养殖小区工程建设，全县新增养殖投资3000万元，其中：设施建设投资1000万元，新建规模养殖场800个，肉类总产量22000吨，实现畜牧业总收入3.37亿元。（王卫星）

国家重点文物保护单位——法兴寺　建平提供

**【李村矿井项目建设】** 2006年12月21日，潞安集团李村矿井项目建设奠基。李村矿井是潞安集团慈林山煤矿的接替矿井，是潞安集团“十一五”规划的重点建设项目之一。工程项目前期的探矿权、建设规划选址、建设用地、地质灾害危险性评估、安全预评价、环境影响评价、水土保持方案等各项报批手续绝大部分已经完成，工程前期的准备工作已基本就绪。

潞安矿务局发电厂远景　建平摄影

李村井田位于上党盆地西部长子县境内，井田东西长8公里，南北长4.15公里，井田面积33.2平方公里。煤种为无烟煤和贫煤，地质储量3.98亿吨，服务年限60.9年。矿井工业场地位于长子县南李村村东，距长治市30公里，距长子县城2公里，太焦铁路、长晋二级公路和二广高速公路从本区东侧穿过，交通条件十分便利。

李村矿井项目工程建设总投资16亿元人民币，矿井设计采用立井开拓方式，前期设计生产能力为300万吨，最终达500万吨。项目建设包括矿井、配套选煤厂及铁路专用线三部分。工程项目技术装备、设备控制系统、监测监控系统均选用国内外同类先进设备，力求创建一座独具国内特色的、园林式的特大型现代化矿井。（王卫星）

**【2006年县城建设竣工工程】** 1. 神农路建设工程：神农路全长1358米，宽51米，总投资1051.8万元，2006年7月8日开工，北段600米，11月份完工。

2. 漳源路改造工程：全长1600米，工程总投资415.18万元，2006年7月20日开工，年底全面完工。

3. 精卫南路建设工程：全长847米，红线宽20米，工程总投资244.76万元，2006年6月14日开工，年底全面完工。

4. 精卫中路建设工程：全长379米，红线宽13米，工程总投资56.16万元，2006年6月12日开工，年底全面完工。

5. 南北大街道路翻新改造工程：全长1376米，红线宽30米，工程总投资198.73万元，2006年6月3日开工，年底全面完工。

6. 北高庙至长屯公路连接线工程：全长850米，工程投资49.94万元，2006年8月26日开工，年底全面竣工。

7. 县城路灯改造工程：总投资451.45万元，2006年6月23日开工，共安装路灯390盏，年底全部竣工。

8. 城关一中教学楼建设工程：建筑面积4600平方米，工程总投资280万元，11月完工并交付使用。

9. 县机关幼儿园新建工程：占地1.2公顷，建筑面积5000平方米，工程总投资470万元的县机关幼儿园新建工程，2006年10月11日全面竣工并投入使用。

10. 府前广场改造工程：工程总投资119万元，其中投资49万元完成绿化面积6000多平方米，投资70万元完成广场亮化工程。

11. 龙城花园住宅小区建设工程：工程总投资2100万元，兴建5层住宅楼8幢，建筑面积2.7万平方米。

12. 鑫华小区建设工程：工程总投资1100万元，建筑面积1.6万平方米，兴建5层住宅楼6幢。

13. 景源小区建设工程：工程总投资1300万元，兴建住宅楼6幢，建筑面积1.7万平方米。 （王卫星）

**【2006年长子县文化教育获奖项目】** 1. 县文化馆李喜景的绘画作品获全国首届艺术品收藏展一等奖。

2. 县文化馆李喜景的花鸟作品入选“纪念朱德同志诞辰120周年暨朱德思想研讨会”书画展。

3. 县文化馆李喜景的书画作品《全乐图》被人民大会堂收藏。

4. 县文化馆韩锦秀的论文《浅淡文化馆辅导人员素质教育的提高》获山西省群众文化学会金奖，并推荐参加了文化部举办的“文化大视野”作品展，获优秀论文奖。

5. 县文化馆李喜景的论文《浅论中国花鸟画的形神兼备》被《亚洲论坛》杂志登载。

6. 长子县的八音会入选国家级非物质文化遗产名录。 （王卫星）

| | |
|---|---|
| **中共县委书记** | 桂正平 |
| **县人大常委会主任** | 李能会 |
| **县　长** | 冯俊义 |
| **县政协主席** | 常爱文 |

## 屯留县

**【简述】** 自然条件　全县总面积1142平方公里。2006年辖4个乡7个镇294个行政村。耕地面积3.4662万公顷，矿藏8种。主要河流3条，其中绛河最大，境内全长81.2公里。旅游景点8个。年平均气温11.2度，年降水量552.7毫米。

人口　2006年底全县总人口25.84万人，男性人口13.31万人，女性人口12.53万人，男女性别比106.3：100。全年人口出生率9.93‰，比2005年增长0.05个千分点；死亡率4.6‰，比2005年下降1.08个千分点；自然增长率5.33‰，比2005年提高1.11个千分点。人口密度每平方公里226人。少数民族10个，共110人。

经济概况　2006年全县国内生产总值22.79亿元，比2005年增长15.3%。2006年全县财政收入4.15亿元，比2005年增长51.2%，增收1.41亿元。年末各项贷款余额7.91亿元。

农业　2006年全县农业总产值6.78亿元，比2005年增长2.9%。农作物总面积3.77万公顷。粮食作物面积3.53万公顷，比2005年增长5%；粮食总产量2.2亿公斤，比2005年增长10%，平均每公顷产6242公斤。蔬菜瓜类总产量0.99亿公斤。果园面积0.11万公顷，总产量0.04亿公斤。林业：2006年造林0.12万公顷，经济林0.05万公顷。畜牧业：2006年牛出栏1.24万头，猪出栏17.99万头，羊出栏4.75万只。肉类总产量1.69万吨，蛋类总产量0.25万吨，牛奶产量0.62万吨。

工业　2006年，规模以上工业企业完成工业总产值27.65亿元，比2005年增长32%。其中国有企业完成2.39亿元；集体企业完成2.43亿元，增长143%；股份有限公司企业完成2.48亿元；其他经济类型企业完成20.35亿元。完成利税31588万元，实现利润18994万元。规模以上企业总数37个，职工0.86万人。

建设环保　2006年完成基本建设投资2亿元，重点建设项目有18个。全县资质以上建筑企业2家。全年房屋施工面积18万平方米，比2005年增加1万平方米。全年环境保护总投资7935万元，比2005年增长98%，占同期全县生产总值的3.5%。

交通邮电　2006年全县公路通车总里程730公里，其中县乡公路403公里。年货运量150万吨，客运量143万人次，客货运输总车辆510辆，客运线路10条。邮电：邮电业务总量0.25亿元，其中，邮政业务总量0.06亿元，比2005年增长18%；电信业务总量0.19亿元，比2005年增长1%。全县市话交换机总容量达1.33万门，增长1%，农话交换机总容量达2.7204万门，增长36%。本地电话用户3.5203万户，增长8.4%，其中，市话用户1.1031万户，增长6%；乡村电话用户2.3992万户，增长2%。

商业　2006年全县社会消费品零售总额3.96亿元，比2005年增长16%。

外经外贸　2006年全县进出口总额突破15万美元，批准外商投资企业1个。

科技教育　2006年全县获13项科技成果。有科技人员0.91万人。普通高中1所，中等职业学校1所，初中13所，小学181所，幼儿园70所。在校学生分别为4690人、801人、15843人、23525人、6369人。其中义务教育学段在校学生3.9562万人。教职工2906名。适龄儿童入学率100%，高中入学率40%。

文体卫生　全县有文化馆、博物馆、图书馆、剧团、剧院、体育活动场所共61处。儿童乐园10处，老干部活动室22处。有医院23家，床位505张，医护人员899人。

社会生活　2006年，全年最低生活保障金发放人数3717人，比2005年增加10%。全县有1200名职工参加失业保险，有8600名职工参加基本医疗保险。在岗职工人均收入12704元，农民人均收入4230元；人均住房面积20.5平方米。百户拥有电话67部，电视机100台。

（李筱琴　张海军　王满英）

**【“三化”项目建设取得实效】** 1. 狠抓了一批工业新型化项目。根据新型化的发展要求，立足屯留县优势资源开发和现有工业基础，通过加大工业结构调整力度，改造传统产业，发展优势产业，培育新兴产业，实施品牌战略，有效提高了工业经济运行质量和效益，工业企业实现税收2.7亿元，占到财政总收入的75.7%。2006年屯留县共实施投资千万元以上的工业新型化项目28个，总投资110多亿元。其中：已建成投产的项目10个，完成投资7亿元，投产达效后实现产值13.4亿元，实现利税0.9亿元；正在建设的项目15个，总投资55.2亿元，投产达效后可实现产值37亿元，实现利税9.12亿元；前期准备的项目3个，投资规模达44亿元，投产达效后可实现产值26.1亿元，实现利税3.3亿元。

2. 新上了一批城镇特色化重点工程项目。围绕“突出城市品位、打造上党名城”的总体思路，2006年相继实施了青少年活动中心、嶷神岭森林公园等11项城市重点建设工程和老爷山景区、屯绛水库景区两项景点建设；完成了羿神大街延伸改造、南环路建设、建设北路延伸改造、麟绛大街综合改造、19条街巷路建设和新华公园、羿神大街亮化工程；完善了康庄工业园区供水、供气的土建工程，把市区的供水、供热接入康庄园区，提升了康庄工业园区的竞争水平和实力。围绕“1+5”城市集群建设，继续加大了城乡公路建设力度，投资1.37亿元，完成了太长高速屯留连接线、康庄园区北环路、康庄园区纬二路、老爷山旅游路、街巷道工程、嶷神岭旅游公路及乡村、矿区等道路建设工程，是屯留县公路建设史上投资最多、里程最长、质量最好的一年，各项道路的相继竣工，屯留县的交通条件得到明显改善和提高，区位优势进一步显现。围绕生态环境建设，把加强主要道路和路口的绿化、亮化、美化作为城市建设的一项重点工作来抓，高起点规划设计，多渠道加大投入，着力建设景点、培育亮点。先后投资1500多万元对羿神像周边、长太高速屯留连接线、羿神西街、康庄工业园区等处进行了大面积绿化，建成了高标准的绿地、草坪，栽植了各种档次高、观赏性强的乔灌木，新增城市绿地面积4600平方米，县城园林绿化面积达到91万平方米，人均公共绿地5.125平方米。大力开展六大造林绿化工程，全年共完成人工造林3735.2公顷、通道绿化90公里、交通沿线荒山绿化133.4公顷、环城荒山绿化66.7公顷，栽植各类风景树218万株。围绕环境保护工作，对全县所有排污企业进行了3次地毯式的大检查。对5家环境不达标企业下达了限期整改通知书，严肃查处了31起环境违法案件。

3.实施了一批农业产业化项目。根据产业基础、资源优势、区位特点和市场需求，按照区域化布局、专业化生产、产业化经营的要求，通过扶持龙头企业，培育特色产业，壮大产业基地，着重在延伸农产品产业链，增加农产品附加值，提高农产品竞争力上实施了一批实实在在的项目，有力推动了全县新农村建设。2006年共实施投资千万元以上的农业产业化项目8个，总投资6.2亿元，其中已建成投产的项目3个，完成投资5.17亿元；正在建设的项目5个，总投资1.03亿元。完善市场营销体系，建设了6个农产品产地批发市场和综合交易市场，组建了40余家农业公司，发展了粮食、蔬菜、药材、畜牧等农产品营销组织和专业合作社50多个，全县涌现出3200余名农民经纪人，组织和带动了万余名农民进入农产品营销领域，使尖椒、小杂粮、核桃等10余种绿色农产品打入北京、广州、太原等多个省市的市场，部分产品走出国门进入东南亚市场。

（李筱琴　张海军　王满英）

**【新农村建设】** 2006年，屯留县掀起新农村建设高潮。全县各乡镇、开发区以中央新农村建设“二十字方针”为指导，结合实际，因地制宜，深入开展了新农村建设，全县涌现出了一批新农村建设的好典型，东古村建起了居民单元楼、小南村修起了高标准的体育运动场。据统计，首批建设的31个村，11个省级示范村、20个市级整治村，全部完成了“五图书”或“三图一书”规划，共完成道路硬化653.7公里，村内栽植绿化树13.35万株，安装路灯亮化的村达到30个，改水村数达到22个，建沼气池、实现“四改”的户数达到767个；新建成或改建村民休闲健身场所29个，达标卫生所29个，科技文化活动室30个，标准化学校30个，便民店135个。

（李筱琴　张海军　王满英）

**【举办中老年双千人健身活动】** 2006年9月14日，屯留县分别在县城及渔泽镇举办了全县中老年双千人健身比赛，全县县直五大口及各乡镇（开发区）的2000余名中老年体育健身积极分子参加了健身活动。他们表演了自编套路健身球、太极柔力球、太极拳、健身秧歌、太极功夫扇、手绢舞等项目。展现了广大中老年同志热爱生活，关注健康，积极向上的精神风貌。（李筱琴　张海军　王满英）

**【参加全国可持续实验区20周年成就展】** 2006年11月，屯留县作为“全国科技进步示范县”及长治市唯一的省级可持续发展实验区，代表山西省参加了全国可持续发展实验区20周年成就展。展览会展现了屯留县在科技创新的支撑下，工业、农业、工艺等诸多领域新发展，集中体现了屯留县大力实施“科教兴县”和可持续发展战略的辉煌成就。

（李筱琴　张海军　王满英）

**【屯玉种业发展纪要】** 2006年是屯玉种业不平凡的一年。截至2006年底，屯玉种业在全国不同的农作物生态区域建立了4个研究中心，5个育种试验站，1个研究院，1个南繁工作站，52个生态试验点，实现了在不同的生态区域内都有适宜种植的屯玉品种，共拥有自主开发权的玉米杂交种66个，其中，通过国家审定的玉米杂交种24个。

3月20日，屯玉种业被国家八部委（农业部、国家发展和改革委员会、财政部、商务部、中国人民银行、国家税务局、中国证券监督管理委员会、中华全国供销合作总社）表彰为“全国农业产业化优秀龙头企业”这在全省种子企业中获此殊荣的仅此一家，全国种子企业中也仅有四家。

6月15日，屯玉种业董事长侯爱民因病逝世。

9月，在国家质量监督检验检疫总局召开的质量振兴纪要实施十周年暨中国名牌产品表彰大会上，“屯玉”牌玉米种子被授予“中国名牌产品”。成为中国种业界唯一拥有“中国驰名商标”、“中国行业标志性品牌”．“中国名牌产品”的企业。

（李筱琴　张海军　王满英）

**【乡（镇）党委换届工作】** 2006年4月份，屯留县14个乡镇、开发区进行了党委换届和乡镇机构改革，每个乡（镇）设定9个领导职数分别是：党委书记兼乡（镇）长，副书记、常务副乡（镇）长各一名，人大主席、纪检书记、武装部长各1名，副乡（镇）长3名。并按照《屯留县乡镇机构改革实施方案》核定的领导职数要求，严格以岗定人，共配备乡镇党委班子成员97名，精简了10.2%，调整干部170名，30岁以下的干部19名，占有19.59%。此次改革乡镇党政机关定岗272人，乡镇事业单位定岗218人。从而优化了乡镇机构设置，进一步理顺了乡镇一级管理体制。

（李筱琴　张海军　王满英）

**【屯留一中高考成绩“八连冠”】** 6月28日，2006年全国普通高校招生成绩揭晓。屯留县一中以本科达线（不含艺术、体育类）437人的优异成绩再次全市夺魁，蝉联全市各县区“八连冠”。（李筱琴　张海军　王满英）

**【屯留县首家养殖合作社成立】** 2006年7月18日，位于屯留县余吾镇莲村的犇兴养殖合作社经县民政局登记管理机关依照《社会团体登记管理条例》审核、登记，对其颁发了社会团体法人登记证。这是屯留县成立的首家养殖合作社。该社以组织全县肉牛养殖户，开展有计划、有步骤的科技普及、技术推广、信息服务为主要职责；以开展技术咨询服务，积极协调养殖市场中发生的纠纷，定期举办技术交流活动为业务范围。民政局登记管理机关对其遵守宪法和各项相关法律的情况进行监督，依照登记的章程，对其活动的情况进行监督。

（李筱琴　张海军　王满英）

**【上村镇、农村信用联社分获国家级“先进村”和“先进单位”】** 2006年7月，在全国创建文明村（镇）工作先进村（镇）和全国创建文明单位先进单位活动中，屯留县上村镇和农村信用联社获此殊荣，并被省劳动竞赛委员会记集体一等功一次。

（李筱琴　张海军　王满英）

**【屯留县中心敬老院投入使用】** 为认真贯彻国务院《五保供养工作条例》和屯留县《十一五规划纲要》精神，促进农村社会保障制度的建立，加快建立和谐社会的步伐，屯留县在原先光荣院的基础上，重新扩建、改建，组建了以光荣院、敬老院、老年公寓三位一体的综合型老年服务中心——屯留县中心敬老院。设立床位30张，到2006年底，已有17名优抚、孤寡老人入院。（李筱琴　张海军　王满英）

**【宝峰寺被列为国家重点文物保护单位】** 宝峰寺位于屯留县城东北10公里的路村乡姬村村西。创建年代不详，现存建筑为元代早期遗物，梁架中明显保留金代建筑风格的手法和特点，该寺坐北向南一进三院，现存建筑有：水陆殿、五方佛殿和厢房若干间，占地面积2800多平方米。整组建筑结构严谨，平面布局疏朗，是一处保存较为完整，规模较大的古建筑群，对于元代建筑研究有重要的实物资料价值和文物观赏价值。2004年6月，被山西省人民政府公布为省级重点文物保护单位，2006年6月被国家列为重点文物保护单位。

（李筱琴　张海军　王满英）

**【屯留道情被列入省非物质文化遗产名录】** 屯留道情系上党曲坛富有代表性的唱曲曲种之一。于明末粗具雏形，到清初满汉文化交融时期定型。清初至民国二十四年（1936年）为其兴盛时期，抗日战争开始后，走向衰落。迄今已有近三百五十年的历史。其起源于屯留县上莲开发区的老爷山三嵕庙道教音乐，成熟于西流寨开发区河长头村一带的民间演唱活动，是当地人民群众喜闻乐见的一种民间曲艺演唱形式。清代中期及民国年间，曾流传于长治县、长子县、潞城县、壶关县等地。有传统曲目《珍珠倒卷帘》。2006年被列为省非物质文化遗产。（李筱琴　张海军　王满英）

| | |
|---|---|
| 中共县委书记 | 李东峰 |
| 县人大常委会主任 | 徐松林 |
| 县　长 | 孙刘琳 |
| 县政协主席 | 王国志 |

## 沁源县

【简述】自然条件　全县总面积2547平方公里。2006年辖9个乡5个镇6个居委会254个行政村。土地面积25.47万公顷，耕地1.80万公顷。矿藏6种。主要河流8条，其中沁河最大，境内全长328公里。旅游景点10个。年平均气温8.9℃，年降水量533.5毫米。

人口　2006年末全县总人口15.96万人，4.6万户。男性人口84559人，女性人口75080人，男女性别比（女=100）为112.63。全年人口出生率10.5‰，死亡率4.69‰，自然增长率6.47‰。人口密度每平方公里62.7人。

经济概况　2006年全县实现生产总值23.41亿元，比2005年增长10.8%。全年全县财政收入8.011亿元，比2005年增长5.96%，增收3亿元；支出5.3亿元，比2005年增长118%，增支2.8亿元。年末各项贷款余额10.4亿元。

农业　2006年全县农业总产值2.18亿元，比2005年增长2.4%。农作物总面积1.688万公顷。粮食作物面积1.377万公顷，经2005年减少6.7%，粮食总产量0.6亿公斤，比2005年增长0.1%，平均每产310公斤。经济作物面积0.256万公顷。蔬菜瓜类总产量0.95亿公斤。果园面积0.06万公顷，总产量0.0654亿公斤。林业：2006年造林0.15万公顷，增长22%。经济林0.008万公顷，增长5%，畜牧业：2006年牛出栏1.3万头，猪出栏4.1万头，羊出栏9.2万只。肉类总产量0.64万吨，蛋类总产量0.12万吨，牛奶总产量0.018万吨。

工业　2006年，规模以上工业企业完成总产值30.6亿元，比2005年增长28%，其中国有企业完成0.01亿元；集体企业完成0.86亿元，股份企业完成25.09亿元；其他经济类型企业完成4.66亿元。完成利税7.5亿万元，实现利润4.8亿元。规模以上企业21个，职工1.2万人。

建设环保　2006年完成基本建设投资0.88亿元，比2005年增长780%。重点建设项目有15个。全县资质以上建筑企业1家，完成建筑业总产值0.246亿元，比2005年增长173%，实现利税80.8万元，比2005年增长173%。全年房屋施工面积3.6万平方米，比2005年减少3.5万平方米。全年环境保护总投资741万元，比2005年增长70%，占同期全县生产总值的0.3%。

交通邮电　2006年全县公路通车总里程540.315公里，其中县乡公路390.977公里。年货运量331万吨，客运量293万人次，客货运输总车辆648辆，客运线路69条。邮电：邮电业务总量0.255亿元，增长9.75%。其中，邮政业务总量0.055亿元，增长9.7%；电信业务总量0.2亿元，增长10.1%。全县市话交换机总容量达1万门，增长6%，农话交换机总容量达2.46万门，增长9.8%。本地电话用户3万户，增长10.2%，其中，市话用户1万户，增长2%；乡村电话用户2万户，增长8.2%。年末全县移动电话用户发展到3万户，新增用户0.7万户，增长13%。

商业旅游　2006年全县社会消费品零售总额0.5亿元，比2005年增长11.5%。居民消费总水平上升11%。市场面积10000平方米。旅游业2006年接待国内客人30万人次，国际客人5人，年收入500万元。

外经外贸　2006年全县进出口总额突破3000万美元。

科技教育　2006年全县获10项科技成果。科技人员450人。有普通高中1所，高级职业学校1所，初中17所，小学199所，幼儿园12所，在校学生分别为2502人、585人、8985人、14509人、3970人。其中义务教育学段在校学生23494万人。教职工2432名。适龄儿童入学率100%，高中入学率52%。

文体卫生　全县有文化馆、博物馆、图书馆、剧团、剧院、体育活动场所共6处。儿童乐园4处，老干部活动室3处。有医院16家，床位423张，医生215人。

社会生活　2006年城镇待业420人，全年最低生活保障金发放人数3327人，比2005年增加7%。全县有0.4万职工参加失业保险，有1.21万职工参加基本医疗保险。2006年居民存款余额16.36亿元。全年支出救济金4.5万元，比2005年增加0.7万元。实现社会商业保费收入1857万元，赔款支出800万元。城镇居民人均可支配收入10018元。农民人均收入3248元。全县人均住房面积42平方米。百户拥有电话80部、电视机815台。（县志办）

| | |
|---|---|
| 中共县委书记 | 王玉圣 |
| 县人大常委会主任 | 高　平 |
| 县　长 | 张　圣 |
| 县政协主席 | 赵海军 |

## 沁　县

【简述】自然条件　全县总面积1297平方公里。2006年辖7个乡6个镇306个行政村。土地面积13万公顷，耕地面积3.4万公顷。主要河流12条，其中漳河最大，境内全长38.9公里。旅游景点6个。年平均气温9.6度，年降水量525.6毫米。

人口　2005年底全县总人口17.1万人，5.4万户。男性人口9.01万人，女性人口8.09万人，男女性别比（女=100）为106。全年人口出生率9.23‰，上升0.08个千分点，死亡率6.00‰，下降0.49个千分点；自然增长率3.23‰，比2005年提高0.57个千分点。人口密度每平方公里132人。少数民族5个，共108人。

经济概况　2006年全县国内生产总值6.6亿元，比2005年增长2.0%。2006年全县财政收入0.6150亿元，比2005年增长10%，增收0.015亿元；支出2.22亿元，比2005年增长29%。年末各项贷款余额5.66亿元。

农业　2006年全县农业总产值3.56亿元，比2005年减少10%。农作物总面积2.25万公顷。粮食作物面积2.41万公顷，比2005年增长2%；粮食总产量1.24亿公斤，比2005年减产3.0%，平均亩产344公斤。经济作物面积0.018万公顷。蔬菜瓜类总产量0.24亿公斤。果园面积0.089万公顷，总产量835吨。林业：2006年造林1.55万公顷，增长10%。经济林1.2万公顷，增长15%。畜牧业：2005年牛出栏2.14万头，猪出栏2.47万头，羊出栏4.18万只。肉类总产量0.64万吨，蛋类总产量0.15万吨，牛奶产量0.045万吨。

工业　2006年，规模以上工业企业完成工业总值1.05亿元，比2005年减少32.24%，其中国有企业完成0.002亿元，增长173.9%；股份企业完成0.89亿元，减少37.95%。完成利税-0.13万元，实现利润-0.16万元。规模以上企业总数7个，职工1300人。

建设环保　2006年完成基本建设投资1.3亿元，比2005年增长75.7%。重点建设项目有2个。全县资质以上建筑企业1家，完成建筑业总产值0.15亿元，比2005年增长15%，实现利税93万元，比2005年减少15%。全年房屋施工面积2万平方米，比2005年增加0.6万平方米。全年环境保护总投资68万元。

交通邮电　2006年全县公路通车总里程837公里，其中县乡公路356公里；年货运量140万吨，客运量65万人次，客货运输总车辆980辆，客运线路18条。邮电：邮电业务总量0.018亿元，增长10%。其中，邮政业务总量0.0288亿元，增长15%；电信业务总量0.0350亿元，增长15%。全县市话交换机总容量达12000门，增长10%，农话交换机总容量达10000门，增长10%。本地电话用户22500户，增长15%，其中，市话用户10150万户，增长15%；乡村电话用户12300万户，增长10%。年末全县移动电话用户发展到12500户，新增用户500户，增长0.5%。

商业旅游　2006年全县社会消费品零售

总额2.08亿元，比2005年减少15%，居民消费总水平上升15%。市场面积25000平方米。商业从业人员0.18万人，完成销售收入1.5亿元。旅游业2006年接待国内客人5000人次，年收入50万元。

科技教育　2006年全县获2项科技成果。有科技人员2850人。有普通高中4所，高级职业学校1所，中等职业学校2所，初中12所，小学186所，幼儿园35所。在校学生分别为4197人、519人、11806人、16212人、2659人。其中义务教育学段在校学生2.8万人。教职工2431名。适龄儿童入学率100%，高中入学率35%。

文体卫生　全县有文化馆、博物馆、图书馆、剧团、剧院、体育活动场所共16处。儿童乐团2处，老干部活动室3处。有医院15家，床位332张，医生680人。

社会生活　2006年城镇待业330人，全年城镇最低生活保障金发放人数3660人，比2005年增加17%。农村低保7011人，比2005年增加22%。全县有5064名职工参加失业保险，有7700名职工参加基本医疗保险。2006年末居民存款余额10.6亿元。全年支出救济金295万元，比2005年增加12万元。城镇居民人均可支配收入3500元。农民人均收入2528元。全县人均住房面积20平方米。百户拥有电话65部，电视机98台。（申文水）

**【沁县与国电集团合作开发煤电项目】**　2006年11月30日，中国国电集团公司与长治市人民政府、沁县人民政府在京正式签署合作开发沁县煤电项目意向书。投资规模50亿元人民币，规划建设4×600兆瓦发电机组。

在签字仪式上，国电（集团）负责人朱永茂和长治市市长杜善学分别发表了重要讲话。杜市长表示将全力以赴支持国电集团公司在沁县建设煤电项目，在财力、物力、人力等方面大力支持。朱永茂表示一定将三方描绘的合作蓝图变成美好的现实，为沁县经济发展贡献力量。（申文水）

**【城乡客运正式通车】**　2006年10月20日上午，县客运中心站院内彩带飘扬，鼓乐喧天，沁县城乡客运正式通车运营，举行了通车剪彩仪式。

城乡客运是一项惠及"三农"，造福百姓的民心工程。2006年，县委、县政府高度重视，把城乡客运通车作为"三强战略"一项重要工程，工程采取"谁投资、谁经营、谁受益"的办法，实行公开招标，由长治客运公司沁县分公司中标。投资近70万元购置高档中巴车8辆，开通了县城至南泉、册村、杨安、南涅水、次村五条线路，每条线路循环往返，以每人每公里程0.12元计价收费。城乡客运通车，为民办了一件大实事，进一步推动了沁县经济的健康发展。（申文水）

**【沁县连续三年获"省级卫生县城"称号】**
2006年10月6日，沁县顺利通过了省级卫生县城验收检查，十项指标全部达标。连续三年获"省级卫生县城"称号。（申文水）

**【二郎山森林公园建设】**　二郎山森林公园位于县城西的西湖之滨，是沁县2006年城镇特色化的重点建设工程，也是改善沁县人居环境、提升县城品味的示范工程。工程规划面积667公顷，分为水上娱乐、人文景观、农耕文化、花果生态、森林生态、休闲观光、疗养度假7个景区，总投资1600余万元。分三期工程进行开发，在2006年全市180余人的全市推进"三化"观摩团大检查中，受到市委领导和检查人员的高度评价。（申文水）

**【沁州黄获2005年山西省名牌产品】**　2006年1月7日，在山西省政府召开的2005年山西省首届政府质量奖暨名牌产品质量信誉企业表彰大会上，沁县山西沁州黄小米（集团）有限公司生产的"沁州黄牌"沁州黄小米产品荣获2005年山西省名牌产品称号。（申文水）

**【召开建设社会主义新农村动员大会】**　2006年7月7日，在沁县宾馆二楼会议室，召开了全县建设社会主义新农村动员大会，参加会议的有四套班子领导，各乡镇书记、乡镇长，县直各部、委、局办的一把手以及示范村、整洁村、208沿线村的支部书记、村长近300人参加了大会。

大会根据中央、省、市有关精神，结合沁县实际，按照新农村建设"生产发展、生活宽裕、乡风文明、村容整洁、管理民主"的总体目标要求，提出了沁县实施意见：以邓小平理论和"三个代表"重要思想为指导，以科学发展观统领全局，紧紧围绕创建生态农业强县，绿化农产品基地县，农副产品加工大县的目标；以增加农民收入为重点；以整治村容村貌为突破口，建设充满生机活力，经济繁荣昌盛，乡村整洁优美，服务快捷方便，生活宽裕舒适，管理民主和谐的新农村为指导思想，实施三强战略。2006年启动30个村试点，到2010年，全县40%以上村实现"八化"（产业现代化、布局合理化、环境整洁化、服务社会化、家居舒适化、设施系统化、农民知识化、管理规范化）目标。（申文水）

**中共县委书记**　赵春英
**县人大常委会主任**　王兆林
**县　长**　裴少飞
**县政协主席**　张俊芳

# 晋城市

**【概述】**综合　国民经济增长速度持续加快。2006年地区生产总值364.4亿元，比2005年增长11.8%。其中，第一产业增加值14.9亿元，增长6.4%；第二产业增加值235.5亿元，增长12.7%；第三产业增加值114.0亿元，增长10.9%。第一、第二和第三产业增加值占国内生产总值的比重分别为4.1%、64.6%和31.3%。人均生产总值16489元，按2006年平均汇率计算达到2113美元。

居民消费价格总水平比2005年上涨1.5%，其中服务价格上涨6.4%。商品零售价格下跌0.9%，工业品出厂价格上涨2.8%，原材料、燃料、动力购进价格上涨2.6%，城市间交通费价格下跌2.5%，房屋销售价格上涨3.9%，土地交易价格上涨5.1%。

表52　**2006年晋城市居民消费价格表**

| 指　　标 | 全市平均 |
|---|---|
| 居民消费价格 | 1.5 |
| 消费品价格 | −0.2 |
| 食品 | 1.4 |
| 其中：粮食 | 2.7 |
| 烟酒及用品 | 1.3 |
| 衣　着 | −3.5 |
| 家庭设备用品及服务 | 1.2 |
| 医疗保健及个人用品 | 2.9 |
| 交通和通信 | −2.9 |
| 娱乐教育文化用品及服务 | 7.1 |
| 居　　住 | 1.5 |
| 服务项目价格指数 | 6.4 |

劳动就业　2006年全市从业人员115.3万人，比2005年末增加2.9万人。其中城镇从业人员33.32万人，农村从业人员81.71万人。年末全部单位从业人员24.13万人，比2005年增长3.03%。其中，在岗职工人数23.73万人，比2005年增长3.17%。

2006年全市城镇新增就业人员41799人，完成全年目标（20700）的201.93%。下岗再就业人数达到7764人，完成全年目标（4300）的180.6%，其中"4050"人员1751人，完成全年目标（870）的201.3%。城镇登记失业率2.4%，控制在了4%的目标范围之内。

农业　2006年粮食种植面积20.259万公顷，比2005年增加4480公顷；棉花种植面积560公顷，减少210公顷；油料种植面积5980公顷，减少1380公顷；药材种植面积1450公顷，减少70公顷；蔬菜种植面积5840公顷，减少54公顷；果园面积4290公顷，减少550公顷。

全年粮食产量852991吨，比2005年增加62513吨，增产7.91%；棉花产量430吨，减少18.1%；油料产量10075吨，减产13.64%；药材产量4830吨，减产0.74%；蔬菜产量282959吨，增产4.07%；水果产量60670吨，增产10.51%。

2006年晋城市主要农产品

表53　产量及其增长速度表

| 产品名称 | 产量 | 比2005年增长 |
|---|---|---|
| 粮食 | 852991 | 7.91 |
| 夏粮 | 234335 | 20.7 |
| 秋粮 | 618656 | 3.74 |
| 油料 | 10075 | －13.64 |
| 花生 | 603 | －19.28 |
| 油菜子 | 1430 | －7.32 |
| 棉花 | 430 | －18.1 |
| 水果 | 60670 | 10.51 |
| 蔬菜 | 282959 | 4.07 |

**畜牧业**　2006年末大牲畜、猪、羊存栏分别为7.56万头、64.02万头和62.16万只，分别比2005年末增长－6.51%、14.93%和4.55%。全年肉类总产量84257吨，比2005年增长13.05%。其中，猪、牛、羊肉分别增长13.58%、15.09%和5.01%；奶类总产量5091吨，比2005年减少5.44%；禽蛋总产量32830吨，增长4.23%；蚕茧产量4300吨，比2005年增长14.03%。水产品产量1211吨，增长34.86%。全年木材产量3917立方米，比2005年增长21.53%。

2006年末全市有效灌溉面积4.467万公顷，其中本年度新增有效灌溉面积600公顷，万亩以上灌区面积达5410公顷；全年化肥施用量（实物量）24.84万吨，比2005年增长0.55%；农用薄膜使用量489吨，下降19.57%；农业机械总动力194.4万千瓦，增长3.30%；机耕地面积达11.834万公顷，比2005年增加2930公顷，增长2.54%。

**工业**　2006年全部工业增加值213.9亿元，比2005年增长12.1%。规模以上工业增加值179.40亿元，增长15.13%；产品销售率98.14%。

2006年晋城市规模以上工业增加值

表54　及其增长速度表

| 指标 | 增加值 | 比2005年增长 |
|---|---|---|
| 规模以上工业 | 179.40 | 15.13 |
| 国有控股企业 | 132.97 | 11.58 |
| 集体企业 | 13.82 | －3.79 |
| 股份制企业 | 117.95 | 15.92 |
| 外商及港澳台投资企业 | 30.95 | 13.66 |
| 轻工业 | 2.25 | 16.47 |
| 重工业 | 177.16 | 15.11 |

2006年规模以上企业原煤产量比2005年增长7.10%（全社会产量7667万吨，增长0.52%），洗煤下降7.4%，焦炭增长6.0%，生铁增长132.3%，粗钢增长134.58%，钢材增长69.29%，发电量下降1.43%。

2006年晋城市主要工业产品

表55　产量及其增长速度表

| 产品名称 | 单　位 | 产　量 | 比2005年增长（%） |
|---|---|---|---|
| 纱 | 万吨 | 0.42 | 2.03 |
| 布 | 万米 | 809 | 1.13 |
| 原煤 | 万吨 | 7667 | 0.52 |
| 发电量 | 亿千瓦小时 | 133.03 | －1.43 |
| 火电 | 亿千瓦小时 | 131.98 | －1.74 |
| 粗钢 | 万吨 | 57.38 | 134.58 |
| 钢材 | 万吨 | 35.50 | 69.29 |
| 水泥 | 万吨 | 123.99 | 8.58 |
| 化肥（折纯） | 万吨 | 116.06 | 31.83 |
| 发电设备 | 万千瓦 | 230 | －2.13 |

2006年规模以上工业销售收入376.20亿元，比2005年增长16.15%。其中，四大传统支柱产业实现销售收入349.36亿元，增长15.15%。全市规模以上工业企业实现利润47.48亿元，比2005年增长11.80%。实现利税78.25亿元，增长9.53%。

2006年晋城市规模以上工业企业

表56　实现利润及其增长速度表

| 指　标 | 利润总额 | 比2005年增长 |
|---|---|---|
| 规模以上工业 | 47.48 | 11.80 |
| 国有控股企业 | 34.65 | 12.36 |
| 集体企业 | 3.45 | －36.46 |
| 股份制企业 | 30.65 | 11.50 |
| 外商及港澳台投资企业 | 8.17 | 79.17 |
| 私营企业 | 0.79 | 172.41 |

**建筑业**　2006年全社会建筑业实现增加值21.6亿元，比2005年增长19.0%。具有资质等级的总承包和专业承包建筑企业完成总产值19.6亿元，增长12.62%；实现利润862万元；上缴税金436万元。

**固定资产投资**　2006年全社会固定资产投资164.7亿元，比2005年增长32.74%。其中，城镇投资145.9亿元，增长35.37%；农村投资12.02亿元，增长47.6%。

在城镇投资中，国有及国有控股单位投资104.5亿元，比2005年增长29.65%。第一产业投资31.0924亿元，增长790.16%；第二产业投资105.5亿元，增长27.1%；第三产业投资37.2亿元，增长46.1%。

2006年房地产开发投资6.9亿元，比2005年下降16.41%，其中，商品住宅投资5.95亿元，下降4.35%。商品房竣工面积26.6万平方米，下降9.41%。商品房销售额6.4亿元。其中，期房销售额为1.2亿元，所占比重为19.3%。

**重点投资**　国家重点项目阳城电厂二期扩建工程和张峰水库分别完成投资23.65亿元和2.04亿元，分别占到年计划的88.47%和67.90%。省重点项目晋济高速公路完成投资8.32亿元，占到年计划的81.77%。市重点项目城市垃圾无害化处理工程、市污水处理厂完成投资分别占到年计划109%、17.24%。

**消费品市场**　2006年社会消费品零售总额87.59亿元，比2005年增长16.07%。分城乡看，城市消费品零售额56.67亿元，增长18.5%；县及县以下消费品零售额30.92亿元，增长11.87%。分行业看，批发和零售业零售额70.98亿元，增长13.79%；住宿和餐饮业零售额10.09亿元，增长39.22%；其他行业零售额6.51亿元，增长11.74%。

在限额以上批发和零售业零售额中，汽车类零售额比2005年增长7.87%，石油及制品类增长24.96%，文化办公用品类增长54.58%，通讯器材类增长1.69%，家用电器和音像器材类下降6.01%，日用品类增长29.44%，家具类增长66.95%，食品、饮料、烟酒类增长12.61%，服装鞋帽、针、纺织类增长30.33%，化妆品类增长52.97%，金银珠宝类增长0.78%。

**对外贸易**　2006年全市进出口总额7407万美元，比2005年下降28.0%。其中，出口4973万美元，增长8.56%；进口2434万美元，下降57.3%。出口大于进口2539万美元，比2005年增加3659万美元。

2006年晋城市进出口总额

及其增长速度表

表57　单位：万美元、%

| 指　标 | 绝对数 | 比2005年增长 |
|---|---|---|
| 进出口总额 | 7407 | －27.96 |
| 出口额 | 4973 | 8.56 |

续表 57

| 指　标 | 绝对数 | 比2005年增长 |
|---|---|---|
| 一般贸易 | 4295 | －3.56 |
| 加工贸易 | 677 | 432.81 |
| 贱金属及其制品 | 2148 | 3.5 |
| 机电、音像设备及其零件 | 858 | 510.81 |
| 国有企业 | 597 | －48.44 |
| 外商独资企业 | 879 | 467.37 |
| 集体企业 | 1830 | －13.64 |
| 个体企业 | 1607 | 51.15 |
| 进口额 | 2434 | －57.3 |
| 一般贸易 | 423 | 154.18 |
| 加工贸易 | 410 | 108.76 |
| 贱金属及其制品 | 63 | 146.21 |
| 机电、音像设备及其零件 | 1902 | －64.16 |
| 国有企业 | 102 | 28.34 |
| 外商独资企业 | 1204 | 173.28 |
| 集体企业 | 7 | 746.06 |
| 个体企业 | 1 | 115.57 |

**2006年晋城市对主要国家和地区进出口总额及其增长速度表**

表 58　　　　单位：万美元、%

| 指　标 | 进出口 | 比2005年增长 | 出口 | 比2005年增长 | 进口 | 比2005年增长 |
|---|---|---|---|---|---|---|
| 美国 | 1648 | －41.46 | 1217 | －0.33 | 431 | －72.97 |
| 欧盟 | 698 | －76.22 | 414 | 8.67 | 284 | －88.89 |
| 中国香港 | 815 | 643.51 | 585 | 485.04 | 230 | 2291.06 |
| 日本 | 1108 | 34.98 | 695 | 2.30 | 413 | 191.99 |
| 东盟 | 341 | 72.79 | 239 | 27.16 | 103 | 957.9 |
| 韩国 | 761 | －10.83 | 760 | －10.92 | 1 | — |
| 中国台湾 | 457 | 118.70 | 198 | 322.26 | 259 | 59.96 |
| 俄罗斯 | 54 | －17.38 | 54 | －17.38 | 0 | — |
| 澳大利亚 | 630 | －45.07 | 48 | －28.24 | 583 | －46.11 |

2006全市外来直接投资额22.1亿元，比2005年增长33.1%。全年新批外商直接投资企业19家。外商直接投资合同额20849万美元，实际使用外商直接投资金额5312万美元，比2005年增加3309万美元，增长165.1%。

**交通**　全市公路线路里程4356公里，其中高速公路128公里。公路密度45.9公里/百平方公里。2006年完成公路客运量6020万人，比2005年增长3.67%；公路货运量7923万吨，增长1.63%；完成公路客货周转量338390万吨公里，比2005年下降1.36%。

2006年末全市民用汽车保有量达到111022辆（包括三轮汽车和低速货车），比2005年末增长5.54%，其中私人汽车80344辆，增长4.74%。2006年末轿车保有量33262辆，比2005年末增长36.35%，其中私人轿车25003辆，增长43.73%。

**邮电通信**　2006年完成邮电业务总量20.15亿元，比2005年增长17.98%。其中，邮政业务总量1.24亿元，增长35.46%；电信业务总量18.90亿元，增长16.99%。新增局用交换机1.73万门，总容量达到34.97万门。固定电话用户年末达到53.26万户。其中，城市电话用户25.90万户，农村电话用户27.36万户。移动电话用户年末达到60.13万户。年末全市每百人电话（固定、移动）拥有数达51.2部。全市因特网用户数达74188。其中，宽带接入用户达到73349户，增长28.83%。

**旅游业**　2006年全市接待入境旅游者21682人次，接待国内旅游者652万人次，分别增长97.88%和17.7%。

**财政**　2006年全市完成财政总收入和一般预算收入分别为79.01亿元和26.49亿元（不含资源探矿权、采矿权），同口径增长28.11%和32.16%。增值税、营业税、资源税、企业所得税和个人所得税五大税种共计完成税收69.69亿元，分别增长19.14%、43.15%、21.92%、37.54%和56.54%，增收14.94亿元，占到财政总收入增量的86.1%。

一般预算支出执行39.23亿元，比2005年增长25.28%。其中农业支出增长21.67%，林业支出增长19.50%，科技支出增长40.89%，教育支出增长8.73%，医疗卫生支出增长49.02%，抚恤和社会福利救济费支出增长31.98%，社会保障补助支出增长84.68%，公检法司支出增长27.91%，文体广播事业费增长20.27%。

**金融**　2006年末全市金融机构本外币各项存款余额626.4亿元，比年初增加120.37亿元，与2005年相比，多增27.86亿元，增长23.78%，增幅同比提高1.42个百分点。各项贷款余额260.34亿元，比年初增加38.07亿元，比2005年多增30.92亿元，增长17.13%，增幅同比提高13.8个百分点。人民币个人消费贷款2.68亿元，下降20.52%，其中个人购房贷款2.41亿元，下降11.42%。2006年累计现金收入998.15亿元，累计现金支出969.16亿元，货币净回笼28.99亿元，比2005年多回笼5.58亿元。

**2006年晋城市金融机构本外币存贷款及其增长速度表**

表 59　　　　单位：万美元、%

| 指　标 | 年末数 | 比年初增长 |
|---|---|---|
| 各项存款余额 | 626.54 | 23.78 |
| 企事业单位存款 | 195.55 | 24.00 |
| 城乡居民储蓄存款 | 330.84 | 13.59 |
| 其中：人民币 | 330.08 | 13.63 |
| 各项贷款余额 | 260.34 | 17.13 |
| 短期贷款 | 149.75 | 15.31 |
| 中长期贷款 | 99.78 | 16.30 |

**保险**　2006年全市保费收入98479万元，比2005年增长17.36%。其中，财产险保费收入6333万元，下降3.80%；人身险保费收入72852万元，增长20.37%。全年支付各类赔款及给付14554万元，增长13.87%。其中，人身险给付支出1527万元，增长10.49%；财产险赔款支出3502万元，增长14.52%。

**证券**　全市共有证券营业部3家，从业人员60人。2006年末开户数19976户，累计存入资金75053万元，比2005年末增长78.60%；全年营业收入3630万元，营业支出1211万元，实现利润1760万元。

**教育**　2006年全市共有各级各类学校1850所，比2005年减少200所。在各类学校中，有高等学校2所，中专1所，中学204所，小学1634所，聋哑学校3所，教师进修学校6所；2006年末全市在校学生人数39.91万人，比2005年末减少1735人；2006年各级各类学校招生数9.05万人，比2005年减少7311人；毕业生数8.86万人，比2005年减少6859人；2006年末全市教职工人数3.62万人，比2005年末增加1595人；2006年末全市共有幼儿园526所，学龄儿童入学率99.9%、14岁毕业率和小学升初中升学率均达100%，初中升学率为74.59%，高中阶段毛入学率74.59%。本科达线人数2964人，比2005年增长22.18%；本科达线率为19.7%，比2005年提高1.44个百分点。

**科技**　2006年全市科技三项经费支出3410.69万元，比2005年增长43.55%。2006年组织实施各类科技项目75项（其中国家级3项，省级25项，市级47项），比2005年减少11项。在国家级项目中，列入国家星火计划2项；在省级项目中，列入省级火炬计划4项，科技发展计划3项，星火计划10项，农业攻关2项，成果推广4项。2006年共受理各项专利申请90件，比2005年增长30.43%。每10万人专利申请4.1件。

**文化**　全市共有艺术表演团体11个，2006年新排上演剧目7个，演出场次1834场，收入597.4万元；全市共有影剧院2个，文化馆8个，公共图书馆6个，总藏量246448万册；博物馆1个，广播电台1座，电视台2座。年末全市有线广播电视用户达40.82万户，广播综合覆盖人口210.17万人，广播综合人口覆

表60　　2006年晋城市分行业城镇固定资产投资及其增长速度表

| 行　业 | 单位 | 本　期 | 比2005年增长（%） |
| --- | --- | --- | --- |
| 总　计 | 万元 | 1458587 | 35.37 |
| 农、林、牧、渔业 | 万元 | 30924 | 790.16 |
| 采矿业 | 万元 | 435449 | －3.52 |
| 制造业 | 万元 | 305098 | 8.98 |
| 其中：化学原料及化学制品制造业 | 万元 | 183143 | 9.04 |
| 非金属矿物制品业 | 万元 | 30497 | 14.72 |
| 黑色金属冶炼及压延加工业 | 万元 | 34398 | 47.31 |
| 交通运输设备制造业 | 万元 | 5388 | 34.70 |
| 通信设备、计算机及电子设备制造业 | 万元 | 405 | 60.71 |
| 电力、燃气及水的生产和供应业 | 万元 | 314940 | 219.46 |
| 建筑业 | 万元 | — | — |
| 交通运输、仓储和邮政业 | 万元 | 129890 | 11.90 |
| 信息传输、计算机服务和软件业 | 万元 | 380 | －92.48 |
| 批发和零售业 | 万元 | 14150 | 59.62 |
| 住宿和餐饮业 | 万元 | 8500 | 54.55 |
| 金融业 | 万元 | 628 | 174.24 |
| 房地产业 | 万元 | 29695 | 172.93 |
| 租赁和商务服务业 | 万元 | 2207 | 45.97 |
| 科学研究、技术服务和地质勘察业 | 万元 | 1390 | 643.32 |
| 水利、环境和公共设施管理业 | 万元 | 121338 | 204.88 |
| 居民服务和其他服务业 | 万元 | 350 | －90.41 |
| 教育 | 万元 | 36208 | 53.97 |
| 卫生、社会保障和社会福利业 | 万元 | 1730 | －19.27 |
| 文化、体育和娱乐业 | 万元 | 4080 | －60.23 |
| 公共管理和社会组织 | 万元 | 21630 | 36.30 |

盖率95.3%；有线电视综合覆盖人口212.18万人，电视人口综合覆盖率达96.21%。全市广播电视传输网络干线总长6636公里。全市共有调频转播发射台6座7.1千瓦，电视转播发射台6座11.56千瓦。

**卫生**　全市共有卫生机构（含诊所）888个，其中医院、卫生院162个，妇幼保健院（所、站）7个，专科疾病防治院（所、站）4个。医院和卫生院床位6892张，每千人拥有病床3.26张。卫生技术人员8894人，其中执业医师和执业助理医师4133人，注册护士2394人。疾病预防控制中心（防疫站）6个，卫生技术人员259人；卫生监督所1个，卫生技术人员17人；乡镇卫生院109个，床位2213张，卫生技术人员2693人。全市共有5个县（市、区）开展了新型农村合作医疗试点工作，新农村合作医疗覆盖率达到83.3%。

**体育**　全市共举办各级各类运动会142次，参加运动会运动员人数41100人。运动员在省级以上重大比赛中获金、银、铜牌分别为64枚、21枚、20枚。全民健身活动更加形式多样，据不完全统计，全年全市体育锻炼标准达标人数达33.59万人，其中优秀级7153人。本年批准的等级运动员52人，批准的等级裁判员41人。

**人口**　2006全市常住总人口221.463万人，比2005年末增加9106人。全年出生人口22121人，出生率为10.01‰；死亡人口13015人，死亡率为5.89‰；自然增长率为4.12‰。男女人口性别比为100.98%。

2006年晋城市常住人口情况表

表61　　单位：人、%

| 指　标 | 2006年 | 比重% |
| --- | --- | --- |
| 总人口 | 2214463 | 100.0 |
| 出生人口 | 22121 | 1.00 |
| 死亡人口 | 13015 | 0.59 |
| 城镇人口 | 934519 | 42.2 |
| 乡村人口 | 1279944 | 57.8 |
| 男性 | 1112617 | 50.2 |
| 女性 | 1101846 | 49.8 |

**居民生活**　2006农村居民人均纯收入3939元，比2005年增长9.63%；城镇居民人均可支配收入10132元，增长13.7%。农村居民家庭恩格尔系数（即居民家庭食品消费支出占家庭消费总支出的比重）为34.6%，城镇居民家庭恩格尔系数为30.42%。按农村绝对贫困人口标准低于693元测算，2006年末农村贫困人口为2.7万人，比2005年末减少2000人；按低收入人口标准958元测算，2006年末农村低收入人口为9.77万人，比2005年末减少1.1万人。

据城乡居民家庭抽样调查，2006年末全市城市居民人均住宅建筑面积达到30.10平方米，比2005年增长6.2%；农村居民人均住宅建筑面积达到25.61平方米，比2005年增长2.0%。

**社会保障**　全市城镇基本社会保障覆盖率达65%，比2005年提高8个百分点。其中：养老保险覆盖率达88%，比2005年提高5个百分点；医疗保险覆盖率达34%，比2005年提高10个百分点；失业保险覆盖率达84%，比2005年提高8个百分点；工伤保险覆盖率达54%，比2005年提高9个百分点。

2006年共有31528个城镇居民得到政府最低生活保障，比2005年增加638人，保障户数14371户，比2005年增加273人；有48034个农村居民得到政府最低生活保障，比2005年增加4597人。

**社会福利**　2006全市各类收养性社会福利单位43个，比2005年增加3个，床位1306张，收养各类人员703人。享受定期抚恤人数2549人，比2005年减少8人；享受定期补助人数7496人，比2005年减少119人。伤残人数4067人，比2005年减少15人。优待优抚对象户数3908户，优待总金额480.3万元。2006年末全市共有各类社会福利企业58个，比2005年增加1个，共安置1260个残疾人就业。本年全市直接接收捐赠款172.7万元，捐赠衣被4万件，间接接收捐赠款52万元，受益人数50048人。

**资源**　2006年末耕地保有量为19.22万公顷，比2005年下降0.8%。完成造林合格面积1.66万公顷，增长190.1%。

**环境保护**　全市共有国家、省级自然保护区5个，自然保护区面积15.562万公顷；年末全市有生态示范区2个，生态示范区面积达44.07万公顷。

2006年末城市污水处理率达到90%，比2005年提高15个百分点；城市生活垃圾无害化处理达到90%，提高1.1个百分点；集中供热普及率达到60%，提高12个百分点；建成区绿化覆盖率达到45.3%，提高5.73个百分点。市区全年空气质量达到二级以上293天，比2005年增加35天。

*安全生产* 2006年生产安全事故死亡266人，比2005年下降12.2%。亿元GDP生产安全事故死亡人数为0.73人，减少0.23人；煤矿百万吨死亡人数为0.35人，减少0.34人。全年共发生道路交通事故993起，造成246人死亡、1154人受伤，直接财产损失379.2万元。

（秦海轩　李雪萍）

**【对外开放】** 2006年全市组团参加了山西（上海）经济合作项目推介会、山西（香港）投资洽谈会，共签约项目61个，引资额383亿。在签约的45个项目中，有21个开工建设。全年新批外资企业18家，合同直接利用外资额2.1亿美元。富士康集团、鲁能集团、天脊集团、中化集团等一批大企业、大集团先后落户本市，为经济发展注入了新的活力。积极实施“南下战略”，主动接轨中原城市群，融入中原经济圈，与美国工业重镇达拉斯市、加拿大素里达成了建立友好城市意向。

（秦海轩　李雪萍）

**【煤炭资源整合工作】** 坚持“关小、改中、建大”的原则，稳步推动煤炭工业走集约发展、高效发展、安全发展的道路。全年淘汰关闭矿井169个，关闭硫铁矿170个。王坡150万吨矿井正式投产，大宁、大阳、唐安等一大批新改建骨干矿井也即将竣工投产。大公司、大集团战略有了实质性的突破，继兰花科创进入“2005年度最具价值上市公司”50强后，由市国资委等12个法人单位共同出资，注册资本35.6亿元，一个集煤炭销售、煤化工项目研发及生产、对外投资及咨询于一体的大型股份制企业集团——太行烟煤集团又正式挂牌运行。全市煤炭资源实现有偿开采，全年完成采矿价款征缴56.8亿元。（秦海轩　李雪萍）

**【蓝天工程】** 2006年市区空气质量二级以上天数达到293天，综合污染指数下降到2.79。为确保这个目标实现，全市采取了一系列措施：对市区及周边地区12个重点污染企业实施关停、搬迁和改造；加强禁用散煤工作，对市区燃煤大户煤质进行了定期不定期的检查和煤质化验；加强扬尘污染防治，对市区40余家施工场地展开督查，对市区公共裸露地面采取了覆盖绿网和喷洒抑尘剂措施；深入开展了机动车尾气污染防治工作，新建机动车尾气检测线。奋战45天，于年底在全市掀起了一场以市区环境综合整治为核心内容的“蓝天工程”攻坚战，严密监控土小企业、施工工地，防止扬尘污染，对市区居民使用劣质煤炭进行置换，全面整改环境脏乱差，确保了蓝天工程目标的圆满实现。2006年10月17日，晋城市向国家环保总局正式递交“创建国家级环保模范城市”申请书。（秦海轩　李雪萍）

**【富士康工业园首期工程试投产】** 2006年12月21日，富士康晋城工业园B区项目部分进入试投产，首批由本市制造的IT产品悄然下线。富士康工业园于2006年3月1日开工建设以来，全市上下倾力支持，“一切为了富士康，一切服务富士康。”按时完成了各项配套工程建设，为确保富士康工业园首期工程顺利投产创造了良好的条件。作为世界500强之一和全球最大的IT业零部件供应商，富士康工业园的建成，将使高新技术产业跻身全市经济的“八大产业”，产品以黑、大、粗为主要特征的晋城经济，开始打造新的支柱。工业园整体建成后可提供两万五千余个就业岗位，预计年产值150～200亿。（秦海轩　李雪萍）

**【和谐晋城建设】** 2006年，全市深入贯彻党中央的有关精神，重点实施了以结构调整、新农村建设、人才强市、社会保障、环境创优、平安晋城、体制创新、文化建设“八大工程”为重点的和谐晋城建设实施方案，成立了专门的领导组办事机构，启动了一系列扎实有效的构建活动：减免学费、消灭零就业家庭等为民办实事政策相继出台。进一步畅通和拓展信访渠道，让群众“倾诉”有人听，“诉求”有回音。由“取”到“予”，让群众充分享受改革成果，一系列为民办实事工程相继竣工：全市新增城镇就业岗位3.33万个，输出和就地转移农村剩余劳动力9.01万人。下岗职工基本生活费和离退休人员养老金做到了按时足额发放。城乡低保稳步推进，城市和农村受保障人数分别达到3.1万人和4.7万人。改造农村中小学危房7.4万平方米，125万名农民享受到新型农村合作医疗制度带来的阳光。

（秦海轩　李雪萍）

**【晋城市有了市树市花】** 从2005年8月开始到2006年10月25日结束，经过广大市民的积极评选，再到市五届人大常委会四次会议的郑重通过，多年来有关市树市花的争论在历时一年之久的专门研究讨论后，终于尘埃落定：市树——雪松，市花——紫薇。雪松与紫薇都具有喜光、耐旱、抗病能力强的特点，非常适宜在本市地理气候条件下生长，同时也反映了本市人民朝气蓬勃、奋发向上的精神状态。对进一步提升晋城市的城市品位和知名度，增强市民种花种草、热爱自然、爱绿护绿意识，展示晋城风貌，体现人与自然的和谐统一，增强城市综合竞争力将起到积极推动作用。

（秦海轩　李雪萍）

**中共市委书记**　李雁红
**副书记**　夏振贵　孟福贵　石正明
**市人大常委会主任**　马巧珍
**副主任**　鄢科武　段伟祥　秦红星　张满祥　廖　军
**市　长**　夏振贵
**副市长**　郭长青　赵学梅（女）　李章宏　贾联亭　康吉仁
**市政协主席**　殷理田
**副主席**　申　会　郭一峰　贺贵元　王陆升　金德祥　马德和　陈改玲（女）

## 城　区

**【简述】** *国民经济* 2006年，区委、区政府努力克服禽流感防控和煤矿停产办证等不利影响，积极化解资金、土地和环保关停三大“瓶颈”制约因素，全区经济继续保持了持续、快速、健康增长的良好势头。全年全区生产总值达到246812万元，增长10.4%；财政总收入达到33630万元，增长26.6%。其中国税收入13056万元，比2005年增长11.47%；地税收入17945万元，比2005年增长34.15%。全社会固定资产投资总额达1028202万元，增长33.46%；规模以上工业总产值达到41974.6万元，增长0.30%；乡镇企业总产值达到564252万元，增长26.45%；社会消费品零售总额达到256678万元，增长17.57%。城镇居民人均可支配收入突破万元大关，达到10132元，增长13.7%；农民人均纯收入达到4669元，增长5.47%。

*农业* 2006年，全区农业经济快速发展。粮食生产完成总产1.6万吨，夏粮生产喜获丰收，特别是小麦在播种面积减少264.07公顷的情况下实现总产9088吨，同比增长3.27%；以柏基菌业为代表的特色农业生产效益大增，新建的18栋大棚已投入生产，已累计产出香菇19万公斤；200.1公顷黄金梨已进入挂果期，经市农产品检测中心检测，各项指标均达到无公害产品的标准。全年共扶持规模养殖资金36.4万元，农民人均畜牧业纯收入比2005年增长8.1%，畜牧兽医中心站投入使用，基本建成了三级动物疫病防控体系，禽蛋牛奶产量继续稳步提升。

2006年城区农田水利基础建设第四次获全省农建“禹王杯”。建成郭山33.35公顷节水增效园区一个，发展节水面积100.05公顷。全年累计新增水地133.4公顷，改善水地266.8公顷，分别占计划的100%和133%。建成小型水利工程15处。在全区规划的农建工程52项中，已全部完工的有35项，完成投资2000余万元。饮水解困工程中，重点对全区6个村的供水设施进行了改善，总投资200万元，提高了4000余人的饮水质量。在全省土地开发整理现场会上，全区提供的三个参观点受到省政府和省国土厅领导的高度评价。

全年全区各项惠农政策全面落实。全年对4002公顷粮食进行了直补，累计发放直补金42.5万元、综合性补贴51.3万元、农机具购置补贴18万元；重点对教育集资、中小学入学、结婚登记、计划生育指标审批、农村医疗卫生、农村建房等方面进行了监督。

工业　2006年，全区坚持以大项目建设为抓手，加快发展新型工业和现代服务业，通过内联外引，洽谈合作，盘活资产，注入资金，一大批三产服务项目和工业技改项目增添了活力。全年八大新型工业技改项目全面完成，累计完成投资额1.3亿元。其中，健牛工贸有限公司380立方米高炉9月中旬点火试生产；盛泽机械有限公司年产2000吨矿用防爆电机壳项目9月底正式生产；山西福瑞制药有限公司年产5000吨扑热息痛原料生产线续建项目8月完成；海容达工贸有限公司年产1500吨整铸防爆电机壳项目9月底正式生产；恒光热电有限公司2000吨/日冷却热水项目7月中旬完成，一期工程集中供热项目，已开始供热20万平方米；新华线缆有限公司年产1500公里矿用电缆项目正式生产；宇光线缆有限公司年产5000公里矿用线缆项目10月上旬开始试生产。

全年三产稳步发展，三产服务业上交税占全区税收总额的70%，营业面积5000平方米以上的商业网点达到38个。民营经济增势强劲，总产值、增加值、营业收入增幅均达到27%以上。

对外开放　2006年，全区招商引资成果丰硕。在首届白马王杯招商啤酒节上，共签订项目29个，签约引资14.5亿元。在“港洽会”上，共签约5个项目，拟引进资金30125万美元。分别是晋城豪德光彩贸易广场项目、沃尔玛晋城购物广场项目、晋城市生活垃圾处理工程填埋气收集利用项目、钟家庄社区综合大楼项目和九州玻璃制品有限公司13吨电熔炉生产线项目。在“中博会”上，共签约项目4个，总投资3.8亿元，拟引进资金3.8亿元。分别为美特好连锁超市项目、江苏万山机械电子设备有限公司投资的新型环保家具项目、晋城市耀达商贸城投资签订的浙江商贸城项目、九州玻璃制品有限公司与香港信誉洋行签订1个贸易意向，贸易总额45万美元。

社会保障　2006年，全区不断拓展就业渠道，增加就业岗位，全年新增就业岗位17662个，完成市级年任务的294%；实现农村劳动力输出与转移8386人，完成市级年任务的419%；全年下岗失业人员实现再就业987人，完成市级年任务的140%。进一步开展了低保规范化管理活动，服务城市低保对象3662户10226人，全年累计发放城市低保金855万元，年人均补差1086元，实现了“应保尽保”的目标。积极推进农村低保，全年纳入农村低保对象775户2290人，全年发放农村低保金100万元，年人均补差437元，有效地保障了农村贫困居民的基本生活权益。全年共有53987人参加了新型农村合作医疗，占到全区农民的92.21%，高于2005年10个百分点；对60581名参合农民进行了直接减免补偿，累计总医药费724万元。

环境保护　2006年，打响了“蓝天工程”集中整治攻坚战。本着“分类指导、区别对待”的原则，坚持“关、改、取、控、管、治、疏”七字方针，采取“蚕食”的办法，分阶段、分步骤，大力度全面推进“蓝天工程”。坚决关停市政府决定关停的企业；将恒光电厂改造为热电联供，对全区西北20万平方米区域内的居民、单位实行集中供暖，取缔了分散锅炉44台，土锅炉1600余台，削减烟尘80吨，二氧化硫140吨；加大对散煤的管理力度，迅速开展劣质煤置换专项行动，共置换劣质煤2.85万吨，严格控制新增污染源，严禁高污染、高耗能的企业落户城区；对废品收购点进行资源整合、综合治理、改善区域环境和“拾荒者”的生存条件和居住环境。市区空气质量二级以上天数达到293天，超目标13天。万元GDP污染物排放总量比2005年下降10%。（闫书军　周粉香）

**【环卫管理体制改革成效明显】**　随着形势的发展，特别是对照创建国家卫生城市的各项标准，城区环卫工作存在着体制不顺、机制不活、监管不力、覆盖不全、执法不严、投入不足等突出矛盾和问题，直接影响到环境卫生工作的正常开展，主要表现在大街小巷难以保洁、背街小巷难以清扫、围城垃圾难以克服、环卫设施残缺不全。为了适应建设新兴现代化城市的要求，2006年12月27日山西省晋城市全面实施环卫管理体制改革，环卫部门由传统的行政管理向市场化运作、企业化经营、产业化发展、社会化服务的方向转变。

这次改革的主要内容有：管理体制上撤销“环境卫生管理处”，改建“市容环境卫生管理局”；组建城市管理行政执法大队第五中队（环卫监理公司）；成立镇（办）市容环境卫生管理所。作业机制上，组建了环卫专门作业机构，包括13个清扫保洁公司、4个垃圾清运公司、2个环卫收费管理所、1个机械修理厂。运行机制上，打破现行作业模式，按区划分作业任务，面向各作业公司公开招标承包。清扫保洁作业总任务总共458万平方米，分为13个作业区，共有226条道路街巷，设定环卫岗位1266个。监督机制上，成立市容环卫督查组，对各环卫作业公司的作业质量、环卫监理公司的监察质量和各镇（办）的环卫工作进行督查。并建立了相应的奖惩机制，健全了投入机制鼓励社会资金投资环卫产业。

通过此次改革初步达到了全城覆盖，无缝管理。管理、作业、监督三大体系的确立，进一步明确了机构和人员职责，充实了一线力量，打破了大锅饭局面，实行按劳分配提高了工作效率，调动了职工积极性，使市容环境更加清洁和谐，人民群众的满意度大大提高。

（闫书军　周粉香）

| | |
|---|---|
| **中共区委书记** | 李治国※　焦光善 |
| **区人大常委会主任** | 王新喜 |
| **区　长** | 焦光善※　张玉宏 |
| **区政协主席** | 陈厚明 |

## 高平市

**【简述】**　在2006年中，高平市坚持以科学发展观为统领，精心实施“13458”科学发展战略，经济建设、政治建设、文化建设、社会建设和党的建设都取得了新的成绩。先后获“全国县域经济中部百强”、“全国最具投资潜力中小城市百强”、“全国和谐中小城市示范市”、“全国建设社会主义新农村特色县”、“全国人口和计划生育科技工作先进集体”、“全国民政工作先进市”、“全国质量兴市先进市”和山西省“发展民营经济先进市”、“生态建设先进市”、“增加农民收入先进市”、“粮食生产先进市”等光荣称号。

1.综合实力继续大幅度提升。截至2006年12月底，全市地区生产总值完成74.86亿元，比2005年增长17.2%；财政总收入完成11.39亿元（实际达到14.8亿元，不含两权价款7亿元），增长32.14%，位居晋城市六县（区）之首、全省第七位；一般预算收入完成3.7亿元，增长27.7%，位列全省第五位。综合经济竞争力以2005年国家统计资料排队，在全国2063个县（市）中，由2001年的898位提升到294位，五年跨越了604个县（市）。在2005年跨入全国中部百强县的基础上，2006年向前推进了36位，位列第64位。在全国800多个县（市）中，高平市被评为“2006年度全国最具投资潜力中小城市百强”，位居第35位。2006年4月13日，省委、省政府在高平市召开了全省县域经济现场会，省委书记张宝顺、省长于幼军对高平市的工作给予了充分肯定。

2.新农村建设起步良好。全市粮食总产达2.17亿公斤，创历史最高水平。生猪出栏70.1万头，增长16.3%。农民人均纯收入达到4038元，增长10.9%。先后完成了13个乡镇、127个村的镇村建设规划和60个新农村试点建设。认真落实了以“一免五补”为重点的各项惠农政策，累计减免农业税、村提留和乡统筹6300万元，市财政对农业投入高达2.4亿元。其中国家粮食补贴和农机具补贴970万元，养猪补贴1000万元，生态建设1047万元，农村新型合作医疗1930万元，农村中小学校“两免一补”和转移支付1242万元，农村低保、医保和五保户救济1360万元。

3. *结构调整实现新的突破*。依托重大项目强市、依托中小项目富民的调产方略，已经成为全市上下进行结构调整的共识和行动。天脊中化“40－60”、三甲炼焦120机焦一期、丹阳橡胶2亿只乳胶安全套和1万套波动式气床等项目建成投产；晋丰煤化“36－52”、丹峰化工30万吨甲醇、长平煤业集团扩建等二期项目进展顺利；江苏雨润集团200万头生猪屠宰加工冷鲜肉项目正式奠基；山西国电和江苏国信联合投资158亿元的煤电化一体化项目正在加快实施。目前，以肥、醇和煤电化一体化项目为代表的煤化工基地建设初具规模；以生猪屠宰加工冷鲜肉、果汁系列饮料扩改、蚕桑丝麻加工等为代表的农副产品加工业快速跟进；以羊头山旅游景区、七佛山省级森林公园等为代表的生态旅游产业正在迅速兴起；以广场文化、社区文化、影视文化等为代表的文化产业正在逐步形成。煤炭产业“一枝独秀”的产业格局正在改变，“三头六臂”多元化发展的产业格局正在形成，煤化工基地县建设在三晋大地独占鳌头。

4. *城市建设步伐继续加快*。新型工业化与特色城镇化双轮驱动战略正在全面实施，城乡面貌正在发生新的变化。邀请中国城市规划设计院，完成了城市建成区控制性详细规划。持续开展了“城市建设管理年”活动，城建投资达到3亿多元，铺开了11项城市建设重点工程。市民普遍关注的、投资9500万元的长晋高速公路连接线工程建成通车；康乐街和友谊街延伸、泫氏街和赵庄桥改造、迎宾桥和第二水厂建设等工程顺利完工；世纪大道、康乐街、友谊街等8条主干街道进行了亮化；完成了146条小街小巷硬化工程；北外环路工程完成前期准备工作；体育场改造完成总体设计和拆迁、场地清理工作。

5. *资源节约、环境保护和生态建设得到进一步加强*。全面开展煤炭资源整合和有偿使用工作，共收缴两权价款14.14亿元，煤矿总数由原来的158矿172井减少到121矿124井，矿井压减率达30%。发展了一批节能企业和循环利用企业，兴高焦化有限公司成为联合国推广的节能与温室气体减排项目示范企业。全面实施六大林业工程，完成造林490.25公顷，通道绿化273公里，建设生态园林村20个，建设“以煤换绿”生态补偿绿化示范基地1300多公顷。建立了企业能耗和环保指标台账管理制度。市区空气质量二级以上天数达到260天，比2005年增加25天。冬季，全市有57个单位用一个半月时间，对百里丹河进行了全面“双清”，这是亘古未有的一件大事，为下一步的全线绿化、市区治理打下了坚实的基础。

6. *各项社会事业快速推进*。完成了三中、东方红等一批中小学配套设施建设，顺利通过省政府科教兴市示范市、义务教育标准化建设示范市验收。高考专科以上达线人数达1854人，比2005年增加356人，占考生总数的52%，彻底甩掉了人口大县、教育弱县的帽子。实施了“百千万”科技培训工作，6个项目获得国家专利，8个项目被列为晋城市科研专项。新型农村合作医疗试点成效明显，参合农民达38.6万人，参合率95.23%，被省政府命名为全省新型农村合作医疗先进市。计划生育、文化、教育、武装等各项事业均取得长足进步。通过中央电视台与美国克里夫兰市进行了成功对话，戏曲电视连续剧《婶娘》在央视成功播出，大大提高了高平在外的知名度和影响力。

7. *构建和谐高平迈出实质性步伐*。2006年新增城镇就业岗位3529个，下岗失业人员实现再就业763人。连续两年公共招聘了1450名教育、卫生、党政机关公务员和“村官”等实用型人才。城乡基本社会保险覆盖率达到80%，城乡低保实现应保尽保。通过开展“送温暖、办实事、促和谐”活动，累计为困难群众捐款50余万元，解决生产生活实际困难3800余件。对1100名农村老党员、老支书、老村长进行了生活补助，社会弱势群体得到及时救助。大力开展了以“八荣八耻”为主题的“文明新风进万家”活动，切实加强了民主法制建设，巩固提高了党务、政务、厂务、村务公开成果。深入开展“平安高平”创建活动，强化社会治安综合治理，高度重视安全生产和信访工作，社会秩序进一步稳定。

8. *党的先进性建设不断加强*。圆满完成了第三批保持共产党员先进性教育活动和市乡两级党委换届，党员队伍思想政治素质大大提高，领导班子结构得到进一步优化。大力开展“五双”活动，扎实推进了农村基层党组织建设。切实加强社区、学校、机关和社会团体党组织建设，突出抓了非公有制经济组织党建工作，党的工作覆盖面和影响力不断扩大。认真落实党风廉政建设责任制，大力推行“三五”保廉机制，全市上下勤政廉政、干事干净的清新之风逐步形成。（文战胜）

| | |
|---|---|
| **中共市委书记** | 王树新 |
| **市人大常委会主任** | 常全喜 |
| **市　长** | 谢克敏 |
| **市政协主席** | 廖沁平 |

## 陵川县

**【简述】** 2006年，国民经济继续保持了较快增长，据初步测算，全县实现生产总值5.13亿元，按可比价格计算，比2005年增长10.5%。其中：第一产业实现增加值1.70亿元，比2005年增长1.3%；第二产业实现增加值7.37亿元，比2005年增长16.5%；第三产业实现增加6.06亿元，比2005年增长6.5%；三次产业比例由2005年的14.29：49.41：36.31调整为11.24：48.71：40.05。全县人均生产总值为5922元，比2005年增加了1111元，增长了23.09%。

**人口与人民生活** 2006年，陵川县辖7镇5乡，7个居民社区，371个行政村，1150个自然村。年末全县总人口为254917人，比2005年增长0.77%；非农业人口为27313人。当年出生3264人，出生率为12.85‰，比2005年下降5.92个千分点；死亡人口1044人，死亡率为4.11‰，比2005年下降9.68个千分点；迁人人口3081人，比2005年下降26.38%，迁出人口3347人，比2005年下降37.01%；人口自然增长率为8.74‰，比2005年增长3.76个千分点。

全年职工平均工资为12724元，比2005年增长19.53%；农民人均纯收入2898元，比2005年增长7.73%；城乡居民人均储蓄存款6826元，比2005年增长14.61%；农村居民家庭恩格尔系数为36.93，比2005年下降了0.62个百分点。

**农业** 2006年以稳定发展粮食生产，增加农民收入为目标，狠抓粮食直补政策的全面落实，继续实施扶持规模饲养户等一系列惠农政策，使得种植业结构稳定调整，同时进一步加大对农业生产的支持力度，调动广大农民发展农业生产的积极性，有效地促进了农村经济发展和农民增收。全年粮食作物播种面积达到2.112万公顷，粮食作物和经济作物的比重仍稳定在93：7，粮食总产基本保持平稳，总产达107659吨，比2005年下降0.23%。其中：夏粮1294吨，比2005年下降8.94%，秋粮106365吨，比2005年下降0.12%。开发荒山荒坡种植药材，既避免了有限耕地的占用，又提高了中药材的质量。

大牲畜存栏21092头，比2005年下降1.2%；生猪存栏63753头，比2005年下降8.11%；羊存栏163130只，比2005年下降1.57%。肉类总产量8525吨，比2005年下降4.44%；牛奶产量达146吨，比2005年下降30.48%；禽蛋产量3514吨，比2005年增长3.08%。

林业生产高速增长，全年完成造林面积2510公顷，比2005年增长3.73倍。四旁植树80万株，和2005年持平。育苗面积146.6公顷，比2005年下降20.89%；核桃产量107吨，比2005年下降80.22%；水果产量5462吨，比2005年增长4.96%。

乡镇企业健康发展，据县中小企业局统计：2006年全县完成乡镇企业增加值8.32亿元，总产值37.3亿元，营业收入29.6亿元。

**工业和建筑业** 2006年，全县狠抓“工业强县”战略的推进，在着力确保传统产业技术改造的同时，加大新上项目建设。苏村煤矿30万吨扩改，孟电集团陵川水泥有限公司75万吨水泥粉磨站，海陆兴化工有限公司5000吨福美霜生产线，羊明化工10万吨轻质碳酸钙一期工程等重点项目相继生产和试生产。全年规模以上工业企业实现增加值2.19亿，比2005年增长63.43%；工业品销售产值达到5.67亿元，比2005年增长24.6%，产销率达到97.9%；原煤产量153.28万吨，比2005年下降15.31%；生铁产量20.34万吨，比2005年增长3.78%；氰化钠产量8791吨，比2005年增长31.11%；建筑业实现增加值1.30亿元，比2005年增长33.8%。

固定资产投资　2006年，紧紧抓住“两区”开发的有利时机，加大项目带动经济发展的力度，全社会固定资产投资达6.3亿元，比2005年增长50%，投资的主要项目有水网改造、交通、旅游等基础设施和文化、教育、体育和卫生等方面的基建工程，更新改造则主要集中在工业企业。

贸易　2006年全县消费品市场保持日趋活跃的态势，社会消费品零售总额达到5.52亿元，比2005年增长7.4%。其中：批零贸易业4.59亿元，比2005年增长7.70%；住宿餐饮业6273.8万元，比2005年增长9.15%；其他销售额3080.5万元，比2005年增长1.13%。

财政　2006年全县财政总收入1.81亿元，比2005年增长4.6%；一般预算收入0.72亿元，比2005年增长4.3%；地方财政支出2.89亿元，比2005年增长22.46%。在财政总收入中，国税局收入8713万元，比2005年下降1.43%；地税局收入6864万元，比2005年增长11.65%。

交通邮电　交通运输邮电通讯业继续保持快速增长势头，2006年实现增加值15407万元，比2005年增长11.5%；邮电通讯业务总量8159万元，比2005年增长25.23%。其中：邮政业务总量1244万元，比2005年增长30.8%，电信业务总量6915万元，比2005年增长23.48%。固定电话用户5.16万户，普及率达69.6%；移动电话总数5.14万部，每百人拥有手机20.16部，比2005年减少3.34部。

旅游　全县旅游业快速发展，大批旅游景点的建成和基础设施的完善使游客人数大幅上升。2006年共接待游客35.6万人，比2005年增长67.14%，收入5000万元，比2005年增长47.06%。

金融保险　金融形势进一步好转，城乡居民储蓄存款与各项贷款大幅度增长，2006年全县金融机构各项存款达226896万元，比2005年增长21.31%。其中：城乡居民储蓄存款173339万元，比2005年增长15.04%。各项贷款86208万元，比2005年增长1.29%。

教育　教育事业进一步巩固，全县有各类学校372所。其中：中学27所，比2005年增加1所；小学342所，为集中教育资源，改善办学条件，撤并了一些单人小学，使条件偏僻的单人校减少，使小学数减少34所。2006年高中招生1256人，比2005年增长9.69%，高中毕业学生数935人，比2005年增长91.2%；初中招生数4096人，比2005年增长3.04%，初中毕业4196人，比2005年增长1.13%；职业高中招生485人，比2005年减少0.82%，职业高中毕业256人，比2005年增长16.36%，职业初中招生97人，比2005年减少23%，职业初中毕业学生169人，比2005年减少14.21%；小学招生3266人，比2005年减少12.83%，小学毕业学生4335人，比2005年增长4.16%。专任教师2388人，比2005年减少1%。

文化　文化事业在稳定中不断发展，全年文化馆共组织各种文化活动22次，图书馆藏书31200册，文物馆馆藏文物1.7万件，经国家确认的国家级保护单位14处，名列全省第一，全国第二。

（郎江丽）

| | | |
|---|---|---|
| **中共县委书记** | 张满祥※ | 马四清 |
| **县人大常委会主任** | | 李晓玲 |
| **县　长** | 张满祥（代） | 茹栋梅 |
| **县政协主席** | | 常振华 |

## 阳城县

**【简述】** 2006年，全县实现生产总值74.06亿元，按可比价格计算，比2005年增长14.6%。其中：第一产业实现增加值2.66亿元，比2005年增长10.8%；第二产业实现增加值54.09亿元，比2005年增长15.2%；第三产业实现增加值17.31亿元，比2005年增长14.5%。人均生产总值17945元，比2005年增加3411元，按现行汇率计算，达到2301美元。

年末全县常住总人口413452人，其中男性209691，女性203761人。居住在城镇的人口138589人，居住在乡村的人口274863人，城镇人口比重33.52%。人口出生率为9.2‰，死亡率5.7‰，人口自然增长率3.5‰。公安部门户籍登记总户数140378户，户籍登记总人口387276人，非农业人口68924人。

全县在岗职工年平均工资16157元。农村居民人均纯收入3838元，比2005年增长10.7%。农村居民人均生活消费支出2868元，比2005年增长8.5%。农村居民消费恩格尔系数36.5%。

2006年实现农业增加值2.66亿元，比2005年增长10.8%。全县完成农林牧渔业总产值53112万元，比2005年增长16.0%。其中，种植业产值26245万元，比2005年增长17.3%。全年粮食播种面积41405公顷，比2005年增长2665公顷，粮食总产量150878吨，比2005年增加24004吨，增长18.9%。其中夏粮51243吨，比2005年增长18.6%；秋粮99635吨，比2005年增长19.1%。油料总产量为1721吨，比2005年减少32.1%。蔬菜总产量为34929吨，比2005年增长19.3%。棉花总产量127吨，比2005年减少26.2%。年末果园面积5.6公顷。水果总产量4803吨，比2005年增长18.9%。

2006年共完成造林面积3267公顷，其中经济林1333公顷，防护林1934公顷。封山育林面积2667公顷。四旁植树200万株。核桃产量431吨；花椒产量209吨；山芋产量604吨。

2006年完成牧业总产值23153万元，比2005年增长22.54%，占农林牧渔业总产值的43.6%。全年肉类总产量8896吨，比2005年增长15.8%。年末全县桑园面积4671公顷，比2005年增长1.2%。全年蚕茧总产量3003.2吨，比2005年增长19.6%。禽蛋产量7885吨，比2005年增长12.8%。牛奶产量145吨，比2005年减少34.7%。

2006年全县乡镇企业完成增加值168201万元，比2005年增长16.72%。实现营业收入529588万元，比2005年增长23.16%。实际交纳税金29149万元，比2005年增长4.88%。乡镇企业总产值581087万元，比2005年增长23.11%。

2006年全县工业企业完成增加值47.81亿元，比2005年增长14.3%。全年县及县以下规模以上工业企业完成增加值18.54亿元，按价格指数缩减法计算，比2005年增长30.23%。

2006年县及县以下规模以上工业企业实现销售收入312109万元，比2005年增长18.7%；利税总额50302万元，比2005年减少38.6%；实现利润15794万元，比2005年减少69.63%。工业经济效益综合指数为131.12%，同比下降100.67个百分点。企业总资产贡献率4.67%，同比下降16.15个百分点；资产负债率68.06%，同比提高7.89个百分点；资本保值增值率161.17%，同比提高16.54个百分点；流动资产周转率1.39次，下降0.36次；成本费用利润率5.5%，下降21.5个百分点；全员劳动生产率66475元/人，下降3200元/人；产销率92.5%，下降11.44个百分点。

煤炭行业2006年生产原煤821.06万吨，比2005年减少11.6%；销售原煤799.04万吨，比2005年减少14.6%。其中通过公路销售给外省、市410.55万吨，比2005年减少13.5%。

全县火电发电量15899万千瓦时，生产生铁247960万吨，生产水泥56.03万吨，生产原煤821.06万吨，生产日用陶瓷13700万件，生产建筑陶瓷3297万平方米，生产铸铁件28080吨，生产铵锑炸药11493吨。

经济的快速发展，促进了交通运输业和公用事业的繁荣。2006年底，全县水泥（油）路累计达到1449.7公里，通车村418个，通达率达到89.3%。全年电力系统供电53454万千瓦时，其中城乡居民生活用电4053万千瓦时。公共交通运营能力不断提高，年末全县公共汽车运营线路91条。公路货运量450万吨，公路货物周转量11290万吨公里，公路客运量618万人，公路旅客周转量10600万人公里。

邮政业务全年完成业务总量1909万元，订销报纸629.8万份、订销杂志23.8万份、收寄特快专递1.78万件，发送信件19.91万件。通信事业健康发展。2006年末全县固定电话用户99756户，移动电话用户达到10.32万户，计算机互联网用户达到8783户。

消费品市场繁荣活跃。2006年批发零售贸易和餐饮业实现增加值4.45亿元，比2005年增长15.8%。全县社会消费品零售总额104047万元，比2005年增长10.34%。其中，县的零售额68650万元，比2005年增长10.49%；县以下零售额35397万元，比2005年增长10.06%。按行业划分，批发、零售贸易业零售额82819万元，比2005年增长10.09%；餐饮零售额11825万元，比2005年增长6.13%；其他9403万元，比2005年增长18.66%。按经济类型划分，国有经济零售额24812万元，集体经济零售额30357万元，个体经济零售额18596万元，私营经济零售额6374万元，其他经济零售额23908万元。

2006年完成财政总收入186988万元，比2005年增长103.94%，剔除采矿权价款的财政总收入为110099万元，比2005年增长20.08%。地方财政一般预算收入完成109477万元，比2005年增长321.39%，剔除采矿权价款的一般预算收入为32588万元，比2005年增长25.43%。地方财政一般预算支出57333万元，比2005年增长25.49%。

2006年金融保险业实现增加值1.5亿元，比2005年增长10.1%。年末全县金融机构各项人民币存款余额605020万元，比年初增加56350万元。其中企业存款余额149710万元，比年初增加16359万元；居民储蓄存款余额369931万元，比年初减少15186万元。金融机构各项贷款余额339188万元，比年初增加143708万元。其中短期贷款余额241942万元，比年初增加69769万元；中长期贷款余额97231万元，比年初增加74638万元。2006年金融机构现金收入1308171万元，比2005年增长6.22%；现金支出1321076万元，比2005年增长4.17%。收支相顶现金绝对投放12905万元，比2005年减少64.76%。

阳城皇城相府内景一角　　杨健摄影

保险事业全年保费收入15133万元，其中财产险保费收入3267万元，完成人身险保费收入11866万元。全年支付各类赔款及给付13867万元，其中财产险赔款1708万元，人身险赔款及给付12159万元。

旅游氛围进一步增强，景区建设日趋完善，知名度明显提高。2006年共接待游客77.2万人次，比2005年增长4.64%；直接门票收入2670.6万元，比2005年增长31.27%；实现旅游总收入15089.3万元，比2005年增长34.78%。

2006年全社会固定资产总投资达到478882万元，比2005年增长73.15%。其中城镇投资完成439048万元；非农投资完成32392万元；房地产开发投资完成7442万元。

2006年建筑业完成增加值6.28亿元，比2005年增长24.4%。全年建筑施工面积133164平方米，竣工面积68115平方米。

科技推广对经济社会发展的支持力度进一步加大。2006年引进、转化新技术、新工艺25项，引进和推广农业先进适用技术36项，引进农业新品种18个，开发新产品12个，农业先进适用技术覆盖面连续6年达到95%以上。农村劳动力接受县、乡两级技术培训9万多人（次）；组织、实施、申报国家级、省级、市级科技计划项目24项，争取科技专项资金150万元，组织实施县级科技项目29项，投入专项经费480万元，拉动计划项目投入资金5000多万元。

阳城皇城相府主楼　　杨健摄影

教育事业全面发展。2006年底，全县共有普通中学34所，在校学生25404人，教职工2114人；职业高级中学7所，在校学生3082人，教职工209人；小学校200所，在校学生41207人，教职工2400人；幼儿园210所，在园幼儿10862人，教职工669人；成人中等专业学校1所，教职工14人；成人技术培训学校481所，培训各类专业技术人才98398人次。6～11周岁适龄儿童入学率、巩固率保持100%。

中考总均分、优生率和高考达线人数继续保持全市同类学校领先地位。高考本科达线822人。办学条件明显改善，校舍改建、扩建、新建工程40所，面积达到209558平方米，全县中小学生人均建筑面积达到8平方米。

2006年末全县共有文化馆1个，公共图书馆1个，文物博物馆1个，档案馆1个，广播电台1座，电视台1座，电视人口覆盖率达到96%。县剧团全年演出420余场剧目，同时，各类形式多样的文化活动进一步活跃了农村文化市场。

全县共有卫生机构33个，床位1308张，卫生机构共有卫生技术人员1447人，其中医院、卫生院卫生技术人员1334人，防疫与妇幼保健卫生技术人员113人。

全民健身活动蓬勃开展。承办了市三运会的13个大项40多个小项的比赛。组织了“健康杯”全县中老年妇女健身秧歌大赛，参赛运动员达1000多人。组织了省级男子篮球邀请赛和中美男子篮球对抗赛。举办了“广电杯”机关职工篮球赛、全省财政经建系统乒乓球赛和全市门球和象棋等一系列比赛，推动了全民健身活动的开展。

环境综合整治成效明显。2006年县城空气质量二级以上天数达到257天，比2005年增加34天，人居环境更加优化。治污限排取得成效，保证了境内主要河流的洁净，沁河、芦苇河、获泽河等水质保持在国家三类水质标准。

就业形势基本稳定。单位从业人员31627人。单位从业人员中，二、三产业从业人员分别为14063人和17256人。2006年末城镇登记失业人员384人。年末参加养老保险的企业职工人数15624人，离退休参保人员3703人，企业离退休职工养老保险覆盖面达到100%，按时足额发放率和社会化发放率均达100%。参加养老保险的农村人员3.69万人。参加养老保险的机关和事业单位达到205个，职工9557人。参加基本医疗保险的单位达到370个，人数达到27289人。（王家胜）

| | |
|---|---|
| **中共县委书记** | 刘爱军 |
| **县人大常委会主任** | 郑瑞俊 |
| **县　长** | 冯志亮 |
| **县政协主席** | 杨军茂※　张星社 |

## 沁水县

**【简述】** *综合实力显著增强*　全县生产总值完成24.5亿元，增长9.4%；规模以上工业增加值完成10亿元，增长2.6%；财政总收入完成60110万元，增长16.9%；城镇居民人均可支配收入达到8156元，增长16.2%；农民人均纯收入达到3152元，增长10.1%；社会消费品零售总额达到6.4亿元，增长11.3%；固定资产投资总额完成10.4亿元，增长81.6%。

*新农村建设开局良好*　认真落实粮食直补政策，累计发放直补资金599万元，较2005年增加一倍。粮食总产量达到1.2亿公斤，较2005年增长24.9%，成为历史上又一个高产年，被省农业厅授予“粮食生产先进县”。养羊园区达到83个，羊群饲养量达到31万只。蔬菜种植面积达到2001公顷，总产量突破4万吨，10个无公害农产品和13340公顷无公害农产品产地认证全面完成。蚕茧产量达到107万公斤，创历史新高，继续保持全省蚕桑生产第二大县称号。新农村建设完成“1城3镇60个村”的规划编制工作，农村环境整治取得明显成效。张峰库区移民及30个自然村实现整体搬迁，又有6个村4100余户农民用了上了煤层气，25个村1100户农民用上沼气，36个自然庄、9000余口人，500头大牲畜解决了饮水安全问题。

*煤炭资源整合卓有成效*　按照省市要求，对全县63矿66井进行了资源整合，整合后现有矿井47座，其中单独保留34座，整合保留13座。矿井数量虽然减少19座，但生产能力和占有资源面积分别增加597万吨/年和98平方公里，均实现了近一倍的增长。在资源整合和关井限产的影响下，复产复工的21座矿井累计生产原煤431万吨。端氏、胡底、曲堤、平山、西城等后续矿井建设进展顺利，全县经济社会发展的基础稳，后劲足。

*改革开放取得突破性进展*　稳步推进国有企业改革，完成了8户改制企业的财产、档案移交工作，对38家乡村煤矿进行了股份制改革，对37家乡村地面企业的责、权、利进行了明确，对煤炭、商业、粮食、外贸、药材等企业进行了摸底调查，为推进新一轮国企改革做好了充分准备。认真贯彻省市对外开放工作会议精神，先后组团参加了沪洽会、港洽会、乌洽会等招商洽谈活动，共签订合作协议6项、销售贸易合同2项，协议引进外资24.5亿元，成为沁水县历史上对外开放力度最大、招商引资效果最好的一年。

*民营经济活力进一步增强*　民营经济累计完成增加值7.4亿元，同比增长26.3%；完成总产值20亿元，同比增长25.2%。民营经济的经营领域已从过去的煤炭、冶铸、商贸、餐饮等传统项目，逐步延伸到农副产品加工、煤炭加工转化以及教育、交通、医疗、旅游等新型产业和现代服务业，特别是沁泽焦化60万吨无烟煤炼焦项目、峪煌焦化60万吨洗煤项目、欣荣合成油60万吨甲醇20万吨二甲醚、晨光物流煤层气液化、兰金煤层气发电等一批规模企业在本县的落户和建设，将成为本县经济增长的新亮点。

*劳动就业和社会保障体系基本建立*　全年新增就业岗位3117个，输出和转移农村剩余劳动力1.2万人，安置大龄就业困难人员117人。全县参保人数达到5万多人，其中参加养老保险的农民和农民工分别达到30200人、5668人，保障覆盖面进一步扩大。城乡低保稳步推进，受益人数分别达到3546人和7056人，各类弱势群体的基本生活保障问题得到有效解决。高度重视安全生产，全年未发生3人以上重特大事故，百万吨死亡率控制在市控指标以内，安全生产实现第五个平稳年目标。同时，在县财力比较吃紧的情况下，确保了下岗职工、离退休人员基本生活费和养老金的按时足额发放，为118名民办教师增加了工资，解决了政府性投资项目拖欠农民工工资问题，一批涉及人民群众切身利益的热点难点问题得到有效解决。

*各项社会事业全面进步*　教育教学质量稳步提高。高考本科达线人数达到168人。中考500分以上优生607人，比2005年增长118人。县城建设日新月异。先后完成县城水网改造、地埋式垃圾集中站建设、杏河河道治理、县城煤层气开发利用等工程建设，城市功能进一步提升，人居环境进一步改善。卫生事业长足发展。参加新型农村合作医疗人数13.9万人，参合率达84.5%，已有近3万农民从中受益。爱国卫生运动深入开展，连续18次被评为“山西省卫生县城”。道路交通状况明显改善。完成碧峰北路改造、梅河南路北坛段改造等县城道路工程，新建“村村通”水泥路125公里，80%以上村实现通客车。同时，统计、武装、档案、气象等各项工作都取得了新的成绩，广电、人口和计划生育、老龄、残疾人等各项社会事业都得到长足发展。本县交通道路、爱国拥军和环境保护工作分别被省劳动竞赛委员会荣记集体二等功、连续五年被省政府授予“全省双拥模范县”、被国家环保总局授予“国家生态示范区”称号。

*党的建设全面加强*　坚持用科学的理论武装广大党员干部的头脑，认真组织学习党的十六届六中全会、省九次党代会、市五次党代会精神以及江泽民文选，深入开展社会主义荣辱观教育，加强各级干部的理论培训，掀起理论学习的新高潮。认真组织开展第三批先进性教育活动，取得了丰富的实践成果、制度成果和理论成果，涌现出了一批带领群众脱贫致富奔小康的优秀基层党组织和优秀共产党员。以县乡党委换届为契机，首次推行了乡镇党政正职全委会票决制度，进一步扩大了民主、匡正了风气，增强了干部队伍的活力。深入开展“五好”创建和“三培养”活动，建立并实行了“三推五审四公示”的农村发展党员工作新机制，加强了党员远程教育阵地建设，覆盖率达到80%以上，进一步提高了农村基层党组织和党员队伍的战斗力。建立健全教育、制度、监督并重的惩治和预防腐败体系，对商业贿赂、建设市场等一些群众关注的热点问题和重点领域进行集中整治，严肃查处违纪违法案件，促进了全县党风廉政建设的深入开展。

（杨文林）

| | |
|---|---|
| **中共县委书记** | 申　会※　常国荣 |
| **县人大常委会主任** | 潘庆云 |
| **县　长** | 常国荣※　常广智 |
| **县政协主席** | 马刘勤 |

## 泽州县

**【简述】**　泽州县位于太行山南端、山西省东南部。史称“河东屏翰，冀南雄镇”。地理坐标为北纬35°12′～35°42′，东经112°31′～113°14′。地域分布在晋城市城区四周，东连陵川，西接阳城、沁水，北靠高平，南与河南省的辉县、修武、博爱、沁阳、济源等市、县毗邻。总面积2023平方公里，占晋城市总面积的21.3%，占山西省总面积的1.2%。县城规划在南村镇。

境内地貌以山地丘陵为主，山地、丘陵、平川面积之比为6∶3∶1。最高点为西北部的武神山主峰，海拔1346.6米，最低点为东南丹河出口处的三姑泉，海拔296米。相对高差1050.6米。全县平均海拔650～1000米之间。境内主要河流有沁河、丹河，均属黄河水系。年平均气温10℃左右，大陆性季风气候明显。无霜期192.6天。年降水量618.3毫米，但年际、月际间降水量的相对变率较大。日照时数为2580小时，日照率67%。

境内自然资源丰富，尤以“煤铁”为最。全县煤炭地质储量为44亿吨，铁矿石储量5亿吨，硫铁矿、铝矾土、石灰石、大理石、银、铜、锰、石膏等储量也很丰富。全县水资源总量为2.814亿立方米，属相对富水区。全县现有耕地面积3.78万公顷，封山育林面积5402.7公顷。野生动植物不但种类繁多，而且较为珍贵，其中属国家二、三类保护的珍稀动物有猕猴、大壁虎；属国家保护的植物有青檀木等。丰富的自然资源为泽州县经济的发展提供了重要的物质基础和条件，使泽州县成为山西省能源重化工基地及全国无烟煤生产基地的重要组成部分。

全县辖14镇3乡，即下村、大东沟、周村、南村、北义城、大箕、柳树口、山河、犁川、晋庙铺、金村、高都、巴公、大阳镇，川底、李寨、南岭乡。全县共有632个行政村，1136个自然村。2006年底全县总人口为529315人，其中农业人口462684人，非农业人口46960人。人口以汉族为主，回族次之，另外还有蒙、满、朝鲜、布依、苗、白、土、壮等少数民族。

2006年，是全面贯彻落实省市党代会精神的第一年，也是本县实施“十一五”规划，加快建设全面小康冲刺全国百强进程十分重要的一年。一年来，本县遇到了泽州发展史上前所未有的困难，多年形成的煤炭业和冶炼业两大支柱产业遭受到严重挑战。全县人民坚持以“三个代表”重要思想为指导，以科学发展观统领全局，深入贯彻十六届六中全会精神，以及省九次党代会、市五次党代会和县三次党代会精神，以实施“153”发展战略为抓手，迎难而上，争先发展，凝心聚力，真抓实干，全县经济社会在困难中突破，在调整中提高，在竞争中跨越，续写了泽州发展的新篇章。各项经济指标超额完成，社会事业全面进步。

2006年，全县生产总值达到83.36亿元，同比增长13.1%；规模以上企业增加值完成14.5亿元，比2005年增长53.7%；粮食总产量完成2.45亿公斤，再创历史新高；财政总收入完成8.65亿元，比2005年增长8.8%；社会消费品零售总额完成8.6亿元，比2005年增长17.3%。

2006年，泽州县再次进入全国中小城市综合实力百强县；在全国县域经济基本竞争力评价中名列中部地区59位，排全省第五；成为全省唯一的国家可持续发展实验区工作先进集体和全国粮食生产先进县。中共中央政治局常委、国家副主席曾庆红同志亲临泽州县视察，对泽州的发展予以充分肯定。

*农业结构调整步伐加快*　2006年，全县农业总产值完成836721元，比2005年增长0.44%，农民人均纯收入达到4590元，比2005年增长8.82%。粮食总产达到24576.5万公斤，比2005年增长0.37%。其中：油料产量达到503万公斤；蔬菜产量达到7336.9万公斤；棉花产量达到6.4万公斤。

种植业结构继续调整。全县农作物总播种面积7.06万公顷，比2005年增长0.08%。其中：粮食作物播种面积为6.61万公顷，比2005年增长0.29%；经济作物面积2761.38公顷，比2005年增长3.22%；蔬菜大棚面积26.81公顷，比2005年增长64.42%。

造林绿化工作进展顺利。全县完成造林面积2934.8公顷。其中，零星植树达到280万株；育苗160.08公顷，“等级公路”绿化78公里。

畜牧业成为农民增收、农业增效的一个主要增长点。2006年，全县肉类总产量达到13080吨，禽蛋总产量9941吨，鲜奶总产量2215吨。年末大牲畜存栏19337头；牛存栏19003头，出栏9385头；猪存栏113023头，出栏33261头；羊存栏151903只，出栏94749只；家禽存栏890156只，出栏475004只。

农业生产条件继续改善。2006年，全县共完成水利工程件数1601件，有效灌溉面积达到1.21万公顷。农业机械拥有量5.46万台件，农业机械总动力达到634868千瓦。

2006年是新农村建设的第一年。全县扎实开展了“一镇一乡百村”示范试点工程，为全县探索了路子。狠抓环境整治，全年投资2000多万元，农村的村容村貌有了明显改观。积极启动通道绿化、村庄绿化和荒山绿化工程，农村生态环境建设受到了省市表彰。狠抓沼气、煤层气、秸秆气建设，全年建成供气户近3000户。切实加大投入，县财政在全省首家拿出4000万元支持新农村建设，拿出500万元资金奖励新农村建设。在“全国县委书记、县长建设社会主义新农村”专题培训班上，本县作为山西省唯一一家代表进行了经验交流，新农村建设经验在全国引起强烈反响，省内和周边县市多次组团到本县参观学习。成为中央《经济日报》社全国新农村建设典型示范调研基地和全省新农村建设先进县，初步实现了在省市领跑的目标。

*工业调整力度加大*　2006年，全县工业完成增加值466218万元，比2005年增长32.06%。全县规模以上工业企业完成增加值145140元，比2005年增长4.7%。主要产品产量：原煤完成700.85万吨，生铁完成101.6万吨，铸件完成62.46万吨，水泥完成23.4万吨，铁矿石81.3万吨，发电量1.68亿千瓦小时。

以项目建设为抓手，在全县大力开展了“项目建设年”活动，有力促进了全县经济结构调整。2006年全县共建设重大项目34个，总投资规模150亿元。王坡煤矿、福盛二期、晨晖二期、康达水泥、川底318高炉、民乐面粉等15个项目建成投产；兰花1501、晋煤2510等8个项目开工建设。巴公镇续建和新上了东方铸件、大葱深加工等6个项目，南村镇投资6000万元建成了世纪铸造项目；北义城镇、周村镇、金村镇为市县重点项目建设提供优质服务，大阳镇私营企业主联合投资4000万元新上了晋圣化机械项目，为传统冶炼大镇闯出了新路子；通过项目做支撑，全县经济运行质量和效益明显提高，产业链条进一步拉长延伸，增强了经济发展的后劲。

基础设施建设取得新突破。2006年，全县新建村村通公路415公里，使全县96.5%的行政村通了水泥（油）路，三年基本实现村村通任务超额完成。村村通公路绿化309公里。2006年全县完成客运量360万人；旅客周转量14040万人公里。货运量1575万吨；货运周转量70875万吨公里。

*财政、金融贸易发展迅速*　2006年，全县财政总收入达到86518万元，比同期增长27.79%。其中，一般预算收入完成28667万元，比同期增长35.22%。全县全年国税收入完成42454万元，比同期增长10.03%；地税收入完成40004万元，比同期增长58.7%，财政收入完成4060万元，比同期增长3.76%。

消费品市场繁荣活跃。2006年，全县社会消费品零售总额达到85584万元，比2005年增长14.86%。其中：县级消费品零售额41231万元，增长163.24%；县以下消费品零售总额44353万元，减少24.63%。按行业划分，批发零售贸易业零售额64972万元，比2005年增长34.36%；餐饮业零售额13224万元，减少1.08%；其他行业零售额7388万元。

2006年，全县进出口总额为190.22万美元，比2005年减少21.87%。其中：县进出口公司完成115.49万美元；泽远煤制品公司完成39.23万美元。大泽源国际贸易有限公司完成33.36万美元。

*各项事业取得新突破*　教育：2006年，全县有学校586处。其中，初中及初中以下578处；初中以上8处。在校生人数86797人，其中，初中及初中以下82121人；初中以上4676人。毕业生人数5854人，其中，初中4283人，高中1571人。教职工人数7218人，在职教师7010人，在职职工208人。

卫生：2006年末全县共有医疗机构551个；病床床位1124张；医疗职工人数2903人。

旅游：富士康龙门文化城、珏山4A级景区等项目进展顺利。2006年，全县旅游景点6处，共接待游客48.56万人次，旅游业收入3107万元，相关产业收入13360万元。

社会保障：新型农村合作医疗制度覆盖率达92%，农村养老保险覆盖率达到61.5%，农村最低生活保障线提高到1080元，在全省名列前茅。年末全县参加基本养老保险人数40319人，养老基金收入3993万元；年末全县参加医疗保险人数398562人，保费收入

1724.5万元。

群众性精神文明创建活动：2006年全县又涌现出文明单位（村）省级13家、市级32家。科技事业取得新进步，成为全省富民强县行动计划试点县。文化、体育、生产、广电工作成绩显著，统战、群团等事业取得新的发展。共青团荣获"全国青年中心建设先进县"称号，双拥工作成为全省模范县。扎实推进民兵预备役建设，东四义民兵营成为北京军区先进单位。"五五"普法全面启动。在农村普遍推行财务委托代理制，进一步提高了村务公开的质量。坚持严打严管严防，社会治安秩序持续稳定。安全生产继续取得良好业绩，连续五年实现安全生产平稳年。 （刘长虹　张　静）

**【泽州县被科技部授予全国科技进步先进县】** 2006年1月，科技部授予599个县区（共有1452家申报）2003～2004年度全国科技进步先进市（县、区），泽州县位列其中。科技进步县的创立和开展是一项系统性、综合性都非常强的工作，考核指标主要包括引项定性指标和定量指标，其中包括三项一票否决指标。泽州县按照科技部《关于开展2003～2004年度全国市、县、区科技进步考核工作的通知》要求，在狠抓科技决策、科技管理、农民培训、技术服务、成果推广、资金投入的同时，注重抓科技示范和科技典型，对有代表性的科技示范乡镇、村、户和企业进行精心培养，顺利通过验收，成为全国科技工作先进县。

（刘长虹　张　静）

**【泽州县东四义村被命名为全国农业旅游示范点】** 2006年1月底，国家旅游局公布了2005年度全国工农业旅游示范点名单，泽州县东四义村榜上有名。国家旅游局根据《全国农业旅游示范点、全国工业旅游示范点检查标准》和《全国农业旅游示范点、全国工业旅游示范点验收规范》，由全国工农业旅游示范点评定委员会组织验收小组，对各地区2005年度通过自检和省级初审、申报全国工农业旅游示范点的单位分别进行了验收，共有233个单位验收合格。其中，77个"全国工业旅游示范点"，156个"全国农业旅游示范点"。

（刘长虹　张　静）

**【泽州县被授予"全国青年中心建设先进县"】** 2006年2月21日，团中央授予泽州县"2005年度全国青年中心建设先进县"。青年中心是以全面建设小康社会和服务青年成长发展为主要目标的社区型青年组织，是新形势下开展基层共青团和青年工作的综合性服务平台，也是联系青年、引导青年、服务青年的网络化青年社团。

2003年以来，团县委按照团中央和团省、市委的要求，以"新科技、新文化、新生活、新青年"为创建主题，坚持走"服务主体组织化，服务方式社会化，服务项目特色化"的路子，积极开展青年中心的创建工作，努力把青年中心建设成为青年科技的实验基地，青年文化的传播基地，青年人才的培育基地；建设成青年学习知识、交流感情、提高素质的新平台。通过二年多的建设，泽州县青年中心建设初见成效，繁荣了乡村文化，提高了青年素质，推广了农业科技知识，促进了团的各项工作，成为组织青年积极参与新农村建设的平台，受到了全县青年朋友的欢迎。 （刘长虹　张　静）

**【2006年全国汽车场地越野锦标赛在泽州县举行】** 2006年6月30日～7月2日，2006年全国汽车场地越野锦标赛晋城泽州分站赛在环境优美的水北国际赛车场举行。吸引来自全国各地20余支车队、80余辆赛车和200余名车手同台竞技。这是泽州乃至山西首次举办的最大的全国性汽车运动赛事。

（刘长虹　张　静）

**【省政府、省军区授予东四义民兵营"基层建设红旗单位"】** 2006年8月，在全省民兵预备役部队基层建设座谈会上，泽州县巴公镇东四义民兵营被省政府、省军区表彰为"基层建设红旗单位"，这是晋城市惟一获此荣誉的基层民兵营。 （刘长虹　张　静）

**【泽州县公安局获"全省优秀公安局"称号】** 2006年8月，泽州县公安局被省公安厅表彰为"2005年度全省优秀公安局"。此次全省公安系统共有9家县（区）公安（分）局荣膺"全省优秀公安局"称号，县公安局是晋城市公安系统惟一获此殊荣的县（区）公安（分）局。

（刘长虹　张　静）

**【泽州县获国家可持续发展实验区工作先进集体称号】** 2006年11月9日，在首都人民大会堂举行的国家可持续发展实验区建设20周年总结表彰大会上，泽州县获国家可持续发展实验区工作先进集体荣誉称号。县委书记刘予强、县长崔守安和科技局长成少敏被表彰为先进个人。已通过国家可持续发展实验区验收的泽州，目前正在积极申报国家持续发展示范区。 （刘长虹　张　静）

**中共县委书记** 刘予强
**县人大常委会主任** 赵贵喜
**县　长** 崔守安
**县政协主席** 申和金

# 忻州市

**【概述】** 2006年，全市人民在市委、市政府的领导下，贯彻落实党的十六届六中全会和第九次党代会精神，紧紧围绕实现更好更快跨越式发展和构建和谐忻州两大主要任务，国民经济和社会发展取得了新成效。经济保持较快发展，改革开放取得重要进展，人民生活水平进一步提高，各项社会事业全面进步，实现了"十一五"起好步、开好局的目标。

综合　国民经济较快增长。初步核算，2006年全市生产总值达到193.9亿元，比2005年增长11.8%。其中，第一产业增加值21.6亿元，增长1.5%；第二产业增加值87.1亿元，增长20.2%；第三产业增加值85.2亿元，增长7.4%。三次产业结构由2005年的13.6∶39.2∶47.2调整为11.1∶44.9∶43.9。人均生产总值6132元，比2005年增长11.1%。

就业规模持续扩大。2006年末全市就业人员119.64万人，比2005年增长3.5%，其中国有单位就业人员18.9万人，集体单位就业人员1.5万人。年末城镇登记失业率为2.8%，比2005年末降低0.1个百分点。

国民经济和社会发展中存在的主要问题是：经济结构仍不尽合理，增长方式粗放的状况还没有根本转变，农民持续增收难度增大，部分工业企业亏损比较严重，就业压力依然很大，节能降耗的任务依然艰巨。

农业　农业生产形势良好，粮食生产再获丰收。2006年粮食播种面积38.9万公顷，比2005年增长6.9%。粮食总产量108.98万吨，增长6.6%。其中，夏粮播种面积为3090公顷，产量为3171吨；秋粮播种面积为38.59万公顷，产量达108.66万吨，比2005年增产6.86万吨。油料播种面积4.033万公顷，总产量3.11万吨，下降22.4%。蔬菜播种面积6120公顷，总产量15.99万吨，下降13.0%。畜牧业生产保持平稳，肉类、禽蛋、牛奶产量分别是9.97万吨、4.85万吨和6.04万吨，分别增长2.7%、1.03%和10.9%。

**2006年忻州市主要农产品产量表**

表62　　单位：万吨

| 指　标 | 产　量 | 比2005年增长（%） |
|---|---|---|
| 粮食 | 108.98 | 6.6 |
| 油料 | 3.11 | －22.4 |
| 蔬菜 | 15.99 | －13.0 |
| 园林水果 | 3.64 | －8.0 |
| 肉类 | 9.97 | 2.7 |
| 禽蛋 | 4.85 | 1.03 |
| 牛奶 | 6.04 | 10.9 |

全年完成造林面积27266公顷。其中，人工造林面积24266公顷，飞播造林面积3000公顷。全年营造防护林24986公顷。营造经济林2272公顷。共完成退耕还林人工造林任务9334公顷。其中，退耕地造林完成2001公顷；荒山荒地造林完成7333公顷。

工业和建筑业　工业生产较快增长。全市工业增加值完成77.13亿元，增长21.1%。其

2006年忻州市规模以上工业增加值主要分类情况表

表63 单位：亿元

| 指　标 | | 增加值 | 比2005年增长（%） |
|---|---|---|---|
| 工业增加值 | | 60.03 | 27.7 |
| 其中： | 国有企业 | 12.31 | 22.4 |
| | 集体企业 | 1.52 | 8.4 |
| | 股份制企业 | 38.76 | 31.1 |
| | 外商及港澳台投资企业 | 0.82 | 3.3 |
| 其中： | 轻工业 | 2.12 | 15.6 |
| | 重工业 | 57.91 | 28.2 |
| 其中： | 大中型企业 | 35.08 | 9.0 |

中规模以上工业增加值60.03亿元，增长27.7%。

经济效益稳步提高。全市规模以上工业实现利润15.84亿元，比2005年增长64.93%。其中，国有企业实现利润2.47亿元，增长320.59%；股份制企业实现利润11.05亿元，增长54.9%；外商及港澳台投资企业实现利润0.08亿元，下降43.69%。

工业结构进一步调整优化。主导产业得到强化，对工业生产的支撑作用强劲。煤炭、电力、化工等三大主导产业完成增加值34.7亿元，比2005年增长25.1%，占规模以上工业增加值的57.8%，其中煤炭增长44.7%，发电量增长18.2%。

2006年忻州市规模以上

表64　工业主要产品产量表

| 产品名称 | 单位 | 产量 | 比2005年增长（%） |
|---|---|---|---|
| 原煤 | 万吨 | 2472.48 | 28.9 |
| 铁矿石原矿量 | 万吨 | 1316.23 | 26.3 |
| 焦炭 | 万吨 | 101 | 53.1 |
| 农用氮、磷、钾化肥（折纯） | 吨 | 204380 | －11.8 |
| 精甲醇 | 吨 | 74792 | 13.6 |
| 生铁 | 吨 | 233628 | 1.1 |
| 水泥 | 万吨 | 80.08 | 1.0 |
| 铁合金 | 吨 | 66790 | 31.4 |
| 发电量 | 万千瓦小时 | 1119894 | 10.8 |
| 草酸 | 吨 | 49734 | －4.86 |
| 白炭黑 | 吨 | 11071 | 19.85 |
| 法兰 | 吨 | 45237 | 7.95 |

建筑业发展较快。全社会建筑业完成增加值10亿元，比2005年增长10.9%。建筑业房屋施工面积210.12万平方米，增加6.0%，其中本年新开工面积157.62万平方米。

**固定资产投资**　固定资产投资平稳增长。2006年全社会固定资产投资完成97.1亿元，比2005年增长18.8%。其中，城镇固定资产投资87.3亿元，增长15.4%，增速比2005年回落3个百分点；农村投资9.8亿元，增长5.6%。

投资结构继续改善，三次产业投资较快增长。第一产业完成投资1.4亿元，增长108.3%；第二产业完成投资69.5亿元，增长22.3%；第三产业完成投资24.4亿元，增长17.4%。

重大项目建设成效显著，大项目支撑作用强劲。2006年10亿元以上在建项目10个，比2005年增加5个，完成投资44.4亿元，增长29.4%。其中，山西鲁能晋北铝业有限责任公司100万吨氧化铝工程完成16.7亿元；神华神府东胜煤炭有限责任公司保德矸石电厂完成3.6亿元；五台西龙池蓄能电站累计完成10.5亿元；黄河万家寨水利枢纽有限公司龙口工程3.5亿元；晋神河曲煤炭开发有限公司沙坪煤矿5.3亿元。

2006年完成房地产开发投资8.03亿元，比2005年增长1倍。商品房施工面积83.8万平方米，竣工面积43.9万平方米。商品房市场需求活跃，全年商品房销售面积43.4万平方米，商品房销售额5.9亿元。其中，商品住宅销售额5.4亿元。

**国内贸易和市场物价**　消费品市场繁荣活跃。社会消费品零售总额实现73.82亿元，增长14.16%。其中市的零售额完成30.2亿元，增长14.9%；县的零售额完成23.43亿元，增长15.7%；县以下零售额完成20.19亿元，增长11.4%。批发零售贸易业保持平稳增长，实现零售额64.02亿元，增长13.03%。

在限额以上批发零售贸易企业商品零售额中，食品饮料类增长26.11%，通讯类增长54.17%，日用品增长20.38%，家用电器和音像器材类增长29.27%，化妆品类增长12.87%，石油及制品类增长11.31%，化工材料及制品类增长55.69%。

居民消费价格总水平比2005年上涨2.6%。价格变动结构性特征明显，食品类和居住类价格上涨幅度较大，涨幅分别为3.2%和6.4%，是拉动居民消费价格上涨的主要因素。工业品出厂价格上涨2.7%，原材料、燃料、动力购进价格上涨5.58%，农产品生产价格上涨3.5%。

2006年忻州市居民消费价格

分类指数（%）表

表65　2005年同期＝100

| 指　标 | 2006年 | 2005年 |
|---|---|---|
| 1. 居民消费价格指数 | 102.6 | 103.3 |
| 其中：食品 | 103.2 | 108.2 |
| 衣着 | 101.2 | 101.0 |
| 家庭设备及用品 | 102.1 | 98.9 |
| 医疗保健用品 | 102.8 | 96.3 |
| 交通和通讯工具 | 103.3 | 99.2 |
| 娱乐教育文化用品 | 100.6 | 101.3 |
| 居住项目 | 106.4 | 108.8 |
| 2. 商品零售价格指数 | 101.8 | 102.1 |
| 其中：食品 | 103.8 | 108.7 |
| 服装、鞋帽 | 101.6 | 101.2 |
| 日用品 | 100.6 | 101.8 |
| 交通和通讯 | 96.1 | 93.8 |
| 文化用品 | 98.3 | 98.4 |
| 3. 农业生产资料价格指数 | 103.5 | 106.6 |

**对外经济**　对外贸易较快增长。2006年进出口总额完成6220万美元，比2005年增长55.45%。其中，出口总额6188万美元，增长55.6%；进口总额32万美元，增长31.36%。

利用外资保持一定规模。2006年外来直接投资357872万元，增长24.9%。合同利用外资1427万美元，比2005年下降72.06%。实际利用外资1692万美元，增长268.63%。

**交通邮电**　2006年交通运输、仓储和邮政业实现增加值12.1亿元，比2005年增长10.7%。

交通运输业快速发展。2006年，货物周转量378073万吨公里，比2005年增长0.5%；旅客周转量224502万人公里，增长8.4%。全市公路通车里程15580公里，比2005年增长47.8%，其中公路108公里。完成“村村通”水泥（油）路工程1945公里，其中“村连村”工程1105公里。新增通水泥（油）路行政村362个，新增通公路行政村38个。

邮电通信能力不断提高。年末邮政局（所）175处，邮政业务总量达1.49亿元，增长30.7%；电信业务总量8.38亿元，增长1.2%。年末局用电话交换机总容量达到50万；固定

表66　　2006年忻州市各类学校招生和在校生情况表

| 指　　标 | 学校数（个） | 招生数（个） | 在校生数（人） | 毕业生数（人） |
|---|---|---|---|---|
| 中等专业学校 | 4 | 1299 | 4660 | 2073 |
| 职业中学 | 52 | 7776 | 16892 | 4356 |
| 普通高中 | 47 | 21913 | 62831 | 19633 |
| 普通初中 | 375 | 53757 | 168856 | 51858 |
| 小　　学 | 3722 | 54227 | 322203 | 56100 |
| 幼儿园 | 172 | 29825 | 41476 | 19266 |

电话用户达到60.87万户。新增移动电话用户10.55万户，2006年末达到78.7万户。全市移动电话用户总数达68.52万户，联通电话用户总数达10.18万户。国际互联网用户达5.29万户。

旅游　旅游业稳步发展。2006年接待国际游客6.87万人次，比2005年增长48.7%；实现旅游外汇收入2139万美元，增长54.02%。全年接待国内游客708万人次，增长14.19%；创收33.97亿元，增长69.08%。

财政　财政收入较快增长。2006年，全市财政总收入达到39.79亿元，比2005年增长29.23%，其中一般预算收入16.67亿元，增长41.63%。与经济发展密切相关的主体税种增长较快，增值税金全年完成20.43亿元，增长19.17%，增收3.29亿元；营业税全年完成3.4亿元，增长17.25%，增收0.5亿元；企业所得税全年完成3.05亿元，增长65.54%，增收1.21亿元。财政支出结构继续调整。全年一般预算支出执行48亿元，增长28.16%，其中各项生产性支出8.86亿元，增长45.73%，增支2.78亿元；各项行政事业费支出35.38亿元，增长24.04%，增支6.86亿元。

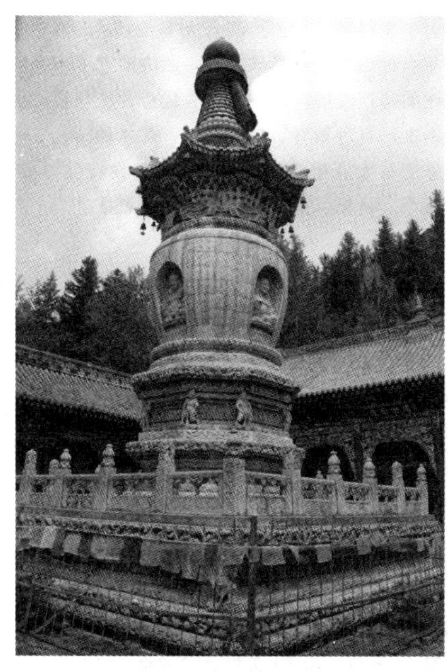

五台山龙泉寺汉白玉塔　　杨健摄影

金融　2006年末全市金融机构各项存款余额439.6亿元，比2005年末增加78.48亿元，增长21.71%。其中，企业存款余额63.13亿元，增长27.86%；城镇居民储蓄存款余额214.74亿元，增长16.08%。金融机构各项贷款余额199.98亿元，比2005年增长10.92亿元，增长11.92%。其中，短期贷款113.56亿元，增长5.3%；中长期贷款27.15亿元，增长20.97%。

保险　保险事业发展加快。2006年实现保费收入7.01亿元，比2005年增长26.3%。其中，财产险业务保费收入2.11亿元；人寿险业务保费收入4.9亿元，分别增长11.0%和34.2%。各项赔款和给付2.29亿元。其中，财产险业务赔款支出1.17亿元，增长23.8%；人寿险业务赔款和给付支出1.13亿元，增长了1倍。

教育　各级各类教育平稳发展。全市普通高中47所，招生2.19万人，在校生6.28万人，毕业生1.96万人。普通初中375所，招生5.38万人，在校生16.89万人，毕业生5.19万人。小学3722所，招生5.42万人，在校生32.22万人，毕业生5.61万人。高中毛入学率达56.49%。

科技　科学技术持续进步。2006年专利申请数69项，每10万人专利申请数达到2.26项。城镇单位每万人从业人员拥有专业技术人员3110.82人，高新技术企业发展到9家，科技示范园区发展到47家。

卫生　卫生事业得到发展。2006年末全市共有卫生机构314个。其中市级71个，县级243个。医院、卫生院床位7051张。卫生技术人员10159人，其中执业医师3874人，执业助理医师806人，注册护士2686人。县级医疗卫生机构达标56个，乡级医疗卫生机构达标185个，村级医疗卫生机构达标3032个。县、乡、村三级医疗卫生机构达标率为24.8%

人口与人民生活　全市总人口达到305.67万人。2006年出生人口3.89万人，出生率为12.77‰；死亡人口2.1万人，死亡率为6.89‰；净增人口1.79万人，自然增长率为5.88‰，比2005年下降0.03个千分点。

居民收入增加，消费支出增长。2006年，城镇居民人均可支配收入8114.35元，比2005年增长15.82%。农民人均纯收入2086.88元，比2005年增长8.39%，增加161.52元。城镇居民人均消费支出4967.4元，增长7.02%；农民人均消费支出1856.47元，增长6.19%。居民居住条件逐步改善。城镇居民人均住宅建筑面积24.2平方米，增长4.5%；农民人均住宅面积24.42平方米，增长0.9%。

社会保障　社会保障水平提高。2006年末参加基本医疗保险人数19万人，比2005年增加1.4万人。收缴各项社保基金56650万元。城镇居民最低生活保障面达到9.6万人，月人均低保金较2005年提高13元。农村养老保险人数17.2万人，纳入低保范围的农村特困群众扩大到4.3万人。

环境与安全生产　生态环境建设稳步推进。全市绿化覆盖面积245.92万平方米，绿化覆盖率为12.24%。全市污水排放量1350万立方米，垃圾清运量11万吨。

2006年各类生产安全事故死亡321人，比2005年下降13.94%。亿元GDP死亡人数为1.66人，下降25.6%；煤矿百万吨死亡人数为1.26人，下降52.8%；道路交通事故死亡人数为277人，下降9.8%。　（王喜才）

注：1. 资料来源市统计局公报。
2. 2006年部分数据为快报数。
3. 生产总值、人均生产总值、各产业增加值绝对数按现行价格计算，增长速度按可比价格计算。

**中共市委书记**　张建欣
**副书记**　耿怀英　杨增武　高　璋
**市人大常委会主任**　郭连山
**副主任**　郭秀莲（女）　智俊德　马林凤（女）　郑红光　徐生年　温建国
**市　长**　耿怀英
**副市长**　秦新年　白培中　王学英（女）　杨晋生　谌长瑞
**市政协主席**　李玉清
**副主席**　李　毅　樊惠杰（女）　王志勇　薄宝明　王文娅（女）　王月娥（女）　王庆荣

## 原平市

**【简述】**　自然地理　原平市地处山西省北中部，位于忻定盆地北支。东临五台，西靠宁武，南与忻州、定襄毗邻，北和代县、朔州接壤，是晋北的交通枢纽。京原铁路、北同蒲铁路在城区呈“Y”字形交汇，又有京原、大运、宁长、原太等国道省道贯穿全境，交通条件极为便利。全市总面积2571平方公里，总人口488050，其中男246328人，女241722人；耕地面积76097公顷。城镇人口约占四分之一。

市区地形呈西高东低状，地面向滹沱河及

其支流倾斜，基本上可分为西山区、平川区、东山区三类，山区面积约占一半以上，平原、丘陵区各占四分之一。

**行政区划** 原平现辖18个乡镇、2个街道办事处、520个行政村。东山四乡镇以盛产水果闻名，其中同川梨最负盛名，曾为帝王贡品；西山三乡镇矿产资源丰富，有煤、铝、铁、石灰岩、白云石、钾长石、硅石、铜矿、黏土等十四种之多；中部地区十一个乡镇以产粮食为主，占全市粮食产量的90%以上。另外，城郊设南、北两个街道办事处。

**水利资源** 原平地处海河流域滹沱河水系，是山西省少有的富水县之一。正常年径流量近2亿立方米，水资源年可采量约1.2亿立方米，目前利用量尚不足一半。

**名胜古迹** 原平境内风景名胜众多，“天涯石鼓”、“五峰叠翠”等八大景观和具有较高文化考古价值的卫村遗址、西汉铜俑、石牌坊等古遗迹，吸引了大批游客前来观光。

**综合经济** 全市生产总值创历史最高水平，2006年完成332022万元，同比增长25.3%，经济总量和增长幅度均居忻州市前列；财政总收入继2003年突破两亿、2005年突破3亿元后，2006年又突破4亿元大关，全年总收入完成4.35亿元，增长工42.3%，一年净增1.3亿元；其中，一般预算收入完成1.57亿元，增长43.7%，绝对额增收4766万元；工业经济受大项目投产拉动，增速加快，规模以上工业增加值完成5.5亿元，增长81.3%；粮食生产再创历史新高，总产量达到2.845亿公斤，增长40.1%；乡镇企业增加值完成14.2亿元，增长22.7%；社会消费品零售总额完成14亿元，增长12.6%；城镇居民人均可支配收入8408元，增长12.2%；农民人均纯收入2710元，增长7.6%。

**重点项目建设** 市委市政府坚定不移地实施“开放引进、大项带动”战略，坚持把项目建设作为推动经济社会又好又快发展的突破口，紧紧抓住项目推进中的关键环节，不断加大主攻项目力度，创优环境，开放引进，全市重点项目建设积极推进，呈现出投资增大、项目增多、速度加快、效益趋好的特点。

一是铝基地建设实现历史性突破。总投资50多亿元的百万吨氧化铝项目，经过全市上下和鲁能铝业建设者的艰辛努力，于2006年6月27日胜利竣工投产。铝基地建设一期工程的顺利完成，标志着原平市经济结构调整在“十一五”开局之年取得了重大进展，标志着原平市“煤—电—铝”产业链培育建设实现了重大突破。截至2007年2月底，共生产氧化铝49.3万吨，上交税金1.57亿元，大项带动效应开始逐渐显现。同时，以新增100万吨氧化铝、50万吨电解铝、30万吨预焙阳极为重点的铝基地建设二期工程，前期准备工作正在有序推进。

二是轩岗2×66万千瓦坑口电厂进入最后核准。总投资47.5亿元的轩岗坑口电厂，是省“十一五”电力发展规划重点项目，也是原平市推进“煤—电—铝”产业链整合的又一龙头工程。项目启动实施以来，重点完成了可研、初设、环评、水资源测试等工作，成立了同华电力有限公司，取得了中央、省、市各级支持性文件，“五通一平”工作已全面展开，现已进入国家发改委最后核准阶段，工程建设有望近期全面铺开。

三是煤矿技改项目进展顺利。龙宫煤矿联营改造，盘道、西梁煤矿能源综合开发项目，积极推进采煤方法改革，着力建设标准化矿井，拓展了壁式开采工作面，改造工程已基本完成，装备水平和生产能力大幅提升。

四是“两区”开发项目积极推进。“两区”开发是省委、省政府为加快晋西北、太行山革命老区发展而实施的重大战略举措。经过近一年的努力，原平市列入省“两区”开发的龙头骨干项目均取得了积极进展。泰宝公司液压密封生产项目，引进奥地利先进技术，建设高性能密封件生产线，新产品已进入试生产阶段；盛大公司托辊生产线项目，引进国外全自动设备，建设年产750万支托辊生产线，部分设备已到位；化工公司8万吨淀粉项目，土建工程已经开工，预计2007年上半年可形成4万吨生产能力。此外，宝丰公司新型皮带机项目、钢铁公司15万吨离心铸铁管项目、昊华公司甲醇项目、电力开关厂超高压设备项目也都积极推进。截至2006年底，原平市列入忻州市“双百千亿”工程的重点项目共有17个，概算投资300多亿元，现已完成投资50.6亿元。

在一批重点项目的强势推动下，原平市铝、电、煤、化、机五大经济板块开始崛起，具有战略性、前瞻性意义的多元支柱产业新格局日渐形成。

**工业** 市委市政府抓住传统产业发展转型中积淀和凸现的矛盾与问题不松手，以存量盘活、优势整合为突破口，创新思路，加速重组，积极推进了传统产业的裂变与聚合。

一是煤炭产业在资源整合中拓展提升。重点实施“关小”战略，坚决淘汰生产能力9万吨以下的小煤矿，全市煤矿数量由76座压减到41座，压减率达到46%。积极推进煤炭资源整合和有偿使用，重点进行了采矿权人确定、划界登记、开发利用规划、储量核查、价款征收、采矿许可证申领等工作。全市保留矿井着力推进采煤方法改革，建立完善瓦斯监控、产量监控、人员定位系统，4座矿井被命名为省标二级矿井。通过大力度整合，原平市煤炭产能得到了有效平衡，产业素质有了大幅提升。

二是传统工业在产业整合中优化升级。昊华公司以突出主业、做大做强为目标，改造提升了联醇、尿素、合成氨生产系统，积极推进了企业主辅分离改革，原化子弟学校正式移交市教育局，附属医院、物业公司已成功剥离。化工公司以治理污染、改善环境为目标，积极实施甲酸分厂整体搬迁，清除市中心污染源，加快了生产系统优势整合。原机破产重组，一直是国企改革的难点和焦点，改革以存量换增量，重点盘活东门外存量资产，有效推进了企业重组和启动生产。与此同时，鼓风机公司全力实施技术升级工程，研制投产了大型电站风机、矿用防爆风机。磷化公司围绕节能降耗、污染减排，改进了废渣处理工艺，完成了尾气回收系统，经济效益和社会效益进一步提高。

**新农村建设** 市委市政府认真贯彻中央1号文件精神，坚持把建设社会主义新农村作为落实科学发展观、推进小康社会建设的重要任务来抓，按照“生产发展、生活宽裕、乡风文明、村容整洁、管理民主”的要求，积极实施“四新”工程，全市新农村建设扎实推进，被省委、省政府评为全省先进县市。

一是以农业产业化经营为重点，加快发展新农业。积极实施支扶农工程，重点选派14名大学生村官，确定了36个对口部门，着力对农业农村工作进行指导帮扶，加快推进了传统农业的转型发展。进一步扩大优势种植规模，集中推广良种繁育、旱作节水、立体种植、平衡施肥等农业增产新技术，着力建设特色种植、蔬菜、林果、畜牧四大基地，重点推进“一乡

原平市天崖山

杨健摄影

一业”、“一村一品”工程，加快发展设施农业、精品农业、订单农业，粮食产业工程得以全面实施。积极发展农副产品加工，加速发展民营经济，加快推进如亮饲料、黄河养殖、淀粉加工等农业产业化项目建设；重点扶持盛大机械、泰宝密封、电力开关等民营企业，努力实现以工促农，带动农民致富增收，全市规模以上民营企业发展到33个。大力实施农业生态建设工程，重点完成了西镇乡1000.5公顷中低产田改造、子干乡333.5公顷盐碱地改造，实施了观上水库除险加固、三北防护林四期、通道绿化等工程，进一步改善了农业生产条件，蓄积了农业发展后劲。

二是以村镇规划建设为重点，启动建设新村镇。积极推进新农村建设试点工程，规划先行，示范带动，选派技术员驻村指导，重点对柳巷、子干、北三泉等14个示范村实施以“四改四化”（改水、改厨、改圈、改厕和街巷硬化、村庄绿化、环境净化、路灯亮化）为主要内容的新村镇建设。积极推广田家庄沼气建设经验，集中整治重点村镇卫生环境，进一步改善了村容村貌。

三是以职业技能培训为重点，努力培育新农民。大力实施“阳光工程”，建立健全了市、乡、村三级培训网络，依托劳动就业培训中心、科技局等部门，对农民进行职业化、专业化培训，全年培训农村劳动力1.8万余人，转移输出农村富余劳动力9865人，有力促进了农民增收。

四是以文明创建活动为载体，积极倡导新风尚。以“弘扬传统美德、树立社会主义荣辱观”为主题，深入开展“文明村镇、文明单位、文明家庭”系列创建活动，依托乡镇文化站，重点建设了46个文化大院。通过开展形式多样、丰富多彩、寓教于乐的各种文化娱乐活动，促进了农村传统习俗和生活方式的转变。

城市建设　市委、市政府以打造晋北新兴魅力工业城市为目标，以实施“三个一工程”为基点，进一步加快城市形象塑造和功能提升，扎实推进新一轮城市建设。“规划一张图”重点完成了《城市总体规划》修编，控制性详规设计正在进行，一幅原平发展的新蓝图即将展现在我们面前。“形象一条街”重点实施了前进街综合整治工程，安装了路灯，改造了路沿，铺设了人行道，拔除了旧柳树、彩虹桥，增设了交通标线，清除了马路市场，整洁、亮丽、富有现代气息的街景展现出魅力原平的新形象。“集中供热工程”重点实施电厂热源点热力提升改造，投资1300万元新上马了40吨流化床锅炉，新增了30吨尖锋加热器，供热质量、供热效果明显提升。与此同时，天然气输配工程顺利竣工，市区40个单位、8500户居民置换了焦炉煤气，原平市成为全省率先使用天然气的县市之一。工程路改造全部完成，背街小巷硬化继续延伸，出租车更新有序进行，《城市管理办法》经市人大常委会审议通过后开始实施。城市功能不断完善，城市品位进一步提升。

商贸旅游　市委、市政府以提升商贸水平为重点，积极组织“名品进名店”活动，广泛吸纳市场知名品牌、知名商品入驻大型商场、专业市场，实现了同域外商业集团的强强联手、优势对接，提升了商场档次，树立了商业形象。（1）把培育发展商市、商街作为拓展商业规模、构建商业中心的关键，重点启动实施丰彩大厦、建材市场建设，进一步强化步行街、十字街商贸区经营管理，努力创建优良的商业环境，繁荣活跃的市场格局日渐形成。（2）大力发展现代商业，大型超市、连锁经营、特许经营、精品专营的规模日渐拓展。（3）积极实施“万村千乡”市场工程，重点改造了13个基层供销社，建设了薄利隆、溢香园物流配送中心和20个便民超市，较好地满足了群众生产生活需求，得到了省市领导肯定。与此同时，玉皇峁自然风景区进入初期筹备阶段，五峰山森林公园正式获准建设，大营温泉度假村已列入省和国家级旅游示范点，原平市旅游产业进入了新的发展时期。

社会保障　市委、市政府以维护好、实现好、发展好最广大人民群众的根本利益为出发点，着力抓好社会保障体系建设，企业养老、机关养老、农村养老、城镇医疗和工伤保险制度框架基本形成。2006年，企业养老保险全年收缴养老金2971万元，比2005年多收433万元；发放养老金6800万元，实现了离退休人员养老金按时足额发放。农村养老保险收取保费325.6万元，发放养老金32.6万元，资金滚存积累达900万元。医疗保险征缴基金700万元，为532人次解决医疗费用260万元。工伤保险全面启动，为24名工伤职工支付伤残津贴、医疗费39万元。城市低保实现了全员覆盖，应保尽保，为4397户、10521人发放保障金757万元。所有这些，较好地维护了人民群众的切身利益，促进了社会和谐稳定。

教育工作认真落实“两免一补”政策，为10463名贫困生免除教科书费和杂费194.5万元，为550名农村寄宿制学生补助伙食费10万元。范亭中学顺利通过省级示范高中验收，成为忻州市第二所示范高中。卫生工作进一步加强城乡公共卫生机构建设，成立了紧急医疗救援中心，健全了新型农村合作医疗制度，农民参合率达到87%。科技工作引进农作物优良品种60多个，实施推广农业新技术100多项，科技贡献率进一步提升。安全稳定工作继续加大煤矿、非煤矿山、道路交通、易燃易爆和危险化学品安全整治力度，严厉打击非法违法煤矿，建立健全安全生产长效机制；加强社会治安综合治理，从严从快打击各类犯罪活动，创建“平安原平”取得明显成效。廉政建设工作进一步强化源头治理，不断深化行政管理体制改革，积极开展政风行风评议，依法行政得到加强。此外，计生、文体、审计、统计、宗教、档案、精神文明、环境保护、民兵预备役等各项工作，也都取得了较大进步。（武会文）

| | |
|---|---|
| **中共市委书记** | 王义升※　梁　洁 |
| **市人大常委会主任** | 潘文才 |
| **市　长** | 张志哲 |
| **市政协主席** | 任先艇 |

## 繁峙县

**【简述】**　2006年，繁峙县辖3个镇、10个乡、402个行政村，总面积为2381平方公里。年末总人口25.7万人，自然增长率为4.54‰。全县地区生产总值完成12.25亿元，同比增长17.0%，增幅居忻州市第四；规模以上工业增加值完成4.5亿元，同比增长39.3%，增幅居忻州市第三；社会消费品零售总额完成3.74亿元，同比增长17.5%，增幅居忻州市第三；城镇居民人均可支配收入完成7109元，同比增长21.2%。增幅居忻州市第一；社会固定资产投资完成2.28亿元，同比增长73.6%，增幅居忻州市第六，农民人均纯收入计1080元，同比增长11.2%，增幅居忻州市第二；地区财政总收入完成2.0698亿元，同比增长28.82%，增幅居忻州市第六；粮食总产量完成74690吨。

产业结构调整　全县规划内铁矿企业稳定控制在76户。全县铁精粉产量完成216万吨；球团设计生产能力达到210万吨，产量达到85万吨。种、养、加、药、四大产业发展步伐加快，形成了7个农业示范园区和4个无公害农产品生产基地。瓜果播种面积达到2001公顷，总产量达6800万公斤。六大养牛园区进一步壮大，肉牛饲养达到5.5万头，牛奶产量2500多吨，猪存栏5.4万头，羊存栏16.7万只，禽存栏13万只。全年共生产粉丝10590吨，饲料蛋白2340吨，实现产值54600万元。共生产玉米淀粉5万吨，完成产值1.5亿元，实现利税1000余万元。新增恒山黄芪1334公顷，全县中药材种植面积达到5802.9公顷，建成绿野恒山，星火原2个中药材加工企业。

城乡基础建设　完成了祥龙广场续建、石龙街后续工程、东西牌楼建设、滹沱河大桥重建等重点工程；碧秀公园、县城污水处理厂等重点工程基本按进度推进。投资2661万元，组织建设中低价安居住宅3.13万平方米，为360户职工解决了住房困难。积极改善农村交通，完成通达工程3村13.8公里，通畅工程47村108.6公里，完成率均达100%；完成“村连村”工程108公里，占任务的197%，完成农村街道硬化160公里，占任务的139%。新增了14个通客车行政村，占年任务的200%。全县已有376个行政村通了客车，占全县行政村的93.5%；完成候车厅10个，招呼牌100个，新建乡（镇）客运汽车站1座。进一步加强农业基础设施建设，在6670公顷高效节水农田砂河片区内打井配套21眼，架设输变电线路12公里，埋设输水管道33公里，修建防渗渠道8公里。全年共完成10处农村饮水解困和饮水安全工程，解决了10个行政村、6244人，1488头大畜的饮水困难和饮水安全问题。

环境治理　(1) 2006年，县委、县政府把县城和砂河镇绿化、美化、亮化、净化、规范化的“五化”建设作为一件实事来抓。各机关、单位、门店及全体居民，人人动手，整治环境，使城镇居民生产生活环境进一步优化，繁峙的对外形象得到明显提高。(2) 全年完成退耕还林工程1000.5公顷，京津风沙源治理工程2334.5公顷，草地建设2801.4公顷，小流域治理1600.8公顷，围栏封育2668公顷。(3) 加大了环境污染整治力度，对挤占河道、侵害农田、乱弃废渣、违规排污等行为坚决予以打击，53个重点工业污染源达标率达到80%以上。共取缔非法私开矿点18处，封堵洞口45处，炸毁洞口25个，拆除房屋620间，清理机械设备162台（件），对不具备安全生产许可条件的13家探矿企业实施停产整顿。全县共有81个矿山企业领到125个安全生产许可证。同时，组织480名厂（矿）长参加了全省的安全培训，1860人参加了全市的特殊工种培训，2100人参加了县安监局组织的安全业务培训。启动了县城集中供热2处，县财政投资15万元在县城建起了两个大气质量监测站，加强了对城区空气质量的监测。

招商引资　青洽会上，北城海绵铁有限公司成功引资1.2亿元，使总投资2亿元，年产20万吨直接还原铁（海绵铁）项目落户繁峙。太原诚达集团20万千瓦风力发电项目总投资20亿元，一期投资5亿元已到位。两个钼矿项目总投资4亿元已经到位，钼矿资源整合试点工作已经开始。全年共通过不同方式、不同途径，引进各类项目17项，协议总投资30多亿元，到位资金11.7亿元。

重点项目建设　投资2000万元的繁峙县矿产品有限公司30万吨铁精粉生产线已建成投产，全部达产后将实现产值1亿元，利税2000万元。通达公司投资2000万元建成了年处理50万吨精矿粉返浮选项目。紫金矿业公司投资1000万元新上了一条尾矿回收生产线，投产3个月就上缴税费1000万元。投资2268万元的220千伏变电站增容工程已进入设备安装阶段。全县共有12个“双百千亿”项目（其中包括9个“两区”项目），涉及企业16家，总投资18.6亿元。12个项目到位资金10.5亿元。在国企改革方面，汽配厂实行了依法破产，实现了“两个置换”；耿庄金矿85名职工完成了身份置换；塑料厂进入了破产程序；辛庄金矿与英国公司签订了联营协议。

新农村建设　省里确定的8个试点村、22个重点治理村的新农村建设全面铺开，繁峙县的新农村建设工作走在了全市前列。大力发展农村富余劳动力转移。阳光工程培训800人，有83.2%的人员实现了转移就业，进一步加大扶贫开发力度，投资210万元，完成整村推进2100人，投资1272万元，完成移民扶贫1500人。

社会保障　2006年新增城镇就业岗位2340个，下岗失业人员再就业900人。全县企业养老保险参保单位达到98户，征缴清欠养老金1080万元，参保职工达5822人，做到了应保尽保，为2992名离退休人员发放养老金2214万元，发放面和发放率均达100%。机关事业养老保险金支付342万元。农村养老保险参保人数达2040人，基金积累193万元。医疗保险参保单位达到4个，参保职工达7983人，全年保费支出712万元。城镇低保参保人数达到5570人，保费标准进一步提高。安置“4050”人员422人，超任务4.7%；城镇失业登记率3.5%，达到4.0%以内的要求；举办各类培训班13期，培训下岗失业人员和农村劳动力1668人。此外还组织清理工资拖欠专项检查85家，为356名农民工追回拖欠工资92.5万元。

社会事业　教育方面，投资840万元，新建于繁峙中学、繁峙二中教学楼和青少年活动中心。新建了3所明德小学，缓解了农村学生上学难的问题。230名高中毕业生达本科线，达线绝对数居全市第四；中考500分以上学生达794名。卫生方面，取缔非法行医诊所2家，没收药品器械价值1.2万元。启动农村新型合作医疗的准备工作已经完成。社会治安方面，2006年破获刑事案件334起；打掉犯罪团伙27个，抓获各类在逃犯34名。特别是成功破获、处置了“6·8”西沿口爆炸案。全年共破获各类涉毒案件216起，抓获各类涉毒人员245名，荣获全国禁毒工作先进县称号。共查处违反交通秩序案件121起，整治各类治安隐患75处，取缔黑网吧6家，打掉赌博团伙1个，破获盗窃抢劫案件77起，收缴炸药8650公斤。“平安县”创建工作顺利通过市级验收。2006年，全县共受理群众来信来访71件（次），同比下降了34.9%，息诉罢访率达到79%，有效地维护了全县大局稳定。　（冯占军）

**【“6·8”西沿口爆炸案】**　2006年6月8日晨6:40，砂河镇西沿口村村民魏秀斌家中，私制炸药爆炸，10人死亡，1人重伤。此次事故导致全村400余户人家的房屋几乎都受到不同程度的损坏，6月15日，犯罪嫌疑人常河及其女友在辽宁东三巷市破获抓获，6月22日，犯罪嫌疑人张玉川、刘有贵在太原市被抓获。8月3日，15名嫌犯被批捕。　（冯占军）

**【“饮水思源馆藏杯”送交中国军事博物馆长期陈列收藏】**　2006年9月9日9时，由山西省繁峙县星河银业有限公司承制的纪念红军长征胜利七十周年“饮水思源馆藏杯”特大银杯，送交中国军事博物馆长期陈列收藏。此纯银杯尊高70厘米、上口直径40厘米、底直径为30厘米，杯身镶嵌宝石、金饰、玛瑙。　（冯占军）

**【县、乡党委换届工作】**　繁峙县13个乡镇的党委换届工作在2006年6月25日前圆满结束。中国共产党繁峙县第十一次代表大会于6月29日召开。大会选举产生了武德、武宪堂、王黎明、丁文福、马根泉、王利民、崔永江、姚历山、杨有成、杨晓宏十名常务委员，选举武德同志为中共繁峙县委书记，武宪堂、王黎明为中共繁峙县委副书记。在中共繁峙县纪委第一次会议上，选举产生王利民、王治乐、刘秀德、苏建国、张金生、李金生、席恒忠为中共繁峙县纪委常委，选举王利民为中共繁峙县纪委书记，王治乐、刘秀德为纪委副书记。县乡机关干部进行了全面调整，共涉及干部227名，其中平调54名，副科提正科18名，一般干部提副科71名，免职84名。　（冯占军）

**【滹沱河大桥建设工程】**　滹沱河大桥在拆除原滹沱河大桥的基础上改建，为8孔预应力桥，长165米，宽23米，两边均安装路灯。于2006年11月下旬建成通车，完成总投资1317万元。　（冯占军）

**中共县委书记**　武　德
**县人大常委会主任**　任保安
**县　长**　武宪堂
**县政协主席**　李凤岐

## 定襄县

**【简述】**　2006年，全县生产总值完成17亿元，同比增长11.7%；财政总收入完成1.6亿元，同比增长17.7%；农民人均纯收入达到3880元，同比增长8%；城镇居民可支配收入达到8838元，同比增长13%；国有及规模以上企业总产值完成10.8亿元，同比增长12.1%；增加值完成2.9亿元，同比增长15.6%；民营经济总产值完成61.1亿元，同比增长22.2%；增加值完成17.2亿元，同比增长21.5%；上缴税金1.1亿元，同比增长21.4%；社会消费品零售总额实现4.9亿元，同比增长14.6%。

农业　2006年，大力调整种植结构，全年共引进各类新品种100个，推广种植面积达到2334.5公顷，建成各类特色种植示范园区10个，示范种植面积达到100.05公顷。全县粮食总产量达到1.32亿公斤，果品总产达到632.6万公斤，种植类总收入达到3.9亿元。大力发展畜牧业，年末猪存栏38000头，牛存栏1800

头，畜牧业总收入达到9350万元。加强农业基础设施建设，改造中低产田933.8公顷，新打机电井20眼，新增节水灌溉面积400.2公顷，新增粮食生产能力180万公斤，完成人畜饮水解困工程7处，解决了33个村4.95万人7943头大畜的饮水困难。实施退耕还林、太行山绿化、省级六大造林绿化等林业重点工程，全年共完成造林面积758.38公顷，新增育苗面积53.36公顷，森林覆盖率达到17.7%。认真实施农村劳动力转移"阳光工程"，共培训农民9000人，转移农村劳动力2100人，农民工资性收入稳步增长。15个新农村试点村建设取得初步成效，道路硬化、街道亮化、村庄绿化、环境净化都走在了全县前列，有7个村新建了学校，12个村建起了文化活动中心，3个村有了健身场所，10个村新办了村级卫生所。

招商引资　2006年，先后组团参加了省政府举办的上海洽谈会和香港洽谈会，犇腾乳业公司的界面蛋白质项目和爱国扁钢的5万吨精轧生产线项目成功签约。制定出台了优化环境、招商引资的五个政策性文件，建立了项目库，编制了203个招商项目，总投资216亿元。成功举办了"安民辟壤，好运定襄"为主题的"2006山西·定襄（太原）招商引资项目推介会"，共推介项目105个，总投资169.3亿元，有40个项目签约，签约总额达23.7亿元，其中引进资金18亿元。招商会后又有大唐国际电厂项目、山田园项目等一批项目成功签约，在所有签约的项目中，已有5个开工建设，到位资金达3亿元。成立了资产公司，为民营企业融资服务，并对全县民营企业进行了经营管理知识培训，选出了100家大型企业进行重点扶持，全县民营经济实现了增长速度和增长质量的同步攀升。民营企业总数已经发展到2370户，总投产达到18亿元，从业人员5万人，锻件及法兰盘年加工能力达到了50万吨，2006年法兰盘出口达到9.3万吨，占全国法兰出口总量的71%。

工业　2006年，全县新上项目65个，新增固定资产投资3.18亿元，同比增长12.58%，其中投资1000万元以上的12个重点项目，全部开工，完成固定资产投资2.3亿元。这12个项目用于技术装备提升投入的资金就达6000万元，同比提高19个百分点，定襄县工业投入已经走出低档次、小规模、复制性投入的老路，正在向高科技、新工艺、高效益迈进。整合七大工业园区，规划了占地667公顷的芳兰锻造工业基地和占地200.1公顷的受录农副产品加工基地，两个基地已全部开工建设。化肥厂进入破产程序，已完成了清产核资和资产评估工作，制定了职工安置方案和破产分配方案，正按有关法律程序依法推进。灯泡厂破产重组工作也取得了一定进展，正在落实职工安置附加条件。

基础设施建设　2006年，县委、县政府确定的城市建设十项重点工程，其中政府大院绿化、晋昌大街绿化和世纪花园等三项工程已经全部完工，其他七项工程也有不同程度进展。此外，后半年又重点完成了待阳路立交桥和团结路的拓宽改造工程，重新修编了县城总体规划。环境保护积极实施"蓝天碧水"工程，加大了环保专项整治力度，取缔关停了60户锻造企业，对52户进行了治理改造。交通基础设施建设实现新跨越，农村街道硬化完成39.75公里，超过任务的32.5%；村连村工程完成73.15公里，超过计划的46.3%；通畅工程完成58公里，完成任务的100%。全县乡镇有站、大村有棚、小村有牌的农村客运站点网络基本形成。电力通讯实现新发展，投资4875万元的岭子底水电站正式开工建设；投资1.4亿元元的长安220千伏变电站开工建设；城网改造二期工程全部完工。广播电视覆盖面进一步扩大，固定电话突破4万户，移动电话用户达到6万户。

社会事业　两个"确保"得到进一步巩固，2006年共为2482名退休职工发放养老金1530万元，共为355名下岗职工发放基本生活费28万元。新增就业岗位2990个，1037名下岗失业人员实现了再就业，安置"4050"人员396人，城镇登记失业率控制在了2.9%以内，低于市定的3.5%的控制目标。6406名城市低收入者纳入了低保，实现了应保尽保。启动了农村特困户大病医疗救助，共为400户特困户发放救助金29万元。为3968名特困人口和896名"五保户"发放救助金56万元。加大教育基础设施投入，投资234万元新建改建学校操场7个；高考成绩再创新高，在全市整体达线数下降的情况下，定襄县稳步提高，名列全市第二。"万村千乡"市场工程全面实施，全县9个乡镇投资245万元建起15个农村便民超市；新型农村合作医疗已报省厅批准，有关工作正在积极进行。加强安全监管，全年检查生产经营单位1020个，学校30所，车辆2300多辆，全县的安全生产保持了良好的态势。高度重视信访工作，深入开展"严打"斗争，全年共破获各类刑事案件109起，其中重特大案件25起，全面开展了社会治安综合治理，为确保全县人民安居乐业和经济社会协调发展提供了有力保障。此外，金融、审计、统计、普法、电视、文化、通讯、工商等各项工作也都取得了新成绩。

（张先林）

| | |
|---|---|
| **中共县委书记** | 赵润林 |
| **县人大常委会主任** | 于生元 |
| **县　长** | 王玉根 |
| **县政协主席** | 刘子恒 |

## 静乐县

**【简述】**　2006年全县辖4镇10乡，381个行政村、450个自然村，总面积2058平方公里。年末总户数4.48万户，总人口15.32万人，其中非农业人口2.07万人。全年耕地面积3.02万公顷，总播种面积2.73万公顷，粮食播种面积2.04万公顷。

综合经济　2006年，全县生产总值完成6.51亿元，同比增长7.8%；工业增加值完成1.66亿元，同比增长12.4%；财政总收入完成1.0394亿元，同比增长3.3%；一般预算收入完成4397万元，同比增长29.3%；城镇居民人均可支配收入达到5794元，同比增长18.9%；农民人均纯收入达到1636元，同比增长7.6%；固定资产投资完成1.41亿元，同比增长74.5%；社会消费品零售总额完成1.41亿元，同比增长14.9%；社会各项存款余额达到9.4亿元，比年初增长23%。

农业及新农村建设　2006年以"生产发展"为核心，认真落实支农、惠农的各项措施，努力增加农民收入。全县种植结构进一步优化，粮食种植面积达到2.73万公顷，其中小杂粮种植面积扩大到1万公顷，优质玉米种植面积达到2934.8公顷。中药材种植面积增加到200.1公顷，瓜菜种植面积发展到333.5公顷，建立了12个特色种植试验、示范基地，完成了18个农产品的绿色认证和5个有机食品的论证。认真落实国家种粮直补政策，共向全县种粮户发放粮食直补资金197万元，新组建农民合作经济组织20个，全县粮食总产量达到3.47万吨，农业总产值达到1.68亿元。畜牧业进一步发展，共培育养殖大户25户、规模养殖户50户、舍饲圈养户500户，大畜存栏3.4万头、羊存栏18.2万只、猪存栏3.4万头，禽类发展到34万只，全县畜牧业总产值达到7000万元，占全县农业总产值的40%。扶贫开发力度进一步加大，完成移民新村后续配套投资108万元，完成整村推进投资210万元，解决了35个村、1万人，1600头大畜的饮水困难问题；转移农村剩余劳动力3.9万人，劳务总收入达到7800万元。新农村建设开局良好，制定了《静乐县新农村建设总体规划》、《静乐县新农村建设实施意见》，在6个试点村、12个重点治理村开展了新农村建设试点工作，涌现出程子坪村张晋文、木树头村吕桃拴、五家庄村李耀宣、砚湾村高全富等一批先进典型和带头人，创造了"发挥能人效应，实施示范引导"的新农村建设新模式。

工业　积极推进煤炭资源整合，全县煤矿由原来的23矿25坑整合为21矿21坑，产能从226万吨提升到378万吨；征收资源价款2.1亿元，完成技改投资2亿元，生产原煤72.6万吨，煤炭产业的集中度明显提高。2006年生产焦炭25.3万吨、水泥3万吨、煤焦油1.3万吨、粗笨2833吨、发电2.25亿千瓦小时，工业总产值完成3.8亿元，实现销售收入3.54亿元，实现利税5730万元，工业经济运行质量有所提高。

**重点项目** 投资200万元，编制了“十一五”规划和土地、环保等八个专项规划，不断完善项目库建设，共储备项目210个，为新项目的立项、审批、建设提供了先决条件。不断创优投资和发展环境，大力开展招商引资、组团参加了沪洽会、港洽会，带领有关部门到忻州、太原多次开展招商引资活动，全年引进神华、晋神等4个集团，引进项目6个，到位资金2.4亿元，有6个项目列入全市“双百千亿”项目，5个项目列入全省“两区”开发项目。年产18万吨合成氨、30万吨尿素项目已由省发改委批准，正准备开工；2×30万千瓦煤矸石发电项目已上报省发改委，正争取国家发改委核准；小杂粮加工项目到位贷款149.5万元，产品可在2007年国庆节前上市；胡萝卜深加工扩建项目第一条生产线已经投产；50万只蛋鸡养殖项目已经开工；鲁能180万吨配套煤矿已具备开工条件；22万伏输变电站项目正在审批当中。

**基础设施建设** 城建方面，投资150万元对县城的13条小街小巷实施了硬化，投资13万元对公厕进行了改造，投资20万元配备了清洁车，投资50万元完善了县城的照明、路面、排水及公园等市政设施。编制了岑山景区规划和鼓楼街开发规划，由民间力量发起组织、开工了岑山文峰塔工程。加强了城区土地审批管理，严厉打击了非法占地，清理了违章建筑。建成了污水处理厂，扩大了集中供热覆盖面，供热面积达到16万平方米。道路交通建设方面，宁静铁路全线铺轨，忻保高速公路前期工作进展顺利，康西公路隧道工程已经签约，完成通达通畅和村连村工程90公里，硬化村街道70公里，全部超额完成市下达的任务。通讯电力方面，“三网合一”试点工作顺利推进，95%以上的村实现了通讯覆盖，固定电话用户达到1.4万部，宽带用户发展到1000户，城网有线电视用户达到6300户，农网用户达到3700户。完成了58个村的通电工程，解决了1165户、5000余人的用电问题，全县基本消灭了无电村。

**社会保障** 强化了两个“确保”，提高了企业离退休人员养老金补助标准，征缴保险金505万元，全年共发放养老金821万元，发放下岗职工基本生活保障金和“4050”人员再就业资金63万元，三项基金发放和征缴率达到100%。完善了城镇职工基本医疗保险制度和农村养老保险制度，全县参加医保的单位达到167个，参保人数达到了6995个，农村养老保险金征缴17.3万元，全部完成了市下达任务。加强了城市和农村救助工作，提高了城镇低保补助标准，发放低保金423.6万元，提高了“三属”、残疾军人、复退军人的生活补助标准，发放补助金239万元，发放农村低保金46万元，“五保”救助金66.4万元。关心困难群众生活，发放救济款30.5万元，发放救灾棉被、棉衣2600套，发放面粉32.5万公斤，保障了困难群众的基本生活。

**社会事业** 教育工作方面，新建希望小学1所，新建中小学标准化操场6个，进一步巩固了义务教育普及成果，全面提高了教育质量，全县高考达线129人，应届生达线在全市排名第六，所有考生达线在全市排名第七。落实“两免一补”资金352万元，提前一年达到了中小学“两免一补”的目标。计划生育方面，发放奖扶金16万元，人口自然增长率控制在5.3‰以内，综合节育达到89.2%，计生率达到79.73%，均低于市控水平。文化事业方面，申报了3个非物质文化遗产，出版了《静乐人物》，收集整理了《静乐民歌》，开设了电子图书阅览室，组织了中央电视台“情系山里娃”在静大型演出活动。环境保护方面，启动了“蓝天碧水”工程，开通了空气质量监测系统，人居环境明显改善。安全生产方面，以煤矿安全和打击非法开采为重点，旗帜鲜明，态度坚决地开展了一系列集中打击活动，投资25万元购置了火工品探测仪，全年累计出动执法人员1450人次，执法车辆384车次，抓捕犯罪人员11名，严厉打击了非法违法开采。同时加强了对工矿企业、道路交通、食品卫生、森林防火、学校、消防、防汛等各行各业的安全监管，维护了全县安全稳定大局。社会治安综合治理方面，全年共排查矛盾纠纷17件，刑事案件立案210起，破获贩毒案件9起，全县社会治安明显好转。本年，还积极推进乡镇机构改革，认真解决群众来信来访，全面落实“一岗双责”目标责任制，不断加大审计监督力度，大力开展职业卫生执法检查，积极推进粮食流通体制改革，启动了第二次农业普查，完成了公务员登记工作，建成了残疾人康复中心，开展了“五五”普法，实施了尊老爱幼工程和“一颗鸡蛋”工程，圆满完成了市政府安排的十二件实事。老干、科技、物价、档案、民兵武装等各项工作都取得了新的进展。

2006年全县经济发展稳步增长，社会事业均有进步，和谐局面继续保持。但长期以来形成的基础差、底子薄、总量小、欠账多的状况，与当前全国各地千帆竞发、飞速发展的形势相比，还存在五大明显反差：一是靠天吃饭、广种薄收、粗放经营的农业发展低水平与新农村建设、发展现代农业的高要求形成明显反差；二是产品初级化、产业单一化、经济效益差的产业发展旧格局与规模化、新型化、多元化的产业发展新方向 形成明显反差；三是经济总量小、财政增收难、历史包袱重的薄家底与保工资、保社保、保稳定、促发展的高投入形成明显反差；四是观念转变慢、基础条件差、产业层次低的滞后发展环境与争投资、上项目所需的超前发展硬条件形成明显反差；五是科学发展、跨越发展、和谐发展的紧形势、硬任务与周邻县市大项带动迅速崛起的竞争挤压形成明显反差。这五大反差构成了本县经济社会生活中特有的矛盾和困难。对此，必须增强危机感和责任感，主动应对当前所面临的机遇和挑战，进一步提升发展理念，理清发展思路，明确发展目标，强化发展举措，谋求新的、更大的发展。

（周满堂）

**【“情系山里娃”央视少儿频道走进山西静乐暨山西少儿频道开播大型活动】** 2006年4月16日，“情系山里娃”中央电视台少儿频道大手牵小手走进山西静乐暨山西少儿频道开播大型活动在县城汾河西岸滨河广场举行。下午2时，来自央视的主持人和演员们与静乐县山里娃相约在此。

出席此次活动的有中央电视台副台长李挺明、山西电视总台副台长李光明、忻州市委副书记马天荣、市委常委、宣传部长周如璧、静乐县委书记王书东等领导，县长贾玉文主持了活动落地剪彩仪式。鞠萍、董洁、金龟子等著名少儿节目主持人悉数到场，张泽群、阿宝、景岗山、于魁智、李胜素、小香玉等顶级艺术家和歌唱家真情献艺，近千名演职人员黄土高坡倾情奉献。太原长江艺校的小演员们及省内各地的文工团、艺术团等都纷纷前来助阵，把演出的现场气氛推向了一个又一个高潮。静乐老少6万余观众现场互动，热情回应。此次活动中，团中央光华基金会、山西电视台、中国三优学会等单位还为本县的山里娃捐赠了图书。是日，晋西北虽然风沙天寒，但现场气氛热烈，爱心浓郁，演出活动一直持续了三个多小时。

（周满堂）

**【《静乐人物》出版】** 静乐物华天宝，人杰地灵，是一个历史悠久的县份，是中共早期党员、北大学生领袖、卓越的政治活动家、山西共产主义运动先驱高君宇的故乡，也是光荣的革命老区。古往今来，静乐养育出无数志士仁人、贤才良将和英雄模范人物，对国家民族解放和社会主义建设事业作出过巨大贡献。为了展现英才风貌、弘扬静乐精神，为了发挥人才优势、加速静乐发展，经静乐县委、县人民政府批准、支持，由静乐县志办公室编纂的《静乐人物》一书于2006年12月中旬由山西人民出版社出版面世。

该书是静乐有史以来的第一部专志性人物资料公开出版物，是县内志书文化的新成果。全书以国际标准大16K本设置，精装护封，硬壳烫金，典型大方。书首置彩页60页，内文收录小传人物612人，列表人物304名，总字数61.5万字，资料翔实，图文并茂，语言流畅，准确地展现了静乐古今各类优秀人物的光辉风采和奋斗足迹，反映了静乐的光辉历史、高尚精神和优良传统。该书的编纂出版不仅为社会留下了翔实可靠的历史资料，还为今人和后人提供了诸多鲜活的本土楷模，是一部爱党爱

国爱家乡和革命传统教育的好教材，也是一部英才荟萃的人才库。具有重要的使用价值和收藏价值。 （周满堂）

**【“健康进万家·一颗鸡蛋工程”在康家会中学启动】** 一项旨在关爱贫困学生身心健康的大型公益活动——“健康进万家·一颗鸡蛋工程”于2006年12月31日在本县贫困学生较为集中的康家会中学启动。中国医药卫生事业发展基金会“健康进万家”大型公益活动组委会执行秘书长曹怡然女士、中共静乐县委书记王书东在启动仪式上分别捐助一千元。来自全县各级党政领导以及机关的捐款四万余元送到了康家会中学，至此，全校360名贫困学生，每人每天都能吃到一颗充满爱意的鸡蛋了。

“健康进万家”大型公益活动，是由中国医药卫生事业发展基金会发起的，得到卫生部、国家食品药品监督管理局等九家单位以及中央电视台、新华社、人民日报社等全国近百家主流媒体支持的一项大型公益活动，其宗旨是“以人为本，扶贫济困，为人民的身心健康服务”。活动开展以来，备受国人关注。

静乐县是国家扶贫开发重点县。为了帮助更多的贫困学生念得起书，王书东书记曾倡导全县党员干部弘扬雷锋精神，结对子救助农村失学儿童，得到全县上下的广泛响应，在近两年时间里，全县结对救助了近千名失学儿童重返校园。当国家实行“两免一补”政策后，农村贫困家庭孩子上学难的问题得到了缓解，但是，关注他们的健康成长，成为一个迫在眉睫的问题。王书记曾两次深入到静乐最穷的刁儿沟学校调研，发现孩子们学杂费虽然有了着落，但由于经济贫困，常年仅在大考前才能吃到一点肉，从来吃不到也吃不起鸡蛋。看着一个个面黄肌瘦正在成长期的孩子，他萌发了关注学童健康成长的念头，并两次捐送100斤鸡蛋到刁儿沟学校。他的这一举动及想法，得到了“健康进万家”大型公益活动组委会的高度重视和充分肯定，曹怡然秘书长专程赴静乐，和王书东书记一起深入刁儿沟，为“健康进万家·一颗鸡蛋工程”的发起进行了广泛深入的调查研究。至此，由中国医药卫生事业发展基金会和静乐县委共同发起的“健康进万家·一颗鸡蛋工程”启动仪式在本县举行并在所有农村寄宿制学校全面实施。为将这项爱心公益活动扎扎实实地坚持下去，把好事办好，县里成立了相应的组织机构，制定出了一套严格的长效管理机制。

启动仪式上，曹怡然秘书长冒着严寒为孩子们演唱了“健康进万家”主题歌《我能为你做些什么》，并被静乐县委、县政府授予“爱心大使”称号。她深情地指出：“孩子们是祖国的未来，他们不仅需要知识，更需要有一个健康的身体和健康的心理，关爱他们的成长，就是关注祖国的发展和未来”。据统计，全县农村中小学有近5000名贫困住校生，他们将得益于此项爱心工程，在校期间，每人每天都能吃到一颗新鲜鸡蛋。省委组织部驻康家会扶贫工作队当场为康家会中学捐助10000元，用于“一颗鸡蛋工程”。 （周满堂）

| | |
|---|---|
| **中共县委书记** | 王书东 |
| **县人大常委会主任** | 孙有则 |
| **县　长** | 贾玉文※　张　春 |
| **县政协主席** | 王心田 |

## 岢岚县

**【简述】** 2006年，岢岚县共辖12个乡镇202个村民委员会，年末总户数22000户，总人口83857人，其中非农业人口66108人。全县面积1984平方公里，耕地面积40687公顷。

2006年，全县地区生产总值完成4.39亿元，比上2005增长13.9%；财政总收入4085万元，增长27.7%；全社会固定资产投资总额2.39亿元，增长121.5%；工业增加值2698万元，增长21.8%；社会消费品零售总额2.09亿元，增长19.5%；城镇居民人均可支配收入6234.4元，增长17.1%；农民人均纯收入1662.1元，增长6%；年末全县各项存款余额10.32亿元，比年初增长2.63%。

农业　2006年，农业遭受了严重的旱灾和霜冻，农作物有所减产，农业总产值有所下降，粮食播种面积20180公顷，比2005年增长2.1%，总产量14995吨，比2005年减产51.6%。油料播种面积5713公顷，比2005年增长13.4%，总产量5260吨，比2005年增产4.4%。农业总产值完成21694万元，比2005年下降5.7%。其中，种植业产值5135万元，同比下降了32.7%；林业产值完成1514万元，同比增长9.6%；牧业产值完成15006万元，同比增长8.3%。2006年，养羊业从数量和质量上都有明显成效，年末羊饲养量达到461360只，比2005年同期增长2.3%。人均畜牧业纯收入达到933元，占到人均纯收入的56.1%。

工业　2006年，全县全部工业总产值完成18563万元，同比增长29.8%。规模以上工业完成总产值9713万元，同比增长31.1%。其中轻、重工业分别完成2006万元、7707万元，增幅分别为20.7%、34.2%；完成增加值2698万元，同比增长21.8%。在工业产品产量中，水泥26000吨，同比增长5.3%；洗煤49500吨，同比增长182.8%。其他畜肉、焦、炭等产品，产量有所下降，产品销售收入7468万元，同比增长24.5%；利润总额362万元，同比增长47.4%。

招商引资　招商引资力度进一步加大，2006年完成投资23948万元，同比增长121.5%。其中，基本建设完成3325万元，同比下降66.4%；更新改造完成1563万元，同比增长124.9%；其他投资完成18510万元，占总投资的77.3%，投资的大幅增长拉动了第二产业的快速发展。

文化教育　文教卫生基础建设不断增强。完成了文化中心大楼的新建和内外装修。投资152万元，完成13所学校的危房改造。投资120余万元完成了青少年校外活动中心的主体，落实“两免一补”政策，减免学生费用166万元，受助学生两万余人（次）。

社会保障　在社会保障方面，全县共发放养老金572万元，社会化发放率100%。医疗保险达到5000余人；城市低保做到了应保尽保；农村低保对象2600名，每人每月低保金50元。农村特困户2680名，每月救助30斤优质面粉。全县979名五保户纳入供养范围，发放城镇和农村大病救助款41万元。 （县志办）

| | |
|---|---|
| **中共县委书记** | 陈义青 |
| **县人大常委会主任** | 吕来牛 |
| **县　长** | 薛根生 |
| **县政协主席** | 任保顺 |

## 保德县

**【简述】** 保德县位于晋西北黄河岸边，北与陕西省府谷县城隔（黄）河相望，三座雄伟的公（铁）路黄河大桥横贯两县。全县总户数344467户，总人口144608人。设4个镇，9个乡，340个行政村，县城驻地东关镇。

2006年，全县生产总值完成15.51亿元，同比增长17.1%；财政收入5.53亿元，同比增长41.1%；全社会固定资产投资4.62亿元，同比减少45.5%；规模以上工业增加值完成6.21亿元，同比增长22.2%；社会商品零售总额4.05亿元，同比增长11.9%；城镇居民人均可支配收入8186元，同比增长12%；农民人均纯收入1618元，同比减少8.1%。

国民经济快速平稳运行，三次产业健康发展，综合经济实力明显增强。第一产业完成增加值0.72亿元，同比增长5.3%；第二产业完成增加值7.56亿元，同比增长22.0%；第三产业完成增加值7.23亿元，同比增长13.4%。全县人均GDP达到10241元，较2005年同比增长16.3%；三大产业所占全县GDP的比重分别为4.6%、49.6%、45.8%。

2006年，全县经济运行承接2005年的良好发展势头、持续呈现速度快、运行稳、效益好、活力强、质量高的特征，整体运行保持了又好又快的发展态势。国民经济总体持续高位增长，连续4年保持两位数增长、GDP绝对额增幅跃居全市前列。

农牧业　2006年，保德遭遇了历史上百年不遇的大旱灾。粮食和油料因减产巨幅下降。粮食总产量为7678吨，油料总产量为172吨。全县大牲畜存栏2981头，生猪存栏26613头、羊存栏66734只。

2006年，保德继续实施："开放引进、优化环境、大项带动、富民强县"的发展战略，成为忻州市财政收入惟一突破5亿元大关的县份。安全、收费、农业、林业、水利、劳动和社会保障、民政等项工作在全市名列前茅。

**项目建设** 以同德百万吨氧化铝为代表的8个重点项目，程度不同地取得了进展：

1. 顺泰镁业有限公司1万吨金属镁业扩建项目，年产6000吨金属镁锭一期工程投产；

2. 神东保德煤矸石发电厂项目，一期投资12.8亿元的两台13.5万千瓦发电机组已投入运营；

3. 神东保德百万吨水泥生产项目可研报告已编制完成，并报神华集团待批；

4. 王家寨200万吨煤炭集运站项目已上报省发改委，等待核准；

5. 保德地区煤层气项目由中联煤层气和澳大利亚必和必拓公司共同开发；

6. 同德百万吨氧化铝前期工作基本完成；

7. 王家岭煤电化工业园项目，由山西煤炭运销集团有限公司和中国国电集团燃料有限公司等投资48亿元建设，是省政府重点支持的项目，已列入国家煤炭基地规划和河保偏矿区规划；

8. 保德康泰食品生产项目，由上海晋乐食品有限公司和保德县康泰食品有限公司投资5500万元建设，已正式签约。

**民营经济** 2006年，民营企业完成固定资产投资1.1亿元，引进资金7500万元。全县民营企业完成增加值4.5亿元，实现营业收入14.8亿元，上缴税金4586万元，企业总数达694个，从业人员达16650人。其中营业收入在1000万元以上的达31个，100万元以上的达51个，民营企业的整体水平有了较大提高。对解决就业、促进农业增收、发挥了积极的作用。

**农村新型合作医疗、养老保险** 全县农村全面实行了新型农村合作医疗和城乡困难群众大病救助制度。全县参合农民达11万人，参合率达83%；城乡困难群众大病医疗救助支出155万元。建立了比较全面的国有企业人员养老保险体系，全县参保人数达4500人。

**人口** 2006年提前完成了年初确定的人口和计划生育各项目标任务。其中，人口自然增长率和出生率分别控制在6‰和13‰以内。

**交通** 全县投入资金2790万元，实现了乡乡通油路，70%的行政村通水泥路，新增农村客车46辆。全县投资150万元完成饮水解困工程18处，解决了18个村700口人与230头大牲畜的饮水困难。

**人民生活** 全县城镇居民家庭设备每百户拥有量为：彩电112台、电冰箱51台、洗衣机99台、电风扇98台、饮水机40台、普通电话93部、移动电话183部、电脑17台、摩托车29.9辆。全县自来水受益村73个，通汽车村326个，通电话村181个，通电村329个。

**教育** 全县共有279所小学校，在校学生19439名，拥有教职工1373人。全县有23所初级中学，在校学生6775名，教职工554人。全县有2所高级中学，在校学生3116名。其中职业高级中学1所，在校学生1410名。

**卫生** 全县拥有5个县直医疗机构。13个乡镇卫生院，7个社区卫生服务所，48个个体诊所，拥有医院床位451支。（刘在荃）

| | |
|---|---|
| **中共县委书记** | 王继明 |
| **县人大常委会主任** | 张智祥 |
| **县　长** | 王继明※　曹爱民 |
| **县政协主席** | 康文全 |

## 河曲县

**【简述】** 河曲县总面积1328平方公里，其中耕地面积39700公顷。全县设4个镇、9个乡、340个行政村。2006年底，全县总人口137616人，其中农业人口110592人；女性65074人。

**综合经济** 2006年，全年实现生产总值26.3亿元，比2005年增长30%；财政总收入达到49188万元，比2005年增长35.5%；一般预算收入13951万元，比2005年增长78.2%。全年固定资产投资11亿元，比2005年增长130.2%；社会消费品零售总额完成3.65亿元，比2005年增长12.7%；出口创汇完成85.43万美元，比2005年增长119%。

**农业** 2006年，各项支农资金支出908万元，重点支持了农田水利、高产农田、农业产业化、农业科技推广、土地开发等农业科技事业发展，以推进新农村建设为抓手，人饮解困、淤地坝、流域综治、林野生态、扶贫开发等基础建设稳步推进。县财政拿出855万元实施了整村推进、移民搬迁工程。夯实种植业、扩展养殖、加工业，引导农民产业增收，规模养殖户发展到860户，年末大牲畜存栏牛4731头、羊12万只、猪29258头、家禽28万只，畜牧业总产值8600万元。农民人均纯收入1796元，比2005年增长8%，农民人均牧业收入500元，占农民人均收入总额的27.9%。

2006年，造林面积1200公顷，封山育林面积2367公顷。

**工业** 国有及规模以上工业企业31个，总产值完成25亿元，比2005年增长26.9%；工业增加值完成13.17亿元，比2005年增长22.1%；利税总额完成9.5亿元，比2005年增长25%。

2006年，列入省"两区"开发、市"双百千亿"工程总投资96亿元的11个重点项目和一批构成河曲县新型能源工业基地雏形的大型项目进展顺利，鲁能上榆泉煤矿、华鹿阳城泉煤矿、晋神沙坪煤矿、磁尧沟煤矿已经或即将投入运营。

**市政** 2006年，先后完成了集中供水管网、县城中段防洪、集中供暖扩容改造，完成城区3条主要街路的拓通硬化，建成高标准蔬菜批发市场，启动了8.5万平方米的住宅楼群建设。

**交通** 完成县乡公路、通村硬化路改造建设206公里。机动车拥有量：客车871辆、货车370辆、挂车170辆、专用车5辆、农用车24辆、出租车50辆、救护车13辆、警车42辆。货运量190.1万吨，货物周转量20064万吨/公里。客运量56.2万人。

**邮政电信** 邮政业务总量完成885万元，电信业务总量合计1269.43万元。移动公司业务总量完成2060万元，用户35000户；联通公司业务总量完成1000万元，用户14000户。

**教育** 2006年，县政府在全县范围内，按照本科生免试，专科、中专生考试的办法进行公开招聘，共安排大中专毕业生209人，有效地充实了基层机关和教师队伍。落实中小学"两免一补"政策，财政支出266万元，使23623名困难学生享受了免教科书费、免学杂费和生活费补助。启动了巡镇中学北元校区，新建了老区幼儿园。有力地加强了教育管理和师资建设。

**卫生** 2006年，县财政投资300万元为县

河曲文笔塔

杨健摄影

河曲海潮禅寺

杨健摄影

医院配置CT机一套，完成11所乡镇卫生院改造，新型农村合作医疗实行定点医疗机构直接垫付，补偿门诊和住院医疗费用340万元。先后投入20万元购置了全封闭垃圾清运车1台，新增垃圾桶120个。

安全监管　以整治"两越两超"为重点，强化煤炭安全生产监管，加快推进资源整合和有偿使用工作，按照省、市"三大战役"部署，严厉打击私采滥挖，对乡村煤矿进行经营主体整理和股份制改造，真正实现了产权、矿权、安全"三统一"。

2006年，开展了"以打击盗毒赌为重点，整治社会治安秩序；以打击扰恶爆为重点，整治经济发展环境；以开展思想、作风、纪律、组织四整顿为重点，全面提升政法队伍的战斗力"为主要内容的"六打三整"集中行动。共查破各类案件1233起，其中刑事案件553起。特重大案件28起，打掉各类违法犯罪人员1021人。

社会保障　2006年，参加基本养老保险的职工13630人；参加基本医疗保险的职工13916人；参加失业保险8250人；参加农村养老保险347人。为98名白内障患者做了复明手术。　（张海杰）

【2006年大事纪要】

1月13日，受中国画研究所邀请，河曲县由县委常委、宣传部长张森带队的一行17人进京，在永兴花园饭店宴会厅与首都艺术界领导、画家们欢聚一堂共庆新春。受邀出席该场迎新春联欢会的有文化部艺术司的领导、中国美协常务副主席刘大为、中国美术学院领导田明、中国人民大学艺术学院院长许俊以及著名画家共计140余人。河曲演艺员为晚会奉献了原汁原味的二人台《走西口》、《打金钱》和部分原生态民歌。

4月10日，龙口水利枢纽一期导流围堰工程合拢。该项目是万家寨水利枢纽配套工程，设计为混凝土重力坝，坝高51米，坝长420米，水库总容量1.96亿立方米，电站总装机容量为420兆瓦。

5月20日，国务院颁布了第一批非物质文化遗产名录，河曲民歌、二人台连同忻州市申报的另外3个项目成为首批"国家级非物质文化遗产"，河曲县入选数量位居全市第一。

7月20日，忻州市上半年经济运行分析现场会在河曲召开，忻州市四大班子领导，市直各局局长、全市各市、县、区委书记，市、县、区长参加了会议。会上，中共河曲县委书记李永胜就河曲加快新型能源基地建设，推进县域经济全面发展进行了具体工作汇报。忻州市委书记张建欣、市长耿怀英在会上分别作了重要讲话，并就全市下一步经济工作做了安排部署。会议期间，与会领导到本县移民新村、鲁能发电公司、河滩奶牛养殖场、同德股份公司、龙口水电公司、北元中学等地进行了现场参观。

8月7日，"中国北方民歌之乡"授牌仪式暨忻州市西口文化研究会成立。会议在翠峰宾馆五楼会议室举行，中国民间文艺家协会和山西省、内蒙古自治区作协、文联、戏剧研究所、报纸杂志、传媒等行业文化名流参加了仪式。中国民间文艺家协会副主席蒯新向获得"中国北方民歌之乡"殊荣的河曲县授牌。同时，忻州市西口文化研究会成立，忻州市文联主席田昌安担任研究会会长，河曲县政府副县长王文材任常务副会长，忻州市市委常委、市委宣传部长周如璧、河曲县委书记李永胜、县长杜永进任名誉会长。

9月6日～8日，河曲县成功举办了第一届中国北方民歌之乡歌会。市文化局局长潘效忠出席了颁奖仪式，市文联副主席、山西民歌手、国家一级演员许月英担任了首席评委。歌会由忻州市文化新闻出版局、忻州市电视台、河曲县委宣传部联合举办，由山西陆野桥隧有限公司提供赞助，产生金奖1名、银奖2名、铜奖3台，优秀奖、组织奖若干名。

9月11日，全国五一劳动奖章获得者、山西省劳动模范河曲县文笔镇蚰蜒峁村党支部书记李得应在太原晋祠宾馆，受到了在山西考察调研的中共中央政治局常委、中央书记处书记、国家副主席曾庆红的接见。

10月，总投资1.79亿元的韩河公路竣工通车。

11月，北起蓄滞洪区，沿途穿越县医院，经马营围街、许家口向南直入黄河的排洪工程完工。全线总长1875米，其中主线涵洞工程1605米，支线涵管270米。

12月4日～11日，河曲县35名县、乡、村干部在中央党校进行社会主义新农村建设理论知识培训学习。　（张海杰）

【计生工作受省、市表彰】　河曲县人口和计划生育工作在县委、县政府的领导下，确定目标任务，抓重点、克难点，整改工作取得显著成效。计生整体水平有了明显提高，在五个方面取得明显成效。

1.流动人口计划生育清查验证工作。首先建立了居民办事处、乡镇和大项目集团的流动人口管理机制。居民办事处和十个社区都选配了社区计生服务员，配备了微机等基础设备，为县城多而分散的流动人口管理提供有力的组织保障。使全县流动人口管理工作步入了正常的管理轨道。

2.农村计划生育家庭奖扶工作。全县共落实"4＋1"奖扶对象264户，奖励扶助资金

河曲黄河娘娘滩

杨健摄影

河曲实验小学校　杨健摄影

121670元。县委、县政府又出台了农村独生子女户、退二孩指标户和双女结扎户的配套奖励办法，拿出26.5万元奖励独生子女户170户，退二孩指标户31户，双女节扎户165户。极大地调动了广大群众实行计划生育的积极性和自觉性。

3. 落实长效节育措施。坚持把落实长效节育措施与“创建三无”（无政策外多胎生育、无政策外生育、无党员干部超生）相结合，县服务站流动服务车全年巡回服务13个乡镇299个村，服务育龄群众2004人次，普查普治妇科病8150例，落实长效节育措施2056例，长效节育率达88%。

4. 基层基础工作。一是有一支综合素质较高、业务技能较高、信息化管理比较过关的助理员和村服务员队伍；二是有一个比较科学的信息化管理网络；三是有一套规范的管理程度和工作制度，表、报、簿、卡、人、户统计数据基本准确，工作程序基本到位。

5. 形成了各级领导的高度重视和较浓的人口计生工作氛围。县委、县政府始终把人口计生工作纳入全县社会经济工作的全局进行安排部署，定期召开各种会议研究人口计生工作，投入经费116万元。

2006年，人口出生率控制在6.7‰，人口自然增长率控制在1.9‰，各项指标居全市前列。河曲县分别被省、市评为“人口和计划生育工作先进县”，李永胜书记被评为“落实计生国策的好书记”。　（张海杰）

**【农村网络文化站建成】** 农村网络文化站建设工程是河曲县2006年为民兴办的十件实事之一。该工程也是河曲县脱贫致富的“桥梁工程”和服务“三农”的“民心工程”。由省移动总公司投资建设，河曲移动分公司具体组织实施，工程总投资3420多万元，一期工程投资2700万元进行基站建设，共建成并开通使用基站25个，直放站3个，安装无线终端电话1400个；二期工程投资120多万元，建成36个IP有线电话村，移动网络覆盖率达98%以上，有效地提高电话普及率和信息化水平；三期工程投资600多万元，建成三个直放站，三个基站。初期第一批准备为6个乡镇112个行政村解决有线电视。同时为252个行政村完成了光缆接入。200个行政村配备了电脑，具备宽带上网条件。

移动河曲分公司充分发挥网络、信息资源及人才优势，开展了为期20天的“大学生进万村”网络、农业知识普及活动。46名大学生分赴各乡镇到村入户，免费为广大农民朋友进行计算机、互联网农业科技知识等方面的培训，制作乡村概况、历史文化、土特产、人力资源等内容的网页，帮助农民掌握农业网络资源的获取途径和方法，有力地推进全县的社会主义新农村建设。　（张海杰）

**中共县委书记**　李树东※　李永胜
**县人大常委会主任**　梁志义
**县　长**　李永胜※　杜永进
**县政协主席**　王满仓

## 偏关县

**【简述】** 偏关县位于晋西北部、全县总面积1685.4平方公里。2006年共辖10个乡（镇）、249个行政村，457个自然村，全县总人口11.7万人，总耕地面积45356公顷。

综合经济　2006年，全县生产总值完成86050万元，同比增长17%；县及县以下工业增加值完成10586万元，同比增长14%；特别是财政收入首次突破亿元大关，完成13518万元，同比增长47.1%，增幅跃居全市第二；其中一般预算收入完成3999万元，同比增长33.6%；固定资产投资完成7023万元，同比增长83.1%；社会消费品零售总额27587万元，同比增长10.3%；城镇居民人均可支配收入6071.8元，同比增长13.4%；农民人均纯收入1552元，在农业遭受重大自然灾害，粮油大幅减产的不利形势下，仍较2005年增长7.5%；城乡储蓄存款余额达123279万元，同比增长14%；金融机构各项贷款余额34814万元，较年初增加1355万元。

招商引资　全县有穗宝乳酸有限公司玉米深加工乳酸系列产品技改项目等5个项目列入全省“两区”项目规划，一期总投资达5.17亿元；七个项目列入全市“双百千亿”工程；特别是有三个项目分别在港洽会、青洽会、中博会上成功签约，2006年成为偏关招商引资的项目年。其中港洽会签约项目忻州汇嘉芯光科技园已于本年9月28日在老营镇大阳湾开工奠基，正式落户偏关，项目一期投资4.54亿元，建成投产后，年产值可达24亿元，年上缴税金3.2亿元，有望带动偏关成为二十一世纪我国照明替代产品的研发和生产基地；引进太原国祥能源物资有限公司投资64.46亿元的“煤、电、冶、建”产业链项目完成可研报告，正在加紧申报立项；引进内蒙古清水河县老牛湾黄河文化旅游公司投资4990万元的老牛湾景区开发一期项目完成景区建设规划，各项工程全面启动，这些项目奠定了偏关强财翻身的重要基础。

新农村建设　坚持全面规划、重点突出、分类指导、整体推进的原则，制定了新农村建设总体规划和试点村整体规划。抓住发展优势产业、塑造秀美农村、培育新型农民三个关键环节，取得了新农村建设的良好开局。以舍饲

偏关老营堡　杨健提供

偏关黄河铁索桥　　杨健摄影

养殖为主的生态畜牧建设成效明显，完成人工种草1000.5公顷，引调优种羊1800只，新发展舍饲养殖350户，50只以上的规模养殖户达、800户，全县养羊39.1万只，农民人均牧业纯收入810元，占到农民人均纯收入的一半以上。以农村生态环境治理为主的基础建设不断加强，完成6个试点村街道硬化23公里，自来水管网配套2000米，县川河流域治理514.26公顷，沼气建设650户，完成8个自然村的移民住房建设，兴建人饮解困工程29处，解决了32个村、7800口人，850头大畜的饮水困难。以提升素质为核心的新农民培训扎实推进，完成青年农民培训6300余人，输出劳务5355人，年创收4000余万元。全县涌现出以反季节蔬菜为主的老营村，以移民搬迁为主的辛庄窝村，以舍饲养殖为主的铁坨埝和以黄河风情旅游为主的老牛湾村等各县特色的新农村。

*基础设施建设*　2006年投资1650万元的文笔塔公园主体工程竣工，是偏关市政建设史上的重大亮点，极大地提升了偏关的对外形象；十条小街小巷道路硬化和排水改造顺利完成；新修“村村通”公路108公里，超过任务170%，完成通达通畅公路82公里；同时启动了“聚贤苑”、“吉泰苑”住宅小区开发。

*社会保障*　全年征缴养老保险基金930万元，发放养老金1250万元，社会化发放率达到100%；共征缴失业保险基金58万元；征缴个人（集体）医疗保险基金240万元。全县新增就业岗位910个、公益性岗位安置“4050”人员50人，购买就业岗位安置下岗职工65人。城市低保进一步提标扩面，有3079户、3884人享受城市低保，全年共下拨低保金304万元。建立了农村大病救助制度，启动了农村低保工作，有2760名农村特困群众享受了农村低保，1200户、1430名五保对象全部得到救助。同时，县财政一次性拨付115万元启动了干部职工住房公积金管理制度，社会保障体系日臻完善。

*社会事业*　教育教学质量明显提高，高考取得历史性突破，本科达线125人，达线率位居忻州市西八县第二。办学条件进一步改善，实施了尚峪、楼沟等7所寄宿制学校改造，完成偏关四中校舍建设并投入使用。继续落实“两免一补”政策，为农村21546名中小学生免除学杂费200.7万元。人口计生工作扎实有效，全年投入人口计生经费168.17万元，远远超过规定的人均标准，人口自然增长率5.7‰，同比降低1.16‰。卫生科技创新发展，完成了9个乡镇卫生院的改扩建，制定了《乡镇卫生院改革方案》，推进了医疗市场秩序整治，有效缓解了老百姓看病难、看病贵的问题；全年引进推广新技术38项、新品种13项。环境保护日益加强，投资140万元建成城区空气自动监测站并配备了环境监测设备，关停取缔小炼铁炉8座，小石灰窑6座。安全生产稳步推进，狠抓煤炭行业和非煤矿山专项整治，加强民爆物品清查收缴和烟花爆竹安全管理，大力打击私采滥挖，采矿秩序趋于规范，安全生产形势逐步好转。深入开展严打整治斗争，强化社会治安综合治理，有效维护了社会稳定。

此外，人武、审计、文体、广电、宗教、金融、工商、质监、电力、电信、邮政等部门围绕中心，服务大局，为促进经济发展，提升人民生活水平做出了新的贡献。

*存在问题*　一、“三农”发展基础脆弱。农业整体抵御自然灾害的能力还很差，农民稳定增收缺乏有力支撑，靠天吃饭的局面尚未从根本上改变；农村基础设施建设和社会事业发展差距较大，改善农民生产生活条件，加快建设社会主义新农村任重而道远。二、工业经济增长乏力。传统的冶炼、发电产业受环境产业政策影响已逐步淘汰，新的替代产业尚未形成规模，特别是部分“两区”项目和招商引资项目资金困难，确保项目落户偏关、发挥预期效益还需要做大量的后期工作。三、基础设施相对滞后。受历史欠账和财政困难的双重制约，城镇总体规划建设不到位，水、电、路、灯、暖等设施不配套，垃圾处理、污水处理、大气治理尚未得到有效解决，人居环境质量较差，加强基础设施建设任务十分紧迫。此外，安全稳定不容乐观，私挖滥采屡禁不止，煤矿达标验收困难重重，工商企业改革任务艰巨，保稳定、促和谐压力较大等等。　（陈福悦）

| | |
|---|---|
| **中共县委书记** | 郝钧藩 |
| **县人大常委会主任** | 薛天虎 |
| **县　长** | 任宁虎 |
| **县政协主席** | 郝　涌 |

## 宁武县

**【简述】**　*国民经济*　2006年，全县生产总值完成10亿元，增长12.1%；规模以上工业企业增加值完成1亿元；财政总收入完成3.33亿元，扣除资源价款为2.87亿元，一般预算收入完成8848万元；社会消费品零售总额达到2.2亿元，增长15.8%；全社会固定资产投资总额完成1.68亿元，增长0.6%；城镇居民人均可支配收入达到6463元，农民人均纯收入达到1201元，增长10%。

*农业*　对汾河流域546.27公顷土地开发整理项目配套完善的同时，完成233.45公顷基本农田建设任务，连续五年获得全省农建最高奖“禹王杯”。2006年，全县粮食产量达到16134吨，比2005年增长25%。投资416万元完成暖泉沟水库至杨庄村16公里供水工程；完成了14个乡镇33个村的人畜饮水安全工

宁武芦芽山
杨健摄影

程。全面完成了111.9公里通畅工程、51.9公里村村通工程和57.1公里农村街道硬化工程。完成了515处沼气开发工程。继续实施了天然林保护工程和三北防护林建设工程，全年新造林400.2公顷，补植补种3335公顷，封山育林6670公顷，完成水保初治面积7337公顷。全年人工种草2668公顷，改良草地1334公顷，完成黄牛改良4800头，羊种改良3.5万只，口蹄疫、狂犬病免疫密度达到88%以上。对新堡等7个乡（镇）的8个自然村实施了整村推进，对西马坊等6个乡（镇）的16个自然村进行了移民搬迁，续建了刘家园移民新村。按照“分步实施、试点先行”的原则，6个新农村建设试点村完成了土地利用现状测绘、村镇建设规划、土地利用规划、产业规划等工作。

*开发建设*　成功引进香港巨遨国际投资集团，合作开发芦芽山风景区。巨遨集团计划投资10亿元，其中3亿元用于景区建设，7亿元用于旅游要素建设，这是全省迄今为止最大的旅游引资项目。与此同时，抓住“两区”开发的有利时机，积极争取“两区”建设项目，农副产品产业化开发加工项目、年产3万吨精制马铃薯淀粉无废弃物生产线工程项目、姜庄煤炭集运站建设项目、120万吨洗煤厂扩建项目、晋神公司2×300兆瓦煤矸石电厂项目和芦芽山风景区综合开发项目等六个项目列为全省“两区”开发项目。以上六个项目均已明确了投资建设主体，项目前期建设正在顺利推进。北京环球天使有限公司2×600兆瓦坑口电厂项目列入了省“十一五”发展规划建设项目。为了促进这些项目的尽快实施，成立了项目开发协调领导组，实行了县级领导包项目责任制，及时协调解决项目建设中遇到的困难和问题，全力推进了项目实施。在引资上项的同时，始终坚持了既要发展经济，更要保护环境的工作思路，启动实施了“蓝天碧水工程”，大力进行植被建设、河道整治等生态环境保护工作。取缔了汾河两岸5处污染源，关闭了汾河源头的鑫隆煤矿。新建了东寨污水处理厂，开工建设了县城污水处理厂。

*旅游*　一是进一步完善旅游总体规划，聘请了曾经编写过山西省旅游总体规划和忻州市旅游总体规划的专家，编写完善《宁武县旅游总体规划》，已在实地考察的基础上，召开了数次讨论会，形成了规划初稿；二是对大同、太原、呼和浩特、包头等一级客源市场进行了声势浩大的宣传促销，发放宣传资料万余份，与190多家旅行社签订了协议。在对已开放的旅游景点配套完善的同时，重点对头马营引黄出水口——宁化宋城段水上漂流项目进行了试漂，可望明年正式向游人开放。同时加强吃、住、行、娱、购、游六大要素建设。按照“安全、秩序、效益”的原则，圆满完成了“五一”黄金周和“十一”黄金周的旅游接待等各项工作。两个黄金周接待游客6万人次，旅游门票收入90多万元。全年共接待游客16万人次，旅游门票收入200多万元。

*安全生产*　2006年，县政府认真扎实地落实县委提出的安全稳定这一最大的政治任务，动员和带领全县干部群众，在全社会形成了群防群治的良好局面，采取了一系列果断的、行之有效的措施，收到了比较好的效果。

在安全生产方面：一是彻底清查收缴非法爆炸物品。开展了集中清查收缴非法爆炸物品专项行动。全年共清查收缴炸药14852.1公斤、雷管20244发，破获非法采矿和非法制售爆炸物品案件27起，对14名犯罪分子依法进行了判决，刑事拘留26人、行政拘留11人。二是开展煤矿隐患排查和地质灾害防治。对全县采空区、古空区进行了全面普查，建立了地质灾害普查档案，划定了重点监控区，制定了地质灾害应急救援预案，建立了地质灾害预报网络。三是严厉打击私采滥挖。按照“不松口、不松手、不松劲”的原则，不断掀起一轮强似一轮的专项整治。通过炸、堵、封、断、查、拘、判等有效措施，炸毁、封堵非法采矿点318处。召开了打击私采滥挖公处公判大会，公处了一批非法矿主，起到了震慑作用。四是深入进行煤矿安全专项整治。针对各个煤矿的具体情况和存在的具体问题，以“抓基础、抓要害、抓隐患、抓落实”为安全生产整治的重点，开展了以限电断电、加封上锁、停工整改为主要措施的煤矿安全分类整治。强化完善了出入井登记、矿领导跟班作业、五长下井等规章制度。五是扎实推进煤炭资源整合。针对2006年初资源整合起步慢、进度差的情况，县委、县政府在广泛征求各方意见的基础上，采取了一系列推进措施，各乡镇、各部门密切配合，全力攻坚，宁武县煤炭资源整合工作在全市后来居上。资源整合后，全县煤矿总数由原来的97矿压减为68矿，矿井数由103对减少为74对；井田面积由原来的106.726平方公里增扩为115.988平方公里；核定生产能力由1050万吨提升为1242万吨。全县已有60个煤矿申领到新的采矿许可证，其他相关证照正在办理之中。

*社会保障*　针对历史上积累下来的不稳定因素，县委、县政府不拖不推，不等不靠。一是创新了信访接待制度。将每周二定为信访接待日，县委、县政府主要领导轮流接待上访群众，协调解决群众上访问题。建立了重大信访问题党政联席会议制度。制定了县委、县政府主要领导定期走访、回访制度。二是多方筹措资金，积极落实各项社会保障政策。2006年，共发放养老金、失业金、低保金、救灾救济金5467万元。其中为6000多名城市低保对象发放低保金420万元；为350多名农村困难群众发放医疗救助金23万元；有1.2万名职工参加了失业保险，为116名失业人员足额发放失业保险金27万元；为511名参保人员支付基本医疗保险费508万元；为67个企业的8000多名职工足额代缴了企业养老保险金，为4000多名离退休人员发放养老金5000多万元；对104名城镇复转军人进行了妥善安置；全年新增就业岗位1786个，1041名国有企业下岗职工和463名“4050”人员实现了再就业。

*税收财政*　2006年，财政总收入3.33亿元，总量排名忻州市前列。以煤炭资源价款为征收重点，2006年共征收资源价款4613万元。实行了煤炭运销分类管理，严肃查处煤炭运销偷漏税行为，全年堵漏增收2500多万元，预算内外收入10725万元。按照“保稳定、保重点”的原则，全年拨付各项社会保险资金1415万元，拨付抚恤和社会福利救济费982万元。全年投入“三农”资金3994万元，争取基本建设资金5000多万元。进一步深化财政改革，规范收支运行。全年纳入政府集中采购的规模达到1200万元，审核支出1.29亿元，纠正不合理开支82笔。

*社会事业*　在基础教育方面：认真落实省政府关于免除“两区”农村义务教育阶段学生杂费政策，对27116名中小学生减免杂费109.98万元。新建了2所标准化寄宿制学校，续建了4所标准化寄宿制学校。对29所中小学校的危房进行了全面改造，新建了6个标准化操场，对43所学校进行了三配套。在基础设施建设方面：投资1850万元新建安居工程2.27万平方米。对县委、县政府办公大楼等重点建筑进行了美化，硬化了6条小街小巷，新置路灯60多盏，更换了人民大街路灯，种植行道树200株、绿篱2000米。完成了西栈沟至冰洞7公里公路路基建设。全面完成了县城电网改造工程。在城乡医疗体系建设方面：县、乡两级医疗卫生机构的基础设施设备得到改善，新型农村合作医疗启动工作准备就绪。计划生育工作也取得了比较好的效果。摘掉了省计生委重点监控县的帽子。

*行政效能建设*　在全县范围内开展了机关作风整顿和行政效能建设，全面推行了首问责任制等13项制度，对26名行政不作为和行政过错行为责任人进行了责任追究。深化了行政许可审批制度改革，取消了一批审批项目，审批项目由原来的288项缩减为274项，全年办理各类许可审批和便民事项4858件。全面落实政府系统党风廉政建设责任制，切实加强行政监察和审计工作，严肃查处各类违法违纪案件。在全县广泛开展热爱宁武和以“八荣八耻”为主要内容的社会主义荣辱观教育，大力开展政风行风评议，精神文明建设取得明显成效。

（白瑞萍　郑　萍）

| | |
|---|---|
| **中共县委书记** | 顾占斌※　李树东 |
| **县人大常委会主任** | 孙培素 |
| **县　长** | 陈润民※　郭宝厚 |
| **县政协主席** | 李应成 |

# 晋中市

**【概述】** 2006年，晋中市总面积16404平方公里，其中山地面积10490平方公里，丘陵面积3356平方公里，平川面积2558平方公里。现辖1区1市9县（榆次区、介休市、榆社县、左权县、和顺县、昔阳县、寿阳县、太谷县、祁县、平遥县、灵石县）和晋中市经济技术开发区。共有14个街道办事处，138个社区居民委员会和118个乡镇，2749个村民委员会。全市总户数104.46万户，总人口为309.5万人。其中，城镇人口125.76万人，乡村人口为183.75万人，分别占全市总人口的40.64%和59.37%。全年净增人口14754人，人口出生率为11.12‰，人口自然增长率为4.78‰，人口死亡率为6.34‰。全市家庭户均人口2.96人。全年全市城镇居民人均可支配收入为9188元，比2005年增长15.7%。

2006年是晋中市"十一五"开局之年，全市人民在市委、市政府的领导下，以科学发展观为指导，紧紧围绕"一个目标、三大任务、四个领先"的发展思路，全力实施"兴市富民"四大战略，推动了经济社会全面进步，实现了经济总量的较快扩张。全年全市地区生产总值完成385.68亿元（晋中占全省比重8.1%），比2005年增长12%。其中，第一产业完成增加值35.42亿元，比2005年下降3.9%；第二产业完成增加值209.75亿元，同比增长14.6%，其中，规模以上工业完成增加值144.8亿元，增长18.8%；第三产业完成增加值140.51亿元，增长13.3%。三次产业比例为9.1∶54.5∶36.4，人均生产总值12491元，比2005年增长11.5%。全年完成财政总收入62.73亿元，比2005年增长19.4%，增收10.17亿元。其中国税部门完成38.16亿元，地税部门完成16.92亿元，财政部门完成7.64亿元，分别比2005年增长了15.3%、23.9%、32%。

**农业** 2006年，在连续三年贯彻中央支农、惠农政策的同时，全市克服了自然灾害较重，市场波动较大，动植物疫病等诸多不利因素的影响，农业和农村经济稳步发展。全年全市农作物播种面积33.692万公顷，比2005增长1.4%；其中，粮食播种面积27.677万公顷，增长3.9%，其中玉米播种面积16.408万公顷，增长5.54%。其他作物播种面积6.015万公顷，其中，油料种植面积5362.68公顷，蔬菜种植面积4.596万公顷。全年粮食总产量达到131万吨，比2005年增长5.6%，为历史之最，平均每公顷产量为4731公斤，增长1.59%；油料产量1.8万吨，比2005年减少25.3%；蔬菜总产为249.8万吨，减少6.8%。畜牧业生产继续保持了平稳的增长，肉类总产量12.43万吨，增长1.92%；奶产量7.73万吨，增长5.17%；禽蛋产量10.27万吨，减产15.5%。肉蛋奶产量仍位居全省前列。全年完成造林面积2.08万公顷。果园面积2.45万公顷，水果产量14.9万吨。年末，农业机械总动力264.64万千瓦。2006年，在大力推进农业产业化经营的同时加快了农产品加工龙头企业的发展。全市具有一定规模的农产品加工龙头企业达到288个，实现销售收入39.8亿元，加工转化农产品22亿公斤，带动农户36万户，共计增收4.5亿元。建成高效节水农田6670公顷，发展设施农业667公顷；移民搬迁1.14万人；狠抓农村劳动力职业技能培训，完成农村劳动力转移引导性培训11.13万人，新转移劳动力3.57万人；全力推进农村基础设施建设，在新农村建设试点村、重点推进村实施道路硬化、村庄绿化、环境净化、路灯亮化和改水、改厕、改圈为主要内容的"四化四改"工程，先后完成133个生态园村镇建设，完成安全饮水工程348处，实施沼气入户工程1.26万户，路灯亮化120个村，完成"村村通"水泥（油）路及街道硬化1278个村、5578公里，行政村通车率达到96%，名列全国"农村公路建设示范先进单位"榜首。全市完成无公害农产品、绿色食品认证59个，总计达到242个，并首次有2个企业、22个产品进入食品审批认证，全市农产品质量认证25个，名列全省第一，农产品合格率达到88.3%。农林牧渔业总产值完成63.28亿元，同比增长12.4%。农村经济总收入541.26亿元，农村居民人均纯收入3648元。

**工业** 2006年，全市继续扎实推进工业结构调整"8553"计划，大力开展招商引资，强力推进国企难点和重点企业改革，努力消化煤炭资源整合，受焦炭市场价格波动、铁路运力紧张和国家产业政策调整等诸多因素的影响，工业经济在连续几年高速增长基础上平稳发展。全年全市完成工业总产值419.79亿元，同比增长19.8%。国有及年产品销售收入500万元以上非国有工业企业完成工业增加值144.8亿元，同比增长18.8%。在八大主导行业中，煤炭工业增长17.8%，焦炭增长14.5%，冶金行业增长114.3%，机械工业增长13.7%，电力工业增长12.3%。全市规模以上工业实现产品销售收入407.8亿元，比2005年增长23.2%；实现利税43.2亿元，增长8.7%；实现利润12.3亿元，增长2.1%。在煤炭、机械、化工、食品、建材、冶金、轻工等行业已形成一定的产业优势和产品优势，同时还拥有亚洲最大的纺织机制造企业和全国最大的液压集团，全国最大的玛钢、药用胶丸、商品碳素生产基地，以及一批省级开发区或工业园区的基础上加大了招商引资力度。全年全市落实招商合作项目和"两区"开发项目154项，总投资706.4亿元，引进资金385.6亿元，其中已办理立项手续的项目122个，开工建设109个，投产或部分投产23个。项目建设推动了经济结构的调整。煤炭资源整合认真贯彻国家有关政策，依法关闭小煤矿250座，全市有机械化综采矿井达20个；大机焦比重提升，达到80%；冶金行业结束了本市有铁无钢的历史；玻璃器皿、医药、新型制造等行业的技术改造、规模扩张步伐加快。全市销售收入亿元以上企业新增8户，达到70户，山西安泰、汾西矿业超过50亿元，特别是保利、国电、华能等一大批国内大型企业集团的进驻，在技术、管理、人才素质等方面带动了本地企业的迅速提高；全市有成建制和上规模的工业园区15个，工业园区内实现销售收入150亿元，占全市工业总量的30%，成为新的增长点。特别是榆次工业园区、山西医药工业园区、介休安泰工业园、中煤九鑫工业园、榆社化工园五大园区的工业总产值占到全市工业总产值的三分之二以上，成为全市工业经济增长的新高点和产业集聚的平台。以中小企业为主体的民营经济快速发展，企业总数发展到7.28万个，吸纳就业57.67万人，完成增加值185.52亿元，同比增长25.96%，全市民营企业中的亿元企业达到37个；新增5000万元企业16个，达到58户。平遥牛肉集团有限公司的"冠云"商标成为晋中市首件中国驰名商标。全市完成国有企业"二次改制"的企业7户，企业深化改革28户，置换职工身份

榆次常家庄园后花园一角
杨健摄影

榆次老城西园景区　杨健摄影

4658人，支付经济补偿金5988万元，国有资产退出1.07亿元。

固定资产投资　2006年，全市投资规模持续扩大，投资结构得到优化，全社会固定资产投资达到201.33亿元，增长33.4%。其中第一产业完成投资2.75亿元，同比增长7.8倍；第二产业特别是工业投资加大，共完成工业投资117.9亿元，同比增长27.3%，占全部投资的比重为58.6%，占据主导地位；第三产业投资快速增长，完成投资79.9亿元，同比增长38.2%，占全部投资比重的39.7%。在第三产业的投资中，租赁和商务服务业完成投资额0.80亿元，比2005年增长61倍；科学研究、技术服务和地质勘察业完成投资0.58亿元，比2005年增长3.6倍；住宿和餐饮业完成投资额2.70亿元，比2005年增长1.6倍。房地产开发投资35.02亿元，增长62.5%；施工面积323.44万平方米，其中：新开工面积154.34万平方米，竣工面积91.23万平方米，销售商品房建筑面积127.72万平方米；商品房销售额19.35亿元。全市大力改善城市基础设施，共开工市政工程116项，完成投资15.6亿元，拓展新城面积30平方公里，新增道路面积、集中供热面积、绿化面积分别为110万平方米、430万平方米和450万平方米。由政府主导投资的市城区市政重点项目5大类39项，完成投资6.6亿元，投资规模为历年之最。在坚持建管并重，大力实施“四化一畅通”工程中，市城区新增绿化面积165.78万平方米，相当于过去4年新增绿化面积的总和；取缔燃煤茶浴锅炉126个，改造并免费开放公园，完善城市集中供暖管道，硬化一批小街小巷，城市品位有了明显提升。全年城镇固定资产投资建成投产项目214个，项目建成投产率为30.6%；新增固定资产74.69亿元，固定资产交付使用率为41.8%。

交通邮电　2006年，随着晋中市村村通公路的全面竣工，公路交通状况发生重大变化。全市公路通车里程为9112公里，公路密度为百平方公里56.0公里，比2005年提高4.1个百分点。全年全市公路客运量达到2994万人，增长12.5%；旅客周转量15.33亿人公里，增长7.6%；货运量7170万吨，增长1.4%；货物周转量40.38亿吨公里，增长5.3%。年末民用汽车拥有量14.59万辆，比2005年增长32.7%，其中，载客汽车7.2万辆，增长27.8%；载货汽车3.2万辆，与2005年基本持平。私人轿车拥有量达到35950辆，比2005年增长38.5%。邮电通讯事业继续快速发展。全年邮电业务总量完成27.4亿元，增长38.4%，其中电信业务总量为24.78亿元，增长40.1%；邮政业务总量2.6亿元，增长26.2%。固定电话用户总数94.14万户，增长28.7%；移动电话用户78.88万户，增长29%。电话普及率达到每百人55.9部。全市有邮电局139处，其中设在农村的局所有106处，邮路总长度（单程）2930公里，邮政汽车108辆。

经济贸易　2006年，全市消费品市场商品销售稳步增长，全年实现社会消费品零售总额132.0亿元，比2005年增长15.1%。按行业分，批发零售贸易业实现零售额111.5亿元，增长15.2%；餐饮业实现零售额13.9亿元，增长18.3%；其他为6.6亿元，增长6.2%。全年全市进出口总额为45816万美元，比2005年增长13.6%，其中出口总额40773万美元，比2005年增长3.7%；进口总额5043万美元，比2005年增长4.1倍。全年出口焦炭161万吨，增长22.9%，出口额2.23亿美元，减少11.7%。非焦产品出口额为1.85亿美元，增长31.1%，所占比重为45.3%，提高9.5个百分点。其中出口玛钢管件、钉丝分别为12.03万吨、9.28万吨；分别增长32.2%、22.0%；出口额分别为8507万美元、5816万美元，分别增长32.1%、15.1%。碳素、纺机、化工、玻璃器皿、陶瓷等重点调产产品出口量快速增长。全市有贸易往来的涉及六大洲，主要集中在欧洲和亚洲地区。全年共签订贸易项目175项，总投资852.19亿元，协议引进资金392.92亿元，借贷资金89.33亿元，开工项目103项。全年新批外商投资项目17个，比2005年增加6个，当年合同外资金额8221.41万美元，实际使用外资金额3205.76万美元，增长33.5%。全年利用市外资金45.8亿元。

旅游　2006年，全市继续强化旅游景点景区基础设施、服务设施建设，采取多种方式扩大旅游市场，开发农家乐旅游项目，并加大市场促销宣传，旅游事业迅速发展。晋商文化旅游成为全省人气最旺的三条路线之一。在第六届平遥国际摄影大展和2006年中国·晋中晋商国际旅游文化交流节的带动下，全市旅游市场快速增长。全市开放的旅游区（点）达15个。全年接待国内外游客人数796.14万人次。其中，国外游客9.69万人次，国内游客786.45万人次，分别同比增长29%、20.6%；累计旅游外汇收入1870.9万美元，国内旅游收入35.78亿元，门票收入1.95亿元，旅游总收入37.47亿元。旅游服务设施逐步改善，全市星级饭店36个，星级饭店客房总数2374个。

财政金融保险　2006年，全市财政收入大幅增长，完成财政总收入79.5亿元，一般预算收入41.0亿元，分别比2005年增长51.9%和113.2%。扣除资源探矿权、采矿权收入，全市财政总收入为62.7亿元，同比增长19.4%，一般预算收入23.9亿元，增长24.6%。全市财政支出在以支持生产、建设为重点的同时，确保了工资、社会保障等重点公共预算支出的需

榆次城隍庙戏楼　杨健摄影

榆次老城晋商博物馆　杨健摄影

要。全年全市一般预算支出66.5亿元，比2005年增长70.2%。截至年末，全市金融机构各项存款余额567.2亿元，比年初增加91.7亿元。企业存款、财政存款新增存款大幅增加，其中，企业存款余额95.1亿元，比年初增长19.2亿元；财政存款余额10.9亿元，比年初增长6.7亿元。年末居民储蓄存款余额为407.9亿元，比年初增加47.5亿元，新增额比2005年减少27.3%。各项贷款余额227.4亿元，比年初增加31.2亿元，新增贷款额同比增长43.3%。全市有各类保险公司8家，保险业全年保费收入11.8亿元，比2005年增长7.5%；支付各类赔款1.7亿元，比2005年增长19.4%。

教育 科技　2006年，继续加大对教育事业的投入，大力改善中小学办学条件，加大标准化学校建设力度，全年全市完成建设标准体育教学活动操场102个。其中新建标准操场42个，改扩建标准操场52个，塑胶操场8个。全年市政府改造中小学危房117间，完成建筑面积11.32万平方米，改造危房5.1万平方米，完成投资8480万元，并在全省率先对义务教育阶段的太行山四县所有学生和其余各县农村学生免除杂费；调减中小学291所；当年高考本科考生达线人数6144人，达线率为19.7%，高考达线率继续保持全省领先地位。全市有普通高等学校3所，普通中等专业学校6所，普通中学282所，小学1406所，幼儿园690所；小学学龄儿童入学率达到99.9%；特殊教育学校3所，在校生96人。截至2006年末，全市有高新技术企业24个，高技术产业总产值（当年价）达到70.5亿元。全年受理各种专利226项，比2005年增长52.7%。共有发明47项。全市329家制造业企业中，35%的企业不同程度地采用了DCS集散控制系统技术；70%的企业建立了管理局域网络和技术平台；有70%的企业在财务、人事、仓储、生产计划、销售方面采用计算机管理。全市50家制造业企业推广示范以CAD和ERP为主的信息化技术，其中16家企业采用了CAD、CAE、CAM、CAPP、PPM等单元技术。

文化 卫生 体育　2006年，全市有艺术表演团体15个，群众艺术馆1个，文化馆11个，公共图书馆11个，艺术表演场所5个，乡镇文化站118个，全市社会图书馆藏量1244.7万册。广播电台节目10套，电视节目12套，电视台11座，广播人口覆盖率91.7%，电视人口覆盖率97.2%，有线电视用户34.7万户。年内，晋中成功举办晋中晋商国际文化旅游节、第六届平遥国际摄影节、第六届晋商社火节、中国乡村游山西等大型活动。在首届中国旅游营销年会上平遥古城被授予“中国优秀旅游目的地”称号，平遥推光漆器髹饰技艺、左权开花调入选首批国家级非物质文化遗产。2006年全市拥有卫生机构721个，床位10582张，每千人拥有病床3.42张；疾病预防控制中心14个，妇幼保健机构12个，社区卫生服务中心14个，卫生监督所6个。改扩建县乡医疗卫生机构42所，市直医疗机构新建门诊、住院楼6.8万平方米，新增病床759张。年末有卫生技术人员1.4万人，其中执业医师5036人，药剂师1075人，检验人员681人，每千人拥有医生数2.02个。全市农村全部推行困难群众医疗救助，5个县开展了城市医疗救助，群众看病难的问题得到有效缓解。新型农村合作医疗试点扩大到4个县，参加农村医疗合作的人数67.1万人，平均参合率达到83.7%；人口与计生工作名列全省第一。体育事业快速发展。全市拥有体育馆7个，体育场17个，田径场11个。举办县级以上综合运动会46次，举办单项比赛183次，举办全民健身活动1600次，参加人数达到11.27万人次。

（刘政英　刘向东　赵保平）

【农村安全饮水工程】　2006年，是农村饮水安全工程的起始之年，晋中市委、市政府将其作为一项德政工程，列入2006年要办好的12件实事。按照“先急后缓、先重后轻、突出重点、分步实施”的原则，共储备项目68项，其中单村供水工程66项，大型集中供水工程2项。在所有建成工程中，增加科技含量、实施标准化建设、加强工程质量控制、严把材料质量关，并注重吸纳更多的自动化控制和水处理设备厂家参加工程材料设备订货会，广泛应用自动化控制和水处理设备，同时为全面提高对工程的管理，晋中市制定了达标示范县、达标示范工程、行政村精品工程三个标准工程，实行重点工程全部招投标制、项目法人责人制和工程监理制。单村供水工程实行技术员、村干部、群众代表相配合的“三人跟班施工监督组”，工程技术人员分片蹲点指导，现场办公，严把工程质量。与此同时，为提高农民饮水安全意识，加大对氟病区农村的宣传力度，全年共计向全市氟病区域发放氟水危害及解决办法宣传册共计1.44万本。在市水利部门精心组织，各县（区市）全力实施，全市完成总投资8712.9万元，其中中央国债资金1500万元，省财政资金2504万元，市级配套资金400万元，县级配套资金718.7万元，群众自筹3590.2万元，是1949年以来年度争取农村饮水投资最大的一年。建成精品工程120处，占全年工程总数的34.5%。各类农村饮水安全工程348处，其中集中供水工程20处，485个自然村21万人至此告别了饮水不安全的历史。2.45万头大牲畜的饮水不安全问题也得到解决。

（刘政英　刘向东　赵保平）

【城市建设工作】　晋中撤地设市五年来，城市面貌焕然一新。特别是2006年，晋中市政府明确提出以提高城市综合承载力和中心城市建设率先发展的思路，各县市也把城市群建设和经济带建设放在同等重要的位置，双轮驱动，下大力气，投入巨资，市政工程规模达到前所未有的力度。特点有四。一是市政府工程规模前所未有。全市市政重点开工116项，完成投资15.6亿元，同比增长22%。中心城区作为城市群建设的龙头，实施6大类45项工程项目，投资规模达到10.6亿元。年内共有39项工程开工，其中竣工工程36项，投资规模达到6.6亿元。二是城市建设更注重城市承载力的提高。市城区道路建设，介休市的道路建设，太谷新建西路建设都使城市道路形成通畅的网络；各县在污水处理厂、垃圾处理厂建设投入一定的资金和精力。新增道路面积110万平方米，新增供水管道51.5公里，新增排水管道121.8公里，新增集中供热面积430万平方米，燃气普及率提高8个百分点，达到40%。三是市政建设更注重以人为本，立足于解决市民最急需、最关注的事情，建设与市民吃、住、行密切相关的工程。解决交通不畅，完善城市路网道路工程7项，解决城市排水不畅，逐步完善雨污分流的市政管网一期改造工程等等。绿化建设工作成为历史上投资最大、力度最大、效果最好的新亮点工程。全年全市增加绿化面积430.85万平方米，完成绿化总投资9854万元，全市绿化覆盖率提高2.86个百分点，人均公共绿地增加1.7平方米。中心城市铺开了环城林带工程和29项城市绿化工程，有24项绿化工程全部竣工。新增绿化面积165.78万平方米，新增公共绿地面积60万平方米，城市绿化覆盖率达到25.8%，绿地率达到21.9%，人均公共绿地面积达到7平方米。四是市政建设理念有所创新，积极依靠市场手段运作资本，开展城市经营，开拓资金渠道，提高工程的效率和质量。 （刘改英 刘向东 赵保平）

| | |
|---|---|
| **中共市委书记** | 王雅安※ |
| **副书记** | 李永宏 张文科 张春生 |
| **市人大常委会主任** | 焦丙英（女） |
| **副主任** | 张鼎仁 季福星 薛玉斌 吴兴文 刘宪奇 牛承玉 郝秀珍（女） |
| **市　长** | 李永宏 |
| **副市长** | 杨随亭 程锡景 马彦平 郭勇飞 李年善 畅志仁 |
| **市政协主席** | 李儒敏 |
| **副主席** | 胡俊来 申守中 蒋德宁 范宗梅（女） 邓 明 常学斌 卢润生 |

## 榆次区

**【简述】** 国民经济　2006年，榆次区生产总值完成76.9亿元，同比增长12.1%；财政总收入完成8.02亿元，同比增长20.8%；规模以上工业增加值完成20.5亿元，同比增长16%；固定资产投资总额完成35.5亿元，同比增长44.9%；城镇居民可支配收入达到10100元，同比增长12.5%；农民人均纯收入达到4603元，同比增长12.1%。

农业　2006年，蔬菜产量在全省实现14连冠，达12.7亿公斤。东阳镇被确立为全省万亩无公害蔬菜示范基地。通过酸枣嫁接、新植补植，新增枣树503.59公顷；核桃种植规模不断扩大，新植333.5公顷；完成大杏仁苗木育苗15万株。畜牧集约养殖水平不断提高，养殖小区达到69个，专业村发展到20余个，规模户达到4000余户，肉蛋奶总量突破4万吨。粮食生产喜获丰收，总产达到1.6亿公斤，是榆次历史上第三个高产年。农产品加工能力进一步提高，培育了以绿源枣业、威特食品为主的干果加工，以泽榆牧业为主的畜牧加工，以古船面粉、海玉食品为主的粮食加工等一批加工龙头企业。大力实施优势农产品品牌战略，优势品种面积达到61097.2公顷，无公害农产品产地认定和产品认证分别达到30015公顷和54个，数量位列全省第一。设施农业水平不断提升，新改扩建温室大棚667公顷，温室大棚蔬菜面积达到3668.5公顷。新增石羊坂"四位一体"温室园区、东阳彭村蔬菜病虫无害化生态控制园区等4个市级科技示范园区，总数达到16个，辐射面积达到20010公顷。绿色农业的发展，进一步提高了农产品附加值，成为农民增收的重要途径。

工业　2006年榆次工业园区和修文工业基地两个园区累计入园企业150户，总投资额达65亿元，其中已有102户投产；当年完成产值24.3亿元，税金达到1.36亿元。两个园区已成为全省投资环境最好、发展速度最快的精品园区。此外，工业调产规划进展顺利，共有37个项目开工建设，完成投资7.5亿元，产值、税金分别达到29.7亿元和1.6亿元，成为拉动工业经济增长的新亮点。重点扶持的10个优势企业发展后劲显著增强，实现产值22.7亿元，占到规模企业总产值的50.3%，成为引领工业经济的龙头，销售收入亿元以上的企业达到11户，其中3亿元以上3户，5亿元以上1户。八大支柱行业总量进一步放大，完成总产值41.2亿元，占到全区工业总产值的90.1%。机械、冶金等传统行业占到经济总量的40.8%，支柱地位进一步巩固。食品行业迅速扩张，在全区工业中比重持续上升，达到13.9%。煤焦、电气、化工行业规模效益显著增长，分别达到80.9%、37.5%和30.5%。轻纺、建材行业呈现平稳发展态势，支柱产业多元化的格局正在形成。81户规模企业完成工业产值57亿元，同比增长20%，外贸进出口总额完成7674万美元，同比增长22%。同时，积极鼓励科技创新，建立研发中心14个，申请专利90项。大力实施品牌战略，81户规模企业中有中国驰名商标6户，中国知名品牌2户，工业经济的质量和效益大大提高。

文化旅游　2006年，新建了韩麟符烈士陵园，投资250余万元。同时对常家庄园、榆次老城、后沟古村、黄河九龙生态园等景区进行了改造完善。同年，后沟古村被评为"全国农业生态观光示范点"和"中国历史文化名村"；常家庄园成为国家4A级景区，旅游综合收入突破3.5亿元，旅游业的蓬勃发展，进一步提升了城市形象。

商贸物流　榆次区根据自身区位优势，不断推进物流和商贸的发展。至2006年底，引进了苏宁电器，新建了田森郭家堡店、御景商圈、君豪国际等大型市场，新增商业营业面积6万平方米，累计达60万平方米。积极推进"万村千乡"市场工程，新建村级服务店50个，全区农村市场连锁经营店发展到119个，全部通过了商务厅验收，成为促进商品流通和农民增收的有效渠道。在商贸物流快速扩张的带动下，全区社会消费品零售总额达到36.3亿元，同比增长16.3%。

基础设施建设　截至2006年底，完成了顺城西街道路、北部新城道路建设项目，安宁、近城等城中村改造工作积极有效推进。完成了20平方公里城南新区战略发展规划，核心区各项建设进展顺利。卧城基地建设不断加快，铺开南苑新区、书林世家等商住工程建设6项，开工102万平方米，竣工78万平方米，完成投资7.3亿元。投资1.2亿元的"村村通、户户通"工程又取得了突破性进展，完成里程1115公里，是晋中市下达任务的2.8倍；开通农村客运班线26条，行政村覆盖率达到98.2%。

社会各项事业　2006年，基本养老金和失业保险金做到了足额发放，连续六年"两个确保"率达100%。新增就业岗位11793个，下岗再就业完成2536人，城镇登记失业率控制在1%以内。启动了农村低保和大病医疗救助，提高了城市低保等各类优抚对象的生活补助标准。文化事业不断繁荣，承办了全市首届"非物质文化遗产展览"；开展了"三下乡"活动，放映电影280余场，演出剧目200余场，新建图书流动服务点20个。教育工作全面进步。中职招生完成1711人，普高与中职招生比达到1：0.47，素质教育成效显著。卫生工作取得新突破。投资3000万元，完成了10个乡镇卫生院新改扩建工程，新建中心村卫生所56所，农村卫生服务体系提前五年达到省级标准。科技工作取得新进展，48户企业通过了国际质量认证。人口和计生工作稳步发展，人口自然增长率控制在4‰以内。安全生产形势平稳，为经济和社会发展提供了有力保障。

招商引资　2006年，全区招商引资洽谈项目达110项，签约项目35项，投资总额116.8

榆次后沟古村一角　杨健摄影

亿元，引进外资106.5亿元。35个项目中投资在亿元以上的13项，其中山西国际能源与环境产业园区投资额达60亿元，是本区近年来单项投资额最大、引资额最多的项目。还有国电项目、瑞光电厂等都是投资在20亿元以上的大项目。35个项目达产达效后，将新增产值240亿元。签约的35个项目中已有22项开工建设，其余13项均具备了开工条件，为经济社会发展注入了新的活力。（李　敏）

**【村村通水泥（油）路工程】** 榆次区村村通水泥（油）路工程是榆次区委区政府为贯彻中央文件精神，确实解决“三农”问题，承诺为人民群众办的十件实事之一的一项民心工程。区委区政府制定了科学的农村公路建设及改造实施方案，成立了“村村通”道路建设指挥部，工程自2005年4月底全面开工，当年完成通车里程648.6公里，占晋中市下达任务200公里的324.3%。2005年11月全部通过省级验收。

2006年4月22日，榆次区召开了村村通水泥（油）路总结表彰暨动员安排大会。本年共投资1.6亿元，组织劳力136.6万个，投入机械4.33万台（次），动土石方208.5万立方米，276个行政村共完成了1115公里的村村通，户户通水泥（油）路工程占晋中市为榆次区下达任务里程400公里的279%，其中水泥路298公里，油路87公里，砖砌路730公里；村连村工程627公里，街道里程488公里。全区97%的行政村实现了村村通，91%的人口实现了户户通。（李　敏）

**【榆次工业园区建设】** 榆次工业园区坐落于榆次西郊，距省会太原仅20分钟车程，距武宿机场和太旧高速公路入口只有10公里，交通十分便捷，区位优势明显。

园区从2002年7月1日开工建设以来，以创建“新九通一平”（“新九通”指实现园区的信息通、注册通、配套通、物流通、融资通、人才通、市场通、人脉通和服务通。“一平”指建立综合的社区平台）园区为目标，坚持走内涵式发展道路，坚持把科技创新作为立区之基，强区之本，注重“产学研”创新主体培育，积极实施科教优先战略，各项工作取得了突破性进展。（一）园区经济持续快速增长，截至2006年底，榆次工业园区一期企业注册登记数103户，注册资本5亿元，已征地企业数73户，投资额23亿元，其中超亿元的企业5家，千万元以上的16家，百万元以上的19家；税收超过百万元的企业达12家，千万元的3家。（二）招商引资方面，仅2006年就确定了107项招商引资项目，总投资超过100亿元，其中重点考核项目35项。在晋中市通报的各县、区招商引资项目中榆次区项目最多，自签项目也最多。（三）榆次工业园区二期工程“五纵七横”路网全面启动。于2006年4月15号开工的工业园区与太原高校园区连接线4.34公里的工程总投资1500万元，仅该路段就可以安排40多户20亿投资的企业入驻，为工业园区经济规模总量的提高打下了坚实的基础。该工程将对太榆一体化和太原经济圈的快速发展起到积极的推动作用。已于10月底建成通车。

榆次工业园区已成为山西投资环境质量最好，经济发展速度最快，最具生机和活力的精品园区之一。2006年6月正式被国家发改委核准为省级工业园。（李　敏）

**【榆次修文工业基地建设】** 榆次修文工业基地是榆次区委区政府为加快经济发展；发挥榆次区位优势，打造现代晋商中心区而做出的一项重大决策。基地于2005年4月12日开工建设。

2006年，累计投入资金2038万元，新建道路5公里，铁路立交桥一座。分别为总长3公里的2号路，长1.6公里的电厂路，长1.2公里的机械制造区南北循环路；投资268万元的二号铁路立交桥。投资130余万元新建绿色综合体闲广场。招商引资方面2006年赴港签约项目4家，分别为：山西迪沃思工业有限公司、山西天一纳米材料科技有限公司、山西海锐金属制品有限公司、山西神龙能源焦化有限责任公司，共计引进境外、省外资金5.48亿元。（李　敏）

**【榆次后沟古村农耕文化景区二期修复工程】** 榆次后沟以其典型的农耕原生态被中国民协确定为“全国唯一古村落农耕文化调查范本”，榆次区委区政府于2005年4月对后沟进行旅游开发，投资2655万元，全面铺开了对后沟古村的保护性开发，2005年9月8日一期工程完工，正式对游客开放。

2006年投资276万元进行二期基础设施工程建设。主要包括农耕博物馆基础设施完善；将军院、吊桥院续建；票房、导游室、保安室、厕所及河坝延伸、村口道路硬化、护坡、鱼塘建设；在景区内栽植油松500株、草坪3000平方米、灌木4000株、乔木2000株，完成了景区及周边的绿化工作；完成了农博馆、将军院、吊桥院布展工作。其中农耕博物馆分两层。一层，415平方米，陈列展出以“农耕文化”为主题的实物800余件；二层，500平方米，为“山西省首届民俗摄影展”，展厅共展出山西省名家优秀摄影作品300余幅，搜集整理张晓赤将军生前物品200余件，塑像两座；完善了吊桥院内部配套设施。为了深入挖掘后沟古村深厚的农耕文化底蕴，制作完成《后沟农耕文化景区专题片》，该片得到了国家、省、市有关领导和专家的一致好评。

2006年10月23日，后沟又申报并通过了“全国农业生态旅游观光示范点”国家级验收。（李　敏）

**【榆次老城三期修复工程】** 榆次老城历史悠久，文化底蕴深厚，旅游资源独特，集古民居、古城墙，古寺庙、古街道、古商铺等人文景观和山、水、瀑布等自然景色为一体，融晋商文化、民俗文化、都市文化在一城之中。老城占地面积100万平方米，古建、园林面积60万平方米。继第一、二期工程竣工后，2006年对榆次老城进行三期修复。工程主要包括拆迁工程，文庙、凤鸣书院布展工程及配套完善工程。拆迁共签订协议95户，建筑面积6678.12平方米，占地11028.03平方米。文庙、凤鸣书院布展及完善工程，其中，文庙大成殿彩塑17座，大成殿、名宦祠、乡贤祠布展及其他基础设施、绿化等，共投资63万元。同年10月1日对外试运营。为了更好地把文庙、凤鸣书院推向市场，榆次旅游开发公司成立了文庙、凤鸣书院分公司。（李　敏）

**【韩麟符烈士陵园】** 韩麟符，原名韩致祥，字瑞五，祖籍山西榆次南咀村，1900年2月出生于热河省承德府赤峰县（今内蒙古自治区赤峰市元宝山区）哈拉木头村。他与李大钊、周恩来同是五四运动杰出领袖，是马克思主义早期研究者，传播者，并与李大钊共同创建了中国共产党北方党组织，创建了北方在中国共产党领导下的第一支武装力量，是北方民族解放运动的奠基人之一。他与李大钊、毛泽东、瞿秋白等是中国共产党在国共第一次合作中的核心人物。他曾组织和参加“八一”南昌起义，最后他为民族独立与解放光荣牺牲于榆次苏村，时年仅34岁。2000年3月14日，中华人民共和国民政部追认韩麟符为革命烈士。

中共榆次区委、榆次区人民政府为缅怀革命先烈，继承革命遗志，于2005年8月决定投资250万元，新征陵地，重整坟茔，历时1年，建成韩麟符烈士陵园，以示永久纪念。韩麟符烈士陵园占地2.4万平方米，硬化面积7000平方米，绿化面积1.7万平方米，占总面积的70%。陵园整体建筑具有鲜明的时代特点，庄严而肃穆。包括大门和东西两主题广场。东广场为纪念广场，由韩麟符墓碑、墓冢和休憩凉亭等组成，整个建筑群构成了相对完整的纪念体系。西广场为瞻仰和事迹陈列区，由韩麟符生平事迹浮雕群、韩麟符塑像和影壁等组成。其中，陵园大门的门牌用花岗岩砌成，长9米，上面刻有“韩麟符烈士陵园”七个金色大字，字体浑厚有力。东广场韩麟符烈士的墓碑坐北朝南，位于16个台阶之上，庄严肃穆。碑座为汉白玉，朴素、庄重，寓意人民对烈士的怀念，碑体用黑色花岗岩砌成，上面刻有“韩麟符”三字，下面有其生卒年月。烈士的陵墓用水泥修复，成穹顶形，在苍松翠柏之中，显得格外庄严肃穆。西广场占地2600平方米，广场四周种有松、柏，东西两侧为韩麟符烈士生平事迹浮雕群，都用玻璃钢制成，长20米，高4米，共分十组，每侧五组。环绕其间的韩麟符烈士塑像用仿铜玻璃钢制成，通高5.8米，基座前面刻有“韩麟符烈士”五个字。背面刻有碑记，碑记对烈士的英雄事迹作了简要概括，同时体现了榆次区委、区政府修建陵园的过程、目的和意义。塑像后面是一座长24米，高3.7米的影壁，上面的字是从韩麟符烈士的诗歌中选出的一句话：“世界上有着最宝贵的生命，但是还有比生命更宝贵的自由，我们可以失掉了生命为了自由。”

2006年9月12日，隆重举行了韩麟符烈士陵园落成仪式，正式对游客开放。韩麟符烈士陵园已成为榆次的红色旅游基地、革命传统教育基地和青少年的爱国主义教育基地。

（李　敏）

**【《中国共产党早期革命家韩麟符》及韩麟符生平业绩研讨会】** 在韩麟符烈士陵园建设的同时，为了纪念韩麟符烈士，在榆次区委、区政府的直接领导下，由榆次区史志研究室整理，中共党史出版社出版了《中国共产党早期革命家韩麟符》一书。该书把有关韩麟符烈士的生平业绩、回忆文章和作品精选汇集成册，全书20万字。2006年9月12日上午在韩麟符烈士陵园落成仪式上进行了首发仪式。

当日下午，召开了韩麟符历史业绩研讨会。研讨会由省史志研究院副院长张铁锁主持，榆次区委书记王建林致辞，省史志院党史所所长牛崇辉做了重要讲话，来自全国各地的60多位专家、学者和市区相关领导参加了研讨。会上对韩麟符的历史功绩给予了高度评价和肯定。

（李　敏）

| | |
|---|---|
| **中共区委书记** | 王建林 |
| **区人大常委会主任** | 韩拴虎 |
| **区　长** | 王继堂 |
| **区政协主席** | 郑先华（女） |

## 介休市

**【简述】** 2006年介休市辖7镇、3乡、5个街道办事处、231个行政村，总面积743.7平方公里，耕地面积22811.4公顷。总人口382550人，其中男196399人，女186151人。全年完成生产总值74亿元，同比增长18%；财政收入完成9.7亿元，同比增长10.2%；固定资产投资完成38亿元，同比增长15.2%；城镇居民人均可支配收入9276元，同比增长15%；粮食产量达到10万吨，同比增长33%；农民人均纯收入4100元，同比增长11%；社会消费品零售总额实现20亿元，同比增长13%；GDP位居全省第6位，荣膺“2006年度全国最具投资潜力中心城市百强”第33位。

党建工作　2006年介休市委坚持党要管党、从严治党的方针，以执政能力建设和先进性建设为主线，不断加强党的思想、组织、作风和制度建设，为全市经济发展提供坚强的政治保证。全面推进以“民主推荐、支部票决、党委考察、全程公示”为主导内容的党员发展新机制，实现了党员发展的透明化，促进了群众对党建工作的监督和参与。经过精心组织，严格操作，坚持群众公认，注重实绩，优化结构、适度平衡和交流回避的原则，全面实施民主推荐、考察预告、任前公示、常委会表决、全委会票决、竞争上岗等制度，市委和乡镇党委换届工作圆满完成，做到了推进顺利、改革到位、风清气正、干部群众认可。通过党委换届，全市10个乡镇党委职数由76名减少到50名；乡镇党政班子平均年龄由40岁下降为37岁。党政班子成员中35岁以下干部达到39名，占31.2%，大专以上文化程度达96名，占76.8%；妇女干部达到13名。乡镇领导班子的结构明显改善，活力进一步增强。扎实开展“三项治理”工作。2006年，查处各类违纪违法案件30件，处理党员干部30人，查处大要案件6件，挽回经济损失64.17万元。通过在全市广大党员中开展的保持共产党员先进性教育活动，为加强反腐倡廉教育夯实了思想基础，促进了全市各级党组织的先进性建设，增强了广大党员的党性观点。

工业　2006年积极组织企业参加了上海贸易洽谈会、香港贸易洽谈会、中部六省经济博览会，签约9项，引进资金总额43.7亿元。同时山西焦炭集团、山西天泽矿业公司、省乡镇煤运公司、福建乐辉公司以独资、股份等形式落户介休。落地资金达3.88亿元。在园区建设上，义安循环经济工业园区是介休市优势产业的集聚地，也是结构调整的主要平台。同年，重点对园区内的路、桥、供水、供电、管网等基础设施进行了建设，建成了南通108国道，北至一级路的园区道路，为园区发展形成了交通枢纽。其次，积极引导鼓励扶持焦化企业延伸产业链条，在煤化工产品上大做文章。安泰集团全力筹建焦化产品精细加工项目，茂胜公司新上60万吨焦炉煤气与焦粉制醋酸项目，并进行醋酸下游产品的开发。三是积极引进大企业、大集团到园区投资发展。与省焦炭集团签订了投资达53.8亿元的合作协议。在资源整合上，以煤矿资源整合为重点，全市煤矿总量由原来的56对减少为36对，极大地提高了煤矿装备水平，加快了煤炭行业的健康发展。并依照国家有关政策和介休《煤炭资源整合有偿使用实施方案》，对全市36个煤矿、94户洗煤企业收缴资源规费3773万元。通过突出项目实施、招商引资、园区建设、资源整合重点，从而有效促进了经济增长方式的转变，实现了经济的平稳运行、稳步增长。2006年，全市规模以上工业现价总值完成90亿元，同比增长35%；工业增加值完成28亿元，同比增长21%。全市重点监控的15种主要工业产品有12种产品实现增长，平均增幅达36.2%。

农业　2006年，介休市委、市政府按照“生产发展、生活宽裕、乡村文明、村容整洁、管理民主”的20字方针要求，举全市之力，倾注了很大心血，将新农村建设摆在农业农村工作的首要位置。通过多层次、多角度的调查研究，先后形成《关于以工促农的几点思考》、《关于以城带乡战略的思考》等10多篇有价值、有分量的调研报告，最终确立了介休新农村建设的思路，即坚持以工促农、以城带乡、以人为本，狠抓农村五通、五有、五净、两好、五新建设，规划先行、典型引路、分步实施、整体推进，推动工业向园区集中、人口向城市和中心村集中、土地向规模经营集中，力争到2010年建成100个新农村建设示范村，走出一条具有介休特色的新农村建设路子。先后完成了义安、张兰、义棠、连福等中心镇总体规划。三佳中心村、花园、赵家堡等15个村庄建设规划。2006年介休市确定了十大林业工程，实施了通道绿化、环城林带、汾河绿化、荒山造林、城市绿化等工程。全年完成造林投资2800万元，新植树380万株，造林1334公顷，林木覆盖提高了4个百分点。介休被列入国家级沼气重点县（市），市委、市政府把作为新型洁净能源和可再生能源的农村沼气建设列为重中之重，建成沼气池1400个。争取实施农业项目总投资2290万元。主要有农业综合开发、水利设施建设、农村安全饮水解困、坡耕地改造、国家级保护性耕作、土地开发、良种繁育七大项目。通过这些项目的实施，极大地改善了农业生产条件，提高了农业的综合生产能力。

以工商大户为龙头的农业产业化经营步伐加快，全市已有260户工商企业进入农业领域，累计投资3.6亿元，形成较大带动作用的龙头企业16户。其中，聚兴、维群、瑞兴公司等5户企业已列入全省“1131”工程，龙头企业带动农户2万余户，从业人数达4000余人。2006年规模养殖小区达82个，规模养殖户达2580户，形成年出栏种猪20万头，肉鸡200万只、养羊10万只的能力。

城市建设　2006年，市委、市政府紧紧围绕打造大太原都市圈南部区域性中心城市和担当晋中建设山西中部最具活力的经济带和城市群龙头的目标，按照“一年打基础，三年出形象，五年大变化”的思路，铺开总投资10亿元五大类15项城建重点工程。（1）城市绿化、环境综合治理工程。（2）东外环道路续建工程。（3）南外环道路建设工程。（4）西外环道路建设工程。（5）介休一中新建工程。（6）人民医院新建工程。（7）城中村改造工程。（8）新华路改造工程。（9）绵山路、文明街道路改造工程。（10）裕华路改造工程。（11）车站广场改造工程。（12）旧城改造工程。（13）集中供热工程。（14）南北河沿改造工程。（15）经济适用房建设工程。15项重点工程规划图纸在政府网站公布，并在城市人流密集场所进行展示，听取群众意见，得到群众的认可、理解和支持。通过大规模开展基础设施建设，使城市面貌焕然一新，城市建设进入了一个良性循环轨道。

*环境治理* 2006年以创蓝天碧水为目标，加大环境保障战略实施的力度，重点抓工业污染防治、城市环境建设、环境综合整治、发展循环经济等方面的工作。成立了环保专项行动领导组，制订了《监天碧水工程实施方案》、《整治违法排污企业保障群众健康环保专项行动实施方案》等10多个文件，保证环保工作顺利进行。在治理中，对37个竣工验收项目进行了“三同时”验收，共查出违法建设项目36个(其中洗煤企业30个、化工及其他6个)，关闭了32个污染企业。对焦化、洗煤、电力、碳素、化工等行业的142个重点排污企业进行执法检查，组织环保专项行动25次，捣毁死灰复燃土焦池50余个，取缔石灰窑83座、耐火窑345个，关闭燃烧散煤碳素企业29家。投资150万元建成城市空气质量自动监测站房，全市万元GDP二氧化硫排放同比下降26.5%，万元GDP化学需氧量排放同比下降22.2%，城区空气环境质量二级以上天数达87天，大气环境质量开始好转。继续推进循环经济建设，制定了《介休市循环经济生态市建设规划》，确定了循环经济发展总体目标和工作重点，按煤—焦—化、煤—焦—电—加工两种模式，延伸产业链，集聚产业群，把链条做长做优，把产业做精做细，最大限度地发挥好资源的效能。

*文化旅游* 2006年大力加强公共文化基础设施建设，积极创造条件，支持三佳公司、秦柏集团、九洲公司等企业进行文化旅游开发，全年完成投资4500万元，累计接待游客88.5万人次，实现门票收入3380万元，综合收入达到1.45亿元。同时积极发展文化产业，引入竞争机制和多元投资机制，鼓励扶持民办文化，加大对文物古迹的保护力度，投资400万元对国保单位进行修缮和保护性开发。申报“寒食节”非物质文化遗产，进一步发掘玻璃艺术，陶瓷烘烤工艺，成功举办了“文化介休”研讨会，拉开了打造“文化介休”序幕。

*劳动保障* 2006年，实施“阳光培训”项目，全年培训农民6708人，转移农民3302人，为2694人发放了再就业优惠证，减免税费200万元，共登记单位35家，提供就业岗位560余个，共有238人实现了再就业，城镇失业登记率控制在4.5%以内。出台了《关于健全城乡社会救助体系的意见》，全面启动了城市低保、农村低保、大病救助等几项救助制度，形成了较为完善的社会救助体系。全年大病救助63人，发放救助金18.4万元，农村低保2783户、5458人得到救助，发放救助金81.9万元；城市低保共有2666户、5530人得到救助，发放低保金383万元。

*教育卫生* 2006年，进一步改善农村中小学办学条件，巩固“普九”成果，“科教兴市”顺利通过国家级验收。铺开新介休一中工程，完成中小学危房改造1.2万平方米，新建扩建中小学标准化操场12个，农村中小学教育经费管理经验在全省得到推广。以乡镇卫生院建设为重点的市乡村三级医疗卫生服务网标准化建设得到加强，疾病预防体系，医疗救助体系，卫生监督体系进一步完善。扎实开展人口计生工作，人口出生率控制在10.47%以内。

（市志办）

**【市委召开三届三次全委（扩大）会议】** 2006年1月18日，市委召开三届三次全委（扩大）会议。会议由市委副书记孙振民主持，出席会议的有市委常委及市委委员28名及候补委员6名，市纪委委员及四套班子其他成员，各乡镇党委书记、乡镇长，各街道办事处书记、主任列席会议。会议听取了市委书记杨建林所作的《介休市委常委会工作报告》。报告指出：三届三次会议以来，在晋中市委的领导下，高兴邓小平理论和“三个代表”重要思想伟大旗帜，深入贯彻党的十六届四中、五中全会精神，坚持以科学发展观为指导，以推动介休经济快速发展为目标，紧紧依靠全体委员的共同努力，团结带领全市干部群众，统揽全局，精心谋划，深入研究事关介休当前和未来发展的方向性、全局性、战略性问题，在推动经济发展，构建和谐社会，加强党的建设方面作出一系列决策，采取了一系列行之有效的政策措施，推动了全市工作的顺利进行，为“十一五”经济社会的发展奠定了良好的基础。

杨建林从“怎么看介休、介休怎么办、介休怎么干”三个方面分析，纵向比较过去五年保持了快速增长势头，但放在晋中、全省的发展格局中与周边县市进行横向比较，则有一定差距，必须奋起直追，以差距为内力，以压力为动力，将危机转变为加快发展的责任感，加快发展、和谐发展。

会上还听取了市长秦太明就《中共介休市委关于制定国民经济和社会发展的第十一个五年规划的建议》作了说明，并审议通过了此《建议》。（市志办）

**【山西焦炭集团、路鑫公司煤化工程启动】** 2006年4月3日，介休市循环经济生态园区项目，省焦炭集团、路鑫公司煤化工程正式启动。市委书记杨建林指出：启动仪工不仅标志着双方进入实质性的合作阶段，而且正式拉开了省焦炭集团与介休合作总投资达53.3亿元的大项目建设序幕。这必将进一步鼓舞介休全市上下建设全省最大的焦炭基地和煤化工基地的信心和决心；这一项目的启动，体现了科学发展观的要求，也体现了介休的发展境界进一步提升，开发观念进一步强化。介休市将举全市之力，进一步创新、创优发展环境，以最优质、最有效、最有力的服务来支持这一项目的建设。

此工程是2005年由省焦炭集团和介休市政府签署的战略合作协议，由省焦炭集团通过资产重组和新增投资方式，与介休循环经济生态园区内企业共同建设焦化煤气综合利用、铁路发运等一系列相关产业链项目的第一个工程，该项目已签署投资协议，并由双方共同出资组建山西焦炭集团益兴焦化股份有限公司。双方合作新上的煤化工项目，将依托省焦炭集团雄厚的技术、人才、资金的优势和路鑫公司体制、设施的优势，实现良性互动、优势互补。

启动仪式上路鑫公司总经理朱福连介绍企业合作情况。省焦炭集团、中国十三冶、化学工业第三设计院的负责人分别讲话。

（市志办）

**【中国共产党介休市第四次党代会召开】** 2006年6月28日，中国共产党介休市第四次代表大会召开。来自各条战线的347名代表参加了大会。会上市委书记杨建林作了《坚定信心、负重赶超，为实现介休跨越式发展而努力奋斗》的报告。报告全面总结了市三次党代会以来的各项工作，并提出今后五年的指导思想和奋斗目标，对全面加强党的建设，不断提高党的执政能力和领导水平作了部署。今后五年，要全面推进社会主义新农村建设，建设繁荣、民主、和谐新农村；要切实转变经济增长方式，坚定不移地走新型工业化道路；要加快城市建设和旅游业发展步伐，全力推进城市化进程；要从更深层次扩大开放，为经济发展注入强大动力；要切实维护群众利益，努力建设和谐介休。市委常委、纪委书记韩海云作了《开拓创新、扎实工作，为实现介休跨越式发展提供坚强政治保证》的工作报告。会议通过《关于中共介休市第三届委员会工作报告的决议》、《关于中共介休市纪律检查委员会工作报告的决议》以及《关于全面推进社会主义新农村建设的决议》。选举产生中共介休市第四届委员会委员、中共介休市纪律检查委员会委员，并选举出出席晋中市第二次党代会代表。

6月29日，中共介休市委召开四届一次全体会议，出席会议的市委委员33名及候补委员6名。会议选举杨建林为市委书记，秦太明、雷亚伟为市委副书记，杨建林、秦太明、雷亚伟、韩海云、李广文、刘士忠、李国红、靳银翠、冀保胜、刘娟为市委常委。闭幕会上，市委副书记、市长秦太明作了总结。

（市志办）

**【召开建党85周年暨先进性教育总结大会】** 2006年6月30日，介休市召开建党85周年暨先进性教育总结大会，市委书记杨建林作重要讲话。指出：一年多来，从解决广大党员的思想问题入手，党员队伍整体素质有了新的提高；从解决事关介休发展的问题入手，经济发展迈出了新步伐；从解决涉及群众切身利益的问题入手，和谐介休建设取得了新进展；从解决城乡统筹发展的问题入手，社会主义新农村建设打开了新局面；从解决保持先进性的长期问题入手，制度建设实现了新突破。今后要继续加强党的先进性建设，形成永葆先进性的长效机制；要加强党的组织建设，始终保持各级党组织的旺盛活力；要加强党的执政能力建设，不断提高党的领导水平和执政水平。会上对40个先进基层党组织、65名优秀党员、15名优秀党务工作者和30名先进性教育先进工作者进行了表彰。 （市志办）

**【义棠煤业公司举行建矿50周年庆典暨120万吨矿井技改扩建工程竣工剪彩仪式】** 2006年8月28日，山西义棠煤业有限公司建矿50周年暨120万吨矿井技改扩建工程竣工剪彩仪式在义棠煤业公司工业广场举行。市长秦太明主持庆典仪式，出席庆典仪式的领导有省政协副主席边鸣涛、中国煤炭工业协会副会长马德军、晋中市委副书记张文科、晋中市副市长马彦平、晋中市政协副主席胡俊来及介休市领导杨建林、李等考、董世勇等四套班子领导，义棠煤业公司董事长、党委书记路斗恒致辞。义棠煤业走过的50年，是自力更生，艰苦创业的50年，是不甘现状，勇于跨越的50年，是与时俱进，创新发展的50年。正是一代又一代的义煤人用自己的青春、汗水、热血甚至生命才铸就了义煤今天的辉煌。继续保持和发展义棠煤业“务实创新，奋发进取”的优良传统和工作作风，把握时代机遇，迎接新的挑战，把义棠煤业建成安全文明、集约高效的现代企业。市委书记杨建林讲到：义棠煤业公司成立50年来，特别是2000年成功改制后，公司一班人团结一心，开拓进取，在技术改造、企业管理、市场拓展等方面取得了显著的成绩，各项工作走在了全市煤炭行业的前列，在推动介休煤炭产业发展的历史进程中发挥了重要的示范带动作用，为介休发展做出了历史性的贡献。庆典仪式后，举行了“煤之魂”大型演唱会。

义棠煤业公司50年来累计生产原煤1346万吨，销售原煤1220万吨；完成工业总产值56亿元，实现销售收入50.5亿元，实现利税10.6亿元；资产总额达到2.93亿元，员工人数达2239人；在岗员工人均年收入达1.45万元，矿井生产能力达120万吨。 （市志办）

**【召开建设“文化介休”研讨会】** 2006年12月20日，介休市召开建设“文化介休”研讨会。会上，文化名人王融亮、侯清柏、李剑啸等以及市史志办、旅游局、文物局等单位领导发言，对建设“文化介休”提出了各自的见解。市委书记杨建林指出：介休历史悠久，人文荟萃，素有“三贤故里”美称，具有深厚的文化底蕴。举办这次研讨会，目的就是要集思广益、群策群力，深入挖掘介休的文化资源，发扬介休文化的优良传统，实现经济、社会、政治、文化的全面协调发展。介休文化资源丰富，有绵山忠孝文化、寒食文化、张壁古堡军事文化、张兰古玩市场文化、老陈醋发祥地文化、洪山陶瓷文化、焦化产业发展文化等，但是对文化资源开发利用不够，文化产业没有做大做强。今后，一方面要将介休的传统文化深入研究开发，并依托这些文化举办形式多样的活动，增加介休文化的影响力，扩大介休的知名度；另一方面，要引进、创造具有现代气息的城市文化，塑造城市精神，扩大对外开放。

（市志办）

| | |
|---|---|
| **中共市委书记** | 杨建林 |
| **市人大常委会主任** | 李等考 |
| **市　长** | 秦太明 |
| **市政协主席** | 董世勇 |

## 寿阳县

**【简述】** 寿阳县位于山西省东部，枕恒岳，络太行，居潇河中上游。土地总面积2110平方公里，耕地面积64667公顷，辖7镇7乡，206个行政村。总户数76624户，总人口212739人，其中：男111540人，女101199人。2006年，全县地区生产总值完成23.5亿元，同比增长13.5%；工业增加值完成8亿元，同比增长16%；固定资产投资完成22.2亿元，同比增长44.8%；财政总收入完成41068万元，同比增长34.8%，增幅全市第一，提前实现了财政收入总量跻身晋中四强的目标；城镇居民人均可支配收入完成8094元，同比增长17.4%；农民人均纯收入完成3458元，同比增长11.7%。

农业 2006年，全县农业农村工作围绕产业富民这一核心目标，坚持既定的思路不动摇，扭住产业培育不松劲，提升蔬菜、扩张畜牧、发展林果、壮大加工，大力调整产业结构，农民收入稳定增长，新农村建设取得良好开端。2006年，全县粮食总产量2亿公斤，粮食连续三年丰产，被农业部评为全省唯一的“全国粮食生产先进县”；蔬菜总面积达到27080.2公顷，206个行政村中有173个村种植蔬菜，占到全县行政村总数的84%，“寿绿”品牌被商务部推荐为全国蔬菜类十大畅销品牌之一；畜牧业继续良性发展，养殖园区达到21个；全年新发展仁用杏733.7公顷，育苗133.4公顷，为绿化建设、产业发展提供了苗木保障。

工业 寿阳县委、县政府以科学发展观为指导，按照“加快寿阳发展，必须振兴寿阳工业”的思路，把工业发展摆在重要位置，在项目建设、企业改革、政策引导、环境优化等方面狠抓落实，工业生产保持了快速增长的良好势头。2006年，全县原煤产量达到678万吨，煤炭全行业上缴税金2.48亿元，较2005年增长5100万元，产值超亿元、纳税过千万元的企业达到6户，安全工作连续两年受到晋中市政府的表彰奖励；全年重点实施项目58个，其中投资亿元以上的项目9个，正式签订协议的17个项目中已有12个开工建设，成为寿阳县历史上引进项目最多、引进资金最大、收获最丰的一年；先后有一运公司、棉织厂、人民商场3户企业进行破产，木器厂、化工厂、印刷厂、物资总公司、皮毛厂、型煤厂6户企业实行兼并改制，置换职工身份608人，发放补偿金749.3万元。

基础设施建设 树立“抓城建就是抓发展”的理念，坚持把城镇化作为统筹城乡发展、改变城乡二元结构的重要途径，高起点规划、高标准建设、高效能管理，城乡面貌明显改观。2006年，投资2.2亿元，完成新阳上城西路、北大街延伸、检察院技侦大楼、朝阳阁主体、住宅小区开发等10项重点工程，新开工建设人民医院住院楼、东关拆迁安置小区、灵芝公园和污水处理厂等一批民心工程和市政工程，同时更换了朝阳街、滨阳路路灯，县城功能日益完善，服务和承载能力逐步提高；投资941万元，完成了长岭～马坊10公里国债路建设，全年完成村村通水泥（油）路818公里，累计达到2100多公里，成为全省农村公路建设先进县；投资579万元，新建饮水工程49处，解决了1.29万人，2525头大牲畜的饮水安全问题，人民群众生产生活条件得到了显著改善。

社会事业 2006年，寿阳县坚持以人为本，全面落实科学发展观，各项社会事业齐头并进，人民生活水平不断提高。投资1340万元开工建设机关幼儿园，完成了寿阳一中、宗艾初中等8所学校的标准化操场建设和平头小学、太安驿小学、松塔中学、南庄中学等7所危房校改造，全县教育教学硬件改善、软件配套、质量提升。投资260万元，对13所乡镇卫生院进行了改造，农村新型合作医疗参合农民达到15.08万人，参合率86.5%，被政府推荐为全国农村新型合作医疗先进单位。此外，还实施了城中村改造试点，将东关和西关两村失地农民纳入社会基本养老保险范畴，解决了农民的后顾之忧。 （李丽萍）

**【“村村通”水泥（油）路工程受省、市政府表彰】** 2003年11月，寿阳县委、政府把“村村通”水泥（油）路工程作为改善农村基础设施，实践“三个代表”的民心工程。县人大作出了《关于广泛动员，奋战三年，实现水泥（油）路村村通的决议》。为了保证工程质量，县、乡、村成立了三级公路建设领导组，做到了五个“严格”，即严格立项审批关，严格质量标准关，严格工程监理关，严格资金拨付关，严格公开监督制度。工程在实施过程，充分发挥了各级党委、政府的推动作用和人民群众的主力军作用，把科学决策付诸于具体的实践之中。截至2006年底，全县“村村通”水泥（油）路工程累计投资3亿多元，总里程达到2122公里，全县206个行政村，有196个实现了“村村通”，通达率达到95%；同时开展“村村通”公交线路21条，覆盖14个乡镇，198个行政村，受益人口19万人，行政村通公交车率达到96%。连续四年被评为省市“村村通”先进县；接受了交通部领导视察，得到了交通部、省市领导的充分肯定；2006年，寿阳县人民政府被山西省劳动竞赛委员会荣记集体一等功。

（李丽萍）

【新农村建设】 寿阳县围绕建设“生产发展、生活宽裕、乡风文明、村容整洁、管理民主”的社会主义新农村，突出产业培育、农民增收、试点建设三项重点，加快农村全面小康和现代化建设步伐，新农村建设实现了良好开局。在被列入省试点范围的9个村中，高家坡村成绩最突出。该村地处寿阳县城东，全村540户，1660口人，耕地面积980亩，是一个人多地少，以工业、运输业、饮食服务业为主的典型城郊村。在新农村建设中高家坡村党支部、村委会积极进取，扎实苦干，取得明显成效。（一）2005、2006年两年内引进煤化工企业4个，新建砖厂1个，累计创收400余万元；投资60万元打深井、建无塔供水站；投资20万元为村办小学安装暖气，购置电脑桌40套，解决了农民的吃水问题，改善了教学条件，壮大了集体经济。（二）投资310万元，对全村的道路、大街小巷、房前屋后进行了水泥硬化，总里程达13公里；同时筑排水渠4000余米、排水沟近900米，垒道路护墙2500余米，铺路沿石5600余米，实现了户户通水泥路。投资40万元，沿村路两旁1.5公里地带进行绿化，面积达4000平方米（其中：草坪2700平方米、道路两旁植风景树1100余株、栽灌木近2万株）。投资5万元，对全村主干道安装路灯103盏，并更新照明电路5000余米。投资12万元购置环卫车，组建10人的环卫队，清理垃圾、清扫街道、管护花草树木，并制定了卫生公约，达到了环境改善，街面整洁。（三）投资1200余万元，新建了一处高标准住宅小区，截至2006年末完工25幢；投资2万元购置了健身器材；并出资30余万元，为全体村民办理农村新型合作医疗保险、减免水费、发放福利等；年均投资近万元对特困户和五保户给予一定的生活补助，解决了老年人的生活待遇问题，做到了老有所依，困有所帮。

截至2006年底，高家坡村农村经济总收入达6282万元，工业总收入2250万元，建筑业总收入310万元，运输业总收入1500万元，零售、餐饮业总收入989万元，服务业总收入303万元，农民人均纯收入达到5005元，被寿阳县委评为“小康建设先进村”。（李丽萍）

【朝阳阁重建】 朝阳阁位于寿阳县城东关外，日出即照，故名。初建于公元1517年（明正德十二年），清代康熙、乾隆、咸丰年间三度重修。为陈完所建。“文化革命”中被拆除。

全阁结构以石为台，复以木为中门，包砌坚确，砿为藩屏。高二公尺，宽二公尺的通道，是东西必由之路。台面为阁的主体工程，纯以木结构，重檐三层，高百余尺，其楹五间，阁顶覆以玻璃瓦，左右两翼钟鼓二楼，整个建筑角柱斗拱，构造奇特，画桷翚飞，碧瓦鳞次，金碧眩目，丹垩浮光。规模壮百代之观，工程极一时之妙。故俗有“锦州狮子应州塔，不抵寿阳朝阳阁”之说。与文昌宫、三官庙、八腊庙构成一个完整的建筑群，雄伟壮丽，气势磅礴。

随着县域经济的发展和城市文化品位的提升，全县人民对恢复重建朝阳阁的呼声越来越高。寿阳县十三届人大常委会依法作出了《关于重建朝阳阁的决议》。2004年，县人民政府将朝阳广场综合改造工程列为县城改造的重点工程。工程建设地址位于东关街朝阳广场旧址，朝阳阁占地面积2240平方米，建筑面积为7800平方米，投资1625万元，由中胜公司承建，安阳公司负责施工。整个工程工期为三年。截至2006年底，朝阳阁主体工程已经完工。该项工程对于弘扬优良传统，繁荣民族文化，凝聚全县人心，发展旅游经济具有重要的现实意义和深远的历史意义。（李丽萍）

| | |
|---|---|
| **中共县委书记** | 史景怡 |
| **县人大常委会主任** | 陈振明 |
| **县　长** | 黄耀春 |
| **县政协主席** | 刘迎春※　郭培纲 |

## 昔阳县

【简述】 昔阳县位于山西省东陲中部，隅于太行山西麓的重峦之中。东与河北省赞皇县接壤，南与和顺县毗连，西与寿阳县为邻，北与平定县相衔。总面积为1954平方公里。2006年全县行政区划为5镇7乡，分别是：乐平镇、大寨镇、李家庄乡、三都乡、赵壁乡、阎庄乡、皋落镇、界都乡、东冶头镇、孔氏乡，沾尚镇、西寨乡，共辖335个行政村。2006年全县总人口为235182人，其中男性124116人，女性111066人，性别比为111.7。

国民经济　2006年，正值“十五”计划末，“十一五”计划初。本年，在县委、政府的正确领导下，昔阳县国民经济经济迅猛发展。全县国民生产总值完成14.2亿元，增长了13.2%。财政收入首次突破2亿元，达到2.2亿元，绝对额增加了4339万元，增长了24.5%，财政收入明显增加。规模工业不断发展，工业增加值连年上升，全年共完成了2.5亿元，增加了7.6%。社会固定投资结构明显优化，在重点工程建设的强劲拉动下，全社会固定资产投资完成13.3亿元，增长116.5%。城镇居民可支配收入一年一个台阶，达到6975元，增长16.1%；农民人均纯收入达到2866元，增长8.2%。人民生活水平得到极大提高。社会消费品零售总额完成6.3亿元，增长14.3%，进一步显示了全县经济发展的旺盛后劲。同时，居民消费价格总指数、商品零售价格总指数均保持适度上扬。

农业　2006年，在县委、政府的正确引导下，全县农业产业化水平明显提升，围绕“三个再造昔阳”（山上再造一个昔阳，庭院再造一个昔阳，劳务输出再造一个昔阳），推出一系列稳农、富农、强农措施。狠抓粮食基础产业，全县粮食播种面积完成20677公顷，粮食总产达到1.355亿公斤，亩产达到451公斤，是二十世纪九十年代以来的最高水平。进一步实施了优势农产品区域布局规划，农产品品质和规模得到进一步提升。7个农畜产品通过无公害认证，提高了农业产业化发展水平。着力打造赵壁川农副产品加工园区，全县农副产品加工企业进一步发展壮大。大寨农牧有限责任公司继续完成投资3000万元，5万头猪场建设进展顺利。该企业被国家农业综合办公室列为投资参股经营企业，被中美合资鄂美猪种改良公司选定为扩繁场，成为全省最大的标准化养猪基地。以此为带动，全县建成千头猪场10个，万头猪场2个。此外，在县委、政府的大力支持下，大寨新农业，晋阳乳业，天凤食品，瑞辰工贸等一批新兴农业产业化龙头企业不断壮大。全县劳务经济持续发展。劳务输出达到3.8万人，劳务收入达到1.6亿元，同比增长8.2%。扶贫开发力度进一步加大。全县被列为山西省太行山、晋西北革命老区开发重点县，5个“两区”开发项目取得实质性进展。一系列涉农、惠农政策的实施，进一步促进了农业发展，农民增收。

工业　2006年，以巴洲川、安坪川为依托，加快煤电化工业园区建设，促进了工业主导产业的加速扩张。全县规模以上工业总产值完成5.99亿元，同比增长12.4%。产品销售收入累计完成6.1亿元，同比增长19%。实现利税1.7亿元，同比增长17.7%。全县利税大户不断增多，涌现出800万元以上纳税大户4户，500万元以上纳税大户6户。进一步加大对煤炭工业的扶持力度。全年对13对规模矿井进行技术改造，工程均按计划进度推进。煤炭资源整合有偿使用工作圆满完成。关闭矿井17对，整合关闭矿井9对，收缴货源价款5.1亿元。煤炭综合开采能力大幅提高，全县煤炭产量达到360.68万吨，同比增长4.8%。继续狠抓项目建设，全力实施工业强县战略。投资均在十几亿元的阳煤寺家庄矿和国投安坪电厂两个项目，继续保持较快的建设速度。两个企业分别完成投资5.23亿元和9.2亿元，创下了全县项目建设的新纪录。本年，全县开工建设的项目共26项，累计完成投资18.66亿元，占当年投资计划的99.8%。列入全市的3个“双百项目”全部开工建设，累计完成投资15.7亿元，占年计划投资的104.7%。另外，旅游综合开发、富邦肥业钾肥、天圆化工硝酸尾气治理等项目取得明显成效。本年继续实行大招商，大引资的对外开放政策。先后组织参加了香港、深圳、长沙、晋中等4地的招商引资活动，成功签约17个项目，涉及投资118.3亿元。其中引进投资43.88亿元，占总投资的37%。年内招商签约项目累计到位资金1.59亿元，有7个项目开工建设。全县工业发展的后劲越来越足。

基础设施建设　2006年，在原有规模的基础上，县委、政府投资500万元对县城规划做了进一步调整。聘请清华大学城市规划设计院编制了县城新区、国囤园、大平三个小区以及县城新建路沿街建筑物景观改造的详细规划。聘请山西省规划设计院编制了松溪河综合治理详细规划。结合新农村建设，完成了一个建制镇和五个行政村的建设规划，规划面积322公顷。进一步确保规划的连志性和稳定性，避免城市建设的盲目性。以完善城市功能为目标，以住宅开发、旧城改造、公共基础设施为重点，实施了三大类共28项市政工程，总投资1.95亿元，总建筑面积23.9万平方米。大王庙公园、市政广场、东门坡综合治理、新建路翻新改造等一大批与群众生活息息相关的重点工程项目顺利推进。共完成投资3900万元，均完成计划进度。下城街住宅开发，乐苑小区续建，新建北路住宅开发、法院办公楼，迎宾路沿街商铺、厚基伟业商厦等工程建设顺利，昔阳县城的城市化水平进一步得以提升。在农村，以"通水、通路、通电话"为重点，以"新农村建设"为主要内容，基础设施投资力度不断加大。通过实施"六通四化四改"工程，设施更加完善，面貌焕然一新。特别是村通水泥（油）路和街道硬化工程，共完成767公里，使全县公路通达率达到98%，80%的行政村实现户户通。全县农村公路建设获山西省劳动竞赛委员会"五一"劳动奖状。投资931万元完成饮水安全工程43处，解决了49个自然村、2.2万口人，2700头大牲畜的安全饮水问题。还和中国移动合作，实施了"电话入户"工程，使全县大部分边远农村实现了"村村通电话"。基础设施的不断改善，提高了城市发展的协调性，促进了农村经济的进一步繁荣，新农村建设得到进一步推进。

交通运输　2006年，全县上下团结一心，紧紧抓住从中央到地方发展交通的良好机遇，公路交通实现跨越式发展。公路完成了县级公路留马线赵壁～水峪段15.15公里二级路改造工程，共完成投资1730万元。全县共210个村开工了村村通水泥（油）路工程，完成村连村水泥路245.77公里，完成街巷硬化521.7公里，完成通畅工程106公里，共完成投资11870万元。全县"村村通"工程通达率达到80%，64%的行政村修筑了街心广场，全县公路密度达到了76.534公里/百平方公里。2006年，主抓了公路"三化"（美化、绿化、亮化）工程，共完成391公里，超额完成7.4%。经市交通局验收合格295公里，位居晋中市第二名。进一步完善公路标志、标线和安全防护工程，全年共完成35公里，提高了公路安全通行能力。全年公路养护总里程为1370公里（县道296.807公里，乡道655.687公里，村道417.122公里），年末好路率达到83%，养护综合值达到76%，比2005年提高了6%，再创晋中市公路养护工作第一的好成绩。2006年，进一步加大规费征管力度，杜绝"跑、冒、滴、漏"，共征收养路费80.3万元，征收运管费116.9万元，公路客运附加费82万元，做到了应收，尽收，进一步规范了运输市场秩序。全年共完成货运量480万吨，货物周转量35200万吨公里；客运量171万人，旅客周转量8900万人公里。另外，农村客运工作由于成绩突出，受到了山西省劳动竞赛委员会的表彰，获得了"山西省村村通客车工程五一劳动奖状"。

教育文化　2006年，昔阳县教育工作稳步提升，在创新中发展，在发展中跨越，实现了教育教学质量的全面提高。中考530分以上优生达到990人，600分以上尖子达到230人，创历史新高。高考本科达线人数再次突破500大关，达到520人，夺得本科达线率、文科一本、二本达线率、理科一本、二本达线率五个全市第一，万人达线率继续名列全市第三。职业中学普通高考和对口升学考试本科达线83人，也取得了良好成绩。全县高中教育继续保持了在全市的领先地位。高中阶段毛入学率达到85.9%，普高与职高招生实现了1：0.96。两基水平在巩固中提升，由于认真贯彻执行"两免一补"政策，大力实施扶贫助困工程，使得全县适龄儿童享受到了政策带来的优惠。全年为义务教育阶段所有学生共28839人免去学杂费290.0446万元；为9764名农村中、小学生免教科书费38.4万元；为1818名城市中小学生免教科书费8.09万元；为2158名农村贫困生补助生活费42.87万元；为108名城市贫困生补助生活费3.24万元。全县共有小学145所，在校生17992人。初中25所，在校生10820人。小学适龄儿童入学率，巩固率均达到100%。初中入学率达到98.7%，巩固率达到99%，青壮年非文盲率达到99%以上。教育部副部长陈小娅对"两基"工作进行了检查指导，给予了充分肯定。进一步加强学校标准化建设，全县投资1200余万元，上马新建和改扩建项目21个，新建学校6所，改扩建学校15所。新建、改扩建校舍面积17072平方米。投资900多万，新建5个，改扩建4个共9个标准化操场。投资227万元，为10所初中和40所小学按标准配备图书149520册，配备教学仪器59992台（件）。另外，在"校校通"远程教育工程实施的基础上，强化了师资的培训。全年共有2300名教师接受了初级培训，562名教师接受了信息技术高级培训，46名信息技术专业教师还参加了市级培训。教学设施的更新，师资力量的加强，标志着学校的标准化、现代化水平日益提高。加强名校建设。2006年，昔阳中学被评为省级依法治校示范校。东关小学通过省级德育示范校验收。昔阳县第二幼儿园顺利通过省级示范幼儿园验收，获得"市级示范幼儿园"称号。县教育局还举办了晋中市教育系统纪检监察工作现场会，县教育局被评为晋中市纪检监察先进单位。在全县教育工作者的不懈努力下，昔阳教育工作协调发展，和谐发展，顺利实现了"十一五"教育改革和发展的良好开局。

昔阳县文化事业蓬勃发展。昔阳文化艺术中心成功举办了"新农村建设"摄影大展。展出了一批具有时代特色，反映时代风貌的新图片，展示了全县人民在新农村建设中涌现出来的时代精神。书法、雕刻、绘画、剪纸等文艺精品也不断推陈出新。

科学技术　全县的科技工作紧紧围绕项目建设，按照"在服务上抓提高，在项目上求突破，在创新中谋发展"的工作思路，一年一个台阶，为昔阳县经济跨越式发展和构建和谐社会提供优质科技服务和有力的科技支撑。2006年，突出抓了科技项目、科技服务和防震减灾三项工作。一是对2005年申报的三个省级科技项目组织实施落实，共争取省级补助资金50万元。申报实施市级科技项目三项，分别是：特种泵业有限公司矿用耐腐泵开发研究项目；晋阳乳业有限公司奶山羊基地建设项目；县科技局农业科技110服务体系建设项目，共争取到市级补助资金13万元。二是实施了三项"星火富民"工程，分别是：深入开展科技宣传月、周、日活动，为广大群众提供了大量可靠的科技信息和知识；组织开展"一十百千"沼气进农家活动；加强了农业科技信息110服务网络建设。三是强化抗震预防工作，全面落实各项应急措施。加强网络建设，重点抓好震灾预防工作，并建立防震减灾宣传教育基地，广泛开展宣传教育活动，促进防震减灾工作规范化。

医疗卫生　2006年，昔阳县医疗卫生工作以"加快发展速度，提升服务水平，努力构建优质、诚信、文明、和谐的医疗卫生新局面"为核心，以防病、治病为重点，大力加强基础设施和人才队伍建设。狠抓执法监督和重大疾病、传染病的预防控制，大力整治医药购销领域中的商业贿赂行为。积极实施人才强医战略，各项工作取得了长足进展。在基础设施建设项目上，各乡镇卫生院以国债项目建设为契机，全面实施了县、乡、村三级医疗卫生机构设施建设。县人民医院投资12万元，对危房进行了改造。县中医院投资24万元，对门诊楼和住院楼进行了维修和美化。4月份，总投资260多万元的8个乡镇卫生院国债项目建设全面启动，截至2006年底已基本完工。另外，还对大寨村、武家坪村、东关村、李夫峪村、巴洲村、三都村、井沟村、王家山村、南渡海村、南界都村、赵庄村等十一个村分批实施了卫生室建设试点工作。全县共建成一百余个村级卫生室，基本达到了标准要求。不断完善医疗配置。全年，县、乡各级医疗机构共投入28万余万，购置了空调、手术灯、血压计、针刀系列器械等临床常用医疗器械。县妇幼保健院和县卫校还投资9.7万元购置了医疗卫生服务车。同时，县人民医院、县疾控中心还针对医疗救治体系装备了80余万元的多参数监护仪、除颤仪、血气分析仪、呼吸机、农村巡回医疗车等医疗器械，用于传染病房、急诊急救、检验等工作。2006年，主抓了人才强医战略。有12名乡镇卫生院医技人员在县级医疗机构培训，3人参加了市级培训；还培训乡村医生3000余人次，有70余名人员参加了晋中市卫生局的专业技能培训。本年，县人民医院还通过公开招聘的形式，共招录了22名医学类高校毕业生。昔阳卫生事业呈现出国家、集体、个人一起办的大好局面，基础设施完善，诊疗器械基本齐全，一般疾病均可在县内治疗。进一步完善了卫生执法监督体系，加大执法检查力度。全年，共进行食品卫生检查22次，督促检查从业单位2626户次，监督覆盖率达95%以上；对化妆品专营店进行了两次标识监督检测，没收100余瓶违规产品；取缔黑诊所6家，没收非法医疗器材3台（件）。加强了公共卫生事件的应对处置能力。通过人员培训，确保了疫情报告准确、及时、规范、畅通。艾滋病防治也取得新成效。不仅对1990年～1998年输血人员进行了回访，10月份，还开展了声势浩大的艾滋病防治宣传教育活动。由于宣传到位、教育到位、措施到位、落实到位，全县的艾滋病防治形势乐观。地方病防治工作取得新进展，各种传统病得到有效遏制，妇女儿童保健工作也得到进一步加强。

另外，行风评议、卫生下乡、医疗扶贫、医药采购等工作也取得了不小的进步，但经费不足，专门人才缺乏也严重影响着全县医疗卫生事业的进一步发展。

**劳动保障**　2006年，昔阳县劳动和社会保障工作按照“服务基层、服务大局、服务群众”的三服务原则，围绕“社会保险、下岗再就业、社会保障”等工作，积极创造条件，重点突破，取得了新的进展。全年各类社会保险基金完成总数为3559万元，其中，企业养老保险2500万元；失业保险150万元；工伤保险基金126万元；医疗保险基金683万元；农村养老保险基金100万元；机关事业保险征缴保费170万元。加大再就业和下岗就业政策的落实，共新增就业岗位1408个，安置下岗失业人员6982人，“4050”人员547人。积极推进下岗失业人员再就业优惠政策的落实，工商局为262名职工减免税金共28万元，为39人减免各种行政事业性收费。财政和人行等部门为20名下岗失业人员提供了约40余万元的小额信用贷款，人均2万元。社保基金做到了按时足额发放，其中2005年，发放养老保险金1820万元，医疗保险共支付门诊及住院医疗费353万元，做到了当年不欠。城市低保实现了应保尽保，农村困难群众生活得到了妥善安置。2006年，共发放养老保险金2200万元，医疗保险共支付门诊药费648人次，支付金额226万元。支付在职及退休职工住院医疗费506人次，支付医药费155万元。失业救济金共发放249万元，使1287人受惠。还支付工伤保险289人次，计134万元。另外，劳动保障监察工作、仲裁工作和劳动信访工作也取得了长足的发展，为社会的稳定起到了积极的作用。但工作方法还需进一步改变，工作力度还需不断加强。

**体育**　2006年，昔阳县体育工作以贯彻落实《体育法》和《全民健身纲要》为中心，围绕全县体育工作的总体思路，以学校体育为重点，社会体育为依托，努力提高体育竞技水平，积极促进群众性体育运动的健康发展。从普及入手，依靠各级党组织和各级体育协会，充分调动广大人民群众的体育锻炼热情，全县经常参加体育活动的人数占到全县人数的32%。扎实开展学校体育运动。全县174所学校全面开展了体育卫生达标活动，适龄学生达标率达85%。5月还成功举办了昔阳县第二十五届中小学生田径运动会，极大地丰富了学生的课余体育生活。积极参加省、市组织的竞技体育大赛。5月，体育中心组织参加了晋中市体育局在平遥举行的“绿色都城杯”农民乒乓球赛，获团体第八名。8月，中青门球队代表晋中市参加在临汾举行的全省门球比赛，获得了第九名。11月，参加了晋中市在左权举行的县处级乒乓球赛，并获得了团体第四，李怀文获个人第四。在第十二届省运会上，昔阳县体育运动员代表晋中市参加了比赛，取得了良好的成绩，为全市人民争光。

**旅游**　2006年，昔阳县旅游工作紧紧围绕县委、政府提出的“建设三大基地”（能源化工基地、农副产品加工基地、特色旅游基地）的目标要求，狠抓旅游基础设施建设。进一步挖掘大寨文化内涵，做大、做强大寨旅游的龙头品牌效应。积极整合旅游资源，初步形成了“一山（虎头山）、一垴（黄庵垴）、一谷（龙岩大峡谷）、一寺（石马寺）、一院（毛家大院）”为框架的旅游产业格局。全年，大寨村完成投资1400万元，对景点实施绿化、美化和亮化。总投资1200万元的位于虎头山顶的新景点普乐寺，实际完成投资1100万元。有望在下一年竣工并向游人开放。石马寺景区实际完成投资570万元，建设项目主要为景点的整修和景区生态建设。黄庵垴景区完成投资734.5万元，建设项目为景点的附属工程和水泥路硬化工程。龙岩大峡谷完成投资411万元。新的农村旅游景点——三都乡井沟村的新农村建设工程完成投资150万元。总的算来，2006年全县旅游投资达3046万元，累计完成投资6526万元。投资力度的不断加大，促使旅游基础设施不断完善，带来了旅游事业的蓬勃发展。全县共接待游客54.55万人（次），门票收入210万元。旅游综合收入1780万元。旅游业正在成为全县发展快、带动强、辐射广、潜力大的优势产业。然而，旅游投入不足，对外宣传不够，旅游管理人才缺乏，旅游行业还是停留在单一的门票经济阶段。这些，都成为制约全县旅游事业进一步发展壮大的瓶颈。　（李瑞华）

| | |
|---|---|
| **中共县委书记** | 孟希雄 |
| **县人大常委会主任** | 李爱明 |
| **县　长** | 李非忠 |
| **县政协主席** | 张世英 |

## 和顺县

**【简述】**　2006年，和顺县抓住国家中部崛起和省“两区”（晋西北、太行山革命老区）开发战略机遇，以科学发展观统领经济社会发展全局，突出构建和谐和顺这一主题，实施“资源带动、项目拉动、开放驱动、城乡互动”四大战略，攻坚克难，拼搏奋进，经济和社会各项事业都取得显著成效。全县地区生产总值完成106776万元，同比增长5%；规模以上工业企业增加值完成31498万元，同比增长6.91%；固定资产投资完成68236万元，同比增长9.03%；财政总收入完成22565万元，同比增长32.18%，增幅居全市第二；城镇居民可支配收入达到6580元，同比增长11%；农民人均纯收入实现1998元，同比增长6.1%；社会消费品零售总额达到32803万元，同比增长13.5%。

**农业**　突出以养牛为主的畜牧业，种植业、林业协调发展。全县“三农”（农业、农村、农民）工作以新农村建设为重点，选择31个村作试点，铺开以特色种植、畜牧养殖、优势资源为主的产业开发，以“四改四化五有”（改水、改煤、改厕、改圈；硬化、绿化、美化、亮化；有体育文化广场、村级卫生所、文化活动中心、村级标准化小学、连锁小超市）为主的村容村貌整治和以村民素质教育为主的精神文明建设，农村各项事业全面发展。养牛业按照龙头培育、基地建设、园区开发的发展思路，突出规模育肥、园区建设、家庭牧场、市场流通4个重点，增强产业集中度，提高整体素质。全县牛存栏62087头，出栏37635头，人均养牛收入886元，同比增长56元。农业生产，农作物播种面积17342公顷，杂粮、中药材、无公害蔬菜等特色种植占播种面积的40%，粮食总产量达到6975万公斤，完成新造地173.42公顷。林业生产，投资901万元完成公路绿化总里程

306.65公里，完成环城荒山绿化66.7公顷，退耕还林工程累计完成6469.9公顷。

工业　贯彻“关小、改中、建大”的方针，扩张支柱产业，推进企业改制，整合全县煤炭资源，矿井总数由50座61个坑口压到42座44个坑口。同时，对38个乡村煤矿实行股份制改造，4个县营煤矿实行捆绑改制、整体出让，年初规划的10个重点矿井改扩建工程进展顺利，全县煤炭行业在矿井减压、有效生产工期不足6个月的情况下，生产总量达到322.8万吨，煤炭行业上缴税金16626万元，占全县财政总收入的73.7%。县水泥总厂、氧化镁厂等企业理顺了产权关系，激发发展活力。

项目建设　以优势资源为支点，以大企业大集团为对象，内引外联，组团赴港参加招商引资合谈会，签订一批高新技术项目；以资源优势为依托，引进北京禾合公司、西部控股集团、深圳紫金公司、山西国电、阳煤集团与本县旅游业、煤化工、坑口电厂、房地产开发等领域签订合作开发意向。全县协议引资38.5亿元，争取落实省“两区”开发项目5个、“港洽会”项目5个，规划实施建设68个重点项目，开工项目47个，竣工项目15个，完成投资5.15亿元，占年度投资的47.4%。一批投资较大、拉动力强、具有产业代表性的项目取得实质性进展。天池公司120万吨原煤生产线正式投产；国电公司2×2.5万千瓦煤矸石电厂奠基开工；阳曲山景区完成道路和部分景点建设；硅钢镁项目完成开工前的审批工作。

基础设施建设　按照统筹兼顾、协调发展的原则，水、电、路基础设施建设日臻完善。全年投资4220万元，铺开10余项重点工程，集休闲、购物、娱乐为一体的中和商业步行街一期改造、东大街路桥、云龙路翻修等工程顺利竣工；投资3915万元建设污水处理厂；漳和等几个大型高档宾馆相继开工建成；投资7821万元实施阳曲山、合山旅游路以及县道温牛线、山团线等改造工程。完成村通水泥路116公里，硬化村镇街道85公里；投资469万元，实施19处农村饮水安全工程，解决31个村、10650口人，3191头大牲畜的饮水安全。

社会综合治理　围绕构建和谐和顺的目标，突出创建“平安和顺”、“零案工程”两大主题，营造社会稳定、经济发展、人民安居乐业的良好环境。治安组织及安全设施建设成效明显，100户以上的村组建专职巡逻队伍，乡村两级配备联防队员210余名，县城所有重点企事业单位、大中型集贸市场以及各金融单位和重点学校配备专职保安员，保安人数达200余人。全县95%以上的部门、单位的重要科室和部门配备和安装“三铁一器”(铁门、铁柜、铁窗、报警器)，19个部门、单位安装技防设施，80余户家庭和商店安装红外线自动报警装置，与110联网。案件查处方面，全年共立治安案件432起，较2005年下降13.5%，查处364起，查处违法人员523人次；立刑事案件321起，较2005年减少32起，下降9%；侦破各类刑事案件206起，破案率为61%，其中盗窃案239起，比2005年下降10%；抓获各类犯罪嫌疑人114人，挽回经济损失30余万元。

旅游开发　围绕建设生态避暑旅游名县目标，突出生态避暑旅游特色化，成功举办第二届消夏避暑旅游节，有计划、有步骤地建设以阳曲山、云龙山为主的一批生态旅游景区，开发以夫子岭、走马槽、姑岩庙、水帘洞一线、晋冀交界太行山断裂带为主的风光旅游带，启动以“吃在农家、住在农家、乐在农家”为主题的“金秋农家乐”农业观光项目，吸引外商投资，建成功能齐全、服务一流的生态消夏避暑休闲基地，形成“一区一带一基地”的旅游产业特色。与此同时，注重开发人文资源，发掘牛郎故里、华夏圣母等文化资源，和顺县被中国民间文艺家协会命名为“中国牛郎织女文化之乡”。

精神文明建设及社会事业　坚持“两手抓两手都要硬”的方针，各项事业协调发展。教育工作，投资3567万元新建二中2个教学楼，改善办学条件；落实“两免一补”(农村经济困难中小学生免费提供教科书、免收学杂费，补助寄宿学生生活费)资金300余万元，提高义务教育普及程度。卫生工作，继续推行新型农村合作医疗制度，全县农民参合率达到88.53%，支付2115名住院农民住院补偿金253万元，补偿率达到51.36%，高于全国、全省试点县平均水平。社会保障工作，贯彻落实就业和再就业政策，新增就业岗位824个，下岗人员再就业率达到60%。民政工作，完善城乡特困群体社会救助体系建设，低保对象达到1784户4024人，民政局被国家民政部、省民政厅评为先进单位。计生工作综合考评全市名列前茅。　（杨善文）

**【和顺县被命名为中国牛郎织女文化之乡】** 2006年12月25日，在山海关召开的首届中国民间文化之乡专业委员会现场交流会上，和顺县被中国民间文艺家协会正式命名为中国牛郎织女文化之乡，牛郎织女爱情传说的发源地进一步明确。至此，中国四大民间传说都有了详细具体的发源地。

2006年，县委、政府站在保护历史文化遗产、建设文化强县的高度，积极挖掘、申报中国牛郎织女文化之乡工作。8月28日，在太原举办爱情故事“牛郎织女”起源地研讨会及新闻发布会，省社科院、省文化厅、省史志院等单位的领导和专家学者参加，经科学的论证，专家们对“牛郎织女”故事起源于和顺县境内南天池、牛郎峪村一带的认识趋一致，并向外界发布了该地区自然风貌、人文习俗、地名地录及民间口碑与“牛郎织女”传说故事对应吻合的消息。之后，邀请国家发展改革委员会旅游物资研究中心主任、世界旅行杂志社主编辛冶伟，中国民间文艺家协会主任杨吉星，社会科学院文学研究所研究员、民俗学会副理事长、《中国四大传说》作者贺学君及国家旅游、史志等部门的专家、学者多次进行实地考察，最后确定“牛郎织女”传说起源地就在太行山中段，以松烟镇天河梁为中心，方圆20公里范围内的晋冀交界处，即山西省和顺县松烟镇牛郎峪、南天池一带的天河山。12月13日，中国民间文艺家协会正式向山西省民协与和顺县人民政府行文，授予山西省和顺县“中国牛郎织女文化之乡”称号。　（杨善文）

**【第五届全国形意拳武术推手邀请赛在和顺县举行】** 2006年8月17日～20日，山西省“和顺煤运杯”第五届全国形意拳武术推手邀请赛暨第23届传统武术、散打擂台锦标赛在和顺县举行，本届赛事由山西省体育局、山西省体育总会、和顺县人民政府联合主办，县体委承办，县煤运公司赞助。比赛设形意拳、传统拳与太极拳、散打、推手四大项，有来自北京、上海、哈尔滨、深圳等16省市93个代表队的1000余名队员参加。经过紧张激烈的比赛，最后由山西省太谷代表队获形意拳项目团体总分第一名，山西省交城代表队获传统拳项目团体总分第一名，山西省警官学校代表队获散打项目团体总分第一名，大同市代表队获推手项目团体总分第一名。　（杨善文）

**【中和商业步行街一期道路改造工程竣工】** 中和商业街地处县城中心，北起石牌楼，南至电影院广场，全长860米。中和商业步行街改造工程分三期建设。

一期道路改造工程总投资800万元，即对电影院广场至槐树街560米道路取消原人行道，路面由柏油改为石材，电力、网通、煤气、广播电视、照明、背景音乐设施等各类管线全部入地埋设。工程铺设花岗岩路面11200平方米，安装宫灯70盏，地灯120盏，栽植矮化银杏20株。2006年3月开工，7月12日竣工。该工程的建设，不仅改善了县城景观和城市形象，而且加快了生态避暑旅游名县的建设步伐。　（杨善文）

**【兖矿山西能化天池公司120万吨矿井改扩建工程竣工投产】** 2006年11月3日，兖矿山西能化天池公司120万吨矿井改扩建工程竣工投产。

山西能化天池公司是2003年由兖矿山西能化有限公司、晋中市国有资产经营有限公司、和顺县古窑煤炭集团公司三方共同出资组建而成。该公司120万吨矿井改扩建工程属晋中市“双百项目”工程，也是和顺县煤炭产业技术改造的重点工程。该工程关键技术是采用兖矿集团的长壁综采放顶煤技术，煤炭回采率达80%以上。安全装备和安全管理上，安设瓦斯安全监测监控系统、瓦斯抽放系统和人员定位系统，矿井瓦斯24小时自动监控和抽放，实现先抽后放、监测监控、以风定产的目标。2003年11月开工，2006年10月累计投资4.13亿元，完成矿井生产生活所需的提升系统、地面生产系统、环境保护设施、行政福利设施等15大系统，同月25日顺利通过山西省煤管局的竣工验收。该工程的建设将有力地带动和促进和顺经济社会更快更好地发展。（杨善文）

**【举办首届金秋农家乐旅游活动】** 2006年9月27日～10月7日，和顺县举办为期10天的首届农家乐旅游活动。

2006年，县委、政府把“农家乐”旅游项目列入全县68个重点项目之一，并实行包项目负责制，由政协和顺县委牵头组织实施，部分民营企业参与合作。9月27日，分别在阳曲山景区、石佛洞景区、龙泉寺景区的松烟镇许村、拐上村、夫子岭村以及姑岩庙景区的青城镇百备村举行启动仪式。活动以拉长旅游产业链条，调整农村产业结构为主线；以加快新农村建设步伐，开辟农民增收致富途径为目的；以展示太行山自然生态、农村田园生活北方农耕文化为主题；以满足游客观奇峰怪石、采山间野果、闻鸟语花香、享农家乐趣、品农家饭菜为主要内容，集吃、住、游、乐、购为一体。餐饮突出农家、山野风味，有烧土豆、蒸黄瓜、煮玉米、炸油糕、烤全羊、烤羊腿等；房间设客房、厕房、卫生间，并配有彩电、冰箱、太阳能、消毒柜等现代化的电器；户外活动有爬山、踏青、采摘山果等。与此同时，还有弦腔、晋剧、小红拳、小花戏、盲人宣传队等文艺表演。期间，共接待印度、天津、河北等国内外游客2000余人，直接经济收入10余万元。该活动的成功举办，标志着全县在转变新的经济增长方式，调整农村产业结构，增加农民收入方面迈出可喜的步伐。（杨善文）

**【县民政局被国家民政部命名为全国民政工作先进单位】** 2006年，在全国第十三次民政工作会议上，县民政局被国家民政部命名为全国民政工作先进单位。

县民政局坚持“以人为本，为民解困”的宗旨，突出“五大体系”建设，稳步推进各项工作。一是新型社会救助体系。2006年，全县农村五保户达到769人，其生活补助每人每年1000元全部纳入财政预算；农村低保对象1665户3937人，全年发放低保金66万元；城市低保对象1748户4024人，全年发放低保金350万元；全年下拨救灾款50万元、救灾粮12.5万公斤、救灾布400米，以大病医疗救助、城乡低保、五保供养、救灾救济、城市流浪人员为重点的城乡救助格局初步建立。二是城乡基层民主政治建设体系。截至2006年12月，各行政村第六届村民委员会换届工作全部结束，242个50户以上的村设立732个村民小组，294个村建立村民会议和村民代表会议制度，推选出村民代表4421人，实行村务公开制度村达100%。三是优抚安置双拥工作体系。重点优抚对象纳入全县大病补助范围，2006年为优抚对象发放医疗补助20余万元，帮助优抚对象新发展种植大户8户、规模养殖户21户、林业大户15户、加工大户5户。退伍士兵安置采取政府安置与自谋职业有偿安置相结合，2005年安置21名。四是社会福利服务体系进一步完善。五是专项社会管理体系。建立民政行政办证大厅，规范婚姻登记、民间组织登记等，登记合格率达100%。（杨善文）

| | |
|---|---|
| **中共县委书记** | 侯文禄 |
| **县人大常委会主任** | 白世培 |
| **县　长** | 杨　洪※　杨建平 |
| **县政协主席** | 范乃文 |

## 左权县

**【简述】** 左权县位于晋中市东部，太行山山脊中段，清漳河中游。地域总面积2028.1平方公里，耕地面积1.34万公顷。2006年全县辖5镇、5乡、一个社区，204个行政村，8个居委会。全县总人口为158635人，其中城镇人口为43387人，占全县人口的比重达27.35%；乡村人口为115248人，占全县人口的比重达72.65%；男性人口为81450人，女性人口为77185人，男女性别比105.53（女=100）。全年人口出生率为12.72‰，死亡率为6.75‰，人口自然增长率为3.97‰，计划生育率达84.64%。

2006年，全县生产总值完成137570万元，按可比价计算，同比增长7.2%。其中：第一产业增加值为10043万元，同比下降42.7%；第二产业增加值为76464万元，同比增长16.7%；其中工业增加值为61190万元，同比增长10.1%。建筑业增加值为15274万元，同比增长43.9%；第三产业增加值为51063万元，同比增长15.2%。三次产业构成为7.3：55.6：37.1。

工业　2006年，全县工业生产高速增长，产销衔接进一步向好，市场需求旺盛，一大批调产项目投产达效。全县年产品销售收入500万元以上的工业企业共完成现价产值131757.5万元，比2005年增长12.4%，实现工业销售产值119923.4万元，比2005年增长16.2%；完成工业增加值51044.4万元，比2005年增长13.6%（按现价计算）。全县规模以上工业企业实现产品销售收入109938.7万元，实现利税16198.6万元，利润达4973.4万元。

农业　2006年全县农作物总播种面积13366.68公顷，比2005年减少200.1公顷，其中粮食播种面积12146.07公顷，比2005年减少153.41公顷；油料种植面积460.23公顷，比2005年减少13.34公顷；蔬菜种植面积733.7公顷，比2005年减少133.35公顷。粮食产量呈减产趋势，其他农作物产量增减不同。全年粮食总产达到51374吨，比2005年减少5862吨；油料产量为1007吨，比2005年增加30吨；蔬菜产量为10897吨，比2005年减少2232吨。

2006年，全县肉类总产量4062吨，比2005年减少125吨；奶类产量250吨，禽蛋产量2367吨。年末大牲畜存栏18328头，猪存栏23027头，羊存栏121777只，牛存栏11285头。

2006年，全年造林面积2301公顷。有效灌溉面积1900公顷。

固定资产投资　2006年，全县完成固定资产投资109100万元，同比增长44.6%。其中，城镇投资完成106934万元，同比增长51.5%；农村投资完成306万元；房地产投资完成1860万元，同比下降28.5%。

在城镇投资中，国有及国有控股投资27282万元，同比增长1.5%。第一产业完成投资4306万元，同比增长629.8%；第二产业完成投资68842万元，同比增长136.3%；第三产业完成投资35952万元，同比下降21.4%。分行业看，采矿业投资31010万元，同比增长805.4%；制造业投资7176万元，同比增长68.3%；电气燃气及水的生产和供应业投资28699万元，同比增长33.9%；交通运输、仓储和邮政业投资13970万元，同比下降37.1%；批发和零售业投资725万元，同比增长77.3%；水利、环境和公共设施管理业投资2796万元，同比下降30.6%；居民服务业和其他服务业投资2478万元，同比增长39.2%；教育投资2790万元，同比增长44.6%；文化体育和娱乐业投资1000万元，同比下降28.19%；公共管理和社会组织投资1500万元，同比增长328.6%。全年房地产开发投资1860万元，同比下降28.5%。商品房竣工面积11124平方米，同比下降62%，商品房销售额2348万元，全部为期房销售额。全年新增固定资产45391万元，同比增长89%，房屋施工面积318342平方米，竣工120365平方米。

商业旅游　2006年，全县社会消费品零售总额完成34755.1万元，比2005年同期增长13.5%。县的零售额完成18645.1万元，比2005年同期增长10.8%；县以下零售额完成16110万元，比2005年同期增长16.8%。分行业看，批发零售贸易业总额完成28348.8万元，比2005年同期增长15.1%；餐饮业零售总额完成5147.2万元，比2005年同期增长7.0%。其他行业零售总额完成1259.1万元，比2005年同期增长7.3%。

限额以上批发零售企业中，中西药品零售额比2005年增长3.2%；建筑装潢材料类零售额比 2005 年增长 5.4%；煤炭品类比 2005 年增长 27.6%。

2006 年，全县共接待游客 10 万人次，门票收入 48 万元，经济效益达 380 万元。

**交通** 2006 年，全县公路通车里程 885.7 公里。全年全县公路货物运输量完成 315 万吨，比 2005 年增长 0.6%；货物周转量为 16269 万吨公里，比 2005 年增长 0.06%；公路客运量 167 万人，比 2005 年增长 1.2%；旅客周转量 7798 万人公里，比 2005 年增长 0.03%。2006 年末，全县共有民用汽车 7349 辆。其中：载客汽车 3689 辆，载货汽车 1357 辆。

**邮电** 2006 年，完成邮电业务总量 10541.5 万元，比 2005 年增长 35.5%。其中：邮政业务总量 1408.0 万元，比 2005 年增长 39.7%。电信业务总量 9133.5 万元，比 2005 年增长 5.7%。电话用户总数达到 78653 户，比 2005 年增长 13.9%。其中固定电话用户（包括小灵通）41818 户，移动电话用户 36835 户。全县宽带接入用户达 2915 户。

**财政** 2006 年，全县财政收入完成 25618 万元，比 2005 年增长 27.7%，增收 5562 万元。分部门看，国税部门完成 14366 万元，比 2005 年增长 8.6%；地税部门完成 8328 万元，比 2005 年增长 50.0%；财政部门完成 2924 万元，比 2005 年增长 130.2%。一般预算收入完成 8122 万元，比 2005 年增长 55.7%，增收 2907 万元。

**金融** 2006 年，全县金融机构各项存款余额 213833 万元，比 2005 年增长 21.6%。其中：企业存款余额 12031 万元，比 2005 年减少 15.5%；城乡居民储蓄存款余额 168245 万元，比 2005 年增长 18.8%。各项贷款余额 73055 万元，比 2005 年增长 9.8%。全年金融机构现金收入 469640 万元，比 2005 年增长 0.7%；现金支出 469472 万元，比 2005 年减少 0.3%。

**保险** 2006 年，全县保费收入 3265.7 万元，比 2005 年减少 18.2%。其中财产险保费收入 1347 万元，比 2005 年增长 47.4%；人身险保费收入 1918.7 万元，比 2005 年减少 37.6%。全县支付各类赔款及给付 502.3 万元，比 2005 年减少 29.3%。其中财产险赔付 163.8 万元，比 2005 年减少 65.5%；人身险赔付 338.5 万元，比 2005 年增长 43.7%。

**教育** 2006 年，全县在校学生 25612 人。其中：普通中学在校学生 10460 人，小学在校学生 15152 人，小学适龄儿童入学率达 100%，幼儿园 35 所。高考达线 284 人。全年投入 1300 万元，改扩建学校 11 所，完成标准化操场建设 7 个，撤并小学 22 所、中学 1 所。全县义务教育阶段学生全部免除杂费，7570 名学生免教科书费，4733 名学生享受生活补助，两免一补经费总计 409 万元。

**文化** 2006 年，全县共有文艺表演团体 4 个，文化馆 1 个，图书馆 1 个，文物管理所 1 个，档案馆 1 个。广播综合人口覆盖率 93%，电视综合人口覆盖率 98%，有线电视用户达 18000 户。

**卫生** 2006 年，全县共有卫生医疗机构 20 个，床位 257 张，年末全县卫生机构共有技术人员 544 人。

**人民生活** 2006 年，全县城镇居民人均可支配收入 7258.3 元，比 2005 年增长 15%；城镇单位在岗职工平均工资 14317 元，比 2005 年增长 23%；城镇居民人均消费性支出 4124.5 元，比 2005 年增长 1%；全年农村居民人均纯收入 1996 元，比 2005 年增长 7%。

**社会保障** 2006 年，全县基本养老保险参保人数为 4948 人，参加失业保险人数为 3842 人，参加基本医疗保险人数为 10047 人。全年全县共有 1612 户、2903 名城镇居民得到政府最低生活保障救济。（刘伏生　郭瑞琴）

**【左权县 9 个招商项目开工建设】** 一是千吨级聚十一酰胺项目，总投资 1.4 亿元，占地 40.02 公顷，现已开工。二是红豆杉特色产业化项目，总投资 5.45 亿元，占地 29.01 公顷，20 公顷育苗基地开始育苗。三是麻田爱国主义教育基地建设项目，总投资 1.8 亿元，现已完成投资 600 余万元，预计 2008 年 10 月竣工。四是百万平方米白砂岩石材加工项目，总投资 8000 万元，于 2006 年 8 月开工，预计 2007 年投产。五是左权县新世纪农业科技有限公司 60 万只肉羊产业化工程项目，总投资 1.23 亿元，占地 22 公顷，现已开工。六是麻田顺康天然农产品有限公司良种核桃基地及核桃深加工项目，总投资 7875 万元，已完成加工厂房主体建设。七是山西百利士生物科技有限公司野杏仁系列产品深加工综合开发利用项目，总投资 6000 万元，一期工程年生产杏仁油 100 吨生产线已投产。八是优质晋荞麦（苦）2 号基地建设及年产 3 万吨苦荞营养醋系列产品建设项目，总投资 3012 万元，已具备生产苦荞醋的基础设施及技术条件。九是新建年产 3 万吨食用冰醋酸生产线项目，总投资 1 亿元，厂房配套设施建设已完工，一期工程年产 10000 吨食用乙醇、9000 吨 DDGS 高蛋白饲料已投产。

（刘伏生　郭瑞琴）

**【左权县十大城建工程竣工】** 一是滨河公园。公园总投资 3700 万元，共修建防洪坝 5300 米、橡胶坝 2 道，修建道路广场 3 万平方米，绿化 8 万平方米，是左权县又一标志性游园景区。二是滨河悬索桥。该桥全长 80 米、宽 7 米，总投资 180 万元，是全省第一座钢索悬挂吊桥。三是东河路改造工程。工程全长 1400 米，宽 36 米，双向四车道，总投资 800 万元。四是电力大厦主体工程，工程总投资 2000 余万元，总建筑面积 2.2 万平方米，主体高 49.8 米，是晋中东山第一高层建筑。五是宏远学校。该学校由左权县宏远煤化有限公司兴建，占地面积 8.47 公顷，建筑面积 5.64 万平方米，总投资 4650 万元，现已招收学生 1700 名。六是体育馆。该馆由国家体育总局“雪炭工程”援建，总投资 1000 万元，建筑面积 5000 平方米，是一个可容纳 2300 人的高标准多功能体育馆。七是滨河嘉园住宅小区一期工程。由山西新兴企业集团投资建设，规划占地 7.34 公顷，总建筑面积 10 万平方米，分二期实施，其中一期工程投资 5000 余万元，可入住居民 300 户。八是西花苑住宅小区。小区总投资 3200 万元，建筑面积 4 万平方米，可入住居民 400 余户。九是集中供热二期扩建暨新城供气工程。集中供热二期工程总投资 8185 万元，2007 年将实现全城供热覆盖。新城供气工程总投资 180 万元，铺设管道 5000 余米，安装住户 300 余户。十是新华书店综合办公楼。该楼占地面积 950 平方米，建筑面积 5771 平方米，总投资 885 万元。

（刘伏生　郭瑞琴）

**【左权县“庄园经济”蓬勃发展】** 2006 年底，全县已发展各类农业庄园 26 个，遍及全县 10 个乡镇，规划经营土地总面积 7.5 万亩，已开发治理面积 3.1 万亩，其中种植经济林达到 0.6 万余亩、用材林 2.5 万亩，养殖各类畜禽 3.7 万只，完成投资 1600 万元。从土地经济规模看，10000 亩以上的有 3 个，占总数的 12%，3000～9999 亩的有 6 个，占总数的 24%，2000～2999 亩的有 4 个，占总数的 16%，1000～1999 亩的有 3 个，占总数的 12%，1000 亩以下的有 10 个，占总数的 40%。从体制上看，它实现了土地所有权和经营权的分离，所有者获得了租赁费或承包费，经营者则从庄园经济开发中获取收益。在经济结构上，投资者在以发展种植、养殖业为主的同时，还提出了建设集农业观光、采摘、休闲度假为一体的庄园经济发展的长远设想，并逐步加以实施。

（刘伏生　郭瑞琴）

**【左权县三项措施维护农民利益】** 一是加强了对农村经营的监督管理。对财政转移支付资金、国家政策性资金、扶贫资金实行双层监管；建立了“一事一议”筹资筹劳监督检查制度，规范了“一事一议”的管理；全面完成了村级债权债务调查摸底、统计上报工作；开展了专项审计，加大了对农村财务的监管力度，重点对村干部任期和离任进行了审计。二是加强了对农民负担的监督管理。凡面向农村和农民的收费项目、收费标准、收费范围以及收费依据都必须进行公示，接受监督。全县 10 个乡镇，207 个行政村和居委会都设立了涉农收费公示栏，农民手中均持有“涉农价格公示手册”和“负担监督卡”，有效遏制农村“三乱”及违规违纪收费问题。三是进一步引深了村务公开。在抓好农村集体财务事项全面公开的同时，把涉及农民利益的“一事一议”筹资筹劳、土地补偿费、村级补助经费、农民种粮和退耕还林补贴等事项列入了公开的重点，保证了广大农民群

众对集体财务管理工作的知情权、参与权、决策权和监督权。（刘伏生　郭瑞琴）

| | |
|---|---|
| **中共县委书记** | 孙光堂 |
| **县人大常委会主任** | 皇甫建伟 |
| **县　长** | 王　兵 |
| **县政协主席** | 韩卫平 |

## 榆社县

**【简述】** 2006年，全县总人口137534人，其中：男72918人，女64616人；非农业人口23786人。本年是"十一五"规划开局之年。一年来，县委、县政府认真贯彻落实中央、省、市一系列决策部署，紧紧围绕富民强县和谐榆社的总目标，按照年初确定的"1174"经济工作思路，团结全县干部群众力求更新观念、开拓进取、扎实苦干。紧紧围绕"西搞水、东采煤、中增绿"产业布局规划，大力推进了区域经济结构调整步伐，全县呈现出经济快速增长、社会全面发展的良好趋势。全县地区生产总值完成16亿元，同比增长11.5%；工业增加值完成10.6亿元，增长11.5%；社会固定资产投资完成7.8亿元，增长65.6%；财政总收入突破3亿元大关，完成3.2亿元，增长16.9%；社会消费品零售总额完成2.98亿元，增长14.2%；城镇居民人均可支配收入6793元，增长17.4%；农民人均纯收入1906元，增长3.6%。主要经济指标创历史新高。工业总产值334690万元，比2005年增长2.7%；农林牧渔产值15532万元，其中农业总产值8721万元。

农业　一年来，认真贯彻省、市、县农村工作会议精神，紧紧围绕县政府确定的"兴畜牧、扩林果、输劳务、强加工、抓中介、树品牌"的方针，全面落实支农惠农政策，突出产业特色，以绿健食业、北寨小麻油为代表的绿色农业经济不断发展壮大，同时加大对农业和新农村建设力度。全年投入资金416万元，比2005年预算增加36万元，大力推进一年两作、旱作节水等农业新技术，加快标准化建设，全年粮食产量达到5000万公斤。完成人工造林2067.7公顷，大力发展畜牧业，以"突出笨鸡、扩张肉牛、稳步猪羊"的发展思路，全县养牛达到3.4万头，完成指标91.8%，其中出栏8700头，同比增长7.4%；养羊22万只，同比增长14.6%，其中出栏6万只，同比增长22.5%；养猪达到35000头，同比增长19.8%，出栏19900头，同比增长19.9%；笨鸡养殖达到81.5万只，成为农民增收的亮点。农民龙头企业、民营大户农业专业合作社逐步壮大产业，大拱棚日光温室发展到60个，养殖小区15个，规模养殖场28个，养殖户117户，庄园综合养殖园区17个，农民专业合作社12个（规范发展3个，重点1个）。共建沼气池316个，总池容量1766立方米。在大力开展"百村万户万人"大培训活动中，输出劳务1.8万人，受到省人民政府表彰。

工业　继续壮大提升电力、化工、医药、包装四大产业，进一步加快中、小企业发展步伐。榆化公司被入选山西省重点扶持的第三企业方阵，规模继续扩张，投资5000余万元对废水、废气进行综合处理，实现烟气排放在线监测，绿色化工开始显现；投资7.3亿元的"双40万吨"聚氯乙烯、烧碱建设项目一期工程"双20万"即将试车，榆化产值达到147563万地，利税19448万元。华能榆电公司投资6000余万元对一期2×10万千瓦机组进行脱硫除尘改造，"绿色电力"建设取的突破进展，电厂三期争取立项，被华能集团正式列入"十一五"开工备选项目，全年产值达122995万元，利税25585万元。广生公司胶囊在国际高端市场占有率逐步扩大，出口额达到3400万元；广生包装PEF产品顺利打入全球最大的代工企业富士康，建立了长期稳定的合作关系，同时投资300余万元新上了污水处理，脱硫除光项目，"绿色医药"逐步形成，广生公司产值达12994万元，利税1251万元。

社会事业　文物保护、文化资源开发引人注目，成立石勒文化研究会，新生代古生物地质公园通过省级评审、文峰塔修复，博物馆进行改造，文化遗产霸王鞭被列入山西省第一批非物质文化遗产。同时积极开展"和谐榆社、文明消夏"系列活动，组织了山西省"走进大戏台"演出活动，实现电视新闻日播，推进了村村通移动电话、村村通宽带网络、村村通数字电视"三通"工程。教育改革大见成效，高考翻番，中考创佳绩，全县中小学校普及电脑远程教育，两免一补政策得到落实。新型农村合作医疗试点工作有序开展，全县农民参合率达到86.1%，为农民投资375万元，100多名白内障患者重见光明。城市建设迈上新的台阶，扎实开展"城市建设年"活动，铺开9大类、24项市政工程，形成"中间开花、龙头带动、两翼夹击、梯次推进"的城市建设热潮。政府片区改造、北大街改造、文峰园建设，对东升西街、北大街、幸福桥到滨河路等10条城市街道进行改造；新建的县委、政府行政中心办公大楼投入使用；北关小学喜迁新楼，街道彩虹门、灯箱广告、红绿灯、健身园、街心花园等一批富有现代气息的市政设施投入使用。全县有1579户、4160名城市低保对象得到最低生活保障。人口出生率、自然增长率分别控制在9.29‰和3.31‰，计划生育落后局面开始扭转；社会治安工作进一步稳定。（常彩萍）

**【化石博物馆重新改造对外开放】** 2006年，新一届县委、政府领导提出"打造文化品牌、建设文化强县"的口号，对化石博物馆进行了改造，工程于4月1日正式开工，由山西省嘉艺展览展示有限公司负责承建。在施工期间，县委书记曹煜、县长卫明喜曾多次到现场视察工程进度。

改造工程总投资200万元（其中，县政府投资100万元，省投资40万元，文物局投资60万元），按省市一级标准建设。在原有一个化石展厅的基础上，重新扩建改造，为二层砖木结构仿古建筑，增加了石刻、文物两个展厅（1号厅化石陈列、2号厅石刻陈列、3号厅历史文物），博物馆总面积3000平方米，馆藏使用面积由原来的580平方米扩展到1000多平方米，共有化石、文物等500余件（一、二、三级品300件）对展厅陈列进行合理布置。

10月17日，化石博物馆竣工剪彩对外开放，参加这次剪彩的有：晋中市委副书记李年善、市政协副主席申守中、市人大副主席张鼎仁，省文物局党组书记高可、省文物局文物处处长董善忠、省文物中心主任樊林宝、晋中文物局局长李文艺、副局长晋华以及榆社县四大班子领导。

为了更好地做好博物馆工作，12月1日公开选聘了2名优秀解说员，开放后共接待干部、职工、学生6000余人（次），成为山西省乃至全国化石研究基地和佛教文化研究基地，也是山西省一流的县级博物馆，对发展榆社先进文化、构建和谐榆社起了一定的作用。成为榆社对外开放的重要窗口。（常彩萍）

**【榆社一中教育改革见成效】** 2005年7月，榆社高考成绩滑坡，受到了县委、县人民政府的高度重视，教育改革向社会公开招聘榆社一中领导，引起了各大媒体的关注。校长张斌文上任后领导一班人，通过完善学校规章制度，实行校领导和班主任"全天候"值班，对学生进行半封闭、全方位管理，教师候课、候自习，领导查课查自习，管理制度，奖惩制度得到落实。县委书记曹煜、县长卫明喜3次赴山西省实验中学进行联系，使该校与榆社中学结为"友好学校"。榆中又多次派骨干教师去省实验中学参观学习，对口听课汲取经验，省实验中学3次派出骨干教师来榆社中学指导工作。同时县政府投资60多万元为榆社中学配备电脑132台，为学生配备实物展台16个，校园网络系统得到完善。学校秩序、教师敬业精神、学生学风都有了明显好转。

2006年2月26日，学校组织全体校领导，高三、复习班召开了高考前的百日冲刺动员大会，教师学生举行了签名仪式，制定并实施了《青年教师培训方案》、《教研方案》、《教学成绩评估办法》和《常规工作评估办法》，3月，市教研室主任王华明带队，有关专家来学校进行听课、评课、示范教学、专题报告。随后，派李志清等9位文科教师、张立兵等6位理科教师赴榆次市参加高考研讨会。复习班历史教师到太原参加研讨会等。6月，高考成绩揭晓：达到本科线人数由2005年考生1183人考取107

人，达到208人高考翻番。6月30日，榆社县委、县政府发布《县委、县政府关于开展向榆社中学学习的决定》，政府对张斌文、石跃忠等12名模范教师做出表彰。为了进一步改进教学，12月16日～18日，北京教育专家和山西大学教授到榆中进行教学工作指导，对英语教学提出了意见建议。同时，晋中市教研室教研员进行了3天的听评课活动。市教研员为教师、学生作了专题讲座示范课，对学校教育质量、教研、教改起到了积极推动作用。同月21日，晋中市副市长畅志仁一行到榆中视察工作。对学校一年来的成绩给予肯定，并强调指出：学校的生存和发展，教学质量是生命线。

（常彩萍）

**【榆社结束无煤的历史】** 2005年10月下旬，山西省煤炭地质测绘院承担的山西省矿业权价款勘查项目——榆社县柳泉区煤炭普查项目开工。通过测量，二维地震勘探钻探、物探、测井等综合分析，钻探进尺在1000米左右见煤，预计煤炭资源量近9亿吨。

2006年12月27日上午在太原迎泽宾馆举行山西省汾西柳泉煤业有限责任公司成立仪式，标志着榆社柳泉600万吨煤矿建设项目正式启动。

该项目为全省“两区”开发重点项目，由山西省汾西矿业（集团）有限公司出资1020万元（51%），山西化工公司600万元（30%），山西聚源煤化有限公司3800万元（19%）共同建设。

普查项目投资440万元，总投资1300余万元，钻探总进尺3600米，地质特理点2200个，勘探于钻探进尺1000米左右见煤，厚度1.05至2.08米的3号煤层，厚度为0.90至1.42米的9号煤层，深度为5.35至6.35米的15号煤层，预计煤炭资量近9亿吨，可开采资源量7.4亿吨，勘探面积63.72平方公里，布置钻孔8个，总进尺1.10万米，地震物理点6500个。此煤田的发现，使榆社结束了无煤可采的历史。

（常彩萍）

| | |
|---|---|
| **中共县委书记** | 曹　煜 |
| **县人大常委会主任** | 冯够梅 |
| **县　长** | 卫明喜 |
| **县政协主席** | 李云生 |

## 太谷县

**【简述】** 2006年，太谷县委、县政府围绕在全省率先实现全面小康社会大目标，紧紧抓住“项目建设、新农村建设、城市建设”三项重点，着力谋求“企业改革、招商引资、发展环境”三个突破，求真务实、奋力开拓，全力推进经济社会的协调发展和全面进步，全县上下团结一致、敢想敢为、扎实工作，实现了“十一五”计划的良好开局。同时，被全国县域经济基本竞争力评价中心评为“第六届全国县域经济基本竞争力提升速度最快”的百县（区、市）之一，《中国社会经济年鉴》评价体系对2000年～2005年评价结果，在全国2826个县（市、区、旗）中，太谷县经济发展居682位，社会发展居163位，综合竞争力居317位。位列山西第7位，晋中市第2位。全省2006年地区经济社会发展指标考核评价结果在全省119个县（市、区）中太谷县经济社会发展水平名列28位，晋中市第4位；经济社会发展指数位列全省14位，晋中市第2位。全县经济继续保持较快增长，社会事业长足发展，县域经济综合实力进一步增强。

**综合经济** 经济运行质量提升。2006年全县生产总值完成32.9亿元，同比增长12%。其中：第一产业完成66237万元，减少0.9%；第二产业完成128451万元，增长13.0%；第三产业完成134749万元，增长18.8%；三次产业结构为20.1：39：40.9；人均生产总值11446.8元，较2005年同期增加1956.8元，首次突破万元大关。

当前全县经济社会发展方面存在明显差距和不足：一是工业经济在经济全局中的份额不够，企业做大做强的步伐较慢；二是农业产业化水平与现代化农业的发展要求仍然存在差距；三是基础设施建设和社会各项事业的发展投入不足；四是影响社会和谐的因素依然存在，一些涉及群众切身利益的热点、难点问题还亟待解决。

**农业** 农业和农村经济全面发展。粮食产量达到1.525亿公斤。农作物播种面积33534公顷，比2005年增长3.9%，其中粮食作物种植面积为24636公顷，增长15.74%。粮食产量比2005年增长15.38%。其中夏粮总产29843吨，增产4%；秋粮总产122699吨，增长20.02%。红枣面积达到20010公顷，总产量3万吨。苗木花卉面积达到4669公顷，年出圃苗木6500多万株。林果产业品种结构得到进一步优化，总面积达8004公顷，总产量8万吨。蔬菜面积达到6910.12公顷。绿色无公害认证工作位居全省前列；认证农产品40余万亩次，认证产品70个。壶瓶枣原产地命名成功申报。狠抓农副产品精深加工，已拥有500万元以上龙头企业15家，各类农民中介组织发展到80个，农民经纪人7100余人。

畜牧养殖业稳步发展，畜产品综合产量达到7.02万吨，全省排名第三，人均第二。全年生猪出栏326138头；牛出栏5998头；羊出栏61975只；家禽出栏3042918只，分别比2005年增长23.1%，28%，0.3%，31.89%。全年肉类总产量29455吨，牛奶产量18240吨，禽蛋产量22477吨，水产品产量98吨，分别比2005年增长6.7%，9.55%，－17.05%和持平。

**工业和建筑业** 2006年，全县规模以上工业企业发展到53家，产值完成235619万元，工业增加值完成71522万元，比2005年分别增长15.7%和17.1%。产品销售率93.1%，增长0.9个百分点。销售产值219459万元，增长16.9%。销售收入完成200307.04万元，比2005年增长21.7%，其中：焦炭、铸造、医药及纺织四大支柱产业分别实现销售收入394447万元、72244.1万元、11668.6万元和14592.9万元，分别增长41.6%、8.7%、69.7%和9.5%，四大产业销售收入合计占到总销售收入的65.2%。涌现出恒泰铸业、太明化工、恒达煤气化、黄河中药、怡园酒庄等一批经济效益好、带动力强的龙头企业。其中中煤京达、恒达煤气化和广誉远国药列入晋中市“四大梯队”企业。

工业经济效益明显提升。规模以上工业实现利税7923万元，增长26.3%；规模以上工业亏损企业亏损额2393万元，下降2.8%。

建筑业实现增加值12242万元，比2005年增长2.5%。具有建筑业资质等级的总承包和专业承包建筑企业完成建筑业总产值9647.2万元，增长21%。

**固定资产投资** 2006年，全县固定资产投资完成101004万元，增长42.3%。其中，城镇投资71786万元，增长24.5%；农村投资19826万元，增长58.1%。

投资结构进一步优化，呈出“一产稳、二产优、三产强”的态势。第一产业投资2000万元，第二产业投资26498万元，第三产业投资72506万元。

房地产开发投资完成9392万元，增长223.9%；商品房竣工面积2.96万平方米，增长151.2%。

**国内贸易和对外经济** 商贸经济繁荣稳定。建设了安太佳园、西环中路商业区等商业网点。启动了“万村千乡”市场工程，重点扶持了正林农资超市、恒顺农资公司和52家日用品农家店、农资连锁店。2006年，社会消费品零售总额达到10.1亿元，增长14.1%。其中：县的消费品零售额62587.5万元，增长15.3%，县以下的消费品零售额38422.9万元，增长12.1%。分行业看，批零贸易业完成82013万元，增长15.4%；住宿和餐饮业完成7716.1万元，增长3.3%；其他行业完成11281.3万元，增长12.6%。

进出口总额创下历史新高。全年全县进出口总额完成2060万美元，比2005年增长46.23%。其中出口2050万美元，增长47.45%，进口10万美元，累计实现贸易顺差2040万美元。

2006年全年实施招商引资项目40项，总投资11.76亿元，协议引资968亿元，到位资金4.6亿元，增长7.3%。招商引资取得新进展。港洽会签约项目3项，一是太谷古城旅游开发项目，香港慎思资本投资公司已投资330万元；二是农副产品贸易批发市场及出口加工

太谷孔祥熙宅院后花园 杨健摄影

基地项目正在进行前期工作；三是太明化工年产12万吨顺酐项目，已完成投资5600万元。沪洽会项目2项，已完成投资900万元。

**交通** 2006年末全县公路通车里程496公里，比2005年增加82公里，增长19.8%。货运总量完成433万吨，增长54.1%；货物周转量67120万吨公里，增长43.6%；公路客运量255万人，增长1.3%；旅客周转量7896万人公里，增长9.5%。

**邮电** 2006年全县完成邮电业务总量1.84亿元，增长17.9%。年末交换机总容量已达9.3万门，经2005年增加10.7%；固定电话用户（包括小灵通）达到86460户，新增5131户，增长6.3%；移动电话用户达84000户，增长7.7%；年末互联网用户达9965户，增长11.4%。全县电话普及率达30.01部/百人，增长1.57倍；移动电话普及率达29.16部/百人，增长1.88部。

**财政** 2006年，财政总收入完成28166万元，同比增长25.08%，增收5648万元。其中：国税完成16241万元，同比增长31.46%，增收3887万元；地税完成9066万元，同比增长27.89%，增收1977万元；财政局完成2859万元，减收216万元。一般预算收入完成9455万元，增长17.09%，增收1380万元。增值税、营业税、企业所得税和个人所得税四大税种共计完成税收5009万元，增长29.3%，增收1134万元。

从经济税源来看，玛钢业仍居“老大”，煤焦业增长较快，建筑业增收不大，碳素行业低迷。

2006年，财政总支出30990万元，同比增长25.46%，增加6289万元。教育支出最多达5742万元，行政管理费居第二，达3302万元，第三、第四位分别是行政事单位离退支出达3213万元；社会保障补助支出3036万元。农业支出抚恤和社会福利救济支出、公检法司支出以及城市维护费等四项支出均超千万元。

**金融** 2006年末全县金融机构各项存款余额44.30亿元，比年初增加4.7亿元，增长11.7%。其中：储蓄存款余额37.8亿元，比年初增加3.3亿元，增长9.5%。各项贷款余额13.83亿元，比年初增加8113万元，增加6.2%。全年累计现金收入106.03亿元，增长0.54%；累计现金支出119.6亿元，增长2.54%；货币净投放13.6亿元，比2005年多投放2.4亿元，增长21.35%。

**保险** 全年保险费收入8891.4万元，增长54.7%；支付各类赔款1191.7万元，增长22.8%。

**教育** 2006年，全县高考文理科达线人数1139人，再创历史新高。全县万人达线率39.5人，加上体育、艺术类和职业高中对口升学，全县共达线1356人。全县普通高中和初中学校扩大招生，中考成绩仍居全市第一。普通高中招生3245人，在校学生8894人，毕业生2204人；初中招生3714人，在校学生13269人，毕业生3300人；小学招生4171人，在校学生26930人，毕业生4488人；幼儿园在园幼儿10201人，入园人数3197人，离园人数4329人。全年累计参加成人自学考试人数达1249人，毕业157人。

**科技** 组织举办了第六届科技节，聘请了省、市30多名科技专家讲解科技知识，接受咨询人数多达1万多人次，完成科技交易额100多万元。已争取省市科技项目3次，争取科技扶持资金19万元；全县民营科技企业收入可达1.4亿元。

**文化** 文化事业健康发展。全县共有艺术表演团体6个，文化馆1个，广播电台电视台2个，公共图书馆1个，馆藏图书16万册，每万人公共馆藏图书5554.2册。年末有线电视用户达1.89万户，电视人口覆盖率94.6%。全年发行太谷报150期，期均发行量11680份，发行总量525.6万份，比2005年增长197.9%。

**卫生** 年末全县共有卫生机构343个，其中：县级医疗卫生机构4个。乡镇卫生院9个，村卫生所252个。卫生和医疗机构床位769张，每千人拥有病床2.7张；卫生技术人员1269人，其中：执业医师和执业助理医师416人，每千人拥有医生1.44人；注册护士264人。新型农村合作医疗试点工作进展顺利，实际参加合作医疗的农民有18.36万人，参合率达88.33%，收缴基金183.62万元。

**体育** 参加省市体育竞赛成绩喜人。参加全国武术套路冠军赛，太谷县武术运动员代表山西省夺得第二、第六名的好成绩。参加“山西省第十二届运动会”，太谷县武术运动员代表晋中市夺得一金、一银、一铜的好成绩。县少体校被晋中市劳动竞争委员会评为集体二等功，武术教练宫志刚被评为个人一等功。参加晋中市中学生田径运动会，高中组太谷中学取得第二名，初中组取得第二名。

参加山西省中小学生三项棋类锦标赛，高中组太谷中学获团体总分第一名。在第四届香港国际武术节邀请赛上，太谷中学高三年级的濮阳和高一年级的李镇洋、王静（女）等9位同学共获得个人单项奖五金、五银、十二铜，教练员吴会忠获得“最佳武术推广贡献奖”。参加山西省第七届武术比赛，王静获青年女子组一类拳第一名；夏鹏鹏获少年男子组一类拳第一名；王冠捷在青年男子组单器械获第一名；王静、畅晋丽在青年女子组对练中获第一名，在青年组团体比赛中也获第二名的好成绩。

**人口** 据2006年公安年报显示：年末全县总人口288068人，增长7.3‰。其中：男性

太谷三多堂外景 杨健摄影

人口146733人，女性人口141335人，男女性别比为103.8；乡村人口207730人，非农业人口80338人。全县出生人口2931人，出生率为10.2‰，死亡人口1228人，死亡率4.3‰，全年净增人口1703人，人口自然增长率5.9‰。

人民生活　城乡居民收入增长较快，生活水平逐步提高。全县城镇居民人均可支配收入为8731.4元，增长17.2%；城镇居民人均消费性支出5806.25元，城市居民家庭恩格尔系数为34.37%；农民人均纯收入为4751.3元，增长14.4%，农村居民人均生活支出2239.7元，农村居民家庭恩格尔系数为39.1%；城镇单位在岗职工平均工资11721元，增长6.8%。

社会保障　全县有19426人参加了养老保险，增加1186人；有21029人参加失业保险，减少1030人；有7229人参加工伤保险，增加2449人；有20225人参加了基本医疗保险，增加2971人；全年四大保险基金累计完成征收5873万元，增长19.6%，创历史最高水平。

（冯　博）

| | |
|---|---|
| 中共县委书记 | 郝耀平 |
| 县人大常委会主任 | 张建胜 |
| 县　长 | 刘　锋 |
| 县政协主席 | 王江峰 |

## 祁　县

【简述】　2006年，祁县主要指标全面增长，综合实力明显增强。除农民人均纯收入因遭受严重自然灾害增长略低外，其他指标均保持了两位数以上的增幅。国内生产总值完成29亿元，同比增长12.4%；财政收入完成2.91亿元，同比增长15.15%；规模以上工业企业增加值完成5.78亿元，同比增长15.05%；固定资产投资总额完成11.15亿元，同比增长52.6%；社会消费品零售总额完成7.21亿元，同比增长14.58%；自营进出口总额完成4100万美元，同比增长12.8%；农民人均纯收入达到3990元，同比增长2.2%；城镇居民可支配收入达到8857元，同比增长15.3%。

工业规模持续扩张，产业布局逐步优化。玻璃器皿产业稳中有升，大华、晶鹏、宏艺3户企业的产值占到玻璃器皿规模以上企业总产值的66.7%；酒业产品结构优化，六曲香分公司完成产值1.7亿元，上缴税金4086万元；机械制造产业产销两旺；水泵行业形成群体优势；碳素产业走出低谷，实现较快增长。祁县经济开发区被确定为省级经济开发区，投资1000万元完成区内2公里循环路及配套设施建设，14户企业入驻园区；总面积30平方公里的玻璃器皿工业园区规划启动。

农业级次全面提升，新农村建设扎实起步。2006年粮食面积达到26986.82公顷，总产量达到15.09万吨；蔬菜种植面积3728.53公顷，总产量20.6万吨；新发展酥梨466.9公顷、澳洲青苹266.8公顷；新建高档恒温冷库12座，累计发展到56座，贮果5000万公斤，增收6000万元；新建养殖园区9个，累计发展到200余个，规模养殖率达到70%，祁县成为国家肉牛无公害标准化生产示范县，城赵肉牛禽蛋交易市场被农业部确定为定点市场。恒兴果汁二期、南北特食品、大洋饲料、灵芝谷保健食品等项目顺利实施。改造、新建农民经济合作组织14个，累计发展到100余个。制定实施新农村建设方案，在全省率先提出“十有”目标，拨出专款100万元对16个试点村和20个治理重点村予以扶持。全县投入资金9400万元，完成镇村规划6个，实施乡村建设15.53万平方米，硬化道路350公里，98%的行政村实现通水泥路，东观、丰泽、乔家堡、下申等村新农村建设取得初步成效。

品牌效应放大，旅游经济增长。2006年随着电视连续剧《乔家大院》热播，深入德国柏林、奥地利维也纳、韩国及北京、成都、台北等地进行宣传造势。组织开展了《乔家大院》电视剧首播、全国百名记者访晋商、中国·祁县晋商老街全国老年文化节等一系列促销活动。乔家大院推出了乔致庸书房、故居等反映乔家生活的场景，古城渠家大院开发了长裕川文化食府等特色项目。田旺农场度假庄园、昌源山庄建设项目基本完工，乔家旅游度假村项目到位资金1000万元。以乔家大院旅游区为重点，开展了旅游市场综合整治。全年接待游客156万人次，门票收入3100万元，分别同比增长140%、138%，旅游综合收入达到1.8亿元。

外贸市场日趋成熟，商贸流通渐成体系。2006年，5户企业获得省商务厅140万元外贸促进资金，占晋中市的50%，祁县被授予全省惟一的外贸工作先进县。出口产品由单一化转为多元化，除玻璃器皿外，阴极大碳块、机电、鸡蛋、绿色无公害蔬菜、保鲜果品等产品也开始出口。拥有自营进出口资质和开展自营进出口业务的企业分别达到49户和21户。50%的企业建立现代企业制度，15户企业通过国际质量体系认证，拥有广交会摊位14个，北京玻璃展摊位27个。县城新增现代商业网点营业面积8000平方米。按照省、市物价部门安排，在祁县商业服务经营网点全部实行明码实价，祁县被确定为明码实价示范县。2006年发展大吨位多轴重型车辆4874辆，推广厢式货车127辆，完成货物周转量3.28亿吨公里，营业收入17亿元，上缴税金1800万元。

城市功能不断完善，新区建设全面启动。2006年古城名宅修复、22条小街巷改造和八一路硬化、二支退水渠加固覆盖、天然气管线铺设等工程顺利完工。集中供热、垃圾和污水处理工程开始启动。新建城区公共绿地15处，新增面积4.6万平方米。实施谷丰御景居、田源、冠通等8个房地产开发项目，建设商品住宅13.5万平方米。昌源新区进入全面开发阶段，土地统征工作基本完成；昌源北路拓宽改造一期工程顺利完工；检察院办公楼开工；人民医院、财政局、国税局、建设局等单位积极筹备入区建设。城区和东观镇区市容市貌集中整治取得阶段性成果，组建了东观村镇建设管理办公室，对东观、来远、峪口的村镇规划和建设实行专项管理。

社会各项事业全面进步，和谐祁县建设步伐加快。2006年，大力实施科教兴县战略，落实国家、省、市级科技项目12项，申请专利16项，祁县被省科技厅确定为“省级可持续发展实验区”，科教兴县责任制考核连续五年名列晋中市第一。新、改、扩建中小学操场8个，改造危房6176平方米，为农业和城市家庭经济困难学生免除义务教育阶段教科书费、学杂费。全面推进文化强县战略，权勇文化大院被树为全国“服务基层、服务农民”民办文化典型；祁太秧歌、戴氏心意拳等6项内容申报省市第一批非物质文化遗产；谷恋村被授予全省历史文化名村。卫生保障体系不断完善，建立了预防人间禽流感快速反应应急机制。全县人口出生率控制在8.11‰以下，计划生育率达到91.54%。强化劳动用工管理，新增就业岗位4070个，城镇登记失业率控制在3.8%以内。

祁县乔家大院花园　　杨健摄影

祁县乔家大院内景　杨健摄影

建成晋中市规模最大的农村敬老院。

（董艳平）

【《乔家大院》热播　旅游收入翻番】 2006年2月13日，由国家一级导演胡玫担任总导演的45集电视连续剧《乔家大院》在中央一套黄金时段隆重推出。祁县的乔家大院作为该剧的实景拍摄地，在“五一”期间游客爆满，达到5万人次，同比增加3.7万人次，为最大日接待量125%；门票收入达到88万元，同比增加55万元，一举跨入全国最热门旅游景区行列。极大地提高了祁县的知名度，再次引起了人们对晋商文化的关注，带动祁县旅游事业迅速发展。

2006年，祁县旅游事业在招商引资、对外合作等方面签约项目13个，总投资20.99亿元，其中引资15.2亿元。（董艳平）

【祁县果树遭受严重冻灾】 2006年4月11日晚8时至12日凌晨5时，祁县境内普降大雪，给境内果业特别是酥梨生产带来巨大损失。此次冻灾，降水总量达到26.3毫米，雪深10厘米，雪压每平方厘米0.9克，气温由4月11日23℃降到4月12日凌晨的零下4.9℃。由于正值果树开花受粉时节，冻灾给果业生产带来毁灭性的打击。据统计，祁县共有6670公顷酥梨因受冻绝收，减产1.25亿公斤，直接损失2.6亿元。苹果受灾面积超过4002公顷，减产40%，直接损失0.8亿元。全县受灾人口7.8万人，受灾面积达10672公顷。农民人均减收1000元～1500元。灾情发生后，县委、县政府高度重视。4月12日，县委书记尚金华组织有关人员赴城赵、昭馀实地察看了灾情，并就抗灾工作作了安排部署。县委、政府迅速组织了农业、果业、民政等部门深入到各乡镇、重点村，组织、指导群众进行抗灾自救，发放救灾物资48万元，将损失降到最低。（董艳平）

【祁县实行乡镇机构改革】 2006年，祁县是全省乡镇机构改革的10个试点县之一，也是晋中市唯一的试点县。2006年7月底顺利完成了乡镇机构改革工作。实现了转变职能、精简机构、精简职数和交叉任职的乡镇机构改革。

改革后的乡镇机构，行政机构由原来的32上精简为8个，精简率达到75%，事业机构由原来的45个精简为16个，精简率达到64%。每个乡镇行政机构只设置一个综合办公室，事业机构只设置农村综合服务中心和计划和生育服务中心两个机构。行政编制由235名精简为209名，精简率为11%，事业编制由151名，精简为120名，精简率为20.5%。领导职数设置乡镇党委、人大、政府等领导职数共7至9名。实行了书记、乡镇长一肩挑。乡镇领导班子成员中除专职副书记、纪检书记、人武部长、党外副乡镇长外，全部实行了交叉任职，使乡镇领导班子成员由104名精简为66名，精减率36%。2006年66名乡镇领导班子成员中交叉任职的38人，占班子成员总数的58%。

改革后的乡镇机构，乡镇党委书记的平均年龄为41.25岁，比改革前下降2.2岁；乡镇人大主席的平均年龄为38岁，比改革前下降2.1岁；乡镇副职的平均年龄为35.45岁，比改革前下降了4.2岁。乡镇班子成员中，大专以上文化的56人，占班子成员总数的85%，比改革前提高了两个百分点。班子专业结构得到进一步优化。（董艳平）

【祁县建成晋中市规模最大的农村敬老院】 2006年8月4日，祁县来远镇隆重举行敬老院建成典礼仪式。该院位于原来远镇卫生院，投资30多万元，建有每间25平方米左右的住房42间，拥有床位65张，并配备冰柜、锅炉房、洗浴室，配备活动室及电视、书刊、棋牌等文化娱乐用品，供养鳏寡老人44人，是目前晋中市规模最大的敬老院。（董艳平）

【全国中老年文化交流会在祁县举办】 2006年7月10日，2006年中国·祁县晋商老街全国中老年文化交流大会在祁县昭馀文化广场开幕。全国政协委员、全国敬老主题教育活动组委会主任、中国老龄事业发展基金会会长李宝库，省政协副主席张正明，市政协主席李儒敏，市委常委、副市长杨随亭等领导出席了开幕仪式。活动为期4天。主题为“老少共融、孝亲敬老、爱国诚信、共创和谐”。来自全国10多个省70多支中老年文艺团体2000多人分别进行秧歌、太极拳、时装、舞蹈、合唱、柔力球表演。活动期间，还举办“晋商文化论坛”，邀请了我国10多位著名专家学者以及乔家第七代乔燕和女士进行了学术交流和讨论，诠释晋商文化概念，挖掘晋商文化资源，并评选出20余篇获奖论文。（董艳平）

| | |
|---|---|
| **中共县委书记** | 尚金华 |
| **县人大常委会主任** | 李　华 |
| **县　长** | 崔保红※　荣　贵 |
| **县政协主席** | 张礼明 |

## 平遥县

【简述】 平遥县总面积1260平方公里，现辖14个乡镇，273个行政村，县城内设4个社区管理委员会，2006年全县耕地总面积43895公顷。总人口48.76万人，其中，男25.03万人，女23.73万人。规模以上工业生产总值24.67亿元，林牧渔业总产值（农业生产总值）现价9.9亿元。年人口增长率控制在5.76‰。

县域经济　全县生产总值完成39.24亿元，比2002年增长57%（按可比价计算）；规模以上工业增加值完成8.48亿元，增长192%；财政总收入（剔除探矿权、采矿权使用费及价款收入）完成4.0069亿元，增长164%；城镇居民人均可支配收入完成8858元，增长69%；农民人均纯收入完成3469元，增长50%。固定资产投资完成13.52亿元，增长195%；社会消费品零售总额完成16.11亿元，增长66.9%。

农业　通过第二个三年调产规划和优势产品区域布局规划的实施，蔬菜、干果、水果、畜产品等优质农产品逐步向优势区域集中，产业基地进一步巩固，各类养殖小区、养殖场发展到130多个；牛肉集团、龙海公司、国青公司、龙浪公司等龙头企业拉动作用日益增强。农村合作经济组织和协会发展到300余个，农业和农民的市场化组织程度不断提高；3个产品通过绿色认证、6个产品完成商标注册、17个产品通过无公害认证，无公害农产品基地面积达到30015公顷；平遥牛肉通过国家原产地域保护，冠云商标被认定为全市首个中国驰名商标，农业标准化生产取得突破；四年累计新打井配套642眼，新增水地667公顷，相继实施了尹回水库除险加固、国家农业综合开发等项目，为新农村建设奠定了比较坚实的硬件基础。

工业　通过实施新型工业新项目，最大限度地消化了国家宏观调控、产业政策调整、焦炭价格波动、原材料价格上涨等诸多因素对工

平遥老城商业区　杨健摄影

业经济的影响，工业经济运行的质量效益继续攀升。2002～2006年，累计完成投资14亿元，实施了煤化公司60万吨机焦、峰岩集团110万吨机焦、陆源公司300吨新型磁材等60多个工业重点项目，拉动了传统产业升级和新型产业发展；规模以上工业企业增加值完成8.35亿元，增长20.3%，增速名列全市第二；工业企业完成税收2.64亿元，占到财政总收入的66%。重点实施的24个投资500万元以上的工业项目，已经累计完成投资5.99亿元，当年新增投资3.99亿元。其中，2个项目完工投产，9个项目实现试产或部分投产，13个项目取得不同程度的进展。科技工业新区基础设施基本配套，又有3户企业入区创业，入区企业达到11户，促进了全县工业布局调整；大力度实施环保攻坚，共取缔落后焦化企业110余户，关停其他“五小”企业150余户。

**旅游业**　以21处文物旅游景点、6条特色产业街区、200余家旅游特色商铺、2处文化娱乐场所等为主的旅游产业体系初步形成。各类宾馆饭店、民俗客栈发展到130余家，国内旅行社发展到15家，导游队伍达到600余人，旅游六大要素逐步完善；一年一度的平遥国际摄影大展逐步走向成熟，先后获得“2006年度中国十大赛事博览节庆”、“2006年度中国十大最具潜力节庆”等殊荣。此外，清虚观等6处文保单位列入国家第六批重点文物保护单位，对提升古城知名度和影响力发挥了重要作用；推光漆髹饰技术列入国家首批非物质文化遗产名录，梁村、喜村等10个村入选全省第二批历史文化名村；平遥古城被评为“中部地区旅游胜地三十佳”。2006年旅游总人数达到92万人，旅游综合收入达到6.4亿元，旅游相关产业从业人员达到6万多人。第三产业提供的地方税收由1220万元增加到4300万，对壮大财政实力起到了重要作用。

**改革开放**　企业改制迈出较大步伐。新出台了《关于国有企业破产妥善安置职工的补充办法（试行）》，最大限度地保障了职工合法权益，促进了企业改制，一针、二针、泉永集团、水泥厂、纺织厂、纺配厂、购物中心、商业大厦等9户企业进入破产程序，机械制造公司、火柴厂、糖酒公司等企业改制也进入了实质性阶段。全国小额贷款试点县工作运行逐步规范，晋源泰、日升隆两家公司全年共发放贷款6956万元，其中80%以上投向“三农”；其他各项改革也综合推进。在城市绿化、保洁等方面引入市场机制，古城保护与城市管理全面加强。

**对外合作交流**　先后组团参加了“沪洽会”、“港洽会”、“中博会”、晋中招商项目推介洽谈会，举办了“平遥古城招商洽谈会”；招商引资工作取得历史性突破，正式签约14个项目，总投资约58亿元，合同或协议引进资金约43亿元，云锦成演艺中心、机械加工、10万吨铸件生产线、9000吨纺粘法非织造布及服装生产线、晋商文化客栈、麒麟阁大饭店、平遥热电厂等7个项目成功落地并取得不同程度的进展。

**城市建设**　在全省环卫系统首家通过了ISO14001认证，对古城周边11户企业和城区253户燃煤炉灶进行了综合整治，有效改善了城区空气质量，全年二级以上天数达到101天；顺利完成了南门外综合整治拆迁一期工程，拆迁面积6万余平方米；投入上千万元大搞城市绿化，新增城市绿地104万平方米，新增公共绿地15.6万平方米，城市绿化覆盖率达到18%；对古城内10条中小街巷进行了硬化改造，对16条街巷进行了市政管网综合改造，完成了曙光路拓宽改造和新平路、上西关大街新建；一期拆迁安置房、绿色都城、十九街等住宅小区建设进展顺利，房地产开发面积新增20万平方米；集中供气、集中供热、污水处理厂等工程均取得明显进展。为了进一步规范旅游市场秩序，重新设计了7条游览线路，成立了旅游饭店协会和旅行社协会，制定出台了《平遥古城沿街店铺服务规范》、《星级导游管理办法》、《旅行社门市部管理办法》，云锦成民俗客栈成为全国首家五星级民俗客栈；社会公共安全信息指挥平台完成投资900余万元，安装闭路摄像监控探头160个，城市信息化管理迈出实质性步伐。

**社会事业**　交通方面，完成投资2.1亿元，实施了汾屯线改造、平洪线旅游路续建、平南线改造等工程，完成了816公里村村通、户户通和160公里农村道路通达畅通工程，开通农村客运线路16条，农村路网通达率、行政村通客车率分别达到98%和96%。教育方面，从2003年～2006年，完成38所学校的新改扩建，落实教育“两免一补”资金1319万元；2006年，完成了7所学校的危房改造和香乐中学整体搬迁；建立寄宿制学校9所，并启动了职业中学、康宁小学的搬迁；全县高考本科达线1706人，蝉联全省十二连冠、全市十三连冠。科技工作，被确定为省级可持续发展实验区。文物保护方面，完成了《古城墙结构加固工程可行性研究报告》，实施了双林寺娘娘殿、镇国寺三佛楼、利应候庙等文物保护工程，与全球遗产基金会合作的古城保护项目也已顺利启动。卫生方面，完成了6所乡镇卫生院的改扩建工程，县人民医院传染病楼投入使用，第二人民医院完成整体搬迁；启动了新型农村合作医疗工作，参保农民达到35.4万人，农民参保率达到80%。当年为8.88万人（次）发放医疗补助1016万元；其他各项事业都实现了均衡发展。有线电视开通村达到106个，城乡有线电视用

平遥古城　杨健摄影

户接近3万户；对古城墙等重点文物实施有效保护，国家级重点文物保护单位达到11处；养老、失业、医疗、工伤保险和城乡低保等社会保障体系日益完善；文化、体育、计划生育、宗教、武装、档案、地震、残疾人等各项社会事业均取得新的进步。

民主法制　县人民政府认真接受县人大及其常委会的监督，注重听取民主党派、无党派人士和广大人民群众的意见。从2003年～2006年，共办理人大代表议案500件、政协委员提案628件，并在工作中注意采纳和落实；认真贯彻《行政许可法》，不断推进行政执法责任制，依法治县进程进一步加快；行政效能监察得到加强，纠正部门和行业不正之风取得成效；村民自治、社区管理不断强化，政务、厂务、村务公开继续引深；不断加大社会治安综合治理力度，保持了安定的社会局面。

（李晓琴）

**【“冠云”商标被国家工商总局认定为中国驰名商标】**　2006年1月10日，平遥牛肉集团公司注册的“冠云”商标被国家工商总局认定为中国驰名商标。这是山西省肉食品行业中的第一个中国驰名商标，同时也填补了晋中市没有中国驰名商标的空白。另外，由平遥牛肉商会申报的“平遥牛肉”也被国家工商总局认定为证明商标。不符合国家行业标准的牛肉产品将不能标注“平遥牛肉”的字样。　（李晓琴）

**【“中国平遥国际摄影大展摄影作品展”在印度展出】**　2006年1月11日，中国平遥国际摄影大展代表团赴印度开始为期8天的“中国平遥国际摄影大展摄影作品展”，平遥县委副书记、县长王建忠参加了活动。1月13日，在特里凡特琅市的卡纳努王宫隆重举行了“中国平遥国际摄影大展摄影作品巡展”开展仪式，来自喀拉拉邦和特里凡特琅市的政府、议会、旅游局、文化局等部门的有关官员和新闻、文化、摄影、教育界的代表160多人应邀出席。喀拉拉邦政府旅游协会ATE集团董事局主席纳吉布先生主持了开幕式。喀拉拉邦首府特里凡特琅市市长乔希先生致开幕词。中国代表团团长、山西日报报业集团社长袁升德介绍了山西历史文化和平遥国际摄影大展情况。　（李晓琴）

**【香港青年企业家访问团访问平遥】**　2006年3月24日，以香港青年联合会主席、中国世贸集团主席、中华全国青年联合会副主席曾智雄为团长的26名香港青年企业家组成的访问团，在团省委书记张九萍、副书记刘润民、平遥县委书记李定武、县长王建忠、县委副书记杨建平、副县长张文渊的陪同下，对平遥县进行了为期两天的访问。3月25日，访问团一行对城墙、县衙、南大街、日升昌进行了考察，并在北城墙外一同参加了“晋港青年友谊林启动仪式”。县长王建忠致欢迎辞，香港青年联合会主席曾智雄作为港方代表致辞，香港青年联合会现场为晋港友谊林捐赠53万元港币。仪式结束后，省、市、县领导，山西青年企业家代表与香港青年企业家共同植下了“友谊林”。

（李晓琴）

**【平遥古城被评选为“中国最值得外国人去的50个地方”】**　2006年4月8日，平遥古城被《环球游报》等全国31家主流媒体评选为“中国最值得外国人去的50个地方”，这是继“中国优秀旅游目的地”、“中国顾客十大满意旅游风景区华夏第一古城”荣誉后，平遥古城获得的又一殊荣。　（李晓琴）

**【6个单位被正式批准成为第六批全国重点文物保护单位】**　2006年6月2日，第六批全国重点文物保护单位名单公布，平遥县清虚观、金庄文庙、利应侯庙、清凉寺、日升昌旧址、城隍庙等6个单位被正式批准成为第六批全国重点文物保护单位。至此，平遥县的国保单位已达到11家。　（李晓琴）

**【平遥县境内遭受风雹灾害袭击】**　2006年6月24日下午6时30分到6时45分，平遥县古陶镇、岳壁乡、南政乡、中都乡、洪善镇、卜宜乡、孟山乡、宁固镇、香乐乡、杜家庄乡等10个乡镇的152个村遭受了风雹灾害袭击，瞬间最高风速达到17米/秒，风力达到七级，雹粒直径1厘米左右，降雨量达19.2毫米。此次灾害受灾人口240139人，受灾面积12172.42公顷，造成直接经济损失3045万元。

（李晓琴）

**【平遥县高考本科达线1706人】**　2006年6月26日，2006年高考成绩揭晓，平遥县高考成绩本科达线人数1706人，蝉联全市“十三”连冠、全省“十二”连冠，其中理科类达线人数978人，文科类达线人数487人，艺术体育类达线人数241人。600分以上高分段人数65人，占全市的20%。平遥中学再次发挥龙头作用，达线总数、达线率、高分段人数在全市同类学校中继续保持领先优势，其中文科类考生李晓杰以661分的成绩名列全市第一、全省第二，理科类考生张乃文以668分的成绩名列全市第一、全省第六。　（李晓琴）

**【2006年平遥国际摄影大展】**　2006年9月16日～22日，2006平遥国际摄影大展在平遥古城隆重举办。本届大展的主题为“多元·和谐”，主题展览80个，共有来自美国、法国、德国、比利时、希腊、日本、印度等41个国家1300余名摄影家的13705幅精品摄影作品展出，设9个展区、包括以美国联系图片社30周年大庆31位世界著名摄影师的摄影精品展为代表的经典和纪实类摄影展览；以墨西哥摄影大师佩德罗·麦耶尔（PedroMeyer）为代表的创意类摄影展览；以中国摄影艺术新生代组成的新锐影像视角作品展览等国内外展览80个，举办各项活动41项。新华社、路透社也在此届大展设立自己的展区。

9月16日晚，“2006年魅力平遥”摄影大奖揭晓。9月20日，中国平遥国际摄影大展“中国移动杯”优秀摄影师奖、2006平遥国际摄影大展“龙城杯”国际摄影杰出成就奖、2006年平遥国际摄影大展中国移动手机摄影节暨“手机摄影大赛”奖、2006年平遥国际摄影大展“凤凰卫视杯”优秀摄影师画册奖、2006年平遥国际摄影大展“映象新人”奖、2006年平遥国际摄影大展“中国移动杯”优秀摄影师大师奖六大奖项全部揭晓。阿音、金平、陆军、肖冰、侯波、汤海涛五位摄影师获得2006平遥国际摄影大展“中国移动杯”优秀摄影师奖，获奖摄影师分别获得奖金人民币1万元；获得“2006平遥国际摄影大展龙城杯国际摄影杰出成就奖”的国际友人是美国联系图片社总裁罗伯特·普雷基先生，路透社驻中国首席记者、世界新闻摄影比赛金奖获得者瑞恩哈德·克劳斯先生和墨西哥著名摄影家佩德罗·梅耶尔先生，每人获得奖金人民币5万元；一幅医院产房迎接新生命诞生的温馨幸福画面作品获得2006平遥国际摄影大展中国移动手机摄影节暨“手机摄影大赛”金奖，作者获得3万元的DV一部；“凤凰卫视杯”优秀摄影师画册奖由孙海波/武四海/王郁文三位摄影师捧走，分别获得人民币1万元；中央美术学院设计学院的刘韧同学，延边大学艺术学院的李媚同学，华中师范大学的聂夏同学，中国传媒大学影视艺术学院宋泽毅同学，大连医科大学影像艺术学院的武席同同学，西安美术学院的赵冰六位同学获得“映象新人”奖；2006平遥国际摄影大展“中国移动杯”优秀摄影大师奖采用5进1的方式评选，最终，毛泽东主席生前的专职摄影师肖冰、侯波从5位优秀的摄影师中脱颖而出，成为奖项得主，获得奖金人民币10万元。　（李晓琴）

**【“山西省首届名优特产节”在平遥举办】**　2006年9月16日，由省农业厅、商务厅、旅游局、中小企业局及晋中市政府、农民日报社主办，省名优产品开发中心、平遥县政府承办的“山西省首届名优特产节”在平遥秋雨新城广场开幕。2006年平遥民间艺术美术节、2006平遥古城招商洽谈会、山西特色面食展、2006历届平遥国际摄影大展精品展、山西首届农产品加工装备技术展同时开展。　（李晓琴）

**【2006平遥古城招商洽谈会】**　2006年9月16日～17日，“2006平遥古城招商洽谈会”召开。山西平遥热电厂合作建设项目、天然气液化装置项目、年产14万吨二甲醚建设项目、永磁材料合资项目、5万吨铸件精加工项目、平遥惠河苑风景开发项目、超山自然保护区森林生态旅

游开发项目、绿色长山药粉生产加工项目、“延虎牌”无公害猪肉综合市场建设项目、水泥粉磨生产线项目、年产60万吨机焦技改项目等11个项目签约，签约资金33.6亿元，其中引资23.8亿元。（李晓琴）

**【全球遗产基金会考察团来平遥考察】** 2006年10月6日～10月10日，全球遗产基金会执行主任杰夫·摩根率领由加拿大魁北克古城遗产建筑与设计事务所主任费兰西·贝宁夫人、联合国教科文组织世界遗产办公室驻华办事处主任杜小凡、世界银行驻中国代表处城市发展部高级环境专家华玛雅、危地马拉安提瓜古城及“国际建筑与遗址委员会”古建筑设计师布兰卡·诺顿女士、美国内政部国家公园管理局官员道格·摩利斯、全球遗产基金会高级顾问葛亮、同济大学城市规划设计院邵甬以及山西省古建筑保护研究所副所长任毅敏等15人组成的全球遗产基金会考察团来平遥考察，并举办平遥古城与世界文化遗产保护专题交流会。与平遥县政府就平遥古城总体保护规划和平遥民居修缮与保护两个项目签订合作协议。省、市、县领导宋北杉、高可、李年善、李定武、王建忠、乔金国、田志远和县城建、规划、文物、旅游、房管等部门负责人陪同考察并参加了会议。（李晓琴）

| | |
|---|---|
| **中共县委书记** | 李定武 |
| **县人大常委会主任** | 王沛斌 |
| **县　长** | 王建忠 |
| **县政协主席** | 王维刚 |

## 灵石县

**【简述】** 灵石县位于山西省中部，晋中市最南端。灵石县总面积1206平方公里，东隔太岳山脉与沁源县为邻，南至道遥岭与霍州市毗连，西南登罗汉塬与汾西县相望，西以老虎山与交口县为界，北到铺头塬与孝义市接壤，东北托静升北山与介休市相衔。2006年，灵石的行政区划为6镇6乡，辖14个居委和291个行政村共533个自然村，总人口24.9783万人（抽样数据）。

2006年，灵石县生产总值完成54.7亿元，财政总收入完成12.12亿元，总量位居晋中市第一，全省第六。城镇居民可支配收入达到10471元，年均增长21.8%；农民人均纯收入达到4756.6元，年均增长15.7%。社会消费品零售总额达17.7亿元，年均增长38.5%。银行存款余额达67.3亿元。

2006年，灵石县的经济实力位列中部百强县（市）第61位，居全国100个最具投资潜力的中小城市第44位。在全国县域经济竞争力评价中，由2003年的第911名上升到336名。经济社会发展水平位居全省第21位，经济社会发展指数居全省第47位。

工业　灵石县地下矿藏资源十分丰富。目前已探明的有煤、铁、石膏、硫铁矿等32种矿物，其中尤为煤炭为最。全县含煤面积860平方公里，地质储量19亿吨，多为肥煤、焦煤、瘦煤和气煤；石膏储量17.2亿吨，是华北地区第二大石膏矿床；硫铁矿储量2亿吨，是全国煤系硫铁矿的主产基地之一；铁矿储量2000余万吨，铝矿储量3000余万吨。

截至2006年底，灵石县已形成了煤焦、建材、电力、冶金、化工为主导的五大支柱产业。灵石县的工业经济占到全部国民经济比重的80%，是全县城乡居民收入和县级财政收入的主渠道。

2006年，灵石县生产原煤906.56万吨，同比降低25.5%；洗精煤899.13万吨，同比增长38.8%；生产焦炭157.59万吨，同比增长107.4%；生产水泥18.72万吨，同比增长15.6%；生产石墨及碳素制品3.12万吨，同比增长10.4%。

2006年，灵石全县9万吨以上煤矿保留有91座，60万吨以上洗煤企业达到21户，68万吨干法回转窑水泥项目投产，星海镁业和伊鸿镁业建成，中凯、中煤、红杏3个发电项目完工，新增装机容量4.55万千瓦。先后建成六大机焦项目，跻身山西省重点发展的八大焦化基地和五大甲醇联产中心。同时灵石县继续加大“蓝天碧水”工程的推进力度，对静升河11户洗煤企业进行了搬迁，对仁义河9户沙厂予以取缔。

2006年，灵石县继续加大对非法违法采矿的打击力度，坚持发现一处取缔一处的办法，使非法违法采矿得到有效遏制。据统计，从2003年到2006年四年间，共取缔非法违法采矿点2713个。

2006年11月12日，灵石县王禹乡南山煤矿因井下储存爆炸物发生爆炸，34名矿工死亡。

农业　灵石县属山岭重丘区，境内气候温和，四季分明。农业经济比较薄弱，主要种植有小麦、玉米、谷子、豆类及各种小杂粮。

2006年，农村经济总收入497015.4万元，比2005年增加36493.7万元，增长7.9%，其中种植业收入7640.64万元，比2005年增加536.8万元，增长7.6%，种植业收入占农村经济总收入的比重为1.5%。农民人均纯收入4756.6元，比2005年增加450.6元，增长10.46%。全县农民务工人数达到4万人，90%的家庭都有一名在外务工人员或从事第二产业，种植业收入仅占农民人均纯收入的9.2%。

2006年，全县粮食作物收获面积13926.96公顷，比2005年减少446.89公顷，减少3.1%；总产4800.6万公斤，比2005年增加280.95万公斤，增长6.2%，平均单产230公斤，比2005年增加20公斤，增长9.52%。

2006年，根据省、市的安排部署，灵石县继续对全县种粮农民进行了直接补贴，补贴的作物有小麦、玉米、谷子、薯类、豆类、高粱、糜子、荞麦等八类农作物。补贴农户3.2557万户次，面积13429.62公顷，补贴资金额284.39万元。

2006年，灵石县继续推进静升河流域水保生态综合治理工程，完成了仁义河河道整治一期工程，石膏山水库建设的前期准备工作进展顺利，由山西水利水电勘测设计院编制的水保方案通过了评审。

交通　三双一级路改造工程开工。工程起于108国道灵石三湾口，止于交口县双池镇与省道S224（桃红坡～临汾）连接处，全长21.771公里（其中九鑫段262公里已于2005年10月竣工通车），途径灵石、交口两县四个乡镇，八个行政村，是灵石、交口两县经济交流的重要通道，在区域公路网中有着非常重要的作用。工程总投资3.2亿元。

三桥工程竣工。（1）南关汾河大桥。是石膏山旅游线连接108国道的重要工程，全长1.3公里，由路基工程、汾河大桥和跨铁路立交桥三部分组成。其中汾河大桥全长200米，为8孔25米跨、桥面宽12米的预应力钢筋混凝土箱梁桥，防洪标准为一百年一遇。铁路立交

灵石王家大院内景　杨健摄影

桥全长60米，为3孔20米跨、桥面宽12.5米的预应力混凝土空心板桥。工程直接投资为1900万元。（2）两渡汾河大桥，全长150米（六跨），引线长200米，投资800万元。(3)玉成汾河大桥，全长181米，为7孔24桩镶梁桥，投资1800万元。

城建　沙峪银杉小区工程。沙峪村位于县城的东南，属典型的“城中村”，按照统一规划，分期分批将原有的单层、低层、老式旧住宅拆除改建为多层新住宅楼房，实现水、电、暖、气等整体配套的城市化新农村改造。小区占地面积为16.89公顷，建筑面积为15.16万平方米。分为A、B、C区，共计3栋高层住宅楼和23栋六层住宅楼。到2006年底，A区的1#～2#楼已竣工投入使用，A区的3#～4#楼、B区的1#～10#、C区的1#～9#楼已主体完工。

中心区改造工程。该工程占地面积3公顷，总建筑面积14.5万平方米，为7幢18层的高层住宅楼。该工程分A、B、C、D、E、F、G七栋建筑，其中除G栋由县政府投资修建外，其余六栋均由浙江横店置业房地产开发有限公司投资建设。2006年底，建设工程已全面铺开。

水头小区改造工程。总占地21.3公顷，建筑面积10万平方米，投资1.2亿元。一期工程于2005年5月1日开工，二期工程从2005年9月18日开始。共拆迁481户，拆迁5.8万平方米。拆迁单位9家，拆迁面积3.2万平方米。到2006年底，工程进入户外管道安装阶段，部分居民已经开始入住。

各项社会事业　静升镇名列首批中国十大历史文化名镇榜首；王家大院被列为“全国重点文物保护单位”，入选“申报世界文化遗产备选名单”；石膏山景区初步具备对外开放能力；城区高层建筑成为亮点，整体环境得到较大程度提升；新灵石一中投入使用后，全县高中阶段入学率由原来的42%上升到81%；完成了11条县乡道路改造翻修；村村通水泥（油）路完成；新农村建设扎实起步，30个村完成新村规划，24个试点村开始实施“四化四改”；实施移民搬迁1366户、5440人；科技创新投入逐年增加，进入全国科技进步先进县行列；计生服务体系进一步健全，认真落实奖励政策，人口自然增长率稳定在5‰以下；千方百计拓展就业渠道，累计新增就业岗位1.2万个，再就业率达82%；4421名企业离退休职工按时足额领到养老金；1.68万人参加医疗保险；农村医疗救助制度和农村居民最低生活保障制度初步建立，有5920户农村低收入家庭和278名农村大病患者得到有效救助或保障；铺开11个乡镇卫生院建设工程，完成了63个卫生所空白村建设，建立健全了疾病防控机构和农村三级医疗保健网。体育、档案、双拥、人防、人武、老龄、史志、气象、地震、残疾人等各项事业都有了新的进步。　（王新文）

| | |
|---|---|
| 中共县委书记 | 郭燕平 |
| 县人大常委会主任 | 赵瑞瑛 |
| 县　长 | 贡　琦 |
| 县政协主席 | 蔺计爱（女） |

# 吕梁市

【概述】　2006年是“十一五”规划的开局之年，也是吕梁市提出并实施“三个发展”、“三大工程”和“双百双千”项目大会战的起步之年。一年来，在中共吕梁市委的正确领导和市人大、市政协的有力监督与支持下，市政府坚持以科学发展观为统领，紧紧抓住“两区”开发的重大机遇，按照“开放引进、开发拉长、多元做大、科学发展”的经济结构调整思路，开拓进取，扎实工作，全市经济社会在“十五”基础上，乘势而上，蓬勃发展，取得了新的成就。

经济平稳较快增长，总体实力继续攀升。全市地区生产总值完成384.2亿元，增长18.9%；规模以上工业增加值完成182.5亿元，增长37.3%；财政总收入完成77.12亿元，一般预算收入完成25.67亿元，分别增长28.36%、37.66%，剔除探矿权、采矿权收入，有8个县在全省的位次前移，全市位次前移到前五位；社会消费品零售总额达到101亿元，增长20.71%；居民消费价格总水平为2.3%。地区生产总值、规模以上工业增加值、社会消费品零售总额等指标增幅居全省第一，市域经济总体实力进一步攀升。

重点领域投资增势强劲，财政支出体现发展取向。全社会固定资产投资达到202.9亿元，增长32.01%。第一产业投资2.84亿元，增长3.2倍；水利、环境保护及公共设施管理业投资6.64亿元，增长39.73%；交通运输业投资27.49亿元，增长42.98%。市本级财政医疗卫生支出增长82.62%；最低生活保障支出增长15.52%；自然灾害生活救助支出增长25.37%；全市用于“三农”方面的支出达到27.74亿元，增长35.17%；统筹发展，和谐发展迈出了新步伐。

基础设施建设成效显著，社会事业发展步伐加快。全市城镇化率达到33.23%，建成区绿化覆盖率达到29.7%，城市集中供热普及率达到45%；每百平方公里的公路密度达到62.9公里；人口自然增长率控制为6.65‰；高中阶段毛入学率增加到54.9%，高等教育毛入学率达到24%。这些指标的增幅均高于“十一五”规划的分年度要求。

节能降耗力度继续加大，生态环境建设进展顺利。万元地区生产总值二氧化硫和化学需氧量分别减排21.14%和25.4%；矿区煤炭资源回采率达到55%；万元地区生产总值综合能耗下降5.8%，万元工业增加值综合能耗下降6.33%，万元地区生产总值平均耗水量下降12.5%。

就业社保工作不断加强，城乡群众生活继续改善。新增城镇就业岗位2.76万个，下岗失业人员再就业1.84万人，城镇登记失业率为2.5%；各项社会保险综合参保人数达到77.8万人次，覆盖率达到65%；4个新型农村合作医疗试点县（市）参合农民达到128.2万人，参合率达到87.89%。城镇居民人均可支配收入9230.5元，增长13.5%；农民人均纯收入2462元，增长23.7%。　（李保生）

【开展农业农村工作，推进扶贫开发和社会主义新农村建设】　稳步推进农业结构调整。雁门关生态畜牧经济区所属项目建设步伐加快，优质核桃连片发展和红枣烘干房建设两项重点工作取得显著成效。粮食获得较好收成，东西两山小杂粮产业区种植面积达到19.48万公顷，占粮田总面积的58.4%。特色种养业正在向区域化、专业化、规模化方向发展，肉蛋奶产量、牛猪羊存栏显著增长。

着力拓宽农民增收渠道。继续扶持龙头企业做大做强，不断加大劳动力培训和转移力度。年销售收入超1000万元、5000万元和亿元以上的龙头企业分别达到26个、5个和3个。新增劳务输出9.98万人，农民人均劳务收入566元，同比增长108元，产业增收的道路越走越宽。

全力推进扶贫开发工作。继续实施整村推进、扶贫移民等扶贫增收工程，完成55个村的整村推进和128个村的扶贫移民工作，有效缓解了边远特困山村的生存和生活困难，全市又有11.97万贫困人口的温饱问题得到解决，超额完成了年度任务。

全面启动员社会主义新农村建设。出台并实施了资源型企业帮扶建设新农村和捆绑涉农项目、整合支农资金等政策性措施，扎实推进“十村示范、百村试点、千村治理”，深入实施农村生态家园富民工程，全面启动“万村千乡市场工程”建设，均得到了显著成效。

（李保生）

【实施“双百双千”项目，加快招商引资工作】　充分放大“两区”开发的政策效应，全面铺开“双百双千”项目大会战。本着严格管理、严格考核、严格奖惩的原则，出台并落实了一系列政策和制度。272个“双百双千”项目已立项186个，开工170个；“项目推进年”活动全面提速，年初确定的100个重点工业项目，累计完成投资125亿元，已建成投产39个，工业经济的规模和水平实现了新的提升。

进一步提高对外开放水平，招商引资成为经济工作一大亮点。在“港洽会”、“沪洽会”、“中博会”、“厦洽会”、“乌洽会”等招商引资活动中共签订合同、协议59项，引资45亿美元、158.3亿元人民币，又有20多户市外和知名企业落户吕梁，对外开放的裂变效应正在逐步显现。积极创新项目融资方式，在太原成功举办“吕梁政银企对接会”，与14家省级金融机构签订贷款协议、意向1303亿元，占到“双百双千”项目总投资的一半以上。（李保生）

**【加快产业结构升级，转变经济增长方式】** 加速推进传统产业规模化进程。有效利用市场拉动、行政推动两方面的力量，积极实施大项目牵动战略，一批煤炭、钢铁、电力、化工、建材等行业的大项目相继启动，有力促进了工业经济规模化发展。全市规模以上工业企业比2005年净增63户；产值上亿元的工业企业达87户，净增19户；32户列入市“三个梯队”的重点企业工业总产值占全市的63.9%。

继续强化主导产业园区式集聚。交城夏家营、文水百金堡和孝义梧桐工业园区被国家发改委、国土资源部核准为省级经济开发区。全省对外经济合作重点项目——晋沪吕梁煤化工业园区各项工作进展顺利。建成和在建的工业园区（项目区和示范区）达到12个，入园企业新增24户，达到183户，列入统计范围内的七大工业园区完成工业增加值69.7亿元，占全市工业增加值的38.2%；实现利税17.2亿元，占全市工业企业利税总额的28.8%。

着力推动资源循环利用。立足资源比较优势和产业发展实际，坚持循环经济发展理念，推动产业循环式组织，引导企业循环生产，着力改造提升煤炭、焦化、冶金三大传统支柱产业，加快培育发展煤化工、电力、铝镁、新型材料等新兴支柱产业，一批以针状焦、苯酐、炭黑、甲醇、烯烃等为重点的煤化工项目以及汽车电器、特种玻璃项目先后开工建成。循环经济正在逐步走上加快发展的轨道。

（李保生）

**【加快基础设施建设，特色城镇化建设】** 交通方面，209国道、苛太线、祁方线等干线公路改造基本完成，307国道改扩建工程部分完工；离军高速公路进展顺利，2007年年底正式通车；沿黄干线公路和沿黄旅游公路建设全面启动；新增通水泥（油）路的行政村144个，建制村通客车率达到86.9%；吕梁机场的前期工作进展迅速，已被列入国家民航总局“十一五”机场建设规划。太中（银）铁路吕梁山隧道工程进展顺利，吕临支线前期工作有序推进；孝柳铁路正在进行电气化改造，太古岚铁路已完成可研，阳侯地方铁路正式奠基，苛瓦铁路2007年可望建成投运。吕梁交通运输状况、区位条件即将发生重大改善。

水利方面，横泉水库枢纽工程提前竣工，柏叶口水库已被列入国家“十一五”水利发展计划，千年水库、魏家沟水库、坪底水库、阳湾子水库以及枣区提黄灌溉等骨干水源工程正在大力推进；引文入川工程管沟掘进和管道安装正紧张施工，2007年内可投入使用。

电力方面，柳电二期建设进展顺利，三期工程已取得所有支持性文件，被列入山西省“十一五”电力建设规划；500千伏输变电站可研报告通过初审；以兴县2×60万千瓦、石楼2×60万千瓦、离石2×30万千瓦为主的22个重大电源项目顺利推进，一批电网项目相继开工或建成，电力紧张的局面即将得到较大缓解。

城市建设方面，利用国家开发银行这一融资平台，大力度投入，相继在市区铺开15大项35小项重点市政工程，城市功能和城市品位继续提升。以创建卫生文明城市为目标，全面引深“城市管理年”活动，建成了20座免费公厕，增配了清运设备，充实了环卫队伍，城市环境卫生得到明显改善，已被命名为省级卫生城市。孝义、汾阳两市和10个县城的城市经营和管理水平有了新的提高，部分重点城镇发展特色鲜明，辐射带动能力进一步增强。

（李保生）

**【统筹发展社会事业】** “普九”成果稳步提高，“双百”示范学校创建工程深入实施，农村中小学现代远程教育工程全面启动，“两免一补”政策落实到位，105个城镇中小学校标准操场建设任务全面完成。普通高中办学水平明显提高，高考达线人数同比净增617人，增幅居全省第一。撤并农村小学375所，建成农村寄宿制学校54所、明德小学16所。职业教育和成人教育稳步推进。教育发展环境进一步优化，吕梁学院（吕梁煤炭职业技术学院）和凤山教育园区建设进展顺利。

科技投入力度继续加大，高新技术得到大力推广，专利申报量增幅明显，每10万人专利申请数达到3.74项。以信息化带动工业化，全市新型工业化产值达到120亿元，新型工业化水平达到30%。

文化建设全面加强。电视连续剧《吕梁英雄传》等一批文学艺术精品获奖，市青年晋剧团赴京演出获得成功。非物质文化遗产申报和文物保护工作成效显著。文化市场监管力度加大，知识产权保护得到加强。文化下级活动蓬勃开展，专业文化院团整体实力步入全省前列，皮影、剪纸、木偶等传统文化产品走向国内外大市场。

乡镇卫生院改造工程全面展开，县、乡、村三级卫生服务网络日趋完善，公共卫生体系建设成效明显。新型农村合作医疗覆盖面进一步扩大，284万农业人口已有近一半开始受惠。

全民健身运动广泛开展，竞技体育水平提高，一批运动健儿在各类比赛中成绩优异。吕梁体育馆经营管理水平提高，相继举办了一批高级别赛事，吕梁游泳馆开工建设。

（李保生）

**【解决民生问题，推进社会主义和谐社会建设】** 新一轮的就业再就业政策全面落实；企业离退休人员基本养老金按时发放，失业、医疗、工伤等保险待遇全部兑现，共发放各项社会保险金4.6亿元；劳动争议仲裁案件全部得到解决，为农民工追讨拖欠工资1688万元。城乡低保、社会救济、优抚安置等工作得到扎实推进。

环境保护力度继续加大，准入门槛进一步提高，污染性项目“三同时”制度得到较好遵从，清洁生产大范围实施，单位生产总值主要污染物排放量明显下降；“一企一矿绿化一山一沟”治理模式广泛推广，造林绿化“六大工程”进展顺利，“蓝天碧水”工程取得新的成效。

以煤矿安全生产为重点的大安全监管力度继续加大，制度建设体现出重大成效。信访稳定“百日大会战”成果丰硕，市、县、乡三级信访稳定长效机制基本建立，群体访、重复访明显下降，发展环境有了新的改善。

（李保生）

**【加强社会主义民主法制建设，提升依法行政水平】** 主动接受人大监督，积极支持政协参政议政。自觉坚持向人大及其常委会报告工作，认真听取并积极办理人大代表、政协委员的提案、议案，答复各类意见、建议、批评等548件，答复率为100%。

高度重视政府法制工作，深入贯彻《行政许可法》。进一步清理并公布了行政许可项目和非行政许可（审批）项目，市政府新的政务大厅投入运行，一站式、便民化、高效率的服务得到广泛认同。“平安吕梁”建设继续引深，“打黑除恶”专项行动和“百日冲刺大会战”打出了气势，打掉了犯罪分子的嚣张气焰。

加强机关行政效能建设，大力开展政风行政评议活动。效能监察工作全面加强，市、县两级职能部门公开作出服务承诺，对部分不作为或乱作为的单位和个人作出了严肃处理。政风行风评议活动深入开展，参评单位多向拓展，政务环境明显改善，对外形象有了新的提升。（李保生）

**中共市委书记** 郭海亮※ 聂春玉
**副书记** 聂春玉※ 白云※ 孙连珠※ 李永林※ 栾继由※ 董洪运 张九萍
**市人大常委会主任** 岳培民
**副主任** 王全海 赵毅 张保福 董宗祥 梁瑞林 刘光彦 张翠兰
**市长** 聂春玉※ 董洪运
**副市长** 解金亭 李秀峰 丁雪峰 张中生 成锡锋 王盛章 李赤泉
**市政协主席** 薛万明
**副主席** 张根成 师百韧 王侯党 刘本旺 曹牛 梁来茂 李俊平

## 孝义市

【简述】 2006年底孝义辖7个镇、5个乡、3个街道办事处、1个办事处，377个村委会、8个自然村、22个居民委员会，辖区总面积为945.8平方公里。总户数148041户，同比增长4.65%；总人口443704人，同比增长1.7%；其中，非农业人口198437人，农业人口245267人，同比分别增长3.56%和0.2%；男性229371人，同比增长1.56%；人口密度469人/平方公里；年末耕地面积33757公顷。

是年全市上下按照吕梁市委、市政府的战略部署，认真贯彻落实省第九次党代会、市第二次党代会和张宝顺书记视察孝义的重要讲话精神，以科学发展观为统领，紧紧围绕争创全国百强县市、创建全国文明城市、建设区域性中心城市"三大目标"，不断完善加快发展的思路和措施，团结带领广大干部群众，同心同德，开拓创新，扎实工作，经济社会继续保持了良好发展态势。

经济发展 2006年全市GDP完成133.1亿元，同比增长26.1%；财政总收入完成21.66亿元，同比增长22.96%；农民人均纯收入达到4943元，同比增长29.5%；规模以上工业总产值达到136.33亿元，同比增长43.4%；乡镇企业总产值达到228亿元，同比增长26%；社会消费品零售总额达到27.8亿元，同比增长37.57%；外贸进出口总额达到1.7亿美元，同比增长38.7%；金融机构各项存款余额达到102亿元，同比增长22.27%。在第六届全国县域经济基本竞争力评价中，本市名列102位；在2006年中国中小城市科学发展评价体系研究成果发布暨第三届中小城市可持续发展高峰论坛上，本市位列全国中小城市最具投资潜力百强第14位。

结构调整 一是扎实推进"双百双千"项目建设。是年本市列入"双百双千"工程的24个项目，概算投资214.48亿元，已完成投资22.3亿元。以此为带动，全市新建续建调产项目115项，概算投资66亿元，已完成投资28.5亿元，建成投产46个，完成投资12.8亿元。至是年底"双百双千"项目进展情况：(一)已投产或部分投产项目9项：1.城财180万吨炼钢项目总投资6.15亿元，一期80万吨建成投产，完成投资3.08亿元，二期100万吨正在加紧建设；2.隆华铸造10万吨铸件项目，一期5万吨总投资2.4亿元，已完成投资1.4亿元，实现部分投产；3.恒泰科技现代温室及花卉生产基地项目，总投资3000万元，已完成投资2300万元，建成展厅、大棚、生态宾馆等，部分项目已投入运营；4.华鹿5万吨鹿茸养生汤开发项目总投资1.5亿元，一期2万吨已完成投资6000余万元，进入试产阶段；5.金绿禾燕麦综合开发项目总投资5900万元，已完成投资3448万元，部分产品已上市；6.京山2万吨微孔高强高热轻质耐火材料项目总投资1亿元，已完成投资5000万元，一期5000吨已投产；7.田园化工7.5万吨氢氧化铝及深加工项目总投资1.5亿元，已完成投资1.5亿元，正在试产；8.昌园核桃不饱和脂肪酸胶囊系列保健品开发项目总投资2200万元，已完成投资1500万元，部分项目已投产运营；9.绿宝晶2万吨食用冰醋酸项目，总投资4909万元，已完成投资2909万元，工程建设基本完成，正在设备安装。(二)已开工建设项目7项：1.东义5万吨镁合金项目总投资1.6亿元，已完成投资2500万元；2.天浩30万吨焦炉煤气制取甲醇项目总投资4.9亿元，已完成投资3亿元，完成部分厂区建设及订购设备；3.欧罗福煤气综合利用项目总投资5.7亿元，已完成投资5000万元，正在订购设备及施工设计；4.金晖万峰300万吨煤矿建设项目总投资9.5亿元，已完成投资4.75亿元，一期工程正在加紧建设；5.津晋阿尔发8万吨铝酸盐项目总投资2943万元，已完成投资1000万元，完成部分土建工程；6.开元化工有限公司蓖麻油深加工项目总投资7000万元，已完成投资2500万元，主体办公楼已封顶，正在订购设备；7.惠农12万吨玉米深加工淀粉项目总投资10768万元，已完成投资800余万元，土建主体基本完工。(三)正在招商融资项目5项：1.金达30万吨煤焦油深加工项目总投资8.5亿元，图纸设计基本完成；2.楼东俊安6.6万吨苯加氢项目总投资2亿元，已由省发改委备案；3.楼东俊安20万吨甲醇项目总投资4.6亿元，已由省发改委备案；4.金岩200万吨煤炭深加工项目，总投资40亿元；5.金晖100万吨煤化工建设项目总投资40亿元。(四)前期准备项目3项：1.总投资75亿元的兴安化工120万吨氢氧化铝及深加工项目；2.总投资5亿元的金利缘20万吨玉米转化生产物燃料项目，上报国家发改委立项中，已与外商签订投资合作意向；3.总投资1.5亿元的嘉航科技5万吨氧化铝微质晶球项目。二是切实加快大开放步伐。重点是把长三角、珠三角、京津塘、胶东半岛、港澳台地区等五大经济圈作为招商重点区域，把世界500强和国内500强企业作为招商重点对象，对基地型、龙头型、科技型的大项目作为招商重点内容，全面放开煤化工、铝工业、钢铁、铸件、建筑建材、农副产品加工、城市商贸、文化等行业产业，广泛寻求产业对接和合作交流。已成功引进法国欧罗福集团、香港俊安集团、山东兖矿集团、大连机床集团、浙江康瑞集团等一批国内外知名企业。在此基础上，精心筹备参加了上海、香港、长沙三个项目洽谈会，共包装推出招商引资合作项目9项，总投资159亿元，其中，上洽会签订合作项目2项，涉及投资76.2亿元；港洽会签订项目合同4项，涉及投资10.32亿美元。三是大力发展循环经济。开展以焦化行业环保专项整治为重点的工业污染治理，引导支持企业进行技术创新，改造提升传统产业，发展新型接替产业，推进新型工业化进程。聘请国家发改委循环经济研究院制订全市循环经济规划，从企业、园区、城市三个层面推进循环经济。在企业层面，结合技术改造，推进清洁生产，实现资源的高度循环利用和能量的梯级利用，实现企业生产的"小循环"；在园区层面，通过物流集成、能量集成、水资源集成、信息集成和基础设施共享，逐步形成互补、共生共利的有机产业链网，实现资源的循环利用和能量的梯级利用；在城市层面，以循环经济理念为指导，以开展系列创建活动为载体，以建设循环型社会为目标，在社会各行业、产业间建立生态产业体系，倡导生态文明，打造环境友好型产业群，实现社会大循环，形成循环型社会，促进经济与环境的可持续发展。

新农村建设 一是大幅度增加"三农"投入，"以工补农"机制不断完善。是年市财政用于农村环境整治奖外、农村卫生所建设、农业发展基金、农业产业化奖补的资金达到1800万元。建立了市级新农村建设专项基金，并制定出台《新农村建设专项资金筹集使用办法》，从是年起，对全市境内的煤矿、焦化、洗煤、铝铁矿、耐材、冶炼等资源开采及加工型企业按一定标准筹集农村建设资金。是年全市的新农村建设专项基金突破3000万元，其中市级统筹1000余万元。同时，各乡镇、街道也采取多管齐下的办法加大新农村建设投入，全市乡级新农村建设奖励补助资金投入突破3000万元。二是农业产业化进程进一步加快。大力实施农业调产"四十工程"，即：重点扶持发展十大农业龙头企业、十大特色基地、十大农业园区、十大农民专业合作社，促进农民稳定增加收入。截至是年底，全市具有一定带动能力的农业龙头企业达到20个，年可实现产值3亿元。高阳农业科技示范园区被省科技厅命名为"省级农业科技示范园区"，又被农业部命名为"全国农副产品加工示范基地"，已有10户企业入驻园区，完成投资3.07亿元。金绿禾生物公司的燕麦系列加工项目已被列入全省"1311"百龙企业行列。本市农业园区已发展到70个，开发面积达到3135公顷。围绕十大特色基地建设，加快规模扩张，正在初步形成10万头养猪基地、千头牛养殖基地、百万只蛋鸡养殖基地、万亩柿子基地、2万亩牧草基地、万亩毛白杨速生丰产林基地、45万亩优质核桃生产基地等。加快发展农民专业合作经济组织，是年底，已建立了12个农民专业合作社，其中9个农民专业合作社已通过工商注册登记，共发展社员1000余户。三是全面推进社会主义新农村建设。制定出台了《加快建设社会主义新农村的实施意见》，提出了"五新一好"的工作思路，按照高级、中级、初级三个等级推进新农村建设。全市确定了45个试点村，其中15个为省级试点村，30个为省级治理村。全面铺开新农村建设规划编制工作，已有53个村完成规划编制，其中，15个省级试点村已全部完成新农村建设规划编制。围绕“三清四化五改”，以“两河四路”和80个重点村为重点，深入开展农村环境百日大整治活动，使村容村貌有了明显改观。四是加强农业基础设施建设。大力实施“大造林、大绿化”工程，全年投入造林绿化资金6000余万元，共完成植树417万株，其中：实施通道绿化234公里，完成荒山绿化3501.75公顷，全市生态环境明显改善。大力实施“沼气富民”工程，是年底，已建设沼气池1286户，完成投资540万元。大力实施土地复垦工程，实施土地复垦工程25处，新增耕地100.05公顷，完成土地整理200.1公顷。大力推广农业机械化保护性耕作技术，完成机械化保护性耕作高标准示范推广面积2801.4公顷。

安全生产　一是不断加大煤矿安全监管力度。对全市118座煤矿按照“分片切块、定人定矿”的监管原则，在煤矿六大系统以及火工品管理等方面深入开展安全隐患大排查、大整治活动，及时发现和整改了各类隐患3万余条；建立和完善了重大隐患矿井的档案和台账，制定了七个层次的链条式现场管理责任制；采煤方法改革成果得到巩固，全市已有20余座矿井达到和初具标准化矿井规模；108座矿坑通过了生产能力核定，生产能力全部达到9万吨/年以上；组织专门队伍进行无偿服务，全市98座煤矿的瓦斯监控系统能正常使用，产量监控系统的安装工作年底前即将完成。始终保持高压态势，严厉打击非法开采行为，共查处各类非法违法煤矿及私开铝铁矿点200余个，罚没款9000余万元，拆除设备123台件，移送公安机关12人，矿业秩序趋于稳定好转。切实加大宣传培训教育力度，对煤矿特种作业人员、危险化学品生产经营单位从业人员近万人进行了安全教育培训，先后组织企业负责人、煤矿矿长、副矿长500余人次赴吕梁市、省进行专业培训，有效提高了各类从业人员的技术水平。进一步加大对危险化学品生产经营企业的监管力度，积极开展日常检查和隐患排查整改，组织和督促全市危险化学品生产企业申领安全生产许可证。全市118座矿（坑）累计投入资金1亿多元，369户工商生产经营企业累计投入资金达1250多万元，安全条件得到了有效改善。切实加强了非煤矿山、道路交通、人员聚集场所、建筑施工、民爆物品、食品药品、森林防火、动物防疫等各行业领域的安全专项整治工作，全市安全生产形势进一步稳定好转。二是信访突出问题得到有效解决。重点围绕“一个中心、两个层面”，健全机构，完善力量。是年6月挂牌成立市信访接待大厅，除四大班子领导分别定期坐厅接访外，从市纪检委、法院、公安局共9个单位抽调9名业务骨干常驻大厅参与接访处访。同时在市直各单位和乡镇都成立了由“一把手”负责的工作领导组，进一步完善了“一个中心、两个层面”的信访工作网络。实行严格的信访工作责任追究制度，重新修订了工作责任追究办法，坚持信访稳定一票否决制度。在是年的市委工作会议和“七一”表彰会上，有4个集体和9个党支部因信访一票否决取消了评优表彰资格。坚持领导信访接待日制度、领导包案制度、律师接待制度等一系列行之有效的信访工作制度，建立信访工作长效机制，推动信访工作制度化、规范化。三是社会治安形势逐步好转。在全市范围内积极开展创建“平安农村（社区）”活动，共创建平安示范农村37个，平安示范社区3个。以“打黑除恶”专项斗争为龙头，严厉打击各类刑事犯罪活动，共破获各类刑事案件606起，抓获各类刑事犯罪嫌疑人430人，打掉各类犯罪团伙34个，涉及成员190人。以“民爆物品安全整治”为重点，在全市范围开展了3次声势浩大的民爆物品专项整治行动，共出动警力3000余人（次），出动车辆600余车（次），张贴通告1万余份，散发宣传材料3万余份，进村入户签订《责任状》10万余份，收缴炸药3772公斤、雷管6367发、导火索258米、硝氨420公斤，查处各种涉爆案件15起，刑拘犯罪嫌疑人5名，行政拘留违法人员13名。推动群防群治和治安综合治理，共查处各类治安案件624起，行政拘留141人，发案率保持了下降趋势，社会治安形势逐步好转。

基础设施建设　一是以市政道路建设为重点，大力提升城市载体服务功能。是年重点铺开了永盛路北延、安阳路、三贤西巷、建东巷、安居路东延、永安路改造、胜溪街东延、府前街东延、迎宾路南延续建和迎宾路北延等市政道路工程11项，投资1亿余元，是前两年投资的总和。年底各项工程均已完工，新增道路10.4公里，改造道路6.3公里，极大地提高了城区道路承载能力。二是以改善人居环境为目标，全面推进城市绿化、亮化、美化。立足于创建省园林城市，铺开了张家庄水库生态园修建性详规和孝河森林公园规划工作，已经召开多次会议研究，初步审定了规划方案。《崇义园改造方案》已经确定，将于2007年付诸实施。是年共投资近千万元，4月份铺开了迎宾路、三皇路、永盛路北延等道路绿化工程，7月份全部完工，共栽植行道树2600余株、各种乔灌花木150余万株。全年新增绿化面积143694平方米，绿化覆盖率提高1.2个百分点，城市绿化覆盖率、绿地率、人均公共绿地面积分别达到32%、21%、7.8平方米。是年被评为省级园林城市。亮化方面，投资650余万元，铺开了所有新建、改造街路配套路灯工程，共新装、改造路灯466杆，1420盏，城市亮化实现“一街一品、一路一色”。“孝”、“义”两雕塑已经雕刻矗立府前广场，元旦正式揭牌。三是以公路建设为带动，扎实推进乡村基础设施建设。继续坚持农村公路建设政策不变、支持力度不减，大力推进“村村通、户户通”公路建设。全年累计完成投资近1亿元，新增村村通、户户通油路、水泥路473公里，新增通油路行政村22个，通油路村达到326个，全市村通率达到86.5%。加强农村公路养护管理，有效维护公路路网运营效益。积极推进村村通有线电视工程，累计投入3000余万元完成光缆铺设800公里、电缆3000公里，有线电视村村通已达80%以上。

社会各项事业　一是教育科技文化事业发展步伐加快。坚持教育优先发展战略，继续加大教育投入，不断提高教育教学质量。投资1300余万元新建农村学校8所，改扩建3所，修缮学校21所，完成9个标准化操场建设，撤并农村初中2所，农村小学18所。投资250余万元为农村学校46个实验室、36个仪器室配齐实验仪器。投资6000余万元建设永安路小学、扩建府西街小学、续建孝义七中。投入3000余万元新建孝中体育场，已竣工并投入使用。投资650余万元为全市学校配备了一批电教设备，全市教育技术装备基本实现标准化。全年申报省级科技项目4项、吕梁市科技项目12项，安排本市科技项目12项。不断丰富市民文化生活，国画作品《官鼠》在第一届国际书画艺术大赛中获纪念奖，组织拍摄由戏曲改编的电视剧《酸枣坡》，即将投入市场。新建广播电视大楼投入使用，极大改善了全市广播电视工作硬件水平。二是卫生医疗工作成效显著。全年累计投资1.57亿元建设市、乡、村三级医疗卫生机构。投资5000万元的市人民医院外科12月份正式投入使用；投资5000万元的市中医院新址大楼装修有序进行。完成了15所标准化卫生院建设，新建改造320所标准化村卫生所，村卫生所标准合格率达85%。同时，为每个乡镇卫生院配置了近50万元和每个村卫生所1000元的基本医疗设备，改善了城乡医疗卫生条件。将13名医学专业大学本科毕业生分配到乡镇卫生院，安排专项资金对五十周岁以下的300余名卫生技术人员分批集中培训，有效加强了队伍建设。新型农村合作医疗扎实开展，截至是年底，全市40633人次得到补偿，补偿金额520余万元；2006年度农民参合率达到96.25%，比2005年高出近5个百分点。建立了精干高效的疾病预防控制和卫生监督体系，计划免疫实行免费服务，突发性事件应急能力不断提高。三是计划生育工作稳步推进。各项指标任务圆满完成。一孩上环4256例，二孩结扎131例，双女户结扎169例；社会抚养费征收292万元。优质高效完成流动人口计划生育清查验证工作。市财政拨出专款200万元，并抽调计生、公安、工商等部门工作骨干118人，组成11个清查小组，对社区流动人口进行全面调查摸底和验收工作。至是年10月份，全面完成了流动人口计划生育的清查验证、档案建设、技术服务和全员信息录入工作，全市共清查流动人口43662人。成功举办第五届陕甘宁蒙晋毗邻地区流动人口计划生育协作会议，受到上级领导和有关方面的一致好评。农村计生家庭奖励扶助工作进展顺利。经过摸底，全年共查出农村计生家庭“4+1”奖励对象60周岁以上60户65人，领证独生子女户108户190人，双女绝育户8户，退2孩指标10户，年底奖扶对象的资格确认工作已全面完成，资金投入也已全部到位。四是社会保障能力明显增强。城镇新增就业岗位2100个，下岗失业人员再就业1600人，其中安置“4050”人员170人，城镇失业率控制在3%。举办全市劳动用工招聘大会7次，介绍2199人与用人单位签订用工合同。继续加大社保覆盖面，企业养老保险、医疗保障、失业保险、工伤保险参加人数分别达到1.7万人、12.3万人、2.8万人、1.8万人，机关事业养老保险率达到90%以上。投资200余万元，新建和改建社区办公场所13个，发展便民服务网点10个，社区经费由原来的1000元增加到5000元。农村最低生活保障制度逐步健全，将3121个农村特困户过渡为农村低保户，累计发放低保金615.4万元。农村医疗救助工作正式启动，全市用于医疗救助和因病临时救济的资金达40余万元。概算投资1150万元的殡仪馆建设已完成选址工作，筹建工作正在展开。五是环境保护工作扎实推进。启动实施了蓝天碧水工程。扎实开展了焦化行业环保专项整治行动，省级审批投产的7户焦化企业中，金晖公司通过省级全面达标验收，其余6户全部安装了地面除尘设施和污水处理设施。对不合格焦化企业分期分批，严格实行环境污染末位淘汰制度。楼东俊安、梧桐电厂等企业完成了脱硫除尘设施和在线监测。持续开展了铝矾土倒烟窑企业专项取缔行动，是年推倒炉子152支，炸毁烟囱149支。水泥企业已全部配套除尘设施。加大城区环境综合整治力度，取缔锅炉、茶炉、营业性炉灶107户，全部取缔了城区营业性炉灶。开展了城区综合环境污染整治。加大“五河三线”污染整治力度。铺开了矿区环境整治工作。严格实行环保工作“一票否决制”，将环境保护列入干部政绩考核重要内容。

民主法制建设　认真执行市人大及其常委会各项决议，自觉接受人大监督，市政府7位副市长、27个组成部门负责人接受人大评议。积极支持政协工作，实行市长接待政协委员日、工商联市长特约联络员制度，加强同各民主党派、无党派及社会各界人士的联系，广泛听取各方面意见、建议。办理人大代表议案建议316件、政协委员提案545件。引深政风行风评议，推进政务村务校务公开。加强以煤矿为重点的安全生产监管。成立信访接待大厅和帮教中心。完善矛盾纠纷排查调处机制。健全社会治安群防群治网络，严厉打击各类违法犯罪，通过山西省“平安县市”验收。政府系统党风廉政建设和反腐败工作扎实推进。

（韩俊萍）

| | |
|---|---|
| **中共市委书记** | 李良森 |
| **市人大常委会主任** | 高大旺 |
| **市　长** | 张旭光 |
| **市政协主席** | 任张官 |

## 兴　县

**【简述】**　兴县位于山西省西北部、吕梁市北端，东与岢岚、岚县接壤，南和临县、方山毗邻，北与保德县为邻，西临黄河经兴神黄河大桥与陕西神木县相连。是黄河文化的发祥地之一。全县辖7镇10乡，总面积3167平方公里，国土面积居全省之首。共有822个自然村，408个行政村。全县人口总数为27.1359万人，其中非农业人口为24299人。属温带大陆性气候，春旱多风，夏热多雨，秋季凉爽、冬季寒冷少雪。年平均气温为8.4C，年平均降水量为500毫米，年平均无霜期为174天。年日照时数为2629小时。地势东北高西南低，逐渐向黄河谷槽倾斜，相对差1478米。全县耕地总面积7.5万公顷（25°以上2.81万公顷）。宜林宜牧“四荒”面积4.93万公顷。境内地势经向变化显著，形成了生态环境和生产条件明显差异的东部、中部、西部三大区域，为多样化生物资源的衍生和繁育提供了条件。全县森林覆盖率仅达13%左右。县集中在东部林区，水土流失面积占总面积的77%。山地丘陵面积占96.6%。全县已探明的矿种有煤炭、铝土矿、铁矿、硅、煤层气、石墨等23种。多数矿种品质优良，易于开采，其中煤铝尤多。全县储煤面积2000平方公里，总储量461.54亿吨，已探明储量94亿吨，多属中硫中灰的气肥煤。铝土矿探明储量2.86亿吨，远景储量大于5亿吨，是全省五大铝土矿区之一。三氧化铝和二氧化硅的平均含量分别为64.61%和7.8%，铝硅比值介于5.81～11.52之间，品位居全省之首。煤层气预测储量达2000亿立方米。兴县系相对富水区，自然地表水和地下浅层水总量为2.37亿立方米，人均量是全省平均的1.35倍，且黄河流经兴县84公里，利用潜力很大。煤铝资源和水资源的组合优势较为突出，适宜建设大型煤电硅、煤电铝生产企业。旅游资源方面，有党和国家领导旧居（路居）和革命烈士纪念地“两馆一园”（晋绥解放区烈士陵园，晋绥边区革命纪念馆，“四八”烈士纪念馆），有自然风光秀丽奇特的“两山一洞”（石楼山、石猴山和华北第一大溶洞仙人洞），还有古朴深远，内涵丰富的黄河文化，都具有相当的开发利用价值。

（贾佩珍）

**【县域经济快速发展，主要经济指标创历史新高】**　2006年，尽管受产业环保政策日益趋紧、煤矿安全生产许可证申领工作的影响，但县域经济仍保持了快速发展的良好势头，经济结构调整的积极效益逐渐显现。农业在全年遭受严重旱灾的情况下，粮油总产量达3253.65万公斤，是正常年的31.2%，红枣产量2250万公斤。1～11月份，规模以上工业总产值完成38144万元，同比增长81.8%；规模以上工业增加值完成11165万元，同比增长87.1%。乡镇企业营业收入累计完成176050万元，同比增长33.8%，总产值完成195300万元，同比增长34%，增加值完成51079万元，同比增长37.87%。财政收入首次突破亿元大关，达到10985.1万元，同比增长78.3%，占年任务的122.34%。社会消费品零售总额完成21853万元，同比增长19.6%。城镇居民人均可支配收入7201.2元，同比增长22.5%；农民人均纯收入1150元，同比增长7%。城镇基本养老保险覆盖率达到100%。机关干部职工工资做到了按时足额发放，重点支出得到了有力保障。

（贾佩珍）

**【绿色生态农业建设】**　2006年，坚持以生态建设为中心，以产业化经营为方向，以退耕还林为杠杆，以园林基地建设为载体，积极扶持传统优势农业产业，初步形成了农林牧协调发展的局面，走上了绿色生态型农业的发展之路。

生态建设　对历年的6670公顷退耕还林工程进行了全面补植补造，抚育管理面积8004公顷；完成新退耕还林任务1000.5公顷，占年任务的100%，完成封山育林600.3公顷，占年任务的100%，天保管护面积达到45582.78公顷；通道绿化工程中，完成忻黑线、岢大线两条省道的规划设计，栽植1.5米以上侧柏1.12万株，胸径4厘米杨柳1.04万株，同时完成县乡公路绿化8公里，栽植1.5米以上侧柏1万株，成活率达到94.3%。

种植业　形成大豆、葵花、小杂粮、蔬菜、中药材等五项特色优势产业。同时在特色种植上形成“四大示范园区”：蔬菜园区（大棚500个），食用菌园区（香菇26万袋）、新品种水果园区53.36公顷和高效益农田示范园区333.5公顷。

林牧业　通过实施果园改造工程和红枣经济林建设工程，经济林栽植1467.4公顷，其中新建枣园1334公顷，新建核桃示范基地133.4公顷。同时发放林权证13000本，完成发证面积56695公顷。

种草养畜　按照“典型引路、整体推进”的方针，继续围绕雁门关生态畜牧经济区建设重点，借助省、市相关部门的资金支持，县里配套出台优惠政策，加快全县畜牧业的快速发展。截至2006年底，全县累计造林2134.4公顷，同比增长1.8%；种草967.15公顷，改良牧坡13340公顷，同比增长20.9%。新发展规模养殖大户7户，使传统养殖逐步向现代化养殖转变。全年新发展绒山羊标准化养殖场6户，使规模养殖户达2210户，养殖专业村89个，形成了交楼申（恶虎滩、固贤、东会）、绒羊养殖小区，魏家兴（瓦塘）肉羊养殖小区，康宁肉牛和肉羊养殖小区，贺家会（孟家坪、赵家坪）绒山羊和肉牛养殖示范小区。预计年末，牛存栏达3.1万头，比2005年同比增长3.1%；出栏0.8万头，比2005年同比增长9.97%。羊存栏26.2万只，比2005年同比增长12.5%。猪存栏3.9006万头，出栏4.2万头。鸡存栏27.6万只，出栏15.2万只。肉类总产量4618吨，禽蛋产量3321吨，羊绒产量82吨，牧业总产值达8920万元，牧业占农业总产值的36.4%。（贾佩珍）

【城市基础设施建设】 2006年，按照整体规划、分步实施、稳步推进的原则，拉大县城架构，加快基础设施建设，提高城市品位。重点工程进展情况为：①县城供水工程完成主管道改造8.5公里，筑阀门井95座，支管道改造中水表出户170户，完成投资222万元。②县医院门诊楼工程主楼封顶，西侧楼的拆迁工作已接近尾声，已完成投资130万元。1#安置楼四层封顶，完成投资200万元。③完成"两街"改造建设工程。砌筑排水涵洞1117米，路面铺油16800平方米，两侧人行道铺砖6300平方米及地下管线等附属工程，安装路灯56盏，总投资420万元。④完成蔚汾大桥建设工程。⑤县城的城改拆迁。已完成西关口、食品公司、机械队院及南大街原新建旅馆、城关派出所西面、新华街中段拆迁改造的前期调查、规划、测量工作。⑥县城总体规划修订新区的工作现正在紧张地进行规划、设计等前期工作，进展顺利。⑦全县建设安康居住工程住房面积2.5万平方米，解决250套住房。经过这一系列的工作措施，城区面貌得到了亮化、美化，县城综合服务功能逐步增强。

道路交通建设　2006年，以"三纵三横五贯通"的公路网架和首尾相连的"人"字形铁路骨架为目标，围绕改善出行条件，提高通畅能力，坚持以义务修路为主，全县动员、全民参与，重点项目建设取得明显进展。岢瓦铁路一期岢岚～魏家滩段49公里电气化铁路项目正在建设之中，已完成隧道工程2.3公里，3座大桥桥墩15个，车站场地平整等。沿黄公路一期黑峪口～罗峪口段全长30公里，现已全线通车。罗峪口～大峪口路基工程已全部完工。农村客运站点设施建设成效显著，新建候车亭4个，招呼站牌12个。农村客运网络初步形成，完成30个行政村通客车的任务，累计通客车292个行政村，通车率达77.8%。客货物流管理中心主体工程全部竣工，完成投资950万元，现进入内装修阶段。

水利建设　截至2006年11月底，共完成新增水地73.37公顷。水土保持治理面积9678.17公顷，占上级下达年度任务的120%，建设中小型淤地坝107座，完成水土保持保护面积17432公顷；完成人畜饮水解困工程34处，解决了36个自然村、13055口人，1395头大畜的饮水困难，累计完成投资544万元。

通讯建设　截至2006年11月底，全县程控电话装机总容量30575门，电话普及率达到每百人9.36部，国际互联网用户不断扩大；网通无线市话业务（小灵通）顺利开通，有效通话范围上至车家庄下至蔡家崖，与移动、联通竞相服务于广大用户。（贾佩珍）

【社会保障体系建设】 是年，社会保障体系不断完善。县里重点从加强全县劳动保障能力建设入手，下大力气争取资金，向上级争取企业养老补助400万元，养老调剂金21万元，为继续巩固企业离退休人员养老金按时足额发放和下岗职工基本生活费发放奠定了基础，提供了资金保证。

企业养老保险　2006年，全县共有参保企业64户，参保职工6148人，具有实际缴费能力的仅有3115人；为359名遗属及死亡职工发放丧葬抚恤金49万元，全年为2067名离退休职工共发放养老金1047万元。按时、足额、社会化发放率均达到100%。基金征收达到699万元，达历史最高水平。"全保工程"全面启动，具备市级联网条件。

失业保险　全县共有参保企业、事业单位123户，其中国有企业49户、集体企业2户、事业单位72户，参保人员5023人，享受失业保险待遇786人，城镇职工登记失业率3.5%。在基金征缴相当困难的情况下艰难运行，1～11月份完成征缴失业保险金7.9838万元，现正积极争取上级调剂。

工伤保险　作为新启动的险种，全年发展参保企业11户，工伤保险参保人员614人，征收工伤保险基金28.2816万元，累计完成工伤保险基金55万元。使工伤保险工作初步走上正常运行的轨道。（贾佩珍）

【社会稳定和安全生产工作】 是年，县委、县政府把安全生产工作列入重要议事日程，摆在重要位置。有关职能部门全面落实安全生产责任制。多管齐下，抓教育、抓监管、抓投入，深刻吸取吕梁市临县"3·18"特大透水事故的教训。先后开展了煤矿停产整顿，矿业秩序专项治理整顿，森林防火消防安全大检查。在煤矿停产整顿期间，按照市委、市政府的安排部署，采取了强有力的安全措施：①严格落实市政府采取的八项措施，把煤矿停产、停建、停整落到实处。县里多次派出督查组，采取巡查、夜查、实查的方式，重点加强了对证件不全或部分证件过期矿井的监管力度。②全面贯彻落实省市电视、电话会议精神及上级规定，严格启封整顿程序；严格落实矿级领导下井带班，严禁违法违规超能力生产、超人员下井，严格安全隐患排查治理报告，加强煤矿从业人员的培训工作。③严格煤矿的现场管理。上半年通过聘请有资质测量的部门集中为全县"六证"齐全有效并批准整顿的关家崖煤矿、车家庄煤矿、车南联营煤矿、麦地山四座煤矿对其井下所有巷道密闭进行了实测，对闭墙统一编号，对井下采空区和积水范围进行了重新圈定。通过实测调查，重新绘制了符合实际的图纸。与此同时，县政府督促各矿购置了探水钻，制定了探放水安全技术措施，有效地杜绝了事故的发生。④加强煤矿的换证延期工作。四座煤矿复产复建被批准，五座煤矿完成安全许可证申报工作。⑤探索机械采煤，做好以点带面工作。关家崖煤矿初步装备完成悬移支架放顶煤工作面。现进行放顶回采试生产，初步进行特厚煤层采煤机械化试点工作。⑥组织开展了打击私采滥挖专项活动。对问题严重的乡镇召开了集中打击非法采矿专项斗争会议，并开展定时不定时的巡查，通过采取贴封条、上锁链、扣押设备和经济处罚等措施，使全县打击私开矿工作取得了阶段性效果。此外，在道路交通、森林防火和城区消防等方面，通过广播电视、新闻等各种形式，大力宣传，强化安全教育，提高全民安全防患意识，使全县保持了安全无事故的良好势头。（贾佩珍）

【各项社会事业建设】 是年，教育、卫生、计生等各项社会事业全面进步。

教育工作　围绕教育布局调整总体思路，对全县中小学进行了合理布局。全年共组织全县校长、教师600余人次参加了省、市、县的各级培训，提高了教育教学质量；共投资7295万元对8所寄宿制初中和2所寄宿制小学进行了新建和改扩建，总建筑面积20744平方米，预计2007年4月全部投入使用；优化了学校管理体制和教师队伍结构，对原来的乡（镇）教办（学区）取消设立了中心学校，并按程序依法聘用了78名懂业务、善管理的正副校长，并对他们进行了为期一周的岗前培训。实行中小学人事制度改革，清理不在岗教师，使不在岗教师减少为27人，请假教师减少为34人，并一次性办理123名借调教师的借调手续。成立了教育人才管理中心，对教师队进行了合理调配，使教育资源得到科学化配置。认真做好"两免一补"的发放工作，全年有中学生38069人次，小学生87573人次享受了"两免一补"政策，补助金额674.85万元。

卫生工作　2006年，加强了卫生基础设施建设。总投资333万元的乡（镇）卫生院基础设施建设项目建设已近尾声，所涉11所卫生院除高家村、孟家坪卫生院外，其余全部投入使用。总投资2000万元为县医院购置医疗设备项目也已进入招标论证阶段。总投资150万

# 中共柳林县委
# 柳林县人民政府

县委书记 李润林

柳林县地处吕梁山西麓，黄河中游东岸，素有“山西门户”、“秦晋通衢”之称。县域国土面积1288平方公里，辖8镇7乡257个行政村，总人口30.12万人。近年来，柳林县委、县政府带领全县人民，认真贯彻落实科学发展观，全力推进新型工业、新型城市、新型农村建设进程，努力建设景气柳林、人气柳林、正气柳林、和气柳林，经济和社会各项事业实现了又好又快发展。

县长 庞鹏峰

“十五”末，全县国内生产总值实现43.38亿元，财政收入完成8.58亿元，分别比“九五”期末增长19.8%、42.9%。2006年全县国内生产总值实现54.46亿元，财政收入完成11亿元，农民人均纯收入达到2273元，城镇居民可支配收入为8112元，分别增长19.8%、28.3%、14.8%、19.1%。新型工业建设迈出实质性步伐。以省“两区开发”和市“双百双千”项目建设为龙头，积极上马国家鼓励支持的煤化工、煤电、新型建材等环保节能项目，2006年续建和新建生产性项目29个，总投资197.47亿元，完成投资36.78亿元，一批大项目已经建成和正在加速建设，新型煤焦化基地、新型电力能源基地、新型建材基地已具雏型。新型城市建设日新月异。按照“山水城市、商贸大县、开放窗口”的目标，坚持引入市场机制经营城市，全面繁荣城市商贸，着力改善城区生态环境，积极发展城区科教文卫事业，完善城区供热、供气、供电、给排水、道路交通等基础设施，下大力气解决城区居民住房困难问题，城市综合服务功能日益改善，山水城市初具规模，人居环境大幅改善。新型农村建设扎实起步。按照“一矿一企帮扶建设一个新农村”的思路，全县68户企业累计投入新农村建设的资金达5.6亿元，采取“以处理地质灾害方式建设新农村、以资源置换方式建设新农村、以回报社会方式建设新农村、以结对帮扶方式建设新农村、以项目推进方式建设新农村”等有效模式，有力地推动了全县新型农村建设。2006年柳林县被省委、省政府授予“全省新农村建设先进县”。根据山西省新的地区经济社会发展考核评价体系，2006年柳林县发展指数位列全省第12位，第七届中国中部县域经济基本竞争力百强县（市）评选揭晓，2006年柳林县位列中部百强县（市）第88位。柳林已经成为全国县域经济增长速度最快的百县（市）之一。

建设中的柳林县城

福龙煤化

# 山阴县人民政府

县委副书记、县长侯元陪同朔州市纪检委书记高建国在广武旅游区调研

2007年，是山阴县科学发展、和谐发展、率先发展、跨越发展的一年，也是干部群众得到实惠最多的一年。一年来，经济增长加快、结构优化、质量提高、活力增强，民生得到改善，社会和谐程度提高，全县呈现出好中求快、又好又快的喜人局面。财政总收入、一般预算收入总量全市第一；经济社会发展绝大部分指标全省领先，名列全市前茅。山阴县被省政府评为粮食生产先进县、被市政府评为招商引资、畜牧业发展、安全生产、建设项目管理先进县，成为雁门关生态畜牧经济区建设的示范县。赢得了全省农村公路养护管理试点创新与实践座谈会、全市煤矿采改工作现场会、全市生猪定点屠宰现场会等在山阴县的胜利召开。在全省地区经济社会发展考核评价中，经济社会发展水平居119个县第 29 位，经济社会发展指数居25位。全县地区生产总值达到 570032万元，比上年增长52.4%。财政总收入135958万元，增长35.7%；一般预算收入47595万元，增长 34.1%。城镇居民人均可支配收入11588元，增长28.7%；农民人均纯收入5222元，增长28.4%。

古城集团现代化挤奶车间

人畜分离现代化奶牛养殖园区

旧广武城全景

# 长治市民政局

1996年12月1日，长治市民政局新的一届领导班子组成后，以“上为中央分忧，下为百姓解愁”为己任，以“以民为本，为民解困”为宗旨，紧紧围绕“整体上台阶、单项搞突破、机关创文明、人人争先进”的工作思路，在继承中发展，在发展中创新，在创新中超越，使长治市民政工作取得了令人振奋的成绩。1997年～2006年连续十年在全省民政系统目标考核中名列前茅，特别是1998年长治市在黎城县搞农村低保试点，在全省第一家出台并实施了农村最低生活保障制度，受到了民政厅的高度评价。1998年12月3日，在黎城县召开了全省农村低保现场会，黎城的经验被誉为“黎城模式”，向全省予以推广。1997年，长治市在长子县培育的“乡干部‘八做到’、村务‘九公开’、户创‘十星级文明户’的形象工程”引起了市、省、部领导的高度重视。1997年12月，长治市委、省民政厅在南常乡召开现场会，作出关于全面推广“形象工程”的决定。1998年7月16日，省委组织部、宣传部、民政厅联合在长子县召开现场会，向全省推广南常乡的经验。同年11月26日，全国人大和民政部在人民大会堂召开“形象工程”座谈会，与会的专家、学者和有关领导对此项工作给予了高度评价。《中国社会报》连续两次头版全方位对该工作进行了报道，并把“形象工程”誉为昔阳大寨之后，中国新时期农村革命的又一个亮点。原省委书记胡富国也亲自批示“推广形象工程大有益处”。该市连续三次被解放军总政治部、民政部命名为“全国双拥模范城”，并先后荣获“全国社区建设示范市”、“全国法制宣传先进集体”、“全国地名勘界先进市”、“全国民办非企业单位自律诚信最佳组织单位”、“全国设标先进市”、“全市最佳服务机关”等光荣称号。

局长 贾先凤

领导班子成员

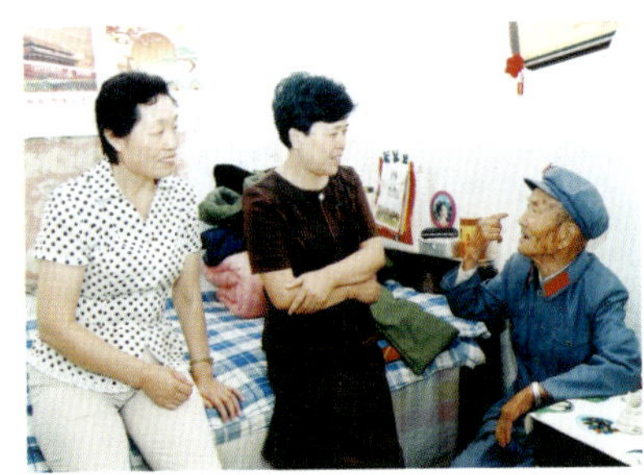
局长贾先凤、副局长王秀兰拜访老红军战士

办公大楼

元的兴县中医院基础设施建设项目可研已上报，正在批复中。继续巩固和发展计划免疫成果。到2006年底，基础免疫中四苗接种率分别为：卡介苗97.5%，糖丸99.8%，白百破98.3%，麻疹疫苗98%。结核病防治工作不断深入，是年共接诊病人58例、拍胸片检查病人48例，并对他们进行了督导管理。

计划生育工作　2006年，全县人口和计划生育工作紧紧围绕县委、政府提出的目标，创新工作思路，转变工作方法、真抓实干、较好地完成了市、县目标任务，各项工作取得了好成绩。从2005年9月到2006年9月底，全县共出生人口1896人，出生率为7‰，自然增长率控制在4.29‰以内；计划生育率达到91.24%，各项人口计划指标和控制指标，均达到了市政府的要求。2006年完成一孩上环2676例，占任务2107例的127%；完成三孩结扎1308例，占任务983例的133%，其中完成双女户结扎147例，占任务88例的167%；完成社会抚养费征收180.5万元，占任务149.5成元的120%。到六月底，已摸清落实了2006年奖励对象，分县、乡、村三级建立了档案。全县涉及奖励扶助对象的农村计生家庭共384户、658人，其中国家奖励扶助对象135户、178人，独生子女奖励对象231户、450人，双女绝育13户、24人，退二孩指标奖励对象6户、6人。同时，狠抓流动人口计划生育清查验收工作。截至年底，全县已建档流出人口总数为38554人，其中跨乡12441人，跨县、市15275人，跨省12828人。流出已婚育龄女10963人，其中未育969人，一孩妇女2876人，二孩妇女3958人，多孩妇女3160人。流出人员建档活动开展以来，办证率达82%以上。流入人口总数5940人，其中未育96人，流入已婚育龄妇女1695人，其中一孩妇女549人，二孩妇女912人，多孩妇女234人。持证率达到84%，验证率达79%。同时下发限期办证通知书1285份，签订流出、流入协议分别为1674份、857份，与房主签订协议698份，企业、公司等签订协议25份。（贾佩珍）

**【人才资源开发引进建设】**　2006年，兴县人民事局围绕全县经济建设这一中心下工夫，出实招，切实抓住抓好发展中国共产党执政兴国的第一要务，着力开发人才第一资源，努力实现“两个方面”的转变：一是从单纯的人事工作向人事、人才工作并重，且以人才工作为主的转变；二是从单纯的人事管理向人事管理与服务并重，且以服务为主的转变。围绕“两个转变”全方位开展工作，在推进人事制度改革，加快人才资源开发上取得显著成绩。

1. 人才工作有新突破

2006年首先在掌握人才实情的基础上制定了兴县五年发展人才规划，起草了《兴县县委、政府关于加强人才工作的实施意见》，以县人民政府文件出台了《兴县大中专毕业生实行人事代理的意见》、《兴县人才招聘管理工作的暂行规定》、《兴县大中专毕业生进入人才市场就业的暂行办法》等一系列文件，不断创新人才引进机制、培训机制。第二，积极召开了县委组织部长、政府分管领导和人事、编办、劳动保障、财政、公安、教育、卫生、工商、发改局等部门参加的人事人才工作协调配合会，成立了人才领导机构，将人才工作当作一项重点工作来抓。积极改革事业单位内部分配办法，形成重实绩、重贡献，向优秀人才和关键岗位倾斜的分配激励机制。命名表彰了15名来自各行各业的优秀专业技术人才，为人才工作顺利开展，优化人才工作环境，激发更多的人才，为兴县社会经济的发展建功立业创新了条件，奠定了良好基础。第三，积极为兴县企事业单位引进人才提供服务。局领导深入企事业单位广泛动员、精心组织，年内通过参加省、市人才智力交流大会和部分院校毕业生供需洽谈会，为兴县中学引进招聘本科毕业生10人，兴县四中签订招聘意向书20人，举荐大中专毕业生12人，受到用人单位好评。第四，以人事代理工作为重点，积极做好大中专业毕业生就业中介服务工作。认真组织了市煤炭安监系统及市建设局招聘工作人员的宣传、组织服务工作；10月份组织实施了教育、卫生系统大中专毕业生招聘考试报到、报名工作，配合审查组对76名本科生、270名医卫类院校毕业生进行了资格审查，使交流中心的职能作用得到充分发挥。是年，本县人才交流中心已接收大中专毕业生档案1227份，接转聘干档案525份，办理人事代理477人。第五，加强培训提高人才素质。是年，会同教育、卫生、农业等部门组织实施了对现有技术人员自学、培训、外出进修等多种形式的继续教育。配合教育局分三批对全县中小学500余人次进行了新教材教法和素质教育培训；配合卫生局举办了由省级甲等医院教授主讲的全县外、内科和临床医学等专业知识讲座；配合农业局组织了四批150余人次的农村沼气池建设指导现场会。第六，重视乡土人才的挖掘、培养和开发。是年，推荐表彰省市级农村拔尖人才13人，会同县科协、农业局对全县17个乡镇的养殖、种植、工程建筑等行业技术能手进行了10期技术培训，既激发了农民群众学科技、用科技的积极性，促进了优秀科技人才的脱颖而出，也推动了全县农业向特色化、产业化的创新发展。

2. 人事制度改革卓有成效

是年，在推进事业单位人事制度改革方面作了积极的探索、实践，取得显著成效。①认真组织学习宣传新《公务员法》。②改革完善了全县党政群机关、事业单位工作人员的管理考核办法，全面完成了2005年度全县机关事业单位干部职工的岗位目标责任制考核，并严格考核结果的备案审核工作。③按照布局要求，完成了对全县县乡机关实有人员的摸底调查和公务员登记工作。④积极推进事业单位人事制度改革，制定了改革方案，出台了《兴县事业单位新进人员实行公开招聘暂行办法》，把公开招聘“凡进必考”作为事业单位补充人员的主要方式。⑤加大职能改革力度，改革职称评聘办法，形成以结构比例为主体做职称评聘机制。2006年共申报高级专业技术职称5人、中级25人、评审初级20人，组织经济类中初级资格考试25人。同时通过全力争取，全部解决了439名初、中、高级专业技术人员职称工资兑现问题。

3. 常规工作规范运行

是年，县人事局领导和工作人员经常深入军转干部家中，了解其生活状况和思想动态，“八一”前夕，为9名企业军转干部进行了健康体检，会同县委、政府领导进行了慰问，及时协调财政部门落实了晋人字〔2006〕227号文件规定的解困措施。对全县财政供养人员的工资实行了月审制。圆满完成了各项工资、工考工作。于2006年7月完成了机关事业单位工作人员调资增资预发工作；完成了工人技术等级考试报名、培训、考核工作。对全县聘用制干部重新进行了摸底登记，完善了聘用手续，理顺了聘用关系，续签了聘用合同，聘用制干部的档案全部转存人才交流中心，使聘用制干部的管理使用进一步法制化、规范化。

（贾佩珍）

**【政法工作建设】**　2006年1月～11月份，公安机关立刑事案件244起，破获127起，刑拘118人，批捕95人，实际逮捕83人，其中5起命案全部告破；破获“两抢一盗”案件42起，打掉犯罪团伙3个，抓获犯罪嫌疑人23人；破获涉毒案件5起，逮捕2人，劳教2人，强制戒毒47人；抓捕各类在逃人员43名，其中省外逃犯4名，外市逃犯3名，本地逃犯36名。共受理治安案件494起，查处491起，行政拘留183人；侦破涉爆案件17起，刑事拘留7人，治安拘留11人。在开展的治安大清查、安全大检查专项行动中，共收缴炸药10556.5公斤、雷管1636枚、导火索3469米，收缴制造炸药原料硝酸铵4250公斤，没收加工设备2台，硫黄20.5公斤；收缴管制刀具26把、黑枪9支、子弹41发。建立特行档案38册，登记印刷业18家，废旧金属收购业11家，洗浴中心19家，机动车修理业22家，娱乐场所2处，进一步规范了特行场所经营业主的行为，强化了监督力度，保证了本县特种行业依法有序发展。审判机关共收刑事诉讼案件117件201人；收民事诉讼案件142件，审结142件；行政诉讼案件3件，全部审结；共新收执行案件128件，执结110件。1月～11月份，检察机关共受理公安机关提请批准逮捕案件和自侦部门移送审查逮捕案件92件155人，其中批捕86件145人，不捕10人，追捕21人；共受理公安机关和自侦部门移送审查起诉的各类刑事案件101件157人，起诉96件145人；立案侦查渎职侵权案件4件4人，全部移送审查起诉；共立查贪污贿赂案件3案3人（其中大案要案2件2人），全部侦结移送起诉。（贾佩珍）

**【组织工作建设】** 2006年，把大规模培训干部工作作为事关全局的政治任务摆上重要日程。形成多层次，多渠道大规模的干部教育培训工作格局。按要求完成了省、市调训任务，组织各乡镇党委书记、乡镇长分别参加了省委、市委党校举办的加强农村基层党建和建设社会主义新农村专题培训。邀请中国国情与发展研究所贾文广所长、中央政策研究室姚监复所长、省政府发展研究中心农村处温凤麟处长及市委讲师团闫巨海团长来兴县，分别就社会主义新农村建设、老区贫困区山区发展问题及当前发展、国内农业农村发展介绍，当前国内省内农村政策问题等内容作了专题报告。组织了科级以上干部学习《江泽民文选》和贯彻十六届六中全会精神专题培训会。培训科级干部1100余人次。采取走出去的办法，分批组织部分乡镇主干、县直单位负责人赴陕西、内蒙及兄弟县市参观学习，进一步解放了思想，更新了观念。在乡镇党校采用集中培训和以会代训的形式，全年共举办各类培训班51期，培训乡村干部3000余人（次），提高了党员干部队伍的整体素质。

2006年，在干部人事制度改革方面严格执行《干部任用条例》，“5+1”法规文件和省委“三个规定”、不断完善干部任用激励机制和干部淘汰机制。在干部的选拔任用中，严把民主推荐、组织考察、职数审批、任前公示、执纪执法情况审查和任职谈话“六关”，不断扩大民主。县委对新提名的2名乡镇党委书记、2名乡镇长拟任人选进行了县委全委会表决，4名同志均以全票通过。11月，对全县30岁以下的科级干部通过采取笔试、面试的方式进行了细致的考察，为下一步年轻干部的选拔任用做好准备。乡镇党委换届后，乡镇党委委员职数由原来的11人减少为9人，党委副书记职数由原来的5人减少为3人。

2006年，按照市《贯彻公务员法实施方案》要求，结合兴县实际，成立了兴县实施公务员法领导组及办公室，出台了《兴县贯彻公务员法实施方案》和《兴县县乡机关公务员登记工作安排意见》，召开了兴县实施公务员法工作培训会，对兴县《公务员法》的实施及公务员的登记工作作了具体安排部署，并开展了公务员的登记审核工作。12月7日，完成了全县17个乡镇27个县直机关的公务员登记草表报送和审核工作。共审核公务员草表537份，现正汇总上报。

是年，县委组织部遵照县委、县政府《关于加强人才工作的实施意见》为各类人才提供了五项服务：①把2005年县委、县政府表彰的22名优秀专业技术人才的基本情况、科研成果、晋升奖励、工作实绩等有关资料建卡归档。②积极开展了人才资源调查，对全县45岁以下的全日制本科以上学历的人员全部进行了登记造册。经调查，全县的干部中，具有全日制本科以上学历的118名，其中有学士学位的81名，占68.64%；有高级职称的8名，占6.7%；有中级职称的16名，占13.5%。③组织8名优秀专业技术人才和1名乡土人才参加了市委组织部在山西疗养中心举办的疗养活动。④通过考察了解，申报了5名优秀专业技术人才参加吕梁市第一届青年专业技术学科带头人的评选活动。⑤针对兴县“煤、电、铝、化、材”五大产业发展的需要，按照“五五兴县”战略的框架编制了技能人才的需求和培养规划。

2006年，在先进性教育活动中经考察共为865名入党积极分子建立了档案。全年共发展新党员280名，其中干部党员62人，工人党员31人，农民党员187人；35岁以下的153人，占发展党员总数的54.6%；妇女党员58人，占发展党员总数的20.7%；高中以上文化程度的169人，占发展党员总数的60.4%。

2006年，在纪念建党85周年系列活动中，对全县在开展先进性教育活动中涌现出来的37个先进基层党组织、27名优秀党务工作者、55名优秀共产党员和29个先进性教育活动先进单位，58名先进性教育活动先进个人进行了表彰。由县四大班子党员领导干部和乡镇党委分层次对建国前入党的349名农民老党员进行了慰问，送去党的关心和温暖。组织部与兴县信用合作社联合主办了“纪念中国共产党成立85周年‘信合杯’卡拉OK暨党的知识电视大赛”，在县电视台黄金时段现场直播。组织摄制了党员电教片9部，其中反映兴县第十四次党代会和蔡家崖乡蔡家崖村、罗峪口镇罗峪口村先进性教育活动等3部电教片在吕梁市电视台播放。各基层党组织开展了讲党课、重温入党誓词活动，增强了党组织的凝聚力，充分展示了党员风采。

2006年，兴县县委组织部建立了人人写信息、人人搞调研的工作机制。全年编报信息200余期（条），被省、市采用20余条。

（贾佩珍）

**【妇联工作建设】** 2006年，继续实施“巾帼奔小康”工程，并重点放在创新与发展上。“三八”节期间，召开各级妇干会议，详细安排部署了全年“双学双比”活动的有关目标和任务。开展了科技培训。采取组织参观、交流、技术咨询等方式引导妇女更新观念，放开胆量，积极从事适合当地发展的种养殖业，先后组织各类实用技术培训8期，参训妇女600余人，辐射培训2000余人（次）。并选派两名女带头人参加了省级培训。在利用世行贷款从事养殖业的220户农妇进行调查分析和指导的基础上，重点帮扶了部分能够创新业的妇女示范户，使她们靠科技知识成功地发展了规模养殖，为周边村妇女作出了榜样。现已形成了四大妇女科技养殖示范基地和四个“三八”绿色工程，新培养妇女科技示范带头人40名。与县移动分公司联合在17个乡镇建立了225个妇女网络文化站，并对从事文化站工作的妇女进行了业务培训，制定了监督、管理、服务制度，现45个文化站已开始运作。在开展“巾帼文明岗”创建活动中，文泉小学被省妇联命名为“文明示范岗”，还有3个以妇女为主的新单位达到了申报条件。（贾佩珍）

| | |
|---|---|
| **中共县委书记** | 李月勤※ 郭颖 |
| **县人大常委会主任** | 邱虎翼 |
| **县长** | 刘泽峰※ 孙善文 |
| **县政协主席** | 白文毅 |

## 中阳县

**【简述】** 中阳县位于山西省西部，吕梁山脉中段，介于北纬37°03′～37°27′，东经110°50′～111°29′之间，东西长45公里，南北宽47公里。县辖5县2乡，100个村、居委会。辖区总面积1441.4平方公里。2006年，全县耕地总面积14364公顷，农作物播种面积9336公顷，占耕地总面积的65%。

2006年底，全县总户数43938户，总人口数为138928人，其中男72973人，女65955人；农业人口总数为92870人，非农业人口46058人；年内人口出生数为1588人，出生率控制在11.51‰，死亡人数为556人，死亡率为4.03‰，人口自然增长率为7.48‰。人口密度为96人/平方公里。

中阳县属暖温带大陆性季风气候。2006年，日照总时数2545.7小时，年平均气温8.8℃。1月平均气温为-6℃，极端最低温为-20.8℃；7月平均气温为22.6℃，极端最高气温为35.3℃。年总降水量为454.3毫米，全年无霜期为202天。

2006年，全县国内生产总值完成26.8亿元，同比增长19.9%。一般预算收入完成1.24亿元，增长25.9%，高出财政总收入增长幅度3.6个百分点，财政收入结构进一步改善。上缴税费千万元以上的企业新增5户，总数达到7户，多驾“马车”拉动经济扩张的格局正在形成。全社会固定资产投资完成12.5亿元，同比增长52.8%，县域经济发展后劲得到增强。城镇居民人均可支配收入6834元，农民人均纯收入达2310元，城乡居民储蓄存款余额达143711万元，县域经济总体实力明显提升。

农业 2006年全县农业总产值完成9017万元，共完成种植面积2674.67公顷，完成计划的107%。其中：粮食8404.2公顷，油料

833.75公顷，瓜菜260.13公顷。粮食总产量1765万公斤，油菜产量400.7万公斤。截至年底全县大畜饲养量11310头，其中黄牛11235头，出栏4634头，奶牛75头，出栏12头；羊饲养量3261只，出栏1140只；猪饲养量19260头，出栏14196头；鸡饲养量180890只，出栏87410只；獭兔饲养量81130只，出栏42100只；肉蛋奶总产2242.34吨。

农村经济社会发展活力明显增强。围绕农民增收农业增效的目标，坚持不懈地抓好“十大特色农产品”基地建设，初步形成了具有区域特色的农业产业化格局。大力实施核桃富民战略，新栽核桃700.35公顷，嫁接改造667公顷，全县核桃种植面积已达6069.7公顷。沼气项目进展顺利，是年全县完成建池1012户，正常投入使用892户，完成“一池三改”316户，完成两改562户，累计投入资金250万元，在全省23个项目县中排名第一。“阳光工程”支撑劳动力有效转移，农民人均收入2310元，同比增长10%，其中农民劳务收入占到其中的65%。

林业建设成绩喜人。2006年，全县完成退耕还林1067.2公顷(其中退耕地造林200.1公顷，荒山造林867.1公顷)，补植补造历年退耕还林工程31615.8公顷，政策兑现100%；“三北”防护林工程造林667公顷，以高质量的工程迎接了国家、省级领导的检查验收，得到一致好评。12月在中阳县召开了全省三北地区退耕还林培训会。2006年是省级六大绿化工程项目启动年，全年完成环城绿化140.07公顷，交通沿线荒山绿化435.6公顷，完成了6个园林村镇建设，通道绿化共打坑6万个。狠抓吃水、节水、蓄水和基本农田建设，建成人畜饮水工程15处，稳定解决了15个自然村，16343口人，339头大畜的饮水问题。是年共完成水保初治面积6019.34公顷，完成农业节水面积133.4公顷，实施整滩造地工程27处。截至是年年底，全县新增基本农田298.15公顷(其中完成机修梯田56.7公顷，坝滩地100.05公顷，水地建设21.34公顷)。

**工业**　2006年，经济工作运行良好，继续保持上升势头。全年规模以上工业总产值完成55.5亿元，同比增长23.59%；工业增加值完成18.5亿元，同比增长11.94%；销售收入预计53.3亿元，同比增长22.6%；利税预计5.2亿元，同比增长22.6%；利润预计1.7亿元，同比增长14.8%。全县对外贸易进出口总额完成828万美元，占全年计划的102%。

重点调产项目推进力度明显加大。2006年是中阳县确定的“项目建设年”，全年共实施新建、续建项目39个。中钢80万吨高线等12个项目已建成或投产，鑫隆煤源公司90万吨矿井等15个项目正在建设之中，其余12个项目仍在加紧前期工作。特别是腾飞机械公司石油勘探器材加工、金泰不锈钢公司特种钢加工和远锦贸易公司慧仁核桃深加工等三个项目的推进，标志着中阳县在培育新型产业方面取得新进展。

对外开放和招商引资取得明显成效。中阳县始终坚持把扩大开放摆在全局工作的重要位置，把招商引资作为实施对外开放战略的重中之重。2006年先后组织企业家参加了“沪洽会”、“港洽会”、“政银企对接会”等7个投资洽谈会，签订项目合作协议8个。一批项目正在进行合资合作洽谈，部分项目已进入技术操作层面。对外开放的扩大，为企业充分利用“两个市场”、“两种资源”做大做强创造了条件。

**邮电通讯**　邮政方面：2006年，县邮政总收入完成477.4万元，比2005年增长11.51%，业务总量643.2万元，比2005年增长20.75%。电信方面：截至2006年底，业务收入累计1655万元，增幅达17.29%。完成固定电话发展1879户，目前全县累计20508户；“小灵通”用户2006年发展2549户，累计已达10319户；宽带业务发展890户。

**交通运输**　2006年，全县完成通达通畅工程43.5公里，村与村网络工程80公里，街道硬化工程68公里，新农村建设试点村街道硬化43公里，矿区路12公里，城区道路3公里，共完成建设投资6655万元。新增高级、次高级路面44.9公里。

村村通水泥(油)路再续新篇。全年共完成村(户)通工程203公里，其中油路13.3公里，水泥路133.4公里，砖石路56.3公里，完成投资3660万元，新增通油路行政村18个，续建26个，通达率74%。2006年，完成运输管理费104万元，完成客运附加费32.6万元，完成货运量170万吨，货运周转量23589万吨，分别比2005年增长102%和103%；完成客运量80.3万人次，客运周转量5785万人/公里，分别比2005年增长103%和104%。

“村村通班车”工程。是年，中阳县新增行政村通班车数2个，行政村通班车率达92.5%；新增农村客运班线5条，农村客运班车8辆；2006年新建了7个农村候车棚，安装了8个招呼站牌。全县农村候车棚达11个，招呼站牌达18个，为农民群众出行提供了优良的候车、乘车条件。

**文化**　文化事业进一步繁荣。县境内有综合多功能文化活动中心，体育场(设有全套健身器材)，有线电视台，县设文化馆，图书馆，馆藏图书达1.5万册；县设档案馆，馆藏档案资料3.8万卷(册)，基层文化站11个。

2006年，县文化局以“五新中阳”为主题，成功举办了春节、元宵节文化活动，共送展花灯2960盏，展示了亮丽中阳新形象。精心组织了多场文艺演出，特别是在纪念中阳解放60周年活动中，举办了大型专场文艺演出，阎维文、田震等歌星到场助兴，场面盛况空前。电影公司放映电影近千场，并且组织了两次“送书、送戏、送电影”文化下乡活动。图书馆进一步完善了文化信息共享工程，新增电脑10台，年开馆2000小时，共接待阅览人数2万余人次。

特色文化绽放异彩。2006年中阳剪纸成功入选首批国家非物质文化遗产保护名录，并引起了国内外专家的广泛关注。一年来，共接待上级领导、国内外专家来访17批次，共对30名剪纸艺人设立了档案，成立了剪纸展览中心，设立了剪纸艺术研究室，周二、五老艺人对青少年和剪纸爱好者进行剪纸培训。参加了第二届国际剪纸节和山西省首届非物质文化遗产大会，获得了三金四银的好成绩，累计近千件作品被研究收藏。中阳弹唱、中阳绣品、九曲灯会三个项目，已被确定为市级保护项目并得到资金扶持。

加大文化市场的监管力度。特别对非法网吧这一群众关注的热点进行了专项整治。通过聘请社会监督员，举办“拒绝网吧，健康成长”万人签名，集中捣毁非法网吧等活动的开展，净化了未成年人的文化成长环境。全年共查处各种盗版图书400余册，收缴各类盗版VCD光盘1411张，DVD光盘683张，盗版软件528张，有效地净化了文化市场。

**文物旅游**　编制出《中阳县旅游招商项目》建议书，并积极参加了全市组织的上洽会、港洽会、深圳吕梁项目招商对接会。中阳县的柏洼山景区被评为“中国最佳旅游景区”，还被选入《中国生态旅游指南》、《山西省旅游地图集》、《山西旅游景区大全》，上海《文汇报》、香港《大公报》都对柏洼山景区进行了专题报道。中阳县的大成殿、国清寺已被列入市级文物保护单位。

**广播电视**　2006年共在吕梁台播发新闻稿件370件，位居全市第一；在省台发稿6件，实现了在省台发稿的新突破。截至是年年底，电视节目设了8个新栏目，固定栏目达到20个。在中钢集团的大力支持下，铺开了预算总投资2000万元的广电大厦，建筑楼层9层，总面积1.1万平方米。2006年底，共完成有线电视用户2000户，重点完成了张子山乡移民新村一期工程和中阳一中的集中安装工程，至此全县有线电视用户达到了12000户。

**教育**　2006年，县教育体育科技局在县委、政府的领导下，一手抓教育质量的提高，一手抓办学行为的规范，全县教育工作迈出了新步伐，实现了新突破。

教育投入力度加大。2006年全县用于教育的总投入共6611万元，较2005年净增925万元，增长了12%。其中，上级转移支付资金243万元，占到了全县转移支付资金总额的61%，比2005年增加9%；县财政配套投入5445万元，较2005年增加476万元，增长了8%；社会力量对教育捐赠1700万元，较2005年净增

325万元，增长了19%。

“两免一补”资金按时足额发放。2006年，县财政核拨“两免一补”资金387.7万元，其中上级两免资金313.7万元，较2005年净增70.8万元，增长22%；县财政配套学杂费资金24.7万元，用于寄宿制学校贫困寄宿生补助50万元，全部发放到学生手中。是年，全县共有26782名中、小学生享受减免杂费（春季19049人，占总人数的71%，秋季全部免除）；有13399名中、小学生享受减免教科书费，占在校学生总数的89%；有1267名贫困寄宿生受到了住宿及伙食补助，占寄宿生总数32%。

办学条件继续改善。一是加强县镇学校基础设施建设。2006年，县委、县政府筹集资金700万元完成联盛学校一期工程，并启动了二期工程建设；培英学校董事长张秀珍投资600万元，启动了培英小学新建工程，是年秋季两校均投入使用。此外，为中阳三中新建了1000平方米的学生餐厅。二是大力度实施农村中小学危改工程。2006年，共完成了8所农村中小学的危房改造工程，全县共投入资金326万元，拆除危房校舍3084平方米，新建面积8484平方米。三是对8所学校的标准操场进行了改扩建，投资48万元，总建筑面积71111平方米。四是教育装备标准化建设进一步加强。2006年，累计投入125万元，安装标准理、化、生、自然实验室12个；中阳一中投资100万元安装历史、地理性量实验室2个；宁兴学校投资50万元安装理、化、生实验室3个。是年，还补充图书24000册，仪器1599件，体育器材50件。此外，又筹资160万元启动了“农村小学现代远程教育工程”，涉及农村学校51所，其中初中6所，农村小学45所。2006年，全县新增微机73台，新增电子备课室1个，实物摄影仪61台，投资累计80余万元。

2006年，中阳县现有1所高中，1所职业中学，9所初级中学，全县农村小学由原来的91所拆并为65所，校均学生数达到了145人。是年，全县已建农村寄宿制学校16所（小学10所、初中6所），其中两所经过市政府验收，成为示范寄宿制学校，2007年将有3所接受了市政府验收。

2006年，全县高考人数1100人，本科达线144人，较2005年净增46人，增幅达50%，在吕梁市位居第一，其他各项指标位居吕梁市第六，是中阳县高考史上成绩最好的一年。是年，中考参考人数2891人，中考平均成绩411.67分，名列吕梁市第一，及格率72.22%，高出市及格率19.83个百分点，提高1.69个百分点；优生人数309人，较2005年增长161人，各项指标均名列吕梁市之首。

教师队伍建设全面加强，素质教育稳步推进。2006年，在全县推行了教师业务考核和业绩测评；从编内代教择优选聘90名正式教师，稳定充实农村中小学教师队伍。是年还在第22个教师节上，出资48万元，对218名教育成绩突出的优秀教师和110名模范教师、扎根山区优秀教师进行了表彰。2007年，县委、政府决定征地70亩专门修建教育安居小区，解决教师住房难问题，以此激发教师活力。

*政法建设* 2006年，县委、县政府共筹资2000万元，修建了高标准的公安指挥中心大楼、法院审判大楼和检察院大楼，为各个乡镇修建了两所一庭，并配备了司法助理员；为全县110个村居委配备了专抓综治的副主任。为平安建设奠定了坚实的基础。

2006年，全年共破获各类刑事案件176起，其中重大刑事案件31起，打掉犯罪团伙18个80人，刑事拘留犯罪嫌疑人188人，抓获逃犯47人。特别是5起命案，“2·1”绑架案，“6·10”抢劫出租车案的快速侦破，13名恶势力绑架团伙的快速打掉，在全市乃至全省影响很大。全年查处治安案件435起，查处率达95%以上，行政拘留150人，劳教2人。检察院共批准逮捕62件102人；提起公诉71件124人；立案查处贪污、贿赂、渎职侵权案8件8人。法院共受理刑事案件77件139人，判处十年以上有期徒刑10人，三年以上有期徒刑26人。为全县创造了一个和谐稳定的社会环境。

*卫生* 医疗卫生条件继续改善，卫生事业取得新发展。2006年，中阳县拥有各级医疗卫生机构18个，其中，县级医疗单位7个，乡镇医院11个（其中中心卫生院3个），村级卫生所102个，社会办医单位（有证）13个。

切实抓好农村基层卫生队伍素质建设。2006年县卫生局组织各乡镇卫生院长进行了两次管理和业务知识的培训，并组织149名乡村医生进行了培训，订购农村保健医书60余册分发到他们手中。稳步推进卫生事业单位人事制度改革，加大卫生基础建设与投入。2006年9月7个乡镇卫生院被列入全市第一批基本医疗设备配置单位。切实加大卫生执法力度。全年对县医疗机构排查3次，取缔无证行医4家，罚款5000元。

*基础设施建设* 城乡基础设施建设步伐明显加快。中阳县委、政府按照统筹城乡发展的要求，以县城和建制镇为中心，完成了城区消防专编，完善了新城区建设详规和小城镇建设总规。17项重点城建工程竣工使用。强化城市管理，大力实施城市“绿化”、“亮化”工程，完成了城区4万平方米绿化任务，为209线、滨河路、中兴广场安装了路灯和景观灯，中阳县城愈加焕发出亮丽色彩。

*人民生活* 人民群众生活质量明显改善。进一步完善社会保障体系建设，启动了农村低保，目前农村特困人口基本实现了“应保尽保”。2006年全县退耕还林面积9004.5公顷，应供粮食675万公斤，于年底已基本足额兑现到户。“两节”期间相继开展了“送温暖，献爱心，手牵手，朝前走”帮扶活动。共计393名领导干部、企业家与345名下岗职工结对帮扶。是年还组织开展了“金秋助学”活动，使62名贫困家庭子女得到资助，圆了大学梦。2006年共为770名失业人员发放失业金29万元，全年共有7600名职工参保，征缴失业保险费65万元。全县已有213个单位参加医疗保险，参保职工人数达到10024人，基本医疗保险总收入659万元。

2006年，新农村建设呈现良好发展态势。是年县投入新农村建设资金约3700万元。其中企业投入资金达2400万元，整合涉农资金500万元，工作队帮扶720万元等，为新农村建设注入了旺盛的活力。县张子山乡投资3000万元可安置280户1500人的一期移民工程已竣工投用；宁乡镇府南居委的人均住房面积由原搬迁前的10余平方米扩大到现在的40平方米。（县史志办）

**中共县委书记** 成星明
**县人大常委会主任** 乔志祯
**县　长** 李志安
**县政协主席** 郭润保

# 临汾市

**【概述】** 2006年是“十一五”规划的开局之年，也是本届政府任期的第一年。一年来，在市委的坚强领导下，在市人大、市政协的监督支持下，坚持以邓小平理论和“三个代表”重要思想为指导，以科学发展观统领经济社会发展全局，努力加快和谐临汾建设，全市经济社会发展取得新的成就，向“中部领先、进军百强”的奋斗目标迈出了坚实的一步。

经济持续快速增长。全市生产总值完成591.6亿元，增长13.8%，人均1.4万元；财政总收入跨越百亿，达到102.2亿元，增长23.1%，其中一般预算收入完成39.9亿元，增长36.5亿元；规模以上工业增加值完成283.1亿元，增长19.8%；全社会固定资产投资完成192.1亿元，增长25.5%；社会消费品零售总额完成154亿元，增长16.9%；海关进出口总额完成2.96亿美元，增长43.6%；居民消费价格总水平上涨幅度控制在2.1%，下降0.4个百分点。

社会事业全面发展。人口自然增长率控制在6.4‰，高中阶段毛入学率70.5%，新型农村合作医疗覆盖率49.98%，城镇登记失业率4%，城镇养老保险、医疗保险、失业保险、工伤保险覆盖率均高于省定目标。

产业科技素质明显增强。企业自主创新出现可喜势头，26家企业成立了研发中心，21种产品获省级名牌产品称号，研究与开发经费增长21%，高新技术产业增加值占工业增加值的比重达到7.6%。

资源环境得到有效保护。污染整治和节能降耗迈出实质性一步，万元生产总值污染物排放总量下降14.9%，二氧化硫和化学需氧量分别下降3%和3.2%，市区空气综合污染指数下降23.4%，万元生产总值综合能耗呈下降趋势，平均水耗下降18.7%。

人民生活水平稳步提高。城镇居民人均可支配收入8853元，增长12.7%；市区城镇居民人均可支配收入突破万元大关，达到10160元；农民人均纯收入3598元，增长8.1%；城乡居民储蓄存款余额508.6亿元，增长18.2%。

市政府始终坚持执政为民，高度重视并全力解决人民群众关注的热点和难点问题。严厉打击私挖滥采行为，浪费资源、破坏环境、影响安全的顽症得到有效整治。彻底取缔了龙祠水源地一级保护区的所有污染企业，保障市区人民群众的饮水安全。坚决关闭了市区8家煤焦发运站，有效缓解城市交通压力，抑制二次扬尘。撤销马务、平阳两座大桥收费站，长期影响市民出行、阻碍物流畅通、制约城市发展的老大难问题得到根本解决。

经过全市人民的共同努力，反映区域经济社会发展的5大类44项指标完成良好，主要经济指标增速均高于全省、全国平均水平，市政府向全市人民承诺的十件实事全部兑现。全市"十一五"发展实现了良好开局。

"十一五"开局之年的各种实践，既有效破解了诸多难题，积累了宝贵经验，同时也存在许多缺憾。主要是：农业基础脆弱，农民增收缓慢；项目落实进展不快，投资稳定增长的机制尚未形成；节能降耗的任务相当繁重，经济增长方式亟待转变；城市发展规划和基础设施建设滞后，山区县出行难和市区交通拥堵的问题仍然突出；环境污染的形势仍很严峻，部人地区大气污染十分严重；广大人民群众关心的上学难、上学贵，看病难、看病贵问题还没有很好解决；个别地方和部门思想不解放、作风不扎实的问题依在存在，科学执政、依法行政、民主理政的能力需要进一步提高，实现"中部领先、进军百强"的目标任重道远。

（李艳洁）

**【新农村建设扎实推进，"两区"开发战略顺利实施】** 分类指导全市新农村建设，170个试点村快速推进、形成特色，80%的村完成"四化四改"任务，82%的村完成"六个一"工程。农业生产条件得到改善，新增节水面积2668公顷，改造中低产田8004公顷。农业产业化进程明显加快，年销售收入超千万元的龙头企业达到37个，带动农户66.6万户，农村经济合作组织发展到805个。肉、蛋、奶产量全面增加。粮食产量达到16.67亿公斤，为历史上第四个高产年。农民增收渠道进一步拓宽，完成科技培训230万人次，劳动力转移培训12.3万人，农民外出务工收入同比增长13%。农村基础设施建设得到加强，所有行政村实现了"四通"目标，水泥(油)路通达率82.2%，通客车率92%。引沁入汾二期工程全面铺开。建成农村安全饮水工程410处，28万人告别了饮水不安全历史。扶贫开发完成移民搬迁1万人，又有2.1万人实现脱贫。"两区"开发成效显著，能够带动地方财政增收和农民致富的69个项目列入省政府规划，总投资619亿元，有41个开工建设。

（李艳洁）

**【产业结构趋于优化，经济增长方式有效转变】** 传统产业升级改造取得重要进展，整合关闭小煤矿153座，建成安全质量标准化煤矿47座，组建全省最大的地方煤炭企业——乡宁焦煤集团；关闭焦炉31座，保留的焦炉全部安装化产回收设施；启动和续建电力项目15个，新增装机容量21万千瓦；淘汰小铁炉71座，临钢150万吨中厚板等一批冶金项目竣工投产。新兴产业规模化成效明显，化工业发展势头强劲，17个煤化工项目全部启动，现价总产值增长27.8%；装备制造业逐步走上集约发展道路，铸件生产能力达到110万吨；农副产品加工业形成特色优势，销售总额增长20%，111个农产品获得国家绿色认证。旅游产业方兴未艾，特色景区景点建设步伐加快，尧陵开发全面启动，旅游综合收入达到34亿元。服务业领域进一步拓宽，连锁经营、物流配送快速发展，证券市场、保险行业空前繁荣，侯马开发区保税物流中心建成，三产占GDP的比重有所提高。工业园区建设步伐加快，园区企业销售收入占工业总产值的28.7%。大企业、大集团培育取得进展，临钢、霍州煤电、侯马汤荣等40户方阵企业形成规模经济新优势。

（李艳洁）

**【城乡建设快速推进，社会事业全面发展】** 市区发展战略性规划修编工作全面启动，争取中国城市交通示范项目资金17.24亿元。拉开城市框架和缓解市区交通压力的外环城市道路开工建设，鼓楼西汾河大桥主体完工，南外环道拓宽工程全面竣工。开展为期3个月的市容环境综合整治，交通秩序、商业秩序和市容环境明显改善。各县市城市建设亮点频现，完成重点工程95项。改造国道、省道191公里，完成"村村通"水泥(油)路3300多公里，公路密度每百平方公里达到63.6公里。社会事业全面进步，全面落实"两免一补"政策，建成一批农村寄宿制小学，3所中学通过省级示范高中验收，2所职中达到省级标准。新型农村合作医疗试点扩大到6个县，参合农民近160万人，县、乡、村医疗机构达标率提高到63%。成功举办第六届"产学研"暨高新技术项目洽谈会，签订协议51项。4项民间文化艺术列入第一批国家级非物质文化遗产保护名录，新增国家级文物保护单位15个。城乡体育基础设施全面改善，市健美体操队荣获世锦赛冠军。新增城镇就业岗位4.5万个，下岗失业人员再就业1.05万人，"两个确保"、城市低保和农村社会救助制度得到落实。人事、统计、广电、人防、地震、民族宗教、食品药品监督、气象、老龄、档案、地方志、疾控、残疾人事业等取得新的进展。

（李艳洁）

**【六大造林工程成效明显，环境治理实现重大突破】** 市、县两级政府用于造林绿化的投入全面加大，造林绿化力度空前，完成营造林5.25万公顷，超省定任务1.08倍。新增城市绿化面积181.2万平方米，市区绿化覆盖率达到26.9%。以解决结构性污染和功能性污染为重点，取缔土小企业308家，淘汰污染严重的焦铁企业102户，关停不达标企业63家，200多家企业完成限期治理。市区新增集中供热面积320万平方米，车辆超载超限和二次扬尘得到治理。市区二级以上天数达到202天，综合污染指数下降至4.18，一举甩掉连续3年监测城市倒数第一的帽子，"生态临汾、绿色家园、花果新城"建设迈出崭新步伐。

（李艳洁）

**【重点领域改革加速推动，招商引资成绩斐然】** 国有企业改革取得进展，持续数年的平钢破产全面结束，市属5户困难企业破产预案通过国务院国资委初审，中央、省属企业自办的44所中小学移交基本完成。成立市中小企业担保公司，更多的民间资本进入公共基础设施领域。教育、卫生、旅游体制和供销、间务、粮食流通企业改革迈出新步伐。非公有制经济蓬勃发展，增速29%，总量位居全省首位。县域经济实力显著增强，财政总收入超过10亿元的县区达到4个。开展声势浩大的招商引资活动，"沪洽会"、"港洽会"、"中博会"签约资金900多亿元，居全省第一，积极地推介临汾，吸引海内外客商，临汾成为众多投资者青睐的热土。

（李艳洁）

**【民主法制建设得到加强，政务环境不断优化】** 坚持民主科学决策，涉及群众切身利益的重要事项主动征询人民群众和社会各界的意见。自觉接受人大监督，支持政协参政议政，认真办理人大代表建议和政协委员提案，做到事事有回音，件件有着落。行政执法责任制稳步落实，"五五"普法全面启动，"平安临汾"建设深入实施，社会治安综合治理扎实推进。安全生产力度加大，四项控制指标创历史最高水平。加强社会主义荣辱观教育，深入开展精神文明建设，公民素质不断提高。深入推进行政效能建设，政务环境得到优化。政府系统廉政建设和反腐败工作得到加强，政风行风建设收到良好效果。

（李艳洁）

**中共市委书记** 张茂才※ 王国正

**副书记** 王国正※ 李天太 刘合心※ 刘传旺※ 张克强 张继庆
**市人大常委会主任** 樊纪享※ 刘合心
**副主任** 张作明※ 师如江※ 胡兴甫※ 张北管 郭文虎 谢碧玲 梁天运 柴高朝 原胜利 仇振刚
**市 长** 王国正※ 李天太
**副市长** 苗元礼 郝忠礼※ 董彩霞※ 常富顺※ 周 杰 赵建民
**市政协主席** 张岗望※ 常富顺
**副主席** 赵兰田 方 熔 成继东 杨玉龙 赵建国 杨益民 刘淑芬

## 侯马市

**【简述】** 侯马市位于山西省南部，临汾盆地南端，东与曲沃县毗连，西与新绛县接壤，南依紫金山与闻喜县、绛县为邻，北隔汾河与襄汾县、新绛县相望。东西长17.5公里，南北宽16.5公里，总面积274平方公里。山地和丘陵占11%，平原占89%。辖新田乡、凤城乡、高村乡3个乡和张村、上马、路东、路西、浍滨5个街道办事处。有78个村民委员会和26个社区居民委员会，总人口235321人。其中城镇人口126250人。

2006年完成生产总值430404万元，比2005年增长55061万元，按可比价计算，比2005年增长13.8%。其中，第一产业完成增加值17735万元，增长6.2%，GDP增长贡献率为2.0%；第二产业完成增加值236344万元，增长11.7%，GDP增长贡献率为47.5%；第三产业完成增加值176324万元，增长17.5%，GDP贡献率为50.5%。三次产业比重分别为4.1%、54.9%和41.0%，第三产业比重提高1.2个百分点。实现财政总收入49717万元，比2005年增长17.2%，总支出33246万元，比2005年增长24.1%。城镇居民可支配收入9908元，比2005年增长7.9%，城市居民恩格尔系数为35.8%。农民人均纯收入5650元，比2005年增长6.0%，农村居民恩格尔系数为36.3%。人均生产总值18346元，比2005年增加2251元，以平均汇率计算2353美元。

**农业** 落实新农村建设规划，实施15个试点村和20个重点推进村新农村建设，78个行政村基本实现“六通”目标。农业产业化龙头企业达到32个，农民专业经济合作组织达到35个，取得13个绿色农产品品牌认证。全市农作物总播种面积17590公顷，比2005年增加810公顷，粮食总产量达到54704吨，比2005年增加5479吨，增产11.6%。全年完成造林合格面积633.65公顷，比2005年增长5.6%。全年肉类总产量1687吨，增长10.0%。全年水产品产量352吨，增长1.7%。

**工业** 2006年完成全部工业增加值213069万元，比2005年增长20.3%，其中，规模以上工业增加值180043万元，增长37.0%，产品销售率98.07%。规模以上工业增加值能耗为每万元5.39吨标准煤，比2005年下降5.4%。工业经济综合指数达到127.27%，比2005年上升35.39个百分点。规模以上工业销售收入637308万元，比2005年增长21.26%；实现利税56319万元，增长107.3%；实现利润30570万元，增长711.3%；规模以上工业亏损企业亏损4718万元，下降41.7%。

**重点项目建设** 围绕建设精品农业示范中心、先进制造中心、商贸物流中心、文化休闲中心，强力招商引资，加快项目建设，制定实施《关于扩大招商引资加快项目建设的优惠政策》、《对重点企业和重点项目贷款实施财政贴息的管理办法》等政策办法，先后参加沪洽会、港洽会和中博会，举办首届经贸洽谈会，对外推介64个项目，完成9个项目签约，总投资额99.5亿元，全部合同引资97亿元。其中，汤荣年产50万吨汽车配件一期工程、平阳液压支架生产线改造、风雷钻具、通盛医药物流一期等一批项目竣工投产；北方轻工城一期工程、侯马陆港口岸宝特物流中心、昌明年2万吨芦笋加工项目、天然气输配工程等一批项目正在加紧建设；漳电2×200MW电厂、晋国城一期、北方铜业与韩国SK集团合作建设的20万吨精铜、模范50万吨铸件等项目正在做前期准备。初步形成以医药生化、精密铸造、轻型加工、商贸物流、文化旅游为特色的多元产业格局。

**城市建设** 采用出让特许经营权和类似BOT模式，启动投资7亿元的城市路桥工程和垃圾处理厂、污水处理厂等城市建设项目；投资1.2亿元，实施文明东路、晋都东路、十八条背街小巷改造和城市集中供热二期、合欢街大排水、紫金山街大排水、城市天然气一期等工程；新增供热面积50万平方米，供热覆盖率达到59%。投资2765万元，新增公路171.3公里；在全省率先实现“村村通”水泥路，2006年末，全市公路通车里程344公里，比2005年增加97公里，其中高速路15公里，一级公路18公里，二级公路43公里，三级公路45公里。全市有公交运营车辆95辆，比2005年增加31辆；客运出租运营车辆434辆，与2005年持平；人力三轮车运营车辆300辆，比2005年减少20辆；全市固定电话（已装）交换机容量100038门，固定电话（含小灵通）9.94万部，增长3.4%；移动电话10.2万部，增长17.2%，2006年新增1.5万部；78个行政村全部通电话；全市固定电话和移动电话普及率每百人分别达到42.4部和43.5部。

**社会事业** 落实党政一把手教育工程，继续改善办学条件，农村现代化远程教育工程投入使用。义务教育标准化建设走在全省前列，高考成绩综合评比名列临汾市第一。成功举办第四届中国山西侯马·新田春秋古都文化节”暨首届经贸洽谈会和商品交易会，广泛开展广场文化、校园文化、农村文化和社区文化等群众性文化活动。年末全市有文化馆1个，公共图书馆1个，博物馆1个。广播电视全年累计播出电视节目414720小时，广播直播节目时长达2340小时。有线电视节目40套，有线电视用户达到55200户，有线电视城市覆盖率为100%，农村入户率达70%，全市54个村可收看到光缆传输信号的电视节目。市、乡、村三级疾病预防控制和医疗保健体系逐步完善。医疗资源整合取得新突破，市人民医院顺利有偿接收原289医院。人口与计生工作保持低生育水平，农村计划生育奖励政策得到全面落实兑现。社会保障体系逐步完善，社会从业人员101766人，比2005年增加1972人。参加城镇基本养老保险9514人，基本医疗保险16000人，失业保障8150人，工伤保险7106人。科技工作继续发展，科技成果不断涌现。全市共申请专利22件，为2005年的3倍，其中获得专利4件。申报国家级科技项目1项，省级科技项目3项，临汾市级科技项目7项，组织实施侯马市科技研发资金项目30个。全市有5个产品获得山西省名牌产品称号，10家企业获得了山西省A级以上质量信誉等级企业称号，4家食品企业取得“QS”准入标志，26家企业通过ISO9000质量体系认证。2006年市区空气质量好于二级以上天数264天，比2005年增加63天。

**政府效能建设** 市政府新建政务大厅和房地产交易大厅，整合行政资源，提高服务水平，营造良好的投资发展环境。各级各部门建立健全岗位责任制、首办负责制、限时办结制等“十项制度”，通过第五次“全国双拥模范城”验收检查，先后获“全国绿化先进集体”、“全国艺术教育先进市”、“全省科教兴县先进单位”、“全省卫生城市第一名”、“全省增加农民收入先进县（市、区）”、“全省民政工作先进市”、“全省经济结构调整先进市”、“全省环境保护先进县（市）第一名”、“全省民族团结进步模范集体”、“全省文物保护先进单位”等60余项表彰。统计、审计、人事、人防、工商、物价、广电、气象、地震、老龄、市志、民族宗教、食品药品监督、残疾人事业等工作再创佳绩。

（赵建国）

**【第四届“山西侯马·新田春秋古都文化节”】** 2006年9月23日～28日，第四届“山西侯马·新田春秋古都文化节暨首届经贸洽谈会和商品交易会在侯马举行。文化节由山西省委、临汾市委、临汾市政府主办，侯马市委、市政府和侯马经济技术开发区工委、管委会具体承办。期间，围绕以人为本，和谐共融，振兴古都，举办文艺演出、经贸洽谈、商品展示交易、高层论谈等活动。在新田广场和市委礼堂先后举行中央电视台“激情广场”、全国曲艺精品节目展演、山西省职工“心连心”艺术团演出、“亚欧桥杯”临汾市青年歌手大赛等文艺演出；在晋都博物馆和平阳遗址公园中展出“侯马盟书”、“空首布币”“青铜编钟”等数十万件珍贵文物和古代铸铜工艺流程复原模型；22日上午，在侯马经济开发区举办“山西现代物流业发展·侯马论坛”，来自全国各地的物流运输企业负责人及各大媒体记者200人参加论坛，专家们对侯马的物流业发展提出中肯的建议；23～24日，在怡鑫大酒店举办“山西省社会主义新农村文化建设论坛”，教授们从不同层面、不同角度阐述社会主义新农村文化建设的深层次问题；举办项目洽谈，美国浦金集团、德国INES咨询贸易公司、韩国三鑫集团等国内外62家企业参加项目洽谈会，会上，签订合作协议、意向和合同17个，总投资16.64亿元；9月24日，举办侯马北方轻工城、山西汤荣年产50万吨汽车零部件铸造与机加工、天然气输配送工程、生活垃圾处理工程、旺旺食品加工、芦笋深加工扩建、山水倾城温泉旅游度假村、陆港口岸保税物流中心、侯马一中易地新建、山西通盛医药物流配送中心竣工十大项目剪彩奠基仪式；山西晋宝斋名人字画、侯马及周边艺术家作品、民间艺术品拍卖会在华翔大酒店举行，拍卖成功320余件作品，成交总价值达180万元。体现了文化搭台，经贸唱戏，和谐共融的主题，实现了社会效益和经济效益的双赢。（赵香琴）

**【赵翠莲赴美国传播皮影艺术】** 2006年1月19日～3月2日，侯马市皮影艺术家赵翠莲应美国波士顿儿童博物馆馆长莱斯利（音译）之邀，与助手刘淑珊和市民间文艺家协会副主席石莹一行3人赴美开展文化交流，先后在波士顿及周边缅因州、佛尔蒙州等地的二十多所学校及部分文化场所演出70多场，传播中国民间传统皮影艺术，表演节目有皮影戏《大变化》、《鹤与龟》、《小公鸡与老狐狸》及《猪八戒背媳妇》等，《波士顿新闻》、《世界日报》、《波士顿记事》等美国报刊在醒目位置刊发演出盛况。期间，赵翠莲多次为当地学校儿童介绍皮影及皮影戏，教授美国小朋友皮影制作技巧。（赵香琴）

**【《侯马市志》出版发行】** 《侯马市志》编纂工作启动于20世纪80年代，承蒙历届市委、市政府的关心支持和广大修志人员的努力，2005年初完成送审稿，4月通过评审，12月由长城出版社正式出版发行。2006年3月29日侯马市委、市政府在凯悦酒店召开《侯马市志》首发式，该志是侯马市有史以来的第一部地方志，记事上限溯事物发端，下限2003年，限外辑要延伸到2005年。书内重点记述1971年侯马再次建市后自然、政治、经济、社会的历史与现状，突出体现侯马的交通枢纽、晋都新田文化等优势，全书分上、下两册173.6万字，共32编，融思想性、科学性与资料性于一体，是了解侯马、认识侯马的大型史册性工具书。（赵香琴）

**【北方轻工城奠基】** 北方轻工城是侯马市确立的以大商贸、大物流、促进大发展战略部署中的重点项目。市政府组织考察团多方考察，与浙江投资商多方磋商，2006年6月26日在山西（上海）经济合作项目推介活动中与香港富朗国际集团、浙江天信集团、浙江东邦实业公司等六家轻工业集团公司成功签约，被列为山西省十一五规划重点项目、侯马市重点工程。项目建设规模133.4公顷，总投资15亿元人民币。其中中心商贸物流区用地66.7公顷，综合服务区配套26.68公顷，生产加工区40.02公顷，北主轻工城分为超大市场群、加工配套区、仓储物流园区、生活区四大板块，分四期投资建设，一、二、三期是一个集市场、商贸、加工、物流、交通、办公、仓储等各大功能板块为一体的综合体。四期工程为以住宅小区为主体的生活配套区建设，并根据规划要求适当配置商场、宾馆、办公楼、学校等一些配套公建。2006年9月24日在侯马市望桥北街西侧与程王西路南侧交汇地举行奠基仪式。（邵子义）

| | | |
|---|---|---|
| **中共市委书记** | 赵建民※ | 王醒安 |
| **市人大常委会主任** | | 毛锦生 |
| **市　长** | 张如意※ | 马　彪 |
| **市政协主席** | | 张永文 |

## 尧都区

**【简述】** 2006年，尧都区按照“兴农村、开新城、上项目、治环境，实现全省领先、挺进百强”的战略部署，努力开拓，扎实工作，顺利实现“十一五”时期的良好开局。全年全区生产总值完成131.49亿元，按可比价格计算，比2005年增长13.2%。其中，第一产业增加值3.82亿元，增长9.9%，对GDP增长的贡献率达到2.3%；第二产业增加值62.75亿元，增长17.2%，对GDP增长的贡献率达到51.5%；第三产业完成增加值64.92亿元，增长9.0%，对GDP增长的贡献率达到46.2%；按常住人口计算，全年全区人均生产总值17441元，按2006年平均汇率计算达到2237美元。三次产业在经济总量中所占份额由2005年的3.0%：47.9%：49.1%调整为2.9%：47.7%：48.4%。市场物价总水平保持平稳，全区居民消费价格总水平与2005年同期相比上升1.87%。从消费价格调查的八大类别来看，2006年与2005年相比上升最明显的类别依次是：居住类上升5.02%，食品类上升2.87%，家庭设备用品及维修服务类上升2.02%，烟酒及用品类上升1.74%，娱乐教育文化用品及服务类上升1.36%，医疗保健和个人用品类上升0.91%，衣着类上升0.02%，交通和通讯下降0.39%。

2006年，经济和社会发展取得了一定的成绩，但仍存在不少困难和不足，主要是经济增长速度不快；“三农”问题仍然比较突出，农业结构调整远没有到位，农民增收压力很大，新农村建设任务艰巨；产业结构偏重，经济自主增长的能力还十分脆弱；第三产业虽然在总量上达到一定规模，但质量不高；安全生产形势不容乐观，资源开发矛盾仍然很突出，经济社会发展中一些不稳定因素仍然存在。

**农业** 2006年全区农作物总播种面积5.76万公顷，比2005年增长3201.6公顷，增长5.8%。其中：粮食作物播种面积5.34万公顷，比2005年增长8.4%；棉花种植面积109.05公顷，比2005年增长91%。全年粮食总产量达到194206吨，比2005年增加43988吨，增产29.28%，是尧都区历史上的第二个高产年。其中，夏粮总产115231吨，增产32.56%；秋粮总产78975吨，增产24.78%。水果总产31577吨，比2005年增产1.3%；蔬菜总产13908吨，比2005年增长1.6%。

畜牧养殖业稳步发展，全年生猪出栏12896头，比2005年增长5.3%；羊出栏55064只，增长5.8%。全年肉类总产量12393吨，增长5.1%。其中猪、牛、羊肉产量分别增长5.8%、9.3%、2.8%，禽蛋产量12830吨，增长0.6%。

2006年全区农林牧渔业总产值按可比价计算67107万元，增长9.99%。其中，农业产值47210万元，增长12.89%；林业产值960万元，增长24.79%；牧业产值18272万元，增长3.89%；渔业产值261万元，减少49.29%；农林牧渔服务业产值404万元，增长15.49%。

**工业和建筑业** 工业生产较快增长，产销衔接良好。2006年全区完成全部工业增加值552207万元，比2005年增长18.4%。其中，规模以上工业增加值44.5亿元，增长20.5%；产品销售率98.46%。主要工业产品产量保持较快增长，规模以上企业发电量4.3亿千瓦时，增长6.7%；焦炭产量315.5万吨，增长11.1%；生铁产量260.6万吨，增长5.9%；钢产量210.8万吨，增长3.6%；钢材产量101.6万吨，增长83.6%。

规模以上工业销售收入155.9亿元，比2005年增长19.1%。其中，四大传统支柱产业煤炭、焦炭、冶金和电力分别实现销售收入5.6亿元、21.1亿元、114.0亿元和1.4亿元，分别增长−19.7%、26.2%、22.8%和−21.0%。

工业经济效益有所下滑。2006年，全区工业经济效益综合指数达到147.1%。规模以上工业实现利税13.9亿元，下降1.6%；现实利润5.2亿元，下降15.2%。规模以上工业企业亏损企业亏损1.1亿元，增亏2354万元。

建筑业实现总产值49.6亿元，比2005年增长23.1%。实现利润0.17亿元，增长4.3倍。

固定资产投资　固定资产投资稳步增长。全年全辖区固定资产投资完成37.32亿元，比2005年增长43.98%。其中：城镇投资31.54亿元，占全区投资比重84.51%，增长52.58%；农村非农户投资1.01亿元，占全区投资比重2.7%，增长10.13%。

投资结构进一步优化。第一产业投资0.2亿元，比2005年增长98.71%；第二产业投资18.4亿元，增长32.6%；第三产业投资18.7亿元，增长56.5%。

固定资产分行业完成情况：农林牧渔业完成2007万元，比2005年增长98.7%。采矿业完成投资16193万元，比2005年增长2.34倍。制造业中，炼焦业完成投资10828万元，比2005年增长27.5%；黑色金属冶炼及压延加工业完成投资96982万元，比2005年增长16.1%；通用设备制造业完成投资6061万元，比2005年增长2.22倍；专用设备制造业完成投资250万元，比2005年下降70.6%；交通运输设备制造业完成投资204万元，比2005年增长1.1倍；电气机械及器材制造业完成投资700万元，比2005年下降82.5%。电力、煤气及水的生产和供应业完成投资43783万元，比2005年增长49.4%。交通运输、仓储和邮政业务完成投资16487万元，比2005年增长37.6%。信息传输、计算机服务完成投资51895万元，比2005年增长63.2%。批发和零售业完成投资14250万元，比2005年增长2.6倍。住宿餐饮业完成投资9068万元，比2005年增长15.8倍。房地产业完成投资47792万元，比2005年增长10.1%。水利、环境和公共设施完成投资31525万元，比2005年增长2倍。教育完成投资8103万元，比2005年下降0.06%。

全年完成商品房竣工面积29.25万平方米，增长50.5%，商品房销售额4.4亿元。

城镇固定资产投资建成投资项目352个，项目建成投产率85.2%，新建固定资产26.85亿元。到2006年底，新增原煤开采能力6万吨，焦炭生产能力30万吨，钢材生产能力50万吨，水泥生产能力30万吨，全年新建、改建公路92.95公里，各类学校新增学生席位13540个。

贸易　消费品市场保持稳步增长势头，全年全区实现社会消费品零售总额57.1亿元，比2005年增长16%。其中，城市消费品零售额42.3亿元，增长15.3%；县及县以下消费品零售额14.8亿元，增长18.5%。分行业看，批发和零售业的零售额48.1亿元，增长15.8%，其中：限额以上企业的零售额12.6亿元，增长5.4%；限额以下企业及个体户的零售额35.5亿元，增长20%；住宿和餐饮业的零售额6.8亿元，增长14.4%，其中星级企业的零售额0.8亿元，基本持平，星级以外企业和个体户零售额6亿元，增长16.9%；其他行业的零售额2.1亿元，增长23.9%。

进出口总额创历史新高。2006年全区累计完成海关进出口总额9712万美元，比2005年增长15倍，其中：出口6858万美元，增长10.8倍；进口2854万美元，增长13倍。

招商引资取得突破性进展。全年新批准设立外商投资企业3个，合同利用外资3201万美元，到位资金151万美元。

交通　2006年末，全区公路通车里程1253.179公里，其中，高速25.017公里，国道2条59.368公里，省道4条81.211公里，县道6条151.235公里，乡道68条571.058公里，村道362.56公里。

邮电　2006年全区完成邮政业务收入7854万元，电信业务收入89743万元。年末固定电话用户数达26.53万户，移动电话用户数达40.01万户，国际互联网用户数达6.77万户。

旅游　旅游业快速发展。全年接待海内外旅游者106万人次，其中海外旅游者12.5万人次，国内旅游者93.5万人次，创收1100万人民币。

财政　金融　财政收入继续较快增长。2006年辖区财政总收入完成189216万元，占年初任务181079万元的104.5%，超收8137万元，比2005年增长29775万元，增长18.7%。其中：区属财政总收入完成137530万元，占年初任务130676万元的105.2%，超收6854万元，比2005年增加22892万元，增长20.0%。

财政支出结构进一步优化，保障能力不断增强。全年全区一般预算支出执行7.30亿元，其中科技三项费用支出150万元，农业支出2753万元，水利和气象支出1142万元，文体广播事业费用支出1573万元，教育支出15672万元，医疗卫生支出2578万元，抚恤和社会福利救济4630万元，社会保障补助支出2917万元。

2006年末，全区金融机构各项存款余额318.61亿元，比年初增加33.55亿元，增长11.8%，其中城乡居民储蓄存款余额206.62亿元，比年初增加30.71亿元，增长17.5%。年末金融机构各项贷款余额151.7亿元，比年初增加25.15亿元，增长19.0%。

教育　2006年区直属各类学校共有260所，其中：中等职业中学4所，招生454人，在校生1270人，毕业生428人；普通中学37所，高中招生3525人，在校生11370人，毕业生3616人，普通初中招生10711人，在校生33766人，毕业生12255人；小学共219所，招生7991人，在校生55502人，毕业生12069人；特殊教育1所，招生10人，在校生15人，毕业生8人。幼儿园11所，在园人数1736人，其中女孩776人。

科技　科技工作取得新成绩。2006年共培育省级科技项目21项，其中9项已被省科技厅批准立项。争取科技资金近百万，市级项目37项，其中20项已被市科技局批准立项，争取科技资金200余万元，培育区级科技项目18项，支持科技资金150万元。建设自主知识产权创新型示范企业4个，一是嘉星机械有限公司的节能、智能供水装置，申报专利3项，并投入规模生产；二是常馨电动窗帘制造公司的磁悬浮智能光源装置，申报专利6项，现产品已上市；三是广源织业有限公司的木质纤维纺织项目，通过自有专利转化，开发出系列产品；四是山西临龙泵业有限公司，申报专利22项，其中新材料杂质泵规模生产，产品市场看好。

在市第六届产学研会议上，全区鉴定正式协议10项，达成意向18项，通过此协议的签订，共引进人才20名，引进技术10项，引进资金100余万元。年末，培育民营科技企业12家；2006年新增2家，分别是山西临汾远志中药材料科技示范园，临汾广源织业有限公司已通过市科技局的评审。培育高新技术企业5家，新增1家。瑞达药业有限公司通过省科技厅考察。培育科技先导企业3家：临汾市林奇工艺美术厂、汾河办的同达康餐具容器有限公司、刘村广源食品有限公司。

文化　文化事业健康繁荣，文化旅游月品位提高。在2006年尧庙根祖文化旅游月期间，组织了“世界风”国际文化巡展，罗马尼亚、蒙古、保加利亚等16个国家的驻华大使喜登华门；举办了华门国际焰火节；威风锣鼓大展风采。2006年3月，在北京人民大会堂，尧都区威风锣鼓《黄河雄风》被中国文联、民协授予第七届全国鼓舞鼓乐表演山花奖最高奖项。戏剧会演异彩纷呈。九九重阳节，在华门举办“全国梅花荟萃敬老晚会”，邀请蒲剧、京剧、川剧等10个剧种著名表演艺术家进行演出活动。

2006年末，全区文化市场有戏曲演出团体16个，威风锣鼓演出团体13个，金鼓乐演出18个，网吧121个，音像97个，歌舞厅25个，复印打字121个，印刷企业33个，图书经营63个，共计九大类465个经营单位，从业人员1600余人。

卫生　2006年末全区卫生系统有区直医疗卫生单位10个，其中：综合医院2个，区疾控中心、卫生监督所、妇幼保健站各1个，专科医院4个，卫生所1个。乡镇卫生院16个和撤并后保留的乡镇医院8个。全区共有各类医院卫生人员1589名，乡村医生1023名，其中专业技术人员1399名。疾病控制和妇幼保健工作取得明显成效。儿童计划免疫全年共接种77676人份，“五苗”全程接种率达97.1%；结核病防治工作取得新突破，全年新登记结核病人469例。年底，尧都区已向省、市新型农村合作医疗协调组提出了试点申请，力争新型农村合作医疗制度在2007年顺利实施。

体育　体育事业继续发展。2006年尧都区举办了甲级女篮邀请赛；承办了国际男篮对抗赛；承办了中泰拳击比赛。2006年，全区向上级优秀运动队及大中专体育院校输送体育人才13名，在山西省重点业余体校田径分龄赛中，尧都区运动员取得了团体总分第六名；参加临汾市田径苗子调赛获得团体总分第一名；在山西省第十二届全运会游泳比赛中获得金牌两枚。

人口、人民生活和社会保障　据2006年人口抽样调查，年末全区总人口为756388人，比2005年末增加4810人。全年出生人口9070人，出生率12.02‰；死亡人口4260人；死亡率5.65‰；人口自然增长率6.38‰。在总人口中城镇人口427709人，乡村人口328629人，城镇人口占总人口比重的56.55%。

城乡居民收入平稳增长。城镇居民人均可支配收入10160.87元，比2005年同期的9272.71元增长9.58%；城镇居民人均消费性支出6941.49元，比2005年同期的6418.63元增长8.15%。

农村居民人均纯收入4368元，比2005年同期的3950元增加418元，增长10.58%；农村居民人均生活消费支出2111.91元，比2005年同期增加95.21元，增长4.72%。城镇居民恩格尔系数32%，农村居民恩格尔系数42.2%。

城乡居住条件不断改善，据城乡居民抽样调查，年末，全区城镇居民人均住房使用面积达到20.13平方米（城镇居民生活百户抽样调查数），农村居民人均住房面积33.13平方米（农村住房抽样调查数）。

资源、环境和安全生产　2006年，全区共发生各类事故2686起，同比增加103起，上升4%；死亡149人，同比增加28人，上升23.1%；伤1153人，同比增加317人，上升37.9%；直接经济损失317.14万元，同比减少160.63万元，下降33.6%。

交通事故发生2521起，同比增加32起，上升1.3%；死亡125人，同比增长12人，上升10.6%；伤1141人，同比增长307人，上升36.8%；直接经济损失284.82万元，同比减少17.85万元，下降5.9%。火灾事故发生163起，同比增长73起，上升81.1%；无人员伤亡事故，直接经济损失32.32万元，同比减少82.78万元，下降71.9%。工矿企业事故发生1起（“11·26”芦苇滩煤故事故），同比减少2起，下降66.7%。死亡24人，同比增加19人，上升79.2%。其他事故1起（饭店爆炸事故），与2005年同期持平。无人员死亡，同比减少3人；受伤12人，比2005年同期减少12人。

（张洪亮）

**中共区委书记**　梁天运※　乔成家
**区人大常委会主任**　杨一民
**区　长**　宿青平
**区政协主席**　王九菊

## 隰　县

【简述】　隰县地处临汾市西北部，东邻汾西，西接永和，南与蒲县、大宁接壤，北与石楼、交口相邻，总面积1413.1平方公里。土地总面积14.14万公顷，其中耕地面积2.06万公顷。全县共有8个乡镇，97个村民委员会，409个村民小组，351个自然村，总户数31149户、102923人，其中乡村17539户、78804人。新出生991人，人口自然增长率5.92‰。

2006年，全县上下深入贯彻党的十六届五中、六中全会精神，坚持以科学发展观统领经济社会发展，围绕“富民、壮企、强县”的发展目标，以结构调整为主线，加快推进新型工业化、农村城镇化和农业产业化进程，促进了县域经济、社会的平稳发展。全县生产总值52359万元，比2005年增长12.5%；完成工业增加值11876万元，比2005年增长13.9%，其中规模以上工业增加值9964万元。规模以上工业实现产品销售收入27750万元；实现利税5627万元。社会消费品零售总额达到23150万元，比2005年增长16.1%。全社会固定产投资9433万元。

全县共完成外贸进出口总额504万美元，其中以红小豆为主的农产品出口3709吨，创汇178万美元；金属镁出口创汇326万美元。财政收入实现4078万元。

农业和农村经济　农业税减免、粮食直补等宏观政策调控措施使全县粮食高产作物面积增长，但因受洪灾、风灾、冰雹、低温等自然灾害侵袭，粮食生产呈下降趋势。2006年粮食播种面积17900公顷，其中玉米播种面积10970公顷，粮食总产量56473吨，同比下降1.72%，农村经济总收入26914万元，农民人均所得1916元。完成造林面积1967公顷，其中防护林1674公顷，经济林293公顷，全民动员，高标准实施“三北”四期、天然林保护等国家造林工程和209国道沿线荒山绿化、通道绿化、环城绿化、经济林建设等县乡造林工程。

工业　工业发展，狠抓技术改造和创新项目，天天饮料公司完成喷淋杀菌、罐装生产线改造；午城酿酒公司引进汾酒生产技术，改进白酒生产；晋利源水泥公司、虹光电力公司新上了除尘、脱硫项目；四纬巾被公司扩量技改，生产能力提高到200万条；太原化鑫煤焦公司新建60万吨煤矿完成打钻勘探、矿井设计等前期工程；万峰金瑞煤矿完成了30万吨矿井设计改造，工业总量不断扩大。

交通　邮电　2006年，全县公路客运量53.4万人，比2005年增长5.3%；货物运输量67.2万吨；客运周转量3530万人次，货物周转量5360万吨公里。2006年年末，全县共有邮政局所11处，电信局所12处，完成邮政电信业务总量1280.2万元，比2005年增长3.2%。新增固定电话7700部、移动电话590部，固定电话和移动电话普及率及每百户分别达到61.5部和53.9部；宽带网用户1337户。

科技　教育　卫生　全县引进30多个农业新品种，推广了果树改型和梨果套袋、旱作节水等先进实用技术，提高了农业效益和农民收入。各企业面向市场，引进新技术，研发新产品、实施好项目，增强了市场竞争力。教育事业进一步发展。新招录38名大中专毕业生为专任教师，改造14所学校危房3350平方米，给农村贫困学生免交书款、杂费。新配备了农村计划免疫员、畜物防疫员，启动实施了新型农村合作医疗救助工作，医疗装备水平、疾病预防控制和应对突发公共卫生事件的能力进一步提高。

社会事业　加强招商引资和项目推介工作，对县城主要街巷陆续进行了拓宽改造和绿化美化，新增集中供暖面积11.5万平方米，城市环境卫生状况明显改善。科学规划，分步推进新农村建设。多方融资，大力推进公路建设。生态环境建设迈出新步，全力组织实施退耕还林，天然林保护、黄河水保生态项目、雨水集蓄利用、农业综合开发、小流域治理等重点工程，完成水保初治面积2.54万公顷，新建农村饮水解困工程68处；造林绿化2万多公顷，全县林木覆盖率由28.3%提高到32.3%。全省第十次小流域治理现场会、全市东西山秋季植树造林现场会在本县召开。本县被评为全省农田建设、水土保持、造林绿化红旗县和全市六大造林绿化工程红旗县。全县新增就业岗位2186个，安置下岗失业人员1109人，就业培训4703人，劳务输出1.81万人次，累计发放救灾款375万元，救灾粮76.4万公斤，困难群众和社会弱势群体的基本生活得到保障。移民搬迁54个自然村、2700口人，实施整村推进扶贫工程。人口和计划生育工作取得新突破，连续两年开展计生攻坚活动，农村计生政策得到进一步落实。县城空气质量监测站建成运行。新配备了计生信息员、护林员，组建了专职消防队伍。圆满完成全国第一次经济普查任务，第二次全国农业普查工作进展顺利。切实加强政府法制工作，建立健全了行政执法制度，行政审批、政策采购、财政核算、预算外收费等四个中心规范运行，政府公信力和执行力进一步提高，精神文明建设进一步加强，全县安全生产状况明显好转，社会各项事业都有新进步。

（县志办）

**中共县委书记**　梁苦皓※　郑中夏
**县人大常委会主任**　解绍亮
**县　长**　郑中夏※　李学俊（代）

县政协主席　　王有才

## 汾西县

【简述】 汾西县地处临汾盆地西北边缘，东毗汾河与霍州市相望，西依姑射山与隰县、蒲县接壤，南接洪洞县，北连灵石，交口县。总面积870平方公里，辖5个镇3个乡、1个社区、225个村民委员会，总人口140567人，其中城镇人口45066人。汾西县是国家确定重点扶持的贫困县之一。县委、县政府团结带领全县广大干部群众，以科学发展观统领经济社会发展全局；围绕“十一五”规划的战略构想，抓治理整顿，抓规范经营，抓项目建设，抓统筹协调，使县域经济呈现出平稳较快发展的良好态势，社会事业出现了全面进步的可喜局面，各项经济指标均超额完成任务。全县国内生产总值完成139880万元，比2005年增长14.2%。其中：第一产业增加值完成6983万元，增长19.8%；第二产业增加值完成91144万元，增长12.8%；第三产业增加值完成41753万元，增长16.5%。财政总收入完成13320万元，增长20.96%；规模以上工业增加值完成34943万元，增长23.5%。农民人均纯收入完成1503元，增长7.2%；城镇居民人均可支配收入完成8011元，增长13.9%。粮食总产量42012吨，增长22.4%；固定资产投资完成50441万元，增长24.17%；社会消费品零售总额完成29765万元，增长18.2%。

经济发展中存在的主要困难和问题是：工业经济增长的质量和效益还缺乏稳定性；农业经济结构调整启动缓慢，主导产业运没有形成，产业化步伐不快，农民增收渠道不多，城乡居民收入差距较大；就业形势严峻，社会保障压力较大，部分行业低水平重复建设比较明显，潜伏着一定的风险。电力等能源供给不足，加速发展的“瓶颈”制约趋紧；环境污染问题仍很严重，治理任务相当艰巨；经济发展的软环境不够宽松。

农业经济　种植结构进一步优化，适应市场需求变化。全年全县农作物总播种面积25.42万公顷，比2005年增加10公顷，增长0.04%。其中：粮食作物种植面积2.34万公顷，比2005年增加10公顷；棉花种植面积20.01公顷；油料种植面积620.31公顷；蔬菜种植面积420.21公顷。

主要农作物增产。2006年全县粮食总产量420120吨，比2005年增长22.4%。其中：夏粮产量12001吨，比2005年增长8.74%，单产达到每公顷1057公斤；秋粮产量30011吨，比2005年增长8.74%，单产达到每公顷2495公斤。棉花产量7吨；油料产量274吨，比2005年增长2.62%；蔬菜产量7810吨，比2005年下降0.03%；水果产量762吨，比2005年增长6.87%。

造林绿化工作有新的进展。退耕还林、三北防护林等重点生态工程建设取得阶段性进展，全年完成造林面积1414.04公顷，比2005年增长6%。畜牧业发展势头良好，全县肉类总产量2828吨，比2005年下降1.7%；奶类产量50吨；禽蛋产量1425吨，增长4.16%。年末生猪存栏27097头，比2005年增长1.45%；羊存栏1998只；大牧畜存栏33701头，增长0.15%。

坚持以农民增收为核心，以农业产业化为重点，努力优化产业结构，改善生产条件，实施完成勃香河、对竹河、里庄河流域综合治理，百里坝系配套等生态坝系工程项目，有效地改善农业基础条件。积极扶持农副产品加工龙头企业，带动农民发展种养产业，打造农业特色主导产业。围绕社会主义新农村建设，完成万户沼气示范村和扶贫开发整村推进项目建设。全年共治理流域面积230平方公里，新增和改善沟坝地2千多公顷。以晋西核桃、鑫星兔业为代表的农产品加工企业初具规模，打造出“晋西核桃王”、“尧月兔肉”等优势农产品品牌。

基础设施建设　投资4.5亿元，实施凤祥大街新建、东大街改造、凤凰生态公园和东大街西扩一期、县城供水、住宅小区建设等50项城市建设项目，城市品位显著提升；勃香、对竹、和平、僧念、佃坪等集镇建设也发生明显变化。积极推进扶贫开发，共投资4600余万元，实施7个村的整村推进工程，完成移民搬迁3300人，解决了3.8农村人口的温饱问题；按照社会主义新农村建设的要求，着力改善农村生产生活条件，全县共建成农村饮水解困工程29处，解决3.1万人口的饮水困难。建成生态沼气池11500个。新增通讯光缆170多公里、电缆260公里，120个行政村全部通电话。拓改县乡公路230公里，28个村修通水泥路，90%的行政村通公交客车。有线电视村村通工程惠及全县8200农户，全县行政村有线电视覆盖面达到45%。

交通　邮电　全县境内省、县、乡、村公路总里程559公里。公路客运量115.6万人次，比2005年增长62.13%；客运周转量5780万人公里，比2005年增长62.77%；全县公路货运量203.8万吨，比2005年增长8.87%；公路货运周转量5096万吨公里，比2005年增长44%。固定电话交换机容量20618门，小灵通交换机容量5346门。固定电话16888部，小灵通4260部，移动电话46681部，已通电话120个行政村和6个居委会，全县固定电话和移动电话普及率每百人达15.09部和33.31部，计算机互联网络注册用户达到1703户。

财政金融　全县财政收入大幅度增长。2006年全县财政总收入13320万元，比2005年增长20.96%，一般预算收入4711万元，比2005年增长31.08%。金融运行形势良好。全县金融机构各项存款余额89617万元，比年初增加16019万元，增长21.76%。其中：企业存款余额10325万元，比年初减少317万元，下降2.97%；城乡居民储蓄存款余额72889万元，比年初增加14690万元，增长25.24%。金融机构各项贷款余额8758万元，比年初减少16380万元，下降65.16%。在短期贷款中，工业贷款、农业贷款和乡镇企业贷款分别为137万元、344万元、486万元。累计现金收入174575万元，现金支出168476万元，货币净投放6308万元，比2005年增加14025万元。

社会事业　坚持把教育事业放在优先发展的战略地位，投资1.1亿元，完成20余项教育基础设施建设重点工程，新建和改善校舍面积11.5万平方米，全县中小学布局结构趋于合理；以多媒体、卫星地面接收站和光盘播放点为手段的远程教育网普及全县，充实教师队伍，教育质量明显提升。投资650万元，改善18所医疗卫生院所的基础条件，新建和改造面积3500平方米；县医院顺利通过二级乙等医院验收，成为全市唯一达标的山区县级医院；新型农村合作医疗试点工作积极推进，全县85%的农民享受到医疗保障。加强乡村文化建设，新建一批文化场所，完成姑射山真武祠一期修缮工程。师家沟清代民居被列入国家重点文物保护单位。全县人口出生率、自然增长率均控制在上级下达的指标之内，计划生育率达到60%以上，多孩生育率下降3.95个百分点，人口与计划生育工作基本上改变被动落后的局面。完成广播电视村村通17个村的有线电视贯通工程，全县有线电视用户突破8200户。全年城镇居民人均可支配收入达到8011元，农民人均纯收入达到1503元，分别比2002年增长91.5%和46.7%。全县社会保障金的补贴支出1249万元，发放职工失业救济金40万元，发放城市低保354万元，发放农村低保145万元，为特困生提供入学救助资金58万元，发放社会救灾救济金129万元。全县有3595名职工参加失业保险，1794名城镇企业职工参加养老保险，1034名离退休人员领取养老保险金，185名国有企业下岗职工足额发放基本生活费，参加基本医疗保险的职工人数7612人。全县享有最低生活保障的城市居民3528人。

（县志办）

中共县委书记　　亢海银※　邓彩彪
县人大常委会主任　　薛耀华
县　长　　亢海银※　郭　宏
县政协主席　　马五锁

## 永和县

【简述】 永和县地处吕梁山脉南端，晋陕大峡谷的黄河东岸，东邻隰县，南连大宁县，北与吕梁市石楼县接壤，西濒黄河与陕西延川县、延长县隔河相望。东西最宽处41公里，南北最长处46公里，总面积1212.89平方公里。全县有7个乡镇，79个村民委员会，314个自然村。总人62000人，其中农业人口55000人。2006年全县国内生产总值完成21269万元，同比增长10.2%；规模以上工业增加值达到450万元，同比增6%；全县财政总收入完成1089万元，同比增长18.9%，首次突破千万元大关；城镇居民人均可支配收入6277万元，同比增长11.3%；农民人均纯收入1308元，同比增长3.8%；社会固定资产投资总额完成1900万元；社会消费品零售总额达到11554万元，同比增长14.1%。

**农村与农业** 对全县600万株盛果期枣树和200万株核桃进行了科学管护；为了提高红枣防病抗灾能力，投资50余万元，建设红枣烤房55个；新建千亩优质核桃基地4处；发展了5个“一村一品”新农村建设试点村；实施农业节水灌溉，完成灌溉面积453.56公顷；发展高产、优质、高效农作物200.1公顷；新整理开发耕地20公顷；新建高产基本农田33.5公顷；完成水土保持治理面积6469.9公顷，管护面积1.09万公顷。兑现粮食“直补”资金204.7万元，累计惠及农民2.8万余户；退耕还林补助发放1526万元；兑现农机具直补资金1.8万元。投资254万元对候家庄、赵家岭、任家庄、郭家村4个村委实施整村推进，扶持2669人，栽植经济林10.6万株；完成5个移民新村的通电入户工程，新建3处人畜饮水工程，建设移民新村道路4.2公里；全县新增脱贫人口3000人。

**民营经济** 县委、县政府制定优惠政策，支持发展民营林业企业和民营加工企业。2006年全县民营企业发展到786个，民营经济完成增加值4025万元，同比增长33.28%，实现营业收入9190万元，同比增长30.02%，上缴税金387万元。

**生态治理** 完成通道荒山造林1000.5公顷，环城绿化233.45公顷，出省口绿化100.05公顷，机关校园绿化151个，新建千亩枣园、核桃园5个，栽植各类苗木130余万株。同时，高标准完成了186.76公顷三北科技示范园工程建设任务；退耕还林工程补栽刺槐、柠条等各类苗木35万株；万亩红枣工程和万亩核桃工程的预整地工程全部结束。

**项目与基础设施建设** 全县共确定26个重点项目，总投资8973万元，11个项目得到实施。六个项目进入省“两区”开发总体规划核定项目。“煤、焦、气、化”综合开发项目的前期勘探工作已由中石油东方地球物理公司于2005年9月5日开钻施工，完成了1号井打钻、测井、压井工作。在项目建设的带动下，基础设施建设步伐明显加快。农业基础设施方面，完成了岔口流域40.02公顷的治理面积，建设骨干坝8座，中型淤地坝6座，小型淤地坝14座；新建人畜饮水解困工程35处，解决了35个自然村的人畜饮水问题；新建农村沼气210户。道路交通方面，硬化城乡街道8公里；改造公路危桥两座；修通阁底～于家咀红军东征路18公里，铺筑阁底～东征3公里油路；拓宽改造南庄～打石腰15公里、刘家山～辛舍果5公里乡村公路；完成永和关～咀头滩8.2公里沿黄扶贫旅游公路的路基工程。城乡基础设施方面，县城供水管网改造完成管道铺设5000米，改造用水户1150户；县城垃圾场开工建设；实施“户户通电”工程，使尚未通电的47个自然村908户农民告别了无电的历史；79个村委全部通了IP电话，安装电话700余部。

**社会事业** 基础教育严格执行“一费制”，兑现“两免一补”奖金168.07万元；进一步加强高中教育，建成一个56座的标准化语音室。广电通信事业不断发展，40个自然村完成有线电视网“村村通”任务，开通了四个移动通讯基站，移动网络覆盖率达到90%以上。旅游开发成功起步，黄河“乾坤湾”和“红军东征永和纪念馆”，旅游开发项目，已纳入“两区”开发规划，被省旅游局列入“全省旅游扶贫经济园区”，并已着手编制《旅游开发总体规划》；“红军东征永和纪念馆”揭牌开馆，并向游人开放，全年共接待游客8千余人。计生部门对全县3500名育龄妇女进行免费普查普治，征收社会抚养费10万元，落实兑现奖励扶助金4.5元，人口自然增长率控制在5.3‰。社会保障体系不断完善，开展农村特困人口大病医疗救助，农村低保全面启动。全年共发放救灾款10万元，面粉25万公斤，为全县1682名城镇低收入居民兑现低保金110万元，为254名农村“五保户”发放救助金25.4万元。全年培训农民工1.5万人次，转移劳动力1万人。严打整治活动进一步加强，社会治安综合治理取得成效。安全生产工作常抓不懈，全年未发生重大特大安全事故，受到市政府的表彰。全县社会客运量下降3.2%，货运量下降1.1%；客运周转量增长6.4%，货物周转量增长2.4%。全县完成邮政电信业务总量592万元，增长20.3%。全县财产、人身保险收入同步增长。金融系统支持县域经济和主导产业发展的力度加大。全国第二次农业普查工作全面完成。老龄工作和关心下一代工作得到加强。妇女、儿童事业进一步发展。老年人、残疾人权益得到保障。一次性解决拖欠离休干部医疗费47万元，改革完善了离休干部医疗管理办法。民族宗教、防震减灾、国防教育、人防事业得到加强。监察、审计、环保、人武、档案、地方志、信访等工作都取得新成绩。（马宏伟）

**中共县委书记** 王醒安※ 毛克明
**县人大常委会主任** 杨德和
**县　长** 张三森※ 赵雁峰（代）
**县政协主席** 任启玉

## 安泽县

**【简述】** 2006年，紧紧围绕县十二次党代会提出的“奋战四五年，总量翻一番”的奋斗目标，按照“一个中心、两个重点”的发展思路，大力实施“435”发展战略，全县经济和社会各项事业保持了良好的发展态势。地区生产总值达到11.4亿元，同比增长16.5%；规模以上工业增加值完成5.6亿元，同比增长28.8%；财政收入完成1.6亿元，同比增长27.13%；城镇居民可支配收入达到7903元，同比增长11.3%；农民人均纯收入达到2921元，同比增长7%；社会消费品零售总额完成2.59亿元，同比增长17%；粮食总产量达到7.8万吨，县域经济和社会各项事业发展步伐明显加快。2006年，全县经济和社会各项事业都取得了长足发展。在2月28日召开的临汾市农村工作会议上，获得一个综合奖、三个单项奖，是获奖最多的县市；在全市造林绿化动员大会上，再获“红旗县”称号，被奖励价值11万元的护林防火专用车一辆。

**工业** 在原煤生产上，继续推进采煤方法改革，全县40%的矿井实行了普通机采，原煤产量达到180万吨。在焦炭生产上，不断扩大生产规模，全县焦炭产量达到83.41万吨，发电量达到2331万度。

**新农村建设** 围绕新农村建设6个试点村、12个人居环境治理村，大力实施“四化四改”、“六通”、“六个一”工程，村容村貌明显改观。大力发展四大农业特色产业，全县优质玉米种植面积达到4669公顷，新增中药材面积667公顷，中高产奶牛养殖达到200头，黄牛存栏3万头。不断改善农村生产生活条件，总投资2126万元，完成了南、北孔滩农业综合开发工程，新增水浇地153.9公顷，改造中低产田466.9公顷。解决了3980人的饮水安全问题，修建了500个沼气池，架通了3700户有线电视网络，完成了扶贫移民搬迁工程，完成了22公里村村通水泥（油）路工程。进一步拓宽农民增收渠道，全年培训农民工6000人次，转移农村富余劳动力1230人。大力发展农村产业合作组织，旭升农业种植等六个专业合作社已注册运营。

**项目建设** 紧紧抓住“两区”开发和“沪港”两洽会契机，引进项目11个，其中工业项目5个，农业项目6个，总投资达270.27亿元。冀氏4×60万千瓦坑口煤电开发项目已列入省市“十一五”规划重点项目，项目可研已通过专家评审，正在准备上报国家发改委核准；焦炉煤气合成年产10万吨甲醇、配套90万煤矿项目已经奠基；优质奶牛繁育示范基地项目已完成土建工程，并与上海光明乳业荷斯坦牧业公司达成初步合作意向；年产5万吨的玉米乙醇项目已经开发建设；其他8个项目年前已全部完成项目报批手续，其中同世达“532”项目、永鑫新建60万吨机焦及城市供气供热项目和“321”项目已经完成立项工作，正在进行工程设计。这些项目全部达产达效后，安泽财政可增收20亿元以上，农民人均可增收5000元以上。

*生态建设* 充分发挥安泽生态资源优势，积极开发旅游产业。全年完成工程造林2748.04公顷，植树造林170万株，实现通道绿化106公里，全县森林覆盖率达到67.2%；顺利通过了ISO14001国际环境体系认证国家年度监督审核；聘请中国城市规划设计研究院城建所和园林所，分别对我县山水园林城市和四大旅游风景区作了科学规划；投资300万元完成了荀子文化园三期工程；成功举办了第五届黄花节及红叶观光旅游节。来安泽旅游的外地客人成倍增长。

*基础设施建设* 在县城建设中，总投资4000余万元，完成了府兴北路拓宽改造及铺油工程、义唐河治理改造工程、沁河桥北河道清淤蓄水工程、县城部分街道硬化及市政防洪体系工程，以及二中科技楼、县医院住院大楼主体建设工程。投资2100万元的西北环隧道工程已完成85%。在基础设施建设中，总投资2370万元，完成了22.5公里的畅通工程、11公里326省道建设工程、96个村3700余户的广播电视村村通工程。

*对外开放* 一是成功举办了“首届中国（山西·安泽）荀子文化节”，通过摄影大赛、高层论坛、名家笔会、书画摄影展、对联征集以及文艺演出等系列活动，进一步提升和扩大了安泽的知名度和对外影响。收集回30余篇见解独到的高水平论文和几百幅摄影风光片、近百幅精品书画、两万多条歌颂荀子和赞美安泽的对联，使“太行圣境、天然秀色、荀子故里、神奇安泽”广为传知。二是邀请了中央电视台“激励永远——中国行”和山西电视台“走进大戏台”等知名栏目来安泽，不仅使名家走进了大山，而且让全省、全国民人民了解安泽、认识安泽。三是通过《人民日报》、《光明日报》、香港《大公报》、《山西日报》等重要报刊和中央、省、市电视台等媒体，大力宣传安泽近年来经济、社会、文化、生态建设的成果和美丽的风光、丰富的资源。四是积极申报“千年古县”，深度挖掘安泽悠久的历史人文积淀。目前国家民政部和联合国地名专家组已初步核准安泽县为“中华千年古县”。在全国百家“千年古县”评选中，安泽县志为山西省首家申报成功的县。2007年四、五月份将开拍大型电视宣传片，并举行命名授牌仪式。安泽的国际知名度将进一步提升。

*社会事业* 教育事业全面发展，共有265名学生先后考取了大中专院校，教育减负力度进一步加大，共为贫困学生减免学杂费141万元，补助11.8万元；科技普及工作全面加强，科技对经济发展的贡献率进一步提高；法制建设进一步加强，综合工作成效显著，“平安安泽”创建活动稳步推进；信访调处工作成效明显，全年接待群众来信来访案件187件次，立案19件，结案率达到100%；卫生、计生工作大步前进，全县人口出生率控制在9‰，计划生育率达92%；社会保障工作逐步完善，全年共发放各类保险金2089万元，发放救灾资金200万元。县财政拿出970万元，为广大干部职工增加了工资和取暖费，拿出50万元，给全县干部职工进行体检。人大、政协、统战、群团组织职能得到发挥。全县上下形成了活力迸发、和谐稳定、你追我赶、共谋发展的良好局面。

*党的建设* 认真开展第三批先进性教育活动，党员干部的政治理论水平有了很大提高；认真开展“三级联创”、“两定一查三评”、“双带一帮”活动，全年共为群众办实事576件；召开安泽县第十二届党代会，确定了今后几年的工作思路和奋斗目标；顺利完成了乡镇党委换届工作，班子的凝聚力、战斗力进一步增强。继续加强“353”源头治理工作，办理审批项目823项，审核原始凭证10万余张，拒付不合理支出80万元，节约政府采购资金165万元；严把党员入口关，有196名优秀青年加入了党组织；大力提倡党内民主，充分调动广大党员干部的工作积极性，全县上下形成了精诚团结干事业的强大合力。 （尚晓玲）

**中共县委书记** 梁若皓
**县人大常委会主任** 张忠祥
**县　长** 张广勇
**县政协主席** 王作庭

## 洪洞县

**【简述】** 洪洞县位于临汾北端，地理坐标介于北纬36°14′25″～36°32′00″，东经111°22′0″～115°5′30″之间，东隔霍山与古县为邻，西靠吕梁与蒲县交界，北与霍州、汾西相连，南与尧都区接壤。县境东西最宽处为55公里，南北最长处47.5公里，总面积1493.8平方公里。地貌呈东西高、中部低、平川由北而南逐步展宽态势。东部霍山挺拔高峻，最高峰老爷顶，海拔2343.8米，西部为吕梁山系支脉罗云山、娄山、青龙山、山势低缓绵长，最高峰泰山顶，海拔1332.6米。南部汾河滩，海拔430米，县域平均海拔约530米。属暖温带半干旱大陆性气候，2006年平均温为13.8C，平均气压962.4百帕，平均湿度11.7百巴，年降水量412.9毫米，无霜期196天。

下辖9个镇7个乡，463个村委会，总人口735665人，其中城镇人口218713人，为山西省第一人口大县。县委、县政府以科学发展观为统领，团结带领全县人民齐心协力抓建设，经济社会发展取得令人瞩目的成就。

全县耕地面积63877公顷。实现农林牧渔业总产值95712万元，比2005年增长17.7%，其中农业产值58462万元，增长23.7%；林业产值1097万元，增长1.6%；牧业产值34318万元，增长7.1%；渔业产值316万元，下降22.5%；农林牧渔服务业产值1519万元，增长19.6%。粮食总产量为322292吨，比2005年增长24.8%，为历史第二个高产年，其中夏粮179736吨，比2005年增长44.3%，秋粮142556吨，比2005年增长6.6%。棉花总产112吨，增长86.7%，油料总产1308吨，增长3.3%。肉类总产量22221吨，增长5.8%，猪出栏246458头，增长7.6%，禽蛋总产量16026吨，增长16.5%。奶类总产量为25610吨，增长2.2%。

工业生产快速增长。国有及年销售收入在500万元以上的非国有工业企业（以下简称规模以上工业企业）完成工业总产值1340322万元，实现增加值449394万元。原煤总产896.3万吨，降低11.8%；洗精煤1227.3万吨，增长36.6%；焦炭477.8万吨，增长5.5%；水泥及熟料44.5万吨，增长10.7%；生铁40.8万吨，降低3.3%；饮料酒85470千升，降低18.6%；机制纸及纸板1.24万吨，增长9.9%。建筑业企业完成总产值97735万元，比2005年增长9.9%。全年竣工房屋面积136095平方米，同比增长92.2%。

投资规模继续扩大。累计完成全社会固定资产投资233936万元，增长31.4%。其中第一产业完成投资5140万元，增长28.0%；第二产业完成投资174557万元，增长12.4%；第三产业完成投资54239万元，增长189.5%。狠抓饮水解困工程，解决6万余人的饮水困难。县域通车里程3046公里，比2005年增长5.4%。

各类电话用户达到292519户，其中城乡居民住宅电话187707户，比2005年增长2.8%，个人移动电话187707户，比2005年增长19.5%，城市小灵通用户16774户，增长10.3%，宽带网络接入户9121户，增长56.5%，电话普及率达到39.8部/百人。完成邮电业务总量8319万元，增长176.9%。

消费品市场异常繁荣。社会消费品零售总额累计完成160072万元，同比增长15.5%，其中批发零售贸易额达144766万元，增长15.1%，住宿餐饮业营业额达14310万元，增长48.5%。

旅游业继续发展壮大，大槐树寻根祭祖园、广胜寺、历山、唐尧故园、皋陶祠等景点接待国内外旅游者98万人次，实现旅游收入1100万元，分别比2005年增长17%和17.2%。

全县金融机构各项存款和各项贷款余额分别为616668万元和540033万元，分别比2005年增长15.5%和5.2%。各项存款中，居民储蓄存款513163万元，净增84643万元，比2005年增长19.9%。金融机构累计现金总收入为2231133万元，累计现金支出2325060万元，全年货币净投放93972万元，比2005年增长74.9%。

文化教育事业蓬勃发展。有蒲剧团1个，有影剧院55个，座位6100个，露天舞台73个。县文化馆下设文化中心2个，文化站12个。设有图书馆、博物馆、新华书店。各类学校486所，其中普通高中13所，在校学生14359人；职业中学1所，在校学生1200人；初中57所，在校学生46638人；小学425所，在校学生68383人。教职员工达到8019人，其中专任教师7341人。有医疗卫生机构（包括乡村社区诊疗所）724个，其中医院14个，卫生院24个，妇幼保健院（所、站）17个，疾病预防控制中心（防疫站）1个。医院和卫生院床位1095张。卫生技术人员2006人，其中高级职称20人，中级职称361人，初级职称1230人。人口自然增长率控制在5.8‰，高中阶段毛入学率45%，新型农村合作医疗覆盖率90%，城镇登记失业率4%，城镇养老保险、医疗保险、失业保险、工伤保险参保人数达10.1万人。县电视台、有线电视台、教育电视台相继建成。

特色农业不断壮大，新农村建设扎实推进。全县红枣挂果面积达到6666.67公顷，红枣产业已成为农民持续增收的致富工程，奶畜数量居临汾市第一。大力发展反季节和无公害蔬菜，蔬菜面积发展到8666.6公顷。稳定粮食产量，扩大优质农产品比重，被确定为全国粮食生产基地县。认真落实各项支农惠农政策，全部免征农业税，累计发放粮食直补资金7000余万元。全县17个示范村完成发展规划编制，启动部分村“四化、四改”和“五个一工程”，农业生产条件明显改善。投资1.1亿元，完成曲亭水库除险加固、东风渠维修改造等一批基础设施建设重点工程。造林绿化投入加大，营造林地达到38666.67公顷，森林覆盖率达到18.8%。深入开展科技下乡活动，累计培训农民50余万人次，转移农村富余劳动力5万余人。跨入全国科技进步先进县行列。

（王俊平）

**【产业结构趋于优化】** 以园区建设为依托，以项目建设为载体，大力改造传统产业，积极发展新兴产业，累计投资46.8亿元，实施重点工业项目80余个。华清、远中、瑞德、恒富化产加收、华实热电、正和精密铸造等一批重点调产项目投产达效。数源化石醋酸乙烯，瑞德、陆合20万吨甲醇，千禧320立方米锰铁等项目进展顺利。投资5.6亿元，全面实施采煤方法改革和技术改造，煤矿的装备水平、规模生产能力得到提升。园区建设步伐加快。赵城焦化工业园区已入住10余家大型企业，被命名为“山西省示范工业园区”，第三产业发展活力日趋增强，投资1.2亿元，举办大槐树寻根祭祖节，取得圆满成功，把大槐树这一品牌推向全国，让世界了解洪洞。

（王俊平）

**【城乡建设整体推进】** 以拓展空间，拉大城市框架，提高城市品位为目标，累计投入7亿多元，全面启动县城“六纵六横”道路框架建设，建成时代广场、县城中心广场、公园西街等一批城市建设标志性工程。完成关帝楼文化街、牛站街、涧南路等街路的拓宽改造，兴建雅荷苑小区，信合花苑、莲花嘉园等各具特色的住宅小区。县城绿化面积达到104万平方米，城区绿化覆盖率达到9.6%。累计筹资2.9亿元，完成洪淹线、下赵线等道路改造工程。“村村通”工程成效明显，筹资3亿元，新通油（水泥）路1557公里。筹资1亿元，完成180所学校、17.8万平方米的危房改造，全县D级危房改造任务全部完成。投资1200余万元，完成县城文化活动中心及飞虹影剧院改造工程。投资130余万元，建成省内一流的广电大楼。“大槐树根祖文化”、“走亲习俗”、“洪洞道情戏”被列为山西省首批物质文化遗产。建成疾控中心大楼和人民医院传染病区扩建项目。建立新型农村合作医疗制度，广大农民看病难、看病贵的问题得到缓解。加大城乡环境综合整治力度，淘汰落后工艺及设施，环境污染的严峻形势得到有效控制。大力整顿矿业秩序，严厉打击非法违法开采，遏制私开矿复燃反弹。计生事业健康发展，双服务活动扎实开展，综合节育率达到85%。不断拓宽就业渠道，累计增加就业岗位1.2万多个，有1万名下岗职工实现再就业。国防教育、民兵预备役和“人防”工作深入开展。“双拥”工作卓有成效，连续四次被命名表彰为“全省双拥模范县”。

（王俊平）

**【民主法制建设深入推进】** 坚持依法行政，规范行政行为，自觉接受人大法律监督、政协民主监督和社会舆论监督，共办理人大代表建议156件，政协委员提案415件。行政执法责任制稳步落实，“四五”普法工作全面完成。加强社会治安综合治理，“平安洪洞”建设扎实推进。不断强化安监工作，圆满完成各项控制目标，安全生产形势持续稳定好转。群众性精神文明创建活动蓬勃开展，涌现出2个国家级、11个省级、26个市级文明单位。深入推进行政效能建设，建成临汾市一流的政务中心，政务环境得到优化。政府系统廉政建设和反腐败工作得到加强，政风行风建设取得良好效果。

（王俊平）

| | |
|---|---|
| **中共县委书记** | 高洪元 |
| **县人大常委会主任** | 邱争战 |
| **县　长** | 孙延林 |
| **县政协主席** | 刘绍康 |

## 古　县

**【简述】** 古县位于临汾市东北部，西北与霍州接壤，东北与沁源县相连，东与安泽县毗邻，南与浮山县交界，西与洪洞县相接。总面积1206平方公里，辖4个镇、3个乡、111个行政村，1个居民委员会，总人口8.7万人。树立科学的发展观和正确的政绩观，以实施61项重点工程和实事为统领，聚精会神搞建设，一心一意谋发展，经济建设和各项社会事业保持了稳中有升的良好发展态势。2006年全县生产总值完成26亿元，比2005年同期增长17.3%；限额以上工业增加值完成17.4亿元，同比增长29%；财政总收入达到4.4亿元，剔除煤炭资源价款一次性财政收入7700万元，实际财政收入3.6391亿元，同比增长46.9%；城镇居民人均可支配收入完成10055元，同比增长15.9%；农民人均纯收入完成3230元，同比增长10.4%。全县政治安定，社会稳定，各项事业蓬勃发展，人民群众安居乐业。

农业　按国家标准及时兑现粮食直补资金328万元，极大地调动了农民种粮积极性，全年粮食产量达到47673吨。投资100万元，新栽地埂核桃50万株，高接换优10万株，综合管护100万株，核桃栽植总量达到755万株，基本实现农民“人均百株核桃树”的目标；扩建百亩优质核桃接穗圃，全县核桃育苗达333.5公顷，投资120万元，专项扶持建设双孢菇高标准菇房菇棚300座。金米种植面积达到1334公顷，中早熟马铃薯667公顷，以生地为主的中药材1334公顷，小杂粮3001.5公顷，梅花鹿存栏达1100余头。重点扶持金米协会、志华养鹿合作社、香源小杂粮合作社等8个中介组织，多渠道筹措支农资金6000余万元，实施了56个涉农建设项目，使农村基础设施得到进一步完善。完成了7个新农村建设示范村发展规划的编制工程，初步探索出了工矿型、城郊型、农业型、山区型等新农村建设模式。完成了古阳镇和16个村的宽裕型小康建设任务，沼气入户1000户，整理开发土地133.4公顷，扶贫移民和整村推进惠及17个村2200口人，转移培训农村闲散劳动力8000余人次，科技培训1360人次。

工业　实施煤炭资源整合，压减矿井7座，资源开采秩序进一步规范。投资7000余万地，完成了临古煤矿和相力二矿的扩建改造，太岳煤矿150万吨矿井和玉生煤矿60万吨矿井建设进展顺利。全县原煤产量突破500万吨，洗精煤达325万吨。

焦化企业规模档次全面提升，六大机焦企业二期工程全部完工，全县焦炭产量达到270万吨。各焦化企业化产回收设备全部投产运行，粗苯、硫胺、焦油等化产品效益可观，逐步走上了多元化发展道路。

*旅游* 三合牡丹主景区建设初具规模，新栽植牡丹9万余株，品种达到66种，总面积达到34.68公顷。实施牡丹仙子像、牡丹壁和人工瀑布等特色景点建设，回忆农家乐、商品一条街等工程建设，核心景点基本形式。“五一”黄金周期间，举办了仙子阁对联征集、牡丹碑林揭幕、牡丹杯摄影比赛等活动，共接待全国各地游客20余万人次。聘请专业设计单位对蔺相如墓、老爷顶、凌云洞等具有开发潜力的景点进行科学规划，旅游产业发展思路更加清晰。社会捐资建设的延庆观修复一期工程顺利竣工，“活水龙吟延庆观”融入了全县旅游文化建设的大格局之中。

*基础设施建设* 投资500余万元，完成了康庄街、朝阳南路等7条城市道路的拓宽改造；投资6000余万元，实施了煤炭培训综合大楼、法院审判大楼、检察院办公楼等一批建设项目，市政功能日趋完善。投资600万元，实施了环城荒山绿化工程，县城周边的生态环境治理取得了阶段性成效。完成了北平和旧县镇两个小城镇规划编制和申报工作，全县城镇化建设步伐明显加快。

投资3900余万元，改造了紫砂～三合牡丹景区旅游公路和323线白素段共20公里油路，完成了22个村92.6公里“村村通”水泥（油）路工程。投资4060万元建成了贾寨、金堆、白素三个输变电站及配套界电线路。投资700余万元新建了6个移动通讯基站，完成了8个村的“村村通电话”工程，开通了北平、古阳、旧县三镇的小灵通无线市话服务。投资920万元，新建广电大楼和电视演播厅，为42个行政村接通了闭路电视信号。特别是130余项重点工程的顺利竣工，使全县的基础设施更趋完善，促进了县域经济的快速发展。

*招商引资* 紧紧抓住全省实施“两区”开发的战略机遇，积极开展项目申报和招商引资工作，全县8个项目进入全省“两区”规划。其中，欧罗福煤气综合利用、森润2万吨镁合金、利达10万吨甲醇、鑫秀2×20万千瓦煤矸石发电，广鑫10万吨纳米沸石等5个项目与外商签约，项目实施后，可以更加有效地利用资源优势，推动县域经济的可持续发展。

*社会事业* 总投资达3700万元的新建一中一期工程、青少年活动中心和8所中小学校的危房改造工程顺利完工。全县所有中小学校开通了现代远程教育网络。县财政拨款627万元，免除了全县义务教育阶段学生的学杂费和书本费，聘用72名教师充实到基层学院。2006年，高考本科达线41人，再创历史新高。

文化建设全面推进。精心组织“魅力古县”大型灯展、《走进大戏台》专场节目、“党旗飘扬”水上晚会、“环保杯”篮球赛、第二届广场文化消夏月等一系列文体活动。20集电视连续剧《乡村警察》完成拍摄。建成了东山烈士陵园，综合体育馆建设工程奠基开发。

医疗卫生事业长足发展。投资120万元，为县医院购置彩超、胃镜等14部新型医疗设备；扩建古阳镇卫生院，新型农村合作医疗试点县申报成功，85%的农民被纳入合作医疗保障体系。

计划生育工作又上新台阶。大力开展计划生育优质服务活动，足额兑现农村计划生育家庭奖励资金28万元，高效完成流动人口清查验证工作，全县人口出生率稳定在较低水平，被省政府授予“优质服务先进县”称号。

公共安全得到有效保障。狠抓以煤矿为主的安全生产工作，全县没有发生重特大安全事故，百万吨死亡率控制在0.4以内，安全工作走在全市前列。投资140万元，为供水公司配备了水质净化和自动供水设备，保障了居民的饮水安全。投资420万元，实施煤气脱萘和管道保温工程，提高了城市煤气质量。投资73万元，新建了半自动化的张庄屠宰场，肉产品加工能力和安全卫生条件进一步改善。强化社会治安综合治理，全市“平安创建”现场会在古县胜利召开。 （县志办）

| | |
|---|---|
| **中共县委书记** | 张成梁 |
| **县人大常委会主任** | 辛普选 |
| **县　长** | 李　菲 |
| **县政协主席** | 李朱锁 |

## 翼城县

**【简述】** 翼城县位于临汾市东南隅，东通沁水、晋城，西接曲沃、侯马，南与绛县、垣曲相连，北与浮山、襄汾毗邻。总面积1170平方公里，辖4乡、6镇，总人口317530人，其中非农业人口75413人。2006年全县生产总值430260万元，比2005年增长12.3%；财政总收入77350万元，比2005年增长21.2%；规模以上工业增加值189529万元，比2005年增长11.72%；城镇居民人均可支配收入9401.2元，比2005年增长15.4%；农民人均纯收入3558元，比2005年增长11.9%；社会消费品零售总额99144万元，比2005年增长18.8%。县域经济自身调节发展能力显著增强。

*新农村建设* 特色农产品基地规模不断扩大，产业化水平不断提高。日光温室达到近万个，蔬菜面积稳定在2001公顷；酸枣接大枣4200多万株，干鲜果面积达到5336公顷；老官庄、殿儿垣、冶南、南北绛等一批标准化养殖园区初具规模，奶牛存栏达到3000多头，生猪出栏达到20万头；江源、翼众、符册畜禽交易等一批农副产品加工、营销企业竣工投产，效益稳步提升，销售收入超千万元的龙头企业达到9个；粮食生产稳步增长，连续三年喜获丰收；农业综合开发面积达到5336公顷，跨入全市一类县序列；农田水利基本建设获全省“禹王杯”奖，被评为全国农建百强县；林业生产成效显著，被评为全市红旗县。“四补贴、四取消”惠农政策全面落实，新农村建设蓬勃兴起，受到省、市表彰。

*工业调产* 冶炼、铸造、煤炭、纺织四大主导产业素质全面提升。翼钢百万吨炼轧钢项目投产达效，150万吨填平补齐项目即将竣工投产；首钢500万吨钢铁建设项目，取得实质性进展。丰昆、华尔、振浍、福旺、福泰等铸造企业的发展规模和科技含量进一步提高；“三洽会”签约的8个项目，正在全力推进；全县铸造企业发展到18家。煤矿机械化采改、双回路电源建设、资源整合工作名列全市前茅。纺织企业发展到8家，实现了由纺纱到织布的跨越。2006年，全县生铁产量达到410万吨，钢、材217万吨，铸件25万吨，煤炭420万吨，纺纱10万锭，均创历史最高水平。

*基础设施建设* 截至2006年底，共完成基础设施建设工程200多项，累计投入资金10亿元。道路建设方面，完成“村村通”水泥（油）路1100公里，受到省政府表彰；完成西南线、王续线、沁东线、曲辉线北撖～东坞岭、县城～里砦等主干公路建设14条，总长150公里。农水建设，饮水安全、浍河治理、氟水改造、沼气建设、旱井集雨等工程取得显著成效。市政建设，解放大街和府前广场扩建改造、南环路、翔翼大街改造、水上乐园、桐封公园、奥体中心等一批市政工程投入使用。社会事业，翼城中学省示范高中创建、二中扩建、职业中学搬迁、19所初中258所小学标准化建设全面完成；县疾控中心大楼、县医院门诊大楼、10个乡镇卫生院门诊楼（住院楼）、计生服务所、乡镇文体站、电视光缆铺设等工程投入使用。基础设施建设是1949年以来铺开重点工程最多、投入最大、效果最明显的时期。

*国企改革* 按照国有企业改制“两退”原则，完成了红旗针织厂、国营钢铁厂、饮食服务公司等企业的改制，对牢寨煤矿实行了产权置换，在全市首家实施了粮食购销企业试点改革。农村税费改革稳步推进，各项惠农政策落实到位。率先在全省推行以乡镇分税制为内容的财税体制改革，公共财政体系框架初步形成。教育、文化、卫生、行政审批、政府采购等领域改革稳妥推进。对外开放进一步扩大，利用外资达到18亿元。

*社会事业* 教育工作成绩骄人。翼城中学创建省示范高中、职业中学创建省重点中学通过验收；教育教学质量稳步提高，2006年高考成绩名列全市平川县市第一名，职业教育培养实用技术人才3000余名。文体事业健康发展。“翼城花鼓”被列入全国非物质文化遗产保护项目；文化大院、文化小院、诗书画等群众性文化娱乐活动丰富多彩；组团代表山西省参加了全国第七届少数民族运动会，取得了优异成绩。医疗卫生事业快速发展。新型农村合作医疗试点工作平稳运行，覆盖率达到93%，被评

为全省新型合作医疗先进县；县人民医院、县中医院通过全省二级甲等医院评审。人口和计划生育工作得到国家计生委好评，人口自然增长率控制在7‰以内。史志工作跨入全国先进行列。县档案馆达省三级标准。广播电视、《今日翼城》栏目质量不断提高，广播电视节目创新经验在全省推广。旅游开发稳步推进，文物保护进一步加强。环境质量明显改善，二级以上天数达到203天。人武、统计、人防、气象、妇女、老龄、残联、民族宗教、未成年人教育等工作都取得了新的成绩。

民主法制和精神文明建设　县人民政府自觉接受县人大的法律监督和人民政协的民主监督，广泛听取人大代表、政协委员和社会各界人士的意见和建议。至2006年年底共办理人大代表议案、建议192件，政协委员会提案554件。认真接待和处理群众来信来访，积极为人民群众排忧解难。“四五”普法成效显著，“平安翼城”创建扎实推进。村民自治和民主管理制度不断完善，政务、企务和村务公开不断引深。“353”反腐败源头治理工作有效开展，行政审批、政府采购、财政核算工作健康运行，审计监督职能发挥充分，政府系统和农村基层党风廉政建设取得积极成效。精神文明建设取得新的发展。县医院、老官庄村被评为全国精神文明建设先进单位，人行、工行、供电支公司、庄里村等被评为全省精神文明建设先进单位。全国劳模、两坂村党支部书记李鸿海被评为全国优秀共产党员。

人民生活　全县农民人均纯收入达到3558元，城镇居民人均可支配收入达到9401元。城镇养老、医疗、工伤保险面不断扩大，城市低保对象实现了应保尽保。全面落实了农村特困群众生活救助、五保户供养等社会救助政策，兑现了农村计划生育家庭奖励扶助政策，实施了“敬老养老”工程。全县机动车、私人小轿车、固定电话用户、移动电话用户、国际互联网用户大幅度增长。广大人民群众安居乐业，生活质量明显提高。　（张文会）

| | |
|---|---|
| **中共县委书记** | 原学义 |
| **县人大常委会主任** | 王　伟 |
| **县　长** | 王天郎（代） |
| **县政协主席** | 张保安 |

## 曲沃县

**【简述】**　2006年，是“十一五”规划的开局之年；是全县在县委、县政府的领导下，“经济强县、农业富县、城建名县、文化大县”目标初见成效，各个领域取得新成就的一年；是坚持科学发展观，求真务实、脚踏实地，经济社会更趋和谐、更加稳定发展的一年。全县经济综合实力实现新提升。地区生产总值达到35.9亿元，同比增长17.5%；规模以上工业增加值达到16.6亿元，增长29.6%；财政收入达到3.8亿元，增长27.3%；农民人均纯收入达到4336元，增长10.3%；固定资产投资达到13亿元，增长43.3%；矿山统收工作成绩斐然，首次突破亿元大关。

新农村建设　坚持多予少取放活的方针，围绕农民增收、整体推进社会主义新农村建设，农业调产成效显著。粮食生产、优种统供率位居全省第一，粮食总产量达到1.09亿公斤，创历史第二个高产年，被省委、省政府授予“全省粮食生产先进县”。新发展水果种植面积166.75公顷，全县水果种植面积达到3868.6公顷；推广酸枣嫁接2001公顷，总面积达到5002.5公顷，红枣产业成为农民增收的又一个重要渠道。蔬菜发展，以大蒜、大葱、大棚蔬菜等生产为主导，蔬菜种植面积达到5069.2公顷，其中大蒜面积达到1867.6公顷，日光温室和大拱棚达到300.15公顷，仅蔬菜一项人均增收660元。畜牧业发展，对高致病性禽流感、口蹄疫等疫情进行有效防控；周庄鸡养殖小区规模达到100万只；石桥堡柴鸡养殖小区规模达到36万只，并且建成销售大楼和养殖小区配套的有机肥厂；八顷奶牛养殖小区奶牛数量近百头，与蒙牛集团形成了稳定的合作关系；里村综合养殖小区成功申报了省级生猪储备点，建成生猪屠宰厂，形成了稳定的合作关系；里村综合养殖小区成功申报了省级生猪储备点，建成生猪屠宰厂，一大批养殖小区规模的迅速扩大，使畜牧业在农民收入中份额明显增加。农业基础设施建设进一步完善。实施饮水安全工程，彻底解决23个村2.1万人的饮水安全问题，下坞万亩中低产田改造已进入扫尾阶段，项目完成后，可改善灌溉面积近1334公顷，扩大良种种植面积1067.2公顷。新农村试点建设成绩突出。确定的15个新农村建设试点村和30个人居环境治理村，通过政府扶持、部门帮扶、企业帮助等多种措施，取得比较明显成绩，全市新农村建设现场会在本县召开。高显镇段家村作为全市新农村建设新亮点，受到与会领导和兄弟县市的高度好评，为全县新农村建设起到较好的带动和示范作用。

园区项目建设　以科学发展观为统领，深入实施工业强县战略，积极转变增长方式，加大招商引资力度，加快项目建设速度，园区发展成效明显。冶金工业园区总体规划方案顺利通过省级审定。油库铁路专用线、闽光专用线顺利竣工，通才、立恒专用线已开工建设，闽光大道高标准贯通。新兴工业园区完成了平面规划，已进入实质性规划阶段，园区企业健康发展，层次继续提升。两个工业园区的不断发展和规范，必将对全县工业经济的持续发展产生巨大的推动作用。本年，主要经济部门和骨干企业参加了“沪洽会”、“港洽会”、“中博会”，“三会”共签约项目14个，总投资27.8亿，其中引进外资17亿。签约项目数量居全市之首，引资金额居全市前列。在签约项目落实中，有关部门和企业全力以赴、抢抓机遇、密切配合，总体进展比较顺利，尤其是在项目用地省级审批方面，审批额占全省近十分之一。中宇钢铁公司3#550立方米高炉、60万吨高速轧材生产线竣工投产，300万吨钢配套项目完成了省级备案和土地预审；通才工贸橡胶输送带项目实现达产达效，50万吨冷轧薄板项目通过省发改委备案，450立方米高炉办理了省级核准手续；立恒50万吨弹簧项目正在紧张建设，2×380立方米高炉办理了省级核准手续；中石化油库一期5万立方米储油项目投入运营；闽光焦化粗苯、硫铵化产回收项目建成投产；中条山新型建材项目即将投产；盛格特30万台太阳能一期生产线进展顺利；三星60万吨捣固焦项目一期工程如期竣工；太子湖大豆方便面项目基础设施建设基本完工，主机设备正在安装。

城乡建设　把扩张规模、完善功能、提升品位、彰显特色作为着力点，把高标准规划作为突破口，城市建设打开了新局面。

编制《曲沃县城市建设总体发展规划构想》，委托省规划设计院编制评审《曲沃县城近期建设规划》、《曲沃县片区控制性详细规划》，编制完成《曲沃县城绿地系统规划》，委托临汾市规划建筑设计院编制《曲沃县公共客运发展规划》，尤其是投巨资聘请上海同济大学城市规划学院的一流专家进行东城区修建性规划，这一系列县城总体规划设计超前、规划科学、功能齐全、操作性强，一幅具有现代化气息的城市发展宏伟蓝图将呈现在全县人民面前。

城市建设重点实施了府东街东扩，北大街北进，城市供水、供气，公益设施建设等工程。其中：府东街东扩工程，完成拆迁和青苗补偿；北大街北进二期工程，路基桥涵全部完工；供水系统改造工程，完成五眼井的钻井任务和水源地到县城输水管网配套的前期准备工作；城市供气工程，建成煤气储存柜，铺设了东西大街主要管网，部分单位和居民用上了煤气；汽车站工程，完成设计和招投标工作；曲沃职中迁建工程，项目已上报国家发改委，完成初步设计方案；乐昌中学迁建工程，初步设计方案已经完成；全县新增绿化面积5.4万平方米。

社会事业　全县各项事业稳步推进，和谐曲沃初现端倪。科技工作，实施科教兴县战略，加强产学研联合，狠抓科技创新和服务体系建设，落实各级各类科技推广计划39项。教育工作，高考万人达线率位居全市前列，本科达线人数314人；认真落实“两免一补”政策，有效解决了近900名农村寄宿制贫困生的生活补助问题；为近7000名农村学生免除了学杂费；高标准完成了农村中小学危旧房屋改造任务；乡村中小学校操场升级改造完成了年度任务；职业中学被省政府授予“山西省职业教育先进单位”；科教兴县工程顺利通过省政府验收。文化体育工作，创办了临汾市文艺创作曲沃基地；县文化馆辅导的青少年歌手，在“2006年全国青少年优秀艺术人才电视选拔赛”中获一等奖；在哈尔滨举行的全国残奥会上，县特教中心学生获两金两银三铜的好成绩；高显镇高显村农民书画作品首次在省城展出，受到省、市各级领导和书法界的一致好评，并被省内外20余家新闻媒体进行了报道。卫生工作，公共卫生体系进一步完善，乡村卫生一体化管理进一步加强，新型农村合作医疗覆盖面进一步扩大，全年农民参合人数达到17.3万人，占到乡村总人数的88.4%，为防止农民因病致贫、因病返贫发挥了积极作用。计生工作，继续稳定低生育水平，全县人口自然增长率控制到5‰以下，被省政府授予“2006年计划生育优质服务先进县”。环保工作，深入开展禁烧烟煤专项整治活动，强制关停取缔小化铁炉、小选渣厂，从严规范建设项目，所有新上项目做到了环境整治三同时，有效地保障了全县环境质量的进一步好转。交通工作，完成了村村通水泥（油）路326公里，高标准完成了交里桥新建工程和曲绛路改造工程。广电工作，全面完成了有线电视城网改造，农网改造全面启动，全县电视频道转播效果进一步改善。文物旅游工作，对国家级文物保护单位曲村大悲院进行全面维修，进度已过半。继续开展“金铠甲”行动，实现了本县馆藏文物22年安全无事故。劳动和社会保障工作，加大了对就业再就业的政策支持和资金投入，开发就业岗位6300余个，安置城镇人员就业2120人，输出劳动力就业4180人，下岗失业人员再就业1241人，完成市定任务的248%。城市低保良好运行，农村低保、大病救助全面启动，社区建设进一步规范。安全稳定工作，严格实施安全许可制度，全县43家企业领取了《安全生产许可证》；有效遏制了重大安全事故的发生，百万吨矿产品生产实现了零死亡。同时，其他各项事业都取得了新成绩。（张淑霞）

**中共县委书记** 薛愿兵
**县人大常委会主任** 李德斌
**县　长** 张金凤※　薛愿兵（代）
**县政协主席** 吴宪堂

## 襄汾县

**【简述】** 襄汾县地处临汾市南部，东临浮山、翼城，西傍乡宁，南接曲沃、侯马、新绛，北连尧都区，南北长39.6公里，东西宽26.5公里，总面积1034平方公里。最高海拔1495.4米，最低海拔391米，平地占总面积的70%以上，是临汾市的平川大县之一。辖13个乡镇、348个行政村。总人口489411人。县境东依塔儿山，西靠姑射山，汾河纵贯南北。属温带大陆性气候，年平均日照2337.2小时，平均气温12.4℃，降雨量546.6毫米，无霜期170～200天。境内矿产资源丰富，主要有煤、铁、石膏、金、银、白云岩、硫、磷等。

2006年，国内生产总值完成76.96亿元，比2005年增长20.4%。农民人均纯收入4381元，同比增长9.36%；城镇居民可支配收入10374元，同比增长13.1%。财政收入达到11.2266亿元，同比增长12%。在第六届全国县域经济基本竞争力评价中，位居山西省第8，名列中部百强县（市）第67位并由C级晋升为B级。坚持以人为本，努力改善民生，让广大人民群众共享改革发展的成果。全县公有企业改制工作结束后，近万名下岗职工加入养老保险。新型农村合作医疗制度不断完善，全县参合农民超过40万人。劳动和社会保障工作稳步推进，五大保险参保人数达到8.5万人，保险费征缴突破1亿元。计生系统人事制度改革进一步深化，奖励扶助政策全面兑现。物价、人事、审计、档案、气象、老龄、史志、地震、民族、宗教等各项工作也取得新的进展。

**农业** 积极落实中央各项支农惠农政策，粮食总产量达到2.85亿公斤。六大造林绿化工程顺利起步，为全面建设生态园林县创造良好的条件。继续坚定不移地推进种草养畜一体化、植树造纸一体化、薯类产品系列化、红枣发展民滩化，加快绿色“3＋1”产业化进程。全县共发展规模养殖场1871个，猪存栏达到21万头，羊存栏23万只，鸡存栏147万只，兔存栏120万只。栽植三毛杨1000余万株，面积超过6670公顷，宏峰纸业和丁陶木业、翔宇中密度板等木材加工业发展前景广阔。红薯面积稳定在8000公顷，机加工能力突破8万吨，“绿康”、“金田园”系列粉条、粉丝产品成功打入美国、加拿大等国际市场。大力推行枣粮间作模式和酸枣接大枣技术，以官滩枣为主要品种的枣树保有量突破2000万株，年产量3000万公斤。龙头企业迅速崛起，新建龙腾达养殖、天美食品、卓鑫中药饮片等8个龙头企业，在省、市有影响的各类规模农产品加工企业达到16家。特色农业不断壮大，东李拱棚黄瓜和贾罕温室西红柿辐射带动效应明显增强，全县共发展黄瓜333.5公顷、西红柿667公顷；赵康三樱椒远销国内25个省、市；荀董生地年交易量在2万吨以上。劳务品牌声名远扬，永固的饼子、汾城人力三轮车、东牛仿古家具等叫响北京市场，成为农民持续增收的又一主渠道。围绕新农村建设“二十字方针”，深入开展“四化四改”和“六个一”工程，完成46个省、市、县试点村阶段性建设任务，建成128个文体广场，新建4个中型集中供气站、2003个户用沼气池，极大地改善农民的生活条件。

**工业** 努力改造传统产业，不断壮大支柱产业，积极培育新兴产业，形成“洗煤—炼焦—化工，采、选矿—炼铁（钢）—铸造”等产业链条。回收废气、余热发电，利用废渣、煤矸石制砖、加工水泥，实现废水闭路循环，循环经济发展初显成效。全县涌现出一批规模大、效益好、装备新、科技含量高、市场竞争力强的旗舰式企业，年纳税额超千万元的企业达到22户，星原集团连续三年超过亿元。按照“控制产能，容量置换，关小保大，节能降污减排”的思路，加快工业结构调整步伐，取缔、关停不符合国家产业政策、环境污染严重的70家企业。积极完善项目审批手续，加快实施重大调节项目，鸿达450立方、侯临380立方、新金山1号450立方、星原450立方、晋华380立方炼铁高炉，龙腾达2万吨顺酐及配套工程已经投产，恒泰4.2万吨汽车配件、荣世达3万吨精密铸件以及山西锌业集团氧化锌等项目已经完工。

**基础设施建设** 大力发展交通事业。实施环城西路、高速连接线、赵四线、荀西线、陈郭～西郭、南贾～赵康等境内主要通道建设工程，交能瓶颈制约得到缓解。高标准进行县城建设。一手抓河东老城改造，一手抓河西新城开发，编制今后20年县城建设的总体规划和控制性详规，完成北大街、东大街、车站街、兴农路等骨干街道拓宽改造，新建福康广场、铁西广场、汽车客运站以及具有浓厚地域特色的“城市名片”丁陶文化公园。建立健全集中供气、供热、供水体系，城市功能更加完善。全方位改善农村基础设施条件。完成348个行政村的农网改造，建成90处饮水解困工程，改造5336公顷中低产田。两年财政投入7100万元，完成313个行政村、1180公里、410余万平方米的农村通村道路和主干街道“五化”（硬化、绿化、美化、亮化、净化）建设任务，乡村面貌发生巨变。

**教育文化** 教育大县建设上，连续三年开展“基础教育年”活动，累计投入资金达3亿元，新改扩建学校234所。迁址新建的襄汾中学顺利通过省示范高校验收，跻身全市名校行列。积极引深“公有制教育提升工程”，教育质量稳步提高，2006年本科达线人数达到517人，再创历史新高。落实“两免一补”政策，免除16000余名中小学生杂费和教材费，并为农村寄宿制学校学生补贴生活费。文化名县建设上，再版《襄汾县志》，出版《襄汾览胜》、《龙乡陶寺》等丁陶文化系列丛书，开办《丁陶恰恰恰》、《戏迷乐园》等群众喜闻乐见的广播电视栏目。完成汾城古建筑群和赵康普净寺的抢救与维修，修建古色古香的丁村大牌楼，启动陶寺文化研究和陶寺遗址规划保护工作。剪纸、面塑、根雕、仿古家具、青铜器制作等一大批民间艺术得到挖掘、开发，传统文化天塔狮舞被列入全国首批非物质文化遗产名录。（县志办）

**中共县委书记** 陈玉士

**县人大常委会主任** 李志学
**县　长** 乔建军※ 张金凤
**县政协主席** 张拽牛

## 乡宁县

**【简述】** 乡宁县位于黄河流域中游，山西省西南部，吕梁山南端。东依姑射山与尧都区、襄汾县毗连，西隔黄河与陕西省韩城市、宜川县相望，南跨马首山、云邱山、苛当山与运城市的新绛县、稷山县、河津市相邻，北以高天山、云太山、清川河为界与吉县接壤。全县辖5镇、5乡，一个经济开发区，186个村（居）民委员会，1113个自然村，1178个村（居）民小组。总人口23万人，其中城镇人口36000人。全县总面积2029平方公里，是临汾市面积最大的县。共有土地20.28万公顷，其中耕地2.72万公顷，林地面积8.353万公顷，牧坡3.512万公顷，森林覆盖率35%。地下探明矿藏18种，其中以煤为最，储藏面积约1600平方公里，占总面积78%，储量153亿吨。铁矿储量在亿吨以上。此外还有铜、铝、铀、陶土、石英、长石、硫黄、云母等。煤炭是全县经济的支柱产业，是县域经济收入的主要来源，被列为国家重点产煤县，是我国三大优质主焦煤基地之一。以煤为主的工业经济发展较快。

农作物主要有小麦、玉米、谷子、黍、豆类等。经济作物有油料、甜菜、麻类等。野生药材有党参、猪苓、连翘等近百种。境内自然景观林立，文物古迹遍布，有云邱山、五龙宫、八宝宫、千佛洞、古长城、古鄂八景等。

综合经济　2006年是“十一五”规划的开局之年，是乡宁县科学发展与和谐社会建设取得重大进展的一年。各项经济指标大幅增长，全县完成生产总值333320万元，增长13.2%；规模以上工业增加值214419万元，增长21.3%；财政总收入108462万元，增长58.1%；社会消费品零售总额51583万元，增长16.2%；城镇居民人均可支配收入9168元，增长12.8%；农民人均纯收入3163元，增长8.47%。

新农村建设　2006年乡宁县新农村建设突出重点，整体推进，呈现出稳步发展的良好势头。不断加大造林绿化和农业基础设施建设力度，投资近千万元，完成通道绿化7条75公里，实施县城西北山绿化366.85公顷，栽植各种树木17055株，实施了龙鼻流域坝系工程和豁都峪流域二期治理工程，解决了45个自然村，1400口人的饮水安全问题。继续实施农业产业化工程，新栽植花椒4855株，总量达到1200余万株，牛羊猪存出栏数稳中有增，规模养殖户新增300户达到853户，西部果椒产业区和东南部牛羊产业区规模进一步扩大。建成了琪尔康翅果油萃取生产线、高天牧业肉制品生产线。琪尔康翅果油综合开发产业化项目、盛宝王配合饲料生产及生猪屠宰加工项目、绿苑2000吨气调库及果蔬椒加工项目列入“两区”开发扶持项目，龙头企业带动能力明显增强。第一批10个高标准示范村完成全面规划，初步实施“四化”、“四改”为重点的人居环境治理。

工业　2006年乡宁县围绕建设新型能源和煤化工基地目标，继续在做强做大煤炭产业和延伸产业链条上下工夫。新建毛则渠煤炭有限公司和神角煤矿两个综采工作面，加快台头煤矿胡村150万吨接替井工程建设，2007年可望达产达效。煤焦实业、永昌源、弘强三个60万吨焦化企业的化产回收项目已初见成效。华鑫电冶发电机组竣工投产。组建了全省县级规模最大的焦煤集团—乡宁县焦煤集团有限公司。

基础设施建设　公路建设方面完成农村公路通达工程3条34公里，村村通工程11条47.9公里。断山岭隧道铺油工程竣工通车，城陈公路路基工程全面完工。电力建设方面新建了光华、胡村、西坡三座110千伏变电站，建成双回路110千伏主供网架，完成了农网、城网后续工程。城市建设方面完成了北山公园续建工程、县城公共汽车站建设工程、文化中心主体工程、县城集中供热一期工程；县医院住院大楼开工建设，乡宁新高中、迎旭东街、体育馆及明珠休闲广场等工程正在进行前期工作。

社会事业　2006年乡宁县实施调整八项学校建设工程，义务教育标准化、学校装备技术现代化和满足学前三年教育工作通过省级考核验收，常规教学管理得到加强，教育教学质量不断提高。积极推进新型农村合作医疗试点工作，继续加强疾病防治、妇幼保健、卫生监督等工作，人民群众就医保健条件进一步改善。深入开展计划生育整改工作“百日大会战”活动，基本扭转了乡宁县计划生育工作落后局面，群众生育观念、基层服务水平和流动人口生育管理都有了显著提高。文化体育、广播电视、社会保障等其他各项社会事业都有了新的发展。“一矿一事一业”活动继续纵深发展，全年共筹资30335万元，其中“一事”项目124个，19325万元；“一业”项目20个，11010万元。

精神文明和民主法制建设　认真贯彻《公民道德建设实施纲要》和《进一步加强未成年人思想道德建设》深入开展以“八荣八耻”为主要内容的社会主义荣辱观教育，不断引深“学习型机关”、“文明单位”、“文明村镇”等群众性精神文明创建活动，城乡文明程度有了新提高。“五五”普法全面启动，基层民主得到加强。高度重视和处理群众来信来访，认真落实社会治安综合治理各项措施，严厉打击各类违法犯罪行为，有效维护了社会稳定。

党建工作　2006年乡宁县各级党委坚持用邓小平理论、“三个代表”重要思想和科学发展观武装党员干部，深入学习贯彻党的十六届六中全会和省市党代会精神，采取党委中心组学习、聘请专家讲课、外出培训等多种形式对干部进行培训，广大党员干部的理论水平和解决实际问题的能力明显提高。按照中央统一部署，216个党组织和3917名学员参加第三批先进性教育活动。深入开展“三级联创”活动，继续引深“两定一查三评”制度，农村基层党组织的创造力、凝聚力和战斗力进一步增强。管头镇党委被中组部授予“全国先进基层党组织”荣誉称号。严明纪律，规范操作，圆满完成了县乡党委换届工作。（阎长命）

**【华鑫电冶公司建设】** 华鑫电冶公司是乡宁县在“一矿一业一事”活动中由10位民营企业家共同投资建设的股份制企业，是山西省“两区”开发项目之一。该公司总投资2.8亿元，集发电、冶炼、化产为一体，采用先进的空冷技术，是符合国家环保政策的综合利用项目。机组并网运行后，可向系统提供负荷4万千瓦，相当于乡宁县目前总的用电负荷；并能为临汾电网提供优质可靠的电源保证。一、二期工程全部投入运营后，年可实现产值10.34亿元，利税突破4亿元，安排社会劳动力1000余人，成为确实带动地方经济发展的龙头企业。华鑫电冶有限公司电厂2×2.5万千瓦煤矸石发电机组于2006年11月22日竣工投产。

（阎长命）

**【乡宁县煤焦集团组建】** 2006年11月22日组建，集团由乡宁县地方国有台头煤矿、毛则渠煤炭有限公司、申南凹焦煤有限公司组成，注册资本2亿元，总资产18亿元，公司将着力做大做强原煤、焦炭和化工三大产业，在实现主焦煤开采集中度上求突破，在提高煤炭回采率上求突破，在延伸煤—焦—化、煤—电—铝、煤—焦—铁—机械加工链上求突破，在煤炭工业可持续发展上求突破。到“十一五”末，集团公司原煤生产能力达到1000万吨，煤炭主业销售收入突破30亿元，延伸产业销售收入达20亿元，综合实力进入全省第三工业方阵，跻身全国行业百强之列，成为全国较大的主焦煤生产基地。（阎长命）

**中共县委书记** 赵建国※ 张效彪
**县人大常委会主任** 左云峰
**县　长** 张效彪※ 郭行杰（代）
**县政协主席** 闫灵娣

## 大宁县

**【简述】** 大宁县位于临汾市西部，吕梁山南端，东与隰县、蒲县为邻，北与永和县接壤，南同吉县毗连，西与陕西省延长县隔黄河相望，总面积967平方公里，现辖2个镇、4个乡，84

个村委，309个自然村。总人口为6.4万人，其中城镇人口1.82万人。

全县按照县委、县政府的总体部署，紧紧围绕枣业、养羊业、石材业、城市发展四大重点产业，大力实施“产业富民、工业强县、城市拉动”三大战略，全力以赴上项目，凝心聚力搞招商，真心实意扶民营，持续推动了县域经济的又好又快发展，各项经济工作有突破性的进展。2006年，全县生产总值完成2.34亿元，同比增长11.5%；财政总收入完成1462万元，比2005年增长12.2%；农业生产总值完成6971万元，同比增长9.7%；规模以上工业企业增加值完成6417万元，同比增长1.8%；农民人均纯收入1154元，同比增长2.1%；城镇居民人均可支配收入6210元，同比增长15%；社会消费品零售总额完成8370万元，同比增长15.2%；固定资产投资完成任务9712万元，同比增长129.7%；粮食总产量达19601吨，同比增长128%。

**农业** 以农业增效，农民增收为目标，突出主导产业，调整农业结构，新建圈养羊规模达1000只以上的羊场两个，500只以上的羊场3个，圈养羊存栏4.8万只，出栏13792只，同比分别增长37.3%和67.7%，良种覆盖率100%。种植当年生、多年生饲草3068.2公顷，建青贮池2759个，羊的饲养方式得到改进。枣业种植不断增长，全年共栽植以枣树为主的干果经济林1200.6公顷，嫁接枣树55.6万株。

**工业** 继续立足石材贮量丰富，易开采，色泽花纹美观，花色品种繁多的实际，成立了石材工业园区。截至2006年底，工业园区已有13家个体民营石材厂发展良好，其中，有8户企业投入生产，另有5户正在建设当中，石材业年创利税5000余万元。

**科教文卫** 加大了科教兴县力度，全县推广新成果5项，申报省、市科技项目5项，培训农民7000人（次）。全县农村义务教育阶段学杂费首次全部减免，新建了两所农村寄宿制学校，对10所学校进行了危房改造。全县中考成绩好于往年，高考达线31人，创历史最高水平，名列全市第八，西山第二。加大文化强县力度，完成了黄河仙子祠一期工程，投资500万元的宣传文化中心翠微广场正式开工建设，一层主体工程全部完工；狠抓了精神文化产品的创作生产，有多篇文学作品在国家和省市报刊发表，李玉山的散文《烧石三章》获中国文化艺术终身成就奖，剧本《黄河仙子》获首届海内外华语文学提名奖；开放了电子阅览室，完善了文化活动网络。全县计划生育率达到83.54%，人口出生率降低到8.51‰。

**基础设施与生态环境建设** 马头关黄河公路大桥已完成工程总量的57%，农村通达（通畅）工程完成10.4公里，现有48个行政村通了客车。所有行政村全部实现了通广播电视、通电话目标，户户通电话工程和城区有线电视网络改造工程全面完成。实施了昕水河流域生态环境治理工程、荷叶沟流域工程和杜峨流域重点坝系示范工程，新建骨干坝8座、中型坝2座、小型坝7座，综合治理面积1.84平方公里。实施了退耕还林、天然林保护六大造林绿化工程，完成人工造林3268.3公顷，育苗140.07公顷，绿化公路29公里。建设防渗渠10000多米，维修改善自流渠8000多米，新修农田道路3公里，改建中低产田466.9公顷。完成农村饮水安全工程7处，解决了7个村、2000口人，433大牲畜的饮水困难。实施了生态家园富民工程，新建沼气池1000个。

**城镇建设** 南关通道路铺设和新城区街道设施改造工程全面竣工；沿街一层建筑改造有16个工程开工建设，有10座大楼主体完工；翠微山公园一期工程已经结束；改河延街、政府机关大楼、城区三山绿化、翠微休闲广场等重点工程进展顺利。开展城市环境综合整治活动，县城环境面貌得到新的改观。此外，完成客运站、县城外环路、物流配送中心、校外活动基地和县城第二小学的施工准备工作，对垃圾场、商住小区和西山批发中心进行建设规划。

**社会事业** 养老、医疗等社会保险的覆盖面进一步扩大，就业再就业渠道不断拓宽。发放各类救灾、救助资金50多万元，低保资金250万元。实施了5个贫困村的整体推进项目，完成了5个村1500口人的移民搬迁任务。加强社会治安综合治理，切实保持全县社会稳定。建立了县、乡、村三级平安创建机制，把各项任务具体分解到20个牵头单位和32个协调部门，在平安创建活动中，全县有2个乡镇受到了市级表彰，4个单位被市综治委授予平安创建“示范单位”。37个单位（乡、村）达到了创建标准。（李宏伟）

**【“两区”开发工作】** 有10个项目被列入“两区”开发规划，黄河化工机械总公司的改性炸药项目已建成试产；麦绿素项目已落实贴息贷款300万元，正式奠基开工；良种肉羊基地项目也已落实贴息贷款250万元，引进种公羊660多只；煤电和煤层气项目被调整为煤电一体化项目，市政府正在协调解决探矿权问题；二郎山旅游项目已从交通部门争取到位900万元资金，用于20公里道路建设。县委、县政府认真贯彻落实全省对外开放工作会议精神，在“两区”开发工作中充分利用资源优势，产业优势，环境优势，坚持政府招商和以民招商并重，努力拓宽引资渠道，开拓新的引资领域，实现了大招商促大发展，共引进内外资金1.4亿元，比2005年增长4.6倍。（李宏伟）

**中共县委书记** 杨玉龙※ 张越铁
**县人大常委会主任** 祁云峰
**县　长** 张越铁※ 陈　纲
**县政协主席** 贺寅生

## 蒲　县

**【简述】** 蒲县位于山西省西南部，地处黄河流域中游，是临汾通往西山五县的门户，素有“晋西锁钥”之称。全县总面积1510.6平方公里，辖4镇5乡，103个村民委员会，524个村民小组，649个自然村，总人口10.2万人。全县耕地面积26700公顷，占总面积的17.67%。矿产资源丰富，已探明有煤、铁、铜、油母页岩、天然气等20余种，尤以煤为最，煤储量108亿吨。县内有东岳庙、真武为代表的名胜古迹，有各类文物保护单位109处，其中国家级1处，省级2处，县级106处。自然风光壮丽奇特，有珍禽褐马鸡在此繁衍生息，发展旅游得天独厚。境内气候，四季分明，光照充足。年平均日照为2557.2小时，年平均气温为8.6℃，年平均降水量450～650毫米，年平均无霜期171天。

2006年，全县国内生产总值完成28亿元，比2005年增长16.6%；财政总收入完成5.29亿元，比2005年增长30.6%；一般预算收入完成1.2亿元，比2005年增长43.5%；城镇居民人均可支配收入8930元，比2005年增长10.2%；农民人均纯收入2936元，比2005年增长4.7%；银行各项存款余额22.5亿元，净增4.2亿元；全县人均存款2.25万元。

**农业** 特色农业格局进一步凸显，产业化建设有了新进展。在昌源公司、昕源薯业等龙头企业辐射带动下，马铃薯、烟叶、中药材、香紫苏等收益较高的特色产业成为农民增收的重要依托，各项惠农支农政策得到较好落实，调动了广大农民的种粮热情。全县粮食总产量3250万公斤，比2005年增长22.5%；种植烤烟3748亩，共收购1.4万担，最高亩产值2231元，平均亩收入1257元，比2005年增长15%，烟农总收入471万元，比2005年增长10%，成为临汾市最大的烤烟种植县，生产、收购、销售工作全面排队第一。种植马铃薯克新一号667公顷，涉及9乡镇、66村、2000农户，亩收入均达600余元，薯农总收入600万元左右，部分薯农薯业收入达1000元以上。药材示范基地6.67公顷，中药材种植面积100.05公顷；香紫苏种植面积146.74公顷，为农民增收180余万元，亩均收入达800余元；大棚菜发展达300余棚，推广立体种植技术300余公顷。全县依托初具规模并取得经济效益的特色农业经济体为中心，辐射带动，形成区域产业。以龙泉猪厂为中心，以小型养殖场为依托，辐射带动400余农户，培育了10个养猪专业村，建设了生猪生产基地。以蒲园生态科技园为中心，带动周围村庄散养土鸡4万只。全年完成植树造林1907.62公顷，森林覆盖率达到42.5%，生态环境继续改善，被市委、市政府评为植树造林工作一类县。

工业　2006年，全县工业企业328个，其中国有企业3个，集体企业、股份制企业和民营企业325个。工业总产值24亿元，占全县工农业总产值的90%以上。煤炭产业素质和安全生产能力大幅提升。先后建制引进42家大型矿务局人才、技术力量，加快推进采煤方法改革；狠抓煤矿通风质量标准化建设，全县煤矿全部达到二级以上标准；所有煤矿统一配备了探水钻，53座煤矿安装了产量计量系统，50座煤矿安装了井下人员定位巡检系统，煤矿安全装备进一步提高。建成标准化一级矿井1座、二级矿井41座、文明矿井42座。全县煤矿年生产能力达到1800万吨。非煤产业开发有了新进展。凯隆发光粉项目由全国500强之一的酒钢集团控股经营，市场前景看好；祥云焦化公司混漆碳项目、易恒天酒厂等一些项目相继投产。新增发电厂2座，焦化企业煤气发电项目2个，装机容量9.1万千瓦。其中蒲县发电厂装机容量1.8万千瓦；宏源公司长益晟发电厂装机容量5万千瓦；魁元焦化公司煤焦油发电项目等装机容量2.3万千瓦。

基础设施建设　公路建设实现了新突破。累计投入7636万元，先后实施了黑河二期、荆河一期、南沟～刁坪、韩店～返底等9条、66.5公里通村油路和梁路～马务、山口～梅洞山、刁口～河底3条47.6公里沙砾路工程。全县油路总里程达到323.86公里，通村率达到65.6%，通客车村达到80个，通达率提高到81.8%。电力建设力度加大。相继完成了黑龙关110千伏变电站增容、黑龙关至太林110千伏输变压线路改造、乔家湾35千伏输变电、煤矿双电源建设工程及太林35千伏升压、蒲城35千伏变电站增容工程；新建了西气东输蒲县压气站110千伏输变电站；北峪煤矿5万千瓦煤矸石发电项目建成投产，全县发电能力达到11.5亿千瓦。城建工作有了突破性进展，南大街拓宽改造工程完成了划定的拆迁任务，并实施了部分管线预埋、护坝砌筑等基础工程；振兴路、蒲红南路、民政路三条连接线如期完成拆迁贯通，西关人行道改造、广场北路防护坝、泉子滩排水渠及5条巷道硬化工程全部完成；启动平安广场建设工程。

环境保护　积极推进“蓝天碧水”工程，持续开展了焦化和洗煤行业清理整顿、取缔土小企业、城区环境综合整治等专项行动，依法关停、取缔30万吨以下洗煤厂21座、100立方以下小铁炉27座，改良焦残余炉体300余座；20家30万吨以上洗煤厂新上了浮洗压滤设备，实现了废水循环利用和零排放。城乡环境质量有了新改善，城区二级以上天气达220天。

旅游开发　旅游开发总体思路初步形成，聘请专家对全县旅游资源进行了考察论证、规划设计。投资200余万元，修缮了东岳庙献亭，整修了长虹蹬道，修建了翠屏山登山台阶和凉亭。

社会事业　全县各项社会事业发展较快。文化市场在整顿中继续繁荣，举办了蒲伊广场消夏月、“威风锣鼓”赛及“地税杯”、“煤运杯”乒乓球比赛等文体娱乐活动，丰富了干部群众的精神文化生活。“双拥”共建向纵深推进，被省委、省政府命名为“双拥模范城”。征兵工作实现了连续37年无退兵。精神文明创建活动广泛活跃，新发展国家级文明单位1个、省级文明单位2个、市级文明单位10个。全社会对教育重视程度提高，支持力度加大，优先发展教育事业；县财政拿出500余万元，免除了义务教育阶段中小学生学杂费；多方筹资847万元，完成8所中小学校危房改造任务；隆重举办了蒲县一中建校50周年庆典活动；开通了蒲县一中与北大附中远程教育网络，实现了资源共享。城乡医疗条件继续改善，医药市场整顿深入开展，新型农村合作医疗工作被省政府确定为试点县。加强人口与计划生育工作，各项任务指标圆满完成，被市委、市政府授予“综合进步奖”。组织参加“产学研”活动和科技培训48次，引进推广先进实用技术30项，产业开发的科技含量有了新提高。社会保险工作加快发展，养老、医疗、失业和最低生活保障制度得到较好落实，投保人数达到3.9万人，社保基金累计达到9000多万元；最低生活保障制度得到较好落实。“五五”普法全面启动，综合治理持续引深，社会治安状况明显好转。

（曹立华）

**【《蒲县年鉴》《东岳庙志》出版发行】**　《蒲县年鉴》是由县委、县政府组织，县志办承编的大型史料性工具书，是蒲县唯一的综合性年鉴。《蒲县年鉴》于2006年3月由郑州出版社正式出版发行。全书约45万字，全面记载了蒲县（2000～2002）政治、经济、文化、社会各方面的新成就、新进展、新经验，充分反映了蒲县的地方特色和时代特征，为国内外各界人士进一步了解、支持、参与蒲县经济建设提供了准确、完整的参考资料，真正发挥了地方志存史、资政、教化的功能，为续修《蒲县志》奠定了坚实基础。

山西省文物旅游志系列丛书《东岳庙志》由张世贤主编，经蒲县编纂委员会全体工作人员齐心协力，历数载寒暑，三易其稿成书，由山西人民出版社出版发行。

蒲县东岳庙历史久远，规模宏敞，建筑壮丽，布局精巧，实属罕见。然而庙逾千年，闻名遐迩，历代却无一部专志。《东岳庙志》的出版面世，以其翔实完臻的资料，严谨科学的态度，求真务实的精神，弥补东岳文化研究的空白，为弘扬东岳文化，传承社会文明，开发东岳庙旅游资源提供翔实资料，对于发展蒲县旅游事业，促进经济建设具有不可估量的价值和作用。

（曹立华）

**【南大街新区建设工程】**　南大街新区建设工程是蒲县县委、县政府为改善城市环境，造福蒲县人民而实施的一项民心工程，也是蒲县的重点工程。该工程于2004年始建，一期工程为道路，二期工程实施立体开发。南大街起点西始临大路店坡，昕水河桥与南关大桥相接，与广场大桥相连，终点东至交通局与过境临大公路交汇。南大街全长1800米，宽36米，架设桥梁三座。路面结构设计为双向六车道，主车道20米，人行道6米，双向绿化隔离带4米，由山西省城乡设计研究院工程设计中心设计。2006年一期工程重点完成了拆迁和路基工程，拆迁总面积1.3万平方米，征用土地65亩，拆迁户134户，拆迁费1800万元。截至年底，该工程已完成挖方4万立方米，填方8万立方米，下水管线铺设1200米，通信管线铺设1000米，供热管线铺设640米，供水管线铺设850米，各种管线铺设和路基基础工程已完成。力争在“十一五”期间把南大街新区建成一个花红、景秀、水绿，环境优美、设施先进、风格独特、品位高雅的靓丽新区。

（曹立华）

**【南大街“三座大桥”竣工通车】**　南大街三座大桥依次为广场大桥、南关大桥、昕水河大桥，全长205米，其中广场大桥长52米、高5米；南关大桥长49米、高5米；昕水河桥长104米高10～12米；总宽22.5米，其中主车道宽20米，两边人行道2.5米，桥栏为花岗岩，共安装路灯38盏。2004年8月28日开工兴建，桥上部结构桥板为非预应力空心桥板，共用340块。桥梁为钢筋砼桥，桥梁基础共动用土石方2.3万立方米，共用钢材780吨，水泥8050吨，粗砂65000立方米，碎石95000立方米，总投资1650万元。2005年7月竣工，2006年通车。南大街三座大桥的建成缓解了蒲县交通压力，为人民群众出行带来便利。

（曹立华）

**【蒲县垒石坑填土植树创大世界基尼斯之最】**

蒲县位于黄土高原吕梁山南麓，境内地貌多为石山土盖头，坡陡岩裸露。从1998年秋季起，蒲县人民政府绿化委员会动员全县群众植树造林。在石头坡上用碎片石垒坑，客土回填，带母土或营养袋栽植苗木，树种有侧柏、油松、刺槐、核桃、杨柳等。走进蒲县，满坡鳞次栉比的石坑，漫山郁郁葱葱的树苗，层层叠叠，错落有致；绿树成荫，绿满山坡，仿佛是一幅靓丽的青山画卷。至2006年底全县已累计造林45万亩，垒石坑60万个，垒石坑填土植树39万株，被上海大世界基尼斯总部认定为垒石坑填土植树数量最多县，创“基尼斯之最”。

（曹立华）

| | |
|---|---|
| **中共县委书记** | 杨治平 |
| **县人大常委会主任** | 李德俊 |
| **县　长** | 王国平 |
| **县政协主席** | 殷仲玺 |

# 运城市

【概述】 国民经济高位平稳运行，综合经济实力进一步增强。据初步核算，2006年全市生产总值达到556.8亿元，按可比价计算，比2005年增长14.5%。其中，第一产业增加值58.1亿元，增长7.2%；第二产业增加值318.2亿元，增长17.6%；第三产业增加值180.5亿元，增长11.7%。三次产业占生产总值的比重分别为10.4∶57.1∶32.5，对经济增长的贡献率分别为5.6%、68.4%、26.0%。在第三产业中，交通运输和仓储邮政业增加值为37.6亿元，增长14.4%；批发和零售业增加值32.9亿元，增长14.4%；房地产增加值16.1亿元，增长12.5%。全市人均生产总值11135元，按现行计算，折合1400美元。生产总值总量占全省比重为11.7%，在全省经济总量排名中仅次于太原市、临汾市，居第三位。

三次产业比例由2005年的11.4∶56.4∶32.2调整为10.4∶57.1∶32.5。与2005年相比，第一产业比重下降1个百分点，第二产业比重提高0.7个百分点，第三产业比重提高0.3个百分点。

市场物价总水平保持稳定。全市居民消费价格总水平比2005年上涨2.7%。其中，城市上涨2.4%，农村上涨3.2%。商品零售价格指数上涨0.8%。工业品出厂价格指数上涨2.2%。农业生产资料价格指数上涨0.3%。原材料、燃料、动力购进价格指数上涨1.7%。

国民经济和社会发展中存在的主要问题是：经济结构不合理和经济增长方式粗放等深层次矛盾依然存在；多元产业共同支撑经济增长的格局尚未形成；节能降耗减排任务依然艰巨；区域经济发展不平衡；城乡居民收入偏低。

农业 农业生产实现了较快发展。全市农林牧渔服务业总产值达到109.5亿元，比2005年增长14.3%，农林牧渔服务业五业均呈增长态势。农作物播种面积稳中有增，种植业结构得到调整。2006年全市农作物播种面积达到673469.9公顷，比2005年增加10605.3公顷，增长1.6%。其中，粮食522661.2公顷，比2005年增长0.1%。在粮食作物中，夏粮314023.6公顷，秋粮208637.6公顷。高产作物玉米的播种面积达到162147.7公顷。在经济作物中，棉花91312.3公顷，增长15.2%；油料13006.5公顷，下降21.4%；蔬菜27413.7公顷，增长4.6%；瓜果5536.1公顷，增长25.8%；水果98716公顷，增长2.9%。由于种植结构的优化和农民投入的增加，获得了较好收成。据抽样调查计算，全市粮食总产量达到195.7万吨，比2005年增长22.9%，创“十五”时期以来最高年。其中，夏粮106.2万吨，增长27.7%，秋粮89.5万吨，增长17.6%。

林业发展成效明显。全年完成造林面积24879.1公顷，退耕还林工程2334.5公顷，三北防护林733.7公顷，四旁植树2795万株。

畜牧业生产趋稳。全年生猪出栏85.0万头，比2005年下降0.8%；牛出栏6.8万头，下降4.2%；羊出栏33.5万只，下降9.5%；家禽出栏1297万只，增长7.1%。全年肉类总产量9.8万吨，增长0.9%；奶类产量2.5万吨，增长2.0%。其中：牛奶2.2万吨，增长9.0%；鲜蛋产量8.3万吨，增长6.4%。

全年水产品总产量20360吨，比2005年增长11.0%。

工业和建筑业 工业生产保持快速增长，推动经济发展的主导作用进一步增强。2006年，全市上下以建设加工制造业基地为目标，紧紧抓住经济结构调整这条主线，不断推进传统产业新型化和新兴产业规模化。全市工业企业完成增加值294.7亿元，比2005年增长17.6%。其中，规模以上工业增加值236.0亿元，比2005年增长26.2%。产销衔接状况保持良好，全年规模以上工业企业产品销售产值641.4亿元，比2005年增长31.2%；产销率97.7%，比2005年提高1.9个百分点。

在规模以上工业企业中，国有企业完成工业增加值12.7亿元，增长1.0%；集体企业完成1.6亿元，增长15.5%；股份合作企业完成4.1亿元，增长63.7%；股份制企业完成211.2亿元，增长28.2%；外商及港澳台商投资企业完成3.1亿元，增长5.4%；其他经济类型企业完成3.3亿元，增长17.7%。全市大中型工业企业完成增加值194.1亿元，增长23.3%，占全市规模以上工业增加值的比重为82.8%。

主导产品产量多数增长较快。全市重点监控的90余种工业产品中，有近60种呈增势。其中，洗煤770.6万吨，增长11.3%；焦炭1069.5万吨，增长17.3%；生铁407.8万吨，增长18.4%；钢材323.5万吨，增长13.9%；电解铝56.3万吨，增长141.8%；氧化铝219.7万吨，增长45.8%；原煤83.6万吨，下降32.6%；发电量101.7亿千瓦时，增长7.8%；钢262.4万吨，增长10.2%；合成洗涤剂15.4万吨，增长6.3%。

工业企业效益进一步提高。全年全市规模以上工业实现主营业务收入651.6亿元，比2005年增长35.1%；实现利税101.5亿元，增长59.3%；实现利润60.3亿元，增长87.8%。其中国有企业亏损13107.6万元，增长99.5%；集体企业实现利润154.2万元，下降31.4%；股份合作企业实现利润2752.9万元，增长460.4%；股份制企业实现利润609399.0万元，增长86.7%；外商及港澳台商投资企业实现利润1578.0万元，增长85.3%；其他企业实现利润1830.3万元。在实现利润中，国有及国有控股企业达到43.8亿元，增长132.5%。工业企业经济效益综合指数191.1%，比2005年提高34.4个百分点。

建筑业保持健康发展。2006年末，全市具有资质等级的建筑企业102个，完成总产值40.2亿元，增长5.9%。实现增加值23.6亿元，增长18.3%。其中，利润5526万元，增长23.4%。全年房屋建筑施工面积271.0万平方米，比2005年下降11.4%。

固定资产投资 固定资产投资保持快速增长。2006年全社会固定资产投资完成222.4亿元，增长38.6%。其中，城镇固定资产投资195.2亿元，增长42.6%；房地产投资20.2亿元，增长24.3%；农村固定资产投资7.0亿元，下降4.0%。

城镇投资结构得到优化。农业、能源、住宿餐饮业、水利环境和公共设施管理等行业得到加强。全市城镇和房地产投资完成215.4亿元。其中，国有投资57.5亿元，增长2.4%；非国有投资157.9亿元，增长62.9%。按产业分，第一产业1.3亿元，比2005年增长108.3%；第二产业142.9亿元，增长54.8%；第三产业71.2亿元，增长18.3%。在第二产业投资中，工业完成投资142.7亿元，增长54.6%，占99.9%。其中，制造业88.0亿元，占工业投资61.6%；电力、燃气及水的供应业47.6亿元，占工业投资33.3%。在第三产业投资中，房地

解州关帝庙

张文芳摄影

产投资20.2亿元，增长24.3%；交通运输、水利、环境和公共设施管理等基础设施投资29.5亿元，增长3.1%。

2006年全市商品住宅投资15.6亿元，增长37.3%。商品房竣工面积89万平方米，增长5.5%，商品房平均销售价格1444元/平方米，增长2.0%。

固定资产投资成效显著。全年全市固定资产投资建成投产项目176个，项目建成投产率43.2%；新增固定资产150.9亿元，固定资产交付使用率为70.1%。新增主要生产能力有：发电机组容量65.6万千瓦，11万伏及以上输电线路195公里。年产粗钢100万吨，生铁50万吨，焦炭146万吨，水泥85万吨，农用化肥7万吨，合成氨18万吨；新增校舍11.3万平方米，学生座位9900个；新增有效灌溉面积1300.65公顷，棉纺锭两万锭；改建公路264公里，新建高速公路65公里，城市道路扩建延长52.59公里。

国内贸易　消费品市场保持稳步增长势头。全年全市实现社会消费品零售总额180.1亿元，增长13.9%。其中，市的消费品零售总额93.7亿元，增长13.5%；县的消费品零售总额51.9亿元，增长14.3%；县以下消费品零售额34.5亿元，增长14.2%。在零售总额中，批发零售贸易业实现零售额135.4亿元，增长16.5%；餐饮业实现零售额26.7亿元，增长13.7%。

限额以上贸易企业销售继续增长，规模效应显现。全年全市限额以上贸易企业实现零售额33.6亿元，比2005年增长24.0%。限额以上贸易企业零售额在全社会消费品零售总额中比重为18.7%，比2005年提高1.6个百分点。

对外经济贸易　对外贸易继续保持快速增长。2006年，全市进出口总额81469万美元，增长24.8%。其中，出口29166万美元，增长0.1%；进口52303万美元，增长44.7%；贸易逆差23137万美元。全年有进出口业绩的企业83家，商品出口到99个国家和地区。

全市主要出口商品7大类：植物产品62万美元，减少64.4%；食品类1633万美元，增长84.1%；矿产品6899万美元，增长140.6%；化学工业及其相关工业的产品2675万美元，增长0.5%；纺织原料及纺织制品2621万美元，增长130.1%；玻璃及制品906万美元，增长22.4%；贱金属及其制品12859万美元，下降33.8%。主要进口商品为五大类：矿产品37844万美元，增长41.0%；化学工业及其相关工业的产品6949万美元，下降4.9%；塑料、橡胶制品425万元，增长0.5%；纺织原料及纺织制品97万美元，下降21.1%；贱金属及其制品5767万美元，增长44.4倍。

全市合同利用外资9224万美元，下降48.1%；实际到位4759万美元，增长34.2%。

旅游　2006年，运城市以独特的历史文化魅力和快速发展的现代文明赢得CCTV“中国十佳魅力城市”的称号，城市的知名度和影响力进一步扩大，促进了旅游业的发展。全年接待国内外游客突破700万人次大关，增长8.6%；旅游业总收入突破30亿元，达到36.9亿元，增长31.3%。其中：国际游客4.9万人次，增长40.8%；创汇收入1005.8万美元，增长41.0%。国内游客708.3万人次，增长25.2%；实现旅游收入36.1亿元，增长30.8%。

交通　交通运输业全面发展，截至2006年底，全市铁路营运里程309公里；公路线路里程14142公里(含村道)。其中，高速公路300公里，国道、省道1414.1公里，县道、乡道、专用道7430.9公里，新建、改建村通道路4997公里。公路密度达到99.7公里/百平方公里。2006年，全市公路客运量5140万人，比2005年增长3.2%；公路货运量3101万吨，增长0.4%。公路旅客周转量26.9亿人公里，比2005年增长5.5%；公路货物周转量29.0亿吨公里，增长10.7%。全年全市机动车辆保有量79.4万辆，增长6.0%。其中，汽车14.3万辆，增长17.2%；摩托车30.7万辆，增长6.6%；农用运输车26.9万辆，增长1.1%；拖拉机7.2万辆，增长2.8%。在机动车辆中，私人拥有汽车10.5万辆，增长20.7%，其中，小轿车3.3万辆，增长50.0%。民用航空开通了北京、上海、广州、成都、深圳五条航线，发送旅客14.8万人，完成货物发运量240万吨。

邮政　邮政业务稳步增长。全年全市完成邮政业务总量21661.1万元，比2005年增长33.1%。全年订销报纸5087万份，下降4.6%；订销杂志163万份，下降9.4%；收寄国内函件1003.1万件，增长21.0%；收寄国内包件31万件，下降14.8%；年末邮政储蓄余额达63.0亿元，净增15.7亿元，比年初增长33.1%。

电信　通信事业稳步发展。2006年年末电话用户达到102.5万户，比2005年下降14.3%；移动电话拥有量为148.3万部，比2005年增长29.3%；互联网用户达到12.5万户。固定电话普及率为每百人20.5部，下降10.5%；移动电话每百人拥有量为29.7部，增长27.5%。每千人拥有计算机50台。

财政　财政收入大幅增加。2006年全市财政总收入完成69.8亿元，比2005年增收14.2亿元，增长25.5%。其中：一般预算收入21.3亿元，比2005年增长15.8%。主体税种保持了强劲增长，四大税种共完成税收61.8亿元，占到财政总收入的88.5%。其中，增值税完成43.4亿元，增长23.6%；营业税完成4.4亿元，增长12.3%；企业所得税完成11.5亿元，增长92.6%；个人所得税完成2.5亿元，增长3.7%。

财政支出在重点支持经济建设的同时，确保了工资、社会保障等重点公共预算支出的需要，支出结构进一步合理。全年全市一般预算支出55.3亿元，比2005年增长26.5%。其中：各项生产性支出9.2亿元，各项行政事业性支出41.5亿元，增长23.8%。在一般性预算支出中，支农支出增长25.6%，教育支出增长28.2%，医疗支出增长54.6%，抚恤和社会福利救济支出增长31.2%，社会保障补助支出增长52.9%。

金融　金融运行健康平稳。2006年末全市金融机构本外币存款余额527.7亿元，比年初增长90.1亿元。年末人民币各项存款余额526.6亿元，比年初增长20.7%。其中：企业存款73.6亿元，比年初增长36.0%；财政存款14.0亿元，比年初增长55.9%；城乡储蓄存款385.4亿元，比年初增长16.0%。人民币各项贷款适度增长。年末金融机构本外币贷款余额416.7亿元，比年初增加38.8亿元。人民币各项贷款余额415.8亿元，比年初增长10.1%。其中：短期贷款268.3亿元，比年初增长14.0%；中长期贷款119.7亿元，比年初增长5.3%。在短期贷款中：工业贷款71.6亿元，比年初增长16.5%；农业贷款81.5亿元，比年初增长10.7%；商业贷款59.0亿元，比年初增长1.7%；乡镇企业贷款18.7亿元，比年初增长

运城市永济鹳雀楼　张文芳摄影

19.2%。全市全年金融机构累计现金收入1733.4亿元，累计现金支出1753.6亿元，收支相抵净投放货币20.2亿元，比2005年多投放3.9亿元，增长24.2%。

**保险证券** 保险业发展加快。2006年末，全市拥有保险公司及分支机构14家，全年保费收入13.14亿元，比2005年增长14.7%。其中：财产险保费收入2.93亿元，增长20.1%；人身险保费收入10.21亿元，增长13.2%。全年支付各类赔款及给付1.75亿元，比2005年增长21.5%。其中：财产险赔款1.25亿元，增长14.7%；人身险赔款及给付0.5亿元，增长47.1%。

证券市场趋于活跃。2006年年末，证券机构开户数达16949户，当年新增1287户，全年交易量达到62.1亿元。

**科技** 2006年财政对科技方面的投入2671万元，比2005年增长37.4%。科技队伍不断扩大，年末拥有市以上政府部门专业科研开发机构8个，从事科研专业人员（包括事业单位和国有企业）7.8万人，比2005年增长4.0%。科技成果成效明显。全年全市共争取省级以上各类科技项目60项。其中，国家级星火计划6项，火炬计划两项；省级攻关计划15项，星火计划8项，火炬计划4项，科技成果项目推广计划10项，省级农村技术承包项目13项。共争取国家、省科技技专项资金814万元。全年申请专利337项，比2005年增长81.2%。每10万人申请专利达到6.72项。

**教育** 教育事业平稳发展。2006年全市普通高等学校在校学生9742人，中等专业技术学校在校学生53817人，普通中学在校学生43.9万人，小学在校学生48.7万人。全市中小学专任教师达到6.2万人。高中阶级毛入学率达到74%，比2005年提高2.1个百分点。

**文化** 文化事业健康繁荣。2006年末全市共有各种艺术表演团体18个，文化馆13个，文化站154个，公共图书馆13个，群众艺术馆1个。广播电台1座，中短波广播发射站和转播台1座，电视台12座，广播人口覆盖率99.1%，电视人口覆盖率98.7%，有线广播电视用户达到48.3万户。人均公共馆藏图书达到4.2万册。

**文物** 文物保护力度加大。2006年末全市共有博物馆15个，馆藏文物174485件。重点文物保护单位1414处。其中：国家重点文物保护单位44处，省级重点文物保护单位92处，市级重点文物保护单位37处，县级重点文物保护单位1241处。

**卫生** 卫生事业得到加强。2006年末全市共有医疗卫生机构410个（不含诊所），其中：县级以上医院138个，乡（镇）卫生院134个，疾病预防控制中心14个。各类医疗卫生技术人员1.87万人，其中医生1.5万人，每千人拥有医生3.1人。病床床位数1.5万张，每千人拥有病床床位数3.0张。县乡村三级医疗卫生机构达标率45.8%，新型合作医疗覆盖率46.2%。

**体育** 体育事业充满生机。2006年，全市在国际重大比赛中，获得金牌1枚，银牌2枚，铜牌2枚。在国内重大比赛中获得银牌1枚。在省重大比赛中获得金牌27枚，银牌37枚，铜牌44枚，有三人三次破三项全省纪录。在市重大比赛中有35人破43次43项全市纪录。全年共举办县级以上运动会93次，参加运动员22179人次。人均体育场馆面积0.93平方米。

**综合技术服务** 2006年年末，全市共有市、县（市、区）级两级产品质量监督检验测试所15个。全年全市检测机构共检验样品3124批（次），检定计量器具2.47万台（件），新办（换）代码证书4295个。全市共有气象台站14个，自动站8个，区域加密自动雨量站75个，卫星云图接收站1个，天气预报警报短信服务网1个，小型卫星地球站1个，气象数据卫星接收站13个，闪电定位仪1套，全市开展“121”电话天气预报服务网13个。开展人工影响天气业务的单位14个，共组织高炮防雹作业18次，增雨作业12次，增雨量1.8亿立方米。全市有地震检测站17个，宏观监测场78个，地震遥测台网1个，子台3个，年度内全市境内未发生5级以上地震。

**城市建设** 2006年全市完成基础设施投资9.8亿元，新增绿地170万平方米，城区绿化覆盖率达到22.6%。中心城市市政基础设施建设完成投资3.12亿元，园林绿化新增公共绿地90.6万平方米，人均公共绿地达到6.2平方米，城市绿化覆盖率达到25.5%。城市污水处理厂建成投产，城市污水处理率达到63%，完成关井压采92眼，全市安康居住工程完成建筑面积60.1万平方米，经济适用房（二期）完成建筑面积6万平方米。

开发区建设稳步发展。2006年年末，运城、华信、风陵渡三个省级经济技术开发区共实现科工贸总收入121.2亿元，同比增长21.4%。完成生产总值24.8亿元，同比增长20.6%；实现财税收入2.6亿元，同比增长8.3%。进出口总额达到5581.3万美元，增长0.5%。利用外资达到1295万美元。

**环境保护** 2006年，市区空气质量二级以上天数达到224天，比2005年增加13天。全市污染物排放总量35.6万吨，比2005年下降7.7%。万元地区生产总值污染物排放量下降24.6%。二氧化硫、化学需氧量（COD）分别比2005年下降7.1%和10.3%。汾河、涑水河流入黄河断面主要污染物化学需氧量（COD）和氨氮（$NH_3-N$）综合污染指数比2005年分别下降6.6%和35.3%。

**人口** 人口继续保持低速增长。据抽样调查统计，全市2006年年末总人口501.7万人，比2005年年末增长0.64%。其中：男性255.4万人，占50.9%；女性246.3万人，占49.1%。人口出生率为11.81‰，比2005年降低0.28个千分点。人口死亡率为5.4‰，比2005年下降0.23个千分点。人口自然增长率为6.14‰，比2005年降低0.05个千分点。2006年年末，全市城镇人口163.1万人，乡村人口338.6万人，城镇化率达到32.51%，比2005年提高1.45个百分点。男女性别比为103.67（女性为100），比2005年提高0.24，性别比继续保持在合理的范围之内。

**人民生活** 人民生活进一步改善。2006年全市城镇居民人均可支配收入8416元，比2005年增长12.1%。其中：占人口20%的低收入者为4391.3元，比2005年增长19.3%；城镇居民人均消费性支出5614元，比2005年增长8.7%（中心城市盐湖区城镇居民人均可支配收入9550.2元，比2005年增长10.6%。其中：占人口20%的低收入者为4439.2元，比2005年增长14.6%；城镇居民人均消费性支出6618.6元，比2005年增长16.4%）。全市农民人均纯收入3049.8元，比2005年增长8.7%。其中：占人口20%的低收入者为1360.8元，比2005年增长12.4%；农民人均生活消费支出2282.7元，增长22.0%。全市城镇居民人均住房使用面积达到26.3平方米（中心城市盐湖区城镇居民人均住房使用面积达到26.7平方米），农村居民人均住房使用面积27.9平方米。城镇居民家庭恩格尔系数为31.6%（中心城市盐湖区城镇居民家庭恩格尔系数为30.2%），农村居民家庭恩格尔系数33.7%。

全市在岗职工为31.3万人，比2005年增长0.4%；年平均工资13910元，增长13.0%。在岗职工平均工资高于全市平均工资的行业是：电力燃气及水的生产供应业26706元，信息传输计算机服务业24556元，金融业22321元，采矿业16526元，制造业14254元，教育业13956元。

居民储蓄存款大幅增长。2006年末全市城乡居民储蓄存款余额385.4亿元，比年初增长16.0%；人均储蓄存款为7706.5元，比2005年增长15.2%。

**社会保障** 社会保障事业进一步加强。2006年末全市城镇各种社区服务设施89个，收养性福利单位80个，各类福利院床位数1305张，收养人数760人，国家抚恤、补助各类优抚对象22472人。全年销售福利彩票18127万元，筹集社会福利资金1853万元，接受社会捐赠1239.3万元。全年新增就业岗位6.2万个，下岗再就业1.6万人，其中：“4050”人员6781人。全市登记失业率为1.8%，控制在3.5%的目标范围以内。城镇基本社会保障覆盖率71.1%，比2005年提高1.4个百分点。城市和农村低保人数分别达到8.3万人和8.5万人。全年全市参加失业保险职工人数25.0万人，参加基本医疗保险职工28.6

万人，参加基本养老保险人数达到16.7万人，55108名离退休人员按时足额领取基本养老金。

注：1. 部分数据为初步统计数。

2. 全市生产总值、各产业增加值、产业绝对数按现价计算，增长速度按可比价计算。

（石少青）

**【2006年运城市十大新闻】**

一、温家宝总理考察运城市农村。

2006年3月17日～18日，中共中央政治局常委、国务院总理温家宝深入运城市的夏县、永济、临猗三县（市）的田间地头、农民家庭、学校医院，考察贯彻“两会”精神和春耕备耕情况，并分别在夏县、运城召开县、乡、村干部和农民座谈会，听取大家对“三农”工作的意见和建议。

温家宝指出，要认真贯彻落实全国“两会”精神，切实办好关系农民切身利益的事情。建设新农村，国家要给予必要的支持，但根本是要靠改革调动广大农民群众的积极性和创造性。各级干部要带领群众自力更生，艰苦奋斗。

二、运城市入选“中国十佳魅力城市”。

在中央电视台举办CCTV2006年度中国魅力城市评选活动中，运城市以“华夏之根、诚信之邦、大运之城”的震撼魅力，赢得了展示活动评委会及亿万电视观众的信服及支持，获“中国十佳魅力城市”殊荣。市委书记张茂才代表运城市登台领取奖杯。

三、张茂才当选运城市委书记。

市二次党代会提出要发扬“三创精神”，实施“五大战略”，实现“四大目标”，为把运城建成山西省的新型加工制造业基地和高效生态农业基地，建成黄河金三角地区率先崛起、文明和谐工贸旅游中心城市而奋斗。会议选出了中共运城市第二届委员会和中共运城市纪律检查委员会。在中共运城市二届一次全会上，张茂才当选运城市委书记。

四、市人代会批准运城市“十一五”规划纲要。

市二届一次人代会通过的运城市“十一五”规划纲要，确定了“十一五”时期运城经济社会发展的指导思想、主要目标、基本任务和政策措施，是指导全市未来五年发展的纲领性文件。会上，高卫东当选运城市市长，黄有泉当选运城市人大常委会主任。同期召开的市政协二届一次会议上，安永全当选运城市政协主席。

五、运城市招商引资到位资金超百亿。

大唐电厂、豪德光彩贸易广场、华雄纺织等一批规模大、财税增长性强的项目相继落户运城，为运城经济发展增添了活力。一年来，运城招商引资到位资金达108.5亿元。

4月27日，全市隆重召开对外开放大会，对招商引资工作进行全面安排部署。此后，市先后组团参加了“沪洽会”、“港洽会”、“中博会”等大型招商引资活动，共签订合同或协议项目686项。

六、全市313个新农村建设试点村起步良好。

全市共确定省、市、县三级新农村建设试点村313个，投入资金2.2亿元，完成试点村产业规划67个。

4月25日，市召开了新农村建设工作会议，全面安排部署新农村建设各项工作。经过全市上下努力，全市新农村建设开局良好。

七、运城公选6个县（市、区）长人选。

6月26日，市委一届十次全体会议表决通过了经公开选拔产生的6个县（市、区）长人选。这是本市首次公开选拔的县（市、区）长人选，此举把全市干部人事制度改革又向前推进了一步。

八、临猗农民张战胜作客中南海。

“老张，欢迎你到中南海来作客。”11月30日，国务院总理温家宝在中南海他的办公室里，热情地接待了专程给总理送苹果的临猗县北景乡石家庄村党支部书记张战胜，并和张战胜亲切交谈了半个多小时。

九、河津在全国百强县（市）中排名72位。

国家统计局统计，全国县域经济基本竞争力评价中心的2006年全国百强县（市）排名显示：河津市排名第72位，比2005年的第83位前移了11位。

十、运城学院景克宁教授病逝。

3月2日，运城学院教授景克宁不幸病逝。3月6日上午，运城各界千余人聚集在市殡仪馆，为中国共产党优秀党员、全国著名学者、教育家、演讲艺术家景克宁送行。

（运城日报评选）

| | | | |
|---|---|---|---|
| **中共市委书记** | | | 张茂才 |
| **副书记** | 高卫东 | 尚平安 | 周振华 |
| **市人大常委会主任** | | | 黄有泉 |
| **副主任** | 刘振龙 | 柴瑞霭 | 刘冠生 |
| | 张道中 | 梁天管 | 荆青莲 |
| **市　长** | | | 高卫东 |
| **副市长** | | 张建合 | 柴林山 |
| | 吴菊仙 | 张建喜 | 董一兵 |
| **市政协主席** | | | 安永全 |
| **副主席** | 李玉燕 | 王七庚 | 史海涌 |
| | 王正选 | 杨泽生 | 薛靛民 |
| | | | 潘和平 |

## 永济市

**【简述】** 2006年，永济市辖7镇3个街道办事处，262个村民委员会，402个自然村。土地总面积1221.06平方公里。全市总户数123274户，总人口440390人，比2005年增加2853人。在总人口中男性223112人，女性217278人，女性与男性的比例为100：103；城镇人口240761人，乡村人口199629人，城镇化率54.7%。人口自增率为6.5‰。年末在岗职工29038人，职工年平均工资13470元，比2005年增长17.1%。

是年，本市的气候特点概括为气温偏高，春季显著；降水偏少，夏旱如烧；日照偏少，秋阴雨涝。年平均气温15.2℃，比历年平均值偏高1.4℃，一年之中，除八、九月2个月外，其余10个月的平均气温均较历史平均值略高；年极端最高气温41.3℃（6月17日），年极端最低气温－9.4℃（1月7日）；终霜日为3月16日，初霜日为2005年的11月7日，全年无霜期235天。年降水量387.3毫米，比历年平均值减少117.4毫米，其中夏季降水比历年平均值减少了85.8毫米。年日照时数2138.4小时，比历年平均值减少了125.3小时；8月28日～9月8日，出现连阴雨天气，降水过程持续了12天，致使棉桃腐烂棉花减产。12月25日～29日，连续5天大雾天气，为几十年来所罕见，给人们的生活和出行造成不便。

**国民经济**　全市生总值完成了44.4亿元，同比增长21.2%；规模以上工业企业完成总产值69.3亿元，同比增长66.2%；规模以上工业增加值完成20.8亿元，同比增长36.3%；社会消费品零售总额完成11.8亿元，同比增长9.8%；财政总收入实现2.4388亿元，同比增长15.8%，市级总财力达3.7719亿元；供电量完成23.8亿千瓦时，同比增长229.6%；全市金融机构各项存款余额37.86亿元，同比增长20.4%，各项贷款余额39.98亿元，同比增长26.8%；城镇居民人均可支配收入达到9015元，同比增长12.3%，农民人均纯收入达到3565元，同比增长9.5%。

**工业**　电机厂抢抓机遇，投资11.2亿元的电传动产业化基地建设项目全面启动，实施了建厂以来最大规模的技术引进和技术改造；华圣铝业启动半年全部投产，实现了年产22万吨电解铝和6万吨碳素的生产能力；蒲光电厂投资28.5亿元的2×30万千瓦发电机组全部建成并网发电；丰喜化工多元化融资8.5亿元的“双五”工程正在加快建设。全市工业项目的总投资额突破100亿元，在永济的工业发展史上是首次实现。

**农业**　2006年，全市粮食播种面积4.21万公顷，总产1.98亿公斤，比2005年增长35%。其中小麦面积2.17万公顷，总产9128万公斤，比2005年增长47%。小麦“两补”面积2.17万公顷，“两补”户数55136户，“两补”资金628.3887万元；玉米“两补”面积1.62万公顷，“两补”户数48764户，“两补”资金292.0627万元。“两补”范围涉及10个镇、街道和6个国营农场。棉花种植面积2.73万公

蒲津渡遗址

张文芳摄影

顷，总产2863万公斤，比2005年增长20.4%。水果总面积5336公顷，总产1.212亿公斤，比2005年增长22.8%；总产值1.78亿元，比2005年增长42.4%。蔬菜种植面积6156.41公顷，总产量4656.9万公斤；芦笋种植5269.3公顷，年产鲜笋4万吨。食用菌上料620万公斤，总产鲜菇470万公斤。林业主要累计完成退耕还林4135.4公顷，天然林保护人工造林3001.5公顷，荒山绿化133.4公顷，以公路干线为主的道路绿化（含巷道）400余公里，林木覆盖率达到23.6%。年末牛存栏3352头，出栏肉牛2780头；生猪存栏47436头，出栏肉猪54105头；羊存栏19965只，出栏肉羊11782只；鸡存栏121.5万只，出栏肉鸡266.7万只。肉类总产量819.4万公斤。鲜蛋总产量513.3万公斤。奶类总产量402.3万公斤。农业机械总动力50万千瓦，70马力拖拉机151台。建成了全国最大的芦笋生产、加工和出口基地，建成了中国中西部地区最大的植物油和肉鸡加工基地。忠民集团、粟海集团被确定为全国的农业产业化龙头企业。

**城乡建设** 城市建设累计完成投资17亿元，新建城市道路10条17公里，城区面积扩大到25平方公里。樱花园、柳园等市民休闲场所相继建成。城市绿化覆盖率为34.76%。开发建设了世纪花园等15个高品位的住宅小区，城市亮化大力度提升。城市集中供热、供水、垃圾处理、污水处理的覆盖率不断扩大。7个镇的小城镇面貌发生巨大变化。百村集中供水工程使13万群众告别了祖辈饮用高氟水的历史。

**旅游** 是年，旅游业收入已超过1500万元。全市已建成9个星级酒店、12家旅行社及10多个现代化流通网点和超市。鹳雀楼投资1亿多元，高标准进行内部陈设和文化内涵开发。普救寺景区被评定为国家4A级景区和山西省十佳旅游景区。五老峰投资6000万元，建成客运索道，投人运营。唐开元铁牛提升保护工程已竣工。万固寺、王官谷等景区深层次开发步伐加快。

**社会事业** 科技事业长足发展，实施了各类科技项目165项，两次被科技部评为“全国科技先进县（市）”。教育事业成绩卓然，累计投资4004万元，新建和改造学校89所，新建教学楼48幢，建成标准化学校129所。农村义务教育“两免一补”惠及学生19529人，补助金额达572万元。文化事业稳步发展，公共卫生防控网络和突发事件应急机制不断完善，城乡卫生服务和医疗条件得到改善。食品、药品安全监管力度加大。顺利完成了第七届村民委员会的换届选举工作。低生育水平稳定运行，人口自然增长率为6.5‰。环境保护加强，城区大气质量等环境指标保持了较好的水平。政府法制、国防教育、优抚安置、防震减灾、民族宗教、史志、档案、广电、通讯、人防、老龄等事业都取得了新的成效。社会保障覆盖率达75%。城乡低保实现了应保尽保，低保享受人数达14196人，已累计发放低保金2221万元。农村税费改革使全市农民减负2543万元。新型农村合作医疗全面启动，参合农民31.9万人，参合率达93%。全市新增就业岗位1万个，转移农村剩余劳动力6.8万人。（薛越茜）

**【温家宝总理在永济考察】** 2006年3月18日，中共中央政治局常委、国务院总理温家宝来到永济，先后深入许家营村、东姚温村、永济电机厂等处进行了考察。一路行来，总理把党中央和国务院的关怀播撒在蒲坂大地，他亲民、爱民、为民的形象深深感动着全市人民。

听说总理要来，许家营村村民自发地站到了街道两旁，等待着总理的到来。看到总理出现时，村民们纷纷拥上前去，争着和总理握手。总理大声问大家，政府工作报告大家同意不同意？群众响亮地回答：同意！一位农村妇女使劲地握着总理的手说：“政府今年惠农政策具体细致，我们举双手赞成。盼着这些政策能够落到实处。”上午8时40分，总理来到许家营中学，径直走进了24班电教室，师生们热烈鼓掌欢迎，齐声向总理问好。总理挥着手高声说道：“老师们辛苦啦，我应当向你们致敬。”总理与高毛、郝静等同学对话，了解孩子们的家庭情况，在校食宿情况以及学校的收费情况。随后又与陈秋菊、王巧波、杜洁琳、吴军贤、许志坚、张艳霞、许凤云、王芳等教师握手问好，询问他们的教学生活等情况。老师们说，在这个偏僻的农村学校里，学生们也可以像城里的孩子一样，享受远程教育，听到名校名师讲课。总理说：“为农民办的几件大事，最有长远意义的就是实行免费义务教育。无论是城市还是农村的孩子，都有平等受教育的权利。”温总理又来到许家营卫生所，详细询问许栓锁所长：药品卖给农民要加多少钱？卫生所里能不能做阑尾手术？有没有看不起病的农民？许栓锁一一作答。总理说：“我们要在每一个村建一个卫生所，努力做到‘小病不出村，大病才上医院’。”

18日中午，总理在财政部长金人庆、国务院副秘书长张平、国务院研究室主任魏礼群、国家发展改革委员会副主任杜鹰、农业部副部长尹成杰、总理办公室主任丘小雄以及山西省委书记张宝顺、省长于幼军、省委副书记薛延忠等领导的陪同下，到来永济电机厂。厂长董宇，党委书记王晋荣，副厂长南秦龙、许月法，代总工程师吴昭同，总会计师董春梅等迎上前去与总理亲切握手问好。总理说：“我想看看一线职工，并和大家一起吃个午饭。”在电控分厂看过工厂产品展台后，温总理很高兴地说：“你们工厂很有实力嘛！”这时，省委书记张宝顺说：“永济电机厂在山西的中央企业中，在技术创新、改革开放、厂区环境等各个方面都是走在前面的。”吃午饭的时间到了，总理亲切地招呼周围的一线员工围坐在他的身边，边吃饭连拉家常。吃完饭，总理说：“这顿饭和工人们在一起吃特别香！我多年都是老习惯，大家看，一个饭粒都没剩。”边说边拿起饭盒给大家看，所有在场的人都感动地鼓起了掌。省委书记张宝顺说：“总理在生产现场同职工一起吃饭，是对我们工人同志的关心、关爱。请大家一定把总理对工人同志们的关心带给全厂职工。”这时，现场再次响起了热烈的掌声。随后，总理起身对在场的员工们说：“我们一起照张相吧！”数十名男女员工立即簇拥在总理身旁，留下了珍贵的历史瞬间。照完相，总理与现场员工一一握手告别，并一再嘱托：“代我向你们的家人和父母问个好。”

18日下午，温总理来到东姚温村展新年家的麦田里。展新年从地里拔了一把麦苗，拿给总理看：“今年我种的25亩小麦都是高产优质品种。种子是市里免费提供的，再加上种粮有直补，种小麦也划得来。”温总理对随行的干部说，要鼓励大家种优质粮，让农民种粮有钱赚。总理还招呼在附近麦田里干活的农民们，和他一起合影留念。看到总理一件蓝夹克，一条黑裤子，一双旅游鞋，浑身朴素的装扮，村民们感到十分的可亲可敬。温总理春来田头话“三农”的亲民形象，永远珍藏在永济人民的记忆中。

（薛越茜）

【招商引资】 近年，永济市委、市政府依托本地资源优势，围绕支柱产业招商，把招商引资工作当成经济发展的“天字号”工程来抓，努力打造开明、开放、优惠的政策环境，高效、快捷、优质的服务环境，文明、诚信、热情的人文环境，安全、稳定、和谐的社会环境。为客商提供了“一站式服务，一条龙办结”的运作模式，使招商引资工作三年迈了三大步，引资总额达到46.2亿元。

2003年，招商引资工作全面铺开，为了便于沟通各部门各单位的招商引资信息，打造招商平台，市委市政府决定成立一个专门的招商机构。11月14日，永济市招商局挂牌成立，开始运作。招商工作确立了“你投资我服务、你受益我保护、你发财我发展”的18字方针，推进多元化招商。

2004年，市委市政府制定了《中共永济市委永济市人民政府关于招商引资加快经济跨越式发展的若干意见》，落实了招商载体，建立了项目台账，推荐招商信息，完善了招商机制，进一步优化了投资环境。是年，全市招商引资项目44个，其中投资意向在500万元以上的项目9个，共引回资金5.69亿元。

2005年，在市委市政府“全民招商”口号的鼓动下，形成了旅游招商、节会招商，网上招商、电话招商、专职招商、亲情招商、请进来招商和产业园招商等形式多样的多元化招商局面，招商引资成绩喜人。全市招商引资项目共有126个，是2004年项目总数的近3倍。合同引资金额达15.3941亿元，是2004年的2.7倍。实际到位资金达13.83亿元，是年计划指标的3.1倍。

2006年，招商引资工作在营造“友好、宽松、和谐”的发展环境的同时，努力开好“菜单”，进一步加强招商引资项目的研究开发工作。至年末，全市共有招商引资项目86个，吸收外资金额25.15亿元，其中合同引资额20.7亿元，实际到位资金13.6亿元。沪洽会、港洽会和长沙中博会等大型招商活动收获颇丰，共签约项目6个，引回外资金额1.76亿元。是年，永济市的招商引资工作在运城市排名第一。

（薛越茜）

【华圣铝业项目建设】 2006年，落户永济的华圣铝业有限公司取得了“公司组建当月启动、启动半年全部投产、投产当月实现盈利”的惊人业绩，引起了国内同行业的极大瞩目。

华圣铝业青睐永济，是为她的魅力所折服。这里物华天宝，人杰地灵，历史传承悠久，文化积淀厚重，地理位置优越，投资环境诱人。近年来，永济又先后被授予中国优秀旅游城市、中国特色魅力城市、全国双拥模范城市、全国食品工业百强市、全国科技进步先进市、国家级星火技术密集区、全国“两基”教育先进市、全国楹联文化城市、全国公安机关执法质量示范县市，全省经济结构调整先进市、全省农村道路建设标兵县市、全省“十一五”期间环保先进市、全省粮食生产先进市、全省卫生城市、全省农建红旗县市、全省义务教育标准化达标市等多项荣誉称号。加之优惠的招商政策，吸引了一批企业家纷纷登陆永济，投资建厂。华圣铝业就是其中之一。

2003年，山西关铝股份有限公司投资23亿元的22万吨电解铝项目在永济基本建成。由于受诸多因素的影响，该项目曾两次短时间局部启动，又两次“熄火”停产，6万吨阳极碳素项目亦同时在建设中途停止建设。项目搁置两年多。

2006年初春，上级决定组新建的华圣铝业公司，接续起关铝公司的重任。2月18日，华铝公司（筹备组）召开了第一次股东会和董事会，通过了公司章程，完成了组建的法律程序，聘任组成了经理班子，健全了内部机构的设置及管理人员的聘任。武建强受聘出任公司董事长兼总经理。2月25日，华铝公司（筹备组）召开组建启动动员会。3月7日，由中国铝业股份有限公司和山西关铝股份有限公司按51：49的比例合资组建的新型的电解铝企业——华圣铝业有限公司宣告成立，公司注册资本10亿元。3月28日，华圣铝业电解槽一次成功启动，写下了“公司组建当月启动”的精彩篇章。4月8日，华圣铝业碳素系统全线建成投运，永济历史上的第一块铝锭在华圣铝业下线。9月24日，历时181天，华圣铝业的276台电解槽全部成功启动并正常生产，写下了“启动半年全部投产”的神话。之后，华圣铝业电解铝生产中的各项技术和经济指标均位居中国铝业公司同类企业的前列，特别是铝锭综合交流电耗名列第一。铝锭质量赶上和超过了正常生产质量水平。在整个启动过程中，从未出现过1吨99%以下品级的铝锭（通常情况下会出现7000余吨），创造了电解槽大面积二次成功启动的奇迹。此次启动的工艺流程已被申请了国家专利。公司的生产主体22万吨电解铝生产线以及配套的6万吨阳极碳素生产线，分别采用具有国际先进水平的300千安大型预焙槽电解技术和预焙阳极焙烧技术，在高效、节能、环保等方面都赶上或超过了国际一流企业的水平。至2006年末，华圣铝业启动后仅用半年多时间，就生产铝锭11.55万吨，实现工业总产值20.43亿元，实现销售收入18.46亿元，实现利税1.17亿元，取得了组建之年开门红。

（薛越茜）

【新农村建设】 2006年，市委市政府紧紧围绕“永济率先崛起”和“四年翻两番”的战略目标，把新农村建设作为统筹城乡发展、构建和谐社会的重要举措，大力推进，使新农村建设取得了阶段性成果。

1. 加强新农村建设的组织领导，建立了强有力的领导机构。成立了由市长冯方汇任组长，市委副书记袁宏轩、市委常委副市长叶彩凤、市长助理姚立荣任副组长，市直56个有关单位行政正职为成员的新农村建设领导组。领导组下设办公室。各镇、街道也成立了相应的领导机构。市政府拿出10万元作为专项工作经费，为市新农村建设办公室配备了必要的办公设备，保证办公室工作正常运转。

2. 强力推进新农村建设步伐。首先，按照“科学规划、分类指导、突出重点、逐步实施、有序推进”的总体要求，围绕“一年大改观、三年大变样、五年大发展”的目标，将全市262个行政村的新农村建设分为三个批次、三个阶段梯次推进。将39个有一定经济基础、村级班子的战斗力较强、基础设施相对较好的村作为第一批建设村（其中省级试点村11个，省级重点推进村23个，永济市重点村5个），将138个村作为第二批建设村，将其余的85个村作为第三批建设村。至年末，全市11个省级新农村建设试点村的规划工作已经全部完成。其次，将新农村建设的资金投入重点向第一批建设村倾斜。市财政一次拿出100万元，用于第一批试点村规划编制。在财力节余的情况下，为第一批的每个建设村提供了1万元的建设补助资金。市财政从本级教育、交通、科研经费等费用中切块捆绑用于新农村建设的资金4250万元。三是实施“四化工程”。全市新农村建设已完成投资4556万元，实施重点工程项目23个。(1)硬化工程。全市共完成硬化通户、通墙、通死角1858处，巷道硬化151.3公里，村际道路及田间道路硬化95.7公里，总投资达3254.9万元；全市100%的村完成巷道硬化，80%的村硬化到户。(2)绿化工程。全市共完成投资255万元，绿化巷道196.5公里，绿化庭院4475户，建设公共绿地54处，绿化田间道路107条90.7公里，栽植各类树木花卉40多种15万余株，建成符合国家标准的园林村50个。(3)净化工程。全市新农村建设共投资147.4万元，投入劳力1.8万人次，清理垃圾8万余立方米，拆除“三烂”房屋1730间，建立垃圾池和填埋场398处；39个第一批建设村，村村成立了卫生队，做到巷道垃圾日产日清，并建立起卫生管理的长效机制。(4)亮化工程。39个第一批建设村全部实现主巷道两行路灯，支巷道一行路灯的亮化标准。全市新农村共安装各种路灯3060盏，投资898.7万元。四是进行产业结构调整。着力培育了棉花、蔬菜、林果、畜牧等支柱产业，大力发展一批芦笋专业村、蘑菇专业村、奶牛专业村、肉鸡专业村、大棚蔬菜专业村和农副产品加工专业村。农副产品加工企业总数已达82个，其中带动能力强、与农户联结紧密的产业化经营组织55个，规模以上企业29家，产值超亿元的5家。五是文化卫生事业和村级组织建设长足发展。全市共新建和改建农村文化室91个，图书达20510册；投资862.2万元，建立各种休闲体育广场37个，占地16.77公顷，安装健身器材158套。加大了对农村教育的投资力度，使全市农村义务教育阶段学生入学率达到100%，初中升学率达到90%以上。巩固和健全了市、镇、村三级医疗卫生服务体系，村级卫生所覆盖率达到100%。积极发展农村广播电视、计生、社会保障等事业。全市共新建改建了高标准党员活动室122个，选优配强了“两委”班子。积极开展农村党建“三级联创”活动，建设“五好”党支部，增强了基层党组织的凝聚力和战斗力。

3. 实施社会帮扶新农村建设战略。是年，社会帮扶新农村建设分为运城市与本市两条线进行。运城市派驻单位帮扶情况：运城市共有14家市直单位和企业帮扶永济的11个省级新农村建立试点村，共帮扶资金40.5万元，帮扶物资价值3万余元，帮扶意向30余万元，帮扶项目4个。本市和企业帮扶情况：全市75个市直单位和12个企业，共为新农村建设帮扶资金和物资680万元，其他社会力量为新农村建设帮扶资金200余万元。卿头镇西卫村企业家陈宏波，一次性为该村帮扶资金40万元。

（薛越茜）

| | |
|---|---|
| 中共市委书记 | 武宏文 |
| 市人大常委会主任 | 杨文宁 |
| 市　长 | 冯方汇 |
| 市政协主席 | 刘临生 |

## 河津市

【简述】 河津市地处山西省西南部，运城市西北隅。南屏峨嵋岭，北枕吕梁山，东与稷山毗邻，西隔黄河与陕西省韩城市相望。汾河横穿中部而过，形成平坦而肥沃的河谷盆地。地形自北向南两端高中间低呈马鞍状。全市南北长35公里，东西宽27.5公里，总面积593平方公里。全市共辖2镇、5乡、2个街道办事处，148个行政村、8个居民委员会、总人口38万人。

2006年是河津实施“十一五”规划的开局之年，也是全市经济社会实现大发展的一年。市委、市政府带领全市干部群众认真贯彻“三个代表”重要思想，坚持以科学发展观统领经济社会发展全局，优化经济结构，转变增长方式，加快改革步伐，拓宽开放领域，落实民生指标，提升幸福指数，人们生活环境和质量有效改善，经济社会和谐健康发展，各项计划指标完成良好，区域竞争能力进一步提高。实现了“十一五”时期的良好开局。

2006年，全市生产总值完成176.7亿元，占年计划的111.8%，比2005年增长25.5%。财政总收入完成27.3亿元，占年计划的109.3%，增长30.6%。工业总产值完成276.1亿元，占年计划的121.1%，增长45.5%。民营企业总产值完成191.7亿元，占年计划的100.9%，增长19.4%。农业总产值完成5.5亿元，占年计划的119.6%，增长23.4%。社会消费品零售总额完成25.4亿元，占年计划的105.8%，增长16.3%。固定资产投资完成52.8亿元，占年计划的96%，与2005年基本持平。外贸进出口总额完成7388万美元，占年计划的105.8%，增长67.6%。农民人均纯收入达到6244元，占年计划的101%，增长9.2%。城镇居民人均可支配收入达到10957元，占计划的102.6%，增长11.8%。全市新增城镇就业岗位5231个，城镇登记失业率控制在1%以内。在国家统计局发布的全国百强新排名中，本市由第83位上升到72位，百强位置前移了11位。

农业　“三农”工作全面推进，新农村建设扎实起步。按照“生产发展、生活宽裕、乡风文明、村容整洁、管理民主”的要求，全面实施十大工程。一是人畜吃水工程，以解决氟病区的饮水安全为重点，完成31处安全饮水和饮水解困工程建设，解决了14600人饮水困难问题。二是造林绿化工程，实施造林绿化年规划，投资6500万元，完成道路绿化220公里，绿化村庄110个、校园120所、企业20个，植树500多万株，全市林木覆盖率提高2个百分点。三是农村教育工程，免除九年制义务教育阶段学杂费700万元，发放住宿生补助58.7万元，改造农村学校危房2000平方米，新建樊村、僧楼、赵家庄等一批寄宿制初中学校，50名城镇教师支援农村，上百名农村教师到城镇学校学习，促进了城乡教育的均衡发展。四是农村改厕工程，义唐、赵家庄、寨上、村家湾等村先后进行了瓮坑复合式卫生厕所改造，改厕1300多户，同时，沼气工程快速进展，发展沼气500多户，农村改厕和沼气工程相结合，节约费用，共同实施。五是电视户通工程，加快电视光缆联网改造，解决了下化、僧楼、柴家、小梁等乡镇部分农村群众收视难的问题，全市农村有线电视网络用户达到3万多户。六是巷道硬化工程，新村通公路60公里，硬化巷道197公里，全市一半以上的村实现了“户户通”。七是医疗保障工程，全市43.6%的村级卫生所达到甲级卫生所标准，92.6%农民参加新型合作医疗，受益16多万人次，补助金额997.5万元。八是村容整洁工程，制定实施旧村改造和新村建设规划，组建村级环卫队，大部分村实施垃圾集中清运，农村卫生状况明显改善，村容村貌发生了新的变化。九是农民培训工程，开展农村劳动力技能培训50多场，培训农民2861人次，农业科技知识得到普遍推广，农民生产经营和打工能力提高。十是平安建设工程，加强农村民主法制建设，构建农村治安防控网络，本市6个乡镇、6个社区和22个单位被运城市授予安全文明村镇和单位称号，农村治安状况逐步好转。此外，本市加大支农资金力度，发放粮食直补金307万元、良种补贴20万元、农机具补贴80万元，带动农民种粮积极性，粮食获得大丰收，全市粮食总产量达到1.2亿公斤，占年计划的109.1%，增长9.1%；小麦总产量达到6208.5万公斤，占年计划的124.2%，增长25.6%。大力发展优质高效农业，经济作物效益提高；农之龙、奥赛、大悦、禹祥源等农副产品加工龙头企业健康发展，农业产业化进程加快；农民从事经商、运输意识增强，转移农村剩余劳动力1万多人次。农民人均纯收入达到6244元，占年计划的101%，增长9.2%。

工业　工业结构逐步优化，经济增长明显提高。本市认真贯彻国家产业环保政策，坚持走“传统产业新型化，新兴产业规模化”的新型工业化道路，以建设资源节约型、环境友好型社会为目标，加大环境整治力度，延伸产业产品链条，大力发展循环经济，引进先进技术和设备，改善落后生产工艺，关停不符合产业政策的企业。3.2米以下14座机焦炉被取缔，重点焦化企业全部安装消烟除尘设施，炼铁企业完成了机械化烧结改造，电解铝行业完成预焙槽改造和氟化物治理，重点工业企业污染源排放达标率达到90%以上，全市全年空气质量二级以上天气达到144天，人们生存环境有效改善。全市工业总产值完成274.2亿元，占年计划的120.3%，增长45.2%。工业增加值完成125.6亿元，增长37.9%。工业经济在保持快速发展的同时，工业结构得到优化，环境质量明显改善，经济增长的含金量进一步提高。

旅游　旅游开发力度加大。市委、市政府调整发展理念，把旅游业作为提高第三产业比重的核心来抓，加大旅游资金投入力度，实施“一心、两带、四区”总体规划，铺开了薛仁贵故里、九龙公园景区建设工程，薛仁贵故里景区一期工程两薛殿以及舞台、钟楼、鼓楼等工程均已完工，薛门英烈朝拜区加紧建设。九龙公园栽植各种树木10万多株，铺设上下水管道12000米，太极晨练广场、瑶池托月景点基本建成。

商贸、餐饮等第三产业快速发展，“万村千乡”工程进展情况良好，建成18个日用消费品店、8个农贸店和百川超市僧楼、樊村两个分店，海晖电器广场二期扩建工程主体已完工，天都、嘉年华、金港龙湾等一批高档休闲酒店已投入运营。

城市建设　城市建设步伐加快，各项服务设施逐步完善。实施城市扩张战略，加快城市建设步伐，扩大城市规划，完善城市发展规划，按照合理布局、优化结构、增强功能、有序发展和适度超前的要求，明确功能定位，突出文化特色，构建由新耿区和龙门区组成的城市基本框架，龙门新区1000多亩城市建设用地统征工作已经结束。二是完善城市服务功能，规划的20项城建工程大部分已经启动，九龙大街一期工程完成投资2690万元，已经竣工；体育馆一期工程基本完成；凤翔路建设工程完成投资1150万元，已建成通车；永兴路拓宽改造工程和龙门大道东延工程已经全面完成。道路建设上，张柴路中段完成投资1200万元，已经完工；闻苍路改线完成投资800万元，已经完工；隆兴科技示范园区路完成投资200万元，已经完工。三是加强城市管理，集中力量整治城市卫生和交通环境，解决占道经营、乱停乱放、抛撒垃圾等问题，加大爱护城市宣传力度，增强市民自觉维护城市环境的文明意识，营造一个干净整洁、环境优美、健康文明的生活环境。

**招商引资** 招商引资力度加大，对外开放领域不断发展。市委、市政府解放思想，更新观念，创新招商思路，改进招商方式，拓宽招商领域，优化发展环境，狠抓责任落实，组织重点企业先后参加了沪洽会、港洽会和中博会，引回了大量资金，促成了一大批项目与外商合作共赢，搭建起了河津市与长江三角地区、珠江三角地区经济合作的平台，与江阴市缔结了经济协作城市，与南海市建立了长期合作关系，全市对外开放进入了一个新的阶段。本年，招商引资项目20个，总投资额44.8亿元，引资22亿元，已到位资金10.3亿元。此外，积极发展对外贸易，重视科技兴贸，坚持以质取胜，推进外贸经营主体、经营方式、出口商品多元化，加强和外界的交流与合作，外贸进出口总额完成7388万美元。

**社会事业** 社会事业全面发展，和谐社会建设取得成效。教育投入力度加大，办学条件明显改善，城乡教育差距逐步缩小，少体校项目主体工程已完成70%，教师经济适用房、市直一园、职教中心、市直第二高中等项目开始筹划建设。就业和社会保障上，全市新增城镇就业岗位5231个，城镇登记失业率控制在1%以内，安置下岗失业人员1812名，企业离退休人员工资和下岗失业人员基本生活费发放率达到100%，发放低保资金490万元，实现应保尽保，就业和社会保障体系逐步完善。卫生医疗上，市卫生妇幼大厦工程投资2000万元，主体工程已竣工，11个乡镇卫生院改造全部完成，新型农村合作医疗制度体系基本完善，应对突发公共卫生事件水平和疫情的快速反应和处理能力增强。科技上，加大科技资金投入，发放科普资料1.5万多份，组织60多名村干部赴西安进行新农村建设科技培训，科技兴市观念深入人心。人口和计划生育方面，严格落实计生政策，大力宣传优生优育思想，人们生育观念发生改变，全市人口自然增长率控制在5.7‰。民主法制和精神文明建设上，坚持依法行政，增强人们法制观念，广泛开展文化活动，“八荣八耻”教育深入人心，社会主义荣辱观成为道德风尚的主流。城镇居民和农民收入大幅增加，生活环境和条件有效改善，整体生活水平得到了提高，人们幸福感越来越强，构建社会主义和谐社会取得阶段性成果。

（刘金明）

**中共市委书记** 崔克信
**市人大常委会主任** 崔会民
**市　长** 杨勤荣
**市政协主席** 王锡义

## 夏　县

**【简述】** 国民经济稳步发展，综合经济实力进一步增强。据统计，2006年全县地区生产总值完成106688万元，按可比价计算比2005年增长13.2%，人均地区生产总值2989元，比2005年增长13.9%。第一产业实现增加值29156万元，比2005年增长9.1%；第二产业35778万元，增长19.3%；第三产业41754万元，增长11.1%。三次产业比重分别为27.3%、33.5%和39.2%，三次产业对经济增长的贡献率分别为18.6%、41.1%和40.3%。

**农业** 粮食、棉花、水果产量比2005年增幅较大。油料、蔬菜等产量略有减少。

2006年粮食种植面积4.06万公顷，比2005年增加1130公顷；豆类种植面积1010公顷，比2005年增加20公顷；棉花种植面积7010公顷，比2005年增加1000公顷；油料种植面积880公顷，减少40公顷；蔬菜种植面积3630公顷，减少70公顷。

表67　2006年夏县主要农产品产量表

| 产品名称 | 产量（吨） | 比2005年增减（%） |
|---|---|---|
| 粮食 | 145338 | 19.8 |
| 油料 | 1084 | －0.6 |
| 棉花 | 7644 | 21.4 |
| 烟叶 | 323 | －6.1 |
| 药材 | 267 | 64.8 |
| 蔬菜 | 138712 | －0.7 |
| 瓜果 | 17010 | 9.0 |
| 水果 | 39993 | 21.6 |
| 其中：苹果 | 18427 | 6.8 |

**工业** 工业经济继续快速增长。2006年完成工业增加值30467万元，按可比价计算，比2005年增长21.5%。工业增加值占全县生产总值的比重为28.6%。其中，规模以上工业增加值19507万元，规模以下10960万元。

**固定资产投资** 基础设施建设不断完善。工业投资完成额较大，占总投资额的62.3%。2006年，限额以上固定资产投资共完成32800万元，比2005年增加96.4%。从类型来看，城镇投资完成30785万元，比2005年增加54.9%；农村投资完成2015万元，比2005年减少56.4%；从投资项目来看，共有41个。本年投资完成额超过10000万元的项目1个，鑫源竣达木业有限公司夏县分公司投资项目10000万元。3000万元的项目2个，夏县二中项目3200万元，山西省水电公司夏县分公司水电自供互网改工程3056万元。1000万元的项目4个，夏县合兴纺织服装有限公司投资项目1500万元，煜丰食品有限公司投资项目1700万元，城网改造、户户通工程1149万元，中森木业有限公司定面刨花板、建筑模板工程1080万元。500万～900万元的项目9个，山西丰县华龙镁业有限公司回转窑项目500万元，夏县宏昌水泥有限公司项目550万元，安瑞公司新厂扩建项目563万元，夏县新型轻体材料有限公司500万元，鑫田铝业有限公司700万元，蓝海食品有限公司700万元，夏县交通局村通、巷道硬化830万元，山西鑫盛年产20万吨燃料甲醇、4万吨二甲醇850万元，夏县交通局埝裴线改造改建工程560万元。

**商业贸易** 消费品市场保持繁荣活跃，住宿与餐饮业发展速度较快。2006年社会消费品零售总额61103万元，比2005年增长10.8%。从行业分类来看，批发、零售业50711万元，增长6.0%；住宿和餐饮业7243万元，增长43.5%；其他3149万元，增长40.2%。

物价基本平稳。商品零售价格总指数为103.8%；消费价格总指数为102.3%；农业生产资料价格指数为102.4%。

**财政** 财政收入略有增加，支出增幅较大。2006年财政收入完成6519万元，比2005年增长11.6%。其中，工商各税5293万元，企业所得税69万元，耕地占用税25万元，行政性收费407万元，罚没收入362万元，专项收入177万元，其他收入18万元。财政支出29964万元，比2005年增长42.4%，增支8925万元。其中，支出比重较大的项目有：教育事业费7474万元，医疗卫生费1011万元，抚恤和社救费1338万元，行政事业单位离退休经费3617万元，行政管理费5100万元。

**金融** 金融机构存贷款余额均增加。金融机构2006年末各项存款余额145174万元，比2005年增长10.0%。其中，企业存款8187万元，财政存款777万元，机关团体存款2197万元，储蓄存款125855万元，农业存款4059万元，其他存款4099万元。金融机构年末各项贷款余额120206万元，比2005年增长4.8%。其中，短期贷款111378万元，中长期贷款5871万元。

**教育** 教育事业实现“大突破”目标。一是狠抓基础设施建设，大力优化中小学办学条件。在全县强力实施了义务教育标准园林示范校建设工程，以“绿化、美化、香化、硬化、文化”为主要内容，建成了高标准、高品位的园林示范校100所；确定并规划了7个中小学校的标准操场，总面积92700平方米。二是加强教师队伍建设，大幅度提高教师素质。对全县非师范类从教人员、2000年以后分配的从教人员、学历不达标的拔高使用人员进行了详细的

表 68　　2006 年夏县规模以上工业企业总产值、增加值完成情况表

| 序号 | 单位名称 | 总产值（千元） | 增加值（千元） | 增加值份额（%） |
|---|---|---|---|---|
| | 合计 | 734282 | 195067 | 100 |
| 1 | 山西启真镁业有限公司 | 129893 | 43241 | 22.2 |
| 2 | 山西宇达集团有限公司 | 70800 | 28000 | 14.4 |
| 3 | 山西晋新双鹤药业有限公司 | 95993 | 27892 | 14.3 |
| 4 | 山西运城安瑞风机有限公司 | 78210 | 23175 | 11.9 |
| 5 | 山西武昌钢铁有限公司 | 39520 | 13832 | 7.1 |
| 6 | 夏县华龙镁业有限公司 | 39516 | 13040 | 6.7 |
| 7 | 山西顺天制粉有限公司 | 26550 | 8870 | 4.5 |
| 8 | 鸿鹄镁业有限公司 | 21983 | 5869 | 3.0 |
| 9 | 山西夏县冠宇化学有限公司 | 100388 | 4568 | 2.3 |
| 10 | 夏县天立电缆有限公司 | 16608 | 3397 | 1.7 |
| 11 | 山西晋星牧业有限公司 | 18700 | 3366 | 1.7 |
| 12 | 夏县鑫丰水泥有限责任公司 | 17565 | 3007 | 1.5 |
| 13 | 夏县垄鑫玻璃器皿有限公司 | 6760 | 2495 | 1.3 |
| 14 | 夏县中森木业有限公司 | 11187 | 2471 | 1.3 |
| 15 | 山西夏县格非玻纤有限公司 | 6589 | 2200 | 1.2 |
| 16 | 夏县盛源昌电机制造有限公司 | 7826 | 2121 | 1.1 |
| 17 | 山西禹都建材有限责任公司 | 5705 | 1908 | 1.0 |
| 18 | 山西华龙达华禹制药有限公司 | 7478 | 1636 | 0.8 |
| 19 | 山西运城市瑞马纸业有限公司 | 12650 | 1436 | 0.7 |
| 20 | 山西天益调食品有限公司 | 5376 | 1131 | 0.62 |
| 21 | 山西运城地方国营夏县制胶厂 | 14647 | 1254 | 0.6 |
| 22 | 山西省夏县自来水公司 | 338 | 158 | 0.08 |

摸底登记，并根据严格的文化课考试成绩进行升降，激发了教育活力。三是着力解决教育热点问题，全面树立教育系统良好形象。(1)继续在义务教育阶段中小学实行收费公示制度，共受理教育乱收费举报案件 10 件，核实 4 件，转办 6 件，批评教育 7 人，清退不合理收费 12 万余元。(2)严格执行“两免一补”政策。共有 50883 名中小学生受到免杂费资助，全县共减轻学生负担 566 万余元。四是瞄准大突破目标，大力提高教育教学质量。2006 年的高考，在全省录取率大幅下降的情况下，全县文理两大类本科达线 142 人，顺利突破 140 人大关。

**卫生**　卫生工作不断发展。一是农村卫生三级网络建设进一步得到加强完善。全县乡镇卫生院共栽植树木花草 8000 余株，粉刷面积达 5000 余平方米，添置救护车、心电图机等器械设备 30 余台件，有 5 个卫生院通过市卫生局“一级甲等”标准验收。二是农民健康体检建档工作全面完成。对已检查备案的阳性人员重点进行复查，复查人数达 8000 余人，对一些漏检人员进行再体检再建档，新体检建档 52000 余人次。三是爱国卫生工作成绩斐然。共出动车辆 1500 余辆次，清运垃圾 2000 余吨，张贴宣传标语 1 万余幅，出专题板报 200 余块，建填埋式垃圾场 80 余个，创建文明生活示范村 30 余个，培训改厕技术人员 10 人，新建双瓮漏斗式厕所 1000 个，覆盖 9 个乡镇 38 个村。四是食品卫生专项检查取得成效。共发放食品卫生许可证 358 个，体检培训从业人员 1820 名，共查出“五病”患者九名；监测食品样品 17 类 441 份，没收过期、变质、“三无”等食品 540 公斤。五是艾滋病防治工作进一步加强。建立了 6 个 VCT 点，接受 VCT 服务人数 7931 人。

**人口和居民生活**　据人口抽样调查，2006 年全县总人口（常住）为 358213 人。其中，城镇人口 89769 人。

居民生活水平进一步提高，农民人均纯收入 2149 元，比 2005 年增长 7.2%；城镇居民人均可支配收入 6344 元，比 2005 年增长 12.1%。在岗职工平均工资 9973 元，比 2005 年增长 13.5%。

（贺玉平）

**中共县委书记**　苏安乐
**县人大常委会主任**　张有道
**县　长**　李晋学
**县政协主席**　王　琨

## 闻喜县

**【简述】**　闻喜县地处山西省南部，运城市北端，古称左邑桐乡，公元前 111 年，汉武帝刘彻御赐县名，至今已有 2115 年历史。全县共辖 13 个乡镇、342 个行政村。2006 年底总人口 39.18 万人(其中农业人口 32 万)，全县总面积 1167.11 平方公里，耕地 5.34 万公顷。

2006 年，闻喜县在县委、县政府的领导下，坚持以科学发展观为指导，围绕本县“十一五”规划确定的奋斗目标，开拓创新，扎实苦干，圆满完成了本年度的各项工作任务，实现了“十一五”发展的良好开局。

**综合经济**　2006 年，全县生产总值完成 62.38 亿元，同比增长 12.2%；财政总收入完成 7.01 亿元，增长 6.5%，总量在运城市名列第二；一般预算收入完成 1.11 亿元，增长 13.3%；规模以上工业增加值完成 39.8 亿元，增长 8.2%；城镇居民人均可支配收入 8172 元，增长 12.6%；农民人均纯收入 2738 元，增长 4.1%；社会消费品零售总额 10.26 亿元，增长 14.9%；固定资产投资 33.83 亿元，增长 60.3%。

**工业**　2006 年，本县海鑫公司老区技术改造二期工程投资 20 亿元，实施完成了 3×600 立方米炼铁高炉、2×100 吨炼钢转炉、360 平方米烧结等一批重点项目。丰喜复肥公司 15 万吨复合肥生产线、银光集团镁合金及压铸板材生产线、南京云海公司第 6 条镁合金生产线、晋丰煤化工公司日产 1000 吨甲醇扩建改造项目以及宏伟、宏业、立华、中意 4 个玻璃企业的 4 条电熔炉生产线等一批重点项目相继建成投产。

**基础设施建设**　2006 年，在城市建设上，投资 6000 多万元，实施完成了城西路、城南街、牌楼街改造、东环路改造、五一路改造、闻喜中学东扩等一批重点工程；闻喜大酒店、西湖路南延等重点工程正在加紧实施；启动了城西初中、明德小学、县体育中心、青少年活动中心、敬老院、福利院、光荣院等一批基础设施建设工程。公路建设上，投资 6600 余万元，完成了柴西线、郭中线、酒石线等 8 条县乡公路改建工程，完成村通和巷道硬化 123 个村 310 个公里。电力建设上，投资 2 亿元的侯村 220 千伏变电站工程已经建成使用，投资 1340 万元的牌楼街、城南街城网改造工程实施完成。

**新农村建设**　2006 年，本县认真落实各项支农惠农政策，小麦、玉米、良种直补等各种涉农补贴资金全部发放到农户。全县粮食总产 2.08 亿公斤，被评为全省“粮食生产先进县”。大力发展“南菜北药”，蔬菜面积发展到 9338 公顷，中药材、棉花、油料等经济作物达到 6336.5 公顷。农副产品加工企业发展到 120 余

家，产业化进程进一步加快。转移农村劳动力11800余人，全县农村劳动力向非农产业转移总人数达到9.9万余人，工资性收入占农民人均纯收入的68%。大力实施扶贫开发，完成移民搬迁37个自然村、2058人。建成农村饮水安全工程55处，解决了2.2万人口的饮水困难和饮水安全。完成退耕还林733.7公顷、道路绿化120公里、村庄绿化57个。扎实推进新农村建设，县财政拿出400万元资金支持50个新农村建设试点村、治理村，重点实施了村道硬化、村庄绿化、环境净化，铺开各项工程234个，总投资5500多万元，修建文化活动中心、标准经学校、饮水工程36处。在生产发展上，重点扶持农村经济合作社建设，加强农民技能培训。

*和谐社会建设* 2006年，全县中小学布局调整顺利实施，撤并小学教学点和单人校38所，进一步优化了教育资源；免除了全县义务教育学段所有公办中小学学生杂费。狠抓乡镇卫生院、村级卫生所建设，全县医疗卫生条件明显改善，全县农民参加新型农村合作医疗人数达到276850人，参合率达到83.1%。加强计划生育管理服务，完成长效节育手术2396例，人口自然增长率控制在3.52‰；认真落实农村计划生育家庭奖励扶助政策，2722人（户）享受到奖励扶助。“两个确保”工作扎实开展，共为6760名企业离退休人员发放养老金4701万元；城乡低保实现了应保尽保，全县享受低保对象6662户、16077人，共发放低保金913.7万元。大力实施“文化强县”战略，全县共建立农村宣传文化活动中心104个，建立高标准图书室26个、文化大院26个。有线电视覆盖面进一步扩大，全县210个村实现了电视光缆信号联网，光缆入户发展到31500余户。

2006年，本县被评为“中国楹联文化县”。

（樊香叶）

| | |
|---|---|
| **中共县委书记** | 荆青莲※ 裴良杰 |
| **县人大常委会主任** | 史炳仁 |
| **县　长** | 裴良杰※ 李尧林 |
| **县政协主席** | 王延平 |

## 绛　县

**【简述】** 2006年是“十一五”的第一年，在县委、县政府的领导下，全县上下按照“十一五”规划提出的各项工作目标，认真贯彻落实科学发展观，积极推进实施“新型工业立县，特色农业富民，科技教育兴绛，优化环境促发展”战略，县域经济呈现出新的发展局面，社会事业取得了新的成绩，不仅实现了“十一五”的良好开局，而且为今后又快又好的发展奠定了坚实基础。

*县域经济发展平稳，运行质量有所提高。* 面对工业结构性矛盾日渐凸显、农业遭受严重自然灾害的情况，县委、县政府咬定发展目标，顽强拼搏，攻坚克难，保持了县域经济的平稳健康发展。全县生产总值完成226475万元，同比增长10.4%；全社会固定资产投资66572万元，同比增长32.5%；社会消费品零售总额52332万元，同比增长10.9%；规模以上工业增加值75695万元，同比减少20.6%；财政总收入17080万元，同比减少8.6%；一般预算收入3980万元，同比增长0.7%；城镇居民人均可支配收入7109元，同比增长11.3%；农民人均纯收入2888元，同比增长8%。

*新型工业化扎实推进，企业不断环境优化。* 为了适应新型工业化的要求，县委、县政府针对不少企业不能适应国家产业政策，结构性矛盾、技术性矛盾、生存与发展的矛盾比较突出的现状，狠抓了产业结构调整。对一批规模较小、科技含量较低的企业实施技术改造，年初确定的8个技改项目，有5个投产达效，新增产值3.4亿元；对一批污染严重的企业进行了治理，关停了城东工业园区，督促有条件的企业按照循环经济的要求，推行清洁生产，降低了生产成本，提高了经济效益；对一批有一定规模和发展前景的企业，积极支持其改制、收购、合资。中信机电制造公司下属各厂正在进行划拨和重组。华耀公司收购了宇进公司，新上了2×40吨转炉，钢铁年产量达到120万吨。对一批与本县传统支柱产业有关联的项目，积极引进，全年新上企业达到8家。狠抓了工业园区建设。体现规模经营、集聚发展的园区经济，是推进新型工业化进程的一条重要途径。2005年以来，政府协调土地100.05公顷，投入资金300万元，规划建设了金属镁、化工和食品三个工业园区。目前已有12家企业入园经营，有3家企业正在做入园经营的筹备工作。狠抓了企业发展环境。协调成立了中小企业担保公司，为中小企业贷款3400万元；改革农村信用社资金投入方向，为企业发放贷款3800万元。深化行政审批体制改革，进一步清理了行政审批项目，推行网上行政审批，简化审批程序。完善涉企优惠政策和服务手段，对新上重点企业实行“一企一策”，对企业及其法人实行超收奖励政策，对企业用地和办理环保手续，灵活运用政策，提供便利条件。

通过以上措施，全县六大支柱产业的规模进一步扩大，链条进一步延伸，效益进一步提高，结构进一步优化。到2006年底，全县工业企业达到了57家，工业总产值达到了31亿元，上缴税收1.47亿元，占财政总收入的80%。

*新农村建设开局良好，农业经济稳步发展。* 县委、县政府认真贯彻省、市新农村建设工作会议精神，成立了新农村建设领导组，实行县、乡领导和有关部门包乡、包村责任制，集中人力、物力、财力，支持农村，扶持农业，帮助农民。全年向农村投放各类资金2904万元，其中县财政投入509万元。新农村建设各项政策和举措的落实，使农村经济呈现出前所未有的发展局面。

*农村基础设施有了新的改善。* 9个新农村建设试点村和15个治理村的村容村貌明显改观，道路硬化、绿化、净化、亮化，饮水、文体广场、寄宿制学校、集贸市场等基础设施相继建成投入使用。1.28万人的饮水困难得到了解决；60个自然村的900个农户实现了户户通电；205个建制村全部通了电话；195个村通了光缆；80多公里农村巷道得到了硬化；192个村以各种形式通了客车；100多公里县乡道路进行了绿化；17个村达到了园林村标准；11所农村小学成为寄宿制学校，新改建中小学标准化操场6个，新增沼气用户2000户，发展农村便民连锁店23家。

*农业生产关系有了新的形成。* “公司＋基地＋农户”和“协会＋农户”的新型农业生产关系初步建立。农副产品龙头企业规模不断扩大，继维之王、东方神鹿被确定为省级农业产业化龙头企业之后，又有金绛、金甲、药物培植场、什香薰兔四家企业被确定为市级农业产业化龙头企业，并有5种农副产品成为国家和省级名牌。成立各类农民专业合作社12个，吸收农户6000户；围绕大樱桃、山楂、草莓、中药材、鹿5个最具代表性的特色产业，成立了科技合作社5家。鉴于对“三农”工作的突出贡献，维之王公司董事长宋永祥被列入2006年度全国“三农”候选人物。

*农民增收领域有了新的拓展。* 转移农村劳动力10366人，外出务工成为农民增收普遍认同的观念和行为。在此基础上，增收的领域进一步拓展。依靠优惠政策，发展粮食生产。在粮食直补、良种直补、农机具补贴等富民政策的促进下，全县粮食总产达到1.28亿公斤，同比增长7.1%。依靠特色产业，拓宽收入渠道。以山楂、大樱桃为主的林果，以牛、鹿为主的畜牧，以中药材为主的特色种植三大特色产业进一步发展，产值占到农业总产值的43.2%。特别是大樱桃产业快速发展，面积增加到400.2公顷，产量达80万公斤，收入1600万元。其中，亩收入3万元以上的16户，2万元以上的76户。畜牧业总收入达1.15亿元，农民人均506元，各类养殖大户发展到3020户。依靠科技手段，提高农业效益。有66个种植户、47个养殖户、9个种加养户成为农业科技入户的示范户；无公害农田面积新增1334公顷，达到1万公顷；标准化生产面积新增667公顷，达到了4002公顷。1052名农民接受了“阳光工程”技能培训。

*引资上项取得突破，发展后劲明显增强。* 继续完善招商引资的优惠政策，改进招商引资方式，不断加大招商引资力度，形成了领导招商、部门招商、全民招商的良好氛围。全年招商引资完成4.24亿元，超计划14.3%。其中，县四大班子领导引回资金3.8亿元，占引资总

额的89.6%。同时，继续加大宣传力度，对涉及食品加工、农业、医药、机械、化工、建材、冶金冶炼、基础设施建设、旅游等九个方面的项目进行整理筛选，确定了24个对外招商合作项目，编印了《绛县招商引资项目》画册，积极对外招商。特别是张冠书记亲自带队外出招商，取得了显著成效。在上海、香港以及中博会的招商活动中，维之王、明迈特、豫盛公司签订引资项目3个，签约资金3.57亿元，到位1.04亿元。在各方面条件都没有优势的情况下，争取了投资1500万元的槐泉灌区技改项目、科技富民强县专项行动计划。尤其是经过半年多的积极努力，有望成为省级农业综合开发县，抓住了跑项目、争投资、加快农业和农村经济发展的新机遇。

*重点工程和基础设施建设步伐加快，发展条件有了改善。*2006年实施的四项重点工程进展顺利。总投资18亿元的闻（喜）（济）源高速绛县段和绛县引线工程、总投资7300万元的华信大道完成设计、放线和地表附着物登记工作，正在进行征地、拆迁；投资5700万元的县城涑水大街完成了路基和管道铺设，完成了总工程量的60%；投资300万元的太阴寺改造工程进入专家论证阶段。城市建设完成了新建北路、振兴西街的改造，完善了城市排洪设施，主要街道实现了亮化，引进资金新建了一批商业和服务设施。金绛阳光花园和飞龙小区完成建筑面积8万平方米，安居工程完成4万平方米。道路建设完成了县道礼山线、省道王横线横岭关至冷口段改造工程。电力建设完成了城关110千伏变电站改造，城网改造累计完成7000户。县政府向全县人民承诺的“十件实事”全部兑现。

*社会事业全面发展，和谐建设取得成效。*科技示范县建设进一步深化。12个科技项目被列入国家、省、市计划并予以实施；科技富民强县专项行动计划和大樱桃万亩基地建设通过国家验收。聘请中国农科院所专家，来绛举办大型科技培训活动3次，培训2000余人。农业部门组织了“农业科技宣讲团”，深入乡村开展科技服务“三下乡”活动，举办科技讲座200场，建设科普活动栏100个。教育事业稳步发展。教育投入创历史新高，达到4856万元，完成了11所中小学标准化学校、11所寄宿制学校建设任务；实施了绛县二中二期工程，继续落实义务教育阶段贫困家庭学生的“两免一补”政策，招聘了40名大专毕业生，充实到教育一线。社会保障工作扎实推进。实现再就业779人，城镇登记失业率控制在3%以内，养老、医疗、失业等社会保险的覆盖面均达到了90%以上，农村大病医疗救助体系基本完善，4739名城市困难群众和3331名农村特困人口享受了最低生活保障，累计发放救灾款143万元，较好地解决了城乡困难群众的生产生活问题。公共卫生体系建设和农村卫生工作得到加强。新型农村合作医疗试点县申报工作全面完成，疾病预防控制和监督检测体系基本建立，卫庄、安峪乡镇卫生院完成改造，87家农村卫生室达标。环境保护力度进一步加大。建立完善了环境监测预警体系，启动实施了“蓝天碧水工程”，县城二级以上天气达到252天，比2005年增加17天。计划生育工作成为先进。人口自然增长率3.82‰。被省人口和计划生育领导组授予“落实人口与计划生育家庭政策先进县”，被市委、市政府授予“人口与计划生育工作先进县”。文物旅游事业有了突破。太阴寺改造工程进入专家论证阶段。东华山旅游区基础设施得到了一定改善。横水西周古墓成功发掘。东华山、太阴寺、紫云寺被列为全市“一票通”旅游景点。安全生产、文化体育、统计、档案、地震、老龄、残疾人、民族宗教、国防教育等各项社会事业共同进步，协调发展。

*民主法制建设不断加强。*“四五”普法成效明显，“五五”普法开局良好，县政府自觉接受县人大及其常委会的监督，积极支持政协和各民主党派、工商联、无党派人士参政议政。共办理人大代表批评、意见、建议和政协委员提案186件。密切联系工会、共青团、妇联等群众团体。全面推行政务公开和村务公开。坚决纠正损害群众利益的突出问题。妥善处置突发性事件。坚持不懈地开展反腐败斗争，集中治理商业贿赂。全县政治安定，社会稳定。

（马全胜）

| | |
|---|---|
| **中共县委书记** | 张　冠 |
| **县人大常委会主任** | 荆军武 |
| **县　长** | 梁潞阳 |
| **县政协主席** | 田茂忠 |

## 垣曲县

**【简述】** *位置面积*　垣曲县地处北纬34°59′～35°26′，东经111°30′～112°05′之间，位于黄河北岸，中条山北部，山西省南端，运城市东北隅。东接河南省济源市，东北与阳城、沁水县毗连，北、西北与翼城、绛县接壤，正西方衔闻喜，西南方连夏县，南隔黄河与河南省新安、渑池县相望。极点直线距离东西65公里，南北48公里，总面积1620平方公里。县治位于县境西北的新城镇，距运城市115公里，省城太原440公里，首都北京910公里。县城平均海拔550米。

*气候水文*　2006年，年平均气温13.8℃，较历年同期均值偏高0.5℃，最高气温39.5℃，出现在6月16日。年极端最低气温－9.5℃，出现在1月6日。其中5、8、9月平均气温较历年同期均值偏低，其他各月平均气温较历年同期均值偏高。年总降水量为1004.6毫米，比历年均值偏多407.9毫米。其中3、4、6、10月降水比历年同期均值偏少，1、2、5、7、8、月降水量比历年同期均值偏多，其他各月属正常月份。年日照时数为1975.5小时，较历年均值偏少112.5小时，其中1、7、8、9、12月日照时数比历年同期均值偏少，3、4、6月日照时数比历年同期均值偏多，其他各月正常。年平均风速为1.9米/秒，较历年同期均值偏小0.9米/秒，大风日数为7天，最大风速12米/秒，出现在2月21日。本年度初霜日为2006年11月7日，终霜日2006年3月7日，无霜期为252天。最大冻土层深度为7厘米；本年度降雪终日为2006年2月28日，初日为2006年11月23日。

*土地资源*　2006年底，全县土地总面积16.21万公顷。其中耕地面积1.51万公顷，园林面积3068.2公顷，林地面积7.47万公顷。水域面积1.25万公顷，难以利用和未利用面积1.5万公顷。

*生物资源*　本县植物有木材植物、药材植物、淀粉及糖类植物、油脂类植物、芳香油类植物、纤维植物、观赏植物、食用菌类植物等。动物有鸟类、兽类、爬行类、鱼类、昆虫类等。

*矿产资源*　迄今探明矿藏46种，金属矿产有铜、铁、金等。铜储量为270余万吨，多分布于胡家峪、老家滩、桐木沟、篦子沟、铜矿峪、洛家河等地。铁储量为1800万吨，多分布在毛家湾、皋落、长直、解峪、窑头、同善等地。金矿多分布于望仙河、淘金河、文堂、沙金河、胡家峪等。非金属矿产有煤、石灰石、白云岩、重晶石、方解石、磷矿、大理石、铝土矿等。

*行政区划*　2006年，垣曲县有5镇6乡，辖188个行政村。其中新城镇辖15个行政村；毛家湾镇辖10个行政村；王茅镇辖13个行政村；古城镇辖26个行政村；历山镇辖22个行政村；皋落乡辖15个行政村；长直乡辖17个行政村；华峰乡辖24个行政村；英言乡辖21个行政村；蒲掌乡辖15个行政村；解峪乡辖10个行政村。

*国民经济*　2006年，全县共完成国内生产总值177560万元，按可比价同比增长9.2%。其中，第一产业完成增加值14029万元，同比增长8.9%；第二产业完成增加值120195万元，同比增长9.7%，其中工业完成增加值117821万元，同比增长38.1%；第三产业完成增加值43336万元，同比增长7.9%。三次产业结构比例为7.9：67.7：24.4。与2005年相比，第二产业比重提高1个百分点，其中工业增加值占生产总值的比重达到66.4%。人均国内生产总值完成7829元，比2005年增长8.8%。

*农业*　2006年，全县共完成农林牧渔业总产值27445万元，同比增长6.38%。其中，农业产值完成14859万元，同比增长43.19%；林业产值完成563万元，同比下降64.5%；牧业产值完成8600万元，同比下降21.6%；渔业产

值完成1623万元，同比增长24.27%；农林牧渔服务业完成产值1800万元，同比增长38.46%。

2006年，全县农作物总播种面积25109公顷，折376635亩，同比增长5.82%。其中粮食作物面积21916公顷，折328740亩，同比增长5.56%；在粮食作物种植面积中，高产作物玉米的种植面积达到6854公顷，折102810亩，同比增长5.98%。全年全县粮食总量达到50004吨，比2005年增长51%。其中夏粮产量26705吨，同比增长26.34%，秋粮产量23299吨，同比增长94%。受结构调整和其他条件影响，各种产品产量与2005年相比有升有降。其中，小麦产量26705吨，同比增长26.34%；玉米产量19843吨，同比增长100.25%；油料产量411吨，同比增长48.38%；棉花产量399吨，同比增长28.3%；烟叶产量1442吨，同比增长44.63%；蔬菜产量13869吨，同比增长29.1%；水果产量6816吨，同比减少15.88%。

林业发展取得成效。全县全年共完成造林面积2.67万亩，折1780公顷，同比下降6.97%；完成退耕还林面积667公顷，经济林333.5公顷。

畜牧业生产保持稳步发展。全县全年肉类总产量8982吨，同比下降1.9%。其中：猪肉产量4175吨，同比下降30.3%；牛奶产量360吨，同比增长9.1%；禽蛋产量2386吨，同比下降25.9%。年末大牲畜存栏606026头，同比下降6.3%；猪存栏71625头，同比下降9.1%；羊存栏102631只，同比下降9.76%；家禽存栏596618只，同比下降26.3%。

渔业生产发展迅速。全县水产品产量3028吨，同比增长19.78%。其中养殖产品1898吨，捕捞产品1130吨。

农业生产条件进一步改善。全县农用化肥施用量（折纯）5539吨，同比增长1.6%；农村用电量2864万千瓦时，同比增长14.4%；农机总动力237893千瓦，同比增长1.08%。

**工业、建筑业** 工业经济保持高位运行，全县人民不断推进传统产业新型化和新兴产业规模化，有力促进了全县工业较快发展。2006年，规模以上工业企业共完成工业总产值300936万元，同比增长54.42%；完成工业增加值117821万元，同比增长38.1%；实现销售产值249473万元，同比增长36.47%。工业产品销售率82.9%。

全县规模以上工业企业实现销售收入252885万元，同比增长35.35%，实现利税76046万元，同比增长172.99%；规模以下工业企业完成总产值16400万元。其中农村个体企业完成总产值5513万元，其他工业企业完成总产值10887万元。

主要工业产品产量有增有减。焦炭产量166038吨，同比减少15.94%；丝产量81.6吨，同比增长11.54%；电解铜30880吨，同比增长13.43%；发电量33233万千瓦时，同比增长3.04%；硫酸（折纯）93392吨，同比增长15.79%；生铁80827吨，同比增长32.3%。

建筑业快速发展。全县具有资质等级的建筑企业完成总产值7659万元，同比增长15.1%；施工面积65359平方米，比2005年增长25.96%；房屋竣工面积657712平方米，竣工产值52617万元。

**固定资产投资** 2006年，全县固定资产投资共计完成57777万元，同比增长96.7%。其中，国有单位投资42731万元，同比增长64.97%。施工项目个数50个，同比增长6.28%。本年施工房屋面积719251平方米，同比增长6.04倍。

**批零贸易和市场物价** 消费品市场保持稳步增长势头。2006年，全县社会消费品零售额完成59547万元，同比增长7.88%。其中，县的零售额完成35728万元，增长7.88%；县以下零售额完成23819万元，同比增长7.89%。分行业看，批发零售贸易业零售额50019万元，同比增长5.37%；餐饮业零售额7741万元，同比增长16.86%；其他行业零售额1787万元，同比增长62.0%。

市场物价总水平保持平稳。2006年，全县商品零售价格总指数为100.05%（以2005年同期为100），其中食品类100.4%，饮料、烟酒类101.44%，服装、鞋帽类100.45%；纺织品类116.86%，家用电器及音像器材93.17%，中西药品及保健品127.4%，燃料类112.5%，文化办公用品97.13%，体育娱乐用品96.17%，交通、通信用品91.01%，化妆品类47.83%，建筑材料及五金电料类110.12%。

居民消费价格总指数为103.0%。其中，食品类100.4%，烟酒及用品98.7%，衣着类100.2%，家庭设备用品及维修服务108.1%，医疗保健和个人用品111.5%，交通和通讯101.1%，娱乐教育文化用品及服务101.2%，居住105.5%。

农业生产资料价格指数为101.75%，其中小农具105.65%，饲料类105.64%，机械化农具102.38%，化学肥料99.63%。

**交通、邮电通讯业** 交通事业快速发展。全县各种运输方式完成客运量209.9万人，同比下降13.12%；货运量177.7万吨，同比增长0.68%。全社会旅客周转量9116万人公里，同比下降16.7%；货物周转量16477万吨公里，同比增长11.87%。截至2006年底，全县公路通车里程778公里，公路密度48公里/百平方公里。

邮电、电信通讯事业发展迅速。2006年全县邮电业务总量完成4268万元，同比增长14.33%。其中，邮政业务总量1574万元，同比增长22.3%；电信业务总量2694万元，同比增长10.14%。年末全县交换机总容量达到55480门，同比增长2.8%。固定电话用户50554户，同比下降11.4%，其中小灵通实占用户7382户。年末住宅电话用户47356户，同比下降14.12%。移动电话用户达到57000户，同比增长18.75%。通电话村数189个，电话普及率（包括移动）47.8部/百人。互联网用户达5016户，同比增长69.7%。

**财政** 财政收入快速增长。2006年，全县财政总收入完成14691万元，同比增长12.61%，一般预算收入3043万元，同比增长10.74%。其中：增值税完成933万元，同比增长15.04%；营业税完成325万元，同比减少11.2%；资源税48万元，同比减少31.43%；城市维护建设税509万元，同比增长38.32%；罚没收入198万元，同比增长1.02%；专项收入621万元，同比增长33.84%。

财政一般预算支出28559万元，同比增长38.16%。其中：农业支出1709万元，同比增长150.59%；林业支出930万元，同比减少3.43%；水利和气象支出300万元，同比增长8.7%；文化广播事业费支出924万元，同比增长45.97%；教育支出5002万元，同比增长29.75%；卫生事业费916万元，同比增长18.04%；抚恤和社会救济费支出1734万元，同比增长34.52%；行政事业单位离退休支出2097万元，同比增长27.94%；社会保障补助支出1224万元，同比增长125%；行政管理费支出4180万元，同比增长13.96%；公检法司支出1121万元，同比增长7.17%；城市维护费3225万元，同比增长111.75%；支援不发达地区支出803万元，同比减少23.96%；其他支出1999万元，同比增长23.32%。

**金融** 2006年末，全县金融机构各项存款余额达到254335万元，同比增加44675万元，增长21.3%。其中，企业存款32157万元，同比增长54.18%；城乡居民储蓄存款195739万元，增长16.28%；农业存款6401万元，同比增长17.06%。各项贷款余额123372万元，同比下降1.25%。其中：短期贷款93756万元，同比下降2.59%。短期贷款中，工业贷款31135万元，同比下降15.2%；商业贷款10901万元，同比下降51.24%；农业贷款30306万元，同比增长18.36%；乡镇企业贷款11558万元，同比下降29.43%。中长期贷款19222万元，同比增长35.95%。票据融资10394万元，同比增长28.51%。全年全县金融机构现金收入587691万元，比2005年同期增长9.57%，现金支出612485万元，同比增长8.04%，收支相抵净投放现金24794万元，同比下降18.84%。

**保险** 保险事业发展稳定。全年全县保费收入6417万元，同比增长1.87%。其中，财产险保费收入1049万元，同比增长3.70%；人寿险保费收入5368万元，同比增长1.51%。支付各类赔款及给付1906万元，同比增长7.93%。其中，财产险赔款586.4万元，同比增长43.2%；人寿险赔款及给付1413.5万元，同比下降5.58%。

**教育、卫生和旅游** 2006年，有各级各类学校共173所，比2005年减少5.46%，其中：初级中学19所，完全中学3所，九年一贯制学校4所，高级中学1所。各级学校中，在校学生数49553人，同比下降3.55%，毕业生数12301人，同比增长8.43%；教师数3052人，同比增长0.66%。普通中学中，在校学生数20790人，同比减少0.14%，毕业生数6802人，同比增长14.55%；教师数1324人，同比增长5.4%。小学学校135所，在校学生数26699人，同比下降6.82%，毕业生数4786人，同比下降4.22%。

卫生条件进一步改善。2006年末全县共有卫生机构（含诊所）24个，床位1296张，技术人员1085人，医生597人（含农村卫生所）。

2006年，全县旅游景区，景点共接待外地游客8.5万人次，同比增长13.3%；收入1190万元，同比增长98.3%，其中门票收入170万元，同比增长41.7%。

**人口和人民生活** 人口继续低速增长。2006年末，据人口抽样调查推算，全县总人口227380人，其中城镇人口72421人，乡村人口154959人。城镇人口比重31.85%。总人口中，男115352人，女112028人，性别比102.97（女=100），人口自然增长率为5.2‰。

城乡居民收入稳步增长。2006年，全县城镇居民人均可支配收入6513元，同比增长13.85%；城镇居民人均消费支出4265元，同比增长7.84%；全县农民人均纯收入1121元，比2005年增长3.13%。

在岗职工人数减少，职工平均工资增幅较大。2006年末全县在岗职工人数21316人，比2005年减少1.7%，在岗职工年平均工资13584元，比2005年增长23.5%。其中，机关单位在岗职工平均工资12538元，同比增长9.4%。企业单位平均工资14426元，同比增长32.6%；事业单位职工平均工资11421元，同比增长3.77%。

居民储蓄存款持续增长。2006年末全县城乡居民储蓄存款余额195739万元，同比增长16.28%。

城乡居民居住条件改善。2006年末，城镇居民人均住宅面积25.53平方米，农村居民人均居住面积24平方米。（王建民）

**【社会主义新农村建设】** 2006年，垣曲县积极贯彻省市建设社会主义新农村工程会议精神，成立了垣曲县新农村建设领导组，在对全县农村基本情况进行调研后，按照“生产发展，生活宽裕，乡风文明、村容整洁、管理民主”的要求，坚持“多予、少取、放活”的方针，制定了《垣曲县建设社会主义新农村实施意见》。是年，积极开展新农村建设宣传工作，对照新农村建设工作要求，提出了建设新农村的工作方案，做好了新城镇安窝村、皋落乡岭回村、长直乡西交村、王茅镇下亳村、华峰乡河堤村、马村六试点村的规划建设，完成了新城镇刘张村、长直乡鲁家坡村、王茅镇晁家坡村、古城镇允岭村、蒲掌乡下马村等16个治理村的“四化”、“四改”和文明创建示范工作。

为了搞好新农村建设工作，县政府加大了新农村资金的投入力度，将省、市扶持新农村建设的资金捆绑使用，把国家拨付给本县扶贫开发、农业、林业、交通、教育、卫生等专项费用在政策允许的范围内相对集中试用。同时，44个新农村建设成员单位组成22个帮扶工作队，驻村进行新农村建设指导帮扶工作。在新农村工作建设中，实行责任到人，考核到位的工作机制，城建、国土资源等部门牵头抓好村庄规划编制工作，农口各单位共同负责农村经济建设工作，发改局、水利、交通、电力、通讯等部门负责组织开展农村基础设施建设，宣传、教育、卫生、文化、民政、劳动等部门负责抓好农村社会事业建设，农业、卫生、建设、环保等部门共同实施村庄环境整治工作，组织部门牵头实施农村基层组织建设工作。根据各自目标任务，分别组织实施，县委县政府跟踪进行督查，年度进行评比考核。

（王建民）

**【新型农村合作医疗】** 为了深入贯彻《中共中央、国务院关于进一步加强农村卫生工作的决定》和《中共山西省委、山西省人民政府贯彻〈中共中央国务院关于进一步加强农村卫生工作的决定〉》的实施意见，垣曲县建立了新型农村合作医疗制度。新型农村合作医疗制度实行“县办县管”的管理体制。县成立了新型农村合作医疗管理委员会，下设新型农村合作医疗管理中心，并在各乡（镇）设立了派出机构；村级成立了农村合作医疗管理小组。县新型农村合作医疗中心对参与合作服务的县、乡、村三级医疗机构实行资格确认，定点管理。合作医疗定点服务医疗机构对合作医疗基本用药和基本医疗费用项目价格进行公示，农村合作医疗基金实行全县统筹，专户管理，不得挪用。合作医疗基金按照“以收定支，收支平衡、略有节余”的原则，由合医中心负责营运并编制年度预算。合作医疗基金实行定期审计制度，县农村合作医疗基金实行公示制，成立新型农村合作医疗监督委员会，对新型农村合作医疗工作进行监督，透明管理，阳光作业。

新型农村合作医疗以大病住院统筹为主，同时兼顾门诊；具有垣曲县户口的农民以户为单位均可参加新型农村合作医疗。参加农村新型合作医疗卫生的农民按照足额交纳合作医疗资金，均可获得新型农村合作医疗制度规定的基本医疗、预防保健、健康检查、健康教育等服务，并按规定得到一定比例的医药费用补偿。（王建民）

**【招商引资工作】** 根据运城市委、市政府招商引资工作会议精神，垣曲县成立了招商引资工作领导组，县委书记任组长，县长任常务副组长，县委副书记、人大主任、政协主席及副县长任副组长，通过广泛的调查研究和反复论证，确定了保护环境、保护资源，大力发展农业产业化和规模化的招商引资方向，组织编印了《垣曲县招商引资指南》，制定了招商引资的奖惩办法。县委县政府成立了优化经济发展环境领导组，对企业和引资项目实行区域性保护，凡县级以上部门到企业检查收费，一律实行审批手续，宽松了投资环境。对招商引资工作实施指标分解，责任到人的工作机制。2006年，据统计在工业方面全县完成100万元以上的招商引资项目32个，总投资额6.14亿元。拟定的招商引资计划3.64亿元到位的达2.2亿元；在农业基础设施建设方面，全县通过财政、扶贫、世行贷款等渠道，共申报立项34项，项目到位资金8000万元。全年招商引资任务完成了年计划的116%。（王建民）

**【艾滋病防治工作】** 1998年，垣曲县报道首例HIV感染者，截至2006年底，全县共报告HIV/AIDS病例37例，分布在全县6个乡（镇）、24个村。经调查，本县艾滋病毒系缅甸、云南、贵州、四川、广西、浙江、湖南、河北、江西、陕西等地女性嫁入垣曲所带。县卫生部门对这些外来人员进行HIV抗体筛查，共采血检测113人，检测率为84.96%，初筛阳性23人，经山西省艾滋病抗体确认实验室确认阳性21人，该人群的感染率为18.58%；采集配偶血12人份，4人为阳性，经流行病学调查均为夫妻之间性传播。对此，县委、县政府成立了由17个部门组成的垣曲县防治艾滋病工作委员会，并召开会议，制定艾滋病防治工作规划，县防疫站成立了性病艾滋病防治科，组建了高危人群干预队，设立了艾滋病咨询电话，开展VCT工作和高危人群干预工作，发放宣传材料7万份，制作户外大型广告牌两块，刷写墙体广告200条。县卫生局举办了县直医疗单位、厂矿医院负责人和医务人员参加的艾滋病防治知识专门培训，聘请市疾控中心专家进行授课，结合本县艾滋病流行形式，系统讲解艾滋病预防、控制、消毒等理论知识。在完成HIV感染者的流行病学调查工作、初步了解全县艾滋病传播的主要方式的基础上，对HIV/AIDS感染者免费发放了安全套，并传授预防再传播的技能和技巧，形成了多部门参与，全社会共同防治的新局面。（王建民）

**【县关工委工作受省、市表彰】** 垣曲县关工委成立以来，立旨于未成年人保护，成绩突出。2004年11月换届后，新组建的县关工委领导班子，在县委、县政府及四大班子的领导下，在省、市关工委的指导下，注重未成年人保护，解决其

"失学、失足、失业"三失问题，加强青少年法制教育，强化技能培训，服务劳动力转移，赢得了省、市两级关工委的联合调研与支持，两级关工委联合写的调查报告在省、市关心下一代工作通讯、《运城日报》、《山西日报》等新闻媒体上发与转发8次；省、市关工委先后把垣曲县关工委定为通讯报道模范县、法制教育重点县、劳动力转移先进县。2005年、2006年县关工委分别被省关工委授予"通讯报道模范县"荣誉称号。县关工委主任普鸿逵2004年被市委市政府授予"未成年人思想道德建设特别奖"、市关工委授予"关心下一代先进个人"，2005年、2006年连续两年被省关工委授予"模范通讯员"荣誉称号，并在全省通讯报道工作会议上作了《抓通讯报道，促关工委工作》书面发言，在市关工委工作会议上作了典型发言；被省关工委授予"全省关心下一代工作先进个人"称号。县关工委副主任赵宗周先后被六所学校聘为法制副校长，讲法制教育课92次，受教育者达3万余人次，县关工委被定为法制教育重点县，赵宗周本人被授予"全省关心下一代工作先进个人"、劳动力转移"十佳先进个人"、全国"中华魂"优秀辅导员、"山西省第二届十大系列公德人物"等称号。

（王建民）

| | |
|---|---|
| **中共县委书记** | 崔克信※　高　峰 |
| **县人大常委会主任** | 卫绍德 |
| **县　长** | 侯伟健 |
| **县政协主席** | 靳建邦 |

## 平陆县

**【简述】** 平陆县位于山西省运城市最南端，北纬34°41′20″～35°00′59″，东经110°52′47″～11°37′42″之间，北依中条山，南临黄河，西邻芮城，北面和东北面隔山与夏县接壤，南面和东南面隔河与河南省灵宝、陕县、渑池三县相望。县境周长216公里，东西直线长67.5公里，南北直线宽34.5公里，总面积1173.5平方公里，共辖6镇4乡1区，228个村（居）民委员会，1154个自然村。2006年，全县总人口为247379人。其中城镇人口32401人，女性120405人。

2006年，全年全县共完成生产总值115707万元，按可比价格计算，比2005年增长17.9%。其中，第一产业增加值17110万元，增长17.5%；第二产业增加值58512万元，增长24.1%；第三产业增加值40085万元，增长10.1%。

农业经济　农业产业结构调整继续推进，粮食生产再获丰收。2006年全县粮食作物播种面积29930公顷，比2005年减少630公顷，粮食总产79531吨，比2005年增长27.4%。其中，年产小麦46673吨，比2005年增长52.1%；秋粮32858吨，增长3.5%；棉花130吨，增长30.0%；油料1043吨，比2005年减少3.3%；水果76873吨，增长20.0%；蔬菜27259吨，增长10.2%。

全年全县共完成造林面积1786公顷。其中，营造防护林1453公顷，营造用材林333公顷，干果产量476吨。

2006年全县肉类总产量4677吨，比2005年下降3.0%。其中，猪牛羊肉产量4381吨，下降2.1%；牛羊奶产量558吨，增长16.3%；禽蛋产量2340吨，下降0.6%。年末大牲畜存栏9750头，下降16.6%；羊存栏29621只，增长1.7%；猪存栏33321头，增长5.8%；家禽存栏30.2%，下降6.5%。水产品产量50吨，比2005年下降59.4%。

工业生产　2006年全县全部工业总产值为161931万元，比2005年增长37.2%。全部工业增加值40692万元，按可比价格计算，比2005年增长18.8%。全县国有企业和年产品销售收入500万元及以上非国有企业共完成工业总产值137203.5万元，比2005年增长36.0%，工业增加值33274万元，比2005年增长46.8%，销售收入完成123335.6万元，比2005年增长37.47%。主要产品产量：全年全县化肥产量（折纯）6.0万吨，比2005年增长17.7%；发电量3196万千瓦时，比2005年下降37.5%；生铁产量4111吨，比2005年下降6.7%；水泥产量7.98万吨，比2005年增长6.3%；铁合金产量32403吨，增长5.8%；铝产量14619吨，比2005年增长4.1%。

基建、固定资产投资　2006年全县建筑企业完成增加值17820万元，按可比价格计算，比2005年增长38.0%，全年房屋施工面积78000平方米，比2006年下降12.8%。

2006年全县全社会共完成固定资产投资72055万元，比2005年增长63.0%。其中，城镇固定资产投资65580万元，农村非农户投资6475万元。

商贸　2006年全县消费品零售总额510565元，比2005年增长13.4%。其中，城市消费品零售额为20486万元；县以下的消费品零售额为30570万元。2006年，居民生活消费价格指数105.32，商品零售物价指数102.37，农业生产资料价格指数97.69。

交通运输　2006年，全县各种运输方式完成公路客运量110万人，比2005年增长19.6%，旅客周转量7050万人公里，增长18.5%；完成公路货运量99万吨，增长10.0%，货物周转量8480万吨公里，增长4.7%。

邮政电信　全年全县完成邮电业务总量3927万元，其中，电信业务总量2635万元，邮政业务总量1292万元。全县固定电话用户达到37577户。其中，城市电话用户12646户，乡村电话用户24931户，小灵通用户8317户。移动电话用户48246户。计算机互联网络用户达到3436户。已通电话村数达224个，占全县行政村总数的100%。全县电话、手机普及率每个人达37.91部。

财政　2006年，全县财政收入完成11293万元，比2005年增长21.5%。一般预算收入完成2535万元，比2005年增长26.1%，一般预算支出执行29648万元，比2005年增长35.8%。抚恤和社会福利救济费支出1770万元，增长25.9%，科技三项费支出21万元，支援农业生产及农业事业费支出5235万元。教育事业费支出7364万元。行政管理费支出3431万元。

金融　2006年末全县金融机构各项存款余额177965万元，比年初增加33796万元，增长23.5%。其中企业存款余额13829万元，增长39.0%，城乡居民储蓄存款余额139561万元。金融机构各项贷款余额75596万元，比年初增加9925万元，增长15.1%。其中，短期贷款余额68272万元，增长29.4%，中长期贷款余额7324万元，下降22.9%。全年全县金融机构现金收入547569万元，现金支出533633万元，收支相抵净回笼现金13936万元。

保险　2006年全县保费收入4700万元，比2005年增长14.4%。其中，财产保险费收入650万元，增长6.6%；人身保险费收入4050万元，增长15.7%。全年全县支付各类赔款及给付款825万元，比2005年增长4.0%。其中，财产险赔款323万元，增长5.6%，人身险赔款及给付502万元，增长3.1%。

教育　2006年全县拥有普遍中学19所，职中1所，小学262所，在校学生50973人。年末全县教师总数达到3145人。其中，中学教职工1517人，小学教职工1628人。适龄儿童入学率达到100%，小学毕业升学率达到99.6%。

文化　年末全县有文化馆1个，博物馆1个，档案馆1个，电视台1座，有限电视用户12000户，电视节目套数达到30套，电视人口覆盖率98%。

卫生　年末全县拥有卫生机构17个。其中医院、卫生院16个，病床床位500张，卫生技术人员840人，其中医生482人，护师、护士263人。年末拥有疾病控制中心1个，卫生监督机构1个，妇幼保健机构1个。

人民生活　2006年全县城镇居民人均可支配收入5986元，比2005年增长12.8%；城镇单位在岗职工平均工资10926元，比2005年增长17.2%；城镇居民人均消费性支出4237元，比2005年增长0.9%。全年农村居民人均纯收入1161元，比2005年增长1.1%。年末城镇人均住宅建筑面积27.0平方米，农村人均住宅建筑面积30.0平方米。

年末全县有13461人，领取最低生活保障救济金628万元，其中城镇低保5442人。有8000名职工参加失业保险，有357人领取失业保险金57万元。企业和机关事业单位有12108

人参加养老保险，企事业离退休人员有2116人领取养老保险金1525万元。有11309名职工参加基本医疗保险，收缴医疗保险基金481.45万元。（杨卯翠）

【举办首届傅圣文化节】 2006年5月4日～6日，首届傅圣文化节在平陆县城举办。县委、县政府高度重视，成立以县长王正凤为组长的活动领导组，制定具体实施方案。应邀来自中国社科院、上海社科院、清华大学、复旦大学、山西当代儒学研究会50余名专家学者齐聚平陆，分别在傅相祠、傅相墓、县宾馆等地，对傅圣文化进行深入系统的研讨。《华夏风情—中华傅圣》文化期刊特刊出版发行，世界傅氏联谊总会会长傅加星，以及来自全国各地的百余名傅氏宗亲参加首发仪式。此次活动的成功举办，将有力推动县委、县政府提出全面构建文化大县和旅游强县的战略设想，进一步扩大本县对外开放程度，加快全面建设小康社会的步伐。（杨卯翠）

【省长于幼军来平陆调研】 2006年5月17日，省委副书记、省长于幼军带领国土、发改委、农业、交通、扶贫办等厅办负责人来县，就"晋西北、太行山革命老区"开发进行专项调研。本县选报的山西武圣铝业有限公司80万吨氧化铝项目、平陆昌鸿铁合金有限公司10万吨高碳铬铁项目、平陆丰喜公司1.5万吨三聚氢胺改造项目、汇强果业公司3万吨淀粉糖项目、武汉凯迪控股有限公司投资的15万千瓦风力发电等6个项目被列入省"两区"开发重点项目，得到省委、省政府的协调贷款、贴息等大力支持。（杨卯翠）

【矿产秩序百日大整顿】 2006年8月23日，为了进一步贯彻国家、省、市关于严厉打击非法违法采矿、有效遏制重特大事故的一系列文件及会议精神，县委、县政府再次召开全县矿产秩序整顿大会。县上四大班子领导成员、县直各部门、各乡镇及矿山企业负责人共200人参加会议。会议制定出打击非法违法开采长效机制，部署开展新一轮百日整顿活动，使矿产秩序开采逐步迈上科学化、制度化、规范化的轨道。全年全县生产安全事故死亡人数16人，比2005年下降61.54%。亿元GDP生产安全事故死亡人数为1.12人，下降62%。煤炭百万吨死亡人数为0。（杨卯翠）

【招商引资】 2006年，全县外出考察、招商300余人次，邀请外商考察200余批次，共洽谈引资项目156个，总投资55.6亿元。落地开花项目111个，总投资达42.4亿元，其中，3个项目投资超亿元，全县累计到位外资9.89亿元，名列全市前茅。（杨卯翠）

| | |
|---|---|
| **中共县委书记** | 姚十保 |
| **县人大常委会主任** | 王再刚 |
| **县　长** | 王正风※　任秀红 |
| **县政协主席** | 陈苹果 |

## 临猗县

【简述】 2006年是"十一五"规划的开局之年。全县人民在县委的正确领导下，全面贯彻落实科学发展观，奋力拼搏，倾力推进，全县经济呈现出较快增长的好势头。全县生产总值完成42.5亿元，增长11.9%；工业总产值完成44.5亿元，增长29.4%；固定资产投资完成11.16亿元，增长52.2%；社会消费品零售总额完成11.05亿元，增长16.8%；财政收入完成1.55亿元，增长11.9%；城镇居民人均可支配收入8035元，增长13.3%；农民人均纯收入3766元，增长7.8%。七项指标全面完成并超过年初预定，较2005年有了大幅增长。是近年来经济增长较快的一年。

招商引资　通过倾力搞引资，全民抓招商，2006年全县共引入资金12.9亿元，引进项目32个，其中亿元以上的重大项目，有投资1.5亿元的华晋高档服装生产线项目、投资2.5亿元的北京国能生物发电项目、投资1亿元的丰隆煤化二期10万吨高清柴油项目、投资2亿元的西安铁锋房地产开发项目，全县招商引资呈现出多点开花，亮点频现的喜人局面。

工业　围绕工业强县目标，突出项目带动，倍捻合股线、CBS液体增白剂、万吨机械配件铸造、汽车同步器锥环等项目相继投产，增加产值6亿元，新增利税1.9亿元。丰喜临猗分公司、卓里集团、华晋印染、恒兴果汁等9家重点方阵企业共完成产值25.6亿元，占全县工业总额的57.5%，上交税金7871.5万元，占全县规模以上企业的80.7%。全县规模以上企业完成产值33亿元，上交税金9751.9万元，分别比2005年增长43.6%和10.7%。华晋印染、青山化工、翔宇化工、兵娟制衣、永恒机械等5家企业进入全省百强民营企业。通过上项目、抓重点、强园区，全县工业经济运行质量和效益明显提高，呈现出新的生机和活力。

新农村建设　2006年，全县水果总产量达到15亿公斤，产量和产值均较2005年有所增加。特别是在恒兴、湖滨等3个果汁加工转化企业的拉动下，残次果价一路攀升，促使全县人均果业收入达到2685元，农民人均增收438元。果品加工企业的带动、农业产业化的作用，为本县果业的发展提供了坚实的保障，使广大果农增强了信心，看到了进一步发展果业的希望。与此同时，粮食总产量达到2.11亿公斤，净增822.5万公斤，增长了4.1%。规模养殖户超过1万户，户均收入达到2万元。劳务经济日渐活跃，农民人均劳务收入584元，比2005年增加126元，多元化增收为新农村建设夯实了经济基础。

城乡建设　县城建设上，铺开了丰喜大道绿化、南北大街改造、西外环路南延、郇阳人民广场建设等15项市政建设工程。金泰、金鼎、鑫乐等大酒店、大超市投入运营；书香华庭、卓里小区、郇都花园、东方明珠等中高档住宅小区相继开工建设，完善了居住功能，提升了城市品位。交通建设方面，完成了临卓二级路和临解路改建工程；沿黄扶贫旅游公路超额完成了年度任务，使县内交通状况进一步得到改观。新农村建设方面，铺开了17个试点村和33个治理村的规划工程、沼气工程、环境整治工程等16项工程。特别值得一提的是，通过党政齐抓、全民齐攻，在全县城乡广泛开展了群众性环境卫生整治活动，城乡人居环境，尤其是农村的村容村貌发生了多年来少有的大变化、新气象，随着村镇环境卫生长效机制的逐步形成，本县新农村建设将会迈出更大的步伐。

社会事业　总投资3000万元的临猗三中建成使用，临猗中学、临晋中学分别通过省级示范高中复验和初验。高考达二本线710人，在全市领先。全县39.8万农民加入农村新型合作医疗保险，享受更多的就医实惠。锣鼓杂戏被确定为首批非物质文化遗产保护范围。"双拥"工作扎实推进，被省政府命名为"全省双拥模范县"。"万村千乡"工程的实施，家家利超市入驻县城，促进了本县现代物流迅猛发展，连锁经营，物流配送等新型业态蓬勃兴起，逐渐成为广大城乡居民消费的主渠道。土地、水利、工商、科技、人事、统计、县志、地震、档案、政府采购、老龄、残联、宗教事务、防震减灾、人民防空、气象监测、食品安全、金融保险、电力通讯等事业都取得了长足发展。

社会管理　县级党政机关普遍推行了政务公开制、首问责任制、过错追究制等制度。政府系统的78家单位开展了"抓经济、办实事、强管理"重点工作，共承诺实事155件，完成142件，完成率达到90%以上。加强财务管理，在国家税收政策调整，全县减免税款达6000万元的严峻形势下，"一财两税"部门加强征管，科学运作，使县级可用财力大大增强。同时，坚持科学理财，切实关注民生，拨付1600万元，用于公教人员加薪；拿出1200万元，兑现了公职人员盼望已久的误餐补助；支付粮食、良种、农机具补贴328万元，调动了农民种粮的积极性；挤出资金550万元，用于新农村建设经费；筹措1794万元（县财政配套199万元），实施新型农村合作医疗保险；拨付100万元，启动了住房公积金制度；发放低保金520万元，使全县19611名城乡低保对象按时足额领到了低保补助；支出150万元，兑现了农村计生奖扶政策；支出288万元，使14668名农村贫困生享受到"两免一补"政策。与此同时，加强安全生产监督管理及加大环保工作力度。

2006年是本县经济和社会发展捷报频传，硕果累累的一年，是广大干部群众收入明显增加、得到实惠较多的一年。成绩应当肯定，但问题必须引起全县上下高度重视，一是企业管理水平较低；二是三次产业比例不协调；三是农业发展后劲乏力；四是财政收支矛盾较大；五是发展环境不优。这些问题有待于在下一个年度和今后工作中认真加以解决。

（程明清）

**中共县委书记** 刘建政
**县人大常委会主任** 肖定虎
**县　长** 胡　宝
**县政协主席** 邹通玺

万荣后土祠古戏台　张文芳摄影

## 万荣县

**【简述】** 2006年，全县人民紧紧围绕打造“五大品牌”，扩张“两区五园”，实施“四大战略”，做强“六大产业”的发展思路，全力招商引资，大干工程实事。全县经济结构不断优化，经济素质不断提高，政治社会稳定，文化健康繁荣，按照科学发展的要求，又好又快跨越发展的基础逐步夯实，全县经济和社会呈现出良好的发展态势。

**主要经济指标持续增长** 全县地区生产总值完成20.97亿元，同比增长15%；财政总收入完成9188万元，同比增长9.5%；城镇居民人均可支配收入达6543元，同比增长13.3%；农民人均纯收入达2517.4元，同比增长6.55%；全社会固定资产投资完成5亿元，同比增长16.3%；社会消费品零售总额完成7.9亿元，同比增长9.7%；全县规模以上工业总产值完成12.16亿元，同比增长10.05%；工业增加值完成3.64亿元，同比增长9.3%；万元地区生产总值综合能耗下降6%；粮食总产量达到1.4亿公斤；人口自然增长率控制在4.7‰。

**工业经济发展较快** 一是规模企业产值大幅上升。全县亿元产值企业由2005年的4个增加到6个，新增汇源、黄腾两家企业。二是六大支柱产业规模进一步扩大。农副产品加工业有天力、皆力、建安3家企业进入规模企业行列，新建的汇源果汁分厂仅投产四个月就实现产值1.1亿元。中电联合镁业顺利签约实施。化工产业黄腾、联丰两大企业的产值增幅高达57.6%和21.5%。焦化产业虽然只有鑫峰煤化一家，但其产值和税收比2005年同期分别增长了4.6%和24.6%，是万荣县唯一一家税收上千万元企业。医药业万辉药业局势得到扭转，呈现出良好的发展态势。磁材业随着恒磁公司股权的重大变革，前景将更加美好。

**农村经济势头强劲** 一是苹果生产取得了大丰收。全县苹果总产量达到5亿公斤，总产量达到7.9亿元。仅苹果产业一项，全县农民人均纯收入达1500元。二是农民增收示范工程效果明显。种植业方面，五大生产示范基地取得明显效益。养殖业方面，初步形成了“四区一带”养殖格局。三是农田水利基本建设步伐加快。人畜饮水解困工程共投资300多万元，新打和修复深井37眼，靠天吃饭的现象得到进一步扭转。四是中低产田改造力度加大。投资298万元在通化东西毋庄改造中低产田667公顷。五是沼气池建设成效明显。新建沼气池1500个，累计建成5382个，有效地节约了能耗资源。六是扶贫攻坚取得阶段性胜利。裴庄乡岔门口村36户200人的移民民房建设主体工程全部完工。西村乡大德村、皇甫乡袁家庄村、汉薛镇生番村整村推进扶贫开发项目进展顺利。

**社会主义新农村建设开局良好** 在南张乡召开了以整治环境卫生为主要内容的新农村建设动员会，从本县选择确定了13个新农村建设试点村和27个重点治理村，先后实施了巷道硬化、安全用水、扶贫移民、沼气池建设、农村中小学危房改造等项目。目前，13个试点村全部实现了主巷道硬化，饮水安全、通讯设施到位，新盖教学大楼10座，新建卫生所13个，新建体育广场8个，新培育大葱、药材等专业合作经济组织12个，其余工程正在按计划顺利进行。在试点村的示范带动下，全县各乡村掀起了建设社会主义新农村的热潮。

**城镇化进程进一步加快** 新城区在“三纵三横”道路骨架建设的基础上，全面铺开了各项工程。四星级后土大酒店主体工程已完工。财富步行街、都市风情不夜街、新世纪商城、宝鼎南路住宅区、检察院办公大楼、国土培训大楼、青少年活动中心等工程正在紧张施工。在老城区加强城市管理，突出解决群众反响强烈的热点和难点问题，对违章建筑、马路市场、违法广告和交通秩序混乱等现象进行了集中整治，全面开展了“三创建”活动，县城呈现出文明和谐、干净卫生、绿化美观的新面貌。在新城区协调发展的基础上，借民力、借外力，大力发展小城镇建设。荣河镇通过后土旅游景区的开发和荣河化工园区的建设，实现了转型发展和功能提升。南张乡依托209国道交通枢纽的区位优势，建成了水果批发市场，带动了运输、餐饮等相关产业的发展。

**文化兴县呈现新气象** 《万荣笑话》杂志创刊，笑话艺术团成立，编排的第一个笑话剧《我听我爸话》在全市民间表演艺术大赛中一举包揽三项大奖，万荣笑话笑出新天地。“中国楹联文化县”挂牌，全国获此殊荣的县级城市仅31家，文化名县又添一顶华丽的桂冠。万荣

万荣秋风楼　张文芳摄影

笑话、后土文化和西村抬阁被确定为省首批物质文化遗产，充分彰显了万荣县深厚独特的人文底蕴。

*旅游开发迈上新台阶*　后土祠景区连续四年组织了公祭后土圣母大典，吸引了中央部委、省、市领导，港、澳、台、东南亚客人等数万人来此观光祭祖。投资3000万元的孤峰山旅游景区一期建设工程顺利完工，投资3000万元的阳光地中海一期建设工程基本完成，目前均投入运营。25集万荣笑话连续剧已拍摄成功，在全国各大书店正式发行。这些新的旅游文化项目的建设，进一步加大了万荣以旅游为主的第三产业发展比重，初步形成了集“山、水、祠”于一体的旅游特色，为把万荣建设成旅游文化大县奠定了坚实的基础。由市煤运公司投资的李家大院民俗文化和晋商文化博览中心项目敲定，万荣文化休闲旅游喜添新成员。

*招商引资实现新突破*　全县招商引资项目达150个，协议资金13亿元。其中，资金到位的项目75个，到位资金8.85亿元，占市下达任务的177%。投资上亿元的项目2个，即中电联合镁业项目和汇源果汁万荣分厂建设项目；投资千万元以上的项目14个，分别是孤峰山旅游景区开发、阳光地中海旅游开发、新城区建设、后土大酒店内部装修、启越房地产开发、金鼎阳光住宅区建设、财富商业步行街系列开发、荣河后土大街建设、裴庄人畜集中供水、河川流域农业综合开发、汾馨家园建设、黄腾大道建设、黄腾华工公司技改、三风高级中学一期工程建设。这些工程项目的实施，对县域经济和社会发展起到了积极的推动作用。

*社会各项事业蓬勃发展*　“科技富民强县行动计划”全面实施，在全县建成三大培训基地、三大苗木基地和五大示范基地。教育质量显著提升。全县高考硬两类达线288人，比2005年净增39人，增长16%，连续三年保持了良好的势头。医疗卫生体制改革稳步推进。新型农村合作医疗制度全面启动；县直医疗单位医药采购实行了公开招标，招标药品达到390个品种，药价总体下调21.5%。整顿和规范市场经济秩序成效显著，农贸市场打假力度进一步加大。依法打击各种犯罪活动战果累累，共破获各类刑事案件201起，打掉各类违法犯罪团伙19个。安全生产形势稳定，各类安全事故明显下降。209国道通车，运稷一级路开工建设，沿黄扶贫路项目启动，三条贯通南北，网络东西的经济大动脉形成。广播电视事业健康发展，荧屏节目日益丰富，干部群众的文化生活更加充实。民政、武装、宗教、信访、气象、环保、档案、老龄、残疾人等各项社会事业都取得了新的成绩。　（*王晓华　屈月琴*）

**中共县委书记**　卫孺牛
**县人大常委会主任**　王崇智
**县　长**　张汪尤
**县政协主席**　畅启仁

## 新绛县

**【简述】**　2006年，国民经济总体运行状况良好，经济和社会发展的目标顺利实现。国民经济保持了较快的增长态势。全年全县共完成生产总值242360万元，比2005年增长12.3%。其中，第一产业完成增加值40567万元，增长13.0%；第二产业增加值118521万元，增长14.6%；第三产业增加值83272万元，增长8.7%。国民经济和社会发展中存在的主要问题是：一是经济结构不够合理，经济的增长还主要依靠加大投资和资源消耗来实现；二是经济运行质量不高，财政收入占GDP比重不高，财政支撑力不强，发展后劲不足；三是科技创新能力不强，企业的研发能力普遍滞后。

*农业*　种植业结构继续调整。全县粮食播种面积比2005年增长2203.83公顷，其中，小麦播种面积增加1645.7公顷。棉花面积比2005年减少300.22公顷，油料面积减少407.67公顷。粮食产量大幅增长，全年粮食产量173083吨，比2005年增长25.6%。其中，小麦产量95270吨，增加33.8%；秋粮产量77812吨，增产16.9%。棉花产量有所增长，水果、油料产量均有不同幅度减少。全年棉花产量2846吨，比2005年增长8.0%；水果产量46583吨，比2005年减少12.1%；油料产量1021吨，比2005年减少44.5%。

蔬菜产量大幅增加。全年全县蔬菜产量为183526吨，比2005年增长30.0%。

**2006年新绛县主要农作物产量表**

表69　　单位（吨）

| 指标 | 2005年 | 2006年 |
|---|---|---|
| 粮食 | 137811 | 173083 |
| 小麦 | 71226 | 95270 |
| 棉花 | 2634 | 2846 |
| 水果 | 43430 | 46583 |
| 油料 | 1839 | 1021 |
| 蔬菜 | 141149 | 183526 |

畜牧业平衡发展。截至2006年年末，全县大牲畜存栏5.04万头，比2005年减少1.4%；羊存栏4.24万只，比2005年增长0.5%。全县全年肉类产量为8183吨，比2005年增长18.6%；禽蛋产量为6873吨，比2005年减少2.2%。林业生产稳步发展。全年全县新增造林面积973公顷，林业保护、管理工作进一步加强，全县绿化面积进一步扩大。

*工业和建筑业*　2006年，全县国有工业企业和年销售收入500万元以上非国有工业完成产值170622万元，其中，县及县以下完成146828万元。国有工业企业和年销售收入500万元以上的企业完成销售产值167174万元，其中，县及县以下完成141968万元。全县国有工业企业和年销售收入500万元以上的非国有工业企业全年实现利税12782万元。2006年，全县主要工业产品产量波幅较大，焦炭产量继续增长。水泥产量大幅减少。

表70　**2006年新绛县主要工业产品产量表**

| 项　目 | 单位 | 产量 | 比2005年增减% |
|---|---|---|---|
| 焦　炭 | 万吨 | 96.11 | 9.43 |
| 水　泥 | 万吨 | 56.03 | −20.9 |
| 塑料制品 | 吨 | 1213 | 2.9 |
| 生　铁 | 万吨 | 10.35 | 3.5 |
| 棉　布 | 万米 | 4364 | 3.9 |
| 纱 | 吨 | 14444 | 1.6 |

建筑业生产增速较快，经济效益进一步好转，全年全县建筑业完成增加值12650万元，比2005年增长26.3%。

*固定资产投资*　2006年，全县全社会固定资产投资累计完成109635万元，比2005年增加了24267万元，增长28.4%。其中，国有经济单位完成投资2885万元；其他股份有限责任公司完成投资30201万元；合资企业完成投资49240万元；私营经济完成投资11150万元。在投资力度、投资额度和投资效益上都有新的加强和改善。

*交通和邮电*　交通运输业蓬勃发展。2006年全社会客运量为65.2万人，比2005年增长2.9%，客运周转量为3062万人公里，比2005年增长0.69%；货运量为87.9万吨，比2005年增长0.9%，货运周转量为4735万吨公里，比2005年增长0.17%。邮电通讯事业依然保持了快速增长势头。全年全县完成业务总量8506万元，比2005年增长13.8%。其中，电讯业务总量为2496万元，比2005年减少6.7%；邮政业务总量为1161.4万元，比2005年增长24.4%；移动公司新绛营业部业务量达到了4034万元，比2005年增长25.0%。铁通业务总量达105万，比2005年增长28.0%；联通公司业务总量达710万元，比2005年增长27.2%。截至2006年末，全县电话机拥有量为121467部，比2005年增长5.3%。其中，移动电话拥有量为78670部，比2005年增长34.0%；固定电话、小灵通合计拥有量42797部，比2005年下降25.5%。

*商业和市场物价*　2006年，随着国民经济的稳定增长和消费者信心的进一步增强，全县消费品市场稳定增长。2006年社会消费品零售总额达102895万元，同比增长13.2%。其中，县的零售额达54212万元，比2005年增长13.3%；县以下的零售额为48683万元，比2005年增长13.1%。2006年全县物价指数稳中有升，全年平均商品零售价格指数为101.8%；

居民消费价格指数为101.9%。

财政　2006年，由县上组织的财政收入完成17501万元，占年初预算的100.3%，比2005年同期增长15.3%。其中，一般预算收入完成3731万元，占年预算的104.9%；上划中央收入完成10239万元，占预算的98.1%；上划省收入完成1862万元，占预算的101.8%；上划市收入完成1669万元，占预算的102.6%。

2006年县财政总支出执行26462万元，剔除专款因素，县级一般预算支出执行20644万元，较2005年同期增长27.2%。其中，教育支出6935万元，占年初预算的130.6%；农业支出680万元，占年初预算的143.5%；林业支出131万元，占年初预算的354.1%；医疗卫生支出1084万元，占年初预算的137.5%。社会保障补助支出80万元，占预算的133.3%；抚恤和社会福利救济支出422万元，为预算的133.1%。

金融　金融业保持了稳定增长态势。截至2006年底，全县金融机构各项存款余额为226541万元，比年初增加49276万元，增长27.6%。其中，企业存款余额为22968万元，比年初增加12105万元，增长108.9%。全县金融机构各项贷款余额为170796万元，比年初增加49516万元，增长40.1%。其中，工业贷款47434万元，比年初增加36624万元；农业贷款55009万元，比年初增加5743万元。

2006年，全县金融机构现金收入累计完成757119万元，累计比2005年同期增加65557万元，增长9.5%；金融机构现金支出累计为713237万元，比2005年同期增加55815万元，增长8.5%。收支相抵，货币回笼43882万元。

保险　保险事业在市场经济中快速发展，为全县经济发展起到了保驾护航的作用。2006年全县财险、人寿险两大公司承保总额为13.9亿元，增长8.9%。其中，财险承保总额为6.6亿元，人险承保总额为7.3亿元。保费收入为5408万元，比2005年增长7.7%。其中，财产险保费收入为1095万元，比2005年增长7.7%；人寿保险费收入为4313万元，比2005年增长7.8%。支付赔款金额中，财产险共赔付574万元，人寿险赔付216万元。

绛州钟楼
张文芳摄影

科教文卫　科技队伍稳定发展。截至2006年底，全县各类专业技术人员共计有3848人，比2006年增加112人。

群众科技意识进一步增强，质量标准化、计量建设和天气预报等项服务进一步加强。

2006年，全县各类教育工作取得了较大发展。教育投入不断增加，素质教育、义务教育和扫盲教育稳步推进；学前教育继续加强，各级各类职业技术教育发展良好；社会力量办学继续发展。

群众性文化体育活动日益活跃。全县组织了象棋、围棋、戏曲、卡拉OK比赛以及篮球、乒乓球比赛等，极大地丰富了广大群众的文化娱乐生活。截至2006年年底，全县体育场馆面积达312453平方米，公共馆藏图书773256册。广播电视事业进一步发展，有线电视网络建设步伐加快，历史文化名城建设取得新成就，旅游事业发展迅速。

医疗卫生条件不断改善，至2006年末，全县共有医院、卫生院（包括个体医疗诊所）438所，床位488张；医院、卫生院技术人员638人，全社会医疗水平进一步提高。

人口　人口自然增长率保持在较低水平。2006年末全县总人口为321991人。其中，男性人口为164016人，女性为157975人。全县非农人口为39242人，乡村人口为282749人。全年全县出生人口3276人，出生率为10.3‰；死亡人口1760人，死亡率为5.5‰；全年净增人口1516人，自然增长率为4.8‰。

表71　2006年新绛县人口及其构成表

| 指标 | 2006年 | 2005年 |
|---|---|---|
| 全县总人口 | 321991 | 318900 |
| 城镇 | 39242 | 38507 |
| 农村 | 282749 | 280393 |
| 男性 | 164016 | 162566 |
| 女性 | 157975 | 156334 |
| 出生人口 | 3276 | 3386 |
| 死亡人口 | 1760 | 987 |

人民生活　城乡居民收入稳定增长，生活水平继续提高。2006年，全县职工工资总额达16880万元，职工平均工资10957元，比2005年增长13.2%；城镇居民人均可支配收入达7528元，比2005年增长12.1%；农民人均纯收入为3091元，比2005年增长8.1%。

城乡居民储蓄存款继续增长。截至2006年底，城乡居民储蓄存款余额为179622万元，比2005年增加25648万元，增长16.6%。

（许　隽）

绛州古道
张文芳摄影

| | | |
|---|---|---|
| **中共县委书记** | | 李景发 |
| **县人大常委会主任** | | 平兴旺 |
| **县　长** | 高　峰 | 王志峰 |
| **县政协主席** | | 马怀茂 |

## 稷山县

**【简述】**　位置境域　稷山县位于山西省西南部，运城地区正北端。东靠新绛，西邻河津，南以稷王山和万荣、闻喜接壤，北为吕梁山尾脉与乡宁相连。地理坐标为：北纬35°48′32″，东经110°48′18″～111°5′44″。东西宽25公里，南北长47.5公里，总面积686.28平方公里。汾河自东向西横穿县境中部，将县境分为南北两大块，俗称汾南、汾北。县治在汾水北岸稷峰镇，东距新绛县城25公里，侯马市40公里；南距万荣县城26公里，运城市85公里；西距河津市27公里；北距乡宁县城71公里，太原市410公里，北京市943公里。

**气候** 2006年，全县年平均气温为15.4C，年极端最高气温42.2C（6月17日），年极端最低气温－10.6C（1月7日）。年日照时数为2028.2小时，年总降雨量552.7毫米。初雪日11月24日，最大积雪深度为11厘米（1月20日）。最深冻土层26厘米（1月份）。初霜日11月6日，年无霜期为225天。

**行政区划** 2006年，全县共设稷峰镇、西社镇、化峪镇、蔡村乡、翟店镇、太阳乡、清河镇七个乡镇和一个社区办事处。200个行政村，227个自然村。

**人口** 2006年全县人口自然增长率为6.09‰。年末全县总人口为338005人，其中：男性172507人，女性165498人，性别比为104.24。城镇人口74564人，乡村人口263441人，城镇化率达22.06%。

**综合经济** 据初步测算，2006年全县实现生产总值248271万元，按可比价计算，比2005年增长16.3%。其中：第一产业增加值31899万元，增长1.8%；第二产业增加值141414万元，增长19.7%；第三产业增加值74958万元，增长15.3%。一、二、三产占GDP的比重为12.8%、57.0%和30.2%，对GDP的贡献率为17.9%、50.9%和31.2%。人均生产总值为7345元，按2006年平均汇率计算达到942美元。

**农业** 2006年全县粮食总产达157135吨，比2005年增加45362吨，增长38.9%。其中：夏粮总产86638吨，比2005年增加23562吨，增长37.4%；秋粮总产70497吨，比2005年增加14557吨，增长26%；水果产量63711吨；棉花总产1257吨，油料2323吨，红枣9427吨，葡萄9905吨。农业收成明显好于2005年。畜牧业生产稳步发展，大牲畜存栏下降，家禽增加。

表72 2006年稷山县主要畜产品和大牲畜存栏表

| 指标名称 | 2006年 | 比2005年增长% |
|---|---|---|
| 大牲畜年末存栏（头） | 7886 | －0.6 |
| #牛存栏（头） | 6915 | －1.6 |
| 猪年末存栏（头） | 31753 | －8.1 |
| 羊年末存栏（只） | 29124 | －9.8 |
| 家禽年末存栏（只） | 3512480 | 18.9 |
| 家兔数（只） | 17264 | －40.3 |
| 养蜂数（箱） | 610 | －6.4 |
| 当年肉类总产量（吨） | 5880 | 8.6 |
| #猪牛羊肉总量（吨） | 4000 | 13.1 |
| 禽肉产量（吨） | 1789 | 13.9 |
| 奶类产量（吨） | 626 | －3.7 |
| 蜂蜜产量（吨） | 13 | －18.8 |
| 禽蛋产量（吨） | 19318 | 41.2 |

2006年全年造林面积1266公顷，零星植树2万株，义务植树75万株。年末全县有效灌溉面积达1.854万公顷，新增节水灌溉面积330公顷，新打机井2眼，累计1637眼。治理水土流失面积累计达2.012万公顷。年末全县拥有农业机械总动力444197千瓦，农用拖拉机和农用运输车分别达到3366台和23560辆。全年农村用电量20329万千瓦小时，增长7.6%；化肥施用量（折纯）12130吨，增长12.2%。

**工业** 工业生产快速增长。2006年全县全部工业总产值为389891万元，其中：规模以上工业企业实现产值297891万元，同比增长34.8%；工业增加值完成98812万元，增长36.4%。全县工业经济运行的主要特点：

1. 重工业带动作用明显。重工业实现产值238646万元，增长33.0%；轻工业实现产值51044万元，增长18.4%；重工业增速快于轻工业14.6个百分点。

2. 五大支柱产业强势彰显。2006年五大支柱产业的总产值达284006万元，占全县总产值的72.8%。焦化产业、镁铁冶炼、医药化工、农副产品加工、造纸包装业的产值分别为56307万元、145709万元、33983万元、37479万元、10528万元，分别占规模以上工业总值的份额为18.9%、48.9%、11.4%、12.6%、3.5%。

3. 企业整体效益提高。2006年规模以上工业实现销售收入277102万元，增长42.7%；实现销售产值280668万元，增长30.7%；实现利税20972万元。其中，利润总额4405万元，增长160.8%；税金总额16567万元，增长19.0%。企业扭亏见成效，全年亏损企业亏损额375万元，减少80.1%。产销率为96.8%，较2005年提高0.42个百分点。

4. 产品产量大幅增长。增长的主要产品有：水泥297324吨，增长127.4%；生铁226715吨，增长136.6%；焦炭683200吨，增长30.1%；洗煤564042吨，增长46%；饲料123600吨，增长26.2%；铁合金82332吨，增长28.3%；纱6265吨，增长17.4%；纯碱169534吨，增长17.5%；布10383吨，增长5.9%。下降的产品有：中成药447吨，下降26.7%；机制纸28948吨，下降8.3%；金属镁25147吨，下降6.7%。

**固定资产投资** 固定资产投资稳步扩大。2006年全社会固定资产投资总额完成72407万元，同比增长20.7%，其中，城镇固定资产投资完成70504万元，同比增长18.8%，农村固定资产投资完成1903万元，增长1.3倍。全县房地产投资完成1878万元，增长50.6%；城镇工矿区私人建房投资完成1863万元。

投资结构不断改善。从产业结构看，第一产业完成1150万元，创历史新高；第二产业完成62557万元，增长13.5%；第三产业完成8700万元，增长140%。从国民经济行业结构看，农业投资1150万元，电力投资21300万元，交通运输业投资2728万元，水利、环境公共设施投资2452万元，比2005年均有较大增长。制造业投资40897万元，较2005年减少。2006年全县施工项目49个，建成29个。房屋施工面积115634平方米，竣工房屋面积83060平方米，竣工率达71.8%。其中，竣工住宅面积达52.7%。

完工的主要项目有：东方公司的二期工程；丰喜纯碱3300万元的氰胺生产线；思科肥业2500万元的7万吨复混肥生产线；华南纺织中高档气流纺纱；管化线、管裴线、稷西线1172万元的翻修拓宽工程；华宇实业1000万元的还原炉机械加煤气补氧燃烧工程。在建项目有：恒泰焦铁2200万元的40万吨焦炉；晋南物资3500万元的造纸废液生产环保固沙工程；秦晋3000万元的捣固焦炉工程等。

**通讯 交通** 通讯事业加快发展。2006年新增电话交换机容量1544线，年末全县城乡固定电话用户达58043部，小灵通用户8184部，手机98111部，电话和手机拥有量达48.8部/百人，比2005年增长8.4%。目前，宽带用户达5754户。交通事业成绩喜人。2006年全县道路建设投资达37539万元，新增通车里程20.4公里，高级、次级路面36公里，改建、续建巷道硬化180公里。年末县境内公路通车里程达692.6公里，其中，县道里程582.6公里，国省道77公里，高速33公里。2006年全县客运量121.8万人，增长10.7%；货运量120万吨，增长12%。年末全县拥有民用车辆20888辆。

**批零贸易** 消费市场稳中趋旺。2006年全县实现社会消费品零售总额59260万元，同比增长13.2%。分城乡看：城市消费品零售总额为39833万元，农村消费品零售总额为19427万元；分行业看：批发零售贸易业实现零售总额49949万元，同比增长11.5%。其中，限额以上批零贸易企业完成12454万元，增长4.8%；限额以下批零贸易企业和个体户完成

37495万元，增长13.9%。住宿餐饮业零售总额4467万元，增长17%；其他行业零售额4844万元。2006年全县进出口总额为5418万美元，比2006年增长28%。

**市场物价** 市场价格温和上升。2006年全县居民消费价格总水平比2005年上涨1.7%。其中：娱乐教育类上涨8.0%，交通通讯类上涨3.2%，居住类上涨1.1%，医疗保健类上涨0.8%，食品类上涨0.2%；衣着类、烟酒类、家庭设备类分别下降0.5%、0.4%、0.2%。农业生产资料价格上涨1.82%，工业品出厂价格下降4.7%，零售价格指数下降0.2%，服务项目价格上涨6.6%。

**财政** 财政收入稳步增长。2006年全县财政总收入25434万元，比2005年增长16.8%。其中，国税完成19734万元，增长16.3%；地税完成4667万元，增长16.4%；财政完成1033万元，增长28.8%。全县一般预算支出23745万元，同比增长17.9%。其中，教育支出6134万元，增长18.5%；农业支出2054万元；科技事业支出25万元。

**金融** 金融形势继续看好。2006年末全县金融机构各项存款余额达214666万元，比年初增长14%。其中，城镇居民储蓄存款余额达188323万元，增长15.5%；年末金融机构各项贷款余额达170470万元，比年初增长16.3%；年末现金总收入890525万元，增长2.9%，现金总支出901761万元，增长2.0%，收支相抵向市场净投入货币11236万元。

**保险** 保险事业持续发展。2006年全县财产险实现保费收入635万元，同比增长19.6%，财产险理赔支付235万元，同比增长10%。人身险实现保费收3878万元，同比增长28.2%，人身险理赔支付238万元，同比增长65%。

**科技** 2006年全县共落实国家、省级科技资金550万元，其中无偿资金160万元。申报科技项目10项，其中，国家级3项，省级4项，市级3项，项目总投资13335万元，申请资金683万元。年末全县拥有各类技术人员4665人，其中高级职称94人，中级职称1334人，初级职称3237人。

**教育** 2006年全县教学用计算机总数2601台，图书438798册。年末全县拥有各级各类学校155所。其中：高中3所，初中15所，小学123所，民办14所。共有在校学生67666人，其中初中生20790人，高中生5743人，小学生34922人，在园幼儿6211人，在职教师3520人，其中小学教师1897人，初中教师1623人。当年高考文理达线人数173人，中考成绩稳居运城第一。

**文化** 文化基础设施不断加强。2006年先后投资百余万元，完善大佛寺内的古建彩绘，消防通道和寺内绿化。在寺内文殊、普贤两配殿和大雄宝殿安装了避雷设施；完成了宋金墓，大佛寺、青龙寺、稷王庙的竖立标志工作。筹集130余万元，成功进行农村MMDS微波电视系统数字改造，推广数字微波和机顶盒2200余套。每年一次的灶火表演，焰火晚会，元宵节灯展隆重举办；县蒲剧团对外演出收入创历史新高，收入达18万元；高台花鼓在山东临安"华夏一绝"全国广场鼓舞大赛中，力挫群雄，荣获金奖；原旭东的书法作品参加《首届全国草书大展》和《首届国际楹联艺术大展》，并获得《山西省第七届书法篆刻展》大奖。《后稷文化》会刊成功印发。

**卫生** 卫生事业全面提升。截至2006年末，全县共有各类医疗卫生机构460家，其中县直医院卫生机构8个，专科医院3个，乡镇卫生院7个，社区卫生服务站4个，村卫生所182个，个体行医和社会办医256个。拥有卫生技术人员1460人，床位1740张。2006年新农合覆盖率达90%，全县共有27万农民参加了新型农村合作医疗保险，享受补偿患者为88816人，发放补偿款772.47万元。预防接种工作有序进行，"五苗"覆盖率达95%，结核病、艾滋病、传染病防治取得突破性进展。卫生监督工作不断加强，严厉打击非法行医，规范医疗服务市场，食品卫生量化分级管理取得新成效。

**体育** 全民健身已经从城市推向农村。秧歌舞、健身球、太极拳、老年迪斯科在许多村庄已成为主要的健身方式。摔跤、挠羊、拔河和篮球比赛已成为人际交流增进友谊的主要纽带。2006年在运城市青少年摔跤比赛中，本县荣获个人冠军12人，武术冠军2人。县老年协会在山西省柔力球比赛中获优胜奖。

**城市建设** 城市建设日新月异。2006年全县城市建设投资超亿元，稷峰街东延工程，进一步拉大城市框架；泄洪道绿色长廊和昆仑岗森林公园，改善了人居环境，提升了城市品位；关公商厦和古塔市场拆建工程，加快了旧城改造，优化了城市结构；大佛南路临街联建工程，已初显城市商业规模；丰喜立交桥暨北端拓通硬化工程，极大缓解了进城段交通紧张和铁路隐患；108国道过城段改扩建工程，进一步强化了交通枢纽功能。2006年全县城市绿化投资275万元，新增绿化面积33万平方米，绿化率达18%，比2005年提高2个百分点。

**环境保护** 环保工作以"碧水蓝天工程"为中心，重点围绕"一城一河两区三业"开展汾河五家重点排污企业废水排放整治，县城恶臭气体整治和小锅炉烟尘治理。据空气质量自动监测站数据表明，全年县城空气质量Ⅱ级良好天数已突破150天。2006年环保部门对全县16家不符合政策的小焦厂和12家高能耗、高排放、高污染的企业予以关停；8家炼焦企业新上了化产回收设施；3家造纸企业使用了从墨液中提取化工产品的新技术；4家金属镁企业采用了节煤降耗新工艺；3家发电企业安装了在线监测仪，实现烟尘、二氧化硫达标排放。截至2006年末，全县万元地区生产总值污染排放总量比2005年降16.9%，二氧化硫排放总量下降2.9%，化学需氧量（COD）下降3%，各项指标都在控制范围。

**人民生活** 城镇居民生活水平进一步提高。2006年全县在岗职工平均工资9982元，同比增长26.9%。城镇居民人均可支配收入7311元，增长10%，居民消费支出4548元，同比增长26%；农民人均纯收入为3059元，同比增长8.2%。城镇居民人均住宅建筑面积21平方米，比2005年增加2.5平方米；农村人均住宅建筑面积27.5平方米，比2005年增加2.3平方米。

福利事业深入人心。城乡低保实行应保尽保，依法治保，临时限保的动态管理机制。2006年全县城市低保户2443户，4901人，共发放城市低保金406万元；农村低保人数8812人，发放农村低保金89.2万元；农村五保实行集中供养和分散供养新机制，集中供养人均1816元，分散供养人均1316元；优抚安置实行双拥工作新理念，2006年接受退役士兵和转业军官69人，为961户农村义务兵家属和在乡老复员军人发放优抚金34.43万元。

**社会保障** 社会保障扎实推进。2006年城镇新增加就业岗位3980个，转移农村劳动力6776人。全年发放养老金1759万元，失业保险基金和养老保险基金征缴分别为115.9万元和186.2万元。全县2398名离退休人员和246名遗属的养老金和生活费做到按时足额发放。2006年新启动机关养老保险，征缴基金达41.2万元。同时新成立了职介中心，接待咨询692人，求职登记467人，发布用工信息72条，办理就业失业证389人。（县志办）

**【2006年大事纪要】**

1月11日 省社会治安综合治理检查组到本县检查指导2004年～2005年综合工作。县委副书记杨忠庭，县委常委、政法委书记杜步霄，市政法委副书记师争平陪同检查。

1月15日 县委、县政府召开的稷山在并人士社会经济发展促进会在太原三晋国际饭店会议中心举行。县委书记李润山、县长乔登州等四大班子有关领导出席会议。同时，稷山在并人士社会经济发展促进会宣告成立。

1月，本县安福艺术表演的《稷山高台花鼓》继获山西省第二届广场文化艺术节最高奖、第七届中国艺术节、第十三届"群星奖"、"华夏一绝全国民间艺术表演大赛银奖"、中国国际民间鼓舞大赛金奖后，近日，又应邀赴京参加中央电视台新闻频道《春节大联欢》特别节目拍摄录制。据悉，此台晚会将于正月初五在中央新闻频道与全国电视观众见面。

2月12日 稷山高跷走兽和高台花鼓入选中国非物质文化遗产保护成果展。

2月18日　省粮食厅高志信厅长一行在县粮食局大红楼八楼会议室召开会议，宣布关于任命任进保、王建明、任小英三同志为山西省稷山县“省粮食储备库”副主任的决定。县委书记李润山、县长乔登州、县委常委组织部长姚广林，稷山“省粮食储备库”主任刘玉虎等出席会议。

2月　稷山县人民医院被中华医院管理学会授予“全国百姓放心示范医院”荣誉称号。

3月4日～5日　省委统战部经济处处长纪建彪一行在市委统战部副部长、民族宗教局局长杨卡荣、县委常委、统战部长赵永刚的陪同下对本县统战部工作进行督查调研。

3月6日　省护路办副主任高继一行3人在市政法委副书记师争平、市护路办主任樊振稳、县委常委、政法委书记杜步霄的陪同下，对本县“两会”期间的铁路运输安全保卫工作进行督查。

3月10月　省农业厅副厅长董希德、省畜牧局副局长高仁义，在市畜牧局局长黄春元、副县长午志维等陪同下，到本县指导禽流感防控工作。

3月13日　新疆维吾尔自治区阿克苏地委书记朱昌杰一行到本县调研红枣产业。市委常委、市总工会主席王殿民、县委书记李润山、县委常委、秘书长费克仁，副县长午志维等市县领导陪同调研。

3月16日　省政协学宣委主任赵文斌一行5人，在市政协副主席王七庚，县委书记李润山等有关领导陪同下，到本县调研农村文化建设工作。

3月　在人事部和国家粮食局组织的全国粮食系统先进集体和先进个人表彰大会上，本县粮食局荣获“全国粮食系统先进集体”荣誉称号，是全国唯一获此殊荣的县级粮食局。

4月6日　省教育厅副厅长张卓玉一行在县委书记李润山、市教育局局长李晋杰、县长助理薛克学陪同下，对本县农村远程教育工程实施及应用情况进行调研。

4月16日　市委副书记、代市长高卫东在县四大班子领导李润山、乔登州、郭崇学、马卯录等陪同下，先后到本县稷峰镇马村、华南纺织公司、稷王小学、东方公司等处调研，对本县工作给予充分肯定的同时作了重要指示。

4月23日　市委书记张茂才在市委常委、市委秘书长张建合，县委书记李润山、县长乔登州等市县领导陪同下，先后深入到本县东方公司、大佛寺、稷王小学、丰喜纯碱公司、华南纺织公司、晋龙饲料公司进车间、入校、看城建，听汇报，就工业、城建、教育、旅游等方面进行调研。

4月26日　在中华全国总工会庆祝“五一”国际劳动节招待会上，全国劳模、县粮食局局长、红楼宾馆董事长刘玉虎受到了中央政治局委员、全国人大常委会副委员长、中华全国总工会主席王兆国等国家领导人的亲切接见，并合影留念。

5月8日　运稷一级路稷山段正式开工建设。

5月17日　广东省中山市南头镇考察团一行29人到本县参观考察。考察团在县委书记李润山、县长乔登州、副县长辛福集等陪同下，到本县东方公司和大佛寺、稷王庙、宋金墓、青龙寺旅游景点进行参观考察。

5月26日　稷山县纪念丙辰农民起义90周年系列活动在政协三楼会议室隆重举行。国家信访局副局长王石奇、省政府办公厅副秘书长兼信访局局长王铁选、市政协副主席王七庚、县委书记李润山、县长乔登州等领导出席了纪念活动。

6月10日　在山西省第七次环境保护暨蓝天碧水工程启动大会上，县环保局局长焦森林被省人事厅、省环保局授予“山西省环境保护先进个人”称号。

6月13日　省人大教科文卫工委主任魏凯带领省人大档案执法检查组对本县贯彻执行《中华人民共和国档案法》和《山西省档案管理条例》情况进行督查指导。市人大副主席刘冠生、县长乔登州等有关市县领导陪同督查。

同日，县环保局受省环保局、省教育局委托，为全县首家荣获“省级绿色学校”称号的运城学院稷山师范分院举行了隆重的授牌仪式。

7月19日　全球基金艾滋病项目国家督导组一行在省、市全球基金项目官员的陪同下，对本县项目工作启动两年来的执行情况进行了督导。副县长、稷山县全球基金项目领导组组长辛福集陪同督导，并代表县政府和县项目领导组致辞。

7月25日～27日　本县与港海内外客商共签订投资合作意向和协议13个，投资总额近亿元，县委书记李润山、县长乔登州，县委常委、副县长高根立等与县商务、发改、招商办负责人和企业家参加了2006年山西（香港）投资洽谈会。

8月3日　省农业厅土壤肥料工作站副站长贺玉柱到本县检查测土配方施肥试点工程。县农业局局长张克仁等有关领导陪同检测并对本县阶段性工作进行了详细汇报。

8月5日　省文明办副主任韦川东、处长樊志强在市、县有关领导陪同下到本县粮食局，对本县刘玉虎人选山西省公民道德建设“十大爱岗敬业模范”进行实地考察测评。

8月10日　由石楼县县长郭宝带队的政府考察团来本县考察，县长乔登州、县委常发、副县长高根立陪同考察。

8月23日　全市农村沼气化工程现场会在本县大红楼八楼会议室召开。市委副书记尚平安、市人大副主任荆青莲、副市长董一兵、省农村能源办主任任济星、市政府副秘书长卫新平、市农业局局长樊剑展及县委书记李润山、县长乔登州、各县市区委分管副书记、副县长及有关职能单位一把手、各乡镇负责人等百余人参加了会议。市委副书记尚平安主持会议并做重要讲话。

9月10日　山西丰喜纯碱公司新上项目“三聚氰胺”竣工投产。

9月21日　运城市选举产生的部分省人大代表到本县调研文物保护、旅游开发、含氟水治理、招商引资等工作。市人大副主任刘冠生，县委副书记、县长乔登州等有关领导参加调研。

9月20日～21日　运城市党员干部现代化远程教育工作现场会在稷山召开。会议学习和推广了稷山经验，明确了全市党员干部现代远程教育工作的目标任务，实施步骤、经费筹措、组织领导等，市委常委、组织部长王安庞，县委书记李润山、市委组织部副部长肖暹东、张守相，县长乔登州、县委副书记闫甲午，县委常委组织部长姚广林，市网通公司总经理温宁瑞等市县领导出席会议。

27日　省长助理刘维佳带领省农业厅有关领导在县委书记李润山、副县长午志维等有关领导的陪同下对本县农业和农村经济工作进行调研。

9月　本县板枣经济合作社汇报会在太原科技大厦举行。

10月12日　省农业厅厅长杨文宪一行在县长乔登州、副县长午志维及市农业局等有关部门负责人的陪同下，到本县调研农业产业的工作。

10月26日　山西丰喜纯碱公司内鼓乐喧天，彩球高悬；鞭炮齐鸣，彩旗招展；鲜花簇拥，嘉气盈盈。山西丰喜纯碱公司（原稷山化肥厂）建厂投产30周年庆典大会在该公司内举行。县长乔登州等四大班子领导及部分退休老干部，县直各单位负责人等参加庆典大会，中国纯碱工业协会秘书长王锡岭、中铝国贸采购处处长张小伟出席庆典大会并祝贺。

10月，稷山板枣被国家工商总局商标局注册驰名商标为“稷山板枣”。

11月14日　农业部节水处处长彭世琪、耕地与肥料管理处处长王金等，在北方五省土壤肥料工作站负责人，副县长午志维等的陪同下，到本县考察葡萄膜下滴灌水肥一体化节水节肥新技术。

10月15日　省中小企业局局长周明定一行深入本县进行调研。县委副书记、纪委书记董旭光，县长助理薛克学陪同调研。

10月24日　由香港汇发投资公司副总经理、项目总监任彬先生，总经理助理孙月萍女士和美国富兰克林基金集团北京代表处高级投资顾问蒋权先生一行三人，对本县合盛工贸公司和昕光包装公司进行投资考察。县商务局局长宁振祥等陪同考察。

11月29日　市长高卫东带领市发改委、商务局等部门负责人在县领导李润山、乔登州等陪同下，对本县招商引资工作进行调研。

12月2日　省市农普督查组一行7人，到本县督查农业普查进展情况。

12月5日　省林业厅厅长杜创业在副市长董一兵，市林业局局长闫有善，县委书记李润山，县长乔登州，县委常委、副县长高根立，副县长午志维等陪同下，对本县植树造林情况进行调研。他指出，稷山县林业发展速度快，效果好，标准高，走在了运城前列。

12月15日　市人大主席黄有泉到运稷一级路稷山段进行调研。县长乔登州，县人大主任郭崇学，副县长高吉华、费克仁等陪同调研。

12月19日　在北京召开的全国文物工作先进县表彰大会上，本县荣获“全国文物工作先进县”称号。　（县志办）

| | |
|---|---|
| **中共县委书记** | 李润山 |
| **县人大常委会主任** | 郭崇学 |
| **县　长** | 乔登州 |
| **县政协主席** | 马卯录 |

小资料

## 乔家大院是“北方民居建筑的一颗明珠”

乔家大院本名“乔在中堂”，位于祁县东观镇乔家堡，距离太原约54公里，1985年5月被辟为祁县民俗博物馆，主要展出山西中部明清时期的民俗，1986年正式对外开放。自从电影《大红灯笼高高挂》在海内外公开放映以来，作为电影拍摄场景地的乔家大院，知名度越来越高，逐渐成为蜚声海内外的旅游景点。每年都有数十万游客前来参观游览，到目前为止，已接待了海内外游客600多万人次，其中有江泽民、乔石、刘华清等中央领导人。

乔家大院是我国北方目前保留下来的清代民居中宏大、完整的居民建筑之一，始建于清乾隆年间，分三次建成。乔家大院是一座封闭式的建筑群，气势雄伟，富丽堂皇，从高空俯视院落布局，很像一个象征大吉大利的“囍”字。整个大院占地8724.8平方米，建筑面积3870平方米，共有6个大院，内含20个小院，313间房屋。从外观上看，大院四面临街，不与周围民宅相连，形成城堡，四周全是封闭式砖墙，高10米有余，上有掩身女儿墙如城墙垛口，森严壁垒，威严气派。大院体现“内外有别，长幼有序”的伦理道德观念，大院小院相套相依，高屋低房错落有致，设计之完美、工艺之精细，集中地体现了我国清代北方居民建筑的独特风格，具有相当高的观赏价值、科研价值和历史价值。社会上就流传着“皇家看故宫，民宅数乔家”的佳话。

乔家大院这所高墙深宅的大门，最上方的顶楼檐下一块匾，上写4个大字：“福种琅嬛”。这块匾是山西巡抚受慈禧太后面谕而赠送给乔家的。

1900年，八国联军攻进北京，慈禧太后携光绪帝仓皇出京，准备逃往西安。进入山西中部已是人困马乏，疲惫不堪。携带银两花光，生活出现困难。随驾侍郎桂月亭奏请向商号借款，得以准奏。乔家大德恒商号慨然借银20万两，救了燃眉之急。乔家大德通商号还极力筹措御膳、行宫，膳食尽量按大内样式制作。慈禧心中大喜，事后传谕嘉奖乔致庸，并由后来调人的山西巡抚赠送乔家这块匾。“琅嬛”传说是神仙的洞府，称为“琅嬛福地”，是说乔家大院像神仙住的地方一样。

## 渠家大院是“晋商文化博物馆”

渠家大院位于祁县城内东大街33号。该院占地面积23628平方米，省级重点文物保护单位。渠家大院始建于清乾隆年间，以后多次修葺续建，现存主建筑为同治、光绪年间建造。大院为全国民居中罕见的五进式穿堂院，内分8个大院，中套19个四合式院落，有房屋240间，迄今保存完好，外观为城堡式，墙头有垛口式女墙，阶进式大门洞宽敞高大，上面眺阁高耸。第一院为石雕栏杆院，原为待客场所。正房左侧为五井院，庭院长约百米，屏风式过庭及石雕方形门、月亮门点缀其间，层次分明。主院为里外三二进式牌楼院，一座10余米高的十一踩木制牌楼高耸，正房抱厦高大威严，二楼为歇山顶明楼，高约20米。院内有戏台坐南朝北，东西设有包厢，戏台面积近20平方米，山西省内较为罕见。主院西侧的青砖甬道，将南北6个院子一分为二。北为两个统楼院，南为小四合院。整个院落青石奠基，水磨砖墙，屋顶为悬山顶、歇山顶、卷棚顶，形式各异。建筑总体布局合理，明楼、统楼，主院、偏院层次分明，屋内屋外，彩绘华丽，堆金沥粉，木雕、石雕、砖雕玲珑剔透，俯仰可见。房顶上有脊雕，内女墙有扶栏雕，院内有左右壁雕，走廊西侧有书法砖雕，每个门墩、石础都有精雕图案。1993年7月，祁县人民政府决定开发渠家大院，利用清末著名金融家、宅院主人渠本翘在商界的名人效应及大院独特的建筑风格，广泛收集明、清山西商人从事商业文化活动的实物和资料，筹建了晋商文化博物馆。博物馆占地面积5317平方米，建筑面积3271平方米。馆内有27个展室，陈展有晋商纵览、著名商号、巨商大贾、爱国义举、商界盛事、渠氏家族、晋剧渊源七大系列的内容。

# 附　录

## 国际新闻

### 2006年国际十大新闻

1. 1月25日，巴勒斯坦伊斯兰抵抗运动(哈马斯)赢得巴立法委员会选举，首次以民主方式获得执政资格。巴勒斯坦内部矛盾加剧，巴以和谈陷于停滞。

2. 2月2日，载有1400多人的埃及客轮“萨拉姆98号”在红海沉没，1000多人遇难或失踪。

3. 自2月22日伊拉克什叶派宗教圣地阿里·哈迪清真寺遭炸弹袭击后，伊拉克教派冲突愈演愈烈，伊安全形势持续恶化，美国总统布什承认没有赢得战争，将考虑调整对伊政策。

4. 6月，第18届世界杯足球赛在德国举行，32支球队经过一个月的激烈争夺，最终意大利队在点球大战中战胜法国队，第四次夺得世界杯冠军。

5. 7月12日，以真主党武装绑架以色列士兵为由，以色列发动入侵黎巴嫩的大规模军事行动。行动持续34天，约2000人丧生，近百万黎巴嫩人沦为难民。

6. 7月27日，由于世贸组织6个关键成员美国、欧盟、日本、澳大利亚、巴西和印度未能就农业和非农产品市场准入问题达到协议，世贸组织被迫宣告中止持续近5年的多哈回合谈判，全球多边贸易进程遭遇严重挫折。

7. 8月24日，国际天文学联合会大会依据新的“行星”定义通过决议，将冥王星“开除”出太阳系行星行列，太阳系行星数目降为8颗。

8. 10月8日，在中日双方就克服影响两国关系的政治障碍和促进两国友好合作关系的健康发展达成一致之后，日本就首相安倍晋三访问中国，这是5年来日本首相对中国的首次访问。

9. 10月9日，朝鲜无视国际社会的普遍反对，悍然进行核试验，国际核不扩散机制面临严峻挑战。

10. 10月13日，第61届联合国大会全体会议通过决议，正式任命韩国外交通商部部长潘基文为下一任联合国秘书长。这是继缅甸的吴丹之后又一次由亚洲人出任联合国秘书长。

摘至《半月谈》

### 2006年十大国际焦点人物

1. 陈冯富珍：在11月9日举行的世界卫生大会特别会议上，陈冯富珍当选世界卫生组织组干事，成为首位担任联合国专门机构最高职务的中国人。

2. 内贾德：内贾德出任伊朗总统以来，坚持伊朗有和平利用核能的权利，并在1月10日重启核燃料研究工作，引起国际社会高度关切。

3. 安倍晋三：10月26日，日本自民党新总裁安倍晋三当选第90任日本首相，成为第二次世界大战结束以来，日本最年轻和首位战后出生的首相。

4. 巴菲特：巴菲特被视为世界第二富豪、素有“股神”之称。他6月25日宣布，将逐步把价值约370亿美元的个人财富捐给慈善事业，成为世界“首善”。

5. 尤努斯：尤努斯及其创建的孟加拉乡村银行10月13日被授予诺贝尔和平奖。这是该奖首次授予一位银行家和经济学家。

6. 扎卡维：6月7日晚，“基地”组织在伊拉克的头目扎卡维被打死。美国政府曾以2500万美元悬赏他的人头，悬赏与本·拉丹等量。

7. 潘基文：10月13日联合国大会正式任命韩国外交通商部长官潘基文为下一任联合国秘书长。潘基文成为第二位来自亚洲的秘书长。

8. 他信：9月19日泰国发生军事政变，“亿万富翁总理”他信被迫下台。

9. 萨达姆：伊拉克高等法庭11月5日宣布，伊拉克前总统萨达姆因杜贾尔村屠杀案被判处绞刑。

10. 拉姆斯菲尔德：11月8日，美国国防部长拉姆斯菲尔德辞职。拉氏策划和指挥了美国的阿富汗和伊拉克的战争，对美国的伊拉克政策有重大影响。

## 国内新闻

### 2006年国内十大新闻

1. 社会主义新农村建设顺利起步，国家对“三农”投入空前加大，以乡镇机构、农村义务教育、县乡财政管理体制三项改革为主要内容的农村综合改革全面推进。

2. 3月4日，胡锦涛总书记在看望出席“两会”的全国政协委员时，提出了以“八荣八耻”为内涵的社会主义荣辱观，成为社会主义核心价值体系的重要组成部分，在全社会引起强烈反响。

3. 一系列承载中国百年梦想的国家重点工程建成。青藏铁路全线正式通车，三峡大坝建成并成功实现156米蓄水目标。

4. 9月9日，台湾民进党前主席施明德发起百万民众“反贪腐”运动，要求台湾当局领导人陈水扁下台。

5. 9月24日，中央决定对陈良宇同志严重违纪问题立案检查，免去陈良宇上海市委书记、常委、委员职务，停止其担任的中央政治局委员、中央委员职务，显示出中央推进反腐败斗争的坚定决心。

6. 中共十六届六中全会召开，审议通过了《中共中央关于构建社会主义和谐社会若干重大问题的决定》，进一步完善了中国社会主义现代化建设的奋斗目标。

7. 全国以各种形式纪念红军长征胜利70周年，全社会掀起学习、弘扬伟大长征精神的新热潮。

8. “十一五”开局良好，中央在土地、金融、房地产等领域加大宏观调控力度，国民经济呈现出增长速度较快、经济效益较好、物价水平较低的态势，国内生产总值突破20万亿元。

9. 中国外交坚持“和谐世界”理念，取得丰硕成果，成功举办上海合作组织峰会、中国—东盟纪念峰会和中非合作论坛北京峰会。

10. 食品药品安全事件频发，“欣弗”假药、含苏丹红的“红心鸭蛋”等问题食品严重危害人民生命健康，引起全社会高度关注。

摘至《半月谈》

### 2006年中国体育十大新闻

1. 韩晓鹏在都灵冬奥会上为中国取得首枚雪上项目金牌。

2. 中国女子体操队首次夺得团体冠军。由张楠、程菲、庞盼盼、周卓茹和何宁组成的中国女子体操队10月18日晚在丹麦阿胡斯世界体操锦标赛女子团体决赛中夺得冠军。这是中国体队成立53年来获得的第一个女团世界冠军，实现了中国体操几代人的梦想。

3. 中国围棋选手历史性地夺得三项世界冠军。中国男棋手在三项世界围棋大赛中夺冠，创造了历史最佳成绩。1月13日，罗洗河在三星杯世界围棋公开赛上夺冠。4月21日，古力夺得LG杯世界棋王赛冠军。9月28日，4名中国选手包揽了春兰杯世界围棋锦标赛四强。

4. 多哈亚运会中国代表团再夺金牌总数第一。在多哈亚运会上，中国体育代表团以165枚金牌再次荣登金牌榜首位，这也是中国24年来在亚运会金牌榜上连续第七次占据榜首位置。

5. 郑洁、晏紫1月27日取得澳大利亚网球公开赛女双冠军，为中国获得历史上第一个网球大满贯赛事冠军。7月10日，她们在温布尔登网球公开赛上再夺女双冠军，第二次捧得大满贯赛事冠军奖杯。

6. 中国队在世界乒乓球锦标赛上再捧斯韦思林杯和考比伦杯。4月24日至5月1日，第48届世界乒乓球团体锦标赛在德国不来梅举行，中国队再次夺得男子团体冠军斯韦思林杯和女子团体冠军考比伦杯。

7. 中国女排在世界排球锦标赛上未能进入四强。11月16日世界女排锦标赛在日本大阪落幕，中国队以7胜4负获得第五名。作为世界杯和奥运会双料冠军，中国队在本届世锦赛上不但负于近来从未赢过的巴西队和最后夺冠的俄罗斯队，最后凭借微弱的小分优势才晋级八强。

8. 9月18日，国家体育总局公布了全国第二次国民体质监测公报，显示我国国民体质总体水平比2000年略有提高。体育事业“十一五”规划中说，要在“十一五”期间基本建成具有中国特色的全民健身体系，提高群众的健康素质，并将重点实施农民体育健身工程。

9. 鞍山田径学校集体使用兴奋剂。8月8日，由中国奥委会反兴奋剂委员会和国家体育总局监察局等部门人员组成的兴奋剂检查组在突击检查中，发现鞍山市田径学校集体、有组织地给学生使用兴奋剂。

10. 刘翔打破沉寂13年的男子110米栏世界纪录。　　摘至（新华社稿）

## 中国十大科技进展新闻

1. 下一代互联网技术获重大成果。启动3年的“中国下一代互联网示范工程”获得一系列重大创新成果，建成并稳定运行全球第一个也是规模最大的纯IPv6互联网主干网；在国际上首次提出下一代互联网的新型寻址体系结构和两代互联网的独特过渡技术。其中3项成果属于国际首创，总体上达到世界领先水平，为提高我国在国际下一代互联网技术竞争中的地位做出了重要贡献。

2. 川东北地区发现迄今最大整装天然气田。中国石化股份有限公司2006年4月3日宣布，在我国川东北地区发现了迄今为止国内规模最大、丰度最高的特大型整装海相气田——普光气田。经国土资源部矿产资源储量评审办公室审定，普光气田累计探明可采储量为2510.75亿立方米，技术可采储量为1883.04亿立方米。

3. 首个全超导托卡马克核聚变实验装置建成。由我国自行设计、研制的世界上第一个全超导非圆截面托卡马克核聚变实验装置（EAST）2006年9月28日在进行首轮物理放电实验过程中，成功获得电流200千安、时间接近3秒的高温等离子体放电。

4. 在量子水平上观察到化学反应共振态。中国科学院大连化学物理研究所研究员杨学明和同事首次在实验中观察到了全量子态分辨率的氟加氢分子化学反应的共振现象，并被理论模型所证实，解决了国际上三十多年来化学研究中一个悬而未决的问题，并将化学反应机理的研究推向新的高度和精度。这项研究成果发表在《科学》杂志上。

5. 第一条“绿色长廊”穿越塔克拉玛干沙漠。中国石油天然气股份有限公司塔里木油田分公司、中国科学院新疆生态与地理研究所、中国科学院寒区旱区环境与工程研究院共同完成“塔里木沙漠公路防护生态工程建设研究”，世界上第一条穿越流动沙漠最长、长度为436公里的“绿色长廊”在塔克拉玛干沙漠呈现。

6. 首次环球大洋科考凯旋。2006年1月22日，“大洋一号”科考船经过297天的航行，完成了中国首次环球大洋科学考察各项任务。据国家海洋局介绍，这次环球大洋科学考察活动，行程43230海里，20多家研究单位的100多名科研人员参加了大这次考察，首次依靠自己的力量取得了大量宝贵的资料和样品。环球科考活动，有力地提升了我国在国际海底区域活动中的国际地位。

7. 治疗性乙肝疫苗研究获重大进展。第三军医大学研制的“治疗用乙型肝炎疫苗”顺利完成Ⅰ期临床研究，目前正在开展Ⅱ期临床研究。这是第一个进行临床试验的模拟抗原疫苗。“治疗用乙型肝炎疫苗”属于国家Ⅰ类新生物制品，已申请国家发明专利和国际发明专利。复旦大学与北京生物制品研究所开发的“乙克”疫苗正准备启动Ⅲ期临床试验。

8. 北京正负电子对撞机重大改造工程获关键性突破。2006年11月18日7时20分，北京正负电子对撞机重大改造工程（BEPCII）储存环成功实现束流积累，储存环和直线加速器工作稳定，束流性能良好，这意味着BEPCII第二阶段建设任务基本达到目标，是工程建设的重大里程碑。改造后的BEPCII将在世界同类型装置中继续保持领先地位，将成为国际上最先进的双环对撞机之一。

9. 实现两粒子复合系统量子态的隐形传输。中国科学技术大学潘建伟教授领导的研究小组在国际上首次成功地实现了两粒子复合系统量子态的隐形传输，并且第一次成功地实现了对六光子纠缠态的操纵。该研究成果的论文发表在《自然·物理》杂志上，并以封面形式报道，这是中国科学家的文章首次出现在该杂志封面。该研究结果为各种实用化的量子信息研究开创了新起点，对容错量子计算、量子中继、普适量子纠错等重要研究方向将产生极其深远的影响。

10. “遥感卫星一号”发射成功。2006年4月27日6时48分，我国在太原卫星发射中心用“长征四号乙”运载火箭，成功将“遥感卫星一号”送入预定轨道。这次发射升空的“遥感卫星一号”和用于发射卫星的“长征四号乙”运载火箭，由中国航天科技集团公司所属上海航天技术研究院为主，中国科学院、中国电子科技集团、中国空间技术研究院等单位参与研制。　　摘至（新华社稿）

# 山西新闻

## 2006年《山西日报》“新闻”

### 十大新闻事件

1. 中共山西省第九次代表大会召开。10月26日，中国共产党山西省第九次代表大会开幕，大会确定了今后5年全省工作的指导思想，明确了山西省在未来五年发展的目标是以科学发展观为统领，走出“四条路子”，实现三个跨越，构建充满活力、富裕文明、和谐稳定、山川秀美的新山西。大会是在山西省改革发展进入关键时期召开的一次意义重大、影响深远的会议，是站在新的历史起点，动员和激励全省人民推进新发展、建设新山西的一次盛会。在随后的中共山西省委九届一次全会上选出新一届中共山西省委常委和书记、副书记。

2. 温家宝总理在山西考察。3月17日至18日，温家宝总理来山西对农村进行考察。总理深入田间地头，农民家庭，学校医院，考察贯彻“两会”精神和春耕备耕情况，听取农民对“三农”工作的意见和建议。总理把党中央和国务院的关怀播撒在古老而年轻的三晋大地，把亲民、爱民、为民的形象印在广大人民群众的心中。

3. 环境改善步伐加快，二级天数显著增长。山西省启动实施“蓝天碧水工程”和六大造林工程，加快环境质量改善步伐。截至11月底，山西省11个重点城市累计实现二级以上天数2625天，空气质量二级以上天数增长5%。

4. 举全省之力，支持“两区”开发。晋西北、太行山革命老区开发工作启动，举全省之力，支持帮助“两区”脱贫致富，加快发展。按照“三年打基础、五年上台阶、十年大翻身”的战略部署，在三年内，集中力量支持一批产业开发项目和必要的基础设施、社会事业和生态环境建设项目；到“十一五”期末，基本摆脱财政窘迫和农民增收困难局面；经过“十二五”的努力，力争“两区”在产业规模等方面有更大发展。

5. 文化事业取得历史性突破。11月28日，《一把酸枣》《立秋》荣膺2005－2006年度国家舞台艺术精品工程十大精品剧目。9月22日，山西省召开纪念赵树理诞辰100周年座谈会，缅怀人民作家，繁荣文艺创作，建设先进文化。

6. “十一五”规划制定实施。1月10日省十届人大四次会议召开，通过了山西省国民经济和社会发展第十一个五年规划纲要。山西省“十一五”规划制定实施。

7. 再次擂响对外开放战鼓。3月27日全省对外开放工作会议召开，对进一步扩大对外开放作出全面部署。在4月6日召开的西洽会上，山西省推出1600多个项目，引进资金3亿多元。6月21日，山西（上海）经济合作项目推介会开幕，招商全线飘红，引资858亿元并签署了全面经济合作协议。7月25日，山西（香港）投资洽谈会开幕，山西省推出3336个招商项目。

8. 财政收入将突破千亿大关。2006年以来，山西省财政收入保持了较快增长，全年收入将超千亿元大关，为全省经济社会各项事业健康协调发展，促进和谐山西建设提供了坚实的财力保障。

9. 继续落实多项惠民政策。2006年，山西省继续落实多项惠民政策。全省群众住房条件得到有效改善，安康居住工程建成608万平方米，棚户区改造开工面积144万平方米，近8万户居民入住新居；新增岗位新转移劳动力双超40万；政府投资8.26亿元，省级以上补助资金4亿元，建设农村饮水安全工程3001处，解决了4277个自然村、200万人的饮水困难和饮水安全问题；山西省最低生活保障金和养老保险金双双提标，80万企业职工增加了养老保险金。

10. 太钢成为全球产能最大的不锈钢企业，对我国不锈钢产业集中度和国际竞争力将产生重大而深远的意义。

## 十大新闻人物

1. 李鸿海，1983年担任翼城县两坂村党支部书记后，带领村民把一个1100人的穷山村建成人均年收入达4500元的小康村。在生命的最后时刻，他强忍癌症晚期的病痛，惦记着村子的发展和乡亲们的生活。

2. 王文皓，太原市中级人民法院刑事审判第一庭副庭长。经办上百起有重大影响的“骨头案”，案件的重要犯罪事实、情节、定罪、量刑均被上级法院认定维持，无一错案。在2005年度“中国法官十杰”中获“银法槌”奖。

3. 何巨才，刻苦学习使夏县水头镇后堡村果农何巨才成为“专业型农民”，被称为“农民教授”。在他的带动下，后堡村水果种植总面积达1000亩，堪称新农村建设的科技带头人。

4. 李拖梅，清徐县烟草公司综合办主任。17年里，她几乎牺牲了所有业余时间，为社会上的孩子无偿讲授素质教育知识1.6万课时，编写《识字趣味故事》10万余字。先后获得“山西省五一劳动奖章”等近40项荣誉。

5. 王建炜，山西省武警总队司令部侦察处处长，参加抢险救灾近千次，处置突发事件150多次，荣立个人一等功一次，个人三等功两次；2005年当选“山西省十大杰出青年卫士”；2006年获“中国武警十大忠诚卫士”称号。

6. 张占胜，2006年11月30日，临猗县北景乡石家庄村党支部书记张占胜做客温总理办公室，把家乡的苹果带给总理；总理和他促膝长谈，嘘寒问暖。他把自己的心里话说给总理听，同时把总理的鼓励、嘱托带回家乡。

7. 55岁的李冬花是阳泉市新华东街社区主任。她用曾患小儿麻痹的双脚，为社区群众先后调解纠纷上百件，成功率达100%，用行动做到了情必知、忧必解、难必帮、事必调，人称“小巷总理”。

8. 长治市安监局原局长张巨魁是忘我工作、死而后己的领导干部，始终把职位和权力当作奉献的平台；他又是当地煤炭系统的顶级专家，无时不以知识和奉献恪尽着自己的职守。张巨魁，是“权为民所用”的好干部。

9. 林克西，作为太重集团挖掘焦化设备分公司的一名装焊工，26年来，林克西先后多次荣获厂、市、省各级劳动模范，获省“李双良式好工人”、省国资委“十佳优秀共产党员标兵”称号，被称作是太重的“金牌工人”。

10. 山西农业大学校长、教授董常生，数十年如一日，坚守三尺讲台，把教学当成一门科学，一门艺术。在第二届高等学校教学名师颁奖大会上荣膺“名师奖”，为山西省高校获此殊荣第一人。

## 山西体育大事

1. 7月10日，山西省省长于幼军、副省长宋北杉、省政府秘书长李政文及省直有关厅局的领导对山西省体育设施建设情况进行调研。12月12日，于幼军省长主持召开省政府第90次常务会议，研究决定建设山西省奥林匹克体育中心（现名称已改为山西体育中心）。

2. 2006年山西省武术成绩突出，在上海举行的全国武术套路冠军赛中，省武术队选手袁晓超、赵诗分获男子长拳、女子剑术冠军；在12月举行的多哈亚运会上，袁晓超凭借超人的实力获得男子长拳全能冠军。

3. 山西省第十二届运动会于7月至8月举行，全省11个市代表团的3000多名运动员参加了14个大项、412个小项的比赛。本次省运会严抓赛风赛纪，提高了运动技术水平，促进了体育事业的发展，是一次隆重、热烈、和谐、进步的体育盛会。

4. 省政府与11个市签订《建设标准操场工作目标责任书》，至12月，全省共新建改建城镇中学标准操场1082个，改善了山西省学校体育场地不足的局面。

5. 《山西省体育竞赛监督管理办法》经省政府第90次常务会议审议通过，这是山西省第一部体育方面的省政府规章。《办法》将在理顺体育竞赛管理体制、规范体育竞赛、促进社会力量办赛等方面发挥重要作用。

6. 省体育局出台了《山西省体育事业“十一五”发展规划》和群众体育、竞技体育、体育产业、体育法制建设四个方面的配套发展计划，提出了“十一五”期间山西省体育事业发展的总体思路、基本任务和对策措施，为实现山西省体育事业跨越式发展的工作目标奠定了基础。

7. 在苏州举行的第三届全国体育大会比赛中，山西代表团获得4金6银9铜，金牌数、奖牌数全面超越前两届，并获得了“体育道德风尚奖”。

8. 2006年山西体育彩票销售突破5亿元大关，达到5.594亿元，同比2005年增长1.79亿元，增幅43.8%，公益金达1.9亿元，均创历史新高，为山西体育事业和社会公益事业的发展做出了贡献。

9. 9月16日，山西中宇篮球俱乐部成立，标志着山西省有了第一支参加CBA的职业篮球队。

10. 5月11日，亚洲首届小轮车锦标赛暨全国冠军赛在太原举行，山西选手获得1金2银2铜的成绩。　　摘至（山西日报）

# 索　　引

## 说　明

1. 本索引采取主题分析索引方法，按汉语拼音字母（同音字按声调）顺序排列。
2. 栏目和专文标题用黑体字；条目和表格用宋体字（地名除外）；表格名称后另注有“表”字样。法规、条例内容，大事记和附录、彩图等不作索引。
3. 主题词名称后的数字表示内容所在的页码，数字后的字母（a、b、c）表示该页自左至右的栏别。
4. “附见”放在类目或条目下面；索引条目后自第二个页码起，作为“参见”。
5. 为便于读者检索，名称有简繁之分或内容有交叉的条目，在本索引中将重复出现。有的并注有“见×××”字样。
6. 为便于排序，主题词以数字开头的排在索引后。

## E



## F

H

## J

K

L

## Y

（向阳　杨健）